南雍史学一百二十年

中国古代史 上册

南京大学历史学院 主编

张 生 选辑

卷一

南京大学出版社

图书在版编目（CIP）数据

南雍史学一百二十年. 卷一，中国古代史：上下册 /
南京大学历史学院主编；张生选辑. — 南京：南京大学
出版社，2022.11
　　ISBN 978-7-305-26032-2

　　Ⅰ. ①南… Ⅱ. ①南… ②张… Ⅲ. ①史学—文集②
中国历史—古代史—文集 Ⅳ. ①K-53②K220.7

　　中国版本图书馆 CIP 数据核字（2022）第 146800 号

出版发行　南京大学出版社
社　　址　南京市汉口路 22 号　　　　邮　编　210093
出 版 人　金鑫荣

书　　名　**南雍史学一百二十年·卷一　中国古代史（上下册）**
主　　编　南京大学历史学院
选　　辑　张　生
责任编辑　江潘婷
特约编辑　岳　清　韩　山

照　　排　南京南琳图文制作有限公司
印　　刷　南京爱德印刷有限公司
开　　本　718×1000　1/16　印张 78.25　字数 1280 千
版　　次　2022 年 11 月第 1 版　2022 年 11 月第 1 次印刷
ISBN 978-7-305-26032-2
定　　价　398.00 元

网址：http://www.njupco.com
官方微博：http://weibo.com/njupco
官方微信号：njupress
销售咨询热线：(025) 83594756

序言:南大历史学的历史与自觉

"走得再远,都不能忘记来时的路。"是的,我们走了很远的路,才来到您的面前。

1919 年 5 月 4 日上午 10 点,罗家伦刚刚从北京城外的高等师范学校回到新潮社,同学狄君武推门进来,说今天的事情,不可以没有个宣言。罗家伦没有推辞,站在一张长桌边,写成了《五四运动宣言》:

> 中国就要亡了!……务望全国工商各界,一律起来设法开国民
> 大会,外争主权,内除国贼!中国存亡,在此一举了!

13 年后,35 岁的罗家伦,来到了南京,担任了中央大学校长和历史系教授。"欲造成中国之新文化,自当兼取中西文明之精华,而熔铸之,贯通之。"在"南高学派"和《学衡》的发祥地和大本营里,身为五四健将的罗家伦做了十年校长,奠定了中大作为"亚洲第一高校"的根基。离开中大那一年的春天,罗家伦在重庆松林坡上种了一棵松树,赋诗一首:"龙孙手植感凄然,待尔参云我白颠。终不羡人种桃李,花开花落是明年。"人们都说"桃李芬芳",罗家伦感时伤怀,他说不希望同学成为倩笑春风的桃李,而要成为民族复兴的松柏之才。

五四运动的前一年,赵元任、任鸿隽、杨杏佛等发起成立的中国科学社从美国迁回国内,设总社于我们的南京高等师范学校。南京大学由此成为农林、生物、化学、电机、土木工程、采矿冶金、物理、数学等近代科学的发祥地和重镇。像我们的老校长陈裕光,就是中国近代化学的奠基人之一。南大的科学家们本是人文高手,任鸿隽定义"科学"一词,与夫人陈衡哲一起针砭时弊;胡先骕奠基了中国现代植物学,首次鉴定并与郑万钧联合命名"水杉",建立"水杉科",他同时也是力主"昌明国粹,融化新知"的"学衡"巨擘;杨杏佛 1931 年赴江西考察,后在上海英文《字林西报》上发表了《道中国共产党现状》,使外界第一次了解到中国共产党和红军的简况,后被国民党特务暗杀。科学家不自

外于这个国家汹涌的历史潮流,当日本步步紧逼时,他们提出:"桑榆未晚,秦岂无人,急起直追,挽已失之权,立文化之基,是在国之努力。"

五四运动的后一年,美国人贝德士(Minner Searl Bates)来到金陵大学。人们记得他,通常是因为南京大屠杀发生时,他作为南京安全区国际委员会的一员,参与救助了 25 万名中国难民;战争结束后,他先后在东京、南京作证,成为南京大屠杀案定谳的关键证人。他留在耶鲁神学院图书馆的档案,更成为今天研究南京大屠杀的必读资料。其实他在历史学方面的奠基性贡献非常巨大,早年,贝德士凭借罗德奖学金的资助在牛津获得学位。到金大后,他把牛津历史系的一整套教学体系移植到金大,从此,南大的历史学科在国学的基础上进化到近代历史学。欧洲近代史、外交学、国际关系等一系列课程的开设,使南大的历史研究展开了广阔的国际化视野,奠定了南大几代历史学人的学术路径。但如果就此认为贝德士只是一个西学的搬运工,那他的回应,不仅仅是至今标志着南大人文根基的"中国文化研究所"及其数万件藏品,1935 年,他又以《中华帝国的建立:从秦始皇到汉武大帝》为题,以纯中国史研究获得耶鲁大学博士学位。

"花开花落"之间,激进与稳健,科学与人文,中学与西学,在南京大学的百廿历史里不断磨合,互相激发,相互交融,发生新的化学反应,催生了一个个新的学术增长点,历史学科深蒙其利:

商承祚先生出版《殷墟文字类编》时,年方 21 岁,全书收字共计 4184 个,其中包括重文 3394 个,甲骨独体文 790 个。该书成为当时最完备、最详尽的甲骨文字典。弱冠成名,王国维盛赞曰:"如锡永此书,可以传世矣。"1933年,商先生出版《福氏所藏甲骨文字及考释》,收录金大奠基人福开森所藏殷虚甲骨,从形、音、义三个方面进行探讨。甲骨之外,商先生钻研金文,出版《十二家吉金图录》,该书集海内外 12 家所藏铜器 169 件编写而成。金文之外,又治考古,1939 年,商先生所著《长沙古物闻见记》和 1941 年所写的《续记》,被誉为楚文化考古的开拓性名著。南大考古出身名门,此之谓也。

南大的边政研究起点极高,韩儒林先生师从法国著名汉学家伯希和,先后在比利时鲁文大学、法国巴黎大学和德国柏林大学学习拉丁文、波斯文、藏文、突厥文等文字和欧洲中古史、金帐汗国史、蒙古史等课程,1935 年起连续完成《突厥文阙特勤碑译注》《突厥文伽可汗碑译注》和《突厥文暾欲谷碑译文》,声誉鹊起。回国后,在多校任教,在蒙元史和西北民族史研究中不断突破,先后发表《成吉思汗十三翼考》《蒙古答刺罕考》《蒙古氏族札记》《爱薛之再探讨》《元代阔端赤考》《蒙古的名称》等二十余篇蒙元史论文,1944 年与凌纯声等共同创立中央大学边政系。1949 年以后,韩儒林先生长期在南大历史系任教,担任系主任,发表《论成吉思汗》《元朝中央政府是怎样管理西藏地方的》等数十篇论文,与助手一起完成了《中国历史地图集》北方地区历代图幅的编绘,主编《元朝史》,成为蒙元史研究的重要里程碑。

凌纯声早年就学于东南大学,后留学巴黎大学,师从"20 世纪法国民族学之父"马塞尔·莫斯等,研习人类学和民族学,获博士学位。无独有偶,徐益棠 1925 年毕业于东南大学教育系,后亦师从莫斯。他们因应时代需求,关注边疆问题和跨境民族关系,凌纯声著有《松花江下游的赫哲族》《湘西苗族调查报告》《中国边政制度》等,徐益棠主编《民族学大纲》,著述有《雷波小凉山之罗民》《边疆地理调查实录》《边疆政教之研究》《中国土司制度》等,他们共同参与并为中国现代民族学、历史社会学等学科奠基。

王绳祖先生 1918 年入南京金陵大学附中,1923 年考入金陵大学化学系,次年转入历史系,后受系主任贝德士之聘担任金大历史系助教。在此期间,撰写了《欧洲近代史》讲义,编入大学丛书。1936 年王先生考入牛津大学布拉斯诺斯学院,1938 年完成文学硕士论文《马嘉里案和烟台条约》,1940 年由牛津大学出版社出版。中国学者的学位论文在牛津刊印成书,这是第一次。王先生开创了中国的外交史和国际关系史学科,至今其著作仍然是相关领域的必读书,而南大国际关系研究院、国际关系学院继承了王先生的事业而发扬光大之。

1928 年,陈恭禄先生就开始讲授中国近代史,海内独步。4 年后,他出版了《中国近代史》,后被列为部颁教材。1949 年后,陈先生一直担任历史系教授,在近代史史料学方面贡献巨大,今天,张宪文团队已经把陈先生的学问发展为极富特色的中华民国史研究,获得国家领导人和学界的认同。罗尔纲先生早年师从胡适,著有《师门五年记》。1930 年代开始研究太平天国史,著述丰富,著有《湘军新志》《绿营兵志》《晚清兵志》《太平天国革命的背景》《太平天国史稿》《太平天国考证集》《太平天国金石录》《太平天国史辨伪集》《太平天国的理想国》《太平天国史》等。1950 年底,罗尔纲先生在南京举办太平天国革命史展览,筹建南京太平天国历史博物馆,任南京大学历史系教授。罗尔纲先生把太平天国史研究推到一个崭新的境界,并把刚刚从经济系转学到历史系的茅家琦先生培养成新一代研究中坚。

一一例举南大历史学科史上的鸿儒巨子和他们的事功，为篇幅所不允许。但我们仍然应当记得，开拓中国文化史研究、被称为"教授之教授"的柳诒徵先生，开拓敦煌学研究的史岩先生，开拓中西交通史研究的向达先生，开拓世界史研究的雷海宗先生、沈刚伯先生，开拓哲学史研究的贺昌群先生，开拓英国史研究的蒋孟引先生，开拓秘密社会史研究的蔡少卿先生，开拓明清经济史研究的罗仑先生，开拓南京大屠杀史研究的胡允恭、高兴祖先生，毕生专注古希腊研究的张竹明先生，等等，他们所到之处，开山立派，开枝散叶，流徽所至，皆成文章，顺着他们的足迹，我们可以看到中国现代人文学科，尤其是历史学门类几乎所有学科方向的源流。学术之河汪洋恣肆，一望无际，令后学叹为观止，见贤思齐。

我们凝视历史，历史也凝视着我们。1952 年，当南京大学天女散花一般、把自己百余年来积累的精华撒向中国的四面八方时，一些人溯流而上，汇集到南京大学，他们来自中央大学的历史系和边政系、金陵大学的历史系和中国文化研究所以及金陵女子文理学院历史系，可以说，小半个中国的史学菁英荟萃在鼓楼岗下，南大历史学科也成为院系调整中南大不减反增的少数几个学科之一，传承有序，学脉完整。新的历史时期，南大历史学人继承前辈关心民族国家命运、嚼菜根办大事、服膺真理的优良传统，为新中国的建设、改革开放和新时代的伟大事业做出了自己的贡献。

"星垂平野阔，月涌大江流"，《南雍史学一百二十年》皇皇八大册已经编就，前贤气象万千的学术格局，昭示着我们前进的方向。在与前辈的对话中，今天怀揣着初心使命的南大历史学人不难发现学术生命力所在——回应时代和国家的需求，研究真问题，诚心做学问，为人民服务，为人类服务。柳诒徵说，"吾国邃古以来史为政宗"，"以数千年丰备之史为之干，益以近世各国新兴之学拓其封，则独立史学院之自吾倡，不患其异于他国也"。精研历史，才可以得知中国文化之要义，"学者必先大其心量以治吾史，进而求圣哲、立人极、参天地者何在，是为认识中国文化之正轨"。

"当代中国是历史中国的延续和发展。"历史中国为何？文化自信何在？吾辈有重任焉。

张生

2022 年 7 月于南雍山下

目　录

卷一　中国古代史（上）

卷一　中国古代史（下）

中华帝国的建立：从秦始皇到汉武大帝

贝德士[*]

第一章　针对史料的批评

第一节　《史记》与《汉书》

秦汉史料集中在《史记》和《汉书》。《汉书》是《前汉书》的简称。这两本书对中国历史的影响无法估量，为"二十四史"奠定基础，确立模式。司马迁在《史记》中撰写的中国历史，始于神话时代，终于公元前 1 世纪。后又有人补写了一些之后历史的内容。《史记》全书 130 篇，分为五个类别："本纪"；"表"（按照年代顺序编排的关乎某一王朝、贵族或高官的大事简表）；"书"（按照主题撰写的论文）；"世家"（涉及旧王国的统治家族、私家大族以及汉代的封王）；"列传"（篇幅约占全书一半，其中有关乎蛮族国家的作品以及按人物性质，如学者、商人等，撰写的作品）。

在"本纪"部分，一半的内容都与本文所研究的从秦始皇帝直至汉武帝这一时期有关。"表"中的绝大多数内容，按月记载秦汉转型这一复杂的历史时期的史事；此外，还记录了汉代封地的名称、封王名称、重要王臣将相的封号等。"书"包含如下主题：礼、乐、律、历、天文、（汉代最高礼仪）封禅、河渠以及经济（特别是汉武帝时期国家介入税收的"平准"实践）。其中，有关河渠与经济主题的"书"跟本文直接相关。"世家"部分最为简单概括。在 30 篇"世家"中，差不多一半与秦

---

[*]　贝德士（Dr. Miner Searle Bates，1897－1978），美国人。1920 年开始在金陵大学工作，1924 年创办金陵大学历史系，并担任首任系主任，一直在此任教至 1950 年。贝德士在金陵大学执教期间，致力于建设全新的历史教学体系，是中国近代历史学的开创者之一。

汉时期有关,涉及帝王、封侯以及王侯的女眷。"列传"有 70 篇,差不多每一篇都涉及两个或者更多人物。在这些人物中,超过一半与秦汉两朝有关。这些传记涵盖了几乎全部秦汉时期的公众人物。跟"本纪"相比,"列传"以一种更加自由的方式处理那个时代,保存着不少回忆录、言论以及诗歌。

《汉书》探索了整个西汉的历史(公元前 206—公元 25);体例上采用《史记》,但是剔除了"世家"。《汉书》中一半以上的编年史资料、绝大多数"表",都和秦汉时期有关。从规模上看,这与《史记》相当。《汉书》的"书"包括:历、礼乐、刑法、食货(广义上的经济)、祭祀、天文、五行、地理(包含有粗略的地名索引)、艺文(即依据皇家图书馆编订的现存文献目录)。《汉书》有 70 篇"列传";其中,50 篇跟秦汉史有关。在这 50 篇秦汉"列传"里,有 35 篇在不同程度上与《史记》中的有关篇章相似。一般而言,《汉书》和《史记》里的"列传"在体例上几乎是相同的。不过,《汉书》的作者倾向在一部列传里放入更多人物。因为有(包含多个人物的)合传,总量只有 100 篇的《汉书》的容量要大于 130 篇的《史记》。

迄今为止,让人最为满意的《史记》是泷川龟太郎(Takigawa Kametaro,即泷川资言)博士新近(1934 年)在东京完成的《史记会注考证》。[①] 这本著作在学术上颇有权威性。中国自古以来就有这样的传统:在经史著作的原文中做夹注。至少在印刷术出现后不久,插入经史作品的夹注的字号被设定为比正文小一号、双倍行距。《史记》"三家注"就是这样与原文整合在一起的。后世学者因此不得不把自己对《史记》原文的贡献单列出来,以独立的文本出现。如今,泷川资言修正了"三家注"所带来的缺憾。最为重要的,泷川氏在其著作中,加入了从过去三个世纪中国和少部分日本学者的作品中精挑细选出来的成果。《史记会注考证》印刷精美,分为 10 册,每册 500 页左右,按照西方书籍风格装帧。全书加注标点,每卷都有西式页码。泷川氏著的附录亦甚有价值。[②]《史记会注考证》用中文著述。最常使用的《史记》版本,如乾隆时期的殿本,因为是中式纤薄风格,一共有 20 多本。

至于《汉书》,最令人满意且最常使用的版本,出自商务印书馆印行的百衲

---

① 泷川龟太郎(Takigawa Kametaro,即泷川资言):《史记会注考证》(Shiki kaichu kosho)第 1—10 册,日本东方文化学院东京研究院(Toho Bunka Gakuin Tokyo kenkyujo)1934 年版。

② 附录简要而内容较全面,计有:司马迁传;司马迁年谱(含同时期大事记);司马迁使用的史料清单;著作名称、体例及结构;对《史记》原文的增减;中日有关《史记》的作品。其中的内容多来自其他学者。泷川资言的批评并不极端,而是深思熟虑,小心谨慎。

本二十四史。① 这一版《汉书》，是 1034—1038 年间印刷、备受尊崇的北宋版《汉书》的重印。不过，《史记》至今未加入重印系列。百衲本《汉书》没有标点，加有旧注。该书为中式印刷风格，共计 32 册，密集印刷成 140 个页面。殿本《汉书》及其他常见版本，无论在文本还是版式上，都不尽如人意。它们通常印刷为较小的 24 册。有关《汉书》的最详尽注释，见王先谦的《汉书补注》。②

为了更好地理解本文所依据史料的来源，有必要简单谈谈司马迁及其父亲司马谈。在大约 30 年的时间里（前 140—前 110），司马谈在汉武帝麾下担任与天文及历法事务有关的中下级官员，接受过儒学及道家学说的训练，更心仪道家之论。③ 司马谈对自己的家世非常自豪。他的先祖中，有些人在秦汉帝国担任过颇有地位的将军或官员。他对过去的事件和思想充满兴趣，更为儿子司马迁留下一项撰写历史的未竟任务。④ 公元前 110 年，司马谈在前往备受重视且为西汉第一次举行的封禅祭祀的途中，不幸故去。是年，司马迁 35（或 40）周岁。司马迁在距离首都长安不远的地方出生长大。孩提时代的他熟悉乡村生活，有机会接受教育。20 岁上下，司马迁开始游历大江南北。在《史记》中，因为一些相关的历史事件、情势和铭文，司马迁经常提及曾经的旅行。公元前 111 年，司马迁作为有一定职阶的皇室秘书，奉命出使四川及西南。⑤

司马谈去世后，司马迁继承父亲的职位。在公元前 104 年的历法改革中，司马迁为新历法的准备和颁行做了大量工作。修订、颁行历法不仅是一件实际的事务，也是一种关乎王朝合法性的宇宙—政治论表达。在当时的中国，王朝的命运被认为与宇宙的力量直接相关。⑥ 在这一时期，司马迁能够继续撰写《史记》。平日里，司马迁的工作负担不重，所做的事情也很容易与其兴趣相连。公元前 99 年，司马迁的好友李陵将军，在西域严峻的形势下苦战失败，最终向匈奴人投降。宫廷里养尊处优的大臣对李陵进行无理指责。司马迁对此非常愤怒，挺身极力为友人辩解。但是，汉武帝认为司马迁这是在批评负责此

---

① 百衲本二十四史 1930 年于上海问世。较早前由商务印书馆印行的《四部丛书》中亦有《汉书》。

② 见 1900 年于长沙出版的《汉书补注》。

③ 见《史记》卷 130，《太史公自序》。文中直接提及司马谈的生平，及司马谈对先秦思想流派公正客观又富有批评性的评论。

④ 沙畹（Édouard Chavannes）：《司马迁的〈史记〉》（Les mémoires historiques de Se-ma Ts'ien）第 1 册，第 7—23 页。

⑤ 见《史记·太史公自序》；沙畹：《司马迁的〈史记〉》第 1 册，第 23—33 页。

⑥ 见《汉书·律历志上》，《汉书·郊祀志上》；沙畹：《司马迁的〈史记〉》第 1 册，第 34—36 页。

次作战的"贰师将军"李广利。李广利未能解救李陵，他对这次战役的指挥也饱受时人非议。但李广利备受皇帝宠信，势力庞大。结果，司马迁被诬试图欺骗皇帝。他人微言轻，更无钱财，也就无法逃脱被处以腐刑的命运。派系间的恩怨，非吾等所能预料。司马迁很快又出现在宫廷的要害部门，并且（很有可能）活到武帝一朝的结束（即公元前87年）。司马迁没有撰写公元前104年及之后的历史。一些人认为，随李陵事件而来的屈辱经历，影响了司马迁的写作，特别是改变了他对自己生活其中的那个时代的看法。即便如此，这些都根本无关紧要。①

　　没必要考虑太多《史记》所涵盖的较早历史时期的起源及性质。沙畹（Édouard Chavannes）曾经描述过《史记》有关较晚历史时期记载的一般特征。其言："一个混乱的年代紧随光荣却又暴虐的秦始皇帝及无能的秦二世时期而来；汉初一百年的帝王将相。……这些，都是《史记》后半部分的主要内容。我们认识到：从本文研究的这个时代开始，中华国家有了自觉意识。我们也看到：司马迁所提供的历史细节之丰富，几近无限；他对历史事实观察的精准性，影响了以后历代中国史家。正因为此，《史记》成为世界上最为不朽的历史著作之一。但无疑，司马迁依旧保留自己的本来身份———一位编纂者。……但我们不能不说司马迁在选择史料上有非同寻常的智慧。没有什么能够逃脱司马迁耐心的审查。司马迁极少谈及二手著作。……司马迁拥有太史令的职位，故而可以自由接触宫廷中的文档。他发现，从公元前213年起，所有重要事件的记录都珍藏于斯。"②

　　沙畹估计在《史记》有关秦汉的记录中，三成由文件、讲话、对谈等组成，属可信之作。虽然这些作品的风格缺乏个性，同时司马迁对自己的观点有所约束甚至隐而不见，但是细致的描述比比皆是，让人恍若置身于当时。《史记》中有不同甚或矛盾之处。其原因在于，书中不少部分直接引自原文件。文件有不同的来源，作者的转述亦有差异。这就表明，无论是司马迁本人，或是后来的编辑者，都没有试图去调和这一困难，亦未尝试建构一种似是而非的真实。根据其内在证据以及我们对司马迁的了解，《史记》在世界范围内，的确是一本非凡的历史著作。遗憾的是，关于《史记》的流传，还有一些很重要的问题，尚

---

　　① 见《汉书·李广苏建传》；《史记》卷130，《太史公自序》；沙畹：《司马迁的〈史记〉》第1册，第36—40页。

　　② 沙畹：《司马迁的〈史记〉》第1册，第156—157页。

未得到解决。或许，这些问题永远都不可能获得解决。

抛开《史记》在《汉书》撰写中的作用不谈，从其问世以来，这本著作在汉代一直有一批为数不多但颇有分量的读者。司马迁把一套《史记》放在皇家图书馆；另在都城中置备了一套，供人阅读。《汉书》称司马迁去世后，《史记》逐渐不为人知；直到汉宣帝（前73—前49在位）时，已被封侯的司马迁的（外）孙子杨恽，让这本著作变得声名鹊起，并为之撰写详细的解释。① 后来在王莽的新朝（公元9—23），《史记》更加受人推崇，甚至有人建议司马迁的子孙应该被授予封号，以表达对史家的敬意。② 早在公元前81年，当宫廷里发生一场有关经济事务的激烈辩论时，大臣桑弘羊就引用了《史记》③。同样是在这场辩论中，《史记》以及追随它的《汉书》中所描述的复杂的经济制度、连同具体事件，都获得证实。④ 在公元前28年，曾发生一起充满敌意的事件。一个世纪后，当《汉书》问世时，这种敌意又出现了。⑤ 当时，皇帝的叔父到皇宫借阅非经典著作以及《史记》。主管拒绝他的请求，理由是非经典著作与儒经相悖，批评圣人，鼓吹迷信；而《史记》中，则包含王侯不宜的权谲谋术。⑥ 在围绕儒经《春秋》展开的派系之争中，有学者在一份公元26年呈给皇帝的奏折中，严厉指责《史记》"违戾五经，谬孔子言"。⑦ 大概在公元82或83年，思想家王充依旧在使用司马迁的作品；他的引文非常接近现有的《史记》文本。这里提到的时间非常重要。其时，对《史记》的删减已完毕，《汉书》主体部分的撰写即将完成。王充视司马迁为汉朝最伟大的作家之一，甚至把他比作黄河。王充对司马迁仅有的一般性批评是：《史记》中作者自己的观点太少了。⑧ 试举一例。王充在《论衡·

---

① 见《汉书·司马迁传》；沙畹：《司马迁的〈史记〉》第1册，第199页。

② 见《汉书·司马迁传》；沙畹：《司马迁的〈史记〉》第1册，第199页。

③ 伽乐（Esson McDowell Gale）：《〈盐铁论〉：古代中国有关国家对工商业控制的争论》（*Discourses on Salt and Iron*；*A Debate on State Control of Commerce and Industry in Ancient China*，Chapters I-XIX，莱顿（Leyden）博睿（Brill）1931年版。

④ 伽乐（Esson McDowell Gale）：《〈盐铁论〉：古代中国有关国家对工商业控制的争论（第1—19章）》（*Discourses on Salt and Iron*；*A Debate on State Control of Commerce and Industry in Ancient China*，Chapters I-XIX），莱顿（Leyden）博睿（Brill）1931年版，第76—77页。

⑤ 很奇怪，泷川资言把这一事件列入东汉时期。见泷川资言：《史记会注考证》，北京文学古籍刊行社1955年版，第5360页（泷川氏原著第10卷《史记总论》第112页）。

⑥ 《汉书·宣元六王传》。沙畹也使用了这条记载，见沙畹：《司马迁的〈史记〉》第1册，第199—200页。

⑦ 《后汉书·郑范陈贾张列传》。

⑧ 佛尔克（Alfred Forke）：《〈论衡〉上：王充的哲学论文》（*Lun-Heng*；*Part* I：*Philosophical Essays of Wang Ch'ung*），莱比锡（Leipzig）Otto Harrassowitz出版社1907年版，"导论"（Introduction）第37页。

感虚篇》中提到：司马迁认为那些关于神异事件的报告，或是"虚言"。对此，王充评论道："太史公书汉世实事之人，而云'虚言'，近非实也。"①

另一个关乎《史记》文本的小问题就是褚少孙为原书补写的篇章。褚少孙大体在公元前 1 世纪的最后 25 年，完成了这项补写工作。其最早的作品可以追溯至公元前 20 年。② 显然，褚氏增补的部分都署名标明，质量上也逊于原著，通常置于司马迁原文之后。整体而言，褚氏补写的内容，相当一般。故而，识别出这些补写的内容，并非难事；它们甚至可以暗衬出司马迁原文的准确。褚氏之外的增补可以忽略不计。较早期的注释及《汉书》出现之后，这才真正引出问题。问题集中在《史记》《汉书》两本著作的关系上。

裴骃在公元 465—472 年担任文书类高官，为《史记》中有难度的词语和句子作注。他广泛引用徐广的著作。徐氏的作品产生于 5 世纪的头 25 年。在 8 世纪刚开始的 20 多年，司马贞完成对《史记》的注解。司马氏利用并检查前辈的作品：来自东汉（公元 25—220）的一到两部书籍。其中，一本产生自 5 世纪晚期；还有稍早于司马贞的两份注释。司马贞在为《史记》撰写的"序言"中，称自己要在很大程度上重写《史记》，取代褚少孙的有瑕疵的补写，纠正编排上的错误，同时修订不一致之处。最终，司马贞仅对原文加注，辅以单独的介绍。跟绝大多数中国学者一样，他担心自己会损害历史文本。③ 公元 737 年，张守节为《史记》作注，侧重历史地理方面的考证。张氏使用稍早前完成的有分量的研究，这些研究如今都已散佚。④ "三家注"被奉为圭臬，出现在宋代以来所有版本的《史记》中。除去其自身价值——指出文字的古音古义、确定某地具体位置、有助于解决更大的困难等，"三家注"更可以用来证明《史记》的流传。从东汉以来，《史记》每一页的名称和词语都附有详尽的注释；每一条注释都是前辈成果的延续和发展。在这种情况下，后代注释者如果不跳出如此众多的注释并加以充分讨论，任何针对文本的重要修订都不可能产生。

现在来谈谈《汉书》。本文讨论的重点在其与《史记》的关系上。众所周知，《汉书》中有关西汉前半段历史的内容依《史记》而成。这一点，已有很多探

---

① 英译见佛尔克：《〈论衡〉下：王充的各类文章》（*Lun-Heng；Part Ⅱ：Miscellaneous essays*），柏林 Londres 出版社 1911 年版，第 177 页。

② 见《史记·汉兴以来将相名臣年表》。沙畹已经把他所认为的增补部分从注释中选出汇总，见沙畹：《司马迁的〈史记〉》第 1 册，第 203—210 页。

③ 在所有流行版本的《史记》的开篇，都可以看到司马贞撰写的短序。

④ 关于《史记》三家注，见沙畹：《司马迁的〈史记〉》第 1 册，第 210—217 页。

讨。范晔在为《汉书》最早的作者班彪准备的传记中(见《后汉书》卷四十上),称在公元 1 世纪时有方家为《史记》补写内容。在这些补写者当中,有后来作注的唐章怀太子李贤,有哲学家扬雄,有训诂和目录学家刘歆,当然还有褚少孙。①《汉书·艺文志》录有四部创作于《史记》之后的历史作品;其中三部确定无疑是关于西汉的,还有一部是续写。可惜,这四部著作均已佚失。② 正是因为杰出的班氏家族,才有今天我们手中的历史著作。③

班彪有一位姑妈,通晓文献,是皇帝宠爱的妃子;他的两位叔叔乃饱学之士;其父贵为太守。班彪出生成长在这样一个家庭,有绝佳的机会接触史学。我们对他的生活和思想,知道的并不多。不过,根据班彪关于汉代天命的作品及《汉书》,我们可以很清楚地得知他的立场:汉代正统儒学的拥趸。班彪是思想家王充的老师。得知《汉书》主体部分中哪些是班彪的作品,并非难事。在五篇章节中,有他的名字或者其他清晰的标示。据此可知:班彪为《汉书》开了个头,后由儿子班固完成。④ 班彪在 54 岁时去世。⑤

作为班彪的儿子,班固极具天赋。他从帝都抽身出来,安静地继续父亲未竟的事业。当时,私家修史会遭人疑忌。公元 58 年前后,有传言说班固从党争的立场出发修改其父亲的著作,于是班固在长安被捕,班家所修史书亦被没收。因为弟弟班超(东汉经营西域的名将)的影响力以及自己的证明,班固得以脱身,更被皇帝任命为中央政府档案馆和皇家图书馆的负责人。班固于是担负起完成父亲修史大业的任务。到公元 62 年,在手下学者的辅助下,班固编成《汉书》的 28 个章节;公元 76—83 年,完成全书。⑥ 班固成为《汉书》最主

---

① 见《后汉书·班彪列传上》。《后汉书》的作者是范晔,完成于公元 424 年,讲述了公元 25—220 年间东汉王朝的历史。

② 《汉书·艺文志》。

③ 参见罗振英(Lo Tchen-ying):《中国史学的形式和方法:一个史学家族及其作品》(*Les forms et les méthods historiques en Chine:une famille d'historiens et son oeuvre*),巴黎 Paul Geuthner 出版机构 1931 年版;作者在第 75—76 页谈及《史记》的延续问题。另见孙念礼(Nancy L. Swann):《班昭:中国最早的女学者》(*Pan Chao:The Foremost Women Scholar of China*),纽约美国历史学会(American Historical Association)1932 年版;作者在第 17 页谈及相同问题。

④ 见《后汉书·班彪列传上》。文中称其作品有"数十"(several tens)篇。不过,请比较《汉书·叙传上》。

⑤ 班彪生于公元 3 年。关于其生平,见《汉书·叙传上》;《后汉书·班彪列传上》。参见罗振英:《中国史学的形式和方法:一个史学家族及其作品》,第 40 页及其下;孙念礼:《班昭:中国最早的女学者》,第 63 页。

⑥ 《后汉书·班彪列传上》。

要的作者。这在他生活的时代就为人认可。在宫廷里,班固受宠,可以从皇帝那里获得文件和珍稀书籍,可以参加朝堂上富含学养的讨论。但是在汉代,做一名历史学家,并非易事;倘若一位史学家与军方有联系,那就更是如此。正因为班固曾经是一名将军的私人秘书,而这位将军参与了谋逆,最终导致他病死囹圄。班固的死,与其他人的嫉妒及复仇心,亦有关系。其时正值公元 93 年,班固 61 周岁,《汉书》的绝大部分内容已经写就,他的诗赋及对宫廷内的学术讨论的整理都已完成。①

　　班固有位受人尊敬、守寡的妹妹——班昭。皇帝宣班昭入宫,令其完成并完善班家撰写的历史。班昭完成《汉书》中的"八表"和"天文志"。她的助手有马融和马续。马续因为在正文中采用双倍行距夹注,以及完成《汉书》最终的修订工作,而著称于世。虽然《汉书》的主体部分早在二十年前就已经写就,但是全书一直到公元 100 年左右,仍未完成。② 有一点值得一提:即便是具有女权主义倾向的推崇班昭的学者,也不会认为《汉书》在离开班固之手后,才有了显著的改善或改变(即《汉书》在班昭手里变得完善起来)。③

　　论及《汉书》的注释,唐初学者颜师古让我们颇感惭愧。虽然颜师古也吸收前辈的成果,但是他的注释极为通彻,因而显得格外杰出。颜氏在公元 640 年完成对《汉书》的注释。他或直接或间接地利用 20 多名前代注释者的材料,付出巨大精力把这些材料整合在一起。在前代史家中,有一些人是有分量的。譬如,在《汉书》主体完成一个世纪后,应劭和荀悦是东汉知名的历史学家。大约在公元 350 年前后,《汉书》中开始置闰月。王先谦曾完成详尽的现代版《汉书》注释。王氏书中称引 47 位注释者的作品,时间晚至 19 世纪末。王先谦认为该书最早的印刷版来自公元 994 年印行的《史记》《汉书》和《后汉书》的合集。④ 伯希和(Paul Pelliot)指出《汉书》早年传抄过程中出现的错误,提供这样一条信息:在藏于日本的一份唐代《汉书》中,《食货志》一卷中有多达 100 处与常见版本不同的文字。《食货志》分为两部分;文字上的差异不是特别重要,

　　① 《汉书·叙传上》;《后汉书·班彪列传上》《后汉书·班彪列传下》;罗振英:《中国史学的形式和方法:一个史学家族及其作品》,第 43—48 页;孙念礼:《班昭:中国最早的女学者》,第 63—65 页。
　　② 《后汉书·列女传·曹世叔妻》;罗振英:《中国史学的形式和方法:一个史学家族及其作品》,第 50—52 页;孙念礼:《班昭:中国最早的女学者》,第 40 页及其下,65 页。
　　③ 见孙念礼:《班昭:中国最早的女学者》。
　　④ 王先谦:《汉书补注》,"序言"。另见罗振英:《中国史学的形式和方法:一个史学家族及其作品》,第 83—92 页。

但相异文字的数量显得有些惊人。①

　　和《史记》一样，《汉书》也包括很多官方文件和报告。《汉书》大量借用《史记》，这一点随后就会谈到。《汉书》还参考其他作品。《刑法志》没少使用《荀子》一书；《礼乐志》大量引用刘歆的著作，号称要纠正这位世纪之交学者的错误；《艺文志》显然基于刘歆及其父刘向为皇家图书馆编写的目录；《五行志》与《尚书·洪范篇》多有相似；还有就是董仲舒的作品。其他借用或者依赖的例子也都被标明；这些资料出自《史记》的续写者以及其著作业已散失的作者。②

　　《汉书》中有不少章节跟《史记》是完全相同的；还有一些跟《史记》有相同的部分和安排，文字上有少许差异。《汉武帝本纪》、4 份《表》的编排、5 篇《志》以及差不多一半的列传，均是如此。绝大多数研究者都假定：《汉书》直接借用《史记》的内容，稍加改动后，增加篇幅以补写内容抑或撰写为新的篇章，使之更适合《汉书》。抛开已经为人所知的《汉书》对《史记》的利用，前述观点也会在《汉书》中的"原样复制"（slavish copying）中找到支持。"原样复制"指的是：除了刻意为之的借用或者加贴标签，《汉书》会很自然地把通常出现在《史记》每卷末尾的原作者的总结和评论，据为己有。譬如，跟本文研究有重要关系的名篇《项羽本纪》（《项羽传》）、《惠帝纪》就是如此。③ 虽然《汉书》有足够的自由重组《史记》，甚或吹嘘一下对其的"改善"，但是其文本中确实包含一些生活在较早历史时期的人物。④ 这些人物占所在篇目的分量很重，与之相关的文字应当是改编自《史记》（不过应当指出，《汉书》这么做的理由并不充分）。

　　我们可以知晓班彪对待《史记》的态度。他认为《史记》的续篇都远逊于原著，于是决定自己开展研究、撰写历史。班彪暗示更早期的著作方才令人满意。⑤ 他简练地品评前代史著。班彪对司马迁的作品很是留意，尤其关注《史记》前半部分对史料的撷取。他说：自己生时并未看到 130 篇的《史记》（这一问题会再度出现）。不过他也强调，《史记》的价值存在于对汉兴直至武帝时期的撰述中。班彪认为虽然《史记》中的信息量很大，但是司马迁对更早时期历

---

　　① 见伯希和（Paul Pelliot）：《评沙畹〈魏略〉中的西域》［Reviewed Work：Les pays d'Occident d'après le Wei lio. —（T'oung Pao，Ⅱ，Ⅵ）by Ed. Chavannes］，收入《法兰西远东学院学报》（*Bulletin de l'École francaise d'Extrême-Orient*）第 6 辑第 3/4 期（1906 年 7—12 月），第 366 页。

　　② 关于这一点，见罗振英：《中国史学的形式和方法：一个史学家族及其作品》，第 75—78 页。

　　③ 《史记·项羽本纪》；《汉书·陈胜项籍传》；《史记·吕太后本纪》；《汉书·高后纪》。

　　④ 《汉书·货殖列传》；《史记·游侠列传》。

　　⑤ 《后汉书·班彪列传上》

史的处理有些随意,也不太擅长处理原始材料。他明确反对司马迁的思想立场。班彪认为,司马迁对道家思想的创始人很是尊敬,但在同时"薄五经"。此外,他还认为,司马迁在论及商人,以富裕为荣,以贫穷为耻,轻视仁义;说到游侠时,尊崇庸俗、取得成功的人,看不起那些恪守节操者。正是因为这些观点,让司马迁遭受腐刑之辱。就此,班彪总结道:"然善述序事理,辩而不华,质而不俚,文质相称,盖良史之才也。诚令迁依五经之法言,同圣人之是非,意亦庶几矣。"①他还一一列举司马迁在分类、体例上的不足及其他疏漏之处,并表示将在自己的著作中予以匡正。②

班固在《汉书·司马迁传》结尾写下评价。其中的批评和赞誉都来自其父亲。他补充一点:从刘向和扬雄的时代开始,③"皆称迁有良史之材"。班固的赞誉之语都指向司马迁率直的写作风格以及叙述历史事件时的诚实可靠(这里应当考虑司马迁个人的厄运,即被人恶意中伤④)。在《后汉书》有关班氏父子的传记中,班固被描述为像乃父那样,延续司马迁的事业。这份传记强调,在班固的作品中,西汉的历史按照历代皇帝的次序编排;整本著作集中在西汉一朝;写作遵循儒家五经特别是《春秋》之法。⑤ 这么做,当然推动了《汉书》的写作;但这是以牺牲《汉书》的基础即《史记》为代价的。前述努力甚至可被视为消除(至少是败坏)《史记》的步骤。在一些挑剔的读者眼中,《史记》是《汉书》的一个具有破坏力的竞争者。

正如我们所见,王充尊崇司马迁,也致敬其师班彪及班彪之子班固。他的证言恰可用来总结《史记》《汉书》两部史著之间的关系。王充说道:"班叔皮续《太史公书》百篇以上,记事详悉,义浅理备,观读之者以为甲,而太史公乙。子男孟坚,为尚书郎,文比叔皮。"⑥

一个宽泛的学术创作背景——《汉书》接受《史记》并以之为基础——得以建立起来。《汉书》为读者呈现一些公元1世纪的文献。司马迁没有完整地使

---

① 《后汉书·班彪列传上》。
② 沙畹翻译过《后汉书·班彪列传上》的部分内容,见沙畹:《司马迁的〈史记〉》第1册,第239—241页。另见罗振英:《中国史学的形式和方法:一个史学家族及其作品》,第55—57页。
③ 约公元前77—前6年;公元前53年—公元18年。
④ 《汉书·司马迁传》。
⑤ 《后汉书·班彪列传上》;《汉书·叙传下》。
⑥ 《论衡·超奇》。英译见佛尔克:《〈论衡〉下:王充的各类文章》,第304页。这几位史家之间连续性的问题,亦见《〈论衡〉下》第279页。

用这些文献。在这些文献当中，董仲舒的作品值得一提。但是，根据现存的文本，班固的增补显得微乎其微。当然，小的增补及变化确实有不少。有关真实作者的探究以及文本的内在证据都表明，在《史记》和《汉书》重叠的部分（其涉及公元前 206 至前 104 年的历史），存有一个整合在一起的传统。

最能表明这一整合传统的，是班氏家族通过司马迁非正统抑或折中主义的写作，建构出自己的正统。班氏之章法，阐释出作品各个部分之间的关系；同时昭示史家，即便面对最个别的更改，亦要保存原始资料及作品。前面已经说过，班固强调创作应该宣扬汉代的荣光、符合儒经的标准。其父班彪曾经写下《王命论》。文中表明，西汉王朝复兴儒家圣王的传统，故而获得上天的支持。在班彪眼中，西汉的历史就是天地（人）关系的一场示范，值得研究和阐释。① 这种世界观（Weltanschauung）与历史思想（Geschichtsphilosophie）的令人敬畏的融合或许会让人颤抖；但其实践，却令人安心。西汉的历史，开始于高祖刘邦。刘邦并非神圣的创建者，却如神迹一般降临人世。班氏对儒经的称引很常见；在为一些章节精心准备的导论中，尤其如此。通常情况下，这些称引、导论与作者真正要说的东西，可以分隔开来。也正是这一旨趣使然，汉文帝被描述为将很多儒学教导付诸实践。虽然，这一描述并非很有把握。司马迁更加平白、更加宏大的历史观在《汉书》中留存下来，但有了一些明显的改变。君主的个性、实践以及政策等都与正统不符。道法两家思想在君主那里最为显赫。真实的历史亦未能成为一场天人大戏。这些都凸显了学者的不情愿，就算是有强烈的动机，也不乐意去推翻一本著作或者一种传统。

但是，今天我们看到的《史记》，就是司马迁留给身后续写者（即公元前最后一个世纪的学者们）的《史记》吗？今日之《史记》，就是班氏家族据之以为自己作品的基础且是史传写作模范的那本《史记》吗？今日之《史记》，就是世世代代被称引、被评论的那本《史记》吗？这里有两个关键的时间点。第一，著名学者刘歆的时代。他是刘向的儿子。刘向从公元前 7 年开始担任皇家图书馆的负责人，后因遭到怀疑而自杀。第二，班固自己——或者不如说是班固在宫中的同盟者杨雄（译者注：当为杨终）——的时代[汉章帝在位期间（公元 76—88 年）]②。身处今古文经学激战尤酣岁月中的刘歆有可能对《史记》加以篡

---

① 《汉书·叙传上》。

② 杨雄不太为人所知。《后汉书》关于只有中等知名度士大夫的合传中，有杨雄的简短介绍；见《后汉书·张法滕冯度杨列传》。译者注：原注中所说杨雄，当为杨终；见《后汉书·杨李翟应霍爰徐列传》。

改。不过,因为所谓问题涉及的是和本文领域无关的儒经,而且《史记》中与秦汉有关的篇目亦甚少,抑或根本没有受到什么影响,所以这里一笔带过。上一代的知名学者如康有为、崔适、梁启超等,都相信自己能够根据文本争议或刘歆及其盟友的宇宙论及历史理论,举出《史记》中被改动的例子。当代学者李奎耀接受他们的观点,将之吸收进自己的文章并作出很好的阐释。①

班固自己的时代对本文而言更为重要。但是,西方学者忽视了这一点;在中国,这一点显然亦未得到充分研究。出现这一情况的原因或许是:《史记》与《汉书》整体关系的问题对两本著作的绝大部分内容而言都太过重要,所以需要具有现代思维的学者进行彻底且全面的探究。就目前已有的研究而言,沙畹的天赋用到了他处;伯希和还有亚瑟·韦利(Arthur Waley)小心翼翼地触及几点(下面即将提到);颜复礼(Fritz Jager)只是许诺对当前研究作出评论;②而马伯乐(Henri Maspero)和福兰阁(Otto Franke)实际上无甚帮助。崔适的批评最为详细、最有效果。但是,他煞费苦心积攒起来的证据、富有启发性的假设,仍旧需要得到有深度的综合研究著作的支持。③ 上面提到的李奎耀的简明扼要的专论,是目前可用的最有价值的短篇研究。④ 还有不少形式主义、浅薄的研究,如郑鹤声的《史汉研究》(商务印书馆 1930 年版)及杨启高(Yang Chi-kao,音译)的《史记通论》(上海清山阁 1926 年版)。这些著作对《史记》和《汉书》自身的探究非常有限。

“(杨终)受诏删太史公书为十余万言”。⑤ 这条记载没有提供更多关于帝令及其结果的线索。引文前的话表明:杨终作为班固的朋友,被介绍到朝廷,参与宫廷内的学术谈论,从而赢得皇帝的几分赏识。司马迁在《史记》后记(即《太史公自序》)中说,全书 526500 字。⑥ 现有版本差不多有 600000 字。于

---

① 见李奎耀:《史记决疑》,《清华学报》1928 年(译者注:当为 1927 年)第 4 卷第 1 期,第 1175—1215 页。文中所说内容,见是文第 1181—1186 页。比较崔适著、张烈点校《史记探源》(中华书局 1986 年版)第 1 章。

② 见贾杰(F. Jager):《〈史记〉研究现状》(Der heutige Stand der Schi-ki-Fors-chung),《亚细亚专刊》(Asia Major)第 9 辑(1933 年),第 21—37 页。这篇不甚出色的文章简单涉及《史记》名称、作者的时代、文本及篡改的问题。

③ 见创作于辛亥革命前两册本《史记探源》。本文使用的是 1923 年北京版。

④ 李奎耀的文章,公平地处理了四个问题:裁剪《史记》的帝令(第 1175—1181 页);刘歆(可能)的篡改;魏晋时期来自《汉书》的对《史记》的替代(第 1186—1191 页);记事年限(仔细分析每个部分所言最后时间,根据由此得来的文本内证据而判断出《史记》时间下限大体在公元前 104 年)。

⑤ 《后汉书·杨李翟应霍爰徐列传》。

⑥ 《史记·太史公自序》;《汉书·司马迁传》。

是，问题大体解决。在论及褚少孙及紧随司马迁之后的续写时，已经谈到超出原文的内容。在与《汉书》进行具体比较时，这一点还会得到深入讨论。主要的困难在与对《史记》可能的删减的认知。一般认为，那条清楚无疑的删减《史记》的帝令获得执行；同时期还有其他对《史记》进行删减的努力；在有关《春秋》三传（即《左传》《公羊传》和《谷梁传》）的文本之争中，司马迁遭到占主导地位的群体的攻击；班固鼓动皇帝更加赞成自己的历史创作，即凸显汉王朝的荣光，而皇帝自己也熟悉针对《史记》的学术责难。有证据表明官方针对司马迁的敌视延续至下一代王朝。① 所以，没有充足的理由去否定这一帝令，抑或假设其只是一纸空文。

另一方面，人们没有必要去接受这样一种极端且似是而非的观点：魏晋时期（220—265 年，265—410 年），通过对《汉书》的笨拙的借用以及依据被大量删减过的版本，《史记》被重构出来。如果那条删减《史记》的帝令确实付诸实施，依旧无人知晓《史记》的原文是永久抑或暂时、是部分抑或全部，消失不见。这么一来，《后汉书》中这句短短的话——"（杨终）后受诏删太史公书为十余万言"——就显得有些孤证无援。通常的正史及注释者都没有深究这句话；就算是唐章怀太子（即李贤），曾为《后汉书》写下浩繁注释，详列班彪所称从 130 篇《史记》原本中佚失的十篇文章的名称，亦未深究这句话。泷川资言的《史记会注考证》称张守节的《史记正义》曾重复这句话，但未做解释并说明来源。②

谈及这些注释的意涵，还应该加上泷川资言《史记会注考证》附录部分（即是书第十册《史记总论》）所提及的两件事情。③ 第一，根据《三国志·魏书》的记载，魏帝问及司马迁为何遭受腐刑，王肃的回答偏向司马迁而非汉武帝。王肃所答的根据是，汉武帝读到有关汉景帝和自己的本纪时勃然大怒，立刻加以销毁。此事发生在公元 3 世纪（当为公元前 2 世纪——译者注）中期，记录于3 世纪结束前完成的一本著作里。其价值在于：表明后人对历史而非对汉武帝的行为，有持续不断的兴趣。④ 第二，《晋书》记载一位研究《史》《汉》两书的官员张辅，曾盛赞司马迁道：太史公以五十万字，书写三千年历史；而班固讲述

---

① 见李遥耀：《史记决疑》，第 1175—1181 页。李氏文章以不同的形式宣称了基本的事实；但与这里以及稍后的推论，无甚关系。

② 见《史记·太史公自序》。

③ 泷川资言：《史记会注考证》，第 5361—5362 页。

④ 《三国志·魏书·王肃传》（译注：原文误为"王萧"）。见《四部备要》本《三国志》，第 21 页上、下。

两个世纪的历史,用字八十万。这位官员还作出其他一些细致的比较,认为司马迁胜出。有一点很清楚:张辅对所谓的删减重构版《史记》,毫不知情。①

　　如果删减《史记》的帝令所带来的结果对该书的传播如此重要,那么有一点就确实显得有些奇怪,即帝令所带来结果,几乎无迹可寻。还有一点,为何要把原书多达五分之四的内容删除?究竟哪些被剔除,哪些被保留?这不仅仅是清除那些让人感到不快的语句及称引的问题。如果那些与班固作品相争的内容被删除,其数量会有一半。如果那些探讨儒经背景及起源的内容被剔除,那么主体部分将被保留。如果针对史记的敌视确实存在,那么《史记》留下来的只是一些索然无趣、态度允中的碎片。在其多达五分之四的内容被束之高阁从而不为人知的情况下,为何《史记》整本书并未受到限制?这里有太多推测。这些问题表明,解释清楚究竟发生了什么,绝非易事。

　　针对《史记》这一中国伟大历史书籍开山之作的文本考察,绵延不绝;学者昧旦晨兴、孜孜以求,与《史记》相关、试图阐释清楚书中一切的学问,业已积累成山。但是,中国学者似乎直到最近,方才注意到《后汉书》中关于删减《史记》之帝令的记载。这么猜测是否公平?亦即,对这条记载缺乏兴趣的原因部分地在于:积年累月的称引、注疏以及所谓研究形成的内容过于庞大,让实际上有不少微小差异的文本主体几无可能发生任何"革命性的变化"。其实,《史记》学术传统中有一个薄弱点:根据较晚创作的裴骃的《史记集解》,可知从东汉到晋,只出现了一到两部有关《史记》的注释。但是,这种情况与《汉书》早期宏富注释的闪烁其词相比,并没有太大差别。这里提及的证据,虽然不够丰富,但是可以用来证明《史记》的连续性。

　　总之,必须承认,杨终之后,《史记》确有可能被彻底重构。如果这一重构确实发生,其当来自《汉书》。《汉书》所使用的材料,正是原本来自《史记》又有修改的那些篇目。部分或全部使用在杨终之前就已存在的文本进行重构,亦是可能的。虽然杨终时代的氛围确实对"削减"有利;但是,有关删削《史记》的唯一且简单的声明,仅在一本作于杨终之后三百年的书中见过。如此看来,最激烈的批评忽视了有关连续性的证据。这些证据,存在于诸如《盐铁论》作者桓宽以及王充等汉代作家对《史记》的引用中。王充更是班氏家族的同时代人及朋友,在删减《史记》帝令的同时完成自己的著作。为什么他们的称引和今

---

① 《晋书·张辅传》。张辅是晋惠帝时人;晋惠帝约于公元300年前后在位。

日所见《史记》的内容如此相像？如果这些引用的内容借自《汉书》，那么几乎就是逐字逐句地借用。另外，极端的批评并没有充分考虑可能的联系——有关这种连续性的证据可以在《史记》的注解及其所用方法中发现。这种批评亦未能充分考虑这样一种缺失，即早期学者并未表明文本传统的断裂，《史记》的传播一如平常。所谓"默证"（argumntum ab silentio）不能证明任何东西。那种精心且重要的沉默不语，是尚未得到充分探究的情势的一部分。第一流的《史记》批评家，《史记探源》作者，指出《史记》中借自《汉书》的内容非常少，也从未提及所谓的杨终对《史记》的删减。

在班固时代缺失的《史记》十篇，与借自《汉书》的内在证据之间，如果不是同时发生，那就一定是紧密相连。一般而言，这一点很早就得到广泛承认，也就无须赘言。没有理由怀疑这十篇已经丢失或者遭到禁止，有关这一点的记载确定无疑。当前版本《史记》中，有些章节看起来全部或者部分地采自《汉书》。但究竟是哪一篇丢失了，以及借自《汉书》的具体内容，人们并未就此达成共识。西方学者通常由此触及所谓的《史记》问题，涉及具体的章节，尤为谨慎。譬如，伯希和在对三个章节的质疑中，曾经评论道，《史记》问题太过困难，不可能只是作为另一项研究的副产品而存在。在进行更为深入的探索后，伯希和只要有机会就会回到这一问题上来。[①] 伯希和最后的声明，无疑是弟子学徒的指南。然而，相关的研究仍有待深入。

崔适在其《史记探源》中，针对这些困难，做出最仔细也是最富挑战性的研

---

① 伯希和曾经批评道：卫礼贤（Richard Wilhelm）不是从"司马迁在100年前写就的作品"，而是从东汉时期一位改写《史记》的人那里，选取吕不韦的传记。见伯希和：《对卫礼贤作品〈吕氏春秋〉》（Frühling und Herbst des Lü Bu We）的评论》，《通报》（T'oung-pao），第28辑（1936年），"书目"（Bibliographie），第69页。在这篇文章的第78页注释4，伯希和写道："我并不能百分百确定赋予司马迁自传（即《史记》的'太史公自序'）"的那些绝对价值；但有关《史记》散失篇章的研究表明："太史公自序"的流传，依旧如初。伯希和在对王国维文集的评价中（见《通报》第26辑，1926年，第178页），又一次说道：《史记》第123卷中有关张骞的故事，就是在公元1世纪后，从《汉书》植回的。伯希和认为：现在看到的《汉书》中的张骞故事，是混杂了真实经传的历史浪漫之产物。在另一处，他宣称："张骞的西域之旅是非常真实的"，但其中确有浪漫化的元素。见《高地亚洲》（La haute Asie）1931年版，第8页。此外，伯希和也赞同亚瑟·韦利的观点，认为《史记》的《封禅书》（卷28）采自《汉书》，见伯希和《通报》第28辑（1930年）第233页；韦利：《东方研究院学报》（Bulletin of the School for Oriental Studies）第6辑（1930年），第3页。上述观点根本算不上新奇。提及它们，只是为了表明优秀考据学者的批评所具有的犹疑和保守态度。这里提到的篇章，位列最受怀疑的《史记》内容。在所谓《史记》问题得到更加深入的研究之前，怎么样的小心谨慎都不为过。这一领域的首席专家们，应该增加针对为数众多且不能进行烦琐考据工作的学者的帮助。在很多研究课题上，大批学者不得不求助于《史记》和《汉书》，以获得资料。

究。即便如此，没有什么独立的判断，会让人觉得崔适在揭露问题之外，更有进益；也不会有人同意：从崔氏的所谓"证据"中，会准确无误地推导出他的结论。《史记探源》基本上是针对《史记》的文本考据，着重点在于司马迁之后对原著文本的改变和增加。崔适在书中一一列举《史记》每一篇中需要进一步解释的地方。崔适在绪论部分陈述自己的结论及一般性阐释。其中的内容集中在刘歆的理论与儒经之关系上，对现有文本的关注并不多。崔适非常仔细地列出自己的结论：哪些篇章被不知名的作者注入新内容（这里无须提及褚少孙花哨却又笨拙的补写），以及哪些章节中有采自《汉书》的痕迹。① 崔适的证据，特别是那些关于《史记》"借"自《汉书》的证据，通常指的是文中出现思想及语言上的生硬断裂。人们将之与《汉书》中对应的内容进行比较，就可发现，有关的文本移植并不完整。必须承认，这些"发现"，根本没有什么了不起，在每一篇章中或许都有那么一两处；而且，设想究竟有多少内容在两本著作间转换——有时这些内容看起来微不足道——并非总是可能。不过，崔氏的"证据"，还是相当不错的。②

崔适列出三组含有《汉书》内容的《史记》篇目：第 10、12 卷；第 25—30 卷；第 96、113—116、120、122、127 卷。其中，首先就是关于文帝和武帝的本纪。武帝本纪中有按照年代顺序采自《汉书·封禅书》的内容。此外，还有些"书"来自《汉书》中有着类似篇名的内容，如，律、历、天官、封禅、河渠、平准等。至于传记，有些仅涉及某个部分；关于边疆地区的五部列传——南越、东夷、朝鲜、西南夷、大宛（崔氏认为是编采自《汉书》"张骞传"和"李广利传"）——亦是如此。《史记》的传记部分中亦有酷吏、佞幸、汲（黯）郑（当时）、张苍。虽然崔适没有给出具体所指，但在《汉书》中，很明显有相似的内容。

另据崔适，"妄人"（unknown hands）还对另外八个篇目，即第 22—24、60、119、126—128 卷，动过手脚。具体而言，其分别为：《汉兴以来将相名臣年表》，《礼书》（采自《荀子·礼论》），《乐书》（部分采自《礼记·乐记》），《三王世家》（有关汉武帝的三个儿子及其家族），《循吏列传》（有续写），《滑稽列传》（其中的一个部分），《日者列传》及《龟策列传》。③

应当根据以上列表，对《史记》注释者的说明进行核查。这些说明，和班固

① 见《史记探源》，"目录"。
② 见上书第一章；此类"证据"，全书可见。
③ 详见《史记探源》有关篇章。

时代《史记》佚失的十卷内容有关。有关这十卷的记载,确实存在。譬如,在《汉书》的注释里,有引用张宴的说法。① 据推测,张宴在3世纪中期指出《史记》的十篇佚文:第12—12卷(译者注:原文如此);第22—24卷;第60卷;第127—128卷;以及关于战争的一卷(其中的一个片段似乎保存在现有的《史记·乐书》中)。具体而言:《孝景本纪》《孝武本纪》《汉兴以来将相名臣年表》《三王世家》《傅靳蒯成列传》《日者列传》《龟策列传》。② 除去《孝景本纪》和《傅靳蒯成列传》,这一名单与崔适所言一致。崔适认为《孝景本纪》为司马迁原创;《傅靳蒯成列传》,也是《史记》的原作。《傅新蒯成列传》对本文的意义不大。

有注释断言:在汉元帝(公元前48—前33年在位)和汉成帝(公元前32—前7年在位)时期,褚少孙匆忙续写了品质低劣的《孝武本纪》《三王世家》《日者列传》和《龟策列传》。但这一宣称,只是笨拙地和《汉书》保持一致。《汉书》简要指出在公元前1世纪的时候,《史记》已经失去十卷内容。上述张宴的评论或许反映其时重写这十卷内容的努力。崔适认为这些并非出自褚少孙的手笔。③ 在皇子李贤等人为《后汉书》所作的注释中,有与张宴所说一样的《史记》十篇,但没有更多的解释。④ 如此,十卷佚文与《史记》采借《汉书》这一固有问题,交错起来。当然,这一问题并未让有关的章节变得更加复杂。

在评价以上观点时,要格外小心。崔适列出有问题的篇目;同时并非要借此证明其他篇目都没有问题。相反,他在不少其他篇目中,亦发现矛盾和错舛。对此,他认为只能用故意的篡改和替代来解释。《史记》第121卷(《儒林列传》)、13卷(《太史公自序》)就是很重要的例子。但不管是有意还是无意,所有这些观点都会有一些单独的主张。一旦这些主张被确证或者被删除,相关的文本就会被视为真实可信。此外,"文本中有迥异的续写内容"之结论,对所在篇目的主体而言,并非一种损害;相反,这些内容反向证明主体文本的准确。显然,这些续写的内容是在司马迁,甚至是汉武帝去世之后完成的。它们不在本文的研究范围之内,本文作者也就没有去探究这些内容自身是否值得关注。

---

① 见宋景佑本《汉书》后记。
② 见《汉书·司马迁传》。
③ 参见崔适:《史记探源》,清宣统二年刻本。
④ 见《后汉书·班彪列传》。

　　进一步说,显示出《史记》中有采自《汉书》的内容,并非要去谴责原书的虚假。这么做仅仅意味着,在原著中,只有一种占主体的史学传统,而非乍看起来的两种紧密、一致的传统。事实或许是这样的:《汉书》大规模地使用《史记》;《汉书》作者既利用司马迁曾经使用过的资料,也接触其他材料及新的资料提供者。还应该承认,在《史记》成书后的一个半世纪里,确实有针对它的偏见;但在整体上,社会上知名睿智之士,如皇家档案馆里的学者,接受这本著作,将其视为一部信史。这一时期,正是各项制度延绵不绝的历史阶段。当时,就算是《史记》的批评者,也只能使用和延续这本书,对原文的改动少之又少。通常情况下,这些人对《史记》的批评,主要在于该书不能支持他们的理论,尤其不能维护他们的党派利益。

　　《史记》问题的解决无法一蹴而就。相反,必须根据两套文本的整体,逐一考虑所有问题。譬如,包括崔适在内的所有研究者,都未能说明:在两本著作中的经济篇章,即《史记·平准书》和《汉书·食货志》之间,究竟有什么样的关系?如果《史记·平准书》采自《汉书》,又被修饰成早于《汉书·食货志》,那么如何解释这样的事实:后者的篇幅几乎是前者的两倍,但《食货志》中有关政治人物的文献却完全在《平准书》的范围内?文本中有可以识别的长段资料;至于其他部分,有些编排让人觉得很奇怪,甚至两书中对应的小单元亦是这样。可以很容易地认为:《汉书》中不止一条记载采用的是《史记》所遵循的呈现方式,并予以修改。譬如,《汉书·王子侯表上》似是采用《史记·建元以来王子侯者年表》;后者更可以在正文后提供比较宽泛的数据;两份年表在时间上也存在较大分歧。[①]

　　以上的探究,对本文的主体研究有什么意义?几乎可以肯定,《史记·孝文本纪》是后来重写的,其中或许包含了原著的片段。《汉书》中的类似内容,亦应受到怀疑,接受审查。就算崔适认为《史记·孝景本纪》是原作,也应该根据原著其他部分的内容,仔细地进行查对。只有《汉书》提供关于汉武帝的完整本纪,而且很有可能不是直接依据司马迁的《孝武本纪》,因为司马迁绝无可能完成这一本纪并将之保存下来。两书中有关作品的品质看起来都不错;传记和其他章节中的不少内容,都可以很好地匹配起来。至于《史记》中的“书”,有两篇——《河渠书》和《平准书》——是植入的。这些篇目,表明一种主要的

---

　　① 沙畹注意到这一点;见氏著《司马迁的〈史记〉》第3册,第171—173页及其长注释。

（资料）渠道。《汉书》则在经济论题上，提供更多的资料。根据文本的内在证据进行判断，涉及公元前124—前110年的编年片段必定出自司马迁。[1] 关于边疆地区的章节，相关内容必须被视为只有单一的来源；其中固有细微的不同，但这些不同让人难以相信。《滑稽列传》《日者列传》及《龟策列传》，无关紧要；其他"书"在本文的研究中，甚少用到。前述的目的，就是要避免把现有版本的《史记》不加甄别地视为原始史料；相反，在征引中，要将之与《汉书》做仔细比对。这里并没有提及大部分传记、关于更早期人物和事件的"本纪"及"表"，更未做仔细的说明。但是，对这些篇目，也应该根据前面所提及的对作者真伪的判断以及文本传播的情况，加以审查。无论什么时候，使用者都不应该放松警惕。

重提史料的价值，对史料而言是公平的。随后读者们将看到：这些史料，如此全面地描画一个伟大的国家，如此诚实地呈现出不系统甚至是相互矛盾的历史细节，如此包罗万象地重现形形色色的人及其手段还有学派，如此多地混融了按照过去和今天的标准所确定的光荣与失败，以至于让研究者觉得自己如此真实生动地感触到那个鲜活的社会——即便它是那么遥远和不完美。人们如果跌入模糊不清的主观主义，那么这一影响就会变得没有什么价值。但史料自身会结合起来，也会和同时期及邻近时期的作品、考古遗存、前后历史关联起来，呈现一部明白易懂的历史剧。历史故事本身是晦暗不清、破碎有误的。随着新的研究发现、对旧数据的有意为之的重新检查，以及持续不断地把全部元素联系起来发展出新的假设，历史故事会变得愈发清晰和完满。在这一过程中，主要史料的价值在增加而非降低。这就是史料最根本价值的最好证据；它亦确证这一尝试——减少史料中的错误、增加其真实度——的有用性。

这些史料所刻画、也是它们诞生其中的时代，正是本文要研究的历史时期。在这一时期，中华民族取得相当的发展，中国人相当强烈地意识到自身还有自己过去的影响。在史料所刻画出来的这样一幅巨大且复杂的历史图景中，不可能每一个细节都得到保证。但在其中，有着复杂的关系网；通过这些关系，具体的事件、人物等可以得到检测。从历史创作的角度看，这种复杂性

---

[1] 《史记》卷30，《平准书》；沙畹：《司马迁的〈史记〉》第3册，第552—599页；《汉书》卷24下，《食货志下》。

是那种缺少历史元素及文献的境况所无法比拟的。一切都是相对的。不过，历史学家的驻足之点，可以在伽乐(Esson McDowell Gale)及葛兰言(Marcel Granet)的话语中发现："正是在公元前的两个世纪的时间里，那种关乎中国社会发展之境况的知识得以牢固地建立起来。上古的迷雾已经散去；难以数计、孜孜不倦的写作者和编著者们，创作出大量作品，向世人展示庞大的中华帝国。这个国家，有着积极作为、活力四射的人民，创造出让人难忘且影响亚洲的文化体系；这一切让西洋的希腊、罗马汗颜。"①"有关秦始皇帝和汉武帝时期历史的资料既不完整亦非绝对准确。但两位帝王主政时期所发生事件的规模是如此宏大，以至于后世的批评者不畏困难，执意涉猎其中。"②

第二节　其他史料

这一节的目的是提供一份加有注解的详表，其中涉及与本文研究直接相关或对研究有价值的史料。当然，这里不会把所有引用到的史料都一一列举出来。这份提纲很宽泛，也是必需的。

对本文研究帮助最大的，是沙畹翻译的《史记》。③沙畹从《史记》130篇中译出47篇，分量差不多占全书一半，计有本纪、年表、书及部分世家。在其中，三分之一与本文研究直接相关，且在《汉书》中有对应的篇章。考虑到沙畹翻译《史记》的时间及条件，他的译著堪称杰出；即便是在今天，仍旧为人所用，只需微小的完善，没有替代品。因为有仔细的注释、索引，以及等同于大部头解释性研究的介绍和附录，翻译的价值大大提高。④沙畹为帮助人们理解司马迁生活和创作的那个时代，对汉武帝时期加以简单介绍。除此之外，其作品算不上历史著作。但是，沙畹的译著为西方人打开中国史料的大门；同时，也间接地推动那些熟悉《史记》、将之视为文学的中国学者，用一种现代手段来研究《史记》。

本文当然有理由引用沙畹的《史记》译本。读者在文中看到的《史记》英译，都受到沙畹译著的影响；而且，差不多一半的译文，完全参照沙畹的法文译

①　伽乐：《〈盐铁论〉：古代中国有关国家对工商业控制的争论》，第12页。

②　葛兰言：《中国文明：公共与私人生活》(La civilisation chinoise：la vie publique et la vie privee)，巴黎万丽书海(La Renaissance du livre)1929年版，第6页。

③　该书共计5册6卷，1895—1905年于巴黎出版。

④　有关内容包括：对作者的研究；汉武帝统治的时期；史料来源、方法、注释者及文本；秦汉时期的行政管理；汉武帝时期的封国及郡县；秦代铭文；历法。

本完成。任何人都可以改变译文；但如果不是确定可以改善原译的话，那就没有必要这样做。不过，通过可以获得的更加完善的注解，最近中国学者的研究以及对沙畹研究的检视，现有译文中的不少地方在细节上有可能获得进一步的提高。在这一过程中，法文译本依旧不可或缺，以之确保《史记》原文不会被误解，以及在有需要的时候对法文本进行完善。仅在几处，有必要指出沙畹未得原文要领。沙畹译著的批评性"导论"里，有一个巨大的不足。具体说来，沙畹在完成翻译时，或许已经开始更全面地思考《史记》与《汉书》之间的关系。他本可以借对《史记》中较晚时期的篇章的持续分析，对有关问题作出更精准的思考和判断。可惜他在"导论"中，并未能有所作为。在沙畹之外，除去一些片段以及下面将要提及的夏德(Friedrich Hirch)所译章节，再没有《史记》和《汉书》的系统翻译。

与主要史料紧密关联的，是一组解释性的著作。这些著作，由相关的信息、多少经过重组的资料或者从主要史料中分类摘出的资料组成。研究上古中国的学者都很熟悉这种情况：一些看起来蕴含丰富、能满足研究各个阶段之需求的篇目，往往最终被证明不过是改头换面的基本史料而已；而且，如果有不同的内容出现，这些内容通常又因为无法回溯至较早的来源，从而受到学者的质疑，甚或变得无甚价值。就本文研究涉及的历史时期而言，在成书于唐朝的《通典》、宋朝的《通志》和元代的《文献通考》中，存在着这样的情况。"三通"跨时代谈及特定的主题，提供有关制度的解释；但没有什么个性，在未注明的情况下大量使用《史记》和《汉书》，除此就只剩下含糊不清和较晚年代的内容。东汉的卫宏，(部分地)通过汇编历史注释等资源中的内容，撰写完成关于汉代官职的《汉官旧仪》。书中最有用的部分，正来自我们所熟悉的那些注解。[①]应劭的《汉官仪》与之类似。[②]

还有一些从主要史料中摘出的制度或者准制度汇编；其中常规史料以外的内容大多来自编纂者，并非由选编、分类造成。此类汇编的代表作品有：宋代徐天麟的《西汉会要》[③]及著名学者王应麟的《汉制考》。[④] 在当代同类型著

---

① 见《武英殿聚珍版全书》，第252卷；重印于《四部备要》。
② 见《四库丛书》第42卷。亦见陆心源编：《十万卷楼丛书》，并见《四部备要》。
③ 《武英殿聚珍版全书》收入的本子有12卷。
④ 见《玉海》第8卷。

作中，如瞿兑之《汉代风俗制度史》、①邓之诚《中国通史讲义》第一册，②有更多现代理念占据主导地位；作者在书中往往撰写有导论或者总结性的评论。但这些著作本质上仍旧是史料读物（source-books）。整体上，此类汇编主要用作粗略的索引或清单，帮助读者按照制度或者其他分类主题，寻找散落在原著中的相关内容。在程树德的《汉律考》③一书中，可以见到对此类方法的精湛应用；借此，作者试图重现汉代法律及其实践。不过，无论是这本书抑或前述所提及的著作，都未能把公元前2世纪的史实与随后三个世纪所发生的事情，区分开来。发生在较晚世纪的更加复杂的历史进展，侵蚀了对较早世纪的记录和解读。虽然这些世纪互有区别，但其间确实存在着显著的连续性。

考古科学在中国刚刚起步。已有的显著成果大多与更早的时代相关。但在另一方面，大部分为人们熟知的铭文、钱币等已获得验证，其年代确实晚于本文研究的历史时期。即便如此，仍旧有不少物质遗存，可以回溯至公元前2世纪前后；这些遗存，让艺术、科学和技术方面的文字记录更加完整。一般而言，物质遗存能确证社会发展的阶段，但无法为主要史料提供重要的修正。同时，这些遗存亦未能通过铭文、钱币及发掘现场等，提供给我们具体的数据，以巩固现有的历史作品抑或重写历史。近年来，在山东等地发现的重要墓葬，其时代可以追溯至汉代，但大多属于东汉，考古学家对其尚无充足把握。斯坦因（Aurel Stein）在位于今天新疆的汉代边防卫所遗址中所取得的发现，会让一些有价值的想法，变得更加清晰起来。斯氏的发现包括：最早可以回溯至公元前63年的秦汉货币；汉代存放箭镞的匣子；边防连队的医药箱；具有巨大历史价值的度量衡；让人颇感兴趣、年代最早在公元前98年的军事和个人文献；弓弩与皮铠甲；公元前61年官府作坊生产的盾牌，等等。④ 科兹洛夫（Pyotr Kozlov）在探险中，实地考察位于恰克图（Kiakahta）与乌兰巴托（Urga）之间的汉（朝）匈（奴）古战场，证实中文文献中关于匈奴的记录在公元前就已存在。

---

① 见1929年北京版。

② 见1933年北京版及其他版本。

③ 见1920年南京四册本。

④ 见斯坦因（Marc Aurel Stein）：《西域：一份有关在中亚及中国最西部探险的详细报告》（Serindia: Detailed report of explorations in Central Asia and westernmost China），（伦敦及牛津）克莱伦登（Clarendon）出版社1921年版，第1—5册；特别是第2册第617、647、659—661、720、758页及以下。另见沙畹：《斯坦因在新疆沙漠所见汉文文献》（Les documents chinois: découverts par Aurel Stein dans les sables du Turkestan oriental），牛津1913年版。

"在所发现的原始物品中,有些是对那个在公元前 2 世纪占统治地位的王朝的直接反映。"①日本考古学家在位于朝鲜东北部的乐浪(Lo-lang)地区的汉墓中,收获确定无疑的成果,计有:印章,有汉代铭文且可追溯时间的货币,包括武器在内的铁器、铜制或铁制箭头、铁镜、丝绸、玻璃、漆器,具有文化和艺术价值的物品。② 最早期的物品属于公元 1 世纪;不过,有一些物品的型制属于更早的时期。

目前,关于物质遗存的佳作有:劳弗尔(Berthold Laufer)的《中国汉代墓葬雕塑》(*Chinese Grave-Sculptures of the Han Period*,伦敦 1911 年版);费舍尔(Otto Fischer)的《中国汉代绘画》(*Die chinesische Malerei der Han-Dynastie*,柏林 1931 年版);霍布森与西泽灵顿(R. L. Hobson and A. L. Hetherington)合著的《汉代至明末的中国陶器艺术》(*The Art of the Chinese Potter from the Han Dynasty to the End of the Ming*,伦敦 1923 年版);安德森(J. C. Anderson),"动物风格的狩猎巫术"["Hunting Magic in the Animal Style";见斯德哥尔摩《远东古物博物馆馆刊》(*Bulletin of the Museum of Far Eastern Antiquities*),第 4 辑(1932 年),第 221—317 页],等等。前述书文都配有制作精美的关于武器设计的图表,亦都谈及材料及这些器物与匈奴及亚洲其他文化的关系。但这些作品只是提醒我们,哪些研究领域已经被开辟出来,存在可以利用的丰富文献。

对中国自己搜集的考古资料,本文也只能枚举几例。在堪称标准著作的《两汉金石记》中,只有 5 件可以确认属于本文研究的历史时期的器物:一件青铜带扣、四枚出处不明的钱币。青铜铭文大多是形式上和礼仪性的。中研院 1931 年版五卷本《秦汉金文录》中所收录的八百件吉金上的文字即如此。本文对钱币持强烈怀疑态度。等到有经过检测、来自墓葬和其他遗存的数据之后,再去确定钱币所属的时代,这么做似乎要更安全一些。不应该太过信任来

① 见彼得·科兹洛夫(Pyotr Kozlov):《蒙藏探险之旅中的考古发现》(Les decouvertes archeologiques de l'expedition mongole-tibetaine),《亚洲艺术评论》(*Revue des arts asiatiques*)第 7 辑(1931—1932 年),第 15—19 页。更多信息见叶慈(W. P. Yetts):《科兹洛夫探险之发现》(Discoveries of the Kozlov Expedition),《伯灵顿杂志》(*Burlington Magazine*)第 48 期(1926 年),第 168—185 页。在正式的俄、德文科兹洛夫报告中,甚少关于较早历史时期的内容。

② 朝鲜总督府(Government-General of Chosen):《古乐浪地区考古研究》(Archeological Researches on the Ancient Lo-lang District),1925 年版;京都帝国大学(Kyoto Imperial University)文学院:《考古研究报告》(Reports Upon Archeological Research),第 11 辑(1928—1930 年);原田淑人(Yoshito Harada)(奉东京帝国大学文学院之命):《乐浪》(*Lo-lang*),1930 年版。

自形形色色收藏家或者手册的说法。秦代及西汉最早几任皇帝时期的货币，并没有标明年代。在漫长的时间里，我们现在所知的几种标准货币，曾经被重铸过很多次。盗铸货币在当时非常普遍。有关货币的描述让后世的工匠尝试将之重铸。早在宋代，针对钱币的古物研究就已方兴未艾。几个世纪过去了，早期钱币的影印书册亦非罕见。人们通过铜镜、青铜祭祀用具、家用器皿、墓葬品，可以了解那个时代的艺术形式、工艺以及生活方式。但是，在同时期散布于近东的可以明确年代的钱币和铭文中，尚缺乏那种广泛的确定性。这种确定性可以与其他种类的物质遗存一道，形成对历史研究最有帮助的组合。

在目前已有的大量讨论中，有关历史上度量衡的佳作尚未出现。德高(J. A. Decourdemanche)在其作品《古今货币与度量衡：印度与中国》(*Traite des monnaies，measures et poids anciens et moderns de l'Inde et de la Chine*，巴黎1913 年版)中，通过(带有偏见的)选择和计算，试图简单地证明：中国的度量衡来自近东。马拉基耶夫(A. V. Marakiev)的著作《中国度量衡》(*Mery i vesy vi Kitae*)赢得伯希和的称赞。① 但作者未能亲阅此书。顾炎武在其名作《日知录》②里汇集一系列重要的文本。他依此得出结论：在汉朝结束后的几个世纪里，重量单位变化如此剧烈，以至于汉代的"单位"只有对应的现代"单位"的三分之一。顾氏的结论被不少当代学者不加讨论地接受和称引。③ 顾炎武汇集起来的史料未能解释为什么度量衡发生如此大的波动以及这一波动是如何发生的；而且，这些史料自身并不一致。他的"三分之一"说，只是一个大概的平均数。方法敛(Frank H. Chalfant)利用文本证据及铭文中的"发现"，得出这样的结论：当时的重量单位大体是现代单位的一半。④

《汉书·律历志》完整记录相互关联的度量衡；所有度量衡在理论上都与宇宙现象联系起来，官府为之制作出青铜或竹制标准器。⑤ 在汉代，一位男性通常被描述为七尺之躯。斯坦因发现一把有十个刻度的量尺，每一个刻度约

---

① 见《通报》第 29 辑(1932 年)，第 219—220 页。马拉基耶夫的著作在 1930 年于符拉迪沃斯托克(海参崴)出版。据说，这本书的部分内容是关于历史研究的，附有高质量的俄文与中文参考书目。

② 见《日知录》第 11 卷最初的几页。

③ 见瞿兑之：《汉代风俗制度史》，第 321 页及以下；沙畹：《司马迁的〈史记〉》第 3 册，第 539 页注释 4。

④ 见方法敛：《秦代标准度量衡》(Standard Weights and Measures of the Ch'in Dynasty)，《皇家亚洲文会北华支会会刊》(*Journal of the North China Branch of the Royal Asiatic Society*)，第 35 辑(1903 年)，第 21—25 页。

⑤ 《汉书·律历志上》。

是 0.9 英寸;每个刻度下还有进一步的十进制划分。斯氏的发现与中国文献及传统一致。他还找到一些木简和竹简,其长度是一尺,约等于 9 或 9.5 英寸。① 这些尺、寸在对一缎丝的长度的描述中,得到进一步的检测。② 艾伯哈德(W. Eberhard)在记录一件公元 81 年的量器时,引用古物学家罗振玉的说法。艾氏器物的长度是 23.6 厘米(9.29 英寸)。本文很快就会提及此物。据此可计算出:中国的 1 亩相当于 6.05 英亩。艾氏将之与福兰阁的"地方亩"(当时的平均数为 1 中国亩相当于 5.69—7.0 英亩)相比。③ 这似乎意味着:"中国亩"在两千年的时间里一直保持稳定。但"亩"直接依据"尺"(约等于6000平方英尺);而现代标准的"尺"相当于 14.1 英寸,要比传统的 9 英寸长许多。④ 本文很难遵从艾氏对"亩"的简单计算。"亩"的变化是真实存在的;变化与长度的计算直接相关。

在刚刚过去的十年中,比斯坦因氏的所谓物质遗存更加精确和富有启发性的,是新近发现的标准量器实物与中国学者相关历史研究的汇合。1926年,王国维在名为《记现存历代尺度》的讲座中,提及王莽时期(公元 9—23 年)的一件青铜量器"斛"。刻度显示此器深 1 尺,跟之前所知同时期量器基本一致,仅多出 9.25 英寸。他还提及一件公元 81 年的铜尺。铜尺为居住在山东曲阜孔府的孔子后人所有,长度为九英寸又二十四分之七。⑤

最近,考古学家马衡在题名为《〈隋书·律历志〉十五等尺》的小册子里为我们提供更多细节。1924 年冯玉祥在北京发动政变;随后有人在紫禁城内寻得一件青铜量器。马衡亲自测量这一器物的容量,发现其与公元 81 年标准一致,即一尺为 0.231 米。根据铜斛上的铭文,其容量为 1620 立方英寸。⑥ 这样一来,斛要比文献所说与之大体一致的"石"小很多。整体上,马氏著作已获

---

① 见斯坦因:《西域》第 2 册,第 660 页,注释 9。

② 同上,第 661 页。

③ 艾伯哈德(Wolfram Eberbard):《论汉代农业》(Zur Landwritschaft der Han-Zeit),(柏林)《东方论坛》(*Mitteilungen des Seminars für orientalische Sprachen*)第 36 辑(1932 年),第 98 页。

④ 关于现代尺、寸等,可参见任何《中国年鉴》。本文没有考虑当下将其转换更简单的米制的努力。

⑤ 讲稿由恒慕义(Arthur William Hummel Sr.)翻译成英文出版;见《皇家亚洲文会北华支会会刊》第 59 辑(1928 年),第 112—113 页。

⑥ 这本中文小册子由福开森(J. C. Ferguson)翻译成英文并出版;见 *The Fifteen different Classes of Measures as Given in the Lü Li Chih of the Sui Dynasty History*,北京 1932 年版。特别见译本第 3—5 页、11—12 页。文中其他有价值的论点与本文关系不大。

得明确证实。

本文出现的度量衡单元如下：1 尺(10 寸)相当于 9 英寸。1 里(1800 尺)相当于四分之一英里多一些而非通常认为的三分之一英里。1 亩或可相当于八分之一而非六分之一英亩。1 顷(100 亩)大体相当于 12 英亩。1 斛粮食有时被认为相当于 1"石"粮；但在王莽时期，其相当于 1620 立方英寸。换言之，其相当于四分之三立方英尺，或五分之三美制蒲式耳。通常情况下，"石"是粮食和重量单位，与现代的"石"(读作 dan 四声；英文为 picul)相当。1"石"相当于 133 磅。若按照顾炎武的说法，或者认为其与 1 斛相当，1"石"在本文研究的时期就只有 45 磅重。1"石"古时等于 120 斤，而非现代的 100 斤。若没有什么变化，1 斤相当于 1.11 磅；在现实中，1 斤大概是三分之一或五分之二磅。1 斤有 16 两("益司")，约相当于英美制的三分之一或五分之二。1 两等于 24 铢；铢多用在称量小额货币。在实际应用中，1 铢相当于四分之一英制常衡益司，和 25 美分相差不远。

本文参考为数不少的研究，涉及交通、法律、经济、政治理论、国家组织等诸多主题。大多数研究，要么对现代学术无所裨益；要么对本文研究的特定时期而言太过简略。它们不过是用后来的百科全书式的语言概述史料中为人熟知的一些内容。只有寥寥几本真正有贡献的著作值得一提。在倭讷(E. T. C. Werner)为斯宾塞(Herbert Spencer)巨著撰写的看起来奇奇怪怪的大杂烩中，有着来自中国巨著的英文注解；它只能用作主题清单，无法单独使用之。① 朱希祖在丰富文本的基础上，就铁器在江南地区的早期发展，做出不错的讨论。② 万国鼎在《中国田制史》中，对中国农业问题的考察可谓勤奋有加、富有智慧。万氏研究采用的方法论，则可以更进一步。③ 虽然马伯乐的文章《中国汉代的个人生活》(*La vie privée en Chine à l'époque des Han*)所用资料大多来自汉以后的几个世纪，还是能够反映当时的社会条件和人们的日常生活。④

除了主要的史料，本文还经常引用以下三本著作。《商君书》被用来揭示

---

① 见斯宾塞(Herbert Spencer)：《叙述社会学：中国篇》(*Descriptive Sociology：The Chinese*)，伦敦 1910 年版。

② 见朱希祖：《中国铁制兵器先行于南方考》，《清华学报》第 5 卷第 1 期(1928 年)，第 1475—1487 页。

③ 该书第 1 册在 1934 年于南京出版；书中第 69—143 页涉及整个汉代。

④ 见《亚洲艺术评论》第 7 辑，第 185—201 页。

秦国的性质和政策。该书是法家及信奉法家思想的政治人物的最具代表性的作品，深刻影响法家学派的发展。法家的思想者和政治人物对本文研究的时代而言，非常重要。《商君书》也是法家著作中编辑得最好的一本书；它与韩非子作品中的很多部分紧密相关。韩非子是法家学派的集大成者，也是最有影响力的法家思想者。戴闻达（J. J. L. Duyvendak）把《商君书》出色地译为英文（伦敦 1928 年版），附上高质量的介绍、注释及文本分析。①

公元前 81 年，也就是汉武帝去世后第六年，西汉宫廷里发生了一场辩论。这场辩论对本文的研究有非同一般的价值。这场辩论，完整体现儒法两家在

---

① 本文对《商君书》（特别是其第二章及以下）的使用非常频繁。故而这里做补充注释。戴闻达译本的第四章，"商君书的文本"（The Text of the Book of Lord Shang），特别是其中的第 141—159 页，处理的是该书真伪的问题。这一部分最后两页内容摘录于此，从中可见译者查验原著真伪的结果。戴氏的查验中有对质词（particles，一译小品词）使用的精巧分析，堪比高本汉（Bernhard Karlgren）的研究。高本汉的研究在确定同时期中文文献的年代上，尤为重要。在发现了这些质词的《商子》（即《商君书》）的篇章中，语法的近似性对公元前 3 世纪的特定文本而言，是完整的（保留意见请参阅一览表所加的注释），在其他公元前 3 世纪的文本中，尚未见到《商君书》和《韩非子》之间的那种强烈的相似性……文献分析完全确证了一印象：在为译文所加的注释中，有 29 处不得不去参考《韩非子》，寻找相同或者相似的表达；毫无疑问，这种情况还会增多。或许可以这样猜测：两本著作继承了相同的法家学派的遗产。所以，对此也不必大惊小怪。我还 12 次参考了《管子》一书……现有版本的《商君书》是不同风格段落的汇集。有些段落要更加古老一些；在其中，或许包含有已经散佚的原书片段。整体上，较晚出现的段落始于公元前 3 世纪。有些篇目，如第 26 章，看起来出现在公元前 3 世纪的最后二十五年。在这一点上我不愿意显得太过教条主义。我承认存在这样的可能性：虽然第 17 篇使用了具有公元前 3 世纪特点的质词，但它仍应该被视为是晚出的，因为它比当时的文本要冗长啰唆许多。其他一些段落也是有价值的；原因在于，它们要么让我们接触到（我所认为的）法家的原始思想，要么体现了该学派的后期发展。应当指出，在《韩非子》中，有几处曾提到"公孙鞅"（商鞅）之法。马伯乐对《商君书》提出了最激烈的批评，见氏著《古代中国》（La Chine anique）第 520—521 页。在其批评中，马氏没有解释这样的观点：由一位不知名的作者在公元前 3 世纪编纂的《商君书》已佚。他认为目前所见《商君书》是六朝时期（220—587）的"伪作"。虽然马伯乐堪称权威，但是他的极端批评并未得到现代学者的赞同。来自马氏反对者的最新声明是韦利（A. Waley）在其著作《道与其力》（The Way and Its Power）中发出的（见该书第 85 页）。韦利称赞了戴闻达的工作，认为《商君书》成书于公元前 3 世纪末。梁启超写道，《商君书》并非商鞅所作，而是战国末年法家学者编辑而成；这就是说，《商君书》在公元前 3 世纪成书（见梁启超《先秦政治思想史》第 112 页）。几乎所有发出评论的人，都强调了归于商鞅名下的思想的重要性，特别是其对理解法家学派的非凡意义。吴国桢的观点最为直接："在所有中国古代的理论家中，商鞅的思想最为系统；就对法家理论的鼓吹而言，商鞅最为正统。"见氏著《中国古代政治理论》（Ancient Chinese Political Theories），第 151 页。本文使用《商君书》，目的有二。第一，用之阐释秦国的诸原则；这些原则经过几代人的发展，在中国成为至高无上的。第二，将之特别用于展现那些流行于秦国政治人物和大一统时期法家思想信奉者当中的思想。《商君书》并未打算重建有关商鞅时代（公元前 4 世纪）的史实，即便是将之与其他资料结合起来会有很好的结果；毋宁说，它向我们呈现了公元前 3 世纪的政治家和思想者是如何看待秦国的诸多手段的。如果《商君书》并非历史本身，那么它就是重要人物头脑中所理解的历史。至于《商君书》的成书年代，本文遵循迄今为止有关法家著作最全面研究的结论：该书成书于公元前 3 世纪后期，书中或有更早期版本的片段。如果最终的考据表明书中一些文本形成于更晚的时期，这些文本应被视为秦始皇帝之后而非之前法家学者的作品。

标志着前朝特点的重要国家实践如政府专营、经济运作等方面的分歧。桑弘羊是武帝时期最主要的经济管理者，秉持法家的观点。儒者的争论则基于一个时代的实际经验。伽乐已经令人满意地把这场辩论中一多半重要的内容译为英文，并加以编辑。其译作名为：《〈盐铁论〉：古代中国有关国家对工商业控制的争论（第 1—19 章）》(*Discourses on Salt and Iron*：*A Debate on State Control of Commerce and Industry in Ancient China*，Leyden，1931)。①

在公元 82—83 年，极具怀疑精神的"杂家"王充完成了自己的著作《论衡》，为世人提供很多有用且具启发性的观点。《论衡》中满是对学派、理论及有关人物的讨论，这些都来自本文研究的时代。王充甚少明指某一史实或某一事件，但他的写作的确照亮历史的书页。佛尔克加有注释的英译已能为人所用。译本分为两册：《〈论衡〉上：王充的哲学论文》(*Lun-Heng*；*Part* Ⅰ：*Philosophical Essays of Wang Ch'ung*，莱比锡 1907 年版)；《〈论衡〉下：王充的各类文章》(*Lun-Heng*；*Part* Ⅱ：*Miscellaneous essays*，柏林 1911 年版)。

本文并不直接探讨一般意义上的哲学。但中国不同于世界其他地方，政治思想在这里是宽泛意义上的哲学的一个有机组成部分。最好的关于政治思想家的研究，往往出现在讨论一般哲学的著作中。胡适的《中国哲学史大纲·上》有些许价值。该书是胡氏对自己较早创作的"先秦名学史"(The Development of the Logical Method in Ancient China)的扩充(原著在 1922 年于上海出版)。胡氏在其《大纲》中同时做出太多"爆炸性"的文本考据，结果就是让其书看起来冗长且分散。② 至于西方学者的著作，最有用的解读来自佛尔克(Alfred Forke)的《中国古代哲学史》(*Geschichte der alten chinesischen Philosophie*，汉堡 1927 年版)、《中国中古哲学史》(*Geschichte der mittelalterlichen chinesischen Philosophie*，汉堡 1934 版)。③ 佛尔克在文本上很保守，批评不足。但是，他带着德意志式的关怀，涉足整个思想领域。虽然绝大多数西方学者创作的概要性作品都可以忽略不计，但涂驰(G. Tucci)的《中国古代哲学史》(*Storia della Filosofa Cinese Antica*，博洛尼亚

---

① 译者注：《盐铁论》第 20—28 章的内容亦由伽乐译出，刊载于 1934 年出版的第 65 辑《皇家亚洲文会北华支会会刊》第 73—110 页。

② 见上海 1919 年版及随后的再版；特别见其关于墨子、荀子、法家和公元前 3 世纪思潮的章节。

③ 在其《中国古代哲学史》，见关于管仲、荀子、墨翟、商鞅、韩非子、吕不韦的章节；在其《中国中古哲学史》，见关于淮南子和董仲舒的章节。

1921 年版）是可采用的。作者在书中选用了一些不太为西方学者所知的中文文献。① 佛尔克的《中国人对世界的认识》（*The Worldconception of the Chinese*，伦敦 1925 年版）一书，就是一部中国宇宙观的解释性词典。书中所言中国的宇宙观，持续不断地影响着中国人的思想及其历史写作。葛兰言所著《中国思维》（*La Pensée chinoise*，巴黎 1934 年版）关注的是上古中国，对研究对象作出原创性的分析。该书第四章"学派一览"（Sectes et Ecoles）的一些部分，对本文有参考价值。

就中国政治思想而言，涉猎甚广的梁启超的著作《先秦政治思想史》（上海 1923 年版）可资借鉴。在这本书中，梁氏广博的知识显得有些松散。《先秦政治思想史》已有英译本。② 书中谈及法家的部分已被译为法文；艾斯卡拉（Jean Escarra）和泽曼（Robert Germain）为之撰写导论"秦统一前的法之观念与理论"（*La conception de la loi de les théories des légistes à la veille des Ts'in*，北平 1926 年版）。许仕廉（Hsü Shih-lien）的《儒家政治哲学》（*The Political Philosophy of Confucianism*，伦敦 1932 年版）虽是一部过分系统化的社会学著作，但也提出不少还算不错的观点。德效骞（Homer Hasenpflug Dubs）翻译的《荀子》（伦敦 1927 年版）及其著作《荀子：古代儒学的塑造者》（*Hsüntze, the Moulder of Ancient Confucianism*，伦敦 1928 年版），都能为本文所借鉴。当然，对之亦有不少合适的批评。吴国桢的《中国古代政治理论》（*Ancient Chinese Political Theories*，上海 1928 年版）批判性不足；但书中有关哲学家著作的翻译还不错。吴氏对这些哲学思想的解读也富有见地。在有关道教之影响的新研究中，包含来自探索法家时的灵感。韦利的《道与其力》（*The Way and Its Power*，伦敦 1934 年版）就是此类研究的代表。胡适在其《淮南王书》（上海 1931 年版）中，对淮南子这位复杂难解的王子哲学家的作品有过深思。戴闻达在讲座《中国哲学研究》（*Etudes de philosophie chinoise*）中，很有见地地讨论荀子、商鞅和韩非子；其中，对荀子和商鞅的探讨尤为翔实。③ 因为梅贻宝的译研之作《墨子的伦理及政治作品》

---

① 譬如，在该书第 170—178 页，有《〈韩非子〉选译》（Traduzione de Han Fei-tze）。

② 见 *History of Chinese Political Thought during the Early Tsin Period*，伦敦 Kegan Paul，Trench，Trubner&Co. Ltd，1930 版，译者为 Chen Li-ting。书中实际的内容不为其题名所限。

③ 见《法国及外国哲学评论》（*Revue philosophique de la France et de l'étranger*）第 110 期（1930 年），第 372—417 页。

(Motse, The Ethical and Political Works, 伦敦 1929 年版)、《墨子：被忽视的孔子对手》(Motse, The Neglected Rival of Confucius, 伦敦 1934 年版)，关于墨子的研究已有显著的发展。

在有关汉代儒学及士人阶层的研究中，毕欧（Edouard Biot）90 年前出版的《中国公共教育史及士人之业》(Essai sur l'histoire de l'instruction publique en Chine：et de la corporation des lettér)，即将失去影响。毕氏著作依据的是《文献通考》。其中关于汉代的部分，要让位给那些基于原始史料的新研究了。吴康（Woo Kang）在《董仲舒天人三策》(Les trios theories politiques du Tch'ouen Ts'ieou)中，认真讨论了和汉代儒学某一重要元素有关的文本、学派及概念。福兰阁的研究领域与吴康相近，其关注重点在董仲舒的《春秋繁露》，详见氏著《儒学教义史与中国国家宗教》(Studien Zur Geschichte Des Konfuzianischen Dogmas Und Der Chinesischen Staatsreligion, 汉堡 1920 年版)。董仲舒和汉武帝之间的三场策问已经由邵弗特（W. Seufert）译出，可参见邵氏文"有关汉代国家重组的文献"(Urkunden zur staatlichen Neuordnung unter der Han-Dynastie)。[1]

胡适在其显得有些莽撞的论文"儒学在汉代成为国家宗教"(The Establishment of Confucianism as a State Religion during the Han Dynasty)中，强调存在于修改过的儒学传统中的具有调和性质和明显宗教色彩的元素。[2] 同时，施耀克（J. K. Shryock）在《孔子国家崇拜之起源与发展初探》(The Origin and Development of the State Cult of Confucius：An Introductory Study, 纽约 1932 年版)中，平允地解释了大量的有关事实，其中有很多材料与汉代相关。在马伯乐的文章"《左传》的成文与时代"(La composition et la date du Tso tchouan)[3]和高本汉著"《周礼》及《左传》文本的早期历史"(The Early History of the Chou Li and Tso Chuan Texts)中，[4]学术问题与儒者的兴起，被紧密关联起来。

通常情况下，中国学者关于政治组织的评论，如易君左的《中国政治史要》

---

① 见《东方论坛》第 25 辑（1922 年），第 1—50 页。

② 见《皇家亚洲文会北华支会会刊》第 60 辑（1929 年），第 20—41 页。

③ 见《比利时高等中国研究院出版之〈中国与佛教〉》(Melanges chinoises et bouddhiques publies par l'Institun Belge des Hautes Etudes Chinoises)第 1 辑（1931—1932 年），第 137—215 页。

④ 见《远东古物博物馆馆刊》第 3 辑（1931 年），第 1—60 页。

（上海 1929 年版）太过表面化，几为文字游戏。一些文章颇有独立性，但内容不值得过多考虑，如雷海宗的探索建立皇帝制度重要意义的《皇帝制度之成立》。① 更有价值的著作是朝河贯一（Kan'ichi Asakawa）的《日本早期制度：大化革新研究》（*The Early Institutional Life of Japan: A Study of the Reform of* 645 *A.D.* ，东京 1903 年版）。该书探讨作为日本接受唐代制度之前提的那些深层思想及相关的中国政治制度。顾泰利（Telly Koo）在《西汉宪政之发展》（*The Constitutional Development of the Western Han Dynasty*）一文中，用很小的篇幅为读者提供关于当时政府体制的信息。但是，无论就准确性还是作者的解读而言，顾文都难以让人满意。②

在最新的关于秦汉时代的一般性研究中，值得一提的只有福兰阁的《中华帝国史》（*Geschichte des Chinesischen Reiches* ，柏林 1930 年版）第 1 卷。书中有两百页内容和本文研究的时代直接相关。很难品评福氏的著作。一方面，作者付出原创性的努力，在新的解读中提出新的观点。另一方面，作品仓促而就，经常出现这般情况：中国内容被欧洲的类比取而代之，所谓概论不过是种随随便便之论。读罢难免感觉失望。就价值而言，书中的内容远逊于其框架。葛兰言在其《中国文明》（*La civilisation chinoise* ，巴黎 1929 年版）中，用了一百页的篇幅描述秦汉之前的时代。这部分很有启发性，不像其他部分那样广受批评。但葛氏涂尔干式的对古代中国的重建，让人闻到了巴黎图书馆以及法式假说的刺鼻味道。不过，其著作或能撞碎传统（文献）的硬壳。在诸多中国通史中，有关秦汉时期的最出色的作品是赖德烈（K. S. Latourette）的《中国人：他们的历史，他们的文化》（*The Chinese: Their History and Culture* ，纽约 1934 年版）。作者在书中小心翼翼地总结最好的西方研究成果。大批用中文创作的通史对理解秦汉时期的历史，没有什么帮助。当中最有价值的就是本文之前说过的汇编之作。在此类作品中，邓之诚的《中国通史讲义》（上卷，北平 1933 年版）因为其品质、细致的分类以及非同一般的学术性的表格应用，显得一骑绝尘。③

---

① 见《清华学报》第 9 卷第 4 期（1934 年），第 852—871 页。

② 见《美国东方学会会刊》（*Journal of the American Oriental Society* ）第 40 辑（1920 年），第 170—193 页。

③ 该书有了新版本，其为旧版的扩充。新版名为《中华二千年史》上册，上海 1934 年版。在书中每一部分，都有作者准备的超过百页的与书中内容相匹配的史料。

关于秦国及其对手在秦汉帝国之前几个世纪的历史，马伯乐的《古代中国》(*La Chine autique*，巴黎 1927 年版)毫无疑问是上佳之作。施契沛(Albert Tschepe)的《秦国史》(*Histoire du royaume de Ts'in*，上海 1909 年版)中，包含有价值的资料；但同时，作者有些无动于衷地将之与琐碎且不可靠的资料混为一谈。

戴遂良(Léon Wieger)的一般性著作既不值得完全信任，亦不应该完全被忽略。在戴氏的《历史文本》(*Texts historiques*，献县 1929 年版及其他版本)中，约有 300 页中、法文资料与秦汉时代有关。一些基本文献相当不错；书中提供的各类信息，总体上值得考虑。但是，戴遂良甚少告知其资料的来源，《历史文本》因此变得含混不清。戴氏在制造轰动性上有天分；《历史文本》法文版中，常可见离题神论。《中国宗教信仰与哲学观点史》(*Histoire des croyances religieuses et des opinions philosophiques en Chine*，献县 1922 年版及其他版本，倭讷的英译版在 1927 年出版)是戴氏演讲的合集，包含史料节选。作者对这些节选的翻译和解读有一定的倾向性。还没有什么书能像这本著作那样雄心勃勃，但戴著经常离题甚远。戴氏的《历代中国》(*La Chine travers les ages*，献县 1924 年版及其他版本，倭讷将其译为英文)是一本关于中国历史及文明、按照主题和年代编排的小册子。书中有方便使用的传记小词典以及参考书目。这本小册子能让人增长见识，但其中的信息并不可信。

一系列涉及边疆扩张及相关历史地理的研究已经完成，对秦汉历史研究贡献颇多。其中一些著作对本文很有参考价值。在高延(J. J. M. de Groot)的《有关亚洲历史的中文文献》(*Chinesische Urkunden zur Geschichte Asiens*，柏林 1921、1926 年版)中，有一卷涉及公元前生活在中亚地区的匈奴。一般而言，这些资料并不充足；其中罗列了一些从主要史籍不同章节摘选、与特定军事行动及地点有关的记载。[1] 克劳泽(F. Krause)文章《周、汉及三国时期史料中的河流与舟战》(*Flüss und Seegefechte nach chinesischen Quellen aus der Zeit der Chou-und Han-Dynastie und der drei Reiche*)主要的关注点是：秦汉时期尚无真正的舰队作战，但已开始通过水路运兵。[2] 有关秦汉经营南方的讨论的结果，可以在奥洛索(L. Aurousseau)的论文《公元前 3 世纪汉对

---

[1] 有比一位接受过厦门方言训练的荷兰人用德语拼出的匈奴和突厥汉名，更加远离虔诚的吗？
[2] 见《东方论坛》第 17 辑(1915 年)，第 61—97 页。

交趾地区的征服》[*La première conquête chinoise des pays annamites*（Ⅲ esiècle avant notre ère)]中发现。① 夏德(F. Hirth)的《张骞：中国探索亚洲西部的先锋》(*The Story of Chang K'ien，China's Pioneer in Western Asia*)依旧有参考价值，是一篇经过编辑、翻译的《史记·大宛列传》。该文可以和植物传播专家劳弗尔的著作《中国伊朗编：中国对古代伊朗文明史的贡献》(*Sino-Iranica：Chinese Contributions to the History of Civilization in Ancient Iran*，芝加哥 1919 年版)一道使用。夏隆(G. Haloun)在其呕心之作《中国何时知道吐火罗人：一个印欧语系民族?》(*Seit wann kannten die Chinesen die Tocharer oder Indogermanen überhaupr?* 莱比锡 1926 年版)中，对许多中亚地名加以阐释。赫尔曼(A. Herrmann)《旧丝绸之路：从中国到叙利亚(一)》(*Die alten Seidenstrassen zwischen China und Syrien*，柏林 1910 年版)中提供的优质地图及描述，可供与夏氏著作比较。②

本文对地理名词加以简化。即便是不太了解古代中国的读者，也可以根据省和主要城市的现代名称，进行判断。当然，最有用的当数以下这些真正的历史地图集：《中国历代疆域战争合图》(武昌 1930 年版)，将有着令人生畏的细致的传统中国拼接地图现代化；箭内亘(Yanai Wataru)的《中国历代疆域读史地图》(东京 1912 年版及以后版本)对了解中亚地区特别有用。顾赛芬(S. Couvreur)的《古今中国地理》(*Géographie ancienne et moderne de la Chine*，献县 1917 年版)中，有大幅地图和历代行政区划名称的现代介绍及索引，使用起来非常方便。戴遂良《历史文本》中的地图尚可使用。福兰阁成功地为《中华帝国史》准备了中国全图，上面标有现代地名。福氏地图有分层，并用半透明材料标出周代和汉代旧都及地区的界限。

其他涉及形形色色主题的著作亦有其价值。加藤繁(Shigeru Kato)的"汉代人头税'算赋'研究"(A Study of the Suan-fu，the Poll Tax of the Han Dynasty)堪称仔细。③ 丁文江(V. K. Ting)在为陈衡哲(Sophia H. C. Zen，笔名莎菲) 主编的《中国文化论集》(*Symposium on Chinese Culture*，上海

---

① 见《法兰西远东学院学报》(*Bulletin de l'Ecole Frangcaise de l'Extrem Orient*)第 23 辑(1923 年)，第 137—264 页。

② 见《古代历史与地理：史料与研究》(*Quellen und Forschungen zur alten Geschichte und Geographie*)第 21 编。

③ 见《东洋文库研究部纪念文集》(*Memoirs of the Research Department of the Toyo Bunko*)第 1 辑(东京 1926 年版)，第 61—68 页。

1931 年版)撰写的导论《吾国何以得文明》(How China Acquired Her Civilization)中,大胆又富有成果地探索整个成型期(即秦汉时代)。胡养蒙在其论文《中国法律中的"名"与"分":一项哲/法学研究》(*Etude philosophique et juridique de la conception de "Ming" et de "Fen" dans le droit chinois*,巴黎 1932 年版)中,触及秦汉时期政治甚至经济原则中的某些重要方面。沙畹在《泰山志》(*Le T'ai Chan*,巴黎 1910 年版)中,从多方面探讨宗教问题,解读宗教对秦汉王权的重要性。王国良的《中国长城沿革考》(上海 1931 年版)汇集不少与长城有关的史料。虽然王氏的作品还谈不上令人满意,但是他的叙述,为长城和秦始皇帝在北部边疆的宏大历史中,找到有限但合适的位置。

对本文要从事的此类研究而言,没有足够的中文研究书目,也没有足够的中文文献书目。条列出涉及方方面面的碎片化的研究,对本文无甚帮助;更不用说再去提及北平国立图书馆和《亚洲专刊》(*Asia Major*)印行的日渐膨胀的书目清单。就西语文献而言,高第(Henri Cordier)之后最有用的书目,出现在克劳塞(R. Grousset)《远东史》(*Histoire de l'Extreme-Orient*,巴黎 1929 年版)和赖德烈《中国人:他们的历史,他们的文化》两本著作中。拙文的一个不小的弱点是:无法利用日本学者的作品。这些作品大多刊登在专业研究杂志上;有关的中文和日文目录做得很好。对这些作品无能为力的情况正在得到改善。在现有目录的帮助下,可以尝试使用更多文献。由斯卡契科夫(P. E. Skachkov)提供的一份堪称精彩的《中国书目》(*Bibliografiya Kitaya*,莫斯科 1932 年版),收录了研究中国及其周边地区的俄文著作及文章,出版年代下限至该书出版的时代。不过,除去一些零零散散的考古发现,本书并未含有任何与本文研究有关的内容。当然,伊万诺夫(A. Ivanov)翻译的《韩非子》片段要除外。

(节选自章开沅,马敏主编;贝德士著;池桢译;田彤校:《中华帝国的建立:从秦始皇到汉武大帝》,上海教育出版社,2019 年,第 6—36 页。)

明清交替之际中朝日三国的外交关系与文人交流[*]

——聚焦明清鼎革期间东亚国际政治与文化的诸相

陈　波[**]

中韩之间的文人交流源远流长，自唐代以来似未尝因王朝鼎革而出现过严重挫折。不过，通过翻阅 17 世纪朝鲜的使行录——包括篇幅巨大的《燕行录》和《海行总载》等史籍，却颇感从文人交流的角度看，17 世纪后半叶的中韩关系可能处于一个极为特殊的时期。总体感觉是燕行使团与清朝文人之间在公务之外几无私人交接，而在海的那一边，朝鲜通信使团与日本儒者交往极为频繁。这种反差鲜明的局面到底基于怎样的国际政治与文化生态？不得不说，这是一个饶有兴味的问题。

自 1644 年李自成攻占北京，崇祯帝自经，满清入关拉开序幕，到 1683 年奉南明正朔的延平王郑克塽降清为止，这一阶段可以认为是满清与明朝残余势力争夺天命攸归与牧民正统的殊死角力时期，本文姑且将这一历史阶段设定为明清鼎革期。"明清鼎革"在当时的遗民看来，已非"改姓易号"的朝代更替，更是"天崩地解"式的绝大变局，其不仅引起中国内地复明势力与满清政权长达数十年的殊死较量，也成为引发东亚国际秩序大震荡的主要契机。明清鼎革期是东亚新旧国际秩序的过渡期，其间无论是清朝、朝鲜或日本，对于自身的未来国际角色定位都不清晰，缺乏安全感，在国际交往方面体现为以情报交涉为中心的政治色彩较重，而以诗歌唱酬为中心的文化角力分量较轻。本文拟以《燕行录》及《海行总载》等朝鲜史料为中心，并结合日本韩国现存的笔

---

　* 本文原刊于《韩日建交 50 年——相互理解和协力的历史再检讨》(한일수교 50 년, 상호이해와협력을위한역사적재검토)第 2 卷，首尔：景仁文化社 (경인문화사)，2017 年，第 145—236 页。

　** 陈波，1981 年出生，湖北蕲春人，现任南京大学历史学院中国史系副教授。

谈史料,略呈己见。

一、明清鼎革期间清朝与朝鲜的关系
——以《燕行录》为中心的考察

清朝入关后对朝鲜王朝的政策,一改之前的威压态势而转向和缓,考虑到朝鲜使节道远而往来不便,主动将沿袭自明朝的冬至、正朝、圣节、岁币等四次使团合而为一,称为三节年贡使,取消了明朝的千秋使,但尽管如此,由于此间正值多事之秋,两国关系存在诸多变数,所以不定期的奏请使、陈奏使、谢恩使、进贺使、进香使、陈慰使等仍然往来频繁,如顺治时期,平均每年有 4.3 个朝鲜使团前往北京,这种频率在当时与清朝往来的外国中仍居于首位。[①] 康熙帝即位以后,对朝鲜采取了更加宽容的政策,朝鲜使团前往北京的频率进一步降低。自康熙元年(1662)至郑氏政权覆灭的康熙二十二年(1683),二十二年间朝鲜共遣使团四十七次,年均只有 2.14 次。但在特殊年份,如三藩之乱发生的次年,也就是康熙十三年(1674),由于朝鲜显宗去世以及中国局势的突变,朝鲜共派出五个使团前往北京。[②] 大体而言,清初四十年间,朝鲜王朝从形式上对于清朝仍然保持了恭顺的态度。但是与明朝时期朝鲜派往北京的使团相比,这个时期的朝鲜使团有其特殊之处。揆诸文献,明朝称前往北京的朝贡使行为"朝天",使行记录为"朝天录",而入清之后则改为"燕行"或"燕行录",这无疑表明当时朝鲜王朝对于清朝并不认同的基本态度。

《燕行录》所记朝鲜使者对于清朝情报搜集的内容,十分有限且不全面。而清初朝鲜使者积极搜集清朝情报,又是理解这一时期朝鲜对清朝贡关系实态的一个非常重要的侧面。某种程度上甚至可以说,朝鲜获取清朝情报最重要的管道,就是燕行使的派遣。朝鲜使团在清朝期间的情报搜集,手段无所不用其极,如采买违禁图籍、收购清朝公文、贿赂清方人员,向各色人等打探(如

---

① 陈尚胜:《朝鲜王朝(1392—1910)对华观的演变——〈朝天录〉和〈燕行录〉初探》,山东大学出版社,1999 年,第 12 页。

② 参见《使行录》,收入《燕行录全集》第 27 册,第 224—225 页。《使行录》原收入《同文汇考》补编卷七、卷八(韩国国史编纂委员会,1978 年),记载了明清时期朝鲜王朝向北京派出外交使团的基本情况。

琉球使者、被掳朝鲜人、清人等），在政局可能发生变动的敏感时期尤其活跃①。而相关的记载，除《燕行录》外，而比较集中地见于《同文汇考》补编所收《使臣别单》，《朝鲜王朝实录》《备边司誊录》《承政院日记》等大部头的编年体史书也有大量记载，兹不赘述。

（一）

而清初朝鲜与明朝休戚与共的连带感和认同感，则不仅仅止于士人，而是深深渗入国内的各阶层。如当李自成入京、崇祯自缢以及吴三桂引清兵入关的消息传至朝鲜时，"虽舆台下贱，莫不惊骇陨泪"。② 至于统治阶层，从国王到大臣，"丁卯胡乱"（1627）和"丙子胡乱"（1636）使他们很多家庭骨肉离散，就连国王仁祖本人，也不得不在三田渡饱受城下之盟的折辱，不仅奉上昭显世子李澄及凤林大君李淏作为人质，高级官僚也都送出质子，听任清军饱掠子女玉帛北去，还要立上一块"大清皇帝功德碑"，作为君臣之盟的见证。昭显世子和凤林大君自崇德二年（1637）起一直羁留沈阳，八年之后也即顺治二年（1645）年春方才归国，而世子本人此后不久就去世，其弟凤林大君继立为世子，也就是日后的孝宗。孝宗于顺治六年（1649）登上王位，在位十年间重用有"海东宋子"令名的义理斥和派宋时烈（1607—1689），力倡尊周思明，并谋求北伐。宋时烈在朝鲜儒学史上，地位仅次于退溪李滉（1501—1570）和栗谷李珥（1536—1584），也是朝鲜历史上唯一以"子"相称的人物，一生遭逢时变，经历坎坷，并且与朝鲜党争密切相关，入仕之初朝中以西人和南人为主要派别，而宋时烈竟成西人派首领。1649 年孝宗登基，即征用宋时烈，积极谋划北伐事宜，却因金自点告密，清廷施压，孝宗被迫将他放归山林。但孝宗九年（1658），宋时烈再获重用，先后任吏曹判书、判议政府事、判中枢府事、左参赞，权倾一时。1659年孝宗驾崩，北伐计划遂告流产。孝宗之子显宗（1617—1680 在位）即位，围绕显宗应如何服丧，宋时烈与南人派尹鑴（字希仲，号白湖，1617—1680）发生分歧，展开激烈争论，成为朝鲜历史上第一次礼论之争，史称"己亥礼讼"，虽然西人在此次礼讼中占上风，而宋、尹却从此相为冰炭，西人与南人派的矛盾也

---

① 相关研究可参见伍跃：《朝貢関系と情報収集——朝鲜王朝对中国外交を考えるに際して》（收入夫马進编《中国東アジア外交交流史の研究》，京都大学学术出版会，2007 年）；张存武：《朝鲜对清外交机密费之研究》（"中央"研究院《近代史研究所集刊》1976 年第 5 期）。

② 《朝鲜王朝仁祖实录》卷 45，仁祖二十二年五月甲午，第 35 册，第 184 页。

随之进一步加剧。显宗十五年（1674），仁宣王后（孝宗王妃）去世，对于慈懿大妃（1624—1688）①如何服丧的问题，西人、南人两派又生龃龉。宋时烈援引《大明律》和《经国大典》，力主"期年之制"，即服丧一年，但尹鑴等人认为当服丧三年，史称"甲寅礼讼"。不久之后显宗驾崩，肃宗（1674—1720 在位）以冲龄继位，尹鑴得到重用，南人派得势，宋时烈被流配边远之地长达五年之久。肃宗六年（1680），因南人派许积子许坚谋逆，肃宗斥退南人，西人派重新执政，史称"庚申换局"。宋时烈回到朝廷后，肃宗对他极为尊重，甚而有时自称"小子"，而称宋时烈为"大老"。因宋时烈曾攻尹鑴、许积等为"馋贼"，尹鑴、许积遂被西人派罗织罪名处死②。但是西人派内部对于尹鑴、许积被处死一事有不同意见，代表者是宋时烈的门人尹拯（1629—1714），他是西人党中少壮派的代表，曾受学于宋时烈，且很受宋时烈器重。但尹拯与南人联姻，其父尹宣举对尹鑴亦非常敬畏，在世时常致力于调和宋、尹二人的矛盾。宋时烈对于"甲寅礼讼"宋时烈及其门人获罪流放之时，唯尹拯与南人联姻而独获免之事耿耿于怀。而尹宣举生前曾写有所谓《己酉拟书》，其中有"尹鑴、许积二人，安得断以馋贼，而不容之乎？"等语，表达对宋时烈的不满，尹宣举去世后，尹拯以"父师存亡、义不容有隐"为由，将书公之于世，宋时烈得知后甚为气愤，敌视尹氏父子。肃宗七年（1681），尹拯撰写《辛酉拟书》，攻击宋时烈在心术、学问等诸方面的缺点，遂致二人师生之谊荡然无存，此事也标志西人内部以宋时烈为首的所谓"老论派"与尹拯为首的"少论派"分道扬镳，加剧了朝鲜政局的动荡。

宋时烈与尹鑴二人，在当时朝鲜士林与官场中都是深孚众望的首领人物，尹鑴于孝宗九年（1658）登仕，还承蒙宋时烈的推荐。二人后来因"己亥礼讼"事件意见不同而反目，初不过出于意气之争，但后来发展到思想上亦势同水火。尹鑴为人才胜气高而器浅德薄，曾著《说辨》论理气关系，攻朱子之失，论《中庸》则去除朱子章句，而大肆阐扬个人意见，其门徒争相传诵，以为其学超越朱熹。而宋时烈则坚决维护朱熹，并斥尹鑴曰："朱子后圣也。尧舜以下，群

① 朝鲜王朝第 16 代国王仁祖的继妃，本贯杨州赵氏。仁祖十三年（1635）仁祖嫡妃——仁烈王后逝世，赵氏在三年后成为仁祖继妃。1649 年仁祖去世，由嫡妃仁烈王后所生的凤林大君继位，是为孝宗，并为升格为王大妃的赵氏上尊号慈懿，称慈懿王大妃（或是慈懿大妃）。孝宗虽非慈懿大妃所出，却对慈懿大妃克尽孝道。慈懿大妃在 19 岁时突患重病导致轻微中风，仁祖迷信中风会传染，遂令王后迁往庆德宫养病，移宠贵人赵氏，从此不再前往探视，而凤林大君（孝宗）却是天天前往看顾。

② 关于宋时烈与尹鑴的矛盾，可参见三浦国雄：《十七世纪における正统と異端——宋時烈と尹鑴》，《朝鲜学报》第 102 辑，1982 年，第 191—243 页。

圣之道,因朱子而大明。鑴也敢肆其訾侮,以立其说,则此乃淫邪遁之甚,斯文世道之乱贼也。"①由此看来,清朝初期朝鲜内部对于儒学本身的理解已经发生裂痕,甚至昔日不容挑战的朱子学也遭到质疑,并酿成党争,这或许亦是明代后期朱子学与阳明学之争在朝鲜的扩展和延续,说明此时朝鲜王朝在思想上也并非铁板一块。但是此时这种思想的缝隙及其导致的党争并不足以使朝鲜对清外交产生根本变动。宋时烈的尊周尊明、贬清攘夷思想为各派所凛遵,其死敌尹鑴在这个问题上与宋时烈没有区别,甚至更为激进②。如康熙十三年(显宗十五年)三月二日,谢恩使金寿恒所派译官抵达汉城,禀报吴三桂叛乱之事③。尹鑴不久就进密疏,力促显宗借机北伐,以完成孝宗未竟之志。正在朝鲜儒生群情激昂之际,显宗驾崩,肃宗以冲龄继位,尹鑴得到重用,继续力倡北伐,举张朝鲜应实行三策,"北伐一也,渡海通郑二也,与北绝和三也"。但同为南人派的领议政许积则以朝鲜积弱,不宜妄兴大事,其他大臣亦相附和④。此后尹鑴多次进言,要求联合台湾郑氏,力行北伐,与宿敌宋时烈在孝宗年间的作为毫无二致。综上所述,朝鲜君臣对于明朝之思怀及对于清朝的敌忾之心,在清初四十年甚至超越党派的藩篱,在朝鲜处理对清关系上发挥了决定性的影响。这也使得这一阶段朝鲜使臣撰写的所谓"燕行录",呈现出不同于此后使行记录的一些共有特征。兹将清朝入关四十年间朝鲜使者所撰"燕行录"表列如后,以供参考⑤。

明清鼎革期燕行录一览表(1644—1684)

出使年份	名称	作者	生卒年	使行职分及原职	使行类别	版本	册数	备考
顺治元年(1644)	1.《西行日记》	不详	不详			写本	28	两者很大一部分笔迹相似,应皆系出自跟随羁质沈阳的朝鲜昭显世子李澄及凤林大君李淏(即后来的孝宗)陪臣之手。
	2.《沈阳日记》	不详	不详			写本	28	

① 宋时烈《宋子选集》之《尤庵先生事实记》,韦旭昇点校,中华书局,1999 年,第 44—45 页。

② 参见孙卫国《大明旗号与小中华意识》,商务印书馆,2007 年,第 155 页。

③ 《朝鲜王朝显宗实录》卷 22,显宗十五年三月丙寅,第 37 册,第 61 页。

④ 《朝鲜王朝肃宗实录》卷 2,肃宗元年二月丁酉,第 38 册,第 244 页。

⑤ 此表参考了左江:《〈燕行录全集〉考订》(《域外汉籍研究集刊》第四辑,中华书局,2008 年,第37—65 页)以及《使行录》,收入《燕行录全集》第 27 册。

(续表)

出使年份	名称	作者	生卒年	使行职分及原职	使行类别	版本	册数	备考
顺治二年(1645)	3.《燕行诗》	李溍	1622—1658	正使麟坪大君(宗室)	进贺兼谢恩	《松溪集》卷一至卷三	21	李溍,字用涵,号松溪,仁祖次子,孝宗胞弟。《全集》目录作"渲",实误,据《使行录》径改。
	4.《燕行日记》	成以性	1595—1664	书状执义		排印本	18	较详
顺治三年(1646)	5.《燕行录》	李景奭	1595—1671	正使右议政	谢恩兼陈奏	《白轩先生集》卷七	18	仅收诗
顺治六年(1649)	6.《己丑饮水录》	郑太和	1602—1673	正使右议政	进贺兼谢恩	收入《阳坡遗稿》卷十三	19	
	7.《燕山录》上下	李瑛	1604—1651	正使仁兴君(宗室)	谢恩陈奏兼三节年贡	收入《先君遗卷·杂著》	19	据左江考证,页537—538与页535—536重。
顺治九年(1652)	8.《燕台录》	申濡	1610—1665	副使司直	谢恩	《竹堂先生集》所收	21	另有《沈馆录》,收于《竹堂先生集》卷一
顺治十年(1653)	9.《癸巳燕行日录》	沈之源	1593—1662	正使判书	三节年贡	收入《晚沙稿》卷五	18	
	10.《癸巳燕行录》	洪命夏	1607—1667	副使司直		收入《沂川集》卷二	20	仅收诗
顺治十一年(1654)	11.《燕行诗》	李一相	1612—1666	副使司直	进贺谢恩三节年贡	《延安李氏联珠集》	21	仅收诗
顺治十三年(1656)	12.《燕途纪行》上中下	李溍	1622—1658	正使麟坪大君(宗室)	谢恩	《松溪集》卷五至卷七	22	据《燕途纪行》李溍自序,他从1640到1657年间,共三次到沈阳,十次出使北京,在朝鲜处理对清关系的外事活动中立下了汗马功劳。
	13.《野塘燕行录》	金南重	1596—1663	副使		《野塘先生文集》所收	18	仅收诗

（续表）

出使年份	名称	作者	生卒年	使行职分及原职	使行类别	版本	册数	备考
顺治十七年（1660）	14.《翠屏公燕行日记》	赵珩	1606—1679	正使判书	三节年贡	写本	20	
	15.《燕京录》	姜栢年	1603—1681	副使司直		收入《云峰遗稿》卷十四	19	仅收诗
	16.《燕行路程记》					写本		来源不明，待考
康熙元年（1662）	17.《壬寅饮水录》	郑太和	1602—1673	正使领议政	进贺兼陈奏	收入《阳坡遗稿》卷十四	19	《全集》第19还收有署名郑太和的《阳坡朝天实录》，乃将《己丑饮水录》及《壬寅饮水录》合二为一
康熙二年（1663）	18.《朗善君癸卯燕行录》	李俣	1637—1693	正使郎善君（宗室）	陈慰兼进香	排印标点本	24	
康熙三年（1664）	19.《燕行录》	洪命夏	1607—1667	正使右议政	谢恩兼陈奏	写本，卷首右上题"甲辰"二字	20	
	20.《甲辰燕行录》					收入《沂川集》卷二		仅收诗
康熙五年（1666）	21.《燕行录》	孟胄瑞	1610—1680	书状掌乐正	谢恩兼陈奏	写本	21	辨识不易。据左江考证，作者应为书状官孟胄瑞，而非行正使右议政许积，《全集》目录误。另《全集》23册所收《曾祖考燕行录》，内容与此完全相同，笔迹亦同
	22.《燕行录》	南龙翼	1628—1692	副使司直		收入《壶谷集》卷十二	23	仅收诗

(续表)

出使年份	名称	作者	生卒年	使行职分及原职	使行类别	版本	册数	备考
康熙七年(1668)	23.《西溪燕录》	朴世堂	1629—1703	书状持平	三节年贡使	写本	23	据左江考证,页346—34与页350—351重
	24.《使燕录》					《西溪集》卷一		仅收诗。《西溪集》收入《影印标点韩国文集丛刊》134册
康熙八年(1669)	25.《老峰燕行诗》	闵鼎重	1628—1692	正使判书	三节年贡	《老峰先生集》所收	22	《老峰先生文集》收入《影印标点韩国文集丛刊》第129册
	26.《老峰燕行记》					写本		
	27.《赴燕日录》	成俊龙	1621—1671	上通事		写本	21	行草,辨识不易。其中有《闻见录》一目,内容是《王秀才问答》及《颜知县问答》,同于《老峰燕行录》,可知成俊龙可能是随闵鼎重出使的通事
康熙十六年(1677)	28.《燕行日录》	孙万雄	1643—1712	书状司艺	谢恩兼三节年贡	《野村先生文集》所收	28	
康熙十七年(1678)	29.《燕行日记》	金海一	1640—1691	书状执艺	谢恩进贺陈奏兼三节年贡	《檀溪先生文集》所收	28	据左江考证,页205—206与页203—204重。《檀溪先生文集》收入《韩国历代文集丛书》第1559册
	30.《燕行录》							
康熙十九年(1680)	31.《燕行录》	申晸	1628—1687	副使司直	陈慰兼陈奏	《汾涯稿》所收	22	仅收诗
康熙二十一年(1682)	32.《两世燕行录》	韩泰东	1646—1687	书状掌令	进贺谢恩兼陈奏	写本	29	《全集》中收入两种《两世燕行录》,后一种纪事起自癸巳十一月,当为1713年,应是韩泰东子韩祉充书状官出使清朝时所作
	33.《捣椒录》上下	金锡胄	1634—1684	正使右议政	谢恩兼三节年贡	《息庵先生遗稿》所收	24	仅收诗

出使年份	名称	作者	生卒年	使行职分及原职	使行类别	版本	册数	备考
康熙二十二年（1683）	34.《燕行日记》	尹攀	1637—1685	副使司直	三节年贡	写本	27	行草，辨识不易。
康熙二十三年（1684）	35.《甲子燕行杂录》	南九万	1629—1711	正使左议政	谢恩兼三节年贡	《药泉集》所收	23	

此表所列入的《燕行录》，都出于《燕行录全集》，而这一大型丛书自问世之后，其错讹倒误素为学界诟病，因此对于相关问题在表中作了一些必要的说明。但全集对于燕行录搜集较全，别本也多收入，较之以前的各种选本亦有其不容抹杀的优点。根据全集，笔者列出了1644—1684年间的燕行录共三十五部，别本皆不计入。需要说明的是，《西行日记》和《沈阳日记》，出自跟随羁质沈阳的朝鲜昭显世子李澄及凤林大君李淏（即后来的孝宗）陪臣之手，分别是昭显世子随清军进入北京及麟坪大君李淏留守沈馆的实录①，严格上说并非使行记录，但鉴于其对清朝入关这一重大史事关涉极深，史料价值极高，姑且将其列入。而最后之所以将南九万《甲子燕行杂录》也列入，是考虑到他此行正式获知清朝统一台湾。

　　限于篇幅，不可能一一介绍这三十五部燕行录。但通观这三十五部燕行录，会给人一个大体印象，就是内容单薄，甚至可以说有些敷衍了事。其中如麟坪大君李淏《燕行诗》、李景奭《燕行录》、申濡《燕台录》、洪命夏《癸巳燕行录》、李一相《燕行诗》、金南重《野塘燕行录》、姜栢年《燕京录》、洪命夏《甲辰燕行录》、南龙翼《燕行录》、朴世堂《使燕录》、闵鼎重《老峰燕行诗》、申晸《燕行录》、金锡胄《捣椒录》等十三部所收实际上都是作者出使过程中的诗作，大抵都表达了感怀明朝的黍离之思，而对清朝统治则大张挞伐。很大程度上大多数燕行录都具有出使报告或旅行日记的性质，而诗本身并不适用于纪事，径直

---

　　① 《朝鲜王朝仁祖实录》卷45，仁祖二十二年四月丁卯：丁卯/辅养官金堉、宾客任絖等驰启曰：“两宫（世子与嫔）前月二十四日到沈阳。二十六日，龙骨大及加麟博氏率郑译，来诣馆所，留右议政李敬舆，且言：'李景奭、李明汉、朴潢、闵圣徽、许启、曹汉英，无非志在南朝者，并令罢职。'龙将又曰：'收用五臣，（五臣指李敬舆、李景奭、李明汉、朴潢、闵圣徽）孰主张是？领相及吏判，当受其罚。'云。四月初九日，九王将西犯，世子当从焉。元孙、诸孙去留，使之任意，而麟坪则留沈，凤林则近当出送矣。以收用五臣之故，大致诘责，将顺付勅书于凤林之行云。且闻涉河、宁远自溃，皇城又为流贼所围，诸镇皆入援，故九王将乘虚直捣云。”韩国国史编纂委员会，1973年，第35册，第179页。

冠名"燕行录",似乎非常奇怪,但这恰恰是问题的关键所在。因为清朝尽管入关定鼎中原,但朝鲜士人显然对于这个乘着明末乱局窃取神器僭居大位的夷狄之邦心存蔑视,他们到中国,并不是来朝觐天子,而只是到燕都来出差,虽然表面恭敬,但心里却满怀怨愤屈辱。这种情绪在康熙二十一年(1682)因充三节年贡正使的金锡胄笔下表露得十分明显,他将燕都之行比作捣椒,认为出使清朝实在是一件"辛苦艰难"的差事,而相形之下"郑湖阴"(郑士龙)①在嘉靖出使明朝"正当皇明熙昌之运",简直可称为有如"啖蔗"的甜蜜旅行,竟然作诗说"捣椒剩有余辛在",显得十分矫情。而他此番出使则"所接者鳞介,与语者侏漓,剑槊盈路,荤羶塞鼻。玉河五旬之拘蛰,辽阳易岁之行李",充满屈辱与无奈②。实际上类似的感受,也见于比他早几个月充书状官出使的韩泰东笔下,用词更显辛酸激愤,曰"黾勉駆驰,周旋异域,日见丑类,凌逼饱尽,无量苦痛,謦折腥膻之庭,跪叩犬羊之赐,固已不胜,其大赧矣。"③在此种情绪支配下,可以说清朝几乎没有什么值得大书特书之处,而正副使与书状官作为修养深厚的文士,使途中作诗联句不失为一浇心中块垒的方式。

以上燕行诗内容上无疑有很多共通之处,如大抵在将要跨越国境的龙湾、鸭绿江等地,朝鲜使者的心情就变得微妙敏感,大有苏武持节去国怀乡的悲壮情怀。如麟坪大君李㴭顺治二年的《渡鸭绿江》曰:"一渡江水意不平,回头遥望隔王京"。④ 顺治十一年(1654)李一相过鸭绿江之际则曰:"鸭绿江水镜样平,星轺直渡指燕京。乡音已别华夷界,家信谁传弟妹情。"⑤而在鸭绿江朝鲜一侧的龙湾,是朝鲜使臣在国境内的最后一站,也往往牵动其满怀愁绪,如顺治十七年(1660)出使的姜栢年《龙湾途中》一诗有言:"男儿过此偏多慨,抚剑悲吟涕自横。"⑥康熙五年(1666)出使的南龙翼《渡龙湾感怀》则曰:"塞草萧萧

---

① 郑士龙(1494—1573)字云卿、号湖阴,原籍东莱,为领议政郑光弼之侄,是李朝中期馆阁出身的著名文臣。郑士龙在中宗时期曾经两度出使明朝。中宗二十九年(明嘉靖十三年,1534)和三十九年(嘉靖二十三年,1544),他先后担任朝鲜冬至使入明,并留下了《朝天录》和《甲辰朝天录》两部诗稿(后者内容简略,仅存诗六首,收入《湖阴杂稿》卷3)。

② 金锡胄:《捣椒录》后序,《燕行录全集》第24册,东国大学出版部,2001年,第163—164页。

③ 题韩泰东:《两世燕行录》,《燕行录全集》第29册,第244页。此书可能并非韩泰东自撰,而是其子韩祉所撰,故题"两世"。但这里所述是韩泰东的出使感受。

④ 麟坪大君李㴭:《燕行诗》,《燕行录全集》第21册,第536页。

⑤ 李一相:《燕行诗》,《燕行录全集》第21册,第270页。

⑥ 姜栢年:《燕行录》,《燕行录全集》第19册,第426页。

塞日阴,回头已失鸭江浔。"①金锡胄《别鸭江湾尹》则曰:"绝塞登临地,携君双玉瓶。乾坤三大水,夷夏一高亭。"②与之相反,一旦将要离开国境,则好比如鱼脱渊、如鸟脱藩,满心欢喜,如姜栢年《出凤凰城有吟》曰:"行尽燕京万里程,今朝始出凤凰城。灯前几结思乡梦,日下遥悬恋阙情。水泮鸭江春水长,雪消龙峡石稜生。忽忽归意催鞭马,何似惊凫举翮轻。"③南龙翼《出凤城栅门志喜》曰:"喜甚儿归母,轻于鸟脱樊。"④

至于抵达北京之后,要履行种种烦琐的朝贡程序,对于朝鲜使者而言则不啻噩梦,其中如南龙翼《哀燕都赋》以长赋的形式,将朝鲜使者的内心煎熬表达得淋漓尽致。他指责吴三桂引清兵入关之举,进而埋怨天理不公,"谁招虎而入室兮,取中原如探囊。终夺此而与彼兮,天理错兮不可详。"而对故明旧都的沧桑巨变及人事全非感到无比伤怀,"指衣冠而嗤咲兮,故老或有嗟伤。经长安之旧迹兮,追遗迹而杳茫。华何变而为夷兮,海何变而为桑。"至于朝参燕飨之举,就觉得实在难以忍受,"锁玉河之空馆兮,经一日之九回肠,清人导余于朝参兮,扶病躯而踉跄……瞻山龙之宝宸兮,坐单于於御床。"以致只有在宴饮过程中追忆皇明时期使节与天朝大臣面晤言欢的情形,"即其地而想其人,宛玉佩之锵锵",以减轻压力,到头来却又徒增伤感,"归旅舍而自悼兮,嘿无言兮涕自雱。"⑤另外,在顺治时期,由于天下尚未底定,对于朝鲜使者在北京的活动交往有不少限制,这在燕行诗中亦有所体现。如顺治九年(1652)出使清朝的申濡以诗记举行上马宴的情形:

> 高堂设簟红桌床,中厨烂熳烹牛羊。礼官盛饎非章甫,来押饯宴称兀觞。

> 不道姓名但道官,手循其发中自伤。为呼象胥传汉语,停箸似欲吐心肠。

> 真如少卿字立政,畏彼猜疑人在傍。明朝上马别乌蛮,脉脉那堪

---

① 南龙翼:《燕行录》,《燕行录全集》第23册,第156页。

② 金锡胄:《捣椒录》上,《燕行录全集》第24册,第31页。

③ 《燕行录全集》第19册,第441页。

④ 《燕行录全集》第23册,第195页。又如李溏《燕途纪行》提到他启程归国时,"强病作行,头疼目眩,寒热往来,倘非归程,实难启行。而一出燕都,满腔欣悦,忘却呻吟,心兮若狂。"描述了类似的心情。《燕行录全集》第22册,第172页。

⑤ 《燕行录全集》第23册,第185—186页。

流涕滂。①

其中提到押宴的汉人礼官显然有思汉之心,以致席间真情流露,而碍于嫌疑又不便向朝鲜使者透露的情景。② 实际上,即便到康熙即位之后,尽管对朝鲜使臣每示宽大,但在特殊时期仍有不少限制,又如金锡胄《燕京感旧八首》中有一首表达对清朝限制朝鲜使者自由出入玉河馆的强烈不满:

> 玉河深闭困吾曹,散步无缘出衍遨。长袂鸣琴应妩媚,高歌击筑孰雄豪。
>
> 中华礼让今余律,大国仪章尽佩刀。归日倘乘开馆早,一尊燕市醉春醪。③

诗中指责清朝派遣军人把守玉河馆门,幽禁朝鲜使者有失"中华礼让"。事实上金锡胄在玉河馆中已到了康熙二十二年(1683)春,正处于清朝平定台湾的前夜,此举似意在严防朝鲜使者出入打探情报④。

往返途中,凡所经要地,或明清曾经鏖战的古战场,多有诗吟咏。如洪命夏《癸巳燕行录》之《牛家庄途中次书状韵》曰:"辽塞山河余壁垒,汉家天地几沧桑。"《山海关》诗有曰:"丸泥思汉将,鞭石想秦皇。"⑤金锡胄《捣椒录》之《复次副使沈阳韵》曰:

> 呼蛮呼鞑各听过,鸟鼠龙龟果孰多。嫁汉娶胡都是虏,似驴非马亦成骡。
>
> 中原尽入完颜界,武力争推曳落河。最是中宵堪堕泪,奚儿齐唱鼓咙歌。⑥

大都是抒发对明朝之思怀,而表达对清朝之怨愤不满。其中部头较大、收诗较佳者有麟坪大君《燕行诗》、金锡胄《捣椒录》、南龙翼《燕行录》等。

---

① 申濡:《上马宴》,收于《燕台录》,《燕行录全集》第 21 册,第 93 页。
② 如顺治六年(1649)出使的郑太和在《己丑饮水录》提到类似的情形:"诣礼部设行下马宴,尚书曹姓汉人押宴,见吾冠带,凝泪满眶。"见《燕行录全集》第 19 册,第 337 页。
③ 《燕行录全集》第 24 册,第 103 页。
④ 此组诗中有一首提道:"郑经割据今三世,闻道台湾近赣泉。南粤尉佗聊左纛,东征杨仆几楼船。炎洲翡翠中原绝,日域琉球海舶连。蛮土战云终未了,八闽民物日骚然。"说明朝鲜使臣对于当时的战局非常关注,亦大致了解。
⑤ 《燕行录全集》第 20 册,第 376、379 页。
⑥ 《燕行录全集》第 24 册,第 47 页。

（二）

除这十三部"燕行诗"，其余燕行录则为纪事之作，与后来出自北学派的洪大容《湛轩燕记》、朴趾源《热河日记》等脍炙人口的燕行录名篇相比，无疑显得内容单薄，思想贫乏，缺乏对于清朝的各方面情况的深入洞察，但这一方面或是由于此时的燕行录还处于草创阶段，各方面并不成熟，另一方面也体现了当时朝鲜士人激烈的华夷观念。在朝鲜使者看来，入关不久的清朝礼崩乐坏，风俗浇漓，几乎一无是处。以丧礼为例。顺治十三年（1656）进入北京的麟坪大君李，发现北京已经"丧制败坏，行丧专用陆象山礼，作乐娱尸"①。四年之后，赵珩（1606—1679）又看到北京顺治皇帝驾崩后"道士等设乐读经终朝"，更是觉得"闻来骇然"②。接下来的康熙三年（1664），洪命夏《燕行录》就记载汉族人李元名在父丧期间食肉，"与胡无异"。康熙八年（1669）闵鼎重《老峰燕行记》又记载"中国丧制大坏，今则尽化胡俗，尤不足言，而最是沿路弃棺无数……"③甚至接待属国使臣的宴飨礼本应庄重肃穆，但清朝的宴飨礼却全无上下之分，秩序大乱。如顺治十年（1653）沈之源提到朝鲜使臣出席皇极殿赐宴时令人哭笑不得的一幕：

> 甲午（1654）正月一日……礼毕，就仪仗之西青帐幕下而坐，皇子在前行，诸王在第二行，三使臣隔四五间许而坐，与诸王同一行也。先行茶礼，次之以果盘，次之以熟牛肉。有一人忽来，称之一宰相，持肉一块而去，韩巨源（即彼国通官）奉殴其人之头，所着坠地，而不释其肉，令人捧腹。

两年后，麟坪大君李㴭也吃惊地发现"其宴礼也不行，酒乍进乍撤。左右纷纷，专无纪律，酷似华担契会，牛羊骨节堆积殿宇"，不禁哀叹"可惜神器误归天骄。"④而信仰方面，顺治二年（1645）出使的书状官成以性发现清朝不尊儒家礼仪，极尚淫祀，"关王之庙，无处无之，而至于淫祠寺刹，遍满村间……城邑之中，殆无虚地，金碧照耀，匾额辉煌。"⑤康熙二十一年（1682）韩泰东《两世燕行

---

① 麟坪大君李㴭：《燕途纪行》，《燕行录全集》第 22 册，第 175 页。
② 赵珩：《翠屏公燕行日记》，《燕行录全集》第 20 册，第 231 页。
③ 《燕行录全集》第 20 册，页 281；第 22 册，第 354 页。
④ 麟坪大君李㴭：《燕途纪行》，《燕行录全集》第 22 册，第 152 页。
⑤ 成以性：《燕行日记》，《燕行录全集》第 18 册，第 153 页。

录》则记载"其俗最好尊佛事鬼……初丧送葬之际，广设斋会，缁徒填空，佛乐盈路"①。显然在坚持传统礼俗和朱子学说的朝鲜士人笔下，大清帝国的社会和文化已经渐渐偏离原来的轨道。以我们今天的后见之明，这种由于异族入主而导致的社会与文化的传统偏离，对于一个东方国度是福是祸，实际上是一个难以回答的问题。② 而这种对于清朝风俗败坏的负面描述，一直为后来的燕行录所继承。

　　总体而言，清朝入关四十年间朝鲜使臣所撰写的燕行录值得称道的并不多。其中较为出色者，顺治年间以麟坪大君李㴭《燕途纪行》为代表，而康熙年间，则以宋时烈之门生闵鼎重《老峰燕行记》为代表。据李㴭自序，他从 1640 到 1657 年间，共三次到沈阳，十次出使北京，在朝鲜处理对清关系的外事活动中立下了汗马功劳，而实际上他本人在顺治十三年(1656)年出使清朝后，次年归国即病逝。而《燕途纪行》正是反映他最后一次出使清朝的使行之作，内容亦较为丰富。《老峰燕行录》由《燕行日记》《闻见别录》《王秀才问答》《颜知县问答》《圣殿位次》等五部分构成。《燕行日记》以日为序记出使过程，间及逸闻趣事，而但凡关涉清朝时局的重要内容都见于《闻见别录》，其中对于康熙帝的描述与我们现时对于康熙帝的认识之间有较大的落差，记康熙帝相貌云"身长不过中人，两眼浮胞深睛，细小无彩，颧骨微露，颊瘠颐尖"，而关于性格行事则曰："性躁急，多暴怒，以察为明……诛杀既多，猜疑积中。"此外，对于清朝的丧礼、军制、服饰等也有涉及，而尤详于清朝的内外局势，如康熙初年辅政四大臣相争及鳌拜被囚事，俄罗斯、蒙古和台湾郑经的动向，清朝同蒙王阿不乃之间的紧张关系等。《王秀才问答》是闵鼎重借住玉田县秀才王公濯家中时与主人之间的笔谈记录，共三十二条，紧接其后的《颜知县问答》是作者与出身福建的广宁知县颜凤恣的笔谈记录，共二十七条，两则笔谈合计五十九条，谈话对象一民一官，相映成趣，真实地反映了当时中国官绅对于时局的认识及态度。笔谈中闵鼎重特别关心南明政权的存没情况，以及奉南明正朔的台湾郑氏的情形，而王公濯坦诚告以永历诸臣"降者降，而死者死"，永历帝本人也"为缅国所献，今已五六年矣。"与之相反，颜知县则告以"南徼事不便言，前朝事亦不敢尽述"，显系碍于官员身份而讳莫如深，但也向闵鼎重直言"贵国尚存汉官威仪"，

①　《燕行录全集》第 29 册，第 252 页。

②　参见葛兆光：《寰宇中谁是中华——从 17 世纪以后中朝文化差异看退溪学的影响》，《天津社会科学》2008 年第 3 期。

反映了他微妙复杂的心态。特别值得一提的是，王公濯给予康熙帝以较为积极的评价，说他亲政之后"觉胜于前"，对臣下"廉贪屡有黜陟"，颇不同于闵鼎重对于康熙帝"以察为明""猜疑积中"的负面评价。此外，笔谈中所涉及清朝堂子之祀、逃人条例、朝政得失及冠服带履之制等，在清初都属于不无禁忌的一些议论，在此却轻易地跃然纸上，因此弥足珍贵。《圣殿位次》一节，是闵鼎重有鉴于"兵乱以后"，对于儒家圣人孔子"胡人不复尊祀"，因此特别照录山海关及宁远卫夫子庙的"圣殿位次"，他认为山海关夫子庙"位次颠倒失序且有缺失处"，而宁远卫圣殿则"有殿而无庑"，这反映了"丙子胡乱"（指1636—1637年清朝侵入朝鲜的事件）之后执着于儒学理念的保守知识分子对于中国孔庙祭祀制度的观察与想象，对于我们今日了解清初儒家庙祀制度的实态亦提供了值得珍视的材料。闵鼎重的燕行日记之所以值得关注，是因为它不同于很多燕行记录，仅为例行公事之出使报告，而是具有旅行日记的色彩。如果与《朝鲜王朝实录》《承政院日记》等史料作对比，不难发现它不仅仅关注对于朝鲜政府而言所必需的军事外交和文化学术情报，对中国的风俗习惯、日常琐事乃至当时中国普通官绅的常识与心理活动也不乏关注，某种程度上可以说，这种写法开启了以《热河日记》为代表的日记体燕行记录的先河。

特别值得一提的是，顺治帝和康熙帝作为创业之君，都称得上是大有为之英主，这大约是清史研究者的共识，然而二者在朝鲜使者笔下皆遭酷评。《燕途纪行》提及顺治帝之状貌曰"年甫十九，气象豪俊，既非庸流，眸子暴狞，令人可怕。"[①]至于顺治帝之治术则云："儿皇力学中华文字，稍解文理，听政之际，语多惊人，气象桀骜。专厌胡俗，慕效华制。……气侠性暴，拒谏太甚。间或手剑作威，专事荒淫，骄侈自恣，罕接臣邻，不恤蒙古，识者颇忧云。"不唯如此，还大曝顺治荒淫好色，"宫中贵妃一人，曾是军官之妻也，因庆吊出入禁闱，帝频私之，其夫则构罪杀之。勒令入宫，年将三十，色亦不美，而宠遇为最，其夫兄赏赐累巨万，仍册封东宫正后，定日乃今月二十日也。"[②]而闵鼎重极力丑诋康熙，笔调与之如出一辙，他归国之后受显宗召见，刻意强调康熙帝及其时代的负面部份，言康熙帝"猜疑群下，每事必亲，务为察察，国人甚苦之，公然怨骂，少无忌惮。性又喜射，故日事山猎"，并断言"必有萧墙之患也。"[③]对于康

---

① 《燕行录全集》第22册，第152页。
② 《燕行录全集》第22册，第155—157页。
③ 可分别参见《朝鲜王朝显宗实录》及《显宗重修实录》卷22，显宗十一年闰二月乙未。

熙帝亲政后"廉贪屡有黜陟",连遗民也"觉胜于前"的正面情况则只字不提,这种实际见闻与认识之间的落差值得玩味。而尤可喷饭者,韩泰东对于康熙亲自射猎打鱼大发议论,认为他自轻无度:

> 皇帝即位以后,荒淫成性,盘游无节。姑以近事言之,夏间幸沈之时,不由修治正路,跃骑驱驰,上下山坂,日以射猎为乐。及到辽东,设打鱼之戏,皇帝着拒水袴袜,戴小帽,亲入水叉鱼,大臣明珠及诸王以下皆令执罟,沾体涂足,丧失威仪,近处军民许其聚观,不使拘呵。且言皇帝能炮善射,每当游猎,勇前当兽,发必命中云,可见其自轻无度之实矣。[①]

实际上以今天我们的历史认识来看,康熙射猎打鱼无非出自满洲旧俗,其所以亲自下水捕鱼,"臣明珠及诸王以下皆令执罟",无非是向臣民昭示祖先创业之艰难,就好比汉族皇帝携皇后举行春耕仪式一样,向臣民昭示国家以农为本。

(三)

清朝入关四十年间,由于明朝的残余势力还存在,尤其是三藩之乱一度打出复明旗帜,在朝鲜使者看来,明朝不无兴复的可能性,所以入燕之行往往积极搜集与南明、台湾郑氏以及三藩相关的政治军事情报,以应对可能出现的变局,这在燕行录亦多有体现。如朴世堂入燕(1668)之际行经沙河驿,就向一位姜姓秀才多方打探时局:

> 宿沙河驿,主人姓姜,称秀才,夜与语。臣问:此地秋事如何?答:半收。问:十三省同然否? 答:外省多被水灾。问:何地最甚?曰:山东为最。问:云贵两广福建四川等地何人镇守? 答:不知。因又问,曰:大约俱在太平境。问:五岭外皆是清官耶? 有汉官同守乎? 答:清冷官署俱是汉人,如有钱在,满洲居多。问:闻蒙古向者来犯喜峰、辽东等地,信否? 答:喜峰不远,绝未有闻。问:十三省绝无盗贼窃发之患乎? 答:未闻。屡问,乃曰有之。问:何方为尤? 曰:蒙古为首。又问:频来犯境乎? 答:未闻犯边,但闻要赏。即又曰,四川下四府生民一无所有。问:为何无存者? 答曰:皇上恶其通水盗。问:水

---

① 韩泰东:《两世燕行录》,《燕行录全集》第 29 册,第 246 页。

盗为谁？曰：郑宏公。问：宏公时在何地？曰：不知去向。问：四府民被杀在何时？答：五年秋。问：郑是水盗，常在海中，四川去海绝远，缘何相通？答：何论远近？问：闻大臣执政者多夺汉民田，以与满人。然否？答：去年正月十六日，永平尽署满洲，十存一二。问：十取八九以与满洲，而汉民只得一二乎？曰：然。问：何人主行此令？答曰：但闻两黄旗换地，以至如此。问：两黄旗为谁？则不肯明说。问：皇帝亲政后，民心如何？曰：甚好。又问，则曰：皇帝好处甚多。问：闻明裔有在西方羌胡中者，果有此说耶？顺治长子亦在西鞑，常有争端，亦然乎？答：明之后未闻，先皇之后有此闻。臣所与问答者如此。其人亦似稍愿，故随闻以记。但见此流居路傍，多阅东使，故习于酬酢，视人意向，顺口便说，显有抑扬之色，所言未必尽信。

其中问及台湾郑氏，而姜秀才将"郑成功"误为"郑宏公"。而如前所述，一年之后，闵鼎重还向王公濯打听永历帝存没，得知其被擒后非常失望。而对于郑氏，得到比较准确的情报：

郑经在南海中，据有七十余岛，其中一岛长数百里，广七十里，时时出海掠夺。遣所谓相王者，领兵往福建防备，又疑南民与之相连，循海边三百余里，撤民居长芦获不通人迹，只置侦候之官，而亦不得领兵，有变举烽则总兵登时进斗。自南海至北海皆禁渔采，渔利永绝，民不聊生。小艇片舠已尽毁去，只存漕船，自今夏亦废漕船云。漕船之废，未知的否，而通州江边旧船樯如簇，合行所见仅有七八小船，过山海关时，登望海楼，水边无一渔船，问之则有禁，不敢已久云。①

在三藩之乱期间，朝鲜使臣十分关注三藩与清朝之间战局的发展。如康熙十六年（1678）入燕的书状官孙万雄所著《燕行日录》内容十分单薄，但只要涉及三藩之乱，则不惜笔墨，大肆渲染。如途中他发现满人有厌战心理：

闻胡儿唱歌，歌曰：月明纱窗，情动闺里之儿女。秋高戍楼，思功塞外之征夫。父母相离，边事棘矣。战伐未已，曷月归哉？一唱后有惶惧之色。……问其故，答曰：此乃南征军思归之歌也。此歌一出，

---

① 《燕行录全集》第 22 册，第 367—368 页。

人心动摇,赴战者厌去,在家者皆悲,故令申日,有敢歌此曲者罪之云。

又听说自吴三桂军兴以来,清朝"皆以三桂之奴摆站于各路,而盘山为尤多。摆站云者,我国所谓定配也。"盖配役关外驿站是一种极重的体罚。他本人对吴三桂其实并无好感,认为他"手握重兵,外召夷狄,一片神州,终为羯胡之窟",可谓罪孽深重。但是对于吴三桂反清,使得清朝大伤元气甚感快意,提到"军兴四载,兵马之南征者,已过百余万,而对垒江边,水土为祟,人马病毙,有去无归",并断言"清国之有三桂,比若腹心之疾",覆灭命运已经无可挽回。到达北京入住玉河馆后,朝鲜使者不惜"给面币致款",贿赂清朝的"门将",打听最新战况,得知"吴三桂方在长沙,而头发已长,衣冠皆汉制,虽拥十万之众,率多乌合之卒。而但于手下有五六千敢死之兵,所谓苗奴也。泹齿漆膝,白布裹头,其目深而黑,其剑长而广,其勇如飞,其战无敌。且于江边高处,埋伏大椀砲,丸大如拳,触者尽碎,势难交锋,未易平定",另外得悉"自甲寅以后,南征之兵,至于百有二十万之多,而门将之所谓即今防戍者,只余八万云。"[1]对于关于上述战况,朝鲜使者不免兴奋万分,迅速以"使臣别单"的形式向国内报告[2]。实际上当时吴三桂与清军在长沙相持,总体战局已向清朝有利的方向发展,孙万雄也打听到福建民间传唱这样的歌谣:"头戴明朝帽,身穿清朝衣。过了乙卯年,照样归康熙。"而果然"未久耿精忠果臣服于康熙云。"而在清朝后方,就连业已归化清朝的朝鲜被掳人也觉得"赋敛甚薄,安居而乐业",与孙万雄觉得清朝命运已无可挽救的基本判断甚不相符。[3]而次年充三节年贡使团在入燕途中,一路陆续传来吴三桂已死的消息:

(十二月)初五……到辽东站,招李素问吴三桂消息,答以或云已死,或云未死,未能的知云。

初七日……张玹来言:逢新自岳州来人,则言吴三桂已死,其侄子永夔与马三宝守城。三宝已通降于清兵,岳州城中毁家为薪,陷在朝夕,清兵又围长沙云。

---

[1]　孙万雄:《燕行日录》,《燕行录全集》第22册,第330、340、368、355页。
[2]　《同文汇考》补编卷二《使臣别单·丁巳谢恩兼冬至行书状官孙万雄闻见事件》,韩国国史编纂委员会,1978年,第1585页。
[3]　孙万雄:《燕行日录》,《燕行录全集》第22册,第370、322页。

初十日……闻吴三桂死于八月,其孙又死。吴永夔、马三宝方为守备,清兵围岳州,不久当平定,皇帝以此大喜,日事游田。①

对于这个惨淡的现实,朝鲜使者显然心理上难以接受,从《朝鲜王朝实录》的相关记载可窥知一二:

等探彼国情形别单曰:"抚宁县榜文云:'吴三桂八月十七日身死。'又言:'衡州府城内城门,四日不开,二十一日伪将军马宝、胡国柱、王将军从永兴来,开城门。'又闻差人往岳州,唤吴应期、三娘娘于岳州,唤吴世琮于广西云。而金巨军曰:'长沙府既已得之,四五月间,当以吴贼之平,将颁赦。'此言难信。又得房姓人册子,上年四月三桂卽位,定都长沙,又言:'马宝奉吴世霖密旨,葬三桂于云南,同都督陈寿组练军马,其后陈寿杀破清兵,而至称陈寿以神出鬼没。'又言:'清兵为马宝所败,急请援兵。'又言:'应期,三桂之侄;世霖,三桂之孙;三娘娘,三桂之姬妾,而鞠育世霖。'汉人或云:'三桂实不死,清人做出诳言。'或云:'三桂虽死,世霖胜于其祖,马宝、陈寿等,亦颇获胜。梧州陷没、广西全省归吴辅臣,屡为吴之茂所窘,郑锦跳梁海上,而耿精忠败走。况上以盘游无度,渔色无厌,下以贪饕成风,贿赂公行,国之危亡,迫在朝夕。'云。"②

根据《使行录》,康熙十七年(1678)年十月三十日辞朝的三节年贡使团正使为福平君李㮒,副使是议政府左参赞闵点,而书状官为正是司宪府执义金海一③。而据金海一的《燕行日记》可知,使团已经大致确认吴三桂已经死亡的消息,但是向国内报告情况的别单对此轻描淡写,转而突出吴三桂军依然骁勇善战,屡败清军,而不愿直面相持局面已经打破、吴军实处下风的现实。而当康熙二十一年(1682)韩泰东入燕时,清军已于上年攻破吴军老巢昆明,彻底平定三藩之乱。韩泰东对吴三桂本人毫无好感,当他途中看见吴三桂父祖坟茔被清人掘毁,觉得他是罪有应得,指责吴三桂"始则延纳膻腥,秽乱区夏,末乃豪据一隅,身僭大号,盖未尝为朱氏扶立血胤、规复旧物之意,实中华乱贼,清虏叛臣,若祖父之鸷逆子孙也"。但是面对清朝"自南方平定以后,君臣上下,

① 金海一:《燕行日记》,《燕行录全集》第 28 册,第 202、203 页。
② 《朝鲜王朝肃宗实录》卷 8,肃宗五年三月壬寅,第 38 册,第 405 页。
③ 参见《燕行录全集》第 27 册,第 128 页。

益以骄逸,方此称述功德,贲饎乐章,山呼凤鸣之庆,一乳三男之祥,题奏频繁"的志满意得之态,心中又颇不是滋味,于是强调"吴家余党尚未尽剿,多有保举山谷,攻掠州县者。故调发军兵,更迭镇守矣。郑锦据有海岛,侵轶沿海地方"①甚至在郑氏集团覆灭,清朝实现一统局面之后,朝鲜使者仍然很不甘心。如康熙二十三年(1684)入燕的南九万在其《甲子燕行杂识》中提及:"馆中愁寂,取见册铺所卖小说,则借陈亡后衣冠子孙不仕于隋室者为之说……末题曰'成化二十二年太平游乐之图',乃是假托成化,实讥当朝者也。人心所在,抑可知也。"②总之,尽一切可能丑诋清朝,而对于正面情况,则一概不愿面对。

综上所述,可知朝鲜君臣在三藩之乱期间虽然不臣之心蠢蠢欲动,如执政的南人派精神领袖尹镌屡屡鼓吹南通郑氏、北伐清朝,但是基于现实政治的综合考虑,并未采取实际行动,而是谨慎地维持了与清朝之间的朝贡关系。对此,旅日华人学者伍跃指出,朝鲜的顾虑在于,如果明朝再兴,则朝鲜需要考虑如何辨明在明朝再兴之际,为何没有施以援手。在以中国皇帝为顶点的国际秩序下,无论是与宗主国明或者清维持朝贡册封关系,对于朝鲜王朝的存在都是不可或缺的,作为藩属国的朝鲜,并无自主选择宗主国的自由,也没有脱离这种国际秩序的愿望。朝鲜只是尽可能在允许的范围内追求自身利益,因此朝鲜对清的情报工作,是由作为藩属国的国家性格所决定的。③ 此期间包括大量燕行录在内的燕行记录,一个重要特点就是特别关注对清朝的情报收集。清朝入关四十年间,正是宋时烈尊周攘夷思想笼罩朝鲜各政治派别的时代,这决定了这一时期的燕行记录,对于清朝的观察特别注重政治方面的内容。日本学者夫马进就明确指出,通过同时期朝鲜使者出使日本的记录对比,就会发现朝鲜使者虽然频繁往来于汉城与北京之间,但是几乎与清朝士人没有任何实质性的交往,这是由于朝鲜使者蔑视受满族统治的汉人,认为与之进行文化

---

① 韩泰东:《两世燕行录》,《燕行录全集》第29册,第218、248、249页。
② 《燕行录全集》第23册,第327页。
③ 参见伍跃:《朝貢関係と情報収集——朝鲜王朝对中国外交を考えるに際して》,收入夫马进编《中国東アジア外交交流史の研究》,京都大学学术出版会,2007年。

交流是肮脏的①。朝鲜使团成员与清朝士人订交往来，直到 18 世纪中叶洪大容、李德懋、朴趾源等人入燕时方才真正开始。

二、明清鼎革期间朝鲜与日本的交邻关系
——情报交涉与文人交流

在清人入关前四十年间，东亚的国际政治格局还处于不明朗的态势，前期南明政权在长江以南还保持相当实力，后期又发生长达八年之久的三藩之乱，这意味着华夷秩序或言华夷格局的中心到底归于哪个国家或者地区尚悬而未决。清朝依恃八旗骑射的武力优势乘明末乱局定鼎北京，但是其落后文化及种族身份成为构建统治合法性的致命弱点，南明政权或以反清复明为旗号的汉人军阀及割据势力尽管在华夷之辨的道义名分上占据优势，但奈何武风不竞，总体来说在明清鼎革之际的正统争夺中处于劣势。

但是如将明清鼎革置于东亚的国际政治格局中去观察，这段历史就呈现更为复杂的面向。大体而言，汉字文化圈的朝鲜、日本、琉球、越南等国深受华夷观念的影响，心理上对于本来僻处关外一隅所谓"畜类同然"的夷狄之邦入主中原不能认同，而尤以朝鲜与日本表现得最为明显。在接受了朱子学的日本儒者看来，当时中国大陆"唐鲁才保南隅，而鞑虏横行中原"的现状，是所谓"华变于夷之态也"②，而同样以恪守朱子学传统的朝鲜士人，对于屈事清朝的无奈现实也发出了这样的哀叹，"终夺此而与彼兮，天理错兮不可详……华何变而为夷兮，海何变而为桑"③。可谓惊人地相似。明清鼎革使得东亚诸国对于昔日的中国从心底不再仰望，而改为平视乃至鄙夷。在朝鲜、日本、越南诸国的心目中，既然昔日的中华一变而为沦为夷狄，那么，以"汉唐中华文化"之正脉（小中华）相标榜，以"自我中心主义"建立各自国家的独立文化与认同，也

---

① 关于这一点，参见夫马进著、伍跃译《朝鲜燕行使与朝鲜通信使》，中华书局，2010 年，第 114—115 页。如闵鼎重《老峰燕行诗》中收有赠与出身福建、名为颜凤恣的广宁知县的七律一首，这样的赠答可以说是少有的例外，并且近于一种虚与委蛇。另《桑韩埙篪集》(亨保五年[1720]刊本，卷十《韩客笔语》，页 22)提到一则问答从侧面印证了这一点。濑尾源五郎："贵邦之人，往来清朝。即今缙绅家中，其杰出者，有几位否？"申维翰："虽有使介往来，不与其人相结。……其儒士文辞学问非所闻问。"

② 林恕、林凤冈《华夷变态》(东方书店，1981 年重印版)卷首序文，题款曰："延宝二年(1674)甲寅六月八日，弘文学士林叟发题"。林叟发即指林恕，初名春胜，幕府御用朱子学者林道春(号罗山)之子。

③ 南龙翼《燕行录》之《哀燕都赋》，《燕行录全集》第 23 册，第 185 页。

就成为顺理成章之举。这种争夺中华正统或者正闰的国际竞争,在明朝丧失政权后的东亚国际政治博弈中渐渐趋于白热化。笔者窃以为这一点是理解日韩通信关系的文人交往所必须关切的历史语境。

明清鼎革期间朝鲜仅两次向日本派出通信使团,关于使团访日期间两国文士的交往,以李元植、仲尾宏、夫马进等为代表的韩日学者已多有详密的研究①,近来中国学者也日益关切②,在此无烦赘言。但在此还是觉得需要强调必须关切两国文人往来所折射出的国际政治博弈,毕竟处于华夷格局尚未底定的时势之下,就连唱酬笔谈、联诗作句等风雅之举也不免濡染残酷时局的特有紧张气氛。

先来看 1655 年的朝鲜通信使团的日本之行。此次遣使的直接目的是贺新一代幕府将军德川家纲袭位。就当时的国际格局而言,清朝虽已定都北京,但南明政权还依恃剩山残水勉力支撑。就朝鲜国内的思想与政治形势而言,当时国王孝宗甚以羁留沈阳期间的质子生涯为耻,重用有"海东宋子"令名的宋时烈,推行富国强兵之策,图谋北伐清朝,以雪君父之仇。虽然围绕反清斥和问题西人或南人等不同政治派别各有缓急轻重的策略性区别,但"尊周思明"作为最高的政治思想原则各派无不凛尊。而对于朝鲜的此种反清动向,清廷十分关切,通过威压或怀柔交替的手段予以严格控制。日本方面,在德川幕府建立之后就并没有与清朝建立任何政治联系,并且得益于隔海相望的地理阻隔,中国大陆的鼎沸乱局对其没有造成多大地缘政治的实际压力。但大量明朝遗民东渡日本,极力渲染清朝的野蛮残暴,某种程度上激活了德川幕府朝野上下对于元寇袭来的历史记忆,同时也使得以林罗山(1583—1657)为代表

---

① 仲尾宏《大系朝鲜通信使 善隣と友好の記録》全 8 卷,与辛基秀共编,明石書店,1993—96 年;李元植《朝鲜通信使の研究》第八章《文化度(1811)の使行》,京都:思文閣,1997 年;夫马进著、伍跃译《朝鲜燕行使与朝鲜通信使》,中华书局,2010 年。上述三人亦多有单篇论文,兹不赘举。

② 张伯伟:《汉文学史上的 1764 年》,《文学遗产》2008 年第 1 期。葛兆光:《葛兆光再谈"从周边看中国"》,《东方早报》,上海,2013 年 12 月 8 日,第 B01 版;《文化间的比赛:朝鲜赴日通信使的意义》,《中华文史论丛》2014 年第 2 期。

的朱子学者①夤缘际会,从此娴习于心的华夷之辩理念具备了货与帝王家的国际氛围。林罗山奠定了林氏家学作为幕府官学凌驾于其他儒学派别之上的至尊地位,与其子林春胜(1618—1680)、其孙林信笃(1645—1732)一起习称林家三代,并且自林凤冈这一代起,林家世袭从五位下大学头,直至幕府末期。林罗山等祖孙三人中,就儒学造诣而论,林罗山继承乃师藤原惺窝之学统并且发扬光大,使得儒学摆脱对于禅宗的依附,并且奠定了朱子学的官学地位,可谓继往开来的一代儒宗。而林春斋及林凤冈不过承父祖余荫,虽地位日隆,而思想学问则趋向保守贫乏。早在春斋时代,林家官学已不复能笼罩日本儒林,如阳明学者中江藤树就公开与之对立,在朱子学阵营内部也有山崎暗斋(1618—1682)起而分庭抗礼②。到林凤冈这一代,林氏官学就面临更为严峻的挑战,其中最大的对手,乃是所谓木门十哲(指木下顺庵的十位高徒,木下顺庵也是藤原惺窝的学生)之一的新井白石(1657—1725),但新井白石在1644至1683年这一历史阶段,对于林家第二代家督林春斋而言,还是后生小辈,在清朝入关的最初四十年,林家官学可以说缺乏有力的竞争对手,可谓如日中天,炙手可热。

但是有趣的是在朝鲜通信使眼中,即便作为日本儒林翘楚的林氏一族,其文学素养也不值一哂。眼界颇高的南龙翼对于此行参与酬酢交接的日本文士显然印象不深,仅轻描淡写地提到"称为文士者八人",其中除一个名叫李全直的被掳朝鲜人后裔外,其余则皆为林罗山一族及其门人。而对于后者,南龙翼几乎皆予以酷评,称林罗山"年过七十位,至民部卿,亦称法印,以文鸣于一国,制撰文书皆出其手,且多著述,有《神社考》等书",尚称客观,但笔锋一转,称其"诗文则该博富赡,多读古书,而诗则全无调格,文亦犹昧蹊径。"至于其子林恕,则更逊一筹,仅仅称得上"能继家业,稍解诗文。"并且还特别称其"性质冥顽,举止倨侮"。倒是林恕之弟林靖(字彦复,号函三,又号读耕斋,1624—1661)及林恕之子林春信(1643—1666)给朝鲜使者留下不错印象,前者"颜面

---

① 藤原信时之子,京都人。林道春,初名又三郎信胜,号罗山。22岁从藤原冷泉惺窝习朱子学。23岁征召入家康幕下,辅佐幕政。宽永七年(1630)。将军家光命于林家别墅(江户城上野忍冈,现上野公园)内修建圣堂。宽永九年(1632),尾张德川义直助建先圣殿,于其中安置孔子及颜曾思孟四子之座像。(该殿遗址现为彰义队碑所在地)其后又增炎黄尧舜禹汤文武周公孔子等圣人二十一幅画像,名画家狩野山雪之笔也。宽永十三年(1636),朝鲜来使,副将军金世濂为画像作赞。宽永十年初祭奠,将军家光亲临孔庙,拜孔子像,并请道春宣讲《尚书·尧典》。井伊直孝、酒井忠胜、土井利胜参列。后以为常例。明历三年(1657),江户大火。林家被焚,数万卷诗书为灰烬,道春时年七十五,忧愤而病卒。葬于圣堂之东北,后建祠堂以祭之。

② 参见朱谦之:《日本的朱子学》,人民出版社,2000年,第198页。

丰厚，性质纯真，言语文字比厥兄颇优"，后者"年十六，眉宇妍秀，亦能写字缀句。"（根据后文笔谈史料，可知其时年十三岁）至于林罗山的弟子之中，人见友元"年才二十余，姿状清明，应对恭谨，其才亦足以通书辞、制诗律。"藤潜（字子默，号勿斋）"性颇沈静，而解诗文，年貌才质略与林恕相近。"源尚胜"气质柔懦，文字答问之间虽不成说话，而亦颇引用古语，有似涉猎经籍者然。"可以说几无一句溢美之词①。林家尚得如此酷评，那么日本总体的文化水准当然更不值一提，南龙翼给出了总体性评价，谓"所谓行文颇胜，而犹昧蹊径。诗则尤甚无形，多有强造语。写字则无非鸟足，皆学洪武正韵。而字体轻弱横斜，不成模样。画则最胜，无让于我国……（书籍）怪诞驳杂，皆无可观者……解之者绝少，而向慕之情，则上下同然。如得我国人只字片言，则宝藏而传玩之。尤喜书法，虽下辈乱草。争相求得。以为屏簇者亦多矣。"总之在南龙翼看来，日本在汉文化水准上还处于蒙昧混沌的状态，绝对无法与朝鲜争锋，心底肯定是极为得意的。

那么究竟是什么原因导致朝鲜通信使团对于大学头林家及其追随者的学问乃至品行有如许刻薄观感呢？而反过来，以林家为代表的日本文士又是如何看待朝鲜通信使团呢？如揆之日本史料，反差之大还是不免出人意料，其中林家与朝鲜使者酬酢的两个细节令人关注。首先一幕是林罗山之第四子林靖②及林春斋在笔谈之际有不同寻常的言语，可能极大刺激到朝鲜使者的敏感自尊：

> 安藤右京、源定成二人请见洪译，使之往见，则颇问清国事，随便答之，则不为强问。③

---

① 南龙翼：《南壶谷闻见别录·人物》，《海行总载》卷21，韩国国立中央图书馆藏本（贵古朝90—2），第186—187页。

② 林罗山第四子，名守胜，又名靖。字子文、彦复。僧号春德。学于松永尺五，正保三年（1646）仕为幕府儒官，与其兄编《罗山先生集》万治四年三月十五去世，著有《本朝遁史》。其侄林信笃也称其"强记博文，英才绝伦"（林信笃《自叙谱略》，早稻田大学藏亨保十六年自写本，第10页）。

③ 南龙翼：《扶桑录》下卷十月初四日条，《海行总载》卷20，第56页。实际上早在此前的一次通信使团滞留江户期间，林罗山和安藤右京就有类似举动，据《东槎日记》癸未（1643）七月十三日甲辰（韩国国立中央图书馆藏本）：道春及右京等来到馆中，招洪、李两译，以小纸所书，……又问："自十余年前大明有乱，其巨魁曰李回。起于陕西延安府，其后有曰李将军者，自陕西取山东，乱入河南、四川，既至大乱，其然否？贵国定闻其事，欲详其事哀云。"洪译答曰："……中原之有流贼自前有之，而此不过豪侠作乱之徒，不足为虑，故朝廷谓之度外，所谓李将军曾未闻之。自海路阻，不闻中原消息。近来之事。未知如何。"道春曰："海路之阻几年乎？"答曰："今已六七年矣。"道春曰："曾闻毛将在岛中防御，今亦有否？"答曰："毛将有罪被诛，其后他将守之，丁丑年见陷于清兵，自此海路阻塞矣。"又问："贵国与彼国今则如何？"答曰："两国结好相通，无他事矣。道春等颔之而去。"

　　林道春之子林靖函三子称号者，来门外请见读祝官。许闻其问安答说话，则书而问之曰："大明近岁之兵革如何？十五省迷入清国之手乎？年号顺治至今犹存乎？皇明之宗脉不绝如线乎？郑□龙、吴三桂存殁如何？陕西之李自成、四川之张献忠皆免摧灭乎？"答以疆域绝远。未能详知云。则不为更问。①

以上两幕一发生在日方馆伴藩士与朝鲜通事人员之间，职司所系尚属情理之中。但林靖与李明彬（号石湖）笔谈之时，一连串关于时局的发问无疑显得咄咄逼人。李明彬当即以"文士相逢，只是一场论文是矣"搪塞，实际上已不经意流露些微不悦②，因为根据上下文，当时李明彬和林靖不过是二度面晤，在前一天林靖刚由其兄林春斋引见，但时隔一天李明彬忘记作为后辈的林靖之名讳，再度询之后，后者突然发难，一时造成气氛之紧张可以想见。实际上此事并非偶然失态之举，因为林氏一族利用职务便利，在对华情报的搜集方面一直处心积虑。除了风说书例由长崎唐通事辗转进呈林氏案头外，与明末来日的遗民以及朝鲜使者交往过程中随时留心打听，无疑也是搜集情报的途径之一。林家祖孙三代似乎还着力搜罗与明清鼎革的有关书籍，如《华夷变态》林春斋自序就提及："崇祯登天，弘光陷虏，唐香才保南隅，而鞑房横行中原，是华变于夷之态也。云海渺茫，不详其始末，如《剿闯小说》③、《中兴伟略》④、《明季遗闻》⑤等，概记而已。"根据浦廉一注，可知《剿闯小说》成书不久就传至日本，被抄写流传，余二书日本依次有正保三年（1646）刊本及宽文二年（1662）刊本。另外，松浦章撰文提到，关于明末毛文龙史事的《毛大将军海上情形》一书，也

---

①　南龙翼：《扶桑录》下卷十月初九日己未条，《海行总载》卷20，第62—63页。

②　《续善邻国宝外记·韩使赠答》（近藤瓶城编《史籍集览》第21册，近藤出版部，1926年，第28页）函三："大明近岁之兵革如何。十五省悉入鞑房之手乎？国号大清，年号顺治，至今独然乎。吴三桂存没如何？且陕西之皇明之宗脉，不绝如缕乎？郑芝龙、李自成、四川之张景宪，皆既摧灭乎？"石湖："示事则我国不能详知，亦无异于贵邦。既不能详知，则非所当书。文士相逢，只是一场论文是矣，何必语及不知之事乎？"其中关于林家及其门徒与朝鲜通信唱酬的内容，都来自雨森芳洲文库本《朝鲜信使东槎纪行》，此书未见，参见：大塚鐙《芳洲文库本朝鲜信使东槎纪行について》，《朝鲜学报》第10辑，1956年。

③　《剿阅小说》，全称《新编剿闯通俗小说》又名《剿闯小史》《剿闯孤忠小说》《剿闯小说》《忠孝传》等，存本最早为明弘光元年（1645）兴文馆刊十回本，题"西吴懒道人口授"，未详作者为何人。浦廉一注："《剿闯小说》，西吴懒道人，明版二册，日本写本二册。"

④　浦廉一注："《中兴伟略》，冯梦龙，明版二册，日本正保三年刊一册。"

⑤　浦廉一注："《明季遗闻》，清邹漪，四册，日本宽文二年刊，四册。"

在正保四年(1647)前备置林罗山案头①。揆之以今日眼光,也完全可以说林家不仅执掌幕府文翰,也是当时日本外事情报部门的最高主管。而实际上,朝鲜使团此行的情报搜集亦成果丰硕,南龙翼《扶桑日录》有很大一部分篇幅,都是涉及倭皇代序、关白次序、对马岛主世系、官制、州界、道里、山川、风俗、兵粮、人物等方面的情报,这些内容或许有很多不过是辗转沿袭历次出使报告,但也不乏作者亲身经历的最新体验与观察。或许本来情报搜集与诗文唱酬,本来就是构成当时国际政治博弈的里子与面子,交错缠绕又不可分离。

综合其他史料记载,林靖除了这次在朝鲜使者表现唐突之外,总体留给后者的印象还算颇佳,南龙翼还特别给予"颜面丰厚,性质纯真,言语文字比厥兄颇优"的良好评价,且据林春斋其后回忆也承认,李明彬直言相告其虽为兄长,但文才较其弟"不及乡一头地"②。另外林春斋之长子林春信也给朝鲜使者留下不错印象,可惜后来英年早逝③。只是作为林家第二代家督的林春斋本人,却在接下来的酬酢过程中给朝鲜使者留下极坏印象。以下来看一段朝鲜使团成员李明彬与林春斋的笔谈记录:

> 春斋:朝鲜中城郭几多乎?
>
> 石湖:各道列邑皆有,城郭间或依险阻筑山城,其数仓促之间,何能一一历举乎?
>
> 春斋:唐李勣攻高丽入平壤,拔七十余城。平壤之内其垒何其乎? 抑是七十余城,高丽国内乎?
>
> 石湖:所谓七十城,即平壤之内也。其时唐师大败,不能过平壤,而东所拔之城,皆复为我国之有。
>
> 春斋:朝鲜王城者,古于三韩之内,属何地乎? 旧都平壤在何道内乎? 今王城地名奈何?
>
> 石湖:都城旧是辰韩地,地名汉阳。平壤在平安道。
>
> 春斋:都城为辰韩之地,则马韩辨韩亦有都会,而使人治之乎?

---

① 参见松浦章《天启年间毛文龙占据海岛及其经济基础》,收入郑洁西等译《明清时代东亚海域的文化交流》,江苏人民出版社,2009 年,第 111—112 页。另可参见李光焘《跋毛大将军海上情形》(载《明清档案论文集》,联经出版社,1986 年)及王钟翰《毛大将军海上情形跋》(《淡江史学》1993 年第 5 期)。

② 《鹅峰先生林学士文集》卷第七十七《哀悼五·西风泪露上》。

③ 《鹅峰先生林学士文集》卷第七十七《哀悼五·西风泪露上》。另可参见朱舜水著、朱谦之整理《朱舜水集》卷二十一《勉亭林春信碑铭》,北京:中华书局,2008 年,第 596—601 页。

石湖：马韩辨韩之地，皆属八道中，而方伯阃师及列邑守宰治之尔。

春斋：新罗、高丽、百济，其疆界分明否？今八道何为新罗？何为高丽、百济？欲详闻之。

石湖：三国疆域皆分明之，新罗则庆尚道是也，百济则忠清道地也，高丽则统三国为一。

春斋：王城之外，有别都乎？若然则欲闻其名。

石湖：别都有松都、江都、南汉。

春斋：此三都使护人守之乎？

石湖：皆有留守经历等官。

春斋：贵国先儒李穑《贞观吟》曰："谓是囊中一物耳，那思白羽落玄花。"此谓唐太宗拔辽东安市城时，流矢中其目也。此事中华之书不记之。然太宗自辽东有疾，不几而崩，则李穑之言，非无其谓乎？贵国若知其放矢之人姓名，则详言之。

石湖：东史云：安市城主梁万春中伤唐太宗之目，太宗之班师也，万春于城上揖之，太宗赐百缣以谢之。

春斋：辽东今属鞑靼乎？附隶贵国乎？

石湖：鹤野西北，则皆非吾国有乎。

春斋：鹤野去鸭绿江几百里乎？

石湖：道里辽，未尝往来，不详知。

春斋：俸禄效中华之制，而以若干户为差等乎？其或以几千石几万户为俸乎？

石湖：余今春始登科第，即随使臣来。此朝廷间事，未得周知耳。或有所传闻，而未得其详，不能书耳。

春斋：贵国执政百官，在朝廷者，是文武官，各可官其职也。其外郡县置守令乎？

石湖：外郡县皆有守令，在廷文武官，各尽其职耳。

春斋：贵国王族分封郡国乎？其建国之数几多乎？

石湖：王族功臣，皆有采地，而其数亦难历举。

春斋：封国之爵，有公侯伯子男乎？

石湖：皆称君，如战国时四君之称耳。①

从上述笔谈看，林春斋似乎仅仅是向李明彬讨教历史的古史问题，如高丽时期与唐朝的关系等等，然而却是非常巧妙地影射现实，并借机向李明彬套取朝鲜的内政与外交情报。考虑到他当时已年近不惑，度其学识似绝非不知高丽与唐朝的关系，如他提到高丽安市城主射伤太宗眼睛这一疑案，明显透露出其对于朝鲜古史的实际掌握程度，而其弦外之音可能是以历史上高丽面对盛唐的军事辉煌，来反讽朝鲜当下屈事清朝且疆土日蹙。整个提问过程看似平淡无奇而实则暗藏机峰，并且对于李明彬显有侮弄之意。也怪不得南龙翼给他一个"性质冥顽，举止倨侮"的不佳评价了。

饶有兴味的是，在朝鲜使者笔下，似乎作为日本儒林翘楚的林家汉文学水准不值一提。但是据林春斋事后回忆，此次朝鲜通信使团与林家文字交锋的高潮剧——即林罗山与朝鲜通信使团副使愈瑒（号秋潭）之间以五言长诗酬答的佳话②，应该是以林家完胜收场：

乐天悟真寺诗者长篇殊长者也，江匡房③安乐寺诗二千言，效乐天乎？然事混真伪，用字不粹，近世谈长篇者唯以东坡五百言为无类之事。如五百言则先考及余与靖汝亦屡作之，且有至千言者。就中先考和朝鲜愈秋潭千五百言，惊动韩人，以为我国美谈。其时先妣病诸，家内纷忙，余虽在其侧，不能赞一辞。然秋潭发府前夕达其诗卷以需和，先考不能默，而先唱一句，靖笔之，余读来诗，以告其韵字，先考支枕叩齿，则句成，靖笔不休，仲龙在侧，逐句净书之，自亥刻至寅刻，百五十韵顿成，乃附驿使追及秋潭，其明到小田原达之，秋潭服其神速，举世皆所知也。先考时七十三岁，其老犹壮者，可类推之，靖或一夜作律诗长篇十余首，或数刻之间作绝句二十八首，其神速之达亚先考。

---

① 《续群书类从》卷八百八十二《续善邻国宝外记·韩使赠答》，第 457—458 页。

② 关于林罗山与愈瑒相互酬答的五言诗长篇，全文见于《续群书类从》卷八百八十二《续善邻国宝外记·韩使赠答》，第 453—456 页。另可参见林罗山《罗山林先生诗集》卷四九《外国赠答下·和秋潭扶桑壮游并序》，第 110—114 页。

③ 大江匡房生于长久二年（西元 1041 年）—天永二年十一月五日（西元 1111 年 12 月 7 日），家世一向以文闻名，赤染卫门以及大江匡衡都是他的曾祖父，而他自己也被赞誉为神童，11 岁就懂得诗赋，在完成学业的第三年，十八岁时试第上榜，曾任东宫学士、藏人、中务大辅、右少弁、美作守、左大弁、勘解由使长官、式部大辅等职位。宽治二年（1088 年）任参议，54 岁当上权中纳言，57 岁当上大宰权师，71 岁上任大藏卿任期中逝世。

此次"文战",是愈瑒离开江户前突然发难,以五言长篇托人向林罗上求取和诗。林家祖孙三代合力一夜写成"一百五十韵"并附驿使追及朝鲜使团,使得主动索战的愈瑒也不得不"服其神速",甘拜下风。文人之间以诗歌唱酬,在汉文化圈本不过是常态,私下场合不过是敦睦情谊的一种交流方式。但是此事一段跨越国界,发生在外交场合,便成了攸观国体的大事了,用朝鲜通信使自己的话说,此关乎"宣耀我国文华者",也因此负责其事的制述官"事繁而责大"①。而现代学者干脆指出"在外交场合以汉诗唱酬笔谈,乃中国文化圈同文诸国间习惯化的国际礼仪"②。如此一来,日本朝鲜之间这种在外交场合诗文唱酬的举动,就不再是单纯的文字游戏,而成为当时国际政治的一部分,于是双方都显得输不起,无不用尽心智,拼尽全力,谁也不肯承认己方落于下风。这样看来,诗歌唱酬以及穿插其间的情报搜集,呈现了当时国际政治的明暗两面,两者缠绕交错,共同演绎了当时日朝之间外交博弈的精彩历史活剧。

如果须透彻了解上述活剧,或许应首先明确 1655 年朝鲜通信使团派遣的最重要背景,乃是中国大陆清朝与南明对峙的时局。自清朝迫使朝鲜于崇德二年(1637)与之缔结宗藩关系之后,清朝默认朝鲜与日本继续保持交邻关系③,朝鲜按照事大外交的原则向清朝不定期地咨报日本情形,尽管朝鲜并非机械地将日本情形转咨清朝,而是出于一种"以倭制虏"的牵制策略,如仁祖二十一年(1643)担任通信使团副使出使日本的司谏赵絅,就曾上书仁祖力陈这一外交战略④。对于赵絅所举张的"诚信交邻、以壮国势"之外交策略,大部分情况下清朝似不以为意,而一旦朝鲜稍有逾矩,清廷也十分敏感,例如顺治七年(1650),朝鲜孝宗以日本举动异常为由,向清朝陈奏要求"修城集兵、整顿器械",而终未获清廷许可,且酿成重大的外交风波。朝鲜要求筑城备倭的背

---

① 申维翰《青泉集续集》卷三,《韩国文集丛刊》第 200 册,第 422 页。

② 中村荣孝《朝鲜の日本通信使と大阪》,《日鲜关系史の研究》下,吉川弘文馆,1969 年,第 344 页。

③ 《清史稿》卷 526《属国一·朝鲜》中提到三田渡之盟中有一条是"日本贸易,听尔如旧"。中华书局,1976—1977 年,第 14578 页。

④ 《朝鲜王朝仁祖实录》卷 40,仁祖十八年(1640)五月己丑(9 日)(第 87 页):诚信交邻,以壮国势。日本与我既已通好,非始谋结援也,唯不诚信耳。若遣一介之使,明陈我困于虏之状,则彼之然诺为我国,必不待辞之毕也。议者曰:"日本非亲信之国。"此虏独可亲信乎? 事之交之,俱出于不得已也。与其均出于不得已,无宁藉既和之势,以报敌怨之虏乎? 况臣之计,唯欲助声势而已,非即曰请倭兵,同我前驱也。彼虏亦常问倭来否,且曰吾亦欲送使至彼,盖惮彼也。诚将如此情实,密谕日本,使之飞一书于虏中,以责侵我邻好,则彼虽始怒我使之,而知我与倭深结,终不能轻易加兵于我矣。此真所谓落其机牙者也。

后意图被清廷识破①,顺治帝于敕谕中切责当时有"北伐"之意的朝鲜孝宗②。此后朝鲜虽一再给予解释,但孝宗要求严厉处置向清廷走漏消息的庆尚道观察使李莹、东莱府使卢协等二人,始终未被顺治帝所许可,直到顺治八年这段公案才总算告一段落③。而清朝在未彻底击败南明之前,兼之台湾郑氏纵横东南沿海,亦无通过海路获知日本情况的可能,除要求朝鲜主动咨报倭情之外,实无其他可靠途径。清朝对于朝鲜有选择的倭情咨报亦有不满,例如顺治六年至八年(1652—1654)围绕倭情咨文,清朝与朝鲜产生外交纷争,只是其中比较显著的一例,可见在天下尚未底定的情势下,清朝对于朝日交往,不无警觉甚至可说是高度戒备。至于1655年的通信使团,鉴于清朝在筑城事件方面的高压,是在取得礼部回咨之后方才正式派遣④。

　　1655年朝鲜使团与日本文士的交锋可谓难分胜负,而1682年派出的朝鲜通信使团在诗文唱酬的表现则相当出人意料,以至于引起日本文士极大轻蔑与不满。据日方出版的唱酬集记载,此次朝鲜使团"凡韩人三百六十二员,身通操觚者只四人,所谓学士成翠虚、进士李鹏溟、判事安慎徽、裨将洪来叔也,可谓得文材之难也",而相对而言,日方人员参与不仅有林春常(林信笃)、藤伦(藤士峰)、坂井伯元、人见友元等"林门之英杰",而且还出现木下顺庵、柳顺刚、新井白石、贝原益轩等大量林门之外的儒士,其中木下顺庵门下的初露头角尤其引人注目⑤。此行日本文士不仅自称不仅林门"文风殆压韩人",而且在学问造诣方面,木下顺庵门下新秀如柳顺刚等质询关于唐宋八大家等古

---

①　《同文汇考》原编卷78《陈请筑城备倭奏》,第1455—1456页。

②　《同文汇考》原编卷78《饬虚张倭情敕》(第1456—1457页):皇帝敕谕朝鲜国王某,据奏,倭国相恶,欲修城集兵,整顿器械,此语不止一二次。自尔先王以至今日,亦不知凡几。缘此,所以遣巴哈纳祁充格等赍敕,往问真伪。巴哈纳祁充格等回奏云:臣等提取庆尚道观察使李莹、东莱府使卢协等仔细讯问,答云:"倭国、朝鲜素向和好,并无怨乱兵戈之事,前奏系欺罔巧诈"等语。由此观之,其修城集兵、整顿器械之事,原与倭国无涉,专欲与朕为难也。意图进修城池,招集兵马,整顿器械,所以期罔巧诈,礼节有违,朕惟备之而已,夫复何言。顺治七年七月二十日。

③　《同文汇考》原编卷78《谢饬谕表》《摄政王前谢饬谕及赐缎表》《辨明倭情饬谕及一表兼谢奏》《摄政王前辨明奏》《谕李莹等复职斥和臣等免罪敕》《谢降敕及赐缎表》,第1455—1461页。

④　《同文汇考·原编》卷78《报关白新立例遣信使咨》《报关白新立例遣信使咨》,页1461、1463—1465。

⑤　参见三宅元孝(日本)等编:《和韩唱酬集》第七册《东使纪事》序,京都丁子屋源兵卫刊行,韩国国立中央图书馆藏本(古朝43—가128),第2—4页。关于此次通信使团的史料很多,京都大学人文科学研究所水野直树编《朝鲜通信使关系资料目录》(http://www.zinbun.kyoto-u.ac.jp/~mizna/tsushinshi/index.html)就列举了各种史料共计69件,其中《和韩唱酬集》是其中部头最大也是最主要的笔谈史料。

文的见解以及诸多儒学问题,朝鲜方面几乎一败涂地①,暴露了使团成员主流皆为门阀低下的"委巷文士"的浅薄无知②。日本方面甚至对于此次朝鲜使团人员素质之低下大为不满,毫不客气批评朝鲜使团人员"称礼仪之邦,谓君子之国,而手厕筹,足文史,或箕踞涉笔,或侧卧读书,礼义之君子何入他邦而如斯之怠慢哉?"关于此点就连朝鲜使团的洪禹载也不得不承认其咎在朝鲜一方③。朝鲜使团种种行为令日方几乎所有参与酬酢的人士侧目,例如贝原益轩晚年还在其《扶桑纪胜》一书中对朝鲜加以酷评曰:"朝鲜国土地之形颇优,法制亦云颇佳,人物之性质劣于日本。其形体虽健于日本人,然武勇不及。多大山,草木茂盛,禽兽鱼介等多事胜于本邦,礼仪、法制、衣冠、文物拟于中华,然人品多欲、柔弱、不义、不信,甚卑劣。"④而自著《陶情诗集》获朝鲜使团制述官成琬作序并加以推崇的新井白石,实因此而暴得大名,得以投入木下顺庵门下,但似乎并没有因此衷心感激,反而极大地增强了自信,并从内心产生将日本凌驾于中国及朝鲜之上的道统自立和强烈自尊意识,并在1711年的朝鲜通信使来日之际,在书契问题上力挫朝鲜正使赵泰亿,使后者归国之后"以辱国抵罪"。另外他促成所谓"长崎贸易新令"(1714年颁行)的出台,对于至长崎贸易的清朝商人制订了许多带有歧视侮辱性质的条款,其理由是"我国优于万国,自古号称尚武。今受侮于此等船商,固国体所不容。"⑤而实际上日本这种自我膨胀的苗头,很可能就是在与1682年朝鲜通信使团的"文战"中产生。朝鲜使团的拙劣表现使得日本文士获得极大自信,甚至在唱酬集的序文中将苗头直指朝鲜臣事清朝:

> 庶奴之欺倭人也,庶主如今臣事大清,而日不隶之。用大清洪熙之号,而曰庶国无号。振古未闻文物之国无号。姑以《东国通鉴》论之,三韩或隶于渤海,或隶于契丹,或隶于女直,或隶于中国,韩主不能自立……胡为今不隶于清矣。凡中国进贡之主,皆受中国之封册,用中国之号。我日本自建太宝以来,岁序既一千年,官阶服色礼仪制

---

① 熊谷了庵:《朝鲜人筆談竝贈答詩》,韩国中央图书馆藏本,第32—53页。
② 李慧淳:《朝鲜通信使の文学》,梨花女子大学校出版部,1996年,第115页。
③ 洪禹载《东槎录》七月初一日:"行中下辈,不戢禁令,出入无常,与彼哄斗,责在吾侪,痛不可说。"
④ 转见郑章植:《使行録に见る朝鲜通信使の日本观》,明石书店,2006年,第234页。
⑤ 新井白石著、周一良译:《折焚柴记》,北京大学出版社,1998年,第171—176页。

> 度卓然自立,而无受他邦之号册。庶主皆受中国之册,岂不用号耶?
> 脱讳隶于胡主欺之,元主又胡族也,古之庶主何进贡于元朝乎?虽欺
> 倭,庶奴自欺也。

这段话语气激烈,充满对朝鲜使团掩饰屈事清朝这一事实的轻蔑,而夸耀日本之卓然独立。将此作为日韩唱酬文字的序文,至今读来还是可以体会到其中歇斯底里的华夷情绪。在序文末尾,干脆连朝鲜使团中"身通操瓠"表现极佳的四人也予以讥讽,言"李氏姑舍之,若成、安、洪三氏,可谓沙中之金玉也,然尚未免有胡臭也"。[①] 这已经可以说是种族主义了。

只是朝鲜此次通信使团的派遣之所以显得马虎其事,或因当时关于三藩之乱的大陆事态更惹人关注,以致外交重心根本不在日本这边。在对朝鲜通信使团事宜漫不经意的同时,朝鲜在三藩之乱期间遣往清朝的各种使团不仅接踵于途,完全不关心什么诗文风雅之举,并且非常注意从日方探听有关三藩及其同盟军郑氏的情报。这或许并不奇怪,毕竟三藩之乱的最终结果更与朝鲜的地缘政治安全休戚相关。无独有偶,此行朝鲜通信使团与日方交涉的中心任务,实际上都委托给了职卑位低的堂上译官洪禹载以及押物通事金指南,二人也分别执笔完成出使报告《东槎录》及《东槎日录》,这与1655年的出使报告[②]由位崇才高的正使赵珩及从事官南龙翼亲自操刀形成鲜明反差,这恰恰说明在1682年通信使团的关切所在是大陆情报而非文学唱酬[③],毕竟文学之士虽能为国家挣得颜面,而于情报工作却无从施其长技,反而是通晓倭语的译官更能派上用场。例如早在肃宗六年(1680)七月,安慎徽就从与之相厚的"馆倭"处得到"一张倭书",内容是关于当年郑锦败退台湾前夕诛杀叛将施亥一事,并迅速将其译成汉文上报东莱府使,此倭书即风说书,今日文译文仍见存于《华夷变态》一书中[④]。可能正是因情报工作出众,1682年安慎徽才随团出使,洪禹载也对自己和安慎徽在内的四人所起到的关键性作用毫不讳言,声称"与学士较诗数句,写士李华立、李三锡、上判事安慎徽,飞笔数幅,夜深罢还……

---

① 三宅元孝(日本)等编:《和韩唱酬集》第七册《东使纪事》序,第4—7页。
② 参见赵珩《扶桑日记》、南龙翼《扶桑录》,另有《日本纪行》,作者不详。
③ 郑章植《使行录に见る朝鲜通信使の日本观》:"如从使行录中具有感伤气氛的诗来看,南龙翼具有夸示其诗才的深切欲望……对于使行之中主要关心汉诗唱和的使臣而言,国情探索等大概只能成为其次的问题了。"明石书店,2006年,第199页。郑章植的观点无疑反证了这一点。
④ 《华夷变态》补遗卷2《二番普陀山船之唐人口述》,第3003—3004页;《朝鲜王朝肃宗实录》卷9,肃宗六年七月丁酉(10日),第38册,第463页。

示服远人,诚可幸也,惟我四人。朴、卞、洪、安汨没公务,病于困劳。一行诸僚,无一相济。"①实际上在三藩之乱期间,由于朝鲜王朝与德川幕府在获取情报方面各擅胜场,双方产生情报交换的强烈需求,并围绕情报交换展开了错综复杂的外交博弈。日本屡屡以虚假情报试探朝鲜的反应,朝鲜则极力进行情报封锁,两国表面上依据交邻原则互通声气,实则同床异梦,时刻提防对方的情报讹诈。这或许既是缘于日本曾经野蛮入侵朝鲜的历史积冤,而又面临朝鲜业已屈事满清的现实分野。对于三藩之乱的发生,从义理的层面考虑,屈事清朝且有强烈思明情结的朝鲜君臣自然欢欣鼓舞,但对有着抗礼中国传统的日本而言,明清易代华变于夷的历史机遇则有付诸东流之患。有着儒者和幕府大学头双重身份的林恕,尽管对三藩之乱有"若夫有为夷变于华之态,则纵异方域,不亦快乎"的告白,可是这多大程度上真实反映当时日本的国家意志,却是大可考究的问题。但就现实的地缘政治而言,日本与大陆隔海相望,而朝鲜则与清朝壤界相连,三藩之乱所导致的华夷秩序调整之可能,对于日本不啻秦越肥瘠,而对朝鲜实为休戚攸关。日本大可以极力鼓吹尊王攘夷高自标榜,而行太阿倒持、道统自立之实。而对于朝鲜,清朝胜利不符朝鲜尊周思明之本心,三藩胜出则有"服事清国"之耻并遭"申罪致讨"之患,又必须时刻提防日本滋生假途灭虢或问鼎中原之妄念,从而不得不在礼义与现实乖离的紧张感中小心周旋,以确保自身安全②。

三、余论:"不在场的在场者"
——朝日交邻背后的清朝

明清鼎革期间的中朝外交,可谓几乎完全将文化交流抛在一边。朝鲜士人显然将清朝蔑视为窃取神器僭居大位的夷狄之邦,以燕都之行为畏途。在他们心目中,此时期清朝所有方面似乎都不值一提,如康熙二十一年(1682)韩泰东概括其入燕之行不过是"黾勉駈驰,周旋异域,日见丑类,……礐折腥膻之庭,跪叩犬羊之赐。"③同年出使的金锡胄也径称此番出使"所接者鳞介,与语

---

① 洪禹载:《东槎录》六月二十八日条,《海行总载》卷22,第17页。
② 参见拙文《〈华夷变态〉拾零》,《域外汉籍研究集刊》第8辑,2012年5月,第191—192页。
③ 题韩泰东《两世燕行录》,《燕行录全集》第29册,第244页。此书可能并非韩泰东自撰,而是其子韩祉所撰,故题"两世"。但这里所述是韩泰东的出使感受。

者侏漓,剑槊盈路,荤膻塞鼻"。完全是类似"捣椒"一般的折磨身心的感受[①]。金锡胄甚至在诗作中尽情发泄华夷情绪,有所谓"嫁汉娶胡都是房,似驴非马亦成骡"之语云云[②],已经陷入一种癫狂与偏执,类似近代荼毒天下的种族主义。既然清人已经被视为禽兽般的存在,那么虽然朝鲜使者频繁往来于燕京与汉城之间,却与之鲜有交接就毫无足怪了。日本学者夫马进更明确指出,朝鲜使者虽然频繁往来于汉城与北京之间,但是几乎与清朝士人没有任何实质性的交往,这是由于朝鲜使者蔑视受满族统治的汉人,认为与之进行文化交流是肮脏的[③]。而朝鲜使团的大部分精力,都集中于积极搜集与台湾郑氏以及三藩相关的政治军事情报,如采买违禁图籍、购买清朝公文、贿赂清方人员,甚至不惜重金为情报搜集拨出秘密专款[④],凡此种种大量见诸燕行录记载,这恰恰反映了此期间朝鲜与清朝之间的朝贡关系徒存形骸的实态。

另一方面,在这一历史阶段尽管朝鲜仅向日本派遣过两次(1655、1682)通信使团,但文化交流却相对深入得多,如果算上 1636 年及 1643 年度两次正式遣使在内,会发现朝日之间文人的交流可谓既深且广。对于朝鲜而言,其秉持的"尊周思明"的理念从一开始就缺乏自外于朝贡体制的内在动力,而是将朝鲜置于继承明朝道统的定位,在此前提朝鲜大可以满足于"小中华"的自我地位与想象,同时心安理得地向清朝贡不辍。而向清朝咨报日本情形,不仅仅是作为朝贡国的义务,同时也可以用以实现其"诚信交邻、以壮国势"的外交战略。至于不定期选拔有倚马之才的朝鲜士人组建通信使团,则是向日本夸示其继承中华文化正统的地位,以期慑服日渐耽溺文艺的日本统治阶层之野心,从而取得在未来东亚政治秩序中的有利地位。日本则不同,通过与朝鲜的通信往来,日本日益从自身学术与文化的飞速进步过程中获得自信,对于朝鲜乃至中国日渐轻视[⑤],一定程度上构成了江户时代日本构筑以自我为中心的所谓日本型"华夷秩序"的外部动力之一。

---

① 金锡胄《捣椒录》后序,《燕行录全集》第 24 册,东国大学出版部,2001 年,第 163—164 页。

② 《燕行录全集》第 24 册,第 47 页。

③ 关于这一点,参见夫马进著、伍跃译:《朝鲜燕行使与朝鲜通信使》,中华书局,2010 年,第 114—115 页。如闵鼎重《老峰燕行诗》中收有赠予出身福建、名为颜凤恋的广宁知县的七律一首,这样的赠答可以说是少有的例外,并且近于一种虚与委蛇。另《桑韩埙篪集》(亨保五年(1720)刊本,卷十《韩客笔语》,页 22)提到一则问答从侧面印证了这一点。濑尾源五郎:"贵邦之人,往来清朝。即今缙绅家中,其杰出者,有几位否?"申维翰:"虽有使介往来,不与其人相结。……其儒士文辞学问非所闻问。"

④ 张若武:《朝鲜对清外交机密费之研究》,"中央研究院"《近代史研究所集刊》1976 年第 5 期。

⑤ 参见张伯伟:《汉文学史上的 1764 年》,《文学遗产》2008 年第 1 期。

　　然而需要注意的是,朝日之间的通信往来,清朝绝非漠不关心的旁观者,而是一个"不在场的在场者"①。朝日之间以文化竞胜的交邻往来,其一切准绳尺度皆源于中国文化。不唯如此,日本与朝鲜展开的折冲樽俎,不仅尽在清朝密切关注之下,清朝还要求朝鲜按期咨报"倭情",甚至试图通过朝鲜与日本建立直接联系。清朝鉴于三藩之乱长江以南半壁江山沦为战地的时局,对于日本及朝鲜的丝毫不逞举动都加以关切,对于朝鲜与日本交往更是神经紧张,例如康熙十五年,就针对朝鲜所呈对马岛关于吴三桂举兵的咨文,特别晓谕朝鲜勿为日本所"煽惑"②。同样,1682 年的通信使团,也是在取得清朝礼部回咨准允后方才正式派遣③。

---

　　① 葛兆光:《葛兆光再谈"从周边看中国"》(《东方早报》,2013 年 12 月 8 日,第 B01 版)、《文化间的比赛:朝鲜赴日通信使的意义》,《中华文史论丛》2014 年第 2 期。
　　② 《同文汇考·原编》卷 78《报岛倭来报吴三桂举兵咨》《礼部知会晓谕岛倭勿为煽惑咨》,第 1461—1463 页。
　　③ 《同文汇考·原编》卷 78《报关白新立例遣信使咨》,第 1463 页。

赵孟頫与宋元之际浙西航海家族的交游*

——从常熟印氏家族说起

陈 波

摘 要:元代海运体制的建立,奠定了两浙地区作为全国性交通、物流中心的地位,并催生了一大批以承运海漕为业并兼营海上贸易的新兴富民阶层——海运船户。在赵孟頫的艺术生涯中,昆山顾氏、长兴费氏等财力雄厚的航海家族给予其莫大支持,扮演了艺术赞助人的角色,使赵孟頫得以在宋元鼎革的大变局中得以维持一定的生活水准,安心艺术创作。而赵孟頫作为"被遇五朝,官登一品"的士林领袖,实际上对于后者的登仕之途也不无禆益。昆山顾氏、长兴费氏等家族成员在南宋时期皆有水军任职经历,而赵氏家族因与历仕高阶军职的常熟印氏家族缔姻之故,与南宋水军中的武官多有交游。不唯如此,赵孟頫与浙西航海家族的交游关系与其早年曾主持财经工作的仕宦经历有关。

关键词:赵孟頫 航海家族 常熟印氏 昆山顾氏 长兴费氏

元代两浙地区有着发达的经济腹地及便利的水文条件,市镇经济沿袭宋代以来的趋势,继续保持繁荣发达的态势。海运体制的建立,更加强化了江南两浙地区作为交通、物流中心的地位,并催生了一大批以承运海漕为业并兼营

* 本文系 2014 年度国家社科重大项目"21 世纪海上丝绸之路与南海战略研究(批准号:14ZDA078)"及南京大学双一流建设科研项目"中国与世界:海上丝绸之路的历史演进"的阶段性成果。全文收于王连起、吴敢编:《赵孟頫再研究国际学术研讨会文集》,上海书画出版社,2020 年。另收入《西泠艺丛》总第 58 期,2019 年。

海上贸易的新兴富民阶层——海运船户(或言漕户)①。船户中的富有阶层在两浙地区极有威势,就全国范围而言,似乎仅有富裕的灶户差可与之相颉颃。

众所周知,赵孟頫作为元代文士的极致典范,有着"元人冠冕"的崇高美誉。其高自标持的文士形象深入人心,以至于将其与财雄势大的海运船户联系到一起,多少令人有违和之感。但实际上,赵孟頫的确与此辈交游甚密,其艺术生涯也与之休戚相关。通过分析赵孟頫与此种特有富民阶层的交游关系,无疑对于理解蒙元时代的士商关系,乃至当时的整体文化氛围有着积极的学术意义。

一、赵氏姻戚常熟印氏家族述略

赵孟頫有两个姊妹分别嫁给常熟印氏家族,"孟比适印直传,孟益适通议大夫、南雄路总管印德传"。② 关于这一点,杭素婧曾在其硕士毕业论文中专门论及,兹仅略述大概③。据其分析,印直传系为印应飞之子,印德传系印应雷之子,而印应飞系印应雷之弟。印氏是典型的以科第起家的家族,印应雷、印应飞皆系进士出身,受到宋廷重用,印应雷历仕淮西总领财赋兼江东转运判官、知江州主管江西安抚司公事、知庆元府兼沿海制置使、两淮制置使知扬州等职,在元军进围扬州城之际暴卒。印应飞也官至"户部侍郎,淮东总领,知镇江府"。兄弟二人一文一武,皆仕至高位。

尤可注意的是,元史本纪提道:"福建漳、泉二郡蒲寿庚、印德傅、李珏、李公度皆以城降。"④《元文类》卷六五《河南行省左丞高公神道碑》中则言"(至元十三年)下兴化,宋参政陈文龙降,降制置使印德傅等百四十八人、军三千、水手七千余人,得海舶七十八艘。"《元史·高兴传》据《元文类》及本纪,出校勘记改印德传为印德傅⑤。但赵孟頫手书的《小楷先侍郎阡表卷》中为"孟比适印

---

① 关于元代海运家族的研究,可参见植松正:《元代の海運万戸府と海運世家》(《京都女子大学大学院文学研究科研究纪要》史学编第 3 号)及拙作《元代海运与滨海豪族》(《清华元史》创刊号,商务印书馆,2011 年 8 月)。

② 赵孟頫《松雪斋集》卷八《先侍郎阡表》,黄天美点校,西泠印社出版社,2010 年,第 213 页。

③ 参见杭素婧:《元代江南家族通婚研究》第一章《湖州赵孟頫家族的婚姻状况》,南京大学硕士毕业论文,2015 年。

④ 《元史》卷九《世祖纪六》"十四年三月乙未",中华书局校点本,第 189 页。

⑤ 中华书局校点本,第 3813 页。

直传,孟益适通议大夫、南雄路总管印德传"①。赵孟頫应当不会将自己姊
(妹)夫的名字弄错,且地方志中所记亦均作"印德传",可能是傅与传的繁体字
笔画和字体近似导致的讹误。按照元史记载,可知印德传继承了其父印应雷
作为战区级最高军事长官的地位,其在福建前线向元军投降之际所部水军多
达万人。这一点对于理解赵孟頫入元以后与海运船户这一特殊阶层的交往至
为关键。此点在后文中还将具体展开,兹不赘。

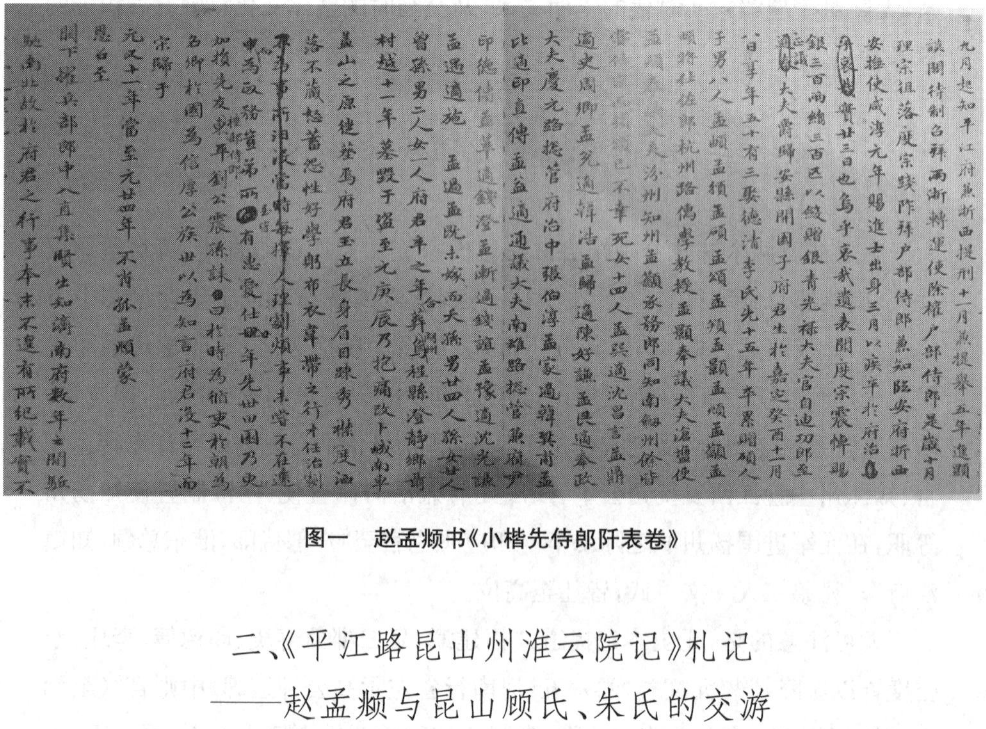

图一　赵孟頫书《小楷先侍郎阡表卷》

二、《平江路昆山州淮云院记》札记
——赵孟頫与昆山顾氏、朱氏的交游

赵孟頫所书《平江路昆山州淮云院记》②是其楷书代表作之一,现藏故宫
博物院。兹录其全文如下:

> 余囊屡游姑苏,居多名刹,如大慈、北禅,乃东晋处士戴颙故居,
> 皮日休、陆龟蒙尝避暑赋诗其间;如虎丘,乃吴王阖闾墓,金宝之气化
> 为虎,据墓上,俄化为石,道旁有试剑石,又有剑池,引水以澹大众。
> 他如灵岩穹窿之类,尚多有之。今昆山淮云院,盖顾君信所创也。顾

---

① 王连起主编:《赵孟頫书画全集》第10册,故宫出版社,2017年,第16—17页。
② 图版参见《中国法书全集》第9册,文物出版社,2011年,第323—340页。

为淮海崇明之钜族，其上世曰德者，至元辛卯来居吴之太仓，庚子，命诸子营蒐裘以老，久乃得之古塘之后泾。泾之北清旷平远，绵亘百里，东临沧江，西揖岩阜，真一方胜处，龟乃卜（"此"字点去）墨遂营宅，兆建庵庐，僧可通丁未长至日，因扫松胃会庵次，共图兴创。师祖正庭，为求檀施浮江而来者，辄受业焉。正庭始欲迁永宁，信以淮浙异处，难之曰："与佛有缘，不若开山创始之为愈。"正庭可之，且曰："佛道如云之在天，无住亦无不住。"遂额以"淮云"，闻于教所，如其请，顾德捐己产为倡，兄发建大殿，自造山门。而朱长者邦富，创华严经阁香积厨，则正庭为之不四三年，一切皆备。昔也榛莽荒芜，今也丹碧辉耀，见者色然，莫不起敬，真无负护持之令旨矣。虽然，传业嗣事又在，其子若孙，尚勉之哉。夫云触石而出，肤寸而合，不崇朝而雨天下。三千大千一切恒河沙佛世界，皆在被冒沾中，尚何淮浙之异乎。至大庚戌陵阳年巘记。中顺大夫、扬州路泰州尹兼劝农事吴兴赵孟頫书并篆额。

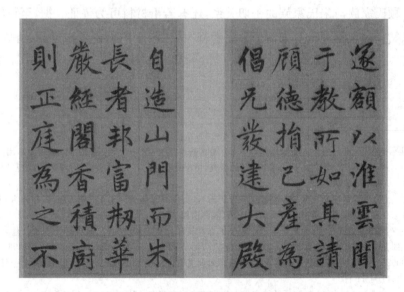

图二　北京故宫藏《淮云院记》册局部

与这篇碑记相关的碑帖还有《乐善堂帖》所收赵孟頫《淮云通上人化缘序》，系南宋遗民白珽口述，由赵孟頫书写，与白珽《淮云寺化缘序》文字大致相同,其内容也涉及淮云寺主持通上人与其师正庭筹资修建淮云寺的经纬[①]。昆山淮云院又称淮云寺或淮云教寺,系元代昆山豪民顾信在至大庚戌(1310年,至大三年)捐资修建,同时有所谓"朱长者邦富,创华严经阁香积厨"。顾信字善夫,"祖居扬州之崇明,……迁于昆山州之大场家焉。"[②]曾官金玉局使,杭州路军器使提举等职,《至正昆山郡志》对其家族及本人事迹都有记载,顾信之父名顾德,兄名顾新,父子三人均有墓志存世[③]。顾氏家族由崇明迁太仓,与同由崇明迁居太仓的元代海运开创者朱清家族关系十分密切[④]。而朱邦富此人,据太仓出土的《故百二总管朱公》墓志铭残文,其人官至"宣武将军海道都漕运万户"[⑤],应与朱清同族无疑,其父朱百二不知何许人,生于端平甲午(1234)四月二十三日,死于丙戌(1286)九月初一日,享年五十有三,按年龄推断应系朱清的父辈,另外,元末著名文人秦约娶朱邦富孙女为妻[⑥],果如是,朱邦富是朱清同辈的可能性较大。至大庚戌即至大三年,这一年元廷对被冤杀的朱清、张瑄给予了平反,返还其部分财产,并官其子孙,朱邦富可能就是在这种背景下充任海道万户[⑦]。

顾氏家族与朱氏家族的密切关系,还有若干材料可为佐证。据《至正昆山郡志》卷五《人物》所记,朱清子朱完者都"构二亭于府城别墅曰寒碧、香晚,赵

---

① 赵孟頫《淮云通上人化缘序》,收入《乐善堂帖》,《中国法帖全集》第 12 册,湖北美术出版社,2002 年,第 174—186 页。关于《乐善堂帖》的研究,可参见王连起:《元〈乐善堂帖〉考略》,《故宫博物院院刊》,2001 年第 5 期。

② 《吴中塚墓遗文·元故乐善处士顾公圹志》,《历代碑志丛书》,江苏古籍出版社,1998 年,第 18 册,第 759 页;白珽《淮云寺化缘序》,收入氏著《湛渊遗稿》卷下,《丛书集成初编》本,第 21—22 页。

③ 顾信墓志即上引《元故乐善处士顾公圹志》,其父兄墓志依次为《已故可轩处士顾公墓志》《故承事郎龙兴录事顾公圹志》,参见 http://www. 360doc. com/content/16/0305/18/2062149_539660925. shtml,有墓志全文录文,此二方墓志太仓文管部门尚未正式公布。另可参见《太仓日报》,2016 年 11 月 11 日。

④ 据朱珪《名迹录》卷3《元故希古道人朱公圹志》(文渊阁《四库全书》本,第 8a—10b 页),朱清之孙朱明德娶顾氏,不知是否出自顾信一族。

⑤ 此墓志残碑尚未公布,在太仓博物馆有图片展出,承博物馆工作人员介绍获知,谨此致谢。

⑥ 都穆《吴下冢墓遗文》卷3《溧阳县学教谕秦约自志》:"其生延祐三年五月初六日,没于某年月日,娶朱氏海道都漕运万户邦富之孙。"知不足斋丛书本,第 8a 页。

⑦ 屠寄《蒙兀儿史记》卷 113《朱清张瑄列传》:"至大三年中书省奏雪其冤,两家子孙得赦还太仓,各以所籍宅一区,田百顷给之,授清子显祖海运千户。"收入《元史二种》下册,上海古籍出版社,2012 年,第 697 页。

文敏公子昂书匾，翰林滕玉霄①、提举白湛渊②当代名贤，俱有记述题咏"，朱清另一子朱旭"早岁从赵文敏公游，已有能书称，晚年深造晋唐笔法之妙"，其子朱明德娶顾氏。于此可知朱清有二子与顾信一样，皆为赵孟頫书法之坚定拥趸。顾信之父顾德之墓志，则由朱清养子朱日新填讳，并由赵孟頫亲书③。

除与朱清家族关系密切之外，顾信家族与其他海运家族关系也很密切，其次女妙观嫁给殷实，此人曾运粮高丽，出征交趾时由朱清、张瑄奏，被授以海船副万户之职④。或许是与昆山当地海运家族关系密切的缘故，顾信家族似也兼营海外贸易，赵孟頫《乐善堂帖》中收有写给顾信的四封书札，第一札中有"湖州杂造局沈升解纳附余钱物前去，如达，望照觑是幸"等语，第三札中有"外蒙海布之寄，尤切厚意，领次，感愧感愧"之句，似乎都涉及赵孟頫鉴于海外贸易利润丰厚，遂出资委托顾信代为进行附舶经营⑤。

三、赵孟頫姻亲长兴费氏家族杂识
——《舟从枉顾帖》及其周边

赵孟頫姻戚之中，作为海运家族的费氏家族财力雄厚，对于赵孟頫家的生计及艺术生涯颇多助益，非常值得注意。原居湖州长兴的费氏一族与赵孟頫家族居地相邻，似并非显达之家，直到宋末费㮤出赘嘉兴刘氏，"以策干两淮制阃"，累官"任浙西兵马钤辖，权提举上海市舶司事"，从此占籍松江，作为一个航海家族开始兴旺发达。元军南下，费㮤可能由于及时迎降，继续保有其地位，卒官浙东道宣慰使。其子费拱辰，在宋为殿前司主管机宜文字⑥。元世祖

---

① 元代文学家，名宾，字玉霄。参见彭万隆、张永红《元代文学家滕宾生平稽考》，《浙江工业大学学报》（社会科学版）第 14 卷第 4 期，2015 年 12 月。

② 白湛渊即白珽，湛渊乃其自号。

③ 《至正昆山郡志》卷五《顾德传》："延祐丁巳终于家，文敏公赵子昂为铭。"（《宋元方志丛刊》本，中华书局，1990 年，第 1136 页）而《已故可轩处士顾公墓志》则称"宣武将军前江州路总管兼郡内劝农事朱日新填讳"。据《至正昆山郡志》卷五《朱日新传》（《宋元方志丛刊》本，第 1135 页），朱日新系朱清养子。

④ 《高丽史》卷 80《食货志三·赈恤》，首尔大学藏奎章阁本，第 43 页；《元史》卷 17《世祖十四》至元二十九年十月壬寅条。中华书局，1976 年，第 367 页。

⑤ 收入《乐善堂帖》，《中国法帖全集》第 12 册，第 208—219 页。

⑥ 黄溍《黄溍集》卷 33《费氏先墓石表》，浙江古籍出版社，2013 年，第 1214—1215 页；牟巘《护军镇国上将军福建宣慰使都元帅江夏郡公谥荣敏费公墓志略并铭》，董斯张《吴兴艺文补》卷二十六，明崇祯六年刻本，第 44—46 页。

至元二十四年(1287)桑哥当政时,立行泉府司专领海运,增置万户府二,费拱辰与张文虎同为平江等处运粮万户,同年以海道运粮分道以进,从征交趾[①]。费拱辰之子费雄袭父职为万户,并娶赵孟頫之女为妻[②]。各种版本赵孟頫文集中收有他写给费拱辰的书札三封:

> 孟頫顿首再拜万户相公尊亲家坐前:孟頫近陆县管便,曾附尺书,此当必达,所寄钞,想蒙不阻。今有余钞廿锭,附李千户便纳上,内见钞六锭九两,内䌷丝二十斤,计价钞一十三锭四十一两,望亲家特为变钞,通前所寄共五十锭,附带发船为幸。但是所得皆惠及也。孟頫明后日便还德清,适王吉甫自越上来相会,因户门事到海上,望亲家以门墙旧客,凡百照管,为大幸也。寒燠不常,唯厚加珍爱,不宣。十一月十日孟頫顿首再拜。(《大观录》卷十《书翰十帖》)

> 孟頫再拜万户相公尊亲家坐前:孟頫顷承舟从枉顾丘园,自惟贫家无以将接,至今以为媿。别来伏计尊履胜常。孟頫三月间还城,中赖庇苟安而已。卫竹所入道,为中山建道院,持疏门墙,得蒙慨然,至幸!至幸!前者欲从蓼塘回,旧花竹、戴胜已得许诺。又张万户处有《洛神赋》后节。二者并望用情求至,不胜拜赐,不宣。四月廿五日,孟頫顿首再拜。(台北故宫博物院藏,《中国法书全集》第9册,图版三三)

图三　台北故宫藏赵孟頫书《舟从枉顾帖》

①　《元史》卷209《外夷二·安南》,第4647页。

②　欧阳玄《圭斋文集》卷9《元翰林学士承旨荣禄大夫知制诰兼修国史赠江浙等处行中书省平章政事魏国赵文敏公神道碑》,吉林文史出版社,2009年,第100页。

　　孟頫顿首再拜尊亲家万户相公阁下：孟頫自顷奉状后，甚欲一到
海上拜谒一番，良以人事扰扰，未可动身，唯有瞻企。人至，承惠书，
审茂迎阳刚，体候清胜，以慰下情。且蒙眷记，荐有（香布之惠，如数
祗领，深佩厚意，感激！感激！人还，草草具覆，未有一物可以寓诚，
临纸不胜皇恐。正寒，唯）善护兴息，不宣。十二月朔，孟頫顿首再
拜。（《三希堂法帖》，中国书店1998年版，释文十一）

　　值得注意的是，其中书札一所谓"今有余钞廿锭，附李千户便纳上，内见钞
六锭九两，内纻丝二十斤，计价钞一十三锭四十一两，望亲家特为变钞，通前所
寄共五十锭，附带发船为幸"等语，显是赵孟頫出资变兑为钞，委托费拱辰代为
附舶贸易。书札三是赵孟頫获得费拱辰馈赠物品后写给后者的感谢信，其本
人甚至"欲一到海上拜谒一番"，似乎是想去参访费氏的海船，大概也与海外贸
易有关。书札二提及费拱辰曾至赵孟頫家，又要求费拱辰代从"张万户处"求
取所谓《洛神赋》后节"，此张万户，疑是与费拱辰同为平江等处运粮万户并一
起从征交趾的张瑄之子张文虎。三封书札中，书札一仅有文字留存，书札二则
有墨迹本存世，习称"舟从枉顾帖"，素为习书者所珍视，现藏台北故宫博物院，
书札三被收入《三希堂法帖》之中，其中"香布之惠，如数祗领，深佩厚意，感激！
感激！人还，草草具覆，未有一物可以寓诚，临纸不胜皇恐。正寒，唯"等三十
九字残损不见。

　　另外，《盛湖志补》卷三还收有赵孟頫写给费拱辰的书札一封：

　　孟頫顿首拜万（石）［户］相公尊亲家阁下：孟頫上书瞿总管，至得
所惠书，审（二哥承荫文书，得早发来为好）动静安胜，亲闱悉佳，慰喜
无量。且蒙记会，远赐玉粒，如数拜领，每食必感。不肖留此粗安，但
书经犹未愿乎，日夜思归而未有期，极无聊也。所二哥见许黑小厮，
望遣过湖州家下抬票，庶望少长可以相安耳。来侍冀道及小儿，想无
事，瞿琴轩想礼上多时。时曾托其于受云溪处求《兰亭》（应是陈直
斋[1]物），不知如何？或会有千万扣，及示报为感。今因便草草具字，
不能道谢万一。不宣。九月十九日，孟頫顿首再拜。[2]

---

[1]　即南宋藏书家、目录学家陈振孙。
[2]　《盛湖志补》卷3《赵文敏公与（石）［户］相公札》，1923年刊本，转见于钱伟强点校《赵孟頫集》，
浙江古籍出版社，2012年，第377页。

此书札内容涉及赵孟𫖯想通过费拱辰拜托瞿霆发(1251—1312)求取《兰亭序》,应是指所谓当时士人宝爱传玩的定武兰亭。唯赵孟𫖯行书"户"字极似"石"字,故《盛湖志补》编者误录,此封书札或因此也未被学界注意。

另外,上海博物馆也藏有赵孟𫖯书致费拱辰书札一封:

> 书再拜万户相公尊亲家阁下,忝眷赵孟𫖯谨封。孟𫖯再拜万户相公尊亲家阁下:孟𫖯人至,得所画书,审即日体侯安胜,慰不可言。承问及不肖北行之期,此传之过耳。近为篆写御前图书,只到行省耳。闻二哥感冒,幸好看之。人还草草,不宣。孟𫖯再拜。①

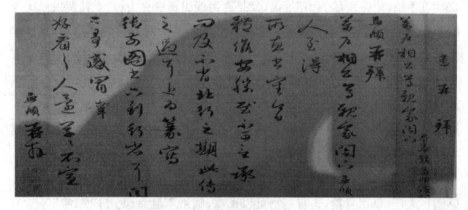

图四　上博藏赵孟𫖯致万户相公札

这封书札不署年款,据任道斌所编《赵孟𫖯系年》,大德二年(1298)正月初二日,吏胥请赵孟𫖯赴省,三日赵即返杭州,元廷欲召其赴京写经②,应即上引书札中所谓"御前图书"。据杨载所撰《赵公行状》,赵孟𫖯是年赴召写《藏经》,"书毕,所举廿余人,皆受赐得官,执政将留公入翰苑,公力请归。"③但据《系年》所列其他史料,赵所写很可能是《金刚经》④。又书札中所谓"二哥",可能是赵孟𫖯次子赵雍,也可能是赵孟𫖯二女婿费雄,是前者的可能性较大。盖因赵孟𫖯家族在书信中习称亲族中子侄辈为"哥",如上海博物馆藏《行书家书二札卷》有赵书致三字赵奕家书一封,起首曰"父书致三哥吾儿"。又明人陈继

---

① 王连起编《赵孟𫖯书画全集》,故宫出版社,2017年,第7册,第153页。

② 任道斌《赵孟𫖯系年》,河南人民出版社,1984年,第80页。

③ 《赵孟𫖯集》,钱伟强点校,浙江古籍出版社,2012年,第523页。

④ 《秘殿珠林石渠宝笈续篇》卷三《乾清宫藏三·赵孟𫖯书金刚经一册》,款云:"大德二年八月廿一日,吴兴善男子赵孟𫖯书。"《赵孟𫖯系年》,第86页。

儒著录管道昇家书一封起首云"平安家书,付三哥长寿收拆,娘押封。"①这是艺术史学者的共识。

费拱辰的事迹史不详载,有两则关于他的轶事可见其性情。"壬辰九月十六日,因谒费万户(名拱辰号北山)、庄蓼塘(名肃)。庄出张萱弹琴士女一卷,明昌御题,并前后即元乔仲山物。"②又,"大德戊戌二月二十日,张汉臣尚书、赵松雪学士、费北山漕侯同在杭州泛舟。"③则费拱辰虽为武人,亦间有风雅之举。这也从侧面能够证明,赵孟頫之所以与费拱辰友善并缔姻,相似的志趣爱好也是重要原因之一。

四、宋元之际嘉兴魏塘的吴氏家族

元至大三年(1310),赵孟頫应诏从杭州(一说湖州)沿水路前往大都,途经南浔时,送行好友僧人独孤淳朋将自己收藏的一本五字已损《定武兰亭》拓本相示,赵乞携入大都。在三十二天船行途中时时展玩,宝爱不已,于册后陆续写下十余段跋文,并临写一通,这便是著名的《独孤本定武兰亭十三跋》。

可是此后却有多种内容相近的文本陆续流出,形式都是定武兰亭本附以赵孟頫十余段题跋的所谓兰亭十一跋、兰亭十六跋、兰亭十八跋,并行于世。而诸本之中,又以所谓《吴静心本兰亭十六跋》最为知名。此外故宫藏一卷有王蒙长跋的定武兰亭拓本,据称也原属吴静心本。后世据帖后赵孟頫跋,认为他在前往大都途中,除携独孤所赠《定武兰亭》外,还有好友吴森(号静心,嘉兴人)也携带一本《定武兰亭》拓本。赵孟頫曾在吴去世后撰《义士吴公墓铭》(收入《松雪斋集》)。赵在赴大都途中不但经常并几同观《独孤本》和《吴静心本》,还把题在《独孤本》后的跋语抄录于《吴静心本》之后,并略加改易,增为十五跋。延祐三年(1316),又应吴森之子景良之请追加一跋,共计十六跋④。此十六跋与《定武兰亭》拓本原迹,今皆不存。兰亭拓本与题跋有明代潘仕从(字云

① 《赵孟頫书画全集》,故宫出版社,2017年,第7册,第34页;陈继儒《妮古录》卷四,上海书画出版社,2009年,第5册,第184页。

② 周密《志雅堂杂钞》卷上,清粤雅堂丛书本,第4b页。

③ 陶宗仪《南村辍耕录》卷22《戎显再生》,中华书局,1959年,第272页。

④ 李日华《味水轩日记》卷七;汪砢玉《珊瑚网》卷19《法书题跋·赵承旨十六跋定武兰亭》,清文渊阁四库全书本;卞永誉《式古堂书画汇考》卷5《书五·定武兰亭赵承旨十六跋静心本》,清文渊阁四库全书本。

龙)刻本传世,赵临兰亭不见于刻本中,而被认为即故宫博物院现藏一卷《定武兰亭》后所附。在后人著录中,别有十七跋、十八跋之名,所指都是上海潘允端藏本。

关于此《吴静心本定武兰亭》之真伪,艺术史学界言人人殊,至今未得定谳。徐邦达、王连起和黄惇,都认为赵孟頫确实曾为吴森所藏《定武兰亭拓本》写过十六跋,而最近田振宇则撰文力证吴静心本系元人俞和(字子中,号紫芝,晚号紫芝老人)之伪作,亦不排除吴氏家族参与作假之可能①。关于这一书法史上的疑案,艺术史研究者自有其长处,非笔者可以置喙。然则艺术史学者在讨论此一案例之时,对于吴静心家族之基本史实虽有附带交代,但由于对元代文献似多隔膜,不免皆有言而未及之处。笔者想先通过厘清吴氏家族的基本情况,在此基础上梳理该家族与数位元代文士之间的文字因缘,进而讨论元代江南书画繁荣所端赖的社会土壤。

关于吴静心及其家族,其基本资料除赵孟頫《义士吴公墓铭》(以下简称《墓铭》)之外,还有1981年发现于浙江平湖的《义门吴氏谱》。余辉、吴静康等学者通过比照《墓铭》与《义门吴氏谱》的记载,基本厘清了元代画家吴镇的家世,然而其结论长期未被元史学界所重视②。之所以如此,大概还是由于该谱成于清康熙年间,记载之中也有些明显的错误,因此其可信性难免受到一定的质疑③。近年黄朋进一步通过扬无咎《四梅图》吴氏一门的收藏印记并结合元代文人黄玠《弁山小隐吟录》的一则诗序,进一步印证了《义门吴氏谱》宋元之际的谱系记载并非向壁虚构,基本可信④。

根据《义门吴氏谱》记载⑤,吴镇的曾祖寔(第十七世),字寔之,他见宋将亡,"弃文习武,仕进义校尉,水军上将。元兵南下,公力战死。赠濠州团练使。

---

①　王连起《赵孟頫临跋〈兰亭序〉考》,《故宫博物院刊》1985年第1期;黄惇《赵孟頫与兰亭十三跋》,《兰亭论集》,苏州大学出版社,2000年;徐邦达《古书画过眼要录——元明清书法》,《徐邦达集(五)》,紫禁城出版社,2006年,第40页。田振宇《赵孟頫跋〈吴静心本定武兰亭〉辨伪》,《中国书画家》2015年第7期。

②　李德辉《吴镇家谱续考》,《山东师大学报(社会科学版)》1988年第1期;余辉《吴镇世系与吴镇其人其画——也谈〈义门吴氏谱〉》,《故宫博物院院刊》1995年第4期;吴静康《吴镇家世再探》,《故宫博物院院刊》2001年第5期。

③　陈高华《元代画家史料》增订本,中国书店出版社,2015年,第494—495页。陈高华先生认为该谱是否可信仍有待进一步研究。

④　黄朋《吴镇及其家族书画收藏初探》,《上海博物馆集刊》2008年。

⑤　《义门吴氏谱》笔者未见,以下引用该谱内容,皆转见《嘉善文史资料》第5辑,政协嘉善县委员会文史资料研究委员会嘉善县志办公室、嘉善县博物编,1990年。

先是许公自以勋戚裔，忠鲠招嫉，见世将变，托公于族弟，携养汝南。后海运公惧祸，故义士墓表直托称曾大父坚云。"吴镇的祖父泽（即吴宴的长子）系"行庆八秀，字伯常，仕承信郎，因官居汴梁。继与杨宣慰同职，后与吕文德守襄阳有功，同故将李曾伯移家嘉兴思贤乡，……宋亡不臣元，航于海。"吴泽是吴镇先祖中最关键的人物，自他开始，吴氏族系的一支在嘉兴一带扎根，打下了吴氏作为航海家族的基础。其长子吴禾（第十九世，吴镇父），字君嘉，号正心。他"性至孝，随父航海。后大定，寄籍山阴、萧山二县。今赭山船舵尚存。庐守父墓，因居澉浦。家巨富，人号'大船吴'"。吴禾的六个弟弟林、森、杰、朴、林、枋均不随父航海，唯一承传祖业的是吴森的长子吴汉英，他"随祖航海，后归武塘，仕财赋提举"。而吴镇则为吴禾之子，在元代作为著名画家为世所知。

《墓铭》记吴森云："性素雅，……无声色之娱，唯嗜古名画，购之千金不惜。"可见吴森曾依靠雄厚家资，重金收藏书画，这无疑会影响到其家族之好尚。吴氏家族中涌现出的书画人才，除吴镇外，吴森之孙吴瑾（森长子汉英之子，字莹之，号竹庄老人）也是书画家，与吴镇合作《梅竹图卷》，今藏辽宁省博物馆。现藏于故宫博物院的南宋画家扬无咎的《四梅图》就曾是吴氏家族藏品，在其卷中前后，钤有吴镇、吴汉杰、吴汉臣（吴森第四子）三人印章，此外还有"嘉兴吴璋伯颙图书印"，黄朋认为此人乃吴汉杰之子，此说实误，这在后文中还将提到。

吴镇的家系及行迹由于前人的研究，已经较为清楚。大致可知吴镇家境优渥，出身嘉兴魏塘的大族，其寓所"梅花庵"位于今嘉善县魏塘镇，元代属嘉兴路嘉兴县，在县东三十里，又名武塘[①]。元人陶宗仪曾这样提到魏塘吴氏居宅之盛况：

> 浙西园苑之胜惟松江下砂瞿氏为最，……次则平江福山之曹、横泽之顾，又其次则嘉兴魏塘之陈（园）。当爱山全盛时，春二三月间，游人如织，后其卒，未及数月，花木一空，废弛之速，未有若此者。自后其地吴氏之园曰"竹庄"。盖元有池陂数十亩。天然若湖，莹之[②]尝买得水殿图，据图位置，构亭水心，潇洒莫比。哗讦之徒，欲闻诸

---

① 《元史》卷62《地理五》；至元《嘉禾志》卷三《镇市》。

② 据朱谋垔《画史会要》卷三："吴瑾，字莹之，嘉兴人。"而据《义门吴氏谱》，其人乃吴森长子吴汉英（字彦良）之子。

官，亟塑三教像于中。易曰："三教堂"。人不可得而入矣。莹之卒。荐遭兵燹。今无一存者。[1]

《墓铭》记述吴森内眷称："初赘费氏，早卒，再赘陈氏（武塘承信陈公之女）"[2]，此处所谓"赘"，非指吴森赘于陈氏，而是指吴森娶陈氏女为妻，"武塘承信陈公"当指元初纳粟补万户的陈景仁（或言陈景纯）[3]。在《义门吴氏谱》被发现之前，吴镇留给后人一种以卖画算卜为生的潦倒不堪的贫士印象，而实际上他可以算得上世家子弟，完全可以靠父祖产业乃至家族接济悠游岁月，而无生计之虞，其买卜活动很可能是作为全真道教徒的教义实践[4]。吴镇"为人抗简孤洁，高自标表"[5]，一生似并无出仕，这种政治态度很可能受到其父祖吴泽、吴寔曾作为宋朝将佐参与抗元战事的遗民意识影响。

但这并不是说，吴氏家族所有人都秉持义不臣元的政治态度，宋元鼎革之际，士人家族于进退出处之大关节，实际上多倾向于忠孝之间努力寻求一种微妙的平衡，恰如文天祥与弟书所言："我以忠死，仲以孝仕，季也其隐。……使千载之下，以是称吾三人。"[6]吴氏家族也采用了此种灵活的政治抉择来寻求家族的延续与发展。吴镇之父吴禾选择"庐守父墓，因居澉浦"（《义门吴氏谱》），以航海为业孝养其亲，其叔父吴森则选择跟随降臣范文虎，任管军千户，并且很可能参与了征日之役。对此，《墓铭》隐晦地记曰："至元辛巳（1281），征东省右丞范文虎与承信府君在李公幕府有旧，故举君为管军千户。师还，隶高邮万户府，移屯扬州，告闲得请，澹然家居。"并且，吴森这一系子弟多积极出仕元朝，也努力参与地方秩序的构建，其义举最得士望的是所谓"延师教子，捐腴田二顷，建义塾以淑乡里子弟。"关于此事，赵孟頫有诗云：

> 礼义生富足，为富或不仁。谁能如吴君，捐己以惠人？开塾延师

---

[1] 《南村辍耕录》卷26《浙西园苑》，中华书局，1959年，第329页。

[2] 赵孟頫《松雪斋集》卷8《义士吴公墓铭》，浙江古籍出版社，2012年，第226页。

[3] 参见吴静撰前揭文。"陈景纯"似又作"陈景仁"，沈季友《檇李诗系》卷三十六（清文渊阁四库全书本）："魏塘元万户陈景纯，名当，字爱山，辟园有异人月夜叩门，题诗云：戊子年间多快乐，丙申之岁少留连。公公莫作绵绵计，花圃终须变野田。"同书卷三十八《魏塘道中》："嘉善县古魏塘镇，相传魏武帝窥江南驻跸，故城又曰武塘，在府城东三十六里，治为元万户陈景仁花圃，至正时有星陨石取为山县治定基于此。"光绪《重修嘉善县志》卷三《陈氏东西园》亦作"魏塘元万户陈景纯"。"陈景纯""陈景仁"或为同一人，或为同族昆弟。

[4] 参见余辉前揭文。

[5] 孙作《沧螺集》卷3《墨竹记》。

[6] 《永乐大典》卷14544引刘将孙《养吾集·读书处记》。

儒,聚书教比邻,岂徒名誉美,要使风俗淳。人物方眇然,作养当及辰。文章虽致身,经术乃新民。宣公相业著,辅子理学醇。二贤乡先正,千载德不泯。吴君真盛举,勉哉继前尘。何当袭春服,从子语水滨。①

此诗所提到的吴俊卿,亦当指吴森。赵孟頫与吴森相交甚笃,《墓铭》言"以余尝与其父游,深知其为人",清人安歧《墨缘汇观录》卷二法书下《静心帖》也提供佐证:

> 孟頫顿首再拜静心相干心契足下:孟頫径率有白,今遣小计去,望收留之。切告,勿令此间觉可也。专此数字,唯加察,不宣。孟頫顿首再拜。②

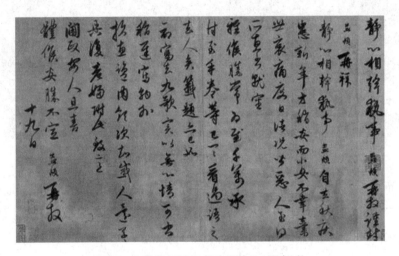

图五　上博藏赵孟頫书致吴静心(吴森)札

另外上海博物馆藏有赵书致吴森书札一通,其中其幼女夭亡之事,云:"自去秋疾患,小女不幸弃世,哀痛度日。"③据王连起先生的意见,赵之幼女应夭于至大二年(1309)。实际上,赵孟頫与吴氏家族成员的书札,确切可信的至少有六通,现藏上海博物馆。其中一通习称祸变帖,内容是赵孟頫应吴汉英、吴

---

① 赵孟頫《松雪斋集》卷3《吴俊卿义塾》,第56页。
② 王连起编《赵孟頫墨迹大观》下册收有静心帖,上海人民美术出版社,第504页。据黄雅雯《赵孟頫尺牍初探》("国立"台南师范学院语文教育学系学士论文,2003年)称:"白宋纸本,行草书,八行。收于《赵孟頫六册册》,台湾陈氏藏。为致静心之信札。"
③ 王连起编《赵孟頫墨迹大观》下册,上海人民美术出版社,第460页。

汉杰之请为其父吴森撰写墓铭：

> 书慰国用(笔者按：指吴森长子吴汉英)、景良贤昆仲大孝，赵孟
> 頫就封。孟頫再拜国用、景良贤昆仲大孝，苫次何图，庆门祸变，先丈
> 奄弃荣养，闻之不胜伤痛。伏唯孝心纯至，何以堪处，相去数千里，无
> 由奉唁，唯节哀顺变，以全孝之大者。所喻墓铭，不敢辞，谨写定奉纳
> 便可上石也。因贵价录驿便，布此。老妻附问，堂上安人请节哀。消
> 息不次。九月五日，孟頫再拜。[①]

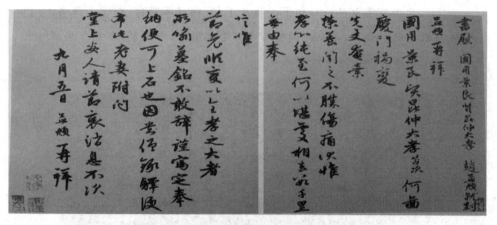

图六　上海博物馆藏赵孟頫书致国用景良札

而赵孟頫与吴森建立交情，可能因其友人邓文原居中牵线，因邓文原曾于
大德二年(1298)任崇德州教授[②]，崇德州属嘉兴路，距离吴氏居地魏塘并不
远。次年吴氏建立义塾的举动引起邓文原的注意：

> 崇德古御儿地，大德己亥，吾尝为其州文学掾。吴氏俊卿建门左
> 之塾，聘师以训乡之子弟三年矣。地故多饶富，俊卿非甚雄于赀，而
> 志欲敦尚儒风，迪成善俗，视古称任恤者，盖庶几焉。未几，余入补词
> 垣属。又八年，州若府疏其事于江浙省，而以闻于朝，曰：吴氏义塾田
> 为亩者二百，师生饩廪有度，讲肄有业，童冠鼓箧而来者逾百员。盍
> 举以旌善？朝命表其门曰义士。会余以提举学事出领江浙西道，访

---

① 王连起编《赵孟頫墨迹大观》下册，第462页。除上引书札外，《赵孟頫墨迹大观》收录赵孟頫
致吴氏家族成员书札共6通，录文有些地方似待商榷，同氏编《赵孟頫书画全集》第10册卷后录文对此
已多作更正。
② 《元史》卷172《邓文原传》。

义塾之成,则已迁于官河之东县庾故址,岁输僦直,为方七亩有半,益以旁近地亩三。经度缔构,宏丽亢爽,中象燕居,翼以斋庑。其北,讲堂寝息有所;左右,书器庋阁严奥,重门辉赫。南穴为池,直池北东,廪舍庖湢,各有攸处。又增田二百亩,以美岁入。中河为桥,级石夷平,便诸入塾者。自造端至今,更十有七寒暑,而塾始大备。凡用钱若干缗,米若干石,皆约已撙用以给。其规约,则岁所敛储,必子孙之长且贤者次掌之,而师友共稽其出纳,有赢亦以周里闾之婚嫁、丧葬贫不举者,勿侈勿啬,勿轧于豪右,勿挠于有司,以图惟永久。子孙有违约者,以不孝论,乡得纠正焉。俊卿谒余文为记。……尚无负俊卿所以建塾之意,世之观吾言者,其亦有所兴起也夫![①]

不唯如此,元至大三年(1310)庚戌元廷表吴氏为义门之后,邓文原应吴森之子吴汉杰(字景良)之请为之写下《乐古堂记》,乐古堂匾额则由赵孟頫以大篆题写,时吴汉杰为江浙行省掾属[②]。据《墓铭》,吴森死于皇庆二年(1313)五月,次年延祐改元,科举制行,邓文原为江浙乡试考官,而吴汉杰当为江浙行省郎中,趁机请邓文原书碑,此碑应该就是黄溍撰《吴府君碑》,时吴森已辞世。今台北故宫博物院藏有邓文原与吴汉杰尺牍一札,可为佐证:

> 记事顿首。辱交邓文原。景良郎中执事吴。文原顿首,景良郎中执事。比者,棘闱中略获瞻对,然以远嫌,不能剧谈,至今以为歉耳。先尊府义士碑,下求恶札,俾得附名,以传不朽,何幸如之。属以人事坌集,方能如来喻,令小婿附便奉纳。因具此纸,余为珍毖,不宣。文原顿首。[③]

---

① 邓文原《巴西集》卷上《吴氏义塾记》。

② 邓文原《巴西集》卷下《乐古堂记》(文渊阁四库全书本):"武川距嘉兴逾一舍而近,吴氏常以好义闻于朝,因表其门曰义士。义士之子景良,甚敏而愿,喜从贤士大夫游。益思积善以亢其宗,筑室舍后,为堂三间,凿池疏泉。其北中有石屹立,清莹可友,名曰浮璧。又北叠石为山,最峭特者曰昙云,左右各三峰,如拱甃空,穴为洞,曰小隐。有亭翼池,东曰禊,西曰隐,隐言志,禊言事也。奇葩美卉,蔽亏池曲,植两槐若偃,盖在堂南。总轩序寝室,为屋若干楹,而榜其堂曰乐古,翰林承旨赵公乃作大篆。……景良有会乎于言,请书而识诸座间。景良名汉杰,今为江浙行中书省属,众谓才谞宜显用云。"另《永乐大典》卷7241载有元人陆厚《乐古堂并序》一首:"二十日,过武塘吴景良。时乐古堂成,适遇锡命之喜,故歌此诗,以代致语。佳丽武泾阳,今登君子堂。云龙盘紫诰,燕雀舞雕梁。古物烛四座,新声荣一乡。知公重积德,世代庆蕃昌。"

③ 刘正成主编《中国书法全集》,第47卷,荣宝斋出版社,2005年,第241—242页。

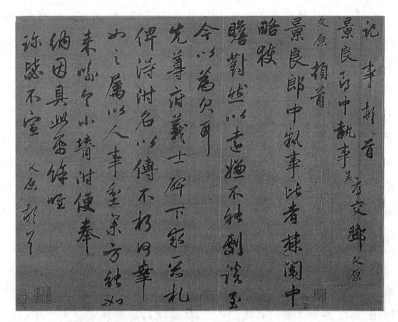

图七　台北故宫博物院藏赵孟頫致景良郎中札

行文至此,可知魏塘吴氏吴森一系于仕进一途颇为积极,而其仕途通达的关键节点,就是至大三年(1310)被元廷表为义门,在这一过程中,作为士林翘楚的邓文原对于吴氏誉望的日益隆盛起到了推波助澜的作用。

又,关于吴森为义塾所延请的"师儒",据黄溍《慈溪黄君墓志铭》所记,其人乃宋代显宦宗正少卿黄震之孙,名正孙,字长孺。宋亡之际,黄震孙"与仲父、季父患难相从",生计日蹙,被"义士吴君(即吴森)……遣币马迎致之。"①黄震孙死后,其子黄玠(字伯成)就馆于吴氏义塾达 20 余年,其事见于其所撰《弁山小隐吟录》:

> 余自辛亥岁馆于魏塘吴氏,时义士静心先生方无恙。长子彦良应门于家,次子景良输力于时,皆一时伟人,季子季良为赘婿于外,与余尤相友善。岁壬申,景良卒于官所,归葬胥山,诸孙各求分异,学遂废,而余乃去矣。顷者不逞之徒,坏其守冢之庐,季良之子璋闻于官,罪人斯得,众称之曰能,故为是诗以勉之。②

---

① 《黄溍集》卷 24《慈溪黄君墓志铭》,浙江古籍出版社,2013 年,第 882—883 页;同书卷 22《黄彦实墓志铭》(第 811—812 页)墓主黄彦实系黄玠之叔祖。另可见《弁山小隐吟录》卷上《哭彦实叔祖》。
② 黄玠《弁山小隐吟录》卷下,文渊阁四库全书本。

　　黄氏一门入元之后长期依附于吴氏,为家塾师以为衣食之资,从而维持了作为士人的基本体面,故黄玠对吴氏一门长存感激之意,与吴氏一门也多有诗文往来。《弁山小隐吟录》共计收录有致吴汉杰(吴森三子,字景良)诗二首,致吴汉英之子吴瓘(字莹之)诗一首,致吴季良(吴森第四子,名汉臣)诗七首,致吴森侄吴镇诗二首①。据《墓铭》,吴森四子依次是汉英、汉贤、汉杰、汉臣,长子汉英、三子汉杰系嫡出。又据《义门吴氏谱》,吴汉英字彦良,吴汉贤字仲良,吴汉杰字景良②,吴汉臣字季良,黄朋《吴镇及其家族书画收藏初探》一文误以吴汉贤之字作景良、吴汉杰之字作季良,无疑是错误的。扬无咎《四梅花图》所谓"嘉兴吴璋伯颐",亦当为吴汉臣之子。有趣的是黄玠《送吴季良海运歌》,略曰:

> 　　神禹作贡书惟扬,汉家亦言海陵仓。至今岁入蹄百万,连艘巨海飞龙骧。长腰细米云子白,秔稉犹作秋风香。上登京庾充玉食,不与黍稷同概量。延陵季子世不乏,被服裤褶躬输将。军符在佩金睒睗,上有霹雳古篆书天章。乾坤端倪正离坎,北斗却转天中央。吾知贞忠对越肝胆露,蹈踩沆瀁不翅如康庄。平生故人走相送,携手踯躅心飞扬。亟呼吴娃度美曲,无使别苦愁刚肠。燕山之南易水上,犹是陶唐帝都古冀方。九河故迹无复在,但见夹右碣石沦苍茫。天下壮观有如此,大君恩重险可忘。廷臣论功上上考,酾酒再拜中书堂。君不闻木牛流马崎岖出剑阁,鸣声酸嘶栈道长。何如云帆千里百里一瞬息,卧看晓日升扶桑。

　　此诗可说明在吴森之后,吴氏家族依然从事海上运输事业,即使非嫡子赘婿于外的吴汉臣也不例外。

　　吴森长子吴汉英字彦良,曾官"从仕郎、平江等处财赋提举"(见后文所引黄溍《吴府君碑》),上博藏有赵孟頫书致吴汉英二札:

> 　　手记顿首复彦良提举相公足下,孟頫谨封。孟頫记事顿首彦良

----

　　① 黄玠《弁山小隐吟录》卷下《题吴景良荷锸图》《吴景良农庆堂诗》《送吴季良海运歌》《薄薄酒奉别吴季良》《庚辰四月廿日赴谢氏馆吴季良携酒为别》《寄吴季良》《梅花菴为吴仲圭作》《吴仲圭画松》《吴莹之小像》;同书卷上《题吴季良东明轩》《湖上醉归似吴季良》《湖上似濮乐闲吴季良》。

　　② 吴汉杰字景良还见于邓文原《巴西集》卷下《乐古堂记》,从名字的相互关联分析,汉杰乃指汉初三杰张良,是故字景良乃是表达景仰张良之意。

提举相公足下：人至得书，就审即日动履胜常，良以为慰。发至物已领，《仕女图》就付〔夫〕〔去〕人奉纳。人还，草草奉答，何时能来作数日款耶？颖行，时中厚自爱，不具。孟頫顿首，廿二日。

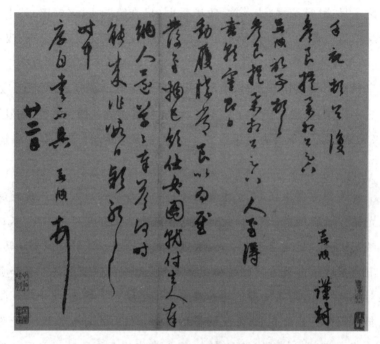

图八　上博藏赵孟頫书致彦良提举札

手书顿首彦良提举相公契亲坐右，赵孟頫谨封。孟頫顿首彦良提举相公契亲坐右：孟頫昨沈老去，草草作答之后，未能嗣书，甚切驰想。冬暄雅候胜常。贱体自秋来苦痾疾，今虽稍愈，然藏府尚未调适，极以为忧，冀得寒渐佳耳。笔生陆颖欲去献技，恐足下必须收佳笔。谨作此，令其前去，望照顾之。前所乞杉木，不知肯惠否？如蒙早赐遣至，甚感。因陆颖行作此，未会晤间，唯善保。不宣。孟頫顿首。十一月十一日。①

此二札因皆系赵孟頫书于晚年居年时期，其中提到的陆颖是吴兴当地有名的笔生，字文俊②，元明文人对其事迹多有记述。此外吴汉英逝世时，赵孟頫又分别书致其子吴瓘及其弟吴汉杰书札各一封，亦皆藏上海博物馆：

---

① 见前引《赵孟頫墨迹大观》第 465—466 页。
② 沈梦麟《花溪集》卷 3《赠笔生陆文俊》，枕碧楼丛书本。

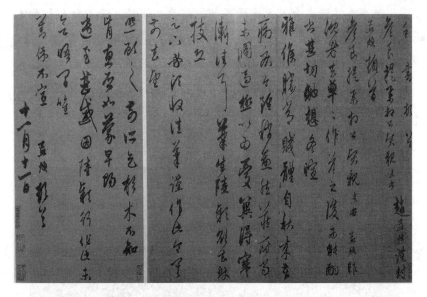

图九　上博藏赵孟頫书致彦良提举相公札

记事顿首,景良郎中新余阁下,赵孟頫谨封。景良郎中新余阁下:顷奉答后,政此驰想。沈老来,得所惠书,就审即日履侯胜常,深以为慰。且承令兄提举裹奉有期,特有斋召。衰迈之年,百病交集,殿门不出久矣。无由一到宅上,想蒙深悉也。草草具复。来书云开年当过我,果尔,甚慰驰情也。不宣。孟頫顿首,十日。

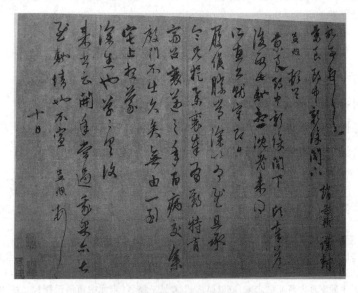

图十　上博藏赵孟頫书致景良郎中札

记事奉复莹之舍人大孝贤昆仲。赵孟頫谨封。莹之舍人大孝贤
昆季苦次：顷奉答后，每切驰情。沈老至，得书，就审即日孝履支持，
望甚望甚。承先提举襄事有期，特有斋召。老病不能前诣，欲选人
至，宅上亦无人可选。且此拜复，时中节哀善保。不具。孟頫书复。
惠红合领次，甚感甚感。附拜意伯成(见)[兄]，甚不及别作字，体中
想已平复耶？

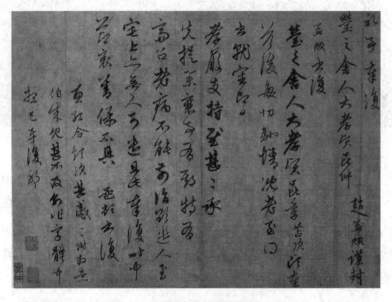

图十一　上博藏赵孟頫致莹之舍人札

所谓"襄事有期"，乃宋代市语谓埋葬之意，系就抬棺出葬而言①。根据目
前掌握的资料，并不确知吴汉英死于何时，似在元延祐七年(1320)至至治二年
(1322)间，还有待进一步研究。

吴森长子吴汉英死后，其三子吴汉杰起到了支撑家门的作用，关于这一
点，黄溍《吴府君碑》有充分说明：

泰定元年，嘉兴吴君汉杰以所居官品第七，用著令得请于朝，追
赠其显考府君承事郎、温州路同知瑞安州事，仍封其母陈氏、妻陶氏

---

① 《绮谈市语·举动门》："葬，襄奉。"宋岳珂《金佗稡编》卷七《行实编年四》："赗赠常典外，加赐
银绢千匹两，襄奉之事，鄂守主之。"明郑真《陈以通父葬记》："不孝罹祸先人，今襄奉有期，未及乞铭当
代巨公，叙其生殁岁月大概而纳之幽，敢以属之。"参见王锳著《宋元明市语汇释》，北京：中华书局，
2008年。

皆宜人。厥明年，汉杰用举者以本官署五品职，于是，府君累赠奉训大夫、江浙等处行中书省理问所相副官、飞骑尉，追封嘉兴县男，陈宜人、陶宜人并累封嘉兴县君。汉杰祗奉命书，斋肃以告，已事而退。窃自念言所以致是者，实先人积累之效，福庆衍溢，贵及生存，国之宠灵非屑焉，不肖所克负荷，宜纪世德，以承天休，垂示后嗣，永永无极。爰以四明黄向之状来调文，潜惟府君之里居、世绪、年寿、卒葬，列于吴兴赵公所为志，趣操、行事、施予、惠利，播于永康胡公①所为铭，庸敢撷取其大者，以为植德储祉之符，而显（诗）［志］之。府君姓吴氏，讳森，字君茂。……府君有子四人：长曰汉英，从仕郎、平江等处财赋提举，已卒；汉杰，其第三子，承事郎、温台等处海运副千户，今方以财显融于时，虵恩所及，未艾也。②

根据该碑，吴汉杰在泰定元年（1324）已任温台等处海运副千户，继承了家族的海运事业。而该碑作成所依据的行状撰写者乃黄向，或与黄玠为同族。至泰定四年（1327），海道都漕运万户府初建天妃庙之季，吴汉杰或已跻身海道都漕运副万户级别的官员，黄向为天妃庙撰写了《天妃庙迎送神曲并序》③。而到至顺三年（1332），吴汉杰"卒于官所"之后，"诸孙各求分异，学遂废……不逞之徒，坏其守冢之庐"，馆于吴氏义塾的黄玠也不得不另寻生计④，这似乎意味着吴氏一门开始走下坡路。

---

① 指胡长孺，《元史》卷77有传。
② 《黄溍集》卷29《吴府君碑》，浙江古籍出版社，2013年，第1053—1054页。
③ 《江苏通志稿》卷21《天妃庙迎送神曲并序》："泰定四年春正月，海道都漕运万户府初建天妃庙，吴郡移属官殷君宝臣、吴公汉杰俾教护属功课章程焉。……先是因前代之旧寓，祠于报国寺虎下，偃陋喧湫，沸称展谒。府帅赵公贲莅事，长帅迷的失剌公及诸佐贰谋用克协，得地九亩，购而营之。旧章氏家庙址也，亦弗废其祀。时参知政事张公毅、张公友谅宪来督粟，为之落成。於是殿堂庑庭，弘敞靓深，大称神居矣。府史王彬亦与有劳焉。比竣事，吴君且复为之论列，以请其额。是年秋七月庙成，越三日，己亥，府帅偕郡官率僚属奉安神像，蕆祀报功，作迎送神曲以歌之。……泰定四年七月吉日句章黄向撰，沂阳董复丹书，嘉兴吴汉杰立石。"据翁沈君《元代崇明海运家族变迁考论》（《史林》2017年第3期），殷宝臣君或出自太仓殷氏一族，名宗宝，曾官海道千户。
④ 参见前引黄玠诗序。

余 论

如上所述,在赵孟頫的艺术生涯中,以昆山顾氏、长兴费氏、魏塘吴氏等财力雄厚的航海家族给予其莫大支持,某种程度上扮演了赞助人的角色,使赵孟頫得以在宋元鼎革的大变局中得以保持一定的生活水准,安心艺术创作①。而赵孟頫作为"被遇五朝,官登一品"的士林领袖,实际上对于后者的登仕之途也不无裨益。

另外,昆山顾氏、长兴费氏、魏塘吴氏等家族成员在南宋时期,似皆有在水军任职经历,而赵氏家族似乎在南宋时期,就与水军中的武官多有交游,如赵孟頫有外孙名林静(字子山),"曾祖弃以武举入官,为宋马步水军都统制。祖友信,仕元官至宣武将军、湖州路湖炮翼上千户所管军总管。"②但如果考虑到赵孟頫姊夫之父印应雷曾担任过沿海制置使、两淮制置使这样的高阶军职,且其子印德传降元之际麾下水军达万众,就不难理解赵孟頫实际上对于南宋水军将领家族非常熟悉,如长兴费氏在宋末曾"以策干两淮制阃",吴森之父吴泽也曾"事淮东帅李公曾伯……李公移镇沿海,制置使司准备差遣。"赵孟頫之父赵与訔也曾长期任职于两淮战区的后勤部门,曾"总领浙西江东财赋、淮东军马钱粮",复"除江东转运使……兼总领淮西军马钱粮。"也就是说,赵氏家族因与历仕高阶军职的常熟印氏家族缔姻之故,与南宋水军中的武官多有交游。而元代海运船户很多都由南宋水军改编而来,元初一度"专领海运"的行泉府司下辖一万五千艘海船,其所属四万户中的军职人等兼点军旅,防御海道,督饷京师,甚至衔命运粮讨日本、交趾(泛指王岭以南地区)。入元以后赵孟頫与此类家族继续保持着密切关系。

如果进一步爬梳史料,大略可知赵孟頫早年颇有经济抱负,并且也的确具

---

① 孔克齐《至正直记》卷1《松雪遗事》:"钱唐老儒叶森景修,尝登松雪翁之门。家住西湖,其家颇不洁,杭人习常也。所藏右军笼鹅帖,诚为妙品。张外史戏之曰:'家藏逸少笼鹅帖,门系龟蒙放鸭船。'世以鸭比喻五奴也。景修每举松雪遗事助笑谈云:'松雪颇爱钱,写字必得钱然后乐为书。一日,有二白莲道者造门求字,门子报曰:"两居士求见相公!"松雪怒曰:"甚么居士!香山居士、东坡居士耶?个样吃素食的风头巾,甚么也称居士。"管夫人闻之,自内出曰:"相公不要恁地焦躁,有钱买得物事吃。"松雪犹不乐。少顷二道着人,袖出钞十锭曰:"送相公作润笔,有庵记求书。"松雪大呼曰:"将茶来!与居士吃。"即欢笑逾时而去。'松雪入本朝,田产颇废,家事甚贫,所以往往有人馈送钱米,必作字答之。然亦未尝以他事求钱耳!"上海古籍出版社,1987年,第17—18页。

② 宋濂《宋学士文集》卷6《愚斋集序》,《丛书集成初编》本,第200页。

有理财能力。据赵孟頫《先侍郎阡表》中对其父的生平记载,赵与訔从"司户""盐茶""提刑""粮院""发运""军马钱粮",各路知州、知府,到晚期"总领淮西军马钱粮""提领江淮盐茶所""提举常平义仓茶盐""两浙转运使""户部侍郎"等,除少数情况外,绝大多数是经济工作,可以说赵孟頫的理财能力出自家学渊源①。从早期经历看,未能像五兄赵孟頖一样获得"恩荫"和"免铨"的赵孟頫,登仕的第一个职位是"真州司户参军",宋各州置司户参军,掌户籍、赋税、仓库交纳等事,虽未能赴任,但该职与其父的仕宦选择方向一致;入元后,策对和推行至元钞法;陈说震灾之后免除赋税;又出任"兵部郎中,总置天下驿置使客饮食之费";同知济南路总管府,去职再起,兼"本路诸军奥鲁","权管钱粮",几乎都与财经有关。无怪乎其学生杨载在《赵公行状》中由衷叹息:"公之才名颇为书画所掩,人知其书画而不知其文章,知其文章而不知其经济之学也。"如果对于赵孟頫的"经济之学"有所了解,就不会对赵孟頫与以船户为代表的富民阶层交游密切有违和之感了。

---

① 《松雪斋集》卷 8《先侍郎阡表》,浙江古籍出版社,2012 年,第 216—219 页。

关于元朝的国号、年代与疆域问题

陈得芝[*]

　　摘　要:蒙古原是金朝属部,成吉思汗受金官封"属部统领",乘金朝衰败,称帝建国,接着出兵攻金,逐鹿中原。其继承者先后灭金、灭南宋,实现了对全国的统治。其国号本为"大蒙古国"(在中原汉地称"大朝"),第五代大汗忽必烈建新国号"大元"以示承继中原历朝统绪,同时保留原国号,遂称"大元大蒙古国"。元人以太祖成吉思皇帝为本朝开国君主,明初所修《元史》同此。所以元朝起始年代应为成吉思汗建国的 1206 年。成吉思汗及其继承者征服了直到小亚细亚、东欧的西域许多国家,实行皇族领地分封,形成西北四个汗国,称"宗藩之国"。元朝皇帝是大蒙古国大汗,各宗藩奉为宗主,名义上统有包括各宗藩国的辽阔版图,实际上各宗藩国均自主统治本国;被宗藩称为"大汗之国"的元朝廷直接管辖之地为中书省和岭北、辽阳、河南、陕西、四川、甘肃、云南、湖广、江浙、江西十行省,以及吐蕃三道(算一个行省),这就是元朝的疆域。

　　关键词:元朝起讫年代　元朝国号　元朝疆域

前言:问题的提起

　　近三十年,我国的元史学科有了长足发展,各方面的专题研究日益深入。但与此相背戾的是,元朝史的一些基本观念在人们中却仍存在着混乱现象。几位喜读历史书的各界朋友询问我有关元史的几个问题,其中最重要的一个

　　* 陈得芝,1933 年出生,福建霞浦人。南京大学历史学院中国史系教授,主要研究方向为蒙元史、中西交通史,主编《中国通史》第八卷《中古时代·元时期》,著作有《蒙元史研究丛稿》《蒙元史与中华多元文化论集》、《元朝史》(合著)等。

是,元朝的历史究竟有多少年?有些历史书或历史年表写的是 1271 年到 1368 年(朱元璋称帝建立明朝,明军占领元大都),还有从 1279 年算起的,而《中国大百科全书》的"元朝"条说应从 1206 年成吉思汗称帝建国算起,如何解释?另一个问题是,通常都说"元朝是中国历史上疆域最为辽阔的朝代,地跨欧亚",事实是否如此?究竟元朝的版图有多大?这两个问题的确在社会上甚至在历史学界,都存在认识混乱的情况。因为问题比较复杂,要多费些笔墨来说明《百科全书》"元朝"条主张的理由以示负责,并就教于方家。

一、元朝的起始年代与国号

元朝的起始年代有 1206 年(成吉思汗称帝建国),1234 年(此年蒙古灭金,袁行霈主编《中国文学史》取此说),1260 年(忽必烈即位),1271 年(忽必烈建"大元"国号),1279 年(元灭南宋)诸说;终结年代则一般都定在 1368 年。诸说都各有理由,其中以 1271 年为元朝的起始年代是比较普遍被采用的,理由是这一年才可以称元朝,此前是称为蒙古的(《续资治通鉴》的写法就是这样)。影响所及,许多地方历史博物馆的陈列分期,元朝部分往往标示为 1271—1368 年,而展出的人物、事件和相关文物介绍却有不少属于 1271 年以前,造成了知识的混乱。可见仅仅用"国号"变易(其实并非"改国号",详后)的 1271 年作为元朝起始年代,硬是把同一个皇朝拦腰截断,是极不妥当的。按我国史书的传统,一般是以某朝开国君主称帝建国之年为起始年代,尽管初建国时地盘不大,只要其后新朝的统治范围扩展到全国(或半壁江山),取代了前朝地位,延续成一个历史时期,就应算是该皇朝的开端。同一皇朝统治延续期间的国号变易不是改朝换代,史书上通常以使用年代最久直到国亡的国号为该朝名称。如耶律阿保机 916 年称帝,建"契丹国";947 年太宗建国号为"辽";983 年圣宗复用契丹国号,1066 年道宗再改为辽。史书上,从阿保机称帝建国至辽亡,通称为辽朝,称阿保机辽太祖,史学界对此没有异议。再看清史的情况。努尔哈赤于 1616 年称帝(汗),国号"大金";1636 年,其继承者皇太极改国号为"大清";1644 年顺治入关,从李自成手里夺取明朝都城北京,虽不久就统治了中国大部分,但直到 1662 年才最后消灭明朝残余势力。清朝官修的本朝史书以及民国初年修的《清史稿》,都是从努尔哈赤建国算起,并称之为清太祖,史学界也没有异议。不过后来史书一般都取 1644 年崇祯自杀、顺治入关为清朝起始年代,当有以此表示明清两朝交替之意。这个分期方法虽被普遍认可,但必须对该皇朝建立(1616)和国号确定(1636)两个年代问题作出解释。《中国百科全书》"清朝"条采用了谨慎而巧妙的表述:"从顺治元年清朝入关至1912年中华民国成立、清帝退位,清朝对全国统治二百八十六年。入关以前有两个皇帝,入关以后有十个皇帝。"我体会这是把顺治入关前的二十九年(后金—清)历史算作清朝的"前史",以此化解不取建国年代和国号确定年代为起始年代的难题,倒也说得通,尽管讲述清朝历史实际上都还是从努尔哈赤建国起始。

元朝的情况看来比较复杂些,起讫年代问题没有这么容易获得共识。首先,尽管元和清都是北方民族"入主中原"的皇朝,但人们对元朝和清朝的看法似乎不太一样,有些"内清朝而外元朝"的倾向,主要是成吉思汗建立的"大蒙古国"能不能纳入中国历史的问题,所以这里有必要先说明成吉思汗建国的历史定位。据说,有位著名美籍华人史学家评论毛泽东的词《沁园春·雪》,说把成吉思汗和秦皇、汉武、唐宗、宋祖并列是个败笔,成吉思汗是蒙古的汗,不该把他和中国历代帝王并列。那么,成吉思汗兴起时是什么历史角色呢? 有充分史料说明,当时包括蒙古部在内的蒙古高原部族多是金朝的"属部"。金朝初年,成吉思汗曾祖合不勒汗被推举为"全蒙古(qamuq Mongghol)"首领,曾入朝金廷,其后"时服时叛"。成吉思汗最初被推举为蒙古乞颜部首领后,因受命配合金朝夹攻塔塔儿叛部有功,官拜"札兀惕忽里(Ja'ut quri,属部统领)",中原上朝的官职提升了他在草原各部中的地位,因此他很看重这个衔头(《元朝秘史》第179节)。1206年他统一各部称帝建国后,还到净州界上进年贡,获悉曾来受贡、被他视为庸碌无能的卫王允济竟做了金朝皇帝,才大胆造反,以替被杀害的祖先复仇为名进攻金朝(见《元史·太祖本纪》《史集·成吉思汗列祖纪》)。这和努尔哈赤"七大恨告天"起兵攻明的情况相似。成吉思汗作为金朝属臣,先是割据一方称帝建国,进而逐鹿中原;儿子窝阔台继位后灭金,取而代之;孙子忽必烈继位后竟统一南北,结束了中国500年分裂局面,以承续中原皇朝统绪自居,子孙延续对全国的统治至1368年。这和辽、金、清入主中原的性质一样,甚至与李渊叛隋立唐也可以等量齐观。以他的建国可以作为元朝的开端,应该是没有疑问的;成吉思汗作为中国历史上一个皇朝的创建者这一历史定位,是顺理成章的。其实,推翻元朝全国统治、取而代之的朱元璋,首先就承认了成吉思汗的这一历史定位,洪武三年奉诏修成的《元史》就是以

"元太祖"为起始的。中国历史上多次出现所谓"夷狄入主中原",古人虽然这么说,但并没有把这些皇朝排除在国史之外。我国是多民族国家和民族平等的观念,现已深入人心,自然不应该将拥有数百万人口(比蒙古国人口多一倍以上)的蒙古族先人建立的皇朝看成异类。

其次,造成元朝起始年代认识混乱的原因还在于国号问题,很需要解释清楚。成吉思汗于 1206 年统一蒙古高原,称帝建国,号"大蒙古国"(蒙古语"也可蒙古兀鲁思",Yeke Monghol Ulus)。建国才十年(1215)就占领了金朝中都(今北京),这比清朝入关占领北京距离建国的时间要早十九年。成吉思汗随即任命断事官(蒙古语"札鲁忽赤",jarquči)于此设立统治机构,管辖所占领的中原各地,其行于汉地的汉文文书使用"大朝"之号。① 到 1234 年太宗窝阔台灭金朝,已经统治了中国淮河、汉水以北、西包今新疆全境的大半国土。经过五十多年的向外扩张,到 1260 年成吉思汗幼子拖雷的次子忽必烈(元世祖)成为第五位大汗时,大蒙古国统治的地域扩展到北包西伯利亚,南抵淮、汉及云南、西藏全境,东及高丽,西达黑海南北之地。忽必烈以前,有太祖(成吉思汗)、太宗(窝阔台)、定宗(贵由)、宪宗(蒙哥)四代大汗,史家称为"前四汗时期",政治中心在蒙古本土,太宗建国都哈剌和林(今蒙古国哈尔和林)。1259年,宪宗蒙哥在攻打四川钓鱼城时病死,二弟忽必烈正统兵攻南宋,留守国都的幼弟阿里不哥谋取汗位,忽必烈赶紧从鄂州(今武汉)撤围,回到其漠南的王府开平城(故址在今内蒙古正蓝旗东),单方面召开选汗大会(蒙古语"忽里台"quriltai),宣布即大汗位。阿里不哥也依样画葫芦,在和林宣布即位,于是大蒙古国出现了两汗并立的局面。忽必烈凭借漠南汉地的经济、军事优势战胜其弟后,把国都从哈剌和林移到开平城(不久升号上都)和燕京(不久升号大都,今北京)。1271 年,忽必烈采纳谋臣刘秉忠的建议,采用《易经》乾卦"大哉乾元"卦辞,另建国号为"大元"。其《建国号诏》中说:"诞膺景命,奄四海以宅尊;必有美名,绍百王而纪统。肇从隆古,匪独我家。"意思是:我上承天命,拥有四海之地而居尊位,必须取一个美名,显示继承历朝帝王的正统,这是(中原)自古以来的规矩。后元文宗官修《经世大典》,《序录》称"世祖皇帝初易'大蒙古'之号而为'大元'也,以为昔之有国者或以所起之地、或因所受之封为不

---

① 萧启庆:《说'大朝':元朝建号前蒙古的汉文国号》,《汉学研究》1985 年第 1 期,后收入氏著《内北国而外中国》(上),北京:中华书局,2007 年。

足法也，故谓之'元'焉。'元'也者，'大'也。'大'不足以尽之，而谓之'元'者，大之至也。"此文应出自总裁官虞集手笔，把取国号"大元"的意义说得很清楚，鄙见以为它就是以前使用的汉文"大朝"之号的提升（从中原权威经典中找到依据）。但虞集竟说成了"易大蒙古之号为大元"，后之史家遂谓忽必烈"改国号"，更有甚者，竟把1271年说成元朝建立的年代。实际上，建"大元"国号后，原来的"大蒙古国"国号并没有取消，元朝的蒙古文文献中，全称是"称为大元的大蒙古国"（Dai'On kemeku Yeke mongghol Ulus，见1338年《达鲁花赤竹温台碑》）或"大元大蒙古国"（Dai' On Yeke Mongghol Ulus，见1362年《追封西宁王忻都碑》）。出现在蒙文碑刻上的这种双重国号，表明忽必烈建号的"大元"，既继承了成吉思汗以来的"大蒙古国"，又按照中原皇朝更替的传统立一符合古制的国号，将本朝与历代皇朝的统绪接续起来。

"大元"与"大蒙古国"是同一皇朝的延续，并非改朝换代；在1271年建大元国号之前，这个皇朝已经统治中原大地五十多年，而且此后一直把大蒙古国号与"大元"并列使用。可见把元朝起始年代标为1271年，将同一皇朝截断，是完全不确当的。根据双重国号特点，一些学者使用"蒙元朝"的名称，在学术著作这样用是恰当可行的，不过我以为通常称"元朝"就可以了。按照史书传统，"元朝"一名是可以涵盖前四汗时期（1206—1259）的，毕竟在元朝直接统治的汉族为主的大多数人口中，只使用"大元"国号。

二、大蒙古国辽阔幅员的形成

"元朝是中国历史上疆域最辽阔的朝代，地跨欧亚"这种说法有一定道理，因为成吉思汗及其子孙的确是征服了从辽东直到东欧和小亚细亚的众多国家和民族，把它们都置于"大蒙古国"的统治之下。按照成吉思汗给子弟的领地分封，长子术赤、次子察哈台、三子窝阔台这三家分别领有阿勒台山以西"直到蒙古马蹄所及之地"，[①]加上忽必烈弟旭烈兀领有阿母河以西波斯等地，形成西北四个"汗国"（蒙古语 qan ulus，四家宗王都用汗号，故称），汉文史料称之为"宗藩之国"（见《元史·文宗本纪》）。由于元朝皇帝就是"大蒙古国"大汗

---

① ［伊朗］志费尼：《世界征服者史》，何高济译，翁独健校，呼和浩特：内蒙古人民出版社，1980年。

(蒙古语"合罕"Qaghan),各宗藩国都奉之为宗主,因而元朝人确是把成吉思汗"黄金家族"(Altan uruq,此词见《蒙古黄金史纲》)统治的所有地域都看成为大元的版图。至元二十二年(1285)元世祖下诏编修舆地图志,"乃命大集万方图志而一之,以表皇元疆里无外之大。"于是负责编修的秘书监长官上奏说:"如今日头出来处、日头没处都是咱每的",原来的汉人地域显得小了,因此建议将收集到的汉地、江南各路图志和秘书监有的"回回图子"(波斯—阿拉伯文的西域地图)合起来,"都总做一个图子"。这个项目进行到元成宗大德七年(1303)终告完成,共六百册,一千三百卷,名为《大元大一统志》。《大一统志》各个地区都附有彩色地图,还绘有彩色的《天下地理总图》(见元《秘书监志》)。元许有壬《大一统志序》说:"我元四极之远,载籍之所未闻,振古之所未属者,莫不涣其群而混于一"。① 元人编的《舆地要览》说:"大元地域,东止高丽新罗百济,南止云南大理等国,西止西海吐蕃回鹘天竺等国"。元文宗时官修的《经世大典》就有西北诸藩国的地图(魏源《海国图志》收有此图)。《元史·地理志》序说:元朝幅员之广,"北逾阴山,西极流沙,东尽辽左,南越海表。……东南所至不下汉、唐,而西北则过之,有难以里数限者矣"。这些说法都是把西北各汗国领地视为元朝"幅员"所及。

1206年建国的蒙古游牧政权扩展成"地跨欧亚"的庞大帝国,经历了四个阶段:成吉思汗(元太祖)时期,窝阔台(元太宗)时期,蒙哥(元宪宗)时期和忽必烈(元世祖)时期。

成吉思汗(名铁木真)早年是游牧于蒙古鄂嫩河与克鲁伦河上游不儿罕山(今蒙古国肯特山)地区的部落首领。当时蒙古高原上有几个强大部落:东部的塔塔儿部、蒙古部和翁吉剌部,中部的克烈部、蔑儿乞部,西部的乃蛮部,阴山北的汪古部。这些大部落都臣属于金朝,大体保持着朝贡关系,既是履行臣属义务,也是一种贸易形式。有时某一属部"叛乱"(不按时入贡,或进入金朝边地侵掠),金朝则出兵北征平定之,但没有在蒙古高原建立直接的统治。1196年,因塔塔儿部叛乱,金朝遣丞相完颜襄统军北征,铁木真奉召率部众协助金朝平叛有功,金朝授予他"札兀惕忽里"官职。此后十年他的势力日益强大,逐一将蒙古高原互争雄长的各部统一起来,1206年称成吉思汗("成吉思"意为"强猛的","汗"意为"君主"),建立大蒙古国。从1205年起,他多次侵掠

---

① 许有壬:《至正集》卷34,宣统三年石印本。

西夏（今宁夏、甘肃境）；1209 年，畏兀儿和哈剌鲁（今新疆东部北部及邻境）两国先后来降。1211 年，他开始向金朝发动进攻，1215 年就占领金朝中都（今北京）以及河北、河东、辽东、辽西许多地方，金朝皇帝南迁汴京。成吉思汗命其大将木华黎率军继续攻金，自己班师回蒙古，又先后征服了北境的吉利吉思（今叶尼塞河流域）和火里、秃麻等部（今贝加尔湖东西地区）。1218 年，攻灭据有西部天山南北的西辽。当时中亚强国花剌子模拥有锡尔河和阿母河南北广大地区，国王摩诃末恃强企图向东扩张。成吉思汗派一个大商队去该国贸易，竟被其边城长官抢去货物，杀了商人；派使者去交涉又遭到侮辱和杀害。1219 年，成吉思汗带着四个儿子，亲统大军（约 15 万到 20 万）开始西征，两年内先后占领花剌子模新都撒麻耳干（今乌兹别克撒马尔罕）和很多城镇，一直打到印度河边。大将速不台和哲别奉命率军追击摩诃末（后摩诃末逃到里海岛上病死），一路攻城略地直到阿塞拜疆和格鲁吉亚，1222 年越过高加索山进入阿速、钦察境（高加索山北麓及里海、黑海之北）。1223 年，俄罗斯几个王公与钦察联合抗击蒙古，但他们互不统属，各自为战，阿里吉河（今乌克兰南部亚速海北 Kalka 河）会战中被蒙古军击溃。成吉思汗在所占领的撒马耳干、不花剌（今乌兹别克布哈拉）、也里（今阿富汗赫拉特）等重要城市设官置守，1223 年班师东还；速不台、哲别军也由里海北路回师蒙古。1226 年，成吉思汗亲统大军出征西夏；1227 年，在攻灭西夏前夕病死于六盘山附近。

1229 年，第三子窝阔台（太宗）继承汗位。他把夺取中原作为最大目标，亲自统兵南征退守黄河以南的金朝。1230 年攻下凤翔，占领关中地区。1231年，自统中路军经山西南下，渡黄河进屯郑州；命拖雷统西路军，遵照成吉思汗遗嘱借道南宋汉中，顺汉水东下，由邓州入金境，挥师北上，1232 年在钧州（河南禹县）三峰山击溃金朝大军。1233 年，蒙古军占领汴京，金哀宗辗转逃到蔡州（河南汝南）。1234 年初，蒙古和南宋联合攻下蔡州，金亡。窝阔台派遣另一支大军进攻波斯西部的花剌子模新王札兰丁，1230 年冬取其都城桃里寺（今伊朗阿塞拜疆大不里士）；附近的格鲁吉亚、亚美尼亚等国先后归降。1233年，皇子贵由等率师征服了据有辽东东部的东真国。

1235 年，窝阔台在鄂尔浑河上游建哈剌和林城为国都，同时决定大举进攻南宋和西域。皇子阔端攻取四川几个城池后，驻镇凉州，招降了陇右地区的吐蕃首领，乌思藏（西藏）萨思迦派领袖应阔端之召来到凉州，以全境归附蒙古（1247）。同年，以术赤子拔都为首、皇子贵由、拖雷长子蒙哥等诸王及官员长子参加的"长子西征",动员了十五万兵力。1236 年越过乌拉尔河攻取不里阿耳(在伏尔加河中游),1237 年占领伏尔加河下游的钦察。随后进兵俄罗斯,到 1240 年,先后征服其诸公侯国。1241 年,蒙古军兵分两路侵入孛烈儿(波兰)、马札儿(匈牙利),攻陷布达佩斯,遂屯兵秃纳河(多瑙河)东,有一支进至维也纳附近,遇阻而退。1242 年,拔都得到窝阔台死讯,整军东还,本部军留驻伏尔加河下游,建立都城萨莱(故址在俄罗斯阿斯特拉罕附近),统治钦察、俄罗斯等地,史家称之为"钦察汗国"(俄罗斯人称"金帐汗国")。

1241 年窝阔台死后,皇后摄政;1246 年,其长子贵由(定宗)继位,1248 年因皇室内争被害。蒙哥在长支宗王拔都等支持下于 1251 年登上大汗位(宪宗),开始了新一轮的对外扩张。他命二弟忽必烈统军征南,三弟旭烈兀统军征西。旭烈兀于 1256 年消灭盘踞波斯北部的木剌夷国(亦思马因派王国),进取波斯西部和两河流域诸城镇,1258 年攻陷阿拉伯帝国都城报达(巴格达);小亚细亚鲁迷(Rum)国王以所属 120 城归降。1259 年,旭烈兀分兵三路侵入叙利亚,1260 年得到蒙哥死讯后退回波斯,延续 40 多年的蒙古西征到此终结。

忽必烈受命后移驻漠南,1253 年出征云南大理国。大军由临洮南下通过吐蕃东部地,招降丽江摩娑部,攻取大理城。次年春,忽必烈北还,留大将兀良合台继续征进,攻取昆明等地,1255 年征服云南全境。1257 年,蒙哥亲征南宋,自统西路军进入四川,沿嘉陵江而下连破多城,1259 年围攻合州钓鱼城五个月不克,七月病死城下。东路军由宗王塔察儿率领,遭宋军反击,无功而返,乃改由忽必烈统领。1259 年忽必烈军渡淮南进,突破长江防线围攻鄂州(今武汉),十一月,为争汗位而与南宋约和后北还。

1260—1264 年,忽必烈与幼弟阿里不哥两汗并立,结果忽必烈获胜。1267 年,大举进攻南宋,1276 年占领都城杭州,南宋太皇太后率幼帝和朝臣归降;1279 年,退到广东崖山的南宋皇家余脉被消灭,全国统一。

三、西北诸宗藩国的独立化及其统治地域

成吉思汗建国后,给诸弟、诸子都分配了人民和领地,由此形成各宗藩之国;大部分军民国土则归属大汗朝廷(蒙语 qol-un ulus 中央之国)。各宗藩国的藩主可自定汗位继承人,但要得到大汗的认可,如发生争执大汗可以干预;

可自治其军民、领地,但朝廷有大征伐必须抽调所属军民由家族成员率领从征,税赋收入也必须向大汗"上供"一定份额。通过对外扩张战争,大蒙古国占领了中原和西域很多富庶的城镇、农业地区,这些地区的人民和土地作为"黄金家族"公产,诸王都可分享其"份子",大部分属大汗朝廷,行政上也归朝廷管辖。窝阔台在位时期,建立中原、西域各地区行政机构,任命了地区行政长官。蒙哥即位后,进一步完善朝廷和地方行政机构:分治中原汉地的称为"燕京等处行尚书省",分治阿母河以北中亚地区的称为"别十八里等处行尚书省",分治阿母河以西地区的称为"阿母河等处行尚书省"。蒙哥时期,在中原和西域都进行户口登记("籍户"或"括户"),远至拔都势力范围内的俄罗斯,也派员"括户"并任命达鲁花赤"镇守";1253 年法国国王使者卢布鲁克参见拔都,拔都表示可以让他留下传教,但不能做决定,命他到和林朝见大汗蒙哥,获得准许方可。可见大汗对宗藩国是有最高权力的。

不过,由于各家统治的地域相隔辽远,民族和文化不同,要维持长久的一统局面是很困难的。最早走向独立化的是钦察汗国。1227 年术赤死后,次子拔都继承汗位,他在西征班师后就留驻亦的勒河下游,建立国都(萨莱),把领地扩展到钦察全境,并统制俄罗斯诸国。他和贵由矛盾很深,贵由一死,马上以长支宗王的身份召集大会拥戴蒙哥为大汗,排斥了窝阔台家族的继承权,这换得了蒙哥对他在本藩国具有更大权力的认可,并获得更多赏赐。法国使者卢布鲁克甚至得到这样的印象:当时大蒙古国似乎分为两大势力范围,大汗蒙哥控制东部,拔都控制西部。继承拔都汗位的别儿哥,热衷于扩展地盘,与旭烈兀争夺高加索地区,对东方事并不在意,忽必烈也因鞭长莫及,任凭其自治本境。当然,名义上的宗主—宗藩关系仍保持着,例如给其继承汗位者授王号,仍许术赤家族享有其中原分地应得赋税等。钦察汗国(俄罗斯人称"金帐汗国")的疆域东起额尔齐斯河,西至第聂伯河,南境从巴尔喀什湖向西延伸到黑海西端一线。钦察汗国对俄罗斯实行"间接统治",任命其诸公侯管辖本境,汗廷派八思哈(basqaq,即达鲁花赤)监临,所征赋税须将一定份额缴纳给汗廷。

察哈台汗国离蒙古本土近,中亚又是富庶之地,所以忽必烈和阿里不哥都要争取。忽必烈先派在他身边的察哈台长子抹土干之孙阿必失哈回本藩掌权,但在途中被阿里不哥的军队抓获,后被处死。阿里不哥派察哈台第六子之子阿鲁忽回本藩为汗,让他在中亚各地征集粮食军需。阿鲁忽掌握大权后,不仅据有从畏兀儿之边西至忽章河的草原领地,还派军进入本属大汗朝廷管辖的撒马耳干、不花剌等城镇农耕地区,迫使蒙哥任命的行省官员归顺于他,实际上把察哈台汗国的领土扩展到阿母河。阿里不哥战争失利,派使者到中亚收集了大量军需物资准备运回。阿鲁忽见争位双方形势变化,又不愿财物被他人所得,就囚禁阿里不哥使者,扣留其物资。既与阿里不哥决裂,他就倒向原本不承认的大汗忽必烈。伊利汗旭烈兀也遣使表达了拥护忽必烈的立场。大约在 1262 年初,忽必烈不失时机地宣布:"今各地有叛乱,从质浑河(阿母河)岸到密昔儿之门,蒙古军队和大食人之地,由你旭烈兀管辖、防卫;从阿勒台(阿尔泰山)的那边远至质浑河,各部落和兀鲁思(封国),由阿鲁忽防守、掌管;阿勒台这边直到海滨,就由我掌管"。① 虽说这是战争期间的权宜措施,但却是以大汗诏令宣布给伊利汗国和察哈台汗国指定了统辖地域,对这两个汗国的独立化起了关键作用。于是阿鲁忽借此把本属大汗朝廷的阿母河以北富庶的城郭、农耕地区并入察哈台汗国领土。后来,察哈台汗国与反叛大汗的窝阔台汗国海都汗联结,争夺大汗所属斡端地区和畏兀儿地,畏兀儿王(号亦都护)被迫从别失八里退到火州(今吐鲁番),最后迁居永昌(今甘肃永昌)。元朝在斡端和畏兀儿地区设官、屯兵驻守(忽必烈朝晚期撤除),多次与海都、察哈台汗国争战。到元中期,这些地区都已先后被并入察哈台汗国。

伊利汗国的建立者旭烈兀是忽必烈亲弟弟。1260 年他从叙利亚撤兵回波斯,到达桃里寺(大不里士)时获悉忽必烈已即大汗位,遂不再东行。此时他已占有波斯、伊拉克及小亚细亚地区,"其势足以自帝一方"。② 于是以麻剌哈(Marāgha,今伊朗阿塞拜疆马腊格)、桃里寺为国都,建立汗国,任命了各省长官。1262 年,忽必烈以上述诏旨授权他自主统治阿母河以西所有地区,从此这一大片原由大汗朝廷管辖的地域就成了旭烈兀家族的领地。旭烈兀及其继承者称"伊利汗"(il-qan,意为从属之汗),与元朝一直保持着密切的宗主—宗藩关系。伊利汗国的疆域最盛时东抵阿母河、印度河,西包两河流域和小亚细亚大部,南至波斯湾,北至高加索山。

窝阔台家族因反对蒙哥夺位而遭到无情镇压,窝阔台汗国被分解成几块(按蒙古体例仍分给窝阔台后裔)。窝阔台第五子合失之子海都精明强干,趁

---

① 拉施都丁:《史集·忽必烈合罕纪》,余大钧、周建奇译,北京:商务印书馆,1985 年。

② 郝经:《复与宋国相论本朝兵乱书》,《陵川文集》卷 38,北京图书馆古籍珍本丛刊(91)影印明正德本。

忽必烈兄弟争位之机,把被分割的窝阔台家族各支合并起来,重建汗国,并以大汗之位原应属窝阔台家为由,公开与忽必烈为敌,从 1268 年起多次进攻漠北,夺取大汗所属也儿的石河东的八邻万户地。他进兵忽章河,打败察哈台汗国八刺汗,迫使其让地结盟;后又扶立八刺子笃哇为汗,操纵和支持笃哇屡屡侵掠畏兀儿,与大汗争夺该地区。1301 年海都进攻漠北时受伤而死,子察八儿由笃哇扶立为汗。1303 年,他们向元成宗请和。其后笃哇与察八儿相争斗,1306 年元军越过阿勒台山击溃察八儿,窝阔台汗国十余万军民和北部(额尔齐斯河上游南北)领地归入大汗治下。察八儿投奔笃哇,不久被废,1309 年投降元朝。窝阔台汗国亡,其大部分地被察哈台汗国兼并。

四、元朝（大汗之国）的疆域

"大蒙古国"里包含有好几个宗藩(成吉思汗后裔诸王家)封国,大汗名义上是各藩国的共主,实际上却管不到这些"宗藩之国"的领地,能够直接统治的"版图"只限于中书省和岭北、辽阳、河南、陕西、甘肃、四川、云南、江浙、江西、湖广十行省,以及宣政院管辖的吐蕃三道宣慰司("算作一个行省",语见藏文《汉藏史集》)。大元朝廷直接管辖的这些地域,被宗藩之国称为"大汗之国"(波斯文 Mamalik-i-Qaan,见伊利汗国官修史书《史集》的《忽必烈合罕纪》)。因此,说元朝疆域"横跨欧亚"是不准确的。

虽说忽必烈建立的"大元"就是成吉思汗建立的"大蒙古国"的延续,但在忽必烈即位后,毕竟发生了意义重大的历史转变:统治重心从蒙古本土转移到了中原汉地(如忽必烈所说:"山以南,国之根本也。"[①]),不久又灭南宋,统一了全国;人口最多的汉族成为民众主体,农、工、商成为经济主体,地税、工商税成为国家财政的基本来源。为了统治其所拥有的广土众民,就必须进行"政事变通","稽列圣之洪规,讲前代之定制"(见忽必烈《中统建元诏》),将草原游牧帝国改造成适应汉地社会和经济基础的中原式皇朝。德国汉学家傅海波(Herbert Franke)有一篇文章专门论述这一转变,题为《从部落首领到天下皇帝与神:元朝的合法化》(*From Tribal Chieftain to Universal Emperor and*

---

① 《元史·董文炳传》。

God：The Legitimation of the Yuan Dynasty），[1]恰当地说明了蒙古"入主中原"后，逐步进入中原皇朝体系的历史演变。用当时汉族士大夫的话说，就是"能行中国之道，则中国之主也"。[2] 忽必烈本人就是以承续中原历朝统绪自居，视本朝为历史"中国"的延续。[3] 元朝的社会经济和文化也有可圈可点的发展，且具有重要特色，值得仔细研究，给予适当评估。

同时，"地跨欧亚"的大蒙古国，从第三代大汗时已经开始分裂，忽必烈与其弟阿里不哥的争位战争，以及后来窝阔台、察哈台后王与元廷的对抗争战，促使各宗藩之国的进一步独立化：由成吉思汗长子术赤之子拔都建立的钦察汗国，统治额尔齐斯河以西直到黑海以北的斡罗思和钦察之境；次子察哈台后裔的汗国，统治中亚地区；三子窝阔台后裔的汗国，统治额尔齐斯河上游南北之地（成宗时被朝廷和察哈台汗国瓜分）；忽必烈同母弟旭烈兀建立的伊利汗国，辖境从阿富汗中西部延伸到波斯湾，西至小亚细亚。这些汗国的统治者都承认中原的元朝皇帝即大蒙古国的大汗是他们的宗主，他们自己只称"汗"（元朝文献称之为"大王"），但实际上都独立地统辖自己的领土。元朝的疆域只是指皇帝直接统辖的领土，不应该把各汗国都包括在内。

1260 年忽必烈（元世祖，1260—1294 年在位）即位后，就设置十路宣抚司，分管河北、河南、山东、山西、辽东西、陕西等各地区，设立中书省作为中央政务机关统辖之。分布在蒙古东部的成吉思汗四个弟弟的藩国之主，都拥护忽必烈为大汗。1264 年阿里不哥投降，漠北全境都归入忽必烈治下。原蒙古国都哈剌和林僻在漠北，此时已不适合作为政治中心，忽必烈乃定都开平（1263 年升号上都）和燕京（1264 年改称中都，1272 年升号大都）。北方和中原的统治稳定后，1268 年重新开始进取南宋，1273 年攻下坚守多年的重镇襄阳。次年，发布《兴师征南诏》，以伯颜丞相总督南征诸军，一路取荆湖两广，一路取两淮，主力顺江东进，1276 年初逼围临安（杭州），谢太后和少帝投降，宋亡。1279 年初，元军击溃退到广东崖山做最后抗战的张世杰部宋军，宋末帝投海死，南宋全境都被元朝占领。

为了加强对远离都城各大地区的统治，从 1260 年开始，忽必烈先后派中书省长官（右、左丞相，平章政事，右、左丞，参知政事，合称宰执）出领之，驻在

---

① 巴伐利亚科学院出版社，1978 年。

② 语见郝经：《与宋国两淮制置使书》，《陵川文集》卷 37。

③ 见《元史·日本传》所载给日本的国书。

各大区的中心城市,称为中书某官行(某处)中书省事,简称某处行省。后来,行省从临时性的中央派出机构转化成常设的地方一级行政机构,设官同中书省(一般行省不设丞相,以平章政事为长),但只称行省某官。各行省的名称、治所和管辖地域经多次变迁,到元中期大体稳定,除中书省(常称为"都省")直接管辖河北、山东、山西和内蒙部分地区外,分设十个行省,形成了"都省握天下之机,十省分天下之治"①的行政区划格局。

陕西行省,治奉元(西安),辖境含今陕西和甘肃东部、内蒙伊盟部分地区。

甘肃行省,治甘州(张掖),辖境含今甘肃、宁夏及内蒙古西部地区。行省西境肃州(酒泉)、沙州(敦煌)及其以西一带是归附忽必烈的察哈台后裔出伯(阿鲁忽子)和阿只吉(察哈台长子之孙)的驻地。他们奉旨率本部军防守西境,驻扎火州,后遭笃哇突袭而退。火州地区长期处在大汗和察哈台汗国边界之间,当地畏兀儿人向双方都交纳贡赋,元中期以后被并入察哈台汗国;哈密力地区则一直在出伯家族管领下,归属大汗朝廷。

辽阳行省,治辽阳,辖境含今辽宁、吉林、黑龙江及以北地区。省境北部是成吉思汗幼弟斡赤斤家族的领地,斡赤斤从原分地向东扩展到嫩江流域,其后王乃颜于1287年联结东道诸王叛乱,忽必烈平叛后实行"削藩",东道诸藩主降为从属大汗的诸王,所用印章从称"宝"改称"印",斡赤斤后裔封辽王。辽阳省境东北部达到奴儿干(黑龙江口)和骨嵬(库页岛),元朝在这个地区设有征东招讨司,当地吉里迷等族先后归附。

河南江北行省,治汴梁(开封),辖境含今河南省及湖北、安徽、江苏三省的长江以北地区(江苏北部从江浙行省划入)。

四川行省,治成都,辖境含今四川省大部及湖南、陕西部分地区。

云南行省,治中庆(昆明),辖境含今云南省,四川、广西部分地区,以及缅甸北部和泰国、老挝、越南的一些地方。今在境外的地区,唐、宋时期是南诏、大理的境域,其后有的脱离,有的"受缅[国]所制"。忽必烈朝三次征缅,其北境十余处(甸)金齿(傣族)土官归附元朝,成宗朝又有来归者,元朝先后设置太公、蒙怜、蒙莱、云远、蒙光等路;从成宗(世祖皇太子真金第三子,1294—1307年在位)时起,元朝屡次遣使八百媳妇国(主要在今泰国北境)招抚,到1327年,八百媳妇首领归附并请设治,乃置蒙庆宣慰司(泰国清莱府地);1331年,

---

① 许有壬:《送蔡子华序》,《至正集》卷32。

又置八百等处宣慰司(泰国清迈府地)。均隶属云南行省。

湖广行省,治武昌,辖有今湖南、贵州、广西三省之大部,海南,以及湖北部分地区。

江浙行省,治杭州,辖有今江苏南部、浙江、福建二省。

江西行省,治隆兴(今南昌),辖境含今江西省和广东省。

岭北行省(1307年置和林行省,1312年改名),治和林(1312年改称和宁),统领北边各地区,包括蒙古本土(《元史·泰定帝本纪》即位诏称为"达达国土")及以北所征服诸部地。其东境为成吉思汗诸弟分藩地,因为这几家后王参与乃颜叛乱,其藩主地位被削降为从属大汗的诸王,受制于分镇蒙古本土的晋王(真金长子甘麻剌)。西境至阿勒台山,成宗时进取窝阔台汗国北部也儿的石河一带地。北境所至甚远。忽必烈设置吉利吉思等五部断事官,附属于吉利吉思的昂可剌部地"日不落",断事官刘好礼曾亲至其地看到这个景观,则当在北极圈附近,吉利吉思之北,今叶尼塞河中下游。元代天文学家杨守敬奉旨修《授时历》,奏准设二十七处天文观测点,其中的"北海测景所"北极出地六十五度,测得夏至暑影长度六尺七寸八分,据此计算实际约为北纬64度4分。分布在今贝加尔湖东西的巴儿忽、火里、秃麻等部都隶属大汗,太仆寺所领全国十七道牧场中的火里秃麻道牧场就设在这个地区。

除以上十行省外,中央机构宣政院管辖有"吐蕃三道"(藏文 Bod-gyi Chol-kha gsum):吐蕃等处宣慰司(又称朵思麻宣慰司,辖今青海、甘肃西南部和四川阿坝自治州等地),吐蕃等路宣慰司(又称朵甘思宣慰司,辖今西藏昌都地区东部、四川甘孜自治州和青海西南部)和乌思藏纳里速古鲁孙等三路宣慰司(辖今西藏自治区及其西北邻部分地)。藏文《汉藏史集》(*rGya Bod Yig Tshang*)记载薛禅皇帝(元世祖忽必烈)的国土,列举了治下十行省名称后说:"吐蕃三却喀(即上述三道)……也算做一个行省,总计十一个行省"。

元朝在高丽国设"征东行省",行省丞相就由高丽国王世袭担任,原有政权机构和制度均不变,可以自己任命本国各级官员,财赋不入中书省,[①]有相当的独立地位,和其他行省性质不同。

忽必烈曾两次(1274年和1281年)出兵日本,企图迫使其臣服,但都遭到失败。又多次侵入安南、占城,均无功而返。1292年他已七十八岁,还派军远

---

① 姚燧《高丽沈王诗序》,《牧庵集》卷3,四部丛刊本。

渡南洋进取爪哇,次年登陆入境,驻兵两个月,遭其王暗计偷袭,损兵折将而还。他对"爪哇得而复失"很不甘心,说"此事犹痒在心",打算再次出兵,可见他的强烈扩张欲望与父祖一脉相承。不久他去世,成宗继位后停止了海外远征。

五、从元廷北迁到北元的终结

1351年爆发的红巾军起义,在中原和江南迅速蔓延,元朝的统治土崩瓦解。1367年,朱元璋削平群雄,占有江南大部,遂遣大军"北伐";1368年正月称帝,国号明。七月底,明军逼大都,元顺帝退往上都;八月二日明军取大都。顺帝在明军进逼下从上都退到应昌(今内蒙克什克腾旗西),1370年病故。皇太子爱猷识理达腊嗣位,退守岭北行省。

大都失陷,标志着元朝作为历史上一个朝代至此为明朝所取代,但说"元亡"却是不确当的。元廷北迁后,国号、制度都保持不变,仍据有岭北行省和辽阳、甘肃北部及漠南一些地方,史称"北元"。爱猷识理达腊整顿朝廷,以大元皇帝(大汗)身份颁诏各方,"延揽忠义,以为恢复之计"。虽然"中兴之业"无望,明朝大举北伐也未能实现"扫清漠廷"的目标。北元与明朝长期互相攻伐,争夺国土民众,形成南北朝对峙局面。14世纪末以后,北元皇室、贵族内争不断,篡位事多次发生,大汗往往成为强臣的傀儡,但元帝嫡裔一直被视为正统。

15世纪上半叶,东部蒙古强臣与西部瓦剌贵族各立大汗,相互争斗。瓦剌首领太师脱欢吞并东蒙古,拥立元裔脱脱不花为大汗。其子也先袭任太师,北服吉利吉思,西控哈密等地,东破兀良哈三卫并进征女真,南攻明朝境土,1449年于土木堡(今河北怀来东)俘虏明英宗(后放回)。也先以有一统之势,乃杀脱脱不花,1453年自立为帝,称"大元天圣可汗",但次年就被部属所杀。脱脱不花幼子被立为大汗,明人称之为"小王子"(此后成为明朝对北元大汗的称呼)。

这期间,北元各部逐渐入据漠南明朝边外地,出入河套。1479年,强臣立脱脱不花从曾孙把秃蒙可为大汗,"自称大元大可汗",即著名的达延汗。他先后击败瓦剌,攻杀强臣,统一了封建割据的东蒙古,划分为左、右翼各三万户,分封给诸子。左翼察哈尔万户授予长孙(长子先亡),北元大汗之位由这一支继承;第三子统右翼三万户,据有今内蒙西部地区,明后期扩展到青海。大汗直领察哈尔部原来约在今内蒙呼伦贝尔、锡林郭勒及蒙古国东方省部分地区，16 世纪中期南迁到西拉木伦河一带。到后金兴起，东北的蒙古科尔沁部和察哈尔的几个属部先后投金，1627 年末，北元大汗林丹汗被迫西迁到大同边外。1632 年皇太极大举征讨察哈尔，林丹汗逃往河套西。1634 年皇太极再次西征，察哈尔各部皆降，林丹汗逃至青海病死，与明朝对峙二百六十多年的北元至此终结。

（原载于《北方民族大学学报》2009 年第 3 期，《新华文摘》2010 年第 16 期转载。）

13 世纪以前的克烈王国

陈得芝

摘　要：克烈部是 13 世纪初年成吉思汗建国之前蒙古高原最为强大的势力。克烈人并非突厥语族部落，而是蒙古人的一族，是突厥化程度最高的原蒙古人，源于辽金时代漠北的阻卜—达靼部落，其活动的中心地域是鄂尔浑河上游。及至大约 1160 年代王汗夺取克烈汗位之后，克烈王国最强盛时期的统治地域东至蒙古东境，西至杭爱山，东境比乃祖乃父时代大为扩展。

关键词：克烈　阻卜—达靼　蒙古　王汗

一、前言

成吉思汗建国以前，蒙古高原上互争雄长的势力主要有五大部：据有捕鱼儿海（贝尔湖）周围富饶草原的塔塔儿部，斡难（鄂嫩河）、怯绿连（克鲁伦河）和不儿罕山（今肯特山）之地的蒙古部，薛良格河（色楞格河）中下游的篾儿乞部，按台山（阿尔泰山）东西的乃蛮部，以及控制着漠北中心地域——杭海山（杭爱山）、斡儿寒河（鄂尔浑河）和土兀剌河（土拉河）流域的克烈部。其中，又以克烈部最为强盛。

克烈，又译作怯烈、怯列亦、怯里亦、客列亦惕、凯烈等。克烈人是当时蒙古高原诸部中社会发展水平较高的一部分，远在蒙古兴起之前，他们就已称雄于漠北。12 世纪末叶，克烈首领王汗东征西讨，隐然有兼并诸部、统一漠北之势。那时，蒙古乞颜部还只是克烈的属部之一；乞颜首领铁木真，还只是王汗手下的战将，或如他自己所形容的那样，是替王汗搏击猎物的鹰隼。[①]　然而，

---

① 　拉施都丁：《史集》俄译本第 1 卷第 2 册，莫斯科—列宁格勒，1952 年，第 129 页。

骄傲轻敌的王汗,最后竟被在他扶掖下壮大起来的铁木真打垮了,盛极一时的克烈王国转瞬间就被后起的蒙古完全吞并。在王汗旗帜下进行的多次征战,只不过起了为成吉思汗"取天下"铺平道路的作用。

克烈人的历史,应是自回鹘汗国灭亡至大蒙古国建立之前蒙古高原历史中极重要的篇章。中外学者在克烈史史料的考订、族源的探讨和史事的整理等方面,已做过许多工作,但尚待解决的问题仍有不少。本文试图在前人的基础上就以下几方面进一步做些探讨。

二、克烈是蒙古人的一族

关于克烈人的族属和族源,至今仍是悬而未决的问题。多数学者倾向于认为他们是突厥语族部落,但同时又采取慎重的保留态度。伯希和说:"蒙古人的起源传说没有任何一处提到他们。尚难断定克烈人是受到强烈的突厥影响的蒙古人,或是在蒙古化过程中的突厥人。无论如何,克烈统治者多数应是突厥人,'脱斡邻勒'①与其说是一个蒙古名字,毋宁视为一个突厥名字。"②不过伯希和没有就这个问题做进一步的论证。

亦邻真在一篇研究蒙古族族源的文章中,充实了伯希和的说法,他认为:"克烈人不像是原蒙古人。除了突厥化的叙利亚教名之外,见于史书的克烈人名几乎都是突厥语。如果他们是原蒙古人,那也是突厥化程度最高的。"他还指出,《史集·部族志》把克烈同乃蛮、汪古、唐古、畏吾儿、乞儿乞思放在一起,作为第三篇,从而把他们同蒙古各部区别开来,是"耐人寻味的"。③亦邻真在这里实际上提出了推论克烈人属突厥族的两点主要依据:其一,从人名判断他们可能是操突厥语的;其二,《史集》的部族分类把他们和蒙古语族各部分开,而归入多数是突厥族(除唐古外)的一类中。

---

① 王汗的名字。《圣武亲征录》译作脱怜,《元史》作脱里。《史集》作 Toghril,并解释说:"在突厥语和克烈部落[语]中 Toghril 作 Tunghrul。他们用它称一种鸟,虽然谁也没有见过,但在人们中很有名并被传扬,有如西方的'anqa(穆斯林史料所载高加索人传说中的神鸟名)'。人们确信,此鸟似鹰,其嘴和爪坚如钢,一个飞击即可打落和击毙二三百头鸟。"(俄译本第 1 卷第 2 册,第 108 页。)Torril 一词见于喀什噶里《突厥语词典》著录,系一种猎鹰之名。此字转为蒙古语形式作 To'oril。参阅伯希和、韩百诗:《圣武亲征录译注》,莱顿,1951 年,第 210 页。

② 伯希和:《高地亚洲》,第 25 页。转引自格鲁赛《草原帝国》,巴黎,1969 年,第 245 页。

③ 亦邻真:《中国北方民族与蒙古族族源》,《内蒙古大学学报》1979 年第 3、4 期。

周清澍在讨论汪古部族源时顺带提到克烈部,他也依据《史集》的部族分类立论,认为克烈、乃蛮和汪古"可能是突厥、回鹘相继称雄于蒙古草原以后的余部",并补充了克烈人与乃蛮、汪古同样都接受景教信仰以及他们相互间有通婚关系两点,来说明此三部很可能是同族。不过他又表示"很难对克烈下纯属突厥语族的结论"。①

的确,要判断克烈的族属,上述学者们提出的论据显然还不够充分。蒙古语族各部曾长期受突厥、回鹘的统治,后来又入居原来突厥族的故土,在经济、文化上不能不受到后者的影响,虽然不同的部落受影响的程度有深有浅。用突厥语命名的例子,在蒙古各部中都不难找到。例如,在泰赤乌氏、逊都思氏和捏古思氏中,都有名叫脱斡邻勒的人。② 成吉思汗有一个世袭奴仆叛投王汗,也叫脱斡邻勒。③ 蒙古部首领俺巴孩汗的父亲叫想昆必勒格,想昆是辽朝官号"详稳"的讹读,必勒格即突厥语 bilge,突厥毗伽可汗就用此称号,意为"英明的""智慧的"。照烈部长名玉律拔都(ülüg-ba'atur),突厥语 ülüg,意为"幸运"。④ 蒙古乞颜主儿乞氏有个人叫播里(Böri,《元朝秘史》作不里孛阔 Böri-Bökö),在翰难河宴会上砍伤了成吉思汗之弟别里古台的肩膀,Böri,突厥语意为"狼",蒙古语作 Čino;突厥有"附邻可汗",又译步利、附离,即此字。⑤ 照烈部人有名塔海答鲁(Taqai-daru)者,成吉思汗部下有个大将逊都思人塔海拔都儿(Taqai-ba'atur),据伯希和说,Taqai 可能即突厥字 Tarai,意为"母舅",同义的蒙古语为 naqaču。⑥ 此类例子还可以举出一些,可见借用突厥语做名字的现象在蒙古人中颇为不少,似不足以用此确证克烈人是突厥语族部落。

关于克烈人的语言,除名字外,似无直接材料。惟《史集》记载说,克烈人"与蒙古诸部有相似之处,他们的风俗、习惯、方言和词汇彼此相近"。⑦ 此外,

---

① 周清澍:《汪古部的族源》,《中国蒙古史学会成立大会纪念集刊》,呼和浩特,1979 年,第 199—200 页。

② 《史集》俄译本第 1 卷第 1 册,莫斯科—列宁格勒,1952 年,第 182 页(泰赤乌氏),第 174 页(逊都思氏)同上书第 1 卷第 2 册,第 276 页(捏古思氏)。

③ 《元朝秘史》第 180 节,四部丛刊三编本,卷 6。

④ 此字见突厥文《暾欲谷碑》。

⑤ 伯希和、韩百诗:《圣武亲征录译注》,第 189 页;韩儒林:《突厥官号考释》,《穹庐集》,上海,1982 年,第 311 页。按:察合台之孙亦名不里(《元史·宪宗纪》作孛里)。

⑥ 《圣武亲征录译注》,第 127 页。

⑦ 《史集》俄译本第 1 卷第 2 册,第 108 页。

1246 年出使蒙古的教皇使者普兰诺·卡尔平尼有一段记述颇值得注意。他说:"在东方有个地域……称为蒙古。在这个地域曾有四个部落,其一为 Yekemongol,意即大蒙古;其二为 Su-mongol,此谓水蒙古,但其人自称 Tartar(塔塔儿),盖因一条河名为 Tartur 流经其境;另一部落称为 Merkit(篾儿乞);第四部为 Mecrit。所有这些部落都外貌相像,并有同样的语言,虽然他们彼此分开。各有自己的领地和统治者。"①卡尔平尼所说的 Mecrit 究竟指什么部族,学者们意见不一,后于卡尔平尼八年出使蒙古的法国使者卢卜鲁克曾记载王汗统治下的民族"称为 Crit 和 Merkit,他们是聂思脱里教徒"。②达维札克(D'Avezac)认为,卢卜鲁克之 Crit 与 Merkit 应改正为 Crit 与 Mecrit,这样才与卡尔平尼的记载符合。他以为此二名系指同一部族(如同 Longa 与 Solanga,Chin 与 Machin 一样),即克烈。但柔克义(Rockhill)怀疑这种说法。③ 按卢卜鲁克之 Crit 即克烈,而 Merkit 即篾儿乞,当无疑义,达维札克将它强改为 Mecrit 是没有理由的。惟篾儿乞人并不信奉聂思脱里教,也不属王汗管辖,此系卢卜鲁克传闻之误。

《史集·部族志》之"篾儿乞"条载:"虽然某些部分蒙古人将篾儿乞人称为 Makrit,但两者的意义是一样的。"④据此似可认为卡尔平尼之 Mecrit 与 Merkit 二名系指同一部族。然而,在卡尔平尼行记中,有两次提到这两个名称,明显是指两个不同的部族,似未可合而为一。刘祁《北使记》记述 1220 年金朝使者吾古孙仲端经行蒙古、西域见闻,其所载西北部族有磨里奚、磨可里、纥里纥斯、乃蛮、航里、瑰古、途马、合鲁等。王国维认为,磨里奚即篾儿乞,磨可里即克烈。⑤ 此与卡尔平尼行记正可相互印证。箭内亘亦持此说,并认为此磨可里即卡尔平尼之 Mecrit。⑥ 和田清则将磨可里、Mecrit 与《史集·部族志》之 Bekrin(一作 Mekrin)部勘同,并认为即明代之乜克力部。⑦ 然而,《史集》之 Bekrin 部居地在"畏兀儿斯坦的险峻山岭中",是只有一千户的小部

---

① 道森:《出使蒙古行记》,伦敦—纽约,1955 年,第 19 页。
② 同上书,第 122 页。
③ 柔克义:《卢卜鲁克东游记》,伦敦,1900 年,第 111 页;达维札克:《卡尔平尼蒙古行记》,巴黎,1839 年,第 534 页。
④ 《史集》俄译本第 1 卷第 1 册,第 114 页。
⑤ 王国维:《古行记校录》。
⑥ 箭内亘:《蒙古史研究》,东京,1930 年,第 538 页。
⑦ 和田清:《乜克力考》,载《桑原博士还历纪念东洋史论丛》,东京,1931 年,第 337—346 页。

落,①而卡尔平尼则明言 Mecrit 部是蒙古之地四大部之一,地望、情势都全然不合。鄙见以为,卡尔平尼所记述的 Mecrit 部,应是指克烈,因为在蒙古之地,乃蛮人的东面,足以与蒙古、塔塔儿、篾儿乞三部分庭抗礼的部族,舍克烈莫属。卡尔平尼说此四部语言相同,这是提到克烈人语言的很重要资料。

《史集》的部族分类,第一类(《部族志》第一篇)乌古思后裔及其同族二十四部都属突厥族(不过,其中的钦察部玉里伯里族,实是从东蒙古西迁的蒙古语族部落同化于突厥族者)②;第四类"昔时即称为蒙古的突厥诸部落",包括迭列列斤蒙古人和尼鲁温蒙古人,都属蒙古族。但第二类和第三类诸部的情况却不同。如第二类"现今称为蒙古,但在古代各有自己特别名称的突厥诸部落",就不都是蒙古语族的。其中,札剌亦儿、塔塔儿、篾儿乞、斡亦剌③等部大概都可以说是蒙古语族部落,但帖良古、客思的音则无疑系突厥语族部落。④第三类篇名为"各有自己的君王和领袖的突厥诸部落",其中多数确系突厥族类,但唐古人则是藏缅语族的一个分支。拉施都丁在此篇中重新为第一篇已列入的畏吾儿、哈剌鲁、钦察三部立专条,记述其国史、君主以及他们归附蒙古的情况。看来这一类的划分主要是从这些部落本来都"各有自己的君主""并曾建立过国家"(见《史集·序言》)着眼,而非因其族属相同。⑤克烈被列入这一类,原因当在于此。

关于克烈人的族属,拉施都丁在《部族志》第三篇"克烈"条中"其情况之说明"小标题下写道:"他们是蒙古人的一族;他们的居地在斡难、怯绿连[两河沿岸],即蒙古人之地。该地区邻近契丹国境。"⑥这比同书"篾儿乞"条说得更具体和详细。许多学者应该都是注意到了这段记载的,但可能因受同书部族分类的影响,同时在未弄清克烈人来源的情况下,不敢轻信拉施都丁的这一说法。

不过,拉施都丁的这一说法却并非虚构,它反映了元代人们对克烈人族属

---

① 《史集》俄译本第 1 卷第 1 册,第 149 页。

② 伯希和:《库蛮》,见《西域南海史地考证译丛续编》,第 25 页。

③ 《史集》记载,篾儿乞人"是蒙古[部落]的一部分"(第 1 卷第 1 册,第 114 页);斡亦剌人的"语言是蒙古语,但与其他蒙古部落的语言稍有不同"(同书,第 118 页)。

④ 参阅韩儒林:《元代的吉利吉思及其邻近诸部》,《穹庐集》,第 343—345 页。

⑤ 村上正二认为,《史集》第三类诸部族是地理上居于蒙古西部,文化上比其他部族高,政治上已建立了国家组织的部族集团(见所著《蒙古帝国建立前的各游牧部族》,《东洋史研究》第 23 卷第 4 号,1964 年)。

⑥ 《史集》俄译本第 1 卷第 1 册,第 127 页。

的普遍看法。众所周知,陶宗仪的《辍耕录》"氏族"条,就将克烈(怯烈歹)归在"蒙古七十二种"中。《辍耕录》的氏族分类系按当时蒙古、色目、汉人、南人四等人地位不同的原则来分的,归入蒙古一类的诸氏族意味着他们都享有"国人"的待遇。这一类大体包括了拉施都丁的第四类尼鲁温蒙古和迭列列斤蒙古,以及第二类"现今称为蒙古"的各部。虽然《辍耕录》的分类有重叠、错乱之处,如在"蒙古七十二种"中既列入乃蛮(别帖乞乃蛮歹、别帖里歹、[乃]蛮歹),①而"色目三十一种"中又有乃蛮(乃蛮歹)。但克烈却只见于蒙古氏族名单中,而没有和乃蛮、汪古(雍古歹)、唐古(唐兀)、畏吾儿等一起列入色目。

这样,《辍耕录》对克烈的分类就和拉施都丁称克烈"是蒙古人的一族"相一致,而和他的部族分类有所不同。窃以为陶宗仪的分类法不误。程钜夫《炮手军总管克烈君碑铭》云:"君讳晁实带,蒙古人。"②晁实带(1257—1311)的祖父名昔里吉思,这是元代克烈人中常见的景教教名。他本人袭父祖职管辖炮手军,但极爱好汉文化,建立伊川书院,割田千亩赡学;晚年大肆于学,手不释卷,与陈天祥、姚燧、卢挚等交往,改名士希,字及之,号西斋,有诗五百余篇。又黄溍所撰《河西陇右道肃政廉访使凯烈公神道碑》云:"公讳拔实,字彦卿,蒙古凯烈氏。"③凯烈即克烈的异译。拔实(1308—1350)也是汉文化程度很高的克烈人,家住大都,"图书满室,矻矻进修",与汉族文人过从甚密;所居有四咏轩,约请友人赋诗,许有壬为作《拔实彦卿四咏轩诗序》,径称他为"国人"。④此外,《元史》卷一二二《槊直腯鲁华传》,卷一二四《速哥传》,卷一三四《也先不花传》,也都称他们为"蒙古克烈氏"。

在元代,由于有民族不平等的种种规定,冒称蒙古、色目的现象颇不少见。元人欧阳玄说:"精铨选之本在于严族属之分以尊吾国人。……今之女真、河西明有著令而自混色目,北庭族属邻于近似而均视蒙古,乘坚驱良,并列通显。盖我国人天性浑厚,不自标榜,恐数百年之后,求麟趾之公姓不可复别异矣。"⑤不过,冒混者一般要隐瞒其原来的氏族出身,如只称"蒙古人"(《元史》

---

① 别帖里歹之"里"应为"吉"或"乞",蛮歹上脱一"乃"字,此字误连于外抹歹之下,变成"外抹歹乃"。别帖乞系乃蛮部的分族。参见韩儒林:《蒙古氏族札记》,《穹庐集》,第 52—53 页。

② 《雪楼集》卷 22,1926 年影刊洪武本。钱大昕《敕赐伊川书院碑跋》(《潜研堂金石跋尾》卷 19)据晁实带任炮手军总管之职,遂以为系回回,误。

③ 《黄金华文集》卷 25,四部丛刊初编本。

④ 《至正集》卷 35,1911 年河南石印本。

⑤ 欧阳玄:《策对》,《圭斋集》卷 12,四部丛刊初编本。

中有不少例子)，那就未必靠得住；明著氏族者则不大可能混淆。北庭(畏吾儿)虽"视"同蒙古，但绝无称"蒙古畏兀氏"的。而且程钜夫、黄溍、许有壬三人（其生活时代分别在元代前、中、后期)都是历仕中外的著名文官，替不少蒙古、色目人写过碑铭墓志，总不会不明族属之分吧。可见上述克烈人当不属于冒混或"视同"者之列。克烈为蒙古的一种，在元代人是没有疑问的。拉施都丁的说法在这里得到了有力证明。

三、克烈的族源：达靼与阻卜

关于克烈名称的起源，《史集·部族志》"克烈"条记载说：

> 这些克烈人有许多部落和族支，他们全是王汗的臣民。
>
> 克烈。据说，古代有个君王，他有七个(一本作八个)儿子，全都生得皮肤黝黑，因此被称为"克烈"。后来，诸子的后裔各族支都有了自己的专名。于是"克烈"一名就只用于称呼有君王的那一支［部落］，其余诸子都成了这个当君王的兄弟的臣民。[①]

《史集》接着叙述了五个克烈分族的名称和出自这些分族的人物，但连克烈在内只有六支，不足七或八之数，其中四支的名称也见于其他史料记载：

只儿斤。波斯文作 Jīrqīn，《圣武亲征录》作朱力斤，《元朝秘史》作只儿斤。拉施都丁说："他们是王汗诸部中受尊敬和英雄的部落"。

董合亦惕。伊斯坦布尔 1317 年抄本和塔什干抄本作 Qōngqāit，俄译本据之。伦敦、列宁格勒抄本和贝勒津校刊本均作 Tōngqāit karāīt。[②] 按此即《元朝秘史》之斡栾·董合亦惕(斡栾 Olon，蒙语意为"多")，《圣武亲征录》作董哀部。

撒合亦惕。此名波斯文集校本作 Sāqiāt。赫塔古洛夫俄译本作 Saqait，未言有何依据作如此译法。据志费尼《世界征服者史》记载，王汗为克烈和 Sāqiz 之统治者。[③] 伯希和认为，此 Sāqiz 应订正为 Sāqīt，即《史集》克烈分族

---

① 《史集》俄译本第 1 卷第 1 册，第 128 页。

② 《史集》第 1 卷第 1 册波斯文集校本，莫斯科，1965 年，第 257 页。

③ 志费尼：《世界征服者史》，波义耳英译本，第 1 卷，曼彻斯特，1958 年，第 35 页；何高济汉译本，上册，第 38 页。

之 Sāqiāt,并谓不可与《圣武亲征录》所载成吉思汗十三翼中(第九翼)之撒合夷部混淆。① 《史集·成吉思汗本纪》记述十三翼的组成,其以成吉思汗叔答里台斡赤斤、捏坤太石子忽察儿等统领的第九翼中,有撒合亦惕部,谓系迭列列斤蒙古部落。② 但同书《部族志》却将撒合亦惕部载入第二篇"现今称为蒙古的诸部落"中。今按:《史集·成吉思汗本纪》记载王汗攻打成吉思汗的合兰真沙陀大战后,追随王汗的答里台斡赤斤、忽察儿等蒙古部贵族相与谋攻王汗而自立为王,事觉,被王汗打败,"答里台斡赤斤遂与一个尼鲁温部落,克烈部落中之 Sāqiāt 部,以及嫩真部,归附于成吉思汗。"③《圣武亲征录》亦载此事,与答里台一同归附成吉思汗的三部名作八邻、撒合夷、嫩真。据此,则《史集》所载克烈分族 Sāqiāt 部即可与《亲征录》的撒合夷部勘同,应订正为 Sāqāit。参加十三翼之战者即此部,拉施都丁谓系迭列列斤部落,又将它归入《部族志》之第二篇,皆误。《元朝秘史》此部之名作撒合亦惕。

土别干。波斯文集校本作 Tūmāūūt,有些抄本作 Tūbāūūt。此即《元朝秘史》所载克烈之土绵土别干部(Tümen Tübegen,Tümen 译言"万"),《圣武亲征录》作土满土伯夷。《元史》卷一二〇《肖乃台传》之秃伯怯烈氏,卷一三〇《完泽传》之土别燕氏,都是此部名的异译。

阿勒巴惕(?)。波斯文集校本作 Albāt。有两种抄本第三字音点脱落,列宁格勒本、伦敦本作 Aliāt。其他史籍未见此部名称。

"克烈"一名的词源不明。阿布嘎齐《突厥世系》谓克烈意为"黑绵羊"(qārābarān),盖因其七兄弟都生得黑。这显然是联想到了突厥—蒙古语 qara(黑)。伯希和怀疑这并非拉施都丁的原意,并认为他所指的俗词源实际上可视 Keri'e,蒙古语意为"乌鸦",突厥语作 qarɣa,很可能是源于拟声;在拉施都丁以为,因八兄弟都皮肤棕黑(原文作 Siyāh-järdä),故被称为"乌鸦"。此词突厥语表面上与 qara 很相近。④

---

① 《圣武亲征录译注》,第 220 页。
② 《史集》俄译本第 1 卷第 2 册第 87 页。
③ 同上书,第 132 页。
④ 《圣武亲征录译注》,第 209 页。

据《史集》，克烈之名由来已久，但奇怪的是，此名在 13 世纪以前似未见记载。[①] 达维札克曾将克烈与敕勒（或铁勒）勘同。[②] 屠寄也从对音上附会，认为克烈与康里系同名异译，"本汉康居遗种"。他说："康里、克烈，音本相近，史家以其部一西一东，故异其译字以别之。"并举《元史·不忽木传》为证，谓不忽木之祖既事王汗，"宜云世为克烈部大人，《元史》乃云世为康里部大人，是又明认克烈与康里同种也。"[③] 按康里之名始见喀什噶里《突厥语词典》著录，谓系钦察一要人之名（当为部落名），又云是一种两轮车之名。《金史》卷一二一《粘割韩奴传》记载大定年间粘拔恩君长与康里部长孛古并来归附，为此名见于汉籍之始。康里即突厥语 qangli（qang 的形容词形式），意为车子。康里部系一突厥部族，居地在咸海、锡尔河之北，蒙元时代东西史料都有很多记载，《史集·部族志》将其归入乌古思族人一类。[④] 克烈与康里是不同的部族，音亦不类；有一部分康里人臣事王汗，更不能证明其为同族。屠寄之说显然是不可取的。达维札克将克烈与敕勒勘同，不仅缺乏根据，在对音上也不合。

樱井益雄的《怯烈考》[⑤]对克烈部的名称、族源和史事作了较全面的研究。他据《元史·地理志》"西北地附录"中的谦州一段记有"或云汪罕（即王汗——引者）始居于此"，认为克烈部是从谦河（今叶尼塞河上游）地区南下的部落。克烈部系由数部组成，而以居于统治地位的克烈氏族之名为总名，其分族有土别干部。樱井从克烈人原住谦州的前提出发，推论此土别干应即唐代之都波（都播）部落，于 9 世纪中叶随黠戛斯南下攻灭回鹘汗国，遂留居回鹘故地；后来克烈成为统治氏族，其全体部落始总名克烈。至于此克烈氏族是否系都波分族，抑或别有来源，樱井氏没有说明。

按《元史·地理志》"或云汪罕始居于此（谦州）"的记载，屠寄业已采入《王罕札木合列传》，且径改为"客列亦始居谦州"，这未免过于武断。《元史》的这句话只是传闻之辞，十之八九系出于讹传。[⑥]《史集》中关于克烈部的地域有

---

① 13 世纪叙利亚史家把·赫卜烈思（Bar-Hebraeus）所著《圣教编年史》引述一〇〇九年马鲁聂思脱里主教给报达教长术安六世的一封信，说到克烈王与其臣民受洗事。伯希和怀疑原文似未必提到此名，可能系赫卜烈思所增添。见《圣武亲征录译注》，第 208 页；格鲁塞：《草原帝国》，巴黎，1969 年（第四版），第 245 页。

② 《卡尔平尼蒙古行记》，第 536 页。

③ 《蒙兀儿史记》卷 20《王罕札木合列传》。

④ 伯希和对康里部名有详细说明，参见《圣武亲征录译注》，第 112—116 页。

⑤ 载《东方学报》（东京）第七册，1935 年。

⑥ 伯希和已指出此点，见《圣武亲征录译注》，第 209 页。

详细记载(详后),并不包括谦州;至少到王汗祖父时代,他们就已居于鄂尔浑河上游一带。因此,王汗始居谦州的传闻并不可信,更不能据此得出克烈部的原居地在谦州的结论。所谓都波部落随黠戛斯人南下并留居回鹘故地、形成克烈部的说法,也仅是从都波与克烈分族土别干音似这一点作出的推测。如果都波人在回鹘汗国灭亡以后据有回鹘故地并形成大部,那么在史料中,特别是辽朝征服这个地区的有关史料中必有反映,而事实上无有。樱井举出的《辽史·百官志》所载"特满军详稳司"和《金史》的"驼满部",均与都波不相干。①只有《元朝秘史》所载谦河地区的秃巴思(Tubas)部可认为即唐代都波(加复数后缀 S),②但与克烈分族土别干(Tübegen)完全是两码事。

9 世纪中叶回鹘汗国败亡以后,蒙古高原的民族成分发生了很大变化,反映在 10—12 世纪的历史文献中,出现了许多新的部族,克烈就是其中之一。要弄清克烈人的来源,就必须研究这个变化的过程。

黠戛斯于八四〇年攻回鹘城(今蒙古鄂尔浑河上游哈剌八剌哈孙古城),杀其可汗,焚其牙帐,回鹘"种族离散",庞特勤率十五部西奔葛逻禄,嗢没斯等各率所部降唐,新立之乌介可汗亦领近牙帐十三部十万众南下,漠庭为之一空。不久,黠戛斯遣使至唐通好,"言将移徙合罗川,居回鹘故地"③;其后复东攻室韦,取室韦所得回鹘余众而归。咸通年间(860—873)又三次遣使入朝,可是此后黠戛斯的活动即不见于唐史记载。④ 不少历史著作中都说,黠戛斯灭回鹘后,曾在回鹘故地立国,直到 10 世纪初期才在契丹势力的逼迫下返回叶尼塞河上游。但这纯属推测之辞。事实上,据《辽史》记载,924 年耶律阿保机西征,取回鹘城,并没有和黠戛斯(《辽史》作辖戛斯)接仗,他所征讨的主要是阻卜部落。阻卜之名,辽以前未见记载,王国维《鞑靼考》以大量资料论证了辽、金史所载阻卜又作阻鞑即达靼,此说已为学界普遍接受,并得到许多学者的补充和阐发,兹不赘。

《辽史》卷一〇三《萧韩家奴传》载:"阻卜诸部,自来有之。曩时北至胪朐河,南至边境,人多散居,无所统一,惟往来抄掠。及太祖西征,至于流沙,阻卜

---

① 特满军当是辽派驻西北路的部族军之一,并非当地部族。驼满部则是女真部落。

② 《元朝秘史》第 239 节;韩儒林:《唐代都波新探》,《穹庐集》,第 331 页。

③ 《资治通鉴》卷 246《唐纪》武宗会昌二年。

④ 《新唐书》卷 217 下《黠戛斯传》。《资治通鉴》记载黠戛斯最后一次遣使入朝是在咸通七年(八六六年)。

望风悉降,西域诸国皆愿入贡。"不过,耶律阿保机班师途中,曾受到这些阻卜—达靼部落的袭击。《旧五代史》卷三二《后唐庄宗纪》载:同光三年(925)"六月癸亥,云州上言:'去年契丹从碛北归帐,达靼因相掩击。其首领于越族帐自碛北以部族羊马三万来降,已到南界,今差使人来,赴阙奏事。'"上引资料说明,早在耶律阿保机西征以前,阻卜—达靼各部就已分布在漠北很多地方(包括回鹘城一带),并成为这个地区的主要居民。可见黠戛斯势力并没有长期立足于回鹘故地,[①]回鹘人留下的空间很快就由阻卜—达靼人填补了。

达靼之名始见唐开元二十年(732)所立《阙特勤碑》突厥文碑铭,作 Otuz Tatar(三十姓达靼),其地位于突厥之东、契丹之北。Otuz Tatatr 大体和汉籍中的室韦相当,两者都是对大兴安岭东西蒙古语族诸部落的统称。Tatar 本只是其中一部之名,据拉施都丁说,此部"在远古的大部分时间内,就已是大部分[蒙古]部落和地区的征服者和统治者,……由于[他们]极其伟大和受尊敬的地位,其他突厥部落,尽管种类和名称各不相同,都以他们的名字著称,全被称为 Tatar。"[②]有些学者根据拉施都丁的这段话推论:在回鹘汗国灭亡后,达靼部曾崛起于蒙古高原,称雄一时(有的还说"建立了一个统辖许多部落的强大的达靼部落联盟"),于是蒙古高原上的其他蒙古、突厥部落也都被统称为"达靼",或自己冒称"达靼"。因此,他们把辽、金时代史籍中的达靼或阻卜,只看成是对当时漠南北各游牧部落的泛称,而不认为是特指蒙古语族部落。窃以为这种说法还应当商榷。

达靼一名首次出现时就已是部落群体的共名——"三十姓达靼"。后来又有"九姓达靼"(Toquz Tatar)、"黑车子达怛""阴山达靼"等使用这个共名的不同部落。可见拉施都丁所说的情况,至迟应是 8 世纪初期的事,大概当时室韦诸部中以 Tatar 部最强,故突厥人用其名概称室韦诸部,而唐人则仍沿用北魏以来的旧名。《史集》载 Tatar 部六分支,位列第一者称 Tutuqliut-Tatar,"是[所有]Tatar 部落中最受尊敬者"。[③]Tutuqliut 意谓"都督之民"(或都督之

---

①　黠戛斯"阿热"攻杀回鹘可汗后,"徙牙牢山之南",距回鹘牙帐尚马行十五日程。会昌二年(八四二年),其使者踏布合祖来唐,言"将徙合罗川,居回鹘故地";四年,另一使者来唐,又言"欲徙居回鹘牙帐"。可见实际上尚未徙。后来是否已徙牙帐回鹘故地,史无明文。惟会昌六年唐拟遣使册立黠戛斯可汗,朝臣尚以黠戛斯为"偏远小国,不足与之抗衡"为言。见《新唐书》卷 217 下《黠戛斯传》;《资治通鉴》卷 246—248。

②　《史集》俄译本第 1 卷第 1 册,第 102 页。

③　《史集》俄译本第 1 卷第 1 册,第 103 页。

部),或因先前这一支的酋长曾受封都督官号,后裔遂以为姓氏。这可以使我们联想到唐代的室韦都督,①受有都督官号的强部酋长,无疑就拥有了统辖本族各部的地位和权力。总之,唐代的达靼是原居于大兴安岭北段和呼伦贝尔地区的蒙古语族各部的共同名称。

据突厥文《毗伽可汗碑》,唐开元初年,九姓乌纥(Toquz Oghuz,即铁勒)曾联合九姓达靼抗击后突厥,战于 Aghu 之地(今地不详,似应在铁勒部内,今土拉河一带)。当回鹘葛勒可汗(磨延啜,747—759 年在位)即位之初,九姓达靼又和八姓乌纥共同抗击回鹘,战于 Bükegük、Burghu、色楞格河等地(见突厥文《磨延啜碑》)。749 年,达靼人进攻回鹘遭到失败,一半人民归降回鹘;次年,葛勒可汗又东征达靼(同上)。可知自 8 世纪初以后,达靼人越来越深地卷入到漠北高原的斗争中来,并有一部分达靼部落(九姓达靼)进入了铁勒人的居地土拉河和色楞格河一带。有些归附回鹘的达靼部落,可能还被迁到了鄂尔浑河上游附近,为回鹘贵族服役。《史集·部族志》札剌亦儿部条载:"据说,他们的营地在哈剌和林的 QDIMA 地方;他们是[如此]愚忠,以致把奶酪供给回鹘君主古儿汗的公骆驼[为食]。"②札剌亦儿是达靼大部族之一,《史集》记载其主要营地在斡难河地区,这里所引的一段当是指在回鹘汗国时代,服属于回鹘的那些札剌亦儿部落曾居住于回鹘汗庭附近之地。贾耽《边州入四夷道里》载中受降城至回鹘衙帐道上有地名达旦泊,王国维谓"疑以鞑靼人所居得名,九姓达靼所居盖当在此。"③这虽是推测之辞,但回鹘汗国时代有一部分达靼部落西徙入回鹘之地当无疑问。

还有一部分室韦—达靼部落,在 8 世纪末至 9 世纪前期出没于振武、幽州以至天德塞外。唐贞元四年(788)就有室韦与奚人共"寇"振武的记载。④ 元和(806—820)中,振武、天德塞外出现了长期留居的室韦部落。⑤ 他们应是后来阴山达靼的组成部分。到 9 世纪中叶,幽州塞外今锡林郭勒盟北部,也已是

---

① 《册府元龟》卷 972《外臣部》载贞元八年(七九二年)室韦都督和解热素等来朝;太和九年(八三五年)室韦大都督阿朱等来朝;开成四年(八三九年)室韦大都督秩虫等来朝。

② 《史集》俄译本第 1 卷第 1 册,第 93 页。

③ 王国维:《鞑靼考》,《观堂集林》卷 14。

④ 《资治通鉴》卷 233。

⑤ 《唐会要》卷 73,单于都护府条;《元和郡县志》卷 4,天德军条。

黑车子达靼部的地盘了。① 回鹘汗国的衰亡和回鹘种族的离散,又给室韦—达靼人提供了进一步扩展牧地的良好机会。于是,在黠戛斯势力退回叶尼塞河本土后,达靼人自然成了漠南北广大地区的主人。不过,由于达靼人的西迁并非以一个强大的游牧政权去征服另一个游牧政权,一下子占领很多地方,而是采取了逐渐移徙、渗透的形式,因此,当他们成为蒙古高原主要居民的时候,仍然是各部散处,"无所统一"。他们还没有来得及建立起一个统一的新游牧政权,就被契丹人征服了。

上述室韦—达靼诸部落西迁的过程说明,10 世纪以后蒙古高原上的达靼—阻卜各部,应是来自东面的蒙古语族部落。尽管会有残留的突厥族人被吸收进达靼各部落中,但"达靼"作为特定种族——蒙古语族各部落的共名,性质没有改变。事实上,《辽史》中除记载阻卜(又译术不姑)外,还有突厥、沙陀、党项(唐古)、达里底、拔思母(拔悉密)、斡朗改、辖戛斯、粘拔恩等等部名,并未把漠南北各游牧部落都称为阻卜。

穆斯林著作最早著录达靼部名的,是 982 年开始写作的《世界境域志》(Hudūd al-'Ālam)。作者显然是一个"不出门的秀才"而不是旅行家,此书的大部分内容是依据前人著作或传闻写成的,无疑利用(或照抄)了 9 世纪的伊本·胡尔达贝赫(Ibn Khurdādhbih)和 10 世纪前期的巴里希(Balkhī)或亦思塔赫里(Iṣṭakhrī)、宰哈尼(Jayhānī)等人的著作和古地图。② 此书第十二节名为"回鹘(Toghuzghuz)和达靼(Tātār)之国",文中说:"此国乃突厥诸国中最大者,而回鹘原为人数最多之部落。昔日全突厥斯坦(Turkistān)之王皆出自回鹘","达靼亦为回鹘之一种"。③ 这可能是反映了漠北回鹘汗国时代,达靼是回鹘属部之一,故被视为同族。正可说明达靼人进入回鹘汗国境内者必定不少。

成书于 1050 年前后的噶尔迪齐(Gardīzī)《故事之装饰》(Zayn al-Akhbār)也提到达靼,但只说达靼是 kimak 七部之一。④ 有可能是流徙到额尔

---

① 参见王国维:《黑车子室韦考》,《观堂集林》卷 14。王国维考证此黑车子室韦即原居呼伦湖东南之和解室韦部。

② 《世界境域志》,明诺尔斯基(V. Minorsky)英文译注本,《译者前言》和巴尔托德(V. Barthold)《前言》,伦敦,第二版,1970 年。

③ 同上书,第 47、94 页。明诺尔斯基认为,文中之突厥斯坦,系泛指突厥人所居之地域,不是指河中地区;所说回鹘人昔日的情况,系指鄂尔浑河汗国时代。见同书,第 270 页。

④ 《世界境域志》,第 270 页,注 3;第 304 页。

齐斯河上游地区的达靼小部落,并非达靼本部。

最详细记载东方诸部族的是马哈木·喀什噶里(Mahmūd Kāshgharī)的《突厥语大词典》(Dīwan lughāt al-Turk)。书成于 1070 年代,作者是喀什噶尔的回鹘族人,对东方诸部族语言、地理和习俗的了解,远较其他民族的穆斯林作家为优。他列举了北边一带诸突厥部落,从西至东依次为:Pecheneg,钦察(Qifchaq),乌纥(Oghuz),Yimak,巴什吉尔惕(Bashghirt),拔悉密(Basmil),Qāy,Yabāqū,达靼(Tatar)。在附图上,Qāy 族位置标于亦马儿河(Yamar,今鄂毕河)左岸,其南为 Jumul 部。喀什噶里说,Jumul,Qāy,Yabāqū,达靼和拔悉密都有自己的语言,但同时能说"突厥语"。[①] 他还指出,于都斤山(Ütüken,今杭爱山)在达靼人所居的地域内。[②] 这和辽代汉文史籍所载阻卜—达靼各部落的分布地域完全符合。而喀什噶里书中的达靼,显然是指区别于其他突厥部落的蒙古人。于都斤山本是突厥、回鹘人的圣地,如今竟成为达靼人的地域,这正反映了漠北民族成分的巨大变化。

辽代居住在于都斤山——杭爱山和鄂尔浑河上游一带的阻卜—达靼部落,正是克烈部。冯承钧在《辽金北边部族考》[③]文中,考证王汗的祖父马儿忽思·不亦鲁黑汗(Marqus buyiruq qan)即是 11 世纪末举兵反辽的北阻卜酋长磨古斯(同是基督教名 Marcus 的对音)。磨古斯的部落居住在镇州(今土拉河支流喀鲁哈河南之青托洛盖古城)附近,又有基督教名,地域和宗教信仰都和克烈部一致。惟《史集》记载马儿忽思是在与塔塔儿的纳兀儿·不亦鲁黑汗争战中被俘,送到女真皇帝处,钉在木驴上杀死,[④]而《辽史》则记载磨古斯系寿昌六年(1100 年)被西北路招讨使耶律斡特剌擒获,送朝廷处死。[⑤] 按王汗与成吉思汗之父同辈,其祖父的活动时代当在辽末叶,疑《史集》"女真皇帝"系"契丹皇帝"之误。冯承钧还从《辽史》中找出早于磨古斯的另一个阻卜酋长余古赦,也是基督教名(Yohanan 的对音)。当时漠北诸部中信奉基督教者就是克烈人,足证克烈为辽阻卜—达靼部落。

最后,如果我们还能够进一步弄清分布在杭爱山、鄂尔浑河一带的阻卜—

---

① 《世界境域志》,第 285 页。

② 《伊斯兰百科全书》第 50 册,莱顿—伦敦,1929 年,Tatar 条(巴尔托德撰写)。

③ 冯承钧:《西域南海史地考证论著汇辑》,北京:中华书局,1957 年,第 180—192 页。此文原载《辅仁学志》第 8 卷第 1 期。

④ 《史集》俄译本第 1 卷第 1 册,第 129 页。

⑤ 《辽史》卷 26《道宗纪》。

达靼部落的来源,那么,我们对克烈人族属的理解就有了更坚实的依据。前田直典的杰出论文《10 世纪时代的九族达靼》①,是这个问题研究中最重要的进展。他据突厥文《毗伽可汗碑》和《磨延啜碑》中有关九姓达靼的记载,推断这是居住于色楞格河之东、因与突厥和九姓铁勒(即碑文中的 Toquz Oghuz)接触频繁而文化上开化最早的九个达靼部族的联合体。9 世纪后半叶逐走黠戞斯人而入居鄂尔浑河流域的达靼人,应是这个九姓达靼部落联盟。他们也就是《辽史》所载镇州地区的"达旦国"或"达旦国九部",亦称阻卜。他并认为,《辽史》所载阻卜酋长阿里睹或阻卜阿离底应是部名,疑即克烈分族 Aliat。②前田氏计划以《蒙古人之蒙古地方的成立》为总题目撰写一系列文章,研究从回鹘汗国败亡到成吉思汗统一这三百六十多年间,蒙古地方由突厥人到蒙古人的势力交替过程,本文是其中的一章。预定另外还有三章,题为《阻卜、达靼与 Tatar》《阻卜(达靼)与契丹的抗争》和《蒙古部的抬头与克烈部》,惜由于早逝(1915—1949),都未能完成。

前田氏将辽代鄂尔浑地区的阻卜—达靼部落与唐代九姓达靼联系起来,是十分精辟的见解。除了王国维已经指出并为前田氏所引用的"达旦国九部"外,我们还可以作一点补充。其一,《辽史》卷九四《耶律速撒传》载,辽景宗保宁三年(971),速撒被任命为"九部都详稳",出镇西边。他所征讨、招抚的,多是阻卜部落,所镇的地区是西北路,可见所谓"九部"应为"阻卜九部"。继他出镇西北路的萧挞凛,官称为"阻卜都详稳"。③挞凛讨平阻卜诸部后,建三城于其地,置戍设守,统和二十二年(1004)三城建成,置镇州、维州、防州,镇州自此成为西北路长官的治所。④其二,《金史》卷七二《觳英传》载:"从左监军移剌余睹招西北诸部,觳英将骑三千五百,平其九部,获生口三千,马、牛、羊十五万。"这里所记的就是金天会八年(1130)耶律余睹统兵北攻曷董城(可敦城)事。据此益证达旦国九部(或阻卜九部)是当时鄂尔浑河、土拉河和可敦城一带的部落。九姓达靼是最先进入漠北中部地区的,当回鹘汗国败亡之后,他们占取回鹘人抛下的最良好牧场和历代游牧政权的腹心之地——杭爱山和鄂尔

---

① 前田直典:《元朝史研究》,东京,1973 年,第 232—263 页。此文原载《东洋学报》第 32 卷第 1 号。

② 波斯文合校本作 Albāt,巴黎本、苏联科学院本第三字音点脱落,伦敦本、列宁格勒本作 Aliāt。见合校本第 259 页

③ 《辽史》卷 85《萧挞凛传》。据同书卷 104《耶律昭传》,萧挞凛的官名是西北路招讨使。

④ 参见拙作《辽代的西北路招讨司》,《元史及北方民族史研究集刊》第 2 期,1987 年。

浑河上游一带,自是情理中事。

由于九姓达靼很早就与突厥族有密切的关系并和他们居住在一起,所受的突厥影响自然最深。允许我借用亦邻真同志的话并略作改动,以为本段的结语:克烈人应是突厥化程度最高的原蒙古人。

四、克烈的强盛及其统治地域

耶律阿保机西征后,回鹘城一带的阻卜—达靼部落归附契丹,契丹只是迁移一部分俘人"内置三部",在其地"不营城邑,不置戍兵",①阻卜也常岁修贡。会同九年(946),辽太宗"以阻卜酋长曷剌为本部夷离堇",②这是辽朝最早以大部族长官号授予阻卜酋长。曷剌疑是一个阻卜部落联盟的首领,因为此后约三十年中并无第二人被授与此官号,至景宗乾亨元年(979)始又见"阻卜惕隐曷鲁、夷离堇阿里睹等来朝"的记载。③ 据此推测,10 世纪中叶,阻卜部落可能组成了一个较大的部落联盟并产生了联盟的大首领。

辽圣宗即位(982)之初,阻卜诸部发生了叛乱,经过耶律速撒、萧挞凛的相继征讨招怀,至统和二十二年(1004)基本平定,于是建镇州等城以治之。时萧图玉出任西北路招讨使,上言"阻卜今已服化,宜各分部,治以节度使",遂于统和二十九年置阻卜诸部节度使。④ 这表明当地阻卜部落组成联盟以后,力量渐强,因能举兵反辽,坚持斗争约二十年。辽朝在讨平阻卜后,鉴于他们联合起来力量大,因而采取了分而治之的政策。然而,由于所任命的节度使"往往非材,部民怨而思叛",开泰元年(1012),"石烈太师阿里底杀其节度使,西奔窝鲁朵城(即回鹘城——引者)";阻卜复叛,围攻镇州(可敦城),被萧图玉率诸军

---

① 《辽史》卷 103《萧韩家奴传》。

② 《辽史》卷 4《太宗纪》。按夷离堇为突厥部族首领称号"俟斤"(irkin)的辽代音译。契丹曾臣属于突厥,故亦用此号。辽初,为"分掌部族军民之政"的北面官;又作为北面部族官,为大部族之长。后改称"大王"。《辽史·百官志》:"部族职名总目:大部族,某部大王,本名夷离堇。"

③ 《辽史》卷 9《景宗纪》。按惕隐为突厥官号特勤(Tegin)的辽代音译,本突厥可汗子弟之号。辽代为掌宗族政教事务的官。又作为大部族官,地位低于夷离堇。《辽史·百官志》:"大部族,某部司徒,本名惕隐。"

④ 《辽史》卷 93《萧图玉传》;卷 15《圣宗纪》。

射退,屯于窝鲁朵城。[①] 后来辽朝派北院枢密使耶律化哥率领大军往援,萧图玉又采取了招抚政策,叛部始先后归降。

上述阻卜部落是以窝鲁朵城为中心,分布于土拉河、鄂尔浑河上游一带的,和克烈部的地域完全一致。叙利亚史家把·赫卜烈思(Bar Hebraeus, 1226—1286)所著《圣教编年史》记载克烈人于 11 世纪初皈依基督教(聂思脱里派)事,据说克烈汗有一次在草原中迷路,幸圣薛里吉思(Saint Sergis)显现指点,将他救出,于是经正在该国的基督教商人的鼓动,他派人邀请马鲁聂思脱里主教 Ebedjesu 亲自来或遣一教士来为他和他的部落授洗。把·赫卜烈思引述 Ebedjesu 于 1009 年写给报达教长术安六世的信中报告此事,并谓有二十万克烈人和他们的汗一起接受了洗礼。[②] 据此知 11 世纪之初的克烈部,已是拥有二十万众(尽管这数目或有夸大)的大部族了。

经过辽朝的大兵讨伐,阻卜部落联盟大概被打垮了,我们从《辽史》中读到,有不同部落的酋长分别向辽朝归降和朝贡。至兴宗重熙十四年(1045),史载"阻卜大王屯秃古斯率诸酋长来朝";二十二年,又"率诸部长献马驼"。[③] 屯秃古斯应是被辽朝任命为大王(即夷离菫)、统领诸部的大首领。道宗大安五年(1089),北阻卜酋长磨古斯(王汗的祖父)因西北路招讨使耶律挞不也的荐举,被任命为"阻卜诸部长"。[④] 八年,因为西北路招讨使耶律何鲁扫古在讨伐叛部中误击磨古斯,遂亦叛。这次叛乱遍及整个西北路,梅里急(篾儿乞)、粘八葛(乃蛮)等大部都卷入了斗争。磨古斯虽不一定是所有叛部的总领导者,但以他的势力为最大,屡败辽军。

寿昌六年(1100)磨古斯被捕杀,西北路之乱渐平,诸部"各复故地,仍贡方物"。此后大抵无重大事件,《辽史》中有关阻卜的记载甚少。随着辽朝的衰弱和女真的兴起,辽对西北路的统治也逐渐松弛了。天祚帝保大四年(1124),耶律大石率部来到镇州(可敦城),建立政权,利用漠北各部力量与金相对抗。金太宗天会八年(1130),出兵北征可敦城,耶律大石难于在漠北立足,乃征调各

---

① 同上。志费尼《世界征服者史》载,回纥卜古可汗建都城于鄂尔浑河畔,名窝鲁朵城(Ordo-baligh)。Boyle 英译本,第 1 卷,第 54 页;何高济汉译本,上册,第 62 页。《新唐书·回纥传》作"回鹘城"。

② 格鲁赛:《草原帝国》,第 245 页。

③ 《辽史》卷 19、20《兴宗纪》。

④ 《辽史》卷 25《道宗纪》;卷 96《耶律[仁先子]挞不也传》。

部人马并部下契丹军,前往西域。漠南北之阻卜—达靼各部先后归附了金朝。① 不过金的主要力量用于南进争夺中原,对北方属部的统治远不如辽朝巩固。例如,金的西北路招讨司只是设在燕子城(今河北张北),后稍北迁至桓州(今内蒙古正蓝旗北),距克烈等部的中心有二三千里之遥。

辽末金初中原王朝对漠北统治的削弱,使漠北各部得到了壮大自己力量的机会,于是争夺统治权的斗争就在各部之间展开。蒙元时代史籍的记事,恰好从这个时期开始越来越详尽,12 世纪蒙古高原的历史,以逐渐清晰的图像呈现在我们面前。

据《史集》记载,克烈首领、王汗的祖父马儿忽思被塔塔儿的纳兀儿·不亦鲁黑汗捕送女真皇帝(契丹皇帝之误?)处死后,其妻设计复仇,伪装向纳兀儿汗贡献羊、马、马湩,而在盛马湩的皮袋中暗藏勇士一百名。趁纳兀儿汗举行宴会时,"马湩"送到,勇士们从皮袋中跃出,杀死纳兀儿汗和他的那颜们。②

《史集》还记载了克烈部和塔塔儿部的另一次规模很大的战争。此段重要记事写在《部族志》"塔塔儿部"条下,大意为(据俄译本):阿勒赤塔塔儿部(塔塔儿分族之一)的火里歹·塔迪儿(Qūridaī tātīr)③和古木思·辛章(Gūmūs Sinjāng)④二人率军出攻克烈部的撒里黑汗。古木思争当先锋,击败了撒里黑汗,但因孤军深入追敌,被克烈人所俘。撒里黑汗杀死古木思后,乘机在鄂尔浑河畔集结军队,准备进攻塔塔儿,其部下一战士叛投火里歹·塔迪儿告变,于是火里歹·塔迪儿出兵溯鄂尔浑河而上进攻克烈营帐。撒里黑汗因轻敌被打得大败,所部四万军队仅剩四十人逃亡,他投靠了必帖克台·斡脱古·火儿

---

① 漠南阴山地区鞑靼等部当在天祚南下失败后就陆续归附金朝。《金史·太宗纪》载天会三年斡鲁"以漠葛失来附,请授印绶",漠葛失即阴山北一部族。漠北诸部的归附则在耶律大石西行之后。《金史·斡剌余睹传》载从移剌余睹招西北诸部,"平其九部",此指天会八年曷董城之役,但此役实际上无功而返,九部之众未必尽服。《大金国志》卷一四载正隆元年(一一五六年)令婆隆敦为左都监帅,令经略田于曷董城,西辽游骑至军前,打话而退。说明这时金朝势力已达曷董城地区,但其西不远之地仍在西辽统治之下。至大定十五年(一一七五年),杭爱山以西的粘拔思部(乃蛮)始背西辽归降金朝(见《金史·粘割韩奴传》)。

② 《史集》俄译本第 1 卷第 1 册,第 129 页。

③ 此名第二字,诸本尚有 Tāt? r,Bā? r,Bāir 等写法。伯希和以为应作 Tāir(Dāir),见《圣武亲征录译注》,第 241 页。

④ 此名第二字合校本作 Sijānk。伯希和以为应读作 saijāng,似是契丹人或女真人借用来的汉语称号,-jāng 可能是"长"字。见同上书,第 241—242 页。

赤·不亦鲁黑汗(Bītāktāī ōtōkū qōrchī buīrūq khan)。① "当他(撒里黑汗)投到该部的庇护下时,他把自己的女儿嫁给了忽儿札胡思·不亦鲁黑汗(Qūrjāghūsh buīrūq khan),②此女名叫脱劣海迷失,是合只儿汗(Qājīr khan)的姊妹。"其后,合只儿汗与撒里黑汗一同攻打塔塔儿,为撒里黑汗收复了克烈兀鲁思。曾被塔塔儿人俘虏去的王汗和他的母亲亦勒马哈敦,也被解救出来。脱劣海迷失有下列诸子:玉剌、马忽思、台·帖木儿和太石③;她还有四个儿子,名字不详。

这段文字记载了克烈部历史上十分重要的事件,并告诉我们,克烈部的中心地域是在鄂尔浑河上游。但其中的人物及其相互关系却有一些不清楚之处。第一,撒里黑汗(Sārīqkhan,突厥语,意为黄汗)不见《部族志》"克烈部"条记载,他是什么人?伯希和以为应是忽儿札胡思的父亲,他的基督教名字是马儿忽思,又用了这个突厥称号。④ 然而,《史集》对马儿忽思有很明确的记载,他是被塔塔儿人俘获并送到中原皇帝那里处死的。时代也不尽合。因为马儿忽思(即《辽史》之磨古斯)死于1100年,其时王汗尚未生(王汗死于1203年),而撒里黑汗与合只儿汗共同攻打塔塔儿部得胜,曾救出王汗母子。据《元朝秘史》第一五二节记载,王汗与其母被塔塔儿阿泽汗掳去时,年已十三岁。伯希和据《黄金史》抄录《秘史》的相应段落中阿泽汗(Ajai-qan)作 Achi 合罕,以为应是阿勒赤(Aichi)塔塔儿部汗,⑤那么,王汗母子的被俘当发生在火里歹·塔迪儿攻击鄂尔浑河克烈人营帐之时。如果估计王汗死时有七十岁(乃蛮太阳汗称他为"老王汗",见《元朝秘史》第一八九节),此事至迟应在1140年前后。撒里黑汗应为马儿忽思之后的克烈汗,可能是王汗之父忽儿札胡思之前的另一个汗,也可能就是忽儿札胡思之号。

第二,据《史集》文意,嫁给忽儿札胡思的脱劣海迷失似是撒里黑汗之女,但又说是合只儿汗的姊妹。这是不可通的。其一,撒里黑汗与忽儿札胡思都是克烈人,同族无婚嫁之理(即使撒里黑汗是克烈联盟中另一部族人,与忽儿

---

① 此名第一字为部族名,即乃蛮部分族别帖乞部。此言别帖乞人老火儿赤·不亦鲁黑汗。不过伯希和以为应作 Ōbā-kōtūrčī,为一突厥名字。见《圣武亲征录译注》,第246页。

② 此人即王汗之父忽儿札胡思(Qurjaqus)。

③ "太石"是称号,源于汉语"太子",台·帖木儿·太石应为一人之名号,即《元朝秘史》第一七七节所载王汗的兄弟台帖木儿太子。玉剌·马忽思亦系一人之名(见《部族志》克烈部条)。

④ 《圣武亲征录译注》,第247页。

⑤ 《圣武亲征录译注》,第245页。

札胡思并非同族,那也不必选在逃亡托庇于别帖乞部时才结亲,这里记载此事竟成为不可理解的了);其二,如果脱劣海迷失是撒里黑汗之女,那么合只儿汗就是他的儿子了,如此则下文说合只儿汗帮助他收复克烈兀鲁思,也就令人费解。其实,合只儿汗并非克烈人,他正是《部族志》"乃蛮部"条记载的别帖乞乃蛮部首领合迪儿汗(突厥语 Qadir>蒙古语 Qajir)。伯希和以为事实应是:克烈部撒里黑汗被塔塔儿部击败后,向西逃入乃蛮的别帖乞部中,别帖乞首领(合只儿汗之父)将女儿嫁给克烈的忽儿札胡思,结为姻亲,因此合只儿汗才帮助撒里黑汗收复了克烈兀鲁思。[①] 这是很正确的解释。

《史集》接着记载说:撒里黑汗复国后,有一些蒙古人来依于他,别帖乞的斡脱古·火儿赤·不亦鲁黑汗向他要这些蒙古人,他拒绝了,于是指示蒙古人沿着答兰·答班(Dālān-tābān)山边迁走,他自己也向这条路移动,但从推—塔合出(Tūi-tāghājū)地方返回了。上述两个地名也指示了克烈部的活动地域。

答兰·答班即《元史·太宗纪》所载达兰达葩或答兰·答八思(蒙古语,意为七十岭),1234 年夏五月,窝阔台在此大会诸王百官,宣谕条令;后来乃马真皇后也在这里会诸王百官,议立定宗贵由。据卡尔平尼记载,议立贵由的大会场所是在昔剌兀鲁朵,[②]即窝阔台所建的夏季行宫,其地名月儿灭怯土(Örmektü),应在和林城西百余里,今鄂尔浑河支流吉尔马泰河上游。[③] 答兰·答班当是此行宫附近山岭之名,今苏巴尔汉海尔罕山。耶律铸《松声》诗云:"岩声何事韵铮铮,风入寒梢鸟自惊。七岭夜寒筛汉月,九霄霜冷奏秦筝。"自注:七岭,"行宫地名"。[④] 按耶律铸长期居和林城,常扈从蒙古大汗四时游幸,知此"七岭"(七十岭之略)即夏季行宫所在地答兰·答班也。

"推—塔合出"地名似未见元代汉文史籍记载,但在明代却很著名,也先汗据有漠北时,曾在"推—塔出·晃忽儿坛"之地屯驻(晃忽儿坛 qongqor-tan,蒙古语,意为洼地)。此即杭爱山南的推河、塔出河之间地。清龚之钥《后出塞录》云:"推河,昔为元氏苑囿,其地甚暖,土性宜于耕种。"[⑤]那么,这里在元代

---

① 《圣武亲征录译注》,第 246 页。
② 《出使蒙古行记》,第 62 页。
③ 参见拙作《元和林城及其周围》,《元史及北方民族史研究集刊》第 3 期,1979 年。
④ 耶律铸:《双溪醉隐集》卷 4,知服斋丛书本。
⑤ 张穆:《蒙古游牧记》卷 8 引文,清同治六年寿阳祁氏刊本。

也是一个重要地方了。

忽儿札胡思·不亦鲁黑汗有许多妻妾,有四十个儿子,[①]长子王汗(脱斡邻勒)是他妻子亦勒马哈敦所生。当他们母子被塔塔儿人俘去时,忽儿札胡思投靠别帖乞乃蛮部,又娶该部首领老火儿赤·不亦鲁黑汗之女脱劣海迷失,生了台帖木儿太子、玉剌·马忽思等几个儿子。此外,他的儿子知名者还有也力可·合剌、札阿绀孛、不花·帖木儿等人。兄弟们大概为争夺汗位继承权发生了尖锐矛盾。忽儿札胡思有一个弟弟,称古儿汗,也在觊觎汗位。于是,为了避免争端,他把牙黑—牙不罕(Yāgh-Yābghān)之地封给古儿汗和王汗,把哈剌哈思—博罗兀思(Qārāghās-būrughūs)之地封给了台帖木儿太子和玉剌·马忽思,让他们分开。他自己的营地则在窝鲁朵城地方。[②]

蒙元史籍记录漠北地名,常将两条相近的河流名称联在一起,大抵是指一个范围较大的地区,如斡难—怯绿连、推—塔合出、阿雷—撒剌思[③]等。牙黑—牙不罕和哈剌哈思—博罗兀思的情况当亦如此。此两组河流当分别在鄂尔浑河的东、西两侧,相距较远,如此始能将他们兄弟叔侄分开以免争斗。鄂尔浑河之西,有札不罕河发源于杭爱山西南侧,西流入哈腊湖。《史集》记载,元世祖时,蒙哥之子玉龙答失驻营于阿勒台山(阿尔泰山)侧近之札不罕河(Jābqān müren)旁;成宗大德五年(1301),海都越阿勒台山而东,与元军大战于札不罕河附近之铁坚古山。[④] j 和 y 二音在畏吾儿字蒙古文中用同一符号表示,译写中可能混淆,如札剌亦儿(Jalayir)又译押剌伊而(Yalayir),则 Jabqan 亦可读为 Yabqan。疑王汗、古儿汗封地之牙不罕,即札不罕。同样,牙黑也可能是 Jagh。札不罕河上游之东,为拜达里克河上游之札克河,疑即《史集》之牙黑河。牙黑—牙不罕可能是指札克河与札不罕河上游一带之地。

哈剌哈思—博罗兀思之地疑在克烈部东境土拉河一带。《圣武亲征录》载:"次年秋,上(成吉思汗)发兵于哈剌河,伐蔑里乞部主脱脱,战于莫那察山。遂掠兀都夷蔑里乞二部,收其众,尽以所获给汪可汗。"拉施都丁《史集》亦载此

---

① 《史集》俄译本第 1 卷第 1 册,第 130 页;《元朝秘史》第 177 节。

② 《史集》第一卷第一册,第 129 页。

③ 阿雷—撒剌思为乃蛮部居地,见《史集》第 1 卷第 1 册,第 137 页。即今鄂毕河上游支流 Alui、Sharys 河。

④ 波义耳《成吉思汗的继承者》(《史集》第 1 卷英译本),纽约,1971 年,第 260 页;同书,第 27 页注;《史集》第 2 卷波斯文合校本,莫斯科,1980 年,第 32 页。

役,惟哈剌河作 Qarās-Mūras(Būras?),并云其地离怯绿连河不远,近于薛凉格河。① 洪钧译此名为"霍拉思布拉思",②屠寄改作合剌思不剌思,注云:"土谢图部左翼末旗有哈剌果勒,西流经库伦北,有博罗河北流来注之,二河既会,又西北流会鄂尔浑河。……此所谓合剌思不剌思,殆即哈剌河与博罗河会口。"③王国维《圣武亲征录校注》引姚燧《平章政事忙兀公神道碑》(《元文类》卷五九)载:"[至元]十六年(1279 年),哈剌斯、博罗斯、斡罗罕、薛连干皆强宗也,势不相一,求遣大臣来莅。诏令公(博罗欢)往,凡居是二年。"以为此哈剌斯、博罗斯即洪钧译拉施都丁书之霍拉思布拉思。其说甚是。王国维同意屠寄所拟哈剌思即哈拉河,但认为布拉思应是布拉河(今恰克图南小河),即《元朝秘史》所载篾儿乞部居地不兀剌川地。今按:布拉河方位偏北,南去哈拉河颇远,其间尚隔依罗河和席喇河,不当连称。就地理方位言,当以屠寄所拟较优。

此合剌思—布剌思(哈剌斯—博罗斯)之地当土拉河上游之北。按王汗尝居"土兀剌河(土拉河)之黑林",④张穆以为即库伦(乌兰巴托)东南之昭莫多(意为百树),⑤今名纳赖哈。是土拉河上游一带亦为克烈部地。疑忽儿札胡思封给其子台帖木儿太子之哈剌哈思—博罗兀思,就是这个地方,但当是指哈剌河与博罗河流域的一片大地区,而不限于此两河会合处一带。

王汗大概失宠于其父,故忽儿札胡思死后,汗位由台帖木儿太子继承,而王汗则被派去守卫边境。王汗玩弄阴谋,夺取了汗位,并发兵攻打台帖木儿太子和玉剌·马忽思。他们逃奔到篾儿乞部主脱脱处,脱脱畏惧王汗的势力,将他们抓起来送交王汗。于是王汗杀了这两个弟弟,并吞了他们的封地。⑥

---

① 《史集》俄译本第 1 卷第 2 册,第 111 页。

② 《元史译文证补》卷 1 上《太祖本纪译证》。

③ 《蒙兀儿史记》卷 2《太祖纪》。

④ 见《元朝秘史》第 96、104、164 诸节。成吉思汗灭克烈部后,也立行宫(斡耳朵)于土兀剌河之黑林,一二二五年西征回来后,即驻于此黑林行宫。见《元朝秘史》第 264 节。

⑤ 《蒙古游牧记》卷 7。

⑥ 《史集》除《部族志》"克烈部"条一处说王汗所杀二弟为台帖木儿太子和玉剌·马忽思外,其他地方提到此事,都说王汗杀的是台帖木儿太子和不花帖木儿。《圣武亲征录》《元朝秘史》也都记载王汗所杀者为台帖木儿太子和不花帖木儿。疑玉剌·马忽思即不花帖木儿。

五、王汗统治时期的克烈王国

　　王汗夺取汗位的时间大约在 1160 年代,其时蒙古部正由忽图剌汗管辖。王汗杀戮昆弟后,其叔古儿罕兴兵问罪,王汗被打败,沿着薛凉格河(色楞格河)退入哈剌温隑,[①]又从这里避居篾儿乞部。他向蒙古部的也速该·把阿秃儿(成吉思汗之父)求援,忽图剌汗认为王汗杀害亲弟,不是良善之人,劝也速该不要与他结交,但也速该不听,仍然出兵帮助王汗打败古儿罕,夺回克烈兀鲁思。

　　王汗复国后,势力日盛,其弟也力可哈剌畏惧被害,逃入乃蛮部。乃蛮亦难赤汗(太阳罕之父)发兵攻王汗,夺取其兀鲁思,交给也力可哈剌统治。《元朝秘史》《史集·成吉思汗本纪》《圣武亲征录》和《元史·太祖纪》都记载说,王汗这次失败得很惨,被迫逃亡到西辽,后进入西夏,历经艰辛,辗转回到漠北。这时也速该已死,铁木真(成吉思汗)念及从前王汗与也速该的交情,将他迎至本部,并征敛部民物资来供应他;其后又会王汗于土兀剌河黑林,尊之为父,结父子礼。但《史集·部族志》"克烈部"条所载与此异,说还是也速该帮助王汗逐走也力可哈剌,又一次使王汗得以复取克烈兀鲁思。

　　当然,前一种记载由于各书一致,更为可信,但是,此事究竟发生在什么时候,却很难断定。各书记载都是在讲到王汗弟札阿绀孛及克烈之土别干、董合亦惕部"败散之众"来投铁木真时,回叙王汗以前的历史,从王汗即位一直讲到他从西夏回归漠北,目的显然只在于表彰也速该、铁木真父子对王汗的救助之功。《元朝秘史》把这段回叙文字写在鸡儿年(1201)铁木真攻灭泰赤乌部之后,而《史集》和《亲征录》则写在王汗与铁木真协助金朝攻打塔塔儿,铁木真打垮月儿斤(主儿乞)部之后。除《史集》外,其他各书对此事均无纪年。《史集》记载王汗从西夏回到漠北的曲薛兀儿泽(Küse'ür na'ur)是在龙儿年春,回历582 年。[②] 按回历 582 年为公元 1186 年,唯此年系马儿年。如果《史集》所载龙儿年不误,那么只可能是 1184 年或 1196 年。据《史集》记载,篾儿乞人攻打铁木真,将孛儿帖夫人抢去,因篾儿乞与王汗友好,遂将孛儿帖送给王汗,王汗

---

　　① 此哈剌温隑应在今色楞格河附近,篾儿乞部居地之南。后来篾儿乞部首领投降成吉思汗后复叛,也逃到该地。今色楞格河与鄂尔浑河下游之间有哈隆山,方位正合,当即其地。

　　② 《史集》俄译本第 1 卷第 2 册,第 110 页。

以子媳视之,将她归还铁木真,回家途中生下长子术赤。按孛儿帖第三子窝阔台生于1186年,那么术赤至迟应生于1184或1183年,其时王汗尚在漠北,似无逃亡之事。1196年正是王汗与铁木真一同协助金朝攻打塔塔儿叛部(斡里札河之战),受金朝封为"王"的那一年,《金史》为我们提供了这件事的准确年代。如果王汗是这一年春天刚刚从流亡中狼狈回到漠北,依靠铁木真的帮助才能生存,那么,在攻打塔塔儿后,金朝却授给他"王"的封号,而只给了铁木真"察兀忽鲁"(札兀惕忽里)的封号,似乎是不可理解的事。据《元史·不忽木传》载,康里部首领海蓝伯尝事王汗,王汗灭,成吉思汗遣使招降海蓝伯,答曰:"昔与帝同事王可汗,今王可汗既亡,不忍改所事。"遂遁去。《元史·耶律阿海传》也记载阿海奉金帝之命出使王汗庭,在那里见到了铁木真。可见那时王汗才是漠北最强大的首领,而铁木真不过是他的臣子。从《史集》所载铁木真责备王汗的话看来,的确完全是臣子的口吻。

根据以上分析,王汗被乃蛮亦难赤汗所攻而弃国逃亡的事,大约发生在1196年以前。乃蛮汗在扶植也力可哈剌后,可能趁机据有了克烈兀鲁思的西部地,因此《史集》在记述乃蛮部居地中,把哈剌和林地区也包括在内。王汗回到漠北后,曾得到铁木真的帮助,很快就赶走也力可哈剌,恢复了原先的权力。总之,从他即汗位后,虽先后发生过其叔古儿罕、其弟也力可哈剌夺位事件,但都被他战胜了。自受金朝封为王以后,他的势力更强盛。1198年,出攻篾儿乞,将脱脱赶入八儿忽真隘,掠其妻子。1199年,他与铁木真同攻乃蛮杯禄(不亦鲁黑)汗,一直打到黑辛八石(又译乞则里八寺海,今新疆布伦托海)之野;后来虽遭到乃蛮袭击,失去许多土地和属民,但很快在蒙古部协助下夺回所失。1200年,他又率同铁木真攻灭泰赤乌部,取合答斤、散只兀等部。1202年,他们又打败了札木合组织起来的东方各部联盟;在阙奕坛之战中,击溃了乃蛮杯禄汗、斡亦剌部忽都合别乞以及篾儿乞部和札木合等的联军。至此,在蒙古东部,他的劲敌只剩他那桀骜不驯的义子铁木真了。1203年的合兰真沙陀之战,他把铁木真打得大败,逃入班朱尼之泽,蒙古各部贵族,包括札木合和铁木真的叔叔答里台斡赤斤等人,都投到他的旗下。于是志得意满,搭起金帐,欢宴祝捷。不料骄盈至极之时,正是他败亡之日,内部矛盾爆发,投靠他的各部旧贵族阴谋政变不成,纷纷离去,终于被铁木真一举消灭。

王汗忙忙如丧家之犬,逃入乃蛮境内,被乃蛮边将所杀。太阳罕说:"这东边有些达达(Mongqol),将在前老王罕(ötögü yeke Wang-qan)教箭筒吓得走出来死了。看来他就要做皇帝么道。天上只有一个日月，地上如何有两个主人?"①太阳罕还把王汗的头取来祭祀礼拜。据此可见王汗原来的地位确是十分显赫的，可能漠北各部都承认他是最尊贵的、由大金皇帝钦封的王。

《史集》《部族志》"克烈部"条一开始就记载了王汗的夏、冬营地和右、左翼军的驻地，这是反映克烈王国最强盛时期统治地域的最重要资料。俄译本(赫塔古洛夫译)将这些地名译为:

王汗的夏营地:Талан-Гусэур，Дабан 和 Наур;

他的右翼军禹儿惕:Тулсутан 和 Джалсутан;

左翼:Илат，Тарат，Айджиэ，Кутукэн，

　　　Урут，Укурут，Йилет(?)，Тертит.

冬营地:Утекин-Мурэн，Орон-Куркин，

　　　Тощ，Барау，Щирэ，Кулусун，

　　　Отку-Кулан，Джелаур-Кулан.

由于译者不明地理，把许多地名都搞错了。波义耳根据波斯原文，纠正了俄译的多处错误。② 按波斯原文，这些地名的写法是:③

王汗的夏营地:

Dālan Kūsāūūr

Dabān Nāuūūr

军队的禹儿惕:

右翼	左翼
Tūlsūtān(Tūlūtān)	Īlāt-Tarāt
Jālsūtān(Jālūtān)	Āijih kūtkan(Aijaeh kūtkar)
	Aūrūt Aūkūrūt(Aūrū，Aūrū?)
	Īilat Tartat(Tar?t，Tart?)

冬营地:

Aūtkin　　Aūrū'n　　Tush Barāūū

Mūrān　　Kūrkïn

---

① 《元朝秘史》第189节。

② 波义耳(Boyle):《克烈部的夏、冬营地》，载《中亚杂志》第17期，威斯巴登，1973年。

③ 《史集》第1卷第1册，波斯文合校本，第252页。

Shireh Qūlūsūn　　Aūtkū Qūlān　　Jalāūr Qulan

（括号内系不同版本的异写；原文二辅音之间无元音者一律用 a 表示）

这些地名多见于汉文史籍或拉施都丁书他处记载，可以勘同。今间采波义耳之说，试做如下考释：

王汗的夏营地：

Dālan-dābān 为一地，即《圣武亲征录》《元史·太宗纪》之达兰达葩（答兰答八思），此言七十岭。考见上文。

Küse'ür-na'ur 为一地，即《圣武亲征录》之曲薛兀儿泽（又作曲笑儿泽），《元朝秘史》之古泄兀儿海子。王汗自西夏回漠北，至此湖畔，铁木真遣人迎之，又亲往迎接。《史集》谓其地近于成吉思汗之营地，[①]则应在克鲁伦河上游之西南不远；王汗至其地时困顿饥渴至极，似应在戈壁北边。当即今曼达勒戈壁北之一湖。

右翼军禹儿惕：

Tūlsūtān 与 Jālsūtān，当即《圣武亲征录》所载之秃烈坛·秃零古、盏速坛·盏零古，如此则第一个地名应如他本作 Tūlūtān。也速该帮助王汗攻打古儿罕，"逾"此二地"始至其境"。《史集》载窝阔台冬驻 Ōngin 之地，猎于 Bülengü 和 Jelingü 两山，[②]或即其地。

左翼军禹儿惕：

波义耳以为俄译本所列八个名称，实际上只是四个地名，其说甚是。第一个地名似应作 'Īlāt-tarāt；第二个地名应校正为 Ābjieh Küteger，此即《元朝秘史》第一八七节之阿卜只合·阔帖格儿，成吉思汗灭王汗后，驻冬于此。据《史集》载，成吉思汗与王汗在与乃蛮杯禄汗—札木合联军作战时，曾避入金边墙，阙奕坛之战后，乃出边墙，驻冬于阿卜只合·阔帖格儿，"此地原是弘吉剌部的冬营地，后忽必烈合罕与阿里不哥战于此。该处为一无水荒原。"[③]同书记载，忽必烈北征阿里不哥，率军进至"川勒（chöl）之边，阿卜只合·阔帖格儿之地

---

① 《史集》俄译本第 1 卷第 2 册，第 110 页。

② 《史集》第 2 卷，第 41 页；《成吉思汗的继承者》，第 64 页。［补注：此二地名，波斯文合校本（莫斯科，1980 年，第 145 页）作 Tūlūnkū 和 Jālinkū，疑即《圣武亲征录》之秃零古、盏零古，当为相连之两山，或在翁金河发源之杭爱山南麓。俄、英译本前一地名作 Bulengu，B 应为 T 之误（波斯文音点误）］

③ 《史集》俄译本第一卷第二册，第 122 页。

的火者山旁的昔木土湖畔,击败阿里不哥之军,①此即著名的昔木土之战。综观上引记载,此地应在金临潢路边墙之外,约在今内蒙古东乌珠穆沁旗北之巴杨呼尔赫山以北,蒙古国东方省东南境。第三个地名 Ūrüt-ŪKürüt;第四个地名 Īlat-tartat(?),均无考。

王汗之冬营地:

俄译者以为,第一个地名 Ūtkin 应即于都斤(乌德鞬)山,即杭爱山;Ūtkin-Mūrān 系指此山附近一小河。按,于都斤山为突厥汗国时代名山,从未用作河名,且蒙语 Müren 系指大河。波义耳将此名校正为 Ōngin müren(波斯字 t 与 n 只差一音点),甚是。此即窝阔台合罕冬营地所在,《元史》作汪吉之地,罗洪先《广舆图》作汪吉河,即今蒙古翁金河。第二个地名似应作 Ōrōn-Kūrkin(Ōrōn,蒙语,意为多);第三个地名似应作 Tush-bara'un(bara'un,意为右、西);第四个地名当作 Sira-qulusun,意为黄芦苇。

第五个地名应作 Ōtōgu-qūlān(意为老野马),此即《元史·太宗纪》之铣铁钴胡兰山(《宪宗纪》作月帖古忽兰)。1241 年冬,窝阔台猎于其地,欢饮极夜而死。其地应在今翁金河附近。第六个地名可校正为 Jālāwu-qulan(札剌兀忽兰),此言小野马,其地当在月帖古忽兰附近之处。

据以上所考,王汗统治的地域,东至蒙古东境,西至杭爱山。西境大抵维持原状,东境则比乃祖乃父时代大为扩展了。

(原载于《元史论丛》第 3 辑,北京:中华书局,1986 年;收入陈得芝:《蒙元史研究丛稿》,北京:人民出版社,2005 年,第 201—232 页。)

---

① 《史集》俄译本第二卷,第 163 页;《成吉思汗的继承者》,第 256 页。

从春秋到汉初：儒家思想的历史际遇

陈敩鸿[*]

在研究历史上社会转型问题时,笔者倾向于把握历史比较的长时段方法,即把中国古代社会发展进程置于历史性的长时段演进背景之下进行考察,不仅看到发生变革的一面,更要关注其正在延续的一面,这是因为新旧社会机制的转换不可能在一个相对短暂的历史时段中一次性地完成,戛然而止。同样地,如果将社会转型看作是一个持续发展的过程,那么随着这种转型而带来的人们思想观念的变化也就会有一个从渐变到质变的过程,任何一种新的思想学说必然要经历与旧传统的长期纠缠和多次反复才会最终确立,而不可能一蹴而就。试以春秋至秦汉之际四、五百年间儒学发展演变的历史作一说明。

春秋战国时期社会政治经济的激烈变动对于思想史的影响是深刻而全面的。平王东迁以后,由夷狄族反复入侵日益危及周王朝的生存,而引发了诸侯国在"尊王攘夷"口号下的争霸战争;由社会生产方式的革命性变化而引起周代宗法社会结构的划时代变革,原先周族统治者在"封邦建国,以蕃屏周"的血缘基础上建立起来的封建制社会组织形式,正逐步被郡县结构的社会组织形式所取代,宗法贵族阶级内部亦随之发生分化。这种种族上、政治上乃至文化上的"华夷之辨"在部分贵族精英中造成一种前所未有的强烈的华夏认同感,进而产生了探索建立新型政治体制以适应现实社会变化的需要,统治集团内的一些开明份子与社会转型中急剧改变着身份的"士"阶层面临一个共同的问题,即如何保存和转化前一时代长期积累的华夏文化遗产,并在新政治体制建立过程中借助这种以诗书礼乐为代表的文化传统来保持相等稳定的社会秩

---

* 陈敩鸿,1945年生,浙江宁波人,先后在南京大学历史学院、中国思想家研究中心任教,已退休。代表作有《历史的顿挫》《从春秋到汉初:儒家思想的历史际遇》等。

序,重建人伦道德。于是,以贵族人文思想与新兴平民意识相结合为特点的人文主义思潮在以孔子为代表的少数知识精英坚韧不拔的努力下,经受了"礼崩乐坏"的洗礼,最终诞生了的儒家学派。儒家学说从其形成之时起就以保存继承上古三代文化为己任,旨在通过对"五经""六艺"的传习和反省,从中总结出上古三代文明的王道理想;在此基础上孔子又提出"仁"的范畴作为人们社会与道德实践的最高标准,以体现王道的本质要求。必须指出,春秋时人们普遍视之为洪水猛兽的所谓"礼崩乐坏",其实只是对西周传统礼乐政治以及宗法贵族垄断文化权力的破坏,孔子和早期儒者是在完全接受传统王道的价值理想和人生信仰的基础上来反思传统文化的,因而并未导致对礼乐文化的彻底否定。由于儒家创始人及其后学的身体力行和口传身教,这一时期思想发展的特点表现为全社会理性人文精神的高扬,使以礼乐文化和"五经"为标志的学术传统流向更为广阔的社会阶层。

　　儒学的出现毫无疑问是春秋社会发展的产物,它是有史以来中国人以学派形式来表现思想活动的第一次,作为从宗法制社会向郡县制社会转变起点上留下的一个思想标记,在思想史上具有划时代的意义。面对天下无道、世风日下的社会动乱局面和"南夷与北狄交,中国不绝若线"(《春秋公羊传·僖公四年》)的严峻形势,孔子及其弟子们以上古三代文化和华夏文明的捍卫者自居,将全部关注的焦点都对准了现实社会的"救世""补弊"问题,把自己的学说定位在"克己复礼""仁者爱人"等关于"人道"的框架内,而无暇顾及从更深层次上探讨有关天和天道等问题,也许在他们的心目中周礼本身已经是最完美的,因此根本无须另外提出关于天道、宇宙的思想。于是人们看到了先秦思想史上一个奇怪的现象:在孔子开创的原始儒学那里很难找到涉及宇宙、天道的论述,而当时无论是与儒家差不多先后出现的道家思想,还是战国中与儒学同为"显学"的墨家思想,甚或百家争鸣中的法家、阴阳家等,都在各自学说中提出过这方面的明确主张。造成这一特殊现象的背景在于孔子本人在经历社会转型时对包括天命信仰在内的传统价值、王道理想的认同和执着,由于他的出身和所处社会地位,其人对周礼负有深深的使命感,这反过来又成为压在孔子肩上的沉重历史包袱。从这意义上讲,早期的儒家学说不但缺乏思想创新,即便在理论体系上也是不够完整的。进入战国时代后,转型中的社会政治经济改革随着群雄割据争霸的加剧而演化为大规模的变法运动,周王朝终于无可挽回地走向衰亡。周代的天命信仰被无情地抛弃了,而作为"世之显学"的儒学则不得不从理论上为王道理想的绝对性作出新的论证，这成为摆在孟子及其学派面前一个无法回避的问题。这一时期，尽管孟子提出的关于民贵君轻、反对暴政的种种主张从长远上看带有一定的人民性，符合时代进步潮流，但从其学说的主要倾向看，仍然延续和发展着孔子的仁学思想。他提出"居仁由义"（《孟子·尽心上》）的口号，极力宣扬性善论，将王道的实现寄托在统治者发扬"不忍人之心"（《孟子·公孙丑上》）上，明确反对兼并战争。凡此种种，清楚地表明了孟子及其学派坚持其前辈创始人的学术传统，高举"王道"理想大旗的基本立场，这无论如何只能被视为逆历史而动，对于正致力于以变法图强为后盾进行大规模兼并战争的各国列强来说尤显不合时宜，儒家学说在这种情况下遭遇冷落是理所当然的。

总体来说，在自春秋以来的社会政治经济巨大变动中，思想文化的发展虽然也在不断突破传统的天命观念，但就儒学而言，基本上还没有建立起自己独立的宇宙观（天道观），缺少对于天人关系的系统的理性思考。因此，能否根据社会转型进程中出现的新情况，以积极的态度反省儒家学说的理论基础，并从根本上改变抱残守缺的立场，合理吸收诸子的思想成果，进行儒学的思想创新和理论转换，这将决定儒家在今后时期的历史命运。战国后期的荀子和以《易传》作者为代表的儒家学者在很大程度上担当了这一承前启后的重任。

公元前3世纪，当历经三百多年漫长的社会转型进入完成全国统一的新阶段时，思想学术界的百家争鸣已接近尾声，伴随着与旧传统势不两立的法家学说走向全面胜利，儒学也从周礼传统观念的影响和束缚下摆脱出来，出现重大转折。作为儒学大师的荀子本人曾在当时的学术重镇齐国长期游学，主持稷下学宫的学术活动，"最为老师""三为祭酒"（《史记·孟荀列传》），因而具有很高的批判综合百家之学的眼光和能力。为适应即将出现的天下统一形势，荀子在严厉批评儒家思孟学派"略法先王而不知其统"（《荀子·非十二子》）、"呼先王以欺愚者"（《荀子·儒效》）的同时，明确提出"法后王，一制度"（《荀子·儒效》）的政治主张；通过对儒家基本学术传统的批判继承，他还总结出一套包括"王霸说""礼法说""礼乐说""性恶说""群分说""圣智说""天人说"等在内的治国理论，为法家、道家思想与儒学的互相融合提供了对话的平台。特别有意义的是，荀子以积极的态度看待天人关系，他关于"明于天人之分""制天命而用之"（《荀子·天论》）的理性思考，体现了他将王道与儒家传统的天命相分离，进而寻求一种全新天道（命）观的努力，为人们重新解释天道变化和历史的发展开辟了道路。这一时期儒家思想的另一变化,就是与阴阳家思想的结合。在儒家学术传统中,原本就包含了以"阴""阳"卦变来预测吉凶和天命的"易"的思想(易经),在新的形势下,历来不重视建立本学派独立宇宙观(天道观)的儒家,现在却要借助齐学中有关阴阳五行的学说作为天道理论的基础,对易经思想进行全面诠释。他们利用阴阳五行说在社会上广泛传播的影响,通过阴阳家的"五德终始"理论对天命转移的原因作出解释,并以此为契机,将流行的阴阳观念与儒家的道德观加以融会贯通,进而论证了儒家社会政治思想的来源和根据。从秦统一前夕吕不韦及其门客编定的《吕氏春秋》一书内容看,儒家与阴阳五行的结合趋势已成为当时思想界的主流,表现出将天道与人道相统一的强烈倾向,这充分显示了儒家学派在新时代来临之时日趋开放的学术心态和重建儒学文明的勇气。

秦始皇扫平六国统一天下以及随后的二世而亡是中国跨入统一帝国时代大门前夕最重大的事件,也是新旧时代转换的标志。从社会转型的角度看,秦王朝的统一为此前春秋战国的各项社会变革做了总结,宣告中央集权的君主专制政治体制在全国范围的建立,然而新制度的巩固需要从思想上得到保证,这一过程却显得并不顺利。奠定秦王朝胜利基础的法家学说没能帮助秦始皇将统治宝座传之子孙万代,单一法治主义路线和严刑峻法却把一个建立仅十二年的新型帝国在瞬间推向崩溃。楚汉战争后的西汉王朝承袭秦初社会转型的大势,从破败萧条中求发展,在重重压力下求新生,经历了调整前进航标的缓慢历程。虽然依旧是中央集权的郡县制国家,但其阶级基础毕竟不同于嬴政所代表的宗室贵族,由平民出身的皇帝所领导的汉初统治集团在确定治国方略时,比秦始皇当初面临着更多、更困难的选择,由此出现不同统治思想的碰撞,这种反复反映了社会转型过程中思想演进的多样性和复杂性。

首先,秦王朝的一朝覆亡给秦汉之际的思想界留下深刻印象,也迫使汉初统治者进行认真反思,其结果是汉初六、七十年在黄老思想指导下的无为而治。原本黄老之学在战国时代形成之初与法家思想有着难以分割的渊源,汉初的黄老思想实际上也就是法家思想与道家思想混合的产物,它要纠正与改变的是秦代对法治的滥用,而其中的法治精神并无改变。历史经验已经表明,孔孟的儒家思想并不适合战乱之后统治者重建社会秩序,应对各种尖锐复杂政治斗争的需要,因此汉初至文、景朝的统治者们无一例外地采用外具宽舒清静而内行严厉法治的黄老学说作为指导思想是很自然的。所谓的"汉承秦制"

应该是一种文化意义上的全面承载，不只是指具体的政治经济制度、社会结构和社会风气、习俗，甚至也包括秦代奉行的法家指导思想，后来汉宣帝在总结这段历史时说"汉家自有制度，本以霸王道杂之，奈何纯任德教，用周政乎"（《汉书·元帝纪》），此言对汉初黄老之学的实质是极好的说明。

其次，由于秦始皇实行文化专制主义给学术发展造成的恶果，加之汉初这一批起自底层、出身布衣的王朝新贵，从根本上对礼治和政权建设的重要性缺乏认识，与儒家少有共通之处，因此儒学对于新兴王朝的统治者来说需要有一个从熟悉到逐步实行的过程；而秦汉之际的儒者也亟须结合汉初思想政治斗争的实践，继续发扬光大战国后期儒家学派的创造性成果，以推动儒学的复兴。在陆贾、贾谊、韩婴等人的著作中可以看到，在当时的儒者中占据主导地位是荀子思想，其特征为儒法融合，在儒家思想中渗透进法家的观点，或以法家的精神理解儒家的仁义礼制。贾谊在总结秦亡的历史教训时把秦的速亡归结为"仁心不施，而攻守之势异也"（《贾谊集·过秦上》），他站在儒家立场上批评秦统治者违背治理国家的一般规律，以攻天下取天下之术，为守天下治天下之具，结果导致海内离心，众叛亲离。对于汉初社会的现状，他也看到了许多隐伏的危机并为之"长叹息"，表现出对无为政治的批判。贾谊还对秦统一天下的历史功绩予以肯定，承认其在华夏政权递嬗中的正统合法性，出于儒家的有为思想，他甚至设想如果嬴政之后能有适当的治国人才协助处理秦国的内政外交，"轻赋少事，约法省刑"（《贾谊集·过秦中》），那么继任皇帝即便是个庸主也不至于招致如此恶果。很明显，这些认识背后所隐含的就不仅仅是单一的儒家思想了。

其三，以《吕氏春秋》和《淮南子》为代表的学说对汉帝国统治思想的确立起了重要的作用。《吕氏春秋》成书于秦嬴政加冕亲政之前夜，全书凡"八览、六论、十二纪，以为天地万物古今之事"（《史记·吕不韦列传》），而以《十二纪》作为综贯天地人以建立政治的最高原则，是吕不韦为正在加紧完成统一事业的秦王朝提供的未来帝国的治国蓝图。书中折中调和儒道法墨阴阳名辩各家思想，以"王治"的要求加以贯通，然后在阴阳五行说的外衣下进行精心编排，可以说，凡被认为对建设未来统一帝国有所帮助的思想观点均已纳入其中。按照吕不韦的愿望，秦国本应在完成统一之后实现由"武功"到"文治"的转变，求得社会在各个方面的稳步发展；虽然他的这套方案后来为秦王朝统治者所抛弃，但对秦汉之际的思想家学术却产生了实际影响，并一直延续到汉代。

《淮南子》也是一部兼收并蓄、集古代思想大成的集体著作,作者是汉武帝时的淮南王刘安及其宾客。此书受《吕氏春秋》的影响明显(许多内容即取材于后者,其中《时则训》一篇全取自《吕氏春秋·十二纪·纪首》),在阴阳五行基础上构建了以天人感应为核心的思想体系,同时也对道家"无为"思想进行了改造。

由此可见汉初社会上的各种思想学说已不再是那样地纯正了。先秦诸子的兴起,原是对各自所关心的具体社会、政治问题发表意见,以供人君参考,而并不重视创立理论。经过战国争鸣,学术融合已成为所有学派的共同发展趋势,所不同的只是各家在融合中所体现的特色,以及对于其他学派的包容程度,于是人们关心的焦点随之落到了学派理论的本身。同样的道理,从汉初儒者的身上可以看到,战国后期开始的儒家思想与法家、道家、阴阳家的合流已经在如何确立汉帝国统治思想这个重大理论问题上得到了反映。接下来需要的就是等待一个合适时机,找到一个最善于综合的学者,尤其是必须有一个很有作为的皇帝。一旦具备这三个条件,一种最能适应汉帝国统治需要的思想学说也将应运而生。

这一时期,一方面统治者的无为而治政策使社会经济得到部分的休养生息,人民生活相对安定,到后期还出现了为史家所交口称誉的"文景之治";另一方面,就在表面繁荣的后面,已经积聚起许多新的矛盾和隐患,尤其令统治者担心的就是同姓诸侯王势力的急剧扩张,日益威胁着帝国的中央集权统治。从文帝时起,朝廷与王国的对抗已开始公开化,至景帝时甚至发展为大规模的吴楚七国之乱。其他如匈奴对帝国年复一年的掠夺和骚扰,贵族豪强对土地的肆意兼并和侵夺,也都在文景时期发展为尖锐的社会危机,严重影响着帝国的安全和稳定。西汉王朝固然避免了"速亡"的危险,但能否经受住这些危机的考验?这将决定统一的中央集权君主政治体制在西汉能不能坚持下去,并得到最后确立。在这样的形势下,无为政治向有为政治的转变已成必然之势,而获得这一宝贵历史机遇的统治者正是汉武帝刘彻。

有为政治与儒家思想有着天然的联系。当初孔子和孟子曾在各国诸侯之间奔走游说,竭力推销他们的政治主张,均未能见用,然而在汉初特定的历史条件下,董仲舒的学说和汉武帝的治国之道却找到了共同的指向,那就是维护皇权——大一统。刘彻登基后的第十个年头(公元前130年,武帝元光五年),以治《公羊春秋》成名的董仲舒向武帝上书"天人三策",提出:"《春秋》大一统者,天地之常经,古今之通谊也。今师异道,人异论,百家殊方,指意不同,是以上亡以持一统,法制数变,下不知所守。臣愚以为诸不在六艺之科、孔子之术者,皆绝其道,勿使并进,邪辟之说灭息,然后统纪可一而法度可明,民知所从矣。"(《汉书·董仲舒传》),该建议受到武帝重视,朝廷在太学设立五经博士,专用儒经,汉代儒学由此得到尊崇。刘彻在位五十余年间,随着有为政治的不断推进,汉代社会在经济、文化、对外扩张和交往等各项事业中取得空前成就和进步,奠定了统一帝国发展的深厚基础,他的名字亦成为一个伟大时代的标志。与此相应的是,董仲舒倡导的公羊春秋学有意识地把《吕氏春秋·十二纪》中的阴阳五行思想渗透到包括学术、政治、人生在内的社会各个方面,借以论证儒家的社会政治主张和道德理想,由此而建立起一个宏大的经学哲学体系。

从先秦儒学到汉代儒学,其间经历了由子学向经学的演变,这一过程始自荀子,后由于秦汉之际的战乱和汉初的无为统治而陷于停滞,直到董仲舒提出系统的天人合一学说,"始推阴阳,为儒者宗"(《汉书·五行志》),最终促成了儒学向完备的理论形态即儒家天道观转化。儒学的经学化意味着西汉国家运用皇权的力量把儒学推上统治阶级意识形态的正统地位,而作为经学的儒学则为皇权统治的合理性提供哲学和历史观方面的依据,从而宣告汉帝国思想大一统的完成,由秦始皇开创的统一的中央集权君主专制体制至此得以全面确立。

走出疑古与释古时代的庶人经学

成祖明 *

摘　要：在疑古运动冲击下传统经学轰然倒塌，儒学因之成为无处归栖的游魂。传统信古一派则竭力辩护、拒斥，然终因有违于现代科学不获于当世。释古一派通过"二重证据法"的方式，根据出土与传世材料的相互解释以重建古史、确认经典的价值，于当代影响最大并渐至主流。然则考古材料的有限性和解释的趋同性注定了这一方法的局囿。事实上，无论是疑古学派的否定，还是释古学派的肯定，都存在着一个本质上相同的非现代性前提，即厚古崇圣的观念，视经典合法性来自古老的历史和圣人的创作，通过否定或肯定经典古老的历史和圣人创作而否定或肯定经典的价值。而经典的价值并不在经典之外，经典之所成为经典，乃是由于其自身的价值。这就需要观念的转换，由稽求经典之外渺茫的古史转向经典之内积聚的悠远绵长的传统价值和时代之思，由对经典之外圣人的崇拜转向经典之内庶人智识的认同，从而在现代和后现代语境中重新确定经典的合法性，实现经学和儒学的现代重生。

关键词：疑古　信古　释古　庶人经学

在现代科学思潮影响下，疑古运动以摧枯拉朽之势掀起了中国史学、经学的革命，传统的经学在其冲击下轰然倒塌，儒学因之成为无处归栖的"游魂"。对此，余英时说："现代儒学的困境则远非以往的情况可比。自19世纪以来，中国社会在西方势力冲击下开始了一个长期而全面的解体的过程；这个过程事实上到今天还没有走到尽头。由于社会解体的长期性和全面性，儒学所面

　＊　成祖明，1972年出生，安徽凤阳人。现任南京大学历史学院中国史系教授，主要研究方向为先秦秦汉史，先秦秦汉思想史，两汉经学，中西（圣）经学比较研究，著有《记忆的经典：封建郡县转型中的河间儒学与汉中央帝国儒学》等论著。

临的困境也是空前的。"①余先生怀着一种悲观地情绪认为"这些问题都不能有简单的答案,甚至根本未必有答案",希望这些困境能引起我们的思考,"思考是脱出困境的起点"。② 本文拟接续余先生的思考,从梳理儒学坍塌之路入手,借鉴西方重建的经验,提出"庶人经学"概念,以寻索在现代与后现代语境中重建现代儒学之路。

一、困扰儒学重建的疑古运动

与其他宗教不同的是,儒学从一开始就是人文的,尽管有对孔子的圣人崇拜情结,但孔子之所以为圣,终究还是建立对礼乐文明的认知与实践的历史权威之上。这也就是为什么在后世儒学的集体记忆中,六经一定是孔子编写的,因为没有了六经也就没有了孔子之圣,孔子赋予了六经的权威,六经又书写了孔子之圣。二者连体共生,一旦将六经剥离了孔子,六经的权威将扫地无余,孔子就无处归栖;儒学也随之无处归栖,成为游魂。这也是近代以来六经的价值和权威被声势浩大的疑古运动摧毁后,儒学难以重建的重要原因。因此,解铃还须系铃人,要重建儒学,必须认真面对近代疑古运动所摧毁的儒学经典的价值和权威问题。

关于疑古运动的兴起,童书业先生曾将其概括为三个来源:"第一个便是胡适的实验主义的'考据学',第二个是康有为一派的经今文学,第三个是乾嘉考据学派的支流崔东壁的'疑古'史学"。③ 陈其泰先生又将这三个来源概括为两个:一是传统学术中疑古风气的发展;二是"五四"时期中西学术交融出现高潮的产物。④ 事实上,无论受传统学术影响还是西方学术冲击,二者都有一个共同的特点,就是指向承载古史的经典的合法性和正当性。其主要途径:一是考证经典成书的晚近,进而否认和质疑其所承载古史的真实性,从而否定经典的真实性;二是由经典成书晚近否认经典非传统所指称的圣人之作,从而否认经典的权威和价值。中西方概莫如此。早在启蒙运动时期,霍布斯、斯宾诺

① 余英时:《现代儒学的困境》,《现代儒学的回顾与展望》,三联书店,2004 年,第 53—54 页。

② 余英时:《序》,《现代儒学论》,上海人民出版社,1998 年,第 58 页,"游魂"一词也是该文提出。

③ 童书业:《批判胡适的实验主义考据学》,《胡适思想批判》第 3 辑,三联书店,1955 年,第 249 页。

④ 陈其泰:《"古史辨派"的兴起及其评价问题》,《中国文化研究》1999 年第 1 期。

莎等人就对基督教最重要的经典之一《摩西五经》成书于摩西之手提出了质疑，从而开启了西方经学领域的疑古运动，至威尔豪森（Julius Wellhausen）而达至高潮，通过历史考证的方法，系统地论证了《摩西五经》乃是成书更为晚近的流放后这一事实，并由是推动了一个专门学科——圣经批评学（Biblical Criticism）在西方的确立。不过，西方疑古运动从一开始就与启蒙和理性主义相伴随，是启蒙运动向传统文化和学术领域深化，虽然有反宗教政治权威的成分，但总体上学术理性大于政治，特别是进入专业的圣经批评学时期，学术更占据了绝对主导地位。

但在中国其源头则与不同政治派系的斗争有关，尽管其中也不免有怀疑精神。渊源可追自宋代，一些儒者对部分古文经典（尤以《周官》为甚）开始发难，指斥其为刘歆助王莽篡汉而伪造，借此打击拥戴这些经典的政治对手，给其贴上不齿的政治道德标签，以全盘否定经典的价值。[①] 这一路数一直延续至晚清，至康有为集大成，整个古经系统都被贴上了"新学伪经"的标签，即"刘歆助莽篡汉之学"的政治道德的恶名。近代疑古运动秉承其续，如其领导者顾颉刚先生所说："我深信一个人的真理即是大家的真理。《伪经考》这书，结论或有错误，但是这个中心思想及其考证的方法是不错的。他虽没有完工，但已指示我们一条继续工作的路。"[②]可见二者的因承关系。不过，相比康氏，顾氏则将之纳入一个更为科学的体系中，始具启蒙精神，提出了"层累地造成的中国古史"的著名论断。其具体内容为："第一，时代愈后，传说中的古史期愈长；第二，时代愈后，传说中的中心人物愈放大；第三，我们在这上，即不能知道某一件事的真确的状况，但可以知道某一件事在传说中的最早的状况。"[③]对此，胡适先生从方法论上将之概括为："不立一真，惟穷流变"，[④]即：1) 把每一件史事的种种传说，依先后出现的次序，排列起来；2) 研究这件史事在每一个时代有什么样子的传说；3) 研究这件史事的渐渐演进，由简单变为复杂，由陋野变为雅驯，由地方的（局部的）变为全国的，由神变为人，由神话变为史事，由寓言

---

① 如胡宏在《皇王大纪·论周礼》中所云："夫歆不知天下有三纲，以亲则背父，以尊则背君，与周公所为，正相反者也。其所列序之书，假托《周官》之名，剿入私说，希合贼莽之所为耳。王安石乃确信乱臣贼子伪妄之书"云云。

② 顾颉刚：《五德终始说下的政治和历史》，《清华学报》1930年第1期，第191页

③ 顾颉刚：《与钱玄同先生论古史书》，《古史辨》第1册，上海古籍出版社，1982年，第60页。

④ 顾颉刚：《答孝玄伯先生》，《古史辨》第1册，第273页。

变为事实;4)遇可能时,解释每一次演变的原因。① 从史学角度讲,这一论断的科学性自不待言。对此,胡适评价说:"颉刚的'层累地造成的中国古史'一个中心学说已替中国史学界开了一个新纪元了。中国的古史是逐渐地层累地堆积起来的,'譬如积薪,后来居上',这是决无可讳的事实。"②傅斯年说:"史学的中央题目,就是你这'层累地造成的中国古史'。"③蔡元培说:"层累地造成的中国古史"观是"颠扑不破的方法"。④ 而余英时则称其为"中国史学现代化的第一个奠基人"。⑤ 我们说,顾先生获此殊荣是实至名归的。

然而问题是,在顾颉刚这里"造成"更多地是指"伪造",更具体地说,接续康有为认为是西汉末年刘歆所伪造的。如其所云:"刘歆从小就受有很好的家学,稍长又博览秘府藏书,他也希望自己的学说立于学官,竟被他发明了一个新涂径。秘府中的书有用古文写的,他就从这上得到暗示,觉得倘在今文经书之外别出许多古文经书,一定可使经学界中开出一个新面目。所以他在三家诗之外别出一种《毛诗》,在欧阳、夏侯书之外别出一种《古文尚书》,在大小戴礼之外别出一种《逸礼》,在《公羊》《穀梁》春秋之外别出一种《左氏春秋》,这四种新经和新传都是以'古文'为标帜的。"⑥其观点于康氏甚至有过之而无不及。其后来的名篇《五德终始说下的政治与历史》更对此加以系统地论证。对这篇著作,童书业先生称之"是当代史学界一篇最伟大的作品,他把从战国到新代因现实政治造成的各种伪古史系统,和伪古史说造成的现实政治,整盘清理了一下,详细地说明它发明和经过的情形,其搜证的严密,诊断的精确,足以表见作头脑的清晰和目光的锐利"。⑦ 由此可见这篇文章的影响。在这篇文章中,顾颉刚首先注意到了《史记》中先秦自邹衍以来的五德终始说与秦汉国运的关系。

在这个五德终始中,五德是相克关系,而五德起自黄帝土德,历史发展先后经历黄帝(土德)←──夏(木德)←──商(金德)←──周(火德)←──秦(水德)←──汉。似乎在司马迁时代自天地剖判以来,人们只知道这一五德终始秩序。

---

① 胡适:《古史讨论的读后感》,《古史辨》第1册,第103页。
② 胡适:《介绍几部新出的史学书》,《古史辨》第2册,上海古籍出版社,1982年,第338页。
③ 傅斯年:《谈两件〈努力周报〉上的两件物事》,《古史辨》第2册,第296—298页。
④ 蔡元培:《致顾先生函》,高平叔编:《蔡元培史学论集》,湖南教育出版社,1987年,第223页。
⑤ 余英时:《顾颉刚、洪业与中国现代史学》,《中国史研究动态》1981年第8期。
⑥ 顾颉刚:《五德终始说下的政治和历史》,《清华学报》1930年第1期,第182页。
⑦ 童书业:《五行说起源的讨论》,《古史辨》第5册,上海古籍出版社,1982年,第660—661页。

但这个秩序发展到了刘歆、王莽时代已变得异常复杂，并与《周易》的阴阳卦象说紧密结合。首先德运已由原来的相克转变为相生，德运的开始亦从黄帝那里上推至太昊，至汉已是第三次德运流转；而这一德运流转的系统中，汉也从原来克秦的土德变为了火德。对此，顾颉刚认为这主要是为王莽篡汉服务。首先王莽既为汉臣是假以禅让的方式顺取的，所以五德相克理论显然不相适应，自然取相生理论；之所以德运流传变得如是复杂，因为原来简单的相克系统，无法解释新莽的德运。王莽又自认为舜后，又希望自己继承居中"厚德载物"的土德，所以汉必须是火德；因为在汉末普遍流行着一说法，即汉为尧后有传国之运，那么尧既为汉的祖先，尧也必须是火德，而黄帝为土德是写在名字里的，无法改动，所以为了使这一体系完整，不得不造出更多的德运以适应这一系统。而为了适应这一系统，在推算的过程中秦又成了汉为火德的障碍，因秦统治时间较短，所以造出一个闰水来以配秦的德运，进而再造出共工、帝挚等古帝作为闰水，以与秦的德运呼应。由于这样一个复杂甚至有些强拗的系统完全合乎新莽政权的德运系统，由是顾先生得出结论，这一系统完全是为新莽政权服务的，其最后完成也当是在这一时期。我们说，顾先生的这一结论，是经得起推敲的，文章的伟大之处也正在于此，透过纷繁浩博的文献记载，将这一五德终始系统与汉代政治历史之间若隐若现的线索清晰地呈现出来。

既然整个德运系统为新莽时期所造，而与此相契合承载这些古史系统的文献自然与新莽政权脱不了干系。而在这方面晚清以来今文学派已有现成的成果，特别是康有为的《新学伪经考》将这些经典斥成刘歆助莽篡汉而伪造，影响甚巨。对这一学派观点和成果的吸收自然成为整个疑古学派最为便利的事。如前文所述，顾先生甚至认为其所做的工作正是康氏所指示的道路上的继续，是完成其未竟的事业。但是由于接绪今文学派这一观点使得整个疑古运动出现了由疑古到疑经的逻辑混淆，从疑古的科学问题滑变为疑经的政治伦理问题。事实上，尽管二者有一定关联，但史的真伪与经的真伪属两个领域不同性质的范畴，不可混淆等而视之。就古文经典而言，自今文学派至疑古运动至少存在着以下几个严重问题：

首先理论前提的问题。观康氏最重的证据：《汉书》所言诸经出于河间与鲁共王处，《史记》缺载，由是认为所谓古文诸经全系后来的歆、莽伪造。在《史记经说足证伪经考第二》一文中康氏说：

> 古文诸伪经，皆托于河间献王、鲁共王。以史迁考之，寥寥仅尔。

若有搜遗经之功,立博士之典,史迁尊信六艺,岂容遗忽? 若谓其未见,则《左氏》乃其精熟援引者,"天下遗文古事靡不毕集太史公",不容不见矣。此为无古文之存案,并《儒林传》考之,古文经之出于伪撰,"铁案如山摇不动,万牛回首丘山重"矣。①

在这里康氏预设了司马迁尊儒崇经,如果古文诸经真的存在,不可能不见,也不可能遗忽漏记。这一观点几被后来疑古学派完全接收,成为这一运动最重要的理论来源之一。事实上,康氏以司马迁尊儒崇经这一前提是有问题的。遭受"李陵之祸"的打击后,司马迁身心和观念发生了巨大的变化。"仆以口语遇遭此祸,重为乡党戮笑,污辱先人,亦何面目复上父母之丘墓乎? 虽累百世,垢弥甚耳! 是以肠一日而九回,居则忽忽若有所亡,出则不知所如往。每念斯耻,汗未尝不发背沾衣也。"②也正是这种愤懑交叠的心态,使其历史观发生了深刻的转变,这一转变深刻地影响了《史记》的编纂。由之前的"废明圣盛德不载,灭功臣世家贤大夫之业不述,堕先人所言,罪莫大焉",转变为"夫诗书隐约者,欲遂其志之思也。……诗三百篇,大抵贤圣发愤之所为作也。此人皆意有所郁结,不得通其道也,故述往事,思来者。"③而这种变化集中反映在其通贯全书的"欲以究天人之际,通古今之变成一家之言"④这一历史编纂学的理论中。历来解释者对此往往不着要领。如果说天代表人间历史嬗变的规律,那么这个规律则在与人际会处呈现。徐复观注意到了史公之所谓天"为人类理性照射所不及的幽暗面"。⑤ 实际上,与其说天为不可照射的幽暗不如说是人本身的幽暗。在史公看来,他的任务就是穷察这一幽暗以揭示古今之变的真相。因此,在其笔下,决定历史变化事件背后的幽暗阴私总是被不厌其烦、深入细致地呈现。如"田氏代齐",在史公的笔下清晰地呈现了田氏如何通过各种阴谋从兴起到代齐的过程,而其中至为重要的一步,竟是"田常乃选齐国中女子长七尺以上为后宫,后宫以百数,而使宾客舍人出入后宫者不禁。及田常卒,有七十馀男。田常卒,子襄子盘代立……使其兄弟宗人尽为齐都邑大

---

① 康有为:《史记经说足证伪经考第二》,《新学伪经考》,第 19 页。
② 《汉书》卷 62《司马迁传》,第 2736 页。
③ 《史记》卷 130《太史公自序》,中华书局,1959 年,第 3300 页。
④ 《汉书》卷 62《司马迁传》,第 2735 页。
⑤ 徐复观:《论〈史记〉》,《两汉思想史》第 3 卷,第 200 页。

夫,与三晋通使,且以有齐国",①从而完成了从专齐到有齐以至代齐的过程。在历史嬗变中,人事的丑陋和幽暗尽显无遗。再如对鸿门宴不厌其烦,甚至带有文学化笔墨的描写,在史公看来这是决定楚汉成败最为关键的一个转捩点,项羽的失败就在于太仁慈道义,而刘邦的胜利就是其狡诈。而在首传《伯夷列传》中,史公更将这一幽暗直接撕开,直舒自己的不信任:"或曰:'天道无亲,常与善人。'若伯夷、叔齐,可谓善人者非邪? 积仁絜行如此而饿死! ……余甚惑焉,傥所谓天道,是邪非邪?"对待儒家经典亦然,班固批评其"论大道则先黄老而后六经",这在《太史公自叙》中,史公父子的态度非常明显:"夫儒者以六艺为法。六艺经传以千万数,累世不能通其学,当年不能究其礼,故曰'博而寡要,劳而少功'。"事实上,批评十分刻薄,言下之意,儒家所学的没有多少有用的,特别儒家的六艺经书有用的没有多少。而对道家则充满溢美之词。因此,《史记》非但不尊儒崇经,而且对儒学和经典是持深刻成见和批评的。因此,在史公的笔下,经典除了彰显作者个人的不朽功业外,对于其"究天人之际"而言并无多少分量。就整个文献系统而言比起《汉书》都甚为草略,诸经也多为表彰作者功业出现。这与《史记》理念相符,而对此康氏却认为是刘歆伪窜。刘歆若真得伪窜,何不直接在《五宗世家》河间王传中伪窜。且史公也说自己"十岁诵古文","六艺经传以千万数",其时如没有古文诸经,仅今文诸经则很难有如此规模。

其次,一直为学者所未认识到的,也是造成《史记》未载的一个重要原因,其时无论古文诸经还是今文诸经,都是秦火余烬的产物,多是在汉初整理完成和"著之竹帛"。事实上,战国以降礼崩乐坏,尤其是秦火所造成了历史文献严重灭失和历史记忆的断裂,汉初在秦火余烬之后,出现了一次"书之竹帛""成书复典"运动,即书写或整理恢复先秦旧典运动。② 如今文经《公羊传》隐公二年,何休注:"春秋有改周受命之制,孔子畏时远害,又知秦将燔诗、书,其说口授相传,至汉公羊氏及弟子胡毋生等,乃始记于竹帛。"③这是史籍材料明文《公羊传》著之竹帛的情况。又《榖梁传》,徐彦云:"公羊高五世相授,至胡母

---

① 《史记》卷46《田敬仲完世家》,第1885页。

② 这是一个大问题,笔者有专文《封建、郡县之变中的儒学建构——历史记忆、断裂与成长中的今古文经学》(《历史研究》主办第九届史学前沿论坛"时代与思想"会议论文)讨论,此限于篇幅不能展开论述。

③ 《公羊传》卷2《隐公二年》,《十三经注疏》,中华书局,1980年,第2203页。

生，乃著竹帛，题其亲师，故曰《公羊传》。……穀梁亦是著竹帛者题其亲师，故曰《穀梁传》。"①其著之竹帛亦当在此前后。又《诗》，其经虽"遭秦而全者，以其讽诵，不独在竹帛故也"，②但书之竹帛的过程中，三家诗与古文《毛诗》则存在诗序和说诗系统极大差异，都是经过了汉人整理完成。与今文诸经"著之竹帛"不同，除《古文尚书》等部分经典出自孔壁外（也可能存在整理），其他诸经则多由"聘求幽隐"集合文献，恢复整理而成。这些被"著之竹制"或整理恢复的旧典在当时并未产生多大影响，而直到河间儒学集团消散之时司马迁尚年幼，也未到过河间。这些经典何时进皇家秘府，史书言语未详，大约是天汉之后，其时司马迁可能已死。而秘府乃皇帝私人所藏，多为禁书，司马迁作为太史令所主掌"'天官'（观察天象），同时还保管、整理国家文书"。③这些皇家私秘禁籍也并非司马迁所职和能见。

　　三是刘歆作伪的可能性及古文诸经思想差异的问题。对于刘歆伪造经典的可能性问题，钱穆先生在《刘向歆父子年谱》详加论述，限于篇幅此不一一赘述。总之，如其所云："然治经学者犹必信今文，疑古文，则以古文争立自刘歆，推行自王莽，莽、歆为人贱厌，谓歆伪诸经以媚莽助篡，人易取信，不复察也。南海康氏《新学伪经考》持其说最备，余详按之皆虚。要而虚之，其不可通者二十八端。"④二十八端主要针对刘歆伪造的可能性问题，切中康氏要害，在当时产生了极大的影响。⑤事实上，就今古文之争与疑古运动而言，虽然晚清廖平以降已认识到了二者的学术分野，但从现代学术的角度对刘歆与古文经学思想分野进行考察的并不多见。根据笔者这些年来的研究，尽管刘歆对古文经学情有独钟，但二者存在明显分野，古文经学是以礼制本位公共性所建立起来的儒学系统，本人称人为"天礼之学"，⑥强调礼"经天纬地"，"与天地并"，天不变，礼亦不变。因此，它不接受五行学说，也不存在终始五德学说。正如钱穆

----

　　①　《公羊传》卷1《隐公元年》徐彦疏，《十三经注疏》，第2195页

　　②　《汉书》卷30《艺文志》，第1708页。

　　③　祝总斌：《说"史记"——兼试论司马迁〈史记〉的得名问题》，《田余庆先生九十华诞颂寿论文集》，中华书局，2014年。

　　④　详见钱穆《两汉经学今古文平议》，北京：商务印书馆，2001年，第1—7页。

　　⑤　余英时说："钱先生一九二九在《燕京学报》上发表了《刘向歆父子年谱》，根据《汉书》中史实，系统驳斥了康有为《新学伪经考》。这是轰动学界的一篇大文字，使晚清以来有关经今古文争论告一结束。"（《钱穆与中国文化》，上海远东出版社，1994年，第134页）。

　　⑥　具体可能见本人的相关研究《论〈周官〉与西汉河间儒学》，《南京大学学报》2008年第4期；《三家诗说与汉帝国儒学》，《清华学报》2014年第6期；以及相关的河间儒学的研究。

所指出的,"《周官》书亦并未采及五德转移及受命帝的说法,此一层尤为显著。"①不仅《周官》,实际上《毛诗》《左传》皆无终始五德之说,都强调一个恒常的天地四方宇宙秩序,这与歆莽推崇终始五德说以承篡汉家之运有根本差别。

最后,就古史传说而言,古文诸经并不对终始五德说负责。因为这些古史传说多零星地散布记载于各种文献中,就这些文献个体而言,并不能构成这一古史系统。这一严密古史系统的出现乃是后人勾辑建构的结果,与这些文献本身并无直接关系。换言之,这一古史系统出现于新莽时期,并不意味着这些文献也出现于同一时期。不但如此,事实上只有当这些文献在之前业已出现且为人们普遍接受的情况下,这一古史系统的勾辑与构建才有被人们接受的可能性。因此,顾先生此论反而表明了这些文献成书要比新莽时期早的多。

综上所述,疑古与疑经是两个不同领域的问题。就疑经而言,从今文学到疑古运动都存在从前提到论证等一系列问题。但这些问题在逻辑混淆中被强大的疑古科学性给遮蔽了。对于顾颉刚承晚清今文学之伪造说,钱穆的批评可谓一针见血:

> 至于顾先生的古史辨,所处时代早已和晚清的今文学家不同,他一面接受西洋新文化的刺戟,要回头来辨认本国旧文化的真相,而为一种寻根究源之追讨,一面又采取了近代史学界上种种新起的科学的见解和方法,来整理本国的旧史料,自然和晚清的今文学未可一概而论。即如胡适之先生所指顾先生讨论古史里那个根本见解和方法,是重在传说的经历和演进,而康有为一辈人所主张的今文学却说是孔子托古改制,六经为儒家伪造,此后又经刘歆王莽,而成所谓新学伪经。伪造与传说,其间究是两样。传说是演进生长的,而伪造却是可以一气呵成的,一手创立。传说是社会上共同的有意无意——而无意为多——的一种演进生长,而伪造却专是一人或一派人的特意制造。传说是自然的,而伪造是人为的。传说是连续的,而伪是改换的。传说渐变而伪造突异。我们把顾先生的传说演进的见解,和康有为孔子改制新学伪经等说法两两比较,似觉康氏之说有些粗糙武断,不合情理,不如传说演进的说法较近实际。而且胡适之先还说:"崔述之不激底,只有增,没有减。顾先生的古史剥皮比崔还要深

① 钱穆:《周官著作时代考》,两汉经学今古文平议,北京:商务印书馆 2001 年,第 336 页。

进一步,决不肯再受今文学那重关界的阻碍自无待言。"

　　不过顾先生传说演进的古史观,一时新起自不免有几许罅漏,自不免要招几许怀疑和批评。顾先生在此上,对晚清今文学家那种辨伪疑古的态度和精神,自不免要引为知己同调。所以古史辨和今文学,虽则尽不妨分为两事,而在一般的见解,常认为其为一流,而顾先生也时时不免根据今文学派的态度和议论来为自己的古史观张目。这一点,似乎在古史辨发展的途程上,要横添许多无谓的不必的迂回和歧迷。①

这里钱穆不仅指出了其与晚清今文学之间的本质不同,亦指出了二者的相因相承。更为重要的是,钱穆实际上提出了一个一直未引起学者重视的论断:即"层累成长的中国古史"。一词之别其意义截然不同,在顾先生那里,"造"更多地是指"伪造",特别刘歆王莽伪造;而"成长"则如钱穆先生所论"传说是社会上共同的有意无意——而无意为多——的一种演进生长",是历史尚未成熟时代或者说历史断裂(大的社会动荡或灾难造成的文献灭失或传统弥散)之后,在社会历史和集体经验变迁中集体意识和记忆不断重构、成长的结果。而承载这些古史传说的文献则是对这一成长的集体记忆的书写,因此,不是人为的伪造,而是在集体意识与记忆中历史的重构。

　　然而对于钱穆的批评,顾颉刚并没有接受,仍旧服膺于康氏之学(据说晚年有所反思,②但并未形成影响),坚持刘歆伪造说。③ 又由于其古史理论的科学性和巨大影响,疑经的逻辑混淆被忽视和遮蔽,并相互推波助澜将整个近代疑古运动推向高潮,而儒学经典权威与合法性也在其冲击下扫地无余。

二、信古学派拒斥与释古学派的努力

　　如何拯救坍塌的儒学或者说溃陷的传统文化,一直是对传统文化怀有深厚情感的知识分子努力思考的问题。20 世纪 30 年代,冯友兰先生将中国史

---

　　① 钱穆:《评顾颉刚五德终始说下的政治和历史》,顾颉刚编:《古史辨》第5册,上海古籍出版社,1981年,第620—621页。

　　② 徐中舒:《经今古文问题综论》,《川大史学徐中舒卷》,四川大学出版社,2006年,578—579页。

　　③ 参见顾颉刚:《跋钱穆评〈五德终始说下的政治和历史〉》,顾颉刚编:《古史辨》第5册,上海古籍出版社,1981年,第631—635页。

学分为三个趋势,即"信古、疑古及释古"。^① 信古一派(其实更准确地说是尊古一派)则对疑古派持拒斥的态度。这派学者一般都具有深厚的古典文化的素养,对之亦有深厚的感情。针对疑古学派对经典文献的否定,则持拒斥的态度。如柳诒徵所指出的,"治历史者各有其主观,吾国之群经诸史,皆以道德观念为主。杜预论《春秋》经传五例,结之曰'王道之正,人伦之纪备矣'。实则《易》《书》《诗》《礼》亦无非以正伦纪明礼义,后世史书高下得失虽不齐,其根本亦不外是。今人疑经疑古,推翻尧、舜、禹、汤、周、孔,而转喜表彰王莽,即由根本观念不同,故于古史争辩最烈也"。^② 对于顾颉刚先生提出"层累造成的中国古史"的《与钱玄同先生论古史书》一文,尊古一派学者从不同方面给予了批评和驳斥。针对顾颉刚据《说文》,"禹,虫也,从内象形",进而推断禹的传说可能起源九鼎所图之怪物,初并非人王,这一说法,柳诒徵撰写了《论以〈说文〉证史必先知说文之谊例》一文给予了尖锐的批评:

> 　　本书固数举禹,如"鼎""吕"之说皆以禹为人,非为虫也。《说文》:"鼎三足两耳和五味之宝器也。昔禹收九牧之金,铸鼎荆山之下。……"又"吕,脊骨也。象形,昔太岳为禹心吕之臣,故封吕侯。"假使许君知禹非人,不当仍沿旧说。胡许君既知禹为虫,复引禹之事实,初不自病矛盾;而千数百年读《说文》者从未致疑及此,独某君始具明眼,发前人之所未发乎? 以《说文》证经考史,必先明说之谊例。不明说文之谊例,刺取一语,辄肆论断,虽曰勇于疑古,实属疏于读书。何则? 说文者解字之书,非为后世作人名字典也,故于字之形谊可解者不引古人作证。如"尧",如"舜",如"汤",如"弃",如"昌",如"发",如"旦",皆不释为某帝某王。^③

而针对顾氏据《閟宫》"是生后稷……奄有下土,缵禹之绪"论证西周时人的观念中"那时并没有黄帝尧舜,最古的人王只有禹",^④胡堇人认为"至不说黄帝尧舜单说禹,自因禹的水功和稷的土功有连带关系,所以单单说他决不能

---

① 冯友兰:《中国近年研究史学之新趋势》,《三松堂小品》,北京出版社,1998 年,第 178 页。
② 柳诒徵:《史学概论》,《柳诒徵史学论文集》,上海古籍出版社,1991 年。
③ 柳诒徵:《论以说文证史必先知说文之谊例》,顾颉刚编:《古史辨》第一册,上海古籍出版社,1981 年,第 218 页。
④ 顾颉刚:《与钱玄同先生论古史书》,顾颉刚编:《古史辨》第一册,第 62 页。

就此断为这时人的心目中最古的人王只有禹。"①而刘掞藜则针对文中"下土"是相对"上天"而言,由此得出"禹是上帝派下来的神不是人",大量列举《诗经》中"下土"用例,均指人王言,而非指天神。尤有进者,刘掞藜并以子之矛攻其之盾的方法,揪住顾氏论证中认为"因为《生民》作者以后稷为始事种植的人,用不到继续前人之业,所以无须把禹的事牵连进去",同理《閟宫》也用不着黄帝尧舜,也不必将他们牵连进诗中,何以能得出《閟宫》以前无黄帝等观念呢?② 尽管顾颉刚对此都作了回应和辩解,但无论如何这些批评确显出其论证不够周延。

而相比数子攻其一点不及其余,张荫麟方法论上的批评则更为全面和根本,几乎动摇了顾氏的根基。事实上,刘掞藜的批评已经涉及顾氏方法的问题。如上文所述,整个疑古学派的方法是"不立一真,唯穷流变",而穷其流变的基础则是根据既有文献记载的先后,而判断历史传说的先后。张荫麟将这一方法称之为"默证法":

> 凡欲证明某时代无某历史观念,贵能指出其时代中有与此历史观念相反之证据。若因某书或今存某时代之书无某史事之称述,遂断定某时代无此观念,此种方法谓之默证(Argument from silence)。默证之应用及其适用之限度,西方史家早有定论。……是以默证之应用,限于少数界限极清楚之情形:一、未称述某事之载籍,其作者立意将此类之事实为有统系之记述,而于所有此类事皆习知之(例如塔西佗 Tacitus 有意列举日耳曼各民族 Notitiadignitatum,遍述国中所有行省,各有一民族、一行省为二者所未举,则足以证明当时无之)。二、某事迹足以影响作者之想象甚力,而必当入于作者之观念中(例如倘法兰克 Frankish 民族有定期集会,则 Gregory 之作《法兰克族诸王传》不致不道及之)。
>
> 　此乃极浅显之理而为成见所蔽者,每明足以察秋毫之末而不见舆薪。谓予不信,请观顾氏之论据:"《诗经》中有若干禹,但尧舜不曾一见。《尚书》(除了《尧典》《皋陶谟》)中有若干禹,但尧舜也不曾一见。故尧舜禹的传说,禹先起,尧舜后起,是无疑义的。"(见《读书杂

---

① 胡堇人:《读顾颉刚先生论古史书以后》,顾颉刚编:《古史辨》第一册,第94页。

② 刘掞藜:《读顾颉刚君〈与钱玄同先生论古史书〉的疑问》,《古史辨》第一册,第83—85页。

志》第十四期) 此种推论,完全违反默证适用之限度。试问:《诗》《书》(除《尧典》《皋陶谟》)是否当时历史观念之总记录,是否当时记载唐虞事迹之有系统的历史? 又试问其中有无涉及尧舜事迹之需要? 此稍有常识之人不难决也。呜呼,假设不幸而唐以前之载籍荡然无存,吾侪依顾氏之方法,从《唐诗三百首》《大唐创业起居注》《唐文汇选》等书中推求唐以前之史实,则文、景、光武之事迹,其非后人"层累地造成"者几希矣![1]

张荫麟的这段批评也被后来反对疑古学派的学者反复征引,而对张荫麟"默证适用限度"的问题近年并一度引发争论。[2] 事实上,这里面涉及历史证据有效性的问题。默证的使用更多是既有证据不构成有效证据,如传说诸史纵然不使用默证,也不能否认黄帝尧舜禹为传说而非历史这样一个事实;据既有材料,纵然不能断然否定禹之前黄帝尧舜的存在,但更不能断然肯定他们的存在。如张荫麟所举唐以前史实文景光武事迹,盖《史记》《汉书》构成了有效证据,故史实不能移。倘使唐以前史书遗失久远或未有史书,则《唐文汇选》等文献并不能构成证据,仍然需要考证辨析,就如后来顾颉刚先生考证的《孟姜女》传说一样,在《唐文汇选》中必然又是另一种呈现。因此,如确如张氏所言"不幸而唐以前之载籍荡然无存",同样"文、景、光武之事迹"亦将退变成传说的历史,而进入"层累的成长"中。总之,古史层累成长,这一科学观察没有问题。换言之,疑古不容否定,在不够构成有效文献证据下,怀疑理性仍旧是现代科学史学之魂,离开了这一灵魂我们就有向前现代沼泽退陷的危险。

相比信古一派的拒斥和批评,释古一派则相对温和,更多是从新出土材料出发对古史的努力重建。如冯友兰指出的,"释古一派,不如信古一派之尽信古书,亦非如疑古一派之全然推翻古代传说","须知历史旧说,固未可尽信,而其'事出有因',亦不可一概抹煞"。[3] 此尤以王国维的"二重证据法"最为著名:

---

[1]　张荫麟:《评近人对于中国古史之讨论》,《古史辨》第 2 册,上海古籍出版社,1982 年,第 271 页。

[2]　相关争论见彭国良:《一个流行了八十余年的伪命题——对张荫麟"默证"说的重新审视》,《文史哲》2007 年第 1 期;宁镇江:《"层累"说之"默证"问题再讨论》,《学术月刊》2010 年第 7 期;乔治忠:《张荫麟诘难顾颉刚"默证"问题之研判》,《史学月刊》2013 年第 8 期。

[3]　冯友兰:《中国近年研究史学之新趋势》,《三松堂小品》,第 178 页。

　　研究中国古史，为最纠纷之问题。上古之事，传说与史实混而不分。史实之中，固不免有所缘饰，与传说无异。而传说之中，亦往往有史实为之素地。二者不易区别，此世界各国之所同也。……吾辈生于今日，幸于纸上之材料外，更得地下之新材料。由此种材料，我辈固得据以补正纸上之材料，亦得证明古书之某部分全为实录，即百家不雅驯之言，亦不无表示一面之事实。此"二重证据法"，惟在今日始得为之。虽古书之未得证明者，不能加以否定；而其已得证明者，不能不加以肯定，可断言也。①

　　"二重证据法"提出后，被很多古史研究者奉为圭臬，甚至被称为"具有划时代的意义"，②其对古史研究的影响，可以说一点不亚于顾氏之"层累造成的中国古史"说。随着大量简帛材料的出土，这在今天更有成为学术主流之势——在这一理论影响下，"走出疑古时代"已然成为当今最具影响的学术主导话语。然而这一方法从其开始存在严重局限性，一是考古材料的局限性，因为考古材料本身鸡零狗碎，迄今为止能用来作"二重证据"的直接性材料仍非常有限，如赵敦华所指出的，王国维先生所提出的二重证据法，只"是一个理想的方法，在大多数情况下，实物材料与文字材料是不对称或不对应的，并且需要一定的解释才能发现两者的对应关系。"③而为了确定科学有效性，要么将之限制在一个很窄的范围内，从而失去其重构历史的意义，要么就脱离科学根据，陷入"一种由已知推未知、不完全归纳的思维陷阱"；④二是考古材料的解释多重性，这就使得其所谓证据存在先天不确定性，并不能形成真正证明。三是证据材料解释相互歧诱性，由于已先在地预设了与纸上文献互证的前提，这势必造成对地下材料方向性趋同的解读，这不但造成对地下材料的误读，也可能造成对纸上材料的歧误。四是更严重者，则是在这种学术思潮的诱使下，大量矛盾性或关键性材料可能被有意无意忽视或遮蔽，而一些能够趋同的材料不断被附会，甚至真伪难分地泛滥。在这方面西方已有惨痛的教训。传统圣经考古学的坍塌，新考古学派的崛起已为我们提供了殷鉴。

　　传统圣经考古学是指发端于 19 世纪，旨在回应西方疑古运动，试图在圣

---

①　王国维：《古史新证第一二章》，《古史辨》第 1 册，上海古籍出版社，1982 年，第 265 页。

②　梁涛、白立超：《"二重证据法"与古书的反思》，《清华大学学报》2013 年第 3 期。

③　赵敦华：《考古哲学在西方的发展以及在中国的任务》，《求是学刊》，2003 年第 9 期。

④　李锐：《"二重证据法"的界定及规则探析》，《历史研究》2012 年第 4 期。

经地理世界寻找证据以说明圣经记载为信史的考古学。用其巨擘奥伯莱 (William F. Albright)的话说:"圣经考古学是一个比巴勒斯坦考古学范围更广的用词,虽然巴勒斯坦本身当然是其中心点,但圣经考古覆盖了圣经里所提及的所有地方,因而与人类文明摇篮所涉及的范围一样大。那地区从地中海以西伸展到印度,并且从俄罗斯南部伸展至埃塞俄比亚和印度洋。在这辽阔的地域当中,每个部分的发掘都会直接或间接地说明圣经的部分实况"。[①] 换言之,即"圣经考古学家主要是关注怎样重新看清圣经的事迹,以致我们能够得到圣经信史的亮光。"[②]

由于大量的考古发现,加之奥伯莱等人的努力,上世20年代至60年代,在奥伯莱的领导下这一学派的观点几乎统治了西方圣经学界。几十年间,圣经学界一度非常乐观,除了德国以诺斯(Martin North)为代表的传统历史批评学派(traditional history criticism)外,在欧美学术界统治长达一百年之久的疑古运动理论几乎被抛弃,一种新的共识渐渐达成,学者相信考古已照亮了圣经的历史,圣经的记载具有历史性。如奥伯莱(William F. Albright)说:

> 直到最近以前,圣经史家之思潮,对《创世记》中族长古史,多认为是分国以后以色列文士的创作,或者是他们占领该地许多世纪以后,一些富有想象力之吟诵诗人,在围绕着营火时所讲之故事。学者中许多大名鼎鼎的人物,均以《创世记》十章至五十章每一项目均为后期之作,或最少是把王朝时代的事物投射到远古中去,他们以为那些后代之作者对于远古其实是不知道什么的。自从一九二五年以来,考古学的发现已使上述情形改观。除了少数极顽固的老学究以外,圣经史家无不以那些具体支持族长遗传之历史性之史料迅速堆积而兴奋。[③]

同样的兴奋在怀特(G. Ernest Wright)关于亚伯拉罕叙事的言论中也表现出来:"我们或许永远不能证实亚伯拉罕真的存在过,他做这或做那,或说这

---

① William F. Albright, *New Horizons in biblical Research*, London: Oxford University Press, 1966, p. 1.

② Walter. G. Williams, *Archaeology in Biblical Research*, New York: Abingdon Press, 1965, p. 18.

③ 奥伯莱:《圣经的时代——从亚伯拉罕至以斯拉》,胡联辉译,台北道声出版社,1971年,第4页。

说那,但我们能证明他的生活和时代,如圣经关于他的故事所反映的,完全与第二个千年相匹配,并且与任何较晚的时代不相容。这是一个极重要的结论,是考古学在过去的四十年对圣经研究最重要的贡献之一。"①持相类似的看法还有奥伯莱的学生布赖特(John Bright),尽管相比奥伯莱更为谨慎,但仍也难掩其兴奋乐观之情:"我们所提的已经足使我们清楚知道,族长们的故事实与主前第二千代初期中的情况相符合。"②

但一段时期乐观之后,圣经学界越来越趋于谨慎,因为认真检视考古的发现,能给圣经提供直接证据的并不多。对此,布赖特也不得不承认,"要把以色列起源的历史,真是当为写历史般地写出来,是不可能的。因为从考古学和圣经本身而来的证据,都很有限。即使我们根据表面价值去接受圣经的记载,要把以色列起源的历史重建出来,也是一件不可能的事。我们所不晓得的事,委实是太多了。……除了圣经告诉我们的以外,我们对于亚伯拉罕,以撒,和雅各的生平毫无所知。"③

到了奥伯莱晚年,对传统圣经考古学派的质疑和批评更是不断。针对奥伯莱将族长时期定在公元前第二千年期,所依据的考古证据,塞特斯(John Van Seters)在《历史和传统中的亚伯拉罕》(*Abraham in History and Tradition*)一书中,给予了系统的批驳。此前,圣经学者一般认为族长们的活动,反映了以色列定居前的游牧时代生活方式。塞特斯将圣经中所描述的族长们的生活方式与考古发现的第二千年文献和第一千年文献的记载做了比较。结果发现,圣经中记述的族长生活方式与第二千年的游牧民族的生活方式主要特征都有所不符,更多地反映了第一千年定居以后的生活方式。这主要表现在:1)在第二千年人们普遍生活在临时搭建物(Shelter)中,文献中很少提到帐篷(Tent),帐篷作为游牧民族的主要居处要到第一千年中叶。作为游牧民族的最重要特征之一,就是整个家族都随着季节的转换不断地迁徙。这些在族长时期都很少反映。2)骆驼虽然第三千年在阿拉伯世界有少量的饲养,但没有证据表明在第二千年这些民族与新月沃地带有过接触,或者说骆驼被这一地区普遍饲养。只是到了第一千年第 7、8 世纪,骆驼才被普遍地饲养用来作为交通运输的工具。至于牛显然是定居民族所特有的。而驴、牛、绵

---

① G. Ernest Wright, *Biblical Archaeology*, Philadelphia: Westminster Press, 1959, p. 40.

② 布赖特:《以色列史》,萧维元译,基督教文艺出版社,1972 年,第 53、66 页。

③ 布赖特:《以色列史》,萧维元译,基督教文艺出版社,1972 年,第 57—58 页。

羊、山羊，甚至骆驼在巴勒斯坦一起都被饲养，则肯定是王国以后的事。3）社会组织结构方面，在第二千年与圣经所描述的也很少有类似之处。如族长故事中的术语"gōy"并没有在马里文献中术语 gāyum/gāwum，家族联合体的意思，而是与后来的较晚民族和政治国家相关。相对照游牧民族更注重血缘纽带，先祖时代所反映的却是单一的拥有多层奴隶结构的膨胀的大家庭。这种以奴隶为经济基础的不是第二千的游牧民族生活方式，而是定居的城邦经济基础。这种复杂的多层级大家庭结构反映的乃是定居社会经济复杂的系统。①

关于亚伯拉罕迁徙路线从迦勒底的吾珥到哈兰，包括奥伯莱、布赖特也承认"迦勒底的吾珥"是一时代的错置，因为直到公元前 11 世纪，迦勒底人在这里建立之前，这一地区都不被称为"迦勒底的吾珥"。② 塞特斯更进一步考证，直到新巴比伦那波尼杜（Nabonidus 556－539B. C)在位时期，公元前 6 世纪中叶，迦勒底的吾珥与北部哈兰才联系起来。因为在这一时期，吾珥和哈兰都是新巴比伦的大都市，都是宗教中心，吾珥又是迦勒底人精英聚集的政治中心，而哈兰则是通西亚、巴勒斯坦和北阿拉伯绿地的交通枢纽，将这两个城市相提并论是很正常的事。相反并没有文献证明在第二千年有从吾珥向哈兰的迁徙活动，因为那时哈兰还是一个名不见经传的小城，仅在马里文献中偶尔提到。③

一系列的证据动摇了奥伯莱所统构的圣经历史世界的基础。奥伯莱去世之后，学者更对以近东考古来证实圣经记载，这一方法的科学性提出了质疑，特别是一些考古学者为证明圣经的记载，甚至将考古的发现加以曲解更引起了考古学界的不满，曾被人寄予很大希望的"圣经考古"在西方一度声名狼藉。④ 不仅如此，越来越多的材料发现，"二重证据法"已难以解释和满足近东世界的考古发现，并严重滞碍了考古学本身的发展。考古学已到了必须抛弃两重证据法的时候了。正是在这种背景下，以威廉·迪华（Willian Dever)、斌福德（Lewis Binford)、屈臣（Patty Jo Watson)等为代表的新圣经

① John Van Seters, *Abraham in History and Tradition*, Yale University Press, 1975, p. 13－20.
② 布赖特：《以色列史》，萧维元译，基督教文艺出版社，1972 年，第 74 页。
③ John Van Seters, *Abraham in History and Tradition*, Yale University Press, 1975, p. 23－25.
④ J. M. Holt, *The Patriarchs of Israel*, Nashville：Vanderbilt University Press, 1964, p. 25.

考古学派兴起,主张将圣经与考古完全分离,即圣经是圣经,考古是考古,考古不以圣经记载为前提、预设和目的,考古学应有自己的独立地位和自己的理论体系。^① 由是在 20 世纪 70 年代末 80 年代初,随着新考古学派的崛起,奥伯莱以"二重证据法"所统构的圣经历史世界轰然倒塌,传统考古学也随之走到了尽头。^②

西方的经验业已表明,试图以二重证据法的方式来确认和重建经典的历史世界并非是一条科学通途。尽管它的方法可能是科学的,但实质上它却是以科学方法挑战现代科学怀疑理性这一本质精神,所以它与信古派一样先天就存在着极大的局限,注定了很难取得大的成功,而末流更极速地向着前现代信古时代滑退,不能不令人担忧重蹈西方"传统圣经考古学"声名狼藉的覆辙。历史的前鉴已雄辩地告诉我们,怀疑理性依旧是现代科学史学的灵魂,这一灵魂一旦失落,史学无疑将再次退陷前现代的沼泽。中国经学不可能也无法,在挑战这一现代史学的灵魂中实现突破和重生,也不可能以此为中心重建现代儒学和现代文化。否则必然是向前现代史学与文化退陷,这不能不引起有良知的学者的警惕。

总之,近代以降疑古运动的本质乃是以科学怀疑理性为宗旨的现代性运动。它的重要意义乃在于使怀疑理性的科学精神在最为保守的传统学术领域得以贯彻,从而根本上巩固和推动了现代文明的成果和进程。而挑战这一运动最本质精神——怀疑理性,事实上是挑战这一现代性运动。在现代性面前,如马克思所说:"一切坚固的东西都烟消云散了",因此这一挑战不可能也无法取得成功。因此,真正的突破不是去挑战怀疑理性这一现代性科学精神,而是要超越它,即在不悖离和对抗这一科学精神的基础上克服其破坏性、非建设性以及自身有待完善的科学性一面,以达至儒学的现代性重建。这才是我们当走的道路和努力的方向。这就需要我们重新检视我们过去的努力,也就说,我们需要从起点上重新出发,作一个范式转换。

---

① 高伟乐:《圣经、历史与考古学:过去可有未来?》,《山道期刊》总第 8 期,2001 年 12 月。

② 关于传统考古学的坍塌与新考古学派兴起参见 Thomas W. Davis, *Shifting sands: the rise and fall of Biblical archaeology*, Oxford University Press, 2004.

三、走出疑古与释古时代的庶人经学

事实上，无论现代科学主义疑古运动对经典的否定，还是保守主义对经典尊信，抑或释古对经典的证信，都存在一个本质相同的前在非现代性预设：即经典的合法性来自其古老的历史和圣人创作，通过否定或肯定其历史和圣人而否定或肯定其经典价值。这背后实际上仍然没有跳出前现代厚古薄今和圣人崇拜的思维。经典的价值并不在于经典之外，经典之所以为经典，乃是因为它凝聚着人类悠远绵长的传统和时代智慧的结晶，从而成为人类精神价值的源泉，而不是来自经典之外的古老历史和圣人。事实上，不是经典因圣人而成经典，而是圣人因经典而成为圣人。在人类历久弥新的历史长河中，人们不是因为圣人崇拜而不断获得精神源泉，而是在经典的阅读、阐释中获得并创造精神资源和思想价值。一部思想贫困、精神资源枯竭的书籍，无论统治者如何推崇如何神化都将在历史的长河中被人们所抛弃。因此，这就需要我们走出疑古与释古时代的迷思，从过去将经典价值寄寓于渺茫的古史转向经典之内积聚的悠远绵长的传统和时代的沉思，由对经典之外圣人的崇拜转向经典之内庶人智识、精神资源与思想价值的认同。

经典不再也不必是圣人的经典，而是庶人的经典，经学也不必是圣人的经学，而是庶人的经学，发现其在庶人历史世界中的价值和意义。以儒学言之，也就是说，我们需要这样一种观念的转变，儒学经典的意义不在于经典之外，不在于它是否出自周公、孔子或其他什么古圣先贤之手，或成书多么古远，而在于它是否凝结了庶人——也即人类悠远绵长的历史传统、经验价值和时代的沉思，这些历史传统、经验价值和时代沉思对于作为庶民的我们的现代意义。这就在现代和后现代科学语境中重新确定了经典的合法性，实现了经学的现代重生。而现代经学也只有实现这一源于庶人面向庶人的倒置才能真正确立。

"庶人的经学"意味着首先要破除圣人观念，认同庶人的价值。对于现代儒学的重建，余英时曾说：

> 最近十年来，由于种种因素的刺激，大陆和海外的儒学讨论突然变得活起来了。如果我们将现阶段的儒学讨论和从谭嗣同到"五四"的争论作一宏观的比较，有一个根本的差异是无法掩藏的：今天的讨

论已没有生活经验的内在根据,而是将重点放置在儒学究竟属于什么形态的宗教或哲学,以及现代人(主要还是指知识分子)怎样才能在重新建构的儒学中"安身立命"。这一路数的现代儒学的重建工作,如果获得具体的成就,其价值是不容置疑的。但作为一种哲学,它的贡献主要仍在学术思想界;作宗教,它的信徒则限于少数儒家教团。至于它怎样和一般人的日用常行发生实际的联系(如王阳明所谓"与愚夫愚妇同的便是同德"),现在还不容易预测。①

由此余先生将现代儒学称之为"游魂"。造成这种现象的一重要原因就是儒学的观念和话语系统一直未能根本上破除传统圣人、圣王的观念,从而与现代人生活愈来愈疏远。在前现代由于家父长帝制社会,受之浸润形塑的儒学强调圣人、圣王观念深入社会人心,有着强大的社会基础。人们总是将最美好的事物归给理想的圣人,而不认同和忽视庶人的智慧和价值。然而现代社会已根本上摧毁了这一基础。现代人已深刻认识到所谓圣人不过是庶人的理想化,将本应属于庶人的智慧赋予了圣人。进入现代和后现代就是要把本属于庶人的还给庶人,发现和认同庶人的价值。作为悠远绵长的文化传统积聚凝结的象征,我们尊重历史上所有的古圣先贤,但这绝不意味着要重回前现代,将圣人重新推上神坛。现代社会不需要圣人,也不存在着圣人。借助圣人观念和话语系统儒学也不可能真正复兴,一旦在复兴传统或国学名义下大行其道,必将造成社会滑向前现代危险,终将再次为现代社会抛弃,跌入万劫不复的深渊。这里"庶人的经学"提出,首要的意义就是根本上破除传统儒学圣人、圣王观念和话语系统,将经学置于庶人的语境,认同庶人的生活,庶人的思想,尊重庶人独立自由的人格,重建经学属于庶人的话语系统,将儒学真正的和现代社会"一般人的日用常行发生实际联系"。唯如是儒学才有希望和未来,才能重建现代儒学。

其次,对经典形成问题有一个实事求是的客观认识,给经学现代合法性一坚实基础。诚然破除圣人的观念,认同庶人的思想和庶人的成就,并不是否认历史上圣人的成就,而是实事求是平等地对待所有人类的成就。也就是说,无论是圣人的创作,还是庶人的创作,只要其承载着悠远绵长的文化传统和时代沉思,创造出能为人类文明存续和发展的精神文化资源,在人类的历史长河中

---

① 余英时《序》,《现代儒学论》,上海:上海人民出版社,1998 年,第 4—5 页。

经得住洗练,它们都可以成为经典。如上所述,经典的合法性不在经典之外,不在于它是否是圣人的创作。一旦出现这样一个现代观念的转变,经典便在现代社会中找到了它的合法性,现代儒学也就有了它坚实的根基。不仅如此,这也使我们对经典形成问题能有一客观认识,形成现代经学研究的坚实起点。在圣人崇拜和厚古薄今的观念下,人们要么将经典归之圣人名下,要么推溯至渺茫无稽的古老历史。如《汉书·艺文志》在评价《易经》时所说:"《易》道深矣,人更三圣,世历三古。"可以说是这一思维之典型,但对于"人更三圣,世历三古",我们并没有任何证据。而这一观念并未能在现代经典形成研究中真正破除,造成了现代经典来源问题一直缺乏一个确定起点。

我们的论证多是一悬置性假设,即将经典作者悬置于某一古老时代,或某位圣贤,然后根据其时代特征,或人物言论与经典的契合性,从而论证其成书于某一时代或某位圣贤。这可以说是学界处理一些来历不明文献的通行方法。无可否认,这一论证方法有其一定道理。但问题是这一方法所得出的结论最多只能证其源流,而不能证其最后成书;又因为其所有的证据几乎都是解释性,存在着模糊不确定性,经典与历史之间究或有什么样联结也是解释性的,历史本身也需要解释,又存在着一个解释者在二者之间的嫁接。这种层层的解释和历史本身的模糊性必然造成最后结论不确定性和模糊性,甚至一片沼泽和泥潭之上,从而威胁到整个经学研究的现代性基础。造成这一现象的根本原因,还是人们厚古薄今和圣人崇拜的观念在作祟。在人们的观念预设里,越是久远的越是好的,只有圣贤作的才配得上经典。这即是在传统文化回归的背景下经典成书越来越被推向渺茫无稽的重要原因。

一旦我们破除了这一观念的缠累,将经典视为人类悠远绵长的历史传统经验和价值的积聚,时代的沉思、创造与突破,就能客观面对经典所出现的时代,认真研究经典和其出现时代的关系,由此建立一个经典成书时代和来源问题的确定起点,从而给经典成书研究一个客观的起点。如前举《春秋》公、谷二传,这两部经典显然乃是传习教授文本,是在乡村里塾中的经师通过设问解答的方式,教习传授春秋经,我们不知道它确切传习了多少代,也不知道他积聚了多少经师的智慧,但有一点是清楚的,这些来自民间乡村里塾的儒生,他们属于乡村共同体中一员,多是淹没于历史的长河中的普通庶民。而他们的智慧除来自悠远绵长的儒学传统积习外,更多地来自其所在社会世界的实践和思考,来自周边的庶民世界。而二者被"著之竹帛"文献所确载则是在西汉中前期，无论我们怎样将之向上推溯，这一时期历史都构成了我们研究二者成书的坚实起点。对于另一《春秋》经《左氏传》亦类似，尽管这部经典争论更大，但有一点不容否认的，就是载籍所见它的第一次出现在汉初这一事实，这也构成了我们研究它的成书问题的确定起点。总之，对庶人价值的肯定，让我们能够勇于面对经典晚出时代的确切历史，给现代经学一坚实起点。

第三，更是方法论上一重要转向——由皓首穷经于历史源流的追溯与重构，转向一个开放多元的经典世界的意义阐释。如前所述，走出疑古与释古时代，就是从过去将经典价值寄寓于渺茫的古史转向经典之内积聚的悠远绵长的传统和时代的沉思，由对经典之外圣人的崇拜转向经典之内庶人智识、精神价值与历史经验的认同。也就是说，虽然经典成书问题仍然需要关注，但经典之外的历史不再是我们关注的中心，我们关注的中心是经典文本的价值和意义世界。对此，西方已有现成的经验。传统圣经考古学倒塌之后，"正典的进路"在西方异军突起，无疑给我们很大的启示。而关于"正典的进路"（Canonical approach）的创立者蔡尔兹（Brevard S. Childs）和它的详细内容，本人在几年前曾有过引介，具体内容可以参见，此不赘述。① 尽管对蔡尔兹"正典的进路"国际圣经学界一直存在争议，②但无可否认，自提出以来，其一直是国际圣经学领域一个重要的焦点。③ 随着近年来一些著述的出版，尤其是北美圣经学会 2013 年再度出版其纪念文集《圣经作为基督徒的经典：蔡尔兹的工作》（*The Bible as Christian scripture ：the work of Brevard S. Childs*），④说明"正典的进路"目前仍然是西方圣经学界关注的重要方面。而包括之前 1988 和 1998 年出版的两部对其圣经学领域做出卓越贡献表达敬意的文集，⑤在这样短的时间内，圣经学界连续召开及出版三部纪念性会议和文

① 参见拙作：《走进正典时代》，《江海学刊》2011 年第 4 期。

② 相关争议可参见 James Barr, *Holy Scripture，Canon，Authority，Criticism*, Philadelphia：The Westminster Press, 1983；*The Canon Debate* by edited Lee Martin McDonald and James A. Sanders (Peabody, Mass.：Hendrickson, 2002).

③ John Barton, Introduction, *The Old Testament：canon, literature and theology：collected essays of John Barton*, Ashgate Publishing Company, 2007, p. 3.

④ Edited by Christopher R. Seitz and Kent Harold Richards, Society of Biblical Literature biblical scholarship in North America, 2013, p. 3.

⑤ *Canon，Theology，and Old Testament Interpretation. Essays in Honor of Brevard S. Childs*, edited by Gene M. Tucker, David L. Petersen, and Robert R. Wilson, Philadelphia, Fortress, 1988；*Theological exegesis：essays in honor of Brevard S. Childs* edited by Christopher Seitz and Kathryn Greene-McCreight, Cambridge, U. K.：W. B. Eerdmans, 1998.

集,在当代圣经学界也是很少见,足见其影响。随着这些年来研究和思考的深入,更坚定了本人的初识:这一进路为中国经学和现代儒学的重生提供了一个成功范式。简明地说,"正典的进路"就是关注经典成书的最后形式的研究理路。它与以往历史批评方法的根本不同在于,历史批评是以历史为起点,通过探寻文本源头或背景的历史来对文本进行研究,而"正典的进路"强调以经典的最后文本——正典为起点探求其历史和现实价值,以寻求正典所承担的对社会的建设性任务。因此,是起点和方向的转变,尽管历史仍为其关注,但研究的中心不再是文本之外的历史,而是正典本身内容的价值和意义。如塞茨(Christopher R. Seitz)所指出的,"我之所以提这些(按:相关蔡尔兹的争议),是因为二十五年后,情况出现了戏剧性的变化。一切都已过去,甚至歌德瓦(Norman K. Gottwald)《雅威的部落》所代表的社会科学方法……具有讽刺的,在这个时代的今天,从来源到形式到传统再到编辑批评阶段,比起他们的反对者或消解者,竟是蔡尔兹在以旧约作为经的名义下,更可能成为圣经批评学学科和学术方法的守护者。"①这里塞茨不仅指出了其当代影响,也指出了其方法在实践方面对现代以来批评理论甚至古代学术传统的继承和超越。

聚焦经典最后的文本价值,也意味着文本从历史研究中解放出来,成为一开放性、多元性的文本。所以蔡尔兹之后,西方各种批评理论纷呈迭出,批评的多元性已然成为圣经批评的潮流。而这种开放多元性也成为儒学的开放性、多元性的基础,从根本上阻断了在回归传统中"罢黜百家,独尊儒术"的历史玄想,使儒学永葆开放性、多元性的现代活力,并为一个开放多元的充满活力的现代中国文化重建做出积极贡献。这种开放性、多元性也为马克思主义与中国传统文化的结合敞开了路径。如西方圣经马克主义社会学批评的先驱,歌德瓦所指出的,"正典的进路"与社会学批评之间有着天然契合性和互补性。他说:"我深信正典的批评与社会学批评并不互不相容,它们彼此具有天然的契合和互补。"②事实上也是如此,在正典的三个"解释学循环"中,③无论哪一个解释循环都离不开对文本与文本所面向的社会世界的深入分析。而与

---

①　Christopher R. Seitz, Tribute to Brevard S. Childs, *The Bible as Christian scripture : the work of Brevard S. Childs*, Society of Biblical Literature biblical scholarship in North America, 2013, p. 3.

②　Norman K. Gottwald, Social Matrix and Canonical Shape, *Theology Today*, Vol 42, No. 3 October 1985.

③　关于正典的三个解释循环参见拙作《走进正典时代》,《江海学刊》2011 年第 4 期。

马克思主义社会学批评相关，或具有马克思主义背景的各种相关的圣经批评理论也层出不穷，如女权主义圣经批评、后殖民主义圣经批评、少数族裔圣经批评等。这些批评或多或少都与马克思主义有着直接或间接的渊源。事实上所有这些批评都是从庶民世界出发，面向庶民的解释系统。与以往的批评不同的是，这些批评多是从现实需求出发，不仅在学术界，在西方基督教世界也产生了全面和深刻的影响。正是在这个意义上，我们说，在没有马克思的西方基督教世界发生了一场真正的马克思主义的深刻革命。这就为马克思主义与传统儒学经典的结合提供了一个适切的现代思路。

而随着这种转向的深入，探求经典面向现代，面向庶人的价值和意义，在现代文化的重构中实现真正的担当，这也为中国现代经学与史学的分途提供可能。从学科分途上分开疑古的史学与价值的经学之间的纠缠，使在各自在现代领域轻装上阵，大步相前，以实现各自领域的突破，各自承担起重建中国现代文化的任务。

（原载于《江海学刊》2016 年第 3 期）

封建、郡县之变中儒学演进的历史考察

——层累成长的古史与记忆重构中的今古文经学*

成祖明

摘　要: 自 20 世纪 70 年代以来,对"集体记忆"的讨论一直是国际学术界热点问题,但很少有学者将之运用至古典经学思想史领域。春秋以降,在封建、郡县大的时代变局中两个社会结构变迁运动相向而行:一是由封建贵族氏族社会向郡县制家父长制社会转变;二是伴随整个社会家父长制化进程,家父长统治下的私臣属役整体地向具有相对平等身份的国家编户齐民转变。孔子游团儒学在这一社会变迁运动中应运而生,对儒学历史记忆的形成起到了重要作用,也下开了战国秦汉德治主义和礼治主义两条思想路径。在历史记忆的断裂、成长与文献重构中,古史在绵延中层累地成长,思想的历史亦随之突破,围绕帝国如何构建,汉初形成了今古文经学"天人""天礼"之学的两大儒学系统。

关键词: 封建　郡县　儒学　历史记忆　层累成长的古史　今古文经学

自 20 世纪 70 年代以来,对哈布瓦赫"集体记忆"的讨论一直是国际学术界热点问题,它运用的边界也在不断扩展,大有涵盖历史及一切人文社会科学领域之势。[①] 但认真检索阅读相关研究,除去许多理论研究外,仍多集中于遗

---

　　* 本文为国家社科基金一般项目:《〈摩西五经〉与〈周礼〉的跨文本比较研究》(批号:12BZJ018)阶段性成果,并得到江苏省"青蓝工程"和南京大学人文基金的资助。

　　① David Berliner, Social Thought & Commentary: The Abuses of Memory: Reflections on the Memory Boom in Anthropology, *Anthropological Quarterly*, Vol. 78, No. 1 (Winter, 2005), pp. 197 - 211.

迹、电影、博物馆、大屠杀、法国革命等近现代以来的事件。① 近年来国内学界的研究，也大致如此。② 相对而言，将集体记忆理论具体运用到古典经学思想史领域则非常少见。本文拟在吸收这一理论科学成分的基础上，通过考察春秋以降封建、郡县之变中儒学的演进及其历史记忆的绵延、断裂与重构，③在揭示思想与时代变迁深刻关系的同时，重新审视中国学术史上旷日持久的今古文之争，并修正与此相关的近代疑古运动中"层累造成的中国古史"等重大理论问题。

一、从游团到乡里：春秋战国社会变迁运动中的儒学演进
——早期儒学历史记忆的形成与分化

伴随着宗周势力的衰微，是霸政的迭兴。如《左传》昭公三十二年史墨对赵简子所云："社稷无常奉，君臣无常位。自古以然。故诗曰：'高岸为谷，深谷为陵。'三后之姓，于今为庶。"可以说深刻地道出了春秋霸政时期政治社会结构的巨大变迁。

霸政迭兴的过程，也是各大国集团势力相互斗争的过程。在此过程中，大国对小国诛求无时，使小国"不敢宁居，悉索敝赋，以来会时事"（《左传》襄公三十一年），诸国人民承受着向霸主和本国统治者交纳双重税赋的沉重负担。由于这些税赋主要来自有力世族采邑之外的平民，这就造成邑外邑内人民税赋的严重失衡。为了减轻负担，这些平民宁愿放弃其自由民身份而逃入世族采

---

① Wulf Kansteiner, Finding Meaning in Memory: A Methodological Critique of Collective Memory Studies, *History and Theory*, Vol. 41, No. 2 (May, 2002), pp. 179 - 180; Alon Confino, Collective Memory and Cultural History: Problems of Method, *The American Historical Review*, Vol. 102, No. 5 (Dec., 1997), p. 138。这也可从近些年来的其重要刊物 *History and Memory* 所刊载文章可见研究一般概况。

② 台湾学者王明珂这些年运用记忆理论在古代史研究中取得了比较突出的成果，如《华夏的边缘：历史记忆与族群认同》（台北：允晨文化实业股份有限公司，1997 年），但他主要聚集于人类学角度，且对经典文本较少涉及。

③ 关于"历史记忆"与"集体记忆"的概念区别，哈布瓦赫认为，集体记忆更多是一个团体连续的整体的鲜活记忆，它总是保持过去与目前的相似性，因此，总是在目前的社会框架和认识中对过去进行重构，具有弥散性、模糊性和易变性；而历史记忆则与过去、现在保持距离，客观概述，通过编年的文字方式将过去并不连续的事件整合联系起来，赋予历史意义，具有客观性、准确性和稳定性。(Halbwachs, *Collective Memory*, translated by Francis J. Ditter, Jr. and Vida Yazdi Ditter, Harper & Row Publishers, 1980, pp. 78 - 87, 105 - 107.)

邑,成为有力世族的私臣属役,而有力世族借助执政掌控政权之力通过加重或减免税赋,威逼利诱平民这种身份转换(所见于鲁最为典型)。在大国间,平民负担相对较小国为轻,但同样也存在邑内与邑外税赋的失衡,加之,国内有力世族间更为残酷的斗争,以各种方式利诱、鲸吞或瓜分原本属于国君和斗争中失败的世族的土地人口(所见于晋、齐最为典型),不断将原属于诸侯的平民纳入自己的采邑中,成为自己的私臣属役。于是春秋中后期各诸侯国内部便形成了人口向世族采邑流动的不可逆转的趋势,这就形成了春秋中后期社会结构变迁的一普遍运动——由春秋贵族的氏族社会向以私臣属役为主体的家父长制社会转变,并随着有力世族篡政的完成而形成。

随着这一运动的深入,各诸侯国内采邑的世卿渐被家父长委派的私臣所取代,成为家父长直接统治的县。而在与世卿的斗争中,各国国君也不断加强集权,任用私臣,废世卿采邑为直接统治的县。这就形成了各诸侯国内郡县化的进程。而受此影响,大国征服小国也不再借助于会盟,而是杀戮其核心统治阶层,将小国夷为本国的县,直接派私臣统治。这种方式给中原诸小国带来极大的恐惧,为维持本国的存续,强化国力,改变国体加强中央集权,废世卿采邑为直接统辖的县也成为各国迫切之需。几厢合力,形成了春秋中后期与家父长制相互交织的郡县化进程,各诸侯国普遍从封建邑制国家向家父长的郡县制国家转变——不再有世卿贵族,取而代之是豢养的私臣属役,"共同体之首长不再是公,而是统辖诸县的家父长制的君主,领有的邑成为县,全面实行所谓郡县制的专制统治。"①

可以说,上述社会结构的变革构成了中国古代家父长专制郡县制皇权最深刻的社会结构基础。然而,伴随着权臣篡国和整个社会家父长制化进程,另一个社会结构的变迁又相向而行。这就是家父长统治下的私臣属役集体地向具有平等身份的国家编户齐民转变。私臣化的进程意味着除少数居家父长地位的有力世族外,社会整体性地沦降为私臣属役,也意味着原社会等级在这个庞大群体中消失。一个低贱的,但又相对平等的社会主体逐渐形成。而随着家父长篡国或统一国家的完成,这一相对平等的社会主体就集体转变为郡县制国家的编户齐民。由于作为私臣属役的身份本质相同或平等,所以在家父

---

①　关于春秋家父长制变迁和郡县化进程可参见增渊龙夫:《春秋战国时代的社会与国家》,杜正胜编:《中国上古史论文选集》,台北:华世出版社 1959 年,第 851—887 页,引文见第 884 页;亦可参见许倬云:《春秋战国间的社会变动》,《许倬云自选集》,上海:上海教育出版社,2002 年,第 100—119 页。

长统治的县邑中,其管理职责理论上也向全体有能力的私臣开放。到了郡县制家国,编户齐民只要具备才能理论上都有机会参与国家的治理。因此相对于建封世袭,对编户齐民而言,郡县制又展现了其制度的公性。特别是孔子将教育推向平民社会后,这种公性越发凸显。这一制度公性遂成为郡县制得以普遍推行的深刻动力和不可逆转的根本原因。

两个运动相向而行,于是,中国古代郡县制帝国一个固有矛盾——即家父长的君主私天下与编户齐民公天下的矛盾于焉形成。一如王夫之在评价秦之灭亡时所指出的:"秦之所以获罪于万世者,私己而已矣。斥秦之私,而欲私其子孙以长存,又岂天下之大公哉!"[①]事实上,不仅秦,整个中国古代郡县制帝国都与生俱来地存在着这一固有矛盾。从郡县制言,要求天下为公,选贤与能,然从家父长专制皇权而言却要求私其子孙以长存,视群僚万民为私臣属役。两个相向而行的运动也为我们研究春秋以后思想文化的历史提供了社会学的依据和框架。换句话说,研究春秋以后思想文化的历史也只有在这两个运动中才能找到其深刻的社会根源。伴随着家父长私臣化运动,是社会结构的巨大变迁,贵族的礼乐文明不再有其存在的土壤。对于家父长而言,势力和财富才是他们最重要最直接的追求,对私臣而言,礼乐文明显然与之卑贱身份不相适应,很难有更高的或超越的人生境界追求,即如孔子当时所观察的:"天下无行,多为家臣";[②]因此,在这一社会结构下,礼崩乐坏,道德沉沦便成为结构性的问题。

但社会整体结构性沉沦所致的混乱,也引起春秋贵族对社会秩序的集体恐慌。这也是霸政形成的重要动力。以此建立的霸政首要任务便是稳定既有的春秋贵族的统治秩序,保障春秋贵族的集体利益。于是在西周王政衰落与混乱中,如何建立一个稳定的贵族社会秩序,便是春秋霸政时期贵族们的集体诉求,而西周王政时期稳定的社会秩序和王政赖以维系的礼乐文明又被春秋贵族集体记忆,从而导致霸政初期贵族礼乐文化的复兴,成为霸政得以形成的重要组织资源。[③] 而这种复兴使诸侯贵族在会盟礼聘中具备礼仪文化知识和修养成为迫切需要。与此同时,社会整体结构性沉沦所导致的陪臣执国政的篡夺和弑戮,也威胁着家父长的自身安全和统治。家父长化的社会需要一个

---

① 王夫之:《读通鉴论》卷一《秦始皇》,北京:中华书局,1975 年,第 4 页。

② 《史记》六七《仲尼弟子列传》,北京:中华书局,1959 年,第 2209 页

③ 参见颜世安:《诸夏"聚合"与春秋思想史》,《南京大学学报》2003 年第 5 期。

专业的具有职业操守和一定礼仪文化知识的家臣和官僚群体。《左传·昭公七年九月》,"公至自楚。孟僖子病不能相礼,乃讲学之,苟能礼者从之。及其将死也,召其大夫曰:礼,人之干也,无礼无以立。吾闻将有达者,曰孔丘,圣人之后也……"云云,以及后来孔子弟子多为贵族家臣,都是这一时期贵族需要的反映。而贵族家臣也理论上向所有平民和私属开放,只要他具备贵族需要的才能和操守。

儒学集团也正是在这样一种背景下应运而生。于是一个以平民为主要对象,以"六艺"等专业技能和礼仪修养为基本训练的孔子私家学团首先在东方世界出现。更准确地说,儒学在其产生最初一段时间里,是作为一个游团,即作为一个游走于当时东方世界的学团形式出现的。儒学何以最初这种形式出现?据《史记》的描述是孔子在鲁国改革弊政,遇到了挫折,被迫离开鲁国,开始了在外流离的生活。但这仅是外部原因,笔者更愿从传播和拯救古典文化的自觉来看孔子这次远游。这从其后来困于匡的言论中,"文王既没,文不在兹乎?天之将丧斯文,后死者不得与于斯文也。天之未丧斯文也,匡人其如予何?"(《论语·子罕》)可见其对文化承传的自觉天命承担。从一路曲折向西向南的巡游路径也可见其南游的真实目的,是向南方的楚国荆蛮之地传播古典文化。而其强调欲栖居于蛮夷之地或无意于出仕,亦可见其志在教授弟子、向边远地区传播古典文化。①

在上述大的社会框架内,对游团这一独特共同体的关注,也为我们研究儒学的历史记忆的形成与建构提供了一个有效的历史社会学的分析路径,这也是以往学者很少注意到的。作为游团,首先,是一个居无定所的师徒平等开放共同体。几乎所有的成员都离开其本乡、本土,甚至本国,投身于这样一个游走于东方世界的共同体中。游走意味着居无定所,生活没有稳定的物质保障,经常处于困顿中。游团的经济来源,除来自学员个人学资外,最初曾受到卫国礼遇和资助,但是当孔子拒绝了卫灵公问陈之后,便被迫离开卫国,生活遂陷入困顿。"在陈绝粮,从者病,莫能兴。子路愠见曰:'君子亦有穷乎?'子曰:

---

① 如《论语·子罕》:"子欲居九夷。或曰:'陋,如之何!'子曰:'君子居之,何陋之有?'"。又《公冶长》:"道不行,乘桴浮于海。"又《子路》:"樊迟问仁。子曰:'居处恭,执事敬,与人忠。虽之夷狄,不可弃也'."又《卫灵公》:"子张问行。子曰:'言忠信,行笃敬,虽蛮貊之邦行矣;言不忠信,行不笃敬,虽州里行乎哉?'"这些言论表现出移居夷狄和对道之行于蛮夷的信心;而《为政》:"或谓孔子曰:'子奚不为政?'子曰:'《书》云:孝乎惟孝、友于兄弟,施于有政。'是亦为政,奚其为为政?'",则反映了其已无意于仕途。

'君子固穷,小人穷斯滥矣。'"(《论语·卫灵公》)除私人物品外,有迹象表明游团食物等主要生活资料实行共有制。① 生活的拮据削平了其原初社会地位和经济的差别。共同拥有物质资料也造成了一个平等的生活基础。"有朋自远方来,不亦乐乎"(《论语·学而》)如我们所知这里的"朋"是指弟子。因此,孔子作为传道授业的长者,除在知识和道德上具有一定权威外,师生之间在身份属性上更多是朝夕相处的长辈亲情和朋友的平等关系。相对外部大的封建等级和日益家父长化的社会,游团形成了一个相对平等独立的生活世界。与此同时,游走不仅意味着地理世界的扩大,也意味着文化世界的扩大,深入接触沿途的各国文化,从而使从齐鲁地域儒学蜕变为兼容并包开放的"世界"儒学。② 而沿途弟子不断加入这一游团也增加了其开放性和兼容性,这就使儒学自创立之初就是一个开放的儒学,使之在后来的发展中能不断吸收各种思想和文化。如对管仲的评价:"管仲相桓公,霸诸侯,一匡天下,民到于今受其赐。微管仲,吾其被发左衽矣。岂若匹夫匹妇之为谅也,自经于沟渎,而莫之知也?"(《论语·宪问》)即从天下开放的视野突破了时人的狭隘观念。

平等的内部结构和开放的视野,也为儒家超越外部世界等级秩序和家父长制的藩篱,从人类公性的视野思考问题创造了基础。"有教无类"的平等教育理念首先被提了出来。这一理念成为游团成员的观念和传统,成为后世儒学社团一直秉承的尺度和观念,并随着儒学教育向民间教育的扩散而传播。于是"大道之行,天下为公,选贤与能"(《礼记·礼运》)遂在后来儒家中响亮提出。而随着郡县制的形成,社会基础结构整体上向编户齐民转变,这种人类平等公性的思考越来越得到社会的回应,渐至成为一股强劲的社会思潮。这在当时或后来的文献中清楚地反映出来,"故立天子以为天下,非立天下以为天子也。立国君以为国,非立国以为君也。"(《慎子·威德》)"天下非一人之天下也,天下之天下也。"(《吕氏春秋·贵公》)这一思潮也成为推动郡县制建立的强劲动力,所以钱穆称秦之郡县为"有史以来之创局","此实当时一种极纯

---

① 《论语·雍也》:子华使于齐,冉子为其母请粟。子曰:"与之釜。"请益。曰:"与之庾。"冉子与之粟五秉。子曰:"赤之适齐也,乘肥马,衣轻裘。吾闻之也,君子周急不继富。"原思为之宰,与之粟九百,辞。子曰:"毋! 以与尔邻里乡党乎!"以及从"颜渊死,颜路请子之车以为之椁",均可见其主要生活资料公有的迹象。

② 学者的研究表明孔子南游楚国,深受了楚地文化影响,晚年喜《易》就发生在其南游的最后阶段(参见高华平:《孔子与楚国》,《"经学与中国文献文化"国际学术研讨会论文集》,2013 年,第 667—681 页),事实上各地文化都应有影响。

洁伟大之理想,所谓'平天下'是也"。①

可以说,早期儒学的所有超越都要从这个平等共同体的开放世界寻得基础,换言之,首先是有这样一种新型向世界敞开的平等共同体,然后才有儒学的创生和超越。后来诸子游团亦然,也多是在这样的一个平等身份的开放共同体中与家父长制社会结构保持一定的独立性和距离,尽管思想各不相同,但都出现不同程度的超越,由是便催生了战国诸子百家"精神开放"时代。但与此同时社会又整体不可逆转地向家父长制结构转变,社会道德人伦则整体的日益沉落。于是便出现了这样一种现象,——一方面思想不断超越,诸子百家号呼奔走,从各个层面,为社会提供一幅幅理想历史图景,如司马谈所云:"夫阴阳、儒、墨、名、法、道德,此务为治者也";②一方面社会日益混乱和沉落。两者之间持续形成张力,又反过来刺激诸子百家为寻求治世之道更深入地思考。这种现象被西方学者称之为超越秩序与现世秩序间的张力,为轴心文明突破或精神开放时代的重要动力。③

其次,作为一个礼仪文教的共同体,对早期儒学历史记忆形成起到了重要作用。如前文所述,霸政初期礼乐文化的复兴,成为霸政得以形成的重要组织资源。作为游团的儒学也正是在这一思潮的余波和社会背景下产生,以"郁郁乎文哉吾从周",复兴周代礼乐文明为己任。事实上,根据目前出土资料,西周早期礼制系统可能并不发达,④所谓"周公制礼"更可能是春秋时期形成的一个集体记忆。而游团承继了这一集体记忆,并赋予其历史性,对这一集体记忆的绵延和不断重构起到了至关重要作用。因为集体记忆事实上是"被广泛共享了的个体记忆",除了社会集体仪式、节日和纪念物等,会话对集体记忆生成也起到了重要作用;集体记忆能否被广泛分享与传播,与讲述者的身份、权威又有很大关系,讲述者身份具有权威性,对集体记忆的生成与传播有重要作

---

① 钱穆:《国史大纲》上册,北京:商务印书馆,1996年,第121页。

② 《史记》卷一三〇《太史公自序》,第3288—3289页

③ Shmuel N. Eisenstadt, ed. , Preface, *The Origins and Diversity of Axial Age Civilizations*, State University of New York Press, Albany, 1986.

④ 参见北大历史系考古教研室编:《商周考古》,北京:文物出版社,1979年,第197—203页;印群:《论周代列鼎制度的嬗变——质疑"春秋礼制崩坏说"》,《辽宁大学学报》1999年第4期;杨菊华:《中国青铜文化的发展轨迹》,《华夏考古》1999年第1期。

用;而听众也一定程度上影响集体记忆的形成。① 子曰:"夏礼,吾能言之,杞不足征也。殷礼,吾能言之,宋不足征也。文献不足故也。足,则吾能征之矣"(《论语·八佾》)可见,其时孔子传授礼仪的方式主要是以会话言说为主,会话对记忆产生了重要影响。又,子贡曰:"《诗》云,'如切如磋! 如琢如磨',其斯之谓与?"子曰:"赐也! 始可与言《诗》已矣,告诸往而知来者。"(《论语·学而》)子曰:"绘事后素。"曰:"礼后乎?"子曰:"起予者商也! 始可以与言诗已矣。"(《论语·八佾》)又"三人行,必有我师焉;择其善者而从之,其不善者而改之。"(《论语·述而》)可见成员间会话交流的重要作用,从某种意义上说,孔子的历史记忆建构是游团的共同建构,孔子的思想也是游团共同的思考和升华。而从孔子言必有征,及著名的"吾犹及史之阙文"(《论语·卫灵公》)等言论看,其时已出现了西方学者所认为的历史意识的自觉(尽管这种自觉或处于童年时期而远没有达到现代以来的成熟)。② 在孔子游团这里,根据时代的"文献"遗存,即文字和贤达口传资料,对殷周以来的礼乐做了一定的整理,已然赋予了其历史性。孔子是否将这些经过考证的礼仪付诸文字,史料难以为证,但从目前的礼乐文献的遗存多强调"七十子之徒所记",其时更多是通过会话的形式将所得征的礼乐知识教授弟子,借助后来的弟子们的书写整理,不排除进一步的考证,在儒学团体中教习传播,成为后世儒学团体共同的历史记忆。随着游团的传播和后来团体影响的扩大及整理文献的流传,成为更广泛的社会集体记忆。而儒学文献的书写整理则成为社会记忆的核心,持守承传这些文献也成为儒学身份认同区分其他群体的重要标识。文献也在这种身份认同与周边世界的张力中越来越被重视,这就形成了文献经典化的过程,反过来影响了儒学在浊乱动荡的世界中对文献承传的坚守。虽经战国离乱儒学的文化承传仍不绝如缕。

第三,作为一个有政治理想的共同体,开创了儒学德治主义和礼治主义不同路径。如前文所述,恢复西周王政时期的礼乐文明已是那个时代的社会思潮和集体记忆。因此,礼治主义也成为孔子及其学团的理想政治的出发点。

---

① William Hirst and Gerald Echterhoff, Creating Shared Memories in Conversation: Toward a Psychology of Collective Memory, *Social Research*, Vol. 75, No. 1, Collective Memory and Collective Identity (SPRING2008), pp. 183 - 216.

② 关于历史的童年参见:Amos Funkenstein, Collective Memory and Historical Consciousness, *History and Memory*, Vol. 1, No. 1 (Spring-Summer, 1989), pp. 5 - 26.

然而,一方面礼乐的复兴也造成了贵族社会中礼仪越来越空心和虚文化,以至于孔子发出"礼云礼云,玉帛云乎哉? 乐云乐云,钟鼓云乎哉?"(《论语·阳货》)的感叹;另一方面,在整个社会向家父长制社会变迁运动中,对西周的礼乐文明亦越来越失去兴趣,如何复兴礼乐,拯救社会日益沦丧的道德,便成为孔子游团的思考。于是相对"礼","仁"作为核心观念被提了出来。如郭沫若指出的"'仁'字是春秋时代的新名词,我们在春秋以前的真正古书里面找不出这个字,在金文和甲骨文里也找不出这个字。这个字不必是孔子所创造,但他特别强调了它是事实。"①

对于礼仁关系,自来学者就争论不休,学者讨论中往往重"仁"而轻"礼"。事实上,在孔子那里礼与仁是一个统一的不可分割的整体。礼所代表的不仅是人的外在行为规范或社会秩序,更是人类文明赖以延续的文化传统和古典教育,而仁则"是遵礼而行的内在意愿,同时也是拒绝礼仪虚文和把握礼仪本质的实践态度。拒绝虚文和把握本质很大程度上是一个精神内在理解的过程,是发现伟大精神矿源而激动喜悦的过程,甚至可以说是发现真实自我的过程"。② 简言之,孔子的任务就是一方面继承有周以来以礼为核心的文化遗产,通过对仁的内向性追求克服礼乐的虚文化,赋予礼乐生命的活力,使礼乐真正起到修身成德的目的。如顾炎武所云:"礼者,本于人心之节文,以为自治治人之具。"③礼有"自治"和"治人"两层意思,诚然在孔子那里含有这两层意思,但这种对礼的内向性精神本质把握更多地体现在个体礼仪文教的修养,因此,所强调是"自治"而"治人",君子修身,以礼自律,"自治"然后能"治人"。这可以说是孔子论礼的基本思路。因此,孔子的政治思想本质上属于一种德治主义。这种德治义无疑期望君主成为以礼修身的有德之君而治理百姓。有德之君成为全社会共同期待,甚至观念中应有之义,这就赋予了家父长统治的天然合理性,所以亦如西岛定生所指出的"这样的德治主义,其实与专制主义具有表里的关系"。④ 这种德治主义正反映了春秋家父长制社会形成过程中,社会对君主或家父长个人德性和德治的需求,是大的社会框架在思想中的结构

---

① 郭沫若:《十批判书》,《郭沫若全集》(历史编)第 2 卷,北京:人民出版社,1982 年,第 87 页。
② 颜世安:《外部规范与内心自觉之间——析〈论语〉中礼与仁的关系》,《江苏社会科学》2007 年第 1 期。
③ 顾炎武:《顾炎武全集》第 21 册,上海:上海古籍出版社,2011 年,第 81 页。
④ 西岛定生:《中国古代帝国形成史论》,刘俊文主编:《日本学者研究中国史论著选译》第 2 卷,高明士、邱添生等译,北京:中华书局,1993 年,第 60 页。

性的反映。

孔子对礼和仁的强调在两个方向上开辟了后世儒学的发展路径。一是德治主义内向性路径，一是礼治主义外向化路径。随着封建向郡县社会结构的深刻变迁，两种路径都得到了极大的发展和突破。内向性的路径以思孟学派为代表。下移至战国，贵族的氏族社会已经解体，家父长郡县制社会已基本形成，七雄争胜，礼乐文明在上层精英和统治者那里都已失去了最后的余光，国家强盛成为统治者唯一的追求。在这种社会框架下，儒学要保有孔子而来的传统，承担起社会道德的拯救，一定程度上满足统治者对强盛国家的需求，弱化外部礼仪，更进一步地走内向性的路径，以激活儒学道德主义的热情，强调国家德治的重要，便成为当时游走于列国间新儒学游团的最适切选择。孟子游团儒学正是在这一背景下产生。人的德性和统治者的德治被格外强调。不仅如此，从内向性路径出发，孟子更通过人性善论来寻找人的德性修养的内在动力和根据。人性的善恶之争亦成为战国诸子的一个重要话题。而孟子的性善论、心性学说亦成为后世儒家德性论的主流。然而从孔子仁政说到孟子的德治主义，虽然提出了"民为贵，社稷次之，君为轻"，一定程度上突破了家父长制的局限，但应当看到总体上它们仍然是这一社会结构影响下观念的产物。因为无论孔子的仁、还是孟子的德所强调的仍然是来自统治者的恩惠赐予。这结构性地赋予了家父长专制统治的合理性，使这一社会结构具有天然的正当性。

礼治主义外向化的路径则以乡里守文之儒和荀子学派为代表。礼仪文教在统治者那里再无用武之地时，一部分守文之儒则退居乡村里社，在乡里共同体中传习礼仪文化，实践儒学礼仪文教。（如史书所言，"天下方务于合从连衡，以攻伐为贤，而孟轲乃述唐、虞、三代之德，是以所如者不合。退而与万章之徒序《诗》《书》，述仲尼之意"，[①]亦表明孟子游团也开始向民间退守）也正是这部分儒学的坚守，使儒学在战国的纷扰中，不绝如缕。而乡里共同体的儒学实践也深深地影响了儒学历史记忆的绵延和重构。由于长期浸润在编户齐民的生活世界里，虽然这些儒学活动无法跳出家父长制社会结构的潜在影响，但从一开始就具有了忽视或抵制王权的地方自治主义的特征。这与过去学者认为儒家礼治主义强调维护专制王权有很大不同。《仪礼·乡饮酒礼》等文献的

---

① 《史记》卷七四《孟子荀卿列传》，第 2343 页。

形成当与这一时期的礼治实践相关。《礼记·乡饮酒义》:"乡人,士君子,尊于房中之间,宾主共之也。……宾主,象天地也。介僎,象阴阳也。三宾,象三光也。让之三也,象月之三日而成魄也。四面之坐,象四时也。天地严凝之气,始于西南,而盛于西北,此天地之尊严气也,此天地之义气也。天地温厚之气,始于东北,而盛于东南,此天地之盛德气也,此天地之仁气也。"此俨然乡里中心主义的自治秩序,并借孔子之口说:"我观于乡,而知王道之易易。"在《庄子·渔父》中则假渔父之口对孔子批评:"今子既上无君侯有司之势,而下无大臣职事之官,而擅饰礼乐,选人伦,以化齐民,不泰多事乎?"此批评正反映了当时活动在乡里社会的儒者在民间所做的具有地方自治主义的礼治实践。

经历一百多年的战乱,至战国末年,一个稳定的统一王朝的出现成为全社会和知识精英的期待。与此相适应,学术也开始为一个统一王朝的出现做积极准备。儒学也从乡里礼治主义发展到天下礼治主义。集大成者荀子学派的兴起,较为系统地发展了天下礼治主义。与思孟学派内向性寻求内在之善的把握和对情欲的戒慎恐惧不同,荀子更强调对外部礼制的信赖,在人性论上则肯定情欲,并以此作为政治建构的出发点,强调礼"明分使群""度量分界",对整齐天下秩序的意义。[①] 在这一天下秩序的"度量分界"中可清晰地看到对地方自治的认同,反映了其源自乡里礼治主义的儒学特征。也正是这一特征在后来王国儒学中得到充分发展,而成为和专制皇权之间具有极大张力的河间王国儒学。

二、封建、郡县之变中王国与帝国儒学的分途
——历史记忆、断裂与重构中的今古文经学

秦帝国统一的完成,从大的社会框架看,郡县制在全国范围内建立,既标志着家父长专制统治在帝国全境内完成,也标志着社会整体地编户齐民化完成。一方面从春秋有力世族而来的家父长专制统治空前加强,以帝制君临天下,视天下臣民为私臣属役,不惜民力任意役使;一方面则是普遍的平民意识的觉醒,其精英力量——士人集团的壮大,要求天下为公,选贤与能,君主与庶

---

① 关于荀子这一人性论新说参见颜世安:《肯定情欲:荀子人性观在儒家思想史上的意义》,《南京大学学报》2015年第1期;《荀子人性观非"性恶"说辨》,《历史研究》2013年第6期。

民共享权力,即"天下非一人之天下也,天下之天下也"。两方矛盾的激化,秦最高统治者不但不顺时而变,仍严刑峻法,更不惜以焚书坑儒来钳制思想,打击精英,最终葬送了这个新生的郡县制帝国。而秦的灭亡也标志着春秋世族贵族统治的终结,如赵翼所说:"人情犹狃于故见,而天意已另换新局。"①春秋贵族的统治已如落日余晖,随着楚汉战争的结束而逝去最后一缕霞光。汉帝国的建立是编户齐民与士人的胜利,在很长一段时间内不得不与平民共享权力。如李开元所指出的,汉初刘邦之皇权实质上是一种"相对性有限皇权",在中央平民出身的武力功臣集团占据公卿要职,在地方则以军吏卒为主体形成了一个"拥有强大的政治势力和经济基础,具有高等社会身份的新的社会集团"。② 与此同时,又以求贤诏的方式,将士人集团笼络在皇室左右,并有计划地让这些人出任地方长吏。因此,相比秦的春秋贵族家父长专制统治,汉初在一定程度上实现了与平民的权力共享。这种权力的共享,又为地方豪强、游侠和士人集团等民间势力的崛起提供了广阔的政治社会空间。他们与原军功集团一起构成了民间社会的中坚力量。这就使得汉初社会结构相比春秋以降发生了明显的变化。一个由编户齐民而来的上升的平民贵族阶层于焉形成,要求更高的社会身份和权力分享。

　　这一社会结构的变化,一方面舒缓了家父长制皇权与平民力量崛起之间的矛盾,一方面也为思想文化在民间社会的活跃和大胆突破创造了坚实的社会基础。而亡秦之痛,殷鉴不远,如何确保不像秦那样其亡也速,是汉初从最高统治者到时代精英的共同思考。秦的极权暴政也成为那个时代难以抹去的集体记忆,深刻地影响了时代思想的建构。如《剑桥中国秦汉史》所指出的,帝国最初是"在现实主义原则和试验的基础上建立起来"的,③处于试验与建构中的帝国相对稳定的政治学术环境、宽松的文化政策,以及地理世界的扩大和统一帝国的视野,也使得这一时期的知识分子,比之先秦诸子,更多了"成一家之言,厥协六经异传,整齐百家杂语"④志愿和胸怀,这些都为学术文化的再度活跃与繁荣创造了条件。围绕着帝国如何构建,各种学术力量和政治势力间

---

① 赵翼:《廿二史札记》,北京:中国书店,1987年,第22页。
② 李开元:《汉帝国的建立与刘邦集团——军功受益阶层研究》,北京:三联书店,2000年,第143、54页。
③ 崔瑞德、鲁惟一:《剑桥中国秦汉史》,北京:中国社会科学出版社,1992年,第27页。
④ 《史记》卷一三〇《太史公自序》,第3319—3320页。

展开了积极的探索，正如沃格林所指出的，帝国创生与精神开放闪亮平行。[①]于是形成了中国历史上继诸子之后思想文化一个新的活跃、繁荣与规模性突破时期。借用艾森斯塔特等人概念，我们将这一时期的繁荣与突破称为继诸子之后轴心文明的二次性或继发性突破（secondary breakthrough）。[②]

　　除上述原因外，春秋以降社会变迁运动及秦火所造成的历史记忆的断裂与重构则是这一时期学术思想规模性突破的深刻内因。对于儒学而言，孔子在世时已被尊为礼仪道德修养的典范，孔子去世后，怀着师生间无比深厚的情感，孔子的德性和智识形象在学生们的集体记忆中被不断拔高，日趋完人，"仰之弥高，钻之弥坚；瞻之在前，忽焉在后"（《论语·子罕》），最终定格为万人仰拜的道德理想的化身——圣人，成为一持久不变的宗教性表征。而儒学也在对孔子的尊崇中日趋成为一具有宗教倾向性的团体。为抵制多变日渐沉沦的世界侵蚀，与其他宗教采取的路径基本一样，以孔子为中心的圣人事迹与言论被载入文本成为各种儒学团体的共同记忆。如哈布瓦赫指出的，这些宗教性团体"整体上是以一种孤立的状态存在的，并且与其他的社会记忆更是互不相干，以至于它们形成的时代变得更加遥远，从而在它们所再现的生活方式、社会思想和当今人们的观念与行为模式之间，形成了格外鲜明的对照。"[③]正是这种集体记忆的固化和区隔，与周围世界的鲜明对照，形成儒学道德魅力和文化认同。儒学因此能在整体社会沉沦、动荡中不绝如线，在乡里社会中坚持礼治主义实践。与其他宗教不同的是，儒学从一开始就是人文的，强调集体记忆的历史性，所以这些集体记忆一旦归集到孔子的名下，被不断书写完成，就获得了来自圣人的权威，就进入了持续的经典化形成的过程。这些经典成为强大表征，儒学就进入了一个被这些经典文献所界划的世界。如果这些文献的历史清晰完整，除了通过重新解释实现渐变外，就很难有规模性的突破。但春秋以降文献的持续灭失和秦火造成的历史记忆的断裂为这种突破提供了可能。对于集体记忆的变迁，哈布瓦赫说：

---

　　① Eric Voegelin, World-Empire and the Unity of Mankind, *The Collected Works of Eric Voegelin*, Volume 11: Published Essays, 1953 - 1965, edited by Ellis Sandoz, University of Missouri press, 2000, p. 137.

　　② Shmuel N. Eisenstadt, ed., Preface, *The Origins and Diversity of Axial Age Civilizations*, State University of New York Press, Albany, 1986.

　　③ 哈布瓦赫：《论集体记忆》，上海：上海人民出版社，2002 年，第 156—157 页。

　　　　古代的表征在古代社会里是以集体的形式出现的，它们凭借所有得自古代社会的力量而强加给我们。这些古代表征越古老，它们也就越强大；采纳它们的人数越繁多，群体越广泛，这些表征就会变得越强劲有力。而为了对抗这些集体力量，就需要更加强大的集体力量。……仅仅有一种可能的解释。如果今天的观念有能力对抗回忆，而且能够战胜回忆乃至改变它们，那则是因为这些观念符合集体的经验，这种经验如果不是同样古老，至少也是更加强大。①

　　然则哈布瓦赫的这种变化，更多地适用于集体记忆，尤其是一些模糊的古代神话和传说，或者人类历史的童年，还没有真正的严格史学时代。② 而对于史学相对成熟的时代，由文字固化的历史记忆来说，则要困难得多。对儒学这样宗教倾向性团体而言，只要这些承载历史记忆的文字存在，这种更强大的力量除可能会引起儒学对历史记忆一定限度的重新解释和调整（就如同其他宗教的缓慢变迁一样）外，要实现规模性大的突破，就必然遭到抵制，产生冲突，新的历史记忆重构将是困难重重。

　　不过，这种改变并非不可能。就如西方经典新历史批评学家文奈特（Frederick V. Winnett）所指出的，"因为宗教的保守主义观念，除非在长期的中断或强大的压力下，并得到官方的支持，这些文本才能可能会被改动。"③比之哈布瓦赫的一种更强大的集体力量来改变旧的集体记忆，在历史记忆大的断裂之后，在社会结构变迁中，历史记忆的重构就容易和自然的多。在这样大的断裂中，核心传统和文本固化的历史已遭严重破坏或已不复存在。即使劫后侥幸存留，但因时间的尘封或传承的孤危，重新出现时，面对断裂后的新的集体经验已然陌生，不仅威权不复，其真伪也很难自明。但这并不是说固化的历史记忆在断裂后立即消失，失去了文本的历史记忆在人们的记忆、生活礼仪实践和观念中绵延，不过，随着时间的推移会逐渐模糊，从而蜕变成意象性、弥

---

① 哈布瓦赫：《论集体记忆》，第 305 页。

② 关于神话与历史记忆，可参见上引 Noa Gedi and Yigal Elam, Collective Memory —What Is It?, *History and Memory*, Vol. 8, No. 1 (Spring-Summer, 1996), pp. 30－50；Amos Funkenstein, Collective Memory and Historical Consciousness, *History and Memory*, Vol. 1, No. 1 (Spring-Summer, 1989), pp. 5－26 两文；赵世瑜：《传说·历史·历史记忆——从 20 世纪的新史学到后现代史学》（《中国社会科学》2003 年第 2 期）亦有讨论。

③ Frederick V. Winnett：Re-Examining the Foundations, *Journal of Biblical Literature*, Vol. 84, No. 1 (Mar., 1965), pp. 1－19.

散性的集体记忆,在新的社会历史和集体经验中积聚、成长与重构。

对于发生在中国古代历史记忆"层累的成长"这一现象,顾颉刚先生将之总结为"层累造成的中国古史",这一结论对近代学术产生了巨大影响。关于"层累造成的中国古史",顾颉刚先生有三条论断:"第一,时代愈后,传说中的古史期愈长;第二,时代愈后,传说中的中心人物愈放愈大;第三,我们在这上,即不能知道某一件事的真确的状况,但可以知道某一件事在传说中的最早的状况。"①在《答李玄伯先生》一文中顾先生又将之概括为"不立一真,惟穷流变"。② 对此,胡适将之解释为:1. 把每一件史事的种种传说,依先后出现的次序,排列起来;2. 研究这件史事在每一个时代有什么样子的传说;3. 研究这件史事的渐渐演进,由简单变为复杂,由陋野变为雅驯,由地方的(局部的)变为全国的,由神变为人,由神话变为史事,由寓言变为事实;4. 遇可能时,解释每一次演变的原因。③ 从记忆史学看,无疑这些论断和解释都是科学的。

但在顾颉刚的语境中,这里的"造"更多地是指"伪造",更具体地说,是西汉末年刘歆、王莽为篡夺汉室而伪造的。而这一观点承清代今文经学,这一派集大成者则是清末康有为,如其在《新学伪经考》所指出:"古文经之出于伪撰,'铁案如山摇不动,万牛回首丘山重'矣。"④康氏的观点几被后来疑古学派完全接收,成为疑古运动最重要的理论来源之一。如顾颉刚本人所说:"我深信一个人的真理即是大家的真理。《伪经考》这书,结论或有错误,但是这个中心思想及其考证的方法是不错的。他虽没有完工,但已指示我们一条继续工作的路。"⑤即使后来遭到钱穆先生的批评,他仍然认为:"刘歆一个人,年寿有限,能力有限,要他伪造许多书自然不可能,但这个古文学运动是他于校书后开始提倡的(见本传),是他于当权后竭力推行的(见《王莽传》),这是极明显的事实。在这个利禄诱引之下,自然收得许多党徒,造成一种新风气……所以刘歆虽不是三头六臂的神人,但他确是改变学术的领袖,这个改变的责任终究应

---

① 顾颉刚:《与钱玄同先生论古史书》,《古史辨》第 1 册,上海:上海古籍出版社,1982 年,第 60 页。

② 顾颉刚:《答李玄伯先生》,《顾颉刚古史论文集》卷一,北京:中华书局 2010 年,第 314 页。

③ 胡适:《古史讨论的读后感》,《古史辨》第 1 册,第 193 页。

④ 康有为:《新学伪经考》,北京:古籍出版社,1956 年,第 19 页。

⑤ 顾颉刚:《五德终始说下的政治和历史》,《清华学报》1930 年第 1 期,第 191 页。

归他担负。清代今文家在这一方面,议论虽有些流于苛刻,而大体自是不误。"①可见康氏今文学对顾的影响之深。从某种程度上说,整个疑古运动正是建基于康氏刘歆伪造诸经说的基础上的。针对康氏的问题,钱穆先生在《刘向歆父子年谱》一文中已做系统批驳,"古文争立自刘歆,推行自王莽,莽、歆为人贱厌,谓歆伪诸经以媚莽助篡,人易取信,不复察也。南海康氏《新学伪经考》持其说最备,余详按之皆虚。要而述之,其不可通者二十八端。"②如余英时所指出的:钱先生一九二九在《燕京学报》上发表了《刘向歆父子年谱》,根据《汉书》中史实,系统驳斥了康有为《新学伪经考》;这是轰动学界的一篇大文字,使晚清以来有关经今古文争论告一结束。③ 虽然不能说争论已告结束,但钱氏所论折转了学术界的观点,产生了极大影响是毋庸置疑的。

事实上,无论是"层累造成的中国古史"的三条论断,还是后来胡适对其"不立一真,惟穷流变"的解释,都与伪造没有多大关系。如前所述,这些层累是集体记忆在社会和集体经验的流变中积聚、成长与重构形成的。它绵延着传统,凝聚着时代的经验与价值,与康氏的伪造说有着本质的区别。对此,钱穆的批评可谓一针见血:

> 至于顾先生的古史辨,所处时代早已和晚清的今文学家不同,他一面接受西洋新文化的刺戟,要回头来辨认本国旧文化的真相,而为一种寻根究源之追讨,一面又采取了近代西洋史学界上种种新起的科学的见解和方法,来整理本国的旧史料,自然和晚清的今文学未可一概而论。即如胡适之先生所指顾先生讨论古史里那个根本见解和方法,是重在传说的经历和演进,而康有为一辈人所主张的今文学却说是孔子托古改制,六经为儒家伪造,此后又经刘歆王莽一番伪造,而成所谓新学伪经。伪造与传说,其间究是两样。传说是演进生长的,而伪造却是可以一气呵成,一手创立。传说是社会上共同的有意无意——而无意为多——的一种演进生长,而伪造却专是一人或一派人的特意制造。传说是自然的,而伪造是人为的。传说是连续的,而伪造是改换的。传说渐变,而伪造突异。我们把顾先生的传说演

---

① 顾颉刚:《跋钱穆评"五德终始说下的政治和历史"》,《顾颉刚古史论文集》卷二,北京:中华书局,2010年,第458—459页。

② 详见钱穆《两汉经学今古文平议》,北京:商务印书馆,2001年,第1—7页。

③ 余英时:《钱穆与中国文化》,上海:上海远东出版社,1994年,第134页。

进的见解,和康有为孔子改制新学伪经等说法两两比较,似觉康氏之说有粗糙武断,不合情理,不如传说演进的说法较实近实际。……顾先生的古史剥皮比崔还要深进一步,决不肯再受今文学那重关界的阻碍自无待言。

不过顾先生传说演进的古史观,一时新起自不免有几许罅漏,自不免要招几许怀疑和批评。顾先生在此上,对晚清今文学家那种辨伪疑古的态度和精神,自不免要引为知己同调。所以古史辨和今文学,虽则尽不妨分为两事,而在一般的见解,常认为其为一流,而顾先生也时时不免根据今文学派的态度和议论来为自己的古史观张目。这一点,似乎在古史辨发展的途程上,要横添许多无谓的不必的迂回和歧迷。①

钱穆先生这番述论可谓客观中允,识固卓卓,给予笔者撰写本文重要的启发。对顾氏层累说与康氏伪造说的本质区别,钱穆说得已非常通透,这里"造成"应是"生成"或"成长",而不是"伪造"。虽然只一词之差,但意义大相径庭。前者是人为的伪造,后者是自然的生成。从记忆史学看则是一个记忆的变迁与重构的过程。因此,古史辨引康氏伪造说以为"知己同调"乃是"横添许多无谓的不必的迂回和歧迷"。这里钱穆先生事实上已提出了一个一直未能引起学者注意的重大论断,笔者称之为"层累成长(生成)的中国古史"。可惜的是,尽管顾颉刚的史学一直贯穿着这一脉络,特别在后来《孟姜女》等民俗学领域成就卓著,却坚持其伪造说,认为"西汉末的一幕今古文之争,我们必得弄清楚,否则不但上古史和古文籍受其纠缠而弄不清楚,即研究哲学史和文学史的也要被它连累而弄不清楚了"。② 笔者认为,究其原因是顾氏受康氏之学影响太深,只注意到汉末的今古文之争,而没有认识到这争论源于汉初王国儒学与中央帝国儒学政治学术的分野,这一分野对经典形成造成的影响;更不能认识到这些影响与秦汉之际历史记忆断裂与重构的关系。

钱穆所论"传说是社会上共同的有意无意——而无意为多——的一种演进生长",正是历史尚未成熟时代或者说历史记忆断裂之后,意象性弥散性的

---

① 钱穆:《评顾颉刚五德终始说下的政治和历史》,顾颉刚编:《古史辨》第5册,上海:上海古籍出版社,1981年第620—621页。

② 顾颉刚:《跋钱穆评"五德终始说下的政治和历史"》,《顾颉刚古史论文集》卷二,第459页。

集体记忆在社会历史和集体经验变迁中不断重构的结果。但"一人或一派人的特意制造"并不一定是伪造，因为"伪造"，更准确地说乃是一个人或一派人为达到某种目的，在明知为假的情况下，主观故意地去制作，而"特意制造"，则可能存在着在集体意识和集体记忆以及现实需要的驱动下创造性地构造他们认为是真实的过去。二者存在着本质区别，伪造是虚假的，是功利的，很难有真实的价值，而记忆的构造则是时代集体心灵真实的沉思，是传统的绵延，时代价值的凝聚。历史记忆断裂后，集体记忆是模糊的，多为意象性碎片，所以要重建完整的记忆必然存在着想象的空间，在重组的过程中出现创造性的记忆。而历史记忆断裂后，现存的有限的历史记录也是残片式的，进行重组也必然存在大量的创造性的想象空间，而当这些想象空间以一种合理的线索，更重要的是从现在理解对过去的残片进行合理化或历史性的想象重组时，事实上是构造了一个新的时代和集体的历史记忆。① 而这一历史记忆既有自然生长的部分，也有一个人，更多的是一个学术集团受集体记忆和需要驱动，在具备一定条件和资源的情况下，对既有材料进行合理化重构，这一过程中存在着大量的历史想象和创造。而在这一历史想象与创造中，现实的社会历史处境和视阈大量投射其中。正因如此，在历史尚未成熟或断裂之后，"古史的层累成长"现象，不仅在中国，在希伯来等其他世界的古代文明也同样出现。②

秦亡汉兴之际历史记忆正经历了这样一个断裂、成长与重构。大量的经典在这一时期被整理恢复和书之竹帛，我们将当时这一现象称之为"成书复典运动"。思想文明的历史也在这一运动中出现规模性的突破。以此来考察聚讼纷纭的今古文经的生成，一切历史的纷扰和误解也许就此消弭。就古文经而言，这些经典载籍所见，最早多出现在景武之世的河间王国，与这一时期整个时代的集体记忆，以及河间儒学集团的形成，其特殊地位、视阈和二十六年间对儒学文献的整理与儒学系统建构密切相关。据《汉书·河间献王传》：

> 河间献王德，以孝景前二年立，修学好古，实事求是。从民得善书，必为好写与之，留其真，加金帛赐以招之。繇是四方道术之人不远千里，或有先祖旧书，多奉以奏献王者，故得书多，与汉朝等。是

---

① 关于历史记忆、发现与创造可参见：Bernard Levis, *History Remembered*, *Recovered and Invented*, Princeton University Press, 1975.

② 关于这一问题可参见拙作：《威尔豪森的〈以色列史导论〉与现代圣经批评——历史记忆、断裂与重构中的〈摩西五经〉》，《世界宗教研究》2016 年第 5 期。

时,淮南王安亦好书,所招致率多浮辩。献王所得书皆古文先秦旧书,《周官》《尚书》《礼》《礼记》《孟子》《老子》之属,皆经传说记,七十子之徒所论。其学举六艺,立《毛氏诗》《左氏春秋》博士。修礼乐,被服儒术,造次必于儒者。山东诸儒多从而游。①

又《史记·五宗世家》裴骃《集解》:

《汉名臣奏》,杜业奏曰:河间献王经术通明,积德累行,天下雄俊众儒皆归之。孝武帝时,献王朝,被服造次必于仁义。②

又《西京杂记》卷四云:

河间王德,筑日华宫,置客馆二十余区,以待学士,自奉养不逾宾客。③

从这些文献记载,我们可见其时儒学的规模与兴盛的情况。关于这一儒学集团的形成,已有相关研究,此不赘言。④ 这里要补充的是历史文献断裂之后,儒学亟须文献重建也是这个集团形成的重要原因。史书强调了河间献王"聘求幽隐,修兴雅乐",⑤"修学好古,实事求是",学举六艺,立《毛氏诗》《左氏春秋》为博士,搜集保存了《周官》《尚书》《礼》《礼记》《孟子》《老子》等文献。如后来博士大夫平当所论:"河间区区,小国藩臣,以好学修古,能有所存,民到于今称之。"⑥河间的功业在当时就被人们纪念和称赞。而河间高举六艺,以搜求先秦旧典为己任,由是"山东诸儒多从其游""天下俊雄众儒皆归之",从中可见其时代儒学对先秦旧典的集体记忆。可以说,正是在这样一个集体记忆的推动下,河间承担了聘求幽隐,恢复保存先秦旧典的重任,也正是这样一个集体记忆的感召,使天下雄俊众儒归集河间。对河间搜求整理先秦旧典的功绩,司马光说:

周室衰,道德坏,五帝三王之文,飘沦散失,弃置不省。重以暴

---

①　《汉书》第8册卷五三《景十三王传》,第2410—2411页。
②　《史记》卷五九《五宗世家》,裴骃《集解》引杜业语,第2094页。
③　葛洪:《西京杂记》卷四,《四部丛刊》景明嘉靖本,第5页a—b。在原宫、馆遗址上,近世有出土印有"日华""君子"铭文的汉砖。见陈直:《汉书新证》,天津:天津人民出版社,1979年,第310页。
④　成祖明:《西汉景武之世的河间学术》,《河北学刊》2005年第4期。
⑤　《汉书》卷二二《礼乐志》,第1071页。
⑥　《汉书》卷二二《礼乐志》,第1072页。

秦,害圣典,疾格言,燔诗书,屠术士,称礼乐者谓之狂惑,述仁义者谓之妖妄,必剃灭先圣之道,响绝迹灭然后慊其志。虽有好古君子,心诵腹藏,壁扃岩镭,济秦之险,以通于汉者,万无一二。汉初,挟书之律尚存,久虽除之,亦未尊录,谓之余事而已。则我先王之道,焰焰其不息者,无几矣。

河间献王生为帝子,幼为人君。是时,列国诸侯苟不以宫室相高,狗马相尚,则哀奸聚狷,僭逆妄图。惟献王厉节治身,爱古博雅,专以圣人法度遗落为忧,聚残补缺,较实取正,得《周官》《左氏春秋》《毛氏诗》而立之。……噫!微献王六艺其遂殪乎!故其功烈至今赖之。①

从这段文字中,我们看到的不仅是司马光对河间献王的高度赞誉,更注意到司马光对河间儒者们这一次文献整理之功重要性的客观认识:在先秦典籍残灭,"通于汉者,万无一二","先王之道,焰焰其不息者无几"的情况下,河间献王率河间众儒"聚残补缺,较实取正,得《周官》《左氏春秋》《毛氏诗》而立之"。这里司马光用了"聚残补缺,较实取正"来形容河间儒者对文献的整理恢复。这也给我们提出了一个重要的问题,对于这些几于残灭的文献是完全恢复了先秦文献的原貌,还是在"聚残补缺、较实取正"的过程中,或有部分地按其对材料理解进行了重新组织整理呢?显然后者更为可能。

以《周官》为例,对于这部大典的成书问题,古来就"纷如聚讼,不可缕举"。一般学者多认为其成书于先秦某一个时代,但直到今天并没有可靠的材料证明其在先秦业已存在。② 一个确定的事实就是载籍明文初见是在汉初,这是我们考察周官成书问题必须立足的确定起点。但也如前所述,今文学和古史辨者多认为《周官》真正出现是在刘歆时代,"摄皇帝遂开祕府,会群儒,制礼作乐,卒定庶官,茂成天功。圣心周悉,卓尔独见,发得《周礼》,以明因监"。③ 是

---

① 司马光:《温国文正公文集》卷七三《河间献王赞》,《四部丛刊》景宋绍兴本,第 2 页 b—3 页 a。

② 学者的论证多限于悬置性假设,即将这些文献成书或作者悬置于先秦某一时代,或某一人物,然后根据其时代特征,或相关只言片语,来论证与其内在关联和契合性,从而证其成书于某一时代或作于某一人物。但这种方法的问题是,只能证其源流,不能断其成书。一些材料的列举最多只能说这些文献和其有一定渊源或受其影响,并不能断其时代,亦如彭林所指出的:"参照或吸收西周典制来著书,战国人可以做,秦汉人也可以做,我们无法从他们的研究中引出最后的结论。"(彭林《〈周礼〉主体思想与成书年代研究》,北京:中国社会科学出版社,1991 年,第 17 页)

③ 《汉书》卷九九《王莽传上》,第 4091 页。

刘歆助莽篡汉伪造。其最要依据是古文诸经未现于《史记》，说明司马迁并不知道；《汉书》所载古文诸经乃是刘歆为了给诸经寻找历史依据而伪窜。对此，如前文所述，钱穆等学者已做过批驳，这里要补充的一个一直未被学者论及的重要原因就是，很多经典都是秦火余烬后其时"成书复典运动"的产物，是在"聘求幽隐"中"聚残补缺、较实取正"整理而成。一些整理恢复的所谓先秦旧籍在当时并未产生多大影响。这从《汉书·艺文志》亦可见其端倪，其时的《周官》地位尚不及七十子《礼》《记》，被序于《阴阳明堂记》之后。这表明刘向、歆父子校书时，《周官》业已存在，尚没被足够重视，仅作六艺礼类一种而已。直到晚年，刘歆才认识到这部经典的重要，"乃知其周公致太平之迹，迹具在斯"。① 而献王之死河间儒学消散之时司马迁尚年幼，后也未去过河间。而当这些经典进入皇家秘府(天汉之后)时，司马迁应已不在人世。秘府乃是汉武帝所设，为皇帝私人藏书所在，多为私密禁书。作为太史令，司马迁掌"'天官'(观察天象)，同时还保管、整理国家文书"。② 尽管能"绌史记石室金匮之书"这些"国家藏书"，但未必能见到非其所职的这些皇家私密禁书。事实上，无论是持刘歆伪造说者，还是先秦说者，他们共同的问题都是没有认真对待《周官》等古文诸经初现河间，与河间王国儒学及历史世界的关系。

　　这些经典批量的出现，正是秦火余烬后"成书复典运动"的产物，是历史记忆大的断裂后一次创造性的重构。当秦火这一灾难性事件成为整个时代和士人的记忆时，另一个集体记忆就被赋予了历史合理性——这就是时代普遍相信和接受一些来自圣人的典籍在"礼崩乐坏"和秦火中灭失或毁坏了。而当帝国在秦火的余烬中需要重建，需要圣人典则时，人们发现所面对只是余烬后的残编断简，时代需要尽可能恢复圣人典则，需要拯救即将完全丧失的"斯文"。也正是在这样集体记忆驱使下，河间儒学集团在秦火余烬之后，开始大规模地搜集残存的先秦典籍文本，进行他们认为的"实事求是"考订、整合，最后恢复了他们认为的周公制礼作乐时的王官典制。对此，《汉书·礼乐志》云："河间献王采礼乐古事，稍稍增辑，至五百余篇"，这就使得河间具备整理编写这样一部大典的得天独厚条件。从文献来源上讲，亦如杨椿在《周礼考序》中所指出的："遭秦之火，散亡遗佚，间有存者。后人网罗撷拾，汇为此书……且以周秦

---

① 贾公彦：《序周礼废兴》，《十三经注疏》，北京：中华书局，1980 年，第 636 页。
② 参见祝总斌：《说"史记"——兼试论司马迁〈史记〉的得名问题》，《田余庆先生九十华诞颂寿论文集》，中华书局，2014 年，第 27、28 页。

后事附入者在在有之。"①网罗搪拾的资料必驳杂不一,这就造成今天以出土文物、先秦文献来考证其名物制度则驳杂不一,既有部分出自周代,又有周秦后事附入,有的尽管官物名称与周代相同,但内容却有很大的不同。② 但从《周官》制度与思想体系言,如朱熹所云:"《周礼》一书,也是做得缜密,真个盛水不漏。"③孙诒让指出的:"此经建立六典,洪纤毕贯,精意眇旨,弥纶天地。"④《周官》作为一部煌煌大典,所涉及国家政制、名物众多方面,做得又这样"纤悉毕备""洪纤必贯",从其规模和严密程度上看,此非个人力量和私家著述所能完成,必出自一时一地之学术集团的精心构造。河间儒学集团正具备上述所有这些主客观条件。对于《周官》中封建规模,钱穆批评其夸示、冥构,与事实不符。其云:"(《周官》)既讲封建,又把古代封疆规模,竭意铺张。"⑤对于《周官·遂人》田制:"凡治野,夫间有遂,遂上有径,十夫有沟,沟上有畛,百夫有洫,洫上有涂,千夫有浍,浍上有道,万夫有川,川上有路,以达于畿",钱穆接着说:"这是何等宽大整齐、平整通达的景象? 试问照此景象,又哪里装上许多地域沟池封疆之界?"⑥事实上,钱穆先生站在《周官》成书战国末历史情形上发问认为是冥构,但如果将其下移至辽阔疆域大汉的国土上,无论其封建规模还是田制或其他制度就能看到现实的投影了,此正说明《周官》成书是在汉代视野下历史记忆的重构。

这一重构除了依据"聚残补缺"的文献外,还有悠远绵长的儒学传统和礼治实践。春秋以降大的社会变迁中传统礼乐文明遭遇了前所未有的危机,而相关文献也遭到严重破坏。但自孔子以下,儒学不绝如缕,一些守文之儒坚守着"一日克己复礼,天下归仁"(《论语·颜渊》)的信念,在乡里世界进行着礼乐的实践,这些实践无疑承载和绵延着历史记忆。这些材料和记忆构成了《周官》等构造的基础和依据。所以对于这些经典而言,既非伪造,也非书写信史,而是根据现有资料和绵延的记忆与实践,从那个时代的理解和集体经验出发,进行重构、想象和创造了的历史记忆。但在他们的观念中,则认为通过不懈努力,他们恢复了已经残缺的周公之典。而在后来的漫长的岁月中,绝大多数跟

---

① 杨椿:《孟临堂文钞》卷五《周礼考序》,清嘉庆二十四年刻本,第 18 页 a.
② 刘雨、张亚初:《西周金文官制研究》,北京:中华书局,1986 年,第 140、141 页。
③ 黎靖德编:《朱子语类》卷八十六《总论》,北京:中华书局,1986 年,第 2204 页。
④ 孙诒让:《周礼正义》卷一,北京:中华书局,1987 年,第 4 页。
⑤ 钱穆:《周官著作时代考》,《两汉经学今古文平议》,第 452 页。
⑥ 钱穆:《周官著作时代考》,《两汉经学今古文平议》,第 456 页。

随者也都认为他们"专以圣人法度遗落为忧,聚残补缺,较实取正","率使尧舜禹汤文武周公孔子相传之道,……既晦而复明,既坠而复续",①有着天不丧斯文之功,多深信这些典籍来自圣人周公。

与古文经成书志在恢复先秦旧籍不同,今文经则多经历了将先师所传"著之竹帛"的过程,文献历史的断裂和秦火的幽暗记忆都被强调。《公羊传》隐公二年,何休注:"春秋有改周受命之制,孔子畏时远害,又知秦将燔诗、书,其说口授相传,至汉公羊氏及弟子胡毋生等,乃始记于竹帛。"②这是史籍材料明文《公羊传》的著之竹帛情况。又《穀梁传》,徐彦云:"(公羊)高五世相授,至汉景帝时公羊寿共弟子胡毋生乃著竹帛,胡毋生题其亲师,故曰《公羊》。……穀梁者亦是著竹帛者题其亲师,故曰《穀梁》也。"③其著之竹帛亦当在此前后。口授相传的过程就是经典不断被记忆的过程,也是被不断重构的过程。秦火之前经典的存在和传授是模糊的,这不重要,重要的是秦火的幽暗记忆让人们确信这些经典来自圣人遗传,这些经典在先秦真实存在。但事实是包括《左传》在内的三传,在著之竹帛的过程中明显地出现各自不同的春秋史的书写,反映了河间王国儒学与中央帝国儒学的系统差异,是一个不同历史记忆的重构。

又《诗》,据《汉书·艺文志》:"孔子纯取周诗,上采殷,下取鲁,凡三百五篇,遭秦而全者,以其讽诵,不独在竹帛故也。"④又据刘歆《让太常博士书》,至孝文时,"《诗》始萌芽",孝武建元年间"颇有《诗》《礼》《春秋》先师",且"一人不能独尽其经,或为《雅》,或为《颂》,相合而成"。⑤ 两处合参,因其"讽诵"《诗经》内容才得相合而全。讽诵就是记忆,虽然讽诵的内容因诗歌的固有形式变化缓慢,但对这些内容的理解,也就是对记忆的理解,却会随着社会的变迁而变迁。《汉书·艺文志》"又有毛公之学,自谓子夏所传"。事实却是无论其观念和行动中多么"实事求是"的复原或书写传自"子夏"的文本,都很难摆脱历史境遇和视野的影响,将其集体经验意识大量地投射到其文献的整理与重构中;其表现就是《毛诗序》与三家诗说存在明显不同的说诗系统,反映着河间王国儒学与中央帝国儒学系统分野。

---

① 唐世隆:《修河间献王陵庙碑》,杜甲等编:《河间府志》卷二十《艺文下》,乾隆年间刻本,第33页b。

② 《公羊传》卷二《隐公二年》,《十三经注疏》,中华书局,1980年,第2203页。

③ 《公羊传》卷一《隐公元年》徐彦疏,《十三经注疏》,第2195页。

④ 《汉书》卷三十《艺文志》,第1708页。

⑤ 《汉书》卷三六《刘歆传》,第1968—1969页。

这种儒学系统的分野与他们各自的历史境遇密切相关。古文经典集中出现于河间,其形成明显受到河间王国的特殊境遇影响。河间王刘德作为景帝的次子,其时既为封建诸侯王,又为皇室集团一员,这一特殊身份遂构成了河间王国思考帝国问题的独特视野。作为皇室集团的一员,不同于吴楚诸王,其念兹在兹的是帝国的深刻危机和长治久安,进行大一统帝国制度设计和建构;而作为藩臣封建诸王,深刻认识到封建之于帝国长治久安的重要,使其不得不从王国的立场为封建辩护。作为前太子胞弟,其特殊的经历也让他切实地感受到来自日益膨胀的皇权压力。在嗣君之争中,其哥哥、母亲和亲友先后自杀、郁死和惨遭屠戮,他虽幸免于难,但已势如危卵。进入武帝朝后,从皇室集团进一步向地方宗室诸王势力的角色转换,其作为一代儒宗和士人领袖,也使武帝倍感压力。来自中央皇权的压力更是与日俱增。加之,秦之极权暴政,对于整个儒学士人集团而言都是难以抹去的幽暗记忆,作为平民力量的代表,"天下为公,选贤与能"的政治诉求,已然深刻在他们的思想之中。于是这种集统一帝国的思考、诸侯方国的视阈与平民士人的理想政治诉求,构成了河间儒学古文经学的基本特质。从这一特质出发,宗周礼乐制度在河间被格外强调,"治道非礼乐不成"①被其响亮地提了出来,并将宗周礼乐制度规模性系统地整理出来。河间王国儒学的视阈也深烙其中——宗周"分封子弟,以建藩国"的礼乐制度为维护封建王国地位提供了合法性的同时,也为抵制皇权膨胀,给王国自治空间提供了制度文化的保障。如上文所述,这种源自孔子,以礼修身,自治而治人的礼治主义在成长的过程中与地方乡里社会相结合,发展出了地方自治主义的儒学精神,经荀子发展出天下礼治主义。到了河间,从诸侯王国的视阈出发,以礼治主义为中心,河间儒学进一步强调了礼经天纬地的神圣核心地位,遂发展出"天礼之学"的儒学系统。

作为中央帝国儒学的今文经学脉络相对比较复杂。其最主要是在郎官侍从的中大夫阶层及博士官署中孕育发展起来。② 一开始就不自觉地带有家父长维护王权的主从性特征。基本特质形成也比较晚,主要在武帝时期。但也有一部分儒者从河间儒学和其他齐鲁民间学派转化而来,因而有部分王国儒学和民间礼治派的特征,可以看到对王国儒学改造的痕迹。他们站在郡县制

---

① 《汉书》卷二二《礼乐志》,第1070页。
② 参见拙作:《郎官制度与汉代儒学》,《史学集刊》2009年第3期。

中央皇权的立场上,以皇权为核心,宗先秦孔孟而来的德治主义之学,强调人君的德性,将人君的德性神圣化和意识形态化,如前所述,在宣扬德政、仁政的同时也为家父长皇权的专制统治披上了天然合理化的法衣。我们将这一儒学系统称之为"天人之学"。

总之,战国特别秦火的劫难,不仅赋予了汉人恢复先典籍和著之竹帛的历史合理性,也成为迫切之需;而文献的灭失也使历史记忆创造性地重构成为可能。思想的历史也随着秦亡汉兴,封建向郡县这一大时代的社会结构变迁与激荡中,出现了规模性的突破——因历史境遇不同,形成了河间王国儒学与中央帝国儒学的"天礼之学"与"天人之学"的分途。

三、垂拱而治的"天人"与"天礼"之学

为了强调各自的合理性,两大儒学系统从人性论到天道观上都做了不同论说。在人性论上,河间儒学超越善恶之争,将道家和荀学的"虚静而一"认知事物的途径上升到人的本性,提出"人生而静,天之性也,感物而动,性之欲也"(《礼记·乐记》),将人性置于一种本原的客观状态来讨论,强调客观世界的外物对人性的影响,为礼乐外部规范和对内陶治作用提供了人性论支持。在荀子肯定人的情欲的基础上,将人的欲望视为人性之常态,强调礼乐对这一欲望的中和、陶治,使人摆脱外物役使,在回归清静澄明中对外部世界有辨识和追求的能力。这种以超越善恶的动静来论人性,既克服了孟子以降内向性道德成长路径的虚玄;也摆脱了荀子关于人性为恶又何以向善的理论逻辑困境,使人在礼乐的陶治和对天理的追求中德性成长成为可能,为礼乐制度的必要性和正当性提供人性论的基础。与之相对应,中央儒学在人性论上则吸收了孟子的"性善"说,提出了著名的性三品理论:"圣人之性,不可以名性,斗筲之性,又不可以名性,名性者,中民之性。"事实上,将孟子人皆可以为尧舜的理论,转换为"圣人"生而为尧舜。圣人只存在于历史中,现实中则专指人君、圣王。普通人则需要圣人或圣王的教化方能像稻禾生长出米一样,生长出善来。因此,对于普通人而言,善并非人性,"善,教训之所然也,非质朴之所能至也,故不谓性。"而人性则是"有贪有仁,仁贪之气两在于身。身之名取诸天,天两,有阴阳之施,身亦两,有贪仁之性;天有阴阳禁,身有情欲栣,与天道一也。"(以上引文均自《春秋繁露·深察名号》)这就从人性论上强化了人君的神圣德性,人民只

有接受人君的教化才能抑制贪欲，生长出善。

从人性论出发，两派都进行了各自的历史文献重构和制度设计。晚清廖平曾对二者的分野进行总结，认为古文经学以《周官》为主，今文经学以《王制》为主，但同时又认为《春秋》"为其正宗，余皆推衍《春秋》之法以说之"。[①] 周予同则进一步明确今文经学以《春秋公羊传》为主。[②]《王制》为文帝时中央博士们所制，从中确可见帝国儒学强干弱枝，以郡县为主体的基本特征，但其时只是雏形，在新垣平案后基本上寝而不行。直到汉武帝董仲舒时期中央儒学才具规模，儒学系统才真正确立。所以今文经学核心应是《春秋》公羊学，尤以董仲舒所解释建构的系统为要，但亦当看到二者的延续性，都强调强干弱枝、认同郡县，基本设计都是在帝国现有制度框架下进行。

首先来看《周官》。毫无疑问，《周官》国体为封建周制，主张五等封爵，"乃建王国焉，制其畿方千里，而封树之。凡建邦国，以土圭土其地而制其域。诸公之地，封疆方五百里，其食者半。诸侯之地，封疆方四百里，……诸男之地，封疆方百里，其食者四之一"。（《周官·大司徒》）每等封爵疆域都比较大，一等公爵封疆五百里为王畿的四分之一，规模应与汉初"藩国大者夸州兼郡，连城数十"[③]相当了。可见王国视阈的投射，为汉初封建王国地位合法性提供了经典依据和有力辩护。而文帝时期出现帝国中央的《王制》，虽然也讲封建，但王畿千里，畿内设县，地方则"州建百里之国三十，七十里之国六十，五十里之国百有二十，凡二百一十国。……天子之县内，方百里之国九，七十里之国二十有一，五十里之国六十有三。凡九十三国"，相比《周官》侯国封域要小得多。这也与其时贾谊所提出的"强干弱枝"，"众建诸侯以少其力"国策相符，反映帝国中央视阈的投射，为强化中央集权提供了有力支持。

六卿官制与王的权力架构是《周官》的核心设计。在这个设计中，王具有崇高的地位，对此学术界无异议。《周官》六卿职官开篇都指出："惟王建国，辨方正位，体国经野，设官分职，以为民极。乃立×官，使帅其属而掌邦×，以佐王×邦国"，反复强调，以表明王是国家的建构者，六卿职官的权力也都是王所

① 廖平：《今古学考》，刘梦溪主编：《中国现代学术经典·廖平 蒙文通卷》，石家庄：河北教育出版社，1996年，第19、20页。

② 周予同：《今古文学同异表》，朱维铮编：《周予同经学史论著选集》，上海：上海人民出版社，1996年，第9页。

③ 《汉书》卷十四《诸侯王表》，第394页。

赋予,帮助王治理邦国。但王是否拥有绝对权力学界存在争论。《周官》通篇对王的权力几乎付诸阙如。徐复观认为:"《周官》中的王是虚位,早有人指出过。"①周世辅、周文湘亦认为:"周王不负实际政治责任,将治典、教典、礼典、政典、刑典与事典的行政大权,交付六官掌理。"②但反对者认为《周官》主要讲官制,不是讲王制,所以没有记载王的权力。侯家驹认为,"《周礼》只是披着儒家外衣,实为法家作品,其所规划的制度实为极权政治。"③彭林列举了王的五项权力:任免权、立法权、治朝权、终裁权和主祭权,认为《周礼》"主张实行君主制政体,主张给王以全国最高的权力和位势",但同时又认为《周礼》"以国为本位,而不是以君为本位"。④ 笔者认为,作为制度之书,《周官》虽然没有提到王的权力,但作为国家政治的全部设计和规划,王与六卿的权力职责实际已清楚划分。在这一制度秩序中"分官设职,以为民极",六卿职责的范围基本上包括了国家政治权力运作的各个层面。就《周官》中王的五项权力而言,实行上多是礼仪程序方面。如治朝权基本上是指对诸侯朝会的礼仪。王能够独立行使的也主要是一些恩宥赏赐的权力,而这些权力并非是最高终裁权,乃是法外施恩,旨在显明王室仁德。至于立法权,《周官》中"诏王""王命"之类的记载有很多("诏王"出现 17 次,"王命"出现 13 次),对此,叶时说:"臣民之驭,必曰诏王;废置之听,必曰诏王。是大宰诏王而不敢自专也";⑤王安石也云:"八柄、八统曰诏王驭群臣万民,则是独王之事也,大宰以其义诏之而已",⑥但事实上,就如同"唯王建国"一样,这里仅是法理意义,并非王言即法。如果说这里"不敢自专""独王之事"是法理上突出王至高无上的地位是可以的,但如果以此认为王处于权力运作的核心,是专制的极权统治,则是对《周官》制度设计的误解。这些诏告、王命固然是王参与了权力运作,但更要看到这些权力前后运作的主体都是各职能部门的职官,而王只是其中的一个环节。以大宰"以八柄诏王驭群臣"为例,这即是彭林所说的王的任免权,也是王最重要的一项权力。但行使这一权力的前后主体都是大宰,而大宰行使这项权力的依据不是王的

① 徐复观:《徐复观论经学史二种》,上海:上海书店出版社,2005 年,第 229 页。
② 周世辅、周文湘:《周礼的政治思想》,台北:东大图书有限公司,1981 年,第 174 页。
③ 侯家驹:《周礼研究》,台北:联经出版事业公司,1987 年,第 1 页。
④ 彭林:《〈周礼〉主体思想与成书年代研究》,北京:中国社会科学出版社,1999 年,第 174—184 页。
⑤ 叶时:《礼经会元》卷一《相权》,清通志堂经解本,第 12 页 b。
⑥ 王安石:《周官新义》卷一《天官》,文渊阁四库全书本,第 19 页 b。

诏命,而是一年或三年计会考绩的结果。① 在这一制度秩序中,大宰根据考绩制度,将计会考绩的结果报给王,王只能按章进行批复,最后大宰再以王的诏命下达。制度并不允许王单独下达诏书干预六卿的具体职掌。可见在《周官》的制度设计中,王的诏命和权力被牢牢地限制在"分官设职"的制度秩序中的,并不拥有专制的权力。

《周官》处处突出王崇高地位,同时又处处限制王的权力,这一设计凸显了王作为国家道德精神和礼制文教的象征,在道德精神和礼制文教中有着崇高的地位,在公权的运作上则受到极大限制。这应是儒学经历长期礼治主义实践和思考,特别经历秦的极权暴政反思后,礼治主义发展到顶峰时期的产物,体现了儒家一再强调的"垂拱而天下治"(这个口号也是在礼治主义发展过程中提出的)的理想政治精神。这也是后来《周官》的魅力所在,"周公致太平之迹,迹具在斯",如明儒王应电所指出的,"俾王及后、世子靡不由于式法,不必传贤而天下无不治,虽曰家天下而实常得贤也。"②也是千百年来吸引众多儒者为之倾倒的深层原因。但也正是这个原因,自其面世以来就遭到了来自皇权的排斥。林孝存谓武帝知为末世"渎乱不验之书,故作《十论》《七难》以排弃之。"③其说虽史无明文,但其言武帝对这部大典深恶痛绝之情非常合乎政治情理。而标举这部大典的河间儒学当然也不能被武帝所容忍,遭到了来自中央打压在所难免,最后献王被逼自杀,河间儒学因此消散,长期被抑在民间。④亦如蒙文通所指出的,"献王诚以干武帝之忌而死,宜献王之学亦朝廷之所黜,河间之儒亦朝廷之所摈也。"⑤

在天道观方面,河间明显接续了荀子"不求知天"的传统,天对河间而言是不言自明的最高实在,是人间一切礼制秩序的根据。单独论天在河间或古文经学中比较少见,多是蕴含在丰富的礼乐论述中。如《礼记·乐记》:"大乐与天地同和,大礼与天地同节。""乐者,天地之和也;礼者,天地之序也。""天高地

---

① 《周官·太宰职》:"凡邦之小治,则冢宰听之。待四方之宾客之小治。岁终,则令百官府各正其治,受其会,听其致事,而诏王废置。三岁,则大计群吏之治而诛赏之",官员的任免皆决定于计会之考绩。

② 王应电:《周礼传》卷一上,文渊阁四库全书本,第 35 页 a—b。

③ 贾公彦:《序周礼废兴》,《十三经注疏》,第 636 页。

④ 关于河间献王的死与河间儒学的命运参见拙作:《河间献王与景武之世的儒学》,《史学集刊》2007 年第 4 期。

⑤ 蒙文通:《今学第四》,《经学抉原》,上海:上海人民出版社,2006 年,第 69 页。

下,万物散殊,而礼制行矣。流而不息,合同而化,而乐兴焉。"《左传》昭公二十五年:"夫礼,天之经也,地之义也,民之行也";"礼,上下之纪、天地之经纬也,民之所以生也";昭公二十八年:"经纬天地曰文。"通过这些论述,河间古文经学强调了在天礼关系中礼和序天地,"经纬天地",离开了礼,天地都将失去秩序,陷入混乱。由此可见礼被赋予了甚至超越天的神圣本体的地位。这就为以礼制来约束王权的提供了天道观的依据。我们将河间古文经学这一思想系统称之为"天礼之学"。这在《周官》的官制设计也反映出来。对此,徐复观说:"冢宰不是司天,冢宰即是天而称为'天官';司马不是司夏,司马即是夏而称为'夏官'。天、地、春、夏、秋、冬六官的名称,是《周官》出现以前,在所有文献中找不到痕迹的。……《周官》的以天地四时为官名,这表示了以官制体现天道的进一步的大发展。"①《周官》表达的不仅是职官体现天道,而是官制与天道合一、"经纬天地",从而凸显以制度限制王权,建构整体国家的神圣天道依据。

这种限制王权天道依据在《周官》礼祀秩序中也体现出来。在这一礼祀秩序中,虽然昊天上帝被《周官》置于了五方位帝之上,与其他五帝存在着地位的差别,但并不能统御五帝,它们之间区别更多的是方位不同。这从祀礼规格的相侔也可反映出其差别甚微。这一礼祀秩序显然代表了四方诸侯的诉求,要从天道信仰上确立四方诸侯的地位,以礼制建立皇权与四方诸侯的稳定秩序。这是一个天地四方的恒常宇宙秩序,即天不变,礼亦不变,天道与礼制并存,礼维系天地宇宙的天道观。这在《左传》昭公二十六年被明确地表达:"礼之可以为国也久矣,与天地并"。因此,这一秩序并不存在所谓德运流转各当一时的天道观。如钱穆说,"《周官》书亦并未采及五德转移及受命帝的说法,此一层尤为显著。"②事实上,整个古文经学系统都无德运流转之说,与强调五德终始说的刘歆之学有着本质差异。这也是古史辨学者一直未能辨明的。《周官》的这一礼祀秩序当然不能被要求强化中央皇权的汉武帝所接受。与《周官》相对应,造作一个加强中央皇权的礼祀秩序遂成为帝国的需要。而此时方士"亳人谬忌奏祠泰一方,曰:'天神贵者太一,太一佐曰五帝'",正适应了这一需要。于是汉武帝"令太祝立其祠长安东南郊,常奉祠如忌方。"③又《汉书·礼乐

---

① 徐复观:《徐复观论经学史二种》,第 203 页。
② 钱穆:《周官著作时代考》,《两汉经学今古文平议》,北京:商务印书馆 2001 年,第 336 页。
③ 《史记》卷二八《封禅书》,第 1386 页。

志》：“至武帝定郊祀之礼，祠太一于甘泉，就乾位也；祭后土于汾阴，泽中方丘也。”①在这一礼祀秩序中，作为最高神祇太一君临五帝，象征中央皇权至高无上。一如徐兴无师所说：“武帝定甘泉太一之祀的用意是相当深远的。这一国家祀典的确立表明汉帝对秦帝国和文景时代动乱的诸侯王政权乃至周边少数民族政治权威的否定，是对中央政权的再次强调，是武帝朝在政治、军事和文化诸方面达到全盛局面的体现。”②此可见二者天道观在礼祀秩序方面的较量与分野。

相比河间的不求知天，以董仲舒为代表的中央帝国儒学在天道的论述方面要丰富得多。对于董仲舒的天道观，学界一直存在人格之天与自然神论的争执。事实上，正反映了郡县制下家父长私天下与平民公天下的矛盾。在自然神论中，“万物以广博众多，历年久者为象。其在天而象天者，莫大日月，继天地之光明，莫不照也。”（《春秋繁露·奉本》以下直书篇名）万物皆象天，反映天的意志；“天、地、阴、阳、木、火、土、金、水、人”又构成天的十端，与宇宙万物构成了天的本身。这里“天覆无外”广大无极，“无有不皆中天意者”也。这既体现了大汉郡县制帝国一统宇内的气魄，也反映了皇权对全社会无处不在的统摄。同时郡县制下天下皆为异性，皇权孤悬于上，要建立稳定的统治秩序就需要全民忠于君主。要使全民忠于君主最有效的办法莫过于神圣化人君，使人君成为万民效忠仰赖的对象。在董仲舒看来，君主如果没有崇高的地位，就会和普通人一样，没有了凝聚力，对国家来说是极其危险的。对此，在《立元神》中董仲舒说得比较直白通透：“君人者，国之本也，夫为国，其化莫大于崇本，崇本则君化若神，不崇本则君无以兼人，无以兼人，虽峻刑重诛，而民不从，是所谓驱国而弃之者也，患孰甚焉！”为“君尊严而国安”，（《立元神》）就必须神化人君，那种混沌无所具指的自然之天显然对神化人君这一具体个人是不利的。这就需要天是具体的唯一的人格化的，既是地上君主唯一性的体现，也如人间帝王一样君临宇内。于是宗法社会人格化上帝观便成了董仲舒天道观的必然选择。这里天便是人格化的“百神之大君”的上帝，如人间帝王一样，“上帝临汝，无二尔心”，统御人心万有。显然普通人是不能与这一人格化的天或上帝有直接联系的，只有人君与其直接相通。“惟天子受命于天，天下受命

---

① 《汉书》卷二二《礼乐志》，第 1045 页。
② 徐兴无：《西汉武、宣两朝的国家祀典与乐府的造作》，《文学遗产》2004 年第 5 期。

于天子。一国则受命于君。君命顺,则民有顺命,君命逆,则民有逆命。故曰:
'一人有庆,兆万民赖之。'此之谓也。"(《为人者天》)天子受命于天,万民乃受
命于天子,福禄取决于天子。在《深察名号》中,董仲舒更从考察名号角度论证
了"民之号,取之瞑也。""瞑者待觉,教之然后善。""民受未能善之性于天,而退
受成性之教于王,王承天意以成民之性为任者也"。(《深察名号》)普通民众天
生本性决定了其没有能力和天发生关系,只有人君受命于天,才能够与天心意
相通教化民众。质言之,董仲舒这里天人关系实质上为天与人君的关系,"天
人之学"也就是天与人君关系的学说。这乃是以董仲舒为代表的中央帝国儒
学"天人之学"的本质。

虽然从人性论、天道观上确立了人君的神圣德性,但现实中,董仲舒也清
楚人君不可能通体光明,真的成为与天道合一的圣贤。对此,董仲舒试图通过
两个途径对君权进行限制。一是"屈君而伸天"的途径,即通过灾异来警示人
君,此为学界所熟知,不必赘言。二则亦试图从制度设计上,这个与河间《周
官》学有共通之处。《离合根》:

> 天高其位而下其施,藏其形而见其光;高其位,所以为尊也,下其
> 施,所以为仁也,藏其形,所以为神,见其光,所以为明;故位尊而施
> 仁,藏神而见光者,天之行也。故为人主者,法天之行,是故内深藏,
> 所以为神,外博观,所以为明也,任群贤,所以为受成,乃不自劳于事,
> 所以为尊也,泛爱群生,不以喜怒赏罚,所以为仁也。故为人主者,以
> 无为为道,以不私为宝,立无为之位,而乘备具之官,足不自动,而相
> 者导进,口不自言,而摈者赞辞,心不自虑,而群臣效当,故莫见其为
> 之,而功成矣,此人主所以法天之行也。

在这段文字中,董仲舒强调了人君拥有从天而来的神圣性,同时,也当"法
天之行",将国家公共治权交由群臣来运作,试图将国家治权从君权中分离出
来。这样君主就"以无为为道,以不私为宝,立无为之位,而乘备具之官"。人
君的"无为"在董仲舒的言说中被反复强调,从中既可见汉初中央帝国儒学对
黄老之学的继承,也可见儒道"无为"的区别——儒学的"无为"是君无为而"群
臣效当"的有为政治,而黄老道家无为是整个国家顺其自然让民间充分发展的
政治主张。这种君为无而臣有为的政治设计实际上与河间儒学殊途而同归,
都试图将传统儒家"垂拱而治"的理想政治模式付诸实践,只是路径不同而已。

可见抑制皇权,实现国家治权的公性运作是这一时代儒学的共识,也是郡县制下平民意识觉醒后一普遍诉求。

不过,与《周官》不同的是,在董仲舒的设计中,人君虽然不参与具体的政府治理,但直接参与考绩制度,将《周官》大宰负责对公卿大臣的考绩交由人君直接负责。人君根据考绩结果决定对公卿大臣的赏罚黜陟。董仲舒认为,只要牢牢掌控了这一权力就能够有效控制群臣,"为人君者,固守其德,以附其民,固执其权,以正其臣";(《保位权》)掌控这一权力就掌控了国柄,就能"执一无端,为国源泉",群臣则"分职而治,各敬而事,争进其功,显广其名"。虽然"功出于臣",但"名归于君也"。(《保位权》)那么,人君通过掌控考绩黜陟的权力是否意味着权力可恣意膨胀呢? 按董仲舒的设计,应不会的。因为赏罚是以制度性的客观考绩结果为依据,要求循名责实,并没有多少个人权力僭越的空间。《考功名》:

> 考绩绌陟,计事除废,有益者谓之公,无益者谓之烦,揽名责实,不得虚言,有功者赏,有罪者罚,功盛者赏显,罪多者罚重,不能致功,虽有贤名,不予之赏,官职不废,虽有愚名,不加之罚,赏罚用于实,不用于名,贤愚在于质,不在于文,故是非不能混,喜怒不能倾,奸轨不能弄,万物各得其冥,则百官劝职,争进其功。

只要"揽名责实,不得虚言","不能致功,虽有贤名,不予之赏,官职不废,虽有愚名,不加之罚",以客观实际的具体尺度来考察官员的政绩,就能有效保证考绩制度的客观公正性。对一些技术手段董仲舒也做了较翔实的论述。总之,在董仲舒的设计中,考绩制度有效地填充了皇权与治权分离所带来的权力断层,使皇权与官制系统能有效结合成一整体。但在这一结合中,皇权被清晰地限制在公性的制度中,并没有多少僭越的空间。①

综上所述,相比《周官》的设计,在董仲舒的设计中皇权被加强了许多。这也反映了帝国儒学在维护皇权与寻求制度公性间寻求平衡的立场,从中亦可见对前者的因循和改造(董仲舒本人在壮年的时候很长一段时间就在河间度

---

① 关于董仲舒的天道观和制度设计可参见拙作:《帝国创生与董仲舒的皇权本体公共性建构》,《哲学研究》2012 年第 1 期。

过，①对河间的一套设计应该比较清楚）。即便如此，对皇权来说也构成了极大限制，汉武帝和后来的继承者们也不可能接受这样的制度约束。于是就出现这样一种结果，在意识形态方面，汉武帝和继承者们将董仲舒所建构"天人之学"确立为统治意识形态进行宣传，将皇权神化为天道在人间的化身；在实践方面，虽然天道对专制皇权有一定的警示和约束，但总体上并没有多少实质性作用，统治者不但不接受董仲舒设计的制度约束和规范，而且不断强化专制皇权，特别是处于非理性的状态下，更是对制度恣意践踏。也就是说，帝国统治者只是根据其所需要，抽空了董仲舒所建构的儒学的核心与灵魂，仅将其作为帝国统治合法性的文饰。用司马迁说法就是"采儒术以文"。② 而公孙弘可谓深明此意，"习文法吏事，而又缘饰以儒术，上大悦之"，正契合了专制皇权的需要，所以"起徒步，数年至宰相封侯"。③

河间儒学与中央帝国儒学的系统分野，在其他经典上也明显反映出来。由于河间儒学以礼尊君，而中央帝国儒学人君地位是通过人君自身的神圣德性来实现，礼更多地从属于君权的教化，所以终汉一世中央五家之儒所传仅为士礼，而河间所传从士礼到天子礼则一应俱全。《汉书·礼乐志》："河间献王采礼乐古事，稍稍增辑，至五百余篇。今学者不能昭见，但推士礼以及天子，说义又颇谬异，故君臣长幼交接之道浸以不章。"④对这些礼，《汉书·艺文志》亦云："《礼古经》者，……及《明堂阴阳》《王史氏记》所见，多天子、诸侯、卿、大夫之制，虽不能备，犹愈仓等推《士礼》而致于天子之说。"⑤这些实质上是在隆礼尊君中对人君言行和权力加以规范限制。同时一时期的《淮南子》说得比较明确，"法籍礼义者，所以禁君使无擅断也"，（《淮南子·主术训》）这些礼当然为天子所不喜，所以被抑禁于中秘之中，使"学者不得昭见"。对此，陈寅恪进一步指出："旧籍于礼仪特重，记述甚繁，由今日观之，其制度大抵仅为纸上之空文。"⑥可谓一语道破在古代礼乐制度的真实命运。

在《诗经》学上，典型的如《诗经·大雅·生民》，"履帝武敏歆"，三家皆以

---

① 这可从《春秋繁露》所载的《五行对》中可见董仲舒与河间的交集，其称温城董君，可见其时董仲舒尚为布衣而客居在外，其时和山东诸儒同游学河间极为可能。

② 《史记》卷二八《封禅书》，第1397页。

③ 《史记》卷一一二《平津侯列传》，第2950页；《汉书》卷五八《公孙弘传》，第2621页。

④ 《汉书》卷二二《礼乐志》，第1035页。

⑤ 《汉书》卷三十《艺文志》，第1710页。

⑥ 陈寅恪：《隋唐制度渊源论稿》，北京：三联书店，2001年，第6页。

为姜嫄履上帝之拇印，感孕而生后稷，但毛诗则认为："从于帝而见于天，将事齐敏也。"这里的帝不是上帝而是"高辛氏之帝也"。① 三家诗意在赋予君权从天而来的神圣性，强调"天人"（人君）相通的思想。而毛诗则强调的是裸敬恭祀上天之礼，强调礼的神圣性，"礼乐可以通天地，感鬼神"，以申发"天礼"相通的思想。与三家说诗皆以王者为始不同，《毛诗》说诗的中心是礼，以后妃和夫人之礼始。对此，朱熹未能理解，站在尊王的立场上给予了严厉的批评："礼乐征伐皆出于妇人之手，而文王者徒拥虚器，以为寄生之君也。其失甚矣。"②实际上，这里《毛诗》所突出的是夫妇婚姻之"礼"，并认为这才是"正始之道，王化之基"，唯由此才能"夫妇有别则父子亲，父子亲则君臣敬，君臣敬则朝廷正，朝廷正则王化成。"③这与《周官》通篇言制度而不及君如出一辙，都是突出礼制的中心地位。为简明起见，对于河间王国与中央帝国儒学的今古文经学的分野，我们撮要列表如下：

今古文经学不同表

	古文经学（河间王国儒学）	今文经学（中央帝国儒学）
体系	天礼之学	天人之学
天道观	天礼合一，礼不变天亦不变，无五德终始说。	天人合一，人主要指人君，相信五德终始说。
人性论	动静说，"人生而静，天之性也"。	性三品说：圣人之性，斗筲之性，中民之性。
国体	封建周制	郡国并行制。
制度	以《周官》为古文经核心，六卿共治，隆礼虚君，支杆均衡，侯爵五等国方五百里至百里不等。	早期《王制》，三公九卿，强干弱支，畿内郡县，畿外侯爵五等国方百里至五十里不等。后董仲舒试图神圣化人君，分其治权。
礼经	自天子至卿大夫之礼一应俱全。	仅《士礼》立于学官。
乐	作《乐记》，集雅乐，颂祖宗功德，强调"大礼与天地同节，大乐与天地同和"。	亦主张雅乐，但未有述作，武帝以《乐府》新声为礼祀诗乐，无祖宗之事，多歌咏神仙之事。

---

① 李学勤主编：《毛诗正义》（下）卷十七《生民》，北京：北京大学出版社，2000 年，第 1240 页。

② 朱熹：《诗序辨说》卷上《小序·周南》，明崇祯毛氏汲古阁刻本，第 3 页 a。

③ 李学勤主编：《毛诗正义》（上）卷一《关雎》，第 26 页。

(续表)

	古文经学(河间王国儒学)	今文经学(中央帝国儒学)
春秋经	《左氏传》强调礼"天经地义","经纬天地",礼的本体地位。	《公羊传》为今文经学核心,尊王大一统,"缘民臣之心不可一日无君"。君的中心地位。
诗经	《毛诗》说诗以夫妇婚姻之礼始,以礼受命,始祖有父从礼人道生。	三家诗说以君王始;天告以河图、洛书受命;始祖无父从天感生。
书经	《古文尚书》,朴学,重在文字释读。	《今文尚书》,仍以王中心,以灾异说之
易经	主要用于卜筮等重大决定的礼典中	以阴阳灾异推说之

总之,在封建、郡县的时代变迁中,源自不同儒学的承传,从各自不同的视野出发,通过恢复旧典和书之竹帛的方式创造性地重构了各自的历史记忆,思想的历史由此出现了规模性的突破与重构,形成了今古文经学"天人之学"和"天礼之学"两大儒学系统。以此视之,诸如今古文之争等重大学术问题和争论遂涣然冰释。

结 语

至此,我们完成了从春秋儒学创生到汉帝国时期今古文经典形成和思想建构的历史考察。自孔子创立儒学游团开始就经历了社会历史从封建向郡县的大变迁运动,在这一运动中儒学既结构性受到家父长专制社会的影响,也在游团这一平等的共同体中产了突破与超越,不仅承传和深化了礼乐文明的传统,也产生和蕴育了"有教无类""天下为公"等平等思想;孔子礼仁学说的提出,开创了后世儒学德治主义和礼治主义的不同路径,下开汉代"天人"与"天礼"两大儒学系统的源头。

秦亡汉兴,编户齐民社会的崛起为继轴心文明之后思想的再次规模性突破提供了可能。而在春秋以降的社会变迁、战乱和秦火的剧烈动荡中,历史文献遭到严重灭失,历史记忆经历了断裂、成长与重构。这一过程也是古史"层累成长"的过程。这一断裂、成长与重构也为思想的历史出现规模性突破创造了条件。围绕汉帝国如何构建,承继先秦德治主义和礼治主义的不同传统,加之所处中央和王国的集体经验、立场和视阈不同,形成了今古文经学"天人之学"与"天礼之学"两大儒学的系统建构。虽然两大儒学系统从人性论到天道观上都泾渭分明,迥然有别,但其终极目标则存在着共识和一致性,这就是建构一个皇权"垂拱而治"的理想政治和社会,这也是专制帝制下儒学思想精英千百年来的梦想,加之其所承载的悠远绵长的文化及精神传统,成为凝铸儒学经典魅力和公性超越的所在。

因为上述过程是历史记忆断裂与绵延,成长与不断重构的过程,所以这些经典形成之后,在古代世界漫长的时间里并不存在问题,即使偶有微词,也没有兴起波澜。直到近代,无论西方还是中国都兴起了声势浩大的疑古运动。在这一运动中经典的真伪受到空前质疑,经典的权威被扫地无余。但从记忆史学出发,通过上述对春秋以降封建、郡县之变中儒学演进的历史考察,我们说,今古文经典的形成并不是所谓的真还是伪的问题,而是一个历史记忆断裂、成长与重构的问题。它既不是编造伪史,也不是书写信史,而是从他们的时代经验出发,书写和重构他们认为真实的记忆的历史,尽管这里面有历史的想象和创造。这一历史记忆的书写、创造与重构也是自孔子以来漫长的时代儒学不同历史经验的凝结与沉思,是历史记忆的绵延、思想价值的积聚和智慧的不断创造,并在后来漫长的与历史互动中通过阐释被不断赋予价值、理想和精神资源。换言之,这些经典的价值并不在经典之外,不在于它成书多么古老或什么圣人的创作,而在于它自身的内部价值,在于它们承载凝聚着人类古老智慧的结晶和千百年来人类美好社会的梦想。这就根本上突破了近代以来疑古或释古运动的羁绊,使经典的合法性在现代与后现代语境下得到确认,儒学得以从经典重新出发。

（原载于《文史哲》2017 年第 5 期）

《静斋至正直记》三议

丁国范[*]

摘 要：《静斋至正直记》的作者当为孔克齐，而非钱大昕、《四库全书总目》等所载的孔齐。弘治《溧阳县志》有孔克齐的小传。此书卷二"寓鄞东湖"条最后的记载年月日表明"己巳"当为"乙巳"（1365）之误，故本书最后写成的年代当不会早于乙巳（1365）闰十月二十五日以前。

关键词：《静斋至正直记》 孔齐 孔克齐 成书时间

《静斋至正直记》，一称《静斋类稿》，别名《静斋直记》，通称《至正直记》，这是研究元史的人所共知的。平日读史，颇觉其作者、成书年代等与常说有异，兹分别考述于下。笔者限于条件，对此书的部分善本一时无法看到，所陈管见，或有挂一漏万之处，希望读者批评指正。

一、关于本书的作者

过去，学术界普遍认为，《至正直记》为元人孔齐所撰，向来诸家无异辞。然今稍加考究，问题即随之而产生。首先，根据本书通行的《粤雅堂丛书》本，卷首有明归有光撰《静斋类稿引》一文，这是归氏于明嘉靖三十八年（1559）六月甲子为本书所写的一篇跋。他当时所见到的书当名《静斋类稿》。值得注意的是，归氏在这篇跋文中没有正面提到本书作者的具体姓名，仅说"乃知是公本洙泗苗裔而流寓平陵，家世奕叶簪缨，非编氓白屋之比。"殆《静斋类稿》并未

---

* 丁国范（1932—2008），江苏武进人。南京大学历史学院中国史系教授，主要研究方向为蒙元史，著有《元朝史》（合著）、《元末社会诸矛盾的分析》《释兀剌赤》等论著。

明书作者姓名所致。

清乾隆十二年(1747)官修的《续文献通考》卷一七九《经籍考》三九,曾著录本书说:"孔齐《至正直记》四卷。齐字行素,号静斋,曲阜人;其父退之,为建康分掾,因家溧阳。元末又辟(当为'避'——引者)兵居四明。仕履无考。"这是现有载籍中最早明确指出本书作者姓名及简况的。

此后,四库馆臣于《四库全书总目·子部·小说家类存目》也明确提到本书作者姓名,其文称:"《至正直记》四卷,一曰《静斋类稿》,元孔齐撰。齐字行素,号静斋,曲阜人;其父退之,为建康书掾,因家溧阳。元末又避兵四明,其仕履则未详也。"四库馆臣的这段提要,基本同于上引《续文献通考》的内容,其渊源当不言自明。惟主修续通考与四库之馆臣,何以能确指《至正直记》的作者为孔齐? 且能明其字、号,是考证所得,抑另有所本? 笔者以为属前者的可能为大。因《至正直记》现存诸本,明确一并指出作者姓名、字、号的绝无仅有,而仅称"元阙里外史行素著""元阙里外史行素居士著"等;偶亦有称"元阙里外史孔齐著"的,但并未将字号连在一起。① 否则明归有光所撰《静斋类稿引》不明指本书作者姓名、字、号,就成为不可思议的事。

笔者以为,主修续通考与四库两书的馆臣,殆据《至正直记》原书中有"尝记先妣在城南,时齐在芳村"②等句,遂推定本书为"孔齐至正直记"或"元孔齐撰"。至于说"齐字行素",则是根据本书的作者落款;"号静斋",则据书名即可知,何况归有光在《静斋类稿引》中曾有"兹固余欲梓行之心,盖亦静斋氏垂示之心也"的句子。

乾、嘉之际,著名史学家钱大昕补作《元史艺文志》,于卷三亦著录本书,谓"孔行素《至正直记》四卷,名齐。"是钱氏亦确认本书作者为孔齐无疑。钱氏当年所见的版本,今日无从得知,但从上引文字看来,该书当亦未明言孔齐之名,"名齐"两字,乃钱氏所作之注,钱氏盖亦信前人之说。但他忠于原书,仅称"孔行素至正直记四卷",殆其所见之书亦仅署"行素著"而已。

清同治元年(1862),刊《粤雅堂丛书》本所收《静斋至正直记》四卷,并于归有光《静斋类稿引》之后,另加两行文字,内容是:"孔齐,字行素,号静斋,曲阜圣裔,随父居溧阳,后避兵四明,父退之,曾补建康书吏。"显然是因袭《四库全

---

① 关于这一问题,本文后面还将论及。

② 《静斋至正宜记》卷1,旧钞本,南京图书馆藏丁书善甲。城南,今江苏溧阳城南;芳村,又名芳庄,当今溧阳东芳庄,在宜兴县境。

书总目》等的说法,稍加文字改动而成。

清钱塘丁氏八千卷楼藏有清抄本《静斋至正直记》二种,现均藏南京图书馆。其中一部款作"元阙里外史行素居士著,明平陵史继裴相之父校",书后附光绪丙戌(1886)十月初一日丁立中跋,谓此书系元孔齐撰。显属采前人之说。另一部署"元阙里外史孔齐著",卷首为归有光跋,跋后有另起均低一格的二行文字,内容为"孔齐,字行素,号静斋,曲阜圣裔,随父居溧阳,后避兵四明。父退之,曾补建康书吏。"与《粤雅堂丛书》本所载不差一字,再就其内容结构和文字脱讹之处而言,均足证此抄本与粤雅堂丛书本为同出一源。兹举二例为证:其一,清抄本卷一第三行起为《杂记直笔》,与《粤雅堂丛书》本全合;其二,作者寓居鄞县东湖的年代,两书卷二脱漏情况相同,均作"予以至正春二月寓鄞之东湖上水",而于"春"字前共同脱具体年代;紧接本处稍后,两书均载此条内容是"己巳闰十月二十五日记。"然元至正间根本无"己巳"之年,当为"乙巳"(1365)之误。

上述清抄本与《粤雅堂丛书》本同出一源的事实既明,兹再论其不同之处凡二:其一《粤雅堂丛书》本每条均加标题,丁立中谓此系"妄加";其二,两本所署作者不同,《粤雅堂丛书》本谓"元阙里外史行素著",清抄本则为"元阙里外史孔齐著"。既两本同出一源,何以在作者问题上会出现分歧?岂阙里外史行素即孔齐?抑另有他故?笔者以为当属后者。因清抄本执笔人同样受四库馆臣等的影响,误以为"行素"即孔齐,很有可能在抄写时将作者"元阙里外史行素著"径改作"元阙里外史孔齐著"。此清抄本有丁丙跋,同样认为此书为"元阙里外史孔齐著",乃是十分自然的事情。

光绪末,萧穆于其《敬孚类稿》卷九《记旧钞本〈至正直记〉》一文中说,甲戌(1874)夏,他于书坊购得《静斋至正直记》一部,并云"余所得实为孔氏原编。孔氏名齐,字行素、号静斋,为曲阜圣裔,随父居溧阳,又避兵四明。父字退之,曾补建康书吏。"此语脱胎于上引《粤雅堂丛书》本之说,不言自明。

综上所说,根据笔者见到的资料,可以得出如下的结论:关于《静斋至正直记》一书的作者问题,明归有光最早见到此书并为之撰跋时,并未正面提到本书作者的具体姓名。自清乾隆间主修续通考及四库两书的馆臣明确此书为"元孔齐撰"之后,踵其说者遂不乏其人,包括著名史学家钱大昕和博极群书的藏书家丁丙等人在内。而且,这已成了传统的看法。

根据现有的资料,《静斋至正直记》的作者问题似难维持原说,且看下列史实:

[弘治]《溧阳县志》卷四页二九有《孔克齐传》说他"字肃夫。先圣之后,文昇之子。至正间,以阙里道远,不能时奉祖林,乃创家庙于麓上,以承祭祀。后以浙西宪司荐授黄冈书院山长,升国史编修,卒于家。子孙蕃衍。国朝正统间,奉例优免差役。"

同书稍后(卷四页四〇)有《孔文昇传》,说他"字退之,先圣五十四代孙也。其先讳公志者,仕宋为奉礼郎,建炎间,随高宗南渡,以会稽令致仕,家于浙之温州。凡四传而至宗善,仕元为建康儒学教授,卒于官。诸子寓建康,长文昇,赘于溧阳沈氏,因携诸弟扶父衬归葬溧阳。仕至上元县令,致仕,卒于家。"

上引两传盖为现存载籍中有关孔氏父子的最早记录。但令人费解的是,对前述孔文昇之子孔齐的记载却只字未及!笔者认为,原来一直认为《至正官记》的作者是孔齐,实际上就是上引传记中的孔克齐,似乎根本不存在"孔齐"其人;如前所述,"孔齐"一名乃后人据《至正直记》卷一"时齐在芳村"之句而推定的,这是一种误解!其实,此"齐"乃孔克齐的自称。[①] 再看以下证据:

首先,上引《孔文昇传》说他是孔子五十四代孙,其子孔克齐应为孔子五十五代孙。当时孔家家族的行辈虽然不像后来那样严格按一定汉字顺序行辈,[②]但于元顺帝至元六年(1340 年)十月袭封衍圣公的孔克坚,乃是孔子五十五代孙。据《古今图书集成》卷三七八《氏族典》载,当时同为孔子五十五代孙而用"克"字行辈的尚有:孔克愚、孔克学、孔克齐等人。如此看来,《至正直记》作者为孔克齐的可能性当远较孔齐的可能性为大。当然,孔家五十五代之前的行辈似乎并不十分严格,如孔克坚的父亲孔思晦(曾袭衍圣公)与孔克齐的父亲孔文昇虽同为孔子五十四代孙,但两人并不排名。

---

① 王德毅等《元人传记资料索引》已指出"孔克齐,字肃夫,号行素,又号静斋,溧阳人,文昇子,荐授黄冈书院山长,召为国史编修。元末避兵居鄞之东湖,记所见闻,成《至正直记》四卷"。惟限于该书体例,未能详加论证。

② 承本校生物学系曾昭琪教授赐教:"关于曾家家族行辈,是沿用孔府的,四家(颜、孟、曾、孔)均依此排辈。"

"乾隆九年二月十七日,由皇帝亲封三十个字为行辈,这三十个字是:

希言公彦承	宏闻贞尚衍
兴毓传继广	昭宪庆繁祥
令德维垂佑	钦绍念显扬

"民初,孔令贻又续了廿个字……"

笔著按:上引乾隆所封三十个字中的前十六字,实际上是沿用了孔子五十六代孙孔希学至七十一代孙孔昭焕(袭封衍圣公者)的行辈次序。(参见山东友谊书社编:《孔子世系》"孔子嫡系后裔爵位承袭表",山东人民出版社,1985 年。)

第二，据史书记载，孔克齐曾撰有《壬辰记变》一篇，记至正十二年（1352）南方红巾军徐寿辉遣将攻打溧阳一带的事迹甚详。其中记述其"内弟芳庄吴清、吴江兄弟皆以资产"组织"义兵"，最后在同年十月二十六目，吴家两兄弟在溧阳城内同红巾军激战中被打死等情况。[①] 关于这一点孔行素在《至正直记》一书中，从风水好坏的角度，也作了类似的记载："地理之说不可谓无，芳村外家祖墓……颇荫福其子孙。后别房贫者以右臂前地佃于邻人取私租，不顾祸福也。予每言于内兄吴子道，当以己帑取之。亦吝微利而不听。不三年，西寇陷溧阳，犯莲河溪，芳村危急，吴之子弟起兵御之，兵败遇害者六人，仆厮数十人……每居族中各杀一人，其可畏如此！"[②]

上引两段文字所述为同一件事，从中可以明了：孔文昇的儿子孔克齐（或孔行素），其岳家在溧阳东面的芳庄（一名芳村，注见前），其岳家姓吴，其内弟被元未攻打溧阳的红巾军所打死，凡此种种，当非巧合，故可证孔克齐与孔行素实同为一人。或有人以为，也许兄弟二人同娶一家之姐妹为妻。笔者以为，此作为推理当无不可，惜无一字可作证明。

二、关于本书的成书年代

清末萧穆在其《敬孚类稿》卷九《记旧钞本〈至正直记〉》一文中称："[孔氏]又自记至正庚子春三月壬寅记，时寓鄞之东湖上水，居袁氏祠之旁。大抵其书成于其时也。"至正庚子为公元 1360 年，萧氏认为，此书当于是年写成于今宁波。然而，《至正直记》本身的内容似乎并不证明这一结论，前已论及本书卷二《寓鄞东湖》条最后的记载年月日表明，"己巳"当为"乙巳"（1365）之误。故本书最后写成的年代当不会早于乙巳（1365）闰十月二十五日以前。而萧穆所引孔氏自记的年月，似最多只能说明《至正直记》一书到"庚子（1360）春三月壬寅"已大体写成而已。

三、关于本书的版本

《静斋至正直记》一书，平日以《粤雅堂丛书》本为通行本。承南京图书馆

---

① 参见孔克齐：《壬辰记变》，载［康熙］《溧阳县志》卷 13《艺文》；［嘉庆］《溧阳县志》卷 8 亦载。

② 《至正直记》卷 1《芳村祖墓》，《粤雅堂丛书》本。

善本目录专家沈燮元同志盛意,出示《中国古籍善本书目》征求意见稿工作稿本,并允许抄录。笔者始明了此书全国的善本收藏情况,计有:

清初抄本,868b 旅大

清抄本,868c 京

清抄本,868d 科

清抄本　清王宗炎校并跋,丁立中跋 868e 南 3038[①]

清抄本　清董兆熊校,清季钧畴跋 868g 京目

清抄本　清丁丙跋 868f 南 743[②]

在上述六种善本中,我有缘阅读的仅为 868e 及 868f 两种。其余四种,限于目前条件,暂时尚无法看到。就我已阅读过的两种善本而言,其作者落款及题跋等已如前述。另外,两者所载内容各条均无小标题,这是与通行本《粤雅堂丛书》本的最大区别。就其内容文字而言,诸本亦互有异同。但我发现,南京图书馆所藏二种善本和通行的《粤雅堂丛书》本在一条至为重要的内容上,即前述作者"寓鄞东湖"的年代("至正春二月")及作者记载此条的年月("己巳闰十月二十五日"),三者的脱漏和错误是完全一样的。何以会出现如此现象?岂三者最初同出一源? 目前我做如此分析,是否妥当,尚希读者指正。

本文在行将结束之时,尚需提及一事,1983 年夏,我因工作之需,在京作短期停留时,曾听内蒙古大学周清澍教授亲口相告,"1962 年前后《光明日报》有过一篇报道,说北京发现了《至正直记》的元刻本。"当时我们还同往琉璃厂中国书店,试图了解该元刻本的下落,但毫无结果。值此全国编汇《中国古籍善本书目》之际,我原以为该元刻本会有着落,岂知如今仍无消息,殆此书尚未进入有关图书馆,建议古籍整理有关部门,关心这件事情,以免此海内孤本遭到不应有的损失甚至湮没。如果元刻本《至正直记》能一旦出现并让读者阅读,定将有助于上述诸问题的解决。

（原载于《元史及北方民族史研究集刊》第 11 辑,南京大学历史系元史研究室,1987 年）

---

① 即南京图书馆所藏丁书善乙。

② 即南京图书馆所藏丁书善甲。

元代的白云宗

丁国范

摘　要:白云宗曾一度是元代江南重要的佛教派别。世祖至元年间的白云宗由贤僧录负责管辖其门徒,其管理衙门当为白云宗僧录司或都僧录司。成宗大德七年至武宗至大四年间,其管理衙门时罢时复。元仁宗时期,白云宗一度地位颇高,白云宗主沈明仁被授官荣禄大夫、司空。不过,在仁宗后期和英宗时期,因不法而遭严厉打击。至文宗时期,白云宗又有所复苏。

关键词:白云宗　沈明仁　元代

半个多世纪以来,国外学者重松俊章、伯希和、小川贯一以及我国学者孙克宽等,曾先后就元代白云宗一题发表了各自的研究论文。[①] 但诚如伯希和氏所说:"在历史里,白云教所遗留下的痕迹比白莲教还要隐微。"因此,有关元代白云宗的发展线索,至今仍然显得有些模糊不清。本文拟就此试加论证,并对有些未为前人所注意的史料做进一步的考察,以就教于同好。

一、宋代白云宗的回顾

众所周知,白云宗是佛教的一个宗派,系宋徽宗大观二年(1108)僧孔清觉(1043—1121)创建于杭州灵隐寺后之白云庵,故名白云宗。宗鉴说清觉是"涉猎释典,立四果十地,以分大小两乘,造论数篇,传于流俗,从者尊之曰白云和

---

① 此处指:重松俊章:《宋元時代の白雲宗門》,载《史渊》1930年第2期;伯希和:《白莲教与白云教研究》,汉译文载江苏省立教育学院研究室编《研究季刊》第1期,1944年1月;小川贯一:《元代白雲宗門の活動状態》,载《东西学术研究所论丛》第2、3期,1959年3月;孙克宽:《白云宗》,载《大陆杂志》第35卷第6期。由于书刊条件限制,小川贯一撰文未能见到。

尚,名其徒曰白云菜,亦曰十地菜"。①志磐的论调与宗鉴大体相同,也说清觉"依仿佛经,立四果十地,分大小两乘"等等。②而在清觉自撰的《初学记》中则作"十地三乘",并说"是为佛法正宗"。其文又云:"欲得不遭欺诳,莫离十地三乘。"白云宗门徒南山大普宁寺僧道安在"十地三乘"的注文中指出:"十地三乘,经论互出",系参用《华严经》之名,模楷《大品经》之义,"笼络诸经,自成一家","意在劝发行人造修出界,而不局限于文字教限也"。《初学记》又宣称,人们修行到第十妙觉地,就达到了最高境界,"第十妙觉地,到此十分报身,是名超三界。"道安在注文中对此境界做如下描绘:"今此妙觉,一佛乘人,顶上旋螺发,项背焰光,胸题卍字,身黄金色,以表功行圆满。……言妙觉者,功行既足,朗然大悟,离觉所觉,故云妙觉。"③简言之,白云宗向人们说教:只要悉心修行,便能达到成佛的最高境界。宗鉴《释门正统》卷四称:白云宗"亦颇持诵,晨香夕火,供养法宝,躬耕自活"。其教律大抵"不事荤酒","不杀物命";故百姓"易于裕足","皆乐趋之",其教"不劝而自盛"。④白云宗与当时另一佛教宗派白莲教颇有相似之处,"其徒甚广,几与白莲相混,特以妻子有无为异耳"。

据志磐《佛祖统纪》卷四六载,白云宗"其说专斥禅宗,觉海愚禅师力论其伪"。由于教派之争,清觉于政和六年(1116)受人告发,被官府放到广南恩州(治今广东阳江),这是宋代白云宗遭到的第一次打击。直到宣和二年(1120),其弟子政布等十人诣京师陈状,清觉方获赦免,回到杭州,于次年九月去世。其弟子慧能奉遗训,于宣和五年二月奉灵骨舍利归葬余杭之南山,存放其舍利之塔曰白云,院曰普安,后其弟子改曰普宁。当时分葬其舍利的场所尚有德清县的龙山、超山、方山、乾元山,归安县的岩山等处。崇德县的甑山、松林等地,均为清觉生前行道之所。这时的白云宗已广泛流传于浙西地区。⑤

宋宁宗嘉泰二年(1202),白云宗头目、余杭南山白云庵僧人沈智元乞赐敕额。时白云宗徒"千百为群","或以修路建桥为名,或效诵经焚香为会,夜聚晓散,男女无别,所至各有渠帅相统",在地方甚为活跃。南宋臣僚有鉴于此,乃谓余杭南山是白云道人崇师之地,沈智元是"伪民之魁,左道惑众,揆之国法,

---

① 宗鉴:《释门正统》卷4《斥伪志》,涵芬楼影印《续藏经》本。

② 志磐:《佛祖统纪》卷46,大正新修《大藏经》本。

③ 清觉:《初学记》,涵芬楼影印《续藏经》本。

④ 《佛祖统纪》卷54《事魔邪党》引良渚(即宗鉴)语。

⑤ 参见觉岸:《释氏稽古略》卷4,大正新修《大藏经》本。关于清觉生前在杭、嘉、湖一带的宗教活动,竺沙雅章撰《宋代浙西的道民》一文已言之甚详,见《东洋史研究》第36卷第3号,1977年12月。

罪不胜诛",并斥他如今"又敢妄叩天阙,玩侮朝廷",且以东汉五斗米道导致汉室倾亡为前车之鉴,"乞将智元长流远地,拆除庵宇,以为传习魔法之戒"。这一主张得到了宋宁宗的允准,白云宗又一次遭到禁止。此后直到绍定六年(1232)的三十年间,白云宗"视权势者之兴衰好恶而屡有废置"。① 兹举一地方性事例以为证:宋宁宗嘉定十一年(1218),山阴人陆子遹出任溧阳知县,见当地白云教"横据民业",乃"悉追还其主"。② 己卯年(1219)陆子遹撰《除妖害记》一文,指责白云教"雄据阡陌,豪夺民业,衔辛茹毒,罔所诉理,有司一问则群噪酿贿,白黑淆乱";当地百姓"或以赴诉,则赇吏鬻证.反为所诬。根探蒂固,岁月滋久,民视若禽兽"。陆子遹决心清除白云宗,宣称:"有我则无汝!"③

还需指出,白云宗从其创立之始,就力图秉承"佛法正宗",其"十地三乘"之说即系参用《华严》《大品》等经而自成一家,其实际活动也竭力争取官府的承认。所以它没有"邪教"的成分.即使见站在白云宗对立面的宗鉴,在其《释门正统》中也认为白云宗"实不可与事魔妖党同论"。

二、世祖至元年间的白云宗

直到目前为止,元代白云宗的历史以世祖至元年间的一段最为模糊,主要原因当然是现存史料太缺乏。宋遗民周密《癸辛杂识》续集下《奸僧伪梦》条所载一段故事,对我们了解至元年间的白云宗情况颇有帮助,兹全文录出如下:

> 安吉县朱实夫,马相碧梧之婿也。有温生者,因朱而登马相之门,近复无聊,遂依自云宗贤僧录者,无以媚之,乃创为一说云:囊闻碧梧与之言云:向在相位日,蒙度宗宣谕云:"朕尝梦一圣僧来谒,从朕借大内之地为卓锡之所,朕尝许之,是何祥也?"马虽知为不祥而不敢对。今白云寺所造般若寺,即昔之寝殿也,则知事皆前定。于是其徒遂以此说载之于寺碑以神其事。呜呼!使当时果有此梦,方贾平章当国,安得独语马公? 使马公果闻此语,安得不使子侄亲友知之,且独语门吏耶? 可见小人之无忌惮如此,余恐后人不知而轻信,故不

---

① 以上参见《释门正统》卷 4 及《佛祖统纪》卷 48、54。

② 李景峰:《溧阳县志》卷 9《职官志·名宦》,嘉庆十八年修,光绪丙申重刊本。

③ 《至正金陵新志》卷 8《民俗志》,"溧阳州志"条下,元刻明修补本。

得不为之辩。

上引资料的价值并不在于宋度宗有否做过此梦,而是它证实了白云宗在南宋亡后仍活动于杭州,并由贤僧录其人管辖其门徒。又,此"贤僧录"三字中的"贤"字,乍一看来似颇费解,然据清觉所撰《正行集》①考之,则此难点即可迎刃而解。《正行集》谓人有四十八等,如云"圣人则天法地,贤人杳冥难测,道人心无滞碍,觉人知其本性……"直至"逆人不孝父母,小人不识尊卑"。并说:"凡君子立身为人,无逾此四十八等,但以大道行其体,则是圣人、贤人。"可见管辖白云宗信徒的贤僧录当时系置身"贤人"一等的。

伯希和在《白莲教与白云教研究》一文中曾全文引用上述资料,并于注四十九中据《大清一统志》卷二一七及《辍耕录》所载发掘宋陵事,从而作一假定:"杨琏真伽在江南一带的暴行,并没有受到正宗释教的非议,而且,因为白云教在杭州一带也有相当的势力,番僧不得不依靠他作一种助力,所以杨是和白云教联成一气的。"现在看米,这一假定能够成立,以下事例可为证明:南宋亡后,元廷下令于宋故宫废墟上建立起五大寺院,即报国、兴元、般若、小仙林及尊胜五大寺。② 值得注意的是,此举系从杨琏真伽之请。③ 据元人黄溍称,忽必烈灭南宋后,至元二十一年"有旨,即其故所居杭州凤凰山之行宫建大寺五,分宗以阐化。其传菩提达摩之学者,赐号禅宗大报国寺"。④ 可见这五大寺是分别属于五个不同宗派的。且知其中的报国寺属禅宗,般若寺属白云宗无疑。尊胜寺系"杨琏真伽发宋诸陵,建镇南塔于冈上,以镇王气,其形如壶,其寺钟即宋故内禁钟也。""其地视报国等寺虽隘而殿宇景物宏丽。""寺旁有尊胜塔,一名白塔,俗呼一瓶塔,在宋故内凤凰山冈之上,其周数十丈,高一百丈,规制甚大,其形若壶,内藏佛经数十万卷,佛菩萨像数万躯,周饰以垩,其色如雪,元初杨琏真伽所建。"⑤由此可见,此尊胜寺当属喇嘛格局。其余兴元、小仙林二寺属何宗派无从猜测。既然是"分宗以阐化",则说明了当时的白云宗已和势力颇盛的禅宗以及受元廷尊宠的喇嘛教处于同等的地位了。杨琏真伽之所以请

---

① 清觉:《正行集》,涵芬楼影印《续藏经》本。
② 《乾隆杭州府志》卷31《寺观》四。
③ 《嘉靖仁和县志》卷12《寺观》,光绪十九年刊本。原文云:"大报国寺,在凤凰山,元至元十三年从胡僧杨琏真伽请,因宋故内建五寺,此其一也。"
④ 黄溍:《凤凰山禅宗大报国寺记》,《金华黄先生文集》卷11,《四部丛刊》初编本。
⑤ 《仁和县志》卷12《寺观》。

求建此五寺,理所当然是择其势力较大者立之。现有资料表明,杨琏真伽与此五寺中的有些住持互相勾结,如其中仙林寺的住持荣枯岩,就是"结知杨琏真伽"者。[①] 当然,忽必烈平宋后下令在宋故宫废墟上建五大寺,实行"分宗以阐化",体现了元廷兼收并蓄的宗教政策。另外,据念常称,忽必烈"混一海宇"后,"谕天下设立宣政院、僧录、僧正、都纲司,锡以印信,行移各路,主掌教门,护持佛法"。[②] 当时的白云宗也有与之相应的"贤僧录"。《元史·成宗纪》载:"大德十年春正月戊午,罢江南白云宗都僧录司,汰其民归州县,僧归各寺,田悉输租。"此白云宗都僧录司未见其创立之时,今揆之上引《癸辛杂识》所载,则可知此衙门的设立,殆亦在忽必烈至元年间。

综上所述,世祖至元年间的白云宗由贤僧录负责管辖其门徒,其管理衙门当为白云宗僧录司或都僧录司,共势力已颇盛。

三、白云宗首次遭斥及其衙门的时罢时复

《元史·成宗纪》载,大德七年(1303)秋七月,"罢江南白云宗摄所,其田令依例输租"。是为白云宗之名第一次见于《元史》。同书《尚文传》亦载此事:"[大德七年]尚文又奏,斥罢南方白云宗,与民均事赋役。"

上引两段文字虽仅短短数语,但共同表明至元年间势力已颇盛的白云宗,于大德七年曾首次遭到斥罢,且其所享元廷普施于各种宗教不事赋役的特权亦被剥夺。这次白云宗所以遭斥罢的原因,在很大程度上是由于它的势力过大,已发展到"锡印章,郡县酋豪名署七千余所,众数十万"的地步,且是教"发而妻子田宅,诖愚民,托祝厘,逭徭赋,幸习甘贿"。凡此种种,在中书左丞尚文的启奏下,"于是罢之,斥散党与,同民赋役"。[③] 具体承办此案的是礼部侍郎高昉和户部令史苏志道。有三段耐人寻味的史料可资证明,兹分别录出全文,并略加考析。

苏天爵《高昉神道碑》记:

> [高昉]迁礼部侍郎,浙西豪民即所居为佛庐,举度为僧尼,号其

---

① 《仁和县志》卷12《寺观》。
② 念常:《佛祖历代通载》卷22,大正新修《大藏经》本。
③ 均见字术鲁翀:《平章政事致仕尚公神道碑》,载《元文类》卷68,《四部丛刊》初编本。

教曰白云宗,日诱恶少为不法,夺民田宅,奴人子女,郡县不胜其扰。中书以闻,公承按治,凡得民田庐若干所,还为民者若干人,贿赂没官者若干万,浙民大快。时顺德忠献王当国,选公为左司郎中,赞画政务居多。[1]

上引史料清楚地说明了礼部侍郎高昉奉命按治白云宗的事实,但未记此事发生的年代,故首先当辨明此点,方能进一步论证与之有关的其他问题。

上引文字于记述高昉奉命按治浙西白云宗事下,有"时顺德忠献王当国,选公为左司郎中,赞画政务居多"数语。众所周知,顺德忠献王为元名臣哈剌哈孙。据刘敏中撰《顺德忠献王碑》称,哈剌哈孙于"癸卯(1303)秋拜中书右丞相,加金紫光禄大夫"。苏天爵《元名臣事略》卷四之二《顺德忠献王》亦谓哈剌哈孙于大德七年(1303)拜中书右丞相。又据《元史·宰相年表》载,哈剌哈孙于大德七年九月至大德十一年八月期间任中书右丞相。上引苏天爵所述高昉奉命按治浙西白云宗事的发生年代当为大德七年,此与《元史·成宗纪》及《尚文传》所载大德七年下令斥罢江南白云宗一事的年代完全相符。是为证明两者实属同一事的理由之一。又,上引苏天爵所云高昉奉命按治浙西白云宗事始由于"中书以闻",此又与前引《尚文神道碑》及《元史·尚文传》等所载中书左丞尚文奏罢白云宗事相符,是为证两者实属同一事的理由之二。

成宗大德七年下令斥罢白云宗与礼部侍郎高昉承命按治浙西白云宗既同属一事,则可据上引苏天爵所述内容,进一步明了此次按治白云宗的原因是由于其"日诱恶少为不法,夺民田宅,奴人子女,郡县不胜其扰"所致。简言之,白云宗的不法行为,已触及官府的利益,故遭斥罢,此亦意料中事。

虞集为高昉奉命按治白云宗事提供了另一条重要史料,其文云:

[苏志道]在户部从礼部侍郎高公昉治白云宗狱。浙西白云宗强梁富人,相率出厚货,要权贵,稍依傍释教,立官府,部署其人,煽诱劫持,合其徒数万,凌轹州县,为奸利不法者。能为明其诖误者出之,田庐资贿当没入者巨万没入之,良家子女数百,当还民间者还之。阅二岁,五往返京师,以具狱上。[2]

---

① 《滋溪文稿》卷 11,《适园丛书》本。
② 虞集:《苏志道墓碑》,《道园学古录》卷 15,《四部丛刊》初编本。

上引资料说明,苏志道是当时随从高昉按治白云宗的具体承办人,且此事经二年始克告竣。

苏志道系元末著名儒臣苏天爵之父。① 许有壬为他撰《苏公神道碑铭》,其中亦载此事云:

> 转户部令史,浙西豪民以佛为标榜,相煽为奸,众至数万,号白云宗,握印章以总其属,公私病之。诏礼部侍郎高昉治其狱,以公从,京师五往返,始竣事,没资产巨万,归良家子女,出诖误者数百人。②

白云宗于大德七年遭首次斥罢之后,直到武宗至大末年,共管辖衙门时罢时复。如:

大德十年(1306)春正月"戊午,罢江南白云宗都僧录司,汰其民归州县,僧归各寺,田悉输租"。③ 这是大德七年斥罢白云宗的继续。

武宗至大元年(1308)三月,"复立白云宗摄所,秩从二品,设官三员"。④

至大二年三月,"罢杭州白云宗摄所"。⑤

至大四年二月,时武宗刚死不久,仁宗尚未正式即位,御史台臣说:"白云宗总摄所统江南为僧之有发者,不养父母,避役损民,乞追收所受玺书银印,勒还民籍。"得到元廷的允准。⑥

仁宗即位后于至大四年四月,颁发圣旨,全面革罢各路、府、州、县所设立的管理和尚、先生、也里可温、答失蛮、白云宗、头陀教的衙门,并将印信拘收。这样做的原因是政府认为这些宗教衙门"好生搔扰"。当时只保留了"管和尚的宣政院、功德使司两个衙门"。⑦ 显然,元廷的这次行动,不是专门对付白云宗的。

成宗大德七年至武宗至大四年间白云宗境况的不稳定状态由上可见,究其原因,当与武宗海山在位时"封爵太盛""锡赍太隆"有关,社会无力承担其盛封滥赐,必然导致这种状况。

---

① 《高昉神道碑》。
② 许有壬:《苏志道神道碑铭并序》,《至正集》卷47。
③ 《元史》卷21《成宗纪》四。
④ 《元史》卷22《武宗纪》一。
⑤ 《元史》卷23《武宗纪》二。
⑥ 《元史》卷24《仁宗纪》一。
⑦ 参见《元典章》卷33《革僧道衙门免差发》,影印元刻本;《元史》卷24《仁宗纪》一。

四、白云宗的全盛及其衰而复苏

元仁宗在位期间,白云宗一度受宠备至,其地位之高,达到前所未有的程度,进入了全盛期,究其原因,盖与仁宗本人"通达儒术,妙悟释典"有关,他曾说:"明心见性,佛教为深;修身治国,儒道为切。"①

皇庆元年(1312)冬十月,特颁圣旨,命江浙行省白云宗开板印刷白云和尚(清觉)《初学记》,并列入《大藏经》。时白云宗主沈明仁受此殊宠,即于大慈隐寺"命工锓梓印造,钦依入藏流通"。并于皇庆二年四月所书题记中,对官家端为祝延,其言词可谓八面玲珑,上自皇帝、皇太后、皇后,下迄太子、诸王,直到文武官僚,均为之祝添寿禄,其奉迎吹拍之忱,跃然纸上。② 延祐二年(1315)冬十月,元廷"授白云宗主沈明仁荣禄大夫、司空。"③据《元史》卷九一《百官志》七载,荣禄大夫属从一品,《元史·三公表》于大司徒、司徒、太尉下有"司空",故司空属三公之列。当时元廷对白云宗的优遇于此可见。但好景不长,白云宗的地位到延祐四年(1317)又发生动摇,是年六月,元廷"禁总摄沈明仁所佩司空印毋移文有司"。④ 元朝政府之所以采取这一措施,是因为延祐三年"白云宗僧使权贵冒名爵,恣横不法,擅剃度游民四千八百余人"等不法事的暴露,以致江浙行省理问官于九思奉命鞫治此案。⑤ 延祐六年十月,中书省臣又列举白云宗罪状说:"白云宗总摄沈明仁,强夺民田二万顷,诳诱愚俗十万人,私贿近侍,妄受名爵,已奉旨追夺,请汰其徒,还所夺民田,其诸不法事,宜令核问。"仁宗颁下圣旨说:"朕知沈明仁奸恶,其严鞫之。"显然,白云宗由于触犯了官府的利益,开始由受宠而又一次遭到政府的惩处,其势力也开始由盛而变衰。延祐七年(1320)正月辛卯,亦即仁宗临死前的十天,江浙行省丞相黑驴进一步揭露白云宗的罪状说:"白云僧沈明仁,擅度僧四千八百余人,获钞四万余锭,既已辞伏,今遣其徒沈崇胜潜赴京师行贿求援,请逮赴江浙并治其罪。"元廷从其言。⑥ 同年二月丁卯,时仁宗已死而英宗尚未正式即位,白云宗总摄沈

---

① 《元史》卷26《仁宗纪》三。
② 参见清觉《正行集》所附。
③ 《元史》卷25《仁宗纪》二。
④ 《元史》卷26《仁宗纪》三。
⑤ 黄潜:《元故中奉大夫湖南道宣慰司于公行状》,《金华黄先生文集》卷23。
⑥ 以上均见《元史》卷26《仁宗纪》三。

明仁终因"不法坐罪，诏籍江南冒为白云僧者为民"。①

关于自云宗主沈明仁因不法坐罪市，在处理过程中，宫廷内部的上层人物曾插手干预。杭州大学黄时鉴同志以沈仲纬《刑统赋疏》记载的一条史料慷慨允赠，今录其全文如下：

> 至治九年七月初十日，中书省咨：为沈明仁剃僧雕板事，该刑部照得，沈明仁为章士服等三十三状告争田，发付杭州路羁管。敬奉皇后懿旨：休问，给驿赴都。此咨，请敬依施行。②

上引史料的年代有错误，黄时鉴指出"至治无九年，当系至治元年之误"，甚是。惟其中"敬奉皇后懿旨"一语亦颇令人费解。据《元史·英宗纪》知英宗皇后亦启烈氏册立于至治元年十二月辛丑。则上引史料中至治元年七月初十日所说的"皇后懿旨"当非英宗后所颁甚明。又据《元史·后妃传》一（中华书局校点本）注一一称，英宗生母仁宗庄懿慈圣皇后弘吉刺氏之死"当在仁宗朝"。则上引资料中的"皇后懿旨"显然亦非其所为。故此"皇后懿旨"必另有所自。据《元史·英宗纪》载：英宗于延祐七年三月十一日即皇帝位，即尊其祖母苔己太后为太皇太后，直到至治二年九月丙辰，"太皇太后崩"。故上引史料中所说的"皇后懿旨"，当系苔己所颁，惟称"皇后懿旨"四字误，当作"太皇太后懿旨"方确。

苔己为武宗、仁宗兄弟二人的生母，"历佐三朝"，史称其"浊乱朝政，无所不至"。上述懿旨证明，白云宗与元廷上层人物的关系极深。然而此懿旨似并未能使白云宗免于惩处，至治三年（1323）江浙行省左右司员外郎曹鉴"奉旨括释氏白云宗田"③一事就是证明。究其原因，据《元史·后妃传》二载，英宗与其祖母苔己之间早已存在矛盾，加上英宗即位之后"群幸伏诛"，苔己"势焰顿息"，她当然无力挽救白云宗。通过至治年间对白云宗的惩处，其田产给了寿安山寺为永业。④

元人孔齐对沈明仁所辖的白云宗有一段饶有兴味的记述，全文如下：

> 湖州豪僧沈宗摄承杨总统之遗风，设教诱众，自称白云宗，受其

---

① 《元史》卷 27《英宗纪》一。
② 见《刑统赋疏》第三韵，《枕碧楼丛书》本。
③ 《元史》卷 186《曹鉴传》。
④ 《元史》卷 34《文宗纪》三。

教者可免徭役,诸寺僧以续置田每亩妄献三升,号为赡众粮。其愚民亦有习其教者,皆冠乌角楠子巾,号曰道人。朔望群会,动以百五。及沈败,粮籍皆没入官,后拨入寿安山寺,官复为经理,所献之籍,则有额无田,追征不已,至于鬻妻卖子者有之,自杀其身者有之。僧田以常赋外,又增所献之数,遗患至今,延及里中同役者。①

上引史料中的"湖州豪僧沈宗摄"当即白云宗主沈明仁无疑。作如此判断的理由有二:其一,对沈明仁的称呼,《元史·仁宗纪》延祐四年六月癸亥条作"总摄沈明仁";而同书《英宗纪》(百衲本)仁宗延祐七年二月条下则称"白云宗摄沈明仁",可见时人将"总摄"与"宗摄"互用,至少直到明初仍是如此。上述孔齐用的就是"宗摄"二字,故"沈宗摄"即沈明仁。其二,据《元史》卷三四《文宗纪》三载,"至治初以白云宗田给寿安山寺为永业"。上引资料则说"及沈败,田籍皆没入官,后拨入寿安山寺",与《元史》所载相符。

刘基在《宋公政绩记》一文中记载了沈明仁与当地农民杨信争田的情况。沈明仁为了达到目的,竟不择手段,将"家居力农"的杨信诬称为"强贼",将之逮捕并"转致死地使死"。幸为浙西经历宋文瓒及时识破,杨信方免于难。②

黄溍对白云宗的不法行为亦有记述,一并摘引如下:

> 中书省署君(徐泰亨——引者)归安县典史。白云宗僧沈某冒名爵、凌官府,有忤其意者两人,将置之死地。两人之怨家私邻女不得,杀以灭口,弃尸桑林中,事觉,阴使以他辞引两人,傅致其罪;君将直其冤,吏持不可曰:"此沈公意,孰敢拒也。"……君卒白出之。沈之徒有僧某者,通民家妇,为其夫所殴而衔之,适有遭劫杀者,贼弗得,僧飞书诬称其夫及有他怨者七人……君察其冤……僧乃伏罪,七人者得直。③

上引文字所言"白云宗僧沈某冒名爵、凌官府",诬陷百姓而官吏不敢拒,及其徒通奸民妇、诬陷善良等不法事,从上下文观之,当为成宗大德以后至仁

---

① 孔齐:《至正直记》卷3《豪僧诱众》,《粤雅堂丛书》本。
② 刘基:《前江淮都转运盐使宋公政绩记》,《诚意伯文集》卷6,《四部丛刊》初编本。
③ 黄溍:《青阳县尹徐君墓志铭》,《金华黄先生文集》卷34。

宗"延祐经理"前的事情;①且归安为湖州路属县,故文中所言能"冒名爵、凌官府"的白云僧沈某,当即孔齐所说的"湖州豪僧沈宗摄",亦即沈明仁。

朝廷对白云宗的惩处的决定,为某些地方官府积极遵行。如延祐七年(1320)十一月,"诏各郡建帝师八思巴殿"。② 当时,"列郡方作祠奉帝师,凡庀材用,召匠佣,一出于民力"。嘉兴路总管府治中高仁乃"独谕浮屠氏之籍白云宗者,俾任其役",使"官无一粟之耗,民无半饷之劳,而祠事以备"。③

白云宗经英宗至治年间按治之后,田产"给寿安山寺为永业",开头几年似全面走向衰落。但到了文宗至顺元年(1330)九月,"其僧沈明琦以为言,有旨,令中书省改正之"。④ 这应当看作是白云宗的衰而复苏。白云宗经过这次复苏之后,未见再受挫的记载,一直存在到明初。明太祖洪武三年(1370)六月甲子,朱元璋听从中书省臣僚所奏,下诏禁白云宗等教。⑤ 这条史料从反面证明,白云宗在元朝末年是始终存在的。

有人不察上引文宗至顺元年为白云宗改正处分的记载,并断言:"白云宗自1320年遭禁之后,就销声匿迹了。1370年,我们在明太祖反对邪教的敕令中才再次听到白云宗。"⑥显然,这种说法是与历史事实不完全符合的。

五、余论

在结束本文之际,有一点尚需述及,即元代的白云宗较宋时已有不同。在宋代,白云宗信徒是不婚娶的,无妻子这一点成了他们与白莲教徒的主要区别,已如前述。但在流传过程中,随着时间的推移,其戒律渐趋松弛。郑介夫在大德七年(1303)所上奏章中已经指出,白云宗"今皆不守戒律""恣行不法,甚于僧司道所"。⑦ 元代不少白云宗徒成了带发而有妻室的人。《元文类》卷六八所收字术鲁翀撰《尚文神道碑》记述元代白云宗徒系"发而妻子旧宅"的;

---

① 据《徐君墓志铭》载,徐泰亨为归安县典史前,曾试吏平江,为宪府整理中统至大德间断例,"览者便之";及徐泰亨离归安县典史职不久而"经理法行"。故知。

② 《元史》卷27《英宗纪》一。

③ 黄溍:《济南高氏先茔碑》,《金华黄先生文集》卷28。

④ 《元史》卷34《文宗纪》三。

⑤ 《明太祖洪武实录》卷53。

⑥ Daniel L. Ovenmyer, *Folk Buddhist Religion Dissenting Sects in Late Traditional China*, Harvard University Press, 1976, p. 112.

⑦ 《历代名臣奏议》卷67,郑介夫大德七年奏,第48页。

《元史·仁宗纪》亦载至大四年二月御史台臣言"白云宗总摄所统江南为僧之有发者,不养父母,避役损民"。元代白云宗可以带发而有妻室这点表明其戒律较宋时有所松弛,这在一定程度上当有行利于白云宗的发展,因为其进入理想境界的要求降低了,便于人们适从,故大德七年白云宗就达到了"众数十万"的地步。

(原载于《元史论丛》第 4 辑,北京:中华书局,1992 年,第 173—182 页)

清代书吏顶充及顶首银之探讨[*]

范金民[**]

摘 要:清代自中央至州县各级衙门,书吏顶补普遍行用顶首银,市有定价。考察存留下来的书吏顶补文书,可知浙江藩司衙门书吏多达二千余人,是定制的三四十倍。顶充者可以本身入署办事,也可因故再择他人理事,吏缺持有人与实际进署办事者往往并非同一人,吏缺与承事相分离。吏缺具有所有权,可以继承,可以公开转让出售,甚至可以以之抵押向人借款,吏缺市场行情不断上涨,但顶首银并未昂贵至时人所称的动辄"数千金"以"至万金者"之地步。顶首文书未见吏满考官事例,似乎说明书吏考满的概率很小。江浙省级衙门书吏可能只在同地同业书吏中传承,而家世相承代代相袭的现象并不突出。接充者由同行"禀举",说明接充书吏需要官府允准;由同行"公举",说明吏缺不能"私相授受",既要同行商议,更需官府认可。多数书吏的实际收入并不高,经济实力有限,有些人生活相当拮据。文书所载内容,与制度设计皇帝谕令官府申饬大相径庭,与令典要求和人们想象也颇有出入。

关键词:清代 书吏顶充 顶首银 顶首文书

人称明代治政,"待成于胥吏";[①]清代治政,"以胥吏之心计管天下",[②]朝

---

　* 本文为国家社科基金重大项目"江南地域文化的历史演进"(10&ZD069)的阶段性成果。感谢两位匿名评审专家的宝贵意见和建议。

　** 范金民,1955年出生,江苏无锡人。现任南京大学历史学院中国史系教授,主要研究方向为明清史,著有《国计民生——明清社会经济研究》《江南丝绸史研究》《江南商业的发展》《明清商事纠纷与商业诉讼》等论著。

　① 温睿临:《南疆逸史序》,《续修四库全书》第332册,上海:上海古籍出版社,1995年,第178页。

　② 陆陇其:《莅政摘要》卷下《御吏》,《官箴书集成》第2册,合肥:黄山书社,1997年,第640页。

廷"与胥吏共天下"，①书吏在治政中发挥着不可或缺的重要作用。清代定制，官员职掌，有额定编制，谓之"缺"，而书吏之设置，也有"缺"，也为"在官之人"。② 吏胥承充某缺，年龄、身份、经济实力、地域来源以至承充时间、考满后之进身之阶等，均有详尽规定。然而实际运作则迥异其趣，正身之外，帮办、白役杂沓其间，人数数倍以至数十倍于定额，有限任期往往衍变为祖孙父子世代沿袭，形成极为突出的官不世袭而吏胥世代相承的独特现象，造成胥吏一定程度上把持行政的恶性局面。

学界关于清代书吏的研究，已经取得丰硕成果，并有新作源源推出，但是对于在书吏业内通行的顶首银，至今似未曾引起重视；而对于书吏顶缺时具立的顶首文书，更殊少探究。本文主要利用文书和档案，探讨清代书吏的顶首文书、顶首银等问题，期能深化清代书吏研究。

一、清代书吏顶充之规定

清朝定例，书吏承充，凡人数、出身、年龄，以至经济实力、承役时间、出缺补充、满期考选官职等，均有详细明确的规定，而且不断重申，严禁私授顶充、买卖缺位，违者本人及相关官员均须受到处责。概括其内容，约有如下数端。

一是吏员参照官缺，明确额定人数，严禁额外增设。令典规定，限定各省各级衙门书吏人数，总督衙门典吏 30 人，巡抚衙门 20 人，藩司衙门五六十人，臬司衙门 30 余人，府衙 20 多人，县衙十多人。③ 雍正二年（1724）覆准："各省督抚所属文武大小衙门内，有挂名吏员及革除食粮之兵丁，改易姓名，潜充挂名吏员者，尽行革去，查验实在正身吏役，方令充补。至贴写帮差人等，亦择忠诚朴实之人充役，如有不堪供役者，即行黜革。"④乾隆元年（1736）谕令："各直省督抚务宜严饬各该州县，将所有吏役按籍查考，其有私行冒充者，悉行裁革。设正额书役实不敷用，不妨于贴写帮役中，择其淳谨者，酌量存留，亦必严加约束，毋得非时差扰。"乾隆三十年奏准："文职衙门吏役，遵照经制名数补用，仍

---

① 郭松焘语，徐珂：《清稗类钞·胥役类》，"例吏利"条，北京：中华书局，1984 年，第 5250 页。

② 嘉庆《大清会典》卷 9《吏部·验封清吏司》载："在官之人，治其房、科之事，曰吏。……凡总督、巡抚、学政、各仓及各关监督之吏，皆为书吏。"（嘉庆二十三年刊本，第 12—13 页）

③ 光绪《大清会典事例》卷 148—150《吏部·各省吏额》，北京：中华书局，1991 年，第 889—915 页。

④ 光绪《大清会典事例》卷 146《吏部一三〇·书吏》，第 857—858 页。

由地方官出具并无复设白役分顶合夥印结,更于年底照经制名数,注明更替著役年月,并役满日期,汇造总册,送部存案。"①不仅正身书吏有定额,而且各地依据事务繁简量设的帮办书吏,也有一定额数,所有正身及帮办书吏情形,均须造册报部。道光二十六年,奏准:"各直省大小衙门书吏,俱有定额,不准擅自增益,令各督抚实力稽察,一有挂名典吏,即严加裁汰。"又奏准:"各衙门书吏缺出,限一月内即行充补,于年终汇造总册,声明充补月日报部。"②前后二百年间,皇帝谕令一再强调相关定例必须切实实行。

二是确定各级各地衙门书吏定额后,书吏承充实行考试招募制。清初,在国家财政拮据的时代,书吏原按纳银数多少,分送各衙门办事。③ 康熙二年(1663),停止援纳,改为各衙门自行招募。是年规定:招募书吏,"给予执照,开注姓名、年岁、著役日期,并地方印结,按季汇册咨部";康熙六年定,"每岁终仍取结送部查核"。④ 虽然康熙十四年一度仍照旧例援纳,但随后即实行招募制。雍正元年覆准:"各部院考取书办,于京城出示召募,各省流寓之人,有熟于律例,工于书算者,赴该衙门报名,取具同乡甘结,定期考试,择取拨补。"⑤

三是承充书吏需要符合一定条件,履行一应手续。令典规定的书吏承充资格是,身家清白,具有一定的文字素养,文理明通,或通晓律例,或工于书算,年满 20 岁,充役到 70 岁为止。康熙二十八年覆准:"有愿充各部院衙门书吏者,令其具呈考试,选择文理明通者,掣签著役,渐次补完,再行考取。"⑥道光二十六年议准:"内外各衙门书吏,务择年过二十老成驯谨之人,充补实缺,若令年幼者承充,本管官降二级留任。"乾隆四年谕令:"如年至七十,即令其罢役,不许充当各项差使。如有设法盘踞,改易年岁者,严察分别治罪。"手续是承充者需出具亲供甘结、邻里或同业甘结和地方官印结三结。凡此皆为防止冒名顶替而设。雍正四年覆准:"各衙门考取书吏,细加查覆,毋致有冒籍冒姓顶替诸弊。其书役投充时,务遵照定例,取具确实亲供印甘各结,方准著

① 光绪《大清会典事例》卷98《吏部八二·处分例·书役》,第 257、260 页。
② 光绪《大清会典事例》卷98《吏部八二·处分例·书役》,第 266 页;文孚纂修:《钦定重修六部处分则例》卷16《书役·充补书吏》,上海:上海图书集成印书局,光绪十八年刻本,第 2 页。
③ 光绪《大清会典事例》卷 146《吏部一三〇·书吏》,第 857 页。
④ 嘉庆《大清会典事例》卷 122《吏部》,嘉庆二十三年(1818)刊本,第 1 页。
⑤ 光绪《大清会典事例》卷 146《吏部一三〇·书吏》,第 858 页。
⑥ 光绪《大清会典事例》卷 146《吏部一三〇·书吏》,第 857—858 页。

役。"①雍正七年重申:"外省各衙门书役投充,务取具并无重役冒充亲供互结,该地方官加具印结,汇造役册,申送该管稽察衙门。"具体稽查职责是:"府州县书吏,责成本道稽查,无道员地方责成按察使稽查,藩、臬两司及各道关差书吏,责成督抚等稽查。"②吏满出缺,再行考取,也需相应手续。雍正四年覆准:"凡额设书役年满出缺,该管官慎择签点,取具邻佑及亲族并无重役买缺等弊连名保结,方准收录。该管官员加具印结,申报上司衙门存案。"道光二十六年议准:"内外各衙门书吏,俱应确查自家清白,取具邻里押结,加具地方官印结,详咨吏部存案。"③直到光绪中期,江苏巡抚刚毅甚至拟定吏役亲供结、邻里甘结和州县官印结三结式样,饬令州县严格执行。④

四是吏满出缺,或者考选官职,或者改业归农,不得复充,严禁私授顶充,买卖吏缺。雍正元年谕令:"从来各衙门募设书办,不过令其缮写文书,收贮档案,但书办五年方满,为日既久,熟于作弊,甚至已经考满,复改换名姓,窜入别部,潜踪掩迹,无所不为。……自今以后,书办五年考满,各部院司官查明,勒令回籍候选,逗遛不归者,著都察院饬五城坊官稽查遣逐。"⑤同年,针对浙江书吏顶缺特别严重情形,重申此禁令:"其大小衙门胥役,俱令五年为满,改业归农。如年满不退,更名复役,或父出子入,或改充别衙门,并革役,复入者照例治罪。"⑥雍正四年又覆准:"缺主之弊,外省犹未尽去,通饬直省督抚,转饬所属,将现有缺主尽行除革,书役年满缺出,遵例另募,取具邻佑亲族保结,方准取录。"⑦

五是违禁吏役革除议罪,涉事官员处罚。书吏顶补,康熙二十八年即规定,"如有私行索取缺银,或被顶缺之人首告或被本官查出者,送交刑部治罪。"雍正四年又覆准,"如有暗行顶买、索取租银之处,缺主及顶缺之人,照律治罪,该管官照例议处。"⑧雍正七年议准:"倘有五年役满不退者,将该役斥革治罪,或舞文弄法招摇撞骗包揽词讼侵欺钱粮,该司道访拏,按律治罪,府州县官不行查出,照徇情例降二级调用,专官司道不行查出,失察一二名者罚俸三月,失

① 光绪《大清会典事例》卷98《吏部八二·处分例·书役》,第266、258、254页。
② 光绪《大清会典事例》卷146《吏部一三〇·书吏》,第859页。
③ 光绪《大清会典事例》卷98《吏部八二·处分例·书役》,第254、266页。
④ 刚毅:《牧令须知》卷2,《官箴书集成》第9册,第228—229页。
⑤ 光绪《大清会典事例》卷146《吏部一三〇·书吏》,第858页。
⑥ 乾隆官修:《清朝文献通考》卷23《职役考三》,杭州:浙江古籍出版社,2000年,第5053页。
⑦ 光绪《大清会典事例》卷146《吏部一三〇·书吏》,第859页。
⑧ 光绪《大清会典事例》卷146《吏部一三〇·书吏》,第857—859页。

察三四名者罚俸六月,失察五名以上者罚俸一年,失察十名以上者降一级留任。"乾隆三十年奏准,如有白役分顶合夥等弊,"倘该管官徇庇滥用,仍有吏役分顶合夥及捏名倒提年月等弊,将该管官降三级调用"。嘉庆五年(1799)上谕,书吏役满,继受之人出钱顶补,名曰"缺底","此等名目,本干例禁,亦且贻累军民,所关匪浅……著通谕各省督抚,严行禁革。倘阳奉阴违,别经发觉,或被科道纠参,定将各督抚严议。"同年奏准:"各省大小衙门将不在公之人,作为挂名书吏者,降三级调用。接任官不行查出,降一级留任。如系刺字革役挂名,接任官降二级调用。"①在书吏考取补充考选官职的全过程中,书吏如果有假冒、顶买等弊,会遭革除,甚至议罪,而官员则负有察核之责,如果失察,即处以罚俸、降调,决不宽假。

应该说,清朝君臣对书吏理政的危害有着清醒认识,对于书吏承充的制度设计较为细致严密:不但对书吏承充的资格、手续以至吏满出缺的补充作了详细规定,而且着落各级衙门和官员负有相应的督察责任。对书吏违规的处罚是严厉的,平时的督责约束也是严格的。然而设计如此严密的制度,在具体运作过程中却收效甚微,诚如清中期常州人洪亮吉所说,形成了"子以传子,孙以传孙,其营私舞弊之术益工,则守令闾里之受其累者益不浅"的局面,以至"州县之大者,胥吏至千人,次至七八百人,至少亦一二百人"。②各级各地衙门书吏补充弊窦层出不穷,书吏之缺作为缺底成为无形财产,顶首买卖通畅运行,官革而吏不革,制度规定与实际运作完全背离,皇帝与朝廷的设想和举措全然未曾顺畅运转。

二、清代书吏顶首银

衙门书吏,北宋已有世袭迹象,元代较为明显,③因而一直引起时人注意。书吏承充靠顶补,顶补需出顶首银。所谓"顶首银",是指书吏承充时后任顶充

---

① 光绪《大清会典事例》卷98《吏部八二・处分例・书役》,第254、260、262页。

② 洪亮吉:《洪亮吉集・卷施阁文甲集》卷1《吏胥篇》,北京:中华书局,2001年,第1册,第26页。

③ 元人戴良表彰南宋遗民傅景文,称其"为浙省幕掌故,一时史笔无敢与并者",其二子"俱浮沉州县间,往往以儒术饰吏事,有誉闻于当时",其孙子异"居杭之日,尝入省幕,处先生之职。后以年劳升理问所令史,从补淛东帅府掾,出入诸幕府凡二十载,曾不以职卑俸薄为嫌,意气濯如也,蔼如也"。(戴良:《九灵山房集》卷12《送傅子异序》,《景印文渊阁四库全书》,台北:台湾商务印书馆,1986年,第1219册,第392页)三代为吏,似元代地方吏胥已有世袭迹象。

前任所付银钱,明代又称为"替头钱""替顶钱""顶头钱""顶头银"。① 顶首银目前尚不知起自何时,但至迟明代中期已经较为盛行,可以断言(容另撰文论述)。其时书吏业内当也有相应文书。明末崇祯年间浙江嘉善知县李陈玉处理顶首银事例,提到高三买俞守正捕书一名,原顶首银 27 两,经人见证,"减价七两,先入十两,立欠一十四两文契,欠帖俱交见证之手"。② 说明至迟明代末年肯定已有相应文契,但至今仍未见人提及明代顶首文书者。

进入清朝,书吏顶补,盛行顶首银。官是流动的,不熟悉具体事务;吏是固定的,熟悉专门业务。清人行政断案,参律用例,例案不胜枚举,官员大多惘然无知,全靠熟稔律例的吏胥援例定案。吏胥私相授受,子孙世袭,从而垄断某地某衙门的事务,进而作弊弄奸,欺诈百姓,挟制官长,成为一大公害。

顺治八年(1651),江宁巡抚土国宝婪赃案发,审案时,涉事官员供出如下情节:姚存、徐瑞、李诚等指证,书吏张君益等,"乘经制额设吏役,遂加增六名,每名婪价四千两,六名共二万四千两,官吏烹分";李应祥则供,顺治四年七月,遵奉经制添设书吏六名,共值银 12000 两,众书办凑公费银六千两,送与故抚。实际情形,则据抚衙书办高旭等供称,新添顶首六名,分派 28 人名下,选定 20 名,每名缴抚院公费银五百两,共银一万两。苏州府役李伯禹与顾元鼎共证:李伯禹因亲家顾允柔身故,遗下抚院书办名缺,曾于顺治七年七月十八日要顶此缺,但巡抚"不肯收用,遂行牌查身家有无违碍",二次凑银一千两,经邹锡祥之手送巡抚收讫;后李伯禹单独供认,当时"因顶顾元鼎父亲顾允柔书缺,先将银五百两付顾元鼎为缺价",后奉巡抚"行查身家有无违碍,凑银一千两交邹锡祥,送进故抚(指巡抚土国宝——引者)收讫"。③

此案颇具意味。土国宝贪婪成性,大肆敛财,两次染指书吏顶首银:一次利用额设吏役之机,增加 6 名书吏,实际贪得银 1 万两;另一次是李伯禹要顶顾允柔书缺,土国宝以查验身家为名,敲诈得银 1000 两。第一例,清初江宁巡抚衙门新增书吏缺,名义上每缺值银 4000 两,官员和同行书吏分肥,各得一半,实际上每缺应在 2000 两左右。第二例,李伯禹要顶书吏缺,先付了 500 两

---

① 明崇祯元年,大学士钱龙锡回禀皇帝问话,解释道:"顶首是下首人顶上首的,应该有几多银两。各衙门胥役皆有顶首,惟吏部顶首银独多。"(金日升:《颂天胪笔》卷四《召对七》,《续修四库全书》,第 439 册,第 229 页)

② 李陈玉:《退思堂集》卷 9《谳语·一件朋抄事》,崇祯刊本,第 28 页。

③ 《江南按察司审问土国宝赃贿案招拟文册》,故宫博物院文献馆辑:《史料丛编二集》,1930—1936 年铅印本,第 6、22 页。

顶首银，又付了1000两贿赂银，书吏顶充每缺至少需银1500两。官员利用验证等书吏顶补程序谋求利益，正是顶补银存在书吏顶补世袭的根源。

顺治十六年，刑科给事中张维赤题称，浙江司道府厅书吏，"每一顶首价值七八千金，此外引见酒席之费不下千金，往往三四人朋充，甚而有揭营债以买充者"。① 三四人朋充一个书吏缺位，每名顶首银多达二三千两。顺治末年，户科给事中柯耸上疏称，吏胥"一入衙门，无不乘坚策肥，栋宇连云，疆亩如绣，不知得自何来"，"如江浙之间，司道掌案吏书，每名顶首银两，多者二千金，少者不下千金，即刑厅书役，亦必千金。此辈挟此重资，钻谋营役，推其本心，方思取偿于一二事难倍收于一二年，小民之膏血几何，能堪狼虎吮吸也"。② 张维赤、柯耸之话，不但印证了清初江浙省级衙门书吏盛行顶首银的情节，而且行情均在千两以上至二三千两。直到道光十七年（1837），有人揭露说："近日东南各省上司衙门书吏，每名充顶之费辄须数千金。"③书吏顶首银均须数千两。

省府衙署如此，州县亦然。康熙早中期，浙江巡抚赵士麟说："在省城，则有各县之歇，在州县，则有各里之歇。"④也有人说："浙属州县七十有六，此辈立有顶首，用价买充，以县分之大小，钱粮之多寡，定售价低昂。有一人而买数县，有数人而朋一府，父子相承，兄弟挨值。"⑤其时省属各地，如杭州府，"各衙门书役保歇，皆有坐管之里"。⑥湖州府"乌程、归安两县三百余家，买定都图，立有顶首，父子相传，竟为世业"。⑦ 可见省、府、州县各级衙门均盛行顶首银。

地方衙门顶补书吏如此风行顶首银，延伸至基层之里，其里书亦然。顺治十八年，柯耸上疏论及江南册书顶首银，称江浙各县往往在经制吏书之外，各有册书一名，利用大造册籍之时，"每人各出顶首银若干，买定里书。至造册之

① 张维赤题本，顺治十六年闰三月二十八日，《历史档案》1989年第3期，第4页。

② 柯耸：《酌时宜以苏民困疏》，平汉英辑：《国朝名世宏文》卷2，《四库未收书辑刊》，北京：北京出版社，2000年，第1辑，第22册，第514—515页。

③ 费庚吉：《请严定惩余书役扰害章程疏》，王延熙、王树敏辑：《皇朝道咸同光奏议》卷24，光绪二十八年上海久敬斋石印本，第1页。

④ 赵士麟：《武林草·抚浙条约·革积歇》，扬州：江苏广陵古籍刻印社，1983年，第18页。

⑤ 王汤谷：《严革歇蠹》，凌铭麟《新编文武金镜律例指南》卷15《禁谕》，《四库全书存目丛书》，济南：齐鲁书社，1997年，史部第260册，第671页。

⑥ 康熙《钱塘县志》卷6《徭役》，《中国地方志集成·浙江府县志辑》第4册，第178页。

⑦ 王元曦：《禁革包歇》，《增定分类临民治政全书》卷2《户部》，转引自西村元照：《清初の包攬——従私征体制の確立、解禁から請負征税制へ》，《东洋史研究》35卷3号，1976年，第116页。

弊,移甲换乙,漏富差贫,即前花分诡寄之弊,皆出其手"。其家乡秀水县区书,"一人买充数里,每年包纳钱粮,额外私派,俱属积蠹掌握";而杭州府各县,"有以生员包充册书,官法既所不加,舞文亦复何忌!"①在嘉兴府,每图有保人、图差、截书、区书等,"遂买定图分,议定顶首,父盘子踞,倚为金穴"。② 雍正年间,浙江巡抚李卫通谕全省称,征收钱粮,"一图各有一人,父子相承,买卖顶充,历年钱粮皆其掌管盘踞"。③ 里书承充需交顶首银,极为普遍。

以上可见顶首银之普遍,然则地方基层衙门书吏的顶首银数额如何,并不清楚。

康熙初年,浙江总督刘兆麒发布檄文,详细描述了浙江嘉兴府各县里书以顶首银买充里书的行径:"各邑有顶首,数至二三百两不等者,惟嘉秀一邑,价值千金。初犹不肖地棍夤入其中,近且豪猾劣衿窜为窟穴,甚有积年衙役而改充里书,亦有身为里书而兼充衙役。……此辈坐拥富赀,父传与子,兄传与弟,官府以为在衙役之外,略而不问,不肖有司方且藉其箕敛,容纵养奸。"刘兆麒为此檄令:"嗣后……其里书顶首名色尽行革除,勒石永遵。"④按刘兆麒所说,江南各地,县下里书顶首银,一般在银二三百两,而较为富庶的秀水一县,高达银千两。

嘉庆初年,周镐形容浙江州县以上衙门书吏状况,称:"书缺买定也,某书管某县,某吏值某科,皆量其出息之多寡,以为授受。州县特其佃户耳。买定之后,则以此缺为传家之宝,官有迁调,而吏无变更,即或因事革除,而易名顶替者,仍其人也。"⑤

江浙如此,其他各省大多类似。如安徽,乾隆早期成书的《儒林外史》描写,安庆府向知府派两个书办到南京去接鲍文卿,两个书办便央求鲍文卿,恳请他在知府面前说情,驳了县里详文,可以送鲍三百两银子。到了安庆,向知府告诉鲍文卿,他的王姓管家,在他家已经三代,他将投身纸都查了赏他,而且

① 柯耸:《编审厘弊疏》,《清经世文编》卷 30《户政五》,北京:中华书局,1992 年,第 754—755 页。
② 浙江巡按御史牟:《为力革年年十大弊以甦浙民重困事》,光绪《嘉兴府志》卷 22《田赋》,第 41 页。
③ 光绪《海盐县志》卷 10《食货考·役法》,第 9 页。
④ 刘兆麒:《总制浙闽文檄》卷 6《禁革嘉属里书》,《官箴书集成》第 2 册,第 597—598 页。
⑤ 周镐:《上玉抚军条议》,《清经世文编》卷 24《吏政一〇》,第 617 页。

又替他的儿子买了一个部里的书办,五年考满,便选一个典史杂职。① 叙述书吏购买、考满出缺选官以及如何不失时机作弊,其事虽未必真,但类似情节应该存在。

如湖北荆门州,每甲粮册一本,名为一块,全州共有 590 块,而"荆门册书,有一人而管一块者,有一人而管数块者,传为世业。间或顶售,则按册载花户之多寡,地方之肥瘠,以定价之低昂。每册一块,顶银二三十两以至四五十两不等"。② 册书俨然世业,按块计算,或一人管一块,或一人管数块,顶首银每块少者二三十两,多则四五十两。

如广东,康熙、雍正之际,人称东莞、顺德等县典吏,顶首银"少者数百金,多者至二千余金"。县令王植于考选房吏时,"每房多取一二人记名,有吏缺出,就中择其尤者一人,而以数人副之。尝有一房役满,大宪檄行送一姓名至,余亦准充,而以先所取者九人与之办事,以为将不安而去矣,久之,竟相安。密侦之,则九人者,已暗与帮贴,偿其所费,锢弊之难化如此"。③ 书吏之间,结成一体,牢不可破,县令也无可奈何。

如四川,嘉庆末年,籍隶四川的监察御史程伯銮奏报:"查各衙门服役公差,便有定数,乃川省各州县粮快两班,多至千人,分为散差、总差、总总差名目。闻欲充当总差一名,用顶头钱或累千数,若非异取民膏以充私囊,何肯拼重费而入公门。故俗有'差头换举人,举人倒补一千银'之谣。"④

如陕西,光绪初年,渭南署任知县先将本县吏房书吏一缺由他人充当,而当冯文焕等公禀后,改令冯出银 50 两代张金镜还债,而由冯获书吏缺,后来偏向张金镜,又将冯革卯,改令张金镜充役,等到实授知县樊增祥履任,复将张金镜革卯归正。⑤ 知县利用书吏改充之机,作弊谋利。

可见,清代上自中央各衙门,下至州县地方衙门乃至基层之里,书吏顶补普遍行用顶首银;因为通行顶首银,书吏之缺遂由祖孙父子世代传袭;顶首银数量较之明代也相形高涨,省级衙门在一二千两,州县衙门在数百两至千两银

---

① 吴敬梓:《儒林外史》第 25 回《鲍文卿南京遇旧 鲍廷玺安庆招亲》,上海:上海古籍出版社,1984 年,第 348—349 页。

② 乾隆《荆门州志》卷 14《赋役·革册书即里书并首补缺额银米案》,乾隆十九年刻本,第 43 页。

③ 徐栋:《牧令书》卷 4《用人》引王植《胥吏》,道光二十八年刻本,第 34 页。

④ 《四川总督蒋攸铦奏折》附 2《陕西道监察御史程伯銮奏折》,四川大学历史系、四川省档案馆主编:《清代乾嘉道巴县档案选编》下,成都:四川大学出版社,1996 年,第 221 页。

⑤ 樊增祥:《樊山政书》卷 5《批吏房书办张金镜禀词》,北京:中华书局,2007 年,第 111 页。

左右,基层里甲也在数十两之间。市有定价,俨如商品。

三、清代书吏顶首文书

上文已述,无论中央还是地方,清代各级衙门书吏盛行顶补,顶补时需交顶首银,迄至清末,未有变更。然而,书吏之间如何前后顶补,吏缺如何买卖,顶首银如何交付,涉事书吏要否具立书面字据? 以笔者所见,既有研究殊少提及。

幸运的是,日本东洋文库收藏了 6 件文契,加藤雄三博士个人收藏了 10 件文契,均是有关浙江巡抚和布政司衙门书吏顶补的文书。[①] 此外,日本东京大学东洋文化研究所藏《苏州金氏文书》中,有 4 件江苏布政司衙门书吏顶补文书;[②]中国社会科学院经济研究所所藏徽州文书中安徽按察司衙门督捕房书吏出顶缺契 1 件。[③] 近年来,国人对清代吏胥的研究成果不断推出,但似乎未见引用吏胥文书原件者。只有日本学者加藤雄三收集并介绍了一件光绪二十七年(1901)的杭州织造衙门门房缺绝顶契,[④]泉州市文管会黄真真曾经介绍过一件同治八年(1869)泉州府学门斗缺卖断文书,[⑤]网上也曾流传一件光绪十年章殷氏等绝卖徽州府学值路婺源县并祁门县门斗缺文书,[⑥]可以视为迹近书吏缺买卖文书。上述文书内容完整,品相较好,时间起自康熙五十七年,止于光绪二十七年,长达近两个世纪。尤其是留存在日本图书部门的江浙书吏顶补文书,时段集中于乾隆二十年以后,较为具体地提供了书吏顶补的诸多实例,成系列地展示了江浙省级衙门书吏之间顶补的实况,形象真切地体现了清代地方衙门书吏顶补的实际情形,也为前述清人的相关描述作了绝好的

---

① 山根幸夫:《胥吏缺让渡文书》,《明代史研究》第 2 号,1975 年 3 月;加藤雄三:《清代の胥吏缺取引について》(一)、(二),《法学论丛》147 卷 2 号(2000 年 5 月)、149 卷 1 号(2001 年 4 月)。东洋文库的文书,承大阪大学文学部荣誉教授滨岛敦俊先生惠予复制件;加藤雄三先生个人搜集的文书,据悉已赠送给京都大学图书馆,由京都大学文学部夫马进教授提供影印件。于此一并深致谢意。

② 4 件文书,又见滨下武志等编:《东洋文化研究所所藏 中国土地文书目录·解说》(上),《东洋学文献セソタ丛刊》第 40 辑,1983 年,第 90—94 页。此批文书,承京都大学人文科学研究所岩井茂树教授帮助,得以阅读原文书并获得影印件,于此深致谢意。

③ 《汪景文立出顶缺契》,转录自章有义编著《明清及近代农业史论集》附录《清代徽州地主分家书置产簿选辑·休宁汪姓誊契簿辑要》,北京:中国农业出版社,1997 年,第 384 页。

④ 前揭加藤雄三:《清代の胥吏缺取引について》(二),《法学论坛》149 卷 1 号,2001 年 4 月。

⑤ 黄真真:《清代后期胥吏衙役权利的私下交易》,《中国社会经济史研究》2001 年第 3 期。

⑥ 此件文书,承复旦大学历史地理研究中心王振忠教授告知影印件,深致谢意。

注释,对于了解清代地方衙门书吏的活动状况,提供了难得的第一手资料,当能丰富清代胥吏研究的具体内容。对于上述浙江巡抚和藩司衙门的 16 件书吏顶缺文书及杭州织造衙门门房缺 1 件绝顶契,加藤雄三博士曾予以全文介绍,并从法制史角度对清代的吏缺和文书所反映的吏缺买卖作了初步探讨,唯尚留有较大的学术空间,值得进一步探究。

江浙皖三省巡抚及藩、臬二司衙门的 21 件文书,包含顶缺契 5 件,绝顶契 2 件,永远顶首文契 1 件,典缺契 1 件,议单 7 件,合同议单 2 件,议约、允租和笔据各 1 件。21 件文书中,除了笔据 1 件,又可以分为议单和顶缺契两大类,各为 10 件。其文契形式又可分为契约式和条款式两类,前者 12 件,后者 8 件。

为展示这些文书的样貌,现选择吏缺顶缺议单契约式和条款式各 1 件及典契 1 件,移录如下(格式微有变动):

1.《赵行周出顶浙江巡抚衙门嘉绍二府吏缺合同议单》(条款式)

立议单亲友张舜舞、王巨瞻等,今有赵行周兄,向充抚宪春秋班咨房吏缺,缘一身难以兼顾,将嘉、绍二府出顶与张云程先生处承办,当得酒礼银壹百两正。自顶之后,所有嘉、绍二府甲下一切事件听凭办理,不涉赵处之事。所有众议规条,开列于左:

一、议银平九七。

一、议每班张处绍甲帮银六两,嘉甲帮银五两,于上班时先付六两,交与赵处,汇办署内伙食束脩等项,馀银五两次月交付,不得愆期。

一、议赵行兄如欲引顶,先尽张处,另议缺价,如赵处不愿顶充,听凭赵处回赎,另觅售主,归还张处,原价张处不得阻挡。

一、议嘉、绍二府并非绝顶,但赵行兄未经出缺引顶之前,总与张处合办,不便另售,如张处不欲承办,先佚赵处回赎,如赵处不愿回赎,听凭张处别顶,赵处亦不得阻挡。

一、议嘉、绍二府内一切文武衙门刑钱事件,统归张处办理,至通行事件,按府派分,嘉、绍事件遇有一名以上,照数加二奉酬赵处,馀外不得另生觊觎。

一、议嗣后内外务须一秉至公,不得各生异心。

乾隆贰拾伍年陆月　日立议亲友　张舜舞　王巨瞻(押)　强履安(押)　俞拱乾　黄璞存

费凌沧(押)　江帝歆(押)

王西清(押)　朱锦云

季协清(押)

允议张云程(押)　赵行周(押)

代书张清芝(押)

大吉存照①

2.《赵庚立浙江巡抚衙门吏缺顶缺契》(契约式)：

顶契存照

立顶缺契赵庚,情愿挽(左两点水)中,将自原顶朱森木兄名下抚辖夏冬班咨房正缺壹分贰厘五毫,立契出顶与章绍舒兄处承办管理,当得酒礼制钱壹百伍拾千文正,三面收明。自顶之后,所有名下壹分贰厘伍毫咨房名缺一切刑名钱谷等事,听凭章绍舒兄处管理承办,公费照股轮收,不涉赵庚之事,并无阻掯异说。恐后无凭,立此顶契存照。

再批:是缺系顶朱森木兄名下,原顶强立兄之缺,前曾庚自出过酒礼银贰百两正,今庚情愿减价转顶,并无异说,当将原顶合同议单壹纸交存作据。又照。

乾隆伍拾伍年玖月　日立顶契　赵　庚(押)　朱森木

见立　斯圣岐(押)　张历山　朱序东　朱秉钧　张仁斋

张升阶②

3.《何静默立江苏布政司衙门吏缺典缺下契》(契约式)

立典缺下契何静默,凭友褚暨洲、瞿芝田等,今典得许桂堂兄经管苏藩户总科吴县地丁钱粮及太湖厅书缺事宜,议典半中之半合办,当交典价公费元银陆百两正。上契载明,不拘年月,如有原价,听凭取赎。欲后有凭,立此典契下契为照。

嘉庆拾肆年伍月　日立典缺下契　何静默(押)

---

① 《赵行周出顶浙江巡抚衙门嘉绍二府吏缺合同议单》,乾隆二十五年六月,日本东洋文库藏。

② 《赵庚立浙江巡抚衙门吏缺顶缺契》,乾隆五十五年九月,日本东洋文库藏。

凭　　友　褚墅洲(押)

瞿芝田(押)

王晴川

馀玉①

　　书吏缺议单与顶契等,就文书形式而言,书吏缺议单与顶契等,均有契约式和条款式两种,与民间日常的房地产买卖、分家析产、里甲催粮、承担徭役、宗祧继嗣等各式议单文契并无二样。具立议单的是书吏涉事双方,落款以允议身份出现,另有以见议或立议身份出现的中见人,有的还有代书等;书吏各类顶缺契则与房地产买卖的正契相同,出顶缺人落款以立契人身份出现,另有见立或居间或见居或凭以中见人身份出现。②唯与上述各类议单和正契不同的是,居间人或中见人大多不是事主双方的亲族邻居,而是事主的"友""同房亲友"。这里的同房并不是宗族意义上的"房",而是衙门中的房科。江苏布政司衙门书吏何肯堂所立永远顶首文契上具名的"同房亲友"多达27人,说明吏缺出让,同房书吏均有见证责任与义务。就书吏顶缺契约的约束力而言,同业书吏的同业显然要比同宗亲友更加切合实际更为有效。

　　就文书内容而言,书吏顶缺文书同其他文书一样,事主双方必须说明吏缺出让或顶卖的原因,吏缺承当事务的范围和收入情形,讲明吏缺价格及其交付时间、银两成色等,如若不是绝顶契,还需说明出顶是否保留回赎权利,受顶人是否可以转顶。从文书反映的运作实际来看,吏缺文书即使具立了绝顶契,仍然存在像当时流行的民间房地产买卖不断找价的现象。可见书吏缺俨然已是持有人的无形产业,可以转让,可以继承。

　　通观江浙皖三省省级衙门的21件书吏顶缺文书,可以获得如下认识。

　　其一,关于书吏分班分房分科及其人数。乾隆二十年、二十一年间,浙江巡抚衙门春秋班咨稿房书吏赵行周,因"一身办理未周",先后分三次将其所有的绍兴、嘉兴府二府之缺位出顶与人,此缺是"承管嘉兴、绍兴两府属一切刑钱

---

　　①　《何静默立江苏布政司衙门吏缺典缺下契》,嘉庆十四年五月,东京大学东洋文化研究所藏。

　　②　关于议单与正契的区别与联系,请参见拙文《"草议"与"议单":清代江南田宅买卖文书的订立》,《历史研究》2015年第3期。

公务",是为巡抚衙门下嘉兴、绍兴两府刑名、钱谷事务起稿。① 乾隆四十五年四月,浙江强立诚将与章绍舒合顶前手潘一渊与倪协文的抚宪咨房吏缺,因"出缺另图他业",同业禀举由张历山接充,立有议单。② 乾隆五十五年九月,赵庚将原来顶自朱森木名下的抚辕夏冬班咨房正缺一分二厘五毫,立契出顶与章绍舒,"一切刑名钱谷等事,听凭章绍舒兄处管理承办,公费照股轮收"。③ 嘉庆十九年十一月,朱森木将此部分吏缺凭中出顶与人,同时,朱森木又因届"吏满",将抚院咨科夏冬班经制吏缺全股,凭中出顶与章处。道光六年七月,朱孔闻将抚宪衙门夏冬班礼房山阴、会稽两县公私事务及两县节孝随礼出典与江景岐。④ 由此数例可知,浙江巡抚衙门各房书吏,分为春秋和夏冬两班,各轮两季管理承办事务。每班之下,每个书吏全缺再细分为八份,每份为一分二厘五毫,顶缺时按份计价。每个书吏再以府为单位,分管一二府事务。赵行周原有嘉兴、绍兴二府事务缺,因一身不能兼顾,先后将二府中部分吏缺出顶与人。从其身故后同行所立相应议约来看,赵行周并无其他吏缺,说明大体上抚辕某房一个书吏承管一府之事。

抚辕如此,藩宪如何呢? 浙江,清前期《治浙成规》称:"藩署书办向列二十三科,而一科之中又复分县管理,上下交接,一气相连。"⑤藩署 23 科,每科又复分县管理,全省 76 县,书吏多达 2370 余人。但对照定制,浙江藩司额定书吏为 58 人,加上经历、理问、库大使、照磨、攒典各一人,也只有 63 人,⑥书吏实际人数是定制的三四十倍。江苏,乾隆四年布政使徐士林奏称,该司"经制书吏额设十一科房",⑦即此 11 科房,书吏当不少于千人。书吏实际人数远超定制,在顶首文书也有较为具体的反映。同治六年三月,鲍友兰等立议单,"将祖遗藩司吏二科台州府属之太平县知县、县丞、巡检、典史、两学吏书缺并土著试用官等十分之内应得三分,情愿出顶与章博堂处合办,当得酒礼银一百二十

---

① 《赵行周出顶浙江巡抚衙门绍兴府吏缺议单》,乾隆二十年十二月;《赵行周出顶浙江巡抚衙门嘉兴府吏缺议单》,乾隆二十一年六月;《赵行周出顶浙江巡抚衙门嘉绍二府吏缺合同议单》,乾隆二十五年六月。均藏日本东洋文库。

② 《强立诚出顶浙江巡抚衙门吏缺公立议单》,乾隆四十五年四月,京都大学图书馆藏。

③ 《赵庚立浙江巡抚衙门吏缺顶缺契》,乾隆五十五年九月,日本东洋文库藏。

④ 《朱森木立浙江巡抚衙门吏缺出顶契》之一,嘉庆十九年十一月,日本东洋文库藏;《朱森木立浙江巡抚衙门吏缺出顶契》之二,嘉庆十九年十一月,京都大学图书馆藏。

⑤ 不著撰人,《治浙成规》卷 2,道光十七年刊本,《官箴书集成》第 6 册,第 373 页。

⑥ 光绪《大清会典事例》卷 148《吏部一三二·各省吏额》,第 900—901 页。

⑦ 江苏布政使徐士林奏折,乾隆四年十一月十八日,《历史档案》2016 年第 4 期,第 15 页。

千文"。光绪元年十一月,周秉镛立允租,载明:"今将祖遗藩司吏壹科杭湖甲之安吉全县,以及现任土著吏攒试用官阄承值大计捐输一切事宜,凭中出租与章处承管,三面议定,每年租钱计英洋拾贰元正,按季凭折支付,遇闰不计押租。"光绪二十七年三月,俞凤笙等立合同议单,称季子静"曾将祖遗藩司衙门户课程科承管瑞安县司缺五分,又藩司承管嘉兴县吏房司缺全缺"为凭,向沈星阁处陆续借洋一千元。①

在江苏,上述乾隆四年布政使徐士林奏称藩司衙门额设书吏 11 科房,"其中最紧要难办者,一曰户总科,一曰工房"。② 此批吏缺文书显示,江苏藩司正是按事务分设科房的,而且户总科确实最为重要。乾隆二十八年正月,俞茂昭等立合同议单,载明方学、方圣兄弟二人处,"原管苏藩户总科吴县地丁奏销一切事宜全缺,并太湖厅分授吴县地丁奏销书缺六分,议与钱尔翁与王容兄各半承办。当日三面议定顶缺公费元丝银贰百捌拾两正,自交卷日为始,言定五周年为满"。③ 嘉庆四年正月,姚耘心等立议单,条载钱瞻廷"祖遗苏藩司户总科吴县地丁钱粮一半并太湖厅三分书缺",议顶与夏介永远接办,"此缺公费上契银壹千叁百两,馀银肆百两不上契,元丝九七兑,科房交卷银十六两,管家八两"。④ 如前所录第 3 例,嘉庆十四年五月,何静默立典缺下契:"凭友褚墅洲、瞿芝田等,今典得许桂堂兄经管苏藩户总科,吴县地丁钱粮及太湖厅书缺事宜,议典半中之半合办。"道光二年四月,何肯堂立永远顶首文契,载明:"今有父遗苏藩司户总科,吴县地丁钱粮奏销盘查交代升科坍荒公田馀租徭里纸张,并轮管苏州府头一半事宜,并太湖厅三分书缺,凭同房亲友袁涵、潘畹兰等,议顶与金处接办,当得公费元丝足兑银壹千伍百两整,当日一冣交足。"⑤

上述七例清楚表明,江、浙藩司衙门各房书吏未像抚衙那样分为班次,而是因为直接处理钱粮事务,分房或分课,其下再分科,每科以县为范围承管,相当细密,基本上一县一缺(太湖厅从吴县中分出,仅洞庭东山一地,事务有限,所以书吏缺位往往与吴县合算)。至于其人数,分县而设,阖省而计,当在一二

---

① 《鲍友兰立出顶浙江布政司衙门吏缺议单》,同治六年三月,日本东洋文库藏。
② 江苏布政使徐士林奏折,乾隆四年十一月十八日,《历史档案》2016 年第 4 期,第 15 页。
③ 《方学等出顶江苏布政司衙门吏缺合同议单》,乾隆二十八年正月,东京大学东洋文化研究所藏。
④ 《钱瞻廷出顶江苏布政司衙门吏缺议单》,嘉庆四年正月,东京大学东洋文化研究所藏。
⑤ 《何肯堂立江苏布政司衙门吏缺永远出顶首文契》,道光二年四月,东京大学东洋文化研究所藏。

千人,均远超定额至数十倍。

关于书吏分班,令典有规定,一是在署内办公,不得随意出入;二是分别班期。① 而班期长短,各地不一。两江总督衙门和江苏、安徽藩臬四司衙门,分为两班,三月一班轮流,安徽巡抚衙门四月一班更换。② 浙江布政司衙门一度分为内外两班,因内班房屋数少不能容歇众书,分班有名无实,乾隆八年布政使潘思榘奏请改为在衙署集中办公。③ 早在顺治十六年,刑科给事中张维赤就题称,浙江全省书役照府分设,全浙 11 府,则设 11 人,"每一人有正有副,合正副共二十二人,合督抚两衙门则正副共四十四人矣"。④ 这批文书反映,浙江抚辕是按府设置书吏,符合定制,但省级衙门书吏分班做法远比令典规定复杂详细得多,其人数也远超额定数量。

其二,关于书吏"缺底"性质与承充之人。按清人的说法,江、浙等地是书吏世代承袭最盛顶首银最为流行的地域。清初人说:"浙属州县七十有六,此辈立有顶首,用价买充,以县分之大小,钱粮之多寡,定售价低昂。有一人而买数县,有数人而朋一府,父子相承,兄弟挨值。"⑤乾隆十九年两江总督鄂容安奏称:"江南户口繁庶,事务纷纭,各衙门胥用较多于他省,而作奸犯科者亦较甚于他省。……乃江南胥役,非系买缺顶补,即系私相朋充,一役在册,外有数名甚或十数名,皆藉称帮办名色,倚官作威,因公讹诈,大为吏治民生之累。"⑥同治年间江苏巡抚丁日昌疏奏:"近来书吏尤为积重难返,内而部院,外而督抚司府州县衙门,书吏皆有缺主,每一缺主或万余金,或数千金,自为授受。"⑦

此批文书,反映书吏出顶吏缺者较多,富有典型意义。此缺就是所谓的"缺底"。此缺底,可以出顶,可以转让,转让时可以全缺,也可以部分。浙江抚辕春秋班咨稿房春秋班和夏冬班两班书吏缺的辗转出顶,清晰地反映了吏缺的所有权属性。因为吏缺具有所有权属性,所以书吏顶缺议单或顶契,往往声

---

① 光绪《大清会典事例》卷 98《吏部八二·处分例·书役》,第 260、267 页。

② 大学士兼管吏部户部尚书张廷玉等题,雍正八年三月初四日,《雍正朝内阁六科史书·吏科》,桂林:广西师范大学出版社,2002 年,第 57 册,第 568—570 页。

③ 浙江布政使潘思榘奏,乾隆八年八月十五日,《历史档案》2000 年第 3 期,第 29 页。

④ 张维赤题本,顺治十六年闰三月二十八日,《历史档案》1989 年第 3 期,第 4 页。

⑤ 王汤谷:《严革歇蠹》,凌铭麟撰:《新编文武金镜律例指南》卷 15《禁谕》,《四库全书存目丛书》,史部第 260 册,第 671 页。

⑥ 两江总督鄂容安奏折,乾隆十九年正月十三日,《历史档案》2000 年第 3 期,第 35、36 页。

⑦ 丁日昌:《抚吴奏稿》五《力戒因循敬陈管见疏》,赵春晨编:《丁日昌集》卷 5,上海:上海古籍出版社,2010 年,第 73 页。

明该缺为"祖遗""父遗"、某某"分授之业",或"自制"之业、的系某某"己业"等,将之直接视为合法产业,合理继承,或合法拥有。正因为吏缺具有普遍意义上的财产所有权,因而议单或顶缺契总会强调"此系正行交易""上下不瞒长幼,并无重叠交关债负准折等情"等,而在循照绝卖找价的民间俗例完成转移之时,书吏顶缺契同田宅买卖文书一样,总会郑重声明"永不找贴,永无异言,永断葛藤,永不回赎","自绝之后,一切悉如前议,永不回赎,永不找贴"等。

吏缺既是合法产业,就可继承,就可公开转让出售,甚至可以抵押向人借款。抵押如前述季子静抵押借银洋例。转移过程则如同民间田宅买卖一样,可租可典,先典后卖,由杜到绝。在 21 件吏缺文书中,就有 1 件典契,1 件允租。如前所述,允租载明租钱,"凭中出租与章处承管,三面议定,每年租钱计英洋拾贰元正,按季凭折支付,遇闰不计押租"。出顶吏缺,既可全缺,也可分股。出顶后,既可取赎,也可转顶。值得注意的是,吏缺从出典到顶卖,同房书吏有优先权,此与民间田宅交易情形类似。如前录第 1 例,赵行周将嘉兴、绍兴二府部分事务出顶与张处承办后,双方议定:若"不欲承办,先侭赵处回赎,如赵处不愿回赎,听凭张处别顶,赵处亦不得阻挡"。张历山接充抚宪夏冬班吏缺,与章绍舒共持此缺,由朱可久、张辅廷择人进署办理,三面公议,张历山接充后,"先尽章绍名下应顶,后换朱、张二兄名下接顶,如此周而复始,彼此公允"。又如前录第 3 例载,许桂堂将经管苏藩户总科吴县地丁钱粮及太湖厅书缺事宜出典,"当交典价公费元银陆百两正,上契载明,不拘年月,如有原价,听凭取赎"。出典以至绝顶后,也同民间田宅买卖一样,吏缺可以找价。前述乾隆二十五年,赵行周将嘉兴、绍兴二府另外部分事务出顶与张云程,由章绍舒具体管业,乾隆三十八年赵处控告到抚衙,浙江巡抚熊学鹏发文杭捕厅,令章绍舒两次代找过银 80 两。同是这个赵行周,乾隆二十五年将嘉兴、绍兴二府另外部分吏缺出顶与人,得到酒礼银 100 两,后来乾隆三十八年六月浙江巡抚熊学鹏发文杭捕厅,令接办此缺事宜的书吏李宜资助丧葬费银 80 两,后因赵行周遗下寡妇、孤女及侄儿"不能养赡,度日艰难",李宜再次助银 50 两。直到乾隆四十五年十一月,赵行周遗孀赵吴氏又向承接缺主张云程"当得找价五十两正,以为营葬之资"。即使不算赞助银,找价银已是出顶银的足足一半。历经 20 年,吏缺转移才告完成,可见吏缺转移,也需经历较长年头才能完成。相似的是,道光六年七月浙江抚衙礼房书吏朱孔闻立绝顶契载,其前曾得过典价银 600 两,"均有条议",现在"因有急需,今循一典半找之例",绝顶与江景岐,

"又得找价九七平九五兑纹三百两正"。颇有意思的是,浙江人居春麓,因嘉庆年间章云翰表母舅将朱姓咨房夏冬班顶班二纸押信于沈镇山外祖家,其钱早已清迄,但顶契二纸当时未曾交出,而其舅父沈建封转将此契书让居收执,居氏"贫乏已极,无计可施",先是屡次向章表母舅支钱 8 千文,到咸丰八年(1858),又以其母年老多病为词,恳得银洋 2 元。① 只因收执书吏顶契,就不断向人索要钱文,事虽迹近荒唐,而吏缺顶契之所有权性质体现无遗。

吏缺具有所有权,可以出顶,也可以转顶,意味着进署办事之人未必就是持有吏缺者。强立诚与章绍舒,曾合顶潘一渊与倪协文浙江抚衙夏冬班吏缺,出官承充办事。乾隆四十四年夏季,因强立诚役满,同行"禀举"张历山接充,并三面公议,强立诚既已出缺另图他业,所有名下原顶酒礼银"未便听其久悬",有朱可久与张辅廷"情愿接顶",接顶二人出钱交强立诚,"以作归农之费"。自顶之后,听由朱、张二人"择人进署办理接充"。可见持有缺底者,原是强立诚,现是张历山,而接充办事者是朱可久与张辅廷,但实际进署办事者,朱、张二人仍可择人。章绍舒自张云程处租得浙江抚衙嘉兴、绍兴二府部分吏缺后,却由"洪孔翁引顶出官",此缺后来归并到章馥斋处后,各方议明:"孔翁高尚,如馥兄昆玉自理,进署办公,或择人代理,应听其便"。此例反映出,吏缺持有人与实际进署办事者往往并非一人。可见,书吏承事相当复杂,有吏缺,吏缺可以顶充,顶充者可以本身入署办事,或者也可因分身无术或其他缘故再择他人理事,吏缺与承事相分离,所以"一人可兼数缺,一缺可由数人合顶",但承事只能量力而行。

其三,关于吏缺之价格。吏缺既是可以买卖转让之产业,自然有价格,市场有行情。康熙十七年,安徽按察司衙门督捕房书吏一缺的典价,"顶手纹银六十两"。此可为康熙后期安徽省级衙门书吏缺价之参考。乾隆二十年赵行周将浙江抚宪衙门咨稿房绍兴一府吏缺出顶,当得酒礼银 42 两,次年赵行周又将嘉兴一府吏缺出顶,议定酒礼银 75 两,乾隆二十五年将嘉兴、绍兴两府部分吏缺出顶与张云程,当得酒礼银 100 两,此外,"张处绍甲帮银六两、嘉甲帮银五两,于上班时先付六两,交与赵处,汇办署内伙食束脩等项"。此处所谓"束修",顾名思义,当为新老书吏授受之时的指点教导类费用。后来到嘉庆十三年,以此管业的章馥斋连找价银实际付出了 280 两。乾隆二十八年,方学将

---

① 《居春麓立笔据》,咸丰八年三月,京都大学图书馆藏。

江苏布政司户总科吏缺出顶与钱尔翁等人,得银 280 两。乾隆四十五年,浙江抚宪咨房夏冬班书吏公立议单载,前一年夏季,强立诚因办事"役满,禀举"张历山接充,强"既已出缺,另图他业,所有名下原顶潘、倪二友酒礼一半银两未便听其久悬",因有朱可久、张辅廷情愿接顶,"三面公议,朱可久、张辅廷兄出钱五百千文正,交立兄收清,以作归农之费"。其时 500 千文,大约可兑银 625 两左右。一半酒礼银如此,全缺当在银 1250 两以上。此是一次性卖断,应该较之上述不含找价银的数字高,但与前相较,短短 20 年间,成倍增加,似难凭信。乾隆五十五年,赵庚将原顶自朱森木名下的浙江抚衙咨房书吏正缺一分二厘五毫,出顶与章绍舒,当得酒礼银 150 千文。折合银两,约近 140 两,八分之一缺如许之多,全缺当为 1100 余两。嘉庆四年,钱瞻廷将祖遗苏藩司户总科书吏缺议顶与夏介接办,承顶者付以公费上契银 1300 两,不上契银 400 两,另有科房交卷银 16 两,管家银 8 两,共为银 1724 两。嘉庆十四年江苏藩司书吏许桂堂出典吏缺,"半中之半"即四分之一,为银 600 两,是则全缺为 2400 两。嘉庆十九年,朱森木因届吏满,将浙江抚衙经制吏缺全股出顶与人,收取归农酒礼银 600 两。但另一顶契载明,此外"尚有一分二厘五毫"出顶与他人,又得酒礼银 200 两。如果将其合算为全股,则为 800 两。此似可作为其时浙江省级衙门书吏顶首价之参考。道光二年,何肯堂兄弟将父遗苏藩司户科吏缺出顶与金处接办,当得公费银 1500 两。道光六年,前述浙江抚衙书吏朱孔闻将自制吏缺出典,先曾得过典价银 600 两,现在又得找价银 300 两,声明"永不回赎,永不找贴"。典价找价相加,为 900 两。同治六年,鲍友兰将祖遗浙江藩司吏二科吏缺十分之三出顶与章博堂,当得酒礼银 120 千文。折合银两,约为 77 两。全缺当为 256 两。光绪二十七年,季子静因长年借债洋银一千元,无力偿还,将祖遗浙江藩司衙门承管瑞安事务缺五分、嘉兴等县事务全缺抵算,"欠洋一千元,作十二年,每年连息本拔还八十元",转至沈星阁处。一个半缺,洋银 1000 元,合银两 720 两。[①]

上述十数例,很不系统,时间跨度既大,吏缺分工不一,难以确切反映书吏

---

① 其时银钱比价,常熟人郑光祖记:乾隆四十年以前"银一两兑钱七百文,数十年无所变更……五十年后,银一两兑钱九百"。(郑光祖:《一斑录杂述》六"银钱比价"条,《海王邨古籍丛刊》,北京:中国书店,1990 年,第 42 页)据此,乾隆四十五年银一两按换钱 800 文算。又乾隆五十五年按陈昭南《雍正乾隆年间的银钱比价变动(一七二三——一七九五)》(香港:龙门书店,1966 年,第 11 页)银一两合钱 1080 文算。同治六年按王宏斌《清代价值尺度(货币比价研究)》(北京:三联书店,2015 年,第 553 页)银一两合钱 1550 文算。

实际价格,但是据此仍可对清代江浙省级衙门书吏顶首价作出粗略估计:乾隆早期约在银二三百两,中期在 500 两左右,后期在 1000 两左右,高者可达1300两;嘉庆年间在一二千两之间;道光年间并无上涨趋势,直到清末。如此,吏缺之价,则似乎并未昂贵至时人惊呼的少则数千金多则万余金之地步。

其四,关于吏满出身与世代相袭。清代书吏,五年为满,满役可以通过考试补授官职,律有明条,前景似乎较好。乾隆初年浙江布政使潘思榘也称:"吏员皆由胥吏出身,素无学术,一经役满考职,每多恃符生事。"①那么,书吏满缺后多大程度上能考选官职"恃符生事",从此安享尊荣呢?其实吏满考官很难。乾隆二年正月,云南布政使陈弘谋奏报,书吏"一经考授职衔,有候至二三十年不得一缺者。及至得缺,吏部代为掣签,发凭赴任,其人大半老迈(聋)钟"②。嘉庆、道光时,洪亮吉指出:"今则不然,由吏胥而为官者,百不得一焉。登进之途既绝,则营利之念益专。"③时人一致认为,清中期起,书吏役满考选官职殊少可能,偶尔有人循此轨迹,求得微薄功名,恐也属于凤毛麟角,实际利益优于从事吏役者更少可能。

又按时人说法,浙江书吏世代相承最为严重。雍正元年,有人奏言:"浙江藩司衙门有通供一缺,父子兄弟相传,钱粮均归掌握。又学院则有掌案,盐差则有长接,把持一切,与缺主无异,请永远禁革。"乃下部通行,直省一并严革。"④乾隆五十八年浙江布政使张朝缙奏称:"藩署书办上下交结,其弊不可胜数。"⑤直到同治年间,江苏布政司还声称,"至吏胥则父子祖孙盘踞一窟,不可化诲"。⑥

此批顶首缺文书对于吏满出缺,颇有一些事例可以探究。赵行周自乾隆二十年十二月开始出顶吏缺,到乾隆三十四年时已经病故,应该两次满缺,但直到其死,吏缺转移他人之手,仍未见其出缺。其病故后,因无子嗣接替,吏缺由同房书吏李宜与章氏书吏接充,吏缺在同房书吏之间发生了转移。强立诚在乾隆四十四年役满后,出缺另图他业,接充者付以钱 500 千文,"以作归农之

① 浙江布政使潘思榘奏折,乾隆十年十月,《历史档案》2000 年第 3 期,第 32 页。
② 云南布政使陈弘谋奏折,乾隆二年正月,转引自张我德等《清代文书》,中国人民大学出版社,1996 年,第 106 页。
③ 洪亮吉:《洪亮吉集·卷施阁文甲集》卷 1《吏胥篇》,第 25 页。
④ 乾隆官修:《清朝文献通考》卷 23《职役考三》,第 5053 页。
⑤ 不著撰人:《治浙成规》卷 2《革禁积弊以省靡费四条》,《官箴书集成》第 6 册,第 372 页。
⑥ 赵烈文:《能静居日记》,同治六年八月二十三日,长沙:岳麓书社,2013 年,第 1096 页。

费"。强从此离开书吏队伍,但是否真正"归农",并不清楚。嘉庆十九年,朱森木因届吏满,将浙江抚衙经制吏缺全股出顶与赵处,转归章处,收取归农酒礼银,吏缺也转移别姓。道光六年,浙江抚衙承管山阴、会稽两县事务的朱孔闻,在收取典价和找价后,将"自制"吏缺绝顶与江景岐,声明"永不回赎,永不找贴……永斩葛藤……永无异言",吏缺完全转移。光绪二十七年,季子静因长年借债洋银一千元,无力偿还,将祖遗浙江藩司衙门承管瑞安、嘉兴等县事务的吏缺作价,转至沈星阁处。上述 5 例中,2 例役满后按规制出缺,另图他业;3 例未曾在五年役满后按时出缺,但后来因为各种原因,吏缺均转移至他人手中。江苏情形类似。嘉庆四年,钱瞻廷将祖遗苏藩司户总科书吏缺议顶与夏介"永远接办",吏缺转给了夏氏。道光二年,何肯堂兄弟将父遗苏藩司户科吏缺出顶与金处"永远接办,与何处无涉"。两件文书均称由人"永远接办",如此口气,恐是役满后的转让。此外,乾隆二十八年方学兄弟出顶江苏藩司户总科书吏缺,"言定五周年为满",是则书吏承役具立文契时具有定制意识。此批吏缺顶首文书,未见吏满考官事例,似乎说明书吏考满的可能很小。由文书事例同时可知,书吏在不同姓氏之间转移极为频繁,吏缺虽然"祖遗""父遗"之说较为常见,说明吏缺确实父传其子,子传其孙,但世代绵绵承袭究属少见。数百两甚至上千两银子的产业,要想代代承传牢守不坠,从子嗣和经济方面考量,应属不易,甚至极为困难。就文书反映的事例来看,江浙省级衙门书吏可能只是在同地同业书吏中传承,而家世相承代代相传的现象并不突出,不能夸大其词。

此外,清代书吏特别是江南书吏,吏满后往往从事幕客生涯,人称"幕客大半出于江浙,而由书吏作幕又十居六七",因而易于"与上下各衙门书吏往来结识"。[①] 但此批文书并无相关反映,不敢臆测。

其五,关于官府官员禁革书吏世代顶充。前述赵行周物故后,其遗孀为吏缺银告至巡抚衙门。巡抚熊学鹏不但没有按定制否定吏缺价格及顶首银,反而两次发文杭捕厅,下令由顶充人偿付找价银和资助丧葬费。以巡抚之尊,为书吏顶首银裁断,说明官府既知道吏缺买卖有干例禁,但却承认吏缺合理,吏缺有价,可以顶首,可以授受。官员为书吏顶充断案,在明末已可见端倪。前述崇祯年间浙江嘉善知县李陈玉就曾屡屡为之,而且由此感慨"一皂之交易,

---

① 广西道监察御史黄登贤奏折,乾隆十二年二月三十日,《历史档案》2016 年第 4 期,第 20 页。

亦烦评驳,可谓隶也,实不力矣"。① 可见官员熟知书吏具体顶充情形。前述乾隆四十四年夏季,因强立诚役满,接充者由同行"禀举",说明接充书吏需要官府允准。赵行周物故,同行"公举"同房书吏李宜接充,大张旗鼓,说明吏缺不能"私相授受",既而同行商议,更需要官府认可。文书所载内容,完全与其时所设制度皇帝谕令大相径庭。吏胥顶缺文书,为我们展示出的清代书吏承充的实际样态,与令典要求和人们想象相去甚远。

其六,关于书吏收入及其生活状况。时人多谓书吏"坐拥富赀",称"奸黠之人买一书缺,其利息强于置产十倍……官有封建而吏无封建"。② 但深知内情者并不这么认为。光绪时长期任吏部考功司掌印的何刚德,约束书吏很有办法,却道出书吏公费不足之实情:"原定公费,不及十分之一,法制未善,流弊至此耳","官中纸张工食之费,每季每科不过十余金,而每科一经承,须雇数十贴写。公费不足,则须经承赔补"。能否索贿致富,既看"司官之精明不精明,亦即看经承之财运如何耳"。因此"有一得经承而转致倾家荡产者,非谓部吏便可悍然舞弊也"。何刚德甚至认为,书吏所得弊款利银,还要与官吏市侩等中饱分肥,"非谓部吏遂能独得好处也",而"世人不察,遂谓部吏未有不富,且谓部员未有干净者,皆瞽说也"。③

实际情形究竟如何? 吏缺顶首文书有一例可资参考。季子静将祖遗浙江藩司衙门户课程科承管瑞安县司缺五分和嘉兴县吏房司缺全缺作抵,12年中陆续曾向沈星阁处借洋银一千元;其身故后,葬埋后事、儿子完婚,其家又经人代为挪借洋银 575 元。看来此吏家境并不宽裕。光绪二十七年,同行商议,看在沈、季两家世交的份上,将欠洋"作十二年每年连息本拔还洋 80 元,自拔清后,即将此据折销"。每年利息是洋银 80 元,合银两不到 58 两。如果此数有参考价值,可知其时书吏实际收入并不高,以之养家糊口已属不易。由前述顶缺出缺事例也可推想,单凭数百两以至千余两的顶首银,八口之家至多只能维持较为体面的生活,不可能锦衣玉食。其实承充书吏者,未必皆有一定资财者。清初循吏陆陇其深有体会,认为"稍有赀产,孰肯为吏,非饥寒亡业之徒,则驵狡弄法之辈"。④ 书吏顶充文书反映出,书吏大多数人并无多少经济实

---

① 李陈玉:《退思堂集》卷 9《谳语·一件炽杀事》,第 87—88 页。
② 丁日昌:《抚吴奏稿》五《力戒因循敬陈管见疏》,赵春晨编:《丁日昌集》卷 5,第 73 页。
③ 何刚德:《春明梦录》下,上海:上海古籍书店,1983 年,第 47、35—36 页。
④ 陆陇其:《莅政摘要》卷上《御吏篇第五》,《官箴书集成》第 2 册,第 625 页。

力,有些人甚至相当拮据,这或可更正我们的看法。

四、结语

清代上自中央各衙门、下至州县地方衙门乃至基层之里,书吏顶补普遍行用顶首银。其数量较之明代也有所上涨,省级衙门在银一二千两,州县衙门在数百两至千两左右,基层里甲约在数十两范围,市有定价,俨然商品。

清朝君臣对书吏理政的危害有着清醒的认识,对于书吏承充的制度设计较为细致严密,凡书吏承充,凡人数、出身、年龄,以至经济实力、承役时间、出缺补充、满期考选官职等,均有详细明确的规定,需要履行一应手续,而且不断重申,严禁私授顶充,买卖缺位,违者本人及相关官员均须受到处责。如此制度设计,在具体运作过程中,短期来看收效甚微,若依据档案和文献所载,长期来看则未收实效,实际上形成"子以传子,孙以传孙"的局面。各级各地衙门书吏补充弊窦层出不穷,书吏之缺作为缺底成为无形财产,顶首买卖通畅运行,父子相承世代顶替较为流行,官革而吏不革,制度规定与实际运作完全背离,煌煌诏令谕旨始终只为形式具文,设想和举措全然未曾顺畅运转。

究其缘由,制度设计与具体落实均有问题:定制吏胥无俸禄报酬,工食银两不但鲜少,而且很不固定,制度设计未为书吏考虑劳动所得,书吏必定通过其他途径设法弥补;额定书吏远远不敷,所有衙门经制之外均招募帮办、清书,定员之外任用白役,书吏实际人数远超规定,清廷以额定事例行之额外编制,自然难以实行;制度设计更未考虑书吏的专业技能费用及承役费用,也未顾及书吏的从业费用和可能需要额外雇请的帮手费用,当然也未顾及承充书吏赡养家室的费用;书吏之缺,已成稀缺资源,要想依凭能力公正转移而非财力实力获得,殊少可能,书吏补充具体操作又不切实际,难以实施;定制书吏分班,在署内办公,不得随意出入,但各地各级衙门的具体落实与定章大有出入,有些衙门书吏各班更替承值从无役满年份,顶充没有册据,甚者连姓名文册都不清楚,人数恐怕更加茫然无着。

书吏顶首文书清晰地反映出,与日常生活中各类议单和正契不同的是,充当居间人或中见人者大多不是事主双方的亲族邻居,而是事主的"友"或"同房亲友"。浙江巡抚衙门的各房书吏,分为春秋和夏冬两班,各轮两季管理承办事务,但每季即换。每班之下,每个书吏全缺再细分为八份,顶缺时按份计价。

每个书吏再以府为单位，分管一二府事务。江、浙藩司衙门各房书吏则因为直接处理钱粮事务，分房或分课，其下再分科，每房或每课以县为范围承管，相当细密，基本上一县一缺。一省藩司衙门书吏多达二千余人，是定制的三四十倍。

吏缺既具所有权性质，就可继承，就可公开转让出售，甚至可以以之抵押向人借款，从而意味着进署办事之人未必就是持有吏缺者，吏缺持有人与实际进署办事者往往并非一人。顶充者可以本身入署办事，或者也可因分身无术或其他缘故再择他人理事，吏缺与承事相分离。

吏缺可以买卖转让，自然有价格，市场有行情。乾隆早期约在银二三百两，乾隆中期在五百两左右，乾隆后期在千两左右，高者可达一千数百两，嘉庆年间在一二千两之间，道光年间并无上涨趋势，直到清末，大势未变。吏缺之价似乎并未昂贵至时人惊呼的动辄数千金至万金者之地步。

书吏五年为满，满役可以考选官职，律有明条。但清代中后期，科举考试烂熟，捐纳事例广开，正途、杂途交汇，仕进之路日形壅滞，即使正途出身的举人，也不能全部获得一官半职，吏满考官则几无可能。此批吏缺顶首文书未见吏满考官事例，正好印证。由文书事例同时可知，书吏在不同姓氏之间转移极为频繁，吏缺虽然"祖遗""父遗"之说较为常见，说明吏缺确实父传其子，子传其孙，但世代承袭究属少见。就文书反映的事例来看，江浙省级衙门书吏可能只是在同地同业书吏中传承，而家世相承代代相传的现象并不突出，不能夸大其事。

文献描述书吏往往席丰履厚，生活优裕，而此批文书反映出，书吏的实际收入并不高，如果以之养家糊口，恐怕已属不易，书吏大多数人并无多少经济实力，有些人生活相当拮据。我们不能仅凭想象断定书吏阶层的实际生活。

书吏父子相传世代相袭，有干例禁，朝廷一再申饬，官员也反复强调，但接充者由同行"禀举"，说明接充书吏需要官府允准；由同行"公举"，大张旗鼓进行，说明吏缺不能"私相授受"，既要同行商议，更需官府认可，清代承明之旧，地方官员往往参与其间，裁断书吏承充。

综上，文书所载内容，完全与制度规定皇帝谕令大相径庭。吏胥顶缺文书，为我们展示出清代书吏承充的实际样态，亦有助于深化清代书吏乃至下层官吏的相关研究。

（原载于《历史研究》2018 年第 2 期）

"草议"与"议单"：清代江南田宅买卖文书的订立

范金民

摘　要："草议"是指房地产交易具立正式文契前订立的文书,至迟于康熙十年即已出现。自雍正至光绪年间几乎一直存在,甚至沿用至民国时期。草议可分条款式和契约式两种,明确交易双方的权利与义务,交代不动产转移的前提或原由,载明不动产转移的详细事项,具备所有不动产交易文契的基本内容。草议议定的条件在房地产实际交易过程中得到了切实实行。草议不同于未经官方盖印的"白契"那样的"草契",而是买卖双方在房地产交易前由中间人及亲友等事先订立的议单式文书,在正契订立时发生效力,于正契成立后失效;订立时买方会付以预约定金;订立于买主卖主两造同意所议条件之后,作成于正式契约之前,与正契一样具有相应的法律效力,但其效力较正契为弱;草议具有预约性效力,但不表示具有不动产的所有权,而正契具有永久性效力;一般情形下,草议可悔,可以修改,而正契不能修改。

关键词:清代江南　房产交易　草议　议单

清代民间田宅买卖,为完成所有权的转移,需要书立自典契、绝卖契、找契、推收契、杜绝契和加找契等各种文书。这一过程和内容,已为学界熟知,既有研究也多是如此展开立论的。然则是否买卖双方一旦合意即会签订正契,直接完成田宅转移过程? 而在此之前,是否需要有些前期准备,以确保一应交割手续的切实落实? 有关这些问题,前人殊少论及,而只有杨国桢教授早在20世纪80年代后期就发现,"当双方有意约日立契成交时,卖主一般需先签'草契',或者由卖主(或中人,又称居间)写立'草议';买主则先付一部分定金,表示信用"。他介绍了至今保存在日本东北大学的三件道光后期的草议,认为书立草议后,"买卖关系已经确定下来。到了正式订立卖契之日,经账、草议之类的文书便失去了时效，成为废纸"①，这就揭示了长期为研究者所忽略的问题，即田地买卖过程中存在先期订立草议的重要一步。然而因为其所述过于简单，我们仍然无法据此了解草议的具体内容及相关问题。

笔者有幸，曾寓目至今保存在日本东京大学东洋文化研究所、京都大学法学部和东北大学图书馆以及文献中收录的一些草议或草议类文书，年代自康熙初年直到光绪年间均有。② 草议或议单类实物尚留人寰，为我们明了江南房地产交易特别是文书具立的实态，提供了极为有用的一手资料，雪泥鸿爪，值得重视。今拟主要利用草议和议单文书实物，结合相关记载，试图揭示清代江南田宅交易过程中的重要步骤即草议或议单的订立，考察草议或议单的具体内容和基本形式，探讨其签订的前提，检视其在实际运作中的效力或约束力，比较其和正契的异同，分析其性质与特征等，期望于明清契约文书和江南社会史研究有所裨益。深望高明，匡我不逮。

一、"草议"与"议单"的形式与内容

清代江南房地产交易过程中订立的"草议"或议单或议据，有时又称作"合同草议""合同议单"，虽名称稍异，但从形式、内容到语气其实相近，故本文一概视作草议类文书，予以考察分析。

现在所知房地产交易"草议"或"议单"，其形式大体又有开列具体条款类和不列条款的契书类两种。前者如雍正二年（1724）十一月《朱光含绝卖房草议》，③雍正九年六月《席世留绝卖房合同议单》，④乾隆三十一年（1766）正月《金汉侯绝卖房合同议单》，乾隆五十七年五月《黄新芳绝卖田草议》，乾隆五十七年五月《黄万民绝卖田草议》，乾隆五十七年五月《黄洪儒绝卖田草议》，乾隆

---

① 杨国桢：《明清土地契约文书研究》，北京：人民出版社，1988 年，第 237 页。他介绍的三件草议，经核查原件，其中两件书立时间不是其所述的道光二十六年九月和道光二十七年七月，而是道光二十一年九月和道光二十六年七月。石田义光也在《東北大學圖書館藏清代の文書について》（《宫城縣大學圖書館協會會報》第 31 期，1968 年）一文中介绍了道光二十六年七月那件草议。

② 本文所用草议或议单类文书的搜集，得到日本京都大学文学部夫马进教授、人文科学研究所岩井茂树教授，东京大学东洋文化研究所大木康教授、文学部吉泽诚一郎教授和佐川英治教授，东北大学文学部大野晃嗣教授的大力帮助，于此深致谢意。

③ 日本东京大学东洋文化研究所（以下简称"东大东文所"）今堀文库藏。

④ 日本京都大学法学部（以下简称"京大法学部"）藏，2575—00 号。

五十七年五月《徐庭秀绝卖田草议》,乾隆五十八年十一月《黄洪儒绝卖田草议》,①嘉庆三年(1798)八月《汪庭立绝卖房草议》,②道光二十四年(1844)十月《陈维章绝卖房议单》;③后者如康熙十年五月《张屏侯新侯兄弟卖房议单》,④康熙十年(1671)五月《金亮文典房议单》,⑤乾隆四十二年六月《吴朴庵绝卖房合同草议》,⑥道光二十一年八月《陆企栋绝卖田草议》、道光二十一年九月《王大生绝卖田草议》和道光二十六年七月《周友桥绝卖田草议》,⑦光绪二十三年(1897)十二月《江庆生绝卖房成议据》。⑧ 无论房产"草议",还是田产"草议",两种形式均有,并无一定。为观察"草议"的基本内容,今分别选择数例,示列如下。

例1.《朱光含绝卖房草议》(条款类):

立草议居间亲友叶向山、秦雨臣等,为因朱处有祖遗房屋壹所,坐落吴县阊门四图普安桥内,朝东楼屋计叁进四间,今凭居间、亲友绝兑与吴处管业。恐立契日复有繁言,所有条议细开于后,各无反悔,草议是据。

一、议绝兑房价银柒拾两,契书九五色,实足九六色,九三兑,法马入山号,其正契书柒拾两,贴绝契书拾陆两,再加绝契捌两,三绝契陆两。

一、议此屋朱处祖遗年远老契遗失,日后拣出,以作故纸无用。

一、议屋间数并装摺另立细账,朱处现租周大来,立契日公仝三面会租周处,另立租契于吴处,其装摺照账点明,如有缺少,在房价内扣除。

一、议基地粮折,得业者办纳。

一、议立正契东金。

一、议此系两愿,并非勉强,各无反悔,有先悔者,照例罚契面加

---

① 以上数件草议或议单,均为东大东文所今堀文库所藏。
② 东大东文所藏《苏州金氏文书》。
③ 东大东文所藏《嘉兴怀氏文书》。
④ 京大法学部藏,2568—02号。
⑤ 京大法学部藏,2568—01号。
⑥ 东大东文所今堀文库藏。
⑦ 均藏日本东北大学图书馆。
⑧ 上海市档案馆编:《清代上海房地契档案汇编》,上海:上海古籍出版社,1999年,第262页。

一与不悔者得，仍不准悔。

　　允议　吴旭如（押）　朱光含（押）

　　雍正二年十一月　日，立草议居间亲友　叶向山（押）　秦雨臣
（押）　沈安九（押）

　　　　叶玉廷（押）　朱慧天（押）　李在扬　沈以望（押）

　　例1叙明，朱光含有祖遗房屋一所，朝东楼屋三进四间，坐落苏州城吴县阊门四图，于雍正二年（1724）十一月，凭居间、亲友等议明，将其绝卖与吴旭如处管业。双方议定：房价银70两，正契写明，另有贴绝契银16两，加绝契银8两，三绝契银6两；银色九五，实为九六色，而以九三兑算；因房尚出租与人，需等立契日再向新得主人另立租契，房中装摺等物，一一点明，尔后如有缺少，在房价内扣除；房屋基地需纳税粮，由得业者办纳；正契付以东金；订立议单后不得反悔，如悔，照例罚契面加银与不悔者，仍不准悔。双方声明，"各无反悔，草议是据"。

　　例2.《汪庭立绝卖房》草议（条款类）：

　　草　议

　　立草议居间何荫芳、顾舜叙等，为有汪庭立翁祖遗分授房屋壹所，坐落吴邑北亨一图长春巷内，朝南门面出入，平屋楼房共计五进，计上下楼房十四间、八披厢、一后路，后门通神堂巷出入，并在房一应装摺、墙垣基地、井石花木、正副阶沿，今议绝卖与吴西塘翁管业。所有交易事宜，立契日恐有繁言，先将逐细开列于左，方始成交。

　　一、议得房屋连基地墙垣后路并在房一应装摺、井石花木、正副阶沿一并在内，三面议定时值绝卖价曹平元丝足兑银玖伯玖拾两整。

　　一、议得其房的系汪庭翁祖遗分授己产，并无房门上下有分人争执，亦无重叠交易，倘有等情，出产者自行理直，与得业者无涉。

　　一、议得向有一卖三贴一杜绝，今遵新例总书一契为绝，以便输税。

　　一、议得房价银两立契日一虀兑交，并无货债准折。

　　一、议得契书久远管业，时价已敷，绝价已足，无赎无加，任凭吴处拆卸改造字样。

　　一、议得上首一应契券尽行归出，并无遗存，日后设有检出片纸

只字,俱作废纸无用。

一、议得其房第一进后西首向有傍门两扇,可通汪氏家祠,今既议绝卖与吴处所有,此门立契日即行砌墙隔绝。

一、议得此系两愿非逼,各无翻悔,悔者例罚,仍不准悔。

一、议得东金,起神、管家参两,中金各送,出二进三,照例八折。

一、议得立契择于八月十七日,风雨不更。

允议汪庭立(押)　吴西塘(押)

嘉庆叁年捌月　日　立草议居间　何荫芳(押)　顾舜叙(押)

这例绝卖房草议产生于苏州府吴县。整整十款,最为突出的是多了一些其他草议没有的内容。如第 2 款强调该项房产的系祖遗分授己产,如有门房上下人等出面争执、重叠交易情节等情节,由出产人自行理直,与得业人无关。第 3 款。所谓"一卖三贴一杜绝",是指苏州田宅交易的民间俗例,绝卖后找价三次,而后才能杜绝原主的所有权,完成不动产转移。每次找价贴绝,均需书立相应文书。但自乾隆年间起,苏州房产交易已基本遵循户部定例总书一契不再分立各契,因此在议单第 3 和第 5 款有此反映。① 第 9 款议明买方付卖方起神、管家银 3 两,交易的中证银双方各付,具体款项是卖方付百分之二,买方付百分之三,而均以八折交付。第 10 款则议定具体立契日期,为八月十七日。

例 3.《吴朴庵绝卖房合同草议》(契书类):

合同草议

立草议居间卞朴园、吴巨成等,今有吴朴庵父遗房屋壹所,计共上下楼房陆间,楼下有官水弄壹条,又上下厢房两个,坐落长邑拾伍都上捌图宠字圩内中桥北块,朝东门面出入,楼上在桥块面上出入,议卖与周鉴川处管业。当日三面言定,时值绝卖房价圆丝玖捌兑银肆伯两整,准于本月初八日立契,风雨无阻,其银即于契下一并兑交。所有现租各户随契会与周处任凭出放。此系两愿,各无异言,反悔者例罚。恐后无凭,立此合同草议是实。

允议　周鉴川(押)　吴朴庵(押)

乾隆肆拾贰年陆月　日　立合同草议居间　卞朴园(押)　吴巨

① 参见拙文《从分立各契到总书一契:清代苏州房产交易文契的书立》,《历史研究》2013 年第 3 期。

成（押）　吴步芳（十）

吴兰汀　（押）　蒋在明（十）

各执存照

这例绝卖房合同草议产生于苏州府长洲县。议明吴朴庵将父遗房屋一所凭中人卞朴园等人议卖与周鉴川为业。草议中"合同草议"与"各执存照"八字剖半书写，其中"合同"二字合写为一。因为立议时房屋事实上在出租在各租户处，故议明所有现租各户契约，均需汇于得主处。草议中所谓"圆丝玖捌银"是指银两成色，习称九八银。该件草议同例 2 一样，明确议定了书立正契的日期。

例 4.《席世留绝卖房合同议单》（条款类）：

合同议单一样两互，各执一纸存照

立合同议单亲族翁云章、吴尔和、金锡陈、席世延、席良器、席方叔等，今因席世留仝男汇升、以贞、翰旬、孙正初，有分授敦和堂房屋壹所，其房屋间数装摺另有细账开明，凭中估价，绝卖与席廷美名下永远为业。此系两相情愿，并非勉强成交，先将交易事宜议明，方始成交，一一开列于左。

一、议得正契银壹仟两，推收、杜绝、加叹三契共银叁伯两正。

一、议得银色玖柒、平玖玖足兑。

一、议得起神堂迁移共银伍拾两正。

一、议得九月内立契成交。

一、议得立议日即交银壹伯两，立契日先交银肆伯两，交房日交银叁伯伍拾两，余银伍伯两存廷美处，按年壹分叁厘起息，另出典中存折。

一、议得卖与沈处房屋，其间数装摺悉照原契交点，仍在席世留处，赎出同大屋一并交卸。

一、议得上首各契尽行交出，毋得存留。

一、议得弄堂内有得得馆及小屋不在此议内，因上首契共同一纸，一并交与席廷美处，期后有凭，议此为据。

一、议得交屋日期，准于雍正拾年贰月中交。

一、议得沈处房屋倘至十年二月中不交，其银在叁伯肆拾两内扣存叁伯两正。

一、议得地基钱粮户名丈明过户交纳。

一、议得点明装摺俱照账交卸，如有缺少，在席世留处补足。

一、议得悔议者罚银壹伯两，与不悔者得。

允议 席廷美（押） 席世留（押） 以贞（押） 汇升（押） 翰旬（押） 正初（押）

雍正玖年陆月 日 立合同议单 翁云章 吴尔和 金锡陈（押） 席世延（押）

席云襄（押） 席良器（押） 席东序（押） 席阆斋（押） 席方叔（押） 席德承（押） 席素公（押）

上例合同议单13款，说明一次性预先议定正契银1000两，推收、杜绝、加叹三契共银300两，以及起神堂迁移银50两，共1350两；规定了交银办法和时间：九月内立契成交，立议日即交银100两，立契日先交银400两，交房日交银350两，余银500两存买主席廷美处，按年1分3厘起息，另出典中存折。所谓起神堂银，当指起造屋中祭祀祖先神堂之银。议单议定了交易银两的成色为九七银，平色即以九九银足兑。议单还规定了交房时间在雍正十年二月中；明确了议单的约束力，如悔议，悔者罚银100两与不悔者。议单还对可能引起纠葛的事项作出了规定。此合同议单上特别注明"合同议单一样两互，各执一纸存照"，并以半剖文字书立。允议者为买主席廷美和席世留祖孙三代，立合同议单者为翁云章、吴尔和、金锡陈、席世延、席良器、席方叔等人。同张屏侯、新侯卖房文书不同的是，此件议单声明"先将交易事宜议明方始成交"，但对何以一次性议定正契银和推收、杜绝、加叹三契未作出说明。

例5.《周友桥绝卖田草议》（契约类）：

立草议居间王圣发、朱绍芳等，为因周友桥，今将祖遗坐落长邑拾壹都上九图潜字圩内官田五亩九分叁厘壹毫，实额租米柒石壹斗贰升，力米在外，情愿议绝与沈处。三面议明，每年价钱玖佰七十五文，九式兑作算。立草议日，先付信洋捌员正，当交王姓。下契壹纸，待等王姓回苏，换转沈姓下契。约日立契成交，各无反悔，悔者议罚。恐后无凭，立此草议存照。

道光念陆年七月芳日 立草议居 王圣发（押） 朱绍芳（押）

允　沈恒农(押)　周友桥(押)

　是实

这例同上述 4 例绝卖房草议不同，是一例绝卖田草议，产生于长洲县。此草议较粗率，落款居间人之"间"字漏，"每年价钱"之"年"，参照其他相关文书，当是"石"字之误。如此则每石租米付以九二色银算钱 975 文。该处田租，因系官田，所以租额高达每亩 1 石 2 斗有余，而且还不包括输送租米的运费力米。草议议明，立议日，先付定金洋银八元，定金相当于全部田价。议中反映，此块田因系官田，故租额较高，每亩达 1.168 石。草议注明买卖双方"各无反悔，悔者议罚"，议罚程度则未具体明确。

综合上述各例，可以看出，草议类文书有契书类和条款类两种，书立文契的主体即立议人均是与议的中间人、见议人或亲友人等，而买卖双方只是允议人。若系契书类田宅草议，内容较为简单，大体包含房产或田产坐落、数量或规模，产权属性是祖遗还是自置，价银数量及付款方式与时间，上首契书及相应产权文书转交，强调买卖出于自愿，各无反悔，最后还会注明"恐后无凭，立此为照"之类套文。如系条款类草议或议单，主要内容虽然基本相同，但规定则要具体详细得多，如房产数量、规模以外，还会注明现在状况，是在卖主手上，还是出租在外，如系出租在外，则补充说明需要转立租约；房产价银数量以外，还会说明银两成色、兑换比率；强调交出上首契书及一应契据外，还会补述若有留存契据日后检出作废；草议或议单的订立出自双方自愿三面议定不得反悔外，还会强调如悔按契价加一成处罚悔者与不悔者，罚处后仍不准悔等。如系房产，还会强调所有装摺等不得短少损坏等，否则在房价内扣除；议明产权转移的日期外，还会说明如未按约交产的处理办法。有些草议还会具体议明是否付东金、中金等，中金的数量如"出二进三"，即卖出者和买进者分别承担百分之二和百分之三的中间人费用，但"一并归得主分送居间"等；约定交房日期，是否另立收票，预交银两以外余银的利息计算等，甚至交易银两的成色，兑算比率。如系田产，均会注明由谁交纳税粮，强调田产出卖后，如有人争执，"出产人自应理值，与得主无干"，以绝后患。

清中期的草议，还会反映出当时契书书立发生变化的特征，即雍正八年(1730)以后，为严禁民间惯常的不断找价加价行为，户部和地方政府要求绝卖田宅时书立"遵例总书一契为绝""无赎无加"等字样，①如例2就有相应内容。但无论条款类草议，还是契书类草议，均会叙明买卖通过中间人和亲友宗族等人之手，均是"三面议明"的结果。立议的中人、见议（或中见）人及亲友均在数人至十数人不等。如例1草议，允议人为买主吴旭如和卖主朱光含；立草议人为居间亲友叶向山等7人；例4合同议单，允议人为买主席廷美和卖主席世留及其子席以贞孙席正初，立议单人为亲族翁云章等11人；后举例7之1合同议单，立议单人为中人、亲族金汉廷等10人，允议人为卖主金汉侯和买主席衣采。既是议单，就未见如出卖田宅单契那样的只有卖方一方的签名画押，而是买卖双方均需签押，大概显示与议的买卖双方无论社会身份和实际地位是否不同，但在此宗交易过程中双方是完全平等的。所有这些，或繁或简，涉事详尽，书立严谨，都是为了约束买卖双方，强调合议的时效，不留后患。有些草议，如例4和后举例9之1两件合同议单，所议条款和续议条款，从卖房、交房、交房时间、价银以及银两成色、交银时间与数额，到上首契的转交，倘有反悔的处罚，拟订极为周密，关于房产权转移，没有遗留任何引致歧异解释的空间。

二、草议、议单与正契的区别与联系

草议或议单的形式与内容大体如上，其与正契又有什么异同呢？今分别移录原契以资说明。

先看草议与正契的区别与联系。前述保存在东大东文所的三件《草议》，即书立于乾隆五十七年五月黄洪儒绝卖田2亩5分《草议》、黄新芳绝卖田5亩《草议》和乾隆五十八年十一月黄洪儒绝卖田5亩5分的《草议》，居然另有与之年月相同的绝卖田正契即《黄洪儒立久卖永远世产田地文契》《黄新芳立久卖永远世屋田地文契》和《黄洪儒等立杜卖官田文契》，（引者按："洪儒"原契中作"弘儒"，今据相应文契改正）。② 今将乾隆五十七年五月黄洪儒绝卖田草议与文契的主体内容移录如下，以做比较。

---

① 薛允升：《读例存疑》卷10《户律·田宅·典卖田宅》，光绪三十一年刊本，第29页；万维翰辑：《成规拾遗·续定田产找赎坟地祭产不许盗卖各条并借名刁告治罪》，乾隆三十八年序刊本，第20页。
② 均见《中国土地等文契其他文件》第5册，日本国会图书馆藏。

例 6 之 1.《黄洪儒绝卖田草议》：

立草议居间汤德卿等，今有黄洪儒坐落吴县拾式都拾肆图女字圩内田地式亩伍分正，自愿央中汤德卿等议价，久远世卖到汪府处，造坟筑墓管业，开点风水。先将议明言定，方始成交。所有交易事宜开列于后。

一、议得田地价共计足钱柒拾千文正。

一、议得其田地粮折在秋册间，任听得主在吴邑十二都十三图黄弘儒户下改立的户完办。

一、议得其田地价照契一并收足，并无折扣。

一、议得其田地久卖世产后，有人争执，出产人自应理值，与得业无干。

一、议得其田地老契一并交下，偶有片纸存留，书立遗失，以作废纸无用。

一、议得正契上开明界址，日后不得繁言。

一、议得成交后，倘有反悔者，各罚加一。

一、议得黄氏出卖地上议留孤冢叁个听其祭扫。

（立草议居间汤德卿等 5 人，允议汪德美等 2 人，略——引者）

例 6 之 2.《黄洪儒立久卖永远世产田地文契》：

立久卖世产田地文契黄洪儒，为因正用，情愿央中汤德卿等，今将祖遗坐落吴县拾贰都拾四图女字圩内田地贰亩伍分正，情愿久远世卖到汪府办粮，永远管业。凭中议定时值田地价足钱柒拾千文正，其价契下一并收足，并无折扣。其田地自久卖之后，任听得主造坟筑墓，并无有分等人争执，倘有等情，出产人自行理值，与得主无干。上首老契远年遗失日后拣出，以作废纸无用。其田地粮折任听得主收改的户完办。此系两愿，各无相逼。恐后无凭，立此久卖永远世产田地文契存照。

随契收足久卖世产坟地田地价足钱柒拾千文正（押）

立久卖永远世产田地文契黄洪儒（押）

东金柒钱捌申

（居间汤德卿等 14 人，代笔朱在明等 3 人，略——引者）

上引正契就是我们经常见到的普通绝卖田契。比较此处绝卖田草议和正契,主体内容可谓基本相同,有些文字表述也相同,稍异处则有五处:一是草议条款式改为正契的契约式,与议人改为立契人的一方,这实际上并无区别,因为正契不宜以条款形式出现,卖契自然也由卖产人出具;二是草议需交定金,声明"成交后,倘有反悔者,各罚加一",即反悔者支付标的物的百分之十以作罚款,以标示草议的约束力,此款正契自然无须保留;三是正契载明东金以一千钱申算七钱八分银子的方式支付,此款草议时自然未必议定;四是居间由草议的5人增为正契的14人;五是正契多了三位代笔,这是因为正式文契延请代笔书写,以昭慎重和有效。另外两宗绝卖田的草议和正契所载,也复如是。

再看议单(议据)与正契的区别与联系。金汉侯将坐落太湖厅二十六都二图翁巷地方的房屋一所13间及附属设施一并绝卖与席衣采为业,乾隆三十一年正月,通过亲友中人金汉廷、席敬堂等书立合同议单,议定条款10项,续议条款3项。在与绝卖房《合同议单》的同时及稍后,金汉侯还具立了绝卖、推收房屋等一应文契,这些文契不是与《合同议单》一起存留在东大东洋文化所今堀文库,而是存留在了日本国会图书馆。今分别例举其合同议单和绝卖文契如次。

例7之1.《金汉侯卖房合同议单》:

立合同议单金汉廷、席敬堂、叶登初、席成章等,为有金汉侯续置房屋一所,坐落二十六都二图翁巷地方,今凭中绝卖与席衣采为业。议得时值估价银贰伯叁拾两整,所有各项事开列于后。

一、议得房屋一所,系金汉侯续置席又梁、席石氏之产,共计拾叁间,后园一个,大门墙外北首坑披基地,并内有金处另造平屋肆间,一并绝卖与席衣采永远执业。

一、议得时值绝价银贰伯叁拾两,色九七,平九九,分立契据,正契银壹伯陆拾两,推收杜绝银肆拾两,找根加叹银贰拾两,起神堂银拾两。

一、议得在房新旧装修、前后假山、园内树石、周围墙垣阶沿一应在内,绝卖过割。

一、议得上首得得馆原契、酒作间原契一并归出,倘有上首遗失红白契据,不论有无用处俱作故纸。

一、议得此房向年金汉侯未卖之前,系其乃祖赁居在内,因蜗居不便,另造平屋肆间,除基地外,砖瓦木料公估偿价银肆拾两。

一、议得立议日先交押议银叁拾两，成立正契交银壹伯两，余银交房日清楚。

一、议得成契日点明装修，日后倘有缺少，价内扣除。

一、议得其房成交后约一年为期，交代清楚，不致稽迟。

一、议得其房屡年金汉侯备料修理，今凭中公估酌价偿还清楚。

一、议得其房大小进开锁等项银捌两。

允议　金汉侯(押)　席衣采(押)。

续议得：弄口更楼与凝道堂公同出入，今一并绝卖过割。

续议得：中金出二进三，今一并归得主分送居间。

续议得：成交后倘有反悔者，例罚契面加一与不悔。

乾隆叁拾壹年正月　日　立合同议单　金汉廷(押)　席敬堂(押)　叶登初(押)

席成章(押)　金喻原(押)　席宜民(押)　席祁昌(押)　席谔廷(押)　席仁昭(押)　金方来

例7之2.《金汉侯立绝卖房屋文契》：

立绝卖房屋文契金汉侯，今将续置坐落二十六都二图翁巷地方平屋拾叁间后园一个大门墙外坑基一间余地一条，共计地二亩宽窄在内，其前后假山在房新旧装修树木周围墙垣园内围墙，情愿绝卖与席名下为业。凭中议得时值估价银壹佰陆拾两整，其银契下一并收足。自卖之后，任凭拆卸改造，永远管业，并无有分人争执，亦无重叠交易，倘有此等，出主理直，与置主无涉。待造黄册，即便推收过户办粮。恐后无凭，立此绝卖房屋文契存照。

银色九七　天平九九

立绝卖房屋文契金汉侯(押)

(居间席祁昌等34人，代笔席仁昭等2人，略——引者)

例7之1叙明，此房原系金汉侯从席又梁和席石氏处购得，现一并绝卖与席衣采永远执业。双方最初议定，房屋时值绝价银230两，分立契据，正契银160两，推收杜绝银40两，找根加叹银20两，起神堂银10两；上首原契一并归出，倘有遗失红白契据，不论有无用处俱作故纸；金汉侯另造的平屋4间，得主偿还其砖瓦木料银40两；立议日，先交押议银30两，成立正契时交银100两，余银交房日交清，以及银两的成色和兑算比率；成契日点明的房内装修物

257

件,日后倘有缺少,在卖价内扣除;交房预约期一年,不致稽迟;金汉侯从席氏之手买入后房屋历年的修理费用,凭中公估偿还清楚;交房时得主再付开锁银8两。双方续议,弄口更楼与凝道堂公同出入,一并绝卖过割;中人酬金"出二进三",即卖家出百分之二、买家出百分之三,一并由得主分送居间人;成交后倘有反悔,悔者罚出契面加一银即百分之十与不悔者。议单题名"合同议单"四字以半剖文字书写。签名画押只有第三方金汉廷等10人在立议单人项下出现,而买卖双方则以允议者身份签名画押。同发生在雍正年间同一地方的席世留议单相似,此议单并未具体说明何以一次性议定正契银和推收杜绝、找根加叹三契银。

将此《合同议单》与金汉侯后来所立的一应正契相比,其主体内容基本相同,稍异者有四处:一是同例6一样,草议条款式改为了正契的契约式,与议人改为了立契人的一方;二是议单订立时买方需交定金,强调交款时间和数量,并声明"成交后倘有反悔者,例罚契面加一与不悔";三是正契多了两位代笔;四是居间由议单的立议人10人增加到正契的34人,立议人改为了居间人。细究四处相异处,其实皆因文书形式不同而起,内容并无实质变化。

综合比较草议、议单和一应正契,可以得出如下结论,关于田宅买卖的标的物、事由、涉事方等主体内容,甚至行文的语气,均基本相同,其相异处在于:一是类型不同,草议或议单有契书类和条款类两种,而正契只有契书类一种,也就是说,草议或议单可能有两种,而正契只有契书类一种,就文书形式而言,契书类草议或议单,更接近正契;二是性质不同,草议或议单只是"议",各方议定了田宅交易的基本内容,是所"议"事项的书面化,而正契是"契约",是对所议的内容予以具体落实的书面化;三是书立的主体不同,草议或议单由第三方具立,买卖双方只以与议人或允议人身份出现在文契中,与议人在契约中以完全平等的身份出现,形象地体现了房产转移签订正契前议价的过程,正契则由卖方具立,买方并不具名画押,卖方与买方有可能处于不对等地位;①四是成契时间不同,总体而言,草议或议单在前,正契在后。比较了草议或议单与正契的异同,我们才能真正理解几乎所有田宅交易正契中"议得""三方议得"类字样的确切含意,所谓"议得",并不是契约文书的活套文字,也非订立正契时

---

① 有学者认为,出具契书的卖方,与买方的地位是不对等的,并且买卖双方之间具有信用的落差,参见俞江《"契约"与"合同"之辨——以清代契约文书为出发点》,《中国社会科学》2003年第6期,第135页。

的商议过程,其实是指买卖双方在签订正契前的"议价"过程。

那么,草议与议单,是否也有什么不同呢? 道光元年十二月,陈赐之等人将坐落江宁府城中朱履巷的 40 余间房屋连同过道天井等绝卖与谢姓,在其书立于官颁的"官杜绝契"上的绝卖契中声明,"先立草议,后立允议"。[①] 说明在实际生活中,存在先立草议后立议单的情形,从而也说明议单可能比草议正规些。但残留的文书中并未见到同一宗田宅买卖既有草议又有议单,所以无法就此认为田宅买卖既要签订草议又要签订议单,而只能认为,清代的田宅交易,签订正契之前,通常会先订立草议或议单。

需要指出的是,上述房地产买卖的草议或议单,虽然较之其他民间合同如工商合同、分家合同等仍明显带有意向性和临时性,日后还存在一定的变数,但在房地产转移范围内则具有相当的约束力。特别是契书类草议,较之同时或日后书立的房地产转移正契,其具体内容别无异样。如例 2 汪庭立《草议》,十款所议内容,其中"今遵新例总书一契为绝","久远管业,时价已敷,绝价已足,无赎无加,任凭吴处拆卸改造"等字样,完全就是当时绝卖正契的口气。这样的草议,尤其是条款类草议,就对产权属性作出了相当具体明晰的规定,具备了正契所具有的所有权责的基本特征。然而这样的草议,既与南宋年间即已存在的"草契"[②]有所不同,也与清末民国时期出现的官颁民填的印刷品草契[③]和

---

① 陈赐之等:《立杜绝卖住房文契》,道光元年十二月,南京市房产档案馆编:《南京房地产契证图文集》,南京:南京出版社,2008 年,第 83 页。

② 南宋绍兴十五年(1145)八月七日知台州吴以言:"人户出典田宅,依条有正契,有合同契,钱、业主各执其一,照证收赎。近来多是私立草契,领钱交业,至限将满,典主方赍草契赴官请买正契,其合同契往往亦为典主所收。"《宋会要辑稿》食货 61 之 64(北京:中华书局,1957 年影印本,第 6 册,第 5905 页)嘉定十三年(1220)臣僚言:"州县交易,印契所以省词讼,清税赋,而投报输直亦有助于财计。今但立草契,请印纸粘接其后,不经官投报者,不知其几也。"(马端临:《文献通考》卷 19《征榷六》,杭州:浙江古籍出版社影印本,2000 年,第 187 页)

③ 上海县官颁《绝卖草契》,民国 3 年 9 月,《清代上海房地契档案汇编》,上海:上海古籍出版社,1999 年,第 301—302 页;民国 2 年 2 月官颁江苏省《省房草契》《田房草契》,南京市房产档案馆编:《南京房地产契证图文集》,南京:南京出版社,2008 年,第 156—157 页。上海县官颁《绝卖草契》,民国 12 年 1 月,工藤敏次郎:《上海に於ける土地永租权に就いて》所附第 11 号,大正十五年(1926)5 月 30 日,上海,东大东文所藏。

今人理解为"白契"即"草契"①的草契性质完全不同。观文献所载,南宋官员所谓"草契",实即清代民间所立交易正契,而清末民国官颁民填的印刷品草契,观其实物,实际只是民间正契的官颁式样而已,均与民间书立正契前议订的"草议"有别。确切地说,"草议"不能如杨国桢先生那样称为"草契",而只能称为"草议"。笔者经眼的 17 件"草议"或议单类文书,其中卖房草议 2 件,卖房合同草议 1 件,卖房成议据 1 件,卖房议单 3 件,卖房合同议单 1 件,典房议单 1 件,卖田草议 8 件,没有一件是称"草契"的,也可见草议与草契实有本质之别,不能不加区别笼统而言。

三、"草议"或议单的效用与落实

上述"草议"或议单,在实际交易过程中是否得以实现呢? 或者说,房地产买卖双方邀同中人、亲友议立的"草议"其实际效用如何呢? 如前所述,居然还有数宗事例的后续买卖契书至今仍然存留在世,为我们检视"草议"的实际效用提供了可能。

例 6 张屏侯、新侯兄弟卖房《议单》,是迄今所知江南地区最早的卖房议单,幸运的是,存留在京都大学法学部的文书,另有几件张屏侯兄弟同时具立的相应卖契。这些卖契表明,康熙十年五月,业主张屏侯、新侯兄弟,为了安葬亲人,筹措所需银两,先是出具《卖契》,说明卖房的原因是"粮银无措",因此将嘉定县在城三图房屋一所卖与席处为业,收取房价银 450 两;②继而出具《添绝卖契》,说明后来"又因钱粮紧急",因而央请原中"议添绝银",收取添绝银

---

① 田涛在编辑《田藏契约文书粹编》撰写前言称:"第一类是订立民间的草契,然后附贴经县一级颁发的'官契',一共二联,我们将此定名为'连二契'。第二类是在民间草契、县级颁发'官契'之后,再粘贴上一份由省级即布政使司颁发的'契尾',一共三联,我们将此定名为'连三契'。"(北京:中华书局,2001 年,第 3 页)宋美云更直接称:"白契与红契相对,指民间自行缔结,没有经过官方认可的草契。税契代表官方的认可,它是区分红契与白契的标准。在田房契约的粘连结构中,红契就等于官契,白契就是单独的一张草契,没有官方印记。"进入民国后,"官契与草契有合而为一的趋势。清代以前,草契是由立契人自备纸张书写的,民国时出现了官方印制好的草契,如外形为张榜露布式,梯形区内印有'天津特别市买典草契纸'草契中还出现'章程摘要'。民国官方契约才有这样的特点。民国是过渡时期,草契在向官契的形式过渡"(宋美云主编:《天津商民房地契约与调判案例选编(1686—1949)》,"导论",天津:天津古籍出版社,2006 年,第 7、8 页),均将明清时代的民间白契直接视为草契。这种看法仍待商榷,于此不赘。

② 《张屏侯新侯立卖契》,康熙十年五月,京大法学部藏,2566—02 号。

90两；①后来再次出具《添绝卖契》，说明此次所卖房产，收取房价后，"已经添绝"，获取过添绝银，现在"又因钱粮急迫，且有葬亲大事"，因而再次央请原中等"再议添绝"，收取二次添绝银60两(此笔添绝银，也即加绝银)；②最后第三次出具《添绝卖契》，说明此次房产，"已经添绝外，复行加绝"，现在"又因粮银无措，且葬费不支"，于是再次央请原中等，更向买主席处"言添"，获取"加绝银"30两，并且特别声明，此次加绝出"于常格之外"，"在席忠厚待人，在张得济正用，自后永远管业居住，并无不尽不绝，决无异言"。③ 四件文书，正契一件，添契三件，相当完备，完全符合"嘉邑一卖三添旧例"。前后收取房价正契银450两，添绝银三次共180两，添绝银是房价正契银的40％。一件正契和三件添绝契与议单对照，正契连同以后的各契，所书内容，与议单完全吻合，均是在议单议定的范围内，也就是说，正契等各契的内容，双方在事先议定的议单中即已全部作出了规定。一应文契也清楚地说明，正契银和三次添加银，均是按议单的规定一次性支付的，相关文契均是于康熙十年五月一次性具立的，议单所议内容，在实际交易中，在诸位中人和亲友的见证与担保约束下，不折不扣地得到了落实。

　　除例4席世留绝卖房《合同议单》之外，存留在京大法学部的尚有其他几件相应文书。由这些文契，可以知道，雍正九年六月双方议立《合同议单》后，同年十一月，买主席廷美即具立了两件《约票》，说明"约到敦和堂房价银叁佰两正，期至交房日兑付"，"约到敦和堂房价银伍拾两正，期至交房日兑付"。④约票的银数正好等于议单规定的交房日需付的银数，议单得到了落实。但可能买主急于用银，实际交房和付款日期与预定的时间出入较大。议单规定立契日期为雍正十年二月中，而在雍正九年十二月，席世留即提前具立《推收文契》，叙明已"得过正价银壹千两，今循乡例，又议得推收银壹佰两正，即便推收过户办粮，永无异言"。⑤ 与此同时，席世留又具立《杜绝文契》，叙明已"得过正价银壹千两，又得推收银壹佰两，今循乡例再议得杜绝银壹佰两正。自杜绝之后，任凭拆卸改造，永远管业，再无异言"。⑥ 同时，席世留还具立了《收票》，

① 《张屏侯新侯立添绝卖契》，康熙十年五月，京大法学部藏，2549—03号。
② 《张屏侯新侯立添绝卖契》，康熙十年五月，京大法学部藏，2549—02号。
③ 《张屏侯新侯立添绝文契》，康熙十年五月，京大法学部藏，2549—04号。
④ 《席廷美立约票》(两件)，雍正九年十一月，京大法学部藏，2577—01，02号。
⑤ 《席世留立推收文契》，雍正九年十二月，京大法学部藏，2574—00号。
⑥ 《席世留立杜绝文契》，雍正九年十二月，京大法学部藏，2578—01号。

证明"收到廷美俚处房价银叁佰两正"，"收到廷美俚处房价银五十两正"。①
相关文书显示，席世留绝卖房屋，其正契银和推收、杜绝、加叹三契银的数量应
该是相符的（未见叹契文书，但由收票可知，席廷美付出的银两，包含了叹契
银）。此例卖房，与张屏俟、新俟卖房例一样，双方事先订立了议单，一次性地
预先对所有交易银包括正契银和推收、杜绝、加叹三契银作出了规定，并且还
循乡例，分别书立了推收契、杜绝契，甚至还书立了约票，但微有不同的是，正
契、推收、杜绝数契的书立与议单不是同时，而是在议单约定的稍后时间。此
外，此次卖房应该具立过的正契尚未见到。但无论如何，议单所议各款，在后
来为实际交易书立的文契中全部得到了印证，议单完全得到落实。

例7之2金汉俟立《绝卖房屋文契》声明，乾隆三十一年正月金汉俟将此
房绝卖与席氏为业，凭中议得时值估价银160两，其银契下一并收足，"自卖之
后，任凭拆卸改造，永远管业，并无有分人争执，亦无重叠交易，倘有此等，出主
理直，与置主无涉，待造黄册，即便推收，过户办粮"。金汉俟又就此房内自造
的平房4间书立《卖屋文契》，说明前置房屋既已绝卖，此房因拆运不便，于是
一并卖与席处为业，凭中议得砖瓦木料银40两，其银契下一并收足，"自卖之
后，任凭拆卸居住"。同年二月，金汉俟又立《推收杜绝文契》，声明绝卖房屋时
"得过正价银壹佰陆拾两。今照乡例，又凭中议得推收杜绝银肆拾两正，其银
契下一并收足。自此之后，任凭拆卸改造，永远管业，即便推收，过户办粮"。
同年三月，金汉俟又立《找根加叹文契》，声明此房绝卖，"得过正价银壹百陆拾
两，又得推收杜绝银肆拾两。今循乡例，又议得找银加叹银贰拾两整，其银一
并收足。自此之后，永无异言。恐后无凭，立此找根加叹文契存照"。② 这些
绝卖正契和推收杜绝契、找根加叹契等，前后虽然间隔两个月，表面上似乎并
非书立于同时，但实际是早就在议单中规定了的，分立的各契只是按议单的规
定依时书立而已，议单各款在随后的房产转移中全部得到了落实。

目前已知的17宗房地产交易"草议"类或议单类文契，至今有相关交易正
契存留于世的竟然有7宗，比对其正契，草议其内容议定的所有条款，每一宗
都得到了充分的落实。就此而言，可以说房地产交易形成的草议或议单，具备

---

① 《席世留立收票》（两件），雍正九年十二月，京大法学部藏，2576—01、02号。以上相关文书均
未叙明涉事各方的地贯，从买卖双方和允议、中人的姓名判定，属于吴县洞庭东山翁巷地方，乾隆元年
增设太湖厅，洞庭东山从吴县中析出，翁巷即改属太湖厅。

② 金汉俟所立各种文书，见《中国土地等文契其他文件》第2、3册，日本国会图书馆藏。

了正式文契的基本功能。

残留的房地产交易正契,也反映出买卖双方议立的"草议",在实际生活中是惯常存在的。嘉庆十三年五月,王云芳将坐落吴县北元二图的平屋楼房等绝卖与江镇公所,签订绝卖正契时声明:"自绝之后,三姓永无异言他说,另立草议为据。"①此宗房产交易,绝卖正契之先,订立了草议。前述道光元年十二月,陈赐之等人出卖江宁府城中朱履巷的房屋,在官颁的"官杜绝契"上的绝契声明"先立草议,后立允议",说明曾先立草议,后立议单,再立正契。光绪元年十月,杨大龄与其侄儿等人将坐落江宁县洋珠巷的20余间房屋连同附属建筑及天井等绝卖与金姓,书立在官颁的"官杜绝契"上的绝卖契声明"立议立契"。②该宗房产交易,先立草议类文字,而后书立正契。更具体详明的是,道光二十年七月,严亮甫等将坐落于太湖厅二十九都十九图的大小房屋61间连同走廊披屋等绝卖与严廷猷,其绝卖文契声明:"悉照草议所载,间隙不留,一应在内,凭中说合,绝卖与廷猷弟名下为业,计得时直绝价纹银壹千伍佰两正,既无利债准折,亦无重叠交易,其银契下一并收足,厘毫无欠。"③同治十三年(1874)七月,刘锦文等将坐落于太湖厅二十九都十二图的平房连披屋共16间绝卖与承德堂,其绝卖房屋文契载明:"因无力修葺,情愿出售,先立草议,详细备载前后天井空地,上连椽瓦,下连基地,在房装折,周围墙垣,拳石寸木,物随地转,间角不留,四址分明,丈见实地伍分伍厘贰毫,绘图于后,情愿杜绝卖与承德堂(仁记)名下永远为业。凭中三面议得时值绝价连推收、杜绝、找叹、装折一应乡例在内,共计绝价足兑纹银柒拾伍两整,遵例总书一契,其银契下一并收足,不另立收票。自经绝卖之后,任凭得主拆卸改造,开垦驳筑,过户办赋。"④以上嘉庆至同治年间的数件正契内容反映,苏州以及苏州郊区、南京和上海等地的田宅交易,买卖双方在书立正契之前,均订立过草议或草议类文书,草议详细载明了所有房产、全部房价银及一应交割事项,而且对正契以外

---

① 王云芳立《绝卖房屋装摺基地快速藤拔根杜绝文契》,嘉庆十三年五月,苏州博物馆藏。此碑文也见载于苏州历史博物馆等编:《明清苏州工商业碑刻集》(南京:江苏人民出版社,1981年,第294页),唯文字稍有舛错。

② 杨大龄等《立杜绝卖住房文契》,光绪元年十月,南京市房产档案馆编:《南京房地产契证图文集》,南京:南京出版社,2008年,第107页。

③ 《严亮甫等立绝卖房屋文契》,道光二十年七月,见《中国土地等文契其他文件》第10册,日本国会图书馆藏。

④ 《刘锦文等立杜绝卖平屋市房基地装摺契》,同治十三年七月,见《中国土地等文契其他文件》第17册,日本国会图书馆藏。

的推收、杜绝、找叹及装修等银也一并作出了规定，而正契所载，完全按照草议所议，草议得到了有效落实。

在经济生活领域，草议也在其他场合存在过。苏州藏书家顾文彬，曾接受他人股票，于光绪九年十二月，议立草议。其日记记道："盛杏生以济兴典股分票二万串顶替于余名下，加贯二千串，先立草议，俟明正再立大议，请伊元伯代立其事。又以济成股分票一万叁千串，抵押银六千余两。"①顾文彬接受典铺股票，也同买房一样，先与立草议，后立正契。可见"草议"的议立，不独发生在房地产买卖中。此已超出本文范围，于此不论。

四、"草议"或议单的性质与特征

房地产交易议定的"草议"，既然具备了正式文契的功能，在实际交易过程中也得到了全部或基本落实，那么，"草议"是否就可等同于正契，或者说，"草议"是在何种情形下书立的，具有什么性质与特征，与正契等文契又有什么区别呢？

残留下来的草议，对何以书立草议，曾稍有涉及。如前所引，例4雍正九年《席世留绝卖房合同议单》称，"先将交易事宜议明，方始成交"；乾隆五十七年《黄新芳绝卖田草议》称，"先将议明言定，方始成交"；例2嘉庆三年《汪庭立绝卖房草议》称，"所有交易事宜，立契日恐有繁言，先将逐细开列于左，方始成交"。说得较为清楚，为了避免正式交易时临时产生异议或其他枝节，买卖双方连同中人等三方，先将有关事宜拟议明确，才进一步进入正式交易。可见，议立草议是正式交易的前奏，但不是正式交易本身，草议只对正式交易作出相应的规定，但不能替代正式交易必须书立的正契等一应文契，所以仍然称作"草议"或议单，而正契中才会出现"议得"字样。

"草议"的书立，到正式交易房地产完成出让转移，还存在时间差，而遵循民间俗例，仍需书立正契、找叹、加叹契等一应文契，在此过程中，买方或卖方任何一方均有反悔的可能，因此是否兑现还存在一定的变数。从房地产交易的实际来看，"草议"发挥着相应的功能。光绪初年，苏州藏书家顾文彬的买房

---

① 顾文彬：《过云楼日记》，李军整理，《历史文献》第17辑，上海：上海古籍出版社，2013年，第303页。

事例,较为形象地说明了这一点。顾文彬日记光绪八年二月记:

> 西邻陆筠谷大令之屋,久欲出售,自上年筠谷故后,丧葬之费需用孔亟。有伊婿程福五大令作中,议售与余,房价三千七百余元。去冬立过草议,延至今日始立大契,而筠谷之子仍避出不面,有伊孙德安同其祖母出名画押,谅无反复,先付房价二千六百余元,写立出房日期。今年方向不利,尚不能动工也。

光绪九年十二月又记:

> 西邻陆筠谷之房屋约数十椽,筠谷故后,子尧崧、孙德安贫不能守,凭中程福五(南金)、张小舲售于余家,计价洋三千六百元。迟久不肯交房,又添洋一百五十元,于小除夕始清胶葛。原中程、张皆已龃龉,柴安甫为之调停云。①

顾、陆买卖双方先于光绪七年冬议立了草议,议定房价 3700 余元,但到来年二月方立卖房大契(即正契),房价共 3700 元,先付了 2600 元,写立了出房日期;因卖主不肯交房,到九年底又添洋银 150 元,房屋才出手,完成过割。这宗交易,自议订草议到书立正契,经过了两三个月;自书立正契到出让交房,又过了整整一年十个月,前后整整两年。其间买主顾文彬一直担心会否有反复,因有宗族亲友出面,画押以作担保,更因满足卖主要求添了一笔不菲的找价银,才彻底斩断葛藤,完成转移。说明草议从议订到具体兑现,双方虽不易反悔,但还有一定的变数,有待正契(即大契)等后续文书的书立。

如此说来,草议又具何种性质呢? 1942 年,日本满铁上海事务所调查室曾对苏州、无锡、上海中心以及周边地区不动产交易的民间习惯做过调查,形成报告。这些报告所涉及的内容,对我们探讨清代草议的性质、功用等极具参考价值。

满铁调查关于无锡不动产习惯调查报告称:"在无锡,草议、草契等语,一般用来指押议语。押议金称为定银,押议文约称为草议、草契、草约。其手续全具法律性质。又多镇(区)公所长、保甲长、图正、救火会的署名。"②满铁调查关于苏州不动产习惯的调查报告称,"草议,定钱之事,在苏州称信洋","有

---

① 顾文彬:《过云楼日记》,《历史文献》第 17 辑,第 296—297、303 页。
② 满铁上海事务所调查室:《無錫ニ於ケル華人間ノ不動産賣買貸借ニ關スル習慣調査報告》第 8 页,昭和十七年(1942)油印本,东大东文所藏。

关草议的其他事项,同无锡报告"。① 据此,草议在无锡、苏州等地,又称草约,是付押金或定金时签立的契书,一般作押议语用,由当地的基层组织署名。

满铁关于上海中心以及周边地区不动产的调查,更对草议做了全面的解释。今仅引录《上海中心地区不动产调查答案》之一,在"买卖契约预备手续"类如次,以资说明。

问一:买卖之申求("申求",中文"要约"之义——引者),或承诺之方法有几种,效力于何时发生,其取消方法如何?

答1:申求有二种,即登报或私人介绍,是承诺,即订立契约效力于移转时发生,其取消方法亦须书面行之。2:买卖承诺之方法,即由卖方书立收定银据,效力于立据之日发生,于立正式卖契时取消。3:由卖方出立单,由买方付定金,时效及取消方法可由临时文件载明之。4:允据及定据。先允据后订定据,于订约时发生效力,正式契约成立后即取消。5:卖买成立之方法以接受定银为要件,出立定银收据,或订草议时发生效力,取消卖买之方法,须加倍返还定银。(以下原阙——引者)8:买卖之申求,承诺以立契表明之,其效力于向地政机关登记纳税而发生。其取消方法必须由法院依民事诉讼之裁判。9:普通买卖谈妥,先付定金,由卖主出一收定金据,或先立草契,或径立正契,但未立正契前收定金据及草契,均可取消。依习惯,失主悔议,须加一倍偿还,得主悔议,定金听失主没收。若法律应就实际损失计算之。

⋯⋯

问五:如何情形时作造草议(草稿)?

答1:买主卖主两造同意条件时作造草议。2:立正式契约之前先作成草议。3:交付定洋时。4:未收定银前。5:付定银之后即做草议。

问六:作成草议同时卖主应将不动产产权证书之一部或全部交出乎?

答1:以两造之银洋两交,及全部产权证书交出,如要件作造草

---

① 满铁上海事务所调查室:《蘇州ニ於ヶル不動產慣行調查報告 其八》(賣買及貸借)(中支都市不動產慣行調查資料第三十二輯),第5页,昭和十七年(1942)油印本,东大东文所藏。

议,不一定要交一部或全部之不动产证书。2:无须。3:不,出一定洋收据。4:承买人主张之。5:作成草议时,先交出证书之一部,立契日全付。

问七:草议与正式契约书是否有同样的效力?

答1:效力不同,草议仅有预约之效力。2:无同样之效力。3:不。4:草议系暂性,正式契约永久。5:其效力绝对不同,草议可悔,契约则不可悔也,但得当事人同意时不在此例。

问八:有无不作成草议,亦不付定银之情形? 其发生之时期如何?

答1:亦有不经草议及预付定银即直接订立正式契约者。2:即立正式契约。3:或无。4:双方允洽。5:普通皆有之,但有因亲族或感情关系,以口头承诺为有效,其发生之时期即在承诺之时期。①

以上调查报告及《上海周边地区不动产调查答案》中,有关草议的每个问题,回答少者数条,多者十几条,汇聚了诸多地区的情形,反映出各地是否订立草议何种情形下订立草议及其效用等丰富内容。分析以上问答,可以得出如下结论。其一,草议是在买卖双方经中间人征求双方同意后订立,以此作为要约和承诺方法,相当于允议据或定金据(所以有时称为"议单""合同议单"),于订约时发生效力,正式契约成立后即自行取消;依据草议,由买方付以定金,卖方从买方收取定金,定金在买卖正式生效时扣算;草议需由买卖双方及中间人等签押。其二,草议具有一定的法律效力,但未立正契前可以取消;若取消,如卖主悔议,须加一倍偿还,得主悔议,其定金听失主没收;草议在正式契约生效后,即可作废(这也是草议很少留下来的基本原因)。其三,草议订立的前提是:买主卖主两造同意所议条件;须作成于正式契约之前,或交付定金时,或未收定金前,或付定金之后即时制成。其四,草议作成时,卖主不需交出不动产契据,或经双方议定,需交出部分不动产契据。其五,草议与正式契约均具法律效力,但其效力不同:草议不能据此获得不动产的所有权,正式契约则具有永久性效力;草议仅有预约之效力,系暂时性、预约性,其意义与商家之提货单相同,效力不及正式契约;草议可悔,可以修正,正式契约不可悔,若当事人双方同意则可取

① 满铁上海事务所调查室:《上海中心地区ニ於ける不動產調查答案》其の一,第 32、33、41—44 页,油印本,东大东文所藏。

消。其六，民间一般皆议立草议，但若不动产价值较小，或因亲族或感情关系，也有以口头承诺为有效，不立草议而径直书立正式契约者。可见草议直到民国时期，仍是不动产买卖议定的草约，具有法律性质，含有抵押成分。只是其时的草议，民间也俗称为草契，有时与草契之名混称，其书立者，有些地方已改由中人、亲友族人等改为基层公职人员，悔议的罚金也增加到定金的一倍。

满铁关于上海中心地区以及周边如苏州、无锡等地不动产的调查，对草议作出了上述非常具体明确的解释。然则清代江南民间房地产交易是否就会因为价银较小或亲族感情等因素而不订立草议呢？成书于康熙后期的王维德《林屋民风》提道："房屋交易，不用草议，亦不立下契。价概九五折，契概书绝卖，及至贫苦加贴，又未尝不稍稍通情。其有原价取赎者，除书'任凭造葬'字样之外，岁无远近，决不勒掯，盖亲友之子孙，苟能重复祖业，无不乐成其美耳。至于作中，非亲即友，概无得中物之例。"[①]林屋即指洞庭西山，与前所引草议中屡屡提及的太湖厅所处的洞庭东山，分别为太湖中两个最大的岛屿，其自然风貌和民风习俗完全相同。从草议反映的房地产交易的实际情形看，王维德标榜的因为笃于乡情而不立草议的洞庭东西山，至少在太平天国前后，在房产买卖过程中，实际上草议是一直订立的。而从残留下来的一些草议来看，清代前期的房地产交易，标的价值确实大多比较高，但有些却很小，如乾隆五十七年（1792）五月黄万民卖田九分，价值 25 千文多，同年同月徐庭秀卖田 1 亩零 5 厘，价值 38 千文，均订立了草议。凡此只能说明，其时江南订立草议是一种非常普遍的惯常做法，而与标的物大小并无必然联系。

顺便考察一下，在不动产交易领域，江南以外，全国其他地区是否也有订立草议的习惯呢？民国初年，国民政府司法行政部曾对全国做过调查，后来编成《民商事习惯调查报告录》出版。直隶天津县，"为津埠习惯所用者则为草契。凡买卖或典当不动产者，当事人双方意思合致时，均先立一草契，载明双方及中人姓名、不动产坐落、房屋间数、门窗数、地亩四至、弓数，由双方及中人署名画押，即是证明物权之移转而拘束私法上之权利义务"。黑龙江巴彦县，"查属县买田宅，向以书立草约为标准，一经立有草约，双方均无悔约之余地，故此项买卖行为，恒视草约为最重要"；拜泉县，"买卖田宅之习惯，以草约为有效，并不另立正式契约，凡来署投契者，亦以草约呈验"；海伦县，"买卖田宅，若卖主需钱孔急，而四邻尚未从场，则由卖主先立草约。买主即交付一部分之价值，俟邻证约齐，然后再定期书立正式契约。至若卖主并不急于需钱，则并无先立草约之必要"；铁骊设治局地方，"买卖田宅习惯，亦有先立草约者，但一经书立正式文契，则草约即行取销"。山东海阳、齐河两县，"所有权移转，但立草约，即生拘束两造之效力"，但"此为齐河县特有之习惯"。① 此处所谓"草契""草约"，实即清代的草议。由上可知，清末民初，全国其他地方房地产交易时也有订立草议或草契的习惯，但地方较少。其具体情形又有三种：一是天津等地，必须书立草议；二是黑龙江巴彦、拜泉等县，买卖双方不但订立草议，而且视草议为最重要，甚至不再书立正式契约；三是如黑龙江铁骊地方，草议订立后，书立正式文契后即告失效。诚然，该书所记似有疏漏，全国存在订立草议的地方未必为上述地区。此外，这样的草议或草约，与同时期的官颁草契是有区别的。

依据满铁上海事务所调查室的上述调查和前引相关草议，结合前述江南各地田宅交易草议的订立情形，兼顾全国其他地区的状况，我们可以断言，清代以来直到民国年间，江南苏州、松江、常州、无锡、嘉兴以及南京等地，为了确保民间房地产交易的顺利展开，民间一般事先均需订立"草议"类文契，对同时或后续的房地产交易作出规定或约束，若参照全国其他地区考量，江南的这种情形也较为突出。这种一直未引起人们重视的"草议"，基本上是江南房地产交易不可或缺的一环，直到民国后期，仍在发挥其作用。江南范围内买卖双方在中间人和亲友见证、担保下，在正式进行房地产转移之前这种纯粹商业行为时，郑重其事地订立"草议"，说明清代江南民间极为重视契约文书的约束力。"草议"类实物的存在，丰富了江南乃至全国房地产交易文书的类型，草议连同相应的绝卖、加找、推收、叹绝文契，不仅较为完整地展示了江南房地产买卖文书具立的持续过程，而且使我们更加明了江南房地产交易的实际过程和伴随其间的文契书立的实态。

五、结语

"草议"这种房地产正式交易前和具立正契前订立的文契，迄今一直未曾

---

① 前南京国民政府司法行政部编：《民事习惯调查报告录》，胡旭晟、夏新华、李交发点校，北京：中国政法大学出版社，2000 年，第 14、91、111、115、116、143 页。

引起研究者的注意，江南地区不少草议实物尚留人间，为我们探讨江南房地产交易特别是文书具立的实态，提供了极为有用的一手资料，弥足珍贵，颇堪重视。这些草议，最早者至迟于康熙十年即已出现，其后自雍正至光绪年间一直存在，甚至沿用至民国时期，远早于之前有人提及的道光后期，说明江南房地产交易需要订立草议，是一个普遍连续实行的长期过程（至迟始于清初），而非为某一时段的特例。

留存至今的文契，不独包括江南数个府域的草议，而且包括诸多与之相应的后续系列文契。草议可分条款式和契约式两种，明确交易双方各自的权利与义务，交代不动产转移的前提或原由，具体载明不动产转移的详细位置、数量、价银以及原产权属性，约定不动产转移的大致时间和方式，承诺产权并无纠葛并无门房上下人等阻扰，声明双方出自情愿议定买卖，不得反悔，如悔受罚等，内容周密，行文严谨，不留异议空间。对照草议及其相应的卖契、加契、推收、叹契、拔根契等后续文契，可以发现后续文契的内容，就是草议所议各款内容，草议具备所有不动产交易文契的基本内容，草议或议单议定的条件在房地产实际交易过程中均得到了切实执行。

考察草议和正契所载内容或相应条款，解读民国初年民事习惯调查和20世纪40年代日本满铁事务所所作调查，结合房地产交易实例，可以认定草议的基本属性和特征，或与正契的异同。这就是：草议不同于今人理解的未经官方盖印的“白契”那样的“草契”，而是买卖双方与中人亲友在房地产交易前事先订立的议单式文契，在正契订立前发生效力，于一应正式契约成立后失效；草议订立时买方会付以预约定金，卖方从买方收取定金，定金在买卖正式生效时扣算，或作为价银的一部分予以结算；草议订立于买主卖主两造同意所议条件之后，而作成于正式契约之前；草议需由买卖双方及中间人等签押，与正契一样具有相应的法律效力，但其效力较正契要弱；草议具有预约性效力，但不具有不动产的所有权，而正契具有永久性效力；一般情形下，草议可悔，可以修改，而正契不能改悔。草议或议单，是清初以来直到民国时期江南民间房地产正式交易前订立的一种较为普遍的文契。

（原载于《历史研究》2015年第3期）

关于蒙古征服动因及其"天下观"的思考

高荣盛[*]

摘 要：与蒙古高原的统一、征金等东面战场起因不同、性质不同，成吉思汗的西征是一场由花剌子模算端挑起的、对一个"未知世界"的复仇之战，其继承者进行的则是主动的、有计划的侵略战争。成吉思汗祖孙三代横扫欧亚，并向东实现了对汉地的大一统，因此，一位美国学者曾将成吉思汗推崇为"缔造全球化世界的第一人"。然而，即便成吉思汗有多么充分的理由发动西征，其继承者似乎也有天下归于"混一"的动机和良好愿望，但征服造成的破坏理当受到谴责。面对如何评价此类征服的"破坏性"和所谓客观上"积极性"这个令人困惑话题，后人似乎可以从"讹答剌惨案"中成吉思汗所流露出的呼唤类似于国际法或国际仲裁的朦胧意识中获得启发，这就是，"国际公法"形成与否可以作为评价战争行为的参照标准：四个多世纪的近现代一体化进程是一部"血与火"的历史，又无可争议地体现了历史的进步。"进步"的要点是从古典式的历史阶段走上更高层次的近现代文明！其重要表征之一便是世界秩序的逐步形成即"国际公法"得以逐步建立和完善，并仍然在进一步地建立和完善——公法的形成可为避免西征之类的行为创造条件，并有理据对侵略所造成的所谓"积极性"的一面予以否定；反言之，后人似无多大理由以近现代人的眼光去要求古人，因而，在谴责侵略行为的同时，客观地、历史地评价成吉思汗及其后继者的功业，应在情理之中。

作为中世纪后起的一个北方民族，被推上历史舞台的蒙古人很快扮演了世界征服者的角色。对这一复杂进程中呈现的行为和现象，似有必要避免轻

---

[*] 高荣盛，1946 年出生，江苏金坛人。南京大学历史学院中国史系教授，1981 年毕业于南京大学历史系，留校任教。主要研究方向为蒙元史、15 世纪前东西海上交通史，著有《元代海外贸易研究》《元史浅识》等论著。

易用"必然性"进行归约的倾向,而应该给历史以更多的历史感。

关键词:讹答剌惨案　蒙古侵日　天下观　"国际公法"　历史感

　　成吉思汗初建大蒙古国距今已过去八个世纪,现今,人们对这位"世界征服者"和他的继承人的功业赞扬者有之,贬斥者也不乏其人。两者的共同点是对他们发动的征服战争所造成的巨大破坏予以不同程度的谴责;不同点主要是,前者强调了征服所造成的积极效应,即打通地域阻隔而使东西经济文化交流得以空前通畅。近据所知,美国蒙元史专家杰克·威泽弗德著成的《成吉思汗与今日世界之形成》由《纽约时报》《出版家周刊》和《华盛顿邮报》"隆重推荐"后,已译成中文出版发行①,人们从著作的题名就能大致了解作者的立意,这或许是迄今为止对成吉思汗及其后继者的征服功业评价最高的著述;早先日本学者杉山正明等人主要围绕新发现的《混一疆理历代国都之图》著成《文明之道》第五卷《蒙古帝国》一书,该书的评价中心可能在忽必烈时代②。与此形成鲜明对比的是,贬斥者视成吉思汗等为冷酷嗜杀的暴君,一般舆论界甚至连同蒙古人和蒙古人建立的蒙元王朝在内,均斥之以杀戮、黑暗和倒退;而一些专业研究者则从历史的责任感出发,从这件世界性征讨的典型案例中引出警世之史鉴。我认为,形成这些迥然不同的看法(主要指带有较明显偏失的看法)并不能一概视以"仁者见仁、智者见智",要点是,这些看法对耳熟能详的史实和相关史料仍缺乏应有的认识和细究。关于成吉思汗等人的总体性评价已有许多中外论著予以发挥,本文在这里只是从有关的不同看法中感觉到,虽然有关史事记载(如下文提到的讹答剌事件)清楚表明了事实的真相,但由于受某种观念或某种研究模式的影响,有些论著或者将诸如讹答剌事件这样的史事置于不顾,或者轻言带过,或者在表述与此相关的事件时,往往形成这样的看法,即随着蒙古势力的崛起,即便不产生这类事件,蒙古西征和其他征服事件也必然会发生,区别仅在时间的迟早。因此,讹答剌之类的事件似乎可以作为一个耐人寻味的"节点",以此类节点为视角,将问题集中到蒙古征服动因这个老话题上来,或许能从一定程度上获得认识上的启发。

---

　　① (美)杰克·威泽弗德:《成吉思汗与今日世界之形成》,温海清、姚建根译,重庆:重庆出版社,2006年2月。
　　② (日)杉山正明等:《文明之道》第五卷《蒙古帝国》,日本放送出版协会,2004年2月。

一

历史上农耕与游牧两大区域间的依存与对抗关系有其深厚的历史与社会生态学上的原因,汤因比等学者曾对此进行过阐释和分析,另一名法国亚洲史学家雷纳·格鲁塞更是有针对性地说[①]:

> 游牧生活实际上使突厥—蒙古人,对定居人民处于显然优势。游牧人——一般地说是骑马射箭者——具有流动性,几乎有到处皆是的神秘性。……如果细究中国的编年史,突厥—蒙古人的掠夺性入侵是经常性的,除在汉、唐全盛时期以外,几乎每十年就有一次。如果这个朝代正在强盛时候,侵掠仅仅是侵掠,有如虫蛰在广大的帝国躯体之上。如果机能有了毛病,这就是死亡。
>
> 根据上面的举证,我们可以总括地说,周期性的侵掠(和相应的定居人的反攻)是突厥—蒙古人和中国人关系的通常形式,而真正的入侵,即征服,只是例外的偶然事件,大约有百分之一的机会,它常常使征服者们自己不知所措。

中国境内的游牧人与定居者周期性的对抗反映的正是某种历史的必然性。11—13世纪是内陆欧亚动荡的时代,这一动荡先后导致"漠北无王庭"和高原周边定居文明世界的衰落。动荡局面虽然成为东西交通的障碍,但对蒙古高原诸部族而言,则得以从东西方之间的压力中解脱出来,为突厥语族诸部落和蒙古语族诸部落争霸提供了机遇,同时也成为高原再次统一的关键。无疑,由成吉思汗完成的蒙古高原的统一体现了历史的必然,是历史的重大进步。金王朝是黄金家族的"世仇",灭金甚至是成吉思汗的首要目标,这两点作为蒙古社会发展所必然的趋势或它们预设的目的,已毋庸置疑。灭南宋的情况似有不同。蒙古联宋灭金后,双方约定以陈州、蔡州为界,但1234年(宋端平元年)六月,南宋却想趁蒙古大军北归之机"收复"河南,草率占领业已残破不堪的汴、洛两京,结果,不仅大败而归,也让蒙古人以南宋"开衅谕盟"为借

---

① (法)雷纳·格鲁塞:《蒙古帝国史》,龚钺译,翁独健校,北京:商务印书馆,1989年,第272页。

口,揭开了攻宋的战幕①。格鲁塞曾将蒙古人的灭金即"前往征战的北京地区"视为"蒙古草原的延伸"(见后),但没有具体提到紧接其后的攻宋之战的导因。不过,在我们看来,战事的开启固然蕴含了农牧两大区域归于统一的内在必然性,但按照格鲁塞的分析,"端平入洛"则可能被视为"例外的偶然事件"。这里我们所关注的,是成吉思汗及其继承者们的对外征战的动因。首先是,成吉思汗的西征是历史的必然还是"例外的偶然事件"?

二

讹答剌事件由花剌子模挑起,这应该是不争的事实。伊斯兰史书如奈撒维《札兰丁传》、伊本·阿昔儿《全史》和志费尼《世界征服者传》等出于各自的立场(偏袒或谴责花剌子模算端)而对花剌子模守将和算端的责任所记略有出入,但都反映了这样一个事实,即他们无理杀害了成吉思汗的商队,侵吞了商队的所有财物②。现在应该区分的是,如果蒙古人有意发动西征的话,那惨案或类似的事件正是求之不得的借口,但有关记载能不能透露出哪怕是一丝一毫的信息呢? 不能。耶律楚材西行时得知,"西伐之意"是由讹答剌长官"杀大朝使命数人、贾人百数,尽有其财货"引发的③。伊斯兰著作中,不妨以《世界征服者传》和《史集》的记载为例,较详细地重温一下该事件的记载。前者以《征讨算端诸地的原因》为题所作的报道内容可大致分以下几个部分④:

一、统一后的大蒙古国通过立法和创造优越条件保护商旅的权利——"成吉思汗统治后期,他造成一片和平安定的环境",但因蒙古人不住在可供商旅汇集的城镇,"所以衣物在他们当中非常缺乏",于是,"跟他们做买卖所得到的利益,人所共知"。基于这个原因,这位穆斯林作者便强调,"到这个时候,蒙古诸部大多数被成吉思汗所败,他们的驻地被毁,而且整个地区的叛乱也被肃

① 事详《宋史·贾似道传》(《宋史》卷 474,北京:中华书局,第 13779 页)、《宋季三朝政要》(王瑞来笺证:《宋季三朝政要笺证》,北京:中华书局,2010 年),考述详陈高华:《早期宋蒙关系和端平入洛之役》,载《宋辽金史论丛》第 1 辑,中国社会科学院历史研究所宋辽金元史研究室,北京:中华书局,1985 年。

② 参见韩儒林主编:《元朝史》,北京:人民出版社,1986 年,第 142 页之注①。

③ [元]耶律楚材:《西游录》,向达校注,《中外交通史籍丛刊》本,北京:中华书局,1981 年,第 2 页。

④ (伊朗)志费尼:《世界征服者传》,何高济译、翁独健校订,呼和浩特:内蒙古人民出版社,1980 年,第 90—92 页、95 页。

清。所以成吉思汗在大道上设置守卫(他们称之为哈剌赤 qaraqchis)并颁布一条札撒:凡进入他的国土内的商人,应一律发给凭照,而值得汗受纳的货物,应连同物主一起遣送给汗";"在那些日子里,蒙古人尊敬地看待穆斯林,为照顾他们的尊严和安适,替他们设立干净的白毡帐。"

二、以质朴真诚优待前来的三位商人——因与蒙古人经商可获利,花剌子模的三个商人便收集了大量"他们认为适用的东西"后来到成吉思汗的驻地,第一个被引见的巴勒乞黑打开货物后,"对他最多用十个或二十个的那(第纳尔——笔者)购进的织品,竟索价三个金巴里失"。以下让我们看看这位将要成为"世界征服者"的成吉思汗作出的反应:

> 成吉思汗对他的吹嘘很震怒,嚷道:"这家伙是否认为我们这儿从前根本没来过织品?"他吩咐把收存在他府库中前代诸汗所有的织品给巴勒乞黑看,籍没他的商货,作为赃物来分配,而且把他本人拘留。然后,成吉思汗派人把他的同伙叫来,连他们的货物也悉数送去。尽管蒙古人再三追问货物的价钱,商人们不肯讨价,倒说:"我们把这些织品献给汗。"这句话得到赞许,于是,成吉思汗叫每件织金料子付给一个金巴里失,每两件棉织品与撒答剌欺付一个银巴里失。他们的同伴阿合马也被放回,他的货物以同样的价钱被收购;对他们三人都优礼厚待。

三、组织商队回访——三个商人返回之际,成吉思汗命令他的儿子、那颜、将官,各从自己的部属中抽调两三人组成 450 人的穆斯林商队,每人贷给一个金巴里失或银巴里失作本钱,随三人至花剌子模,"在那儿作生意,收购奇珍异宝",并致信:"你邦的商人已至我处,今将他们前往你邦,以购买你方的珍宝;从今后,因我等之间关系和情谊的发展,那仇怨的脓疮可以挤除,骚乱反侧的毒汁可以洗净。"

四、事件爆发——商队抵达边界城市讹答剌,该城长官亦纳勒术"起了谋财之念",拘留全部商人后,派一名使者通报花剌子模算端。后者"没有稍加考虑","便同意要他们的命",剥夺了他们的财物。《世界征服者传》记录成吉思汗虽狂怒而决意兴兵,仍然派使者赴花剌子模交涉,"对他提出那件他本来无需干的背信事"(即"打算讨伐他"),随后又记道:"成吉思汗先派一个使团去见算端,警告他说,他决心讨伐他,报杀商之仇。因为'提出警告者有理'。"另一部穆斯林著作《史集》对遣使前后的情况所作的记载可供我们进一步参证,其大意:野心勃勃的算端打算向东扩展,为探听蒙古实际兵力,派一使团来东方。成吉思汗接待使者后,随即表示友好意愿,并派使团携大量贵重礼品回访,转达愿与花剌子模算端缔结和约、建立贸易关系的旨意。此时,又是心怀鬼胎的摩诃末夜间单独召见蒙古使团的为首者询问成吉思汗兵力的虚实;商队被杀后,成吉思汗虽决意兴兵复仇,仍先派三使臣指责对方的背信弃义,要求交出凶手。这最后一道有可能缓解事态的努力的结果是,摩诃末杀为首者,其余二人剃去胡须以示羞辱,逐出境外。

五、狂怒的成吉思汗痛心疾首,决意兴兵——得知 450 人的商队被杀(仅一人生还)后,成吉思汗因狂怒而几近失态(《世界征服者传》未及之处用《史集》略做补充):

> 在这种狂热中,成吉思汗独自登上一个山头,脱去帽子(《史集》此后的文字:"将腰带搭在脖子上,光着头"),以脸朝地,祈祷了三天三夜(《史集》记:"他祈祷、哭泣了三天三夜"),说:"我非这场灾祸的挑起者;赐我力量去复仇吧。"(《史集》:"伟大的主啊!大食人和突厥人的创造者啊!我不是挑起这次战乱的肇祸者!请佑助我,赐我以复仇的力量吧!然后他感到了吉祥的征兆,便精神抖擞、愉快地从那里走了下来,坚定地决定将作战所需的一切事情部署起来")。

今人在阅读穆斯林著述时,往往会因其叙事的故事性色彩而对事情的真实性,特别是其中的一些细节的真实性产生一些怀疑,既然如此,就不妨转引另一部穆斯林著述中透露的另一则记录,看看能否作点印证[1]:

> 据术兹查尼说,成吉思汗以惩罚了花剌子模的算端为自豪,这是一个真正的强盗,破坏一切法纪,命人在讹答剌戕杀他的使臣和商人,但是当他询问法官瓦亦哀丁不真吉,后世的评论如何时候,不真吉俯首思索,并应允作率直的答复,如果成吉思汗保证他的性命没有危险。得到这个保证之后,不真吉答道,后世没有人能够赞扬汗,因为蒙古人残破一切经过的地方。成吉思汗大怒,将他自己的弓和箭投在地上。在场的人都以为成吉思汗将要杀死这个出言不慎的人,

---

[1] (法)雷纳·格鲁塞:《蒙古帝国史》,龚钺译,翁独健校,北京:商务印书馆,1989 年,第 376 页。

不真吉自己也以为性命不保,但是这位征服者总是有自制能力,旋即
怒解。少缓须臾,成吉思汗再对法官说,他的理解在表面上是对的,
然而实际上是不知道真实情况。他附带说:"至于花剌子模算端,我
要穷追他,至于他足迹所到,任何国家让他避居的我都要毁灭它!"。

如所周知,生于伊朗的历史学家术兹查尼曾因躲避蒙古征服者逃到印度
并客居德里苏丹(算端)国纳西尔·马哈茂德的宫中,《纳西尔书》是他用波斯
文写成的通史型著作。作为当代人,术兹查尼所讲的蒙古征服的历史应该是
有根据的。由此可见,成吉思汗与法官的这段对话与上面的《世界征服者传》
《史集》和耶律楚材的记述前后呼应,一脉相通,从而可以使我们断定,讹答剌
事件的挑起者的行为是如此地极端,以至超越了常人可以容忍的"底线";退而
言之,如果450人被视为"间谍"尚可作为杀商的借口的话,那么,成吉思汗发
兵前再一次遣使要求引渡直接挑衅者的努力仍回应以杀戮和污辱,就只能表
明以兵相见的不可避免,从而导致成吉思汗在以更残酷、更血腥的手段进行复
仇的进程中,仍然对算端等人的恶行耿耿于怀和愤愤不平,他要"穷追"算端的
宣言,也以哲别和速不台为首的先锋部队的奉命追击而得以印证和实现。由
此,我认为格鲁塞对西征起因的一段评说是公正的:"不管后来蒙古人在这场
战争中表现得多么残酷,我们都不应该忘记成吉思汗的商人被屠杀、使臣被杀
害而又得不到任何解释的事件在他心中点燃的熊熊烈火,这种怒火的升起是
可以理解的。"[1]不仅如此,让成吉思汗对是否发动西征作出决断的还有一层
重要理念,即内外有别的理念。

如前所述,成吉思汗派450人的商队出发时还附上一封给算端的信件,其
中所谓的"你邦的商人已至我处,今将他们前往你邦"便十分自然地流露出一
种清晰的理念,它使我们感到,作为蒙古高原的主人和金王朝的一名地方官员
以及以血亲复仇为天职的成吉思汗,他可以理所当然地统一了蒙古高原而毫
不留情地对"世仇"金王朝大张挞伐,但面对算端不可容忍的挑衅行为,他仍然
清楚地认识到,花剌子模是"你邦",是一个与大蒙古国平行的外部世界。的
确,在处理与花剌子模通商和讹答剌冲突时,成吉思汗正是按照这个立场行事
的。格鲁塞正确地说:"在成吉思汗的一生中,对花剌子模的战争是一个新阶

---

[1] (法)勒内·格鲁塞:《成吉思汗》,谭发瑜译,北京:国际文化出版公司,2002年5月,第315
页。

段的开始。在对花剌子模的战争开始以前，他几乎还没有走出蒙古的范围，因为他曾前往征战的北京地区在当时还是蒙古草原的延伸。现在，他将进入伊斯兰教盛行的土地，进入一个未知的世界。统治着突厥斯坦、阿富汗和波斯的花剌子模帝国的势力似乎是很强大的。实际上，花剌子模帝国算端的军队在数量上要比成吉思汗的军队占优势。"与这个问题相联系的另一个细节是也遂的进谏——亦如所知，发兵前由也遂的提议而使窝阔台被选为成吉思汗百年之后的接班。这个大胆而多少显得有点突兀的提议说明什么？是仅仅因也遂美貌而受宠——所以才敢于做如此进谏，还是成吉思汗时代蒙古人的质朴豪爽——因而没有其他文明国度那种不可"犯上"的法规和惯例？事情当然没有那么简单。在这一点上，可能还是格鲁塞说得对：这个情节恰恰证明，"当时即使是在成吉思汗周围的人中间也存在着一种无法掩饰的不安情绪。他的宠妃之一美人也遂的进言就表明当时的确普遍存在着这种不安"[1]，即进入一个未知世界、吉凶不可逆料而笼罩在"车帐如云，将士如雨；马牛被野，兵甲赫天"（耶律楚材描写西征军语）的西征战团中的不安。如果以上分析能够成立，那么，它们可足以说明，成吉思汗的西征是与蒙古的统一、征金等东面战场起因不同、性质不同的战争；西征不久蒙古军显示的所向披靡并不能反证战前成吉思汗自视胜券在握。我想表达的看法是，成吉思汗决策发动西征不是傲视一切的轻率之举，更不是主动的、预设的、因强大而必然发动的征服之战。恰恰相反，它是一场被迫挑起的、对一个"未知世界"的复仇之战。

三

我们肯定成吉思汗的西征是花剌子模挑起的、以成吉思汗复仇为主要动因的偶然事件，这也是惨案爆发至西征进行到相当一段时间内支配成吉思汗的主要意念，成吉思汗作为"世界征服者"的形象正是在偶发的被熊熊烈火点

---

① （法）勒内·格鲁塞：《成吉思汗》，谭发瑜译，第316页。

燃起的复仇之战的进程中逐步形成的①。不过,西征进程的推进虽大大拓展了成吉思汗的视野,但在六盘山下含未酬之志倒下之前,他眼中的世界也只是"从海押立和花剌子模地区,延伸到撒哈辛及不里阿耳的边境、向那个方向尽鞑靼马蹄所及之地(赐给术赤的封地)"②。成吉思汗西征的重要意义是,由花剌子模算端挑起的、以黄金家族复仇为起因的西征既然进行,蒙古军就很快显示了他所向披靡的威力,乃至"用力过猛"而一发不可收拾,并作为一种强大的惯性,在成吉思汗身后相沿下去。此后的征战虽然也有其直接的导因,但与当初显然不同的是,征战是有目的、有计划地展开的,是主动的、预设的行为。随着一浪高过一浪的征讨,原先"鞑靼马蹄所及之地"的状貌很快清晰起来,从亚洲进入东欧,又逐步展开了与西方基督教世界的直接交往。更令人惊叹的是,从1206年到忽必烈灭南宋,成吉思汗祖孙三代征战七八十年,向东实现了对汉地的大一统,并展开了向海外的征战。可以说,"世界征服者"这一完整概念的实现者是成吉思汗祖孙三代。不过,"世界征服者"这一桂冠并不是后人的赠予,而是通过征战自视登上世界权力之巅的蒙古权贵的确切的自我认知。当初,铁木真统一蒙古高原而被授予"成吉思汗"名号时,按晃豁坛巫师阔阔的宣解,铁木真理所当然地是一个"普天下之汗"。迨至贵由,他的自称是"大民族全体之海内汗"和"大蒙古民族之海内汗",忽必烈时或称"普天下之汗",末帝妥懽贴睦尔或称"众皇帝之皇帝",等等。可以想见,成吉思汗的后继者们所使用的名号的词义与乃祖虽无实质差异,但其历史内涵与自我感受是不可同日而语的。这些通常呈现在信件和诏令中的自称往往伴以征服者们俯视万邦的口吻,动辄以"长生天之训言"即"成吉思皇帝圣训"的名义命令对方"称臣""来朝""臣服"或"效忠"③,尽管这类大而空的命令在多数情况下并未赢得相应的回报。现在让我们侧重分析一下大元帝国的缔造者忽必烈的"天下观"及

---

① 血族复仇是蒙古等民族盛行的传统习俗之一,这一点在成吉思汗身上表现得似乎特别强烈。拉施特所记录的成吉思汗与爱将和诸子的那段著名的、令人毛骨悚然的对话或许正是他战胜强敌和复仇成功后获得的内心感受:"镇压叛乱者、战胜敌人,将他们连根铲除,夺取他们所有的一切;使他们的已婚妇女号哭、流泪,骑乘他们的后背平滑的骏马,将他们的美貌的后妃的腹部当作睡衣和垫子,注视着她们的玫瑰色的面颊并亲吻着,吮她们的乳头色的甜蜜的嘴唇,才是男子汉[最大]的乐趣!"见拉施特《史集》第1卷第2分册,余大钧、周建奇译,北京:商务印书馆,1983年9月,第362页。

② (伊朗)志费尼:《世界征服者传》,何高济译、翁独健校订,呼和浩特:内蒙古人民出版社,1980年,第43页。

③ 详伯希和:《蒙古与教廷》,冯承钧译,《中外关系史名著译丛》,北京:中华书局,2001年。顺帝诏书见瓦丁《方济各会年鉴》著录;另见《高丽纪事》(仓圣明智大学刊本)诸籍。

其征伐海外的动因。

元朝建立后，汉地纳入蒙古帝国的版图，其疆域名义上应包括元朝直接统治区和西北各"宗藩之国"。至元二十二年（1285）忽必烈"命大集万方图志而一之，以表皇元疆理无外之大"，主持其事的秘书监臣奏称："如今日头出来处、日头没处都是咱们的"，宜将秘书监所获"回回图子"（西域地图）与汉地地图"都总做一个图子"，以"发扬圣朝混一海宇之盛"①；许有壬在《大元一统志序》中说："我元四极之远，载籍之所未闻，振古之所未属者，莫不涣其群而混于一。"②《元史·地理志·序》则曰：元之幅员"北逾阴山，西极流沙，东尽辽左，南越海表"，"东南所至不下于汉、唐，而西北则过之，有难以里数限者矣"。值得注意的是，上述元人传达的海宇"混一"的疆域意志，确切地在他们所绘制的疆域图中得到了印证和体现。近据所知，2003年10月2日，日本长崎县岛原市内的本光寺向包括美国以及中国在内的历史学家和地理学家们公布了一幅名为《混一疆理历代国都之图》。这幅地图东起日本和朝鲜半岛，中央包括中国并经由以巴格达为中心的伊斯兰世界，西面到欧洲乃至非洲，欧亚大陆的整个地域和非洲大陆的整体轮廓得以清晰显现。据研究，这幅"令人吃惊的"描绘15世纪初的世界地图，虽然是在朝鲜半岛制作的，但其蓝本是忽必烈时代中国绘制的地图。"混一"之义为浑然一体，它所传达的正是亚、欧、非即大半个世界的整体观，而"能用这样广阔的视野来看待世界的人只有忽必烈。这幅地图显现出了忽必烈对自己帝国的构思。"③能够说明忽必烈天下"混一"意识的还有马可·波罗和萨囊彻辰等人，前者被忽必烈的宏伟气势所眩惑，认为忽必烈是"诸君主之大君主，或皇帝。彼实有权被此名，盖其为人类元祖阿聃（Adam，今一般译作'亚当'）以来迄于今日世上从未见广有人民土地财货之强大君主"。④ 后来的萨囊（冈）·彻辰则说，人们都称忽必烈是"转千金轮斫迦罗伐剌底·薛禅皇帝"。按"斫迦罗伐剌底"（Čakrawar-t）或含"世界共主"

---

① 王士点、商企翁编：《秘书监志》卷四《纂修》，高荣盛点校，《元代史料丛刊》本，杭州：浙江古籍出版社，1992年。

② ［元］许有壬：《至正集》卷35，清宣统三年聊城邹氏石印乾隆刻本。

③ （日）杉山正明等：《文明之道》第五卷《蒙古帝国》，日本放送出版协会，2004年2月。山本展也、杉山正明、谷口雅一和宫纪子等学者对此图作了详细的介绍和研究。本文作者按："混一图"是近年来的一项重要发现，但《文明之道》提供的图版字迹模糊，我们的研究尚存困难。

④ 《马可波罗行纪》，沙海昂注，冯承钧译，北京：商务印书馆，2007年，第285—286页。

之义①,"薛禅(彻辰)"(sečen)义为贤明;"转千金法轮"当与蒙元时期的喇嘛教有密切关联——按照佛教教义,最有势力的帝王在世时便有瑞轮出现,凭借瑞轮的旋转威服一切,故称"转轮王"。转轮分金、银、铜、铁四种。金轮帝王之世,天下望风顺化,法力也最高强。早在至元四年(1267),忽必烈就采用"帝师"的建议,"置白伞盖于御座之上,以镇邦国","帝师"又迎合忽必烈夸示天下的心理,将此义与"金轮"这一特殊形制展现出来,《析津志》记道②:

> ……仍置金轮于崇天门之右,铁柱高数丈,以铁絙系之,以表金转轮王统制四天下,皆从帝师之请也。

看来,有的西方学者所谓的忽必烈对金轮佛的供奉是他"采取进一步的蒙古开拓计划的信号"的提法不无道理,它可以与"转千金法轮之咱噶喇斡第彻辰汗"的称号联系起来解读③。可见,不论从地域观念看,还是从帝王冠号看,成吉思汗立国七八十年后的忽必烈无疑是以一种较为自觉的"世界主义"的眼光看待和经营业已臻达鼎盛的大蒙古国的。因此,与乃祖当初被动地复仇而发动西征不同,忽必烈入主汉地后所进一步向海外拓展的帝业的动机也是不同的。

四

早在蒙哥(宪宗)即位的第二年(1252年,南宋宝祐二年),蒙古国即派忽必烈进兵西南,以实施对南宋的大规模战略包抄。忽必烈以兀良哈台为前锋,深入云南境,一路攻城略地。1257年9月,他从云南遣使招降安南(今越南北部),10月,进兵压境,不几日,其国主陈日煚请内附④。忽必烈于中统元年(1260)即位,至元九年(1272)定都大都,立国之根本转向汉地。在张大有元一

---

① (清)萨囊(冈)·彻辰:《蒙古源流》卷4,此见乌兰:《蒙古源流研究》,沈阳:辽宁民族出版社,2001年1月,第234页。按文中"施行十善法政,平定天下,为广袤世界带来了和平幸福"亦与"世界共主"之义相合。

② [元]熊梦祥:《析津志辑佚·岁纪》,北京:北京古籍出版社,1983年。

③ (英)丹·乔·艾·霍尔:《东南亚史(古代部分)》,赵嘉文注,张家麟订,昆明:云南省历史研究所,1979年,第120—121页。不过,书中说忽必烈两次进行金轮佛供奉的时间,即1264年与1269年可能是1262年和1267年;武则天称"金轮圣神皇帝"显然也与佛教教义有关。有关忽必烈金轮佛供奉的史料不止这些,故此事似可进一步研究。

④ 《元史》卷121《兀良哈台传》,北京:中华书局,1976年,第2975页。

代各项规制的同时,忽必烈又大规模经略海外,在东面,他与朝鲜半岛诸国密切联系,并着手"招谕"日本。在南面,即位的当年便遣使至安南传诏。中统三年,安南遣使来贡方物,并上书"乞三年一贡"。至元三年,元廷遣黑的出使日本,而首次招徕并达成通贡的国家是至元九年开始联络的印度马拉巴尔海岸一带的八罗孛国①。当年九月,招讨使杨庭璧也奉命"招抚海外","南番"诸国如俱兰、那旺、苏木都剌、苏木达等国"皆遣使来贡"。次年年初,又命杨廷璧为宣慰使,"使谕俱兰等国"②,以进一步开拓通贡局面。至元十三年征服南宋,十五年三月,诏元将蒙古带、唆都与蒲寿庚"行中书省事于福州,镇抚濒海诸郡"。当年八月,忽必烈通过唆都与蒲寿庚等宣告:"诸番国列居东南岛屿者,皆有慕义之心,可因番舶诸人宣布朕意。诚能来朝,朕将宠礼之。其往来互市,各从所欲。"③我们据《元史》记载的相关内容进行梳列和进行不完全统计得出这样的数字和印象,一、日本和高丽等国之外,忽必烈立国后所"招谕"的对象是以南印的马八儿和俱兰为重点,东南亚的安南、占城、印尼的苏门答腊与爪哇岛为依托,东起菲律宾的苏禄群岛,西达海湾地区的藩国伊利汗国,"招谕"的国家(地区)近40个;"招谕"的次数:忽必烈至元年间约17次,成宗时期4次,武宗3次,仁宗、英宗和泰定朝各1次。不难看出,如此异乎寻常并主动积极的姿态在中国历史上似乎只有忽必烈能做到,而支持这一姿态的便是"混一"天下、即所谓"薄海内外亲如一家"的政治理想,其中当然包括了他"学步"历代帝王、向往"万国来朝"的政治心态。事实证明,忽必烈的确是按照这种观念去维护和经略他所掌领的庞大帝国并将它推向鼎盛的。现在的问题是,我们既然将忽必烈视为成吉思汗以来又一个代表性帝王,那么,他是如何去推进他的开拓功业、他的征服动因又有什么不同之处呢?我想,以下两条诏文似乎可以从总体上回答这个问题④:

(1)祖宗立法,凡诸国归附亲来朝者,俾人民安堵如故,抗拒不服者,无不殄灭;

(2)朕惟祖宗立法,凡不庭之国,先遣使招谕,来则安堵如故,否

① 《元史》卷131《亦黑迷失传》,北京:中华书局,1976年,第3198页。
② 《元史》卷12《世祖纪》九,北京:中华书局,1976年,第250页。
③ 《元史》卷10《世祖纪》七,北京:中华书局,1976年,第204页。
④ 分见于黎崱《安南志略》卷2《谕安南世子陈诏》,四库本;《元史》卷210《外夷传》,北京:中华书局,1976年,第4667页。

则必致征讨。

很明确,能"招谕"就尽最大可能"招谕",由此而"归附"者,则热诚予以接待和交往,"其往来互市,各从所欲";否则就加以征讨,且"必致征讨"。"归附"的标志成吉思汗时代业已明确,即"凡内属之国,纳质、助军、输粮、设驿供、数户籍、置达鲁花赤",但从实施的情况看,"归附"与否的首要标志是征服国国主的"躬亲赴阙"①,忽必烈对缅甸、安南和爪哇大动干戈的直接原因便是诸国没有遵从"君长亲朝"的蒙古旧俗。这是成吉思汗以来的征服者们所一贯奉行的对外征服政策,忽必烈则是这一政策的坚决实践者,也可谓是最后一位实践者。于是,平定蒙古贵族内部的叛乱后,忽必烈在进一步向海洋诸国广泛"招谕"的同时,对不愿绥服的日本、安南、占城、缅甸发动了侵略战争,并以成百数千的战船越过深海进攻日本和爪哇。耐人寻味的是,在反复派遣使者与日本"通好"而反复"无果"的过程中,忽必烈一开始便没有以上列标志作为"归附"的条件,而是一退再退,近乎委曲求全地要求对方遣"一乘之使"前来,以达成"通好"的目的。因而,这一特例似乎可以比较清楚地反映忽必烈以"普天下之汗"自居、一厢情愿地实现"四海为家""垂名于后"的理想与心境。

至元二年(1265)高丽人赵彝向忽必烈报告,说日本是高丽的近邻,"典章制度有足嘉者,汉唐而下,亦或通使中国",可以高丽人为向导,与之通使,忽必烈即于次年遣黑的、殷弘出使日本"通和"②。四年年初,高丽王派人偕蒙古使者出使,至巨济岛"畏风涛之险"而还,忽必烈则斥责高丽"以辞为解",严令"必得要领为期"。八月,高丽王特派潘阜代替蒙古使臣赴日传书,其蒙古国书曰③:

> 大蒙古皇帝奉书日本国王,朕惟自古小国之君,境土相接,尚务讲信修睦,况我祖宗受天明命,奄有区夏,遐方远域,畏威怀德者不可悉数。朕即位之初,……高丽君臣,感戴来朝,义虽君臣,欢若父子。计王之君臣,亦已知之。高丽,朕之东藩也,日本密迩,开国以来,亦时通中国。至于朕躬,而无一乘之使以通和好,尚恐王知之未审,故遣使持书布告。朕志冀自今以往,通问结好,以相亲睦。且圣人以四

---

① 详《高丽纪事》(仓圣明智大学刊本)及《元史》诸籍。
② 《高丽史》卷 26《元宗纪》二。
③ 《元史》卷 6《世祖纪》三、卷 208《外夷传》。此诏《高丽史》亦全文载录。

海为家,不相通好,岂一家之理哉? 以至用兵,夫孰所好? 王其图之!

迫于压力的高丽王写给日本的"国书"也附和说:"贵国之通好中国,无代无之,况今皇帝之欲通好贵国者,非利其贡献,盖欲以无外之名高于天下耳。若得贵国之通好,必厚待之。其遣一介之士以往观之何如也? 贵国商酌焉。"其结果,潘阜"不得要领而还"。五年十月,元廷虽传诏高丽做征日准备,但仍然作进一步努力,严令高丽王派大臣陪黑的等赴日,"期于必达"。六年三月,使者抵对马岛遭到抗拒,只捕得岛民塔二郎、弥二郎回朝复命。不过,当普通的两位海国岛民到达大都时,忽必烈竟然"大喜"过望地对高丽使者说:"尔国王祗禀朕命,使尔等往日本,尔等不以险阻为辞,入不测之地生还复命,忠节可嘉。"并"厚赐匹帛以至从卒";又对二日本人说:"尔国朝觐中国,其来尚矣。今朕欲尔国之来朝,非以逼汝也,但欲垂名于后耳!"且"赏予甚稠",让他们"观览宫殿","又使遍观燕京万寿山、玉殿与诸城阙"①——近乎自作多情的表白和热情过度的做法活脱出忽必烈想不动刀兵而急切求成的心态和形象! 如所周知,一意孤行的忽必烈为实现"四海为家""垂名于后"的理想而反复遣使、反复失败,不得已而两次以数千战船越海侵日,这正是"来者安堵如故,否则必致征讨"模式执着实施的典型!

<h2 style="text-align:center">五</h2>

我们说讹答剌这一偶然事件是导致成吉思汗西征的唯一的和直接的动因,他的继承者们所继续进行的则是主动的、有目的、有计划的征服之战和侵略之战;迄至忽必烈,他通过和平的和军事的手段将父祖之业推向极盛,进一步拓开了"令人吃惊"的天下"混一"的局面。对于成吉思汗家族开创的蒙古帝国,后世赞誉者有之,甚而至于,对其所建造的横跨亚欧的庞大帝国所带来的积极影响予以极高的评价。然而,即便成吉思汗有多么充分的理由发动西征,他所造成的破坏性却没有理由不遭到应有的谴责;更何况像忽必烈这样的后继者,他们以"普天下之汗"自居,将"长生天之训言"和"薄海内外亲如一家"的主观意志强加于诸国,尽管似乎有天下"混一"的动机和良好愿望,但动辄施以刀兵,其结果与成吉思汗的西征一样,给被征服地人民带来了极大灾难。在纪

---

① 《高丽史》卷26《元宗纪》二。

念大蒙古国诞生八百周年之际,我们有针对性地分析蒙古征服之战的动因,其目的之一在于给历史以更多的历史感;与此同时,今人又无可回避地产生这样的困惑:历史上所发生的侵略战争一般都有其偶然的或必然的原因,有其非正当的乃至"正当"的"理由";并且,从侵略的"客观后果"看,也几乎都可以找到影响积极的一面。因此,惯常使用的两分法,即动辄对类似于西征这样的历史事件和历史人物作出"破坏性"与"客观"上"积极性"的两方面的归纳就显得苍白无力了。我认为,要走出这种困惑,结合历史的、动态的考察方法或许是有益的;这就是说,同样是"侵略",在什么历史条件下使用两分法是合理的、在什么历史条件下则应该从总体上对"侵略"予以否定、使其所谓的"客观"的"积极性"的一面无从成立呢? 我认为,所谓的历史的、动态的考察方法可具体为:将西征这样的历史事件纳入人类社会演进的进程中去、以"国际法"的形成为标志和界线;此前,两分法运用的合理性在很多情况可以成立,其后,随着国际"约定"关系的逐步形成、社会进入到更高的文明阶段时,"侵略"所造成的所谓"积极性"就失去了它的正当理由,就应该从总体上对"侵略"行为予以坚决的否定。

如前所及,美国蒙元史专家杰克·威泽弗德将成吉思汗视为"缔造全球化世界的第一人",这一提法的借鉴意义其实不在它的创意,而在于它从较新的视野上抓住了世界历史进程的一个重要发展趋势即全球化的趋势。我们知道,全球"一体化"的早期阶段大约始于15、16世纪之际,19世纪末、20世纪初资本主义世界体系最终形成、世界结为一个不可分割的整体后,真正意义上的"一体化"得以形成。应该注意,四个多世纪的近现代一体化进程是一部"血与火"的历史,同时又无可争议地体现了历史的巨大进步! 这一"进步"体现的不仅是经济的全球化,更重要的是从古典式的历史阶段走上了更高层次的近现代文明——我们关注的正是这种用"血与火"换来的文明! 因为这一"文明"的重要表征之一便是世界秩序的逐步形成。换言之,伴随"血与火"的残酷进程,各种政治势力也在逐步通过约定规定各自的权力和义务,地域之间乃至全球化的法律和规范得以逐步建立和完善,并仍然在进一步地建立和完善。

以此反观七八百年前发生的那一史段,我们对复杂的历史进程及其进程中所体现的历史现象能否有更深刻的体认呢? 回答应该是肯定的。不过,这种体认似乎应该尽可能从历史运动本身中引申出来。于是我们想到了成吉思汗与法官不真吉的那段对话,想到了成吉思汗决意复仇时的言行——从成吉思汗祈天时"我非这场灾祸的挑起者"的呼喊中、从他决意发兵时向算端的"打算讨伐他"是"他本来无需干的背信事"以及"提出警告者有理"的表白中,从他对不真吉的怒斥和誓言中,我们能够感到什么? 格鲁塞感到的是"成吉思汗的商人被屠杀、使臣被杀害而又得不到任何解释的事件在他心中点燃的熊熊烈火",进而是"国际公法"的缺失,他感到了成吉思汗主张以"国际公法"为自己辩护①(尽管这种辩护是拙劣的、片面的)——格鲁塞的感悟是对的。因为,我们确实能够从中感触到这位征服者的某种近代意识,呼唤类似于国际法或国际仲裁的朦胧意识。当然,尽人皆知,呼唤并建立国际法在成吉思汗那个时代是荒谬的、不可能的。但在我们看来,这种荒谬和不可能恰恰为我们思辨地认识"征服"这样的历史问题提供了启示——对进入更高文明层次的近现代(因而形成和建立了相应的国际法规)和处于古代社会阶段(因而缺失国际法规)所发生的历史事件和历史人物,其评判标准应该是有区别的;"国际法"能够对类似于算端摩诃末的行为进行惩治和对成吉思汗、忽必烈等人的报复和侵略行为予以防范和制止,因而,超越此种规范的用兵和侵略,不论其动机合理与否,都该予以否定;在这种情况下,其侵略所造成的"客观后果"即无任何值得赞扬的地方;反言之,我们是没有多大理由以近现代人的眼光和标准去要求古人的,因而,在谴责侵略行为的同时,客观地、历史地评价成吉思汗及其后继者的功业,就应该在情理之中。

今天看来,动辄施以刀兵,从而造成杀戮和巨大破坏的报复和侵略行为应该遭到严厉谴责,但这并不能代替必要的历史分析。作为中世纪后起的一个北方民族,蒙古人被推上了历史的舞台,并很快扮演了世界征服者的角色。如同其他参与历史进程的民族那样,蒙古民族也经历了一个从低级向高级发展演进的过程。对这一复杂进程中呈现的行为和现象,我们往往有必要避免轻易用"必然性"进行归约的倾向,而给历史以更多的历史感。

(原载于《元史及民族与边疆研究集刊》第 19 辑,上海古籍出版社,2007年,收入本书时略有改动。)

---

① (法)雷纳·格鲁塞:《蒙古帝国史》第三章第十三节后注[2],龚钺译,翁独健校,第 373 页。

香料与东西海上之路论稿

高荣盛

摘　要：参与国际交流的一两百个香料品种是地中海到中国海以及"极东之地"（印尼的摩鹿加/马鲁古群岛）远距离贸易中的"首要商品"。此品种含有的有益于人类的"次要化合物"应用于调味、药品、营养品、敬神的贡品等等社会生活的广泛领域，成为各主要国家和地区共同追逐、其"国际性"愈发鲜明乃至牵动主要国家和地区的政治、经济、社会生活，从而在相当程度上影响国际交通运行规律的商品。罗马帝国时代的西方人通过曼德海峡和波斯湾有组织、有规模地进入印度洋，直达盛产香料等资源的古印度，进而间接通过马六甲海峡接入号称"世界香料之都"的东南亚，"远东尽头"具有"整个东半球特殊价值"的丁香、肉豆蔻等品种也全面汇入国际贸易之中。有学者以"香药换丝绸"或"香料——丝绸的二元交换结构"概括中古时代东西方贸易的某种特征，但8世纪以来，随着中国丝绸技艺普及于世，这一二元结构逐步解体，在香料需求剧增的局势下，中国丝绸与日益崛兴的陶瓷、棉织品等产品同时作为支付手段参与到国际贸易之中。10世纪前后开始至15、16世纪之交以至更晚，国际贸易进入全盛阶段。在西方，福斯塔特犹太人、卡里米商人集团先后成为香料贸易的中坚，此后的埃及马木鲁克王朝则以"商人之王"控制地中海地区的香料贸易。占据国际贸易首要地位的香料及其主要香料资源的特殊分布左右着、"拉动"着国际集散/分销中心（与相应的"政权中心"合一），即巴邻旁/占碑（属海上商业帝国室利佛逝/三佛齐）、古里/古里佛（属古印度罗斯特罗库塔王国）和马六甲港（属马六甲王朝）——的转移，演绎着15/16世纪前国际交通的演进规律。

关键词：东西海道　香料　丝绸　国际集散/分销中心

序 言

中世纪的商旅冲破种种艰难险阻开展远距离海上贸易的主要动力在于获取"文明的伟大产品",即丝绸、瓷器、香料、熏香、良种马,以及各种精美物品,再加上较普通的日常生活必需品——粮食、燃料、木材和食用油等。① 这些种类繁多的产品中,什么是最重要的品类呢? 我认为,对此应该作一个界定,建立一种合理的标准。我想提出供商榷的标准是:它在特定时空范围内为东西交通线上各主要国家和地区共同追逐,其"国际性"愈发鲜明,乃至牵动主要国家和地区的政治、经济、社会生活,从而实质性地影响交通运行规律;同时,它必须是一类适合远程贸易——这里强调的是 15/16 世纪前从地中海到中国海以及"极东之地"(印尼的摩鹿加/马鲁古群岛)——的商品。显然,上列产品中的多数比较适合相邻、相近区域间的交往。根据利润最大化的原则,真正适合远程贸易的产品应该是体量轻小、应用面广,并且其出产地与消费区相距遥远从而显得"奇异""稀罕"和"昂贵"(从而为商人带来值得追求的利润率)的商品。这当然绕不开大名鼎鼎的丝绸——我们可以通过中国丝绸的西传读取其实际流变的状态,动态地考察中国丝绸在东西交流中的地位的变换,笔者亦将丝绸作为另一个话题进行分析。本文的旨趣是从东西海上交通中提炼出另一项自认为更具代表性的产品,亦即东西双方,乃至整个交通网络中供求热切,并在长期的交往历程中越来越凸显其重要性的产品。历史进程表明,这种产品是存在的,它就是香料,是属于国际贸易"首要商品"的香料。②

胡椒、丁香和肉豆蔻这些除黄金外的远程贸易的最重要商品直接促进了商业资本主义的形成,这是年鉴学派的代表费尔南·布罗代尔(Fernand Braudel)持有的观点。澳大利亚学者杰克·特纳则认为:"不论在现代还是几百甚至几千年前,对香料的渴求都是激发人类探索的巨大动力。为了香料的原因,财富聚了又散,帝国建了又毁,以致一个新世界由之发现。千百年来,这

---

① [英]弗朗西斯·鲁宾逊主编:《剑桥插图伊斯兰世界史》,安维华、钱雪梅译,北京:世界知识出版社,2005 年,第 127 页。该书且以"插图"形式显示其普及性及可读性,但作者均为国际相关领域的一流专家,学术价值无可置疑。

② [比]亨利·皮朗:《中世纪欧洲经济社会史》,乐文译,上海:上海人民出版社,2001 年,第 136页。

种饮食上的欲求驱使人们横跨这个星球，从而也改变着这个星球。"问题是，"在一个人们把经商的能量投入到追求武器、石油、矿产、旅游和毒品这类缺乏诗意的商品上的时代，那种把这些能量投入到寻找似乎不那么重要的香料上的做法，在我们看来也实在是一种难以参透之谜"，"我们总会想：不管食物差到什么程度，那些异域的辛辣调料值得这样小题大做吗？"①

其实，"难以参透"的原因归根结底是近代前后所处语境的差别；也就是说，处于不同语境下的人们对香料功用的感知度、认知度差别很大。例如，今人一般难以体察社会生活相对单一条件下的古人的生存状况——各色香料替代品的出现和社会生活的日益丰富与古人对香料的高度依赖形成反差，他们对于香料"改变着这个星球"的说法自然生发"小题大做"之感。当然，这一问题还涉及香料的概念、种类区分、分布、效用等专业层面，也涉及香料贸易的历史演变和社会应用等多个方面，当作多重论列。我们谈香料，首先必须明了什么是香料，进而才有可能从观念上确立它作为国际贸易"首要商品"的作用和地位。其基本内涵可分为四个要点。

一、"香料"之要义

（一）"香料"（spice）的定义

依据杰克·特纳的归纳，其定义包括以下两项要素：其一，香料生长于热带（含亚热带）地区。尽管这一划分未必完全符合事实，但毕竟提供了一个相对明确的标准，它不仅决定了香料资源的特殊分布，也决定了"香料"的本质特征——它所含有的"次要化合物"（指稀有的"油精"和"油脂体的高度挥发性化

---

① ［澳］杰克·特纳：《香料传奇——一部由诱惑衍生的历史·导言》，周子平译，北京：生活·读书·新知三联书店，2007 年，第 20—21 页。该书选取胡椒、丁香、肉豆蔻等几种出口欧洲的东方香料予以介绍和分析；出于特殊题材的需要，该书似过重于可读性，亦未一一注出出典，但行文中点出了主要的材料依据。可以判断，书中所述均有所据，其中，诗文与传说资料的运用恰到好处；该书在第一部分（"香料竞逐"）之外分为"味觉""肉体"与"精神"三个部分。"精神"部分着重于宗教领域；"肉体"（包括法老和修道院院长对香料的嗅觉评价以及香料引发的情欲功用）不妨视为"精神"的另一种呈现或升华。因此，特纳揭示的文化原因有别于简单直白的唯物主义解释，他对香料的功用及其"魔力"之由来的解剖是深刻的。我认为这是一部体现较高学术水准的香料文化专著。另一部香料专书《危险的味道——香料的历史》（［英］多尔比著，李蔚虹等译，天津：百花文艺出版社，2004 年）也值得参考。作者称，该书资料均取自古代和中世纪的作品，"通常选用的都是原始文献"，包括"近期的一些书籍文章中读到的一些提法"（指西方的重要著作。分见该书《前言》之第 2、4、5 页）。遗憾的是，我所能见到的中译本删去了书目及术语表、索引。

合物",这是香料之所以具有"香料特性"之所在)使动物"对之排斥",但对人"产生诱惑"的独特秉性——这是否意味着在近现代化学合成技术产生前,①医药、驱邪正气、调味等领域主要依赖的正是这些产于热带的香料?顾名思义,"香料"含"香的气味",但也包括其他"特殊的味道",如芦桧、阿魏等以苦、臭著称,但毫无疑问属香料。香料主要指热带地区的植物(即植物性天然香料),但少量源于动物,如麝香、甲香、龙涎等20多个品种(动物性天然香料),亦属香料中的著名品种。

其二,真正的香料是指植物的皮、根、花蕾、树胶与树脂、种子、果实或柱头部分,它有别于仅取自叶、茎的"香草"(herbs)。杰克·特纳区分道:"香草多生长在温带地区,香料则生长在热带地区。"②我们推测,热带产香料或因其"次要化合物"的特质更为显著而可能使各种效能较之香草更为优越;但另一点是清楚的,"从历史上来说,这意味着香料比香草要难获取得多,因而也珍贵得多"。

需要点明的是,"真正的香料"之外,各民族/国家/地区还有大量地产植物(包括一些动物、矿物质材料),它们也被视为香药、香草而广泛应用于医药和社会生活的方方面面,构成各具特色的香料文化。因此,我们既要注意热带地区香料与各地本土香料的区别,又不必将非热带地产品种硬行排除在外;不过,这里涉及的主要是进入国际交流的热带和亚热带的植物性香料,偶或包括少数动物性香料品种。

(二) 香料的分类

香料在古代中国进口货物中占据一半乃至三分之二的比例,它们或以"粗货"与"细货"("细色")分类,或划分为"香货""药物"诸名目;"熏香"和"辛香"两大类的划分值得注意。如"胡椒"无疑为"辛香"类的突出代表(另外包括生姜、桂皮、丁香、豆蔻等);"熏香"类则侧重于环境和文化的功效。两者均可入药。在非香料专业领域,此种分类、区分不太会涉及实质性问题。熏香中的

---

① 一般认为,13—14世纪(甚至早在8—10世纪)蒸馏法发明后仅用于合成香料的调和(参见《匈牙利水》,载中国科学院植物研究所《生命世界》2006年第10期,北京),17世纪才出现现代化学的萌芽;19世纪后,随着有机化学、合成香料工业的迅速发展,许多新香料品种才相继问世。

② 关于香料的定义、应用及其与香草的区分等问题,或当依据两位日本学者的专门著作(Kenji Hirasa & Mitsuo Takemasa, *Spice Science and Technology*, Marcel Dekher, 1998),因一时无从查见,故暂从特纳(导言第30页)和多尔比(13—14页)的有关论述。

"芬芳类木材"主要集中于东南亚和南亚地区,由此可提炼出一批香料品种(如苏木、沉香、檀香,它们往往香名与原料名相混)。因为产地相对集中,对中国而言,更多应用于宗教和社会生活领域内的这类香料或原材料进口量大,获取亦较便利。因此,此划分的一个明显优点是,可将众多香料的种类梳理得更简要一些。基于此,"香料""香药"和"熏香类""辛香类",以及"芳香类树木"等名目均可运用于研究或实际阐述之中。

(三)"香料"是数十个、一两百个品种的总称

"香料"名目繁多,具体的香料品种如胡椒、檀香、木香、乳香等等统属于"香料"。事实是,几乎所有资料在列举诸香料名目时随意性很大,甚至在一一列举香料的具体名称后,又将"香料"一词与之并列——不论从其定义看,还是就其事实看,这样的列举当属同义反复。这一识别非常重要,因为,琐碎的列举从观念上弱化、模糊了"香料"的分量和重要性!所以,应该从观念上和实际应用上将进入国际流通的数十个乃至一两百个香料品种统归于"香料"名目之下。

二、香料的功用

这一更为专业化并且内容庞杂的课题不乏研究成果参考,其中的许多问题可深化为专项研究。在非专业领域,我们不妨从总体上作这样的归纳:在化合产品出现前,天然植物(包括少量动物)生成的香料是人类可依赖的主要资源之一。必须注意,将香料的功用局限于辛辣香料(其佼佼者是胡椒)的调味是片面的。实际上,食品、药品和香料在传统上是一个"不可分割的统一体",[①]其医疗、保健功用更值得关注。可见,香料不仅仅作为调味品,更作为药品、营养品、敬神的贡品、奢侈品、兴奋剂和解毒剂甚至建筑、工艺用品,与各民族/国家的政治、经济和社会生活密切关联。

三、影响东西交通格局的关键所在
——"从未移栽到其他地方"的几种主要香料的特殊分布

按照"奇异性递增律"(the law of increasing exoticism),物品游离其原产

---

① ［英］多尔比:《危险的味道——香料的历史》,李蔚虹等译,第 14 页。

地越远，就越有吸引力，越能激起人们对它的兴趣，抬高其价值。① 典型者如丝绸。当它以超长的纤维、强劲的张力和亮丽的光泽初现于西方时，"奇异性"的"丝国"自然成为诸方瞩目之地。然而，大约 8 世纪前后，当中国丝绸技艺普及于世后，其"奇异性"便逐步褪减，丝绸产地遍及世界各地，中国丝绸转而成为一种著名品牌加入国际贸易的行列。香料的特殊性在于，它似乎较少技术含量，甚至用不着组织大规模的手工业生产，仅凭借其与生俱来的自然属性渗入到社会生活的众多领域；关键是它的不可复制性——进入国际贸易的少则五六十种，多达一两百种的香料产自热带和亚热带，因而其分布呈现这样的态势：属于亚热带的重要品种，如胡荽、孜然、藏花红、阿魏以及合香品种蔷薇水（玫瑰香水）等，著名品种至少达 30 多个，主要分布于地中海—西亚的大片地区；属于热带的主要品种，除南亚和东南亚各地的"芬芳类木材"外，从阿拉伯半岛—东非逶迤东向，依次是乳香、没药（主要分布于阿拉伯半岛南部与非洲之角一带）、胡椒（主要分布于南印度西海岸的马拉巴尔与苏门答腊、爪哇等地）与肉豆蔻（包括肉豆蔻干皮）、丁香（唯一产地在马鲁古群岛）。这样一片（地中海—西亚）一线（阿拉伯半岛一带往东穿越东西海上通道全线，直至印尼群岛东端的所谓"极东之地"）的分布形成这样的交流格局：地中海—西亚（亚热带地区）与热带地区，特别是东南亚地区的资源分布构成了东西之间香料需求的"双向性"。其中，大量分布于南亚、东南亚的胡椒——号称香料之王——虽然是世界市场需求量越来越大的商品，但东西数万公里海上通道的东端——"远东尽头"的摩鹿加/马鲁古群岛中几个小火山岛却是丁香和肉豆蔻（包括肉豆蔻干皮等）的唯一产地，并以其独特的神秘性和特殊的地缘生态结构成为"整个东半球具有特殊的价值""最为稀有和最为昂贵的上好香料"和"相距半个地球之远的各个帝国竞相掠夺的对象"！② 澳大利亚学者安东尼·

---

① 参见［澳］杰克·特纳：《香料传奇——一部由诱惑衍生的历史·导言》，周子平译，第 34 页。

② 指丁香、肉豆蔻（含肉豆蔻干皮）资源的交易曾在相当长的时期内被东部爪哇所垄断（详［新西兰］尼古拉斯·塔林主编《剑桥东南亚史》第 1 卷，贺圣达等译，昆明：云南人民出版社，2003 年，第 172 页）；丁香于葡萄牙人东来不久前始成功移栽至安汶岛（Amboyna），1770 年又移植到毛里求斯岛、东非的桑给巴尔岛和南美的圭亚那（［元］汪大渊著、苏继庼校释《岛夷志略校释》，第 208 页。中华书局，1981 年 6 月）。当今世界上百分之九十的丁香产自东非的桑给巴尔和奔巴岛（［肯尼亚］佐伊·马什等著、伍彤之译《东非史简编》，第 41 页。上海人民出版社，1974 年 10 月）。可见，作为香料中极为重要的品种，15/16 世纪前后人们对它的感知度和认知度截然有别，并且，随着移植的成功，"极东之地"（包括与之关联的爪哇等地）的重要性也一落千丈！另参见拙文《"香料"辨义——以东西交通为视角》，载《形象史学》，2015 年下半期。

瑞德的一段话将海上贸易形成和运作的机制及其运作状态作了平实、精准的表达：

> 从东南亚贸易的整体上看,吸引商人们从世界的另一端前来贸易的香料实在微不足道。在其他大陆架平静的海面上往返游弋的商船上,运载更多的是稻米、食盐、腌鱼或干鱼、棕榈酒、纺织品和金属器皿这样的大宗商品。香料贸易之所以重要,既是因为其中利润巨大,也是因为前来寻找香料的商人为港口和产地所带来的其他货物。因此,香料数量最小,但在这些贸易中心的发展中所起的作用却异常巨大。作为衡量贸易涨落的指标,香料还有其他好处。首先,由于在欧洲,人们对香料兴趣盎然,关于香料数量和价格的记载就相对丰富;其次,因为丁香、肉豆蔻和肉豆蔻衣只产于印度尼西亚东部,所以那些运抵欧洲的香料都要途经从马鲁古到地中海的所有商道;最后,和东南亚许多其他林产品不同,香料可以由人们根据出口需要而进行大规模种植。[①]

这位研究东南亚史的著名学者既强调东南亚香料贸易"实在微不足道",又指出1400前后,出口到中国和欧洲的丁香数量剧增,此后虽有起落,但15世纪后期则"猛增";其实,东西双方对胡椒等品种的需求量呈现愈益扩大的趋势。不过,相对于近距离交易的稻米、食盐、腌鱼或干鱼、纺织品等日常必需品而言,香料在国际贸易中的"首要"性并不在其"量"(这点很重要),在多数情况下,它们往往被淹没在林林总总的大宗商品和各色必需品的流动之中。然而,不容否定的另一面是,因香料"利润巨大"以及主要品种产出地的唯一性(它们"只产于"特定的地点,并且,像丁香这个特殊品种在我们关注的15/16世纪前"从未移栽到其他地方"),势所必然地吸引各路商人,至少是有能力追求利润最大化的商人"前来寻找香料",从而"为港口和产地"带来"其他货物"——这里的"产地""港口"实与相关的"政权中心"紧密关联,它集中体现了不同时期国际集散/分销中心的形成与转移的趋向与规律,或者说,体现了香料对最重

---

① [澳]安东尼·瑞德:《东南亚的贸易时代:1450—1680年》,吴小安、孙来臣、李塔娜译,北京:商务印书馆,2010年,第2、5、1页。关于香料在国际贸易商品中的量比与重要性的关系,印度学者苏尼尔阿姆瑞斯亦有明确的表述。见[印度]苏尼尔阿姆瑞斯《横渡孟加拉湾——自然的暴怒和移民的财富》,尧嘉宁译,朱明校译,杭州:浙江人民出版社,2020年,第57页。

要的国际贸易中心的集聚或"拉动"效应（参见本文"余言"之一），其中包括聪明的商人通过转贩贸易组织货源与流通，从而形成"运抵欧洲的香料都要途经从马鲁古到地中海的所有商道"的局面。我认为，这是国际贸易得以展开，亦即香料之所以成为"首要商品"的机理所在。问题是，瑞德说欧洲是香料需求市场的同时，也承认中国是"有史以来最大的国际市场"，当然也是香料需求的另一个巨大市场。

四、香料资源匮乏但需求巨大的中国市场

在所谓"双向性"交流的国际贸易格局中，中国所处的位置同样涉及东西交通中的资源分布、流通及其市场构成问题。以暖温气候为主的中国虽拥有并持续引进桂皮、青木香、小茴香和甲香（动物性香料）等热带香料（极受国际市场欢迎的生姜原产于亚洲东南部，或亦为中国输出的资源之一，但其流转似较复杂），但总体看，地产似以香草类植物为主。所以，从宋元两代中国的进口货单可以看出，进口货物中可归入香料的"细货""粗货"大概近百种，约占进口货物的三分之一甚或二分之一以上——明明是古代中国进口商货中的大宗却有意无意地被忽视，此状况有点令人遗憾！我认为，将作为"首要商品"的香料仅与西方相关联是一种误判！与地中海大地域遥遥相对，中国之香料进口品种、进口量有过之而无不及。

与西方不同，中国以持续壮大的市场和较强的政治影响力，与东南亚、南亚，进而与基督教、伊斯兰教世界始终保持和平平等交往，甚至可通过"朝贡贸易"顺畅地获得西方人所艳羡的东方商品；相距遥远的地中海世界与阿拉伯海地区的珍贵香料，亦可通过数重转运进入中国。相比之下，衰落并淡出地中海的罗马帝国虽被拜占庭所取代，但7世纪崛起的阿拉伯/伊斯兰世界切割了地中海大地域中的大量领土，阻隔了西方与东方的联系，以致后来的葡萄牙人不得不绕过伊斯兰世界向东挺进，其主要目的之一在于打破伊斯兰世界（主要通过与意大利—拜占庭海港城市威尼斯的合作）对香料贸易的垄断，此后因西班牙、荷兰和英国人的参与，演绎成你死我活的香料之争。因此，提到国际香料贸易，人们易于将它与西方相联系而忽视乃至排除中国的作用。其实，国际贸易是双向、多向的互动行为。中国出口丝绸等物资，后来逐步增加陶瓷、棉布和各色手工业产品的输出，目的无非是增强国际支付手段，谋求贸易的平衡和发展，其中输入货物中占半数以上的香料，充分表明中国在这项"首要商品"贸

易中举足轻重的地位。香料类商品在国际贸易中的"国际性"也由此获得印证。①

香料的共同特点是体态小,耐保存,难获得。据称,西方人概念中的"香料"(spice)带有一种独特,无可替代的含义;其名称所蕴含的非寻常之义亦与魅力诱人相联系(杰克·特纳语)。意大利著名学者卡洛·M.奇波拉说:

> 香料贸易这个有魔力的名字,充满了"迷人的东方"的全部声望,实际上包括所有异国的货物和其他物品在内。这些货物的高昂价值,它们所提供的巨大利益,以及对于这些物品的普遍需求,单凭这几点就足以抵销到远距离经营危险事业的风险。这些因素使得香料成为最高价值的国际商品,一种其本身对国际贸易的复活作出贡献的商品。②

本文将香料作为国际贸易中的"首要商品",并尝试做如下阐述。

壹 从地中海到"世界香料之都"

声名显赫的丝绸强化了东西方直接沟通的愿望并切实付诸实施。聚焦这个问题时,可以注意赫德逊的两段话,意即中国的出口物资中丝绸占 90%,但在罗马的进口品中丝绸仅占很小的部分。③ 这一事实对研究者的启示是,应该进一步拓开我们的视野,即西方对印度/南亚的关注与重视度要远甚于中国;而东南亚的政治/地理演变也使"香料之都"的资源全面汇入海上通道。

一、地中海与印度洋的地理构成

地中海(Mediterranean Sea),《岭外代答》称"西大食海"("大西洋"之说似可商榷)。因为它是地跨亚欧非三洲的罗马帝国的"陆地中间之海",所以又称

---

① "香料的故事是一团散着香气却头绪万千、难于梳理的历史乱麻。"(杰克·特纳语)关于香料这一特殊产品的定义、种类、分布、流转及其社会功用等问题有许多中外论著作可供参考,本文只能略及一二。作为很不成熟的意见,亦可看看拙文《"香料"辨义——以东西交通为视角》(中国社会科学院历史研究所文化史研究室《形象史学研究》,北京:人民出版社,2016 年 4 月)。

② [意大利]卡洛·M.奇波拉主编:《欧洲经济史》第 1 卷《中世纪时期》,徐璇译,吴良健校,北京:商务印书馆,1988 年,第 219—220 页。

③ 详[英]G.F.赫德逊:《欧洲与中国》,李申、王遵仲等译,北京:中华书局,2004 年,第 67—69 页;另参见[美]汤普逊:《中世纪经济社会史》,耿淡如译,北京:商务印书馆,1997 年,第 26 页。

"罗马海"(各语种、各政治/文化区对地中海另有许多不同称谓)。印度洋的构成较为特殊,南部是空阔的海洋,适合人类活动的北部洋区三面被陆地所环绕,范围从东非海岸到索马里、阿拉伯半岛南沿、波斯湾和俾路支地区南岸、印度半岛、缅甸、马来半岛沿海和苏门答腊的西岸,两个"容易控制"的"狭长的海峡"——曼德海峡和马六甲海峡"守卫着它的东、西两个进口"。① 其中,除导向"广阔的太平洋"的马六甲海峡外,环印度洋区域另一处要地是由霍尔木兹海峡控制其入口、连接两河流域的波斯湾,东方商旅一般通过幼发拉底河上的几个节点上岸,再乘著名的沙漠驼队西向进入地中海东岸的港口;同时,也可以接通地中海东、南面的两条国际走廊。控制红海入口处的曼德海峡的关键亚丁湾,是隐蔽于阿拉伯半岛尖端海岸上的一个港口;②阿拉伯半岛与非洲之间的红海则是一个受两岸陆地控制的内陆海(浅水湾、沿岸的珊瑚礁石及危险的洋流等使得船只北航困难重重;整体而言,红海南部的航行条件优于北部),它北面的西奈半岛间隔了红海与地中海,因此,早在埃及第十二王朝,人们就试图开凿一条运河打通红海与地中海的直接联系。与近现代南北纵贯红海与地中海的苏伊士运河不同的是,历史上的这条运河以"东西方向"连接红海与尼罗河,再接入地中海。③ 然而,这种努力历经了改进、摧毁和重建的历程,工程时断时续,作用比较有限。④ 因此,古代对红海的利用最初大致着重于水陆并行,即从红海西岸登陆,西向进入尼罗河流经的著名的"努比亚走廊"——非洲沟通四方的"十字路口",入尼罗河三角洲,接通地中海(指后文所及红海—尼罗河商道)。后期可能侧重于从希提所谓的"尼—红运河"东向进入红海北端而南下(也可能水陆并兼)。有关港口、交通路线的变迁及其相应的政治/地理背景较为复杂(本文从简而论)。

---

　　① [印度]潘尼迦:《印度和印度洋——论海权对印度历史的影响·导言》,德隆、望蜀译,北京:世界知识出版社,1965 年,第 15 页。潘尼迦(Kavalam Madhava Panikkar,1895—1963)是一位学者、记者、历史学家。曾任印度驻中华民国大使、印度驻中华人民共和国第一任大使,是中印关系史上的一个重要人物。

　　② 亚丁湾是由非洲的突出部分和阿拉伯的东南角构成的峡道,两侧海岸几乎平行,直至曼德海峡为止。索特科拉岛从东面控制这个海湾的入口。

　　③ 希提作"尼—红运河"。见希提:《阿拉伯通史》,马坚译,北京:商务印书馆,1979 年,第 66 页。

　　④ 可参见[美]希提:《阿拉伯通史》,马坚译,第 35 页。埃及第十二王朝时代(约公元前 2000—前 1788 年)的一条运河把尼罗河与红海北端联系起来。托勒密王朝曾修复这条运河,历代哈里发也重开过这条运河,直到 1497 年发现绕好望角到印度的水路以后,这条运河才最终废置。它是现代苏伊士运河的先驱。

二、"万方人民"都"心向神往"的"仙邦"——古印度的物产

1947 年 8 月 15 日以前存在的印度帝国,不仅包括基尔塔尔山脉外的俾路支,也包括散布在孟加拉国的一些小的地区。古印度特殊的地形"在很大程度上"左右了印度历史进程,即助长、深化了"一种孤立精神而使印度分裂为许多小的行政单位甚至社会单元";周边"巨大山脉"中的山口与"海岸"虽然成为"侵略与征服的大门",但另一方面,也为来自远方的"海盗"和"冒险家"的帆船"敞开了大门",带来了"虔诚的香客与和平的商人"。[①] 黑格尔说:

> ……同时印度因为是外人向往的地方,形成了"全部历史"上一个主要的元素。自从太古以来,万方人民便心向神往,但愿能够瞻仰一番这个仙邦的珍异、人世的至宝,"天然"的宝藏——珍珠、金刚钻、香料、玫瑰精、犀象、雄狮等等——以及智慧的宝藏。这些宝藏怎样转到西方去,一向被当作是具有世界历史的重要性的事件,牵涉着各国家、民族的命运。他们的愿望得到实现,他们挤进了这个乐土,无论东方世界或现代欧洲的任何国家,都已经多多少少分得了一些宝藏。[②]

形而上的"智慧",形而下的"珍异""至宝",无所不包。这里关心的当然是后者。据《厄立特里亚航海记》报道,除诸多珍禽异兽外,北印度和南印度的马拉巴尔等地输出的产品有闭鞘姜、芳香树胶、甘松、胡椒、三筋树叶(肉桂)、棉织品、丝纱、靛蓝、锦葵布和青金石、绿宝石、玛瑙等等,均享誉世界,[③]藤田丰八归纳道:"当时由印度输出西方之货物,大体可分三种。一为药味、香料;二为宝石、珍珠;三为丝帛、毛丝纶、棉布等。此三种类,第一最重要者为胡椒,此为 Malabar 之特产,固无论矣。"[④]按照本文对香料要义的归纳,药味可大致归属香料;第二类珠宝(可含珍禽异兽)不宜归为远程贸易的常规性商品;第三类

① [印度]R. C. 马宗达、H. C. 赖乔杜里:《高级印度史》,张澍霖、夏炎德等译,北京:商务印书馆,1986 年,第 9—10 页。

② [德]黑格尔:《历史哲学》,王造时译,上海:上海书店出版社,2001 年,第 141 页。

③ W. H. Schoff ed., *The Periplus of the Erythraean Sea*, London and New York, 1912, pp. 37 - 41, 44 - 45.

④ [日]藤田丰八:《中国南海古代交通丛考》之《叶调斯调及私诃条考》,何健民译,上海:商务印书馆,1936 年,第 542 页。

包括由中国转销印度的丝绸,另有大量畅销西方和东南亚等地区的棉织品。然而,在适合远程贸易的商品中,香料无疑占据相对突出的位置,其重中之重则必为胡椒,所谓"希腊人建造精美的船只携带着金币而来,携带着胡椒而去",可概括希腊罗马时期的景况。①

在 1985 年刊布的文献中,有一份埃及与印度的贸易合同,相应的还有埃及红海西海岸(当指著名的贝伦尼斯/Berenice 港,今中文地图译作贝勒奈西,在今红海省南部沿海拜纳斯角、福尔湾的湾隈)的考古发现,它们证实了埃及与南印度的黑胡椒贸易"首居其要"(黑胡椒是当时交易的大宗)。显然,埃及是希腊罗马与印度贸易的居间者。印度西海岸的主要港口则是姆兹利斯/穆西里斯(Muziris),那里"云集"着各地的货船。② 其地当时为色罗波斯拉/车腊普特拉(Cerabothra/Cheraputra)王国的中心,今或作科兰迦瑠/克兰甘诺尔(Cranganore),应该就是中文地图标写的"坎纳诺尔",大致在著名的卡里卡特——11 世纪前后(或更早)发展起来的一个更为重要的国际贸易集散中心的北面(偏西)70—80 公里处。③

关于胡椒的主产地,《航海记》明确指明的是科托诺拉县(Cottonora)一地(疑在今奎隆东北的戈德勒格拉一带),实际上,它遍及整个马拉巴尔地区。"马拉巴尔"义或为山海间的平地。④ 印度半岛的西高止山与海岸平行,两者

---

① 出自 1 世纪的泰康米尔著作。此处参见[德]赫尔曼·库尔克、迪特玛尔·罗特蒙特:《印度史》(最新修订版),王立新、周红江译,北京:中国青年出版社,2008 年,第 125 页。

② C. R. Whittaker, *Rome and its Frontiers: the Dynamics of Empire*, London and New York, 2004, p. XXI. 姆兹利斯港的繁荣状况在《航海记》等西方载籍中有相应描述,据称,1 世纪的泰米尔著作将该港描写成"船舶云集的地方",见潘尼迦:《印度和印度洋——论海权对印度历史的影响》,德隆、望蜀译,第 21 页。

③ [印度]恩·克·辛哈、阿·克·班纳吉:《印度通史》第 1 册,张若达、冯金辛等译,北京:商务印书馆,第 164 页。另一个中心为威凯雷,或即伊本·白图泰(马译本)之"法凯脑尔城"。

④ 这是中世纪阿拉伯和波斯水手首次给印度西南部盛产胡椒的沿海地区起的名称,它可能由德拉威语的 malai(山)和波斯语的 bār(国/陆地)组合而成;bār 也可能源自阿拉伯语的 barr(陆地)或梵语的 vdra(斜地)。详 *The Encyclopaedia of Islam*, Vol. 6, Leiden, 1991, pp. 206 - 207.

构成的"南方狭长的沿海平原"即为著名的马拉巴尔海岸。[①] 这一独立的社区通过海上贸易与阿拉伯世界、东非以及东南亚频繁交往,吸引不少移民来此定居。有一种说法是,由于香料和雨季的原因,当马拉巴尔最早出现在历史上时,它已经是印度洋沿岸各国的商人和旅游者频繁交会的地方了。最早前来的是美索不达米亚的商人;公元初的几个世纪,出现了中国人和犹太人的定居点;7、8世纪至10世纪,一些祆教徒(他们被称为"帕西"/Parsee,琐罗亚斯德教徒的后裔)、阿拉伯人(他们被称为"马拉巴穆斯林")、犹太人分批来此定居,[②]形成多种民族、多种宗教、多种文化的局面。

关键是该区域的物产。《香料传奇》的作者特纳说,"地势较低,形状似鱼的海岸(即马拉巴尔海岸——笔者)是挤缩在山与海之间的狭长地带,那时与现在这个地区都是香料的生产与集散地"。[③] 因胡椒为该海岸的主要产品,所以科斯马斯号称"胡椒之国""胡椒王国"(the pepper country)。[④]

三、西方人有组织、有规摸地进入印度洋

地中海与印度洋之间可通过波斯湾和红海线沟通,但从历史发展的轨迹看,古埃及与古印度是支配两者关系的主要政治/地理单元,而位于地中海东头和红海顶端的"双重地位"使"埃及获得了控制大量东方贸易的战略地点",对埃及的控制意味着支配"欧洲和东方间贸易上最大数额",[⑤]这一关键早期深刻体现于亚历山大征服和罗马征服时期,[⑥]晚期深刻体现于阿拉伯/伊斯兰的中心转向埃及时期(详后)。

---

① 上引《伊斯兰百科全书》称,在最初的用法中,马拉巴尔这个名称被阿拉伯人和波斯人指为从德干山到南部的科摩林角的整个西南海岸(当以西高止山为参照),此或即广义概念的"马拉巴尔"(该地区大致与现代的卡拉拉邦接壤)。有作者或将孔坎(今马哈拉施特邦西部沿海狭窄而断续的孔坎平原)与戈达瓦里河、克里希纳河以及高韦里河流注的肥沃的三角洲(当指孟买湾所在地)视作马拉巴尔北面的起始(参见马本达、赖乔杜里:《高级印度史》,张澍霖、夏炎德等译,第11页);伊本·白图泰或指为散达布尔(今印度西南岸的果阿)至奎隆间"沿海长度为两月行程"的区域(《伊本·白图泰游记》,"马拉巴尔"作"木赖巴尔"。兹据直接译自阿拉伯文的马金鹏译本,银川:宁夏人民出版社,2000年,第479页)。此地当另作考辩。

② 参见[澳]杰克·特纳:《香料传奇——一部由诱惑衍生的历史》(周子平译,第18页)和刘欣如:《印度古代社会史》(北京:中国社会科学出版社,1990年,第194页)等著述。

③ 同上书,第17页。

④ Cosmas, *The Christian Topography*, tr. by J. W. McCrindle, London, p. 364.

⑤ [美]汤普逊:《中世纪经济社会史》,耿淡如译,第12页。

⑥ 这里仅就罗马沟通印度洋的历史踪迹进行简要梳理,此后红海地区的政治/地理,包括香料贸易的演变较复杂,兹不予涉及。

(一)早期沟通地中海与印度洋的塞巴人—纳巴泰人

印度与西方通过印度洋发生联系的时间可追溯到史前时期,[①]此后,一些冒险家较为分散的活动亦多见于载录。[②] 其中,老普林尼提到希腊商人曾在马拉巴海岸建立了一个殖民地,就是说,可能公元前 4 世纪亚历山大城的希腊人已经知道跨越印度洋的海路。[③] 不过,这种联系的关键地点是阿拉伯半岛西南隅、控制着红海入口曼德海峡的也门——从一开始,也门人就借地利之便,掌控着地中海与印度洋的贸易。将印度洋与地中海地区联系起来,并且踪迹较为清晰的有这样两个著名的商业部族,一是活跃于也门一带被称为"南海(此处指阿拉伯海)的腓尼基人"[④]的塞巴人(赛伯伊人,Saba/Sheba,此前还有米奈人 Minaei),以及其同族希木叶尔人(Homeritae,Homeritæ),一是与之紧密呼应的活跃于阿拉伯半岛北部和约旦西南等地的纳巴泰人。[⑤]

(二)印度洋与地中海交通体系的形成

按照希提的归纳,这一体系是以红海为中心展开的。在"海运较为有利"的情况下,可直接通过凿通的运河由红海北上,在运河不畅通的情况下则可经陆路西向入尼罗河三角洲;但是,红海一向以航行条件恶劣著称,其北段尤其被视为畏途,故塞巴人同时发展了也门与叙利亚间的陆路交通,即沿半岛西岸北行,经过麦加和纳巴泰的首都皮特拉(佩特拉,Petra,今约旦西南的瓦迪穆萨)等,在北端分为三条支路分达埃及、叙利亚和美索不达米亚。到叙利亚去的支路,可以直达地中海的港口加宰(加沙);[⑥]另一条路线便是从红海北部的

---

① 古印度河谷即摩亨佐·达罗(Mahenjodaro)地区的文化遗迹(公元前 3000—前 2500 年)发现的各种物品证明史前时代,印度和外界之间就经由海路有了密切的商业联系。

② 可参见[印度]潘尼迦:《印度和印度洋——论海权对印度历史的影响》,德隆、望蜀译,第 18—20 页。

③ 参见[美]汤普逊:《中世纪经济社会史》,耿淡如译,第 25 页;[英]鲁宾逊主编:《剑桥插图伊斯兰世界史》,安维华、钱雪梅译,第 127 页。

④ [美]希提:《阿拉伯通史》,马坚译,第 55 页。

⑤ 纳巴泰人(Nabataeans),或作"奈伯特",普林尼作 Nabatæi。据希提报道,纳巴泰人的早期历史见于古希腊历史学家狄奥多拉斯(公元前 57 年后卒)的《历史丛书》,其后的主要信息来源是公元 1 世纪的犹太历史学家约瑟福斯。公元前 6 世纪初叶纳巴泰人以游牧部族的身份开始扩张,夺取了皮特拉为首都,进而占领了邻近的领土。该王国先隶属于托勒密人势力范围,后成为罗马的盟友,其极盛时的版图,北至大马士革,东达幼发拉底河。1 世纪时,罗马人把皮特拉当作一个对付安息国(帕提亚)的缓冲国加以保护,皮特拉富庶到了极点。详[美]希提:《阿拉伯通史》,马坚译,第 11、77、78 页。亦见于《厄立特里亚航海记》和普林尼的著作。

⑥ [美]希提:《阿拉伯通史》,马坚译,第 55 页。

几个港口(希腊化时期和罗马帝国早期开辟)取道向西,接通尼罗河。但后来多选择西岸的库赛尔(Quseir,或作"奥德库赛尔",今中文地图标作古赛尔)等港口,西向取道沙漠,通过著名的"沙漠队商"运到底比斯(Thebes,埃及的古都,在尼罗河岸上)或孟菲斯(Memphis,埃及古都,位于尼罗河左岸,在开罗南12英里处)。此或称"瓦迪哈麻麻特"之路。[①] 后来,随着红海沿岸港口的转移又形成了多支沙漠通道,从红海上岸的货物均入尼罗河后顺流北向入尼罗河三角洲,接通地中海。这道由红海—沙漠—尼罗河构成的交通线不妨称之为"红海—尼罗河"商道,在此后的长时期内,这一商道曾在沟通地中海与印度洋的联系方面发挥过主要作用。

阿拉伯半岛西面的陆路被希提称为"麦加商道",沿途建有65个驿站,它也可以接通红海北部与尼罗河上游相通的运河口的港口艾莱拿(亚喀巴,在今约旦西南)。自公元前4世纪末期起的四百多年间,"麦加商道"中的商业重镇皮特拉"是队商往来于赛伯伊和地中海之间必经的孔道",南方的阿拉比亚人的队商到北方去做买卖的时候,在这里可以获得替换的骆驼、驮夫和淡水。因此,活跃在这一带的纳巴泰/奈伯特人成为商业上一个重要环节。从这里北上的"三条支路"(分别到埃及、叙利亚、美索不达米亚),实际就是"将埃及同叙利亚—巴勒斯坦、肥沃的新月地区中其他的地方和小亚细亚联系起来"的一条"人类初次使用的国际道路",也是"把欧洲和印度联系起来的巨大陆路"。[②]埃及与黎凡特间的西奈半岛则以"苏伊士陆桥"著称。[③]

上述通道的关键在阿拉伯半岛西南隅,其地邻近乳香、没药等名贵香料的产地;凭借地理之优势,实际又垄断了印度乃至整个东方的物产,"因为西方人对于东方布匹、香水、香料的爱好逐渐增强,南方的阿拉比亚人(阿拉伯半岛的

---

① 瓦迪(wadi)指干涸的河床,阿拉伯半岛和非洲陆地上没有河流网,爆发山洪时,水就由这些瓦迪排泄出去,因此,瓦迪可指引队商和朝觐天房者应走的道路。见希提:《阿拉伯通史》,马坚译,第18页。瓦迪哈麻麻特疑从今埃及红海省南部、红海沿岸的哈马泰山开始(在它南面有条东西向的干涸河床,疑瓦迪哈麻麻特起点即在此处或其附近);但底比斯古城及其古墓地在今尼罗河最大的河湾处、基纳的西面,古城附近的哈马迪村疑为该瓦迪的西止处。"奥德库赛尔(莱夫科斯利门)"见于[英]阿诺德·汤因比:《人类与大地母亲——一部叙事体世界历史》,徐波等译,上海:上海人民出版社,2001年,第28页。

② [美]希提:《阿拉伯通史》,马坚译,第35、37、65—67、82页;Pliny, *Natural History*, XII, H. Rackham trans., xxxii, pp. 63 - 65.

③ "阿拉伯方面,商队不仅可以北行至黎凡特,还可以穿越苏伊士陆桥直达埃及。"见[美]菲利普·柯丁:《世界历史上的跨文化贸易》,鲍晨译,济南:山东画报出版社,2009年,第93页。

阿拉伯人)提高了他们自己的土产,特别是乳香和没药的价格,而且增加了外国货的过境税。在此期间,他们很小心地保护他们对于水路的控制权。他们著名的财富,即由此而来"。西方有关著作也强调了纳巴泰人和塞巴/赛伯伊人以及有关通道香料贸易的重要性。① 更重要的是,该地区处于连接印度洋的绝佳位置。正如《剑桥伊斯兰史》所说,南阿拉伯人在近东充当了"商业革命"的角色。他们或许没有发现印度,但在大洋时代到来前,他们已经将印度呈现给地中海世界,从而使上文所及"国际道路"与印度相接,形成了一道"世界上最长的贸易交通线"(实际上,从印度沿海往东,这条交通线又延长了一两倍)。当纳巴泰人和塞巴人于4世纪左右淡出后,取而代之的阿克苏姆与拜占庭持续保持贸易往来;7世纪阿拉伯帝国崛起,垄断了红海贸易。②

(三)西方人有组织有规模地进入印度洋——马拉巴尔的胡椒等香料的吸引力

也门人、纳巴泰人之所以从居间贸易中获得巨额财富,就在于他们占据了交通要地,而长期以来,西方人一直误认为那些他们所喜好的东方产品均出自半岛的西南隅,也门也因此成为埃及、罗马和波斯人的垂涎之地。托勒密二世(前285—前246)重新修复那段东西向运河的目的,就是与塞巴人争夺曼德海峡的控制权;罗马帝国于公元前24年对该地发动的一次失败的远征,目的也"显然是夺取南方阿拉比亚人所独占的运输路线,并且开发也门的资源,以增加罗马的财富"。③ 众所周知,公元45年希帕罗斯/希巴勒斯(Hippalus)发现季风是海上交通史上的大事。④ 这意味着,公元1世纪印度洋季风的规律进一步公开后,罗马人便有组织、有规模地进入印度洋,他们侧重关注的是东方,

---

① 〔美〕希提:《阿拉伯通史》,马坚译,第66页;另参见〔英〕伯纳德·刘易斯(Bernard Lewis):《阿拉伯人的历史》,蔡百铨译,台北:联经出版事业公司,1987年,第16页。

② P. M. Holt, *Cambridge History of Islam*, Cambridge, 1970, VIA, p. 16.

③ 参见〔美〕希提:《阿拉伯通史》,马坚译,第51页。

④ 美国著名非洲史专家柯丁认为,将季风的发现归功于希帕罗斯(Hippalus)"明显是罗马民族中心主义的无稽之谈",因为生活在印度洋北部海域的人们"自始至终都对季候风了若指掌";认定"罗马人"是意大利人也是个错误,事实上,他们"是那些在罗马帝国形成前就已与东方世界进行贸易的民族的后裔,包括来自埃及和新月沃土的犹太人、讲希腊语的埃及人,以及来自希腊化地中海商业世界的其他黎凡特人"。对印度洋上的季风,柯丁也有较详细的归纳。见〔美〕柯丁:《世界历史上的跨文化贸易》,鲍晨译,第95—96页。

是"仙邦"古印度。① 斯特拉波的《地理学》(编修于公元 17—23 年间)、《厄立特里亚海航行记》(撰于 1 世纪中叶)和托勒密的《地理书》(撰于公元 150 年左右)对北印度的港口、马拉巴尔海岸的各港口和印度的东部海岸(科罗曼德尔海岸)进行了描述,可以看出,当时罗马同印度的贸易有了很大提高。由于自公元 1 世纪起东南亚各国已为印度人所知,它们对东南亚也有了模糊的认识。② 伴随而至的当然是西方人有计划、有规模地进入印度洋:托勒密王朝末,"每年不到 20 艘船只敢于穿越阿拉伯海(红海)到(曼德)海峡以远海域",但在奥古斯都(前 63—14)建立起罗马世界的和平后,每年至少有 120 艘船从米乌斯·赫尔穆斯(Myus Hormus)出曼德海峡到达印度。公元 1 世纪中叶,罗马帝国保护下的希腊船只可以在 40 天内从红海口岸径直穿越印度洋到达印度西海岸。③ 吉本的《罗马帝国衰亡史》(或据斯特拉波的记载)也说,与罗马通商最多的国家是阿拉伯和印度;罗马每年有 120 艘商船离开埃及,从红海的米奥斯·霍尔莫斯④借季风出发,印度的马拉巴尔海岸和锡兰岛"通常是航行的目标"。⑤ 我们进一步关注的是西方人对印度资源的引进,并注意到其中胡椒的突出吸引力。希提说希帕拉斯返回亚历山大时"带来了满船的货物,都是西方人所急需和十分重视的,包括印度出产的桂皮和胡椒,这些货物,西方人平素相信是阿拉比亚的土产"。⑥ 现在,谜底被揭开,西方人可以直接获得欣羡已久的东方商品了。潘尼迦称季风的发现这一"革命性"的变化使亚丁与南印度西海岸之间的航程缩短到 6 个星期,罗马和马拉巴尔的贸易额巨大,以致西方在 408 年得以订购到三千磅胡椒,"那在当时及以后一千四百年间差不

---

① 《厄立特里亚海航行记》等西方载籍虽对东非海岸(即后来发展起来的著名的斯瓦希里/Swahili 地带)有所记载,但经营和交往者主要为阿拉伯人、波斯人、印度人、东南亚人和中国人(最早中国陶瓷、铜钱等货物可能通过转手贸易运往东非海岸,后来是郑和船队的到达)。东非海岸是构成印度洋交通贸易的一个重要地区。但因避免繁复,本文不涉及该地区。

② 参见[德]赫尔曼·库尔克、迪特玛尔·罗特蒙特:《印度史》(最新修订版),王立新、周红江译,第 123 页。

③ 参见张绪山:《罗马帝国沿海路向东方的探索》,《史学月刊》2001 年第 1 期。

④ Myos Hormos,即上引"米乌斯·赫尔穆斯"(Myus Hormus)港。该港在红海的非洲沿岸的中途,建于公元前 274 年。Myos Hormos,即红海西岸的库赛尔(今中文地图标作古赛尔)。参见[美]汤普逊:《中世纪经济社会史》,耿淡如译,第 25 页。

⑤ [英]爱德华·吉本:《罗马帝国衰亡史》,席代岳译,长春:吉林出版集团有限责任公司,2008 年,第 53 页。另参见[埃及]G. 莫赫塔尔主编:《非洲通史》第 2 卷《非洲古代文明》,北京:中国对外翻译出版公司,联合国教科文组织出版办公室,1984 年,第 292 页。

⑥ [美]希提:《阿拉伯通史》,马坚译,第 66 页。

多是马拉巴尔的专利品"。[①]

四、"世界香料之都"——东南亚

罗马人东进的经济目标指向黄金、珠宝、棉布和香料等商品,由此进一步驱动大批印度人进入东南亚,在大力开发黄金和香料等产品的同时,印度文化进一步影响东南亚各地。[②] 可以说,这也是东西海上交通发展的一个关键时期。

(一)从印度洋进入香料群岛东南亚

澳大利亚学者安东尼·瑞德观察到东南亚人热衷于"喷洒香水","让口腔和身体都散发成芳香"的消费香料的习惯,他强调:

> 欧洲人对香料最感兴趣,因为香料是他们之所以漂洋过海、长途跋涉而孜孜以求的珍品。在东南亚市场上,欧洲人不仅可以找到著名的马鲁古丁香、豆蔻和干豆蔻皮,在海岛地区广泛种植的胡椒等,而且还可以发现许多他们虽然不熟悉但却广为人道的、兼具香料和药用价值的植物品种。罗望子、郁金、生姜、荜澄茄、菖蒲以及其他各式香料等,普遍用作医药和食物调料(Lodewycksz 1598:140－152;Dampier 1699:88)。尽管东南亚到处都有香料,然而对本地肉类香辣美味,中国人和欧洲人却都没有留下任何溢美之词。……直到 16 世纪后叶辣椒从南美被引进之前,对这些"风下之地"的人们来说,鱼子酱和郁金也许是最普遍的"辣味"调料。辣椒的种植传播得非常快。……
>
> 令欧洲人同样印象深刻的是,东南亚的主要中心"拥有大量丰富的药品和草药"(Dampier 1699:88)。在万丹市场的某一部分,第一

---

① [印度]潘尼迦:《印度和印度洋——论海权对印度历史的影响》,德隆、望蜀译,第21—22页。

② 关于"印度化"问题,各国学者所持观点有时是截然相反的。赞同东南亚存在"印度化"的学者大致认为,从公元前3世纪开始印度半岛影响东南亚的三次政治变动在不同程度上促使印度的宗教向东南亚地区传播,乃至向东南亚实行移民。在这个问题上,霍尔的态度极为审慎,他就贸易关系和印度文化的输入等问题进行了阐述(详[英]D. G. E. 霍尔:《东南亚史》,中山大学东南亚历史研究所译,北京:商务印书馆,1982年,第31—44页)。应该说,所谓"罗马人"进入印度洋对印度文化向东南亚的传播甚至向东南亚的移民均有明显的推动作用。有关情况,当参见法国学者赛代斯的力作(详[法]G. 赛代斯著、蔡华等译《东南亚的印度化国家》。商务印书馆,2018年11月)

支荷兰船队记录了 55 种不同型号的香料和草药……①

　　"风下之地"指东南亚。因以产出香料著称,所以又称"世界香料之都"。②安东尼·瑞德又说:"人类的历史就像一张无缝之网,没有哪一个地区能够完全孑然独立,也没有哪一个地区能够像'风下之地'那样与国际贸易如此密切关联";"风下之地地理条件优越,地处中国(有史以来最大的国际市场)与印度、中东和欧洲之间的海上贸易孔道,每逢国际贸易的大潮汹涌澎湃之际,该地区就成为乘风破浪的弄潮儿"。③每年 5 月至 8 月,季风从西方或南方吹来;12 月至次年 3 月,则从西北或东北吹来。东南亚风力适中,而且容易预测,"与欧洲深不可测,风高浪大的地中海相比,上述所有因素都使东南亚的地中海成为好客诱人的聚所和通衢"。这里岛群密集,属热带雨林气候,常年雨量充沛,虽然很大一部分树木属龙脑香科(dipterocarp),但森林体现出"世界上其他任何地区无以匹敌的丰富性与品种的多样性",其中包括许多具有很高经济价值的树种。这里也是胡椒和各种芳香类木材的集中产地;马鲁古群岛和班达群岛出产的肉豆蔻、丁香,稀有名贵,距地中海遥遥数万公里,更为西方人所神往。

　　综合东西有关文献和著述,可得出一个粗略但又比较清晰的认识,即欧洲人的南下(主要指去非洲)和东进的主要经济目标是黄金(阿拉伯/伊斯兰世界因长期控制非洲黄金的主产地而拥有特定优势)和香料,而且早在公元初的几个世纪,西方人、印度人就称东南亚为"黄金半岛"("黄金地")④。此后不久,这一地区便因其胡椒和其他热带雨林产品而享誉世界;起初是芬芳类木材,再后是最上等和最为名贵的香料。从 7—10 世纪,阿拉伯人和中国人都十分关

---

　　①　[澳]安东尼·瑞德:《东南亚的贸易时代:1450—1680 年》第 1 卷《季风吹拂下的土地》,吴小安、孙来臣译,北京:商务印书馆,第 36—37 页。

　　②　[新西兰]尼古拉斯·塔林主编:《剑桥东南亚史》第 1 卷,贺圣达等译,第 150 页。

　　③　印度人、波斯人、阿拉伯人和马来人称东南亚地区为"季风吹拂下的土地",译者为行文方便,译为"风下之地"。见[澳]安东尼·瑞德:《东南亚的贸易时代:1450—1680 年》第 1 卷《季风吹拂下的土地》《序言》,吴小安、孙来臣译,第 1 页;同上书第 2 卷《扩张与危机》,吴小安、孙来臣译,第 1 页。

　　④　"黄金地"具体指公元前 3 世纪阿育王派遣的使团所至"苏勿吒蒲迷"之地(即"黄金地"),其地或在缅甸的直通城(参见[法]G. 赛代斯著、蔡华等译《东南亚的印度化国家》,第 36 页)。其实,苏门答腊、马来半岛、吕宋、占婆和北苏拉威西和菲律宾等地区也分布有黄金产地,其中,到 17 世纪早期,苏门答腊中部的米古加保都是黄金高产区。见[澳]安东尼·瑞德:《东南亚的贸易时代:1450—1680 年》第 1 卷《季风吹拂下的土地》,吴小安、孙来臣译,第 113—114 页;[葡]多默·皮列士《东方志:从红海到中国》(何高济译,南京:江苏教育出版社,2005 年,第 126 页)译作"梅南卡包",也有较详细描述。

注东南亚出产的黄金和香料；到了 15 世纪，"来自另一半球的大西洋沿海港口的水手们为了寻找香料群岛而驶入了一些未知的海域"。他们都认为东南亚是"世界香料之都"；大约从公元 1000 年起到 19 世纪"工业时代"为止，"整个世界贸易或多或少都受到东南亚香料的兴衰和流动的支配"。①

（二）"远东尽头"的香料群岛与海上交通

虽然阿拉伯人和中国人都关注东南亚出产的黄金和香料，但在 1600 年前，出产这些香料的树木只生长在"地球另一面的远东尽头"的马鲁古群岛（摩鹿加群岛）——如前文所及，"在整个东半球具有特殊的价值"的丁香、肉豆蔻在近代前"从未移栽到其他地方"。更关键的是这些遥远、珍贵、稀有的东方香料进入国际市场的途径和方式：马鲁古的商民乘东风将丁香、肉豆蔻运到爪哇时，采购这些香料的商人已经返回；后者乘季风来到爪哇时，马鲁古人早已乘另一风向的季风回到 1600 公里外的家乡——两者所乘季风的方向完全相反，所以始终不能直接见面。② 使爪哇人独得其利还有另一个原因，即食物链的构成使马鲁古必须依赖爪哇的稻米供应。

有学者称，15 世纪前受到人们喜爱的水稻是"东南亚的主要产品"，是"人类历史上的伟大经济发现之一"。③ 然而，干燥、贫瘠的东南亚东部岛屿偏偏不适合栽种水稻，当地人不得不将西米棕榈（学名 Metroxylon，野生于海岛地区的森林里）的茎髓或块茎植物（即西米）作为摄取热量的主要来源；④ 而东爪哇的"成功之处"恰恰在于"它们积存的稻米能力"，"它们用稻米换取群岛东部出产的香料和其他雨林产品"，从而在"日益扩大的上等香料贸易中就非常易于谋取到理想的战略地位"！ 东爪哇人对"远东尽头"资源"近似于垄断的控

---

①　[新西兰]尼古拉斯·塔林主编：《剑桥东南亚史》第 1 卷，贺圣达等译，第 150 页。东南亚地区香料的分布情况可另参见《马可波罗行纪》（冯承钧译，北京：商务印书馆，2001 年，第 395—396、402 页）等记载。

②　[新西兰]尼古拉斯·塔林主编：《剑桥东南亚史》第 1 卷，贺圣达等译，第 172—173 页。

③　[英]D. G. E. 霍尔：《东南亚史》，中山大学东南亚史研究所译，第 279 页。

④　安东尼·瑞德说："稻米是东南亚的主食和重要的农作物。至少在海岛地区，芋头、山药、西米和小米等其他主食的种植都似乎比稻米要早。但是，在 15 世纪之前，水稻便已受到人们的喜爱，广泛种植。只有在干燥、贫瘠的东部岛屿地区，如帝汶、马鲁古群岛北部、阿鲁群岛、布通和塞拉亚等地，人们才不得不将西米棕榈的茎髓或块茎植物作为摄取热量的主要来源。16 世纪，当从墨西哥引进玉米时，这些地区很快把这种重要的旱地作物列入他们的主食。"见[澳]安东尼·瑞德：《东南亚的贸易时代：1450—1680 年》第 1 卷《季风吹拂下的土地》，吴小安、孙来臣译，第 24 页。"西米"之于马鲁古亦见于[葡]皮列士：《东方志：从红海到中国》，何高济译，第 148—149 页。

制",使这些岛地的商品经济直到西方人来到时尚处于低下水平。换言之,西方人到来前(更准确地说,是 15 世纪初马六甲港口形成前),对"整个东半球具有特殊的价值"的丁香、肉豆蔻必须通过东部爪哇传递到国际交易市场;巨大的地缘优势使东部爪哇在国际市场上占据了主导地位,"这一市场包括了东半球的大部分地区"。[1] 因此,东西海上通道如果不考虑或者忽视了爪哇——"远东尽头"这一段落,那么,我们所谓的"东西海上通道"的构成就有很大问题——必须将"远东尽头"视为长达数万公里的海上通道的有机组成部分。

贰　香料与国际海上交通(1)
——4 世纪前后香料作为国际贸易"首要商品"地位的确立

上文从拉丁世界出发,概论述公元 1 世纪以来红海到东方交通的建立、展开进程与香料的关联。现在换一个角度,试以香料在国际贸易中是如何成为"首要商品"的。

一、香料作为国际贸易"首要商品"地位的确立

印度洋季风的规律于公元 1 世纪被进一步公开后,罗马人有组织、有规模地进入 印度洋,与欧亚内陆大商道并行、贯通中国与印度之间的海上通道也得以进一步贯通 和加强,其间,扶南帝国(1—7 世纪)作为东南亚第一个政治实体出现在南中国海与印 度洋之间的中南半岛上。无疑,中南半岛南面的马六甲海峡为两海间的必经通道。不 过,在航海能力相对落后的背景下,早先的航海者多半选择海陆转运的方式越过马来 半岛北面的克拉地峡(实际是通过地峡南北的几支路线)——安达曼海与泰国湾(暹罗湾)之间最窄的地峡——以回避马六甲地区的海盗并避免绕行马来半岛、长达 1600 公里的航程。于是,与克拉地峡遥遥相对的奥埃奥(Oe-eo,位于泰国湾畔湄公 河三角洲沿海的边缘地带)发展为中国与西方之间的一个国际性的工商业中心,以"金银珠香"为主要物产的扶南于 2—3 世纪变得富裕而强盛起来,[2]其遗址显示,该中心与暹罗湾沿岸、马来亚、印度尼西亚、印度、波斯乃至地中海地区有

---

① ［新西兰］尼古拉斯·塔林主编:《剑桥东南亚史》第 1 卷,贺圣达等译,第 174 页。
② 《晋书》卷 97《扶南传》,北京:中华书局,1974 年,第 2547 页。

直接或间接通航的迹象。[①]

最初，进入扶南的国际商旅对东南亚的物产并不感兴趣，他们前往中国是用地中海、印度、中东和非洲的商品（如乳香和没药、其他树脂及用于制造香水和熏香的其他原料）换取中国的丝绸等商货。及至 4 世纪的某一时刻，当扶南达到其兴盛的顶点后，从印度穿过马六甲海峡到中国的整个海上通道出现了"混乱的竞争"，突出表现为巽他海峡一带出现了众多具有一定重要性的港口，来自这些港口的水手经常北上扶南各港口直接参与对印度的贸易并推销自己的产品（如用苏门答腊的松脂、安息香仿冒乳香和没药）。不久，印尼群岛西部的水手将他们自己特有的产品樟脑（用作药物、熏香和清漆原料）带到扶南和印度，随后，芬芳类树木如沉香和檀香木（帝汶的特产）成了重要商品，"来自马鲁古群岛的上好香料此时也出现在国际市场上"。值得注意的是，这一国际过境贸易的利益吸引了马来水手的注意和大力参与。

很多世纪以来，著名的"马来"水手已熟知前往中国的航线，4 世纪时这些水手绕过扶南，选择越南东海岸的港口直接将其产品运销中国，并将中国商品连同自己的产品运往西方市场。在后来大幅增加的货物运输中，虽有部分产品仍然经由扶南的港口经销，但其南部巽他海峡一带的港口很快成为过往船只的"首选停靠地"，他们"在把东南亚的物产介绍到国际市场方面起到了重要作用"，[②]并同时改变着国际交通、贸易的格局。可以说，这一格局顺应了国际海上通道从克拉地峡一线（水陆联运）转向马六甲—巽他海峡（实现全海程通航）的趋势，相应的政治/地理变局是扶南的崩溃和独得香料之利的室利佛逝海上商业帝国的诞生（670—1025）。[③] 这一清晰的演进轨迹表明，4 世纪前后，随着马来水手对扶南诸港口特别是巽他海区新兴港口国际贸易的积极参与，东南亚丰富的香料资源全面汇合到包括地中海地区和古印度/南亚地区香国际贸易的潮流中，香料作为国际贸易"首要商品"的地位得到进一步确立。

二、1—9 世纪海上通道中的香料贸易——以中国的进口香料为例

如果说 4 世纪前后香料成为国际贸易的"首要商品"，那么，1—9 世纪大

---

① ［英］D. G. E. 霍尔：《东南亚史》，中山大学东南亚历史研究所译，第 48—49 页。

② O. W. 沃尔特斯：《早期印度尼西亚的贸易：室利佛逝起源研究》，转见于［新西兰］尼古拉斯·塔林主编：《剑桥东南亚史》第 1 卷，贺圣达等译，第 159—161 页。

③ 参见拙文《巴邻旁/占碑和吉打国际集散中心的形成——以 1 至 11 世纪马六甲地区的交通变迁为线索》，载《元史及民族与边疆研究集刊》第 26 辑，上海：上海古籍出版社，2014 年。

致为包括香料在内的国际贸易的进一步发展阶段(10 世纪前后趋向极盛阶段);这一阶段的状况可以从中国的香料进口中得到印证。

(一)1 世纪至 6、7 世纪中国的香料进口

饶宗颐认为原产于波斯、克什米尔的郁金香或于先秦时传入中国。[①] 汉代水陆交通大开,中国以传统的丝绸、铁等物资为输出品,《史记·货殖列传》列出的进口产品则有犀、象、瑇瑁、珠玑、银、铜和果布等。其中的果布,韦昭注称:"果为龙眼、离支之属;布,葛布也",但另有学者认为果布为马来语龙脑香"果布婆律"(Kapur barus)的音译。[②] 按龙脑香可用于美食,制作的熏香香气浓郁而烟气甚小,是佛教密宗所称的"五香"(沉香、檀香、丁香、郁金、龙脑)之一。此外,1983 年广州发现的南越王赵眜墓中出现了乳香这种产自阿拉伯半岛南部的进口品。马芹(孜然)、胡芹、胡荽、荜拔、胡椒等外来香料进入中国,其中,西方人最喜爱的胡椒见载于西晋张华的《博物志》之"胡椒酒法"。[③] 魏晋时期的志传类著作如《南州异物志》(万震)、《广志》(郭义恭)和《南方草木状》(嵇含)等载籍记录了不少香药的内容;曹丕、曹植的《迷迭香赋》,傅咸、成公绥的《芸香赋》所及两种香料便是主要产于地中海的著名香料。[④]

魏晋南北朝时期,陆路通道阻隔,大批士人南迁,原本取自印度、亚洲西南部、地中海东部和非洲东海岸的产品进一步转向海道,号称佛教王国的南朝对东南亚和西亚产品的需求增加,输入或"朝贡"的物品除传统的象牙、犀角、珠玑、玳瑁、琉璃外,吉贝和香料显得越发突出。[⑤] 对产自热带雨林的各类树脂和芬芳类木材(此外还有犀角、翠羽、珍禽羽毛、龟甲等)需求增加,到了 5 世纪末和 6 世纪初,"中国消费者已十分熟悉胡椒和包括丁香、肉豆蔻和肉豆蔻干皮在内的其他香料,以及那些他们喜爱的调味品和医疗药材用品"。[⑥]

---

① 饶宗颐:《论古代香药之路——郁金古熏香器》,载《敦煌吐鲁番学研究论集》,北京:书目文献出版社,1996 年,第 373—377 页。

② 参见徐文堪:《外来语古今谈》,北京:语文出版社,2009 年,第 51—53 页。

③ (晋)张华:《博物志校证》之《佚文》,范宁校证,北京:中华书局,1980 年,第 117 页。

④ 迷迭香原产于南欧,魏文帝时移植禁苑,但元代仍作为进口物普遍使用于江南民间;芸香当即主产于爱琴海希俄斯岛的"洋乳香"。

⑤ 见《南齐书》卷 58《东南夷传》,北京:中华书局,1972 年,第 1008—1019 页;《梁书》卷 54《丹丹传》,北京:中华书局,1973 年,第 793 页;《册府元龟》卷 968《外臣部·朝贡一》,北京:中华书局,1960 年。

⑥ 以上内容另参见[新西兰]尼古拉斯·塔林主编:《剑桥东南亚史》第 1 卷,贺圣达等译,第 162 页。

（二）隋唐时期中国的香料进口

7世纪早期以来世界局势发生的重大变化对国际贸易产生了直接影响。美国著名学者柯丁说,汉朝和罗马帝国灭亡后,陆上和海上贸易"存活"了下来,"使跨文化贸易的缓慢成长成为可能"。到7世纪和8世纪,中国的唐朝和巴格达的阿拔斯王朝再次为中国通向地中海的大多数贸易路线"撑开了政治庇护伞"。[①] 持续繁荣的穆斯林贸易推动了东西海上交通的展开。随着造船技术和航海技术的发展,东西方商人频繁往来于波斯湾和中国的东南沿海港口,形成了双方直接通航的大趋势。以巴格达为首都的阿拔斯帝国与隋唐帝国间的直接通航盛极一时。[②]

阿拔斯王朝(750—1258)哈里发曼苏尔建巴格达为首都时,阿拉伯的商人与水手"有了半个世纪航行到中国和印度的经验"。数量可观的阿拉伯与波斯侨商来到广州甚至侨居广州。每年不仅是阿拉伯商人,还有来自法兰西的欧洲商人从苏伊士、吉达(麦加的外港——笔者注)和巴士拉向东驶往印度。[③]如前所述,8世纪中叶后至9世纪后期,波斯湾与中国间的直航贸易更是盛况空前。[④] 希提综合有关成果报道了全盛时期的阿拔斯帝国的政治中心巴格达作为一个巨大的国际贸易中心的盛况,在那里停泊的几百艘各式船只中,人们

---

① [美]菲利普·柯丁:《世界历史上的跨文化贸易》,鲍晨译,第88页。
② 所谓"直接通航"是与离合式通航相对比而存在的一个概念。后者指东西商旅据据季风、资源分布等要素,通过转贩贸易组织彼此需要的商品,选择某个最佳集结点进行交易的一种通航方式。这一集结点就是我们所谓的集政治、经济、文化等要素而形成的国际性贸易集散中心或国际贸易分销中心。离合式通航是在特定时期、特定情况下形成的一种交往形态;是在多种交通贸易形式并行的状况下,由最精明的海商根据当时的政治经济诸背景磨合成的一种高级的交往形态,是他们在转贩贸易实践中寻求出的可达最佳利润效益的一种交往形态。顾名思义,这里的直接通航指商船直接驶往中国或波斯湾、红海顶端。如所周知,即便在造船、航海技术等条件业已成熟的情况下,在某些运段也必须适应水文条件改换船只前往。如东西航船至印度半岛西南角的故临,便需分别改乘小船前行;到达霍尔木兹海峡和曼德海峡时,也得换小船进入幼发拉底河或航行条件较恶劣的红海。然而,马苏第的《黄金草原》(及与之有渊源关系的《中国印度见闻录》)记载,在巴格达城的码头停泊的几百艘各式各样的船只中便有"中国大船";早在公元前31—公元14年,从红海北端的米乌斯·赫尔穆斯(Myus Hormus)驶出曼德海峡进入印度洋的120艘船只,也未必是红海中通行的小船;16世纪,麦哲伦从美洲进入"极东之地"时,所乘帆船更与当地通行的"巴劳"小艇不可同日而语。所以,所谓"直航"的具体形态似乎可进一步研究。在对这些问题缺乏了解的情况下,笔者并不坚持航船直接来往东西说。
③ [英]鲁宾逊主编:《剑桥插图伊斯兰世界史》,安维华、钱雪梅译,第127页。
④ 878年左右和866—883年爆发于广州的黄巢戮商事件和下伊拉克僧祇暴乱事件(后者包括其后的一系列其他事件)彻底打破了东西直航的局面,东西海上交通史进入了离合式交易的新时期。参见拙文《巴邻旁/占碑和吉打国际集散中心的形成——以1至11世纪马六甲地区的交通变迁为线索》,载《元史及民族与边疆研究集刊》第26辑。

见到了"中国大船"和"专卖中国货的市场"。① 那么,回到远程贸易的视野上来,中国市场又是什么样的状况呢?

隋唐时期,对外交通盛况空前,香料大量进口。开元二年(714)于广州设立市舶使,其最初的职能就是为王室采办包括香药在内的奢侈品。大量客居中原的胡商也多经营香料。唐代出现了以外来香药为主要内容的《海药本草》,药典《新修本草》也收载了安息香、龙脑香等数十种香药。另据报道,天宝七年(748)鉴真等人至海南万安州,得知州大首领冯若芳"每年常劫取波斯(这里的波斯,并不指某一特定国家或地区,而是泛指阿拉伯国家——原注)舶二三艘,取物为己货";其宅后"苏芳木露积如山";会客时"常用乳头香为灯烛,一烧一百余斤"。② 当年于广州港所见众多婆罗门(指现在的印度一带——原注)、昆仑(指马来半岛、印度尼西亚等东南亚国家——原注)、波斯(波斯湾一带阿拉伯国家——原注)等商舶"并载香药、珍宝,积载如山"。③

显而易见,香料是东西直航背景下进入中国市场的主要商品,其影响已溢出中国本土之外。鉴真于天宝二年(743)为赴日本而备办的"百物"中,除粮食、钱物、佛经、佛品等物资外,香药(麝香二十剂,沉香、甲香、甘松香、龙脑、香胆、唐香、安息香、栈香、零陵香、青木香、薰陆香都有六百余斤;毕钵、诃黎勒、胡椒、阿魏、石蜜、蔗糖等五百余斤,另有蜂蜜十斛,甘蔗八十束)占据了主要部分。货物因风汛失落后,天宝七年于扬州"造舟、买香药,备办百物,一如天宝二载所备"。④ 很多都是海外进口中国的名贵香料。

按照佛教传播的惯例,"躬调药物,以治病患"成为鉴真等人在日本的重要活动之一。⑤ 有一种说法认为,唐太宗以后日本许多寺院焚香礼拜,或以香木制成佛像,这些香药、香木,"是由我国经朝鲜而传入日本的"。可以说,此后日本、高丽的名贵香料也基本依赖从中国进口。⑥ 国际香料贸易的盛况,可见一斑。

---

① 详[美]希提:《阿拉伯通史》,马坚译,第355页。

② [日]真人元开:《唐大和上东征传》,汪向荣校注,北京:中华书局,1979年,第68页。

③ 同上书,第74页。

④ 同上书,第47—48、62页。

⑤ [日]真人元开:《唐大和上东征传》之《附录》四《鉴真和上三异事》第一《大唐国住持》(据《大日本佛教全书本》,高楠顺次郎考),汪向荣校注,第115页。

⑥ 林天蔚:《宋代香药贸易史》,台北:中国文化大学出版部,1986年,第392—397页。文永、弘安之役前后,民间交往衰微,日本曾出现香药等商货奇缺的现象(参见拙著《元代海外贸易研究》,成都:四川人民出版社,1999年,第93页)。

叁　香料与国际海上交通(2)
——香料贸易的极盛期(以古印度与埃及间的交通为中心)

10 世纪前后开始至 15、16 世纪之交乃至更晚,贯穿东西海上全线的国际贸易进入全盛阶段,其重要表征之一是东西海道各主要政治经济体香料需求市场的扩大以及香料贸易的空前活跃。

一、有关背景的考察

10 世纪,世界经济中体量可观的中国、进入"商业革命"时代的欧洲与政治中心转向埃及的伊斯兰世界共同将国际贸易推向高潮。

(一)"一些商人在从英格兰到中国的整个欧亚大陆(Eurasia)上有做生意的自由"——国际贸易兴盛之大势

这一时期,东西三大主要政治经济体中的中国正当宋、元(960—1279,1206—1368)和明朝(1368—1644)的前 100 年;西方,伊斯兰世界的中心转向埃及,先后历法蒂玛王朝(Fatimids,909—1171;中国史籍称绿衣大食,西方文献又名南萨拉森帝国)、阿尤布王朝(Ayyubid,1171—1250)和马木鲁克王朝(Mamluk、Mamluke、Mameluk、Mameluke,1250—1517),亦被称为埃及的鼎盛时期;[1]欧洲,大体而言,7—11 世纪的大时段中的 8 世纪,基督教诸国从罗马帝国的衰落中以及伊斯兰教的征服中逐步恢复,到 8、9 世纪恢复了在地中海的贸易,10 世纪后期基督教诸国取攻势,进攻穆斯林占领的地中海岛屿和领土。至 14 世纪中期,"南欧的令人惊奇的经济生活浪潮在西方文明史中标志着一个巨大而不可逆转的转折的发生",这一被称为"商业革命时代"的海上贸易在 1274—1293 年间有 4 倍以上的增长,在 13 世纪中期到 14 世纪中期达到顶点。在它的极盛时期,"它使它的一些商人在从英格兰到中国的整个欧亚

---

① 　9 世纪后期于下伊拉克爆发的僧祇剧变"震撼"了阿拔斯统治的"根基",阿拔斯最富庶的省区之一埃及被伊本·突伦所割据。在埃及建立的突伦王朝(868—905)、伊赫什德王朝(al-Sulalah al-Ikhshidiyyah,935－969)在政治、军事、经济、文化诸领域均有所建树,为后来的法蒂玛等王朝奠定了很好的基础,因此,我认为突伦王朝前后埃及始趋于强盛。

大陆(Eurasia)上有做生意的自由",①其商业的主要轴心继续从西北转向东南,即从东南欧洲转入伊斯兰和拜占庭国家,这就使我们注意到:西欧与伊斯兰地区的贸易,即西罗马与东方(不仅指西亚、中亚与埃及地区,也包括含中国、印度、东南亚在内的亚洲地区)非常活跃的香料、纸草、葡萄酒和纺织品等商品的贸易到8世纪虽然"缩小为涓涓细流",而拉丁世界与伊斯兰世界的贸易到9世纪,"大多数贸易中心都衰落了",但"某些商人团体"(主要指一个被称为"拉达尼特人"的犹太商人集团)除了向东方出口毛皮、武器和奴隶之外,同时进口东方的香料、香水和药品,"的确促进了西欧和东方的奢侈品贸易"。② 这一贸易的主环节就是罗马帝国的大片领土被阿拉伯帝国征服后存留下的东罗马帝国以及它所控制的意大利东北部的前沿基地———一方面,拜占庭帝国的经济发展并没有因为穆斯林的进攻而中断,海上贸易继续供应着有工匠与专业商人居住的城市;另一方面,帝国与其意大利属地在政治上的联系虽然不十分紧密,"但在贸易方面,这些城市纳入了帝国的轨道","对拥有近百万居民的君士坦丁堡的供应,维持了这些城市的输出贸易,而首都的工厂和市场则以这些城市所必需的丝织品与香料供应它们作为回礼"。③ 这些所谓的意大利—拜占庭海港城市及其商人利用它们居于欧洲大陆和地中海盆地中心位置的优势,逐步占据地中海交通贸易的主导地位,成为推动地中海交通贸易全面兴盛的重要力量(有关10世纪前后国际贸易进入全盛阶段问题,当另做专门论述)。

(二)"首要商品"地位的进一步凸显

我们强调香料在国际贸易"首要商品"的地位,这是与其他商品相比较而形成的认识。当然,对此应审慎而行。以下拟从有关论述、香料产地的扩大和主要经济体进口货单三方面进行初步解析。

(1)丝绸与香料——国际贸易商品地位的此消彼长

不容否认,因"丝绸之路"这一概念的提出,丝绸,特别是中国丝绸在国际

---

① 〔英〕M. M. 波斯坦等主编:《剑桥欧洲经济史》第2卷《中世纪的贸易和工业》,王春法主译,北京:经济科学出版社,2004年,第275、296、305页。

② 〔英〕M. M. 波斯坦等主编:《剑桥欧洲经济史》第2卷《中世纪的贸易和工业》,王春法主译,第346、349页;〔比〕亨利·皮朗:《中世纪欧洲经济社会史》,乐文译,《导论》第9页。

③ 〔比〕亨利·皮朗:《中世纪欧洲经济社会史》,乐文译,第16页;〔英〕M. M. 波斯坦等主编:《剑桥欧洲经济史》第2卷《中世纪的贸易和工业》,王春法主译,第310页。拜占庭从东方进口香料、纺织品等货物概见于《查士丁尼法典》,见 *The Digest of Justinian*, vol. 3, University of Pennsylvania. 1998. p. 407.

贸易商品构成中占据显赫的位置成为绕不开的话题。对此,我的基本认识是,8世纪前后中国的丝绸技艺普及于世后,西方对中国丝绸的需求趋于缓和(此后有关史料记载和西方著述中的"丝绸"未必指中国丝绸),但香料却以更强劲的势头成为西方进口的主要商品。这一同样属于前提性的认识尽管需要专文论证,但西方学界对此多持肯定态度,认识似较一致。如法国学者雅克·布罗斯论述西方与中国关系史时曾简要归纳道,查士丁尼时期创建了西方第一家丝绸企业后,丝绸成了拜占庭与西欧贸易的重要产品,为该帝国的富裕、声望作出了巨大贡献;另一种明显后果是"大大缓和"了"与遥远的中国通商的迫切性"。但"欧洲仍然不能缺少某些远东产品。主要是香料、桂皮(在波斯叫作'中国树皮'),特别是做烹调和药用的胡椒"。他认为从7世纪开始到16世纪,这种商品的交易被阿拉伯商人所垄断。① 英国著名学者赫德逊在列举"远东丝绸在地中海失去了原有的地位"的缘由后总结道:"由于蒙古帝国而取得的最具有重大历史意义的商业发展并不是中国与欧洲之间丝绸贸易的暂时恢复,而是印度群岛与欧洲之间香料贸易的巨大增长。与中国新恢复的丝绸贸易的中断,对欧洲经济影响不大,因为欧洲能自己生产丝绸。但是香料对于欧洲的烹调变得越来越不可少,而这只能从印度和印度尼西亚获得,并必须经过波斯或埃及运来;这种必不可少又天然由独家垄断的贸易就成为勒凡特(另有'黎凡特'等译写)政治斗争的主心骨,而且是刺激15世纪欧洲扩张最强而有力的唯一因素。"说蒙古征服造成中、欧间"丝绸贸易"的"暂时恢复",意味着此前有所中断或陷入闲顿。赫德逊在他的著作中将查士丁尼引进中国丝绸技艺作为中国丝绸影响力削弱的转折点。②《剑桥欧洲经济史》提到,"丝绸和紫色织物"因其宗教和政治权威的"象征功能"在拜占庭和伊斯兰世界占据重要地位。③ 然而,与之相比,在"各种交换量不断增加的商品中"居于"第一位"的却是东方香料和"西方纺织品"。显然,后者是西方平衡贸易的主要手段之一,

---

① [法]雅克·布罗斯:《发现中国》,耿昇译,济南:山东画报出版社,2002年,第8页。但我们认为,中国虽然是桂皮的出产地,但桂皮很早传入西方,此时中国并非桂皮的唯一输出地甚至不是主要输出地;7世纪至16世纪的香料贸易被阿拉伯人所垄断的断语亦过于笼统、武断。

② [英]G. F. 赫德逊:《欧洲与中国》,李申、王遵仲等译,第89、123页。

③ 4世纪以后兴起的拜占庭帝国同鼎盛时期的罗马帝国一样追求东方奢侈品,尤其是中国丝绸。政治军事影响力远逊于罗马帝国的拜占庭以丝绸等东方奢侈品张扬新帝国的威权以笼络、羁縻诸蛮族,使丝绸贸易上升为"政治目的而不是为商业目的服务","丝绸以一种前所未有的姿态卷入了政治"([英]G. F. 赫德逊:《欧洲与中国》,王遵仲等译,第81—84页)。帝国丝织业在拜占庭社会经济中的地位异乎寻常,帝国亦强化对丝绸生产、贸易的垄断。

而具有"调味、储藏、药用和染色等许多用途"的香料,或因供应经常不正常而可能造成"短暂的稀缺",但这恰恰"只会提高它们的价值而不会影响它们在奢侈品贸易方面的中心地位";"西方纺织品"和东方的香料(主要是调料、染料和药品)才是欧洲"不断增加"的进口商品中占据首要位置的商品。①

(2)"以更大的热情欢迎香料的到达"的西方市场

从墨洛温王朝(481—751)末年起,西欧的香料消费可能有所收缩,但 11 世纪"则以更大的热情欢迎香料的到达"。比利时历史学家亨利·皮朗认为,这一时期各种自然商品与制造品的交易不断增加,但"香料是地中海贸易的动力"。② 在中世纪早期的伊斯兰世界,尽管印度尼西亚香料非常受欢迎,但主要的宫廷"还不是东方香料的重要消费者",直到 10 世纪,哈里发喜欢巴格达制作的一种由面粉、肉和肉桂、芸香、丁香、生姜、胡椒粉、孜然芹、没药等香料混在一起的沙琪的味道,"正是在这一时期,通往阿马尔菲和威尼斯的香料海运路线又重新建立起来了"。③ 应注意,所谓的 10 世纪前伊斯兰世界的主要宫廷"还不是东方香料的重要消费者"以及"墨洛温王朝末年起停止使用香料",当然不意味着 10 世纪前的伊斯兰世界和欧洲断绝了香料的需求,尽管 10 世纪以来这一需求呈现明显增长的趋势。值得注意的是,从 10 世纪晚期到 14 世纪早期,意大利参与天主教的"东征",这些意大利—拜占庭商人在一系列"商业边界的扩展运动"中纵横捭阖,大获其益。威尼斯、热那亚等城市先后成为地中海的商业大鳄,在与亚历山大(《诸蕃志》中的遏根陀)、开罗(《诸蕃志》中的"憩野")和黎凡特地区的香料贸易中占尽优势。《剑桥东南亚史》等著述肯定埃及的法蒂玛(绿衣大食)和马木鲁克王朝先后恢复了红海通道的安全,使东方的香料等商品得以顺畅地进入地中海世界。埃及成为西欧威尼斯城邦东方商品的供货者(后者实际控制了西欧香料市场约 70% 的份额),在经

---

① [英]M. M. 波斯坦等主编:《剑桥欧洲经济史》第 2 卷《中世纪的贸易和工业》,王春法主译,第 262—263、310、363 页。"西方纺织品"是一个总概念。西方以亚麻、毛织品、野蚕丝织品为主要传统织物,也可包括印度的棉织品。它们的质料至少不亚于中国丝绸,应用面更为广泛。中国丝绸传入后取代了野蚕丝织品,大致以 8 世纪为界,丝织业在地中海世界迅速发展,法兰西的北部、比利时和英格兰发展为纺织品的重要中心,产品以贵重的呢绒为主;更便宜的毛料和含棉纺织品主要来自意大利、法国和德意志南部的一些地区;亚麻多来自香槟、瑞士和德意志的南部;"最好的亚麻是西方唯一值得运到远至北京的产品。"所以,中世纪后期西方纺织品越来越强劲的竞争力值得注意。

② [比]亨利·皮朗:《中世纪欧洲经济社会史》,乐文译,第 138 页。

③ [英]M. M. 波斯坦等主编:《剑桥欧洲经济史》第 2 卷《中世纪的贸易和工业》,王春法主译,第 345 页。

历了农业、商业革命并在地中海地区进行了约 200 年的十字军东征后,"西欧人香料消费剧增",①可以说,一个与东方市场相映照的欧洲市场在走向壮大。

(3)"宋代蕃货中,最重要者为香料"

如果说,西方学界对香料的研究已相当成熟、香料在西方进口的商品中占据首要位置已基本达成共识的话,那么,中国学界对这个问题的认识可能有待进一步拓展。桑原骘藏在他的《蒲寿庚考》中专列"香料""香料之不廉"条,称"宋代蕃货中,最重要者为香料",这种状况实际遍及于唐宋明清各代。② 宋王朝是世界乳香以及众多香料的巨大消费市场,并直接推动了室利佛逝海上商业帝国的强盛。③ 香料作为一种重要经济资源与文化资源对中国各时期社会的建构产生重要影响。④ 本文序言部分曾强调香料基本功用中的药用价值,这是社会各阶层都离不开的医疗、卫生和保健功用,普遍具有药用价值的外来香料与本土产香料相配合,固化成传统医药成分中不可或缺的部分。进一步看,各种香方以及饮食配料的构成同样如此。因此,说香料有关国计民生,不可须臾或缺,并不过分。宋太宗"遣内侍"下海"勾招进奉",即以"博买香药、犀牙、真珠、龙脑"为主要使命。⑤ 有关外来香料与政治、经济、社会生活的密切关系须专文论述。有幸的是,宋、元时期的两则史载足以从总体上印证我们的观点:

例一,北宋太平兴国七年(982)闰 12 月发布的一份诏书:"闻在京及诸州府人民或少药物食用,今以下项香药止禁榷广南、漳泉等州船舶上,不得侵越州府界,紊乱条法。如违,依条断遣。其在京并诸处即依旧官场出卖,及许人兴贩。"继续禁榷的商品共有玳瑁、牙犀等八九种;放开(不再禁榷,从另一个角度看,非禁榷品更为社会所必需)的商品有木香、龙脑香、沉香、檀香、丁香、皮桂、胡椒等 37 种,⑥几乎全是香料。

例二,元仁宗延祐元年(1314)7 月庚午"诏开下番市舶之禁"。⑦ 主要缘

① 同上书,第 352 页;参见[新西兰]尼古拉斯·塔林主编:《剑桥东南亚史》第 1 卷,第 179 页。

② 详[日]桑原骘藏:《蒲寿庚考》,陈裕菁译,上海:中华书局,1930 年,第 196—199 页。

③ 参见拙文《巴邻旁/占碑和吉打国际集散中心的形成——以 1 至 11 世纪马六甲地区的交通变迁为线索》,载《元史及民族与边疆研究集刊》第 26 辑。

④ 这一提法参考陈超《外来香料与中古中国社会建构的互动》一文,见载于网络 https://www.docin.com/p-1988047738.html。

⑤ 《宋会要辑稿·职官志》四四之二,北京:中华书局,1957 年。

⑥ 《宋会要辑稿·职官志》四四之二,北京:中华书局,1957 年。

⑦ 《元史》卷 25《仁宗纪》二,北京:中华书局,1976 年,第 566 页。

由:"……在前设立市舶下番博易,非图利国,本以便民。比闻禁止以来,香货药物销用渐少,价直陡增,乞开禁事。"①

放开禁榷和重开海禁,事关社会日用,两者密切关联。需求之迫切,昭然可见。

(4) 胡椒传播过程"更是引人注目"

应该注意胡椒——最早受到西方特别欢迎的辛香类香料的代表——在中国市场逐步扩大的趋势。这一香料品种虽早见于汉代载籍,但至唐代应用范围仍较有限。② 宋代,特别是南宋有一个明显的变化。据《诸蕃志》记载,中国人向东爪哇购买香料(尤其是胡椒)之多,甚至迫使官府禁止与爪哇的贸易,以遏制铜钱的外流;③爪哇商人则谎称此产品来自"苏吉丹"(今加里曼丹岛西南岸的苏加丹那港)以规避这一禁令。

入元以来,随着传统朝贡之制的淡出,因种种原因导致乳香过量进入(多半通过朝贡贸易)的状况得到改善,进出口商品的构成总体上趋于合理,④国际贸易中"首居其要"的胡椒(参见前文)进一步公开出现于中国市场。马可·波罗所谓"行在城每日所食胡椒四十四担"之说似乎显得如此突兀,⑤以至后人对这位"百万马可"报道的真实性产生怀疑。然而,这一史载的价值远非限于杭州和中国本土。先看马可·波罗的连续报道:在泉州,"我敢言亚历山大(Alexandrie)或他港运载胡椒一船赴诸基督教国,乃至此刺桐(泉州)港者,则有船舶百余";在胡椒的主产地之一马拉巴尔(冯译本作"马里八儿国[Melibar]"),"中国人贩此种香料于印度,重载印度香料而归,尤以胡椒之额为巨";"此国输出之粗货香料,泰半多运往蛮子大州,别一部分则由商舶西运至阿丹丹(即亚丁——笔者),复由阿丹转运至埃及之亚历山大,然其额不及运

---

① 《通制条格》卷18《关市·市舶》,黄时鉴点校,杭州:浙江古籍出版社,1986 年,第 230—231 页。

② 《本草纲目》卷 24"阿魏"条引苏敬《新修本草》称"俗中贵胡椒"(转见于温翠芬《唐代外来香药研究》,重庆:重庆出版社,2007 年,第 143 页),但此语似未见于该书残本[(唐)苏敬等撰《新修本草》(辑复本),尚志钧辑校,安徽科学技术出版社,1981 年]。按《本草纲目》系间接引录《新修本草》,且"裁切化裁",多有讹误[见尚志钧《关于唐新修本草》的几个问题——辑复前记》,第 13 页];(唐)段成式《酉阳杂俎》谓"今人作胡盘肉食皆用之"(方南生点校,北京:中华书局,1981 年,第 179 页);《新唐书》卷145《元载传》载唐宰相元载被赐死后搜出家藏胡椒八百石(可能主要来自陆路),其应用似未普及民间。

③ (宋)赵汝适著、杨博文校释:《诸番志校释》,北京:中华书局,1996 年,第 55 页。

④ 参见拙著《元代海外贸易研究》,第 106—126 页。

⑤ 《马可波罗行纪》,冯承钧译,北京:商务印书馆(《世纪文库》本),2001 年,第 376、395、446 页(出剌木学本)。

往极东者十分之一"。①　泉州所见进口中国的胡椒百倍于西方,马拉巴尔所见则 10 倍于西方。对此,我们可以判断前者有过分夸大之嫌,但 10 倍于西方之说得到元后期的中国航海者汪大渊的呼应,②此可证实 10 倍于西方的估测基本属实。不过,重要的是,以上记载反映的远非中国一地的供求状况,而是 10 世纪以来国际贸易所呈现的一种趋势,是香料作为国际贸易"首要商品"、胡椒成为香料中需求量越来越大的品种的总趋势。这种趋势亦可从产地的扩大得到印证。如《后汉书·天竺传》记胡椒的产地或限于印度西南海岸的马拉巴尔一带;东晋时则称胡椒生于"南海诸国",③此说若实有所据,可能反映胡椒种植区域呈扩大的趋势。至宋代,《诸蕃志》记载"阇婆"(爪哇)的苏吉丹等 6 处出产胡椒;《岛夷志》则笼统称爪哇年产胡椒万斤,范围并及缅甸和马来半岛的许多地区。15/16 世纪游历东方的葡萄牙人皮列士进一步对分布于马拉巴尔(兼及缅甸、暹罗及马来半岛)、苏门答腊和爪哇的二三十处产地作了具体报道。④　澳大利亚学者瑞德总结道,1400 年前后,出口到中国和欧洲的马鲁古香料数量"突然剧增",15 世纪可能的情形是,中期出口下降,后期"猛增"。他在分析丁香扩种的情景后说:"圆胡椒(学名为 piper nigrum)的传播过程更是引人注目"(圆胡椒或黑胡椒为胡椒中的贸易大宗),扩种的范围从苏门答腊各地到西爪哇,直至婆罗洲南部,时间延续至欧洲人东来之后,⑤西方对胡椒的需求量也超过中国。⑥

　　①　《马可波罗行纪》,冯承钧译,北京:商务印书馆(《世纪文库》本),2001 年,第 360 页。

　　②　汪大渊记西方船舶("马船")在古里(马拉巴尔海岸的卡里卡特)与东方船舶交易,运回的货物除东方的香料、丝绸、瓷器、铁条等货物外,还有当地的胡椒,"椒之所以贵者,皆因此船运去尤多,较商舶之取,十不及一焉"。参见拙文《古里佛/古里——宋元时期国际集散/中转交通中心的形成与运作》,载《元史论丛》第 11 辑,天津:天津人民出版社,2009 年。

　　③　详(元)汪大渊著、苏继顾校释:《岛夷志略校释》(北京:中华书局,1981 年)第 132 页"胡椒"条注。

　　④　[葡]皮列士:《东方志:从红海到中国》,何高济译。有关胡椒的产地散见于该书第二部(坎贝到锡兰)、第三部(孟加拉到印度支那)和第五部(印度群岛),南京:江苏教育出版社,2005 年。

　　⑤　详[澳]安东尼·瑞德:《东南亚的贸易时代:1450—1680 年》第 2 卷《季风吹拂下的土地》,吴小安、孙来臣译,第 5、36 页。

　　⑥　至 16 世纪初,胡椒主产地对东西方的出口似已形成明确的分工:北苏门答腊的胡椒港每年出口中国的胡椒达 15000—20000 播荷;马拉巴尔沿海和印尼向西方出口 20000 播荷。按播荷(bihar,也作 bahara)为古代东南亚地区的一种计量单位。最早见于《岛夷志略》"古里佛"条,称"每播荷三百七十五斤",《瀛涯胜览》[见(明)马欢《瀛涯胜览校注》,冯承钧校注,北京:中华书局,1955 年]"古里国"则称,"凡称香货之类,以二百斤为一播荷"。参见[新西兰]尼古拉斯·塔林主编:《剑桥东南亚史》第 1 卷,贺圣达等译,第 187 页。安东尼·瑞德有更详尽的描述。

（5）东西方进口货单中的香料

香料作为国际贸易中的"首要商品"，在东西方进口货单中得到充分反映。

在中国，根据宋元两代的材料粗略估计，进口香料达一两百种，占进口货物的比例达二分之一甚至三分之二。① 在西方，14 世纪早期的一部著作竟然将许多西方本地产品以及铜、胶和棉花、糖、染料、生丝等来自东方（指黎凡特地区和埃及）的不少于 386 个种类的产品全部列在"香料"的名目之下。在他们看来，"东方的'香料'通常价值更高、包含的种类也更广"；主要用于调料、染料和药品的香料"在各种交换量不断增加的商品中占据了第一位，至少在价值上是这样"——这一现象无疑反映了这样一种事实："香料"是东西方进口商品中最具代表性的、首要的物品，是首屈一指的热门产品。如所周知，攫取包括香料在内的东方财富是十字军东征的目标之一，如第四次东征的目的之一便是以"更多的黄金"购取香料；1101 年热那亚人帮助十字军围攻和劫掠恺撒里亚港后，将战利品的 15％用于酬劳船主，其余部分在 8000 个水手和战士间进行分配，每人得到 48 索勒德斯和两磅胡椒粉。"这样，他们中的每个人都成了小小的资本家。"②

（三）10 世纪前后伊斯兰世界的中心转向埃及后的国际香料贸易路线

《剑桥欧洲经济史》正确地指出，伊斯兰文明起源于边界之外的欧洲、香料群岛及撒哈拉沙漠以南的非洲，这意味着伊斯兰地区处于"非洲黄金和印度尼西亚（Indonesia）香料运至拉丁西方世界的新的需求中心的主要通道"，因而，"通过伊斯兰地通向欧洲的贸易历史，成为穆斯林贸易发展的主要特征"。③这一点，在 10 世纪前后体现得更为突出。

（1）欧亚内陆路线和波斯湾路线的衰落

3 世纪罗马帝国衰落，萨珊王朝日趋强盛，伴随而至的是红海商路相对沉

---

① 如（北宋）陶穀《清异录》（共二卷，《惜阴轩丛书》本）。该书旨在采摘隋唐五代及宋初典故，考证源流演变过程）载，五代时流行药物达"数百品"之多（该书实记 190 品）；《宋会要辑稿·职官志》（四四之一八一一九与二一一二三）记录南宋绍兴三年与十一年进口分别为 230 种和 330 种，除去重复者，知外来香料种类和数量大致与元代相近（元）陈大震的《大德南海志》（中华书局《宋元方志丛刊》本）记外来香料 33 种；（元）王元恭的《至正四明续志》（卷五《土产·市舶物货》条，中华书局《宋元方志丛刊》本）载进口货物 205 种中，细色香料近 70 种粗色香料至少 20 种。

② ［英］M. M. 波斯坦等主编：《剑桥欧洲经济史》第 2 卷《中世纪的贸易和工业》，王春法主译，第 292、289、310 页。

③ 同上书，第 335—336 页。

寂，两河流域成为沟通地中海和波斯湾的主要贸易通道；自 5 世纪起，波斯萨珊王朝控制了欧亚内陆通道以及通向拜占庭的商队往来的要道，"并将近东、印度和中国之间的海上居间贸易攫归自己掌握"。① 及至 8 世纪中期，伊斯兰世界的中心从叙利亚（大马士革）转往两河流域的腹地后，伊拉克成为沟通欧、亚、非的"巨大的国际贸易中心"，并形成波斯湾与唐帝国间盛极一时的直接通航。但 9 世纪后期的僧祇事变与中国发生的黄巢杀戮外商事件以及 10 世纪下伊拉克发生的一系列灾祸严重削弱了阿拔斯王朝的实力，②相应的重大变动是印度通往西亚和地中海的海运路线——沿波斯湾延伸到伊拉克路线——的相对冷落。这一趋势虽未必意味着这一路线地位的丧失，但相对而言，无论是穿过伊朗和中亚的内陆路线，还是从地中海到印度洋的波斯湾路线，其重要性都日渐衰退。③

　　（2）"埃及成了香料贸易的必经之地"——伊斯兰世界的中心转向埃及以

---

① ［苏］伊凡诺夫：《伊朗史纲》，李希泌等译，北京：三联书店，1958 年，第 18 页。

② 波斯湾—伊拉克路线的衰落是一个大趋势。除高运输价格和海湾海盗的威胁外，9 世纪后期的僧祇事变期间，突伦王朝在埃及形成；10 世纪下伊拉克又发生一系列灾祸：公元 920 年（回历 308 年）来自阿拉伯半岛东部的卡尔马特人劫掠巴士拉，公元 942 年（回历 330 年）整个阿曼船队被巴士拉统治者烧毁，还有公元 977 年（回历 366 年）的地震摧毁了波斯湾的重要港口撒那威（尸罗夫、色拉夫）等（参见［摩洛哥］M. 埃尔·法西主编：《非洲通史》第 3 卷《7 世纪至 11 世纪的非洲》，16、17 页）。当然，更重要的是伊拉克经历了严重的内乱：10 世纪的农民起义，11 世纪突厥人的入侵，还有本地的分裂主义以及经济的衰退。

③ 桑原骘藏在他的《波斯湾之东洋贸易港》（载《唐宋贸易港研究》）一文中论述了波斯湾—幼发拉底河的商业中心转移过程，其中，9 世纪中叶后（阿拔斯政权实力趋衰）的状况值得注意（先是赛拉夫维持昌盛至 12 世纪中叶，此后是怯失岛、忽鲁谟斯代兴，后者至 16 世纪极盛），但《剑桥欧洲经济史》认为，在西方人的推动下，跨红海香料贸易发展，导致波斯湾路线影响衰减，赛拉夫（尸罗夫）和怯失岛逐渐丧失其重要性，亚丁成为东方香料的主要交易中心（详［英］M. M. 波斯坦等主编：《剑桥欧洲经济史》第 2 卷《中世纪的贸易和工业》，王春法主译，第 352 页）。对笔者来说，这是一个有待进一步研究的课题。邱轶皓根据诸多记载揭示了元代前后的波斯湾地区同时与东方（印度、东南亚、中国）、西方（也门、埃及、欧洲）进行贸易（可能还要考虑东非沿海，即 1 世纪开始与斯瓦希里地区越来越紧密的联系）的盛况（详其著《大德二年［1298］伊利汗国遣使元廷考：法合鲁丁·阿合马·惕必的出使及其背景》，《历史语言研究所集刊》第 87 本第 1 分，2017 年，第 74、78、79 页）；《剑桥欧洲经济史》认为，大部分叙利亚沦于法蒂玛王朝手中时，该地区仍未参与尼罗河地区的经济成功，"可能只是在十字军统治时期——当时叙利亚在西方香料贸易中起到类似埃及的中介作用"（［英］M. M. 波斯坦等主编：《剑桥欧洲经济史》第 2 卷《中世纪的贸易和工业》，第 353—354 页）；《非洲通史》的观点值得参考：控制红海—尼罗河商道的马木鲁克政权与远东进行大宗贸易，与之对峙的蒙古人则试图阻断这一有利可图的交通线（以波斯湾—西亚路线取而代之）。但是，"威尼斯、热那亚和巴塞罗那的商人是了解情况的"，自 1340 年以来，红海航路作为联结埃及各港口和再度兴起的黎凡特（地中海东岸）各海港的商路是无与伦比的，香料全都靠非洲大河来运输（但对尼罗河的利用远早于 1340 年——笔者注）。红海—尼罗河商道的优势，可见一斑。见［塞内加尔］D. T. 尼昂主编：《非洲通史》第 4 卷《12 世纪至 16 世纪的非洲》，北京：中国对外翻译出版公司，联合国教科文组织出版办公室，1992 年，第 315 页。

及以阿伊扎布('Aydhāb)港为中心的红海—尼罗河商道的繁荣

10世纪后半叶,随着法蒂玛王朝的崛起,伊斯兰世界的实际中心转往埃及。西部非洲充沛的黄金供应以及由商人促动的高度发展的城市经济造成了"一个强大铺张的埃及朝廷";处于"商业革命"时期的西欧城镇也同样大幅度增加了对药物、染料及东方调味品的需求。两者处于既对抗(政治与宗教上)又相互依赖(经济上)的微妙状态,法蒂玛王朝需要的木材、铁、沥青及其他军用物资和武器的贸易转向威尼斯、比萨、热那亚和"它们的西方对手",[①]其中,威尼斯等少数商业城市与埃及建立合作关系,80%的东行海上贸易选择红海路线。[②] 法蒂玛王朝将曾经创造过希腊—罗马时代埃及繁荣的印度洋贸易"重新纳入红海与尼罗河流域的商路上来",11世纪后半期,"埃及成了香料贸易的必经之地",过境贸易完全被埃及控制;继之而起的阿尤布王朝由此而得益,从红海西岸至尼罗河的几条商路维持了三百年之久,西方商人只能在亚历山大接货而不能来开罗,更不能通过开罗去红海;红海南端的也门由一位亲王统治。红海—尼罗河商道不仅给经营者带来利益,"而且对整个尼罗河流域的统一和繁荣起了巨大作用"。[③] 与埃及成为过境贸易中心相应的是红海—尼罗河商道中阿伊扎布港('Aydhāb,麦加外港吉达的对岸,中文有多种译写)的繁荣。至该港作实地考察的三上次男根据各种阿拉伯文字的零星记载和自己的观察,认为从10世纪前后起,由印度方面溯红海向埃及行驶的船只,其目的地都是阿伊扎布港;从印度运往阿伊扎布的商品,首先是中国陶瓷,其次是胡椒、药草、丝绸、珍珠、铁等等。[④] 该港口与尼罗河大转弯处的库斯是一条更稳定,因而更常用的路线。[⑤] 马可·波罗向我们提供了这一行进路线的细节(亚丁,冯承钧译为"阿丹"):

> 阿丹有海港,多有船舶自印度装载货物而抵于此。商人由此港
> 用小船运载货物,航行七日,起货登岸,用骆驼运载,陆行三十日,抵

---

① [英]M. M. 波斯坦等主编:《剑桥欧洲经济史》第2卷《中世纪的贸易和工业》,王春法主译,第352页;D. T. 尼昂主编《非洲通史》第4卷《12世纪至16世纪的非洲》,第311页。

② [美]菲利普·柯丁:《世界历史上的跨文化贸易》,鲍晨译,第116页。

③ [塞内加尔]D. T. 尼昂主编:《非洲通史》第4卷,第310—311页。

④ [日]三上次男:《陶瓷之路》,胡德芬译,天津:天津人民出版社,1983年,第31—32页。

⑤ 参见 S. D. Goitein, *A Mediterranean Society: The Jewish Communities of the Arab World as Portrayed in the Documents of the Cairo Geniza.*, volume 1, *Economic Foundations*, University of California Press, 1967, p. 276.

尼罗（Nil）河,复由河运至亚历山大（Alexandrie）。由是亚历山大之回教徒用此阿丹一道输入胡椒及其他香料,盖供给亚历山大物品之道途,别无便利稳妥于此者也。[①]

一般而言,红海—尼罗河段主要由犹太商人和穆斯林商人承运,他们将承接来的东方货物运抵亚历山大、开罗等港,地中海段则主要由威尼斯商人运抵欧洲（一般而言,阿伊扎布是亚丁至马格里布间的转运中心,但威尼斯与埃及间形成的是一种稳定的合作关系）;而"印度承运人大规模地控制了从亚丁到其家乡的航海活动"。[②]

从 11 世纪中期到 14 世纪中期（1058—1368）是这个港口最繁荣的时期,伊本·朱拜尔（Ibn Jubayr,1145—1217,阿拉伯地理学家,旅行家）于 1183 年朝圣途中经过这里,见到当时在场的商队多得不可胜数,认为这里是世界上最热闹的城市之一。[③]

（2）从阿伊扎布转向图尔—吉达——埃及对香料贸易的进一步垄断

因复杂的政治经济变迁,阿伊扎布至库斯的商路于 14 世纪 60 年代被彻底废弃,取而代之的库赛尔/古赛尔"成为香料商路的进口港";后来,商人们又被迫将珍贵货物往北运到西奈半岛海边的图尔（Tūr,1380 年后该港用于通商）,香料贸易不再通过尼罗河。1425 年,在财政越来越困难的情况下,马木鲁克苏丹政府决定垄断香料与糖的贸易,货物全部运抵吉达港（Jiddah,早在拜伯尔斯在位[约 1223—1277]时期,马木鲁克政府就大力加强红海的安全,并使吉达成为东方货品登陆的重要基地）,并使也门的王朝不再干预埃及的贸易。[④]

东方货品转运的重点从阿伊扎布转往吉达反映的不仅是这一地区政治经济局势的演变,从东西海上交通全局看,也与东南亚的伊斯兰化进程并行——葡萄牙人东来前,在地中海—印度洋这道"世界上最长的贸易交通线"上,伊斯兰教通过印度西北部的古吉拉特传向东南亚,标志性事件是 15 世纪初国际贸易集散中心转向马六甲的腹心马六甲港。这一进程的意义在于,"在整个东半

---

① 《马可波罗行纪》,冯承钧译,第 472 页。冯译本并录颇节本改正之文和刺木学本增订之文,并略。

② [英]M. M. 波斯坦等主编:《剑桥欧洲经济史》第 2 卷《中世纪的贸易和工业》,王春法主译,第 368 页。但这一贸易格局的进展表明,活跃于红海的犹太与穆斯林商人也到达印度洋;来到亚丁的商人也远远不限于印度人。

③ [塞内加尔]D. T. 尼昂主编:《非洲通史》第 4 卷,535 页。

④ [塞内加尔]D. T. 尼昂主编:《非洲通史》第 4 卷,第 323—324 页;[英]M. M. 波斯坦等主编:《剑桥欧洲经济史》第 2 卷《中世纪的贸易和工业》,王春法主译,第 370—371 页。

球具有特殊的价值"的"远东尽头"(香料群岛)的物产"挤进了由马鲁古群岛前往印度的香料(丁香、肉豆蔻和豆蔻)航道"。从一定程度上说,中世纪的海上交通贸易至此实现了以伊斯兰教为载体、以香料为"首要商品"的全线运营的一体化(参见本文"余言"部分)。

二、10 世纪以来国际香料贸易的运作——以地中海—印度洋香料贸易为中心

10 世纪前后开始,马六甲海峡向东西商旅进一步敞开,东西交通和香料贸易盛况空前,有关中外记载也比较丰富,而地中海—印度洋区的材料相对欠缺。尽管如此,香料作为"首要商品"的踪迹仍然清晰可见。

(一) 格尼扎(Geniza)文献与福斯塔特犹太人

(1) 格尼扎文献

《伊斯兰百科全书》称,Geniz 源于阿拉伯语"djanāza"。由于犹太教坚信凡包括"上帝"二字的资料都不能被故意摧毁,因此这些资料保存于福斯塔特(老开罗)犹太社区的教堂库房(格尼扎)内。格尼扎亦被译为"藏经库",所保存的资料包括信件、账目、法庭记录、合约等内容(主要涉及法蒂玛和阿尤布时期,马木鲁克时期的内容较少),几百封商人信件(或称为"开罗的格尼扎信函""福斯塔特犹太人文献")所用的阿拉伯语多数用希伯来字母书写。这些记录广泛涉及这一时期埃及穆斯林社会、犹太社区本身以及犹太人赴印度、也门、西西里、突尼斯和巴勒斯坦、黎巴嫩沿海从事贸易的"准确信息";可以看出,福斯塔特犹太人"最为关注的是香料及亚麻贸易在 10 世纪和 13 世纪给尼罗河地区带来了巨大的财富。从那个意义上讲,他们处于埃及和伊斯兰世界经济组织的中心","这些文件提供了有关伊斯兰地区如何作为中介人将东方香料及贵重物品运到西方基督教世界的关键线索"。①

---

① [美]菲利普·柯丁:《世界历史上的跨文化贸易》,鲍晨译,第 107—108 页;[英]M. M. 波斯坦等主编:《剑桥欧洲经济史》第 2 卷《中世纪的贸易和工业》,王春法主译,第 354—355 页;*The Encyclopedia of Islam*, vol. 2. New Edition, Leiden, 1997, pp. 987-989. 关于格尼扎文献,阿斯托(E. Ashtor)、戈尔比(N. Golb)和高丹等人均做过深入研究。普林斯顿大学高级研究院的高丹(或译作戈坦伊)教授(S. D. Goitein, 1900—1985)将几十年来的研究结果收于《地中海社会》(S. D. Goitein, *A Mediterranean Society*:*A Mediterranean Society*:*The Jewish Communities of the Arab World as Portrayed in the Documents of the Cairo Geniza*)以及《伊斯兰社会和机构研究》(莱顿,1976年)中。美国圣母大学郭黎教授对此有精深研究,值得期待。

(2)"香料和纺织品业的专家"——福斯塔特犹太人的红海贸易

格尼扎资料集中于 11、12 世纪。格尼扎犹太人"首先是香料和纺织品业的专家",①在贸易活动中占有明显优势。到 11 世纪末,已有约 8000 名流动商人往来于贸易路线上。柯丁说,往东的商人装载纺织品、布料、玻璃、纸张和书籍,以及由黄铜或其他材质制造的装饰品和容器,但最为重要的是供印度手工业用的金、银和铜,在印度通常滞留 2 年到 3 年的时间。进口物品(运往红海的商品)有自从罗马时代就已开始进口的香料、染料和药品(中世纪的"药品"多属香料;"染料"中的部分品种如番红花、苏木等亦属香料),"以及少量的中国瓷器和丝绸"。② 总体而论,向东去的路线与向西去的路线虽紧密相连,但分工相对明确:西段,商品由来往于马格里布和亚丁的同一群商人——福斯塔特犹太人航运。例如在 11 世纪初,一个住在亚历山大的波斯犹太人经营叙利亚、突尼斯、索科特拉和印度以东生产的草药以及拉丁地区的珊瑚和大西洋的龙涎香;另一位商人从埃及向西西里和突尼斯出口亚麻,从西西里和西班牙进口丝绸,从远东进口漆、靛蓝、巴西木和东方宝石,再出口西方。可见,福斯塔特格尼扎商人统治着也门至地中海的贸易,连接开罗与亚历山大、达米埃塔和罗塞塔(均在尼罗河三角洲)的水上路线,成为将东方商品运到地中海市场的通道,"他们的家乡城市老开罗与新开罗都是长途香料路线的重要中心"。③格尼扎信件谈到曾有一支由 500 只骆驼组成的商队把东方香料及贵重物品从红海运至开罗,还有无数从阿拉伯半岛返回的穆斯林朝圣者。④

(二)以"从东方到埃及的香料贸易"为"主要利益"的卡里米商人集团

西方著述曾提到一种"后格尼扎"时代(1150—1350)的贸易活动,其材料依据是高级财政官员马克祖米于 12 世纪后期写的《贸易税征收手册》,"从 12世纪晚期后,埃及统治者越来越多地参与贸易,这一事实增加了这份资料的价

---

① 〔英〕M. M. 波斯坦等主编:《剑桥欧洲经济史》第 2 卷《中世纪的贸易和工业》,第 362—363页。

② 〔美〕菲利普·柯丁:《世界历史上的跨文化贸易》,鲍晨译,第 108、110 页。

③ 〔英〕M. M. 波斯坦等主编:《剑桥欧洲经济史》第 2 卷《中世纪的贸易和工业》,王春法主译,第356—358 页。S. D. Goitein, *A Mediterranean Society*:*The Jewish Communities of the Arab World as Portrayed in the Documents of the Cairo Geniza*. Vol. 1. *Economic Foundations*, pp. 314-315.

④ S. D. Goitein, *A Mediterranean Society*:*The Jewish Communities of the Arab World as Portrayed in the Documents of the Cairo Geniza*. Vol. 1, *Economic Foundations*, p. 276. 如所周知,中世纪交通线上的商旅多与基督教、伊斯兰教的朝圣活动相联系,朝圣(朝觐)与经商合一是其重要特征。

值"。它记载的主要是法蒂玛王朝和阿尤布王朝后期的税收和财政政策,但"特别"之处是"他们从香料业中看到了一种可以提供战争经费的资金来源。这种态度本身就改变了埃及贸易方式的特点"。① 不过,手册反映的几乎都是地中海地区间的贸易,所以,我们将目光转向另一个踪迹更为清晰的穆斯林"卡里米"商人集团。

1187 年萨拉丁占领耶路撒冷,消灭十字军,埃及成为阿尤布王朝的中心,此后西方虽发动第三、第四、第五次十字军东征,但双方政治上处于一种缓和的气氛之中,领导集团也越来越倾向于考虑商业上的交往。② 此前,格尼扎犹太人虽然为法蒂玛政府"开辟了通过埃及的商道",但"商业的和宗教的磨难"使他们经受厄运,到 12 世纪,"从印度通过红海的进口贸易成了埃及穆斯林、卡里米人集团的专利"。③

据称,"卡里米"(karimi)起源于泰米尔语词"卡雅姆"(karyam,karya),意思是"商业"或"事务",因而被认为可能与印度南部 12—13 世纪著名商人协会颇有关联;④作为一个外来词,在 12 世纪的文本中写作"卡里姆",后来为印度商人采用。到 1200 年,"它完全转化成为穆斯林商人的某种荣誉头衔"。同时,"卡里米取代了犹太人与科普兹人竞争者,获得了远远超出早期几代印度商人的财富与影响"。高丹发现格尼扎信件中的资料不是写作"卡里米",而是写作"卡里姆",意思是护送队,12 世纪在埃及与印度之间定期往返。这种护送队通过多条路线进入印度洋(有时通过亚丁,偶尔也会经过阿拉伯半岛达东非港口);许多其他商人或亦乘坐卡里米的商船穿行于卡里姆路线。⑤

于是,12 世纪起,红海地区大宗贸易的行家里手成为"卡里米人",到 13 世纪,穆斯林卡里米商人作为一种新生力量垄断了东方贸易,至 14 世纪中叶,

---

① [英]M. M. 波斯坦等主编:《剑桥欧洲经济史》第 2 卷《中世纪的贸易和工业》,王春法主译,第 363 页。

② [摩洛哥]M. 埃尔·法西主编:《非洲通史》第 3 卷《7 世纪至 11 世纪的非洲》,第 309—311 页。

③ [英]M. M. 波斯坦等主编:《剑桥欧洲经济史》第 2 卷《中世纪的贸易和工业》,王春法主译,第 362 页。

④ [美]菲利普·柯丁:《世界历史上的跨文化贸易》,鲍晨译,第 111、119 页。柯丁大概是指 8 世纪后的题壁石刻所记的"强大的商人行会",其中"实力最为强大"的是总部在今天比贾布尔地区的阿亚沃尔(Ayyavole)。按,古印度的商人行会及相应的营运组织具有悠久传统,值得重视。

⑤ S. D. 高丹:《有关卡里米商人的发源的新的观点》,载《东方经济社会史杂志》第 1 卷,转引自[英]M. M. 波斯坦等主编:《剑桥欧洲经济史》第 2 卷《中世纪的贸易和工业》,王春法主译,第 367 页;*The Encyclopedia of Islam*, Vol. 4, pp. 640 - 643.

埃及的"卡里姆"商人成为有势力的集团，"埃及当局对这些必不可少的外来辅助力量总是授予他们和他们的货物以及西方产品自由输入埃及的安全通行证"。[1] 亚丁是卡里米人的重要基地，他们经营香料、木材、小麦、面粉、大米、武器、纺织品、宝石、黄金和铜等来自亚洲、非洲和地中海的产品，范围显然比格尼扎犹太人更为广泛。然而，"整个卡里米时期，这些商人的主要利益是从东方到埃及的香料贸易"，因而，香料贸易便是卡里米商人的"专长"，[2]印度洋的香料贸易大部分掌握在他们手中。[3] 其利润相当可观，如从亚丁到埃及的贸易利润可达 100%。12 世纪一位"前卡里米"商人在印度洋一次损失了 10 艘船，但脱险的 1 艘装有中国瓷器和芦桧木（芦桧亦属香料）的船只，"就可以补偿他损失的财产而且有余"。[4] 所以，埃及香料贸易集团即卡里米商人集团之所以富有，原因之一便是他们"在亚历山大及其他大港口的买卖满足了西方对东方香料的需求"。[5]

（三）由"商人之王"控制的香料贸易

如果说，格尼扎和卡里米时期国际香料贸易的主要部分是通过国家委托商人进行运营的话，那么，此后便改由国家专营，进入了国家垄断国际香料贸易的新时期。

如前所述，当马木鲁克政权财政发生困难时，在位的苏丹于 1425 年下令货物必须全部运到麦加的外港吉达港，政府对香料和糖实行垄断，禁止卡里米将商品直接卖给印度商人，另以更高的固定价格卖给欧洲人。为确立香料贸易的皇家垄断，政府决定由一个新建的商人骨干小集团进行监管，香料业此后就由政府的"商人之王"（malik al-tujjar）监督。私人卡里米的作用被取代。数年后，在亚洲和欧洲的每一个商业城市如卡里卡特、坎贝、马六甲和广州，在威尼斯、热那亚、塞维利亚、法兰克福和安特卫普（弗兰德斯地区的首府，今属比利时），"都知道印度和埃及的统治者从东方的香料中获取了大宗的财

---

[1] ［塞内加尔］D. T. 尼昂主编：《非洲通史》第 4 卷，第 535 页。

[2] ［英］M. M. 波斯坦等主编：《剑桥欧洲经济史》第 2 卷《中世纪的贸易和工业》，王春法主译，第 368、370 页。

[3] ［英］鲁宾逊主编：《剑桥插图伊斯兰世界史》，安维华、钱雪梅译，第 132 页。

[4] ［英］M. M. 波斯坦等主编：《剑桥欧洲经济史》第 2 卷《中世纪的贸易和工业》，王春法主译，第 370 页。

[5] 同上书，第 336 页。

富"。① 如所周知,这也是诱发欧洲人东进的重要原因之一。

有分析说,马木鲁克虽经受了一系列政治、经济和自然灾害的危机,但"有一个领域埃及是不必担心有什么竞争对手的。特别是在与蒙古人的战争继续进行期间:那就是香料贸易"。上述措施直接伤害了卡里米商人(但他们与埃及政府的非官方联系一直延续到1429年)、也门苏丹和威尼斯人(15世纪他们已控制了埃及进口额的三分之二)的利益,后者被迫以更高的过境税与埃及达成协议;垄断性的控制为马木鲁克政府提供了所需要的资金,"同时给埃及造成了一种与前不同的经济基础"。15世纪末,开罗的繁荣达于顶峰。不过,15、16世纪之交葡萄牙人的扩张使马木鲁克遭受厄运,葡萄牙包围非洲和伊斯兰世界,封锁红海,收购香料,马木鲁克政治结构所依靠的物质基础开始动摇。1509年,最后一位苏丹(1501—1516年在位)应邀派出的一支海军在马拉巴尔的第乌败于葡萄牙人后,马木鲁克帝国的力量就只限于红海地区。②

(四)马可·波罗报道的意义——贯通海道全线的香料贸易

埃及与印度间的香料贸易当然不是孤立的、地区性的。就10世纪以来的情况而言,苏门答腊东南的巴邻旁/占碑和南印度的西海岸(主要指马拉巴尔地区)的古里(今卡里卡特)先后成为沟通海道全线的国际贸易集散中心。如前所及,马可·波罗向我们展示了由杭州、泉州至印度西海岸的香料,特别是胡椒的分布和东西市场需求急剧增加的信息。当他们行进到马里八儿国(Melibar;这里的马里八儿即马拉巴尔,可进一步具体为该海岸的古里,今卡里卡特;另论)时提到了东西商旅在这里交易,称:"此国输出之粗货香料,泰半多运往蛮子大州,别一部分则由商舶西运至阿丹,复由阿丹转运至埃及之亚历山大(Alexandrie)。"③显见,这里是东西方货物的一个交接点:"自极东"而来的船舶带来的丁香和其他"细货香料"无疑包括马鲁古在内的东南亚地区的地产香料,而马拉巴尔又是向国际商旅提供优质胡椒的主要产地之一,所以中国等"极东"船舶带来的商货在这里出手后,就地购买"所欲之物"(其中的"粗货香料"无疑指未加工的胡椒)而归;另一部分由西方的"商舶"运至亚丁(阿

---

① [英]鲁宾逊主编:《剑桥插图伊斯兰世界史》,安维华、钱雪梅译,第133页。

② [英]M. M. 波斯坦等主编:《剑桥欧洲经济史》第2卷《中世纪的贸易和工业》,王春法主译,第70—71页;[塞内加尔]D. T. 尼昂主编:《非洲通史》第4卷《12世纪至16世纪的非洲》,第324、328页;[美]菲利普·柯丁:《世界历史上的跨文化贸易》,鲍晨译,第111页。

③ 《马可波罗行纪》,冯承钧译,第445—446页。

丹),进而转运至亚历山大。马可·波罗的报道向我们证实了埃及与印度,进而与"远东尽头"构成的一个连续的国际商品交易链;并且,马可·波罗报道的时代正是卡里米商人集团专擅地中海—印度洋香料贸易的时代。

余 言

本文所谓"首要商品",非指孤立的专项商品或专门商人从事的专项贸易,而是指进入东西全海程国际交流的所有商品中占据首要地位的品种,并且,在近代前这种"首要"性贯穿于东西海上贸易的全线。这一可能略显突兀的话题,使人首先想到这样一条警示,即论者总是想凸显"自己选题的重要性"而有所偏失。鉴于此,笔者行文过程中,首先注意尽量避免对材料进行选择性过滤而拼凑自己的认识框架,力求对材料,特别是对相关的前沿性成果进行较全面的解读,侧重于"呈现"——即较多地通过引用自认为重要的成果——以示"论之有据",意在尽量避免妄论之嫌——这或许是一个寂寂无名的海上交通爱好者更应该注意到的;也正由于此,这一不中不西的课题远非笔者能力所及,即作为一名业余爱好者,略涉大量前沿性成果于一二已勉为其难,遑论诸多第一手资料! 故而,愚钝之作,冠以"论稿"二字,以待批评指正。

本选题至少涉及海上通道全线的商品分布、交易的多种形态、香料与其他商品的关系和国际贸易的平衡等诸多方面。本文仅从一个截面力求扼要勾画香料与海上通道的关联,真实展现这一"首要商品"之状貌。但这终究是一种浅层次的展现,不足以揭示香料作为"首要商品"的深刻内涵,故拟以下两项聊补缺失。

一、香料与国际贸易集散中心("政权中心")的转移

《剑桥东南亚史》论述东爪哇在掌控香料资源方面的地缘优势后说:"随着地区政权中心在地理位置上向东转移,经济和政治结构以及美学和世界观也随之发生了变化,这标志着早期东南亚政治经济出现了重大变化。"[①]实际上,中世纪香料与政治、经济、文化的联动关系可推衍至东西海道全线,后三者似可具体体现为"政权中心"的位移。这就牵涉到 9 世纪后期以来海上交通格局

---

① 〔新西兰〕尼古拉斯·塔林主编:《剑桥东南亚史》第 1 卷,贺圣达等译,第 172 页。

从东西直航向离合式通航,即以国际性(而非区域性)贸易集散/分销港口为中心的交易方式的转变。① 如同瑞德所述(见本文"序言"),"利润巨大"的香料吸引了大批商人携带"其他货物"前来"贸易中心",即我们所谓的国际性集散/分销中心进行交易。我们注意到,集散/分销中心与"政权中心"往往是重合的。它们凝聚了政治、经济、地理、文化等诸多优势,但不可否认的是,其基本依托是资源条件,即向东西商旅提供各自所需商品的物质条件。事实表明,在众多交易商品中,占据首要地位的便是香料;而国际贸易主要香料资源的特殊分布正是左右着、"拉动"着集散中心(与相应的"政权中心"合一)转移的最关键的物质要素。

国际集散中心又可称之为国际交通枢纽。中世纪国际交通和贸易的实践向我们传递了某种带有倾向性、规律性的信息。例如,与海岛帝国室利佛逝/三佛齐的兴盛相共生的,是宋政府对海外贸易的积极参与及其对乳香、象牙等商品的渴求。于是,巴邻旁/占碑—末罗游凭借其帝国优势,控制住马六甲—巽他海峡,中外记载也就将后人的眼光聚焦到这个海峡地带,中国与国际商旅在这里进行乳香、没药、象牙和东方香料等物资交易的盛况就呈现在我们的眼前。同样,当9世纪南印度的注辇帝国再次以强劲姿态称霸于印度洋以来,海岛帝国逐步走向没落,它所控制的商业体系瓦解,于是,印度沿海,特别是著名的马拉巴尔即胡椒海岸的地位上升,原本为海岛帝国所控制的马六甲—巽他海域诸海港同时、平等地参与海上交通,古里/古里佛(今卡里卡特,属古印度罗斯特罗库塔王国)为主导的交通枢纽地位形成,古里佛成为主要的国际商品集散中心。更后,随着伊斯兰教影响在海峡地区的扩大,处于马六甲海峡腹心、马来半岛南岸的马六甲从一个海盗出没和渔民聚居的地区迅速崛起,15世纪末以罕见的速度成为一个一等强国(马六甲王朝)和"在贸易季节中中国和远东的产品与西亚和欧洲的产品进行交换的一个大集市"。②

上述历史进程实际在演绎着这样的发展规律:支配国际性集散中心变迁的关键是利益要素,要而论之,这一要素的核心可以视为东西双方对香料(主

---

① 关于直航和离合式通航,可参见本文贰《香料与国际海上交通》(1)二之(二)《隋唐时期中国的香料进口》条的有关页下注。我认为离合式通航施行于常规性的经济交往中,一般不包括特殊的(如个别商旅出于特殊目的和特殊情况的行为)、非常规性远程交往行为(如不注重经济效益的官方商贸行为和官方政治文化交往行为),后者往往采取直接通航的形式。

② [英]D. G. E. 霍尔:《东南亚史》,中山大学东南亚史研究所译,第267页。

要是呈"一片、一线"[见前]分布的乳香、没药、胡椒、丁香、肉豆蔻等品种)为代表的商品的相互需求;这种需求反映在政治上,便是室利佛逝/三佛齐海上商业帝国—罗斯特罗库塔王国(古印度)—马六甲王朝三个"政权中心"的形成和嬗替。

二、香料与国际贸易的收支平衡

一个国家在对外贸易中总是谋求保持进出口基本平衡并略有结余,以有利于本国经济健康发展。我们认为,香料是海上通道中"国际性"最为显著的商品,就中国的进口货单看,香料占全部品种的一半以上,无疑,中国同样是需求量巨大的香料进口国,这就势所必然地涉及了这样的问题:香料与著名的丝绸、陶瓷等商品构成什么样的关系? 它们各自占据什么样的地位呢?

有学者以"香药换丝绸"概括萨珊波斯帝国与北魏、北周、隋、唐的官方贸易形式,认为香药换丝绸是中古时代东西方贸易之主要推动力,[①]并表述为"香料——丝绸的二元交换结构"。[②] 从这点出发,可以粗略推解出中国支付手段的演变与构成:8 世纪以来,这一二元结构逐步解体(相伴随的是域外对中国丝绸需求的趋缓);随着对外交流的发展,进口需求日趋增加,宋代肯定出现过明显的入超现象,相应的便是铜钱的大量外流,因此,陶瓷等商品迅速跟进;进入元代,见于载录的纺织品、陶瓷、金属器具、金银(含制品与金银锭之类,但非流通货币)、漆器、乐器、香药(仅销往南无里一地的樟脑属香料)或手工业用品和文化、生活用品等八九项出口商品大概类同于宋代,或是其进一步发展[③]。可见,丝绸(半制成品而非生丝)褪为出口商品中的组成部分之一而未必是"二元交换结构"中的主力;进入内地最迟(宋代)而织造技术发展最快的棉织品(主要是江浙沿海的民间产品)迅速加入出口商品的行列,陶瓷则"赢得了一个与其丝绸市场不相上下的海外市场"。[④] 丝绸地位的变化显而易见。

国际贸易中的收支平衡是一个复杂、专业性很强的领域(西方的支付手段明显有别于中国,此处从略),从中可清晰看出各项商品在国际贸易中地位的

---

① 温翠芳:《唐代外来香药研究》之《序论:问题的提出——丝绸之路上的贸易额是如何平衡的?》,重庆:重庆出版社,2007 年,第 14—17 页。

② 陈超:《外来香料与中古中国社会建构的互动》,见载于网络 https://www.docin.com/p-1988047738.html。

③ 详拙著《元代海外贸易研究》,第 133—135 页。

④ [新西兰]尼古拉斯·塔林:《剑桥东南亚史》第 1 卷,贺圣达等译,第 174 页。

变化,值得深入研究。

三、中世纪国际交通贸易的分期

1500 年是西欧"中世纪"的结束,相当于中国明朝的中期(对应于中国明朝弘治十三年)。就社会发展阶段而言,中西间难于对应,但是,在国际交通领域,15、16 世纪之际开辟的大航海时代无疑具有标志性意义。我们权且将它作为中世纪国际贸易的下限,更具体的标志性事件是葡萄牙人东来。

15 世纪西方海上技术"惊人的发展"体现为重商主义和火炮(始于 14 世纪)的使用,葡萄牙人取得通向印度群岛的全部海上通道和印度洋无可争议的霸权,也有学者将前于葡萄牙人东来的哥伦布美洲航行(始于 1492 年)当作"地中海"时代和"大洋"(Oceanic)时代的分界点,①但赫德逊在他的《欧洲与中国》一书中主张,"认为所有其他海洋都不如地中海的那种看法到'大洋'观点的心理过渡,却在哥伦布以前两个世纪就已经开始",因此,"在这方面,14 世纪标志着进步,不仅超过了中世纪初期,而且超过了古典时代"。一方面,"拉丁人以地中海为中心的思想态度有了决定性的突破";另一方面,1368 年元朝的灭亡使历史度过"鞑靼人统治下的和平"后,"中国又一次变得离欧洲更遥远了","由于蒙古统一亚洲而向西方人开放的无限机会已不复存在了"。② 据称,14 世纪的欧洲历经了数次波峰、波谷的起伏,如 15 世纪晚期海上贸易量约为 1344 年的 1/3—1/2,南欧贸易的东部前线逐渐从中国退缩;由于无法再轻易从东方获取所需商品,西方被迫自己开发生产以寻求补偿,其中如西非的野胡椒粉作为东方胡椒的替代品既贵且不令人满意。③ 不过,1453 年拜占庭的崩溃虽标志着地中海贸易中心地位的下降,但"世界经济的主导地位"转移

---

① 如所周知,地理大发现后,"所向无敌"的大西洋分别同太平洋和印度洋连接在一起(其中包括 1564 年起马尼拉大帆船穿越太平洋,来往于墨西哥和菲律宾之间,并有效地和中国经济相会合),世界经济由此形成一个巨大而复杂的流通体系。但总的来说,地中海并未因新航路或土耳其势力的崛起而衰落,它的衰落要到 17 世纪中叶以后。参见[法]费尔南·布罗代尔:《菲利普二世时代的地中海和地中海世界》,唐家龙、曾培耿等译,北京:商务印书馆,1996 年,第 265、314、318 页。

② [英]G. F. 赫德逊:《欧洲与中国》,李申、王遵仲等译,第 124、118 页;[英]M. M. 波斯坦等主编:《剑桥欧洲经济史》第 2 卷《中世纪的贸易和工业》,王春法主译,第 323 页。

③ 几内亚湾内的贝宁和非洲西海岸的马拉古埃塔(称"胡椒海岸")的胡椒和黑胡椒一度代替了黄金;"但尽管马拉古埃塔胡椒依然走俏,而国际商人却认为非洲胡椒无法与市场上出现的亚洲胡椒相竞争"(参见 D. T. 尼昂主编:《非洲通史》第 4 卷《12 世纪至 16 世纪的非洲》,第 535、536、529、546 页)。

到北欧,[①]西方的需求可能并未受到大的影响。此后海上交通迎来的是盛况空前的利好局面。

元朝灭亡后,欧亚内陆与中国虽保持过正常交往,但 15 世纪后期亚洲腹地陷入极度动荡,东西交通的重心再次转向海上。地中海大区域中,西欧以威尼斯和热那亚为代表,东部以奥斯曼及其马木鲁克势力为代表,两者之间存在既联系又对抗的复杂关系。1298 年埃及的马木鲁克在抗击蒙古人的攻击后日益强大,亚非间的商路或改以亚历山大—亚丁—坎贝—印度尼西亚为主线,苏门答腊北部成为伊斯兰教传入东南亚的第一个重要中心。在这样的大背景下,东南亚海岛地区的局势也急剧改观:如前所述,东部爪哇凭借其控制马鲁古群岛香料的巨大优势得以强大,但内部矛盾的积累加上外部伊斯兰教的强大影响和中国的支持,使得海岛帝国的中心于 15 世纪初转移到马六甲,后者"挤进了由马鲁古群岛前往印度的香料贸易航道",[②]成为一个世界级的商业帝国和贸易中心,盛况空前的国际贸易由此持续了相当长的时间。

上述态势似乎模糊了古代海上之路贸易史的时间的下限。然而,时代性改变的迹象显而易见,这不仅表现在地缘政治方面,在国际贸易领域,胡椒、丁香的需求量大幅增加,生丝、黄金白银、棉布、美洲香料和形形色色的手工业新品广泛参与国际流通,海上贸易逐渐呈现多元发展的全新局面。尽管如此,导致全球政治经济格局,包括东半球交通和商贸格局根本性改变的标志性时限是发生于 15/16 世纪之际的葡萄牙人的东来。

(原载于荣新江、党宝海主编:《马可·波罗与 10—14 世纪丝绸之路》,北京:北京大学出版社,2019 年,第 131—171 页,收入本书时略有改动。)

---

① 以上参见[英]M. M. 波斯坦等主编:《剑桥欧洲经济史》第 2 卷《中世纪的贸易和工业》,王春法主译,第 328、320、321 等页。

② [英]D. G. E. 霍尔:《东南亚史》,中山大学东南亚史研究所编译,第 264 页。

成吉思汗十三翼考

韩儒林

摘　要:《圣武亲征录》记成吉思汗与扎木合大战于答兰版朱思之野,称成吉思汗方面的军队凡有十三翼。十三翼之详情,前人所考多误。据《圣武亲征录》《史集》及《元朝秘史》,可考其详。

关键词:成吉思汗　十三翼　《圣武亲征录》　《史集》　《元朝秘史》

《圣武亲征录》云:

> 上(成吉思汗)麾下搠只塔儿马剌(Jūchī Tarmalah,此据《史集·成吉思汗传》波斯文原文转写,下同)别居萨里川(Sārī Kahari),札答阑氏(Jadaran)札木合(Jāmūqah Sachan)部人秃台察儿(Tūqūcār)②居玉律哥泉(Ūlāgāi Būlāq),举众来萨里河,掠搠只牧马,搠只麾左右匿马群中,射杀之。札木合以为隙,遂与泰赤乌(Tāijīūt)、亦乞剌思(Īkīrās)、兀鲁吾(Ūrūt)、那也勤(Nōyāqin)、八鲁剌思(Barūlās)、霸邻(Bārīn)诸部合谋,以众三万来战。上时驻军答兰版朱思之野(Ṭālān Bāljūs),亦乞剌部人捏群(Nakūn)之子孛徒(Bōtūn)先在麾下,至是自曲邻居山(Kūlū)遣卜栾台、慕哥(《史集》作 Mulqah 及Tūtāq,即《元史》卷一一八《孛秃传》之磨里秃秃,《秘史》一二九节之

　＊　韩儒林(1903—1983),河南舞阳人。1944—1949 年任教于国立中央大学历史系,一度兼任边政系主任,1949—1982 年任南京大学历史系主任,1956 年创立南京大学元史研究室,还曾担任第一届中国元史研究会会长。主要研究方向为蒙元史、西北民族史、西藏史,著有《元朝史》(主编)、《穹庐集》《韩儒林文集》等论著。

　②　补:据《元史》标点本卷 1《太祖本纪》校勘记[四]:"秃台察儿　按《元朝秘史》作'札木合因迭兀给察儿','迭兀'蒙古语,意为'弟','秃'即'迭兀'之异写,此处混为专名,系译误。"

木勒客·脱塔黑,惟《史集》为二人,且无卜栾台[Borōldāi])二人逾阿剌乌(Ālāūt)、秃剌乌(Tūrāūt)二山来告变。上集诸部戒严,凡十有三翼……军成,大战答兰版朱思之野,札木合败走。

此答兰版朱思一役之轮廓也。是役为成吉思汗大规模战争之第一次,《史集·部族志》称之曰"泰赤乌之战"。参与此次战役之双方部族及将领大抵不出朵儿勒斤(Derlegin)及尼伦(Nirun)两派之外,故《史集·部族志》于叙述参与此战之两派部族时,必称之曰某族为泰赤兀之同盟,某族为成吉思汗之同盟。其参加成吉思汗方面之部族及人物,自洪文卿《元史译文证补》出版后,柯凤孙、屠敬山、王静安诸前辈,均有所考证,惟洪氏尝改原音及原文,错误实多;柯氏恪从洪译;屠氏于每翼置一统帅,殊非信史;王氏谨严,所得宜多,惜为洪译所误,致使毫无问题之人名、部族名,亦随诸人陷入泥淖,至可惜也。兹步诸家之后,以从事孛儿只斤(Borjiqin)氏初期史迹之探讨,于往昔所聚讼莫决之点,多可求得解答,惟此乃机会使然,非予之不学,反能有愈前修也。

按《史集·成吉思汗传》与《亲征录》二书之前半部,大抵代表《元朝秘史》外之另一种蒙古传说,二书内容仅有详略之别,而无次序先后之异,惟《录》文讹误,几不可读,自钱大昕以来,学者虽不断校订,然舛错之处,仍所在皆是。《史集》之在波斯,其芜乱难读之情况,亦正与其东方兄弟(《亲征录》)等,故近世蒙古史家纵兼用中国史料与回教国史料写史或修订元代史,而乖谬讹误依然不可指数也。盖蒙古史基本史料之误谬不去,蒙古史之研究,即无从进步。正误之法则惟有用中文史料与回教国史料直接互校,不然,就回教国史料言,人地名如有讹误,或不著音点,即回教国人,亦不能定其音读。其著音点者,又甚易误置;即无误置,因不著元音,亦往往不能决定其读法,或竟致误读,此稍读波斯、大食之蒙古史料者所周知之困难也。就中国史料言,其讹误无从厘订,与回教国材料正同,至于过去中国学者所凭借之外国材料,又多为片段或删节之重译,西方学者如误(人地名译写讹误尤多),中国学者自无法不误,奉讹误为新史料,此柯、屠诸家以来所以往往将《元史》部族名、人名等等愈改愈远事实也。

今吾人研究成吉思汗十三翼,即用直接互校之法,所据之本,《亲征录》用王国维校注本,波斯文《史集》用俄国贝勒津(Berezin)刊本,载《俄罗斯帝国考古学会东方部丛刊》第十三册,第一五一至一五五页。《录》文既可订正《史集》之误,《史集》亦可订正《录》文之误,彼此比对,往往真伪立辨。数十年来治《元史》者聚讼之问题,常可决定于俄顷。校雠之乐,殆无过于此者。至于人名地名一经勘同,其人其地在蒙古史上之价值,即顿然改观,此诚治《元史》者基本之工作,吾人所当及早从事者也。其目前未能勘同者,仍阙疑。

关于十三翼文字,先列《亲征录》,次《史集》波斯文转写,再次译文,最后洪译。

第一翼:

《圣武亲征录》:月伦太后及上昆弟为一翼。

(按,《圣武亲征录》著录不足十三翼之数,诸翼次第亦不明确。本文按《史集》著录之十三翼次第,与《亲征录》相应之文字,互相比勘,逐一考订。)

《史集》波斯文原文:(略)。[补记,本文在一九四〇年《中国文化研究所集刊》第一卷上发表时,每翼之下录有《史集》波斯文原文及拉丁字母译写。现为排印方便起见,将波斯原文删去,仅存拉丁字母译写。以下不再说明。]

《史集》波斯文转写(以下简称《史集》):Avval mādar i Chīngīz Khan Ūālūn Ika aqvām va atbā' va khveshān va oghlānān urdu va khadam va kasānī kih bi-vai mukhṣuṣ va mansūb budeh and 'ala'' l-infirād

汉译:第一[翼] 成吉思汗母月伦额客,族人、从人、亲属、宫帐之仆从,及各别与特属于彼之人。

《元史译文证补》重译之文(以下简称洪译):第一翼为谔伦额格并其族斡勒忽阑人(即斡勒忽讷之变文)。

[补记,本文初次发表时录有《蒙兀儿史记》及《新元史》修改洪译十三翼之文,今从略。以下不再说明。]

月伦太后,《秘史》五十五节作诃额伦·兀真(Hö'elün Ujin)。六十一节作诃额伦·额客(Eke),蒙德合璧《蒙古源流》作 Ögelen Eke。施密德(I. J. Schmidt)注云,Ögelen 或 Öhlen Eke 意为"云彩母亲"[①]。Ūālūn 为 Hö'elün 之波斯文译写。Ika 乃突厥语 eke 之波斯文译写,译言大姐,蒙古语为母亲。ujin 为汉语夫人之蒙语译音。

突厥语 oghul,元代音译为斡兀立,意为男孩、男仆从。其复数形式为 oghlan。波斯史家再加其本族语之复数语尾-an,即成 oghlānān。洪钧译为斡

---

① 施密德:《东蒙古及其诸王室史》(I. J. Schmidt, *Geschichte der Ost-Mongolen und lhres Fürstenhauses*)即《蒙古源流》德译本,圣彼得堡,1829 年,第 60、375 页。

罗忽阑,谓即月伦太后母族斡罗忽讷(Ulqunut),误矣。Ordu 或 Orda、Ordo,为北族宫帐之称。

第二翼:

《亲征录》缺。

《史集》:Duvum Chīngīz Khan va farzandān va nukarān va kasānī az amīrān va amīr-zādagān va kubknan kih ba-khuṣūsiyat ba-vai ta' alluq mi-dāshtand

汉译:第二[翼] 成吉思汗及诸子、伴当、诸将领之随从人员、贵族、特别隶属于彼之护卫。

洪译:二翼为帝及帝之子弟与其从人并各族之子弟。

[补记:kubknan,1952 年斯米尔诺娃(O. I. Smirnova)俄文新译本第八七页作 kazīktān。与贝勒津刊本比对,波斯文 u 与 z 形近,b 与 n 乃音点错置。kubknan 无意义,kazīktān 元代音译为怯薛丹,此云护卫。]

第三翼:

《圣武亲征录》:三哈初来之子奔塔出拔都、秃不哥逸敦、木忽儿好兰统阿答儿斤,察忽兰统火鲁剌诸部。

《史集》:Sivum Būrājū Bahādur az nasli Sam Qāchīun aqa-y-i Qabul Khān az qaum i Jīrgīn kih shu'ba az Karāīt and bā-qaum i Hidargin kih Muqaddam i īshān Mūqūr Qūrān būd az Nīrūn va Būkūrī kih dar Khrānān bud az nasli ū būdeh va qaum i Qūrlās az darlagīn muqaddam i īshān Chūrūqah

汉译:第三[翼] 出自合不勒汗(Qabul)兄(aqa)三哈出来(Sam Qāchūlai)家之奔塔出拔都(Būltāchū Bahādur),及克烈分部只儿斤部(Jīrgīn),及尼伦(Nīrūn)之阿答儿斤部(Hadargin),其将曰木忽儿好兰(Mūqūr Qūrān),在呼罗珊(Khorasan)之 Būkūrī 即出自其家,及 Dürlegin 之火鲁剌思部(Qūrlās),其将曰 Chūqūrah。

洪译:三翼为撒姆哈准之后人布拉柱把阿秃儿(见前),又有客拉亦特之分族人,又阿答斤人将曰木忽儿忽兰,又火鲁剌思人将曰察鲁哈。

三哈初来,贝本原文作 Sam Qāchīun,故洪氏译为撒姆哈准。但贝氏所引 C 本及 D 本作 Sam Qājūlai,F 本作 Qākhulai,用《录》文校之,ch 之音点有误,均当读为 Sam Qāchūlai,兹据改。《中原音韵》"三"字属"咸监"韵,收声于-m。故三读作 sam。与三哈出来之"三"字对音密合。洪氏译为撒姆,似无必要。

贝本奔塔出作 Būrājū,其所引异写虽有多种,但用《录》文校之,音点皆有误,但悉指引吾人读为 Būltāchū,奔塔出即其正规之译读也。盖元代蒙文音节末尾为 l 者,音译绝大部分变为 n,故 Būltāchū 译为奔塔出。

克烈有分族数支,均隶属于王罕,只儿斤其一也。(参见《史集·部族志》"克烈"条)

阿答儿斤,贝本作 Hīdargin,兹据哀德蛮《史集·部族志》德文译本改正。其"阿答儿斤"条首句云:"成吉思汗时代,其统帅为木忽儿·好兰(Mūqūr Qōrān)"。①

察忽兰,贝勒津刊本引 E 本作 Jauqūrqah。哀德蛮译本引 Hammer 本作 Dschawerka,足证这个人名原为 Chaqurah,抄写者将 r 与 q 易位,而字母 ch 之音点又错误,遂讹为 Jaruqah。

据《部族志》,翁吉剌部分族"火鲁剌思族(Qūrlās)统帅 Chāqūrah,在抗击泰赤兀之战中与成吉思汗结盟"。(参见贝勒津刊本,《丛刊》第七册,第二〇七页;哀德蛮《概况》第九四页)

Būkūrī,待考。

呼罗珊,贝本作 Khranan,为 Khorasan 之讹。

第四翼:

《圣武亲征录》:鲜明昆那颜之子迭良统火力台、不答安辈为一翼。

《史集》: Chahārum pisarān i Sūrqadū Nōyān Darangī va barādarash Qūrīdāī va īshān az qaum i Nīrūn va Qīāt and ba-qaum i Būdāt kih ham az Nīrūn and

汉译:第四[翼] Sūrqadū 那颜之子迭良及其兄弟火力台,彼等出自尼伦及乞牙惕部,以及亦属尼伦部之不答阿惕部。

洪译:四翼为苏儿嘎图诺颜之子得林赤并其弟火力台及博歹阿特人。

鲜明昆与 Sūrqadū 对音不谐;迭良即 Darangī。二名他处均未见。

Būdāt,《秘史》46 节:"合阑歹的儿子争粥饭无上下,因此就做了不答阿惕姓氏。"蒙文 budagha(不答安)译言饭。洪钧不用旧译,另译为博歹阿特,似无必要。

---

① 哀德蛮:《古代突厥、塔塔儿及蒙古民族概况》(F. von Erdmann, *Vollstaendige Uebersicht der aeltesten Türkischen, Tatarischen und Mogulischen Völkerstämme*),喀山,1842 年,此即《史集·部族志》德译本,第 176 页。以下简称哀德蛮《概况》。

《史集·部族志》"不答阿惕"条:"成吉思汗时,其统帅为 Ūridāi。在抗击泰赤兀之战中,不答阿惕部为成吉思汗之同盟军。"①此人即本翼之火力台。

不答阿惕为合兰台之子。合兰台乃孛端察儿之曾孙。阿兰·豁阿感光而生孛端察儿等兄弟三人。三子支裔,蒙古人以其禀受之异,称之曰尼伦。故不答阿惕亦属尼伦。

第五、六翼:

《圣武亲征录》:札剌儿及阿哈部为一翼。

《史集》:Panjum va shishum pisarān i Sūrqūqtū Būrgī Sachanah Bīgī va 'am-zāda-y-i ū Ṭaichū va Jalāir va Sūrquqtū Ya'nī kih khāl bar andām dārd va Qiāt Būrgīn az nasl i ū and va amīr Nūrīn az Urūq i ū būd

汉译:第五、六[翼]　莎儿合秃·月儿乞(Sūrqūqtū Yūrgī)之子撒察·别乞(Sachah Bīgī)及其从兄弟泰出(Ṭaichū),及札剌儿(Jalāir)诸部。莎儿合秃者,身上有痣之谓。乞牙惕·月儿斤(Qiāt Yūrgīn)即出自其家,异密(amīr)Nūrīn 其后裔也。

洪译:五、六翼为莎儿哈秃月儿乞之子薛彻别乞并其从兄弟泰出,及札剌亦儿人莎儿哈秃人。

依《秘史》第四八、四九节,合不勒汗有七子。长子斡勤·巴儿合黑,其子忽秃黑秃·主儿乞,忽秃黑秃·主儿乞有二子,一为撒察别乞,一为泰出。忽秃黑秃主儿乞又名莎儿合秃(译言有痣)主儿乞(《秘史》第一二二节)。依《史集》(洪氏《译文证补》页六——七),泰出为合不勒汗第三子忽秃黑秃蒙古儿之子,乃撒察别乞之族叔,相差一代。主儿乞又名月儿乞(Yūrgī)。帖木真与札木合分裂后,"主儿乞族人的莎儿合秃主儿乞的儿子撒察别乞、泰出二人一圈子……来相合了。"(《秘史》第一二二节)

乞牙惕·月儿斤意即乞牙惕部之月儿斤氏。依《史集·部族志》分类,合不勒汗之后称乞牙惕。而月儿斤氏为合不勒汗长子斡勤巴儿合黑后裔之部曲(见《秘史》第一三九节),故有是称。

---

① 拉施都丁:《史集》(Rashid ad-Dīn, *Jāmi' at-Tavārīkh*),贝勒津(I. Berezin)刊本,载《俄罗斯皇家考古学会东方部丛刊》(*Trudy Voctochnovo Otdeleniya Imperatorskovo Arkheologicheskovo Obshchestva*)第 7 册,圣彼得堡,1861 年,第 275 页。以下简称《丛刊》。《史集》第二卷有布洛晒刊本,名《拉施都丁的蒙古人史》(E. Blochet, *Histoire des Mongols de Fadl Allah Rashid ed-Din*),莱顿,伦敦,1911 年(以下简称布洛晒刊本)。

《秘史》第一二○节,帖木真与其伴当札木合分裂时,札剌亦儿族人薛扯朵抹黑带领阿儿孩哈撒儿、巴剌两个儿子投奔帖木真。依《史集·部族志》"札剌儿"条,成吉思汗西征时,穷追札兰丁逃渡印度河者,即此巴剌那颜。驻扎起儿漫边界之千户 Ūqān 及其 Nūrīq Aqtāchī 皆其亲属。aqta 译言骟马,aqtāchī《秘史》译为笼马人。其兄阿儿孩哈撒儿那颜(Harqāī Nōyān)为右翼千户。(参见哀德蛮《概况》第三○页)

第七翼:

《圣武亲征录》:忽兰、脱端二人为一翼。

《史集》:Haftum pisarān i Ūtūjūqū Dūārdāngī az jumlah-y-i aqvām Qīāt va kasānī kih bi īshān manṣūb va mukhṣuṣ bāshand

汉译:第七[翼] Ūtūjūqū Dūārdāngī 诸子,及乞牙惕诸部全体及隶属于彼等之人。

洪译:七翼为渥秃助忽、都朵端乞及其麾下。

据《秘史》第四八节,忽兰为合不勒汗七子中之第五子。成吉思汗之叔祖。元代著名之巴歹及乞失里黑二答儿罕即其子也客扯连之牧马人(adughuchin)。(《秘史》第一六九节)

脱端可能为合不勒汗幼子脱朵延·斡赤斤(Todoyan Otchigin)。

《史集》所举二名无考,贝本所引异写,亦差误莫辨。

第八翼:

《圣武亲征录》:忽都图·忙纳儿之子蒙哥怯只儿哥为一翼。

《史集》:Hashtūm farzandān Mūnkadū Qīān Chingshut va barādarān kih 'amm-zādagān i Chīngīz Khān and va qaum i Bāyā'ūt az Darlagin muqaddam i īshān Ungūr

汉译:第八[翼] 蒙格图乞颜(Mūnkadū Qīān)之诸子敝失兀惕(Chingshut)及诸弟,皆成吉思汗之从兄弟,及朵儿勒斤之巴牙兀惕部(Bāyā'ūt),其将领曰汪古儿(Ungūr)。

洪译:八翼为蒙格图乞颜之子程克索特及其弟,皆为帝之从兄弟。又巴牙兀特酋曰翁古儿。

蒙格图乞颜为把儿坛把阿秃儿长子,成吉思汗之伯父。《秘史》第二一三节:"成吉思汗再对蒙格秃·乞颜的子汪古儿厨子说:'在前你与这脱忽剌兀惕三姓、塔儿忽惕五姓、敝失兀惕、巴牙兀惕的两种与我做着一圈子。……如今你要什么赏赐.'汪古儿说：'……巴牙兀惕姓的兄弟每都散在各部落里有，我欲要收集者.'成吉思汗应许了，说：'你收集了做千户者.'"按，元代蒙古、钦察、康里三族均有巴牙兀惕氏（伯岳吾）。据《史集·部族志》"巴牙兀惕"条，蒙古之巴牙兀惕又分为草原与河滨两支。在抗击泰赤兀之战中，大部分巴牙兀惕人与成吉思汗同盟，为组成十三翼之一翼。（见贝勒津刊本，《丛刊》第七册，第二三三页）

依《史集》（洪补卷一上），"蒙格秃乞颜有子甚多。长曰敝失兀惕（洪译为程克索特）率蒙格秃乞颜部众以助十三翼之战."此与《秘史》传说不同。依《史集·部族志》"巴牙兀惕"条，汪古儿属巴牙兀惕氏，一二○六年受封为千户。蒙古破金中都，汪古儿受贿失宠。（见哀德蛮《概况》第一五六页；《秘史》第二五二节）《史集》与《秘史》所记实为一人。而所以歧异若是者，则所据之传说不同。吾人未可是此而非彼也。

第九翼：

《圣武亲征录》：答里台、火察儿二人，及朵忽兰、捏古思、火鲁罕、撒合夷、嫩真诸部为一翼。

《史集》：Nuhum Dārītāī Ūtchigīn 'amm……va Quchar 'am-zādah-y-i ū pisar i Nakūn Tāīshī va Dālū az khveshān i īshān va qaum i Dōqolāt az Nīrūn va aqvam i Nagūz va Qūrqan va Saqāīt va H. jīn az Darlagīn

汉译：第九［翼］　叔父答里台斡惕赤斤（Dārītāī Ūtchigīn）……及其从兄弟忽察儿（Quchar）。忽察儿者捏坤太石（Nakūn Tāīshi）子也。及其族人Dālū，及尼伦之朵忽兰（Dōqolāt），朵儿勒斤之捏古思（Nagūz）、火鲁罕（Qūrqan）、撒合夷（Saqāīt）、嫩真（Nūnjīn）诸部。

洪译：九翼为答里台斡赤斤及捏坤太石子火察儿，族人达鲁，并都黑刺特，努古思火儿罕，撒合夷特，委神诸部。

成吉思汗之父，兄弟四人。长，蒙格秃乞颜；次，捏坤太石；三，汗父也速该；四，答里台斡赤斤。《秘史》第一二二节，帖木真离开札木合后，"答里台斡赤斤一圈子也来了"。"那时又离开札木合的……捏坤太子的儿子忽察儿别乞的一圈子，……他们从札木合那里来到乞沐儿合小河的阿亦勒·合刺合纳地方会合了"。

依《秘史》第四六节，朵忽剌歹为孛端察儿四世孙，故属尼伦。《史集·部族志》记朵忽剌惕氏在泰赤兀之战时与成吉思汗联盟。（参见哀德蛮《概况》，

第一八一页）

Nagūz（捏古思），依《史集》，相传蒙古遭他族之难，逃入阿儿格乃衮（Argāna Qūn）者仅二人，一曰乞颜（Qiān），一曰捏古思（Nagūz）。乞颜之后曰乞牙惕；捏古思之后，仍称捏古思，所谓朵儿勒斤（Darlagīn）之捏古思是也。又察剌合领忽娶寡嫂为妻，生子曰建都赤那（Kandū Chīna），曰玉律赤那（Ūlukchīn Chīna），其后为赤那思部。赤那思即《元史·宗室世系表》之直拏斯，斯（s）为复数，意为狼之集团也。[1] 此部为尼伦之一支。故依《史集》之说，此乃尼伦之捏古思，虽与朵儿勒斤之捏古思同名，但族属迥异。

Qūrqan（火鲁罕），《秘史》无火鲁罕，故前人不能定火鲁罕是人名抑部族名。今据《部族志》考之，知其确为部族名，而非人名，盖《部族志》设有专节，叙述此部，不仅在第九翼中火鲁罕与其他三部族并列也。《部族志》叙述此部，亦称其于成吉思汗与泰赤兀战时，与汗结为同盟。[2]

Saqāīt（撒合亦惕），《部族志》（贝勒津刊本，《丛刊》第七册，第一一八页；哀德蛮《概况》，第一二九页）记其在泰赤兀之战时亦为成吉思汗同盟军。

Nūnchīn（嫩真），洪译为委神，即《元史》之许兀慎，《辍耕录》之忽神，后又译为呼神。王氏不信洪氏之说，以为系《秘史》温真撒合夷之温真。然则所谓委神者究为忽神乎？抑为温真乎？抑另为一部乎？吾人于解答此问题之前，须先订正此字之波斯文写法。洪氏所译之委神在拉施都丁书至少凡三见，除贝本之 H. jin 外，贝氏尚引有九种异写。[3]

吾人比较诸本写法，都指引吾人应读为 Nūnjin。本翼嫩真，与波斯本之 Nūnjin，对音密合。

嫩真之为部名，又可以《部族志》证之，《部族志》"斡罗纳儿"（Ūrnāūt）条末尾明言 Nūnjin 与 Kelengut 同出一族。[4] 此字贝本作 Qūjīn，哀德蛮《概况》作 Nūnjin，又作 Naubedschin。[5] 据其译例考之，固不难知此字仅 n 母之音点倒置而为 b 也。

至于王氏谓嫩真即《秘史》之温真，其说亦是，惟王氏仅以温真与撒合夷并

① 《丛刊》第七册，第 250 页。
② 同上书，第 117—118 页。
③ 《丛刊》第十三册，第 230 页。
④ 《丛刊》第七册，第 222 页；哀德蛮：《概况》，第 110 页。
⑤ 哀德蛮：《概况》，第 110、112 页。

举为理由,而未言嫩、温差异之故。按嫩(nun)与温(un)之蒙文写法,所差仅一音点耳,盖明初翻译《元朝秘史》,所据抄本,已误嫩真为温真也,此种笔误,在《蒙古源流》蒙文本中例证甚多,可资参照。至于吾人所以是嫩真而非温真者,则以其有波斯文写法 Nūnjīn 作证也。

第十、十一翼:

《圣武亲征录》:忽都剌可汗之子搠只可汗为一翼。按坛为一翼。

《史集》:Dahum Jūchī khān pisar i Qūtūlah Qāān kih ' am-zādah-y-i Chīngīz khān būd va atbā ' va ashyā ' i ū Yāzdaham Āliān kih ham pisar i Qūtūlah Qāān būdeh ast

汉译:第十[翼] 忽都剌合罕(Qūtūlah Qāān)三子搠赤汗(Jūchī khān),为成吉思汗之从兄弟,及其从属。

第十一[翼] 按坛(Āltān),亦忽都剌合罕之子。

洪译:十翼为忽都剌哈汗之子拙赤汗及其从人。

十一翼为阿勒坛,亦忽都剌之子。

《秘史》五一节:忽图剌合汗生三子。一名拙赤,一名吉儿马兀,一名阿勒坛。《元史译文证补》卷一上七页,忽图剌合汗长子拙赤罕率部下千人从成吉思汗,次子阿勒坛叛附王罕。[补记:斯米尔诺娃俄文新译本,拙赤罕及阿勒坛皆合答安把阿秃儿之子。意者洪氏改《史集》以迁就《秘史》乎?]

按:按坛贝本作 Āliān,t 之音点倒置,误为 i。此可由中文校改,并有贝氏所引 C、D、E 三本写法作证。

第十二翼:

《圣武亲征录》:共吉牙部塔降吉拔都统雪干、札剌吾思为一翼。

《史集》:Duwāzdahum Dā'qī Bahādur az qaum i Qingqīat kih az Nīrūn and va qaum i Sūgān ham az qaum i Nīrūn

汉译:第十二[翼] 尼伦族共吉牙部(Qingqīat)之塔吉拔都(Dā'qī Bahādur),及亦属尼伦族之雪干部(Sūgān)。

洪译:十二翼为答忽巴阿秃儿及晃火攸特人速客特人。

此翼今本《亲征录》不具,仅见明《说郛》本,其首先发见之者为柯劭忞氏,[①]故洪氏称此翼无考。惟此翼虽由柯氏发见,而《新元史》却未采入,殆柯

---

① 王国维:《圣武亲征录校注序》。

氏于十三翼全袭洪译《史集》之文,为体例所限,所以弃而弗取欤?

塔降吉,洪译 Dā'qi 为塔忽,惜手头无贝勒津俄文译本,未能知其误译之故。《秘史》第一二〇节有速勒都思族人塔乞,《元史·后妃表》顺帝有答己妃子,似为 Dā'qī 之音译。然则塔降吉之降,殆为衍文。

Qingqīāt,洪译为晃火攸特。柯史《氏族表序》译为亨力希牙特。二人均误,实即本翼共吉牙。柯氏《部族考》,实本哀德蛮之《不动摇之铁木真》一书。其书氏族部分,必为哀德蛮氏所译《史集·部族志》(即《古突厥、塔塔儿及蒙古民族概况》)之节本。在此书中,哀德蛮误译 Kingkiat 为 Kinegkiat,柯氏之亨力希牙特,即本于此。哀德蛮误读 ng 为 neg 之例甚多。如晃豁坛误读为 Kunegketan,柯氏从之,译为昏乃克喝坛;兀良哈误读为 Urianegkah,等等。哀德蛮误读,柯氏踵之。苟不用波斯与中国史料直接校勘,莫能知其为何部矣。

王氏补出此翼,在初期蒙古史料方面实为一种贡献。惜为洪译所误,于部族名称之勘同,仍未得进步,殊可惜也。

拉施都丁《部族志》有 Qingqīāt 部专条。大意云,此部亦属尼伦。泰赤兀之战,与成吉思汗同盟。其将曰塔吉拔都(Daqi Bahādur)。[1] Daqi 即塔降吉也。

《秘史》第一二〇节有轻吉牙歹一人,斡勒忽纳部人。轻吉牙歹即 Qingqiatai,其人以轻吉牙惕部名为名也。此人之名,《秘史》第二〇二节作轻吉牙歹。轻乃轻之误写。本翼共吉牙当即轻吉牙惕。

雪干,即 Sūgān。洪氏译为速客特亦非无因。Sūgān 在哀德蛮《概况》,第十三页中,正作 Sugat。波斯文音点错置,n 误为 t,乃常事。但贝勒津刊本原文为 Sūgān,洪译未免擅改原音,故意迁就《秘史》速客之名矣。据《史集·部族志》,此族亦出自尼伦,泰赤兀之战,与成吉思汗同盟。(哀德蛮《概况》,第一八六页)

第十三翼:

《圣武亲征录》:建都赤那、玉烈贞赤那二部为一翼。

《史集》:Sezdahum Kandū Chīna va Ūlukchīn Chīna az farzandān i Charaqah Līngqūm va īshān-rā Nagūz gūy-and likin nah Nagūz i avvalin and

---

Chih īshān Nīrūn and chunānchih dar shu'ba-y-i Tāijīūt

汉译:第十三[冀] 建都赤那(Kandū Chīnah)及玉烈贞赤那(Ūlukchīn Chīnah),出自察剌合领忽(Charaqah Lingqum)之后,彼等号捏古思(Nagūz),但非老捏古思。因彼等为尼伦派,故在泰赤兀部支族中。

洪译:十三翼为更都赤那、乌鲁克勤赤那之后努古思人。

赤那思部虽为泰赤兀族之支派,但泰赤兀之战却与成吉思汗同盟。察剌孩领忽兄死而妻其嫂,生二子,一曰更都赤那,一曰玉律贞赤那。蒙语 chino 译言狼,chinos 乃 chino 之多数。蒙古语 gendu 意为雄,ülükchin 意为雌,故《史集》特别解释二子之名为雄狼(gurg-i nar)及雌狼(gurg-i māda)。赤那思部即此二子之后。此族亦称捏古思。此外,蒙古多儿勒斤系亦有一部号捏古思。见本文关于第九翼之考证文字。

依《秘史》第四七节,"察剌孩领忽生子名想昆必勒格,想昆必勒格生子名俺巴孩,就做了泰亦赤兀惕姓氏。察剌孩领忽收嫂为妻,又生一子,名别速台,就做了别速惕姓氏。"依《部族志》(贝勒津刊本,《丛刊》第七册,第一八五页;哀德蛮《概况》第七九页),"更都赤那与玉律贞赤那之后裔,及察剌孩领忽与别妻所生子之后裔,俱为泰赤兀族之祖先。"两种传说,互不相同,姑两存之。

一九四〇年 于成都华西坝

(原载于华西大学《中国文化研究所集刊》1940 年第 1 卷第 1 期;收入韩儒林:《穹庐集——元史及西北民族史研究》,上海:上海人民出版社,1982 年,第 1—13 页)

元朝中央政府是怎样管理西藏地方的

韩儒林

摘　要：西藏是元朝版图的一部分，中央政府设宣政院管理西藏事务。元朝在藏族人民分布地区（一般称吐蕃）设置三个地方行政机构：吐蕃等处宣慰〔使〕司都元帅府，吐蕃等路宣慰使司都元帅府，乌思、藏、纳·里速、古鲁·孙等三路宣慰使司都元帅府。元朝任命藏族僧人为帝师（多半出自八思巴一家），帝师是中央政府的一个特殊官吏，所辖十三万户都在前藏和后藏境内，相当于乌斯、藏、纳·里速、古鲁·孙等三路宣慰使司都元帅府所辖的乌思、藏两路。元代吐蕃地方的高级官吏必须由宣政院或帝师直接推荐，由元朝中央政府任命。

关键词：元朝　吐蕃　宣政院　帝师

西藏是元朝版图的一部分。本文打算就当时中央政府怎样进行管理，地方行政区域怎样划分等问题，稍做阐释。

1251 年元宪宗夺到政权以后，对中央和地方政治军事负责人选，都重新作了安排。《元史·宪宗纪》特别提到"以和里觯统吐蕃等处蒙古汉军，皆仍前征进。"可见西藏当时还处在结束割据趋向统一的进程中。

依西藏古史，1244 年奉凉州阔丹大王命到西藏邀请八思巴伯父的使者，以及在这以前或以后率兵入藏的蒙古将官名叫道尔达[①]，这个道尔达，大约就是属于和里觯这支队伍的。

1260 年元世祖取得了政权，把吐蕃作为封地给了他的第七子西平王奥鲁

---

　　① 刘立千译：《续藏史鉴》（即一六四三年藏人语自在妙善所著的《西藏王臣史》），成都，1945 年，第 11 页。逊波堪布：《如意宝树》附《西藏大事表》（藏文）。萨囊彻辰：《蒙古源流》中文译本，卷 4；施密德德文译本，第 393 页注文。

赤。① 奥鲁赤死后,他的儿子镇西武靖王铁木儿不花和他的孙子搠思班相继承袭这块封地,所以元代吐蕃有事常常是由他们祖孙父子受命处理的。② 明太祖洪武三年(1370 年)邓愈率兵到河州,"镇西武靖王卜纳剌亦以吐蕃诸部来纳款"③。足见元朝一代西藏始终是元世祖第七子一家的采邑。

西藏是元朝版图的一部分,中央政府设有专门机关,管理西藏事务,这个专门机关名为宣政院。《元史》卷八七《百官志》:"宣政院,掌释教僧徒及吐蕃之境而隶治之"。这就是说宣政院一方面管理全国释教宗教事务,一方面又管理西藏的行政事务。在这里我只想讨论一下西藏地方和元朝中央政府的政治关系。

元世祖至元初年设立这个机构的时候,原名总制院,"掌浮图氏之教兼治吐蕃之事",管理财政的权臣桑哥便是一位最早的总制院使。至元二十五年(1288 年)他认为"总制院所统西蕃诸宣慰司军民财谷事体甚重,宜有以崇异之,奏改为宣政院"。④ 据说唐朝皇帝在宣政殿接见吐蕃使臣,所以就把管理西藏的行政机关改名为宣政院了,大概是为了纪念汉藏两族悠久的友谊吧。

元朝政府的人事进退制度,分为四个系统,即管理政治的中书省,管理军事的枢密院,管理监察的御史台及管理宗教和吐蕃事务的宣政院。这四个机关都"得自选官"。⑤ 不过宣政院由于所管辖的地区及所管理的事务特殊,所以"僧俗并用,军民通摄"。西藏的政教合一制度,就是从这时的僧俗并用起源的。

元代西藏地方的最高官吏是宣慰使都元帅,其次是宣抚、安抚、招讨等使。这些高级官吏必须由宣政院⑥或帝师直接推举,⑦镇西武靖王只能推举宣慰使以下的官吏。⑧ 西藏的高级僧俗官吏既由元朝中央政府任命,处罚当然亦由中央政府决定。如《元史》卷二七《英宗本纪》记载,"脱思麻部宣慰使亦怜真坐违制不发兵,杖流奴儿干之地(黑龙江入海的地区)",就是例子。西藏若添置行政机构,也须经宣政院向皇帝建议,由皇帝决定。⑨

---

① [波斯]拉施都丁:《史集·忽必烈传》,布洛晒刊本,第 366 页。
② 《元史》卷 8《世祖纪》;卷 19《成宗纪》;卷 23《武宗纪》。《续藏史鉴》第 20 页的 Thi-mur bho-kha,即帖木儿不花(Temür Buqa,译言铁牛)。
③ 《明史》卷 330"西番诸卫"条。
④ 《元史》卷 305《桑哥传》;卷 87《百官志》"宣政院"条。
⑤ 《元史》卷 21《成宗纪》;卷 87《百官志》"宣政院"条。
⑥ 《元史》卷 17《世祖纪》。
⑦ 《元史》卷 26《仁宗纪》。
⑧ 《元史》卷 23《武宗纪》。
⑨ 《元史》卷 17《世祖纪》。

西蕃军务隶属于宣政院，①遇有小规模军事，由宣政院直接处理，②或设行宣政院就近解决。③ 重大的军事措施宣政院便不能自行决定，必须会同掌管全国军事的枢密院讨论。④ 吐蕃邻境有军事，中央即发吐蕃兵进行镇压。⑤ 当时中央政府处理吐蕃军政事务的制度，大体如此。

西藏是元朝版图的一部分，遇到饥馑贫乏，即由内地运送粮食进行赈济，如至顺元年（1330 年）"吐蕃等处脱思麻民饥，命有司以粮赈之"，这就充分反映出来当时休戚与共的关系。

从内地到吐蕃，沿途设有驿站，持有玺书驿券及西蕃宣慰司文牒的僧俗官员，即可于西藏和内地之间乘驿往来。站户如果贫乏，由中央政府赈济，如至元二十九年（1292 年）九月"甲申，乌思藏宣慰司言，由必里公反后，⑥站驿遂绝，民贫无可供亿"。中央政府即"命给乌思藏五驿各马百、牛二百、羊五百，皆以银；军七百三十六户，户银百五十两"。以后，朵思麻及朵甘思驿站贫民都同样得到救济。

帝师是由元朝皇帝任命的，是中央政府的一个特殊官吏，"正衙朝会，百官班列，而帝师亦或专席于座隅"。⑦ 他住在北京，往往由于履行宗教上的某种仪式，而回到西藏去。⑧ 帝师是元朝创立的新制度，他管辖全国的佛教，是佛教最高领袖的象征，⑨元朝所任命的帝师，有的只有十二岁。⑩

依《元史·释老传》，元朝任命的帝师共十二人，我们拿来和《续藏史鉴》相校，其中多半是出自八思巴（'Phags-pa，译言圣者，名慧幢，1235—1280）一家，他们是祖孙父子相继承的。八思巴以后，亦怜真[监藏]（Rin-chen rgyal-mtshan，译言宝幢）是他的兄弟，答儿麻·八剌·剌吉塔⑪（Dharmapāla rakshita，译言法护）是他的侄子，乞剌思八·斡节儿（Grags-pa 'Od-zer，译言

---

① 《元史》卷 23《武宗纪》。
② 《元史》卷 34《文宗纪》。
③ 《元史》卷 39《顺帝纪》。
④ 《元史》卷 87《百官志》"宣政院"条。
⑤ 《元史》卷 29《泰定帝纪》；卷 34《文宗纪》。
⑥ 这应该就是西藏古史所说的 1290 年的必里公内战（'Bri-guṅ glin-log），参阅《续藏史鉴》，第 20 页。'Bri-guṅ今读为止贡，明代音译写为必力工，参阅《明史》卷 331"阐教王"条。
⑦ 《元史》202《释老传》。
⑧ 《续藏史鉴》，第 14 页。《元史》卷 27《英宗纪》。
⑨ 《元史》卷 12《世祖纪》；卷 16《世祖纪》。
⑩ 《续藏史鉴》，第 16 页。
⑪ 《元史》卷 12《世祖纪》。

誉光)是他的侍者,公哥·罗古罗思·监藏·班藏卜(Kun-dga' blo-gros rgyal-mthsan dpal bzaṅ-po,译言庆喜慧幢吉祥贤)和公哥·列思巴·冲纳思·监藏·班藏卜(Kun-dga' legs-pa 'byuṅ-gnas rgyal-mtshan dpal bzaṅ-po,译言庆喜妙生幢吉祥贤)是他的侄孙。[①] 此外,亦摄思·连真(应为 Ye-çes rin-chen,译言智宝)、辇真·监藏(应为 rin-chen rgyal-mtshan,译言宝幢)、相加班(应为 Saṅs-rgyas dpal,译言觉祥)、[②]相儿加思(应为 Saṅs-rgyas,译言觉,有缺文)等人不见于《续藏史鉴》,可能是有缺略或不是八思巴的族人。[③] 至于八思巴的兄弟"卡那金刚",是元朝的驸马,[④]"统治西藏二十余年;另一位兄弟亦摄思·冲纳思(译言智生)是忽必烈第六子云南王忽哥赤(Hud-kar-che)的师傅[⑤]帝师庆喜慧幢吉祥贤的哥哥锁南戴卜(译言福贤)"尚公主","封白兰王、赐金印",受命领西番三道(前藏、后藏、阿里,见下)宣慰司事。[⑥]

总之,八思巴一家,在元朝前半期垄断了西藏的政权和教权。到了元明之间,西宁宗喀巴(1357—1419)创立黄教,实行化身制度来代替萨思加派一家包办制度。从历史的发展来看,这也是必然的趋势。

《元史·释老传》:"郡县土番之地,设官分职。"《明史·西域传》"朵甘"条:"元置宣慰司、招讨司、元帅府、万户府分统其众。"那么元代西藏地方政治组织、行政区划究竟如何呢?

元代朱思本绘制舆地图时,曾在权臣铁木迭儿子宣政院使八里吉思家"得帝师所藏梵字图书",[⑦]研究黄河上游的情状。这说明当时宣政院是有西藏详细地图的。但《元史·地理志》"陕西等处行中书省礼店、文州蒙古汉儿军民元帅府"条原注云:"朵·甘思、乌思、藏、积石州之类尚多,载籍疏略,莫能详录

---

① 根据《元史》各帝本纪,元仁宗的蒙语庙号是普颜笃(Buyantu,译言有德),英宗是格坚(Gegen,译言光明)。梵文 Ratnasri 译言宝祥,藏文为 Rin-chen dpal,元代依照蒙古语的读法,音译为懿璘质班,乃宁宗的名字。《续藏史鉴》第 17 页原文 Buyantu 作 Bu-yan,Gegen 作 Gi-gan,都不正确,中文译文仁宗误为定宗,英宗误为安王,宁宗取用梵文译名,均不可从。《续藏史鉴》以诸帝师与这几位皇帝有关,故加订正。

② 《元史·释老传》作都家班,误。此言据卷 21《成宗纪》。

③ 萨囊彻辰:《蒙古源流》,中文译本卷 4,及无畏空著《蒙古宗教史》卷 2 第一章,都列举元朝各帝的帝师,其中除个别的以外,都不可信。

④ 《续藏史鉴》,第 16 页。

⑤ 《续藏史鉴》,第 16 页,'jaṅ 应为哈剌章、察罕章之章,乃云南;Hud-kar-che 应为忽必烈子忽哥赤(Hügerchi)。

⑥ 《元史》卷 29《泰定帝纪》;卷 202《释老传》。

⑦ 《元史》卷 63《地理志·河源附录》。

也。"可见明初纂修《元史》的时候,已经搞不清楚,今天要想把元朝的西藏政治区划情况完全弄明白,当然更是不容易的事了。

大体讲来,元朝称藏族人民分布的地方为吐蕃。这个地区设立的最高地方行政组织是宣慰使司都元帅府,元朝皇帝授给他们金银牌、印和宣敕。元朝在这一广大地区,设立了三个最高地方行政机构①:

一、吐蕃等处宣慰[使]司都元帅府,设宣慰使五员,治所设在河州,②管理朵·思麻路等地。西藏人称青海为朵,朵·思麻是藏文 Mdo-smad 的音译,译言下朵,今青海东部。但元代的朵·思麻不包括西宁一带的地方,因为西宁是翁吉剌部章吉驸马的分地,隶属于甘肃等处行中书省。③ 元朝被任命为这一宣慰使都元帅的有赵国宝、沙的、亦怜真等。最后一位是锁南普,明洪武三年(1370)"以元所授金银牌、宣敕来上,会邓愈克河州,遂诣军前降。"④

二、吐蕃等路宣慰使司都元帅府,设宣慰使四员,管辖朵·甘思(Mdo-Khams)等地。元代用甘思二字译 Khams,今译作康,为甘孜藏族自治州及昌都地区。

西藏古史有"朵甘思六冈"(Mdo-Khams sgan drug)⑤之说,元代朵甘思的奔不儿亦思刚和亦思马儿甘万户府或者就在六冈之内。至于朵甘思招讨使所辖的哈答就是清代的噶达,现在甘孜藏族自治州的泰宁;所辖的李唐就是现在昌都地区的里塘,这个李唐城至元九年(1272)曾改为李唐州。

乞剌失思巴班藏卜⑥就是这个地区的宣慰使都元帅之一。

三、乌思、藏、纳·里速、古鲁·孙等三路宣慰使司都元帅府,设宣慰使五员,管理前藏后藏及阿里三部,并设乌思藏管蒙古军都元帅二员,纳·里速、古鲁·孙元帅二员。接受元朝中央政府任命,充当这一地区宣慰使都元帅的,有西僧加瓦藏卜、蘸八儿监藏等(《元史》卷三四)。

《元史·世祖本纪》至元二十九年(1292)"宣政院言:置乌思、藏、纳·里速、古儿·孙等三路宣慰使司都元帅",但这里绝不是说西藏的这个宣慰司

---

① 《元史》卷87《百官志》"宣政院"条。
② 《元史》卷63《地理志·河源附录》。《明史》卷330"西番诸卫"条。
③ 《元史》卷60《地理志》"西宁州"条;卷109《诸公主表》。拉施都丁:《史集·成吉思汗传》,斯米尔诺诺俄译本,第168页。《元史》卷8《世祖纪》。《明史》卷330"西番诸卫"条作章古,古应为吉。
④ 《元史》卷121《按竺迩传》;卷23《武宗纪》;卷26《仁宗纪》。《明史》卷330"西番诸卫"条。
⑤ 《续藏史鉴》,第14页。
⑥ 《元史》卷29《泰定帝纪》。

设于这一年,因为至元二十五年(一二八八年),总制院使桑哥已为乌思藏宣慰使软奴汪木请奖了。[①]

乌思、藏、纳·里速、古鲁·孙是藏文成语 Dbus Gcaṅ Mṅa'-ris skor gsum 的音译,意为"前藏、后藏、阿里三部"。元朝人已用这一成语称呼今天的西藏。不过随着西藏语音的变化,到清代乌思、藏、纳·里速读成"卫""藏""阿里"罢了。乌思或卫是"中"的意思,指前藏,藏指后藏,纳·里速或阿里是西藏的最西部分。

现在的阿里号称阿里三部,藏文为 Mṅa'-ris bskor gsum,元代的"纳·里速、古儿·孙"便是它的音译。阿里三部的旧名是普兰、芒宇及古格。[②]

根据西藏记载,元代把前叛、后藏地方划分成十三个万户(藏人称为 Khri skor chu-gsum)。明洪武六年(1373)朱元璋在西藏设立乌思藏指挥使司,设立"万户府十三"[③],大体上仍是沿袭元朝的旧制。

据 1643 年语自在妙善所著的《西藏王臣史》,元代十三万户中属于前藏的有刹巴(Tshal-pa)、帕竹(Phag-gru)、止贡('Bri-guṅ)等六万户,属于后藏的有霞炉(Sha-lu)、曲弥(Chu-mig)等六万户,此外还有前藏后藏间的杨淖(Yar-'brog)一万户。[④]

用藏文古史与汉文旧记对校,可以互相补充、互相订正的地方很多,可惜我的西藏历史和地理知识太浅薄,藏文史籍的刊行与翻译也很少,目前许多史事还弄不清楚。拿《元史·百官志》"宣政院"条与语自在妙善书互相比校,知元朝中央政府在西藏地区设立的乌思、藏、纳·里速、古鲁·孙等三路宣慰使司都元帅府所管辖的范围,比帝师所辖的十三万户地方要大得多,因为十三万户都在前藏和后藏境内,用元代的术语说,十三万户止在乌思与藏两路之内,三路宣慰使司都元帅却还管辖纳·里速一路。而且元朝在西藏设乌思、藏管蒙古军都元帅二员,设纳·里速、古鲁·孙元帅二员,显然在三路宣慰使司都元帅府统辖下,元代西藏行政分为前后藏与阿里两个系统。

既然十三万户与三路宣慰使司都元帅府的辖地广狭不同,那么,拿藏史所载帝师所辖十三万户的名称和《元史·百官志》宣政院条乌思、藏、纳·里速、古儿·孙等三路宣慰使司都元帅府所辖的十几个万户名单互相比较,当然就

① 《元史》卷 15《世祖纪》。

② 达斯:《藏英字典》,第 362 页。

③ 《明史》卷 330"朵甘思"条。

④ 《续藏史鉴》,第 20 页。

大有出入了。还有一点我们也应该注意,就是《元史》中有关西藏的记载是缺漏很多的,这一点上边已经提到了,如拉萨东北的必里公一个万户,《元史》宣政院条的各万户中,就没有著录。在这样史料残缺不全、个人知识又很简陋的条件下,能勘同的,目前还只有很少几个。

"沙鲁田①地里管民万户一员",沙鲁应该是霞炉,地在札什伦布西南数十里,为西藏著名历史家布思端(Bu-ston)的居地。②

"出密万户一员",出密当即曲弥,八思巴曾于后藏曲弥仁摩寺举行大会,当即其地。

"搽里八田地里管民万户一员",搽里八即刹巴,地在拉萨西。

"伯木古鲁万户一员",伯木古鲁即帕竹,在山南地区。Phag-gru 是 Phag-mo-gru 的简称,依元代蒙古人音译他族语言的例子,gru 须读为 guru③,所以 Phag-mo-gru 元代蒙古人就读成伯木古鲁了。

元英宗至治二年(1322)大司徒菩提幢受封为十三万户中的伯木古鲁万户,他的势力渐渐强大,1351 年代替萨思加派建立伯木古鲁政权,元朝政府仍命他统治西藏三部十三万户。元朝灭亡以后,他和中央政府的关系没有改变。洪武五年(1372)遣使明廷,永乐四年(1406)封为阐化王。以后每次新王即位,必遣使请封。

元末内地农民纷纷起义,推翻维护地主利益的政权,西藏农民牧民的命运和内地农民是一致的,当然也起来了,仅仅至正七年(1347)一年之内,藏民起义的就有"二百余所"。西藏和内地的交通,元明之间,大约受到不少破坏。永乐年间明朝政府命西藏各地地方政府修复西藏和内地间驿站,于是"道路毕通",又恢复"往还数万里"畅通无阻的旧观了。

(原载于《历史研究》1959 年第 7 期;收入韩儒林:《穹庐集——元史及西北民族史研究》,上海:上海人民出版社,1982 年,第 425—434 页)

---

① 田字原文作思,思为田之误。"田地里"是当时的术语,"地里"不成辞。
② 以下诸地方位,参阅达斯《藏英字典》的解释。
③ 如 Otrar,元代译为讹打剌(Otarar),例子很多。

中国典籍中之大夏族与大夏族之西迁

韩亦琦[*]

一、中国典籍中的大夏

关于大夏族的原始住地与原始印欧人的中国发祥地问题,近两百年来已引起世界语言、考古和历史学家的注意,但不能得出明确的结论。[②] 现在我只就我国文字记载中之较为确凿有据的,加以考证论述。

大夏之名似不见于甲骨钟鼎记载之中,见于我国古籍中者以《逸周书》所载为最古。《逸周书》所载大夏有二则:一在周成王《王会解》正文之中,一在其附录商汤时《伊尹献令》之中。二则所记,虽非当时原始记录,然其所言必有所本,似非凭空捏造之言。兹按年代先后加以阐述论证:

1. 商汤时期

《逸周书·王会解》附录《伊尹献令》说:"正北空同(一作桐)、大夏、莎车、姑他、旦略豹(《汲冢周书》作貌)胡、代(《汲冢周书》作戎)翟、匈奴、楼烦、月氏、䁠犁、其龙、东胡(晋孔晁注,十三者,北狄之别名也。代翟在西北,界戎狄之

---

* 韩亦琦(1910—2000),江苏南京人。南京大学历史系世界史专业教授,主要研究方向为世界古代中世纪史,著有《欧洲早期中古史》《世界中世纪史》《两汉时期的中国和中亚诸国》等论著。

② (美)A. K. 纳兰扬在 1983 年日本东京嬉 31 届亚洲和北非人文科学国际大会上的发言,《关于原始印欧人的中国发祥地问题》,王辉云摘译(载《中国史研究动态》,1984 年第 10 期)。

间,国名也。)请令以橐驼、白玉、野马、騊駼、駃騠、良弓为献。"①

我们要从这一条中十三族自西至东的地理分布看:空同虽为族名恐与今甘肃省平源市西泾河发源地之崆峒山有关,是十三族之最西者。莎车今为新疆地名,在葱岭下,因何而至今地无可考。姑他、且略豹不详。胡为匈奴别名。以上六族,商汤时似在正北方之西部。代翟,据晋孔晁注,在西北,界戎(一般指西部少数民族)、狄(一般指北部少数民族)之间国名也。而匈奴、楼烦俱在晋北,为中原之正北。其下月氏,此时当在正北偏东四族之首。月氏之东,孅犁、其龙不详。东胡之在中原北方之最东部,古今无异说。按此十三族中,在商汤时,大夏之东中原北方之西部,更具体地讲,介于新疆甘肃之间,这是可以肯定的。

再从这十三族所献的物品看,橐驼,与新疆流沙有关,白玉出白崑崙,俱为北方西部产物,这些产物之来自空同、大夏、莎车,更足以说明大夏在汤时是在中原北方的西部的。

2. 宗周时期的大夏

《逸周书·王会解》说,周成王时四方少数民族来会,各以当地特产献纳:"禺氏騊駼,大夏兹白牛,兹白牛,野兽也,牛形而象齿;犬戎文马"。按禺氏即月氏。晋孔晁注"禺氏即西北戎。"据汉书所载汉时已居敦煌祁连间。②今按此条所安排之顺序,月氏于周初似已居于敦煌以西至天山(祁连山)一带矣。而犬戎据《后汉书·西羌传》所载:穆王伐犬戎,取其五王,遂迁戎于太原。据王国维先生考证此条当出真本《竹书纪年》。因之,犬戎原居地在宗周穆王以前,当在周之西,③但究在何地,据《史记·匈奴传》谓:自陇以西,有緜诸、绲戎、翟獂之戎,而允姓(即獯狁亦即犬戎)之姦,居于瓜州。瓜州即今教煌。所

---

① 《史记·匈奴传》说:匈奴……居于北蛮,随畜牧而转移。……其奇畜则橐蛮,驴蠃、駃騠。(徐广曰北狄骏马)騊駼(徐广曰:"似马而青"。……又《字林》云:"野马"。《山海经》云:"北海内有兽,其状如马,其名騊駼也。")駃騠(《索隐》曰:"《说文》云:'野马属'")"……儿能骑羊,引弓射鸟鼠,少长则射狐兔,用为食。土力能弯弓,尽为甲骑……随畜因射禽兽为生业。……其长兵则弓矢。"这是《史记》采用《逸用书》《山海经》记载,结合当时实地情况,排除怪诞之词所作的实录。《山海经》中许多怪诞之说固无须说必在排除之列,即如本篇所引《逸周书》中所说大夏所献纳的'牛形而象齿的'兹白牛也未被采用。

② 见《汉书·西域传·大月氏条》

③ 参见王国维《观堂集林》卷13《史林五》《鬼方、昆书、獯狁考》。

以犬戎之原居地当在甘肃全境。[①] 据上面所引《王会解》，大夏居于禺氏、犬戎之间，大夏在周初仍在敦煌一带，这是可信的。

3. 春秋时期

春秋时期的大夏似在西方流沙之东沿，我们可以根据《史记》的记载来说明这种情况，关于这时大夏的记载，《史记》中有两处。

（一）《齐世家》："唯独齐为中国，会盟，而桓公能宣其德。……桓公称曰：'寡人南伐……北伐……西伐大夏，涉流沙。束马悬车登太行，至卑耳山而还，诸侯莫违寡人'"。

（二）《封禅书》："桓公曰'寡人北伐山戎，孤竹，西伐大夏，涉流沙，束马悬车，上卑耳之山。……南伐…… '。"

上叙二条，俱言"西伐大夏，涉流沙 "。根据《史记》关于这件事实所依据的《国语·齐语》与《管子·小匡》有关部分加以考核，这句话是无误的，但其他有关部分，则有误解之处，我们先将《国语·齐语》和《管子·小匡》有关部分，胪列于后，以说明其正确处与误解处，然后再研究其错误之由。《史记·齐世家》所据的是《齐语》中的这一段。

"……四邻大亲，既反侵地，正封疆地……有革车八百乘，择天下甚淫乱者先征之。即位数年，东南多有淫乱者，莱、莒、徐夷、吴、越，一战帅服三十一国，遂征伐楚，……遂北伐山戎……而南归，海滨诸侯莫不来服。……西征白翟之地，至于西河，方舟设泭，乘桴济河，至于石抗。悬车束马，踰太行与辟耳之谿，拘夏，西服流沙西吴。……"

《史记·封禅书》所据的是《管子·小匡》中的这两段：

（一）"桓公曰：'余乘车之会三，兵车之会六，九合诸侯，一匡天下。北至于孤竹、山戎、秽貉。拘秦（泰?）夏，西至流沙西虞。南至……荆夷之国莫违寡人之命，而中国卑我。'"

（二）"于是乎桓公东救徐州……割越地，南据宋邓，征伐楚……中救晋公，禽狄五，败胡貉，破屠何，而骑寇始服；北伐山戎……而九夷始听，海滨诸侯，莫不来服；西征攘白狄之地，遂至于西河，方舟投柎，乘浮济河，至于石沉，悬车束马，踰太行，与卑耳之貉，拘秦（泰?）夏，西服流沙西虞，而秦戎始从。"

---

① 参看上所引书。

　　根据上面所引的三条原始资料,我们可以断定《史记》在《封禅书》与《齐世家》所说的"西伐大夏,涉流沙"是完全正确的。虽然《齐语》脱一"泰"字,《小匡》中二条误"泰夏"(即大夏)为"秦夏",但这种脱误反因第二手资料《史记》的转述得以阐明更正。这样大夏与流沙紧密地联系在一起,不仅能说明其地望之所在,而且又将有关原始资料之脱误加以更正,这是《史记》对于大夏族记载的最大贡献。惜乎王国维先生未详加考定,而断言《史记》有关大夏的记载,本诸《管子》佚文,①恐不妥当。

　　虽然《史记》对于齐桓公西伐大夏的记述是正确的,但也有误解的地方。这个误解的地方就在《管子·小匡》中齐桓公四征的记述中,尤其在西征中这几句:"悬车束马,踰太行,与卑耳之貌拘秦(泰?)夏,西服流沙西虞。"这几句话中,司马迁时,"泰夏"即《史记》中"大夏",尚未误为"秦夏",所以司马迁在《封禅书》中称齐桓公"西伐大夏"是根据明文记载下来的。不过这种记载至后代已将"泰夏"误为"秦夏"以至于王国维先生误认《史记》中的"西伐大夏"为《管子》佚文。

　　其实《齐语》中也有有关的记载。不过《齐语》中的记载在三国时"泰"字已脱去,"拘泰夏"成为"拘夏",而"貌"字已变为"谿"字,成为"与辟耳之谿",所以韦昭注《国语》时就说"太行辟耳山名,拘夏、辟耳之谿也,三者皆谿谷。"于是"拘泰夏"(族)就成为"拘夏谿"读之益令人费解。前汉司马迁时《齐语》中"泰"字想未脱落,故曰"西伐大夏,涉流沙"。但司马迁不直接引用原文"拘泰夏,西服流沙西虞"而曰"西伐大夏,涉流沙",恐史公读此原文时已有费解处,故略而不详。按原文"西征白翟之地……悬车束马,踰太行,"此处应断句。"与卑耳之貌,拘泰夏,西服流沙西虞"应做另一句。但如此断句则"貌"族与"泰夏"族,一在东北,一在西方,邻近流沙,如何联系起来,此乃一不可理解之处。若细按原文所述桓公征伐事,即可了了:"东救徐州"可以说到"割越地";"中救晋公"可以说到"禽狄王,败胡貌","北伐山戎"可以说到"海滨诸侯,莫不来服",则"西征攘白狄之地",当然可以说到"踰太行"并"与卑耳之貌,拘泰夏,西服流沙西虞"。这种记述桓公征伐事的文章做法是否完全得当,姑且不谈,然行文至此,正足以说明桓公威力之大,纵横东、西、南、北无所阻,恐史公不愿信此夸张之词,故略而不详。何况"与卑耳之貌拘泰夏,西服流沙西虞"中之"与"字属上

读抑属下读，俱甚为难。如属上读，则"与"字为连词，但"貉"可能如《齐语》误为"貉"，是不可蹒的。如属下读，则"与"字为介词，则"貉"字为东北少数民族，齐桓公在西攘白狄东归北行时如何又与此东北方之貉共拘泰夏于西方。至于"貉"误为"貉"，则更不可"与"，卑耳山则为一著录之山名，故略去"卑耳"后之"貉"，（或"貉"）而曰至卑耳山（如《齐世家》）或上卑耳山（如《封禅书》），此史公于存疑处略而不详的妙用。对于齐桓公"拘泰夏，西服流沙西虞"（《齐语》作"西吴"），"西虞"，对于史公言恐亦甚费解，故改为"西伐大夏，涉流沙"，略去"西虞"，且著录大夏之地望，此亦史公之妙笔也。总之，我们认为，齐桓公西征是否到过大夏，甚至"拘大夏"已无法考定，但当时大夏之在敦煌一带，涉及流沙，已无可疑。

可是"大夏"一词，自"王会"以来皆以民族名著称，而《左传》则以地名著录，各不相与，而后人强为之合，以致问题越搞越糊涂。《左传》是这样说的：

"子产曰帝迁实沉于大夏，主参……参为晋星。昔金天氏有裔子曰昧，为玄冥师，生允格、台骀。台骀能业其官，宣汾洮，障大泽，以处太原"（昭公元年）。

《左传》中"大夏"一词，实指宗周时夏墟，晋封地，亦即今汾、涑二水流域（《水经注》始疑洮水为涑水之别源，[①]又疑洮水为涑水之兼称[②]）之"太原"而言。而晋杜预在《左传·定公四年》注中说："夏墟，大夏，今太原晋阳也。"已将宗周时山西西南汾、涑二水流域之"太原"，误为秦汉以后之太原，即今山西太原。唐时张守节注《史记》时又从而与齐桓公"西伐大夏，涉流沙"相联系，说："大夏、并州晋阳也。"[③] 这样一误再误，把晋封地夏墟的大夏说成齐桓公西伐大夏之大夏族，以致问题越搞越不清。现在根据史公所据的史料《齐语》和《管子》二书加以澄清，那么，大夏族在春秋齐桓公称霸时，仍在敦煌一带，是很清楚的了。万不可说成晋封地亦即山西西南的汾涑流域的大夏，更不可以说成山西晋阳，即今山西太原。

---

① 《续汉书郡国志》："河东郡喜县有涑水，有洮水。"《水经》云："涑水出河东闻喜县东山黍葭谷。"郦道元注涑水谓"涑水所出，俗谓之华谷，至周阳与洮水合。"是郦氏以洮水为涑之别源。

② 郦道元又云："贾逵曰：'汾、洮二水名'。司马彪曰'洮水出闻喜县，故王莽以县为洮亭也'。"是郦氏又以洮水为涑水之兼称。

③ 《史记·齐世家》"西伐大夏，涉流抄"下有唐张守节《史证正义》曰："大夏、并州晋阳也。"

4. 战国时期

战同时期的大夏与春秋时似无大变动,仍在西方,唯其地望已记载得更明确,不仅在流沙之内,且在昆仑之东的二千二百里。

《吕氏春秋·古乐》篇说:"伶伦自大夏之西,乃之阮隃之阴。"《说苑·修文》篇文全同《吕氏春秋》。应劭《风俗通·声音》篇亦曰"伶伦自大夏之西,昆仑之阴,取竹于嶰谷,生其窍厚均者。"《汉书·律历志》文与《风俗通·声音》篇同。惟《吕览》之"阮隃"、《说苑》《风俗通》《汉书》诸书皆作"昆仑"。近人王国维先生考定,"昆之为阮,声之近,崙之为隃,字误也"。[1] 是战国末期,大夏的地望,不仅在流沙之内,现又以昆仑界于西。《穆天子传》且进一步说明"自西夏(即大夏)至珠余氏及河首千又五百里,自河首襄山以西至于舂山珠泽昆仑之邱七百里。"这样大夏在昆仑之东更明确到以道里计了。大夏西距昆仑有二千二百里。

至于《海内东经》所说"西胡白玉山,在大夏东",那是汉通西域后的记载,大夏已西迁至妫水以南的事了。按《山海经》成书于战国之时,原为民间传说,秦汉时有所增补。上述《海内东经》多汉郡县名,而西胡白玉山与昆仑山即今之喀喇昆仑山。大夏在战国时,如前所述,本在昆仑东,现在昆仑西,是该书所记已在大夏西迁妫水之后矣。

二、大夏族之西迁

1. 西迁之背景

在战国时期(前475—前221),中国与中亚的形势发生急剧变化。原来,中亚地区,包括巴克特里亚,即以后称作大夏的地方,在公元前6世纪属波斯帝国。至公元前4世纪三十年代,马其顿的亚历山大推翻了波斯的统治,巴克特里亚也控制在亚历山大的手中。亚历山大死(前323)后,其帝国经过二十余年的纷争,伊普斯战役(前301)时始分裂为马其顿、埃及和塞琉西王国三个主要国家。巴克特里亚属塞琉西王国。又经过半个世纪的动乱,巴克特里亚

---

① 王国维《观堂集林》卷13(史林五)《西胡考下》。

的总督狄奥多特,终于在公元前 250 年,脱离塞琉西王国而独立。公元前 227 年,攸提德姆又起而代之。再经过二十多年,塞琉西王国虽然想恢复其在巴克特里亚的统治,也无济于事,不得不议和而还(前 208)。① 于是攸提德姆与其子狄米特里乃南下喀布尔,直抵印度河上游进行扩张。公元前 170 年,攸克拉泰狄斯乃乘虚称王,自立于巴克特里亚。大约在公元前 155 年攸克拉泰狄斯为其子所杀,阿姆河以北已与巴克特里亚脱离,巴克特里亚且分裂为数部。这就为大夏、大月氏之西迁准备下条件。

大夏、大月氏在什么时候,又为什么迁入巴克特里亚的呢? 他们是同时还是先后陆续征服该地的? 这与中国的统一,抗击匈奴与匈奴对外扩张有着密切关系。

原来,中国战国时期的纷争局面,已为秦所统一(前 221)。六年后,秦始皇就以数十万之众北击匈奴夺取河南地(今内蒙古河套地区),抑制了匈奴势力的南下并建立举世闻名的防御工事"万里长城"。这时,匈奴西有强大的月氏,东有兴盛的东胡,而南边又遇到秦的防御,只好北退。所可惜的,秦始皇死后不久,秦王朝就瓦解,防御匈奴的力量也崩溃了。楚汉之争以后,汉朝虽然初步稳定下来,然国力十分凋弊,从汉高祖刘邦起,中经惠帝,吕后、文景二帝大约六十年(前 206—前 140)的时间无力进行反击,只好以和亲、馈遗、互市来求得与匈奴的和平共处。汉、匈既约为兄弟之邦,也换来了汉初六十年的休养生息。可是匈奴在这六十年中也积极从事扩张,完成了在中国的西北部对汉的包围。原来,秦二世元年(前 209)时,②匈奴已由冒顿统一起来了。东方大破东胡王,尤其在中原的西部,西北部,匈奴击败强大的月氏,并进一步向西发展。③ 后来在匈奴老上单于即位之初(前 174),即将月氏击走,杀其王以其头为饮器,月氏只得离去敦煌而北走今伊犁河一带。④ 公元前 140 年,汉武帝即位刚一年,即派遣张骞出使大月氏。匈奴惧汉与月氏取得联系,于己不利,乃命乌孙王昆莫击走月氏,月氏乃西走妫水流域,以妫水北为王庭。过了不久又征服了先已去妫水南的巴克特里亚地区的大夏族。

---

① 波里比阿(Polybius),《通史》卷 11,第 84 页。
② 《史记·匈奴传》"冒顿即立"下注"徐广曰:'秦二世元年壬辰岁立'"。
③ 《史记·大宛传·大月氏条》,《汉书·西域传·大月氏条》。
④ 《史记·大宛传·大月氏条》,《汉书·西域传·大月氏条》。

2. 西迁之时间与出发地

大夏族在何时,从何地出发,经过些什么地方,迁到妫水南的巴克特里亚的呢?

由于史书记载的简略,我们对于大夏西去的原因、时间与路线只好从当时大势来推定。我们在前面已经说过,匈奴是在公元前209年冒顿统一下强大起来的,并一再击败月氏,迫其一再迁徙。中国也在楚汉相争之后,在汉朝统治下统一起来(前206),国力虽然凋弊,但也能组织坚强的防御。大夏是不是在这个时期的形势压迫之下,甚至匈奴的直接压迫之下,而西去的呢? 这是很可能的。因此,这个西迁的时间,大致在月氏被迫北去伊犁水之后(公元前174年后)而巴克特里亚攸克拉泰狄斯为其子所杀(前155)国内分崩离析之时,我们估计这个时间大约在公元前150年。再过十年左右的公元前139年,昆莫果然得匈奴之助驱逐大月氏于今伊犁河流域。大月氏乃西去妫水北。

现在我们再谈一些当时大夏西迁前的出发地也就是大夏的原居地。

按照前面的考证,大夏族在战国时是住在流沙之内,西距昆仑约二千二百里地方。后来唐玄奘路过其地说:于阗国尼壤城东四百里至覩货逻(即大夏)故国,国久空旷,城皆荒芜。[①] 同时于阗至且末之大沙漠,《唐书》称之曰图伦碛,[②]现在则称之曰塔克拉玛干大沙漠,所谓覩货逻、图伦与塔克拉皆大夏一音之转,而《唐书·西域传》则直称大夏即吐火罗。所以玄奘所说的覩货逻故国大概就是大夏族西迁以前的原住地。假若我们现在在这个地方进行发掘并能得到考古学上的证据,那么这时我们可以说大夏西迁前的原住地,也就是这次的西迁出发地,即玄奘所说的覩货逻故国,那就更信而有征了。

3. 西迁之路线与定居地

大夏族西迁的时间与出发地既经考定,那么他们经由什么路线到达妫水南岸的巴克特里亚的? 他们必然采取《汉书·西域传》所说的通西域的南道到达巴克特里亚的。《汉书·西域传》说,"从鄯善,傍南山(阿尔金山)北,波河西行至莎车,西踰葱岭则出大月氏、安息。"大夏族原居地既经考定为于阗国尼壤城东四百里的覩货逻(大夏)故国,这个大夏故国就在通西域南道路线上,大夏

---

① 《大唐西域记》,卷12。

② 《唐书·西域传·吐谷浑条》"李靖等军且末之西,伏允专图伦碛,将托于阗"。这很显然,图伦碛是在且末、于阗之间的一片大沙碛。

族西迁,必然遵循南道路线西去。我们也可以从后来的记载来证实这种行程。唐代张彦远《历代名画记》云:画家尉迟乙僧,于阗人。尉迟为于阗国姓,唐朱景元《唐朝名画录》谓为吐火罗人。是吐火罗(大夏)与于阗本为一族。以上两条记载是不是能说明大夏族原在此居住过或者大夏西迁时路过于阗曾有一部分人留居过? 我说是可以的。

自于阗至莎车为西去之通道。毋待赘言。然后再踰葱岭循妫水上游至妫水中游南岸巴克特里亚,更是很自然的事。这时,公元前150年左右,巴克特里亚的希腊人的最后统治崩溃了,为匈奴势力所迫西去的大夏族就在这个地区定居下来,也是很可以理解的,大约十年以后(前139),月氏为匈奴所派遣的乌孙所迫,自今伊犁河流域经大宛、康居而至妫水北并攻败妫水南的大夏,前面我们已说过,不另赘。

三、希腊、罗马有关这时大夏族的记载

关于大夏族侵入巴克特里亚以后的记载以我国为最翔实。以其溢出本文范围故从略。这时希腊人势力既已衰退而罗马人势力从未到此,所以希腊罗马古典作家有关这时大夏的记载就很少。晚于张骞使月氏(前139—前126)一百余年的斯特拉波(生于公元前64或63年)[①]在他的《地理志》中(发表于公元前7年)只说到从希腊人手中夺得巴克特里亚的部落有:阿西(Asii)、帕西安尼(Pasiani)、大夏(Tochari)和塞卡罗里(Saearauli)。他们来自药杀水(Iaxartes R.)彼岸[②]。据斯特拉波同时代人特罗古斯(Gnaeus Pompeius Trogus)所著《通史》,亦谓阿西安尼——大夏(Asiani-Tokhari),塞卡罗西(Sacaraucae)曾侵入巴克特里亚。阿西安尼即阿西为大夏王室所自出。塞卡罗西即塞卡罗里。帕西安尼则未道及。特罗古斯的《通史》已散佚,3世纪的罗马史家哲斯丁(Justin)曾节录其中若干部分。哲斯丁书近代英国有译本传于世。希腊罗马古典作家有关当时大夏的记载只此而已。作者学识谫陋,望通儒硕学有以教之。

(原载于《南京大学学报(哲学·人文科学·社会科学版)》1987年第1期)

---

① Horace Leonard Jones 译 *Geography of Strabo*, *Introduction*, vol, Ⅰ, xiv - xxvi。

② 前书 vol. Ⅴ, p. 261。

9 世纪以前匈牙利人的历史渊源

韩亦琦

一、北匈奴之西去

匈奴是我国历史上少数民族之一,公元前 3 世纪末到公元后 1 世纪势力强大,屹立在我国北方。匈牙利现在欧洲多瑙河流域,时间和地点都与匈奴相去甚远,怎么会发生历史渊源关系? 假若在历史上没有线索可寻,又怎么会使人发现这种关系呢?

首先我们要问匈奴是否西移了呢? 关于这个问题,根据现在世界学术界的研究来看,它的答案差不多是肯定的。[①] 当然也有不同的意见,[②]说什么匈人(Huns,有译为欧洲的匈奴者)不是匈奴(Hsiung-nu,有译为亚洲的匈奴者),并主张匈人不是直接来自远东的,而是在欧洲本土上产生的。关于这个问题,因非本文主题,不拟在此讨论。但匈奴这个民族他们自称确为 Huna (梵文),Hunni 或 Chunni(拉丁文),Chounoi 或 Ounnoi(希腊文),Hüni(古德语),Hunas 或 Hüne(古英语)而不是我国现代对匈奴的读音:Hsiung—nu,我国汉代对匈字的读音应为 Hun。匈奴一词如还其当时读音的真面目则中外读音基本一致。因此,要把匈人(Huns)与匈奴(Hun-nu)区别开来,甚至对立起来,把他们说成两种人,是毫无根据的,这是有些学者对于匈奴历史和汉字

[①] 如苏联的古米略夫(Л. Н. ГУМИЛëB)在他的论文《匈奴历史的几个问题》(原文载苏联《古史通报》1960 年第四期中就主张如此。美国的麦高文(W. M. Mcgovern)在其所著《中亚古帝国》中也做如此的主张。参看该书中译本(译名《中亚古国史》)第六章和第七章。

[②] 参看麦恩庆·赫尔芬(O. Maenchen—Helfen)的《匈人与匈奴》(The Huns and the Hsiung-nu)。该文载于《Byzantion》,American Series,ⅡⅠT、XVII (1944—1945),页 222—243。

古音缺乏研究的缘故。① 因此,即使欧洲的匈奴(即匈人 Huns)不是从远东一次移过来的,难道说他们就不是一些来自远东的匈奴的后裔吗? 他们够突然产生出一个不同于匈奴新种族吗? 换句话说,匈奴是不是自公元 1 世纪末至 2 世纪中叶为汉所败后逐渐地,一浪接一浪地西移并与当地居民杂婚而后,他们的后裔就不能向西移入欧洲了呢? 我的看法是肯定的。除了北匈奴郅支单于在公元前 1 世纪中叶西移康居都赖水(Talas R.)流域并为汉陈汤所消灭不加论列外,②北匈奴于公元 1 世纪末又为窦宪所破西走康居。③ 2 世纪中叶,鲜卑强大,有些匈奴被迫西移。④ 有些未能西去的就留在东方,高车、悦般就是这些人的遗裔。⑤ 此后二百年,西去的匈奴在中外记载中就绝迹了。直到 4 世纪中叶而后(约公元 360 年)有关西去匈奴的记载又出现了。中国《北史》卷 97《粟特国传》就说:

> "粟特国在葱岭之西,古之奄蔡,一名温那沙,居于大泽,在康居西北,去代一万六千里。先是,匈奴杀其王而有其国,至王忽倪已三世矣。其国商人先多诣凉土贩货。及魏克姑臧,悉见房。文成初,粟特王遣使请赎之,诏听焉"。

魏文成帝即位于公元 452 年。如以三十年为一世,则忽倪前三世当为公元 360 年左右。换言之公元 360 年左右,忽倪之祖父时,一个匈奴的领袖已杀粟特王即奄蔡(阿兰)王而有其地了。虽然这条记载所说的时间很容易确定,但粟特国究竟在什么地方,一直到现在,还在争论不休。⑥ 其实,这个问题症

---

① 我国殷周对匈奴的称呼为荤粥、混夷,战国以来为胡,其第一字皆以 h 为声母;至于我国殷周对匈奴之异称獫狁(玁鬻),犬戎(猃狁),其第一字声母之古读亦为 h 非 hsi。甚至现代越南语,匈奴仍读为 Hung-nô,粤语读为 Hing-nou。

② 据《汉书·匈奴传》"郅支人众,中寒道死,余才三千人到康居"。又据《汉书·陈汤传》,汉破郅支后,此三千人俱未能留康居。

③ 《北史·悦般国传》,"为汉车骑将军窦宪所逐……北单于度金微山,西走康居"。

④ 《后汉书·鲜卑传》,(鲜卑大人)"檀石槐乃立庭于弹汗山……南抄缘边,北拒丁零,东却夫余,西击乌孙,尽据匈奴故地"。

⑤ 《北史·高车传》,"高车……其先匈奴甥也。……徙于鹿浑海西北百余里,部落强大,常与蠕蠕为敌,亦每侵盗于魏"。《北史·悦般国传》,"悦般国……其先匈奴北单于之部落也,为汉车骑将军窦宪所逐……其羸弱不能去者住兹北,地方数千里,众可二十余万"。

⑥ 美国麦恩庆·赫尔芬力主粟特即 Sogd(参看注二所引书),而夏德(Hirth)则主粟特即阿兰聊(参看 Hirth,《Die Ahnentalfel》,*Bulletin d l'Academie Imperiale des sciences de St. Petersburg*,1900,p. 230)。日人江上波夫主张粟特国即伏尔加—芬族。(参看江上波夫:《匈奴·芬同族论》,载《欧亚古代北方文化》,东京,1948)。榎一雄则主张粟特国的匈奴即 Chionites。(参看榎一雄:《魏书·粟特国传》和《匈奴·芬同族论》问题,载《东洋学报》卷 37,第四期,页 423—470,1955 年)

结之所在就在于我们把康居——粟特与阿兰（奄蔡）三个名词割裂开来，对立了起来，因之就难于解决了。事实上，我们必须历史地、全面地来加以研究他们之间的关系。一个民族、一个国家绝不是一成不变的，它们是有兴衰消长的。首先，我们可以说自汉张骞出使大月氏起粟特即与康居相联合，不必等到玄奘来指明粟特（宰利）东起碎叶（素叶），西南至泽拉夫善流域。[①] 其次，奄蔡——阿兰虽与康居——粟特有别，但亦在两汉至南北朝时曾经一度服属过康居——粟特。尤其在窦宪北伐、鲜卑强大、匈奴西走（公元 2—3 世纪）后，康居一名已逐渐为粟特所代。晋以后，康居一名之出现只作为指示方位的一个历史地区名称，而非一独立国。事实上，粟特已代康居在匈奴领导下占有奄蔡——阿兰且并为一国，如《北史·西域传粟特国》条所说"粟特国古之奄蔡……匈奴杀其王而有其国"。[②] 这时，如上文所，已是公元 4 世纪中叶前后。这条记载很为重要，它说明匈奴已在此时在里海东北、咸海地区（顿河至伏尔加河以东），南部包有粟特一带，进行军事、政治、经济活动并占领了该地区。此事正与西方记载相吻合，并为匈奴进攻东哥德，开始侵入罗马提供了一条有力的中国文字上的证据。这条记载中所说的匈奴就是我国史乘中所记载的匈奴。这些留居于伏尔加河一带的匈奴可能与当地居民杂婚。当然其中也有很多人继续西去的。我们不难想象，公元 4 世纪七十年代已在巴兰伯（Balember）领导下侵入东哥德领地击败西哥德人的匈奴，5 世纪初在乌尔德斯或乌尔丁（Uldes 文 Uldin）领导之下成为整个多瑙河流域主宰的匈奴，以及 415—453 年在路阿或路加（Rua 或 Ruga）王朝，尤其在路加朝阿提拉（Attila）

---

① 粟特一地，自汉张骞出使大月氏时，已与康居相联合。张骞经大宛之必须由康居发导译传至妫水（阿姆河）北，这就说明康居西南地区已达粟特一带（泽拉夫善河流域），且语言相通。否则，又何必由康居发导译。张骞以后，《汉书》已指明康居所属五小王，北至窳匿（唐代石城即今之塔什干），西南至罽（唐时布豁，即今之布哈剌）与奥鞑（Urgcnj 即唐时货利习弥之首府）。《后汉书》更指明粟弋（即粟特）已成为一独立国，属康居。三国时《魏略》称康居无增损。《晋书》更载明康居府已南移苏薤（张骞西使时属康居，亦即《汉书》中之苏薤）而非《汉书》所记乐越匿地。所以康居一地，自汉至晋，其疆域东起都赖水（今之塔拉斯河），西南已奄有粟特，并远至阿姆河一带，与安息为邻。

② 奄蔡——阿兰，《史记》《汉书》时为一独立国，国力比康居强。后汉时，改名阿兰聊（西方历史亦谓阿兰一名，始见于纪元后 1 世纪之罗马文献），属康居。三国时，《魏略》则称其独立。《晋书》无记载。《北史》则将粟特（康居）、奄蔡（阿兰）并为一国。据西方记载，如《北史·西域传》粟特条所言，4 世纪中叶后阿兰已为来自伏尔加河以东的（即占有粟特的）匈奴所破，逃往西欧高卢。除一小部留居西欧外，大部阿兰人与汪达尔人联合，经伊比利亚半岛，渡海至北非建立汪达尔·阿兰王国。其为匈奴所征服，留居高加索一带者传即今之 Ossetians。中国方面，《北史》与《隋书》之《铁勒传》亦言阿兰在拂菻（东罗马）东，可为印证。

领导下迫使东罗马议和并统治大部分日耳曼人屡次进攻西罗马的匈奴,必然是渊源于中国北部的北匈奴的直接后裔。这些欧洲的匈奴在阿提拉帝国崩溃后分散于匈牙利境内和欧洲南俄草原伏尔加河流域一带消逝了,很可能他们又与留居或5世纪早期新来伏尔加河流域的匈奴后裔混合起来。① 有人就怀疑《北史·粟特国》(或《魏书》同传)的忽倪即阿提拉之幼子 Irnas(Hernac),这个联系不是没有理由的。② 至于这些留居或5世纪早期新来南俄草原伏尔加河一带的匈奴及其后裔,其情况如何,我们必须予以查明。他们就是后来匈牙利渊源于匈奴的历史根据。伏尔加河流域之为当时东西方交通、文化、语言之中介地带为一不可否认之事实。匈奴或匈奴的后裔留居该地数百年后,再西去欧洲,不是不可能的事。

二、根据中国、东罗马、罗斯和欧洲方面文献资料,
论证匈牙利人确为我国北部西去匈奴之一支,
后定居于伏尔加河流域。9世纪迁居于多瑙河流域。

匈牙利人之从伏尔加河流域一带在9世纪末向西移居于现在居地多瑙河流域,已为历史文献所证实。但原居于伏尔加河流域一带的匈牙利人是否渊源于匈奴呢?

根据现代人的研究,原始匈牙利人(马札尔人原为其一部落)原居于西部西伯利亚,5世纪早期始向西南移动至伏尔加河流域一带,与曷黐(Khazars)③相接。后来,这些原始匈牙利人七部落与曷黐中三部落称为卡瓦尔人(Kavars)者合并为一政治联盟,突厥人称之为恩——沃古尔(On-ogur),义为‘十箭’,盖指此十部落联盟而言。这个恩——沃古尔就是我国《北史》或《隋书》中的恩屈和东罗马6世纪记载中的乌古尔(Ugur 或 Uighur)、恩格利

---

① 参看 *Encyclopaedia Britannica Micropaedia*, VI, P. 496d, 1943 - 73。

② 参看 F, Hirth, Ober Wolga-Hunnenr und Hiungnu, Sitzungsberiebte des philos-philol, und hstor. Classe der K. bayer Acad. d. Wiss. Bd, Ⅱ Heft Ⅱ. Hirth 以 Hernac 为"忽倪已",恐误。应作"忽倪",K 音想已略去。"已"字编索《北史》《魏书》各种版本皆作"已",应属下文作"已三世矣"。如发现"已"作"己",则"己"字应属上文作"忽倪己",正合 Hernac 或 Hcrnak 之译音。

③ 从对音、时间与地望上看,我认为 Khazar 是曷黐。参看《北史·铁勒传》和 *Encyclopaadia Britannica*,964,Khazar。

(Oungri)等名称的由来,也是当时亚洲东西两大国对于这个地区这个有关民族的实录。我国的《北史》和《隋书》中《铁勒传》是这样说的:

> "铁勒之先,匈奴之苗裔也,种类最多,自西海之东,依山据谷,往往不绝。……康国北,傍阿得水①则有……等,有三万许兵。得嶷海②东西有……等诸姓八千余。拂菻③东则有恩屈、阿兰、北褥九离、伏咀昏等,近二万人。北海(《北史》北海作比海,误。)南,则都波等。虽姓氏各别,总谓铁勒。并无君长,分属东、西两突厥。居无恒所,水草流移。……善于骑射……近西边者颇为艺植,多牛羊(《北史》无羊字)而少马。自突厥有国,东西征讨,皆资其用,以制北荒。"

东罗马蔡马库斯于公元 568 年出使突厥之《纪行》④中也说过:

> "于是简选东方市邑宰官,西立西亚人蔡马库斯当其任。……蔡马库斯……又得嶷海,再经沮茹地多日,至阿得拉(即阿得水,今日伏尔加河也——作者),再次至乌古尔国。"

上面所举两条原始记录,一条是我国的,一条是东罗马的。前条的恩屈,据张星烺先生所说,"即东罗马蔡马库斯《纪行书》中之乌苟尔国(Ugur,本文译作乌古尔)也。蔡马库斯记载简略,其详情吾人不得而知也。⑤ 张先生这种联系是对的,虽然他嫌这条记载简略,没有举出更多的论据来证实他这种联系。其实我们从这两条记录写成的时间,所描绘的地望,和各所记录的对音上看,恩屈和乌古尔是指当时同一地区的这个同一部落联盟而言的。这是没有什么问题的。这个时间是《北史》(5—6 世纪),更具体地讲是《隋书》(581—618)所记录的 6—7 世纪,也是东罗马蔡马库斯《出使突厥纪行》的 6 世纪(即 568)。这个 6 世纪就是原始的匈牙利人七部落已迁移至伏尔加河流域一带与曷嶻人三部落联合成一个由突厥人称之为恩——沃古尔(十箭)的部落联盟的时间,因之在《北史》和《隋书》中才有恩屈,在东罗马才有乌古尔这种不约而同

---

① 阿得水(突厥语 Atel,Idil,义为江河)即今伏尔加河。

② 得嶷河即今里海(得嶷海得名于得嶷 Djaik 或 Iaik 水,得嶷水即今之乌拉尔河,流入里海,故得嶷海即里海)。

③ 拂菻即东罗马。

④ 原文载于 Mcnander Protector 之 Fragmenta, *Fragmenta Historicum Graecorum*。

⑤ 《中西交通史料汇编》,第一册,张星烺著。

的名词的出现。当然在(5—6 世纪)以前,任何原始记录是不可能有这个恩——沃古尔——恩屈——乌古尔的名词的。

从地望上讲,《北史》《隋书》所记述的得嶷海(里海)至拂菻(东罗马)这个区域与东罗马蔡马库斯《纪行》所记录的阿得水(即伏尔加河)一带正相吻合。从对音上讲,恩屈和乌古尔,那只是在当时我国和东罗马对突厥语恩——沃古尔所表示的不同而相似的对音。所以从时间、地望和对音上讲,恩——沃古尔、恩屈和乌古尔是指 5—6 世时定居于伏尔加河一带以十个部落构成的政治联盟而言的。

由于东罗马与这个联盟相近,所以他们比我国对于这个联盟所做的记载必然要多些。东罗马记载,除蔡马库斯《纪行》的乌古尔外,还有史家尼基塔(Nikita)、勒夫·格拉马提克(Lev Grammatik)和乔治(Georgi)等人所记载的匈奴部族恩格利(Oungri 与《隋书》恩屈相当)、乌格利或沃果尔(Ougri 或 Ogor,与《纪行》之乌古尔相当)。[①]

现在我们要问这个恩——沃古尔——恩屈——乌古尔是否是匈牙利? 俄国人布勒訾赖德(E、Bretschneider)于 1887 年就说过匈牙利人是亚洲的土著,很可能他们原居于伏尔加河保加尔人之东北地区,乌拉尔山附近。[②] 但布氏未能追溯其渊源。古代俄罗斯人叫他们为乌格里人(угре,угры)。[③] 俄国编年史(俄国 9 世纪始有文字)名该地区曰乌格拉(俄文 угра,英文 Ugra)或犹格拉(俄文 юрпа,英文 Yugra)亦即 6 世纪我国所记录的恩屈和东罗马的乌古尔。公元 9 世纪末这些人由乌格拉迁居于多瑙河流域。俄国编年史家聂斯托(Nestor)曾指出乌格里人(俄文 угрu,英文 Ugry)于 898 年到过基辅。这些乌格里人原居地乌格拉就由那些操与匈牙利语相同的芬——乌戈尔语的芬族沃古尔人(俄文 Вогулвский,英文 Woguls 或 Voguls)居住。据克拉勃罗德(Klaproth)《亚洲史表》(Talleaux Historique de l'Asia)所引俄国编年史所讲的:1499 年俄国大公伊凡·瓦西里维赤(Ivan Vasilievich,1462－1505)击败这些住在乌格拉地区的古古立赤人(Guguliches 即沃古尔人),因加号曰乌格拉王(Princ of Ugra)。后来莫斯科克里姆林宫某门上曾镌有当时留下之古拉丁文铭文,铭文中载有约翰·瓦西里(Joannes Vasilii)称号,"匈牙利大公"

---

①　《东洋历史大辞典》,卷一,页 201。

②　E. Bretschneider, *Medieval Researches*, p. 327。

③　苏联大百科全书,1956,Угрс。

(Magnus Dux Ongarie)①，匈牙利显系乌格拉一音之转。从这个记载看恩
屈——乌古尔就是匈牙利。其实，13 世纪时欧洲人，如出使贵由汗庭的卡劈
尼(Plano Carpini)就曾把乌格里人在多瑙河上的新居叫匈牙利，乌格里人在
伏尔加河流域的原居地叫大匈牙利(*Magna Hungaria*)。② 同时期的欧洲人
鲁勃洛克(Rubruck)也把乌格里人的原居地叫作大匈牙利(Greater—
Hungaria)。③ 古代俄国人的乌格里实导源于突厥文恩——沃古尔而为现代
匈牙利一词之根据。无怪乎 1964 年英国大百科全书说，匈牙利人一词来源于
斯拉夫人(古俄罗斯人——作者)对突厥文恩——沃古尔的一种读法。④ 恩
屈、恩格利、乌古尔、沃果尔(Ogor)则为 6 世纪前后出现于中国和东罗马记载
中一些对匈牙利人祖先突厥文叫作恩——沃古尔的各种不同的译音。其所指
皆此同一原始匈牙利人。

现在我们再谈一谈，恩屈——乌古尔是否匈奴之苗裔？我们的答案是肯
定的。在我国当时的记载中尚保留有三条有关证据，在当时东罗马的记载中
就要更多了。在欧洲记载中，虽然时代要晚些，大致在 13 世纪，也能追溯匈牙
利人的族源为匈奴人，先讲我国的这三条史料，第一条是《北史》和《隋书》的
《铁勒传》。前面已举出过，为着慎重起见，再把它写出如下：

> "铁勒之先，匈奴之苗裔也，种类最多，……拂菻(东罗马——作
> 者)东，则有恩屈、阿兰、北褥九离、伏咀昏等，近二万人"。

恩屈为铁勒之一部，铁勒为匈奴之苗裔，当然恩屈也是匈奴之苗裔。第二
条是《北史·高车传》。

> "高车，盖古赤狄之余种也。初号为狄历，北方以为敕勒，诸夏以
> 为高车、丁零。其语略与匈奴同而时有小异。或云：其先匈奴甥也"。

这条除'高车'一名是我国以其'车轮高大'而给她所起的族名外，其余如
狄历，丁零，敕勒皆其自称，系一声之转。敕勒即铁勒，而敕勒为匈奴甥，匈奴
甥虽不是匈奴单于儿子的后裔，这是封建宗法制所谓嫡系观念的体现，难道他
们不是匈奴单于女儿的后裔？自血统讲，男系的后裔与女系的后裔有什么区

---

① E. Bretschneider, *Medieval Reseasches*, I, P. 327。

② 卡劈尼,《出使贵由汗庭纪行》,W. W. Rockhill 英译本，页 12,(d'Avezac 本，页 747—748)。

③ 《鲁勃洛克东游记》,W. W. Rockhill 英译本，页 129—130,70。

④ *Encyclopaedia Britannica*,1964,Vol,II, P. 859－860。

别？这"匈奴甥"三字是不足以否定"铁勒之先,匈奴之苗裔也。"恰恰相反,适足以证明铁勒之先就是匈奴之苗裔。何况高车与匈奴语言大致相同(略同),这是判别种族来源的一个至关重要的物质依据,虽然有时也小有差异。这一点很足以说明铁勒与匈奴的种族渊源关系,以后我们还要以匈奴词汇和匈牙利对等字的比照来说明这一点。

还有,这条中'赤狄'这个名词经近人王国维先生考证,即春秋战国时我国对匈奴的称呼。[①] 本条"高车盖古赤狄之余种也"尤足以说明铁勒是匈奴之苗裔(余种)。

其实,我国史乘中何止有此二条说明"铁勒之先,匈奴之苗裔也",《史记正义》引《括地志》说,"铁勒国,匈奴冒顿之后,在突厥国北"。[②]

当然,问题的实质,不仅在于铁勒之先是否匈奴之苗裔,而在铁勒部中之恩屈是否匈奴之苗裔。《北史·铁勒传》说,"铁勒之先匈奴之苗裔也"是指一般情况而言的,是真实的,但《北史·铁勒传》中所记6世纪时铁勒诸部已甚复杂,尤其西方诸部是如此。例如阿兰是伊兰族,北褥九离是突厥族。因此,恩屈的族源之肯定为匈奴族,我们不能只依靠我国的当时记载,还在于依靠当时东罗马的很多记载来说明它是匈奴部落。这种通过不止一个国家,不止一条的记载来相互参证,解决一个问题,是符合唯物主义的而不是主观片面的。前面所引证过的东罗马史学家尼基塔、勒夫·格拉马提克和乔治等都说恩格利、乌格利或沃果尔是匈奴部族,而不仅仅是匈奴苗裔。甚至13世纪欧洲的鲁勃洛克路经伏尔加河流域,即匈牙利人在5—9世纪曾经住过的乌格拉时,就追溯往事说,"匈奴涌到巴斯喀梯尔国,(即乌格拉,当时为巴斯喀梯尔人即北褥九离人所居住,故名巴斯喀提尔国),后来他们变为匈牙利人"。对于这块曾经为匈牙利人住过的地方就叫它做大匈牙利。"巴斯喀梯尔即大匈牙利。"[③]

最后,我们要谈一点铁勒、突厥与匈奴的关系。根据我国文献,最初的铁勒和最初的突厥是没有任何政治隶属关系的。《北史·突厥传》说,"突厥者,其先居西海之右,独为部落"。等到后来突厥强大,乃击败铁勒降其众五万余落,当时已是西魏大统十二年(公元546年)。西突厥自突厥本部分出后,大逻

① 王国维,《观堂集林》,第二册,页603—606,中华,1959。

② 《史记》卷110,《匈奴传》,百衲本页58,行7—8。

③ 《鲁勃洛克东游》,W. W. Rockhill,英译本,页129—130,页70。

便渐以强盛,铁勒也曾依附过她。[①] 所以《北史·铁勒传》说,"虽姓氏各别,总谓铁勒,并无君长,分属东、西两突厥"。但这种政治上的依附,能说明种族的血缘关系和政治上隶属后的种族融合吗? 显然不能。西突厥泥利可汗及叶护就在隋文帝元年(601)俱被铁勒所败。当隋炀帝大业初(605 年),西突厥"处罗可汗……与铁勒相攻,大为铁勒所败",铁勒乃独立。[②] 所以我们不能只依政治上的隶属关系贸然断定铁勒在种族上是属突厥系统的。

那么铁勒与突厥在种族上有什么关系呢? 他们同属于匈奴族。5—6 世纪的《北史》不是说"铁勒之先,匈奴之苗裔也","高车(即铁勒)盖古赤狄(即匈奴)之余种也"。7 世纪的《括地志》也说过,"铁勒国匈奴冒顿之后,在突厥国北"。突厥呢?《北史·突厥传》说,"突厥者盖匈奴之别种也。……或云,突厥本平凉杂胡"(胡即匈奴)。根据以上各条,铁勒是不属突厥系统的。相反地,突厥与铁勒是同属匈奴系统的,所不同的铁勒是匈奴苗裔,余种,突厥是匈奴别种,杂胡而已。所以突厥文《苾伽可汗碑》所说的"九姓铁勒者,吾之同族也"。同的什么族? 非匈奴族而何! 因此我把曾经活跃在大漠南北的中国古代北方各族分为两大系统:(一) 匈奴系统;(二) 东胡系统。铁勒和突厥是同族是同属匈奴系统的。

恩屈——乌古尔——乌格拉——匈牙利的先世之渊源于匈奴已在前面用历史上各国有关的多种原始资料予以证实,但张星烺先生在其所编注的《中西交通史料汇编》(1977 年中华版,第一册,页 75—79)中说,"北褥九离即今匈牙利人之祖先也,""中世纪欧洲及回教学问家,皆认定匈牙利人即北褥九离人之苗裔,突厥同种也。"张星烺先生对于中西交通史资料做了不少工作,也有一定贡献,这是我们要肯定的。但他在匈牙利人祖先的问题上,态度是不够谨慎的,论断是不正确的。他只将他所依据的布勒訾赖德的《中世纪研究》所说的七百年前中世纪欧洲及回教学问家的论断[③]来加以译述,以至肯定而不加以研究辨别,这是很可惜的。其实布氏在引用欧洲和回教作家们的资料后,介绍他们论断时,这位 19 世纪的布氏自己却未做出这样的结论,他只说这是七百年前中世纪欧洲人和回教徒所普遍接受的见解。是不是有确凿据呢? 没有! 这些回教徒只把匈牙利人叫作北褥九离人而已。13 世纪的依宾·萨依德也

---

① 《北史·突厥传》。

② 《北史·突厥传》。

③ E. Bretschneider,*Medieval Reserehes*,I,P. 326 - 7。

把匈牙利人叫作北褥九离人的弟兄,而不是北褥九离人的苗裔,这两族虽同居于多瑙河流域但信仰不同。匈牙利人信基督教,北褥九离人信回教。回教作家之称匈牙利人为北褥九离人并说他们是北褥九离人之苗裔,其证据只是这么一点,殊嫌不足。何况 13 世纪回教作家,拉施德《史集》记拔都入侵匈牙利时则北褥九离人和马扎尔人(匈牙利人)并举,称匈牙利为北褥九离人和马扎尔人国家。北褥九离人与马扎尔人并非一族。[①]

至于 13 世纪的欧洲作家们说,匈牙利人是北褥九离人的苗裔,证据尤嫌不足。出使贵由汗庭的卡劈尼,路经伏尔加河流域之巴斯喀特人(Bascarts=Bashkerds=北褥九离)居地时则谓"巴斯喀特国与大匈牙利相同"。与卡劈尼同时的欧洲人鲁勃洛克亦谓巴斯喀梯尔国(Pascatir=Bascart)即大匈牙利。这两位 13 世纪的欧洲人把匈牙利人的原住地大匈牙利作为欧洲多瑙河中游的匈牙利的扩大部分而名之曰"大"。其实,这种"大"并不意味着匈牙利人仍居住在伏尔加河一带。这时匈牙利人已自其原居地迁至多瑙河。其原居地已为其邻人(我国《北史》把恩屈与北褥九离之居地并列于拂林东)北褥九离人所占有,因而名之曰巴斯喀特国或巴斯喀梯尔国。前面我已经提到过,他们与匈牙利人的关系只是在同一地域上先后占有的关系,无任何种族延递的瓜葛。欧洲人之说匈牙利人是巴斯喀特(即北褥九离)人的后裔,那只是一个误解,毫无事实根据。何况他们在对音上毫无共同之处。在宗教信仰上,语言上,种族上也是不同的。前者信基督教,后者信回教;前者属匈奴族(5 世纪后杂有少数突厥族卡瓦尔人),后者属突厥族;前者说乌戈尔语(疑即乌古尔一声之转,我认为它是匈奴语族中的一种语言),后者说突厥语(据现代比较语言学,北褥九离语是突厥语一支)。因此,张氏翻译过来的七百年前未经证实的回教和欧

---

① 现在我们看一看布氏是怎样介绍中世纪回教作者论证匈牙利人是北褥九离人的苗裔的。他说 10 世纪初回教作家依宾·福次兰(Ibn Fozlan)出使伏尔加河保加尔人时,在他的《纪行》中,才第一次提到写作 Bashkusds 的北褥九离人。这时,他们好像住在里海北、伏尔加河东。直到现在,北褥九离人(Bashkirs)还住在这儿。13 世纪的回教作家们开始叫匈牙利人做北褥九离人(Bashkerds)。中世纪的回教徒和欧洲人都以为欧洲的匈牙利人渊源于这些突厥族的北褥九离人的。接着布氏又以阿布尔非达(Abulfeda)所引的 13 世纪依宾·萨依德(Ibn Sayd)的话说,原住在迫辰勒格族(Pechenegs)之北的突厥后裔北褥九离人,说的是北褥九离话,不信宗教。住在多瑙河上的北褥九离人,与日耳曼人为邻,信回教。接着依宾·萨依德又说,住在多瑙河流域的匈牙利人是北褥九离人的弟兄,信基督教。这些由布氏所介绍的回教作者说法,没有一处证实匈牙利人是北褥九离人的后裔,而且他们所说的又自相矛盾。匈牙利人和北褥九离人是弟兄还是祖孙关系? 13 世纪回教作者拉施德的《史集》中就把马札尔人(匈牙利人)和北褥九离人并举,未说成祖孙的关系。

洲作者的流行说法是不能成立的。

总之,经过上面的探索,我们可以这样说:原始的匈牙利人为匈奴之苗裔,5 世纪早期自亚洲迁移至伏尔加河一带与突厥族卡瓦尔人三部落联合,构成一个十部落联盟,突厥人之曰'十箭'的恩——沃古尔。这个名称就是 6 世纪中国记载中的恩屈和东罗马记载中的乌古尔、恩格利等的根据,也是 9 世纪俄国编年史中的,等到俄国人有文字记载时,乌格利的来源。乌格利一名后来变为匈牙利。9 世纪末他们从伏尔加河流域移居于多瑙河中游。这是从原始匈牙利人历史的发展和有关各国对音的演变探索出来的。在考古学上,现代杰别茨在其《苏联古人类学》(Палеоантропология СССР,1948)也指出匈牙利人的头骨和匈奴人所住过的外贝加尔地区古墓遗址所发现的头骨甚为相似(该书页 121—123)。张星烺先生留学德国时亦谓其匈牙利同学多人,自称其先代居住于中国北方,约一千年前迁来欧洲。当然这些人,并非阿提拉(Attila)大王所率匈奴后裔,[①]而是上述来自亚洲并迁居于伏尔加河流域的原始的匈牙利人之苗裔。

(原载于《南京大学学报(哲学·人文科学·社会科学版)》1980 年第 2 期)

---

① 张星烺,《中西交通史料汇编》,第一册,页 140。

上古哲学史上的名家与所谓"别墨"[*]

贺昌群[**]

先秦诸子派别极其复杂,班固《汉书·艺文志》本刘歆《七略》分诸子之学为十家(班氏末谓:"其可观者,九家而已,"故通常但言九流),说诸子之学都出于古之王官。诸子学说不出于王官,近人胡适辩驳之颇明晰[①],故我在这篇文中,首已不承认《汉书·艺文志》"名家者流,盖出于礼官"的话。但胡氏在该论文及《中国哲学史大纲》(第八篇)中,却根本抨击古代无有名家,欲以圆成他的"别墨"之说。我以为这样的翻案,实未免"过犹不及"。盖诸子不出于王官是一事,先秦有名家又是一事,我们决不能因去骈枝,便连根株都拔掉。胡氏的话,这里可暂不忙引;且先略论自来论名墨趣异的人的几种意见:

(一)墨家之学,自汉以后儒者定为一尊,其学便绝亡了。晋时有个鲁胜,他把《墨子》的《经上、下》《经说上、下》四篇,加以注释,取名《墨辩注》。如今《晋书》[②]本传中,还存有他的《墨辩注序》,其中有些话与本文有关,故节录一段于此:

> 名者,所以别同异,名是非,道义之门,政化之准绳也。孔子曰:"必也正名,名不正,则事不成。"墨子著书,作《辩经》以立名本;惠施、公孙龙祖述其学,以正别名显于世。孟子非墨子,其辩言正辞则与墨子同;荀卿、庄周等非毁名家,而不能易其论也。名必有形,察形莫如

* 节选自贺昌群:《贺昌群文集(第1卷)》,商务印书馆,2013年,第1—19页。

** 贺昌群(1903—1973),四川乐山人。1942年—1948年任国立中央大学历史系教授。主要研究方向为简牍学、敦煌学、中外文化交流史、汉唐间政治思想与文化,著有《古代西域交通与法显印度巡礼》《论两汉土地占有形态的发展》《汉唐间封建土地所有制形式研究》等论著。

① 胡适《诸子不出于王官论》见《太平洋杂志》一卷七号;今已附入他的《中国哲学史大纲》卷末。
② 《晋书》卷九十四《鲁胜传》。

别色：故有"坚白"之辩。名必有分明，分明莫如有无：故有"无序"（按：序当作厚。《墨经》上"端，体之无序而最前者也"，王念孙校序当作厚，是也）之辩。是，有不是；可，有不可：是名两可。同而有异，异而有同：是之谓辩同异；至同无不同，至异无不异：是谓辩同辩异。同异生是非，是非生吉凶，取辩于一物，而原极天下之隆污，名之至也。自邓析至秦时，名家者世有篇籍，——率颇难知，后世莫复传习，于今五百余岁遂亡绝……（鲁胜的《墨辩注》，《隋书·经籍志》已不著录了。我想或者在胜之生前，此书已就亡失了。故《晋书》才说"其著述遭乱遗失，惟注《墨辩》存其序"的话。）

这里，鲁胜以惠施、公孙龙为"祖述墨子之学，以正别名显于世"。可见他是以施、龙为墨子的后进，祖述墨子名学——鲁胜叫作"名本"——的名家。句中"以正别名显于世"的"别"字，据他书皆作"别"（孙星衍校改"刑"，是也。群按：序文下且有"采诸众说，集为刑名二篇"，故亦当据此改正）。梁启超《墨经校释》亦引此作"以正别名显于世"。唐钺《国故新探》[①]驳之，说梁氏是"依据胡氏（适）施龙为别墨之说"，改"刑"为"别"的，这却错怪梁先生了。但我又查中华书局影印乾隆四年校刊本，确又是"以正刑名显于世"，这自是依孙校改正了的。

鲁胜这种说法，他是根本把惠施、公孙龙一班名家与墨者争辩"坚白""同异"种种问题的关系看作一方面去了。其实他们恰是敌对的——当时各家大概都曾参与过这样的辩论（说见下文），而且各立门户，互相辩难。但鲁胜却是明明说先秦是有名家的，不过他以名家是后于墨子，祖述《墨经》——鲁胜作《辩经》——而"以正刑名显于世"罢了。

（二）郭象注《庄子·天下篇》的"倍谲不同，相谓别墨"，谓："于墨之中又相与别也"。其意是以上文各家（相里勤之弟子以下），都是同习《墨经》，不过"各守所见"（象注此句原文）。你亦与我相别，我亦与你相别：他这样的注释，仍是模糊（成玄英《疏》亦然）。唐擘黄先生谓为"望文生义，不足为据"，是不错的。

---

① 《国故新探》卷三，第 64 页。

（三）这项可分三条列论：

（1）章学诚《校雠通义》①极推崇《庄子·天下篇》为先秦"诸子学术之权衡。……其后叙及墨翟、禽滑厘之学，则墨支（墨翟弟子）、墨别（相里勤以下诸人）、墨言（禹湮洪水以下是也）、《墨经》（若获、已齿、邓陵子之属，皆诵《墨经》是也）（按：以上小注，皆章氏原文）具有经纬条贯，较之刘班著录，原委尤为秩然"。

章氏这里所谓"墨别"，他自己说是指相里勤以下诸人"俱诵《墨经》，而皆倍诵别，相谓别墨"一段。但我们以为章氏所谓"墨别"二字的意思，若格外没有错误，在文义上实不可通；且随意颠倒原文，亦大悖论理的原则。

（2）张惠言《墨子·经说解》自序说："今观墨子之书《经说·大小取》，尽'同异'、'坚白'之术；盖纵横、名、法家——惠施、公孙龙、申、韩之属皆出焉。"张氏的主张，大致亦采鲁胜之说，无甚别意。

（3）孙诒让《墨子闲诂·经上》解题下注云："以下四篇（《经上、下》《经说上、下》）皆名家言。……其'坚白'、'同异'之辩，则与公孙龙书及庄子《天下篇》所述惠施之言相出入。……似战国时墨家别传之学，不尽墨子之本旨。"孙氏既云"相出入"，则言中当有认名墨各家争辩的意思。故他虽以《墨经》为"墨家别传之学"，但并不曾说《墨经》的作者便是惠施、公孙龙。胡氏《中国哲学史》②引了他的这段来作佐证，未免误会了原文的意思。

以上是说鲁胜、孙诒让诸人，有的以为"墨子著书作《辩经》以立名本"，后来邓析、惠施、公孙龙一班人便祖述《墨经》之学而创为名家，"以正刑名显于世"（鲁胜说）；有的则说《墨经》非墨子所著，"似战国时墨家别传之学"（孙诒让说）。总括一句，鲁孙二氏的意思，都以为名家之学出于《墨经》；而《墨经》或者是墨子著的，或者是战国时墨家别派作的。

胡适《中国哲学史大纲》第八篇，取鲁胜《墨辩》之名，益衍孙氏之说而"变本加厉"，以为《经上、下》《经说上、下》《大取》《小取》六篇，"不是惠施、公孙龙作的，一定是他们同时的人作的"③（按：鲁胜所谓《墨辩》，只有《经上、下》《经说上、下》，不含《大取》《小取》两篇）。胡氏复执此以解《天下篇》的"倍诵不同，相谓别墨"为治《墨辩》一派的墨者，与旧墨学"倍诵不同"，因自称为"别墨"。

---

① 《校雠通义》卷三，十四之三十二。
② 《中国哲学史》，第187页。
③ 《中国哲学史》，第187页。

胡氏说：

> 墨家的后人，于"宗教的墨学"之外，另分出一派"科学的墨学"。……这一派墨学与宗教的墨学，自然"倍谲不同"了。于是他们自己相称为"别墨"。①

据我的妄测，以为胡先生的意思，是勉强要把《庄子》"俱诵《墨经》"的话丢开，说《墨经》不就是"《墨辩》"，才好将惠施、公孙龙一班人牵为《墨辩》的著者，而根本否认先秦诸子中有名家之学。故说：

> 古代本没有什么"名家"，无论哪一家的哲学都有一种为学的方法，这个方法便是一家的名学（逻辑）。……因为家家都有"名学"，所以没有什么"名家"。②

家家都有名学是一件事，古来有名家又是一件事。先秦的有名家，除了胡氏所诋司马谈刘向父子、班固之言而外，我们在先秦书中在在都可证明。《战国策·赵策二》有苏秦劝秦王勿轻犯六国，内中有段说当时那些名家的话，是很强的证据：

> 今（秦）富非有齐威宣之余也，精兵非有富韩劲魏之库也，而将非有田单司马之虑也。收破齐罢楚弊魏与不可知之赵，欲以穷秦折韩，臣以为至误，臣以从一不可也。客有难者：今臣有患于世夫刑名之家，皆曰："白马非马"也已，如白马实马，乃使有白马之为也，此臣之所患也。

齐威王在位是在公元前378年至343年，过了便是宣王，在位是在前342年至324年。可见"白马论"的问题，至少须在齐宣王时已成立了。这点于下文我们考证公孙龙的年代最有关系。当时各家都极力地排斥，儒家最激烈的是荀子，他的《正名篇》便是明目张胆地攻击名家，他斥邓析、惠施"好治怪说，玩琦辞，甚察而不惠，辩而无用，多事而寡功，不可以治纲纪。……欺愚惑众"（《非十二子》）。又说："若夫充虚之相施易也，'坚白'、'同异'之分隔也，是聪耳之所不能听也，明目之所不能见也。辩士之所不能言也，虽有圣人之知，未

---

① 《中国哲学史》，第185页。
② 《中国哲学史》，第188页。

能偻指也"(《儒效》)。《庄子·天下篇》亦论"惠施……桓团公孙龙——辩者之徒,饰人之心,易人之意,能胜人之口,不能服人之心"。这些话都是直接批评名家的。若说惠施、公孙龙就是当时的"别墨",那么,何以《国策》《庄》《荀》《韩非》下至《吕氏春秋》《淮南子》诸书,凡论及名、墨各家的话,都是分条论列,旨趣秩然呢?① 古无名家之说,无论如何这点是说不过的。

复次,通常以为"刑名"一词,就是指的法家(梁启超《先秦政治思想史》第231页亦谓:"后世言法者,亦号刑名"),这也是不对的。"刑"即是"形",《史记·秦始皇本纪》引《韩非子》曰:"饭土塯,啜土形",《汉书·司马迁传》作:"尧舜饭土簋,歠土铏"。铏,《史记》又常省作刑(《太史公自序》"饭土簋,啜土刑")。《说文》"铏,器也",含有法式形相的意思(《墨子·经上》云:"力,刑之所以奋也。"又:"生,刑与知处也。"《尹文子·大道上》:"有名以检形,形以定名,名以定事,事以检名,察其所以然,则形名之与事物,无所隐其理矣。"皆可证刑与形同)。故刑名家的学问,多是讲形式名相之理,亦正是《史记·韩非传》"喜刑名、法、术之学"的"刑名"(韩非是法家,尚权术,兼治刑名之学。关于这句的解释,历来都看错了。我起初亦误认为不同,后承傅纬平先生的指示,使我十分感佩。傅先生说:"韩非传之刑名,实即形名,后世误以法律为刑名,与下文法、术之法重复矣。因《韩非传》注解不明,遂至后人误会")。唐钺亦谓:"《吕氏春秋·名理篇》'刑名异充而声实异谓'之'刑名'就是'形名',是先秦诸子说名理的常语。"② 再,我们上文所举《国策》的"刑名之家皆曰:'白马非马'也已,"也是"刑名家"即"名家"的确证。

经了上文的讨论,大概已证明了先秦确有名家;然则,胡氏《中国哲学史》第八篇所谓"别墨"之名,可以不攻自破了。③

春秋战国是"处士横议","邪说暴行有作"的时代。所以庄子说:"天下多得一察焉以自好……各为其所欲焉以自方。悲夫,百家往而不反,必不合矣!"我们知道老、孔、墨三子的学说,在当时固然很占势力,但我们决不能说这三家便可以概括当时的思想界。惠施、公孙龙——名家之学,秦汉而后虽不传(《魏

---

① 如《荀子·解蔽篇》论各家云:"……墨子蔽于用而不知文,惠子蔽于辞而不知实。……"《庄子·天下篇》首论儒家,次墨家,次宋钘、尹文,次彭蒙、田骈、慎到,次道家,最末始论名家——惠施、公孙龙、桓团之徒,都是依据各家在当时势力之大小而论次的。

② 《国故新探》卷三,第64页。按:此说亦见于章炳麟《国故论衡·原名》。

③ 读者可参阅唐钺《国故新探》卷三《论先秦无别墨》一文,与此篇可以互相补证。

志·邓艾传注》，引荀绰《冀州记》说："邵俞清贞贵素，辩于议论，采公孙龙之辞，以谈征理。"可见魏晋间还有讲求此学的），但在当时确有它相当的势力，故荀卿才得控以"欺愚惑众"的罪状。其实说来，当时的思想，"大抵明义理者为多"（章炳麟答胡适《论墨学》语），因为如此，所以他们才攻击名理之学最烈。《史记》司马谈论《六家要旨》说："名家苛察缴绕，使人不得反其意，专决于名，而失人情，故曰：'使人俭而善失真'。若夫控名责实，参伍不失，此又不可不察也"（司马贞《索隐》云："名家知礼亦异数，是俭也。"群按：贞沿旧说误解，非是。俭当作险，《荀子·富国篇》云："诛赏而不类，则下疑俗俭而不一。"杨倞注"俭，当读险"，是也。《吕览·去宥篇》"谢子东方之辩士也，其为人甚险，将奋于说以取少主也"，可证）。所谓"苛察缴绕"（荀子亦说"名家甚察而不惠"），看来是讥贬名家，其实便是名家学问的精髓。中国的哲人，自来是优侗说话，严复《名学浅说》中《论文字正当用法》有一段说：

> 中国老儒先生之言气字，问人之何以病？曰：邪气内侵。问国家之何以衰？曰：元气不复。于贤人之生，则曰：间气。见吾足忽肿，则曰：湿气。他若厉气、淫气、正气、余气、鬼神二气之良能，几于随物可加。今试问先生所云气者究竟是何名物，可举似乎？吾知彼必茫然不知所对也。然则，先生一无所知者，皆谓之"气"而已！……他若心字、天字、道字、仁字、义字，诸如此等，虽皆古书中极大极重要之立名，而意义歧混百出！

西洋学者批评中国人说话，大半是玄学上的名词，不过掉枪花吧了，说到一个"察"字，谈何容易！然则，名家学问的范围究竟是怎样呢？我以为章太炎先生说得很明白。章氏说：

> 游心于"坚白""同异"，以胜人为极者，名家之志也。名家无执守，墨氏以尊天、善同、兼爱、贵俭、敬鬼为务，则既有其执守矣。所为辩者，将以成吾之旨，而使人不能破，非泛以唇舌雄者也。[①]

印度的因明，西洋的"逻辑"，老子的无名，孔子的正名，墨家的《墨经》，庄子的齐物，荀子的正名，固然是各人的哲学方法，各家的名学；然而名家之学并不就是"名学"呀！名家自也有他的名学，这一点我们要认的清楚才是！《天下篇》

---

① 见《华国月刊》一卷六期章氏《墨子大取释义序》。

的惠施"《厤物》之意"(群按:《厤物》当是篇名。《经典释文》云:"厤,古历字,分别历说之")及"遍为万物说",便是名家范围内所研究的学问(胡适之先生以"万物说"三字为学说之专名,误也。按原文之意,盖谓举凡天下之事物,施莫不举以历说之,如《天下篇》所例十事,便是)。如今先秦书中虽不少关于名家的记载,但大都是他们的言行,不足代表他们的学术。只有《天下篇》所称惠施"《厤物》之意"的十条及公孙龙的二十一事(按:此二十一事,有说非公孙龙所作;但无论如何总是名家的话,我们今姑定为龙作,似亦不妨),还可略窥见其面目,——可惜都没有明白的辨证说明。

惠施《厤物》之意:(十条)

(1) 至大无外,谓之"大一";至小无内,谓之"小一"。(此条详解见下文。)

(2) 无厚不可积也,其大千里。(《墨经上》驳辩云:"厚,有所大也。"《说》:"厚,惟无所大")。

(3) 天与地卑,山与泽平。(孙诒让云:"卑与比通。"《荀子·正名篇》驳此条云:"山渊平,……此惑于用名以乱实者也。")

(4) 日方中方睨,物方生方死。(《庄子·齐物论》亦云:"方生方死,方死方生。")

(5) 大同而与小同异,此之谓小同异。万物毕同毕异,此之谓大同异。

(6) 南方无穷而有穷。

(7) 今日适越而昔来。(《齐物论》作:"今日适越而昔至",是来训至也。按:《墨经下》驳云:"行修以远,说在先后。"《说》:"远近,修也;民行修,必以久也。")

(8) 连环可解也。

(9) 我知天下之中央:燕之北,越之南是也。

(10) 氾爱万物一体也。

公孙龙的二十一事:

(1) 卵有毛。

(2) 鸡三足。(《孔丛子》有"臧三耳"一条,当是作伪的人误改。《吕氏春秋·淫辞篇》作"藏三牙",是。)

(3) 郢有天下。(《墨经上》驳云:"正无非"。《说》:"若圣人有非而不非。")

(4) 犬可以为羊。

（5）马有卵。

（6）丁子有尾。

（7）火不热。《墨子·经上》驳此云："火不热，说在睹。"（"火不热"旧作"必热"，今依《经说下》改。"睹"旧作"顿"，今依孙校改。）

（8）山出口。

（9）轮不蹍地。（《墨经上》驳此条云："儇秪秪。"《说》："儇昫民也。"按：此从孙校。）

（10）目不见。（此条《荀子·正名篇》及《墨经下》皆有驳论。因语繁，不具引。）

（11）指不至，至不绝。（《齐物论》驳云："以指喻指之非指，不若以非指喻指之非指也。"）

（12）龟长于蛇。（《墨经下》驳辩云："物甚不甚，说在若是。"《说》："物甚长甚短，莫长于是，莫短于是，是之是也；非是也者，莫甚于是。"）

（13）矩不方，规不可以为圆。（《墨经上》定方圆之界说云："圜，一中同长也。"又："方，柱隅四杂也。"）

（14）凿不围枘。

（15）飞鸟之影未尝动也。（此条墨家驳之。《经上》："景不徙，说在改为住。"《说》："景，光至，景亡；若在，尽古息。"按：此依梁校。）

（16）镞矢之疾，而有不行不止之时。（详解见下。）

（17）狗非犬。（《墨经下》驳之谓："知狗而自谓不知犬，过也。说在重。"）

（18）黄马，骊，牛：三。（详解见下文。）

（19）白狗黑。

（20）孤驹未尝有母。（说见下文。）

（21）一尺之棰，日取其半，万世不竭。（《墨经下》驳云："非半弗斫，则不动。说在端。"《说》："斫半，进前取也；前则中无为半，犹端也；前后取则端中也；斫必半，毋与非半，不可斫也。"）[1]

以上总共三十一条，前人往往都用"诡辩"二字一笔抹煞了。从前希腊在纪元前500年初叶，有个哲学家叫作芝诺（Zeno of Elea）的，亦有与惠施、公孙

---

[1] 以上惠施的（2）（7）条，公孙龙的（3）（9）（12）（21）条下注《墨经》驳辩，其解说读者可参看章行严《名墨訾应考》（《东方杂志》二十一卷纪念号）。章氏之说，虽未必尽然，但他能认清名墨的争辩，确是不错的。

龙的同一性质的议论。如今还有八条散见于亚里士多德的书中,希腊的哲学家叫它做"Paradoxes"。此字日本人译作"曲论",我觉得不大妥当,原意本为"似非而实是论"(a tenet or proposition seemingly absurd, but that yet may be true in fact)。现在试举他的第一和七的两条与施、龙的说法做个比较:(读者谅不致怪我妄引傅会吧。)

(1)假使万物都是实在的(Existent),那便必有两个区分:一是"至小无内"(infinite small)。一是"至大无外"(infinite great)。——"至小无内":因为它原来便没有所谓"大小"(magnitude),所以便不能分开。"至大无外":因为它的任何部分都有"大小"可计,所以便可彼此分开,成为二分;从而再分之,第三分当然仍是有它的"大小",如此迭分,终究仍必有它的"大小"。

这正是惠施的第一条"至大无外,谓之'大一';至小无内,谓之'小一'"的辩证。芝诺的第七条说:

(7)从来万物都是一块儿同在这个空间(space)里;但,这个空间本来是停住的(at rest),故所以一枝飞箭放射的时候,在它横过空间的每刹那间,也是停住的。准此,在它放射的全过程中,也当然是停住的。

这条在逻辑完全与公孙龙的(15)"飞鸟之影未尝动也"和(16)"镞矢之疾,而有不行不止之时"相同。芝诺的学说,在西洋方面也是被人当作"诡辩"(Sophism)看待,直到近代才有几位法国的学者塔麦利(Tarmery)和诺尔(Noël)及英国的学者罗素(B. Russell)出来替他抱不平。罗氏说:

> 后世学者的一个最显明的错误,便是对于埃理亚的哲学家芝诺的批评。芝氏在学理上的精微奥衍的发现,二千年来都给后继的哲学者的粗心浮气误解了。他们硬派他仅是个"异想天开"的辩士,横加他的学说以"诡辩"之辞,叫他沉冤莫白!后来有个德国的教授韦尔斯托斯(Weirstrass),他起初也许做梦也不曾想到他与芝诺的学说要发生关系。哪知后来竟以此筑成了数学复兴的新基础,使"诡辩"之学重光。他很严格地摈弃一切枝节,至终始决定我们居住的这个世界是不变的,那飞箭放射的时候,真是停住的。[①]

平心而论,惠施、公孙龙的哲学,虽然忽略了人类官能的不完全(the

---

① 参看 *Encyclopaedia Britannica* 中论 Zeno 条。

imperfection of human organs)，如惠施的(1)(8)条,公孙龙的(7)(12)(19)条,虽然忽略了实际的运动(the reality of motion)，如惠施的(6)(7)条,公孙龙的(15)(16)条;但在哲学上,在真理的阐发上,确有它相当的价值,确是一种可贵的发见啊!

以上我不嫌辞费,说了许多话,无非想借一些佐证来帮助说明,并不是有意夸耀我们的祖宗又什么都有,多么"万能"了。

如今《孔丛子·公孙龙篇》《列子·仲尼篇》中所载公孙龙的事,大概都是后人撙掇之语,很不可靠。《汉书·艺文志》纪先秦名家之书,共有三十六篇:

《邓析子》二篇《尹文子》一篇《公孙龙子》十四篇

《成生公》五篇《惠子》一篇《黄公》四篇《毛公》九篇

以上各书(究竟是否全属纯粹的名家或兼有他学,是另一问题)到《隋书·经籍志》大半已不著录了。如今的《邓析子》(二篇)、《尹文子》(一篇)都不见得完全是真的(《尹文子》我以为还有一部分是原著)。

邓析与孔子同时,这是我们所确知的。《左传》鲁定公九年(公元前501年)"郑驷歂杀邓析而用其竹刑"。《吕览》及《列子》都载析为子产所杀,此事之谬,前人已有辨正,这里可不赘说。但邓析的"无厚"之论,我们以为是当时应有的学说,后来的名墨各家,也尝继续从事于这个问题的讨论,如(一)惠施《麻物》的十事中便有"无厚不可积也,其大千里"一条。(二)《墨子》:

厚,有所大也。(《经上》)

厚,惟无所大。(《经说上》)

端,体之无厚而最前者也。(从王校)(《经上》)

端,是无同也。(《经说上》)

次,无间而不相撄也。(从孙校)(《经上》)

次,无厚而后可。(《经说上》)

(三)《荀子修身篇》:"夫'坚白'、'同异'、'有厚'、'无厚'之察,非不察也,而君子不辩也。"(四)《韩非子问辩》:"'坚白'、'无厚'之辞张,而宪令之法息。"以"坚白"与"无厚"对举,可见"无厚"是属于名理上的问题。今行《邓析子》首篇"天之于民无厚也,君之于民无厚也,……"全是后人本《吕览·列子》附会假托的,绝非析之本说。

以下我们论惠施、公孙龙的年代问题。

我们根据上文所举《战国策》的话,知道齐宣王时(公元前342至前324

年)公孙龙的"白马非马"论已为当时士大夫所注意,由此可推公孙龙大概生在公元前 344 年左右。又据《吕氏春秋》(《审应览》七),公孙龙曾说燕王以偃兵。又曾与赵惠王论偃兵(《审应览》一)。《战国策》(《赵策》三)又说信陵君破秦时(公元前 257 年)公孙龙还在,曾劝平原君勿受封。①《史记·平原君传》亦纪有此事。可知公孙龙至迟不过死在公元前二五五或六年。这说与胡氏《中国哲学史》所考公孙龙年代颇为差异。胡氏说:

> 公孙龙大概生于西历前 325 年和前 315 年之间,那时惠施也老了。公孙龙死时当在前 250 年左右。②

胡氏并未曾说明所考公孙龙生年的根据。我们上文所举《吕氏春秋》和《战国策》的三个引证,都是他所根以考公孙龙年代的原料,大概总算可靠了。胡氏也承认"公孙龙在平原君门下,这是诸书所共纪,万无可疑的。"③但我们确知平原君卒在赵孝成王十五年(此本《六国表》,《平原君传》则在十四年),即公元前 250 年。如果依胡氏所说,那不是公孙龙与平原君死在同年了?可是,《史记》明载:"平原君厚待公孙龙,公孙龙善为'坚白'之辩,及邹衍过赵,言至道,乃绌公孙龙。"《集解》引刘向《别录》也有这段话,胡氏亦承认这事"似乎不是假造的"。④则公孙龙之去平原君当在平原君未死以前。准此推论,公孙龙死的年代只有先平原君的可能(公元前二五五或六年),断无有与平原君同时或后的理。

至于胡氏以为公孙龙说时君以偃兵,便认为"很合墨家兼爱非攻之说",⑤这也未免误会。须知当时各国,互相征伐,人民痛苦不堪,所以那时学识高远的学者,都劝时君非攻息战(其中以墨子最为热烈),犹之我们现在一般人的"奔走和平"是同样的社会现象。比如《天下篇》说宋钘、尹文"救民之斗,禁攻寝兵,救世之战"(宋钘、《韩非子》作宋荣。《孟子》作宋牼),难道我们亦可以说宋钘、尹文是墨家吗?(据《孟子》所载,宋牼很像墨家,但我以为这是似是而非

---

① 这几句话,都是胡氏《中国哲学史》第 235 页的原文。按:胡氏所考年代,大抵依照《竹书纪年》。

② 《中国哲学史》,第 236 页。

③ 《中国哲学史》,第 235 页。

④ 《中国哲学史》,第 357 页。

⑤ 语见胡适《惠施公孙龙之哲学》一文的《绪论》中。该文载《东方杂志》十五卷五、六两期;今已收入《东方文库·名学稽古》小册中。

之见。）

于是我们根据胡氏所考"惠施的时代大约在前 380 年与前 300 年之间"。[1] 那么，惠施七十岁时，公孙龙正三十四岁左右，当然可以彼此辩论。胡氏说"我以为公孙龙决不能和惠施辩论"[2]的话，恐怕不能使我们相信吧？（张采田《史微》还说公孙龙先于惠施呢。）

今所传《公孙龙子》六篇，首篇《迹府》，系后人本《孔丛》《列子》等书凑成的传记体，实算五篇：《白马》《指物》《通变》《坚白》及《名实》。我以为还是《汉志》《公孙龙子》十四篇残佚了的原本。扬雄《法言·吾子篇》称："公孙龙诡辞数万。"以量而论，《汉志》所云，与扬说大致尚相符。到《隋书·经籍志》，《公孙龙子》便不著录了；因此，有人便说今本《公孙龙子》是假的，[3]这实在未免过于武断。比如《周髀算经》虽伪托周公所作，但至少是战国末年的书，而《汉志》无，《隋志》始有；那么，我们考证《公孙龙子》也不应当以《隋志》无，便说它是伪的。况且以各篇的逻辑方法与文法的结构看来，再校以诸子——尤其是《墨子》——书中的话，我们似乎很难说它不是战国时代的著作。

我现在的姑举公孙龙的"白马非马"论与当时各家的驳论作一个例；因为篇幅的关系，这里不能详举，继续我当把他们的正负的辩论整理出来，以供哲学史家的参考（二千多年来，学者震于字面，都把他们——名墨——的学说看作相同的去了）。这篇文中自然不免疏忽和误解的地方，甚望学者深切的指教。

（1）（a）公孙龙"白马非马"论：

马者，所以命形也；白马，所以命色也。……求"马"，黄黑马皆可致；求"白马"，黄黑马皆不可致。……黄黑马一也，而可以应有"马"，不可以应有"白马"：是白马之非马，审矣。……"马"者，无取于色，故黄黑马皆可以应；"白马"者，有取去于色，黄黑马皆以所色去，故唯"白马"独可以应耳（《公孙龙子·白马篇》）。

公孙龙的意思，是要把"形"与"色"分开来说；因为我们意识的构成，大概有三个原素；一是外物（如马），一是物德（如白马之"白"），一是我们的"意感"（feeling）。这三者虽同为构成意识的要件，可是，分开说来，却是绝不相同的。

---

① 《中国哲学史》，第 227 页。

② 《中国哲学史》，第 236 页。

③ 姚际恒《古今伪书考》说："《公孙龙子》《汉志》所载而《隋志》无之，其为后人伪作奚疑？"

比如我眼前见着一匹白马,同时便感着那马的白德(whiteness)——这在我的"意感"与那匹马,与那马的白德,截然是三件事。但,有时我们因为已经见过的实物,虽不看见时亦能生我们的意感(如云"白马"),同时也能感看它的物德(如云白马之"白")。因为这样,所以我们往往只想到那马的白德,而不及马的实体了。公孙龙的论理,便是站在这方面说的。所以黄马、黑马、白马虽然都同具有"马"的全德,但是黄、黑、白三种颜色却是迥不相同的东西;因此,黄马、黑马、白马所同具的全德中,便互相差异了"色"的表德。所以我们要马,黄马、黑马、白马和一切有"色"的差异的马都可以应,——这叫作"命形"。但如果我们指定要一匹"白马",——这做叫"命色",那么,黄马、黑马便没有"白"的表德,所以便非我们所要的"马"。如是,我们所要求的明明不是"马"而是"白"了。这岂不是白马非马吗? 现在更作两个图来表示他们在论理上不同的地方。

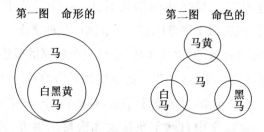

第一图　命形的　　　　　第二图　命色的

（b）黄马,骊,牛,三(《庄子·天下篇》所举公孙龙的二十一事之一)。黄马,是具有黄色的表德;骊,是纯黑色的马。黄马与骊的"色"的差异,是迥然不同的,犹之黄马与牛,牛与骊的不同一样。这条与(a)是同样的论理。

（c）孤驹未尝有母。(同上引)

《列子·仲尼篇》作:"孤犊未尝有母,〔有母〕非孤犊也。"这条的解法,我想不当如其字面。《列子》系魏晋间人的伪书,妄本《庄子》增改原文(此外还有七条,非《天下篇》所载),不足为据,我们这里只好存疑;因为下文有墨家驳论的话与这条有关,故附于此。

（2）墨家的驳论:

（a）非白马焉,置驹马说之:舞说非也(《墨子·大取篇》)。

"舞"毕校为"无",非是。按:"舞"不误,当作变弄解。《汉书·张汤传》:"舞文巧诋,"又,"舞知以御人,"皆同本意。这是驳(1)的(a)(c)二条:公孙龙的"白马非马"既不可通,又设"孤驹未尝有母"之说以求胜,而舞弄其说,故谓

"舞说非也"。

（b）白马，马也，乘白马，乘马也；骊马，马也，乘骊马，乘马也。获（私名），人也，爱获，爱人也；此乃是而然者也。（《墨子·小取篇》）这是驳（1）的（a）的条的，今试用三段式的写法以明之：

（甲）凡白马都是马；

所乘的是白马。

故所乘的是马。

（乙）获是人；

所爱的是获；

故所爱的是人。

更以图表示之：（此图系采自胡适《墨子·小取篇新诂》）

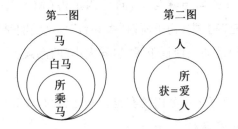

第一图　　　　第二图

（c）之马之目盼（之马犹是马），则为之马盼（毕云："为"当作"谓"）；之马之目大，而不谓之马大；之牛之毛黄，而不谓之牛黄；之牛之毛众，而不谓之牛众。一马，马也，二马，马也，马四足者，一马而四足也。马或白者，二马而或白也，非一马而或白（《墨子·小取篇》）。

这是驳（1）的（a）（b）二条。公孙龙说"白马非马"，因为"离形之谓也"（《白马篇》）。墨家说，不然。比如"黄牛"是因为牛的毛是黄的，并非"牛"的"being"（此字严复译作"庇音"。今译"存在"或"实有"）是黄的；那么，"白马"并不是马白，是因为马的毛白。你如果要"离白"，那你只可对于马的毛说，决不能否认"马"的全德的"存在"（即"非马"）。犹之"之牛之毛众，而不谓之牛众"，是一样的道理。——这是墨家的第一个辨证。第二辨证，是驳公孙龙的（b）条：比如一匹黄马是马，两匹不同"色"的马，如（黄马与黑马——骊）也是马。因为黄马与骊虽然"所色"不同，但都各同具有四只足，——这是马的共德。至于马之所以"白"，是因为有其他不同色的马（如黄、黑马）相比较，所以才有"白"的称谓。假如凡马都只是一个色，那还有什么黄、黑、白色的差异，——就是说那还有什么所谓"白"马呢？

(d) 推类之难，说在名(旧挩，今依孙校，增)之大小(《墨子·经下》)。谓四足兽，与牛马，与物：尽异大小也("牛马"旧作"生鸟"，"异"、旧作"与"，今并依孙校，改)(《经说下》)。

这条是总驳(1)的(a)(b)二条的。墨言"推类"就是现在所谓"演绎"(deduction)。演绎法的第一步是"命题"(proposition)。命题是"名"所组成的(《墨经》所谓"名"，即是代表事物观念的文字)。《经上》说："所以谓，名也；所谓，实也。"今名家说"黄马，骊，牛：三"，这便是陷于"推类"的误谬了。因为黄马与骊是属于"马"的类，牛是属于"牛"的类；黄马、骊与牛，又同属于"四足兽"的类；四足兽又同属于"物"的类。如今名家硬把它们划分为"三"，这便是用"名"的错误了。用名一错，命题也就随着错了。所以说"推类之难"！今黄马与骊明明是"小名"；黄马与骊与牛，同是四足兽(荀子《正名篇》所谓"大别名")，四足兽又同是"物"类(荀子所谓"大共名")，这明明是"大名"。公孙龙舍此而不言，故墨家说他的论理是犯了"尽异大小"的谬误。

荀子的驳论：

"马，非马也"：此惑于用名以乱实也。验之名约，以其所受，悖(反也)其所辞，则能禁之矣(《正名篇》)。

"名约"便是论理的方法。"所受"，如今叫作"宾词"(Object)，"所辞"即是"主词"(Subject)。公孙龙说"白马非马"，"马"是宾词，"白马"是主词。荀子驳他说，如果把那宾词——"马"——换为(荀子所谓"悖")"正名"(Positive term)("非马"是"负名"Negative term)，就是说把公孙龙的话反过来说："白马，马也"，那便对了。所以荀子说："知异实者之异名也，故使异实者莫不异名也：不可乱也；犹使异实者莫不同名也。"以上是荀子直接驳公孙龙"白马论"的话，其余间接的随处都可见，这里不具引。

庄子的驳论：

以指喻指之非指，不若以非指喻指之非指也。以马喻马之非马，不若以非马喻马之非马也：天地一指也，万物一马也(《齐物论》)！

上一层是驳公孙龙的第十一条"指不至，至不绝"。下一层是驳"白马非马"论的。以上不过单举当时各家对于"白马论"的争辩作例。即此一例，我亦感觉得不甚完备。其余如"坚白""同异"和论"名实"诸问题的争辩，如果仔细的爬梳出来，实是很饶兴味的。

末了,我要声明一下:我对于《墨经》的著者,还未有一定的主张;但我以为墨翟他以多忙之身,或者没有功夫来作这样精审的科学理论。而且证以各家争辩那些问题的时代,我们似乎有理由说《墨经》不是墨子著的。但此事说来话长,将来有机会再作讨论罢。

十六年三月十九日稿成于上海

(原载于《东方杂志》第二十四卷第二十一号,1927 年)

论王霸义利之辨[*]

贺昌群

　　一个民族国家，如果没有伟大的哲学体系，他的生命是会枯竭的，即使煊赫一时，亦必昙花一现。古代中亚的斯基泰，杀伐纵横于欧亚二洲，也有绚烂的文物，二十年来在南俄一带陆续发现他的各种铜器遗物，其花纹图案，都带着力的表现，即所谓"动物纹"。可是，现存欧洲历史记载，除希腊的古籍提到一点外，几乎不知道古代有这样一个民族。又如秦汉的匈奴，隋唐的突厥，威力何等强大，两宋的东胡民族辽、金和蒙古民族的元朝，都曾为中国的劲敌，或曾入主中原，蒙古民族在当时已是一个世界帝国，然而，不到百年便土崩瓦解。独东胡民族的爱新觉罗氏维持了垂三百年之久的大清帝国。在中间的差异，便是他们对于中国文化的基本精神之了解与不了解。

　　中国文化的基本精神，表面上儒家的思想，实际上则为儒、道、法三家所笼罩。儒家的王道，道家的无为，法家的循名责实、信赏必罚，这三者是构成中国政治社会的三位一体的基本要素。中国古来第一流的政治家，莫不兼有这三种精神，如果缺少一种，或偏重一种，未有不失败的。普通认管仲为法家，而管子说："礼义廉耻，国之四维，四维不张，国乃灭亡。"何尝有异于儒家的口吻（《管子》一书之真伪，当别论，但此数语亦载《史记》本传，自无可疑）。孔子对于管仲，鄙薄了一番，说"管仲之器小哉"，朱注："言其局量褊浅，规模卑狭，不能致主于王道。"这是排斥他法家的霸道部分；可又称赞了一番，说"微管仲吾其被发左衽矣"，这是承认他尊周攘夷合于儒家春秋之义的王道部分。然孔子说，"自古皆有死，民无信不立。"又说，"言忠信，行笃敬。"这与法家的态度何尝冲突！

---

　　* 节选自贺昌群：《贺昌群文集（第1卷）》，商务印书馆，2013年，第20—26页。

太史公以老子与韩非同传,魏晋人以《老》《易》并称,皆有道法双行,儒玄并用之意,古代政治家中能兼此三者的完人,当推诸葛武侯。武侯宁静以致远,澹泊以明志,是道家的风韵,教令严明,信赏必罚,是法家的施为。陈寿引孟子说他以逸道使民,虽劳不怨,以生道杀人,虽死不怨杀者,便醇然儒家了。故中国伟大的政治家,必具儒家的胸襟,而兼道家与法家的权略。汉初大臣如张良、萧何、曹参,皆偏于道法,若非文景以后的提倡儒术,汉之为汉,犹未可料。曹操、司马懿亦偏道法(郭嘉称袁绍繁文多礼,操体任自然,以道胜。史称操放荡不治行业,而机警有权数,是明受当时已流行的老庄学之影响,已开正始任诞之风)。所以魏晋国祚,皆不能永其传。下至唐之陆贽,宋之王安石,陆偏于儒,王偏于道法(荆公数被征召不应,坐作声价以观时变,其以退为进,颇似司马仲达),所以他们的成就,都不足以称为政治的完人。

再看历史上每个朝代的开端,无有不崇尚黄老(道法相连,不待多论),随着即推崇儒术。老子说:"损之又损,以至于无为,无为而无不为。取天下常以无事。"因为每个朝代的开端,必是在结束大乱之后,必须与民更始,休养生息,此时躁则有害,静则保全,故汉《艺文志》称道家之学为"君人南面之术",这是承上的工作。乃至社会渐次宁静,便须制礼作乐,导民入于常轨,以便统制,所以推崇儒术,是启下的工作。

综上所论,儒家的政治哲学是王道,道法二家可说是霸道。自秦汉以来,中国民族形成了一个大一统的帝国,无时无代不是王霸并用。《汉书·元帝纪》载:帝为太子时,柔仁好儒,见宣帝所用多文法吏,以刑名绳下,尝燕侍从容言:"陛下持刑太深,宜用儒生。"宣帝作色曰:"汉家自有制度,本以王霸道杂之,奈何纯任德教,用周政乎!"故汉代学术以通经致用为本。

至宋邵康节倡皇帝王霸之说,宋儒讲学乃有所谓王霸之辩,陆象山鹅湖会讲,又有义利之辩(董仲舒"正其谊,不谋其利,明其道,不计其功"之说,其言与宋儒大异。盖正其谊,利即在其中,明其道,功即在其中。董氏无排斥功利之意。叶水心痛诋之,以为乃无用之虚语,未免太过),推尊王道,力斥霸道,遂将"事"与"理"打成两橛,致使理想憎恶实际,而士大夫是古非今的观念,愈加浓厚。整个的学术思想失去了平衡。当时陈同甫诸人有王霸并用,义利双行之说,即针对理学家重体轻用而发。他以为古今异宜,古者不尽可以为法,则汉唐与三代何异。但有救时之志,除乱之功,虽不尽合义理,亦自不妨。譬如,具有儒家的胸襟,而兼道家法家之权略,即有谬误,亦不害其为正。世间无直线的路,"条条道路通罗马",必委婉曲折方能达到。朱子年长于同甫而爱其才,相与往复辩难,朱子以为惟有天理而无人欲,"人心惟危,道心惟微,惟精惟一,允执厥中",为尧舜禹相传之密旨,过此以往,皆是人欲。王道是要尽去人欲,而复全天理。

那么,如何而可以达到王道的政治?照孟子说,王道就是要行仁政,"尧舜之道,不以仁政,不能平治天下","以不忍人之心,行不忍人之政",心有不正,悖于天理,则"生于其心,害于其政"。这是说,心在政治上(推而至于一切)有绝对的作用,所以程、朱特别提出《礼记》中的《大学》《中庸》两篇以教人(梁武帝曾作《中庸讲疏》,沟通儒玄)。《大学》说:"古之欲明明德于天下者,先治其国,欲治其国者,先齐其家,欲齐其家者,先修其身,欲修其身者,先正其心,欲正其心者,先诚其意。"这段话看去好像不合逻辑,但儒家之言,要在直指人心,反过来便是先正心诚意,而后自能身修家齐国治天下平,自能明明德(明德,即心性,即天理,即本体),而吾心之全体大用无乎不明,这是儒家学说的第一义。由此为政,自然进于王道;由此立身行己,自然合于天理,无所往而不是。这一点牵涉极广,是中国文化思想的一个中心柱石,不明白这一点,休想了解中国文化。"汲汲鲁中叟,弥缝使其淳",儒家学说之苦心孤诣,其可尊贵,即在乎此。

岂知这儒家学说的第一义,自汉以后便发生很大的变化。汉魏之际,首先便为道家之学所利用。六朝时代再与玄学及佛教的般若(华言智慧)和义学相结合。隋唐时代又为禅宗所攀连。至宋儒遂集此数者之大成,而回复到儒家经典的解释,此即宋明时代的理学,在中国学术思想上,完成了一个伟大崇高的哲学体系,研究中国文化思想的人,打不通这几重关隘,即由理学通禅宗,转义学、般若,而至于玄学,再返而求之六经,一贯地为本体之体验,深湛之默应,那是很难有深厚的了解。

大凡一种学说或思想,到了它随着时代的潮流进展至于极盛的时候,它的流弊也就渐次发生了。又到了相当的时期,它的流弊便渐次被人发现而激成反响了。流弊愈大,反响也愈大。宋明理学既集魏晋以来各种本体论之大成,它的流弊到了阳明以后的狂禅,随着国势的衰颓,遂激成绝大的反响。顾亭林诸贤,因此开创了清代的朴学之风。顾氏标"行己有耻,敏而好学"之义,所以他的行事具有理学的实践精神。在学问上,他开辟了一条实事求是的康庄大道,一反理学末流高谈空疏之习。

宋学既集本体论之大成，因其聚精会神于此，自不免有所轻忽于彼，故宋学的大体倾向，往往专言天（理）而斥人（欲），专尚王而斥霸，专明义而斥利，专明体而忽用，专主经而不知史，因此尊三王而鄙汉唐，充其极，则是古而非今，至其末流，乃陷于空疏固执，直以自己意见为天理，为良知。二三年来，我曾困心衡虑于此，学而复思，思而复学，深观其末流之弊，发为此文，正有难言之痛。今请更申言之。

汉儒经学以《易》《春秋》为盛，皆不言心性本体。《易》推阴阳，《春秋》言灾异，至于汉末，乃与《老子》一书相投合，《老子》亦明吉凶祸福休咎生死之故，加以纬谶阴阳五行方术诸学，故汉末儒家莫不兼方士，方士莫不兼道家。至三国时代，佛法渐隆，小乘禅学与大乘般若学之重要典籍，渐次译出，佛理风行，遂开正始清谈之风，正始之音，即本体之论，这在当时思想上确是一大发现，一大解放。王弼是首先联结《易》之"静""一""无为"与《老子》之"静""一""无为"而发挥之的第一人。向秀是集《庄子》"虚无"之说而发挥之的第一人。般若亦言本无、性空之义，正与"三玄"（《易》《老》《庄》，魏晋人谓之三玄）所欲穷究者相似，大抵皆贵无贱有，以无为本，以静为体，以动为用，有无、本末、动静，一概可归纳于体用之名言之，而重体轻用，则为魏晋六朝玄学与佛学之根本义。其后大乘禅法标明心见性，空有双忘，体用一如之旨，其实仍偏于空无之体。宋儒理学去人欲，复天理，亦即玄风佛法的反本、归真、复性、存神，以归无为之意。朱子虽倡格物致知，而同时谓"一旦豁然贯通焉，则众物之表里精粗无不到，而吾心之全体大用无不明矣"。朱子曾学禅，故有禅智双修之意（朱子诗"向来枉费推移力，此日中流自在行"，"书册埋头何日了，不如抛却去寻春"等句，皆带禅机）。由此可知朱陆之异同，乃在方法，而不在本体。如果说自魏晋至于宋明，中国学术思想，皆趋于重体而轻用，重内而忽外，这话他们未必承认；他们必说，即体即用，明体即达用。诚然，体用何尝能分离，本末何尝能打成两橛。然而，事实上是分离了，打成两橛了，这有千余年的学术思想的业绩做证明。真正的理学家，是英雄而非名士，明于庶物，而察于人伦，务于穷神知化，而能开物成务。吕希哲言伊川"通古今治乱之要，实有经世济物之才"。胡安定设经义、治事二斋教人，其弟子亦多有所建树。平情而论，两宋诸大儒，无论出处语默，于学术之体用犹未多所亏缺，象山虽尤偏于明体，然观其治一家族如治一社会，即可知其未尝轻忽于用。阳明恢宏陆氏之余绪，而《传习录》一书亦谆谆以防学者不能达用为言，但因其学说之本身过重于体，其流弊乃较宋儒为甚，阳明之学既无再传之人，其弟子中亦无事功可述，竟至流而为狂禅，阳明虽防而不防其身后之影响，奈何。我以为凡体用、本末、有无、心物、事理、王霸、义利、天理、人欲等，在某种意义上成对待的理论时，都是一张纸的两面，他不是二元，他是相对的一元，不是绝对的一元。如果只见到一张纸的正面，而忽视反面，这便是畸轻畸重。"磨砖作镜，积雪为粮，迷了几多年少！"

魏晋清谈家遗落世事，逍遥自足，所以桓玄子慨然责王夷甫诸人，有使神州陆沉之叹。此断非其人之过，乃其学术思想重体而忽用所必然发生之结果。极端的重体忽用，叫做"弃俗归真"（俗指社会，真言本体），小乘教是如此。儒家与大乘教义，则进而主"由真返俗"（达摩东来，谓此土有大乘气象，意或指此）。宋儒之表彰《大学》《中庸》，亦正为此事。盖正心诚意，为弃俗归真的功夫，即是明体；治国平天下，是由真返俗的主意，即是达用。前者明其始，后者言其成。这原是儒家与大乘教的大机大用。然而，毕竟差以毫厘，谬以千里，心性本体论的自然倾向，必是偏重个人而轻忽全体即社会（这一点是中国文化所以异于西方的特色，惜此处不能详论）。但个人与全体之能不分离，亦犹体用、本末、王霸、义利等之不能分离一样。禅宗四行，于日常行道，念念顺法，事事应理，似近于由真返俗，此在个人对社会，个人可以如此，而社会对个人，社会却不能如此（今日一切，已渐渐重全体而轻个人，这是人类社会演进的自然趋势，此意须深思）。孟子说，徒善不足以为政，徒法不能以自行。不有纲纪文章，谨权审量之"能"（用），而徒有关雎麟趾之"贤"（体），固然不足以为政。三王之世，本是儒家的理想社会，"含脯而熙，鼓腹而游"，我们未有不乐于此的，无奈人类的社会，绝不如此简单。而汉唐乃中国民族历史的现实的社会，我们当以理想促进现实，不可为理想而菲弃现实。以中国社会的演进而论，近世以前，政治社会比较单纯，竟有"民至老死不相往来"的四裔民族皆不及中国之强大，学术思想重体而忽用，重王而斥霸，重义而贱利，尚不足为民族国家生存之害。魏晋六朝的玄风，两宋的理学，在世事上既同样有偏重本体之病，而不幸这两个时代都是中国民族积弱寡能的时代，未始不是学术思想的影响。今世何世，今日西洋学术已代替昔日的印度思想，六朝人以能接受印度思想为识时务者为俊杰，而我们今日还有人一味地墨守心性的本体，蔑弃一切学问，以宗教的方法，教人要以槁木死灰，岂是六朝人所谓识时务的？

古代一切学术思想，凡能成一家之言者，无不带着积极性。道家顺乎自然，使人生不可完全为浊世的情欲所搅扰，而以清心寡欲达其生。至其权术阴谋,乃应用之不同,非道家之本意。佛教原为解脱三界苦难,使人勿凝滞于四生六道,执迷不悟。都想净化人生,何尝离了人生。不料这偏重本体的一点,遂产生无穷的弊害。儒家更是积极,孔孟虽称美三王,但亦知五霸之为用。孔子说:"齐一变,至于鲁,鲁一变,至于道。"变齐而至于鲁,则"道之以政,齐之以刑",此霸道之用。变鲁而至于道,则"道之以德,齐之以礼",此三王之世。我们今日政刑犹且不举,岂能便空言德言礼? 孟子称,"五霸,三王之罪人也,今之诸侯,五霸之罪人也,今之大夫,诸侯之罪人也。"今日举世正为诸侯为大夫,何足以言霸道,霸道犹守信义,今日举世尚自私,尚许诈术,乃五霸之罪人,而竟有人以王道高自标榜,言不顾行,行不顾言,其谁欺,欺天乎。

我生平亦好清谈,敬重理学,但我不喜理学家重本轻末的态度。尤痛恨理学的末流,以自己意见为天理,为良知;承认自己的为学术,而排斥其他一切学术;自要读书,却憎人学问;以自由讲学为号召,而以宗教科条教人(理学原以宗教始,以宗教终)。

(原载于《责善半月刊》二卷四期,1941 年 5 月)

汉末政治与社会之交困

贺昌群

自安帝之世以来,上因政治机构之解体,(参阅拙稿两汉政治制度论,中央大学社会科学季刊第一卷第一期)内有外戚、阿母、宦寺之擅权,外启羌戎鲜卑之入寇,此数者交相煽构,遂致盗贼四起,州牧割据,卒演成全社会之动乱,而汉室四百年之统一帝国,终至覆亡。曹氏起而篡之,此后中国入于纷扰之状态者,垂五百年,又开历史上一新局面。

前汉之亡,亡于外戚,而外戚与宦官又相为表里。盖有吕后之任诸吕,忌大臣,而后有张卿之为谒者,(参阅《前汉书》卷三《高后纪》)有宣帝之任许、史,忌诸霍,而后有弘恭,石显之典中书。其不同者,前汉之世,外戚与宦官常相结,后汉之世,外戚宦官常相诛,相结之极而王氏盗汉,相诛之极而天下土崩。二千载以还,遂与中国相终始,读史者所当究其故也。

自三公之制为外戚所破坏,大司马兼大将军一官,逐永为外戚辅政之职,然前汉武、宣二帝皆英断,不假以权,成帝柔仁,专任王氏,及哀平之世,王莽辅政,遂以篡汉。东汉光武、明、章诸帝,皆无外戚之祸,亦由于不假以权。且东汉自和帝以后,诸帝多不永年,则继体者必幼主,幼主无子,而母后临朝,不得不用其父兄子弟以寄腹心,自必援引孩稚以久其权,于是外戚之权势乃大盛,不肖者辄纵恣图谋不轨,其贤者亦为众忌之所归,逐至覆辙相寻,家国俱敝。

后汉大权落于外戚,自和帝时窦宪始,而莫甚于顺帝、冲帝、质帝三朝之梁冀。宪以侍中内干机密,出宣诏命,父子兄弟亲戚并为卿校,充满朝廷,士大夫如班固,傅毅之徒,皆为之典饰文章,刺史守令多出其门,竞相剥敛,共为赂遗。当时学者丁鸿等曾上封事于窦太后,称宪兄弟各擅威权之情形云:

> 今大将军窦宪虽欲持身自约,不敢僭差,然而天下远近皆惶怖承
> 旨,刺史二千石初除,谒辞,求通待报,虽奉符玺,受台敕,不敢便去,

久者至十数日。背王室,向私门,此乃上威损,下权盛也。(《后汉书》卷三十七《丁鸿传》)

刺史二千石之职皆出私门,汉末政治社会之溃乱,必然之势也。然窦宪之穷凶,其罪之最大者尚未敢于弑君也,史称宪报复睚眦,既杀都乡候刘畅,求出击匈奴以赎死,斩名王万余级,出塞三千余里,勒石燕然(今杭爱山),汉威振于殊俗,卫青、霍去病未获比肩,而天下所以恶之者,盖罪浮于功,劳不补恶也。梁冀则无一能,奸赃淫暴,艳妻煽处而已。冀在顺帝朝,纵恣不法,及冲帝崩,质帝立,冀忌其聪慧,进毒弑之,与宦者曹腾共立桓帝,威福自专,在位二十余年,穷极满盛,权倾内外,百僚侧目,莫敢违命,天子恭己,而不得有所亲豫。(《后汉书》卷三十四《梁冀传》)帝既不平久之,延熹二年,乃与中常侍单超等五人谋收冀而诛之,所连及公卿列校二千石,死者数十人,故吏宾客免黜者三百余人,朝廷为空。两汉外戚辅政,国家既受其祸,而外戚之受祸,亦莫如两汉。[1] 窦宪时,崔骃谏宪勿擅权骄恣,言:汉兴以后至于哀平,外家二十余,保全者四家而已。(《后汉书》卷五十二《崔骃传》)东汉后族亦祗阴、郭、马三家保全,其余皆无不败。汉室元气之损伤,外戚之祸实有以致之。

与外戚之祸为表里者,则宦官之亡汉也。宦官之盛,由诛外戚,而汉末董卓之乱,则由诛宦官。案《后汉书·宦者列传》范晔论曰:"三世以嬖色取祸,嬴氏以奢虐致灾,西京自外戚失祚,东都缘阉尹倾国",以世计之,自和帝永元四年,迄献帝初平元年,代更九主,年近百载,皆宦官弄权之时。宦官盛,则汉乱,宦官灭,则汉亡。盖宦者地居近密,日在人主耳目之前,本易窥嚬笑而售谗谀,人主不觉,意为之移,范氏谓宦者"渐染朝政,颇识典故,少主凭谨旧之庸,女君资出内之命",(同上引)及其传达于外,则"手握王爵,口衔天宪",(《朱穆传》语)莫能辨其真伪,故威力常在阴阳奥窔之间。汉承秦制,以阉人为中常侍,然亦常参用士人,班固叙传:彪之父稚,尝为中常侍,是成帝时中常侍尚兼用士人。光武中兴,内官乃悉用宦者,至和帝即位,冲龄幼弱,外戚窦宪兄弟专权,帝与内外臣僚,莫由亲接,所与居者阉宦而已,当时朝臣莫不附宪,独宦者郑众谨敏有心机,不事豪党,帝遂与众定诛宪之计。(《郑众传》)。普通皆认此为宦官势力嚣张之第一步。

---

[1] 参阅赵翼《廿二史札记》卷三。

然众小心奉公，未尝揽权。和帝崩，邓后临朝，不得不用阉寺，其权渐重。[①] 赵翼《廿二史札记》卷五分安帝以后宦官势力之发展为四阶段：（一）邓后崩，安帝亲政，宦官李闰、江京、樊丰等，与帝乳母王圣，圣女伯荣，帝舅耿宝，后兄阎显等，比党乱政，此宦官与朝臣相与为奸，然犹未能蔑朝臣而独肆其恶也。（二）及安帝崩，阎显等专朝争权，乃与江京合谋诛徙樊丰、王圣等，此为朝臣欲去宦官，而反藉宦官之力。（三）及后显又欲援立外藩，宦者孙程等不平，迎立顺帝，先杀江京、刘安，并诛显兄弟，此大臣欲诛宦官，必借宦官之力，宦官欲诛大臣，则不藉朝臣力矣。（四）至桓帝时，梁冀身为大将军辅政，两妹一为皇太后，一为皇后，其权已震主矣，而帝默与宦官单超等五人定谋，遂诛冀。灵帝立，窦后临朝，后父窦武辅政，素恶宦官，欲诛之，兼有太傅陈蕃及李膺等诸名士之同心定谋，乃反为宦官曹节，王甫等所杀。灵帝崩，何后临朝，后兄何进以大将军辅政，已奏诛宦官蹇硕，收其所领八校尉兵，此时朝权兵权俱在进手，以此尽诛宦官，亦复何难，乃又为宦官张让、段珪等所杀。于是八校尉中之袁绍及袁术、闵贡等，因乘乱捕斩宦官二千余人，无少长皆杀之，至此宦官之局始终，而汉亦随之亡矣。

赵翼又谓，中国历史受宦官之祸者，以东汉及唐、明三代为最烈，唐明阉寺先害国而及于民，东汉则先害民而及于国。换言之，东汉宦官之毒，盖直接及于一般社会。赵氏为引证其说，列举《后汉书》各传所载当时朝臣刘瑜、左雄、黄琼等之疏奏，及诸宦者本传之暴行，有卖官鬻爵，强夺人田宅者，有妻掠人妇女者，有发人坟墓者，而宅第之宏深，僭类宫省，种种非法之行，不一而足。

其直接影响于社会国家者，遂发生两种严重之问题，一为党禁之大狱，戕折不少清节有用之人材，二为吏治之贪残，致社会呈瓦解之势。

党禁之起，在桓帝延熹九年，而其事之酝酿则非一朝一夕。自光武敦尚经术，宾延儒雅，广开学校，修明礼乐，继以明、章之世，克追先志，临雍拜老，横经问道，公卿大夫至于郡县之吏，咸选用经明行修之人，虎贲卫士皆习孝经，匈奴子弟亦游太学。（参阅《后汉书》卷七十九《儒林传》序。又《通鉴》卷六八《汉纪》论)取士之方亦较前汉为广，凡敦朴有道、贤能、直言、独行、高节、质直、清

---

① 《后汉书》卷四十三《朱穆传》：自和熹太后（邓太后）以女主称制，不接公卿，乃以阉人为常侍，小黄门通命两宫，自此以来，权倾人主，穷困天下。

白、敦厚之士,皆广其荣路。① 故东汉风气,尊崇节义,好以名行相高,往往周旋于生死患难之间。及至汉末,政治虽浊而风俗不衰,至有触冒斧钺,僵仆于前,而忠义奋发,继起于后,随踵就戮,视死如归,盖光武、明、章之遗化也。(《通鉴》建安二十四年纪司马光评论)昔人以气节之盛为世运之衰,而不知并气节而无之,其衰乃更甚也。

范蔚宗《党锢传》序(《后汉书》卷六十七)云:

> 逮桓、灵之间,主荒政谬,国命委于阉寺,士子羞与为伍,故匹夫抗愤,处士横议,遂乃激扬名声,互相题拂,品覈公卿,裁量执政。

政治上之腐败与暴乱,自不仅限于宦官,而宦官特为世论攻击之目标耳。盖从来所贱视之一种人,一跃而为权力阶级,其自身之轻贱与流害,揉成一片,于是阉宦之跋扈,遂为世人怨愤之的。

自和帝以后,贵戚擅权,嬖倖用事,赏罚无章,贿赂公行。顺帝虽为宦者孙程等所拥立,颇思收揽人心,有所振作,屡诏举"敦朴之士",(即当时所谓名士)擢以不次之格,登用朝廷,时左雄、黄玲、周举用事,同心辅政,"故士得用情,天下喁喁,仰其风采"。(《后汉书》卷六十《左雄传》论)当时所谓名士,可分两种,一为修洁自好之士,荣华丘壑,甘足枯槁;一为抱经世之志,激扬声名,欲振朝纲风纪于阉寺氛围之中。前者以南阳樊英辈为代表,后者以李固诸人为代表。

《后汉书》卷八十二《樊英传》:英习京氏易,兼明五经,又善风角、星算、河洛七纬,推步灾异,故范晔列之于《方术传》中。隐于壶山之阳,受业者四方而至,公卿前后辟举皆不应。顺帝永建二年延英至京师,复称病不肯起,乃强舆入殿,犹不为礼。帝不能屈,而敬其名,待以师傅之礼,延问得失,而英应对无深谋伟策,群情大失所望。当时李固与黄琼书曰:"近鲁阳樊君被征,初至,朝廷坛席,犹待神明,而其功业皆无足采,是故俗论皆言处士纯盗虚声,盛名之下,其实难副"。(《后汉书》卷六十一《黄琼传》)范晔论之,尤切中其病:

> 汉世之所谓名士者,其风流可知矣。虽弛张趣舍,时有未纯,于刻情修容,依倚道艺,以就其声价,非所能通物方,弘时务也。及征樊

---

① 见《后汉书》卷六十七《党锢传》序。按光武提倡儒术,古今议论,毁誉参半。其实儒家之学,自西汉以来无代不为开国帝王所利用,何独于光武。光武以儒士起家,以谨厚见称,则其尊儒劝学,敦节重义,似亦有自其性格中而来者,即使其动机不诚不正,要亦为专制君主久已认识之一种政治作用,盖儒家之学,其本身实具有种种最适宜于统治者之理论也。

英、杨厚,朝廷若待神明,至竟无他异。英名最高,毁最甚,李固、朱穆等以处士纯盗虚名,无益于用,故其所以然也。然而,后进希之以成名,世主礼之以得众,原其无用,亦所以为用,则其有用,或归于无用也。(樊英等列传论)

是以东汉虽尚名节,荐举、征辟必采名誉,而其流弊所及,则凡可以得名者,必以全力赴之,好为苟难,遂成风俗。当时与后世之讥议,多指此类名士而言。若申屠蟠、徐稚、黄宪辈,处乱世而能用晦以保其身,可谓此类名士中识去就之概者也。

至于抱经世之志,而急于时政之改革者,则为李固、陈蕃、李膺一派之名士。固少好学,常步行寻师,不远千里,究览坟典,结交英贤,四方有志之士,多慕其风而来学(《后汉书》卷六十三《李固传》)。郎𫖮上书顺帝称:"处士汉中李固,年四十,通游夏之艺,履颜闵之仁,洁白之节,情同皎日,忠贞之操,好是正直,卓冠古人,当世莫及"。可见李固在当时声望之盛,实为清流之所归。阳嘉二年诏举对策,而固首倡攻击宦官之论,即为宦官所陷,幸得外戚梁商之救护(梁商柔和自守,为东汉外戚之贤辅)。但外戚常与宦官相通,以巩固其势力,可知李固诸名士欲依梁商之力以排斥宦官,其不能成功,盖可预断。梁商死,固与杜乔等因主不立质帝而立清河王蒜,为宦者曹腾与商之子梁冀所杀。顺帝之后,频年之间,国统三绝,(顺帝崩,冲帝立,一年崩,质帝立,一年崩),终至诸名士之在朝领袖如左雄、周举、黄琼等,或免或死,竟不能挽既倒之狂澜。然左雄、周举诸人所失于此者,而乃得之于彼,汝南陈蕃、颍川李膺、下邳陈球等三十余人,皆当时所诏举之茂才异行,而为左雄等之所遇选拔者(《后汉书》卷六十一《左雄传》)。迄于桓帝永寿之间,吏治察选清平,号称得人,故范蔚宗论"汉世乱而不亡,百余年间数公之力也"。(《后汉书》卷六十六《陈蕃传》)

李固一派之名士,因急于时政之改革,其言行自不免流于矫激,至桓帝延熹九年,遂成党锢之大狱。按桓帝在位二十一年,延熹以前,梁冀窃柄,延熹以后,阉官之弄权益炽。《后汉书》卷六十七《党锢传》序,述其事甚详,今更参酌《桓帝纪》及各传略述之。

初,有善风角者张成,推占当有赦令,教其子杀人,河南尹李膺捕之,果遇赦免,膺怒,竟考杀之。成初以方术交通宦官,帝亦颇信其说,成弟子遂诬告膺等养太学游士,交结生徒,诽讪朝廷。时太学生三万余人,郭泰、贾彪为其冠,并与李膺、陈蕃、王畅更相褒重,危言深论,不隐豪强,自公卿以下,莫不畏其贬议。而帝师甘陵周福亦被贬议,帝于是震怒,收捕膺等二百余人下狱中。次年、霍谞、窦武上表申理,始赦归。① 此第一次党禁也。自是正人放废,海内共相标榜,于是有三君、八俊、八顾、八厨之称,②皆党人尊其贤德而言。灵帝立,窦武,陈蕃"同心尽力,征用名贤,共参政事,天下之士,莫不延颈想望太平"。(《后汉书》卷六十六《陈蕃传》)武与蕃共谋诛宦官候览、曹节、王甫等,为窦太后所梗,事泄,皆为宦官所杀。蕃以皤皤七十余岁之元老,自以为既负天下之重望,而窦太后又为其所争立,有德于太后,必谓其志可申,而不知太后已被宦者与嬖倖包围,此名士派矫激用事,不能审慎周详之大病也。次年,(据《后汉书》卷六十七《范滂传》)清流领袖张俭因举劾中常侍候览,俭乡人朱并承览旨意,又告俭等二十四人为部党,于是行文通缉,俭亡命,望门投止,当世莫不重其名行,破家相容,辗转逃出塞外,"其所经历,伏重诛者十数,宗亲并殄灭,郡县为之残破"。(《后汉书》卷六十六《张俭传》)同时并捕前党李膺杜密及范滂百余人,皆死狱中,妻子徙边,诸附从者锢及五族,诏天下大举"钩党"。(章怀注,钩,相牵引也)。于是有义行者,一切指为党人。又捕太学生千余人,党人门生故吏,父兄子弟在位者,皆免官。建宁四年大赦天下,惟党人不赦。直至中平元年,黄巾贼起,中常侍吕强奏请,始赦诸党人。(按吕强尽忠奉公,屡上书力陈宦官之乱,及后宫彩女之多,实东汉宦官之最贤者)。此第二次党禁也,"凡党事起自甘陵(周福)汝南(资宗),成于李膺张俭,海内涂炭二十余年"。(《党锢传》序)而汉之国祚亦同归于尽矣。

党人之失败,(一)仍然依托外戚,然又不能不依托外戚,而外戚之不足恃,李固诸人已然矣,窦武究非贤智者。(二)当时党人多好畸行,激而自召其祸,如李云露布上书,移副三府,(露布,谓不封其书,并以副本分上三公府,使广知其事)称:"帝者,谛也,帝欲不谛",帝大怒曰:"帝欲不谛,是何等语"。(《李云传》)而最为宦官辈所痛疾者,则以口号激扬声名,共相标榜,徒使受之

---

① 后汉书卷七桓帝纪:永康元年大赦天下,悉除党锢。据本纪言,系因由延熹改元永康之故,但据李膺传及章怀注引续汉志,则称当时李膺等颇引宦者子弟,宦者多惧,请帝以天时当赦,帝许之。可是宦者子弟,亦有疾其父兄之横暴而为党人者。

② 党锢传序:海内希风之流,遂共相标榜,指天下名士为之称号,窦武、刘淑、陈蕃为三君,君者世之所宗也。李膺、荀昱、杜密、王畅、刘佑、魏朗、赵典、朱寓为八俊,俊者人之英也。郭林宗、宗慈、巴肃、夏馥、范滂、尹勋、蔡衍、羊陟为八顾,顾者能以德行引人也。张俭、岑晊、刘表、陈翔、孔昱、范康、檀敷、翟超为八及,及者能导人追宗也。度尚、张邈、王考、刘儒、胡母班、秦周、蕃向、王章为八厨,厨者能以财救人也。

者难堪。例如，桓帝为蠡吾侯时，受学于甘陵周福，及即帝位，擢福为尚书，而同郡河南尹房植亦有名当朝，党人逐以口号讥刺曰："天下规矩房伯武，因师获印周仲进"，于是二家宾客，互相讥议，各树朋党，范蔚宗谓党人之说，自此而始。（《党锢传》序）此类品题，竟成风气，《儒林传》序曰："自是（本初元年）游太学增盛，至三万余生，然章句渐疏，而多以浮华相尚，儒者之风盖衰矣"。按"浮华"一词，在魏晋间系指清谈之别称，晋代风流，品藻题拂，言语雅韵，盖已滥觞于此时矣。因此宦官辈亦自觉持之有理，延熹九年之狱，范滂等"三木囊头，暴于阶下"，（章怀注：三木，项及手足皆有械，更以物蒙其头也）。桓帝使宦官王甫鞫讯，甫曰："君为人臣，不惟忠国，而共造部党，自相褒举，评论朝廷，虚构无端，诸所谋结，并欲何为？卿更相拔举，迭为唇齿，有不合者，则见排斥，其意如何？"《范滂传》此种诘难，亦未尝无相当理由。（三）党人于宦竖及其徒从，往往过用刑杀，专与此曹争胜负，快一时之人情，而所击者又非大奸巨恶。如李膺为河南尹，案治一无籍之羊元群，而反坐输作左校，其他党人搏杀以快斯须者，一野王令张朔耳，富贾张汜耳，小黄门赵津耳，下邳令徐宣耳，妄人张成耳，攻末而忘本，是何足预社稷之安危，而党人之受祸则深矣。顺帝汉安元年，选遣八使巡行郡国，张纲独埋其车轮于洛阳都亭，而叹曰："豺狼当道，安问狐狸！"《张纲传》可谓识时者也。然袁宏《后汉纪》（卷二十二）论党锢一段，深斥党人之非，故为苛察，则又君子所不取也。

其次，宦官之害直接于一般社会者，为吏治之贪残。其时仕进之途，惟征辟、察举二事，宦官既据权要，则征辟察举者，无不望风迎附，非其子弟即其亲知。《朱穆传》（《后汉书》卷四十三）称："中常侍贵宠，父子兄弟布在州郡，竞为虎狼，噬食小人"，又云："宦者权倾海内，宠无极，子弟亲戚，并荷荣任，故放滥骄溢，莫能禁御，凶狡无行之徒，媚以求官，恃势怙宠之辈，鱼肉百姓，穷破天下，空竭小人"。此类记载，史不绝书，故当时刺史太守之职，皆在宦官掌握之中，《后汉书》（卷七十八）《宦者传》载一有趣之故事，时在灵帝朝：

> 忠领大长秋，让有监奴典任家事，交通货赂，威形諠赫。扶风人孟佗（按魏志卷三明帝记：太和元年，新城孟达反。裴注引《三辅决录》曰：伯郎，凉州人，名不令休其，注曰，伯郎，姓孟名他，扶风人。所记此事亦同。佗他，古字同）。资产饶赡，与奴朋结，倾竭馈问，无所遗爱。奴咸德之，问佗曰：君何所欲，力能办也。曰：吾望汝曹为我一

拜耳。时宾客求谒让者,车恒数百千辆,佗时诣让,后至,不得进,监
奴乃率诸仓头迎拜于路,遂共舆车入门。宾客咸惊,谓佗善于让,皆
争以珍玩赂之。佗分以遗让,让大喜,遂以佗为凉州刺史。

让传又纪当时刺史二千石及茂才孝廉迁除,皆须进买官钱,大郡至二三千
万,各有差等。刘陶受任京兆尹,到职,当出买官钱千万,陶既清贫,而耻以钱
买官,称疾不听政。(《刘陶传》)夫政乱不一,而至于卖官鬻爵,未有不亡者也。
是以桓灵间,海盗山贼及大股盗贼,如黑山、黄巾之多,遍于江河南北,虽当时
天灾水患频仍,而宦官政治之贪残与蠹害,实有以致之。《张让传》载中山张钧
上书曰:

> 窃维张角所以能兴兵作乱,万人所以乐附之者,其源皆由十常侍
> 多放父兄子弟婚亲宾客典据州郡,辜榷财利,侵掠百姓,百姓之冤无
> 所告诉,故谋议不轨,聚为盗贼。

而让等实与张角相勾结,(参阅《后汉书》卷七十一《皇甫嵩传》)及至灵帝
发觉,怒诘让等曰:"汝曹常言党人欲为不轨,皆令禁锢,或有伏诛,今党人更为
国用,汝曹反与张角通,为可斩未?"(《张让传》)桓灵间,主荒政谬,以至于此,
迨袁绍说何进诛中官以悦天下,而进反为所害,绍等乃勒兵捕宦者,无少长悉
斩之,宦官之祸绝,而汉社亦屋矣。

汉末吏治之坏败,亦有不尽因宦官之故,而为整个政治社会机构之崩溃
所形成者。大抵东汉社会结构与前汉无少异,前汉社会因兼并之甚而有王
莽之五筦六均,及土地限制之政策,但地主及商人又决不能放弃其兼并利
益,此新莽卒以败亡而光武所以兴也。东汉兼并之势既继续发展,政府又取
放任政策,于是官吏与富豪互为奸利,致令富者日富,贫者日贫。加以天灾
人祸,即桓帝一朝,据本记所载,大水四,民相食二,边事三十一。灵帝之世,
"比年收敛,十伤五六,万人饥寒,不聊生活"。(《陈蕃传》)是以仲长统昌言
理乱篇谓:"今日名都空而不居,百里绝而无民者,不可胜数"。汉末社会之
凋敝,从可知矣。

再有可言者,汉末能吏则峻罚太甚,不肖者则贪残贼民,两成极端,李固述
当时峻罚之吏云:

> 今之进者,唯财与力,伏闻诏书务求宽博,疾恶严暴,而今长吏多
> 杀伐致声名者,必加迁赏,其存宽和无党援者,辄见斥逐。是以淳厚

之风不宣，彫薄之俗未革，虽繁刑重禁，何能有益。（《李固传》）

永和中，荆州盗贼起，弥年不定，乃以固为荆州刺史，固到，遣使劳问境内，赫宥盗寇，与之更始，于是贼帅敛其魁党六百余人，自缚归首，固皆原之，遣还，使自相招集，开示威法，半岁间，州内清平。梁冀嫉固，又徙为太山太守，时太山贼屯聚历年，固至，以恩信招诱之，未满岁，贼皆弥散。桓帝时，广陵贼张婴等数万人，杀刺史二千石，寇乱扬、徐间，积十余年。张纲为广陵太守，单车赴职，既到，迳造婴垒，婴见纲诚信，乃出拜，纲慰之曰：前后二千石多事贪暴，致公等怀愤相聚，二千石信有罪矣，然为之者，又非义也。婴闻泣下，感悟将所部与妻子面缚归降。（《张纲传》）可见当时社会风俗，犹甚淳厚，汉之亡，非先由其基层社会之动乱，明也。又《陈蕃传》：时零陵、桂阳山贼为害，公卿议欲讨之，蕃以为民之变乱，乃官吏贪虐所激成，若选清贤奉公之人，能班宣法令，情在爱惠，可不劳师动众，而群贼自息。至灵帝光和末，曹操以颍川十余县长吏，阿附贵戚，贼污狼藉，民生困苦，盗贼蜂起，操乃严加举免，郡内于是肃然，（《三国志·魏志》卷一《武帝纪》）是汉末社会之纷乱，多由吏治坏败，官逼民变也。

汉末政治与社会之交困，由于政体之解纽，以至外戚专横，而授宦官以弄权之隙，吏治贪残，群盗四起，上既言之矣，然尚有一重要原因，读史所不可不知者，即外患是也。

前汉之外患为匈奴，后汉之外患为西羌，皆汉之劲敌。匈奴之患，正当国力最强之时，西羌之乱，亘安帝、顺帝两朝，至桓帝时，虽为段颎所灭，然羌灭未几，而汉亦大乱，国家财政因平羌之故，为之破产，则羌祸深于匈奴也。

西羌寇乱之区域，据王符《潜夫论》（卷五）《救边篇》云："始自凉、并，延及司隶，东祸赵、魏，西钞蜀汉，五州残破，六郡削迹，周回千里，野无孑遗"。若以今地释之，则甘肃、宁夏、陕西、山西、河南、四川诸省，皆为羌寇所蹂躏之地。又据《后汉书》（卷八十七）西羌传所记：自安帝永初以后十余年间，"军旅之费，转运委输，用二百四十余亿，府库空竭，延及内郡"。又顺帝永和以后十余年间，用八十余亿，此犹仅见于纪载者。西羌之强，远不及匈奴控弦之盛，奈何东汉崇文教而轻武功，故边无将才。光武复弃长安而都洛阳，使一国首都不能居于国防之第一线，[①]每遇羌寇，辄放弃州郡，内徙边民，故羌人得深入内地，致

---

① 参阅拙稿再论历代建都与外患及国防之关系，浙江大学《时代与思想》月刊第四十二期。

种羌胡杂居乘时扰乱之因,而人民远移故土,失其所业,于是东走,流离分散于幽、冀、兖、豫、荆、扬、蜀、汉诸地,(参阅《潜夫论·实边》)此亦汉末盗贼蜂起,社会动乱之一大原因也。

（原载于《学艺》于第 17 卷第 11 期,2—7 页。据"全国报刊索引",此文发表于 1947 年。贺龄华所作《贺昌群先生学术年表》将此文系于 1948 年,有误。）

明清江南地区资本主义萌芽发展缓慢的原因

洪焕椿[*]

中国封建社会的发展有自己的特点,其历史进程是极其错综复杂的。16世纪中国已进入封建社会晚期,在若干手工业部门中出现了资本主义生产关系的萌芽。但是,这一新的幼芽,一直到鸦片战争前仍然停留在萌芽状态,成长十分缓慢。究其原因,从经济生产上来看,是由于封建的经济结构极其坚固,自给自足的自然经济居于绝对统治地位。

为什么中国封建经济的内部结构如此坚固而不易分解? 为什么自给自足的自然经济长期居于绝对统治地位? 这些问题必须从封建社会的上层建筑究竟起什么作用进行具体分析。

根据历史发展的总趋势,经济因素归根到底是起决定作用的。但是直接起决定作用的,除了经济因素外,还有其他因素在交互发生作用。马克思主义经典作家关于政治和经济关系的若干论述中,十分明确地提道:一个国家的政权及其政策,如果不是顺应社会经济的发展,便是造成社会经济的停滞或衰退。这对于我们研究中国封建经济结构解体的迟滞性,以及资本主义发展缓慢的问题,很有启发。

明清时期,封建专制政权及其所推行的各项政策,对社会经济的发展究竟起什么作用? 如果从总的历史趋势来看,城市商品经济的发展受到抑制和摧残,民间工商业不可能得到顺利发展,使生产技术仍然停留在落后状态。对广大农村来说,小农经济是在沉重的剥削和压迫下维持生存。以一家一户为生产单位的个体农业生产者,既是地主阶级剥削的对象,又是国家财富积累的源

---

* 洪焕椿(1920—1989),浙江瑞安人。南京大学历史系教授,擅长方志学和明清史。著有《浙江文献丛考》《浙江方志考》《明末农民战争史略论》《明清社会与江南经济》等。

泉。国家封建政权只要维护这种小农经济的存在，使之长期苟延下去，使它成为封建统治的牢固基础。

总之，明清封建国家政权及其所推行的政策，是朝着违反经济发展的方向在起作用，上层建筑阻碍着封建生产方式向资本主义生产方式过渡。鸦片战争以后，中国进入了半殖民地半封建社会，封建的政治枷锁，阻碍着中国社会生产力的发展。

一、明清时期的工商业政策，阻碍了商品经济的发展

明清时期，封建国家对待城市工商业，除了维护官办手工业的生产外，对待民间手工业和商业，采取抑制的手段而不是奖励政策；是实施重税而不是轻税，是多方面的掠夺而不是实行扶植政策。明清两朝推行抑商政策、闭关自守、重税政策、派买政策，阻碍着商品经济的发展，使全国城乡工商业长期陷入困境。

抑商政策是中国封建社会的传统政策。中国封建经济发展的缓慢，是跟这一政策密切相关的。抑商政策的目的，是为了保持一家一户为生产单位的小农经济的存在，防止农民弃本逐末。中国是一个农业大国，封建王朝的财政收入，绝大部分来自田赋。为了保持农业税收，传统的重农抑商政策一直延续下来。明初朱元璋就说过，"人皆言农桑衣食之本。然弃本逐末，鲜有救其敝者。先王之世，野无不耕之民，室无不蚕之女。水旱无虞，饥寒不至。自什一之涂开，奇巧之技作，而后农桑之业废。一农执末而百家待食；一女事织而百夫待衣，欲人无贫，得乎？朕思足食在于禁末，足衣在于革靡"①。这就是明初封建政权对待社会经济的总方针。宣德初年，江南巡抚周忱就明白指出，"耕稼劝，则农业崇，而弃本逐末者不得纵。由是，赋役可均而国用可足"②。明初人王叔英也讲过，"古者制民之法，以农为本，故常厚之；以商贾为末，故常抑之。后世抑末之法犹存，而厚本之法每病于费广食众，不能行之"③。可见封建国家采取抑商政策，并不想发展工商业，只是为了保存一家一户的个体小农经济。这也是为了保护国家的农业税收，充实国家的财政。明清两朝，国家并

---

① 《太祖实录》洪武十八年九月戊子。
② 《与行在户部诸公书》，《明经世文编》卷二二。
③ 《资治策疏》，《明经世文编》卷一二。

没有感到既要发展农业,也要发展工商业。对"重农"(也就是王叔英所说的"厚本")并没有一套行之有效的政策;而"抑商"的各种手段,则对工商业带来严重的破坏。虽然清初启蒙思想家黄宗羲曾提出过"工商皆本"的新理论,批评以农业为本、工商为末的旧传统,但清朝政府所推行的经济政策,仍然是"重本抑末"。

明初的农业生产力和生产规模较元末有了显著的进步,但是抑商政策基本上没有什么改变。到了嘉靖时期,由于封建政治的腐败,国家财政已经出现危机,农民的流徙和逃移日渐严重,一部分农民被迫流入城市。当时一位大臣林燫,提出如何整顿财政的建议。其中有一条就是强调"抑末",反对城市人口的增加,他认为侨居通都大邑的户口,"以四方计之,盖不下数十万户"①,这是不利的因素。其实就全国来说,各大城市增加几十万户,是一个很微小的数目,而且大部分是地主士大夫,农民由于失去土地而流入城市的,毕竟是极少数。而且个体农民家有妻儿子女,无法长期脱离农业,迟早要重新被束缚到土地上去。明朝政府是禁止农民离乡的。周忱说:"惰逃不禁,耕稼不劝,故奸民得以避劳就逸,弃本逐末",从而"立法以捡制之"②。就以江南苏松工商业比较先进的地区来看,附近农民流入城市,成为出卖劳动力的手工技术工人,为数也极其有限。明清全国各大城市是封建统治的据点,而不是民间手工业生产的中心。民间工商业只能在农村集镇中,才有发展的余地。

明朝后期,由于商品经济的不同程度发展,朝野士大夫十分敏感地提出,应坚持"抑商"政策,保持农业生产力。松江人何良俊说:"正德以前,百姓十一在官,十九在田。……自四五十年来,……大抵以十分百姓言之,已六七分去农。"③官僚士大夫们把明后期国家财政困难和岁荒民乱的原因,归结为人民的"厌农趋商"。如嘉靖初崔铣所说的,"民既厌农","天下趋商","工必卤莽,食则不足",必须在"重农"的同时,实行"抑商"。④明朝自始至终没有放弃抑商政策。

清朝政府在经济领域同样实行这一政策。雍正五年(1727)上谕中写道:"四民之业,士之外农为最贵。凡士工商贾,皆赖食于农,以故农为天下之本

---

① 《增节斋刘公之江西左辖字》,《明经世文编》卷三一三。
② 《与行在户部诸公书》。
③ 《四友斋丛说》卷一三。
④ 《政议十篇之一・本末》,《明经世文编》卷一五三。

务,而工贾皆其末也。"①以农为最贵,这是正确的,这反映了中国是农业国家这一特点,但是"工商皆末"的思想是错误的,是不适应当时国民经济的发展趋势的。因此,在清代封建政权的压制下,民间手工业只能是农民的家庭副业。农民搞些副业,主要又是为了自给自足。抑商政策使我国传统的优秀手工业生产得不到发展,商品流通的渠道不畅,手工业技术得不到发扬,阻碍了社会生产力的发展。

禁海政策就是封闭沿海,禁止海外贸易。这与"抑商"是直接相联系的。明清封建王朝实行禁海,当然有其政治目的。但就经济上来说,闭关是人为的自我封锁,是一项十分愚蠢的政策,对国内经济的发展,对中外经济文化交流,都是没有好处的。它严重地破坏了中国对外贸易的发展。

明王朝建立后,就发出"寸板不许下海"的禁令,禁止濒海人民到海外经商。洪武以后的历代统治者,一再严申海禁。明朝规定:"官民人等,擅造二桅以上违式大船,将带违禁货物下海,前往番国买卖,潜通海贼,同谋结聚,及为向导劫掠良民者,正犯处以极刑,全家发边卫充军。"②为了断绝人民同海外的商业贸易往来,下令禁止民间贩卖番货,不许私造船只,不许下海捕鱼。明朝的闭关政策,虽然在不同时期有宽严的不同,但政策始终没有改变。即使是隆庆年间对海禁有所放宽,允许海外通商,但仍然是"止通东西二洋,不得往日本倭国";并"于通之之中,申禁之之法","凡走东西二洋者,制其船只之多寡,严其往来之程限,定其贸易之货物,峻其夹带之典刑,重官兵之督责,行保甲之连坐,慎出海之盘诘,禁番夷之留止,厚举首之赏格,蠲反诬之罪累"③。海处贸易严格地控制在封建官府手里。直到明末,海禁并没有放松。

清初沿袭明朝的海禁政策,于顺治十二年(1655)颁布"禁海令","严禁沿海省分,无许片帆入海,违者置重典"④。民间对外贸易得不到发展。清朝政府解决了台湾问题之后,康熙二十三年(1684)起开放海禁,在广东,福建、浙江、江苏等东南地区设立四个海关,并以澳门、漳州、宁波、云台山为对外贸易港口,准许商人载货出洋贸易。玄烨在"圣训"中说,开放东南禁海,对"闽、粤边海生民有益",而且能使"富商大贾、懋迁有无"。这一政策改变,完全符合当

---

① 《清世宗实录》卷五七。
② 朱纨:《议处夷贼以明典刑以消祸患事疏》,《明经世文编》卷二〇五。
③ 许孚远:《疏通海禁疏》,《明经世文篇》卷四〇〇。
④ 蒋良骐:《东华录》卷七。

时商品经济发展的需要,曾使东南地区的工商业一度呈现出繁荣的景象,航运贸易,盛况空前。魏源说:"自康熙中年开禁以来,沿海之民始有起色。其船由海关给执照稽查出入,南北遄行,四时获利。百余载来,共沐清晏承平之泽。"①但是海禁虽开,限制极严。最初规定:"许用载五百石以下船出海贸易。"②后来准许"出洋贸易商船,许用双桅",但"梁头不得过一丈八尺"③。出海的盘查手续十分繁苛,商船必须出具各种保证、甘结或连环互结,方许出洋。官府所发的执照,一年一换。逾期不换,不许出海。这种"宁严毋宽"的开放政策,也不过维持二十多年。到了康熙五十年(1711),清朝政府又重申闭关禁海政策。从乾隆二十二年(1757)起,对外贸易只限制在广州一地。一直到道光二十二年(1342)鸦片战争结束,闭关锁国长达八十多年。清朝政府对外商严加管束,凡是"夷商到粤,寓歇行商馆内稽查管束,原不许任意出入",并严令"内地商民,亦不得往来交接"④。清朝政府只允许经过认可的行商与外商交易。从乾隆二十四年(1759)起,为了进一步限制对外贸易,清朝政府重新修订了防范外商的各种章程,如《防夷五事》,《民夷交易章程》《防范夷人章程》,《八条章程》等等。这种经济上的封锁,破坏了国内工商业的发展,对资本主义萌芽的滋长是极其不利的。例如中国传统商品丝绸的出口数量,当时便受到严格的控制,阻碍了国内丝织业的发展。这对中国商品进入世界市场是极其不利的。

　　明清两代,国家对商业税收采取重税政策,这是为了压制民间工商业的兴起。例如明朝宣府所属的张家口堡,从隆庆五年(1571)起设立市场,"市商缎布、狐皮一切杂货,来自苏杭、湖广,由临清以至天津芦沟通湾,其税不知凡几。及至市口,又重税之"。"今一货一人,税而又税。朘膏咋髓,一羊十皮,熙熙而来者,无所牟其利,抑且有其害,是重困商也"⑤。明朝后期,"河间一府,地瘠民贫,额税二万五千有奇,敲骨吸髓久矣,夫民不堪命也"。于是造成"税繁则商困,商困则来者稀,必须取盈其额,纵严刑督责,只驱之掉臂而去耳"⑥。万历间,"河西务大小货船,船户有船料矣,商人又有船银;进店有商税矣,出店又

---

① 《复蒋中堂论南漕书》,《魏源集》上册,一九七六年中华书局出版。

② 光绪《大清会典事例》卷二三九。

③ 光绪《大清会典事例》卷六二九。

④ 乾隆二十四年(1759)《部复两广总督李侍尧议》,《粤海关志》卷二八。

⑤ 梅国帧:《请罢榷税疏》,《明经世文编》卷四五二。

⑥ 王纪:《请豁重叠小税疏》,《明经世文编》卷四七三。

有正税。……百里之内,辖者三官;一货之来,榷者数税"。① 甚至有一舟经三十余关,一货而抽税三十余次者。

明朝后期矿税之祸,是对民间工商业的残酷迫害。矿监税使布满通都大邑,"处处开矿,处处抽税。民生处处憔悴,民心处处悲愁"②。人们惊叹:"今天下所谓嗷嗷,矿、税两事耳。"③

关于明朝矿监税使对工商业的摧残,略举几条典型事例。

(一)冯琦在奏疏中指出:"疮痍未起,呻吟未息,而矿税之议已兴,貂珰之使已出。不论地有与无,有包矿、包税之苦;不论民愿与否,有派矿、派税之苦。指其屋而挟之曰:彼有矿,则家立破矣;指其货而吓之曰:彼漏税,则囊立倾矣。以无可稽查之数,用无所顾畏之人,行无天理、无王法之事,大略以十分为率,入于内帑者一,克于中使者二,瓜分于参随者三,指骗于土棍者四,而地方之供应,岁时之馈遗,驿递之骚扰,与夫不才官吏之指以为市者,皆不与焉。……岂知今日苦矿苦税之民,即是前日被灾被兵之民,重累叠困,咨嗟愁怨,至于如此!"④明朝封建专制统治与人民之间的矛盾,已发展到如此严重的地步。

(二)据赵世卿的奏疏,万历时期,"在河西务关,则称税使征敛,以至商少。如先年布店计一百六十余名,今止存三十余家矣。在临清关,则称往年夥商三十八人,皆为沿途税使盘验抽罚,赍本尽折,独存两人矣。又称临清向来段店三十二座,今闭门二十一家,布店七十三座,今闭门四十五家;杂货店六十五座,今闭门四十一家。辽左布商,绝无一至矣。在淮安关,则称南河一带剥来货物,多为仪真、徐州税监差人挟捉,各商畏缩不来矣"⑤。这是商业贸易遭受严重破坏的具体情况。

(三)据朱赓奏称,辽东税监"高淮在彼行事,甚不安静,臣等不暇详言。止据近日一二事,谓春间当雪深丈余,人烟几断之时,带领家丁数百人,自前屯起辽阳镇江,金、复,海、盖一带大小城堡⑥,无不迂回遍历。但有百金上下之

---

① 萧彦:《敬陈末议以备采择以裨治安疏》,《明经世文编》卷四〇七。
② 余继登:《止矿税疏》,《明经世文编》卷四三七。
③ 冯琦:《矿税议》,《明经世文编》卷四四一。
④ 《为灾旱异常备陈民间疾苦恳乞圣明亟图拯救以收人心以答天戒疏》,《明经世文编》卷四四〇。
⑤ 《关税亏减疏》,《明经世文编》卷四一一。
⑥ 镇江即镇江堡,在今辽宁丹东市北;金即金州卫,今辽宁金县;复即复州卫,今辽宁复县西北、复州河之北;海即海州卫,今辽宁海城;盖即盖州卫,今辽宁盖县。

家,尽行搜括,得银不下十数万,间阎一空"①。这是辽东地区遭受税监洗劫的具体情况。

(四)据余懋衡的奏疏,陕西省"税监梁永,残杀人命,无辜而毙于敲扑鞭笞之下者,数踰千百,皆历历可指"。又云:"膏脂吸尽全陕,威福敢盗至尊。"②这是陕西惨遭荼毒的情况。

(五)"万历二十九年,织造太监孙隆驻苏督税,积棍纳贿,给扎营充委官,分列水陆要冲,乘轩张盖。凡遇商贩,公行攫取,民不堪命。又机户牙行,广派税额,相率改业,佣工无所趁食"③。这是万历以来苏州工商业遭受破坏的具体情景。

以上这些文献记载,说明明朝国家凭借封建专制主义的淫威,对工商业实行重税政策,并通过矿监税使,对正在发展中的各地工商业施行掠夺,残暴地抑制和摧残商品生产和商品流通,使若干手工业部门的资本主义萌芽,遭到了压抑。

从明初开始,"铺户当官",替官府"买办",已经成为经常的、普遍的措施。这种派买政策也是对工商业的一大祸害。明成祖朱棣曾下过这么一道"圣旨":"着应天府知道,今后若有买办,但是开铺面之家,不分军民人家,一体着他买办。敢有违了的,拿来不饶。"④从此以后,这种强制性的"买办",官府并未发给官价,成为对工商铺户的无偿索派。洪熙元年(1425)大臣戈谦就指出过,"朝廷买办诸色物料,有司给价十不及一,况展转克减,上下糜费。至于物主,所得几何? 名称买办,无异白取"⑤。这就是派买的实质。

明代的召商买卖,就是铺行当行买办官物,江南一带称为"铺户当官"。名义上是各铺行"自以物输于官,而官给其直"⑥。实际上并不如此。例如,"据大兴等县段子等行铺户黄叙等各称言:自正德三年起至嘉靖元年,纳过物料不等,俱系本行自行办纳,并无支给官价"。到了弘治年间,"通州铺行赴京买办,路远不便,商贾离肆,以供输纳,老稚裹糗以候"⑦。成化时,"内官监太监王

---

① 《论辽东税监高淮揭》,《明经世文编》卷四三六。
② 《恶珰荼毒乞正国法疏》,《明经世文编》卷四七一。
③ 孙佩:《苏州织造局志》卷一二。
④ 汪应轸:《恤民隐均偏累以安根本重地疏》,《明经世文编》卷一九一。
⑤ 《上言二事疏》,《明经世文编》卷五八。
⑥ 顾起元:《客座赘语》卷二,铺行。
⑦ 汪应轸:《恤民隐均偏累以安根本重地疏》,《明经世文编》卷一九一。

敬,前来江南采取药饵,收买书籍,朝廷止赐盐七千引公用,止可直银八千余两,却发盐一万五千五百引与宁国等府卫,逼要银三万二千五百两,不知余盐八千五百引从何而来? 多取价利,作何花销? 又有盐数十船发去江北庐州等府卫、江西南昌府等处官卖,不知又得银几千万两? 至苏、常等府,刑驱势逼官民,取受银三万六千余两,玩器、药饵等物,并跟随人员私下取受者,不在其数。又令苏州府织彩妆五毒大红纱五百余匹,每匹直价银十五六两,止给银六两五钱。及其交纳,每匹反勒要机户解扛银五两。亏民数多,使之破家荡产,含冤莫诉。其在江西、浙江二布政司并南京及沿途索要官民金银并玩器等物,不知又有几千万数?"①

弘治以后,随着明朝国家政治的腐败,以及朝廷内外各级官吏的骄奢淫逸,铺行买办愈演愈烈。到了嘉靖,万历年间,派买泛滥成灾。万历间冯琦指出:"京师百万生灵所聚,前居民富实,商贾辐辏。迩来消乏于派买,攘夺于催征。行旅艰难,水陆断绝,以致百物涌贵,市井萧条。"②派买政策所造成的民间工商业的萧条和国家财政的恐慌,使明朝政府不得不禁止"苛派行户,当官值月",但这不过是一纸具文,派买政策并没有改变。

到了清朝,这种派买政策仍旧延续下来。当时江南各地方官府强迫工商业铺行,挨门逐户,编派值月,为衙门办物,名曰"铺户当官"。官府出票强取行铺货物,鱼肉商人,竟至分文不偿,把民间工商业逼上了绝路。

江南地区有大量的碑刻资料,揭露明清时期"派买""借办""铺户当官"对民间工商业的迫害。崇祯七年(1634)《常熟县永禁诈索油麻杂货铺行碑》说,"借办"是"三吴之通弊"。这件碑刻资料对于了解明末封建政权对工商业的摧残,提供了真实的情况。碑文中写道:"本县吏胥,垂涎索诈。……一应金票,或取或借,名曰候支官价,经年守候不发。即或发银,总遭吏胥侵唆,十无二、三。……其弊之所起在借办。此官价之名色,一经借办,而票取之时,衙役有费用矣。盖当其票取之时,急于星火。吏书明得钱,则偏以肆中所无之物件开入程单,勒其办应。及于既办应矣,差役非得钱,则又美者指之为恶,多者指之为少。潜禀加刑,无所不至。及于发还之时,物多朽坏,犹且十不得五。非饱经承之所欲,径有有借无还者。铺行吞声叫苦,有司未必知之。……至若官价

---

① 王恕:《论中使科扰民所得物件奏状》,《明经世文编》卷三九。
② 《为灾旱异常备陈民间疾苦恳乞圣明亟图拯救以收人心以答天戒疏》,《明经世文编》卷四四〇。

一端,更为民害之政。较之时价,既已十少三四矣。乃有经承之扣除,又有差役之需索,又有领价之守候。是明少者十之三、四,暗少者又十之五、六,其与白取也无异。嗟乎! 此谁非民脂民膏,念之宁不痛恻!"①从这里可以看出,所谓"借办""官价",统统是对民间工商业的掠夺和洗劫。万历四十四年(1616)《常熟县禁革木铺当官碑》②,反映了当时常熟县木商受害的具体情况。官府出票取用木料,既不照时价平买,也不发给现银。天启三年(1623)《常熟县严禁致累绸铺碑》反映绸缎庄的悲惨遭遇:"奸书狡吏专权,……视铺家反为鱼腐。凡遇上司临案,乘机混出朱牌,拴通狼役,科需常例。官价毫无,执行差派。……不用者私匿无求;已用者价无毫给。……力竭脂枯,实难支应。"③崇祯七年(1634)《常熟县永禁诈索油麻杂货铺行碑》,反映当地本少利微的油麻杂货铺行也难遭受敲剥。铺户"不堪赔累,于是有资竭而罢市者,有倾家而逸徙者。骚扰之害,惨切剥肤。甚且迩年以来,吏胥需索无穷。混派税银,一概追纳,使小民应接不遑,手足无措"④。顺治十六年(1659)《常熟县禁扰油麻钉铁铺户碑》云:官府"取用货物,不问地方有无,一概诛求铺户,不分价之贵贱,一概滥扰穷民。所给之价,十无二三。赔费之苦,十有八九。痛念(铺户朱)恒等或系异乡孤客,或系土著贫民,撺贩油麻钉铁等货,少趁蝇头微息,仅饱妻孥,苟延岁月。岂今票取络绎,安枕无时。"⑤可见微本商贩,也不能稍安生业。康熙九年(1670)《常熟县永禁苛派行户渔肉铺家碑》,揭露了清初官府"鱼肉铺家,强夺穷民","苛派行户,当官值月"的种种惨象。凡大小衙门,"一切动用器具,以及绸缎布帛、日用柴米蔬菜,无物不出票差取。或并无给还价值者,或有半给价值不足以供书差之费者,以致各铺行挨门逐户,编派值月,某衙门系某人独认,某衙或系某人□当手。其按月轮□,穷行贫户,无不派及,任各行户一轮值月,揭债办物,割肉医疮"⑥。康熙十二年(1673)《常熟县严禁铺户当官碑》云:"科派侵克,弊端难以罄书。……商民脂膏恣意烹吞,上下胥承朦蔽招摇……害无底止。"⑦以上是苏州府常熟县的情况。一个县的遭遇如此,江南

---

① 《明清苏州工商业碑刻集》第一百九十三至一百九十四页。
② 载《明清苏州工商业碑刻集》。
③ 《明清苏州工商业碑刻集》第三至四页。
④ 同上书,第一百九十三页。
⑤ 同上书,第一百九十六页。
⑥ 《明清苏州工商业碑刻集》第三百七十八至三百七十九页。
⑦ 同上书,第三百八十页。

各大城市及各州县商业所受的迫害,由此可见一斑。康熙间,安徽"太和县知县杨彻麟,势取铺户绸缎布匹、米麦油酒等物,不发价值,各行怨声载道"①。这已经成为习惯势力。明清时期,派买政策给工商业的发展造成了严重的恶果。

从16世纪以来,中国封建社会内部已经出现资本主义生产关系的萌芽。但是早期的资产者(包括手工业作坊主、手工工场主,商业资本家等)非常软弱,在政治上和经济上都无法抵制封建统治势力的侵害。明清时期,全国各大都市都爆发过声势不同的市民运动,这是工商业者反对封建特权统治的斗争,但最后都以失败而告终。工商业主不但没有力量抵抗封建官府的种种迫害,甚至不得不同封建统治势力相妥协。工商业者所建立的会馆和公所,都要经过地方官府的认可,并在地方官府的控制和保护下进行慈善事业等活动,甚至连行规都要报告官府批准。封建国家政权,利用政治上的各种立法手段,使民间工商业处处受到压抑,不能形成独立的社会力量以摆脱封建政治的压力。在这种情况下,封建生产方式也很难向资本主义生产方式转化。

以上说明,明清时期,国家凭借高度集中的政治权力,强制地推行抑商政策、禁海政策,重税政策、派买政策,严重地阻碍了商品经济的发展。

二、明清时期的重农政策只是为了保持小农的简单再生产的生存

明清时期,国家为了保护封建土地所有制,也就必须维持小农经济的生存。

作为封建国家经济基础的封建土地所有制,不论是国有土地还是地主阶级占有的土地,都必须依赖以一家一户为生产单位的小农来经营。这也就是说,封建国家的财赋来源,大批官僚、军队的给养,豪强士大夫和地主阶级的奢侈生活,都建立在个体小农的辛勤劳动上。小农经济是封建国家的社会基础。因此,国家的各项政策,不得不考虑到如何维持小农经济的存在。洪武初,朱元璋就说过:"农为国本,百需皆其所出。彼辛勤若是,为之司牧者,亦尝悯念

---

① 同上书,第三百八十一至三百八十二页。

之乎?"①又说:"况吾民居于田野,所业有限,而供需百出,岂不重困? 于是免太平等府租赋有差。"②这些话都反映了国家必须维护小农经济的原因。封建国家必须使耕织相结合的小农经济,在封建的重重剥削下继续维持下去。每当农业生产面临危机的时候,国家要采取相应的对策,来挽救小农经济的破产。小农经济一旦趋于稳定状态,社会就相对地趋于安定,从而经济冉冉上升,甚至出现兴旺景象。明初和清初的"盛世",就是小农经济复苏和兴旺的反映。一旦小农经济遭到破坏,流民不断涌现,生产衰退,国家就必然地要由盛转衰。封建社会的一治一乱,就是小农经济一盛一衰的过程。

明清时期,国家对待小农经济采取垦荒政策、赈恤政策、招抚政策、治水政策、蠲免政策。这些政策都是为了保护国家税粮的收入,因此,也就不得不使个体农民在生产上能有一点活动余地,以保持简单的再生产,使小农经济不至于面临崩溃和瓦解。只有这样,才能保持社会的安定和政权的巩固。

垦荒政策是明清两代行之有效的恢复和发展农业生产力的重大政策。

洪武政权是在二十年的大规模国内战争之后建立起来的。明初,由于土地荒芜,农民流亡,农村经济已经奄奄一息。"太祖谓李善长曰:濠州是吾乡里。兵革之后,人民稀少,田土荒芜。天下无田耕种村民尽多,于富庶处起取数十万散与濠州乡村居住,给以耕牛、谷种,使之开垦荒田,永为己业。数年之后,岂不富庶?"③战争之后,让农民"安养生息",有土地可耕,维持一家一户的小农经济,让农民从贫穷转为富有,这就是明初国家推行垦荒政策的指导思想。于是,"明初,尝徙苏、松、嘉、湖、杭民之无田者四千余户,往耕临濠,给牛、种、车、粮,以资遣之。三年不征其税。徐达平沙漠,徙北平山后民三万五千八百余户,散处诸府卫。籍为军者,给衣粮;民给田。又以沙漠遗民三万二千八百余户屯田北平,置屯二百五十四,开地千三百四十三顷。复徙江南民十四万于凤阳。户部郎中刘九皋言:'古狭乡之民,听迁之宽乡,欲地无遗利,人无失业也。'太祖采其议,迁山西泽、潞民于河北。后屡徙浙西及山西民于滁、和、北平、山东、河南。又徙登、莱,青民于东昌、兖州。又徙直隶、浙江民二万户于京师,充仓脚夫。"④洪武时期,迁移失业农民开垦荒闲田地,以及利用军队开发

---

① 余继登:《典故纪闻》卷二,第三十一页,一九八一年中华书局出版。
② 同上书,卷一,第十页。
③ 刘辰:《国初事迹》。
④ 《明史》卷七七,食货一。

屯田,对恢复农业经济起了显著作用。明初社会生产力的发展,是与垦荒政策的实施分不开的。凡农民开垦荒地,都由当地政府给以耕牛、粮种、路费,并给钞置备农具,三年内不征收税粮,以示鼓励。洪武二十八年(1395)规定,从洪武二十七年算起,新垦田地,不论多寡,俱不起科。如果地方官擅自增科,扰害农民,一律治罪。^① 永乐时期,继续移民到北平等地垦荒,结果使元末农民战争之后濒临破产的广大农村,重新出现了生机。明初通过垦荒政策,自耕农户和中小地主阶层大量增加,耕地面积有明显扩大,农村人口也有大幅度的增长,农业经济逐渐好转,国家赋税收入也有所增加。

清初的情况也是这样。在明末社会经济衰退的情况下,加上将近四十年的国内大动乱,造成农业生产的破坏。顺治二年(1645),"山东地土荒芜,有一户之中止存一二人,十亩之田止种一二亩者"^②。清初由于农民逃亡、耕地荒芜,给清朝统治者带来的严重后果是赋税锐减,国库空虚。顺治九年(1652),由于地荒民逃,直隶及各省钱粮缺额,已达四百多万两。^③ 因此,清初采取垦荒政策,大力开垦无主荒田。顺治六年(1649),清世祖在一件谕旨中宣布:"自兵兴以来,地多荒芜,民多逃亡,流离无告。"因此下令"察本地方无主荒田,州县官给以印信执照,开垦耕种,永准为业。俟耕至六年之后,有司官亲察成熟亩数,抚按勘实,奏请奉旨,方议征收钱粮。其六年以前,不许开征"^④。这一政策,使大批离开土地的农民,重新获得土地,显然有利于小农经济的恢复。到了康熙元年(1662),清朝政府下令各省,所有荒地"限自康熙二年为始,五年垦完。六年秋,请旨遣官严查,各省垦过地亩,如荒芜尚多,督抚以下分别议处。"^⑤这表明玄烨对执行垦荒政策的态度是坚决的,政策也有所放宽。例如康熙十二年(1673)国家宣布,各省新开垦的荒地,耕种十年以后,才向国家交税。国家把十六万六千八百多顷明朝废藩的肥沃土地,都给予原耕种的佃户所有,与民田一例输粮。使大批佃农转化为自耕农户,提高了他们的生产积极性。这批"更名田",超过了八旗圈占北京周围的土地面积。

清初的垦荒政策,除国家分给土地,放宽起科年限外,还对垦荒农民提供

---

① 《大明会典》卷一七,户部,田土。
② 《清世祖实录》卷一三。
③ 顺治九年《山东巡抚夏五揭帖》,《明清史料》丙编第四本。
④ 《清世祖实录》卷四三。
⑤ 康熙《大清会典》卷二〇,户部四,田土一,开垦。

耕牛、农具、粮种。各级地方官也有购买耕牛、准备种子，直接分发给垦荒农民的。国家还规定了对各级官员垦田的奖惩办法：总督、巡抚、巡按一年内垦至六千顷以上的，加升一级；道府官员垦至二千顷以上的，加升一级；州县官垦至三百顷以上的，也加升一级。同时还规定"若开垦不实，及开过复荒，新旧官员俱分别治罪"①。凡是有主荒地，本主不能开垦，也允许地方官招民垦种，永为己业。又如广东地区，还有"垦荒领佃"的新规定，"查业户每耕地百亩，须佃五人"，"各佃俱带领地五亩，一例纳粮，永为该佃世业，田主不得过问"②。这就使广大贫穷的佃户，能保持小量土地的所有权，以维持最低的家庭生活。

清初的垦荒政策，对于复兴小农经济是取得显著成效的。就全国耕地面积来看，顺治十八年(1661)为5800000顷左右。雍正二年(1724)已达7609872顷许③。再就全国丁口来看，根据《清实录》记载，顺治十八年人丁数为19137652，雍正二年人丁数为25510115，又滋生人丁数为601838。耕地和人口都有显著增加。

明清时期的垦荒政策，对于已经陷入绝境的小农经济，有起死回生的作用，使自然经济结构仍然牢固地控制着全国农村。

赈恤政策也是明清两代长期执行的一项重要经济政策，其目的是挽救农村经济的破产，以维持封建统治秩序的稳定。因此，每当局部地区遭受自然灾害，人民迫于饥荒，直接影响到农业生产的时候，就在受灾地区实施赈济。洪武二年(1369)国家规定："今后四方或有灾异，无论大小，皆令所司即时飞奏。"④表明国家对水旱灾害的关注。从洪武元年(1368)起，从中央到地方各级政府，都注意到必须挽救由于水旱灾害所造成的危害，使农民能继续投入生产。虽然明初国家财政上还有许多困难，但朱元璋以自己的政治远见，认为必须重视赈恤政策的推行。洪武二十六年(1393)，"中书省臣虑财匮，上曰：国家乏者不患无余财，患无其心。果心注之，何忧不赡。"于是，"诏户部谕天下有司，凡遇岁饥，先发仓廪贷民，然后奏闻。著为令。"⑤地方官奏报灾情，"洪武时不拘时限"⑥及时报灾，及时救济。

---

① 《清世祖实录》卷一〇八。

② 鄂弥达：《开垦荒地疏》，《皇朝经世文编》卷三四。

③ 据孙毓棠，张寄谦：《清代的垦田与丁口的记录》注②、注④，载《清史论丛》第一辑，一九七九年中华书局出版。

④ 《明史纪事本末》卷一四，《开国规模》。

⑤ 同上。

⑥ 《明史》卷七八，食货二。

明朝政府推行赈恤政策,有一套具体措施:如果地方官匿报灾情,要严格治罪;对于大面积灾区,施赈后要进行复查;凡遇灾情,允许当地人民来京陈诉,等等。明初,在各"州县设预备仓,东南西北四所,以赈凶荒",于是,"天下州县,多所储蓄"①。明朝的预备仓制度,是防止饥荒的一种良好的措施。杨溥说:"凡于预备,皆有定制。洪武年间,每县于四境设立四仓,用官钞籴谷,储贮其中。又有近仓之处,佥点大户看守,以备荒年赈贷。官籍其数,敛散皆有定规"②,使赈恤政策得到推行。一直到正统初,"四方虽无虞,而救灾恤患不可以无备。乃诏中外择贤臣,发府库之财,以益仓廪之粟"③。赈恤政策使濒临破产的小农,通过政府的粮食调节,不同程度地摆脱了困境。

清代对赈恤政策的推行也是十分重视的。康熙二十年(1681)六月,政府派苏赫等往大同赈荒,"谕之曰:前尔等奏,饥民因赈济,又得雨泽,不至流离。顷朕遣人往视人民,流亡如故,雨泽犹然未降,则赈济尚未得遍及矣。尔毋自护前非,朕知之最悉。今往赈济,务使饥民得遂其生。其作何区画拯救,仍与巡抚确议以闻。"④康熙二十三年(1684),玄烨南巡,路经高邮、宝应等处,目睹"民间庐舍田畴,被水淹没"。为了"济民除患,纵有经费,在所不惜"⑤。这些记载,都说明清初国家对赈恤政策的执行是坚决的。

中国封建社会,农村人口的大量流亡,是农村经济遭到破坏的必然结果。逃民的增加,不仅是社会不安定的因素,并且直接影响到国家的赋税的收入和力役的征派。明清时期,国家对于游离于田地之外的流民,采取招抚政策。"凡逃户,明初督令还本籍复业,赐复一年。老弱不能归及不愿归者,令在所著籍,授田输赋"⑥。周忱说:"天下人民,有因饥窘逃移者,累降敕旨,设抚民之官,颁冤恤之条,令天下郡邑招而抚之。……凡招回复业之民。既蒙蠲其税粮,复其徭役,室庐、食用之乏者,官与赈给;牛具、种子之缺者,官与借贷。"⑦明朝政府对"逃户"的处置,从洪武到成化,都有明文规定,总的政策是回原籍或附籍从事农耕,免赋役一至三年不等。正统以后,流民问题突出。正统四年

---

① 《明史纪事本末》卷一四,《开国规模》。
② 《预备仓奏》,《明经世文编》卷二七。
③ 王直:《宁夏预备仓储记》,《明经世文编》卷二六。
④ 蒋良骐:《东华录》卷一二。
⑤ 同上书,卷一三。
⑥ 《明史》卷七七,食货一。
⑦ 《与行在户部诸公书》,《明经世文编》卷二二。

(1439),添设山东、山西、河南、陕西、湖广布政司所属,以及顺天等府州佐贰官各一员,负责招抚流民。正统八年(1443),"户部榜谕天下:民流移境外,愿占籍其处者听,仍免役三年;愿复业者,记名优恤,秋成遣之,公私逋负,悉与蠲除"①。流民问题到弘治时仍然十分严重。弘治四年(1491),礼部尚书周洪谟提出:"今流民在在有之,四川、湖广尤多。凡流民所在,宜令附籍,量为赈给,宽徭省刑。承绝户田地者,使纳其粮;刀耕火种者,免之,则流民即良民矣。"②成化时,"抚招流民十二万户,给闲田,置郧阳府,立上津等县统治之"③。明朝通过招抚政策,把逃民和流民重新引导到农业生产上去,以维护封建统治秩序的安定。

清初吸取明朝覆亡的历史教训,认为"当明之初,取民有制,休养生息。至万历年间,海内殷富,家给人足。及乎天启、崇祯之际,因兵增饷,加派繁兴,贪吏滋奸,民不堪命,国祚随失,良足深鉴"④。为了安定人心,国家重视招抚逃民的政策,由地方官"招民给印开垦,永为己业"⑤,把招抚和垦荒结合起来,终于收到"逃民复业,田地垦辟"的实效。孙廷铨叙述山东地区的情况时说:"往昔所经大道之旁,一望皆黄茅白土。近一两年,再经其地,颇多开熟,村烟相接,鸡犬相闻,该抚藩司开荒甚多。"⑥又如河南的情况,"我朝定鼎,鉴明季凋敝之余,轸念民艰,多方招集","十年生聚,民稍安集"⑦。这些都说明通过招抚政策,使战乱之后的农村,重新得到恢复。以康熙时的转好情况,同顺治时相比较,无论是垦田或人丁,都有所增长。玄烨说:"自平定以来,人民渐增,开垦无遗。山谷崎岖之地,已无弃土。"⑧招抚政策和垦荒政策双管齐下,对挽救小农经济产生了明显的功效。

明朝从洪武政权建立之后,鉴于广大农村在凋敝之余,未能苏息,国家又采取"蠲免租税"⑨的政策,使一部分自耕农民,安心生产,摆脱困境。朱元璋在《免租税诏》中写道,"朕以布衣起事,民间艰苦,无不周知。今所优免,姑以凋敝之处为先"。洪武二年(1369),蠲免北平、山东、山西当年税粮,"河南诸

① 谈迁:《国榷》卷二五。
② 《安中国定四夷十事疏》,《明经世文编》卷四四。
③ 《明史》卷七七,食货一。
④ 《清朝文献通考》卷一,田赋一。
⑤ 李绂:《条陈广西垦荒事宜疏》,《皇朝经世文编》卷三四。
⑥ 《沚亭删定文集·清查垦荒疏》。
⑦ 乾隆《杞县志》卷七,田赋志。
⑧ 《清朝文献通考》卷一九,户口一。
⑨ 《明经世文编》卷四。

郡,西抵潼关,北界大河,南至唐、邓、光、息,亦行蠲免。秦、陇新附之民,俱如一体。"①又免江南田租,太平、应天、镇江免税粮一年,宁国、广德、无为、滁、和亦如之。从此以后,几乎每年都有蠲免。《明史》记载:"太祖之训,凡四方水旱,辄免税。丰岁无灾伤,亦择地瘠民贫者优免之。凡岁灾,尽蠲二税,且贷以米。甚者,赐米布若钞。"朱元璋从一个农民起义的首领登上统治全国的皇位,他从亲身实践中懂得,从来没有老百姓穷困而国家能够富强的。他说:"大抵百姓足而后国富,百姓逸而后国安,未有民困穷而国富安者。"②因此,他认为"国家以养民为务"③。所谓"养民",也就是维持个体小农经济的延续性,使农不废耕,女不废织,不致濒临破产,使封建的农业经济继续得到维持。蠲免和赈恤是相辅相成的。洪武时期,政府对那些不认真执行蠲赈政策的各级官员,给以严厉的惩罚。例如:

一、"荆蕲水灾,命户部主事赵乾往赈,迁延半载。(太祖)怒而诛之。"

二、"青州旱蝗,有司不以闻,逮治其官吏。"

三、"旱伤州县,有司不奏,许者民申诉,处以极刑。"

以上不过是《明史》食货志里的几条记载。《明史》编者说,朱元璋"在位三十余年,赐予布钞数百万,米百余万,所蠲税无数"。这对明初生产力的恢复,起了重大作用。永乐时期,国家继续实施蠲免政策,并"榜谕天下,有司水旱灾伤不以闻者,罪不宥"。仁、宣时期,这一政策继续得到贯彻。宣宗就说过,"民饥无食,济之当如拯溺救焚"④。

经过了明末的国内战争,清初农村又出现了残破的景象。恢复农业生产力是清初国家政权的当务之急,因此蠲免政策成为挽救小农经济的重要决策之一。康熙二十四年(1685),清圣祖在一件谕旨中指出,"家给人足,而后世跻。……虽编氓渐得遂生,而间阎正资惠养。欲使群生乐利,比户丰盈,惟频行减赋蠲租,庶万姓得沾惠"⑤。康熙年间,"除水旱灾伤例应蠲免外,其直省

---

① 《明史纪事本末》卷一四,《开国规模》。
② 余继登:《典故纪闻》卷五。
③ 同上书,卷三。
④ 《明史》卷七八,食货二。
⑤ 王先谦:《东华录》,康熙朝卷三六。

钱粮次第通蠲一年,更有一年蠲及数省,一省连蠲数年者"①。康熙四十九年(1710)还规定,"嗣后凡遇蠲免钱粮,合计分数,业主蠲七分,佃户蠲免三分,永著为例"②。能不能说这种蠲免政策只对地主阶级有利,农民没有受益? 不能。蠲免意味着国家减少对钱粮的征收,人民得到生养。就全国来说,这对恢复农业生产是大有利的。从康熙元年(1662)到康熙四十四年(1705),全国蠲免钱粮九千万两,③也就是说,人民减轻了庞大的经济负担。康熙六十一年(1722),户部计算库存,还节余八百多万两。到雍正时,达到六千余万两。④蠲免政策执行的结果,国家库存不是少了,而是多了,根本原因就是当时的各项经济政策切合实际,发挥了作用,使封建经济得到扶植和发展,农业生产逐渐有所好转,小农经济得到了安定。

农田水利的兴废,关系到小农经济的盛衰。明清两代,国家对水利事业比较注意,并制订了一系列有关治水的政策。

洪武时期,为了"岁荒人民不至狼狈,耕农无旱潦之虞","于县之各乡,相地所宜,开浚陂塘及修筑滨江近河损坏堤圻,以备水旱,耕农甚便,皆万世之利"⑤。国家兴办了一批规模较大的水利工程:洪武元年(1368)修和州铜城堰闸,周围二百多里;四年(1371),修广西兴安灵渠,能灌溉耕田万顷;八年(1375),浚陕西洪渠堰,灌溉泾阳、三原、醴泉、高陵、临潼等二百多里的农田,九年(1376),修四川都江堰;十四年(1381),筑海盐海塘;二十四年(1391),浚东钱湖,溉田数万顷。这些工程的完成,国家动员了十多万甚至几十万劳动力。至于小规模的治水工程,各地根据地势,发动民间修治。洪武二十八年(1395)统计,全国府县开塘堰四万九百八十七处⑥,河四千一百六十二处、陂渠堤岸五千四十八处⑦。明朝政府的治水政策,使农业生产大面积地得到恢复和发展。

清初为了扩大垦荒,恢复农业,也密切注意到兴修水利和整治河道。国家派员疏导黄河、淮河合流入海,使江北人民摆脱水患,安心从事农亩。玄烨还

① 同上书,康熙朝卷八六。
② 《清圣相实录》卷二四四。
③ 吴荣光:《伊江笔录》卷上。
④ 魏源:《圣武记》卷一一附录。
⑤ 杨士奇:《论荒政》,《明经世文编》卷一五。
⑥ 《明史》卷八八,河渠志。
⑦ 《州太祖实录》卷二四三。

亲自督修浑河,康熙四十年(1701)竣工,改名为永定河。沿河"泥村水乡,捕鱼虾而度生者,今起为高屋新宇,种谷黍而有食"[①],农村经济又有新的起色。

明清时期,封建国家所推行的一系列经济政策,有利于封建政权的巩固,有利于保持小农经济的延续性。所谓"小农经济",指的是以一家一户为生产单位的小农业,广大佃农和贫农,包括半自耕和自耕的个体小农,都是依附于封建土地所有制的。封建国家保持小农经济,就是保持地主阶级的经济利益。小农经济的崩解,是不利于封建政权的巩固的。

明清时期,小农经济一旦有了起色,土地集中的程度也就随之而日趋严重,这是封建土地所有制的必然规律。因此,明清时期的小农经济不可能长期得到顺利的发展,一旦恢复,便遭到破坏。就以垦荒政策来说,对恢复和发展农业生产所起的作用,是完全应当肯定的。但是地主乡绅们,往往乘机霸占被农民开垦出来的土地。康熙年间,两淮地区所垦荒地,被豪右所侵占,甚至"坐拥一县之田,役农夫,尽地利而安然食租衣税"[②]。康熙四十三年(1704),玄烨南巡途中,也觉察到"田亩多归缙绅豪富之家"[③]。因此,明清两代,农民的离乡背井,甚至家破人亡的现象,是经常的,终于爆发不同地区、不同规模的农民起义。农民起义是小农经济遭到破坏和农村经济危机的产物。每次农民起义之后,小农经济有所好转,社会生产力得到不同程度的解放。明清社会是波浪式前进的,这种波浪式反映了广大农村的小农经济一起一落、一高一低的循环过程。农业生产力不能持续地上升,使得封建社会的小农经济始终处于发展缓慢的低水平。

三、明清时期的封建专制统治,造成农民和工商业者的贫穷化

明清社会经济发展和变化的总趋势是:像汪洋大海似的小农经济,包围着分散的、孤立的、消费性的大小城市。这些城市大多是封建国家的政治据点,而不是工商业的基地。国家凭借封建专制主义的政治权力所推行的各种政策,遏制民间工商业的发展,维护封建土地制度的长期存在。个体小农在封建土地所有制的控制下,极其艰难地进行耕织结合的生产劳动,以维持一家人口

---

① 《永定河志》,宸章,《阅河长歌序》。
② 盛枫:《江北均丁说》,《皇朝经世文编》卷三〇。
③ 《清圣祖实录》卷二一五。

的最低生活。广大农民仍然处于贫困和落后的状态,生产积极性和生产能力无从得到发挥,也不可能保持长久。明朝万历间一位大臣,在他的奏疏中提到,"夫农夫作苦,无间丰凶。岁凶苦谷贵,无钱可买;至丰年,始得石粟,则公私督责,交迫一时,又苦谷贱,所售无几。终岁勤动,转眼馨空。迨至凶饥,依然饿殍"①。以经济基础较好的江南来看,明末黄廷鹄的奏疏中说:"国家财富,专倚三吴,而苏、松独甲于天下,则其劬劳疾痛之状,亦独倍于天下。第今民穷财匮,十室九空,无处不苦,而苏、松为甚。以松较苏,幅员仅五之一,分邑亦三之一,而赋役不相上下,则松之苦尤甚。然钱粮及加派等额,虽数倍他方,而吴民则以为急公之分谊,唯有默默输将已尔。"②再就以出产棉布著称的嘉定来看,由于"地不产米,止宜木棉,民必以花成布,以布贸银,以银籴米",以充皇室漕粮,弄得"民不堪命,遂至十室九空,竟成蒿莱满目,必须改折漕粮,乃可挽回流窜"③。因此,明清时期的农业生产力,仍然处于很低的水平。

再就城市工商业来说,基本上操纵在地方官府手中。民间微弱的商业资本,在抑商等政策的控制下,不可能转入扩大再生产,或者是转向土地。因此,城市工商业对自然经济不能起瓦解作用。

从洪武元年到鸦片战争前夕的清代,长达四百七十年的中国封建社会,农业和工商业的起落和盛衰,主要决定于国家所推行的经济政策。政策可能推动社会经济发展,也可能阻碍社会经济发展。不起作用的政策是不存在的。明清时期,国家对民间手工业、商业贸易,采取限制、压抑,甚至掠夺的政策,使民间工商业不能得到应有的发展,甚至遭到摧残。在农业方面,名义上是"重农",实质上只是维持耕织结合,以织助耕的自然经济状态,农业经济长期处于落后地位。广大农民年复一年地进行简单的重复劳动,既没有力量改进生产工具,也不可能提高生产技术水平。祖祖辈辈,墨守成规。这就必然地阻碍了封建生产方式向资本主义生产方式的过渡。因此,当16世纪西方国家走上资本主义道路以后,中国社会经济仍然停留在封建主义阶段,在生产技术方面日渐显得落后。

恩格斯在给约·布洛赫的信中谈到唯物史观时,曾经明白地指出:"经济

---

① 王德完:《救荒无奇及时讲求以延民命疏》,《明经世文编》卷四四四。
② 《役法原疏》,《明经世文编》卷五〇三。
③ 《嘉定粮里为漕粮永折呈请立石碑》,《上海碑刻资料选辑》第一百三十七页,一九八〇年上海人民出版社出版。

状况是基础,但是对历史斗争的进程发生影响并且在许多情况下主要是决定着这一斗争的形式的,还有上层建筑的各种因素:阶级斗争的各种政治形式和这个斗争的成果——由胜利了的阶级在获胜以后建立的宪法等等,各种法权形式以及所有这些实际斗争在参加者头脑中的反映,政治的、法律的和哲学的理论,宗教的观点以及它们向教义体系的进一步发展。"①这就是说,上层建筑,特别是以法权形式所确定的各项政策,对经济状况会产生主要的、决定的反作用。所以恩格斯在给康·施米特的信中又说:"国家权力对于经济发展的反作用可能有三种:它可以沿着同一方向起作用,在这种情况下就会发展得较快,它可以逆着发展方向起作用,在这种情况下它现在在每个大民族中经过一定的时期就都要遭到崩溃,或者是它可以阻碍经济发展沿着某些方向走,而推动它沿着另一种方向走,后一种情况归根到底还是归结为前两种情况中的一种。但是很明显,在第二和第三种情况下,政治权力能给经济发展造成巨大的损害,并能引起大量的人力和物力的浪费。"②这些论述,对于研究中国社会经济史,很有启导作用。

明清时期,中国封建社会内部的资本主义萌芽为什么进展如此缓慢?从16世纪一直到19世纪,仍然处于萌芽状态,其原因固然是很复杂的,但不能忽略上层建筑对经济发展的反作用。明清时期,中国封建社会经济所造成的大量人力和物力的浪费,以及给社会经济发展造成巨大损害的,是封建专制主义政治权力和一系列阻碍经济发展的政策措施。

政治权力以及所制订的方针政策,在经济上不是无能为力的。它不是推动经济的发展,就是阻碍经济的发展。明清时期,国家政治权力及其政策,从其历史的总趋势来观察,不是推动经济的向前发展,而是长期停留在自给自足的经济状态。

附记:

1981年5月,中国社会科学院经济研究所和南京大学明清史研究室联合主办全国首次中国资本主义萌芽问题学术讨论会。本文曾提交会议讨论,后发表于1981年第五期《历史研究》(北京)。英文稿在《中国社会科学》(外文版)1982年第一期上刊出。现略加补充,收入本集。

---

① 《马克思恩格斯选集》第四卷,第四百七十七页,一九七二年人民出版社出版。

② 同上书,第四百八十三页。

关于《天亡𣪘》所记史事的性质

洪家义[*]

　　《天亡𣪘》是西周初年的一件重器,史料价值极高,向为学者所瞩目。六十年代前后曾掀起过一次讨论高潮,见智见仁,各有所获。然而,关于《天亡𣪘》所记史事的性质,争论特多,至今尚未取得一致意见。笔者在前人及并世学者研究的基础上,仅就这个问题谈点看法,以求教正。

　　关于《天亡𣪘》所记史事的性质,主要有四种意见:一是殷祀祖考说[①];二是游娱记事说[②];三是武王灭商前的军事检阅说[③];四是武王克商后的祭告封赏说[④]。这些说法,有的显是误解,有的则不够明确。我以为《天亡𣪘》所记的史事乃是武王灭商后在宗周举行的一次开国大典。

　　今分三点申论于后:

---

　　* 洪家义,1931年出生,安徽庐江人。南京大学历史学院中国史系教授,1956年毕业于南京大学历史系,留校任教。主要研究方向为中国古代史、古文字学、著有《金文选注绎》《论殷周之际的社会变革》等论著。

　　① 参看:孙诒让《古籀余论》3·12—14;唐兰《朕簋》,《文物参考资料》1958年9期;岑仲勉《天亡𣪘全释》,《中山大学学报》1961年第1期。

　　② 参看杨树达《关涉周代史实的铭文五篇》,《历史研究》1954年第2期。

　　③ 参看孙常叙《天亡𣪘问字疑年》,《吉林大学学报》1963年第1期。

　　④ 参看黄盛璋《大丰𣪘铭制作的年代、地点与史实》,《历史研究》1960年第6期。

天亡簋释文

乙亥，王又（有）大丰（礼）。王凡（盘）三方。王祀于天室。降。天亡又（佑）王，衣（殷）祀于王不（丕）显考文王，事喜（饎）上帝。文王监在上，不（丕）显王乍（则）省，不（丕）肆王乍（则）赓（续），不（丕）克气（讫）衣（殷）王祀。丁丑，王卿（飨）大宜。王降。亡勋（荷）爯褒。隹（唯）朕又（有）庆，每（敏）扬王休于尊（尊簋）。

一、典礼隆重

铭文一开始就表现出一种非凡的气势——"乙亥，王又（有）大丰（禮）"。周王亲自主持，而且是"大礼"，可见其隆重性。它暗示人们：这不是一般典礼。接着便是"王凡（盘）三方。王祀于天室"。这是讲"大礼"的内容。凡，原铭作月，象盘子的侧视形，后引申为盘旋、盘桓等义。这里作"环视"解。"王凡三方"就是"王环视三方"。这是周王对参加典礼者的致意。典礼是在辟雍中举行的。辟雍是一种外圆内方的礼制建筑。外围是一道环形的壕沟，中间是土丘，土丘上有一座方形建筑物，叫作"明堂"，明堂上有楼，汉人叫作"通天屋"，也就是本铭的"天室"。王在明堂正面向南而立，参加典礼者站在他的前方和左右两方，所以王只能环视三方。"王祀于天室"，是说王在环视三方之后，升到"天室"里去举行祭天仪式。

　　铭文中的"王",绝大多数学者都定为周武王,目前已成定论,问题是,周武王为什么要在"天室"里举行祭天"大礼"?

　　《史记·周本纪》和《逸周书·度邑篇》给我们留下了一点线索。《周本纪》载:

　　武王至于周,自夜不寐。周公旦即王所,曰:"曷为不寐"?王曰:"告女:维天不享殷,自发未生于今六十年,麋鹿在牧,蜚鸿满野。天不享殷,乃今有成。……我未定天保,何暇寐!"王曰:"定天保,依天室。悉求夫恶,贬从殷王受。日夜劳来,定我西土。我维显服,及德方明"。

　　《度邑篇》的记载更为详明:

　　王至于周,自鹿至于丘中,具明不寝。王小子御告叔旦。叔旦亟奔即王,曰:"久忧劳问,害(曷)不寝"?曰:"安!予告汝。"王曰:"呜呼!旦:维天不享于殷,发之未生,至于今六十年。夷羊在牧,飞鸿满野。天自幽不享于殷,乃今有成。……呜呼!予忧兹难近,饱于卹。辰(时)是不室,我未定天保,何寝能欲!"王曰:"旦!予克致天之明命——定天保,依天室。志我其恶,卑(贬)从殷王纣。日夜劳来,定我于西土。我维显服,及德之方明。……予有不显,朕卑(俾)皇祖不得高位于上帝。"……叔旦恐!泣涕共(拱)手。王曰:"呜呼!旦:

我图夷兹殷,其惟依天室。其有宪命,求兹无远。天有求绎,相我不难!"①

综合这两段记载,可以得出如下要点:(一)武王克殷西归之后,焦虑不安,夜不能寐。(二)夜不能寐的原因有二:1. 商朝失去天的信任("天不享于殷"),所以亡于一旦;2. 周虽灭商,还未得到天的承认("未定天保")。(三)武王告诉叔旦,他能获得天的"明命"("予克致天之明命"),办法是依靠"天室",确定"天保"。(四)获得天的"明命"有两个作用:1. 对反抗者以天的名义加以镇压("悉求夫恶,贬从殷王受");2. 对怀归者以天的名义加以抚慰,以安定西土("日夜劳来,定我西土")。(五)勤于政事,施德于民("我维显服,及德方明"),以保持天命。(六)如果不举行一次醒人耳目的活动,就不能使"皇祖"从上帝那里取得高位("予有不显,朕俾皇祖不得高位于上帝")。(七)求得天命的方式非常切近("其有宪命,求兹无远")。(八)只要寻绎天意,就不难得到天的佑助("天有求绎,相我不难")。

武王的这番话是经过深思熟虑的,中心意思在于"定天保,依天室"。也就是要把天帝抓到自己手中。所谓"定天保"就是确定天帝承认姬周在人间代理自己行事,并加以保佑;所谓"依天室"就是建置一个"天室",以奉祀天帝。"定天保"是目的,"依天室"是手段,二者密切相关。武王的这条妙策是符合当时实际情况的。首先,长期以来,人们总认为"天命"在商王那里。虽然周人一再强调天帝已经终止了殷命,但还不足以泯却人们的正统观念。虽说牧野之战已经消灭了商纣,但还有人认为这是以臣叛君,是"非法"的行为,因而商朝的"顽民"和属国还可以组织力量卷土重来。其次,改朝换代必须取得神明的同意,这是古已有之的事。譬如舜受尧位,就曾于"正月上日,受终于文祖,……肆类于上帝"②。禹继舜位,也曾"受命于神宗"③。这个影响在当时人们的意识中还是存在的。出于这两点考虑,武王才决定举行一次堂堂正正的祭天受

① 《周本纪》和《度邑篇》都把武王对叔旦的这番谈话,说成是营建洛邑的动议。因为洛邑靠近"天室"。这种说法是错误的。无论从当时的实际情况和后来的事实看,还是从武王谈话的心情和主旨看,在灭商之后营建洛邑都是不可能的。这个错误盖由于对"天室"一词的误解而造成的。他们把"天室"理解为"天帝居住的宫室"。现在有了《天亡簋》的铭文,我们知道"天室"是祭祀天帝的场所,而不是天帝的住处。我推测"天室"这个名称在以前大概是没有的,只是在武王灭商后,因为急于要把天帝抓到自己手中,武王才挖空心思临时在"明堂"上增建一层"天室",以便把天帝拉到姬周这边来,作为姬周的保护神。司马迁等人没有看到《天亡簋》,因而对"天室"一词产生了误解,并由此而牵扯到营建洛邑问题上去了。

② 《尚书·尧典》。

③ 《尚书·大禹谟》。

命的典礼。铭文中的"天室"就是适应这种需要而建置的。

既然出于这种目的,典礼就不得不特别隆重些。这种隆重性充分表现在铭文中。首先是"衣(殷,合祭)祀于王。"这是遍祭先王,包括后稷、公刘、古公亶父、季历、文王等在天之灵。还特别把功德显赫的文王单独请出来作陪上帝——"丕显考文王事喜上帝。"这真够隆重的了。实际上是要通过这种隆重的仪式,把上帝从商朝那里拉过来与周朝先王接上关系,让"皇祖"们在上帝那里取得"高位"。其次是祭期特长。据铭文记载,这次典礼从[乙]亥到丁丑进行了三天,而据《逸周书·世俘》所记,则整整进行了五天。不消说,在这三五天里,一定是通过种种特殊的祭法把上帝着实招待了一番。祭期如此之长,当然也反映了典礼的隆重性。最后是"王享大俎"。关于"大俎",各家有不同的解释,较多的同志把"圈"释为"宜"。其实,俎、宜本是一字的分化,字形字义都是相通的。作为祭名是"宜",作为祭法是"俎",而作为分赐仪式则是"胙"。"宜""俎""胙"三字同源而异用[①]。不过,在本铭以释"俎"为妥。俎祭是特别隆重的。卜辞有"酌、俎,伐百羌"[②]。《国语·周语》有"陈其鼎俎",韦注:"俎设于左,牛豕为一列,鱼腊肠胃为一列。"还有"牛豕"[③]、"羔俎"和"鼍俎"[④]等等。《诗·小雅·楚茨》:"执爨踖踖,为俎孔硕,或燔或炙,君妇莫莫。"《仪礼·乡饮酒》郑玄注云:"俎者,肴之贵者。"而所谓"大俎"就格外隆重。《国语·楚语》:"天子举以太牢,祀以会。"武王祭天当然更是要"祀以会"的,故曰"大俎"。因为俎祭特贵,所以武王还要亲自主持赐胙仪式,让参加祭祀者都能分得一块"福肉"。这当然也是十分隆重的。

《周礼·大宗伯》载:"大宗伯之职,掌建邦之天神、人鬼、地示(祇)之礼,以佐王建保邦国。"又说:"治其大礼,诏相王之大礼。"铭文所记武王亲自主持的那样隆重的"大礼"应该就是"建邦"之礼。用现代话说,就是开国大典。

二、内容吻合

现在我们来分析一下《天亡簋》的几句铭文:

---

① 参看孙常叙《天亡簋问字疑年》,《吉林师大学报》1963 年 1 期。
② 《金璋所藏甲骨卜辞》393。
③ 《国语·楚语》。
④ 《三年瘐壶》。

文王监在上。不(丕)显王乍(作)相;不(丕)肆王乍(作)庚(续)。不(丕)克气(讫)衣(殷)王祀。

对于这几句铭文,各家理解不同。有的说:"自'文王见(监)才(在)上'以下至'不(丕)克气(讫)衣(殷)王祀'四句,为天亡祷祝之词"①。也有的说:"此四句当是颂辞,乃是颂扬文武之功德的。"②我以为这两种理解于文意都不很贴切。这四句话的重心在最后一句,即"丕克讫殷王祀。""讫"就是"天既讫我殷命"③之"讫",也就是"天既遐终大邦殷之命"④的"终",意思是"结束"。前三句都是解释这最后一句的,即解释为什么一下子能够结束了殷王的国祚。

"文王监在上"是一个原因。《说文》:"监,临也。"《诗·节南山》《传》:"监,视也。"在此铭是"眷顾""护佑"的意思。文王在天之灵时刻眷顾护佑着周邦。"丕显王作相;丕肆王作庚(续)。"又是两个互相关联的原因。"丕显王"蒙上文而省"文"字,当指文王。"丕肆王"之"肆"有"勤""力"等义⑤,暗含着一个"武"字,当指武王。两"作"字均应读为"则"。卜辞"我其已宾,乍(作)帝降若;我勿已宾,乍(作)帝降不若"⑥。《书·多方》"惟圣罔念作狂;惟狂克念作圣"。这四个"作"字都读为"则",是呼应连接词。"相"是"助""佐"的意思。这两句话的大意是:既有伟大英明的文王创业在前;又有伟大勤勇的武王承业在后。有了这二个原因,所以一下子就能把殷朝的国祚结束了。

需要说明的是,"文王监在上"与"丕显王作相"是否重复?回答是否定的。前一句是指文王的在天之灵;后一句是指文王的生前业绩("三分天下有其二"等),一点也不重复。

我对"丕显王作相,丕肆王作庚"的解释有下列材料可作旁证:

《大盂鼎》:"丕显文王受天有大命,在珷嗣玟作邦。"

《诗·周颂·武》:"允文文王,克开厥后,嗣武受之,胜殷遏刘。"

《孟子·滕文公》引《书》曰:"丕显哉文王谟;丕承哉武王烈。"

《礼记·中庸》引孔子曰:"无忧者其唯文王乎!以王季为父,以武王为子。

---

① 孙作云:《说天亡毁为武王灭商以前的铜器》,《文物参考资料》1958 年 1 期。

② 钱柏泉:《〈说天亡毁为武王灭商以前的铜器〉一文的几点商榷》,《文物参考资料》1958 年 12 期。

③ 《书·西伯戡黎》。

④ 《书·召诰》。

⑤ 《文选·东京赋》薛注:"肆,勤也。"又《尔雅·释言》:"肆,力也。"

⑥ 《卜辞通纂》367。

父作之，子述之。武王缵大王、王季、文王之绪，壹戎衣而有天下。"

所有这些记载，都与上引两句铭文的意思完全一致。

还要补充一点，文王创业，武王继承，不仅表现在开拓国土方面，也表现在积蓄人才方面。就是说，文王生前物色、招揽了一批人才，武王很好地继承了这批人才，才完成了大业。《诗·周颂·清庙》有这样两句诗："不显、不承、无射（斁，倦怠）于人斯。"历来注家不得确解。关键在于不了解"不显不承"的含意。根据上引"丕显哉文王谟；丕承哉武王烈"来看，诗中的"不显"应读为"丕显"，是文王的代称，诗中的"不承"应读为"丕承"，是武王的代称。那么，这两句诗的意思就是：文王和武王都不厌倦地访求人才和尊重人才。

下列记载可作为这两句诗的注脚：

《书·君奭》："惟文王尚克修和我有夏，亦惟有若虢叔，有若闳夭，有若散宜生，有若泰颠，有若南宫括。……武王唯兹四人，尚迪有禄。后暨武王诞天威，咸刘厥敌。"

《书·文侯之命》："丕显文武，克慎明德，……亦惟先正，克左右昭事厥辟。"

《诗·大雅·大明》："维师尚父，时维鹰扬，涼（亮，佐也）彼武王，肆伐大商，会朝清明。"

这些记载都强调了文、武如何延揽人才和得助于人才的事实。也是对"丕显丕承，无射于人斯"的最好说明。

如此看来，铭文中的"丕显王作相；丕肆王作赓，"至少应该包括两方面内容：国土和人才。

以上四句铭文乃是天亡对武王灭商原因的解释。天亡一边襄助武王祭祀，一边思考灭商原因，这与开国大典的场合是十分吻合的。

三、《世俘》的印证

于省吾先生指出："《世俘篇》所记的祀典，系武王西归后在宗周所举行的大礼。《世俘篇》与《天亡殷》铭文颇有证合之处。"[①]这话确不可易。可惜于老没有进一步说明《世俘篇》所记的祀典是属于什么性质。

---

① 于省吾：《关于"天亡殷"的几点论证》，《考古》1960 年 8 期。

我在前两节已经论证了《天亡簋》所记的祀典，不是一般祭祀，而是开国大典。这里再拿《逸周书·世俘篇》的记载加以印证。

《世俘篇》一开头就说："维四月乙未日，武王成辟（君），四方通殷命有国。"朱右尊注云："武王既归，成天下君，乃颁克殷之命于列邦。"实际上就是通知四方各国前来宗周参加开国典礼。经过十五天的筹备，典礼正式举行，其程序是：

1. 辛亥，荐俘殷王鼎。武王乃翼（敬）。矢（陈）圭矢（陈）宪，告天宗上帝。

2. 王不革服，格于庙。

3. 王烈祖自大王、大伯、王季、虞公、文王、邑考以列升。

4. 王遂御，循（因）追祀文王。

时（是）日王立政。（孔晁注："是日王立政。布天下。"朱右尊按："《说文》云：'御，祀也'。盖祀天即位也。"）

这几句话明白无误地告诉我们：这是一次改朝换代的开国大典。而"荐俘殷王鼎……"更是开国大典所特有的内容。

大典的礼数与《天亡簋》所记的基本一致。

引文"1"与铭文"[乙]亥王有大礼，王凡三方，王祀于天室"相印。

引文"2"与铭文"降，天亡又（佑）王"相印。

引文"3"与铭文"衣（殷）祀于王"相印。

引文"4"与铭文"丕显考文王事喜上帝"相印。

通过上面的对应比照，可以看出，除了具体细节详略不同外，基本礼数若合符节。而具体细节正好可以互相补充。可证铭文所记与《世俘篇》一样，确是一次开国大典。

当然，《世俘篇》所记与《天亡簋》也有不同之处。例如，铭文"文王监在上"以下四句，是《世俘篇》所没有的。那是因为这四句话是天亡个人的看法，当然不可能记入《世俘篇》。又如，《世俘篇》所记的祀期，从辛亥到乙卯，共举行了五天，而《天亡簋》所记则从乙亥到丁丑，只举行了三天。这是因为《世俘篇》乃史官所记，自然要记全过程，而《天亡簋》是天亡个人所记，当然可以择要记述。所以《天亡簋》比《世俘篇》少了两天，并不奇怪。至于《世俘篇》与《天亡簋》所记干支不合的问题，于省吾先生曾作过很好的解释，他说："世俘篇与天亡簋的记日，干异而支同，显而易见，世俘篇的日干系传讹或窜改所致，因为逸周书中有关字句的舛讹，不胜繁举。然则世俘篇的辛亥、壬子、癸丑应该依据铭文订正为乙亥、丙子、丁丑，是没有疑问的。"[①]于老的解释虽说是推测，却是非常合理的。

总之，《世俘篇》与《天亡簋》所记的是同一件事，而它们所反映的这个事件的性质也完全相同。

通过以上三方面的论证，可以得出一个结论：《天亡簋》所记史事的性质，是一次开国大典。

"周虽旧邦，其命维新。"[②]这是周人立国的理论依据。体现这个理论依据的仪式，就是武王举行的开国大典。

（原载于《东南文化》1987 年第 2 期）

---

① 于省吾：《关于"天亡簋"的几点论证》，《考古》1960 年 8 期。
② 《诗·大雅·文王》。

论《吕氏春秋》的性质

洪家义

摘　要:《吕氏春秋》在历史上遭到过长期的冷落,偶尔有人为它鸣不平,但声音很微弱。现代学者对它的价值逐渐有所认识,极力为它作出公正的评价,但积习既久,轻蔑余音,至今未绝。《吕氏春秋》有一贯的指导思想,有严密的理论体系,有自己独到的见解,既不是杂家,也不是附户,实成一家之言。

关键词:吕氏春秋　杂家　儒家　道家　政治理论

自从班固在《汉书·艺文志》里把《吕氏春秋》定为"杂家"之后。历代学者多沿其说。直到清代,才有人开始怀疑班固的界定,提出许多不同的意见。章学诚提出"杂于己而不杂于众"的主张,认为《吕氏春秋》"兼取众长","必有其中心之一贯"。①《四库总目·子部》说:《吕氏春秋》"大抵以儒家为主,而参以道家、墨家"。卢文弨在《书〈吕氏春秋〉后》说:"《吕氏春秋》一书,大约宗墨氏之学,而缘饰以儒术。"近人又有主张归属于"道家""新道家""阴阳家"者。如此等等,不一而足。

愚以为不必把《吕氏春秋》附属于一家或数家,应该给它一个独立的门户,申论于下。

一、有一贯的指导思想

《吕氏春秋》虽然涉及领域十分广泛,但却有一个贯穿全书的指导思想,这就是道家的自然主义思想。自然主义思想来源于《老子》。《老子》二十五章

---

① 《章氏遗书·立言·有本》。

说："王法地，地法天，天法道，道法自然。""自然"在《老子》书中是高于一切的范畴。

自然主义思想体现了当时哲学思考的最高成就。当然《老子》的自然主义思想有其不足之处，即忽视了主观能动性的作用。《吕氏春秋》汲取了自然主义思想，并弥补了这一不足，作为全书的指导思想。这个指导思想体现在两方面：一是以自然主义思想为准绳扬弃诸子学说；二是把自然主义思想运用于社会、历史、政治、军事、经济、文化等各个领域。

对道家的扬弃。《吕氏春秋》除了对《老子》的自然主义思想有所汲取外，对道家学派的因顺思想也多有吸纳。《吕氏春秋·尽数》说："精气之来也，因轻而扬之；因走而行之；因美而良之；因长而养之；因智而明之。"《吕氏春秋》认为，万物各有其特性，如"轻""走""美""长""智"，精气只能顺其特性而"扬"，而"行"，而"良"，而"养"，而"明"。这是说，无论是万物的特性，或是精气的作用，都是出于自然，绝不是人的创造和指使。但是，《吕氏春秋》对道家某些消极因素则予以舍弃。例如对《老子》中的消解矛盾、毁弃文明、小国寡民等思想，只字不提。对《庄子》中的不可知论、无是非论和消极颓废等思想更是批判的。

对儒家的扬弃。《吕氏春秋》对儒家的汲取，主要是汲取它关于政治伦理的内容，而对儒家的保守观点以及过于夸大仁义作用的言论，则予以舍弃或批判。《吕氏春秋》非常重视孝道，"孝子之重其亲也，慈亲之爱其子也，痛于肌骨，性也"。[1] 这就是说，孝道出于自然。《吕氏春秋》对于儒家的德政、仁义也极其推崇。"德也者，万民之宰也。……圣人形德乎己，而四方咸饬乎仁。"[2]"为天下及国，莫如以德，莫如行义，以德以义，不赏而民劝，不罚而邪止。"[3]在《吕氏春秋》看来，德政、仁、义也是效法自然的。但是，对于儒家的不足之处和夸大之辞则予以补充和批判。《吕氏春秋》认为，儒家的仁义虽然很好，但难以推行。其所以难以推行，关键在于他们未能"通乎性命之情"。"唯通乎性命之情，而仁义之术自行矣。"[4]这是对儒家仁义学说的补充。"世有言曰：'锄櫌白梃，可以胜人之长铫利兵。'此不通乎兵者之论。"[5]这是对孟轲的批判。

---

[1]　《吕氏春秋·节丧》。
[2]　《吕氏春秋·精通》。
[3]　《吕氏春秋·上德》。
[4]　《吕氏春秋·有度》。
[5]　《吕氏春秋·简选》。

对墨家的扬弃。《吕氏春秋》对墨家的"节用""节葬"基本上是采纳了；对于"兼爱"似乎也不反对；对墨者巨子的行事更是十分赞许。但是，对于墨家的"非乐""非攻"却严加批判。"夫乐，天地之和，阴阳之调也。……世之学者有非乐者矣，安由出哉？大乐，君臣父子长少之所欢欣而悦也。欢欣生于平，平生于道。"①这是说，音乐源于自然。墨家否定音乐，是违反自然，违反人情的，所以应该批判。"兵之所自来者上矣，与始有民俱。凡兵也者威也，威也者力也，民之有威力，性也。性者所受于天也，非人之所能为也。"②"今世之学者多非乎攻伐；非攻伐而取救守；取救守，则向之所谓长有道而息无道，赏有义而罚不义之术不行矣。……为天下之长患，致黔首之大害者，若说为深！乱天下，害黔首者，若论为大！"③在《吕氏春秋》看来，战争是人类的天性，是不能否定，也否定不了，所以非攻主张应该受到批判。

可见《吕氏春秋》对当时各家思想的汲取或批判，运用的都是自然主义思想这个武器。

再谈《吕氏春秋》如何把自然主义思想运用于全书。

社会生活中最重要的是政治生活，政治生活中的决定因素是君、民。因此，《吕氏春秋》首先把自然主义思想运用于研究君道和民性。《吕氏春秋》认为：君道是社会历史发展的自然产物。它说："昔太古尝无君矣。"后来为了克服自然界的毒蛇猛兽和"寒暑燥湿"，就结成了群体，为了更好发挥群体的力量，就产生了君主。所以它说："群之可聚也，相与利之也；利之出于群也，君道立也。"④这就是说，君道出于自然。

关于民性，《吕氏春秋》首先从自然主义思想出发对人性作了解剖。"始生人者，天也，人无事焉。天使人有欲，人弗得不求，天使人有恶，人弗得不避。欲与恶所受于天也，人不得与焉。"这是一般的人性。民性自然也不能例外。"用民有纪有纲，壹引其纪，万目皆起，壹引其纲，万目皆张。为民纪纲者何也？欲也，恶也。何欲？何恶？欲荣利，恶辱害。"⑤君主必须顺应这个自然民性进行统治。"故古之圣王，审顺其天而以行欲，则民无不令矣，功无不立矣。"⑥除

---

① 《吕氏春秋·大乐》。
② 《吕氏春秋·荡兵》。
③ 《吕氏春秋·振乱》。
④ 以上引文均见《吕氏春秋·恃君》。
⑤ 《吕氏春秋·用民》。
⑥ 《吕氏春秋·为欲》。

君道、民性外,在礼乐刑政、社会生产、养生、音乐、教育等领域也都贯穿着自然主义思想。这里就不缕述了。

总之,自然主义思想是贯穿《吕氏春秋》全书的指导思想。需要指出的是:《老子》的自然主义思想偏重于哲学范畴,而《吕氏春秋》的自然主义思想则偏重于政治社会范畴,运用于政治、伦理、战争、艺术等各个领域。《老子》的自然主义思想有回归原始的倾向,而《吕氏春秋》虽然吸取了《老子》的自然主义思想,却对它作了根本的改造,二者性质截然不同。

二、有突出的中心主题

《吕氏春秋》内容虽然丰富,但却有一个突出的中心主题,这就是政治理论。这一点,可以从编著的主旨和后人的评论中得到证明。

《吕氏春秋·序意》说:"凡《十二纪》者,所以纪治乱存亡也,所以知寿夭吉凶也。上揆之天,下验之地,中审之人,若此则是非、可不可无所遁矣。"所谓"治乱存亡",是指社会国家而言的,所谓"寿夭吉凶",是指国君(实指国祚)而言的。所谓"是非可不可",是指重大决策而言的。可见吕不韦主编这部书,主要目的在于给秦国和即将到来的统一国家创立政治理论基础。

《汉书·艺文志》说:"杂家者流,盖出于议官。兼儒墨,合名法,知国体之有此,见王治之无不贯,此其所以长也。"高诱《吕氏春秋序》说:"然此书(按指《吕氏春秋》)所尚,以道德为标的,以无为为纲纪,以忠义为品式,以公方为检格,与孟轲、孙(荀)卿、淮南、扬雄相表里也。"元人陈澔说:"吕不韦相秦十余年,此时已有必得天下之势,故大集群儒,……将欲为一代兴王之典礼也。"[①]孙人和在《〈吕氏春秋〉集释序》中说:"尝谓《吕氏春秋》一书,……盖以秦势强大,行将一统,故不韦延集宾客,各据所闻,撰《月令》,释《圜道》,证人事,载天地、阴阳、四时、日月、星辰、五行、礼义之属,名曰《春秋》,欲以定天下,施政教,故以《序意》殿其后焉。"以上所引,说明许多学者都把《吕氏春秋》看作一部政治理论著作,或者说政治理论是全书的中心主题。

事实上,从《吕氏春秋》全书内容看,它所着力阐述的的确是一些政治理论问题。公天下,是《吕氏春秋》政治理论的出发点;君道和民性,是《吕氏春秋》

---

① 陈澔:《礼记集说》。

政治理论的根本；选贤举能，是《吕氏春秋》政治理论的核心；德主刑辅，是《吕氏春秋》政治理论的重点。此外，《吕氏春秋》中的战争、教育、生产，乃至科技、艺术等等，无不归本于政治。

综上所述，可知把"政治理论"作为全书的中心主题，是有充分根据的。需要指出的是：春秋战国时期诸子的著作，大都是谈政治理论的。由于各家的立场、观点不同，因而形成了不同的特色。儒家以道德、伦理为特色；墨家以兼爱、非攻为特色；黄老以无为、因顺为特色，等等。《吕氏春秋》也有自己的特色，那就是"开明"。它反对君主专独，主张君臣分工，而且"君同则来，异则去"；主张天下为公，而且分封贤者；当然它也是坚持君主制的，我们可以称之为"开明君主制"。这一特色是为各家所不及的。

三、有严密的系统

《吕氏春秋》认为，宇宙的本源是"一"，也可叫"道"或"气"，这就是"与元同气"。这是一个最高系统。由气演化出天、地、人、物，于是产生了第二层次的三大系统——天、地、人（含物）。天有日、月、星、辰，地有山、川、泽、薮，人有君、臣、上、下，于是又产生了众多的子系统，子子系统。《吕氏春秋》的编制，是按第二层次的三大系统进行的。全书分为三大部分：第一部分《十二纪》是配天时的；第三部分《六论》是配地利的；中间第二部分《八览》是配人事的。这正符合《序意》中所说的旨意——"上揆之天，下验之地，中审之人"。这种安排可能与《易传》有关。《系辞上》说："天数五，地数五，五位相得而各有合。""天数五"是指一、三、五、七、九；"地数五"是指二、四、六、八、十。天的中数是"五"，地的中数是"六"。《十二纪》每纪五篇，是符合天之中数的；《六论》每论六篇，是符合地之中数的。至于《八览》也符合八卦之数。《系辞上》说："圣人立象以尽意，设卦以尽情伪。"《系辞下》也说："八卦成列，象在其中矣。"所谓《八览》，大概就是览圣人之意，览人事之情伪。

余嘉锡在《四库提要辨证》中说："今以《春纪》《冬纪》之文考之，盖春令言生，冬令言死耳。其取义何也？曰：此所谓春生夏长秋收冬藏也（原注：语见司马谈《论六家要旨》）。"这说明了《十二纪》确与天时相应。

那么，《六论》《八览》是否也能与地利、人事相应呢？经过初步考察，似乎也有迹象可寻。《六论》以《上农》等四篇殿后，明显是与地利相应的。其余各篇都是谈事理的,因与"地"义相近①,故可属地。《开春》说:"言尽理而得失利害定矣。"《有度》《分职》《壹行》《贵当》《处方》《无义》等篇说的是君主办事的总原则:"故义者,百事之始也,万利之本也。……以义动,则无旷事矣。"《审为》《慎行》《不苟》《当赏》《博志》《爱类》等篇是说办事的标准和原则。"君子计行虑义,小人计行其利,乃不利。有知不利之利者,则可与言理矣。""贤者之事也,……必中理然后动,必当义然后举。"《察传》说:"凡闻言必熟论,其于人必验之以理。"《务大》是讲"细大贵贱,交相为赞"的道理,可视为《六论》的压轴。总之,《六论》36篇,主要是以"事"或"事理"为轴心展开论述的。因为"事理"隐藏在现象的背后,处于现象的深层或底层,义近于"地",所以我认为这部分内容是与"地"相应的。

　　《八览》今存63篇②,主要是谈"人"的,《有始》是说天地的形成,万物的化生,以及天地的结构和布局,展现人类生存的空间和条件,是总领《八览》全部内容的。《应同》是从国家社会的角度谈天人之际的。天是人的主宰,人必须遵循天的制约。《召类》是谈因果关系的,根据"同类相召"的原理,企图找出祸福产生的原因及其互相转化的规律。《孝行》是谈亲子关系的,又从亲子关系扩及一切人际关系。《遇合》《必己》《首时》是说人际关系的不确定性。《离俗》、《高义》说的是一些与众不同的特殊人物,他们"高节厉行,独乐其意"。《察微》是说细微的小事往往酿成国与国、家与家、人与人之间的严重后果。《观表》是说"凡论人心,观事传(迹),不可不熟,不可不深"。《听言》、《谨听》是说虚心听取别人的意见,弄明真相,分清善恶。《精谕》是说人与人之间的思想交流,有时不用语言,不用耳朵,而是"以精相告",达到默契的程度。《离谓》、《淫辞》、《不屈》是说那些心术不正的人,他们的言论,是迷乱人心的大患。《谕大》是谈全局观点的,"务在事大","国""家""身"(个人)三者"交相为恃,然后皆得其乐"。《审分》《君守》《任数》《勿躬》《慎势》《审应》《重言》《应言》等篇是谈君道无为、臣道有为的。《务本》《顺说》《权勋》是谈臣道的。《下贤》《报更》《先识》《观世》《达郁》《举难》《义赏》等篇是谈君主如何礼贤下士,为什么要礼贤下士,怎样任贤,等等。《本味》是谈君臣之间的融洽关系。《慎大》《为欲》《用民》《适威》《乐成》等篇谈的是民心向背的重要性,以及如何得民、用民、教

---

　　①　《释名·释地》:"地者,底也。"又《鹖冠子·夜行》:"地者,理也。"事理属事物的底层,故与"地"义相近。
　　②　《八览》每览8篇,本应64篇,《有始览》散失1篇,只有7篇,故今实存63篇。

民的问题。《贵因》《察今》《具备》等篇是谈人与客观规律、客观情势、客观条件之间的关系。《骄恣》《贵信》《行论》《上德》《长利》等篇是谈君主的修养。《知接》《悔过》《正名》《知分》《不二》《执一》等篇是从不同角度谈君主智能提高的必要性。《慎人》《不广》所说的是对一般士人的要求。

由上可知《八览》的内容主要是围绕"人"或"人际"这个轴心而展开论述的。当然,人和事是不能截然分开的,但主题是人而不是事。

以上事实表明,《吕氏春秋》是有其严密系统的,有其内在逻辑的。

四、有完整的结构

《吕氏春秋》是以天、地、人和阴阳、五行两种模式建构起来的。天、地、人好比一片大屋顶,阴阳、五行好比梁柱,二者组合,构建了一座理论大厦。前者体现在篇章的整齐部勒上,后者主要体现在《十二纪》和《应同》《召类》等篇中。这座大厦既有天、地、人三者的和谐统一,又有阴阳、五行的互相联系和互相制约。这是一种前所未有的宇宙观。

这个结构有两大特点。一是容量很大。用当时话说,就是"备天地万物古今之事"。用现代话说,举凡政治、经济、军事、文化、科技、艺术,无所不包。二是便于汲取众长,以为己用。《吕氏春秋》说:"物固莫不有长,莫不有短。人亦然。故善学者,假人之长以补其短。……天下无粹白之狐,而有粹白之裘,取之众白也。"①"老聃贵柔,孔子贵仁,墨翟贵兼,关尹贵清,子列子贵虚,陈(田)骈贵齐,阳生贵己,孙膑贵势,王廖贵先,儿良贵后。……夫能齐万不同,智愚工拙皆尽力竭能,如出乎一穴者,其唯圣人矣乎!"②这就是说,取众物之长,制成一件精品;改造各种学说,建立一种统一理论。

需要提出的是,结构性改造是十分重要的。按照结构主义理论,部分只能在整体中获得它的意义,其中任何一个成分的变化,都会引起其他成分的变化。在自然科学中,乙醇和甲醚是人们常用的,虽然二者每个分子中包含的原子数量、质量都完全相同,但由于分子的排列次序不同,就形成了两种根本不同的化合物。在社会生活中,两支同样数量、素质的军队,由于分散和集中使

① 《吕氏春秋·用众》。
② 《吕氏春秋·不二》。

用的不同,战斗的结果就不一样。著名的邹忌赛马的故事,也说明了同样的道理。

《吕氏春秋》对诸子的改造也应作如是观。兹举数例如下:"无为"在老、庄书中和在吕书中完全不同,一是消极,一是积极,效果截然相反。《老子》说:"道常无为而无不为。"①什么叫无为而无不为呢?"圣人云:我无为而民自化,我无事而民自富,我好静而民自正,我无欲而民自朴。"②这是一种幻想。统治者怎么能做到"无为""无事""好静""无欲"呢? 即使做到了,民也不能"自化""自富""自正""自朴",因为还有一个阶级在剥削、压迫他们。《吕氏春秋》也谈"无为",但意义却不一样。第一,它说的是君无为,臣有为。"因者,君术也;为者,臣道也。"③"大圣无事,而千官尽能。"④"无为"只是一种"术",一种手段,并非木然不动。第二,君"无为"是为了更有效的"有为"。"夫君也者处虚,素服而无智,故能使众智也,智反无能,故能使众能也;能执无为,故能使众为也。无智、无能、无为,此君之所执也。"⑤君主并非真的无智、无能、无为,而是为了让群臣更能充分发挥各自的积极性。

"赏罚"在商、韩书中与在吕书中也不一样,前者借以推行耕战政策,后者则借以辅行仁义和教化。商鞅说:"所谓一赏者,利禄官爵搏(专)出于兵,无有异施也。"⑥他又说:"重刑而连其罪,……则草必垦矣。"⑦韩非说:"赏莫如厚而信,使民利之,罚莫如重而必,使民畏之。……不事力而衣食,则谓之能,不战功而尊,则谓之贤,贤能之行成,而兵弱地荒矣。"⑧《吕氏春秋》也讲"赏罚"。它说:"威不可无有,而不足专恃。譬之若盐之于味。凡盐之用,有所托也,不适,则败托而不可食。威亦然,必有所托,然后可行。恶乎托? 托于爱利。"⑨可见它所说的赏罚是处于辅助地位的,并以爱利为依托。《吕氏春秋》还以赏罚助教化。"赏罚之柄,此上之所以使也。其所加者义,则忠信亲爱之道彰。

---

① 《老子》三十七章。
② 《老子》五十七章。
③ 《吕氏春秋·任数》。
④ 《吕氏春秋·君守》。
⑤ 《吕氏春秋·分职》。
⑥ 《商君书·赏刑》。
⑦ 《商君书·垦令》。
⑧ 《韩非子·五蠹》。
⑨ 《吕氏春秋·用民》。

久彰而愈长,民之安之若性,此之谓教成。教成则虽有厚赏严威弗能禁。"①这与商、韩的赏罚观不可同日而语。

"仁义"在《论语》《孟子》中是一种说教,而在吕书中却能"通乎性命之情"。孔子说:"君子喻于义,小人喻于利。"②"孟子见梁惠王,王曰:'叟,不远千里而来,亦将有以利吾国乎?'孟子对曰:'王,何必曰利,亦有仁义而已矣。'"③他们都把仁义和利对立起来。《吕氏春秋》也谈"仁义",但他并不讳言"利"字,而且还把"爱"和"利"联成一个词。"圣人南面而立,以爱利民为心。"④"爱利之为道大矣!……故贤主秀士之欲忧黔者,不可不务也。"⑤在它看来,爱民就要利民,爱与利是不可分割的,否则爱便是空洞的说教,那是行不通的。

"五德"说在邹衍那里与在《吕氏春秋》中是截然不同的。"邹子有终始五德,从所不胜:木德继之,金德次之,火德次之,水德次之。""五德从所不胜:虞土、夏木、殷金、周火。"⑥这是把土、木、金、火、水五德当作天数来解释朝代的兴亡,是一种历史宿命论思想。《吕氏春秋·应同》也引用了五德终始说,但它更强调人的主观努力,它说:"……代火者必将水,天且先见水气胜。水气至而不知,数备,将徙于土。天为者时,而不助农于下。"这里是提醒人们认清历史形势,抓紧时机,开创事业。《吕氏春秋》说:"当今之世,浊甚矣,黔首之苦,不可以加矣。天子既绝,贤者废伏,世主恣行,与民相离,黔首无所告诉。世有贤主秀士,宜察此论也,则其兵为义矣。"⑦可见《吕氏春秋》引用"五德终始"说是有积极意义的。

诸子学说经过《吕氏春秋》的结构性改造便出现了一种与诸子完全不同的崭新面貌。

① 《吕氏春秋·义赏》。
② 《论语·里仁》。
③ 《孟子·梁惠王》。
④ 《吕氏春秋·精通》。
⑤ 《吕氏春秋·听言》。
⑥ 《文选·魏都赋》李善注引《七略》。
⑦ 《吕氏春秋·振乱》。

五、有独到的见地

《吕氏春秋》除了在系统、结构方面的独创外，在具体观点方面也有许多独到的见地。例如：《吕氏春秋·序意》载："文信侯曰：尝得学黄帝之所以诲颛顼矣：'爰有大圜在上，大矩在下，汝能法之，为民父母。'盖闻古之清世，是法天地。"《圜道》又说："天道圜，地道方，圣王法之，所以立天下。"这里是说，帝王为政，必须效法自然。效法自然有两种含意：一是因顺。顺则治，逆则乱，顺则兴，逆则亡。这比传统的说法"有德者昌，无德者亡"是一个重大突破。二是"主执圜，臣处方，方圜不易，其国乃昌"。这是君臣分工论。在君主制度下，可以制约君主的专独，这比单纯地"犯颜直谏"要有力得多。这些都是属于政治理论上的建树。

《吕氏春秋·贵因》说："三代所宝莫如因，因则无敌。"禹因水力而疏通了三江五湖，舜因人心而"三徙成国"，汤、武因民欲而制服了夏、商，众人因舟车而免除了长途跋涉。接着又讲了武王因纣之内乱和民怨而一举克殷的故事。最后结论说："故因则功，专则拙。因者无敌。"这是把黄老的因顺思想作了广泛的运用，特别是运用于政治和军事，当然也是一种发展。

《吕氏春秋·尊师》说："……故凡学，非能益也，达天性也。能全天之所生而勿败之，是谓善学。"这是说学习并不能增加耳、目、口、心等器官的功能，只是充分发挥其固有的功能而已。能够保全这些器官而不使之败坏，就叫作善于学习了。这里完全排除了天才（如"生而能言"之类）和种种特异功能的传说。这在我国古代教育理论方面是一大贡献。

《吕氏春秋·诬徒》说："善教者则不然，视徒如己。反己以教，则得教之情也。所加于人，必可行于己，若此师徒同体。人之情，爱同于己者，誉同于己者，助同于己者，学业之章明也，道术之大行也，从此生矣。""师徒同体"思想至今仍闪闪发光。

《吕氏春秋·为欲》说："使民无欲，上虽贤犹不能用。……善为上者，能令人得欲无穷，故人之可得用亦无穷也。蛮夷反舌殊俗异习之国，其衣服冠带，宫室居处，舟车器械，声色滋味皆异，其为欲使一也。三王不能革，不能革而功成者，顺其天也；桀、纣不能离，不能离而国亡者，逆其天也。"这段话肯定了欲望是普遍的人性，也是正当的人性。而且统治者还可以利用这一点，使人的欲望不断地得到满足,从而也就能不断地使用人力。顺应这种天性就能成功,违反这种天性就要亡国。这一观点,相对于儒家、道家的压抑人欲和法家的扭曲人欲,无疑是一种大胆的卓见。

同篇又说:"逆而不知其逆也,湛于俗也,久湛而不去则若性,性异(与)非性,不可不熟。不闻道者,何以去非性哉?无以去非性,则欲未尝正矣。欲不正,以治身则夭,以治国则亡。"违反天性还不知道是违反,这是沉湎于俗欲的缘故。沉湎于俗欲而久久不能自拔,那就积习成性了。所以天性与习性,不能不仔细区分。不懂道理的人怎么能革除习性呢?习性不革除,欲望就不能正当。欲望不正当就要遭到身夭国亡的惨祸。《吕氏春秋》把习性称为"非性",区分了天性和习性的不同,这在当时人性问题争论中是独树一帜的。

《吕氏春秋·知分》说:"达士者,达乎死生之分。达乎死生之分,则利害存亡弗能惑矣。"《论人》又说:"适耳目,节嗜欲,释智谋,去巧故,而游意乎无穷之次,事心乎自然之涂,若此则无以害其天矣。无以害其天则知精,知精则知神,知神之谓得一(道也)。凡彼万形,得一以成。故知一,则应物变化,阔大渊深,不可测也。"

第一段引文说的是,生而不苟,死得其所,"以义为之决而安处之"。这就是"达乎死生之分"。这与儒家倡导的"杀身成仁,舍生取义",没有什么两样。第二段说的是胸怀和理性。有了广阔的胸怀和自觉的理性,就可以应物变化而无害其天了。把这两段话结合起来看,就可以知道《吕氏春秋》的生死观,是比儒家高出一筹的。

《吕氏春秋·节丧》说:"凡生于天地之间,其必有死,所不免也……知生也者,不以害生,养生之谓也。"《安死》说:"人之寿,久不过百,中寿不过六十。"《当赏》说:"圣人察阴阳之宜,辨万物之利以便生,故精神安乎形,而年寿得长焉。长也者,非短而续之也,毕其数也。"《重己》说:"世之人主贵人,无贤不肖,莫不欲长生久视;而日逆其生,欲之何益?凡生之长也,顺之也;使生不顺者,欲也;故圣人必先适欲。"《本生》说:"物也者,所以养性也,非所以性养也。……故圣人之制万物也,以全其天也。天全则神知矣,目明矣,耳聪矣,鼻臭矣,口敏矣,三百六十节皆通利矣。"

《吕氏春秋》的养生学是以自然主义思想为指导的,死生夭寿都有自然定数。所谓养生,只能是"全天""养性"。怎样"全天","养性"呢?那就是"察阴阳之宜,辨万物之利",而且要"适欲",这样就能保持身心健康,达到"神知""目明""耳聪""鼻臭""口敏"和关节通利,以"毕其数"的目的。它还从"四时之化,万物之变,莫不为利,莫不为害"的观点出发,批判了那些世主、贵人纵情淫逸的行为,结果酿成"百病怒起,乱难时至"①的大患。这些养生观点,在神仙方术之学盛行的当时,实在是一副清凉剂,而且还对后世产生了深远的影响。

此外,《有始》中的分野说,《本味》中的食谱学,《音律》中的律吕学,都具有开创意义,这里就不一一评说了。

以上所举都是《吕氏春秋》创造性的火花。这就说明,吕氏门客并不是一批"滕文公",《吕氏春秋》也不是一部杂抄汇集。

根据以上五点,可以看出,《吕氏春秋》在战国诸子中是卓然独立的。用高诱的话说:就是"大出诸子之右"。② 这样一部著作是不应该属于"杂家"的,也不应该作为某家的附户,应该自立门庭。至于这个门庭叫什么名字,那只是形式问题,如果援《墨子》之例,不妨定为"吕家"。

(原载于《南京大学学报(哲学·人文科学·社会科学)》1999年第4期)

---

① 《吕氏春秋·情欲》。
② 高诱:《〈吕氏春秋〉序》。

喀喇汗王朝祖先传说的历史解读

华　涛[①]

摘　要: 11世纪70年代,中国西域喀喇汗王朝作者的阿拉伯文著作显示,喀喇汗王室将自己的祖先与波斯传说人物阿甫剌西牙卜联系在一起,借助阿甫剌西牙卜的"突厥化",通过自己与这位"突厥语部族英雄"的血缘联系,抛弃了北方草原突厥语部族原有的如狼祖先和树祖先传说的文化传统,以新的显赫的身份,推动了突厥语部族的文化转型,从而形成与高昌回鹘和萨曼王朝—哥疾宁王朝—塞尔柱王朝的对抗。这一"历史失忆"的行动,可以解释国内外学术界对喀喇汗王朝早期历史的一些争论。

关键词: 喀喇汗王朝　祖先传说　阿甫剌西牙卜　历史记忆　历史失忆

在历史研究中,关于民族、国家的起源往往众说纷纭。中亚突厥语各部族的历史发展也有类似的困境。喀喇汗王朝是西域(中亚)突厥语部族历史发展中最重要的阶段之一,并且对当代中亚各突厥语民族特别是中国维吾尔族的形成有重要影响。但这个突厥语部族王朝的王室对自己的起源和先世,却用自己的文字留给了我们一个近于神化的传说。这个传说不仅与早先突厥语部族的先世传说不同,而且在后来的发展中似乎也没有转化为特别的遗产。虽然对突厥—蒙古的传说早已有许多学者的深入探讨,讨论喀喇汗王朝王室族属的文章不少,但对他们的先世传说却没有什么专门研究。产生这一现象的重要原因是传统史学在探求王朝起源和发展的过程中对于他们的祖先神化传说有所忽略,而且喀喇汗王朝作为我国西域和内陆亚洲一个突厥语部族的王

①　华涛,1952年出生,江苏南京人。南京大学历史学院中国史系教授,主要研究方向为中国西北民族史、中外关系史、中国伊斯兰教史,著有《西域历史研究(8至10世纪)》等论著。

朝,留下的材料过于零散、复杂,史学家的大量精力花费在了历史细部的考证上。不过前人的大量研究,[①]为重新认识这个对世界突厥(语)—伊斯兰文化的发展贡献巨大的王朝的早期史提供了可能。

喀喇汗王朝时期关于王室"阿甫剌西牙卜起源"的记载

喀喇汗王朝的初期发展与喀什噶尔(今新疆喀什)一位名叫萨图克布格拉汗的人物联系在一起。目前关于萨图克布格拉汗最重要的史料是 11 世纪喀什噶尔人阿勒玛伊(al-Alma'i)的阿拉伯文著作《喀什噶尔史》(Ta'rikh Kashghar)。原书虽然早佚,但于 14 世纪初成书的扎马剌·哈儿昔(Djamal al-Qarshi)的阿拉伯文著作《苏拉赫词典补编》(Mulhaqat al-Surah)中保存了它的一些片段。[②] 根据《喀什噶尔史》的记载,喀什噶尔的萨图克布格拉汗在一位来自萨曼王朝的商人的启发下,皈依了伊斯兰教,并且打败了迫害自己的叔父奥古尔恰克卡迪尔汗,夺取了喀什噶尔政权。萨图克布格拉汗在 955 年或 956 年去世,他皈依伊斯兰教大约在 950 年前后。阿勒玛伊的《喀什噶尔

---

① 关于喀喇汗王朝的早期历史,首先是 1950 年代普里查克利用穆斯林史料所做的一系列重要研究,如 O. Pritsak, "*Von den Karluk zu den Karachaniden*", in ZDMG, Band 101, 1951, pp. 270 - 300,他拓展了苏俄学者巴托尔德的成就。然后是 1980 年代魏良弢利用汉文材料对普里查克的研究做出重要推进,并提出了不同的观点,见魏良弢:《关于喀喇汗王朝的起源及其名称》,《历史研究》1982 年第 2 期,3—16 页;魏良弢:《喀喇汗王朝史稿》,乌鲁木齐:新疆人民出版社,1986 年;魏良弢:《关于喀喇汗土朝起源的几个问题》,《民族研究》2000 年第 4 期,第 58—63 页。华涛在前人基础上的再研究,见华涛:《突厥语诸部在天山地区的活动及其伊斯兰化的开始》(南京大学博士论文,1989 年)和华涛:《西域历史研究(8 至 10 世纪)》,上海:上海古籍出版社,2000 年。近几十年西方、苏联和独联体学者的研究情况,参见 *Études karakhanides* (*Cahiers d'Asie Centrale*, 9, Aix-en-Provence: Edisud, 2001)中的 Jürgen Paul, *Nouvelles pistes pour la recherche sur l'histoire de l'Asie à l'époque karakhanides* (*X - début XIII siècle*). *Introduction au dossier "Études karakhanides"*(pp. 13 - 34) 和 Michal Biran, *Qarakhanid Studies: A View from the Qara Khitai Edge* (pp. 77 - 89). 欧美学者的代表性成果有 Peter B. Golden, *The Karakhanids and early Islam*, in Denis Sinor (ed.), *The Cambridge History of Early Inner Asia*. Cambridge and New York, Cambridge University Press, 1990, pp. 343 - 370 (Chapter 13)。普里查克的文章用魏良弢老师的译稿。

② 阿勒玛伊的情况参阅萨姆阿尼:《世系书》(al-Sam'ani, *Kitab al-Ansab*. repruduced in facsimile with an introduction by D. S. Margoliouth, GMS, o. s. vol. xx, Leyden and London, 1912) 叶 470A、472A 和《苏拉赫词典补编》。《苏拉赫词典补编》原文(校勘本)见 В. В. Бартольд, *Туркестань въ эпоху Монгольского нашествия*, ч. I, Тексты, СПб., 1898. 扎马剌·哈儿昔的情况和《苏拉赫词典补编》汉译文见华涛:《贾玛尔·喀尔施和他的〈苏拉赫词典补编〉》(上,下),《元史及北方民族史研究集刊》第 10 期(1986 年),第 60—69 页和第 11 期(1987 年),第 92—109 页。感谢松田孝一先生在日本代为复印这份材料。

史》留下的世系概述,不仅比较清楚地描写出萨图克布格拉汗以后世系的轮廓,而且追述了萨图克布格拉汗以前突厥语部族在中亚与穆斯林打交道的情况:

> 突厥地区中首先皈依伊斯兰教的是柘折(今塔什干一带——引者注),柘折人在毗伽阙卡迪汗时期皈依了伊斯兰教,〔当时〕异密努哈·本·曼苏尔·剌迪·萨曼尼出兵他的国家,一直打到白水城,得到大笔钱财后撤退回去。当时他俩通信联系不断,直到努哈·本·曼苏尔去世。伊斯马因·本·曼苏尔继位后,以其兄的名义,保持与卡迪尔汗联系。而突厥的君权转归了巴兹尔阿尔斯兰汗的兄弟奥古尔恰克。

从《喀什噶尔史》的行文看,这位毗伽阙卡迪尔汗可能是萨图克布格拉汗的先人。但是这里毗伽阙卡迪尔汗的详细材料几乎没有,毗伽阙这一支突厥语部众以前的情况,包括他们的来源,他们的族属,这里都没有交代,其他穆斯林史料也不见记载。所以俄国(苏联)最著名的中亚学者巴托尔德曾经说,"没有任何历史资料说到这一汗朝本身是来源哪一个民族"。[①] 普里查克通过对这段记载中的几位人物的考证,确定这位毗伽阙是9世纪上半叶的人物,并将他与中国历史上的葛逻禄挂上钩。[②] 魏良弢在普里查克时间考订的基础上,将他的活动与840年回鹘西迁联系在一起,认为此人就是西迁回鹘的庞特勤,[③]并进一步论证了早年多位中国著名学者关于喀喇汗王朝王室是回鹘人的说法。从而形成国内外学术界关于喀喇汗王朝王室起源于葛逻禄和回鹘两种主要观点。[④] 回鹘和葛逻禄早先都是中国北方草原上的突厥游牧部族联盟的成员,8世纪中期联手推翻突厥政权后,葛逻禄与建立起汗国的回鹘发生冲

---

① 威廉·巴托尔德:《中亚突厥史十二讲》,罗致平译,北京:中国社会科学出版社,1984年,第111页。

② O. Pritsak, *"Von den Karluk zu den Karachaniden"*, in *ZDMG*, Band 101, 1951.

③ 魏良弢:《关于喀喇汗王朝的起源及其名称》,《历史研究》1982年第2期;魏良弢:《关于喀喇汗王朝起源的几个问题》,《民族研究》2000年第4期。

④ 普里查克1953年介绍了西方学者关于喀喇汗王朝族属的多种假说,1986年魏良弢补充了中国学者的各种假说,见魏良弢:《喀喇汗王朝史稿》,第27页。1996年乌兹别克斯坦学者 Boris D. Kotchnev 利用钱币上的铭文,提出喀喇汗王朝王室为葛逻禄部中的 EGDHISH 的假说,见 B. D. Kochnev, *The Origins of the Karakhanids: A reconsideration*, in *Der Islam*, Bd. 73, no. 2, 1996, pp. 352 - 357。

突,向金山(阿尔泰山)以西迁移。840 年回鹘汗国瓦解后,回鹘西迁,离开漠北草原。然而,当学者讨论这两种甚至多种关于喀喇汗王朝起源的观点(包括我自己),[①]利用零碎的穆斯林史料和汉文史料论证关于喀喇汗王室的具体族属,很难摆脱争论困境时,我们却在阿勒玛伊的《喀什噶尔史》中看到另一种将喀喇汗王朝创建者萨图克布格拉汗的先祖与阿甫剌西牙卜挂在一起的记载:

> 萨图克布格拉汗·穆杰希德(圣战勇士——引者注)·阿卜杜·卡里木·本·巴兹尔阿尔斯兰汗·本·毗伽阙卡迪尔汗[②]出自阿甫剌西牙卜·本·拜尚克·阿斯特(?)·本·剌斯曼(?)。他(阿卜甫西牙卜——引者注)与图尔·本·阿弗里敦·本……雅弗·本·努哈[③]——祝他平安——有关。

下文会详细谈到阿甫剌西牙卜是古代波斯传说中的人物,所以喀喇汗王朝突厥语部族王室的阿甫剌西牙卜祖先传说,显然是背离了传统历史知识的记录,前人的研究自然也不关注对这段记载的"历史"探讨。然而在喀喇汗王朝最重要的记录突厥语部族情况的阿拉伯文著作《突厥语大词典》中,作者马赫穆德·喀什噶里收录了不少类似的记载。《突厥语大词典》中对当时中亚的突厥语部族有大量描述,包括他们的族名、语言、分布、习俗等等。但作者一方面闭口不提喀喇汗王室具体的突厥语族属,仅仅称其为"可汗家族",另一方面却将王室与阿甫剌西牙卜联系在一起。他在词典中解释当时喀喇汗统治者使

---

① 关于喀喇汗王室族属主要观点的评论见华涛:《西域历史研究(8 至 10 世纪)》,第 198—214 页。

② 毗伽阙 (Bilka Kur):原手抄本音点脱漏。前引巴托尔德著作 (В. В. Бартольд, *Туркестань вь эпоху Монгольского нашествия*,ч. I,Тексты,130 页)将前一词复原为 Bilka。后一词马夸特 (J. Marquart)读作 uighur,普里查克读作 Kur(参阅 O. Pritsak, *"Von den Karluk zu den Karachaniden"*, p. 293)。此处暂取普里克之说,但在汉文文献中,似只有阙毗伽,而未见毗伽阙。

③ 原文为 Afrasiyab b. Bashank Ast(?) b. Rasman(?)和 Tur b. Afridun b. ……(不清) b. Karktan(?) Yafth b. Nuh。马苏地《黄金草原》540 节阿甫剌西牙卜的全称为 Farasiyab b. Bashank b. Zay Arsan b. Turak b. Sabaniyasib b. Durshasib b. Tuh b. Dusrun b. Tudj b. Afridun。

用的有关称号时说：①

1. xan：汗。他们最大的君主。这个称号授予阿甫剌西牙卜的子孙们。他（阿甫剌西牙卜）是可汗（the Khaqan）。关于这个称号的授予有很长的故事。（513；卷三，152页）

2. qātūn：可敦。阿甫剌西牙卜的所有女性后裔的称号。谚语曰："可汗有事，可敦的事被搁置。"这和阿拉伯人的谚语"真主的河流来了，尔撒的河流就无用了"②相同。（206；卷一，432页）

3. tegïn：特勤。"奴隶"。这是它的本义。因此有"忽米思特勤"（kümüsh tegïn），面色像银子一样纯净的奴隶；"合特勤"（alp tegïn），强健的奴隶；"忽都鲁特勤"，幸福的奴隶。后来这个词变成可汗家族（指喀喇汗王室——引者注）的子弟们的专用称号。以后，这个词又与某些猛禽的名称连用了，如"恰黑里特勤"（chaghri tegïn），凶猛如猎鹰的特勤；"屈出特勤"（küch tegïn），强大的特勤。它的词义从奴隶变成为阿甫剌西牙卜的子孙们的原因很简单，就是因为后者十分尊敬自己的父辈，在口语中和书面上对父辈说话时都自称"您的奴隶如何如何"，以示自己的卑谦和对父辈的尊敬。此后，这个词（单独使用时）成了他们的称号，与其他词连用则为奴隶的名字，以便区别。（208—209；卷一，436—437页）

4. tärim：跌林。对特勤和阿甫剌西牙卜的子孙以及可敦等大大小小的人的称呼。这个词只能用于可汗王朝（指喀喇汗王朝——引者注）王室的子孙，其他人不论官职多高，都不能对他们用这个词。称呼王室后妃，则用"安屯跌林"（altun tärim）。（199；卷一，416—417页）

---

① 词条前的序号系本文笔者所加。词条后括号内的数字依次为英译文所附原手稿叶码、汉译本的卷页数。笔者依据汉译本《突厥语大词典》（麻赫穆德·喀什葛里：《突厥语大词典》，校仲彝等译，北京：民族出版社，2002年），并利用英译本（Kashghari, *Divan Lughat al-Turk*: *Compendiom of the Turkic Dialecs*. tr. by R. Dankoff with J. Kelly, Harvard Press, 1982—1985）和阿拉伯文排印本（K. Rifat, ed. Mahmud al-Kashghari, *Kitab Diwan Lughat al-Turk*, 3 vols. Istanbul: Dar al-Hilafet al-Aliye: Matbaayi Amire, 1333 - 1335. [Kandoff 校订为公历 1917—1919 年]），重译了词条。改动之处另文讨论。

② 大约相当于汉语中的"强中自有强中手"。感谢上海外国语大学中东研究所朱威烈老师的指点。另外，"尔撒"是穆斯林文献中对耶稣的称呼。

这些都是突厥和突厥语部族的传统称号，《周书》《隋书》《北史》《通典》、新旧《唐书》等都有记载。① 如《通典》记载："土门遂自号伊利可汗，犹古之单于也，号其妻为可贺敦，亦犹古之阏氏也，其子弟谓之特勤……"②喀什葛里书中使用这些称号虽然仍旧是部族最高首领、首领之妻及其宗亲子弟的特权，但特权的合法性已经被赋予了新的解释，与新的血缘关系——先祖阿甫剌西牙卜挂上了钩。《突厥语大词典》还在解释一些地名和部落名时谈到阿甫剌西亚卜，这些地名虽然指的是旧地，但与地名相关的内容却是全新的：

5. barsghan：巴儿思寒。③ 阿甫剌西牙卜之子的名字。正是他建造的巴儿思寒。马赫穆德④的父亲来自这里。有人说，它是回鹘君主一位马夫的名字，由于此地空气好，他惯于在此牧马。后来该城便以他的名字命名。（625；卷三，409 页）

6. charuq：恰鲁黑。突厥部落之一。他们居住在巴尔楚克（Barchuq⑤）。这是阿甫剌西牙卜的城市，他在那里囚禁了Nebuchadnezzar 的儿子皮任（bizan）。（191；卷一，400 页）

7. kand：城镇。喀什噶尔被称为"斡耳朵坎"（ordu kand），意为"卓帐之城"（balad al-iqama）。因为那里空气好，阿甫剌西牙卜曾经在此安营居住；这里就是下秦。（173；卷一，362 页）

8. 另外在谈到阿甫剌西牙卜的女儿 Qāz 时，提到她的父亲"就是阿甫剌西牙卜"。（509；卷三，144 页）

马赫穆德·喀什噶里和阿勒玛伊都是 11 世纪人。马赫穆德·喀什噶里在 1072—1077 年间编写完成自己的著作。⑥ 前人考证认为，他很可能是以喀什噶尔和巴拉沙衮为核心的东部喀喇汗王朝某一王室成员的后代，在 1057—1058 年的宫廷流血冲突中幸免于难，被迫逃往西部喀喇汗王朝，后前往巴格

---

① 参阅韩儒林：《突厥官号考释》，原载华西大学《中国文化研究所集刊》1940 年第 1 卷第 1 期，后收入韩儒林：《穹庐集》，上海：上海人民出版社，1982 年，第 304—325 页。

② 《通典》卷 197《边防十三·突厥上》。文中"特勤"原为"特勒"，学术界的校勘见韩儒林：《突厥官号考释》，《穹庐集》，第 317—318 页。这个研究还说明，有些称号是从突厥以前的其他北方民族继承来的，有些对后代的影响很大。

③ 伊塞克湖东南一地名，即唐代文献中的"拔塞干"。

④ 即《突厥语大词典》的作者马赫穆德·喀什噶里。

⑤ 约为今新疆西南部喀什地区巴楚一带。

⑥ 词典编修时间用了英译本 Dankoff 的说法。见英译本《前言》中的讨论"4，著作的年代"。

达,并在巴格达编撰了《突厥语大词典》献给哈里发。阿勒玛伊的生年不详;卒年大约为1083—1084,他完成《喀什噶尔史》的时间与《突厥语大词典》的问世时间大致相同。[①] 这样,在11世纪70年代,在两个完全不同的地点(喀喇汗王朝的核心区域和远离其核心地区的巴格达),两部由喀喇汗人撰写的阿拉伯文著作,向世人宣示王朝王室的祖先是阿甫剌西牙卜。古代中国北方蒙古草原上游牧民族的祖先传说大致有两个系统,即《史记》《汉书》《魏书》《周书》(突厥传)及《新唐书》(回鹘传·薛延陀)中记载的乌孙—匈奴—突厥的"狼"传说与《周书》、元代《高昌王世勋碑》及蒙元时期的《世界征服者史》等记载的突厥—回鹘的"树"传说。[②] 喀喇汗王室不论是回鹘还是葛逻禄,都是突厥语部族,其祖先传说原本不应该远离两大系统。而阿甫剌西牙卜是波斯传说中的人物,不属于北方蒙古草原游牧民族的文化传统。喀喇汗王朝的王室一方面始终刻意不提自己的具体族属,仅仅自称为"可汗家族",似乎完全忘记了自己的历史和传统,另一方面却将自己的先世与一位显然不属于自己文化传统特别是突厥文化范畴的波斯传说人物联系在一起,早已引起学者的注意。[③] 但是我们现在更关心的是这种忘却和联系到底是如何发生的,其背后到底隐藏有什么样的社会场景。

波斯"阿甫剌西牙卜传说"的突厥化

阿甫剌西牙卜是古代波斯传说中的波斯以北土兰人的领袖。在波斯古经锁罗亚斯德教的《阿维斯塔》中,特别是在《阿维斯塔》的赞神诗Yasht中,阿甫剌西牙卜为了保卫"雅利安人光荣"而被对手杀死。《阿维斯塔》是在历史的长河中由不同作者在不同时期编撰而成的,其中最古老的部分包括Gathas(锁罗亚斯德之歌)和Yashts(赞神诗)。学者们对锁罗亚斯德的生活年代观点不一,大致认为他生活在公元前1200到公元前600之间。而Yasht虽然是《阿维斯塔》的一部分,带有锁罗亚斯德的各种术语,但一般认为它与锁罗亚斯德

---

① 华涛:《西域历史研究(8至10世纪)》,第174页。

② 关于"狼"传说的发展和"树"传说的变化,参阅韩儒林:《突厥蒙古之祖先传说》,原载《北平研究院历史研究所集刊》,1940年第4卷,后收入韩儒林:《穹庐集》,第274—299页。葛逻禄自己的祖先传说不见记载,但应该不会与这两大系统相差太远。

③ 巴托尔德:《中亚突厥史十二讲》,第89—90页。

教没有什么关系,它的编辑年代大概在公元 5 世纪。到公元 9 世纪,存世的《阿维斯塔》只有根据萨珊王朝君主 Khosrow I(531—579AD)命令汇编的"萨珊阿维斯塔",而今天仍然存世的只是其中的一部分。① 波斯的阿甫刺西牙卜传说以及其中提到的伊朗人和土兰人的矛盾,反映的是农耕的伊朗与北方游牧势力的长期冲突。

反映农耕的伊朗与游牧的土兰长期争斗的阿甫刺西牙卜传说在流传的过程中,逐渐加入了新的内容。特别是到萨珊王朝(226—651)后期,当突厥在公元 6 世纪中期走上中国北方和西域历史舞台,突厥特别是西突厥与波斯的冲突和交往关系影响了阿甫刺西牙卜传说,土兰开始与突厥联系在一起。在此后的发展过程中,特别重要的是到 9 世纪萨曼家族登上中亚历史舞台并推动波斯文化的复兴时,波斯北方和东北方的游牧部族已经主要是突厥语各部众了。当费尔多西在 10 世纪后期、11 世纪初编写《王书》(Shahname)时,以阿甫刺西亚卜为国王的土兰人已经完全与突厥人合而为一,土兰—伊朗的边界是阿姆河,土兰军队跨过阿姆河就意味着战争,而将他们赶过阿姆河,就意味着伊朗人的胜利。② 阿甫刺西牙卜在波斯传说中完成了突厥化的过程。

值得注意的是在费尔多西《王书》中的突厥化阿甫刺西牙卜传说撰写之前,阿拉伯史学家马苏地在《黄金草原》中对阿甫刺西牙卜的一段记载。在(第 311 和第 312 节)介绍关于中国人和突厥人的传说以及他们作为诺亚的后人阿穆尔的后代在世界各地的分布,特别是在中亚各地的分布,以及信仰摩尼教的回鹘及其希吉来历 332 年(943)的情况后,马苏地接着说③:

> (313 节) 突厥人中有基马克人、巴儿思寒人(al-Barskhaniyya)、巴迪人(? al-B. diyya)和马扎儿人(? al-Madjghariyya),他们中最勇猛的是古思人,而体形最好、身材最高、面容最标志的是葛逻禄人,他

---

① 参见 *Encyclopaedia Britannica* (1996 CD ed.):"Avesta""Ancient Middle Eastern Religions" 和 *Encyclopaedia of Islam*, 2nd ed. , Leiden 1960—:"Afrasiyab""Turan"等条目。

② 参阅:菲尔多西《列王纪选》,张鸿年译,北京:人民文学出版社,1991 年,特别是其中的"3,夏沃什的故事"(夏沃什与阿甫刺西亚卜的故事)。

③ 引文前的数字是《黄金草原》阿拉伯文校勘本和法译本分节数,汉译本同。我根据该书的阿拉伯文本对译文做了改动。参见马苏第:《黄金草原》,耿昇译,西宁:青海人民出版社,1998 年;al-Mas'udi, *Murudj al-Dhahab wa Ma'adin al-Djawh*, vol. I, Beirut 1965; Mas'udi, *Les prairies d'or*, traduction francaise de Barbier de Meynard et Pavet de Courteille, revue et corrigee par Charles Pellat, Paris 1962。

们(葛逻禄人——引者注)在费尔干、柘折及邻近地区,(以前)王权曾在他们手中,诸汗之汗出自他们之中,其王国曾囊括了所有的突厥王国,(使)众人听命于其君主。征服波斯王国的阿甫剌西牙卜·突厥(Farasiyab al-Turki)曾是这些可汗之一,他们中还有 Shabah。但在我们这个时代,突厥人没有他们诸君王都听命的可汗了,那是位于撒麻耳干沙漠中的称为 Amat(?)的城市毁废以前的事。我们在《过去时代的历史》一书①中已谈过王国迁离该城及其原因了。

马苏地的《黄金草原》从 943 年开始编撰,多次修改(最后一次是 956 年)。现存的是 943 年的版本。普里查克在 1951 年的论文中首先注意到这段记载,并且用它说明他所谓的"大葛逻禄汗国"的存在,他说②:

> 马苏地在 332 年(943—944)做了如下报导:葛逻禄"住在费尔干、柘析及其邻近地区";葛逻禄担任了"穆尔克"(即对草原的最高统治);可汗之可汗出身于他们之中,他把突厥所有部落联合到"穆尔克"之下,所有他们(突厥)的统治者都臣服于他;他们把阿甫剌西牙卜(Afrasiyab)和 Shana(＝A-shi-na 阿史那)视为他的前辈。

普里查克的关注非常敏锐,并高明地将其中的 shabah 校勘为阿史那(shabah ＝ shana ＝ a-shi-na),虽然他对时间的解释不对,因为马苏地明确使用了过去时,也就是说在前一段文字中提到的希吉来历 332 年不再存在强大的葛逻禄,不过就这里讨论的阿甫剌西牙卜而言,马苏地的这段记载,是现存穆斯林史料中明确的也是最早将一个突厥语部族与阿甫剌西牙卜联系在一起的文字,而且突厥传说中的始祖阿史那也与这个部族挂上了钩。

阿甫剌西牙卜传说在 10 世纪后期 11 世纪初完成突厥化过程后仍然在发展。到 13 世纪早期,在阿拉伯历史学家伊本·阿西尔(1169—1232)的《全史》中,阿甫剌西牙卜·突厥(Afrasiyab al-Turki。意为"突厥人的阿甫剌西牙卜")明确地变成了喀喇汗王朝的创建者萨图格的先人。这段记载见于《全史》中希吉来历 536 年(公历 1141—1142)条中叙述著名的卡特万草原会战及其

---

① 马苏地一著作名。该书集中谈突厥语各部落的情况,后基本都收入了《黄金草原》。参阅 *Encyclopaedia of Islam*, 1st ed., Leiden 1913 - 1934, "Mas'udi"条。

② O. Pritsak, "*Von den Karluk zu den Karachaniden*", in ZDMG, Band 101, 1951, p. 281.

起因时对喀喇汗王朝的描述,伊本·阿西尔说①:

> 听说喀什噶尔、巴拉沙衮、和阗、怛逻斯等突厥斯坦地区以及毗邻的河外之地(的一部分)曾在可汗王朝的突厥君主们(al-Muluk al-Khaniyyah al-Atrak)手中。他们是穆斯林,出自阿甫剌西牙卜·突厥(Afrasiyab al-Turki)。但他们(相互)也有差别。他们的先祖父名叫萨图克喀喇汗,他成为穆斯林的原因是他在睡梦中好像见到一个人从天而降,并用突厥语对他说话,其意为:"皈依伊斯兰吧!那你在今生和后世都将平安!"于是他在睡梦中皈依了伊斯兰,并于天亮后宣布了自己的决定。他去世后,其子穆萨·本·萨图克继承其位。那个地区一直由其子孙统治……

从上述各种史料中可以看出一条"阿甫剌西牙卜突厥化的发展线和延伸线":早年波斯传说中的土兰英雄阿甫剌西牙卜——马苏地的"葛逻禄—阿甫剌西牙卜关系"(成书于 943 年)——费尔多西《王书》中"突厥—土兰—阿甫剌西牙卜关系"(编撰于 979—1010 年)——伊本·阿西尔《全史》中的"萨图克布格拉汗—阿甫剌西牙卜·突厥关系"(编撰于 1232 年以前)。这条发展线索的开端当然要早于喀喇汗王朝的存在,同时这条发展线并没有停留在伊本·阿西尔那里。在 13 世纪的波斯文《世界征服者史》中,蒙古伊利汗国历史学家志费尼转述了高昌回鹘(畏吾儿)亦都护关于自己祖先的传说,说他们认为自己起源于北方草原的发源于所谓哈剌和林山的鄂儿浑河畔,在河畔形成两支,并推举了自己的首领。"这样一直过了五百年,才出现不可汗。现在,有人说不可汗就是阿甫剌西牙卜;哈喇和林附件的山旁有口废井和一方巨石,这口井据说是皮任井。"②不可汗(又译"不古可汗")是高昌回鹘传说中的回鹘先祖,记载这个传说的回鹘文和汉文《高昌王世勋碑》今天仍然存在。③ 关于志费尼在转述传说时指出的"现在""有人"将不古可汗与阿甫剌西牙卜联系在一起的说

---

① Ibn al-Athir, *Kamil fi al-Tarikh*(《全史》), Beirut, 1967, vol. 11, p. 82. 萨图克的名字在《全史》Tornberg 版中作 Sh. B. Q,《全史》贝鲁特版的索引同,但正文中改为 S. B. Q.

② 志费尼:《世界征服者史》,何高济译,翁独键校,呼和浩特:内蒙古人民出版社,1981 年,第 62 页。

③ 虽然现存回鹘文残文不见关于不古可汗的记载,但原文无疑应该有。参见耿世民:《回鹘文亦都护高昌王世勋碑研究》,《考古学报》1980 年第 4 期和卡哈尔·巴拉提、刘迎胜:《亦都护高昌王世勋碑回鹘文碑文之校勘与研究》,《元史及北方民族史研究集刊》,第 8 期(1984 年),第 57—106 页。

法,以及阿甫剌西牙卜囚禁皮任的"井"传说却从《突厥语大词典》中天山以南的巴尔楚克(前引材料6)向东北推进到蒙古草原哈喇和林的变化,本文不准备深入讨论。这里想问的是,这条发展线索与喀喇汗王朝内关于阿甫剌西牙卜的祖先传说有什么关系?

喀喇汗王朝的历史记忆与历史失忆

60多年以前韩儒林先生系统研究了自《史记》所记乌孙开始,经过突厥到蒙古的草原游牧民族祖先传说的演那变,[1]包括乌孙—匈奴—突厥的"狼"传说和突厥—回鹘的"树"传说等等,勾画出欧亚草原东部即蒙古草原上游牧民族祖先传说继承和演变的线索。这个线索的主体是祖先传说记忆的延续以及在某些场景下历史记忆的变化。在韩先生前后对此做过研究的学者有内藤虎次郎、白鸟库吉、羽田亨、箭内亘、陈寅恪、山口修、村上正二等。[2] 其中山口修按照"传说迭加论"进行论述。近年来姚大力[3]在研究中则进一步将传说的发展分为两类:一是通过构造出某种联系环节,将两个不同系统的传说机械地衔接成为一体,二是将外族传说的某些情节成分有机地吸纳、糅合到本族的祖先故事之中。但上述两种形式的"迭加论"似乎并不能够很有力地对阿甫剌西牙卜传说进行全面的释读。

就阿甫剌西牙卜传说在喀喇汗王朝以外的发展而言,机械衔接或有机糅合的迭加论可以加以解释。阿甫剌西牙卜传说最初是波斯传说,在阿维斯塔中他是雅利安人的英雄人物,在《阿维斯塔》以后的发展中,关于他的传说内容不断增加。当波斯文化在萨曼王朝时期(819—999年)开始复兴,古代特别是萨珊王朝时期编撰的各种关于波斯的英雄诗史被重新发掘、翻译、模仿,其中萨珊王朝后期编撰的《统治者书》(Khwatay namak)被多人模仿编撰,其中最著名的是费尔多西的《王书》。古代诗史中伊朗与土兰的争斗,换句话说是农耕与游牧的争斗,受到萨珊王朝时期活跃在波斯以北、以东(东北)方向上的突厥人的强烈影响,土兰顺理成章地变成了突厥。到萨曼王朝时期,随着突厥语

---

① 韩儒林:《突厥蒙古之祖先传说》,《穹庐集》,第274—299页。
② 参见姚大力对研究史的概述(姚大力:《"狼生"传说与早期蒙古部族的构成——与突厥先世史的比较》,《元史论丛》第5辑,北京:中国社会科学出版社,1993年,第257—259页。
③ 姚大力:《"狼生"传说与早期蒙古部族的构成——与突厥先世史的比较》,第257—272页。

部族越来越深地卷入河中事务,突厥内容也越来越多的迭加进传说,而且马苏地的记载标明,这些内容有时还相当具体。所以从波斯的立场看,突厥语部族与阿甫剌西牙卜血缘联系的加入,是迭加论的表现。

但是从笔者前面的研究看,关于喀喇汗王朝的内容不是简单加入这个传说的,后面会稍微详细谈到的塞尔柱乌古思人的情况,也不是一个机械衔接和有机糅合能够解释的,换句话说,从喀喇汗王室和塞尔柱苏丹的角度看,不能简单概括为迭加。另外从研究方法看,上述的神化传说研究关注的是具体事实和具体记载的变化,使用的仍然是一种考证历史事实的传统方法,既不能让我们脱开喀喇汗王室族属讨论的困境,也没有引导我们以更广阔的目光探究喀喇汗王室虚构阿甫剌西牙卜传说"背后的社会情景"。再从具体考证讲,以往的研究在解释喀什噶里《突厥语大词典》中关于阿甫剌西牙卜内容时,包括研究喀喇汗王朝的其他重要事件时,强调喀喇汗王朝伊斯兰化的需要对王朝政策的影响。[①] 但是这种需要并不能简单地解释喀喇汗王朝的统治者将自己与阿甫剌西牙卜联系在一起,因为阿甫剌西牙卜不仅不是一个穆斯林,而且是与已经成为穆斯林的波斯人长期打仗的部族领袖。在费尔多西的《列王纪》中,阿甫剌西牙卜是一位听信谗言、残杀夏沃什的国王,而与他斗争的夏沃什则是一位正面人物。[②] 按理说,如果因为伊斯兰化的需要而美化祖先,即便不能像后来中亚和卓们那样具有与先知穆罕默德的血缘联系,也应该与伊斯兰教历史上的英雄挂上钩。

近年来国内外一些历史研究强调的历史记忆的理论,对我们认识喀喇汗王朝神化传说的发展有很好的借鉴作用。[③] 这种理论受到社会学和社会心理学研究中"集体记忆"或"社会记忆"理论的启发,强调历史是各个不同时代的

①　魏良弢:《关于喀喇汗王朝起源的几个问题》,《民族研究》2000年第4期,第58—63页;华涛:《萨图克布格拉汗和天山地区伊斯兰化的开始》,《世界宗教研究》1991年第3期,第10—23页;华涛:《文化转型前夕中西部天山地区的政治与部族》,《中国边疆史地研究》,1999年第4期,第29—38页。

②　参见菲尔多西《列王纪选》(张鸿年翻译本)"3,夏沃什的故事"(夏沃什与阿甫剌西亚卜的故事)。《世界征服者史》的英译者在注释中也提到类似的看法(汉译本,第67页注5)。

③　这里主要参考王明珂:《历史事实、历史记忆与历史心性》,《历史研究》2001年第5期,第136—147页;《华夏边缘——历史记忆与族群认同》,台北,允晨文化实业股份公司,1997年。下面的理论综述也主要摘引自其中。历史记忆理论在西方的发展,参阅王明珂:《华夏边缘——历史记忆与族群认同》,第41—60页。与历史记忆理论有关的两本重要著作的中译本为莫里斯·哈布瓦赫:《论集体记忆》,毕然、郭金华译,上海:上海人民出版社,2002年;E. 霍布斯鲍姆、T. 兰格《传统的发明》,顾杭、庞冠群译,北京:译林出版社,2004年。

人在当时社会场景下的一种社会记忆，认为"一个社会组织或群体，如家庭、家族、国家、民族等等，都有其对应的集体记忆以凝聚此人群"，而这种集体记忆"常常是选择性、扭曲的或是错误的"，并且既然有记忆，那也就有忘却和失忆。当然这种历史失忆不仅仅是指因为年代的久远，一些客观历史事件、人物、地点未能被人们记住而湮没在历史当中，而且注重失忆的主体通过有目的地忘却某些历史而满足某种历史需要，即所谓的"结构性失忆"。他们认为历史记忆与历史失忆同样重要，因为这两者中最重要的部分都是群体的共同起源历史，记忆维持群体的凝聚，失忆则重组和创造凝聚。这种历史记忆研究方法还借助了二战以后西方民族研究中的一种趋势，即认为民族等群体的认同和身份是变化和流动的，甚至可能是主观的，有时并不一定存在客观的血缘基础的观点，①关注民族等社会群体认同的变迁。他们还宣称，自己的研究不是要解构既有的历史知识，而是要以一种新的态度来对待史料，重新建构对"史实"的了解。由此所获知的史实，不只是那些史料表面所陈述的人物与事件；更重要的是由史料文本的选择、描述与建构中，探索其背后所隐含的社会与个人情境，特别是当时社会人群的认同与区分体系。虽然我们不赞同这种研究中对近代以来的各种知识分类法过于轻视，例如基本上不承认建立在历史语言学基础上的语言分类对认识民族类别的意义，②但他们拓展的史料视野和重视认同变迁的视角，对认识喀喇汗王室虚构的阿甫剌西牙卜传说有很大帮助。

从历史记忆的视角来解读喀喇汗王朝的阿甫剌西牙卜传说，喀喇汗王室显然是希望通过草原祖先传说的历史失忆和新的祖先传说的虚构，重新组合自己王朝的认同和凝聚力。

喀喇汗王朝创建者萨图克布格拉汗为首领的突厥语部族在 950 年前后皈依伊斯兰教，在他的领导下，穆斯林喀喇汗政权逐步发展，并推动了整个中亚社会的文化转型。然而在 10 世纪中期开始包括整个 11 世纪中亚社会的大变动中，伊斯兰教并没有解决喀喇汗王室在中亚特别是在整个突厥语部族社会的文化身份问题。首先，面对自己以西的萨曼王朝以及继承萨曼统治波斯东

---

① 参阅王明珂：《华夏边缘——历史记忆与族群认同》，第 23—40、61—94 页。更近的综合性研究有 Charles Keyes, *"The Peoples of Asia" -Science and Politics in the Classification of Ethnic Groups in Thailand, China, and Vietnam*, in *Journal of Asian Studies*, vol. 61, no. 4 (November 2002), pp. 1163 – 1203。

② 参阅王明珂：《华夏边缘——历史记忆与族群认同》，第 64—66 页（"语言学上的民族溯源研究"）。

部的哥疾宁和塞尔柱王朝,喀喇汗王朝统治者在伊斯兰东方面临文化身份的困难。先前皈依伊斯兰教时憧憬的物质繁荣,喀喇汗王朝比不上经济比较发达的萨曼王朝,而双方在文化上的差异更加明显。这不仅是因为萨曼的文化繁荣远远超过喀喇汗王朝,而且作为波斯文化复兴重要阶段的萨曼王朝,并不因为喀喇汗王室改宗伊斯兰教,而将其视为一体。萨曼王朝在10世纪末灭亡后,喀喇汗王朝、哥疾宁王朝和塞尔柱王朝逐步发展成并立于河中—天山地区、阿富汗—印度北部地区和波斯地区三大突厥语部众政权,开始了蒙古兴起前突厥语部族王朝主导伊斯兰世界特别是伊斯兰东方的时代(11和12世纪)。哥疾宁王朝和塞尔柱王朝先后继承萨曼统治波斯,按照波斯—伊斯兰形式立国,保护波斯文化的发展;都自诩为巴格达哈里发和逊尼派正统伊斯兰教的保护者,先后得到或者强力求得哈里发的承认。[①] 而始终保持着强烈部族及游牧传统的喀喇汗王朝从未得到这样的荣誉,在11世纪的伊斯兰东方与哥疾宁—塞尔柱王朝形成强烈的文化身份对比。《突厥语大词典》中许多诗歌歌颂喀喇汗王朝对高昌、于阗异教徒的打击,实际上反映了喀喇汗人对穆斯林身份的渴望。

其次,这种文化身份的困难,面对中亚突厥语部族社会,特别是面对自己以东的高昌回鹘更显突出。纵览喀喇汗王朝的历史,周邻突厥语部族的归附与否,始终是其心头大患,而与高昌回鹘争夺这些部族,是王朝在东方的最主要活动之一。因为同为突厥语部族的一员,同样生活在中亚突厥语部族大社会之中,虽然有差异,但大家的语言基本相同,文化传统大体一致,甚至原本就是回鹘的一员(回鹘说)或者回鹘联盟的一员(葛逻禄说),喀喇汗王室要想以不同于甚至高于高昌回鹘的文化身份促使各突厥语部族与高昌回鹘划清界线,靠拢并认同自己,单凭伊斯兰教似乎还不够。在这多重的文化困境中,喀喇汗王朝既然无法摆脱自己的突厥语部族背景,而且背景色彩的浓淡还成为与哥疾宁—塞尔柱王朝的区别,自然希望借助当时在波斯文化圈中已经突厥化的阿甫剌西牙卜,通过与这位突厥语部族英雄的血缘联系,构建突厥化的伊斯兰文化身份,在新的文化环境中,以新的显赫身份,明确与东边回鹘和西面波斯的界线,增强对自己内部社会和周邻突厥语部族社会的号召力,以便与东

① 参阅 C. E. Bosworth, *The Ghaznavids*, in M. S. Asimov and C. E. Bosworth (ed.), *History of Civilizations of Central Asia*. Vol. IV, UNESCO Publishing, 1998, pp. 95 – 118 (Chapter 5)。

面高昌回鹘和西面萨曼王朝—哥疾宁王朝—塞尔柱王朝对抗和竞争。[①]

塞尔柱王朝的发展史和喀喇汗王朝另一部重要著作《福乐智慧》提供了对这一解读的旁证。塞尔柱人起源于中亚河中以北地区的乌古思人,传说因为意见不合而离开乌古思叶护,入据锡尔河下游的毡的,后逐步卷入河中和波斯的政治。到 11 世纪中期塞尔柱人开始强大,并逐步成为波斯社会的主要角色之后,塞尔柱王朝苏丹脱斡邻别的宰相伊本·哈苏尔(Abu al-Ala Ibn Hassul,1058 年去世)将塞尔柱苏丹家族与阿甫剌西牙卜联系在一起。[②] 笔者不准备进一步探讨塞尔柱人行动的目的,也不能确定喀喇汗和塞尔柱哪一个首先与阿甫剌西牙卜建立起血缘联系,但他们的相同行动说明当时突厥化的阿甫剌西牙卜在波斯文化圈和相邻地区的强大影响。喀喇汗王朝的重要哲理长诗《福乐智慧》也证实了这种影响。《福乐智慧》完成于 1069—1070 年,稍早于《突厥语大词典》和《喀什噶尔史》。[③] 作者优素甫·哈斯·哈吉甫在诗歌中提到许多波斯历史人物和传说人物,如诗句 241、290、6547—6550 等等,其中特别值得注意的是作者对波斯人称之为阿甫剌西牙卜的最著名的"突厥诸王"的赞美。[④]《福乐智慧》不仅证实突厥化的阿甫剌西牙卜的影响力,而且说明当时突厥化的阿甫剌西牙卜的形象已经不同于费尔多西笔下的阿甫剌西牙卜,具有了正面形象。显然正是这种具有正面形象的影响力促使喀喇汗王室选择了历史失忆,建立起符合新社会的文化身份和凝聚力。

这些从历史记忆的角度发掘的喀喇汗王朝历史,引导我们解释喀喇汗王室族属不清的困境。正是因为历史失忆,早先穆斯林史料中关于葛逻禄与阿甫剌西牙卜的关系的零星记载(如马苏地的《黄金草原》),得不到继续,所以普里查克的"葛逻禄说"的努力很难有坚实的结果。历史失忆也影响了汉地社会

---

① 另外如果相信普里查克对"shabah"和"阿史那"的勘同,那我们还能隐约感觉到喀喇汗王朝在借助突厥化的阿甫剌西牙卜时,似乎希望用更早的突厥"阿史那"传统对抗高昌回鹘。

② 参阅 A. Sevim and C. E. Bosworth, *The Seljuqs and the Khwarazm Shahs*, in M. S. Asimov and C. E. Bosworth (ed.), *History of Civilizations of Central Asia*. Vol. IV, pp. 145 - 176 (Chapter 7) 和 *Encyclopaedia of Islam*, (2nd ed.), "Saldjukids"条。

③ 优素甫·哈斯·哈吉甫:《福乐智慧》(郝关中、张宏超、刘宾译),民族出版社,1986 年版。张世才同志提醒我注意这本著作中的史料。

④ 《福乐智慧》诗句 277—280:"突厥诸王中唯他最为著名,他是幸福的同俄·阿里普·艾尔。他知识渊博,多才多能,聪明睿智,是人间骄子。他出类拔萃,英勇无畏,这样的智者才能把世界治理。塔吉克人称他为阿甫剌西牙卜,他曾把天下夺到了手里。"这里的"同俄·阿里普·艾尔(Tonga Alp Är)",《突厥语大词典》也注明即阿甫剌西牙卜(原手抄本第 33,509 叶),另文详论。"塔吉克人"即波斯人,参阅《突厥语大词典》卷 1,第 194 叶。

和汉文文献对喀喇汗王朝的认识。自唐代后期以来,中原汉地社会与西域天山地区的联系非常困难,两地之间阻隔着众多地方势力,特别是甘州回鹘、沙洲政权、高昌(西州)回鹘等。中原汉地和汉文文献对这些势力以远的突厥语部族的知识,不仅受到这些中间势力特别是回鹘的影响而显得模糊混杂,而且喀喇汗王朝王室的刻意忘却,使得中原汉地的知识更加难以应对他们得到的关于喀喇汗王朝的点滴信息,其结果便是给我们留下一堆矛盾重重的材料和由此而产生的争论。在这些矛盾重重的材料中,还有类似明代回回馆来文作者那样的人物,自称是来自喀喇汗王朝的使者,而实际上是一些商人,他们留给我们的文献,可能不是喀喇汗王朝的官方来文,而是这些商人自己编撰的很难读懂的文书。

当然历史的失忆和历史记载的错乱并没有割断历史。早期北方草原上突厥语部族的狼祖先传说,通过与阿甫剌西牙卜相关的诗歌在历史失忆的喀喇汗王朝曲折表现出来。[①] 历史失忆只是喀喇汗王朝在社会剧烈转型时期摆脱文化困境的一种努力。只要社会发生剧烈变动,这种努力就会以“失忆”或者“记忆”或者别的形式表现出来。这样不仅解读了喀喇汗王朝的祖先传说在10世纪中叶以后100多年中的发展,而且沿着这一思路,应该可以在蒙古兴起对天山地区及其周围西域(中亚)社会的冲击中,找到志费尼时代北方草原鄂儿浑河及哈喇和林的记忆、天山东部不古可汗的记忆、天山南部巴尔楚克的皮任井的记忆、波斯的突厥化阿甫剌西牙卜记忆在西域(中亚)突厥语部族中混合发展的场景,而此后几百年西域(中亚)社会的动荡发展和部族的分分合合,也可以沿着这个思路梳理出更多的线索和研究课题。

附识:本文初稿于2004年4月在京都大学学术研讨会上宣读,杉山正明和森安孝夫提出了意见。对本文提出修改意见的还有陈得芝、魏良弢、姚大力和刘迎胜。一并致谢!

(原载于《历史研究》2005年第6期)

---

① 《突厥语大词典》(中文版),卷1,第204—205页。

文化转型前夕中西部天山地区的政治和部族

华　涛

摘　要:由于相关史料的缺乏,特别是由于安史之乱后唐朝势力撤出了中亚,汉文史料中有关天山地区的记载非常稀少,因而文化转型前夕当地的政治、经济形势,至今并不清楚。本文不同意美国著名中亚学者普里查克关于文化转型前中西部天山地区存在着一个强大的葛逻禄汗国的观点,并且用穆斯林文献和汉文文献的比勘,说明当时的中西部天山地区处于政治分裂之中,这种政治分裂扫去了伊斯兰教发展道路上巨大的政治障碍,为某些部族接受新的宗教信仰并进而发生根本性的文化转型,提供了可能。

关键词:伊斯兰教　文化转型　天山　突厥语部族　中亚

中西部天山地区指今中国新疆西部及其以西地区,是古代中国西域的一部分。自隋唐开始,该地区逐步成为以讲突厥语居民为主的地区。公元 10 世纪中期,一位名叫萨图克布格拉汗的突厥语部族的首领率领他的部众在喀什噶尔(今新疆喀什)一带皈依了伊斯兰教,从而开始了中西部天山地区突厥语民众重要的文化转型。当地的突厥语部族不仅逐步接受了伊斯兰教信仰,而且在从生活习俗到祖先崇拜等诸多文化方面都逐步与草原传统划出了界限。然而,由于相关史料的缺乏,特别是由于安史之乱后唐朝势力撤出了中亚,汉文史料中有关天山地区的记载非常稀少,所以公元 10 世纪前期,即天山地区突厥语民众开始文化转型前夕,当地的政治、经济形势,至今并不清楚。前俄国(苏联)著名中亚学家巴托尔德认为弄清这一段历史是非常困难的工作。美国罗德格斯大学的中亚学、伊斯兰学教授彼德·戈登则宣称:利用破碎的并往往相互冲突的史料,重现当时中亚河中地区伊斯兰世界以外草原上的部族状况,仍然是值得深入学术研究的课题①。

1951 年美国著名中亚学者普里查克在他的著名论文《从葛逻禄到喀喇汗王朝》②中认为,公元 10 世纪早期中西部天山地区存在着一个强大的葛逻禄汗国,正是这个强大的汗国后来发展成为穆斯林喀喇汗王朝,也就是说,中西部天山地区的文化转型发生于强大的葛逻禄汗国之中。这种观点在西方有不少赞同者③。

葛逻禄曾经是突厥汗国中的一个游牧部落联盟,由谋落、炽俟和踏实力组成。《新唐书·回鹘传·葛逻禄》说:"三族当东西突厥间,常视其兴衰,附叛不常也。"大约在公元 760 年,在回鹘的压力下,葛逻禄被迫向西迁徙,到 770 年,他们已经控制了中西部天山地区。在漠北回鹘与吐蕃的争斗中,葛逻禄与吐蕃结成联盟。在争夺阿拉伯阿巴斯哈里法王朝王位时,马蒙(阿巴斯哈里法,813 至 832 年在位)曾把葛逻禄人看成是中亚草原上的主要威胁之一。马蒙即位以后不久,即派兵打击葛逻禄,葛逻禄被迫从天山地区向北撤离。不过在 9 世纪 30 年代后期,他们又回到了中西部天山地区,并且在 840 年漠北回鹘汗国崩溃前后,始终控制着那里④。葛逻禄的首领称"叶护"。但根据穆斯林史料的记载,公元 892 年或此之前,葛逻禄的首领已经开始使用"可汗"称号了⑤。

那么,公元 10 世纪早期,中西部天山地区是否存在一个大葛逻禄汗国呢?或者说,中西部天山地区的文化转型发生在什么样的政治形势和部族状况之中呢?本文从分析普里查克利用的史料开始,得出了与他完全不同的结论,即当时的中西部天山地区处于政治分裂之中,这种政治分裂是天山地区开始伊

---

① 见戈登(Peter Golden),"The Karakhanids and early Islam"(D. Sinor ed. , *The Cambridge History of Early Inner Asia*. Cambridge University Press 1990),第 348 页。

② 普里查克(Omeljan Pritsak),"Von den Karluk zu den Karachaniden", *Zeitschrift der Deutschen Morgenländischen Gesellschaft*, Band 101 (1951), 第 270—300 页。

③ 彼德·戈登对此持保留态度,参阅戈登前引文,第 356—357 页和他的 *An Introduction to the History of Turkic Peoples* (Otto Harrassowitz, 1992),第 214 页。

④ 关于葛逻禄早期历史,见内田吟风《初期葛邏禄(Karluk)族史の研究》(载内田吟风:《北アシア史研究——鲜卑柔然突厥篇》京都, 1975 年);Ildiko Ecsedy, A contribution to the History of Karluks in the T'ang Period, *AOH*, Tomus XXXIV (1–3), (1980), 23–37. 关于漠北回鹘时期的葛逻禄,见 Christopher I. Bechwith, *The Tibetan Empire in Central Asia* (Princeton University Press, 1987), 143–172. 关于回鹘西迁时期的葛逻禄,见华涛:《回鹘西迁前后西部天山地区的突厥语诸部》,《民族研究》1991 年第 5 期。

⑤ 《塔巴里编年史》,第 3 卷,第 2138 页;《不花剌史》,第 86—87 页;《黄金草原》,第 3284 节。

斯兰化的重要背景。

一、伊本·法齐赫和马苏第的记载

伊本·法齐赫是 9、10 世纪伊斯兰东部地区的著名学者,他于 903 年写成了阿拉伯文著作《诸国志》。普里查克教授在他的文章中引用了伊本·法齐赫著作中的一段话。普里查克说①,伊本·法齐赫在书中引用了当时一位名叫马尔瓦兹的有关突厥语部落的权威人士的报导,那位马尔瓦兹"在列举突厥语各部族时说:'我们不断地在下列地区获悉,即在呼罗珊边境地区,在河外之地(即阿姆河外)及在其他面临不信真主的突厥人领土的那些地方,(即)[面临]古思(突厥蛮人)、托古兹古思(回鹘)和葛逻禄——在(葛逻禄)他们那里有一个王国,他们在他们的同胞(即其他突厥语部族人)中享有很大的尊敬,而他们对敌人表现出强烈的傲慢——的地方,我们听说……'"。

这里普里查克引述的是一句没有说完的话,所以日本学者安部健夫在研究普里查克的文章时说"这一部分的表达极难理解,问了一下德国出生的人,也没有弄得十分清楚"②。这段引言简而言之就是"我们不断地听说……"。原作者听说了什么,普里查克认为并不重要,因而省略了,他认为这段文字中重要的是原作者"听说"到那些消息的地方,即"在呼罗珊边境地区、在河外之地及在靠近突厥语部众的其他地方;而那里的突厥语部众包括古思人、托古兹古思人和葛逻禄"。讲到这里,原作者(指马尔瓦兹)插入了一句话说"在他们那里有一个王国"。普里查克注明"他们"指这句话前面紧接着的"葛逻禄"。普里查克的结论是:"那么,这向我们确切地证实:'国家',即统治突厥人的汗国,是在葛逻禄人手中;在萨曼王朝伊斯玛因·本·艾哈迈德时代,突厥国家应理解为葛逻禄国家。"③

这里提到的伊斯玛因是 892 年登上中亚萨曼王朝王位的,907 年去世。显然,普里查克认为至少在那段时间内,在中西部天山地区存在一个控辖各突

---

① 普里查克前引文,第 281 页。请注意:( )内是普里查克的说明,[ ]内是我为便于理解而加的字,不影响原义。

② 安部健夫:《西ウィグル国史の研究》,京都,1955 年,第 395 页;汉译《西回鹘国史的研究》,宋肃瀛、刘美崧、徐伯夫译,乌鲁木齐:新疆人民出版社,1986 年,第 286 页。要注意,安部健夫在书中用这条没有弄清楚的史料去证明高昌(西州)回鹘的疆界西抵锡尔河甚至阿姆河。

③ 普里查克前引文,第 281 页。

厥语政权和部族的大葛逻禄汗国。

伊本·法齐赫的著作《诸国志》流传下的是 1022 年前后节略的一个简本。在《阿拉伯地理丛书》(BGA)第五卷中,德·胡耶根据三份手稿刊布的就是这个简本。1923 年,在伊朗马什哈德的伊玛目阿里·利兹麻札清真寺图书室发现了一份杂卷,其中包括伊本·法齐赫《诸国志》全本的第二部分,即有关伊拉克以东包括伊朗、呼罗珊、中亚和突厥语部族地区的部分。30 年代苏联出版的《土库曼和土库曼人史料》收录并翻译了这个版本的许多内容[①]。普里查克上述引文来自马什哈德抄本 171B—172A 页[②],而不见于《阿拉伯地理丛书》第五卷。普里查克在五十年代首先注意到了这条记载的重要性,然而他对这段史料的翻译和解释却值得进一步推敲。以下是我的翻译[③]:

> 艾哈迈德·本·穆罕默德·哈马丹尼记叙阿布·阿巴斯·伊萨·伊本·穆罕默德·马尔瓦兹说:我们不断地在一些地区听说,即在(呼罗珊边境地区)河外之地和其他境邻着异教的突厥部族的地区,即境邻着古思的、托古兹古思的和葛逻禄的——而他们中有一个王国(mamlakat),在他们自己人中他们享有很高的地位,而他们对敌人的打击则很厉害——地区听说,在突厥人中有人在旅行和其他时候求雨,于是雨和他们希望的雹子、雪等等便降下。我们当时将信将疑,直到我见着了达乌德·本·曼苏尔·本·阿布·阿里·巴达黑斯。他是一个可靠的人,曾统治呼罗珊,他在那里的治理受到称赞。他曾与古思突厥君主之子(ibn al-malik)私下会面,那人名叫巴勒孩·本·叶护(Balqaiq b. Djabbuya)。他对王子说:"关于突厥人,我听说他们能随心所欲地招来雨雪。你看是这样吗?"王子说:"突厥人在真主面前最卑下,最驯良,所以能够干出这样的事。你获悉的是真事。但关于它有一个故事,我讲给你听:我的一位祖先他父亲即当时的君主的气,便离开他"。(下文叙述古思突厥的祖先得

[①] S. L. Volin et al.（ed.）, *Materialy po istorii Turkmen i Turkmenii*（2 vols., Moskva-Leningrad, 1938－9）,第 1 卷,第 153—154 页。另外,在 13 世纪阿拉伯历史学家雅忽特的《地名词典》中也可以读到这段记载(详见下文)。

[②] 普里查克前引文,第 281 页注 2。

[③] 雅忽特《地名词典》,第 2 卷,24—25 页。普里查克使用的是莱比锡版雅忽特《地名词典》（*Jacut's Geographisches Worterbuch aus den Handschriften*, herausgegeben von Ferdinand Wustenfeld, Leipzig, 1866, s. 840－841）,两个版本此处只有细微差别。

到求雨石的经过,略)

只要用雅忽特的这段话对比一下普里查克的引文,就很有理由不同意普里查克对史料的翻译和解释了。这段史料提到古思突厥部族君主"马立克"(malik),那么这个"马立克"也应有自己的王国"mamlakat"。在阿拉伯语中,"malik"和"mamlakat"是同一来源的词。实际上阿巴斯王朝的使者伊本·法德兰在921年前后前往不里阿耳(今俄罗斯喀山一带)时经过了古思的领土,并遇见了一些古思政权的首领。在他的报告中根本没有提及任何凌驾于这个古思政权或其他突厥语部族政权之上的政权和大可汗①。所以,即便把普里查克重视的那句插入语理解为仅仅是修饰葛逻禄政权,我们也不会像他那样认为,当时的葛逻禄首领是突厥语各部族的大可汗,不会认为当时存在一个大葛逻禄汗国。当然,我们更不可能像安部健夫那样,根据"未弄清楚"的理解,就认为托古兹古思即高昌(西州)回鹘的疆界向西抵达了阿姆河②。

此外,《塔巴里史》《布哈拉史》和其他阿拉伯史料还记载了892年伊斯玛因·本·艾哈迈德即位后不久萨曼军队对葛逻禄的一次打击,在那次打击中,萨曼军队占领了塔剌思(今江布尔),俘虏了葛逻禄首领的夫人"哈敦"、首领的父亲和许多葛逻禄部众③。所以,不论此前葛逻禄多么强大,893年以后根本不存在各突厥语部族都效忠的葛逻禄大可汗。

普里查克在上述文章中还引用了马苏地《黄金草原》中的一段记叙,他说④:马苏地在伊斯兰历332年(公历943/944年)做了如下报道:葛逻禄"住在费尔干纳、柘析及其邻近地区";葛逻禄担任了"穆尔克"(即对草原的最高统治);最高可汗(原文为"可汗之可汗")出身于他们之中,他把突厥所有部落联合到"穆尔克"之下,所有他们(突厥)的统治者都臣服于他;他们把阿甫剌西牙卜(Afrasiyab)和Shana(=A-shi-na 阿史那)视为他的前辈。普里查克引用这段记载来证明10世纪早期葛逻禄仍保持着他假设的"突厥大可汗"地位,并存

---

① 伊本·法德兰的一般情况见《伊斯兰百科全书》(Encyclopaedia of Islam, 2nd ed., Leiden 1960-)中"Ibn al-Fadlan"条的介绍。卡瓦列夫斯基(A. P. Kovalevskij)的详细介绍、翻译和注释见 *Kniga Akhmeda ibn Fadlana o ego putesestvii na volgu v 921 -922 gg.*, Khar'kov, 1956)。该书后附了马什哈德杂卷中的《伊本·法德兰游记》原文影印件,使用很方便。

② 安部健夫前引文,第395—396页;汉译,第286—287页(注意汉译文有误)。

③ 《塔巴里编年史》第3卷,第2138页;《不花剌史》第86—87页。《塔巴里编年史》手稿中此处不清,但伊本·阿西尔《全史》的转载(第7卷,第464页)说,被俘的是首领的父亲,不是首领本人。

④ 普里查克前引文,第281页。

在一个大葛逻禄汗国。马苏地的记载全文如下[①]：

> 突厥人中有基马克人、巴儿思寒人、巴迪人(? al-B. diyya)和马扎儿人(? al-Madjghariyya)，他们中最勇猛的是古思人，而体形最好、身材最高、面容最标志的是葛逻禄人，他们在费尔甘纳、柘折及邻近地区，(以前)王权曾在他们手中，诸汗之汗出自他们之中，其王国曾囊括了所有的突厥王国，(使)众人听命于其君主。征服波斯王国的阿甫剌西牙卜·突厥(Farasiyab al-Turki)曾是这些可汗之一，他们中还有 Shabah。但在我们这个时代，突厥人没有他们诸位君王都听命的可汗了，那是位于撒麻耳甘沙漠中的称为 Amat (?)的城市毁废以前的事。我们在《al-Awsat》一书[②]中已谈过王国迁离该城及其原因了。

马苏地是中世纪伊斯兰世界的著名学者，因博学多产而被称为"阿拉伯人的希罗多德"。他的名著《黄金草原》成书于 943 年，后于 947 和 956 年做过修改。然而不论马苏地多么伟大，他的上述叙述却都带有时代性的错误。

首先，这段话里谈的阿甫剌西牙卜(Afrasiyab，Pahlavi 语：Farasiyab)是阿维斯塔时代以来伊朗传说中的土兰人即草原人英雄，穆斯林阿拉伯人后把土兰人及这位英雄同突厥语部族人视为一体[③]。另一位人物 Shabah[④] 被普里查克勘同于传说中的突厥人始祖"阿史那"，普里查克并由此得出结论说葛逻禄因这一血统关系而自认是突厥汗国的传人。但 Shabah 还出现在马苏地的《黄金草原》的另一段记载中。该书第 24 章 632 和 633 节说，Shabah 是突厥人的一位伟大的君主，在萨珊王朝君主 Hormizd 统治时(约为 578 至 590 年间)[⑤]，他入侵 Herat、Badghis 和 Bushandj，后被 Hormizd 的著名将领

---

① 《黄金草原》第 313 节，参阅法文译本第 1 卷，第 120 页。

② 马苏地一著作名。该书集中叙述突厥语各部族的情况，后基本都收入了《黄金草原》。参阅《伊斯兰百科全书》(ed. 1)"Mas'udi"条和德·胡耶在 BGA 第 8 卷"前言"中引列的马苏地著作一览表(Ⅵ—Ⅷ 页)。

③ 参阅《伊斯兰百科全书》(ed. 2)"Afrassiyab"条。并参阅《黄金草原》第 21 章《最早的波斯诸王及有关他们的传闻概况》，其中第 540 节提到 Farasiyab 在突厥地区的出生，第 554 节谈到他与波斯人的战斗。

④ 在《黄金草原》的其他版本中，这个词有不同的形式(参阅《黄金草原》第 1 卷，第 312—313 页)。

⑤ 在《黄金草原》法文译本中(第 237 页)，这位 Hormizd 被法文翻译勘同为 Hormizd IV。

Bahrām Chūbīn 击杀。且不论传说中的阿甫剌西牙卜,就是 Shabah 与葛逻禄的关系,马苏地恐怕也是猜测。在其他穆斯林史料和任何中文史料中,对此没有一点暗示。

其次,马苏地这段记载的后半部是他对西突厥汗国以来中亚历史的错误总结。有人认为部分葛逻禄部众有可能早在 8 世纪 30 年代即已在葱岭西活动[①]。即便如此,葛逻禄控制中西部天山地区至少要到 30 年以后的 60 年代才有可能。8 世纪中期以前,西突厥和突骑施曾先后控制这一地区。葛逻禄与他们没有任何直接的族属关系。所以马苏地这段话的后半部应是对西突厥以来历史的错误概括。

第三,根据前面的研究,8 世纪 60 年代西迁后,葛逻禄活动的范围主要包括柘折和费尔干纳等地区。在 9 世纪初被击败之前,他们被看成是穆斯林东面的主要敌对势力之一。后来他们被法道勒·本·萨赫勒击败,至少在萨曼家族治理柘折和费尔干纳以后,葛逻禄已经不能在这两个地区活动了[②]。所以马苏地关于葛逻禄活动范围的记载必定是基于反映 8 世纪末和 9 世纪早期历史的材料,或许就是他推崇的塔巴里编年史。而普里查克利用这段自身混乱的记载来证明 10 世纪葛逻禄的大汗地位和大葛逻禄汗国的存在,不能避免曲解原文之嫌。

总之,上述史料都不能证明 9、10 世纪之交存在一个强大的作为突厥语各部族共主的大葛逻禄可汗,不能证明当时存在一个强大的葛逻禄汗国。

二、葛逻禄政权的瓦解

普里查克还引用了穆斯林巴里黑学派的记载和地图来支持他的大葛逻禄汗国的观点,他说:"概述和地图中关于这些国家边界的记载使我们打消了任何怀疑,即在 9 至 10 世纪,西从费尔干纳,东到阿尔泰山,北从楚河至巴尔喀什湖一线,南到回鹘汗国(库车、别失八里)的领土上,也就是在从前突骑施的

---

① 参阅巴托尔德(W. Barthold),*Die alttürkischen Inschriften und die arabischen Quellen* (with reference to W. Radloff, *Die alttürkischen Inschriften der Mongolei*, second series, St. Petersburg, 1899),第 27 页注 1 和《伊斯兰百科全书》(ed. 1 and 2)"Karluk"条。彼德·戈登也提到吐火罗一带的葛逻禄部众(前引文,第 355 页)。

② 见华涛:《回鹘西迁前后西部天山地区的突厥语诸部》,《民族研究》1991 年 5 期。

领土上,只可能是葛逻禄的大汗国。"①

巴里黑学派是一群具有实地考察背景的穆斯林地理、历史作家,他们或曾经访问过中亚河中地区或其附近,或曾在那里生活过。这一学派的代表人物有巴里希(al-Balkhi,他的著作完成于 920 年前后)、伊斯塔赫里(他的著作完成于 930 至 950 年间)、伊本·豪卡勒(他的著作完成于 977 年前后)等。与其他穆斯林学者相比,他们对天山等中亚地区的了解要清晰得多。例如当描写"托古兹古思"时,他们能较明确地区分 840 年以前的漠北回鹘和 840 年以后东部天山地区的回鹘(高昌回鹘),而其他的穆斯林学者,包括马苏地,都做不到这一点②。

伊斯塔赫里的《诸国之路》成书于 10 世纪二三十年代③,其中对河外之地的四境描述如下④:

> 河外之地的东面是位于一条直线上的波迷罗(Famir)、惹瑟知(Rasht)和境邻骨咄(al-Khuttal)的印度之地,其西边是位于从塔剌思伸向法拉布、Biskand、粟特、撒麻耳干和不花剌方向并伸向花剌子模直至花剌子模海一弧线上的古思国家和葛逻禄;其北面是从费尔干纳地区的边缘至塔剌思一直线上的葛逻禄突厥人,其南边是从巴达赫伤那里至花剌子模一直线上的质浑河(即阿姆河)。

按照这个描述,葛逻禄位于西部天山北麓,包括塔剌思以西的一些地方,与 9 世纪中期以后的情况大致相同。如果根据伊斯塔赫里书的记载绘制一张 10 世纪早期突厥语各部族位置图,葛逻禄的位置符合这里的描述。在巴里黑学派的圆形世界示意图上,葛逻禄的位置也正相当于上述描写⑤。

但是,当对葛逻禄的分布地区没有多少疑问时,我们又发现了一个新的问

---

① 普里查克前引文,第 285 页。

② 参阅华涛:《穆斯林文献中的托古兹古思:漠北回鹘? 高昌回鹘?》,《西域研究》1991 年 2 期,第 61—78 页。

③ 该书的作者是巴里希还是伊斯塔赫里,有不同的说法。幸运的是他们的学术活动都是在 10 世纪前半叶,所以该书的实际作者是谁并不重要。德·胡耶曾详细探讨过他们之间的关系,参阅《巴托尔德前言》(《世界境域志注》第 15—23 页),并可参阅《伊斯兰百科全书》(ed. 1 and 2)中的"al-Balkhi"和"al-Istakhri"等条目。

④ BGA,第 1 卷,第 286 页。注意文中叙述方位有顺时针偏差。

⑤ 伊本·豪卡勒书中的地图,见 BGA,第 2 卷,第 8—9 页之间,地图说明见第 8—9 页。值得注意的是在河中之地的东南角(吐蕃的西北、葛逻禄西南)有一小块"中国地区",与中国本土不相连。它或许应校订为"于阗"。普里查克前引文 286 页复制的地图中没有这一小地区。

题：为什么伊斯塔赫里在叙述各大突厥语部族政治势力范围时却没有单列出葛逻禄的政治势力范围？伊斯塔赫里的记载全文如下[①]：

> 诸突厥国家则互不一样。古思人：他们的境邻是可萨、基马克、葛逻禄之地、不里阿耳以及从朱儿章（Djurdjan）至法拉布、白水城的伊斯兰边境。
>
> 基马克国土：在葛逻禄的北边，在古思、黠戛斯和 al-Saqalib 山之间。
>
> 果戈（雅朱只／Yadjudj）：他们在北边。如果你穿过 al-Saqalib（斯拉夫人）和基马克人之间，那真主知道他们的位置和他们的其他国土。
>
> 黠戛斯：他们在托古兹古思、基马克、大洋和葛逻禄之地之间。
>
> 托古兹古思：他们在吐蕃、葛逻禄之地、黠戛斯和中国之间。
>
> 中国：在大洋、托古兹古思和吐蕃之间。
>
> ……
>
> 可萨：是这一群人的名称，那片国土被称为亦地勒（Itil），亦地勒河从那里流向可萨海。在那里葡萄园不多。这是可萨海、al-Sarir、斡罗思和古思之间的一个地区。
>
> 吐蕃：它境邻中国之地、印度、葛逻禄之地、托古兹古思和波斯海。它的某些部分在印度王国内，部分在中国内。他们有一位住在本地的君王。据说其先世源自 al-Tubba，只有真主知道。

从表面上看，要用这段记载来解释我们的疑问并不容易，因为就在这一段描述之前，伊斯塔赫里在提及突厥语各部族时列举了托古兹古思、黠戛斯、基马克、古思和葛逻禄等部族。一种可能的解释是，在书中其他地方多次提及葛逻禄分布地区的作者，因偶然的疏忽，在这里列举各大突厥语部族政治势力范围时漏掉了对葛逻禄的势力范围的叙述。但是这种解释很难令人满意。因为如果伊斯塔赫里确有偶然的疏忽，那么伊本·豪卡勒在当面得到伊斯塔赫里的同意，补充和修改《诸国之路》，并写成了自己的著作《各地形胜》时，也应增补上，而实际上他并没有增加这方面的内容[②]。伊斯塔赫里的《诸国之路》还

---

① BGA，第 1 卷，第 9—10 页。
② BGA，第 2 卷，第 13—14 页（第 12 节）；法译本，第 1 卷，第 14—15 页。

有一部 11 世纪或 12 世纪的波斯文译本,译者佚名[①]。尽管波斯文译本的阿拉伯文底本与 BGA 的底本不同,但其中也没有提到葛逻禄的政治势力范围[②]。所以不能用"偶然的疏忽"来解释。同时波斯文译本和伊本·豪卡勒的著作还排除了另一种可能,即现存《诸国之路》的手稿抄写时正好这一段有脱漏。这样,唯一的可能解释是,那时,葛逻禄已经不再具有像托古兹古思、古思、黠戛斯、基马克等突厥语部族那样的重要性了。

重新仔细研究《诸国之路》中有关葛逻禄的全部记载,包括波斯文译本,可以发现,伊斯塔赫里在列举各大突厥语部族政治势力范围时有意识地使用了短语"葛逻禄之地"(ard Karluk)。

伊斯塔赫里在书中使用了一些不同的阿拉伯地理名词,如 ard(土地)、balad/bilad/buldan(城镇、国家、地区)、dar/diyar(家园、住地、国家、地区)、mamlakat/mamalik(王国)等。从他的叙述中看,mamlakat/mamalik(王国)只用于四大政治势力,即伊斯兰、罗马、印度和中国。而其他的名词则在他的叙述中常常交替使用,有时带有政治含义,有时不带。但是对于葛逻禄,伊斯塔赫里只使用了完全不带任何政治含义的名词 ard"土地"。特别能支持我们的是在前面提到的波斯文译本中,尽管翻译者没有区分这些阿拉伯语地理名词(ard、diyar、bilad),但他却注意到用波斯文 zamin"土地"来翻译阿拉伯语的 ard。很明显,伊斯塔赫里这样做的原因是那时葛逻禄已经不再是一个完整的统一的政治势力。虽然西部天山仍然由葛逻禄人占据,但他们已经没有一个统一的政权了,所以那里只能称之为"葛逻禄之地",即葛逻禄人驻牧之地。

在伊本·豪卡勒的《各地形胜》和《世界境域志》中有几段关于塔剌思以西白水城和法拉布的非常类似的文字,虽不见于《诸国之路》的 BGA 节略本(卷

---

① Istakhri: *Masalik va Mamalik*, ed. by Iraj Afshar (Tehran, 1961)。编辑在出版前言中说:"根据这个译本的翻译风格和词汇运用判断,我们认为这个本子写于第五或第 6 世纪(公历 11 或 12 世纪),但也有人认为他的译者是著名的数学家和哲学家 Nasiruddin Tusi (13 世纪)或 Ibn Savaji (14 世纪)。"

② 波斯文译本,第 9—12 页。

1)，但应属于伊斯塔赫里的原著①。《各地形胜》的文字如下：

> Sutkand 有讲经台，它是突厥人的聚集处。各地区的突厥人已有一些皈依了伊斯兰教，古思人和葛逻禄人中已有一些人皈依了伊斯兰教，他们是突厥人中强有力的人。在法拉布、Kandjid、柘折之间是肥沃的牧场，那里大约有一千户突厥人已皈依了伊斯兰，他们在那里按自己的方式住在帐篷里，他们没有建筑物。塔剌思是穆斯林与突厥人的贸易场所。他们（穆斯林？）有一些属于塔剌思的堡塞。伊斯兰（国家）没有人越过塔剌思，因为越过那里就进入了葛逻禄的营帐。

这些记载不仅告诉我们893年穆斯林占据塔剌思以后，这个城市成为穆斯林与葛逻禄人的贸易中心，而且向我们指出，塔剌思以西地区的葛逻禄人与东部葛逻禄已不是一个整体，西面有些葛逻禄部众甚至皈依了伊斯兰教。这种局面与我们前面考察的"葛逻禄之地"的说法正相吻合。10世纪早期，西部天山的葛逻禄政权分裂了，原先称之为"葛逻禄"的部族联盟瓦解了。

《世界境域志》告诉了我们一些葛逻禄政权瓦解后的详细情况。该书15、16、17章的材料晚于伊斯塔赫里书中材料的年代，但并不是该书成书时代的事②。根据第15章《葛逻禄地区及其城镇》的记载，葛逻禄原辖地的范围相当大，西抵古思之地，东界托古兹古思，甚至天山北麓托古兹古思的五城之一Jamghar也属于葛逻禄。而在天山南麓，葛逻禄的辖区原先还包括温宿（B. Njul），甚至很可能还包括喀什噶尔③。但是现在葛逻禄驻牧地区西边已不超

---

① 伊本·豪卡勒《各地形胜》成书于三六七/九七七年，《世界境域志》始作于三七二/九八二年。因为呼罗珊和中亚各地没有《各地形胜》流传的记载，所以很难想象《世界境域志》的作者利用了该书。针对《世界境域志》中一些类似《各地形胜》但不见于伊斯塔赫里书（BGA版）的情况，米诺尔斯基要人们注意"伊本·豪卡勒将伊斯塔赫里书全部囊括入自己的书中"（《世界境域志注》，355页）。就下面引出的《各地形胜》的记载而言，《世界境域志》中的一些差异也值得注意。《世界境域志》No. 25-89："在白水城与（锡尔）河之间，是整个白水城的牧地以及柘折、法拉布和Kunjdih部分地区的牧场。在牧场上，可以看到已皈依伊斯兰教的一千帐休战了的突厥人。"另外，《世界境域志》No. 25-93中对塔剌思的描写也不同于《各地形胜》。所以，两书中关于休战突厥人的材料可能有一个共同的史源。考虑到伊本·豪卡勒在书中称赞伊斯塔赫里对河外之地的记载很完美，但批评他关于伊斯兰西部地区的记载有缺陷，可以认为上书有关休战突厥人的材料都是取自伊本塔赫里，当然是其原本，而不是现在的（BGA版）简写本。

② 《巴托尔德前言》，《世界境域志注》第27页。

③ 《世界境域志》，No. 15-12，No. 15-13，No. 13-1。

过距塔剌思一百公里左右的俱兰，那里被说成与穆斯林世界相接。显然伊斯兰势力从塔剌思又往东推进了。而葛逻禄的东境已从 Jamghar 后移，甚至伊塞克湖东端的巴儿思寒，其居民也背离了葛逻禄统治者。东、西边缘地区都已丢失，那里残存的葛逻禄余众都各自为政①。就是仍然在葛逻禄主体部落辖下的地区，也是一片残破景象。《世界境域志》说：（No. 15 - 3）顿建城（Nun. Kat＜Tunkat）②是一个交通道口，但现已废弃，其地只有少数葛逻禄人的毡房，已成为盗贼出没的地方。（No. 15 - 11）巴儿思寒位于伊塞克湖东端，虽然其首领（Dihgan/迪杭）还是个葛逻禄人，但当地居民都心向高昌回鹘（托古兹古思）。

15 以及 16 和 17 章中看到的伊塞克湖周围几个部落混杂相居又互不统属的情况，说明曾经存在的葛逻禄部落联盟确实瓦解了。

葛逻禄部落联盟的瓦解还得到敦煌文书 S6551 讲经文的支持。正如前面所说，这篇讲经文的成书年代已被学者们考订为 930 年前后③。讲经文描写了西州（高昌）回鹘的强大之后说：

> 遂得葛禄、药摩（样磨/Yaghma）、异貌（? Yemak）、达怛（Tatar），竟来归伏，争献珠金；独西（Tukhshi）乃纳驼马，土蕃送金；拔悉密则元是家生，黠戛私则本来奴婢。诸蕃部落，如雀怕鹰，责（侧）近州城，如羊见虎，实称本国，不是虚言。

这样来描写西州回鹘的强大，有明显的文学创作的色彩。但其中葛逻、药摩、独西的归伏和贡纳，正说明了西部天山原葛逻禄政权的瓦解。当然在这里我们还不能认为西州回鹘的辖区已囊括天山西部，那里的突厥语部族只不过遣使表示"归伏"并送上礼品。

总之，上述所有材料让我们认识到，10 世纪的最初几十年中，西部天山处

---

① 《西天路境》所记龟兹西的"割鹿国"、僧行勤等经过的"割禄国"和《世界境域志》中乌什一带的葛逻禄应即葛逻禄残众。

② 米诺尔斯基在《世界境域志注》（289 页）中认为伽尔迪齐书手稿中第 J1 叶第 7 行残缺的地名应读作 Tumkat（顿建城），同时认为巴托尔德 1897 年在《中亚科学考察报告》中将此词读作 Navikat（新城）并不妥。从词形上看，米诺尔斯基的意见较优。但我们注意到库达麦克（BGA，第 6 卷，206 页）中说："Navakat（＝Naviat）是个大城市，那里有一条通往巴儿思寒的路。"这又促使我们把伽尔迪齐书中的地名读作 Navikat。这里暂从米诺尔斯基的意见。

③ 张广达、荣新江：《有关西州回鹘的一篇敦煌汉文文献——S6551 讲经文的历史学研究》，《北京大学学报》1989 年第 2 期。

于突厥语各部族各自为政的局面,原先一度统辖各个部族的葛逻禄部落联盟已瓦解,而新的权威尚未产生。这种局面被以往的学者所忽视,甚至被错误地解释。

三、10世纪前期天山地区政治分裂的历史影响

天山位于欧亚大陆的心脏地区,自古以来受到多种文明的影响。然而在公元10世纪的上半叶,不论是东亚的儒家文化或南亚的佛教文化,还是西亚的祆教或伊斯兰教文化,都没有在中西部天山地区的突厥语部众中占据主导地位。特别是伊斯兰教,尽管它的军队早在7世纪晚期就已经跨过了阿母河,发展到了中亚,但伊斯兰教并没有对中西部天山地区的突厥语部众发生较大的影响。因为那时中亚的突厥语部众始终处于某个或几个相对较强大的游牧政权的控制之下,如西突厥、突骑施、漠北回鹘等。在这些政权的统治之下,皈依其他的宗教本不是一件寻常的事情。没有什么激励广大百姓改宗的动力,一般的统治者绝不允许大规模地皈依伊斯兰教。在雅忽特的《地名词典》中有条记载,说倭马亚王朝哈里发希沙木·本·阿卜杜·马力克(724至743年在位)曾派遣使者去说服一位突厥可汗皈依伊斯兰,但没有成功[1]。11世纪的《喀什噶尔史》谈到萨图克布格拉汗秘密皈依伊斯兰时,他的行动受到其叔父、喀什噶尔的统治者的死亡威胁[2]。

然而公元10世纪中叶,强大政权已经分裂。分裂的直接结果是一些小政权的出现。《世界境域志》记载了葛逻禄政权瓦解后的详细情况。该书第16章描述的是 Chiqil,它显然就是汉文文献中记载的葛逻禄内部落之一:炽俟[3]。葛逻禄内的这一大姓现已独立出来,成为一个地区(Nahiyat)的主人。该书第17章描述的是 Tukhshi。马尔瓦兹书说葛逻禄从金山(阿尔泰山)迁居并统治突骑施之地后,他们的部落联盟中有 Tukhshi 部[4],所以 Tukhshi 很可能如米诺尔斯基考虑的那样,是突骑施的余部之一[5]。但是,葛逻禄迁居西部天山

① 雅忽特:《地名词典》,第24页。
② 参阅华涛:《萨图克布格拉汗与天山地区伊斯兰化的开始》,《世界宗教研究》1991年第3期,第13—14页。
③ 参阅王小甫:《唐、吐蕃、大食政治关系史》,北京:北京大学出版社,1992年,第4章注89。
④ 马尔瓦兹书,第31页。
⑤ 米诺尔斯基:《世界境域志注》,第300—301页。

后臣役于葛逻禄的 Tukhshi 现在也独立了出来。S6551 讲经文中向西州回鹘贡纳驼马的"独西",很可能就是这个脱离了葛逻禄统治的 Tukhshi[①]。在《世界境域志》中可以看到,伊塞克湖周围散布着几个混杂相居又互不统属部落。例如碎叶一带的(No. 15 - 7) Kukyal、Atlaligh、Lul. gh(其首领是叶护的兄弟)、(No. 15 - 8) Uzkath、M. ljkath(属于叶护国王[②])、(No. 15 - 9) Kiminkath(这里的葛逻禄称 L. ban)[③]和伊塞克湖南冻城一带的(No. 15 - 10) Tun. l、Talkh. za[④] 等,既是葛逻禄的居住地,也有独西/Tukhshi 的村镇(No. 17 - 2 Suyab),而炽俟人既据有阿拉套山脉以北库帕河(R. Kopa)流域上游一带地区,又占据了伊塞克湖北岸的伊塞克城(No. 16 - 1)和可能位于伊塞克湖西南的 Yar 城[⑤]。

这种政治上四分五裂的局势,扫去了伊斯兰教发展道路上巨大的政治障碍,为某些部族接受新的宗教信仰并进而发生根本性的文化转型,提供了可能。正是在这种分裂的形势之中,中西部天山的某些突厥语部族的部众才有可能冲破传统的信仰,率先走上伊斯兰化的道路。

穆斯林文献引用表

《阿拉伯地理丛书》= *Bibliotheca Geographorum Arabicorum*, edidit M. J. de Goeje, E. J. Brill 1967(简称 BGA)

伊本·阿西尔《全史》= Iben al-Athir: *Al-Kamil fi al-Tarikh*, Beirut, 1965 - 1967

伊本·法德兰《伊本·法德兰游记》= Ковалевский, А. П. , *Книга Ахмеда Йбн Хадлана*, Фарьков 1956

伊本·法齐赫《诸国志》= Ibn Faqih: *Kitab al-Buldan*(BGA,第 5 卷)

伊本·豪卡勒《各地形胜》= Ibn Haukal:(1) *Kitab Surat al-Ard*(BGA,第 2 卷);(2) 法文译本 *Ibn Hawqal: Configuration de la Terre*: introduction et traduction par J. H. Kramers et G. Wiet, Paris 1964

伊斯塔赫里《诸国之路》= Istakhri:(1) *Kitab Masalik al-Mamalik*(BGA,第 1 卷);

---

① 张广达、荣新江前引文,第 32 页。另外,唐代天山地区的"达奚"(dat-riei)或即 Tukhsi/独西的前身。

② 波斯原文为 Padsha'i-Jabghuy,米诺尔斯基译为"叶护王国",不甚确切。

③ 在穆喀迪西的《诸国知识的最好分类》(BGA,第 3 卷,第 264、49 页)有 L. ban 地名,紧邻巴拉沙衮。

④ 米诺尔斯基:《世界境域志注》,第 292 页。

⑤ 米诺尔斯基:《世界境域志注》,第 298—300 页。

（2）波斯文译本 *Masalik va Mamalik*，ed. by Iraj Afshar，Trhran 1961

扎马勒·哈儿昔《苏拉赫词典补编》＝ Jamal al-Qarshi：（1）В. В. Бартольд，*Туркестаньвь эпоху Монгольскаго нашествия*，ч. I，Тексты，СПб. 1898；（2）华涛"贾玛尔·喀尔施和他的《苏拉赫词典补编》"（上，下），《元史及北方民族史研究集刊》10 期（1986 年）；11 期（1987 年）

马尔瓦兹书＝*Sharaf al-Zaman Tahir Marvazi on China*，*the Turks and India*，with an English translation and commentary by V. Minorsky，London 1942

马苏地《黄金草原》＝（1）al-Mas'udi：*Muruj al-Dhahab wa Ma'din al-Jawhar*，Beirut，1965 - 1974；（2）法文译本 *Les prairies d'or*，traduction francaise de Barbier de Meynard et Pavet de Courteille. revue et corrigee par Charles Pellat，Paris 1962

穆格迪西《诸国知识的最好分类》＝ al-Muqadisi：*Ahsan al-Taqasim fi ma'rafat al-Aqalim*（BGA，第 3 卷）

纳尔沙赫《不花剌史》＝ Narshakhi，*The History of Bukhara*，tr. by R. Frye，Cambridge Mass. 1954

《世界境域志》＝《世界境域志注》：Minorsky，V.，*Hudud al-Alam*：'*the regions of the world*'，a Persian geography 372 A. H. - 982 A. D.（2nd. ed.），London 1970

塔巴里《塔巴里编年史》＝ al-Tabri，*Ta'rikh al-Rusul wa-l-Muluk*：*Annales at-Tabari*，edidit M. J. de Goeje et alii，Lugd. Bat. -E. J. Brill，1879 - 1901，reprint 1964 - 1965

雅忽特《地名辞典》＝ Yaqut：*Mu'jam al-Buldan*，Beirut，1979

（原载于《中国边疆史地研究》1999 年第 4 期）

《晋永嘉丧乱后之民族迁徙》申论

胡阿祥[*]

摘　要:谭其骧先生发表于 1934 年的《晋永嘉丧乱后之民族迁徙》,是一篇影响广泛的经典论文;及 1990 年,谭先生自析该文尚有四个方面有待充实、提升或补充。秉承此意,本文就其中的三个方面略作申论。首先,西晋中后期迁徙人口大量出现,他们或因饥荒而四处奔流,或受非汉民族政权的掠夺与招引,或为带有明显政治性与目的地的西北迁河西、东北迁辽西、南迁江南;其次,由于东晋南朝侨州郡县的设置,往往是以呈团聚状态的侨流人口为对象的,又考虑到了利用侨流人口、避免土客冲突等因素,于是造成了不设侨州郡县的区域却存在侨流人口,而设置侨州郡县的区域,侨流人口也不一定固定居住在相应区域内的复杂情形;再次,依据《宋书·州郡志》所载侨州郡户口数,估算东晋刘宋时期南迁人口及其后裔的数量,不宜简单直接,而是需要考虑到其数字的复杂性,并引入一些历史人口学的理论与方法,作出补充、修正与扩展。

关键词:谭其骧　永嘉丧乱　人口迁徙　侨州郡县　《宋书·州郡志》史料评价　方法讨论

弁　言

　　1980 年 8 月到 1987 年 7 月,在复旦大学历史系与历史地理研究所,我度过了七年的本科与硕士研究生求学岁月。本科阶段,听过谭师的几次讲座,作

---

　　* 胡阿祥,1963 年出生,安徽桐城人。现任南京大学历史学院中国史系教授,主要研究方向为中国中古历史与文学,中国历史人文地理,地名学与行政区划,南京地方史,著有《伟哉斯名——"中国"古今称谓研究》《六朝疆域与政区研究》《魏晋本土文学地理研究》等论著。

为会务人员参加过 1982 年 9 月在上海举办的"中国历史地理学术讨论会",但印象中少有机会获得谭师的亲自指导。硕士研究生阶段,这样的机会多了起来,大体上,每个学期会有两三次,与师兄弟们或者独自一人到淮海中路 1753 号 102 室谭师的寓所,汇报学习情况、更多是听谭师的指导或者聊天一两个小时;拜访的时间,总是选择在下午三点以后,为了不打扰谭师的休息。1987 年 7 月到南京大学任教后,与谭师有过几次通信,就其中的学术问题言,主要是两个方面,一是《中国历史地图集》第四册的修订①,一是东晋南北朝双头州郡的讨论②。尤其是关于双头州郡的讨论,谭师竟然一直念念不忘,见面必询我的观点有无改变,惟我的兴趣已经转移、无有深入,所以逢问必讷于言……

谭师离开我们已近 20 年了,往事历历,并不如烟,况且我有写日记的习惯,于是,谭师曾经的教导,便得以时时温习,指我以方向,砺我之志气!

谭师的教导予我以方向的指示,比如东晋南朝侨州郡县的研究。翻检 1985 年 12 月 4 日的日记,下午三点到四点一刻,在淮海中路谭师的寓所,谭师教导的要点如下:

> 写这个题目,我没有把握。侨置的实际情况非常复杂。清人做了些工作,比如钱大昕,考据是一流的,洪亮吉就属四流的了,洪齮孙也比洪亮吉高明。《东晋疆域志》里的许多问题,是没有搞清楚的,情况并不那么简单。你一定要做这个题目,我同意,但是能做成什么样子,我也没有把握。我想有几点值得提醒。首先,现在是八十年代了,不能只局限于考据,做成洪亮吉《东晋疆域志》的补证。其次,主

---

① 周振鹤先生在为拙著《东晋南朝侨州郡县与侨流人口研究》(南京:江苏教育出版社,2008 年)赐写的序"继承科学考据的传统"中提道:"谭其骧先生则吸收了阿祥的考证成果,对《中国历史地图集》的第四册一些地方作了修订,细心的读者当会注意到这一册有两个不同的印本存在。"

② 谭师待学生,不仅严格,而且宽容。1987 年 6 月 16 日,谭师主持我的申请硕士学位论文《东晋南朝侨州郡县研究》答辩。这场答辩的严格,王振忠兄的《长水悠悠》(陈思和、龚向群主编:《走近复旦》,成都:四川人民出版社,2000 年,第 292—298 页)文中有所回忆;其实严格之外,谭师也很宽容。如据我那天的日记,那时的我年轻气盛,答辩中"与谭先生、邹(逸麟)先生对抗性颇强,主要集中在土断与黄白籍、整理侨置的问题上,我坚持己见,一步不退,又确有些史料解释不清,难免答辩升级——吴(应寿)先生使眼色,我悻悻表示:有待探索",但这没有影响谭师对我的论文"阿祥论文很好,就是太长"的肯定性评价,并建议《宋书·州郡志》《南齐书·州郡志》由我整理,《国家历史地图集》中专门为我增设侨州郡县图幅;而更让我感动的是,谭师在答辩中多有保留,答辩结束,交给我三页纸的《与胡阿祥论双头州郡》(主要内容,见胡阿祥:《六朝疆域与政区研究》第八章"附记 谭其骧师与笔者论双头州郡",西安:西安地图出版社,2000 年,第 278—279 页),如果在答辩中谭师提出这三页纸中的诸多问题,当时的我可能会更加难堪地"解释不清"。

要的功夫应该用在侨州郡县制度，以及侨州郡县对经济和文化的影响。这两方面，有许多问题需要探讨。比如有的侨州郡下，并没有人民，而是为北地来的官所立的。比如为什么要土断？土断前后的情况有哪些差别？土断的成效怎样？侨置都有哪些类型？再者，研究侨州郡县不能不联系人口迁移，人口迁移又不仅限于南迁，人口迁移都有哪些影响？我的那篇文章是很浅的，我希望你能深入下去，哪怕取得一点点进步也是好的，不一定求其完整。总之，时间有限，精力有限，材料也有限，有些方面、有些地区，讲实话，功夫到了，可能也搞不清楚，但这个题目是有意义的，我也很欣赏你的勇气。

回顾这20多年来我对东晋南朝侨州郡县问题的不懈探索，正是遵循着谭师的上述教导，才取得了些微的成果；而以这些微的成果为基础，我也才能厕身于魅力无限的历史地理领域，过着亦苦亦甜的学术人生。感谢谭师！

今值谭师百年诞辰之际，谨述学习谭师宏文《晋永嘉丧乱后之民族迁徙》的体会，以为怀想与纪念。

1934年6月发表于《燕京学报》第15期的《晋永嘉丧乱后之民族迁徙》（以下称《民族迁徙》），是谭其骧师（1911年2月25日—1992年8月28日）早年所撰的一篇论文。① 关于该文的思路、方法与意义，谭师弟子葛剑雄在《中国移民史》"前言"中评述道：

> 永嘉之乱后的南迁是中国历史上的一件大事，也是中华民族发展史上的一件大事。但由于正史中本来就没有具体记载，年代久远后更无史料可觅，对这次大规模的移民运动的研究无由开展。先师却在有限的史料中找到了一把"钥匙"——侨州、郡、县的记载。这是因为当时南迁的人口，大多依照他们原来的籍贯，在南方的定居地按原来的名称设置了侨州、郡、县，而这类侨州、郡、县在沈约的《宋书·州郡志》、萧子显的《南齐书·州郡志》和唐人所修的《晋书·地理志》中都有较详细的记录。所以只要将这些资料整理排比，就不难考证出这些单位的设置年代、地点和变迁，从而了解移民的迁出地、迁移

---

① 收入谭其骧：《长水集》（上），北京：人民出版社，1987年，第199—223页。

时间、迁入地点，并进而推算出移民的数量。这篇论文对中国移民史研究、地名学研究和定量分析方面都具有开创意义，发表后即受到学术界的高度重视，近六十年来一直被视为该领域的经典。[①]

诚如葛剑雄所言，就现有史料与研究手段看，迄今为止，学界有关"永嘉之乱后的南迁"的探讨，仍然笼罩在《民族迁徙》的范围之内；而该文的一些具体推断，如"截至宋世止，南渡人口约共有九十万，占当时全国境人口约共五百四十万之六分之一。西晋时北方诸州及徐之淮北，共有户约百四十万（《晋书·地理志》），以一户五口计，共有口七百余万，则南渡人口九十万，占其八分之一强。换言之，即晋永嘉之丧乱，致北方平均凡八人之中，有一人迁徙南土；迁徙之结果，遂使南朝所辖之疆域内，其民六之五为本土旧民，六之一为北方侨民是也"[②]，云云，也一直为学界广泛信从、频繁征引，并成为讨论其他相关问题的出发点。经典论文的深远影响力，由此可见一斑。[③]

然而，这样的状况，却并非谭师的愿望。又1990年底，谭师在最后一篇论文《历史人文地理研究发凡与举例》[④]中，自析《民族迁徙》"决不是一篇完善的论文"：[⑤]

　　　　永嘉丧乱后引起的民族迁徙是多方面的，岂只是北人南渡而已？至少还有不少中原人或东徙辽左，或西走凉州。

　　　　即就南渡遗黎而言，也不仅移居于设有侨州郡县之地。实际上不设侨州郡县之地，亦多侨姓高门栖止。……

　　　　再者，见于《宋书·州郡志》的州郡户口是宋大明八年（464）的数字，其时上距永嘉丧乱已百五十年，该文以大明侨州郡县的户口数当南渡人口的约数，从而得出南渡人口占当时南朝人口百分之几，又占西晋时北方人口百分之几这样的结论，实在很不严谨。

---

① 葛剑雄：《中国移民史》"前言"，福州：福建人民出版社，1997年，第3页。又所谓侨州郡县，即某州某郡某县的实有领地陷没，而政府仍保留其政区名称，借土寄寓，并且设官施政，统辖民户（多为原州郡县侨流及其后裔）。侨州郡县的广泛设立乃至成为制度，是东晋南朝地方行政建置的特殊现象。

② 谭其骧：《长水集》（上），第219—220页。

③ 张伟然：《谭其骧先生的五星级文章及学术活性》，《社会科学论坛》2005年第3期，第119—124页。

④ 谭其骧：《历史人文地理研究发凡与举例》，《历史地理》第10辑，上海：上海人民出版社，1992年，第19—32页。

⑤ 以下引文，原不分段。为清线索，便于下文的申论，姑分四段。

　　还有一点必须指出的是：这个时代乃是西晋境内与近边塞外汉族和各少数民族的大迁移时代，入居塞内的匈奴、氐、羌、鲜卑、乌桓、丁零等各族的迁徙尤为频繁而错综复杂。此文内容只讲到境内汉族的南迁而题为"民族迁徙"，更属名实不相称。

　　也就是说，按照谭师的自我批评，《民族迁徙》尚有四个方面有待充实、提升或补充；谭师深深期许着"若欲将这个时代的人口移动作出较完备的论述，显然还有待于今后有志于此者的成十倍的努力"①。按谭师所云的第四方面，即汉族以外的各少数民族的迁徙，葛剑雄在《中国移民史》第二卷中已有比较系统全面的表述②；故今谨就另外的三个方面，秉承谭师之意，略作申论，③并以此文纪念谭其骧师百年诞辰。

一

　　如所周知，西晋怀帝永嘉年间的丧乱是由一系列事件构成的，而其主要的两方为匈奴刘汉政权与汉族司马晋政权。先是，永嘉二年(308)十月，匈奴刘渊在起兵四年后于蒲子(今山西隰县)称汉帝；永嘉五年三月，晋室太傅、录尚书事、丞相、东海王司马越以所在寇乱、上下崩离，忧惧成疾而死于项(今河南沈丘县)，太尉王衍等奉越丧还向东海；四月，汉将羯族石勒追王衍等，至苦县宁平城(今河南鹿邑县西南)，大败晋军，围杀随军的诸大臣、宗室、将士十余万人，王衍罹难，司马越则被剖棺焚尸；继而六月间，汉将刘曜攻陷洛阳，俘获怀帝，纵兵焚掠，杀太子及诸大臣，士民死者三万余人。又八月，汉兵入关中，下长安，士民存者百无一二。永嘉六年，晋军收复长安；及愍帝建兴四年(316)，刘曜再破长安，愍帝出降，西晋灭亡。

---

　　①　谭其骧：《历史人文地理研究发凡与举例》，第 29 页。
　　②　葛剑雄《中国移民史》第二卷第十二章为"少数民族的进一步内迁"，凡设九节，即匈奴、羯、氐、羌、卢水胡、鲜卑、蛮、僚、高句丽(高丽)、夫余、西域诸族。福州：福建人民出版社，1997 年，第 453—512 页。
　　③　有关人口迁徙的具体史实，篇幅所限，本文不予罗列。相关的研究成果，有葛剑雄主编：《中国移民史》第一卷《大事年表》(葛剑雄、吴松弟、曹树基编)，266—589 年，福州：福建人民出版社，1997 年，第 217—257 页；胡阿祥：《东晋南朝侨州郡县与侨流人口研究》第三篇"东晋南朝侨流人口专题"，第 277—377 页；胡阿祥：《十六国北朝侨州郡县与侨流人口研究引论》，《中国历史地理论丛》2009 年第 3 辑，第 32—39 页。

以上即"永嘉之乱",它联系着由"藩王争权,自相诛灭"[①]引起的、前后延续达 16 年(291—306 年)之久的"八王之乱";其结果便是"遂使戎狄乘隙,毒流中原"[②]的国史上所谓"五胡乱华"。"五胡乱华"然后有北方的十六国北朝,而"永嘉之乱"然后有南方的东晋南朝。

具体到永嘉丧乱后的人口迁徙,欲理解其直接的前因后果,也就需要上溯到西晋(265—316 年)的中后期,特别是 301 年"八王之乱"的全面爆发。其时,不仅迁徙人口大量出现,而且已从总体上规定了东晋南朝与十六国北朝两大系统的人口迁徙之诸多方面。

西晋中后期的人口迁徙,略有以下几种情形:

其一,因为饥荒所致的人口迁徙。

这类迁徙人口的大量出现,始于晋惠帝元康(291—299)后期。据刘掞藜的研究结果[③],表示如下:

徙出地	徙入地	流徙之家数	流徙之人数
陕西、甘肃	四川、河南	十万家左右	当二十万人以上
山西	河南	十万家左右	三十万人上下
四川	云南、湖南、湖北	十数万家	当六七十万人
河北	山东、河南	一万家左右	五六万人
云南	越南北部	"甚众"	"甚众"
汉中	四川、湖北	当数万家	当数十万人

又王仲荦统计:"汉族人民迁徙的数目,大概从秦、雍迁出者约四五万户,约占当地总人口数的三分之一;从并州迁出者约四万户,约占当地总人口数的三分之二;从梁、益迁出者约二十万户,约占当地总人口数的十分之九;从冀州迁出者约一万户,约占当地总人口数的三十分之一。总计迁徙的户口,见于记载的,将近三十万户,约占西晋全国总户数(三百七十七万)十二分之一强。占秦、雍、并、冀、梁、益、宁等州总户数(合计约六十万户)的二分之一弱。"[④]

按以上刘掞藜的研究结果,是据史籍材料的概括,比较写实;王仲荦的统

---

① 《晋书》卷六二《祖逖传》,北京:中华书局,1974 年,第 1694 页。按"藩王争权"的原因在于晋武帝大封诸王,并使之将兵出镇,而诸王之间特别是宗室王与皇子王之间存在矛盾。

② 《晋书》卷六二《祖逖传》,第 1694 页。

③ 刘掞藜:《晋惠帝时代汉族之大流徙》,《禹贡》第 4 卷第 11 期,1936 年,第 11—23 页。

④ 王仲荦:《魏晋南北朝史》上册,上海:上海人民出版社,1979 年,第 223 页。

计,西晋总户数与诸州合计户数、各州户数的史料来源,可能分别为《三国志》裴注与《晋书·地理志》,而又存在数据不符的疑问,①也未考虑到人口的自然增长、战争损耗、隐匿户口等复杂因素,所以不必理解为精确的比例。只是无论怎样,此种情形的人口迁徙,其规模巨大、人数众多是没有疑义的。②至于产生这种人口迁徙的原因,则颇为复杂,既联系着已为学者们熟知的西、北各非汉民族的内迁及其引起的动乱的大背景,更与较少为人重视的灾害饥荒有着直接的关系。如《晋书》卷二六《食货志》的扼要描述:

> 及惠帝之后,政教陵夷,至于永嘉,丧乱弥甚。雍州以东,人多饥乏,更相鬻卖,奔逬流移,不可胜数。幽、并、司、冀、秦、雍六州大蝗,草木及牛马毛皆尽。又大疾疫,兼以饥馑,百姓又为寇贼所杀,流尸满河,白骨蔽野。③

而由于陷入"八王之乱"、内斗尚且不暇的西晋中央与地方政府,既缺乏必要的救灾措施,又采取了以武力强迫迁徙人口回返本乡的简单粗暴做法,未能处理好这一问题,导致了此起彼伏的流民起义④,从而加速了西晋政权的灭亡。另一方面,可以认为,东晋南朝采取侨立州郡县的措施以应对侨流人口问题,也正是汲取前代历史教训、改变统治政策的结果。

其二,非汉民族政权的掠夺或招引人口。

如辽西的鲜卑慕容政权、代北的鲜卑拓跋政权、梁益的巴氏成汉政权、中原的匈奴刘汉政权、河北的羯胡石勒政权等,都颇尽力于招引或掠夺人口。成汉政权的起家即以流人为基础,而起先打着晋朝名号的慕容政权的壮大、本为刘汉政权部将的石勒的自立,也与人口的归附、招纳有着密切联系。对于这些

---

① 《三国志》卷二二《魏书·陈群传》裴注:"案《晋太康三年地记》,晋户有三百七十七万。"北京:中华书局,1982年,第637页。《晋书》卷一四《地理志·总序》,第415页:太康元年(280)平吴后,大凡户2459840,口16163863。又《晋书·地理志》存在全国总户数、各州户数、各郡国统计户数彼此不相一致的问题,如秦、雍、并、冀、梁、益、宁七州总户数82万余,分郡国统计则为81万余,王仲荦"合计约六十万户"的数字不知如何得出。

② 葛剑雄《中国人口史》第一卷粗略估计西晋永康元年(300)的实际人口可能达到了3500万,若以每户4.7口计,约740余万户。上海:复旦大学出版社,2002年,第452—464页。如果再认可王仲荦的"将近三十万户"的迁徙人口规模,则迁徙户数占其时实际户数的约1/25。

③ 类似的或详细的记载,见《晋书》卷四《惠帝纪》、卷五《怀帝纪》、卷二七至卷二九《五行志》;原因与影响的具体分析,参阅胡阿祥:《魏晋南北朝时期的生态环境》,《南京晓庄学院学报》2001年第3期,第45—52页。

④ 如荆州张昌起义(303—304年)、南阳王如起义(310—312)、荆湘杜弢起义(311—315)等。

非汉民族政权或势力言,拥有了足量的人口,拣选其中的壮勇为兵、老弱妇孺耕耘,就有了兵员、财源与劳动人手,①这是战乱频仍的时代从事割据的重要基础;而为了稳固地控制掠夺或招引来的人口,尤其是其中的大族豪户,又多将之集中在都城周围或统治区域内的重要地区。

因为受到招引而迁徙的人口,自然带有一定的主动性;至于被掠夺的被动迁徙人口,则相当一部分本是坞壁民众。当北方陷入离乱后,那些未能远迁的民众、流人往往构筑坞壁,以求自保。不过坞壁的防御效果总有限度,并不容易长期固守,失去了坞壁的保护之后,便不免被强梁者掳掠的命运。如《晋书》卷一〇〇《王弥传》:"与刘曜、石勒等攻魏郡、汲郡、顿丘,陷五十余壁,皆调为军士";《晋书》卷一〇四《石勒载记》:"率众三万寇魏郡、顿丘诸垒壁,多陷之,假垒主将军、都尉,简强壮五万为军士。……陷冀州郡县堡壁百余,众至十余万,其衣冠人物集为君子营。"

其三,汉族人口外迁的三大趋向。

就西晋中后期汉族人口的迁徙言,先是以"就谷""乞活"为主,趋向并不明显,带有民众群体性质的大流徙,后是由内而外、由核心地区往周边或偏远地域的迁徙。这后一种迁徙,其迁徙群体层次较高,政治性较强,目的地也较为明显。如《晋书》卷八六《张轨传》:

> 秘书监缪世征、少府挚虞夜观星象,相与言曰:"天下方乱,避难之国唯凉土耳。张凉州德量不恒,殆其人乎!"……及京都陷,……中州避难来者日月相继,分武威置武兴郡以居之。

又《晋书》卷一〇八《慕容廆载记》:

> 时二京倾覆,幽冀沦陷,廆刑政修明,虚怀引纳,流亡士庶多襁负归之。廆乃立郡以统流人,冀州人为冀阳郡,豫州人为成周郡,青州人为营丘郡,并州人为唐国郡。于是推举贤才,委以庶政,……于是

---

① 如《晋书》卷一〇六《石季龙载记》,第2770页:"镇远王擢表雍、秦二州望族,自东徙已来,遂在戍役之例,既衣冠华胄,宜蒙优免,从之。自是皇甫、胡、梁、韦、杜、牛、辛等十有七姓蠲其兵贯,一同旧族,随才铨叙,思欲分还桑梓者听之;其非此等,不得为例。"这说明"衣冠华胄"都被编入"兵贯",何况普通百姓?

路有颂声，礼让兴矣。①

又《晋书》卷六五《王导传》：

> 洛京倾覆，中州士女避乱江左者十六七。导劝帝收其贤人君子，与之图事。时荆扬晏安，户口殷实，导为政务在清静，每劝帝克己励节，匡主宁邦。

是为"永嘉之乱"前后，以汉族官民为主体的主动迁移。这种主动迁移，明显表现出西北迁河西、东北迁辽西、南迁江南的三大趋向；而迁徙人口之所以作出这样的地域选择，当然与河西、辽西、江南的具体情势有关。先言河西。"家世孝廉，以儒学显"②的安定乌氏（今甘肃平凉市西北）张轨，惠帝永宁元年（301）拥据河西。《晋书》卷八六《张轨传》：

> 轨以时方多难，阴图据河西，筮之，遇《泰》之《观》，乃投策喜曰："霸者兆也。"于是求为凉州。公卿亦举轨才堪御远。永宁初，出为护羌校尉、凉州刺史。于时鲜卑反叛，寇盗从横，轨到官，即讨破之，斩首万余级，遂威著西州，化行河右。以宋配、阴充、氾瑗、阴澹为股肱谋主，征九郡胄子五百人，立学校，始置崇文祭酒，位视别驾，春秋行乡射之礼。……张氏遂霸河西。

次言辽东。昌黎棘城（今辽宁义县西）鲜卑人、鲜卑大单于慕容廆，既降晋而为鲜卑都督，愍帝建兴中又拜为昌黎、辽东二国公。廆教诸部务农桑、效仿中原法制。司马睿称帝，慕容廆曾遣使劝进。东晋建国，廆加位至"使持节、都督幽平二州东夷诸军事、车骑将军、平州牧，进封辽东郡公"③。

再言江南。惠帝永兴二年（305），东海王司马越命平东将军、监徐州诸军事、琅邪王司马睿留守下邳（今江苏睢宁县北）；永嘉元年（307），安东将军、都督扬州诸军事司马睿移镇建邺（今江苏南京市）。司马睿以琅邪临沂大族王导为谋主，引用吴地著姓顾荣、贺循、周玘等，经营江南。愍帝时，加司马睿左丞相，进位丞相、大都督中外诸军事。317 年，司马睿在建康（313 年改建邺为建

---

① 《晋书》卷一〇九《慕容皝载记》，第 2823 页，也有类似的记载："自永嘉丧乱，百姓流亡，中原萧条，千里无烟，饥寒流陨，相继沟壑。先王以神武圣略，保全一方，威以殄奸，德以怀远，故九州之人，塞表殊类，襁负万里，若赤子之归慈父，流人之多旧土十倍有余，人殷地狭，故无田者十有四焉。"

② 《晋书》卷八六《张轨传》，第 2221 页。

③ 《晋书》卷一〇八《慕容廆载记》，第 2807 页。

康)即晋王位,改元建武。318 年司马睿称帝。

　　然则河西张氏汉族政权长期效忠晋室司马氏①、辽西慕容政权名义上承认晋室宗主国地位②、江南司马睿政权渐为正朔所在等政治背景,正是谭师所云中原汉族人口"西走凉州""东徙辽左""北人南渡"的政治引领力;当然,河西地区较为适合农业开发,辽西地区早在秦汉之际、两汉之际、东汉末年都有不少汉人迁入,江南地区历经孙吴的经济开发与文化开发,以及吴地士族愿意接纳"就社会阶级来说,实为同一气类"的"晋之皇室及中州避乱南来之士大夫"③等其他因素,也对这些迁徙人口的地域选择发挥了作用。至于其影响所及,"不独前燕、前凉及东晋的建国中兴与此北方的流民有关,即后来南北朝的士族亦承其系统"。④

　　总括"八王之乱""五胡乱华"及其引发的"永嘉之乱"所导致的西晋人口迁徙,就其被动方面言,中原之地内部争斗、民族仇杀、战事纷起、天灾频至,为避祸、为就食、为求生,或被掳掠,故而不得不迁;就其主动方面言,特别值得注意的是,对于心系晋朝的汉族官民来说,起初就有西北、东北、南方的三大迁移趋向。而其中的汉族官民南迁,迁徙人口规模最大、迁徙延续时间最长、迁徙发生的影响最为深远,也正是谭师《民族迁徙》的论述主旨所在。

二

　　分析谭师指出的"就南渡遗黎而言,也不仅移居于设有侨州郡县之地。实际上不设侨州郡县之地,亦多侨姓高门栖止"的现象,实际上有两种情形。

　　一种情形是,不设侨州郡县的区域,存在侨流人口。以今安徽省域为例,据宋明时代一些方志、宗谱的记载,河间俞氏晋永嘉之乱后迁移新安郡,北方程、鲍、黄、谢、詹、胡、郑、余诸氏东晋南朝时携子孙徙居新安郡,如此,皖南、浙西的新安郡侨流人口颇多,然而新安郡境并无侨州郡县的设置。谭师也举例说:"王羲之、谢安等皆寓居会稽,……(孙)恩(卢)循都是世居吴(郡)会(稽)的

侨人。"①又据陈寅恪的研究②,永嘉乱后,南渡长江下游的上层阶级选择东土五郡(会稽、东阳、新安、临海、永嘉)从事经济活动③,南渡长江下游的下层阶级大抵分散杂居于吴人势力甚大之地域即吴郡、吴兴郡、义兴郡境④,但无论东土五郡还是吴、吴兴、义兴郡境,都未设置侨州郡县。这样的情况也存在于东晋南朝的内地。如世传侨流有南迁八闽者,《直斋书录解题》卷八引唐林谞《闽中记》云:"永嘉之乱,中原仕族林、黄、陈、郑四姓先入闽",而明何乔远《闽书》卷一五二称"衣冠始入闽者八族",又有詹、丘、何、胡四姓;又泉州清原郡,《太平御览》卷一七〇引《十道志》:"东晋南渡,衣冠士族多萃其地,以求安堵。"按"中原仕族""衣冠士族"云云,出自后世追记,或有附会的可能,但永嘉乱后、东晋南朝有北方一般家族、零散侨流或由海路或由陆路迁入八闽之地,应该还是可以肯定的。因为较之更远的岭南之地,当时史籍也明确记载有北方侨流的踪迹:如东晋义熙末,"东海人徐道期流寓广州,无士行,为侨旧所陵侮。因刺史谢欣死,合率群不逞之徒作乱,攻没州城,杀士庶素憾者百余,倾府库,招集亡命,出攻始兴"⑤,徐道期显然就是北方移民或其后裔,而徐道期所率徒众中也应当有不少的北方移民或其后裔;又宋泰始中,交州"土人李长仁为乱,悉诛北来流寓,无或免者"⑥,此"北来流寓",也有直接迁自北方的可能。然而,无论福建八闽,还是岭南交广,也都不见侨州郡县的设立。

另一种情形是,设置有侨州郡县的区域,侨流人口也不一定固定居住在相应区域内。如注籍侨州郡县的侨民只是侨流人口的一大部分,南迁侨流有"多

---

① 谭其骧:《历史人文地理研究发凡与举例》,第 29 页。

② 陈寅恪:《述东晋王导之功业》,原载《中山大学学报》1956 年第 1 期,第 163—175 页;收入陈寅恪:《金明馆丛稿初编》,上海:上海古籍出版社,1980 年,第 48—68 页。

③ 如北地傅氏、颍川庾氏、高阳许氏、陈郡谢氏、陈留阮氏、太原王氏、琅邪王氏、太原孙氏、高平郗氏、谯郡戴氏、乐安高氏、琅邪颜氏、济阳江氏、济阳蔡氏、庐江何氏、高阳许氏、鲁国孔氏等等。再以会稽郡为例,随举一些曾经生活于此的具体人物如下:北地傅敷、傅晞,颍川庾琛、庾亮,陈郡谢奕、谢安、谢方明、谢灵运,琅邪王羲之、王凝之、王徽之、王献之、王随之、王镇之、王弘之,高平郗愔、郗超,乐安高柔,高阳许询,太原王述、孙统、孙绰,庐江何子平,陈留阮裕、阮万龄,谯郡戴逵,鲁郡孔淳之,河南辛普明。

④ 以吴兴郡为例,河内郭文隐居吴兴余杭,颍川陈达家于吴兴长城,详《晋书》卷九四《郭文传》,第 2440 页,《宋书》卷一《高祖纪》,北京:中华书局,1972 年,第 1 页。又《晋书》卷七八《孔坦传》,第 2057 页,载其为吴兴内史,"时使坦募江淮流人为军",可见吴兴郡境的江淮流人数量必定不少。

⑤ 《宋书》卷五〇《刘康祖传》,北京:中华书局,1974 年,第 1446 页。

⑥ 《宋书》卷九四《徐爰传》,第 2312 页。

庇大姓以为客"①者,有散居于当地州郡县而编入当地户籍者,有"不乐州县编户"的"浮浪人"②,又有政府强令属籍当地者,可见侨流人口不尽注籍于侨州郡县,当地州郡县所领也不是没有侨流人口;至于北方南来上层士族,据秦冬梅考证,"籍属琅邪的王氏家族和颜氏家族都没有居住在侨琅邪郡的范围内,而是居住在秦淮河以南的地区。……原籍为陈郡阳夏县都乡吉迁里的谢氏家族也并没有居住在其籍贯所在的侨陈郡或阳夏县中,从上述分析可知,世家大族的居住地与其侨籍所在地是分离的,多数世家大族并没有居住在其所属的侨州郡县之中。……世家大族不固定居所的原因有很多,因游宦、退隐、迷信等原因离开他们到南方后第一居所的例子很多,虽然原因不同,但造成的结果是相同的,那就是与侨州郡县及宗族本家的脱离"。③

总结东晋南朝侨流人口地理分布与侨州郡县地理分布不相一致的缘故,尤其重要者当有三点:

其一,大凡因侨流人口而置侨州郡县,其侨流人口一般是呈团聚状态的"乡族集团"④,即人数较多而且相对集中。那些迁入八闽、岭南等悬远内地的侨流,毕竟只是发源于北方的移民大潮的无力余波,他们人数既少,迁徙时间与迁入地区又较分散而不集中,加之南方地广人稀,便于他们随宜而居,故既不必也无法为他们侨建州郡县。至于进入东土五郡殖产兴利的北方南来上层阶级,居住秦淮河畔、乌衣巷里的琅邪王氏、陈郡谢氏一类侨姓名族,大多已有本籍侨州郡县安置了其乡族,他们本身则因政治而游走宦海、因经济而求田问舍、因文化而纵意肆游、因出身而免除税役,也就是说,他们并不是一般意义上的侨民,又基本享受优复待遇,对于他们,自然也是既不能也不必再置侨州郡县的。即以东土为例,侨姓名族虽多,但无足够数量的下层阶级的团聚侨流人口,所以对于居住东土的这部分特殊侨人,没有采取侨置州郡县的措施;能够证成这一观点者,又有王志邦对东晋流寓会稽的北方士人更加细密的研究。

---

① 《南齐书》卷一四《州郡志》南兖州,北京:中华书局,1972 年,第 255 页。按此"大姓"当既有迁来的侨姓,也有土著的吴姓。

② 《隋书》卷二四《食货志》,北京:中华书局,1973 年,第 674 页。按"浮浪人"还包括南方的"无贯之人"。

③ 秦冬梅:《论东晋北方士族与南方社会的融合》,《北京师范大学学报》2003 年第 5 期,第 138—139 页。

④ 宗主、豪族与所谓宗亲、乡党、部曲、门徒、义附等人群逐渐结成的牢固的整体,可称之为"乡族集团"。

王氏的考证揭示了如下的事实:流寓会稽的北方士人"以不侵害会稽土著豪门士族的经济利益为寓居的前提",选择了土著士族势力薄弱的剡溪—曹娥江流域的剡、始宁、上虞诸县作为集聚地;而由于"北方士人向会稽的迁徙,自西晋末年以来陆续进行,但始终没有形成一个洪峰期;寓居会稽的北方士人,其原籍散布北方诸地,不存在北方某一地域集中侨居会稽的现象。于是,他们原地域圈的观念就显得相对淡薄。因此,在客观上没有必要像江南其他地区那样需朝廷下令侨设州郡县来安置自己"。①

其二,东晋南朝政府侨立州郡县的本意,在于表示一种收复失地的决心,在于以为侨流人口"庶有旋反之期"②,侨置初不过是一时权宜之计,在于利用北方迁来侨流的归本之心、武勇之力屯戍北部疆土、捍卫军事重镇、北伐西征。以此,不仅绝大多数下层阶级的侨流人口无力远迁东晋南朝之内地,政府也不愿他们远迁内地、失去控制、不便利用;与此相呼应,政府建立的侨州郡县,自就不必远离北方侨流人口的故土以至深僻南方内地,将州、郡、县侨立在大江南北、淮东淮西、青徐中原、沔汉梁益,使其总的形势靠近北方,这与上述的侨置本意也是一致的。③

其三,东晋南朝侨州郡县的设置,还要考虑到尽量避免与土著发生冲突。自古以来,侨人与土著容易产生矛盾。这种矛盾基础于地域之间的隔阂、对立与歧视,基础于侨人与土著之间礼俗、语言的难以同化,更基础于一定生产力水平下土地"载人量"有限而引起的"生存竞争"。④ 如田余庆以东晋为例指出:"严格说来,居政而有实权者限于侨姓士族,吴姓士族只不过是陪衬。吴姓士族政治上不能获得更多好处,经济上却必须坚守既得利益,不容侵犯。"⑤而所谓"不容侵犯"的经济利益,在东晋南朝特别具体表现在居住地域的冲突上。

---

① 王志邦:《东晋朝流寓会稽的北方士人研究》,谷川道雄主编:《地域社会在六朝政治文化上所起的作用》,[日]玄文社,1989 年,第 279—292 页。

② 《晋书》卷七五《范宁传》,第 1986 页:"昔中原丧乱,流寓江左,庶有旋反之期,故许其挟注本郡。"

③ 本段的讨论,另详胡阿祥:《侨置的源流与东晋南朝侨州郡县的产生》,郑州大学历史学院编:《高敏先生八十华诞纪念文集》,北京:线装书局,2006 年,第 189—204 页;《东晋南朝侨州郡县地理分布述论》,武汉大学历史地理研究所编:《石泉先生九十诞辰纪念文集》,武汉:湖北人民出版社,2007 年,第 390—427 页。

④ 如清及民国时代,客家与土著之间因土地因水源的争夺乃至因观念的冲突而引起的武力械斗,便是人所共知的近事。

⑤ 田余庆:《东晋门阀政治》,北京:北京大学出版社,2005 年,第 284 页。

由此，便可理解上述之吴郡、吴兴郡及义兴郡境不乏侨流人口、但无侨州郡县的奇怪现象。[①] 当其时也，江南境内地广野丰，水道纵横，交通便利。以一般情势推论，侨流人口自不必汇集于晋陵一隅、傍江一带，而是大可南进，以安家置业。然而从史实看，渗进吴郡、吴兴郡及义兴郡境的北方侨流，人数相对较少、地位一般较低并且不呈团聚状态却是肯定的。这一现象的产生，即与这一区域土著吴人势力强盛，侨流人口尤其是具有一定政治地位、军事力量的侨流人口（陈寅恪所谓上层阶级与中层阶级）不便或不易插入有关。[②] 以义兴周氏、吴兴沈氏为例，均势力特强，所谓"今江东之豪莫强周、沈"[③]，诚为实录。他们既难驯服，又最易与北来侨流发生利害冲突。[④] 因此，对于散居吴、吴兴、义兴等吴人势力强盛地区的分散杂居侨流，出于避免侨人与土著在政治矛盾之外再起经济冲突的考虑，东晋南朝政府就既难以也不能设置侨州郡县。

要之，东晋南朝境内侨流人口的地理分布与侨州郡县的地理分布，细部不相一致之处甚多。其实这并不奇怪。本来侨流人口的南来情形就各异，南来后的境况也是颇不相同；而侨州郡县的设立，无论有无实土，总归相对固定。复杂流动的侨流人口与相对固定的侨州郡县，焉能完全对应？而其间的种种差异，以上仅略言大概耳。

三

谭师《民族迁徙》以《宋书·州郡志》"侨州、郡、县之户口数当南渡人口之约数"，推断出"截至宋世止，南渡人口约共有九十万"，这占当时宋朝人口的

---

① 惟"晋元帝初，割吴郡海虞县之北境为东海郡，立郯、朐、利城三县。……穆帝永和中，郡移出京口，郯等三县亦寄治于京"（《宋书》卷三五《州郡志》，第 1038 页）。考海虞，邻晋陵郡境，又近海边荒，所以能够安集一些侨流，侨置郡县。但是这样的例外，维持的时间并不长，不久即移寄京口。

② 其上层阶级已如上述。又中层阶级，陈寅恪《述东晋王导之功业》云："此种人群在当时既非占有政治文化上之高等地位，自不能亦不必居住长江南岸新立之首都建康及其近旁。复以人数较当时避难南来之上下两层社会阶级为多之故，又不便或不易插入江左文化士族所聚居之吴郡治所及其近旁，故不得不择一距新邦首都不甚远，而又在长江南岸较安全之京口晋陵近旁一带，此为事势所必致者也。"陈寅恪：《金明馆丛稿初编》，第 58 页。

③ 《晋书》卷五八《周札传》，第 1575 页。

④ 陈寅恪《述东晋王导之功业》即以义兴周氏为例，论述了南来北人之中层阶级居住地域与义兴周氏居住地域接近，而双方人数、武力又颇足对抗，两不相下，利害冲突，并不能同化，遂势成仇敌的经过。

1/6,又占西晋时北方人口的 1/8;①与谭师的思路近似,周一良《南朝境内之各种人及政府对待之政策》②计算出的"南朝境内侨人"数字,为 919700 口加 6300 户。虽然,对于这种研究思路与推算结果,谭师谦称"实在很不严谨",但毕竟"这一推论最重大的贡献,在于找到了一种相对可靠的,也是目前唯一的对这次移民进行数量分析的依据。……由于现存的史料中只有一般性的描述,如果不采用这种方法,我们就毫无可能对移民的数量作任何有实际意义的估计"。③

然而,学界在充分肯定谭师、周一良上述推论的同时,往往忽视了两位先生在文中本已提及的诸多复杂情况。如谭师指出:"侨郡县所领,非必尽是侨民,而本土郡县所领,亦非尽本土之民也";④又周一良指出:"休文自称以大明八年为正(内史侯相则以昇明末为定,然内史侯相之外,所记亦多不以大明八年为准也),户口之数未言何时","大明八年下距侯景乱梁南朝失江北凡八十余年,距陈之亡凡一百二十余年,此两时期不惟侨人分布莫可知,即州郡户口数目亦不能考","今姑认宋志侨州郡县之户口为侨人户口,而侨人隶实州郡县者不复计算,庶可以截长补短,要是大约之数目,未可固执以求",⑤等等。也就是说,谭、周两位先生对于西晋永嘉丧乱以迄刘宋大明年间侨人数量的估算,原其本意,只是为后续的研究,包括分期与分区的研究,提供了一个平台而已,相关的侨人数字并不能坐实。

然则以这样的平台为基础,我们一方面认识到,讨论东晋南朝南迁人口及其后裔的数量,《宋书·州郡志》所载侨州郡户口数字的确具有无可替代的关键意义;另一方面也必须明确,运用《宋书·州郡志》所载户口数字不宜简单直接,即尚需考虑到其数字的复杂性,并引入一些历史人口学的理论与方法。

其一,《宋书·州郡志》所载侨州郡户口数一般认为是大明八年(464)的数字,其时上距西晋永嘉丧乱已有百五十年。"这些侨州、郡、县的户口即[既]包括历年来的移民,也含有这些移民定居后繁衍的后代。以首批到达的移民为例,如果他们在定居后以 5‰ 的年平均增长率繁衍的话,150 年内人口总数已

---

① 谭其骧:《长水集》(上),第 219—220 页。
② 原载《历史语言研究所集刊》第 7 本第 4 分,1938 年,第 449—504 页;收入周一良:《魏晋南北朝史论集》,北京:中华书局,1963 年,第 30—93 页。
③ 葛剑雄:《中国移民史》第二卷,第 410—411 页。
④ 谭其骧:《长水集》(上),第 219 页。
⑤ 周一良:《魏晋南北朝史论集》,第 37—39 页。

经增加到2.11倍了。由于我们无法确定在此期间每批移民的数量和他们到达的时间,要推算出初始移民的数量是不可能的。但是因为早期的移民,尤其是永嘉时的移民在总数中占了相当大的比例,所以可以肯定,真正的或第一代移民比这个数字要小得多。"

其二,"无论是西晋的户口数,还是刘宋大明八年的户口数,(《晋书·地理志》《宋书·州郡志》)都只登记了一部分人口,大大低于实际数。而且由于第一代移民中的'衣冠'特多,所谓'中州士女避乱江左者十六七',贵族官僚、世家大族、地主豪强的比例很高,他们所荫庇和隐匿的户口数量也要比全国正常的比例更高"。①

其三,《宋书·州郡志》所载户口数还存在各州小序中所列该州户口数与该州各郡国分列的户口数之和基本不合(只有郢州完全相合)的情况。实际上,《宋书·州郡志》给出了两组户口数字,即各州所列户口总数为大明八年(464)数字,而各郡国户口数及其总计数是"宋末"的数字,具体是"宋末"的哪一年,尚难确定。②

其四,《宋书·州郡志》所载户口数,既有土著户口,也有侨流户口,而侨流户口又来自黄、白两种户籍。道理很简单,《宋书·州郡志》所载侨州郡县,有经过土断、已有实土的侨州郡县,其领户由注白籍改注黄籍;又有未经土断、仍无实土的侨州郡县,其领户所注当然仍为白籍。③ 白籍对于政府来说,是不税不役的虚户,并无多大的实际意义,因此,《宋书·州郡志》侨流白籍户口数之

---

① 以上两点,详葛剑雄:《中国移民史》第二卷,第411页。

② 何德章《读〈宋书·州郡志〉札记二则》略谓:《宋书·州郡志》各郡户口与各州小序中所列户口反映的是不同时期的户口数。考《宋书·州郡志》徐州、南兖州、南豫州等州小序中之"旧领""徐志",可知《宋书·州郡志》给出了两组户口数字,此两组数字有不同的渊源,代表不同时期的户口数状况。具体来说,《宋书·州郡志》各州所列户口总数反映的是大明八年的状况,这源于"徐志"的"旧"记录;"徐志"者,《宋书·自序》所说由徐爰编定,"起自义熙之初,讫于大明之末"的《宋书》的志。沈约《宋书》以之为底本,故《州郡志》"大较以大明八年为正",于各州兼记"徐志"所列户口数。又《宋书·州郡志》各郡户口数及其总计数是"宋末"的数字,具体是"宋末"的哪一年,则尚难确定。《魏晋南北朝隋唐史资料》第15辑,武汉:武汉大学出版社,1997年,第161—164页。

③ 关于土断与黄、白籍的关系,详参胡阿祥:《论土断》,《南京大学学报》2001年第2期,第83—92页。

不系统、不完整，而且准确度要远低于土著黄籍户口数，是可以断言的；[①]又相对于土著黄籍户口数，经过意在"明考课之科，修闾伍之法"[②]的土断核定的侨流黄籍户口数，由于侨流不愿属籍等复杂原因，也存在着比较明显的脱籍与离散现象。

考虑到以上四点，可以认为：依据《宋书·州郡志》所载户口数字，只能大体推论东晋刘宋侨流人口及其后裔的大概数量，并不能详知其确切数量；而对谭师 1934 年、周一良 1938 年计算出的截止刘宋大明八年 90 余万的侨人数字，也有可能进行重新估算。目前所见的重新估算之例有二。

例一是葛剑雄的估算。1997 年，葛剑雄指出："初始移民在迁出地人口中的实际比例应高于八分之一；大明八年移民及其后裔占迁入地人口的实际比例也应高于六分之一。由于移民的迁出地和迁入地都相对集中，所以这些地区人口的迁移率和移民占当地总人口的比例都要大大高于这些比例。……保守的估计：到宋大明年间，北方移民及其后裔的总数至少应是户口数的一倍有余，即 200 万左右。"[③]又 2002 年，葛剑雄认为："永嘉年间南迁的北方移民以 50 万计，则东晋人口的起点为 1050 万。…… 大明八年的人口数……在 1500—1700 万之间。"[④]这样，综合下来，永嘉年间南迁的北方移民占东晋初年总人口的比例约为 1/21（即 50 万/1050 万），而刘宋大明八年时北方移民及其后裔占其时总人口的比例约为 1/8（即 200 万/1600 万。按谭师的估算为 1/6，即 90 万/540 万）。

例二是笔者的估算。2008 年，笔者在《东晋南朝侨流人口的输出与输入——分别以今山西省域与今安徽省域为例》[⑤]文中，得出如下看法：西晋末东晋初那段迁徙规模最大的时间，山西官民南迁人口数字，依据《宋书·州郡

---

① 以秦州陇西郡为例，《宋书》卷三七《州郡志》第 1157 页秦州刺史陇西太守："文帝元嘉初，关中民三千二百三十六户归化，六年立。今领县六。户一千五百六十一，口七千五百三十。"按从元嘉六年（429）到大明八年（464）或宋末，凡三五十年时间，其间未见对陇西郡的民户割属，即使不考虑人口自然增长因素，陇西郡领户也失去了一多半。这种侨流人口从版籍上脱漏的现象，可能是无实土侨州郡县的一种普遍现象。参考〔日〕安田二郎著，夏日新译：《刘宋大明年间的襄阳土断》，李锦章主编：《湖北历史文化论集》（二），武汉：中国地质大学出版社，2000 年，第 24—49 页。

② 《晋书》卷七五《范宁传》，第 1986 页。

③ 葛剑雄：《中国移民史》第二卷，第 411—412 页。葛剑雄并且强调："200 万无论如何只是一个下限。"

④ 葛剑雄：《中国人口史》第一卷，第 464 页—466 页。

⑤ 《文史》2008 年第 1 辑，第 51—83 页。

志》侨郡户口记载逆推,约在 8 万人左右,即为《晋书·地理志》山西民户的大约 1/9;而结合其他文献资料可知,山西官民的外迁数量还远不止《晋书·地理志》山西民户的大约 1/9。及至大明八年(464)或宋末(宋至 479 年为齐所代),南迁的山西官民包括其后裔在内,更是超过了 18 万人。又大明八年或宋末时,安徽境内侨流人口及其后裔的总数,较低的估计超过 44 万人(按谭师的估算为 17 万人),而这以后新增的侨流人口及其后裔,保守的估计也不下 7 到 8 万人;如此,到了南朝末年,分属陈朝与北齐的今安徽省域侨流人口及其后裔的实际总数,至少约在 80 万之谱。

当然,上举两例,无论是葛剑雄的总体估算,还是笔者以今山西省域为例的侨流人口输出的估算、以今安徽省域为例的侨流人口输入的估算,仍是相当粗略的,更加细致的、分期与分区的估算,都"还有待于今后有志于此者的成十倍的努力"。但可以肯定的是,其一,在研究方法上,无论是侨流人口的输出还是侨流人口的输入,由《宋书·州郡志》侨州郡户口数的记载而进行的侨流人口的数量分析,需要进一步考虑种种复杂情形,如没有入籍侨州郡县的零散却也不在少数的侨流,豪强大族与各品官员兼并、隐匿与荫庇的大量侨流人口,侨流成为兵户或营户以及具有私兵性质的部曲,十六国北朝掳掠东晋南朝人口(其中当然包括已经南迁的侨流人口),已经南迁的士族与百姓的重新北返,等等,[1]作出必要的补充、合理的修正与适当的扩展。其二,东晋南朝侨州郡县也并不能全面、详确、系统地反映东晋南朝侨流人口的各个方面。从理论上说,由于侨州郡县多因原州郡县侨流而设,所以侨州郡县可以表达人口迁徙的始点与终点,提供有关迁徙时间、迁徙路线以及迁徙人口数量的线索;然而,不仅《晋书·地理志》《南齐书·州郡志》中所记东晋、萧齐的侨州郡县,或错误百出或简略不尽,而且缺乏户口信息,因此不能满足研究的需要;[2]南朝梁、陈的侨置情况,更是缺乏"地理志"一类文献的基本记载。如此,南朝中后期特别是

---

① 参考唐长孺:《魏晋南北朝隋唐史三论》,武汉:武汉大学出版社,1993 年,第 83—94 页。又谭其骧《民族迁徙》:"魏一于北,齐、梁、陈篡夺于南,治乱之势既非昔比,而中原人民南迁之风,亦因之大杀。魏兵之屡下江、淮,南人既多被虏北迁;至孝文帝立而崇经礼士,浸浸华化,于是中原士族向之避难在江左者,又相率慕化来归。自晋江左以来之移民趋势,至是乃为之一变;……不过南渡乃是正流,北旋究属返响。"谭其骧《长水集》(上),第 223 页。

② 有关《晋书·地理志》《南齐书·州郡志》的讨论,详胡阿祥:《东晋南朝侨州郡县与侨流人口的文献记载与研究回顾》,中国魏晋南北朝史学会、武汉大学中国 3 至 9 世纪研究所编《魏晋南北朝史研究:回顾与探索——中国魏晋南北朝史学会第九届年会论文集》,武汉:湖北教育出版社,2009 年,第 114—145 页。

梁陈两朝的侨流人口状况,就必须结合其他文献资料,才能展开探讨。还有一些问题,比如侨流人口的地域选择,主动或被动的地域选择与侨流人口中的世家大族或上层分子之兴衰起伏的关系,等等,也仍然需要在侨州郡县这类"地名"性质的史料之外,穷搜博采其他各类史料,才能稍明大概。

四

晋永嘉丧乱后之民族迁徙或人口迁徙,包括迁徙的动力或原因、时间与路线、数量与阶层、迁出地与迁入地、地域选择与家族兴衰诸项,为什么值得我们如此孜孜以求地不懈探讨? 盖因这次民族或人口的迁徙,不仅迁徙民族或人口数量之众多、迁徙家族门第之显盛、迁徙涉及地域之广大、迁徙延续时间之长久,都堪称空前;而且,其所产生的影响,也可谓巨大、广泛与深远。

如就两晋南北朝之历史研究言,陈寅恪指出:

> 晋代自八王之乱以来,战乱相寻,天灾迭萌,人民除了不能走或不愿走的以外(此种人产生的影响与流民一般大),都外逃以避难。胡族统治者为了控制人口,也凭借武力,强迫徙民。由此出现了北方人口大流动的现象。两晋南北朝三百年来的大变动,可以说就是由人口的大流动、大迁徙问题引起。……不徙有事发生,徙则有大事发生,南北朝无一大事不与徙有关。[①]

可见,这次民族或人口的迁徙,是理解两晋南北朝历史的一大关键。

又如就东晋十六国南北朝历史研究的理论言,先是,20世纪80年代以来,韩国学者朴汉济构建了"胡汉体制"理论,即认为十六国北朝时期,北方大多由内迁的胡族建立政权,统治广大的胡汉诸族,胡族虽然继承了原汉族统治的方式和制度,但仍然保留了许多胡族的制度和习俗,胡汉两种文化在矛盾、碰撞的过程之中,最后相互融合,成为带有胡汉两种民族特征的新体制。及90年代中期,为了与"胡汉体制"配合,朴汉济又提出了东晋南朝史的"侨旧体制"理论,即西晋永嘉之乱后,北方汉族大幅度南迁,前后持续了约百年之久,于是在东晋南朝统治地区,"侨民"与"旧人"之间在政治、军事、经济、文化等各

---

① 万绳楠整理:《陈寅恪魏晋南北朝史讲演录》,第113页,第128页。

方面由冲突到融合,最终形成新的"侨旧体制"。进之,十六国北朝史的前提是"胡汉体制论",东晋南朝史的前提是"侨旧体制论",两者统合起来就是"侨民体制",直言之,东晋十六国南北朝历史是在脱离故乡的人即侨民的主导下发展与变迁的。① 对于这样的"胡汉体制论""侨旧体制论""侨民体制论",笔者由自身的研究经历出发,感觉非常重要。笔者以为:东晋十六国南北朝的历史,虽然错综复杂,但其中也有主要线索可寻。此主要线索,在十六国北朝为胡汉问题,在东晋南朝为侨旧问题。所谓"胡",乃三国西晋时代不断内徙及十六国北朝时代先后入主中原的非汉民族,所谓"汉",即十六国北朝时代北方之汉族士民;又所谓"侨",主要指西晋永嘉乱后不断南徙的北方官民,所谓"旧",主要指南方土著。胡汉之间、侨旧之间既颇多矛盾,又有各种形式的合作。胡汉之间因有矛盾,引起了大量北方人口的迁徙南方,侨旧之间因有矛盾,促成了东晋南朝侨州郡县的大量设置;胡汉之间、侨旧之间又有合作,从而十六国北朝得以立国于北方,东晋南朝得以立国于南方。以此,治东晋十六国南北朝史,理解基础于民族迁徙或人口迁徙的"胡汉体制论""侨旧体制论""侨民体制论"等理论,可谓关键所在。

再如具体到东晋南朝及其后的学术、文化、经济与民族诸多方面言,笔者提及:"东晋南朝与十六国北朝学术演变的分途异向,如南方玄学相对盛行而北方固守经学传统,南方经学清通简要而北方经学渊综广博,南方重视教义理论而北方关注宗教行为,南方文学宜于吟歌而北方文学求便时用,南方史书私撰较多而北方史书官修为主,等等,也都可由南方的侨旧格局及南迁的世家大族对南方士人的影响、北方的胡汉体制及留居的汉魏大姓对胡族政权的改造中,找到解释的理由或理解的路径";② 王永平指出:"可以毫不夸张地说,'永嘉之乱'后这次民族南迁运动,同时也是中国历史上规模最为巨大、影响最为深远的民族文化南传、移植与重建的过程。……东晋以后之江南文化是以侨姓士族文化为主体,同时兼蓄江南土著士族的传统,两相融合而形成的一种新

---

① 详参[韩]朴汉济:《中国中世胡汉体制研究》,[韩]一潮阁,1988 年;《"侨旧体制"的展开与东晋南朝史——为整体理解南北朝史的一个提议》,中国魏晋南北朝史学会编:《魏晋南北朝史研究》,武汉:湖北人民出版社,1996 年,第 21—39 页。周伟洲:《"胡汉体制"与"侨旧体制"论——评朴汉济教授关于魏晋南北朝隋唐史研究的新体系》,《中国史研究》1997 年第 1 期,第 164—168 页。

② 胡阿祥著,島田悠訳:《東晋・十六国・南北朝の人口移動とその影響》,《第二回日中學者中国古代史論壇論文集:魏晉南北朝における貴族制の形成と三教・文學——歴史學・思想史・文學の連擶による》,[日]汲古書院,2011 年,第 239 頁。

的江南文化。正是这种文化在六朝时期使'中原士大夫望之以为正朔所在'。……及至隋、唐,江南已成为中国一大文明区域";①日本学者中村圭尔认为:"东晋以后……人口的流入,带给江南地域社会的影响,绝不是小的。随着人口的剧增,江南的开发也飞跃地展开,奠定了10世纪以后江南发展成全中国经济中心的基础,这是相当有名的事";②吾师谭其骧先生则高瞻远瞩地作出了这样的综合评价:"是役为吾中华民族发展史上之一大关键,盖南方长江流域之日渐开发,北方黄河流域之日就衰落,比较纯粹之华夏血统之南徙,胥由于此也。"③

还如就越来越受重视的地域研究言,笔者曾以今安徽省域为例,讨论了东晋南朝侨流人口对于安徽地域史产生的多重影响:

> 首先,几十万侨流人口及其后裔留居安徽,不仅直接促进了安徽人口的增长,而且这来自各方的侨流人口也带来了新的或先进的生产经验与技术,建立了大量新的聚落,从而加速了安徽区域经济的开发;及至侨流在侨居地久习而安,安徽成为他们新的桑梓故里,安徽的文化面貌,包括语言、风俗、信仰、饮食等各个方面,又得以更加地丰富多样、多方融汇。其次,就输入安徽境内的侨流人口中之上层分子言,他们或政治地位高、或文化修养深、或社会影响大、或军事能力强,在当时的政治、文化、社会、军事舞台上,扮演着一定的角色,这又无疑提升了安徽区域的政治与军事地位。比如东晋、刘宋时期拥有众多侨流人口的豫州、南豫州,即在对外军事与对内政局方面具有重要作用。……经常掌控豫部的侨居安徽的北方大姓,如东晋豫州之颍川庾氏庾亮、庾怿、庾楷,陈郡谢氏谢尚、谢奕、谢万,谯郡桓氏桓熙、桓冲、桓伊、桓石虔、桓玄,他们或为外戚,或为名族,或为权臣,都在其时的内政外兵中拥有特殊重要的地位;而东晋置于豫州的军府"西府"及其所领以安徽侨流人口为主组成的"西府兵",也就仿佛于著名的京口徐州之"北府"与"北府兵",同样在内政外兵中往往发挥

①　王永平:《汉晋之际南方土著士人与侨寓士人的冲突与合流》,《扬州大学中国文化研究所集刊》第1辑,南京:江苏古籍出版社,1998年,第257—260页。

②　中村圭尔:《六朝时代江南的地域社会与地域性》,谷川道雄编:《地域社会在六朝政治文化上所起的作用》,第46页。

③　谭其骧:《长水集》(上),第199页。

着关键的作用。①

总之,某种意义上我们可以说,东晋十六国南北朝是一个民族大迁移、人口大流动的时代;②在这样的时代,无论南北,也无论当时还是后世,其政治、军事、经济、文化、学术、风俗等各个方面,都联系着民族迁徙或人口迁徙。而谭其骧师 1934 年发表的《晋永嘉丧乱后之民族迁徙》,正是现代学术开始特别关注此一问题的标志,其恒远的价值,尤其体现在开题立意、发凡起例。至于本文所作之粗浅"申论",既例证了经典论文往往功莫大焉,能予后来者无限法门,所以极得重视;也例证了学术史上一个有趣却又不太被关注的现象:一等学者天资所纵,领域广泛,然而毕竟精力有限,所以有时只是开题立意而已;至于二等学者,文献资料则竭泽而渔,题中之意则务穷以尽,即在一等学者的引领与指导下,尽力于充实、深化与阐释。无一等学者即大师,学术难以开拓;无二等学者即专家,学术也难以坚实。而笔者撰述本文,题外的意趣,其实也在于此。

(原载于复旦大学历史地理研究中心主编:《谭其骧先生百年诞辰纪念文集》,上海人民出版社,2012 年版)

---

① 胡阿祥:《东晋南朝侨流人口的输出与输入——分别以今山西省域与今安徽省域为例》,《文史》2008 年第 1 辑,第 76—77 页。
② 详陈桥驿:《郦道元评传》,南京:南京大学出版社,1994 年,第 18—23 页。

韩愈"足弱不能步"与"退之服硫黄"考辨

胡阿祥　胡海桐

摘　要:韩愈晚年是否服食硫黄以及为何服食硫黄,是韩愈生平研究与品格评价中,仍无定说的关键问题。以韩愈自述的"足弱不能步"、张籍的《祭退之》诗、白居易的《思旧》诗与隋唐相关医籍相比对,韩愈确实服食了硫黄类的"药汤";但服此药汤的目的,是对症下药地治疗脚气病中的"足弱"之症,而非喜好声色的壮阳之需。韩愈罹患"足弱"的病原,则与其长期的南土经历、丰肥的体型、远贬潮州的沉重打击有关。而韩愈之薨,亦因"足弱"病症,而非硫黄中毒。

关键词:韩愈　硫黄　足弱　脚气病

一、问题的提出

刘真伦著《韩愈集宋元传本研究·导论》云:"韩愈的生平行实,前有史传,后有年谱,记载详明,疑点不多。但仍有少数问题存在争议,颇为宋人注目。"[①]在刘氏列出的八个问题中,"韩愈晚年是否服食硫黄"为其中之一,并与另一问题"韩愈晚年是否喜好声色"关联。[②] 有趣的是,直到今天,这仍是没有定说的两大问题,而且这两大问题已经逸出了"生平行实"的考证范围,涉及比较敏感的对于韩文公品格的评价领域。

"韩愈晚年是否服食硫黄"问题的直接来源,是白居易的《思旧》:

---

① 刘真伦:《韩愈集宋元传本研究》,北京:中国社会科学出版社,2004年,第22页。
② 《韩愈集宋元传本研究》,第24页。

闲日一思旧,旧游如目前。再思今何在? 零落归下泉。退之服硫黄,一病讫不痊。微之炼秋石,未老身溘然。杜子得丹诀,终日断腥膻。崔君夸药力,经冬不衣绵。或疾或暴夭,悉不过中年。唯予不服食,老命反迟延。况在少壮时,亦为嗜欲牵。但耽荤与血,不识汞与铅。饥来吞热面,渴来饮寒泉。诗役五藏神,酒汩三丹田。随日合破坏,至今粗完全。齿牙未缺落,支体尚轻便。已开第七秩,饱食仍安眠。且进杯中物,其余皆付天。①

此诗以"唯予不服食"云云,表明白居易的生活态度,并与因为"服食"致亡的四位友人比照。白氏悼惜的这四位友人,微之谓元稹,杜子谓杜元颖,崔君谓崔玄亮,目前已无异议,唯退之是谁,有韩愈、卫中立、李建、郑居中、白行简五说;而自卞孝萱《"退之服硫黄"五说考辨》辨明只有"韩愈完全符合'旧游'(包括四人排名次序)'服硫黄''一病讫不痊'(非暴死)三项条件""其他四说漏洞百出"以后,"白居易《思旧》诗中所悼惜的'服硫黄,一病讫不痊'的'退之',舍韩愈莫属"的结论,②已为多数学者接受。

然而,退之即韩愈为什么服硫黄,相关讨论仍局限在"韩愈晚年是否喜好声色"。原其史料依据,最关键的早期史料是五代陶谷《清异录》卷上"火灵库"条:

> 昌黎公愈晚年颇亲脂粉。故事:服食,用硫黄末搅粥饭啖鸡男,不使交千日。烹庖,名"火灵库"。公间日进一只焉。始亦见功,终致绝命。③

于是,韩愈晚年为亲脂粉而服硫黄、因服硫黄而致绝命,与成于834年、距824年韩愈"零落归下泉"不过十余年的韩愈"旧游"白居易的诗"退之服硫黄,一病讫不痊",形成了呼应与对证之势。如此,本为小说家言的《清异录》的这种说法,得到大体落实,并为其后的诸多诗话、笔记袭用,也为近世以来诸多大家认可,进而联系时代风气、社会习尚予以解说。如范文澜指出:"唐时社会经

---

① 白居易著,朱金城笺校:《白居易集笺校》卷二九,上海:上海古籍出版社,1988年,第2023—2024页。

② 卞孝萱:《冬青书屋文存》,西安:陕西人民出版社,2008年,第189页,第192页。按卞师此文初刊《东南大学学报》,1999年第4期,第84—88页;定本收入《冬青书屋文存》。

③ 陶谷:《清异录》卷上,文渊阁四库全书本,台北:台湾商务印书馆影印,1986年,页72A。

济繁荣,士大夫生活侈靡,以道统自任的韩愈,也有绛桃、柳枝二妾,都能歌舞。……唐时士大夫大抵留连酒色歌舞,寻求快乐,相习成风,不足为怪";韩愈"好声色却是事实。……爱好声色并不害圣人之道,不过因为好声色,以至服硫黄而死,那就害身又害道了"。① 又陈寅恪认为:"昌黎何以如此言行相矛盾,则疑当时士大夫为声色所累,即自号超脱,亦终不能免。……夫韩公病甚将死之时,尚不能全去声伎之乐,则平日于'园花巷柳'及'小园桃李'之流,自未能忘情。……鄙意昌黎之思想信仰,足称终始一贯,独于服硫黄事,则宁信其有,以与唐代士大夫阶级风习至相符会故也。"②

按范、陈两位先生关于唐代风气习尚的论述自无疑义,然而具体到韩愈服硫黄,是否确为声色,笔者以为还有继续讨论的空间;又陈氏"昌黎何以如此言行相矛盾"的疑问,即韩愈"长庆三年作《李干墓志》,力诋'六七公皆以药败'。明年则公卒,岂咫尺之间,身试其祸哉",③也还有寻求另解的可能。

二、病症:"足弱不能步"

"旧游"白居易称韩愈"一病讫不瘥",五代陶谷称韩愈"终致绝命",又都联系硫黄立说。韩愈因为硫黄殒命,如此看来,似乎没有辩驳余地。而顺理成章地值得深究的是,韩愈患的是什么病?

张清华著《韩学研究》下册《韩愈年谱汇证》"长庆四年甲辰(824),五十七岁"条所记"韩愈事迹"如下:

> 韩愈在长安,仍为吏部侍郎。夏,因病请告休假;八月满百日去吏部任。此夏秋多在长安城南庄别墅养病,八月中秋后归长安靖安里第。是年十二月丙子(二日),薨于靖安里第,年五十七岁。④

至于韩愈所患何病,史料缺乏明晰记载。可以参考的线索,则有与病中的韩愈久在一起的张籍的《祭退之》诗。诗的后半部分云:

① 范文澜:《中国通史》第四册,北京:人民出版社,1978年,第285页,第353页。
② 陈寅恪:《元白诗笺证稿》,上海:上海古籍出版社,1978年,第326—327页。
③ 钱大昕:《十驾斋养新录》卷一六,《嘉定钱大昕全集》七,南京:江苏古籍出版社,1997年,第439页。
④ 张清华:《韩学研究》下册,南京:江苏教育出版社,1998年,第451页。

去夏公请告,养疾城南庄。籍时官休罢,两月同游翔。黄子陂岸曲,地旷气色清。新池四平涨,中有蒲荇香。北台临稻畦,茂柳多阴凉。板亭坐垂钓,烦苦稍已平。共爱池上佳,联句舒迟情。偶有贾秀才,来兹亦间并。移船入南溪,东西纵篙撑。划波激船舷,前后飞鸥鸧。回入潭濑下,网截鲤与鲂。踏沙掇水蔬,树下烝新秔。日来相与嬉,不知暑日长。柴翁携童儿,聚观于岸傍。月中登高滩,星汉交垂芒。钓车掷长线,有获齐欢惊。夜阑乘马归,衣上草露光。公为游溪诗,唱咏多慨慷。自期此可老,结社于其乡。籍受新官诏,拜恩当入城。公因同归还,居处隔一坊。中秋十六夜,魄圆天差晴。公既相邀留,坐语于阶楹。乃出二侍女,合弹琵琶筝。临风听繁丝,忽遽闻再更。顾我数来过,是夜凉难忘。公疾浸日加,孺人视药汤。来候不得宿,出门每回遑。自是将重危,车马候纵横。门仆皆逆遣,独我到寝房。公有旷达识,生死为一纲。及当归终晨,意色亦不荒。赠我珍重言,傲然委衾裳。公比欲为书,遗约有修章。令我署其末,以为后事程。家人号于前,其书不果成。子符奉其言,甚于亲使令。《鲁论》末讫注,手迹今微茫。新亭成未登,闭在庄西厢。书札与诗文,重叠我筒盈。顷息万事尽,肠情多摧伤。旧茔盟津北,野窆动鼓钲。柳车一出门,终天无回箱。籍贫无赠赍,曷用申哀诚。衣器陈下帐,醪饵奠堂皇。明灵庶鉴知,髣髴斯来飨。①

所以引此长诗,是因"关于韩愈的患病、告休、病重以及卒、葬诸事",诗中"言之甚详"。② 排比以观,长庆四年五月间,韩愈告休养疾于长安城南庄,而由韩愈、张籍"两月同游翔"之丰富多彩的活动看,直到七月中下旬光景,韩愈的病情也尚不严重。及八月上旬,韩愈返回长安城中,其病未痊,亦未加重,故有"中秋十六夜"玩月之举。待到九、十月间,韩愈"疾浸日加",以后更是日渐"重危",终于在是年十二月二日卒去。

与张籍《祭退之》诗所言部分情况可以互证的诗作,尚有张籍《同韩侍御南溪夜赏》、贾岛《和韩吏部泛南溪》、姚合《和前吏部韩侍郎夜泛南溪》以及韩愈《玩月喜张十八员外以王六秘书至》等;而透露了韩愈所患何病的作品,还是韩

---

① 张籍:《张籍诗集》卷七,北京:中华书局,1959 年,第 99—100 页。

② 卞孝萱、张清华、阎琦:《韩愈评传》,南京:南京大学出版社,1998 年,第 237 页。

愈本人的《南溪始泛三首》。其第一首有句:"余年懔无几,休日怆已晚。自是病使然,非由取高蹇";又第二首有句:"我云以病归,此已颇自由。幸有用余俸,置居在西畴";最关切要之句,则出现在第三首:"足弱不能步,自宜收朝迹。羸形可舆致,佳观安可掷。"①按这里的"足弱"二字,就笔者寓目所及,尚少有人关注,大概是将之看成了病中的韩愈身体虚弱状况的泛写,其实不然,"足弱"乃是韩愈病症的特指。

"足弱"者何病? 考唐孙思邈《备急千金要方》卷七《风毒脚气·论风毒状》云:

> 考诸经方,往往有脚弱之论。……然此病发初得,先从脚起,因即胫肿,时人号为脚气。深师云脚弱者,即其义也。②

关于此病的症状及预后,隋巢元方《诸病源候论》卷一三描述道:

> 凡脚气病,皆由感风毒所致。得此病,多不即觉,或先无他疾,而忽得之;或因众病后得之。初甚微,饮食嬉戏,气力如故,当熟察之。其状:自膝至脚有不仁,或若痹,或淫淫如虫所缘,或脚指及膝胫洒洒尔,或脚屈弱不能行,或微肿,或酷冷,或痛疼,或缓纵不随,或挛急;或至困能饮食者,或有不能者,或见饮食而呕吐,恶闻食臭;或有物如指,发于腨肠,径上冲心,气上者;或举体转筋,或壮热、头痛;或胸心冲悸,寝处不欲见明;或腹内苦痛而兼下者;或言语错乱,有善忘误者;或眼浊,精神昏愦者。此皆病之证也,若治之缓,便上入腹。入腹或肿,或不肿,胸胁满,气上便杀人。急者不全日,缓者或一、二、三月。初得此病,便宜速治之,不同常病。③

《备急千金要方》卷七的描述与此相近。又唐王焘《外台秘要方》卷一八《论善能疗者几日可瘥》引尝染脚气之疾的唐医家"苏长史"④之言曰:

> 晋宋以前,名为缓风。古来无脚气名,后以病从脚起,初发因肿

---

① 韩愈:《昌黎先生集》卷七,四部精要本(影印),上海:上海古籍出版社,1993年,第66页。

② 孙思邈著,魏启亮、郭瑞华点校:《备急千金要方》卷七,北京:中医古籍出版社,1999年,第235页。

③ 巢元方著,刘晓峰点校:《诸病源候论》卷一三,北京:人民军医出版社,2006年,第156—157页。

④ 此"苏长史"或指苏鉴,或指苏敬,未能确定,详冻国栋:《跋〈千金序〉》,《魏晋南北朝隋唐史资料》第二十辑,武汉:武汉大学出版社,2003年,第76—84页。

满,故名脚气也。① 又有不肿而缓弱,行卒屈倒,渐至不仁,毒气上阴,攻心便死,急不旋踵,宽延岁月耳。……凡脚气病多以春末夏初发动,得之皆因热蒸,情地忧愤,春发如轻,夏发更重,入秋少轻,至冬自歇,大约如此。亦时有异于此候者。②

依据以上举例式的引述,③与韩愈病情对照,不难发现颇多吻合之处:韩愈五月因病告假,属于"夏发更重"的情形;八月上旬,韩愈已自述"足弱不能步",其症状属于脚气病中"或脚屈弱不能行"的情况,于是不仅意识到了"自宜收朝迹",面对不可虚掷的"佳观",韩愈也只能拖着"赢形"即已经赢弱的身体,以"舆致"即车轿代步的方式游赏;到了八月中秋,从韩愈当时的《玩月喜张十八员外以王六秘书至》以及后来张籍(即张十八)的祭诗看,韩愈已经不能饮宴,④这也符合了"脚弱"所致的"或有不能(饮食)者,或见饮食而呕吐"。至于韩愈自发病到弃世能够历时半年左右(四或五月至十二月初二),与"急者不全日,缓者或一、二、三月"有异,则除了旧为吏部侍郎、能够得到较好的医疗条件与生活照顾等可以推想的原因外,⑤还与韩愈本就具备一些有关"足弱"的医学知识有关。

韩愈对"足弱"并不陌生。贞元十九年(803)五月,在长安任国子监四门博士、时年36岁的韩愈,遭遇了一次彻心之痛,从小生活在一起、感情至厚的长兄韩会继子(本为次兄韩介次子)韩老成病故,在《祭十二郎文》中,韩愈就提到了"软脚病":

> 汝去年书云:比得软脚病,往往而剧。吾曰:是疾也,江南之人常

---

① 宋董汲《脚气治法总要》卷上:"两汉之间,名为缓风。宋齐之后,谓为脚弱。至于大唐,始名脚气。其号虽殊,其实一也。"(《董汲医学论著三种》,北京:商务印书馆,1958年,第5页)按"缓"者言其症,"风"者言其因,如上引《诸病源候论》之"凡脚气病,皆由感风毒所致。……或缓纵不随"。

② 王焘著,高文铸校注:《外台秘要方》卷一八,北京:华夏出版社,1993年,第336页。

③ 再引《辞海·医药卫生分册》(上海:上海辞书出版社,1981年,第184页)"脚气病"条如下:"病名。以腿足软弱,病从脚起,故名。分湿脚气与干脚气二型:症见足肿胀大,软弱麻木无力的为湿脚气,多由湿邪阻于经络所致,……足胫不肿,麻木酸痛的为干脚气,多由风邪阻于经络,血行不畅所致,如见呼吸急促、心悸烦躁、胸满呕吐、神志恍惚的为脚气冲心,属危候。"所谓"危候",即当发展至"脚气冲心"阶段,往往造成心脏受损而死亡。又特别强调一下,本文所谓"脚气病",不是现在一般俗称"脚湿气"而有些地方称为"田螺泡""臭田螺""烂脚丫""香港脚"的足癣。

④ 韩愈《玩月喜张十八员外以王六秘书至》:"况当今夕圆,又以嘉客随。惜无酒食乐,但用歌嘲为。"《昌黎先生集》卷七,第65页。

⑤ 如皇甫枚《三水小牍》卷上《韩文公从大圣讨雠》:"韩文公之寝疾也,名医良药,日进有加。"北京:中华书局,1958年,第2页。

常有之,未始以为忧也。呜呼! 其竟以此而殒其生乎? 抑别有疾而
至斯乎?①

如此,韩愈之侄韩老成是因患脚弱英年早逝的;而由韩愈的劝慰之词"是
疾也,江南之人常常有之,未始以为忧也",可见韩愈当时即对此病有所了解。
过了十几年后,元和十四年(819),韩愈好友柳宗元卒于柳州刺史任上,年仅
46岁,卒前曾有遗书致刘禹锡与韩愈,托为照顾年幼的子女;而其死因,竟然
也与脚气病有关。先是元和四年,柳宗元《与萧翰林俛书》云:"居蛮夷中久,惯
习炎毒,昏眊重膇,意以为常",②"重膇"即指脚肿,"昏眊"谓眼睛昏花,亦符合
脚气病"眼浊"的症状;元和八年,其《答韦中立论师道书》又说:"仆自谪过以
来,益少志虑。居南中九年,增脚气病,渐不喜闹。"③及至又隔了几年,当韩愈
自己也罹患"足弱"时,他对此病的认识应该已经达到更加深入与丰富的程度。
这样,韩愈患病之初即告假,告假之后既不废"游翔"而又流露出"余年懔无几,
休日怆已晚"的黄昏迟暮情绪,假满百日既免吏部侍郎却还与友人玩月赏乐竟
至天将曙时或者夜半时分,④但是气氛已经颇为悲凉,以及病情"重危"期间与
"归终"之际"公有旷达识""意色亦不荒"等似不寻常或者矛盾的表现,便都能
够得到理解。盖韩愈自知疾病缠身,将不久于人世,⑤故与友朋尽欢、与自然
尽赏,而在这看似轻松愉悦的欢赏中,韩愈无法自主的是那或隐或显的凄怆
之感。

进而论之,面对曾经夺去侄子韩老成、好友柳宗元等人生命的"软脚病"
"脚气病",韩愈抱着知天命、尽人事的态度,以"药汤"疗治;而此"药汤",即与
事实、解说与评价都聚讼纷纭的"退之服硫黄"直接相关。

---

① 韩愈著,阎琦校注:《韩昌黎文集注释》上册,卷五,西安:三秦出版社,2004年,第511页。
② 柳宗元:《柳河东集》卷三〇,四部精要本,上海:上海古籍出版社影印,1993年,第442页。
③ 《柳河东集》卷三四,第457页。
④ 前引韩愈《玩月喜张十八员外以王六秘书至》:"玩玩夜遂久,亭亭曙将披。"又前引张籍《祭退
之》:"顾我数来过,是夜凉难忘。"
⑤ 李翱《韩公行状》:"长庆四年得病,……及病,遂请告以罢。每与交友言既después以处妻之语,且
曰:'某伯兄德行高,晓方药,食必视《本草》,年止于四十二。某疏愚,食不择禁忌,位为侍郎,年出伯兄
十五岁矣,如又不足,于何而足? 且获终于牖下,幸不至失大节,以下见先人,可谓荣矣。'"《李文公集》
卷一一,文渊阁四库全书本,台北:台湾商务印书馆影印,1986年,页6B—7A。按"某伯兄"指韩会。

三、疗法:"退之服硫黄"

如果上节的比较、考证与推论可以成立的话,接下来需要寻绎的问题,就是如何治疗名异实同的"脚弱""软脚病""足弱"。①

检视隋唐医家典籍,治疗脚气之方甚多;而主治"脚弱"之症的方子,又多有与硫黄有关者。这里仅以孙思邈《千金翼方》、王焘《外台秘要方》为例。《千金翼方》卷一《药录纂要·脚弱疼冷第六十五》开列如下:

石斛　石钟乳　殷孽　孔公孽　石硫黄　附子　豉　丹参　五加皮　竹沥　大豆　天雄　侧子　木防己　独活　松节　牛膝②

其中有石硫黄。又卷一四:"伏火石硫黄救脚气,除冷癖,理腰膝,能食有力。"③至于具体的药方,卷一七中以主味硫黄为方名者即有三方:

硫黄煎　主脚弱连屈,虚冷方。

硫黄五两　牛乳五升

上二味以水五升合煮,及五升硫黄细筛纳之,煎取三升。一服一合,不知至三合。

硫黄散　主脚弱,大补,面热风虚方。

硫黄研　钟乳粉　防风各五两　干姜一两　白术　人参　蜀椒汗,去目及闭口者　细辛　附子炮,去皮　天雄炮,去皮　茯苓　石斛桂心　山茱萸各三分

上一十四味捣筛为散,旦以热酒服方寸匕,日三,加至二匕。

石硫黄丸　主脚风弱,胸腹中冷结方。

---

① 据汪维辉《东汉—隋常用词演变研究》(南京:南京大学出版社,2000年,第40—58页)的考证,"脚"的本义是小腿,"足"的本义是脚掌。东汉或者三国以降,"脚"有"足"义,并有缓慢增多的趋势;及至唐代,"脚"大量用为"足"义,并多见于语体作品中,而相应的文言词"足"的出现频率明显下降。如此,"足""脚"异文同义,韩愈诗中的"足弱",可以理解为是"脚弱"的文言雅致用法。至于"脚气",则是统称,包括了"脚弱"一类病症。

② 孙思邈著,李景荣等校释:《千金翼方校释》卷一,北京:人民卫生出版社,1998年,第24页。

③ 《千金翼方校释》卷一四,第218页。

石硫黄半两　桂心四两　礜石烧　附子炮,去皮　天雄炮,去皮

乌头各二两,炮,去皮

上六味捣筛为末,炼蜜和,丸如梧子大。空腹酒服五丸,日三服。①

再看《外台秘要方》。卷一九"脚气痹弱方":

又方

好硫黄三两,末之　牛乳五升

右二味,以水五升,先煮乳水至五升,乃纳硫黄煎取三升,一服三合。亦可直以乳煎硫黄,不用水也。卒无牛乳,羊乳亦善。

又方

先煎牛乳三升,令减半,以五合服硫黄末一两,服毕厚覆取汗,勿令得风,中间更一服,至暮又一服。若已得汗,不更服,但好消息将护之。若未瘥愈,后数日中亦可更作。若长将,亦可煎为丸。北人服此疗脚多效,但须极好硫黄取预备之。②

按《千金翼方》为成书于永徽三年(652)的《备急千金要方》的补篇,最后成书年代约在永淳元年(682)前不久,③其作者孙思邈当时即享有大名;又《外台秘要方》成书于天宝十一载(752),"讨绎精明,世宝焉",④作者王焘也以精于医业、采集医方著称。这样,诸如《千金翼方》《外台秘要方》中所记以硫黄类"药汤"或药丸治疗"脚弱""脚气痹弱"的理念、方剂,自然会为当时社会所了解,韩愈也不会例外。

行文至此,已经可以作出如下的判断:张籍《祭退之》诗中"公疾浸日加,孺人视药汤"之"药汤",可能就是上引五方中的某一方,且以第一、第四、第五方的可能性更大,⑤或者与之相近;换言之,白居易所谓"退之服硫黄,一病讫不痊"之"硫黄",虽然确是硫黄类的"药汤",但韩愈服此"药汤"的目的,并非为了

---

① 《千金翼方校释》卷一七,第262页。

② 《外台秘要方》卷一九,第359页。

③ 叶梦得《避暑录话》卷上:"思邈为《千金前方》,……后三十年,作《千金翼》。"丛书集成初编本,北京:中华书局影印,1985年,第16页。

④ 《新唐书》卷九八《王焘传》,北京:中华书局,1975年,第3890页。

⑤ 第二方、第三方乃以酒为引,而从韩愈《玩月喜张十八员外以王六秘书至》中所云"惜无酒食乐,但用歌嘲为",韩愈之病情已不适饮酒。

"寻欢作乐"之补气增力,而是为了更加紧要的"治病救身";其实退一步想想,以韩愈当时的心情特别是身体,又有何兴趣与能力沉迷于声色之中呢?

四、病原:南土的经历

如白居易的痛惜,韩愈57岁辞世,"不过中年";而如上文的考辨,导致韩愈"一病讫不痊"者是"足弱"。韩愈35岁时,对于"足弱"似乎不太在意,以为"是疾也,江南之人常常有之,未始以为忧也";及至次年其侄韩老成卒于此病,韩愈哀痛欲绝中发出了"其竟以此而殒其生乎?抑别有疾而至斯乎"的"鸣呼"。其实韩愈关于"足弱"一类疾病"江南之人常常有之"的认识是正确的。晋葛洪《肘后备急方》卷三:

> 脚气之病,先起岭南,稍来江东。①

又《诸病源候论》卷四〇《脚气缓弱候》:

> 脚气之病,由人体虚,温湿风毒之气先客于脚,从下而上,动于气,故名脚气也。江东岭南,土地卑下,风湿之气易伤于人。②

又《备急千金要方》卷七《风毒脚气·论风毒状》述其始末道:

> 考诸经方,往往有脚弱之论,而古人少有此疾。自永嘉南渡,衣缨士人多有遭者,岭表江东有支法存、仰道人等,并留意经方,偏善斯术。晋朝仕望多获全济,莫不由此二公。又宋、齐之间,有释门深师,师(仰)道人述(支)法存等诸家旧方为三十卷,其脚弱一方近百余首。魏、周之代,盖无此病,所以姚公《集验》殊不殷勤,徐、王撰录未以为意。特以三方鼎峙,风教未一,霜露不均,寒暑不等,是以关西河北不识此疾。自圣唐开辟,六合无外,南极之地,襟带是重,爪牙之寄,作镇于彼,不习水土,往者皆遭。近来,中国士大夫虽不涉江表,亦有居

---

① 葛洪著,王均宁点校:《肘后备急方》卷三,天津:天津科学技术出版社,2005年,第78页。
② 《诸病源候论》卷四〇,第428页。

然而患之者,良由今代天下风气混同,物类齐等所致之耳。①

对于脚气病为什么流行南方及其病理的科学解释,近现代以来中外学者多有研究成果问世;②本文主旨不在医学,故不赘引。值得注意的论述,是景蜀慧、肖荣所撰《中古服散的成因及传承:从皇甫谧到孙思邈》③文中围绕"自永嘉南渡,衣缨士人多有遭者"现象的讨论发挥:

> 以脚气病为例,东晋以前,中原医家并不十分留意此病,……渡江之后,士庶罹患此病者甚多,如何有效的治疗此病遂成为当日医家急切需要解决的难题,……《千金要方》(风毒脚气)之说当是源于善为"永嘉南渡"的"衣缨士人"治疗风毒的"岭表江东"医家。④

按病例多则医家众。西晋以降南方多出治疗脚气病的名医⑤,根本原因在于西晋永嘉乱后大量、长期的北方官民南迁⑥,甚至可以肯定,南迁的北人特别是"衣缨士人",由于水土不服、食物精细,其人群中罹患脚气病的概率较

---

① 《备急千金要方》卷七,第 235 页。又关于"近来,中国士大夫虽不涉江表,亦有居然而患之者"的学理解释,当与唐代气候的变化以及相关的水稻种植北扩有关。据历史气候地理与历史农业地理的研究,孙思邈所处的唐初,气候由东汉魏晋南北朝的寒冷干燥转为温暖湿润,温暖湿润的气候状况,既容易导致脚气病的发生(详下),又使一些喜温喜湿的农业作物,比如与脚气病较为相关的水稻的种植界线北扩(详下)。一般来说,当气候温暖期,本来普遍栽培在淮河流域的单季稻可以扩展到黄河流域,而本来普遍栽培在岭南的双季稻可以推进到长江两岸。具体到唐初中期,水稻种植北进,西起河西走廊,北抵河套、燕山南麓,东至于海,即无论是分布北界还是分布面积,都较其前后时期北进与广阔。参考蓝勇编著:《中国历史地理学》第一章,北京:高等教育出版社,2002 年,第 46—47 页。

② 如日本山下政三:《脚气的历史》,东京:东京大学出版会,1983 年;萧璠:《汉宋间文献所见古代中国南方的地理环境与地方病及其影响》,李建民主编:《生命与医疗》,北京:中国大百科全书出版社,2005 年,第 193—298 页;范家伟:《地理环境与疾病——论古代医学对岭南地区疾病的解释》,《中国历史地理论丛》2000 年第 1 辑,第 17—30 页;廖育群:《关于中国古代的脚气病及其历史的研究》,《自然科学史研究》2000 年第 3 期,第 206—220 页。

③ 载《唐研究》第十三卷,北京:北京大学出版社,2007 年,第 337—368 页。按本文的撰写,起念于 2008 年初拜读该文后所得启发,特此致谢。

④ 景蜀慧、肖荣:《中古服散的成因及传承:从皇甫谧到孙思邈》,《唐研究》第十三卷,第 353—355 页。

⑤ 严可均《全上古三代秦汉三国六朝文·先唐文》所辑阙名之《千金序》:"沙门支法存,岭表人。性教方药。自永嘉南渡,士大夫不袭水土,多患脚弱,惟法存能拯济之。仰道人,岭表僧也。虽以聪慧入道,长以医术开怀。因晋朝南移,衣缨士族,不袭水土,皆患软脚之疾,染者无不毙踣。而此僧独能疗之,天下知名焉。僧深、齐、宋间道人。善疗脚弱气之疾,撰授法存等诸家医方三十余卷,经用多效,时人号曰'深师方'焉。"北京:中华书局,1958 年,第 4243—4244 页。

⑥ 据胡阿祥《东晋南朝侨流人口的输出与输入——分别以今山西省域与今安徽省域为例》(《文史》2008 年第 1 辑,第 51—82 页),起西晋晚期迄刘宋末年约 170 余年间,南迁移民及其后裔的总数大概在 200 万人左右。

之南方土著更高。典型者如幼年即南迁的东晋琅邪临沂人(今山东费县东)王羲之,其《旦反帖》云:"仆脚中不堪沉阴,重痛不可言,不知何以治之,忧深";①对照王羲之的病状,如"下势腹痛""烦不得眠,食至少,疾患经日""吾肿得此霖雨转剧",②云云,可以推测其所患正是脚气病。进而论之,韩愈对此病起初的认识,即"江南之人常常有之,未始以为忧也",还是有欠全面。盖此病不仅"江南之人常常有之",北人在南者,受到南方的自然环境、饮食结构的长期影响,也会"常常有之";③而且,北人一旦染之,由于体质、饮食以及寒热状况等等与南人有异,按照基本出自南方系统医家的药物配伍施治,其疗效与预后,也会差于南人,即不是韩愈所认为的"未始以为忧也",而是实在堪忧。作为北人的王羲之疾苦缠绕,同样作为北人的韩愈④则"足弱"发作后半年左右即告不治,就是显例。

那么,韩愈又是怎样罹患上了"足弱"呢?联系上引的传统医籍史料,只要清楚了韩愈的行迹,这便是相对简单的问题。

据张清华著《韩学研究》下册《韩愈年谱汇证》,北人韩愈居处南方的时间与地点如下:10岁至12岁在岭南道韶州(治今广东韶关市西南),15岁至19岁、23岁在江南西道宣城(治今安徽宣城市),37岁至39岁先在江南西道阳山(治今广东阳山县)、再在江南西道郴州(治今湖南郴州市)、后在山南东道江陵(治今湖北荆州市),52岁至53岁先在岭南道潮州(治今广东潮州市)、后在江南西道袁州(治今江西宜春市)。而综合考虑韩愈居处南方的缘由、年龄、身体与心情状况以及体型,大略可以推断:

其一,三十而立以前随兄嫂流徙韶州、随嫂避地与苦读宣城的南方经历,负面影响了幼孤的韩愈的身体底子,以至35岁时的韩愈已经"而视茫茫,而发

---

① 林枫主编:《王羲之书法精华》,北京:北京出版社,2006年,第173页。按此条史料承胡文波提示,谨致感谢。

② 张彦远辑,洪丕谟点校:《法书要录》卷一〇,上海:上海书画出版社,1986年,第251页,第255页,第257页。《法书要录》卷一〇中此类王羲之之自述病状的文字尚多。

③ 《备急千金要方》卷七,第235页:"地之寒暑风湿,皆由蒸气,足当履之,所以风毒之中人也,必先中脚。"又《外台秘要方》卷一八,第336页引苏长史曰:"脚气之为病,……又不可久立蒸湿等地。"现代医学常识也指出:脚气病多发于气候湿热、雨水充沛、主食稻米的区域;西医则称为"维生素 B_1 缺乏症"。按相对于北方,南方本属"蒸气"旺盛的"蒸湿等地",主食也是维生素 B_1 含量少于麦面的稻米尤其是精米,故北人在南者,尤其是身份较高者,易患此病。

④ 韩愈里籍河阳(今河南孟州),出生于长安(今陕西西安)。详胡阿祥:《韩愈郡望昌黎及相关问题质疑》,陕西师范大学西北历史环境与经济社会发展研究中心编:《历史环境与文明演进——2004年历史地理国际学术研讨会论文集》,北京:商务印书馆,2005年,第431—436页。

苍苍,而齿牙动摇";①四十不惑之前的谪居阳山、待命郴州、判司江陵,五十知天命以后的远贬潮州、量移袁州,也都往往极尽奔波之劳,特别是谪阳、贬潮,对于韩愈的打击十分突然与沉重,②而这为"心情忧愤,亦使发动"③的"足弱"提供了乘虚而入的机会。

其二,韩愈"腰腹空大""慢肤多汗""丰肥喜睡""肥而寡髯"的体型,④属于容易感染"足弱"的类型,所谓"脚气之为病,……多中肥溢肌肤者,无问男女。若瘦而劳苦,肌肤薄实,皮肤厚紧者,纵患亦无死忧"⑤是也。

其三,再联系到韩愈在 57 岁去世,则其直接的病原,当是元和十四年(819)正月因上《论佛骨表》触怒宪宗、被贬潮州刺史。韩愈在"经涉岭海,水陆万里"的三个多月艰难行程后,任潮州刺史半年有余(四月二十五日至十二月)。应该正是在当时"涨海连天,毒雾瘴氛,日夕发作"的潮州,自述"臣少多病,年才五十,发白齿落,理不久长,加以罪犯至重,所处又极远恶,忧惶惭悸,死亡无日,单立一身,朝无亲党,居蛮夷之地,与魑魅同群"⑥的韩愈,染上了风毒,种下了"足弱"的病根,⑦并在四年多以后因此殒命。

---

① 韩愈:《祭十二郎文》,《韩昌黎文集注释》上册,卷五,第 510 页。

② 按待命郴州、判司江陵、量移袁州,相对于谪居阳山、远贬潮州,毕竟是值得庆贺的事,韩愈的心情也较之在阳山与潮州时平静。

③ 《外台秘要方》卷一八,第 336 页。

④ 元和元年(805),韩愈 39 岁,在江陵为法曹参军,友人郑群赠以蕲州簟席,韩愈喜不自禁,作《郑群赠簟》诗,其中云:"法曹贫贱众所易,腰腹空大何能为? 自从五月困暑湿,如坐深甑遭蒸炊。手磨袖拂心语口,慢肤多汗真相宜。"《昌黎先生集》卷四,第 38 页。又韩愈好友孔戣《私记》中提及"退之丰肥喜睡,每来吴[吾]家,必命枕簟。"(邵博:《邵氏闻见后录》卷二七,北京:中华书局,1983 年,第 215 页)。又沈括《梦溪笔谈》卷四:"退之肥而寡髯。"(沈括著,胡道静校证:《梦溪笔谈校证》,上海:上海古籍出版社,1987 年,第 191 页)

⑤ 《外台秘要方》卷一八,第 336 页。

⑥ 韩愈《潮州刺史谢上表》,《韩昌黎文集注释》下册,卷八,西安:三秦出版社,2004 年,第 403—404 页。

⑦ 一般认为,"足弱"是因风毒之气由脚部侵入人体经络营卫引发的,或认为风毒侵入人体乃是由于肾虚之故。又推测韩愈是在潮州种下了病根,还有一条关键证据。作于元和十五年(820)冬的《寄随州周员外》诗中,韩愈自述"金丹别后知传得,乞取刀圭救病身"(《昌黎先生集》卷一〇,第 85 页),这里所谓"金丹"当是通称,包括了金丹乳石,"刀圭"为量取药末的用具,"救病身"则明白无误地说明韩愈在离潮不到一年时已是"病身"。又前文曾提及的王羲之、柳宗元之"脚气病",其患病原因当也与王羲之久居东土会稽郡(治今浙江绍兴市)而柳宗元久居永州(治今湖南永州市)司马、柳州(治今广西柳州市)刺史等南土经历有关。

五、余论:必要的说明

综上考辨,对于备极纠纷的"退之服硫黄"问题,笔者的看法是:由于韩愈一生中多有南土经历,特别是远贬潮州,使韩愈罹患了"足弱"之症;为了治疗此症,韩愈对症下药,服用了硫黄类的"药汤",但终因病重不治,撒手人寰。

在结束本文之前,细绎"问题的提出"一节中的重要史料,笔者觉得尚有必要作出下面的说明:

白居易与韩愈在生活方式上有接近的地方,对待"服食"的态度则有差异。就生活方式言,白居易反对"服食",随顺自然,嗜欲耽荤,吞热饮寒,好酒饱食,韩愈也是"食不择禁忌",认为"五谷三牲,盐酰果蔬,人所常御。……盐酰以济百味,豚鱼鸡三者,古以养老",反对"一筵之馔,禁忌十常不食二三";[1]就对待"服食"的态度言,白居易拒绝种种"服食",诸如硫黄、秋石、丹诀、铅汞,而韩愈斥为"杀人不可计"的"服食",据其去世前一年所撰《故太学博士李君墓志铭》"今直取目见亲与之游而以药败者六七公"[2]中的举例,却都属铅汞丹砂一类,并不包括硫黄也在其内的"服石"。如此,白居易《思旧》诗有关"退之服硫黄,一病讫不痊。……或疾或暴夭,悉不过中年"的理解,当是韩愈因治病而服硫黄,却未起效,中年而逝;其实,古人也并非完全没有这样的理解,如金末王若虚《滹南诗话》卷一云:"病而服药,岂所禁哉!乐天固云'退之服硫黄,一病讫不痊',则公亦因病而出于不得已。"[3]换言之,韩愈是因病而服硫黄,不是因服硫黄而致病。惜王若虚仍是隐约言及,既未指明何病,亦无展开论证,故此少受后人重视。至于五代陶谷所传"颇亲脂粉"而服食"硫黄"以求壮阳,则据中古医籍所述药理与史上诸多实例,晚年的韩愈更可能会因中毒"暴夭",或者死得非常痛苦,而非张籍祭诗中描述的安详平静而逝;[4]反之,由于按照方剂服

---

① 韩愈:《故太学博士李君墓志铭》,《韩昌黎文集注释》下册,卷七,第312页。
② 《韩昌黎文集注释》下册,卷七,第310页。
③ 王若虚:《滹南诗话》卷一,丛书集成初编本,北京:中华书局影印,1985年,第5页。
④ 王谠著,周勋初校证《唐语林校证》卷三《方正门》:"韩愈病将卒,召群僧曰:'吾不药,今将病死矣。汝详视吾手足支体,无诳人云'韩愈癫死'也'。"北京:中华书局,1987年,第204页。这可与张籍祭诗的描述参证。又陶谷《清异录》卷上"火灵库"条,稍加推敲,就可见其明显的"小说"性质:以本有酸怪之味而且有毒的硫黄末拌粥饭喂鸡男即"童子鸡"千日,还"不使交",即便强行喂下,恐怕"鸡男"也早被热毙毒死。

用,硫黄药汤与风毒足弱正邪相克、湿热调剂,硫黄的毒性也得以消减。[①] 概而言之,韩愈韩文公薨于"足弱"病症,而非硫黄中毒。

附　记

本文于 2008 年 3 月起稿,2010 年 1 月定稿。原刊《中华文史论丛》2010年第 2 期。第二作者胡海桐系安徽省荣军康复医院主治医师。

在拙文《萱师的最后……》(《南京大学报》2009 年 9 月 20 日"南苑副刊"版)中,我有这样的回忆文字:

> (2009 年)9 月 5 日,9:55 到 10:10,萱师坐上了推椅,我缓缓推着,内人则拎着果篮随着,等电梯、下电梯、寻坡路、出鼓楼医院天津路门……在这十几分钟里,我向担任着中国唐代文学学会韩愈研究会名誉会长的萱师汇报着即将于 21 日在潮州召开的韩愈研讨会的筹备情况,以及作为韩会常务副会长的我刚刚完成的提交会议论文《韩愈"足弱不能步"与"退之服硫黄"考辨》。萱师听着,不断地表示认同,从中医的扶元固本,说到回家后的调养计划,说到"退之服硫黄"是为治病,说到钱基博对韩愈身材的研究可为我的硫黄治病说提供佐证……在天津路门,等我内人车到的间隙,萱师说道:"搞文学史的人,不能只懂文学,那样限制太多,比如退之服硫黄,争来争去,没有定论。韩愈研究,还是要从各个学科入手,值得做的问题实在还有许多。"——这竟然就是萱师最后的遗言!

虽然 2016 年起,由于诸多方面的原因,我未再参与韩愈研究会的年会,但与会中的多位友好,仍然保持着频密的联系,并时常以萱师"韩愈研究,还是要从各个学科入手,值得做的问题实在还有许多"相勉励。

(原载于《中华文史论丛》2010 年第 2 期)

---

①　按药用硫黄为天然硫黄矿经初步加工而成,功能温阳祛寒。按照现代医学解释,维生素 B_1(又称"硫胺""硫胺素",为含硫化合物)能够预防和辅助治疗阳痿;如此,硫黄亦有改善脚气病症状、温阳以至一定程度上的壮阳效果。然而由于硫黄中含砷,久服或过量就会引起砷中毒。现在硫黄多仅外用于止痒、杀虫、治疗疥疮。

胜景品赏与地方记忆

——明代南京的游冶活动所见城市文化生态及其意涵转变*

胡箫白**

摘　要：文人雅士对城市文化的构建往往具有关键作用。由胜景品赏主题切入，关注文人士大夫的相关诗词图绘，考察不同时期文化生态对文人理解城市方式的影响，以及在此脉络下城市文化的形塑过程，当是有效的途径，以往的相关研究却殊为少见。明代南京的胜景品赏活动，先是史谨的"金陵八景"，由之可见明初文士理解南京的方式，为强调城市的政治属性。其时文士的活动空间尚囿于城内及近郊，成熟的游冶空间格局还未形成。永乐迁都后，随着吴派文人逐渐主导了金陵文化圈，表现城市的方式也带上了较多文人色彩，文伯仁的"金陵十八景图"便已脱离了对政治属性的强调，转而关注城市本身的历史和文化。及至晚明，为了自身的身份认同与强化阶层的外在边界，文人士大夫之间兴起了游冶观览胜景的风潮，余孟麟、焦竑、朱之蕃、顾起元发起的关涉"金陵二十景"的"金陵雅游"活动，即为相应的典型行为。此后朱之蕃又自选"金陵四十景"，调和金陵之王气与文人之品味，并顺应城市想象的惯性路径，远追南京的六朝文化，从而形塑了记忆城市的格局，确立了影响至今的南京城市游冶空间。

关键词：明代　南京　胜景品赏　游冶活动　文化生态　地方记忆

---

* 缩略版原刊《南京大学学报》2014 年第 6 期，人大复印资料《明清史》2015 年第 2 期全文转载。

** 胡箫白，1989 年出生，安徽桐城人。现任南京大学历史学院中国史系副教授，主要研究方向为明代到民国城市文化史、边疆社会史、海外汉学，著有"Ruling the Land of the Yellow Lama：Religion，Muli，and geopolitics in the 17th century Sino-Tibetan borderland"、《文化符号与晚清南京的地域认同：以曾国藩"进驻"莫愁湖与"莫愁湖题联事件"为中心》等论著。

有宋以降,尤其是明清时代,随着商品经济的发展,城市文化愈加繁荣。而作为城市文化主要的创造者和实践者,士大夫在其中起到的作用非同小可。表现之一,便是文士们观览城市及近郊的文化地景群落,兼以诗画唱和,所形成的颇为雅致、别具特色的胜景品赏活动,如南宋"西湖十景",金、元"燕京八景",明代"金陵八景""金陵四十景"等等。按此类胜景品赏活动遴选景致的呈现方式,虽多承自北宋宋迪"潇湘八景"①以来形成的定式格局,然而宋氏"潇湘八景"并无显明的地域指涉,②故此后世以"某地数景"为标签的写实性的胜景品赏格式,所继承者应当仅是"潇湘八景"记忆地景的视角和思路而已。

本文集中讨论的对象,为表现明代南京城市文化的"金陵胜景"。按照时间顺序,分别为"金陵八景""金陵十八景""金陵二十景"和"金陵四十景"。诸次"金陵胜景"都是文人胜景游冶、品赏选胜的结果,并呈现于相关的诗文或绘画之中,它们之间则既有继承,又有发新,更受到所处时代背景的影响。以此,通过系统讨论这些胜景品赏活动所选择的具体胜景以及胜景的排列顺序与表现方式,是能够有效观照甚至厘清有明一代南京城市文化生态及其意涵转变的。值得说明的是,类似本文这样的研究路径,即由胜景品赏活动以论明清城市文化之面貌、特色与变革,笔者目力所及,尚未见到,故此本文的思路,又颇具尝试的性质。

再就文献材料与理论方法言,本文所论数种版本的"金陵胜景",或载诸诗文之中,或呈现图绘之上,虽然以文证史、以诗推史已是学界司空见惯的研究手段,而以图像推证历史的"合法性"似乎仍未得到足够的明晰。新文化史大家彼得·伯克(Peter Burke)曾经表示:"图像如同文本和口述证词一样,也是历史证据的一种重要形式";"图像不能让我们直接进入社会的世界,却可以让我们得知同时代的人如何看待那个世界。"③伯克的观点为本文的取向提供了"后援"。至于台湾艺术史学界,数十年来更将此种取向与中国古代史的研究

---

① 沈括《梦溪笔谈》卷十七"书画":"度支员外郎宋迪工画,尤善为平远山水,其得意者,有平沙雁落、远浦帆归、山市晴岚、江天暮雪、洞庭秋月、潇湘夜雨、烟寺晚钟、渔村落照,谓之'八景',好事者多传之。"胡道静校证《梦溪笔谈校证》,上海:上海古籍出版社,1987年,上册,第549页。

② 关于"潇湘八景"的研究,可参见衣若芬:《潇湘八景——地方经验·文化记忆·无何有之乡》,《东华人文学报》,第9期(2006年),第111—134页;《"江山如画"与"画里江山"——宋元题"潇湘"山水画诗之比较》,《中国文哲研究集刊》,第23期(2003年),第33—70页;Alfreda Murck(姜斐德),*Poetry and Painting in Song China：The Subtle Art of Dissent*, Harvard-Yenching Institute Monograph, 2002.

③ 彼得·伯克著,杨豫译:《图像证史》,北京:北京大学出版社,2008年,第9页,第269页。

结合得非常紧密,并在其间穿插了社会学、心理学等多学科的思维理念,相关成果蔚为大观,给人以醒目的印象;本文也一定程度上借鉴了此类艺术史学思考问题的方式,以求为历史问题的解决助力一二。

一、史谨之"金陵八景":明初南京的文化环境与城市特性

关于明初南京城市的研究,发表较早但却影响深远者为牟复礼(Frederick W. Mote)的论述,[①]其后有夫马进、徐泓、新宫学的相关文章。[②]研究多从城市的政治身份入手,探讨明初南京作为国都的文化特色。此外陈建华对元末明初的江南文化圈有所观照,亦强调了政治文化对明初南京文化生态的统领。[③] 而明代文士对金陵胜景的首次品赏活动——史谨之"金陵八景",亦在此文化氛围中产生。

史谨(生卒年不详),元末明初活跃在南京地区的画家,其人事迹,史载颇为简略。《画史会要》有:"史谨字公谨,号吴门野樵,太仓人,洪武时学士王景荐授应天府推官。善绘事。"[④]《四库总目提要》有:"洪武初,以事谪居云南。后用荐为应天府推官,降补湘阴县丞。寻罢归,侨居金陵以终。"[⑤]《姑苏志》则评:"谨性高洁,耽吟咏,工绘事。"[⑥]据这几则有限的叙述,史谨之人物形象欠缺丰满;所幸其著述《独醉亭集》存世,让我们得以进一步了解史谨其人。

《独醉亭集》体量不大,共三卷,辑录史谨的诗歌创作。四库馆臣对之评价颇高:"其诗不涉元季缛靡之习,亦不涉宋季酸腐之调,平正通达,而神采自然高秀,在明初可为一家。偶桓选《乾坤清气集》,号为精鉴,其论诗多否少可,

① Frederick W. Mote, "The Transformation of Nanking, 1350–1400", in Skinner, G. William (eds.), *The City in Late Imperial China*, Stanford: Stanford University Press, 1977.

② 夫馬進:《明代南京の都市行政》,中村賢二郎編:《前近代にぉける都市と社會層》,京都:京都大学人文科学研究所,1980年,第245—297页。徐泓:《明初南京的都市规划与人口变迁》,《食货月刊》复刊,第10卷第3期(1980年),第12—46页;《明初南京皇城宫城的规划、平面布局及其象征意义》,《台湾大学建筑与城乡研究学报》,第7期(1993年),第79—96页。新宫学:《中国近世にぉける羅城:明代南京の京城と外郭城の場合》,橋本義則編:《东アジ都城の比較研究》,京都:京都大学学术出版会,2011年,第3—22页。

③ 陈建华:《中国江浙地区14至17世纪社会意识与文学》,上海:学林出版社,1992年。

④ 朱谋垔:《画史会要》,《景印文渊阁四库全书》,第816册,卷四,上海:上海古籍出版社,1987年,第518页。按以下《景印文渊阁四库全书》文献均为此版本,不再详列。

⑤ 纪昀:《钦定四库全书总目》,《景印文渊阁四库全书》,第4册,卷一六九,第481页。

⑥ 王鏊:《姑苏志》,《景印文渊阁四库全书》,第493册,卷五六,第1058页。

而此集有《送桓诗》及《题桓家揽胜楼诗》,二人契分颇深,则谨之诗格可见矣。"①翻览诗集,可见史谨的个人形象及其交游情况。如《题江湖胜览图》:

终身未肯老菟裘,远挟长才历九州。行李独携欧冶剑,壮怀应作马迁游。

南经禹穴凌天姥,北上邯郸入帝丘。胜水名山俱览毕,白头慈母望归舟。②

再有《狂叟》:

或谈势利或谈玄,一串摩尼领上悬。口不茹荤缘信佛,心多怀诈默欺天。

市廛自负居三世,论孟何曾读半篇。翻笑二疏无见识,去辞官禄守林泉。③

二诗展现了史谨的个人形象。史谨曾谪戍云南,但并未心气郁结,反而一路壮游,遍览名山大川,"江湖胜览图"便应是他长途跋涉后的作品。至于史谨身遭贬谪却依旧壮游山河,与其个人心性有很大联系。史谨自视"狂叟",行事做人风格乖张,难免仕途不顺,卸官后也不以为意,侨居金陵,广交文人骚客。史谨与其时应天府文化圈中的主要人物皆有交游,更与诸多佛道中人过从甚密,还和日本僧人有些来往。④ 他"少从倪瓒、高启游",⑤与杨维祯作诗唱和,更在王绂面前自称"老夫"。凡此,皆可见在当时的金陵文坛上,史谨具有相当的资历,文化品味亦足具代表性。

史谨既善丹青,也题咏了不少作品。⑥ 他在历览山河的同时,也属意进行"某地数景"主题的诗文创作,如题为《龙潭八景》《武当八景》的诗咏。而与金陵相关者,则有《梁台六咏》⑦与《金陵八景》诗存世,推测其时皆有同名画作。⑧本文以后者为主要关注对象。

---

① 纪昀:《钦定四库全书总目》,第481页。
② 史谨:《独醉亭集》,《景印文渊阁四库全书》,第1233册,卷下,第155页。
③ 史谨:《独醉亭集》,卷下,第156页。
④ 史谨:《独醉亭集》,卷下,《赠日本廉上人》,第149页。
⑤ 孙岳颁:《御定佩文斋书画谱》,《景印文渊阁四库全书》,第821册,卷五五,第350页。
⑥ 如上文提及的"潇湘八景"图,史谨即有《题潇湘八景》。
⑦ 《梁台六咏》所涉胜景为:赤峰晴雪,太湖落雁,天印夕阳,古城晓景,野渡横舟,秦淮渔笛。
⑧ 按史谨善诗工画,其在作"金陵八景"诗的同时,亦作"金陵八景"画的可能性应该是较大的。

衣若芬曾在诠析"潇湘八景"时指出,"八景"概念实来自道教经典。① 然而发展至后代,似已难从此类胜景图中找到宗教痕迹,不少胜景图更被学者诠析出其背后隐含的政治意蕴,如姜斐德(Alfreda Murck)将"潇湘八景"联系宋代文人的贬谪情结,②Kathlyn Liscomb 则把王绂作"燕京八景"理解为永乐迁都以前的文化造势举动。③ 那么联系史谨所处的时代——洪武朝,他所作的"金陵八景"是否也别具政治意涵呢?

史谨所作"金陵八景"诗,依次题名为"钟阜朝云""石城霁雪""龙江夜雨""凤台秋月""天印樵歌""秦淮渔笛""乌衣夕照""白鹭春波"。从诸景题名来看,明显受到了"潇湘八景"的影响,如"龙江夜雨"比照"潇湘夜雨","石城霁雪"对应"江天暮雪","凤台秋月"参考"洞庭秋月","乌衣夕照"比对"渔村落照"。但与"潇湘"诸景并无显明的地域指涉不同,"金陵八景"中的景致皆有实指:首二景指涉分据城东城西的钟山和石头城,龙江则是明朝前期巨型官营工业——位于南京城西的龙江船厂之所在,凤台为李白咏古之凤凰台,天印为城南的天印山,秦淮是闻名遐迩的秦淮河,乌衣为六朝望族聚居的乌衣巷,白鹭则为城西长江中的白鹭洲。

史谨作"金陵八景"是否与王绂作"燕京八景"一样,具备向朝廷献媚、为新都城的营建造势的意味呢? 笔者以为不然。与王绂供事文渊阁、参与编纂《永乐大典》、更随成祖北巡的政治参与度极高不同,史谨仕途不顺,虽被荐为应天府推官,但既降补湘阴县丞,寻又罢归而侨居金陵。这样的人生经历,联系其人豪放、高洁、乖张的性情,史谨应不太会做出于吟诗绘画题材中向朝廷示好、以博取仕途发展的举动。而若排除这一层次的考量,那么史谨所作"金陵八景",便可认作是出于他自己对南京城市特性的理解而产生的行为。

史谨眼中的南京,究竟具备怎样的城市性格呢? 非常明显的是,史氏"金陵八景"体现了南京城市极强的政治文化属性,这从其所选取的胜景及其排列顺序和表现方式即可感知。

"金陵八景"的首二景"钟阜朝云""石城霁雪",显然对应的是传为诸葛亮

<hr>

① 衣若芬:《潇湘八景——地方经验·文化记忆·无何有之乡》,《东华人文学报》,第 9 期,第 115 页。

② Alfreda Murck:《画可以怨否?——"潇湘八景"与北宋谪迁诗画》,《台湾大学美术史研究集刊》,第 4 期(1997 年),第 59—89 页。

③ Kathlyn Liscomb, "The Eight Views of Beijing: Politics in Literati Art", *Artibus Asiae*, Vol. 49, No. 1/2 (1988 - 1989), pp. 127 - 152.

所云的"钟阜龙盘,石头虎踞,真帝王之宅"。① 钟山自古便有"埋金于此以镇王气"的传说,②又于洪武九年始建明皇陵,是政治意味极强的皇权的象征;至于石头城,历来为南京重要的军事战略地位的代名词。史谨将此二景置于八景之首,当是通过对其附加的政治文化意涵的表达,而对南京城的性格做出总体判断,暗示这是一座以政治、军事地位为本的"帝王之城"。

紧随二景之后的"龙江夜雨"亦是对城市政治特性的补充。明初,龙江一带仍属僻远之地,故朱元璋选择此地以建龙江船厂。③ 此后更从全国各地调集工匠于此,船厂规模因之相当宏大,日后七下西洋的郑和宝船即在此建造。如此,史谨在暗示南京城"龙盘虎踞"的政治军事地位之二景后,以象征帝国国力强盛的"龙江"作为延续,可谓是对南京城"帝王气概"的一种跟进表达。

除却"龙江夜雨",第三组对仗地景"天印樵歌"与"秦淮渔笛"行使的亦是此种功能。"天印樵歌"指代南京城南又名方山的天印山,"秦淮渔笛"则指向著名的秦淮河。在南京的地域文化记忆中,天印山和秦淮河皆与秦始皇猜忌进而提防此地的"王气"有关,所谓"《舆地志》《丹阳记》诸书皆言秦始皇用望气者言,凿方山,断长垄,以泄王气,导淮水入江,是为秦淮之始",④换言之,"天印""秦淮"既联系着秦始皇"泄金陵王气"的传说,也便反之指涉了南京特殊而重要的政治地位。

据上分析,由史谨之"金陵八景",可见明初南京文人理解与记忆城市的方式,主要为强调城市的政治属性,这与明初南京作为国都的"身份"有很大关系。至于史谨"八景"中的另外"三景",即"凤台秋月""乌衣夕照"与"白鹭春波"所表达的城市文化特性,则要等到明中后期才被发扬光大。

自成脉络的史谨的"金陵八景",在后代仍然得到了继承。如闽人黄克晦在隆庆年间、南京人郭仁在万历年间皆有同名画作向史氏致敬。这些画作至今存世,诸景名称及排列顺序几乎完全与史氏八景相同。然而从笔者所见郭

---

① 张敦颐:《六朝事迹编类》,卷二,《形势门》,上海:上海古籍出版社,1995 年,第 35 页。又李昉等编《太平御览》卷一五六《州郡部二》引《吴录》:"蜀主曾使诸葛亮至京口,睹秣陵山阜,叹曰:钟山龙盘,石头虎踞,帝王之宅。"上海:上海古籍出版社,1997 年,第 534 页。

② 周应合:《景定建康志》,卷一七,《山川志》:"秦始皇时望气者云,金陵有天子气,乃埋金玉杂宝于钟山。"《景印文渊阁四库全书》,第 489 册,第 43 页。

③ 李昭祥:《龙江船厂志》,卷四,《建置志》:"洪武初,即都城西北隅空地,开厂造船。其地东抵城濠,西抵秦淮街军民塘地,西北抵仪凤门第一厢民住廊房基地,南抵留守右卫军营基地,北抵南京兵部苜蓿地及彭城伯张田。"南京:江苏古籍出版社,1999 年,第 97 页。

④ 胡祥翰:《金陵胜迹志》,卷二,《山水一》,南京:南京出版社,2012 年,第 18 页。

仁的画作判断,其清新雅淡的图绘笔法,已经跳脱了明前中期统御南京画坛的浙派风格,而带有明显的吴派山水的痕迹,故此纵然郭仁画作的主题承自史谨,其所处时代南京城的文化生态,其实已经发生了鲜明的转变。

二、文伯仁之"金陵十八景":明中期南京的
文化趣味与城市记忆取向

石守谦曾经概括指出:"嘉靖中期的金陵文化界在艺术品味上确实起了一个很大的变化。这个变化并非因原居上层的贵族阶级的内容有所改变,倒是文人士大夫之跃升为金陵文化界的主流才是最具关键性的原因。"[①]质言之,嘉靖以前,由贵族作为主要赞助人的南京文艺圈子,呈现以画坛中浙派为代表的豪简放纵、洒脱爽劲的风格,甚至由于贵族的生活方式的影响,带有不少的"浪荡之风"。[②] 而至于明中期,即自嘉、隆时代开始,文人士大夫跃升为城市文化的主流,城市文化风尚亦随之一变。钱谦益即将此时概括为"金陵之初盛"的时代:

> 海宇承平,陪京佳丽,仕宦者夸为仙都,游谭者指为乐土……嘉靖中年,朱子价、何元朗为寓公;金在衡、盛仲交为地主;皇甫子循、黄淳父之流为旅人;相与授简分题,征歌选胜。秦淮一曲,烟水竞其风华;桃叶诸姬,梅柳滋其妍翠。此金陵之初盛也。[③]

按嘉、隆时代,实为明代前期统领南京文化圈的浙派势力与此时勃发的吴派势力此消彼长的阶段,上引文中所述诸位即皆为吴派文人,而他们所崇尚的细腻清淡的文雅品味,亦不知不觉间浸润了彼时城市文化的方方面面,包括对城市胜景的品赏趣味。

自从永乐迁都之后,南京在政治、经济及文化等层面都遭到了一定的打击,其中尤以政治层面重要性的衰落异常明显。南京行在朝廷成为摆设,六部

---

① 石守谦:《浙派画风与贵族品味》,收入氏著:《风格与世变——中国绘画史论集》,台北:允晨文化,1996年,第224页。

② 石守谦:《浪荡之风——明代中期南京的白描人物画》,《台湾大学美术史研究集刊》,第1期(1994年),第39—61页。

③ 钱谦益:《列朝诗集小传》,《丁集·金陵社集诸诗人》,上海:上海古籍出版社,1959年,第462页。

官员做起了寓公,饮酒评画,吟诗填词。而伴随着前述明初城市鲜明的政治属性之逐步减弱,文化特性渐次凸显了起来,具体到胜景品赏活动亦复如是。成化丙戌(1466)进士黄仲昭在其为张祖龄《南都壮游诗》所作序中便有如下表述:

> 祖龄喜曰:"……况南都山川形势之美,衣冠文物之盛,甲于四方。吾得以行役之暇,探奇览胜以畅其怀抱,亲贤友善以博其见闻,抑岂非浮生之一快哉。"于是浮深涉险而来。泛龙江,以观天堑之险。登凤台,以览形胜之奇。瞻虎踞于石城,望龙蟠于钟山。访朱雀之桥,以吊王谢繁华之迹。临玄武之湖,以询齐陈争战之墟。凡京师宫阙陵庙之雄壮,廪藏苑囿之富饶,台榭寺观之幽奇,园林泉石之瑰伟,无不历览登眺。祖龄兹游,其亦可谓壮矣。既竣事将归,顺庵同官诸公,即祖龄所尝游者,分而为题,曰石城夜泊,曰钟山晓望,曰龙江潮势,曰凤台山色,曰朱雀停骖,曰玄武观鱼,曰牛首晴岚,曰鸡鸣夕照,曰报恩登塔,曰朝阳谒陵,曰雨花怀古,曰栖霞眺远,凡十有二,各采一题赋诗赠之,装潢成轴,题曰"南都壮游"。以予尝辱知于顺庵,命之为序。[①]

分析张祖龄"尝游"而在"南都"为官的"诸公"分题之金陵十二胜景,可以发现前四景仍延续着史谨"金陵八景"的格局,但被关注的方式却有所不同;后数景则多有改变,加入了别具特色的文人活动色彩,如"停骖""观鱼""登塔""眺远",皆属文人雅游的举止。如此,可以说张祖龄、张顺庵诸人的此番赏景赋诗,是城市记忆方式由着重政治特性向偏好文化属性过渡的一个旁证。而真正发展到对城市特性理解的截然"文人化",还要等到以文伯仁为代表的明中期。

文伯仁(1502—1575),字德承,长洲(今苏州)人,文徵明之侄,著有《五峰山人集》,惜不存。其人性情狂放不羁,少年时曾与文徵明争讼。后因避倭寇乱,举家迁徙南京,寓居栖霞寺,自号摄山老农,并撰有《栖霞寺志》三卷。虽与文徵明不和,但不可否认文伯仁实为"吴门画派"领军人物之一,其"作山水笔

---

① 黄仲昭:《南都壮游诗序》,《未轩文集》,《景印文渊阁四库全书》,第 1254 册,卷二,第 391—392 页。按顺庵为祖龄兄,以进士起家,历官南京刑部员外郎,祖龄亦曾拜此职,又祖龄之祖父、父亲皆曾任南京刑部主事。

力清劲，岩峦郁茂，擅名不在衡山之下"。①

文伯仁以南京为舞台，与其时金陵文坛的要角们，如盛时泰、周晖、朱白藩、何良俊、黄姬水等人过从甚密，频繁交游雅集，其社交圈子，便是上引被钱谦益目为能够代表"金陵之初盛"的一个文化群体。然而这批代表"金陵之初盛"的人物，文化品味却表现出鲜明的吴派色彩，崇尚清新、雅淡、细腻，与此前统御金陵的豪爽甚至浪荡的文化风尚两相背离。那么这种文化的转变，在文人胜景品赏活动中又得到了怎样的体现呢？下面即以文伯仁的绘画作品为例，就此问题展开审视。

文伯仁寓居南京多年，他对这座城市的理解，在其代表作品之一的《金陵十八景图》中得到了充分的表达。该图曾为清代皇室收藏，乾隆帝南巡期间随身携带，更三番题诗于其上，可见对其喜爱的程度；而诠析这反映了文伯仁个人趣味的"金陵十八景"，即三山、草堂、雨花台、牛首山、长干里、白鹭洲、青溪、燕子矶、莫愁湖、摄山、凤凰台、新亭、石头城、玄武湖、桃叶渡、白门、方山、新林浦，亦是管窥明中期文士对城市特性理解方式的合适途径。

文伯仁的"金陵胜景"与史谨所选有极大不同，明初"金陵八景"中仅有四景入选文氏十八景，表达方式亦产生了巨大的变化。检视文氏所遴选的胜景，可见三个主要特色：其一，去政治性意图明显；其二，蕴含对城市命运和气质的暗示；其三，此番胜景品赏具备一定的叙事性，创作者将图册塑造成文本，意图引领观者展开一次视觉的"旅行"。这里的前两者互为表里，第三者则贯连全图。以下分而述之。

文氏"胜景品赏"的一个鲜明特点是，政治意味较强的地景不再被凸显。如钟山、龙江被直接抹去，石头城的序列位置也被调整为不再靠前。而根据诸多地景所承载的历史文化象征，去理解文氏十八景的排列顺序，又能有所发现。

排在十八景首位的三山，为南京城西南江边的自然胜景，承载的却是南京城命运衰微之起点的人文意涵。无论是李白那首著名的《登金陵凤凰台》，在"吴宫花草埋幽径，晋代衣冠成古丘"的怀古之后，吟咏"三山半落青天外"的寓意，还是乾隆御诗"鼓棹三山正顺流，素车白马一时收"，②用典为"王濬楼船下

---

① 朱谋垔：《画史会要》，《景印文渊阁四库全书》，第 816 册，卷四，第 538 页。"衡山"即文徵明，文徵明号衡山居士。

② 乾隆：《御制诗集》，五集，《景印文渊阁四库全书》，第 1309 册，卷七，第 353 页。

益州,金陵王气黯然收"的西晋灭吴之事,可以认为,金陵王气的首次消歇,正始于当年王濬水军集结的三山之畔的江边。以此,文氏以别具深意的"三山"作为开篇,代表了他对南京城命运的理解与对南京城形象的定位,即暗示这是一座祚运难久的"短命"国都。

排在十八景次位的草堂亦是别具意味。草堂为南朝宋齐时名士周颙隐居处,他曾弃官而于钟山西麓筑舍,休沐其中,终日蔬果相伴,颇以为适,《北山移文》即有"钟山之英,草堂之灵,驰烟驿路,勒移山庭"①之句。同样是表现钟山,史谨以"钟阜晴云"指涉皇权,承接史谨思路的郭仁甚至直接以"钟阜祥云"口吻献赞,但文伯仁却从侧面表现钟山,选择了钟山西麓一处文人化色彩浓厚的地景为关注对象,殊有意味。纵然表现文人避居山水是吴门画派的经典母题之一,但笔者以为文氏此举实为承接首景"三山"的意涵,即用象征隐居之草堂替代钟山,暗示着金陵黯然而"隐"的王气和淡褪的政治色彩。

除此之外,文氏选择钟山草堂作为次景还有现实的考量。《金陵十八景图》册页颇多,如何将诸图景串联成一个整体,使观者翻览时产生对"金陵胜景"的"阅读感",也是画者需要思考的问题。依据正史如《南齐书》《南史》的记载,草堂主人周颙虽曾隐居山林,却终究抵抗不住世俗的诱惑而重新入仕,这正是城市生活魅力的反映。文伯仁生活的嘉靖中期,明初的诸般僵化体制已然松动,社会秩序面临重整,而城市作为独立于乡村之外的客体,其"城市性"渐次勃发显现。② 因此文伯仁以周颙弃山林、返俗世为典,替他自己的胜景叙述做了铺垫,且将观者引入其后的胜景之中,从而构建起一次视觉与联想交织的城市"旅行"。

三山、草堂之后,文伯仁将其时金陵胜景一一铺呈,为观者提供了一次精致的视觉"旅行",其间又以凤凰台之"凤去台空"、新亭之苟安对泣等,渲染城市渐次淡褪的政治属性和"意象化"的哀伤文化气质。而当"旅途"接近结束之时,文伯仁再次回到卷首的主题,用数个地景重申了他对南京城市特性的理解。

---

① 孔稚珪:《北山移文》,严可均校辑:《全上古三代秦汉三国六朝文·全齐文》,卷十九,北京:中华书局,1958 年,第 2900 页。

② 对明中期"城市特性"之凸显的诸般研究成果丰硕,以南京论,重要参考为 Fei Si-yen(费丝言),*Negotiating Urban Space: Urbanization and Late Ming Nanjing*,Harvard University Press,2009.

《金陵十八景图》的第十六景是"白门"。白门是六朝建康宫城正南门宣阳门的别称，唐人许嵩《建康实录》云："宣阳门，本吴所开，对苑城门，世谓之白门，晋为宣阳门，门三道，上起重楼悬楣，上刻木为龙虎相对，皆绣栭藻井。南对朱雀门，相去五里余，名为御道，开御沟，植槐柳。"①又白门最为民间熟知的史事，见于《宋书》："宣阳门，民间谓之白门，上以白之名不祥，甚讳之。尚书右丞江谧尝误犯，上变色曰：'白汝家门！'谧稽颡谢，久之方释。"②然则白门既为建康城中轴线御道的起点，象征着六朝古都的显赫地位，也以"白汝家门"的"不祥"，隐喻了这座城市的悲惨命运。及至隋朝平灭江南，六朝古都果真被"平荡耕垦"，③昔日繁华化作灰飞烟灭，故在唐代以降被固化的"金陵怀古"文学母题中，白门与白下、白城一起，成了城市的别称，④且被附加上了沧桑沉重的意蕴。乾隆御题诗云："白下由来名久标，白城相接白门遥。而今遗迹多荒没，谁复凄凉叹六朝。"⑤这可谓精准拿捏住了白门的象征含义，即它是对城市频遭毁损命运的重申和暗示。至于文伯仁选择在"金陵胜景"旅程行将结束之时，以白门将观者导出城市，则是为了提醒他们这座城市表面的繁华美好背后，沉淀的是意象化的悲伤与毁灭。

承续白门的是方山。据前述的典故，方山指涉城市黯然的王气，另一方面，方山又与草堂相呼应，也被赋予了"隐"的意味，暗示城市政治属性的消退，如乾隆题诗即云："方山四面耸嶙峋，闻说当年多隐沦。"⑥

"金陵十八景"的最后一景，为江畔的新林浦。也就是说，文伯仁在最后又将观者带回长江边，以幽旷邈远的景致，生发观者对于历史兴亡的无限感慨。回想首景，《金陵十八景图》画册将观者从长江边的三山"带入"城市，最后又在长江边的新林浦"离开"城市，而图画构建的旅行也就在此完成了圆满的叙事。乾隆便衷情道："港出牛头江水通，谢家江树辨溕濛。连朝近揽兼遐眺，总在德承几帧中"，⑦这算是给了文伯仁安排的"金陵胜景"游览一个满意的评价。

文伯仁的《金陵十八景图》，为"金陵胜景"品赏活动加入了浓厚的文人化

① 许嵩：《建康实录》，卷七，《显宗成皇帝》，北京：中华书局，1986年，第179—180页。
② 沈约：《宋书》，卷八，《明帝纪》，北京：中华书局，1974年，第170页。
③ 魏征等：《隋书》，卷三十一，《地理志下》，北京：中华书局，1973年，第876页。
④ 白下，唐初曾短期置白下县；白城，当即白下城的简称。
⑤ 乾隆：《御制诗集》，四集，《景印文渊阁四库全书》，第1308册，卷七三，第495页。
⑥ 乾隆：《御制诗集》，四集，《景印文渊阁四库全书》，第1308册，卷七三，第495页。
⑦ 乾隆：《御制诗集》，三集，《景印文渊阁四库全书》，第1308册，卷四九，第95页。

色彩,这从他的图绘题跋、胜景选址以及对于胜景内涵的判断都可看出;而与此相对应者,则为胜景所附加和所表达的城市渐次淡去的政治意涵。这样一种此消彼长的态势,自是多方面因素综合的结果,而其中的充分条件,无疑是南京城市政治地位的下降,以及吴派文人士大夫对城市文化圈的主导。

文伯仁的好友盛时泰(1529—1578,或 1519—1589)亦曾依其个人口味品赏过金陵胜景。《金陵琐事》记载:"祈泽寺龙泉,天宁寺流水,玉皇观松林,龙泉庵石壁,云居寺古松,朝真观桧径,宫氏泉大竹,虎洞庵奇石,天印山龙池,东山寺蔷薇。此十景皆世人所忽,仲交所独取者。"①由此可见,盛时泰通过品赏胜景所表达的对城市的理解方式,较之文伯仁来说,实际具备更加浓厚的文人化色彩,而这与盛氏本人的"奇趣"有关。盛时泰行为夸张奇谲,曾"于方山祈泽寺构野筑,杖策跨蹇,欣然独往,家人莫能迹也",②又曾历取城中诸水,作《金陵泉品》,③因此他独特的胜景品赏口味也便容易理解。但是不得不承认,盛时泰品评的胜景作为对地方文化的细化,在嘉靖时期仍非普遍现象;待及晚明,以余孟麟、焦竑、朱之蕃、顾起元为首的一干文人,才真正完成了对城市文化的细化处理,并进而确立了城市记忆的格局。

三、《金陵雅游编》之"金陵二十景":晚明南京的文人心态与游冶活动

明中期以来,文人圈中一个比较明显的文化风尚是旅游活动的兴起。相较于徐霞客、王士性等人的长程"壮游",④本文所着眼者,主要为多数文人得以开展的短程"雅游"。其时江南文人风行游冶,诸多旅游手册随之出现,文人多撰写游记以记述与评赏旅游活动。此类游冶活动产生的原因,较为前沿的研究指出,实际是文人们面对明中期以来社会秩序失控、等级制度失调,出于

---

① 周晖:《金陵琐事》,卷一,《十景》,南京:南京出版社,2007 年,第 30 页。
② 陈作霖:《金陵通传》,卷一四,《吴金史徐陈黄二姚朱顾盛传第六十七》,光绪甲辰年瑞华馆刊印本影印本,扬州:广陵书社,1986 年。
③ 周晖:《金陵琐事》,卷一,《泉品》,第 23 页。
④ 可参考谭其骧:《与徐霞客差相同时的杰出的地理学家——王士性》,收入氏著《长水集续编》,北京:人民出版社,1994 年,第 189—200 页。周振鹤:《徐霞客与明代后期旅行家群体》,收入《周振鹤自选集》,桂林:广西师范大学出版社,1999 年,第 289—297 页。

对自身身份属性之定位日渐模糊的焦虑,而产生出的一种"自卫"行为。① 旧日曾经属于文人"专利"的文化游冶,到了明中期之后,却遭平民商贾争相效仿,其热闹程度和游冶方式竟与文人的风雅活动不相伯仲,这引起了文人阶层的大面积恐慌。他们对庶民动辄倾城出游的行为表示异常反感,比如李流芳论述苏州虎丘的情形时就说:"虎丘中秋游者尤胜,仕女倾城而往,笙歌笑语,填山沸林,终夜不绝。遂使丘壑化为酒场,秽杂可恨。"②南京的情况则是:"尝于五月十三日往(燕子矶)观关会,见士女上下山者,势如蚁织,炎蒸气秽,令人作恶。"③针对此种情形,文人们遂以包括旅游地点、旅游路线及旅游时间之旅游方式的发陈出新甚至奇谲古怪,加以应对,并借以守卫其日遭冲淡的阶层或身份疆界,而在具体的旅游活动中,又多表现出一种"地方取向"。下面即以南京为例进行剖析。

明中期南京的文化圈因吴派文人的主导,文化品味渐趋文人化,这亦呈现在文人的胜景品赏活动中。同时,此类游冶活动又凸显出朦胧的"地方感"。不少研究注意到了明中期以来南京文化圈出现的地方意识,④此中较为人关注的节点为陈沂(1469—1538)。根据石守谦在《浙派画风与贵族品味》文中的判断,虽然陈沂的艺术审美仍未发展为反浙派的品味,但他个人的文化活动与社交取向已经接近吴派文人。费丝言(Fei Si-yen)的上引著作即以陈沂著《金陵古今图考》为例,论述了从《洪武京城图志》到《金陵古今图考》所反映的观照城市方式的视角变换,即由国家视域下的宏观考察,转变为地方文人针对地域历史文化的微观理解。而除了陈沂的作品外,明中期的南京文化圈还出现了大量富含地方意识的著述,《客座赘语》中"金陵人金陵诸志"条即有:

---

① 关于明代文士的游冶活动及其内在性,学界已有不少成熟研究。笔者较为熟悉巫仁恕的作品,他的立论很大程度上受到皮埃尔·布迪厄(Pierre Bourdieu)关于文化品味和身份区隔关系研究的影响(Bourdieu, *Distinction: A social Critique of the Judgment of Taste*. Richard Nice Trans., Harvard University Press,1984)。参见巫仁恕:《品味奢华:晚明的消费社会与士大夫》,台北:联经出版事业公司,2007年;《游道:明清旅游文化》,台北:三民书局,2010年;《优游坊厢:明清江南城市的休闲消费与空间变迁》,"中央研究院"近代史研究所专刊96,2013年。

② 李流芳:《檀园集》,《景印文渊阁四库全书》,第1295册,卷八,《游虎丘小记》,第367页。

③ 吴应箕:《留都见闻录》,卷上,《燕子矶》,南京:南京出版社,2009年,第14页。

④ 吕晓:《明末清初金陵画坛研究》,南宁:广西美术出版社,2012年,第147页。按吕著将郭仁作《金陵八景》中的"钟阜祥云""石城瑞雪"理解为暗示了朦胧的金陵地方意识,这显然没有注意到史谨"金陵八景"与郭仁作品之间的联系,故失之偏颇。Fei Si-yen, *Negotiating Urban Space: Urbanization and Late Ming Nanjing*, Chapter 3: Imaging Nanjing: A Genealogy 讨论了城市图绘之于文人的社会功用,尤其是他们以此作为自身观赏城市的方式,来对"国家"视域下的城市形象进行反驳。

　　陈太史沂有《南畿志》《应天府志》。徐鬐仙子仁有《南京志》。刘雨有《江宁县志》。李明府登有《上元县志》,《江宁县志》。焦太史竑有《京学志》。陈太史沂有《金陵世纪》《金陵图考》。焦太史竑有《金陵旧事》。周文学晖有《金陵琐事》《续金陵琐事》《二续金陵琐事》。王隐君可立有《建业风俗记》。陈中丞镐有《金陵人物志》。陈参议凤有《欣慕编》。王太守可大有《金陵名山记》。陈太守沂有《献花岩志》。金山人銮有《栖霞寺志》。盛太学时泰有《金陵泉品》《方山香茅宇志》《大城山志》《祈泽寺志》《牛首山八志》。僧海湛有《雨花台志》。[1]

　　而除了著述,地方文人还参与了大量的地方文化整理修复工作,诸如开坛讲学、翻印书籍、维修古迹、撰写碑刻题铭等等。凡此,皆可见他们对地方意识、地方文化的重视,甚或如学者所言,透露出他们"担心(地方文化)消失的危机感"。[2]

　　如果说地方专志和胜景志的出现是地方意识的表达,那么在此场景中的胜景品赏活动,便是地方意识观照下的实践行为,并同时表现了晚明南京的文化生态。比如顾起元就曾对南京城中可舒旷揽、可恣幽探之处加以罗列,且为自己有所总结发现颇为自豪。[3] 而由余孟麟所辑之《金陵雅游编》,更是一个极具代表性的范例。

　　顾起元《客座赘语》"雅游篇"条载:

　　　　余幼峰先生以生平所游览金陵诸名胜二十处,各著诗纪之,曰钟山,曰牛首山,曰梅花水,曰燕子矶,曰灵谷寺,曰凤凰台,曰桃叶渡,曰雨花台,曰方山,曰落星冈,曰献花岩,曰莫愁湖,曰清凉寺,曰虎

---

　　① 顾起元:《客座赘语》,卷七,《金陵人金陵诸志》,北京:中华书局,1987 年,第 219 页。
　　② 杨敦尧:《图写兴亡:实景山水图在清初金陵社会网络中的意涵》,《台湾艺术大学书画艺术学刊》,2006 年第 1 期,第 259 页。
　　③ 原文作:"白下山川之美,亡过于钟山与后湖,今为皇陵册库,游趾不得一错其间,但有延颈送目而已。其它在城中则有六,曰清凉寺,曰鸡鸣寺,曰永庆寺之谢公墩,曰冶城,曰金陵寺之马鞍山,曰卢龙观之狮子山。在城外近郊则有十四,曰大报恩寺之浮屠,曰天界寺,曰高座寺之雨花台,曰方正学祠之木末亭,曰牛首之天阙,曰献花岩,曰祖堂,曰栖霞寺之摄山,曰弘济寺,曰燕子矶,曰嘉善寺之一线天,曰崇化寺之梅华水,曰幕府寺之幕府山,曰太子凹之夹萝峰。此二十处或控引江湖,或映带城郭。二陵佳气,常见郁郁葱葱;六代清华,何减朝朝暮暮。宜晴宜雨,可雪可风,舒旷揽以无垠,恣幽探而罔极。尝谓士生其间,情钟怀土,道感逝川,政可蜡屐而登,巾车而往,又何烦顿千里之驾,期五岳之游者哉。"顾起元:《客座赘语》,卷一,《登览》,第 21—22 页。

洞,曰长干里,曰东山,曰冶城,曰栖霞寺,曰青溪,曰达摩洞。因约焦澹园、朱兰嵎二太史与余起元同赋,都为一集,曰《雅游篇》,刊而行之,属余师叶阁学为之序,一时以为胜事。①

按上引文中提及的诸位都非一般的人物。余孟麟(1537—1620),字幼峰,万历二年(1574)中一甲第二名,人称余榜眼,授翰林院编修,官至南京国子监祭酒。焦竑(1540—1620),字弱侯,号澹园,又号漪园,万历十七年(1589)得中状元,授翰林院修撰,辞官后潜心研读地方文史,为一代文坛领袖。朱之蕃(1548—1624),字元介,号兰嵎,万历二十三年(1595)亦中状元,授翰林院修撰,官至吏部右侍郎。顾起元(1565—1628),字太初,一作邻初,号遁园居士,万历二十六年(1598)中一甲第三名,人称顾探花,初时授翰林院编修,官至吏部左侍郎兼翰林院侍读学士。以上诸位皆为南京人。至于为《雅游篇》作序的"叶阁学"叶向高,福清人,万历进士,时为礼部尚书兼东阁大学士。

关于此番"雅游"活动的具体情状,叶向高《金陵雅游编·序》中说:

> 今上御极以来,擢巍科,登鼎甲,以文章德业照耀词林者,如余、焦、朱、顾四君子,并时而起,称极盛已。幼峰先生既已焚鱼,漪园、兰嵎、邻初三君亦多从休沐,徜徉里中,佳辰美景,选胜招欢,岩壑毕搜,篇章迭奏,琳琅金石之韵,被于山川,足令三谢让辉,二陆避响。②

由"四君子"的身份即可判断,他们其时于金陵文坛的活动,足以代表城市文化生态的趣味与偏好。诚如叶向高之言,兴此雅游的直接原因便如前述,来自对地方文化的瞩目与重视,所谓"网罗旧迹,尽入品题,使荒台废榭、颓址遗基不至湮没于寒烟衰草、闾井市廛之中,令后来者得有所考镜,是又四君子之责,而余有厚望焉"。③ 质言之,出于"地方意识"的主导,明中后期的文士们对本地名胜遗迹产生了浓厚的兴趣,寻幽访胜,乐此不疲;而此番"雅游"活动,又同时在宏观的文化氛围笼罩之下,表现出了地方文人们对身份疆界不自觉的捍卫和确认。

余、焦、朱、顾四君子的雅游共选取了"金陵二十景"。其中数景皆为"冷门",人迹罕至,庶民少往,甚至"胜景"本身已近湮没,如梅花水、虎洞诸胜,被

---

① 顾起元:《客座赘语》,卷六,《雅游篇》,第198—199页。
② 余孟麟:《金陵雅游编》,天启三年(1623)刊本,南京图书馆藏,第1—2页。
③ 余孟麟:《金陵雅游编》,第2—3页。

叶向高评为"已罕有迹者"，①而游览此类胜景，更凸显了文士品味的别致。又有数景历经沧海桑田，彼时已经不存，或者形貌早已产生极大变化，如"今朝天宫地"的吴王铸剑处，以及"今废，只有遗址耳"的凤凰台等，②如此，便对游览者的知识储备做出了要求，否则观览到的只不过是皇家禁地或萋萋野草而已。《金陵雅游编》的每一胜景前皆有介绍，内容为该胜景的历史变迁及文人典故，其旁征博引，娓娓道来，甚至连"太祖曾挂衣于上"的盘虬老松都能指认，③可见此类胜景品赏活动对观者的文化修养提出了极高要求，而这又恰巧是文人们所擅长与喜闻乐见的，因为这正是他们在晚明秩序失调的社会场景下，守卫"身份疆界"之为数不多的有效手段之一。

文人阶层作为一个群体，对"外"以旅游地点的选取，旅游时间、旅游方式的出奇，旅游内涵的深邃博雅，建构与庶民大众、商人阶层有所区隔的身份识别；对"内"，则以胜景游冶活动作为社会交往的惯习方式，强化文人圈子内部的社交网络。费丝言对此曾有精彩的论述，她认为文士常常在选择游冶同伴时捎带上自己的后辈，借机将他们引介给长者，以为年轻人日后的声名建构铺路，游冶活动也因此显得非常仪式化。而在这个意义上，对历史文化遗迹的观览便不再仅是兴怀咏古之举，还附加了强化旧日交情、并将之延续到下一代人社交网络里的别样意涵。④

以上简述了晚明南京游冶活动之于文人的意义，即他们利用胜景游冶，强化了阶层的外在边界，并巩固了阶层内部的联系；而作为文人偏好的交游方式，胜景品赏活动又整体呈现出鲜明的"地方意识"。可以说，这两者共同构成了晚明南京文人游冶活动的表征，前者是兴发胜景品赏的诱因，后者则为游冶活动特色的具体表现。然则由另一角度讨论，游冶活动之于胜景本身，以及胜景承载的城市文化本身，又具备了怎样的内在功能呢？下面由朱之蕃的《朱状元金陵四十景图像诗咏》入手，对胜景品赏所具体表现出的城市想象与记忆格局进行诠析。

---

① 余孟麟：《金陵雅游编》，第 2 页。
② 余孟麟：《金陵雅游编》，第 9 页，第 5 页。
③ 余孟麟：《金陵雅游编》，第 5 页。
④ Fei Si-yen, *Negotiating Urban Space：Urbanization and Late Ming Nanjing*, pp. 159. pp. 164.

四、朱之蕃之"金陵四十景"：南京城市 想象与记忆格局的确立

结伴游冶并对胜景进行品赏，是中晚明以来常见的城市文化生态。那么这种文人活动除了对阶层属性进行辩护、对阶层身份进行区隔以及对社交网络进行强化以外，是否还有别样的内涵承载呢？答案是肯定的。即以南京地区的情况论，金陵胜景的游冶品赏还造成了文人观览城市、记忆城市之方式与视角的确立。

《朱状元金陵四十景图像诗咏》（下称《金陵图咏》）为朱之蕃所作，其人的身份上节已有简介。既然朱之蕃已经参与了"四君子"的"金陵雅游"，为何又作此《金陵图咏》呢？该书序言给出了答案：

> 圣祖开基定鼎，始符千古王气……相沿以八景、十六景著称，题咏者互有去取，观览者每叹遗珠。之蕃生长于斯，既有厚幸，而养疴伏处，每阻游踪，乃蒐讨纪载，共得四十景，属陆生寿柏策蹇浮舫，躬历其境，图写逼真，撮举其概，各为小引，系以俚句，梓而传焉。虽才短调庸，无当于山川之胜，而按图索径，聊足寄卧游之思。因手书以付梓。[①]

据知朱之蕃作此《金陵图咏》的原因在于：其一，朱氏对仅评定金陵八景或金陵十六景表示遗憾，认为还有许多胜景难以入选，而且针对吴派文人对南京城市的表现方式，朱氏抱怨他们对金陵胜景的表达有失偏颇，某种程度上"目光短浅"[②]；其二，朱之蕃自陈身体状况欠佳，许多景致难以亲身游览，因此委托弟子陆寿柏按景成图，而自己作文以配，"足寄卧游之思"。

关于《金陵图咏》在文化史上的意义，曾有不少学者进行讨论。费丝言强调应将其放回社会脉络和历史场景中，注重其外在功能的演变。如就《金陵雅游编》与《金陵图咏》的差别，她认为《金陵雅游编》仅仅停留在对胜景的介绍，

---

① 朱之蕃：《朱状元金陵四十景图像诗咏》，天启三年（1623）刊本，南京图书馆藏，序第 1—2 页。

② Mei Yun-chiu, Mass-production of topographic pictures in the seventeenth century exploration for Nanjing's famous sites, Stanford University, unpublished paper. 转引自 Fei Si-yen, *Negotiating Urban Space: Urbanization and Late Ming Nanjing*, pp. 170.

而《金陵图咏》则对品赏胜景的方式做了说明与建议。① 两者反映之观赏及认识城市的角度殊为不同。吕晓认为《金陵图咏》除了导览功能外,还"突出了金陵作为完整城市的价值,而且对金陵的'王气'特意加以强调"。② 程章灿、成林则爬梳了从唐代刘禹锡《金陵五题》到清代"金陵四十八景"的转变过程,强调文学对历史文化地标的形塑功能,认为古代作家的吟咏品题为古都南京建立了一个历史文化地标体系。③

基于前贤的这些研究成果,笔者回到《金陵图咏》本身,重新检视朱之蕃关于诸胜景的品题诗文,而试图提出"《金陵图咏》是对南京城市想象与记忆格局的确立"这一观点。

兹先依《金陵图咏》之胜景顺序,录入胜景名称,并摘取配图的部分相关诗文叙述,概括其观览或记忆胜景的关键历史文化属性,制表如下:④

表1 金陵胜景的诗文叙述

胜景名称	诗文叙述	关键属性
钟阜晴云	地拥雄图沿六代,天留王气镇千秋。	王气,六朝
石城霁雪	孙权于江岸必争之地筑城,因石头山堑凿之,陡绝壁立,孔明称石城虎踞是其处也。	王气,六朝
天印樵歌	秦始皇凿金陵,此方是其断者。	王气
秦淮渔唱	秦始皇东巡会稽,经秣陵,因凿钟山,断长垄,以蹶淮。	王气
白鹭春潮	太白诗所称二水中分白鹭洲是也……清圣倾将酬远览,千秋犹忆酒中仙。	六朝⑤
乌衣晚照	王导、谢安渡江来,同居此巷,其子弟皆乌衣,故以名之。	六朝
凤台秋月	宋元嘉时凤凰集于此山,筑台山椒,以表嘉瑞。	六朝
龙江夜雨	设关津以征楚蜀材木,备修制官舫之用,百货交集,生计繁盛。	王气⑥

---

① Fei Si-yen, *Negotiating Urban Space : Urbanization and Late Ming Nanjing*, pp. 169.

② 吕晓:《明末清初金陵画坛研究》,页152。

③ 程章灿、成林:《从〈金陵五题〉到"金陵四十八景":兼论古代文学对南京历史文化地标的形塑作用》,《南京社会科学》,2009年第10期。

④ 表中"诗文叙述",皆摘自《朱状元金陵四十景图像诗咏》,天启三年(1623)刊本,南京图书馆藏。为免烦琐,不再一一详注。

⑤ 李白《登金陵凤凰台》为"金陵怀古"之作,指涉六朝。

⑥ 明洪武初设关,指涉王气。

胜景名称	诗文叙述	关键属性
弘济江流	魏文帝称天限南北者,此也。	六朝
平堤湖水	刘宋元嘉末有黑龙现,故改今称。齐武理水军于此,号曰昆明池。	六朝
鸡笼云树	宋元嘉中雷次宗开馆,齐竟陵王子良移居,集四学之士,抄五经百家书,皆在此山。	六朝
牛首烟峦	晋元帝初作宫殿城阙,郭璞曰:阙不便。王导指双峰曰:此天阙也。	六朝
桃渡临流	晋王献之爱妾名桃叶,其妹曰桃根,献之临此,作诗歌以送之。	六朝
杏村问酒	旧有古杏林,立春多游人。	文人活动
谢墩清兴	城头一片金陵月,曾照安玄扶醉归。	六朝
狮岭雄观	晋元帝初渡江,见此山绵亘,以拟北地卢龙,易名卢龙。	六朝
栖霞胜概	《南史》:明僧绍居此,舍宅为寺。	六朝
雨花闲眺	梁武帝时有云光法师讲经于此,感天雨赐花,天厨献食,故以名其台。	六朝
凭虚听雨	相传晋有四帝陵,列在鸡笼山之麓。	六朝
天坛勒骑	定鼎时郊天之所。缭垣之外,驰道坦夷,最堪驱骋。	王气
长干春游	星罗萧寺自南朝,衢路交通被麓耕。	六朝
燕矶晓望	磴道盘折而上,有俯江亭,可以憩饮。	文人活动
幕府仙台	晋元帝初渡江,丞相王导建幕府于此山。	六朝
达摩灵洞	梁武帝时达摩西来弘法,机缘不合,将欲北渡,偃息于此。	六朝
灵谷深松	在钟山东南,晋建,梁宝志公葬独龙阜即此……石傍老松虬偃,圣祖尝挂服于上。	六朝,王气
清凉环翠	登顶眺,城南北诸山皆在眉睫间。	文人活动
宿岩灵石	今建灵石阁于上,为游览之所。	文人活动
东山棋墅	晋谢安旧隐会稽之东山,筑此拟之,尝放情游赏。	六朝
嘉善石壁	后有巨石壁,立拆裂处仰视,天光仅露一线,碧藓萦徊,青松茂密,登陟为艰。	文人活动
祈泽龙池	寺为刘宋时建,昔初法师结庵于此山,讲法华经。	六朝

（续表）

胜景名称	诗文叙述	关键属性
青溪游舫	吴凿东渠,名曰青溪,南朝鼎族多居其上。	六朝
虎洞幽寻	因离城僻远,游踪罕至。	文人活动
星岗饮兴	梁王僧辩连营立栅,以拒侯景于此地。	六朝
莫愁旷览	昔有妓卢莫愁家此,故以名湖。	六朝
报恩灯塔	吴赤乌间,有康居国异僧来长干里结茅行道,能致如来舍利,孙权为建塔奉焉,寺名建初。	六朝
天界经鱼	寺本晋建,元文宗改名龙翔,在会同桥北,洪武中徙建。	六朝,王气
祖堂佛迹	山僻寺荒,游人至者,凛不可留。	文人活动
花岩星槎	回盼牛首塔殿林峦,宛如图画,空阔处平畴高原,阴晴皆可纵目。	文人活动
冶麓幽栖	晋谢安与王羲之同访冶城,悠然遐想,有超然之志。	六朝
长桥艳赏	国初置伎馆以娱商旅。胜时游乐欢宴,达旦不休。	王气,文人活动

考量上表,不难发现朱之蕃版的金陵胜景及其对金陵胜景的认知,呈现出如下特点:

其一,朱之蕃延续了对"金陵王气"的表达。其所选取的四十景,首八景便向明初的史谨致敬:胜景名称几乎完全相同,惟顺序略有变化,特别是将"龙江夜雨"移到了末位,可能的原因或是洪武朝尤其永乐朝规模宏大、热闹纷呈的龙江船厂一带,到了晚明已经"今虽凋敝"了。而在"史氏八景"以外,朱状元更以"天坛勒骑"提醒读者这座城市所拥有的"国都"身份,又用"长桥艳赏"勾勒明初帝都生活的美好繁盛。

其二,朱之蕃所选四十景带有浓厚的文人色彩。前述文伯仁、盛时泰一干人等引领了南京城市文气之"初盛",晚明又兴起了胜景游冶的热潮,朱之蕃则明显受到这些风气的润染。其所搜讨的诸景,如燕子矶、清凉山、嘉善寺等,皆因游冶佳处的属性而引起朱之蕃的关注,而在品评虎洞、祖堂山时,则强调其人迹罕至、难以登临的特点,这符合晚明文人的思维惯性。此外亦如费丝言敏锐的论述,朱之蕃还推荐了别具特色、极富文人色彩的观览方式。[①] 最后一景"长桥艳赏",则暗示了晚明文人狎妓宴乐的典型文化生态。

_____

① Fei Si-yen, *Negotiating Urban Space: Urbanization and Late Ming Nanjing*, pp. 168.

其三,朱之蕃的胜景品赏带有挥之不去的"六朝"情结。即便如"狮岭雄观"这种以明初史事而闻名遐迩的地景,[①]他也不提其在明代的命运,却将重点放在了六朝时的得名原因以及登览所见旷景之上。按明代南京文人心中一直存有"六朝"情结,弘治、嘉靖年间活跃于南京一带的文人便被称为"金陵六朝派",其文章诗赋皆宗六朝,风格绮靡,辞章华丽。[②]《金陵雅游编·序》中也说:"金陵名胜自六朝以来,甲于天下,岂非以王谢诸贤重耶?然地狃偏安,人希旷览,流连光景,局促一隅,虽佳丽著称,而地灵尚阙矣",[③]又"即余游金陵数年,问六朝遗踪,多不能举其处,而编中所载梅花水、虎洞诸胜已罕有迹者,千秋之感又岂但在乌衣、朱雀已也。"[④]这道出了"六朝"情结对江左文化的形塑以及对身处其中的文人们的影响。可以说,取法六朝,上承魏晋南朝,已是金陵文人的惯性思维,而在朱之蕃的胜景品赏行为中,这一取向得到了再次确认。

要之,朱之蕃选取与品赏的"金陵四十景",实际确立了地方文士对城市特性的理解方式和记忆格局,即在"六朝"情结的笼罩之下,品味与追忆"金陵王气",而整个过程又带有极其浓郁的文人色彩。及至明清易代,由朱之蕃《金陵图咏》所呈现的这种记忆范式,仍对清初金陵文人抒发遗民情怀提供着极佳的参考和范本,[⑤]如清初"金陵八家"之一的樊圻,即遵循着自朱之蕃"金陵四十景"以来形成的城市想象之"范式",其诸多作品中,皆可见到所受朱氏影响的痕迹。[⑥]

---

① 朱元璋尝雄踞岭巅,临阵指挥兵士与陈友谅军大战,后更拟建阅江楼于其上。

② 关于"金陵六朝派"的概念及其发展,可参雷磊:《明代六朝派的演进》,《文学评论》,2006 年第 2 期;张燕波:《论明代金陵六朝派的发端与发展》,《南京大学学报》,2008 年第 3 期。

③ 余孟麟:《金陵雅游编》,第 1 页。

④ 余孟麟:《金陵雅游编》,第 2 页。

⑤ 如杨敦尧指出:"'四十景'也就成为后世作金陵景物图咏的蓝本,由最一般与公众性的种种文化图景,到较隐微的个人化表达,以追溯文化空间蕴生的母体样本。"杨敦尧:《图写兴亡:实景山水图在清初金陵社会网络中的意涵》,《台湾艺术大学书画艺术学刊》,2006 年第 1 期,第 260 页。

⑥ Richard Vinograd(文以诚),Fan Ch'i (1616-after 1694):Place-Making and the Semiotics of Sight in Seventeenth-Century Nanching,《台湾大学美术史研究集刊》,第 14 期(2003 年)。按清朝、民国乃至当代,有关金陵胜景品赏的活动也颇多,而又基本呈现为"金陵四十八景"的格局,在这其中,朱之蕃"金陵四十景"为清版、民国版乃至现代版"金陵四十八景"所做的铺垫与所具的影响,也是值得专文讨论的话题,将来如有机会,笔者或当从事之。

五、山水金陵：胜景品赏所见明代南京
游冶空间的分布与变迁

前文系统论述了有明一代各个阶段，文人们的胜景品赏活动所反映的南京城市文化生态及其承载涵意的变化，并尝试勾勒出变化的脉络。下面再从诸次品赏活动择取胜景的地理分布，考察明代南京游冶空间的分布与变迁。

巫仁恕曾就苏州旅游空间的演变作过细致的爬梳，认为经历明至清长时段的发育，苏州的游冶空间呈现向城市内部细化、向城市外部延展的特点。而文人士大夫出于对自身身份的建构与护卫，积极参与了旅游文化的创造和重塑。及至太平天国时期，受外部环境的影响，城市旅游空间分布又经历了一次重新调整。① 而与苏州对照，可以认为南京游冶空间至晚明已经成型，清初只是稍稍调整，在空间分布上并无新变，仅为对既定格局的细化延展而已。

笔者的上述判断，在以下五幅示意图中，可以获得直观的呈现。

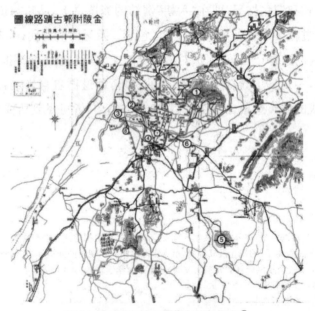

图 1　史谨"金陵八景"的空间分布②

---

① 巫仁恕：《从游观到旅游：16 至 20 世纪苏州旅游活动与空间的变迁》，收入巫仁恕、康豹、林美莉主编：《从城市看中国的现代性》，台北："中央研究院"近代史研究所，2010 年，第 113—149 页。
② 本图底图采用朱偰《金陵古迹图考》(北京：中华书局，2006 年)中所附《金陵附郭古迹路线图》(以下图 2—图 5 同)。图中加绘部分，依次为：1 钟阜朝云，2 石城霁雪，3 龙江夜雨，4 凤台秋月，5 天印樵歌，6 秦淮渔笛，7 乌衣夕照，8 白鹭春波。

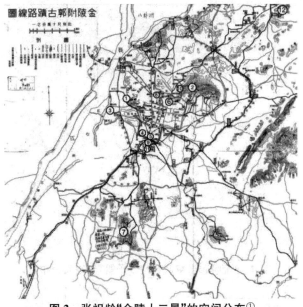

图 2　张祖龄"金陵十二景"的空间分布①

图 3　文伯仁"金陵十八景"的空间分布②

---

①　图中加绘部分,依次为:1 石城夜泊,2 钟山晓望,3 龙江潮势,4 凤台山色,5 朱雀停骖,6 玄武观鱼,7 牛首晴岚,8 鸡鸣夕照,9 报恩登塔,10 朝阳谒陵,11 雨花怀古,12 栖霞眺远。

②　图中加绘部分,依次为:1 三山,2 草堂,3 雨花台,4 牛首山,5 长干里,6 白鹭洲,7 青溪,8 燕子矶,9 莫愁湖,10 摄山,11 凤凰台,12 新亭,13 石头城,14 玄武湖,15 桃叶渡,16 白门,17 方山,18 新林浦。

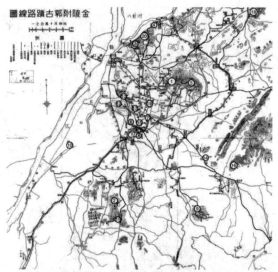

图4 《金陵雅游编》"金陵二十景"的空间分布①

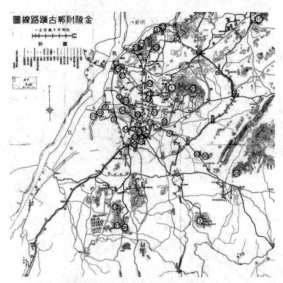

图5 《朱状元金陵四十景图像诗咏》"金陵四十景"的空间分布②

---

① 图中加绘部分,依次为:1钟山,2牛首山,3梅花水,4燕子矶,5灵谷寺,6凤凰台,7桃叶渡,8雨花台,9方山,10落星冈,11献花岩,12莫愁湖,13清凉寺,14虎洞,15长干里,16东山,17冶城,18栖霞寺,19青溪,20达摩洞。

② 图中加绘部分,依次为:1钟阜晴云,2石城霁雪,3天印樵歌,4秦淮渔唱,5白鹭春潮,6乌衣晚照,7凤台秋月,8龙江夜雨,9弘济江流,10平堤湖水,11鸡笼云树,12牛首烟峦,13桃渡临流,14杏村问酒,15谢墩清兴,16狮岭雄观,17栖霞胜概,18雨花闲眺,19凭虚听雨,20天坛勒骑,21长干春游,22燕矶晓望,23幕府仙台,24达摩灵洞,25灵谷深松,26清凉环翠,27宿岩灵石,28东山棋墅,29嘉善石壁,30祈泽龙池,31青溪游舫,32虎洞幽寻,33星岗饮兴,34莫愁旷览,35报恩灯塔,36天界经鱼,37祖堂佛迹,38花岩星槎,39冶麓幽栖,40长桥艳赏。

而据图分析,又能发现与胜景品赏活动密切相关的明代南京游冶空间分布和变迁的几个特点:

首先,明代南京游冶空间呈现与苏州类似的"向内细化、向外延展"的格局。由图可见,明初"金陵胜景"基本分布于城内或城郊,距离较远者仅天印山而已;及至中晚明,城区内的胜景密度大为增加,而近郊以及远郊的胜景亦为文人们青睐,距城四五十里者所在多有,其空间分布范围已经达到今日南京城区边界。

其次,明代南京游冶空间格局表现为"块状"与"线形"分布态势。呈"块状"者,北有栖霞山、幕府山,南有牛首山—祖堂山、天印山,皆为山类胜景群落,群山的自然风光与分布其间的寺庙、亭台、奇石等共同构成游冶佳处。呈"线形"分布者,则为分别位于城市西北方的西南—东北走向、位于城市东南方的东南—西北走向之地景群落;前者主要沿长江分布,胜景多为登临眺远、观览江景之所,后者则多分布在南京至句容的交通道路沿线,易于到达。

再次,明代数次品赏活动选出的所有胜景皆位于长江以南。纵然早在洪武九年江北的江浦、洪武二十一年江北的六合便已划入应天府管辖,但从文人们的活动区域可见,他们所理解的"金陵",狭义为城区所在,至大亦不过为县治设于应天府城内的上元、江宁两县地界,而于江北区域以及江南的其他辖县如句容、溧水、溧阳、高淳等县则少有涉足。[①] 相对于苏州文人动辄进行长程旅游、多赴太湖景区不同,南京文人对于周边地界的疏离感是显而易见的。文人的胜景品赏活动,亦是地方人群集体心态的反映,它指涉并框定了明代南京的"文化地域"之边界。王正华曾撰文论述南京较强的"城市特性",[②]而通过游冶活动所见之南京文士的"固步自封",某种程度上也可作为南京城显明的"城市特性"之旁证。

此外,比照明朝以后的情况,又可知南京城市的游冶空间格局在晚明即已形成。前文已述,朱之蕃的"金陵四十景"标志着文人对城市进行记忆的方式的确立,而从另一角度论,它亦代表了城市游冶空间格局的定型。正是在朱氏"金陵四十景"的基础之上,清朝乾隆时期的南京文人曾创作了"金陵四十八景",然而既与朱氏"金陵四十景"大同小异,新增加的胜景,如"赤石片矶""楼

---

① 这应天府下辖诸县又各有自己的胜景,如高淳便在正德年间选评出了"高淳八景"。

② 王正华:《过眼繁华:晚明城市图、城市观与文化消费的研究》,收入李孝悌主编:《中国的城市生活》,台北:联经出版事业公司,2005年,第1—57页。

怀孙楚""台想昭明""化龙丽地""商飙别馆""珍珠浪涌""甘露佳亭""木末风高"，也仅为对各区域内胜景数量的增加，对于胜景的分布空间并无影响。而时至今日，朱之蕃"金陵四十景"所指涉的城市游冶空间，亦多为南京旅游的重点区域或重点规划开发区域，如此则朱之蕃的"金陵四十景"对于南京城市文化潜移默化的影响，已近四百年。

六、结语

文人雅士对城市文化的构建往往具有关键作用，他们或作文或绘画，从而将对城市文化特性的理解载诸纸端。本文即由"金陵胜景"主题切入，关注文人士大夫的相关诗词图绘，并将之置于具体的历史情境，考察不同时期文化生态对文人理解城市方式的影响，以及在此脉络下城市文化的形塑过程。

由史谨品赏之"金陵八景"所见，明初文士理解南京的方式，为强调城市的政治属性，这与明初南京的帝都身份存在密切联系。而由史氏八景的空间分布，又可知明初南京城市规模有限，文士活动空间尚囿于城内及近郊，成熟的游冶空间格局还未形成。

永乐迁都之后，南京的政治地位大受打击，随之相伴的是城市文人文化品味的转变。嘉靖以后，吴派文人主导了金陵文化圈，地方文化格调亦为之一变，表现城市的方式带有较多文人色彩，典型例子为文伯仁之"金陵十八景图"。由该图品赏胜景的方式可见，文人士大夫理解城市的方式已经脱离了对政治属性的强调，转而关注城市本身的历史和文化。

作为明中期以来金陵文化圈出现的"地方意识"的实践方式，晚明文人士大夫之间兴起了游冶观览胜景的风潮，此类活动风行的另一内在原因来自他们对自身身份认同的焦虑。文士们利用胜景品赏活动，一方面强化了阶层的外在边界，另一方面巩固了社交网络内部的联系。由余孟麟、焦竑、朱之蕃、顾起元四位金陵文化圈的要角发起的"金陵雅游"活动，即为此种观照下的典型行为。

朱之蕃作为"金陵雅游"活动的亲历者，认为历来的胜景品赏活动皆有遗憾之处，因而自选"金陵四十景"，这代表了他对城市文化的理解趣味。朱之蕃调和了金陵之王气与文人之品味，并顺应城市想象的惯性路径，远追南京的六朝文化，从而形塑了记忆城市的格局，至于经他选评的金陵胜景所指涉的城市游冶空间，也使得日后南京城市被观览与解读的角度得到了确立。

《回回药方》与中国穆斯林医药学

刘迎胜[*]

摘　要:《回回药方》是一部有着极高科学价值的书籍,该书在蒙古征服时期随着大批东来的穆斯林传入中国,传递了发达的穆斯林科学文化知识。本文通过对《回回药方》中人名、药名的分析,试图说明,以《回回药方》为代表的中国穆斯林医药学所反映的,并不只是波斯、阿拉伯本土的医药学知识。而阿拉伯、波斯医药学本身,也是在接受了伊斯兰时代以前,东地中海沿岸诸国诸民族的传统药学知识的基础上发展繁荣起来的。本项研究还显示,元明两代直至西方传教士东来之前,中国对西方科学文化知识的吸取,在相当大程度上是通过穆斯林的中介进行的。

关键词:《回回药方》　中国穆斯林　医药学　回回图书

《回回药方》是古代中国穆斯林图籍中一部有极高科学价值的书。从《回回药方》的内容编排和语言特征来看,它似不是我国回族学者独立撰写的医药学著作,而是一部译著。全书共三十六卷,其中大部分今已亡佚,仅存四卷,它们是:目录卷下、卷十二、卷三十、卷三十四,为明抄本,藏北京图书馆善本部。作者将各大类病症区分为诸“门”,例如“众热门”“棒疮门”等。“门”之下再分“类”,例如“众热门”中有“一切热类”;“棒疮门”内有“棒打伤类”等。以下再开列对症的药物。估计各种药方中提到的药物种类,总数在千种以上。

《回回药方》的汉译者熟悉中药。凡中国本土也出产的药物,译者常采用传统的汉文名称,例如:甘草、蒲菖、牡丹皮等。有时译者用汉字转写外文名

---

* 刘迎胜,1947 年出生,河南获嘉人。南京大学历史学院中国史系教授,主要研究方向为当代蒙元史、内陆亚洲史、中国伊斯兰文化史、中外关系史,著有《西北民族史与察合台汗国史研究》《〈回回馆杂字〉与〈回回馆译语〉研究》《海路与陆路:中古时代东西交流研究》等论著。

称,再注明意义,例如:"堵胡"(野胡罗子)、"撒答卜"(薄荷)、"荜拨"(一种胡椒)等。中医所熟知的番药,如安息香、阿魏、没药等,则采用传统译名。

此外还有大量域外所产,其名称和性能都不为中医所悉的香药,译者对此则自择汉字音译,再附以波斯文或阿拉伯文原名。例如:"亦即黑而,izkhir"(按,沼泽生灯芯草属植物);又如:"哈必·札兀失儿,ḥabb-i jāvšir"(按,苦树脂丸)等。有些番药的音译用字前后不一致,其所附外文有时取方言或异写、讹写形式。如法刺夫云、法刺夫荣、法而非荣,均来自拉丁文 euphorbium,指大戟属植物。在《回回药方》中,这种药用植物的波斯、阿拉伯文名称时而写作farfiyūn,"法而非荣"即其音译。时而又写作 farāfiyūn,"法刺夫荣""法刺夫云"即其音译。这种采用音译汉字加注波斯、阿拉伯文的番药,一般表示其物种尚不为中国所知,或当时没有相当的汉名与之对应。有时是因为译者本人不识这种药物。

元代王士点《秘书监志》录有回回图籍数十种,六百余部,《回回药方》不见著录。明太祖派兵攻入元大都(今北京),收元廷藏书,其中有回回图书多种,即所谓:"洪武初大将军平元都收其图籍、经传子史,凡若千万卷悉上进京师藏之书府","其间西域书数百册,言殊字异,无能知者。"①《回回药方》的底本是否在内,有待考察。洪武年之"京师"在今南京,上述元廷所遗回回图书数百册曾在南京收藏过,永乐后期以后,大约复运回北京。后来,明府手中的这批元代回回图书散亡,流入民间。清人刘智曾亲眼见过。他在《天方至圣实录》中写道:

> "向也,吾欲着《三极会编》,若无其书。遍求书肆,天、地、人三者之书,言多陈腐无实。求之天方之书,无从可得,早夜思皇。俄于京师得诸吴氏藏经数十册,皆西国原本。追元世载入,藏之府库,而为流寇发出者。天文、地理之书,思过半矣。"

刘智判断他在京师所得吴氏所藏回回图书数百册,系因流寇从明府库中"发现"。所谓流寇,当指李自成农民军。有可能此信息得自原藏书人吴氏,应当是可靠的。刘智赴京是在完成《天方典礼》与《天方性礼》的初稿之后,故而在他后来修订完成上述两书时,这批回回图书应为所依据的文献的来源之一,

---

① 海达儿,阿答兀丁,马沙亦黑,马哈麻等译:《回回天文书·译天文书序》,《涵芬楼秘籍》第3集洪武十六年刻本,第1叶A。

唯其下落不明。我国穆斯林群众和各地清真寺往往藏有波斯、阿拉伯文书籍。如果组织力量在全国范围内调查,并编出目录,相信会有所收获的。

至于《回回药方》的翻译年代,冯家昇以为在元末。① 其他诸家未见论及。这个问题,由于缺乏直接的证据,我们只能从侧面推度。《回回药方》音译番药名称所用汉字,虽与明代四夷馆所编《回回馆杂字》有一定差异,②但从它把"阿拉伯的"写作"阿剌必"和把埃及称为与"密斯儿",把国家一律称为"地面"看来,③它很可能是明代的翻译作品。

伊斯兰医药学知识大规模传中国是在元代。元世祖忽必烈曾对旧《本草》"中土且遗阙多,又略无方之药"表示不满,④并下诏征天下名医增广本草。其主要目的之一,显然是想把西域药物也补入中国药典。据苏天爵记载,当时名医韩麟等人奉召入宫,世祖忽必烈"各询其人所能,出示西域异药,使辨其为何药也。公(按,韩麟)食其味,独前对曰:'此与中国某药侔'"。⑤ 韩麟在忽必烈殿前做的,实际上是中西药物的异同辨析工作。蒙古人的武力征服和元朝的强盛,使中外交往格外频繁。西域奇药名医及医药学知识,也随穆斯林一道入华,使中国人眼界大开。这无疑是忽必烈下诏增广《本草》的重要背景之一。⑥

元文人许有壬曾指出,唐虽一统天下,但对远方诸部,只能一时怀柔,不能一家。所以"异方物产有不得悉者已。"而元朝"开辟以来,幅员之广"旷古所无。"东极三韩,南尽交趾,药贡不虚岁。西逾于阗,北逾阴山,不知名几万重。驿传往来,不异内地,非与前代虚名羁縻,而异方物产邈不可知者。此西北之药,治疾皆良。而西域医术号精,药产实繁,朝廷设官司之,广惠司是也。"⑦

番药与中国传统药物的辨析与比较,需要医学专家和药物学家长时间的反复实践,也需要汉族和回回学者长期互相学习和研讨,绝非短期之功。从《回回药方》的译者在译书时采用了许多中医所习见的传统名词术语判断,《回回药方》的原本在译成汉语之前,一定已经长期地在中国的回回医人手中流传使用过,并且有些回回医生一定曾就其中某些问题,向汉族医生提出并讨论

---

① 《从历史上看阿拉伯和中国的友好关系》,《光明日报》1955 年 6 月 9 日。
② 笔者已将对《回回馆杂字》和《回回馆译语》的研究写成论文。
③ 元代已有将国家与地区称为"地面"的例子。
④ [元]姚燧:《牧庵集》卷 29《南京路医学教授李君墓志铭》。
⑤ [元]苏天爵:《滋溪文稿》卷 22《太医院使韩公行状》。
⑥ 陈高华:《忽必烈修〈本草〉》,南京大学《元史及北方民族史研究集刊》1986 年第 10 辑。
⑦ [元]许有壬:《至正集》卷 31《大元本草序》。

过。换句话说,这部书很可能是蒙元时代传入我国的,它大约曾为元代广惠司收藏过。

广惠司是元朝政府中执掌"修制御用回回药物及和剂"的机构,它还负责治疗"诸宿卫士及在京孤寒者"。① 此即所谓"广惠司者回回之为医者隶焉"。② 此后元政府于世祖忽必烈末年还在大都、上都各设"回回药物院",其职守是"掌回回药事"。后来这两个机构并入广惠司。③

除了在朝廷奉职的"回回"医官外,元代还有许多西域人在民间行医卖药。王沂的《老胡卖药歌》惟妙惟肖地描绘了一位在江南乡间摆摊卖药的回回人,曰:

> "西域贾胡年八十,一生技能人不及。神农百草旧知名,久客江
> 南是乡邑。
> 朝盘街北暮街东,④闻掷铜铃竞来集。居人相见眼终青,不是当
> 时苍术丁。⑤
> 师心已解工名术,疗病何烦说难经。
> 江南只今成乐土,异代繁华复亲睹。全家妻子得安居,篓里青蚨
> 夜分数。
> 灯前酌酒醉婆娑,瘤疾疲瘰易得瘥。金丝膏药热较好,伤折近人
> 人苦多。
> 川船南通有新药,海上奇方效如昨。眼中万事不足论,流寓无如
> 贾胡乐。"⑥

看来这位坐摊卖药的"老胡"曾是一位"西域"贾商,留居江南为时已久。元末文人丁鹤年的曾祖元初入华经商,至元末时丁鹤年本人已是汉化程度很深的西域人,他却于"筹数导引,方药之说,靡不旁习"。⑦ 入明后,他曾在四明(今宁波)卖药,其当年景况应与王沂提到的那位"老胡"有几分相似。

---

① 《元史》卷88《百官志》,北京:中华书局,1976年,第2221页。
② [元]陶宗仪:《南村辍耕录》卷6《奇疾》,中华书局,1959年,第109页。
③ 《元史》卷88《百官志》,第2221页。
④ "朝盘街北暮街东"一句在《伊滨集》中作"朝来街北暮街东"。《伊滨集》卷5,四库全书本。
⑤ "不是当时苍术丁"一句在《伊滨集》中作"不似是当时苍术丁"。苍术丁,当为回回人名 Tāj al-Din 的音译,此名有时写作答术丁,应是此前一位回回名医。
⑥ [元]王沂:《王征士诗》卷7《七言古诗·老胡卖药歌》,清嘉庆宛委别藏本。
⑦ [元]戴良:《九灵山房集》卷19《高士传》,四部丛刊初编本。

回回医术的精良,在元代笔记小说中多有称赞。据元人任子昭述,当时大都有一个孩子"患头疼不可忍,有回回医官用刀划开额上,取一小蟹,坚硬如石,尚能活动,顷焉方死,疼亦遄止。当求得蟹,至今藏之"。元人夏雪蓑亦曾见"过客马腹膨胀倒地,店中偶有老回回,见之,于左腿内割取小块出,不知何物也。其马随起即骑而去"。故陶宗仪叹曰:"信西域多奇术。"①

陶宗仪所记元大都回回医官对头部施以手术,取出"小蟹",治愈病孩的故事,为后世不少书籍抄录,②作为"西域奇术"的见证。人额头上生"小蟹"实际上是不可能的,但笔者迄今未见有人质疑此点。

在明会同馆所编的一种只包含波斯语词汇音译,不含波斯文原文的波斯—汉语双语词典《回回馆杂字》抄本,其"鸟兽门"中,收录了一个词条"蟹,塞儿汤。"③日本已故本田实信教授曾试图找出其对应的波斯词,惟其所据之校正文本误将此字注音写为"塞儿海",④而未能成功。尽管陶宗仪说任子昭曾亲见此事,但从人额头上开刀取出一只螃蟹的这则所谓"西域奇术"故事,简直是天方夜谭,似乎全不可信。要破解此谜,必须探究那位回回医官开刀取出的"小蟹"是什么。蟹在阿拉伯语中称为سرطان(saraṭān),即此"塞儿汤"。但此字在阿拉伯/波斯语中不仅意为蟹,还指癌、恶性肿瘤。故可以设想,当时回回医官口称开刀从患者额上取出了一个"塞儿汤",即取出了一个肿瘤。而在场者中有人略通回回语,将此"塞儿汤"译为"蟹"。故而"开额取蟹"之说流传后世,以至不追溯词源几乎不可解释。

德裔美国学者劳费尔1919年在芝加哥出版了他的学术名著《中国伊朗编》,⑤讨论古代中国—波斯之间科学、文化交流,惜作者当时尚不知《回回药

---

① [元]陶宗仪:《南村辍耕录》卷22《西域奇术》,第274页。

② 如[清]来集之:《倘湖樵书》卷4《医术之奇》,南京图书馆藏清康熙二十一年倘湖小筑刻本;[清]孙之騄:《晴川蟹录》卷2《额上取蟹》,浙江图书馆藏清刻晴川八识本;[清]王仁俊:《格致古微》卷4《辍耕录》,清光绪王氏家刻本;[清]魏之琇:《续名医类案》卷30《奇疾》,四库全书本;[清]姚元之:《竹叶亭杂记》卷7,翁同龢批注,北京图书馆藏清光绪十九年姚虞卿刻本,等。

③ 参见拙著:《〈回回馆杂字〉与〈回回馆译语〉研究》,北京:中国人民大学出版社,2008年,第444页。(以下简称《〈回回馆杂字〉与〈回回馆译语〉研究》)

④ [日]本田实信:《回回馆译语に就いて》(《论〈回回馆译语〉》),《北海道大学文学部纪要》1963年第11期,第181页。

⑤ 劳弗尔:《中国伊朗编:中国对古代伊朗文明史的贡献,着重于栽培植物及产品之历史》,林筠因译,北京:商务印书馆,1964年。(*Sino-Iranica*, *Chinese contribution to the History of Civilization in Ancient Iran*, *with special Reference to the History of Cultivated Plants Products*, Chicago, 1919)。

方》这部书,否则他的《中国伊朗编》会写得格外精彩。尽管如此,《中国伊朗编》仍然是我们研究《回回药方》最有用的工具书之一。

1970 年曼弗来特·乌勒曼于荷兰莱顿与西德科隆出版了其专著《穆斯林医学》,①详述伊斯兰医药学与古希腊罗马医药学的关系这部著作达到了很高的科学水平,但因作者也不知道《回回药方》这部书,只字未提伊斯兰医学药在中国的传播。

日本学者宫下三郎(Dr. Miyasita Saburo)博士 1979 年在《亚洲学刊》(Acta Asiatica)第 35 卷中发表了《金元时代中医学中的疟疾》,②罗列金元时代诸种医书。大约作者已将《回回药方》排除在元代作品之外,故未提及它。

我国学者三十余年前已注意到《回回药方》的学术价值。冯家昇先生怀疑《回回药方》的原本是阿拉伯医学家拜塔尔(Ibn al-Baitār)的《简救法》(Al-Jāmi' li-mufradāt al-adwiya wa-l-agdiya)。③ 但北京图书馆收藏的《回回药方》残卷,并不像冯家昇先生所说的那样为木版印刷品,而是手抄本。香港中文大学的关培生、江润祥一直在对《回回药方》进行研究,他们曾参加了第三届中国科学史国际讨论会,并提交论文《从〈回回药方〉看中外药物交流》。笔者曾致信香港,向关、江两位先求索论文,未获答复。由于仅看到《中华医志史杂志》1982 年第二期上的一篇摘要,故无法准确评价其成果。

近年来我国大陆学者对《回回药方》的研究有了新的进步,中国社会科学院的宋岘已完成若干研究课题。兰州大学历史系马明达与福建泉州博物馆陈达生合作的研究工作,正在进行。《回回药方》虽然仅残存四卷,但部头仍然很大,内容亦十分丰富。校核、笺证和注释工作的完成需较长时日。④ 本文拟通过对《回回药方》所收部分人名、药名的初步分析归类,来阐述以《回回药方》为代表的中国穆斯林医药学的文化内涵。

---

① Manfred Ullman, *Die Medizin in Islam*, *Leiden/Köln*, E. J. Brill, 1970.(以下简称《穆斯林医学》)

② Malaria (yao) in Chinese Medicine during the Chin and Yuan Periods. 宫下郎博士曾发表过多篇有关中医和中医学的论著如《宋元の医疗》,《宋元时代的科学技术史》1967 年,第 123—170 页;《国译本草纲目の新注校订》,京都,1972—1978 年,《治疗黄疸中药之历史研究》(A Historical Study of Chinese Drugs for the Treatment of Guandice),载《美国中医学杂志》(American Journal of Chinese Medicine)1976 年第 4 期,第 239—245 页;以及《中医药方的历史研究》,《日本医学杂志》1977 年,惜无缘睹见。

③ 《从历史上看阿拉伯和中国的友好关系》,《光明日报》1955 年 6 月 9 日。

④ 宋岘教授于 2000 年在中华书局出版了其《〈回回药方〉考释》。

一、《回回药方》的原本是一部阿拉伯文著作

《回回药方》的原本是一部穆斯林医药学著作自无疑问。但它究竟是以波斯文抑或阿拉伯文写成，却很值得研究。据冯家昇的意见，它是以阿拉伯文写成的。从伊斯兰文化发展史的角度看，我们应考虑冯家昇的意见，因为阿拉伯文创制在前，而新波斯文乃模仿阿拉伯文而创造。阿巴斯王朝时代，阿拉伯人及其统治下的波斯人，大都用阿拉伯文写作，只是萨曼王朝以后，波斯文才在穆斯林东方世界，逐渐取代阿拉伯文，成为主要的文学语言。故而在同一学科中，阿拉伯文作品与波斯文作品之间，往往存在着源与流的关系。至于《回回药方》的原本是否如冯家昇所认为的那样是拜塔尔的《简救法》，笔者目前尚不能断言。本节打算借分析《回回药方》中一些药物名称，间接推测其原本的情况。

在卷十二《众风门》之"左瘫右痪口眼歪斜类"中，有一个"治左瘫右痪冷风头疼"的药方，内有一味药"兀沙吉"，下注 uššag。[1] 按，"兀沙吉"乃阿拉伯语，义为胺草胶，波斯文除了直接采用这个阿拉伯语借词之外，还有一个经过改造的形式 uša，它代表了早期新波斯语的读音 *ušag。*ušag 这个词不见于中古波斯语文献，看来是伊斯兰化初期为用来代替 uššag 这个阿拉伯词，而改造的。在《回回药方》中，"兀沙吉"（胺草胶）这个词，在残本各卷中出现凡数十次，无一例外地加注以阿拉伯文 uššag，其经过改造的波斯文形式 uša 从未出现过。这一点证明其原文本为阿拉伯文。

在卷三十"杂证门"中之"阿牙剌只老阿的牙方"中，有一味药"八西法亦只"，下注 basfāyaj。[2] 这是一个阿拉伯语中的波斯语借词，指水龙骨属植物，又意为"多足的"。其波斯文原文为 bas-pāyak，称义为"多足的"。如果原作者采用的是原有的波斯文形式，按其汉字音译规律，应写作"*八西怕亦其"，但通检全书，这种形式从未出现过。而且"八西法亦只"这味药只要附注外文原文，总是阿拉伯文 basfāyaj。足见《回回药方》所据原书中，这味药确实是取阿拉伯文名称而舍波斯文名称的。

---

[1] 《回回药方》卷 12，北京图书馆抄本，第 2 叶 A，第 13 行。

[2] 《回回药方》卷 30，第 2 叶 B，第 11 行。

同卷中的"阿牙刺只方"中有药名"八的阑只博牙"，下注 bāẓranjbina。[①] 按，这也是一个借自波斯语的词汇，其波斯语原来的写法是 bād-ranj-būya，义为"山滇荆芥""山白壳杨"。原书作者取阿拉伯语写法而舍波斯文写法。

在残存下来的卷十二"众风门"之"左瘫右痪口眼歪斜类"中，提到一味药"札兀石儿"下注 jāvšir。[②] 这也是一个来自波斯语的阿拉伯语词，义为"苦树胶""白芷香胶"。其波斯语原名是 gāvšir，[③]直译"牛奶"。这味药在《回回药方》中反复出现过，如《目录下》记卷十九"咳嗽门"之"嗽痰类"有"札兀失儿膏子"；又记卷二五"众气门"之"气喘急类"有"哈必·札兀石而方"[④]（按，即白芷香胶药丸），从不按波斯语原名译写作"＊噶兀失而"，凡下注原文时，也无一例外地写阿拉伯文名称 jāvšir。

在上述卷十二中，又有一个药方"治左瘫右痪口眼歪斜"，其中包含一味药"撒吉别挐只"，其下注 sakbīnaj，这是一个阿拉伯语词，指一种药草"阿拉伯胶"。这个词应当很早就传入波斯，所以有其波斯语写法 sakbīna，代表早期新波斯语读音 sakbīnag。[⑤] 这味药在《回回药方》残本中也出现多次，从未按波斯化的名称音译，下注的也都是阿拉伯文形式。

在同卷的"哈必·纳福忒方，即加焰硝的丸子药"中，有一味药"按咱庐提"，下注 'anzarūt。[⑥] 此乃阿拉伯文，指"凤仙花属植物"，或"树胶"。其波斯语俗写形式是 azarūt。原作者所取的是阿拉伯文形式。

《回回药方》中这类例子很多，不必一一枚举。但上述分析，已足说明《回回药方》的原文绝不是以波斯文写成的，而一定是一部阿拉伯文著作。

二、《回回药方》译自波斯文

上述《回回药方》的原本是阿拉伯文著作的结论，并不能简单地推论为《回

---

① 《回回药方》卷 30，第 8 叶 A，第 3 行。
② 《回回药方》卷 12，第 1 叶 B，第 13 行。
③ 劳弗尔：《中国伊朗编：中国对古代伊朗文明史的贡献，着重于栽培植物及产品之历史》，第192 页。
④ 《回回药方》目录下，第 2 叶 B，第 12 行；第 21 叶 A，第 9 行。
⑤ 劳弗尔：《中国伊朗编：中国对古代伊朗文明史的贡献，着重于栽培植物及产品之历史》，第193 页。
⑥ 《回回药方》卷 12，第 4 叶 A，第 5 行。

回药方》是直接从阿拉伯文原本翻译过来的。与冯家昇先生关于它是译自阿拉伯文的意见①相反,种种迹象表明,《回回药方》是从波斯文翻译过来的,其理由如下。

(一) 附注的番文原名中有大量的纯波斯语

卷十二"治左瘫右痪偏正头风头眼因痰病症"的一个方子,要求用"温答水"(按,下注 āb-i ghunda)调和。② 其中"水"字是意译,波斯文原作 āb。③ 同卷"治左瘫右痪"的"又一方"要求用"马而臧减哥失水"(按,下注 āb-i marzan-gūš)调和。④ 其中的"水"字是意译,波斯文原文作 ab。同书卷三十"杂证门"的"又一方"中,有药名"阿肥西汁",下注 āb-i ghāfis。⑤ 其中"汁"字是意译,波斯文原文为 āb(水)。āb 见于《回回馆杂字》和《回回馆译语》之"地理门"(第47 词):"āb,阿卜,水"。⑥

上文提到的卷三十那剂"阿牙刺只方"中有四味药,它们是"可刺福石子""沙刺福林子""法阑术谟失其子""八的阑只博牙子"。从下注的番文中可知,这四味药中的"子"都是意译,原文作 tukhm,是波斯文,义为"卵""蛋"和"种籽"。

据《回回药方》"目录下",在已经亡佚的卷三五"众毒门"之"解服药毒类"中,有药名"哈而八吉"(按,阿拉伯语 kharbag,嚏根草)。从残存的卷十二和卷三十中,我们得知"哈而八吉"有两种:"白哈而八吉"和"黑哈而八吉"。⑦ 这两味药名下注明的番文表明,"白"是波斯文 sipīd 的意译,而"黑"则是波斯文 siyāh 的意译。sipīd 见于《回回馆杂字》"声色门"(第 586 词),⑧其中汉字注音为"洗撒得"。照此,"白哈而八吉"这味药若是全部音译,应为"哈而八吉·洗

---

① 《从历史上看阿拉伯和中国的友好关系》,《光明日报》1955 年 6 月 9 日。

② 《回回药方》卷 12,第 1 叶 B,第 15 行。

③ 原书凡波卷 12,第 2 叶 B,第 6 行。波斯文"水"(āb)一律讹写作 ab,兹据正字法补上长元音符号。

④ 《回回药方》卷 12,第 2 叶 B,第 6 行。

⑤ 《回回药方》卷 30,第 8 叶 B,第 14 行。

⑥ 《回回馆杂字》,北京图书馆藏清初同文堂抄本;并参见拙著:《〈回回馆杂字〉与〈回回馆译语〉研究》,第 46 页。

⑦ 《回回药方》卷 12,第 2 叶 B,第 4 行;《回回药方》卷 30,第 2 叶 B,第 4 行。

⑧ 参见拙著:《〈回回馆杂字〉与〈回回馆译语〉研究》,第 248—249 页。《回回药方》卷 12,第 2 叶 B,第 4 行;《回回药方》卷 30,第 2 叶 B,第 4 行。

撒得"。siyāh 亦见于《回回馆杂字》"声色门"(第 598 词),①其中汉字注音为"洗呀黑"。照此,"黑哈而八吉"若全部音译,应为"哈而八吉·洗牙黑"。

在卷三十叙述"阿牙刺只·阿而可阿尼昔方"的服法时,提到"若将'黑撒兀里黑麻而'的干汤",加在内,效果更佳。② 根据上注番文,我们知道这个"干"字是波斯语 khušk 的意译。khušk 亦见于《回回馆杂字》之"地理门"(第82 词)和"时令门"(第 130 词),其 中汉字注音为"户石克"。③

卷十二所载之"哈必·纳福忒方"中提到一味药"马希·札哈刺",下注番文 māhī-i zahra。④ 按,这是一个波斯语复合词。其第一部分"马希"乃波斯语"鱼",见于《回回馆杂字》与《回回馆译语》之"鸟兽门"(第 385 词),⑤译音与此同。亦见于上述两书之"人物门"第 191 词"māhī-gīr,渔人,马希几儿"。⑥ "马希·札哈刺"的第二部"札哈刺",乃波斯语,义为"有毒的"。"马希·札哈刺"(māhī-i zahra),义为"毒物"(捕鱼用)。

同卷"治左瘫右痪"的"又一方"中,有药"马而臧哥失",下注 marzan-gūš。⑦ 这味药有时又写作"麦儿桑过失"。它是一个波斯语复合词,其第一部分"麦而桑"(marzan)乃波斯语,义为"鼠";其第二部分"过失"(gūš),亦为波斯语,此言"耳朵",见于《回回馆杂字》与《回回馆译语》之"身体门"(第 306 词),在彼处音译为"锅失"。⑧ "马而臧哥失",直译"鼠耳",指有卷耳状叶的植物,如山柳菊,勿忘草,是一种有气味的植物。

《回回药方》内还有一些出产于波斯、中亚的药用植物其名称是纯粹的波斯语。《目录下》载已亡佚的卷十九"咳嗽门"之"说治咳嗽类"中有一个方子名

---

① 参见拙著:《〈回回馆杂字〉与〈回回馆译语〉研究》,第 254 页。
《回回药方》卷 12,第 2 叶 B,第 4 行;《回回药方》卷 30,第 2 叶 B,第 4 行。
② 《回回药方》卷 30,第 4 叶 A,第 15 行;《回回药方》卷 30,第 4 叶 B,第 1 行。
③ 参见拙著:《〈回回馆杂字〉与〈回回馆译语〉研究》,第 60 页,第 81—82 页。《回回药方》卷 12,第 2 叶 B,第 4 行;《回回药方》卷 30,第 2 叶 B,第 4 行。
④ 《回回药方》卷 12,第 4 叶 A,第 4 行。
⑤ 参见拙著:《〈回回馆杂字〉与〈回回馆译语〉研究》,第 60 页,第 81—82 页;参见拙著:《〈回回馆杂字〉与〈回回馆译语〉研究》,第 171 页。
⑥ 参见拙著:《〈回回馆杂字〉与〈回回馆译语〉研究》,第 104 页;参见拙著:《〈回回馆杂字〉与〈回回馆译语〉研究》,第 171 页。
⑦ 《回回药方》卷 12,第 2 叶 B,第 4 行。在《回回药方》中波斯文字母 Gāf 往往写作 Kāf,今据正字法改。
⑧ 参见拙著:《〈回回馆杂字〉与〈回回馆译语〉研究》,第 144 页。

"把耽煎"。^① "把耽"即波斯文 bādām 的音译,指波斯偏桃,唐代已为我国所知。段成式记云:

> 偏桃出波斯国。波斯国呼为婆淡,树长五六丈,围四五尺,叶似桃而阔大,三月开花,白色,花落结实,状如桃子而形偏,故谓之偏桃,其肉苦涩不可啖,核中仁甘甜,西域诸囚并珍之。^②

又段公路记:

> 偏核桃
>
> 占卑国^③出偏核桃,形如半月状,波斯人取食之,绝香美极,下气力比于中夏桃仁,疗疾不殊。《会最》云:偏桃仁勃律国尤多,花殷红色。郎中解忠顺使安西,以萝卜插接之而生,桃仁肥大,其桃皮不堪食。解忠顺郎中使安西以异木枝插萝卜至此皆活。^④

《回回药方》卷十二"众风门"所载之"少尼子油方"中,提到一味药"山把耽仁"。^⑤ 据其下所注番文可知,"山把耽"乃波斯语 bādām-i kūhī 之音译和意译的结合。"山"字是意译。kūhī 是 kūh"山"的派生形容词,义为"野生的""山区的"。"山把耽"这个词组,不仅其两个组成部分完全是波斯语,而且两个部分之间也完全是按波斯语构词方式结合的。

(二) 耶札菲结构痕迹频现

耶札莫菲(iẓāfa)结构是波斯语显示词与词之间修饰与被修饰关系,乃至支配与被支配关系的基本法结构。《回回药方》除了在所录番药的番文写法中,包括有大量的纯波斯语词汇,更重要的是,有些番药名称的汉字音译,显示出波斯语所特有的"耶扎菲"语法结构,与下注的番文所示完全一致。

例如,卷十二"众风门"所载之"哈必·门汀"中,提到一味药"沙黑米·罕

---

① 《回回药方》目录下,第 4 叶 A,第 10 行。

② [唐]段成式:《酉阳杂俎》卷 18,北京:中华书局,1981 年,第 178 页。丘处机和耶律楚材都提到一种"把榄"果。(王国维:《〈长春真人西游记〉注》卷上《海宁王静安先生遗书》,第 39 册,第 41 叶 A;[元]耶律楚材:《西游录》,北京:中华书局,1981 年,第 2 页)。一般认为指 bādām,即芭旦杏仁,或扁桃仁,今在新疆称巴达木,在内地称"杏仁"。可参阅劳弗尔:《中国伊朗编:中国对古代伊朗文明史的贡献,着重于栽培植物及产品之历史》,第 230—234 页。

③ 后世多写为"卑占"国,如《证类本草》《大德南海志》等,疑此处误。

④ [唐]段公路撰:《北户录》卷 3,明江乡归氏钞本。以萝卜插接之说不可信。

⑤ 《回回药方》卷 12,第 4 叶 B,第 10 行。

咱里"，下注 šaḥm-i ḥanzal。① 其中"＊沙黑木"（šaḥm，油脂）和"罕咱里"
（ḥanzal）之间的"耶扎菲"（-i），即被修饰语之后的齐齿元音，已在"沙黑米"中
音译出来。丸药在波斯语中以阿拉伯文借词 ḥabb（"＊哈卜"，颗粒、种子）表
示。通检《回回药方》可发现，凡丸药哈卜之后接有修饰语，表示某种丸药时，
常常把"＊哈卜"写作"哈必"。这是"＊哈卜"之后紧接着表示修饰关系"耶扎
菲"的齐齿短元音-i 的缘故，其义为"……的丸药"。

　　上面提到的"哈必·门汀方"之下，注明两个阿拉伯语词汇 ḥabb 与
muntin。muntin"门汀"，义为"有恶臭的"。从其音译"哈必·门汀"可知，这
两个词虽然是阿拉伯文，但它们之间是按波斯文词法结合的，应转写为 ḥabb-i
muntin。故而"哈必·门汀方"，直译"臭味丸方"。据"目录下"可知，已亡伏
的卷二五"众气门"之"气喘急类"中有"哈必扎兀石而方"，此应为 ḥabb-i jāvšir
（按，苦树脂）的音译，直译"苦树脂丸方"。已亡佚的卷二七"黄证门"之"蛊证
等类"中，有"哈必·散吉别挈只方"，此应为 ḥabb-i sakbinaj 之音译。sakbinaj
指阿拉伯胶（一种药草），故而"哈必·散吉别挈只方"的直译为"阿拉伯胶丸
方"。已亡佚的卷二六"身体门"之"体疼痛类"中有"哈必·扫兀邻张方"，②此
应为 ḥabb-i sūrinjān 的音译。sūrinjān 指"良姜"（一种秋水仙属植物）。故而
"哈必·扫兀邻张方"（ḥabb-i sūrinjān），意为"良姜丸方"。卷十二"众风门"所
著录之"哈必·法而非荣方"之下，注波斯文 ḥabb-i farfiyūn。③ farfiyūn 指大
戟属植物。故而"哈必·法而非荣方"（ḥabb-i farfiyūn）之直译为"大戟属植物
丸方"。所有上述这些丸药方内的"药丸"（ḥabb）这个词的音译"哈必"都带有
齐齿短元音语尾，证明其所据译本的原词带有波斯语所特有的"耶扎菲"-i。

　　《回回药方》中常见的一种方剂称为"马准"（有时又称为"马肫"）。此乃膏
子药或糖剂的阿拉伯文名称 ma'jūn 的译音。当汉译者采用音译和意译相结
合的方式时，往往写作"……马准"，例如"安息香马准"（按，安息香糖浆）、"属
伶章·马准"（按，又可称为"扫兀邻张马准"，即"良姜糖浆"）等。当汉译者采
取完全音译的方式时，往往写成"马竹尼……方"如"马竹尼·木黑黎方"，即上
文之"安息香马准"；"马竹尼·突鲁必的"（按，即"柴胡马准"）。这样就暴露出
在马准（ma'jūn），与其修饰语"木黑黎"（安息香）或"突鲁必的"（柴胡）之间，

---

① 《回回药方》卷 12，第 3 叶 A，第 5 行。
② 《回回药方》目录下，第 23 叶 A，第 12 行，第 15 行。
③ 《回回药方》卷 12，第 4 叶 A，第 11 行。

存在一个齐齿短元音-i,即波斯语特有的表示修饰结构的"耶扎菲",说明"马竹尼"即 ma'jūn-i 的音译,也证明"……马准"的番文原形,与"马竹尼……方"一样,都是"ma'jūn-i……"。

综上所述,笔者的结论是:《回回药方》的汉译者所依据的底本,是一部波斯文书。它或许是前述阿拉伯文医书的波斯文译本,或许是其波斯文改写本。总之,《回回药方》不是从阿拉伯文直接译成汉语的。因此,如有机会搜寻从波斯文献,或许会有发现。

三、《回回药方》提到的几位医学家事略

《回回药方》提中提到 了不少古代医学圣贤的名字。搞清这些人物究竟是谁对我们了解穆斯林医学的发展史及《回回药方》的文化内涵,无疑有启迪作用。本节拟作简述的有如下数人:

(一) 阿思他黎西

卷三十"杂证门"在"撒福非·阿思他黎西方"下注曰:"即医人阿思他黎西造的末子药方",卷中又解释说:"此方是古医人阿思他黎西(按,下注Arastāṭālis)为亦西刊达而国王(按,下注 Iskandar)造者,故名。"[1] "亦西刊达而"(Iskandar),是波斯人对希腊马其顿王亚历山大大帝(前 356—前 323)的称呼,是伊朗历史上人人皆知的人物,他曾灭亡了波斯帝国。为亦西刊达而国王制订医方的"古医人阿思他黎西"(Arastāṭālis)的名字,在波斯文字典中可以查得,乃古希腊科学家亚里士多德(前 384—前 322),他是亚历山大大帝的老师,同卷还有一个"大西阿答里徒西方",其下亦注波斯文 Arastāṭālis,即亚里士多德,并解释说:大西阿塔里徒西方,"此名是国王的名,因其时人所造者,故以其名名之,此药皆贵味。相传时甚久,比札里奴西(按,下注:'是古回回医人')以前造者"。[2]

这个药方在《目录下》中,也写作"大西阿塔里徒西方"。[3] 对照前面提到的下注的波斯文,我们可以断定这个药方的名汉文译名在传抄过程必有讹误。

---

① 《回回药方》卷30,第 27 叶 A 第 15 行—第 27 叶 B 第 1 行。
② 《回回药方》卷30,第 5 叶 B,第 13—14 行。
③ 《回回药方》目录下,第 34 叶 B,第 6 行。

这里的"大西"并非译名的一部分分，是汉语，指西域以西。元代称阿拉伯马为"大西马"，《元典章》有"大西札发儿（Zafar）"，[①]即同样用法。而"大西"之后的"阿塔里徒西"似可订正为"阿笞徒里西"，即第二个字"答"为"笞"之讹误，而第三字"里"与第四字"徒"颠倒。校正后的"阿笞徒里西"即前述之"阿思他黎西"，为 Arastātālis（亚里士多德）名字的音译。

此外，校正后的"大西阿笞徒里西"并非如《回回药方》所述的那样，"是国王的名"，而是王师的名。《回回药方》虽然称亚里士多德是"古回回医人"，但他实际上并不是真正意义上的医生。不过他通过每一个医生都需要的思维逻辑学和自己的自然科学著作，给穆斯林医学以极大的影响。德国学者曼弗来特·乌勒曼详尽地研究了这一点。[②]

（二）札里奴思

卷三十"杂证门"在解释阿牙剌只札里奴西方时说，"即医人札里奴西传膏子药"。同时前面曾提到，作者在介绍"大西阿答里徒西方"时，又说："比札里奴西（是古回回医人——原注）以前造者。"[③]卷十二"众风门"之"左瘫右痪口眼歪斜类"，在叙述"口眼歪斜"时提到"札里奴思哈钦"，并注云："是古回回医人。"[④]卷三四"折伤门"之"接骨类"，在"说接骨并移骨总治法"时提到"者里奴西"，并释曰："是古回回医人。"[⑤]这里"札里奴西""札里奴思"和"者里奴西"等，都是同一个人的名称的不同译写；而"哈钦"则是阿拉伯语 ḥākim"学者""贤人"的音译。实际上，这个被称为"古回回医人"的"哈钦"（学者）并非穆斯林。札里奴思（Jālinūs）乃古罗马医生 Galen（Galenos）的名字的阿拉伯语译音。他生于公元 129 年，死于 199 年，的确晚于亚里士多德。札里奴思对穆斯林医学有极大的影响。阿巴斯王朝时代，阿拉伯学术界兴起了翻译希腊医学著作的高潮，札里奴思的著作曾被大量地译成阿拉伯文。[⑥]

---

① 《元典章》卷 2《吏部·典章八》，陈高华等点校，北京：中华书局，2011 年。
② 曼弗来特·乌勒曼：《穆斯林医学》第 26 节《与医药学有之哲学著作》，第 92—96 页。
③ 《回回药方》卷 30，第 5 叶 A，第 6 行；第 5 叶 B，第 14 行。
④ 《回回药方》卷 12，第 11 叶 A，第 9 行。
⑤ 《回回药方》卷 34，第 21 叶 A，第 4 行。
⑥ 曼弗来特·乌勒曼：《穆斯林医学》第 2 章《翻译时代》，第 35—68 页。

（三）鲁肥西

卷三十"杂证门"在"阿牙剌只·鲁肥西方"之下注出波斯文：ayāraj-i lūfis（鲁肥西泻药），又解释道："是先贤鲁肥西造者，故名。"① 笔者查检穆斯林医学译者，未发现 Lūfis（鲁肥西）其人的作品，《回回药方》的译者或传抄者或有误。笔者推测，鲁肥西这个名称在阿拉伯文、波斯文中的正确写法，大约应为Rūfis。查 Ephesos Rufus 是古希腊除了札里奴思（Galen）以外最著名的医学家。据研究，其活动时代不可能早于公元 1 世纪下半叶之前。这位 Ephesos Rufus（按，Ephesos 地方人 Rufus），显然就是《回回药方》中的鲁肥西。他是一个优秀的医学理论家，也是一名优秀的临床医生。许多札里奴思阐述的知识，最初是由鲁肥西提出来的。鲁肥西有关解剖学、病理学、愈后和诊断、治疗学、保健学、营养学、药物学的著述，被大量地翻译或改写成阿拉伯语。②

（四）卜忽剌忒

卷三四"折伤门"之"接骨类"在"说接骨并移骨总治法"时两次提到名医"卜忽剌忒"，其中一次注明"是古回回医人"。③ 查古希腊有医学家Hippokrate（按，今译作希波克拉底），公元前 460 年生于 Kos，公元前 377 年逝于 Thessalien 之 Larissa。其名称在阿拉伯文有不同的译写形式，其中传播最广的是 Abuqrat 和 Buqrāt 这两种写法。笔者以为，后者显然"卜忽剌忒"这个名称的来源。如此说成立，则被《回回药方》的汉译者称为"古回回医人"的"卜忽剌忒"，并非不是穆斯林。《回回药方》的汉译者不了解历史，误注并不足怪。希波克拉底出自医学世家，被西方医学界尊为"医学之父"。他所提出的体液学，说改变了当时医学的巫术和迷信观念，并奠定了以观察为基础的临床医学，从而使医学从哲学中分离出来。他还提出医德誓言，后来成为西方医学伦理学的传统之一。阿拉伯科学鼎盛时代，引述翻译或依据卜忽剌忒（Hippokrates，希波克拉底）的著述而写成的医书为数众多。④

---

① 《回回药方》卷 30，第 1 叶 A，第 6 行。

② 曼弗来特·乌勒曼：《穆斯林医学》第 2 章《翻译时代》，第 71—76 页。

③ 《回回药方》卷 34，第 21 叶 A，第 4—5 行。

④ 曼弗来特·乌勒曼：《穆斯林医学》第 2 章，第 25—35 页。其作者乌勒曼说，希波克拉底 460年生，37 年卒，显然遗漏"公元前"这个限定词，见第 25 页。

(五) 法里福而欲西、阿不·阿里·撒纳、虎乃尼·宾·亦西哈黑等人

1. 法里福而欲西

卷三十"杂证门"中收有一个方子,其下解释曰:"先贤法里福而欲西(是古回回医人——按,原注)造者。"[①]观名字可知,此人绝非波斯、阿拉伯人。查古罗马有著名哲学家 Phorphyrios,生于公元 233 年(或 232 年),逝于 302 年。其著作亦被翻译成阿拉伯语。[②] 阿拉伯语因没有辅音 p,故将其名称写作 Farfūrius。波斯文虽有字母 P,但是因袭阿拉伯文写法。

2. 阿不·阿里·撒纳

卷三十"杂证门"在述"阿牙剌只方"(按,ayāraj,轻泻药)时释云:"先贤阿医阿不·阿里·撒纳(是古回回医人——按,原注)造成。"[③]这位"阿布·阿里·撒纳"在《回回药方》中又常略称为"阿不·阿里"。他就是著名的中亚波斯科学家阿里·本·森纳('Alī b. Sīnā),在拉丁文医学著作中写作 Avicenna(阿维森纳)。他于伊斯兰太阴历 370 年(980)生于中亚的不花剌(Bukhāra,今乌兹别克斯坦历史名城布哈拉),死于伊斯兰太阴历 428 年(1037)。[④]《医典》(Qānūn)是其代表作,共五卷。

3. 虎乃尼·宾·亦西哈黑

卷三十"杂证门"在释解一个药方时提到"是虎乃尼·宾·亦西哈黑药方 Ḥunain bin Isḥāq 内说。"[⑤]又十二卷众风门之暗风类 提到一种 气台暗风的药方其中释曰:"此方是虎乃尼(是古回回医人——按,原注)传者。"[⑥]按,"虎乃尼·宾·亦西哈黑"乃阿拉伯成果最卓著的医学翻译家 Ḥunain bin Isḥāq 的名称的音译。他是聂思脱里基督教徒,同时也是伊斯兰人文科学史上一位很重要的人物,于 192/808 年出生于一个医学世家,受学于报达(今伊拉克巴格达),在后来的游学过程中掌握了希腊文,逝于 260/873 年,或 264/877 年。除

---

① 《回回药方》卷 30,第 3 叶 A,第 4 行。
② 《穆阴字典》卷 6,1984 年德黑兰版,第 1324 页。(Farhang-i Fārsī,以下简称《穆阴字典》)
③ 《回回药方》卷 30,第 7 叶 A,第 10 行。
④ 曼弗来特·乌勒曼:《穆斯林医学》第 3 章《一般阿拉伯医学》,第 152—156 页。
⑤ 《回回药方》卷 30,第 13 叶 B,第 7 行。
⑥ 《回回药方》卷 12,第 38 叶 B,第 10 行。

了大量翻译希腊科学文献以外,他还自撰著作,其子也是著名学者。①

4. 沙卜而·撒哈里

卷三十"杂证门"在绍一个方子时解释说:"是沙卜而·撒哈里(是古回回医人——按,原注)造者。"②这位"古回回医人"的名字在《回回药方》中多次出现。查古代阿拉伯有医生 Sābūr ibn Sahl,是基督徒,逝于 255/869 年,③他显然就是上述《回回药方》中提到的"沙卜而·撒哈里。"

5. 雅黑牙·宾·马锁牙

卷三十"杂证门"提到一个治疗痔疮的方子,并释云:"是雅黑牙·宾·马锁牙(是古回回医人——按,原注)造者。"④查阿巴斯王朝有名医 Yaḥayā ibn Māsawaih,又称为 Yūḥannā ibn Māsawaih,约 161/777 年生于一个医学世家,238/875 年去世。他一生有医学论著多种。⑤ 这位 Yaḥayā ibn Māsawaih 显然就是《回回药方》中提到的"雅黑牙·宾·马锁牙"。

《回回药方》残卷中提到的古代医人,并不止上面这 9 位。限于篇幅,这里不再一一列举。仅从上述分析已经可看出,《回回药方》所推崇的古代医学圣贤中的相当部分,是古希腊和古罗马的学者。另外,其中有一些,虽然生活在伊斯兰化以后时代的阿拉伯帝国范围内,但他们本人并不一定是穆斯林。因此我们切不可以从今天"回回"这个词的意义上去理解"古回回医人"的称呼。可以由此归纳出,"古回回医人"的概念,从时间上说,包括伊斯兰及其前时代;从地域上讲,则指东地中海沿岸地区,既包括了如马锁牙和阿维森纳这样杰出的阿拉伯、波斯医学科学家,也包括古希腊、古罗马,甚至犹太的医学家。我们从《目录下》得知,卷三六"修合药饵门"之"说造良方类中"专有一节"说古医人造方的因由,说前辈古医人",惜已亡佚。否则将帮助我们更好地了解中国穆斯林医学形成的历史背景。

---

① 曼弗来特·乌勒曼:《穆斯林医学》第 3 章,第 115—118 页。
② 《回回药方》卷 30,第 2 叶 A,第 1 行。
③ 曼弗来特·乌勒曼:《穆斯林医学》第 15 章《药学》,第 300 页。
④ 《回回药方》卷 30,第 7 叶 B,第 4 行。
⑤ 曼弗来特·乌勒曼:《穆斯林医学》第 3 章,第 112—115 页。

四、《回回药方》采用希腊语和拉丁语名称的药物

《回回药方》所著录的上千种药物中,有相当一部分其名称甚至不是波斯语或阿拉伯语。这里仅举出几例采用希腊语、拉丁语名称的药物,借以探讨我国的传统回回医学与古希腊、古罗马医药学的关系。

(一) 阿福体门汤

卷三十"杂证门"的开头处,在叙述"欲纳尼地面"药(按,即希腊药)"阿牙剌只(ayāraj)等方"时,提到这种药应与"阿福体门汤"('uṣāra-i āftimūn)同服。① 按,'uṣāra 乃阿拉伯语,义为"汁""浆""液",即所谓"汤";而 āftimūn 乃希腊文 ephthymon 的阿拉伯语写法,指百里香草、菟丝子。阿拉伯语没有辅音 p,故以代之 F,波斯语虽辅音 p,但这里因袭阿拉伯文转写。

(二) 乌速突忽都西

卷三十"杂证门"之"阿福体门汤"(见上)中,有药"乌速突忽都西",下注波斯字 ustūkhūdūs。② 按,此名乃希腊语 stolchās 的阿拉伯文转写形式,指一种留兰香类药用植物,花为天蓝、红或紫罗蓝色,高约 30—60 厘米。③

(三) 阿福散汀

卷三十"杂证门"之"阿牙剌只老阿的牙方"中有药"阿福散汀汁",其下注曰:"即艾汁。"④按,阿拉伯文中有 ifsantīn、波斯文中有 afsantīn(又写作 afsan ṭīn),来自希腊语 afsinthion,指苦艾、艾蒿,它显然就是"阿福散汀"的原字。

(四) 法而非荣

卷十二"众风门"之"左瘫右痪口眼歪斜类",有"哈必法而非荣"(ḥabb-i

---

① 《回回药方》卷 30,第 1 叶 A,第 11 行。"阿福体门",有时又写作"阿福提门",其阿拉伯文、波斯文名称,因系外来词,拼写不固定,词首长元音符号时有时无。
② 《回回药方》卷 30,第 1 叶 B,第 3 行。
③ 《穆阴字典》卷 1,第 262 页。
④ 《回回药方》卷 30,第 2 叶 B,第 13 行。

farfiyūn——按,原注)方"。① 按"哈必"即丸药,乃阿拉伯文ḥabb"颗粒",加上后面所附波斯语耶扎非-i 的音译。前已提及,兹不赘。"法而非荣"的波斯语(〈阿拉伯语〉名称 farfiyūn,源自拉丁文 euphorbium,指大戟属植物。这种植物在扯断时,枝干中会流出白色的罂粟类汁液,有毒,可使人呕吐。其籽粒有腹泻作用。如将这种汁液涂抹于皮肤之上,立刻会产生刺激作用,"有搔灼感"。"法而非荣"的种类达 7000 种以上,名称亦各异。②

(五) 阿里浑

在上面提到的那个哈必·法而非荣方中,有一味药名"阿里浑",其下注 ghāriqūn。查 ghāriqūn(阿里浑)这个名称来自希腊文,指伞菌、蘑菇。因为是外来语,所以在波斯文、阿拉伯文中拼法不固定,有时写作 aghariqūn,aghāriqūn,aghāriqa 等。③

(六) 全可儿纳不

卷十二"众风门"之"左瘫右痪口眼歪斜类"在叙述治疗"左瘫右痪"的方法时,提到一种药"可儿纳不",下注 karanb。④ 按,"可儿纳不"乃波斯语中来自希腊语 krambae 的借词,指卷心菜。看来直至明初中国尚无卷心菜,故采用音译。

(七) 可马达而玉西

前述卷三十"杂证门"之所谓"大西阿答里徒西方"(笔者前面校正为"大西阿筲徒里西方")中有药"可马达而玉西",下注波斯文(〈阿拉伯文〉)kamadariyūs。⑤ 按,"可马达而玉西"(kamadariyūs)指草本"石蚕状婆婆纳",来自希腊文 chamaedrus。

(八) 可马肥徒西

卷三十"杂证门"中一个由名医沙卜而·撒哈里(Šābūr ibn Sahl)炮制的

---

① 《回回药方》卷 12,第 4 叶 B,第 13 行。
② 《穆阴字典》卷 2,第 2522 页。
③ 《穆阴字典》卷 2,第 2374—2376 页。
④ 《回回药方》卷 12,第 1 叶 B,第 1 行。
⑤ 《回回药方》卷 30,第 6 叶 A,第 10 行。

方剂中,有药"可马肥徒西",下注波斯文（〈阿拉伯文）kamafītūs。[①] 按"可马肥徒西"(kamafītūs)指草本扁叶石松,是一种强烈的利尿剂,其名称来自希腊文chamaepitus,阿拉伯文无辅音 p,故以 F 代替,波斯文因袭阿拉伯文转写.

《回回药方》中采用非阿拉伯、波斯语名称的药物很多,其中以源自希腊语、拉丁语的为数众多。厘清这些药物名称的来历,对了解中国穆斯林学的传承关系,是很重要的。

结束语

随着蒙古对中亚和西亚的征服,大批穆斯林以不同的身份（俘虏、工匠、学者、商人、臣僚、贵族、宗教人士等）来到中国内地,随之传入中国的,除了各种伊斯兰教流派经典之外,还有发达的穆斯林科学。这些科学知识极大地造福于中国人民,并丰富了中国的文化,《回回药方》就是其中之代表。笔者在本文中,通过对《回回药方》中人名、药名的分析,试图说明,以《回回药方》为代表的中国穆斯林医药学所反映的,并不只是波斯、阿拉伯本土的医药学知识。而阿拉伯、波斯医药学本身,也是在接受了伊斯兰时代以前,东地中海沿岸诸国诸民族的传统药学知识的基础上,发展繁荣起来的。这样我们就很容易理解,为什么来自叙利亚的聂思脱里基督教徒爱薛,和也里可温人聂只儿,会以回回名医的身份在元政府广惠司中任职。[②] 本项研究还显示,元明两代直至西方传教士东来之前,中国对西方科学文化知识的吸取,在相当程度上,是通过穆斯林的中介进行的。

（本文中的希腊文拉丁文名词承蒙南京大学历史系张竹明先生校核,谨此志谢）

（原载于《新疆社会科学》1990 年第 3 期,收入本书时略有修改）

---

① 《回回药方》卷 30,第 2 叶 A,第 11 行。

② 参见《元史》卷 134《爱薛传》;《元史》卷 8《世祖纪》;［元］程钜夫:《雪楼集》卷 5《拂林忠献王碑》,洪武刊本;［元］杨瑀:《山居新话》"聂只儿"条;［元］陶宗仪:《南村辍耕录》卷 9《奇疾》。

元朝与察合台汗国的关系

——1260 至 1303 年

刘迎胜

摘　要：成吉思汗西征后，在大蒙古国范围内逐渐形成了四大汗国，即元朝（大汗之国），察合台汗国、伊利汗国和钦察汗国。察合台汗国立国于包括我国新疆在内的中亚地区。探讨察合台汗国与元朝的关系，对于中亚史、中外关系史，新疆史、西北少数民族史，西北地区与祖国内地关系史的研究均有重要意义。本文打算通过对中统末年到大德初年的 40 年间元朝与察合台汗国争夺今中亚的过程的考察，研究这一时期双方关系的演变。

关键词：察合台汗国　元朝　中亚地区　关系演变

一、元朝统治力量进入中亚的开始

大约在西征之前，成吉思汗已划分了诸子的份地。[①] 据瓦撒夫记载，在一本名曰 Jahāngušāy 史的书中，详细记述了大蒙古国的土地分封，[②]这本书就是志费尼的《世界征服者传》。志费尼书对察合台封地的描述，反映出西征以后

[①]　也儿的石河上游诸部、畏兀儿、哈剌鲁等，早在西征之前已降附蒙古。《长春真人西游记》所记窝阔台、察合台分别筑路架桥于金山、阴山并由此出兵西征，以及丘处机在阿里麻遇察合台驻于其地的大匠（臣？）张公之事，可资证明。王国维认为诸子受份地，事在西征之后（《黑鞑事略笺证》，王国维：《海宁王静安公遗书》第 37 册，第 1 叶），似不确。

[②]　*Geschichte Wassaf's*（《瓦撒夫书》）vol. I. Hammer-Purgstall（德译本），Wien，1856，p. 92. 以下称《瓦撒夫书》。

559

察合台份地的规模,其地"从畏兀儿之边(ḥudūd)伸展到撒麻耳干和不花剌。"①瓦撒夫,拉施笃丁、乌马里等,也有相似的记载,当本于此。志费尼并不把畏兀儿地区包括在察合台封地之内。② 阿母河以北地区和突厥斯坦的诸城廓也不属于察合台。据《史集》记载,窝阔台时,察合台曾私自任命若干阿母河以北地区的长官,结果大汗派驻于忽毡的长官牙剌瓦赤向窝阔台报告了察合台的这种越轨行为,察合台受到了窝阔台的斥责。蒙哥即位后设立的别十八里行尚书省,更说明畏兀儿、阿母河以北地区和天山南路诸城均由大汗派大臣治理,不属察合台。关于这一点,许多学者在探讨大蒙古国初期的结构时,已作过研究,这里不再重复。

中亚的形势在阿里不哥之乱中开始发生变化。蒙哥死后,阿里不哥与忽必烈各自召集忽里勒台会,宣布即位。忽必烈立即指派察合台之孙阿必失哈为察合台兀鲁思汗,企图控制中亚,此举为阿里不哥所挫。此后忽必烈将阿里不哥逐出和林,阿里不哥居谦谦州,粮秣不济,故以大汗的身份委派察合台后王阿鲁忽赴中亚征集钱粮军资。阿鲁忽在阿力麻里即察合台兀鲁思汗位后,叛阿里不哥,降忽必烈。忽必烈亦以大汗的身份,将东自金山,西至阿母河的土地划给阿鲁忽防守。

随着阿里不哥的失败,忽必烈直接控制中亚的欲望也发展起来了。他不但派八剌去察合台汗国夺取新即位的木八剌沙的权力,并且打算继续前代大汗对中亚城郭地区的控制。瓦撒夫书记载道:

> 当统治之顺序轮到公正的忽必烈合罕之时,当阿里[不哥]的激
> 动与阿鲁忽之违抗达到其转变点之时,忽必烈合罕命一支大军前往

---

① 见 'Atā Malik-i Jūwainī, Tārīkh-i Jahāngušāy, *The Ta'ríkh-i-Jahán-Gushá of 'Alá'u d-Dín 'Atá Malik-i Juwayní*, composed in A. H. 658——A. D. 1260, ed. with an introduction, notes and indices from several old mss by Mírzá Muhammad Ibn 'Abdu'l-Wahháb-i Qazwíní, and for the trustees of the "E. J. W. Gibb Memorial", vol. XVI(1), London, 1912),(志费尼:《世界征服者传》卷1,《吉布纪念集》可疾维尼波斯文刊本,伦敦,1912年,第31页。)

此据 Thomas T. Allsen, *The Yuan Dynasty and the Uighurs of Turfan in the 13th Century*, in The Middle Kingdom and its Neighbors, 10th-14th Centuries ed. by Morris Rossabi, California University Press, 1983, pp. 249. (爱尔森:《13世纪的元朝和吐鲁番畏兀儿》,载罗沙比编《中国其及四邻,10—14世纪》,加利福尼亚大学出版社,1983年,第249页)。爱尔森在注(39)中指出,波义耳英译本《世界征服者史》页42—43的相应的一段译文未将hudūd(边境)一词译出。

② 瓦撒夫在另一处又将畏兀儿之地列入察合台封地,谟思脱非(Mustawfi)的说法与之同。爱尔森认为,志费尼的说法代表了刚开始分封的情况,而瓦撒夫和谟思脱非的著作在13世纪末以前尚未完成,可能反映的是都哇夺取了大部分畏兀儿地区以后的情况。

阿母河岸,使一切居于这一地区的[那些]企图独立的宗王统统从交通线上撤走,这样合罕的使臣可以毫无困难地往返于旭烈兀大王[与大汗之间]。海都对此十分不安,……并踏上了通向战争[之程])。①

大约在这一时期,忽必烈还派人到不花剌括户口,此事仅见瓦撒夫书,该书记曰:

大汗派出一位使臣在不花剌进行一次新的括户。不花剌[城]中编籍的一万六千人中,有5千人属于拔都[之后],3千人属于 Quti Beki(按,即唆鲁禾帖尼别吉),旭烈兀汗之母,余下者称为 ulugh gol,②即 dalay-i-buzurg③成吉思汗的后人中无论是谁,只要他占据了帝国的皇位,就可以像对待自己的财产(Khāṣṣa)一样地来统治他们。④

与此相应,汉文史料也提到至元三年(1266),忽必烈命畏兀儿亦都护马木剌的斤之子为亦都护,统治畏兀儿地区。⑤《元史》还记载,至元五年(1268),海都叛,自阿力麻里"举兵南来,世祖逆败之于北庭,又追至阿力麻里,则又远遁二千余里。上令勿追。"⑥拉施笃丁《史集》中的如下记载当与此有关:"时[海都]与火你赤那颜攻击了依附于蒙哥之子玉龙答失的纳邻(Narin),驻军于彼处,杀人越货,叛迹昭然。合罕遣其子那木罕率如下左右翼诸王……前往讨之。"⑦可见阿里不哥争位之乱刚趋平息,忽必烈的势力就很快向中亚伸展。

---

① 《瓦撒夫书》卷1,第126页。旭烈兀逝于1265年2月,忽必烈出兵中亚当在此之前。然这支军队究竟到达何地,由谁率领,与汉文记载如何勘同,仍有待于研究。

② ulugh qol,突厥—蒙古语合成词,意为"大中军"。

③ dalay,突厥语"海洋"之意;buzurg,波斯语"大"也。

④ 《瓦撒夫书》,第94页。瓦撒夫说此事发生于别儿哥与旭烈兀战争期间(1262年)。其时忽必烈正与阿里不哥作战,遣使至不花剌括户似不可能,如果瓦撒所述不误,这位"大汗"应当指阿里不哥。巴托尔德系之于阿里不哥投降之后,阿鲁忽在世之时。多桑认为此行系旭烈兀所为,巴托尔德驳之,参阅《蒙古入侵时代的突厥斯坦》(Туркестан в эпоху монгольского Нашествия,以下简称《突厥斯坦》),俄文全集本,第576页注释(9),第577页注释(1)。

⑤ [元]虞集《道园学古录》卷24《高昌王世勋之碑》,四部丛刊本。

⑥ 《元史》卷63《地理志》。海都占据阿力麻里的时间,当在阿鲁忽死后,八剌即位之前。

⑦ Rašīd al-Dīn, Jām'i al-Tawārikh, *The Successors of Genghis Khan*, tr. by J. A. Boyle, New York Columbia University Press, 1971, pp. 266. (拉施笃丁主编:《史集》卷2,J. A. 博伊尔英译本,纽约哥伦比亚大学出版社,1971年,第266页)。邵循正在《剌失德丁集史忽必烈汗纪译释(上)》(《清华学报》第14卷第1期,第113页)一文中据《元史·玉哇失传》,改"纳邻"为"八邻"。

二、忽必烈、八剌与海都

八剌受忽必烈之命前往察合台汗国夺取权力，是元朝与察合台汗国关系史上一件值得注意的事情。阿鲁忽死后，兀鲁忽乃哈屯在未获大汗忽必烈同意的情况下，便立己子木八剌沙为兀鲁思汗之举，表明察合台汗国的地位在逐渐发生变化。忽必烈自然不能容许这种行动，他显然是按历代察合台汗国之汗均由大汗指定的旧例，派出八剌去夺木八剌沙的权。《史集》第 2 卷这样记载：

> 兀鲁忽乃可敦以其诸臣之同意，立己子木八剌沙承阿鲁忽位。而察合台子抹土干子也孙脱之子八剌合（按，即八剌）时在朝事合罕，因进言曰，木八剌沙奈何承吾叔阿鲁忽位，若有命以我承吾叔位，我将效劳奉命惟谨。合罕乃与以'圣旨'言八剌合长于木八剌沙，应以'兀鲁思'归之。遂行。[1]

但是，对事实上已经开始独立管理兀鲁思的木八剌沙来说，忽必烈的圣旨是没有多大作用的。如果八剌仅靠大汗的一纸命令，不但不可能夺取权力，反而可能危及自己的安全。八剌到达那里后，"他发现木八剌沙已经建立了统治，他对此一言不发，"[2]隐瞒了自己受旨前来的目的，以阴谋笼络军队，不久夺取了政权，成为察合台汗国的汗。拉施笃丁曾反复述说了八剌夺权的过程，例如他在一处提道："他（按，指八剌）到那里后，假装友好了一阵子。当时木八剌沙的一位叫必阇赤的大臣和其他大臣一起站在八剌一边，废黜了木八剌沙。"[3]拉施笃丁又说：

> "抹土干第三子也孙脱之子八剌——他一直在合罕的朝廷效力——受合罕之命来到察合台兀鲁思。八剌到达后，发现木八剌沙和兀鲁忽乃已巩固了统治，处于强有力的地位，他未出示圣旨。木八

---

[1]　邵循正：《剌失德丁集史忽必烈汗纪译释（上）》，《史集》第 2 卷俄译本（Рашид-ад-Дин, Сборник Летописей, т. 2）与英译本，均将八剌所受圣旨译作：在木八剌沙成年之前，兀鲁思由八剌管领。对于这道圣旨的内容，《史集》还有其他说法，见后。

[2]　《史集》卷 2（Рашид-ад-Дин, Сборник Летописей, т. 2），莫斯科—列宁格勒版俄译本，1946 年，第 92 页。

[3]　《史集》卷 2，俄译本，第 91 页。

刺沙问其（按，指八刺）来意，答称：'我远离兀鲁恩和家庭时日既久，部民四散受苦，我一直在寻求［你的］批准，以便搜集部属，并追随你。'木八刺沙闻之大喜。八刺在彼处佯作友善，暗施诡计，同时将各地的军队集中在自己周围。忽然一位名叫必阇赤的大臣和一些握有兵权的将帅也倒向他。他们废黜了木八刺沙，把他降为猎豹管理人的总管，八刺自己成为唯一的统治者。①

八刺主要依靠自己的阴谋手段，而非元世祖忽必烈的圣旨夺取权力的过程预示，大汗与察合台兀鲁思之汗之间的关系发生了变化。忽必烈派八刺去突厥斯坦的目的本来是为了加强对西域的控制。八刺夺得权力后，事情的发展渐渐脱离了忽必烈预想的轨道。下面我们就来论述这种变化。

从后来的结果看，八刺夺得察合台兀鲁思汗位，并非忽必烈的胜利。八刺任汗不但不可能改变察合台汗国逐渐半独立化的趋势，相反，一旦时机成熟，他本人也会变成这种趋势的代表。夺得汗位后，八刺势力急剧地膨胀，使他情不自禁地开始着手吞并大汗在中亚的属地，这使得元与察合台汗国的矛盾突然尖锐起来，双方在斡端一带发生了冲突。斡端之地，在哲别攻灭占据西辽故地的乃蛮残部时并人大蒙古国。据《史集》记载，窝阔台、贵由、蒙哥三朝，斡端之地都在牙刺瓦赤之子马思忽惕管辖之下。阿里不哥进入中亚时，阿鲁忽为避其兵锋，暂居于斡端，所以《元史》称阿鲁忽为于阗宗王。至元初年，斡端回到了大汗手中。拉施笃丁在述及八刺将忽必烈的军队赶出斡端时写道：

> 时大汗派驻于突厥斯坦的是一名叫忙古带（Mughūltāi）的将军。八刺以合罕的名义派出一名叫别乞迷失（Bekmīš）的大臣，他打算占有其地。忙古带前往大汗处报告这一情况，于是合罕派出了年迈的大臣火你赤（Qūnijī）率 6000 骑前来迎敌。火你赤打算杀死别乞迷失，自己成为督军的将领。八刺派遣一名大臣率 3 万人迎战。当火你赤明白不可能站住脚时，便退回契丹之地。八刺的军队抢劫了斡端。此时八刺已十分强盛……"②

但这时的八刺仍然奉忽必烈为大汗，忽必烈依旧视八刺为出镇一方的诸

---

① 《史集》卷 2，俄译本，第 98 页。

② 《史集》卷 3，俄译本，第 69—70 页。

王,斡端一带的冲突并未使双方的关系完全破裂,他们之间仍保持着君臣关系。《元史》中至元五年(1268)五月"癸酉,赐诸王禾忽及八剌合币帛六万匹"①的记载就是一个证明。

忽必烈当初派遣八剌去取代木八剌沙的主要目的之一,是为了对付海都。海都为窝阔台之孙,他并非无端地敌视忽必烈,而是自有其理由的。据瓦撒夫记载:

> 成吉思汗在他的法律书札撒中……明确而毫不隐讳地命令道:只要窝阔台还有一个吃奶的后代存在,他在继承祖先的皇位,国家的旗帜和军队的统帅权方面,就要优先于其他(各枝)的儿孙。由于这一原因,许多宗王和为数众多的军队……聚集在他(按,指海都)的保护旗下。②

瓦撒夫上述记载的真实性,可以从拉施笃丁的如下描述中得到证实。在推选蒙哥为大汗时,札剌亦儿部人额勒只带表示反对说:"[窝阔台合罕即位时]你们曾全体一致地议决并说道:直到那时,只要是从窝阔台合罕子孙中出来的,哪怕是一块[臭]肉,如果将它裹上草,牛也不吃,如果将它涂上油脂,狗也不会瞧它一眼;我们仍要尊奉他为合罕,任何别的人不得登上宝座。为什么如今你们却另搞一套呢?"③

八剌登上兀鲁思汗位后与海都作战,也表明了他即位之初保持着臣属忽必烈的地位。拉施笃丁说:"海都曾结盟于阿里不哥,又曾拒绝晋见合罕。合罕命令八剌击退海都。八剌服从了这项命令,当他的军队一征集起来,他就与海都作战。"④描述八剌与海都冲突的史料有不少,如《史集》对此记载道:"当八剌推翻了木八剌沙,控制了察合台兀鲁思时,他踏上了压迫和横暴之路,海都制止他这种做法,由于这个原因,他们之间发生了分歧……当八剌的力量达到极盛时,他打算远征海都和蒙哥帖木儿。马思忽惕向他们(按,指海都和蒙哥帖木儿)指出,应预防八剌方面的暴力行为,并鼓动他们与之(按,指八剌)

---

①　《元史》卷6《世祖纪》。

②　《瓦撒夫书》卷1,德译本,第127页。

③　Рашид-ад-Дин, Сборник Летописей, т.1, кн.1(《史集》卷1,第1分册,赫塔古罗夫俄译本,莫斯科・列宁格勒,1952年,第95页)。但是这段话在《元朝秘史》中却交得面目全非(见节255)。

④　《史集》卷2,俄译本,第98页。拉施笃丁曾反复强调过八剌受命攻击海都之事。

作战。"①

那么,八刺与海都控制下的窝阔台汗国为敌,难道只是因为他归国前受命于忽必烈吗?当然不是。八刺与海都对抗的另一个重要原因,是海都乘察合台兀鲁思阿鲁忽汗去世,八刺与木八刺沙争夺汗位之机,抢夺了阿鲁忽汗在阿里不哥之乱中控制的原朝廷别十八里等处行尚书省治下的土地。我们提到过,《史集》说海都曾占据了察合台汗国的一些地方,这一点在瓦撒夫书中反映得较为清楚,他说:"他们(按,指海都之军)占据了从塔刺思、Kundschuk,讹打刺、可失哈儿和阿母河那边的整个地带。"②瓦撒夫对这一时期八刺与海都之间的对抗也还记载道:

> 当海都利用事端的变化,③抱着寻找合罕的军队的目的,从塔刺思和 Kundschuk 出动时,八刺恐怕这使其军队不能前往撒麻耳干和不花刺,而他自己是希望占据[这些地方]的。由于这个想法,他企图在他(按,指海都)之前到达,于是燃起了战火,大屠杀的暴风雨震撼大地。④

双方首战的地点在忽章河(今锡尔河),《史集》说:"八刺设置伏兵,巧妙地击败了海都和钦察(合丹之子)的军队,杀伤和捕获甚多,并缴获大量的战利品。于是八刺变得自大起来。"不久,蒙哥帖木儿派出其叔别儿哥乞儿(Berke čer)率五万骑兵援助海都,海都也收集败散之众,双方举兵再战,八刺大败。⑤拉施笃丁多次讲到的八刺遵从忽必烈的命令与海都作战,指的应就是这两次战事。

军事上的失败使察合台汗国转向海都。最后海都,蒙哥帖木儿和八刺三方媾和。1269 年,三方在塔刺思举行忽里勒台会以划分势力范围。⑥海都和八刺决定一致对抗忽必烈和伊利汗阿八哈。⑦八刺依附海都是一个重大事件,它不但表明大汗政治上对察合台汗国的监护和控制权有很大的削弱,也使

---

① 《史集》卷 3,俄译本,第 69—70 页。
② 《瓦撒夫书》卷 1,德译本,第 127 页。Kundschuk,为元代塔刺思附近的一个小镇。
③ 指木八刺沙与八刺争夺察合台汗国汗位之乱。
④ 《瓦撒夫书》卷 1,德译本,第 128 页。
⑤ 《史集》卷 3,俄译本,第 70 页。
⑥ 《史集》卷 3,俄译本,第 71—72 页;《瓦撒夫书》卷 1,德译本,第 130 页。
⑦ 《史集》卷 2,俄译本,第 13 页、第 91 页。

中亚蒙古诸王的势力有了超过大汗在当地力量的可能,对后来数十年中亚历史的发展,有十分深远的影响。

塔剌思会议前,八剌成功地把元朝的力量排挤出斡端,巴托尔德因此得出结论说,忽必烈的失败使大汗在突厥斯坦的最后一点威望扫地以尽。[①] 这一点是值得提出来讨论的。巴托尔德因不懂中文,无法使用汉文史料中有关至元年间元在西域的活动的记载,以为八剌夺取斡端在后,元朝就不再拥有此地。实际上,忽必烈只是暂时地放弃了斡端。不久以后,他的势力再度伸到这里。此外,暂时放弃斡端并不意味着元朝退出了突厥斯坦,我们可以畏兀儿地区为例加以说明。

前已述及,至元五年(1268)元朝军队于北庭击败海都之军。塔剌思会议后不久,八剌入侵呼罗珊与阿八哈作战,结果八剌战败,欲往别十八里,其时为1270年夏。八剌失败的消息传到海都处,海都说:"如果我们用军队帮助他(指八剌),那么我们的领地就会遭到马蹄的践踏。要是我们不帮助他,他就会从我们这里跑掉,带着他的少数那可儿跑到别十八里,并与合罕联合,他又会挑起内讧,并反对我们。"[②]海都的这番话反映出,当时别十八里在元廷控制下。联系《元史》中至元八年(1271)二月,元廷下令"往畏兀儿地市米万石。"[③]的记载,可知自至元三年(1266)忽必烈任命火赤哈儿为畏兀儿亦都护,到至元八年(1271),元政府一直统治着畏兀儿地区,不但未因为八剌占据斡端而退出突厥斯坦。相反,元政府一直努力巩固这里的统治,使它成为元势力伸入中亚的跳板。

八剌在阿母河以西的失败为元朝再度向西发展创造了有利条件。此前海都曾受挫于元朝,此时乘八剌新败,力图控制察合台汗国;八剌死后,察合台汗国汗位屡有更迭。忽必烈利用中亚诸王无力东顾的时机,从至元八年(1271)起,以畏兀儿地为中心,沿天山南北两个方向向中亚发展其势力:天山以北方向的重点是亦列(按今伊犁)河谷草原,天山以南方向是塔里木盆地周围各绿洲地区。穆斯林史料和汉文史料,对此都有记载。例如,成书于 15 世纪初的《木阴因历史选》在提到八剌时说:

---

① 《突厥斯坦》,俄文全集本,第 581 页。
② 《史集》卷 3,俄译本,第 84 页。拉施笃丁多次提到八剌战败后,欲投向别十八里。
③ 《元史》卷 7《世祖纪》。

　　他(按,指八剌)在任何时候都在追求伊朗的王位,[①]并力图侵占契丹的王位。[②]　由于不能实现这一愿望,他反对忽必烈合罕,并同样表示反对阿八哈汗。起初,他前往呼罗珊和亦剌黑[③]作战,渡过阿母河,进入一个叫木尔加布(Mургаб)的地方,与阿八哈汗厮杀,他被击败,由于损失惨重,被迫溃逃。忽必烈合罕注意到,他的溃败是自己的强国生存的条件,于是率大军前往察合台兀鲁思。在合罕大军到达的夜间,八剌死去。[④]

　　《木阴历史选》的这一段记载过于简单,且混淆了前述《史集》所记海都企图吞并八剌兀鲁思的行动。但对照汉文史料中的记载,则可发现,木阴的这一段话正反映了元朝向西发展的活动。

　　在亦列河谷草原,元军在击败海都之后,进据曾为海都所占的阿力麻里。至元八年,忽必烈之子那木罕建幕庭于此。[⑤]该城地处中亚蒙古诸王封地的腹心地带,十分重要。元政府为控制这一地域,不断增强那木罕的力量。《元史》有至元十年(1273)向那木罕军补给装备的记载。[⑥]随着元朝势力深入突厥斯坦,中亚诸王与元朝的矛盾也加剧了。至元十二年春,忽必烈"敕追海都、八剌金,银符三十四"。[⑦]《元史》还记载,至元十年(1273)"诸王孛兀儿出率所部与皇子北平王合军,讨叛臣聂古伯,平之"。[⑧]这里提到的"叛臣聂古伯"可能就是《史集》记载的海都所立的八剌的继位人,撒班(Sarban)之子 Negübei。八剌死于至元七年(1270),《史集》说 Negübei 统治了三年时间,与上引《元史》所记恰合。为了应付日益增大的海都和察合台汗国的威胁,同年夏忽必烈诏安童"以行中书省枢密院事,从皇子北平王出镇北圉"。[⑨]至此,元朝据有阿力

---

　　① 按,指侵犯伊利汗国。

　　② 按,指侵犯元朝。

　　③ 'Irāq,阿拉伯世界对伊朗的称谓。

　　④ Mu'in al-Din Natanzi, *Muntakhab al-Tawarikh-i Mu'ini*(木亦努丁·纳坦只:《木阴历史选》,欧班夫人波斯文校勘本,德黑兰,1957 年,阿基姆什金俄文摘译,载《吉里吉思人及其地历史资料》卷 1,莫斯科,1973 年,第 115 页)。

　　⑤ 《元史》卷 13,第 265 页。

　　⑥ 《元史》卷 8,第 147 页,第 152 页。

　　⑦ 《元史》卷 8,第 160 页,其时八剌已不在世。

　　⑧ 《元史》卷 8,第 152 页。

　　⑨ [元]元明善:《丞相东平忠宪王碑》,《国朝文类》卷 24;并参见苏天爵《国朝名臣事略》卷 1 之 2,及《元史》卷 126《安童传》、卷 203《方技》。海都自阿力麻里远逾二千余里,究竟是败于那木罕,还是败于安童,尚待研究。

麻里已越四年。

塔剌思会议之前,八剌曾夺取了斡端。八剌死后,随着察合台汗国力量的削弱,今塔里木盆地周围的绿洲地带又回到元朝手中。《元史》记载,至元八年六月"招集河西、斡端、昂吉呵等处居民"。[①]次年就有元政府发工匠往斡端、可失哈儿采玉的记载。《经世大典》"站赤"条记曰:

> 至元九年(1272)六月十八日,兵刑部侍郎伯术奏:'[可]失呵儿、斡端之地产玉,今遣玉工李秀才者采之。合用铺马六匹,金牌一面。'上曰:'得玉何以转至此?'对曰:'省臣已拟令本处官忙古解拔都儿于官物内支脚价运来。'上曰:'然则必得青黄黑白之玉。复有大者,可去取瑕璞起运,庶几驿传轻便。'[②]

可见在此之前,这一带已设置了驿站。

至元十一年(1274)春正月,元政府着手改善通向今塔里木盆地西端和西南端的交通,"立于阗、鸦儿看两城水驿十三,沙洲北陆驿二。免于阗采玉工差役。"[③]根据这次设置的驿站走向可知,当时从内地至塔里木盆地西端和西南端的最便捷的方法,显然是取道沙州,经合迷里,火州,再经曲先,沿塔里木河的三条主要上源向西南或西行。这一条驿路的改善使内地通往西域的交通更为省便,对巩固元朝在今天山南部的统治有重要意义。同时,元政府还采取措施安辑当地人民。例如,至元十一年四月,忽必烈"诏安慰斡端,鸦儿看,合失合儿等城。"[④]这样,元朝对这一带的统治又重建起来。

三、至元初年的畏兀儿之地

平定阿里不哥后,忽必烈很快地在畏兀儿之地建立起统治。至元二年(1265),世祖"敕徙镇海,百八里,谦谦州诸色匠户于中都,给银万五千两为行费。"[⑤]其中百八里,即 Ber balïq 之音译,名见于《经世大典》:"中统二年,勑徙

---

① 《元史》卷7《世祖纪》。昂吉呵,当为突厥—伊朗语合成词 Yängi Kat 之音译,意为"新城",很可能指今英吉沙尔。

② 转引自《永乐大典》卷 19417《站赤二》,景印残卷本,北京:中华书局,1986 年,第 7 页。

③ 《元史》卷8《世祖纪》,第 153 页。

④ 《元史》卷8《世祖纪》。

⑤ 《元史》卷6《世祖纪》。

和林,白八里及诸路金玉玛瑙诸工三千余户于大都,立金玉局。"①小亚美尼亚国王海敦 1255 年朝见蒙哥合罕归回时,曾提到从横相乙儿(Γumsγur)经 Berbalex 达别十八里。② 此 Berbalex 当即百八里。《辽史》记耶律化哥与西北边藩作战时,曾在白拔烈之地与阿萨兰回鹘遭遇。③ 阿萨兰,元代译称阿儿思兰,突厥语 arslan,意狮子。④ 耶律化哥所遇之阿萨兰回鹘,为高昌回鹘,而白拔烈为百八里辽代之音译。Ber balïq 可析为 ber+balïq,ber 是突厥语,意为"一"。《元史》中提到的独山城当为此名的意译:

> 哈剌亦哈赤北鲁。从帝(按,指成吉思汗)西征。至别失八里东独山,见城空无人。帝问:'此何城也?'对曰:'独山城。往岁大饥,民皆流移之他所。然此地当北来要冲,宜耕种以为备。臣昔在唆里迷国时,有户六十,愿移居此'。帝曰:'善'。遣月朵失野讷佩金符往取之,父子皆留居焉。后六年,太祖西征还,见田野垦辟,民物繁庶,大悦。问哈剌亦哈赤北鲁,则已死矣。乃赐月朵失野讷都督印章,兼独山城达鲁花赤。⑤

其地当位于今新疆木垒县境。除了前面提到的至元三年,忽必烈命畏兀儿亦都护马木剌之子火赤哈儿为亦都护,⑥与至元八年(1271)2 月,元政府令"往畏兀儿地市米万石"⑦等以外,汉文史料中还记载了一些发生于畏兀儿之地的重大事件,但史料未言明其年代,兹一一述之如下。

(一)亦都护放弃北庭的问题

《高昌王世勋之碑》在叙述火赤哈儿的斤嗣为亦都护后,接着提道:

> 海都、帖木迭儿之乱,畏兀儿之民遭难解散。于是有旨命亦都护

---

① 《经世大典序录》,《国朝文类》卷 42。

② 《海屯行纪·鄂多立克东游录·沙哈鲁遣使中国记》,北京:中华书局,1981 年。

③ 《辽史》卷 94《耶律化哥传》。

④ C. Brockelmann, *Mitteltürkischer Wortschatz nach Mahmūd al-Kāšɣarīs Dīvān Luɣat at-Turk*, Budapest und Leipzig, 1928, pp. 12. (布劳克曼:《依据马合木·可失哈里〈突厥语大辞典〉编撰的中古突厥语词汇》,布达佩斯和莱比锡,1928 年,第 12 页。)

⑤ 《元史》卷 124《哈剌亦哈赤北鲁传》。

⑥ 〔元〕虞集:《道园学古录》卷 24《高昌王世勋之碑》;并见《元史》卷 122《巴而术阿而忒的斤传》。火赤哈儿,巴而术阿而忒的斤之曾孙。

⑦ 《元史》卷 7《世祖纪》。

收而抚之，其民人在宗王近戚之境者，悉还其部，始克安辑。①

这里在海都之后提到的帖木迭儿是何人？未见有人提及。拉施笃丁提到，察合台有一曾孙，即木期哲别之孙，曰 Temüder，②他能否与上述《高昌王世勋之碑》中的帖木迭儿相勘同，尚有待于进一步研究。所谓"海都，帖木迭儿之乱"可能与《西宁王忻都公碑》中提到的火赤哈儿亦都护因"亲王都哇，不思麻"叛，而从北庭迁居火州之举有关。《忻都公碑》记曰：

> 厥后亲王都哇、不思麻口（叛？）[哈剌之子阿台不花]从亦都护火赤哈儿宣力靖难。已而北庭多故，民弗获安，仍迁国火州。③

《忻都公碑》为蒙汉合璧之碑，其蒙古文碑文对火赤哈儿从别十八里迁国火州的过程记载如下：

> 此后，当亲王都哇和不思麻叛乱时，这位阿台不花在火赤哈儿亦都护的率领下，去向朝廷效力，平息了叛乱。在畏兀儿之地，在别失八里，战争再度成为[生活的？]一种障碍。当他不能护佑人民，他们不得（？）安宁时，他移至哈剌火州。④

对照《忻都公碑》的蒙、汉文碑文，可了解这一事件的大致经过：首先是都哇和不思麻叛乱，亦都护随同元军参与平叛。此后"北庭多故"，亦都护遂迁至火州。

（二）八剌死后的海都与都哇

为了判断所谓海都、帖木迭儿之乱，都哇、不思麻叛乱和亦都护放弃北庭的时间，须先依据穆斯林史籍，将自察合台兀鲁思汗八剌死，迄至元一二年（1275）间海都和都哇的活动做一简单排列。

1. 八剌之死。据《瓦撒夫史》记载，八剌死于回历 668 年底（1270 年夏），而据札马剌·哈儿昔的《素剌赫字典补遗》，八剌回历 670 年（始于 1271 年 8

---

① ［元］虞集：《道园学古录》卷 24《高昌王世勋之碑》；《元史》卷 122《巴而术阿而忒的斤传》。

② 《史集》卷 2，英译本，第 136 页，同卷俄译本无此句。

③ 碑文拓片见 Francis Woodman Cleaves, *The Sino-Mongolian Inscription of 1362 in Memory of Prince of Hindu*, HJAS, 1949, pp. 12.（柯立甫：《1362 年所立汉蒙合璧忻都公碑考》，《哈佛亚溯研究学刊》1949 年，第 12 页）；并见《陇右金石录》卷 5，甘肃文献征集委员会刻本，1943 年。

④ 兹据上引柯立甫论文中蒙古文碑文的英译。

月9日)尚在世。札马剌·哈儿昔的说法当更近于实际,因为它可与《史集》关于八剌与伊利汗阿八哈之间的战斗的描述相衔接。①

2. 都哇,别帖木儿等对海都之战。八剌死后,其四子和阿鲁忽汗诸子一起,曾与海都作战,据帖木儿帝国时代文献记载:

> 他们在从忽毡直到不花剌的地区内,点燃了不义与压迫之火,以残杀和劫掠消灭了家庭。在这一地区里,那些受麻速忽、牙剌瓦赤庇护的人们的财产成为一片废墟。八剌之诸子与海都之间还发生了更多的战斗。前者(按,八剌诸子)在遭遇中被迫溃退,其臣民深受敲榨、勒索和凌辱之苦。②

据《史集》,都哇为八剌次子,他应当参与了对海都的战斗。上述八剌诸子与海都的战事,应发生于阿八哈入侵阿母河以北地区之前。阿八哈之军,按瓦撒夫书的记载,于1273年1月入不花剌城,这样都哇,海都等在至元九年(1272)尚在阿母河以北地区。阿鲁忽之子术伯、合班等降元亦应在此后不久,关于这一点,拟另外作专门探讨。

3.不花帖木儿之立。据拉施笃丁,八剌死后由八剌之堂兄弟聂古伯(Negübei)即位。他统治了三年。③ 聂古伯之后,察合台之孙(合答海之子)不合帖木儿继立。按《史集》的说法,不合帖木儿系海都所立;而按木阴的说法,不合帖木儿乃忽必烈所立。④ 以八剌死于1271年,后经过聂古伯统治三年,不合帖木儿才得立为汗计,其时当为1274年(至元十一年)。而前述木阴有关不合帖木儿为忽必烈所立的说法,虽不见他书记载,但却反映了这时元廷的势力再度与察合台汗国发生了某种意味深长的接触。

下面,我们再将汉籍中所记这一时期畏兀儿之地的情况按时间作一排列。

1. 至元八年(1271),元廷命"往畏兀儿地市米万石"。⑤

---

① 巴托尔德:《八剌汗》(Burak-khan),《伊斯兰百科全书》(The Encyclopaedia of lslam)第1版,第795页。

② Khwandamir, *Habīb al-Siyār*, Histoire des khans Mongols du Turkistan et de la Transoxiane, extraite du Habib Essiier de Khondemir, traduite du Persan et accompagne de notes, par M. C. Defremery, Paris, 1853, pp. 83 - 85. (宏达迷儿:《旅行者之友》,巴黎1853年波斯文节刊及法文节译合璧本《突厥斯坦和阿母河北地区的蒙古汗史》,第83—85页)。

③ 《史集》卷2,俄译本,第100页;英译本,第154页。

④ 《木阴历史选》,阿基姆什基金俄文摘译本,载《吉里吉思人与吉利吉思历史资料》,第115页。

⑤ 《元史》卷7《世祖纪》。

2. 至元九年十二月二十日(1273 年 1 月 10 日),忽必烈颁布关于畏兀儿人分割家财实施办法的圣旨。①

3. 至元十一年(1274),设畏兀儿断事官:"都护府,秩从二品。掌领旧州城及畏吾儿之居汉地者,有词讼则听之。""至元十一年,初置畏吾儿断事官,秩三品。"②

4. 至元十二年(1275),元政府下令:"畏兀地春夏毋猎孕子野兽。"③这是以蒙古旧制行之于畏兀儿地。这一规定并非始于世祖,前朝已有之。《经世大典》录有宪宗蒙哥关于春夏百兽孕育之时禁猎母兽的圣旨:

> 宪宗五年(1255)正月奉旨:正月至六月尽,怀羔野物勿杀,口狼
> 不以何时而见杀之无妨。违者夺所乘马及衣服弓矢赏见而言者。见
> 而不言者,亦同罪。又喻诸打飞禽人:先帝圣旨:育卵飞禽勿捕之。
> 今后鹰房人春月飞禽勿杀,违者治罪。

《经世大典》还记元制曰:"杀胎者有禁,杀卵者有禁"。④ 同年,都哇、不思麻进围火州(在此之前的阿只吉,奥鲁只败于都哇之事当另作讨论)。

综合上述史料,我们可分析如下:

至元八年(1271)之前,八剌正倾全力越阿母河与伊利汗阿八哈作战。据《史集》,此时其子别帖木儿等受命镇守阿母河以北地区。故都哇等叛元发生于至元八年之前的可能性很小。

至元八年至九年(1272),海都、都哇等一直活动于阿母河以北地区及忽章河(今锡尔河)流域。至元十年(1273),伊利汗阿八哈之军进入不花剌,而汉籍缺载畏兀儿之地的情况。笔者判断都哇、不思麻等当于此时东进。《忻都公碑》中有关亲王都哇、不思麻叛乱,亦都护随同元军平叛的叙事当系于此时。此后的"北庭多故,我弗获安,仍迁国火州"当即《高昌王世勋碑》中的"海都、帖木迭儿之乱",应系于此年或次年(至元十一年)。这样于亦都护之外,元廷又设立畏兀儿断事官治其地的情况也得解释:亦都护放弃北庭后,危及元朝在突

---

① 《通制条格》卷 4,北京图书馆影印本,第 12 叶。
② 《元史》卷 89《百官志》,第 2273 也。美国学者爱尔森在其论文《13 世纪的元朝和吐鲁番畏兀儿》提出,忽必烈对畏兀儿地区施行管理的最早记载,可能就是上面握到的至元十一年(1274)畏兀儿断事官之设,未免过迟了,他似乎未注意到前述至元九年的圣旨。
③ 《元史》卷 8《世祖纪》,第 161 页。
④ 《经世大典·鹰房捕猎》,《国朝文类》卷 41。

厥斯坦的存在,故忽必烈一面向驻于阿力麻里的那木罕军补给装备,[①]一面设立畏兀儿断事官,以稳定元朝对突厥斯坦东部的控制。木阴关于忽必烈立不合帖木儿为察合台汗国之主的说法,当是此时元政府在突厥斯坦的活动的反映。

上述推测的困难的是,如何解释都哇等越过驻于阿力麻里的忽必烈之子北平王那木罕军,直接进攻畏兀儿地的问题,因为《元史》记载,那木罕"至元八年(1271)建幕庭于和林北野里麻里[②]之地。"[③]

四、都哇围火州之战及其影响

都哇围火州是元代西北地区的一件大事。《高昌王世勋碑》的汉文碑文和《元史·巴而术阿而忒的斤传》均云此事发生于至元十二年(1275)。而《世勋碑》畏兀儿文碑文与汉文至元十二年纪事有关的部分今已不存,无从核对此事所系年月。屠寄对此事做过考证,他认为此战发生于至元二十二年(1285),而非十二年,理由是《元史·伯颜传》中有至元二十二年诸王阿只吉失律一语,与都哇围火州时所称"阿只吉、奥鲁只诸王以三十万众犹不能抗我……"正相对应,又云:"至元十二年三月,奥鲁赤奉命征吐蕃,必无与海都、都哇战事。"[④]日本学者箭内亘对屠寄的上述看法持谨慎态度。[⑤]

《高昌世勋之碑》的汉文碑文所记都哇及其弟不思巴围攻火州的过程是:都哇、不思巴在击败了阿只吉、奥鲁只等统领的元军后,于至元十二年(1275)率12万兵进围火州,围攻阅六月虽不能克,但亦不解去,要求亦都护以女嫁换取退兵。火州城受围日久,食且尽,火赤哈儿不得已将己女也立黑迷失别吉,厚载以茵引绳,坠诸城下,都哇才解围而去。《高昌王世勋之碑》为畏兀儿文,汉文两种文字合璧,碑上半部今已不存。畏兀儿文碑文的残存部分耿世民曾据拓片加以译写,注释并译为汉文。畏兀儿文碑文所记火州之战的经过,与汉

---

① 《元史》卷8《世祖纪》。
② 即阿力麻里(Almalïq),遗址位于今新疆伊犁哈萨克自治州霍城县兵团第61团垦区内。
③ 《元史》卷13《世祖纪》。
④ 《蒙兀儿史记》卷36《汪古、畏兀儿二驸马传》。
⑤ 箭内亘:《蒙古史研究》,陈捷、陈清泉译,北京:商务印书馆,1932年,第522页。

文碑文大致相同。①

除《高昌王世勋之碑》以外,上述《西宁王忻都公碑》也记载了火州之战的过程,其汉文碑文记亦都护因北庭多故,遂迁火州:

> 增城浚池,壹志坚守。都瓦等将兵二十万逼城下,因亲冒矢石以建奇功,遂授持节仪卫之官,仍封答剌罕之号。亦都护来朝,挈家以从,跋履险阻,行次永昌,相其土沃饶,岁多丰稔,以为乐土,因之定居焉。②

《忻都公碑》的蒙古文碑文也记载了亦都护从北庭迁火州后,抵抗都哇入侵的过程,称火赤哈儿在火州:

> 修建诸城池市镇,役使人民掘[土]修垒筑墙。这时,他尽其民力,以保卫此城的单纯信念,抵抗都哇和其他来到此城附近的人,及其20万大军,他们互相交战。此阿台不花一心于朝廷,不考虑他可能死亡,进行战争,亲自参加抵抗。由于他身先士卒,效力卓著,[皇帝]委以统率配有旗帜的心腹之军之职,并授以答剌罕之号。③

《忻都公碑》的记载基本可与《高昌王世勋之碑》相对证,其缺憾是未提及火州之战的时间。由于该碑文叙事系事后追记,疏漏难免,例如,它对此战后亦都护迁居哈迷里,随后战死于其地的史实只字未及。

亦都护死于哈迷里的时间,《高昌王世勋之碑》没有说清楚,汉文碑文记曰:都哇兵退后,火赤哈儿入朝见元世祖,受赐公主及宝钞,归而"还镇火州,屯于州南哈密立之地。兵力尚寡,北方军猝至,大战力尽,遂死之。"畏兀儿文碑文中,这段残缺,无法辨认。

笔者收搜了以下几则材料,试图借以判断哈迷立之战的时间。忽必烈至元十三年的圣旨还提到了亦都护,该圣旨发于七月初三日。圣旨曰:

> 亦都护根底,塔海不花、亦捏不花两个根底,火州、吕中、秃儿班

---

① 耿世民:《回鹘文亦都护高昌王世勋碑研究》,《考古学报》1980 年第 4 期。卡哈尔·把拉提和笔者在耿文的基础上重新作了研究,论文见南京大学《元史及北方民族史研究集刊》第 8 辑。
② 拓本见柯立甫:《1362 年所立汉蒙合璧忻都公碑考》,并见《陇右金石录》卷 5。
③ 柯立甫:《1362 年所立汉蒙合璧忻都公碑考》,此据蒙文碑文英译。

为头,①贰拾肆个城子②里官人每根底,众僧人每根底,也里可温每根底,百姓每根底宣谕的圣旨,哈儿沙津爱忽赤,③旭烈都统奏将有,火州城子里的人每的媳妇每,若生女孩儿呵,多有撒在水里渰死了。④

据此,至元十三年七月,亦都护仍然活着,并仍然领有火州。

甚至至元十七年(1280),仍有文献提到亦都护,这就是著名的畏兀儿文斌通卖身契第三种。该文献的第14—15行提到,如果我们中谁违反此约中的规定,就让他自己缴给皇帝陛下一键金子,各缴给(皇帝)诸兄弟、诸皇子一锭银子,缴给亦都护一锭银子。⑤ 此契约的右边有汉字,曰:"庚辰禩裸捌月念六日给予新恩沙弥善斌收执"18个字,可资判断其书写年代。"禩"即"祀",等于年;庚辰年即龙年。蒙元有三个庚辰年:一在太祖十五年(1220),一在世祖至元十七年(1280),一在顺帝至元六年(1340)。因文中有"钞""锭"等字,故太祖十五年不可能,至于顺帝后至元六年,高昌已在察合台汗国统治下,文契不应有官府汉文批语和汉文关防。此外,契文第三行中还出现"诸按察使"(ančasilar)之名。《元史》中有至元十八年夏四月戊申"罢霍州畏兀按察司"⑥语。据此,冯家昇先生和 Э. 捷尼舍失判断这份卖身契为至元十七年的文物。⑦

如果考虑到上述《斌通卖身契》第三种中,顺序提到的皇帝、皇族,亦都护为元代畏兀儿文文书中常见的一种"套语",则以此作为亦都护此时仍然在世的证据似不够充足。因此需另觅途径确认火赤哈儿亦都护的死期。

至元十二年之后,汉文史料中还提到几次西北诸王对畏兀儿地的入侵,一次是至元十七年(1280)秃古灭劫掠火州,另一次是至元二十二年(1285)都哇等入侵别十八里,还有一次是至元二十七年(1290)叛王掌吉入侵哈密立,究竟

---

① 这段文字中火州之后的"吕中",应指柳城;其后的"秃儿班",新疆社科院田卫疆研究员多年前曾向笔者提出应指今吐鲁番,今取其意见。

② 又称"二十四城",位于阔端大王辖境内巩昌,受汪世显家族掌管。见赵一兵:《元代巩昌汪氏家族研究》,博士论文打印本,2008年,第162—173页。

③ 沙津爱护赤为畏兀儿官号。近年韩国发现的《至正条格》残本中有"难的沙律爱护寺",其中之"沙律爱护寺"当为"沙津爱护持"之误。

④ 《通制条格》卷4,黄时鉴点校本,杭州:浙江古籍出版社,1986年;方龄贵校注本,北京:中华书局,2001年。

⑤ 耿世民:《两件回鹘文契约的考释》,《中央民族学院学报》1978年第2期。

⑥ 《元史》卷11《世祖纪》。霍州即火州之另称。

⑦ 《回鹘文斌通(善斌)卖身契三种附控诉主人书》,《考古学报》1985年第2期,第115页。

其中哪一次与火赤哈儿亦都护之死有关,如无其他史料佐证,则无从推定。①

有一则有关元大都妙善寺畏兀儿比丘尼舍蓝蓝的史料引起笔者的注意。舍蓝蓝,出自高昌,"其地隶北庭……海都之叛,国人南徙",其时舍蓝蓝年方 8 岁。她卒于至顺元年(1333)二月,终年 64 岁。② 上述"海都之叛,国人南徙"一句正与《高昌王世勋之碑》中亦都护火赤哈儿朝见元世祖后,"还镇火州,屯于州南哈密力之地"一语相应。故而亦都护火赤哈儿从火州南迁哈密立的时间,可从舍蓝蓝内迁的时间推定,即放弃火州,屯居哈密立的时间当在舍兰兰 8 岁时,即至元十四年(1277)。

按《高昌王世勋之碑》,火赤哈儿死后,其子纽林方劾。直至武宗即位时,方从吐蕃召还,令嗣为亦都护。也就是说,至元后半期至至大元年(1308)之间,畏兀儿应无亦都护。但实际情况恰恰相反,除了上面提到的《斌通卖身契》第三种以外,在这一段时间内,亦都护的称号还在一些文献中反复出现。例如,元贞二年(1295),元成宗"诏驸马亦都护括流散畏吾而户"。③《元典章》中所录大德五年(1301)的圣旨,也提到亦都护:

> 大德五年(1301)七月钦奉圣旨,在先易都护为头畏吾儿每,的斤
>
> 迭林为头哈迷里每、畏兀儿每、汉儿每、河西每、蛮子每……④

在《元典章》所录《都护府公事约会》条中,皇庆二年(1313)三月都护府官员奏文中,追述道:

> 薛禅皇帝时分、完者秃皇帝时分、曲律皇帝时分,亦都护为头畏
>
> 吾儿每,的斤迭林为头哈迷里每,汉儿河西、蛮子、哈剌章、回回田地
>
> 里,不拣那里诸王、公主、驸马各投下有的畏吾儿每、哈迷里每……⑤

这里提到的完者都皇帝,即成宗的庙号完泽笃(Öljeitü)。上述文献中提到的亦都护是无法用"套语"来解释的,应确有所指。至于指的是何人,尚有待于进一步研究。

---

① 这几次西北诸王入侵畏兀儿地的情况,我们下面再作讨论。
② 释念常:《佛祖历代通载》卷 22,大正新修大藏经本。
③ 《元史》卷 19《成宗纪》。
④ 《大元圣政国朝典章》卷 53《刑部卷之十五》,影印元本。
⑤ 《大元圣政国朝典章》卷 53《刑部卷之十五》。

至于屠寄关于火州之战发生于至元二十二年（1285）之说，我们还可以做进一步探讨。笔者查得可资佐证上引屠寄至元二十二年说的史料有以下几则：

1. 《元史·杭忽思传》曰：（至元二十二年，杭忽思之孙伯答儿）"征别十八里，军于亦里浑察罕儿之地，与秃呵、不早麻战，有功。"①这段史文中都睦（秃呵）和不思巴（不早麻）同时出现，确对火州之战发生于至元二十二年之说有利。

2. 对比其他史料可知，伯答儿与都哇等之间发生的战斗，应当就是爱薛出使伊利汗国归回途中遇到的战乱，程钜夫记道："癸未（1283）夏四月，择可使西北诸王所者，以公（按，爱薛）尝致使绝域，介丞相孛罗以行，还遇乱，使介相失。公冒矢石出死地，两岁始达京师，以阿鲁浑王所赠宝装束带进……"②爱薛出使，历两岁始归，他在归途中经过畏兀儿地的时间，当为至元二十二年，即1285年。这说明至元二十二年元西北境的确发生过战乱。

3. 此外，《高昌王世勋碑》中所记忽必烈向亦都护赐钞，与《元史》中所记至元二十二年元政府救济火州之民户一事的内容，也有接近之处。

《高昌王世勋碑》汉文铭文记：战后火赤哈儿亦都护"入朝，上嘉其功，赐以重赏……又赐宝钞十二万锭，以赈其民。"而合璧之畏兀儿文碑文记：世祖对火赤哈儿曰：

> 你未［毁坏］你们祖先的荣名，
> 没有忘记落在你们前辈之地上的 ödlim，
> 你做得象男子汉一样，我完全明白你的善行。
> 赐给你宝钞整十二万锭。
> （以此）作为对你那处在箭头上的人民的救援，
> 作为你面对面战斗的证据。
> 十二万锭先做表示，
> 别以为就这么一点，多的将在后头。
> 我们仁慈的天王这样受赏赐后，
> 和他所有的别乞、官员每一起返回火州，

---

① 《元史》卷132《杭忽思传》。
② ［元］程钜夫《程雪楼文集》卷5《拂林忠献王神道碑》，台湾元代珍本文集本。

把[钞]锭和物品[发]给贫弱的畏兀儿的国民，

把衰微的国家振兴得和以前一样。①

而《元史》则在至元二十二年冬十月条下记："都护府言：'合剌禾州民饥。'户给牛二头，种二石，更给钞一十一万六千四百锭，籴米六万四百石，为四月粮，赈之。"②这里所记元廷至元二十二年为救济畏兀儿饥民所赐钞数，与前述《世勋碑》所言世祖赐火赤哈儿的钞数相当接近。③

4.《史集》也记载了一次都哇对元朝的袭击：

合罕朝末年，都哇出征至术伯驻扎的要地之边，术伯率一万二千人据之。都哇图谋夜袭，然[术伯]知之，乘夜击都哇军之前锋，杀四千人。当夜都哇得报，率军迎击，黎明时两军遇，双方死伤惨重。术伯出动匆忙，未及报知阿只吉和阿难答就急速推进。最后无法抵敌，败阵溃逃。此时阿只吉得报，向阿难答递讯后出动。然俟其征集军队毕，都哇已退去，追之无及。这就是都哇在合罕面前无所畏惧的原因。

由于战败，阿只吉受到了处罚。《史集》说："合罕得知后，斥责阿只吉，并用杖击了他九次，然后示以仁慈"。④

拉施都丁所记阿只吉受罚之事，使人想起汉文史料中至元二十二年阿只吉因失律而被夺兵权的情节。此外，笔者注意到，拉施都丁提到，元朝方面参战的有阿难答和术伯。阿难答在成宗初年仅三十有余，与这段史料叙事时称此战发生于忽必烈合罕朝末年相合。

不支持屠寄至元二十二年说的史料，笔者见闻所及亦有两点。

第一，《高昌王世勋之碑》汉文碑文记载，都哇撤围后，火赤哈儿入朝见忽必烈，"上嘉其功，锡以重赏，妻以公主曰巴巴哈儿，定宗皇帝之女也"。这位公主见于《元史·诸公主表》，称："巴巴哈儿公主，定宗女，适巴而述阿而忒的斤

----

① 卡哈尔、刘迎胜：《亦都护高昌王世勋碑回鹘文碑文之校勘及研究》，《元史及北方民族史研究集刊》第8辑。

② 《元史》卷13《世祖纪》。

③ 史料中已经言明所赐为4个月的口粮，如按每人每月平均食米30斤计，当时火州饥民为数达五万口以上。其时火州的居民当高于此数。

④ 《史集》卷2，俄译本，第194页；英译本，第299—300页。

曾孙亦都护火赤哈儿的斤。"①由此可知巴巴哈儿公主确有其人,《世勋碑》所记不误。惟元定宗贵由逝于 1248 年春,即使巴巴哈儿为其遗腹女,至少也应出生于 1249 年初。按此推算,如火州之战发生于至元十二年(1275),则她下嫁时年龄已至少为 26 岁,在流行早婚的当时已属"大龄女"。如火州之役发生于至元二十二年(1285),则巴巴哈儿公主下嫁时,已年过 36 岁,在情理上似说不通。

第二,前面论及,《佛祖历代通载》中有关畏兀儿僧尼舍蓝蓝的资料说明,至元十四年(1277)火赤哈儿亦都护已撤离火州,并在此后都哇的入侵中死于哈密立。因此不可能再有巴巴哈儿公主下嫁他之事。

故而笔者仍持火州之战发生于至元十二年(1275)之说。

都哇围攻火州给畏兀儿之地带来了灾难性的后果。在此之前,自公元 840 年回鹘西迁北庭起,畏兀儿地区经历了长达数百年的和平发展过程,形成了独具风格的畏兀儿文明。巴而术阿而忒归降成吉思汗后,除了不时征发兵马组成探马赤军从征,进献方物与纳质以外,这里尚保持相对和平的环境。但是,都哇深入火州标志着动乱年代的开始。至元十二年(1275)以后,突厥斯坦的形势发生变化,驻守于亦列河草原的那木罕部下的一些诸王背叛元朝,劫持那木罕,安童降海都,②而叛王禾忽则阻断了西域交通,忽必烈此时正忙于灭宋,没有足够的力量增援西北,元朝在这一方向的发展被迫停止,海都的力量迅速发展起来。

海都势力延伸及别十八里,对西北地区的安宁造成严重威胁,也影响了元朝在西北地区的威望。所以,在灭亡南宋后,在军事实力有可能与西北叛王较量时,元政府派出大批蒙古军、探马赤军和汉军开赴西域,海都等叛王的军队被迫退出别十八里。从至元十五年(1278)起,《元史》中始见元朝军队再度出征并驻守别十八里的记载。现录数则如下:

至元十五年(1278)二月"庚辰,征别十八里军士免其徭役"。③ 同年冬十

---

① 《元史》卷 109《诸公主表》。巴巴哈儿,韩百诗(Louis Hambis)复原为 Babaqar,见 Louis Hambis, *Les Chapitre CVIII du Yuan Che*, Les fiefs attributes aux membres de la famille imperiale et aux ministres de la cour mongole d'apres l'histoire chinoise officielle de la Dynastie Mongole, Leiden, 1954.(韩百诗:《〈元史〉卷 108〈诸王表〉注》,来顿,1954 年),页 130—131 之间附表。

② 史料中对脱脱木儿、失里吉等人开始叛乱的时间有至元十二(1275)、十三(1276)、十四(1277)年诸说,据耶律铸《双溪醉隐集》卷二《后凯歌词》自序,当以至元十三年(1276)冬为是。

③ 《元史》卷 10《世祖纪》。

月"辛酉,赈别十八里、日忽思等饥民钞二千五百锭"。[①] 同年"授朵鲁只金符,掌彰八里军站事"。[②]

至元十七年(1280)春正月"丙午,万户綦公直戍别失八里,赐钞一万二千五百锭"。[③] 同年五月,綦公直"升辅国上将军,都元帅,宣慰使,镇别十八里"。[④]

十八年(1281)夏四月,元政府"自太和岭至别失八里置新驿三十"。同年"秋七月甲午朔,命万户綦公直分宣慰使刘恩所将屯肃州汉兵千人,入别十八里,以尝过西川兵百人为向导"。[⑤]

不过这时的别十八里已受治于元朝新设立的宣慰使,不再属亦都护。畏兀儿的主要政治中心转到了火州。这在元代畏兀儿历史上,不能说不是一件大事。

南宋灭亡后,元朝在畏兀儿地区的统治有了很大的加强。大量的军队从内地开到那里,当地官府推行的经济政治制度如同内地一样。畏兀儿地区的这些变化在畏兀儿文书中得到了反映。当地畏兀儿人用 uluγ suu(按,直译"大军")一词来称呼元朝皇帝。[⑥] 纸币也开始在畏兀儿地区流行,元政府在当地设立了交钞提举司和交钞库。当时畏兀儿通行的纸币,有的同于内地,称为"大都通行的钞币"力(taydu[-ta] yonglaγ-liγ čau——冯家昇先生译写),有时以原名"中统宝钞"(Tschong-tung-pau-tschau——拉德洛夫译写)称呼之;有的是当地发行的,畏兀儿人称之为"和州带'高昌'字样的"(qočo taqï

---

① 《元史》卷10《世祖纪》。

② 《元史》卷63《地理志》。朵鲁只当为藏文 dorj 之音译,意为"金刚杵"。彰八里,即高昌回鹘五城之一 Janbalïq,位于今乌鲁木齐西昌吉境内。

③ 《元史》卷11《世祖纪》。[清]毕沅、阮元撰《山左金石志》录至元十九年(1282)綦公直本人所立《綦公元帅先茔之碑》,见卷21,清嘉庆二年阮氏小琅嬛僊馆刻本。另嘉靖《青州府志》卷11记有綦公直墓志,王槃撰。

④ 《元史》卷165《綦公直传》。

⑤ 《元史》卷11《世祖纪》。

⑥ 冯家昇在《元代畏兀儿文契约二种》(《历史研究》1954年第1期)中,拉德洛夫在 B. B. Радлов,Памятники уйгурского языка,W. Radloff, Uigurische Sprachdenkmaeler, Ленинград, 1928 (《畏兀儿语文献》,列宁格勒,1928年),第134页,文献78;第210页,文献115;第211—212页,文献116中,均将 ulugh suu 释为大军。李盖提(L. Ligeti)在其 A propos d'un document ouigour de l'époque mongole, Acta Orientalia, Academiae scientiarum Hungaricae(《元代的一份畏兀儿文文书考》,载匈牙利科学院《东方研究》1973年第27期,第1—18页)中,根据居庸关小字刻文造塔功德记以及《七星经》残卷,指出 uluγ suu 系指蒙古皇帝。参见耿世民《两件回鹘文契约》,《中央民族学院学报》1978年第2期。

qotïng——冯家昇先生译写)钞币。① 管领畏兀儿田地的各级官府也建立起来。

至元二十二年(1285),元政府将管领畏兀儿的最高官职定名为大都护。②驻于其地的诸王阿只吉掌管军事。此年正月,阿只吉建议在别十八里设置驿站,以便使客往来,元政府准其请。通政院于是年"立别失八里站赤,置马六十匹,牛、驴各二十五只,岁支首思羊一百口,解渴酒一千五百升,各给价钱买备,仍与钞六百锭,规运息钱,以供后来之费。"③此年四月,又置"畏兀驿六所"。④

至元二十三年(1286)十月,元政府"遣兵千人戍畏兀境。乙巳,赐合迷里贫民及合剌和州民牛、种,给钞万六千二百锭当其价,合迷里民加赐币帛并千匹。……遣侍卫新附兵千人屯田别十八里,置元帅府即其地总之"。十一月,元政府再"遣蒙古千户曲出等新附军四百人,屯田别十八里"。⑤ 而十二月,元政府向驻扎于畏兀儿地区的诸王术伯所部军五千人补给"银万五千两、钞三千锭",向"探马赤二千人"补给"羊七万口"。⑥

都哇的进攻使畏兀儿地区遭到严重破坏,元政府不得不支出巨额费用以维持驻守于这一地区的各诸王军队。《元史》记载:"是岁……赐皇子奥鲁只、脱欢、诸王术伯、也不干等羊马钞十一万一千九百二十三锭,马七千二百九匹、羊三万六千二百六十九口,币帛,氁段,木棉三千二百八十八匹,貂裘十四"。⑦就在元朝的军队大批涌入畏兀儿地的时期,海都等叛王的军队仍不断深入劫掠。《元史》记载,至元十七年(1280)"合剌所部和州等城为叛兵所掠者,赐钞给之,仍免其民差役三年。"这次入侵是秃古灭发动的,《元史》接着提到,秋七月"以秃古灭军劫食火拙畏吾城禾,民饥,命官给驿马之费,仍免其赋税三年"。同年冬"诏谕和州诸城招集流移之民"。⑧

关于秃古灭,拉施都丁曾提到,贵由之子禾忽有一个儿子名秃古灭(Tökme),此人之子亦名秃古灭。⑨ 这里入侵火州的,当为禾忽之子。

---

① 见上引冯家昇论文,及拉德洛夫著作第 20 页,文献 15。
② 《元史》卷 89《百官志》。
③ 《永乐大典》卷 19418,第 4 叶;《元史》卷 13《世祖纪》。
④ 《元史》卷 13《世祖纪》。
⑤ 《元史》卷 14《世祖纪》;同书卷 63《地理志》。
⑥ 《元史》卷 14《世祖纪》。
⑦ 《元史》卷 14《世祖纪》。
⑧ 《元史》卷 11《世祖纪》。
⑨ 《史集》卷 2,俄译本,第 114 页;英译本,第 175 页。

《元史·杭忽思传》中曾提到，至元二十二年，都哇、不思巴入侵别十八里。次年，又发生海都入侵之役。《綦公直传》记曰："二十三年，诸王海都叛，侵别十八里，公直从丞相伯颜进战于洪水山，败之，追击浸远，援兵不至，第五子瑗力战而死，公直与妻及忙古台俱陷焉。"[①]这里提及伯颜，显然是指因阿只吉失律，兵权被夺，由伯颜代总其军之事。《明安传》对此战亦有记载："明年（至元二十三年），[明安]至别失八剌哈思之地，与海都军战有功。"[②]别失八剌哈思，当为突厥-蒙古语合成词 Beš Balaqasun"五城"之音译。Beš（别失），突厥语，译言五；balaqasun（八剌哈思），蒙古语，译言城，又音译作八剌合孙，是突厥语地名别十八里（Bešbalïq）"五城"的对应词。元军在别十八里附近的洪水山溃败的事迹，在《李进传》中也有记载："至元二十三年秋，海都及笃娃等领军至洪水山，进与力战，众寡不敌。军溃，进被擒。从之掺八里，遁还，至和州，收溃兵三百余人，且战且行，还至京师。"[③]这里提到的"掺八里"，即前述之彰八里（Janbalïq），《突厥语大辞典》提到的回鹘五城之一。李进至此，可能是作为俘虏被押向海都、都哇的后方。李进逃至火州收集溃兵后，仍且战且退的史实证明，这次入侵又一次深入火州之地。

《杭忽思传》和《李进传》都提到了都哇，说明尽管元朝大量向北庭、火州增兵，都哇仍有力量连续两年入侵畏兀儿地，其意义是十分深远的。自从至元十二年（1275），都哇进围火州以来，元朝与西北叛王之间的力量对比发生了很大变化，元朝从积极向西发展变为消极防守，这就严重地动摇了元朝经营突厥斯坦的基础。

五、曲先塔林都元帅府和北庭都元帅府

斡端是元朝控制西域的重镇。阿里不哥平定后，元朝在这里经营了二十余年。本节着重考查元朝从斡端的撤退以及元朝与海都，都哇在畏兀儿地区的争夺。

现存史料中没有记载至元二十二年（1285）今塔里木盆地周围的形势，也看不出这一时期都哇在连续入侵畏兀儿的同时，是否对今南疆地区采取了什

---

① 《元史》卷165《綦公直传》。
② 《元史》卷135《明安传》。
③ 《元史》卷154《李进传》。

么行动。根据汉籍,我们只知道,至元二十三年初,元政府仍在努力改善至元九年(1272)就开始经营的今塔里木盆地南沿的陆路交通条件。这年一月,元政府"立罗卜、怯台、阇鄽、斡端等驿"。① 此后,元政府采取了一系列措施来巩固对塔里木盆地南沿地区的控制。至元二十四年(1287)一月,由于上年歉收,故"以钞万锭赈斡端贫民。西边岁饥民困,赐绢万匹"。二月,又"设都总管府以总皇子北安王(按,即那木罕)民匠,斡端大小财赋"。② 为解决当地粮食供应,减轻运输的负担,同年七月"立阇鄽屯田";而十二月,又"发河西、甘肃等处富民千人往阇鄽地,与汉军,新附军杂居耕植"。③

除了改善交通条件,在财力上加以支持之外,元世祖忽必烈还采取措施,稳定驻守斡端等边远地区军人的军心。《元典章》录有一段尚书省至元二十五年(1288)元月初三日奏文,曰:

> 尚书省至元二十五年六月初三日奏:"也速歹儿④使伯颜出、布阑奚两个使臣奏将来:'俺管着底探马赤军每根底和雇和买着有。'"么道,奏呵。"休与者。"么道,圣旨有呵,回奏说有:"俺上位奏了,'斡端里、金齿里、云南里远处出军去了的奥鲁每根底,和雇和买休交着者。'文书行来。"么道,奏呵。"你如今怕指例也者。"么道,圣旨有呵。回奏:"是指例有。"么道,奏呵。"这般者。斡端等远处出军了底奥鲁每根底,休要者。别个每根底,依体例要者。"么道,钦此。⑤

奥鲁即老小营。元代军人出征,其老小营有时并不随征。他们是否受到优待直接关乎远征在外的军队的战斗力。元世祖的举措即为此。同年六月,元政府下令"斡端戍兵三百一十人屯田"。⑥ 尽管元政府采取多种措施,来增强斡端地区的防务,但似乎也有应对局面失控的准备。《元史》提到此年十一月冬季迁居内地的斡端、可失哈儿工匠:"以忽撒马丁为管领甘肃、陕西等户达鲁花赤,督斡端、可失合儿工匠千五十户屯田。"⑦《元史》还提到次年,即至元

---

① 《元史》卷14《世祖纪》。
② 《元史》卷8《世祖纪》
③ 《元史》卷14《世祖纪》。
④ 此人应即至元十八年受命与忽必来一起赴斡端之也速觕。
⑤ 《元典章》卷34《兵部》卷1《探马赤军和雇和买》,陈高华、张帆、刘晓、党宝海点校本,北京:中华书局,2011年,第1182—1183页。
⑥ 《元史》卷15《世祖纪》。
⑦ 《元史》卷15《世祖纪》。

二十六年（1289），自斡端和别十八里归回内地的汉军屯田事："左翼屯田万户府：世祖至元二十六年罢蒙古侍卫军从人之屯田者，别以斡端、别十八里回还汉军及大名、卫辉两翼新附军，与前后两卫迤东还戍士卒合并屯田，设左、右翼屯田万户府领之。"①这些史料似表明元朝可能已有放弃斡端的打算，《元史》上出现的同年（1289）九月"罢斡端宣慰使元帅府"②的记载，应当是前述一连串事件合乎逻辑的结局。

在元朝大力向西发展的时代，汉文史料上经常出现斡端，可失哈儿等西域地名，而穆斯林史料中则很少出现。元朝退出斡端后，这一带的地名又重新在穆斯林史料中出现。据 Jamāl Qaršī 记载，马思忽惕晚年（逝于 1289 年）曾在可失哈儿建一座学堂（Medrese），直到 14 世纪初，其三子尚居于此。③ 汉文和穆斯林史料对这一地区记载的时间上的互相衔接，正反映了元朝与察合台汗国对这一地区统治的交替。

但是《元史》和其他文献都没有谈到导致元朝撤出斡端地区的直接原因。不过汉文史料中曾数次提到西北边地的粮食困难。例如元名臣畏答儿曾孙博罗欢至元十八年（1281）以"右丞行省甘肃"，姚燧写记道："时大军驻西北，仰哺省者十数万人，自陕西、陇右、河湟皆不可舟，惟车辇而畜负之。途费之伙，十石不能致一，米石至百缗。"④在这些年中，海都、都哇在西北地区的势力日益增长，元朝以大军驻其地以应对之。但叛王们的军队以牧民为主，居无定处，元军驻于今塔里木盆地周缘绿洲农耕区，双方形成内陆亚洲历史上长期存在的游牧与绿洲农耕的对峙状态。而塔里木盆地西南缘绿洲之间隔着沙碛，每块绿洲的面积大小不等，但均不足以单独面对驻牧于天山之中的游牧武装，因此总体来说，在对峙中处于劣势。元军进入此地后，为减轻运输压力，提高自持能力，开始了屯田。这种军与民屯均是在元中央政府的布置下开展的，所以一旦丰收，便要向朝廷报告。《元史》中就有刘恩向世祖进献"嘉禾"的记载。

---

① 《元史》100《兵志》；同书卷 86《百官志》亦记："左右翼屯田万户府二，秩从三品。分掌斡端、别十八里回还汉军，及大名、卫辉新附之军，并迤东回军，合为屯田。至元二十六年置。"

② 《元史》卷 15《世祖纪》。

③ 此据《中亚突厥史十二讲》德文本 W. Barthold, 12 Vorlesungen über die Geschichte der Türken Mittelasiens, Berlin, 1935, pp. 183；《突厥斯坦》英译本 V. V. Barthold, Turkestan down to the Mongol Invasion, London, 1968, pp. 473.

④ ［元］姚燧：《平章政事忙兀公博罗欢神道碑》，《国朝文类》卷 59，四部丛刊影元至正刊本；并见《牧庵集》卷 14，《四部丛刊》初编，集部，上海商务印书馆缩印清武英殿聚珍本。

但各地屯田的规模一般都不大，所获不足以维持当地驻军的消耗，必须仰赖甘肃行省补给。而从甘肃行省至斡端不但距离达数千里，且无水道可资利用，只能依靠畜力与车辇。沿途人畜自身消耗非常高，费效比超 10：1。元政府是无力长期负担这么高的成本。这应当是导致元军从斡端撤退的主要原因。[①]

元朝决定放弃斡端，并不意味着打算从今新疆地区全线撤退。至元二十六年(1289)四月，元政府命孛罗带到别十八里招集户数，并令甘肃省赈济当地饥民。[②] 这表明元政府虽然决定从斡端撤出，但却有计划继续控制畏兀儿地区。孛罗带，又作孛栾带、孛罗歹等。《元史》记至元二十三年(1286)"五月丁卯朔，枢密院臣言：'臣等与玉速帖木儿议别十八里军事，凡军行并听伯颜节制，其留务委孛栾带[③]及诸王阿只吉官属统之为宜。'从之"。[④] 可见此人并非在至元二十六年(1289)初至西域，而是此前已经在别十八里，负责当地的留守事务，与阿只吉的王府官员为同僚。至元二十九年(1291)，别十八里一带再次发生了战斗。《元史》记载道："别失八剌哈孙盗起，诏[明安]以兵讨之，战于别十八里秃儿古阁，有功，贼军再合四千人于忽兰兀孙，明安设方略与战，大败之。"[⑤]笔者尚未见有史料直接说明这些"盗"和"贼军"是什么人。不过"贼军"数量达四千人，应当与海都或都哇有关。《通制条格》中保存了至元二十九年有关孛罗歹的公文的节文，称："至元二十九年十二月，中书省都护府呈大都护，孛罗歹差往西边出征，就彼身故，借支过俸钞，无可折纳。都省议得：孛罗歹征进远方，殁于王事，已支俸给，不须追还。"[⑥]

孛罗歹在别十八里的直接上司为大都护府。他应当死于上述《明安传》所提及的至元二十九年(1291)别十八里的兵乱。

---

① 最早表述运输线过长导致元朝无法维持对西域的控制的，是美国勘萨斯大学教授达尔德斯，见其论文 John W. Dardess, *From Mongol Empire to Yuan Dynasty：Changing Forms of Imperial Rule in Mongolia and Central Asia*，1972（《从蒙古帝国到元王朝，帝国在蒙古和中亚统治形式的演变》，《华裔学志》卷 30，1972—1973）。不过达尔德斯在此文中表达的关于元朝 1289 年以后就退出了中亚的看法却值得商榷。

② 《元史》卷 15《世祖纪》。

③ 《本证》卷 38，证名二：孛罗带，二十六年。

④ 《元史》卷 14《世祖纪》。

⑤ 《元史》卷 135《明安传》。"别失八剌哈孙"即前述之别失八剌哈思，乃指别十八里。秃儿古阁，今地不详。忽兰兀孙，蒙古语，意为"红水"。今新疆乌伊公路 165 公里处，有乌兰乌苏，东距石河子市 5 公里，应即此地。

⑥ 《通制条格》卷 13。方龄贵先生已确定此人即孛罗带，见方龄贵：《〈通制条格〉校注》，北京：中华书局，2001 年，第 385 页，注释 2。

这一时期比较引人注意的事件,就是"曲先塔林左副元帅"一职和"曲先塔林都元帅府"的设置。阿鲁忽之子术伯属下兀浑察所部探马赤军,曾在斡端、可失哈儿一带作过战。至元三十年兀浑察"以疾卒,次子袭,授'曲先垮林左副元帅'"。[1] "塔林"之名已见于《突厥语大辞典》。"曲先塔林"作为地名,指的是曲先及其附近今塔里木河流域一带地方。[2] "曲先塔林左副元帅"是至元末年元朝掌管天山南麓曲先及其附近塔里木河流域驻军的武职。兀浑察之子被授予此职表明,这一支探马赤军在元撤离斡端后,并未返回内地,而是留驻于曲先地区。联系前面提到的至元二十九年明安在别十八里附近的战斗可知:至元末年,元朝仍控制着畏兀儿。不过,和以前不同的是,过去别十八里和火州是元朝在今新疆地区的统治中心,而这时别十八里和火州只是驻边诸王的辖地。元朝与海都、都哇在畏兀儿地区的这种力量对比的变化,在《史集》上也表现了出来。至元三十一年(1294)春,世祖忽必烈逝,成宗铁穆耳继立。《史集》在叙述成宗初年,元朝与海都、都哇之间边境形势时写道:

> 最东方驻扎的是合罕父系的叔公甘麻剌……其后是哈剌火州之边,火州为畏兀儿城子,出好酒,位于合罕与海都边地之间,当地人同双方友善,并向双方贡献;再下面是察合台之孙阿只吉及阿鲁忽之子出伯;接着就是上面已提及的吐蕃的丛山峻岭。[3]

在拉施笃丁的上述记载中,"火州位于合罕与海都边地之间,当地人同双方友善,并向双方贡献"一语十分引人注意。[4] 与此相应,拉施笃丁在《合赞汗传》中提及此时的畏兀儿时也说:"一些省份,由于于地处边境,军队时常往来,居民完全被消灭了,或四散逃走了,土地也荒芜了,如畏兀儿和其他海都和合罕之间的省份一样。"[5]拉施笃丁的这些记载,弥补了汉文史料所缺,说明其时畏兀儿地不但有元朝诸王的军队在驻守,海都、都哇的军队也常来顾。火州之民被迫向双方贡献,负担之重可以想见。

为了增强元朝在畏兀儿地区的地位,元贞元年(1295)正月,元政府"立北

---

① 《元史》卷123《拜延八都鲁传》。

② 参见拙文《元代曲先塔林考》,《中亚研究》创刊号。

③ 《史集》卷2,英译本,第285—286页。

④ 此事巴托尔德在《中亚突厥史十二讲》(德文本,第187页),伯希和在《马可波罗注》(P. Pelliot, *Notes on Marco Polo*, Paris, 1973, p. 164)中,都曾提及。

⑤ 《史集》卷3,俄译本,第308页。

庭都元帅府,以平章政事合伯为都元帅,江浙行省右丞撒里蛮为副都元帅,皆佩虎符。立曲先塔林都元帅府,以衅都察为都元帅,佩虎符。"是年二月,元政府命北庭都元帅府"曷伯(按,即合伯),撒里蛮、字来将探马赤军万人出征,听诸王出伯(按,即术伯)节度。"①元朝为了加强在畏兀儿地区的防卫,不断向术伯一军补给。例如,元贞二年(1296)三月,"诸王出伯言,所部探马赤军懦弱者三千余人,乞代以强壮,从之。仍命出伯非奉旨毋擅征发……以合伯及塔塔刺所部民饥,赈米各千石……六月己亥,给出伯军马七千二百余匹"。② 大德元年(1297)正月,"以边地乏刍,给出伯征行马粟四月。丙戌,以钞十二万锭,盐引三万给甘肃行省"。③

然此时元政府已无意恢复昔日在中亚的地位,故而在增强术伯军力的同时,避免与海都、都哇在畏兀儿地区冲突。《析津陈氏先茔碑》记曰:[陈英]"参政甘肃,邻王木(按,当为术之误)伯总兵西陲,将辍戍卒万人耀武其地,需责星火。公(按,即陈英)言:'边事贵不扰,无衅而动,适生戎心,况时未水草,必致人畜胥乏。'廷是其策,止之。"④

元政府的这种态度恐怕与面对海都、都哇日益增加的威胁,而元政府维持西北驻军的费用过大,难以持久有关。

元贞二年(1296),火州,哈迷里一带没有发生大的冲突,所以元朝暂时撤回了一部分戍军。《元史》记载:"九月,辛卯,诸王出伯言汪总帅等部贫乏,帝以其久戍,命留五千驻冬,余悉遣还,至明年四月赴军。"⑤大德元年七月,元政府调整曲先、畏兀儿地区的防卫,"罢蒙古军万户府,入曲先塔林都元帅府"。八月,成宗又令屯驻畏兀儿地的合伯"留军五千屯守,令字来统其余众以归"。⑥

与元朝企图在畏兀儿地区维持现状的打算相反,都哇一直没有放弃侵占畏兀儿全境的打算,至元十二年(1275)以来,他在中亚始终对元朝保持着进逼的势头,而元朝则取守势,步步后退。双方的这种战略态势一直保持到1304年蒙古诸汗国约和前夕,这时火州已不再为元戍边诸王所及,都哇也把火州完

---

①　《元史》卷18《成宗纪》;并参见卷122《按札儿传》。

②　《元史》卷19《成宗纪》。

③　《元史》卷19《成宗纪》。

④　[元]张养浩:《归田类稿》卷9,乾隆五十五年刻本。

⑤　《元史》卷19《成宗纪》。

⑥　《元史》卷19《成宗纪》。

全看成自己的领地。①

六、阔里吉思被俘与帖坚古山之战

元成宗即位后,除了床兀儿攻入八邻之役外,元朝与都哇、海都之间还发生了两次重要的战事。其中第一次致使汪古部驸马阔里吉思被俘,第二次即帖坚古山之战。

至元末年以来,元朝与海都、都哇的争夺重点移至漠北。《史集》在叙述成宗时元朝与海都、都哇边界的形势时,举出了元朝沿边驻守的主要诸王和大将的名字,他们是甘麻剌、阔里吉思、床兀儿、囊家歹、阔阔出、阿难答、阿只吉和出伯。② 汉文文献也记载:因海都、都哇"时入为寇,恒命亲王统左右部宗王诸帅,屯列大军,备其冲突"。③

大德元年(1297)四月,驻兵漠北的阔里吉思与敌遭遇,《驸马高唐忠献王碑》对这次战事记载道,阔里吉思与敌"遇于伯牙思(按,今地不详),或谓:'俟大军毕至战未晚也。'王曰:'丈夫为国死敌,奚以众为?''于是鼓噪而进,大破敌军,杀伤甚重,擒将卒百余人以献。诏嘉其勇果。"④

次年冬,都哇乘元军不备发动突袭,一举檎获阔里吉思。汉籍和穆斯林史籍都有关于这次战事的记载。《高唐忠献王碑》曰:

> [大德二年(1298)]诸王将帅会于边,共筹边事,咸谓:'往岁敌无冬至之警,宜各休兵境上。'王曰:'今秋侯骑至者甚寡,所谓鸷鸟将击,必匿其形,兵备不可弛也。'众不以为然,王独严兵以待。是冬,敌果大至,彼众我寡,三战三却之,王乘胜追奔北,深入险地,后骑莫继,不虞马伤而仆,至陷敌域。⑤

据《句容郡王世绩碑》,床兀儿确实参加了战斗,但未言及其败绩:

---

① 见爱尔森《元朝与13世纪的吐鲁番畏兀儿》。关于这一问题,作者拟另撰文讨论。
② 《史集》卷2,英译本,第285—286页。
③ [元]元明善:《太师淇阳忠武王碑》,《国朝文类》卷23;苏天爵编:《国朝名臣事略》卷3之2;并见《元史》卷119《博尔术传》。
④ [元]刘敏中:《驸马高唐忠献王碑》,《国朝文类》卷23;参阅《元史》卷118《阿剌兀思惕吉忽里传》。
⑤ 同上。

大德二年(1298),(比)[北]边诸王都哇、彻彻秃等潜师急至,袭我火儿哈秃(今地不详)之地。火儿哈秃亦有山,甚高,其师来据之。王(按,床兀儿)选勇而能步者持刃四面上,奋击,尽覆其军,敛遁者无比。三年入朝,上解衣赐之,慰劳优渥,拜镇国上将军……①

《史集》也记载了此次因元守军怠忽而招致的失利,但叙述战事经过与汉籍略异:

铁穆耳合罕即位后四年,八剌之子笃哇来攻上述镇守边境之诸王和大臣。按军队的习惯,每戍所皆置斥堠。从西端之阿只吉与出伯戍所,至东面之木合里戍所,皆置驿站,各站皆有贵赤。此时他们逐站传报出现了一支大军。适诸王阔阔出,床兀儿和囊家歹会聚饮宴取乐。夜晚,当消息报至,他们已烂醉如泥,至不能上马。铁穆耳合罕之婿阔里吉思率军出战,而敌顷刻即至。因为他们[诸王等]之怠忽,左、右翼诸军未得到消息,且相去甚远,未能彼此协同。八剌之子笃哇率军进击阔里吉思。阔里吉思所率之军不过六千人,不能抵敌笃哇,遂逃向一座山。敌军追上将其俘获,且欲杀之。他说:"我合罕之婿阔里吉思也。"笃哇之将下令不杀他,但将他囚禁。溃军逃至合罕处,合罕之叔阔阔出因怠忽未曾参战,惧而避匿,数次遣人召之均不肯出。最后合罕遣阿只吉诱之出其藏匿之所。当溃败者来至合罕处,合罕深怒其诸将,命缚床兀儿与囊家歹至前,责之曰:"尔等岂可如此玩忽职守延误军机?"②

《史集》还提到,都哇获胜后,曾附于海都、都哇,后又归降元朝的叛王药木忽儿、兀鲁思不花及大臣朵儿朵怀率军尾追都哇,乘敌渡河之际击败之,虽未

---

① [元]虞集:《道园学古录》卷23《句容郡王世绩碑》,《四部丛刊初编》集部,上海涵芬楼景印明景泰翻元小字本。

② 《史集》卷2,英译本,第326—327页。此据陈得芝:《〈史集〉铁穆耳合罕本纪》,南京大学《元史及北方民族史研究集刊》第4辑,第33页。《史集》有关此战发生于成宗即位之后四年,与汉文史料大德二年相合。

救出阔里吉恩,然俘获都哇之婿。①

　　元朝与都哇、海都就是在作战时,也常互遣使臣,以转达各方要求。此次战后,据《史集》记载:"大臣们议定释放笃哇之婿,希望他也能放回合罕之婿。适其时笃哇遣使来言:'我等之所为已受惩罚,今阔里吉思在此,而笃哇之婿在你处。'阔里吉思亦遣一伴当与使臣同来告曰:'我虽平安,然无伴当为侍,且缺乏粮食和给养。请派二、三伴当并送一些物资来。'他们派出四个他的官员,携带丰厚食品物资,陪同笃哇之婿前去。但这一行人到达之前,他们(按,指笃哇)等将阔里吉思杀害,却辩解说,他们是将他送往海都处,在途中死了。"②

　　《高唐忠献王碑》也记载了这次出使,并说明,为首的使臣是阔里吉思的伴当阿昔思,碑文称阔里吉思被俘后:"敌初待之以婿礼,数欲诱降,应对之际皆效忠保节之语。又欲妻之以女,曰:'吾不睹皇太后慈颜,非圣上命,不敢为婿。'卒不能夺其志。上悯王陷敌,欲遣使理索,未得其人。王府旧臣阿昔思,往在戎阵尝济王于险,众推可用,乃遣使敌。一见王于稠人中,首问二宫万安,次问嗣子安否,语未竟辄为左右所蔽,翌日遣还。王竟以不屈而终。"③

　　阔里吉思死后,葬于今新疆赛里木湖附近的卜剌(Pulad)之地。关于至大三年(1310)其子术安前往其地移运灵柩归葬故土的情况,可见刘敏中《驸马赵王先德加封碑铭》。④

　　按上述史料推算,阔里吉思被俘于大德二年(1298)冬,药木忽儿等击败都哇当在此后不久,阿昔思等出使都哇则可能在大德三年(1299)左右。

　　大德五年(1301),元朝与海都,都哇在铁坚古山(当在金山附近)进行了一

────────────

① 《史集》卷2将药木忽儿、兀鲁思不花等人降元成宗事,系于阔里吉恩被俘之后,误,应在此前。据《元史》卷19《成宗纪》,元贞二年(1296),驻于火州附近的出伯军贫乏,"海都兀鲁思不花部给出伯所部军米万担。""海都兀鲁思不花部",犹言海都所属兀鲁思不花部。据《句容郡王世绩碑》记载,药木忽儿等人降元事在元贞二年(1296)。而姚燧《平章政事忙兀公(博罗欢)神道碑》则有"大德之元,叛王药木忽而、兀鲁不花来归"之语(《国朝文类》卷59;并见《元史》卷121《博罗欢传》)。然而《元史》卷19《成宗纪》记:"大德元年(1297)春正月庚午,增诸王要木忽而、兀鲁(而)〔思〕不花岁赐各钞千锭。……己丑,以药木忽而等所部贫乏,摘和林汉军置屯田于五条河,以岁入之租资之。"同书卷166《张均传》记载,大德元年之前,元朝已令药木忽儿北征,故药木忽儿等人降元成宗的时间,当以元贞二年(1296)为是。

② 《史集》卷2,英译本,第326—327页。请参考陈得芝先生译文。

③ 〔元〕刘敏中:《驸马赵王先德加封碑铭》,《国朝文类》卷23。

④ 〔元〕刘敏中:《中菴集》卷4《驸马赵王先德加封碑铭》,《北京图书馆古籍珍本丛刊》第92册影印元刊本,北京:书目文献出版社影印本,1998年。

次大规模的会战。这次战事并非偶然发生,战前双方都预有准备。

地处西方的术赤后王,自至元建元以来一向不大参与元朝与海都、都哇之争。元成宗即位之初,封地在也儿的石河之西的术赤兀鲁思东部汗伯颜,因其堂弟古亦鲁克(Küilük)投靠海都、都哇,故遣使元成宗,要求联合对海都、都哇作战。伯颜的使臣向元成宗建议说:"陛下之军立即从东面进攻,屡受彼等搔扰之巴达哈伤王将支持我们,而回教国主(按,即合赞)——愿真主护佑他国祚绵长——必将从西面来助。我们将从四面八方来包围海都、笃哇,且将其立刻致之死地。'"

但对元朝来说,大举向西北用兵并非易事,故元成宗之母阔阔真合敦提议道:"我们在契丹及南家之国土已极广大,而海都、都哇之国僻远。若汝兴师出征,将需时一、二年事始能定,难保其问不发生某种变故,则或复需长期绥服之。为今计,莫如容忍。可复之日:'我们赞成此举,请候命而动。'"①

海都似觉察到伯颜有意与元朝结盟,为防止腹背受敌,特遣其子伯颜察儿(Bayančar)、沙,蒙哥汗之孙(昔里吉子)秃帖木儿(Töde-Temur)和阿里不哥子明里帖木儿(Malik Temür)率兵至伯颜封地之界,以隔断元朝与伯颜的联系。②

前述大德二年(1298)金山前线的失败,促使元成宗改组漠北的军事指挥机构。因总兵于北的宁远王阔阔出"怠于备御",大德三年(1299),成宗下令代之以海山。成宗对海山说:"是昔大帝授朕者,今以付汝。"所谓"大帝",即世祖忽必烈。世祖朝,成宗曾受命统兵漠北。足见成宗对海山出任漠北元军统帅一职所抱的期望。海山率乞台普济就任:"至则训练六军,总裁法令,胥地所宜,可屯田者必分耕之,以佐军实,屠羊不汤其毛,而皮之与恽魄弃余诸物,皆集以市诸部,易皮为裘,御战士冬。"③

乞台普齐协助海山所做的,是战前准备工作,包括训练部属,严明军纪,组织屯田以增加军粮,减渐运输压力。甚至还要求属下收集宰杀羊只的皮毛与内脏,与漠北牧民交易皮裘,以资度冬。可见元军准备工作是非常细致的。大德四年(1300),海山以"以文移无印,难杜罔欺,"命乞台普济"又身

---

① 《史集》卷2,英译本,第326—327页。请参考陈得芝先生译文。

② 《史集》卷2,英译本,第103页。

③ [元]姚燧:《牧庵集》卷26《乞台普济先德碑》,四部丛刊本。碑中记海山至漠北的时间为大德二年(1298),当以《元史》卷22《武宗纪》所记大德三年(1299)为是。

入闻,得裕宗信宝以归"。① 这段记载,反映漠北元军来自不同诸王贵族位下,统一军令非常不易,使海山不得不要求成宗授以真金的皇太子宝,以号令诸军。

海山统帅漠北元军的次年,即大德四年,元朝出动大军西击海都、都哇。八月,海山"与海都军战于阔别列之地,败之"。元军乘胜推进,"十二月,军至按台山"。②

金山山区为乃蛮旧地,在成吉思汗划分诸子牧地时,指为窝阔台分地。此为海都必争之处。大德五年(1301),海都约都哇会攻驻营于按台山的元军,双方遂在铁坚古山展开会战。从现存史料看,战争进程大体分两个阶段。第一阶段,都哇未能赶到,窝阔台汗国独立对抗元军。"海都兵越金山而南,止于铁坚古山,因高以自保",当是从今蒙古国科不多省境,沿乌龙古河上游河谷越过金山,进入今新疆阿勒市境内。乌龙古河为漠北进入金山南必由之路,元军在金山之北有称海屯田,海都此举可谓切断了大德四年入居此地的海山军与和林之间的联系,断了元军的后路。史文中所谓海都"因高以自保",系指驻于金山山区,可能是在等待都哇前来。元军大将床兀儿"以其军驰当之,既得平原地,便于战,乃并力攻之,敌又败绩"。③ 床兀儿所占据的"平原地",应位于今新疆乌龙古河中游流域。《武宗纪》也记载:"[大德]五年八月朔,与海都战于迭怯里古(按,即铁坚古)之地,海都军溃。"④

战争的第二阶段。二日后,都哇应约率军来援。察合台份地在今天山地区,隔准噶尔盆地与窝阔台汗国相望。海都越山而南,占铁坚古山区时,都哇当正率军越古尔班通布沙漠北上。待察合台汗国援兵抵达后,"海都悉合其余众以来,大战于合剌合塔之地",元军失利,诸王、驸马、众军悉被围,海山"亲出阵,力战大败之,尽获其辎重"。次日,双方再度大战,元军不利,"军少却,海都乘之",海山则"挥军力战,突出敌阵后,全军而还"。⑤

---

① [元]姚燧:《牧庵集》卷26《乞台普济先德碑》。

② 《元史》卷22《武宗纪》。"阔别列"即《乞台普济先德碑》中二次提到的"库布哩",据此碑所记,库布哩位于金山南。《句容郡壬世绩碑》,提到"海都兵越金山而南"与此合。所谓"金山南",应指今新疆阿勒泰市境。关于海山到漠北以后的活动,可参见松田孝一:《海山之出镇蒙古西北》,《东方学》1982年第64辑。

③ [元]虞集:《道园学古录》卷23《句容郡壬世绩碑》。

④ 《元史》卷22《武宗纪》。

⑤ 《元史》卷22《武宗纪》。

《武宗纪》的这一段记载表明,此次会战元军战况非常险恶,陷于海都、都哇军的包围之中,经血战才突出重围。海山的部下月赤察儿是此战的亲历者。据《淇阳忠武王碑》的记述,此战非常激烈,该碑文曰:"是年海都、都哇入寇,我为五军,王(按,月赤察儿)将其一锋,交军颇不利,王视之怒,披甲持矛身先陷阵,一军随之出敌之背,五军合击,敌大崩溃,海都、都哇遁去,王亦罢兵归镇。"①《囊家歹传》所反映出的元军战况更为艰苦:"武宗在潜邸,囊家歹尝从北征。与海都战于帖坚古,明日又战,海都围之山上,囊家歹力战决围而出,与大军会。武宗还师,囊家歹殿,海都遮道不得过,囊家歹选勇敢千人,直前冲之,海都披靡,国兵乃由旭哥耳温、称海与晋王军合。"②

囊家歹为乃蛮人,金山山区为其故土。《淇阳忠武王碑》提到元军在此战中分为五支,月赤察儿将其一,海山与晋王甘麻剌所率当为另外两支,元军中还有床兀儿率领的钦察亲军,亦应为其中一支。囊家歹或为海山的部属。《乞台普济碑》对战事开始时的情况描述道:"明年(1301)八月,寇大至,公(按,即乞台普济)教吾军表红衣于甲以自别,俾哄不迷,大崩其群,自是寇望红衣军则退不战。"按此记载,元军五阵可能各着不同颜色军服,以便分清敌我,并便于协同。海山是整个漠北元军的统帅,其所统当为中军,其军著红色军服,遭海都亲率之军围攻,可见海都的必胜之志。在此战中晋王军已先溃退,当是溯乌龙古河谷北上越金山。海山的中军与晋王军之间的联系被切断,依赖囊家歹率死士力战,元军主力也才得踵晋王军迹北上,直至称海方与晋王军会合。瓦撒夫更明白地说此役海都是胜利者:"海都、都哇遇帝军于两国境上海押立城数日程之地。依蒙古人习惯,双方遣使聚议,议不谐,遂战,海都仍胜,与前此诸役同,卤甚多. 意满还国。"③

这次会战给西北叛王也造成很大损失。汉文和穆斯林史料都记载了战后海都死去和都哇在会战中负伤的事。有关海都的下场,《武宗纪》曰:元军决围

---

① [元]元明善:《太师淇阳忠武王碑》,《国朝文类》卷23。
② 《元史》卷131《囊家歹传》。旭哥耳温,今地不详。
③ 此据《多桑蒙古史》(上册),上海:商务印书馆,1936年,第355页。巴托尔德认为瓦撒夫关于海押立定位于元朝与海都边境的说法,与后来察八儿即位于叶密立河畔的事实相矛盾——参见《十二讲》德文本,第186—187页。然而《史集》记载,元成宗即位时,晋王甘麻剌在漠北的辖地直至海押立(卷2,英译本,第322页)。

撤退后，"海都不得志去，旋亦死"。① 瓦撒夫则记，海都归回，"得疾死于沙漠中"。②《史集》甚至说，海都系因受伤致死。③

至于都哇受伤之事，《史集》说："[合罕之军]进至邻近海都境一地，两军相遇，发生激烈战斗。海都受伤，其军被迫溃逃。都哇因在远处，多日后始至。他们复攻之，战斗激烈，都哇亦受伤。而海都则因受伤致死。"④这段史文中"都哇因在远处，多日后始至"，指察合台汗国军从其国天山山区集合兵力启程，越准噶尔盆地北上之事。至于都哇受伤的地点，《元史》记："大德五年（1301），战哈剌答山，阿失（亦乞列思驸马孛秃之后）射笃哇中其膝，擒杀甚多，笃哇号哭而遁。"⑤

铁坚古山战况极为惨烈，海都、都哇的兵力损失也非常严重。就在都哇受伤的哈剌答山，乞台普济之子"以数十骑出入其阵数四，所当披靡，莫之与敌，寇大骇却，皇上（按，即海山）乘之，遂大溃，斩馘不可级计"。⑥《句容郡王世绩碑》在提到此役都哇之所受损失时记曰："都哇之兵西至，与大军相挠于兀儿秃之地。王（按，即床兀儿）又独以其精锐驰入其阵，戈甲夏击，尘血飞溅，转旋三周，所杀不可胜计，而都哇之兵几尽。武皇亲见之曰：'力战未有如此者。'"⑦

《史集》第 2 卷对铁坚古山之战还有一段描述，俄译本将之译出，英译本缺此段，其中一些地名与汉籍所记勘同有困难，现录之如下：

> 又四年，海都与甘麻剌战于迭怯里古（Таклаку，按即铁坚古）之地，其地系一山丘，札卜哈（Чапха）⑧河流经其旁。起先，他们战于合儿巴塔（Харбата）之地，并约定于哈剌勒秃（Харалту）山附近会战。

① 《元史》卷 22《武宗纪》。

② 《多桑蒙古史》，第 355 页。

③ 《史集》卷 2，英译本，第 154 页，第 103 页。

④ 《史集》卷 2，英译本，第 103 页。

⑤ 《元史》卷 118《孛秃传》。在张士观的《驸马昌王世德碑》（《国朝文类》卷二五）中，此事记为："岁辛丑（1301），与都瓦战，射中其足，败之，成宗录其功。"但未言及作战地点。

⑥ ［元］姚燧《牧庵集》卷 26《乞台普济先德碑》。

⑦ ［元］虞集《道园学古录》卷 23《句容郡壬世绩碑》。

⑧ 此河在拉施笃丁叙述蒙哥之子玉龙答失背叛阿里不哥时也曾提道："玉龙答失往蒙古人之地（Mughūlistān），居于阿勒台沙漠（rig）前河畔，即蒙古人所谓札布罕沐涟（Jābuqān-Mūrān）者也。"（邵循正《剌失德丁〈集史·忽必烈汗纪〉译释（上）》）邵循正注曰：札布罕沐涟，即今地图匝盆河，清内府地图作札布干。

第三月,药忽撒儿(IOxycapa)至,时已仲秋,合罕之军于次月追及海都,都哇又落在后面,他们(按,即合罕之军)与海都之军战,击溃之。次日,复相遇,遂战于哈剌勒秃一带,海都突然病起来,引军退。越一月,海都死于塔亦罕纳兀儿(Taйіхaнноур)之地。十日后,人们负其遗体回大本营。[①]

铁坚古山会战是元朝与海都,都哇之间的一场决定性的大战。至元末年以来,元朝在突厥斯坦节节后退,此次元朝出动了几乎所有驻在漠北的精兵,仍未能击败海都、都哇,这说明元朝难以单凭武力来制服海都,都哇。而海都、都哇方面则分别与元朝、伊利汗国、术赤后裔东枝为敌,亦将自己置于极为不利的境地。都哇之伤与海都之亡大大削弱了叛王们的实力。战后仅时隔一年多,就有诸蒙古汗国约和之事,可见铁坚古山之战给双方造成的影响是不可低估的。

结束语

以上讨论了自元世祖忽必烈中统末阿里不哥之乱结束,到1304年蒙古诸汗国约和,前后40年的元朝与察合台汗国关系发展简史。我们可以看出,这一关系历史演变的基础在于,元朝的建立使蒙古国的政治中心东移,时波斯与钦察草原的蒙古统治者实际上已自帝一方,处在中亚的蒙古诸王在这种情况下,力图占据阿母河到金山之间原属大汗和朝廷管辖的地盘。对元朝来说,控制中亚不但对维护大汗在这一地区的传统权力是必需的,而且也是保持中西陆路交通畅通的关键。所以元朝投入了巨大的人力、物力在中亚东部进行了长达数十年的经营。而对察合台汗国来说,能否有效地控制中亚,是关系他们能否在当地立国的问题。因此引起了双方之间数十年的战争。同时,我们还可以看出,元朝与察合台汗国的关系,与历代中原王朝与西北少数民族政权之间关系的根本区别在于,元朝皇室与察合台汗国统治者(以及海都),都是成吉

---

① 《史集》卷2,维尔霍夫斯基俄译本(Рашид-ад-Дин, Сборник Летописей, т. 2, Москва, 1960, pp. 16)。这里《史集》对海都之死的说法,与《瓦撒夫书》和《元史》相似。巴托尔德曾注意到各种史料对海都之死的不同说法,见 V. V. Barthold, *History of the Semirechye*, Four Studies on the History of Central Asia, tr. by V. Minorsky, Leiden, 1956, pp. 128 - 129.(《七河史》,米诺尔斯基英译本,《中亚史研究四种》,1956年,来顿,第128—129页)

思汗的后裔,元朝统治者视察合台汗国为下属藩王辖地,察合台汗国统治者也奉元朝皇帝为正宗。双方在中亚的争夺在 14 世纪初叶已近尾声。接着将要出现的是蒙古诸汗国间的约和和此后双方之间的频往来,这一点,作者将另撰文讨论。

(原载于《元史论丛》第 3 期,北京:中华书局,1986 年,第 56—81 页。收入本书时略有修改)

论汉晋南朝的封建庄园制度

刘毓璜[*]

在我国地主经济上行阶段中,封建大土地所有制的发展,以小农经济的分解为前提,以国家集权力量的削弱为征候。西汉元帝时代"罢徙诸陵",就标志着它的起点。从这时起,大官僚、大地主、大商人开始从阶级利益上结合起来,通过"名田"方式占有大量土地,通过役使"逋流"方式占有大量劳动力,并在这个基础上逐步建立起庄园制度。

我国历史上"庄园"名称,始见于南朝,但它的萌芽形态在汉代就有了。西汉晚年,有一些园林设置已带上"别庄"性质。茂陵富民袁广汉"在北山下筑园","连延数里",[①]就是一例。入东汉后,"园田"或"田园"见于记载的,不一而足。它们在宅居经营而外,兼有耕地的收益,而且自给有余。在基本特点上,已跟后代的"庄园"没有什么差别。

庄园制度是我国封建地主经济早期的结构形态。它的得名,来自本生土长,与西欧中世纪庄园无涉。本文试图以庄园制度的发展全程为线索,说明在汉晋南朝时期,经过一系列的复杂斗争,封建大土地所有制确已战胜了国有制残余,形成了历史的主流。它在外形上似乎还带点"霸权式统治"的残余,却已具有真正的私有性质。

一、东汉时代封建庄园制度的形成

西汉到元成之际,土地兼并基本合法化,丞相"张禹占郑白之渠四百余顷,

---

[*] 刘毓璜(1909—1993),安徽巢县(今巢湖)人。南京大学历史系教授,著名古史学家,代表作有《先秦诸子初探》《中国历代名人词典》《论汉晋南朝的封建庄园制度》等。

① 《三辅黄图》,卷四。

他人兼并者类此,而人弥困"①。这个矛盾形势越来越严重,地主统治阶级虽想尽办法,力图加以缓和,结果还是"限"既不可(如师丹限田),"均"亦未能(如新莽王田),直等到黄河、长江流域,同时暴发了赤眉、绿林大起义,这个不合理的生产关系,才得到局部的改造,在地权形态上发生一定的变化。

在东汉初年,坚决反对政府"度田"的,除"郡国大姓"外,还有"兵长"②和"群盗"。这些复杂的社会势力临时结合起来,"处处并起攻劫,在所害杀长吏。郡县追讨,到则解散,去复屯结,青徐幽冀四州尤甚"③。依个人理解,这段材料所反映的,并不限于地方豪强利用起义的时机浑水摸鱼,侵夺了大量无主的田地;也包括了在起义影响和支持下各地农民自动收回土地的无数事实,非如此就不足以促成这一临时的结合。"兵长"是郡国兵头目,是土地暴发户,是斗争中的次流,但反抗"度田"的目标仍是同一的。青徐幽冀各州去京畿较远,是赤眉、铜马农民军主要的活动地区,地权变动也最大,所以才有条件成为斗争的基地。

东汉政权在本质上是西汉的继续,但在组织性能上又具有自己的特点。它的上层统治者不再是"布衣卿相",而是地主、官僚、豪商"三位一体"的代表人物。在这些当权人物中,封建的族戚和地域关系形成了内部团结的纽带,加强了政治利益和经济利益的合流,也加速了土地的收夺。正因为大地主、大官僚、大商人的"三位一体",可以在较大幅度内,兼顾到"本富"和"末富"的收益;正因为他们在兼并大量土地以后,事实上就很少卖出,形成了比较巩固的所有权,所以到了一定时期,他们所掌握的庞大的土地财产,就结合了管理制度的严密化,逐渐凝固为带有中古特色的封建庄园经济,构成主要的社会基础。

从现有材料看,当东汉建国之初,就出现了少数略具规模的庄园经营。代表它的不是别人,正是刘秀的外祖家南阳樊氏。这个庄园"东西十里,南北五里",有田地三百余顷。当赤眉大军西进时,庄主樊宏"与宗家亲属作营堑自守,老弱归之者千余家"。后来又"遣人持牛酒米谷,劳遗赤眉","遂免寇难"。④ 樊氏为乡里著姓,"世善农稼,好货殖"。到宏父重时,更精于营理产业,资财积至巨万,庄园基础也由是奠定。值得注意的是,这个庄园的组织形

---

① 《通典·食货》。
② 兵长:西汉时郡国皆有材官士,受都尉统辖。兵长当指都尉以下的小军官头目。
③ 《后汉书·光武帝纪》。
④ 见《后汉书·樊宏传》。

式,已经具有后世大田园别业的雏形。它的主要特点是,在生产管理上;要求除农业以外,兼顾桑麻梓漆,"池鱼牧畜",做到"物无所弃","有求必给"①,在生活处理,特别是居住安排上,要求"所起庐舍,皆有重堂高阁,陂渠灌注"②,竹木成林,做到经营不离庭园,极舒适方便的能事;在家族关系上,要求世世同居共财,严守宗法的约束。通例庄主就是族长,享有无上的尊严,"子孙朝夕礼敬,常若公家"③。在这里,既有比较充分的经济自给性,又有相对的政治独立性。说确切点,这些新兴地主的庄园,实际就是大小不等的"王国"。

必须指出,这些包含着严重分裂因素的地方封建势力,这些以"宗族、婚姻、宾旅"集团为核心的、无数的"小王国",确实具有一定强度的政治性能。它们所实际统治着的,绝不只是作为"课役"对象的"僮""隶",还有大量的"宾客"④和"部曲"⑤。而且,按事实来说,宗族自身也包含阶级的对立,如果是一般庄员贫户,就不可能受到特殊的"荫庇",完全摆脱庄主的"课役"剥削。"宾客"依靠"豪强大家",主要为了"帮闲",并不是基本生产者,跟主子间的关系还不够稳定;倒是所谓部曲制度,虽比较后起,却有着特殊的政治意义。这个制度取名于正规的行伍,特点是农战合一,但所受约束,比行伍还要严格。在当时,社会基本对抗形势,表现为"上家"与"下户"的对立。身当"部曲"的农民平时肩负双重任务,战时替主子拼死,实际等于"下户"中的"下户"。可是,从另一方面说,庄主们在建立这支家兵以后,不论环境怎样变化,都确实有了战斗的资本。他们的反动的政治本能,也就显得愈加突出。

比较说来,"宾客"主要来自游民,习惯于打流混势,"作奸犯科"。从西汉时起,地方豪族多畜"宾客"的,往往"以气力渔食闾里,至奸人妇女,持吏短长"⑥,有时候"放为盗贼","吏不敢追"⑦他们倚主势为奸,多少出于自愿,到主人势败时,又可以不受牵连,相率离去,这个结合的基础是不牢固的。相反地,"部曲"主要来自"徒附",来自土地关系上经济外的强制,他们原来是国家的

① 见《后汉书·樊宏传》。
② 见《后汉书·樊宏传》。
③ 见《后汉书·樊宏传》。
④ 宾客:依附豪强大家的食客群,在主人家内供役,但没有严格隶属关系。
⑤ 部曲:《续汉志百官志》:"大将军营五部,部校尉一人;……部下有曲,曲有军侯一人。"后来豪强地主组织实力自卫,扩大招怀和依附关系,又泛用为家兵或部下的术语。
⑥ 《汉书·何并传》。
⑦ 《汉书·严延年传》。

"逋流",现在逃避掉官役,却背上私家的兵役,服务对象越来越狭隘,在处境上也更加狼狈了。"部曲制度"的产生,是土地兼并和人身役使的深化表现,亦即新起封建依附关系的突出标志。由"部曲"组成的"家兵"武装,在往后较长时期内,都成为世族地主政权的命脉所系。它的政治性能是显而易见的。

如果说南阳樊氏的庄园组织还不够完整,它的政治性能还不够突出,那么到了东汉后期,由涿郡崔氏所建立的一整套庄园经济体系,就显得相当典型了。从崔寔《四民月令》中,我们首先接触到的,就是庄主本人强烈的政治支配意向,和对于一切依附人口的行政统治地位。这个历史性文件所集中反映的,除去地主庄园整年的农业经济活动以外,还有在家庭中进行的手工业生产活动,粜贵籴贱的周期性商业活动,积极培养下辈子弟的文化教育活动,敬宗恤族的祭祀和互助活动,以至防备穷苦农民的武装"自卫"活动等等。看来作者的中心思想只有一个:为了组织好经济生活,就必须首先组织自己的战斗力量,建立起保障各项生产的社会秩序。这个政治意向的具体化,就表现为严密的生产监督,和一系列按时行令的法定措施,使得这一管理产业的综合性规划,不得不带上官方文件的色彩。

从《四民月令》中,看出当时全年的农事安排,都有一定的季节顺序,而且也十分紧凑。就农作物来说,麦占四类(大麦、小麦、春麦、面麦),禾、稻占四类(禾、植禾、粳稻、秔稻),豆也占四类(大豆、小豆、胡豆、椑豆),还有其他杂粮(黍、穄、芋、胡麻等)。粮食生产显得特别重要,所需的劳动力也最大。在经济作物中,蚕桑比较突出,每当春蚕季节(每年一季),全家妇女都倾注全力,小心饲养,甚至儿童也参加出勤。此外,庄园里按时种植的,还有瓜菜(瓠、葵、芥、韭、葱、蒜、生姜、芜菁等)可供食用,有苜蓿、乌芥可当饲料,有蓝类(蓼蓝、冬蓝等)可作染料。余如松、柏、漆、桐、梓、竹及杂木果林,莫不应有尽有。从正月起,就得要蓄田粪畴,做好一切准备。以后逐月生产安排,都采用了多种作业互相配置的办法。这在经营方式上,不但发挥了相当合理的计划性,也表现了更大的自给性。

在庄园生产中,畜牧业比重次于农业。饲养的对象,六畜具备,鸡和猪比较普遍。入冬以后,对耕牛保养更加重视。在家庭手工业里,从正月起妇女就开始出勤,除养蚕(用桑叶和柞叶)、缫丝、绩麻,织成布帛外,对染色和缝制也很考究。但文件中所见"蚕妾""女红"和"缝人",又可能是专业的奴婢。此外,在"典馈"主持下,还自制酒、醯、酱、醋、饴糖,自作脯腊、枣糒和葵菹等,把烹饪和调味技术提到一定的高度。为了加强保健,防治各种疾病,还抓紧不同时令,自采大量野生药材,制成备种丸散膏丹,使得医疗护理所需,一切都不必外求。这种自足自给情况,比之南阳樊氏庄园中的经营设计,显然又进了一步。

庄主的经济收益是多方面的。通过粜贵籴贱的方式,把剥削所得的部分剩余生产品投入交换,来榨取更多的财富,也是补充的剥削手段之一。这些商品中主要包括粟、麦、黍、豆、穬、䅟稴、秔稻、胡麻、布帛、缣练、敝絮等。一般的情况是,在谷物登场,或布絮价贱时,就籴进;在谷种下地,或缣帛价昂时,就粜出。一出一进之间,就给这些闭锁的庄园带来季节性的商业活动,出现了"闭门成市"①的局面。

由上可见,东汉时期逐渐形成的封建庄园制度,一开始就具有经济垄断的性能。这个特点跟中古自然经济形态结合起来,在它底政治性能上,就表现为近于领主所有制的"霸权式的统治",和由此而产生的各式各样的依附关系。《四民月令》中的农事安排,大体和洛阳附近相适应,所起的技术指导作用是肯定的。但所称"待时而动"的"农人",究竟是何身份,还没有明白交代。这个不足之处恰恰在作者著名的《政论》中给弥补起来了。《政论》在抨击当时"上家累巨亿之资,户地侔封君之土","生死之奉,多拟人主"以后,接着说道:

> "故下户踦岖,无所跱足,乃父子低首,奴事富人,躬率妻孥,为之
> 服役。故富者席余而日织,贫者蹑短而岁踧,历代为虏,犹不赡于衣
> 食。生有终身之勤,死有暴骨之忧。岁小不登,流离沟壑,嫁妻
> 卖子。"

看来非常明显,这里所指的"下户",对于"上家"富人是有着近于奴役的依附关系的。问题的严重性在于:遭到虐待的决不只户主本人,还有他的父子妻孥。而且"历代为虏",也维持不了一家的温饱。这种困难情况,只能符合于当时一般"徒附"的实际处境。"下户"受官府驱逼,被迫交出小块耕地,求"上家"荫庇,世代做他人牛马,实际只可以稍缓喘息,被束缚在指定地面上,勉强维持自己的小经济。这样的生活境遇,已比农奴高不了多少,所以一遇"岁小不登",也就只有"嫁妻卖子"的一条路。

从《四民月令》中,看出"农人"所负担的生产劳动项目,确实非常繁重,几

---

① 《后汉书·樊宏传》,注引《续汉书》。

乎全年不得休息。这种"生有终身之勤"的强制性劳动，充分说明了地主庄园经营的剥削性质，在一定意义上，已近于领主经济的再现。崔实的祖父崔骃曾以刻毒的讽刺方式，借博徒口吻，道出他所目击的"农夫"生活，把那种"触热耕耘"，"蒲望陇亩、汗出调泥"①的劳顿状况，挖苦得相当出色。可见所谓"农夫"或"农人"，在庄主们看来，都是"徒附"的同义语，一切强制性劳动的体现者。

在这里，为了继续探讨大庄园制度的社会影响，可以着重分析一下它的政治性能了。如《四民月令》所反映的，庄园底统治核心，是以少数上层人物组成的"宗族、婚姻、宾旅"集团，其中作为宗族首脑的大家长，又成为祖祢的化身，统治核心中的核心。通过血缘宗法的约束，不论"室家尊卑，无大无小"，都要对家长尽最大的礼敬，服从他的指挥，参加到"存问九族""脈胆穷乏""讲好和礼""修贺君师""洁祀祖祢"等共同活动中去。每当逢年过节，更得要向家长"称觞举寿"，表示"欣欣如也"。如有"不随"分子，就及时加以教育，这就把所谓"常若公家"的守法精神，发挥到一定的高度，把社会伦理关系逐步导向政治化。

庄主们为了培养后继力量，对下辈子弟的教育十分重视，规定幼童入小学，成童和成童以上分期入大学，从孝经论语出发，学完全部五经，在训练思想中，逐步培养办事能力，这在实际上等于把国家基层干部教育的任务分担下来了。当时京师办了好几所大学（即所谓"三雍"），地方上有郡国学，也有私人精舍。它们和附近庄园内的文化教育活动，都是一脉相通，有着共同的政治呼吸。从庄园经营回顾一下，这种为现实统治要求服务的、官私相通的政治性能，正是东汉初年所不可能具备的。

然而归结地说来，庄园制度被赋予的政治性能，还是集中表现在"部曲制度"上。这种以"私兵官号"为特色的政治"自卫"活动，恰恰反映了当时地主统治阶级的普遍心理要求，极富于历史生命力。《四民月令》中要求在"冬谷或尽、椹麦未熟"的三月，加紧"葺治墙屋，修门户，警设守备，以御春饥草窃之寇"。到了秋谷登场的九月，更得要大张旗鼓地"缮五兵，习战射，以备寒冻穷厄之寇"。平时一遇农闲，也得上弩正弦，"顺阳习射，以备不虞"。在这里，我们清楚地看到：具有一定战斗力量的地主武装，已经开始建立起来，主要是为的弹压饥饿农民（文件中被诬蔑为"寇"），保证冬荒、春荒期间的安全秩序。这

---

① 《太平御览》，引崔骃《博徒论》。

个政治目标是相当鲜明的。文件中未见"部曲"字样,可能是当时制度尚未定型,行文引用还不很习惯,决不能因此否定它底实际的存在。

崔实的祖孙三代或游太学,或应郡举、辟召出仕,以清正著名,并非地主统治阶级的顶尖人物。所著《政论》一书,"指切时要,言辩而确",颇足"感起昏俗"[①],近人誉为有进步思想;但从所辑《四民月令》中、又知其为压园经营的"里手",他的地主阶级立场也非常坚定。看来仲长统衷心赞佩崔实,甚至建议《政论》一书,"凡为人主,宜写一通,置之坐侧",也正是从同一立场出发的。仲长统傲俍敢言,不矜小节,不应辟召,时人称为"狂生"。在经济思想上,积极主张"限夫田以断兼并","急农桑以丰委积","去末作以一本业"[②],本来也有其进步的一面。但他的思想深处,同样隐藏着一个地主阶级独占的"小王国"。在那里,要有"良田广宅,背山临流,沟池环匝,竹木周布,场圃筑前,果园树后",还要有舟车可供代步,仆役可供使令,做到自己"优游偃仰""足以息四体之役",妻子也"无苦身之劳",由此"逍遥一世之上"[③]。乍一看来,仲长统所汲汲追求的,似乎很不现实;实则这样的理想安排,正是《四民月令》改造的摹本,地主阶级大庄园经营在幻觉上的美化。当着地主阶级的寄生享乐思想正在逐步上升、并被认为合理该当的时代,像仲长统这样的理想,是有着强烈的现实意义的。

二、魏晋南朝时期庄园制度的发展

无数史实指明:在我国封建地主经济上行阶段,特别在魏晋以后,由于社会矛盾和民族矛盾的交错发展,整个黄河流域长期遭受到割据战争的破坏,产生了严重的影响。但即使如此,封建庄园经济和所谓"部曲制度"并没有一天中断它的发展。坞壁经济体系的广泛存在,就是一个重要的见证。历史同样证明:从魏晋到隋唐,特别在东晋以后,由于政治重心的转移,广大的江南地区得到了加速的开发,封建庄园经济也开始获得新的基地和新的条件,进入胜利发展的顶峰阶段。古来"限隔南北"、号称"天堑"的长江,也挡不住历史前进的步伐。

---

① 《后汉书·崔骃列传》。
② 仲长统:《昌言·损益篇》。
③ 《后汉书·王充、王符、仲长统列传》。

在这里,先来对北方坞壁经济作一个简略的考察,"壁"的防御工事,始自战国,"坞"较后起。它在西汉时只是边戍营居的"小障"(一称"库城")比"壁"稍大,略如城垒,叫做"营坞"或"坞壁"①。这个建筑结构到新莽末年,逐渐被内地地主阶级所采用,作为"自卫"的防御设备。从不少记载中,看出当时有条件"依险固、筑营壁"的,多半是强宗右姓。如京兆第五伦自为"营长","有贼辄赏厉其众,引彊持满以拒之,铜马、赤眉之属前后数十辈,皆不能下"②。又如当时"赵魏豪右,往往屯聚。清河大姓赵纲,遂于县界起坞壁,缮甲兵,为在所害"③。可见在起先,坞壁组织只是作为农民起义的对立物而出现,它底反动的政治性能非常鲜明,连地主阶级自己有时也不愿意说它的好话。

在东汉时代,随着庄园经济的发展,"部曲制度"普遍建立,坞壁设置至少在内地郡县已失去现实意义。只有当"羌患"发展,河东、河内一带受到严重威胁时,东汉政府才诏令驻军将领,在关陇赵魏作战沿线,利用地形冲要,有组织地筑坞屯兵(称"候坞"或"坞壁"),使之连环相保。这在事实上已把坞壁组织还原为单纯的军事防御手段。汉末董卓在郿结坞,高厚七丈,周围一里一百步,"积谷为三十年储",号"万岁坞"。准备大事不成时,"守此足以毕老"④。说确切点,这个著名大坞("郿坞")里所屯聚的,仍不过是一些浮财,与土地产业没有牢固的联系。所以就事论事,它的结构设计可能还是来自凉州将领的家法。

"部曲"的来源是"徒附"家兵化,代表着地主阶级保卫私有财产的统一意志,所以当农民起义风暴到来时,它就有可能从分散的存在转向联合的行动,成为反起义斗争的资本。在三国初期,各地的"名豪大侠,富室强族,飘扬云合,万里相赴",其中屯聚在山东一带的,"大者连郡国,中者婴城邑,小者聚阡陌"⑤,看来到处都是"部曲"的天下,但所采组织形式,因流动性较大,不一定全是"坞壁"。在封建依附关系逐步深化的过程中,有许多坚壁自守的地主武装(如中牟任峻,任城吕虔,东郡李乾,谯郡许褚等),很快地受到形势的影响,甘愿投靠地方军阀,接受政治的改编。像这样以脱离生产为特点的"部曲"武

---

① 西汉屯戍·坞壁,最早见于宣帝五凤二年的汉简。
② 《后汉书·第五伦传》。
③ 《后汉书·李章传》。
④ 《后汉书·董卓传》。
⑤ 《三国志·魏志·文帝纪》,注引《典论·自叙》。

装,实际上已转化为私人政治斗争的工具,当然不再和"坞壁"发生什么联系。

不过,也就从三国时起,由于社会矛盾的复杂化,地主阶级有时"自为营垒,不肯应发调"①;有时干脆自营泉坞,"因其垒壁之固,大小家焉"②,由此再作长远打算,把庄园生产、部曲武装和坞壁设置正式结合起来。如田畴曾率领宗族,附从数百人,"入徐无山中,营深险平敞地而居,躬耕以养父母。百姓归之,数年间至五千余家"③。这个庄园中的农民基本上自耕自食,在共同约束下,制定了自己的"法"和"礼",兴办了自己的学校,对庄主本人保持着不同程度的依附关系,对外却是个战斗的整体。它的影响是:"北边翕然,服其威信",连乌丸,鲜卑也不敢觊觎,遣使贡纳联系④。这个典型事例说明当时坞主经济确有其存在的必要,它在组织流散劳动力,保持局部农业生产,维持和巩固封建生产关系上,是起了一定作用的。

田畴式的建庄结坞,从西晋"八王之乱"开始,又在内地郡县得到了推广,比较典型的有庾衮在禹山、林虑山的自保活动,距洛阳(京师)仅数百里。晋书庾衮传载:

> 齐王冏之唱义也,张弘等肆掠于阳翟,衮乃率其同族及庶姓保于禹山。时百姓安宁,未知守战之事。衮曰:"孔子云不教而战,是谓弃之",乃集诸群士而谋曰:"二三君子相与处于险,将以安保亲尊全妻孥也。古人有言,千人聚而不以一人为主,不散则乱矣。将若之何?"众曰:"善! 今日之主,非君而何?"衮默然有间,……乃誓之曰:"无恃险,无怙乱,无暴邻,无抽屋,无樵采人所植,无谋非德,无犯非义,勠力一心,同恤危难"。众咸从之。于是峻险阨,杜蹊径,修壁坞,树藩障,考功庸,计丈尺,均劳役,通有无,缮完器备,量力任能,物应其宜。使邑推其长,里推其贤,而身率之。分数既明,号令不二,上下有礼,少长有仪,将顺其美,匡救其恶。及贼至,衮乃勒部曲,整行伍,皆持满而勿发。贼挑战,晏然不动,且辞焉。贼服其慎,而畏其整。是以皆退。如是者三。

---

① 《三国志·魏志·王修传》。
② 《三国志·魏志·杜恕传》。
③ 《三国志·魏志·田畴传》。
④ 《三国志·魏志·田畴传》。

　　这段材料相当细致地钩划出当时坞主经济的全貌。这里的统治核心是宗族亲属集团,宗主就是庄主,也就是坞主。这里有的是:生产和战斗的合一,居住和管理的合一,互助和依附的合一,在主要共性上完全同于东汉时代的庄园经济。所不同的是:这里的生产样式比较单纯,规模比较狭隘,个体小农业经济的比重也比较大。因而在生产条件上,首先被考虑到的,往往是地形的险要,不是土壤的丰度。这个经济特点决定了这里的互助公约带有更大的强制性质,表现了权威的假象。它赋予庄主们以绝对的权力,在"号令不二"的前提下对所有直接生产者进行严格的监督,实现残酷的经济榨取。

　　"八王之乱"加速了西晋统治的崩解和内外矛盾的全面激化。洛阳失陷前后,以司马氏为首的衣冠大族,仓促向江南撤退,组织偏安政权。留在北方的汉族人民,长期丧失了国家的保护,又不甘忍受各族统治者的奴役,除起而联合各族人民进行反压迫斗争外,只有成群结队地投奔附近的坞主乡豪,依靠分散的地方"自卫"力量,求得暂时的喘息和生存。于是在短时期内,这种生产与战斗合一的坞壁组织,就取得了广泛的发展,出现了满天星斗的局面。从本质上说,一般地主阶级为着保护自己的生命财产,加强坞壁的防御工作,大量地招纳流散的人民,它底每一步发展,只不过意味着封建剥削关系的扩大。但从客观形势上说,当时民族矛盾已上升为主要的矛盾。这些星罗棋布的坞壁武装,不但有可能维持社会秩序,保证农业生产的正常进行;有时还可以配合军事形势的发展,协助政府打击敌人,发挥敌后的牵制作用。

　　当西晋灭亡前后,黄河以北的坞壁体系,遭到连续的攻略残破,实力损失较大。但黄河以南,情况就很不一样。公元 312 年,石勒大举南侵江淮,在受到阻击、从蓬陂撤退时,"所过皆坚壁清野,虏掠无所获,军中饥甚,士卒相食"[①]。可见在当时,坞壁防御的战斗作用是得到发挥的。与此同时,在北方流民大量南下途中,其中较有组织的,多半仍依旧有族姓,或按原籍乡里,实行临时的编队。领队的人就称作"行主"。这样地结队远行的部众,有时在环境威胁下,被迫实行自卫,就重新形成战斗的集体,产生出军事的服属关系,著名的祖逖北伐,就是以这样行动中的坞主武装作为实力基础的。

　　由上可见,坞壁组织自身具有防御和生产两种性能,在当时混乱情况下,它既是先进生产方式的据点,又是反压迫斗争的基地。有时组织被摧毁了,它

---

　　① 《资治通鉴·晋纪》。

还可以在基本脱离生产的前提下,通过临时的结合形式,再现它的严密的封建依附关系,再现它的本能的战斗力。至于在偏僻地区内,地主阶级结营立坞,更带有天然的割据倾向。当着"官""民"之间的阶级对抗趋向激化时,它的立场也可左可右,有待于积极的争取。如巴氐大姓李特所领导的流民起义,最初因"分人散众在诸村堡,骄怠无备"①,益州刺史罗尚就利用了这个弱点,暗中勾结所在坞主,发动大规模的掩袭。流民措手不及,几至于全军覆没,后来在李流领导下,把"保险结坞"的范长生、世领部曲的徐舆等人设法争取过来,使军粮不断得到资给,才得转危为安。姑不论范长生等人是否别有政治意图,这个正义援助所起的作用,还是应当加以肯定的。

然而,就本质说来,这个客观上带有两种性能的坞壁经济体系,终究不能够摆脱地主阶级的主观局限性,表现出更大的作为和担当。当着各族统治者接受失败的教训,转而要求稳定社会秩序,争取汉族地主阶级进一步合作时,这些坞主乡豪们就会马上看风转向,来一个政治靠拢,从不同程度上,参加现实政权利益的分割。因而原有的坞壁自卫力量,也就不得不随着大势所趋,逐步加强对政府的向心作用,形成新的社会支柱力量。

史实指明:即使在黄河以北,有许多被击破的坞壁,当时还是继续保存下来,坞主地位也依然未动。对于这些固有的统治势力,各族统治者所采取的拉拢手段,主要是"清定九流",适当地恢复选举制度,通过优先仕进来确保等级的特权。而且在实际登选时,还允许"递相荐引,广招贤之路"②。至于控制力比较薄弱的地区,就改采招纳方式,利用原有的坞壁体系,组成一定的托管单位。原来的大小坞主们,在接受加封以后,也就成为将军、都尉或当地的守宰。很显然,像这样的政治从属关系,在开始建立时,还不可能消除实际利害上的矛盾。所以,为了巩固信守,保证出兵纳粮义务,又不得不在接受托管的同时,规定了送任(子)作质制度。

在坞壁经济体系中,要求人人"均劳役,通有无,缮完器备","同恤危难"③。实际每一个依附人口,都得向坞主缴租服役,接受他的统治和监督。就土地关系说,不论据山守险,或坐庄不动,都属于封建庄园经济的所有形态,具有显著的排他性。就人身依附关系说,不论"坞主"也好,"行主"也好,都是

① 《晋书·李特载记》。
② 《晋书·石勒载记》。
③ 《晋书·庾衮传》。

一定宗族集团的"政体首脑",代表着身份性地主的传统势力。"主"的对立面便是"客",是各式各样的私属人口。"主"的身份愈高,荫"客"也愈多,有时辗转冒滥,可达到"百室合户","千丁共籍"①。这些从汉魏之际孕育出来的,以宗族乡里地方势力为基础的坞壁经济体系,这些"专制一方"的封建"小王国",即使在政治上靠拢了各族统治者,也不可能真正抛弃自己独占的剥削利益,把国家主权放在私人主权之上。它们跟过去庄园一样,既是官有田地的侵夺者,又是逃役民丁的收揽者。这个和国家主权利益面对面的矛盾,直到北魏统治者实行"均田",才得到暂时的缓和。正因如此,我们就不难看出:汉魏以来北方坞主经济长时期发展的过程,实即黄河流域土地私有关系在经过复杂斗争以后、重新取得巩固的过程。它的法权性质是非常肯定的。

有的同志坚持把秦汉以来全国范围的土地都断定为国家所有或皇族所有,为了充实论证,曾举出一个很生动的例子,说明"南朝的高门士族贵如王氏,也没有土地私有权"②。理由是:在封建专制主义的中古时代,作为"最高地主"的皇帝,对于一切赐出的土地,还可以随时假借名义把它夺回。在这里,我们认为首先要解决一个理论问题:究竟在地主阶级统治时代,皇帝赏赐给臣下的土地,是不是像过去采邑或食封制度一样,还有着附加的条件,可以随时夺回呢? 在马克思论著中,经常把封建的世袭领地称作"硬化了的""道地的"私有财产,强调它的"非运动性"或"不可转让性"。为了正确处理国家和私有财产的关系,他郑重指明:"政治国家对私有财产的支配权究竟是什么呢? 是私有财产本身的权力,是私有财产的已经得到实现的本质。和这种本质相对立的政治国家还留下了些什么呢? 留下一种错觉:似乎政治国家是规定者,其实它却是被规定者。"③显而易见,从这段经典性分析中,马克思一没有把国家看作"独立存在"的"本质",而只是私有财产的体现物(或对立物);二没有把国家看作私有财产的"规定者",而恰恰是个"被规定者"。也就是说,马克思从来没有倒果为因,把"错觉"当作"实在",把"从属的要素"看作"决定性的要素";更没有把"与私有财产的存在有关的矛盾变成对私有财产的否定"④。这种对基础与上层建筑关系的正确处理,用来考察我国封建庄园的财产性质,应当同

---

① 《晋书·慕容德载记》。
② 贺昌群:《汉唐间封建的国有土地制与均田制》,第 18 页。
③ 马克思:《黑格尔法哲学批判》。
④ 马克思、恩格斯:《德意志思想体系》。

样地具有参考的价值。

过分夸大国家对于私有财产的支配作用,用"剥夺财产时"所产生的"法学幻想",来代替其中"隐蔽的物质条件"①,在一定意义上,等于对现实生产关系的否定。大量史实证明:中国从秦汉以后,在地主阶级现实统治下,"采邑"早不存在,"食封"已余尾声,这些带有附加条件的土地占有形态,基本上已成为历史的陈迹。因而皇帝赏赐给臣下的土地,不论数量多大,只可能体现一般"行政权的恩宠",承认被赐予者的无条件支配和使用,不再具有严格的"非运动性"。至于所谓"剥夺财产",本是国家的职能表现。剥夺的对象是罪犯,范围是一切财产,并不限于土地。如:汉武帝"治郡国缗钱,得民财物以亿计,奴婢以千万数,田,大县数百顷,小县百余顷,宅亦如之"。② 这个用法律形式强夺得来的"非法"财物,既包括不动产(土地),也有各式的动产。我们断断不能因此而产生"法学幻想"的错觉,把"国家的权力"误解为"所有者的权力",把这些没收得来的土地、住宅以至奴婢等等,统统看成"国家所有"。

也有人认为,在封建社会中,土地买卖的非私有性质,具体表现在法律的限制作用上,而证实买卖行为的"文牒、文契,就是皇权所订法律的替身"③。言外之意,这种附有文契约束的交换行为,就不能算作商品式的买卖。依个人理解:在封建社会中,这种不合理的买卖是确实存在的,不承认这点,就不足以掌握土地兼并的实质。问题在于,土地兼并的方式,并不限于买卖一途,而土地买卖成为"普遍运动"以后,即使处在"抑卖"的状况下,也不能不具有商品交换的性质,直接体现着法权的转移。一切文牒和文契都带着国家干涉私人产权的假象,实质上它所体现的,并非法律的消极限制作用,反而是对于法权的确认和积极保障作用。至于所谓豪强"抑卖",以至各式各样的"诡诈买卖",也正是一切剥削阶级的共性表现,并非单独存在于封建社会。对于法权的性能分析上,我们和"国有制"论者的重要分歧,就在于此。

现在,再让历史事实来作回答吧!从西汉时代起,就有了皇帝私人置田的记载。武帝一手通过"算缗""告缗",没收到大宗"非法"的地产,把私田充了公;另一手圈划长安附近民田为苑,却下令京畿属县,以草田如数补偿。这在实际上等于依法进行了一笔土地交易。武帝死后,嗣位的昌邑王贺就真的"置

---

① 马克思、恩格斯:《德意志思想体系》。
② 《汉书·食货志》。
③ 贺昌群:《汉唐间封建的国有土地制与均田制》,第 18 页。

田于民间,畜私奴车马于北宫"①。他的下辈们(如西汉成帝、东汉灵帝等)也跟着"效尤",不惜"以万乘之尊为庶人之事"②。皇帝在民间置田,这是历史上的新纪录,这个特殊现象如果离开土地私有权的确立,是无法得到说明的。更值得注意的是:在成帝时代,国舅红阳侯王立曾"使客因南郡太守李尚,占垦草田数百顷,颇有民所假少府陂泽,略皆开发。上书愿以入县官。有诏郡平田予直,钱有贵一万万以上"③。这段材料指出:原来被侵夺的公田,在归还国家时,还得尊重既成事实,承认一定的私有权,依买卖通例,备价收赎。由此可以类推:梁武帝逼还王氏"赐田"八十余顷,其所以必须"按市评价",承认原有的地权关系,而不是简单地下诏"敕取",也是最自然不过的事了。

马克思指示:"地租不管属于何种特殊的形态,它的一切类型,总有这个共通点:地租的占有是土地所有权由以实现的经济形态。"④就"赐田"关系说,只要当时不附带任何条件,受田的家族,总归是照常收租。这个"行政权的恩宠"是不具有什么约束作用的。本来,王氏的钟山旧墅,执业近二百年,已不知收过多少租息,实现过多少财产增殖。二百年来,王氏始终居于第一流士族,这份地产也始终没有转让。梁武帝开口想"买",动机为了"施寺",出于偶然,并非果真在履行什么权力。皇帝私人情商着要"买",做臣下的偏偏执拗着"不卖",说了负气的话,最后还是"平田予直",勉强成交。很显然,像这样的意志强制,只可能出于政治的权力,绝非来自经济的、所有者的权力。这在问题实质上恰恰反映出南朝大士族私有地产的相对巩固性,连"诡诈买卖"也说不上,怎么可以由此得出"没有土地私有权"的结论呢?

认为经过买卖的土地私有,"仅仅是封建政权凭借法律来虚构的假象"⑤,这个提法也未必恰当。因为追本求源,所谓"法律虚构",是为领主统治阶级的"例外权"服务的。它的保护对象,只是以"长子继承权"为前提的、"硬化了的"(即不可转让的)世袭地产。用马克思的说法,土地所有权的"法律虚构"只能是"愚蠢的所有权底神秘所媒介的方式"⑥。"品级结构"的神圣性,就导源于此。在地主阶级经济支配时期,由于统治阶级事实上还没有放弃某些特权,这

---

① 《汉书·五行志》。
② 《汉书·五行志》。
③ 《汉书·孙宝传》。
④ 《资本论》,第三卷,第828页。
⑤ 贺昌群:《关于封建的土地国有制问题的一些意见》。
⑥ 马克思:《经济学—哲学手稿》。

种"法律虚构"也随之以不同程度保存下来。这从魏晋"九品官人"的制度上，就表现得相当清楚。但就事论事，魏晋的"九品中正"，已纯为上层建筑现象，不再包含有"等级从属"的关系，在性能表现上，远远不同于西欧封建社会的"品级结构"。特别是"晋自过江，至于梁陈，凡货卖奴婢马牛田宅"，都备有官府文券①。在土地自由转让成为"普遍运动"以后，人们对于私有权的现实意义，都已有共同的理解。如果我们一反常规，要从法律的确认行为上，来验证它的"虚构"作用，又能够得到什么结果呢？

如果说坞壁体系是封建大庄园经济在北方特定条件下的非常态表现，那么从 3 世纪以来在江南地区发展成熟的大田园别业（别墅）体系，就不只是它的常态表现，而且有着典型的意义。造成的原因首先是，江南地面广大，自然条件优越，但垦区不多，生产一向落后，地主经济也没有充分发展。在北人南移的积极影响下，不论农业生产力方面，封建生产关系方面，都有足供迅速发展的余地。另一个原因是，移植过来的东晋政权，在江南地区还没有巩固的统治基础，还不可能掌握到大量的国有土地，和足供赋役剥削的农业劳动力。这个严重的先天不足，带来了无可避免的政策软弱性，决定了它对南北豪门世族的土地兼并，不得不采取比较放任的态度，从而在较长时期内，不断助长了封建大土地所有制的独占优势。

就土地控制状况说，在东晋建国初年，政府还握有一些分散的、数量不大的"官田"，地方自州、郡至县以至军府辖区内，都有荒地多少不等。当时曾有人建议屯田，主张"宜简流人，兴复农官，功劳报赏，皆如魏氏故事"②。但为时不久，这些国有的公地就通过各种途径和大土地占有联系起来，滋长着新的大庄园据点——江南特有的大田园别业（别墅）。连政府仅能直接控制的晋陵垦区，也没有例外。大田园所有制的特色是："求田"而外，还要兼及："问舍"，在建设和经营程序上，带有一定的创始色彩。它反映着侨居士族开创第二基业的土地要求，也体现出江南山环水绕、宜耕宜织、足资多面利用的、十分优越的经济地理条件。王羲之与谢万书云："比者，当与安石东游山海，并行田，视地利，颐养闲暇。"③王氏系创业功臣，席丰履厚，在建康、会稽都有别业。羲之雅擅书法，尝修禊山阴兰亭，时称名流韵事，却也念念不忘"求田"，在乌泽、吴兴

---

① 《文献通考·征榷考》。
② 《晋书·食货志》，引《从军将军应詹表》。
③ 《晋书·王羲之传》。

增置了三顷。和羲之结伴东游的谢安,田业分布会稽、吴兴、琅玡(即江乘,今江苏省句容县)三郡,家当也很不小。王谢都是第一流士族,又世为婚姻,信中讲的当然是知心话。谢家的另一支派谢玄在浙东"经始山川",死葬始宁,家人"遂移籍会稽,修营别业,傍山带江,尽幽居之美"①。他的后辈灵运更是个"凿山浚湖"的能手,"尝自始宁南山伐木开径,直至临海,从者数百人。临海太守王琇惊骇,谓为山贼"②。这里所谓"山贼",系指逃聚山林的武装农民,是官府敌视的对象。谢家兴师动众,震骇了官府,几至敌我不分,这个误会是不小的。自古以来,山泽之利规定由皇帝和封主贵族独享,它是国有土地中最稳定的部分。山泽的被占领,说明当时大士族地主的疯狂兼并,已经达到了顶峰,突破了国有土地的最后防御线。

说"封山占水"特权为北方大族所独享,或大田园别业制为侨居士族所独创,也不尽符合事实。早在西晋平吴前后,吴郡由拳县(在今松江县境)的华亭别墅,就饶有"清泉茂林"之胜,"陆机兄弟共游于此十余年"③。从《抱朴子·吴失》中,看出从孙吴时起,江南大族的特权势力已开始抬头,在庄园经营上,出现了"僮仆成群、闭门为市、牛羊掩原隰、田池布千里"的景况。孙吴统治者为了加强笼络,曾将孙策二女嫁给江东大姓,结成姻亲,又通过赐复(复田和复客)、赐田宅、赐俸邑等规定,培养出许多新的世家大族来。其中最著名的,有吴郡的朱、张、顾、陆氏,会稽的虞、魏、孔、贺氏,丹阳的朱、纪氏,钱塘的金氏,阳羡的周氏等。他们的部曲武装,都相当强大,一直到平吴以后还继续保存。正因如此,所以当东晋建国时,差不多整个太湖和钱塘江流域,都成了这些强宗大族的势力范围。北来侨人即使如王谢大姓,要想在这些地区内自由插足,扩大土地占有,也未必那么方便。这个难以调停的土地兼并欲望,就当时情况说,只有从占领山泽、开垦生荒的方式上获得满足。而要达到这个经济目的,就不得不要求东晋统治者作出更大的让步。

事实上,从东晋南朝以来,当着北来的侨人士族到处"求田","问舍"时,江南的土著大姓也在原有基础上扩大土地占领,把经营的对象转向山泽,形成了平行竞争的局面。如当刘宋时代,孔灵符在"永兴立墅,周回三十三里,水陆地

---

① 《宋书·谢灵运传》。
② 《宋书·谢灵运传》。
③ 《世说新语·尤悔篇》,注引《八王故事》。

二百六十五顷,含带二山,又有果园九处"①。沈庆之也有园舍在娄湖,"广开田园之业,每指地示人曰:钱尽在此。"②孔氏是会稽大姓,沈氏为吴兴豪族,他们的所作所为,正如北方的王谢大族,有着同样鲜明的经济目的。这样把"游山海"和"视地利"的行为巧妙结合起来,又在这个基础上实行对于农业劳动力的收夺,就无异于从最要害的地区,挖去现实政权的墙脚。所以从东晋以至宋初,政府曾屡次下令,禁止封占山泽。在最早一次的"壬辰诏书"(336年颁布)上,且有"占山护泽,强盗律论,赃一丈以上皆弃市"的规定③。

不过,像这样的诏令,从来就没有生过效,正是禁者自禁,而占者自占。刘裕代晋以前,为了收揽人心,曾经在义熙七年,禁断州郡县屯、田、池、塞"利人守宰"。隔了两年,又下令废止地方豪强对于山、湖、川、泽的专利,一任"小民薪、采、渔、钓"。以后刘宋统治者在元嘉十七年、元嘉三十年和大明七年,也迭连下过类似的诏令。但事实上禁断愈勤愈严,愈足以说明法令的无能为力。直到羊希建议立限,这个明禁暗纵的局面,才暂时告一结束。《宋书·羊玄保传》称:

> 希以壬辰之制,其禁严刻,事既难遵,理与势弛,而占山封水,渐染复滋,更相因仍,便成先业。一朝顿去,易致嗟怨。今更刊革,立制五条。凡是山泽,先常爊爐,种养竹木杂果为林,及陂湖江海鱼梁鳝鲎场常加工修作者,听不追夺。官品第一、第二听占山三顷,第三、第四品二项五十亩,第五、第六品二项,第七、第八品一项五十亩,第九品及百姓一项。皆依定格,条上贳薄。若先已占山,不得更占;先占阙少,依限占足。若非前条旧业,一不得禁。有犯者水土一尺以上并计赃,依常盗律论。停除咸康二年壬辰之科。

这个建议充分体现出土地私有的历史方向性,和封建国家在政策思想上对于这一主流趋势的惊人让步。建议一开始,就对壬辰诏书来一个否定,指出它是严格的、过时的、难以遵行的。接着就公开替"封山占水"行为辩护,要求承认这个既得利益,以免引起"嗟怨"。在这个基础上,羊希参考了西晋依品占田的陈规,提出了占山的最高限额。实际精神是:已占的不限,占少的补足,

---

① 《宋书·孔季恭附第灵符传》。

② 《宋书·沈庆之传》。

③ 《宋书·羊玄保传》

"加工修作"的听任自有,永不追夺。总的来说,对于这次调整过后的地产,一律给予合法的保障,余下的尺水寸土,才不许再占。

由上可见,从魏晋到南朝四百年间,在政府不同形式的保护下,南北大士族豪门通过各种巧取豪夺(如赐田、求田、悬券、抑卖等)的方式,特别是"封山占水"的方式,可以无偿地占有大块无主的"官地",进行私人的大田园经营。这种土地的私有性质,又经羊希建议立制,得到了合法的确认。所有这些,都是当时历史矛盾形势的产物,代表着江南地区前进的标志。但这种经营方式,在一定程度上,又由于江南地理条件的影响带有自身的特点。大体说来:江南大田园的经营,必须先立"屯封",作为开发山泽的起点。它的任务主要是:"燥山封水",划定地界,砍伐竹木,辟除荒秽,也就是清场和奠基工作。在这个基础上,再选择紧要地区,广建房舍,进行水陆物资的采集和转运工作。这些既是堆栈、又是传舍的重点建筑物,就称作"邸舍"。以"屯""邸"为据点,进行整个庄园的组织管理工作,对于生产布局和居住设计作出全面的安排,符合大田园主人的财产要求,这就叫作"别业"(或别墅)。

"秦汉以来,风俗转薄,公侯之尊,莫不殖园圃之田而收市井之利。"①可见上升中的封建地主阶级,都是习惯于把生活目的和经济目的结合为一,在"身有处士之谊"的前提下,满足自己最大的享受。这种风气"渐冉相放",确实由来已久。如在西晋时代,著名的大士族官僚石崇,就有别庐在河南县界金谷涧中,或高或下,有清泉、茂林、众果、竹、柏、药草之属(金田十顷、羊二百口,鸡猪鹅鸭之类,莫不毕备),又有水碓、鱼池、土窟,极"娱自欢心"的能事②。同一时期闲居作赋的潘安仁,在洛阳附近也有自己的园林。其中各地果蔬,"靡不毕植",还有羊群足供宴赏,池沼足供渔钓,春税(水碓租费)足供代耕③,经济目的也非常鲜明。因此,就这个意义说,江南的大田园经营,又是中原地区同一类型的移植。

"屯""邸"和"别业"经营,既有本质上的继承性,又有建设程序上的创始性。它的规模大小不一,包含着一系列复杂的财产构成。大体说来,除大宗田地、房舍而外,这里还有桑、麻、果、蔬、竹、木的生产,有鱼池、鸡埘、豚圈的管理,有器械、脂烛的制造,有水碓、磨坊的建立,甚至货栈店房,水陆码头,莫不

---

① 《晋书·江统传》。
② 《世说新语·品藻篇》,注引《石崇金谷诗序》。
③ 《潘安仁·闲居赋》。

应有尽有。由于田园的基地往往滨接山湖,所以它底结构设计,又必然是生产区与风景区的合一。从谢灵运的《山居赋》中,看出他的始宁别业,似乎有着更精密的设计。它底方位"左湖右江";住宅有"南北两居,水通陆阻";生产和收获情况是:"导渠引流,脉散沟并","送夏蚤秀,迎秋晚成";在经济作物方面:除普遍种桑外,还有"麻、麦、粟、菽","递艺递熟";二园三苑,"百果并列"(包括梅、桃、李、杏、梨、橘、柿、椹、枣、栗、椋、樿、枇杷、林檎等);此外,在大片湖沼中,还盛产鱼禽(约数十种)和水生植物(如莲、菱、萍、藻等);在竹、木林中,还可以采集榛笋,到了最后,不论是"艺菜当肴"或"采药救颓",从生活到医疗需要,都给"一缆子"解决了。像这样适应季节的变化,有组织、有指导地进行分工的操作,使得南北水陆作物基本上得到及时的播艺,有可能充分供应各方面的需要,确已把东汉以来的庄园经营方式推向一个新的阶段,把《四民月令》中所反映的生产规格要求,上升到一个比较完善的、一定的典型高度。

从《山居赋》注中,看出当时大田园别业的邻近,还分布着一些另属他主的、较小的"别墅"和"精舍"。它们之间一般都保持着较好的联系,有着不同程度的阶级协作。这种不仰仗工商衡牧而自给有余的生活景况,就当时社会要求说,即使以清介自许的高士名流,也还是"心向往之"的。陶渊明不愿为五斗米折腰,决心归隐田园。表面看来,好像是由于"三径未荒,松菊犹存",可以稍寄情赏;实际在所谓"情赏"后面,还有着"桑麻日以长,我土日以广"的经济目的。颜之推对于依靠领俸禄吃饭、不曾"起一拨土、耕一株苗"的江南朝士,一向是非常鄙视,但在《家训》中也指出"生民之本",在耕织自给以外,还得有"蔬果之蓄","鸡豚之善",以及"栋宇、器械、樵苏、脂烛"等项的物资储备,做到"闭门而为生之具以足"[①]。由此可见,一般的庄园生产,要做到真正自给自足,同样要建筑在土地剥削上面。颜之推在思想上有点愤世嫉俗,以浮华、寄生为可耻,却没有可能在实际生活中,果真做到以身作则,抛弃对社会劳动者的剥削。

江南大田园别业经济,以农业与手工业紧密结合为基础,在生产方式上,要求较大的自给性;在土地利用上,要求较大的垄断性;在劳动役使上,要求较大的强制性,因而在整个人力调配规划上,也要求占有更多的依附户口。依东晋"给客制度"规定,官品第一、第二佃客无过四十户,以下逐品递减五户,第九品五户,显然不解决问题。所以一般地广业大的田园主,就不得不采取非法占

---

① 《颜氏家训·治家篇》。

有劳动人口的方式,来满足自己的生产需要。其中最常见的,便是对所谓"隐户"的占有。"隐户"一称"属名",实即额外暗藏的"客"。他们为逃避国家赋役而来,在阶级待遇上和普通佃客没有两样:土地投献给私门,得谷要"与大家量分"①,在身份上注入主人的家籍,一点也不能自由。但作为"隐丁匿口",又得遭受国家的检禁,一经检出,仍要押回原属。有时候主人高兴起来,甚至把他们当作商品,赏赐或卖给别人,连依附关系也无法稳定。

从东晋开始,曾迭次限令:"豪强不得侵役寡弱,私相置名"②。违禁"募客"诸王也不能免罚。但由于士族制度的存在,大田园别业迅速增加,非法隐藏国家在籍户口的现象,也就不可能避免。从谢灵运《山居赋》中,看出这个园墅内的劳动,有的"山作",有的"水役",有的园艺,分工相当细致,很像一个大种植园,对于自然物资的充分采集和利用,各项专门生产技术和制作技术的推进,都引起了积极的影响。可见当时的"屯""邸""别业",在组织劳动生产上,还具有客观的保护作用。在一般情况下,"私役"的剥削比"官役"要轻,还可以暂时保持安定秩序,从事各项有益的生产。

从客观上肯定"屯""邸""别业"经营的进步影响,并不等于从主观上否定它在生产关系上的落后性质。这里所可能有的,依然是封建特权势力的身份性的占有和"霸权式的统治",而且在完全脱离劳动,鄙视劳动的寄生精神表现上,还有进一步的发展。在隐丁匿口中,有时也杂有公家的"兵""吏",和少量的公私奴婢。他们一经注入家籍,就在人格上严格隶属于主人,连主人有罪,也要受到牵连。他们所负担的劳动是近于无偿的,所谓"得谷与大家量分",至多只能达到"互分农"的分配标准,实际生活也毫无保障。梁朝有一个大臣上封事说:"百姓不能堪命,各事流移,或依于大姓,或聚于屯封,盖不获已而窜亡,非乐之也。"③这确是"一针见血"之论。因为逃避赋役的自耕农民,即使有机会投靠私门,做了"隐户""属名",也只能取得准农奴的身份待遇。"依于大姓""聚于屯封"以后的情况怎样呢?仍然还是个"不能堪命"。

在东晋南朝时代,难以数计的"隐户"和"属名",是大田园生产的主力,也是杂役折磨的对象。但一般大田园生产中也离不了奴婢,所谓"耕当问奴,织

---

① 《隋书·食货志》。
② 《晋书·食货志》。
③ 《梁书·贺琛传》。

当问婢"①,也是部分真实生活的反映。不过,当时大士族家庭中"奴僮千计",最多达数千人,主要还是用于非生产性的役使,对于平时生活上"颐指气使",扩大物质享受,滋长了更多的方便。因此,承认农业、手工业生产上奴隶劳动的存在,却不能用它代替直接生产者的主力,削弱公私佃客的地位。

按"给客制度"规定,大士族官僚按品占客,除普通"佃客"外,还有"典计"和"衣食客"。"典计"职司有类家丞助手,跟"衣食客"一样,由汉魏的"宾客"发展而来,属半劳动人口,主要在家庭服役。其实,当时在大士族家内服役的,除"僮仆""宾客"而外,还有数量不小的"门生"——候补的宾僚;即使是"部曲"制度,也有了新的发展。自东晋以来,由于矛盾形势变化,"部曲"参加实际战斗的,确不多见。文献上可见的"部曲",基本上已从家兵组织扩大为以义相合的、广泛的私属关系。他们以"义故""义从""门义"等名义,在形式上服役于主人,既不须真正作战,也不经常参加生产。说确切点,当时"部曲主"对于"部曲"的权力,并不一定建立在土地上面,有时甚至不一定占领人,只要通过"纳资代役"(献礼),就可以允许"虚名上簿",受到实力的保障,建立起一个比较固定的从属关系。这种新趋势的发展,到齐梁时代达到顶峰。所谓"大半之人,并为部曲"②,正反映着这种封建依附关系的深化和广化。

由上可见,魏晋南朝以来的大田园别业经营,是我国历史上封建庄园制度长期发展的产物,也是我国地主经济上行阶段中所能达到的顶峰表现。即使在江南地区,具备了许多有利的条件,它在前进中也遭到了不小的阻力,直至羊希定制立限,才进入法典化阶段。在羊希立法后不久,齐竟陵王萧子良就在宣城、临城、定陵三县界立屯,封山泽数百里,禁民樵采,公开破坏了限禁,把地权的垄断扩大到惊人的程度。可见在当时,不但地主特权阶级的土地私有欲望,永远不可能"依限占足",而且在占有形式上还带有明显落后的色彩。这种比较凝固的、贵族式的财产私有形态,确实在一定程度上,再现了封建世袭领地的"非运动性",容易造成"法学幻想"上的错觉。这个顽强的历史特色,随着阶级斗争的不断冲击而逐渐削弱,直到唐朝中叶以后,才结合着均田制度的全面解体,结合着进步的历史要求,经过不断改革和变化,跨进一个新的领域。

(原载于《历史研究》1962年第3期)

---

① 《宋书·沈庆之传》。
② 《文苑英华》,何之元:《梁典总论》。

试论"黄老之学"的起源、内涵及其衍变

刘毓璜

马王堆汉墓帛书出土、问世以后,给"黄老之学"的历史真实性提出物证,带来研究的方便。但直到现在,它是不是一个独立的思想体系?怎样起源和发展的?对当时学术"争鸣"引起多大的影响?这是争议未决的问题。长时期来,对它的探讨深不下去,有人说它流行于汉初,是"诸子学说的变态表现";有人认为它就是宋尹之学;也有人从《史记·乐毅传》上找出线索,说它发源于战国之末,大行于汉初,而对同书中其他有关"黄老"的记载,却根本避而不谈。这个学术是非关系到对待民族文化遗产的态度问题,为了表明"黄老之学"不可能是"无源之水、无本之木",本文试图就自学所得,提出一些初步的理解,使它得到轮廓的再现,以就正于专家们。

一、"黄老之学"的起源

顾名思义,所谓"黄老之学",是由老子思想学说派生出来的。《史记·老子韩非列传》对"世之学老子者",如申不害、韩非之流,称其学"本于黄老而主刑名"。在《孟子荀卿列传》中,又并记"慎到赵人,田骈、接子齐人,环渊楚人,皆学黄老道德之术","各著书言治乱之事,以干世主"。两相对照,看出"黄老道德之术"原本脱胎于老子道德学说,而其积极的功利主义又大大前进了一步。它们的内涵不尽相同,写作背景也不一致,笼统混为一谈是不对的;仅仅承认其间的区别,而不明其要害所在,也无助于问题的解决。

何谓"黄老"?王充开门见山地指出:"黄者,黄帝也;老者,老子也。"对"君人者"来说,"黄老之操"贵在"无为自化","不求功邀名"。所谓"本不求功,故其功立;本不求名,故其名成。"说具体点,就是善于运用"气变"自然之理,操一

"术"以应万变,使一切"合乎人事"的,统统"入于道意"。① 这可说是点破了要害,从"本于黄老"的积极要求上,揭示出"主于刑名"的哲理依据。

"黄""老"连称是一种复合形态。从词面上看,标明它对于任一独立形态都是其得力的补充,而"黄"是"老"的政治准则,"老"是"黄"的理论基础。从思想发展线索说,"黄""老"的有机结合,正足以说明老子道德学说在分途发展中向左翼转化的趋势,与杨朱、庄周思想相背而驰。

事实表明:在道家思想形成体系,并开始分化以后,以"全性保真"见称的杨朱、庄周一系,是不屑把"黄帝"这个名号奉为旗帜的。庄子明明指出:"道之真以治身,其余绪以为国家,其土苴以治天下。"②这种糠秕圣哲、鄙夷事功的态度,与"黄帝""成命百物"的进取精神显然是格格不入。在庄子看来,"黄帝"形象之所以伟大,只是在于"取天地之精以佐五谷","官阴阳以遂群生"。这对"达于至道"的"至人"来说,真是渺乎小哉,不足挂齿。③ "至人"既然土苴天下,逍遥物外,"知者不得说,美人不得滥,盗人不得劫,伏戏、黄帝不得友"④,哪里还会考虑到"主于刑名"的问题?

然而,几乎就在同时,在齐国稷下讲坛上,涌现出一股与之相反的思潮。它一经酝酿形成,就打出了"黄老之学"的旗帜,把道家思想学说导向左翼的转化和唯物主义的改造,以更加积极的功利主义,受到一些封建统治者的重视和采用,成为推行"刑名之术"的理论基础。盱衡当时历史形势,这条思想线索确实是历历可寻的。

司马迁在《史记》中,论列当时学本"黄老"而主"刑名"的,头一个是申子,即申不害。在申子之前是否还有"黄老之学"? 如何追踪它的源头所在? 重要的一着在于结合当时齐国的实际环境,历史主义地对待"黄帝"这个变动着的名号,认真考察其确切的含义,从而寻绎"黄""老"之间有机结合的必然性。

必须指出:到齐国设立稷下之学,"黄帝"这个名号已经渗入新的时代精神,包含着许多复杂的内容,具有政治的、宗教的双重含义。在当时,人们的精神世界中,实际信奉的"黄帝"是并存的两个偶像。他们经由不同的光辉历程,在各自的神圣领域内,树立起至高无上的精神信仰;又在特定的历史条件下,

---

① 《论衡·自然》。

② 《庄子·让王》。

③ 《庄子·在宥》。

④ 《庄子·田子方》。

通过第三者的撮合，才终于汇结为一。这个过程的追溯是不平凡的，需要分头加以说明。

就政治方面说，"黄帝"的名号象征着团结、进步和胜利，是人们祖先崇拜的信仰所系，但在其发展进程中，又经历了三个阶段。在第一阶段上，他以人神杂糅的形象出现在涿鹿古战场上，与炎帝"用师以相济"，击败共同劲敌蚩尤，结成强大的部落联盟，控制了发展中的形势。从这时起，"黄帝"在一片赞扬声中登上偶像崇拜的宝座，成了华夏族的共同祖先。

周代殷命后，对"黄帝"的精神信仰进入第二阶段。姬周发迹邠、歧，东进灭商，得姜尚为辅佐，许为婚娅，政治关系上亲密相济，胜似"黄""炎"。特别是建邑伊、雒以后，在控制中原形势上，又和"黄帝"移镇有熊（今河南新郑附近）仿佛一致。为了昭告"天命不易"，周族统治者在欢呼胜利声中，有意把"黄帝"这个共祖纳入庙祭，作为姬氏的首王，以最高宗主的化身到处投下权威的影子。所谓"黄帝以姬水成，炎帝以姜水成"，[①]显系周人比附高攀，人为地编造神胄之说；而炎帝的原有名号却从此日益暗淡下来，从人们心目中丧失了自己的影响。

引人注目的是：就在春秋战国之际，正当周天子地位摇摇欲坠的时刻，有人却在著作中大书一笔，倡言"炎帝有天下，以传黄帝"[②]，对历来公认为正统的"黄""炎"关系作了一百八十度的颠倒，使人一望而知，就在这句隐语的背后，正埋伏着一段历史的曲折，带来新的变革信息。也就从这时起，人们对"黄帝"的精神信仰，开始突破陈说常规，跨入新的第三阶段。

《史记正义》引《七略》说："《越绝书》十六卷，或云伍子胥撰。"今本系东汉人袁康润泽而成。书中"述畅子胥"，"温故知新，以论来今"，明明有所影射。所谓"炎帝有天下，以传黄帝"云云，它的真实投影一不在于正沦为"黄帝"衰宗弱裔的周天子，二不在于翊戴宗周正统的同姓诸侯国，而只可能在这个势力圈子以外的、号称炎帝后裔的姜齐之国；更确切点说，这个政治投影正落在田氏代齐的重大事故上。谓予不信，请看如下之事实。

田氏之先为陈国公族，远祧虞舜，为妫氏之后，本属于"黄帝"支裔。春秋初年，公子完（敬仲）避乱奔齐，受桓公礼待，位以工正。其后因缘时会，擢任正

---

① 《国语·晋语》。
② 《越绝书·计倪内经》。

卿，专断形势，到田常弑君夺权，已历八世。对于这个重大事故，《史记》在论述中表现了明显的倾向性，曾经援引卜者的预言，暗示“有妫之后，将育于姜，五世其昌，并于正卿，八世之后，莫之与京”①，表明田氏之代齐确有来历。从这条得力佐证上，看出《越绝书》所记“黄”受“炎”禅，正影喻着田齐对姜齐的嬗代，别的什么都说不通。

为了论证“盛德之后，必百世祀”，《史记》还反复指出：陈是黄帝之胄，颛顼之族，虞舜之嗣。依宗法原则看，田氏其实不是“代齐”，而是“代陈有国”。由于“物莫能两大”，所以“代陈”的时限，又必待至“陈衰”以后②。说来说去，无非表明田氏积德累业，名正言顺，“代齐”这一举，并非出于任何篡夺，而是对“黄帝”名号的重新扶正，在立场上完全站到田氏一边去了。

从同一时期的陈侯因脊敦铭文上，也可以窥见这一信息。经近人考证，陈侯因脊即齐侯因齐，亦即齐威王。作器者在“代齐”后第三代，仍然自称“陈侯”，不作“齐侯”或“田侯”，用意至为深刻。正是在这个地方，看到“黄帝”的名号一经扶正，就从“扬皇考昭统”的一般要求，转化为朝问诸侯，垂范子孙的强大号召力，所谓“高祖黄帝，佴(迩)嗣桓文”，就当时形势说，实际寓有重整王霸旗鼓，当作现实行动纲领的意图。作为田氏一家祖先崇拜的神圣偶像，“黄帝”这个人物从此被赋予新的权威，开始为封建统治者所信史化了。

历史表明：田齐统治者从威王起，就开始奋发图强，为创造新霸而作出积极的努力，呈现出活跃的局面。齐宣王当着孟轲的面，默认“辟土地、朝秦楚、莅中国而抚四夷”，是自己的“大欲”。③ 其实这个“大欲”早从威王父桓公时起，就已经有所露头，后来代代坚决奉行，一直下贯威、宣、湣三世。在将近百年间，山东的齐国连摧强魏，兼抑秦楚，慑服泗上诸侯，“自称为王以令天下”，甚至“欲以并周室，为天子”。④ 这种节节上升的扩张欲望，都是在高举“黄帝”旗帜之下进行的。

就宗教方面说，“黄帝”作为至上神而出现，本来也是西土范围的事。古籍中记“黄帝”的行迹，多在西北一带(如桥山、天水、崆峒、昆仑等)，而其栖息之

① 《陈杞世家》。
② 《陈杞世家》。
③ 《孟子·梁惠王》上。
④ 《史记·田敬仲完世家》。

所只是所谓昆仑之丘。如《庄子》称:"昆仑之墟,黄帝之所休。"①《山海经》记"黄帝"居于轩辕之丘,在昆仑之东;又"取峚山之玉荣(玉膏)而投之钟山之阳。"②峚山,一作密山,在昆仑之西。《穆天子传》也记:"吉日辛酉,天子升于昆仑之丘以观黄帝之宫",与《山海经》中将昆仑作为"帝之下都"相一致。仅凭这几条,就足以说明周人信仰中的"黄帝"本近于"皇天上帝",确切具有上帝神的品质。

随着周人势力的东进,"黄帝"的传说也流播中原各国,引起很大的反响。总的趋向是:传说中的"神化"部分,一时甚嚣尘上,光怪陆离,说来很"不雅驯",无裨于人心世道。要使其有继续存在的生命力,只有尽量冲淡、削弱以至扬弃其"神化"成分,从具体形象上加强其"人化"的塑造,才是唯一可行的办法。

有趣的是:正当田齐统治者励精图治,大开稷下讲筵,招徕四方游说之士,试图依靠群策群力来打开出路的时候,齐国的阴阳家就以捷足先登的姿态,在讲坛上独占一席,积极献身于现实统治的需要。他们俨然以主体的地位直接参加了《管子》的撰述活动,在主要政见上和法家思想息息相通,为官方改革主张大造舆论声势,几乎达到了水乳交融的地步。从现存《管子》中阴阳家的言论占了比较突出的地位,就清楚地说明了这一点。

早期的阴阳家在稷下的学术活动中,主要作出了两点贡献。其一,遵循原始朴素的五行说,继续在物质生产领域内积累经验,密切配合齐国统治者的重农政策思想,从系统的理论深化中,提出光辉的"水地中心说";其二,结合现实政治的紧迫需要,主动跳出"五行之官"观念的狭隘性,对正在广泛流行的"黄帝"传说进行了熔铸和改造,从"人化"的形象塑造中突出其独尊的地位,树立起以"黄帝"为中心的"五方帝说"。这个完整而新颖的观念形态在实际运用上已经越出宗教的范围,而更加倾向于现实的功利主义,使得"黄帝"的形象特别富于时代的活力,在人们的精神信仰中不得不引起相应的变化。

在这样的加工塑造下,"人化"了的"黄帝"形象是显得特别高大的。仅以《管子·五行》篇为例,就比较典型。作为早期阴阳家的代表作,这篇文章相当成功地把"黄帝"传说中许多"神化"的奇迹改编为"人化"的治迹,赋予以新的

---

① 《至乐》。
② 《西次三经》。

政治品质,一直提到理想中"人王"的高度。篇中记"黄帝"在立"五行""五声""五官"而外,"得六相而天地治"。其中的六相之首,受任为"当时",由战败者蚩尤承担,与职司"地利"的"大常"恰恰构成得力的两翼。所谓"黄帝泽参,治之至也",说明这个"人王"德泽深厚,足与天地相参,确保一切事物臻于治理,达到"神筮不筮,神龟不卜"的理想效果。

从《管子·幼官(玄宫)》篇中,看出被齐国阴阳家所"人化"了的"黄帝",并不像儒家宣扬尧、舜那样"垂衣裳而天下治"①,而是从更高的理想上进行了典型塑造,与老子的"无为"学说声息相通。篇名"幼官",系"玄宫"之讹,义同"明堂"。全篇主要精神在于倡议南面为人主,要按古代明堂遗规,善于掌握坐虚向实的"道",也就是说,在"立威""行德""制法仪""出号令"而外,对自己统治的对象还要注重"畜之以道"。这样的"道""和气循通",谙于慈勇,精于取予,晓于强弱,明于利害是非,能够做到"合内""周外","动而无不从,静而无不同"。而其要害之点又在于"处虚守静,任物则皇",把效法天地、因任自然作为至高无上的准则。正是在这个地方,经过阴阳家的巧妙安排,"黄帝"和"老子"同时走进"玄宫"而第一次握手了。

由上可见,到战国中期前后,在阴阳家的得力撮合之下,历史上存在过的两个偶像的"黄帝"业已浑然融为一体,成为新的团结、胜利和统一的象征,以压倒群伦的声势震撼着广大的人心。就在这个基础上,齐国的稷下学者们不失时机地从哲理的高度把"黄""老"结合这个命题投入系统的探讨,形成严密的逻辑理念,迸发而为"黄老之学"的灿烂新葩。

"黄"和"老"的结合事出有因,势在必然,其间的契机究竟何在? 衡量这样的问题还是离不开当时的历史实际。事实上,齐国当威宣之际,"谨修法令而督奸吏",对外连战皆捷,声势强大。到湣王继位,在一个时期内国势仍在上升,继续取得一些胜利。为要彻底实现自己的"大欲",田齐统治者既然醉心于"黄帝"的功业,"欲陶天下而以为一家"②,就不得不在稷下讲坛上,同时祭起老子的大旗,把"黄老之学"紧密联成一体,借以压下来自殊方异道的、特别是来自儒家尧舜之道的理论攻势。只有这样做,才符合于"抟(专)一纯固","独行而无敌","积小胜"以为"大胜"③的要求。

---

① 《周易·系辞》。
② 《管子·地数》。
③ 《管子·幼官》。

《尸子》记子贡问孔子:"古者黄帝四面,信乎?"孔子答道:"黄帝取合己者四人,使治四方,不计而耦,不约而成,此之谓四面。"尸子是楚国人,受道家思想影响,这里托孔子发言,指出所谓"不计而耦,不约而成",关键全在于"合己",与"黄老之学"貌似而神离,不能张冠李戴。只有道家思想"因阴阳之大顺,采儒墨之善,撮名法之要"①,才能以包摄一切的态势,与"黄帝"的政治号召声应气求,形成自己的独恃体系。其间结合的契机明明不在"合己",而在于"因人"。

"黄"和"老"的结合还在于从不同来源上,把"土德"和"地道"两股思潮引向自发的合流,形成浑然自在的思想核心。《说文解字》:"黄,土色也"。在"五方帝"说中,由于"黄帝"位居中央,外临"四面",按五行序列,当配"土德",也叫"地德"。它的特征主要在于"和平用均,中正无私"②,关系到生产的命脉,归结为"理国之道,地德为首"。③ 至于所谓"地道",参配天、人,发端于"三才说",同样由"五行"说孳乳而来,为原始道家学说所摄取。它的特征主要在于"自若以处,以度天下,待其来者而正之,因时之所宜而定之"④,要求做到静以制动,因物不失。这样酝酿发生中的"静因之道",渗透着老子"无为"学说的精神,经过阴阳家的巧妙牵连,就在齐国社会变革的土壤上,与"黄帝土德说"密切结合,产生了冠冕一时的新思潮。

耐人体味的是,作为讲道论德的最高原则,老子所标榜的"无为"学说,与"黄帝"自身所显现的"浑沌"性格也有一脉相承之处。在先秦论著中,有的直称"中央之帝为浑沌",所居为"浑沌之地"⑤;有的说天山出神鸟,"状如黄囊,浑敦无面目,实为帝江"。⑥ 据近人考证:"江""鸿"同声相假,帝江即帝鸿。《左传》文公十八年记:"帝鸿氏有不才子","谓之浑敦"。杜注径以"帝鸿"为"黄帝",给干宝"鸿黄世及"之说⑦提出了根据。不管怎么说,"鸿""黄"含义"混沌",分训相同,连用起来,义近于"洪荒",颇似天地初判时浑噩无知状态。这样地两相结合,唯其自觉地不求有知,才会自然而然地走向"无为"。

---

① 司马谈:《论六家要旨》。

② 《管子·四时》。

③ 《管子·问》。

④ 《国语·越语下》。

⑤ 《庄子·应帝王》。

⑥ 《山海经·西次三经》。

⑦ 《搜神记》。

要而言之,没有对"黄帝"偶像崇拜的二元化,就不可能从政治的、宗教的合一上,把它塑造成一个特大的权威;没有"黄"和"老"的结合,就不可能把历史的、现实的功利主义统一起来,发展而为"黄老刑名之学";没有齐国阴阳家的撮合牵连,就不可能有"黄"和"老"的结合;而归根到底,没有田氏代齐那样的政治背景,没有像稷下那样理想的学术环境,也就不可能有这一切的一切。历史公正地揭示:"黄老之学"的发生和发展,不仅是个事实的存在,而且是个完全合理的存在。

二、"黄老之学"的基本内涵

"黄老之学"是以"黄帝"为冠冕的老子学说的新发展,是齐国稷下学者们用以处理形、名关系的一门学问,是具有"齐学"特色的思想硕果。就事论事,所谓稷下学者,当即齐国官书——《管子》的集体撰述者,在主体地位上,代表着官方的法治改革派。

"黄老之学"的代表作是什么? 较有倾向的见解是:以《管子》四篇(《心术》上下、《内业》《白心》)中某些相似之点作为主导的线索,逐一打上"黄老"的印记,把它直接抽离出来,定为"宋(钘)尹(文)之学"的遗作。这种看法是值得商榷的。就成书体例说,《管子》各篇以宣扬法治为轴心,内部逻辑相当严密,环环相扣,状若连珠。"四篇"借道明术,匠心独运,在阐述新的法治理论上作出独到的贡献,构成全书不可分割的一部分。如视为宋尹遗著经剪裁而移植其中,就无异于把《管子》这部著作看成拾遗、辑佚的大混编,这当然是说不通的。

《汉书·艺文志》对《宋子》《尹文子》分别著录,篇目具在,足见从战国以来,私人著书立说,独传问世,已成风气。中经秦火,下及季汉之世,两书并没有散佚,何劳代为先辑? 同样地,《史记》中论列"黄老",自申不害、韩非而外,旁及田骈、慎到、接子、环渊等人,下至河上丈人、安期生之流,无不一一点了名,唯独未提宋、尹。如果不察问情由,径自加以附益,反客为主,岂不令人难以索解?

就撰述中心内容说,《庄子·天下篇》以宋钘、尹文为一家,倡言"见侮不辱,救民之斗;禁攻寝兵,救世之战。以此周行天下,上说下教",而自奉极其菲薄,只求"五升之饭",于愿已足。在思想基调,正是为了打通人我,调和道墨。荀子在自己评议中,对于《宋子》所倡"见侮不辱""情欲寡浅"云云,根本不以为然;却把墨翟、宋钘并为一家,平起平坐。可见论断宋、尹之学,单抓"黄老"意识的一面,完全抹去墨学的影响,是缺少说服力的。宋、尹要"白"的"心"和"黄老"要"白"的"心",本来就是不一样的。

《汉书·艺文志》把《宋子》十八篇列入小说家,又自注"孙卿道宋子,其言黄老意。"表面看来,似乎有些费解;实则《宋子》为便利说教,有必要博采"街谈巷语""闾里小知",力求创新格式,从近中取譬,以宣扬"救世"真理。这种热情洋溢的理想在现存《吕览》和《列子》中曾部分摘引,仍有蛛丝马迹可寻。不论怎样,宋子"聚人徒,立师学,成文典","儳然而好说"①,"其言'黄老'意",当系有所为而发,不等于说就是"黄老",更不好自封为"黄老之学"。

近人探研宋、尹遗著,先认为《管子》中《心术》上下、《内业》《白心》《枢言》五篇是其仅存部分。后又略去《枢言》,定为四篇。现在看来,不论"五篇"也好,"四篇"也好,都不存在有私人著作的凭据,而是《管子》这部官书中的蝉联篇章,表现为浑然无间的合一。作为讲道论术的理论菁华,它们所代表的也绝不是什么"道家之先驱"的思想,而是老子学说在新形势下派生的一翼,亦即"黄老之学"发生的源头所在。现在看来,要在《管子》中发掘这个源头,还必须打破原来划定的篇数限制,从更加广阔的思想阵地上,重新建立立论的依据。

"黄老之学"的基本内涵是什么?首先,它在道体观上相当鲜明地突破了老子的旧说,提出了关于"气化"的概念,把这一"确定的自然元素"看成宇宙万物的本原,从无限流变中显示不变的绝对,在我国哲学史上第一次把"道"论证为客观存在的物质实体。它还指出:"精也者,气之精者。"②试图用朴素的"精气一元说",揭示生命起源的奥秘,把古代流行的物质观念引向高一级的发展。这对老子本体论说来,无疑是一次唯物主义的改造。

从现实的统治需要出发,齐国稷下学者们把"黄老之学"的"精气说"引向一元化的绝对高度,从万象森陈的自然界,扩大运用到整个社会、政治伦理的活动领域中去,使万事万物最终都统摄于"道"。如一方面说:"礼出乎义,义出乎理,理因乎道";另方面又说:"事督乎法,法出乎权,权出乎道"③,反复强调"道"的绝对权威性。这个思想渊源说远一点,是《管子》法治理论的全面发扬;说近一点,则是"黄老之学"包举一切的精神体现,标示了十分显眼的地区

①《荀子·正论》。
②《管子·内业》。
③《管子·心术》上。

特色。

为了探求"君人南面之术",积极加强现实统治,齐国稷下学者们聚精会神地遵照"黄""老"结合的基本要求,把研究目标从"治地"转向"法地",提出了纲纪一切的"静因之道"。① 这就是说,"黄老之学"一开始形成,就着重突出了地道主静的品质,把原始道家思想中"节事者与地"的观点一直上升到原则的高度,成为讲道论术的基本出发点。它的思维方式恰恰与儒家宣扬天道主动的精神处于明显的对立。两相对照,在我国早期"三才学"的发生形态中,代表了各自为政的两股积极思潮,呈现出特异的光彩。

"黄老之学"认为,要掌握好"静因之道",先得在"静"字上大下功夫;而要落实到"静",就离不开"虚"和"壹"。什么叫作"虚"? 它来自道的"心术",或曰"内业"。这个"治心"的功夫要求全面实现"四无"("无求""无藏""无设""无虑"),从一切愿望、意见、设想以至思维活动中,排除掉产生尘垢的阴影,还原到水一般的纯净,镜一样的清明。② 只有这样,才说得上"治心"。"心"犹如"馆舍","敬除其舍,精将自来"③,"不洁则神不处"④,而"精""神"的聚合形态,就表现为"虚"。

什么叫作"壹"? 就是说学"道"要"专于意","壹于心","无以物乱官,无以官乱心"。只有做到这样,才算得上"执一之君子"⑤,懂得"内固之一可为长久"的大道理⑥;才有可能掌握修业于内的基本功,真正领悟到"道"的意蕴。

"黄老之学"认为:"天曰虚,地曰静"⑦,以"虚"配"静",两相呼应。这样的提法在很大程度上接近于《申子》。《申子》说过:"地道不作,是以常静。帝以是正方,举事为之,乃有恒常之道。"⑧在这里,"正"和"方"相当精致地概括了"地道"的特征,"静"是它的常态体现;所谓"不作",正是"无为"的同义语;这个"帝",也显然不是"神鬼神帝",而是"黄老"一家奉为独尊的"黄帝"。

在"黄老"的旗帜下,如何理解"静"是"地道"的本质表现呢? 这要从两方

---

① 《管子·心术》上。
② 《管子·心术》上。
③ 《管子·内业》。
④ 《管子·心术》上。
⑤ 《管子·心术》下。
⑥ 《管子·心术》上。
⑦ 《管子·心术》上。
⑧ 《北堂书钞》卷 157 引《申子》。

面进行分析。对内说来,这样的提法大大发展了《老子》"地得一以宁"的原旨,化在地之"宁"为在己之"正",从两者的内在统一上来把握"心术"的要领。《内业》篇指出:"敬慎无忒,日新其德。""形不正,德不来;中不静,心不治。"只有"人能安静者",才能够"一意抟(专)心","体乎大方","视乎大明"。对"有道之君"说来,"静"着意于内养,"正"着力于外行。做到了这样,血气一平和,皮肤随之宽舒,筋骨随之强韧,耳目随之聪明,手足随之整饬,爱欲随之平静,过乱随之端正,自然可以由近及远,"徧知天下,穷于四极"①。

对外说来,这样的提法接受了《老子》"人法地"的启示,兢兢致意于无限因任自然的理想,从"静"和"因"的外在联系上,正确处理主观世界和客观世界的矛盾,促动"心术"的扩大运用。什么叫作"因"? "黄老之学"认为,"因也者,非吾所顾,故无顾也";"舍己而以物为法也";"因其能者言所用也"。② 这就是说,一个"有道之君"必须在主谋上因势而动,处事上因物为法,任人上因能以使,时时处处不违反自然之理;而其唯一的出发点,在于坚决"舍己""别宥(囿)",彻底干净地去掉主观偏蔽的东西。这种"无为而制窍"的"心术",只有真正掌握了"虚壹而静"的本领,才能养之有素。

"黄老之学"还认为:人君南面而处天下,"其处也若无知,其应物也若偶之。"③这就进一步表明:"静"的要领在"因","因"的效验又在"应",要求遇事忠于原物,有如"影之象形,响之应声。"所谓"执其名务(侔)其所以成。"④其唯一诀窍在于"时适",顺应"非吾所设"之势,根据一定的"名"以求得相应的"实"。这就叫"循名责实"。有了这个"因应之术",就给名、实关系的矛盾带来正确解决的途径,为在政治实践上讲求"刑名之术"提供了先决的条件。

"形名之术"是在"黄老"旗帜下道、术结合的产物。它的产生标志着长时期以来的名实争议开始进入新的阶段。《庄子·天道》篇引《故书》说:"有刑(形)有名,刑(形)名者古人有之。"这里提到的"刑(形)名"究竟有多"古"? 就现存资料看,是没有比《管子·心术》篇还"古"的。由于名实相怨已久,争议不决,齐国稷下学者们创造性地运用了"形名"这个词,从"形"和"名"的对举上来净化"物"的观念,取代"名"和"实"的对立。这个唯物主义倾向是相当明显的。

---

① 《管子·内业》。
② 《管子·心术》上。
③ 《管子·心术》上。
④ 《管子·心术》上。

《管子》指出:"物固有形,形固有名,此言名不得过实,实不得延名。姑(诂)形以形,以形务(侔)名"。① 这里,必须注意的是:"黄老之学"强调名实两不相伤,要求绝对的一致,确切做到"不过""不延"。唯其如此,才会进一步考虑到:凡事要直截了当地就"形"言"形",因"形"得"名",或以"形"务"名",不必在"实"上绕弯子。照这样做,表面上只认有物的"形",不认有物的"实",实际还是以"形"保"实",防止乱"实"伤"名"。这对当时从不同方向搞乱名、实的人,正是一个有力的针砭。

在"黄老"的旗帜下,究竟如何以"因应"之术来处理"形、名"关系呢?《管子》指出:"以其形而为之名,此因之术也";"执其名务其所以成,此应之道也。"这无非是说,不论因"形"得"名"也好,以"形"务"名"也好,都必须保证"无损无益","不过""不延","舍己而以物为法"。因为"凡物载名而来",只有"静身以待之","因而裁之",一切纯任自然,这样的"裁物",才能"不为物使";这样的"正名",实际是"使名自正",符合"静因之道"②的要求。

从"督言正名"出发,《管子》进一步指出"名当谓之圣人"。③ "名正法备,则圣人无事"。④ 从基本内涵上也把"名"和"法"联系起来,要求突破"道术结合"的常规,进而转向"道法结合"。就当时实际情况说,齐国的改革措施是围绕着"谨修法令而督奸吏"⑤这条轴心进行的,其着力之点在于通过"循名责实"的要求,积极整饬吏治以促进"法治"。《管子》以《枢言》为题,开始接触到"道法结合"的问题,却不可能在一举步之间,就从理论上系统深化,从实践上作出经验总结。从"道术结合"到"道法结合",其间存在着一段渐进的过程,这是由客观的历史形势所决定的。

在《管子》五篇,特别是《心术》上下篇中,经常用"地道"体现的"静"来譬喻"可以为天下王"的"德",以为"人主者,立于阴,阴者静","静则自得","动则失位",归结为"无为之道,因也";"不言之言,应也"。在探讨"刑(形)名之术"时,特别强调"督言正名,谓之圣人",而所谓"圣人",也不过是"王者"的化身。这个"内圣外王之道",即便还在萌芽形态中,已足够说明:田齐统治者和稷下学

---

① 《管子·心术》上。
② 以上分见《管子·心术》上、下和《管子·白心》。
③ 《管子·心术》上。
④ 《管子·白心》。
⑤ 《史记·田敬仲完世家》。

者们在一起运筹决策时,已经毫不犹疑地高举"黄老"的旗帜,走上从"道术结合"转向"道法结合"的道路,亦即法治改革的缓进道路。篇中既已确认"法出乎权,权出乎道",又不得不兼认"法出乎礼,礼出乎俗",①就是这种观念形态的反映。

在"黄老"的旗帜下,"道"被精气化了,形成主宰一切的最高范畴;"德""化育万物",是"道"的传送站。在此以下,诸如人伦准则的"义",等级名分的"礼","杀僇禁诛"的"法",以及所有规范性的事物,无不贯穿着"道"的精神。它们之间互相依存,互为表里,同是出于"不得不然"。而归根到底,一个国家的施政方针,终究不得不立足于"法治"。所谓"事督乎法,法出乎权,权出乎道"②,不但突出了实行"法治"的必要性,而且在体"道"过程中理解到"权"的中介作用,透露出"道法结合"的真正信息。

"黄老刑名之学"是新兴地主阶级尊重理论、面向现实的精神在名、实关系上的反映。这股积极思潮既渊源于《老子》,又阐发和改造了《老子》。它一经形成体系,就得到了顺利的传播,在一些国家开花结实。申不害的术治就是一个较好的典型。人们历来认为:申不害相韩昭侯,十五年间大见起色,是变法改革的先驱,应与公孙鞅(商鞅)相提并论,这是一种误解。《韩非子》在《定法》篇中早就指出:申不害"虽用术于上,法不勤饰(饬)于下",结果搞得"故新相反,前后相悖",在客观上恰恰乱了"法治"。由此引申,《申子》的思想主流显然不属于三晋法家一路,而是稷下"黄老"一路。这条来自"齐学"的脉络是灼然可见的。

《申子》之学是濒于沉沦的绝响。现存的《大体》篇仅录五百二十五字,另有《君臣》《三符》两目,全文早佚。所幸在部分古籍(子书、类书、史注)中,还间见一些引文,在思想基调上宛然一致,可与《大体》篇相印证。这就表明,《史记》中论定"申子之学本于黄老而主刑名",一点也没有失实之处。

在"黄老"重大影响下,申子一贯认为,善为人主者,必须懂得效法"地道"。"地道不作,是以常静"③,"动者摇,静者安"。④ 怎样做到"静"? 关键又在于

---

① 《枢言》。
② 《管子·心术》上。
③ 《北堂书钞》卷 157 引《申子》。
④ 《大体》。

"因"。在申子看来,"十言十当,百为百当",乃"人臣之事"①,绝对不是"君术"。"因者,君术也","因则静矣"。② "凡因之道,身与公无事"③,"静以待时,时至而应"④,说来说去,仍然离不了"静"。

以"静因之道"为指针,《申子》在对待名、实关系上,也完全师法"黄老",亦步亦趋。在《大体》篇中,一上来就以"一妇擅夫"为喻,点明"一臣擅君"的危害,认为善为人主者,只有在群臣"并进辐凑"的前提下,才能够"操契以责其名",取得"名自正也,事自定也"的效验。⑤《申子》认为"名者,天地之纲,圣人之符","名正则天下治"。对待一切臣下,必须"以其名听之,以其名视之,以其名命之"⑥,杜绝"窾言无成"⑦,才有可能像镜清、衡平那样,达到"无为而美恶自备","轻重自得"⑧,实现"道术结合"的理想要求。

《史记》强调指出"申子卑卑,施之于名实。"⑨何谓"卑卑"? 按刘向的说法,就是"尊君卑臣,崇上抑下。"⑩如何"施之于名实"? 也就是"循名而责实"的"术治"手段。《韩非子》指明,"术"为"人主之所执","藏之于胸中以偶众端而御群臣","故法莫如显,而术不欲见"。⑪ 可见《申子》讲的"刑名之术",还是为了无限发扬神圣的君权,树立新的统治尊严,借以积极加强行政效能,为全面推行法治创造必要的条件。当然不能说他有了"术治",就摒弃了"法治"。

为了达到这个改革要求,申子在政治实践中反复揣摩了"黄老"的"心术",公开地倡议"君"与"臣"的关系有如"身"之使"手","响"之应"号"。"君设其本,臣操其末;君治其要,臣行其详;君操其柄,臣事其常。"一个"善为主者"必须善于体"道"察"情",从严格的"心术"修养中完成自己的理想品格,才能真正做到"倚于愚,立于不盈,设于不敢,藏于无事,窜端匿疏,示天下无为"。⑫

---

① 《大体》。
② 《吕氏春秋·任数》引《申子》。
③ 《大体》。
④ 《吕氏春秋·任数》引《申子》。
⑤ 《大体》。
⑥ 《大体》。
⑦ 《史记·太史公自序》注引《申子》。
⑧ 《大体》。
⑨ 《老子韩非列传》。
⑩ 《史记·张叔列传》注引《别录》。
⑪ 分见《定法》《难三》。
⑫ 《大体》。

《史记》记"申不害相韩，修术行道，诸侯不来侵伐"[①]，"终申子之身，国治兵强"[②]，正式把"术"和"道"联系起来。《韩非子》阐论人君之"术"，也不止一次地借重《申子》，引用了他的原话，足见"申不害劝韩昭侯用术"，在一个时期内取"信于万人之上"[③]，不论在理论上、实践上，是收到较好效验，起过积极影响的。其实，他在大行"术治"的同时，也曾赞扬过"黄帝置法而不变，使民安乐其法"，主张"圣君任法而不任治，任数而不任说"[④]。只是在当时，"术治"的经验正在新创，"法治"改革还不具有足够的条件，所以他在改革实践中就难免于畸轻畸重，顾此失彼。这生动地反映了奴隶制向封建制过渡中，韩国所处的历史环境，基本上与齐国相似，所以稷下"黄老之学"也在它那里最早生根立足。

"术治"和"法治"是新兴地主阶级加强封建专制主义的两轮，二者有先有后，相辅而行，而其实际功能的发挥，又必须以道家学说中某些积极因素作为必要的依据。这股思潮自春秋后期开始发生，带有鲜明的"齐学"色彩，特别适应于历史的过渡性；到战国中期前后，就在阴阳家和道家思想强烈影响之下，在"道"的自然陶铸之下，逐步完成自己理论的改造，形成"黄老之学"独立的思想体系。在往后两个多世纪中，它的旗帜一直没有倒。这雄辩地说明，《老子》的社会政治观从来不是避世主义的，道家所标榜的"无为"哲学一开始就是面向政治现实的。

三、"黄老之学"的衍变

《史记》记早期"黄老"的代表人物，除申不害而外，有田骈、慎到、环渊、接子等人，因资料散佚，不能详考。环渊整理老子道德学说，成《上下篇》，功绩是不小的，但自著《蜎子》十三篇和《接子》二篇一样，至今已只字不存。《庄子》曾提到"接子之或使"[⑤]，可能与《管子》中的"或者"[⑥]信息相通，但语义剥落，难以看出究竟。所幸田骈的思想学说在各家论述中，还残存着一些痕迹，可以窥见"黄老之学"发展的势头。

---

① 《韩世家》。
② 《老子韩非列传》。
③ 《战国策·韩策》。
④ 《艺文类聚》卷 54、《太平御览》卷 638 引《申子》。
⑤ 《则阳》。
⑥ 《白心》。

《汉书·艺文志》著录《田子》二十五篇,与《蜎子》《接子》同列道家。班固自注:田子,"骈,齐人,游稷下,号'天口骈'。"刘歆在《七略》中,也称"田骈不能穷其口"。可想而知,当年他在"争鸣"中确实是雄辩一时的。这种辩才正在于他从"彭蒙之师"那里学到了"莫之是、莫之非"的道术①,从"等齐万物"的观点出发,承认"贵均""贵分"的天然合理性,给自己在开展辩论过程中提供了特有的方便。

《庄子·天下》篇把彭蒙、田骈、慎到列为一家,作了精致的评述,使人意识到他们既由"黄老之学"渊源而来,又在发展中蕴藏着新的动向。从渊源上看,这派学说要求彻底"弃知去己",达到几乎"寂灭"的境界,叫作"块不失道"。这里讲的"块",就是"大块",或"大地",在品质表现上;有似"道"的木然无知。和《申子》讲的"地道"一样,只有从"黄老之学"那里,才可能找到共同的娘家。

就发展动向上看,这派学说从"齐万物"的基调出发,主张在"不得已"的情况下,必须给以"椎、拍、輐、断",极尽"与物宛转"的能事,最终实现"冷汰于物",复归于齐一。② 像这样的"齐一",只是反自然主义的齐一;这样的"不得已",和所谓"不得不然"一样,也只能是"黄老"一家的术语。

《史记》记慎子有《十二论》,《汉志》著录为四十二篇,列入法家,到宋代后大部亡佚,仅残存以下五篇:《威德》《因循》《民杂》《德立》《君人》。清严可均等又从《群书治要》辑出《知忠》《君臣》二篇,合为七篇,大体是可信的。表面看来,《慎子》中讲"术治"的地方,的确是少了一些,但在思想实际上仍然忘不了"术治",离不开"道"的控驭,跳不出"黄老之学"的圈子。

在"黄老"的旗帜下,慎到的思想主流究竟如何从"道术结合"转向"道法结合"呢? 这个转化的契机可能由于他在现实环境中,遇见象申不害那样失败的例子,感到真正要治理好国家,还得密切注意到更为根本的问题,即如何扩大运用"黄老之学"来处理好君民关系的问题。这就是说,要坐稳自己的天下,确保人主的"自然之势",就得在实行"道术结合"的同时,很好地考虑和解决"道法结合"的问题。

从"黄老""静因之道"出发,慎到着重提出:"因也者,因人之情也。人情莫不自为也,化而使之为我,则莫可得而用矣。"③这明明是说,一个"有道之主"

---

① 《庄子·天下》。

② 《庄子·天下》。

③ 《慎子·因循》。

既要懂得"因人之情",尊重个人的私有利益;又要善于潜移默化,顺应客观的自然趋势,把无数"小我"的利益溶解于"大我"之中,导入全面合"法"的正轨。这样把"因"和"化"的作用有机联系起来,就给"道"和"法"的结合打开方便之门,把"黄老之学"的基本原理——"静因之道"引向进一步深化。

慎到认为,在新的矛盾形势下,要使人人"行德制中",循规蹈矩,由此以"去私心","立公义",是绝对办不到的。如何才叫"立公"? 慎到说得好:"立天子以为天下,非立天下以为天子也;立国君以为国,非立国以为君也;立官长以为官,非立官以为长也。"① 一切服从于"法"的"公义"。"义"之所在,即"法"之所据,亦即"道"之所归。只要善于"以道变法",以"义"立"公",使人人各得其所私,从"大我"中同时成全其"小我","因""化"的妙用尽于此矣。

在慎到看来,为了坚持"立公义"的原则,就必须提高人们的政治自觉,把"定法"的要求落实到"明分"的起点上。什么叫作"分"? 就是按不同阶级、等级的社会分际,划定财产和权力的界限。所谓"明分",也就是在新的统一原则下,全面安排各色人等的特有地位和权利,在"从上"与"从俗"之间力求打开一道通气的闸门,做到"法之所加,各以其分"。②

与此同时,慎到大声疾呼地号召人们彻底"弃知去己",尽可能地捺下性子,象"槁木死灰"那样服从命运的安排。他一厢情愿地试图依靠这种强制的精神力量,使人们从传统心理习惯中清醒过来,不断消除掉可能有的心理隔阂,共同承认现存秩序的合理性,复归于自然齐一之理。正是在这个地方,看出其"以道变法"的要害所在。

为了强调"法"的尊严及其权威性,慎到公开宣称:"治国无其法则乱,守法而不变则衰,有法而行私谓之不法"。③ "法虽不善,犹愈于无法,所以一人心也。"④ 由此出发,他进一步主张:"为人君者不多听,据法倚数以观得失",坚决做到"无法之言不听于耳,无法之劳不图于功,无劳之亲不任于官。官不私亲,法不遗爱,上下无事,唯法所在"。⑤ 这在阐扬法学理论的努力上,确已留下一道醒目的印记。

---

① 《慎子·威德》。
② 《慎子·君人》。
③ 《慎子》佚文。
④ 《慎子·威德》。
⑤ 《慎子·君臣》。

由上可见,正当"黄老之学"大行的时候,在慎到的指导思想中,"道法结合"的观念确已占了上风。这个"事断于法"的高度原则性,不但通行于"以死守法""以力役法"的广大臣民之间,也同样适用于"以道变法"的"君长"本身。① 这透露出早期的"立法"精神正是在"一人心"的幌子下形成和流行起来的,其立论的基点是和从彭蒙之师那里传下来的"贵齐""贵均"思想分不开的。

为了切实保证"令行禁止",显示"法"的无上尊严,慎到还认为:人主在任何情况下,不能离开自己特有的位势(包括威势、权势)。这在《韩非子》论著中,就是所谓"自然之势"。他振振有词地说:"飞龙""腾蛇"尚且"乘云""游雾",人主万万不能"失其所乘"。"尧为匹夫,不能治三人;而桀为天子,能乱天下。吾以此知势位之足恃,而贤智之不足慕也。"② 言下之意,只有凭借这个"自然之势",才有条件推行"术治"和"法治",放手让臣下效劳,民众出力,顺利地陈功藏事。这样地提出问题,就在"法势结合"的背后,隐伏着封建专制主义的危机,给一些"暴君污吏"制造了借口。

在"黄老之学"的阵营里,继慎到之后接力而起的,是杰出的进步思想家荀况。作为儒学正统的"异端",他在齐国居留较久,活动较多,曾三主稷下讲坛,"最为老师",在这期间,以《管子》为代表的"齐学",特别是流行中的"黄老"思潮深深打动了他,给他持续的影响。像对待各家各派特长一样,他汲取"黄老之学"的部分菁华,利用这个外铄的影响,对儒学进行积极的改造,以理论建设的综合成就,在"道术结合"和"道法结合"两方面,都留下了自己的迹记。

由于荀况的活动年代已进入战国晚期,处于全国大统一的前夜,强大的历史潮流促使他的立场和世界观不断发生变化,开始站到新兴地主阶级一边;但又为现实环境所迫,不得不把全部精力投向学术的探讨和总结工作,从纯理性的要求上作出自己新的抉择,给"黄老之学"的发展带来了新的曲折。

就"道术结合"而言,荀子所讲求的"心术""心容"及其"虚壹而静"的特性,无疑是沿用了"黄老"的术语,但内容却不尽一致。如荀子从认识论出发,对"黄老"所谓"虚",解为"不以所已藏害所将受";对所谓"壹",解为"不以夫一害此一";对所谓"静",解为"不以梦剧乱知"。③ 不论哪一条,都和原义有了出入。在这里,荀子要求人们能动地发挥律己的作用,时刻保持清醒状态,把认

---

① 《慎子》佚文。

② 《韩非子·难势》。

③ 《荀子·解蔽》。

识一切客观事物放在正确的心理基础之上。这样的"心术"实际已从养"心之容"转向治"心之官",不惬于"黄老"的原旨。

从"正名"上看,荀子首先对"名"的构成问题提出了异议,他公开倡议:必须把"正名"的职责交还给社会公众,在"约定俗成"的共同基础上,重新摆正名实关系,达到"制名以指实"①的要求。在这里,他揣摩了"黄老""静因之道",坚决防止主观上"蔽于一曲"("圣人"也是"一曲"),兢兢致意于"当时而动,物至而应",最终实现"心合于道"。② 至于如何运用"道术结合"的原则,正确解决"循名而责实"的问题,反而态度比较冷淡,不轻易发表意见。

就"道法结合"而言,荀子从"群分说"出发,认为"治之要在于知道"。③"道者,何也?君之所道也。君者,何也?曰能群也。"④能群才能养活人,安排人,奖饰人,治理人,使广大臣民习于因循自然,无不"宿道乡方而务"。⑤ 这就一上来把"道"看作"治之经理",而"心"又是"道之工宰"⑥,与"黄老"所讲"气化"之"道"在精神上有了差距。

在荀子论著中,有时"道""法"连称并举,把它们之间的结合看成是"无待而然"的。他强调指出:"道之与法也者,国家之本作也。""无道法则人不至,无君子则道不举。""君子也者,道法之总要也。"⑦就在政治实践中仍是沿着"心知道然后可道、可道然后能守道以禁非道"⑧这条路子,真正用礼"化"不了,才用得上法禁。唯其如此,所以他才极其兴奋地指出:"至道大形,隆礼至法则国有常。"⑨

为了切实做到"壹于道法"⑩,荀子还把这样的要求直接寄托在人们的"修己"功夫上,认为只要严格做到"公义明而私事息","则臣下百吏至于庶人莫不修己而后敢安止,诚能而后敢受职,百姓易俗,小人变心"。只有这样地达到"政教之极",身为天子的才有可能"不视而见,不听而聪,不虑而知,不动而功,

---

① 《荀子·正名》。
② 《荀子·解蔽》。
③ 《荀子·解蔽》。
④ 《荀子·君道》。
⑤ 《荀子·王霸》。
⑥ 《荀子·正名》。
⑦ 《荀子·致士》。
⑧ 《荀子·解蔽》。
⑨ 《荀子·君道》。
⑩ 《荀子·正名》。

块然独坐，而天下从之如一体，如四胑(肢)之从心”[①]，真正实现“无为而治”。

作为综合评议各家学说的一代儒师，荀子治学的着力之点，并不在于从“黄老之学”那里直接接受了什么；而是在这股积极思潮长时期影响之下，如何进一步扬长弃短，借助“他山之石”以加强儒学改造的问题。即使他经过细致的揣摩，在“道术结合”和“道法结合”的抽象命题上，曾经做过不少文章，却跟封建国家的现实统治需要对不上口径，受不到真正的重视。这从他的大门徒韩非那里如何绕开老师这个弯子，转而直截了当地借重“黄老之学”，就清楚地说明了这一点。

就思想主流说，韩非的法治学说紧步李悝、商鞅后尘而来，走的是三晋法家一路；但是，当他把这个思想体系提到哲理的高度，全面而深入地进行学术考察的时候，就不再囿于这个狭小的天地了。韩非深切地感到：长时期以来，“商、管之法”分途发展，流行日广，早已家喻户晓；却从来没有人给以综合条贯，使它成为完整的法学体系。当着理论斗争日益严重的时刻，如何从“齐学”、特别是“黄老之学”当中吸取丰富营养，把法家思想学说的整体建设工作尽快地提到日程上来，实在是义不容辞的了。

作为法家思想的集大成者，韩非的难能之处首先在于他从“黄老之学”那里，积极而主动地接过“道”的旗帜，承认“道”对于“法”“术”“势”的统摄作用，并在具体运用中进行适当的改造，赋予以新的时代活力。他精辟地指出：“道者，万物之所然也，万理之所稽也。”[②]开门见山地替“道”立说，肯定了“道”是存在于“物”中的“必然”，而“理”又是“必然”的表现。由于“道”体精微，“与天地之剖判也俱生”，所以不可能“先天地生”；由于“道”行“无双”，在象数上表现为“一”[③]，所以说“道”即是“一”，不可能“生一”。这种对于“道”的唯物主义解释，已经把“黄老之学”对《老子》的改造着实深化了一步，端正了自己立论的出发点。

就“道术结合”而言，韩非神往于“黄老刑名”的妙用，把它看作发扬绝对君权的必要手段。他毫不含糊地提出：“用一之道，以名为首，名正物定，名倚物徙。”[④]只要坚决“去智与巧”，“执一以静”，对臣下“因而任之”，“使名自命，令

---

① 《荀子·君道》。
② 《韩非子·解老》。
③ 《韩非子·扬权》。
④ 《韩非子·扬权》。

事自定",就可以"操符""执契"而治,达到"刑名参同,上下和调"的效果。只有这样,才能够真正因任自然,积极创造新的集权条件,实现"圣人执要,四方来效"的最高理想。①

韩非把驾驭臣下的"术"视为随机应变、可以"偶万端"②的常备武器。他意味深长地指出:在遥远的"黄帝"时代,君臣之间的矛盾就非常尖锐,出现过"上下一日百战"的紧张气候。但即使如此,只要掌握"度量"这个"宝",不轻易以"权"假人,而用强大的"法"作为后盾,问题是可以得到解决的。他正告人主们:"主上不神,下必有因",让奸人钻空子。如果奸人一多,虎狗横行,想用"术"也不会灵,那就只有当机立断,坚决绳之以刑法。"主施其治,大虎将怯;主施其刑,大虎自宁"③,要发扬绝对君权,只有依靠"法""术"兼施,才可以万无一失。

就"道法结合"而言,韩非主要的诀窍在于把"道"看作"理"的化身,"法"的自然规律体现。什么叫作"理"? 他斩截地答道:"理者,物之成文者也。"④这使人不禁联想到:既然"道"是"理之者也"⑤,就不能不包括着"法"。这在实际上是把"法"的"成文"形式直接看作"理"的组成部分,从而肯定了"道"与"法"的自然合一。在韩非的论著中,经常将"道理""道法"并为一词,反复赞扬"道法万全"⑥的绝对性,吹嘘"缘道理以从事者,无不能成"⑦,集中到一点,无非试图借重"黄老"的"道",把现实政治中一切人为强制之"法",美化为自然生成之"理",替封建专制主义大打掩护,其用心是昭然若揭的。

韩非庄重地认为:"先王以道为常,以法为本,本治者名尊,本乱者名绝。"⑧把"道"和"法"的内在联系从哲理高度规定下来,使得"道法结合"的要求进一步神秘化了。他娓娓动听地把一切关乎"治道"的事物统统说成因乎"天道",力图从"法"的"大本"上掌握"道"的"大体",兢兢致意于塑造一个"大人"的理想模型。它的特征是:把"望天地,观江海"的雄伟气魄,纳入"守成理,

---

①　《韩非子·扬权》。
②　《韩非子·难三》。
③　《韩非子·扬权》。
④　《韩非子·解老》。
⑤　《韩非子·解老》。
⑥　《韩非子·饰邪》。
⑦　《韩非子·解老》。
⑧　《韩非子·饰邪》。

因自然"这条准则上,"澹然闲静"地"视规矩,举绳墨",做到事事"不伤情理",呈现"寄治乱于法术"的圆满效果。这种高度体现自然的"法",有如朝露那样"纯朴不散",足使受之者"心无结怨,口无烦言",把君、民关系浑然融为一体,导入"上下交朴,以道为舍"的境界,实现"因道全法"①的最高愿望。

毫无疑问,韩非这样的构思和设计只是一座空中楼阁,丝毫不具有实践的基础,和"黄老之学"的实际精神存在着一定的距离。不过,就其目的论来说,这样地提出"道法结合"的要求,也不过是乞灵于独一"无双"的"道",来极力宣扬"察君"之"独分"②和所谓"独道之容"③,以论证"君权道授"的合法性,如是而已。

引人注目的是:正当荀况、韩非师徒们对"黄老之学"进行学术和理论探讨的时候,由于阴阳家学说的泛滥流行,就在齐国的稷下阵地上,并发了新的方士神仙说,给"黄老之学"带来新的感染,出现了另一曲折。这个材料根据主要来自《史记·乐毅传》。过去,有人读到这段史料,把它误认为"黄老"思潮发生的源头。这里有必要依据客观事实,把这个误会澄清一下。

《史记·乐毅传》后记:"乐臣公学黄帝、老子,其本师号曰河上丈人,不知其所出。河上丈人教安期生,安期生教毛翕公,毛翕公教乐瑕公,乐瑕公教乐臣公,乐臣公教盖公",录下了"黄老"这段分支关系。据说河上丈人"隐身修道,老而不亏"④,这个"道家之宗"虽不知所自出,修的当是"黄老"派生之道。他的门徒安期生,本是齐人,以方术闻名。秦始皇东巡时,曾见到过他。楚汉相持中,他与蒯通交好,"尝干项羽,羽不能用其策。"⑤其后隔了几代,在汉统一前夕,才有赵人乐臣公看到"赵且为秦所灭,亡之齐高密。"⑥乐臣公的下一代盖公,主要教授活动也不出高密、胶西一带,后"为曹相国师。"⑦这些都表明:在整个战国的动荡年代里,只有齐国那样的政治、学术环境,才是"黄老"思潮理想的活动领域。不论在追源或探流上,都可以找到比较确切的信息。

然而说到底,真正把"黄老之学"从"道术结合"和"道法结合"上贯通起来,

---

① 以上同见《韩非子·大体》。
② 《韩非子·制分》。
③ 《韩非子·扬权》。
④ 皇甫谧:《高士传》。
⑤ 《汉书·蒯通书》。
⑥ 《史记·乐毅传》。
⑦ 《史记·乐毅传》。

在现实政治上加以实践,并且经得起检验的,既不在于韩非个人著书立说的年代,也不在于试图大用韩非学说的秦始皇统治时期,而在汉初君臣接受秦亡教训,决心与民"休养生息"的文景之世。这条思想线索正是从曹相国、盖公那里接下来的。在将近七十年间,由于封建统治者的崇奉不懈,"黄老之学"一直以官学之尊居于支配的地位,在理论的号召力上逐渐取代了《老子》,在实际运用的深度、广度上超过了《管子》这个"齐学"权威所投下的影响。今天还有物证可寻,标明它在发展中业已进入成熟阶段。

一九七三年长沙马王堆汉墓出土帛书中,在《老子》甲、乙本前,放置有古佚书四卷,墨写朱丝,折叠三十多层,经整理后,被目为《黄帝四经》(包括《经法》《十大经》《道原》《称》)。全卷自始至终地高举"黄帝"的旗帜,阐述《老子》"无为"哲学的自然之理,使人们一望而知:这份珍贵的原始资料,铸"黄老"、阴阳于一炉,结合客观形势的需要,进行理论与实践的崭新建设。在很大程度上反映出"文景之治"的政策动态。它的思想脉络从属于"齐学"《管子》一路,是没有多大疑问的。

在帛书《黄帝四经》中,论到"道"的生成时说:"有恒之初,恒同太虚,虚同为一,恒一而止",第一次把"道"的"气化"、混沌状态命名为"太虚"。其基本特性是:"天弗能覆,地弗能载,小以成小,大以成大,盈四海之内,又包其外",而"一者其号也"。[1] 这个提法要求人们"知虚之实","通天地之精",认为"道"的本体是实的,精微的,物质性的,普遍存在的,表现为"无间"和"不盈"的统一,把稷下"黄老"的"气一元说"引向新的高度,开创了汉代唯物主义道体观的先声。

"虚"的观念有了发展,"一"跟着起了变化。在稷下"黄老"那里,"一"是"道"的属性;韩非解"老",说"一"就是"道",开始把它实体化;"帛书"上又说"一"是"道"的代号,成了第二性实体。这个连续的发展形态,从当时对于"一"的扩大运用,也可以得到启示。"帛书"上说:"一者,道其本也"。"一之解,察于天地;一之理,施于四海","握一以知多。"[2]"抱通执度;天下可一"。[3] 到了这个地方,就把"道法万全"这个主观愿望和盘托出了。

韩非论"道"的"大体",曾说"心不地则物不毕载"。为何说"心不地"? 要

① 《道原》。

② 以上俱见《十大经》。

③ 《道原》。

很好地理解它,用得上"黄老"两句古话:"唯地能包万物以为一,其事不失";①
"地道不作,是以常静"。② 综贯起来说,就叫"宁一"。"帛书"上指出:"静作得
时,天地与之","时静不静,国将不定"。"能一"就"能止",要善于"不动"声色,
任令"来自至,去自往",做到"惠生正,正生静;静则平,平则宁。"③归根到底,
还是回到"上虚下静"④,养民以"惠"。这种渊源于"黄老"的"无为而治"思想,
与汉初一贯奉行"载其清静、民以宁一"⑤的政策精神,可说是完全合拍的。

就"道术结合"而言,"帛书"着重指出:"君臣当位谓之静,贤不肖当位谓之
正。"⑥"欲知得失,请必审名察形",强调"有物将来,其形先之,建以其形,名以
其名"。⑦ 联系到现实政治,就特别注重以"形"检"名",以为"名正则治,名奇
(倚)则乱"。引人入胜的是:"帛书"上大讲"形名",有时不提"循名责实",而改
称"循名究理",反映着人们在认识上已不停留于事物的表象,还要看它是否真
有道理,即是否合于事物的真际。这个发展趋势下开后代名理论的先河,在考
察"道术结合"的关系上,显示出自己的时代特色。

就"道法结合"而言,"帛书"的独到之处,在于有意识地抬高"道"对于"法"
的统驭作用,甚至干脆抛出"道生法"的命题。⑧ 这充分表明了汉初君臣为要
医治战争创伤而迫切要求实行"无为而治"的心理动向。"帛书"反复强调:"是
非有分,以法断之;虚静谨听,以法为符。"即使是君主本人,也必须注意到"生
法而弗敢犯也,法立而莫敢废也。"⑨更为重要的是:实行"法治"的中心要求,
必须严格服从于恢复和发展生产的目的,念念不忘"民之本在地,地之本在
宜",坚决反对一切"变恒过度"或"过极失当"的措施,防止"阳窃"(人力浪费)、
"阴窃"(地力浪费)现象的发生。⑩ 这就表明:汉初实行的"黄老之学",在指导
原则上要求最大限度地制止和杜绝一切不利于发展生产的消极因素,回到恭
恭敬敬地师法"地道"的立场上来。而所谓"地道"(或"地之德""地之度"),用

---

① 《国语·越语》下。
② 《申子》佚文。
③ 以上分见《十大经》《经法》。
④ 《道原》。
⑤ 《史记·吕后本纪》。
⑥ 《经法》。
⑦ 《称》。
⑧ 《经法》。
⑨ 《经法》。
⑩ 《经法》。

"帛书"的原话说，就是"安徐正静，柔节先定，善予不争"，即使叫作"雌之节"①，亦无不可。

纵观"黄老"帛书，在主流思想上远绍稷下、近接河上丈人而来，以官学的支配形态居于封建国家的决策地位，在经济、政治（包括军事）、文化以至社会风习各方面，投下广泛而深远的影响。经过半个世纪以上的持续努力，终于把"汉承秦制"这个必然趋势导入历史发展的正轨，为《老子》"无为"哲学的积极运用树立了第一块比较成功的样板。这个糅合阴阳学说而自成体系的一家之言，在政治素质、思想结构以至词语格式上，都呈现了特异的光彩，有待于今后继续探讨。即便它在思想内容上，曾经受到阴阳家以至方士神仙说较大的影响，羼进一些不健康、不科学的成分，连黄帝的形象都给方术化了，也丝毫无损于其本质的光辉。作为道家的左翼一支，它在理论和实践上对于法家学说所引起的互相渗透、互相改造的作用是不容低估的。司马迁在《史记》中所论"黄老道德之术"的发展线索是应当被确认下来的。

"黄帝""老子"这两个名号在齐国阴阳家的撮合下，结成了不解之缘，发展为有体系的"黄老之学"，又在汉初特定的历史条件下取得了一些实践的经验，以罕见的风采载入"帛书"。这部《黄老帛书》可能在汉武帝"罢黜百家"时，就被打入冷宫。《汉书·艺文志》所录《黄帝四经》四篇，是否即系"帛书"原本，尚难贸然论定。今天，经过考古工作者的辛勤发掘和整理，这份沉埋已久的档案文献得以重见天日，真是学术界一大快事。它之所以用"家人言"体例行文，正足以说明其原始材料的朴素真实性，切切不可等闲视之。

《汉书·艺文志》论列道家托为"黄帝"的书目，除《黄帝四经》外，还有《黄帝铭》六篇，《黄帝君臣》十篇，《杂黄帝》五十八篇。其中《黄帝铭》早已亡佚，今传《金人铭》为"六铭"之一，赞扬"执雌守下"，警戒"多言多败"，"多事多患"。其后列两目，在班固自注中，或称"六国时贤者所作"，或言"起六国时，与老子相似"，皆不详其原委。但仅就这点痕迹，可见"黄老之学"的真实资料，并不限于《管子》五篇，这股思潮在当时造成的社会影响，确实是相当深远的。

就以汉初而论，在封建统治者（吕后、窦后、文帝、景帝等）带头提倡下，一时"黄老学者"名流辈出，不下一二十人，有的还直接学"术"于乐巨公，学"道论"于黄子。当时不少知名的政论家，从陆贾、贾谊开始，就在撰著活动中传播

---

① 《称》。

"黄老"思想意识,起了推波助澜的作用。到了后来,当儒学重新被扶植起来成为对等势力的时候,人们往往又不辨源流,误把"黄老"之言径称为《老子》之言,所谓"世之学老子者则绌儒学,儒学亦绌老子。"①这种误会传到大学问家司马谈父子那里,竟然同样不能避免。在很大程度上,这是"黄老"官学取代了道宗地位所引起的。

然而曾几何时,当田蚡受命再相,"绌黄老刑名百家言"以后,这个烜赫一时的官学立即让位于董仲舒提倡的"新儒学",从此冷落向隅,一蹶不振。在道家思想领域内,又有人"依老子、严(庄)周之指,著书十余万言",作《老子旨归》,转向右的回潮,而"黄老之学"则言者齿冷,听者藐藐,几乎成了绝响。入东汉后,封建统治者习非成是,在使用术语上,将"黄老""老子"混为一谈。如《后汉书》记桓帝"事黄老道"②,"祠黄老于濯龙宫"③。襄楷诣阙上疏,直称"闻宫中立黄老、浮图之祠",实际所"好"、所"祠"、所"立"的,统统都是老子的偶像。当时知名人物中,以"好黄老言"见称的,不下二三十人,尽管所持动机不一,而实际研究的仍是老子之言,与"黄老"毫不相涉。在方士神仙说泛滥流行以后,一些文人"上标老子,次述神仙",④在宗教意识影响下,出现原始道教的雏形,连巨鹿人张角也"自称大贤良师,奉事黄老道"了。⑤恩格斯指出:"每一时代的理论思维,从而我们时代的理论思维,都是一种历史的产物,在不同的时代具有非常不同的形式,并因而具有非常不同的内容。"⑥在我国古代思想史发展进程中,从稷下"黄老之学"出发,经过长时期的衍变,始而为"道术结合""道法结合"之学,继而为综贯"法""术"的治国经世之学;由此转向下坡,一变而开老庄玄术之门,再变而成养生长寿之术,三变而化为道教"异端"之旗。从发生、发展及其转化的意识形态中,清楚不过地看出恩格斯这个精辟指示的真理性确已得到了有力的说明。只有坚持历史唯物主义的方法论,实事求是地进行科学的探讨,才有可能真正接触到事物的实际,把研究不断引向深入,不致发生这样、那样的误解。

(原载于刘毓璜著《先秦诸子初探》,江苏人民出版社,1984 年版)

<hr>

① 《史记·老子韩非列传》。
② 《循吏王涣传》。
③ 《桓帝纪》。
④ 刘勰:《灭惑论》。
⑤ 《后汉书·皇甫嵩传》。
⑥ 《自然辩证法》第 27 页,人民出版社 1971 年版。

南雍史学一百二十年

中国古代史

下册

南京大学历史学院 主编

张 生 选辑

卷一

南京大学出版社

目　录

卷一　中国古代史（上）

卷一　中国古代史（下）

3

中国乡治之尚德主义

柳诒徵[*]

德治与法治为中西不同之宗主。其原则本于民族心理，加以哲人先识之提倡，演迤累进，奕世赓续，久之遂如人之面目，虽同一官位而精神迥异，不可强合。苟欲尽弃所习，一取于人，必致如邯郸学步，新法未得而故步已迷，此导国者所当深察也。吾诚不敢谓德治与法治得一即足，不必他求，亦不敢谓尚德者绝对无法治之思想事实，尚法者亦绝对无德治之思想事实。然其有所畸重，固灼然见于历史而不可掩。任举一端，皆可以见民族精神之表著。兹先以乡治历史，质之当世，余则俟更端论之。

地方自治。为清季剽窃西法之名词，求之中国，则固无有。吾欲取其法而肤傅之，在在见其凿枘，岂唯理论为然。各地之尝试而引为苦痛者数矣。今之醉心民治者，仍在力争地方自治之时期，而老旧之官僚震于此等名义之不可犯，而又不敢遽任其所为，则相与依违敷衍，延宕时日，借口于程度之不足，或施行之有序。姑悬一法而力靳之，叩其心，则曰"地方自治不可行"。然亦未尝真知其不可行之本也。孟子曰："徒善不足以为政，徒法不能以自行。"今之醉心民治者，病在迷信法治万能，但令袭取异域一纸条文，举而加之吾国，便赫然可与诸先进之民主国并驾。国会、省会已为国民所共疾，然犹甘茹此苦，不敢昌言徒法之非。假令县、市、乡村一一再如法炮制，不问其民之了解自治之义与否，姑托此为名高，则乡棍、地痞、土匪、流氓群起而擅法权，将令民国一变而为匪国。然必谓此法不可行，或强制焉，或搁置焉，或虚与委蛇而徒饰其名焉，

---

* 柳诒徵（1880—1956），江苏镇江人。早年执教于两江师范学堂，1914 年—1925 年任教于南京高等师范学校、国立东南大学，1943 年—1945 年任教于国立中央大学历史研究所。中国文化史研究的开创者之一，著有《国史要义》《历代史略》《中国文化史》等，编有《国有图书馆总目》《国学图书馆年刊》等。

一切政本悉出于官，谓为已足，则官国之为害亦无异于匪国也。故欲造成民国，使不堕于匪国，又不令名官而实匪之徒久尸政本，长此不变，则非从吾国立国之本详究而熟审之不可矣。

清季之倡地方自治者，求法于日本，求法于欧美，独未尝反而求之中国。故中国乡治之精义，隐而不昌。然细考之，吾国自邃古迄元明，虽为君主政体，然以幅员之广，人口之众，立国之本仍在各地方之自跻于善，初非徒恃一中央政府或徒倚赖政府所任命之官吏，而人民绝不自谋。此其形式虽与近世各国所谓地方自治者不侔，然欲导吾民以中国之习惯渐趋于西方之法治，非徒此参其消息，不能得适当之导线也。所惜者，吾国乡治之精义，散见诸书，从未有人汇而述之，以明其蜕变之原委。而历代之制度及先哲之议论，又实有与西方根本不同者，即其立法之始，不专重在争民权而唯重在淑民德，故于法律之权限、团体之构成，往往不加规定。而其所反复申明历千古如一辙者，唯是劝善惩恶，以造就各地方醇厚之风。徒就其蜕变之迹言之，则病在徒善不足以为政，然丁此法制万能之时，取其制度、议论而折中焉，固未始非救病之良药也。

吾国乡治，始于唐虞，而推其本，则由于黄帝之制井田。

> 《通典·乡党篇》：昔黄帝始经土设井，以塞争端，立步制亩，以防不足。使八家为井，井开四道，而分八宅，凿井于中，一则不泄地气，二则无费一家，三则同风俗，四则齐巧拙，五则通财货，六则存亡更守，七则出入相同，八则嫁娶相媒，九则有无相贷，十则疾病相救。是以情性可得而亲，生产可得而均，均则欺陵之路塞，亲则斗讼之心弭。

至唐虞而有邻朋里邑之制。

> 《尚书大传》：古之处师八家而为邻，三邻而为朋，三朋而为里，五里而为邑，十邑而为都，十都而为师，州十有二师焉。家不盈三口者不朋，由命士以上不朋。（郑玄注：州凡四十三万二千家。此盖虞夏之数也。）

> 《通典·乡党篇》：既牧之于邑，故井一为邻，邻三为朋，朋三为里，里五为邑，邑十为都，都十为师，师十为州。（师十为州与《大传》十二师为州不同，殆举大数。）夫始分之于井则地著，计之于州则数详，迄乎夏、殷不易其制。

此其条文虽简，然可推知其组织之意不在使民抵抗官吏，保护其财产、身体、言论之权,而在养成人民亲睦和乐之德,使之各遂其生。是即吾国乡治之滥觞,而后来种种法制及言论皆由此而递演递进者也。

井田之制,至周而变。(从来讲历史者皆误以为周代大行井田之制,实则周之特色即在改前代之井田为非井田之制,其有行井田者特沿前代之遗迹未尽改者耳。)故唐虞夏商乡邑之组织皆自八家起,而周代乡遂之组织则自五家起。

《周礼》大司徒:令五家为比使之相保,五比为闾使之相受,四闾为族使之相葬,五族为党使之相救,五党为州使之相赒,五州为乡使之相宾。

又:族师:五家为比,十家为联;五人为伍,十人为联;四闾为族,八闾为联。使之相保、相受,刑罚庆赏相及、相共,以受邦职,以役国事,以相葬埋。

又:比长:各掌其比之治,五家相受相和亲,有罪奇邪则相及。

又:遂人:掌邦之野,以土地之图经田野,造县鄙形体之法。五家为邻,五邻为里,四里为酂,五酂为鄙,五鄙为县,五县为遂。

又:邻长:掌相纠相受,凡邑中之政相赞。

原其用意,始亦有关于军制之变革,然昔之地方组织,第一级八家,第二级即二十四家,至此则第一级五家,第二级十家(十家为联),第三级二十五家(五比为闾),以渐而进。其法盖视前为密,而相保、相受、相和亲则与八家同井者无别也。当时比、闾、族、党之首领,皆自人民选举(其详已见本志第四期《选举阐微》篇),而所重者则在人民之德行道艺。

《周官》:乡大夫之职,正月之吉,受教法于司徒,退而颁之于其乡吏,使各以教其所治,以考其德行,察其道艺。

合则书而举之,不合则挞而罚之。

《周官》:闾胥:凡事掌其比觵挞罚之事。

虽其法受于政府,似乎纯为官治而非民治,然吾侪试平心思之,宁合乡里诸无赖,假以法权,即为民治乎?抑乡之人必有所选择,使善者自谋其乡之为愈乎?此其理之明,固不待智者而可决也。

《周官》之后,详言乡治者莫如《管子》。《管子》所载乡里选举之制,尤详于

《周官》(亦见本志第四期《选举阐微》篇),而其注重德治之意,亦随在可见。

> 《管子·立政篇》:分国以为五乡,乡为乡师;分乡以为五州,州为州长;分州以为十里,里为里尉;分里以为十游,游为游宗。十家为什,五家为伍,什伍皆有长焉。(乡、州什伍之制皆本《周官》,特里游之数稍加变通耳。)筑障塞匿,一道路,博出入,审闾闬,慎筦键,筦藏于里尉。置关有司,以时开闭。关有司观出入者,以复于里尉。凡出入不时、衣服不中、圈属群徒、不顺于常者,关有司见之复无时。若在长家子弟、臣妾、属役、宾客,则里尉以谯于游宗,游宗以谯于什伍,什伍以谯于长家,谯徵而勿复。一再则宥,三则不赦。凡孝悌、忠信、贤良、俊材,若在长家子弟、臣妾、属役、宾客,则什伍复于游宗,游宗以复于里尉,里尉以复于州长,州长以计于乡师,乡师以著于士师。凡过党,其在家属及于长家,其在长家及于什伍之长,其在什伍之长及于游宗,其在游宗及于里尉,其在里尉及于州长,其在州长及于乡师,其在乡师及于士师。三月一复,六月一计,十二月一著。凡上贤不过等,使能不兼官,罚有罪不独及,赏有功不专与。

不德则谯徵,有过则连坐,唯孝悌、忠信、贤良、俊材者,亟白于上无隐,此非其重德治之明证乎? 虽然,《周官》所重之德行道艺,《管子》所重之贤良、俊材,亦自有其界说,非复世之空无道德者可比。盖当时人民对于国家及地方,须人人各尽其义务,人民之道德,即于其服务时征之。如周之师田行役:

> 《周官》:乡师之职,大役,则帅民徒而至,治其政令。既役,则受州里之役要,以考司空之辟,以逆其役事。凡邦事,令作秩叙。大军旅会同,正治其徒役与其辇辇,戮其犯命者。凡四时之田,前期出田法于州里,简其鼓铎旗物兵器,修其卒伍。及期,以司徒之大旗致众庶,而陈之以旗物,辨乡邑而治其政令刑禁,巡其前后之屯而戮其犯命者,断其争禽之讼。
>
> 又州长:若国作民而师田行役之事,则帅而致之,掌其戒令,与其赏罚。
>
> 又党正:凡其党之祭祀、丧纪、昏、冠、饮酒,教其礼事,掌其戒禁。凡作民而师田行役,则以其法治其政事。
>
> 又族师:若作民而师田行役,则合其卒伍,简其兵器,以鼓铎旗物

帅而至,掌其治令,戒禁刑罚。

齐之备水作土:

> 《管子·度地篇》:桓公曰:"请问备五害之道。"管子对曰:请除五害之说,以水为始。请为置水官,令习水者为吏,大夫、大夫佐各一人,率部校长官佐如财足,乃取水左右各一人,使为都匠水工,令之行水道、城郭、堤川、沟池、官府、寺舍及州中当缮治者,给卒财足。令曰:"常以秋岁末之时阅其民,案家人,比地,定什伍口数,别男女大小。其不为用者辄免之。有痼病不可作者,疾之,可省作者,半事之。"并行以定甲士当被兵之数,上其都,都以临下,视有余不足之处辄下水官。水官亦以甲士当被兵之数,与三老、里有司、伍长行里,因父母案行。阅具备水之器,以冬无事之时,藏禾板筑各什六,土车什一,雨蓑什二,食器两具,人有之,锢藏里中,以给丧器。后常令水官吏与都匠,因三老、里有司、伍长案行之。常以朔日始出具阅之,取完坚,补弊久,去苦恶。常以冬少事之时,令甲士以更次盖薪积之水旁。州大夫将之,唯毋后时。其积薪也,以事之已,其作土也,以事未起。天地和调,日有长久,以此观之,其利百倍。故常以毋事具器,有事用之,水常可制,而使毋败。此谓素有备而豫具者也。故吏者所以教顺也,三老、里有司、伍长者所以为率也。伍者已具,民无愿者,愿其毕也。故常以冬日顺三老、里有司、伍长,以冬赏罚,使各应其赏而服其罚。

皆人民所当从事。若则敬敏,若则偷惰,若则和顺,若则乖戾,即事绳之,众所共见。长老执法,从而赏罚,则事无不举,人无不励,此古之所谓乡治也。

自秦以降,制产不均。乡治之本,渐即隳废。然秦汉之世,乡老、啬夫诸职,犹周、齐乡遂、游宗、里尉之遗也。

> 《汉书·百官公卿表》:大率十里一亭,亭有长。十亭一乡,乡有三老、有秩、啬夫、游徼。三老掌教化,啬夫职听讼、收赋税,游徼徼循、禁贼盗。县大率方百里,其民稠则减,稀则旷,乡亭亦如之,皆秦制也。

> 《续汉书·百官志》:乡置有秩、三老、游徼。(本注曰:有秩,郡所署,秩百石,掌一乡人。其乡少者,县置啬夫一人。皆主知民善恶、为

役先后,知民贫富、为赋多少,平其差品。三老掌教化,凡有孝子、顺孙、贞女、义妇、让财、救患及学士为民法式者,皆扁表其门,以兴善行。游徼掌徼循禁司奸盗。又有乡佐,属乡,主民,收赋税。)里有里魁,民有什伍,善恶以告。(本注曰:里魁掌一里百家,什主十家,伍主五家,以相检察。民有善事、恶事,以告监官。)

俞理初《少吏论》考其制度之沿革及事迹最详。

《癸巳类稿·少吏论》:汉自里魁至三老,亦以次迁。《汉官旧仪》云:就田里民,应令选为亭长。《史记·田叔列传》褚先生云:任安为求盗亭父,后为亭长,后为三老,举为亲民,出为三百石长,治民。《汉书·朱博传》:以亭长为功曹。《朱邑传》:以啬夫为太守亭史。《张敞传》:以乡有秩补太守卒史。《后汉书·王忳传》:为大度亭长仕郡功曹、州治中从事,又言斄亭亭长后为县门下游徼。《陈实传》:为郡西门亭长,寻转功曹,后为县长。《汉书·高帝纪》云:三老,乡一人,择乡三老一人为县三老,县三老有事与县相教。盖在长吏、少吏间,即所谓举为亲民者。又国家有赐乡三老帛三匹,县三老帛五匹,是其阶由里魁、亭父而亭长,亭长或为功曹,或为游徼。由游徼而啬夫、乡三老,由啬夫、乡三老而县三老,或为县门下游徼,或为郡太守卒史。《循吏传》云:置二百石卒史,逾常制,奖之。《儒林传》云:左、右内史卒史二百石,郡太守卒史百石,则郡卒史百石,常也。乡三老惟郡署者百石。《赵广汉传》云:奏请长安游徼秩百石,他游徼不百石也。《韩延寿传》:啬夫在三老前,三老、啬夫事同而置啬夫者,多也。《后汉书·仲长统传》《损益》篇注引阙(阚)骃《十三州志》云:有秩啬夫得假半章印,则三老可知。此少吏阶秩也。汉法最详,有事可征。其与古不同者,《伏生唐虞传》云:八家为邻,二十四家为朋,七十二家为里。《周官》大司徒职云:五家为比,二十五家为闾,百家为族,五百家为党,二千五百家为州,万二千五百家为乡。遂人制同,特邻、里、酂、鄙、县、遂名异。《通典》云:周州长、党正、族师、闾胥、比长、县正、鄙师、酂长、里宰、邻长皆乡里之官也。大凡各掌其州、里、乡、党之政治。《鹖冠子·王铁》篇言:楚法,五家伍长,五十家里有司,二百家扁长,二千家乡师,万家县啬夫,十万家郡大夫。出入相司,居处相察。

汉则五家为伍，十家为什，百家里魁，千家亭长，万家乡三老、啬夫，其法仿于《管子》。《管子·禁藏》篇云：辅之以什，司之以伍。《度地》篇云：百家为里，是什、伍、里同也。《度地》又云：水官亦以甲士，与三老、里有司、伍长行里。又云：三老里有司、伍长者，所以为率也。则三老名同，其里有司、伍长即里魁、什伍。汉游徼则《言政》篇之游宗。啬夫则《管子》云啬夫、伍事人。惟亭长秦制，《续汉志》注言：秦作绛福，为武将首饰，汉加其题额，名曰帻。又引《汉官仪》云：尉、游徼、亭长皆习设备五兵，鼓吏，赤帻大冠，行滕、带剑、佩刀，持盾、被甲，设矛戟，习射，故虫之赤头者，《本草》谓之"葛上亭长"，《名医别录》：秦后名也。其啬夫之名最古，《左传》引《夏书》"巳月日食有啬夫"，即今枚本"戊月日食之啬夫"。周觐礼啬夫承命告于天子，注云：司空之属，以王朝官不在王官知之。《淮南子·人间训》中行穆子时有啬夫。《说苑·权谋篇》中行文子时有啬夫，《魏策》周最张仪事有啬夫。又《史记·滑稽列传》魏文侯时有三老，《韩非子·内储说》秦昭襄时有里正、伍老，《杂记》里宰注引《王度记》云：百户为里，里一尹，其禄如庶人在官者。《正义》引刘向《别录》云：《王度记》，齐宣王时淳于髡等所说，其以百户为里，合于《管子》。盖《管子》之法行也久矣。

顾亭林论乡亭之职，则谓三代明王之治亦不越乎此。

《日知录》：《汉书·百官表》云云，此其制不始于秦汉也，自诸侯兼并之始而管仲、芮敖、子产之伦所以治其国者，莫不皆然。而《周礼·地官》自州长以下有党正、族师、闾胥、比长，自县正以下有鄙师、酂长、里宰、邻长，则三代明王之治亦不越乎此也。夫惟于一乡之中官之备而法之详，然后天下之治若网之在纲，有条而不紊。柳宗元曰：有里胥而后有县大夫，有县大夫而后有诸侯，有诸侯而后有方伯、连帅，有方伯、连帅而后有天子。由此论之，则天下之治始于里胥，终于天子，其灼然者矣。故自古及今，小官多者，其世盛；大官多者，其世衰。兴亡之涂，罔不由此。

虽其分职立名，类似官吏，与今之地方选举自治职员有别，亦与周之读法校比以行选举者不同。然《汉官旧仪》明云选为亭长，则自里魁、什伍至亭长，故皆民所推选，唯其选举之法，不似周及今日之精密。而郡署有秩，县置啬夫，则又明属官厅之任命,且其升转阶级亦厘然可考。故此诸职,仅可谓为少吏,而不可目为民人之代表,此则中国乡治立法之观念与近世民治观念根本相左者也。然三老掌教化,啬夫主知民善恶,里魁、什伍主检察民之善事、恶事,则与周之注重德行、道艺,齐之注重贤良、俊材,仍属后先一贯,故知周齐秦汉法治有蜕化而德治无变迁。汉制且明著孝子、顺孙、贞女、义妇、让财、救患及学士为民法式者,皆扁表其门,其于导扬民德且视前代为进,而奖励学术自乡里始,又岂仅以议决地方出入款目,为尽地方自治之能事已哉?俞氏论少吏治事,首举此义,实有特识。

> 《癸巳类稿·少吏论》:古今论少吏治者理而陈之,则有五事:其一以知闾阎善恶。汉制,里魁、什伍以告监官,监官,长吏也。《周官》太宰职九两,七曰吏以治得民,注云:吏,小吏在乡邑者。《管子·权修》篇云:乡与朝争治,故朝不合,众乡分治也。又云:有乡不治,奚待于国,言无以待国之治。又云:国者,乡之本也,言国治以乡为本。《八观》云:乡官无法制,百姓群徒不从,此亡国弑君之所自生也。其重乡治若此。《汉书·武帝纪》:元狩五年,诏云:"谕三老以孝弟为民师,举独行之君子,征诣行在所。"亦以三老、孝弟与征举之事。孝弟、力田者,汉高后置,不在少吏也。《司马相如传》云:让三老、孝弟,以不教训之罪。《韩延寿传》云:骨肉争讼,使贤长吏、啬夫、三老、孝弟受其耻,啬夫、三老自系待罪。是有师责三老或兼孝弟。《文帝纪》:十二年,诏云:"三老,众民之师也。"《续汉志》云:乡有孝子、顺孙、贞女、义妇、让财、救患及学士为民法式者,三老扁表其门,若后世官为旌表。自魏晋来,言少吏者以教化为称首,则亦聊举为文辞而已。(余四事,一以征调军旅、一以知户口赋税、一以察奸弭盗、一用为官役。其文甚长,不具录。)

观后汉爰延、仇览等之化行其乡,知当时任地方之职者最能治其一地,不借官力。

> 《后汉书·爰延传》:为乡啬夫,仁化大行,但闻啬夫,不知郡县。
> 又《仇览传》:为蒲亭长,劝人生业。为制科令,至于果菜,为限鸡豕有数,农事既举,乃令子弟群居还就黉学。其剽轻游恣者皆役以田桑,严设科罚,躬助丧事,赈恤穷寡。期年,称大化。

吾谓地方真正自治必须以此为式，否则徒具条文，巧立名目，扰攘竞夺，无一事之举行。猥曰地方自治，是自乱耳，恶足云治哉？

三国以降，地方组织以次蜕变，其见于史者，晋有啬夫、治书史、史佐、正、里吏、校官佐等。

> 《晋书·职官志》：县五百以上，皆置乡。三千以上，置二乡；五千以上，置三乡；万以上，置四乡。乡置啬夫一人，乡户不满千以下，置治书史一人；千以上置史、佐各一人，正一人；五千五百以上置史一人，佐二人。县率百户置里吏一人，其土广人稀听随宜置里吏，限不得减五十户。户千以上置校官掾一人。（东晋以后，始皆仿此法。《通典·职官》称宋五家为伍，伍长主之。二伍为什，什长主之。十什为里，里魁主之。十里为亭，亭长主之。十亭为乡，乡有乡佐、三老、有秩、啬夫、游徼各一人。所职与秦汉同。按《宋书·百官志》虽有此文，似述古制，并非宋之定章。志称众职，或此县有而彼县无，各有旧俗，无定制也，杜氏似未喻此意，故误以为宋制直同秦汉。）

元魏有邻长、里长、党长等。

> 《魏书·食货志》：魏初不立三长，故民多荫附。荫附者，皆无官役，豪强征敛，倍于公赋。太和十年，给事中李冲上言：宜准古五家立一邻长，五邻立一里长，五里立一党长，长取乡人强谨者。邻长复一夫，里长二，党长三，所复复征戍，余若民。三载亡愆则陟，用陟之一等。孤独癃老笃疾贫穷不能自存者，三长内迭养食之。书奏，诸官通议称善者众，高祖从之。于是遣使者行其事。初，百姓咸以为不若循常，豪富并兼者尤弗愿也。事施行后，计省昔十有余倍，于是海内安之。

北齐有里正。

> 《隋书·百官志》：邺领一百三十五里，里置正。临漳领一百一十四里，里置正。成安领七十四里，里置正。

隋有乡官，而职掌不详。

> 《通典》：隋以周、齐州郡县职，自州都、郡正、县正以下皆州郡将县令所自调用理时事。至开皇初，不知时事，直谓之乡官。开皇十五

年,罘州县乡官。

其见于石刻者,魏有族望、民望。

> 《张猛龙碑》阴有鲁县族望颜骠、汶阳县族望鲍黄头、阳平县族望
> 吴安世、弁县族望隽伯符等。

> 《敬史君碑》阴有民望沈清都、民望陈树等。

齐有邑老、乡老等。

> 《宋显伯等造像记》碑阴有邑老河内郡前功曹王瓮、邑老旨授洛
> 阳令盖僧坚等。

> 《隽修罗碑》有乡老孙啾鬼等。

而隽修罗之举义,至合乡老一百余人为之刊石立碑,则仍汉代扁表孝
子、顺孙、贞女、义妇之法矣。

> 《大齐乡老举孝义隽修罗之碑》:唯皇肇祚大齐受命,引轩辕之高
> □,绍唐虞之遐统。应孝义以致物,扬人风以布则。于是缉熙前绪,
> 照显上世。隽敬字修罗,镨钻土长安,食采勃海。前汉帝臣隽不疑公
> 之遗孙,九世祖朗,迁官于鲁,遂住洙源。幼倾乾荫,唯母偏居。易色
> 承颜,董生未必过其行,守信志忠,投杼岂能看其心。舍田立寺,愿在
> 菩提。醍味养僧,缨络匪吝。救济饥寒,倾壶等意。少行忠孝,长在
> 仁伦。可钦可美,莫复是过。盖闻论贤举德,古今通尚,匿秀蔽才,锥
> 囊自现。余等乡老壹伯余人,目睽其事,岂容嘿焉?□刊石立□,以
> 彰孝义。非但树名今世,亦劝后生义夫节妇。《续金石萃编》跋:按,
> 北齐孝昭帝演以乾明元年八月即位,改元皇建。诏遣大使巡省四方,
> 观察风俗,搜访贤良。故乡老等举隽敬应诏,且刊石树名也。

魏晋之世,专重乡评。朝廷用人,必经中正品定。虽其法无关于治理地
方,而其意则专重在表扬德行。近世顾亭林、赵云松等论其事之利弊綦详。

> 《日知录》:魏晋九品中正之设虽多失实,凡被纠弹付清议者即废
> 弃终身,同之禁锢。(原注:《晋书·卞壼传》)至宋武帝篡位,乃诏有
> 犯乡论清议赃污淫盗,一皆荡涤洗除,与之更始。自后凡遇非常之
> 恩,赦文并有此语。(原注:齐、梁、陈诏并云洗除,先注当日乡论清
> 议,必有记注之目。)《小雅》废而中国微,风俗衰而叛乱作耳。然乡论

之污,至烦诏书为之洗刷,岂非三代之直道尚在于斯民而畏人之多言,犹见于变风之日乎?

《廿二史札记》:魏文帝初定九品中正之法,郡邑设小中正,州设大中正,由小中正品第人才,以上大中正,大中正核实,以上司徒,司徒再核,然后付尚书选用。此陈群所建白也。行之未久,夏侯玄已谓中正干铨衡之权。(《玄传》)而晋卫瓘亦言:"魏因丧乱之后,人士流移,考详无地,故立此法,粗具一时选用。其始乡邑清议,不拘爵位,褒贬所加,足为劝励,犹有乡论余风。其后遂计资定品,惟以居位为重。"是可见法立弊生,而九品之升降尤易淆乱也。今以各史参考,乡邑清议亦有时主持公道者。如陈寿遭父丧,有疾,令婢丸药,客见之,乡党以为贬议,由是沈滞累年,张华申理之,始举孝廉。(《寿传》)阎义亦西州名士,被清议,与寿皆废弃。(《何攀传》)卞粹因弟衮有门内之私,粹遂以不训见讥被废。(《卞壶传》)并有已服官而仍以清议升黜者。长史韩预强聘杨欣女为妻,时欣有姊丧未经旬,张辅为中正,遂贬预以清风俗。(《辅传》)陈寿因张华奏,已官治书侍御史,以葬母洛阳,不归丧于蜀,又被贬议,由此遂废。(《寿传》)刘颂嫁女于陈峤,峤本刘氏子,出养于姑,遂姓陈氏,中正刘友讥之。(《颂传》)李含为秦王郎中令,王戆,含俟葬讫除丧,本州大中正以名义贬含,傅咸申理之,诏不许,遂割为五品。(《含传》)淮南小中正王式父没,其继母终丧,归于前夫之子,后遂合葬于前夫。卞壶劾之,以为犯礼害义,并劾司徒及扬州大中正、淮南大中正,含容徇隐。诏以式付乡邑清议,废终身。(《壶传》)温峤已为丹阳尹,平苏峻有大功,司徒长史孔愉以峤母亡,遭乱不葬,乃下其品。(《愉传》)是已入仕者,尚须时加品定,其法非不密也。中正内亦多有矜慎者,如刘毅告老,司徒举为青州大中正,尚书谓毅既致仕,不宜烦以碎务,石鉴等力争,乃以毅为之。铨正人流,清浊区别,其所弹贬,自亲贵者始。(《毅传》)司徒王浑奏周馥理识清正,主定九品,检括精详,褒贬允当。(《馥传》)燕国中正刘沈举霍原为二品,司徒不过,沈上书谓原隐居求志,行成名立,张华等又特奏之,乃为上品。(《李重、霍原传》)张华素重张轨,安定中正蔽其善,华为延誉,得居二品。(《轨传》)王济为太原大中正,访问者论邑人品状,至孙楚,则曰:"此人非卿所能目,吾自为之。"乃状曰:"天才英博,亮拔不群。"(《楚传》)华恒为州中正,乡人任让轻薄无行,为恒所黜。(《恒传》)韩康伯为中正,以周勰居丧废礼,脱落名教,不通其议。(《康伯传》)陈庆之子暄,以落魄嗜酒,不为中正所品,久不得调。(《庆之传》)此皆中正之秉公不挠者也。然进退人才之权,寄之于下,岂能日久无弊?晋武为公子时,以相国子当品,乡里莫敢与为辈,十二郡中正共举郑默以辈之。(《默传》)刘卞初入太学,试经当为四品,台吏访问(助中正采访之人),欲令写黄纸一鹿车,卞不肯,访问怒,言之于中正,乃退为尚书令史。(《卞传》)孙秀初为郡吏,求品于乡议,王衍将不许,衍从兄戎劝品之。及秀得志,朝士有宿怨者皆诛,而戎、衍获济。(《戎传》)何劭初亡,袁粲来吊,其子岐辞以疾,粲独哭而出,曰:"今年决下婢子品。"王诠曰:"岐前多罪时,尔何不下,其父新亡,便下岐品,人谓畏强易弱也。"(《何劭传》)可见是时中正所品高下,全以意为轻重。故段灼疏言,九品访人,惟问中正,据上品者,非公侯之子孙,即当途之昆弟。(《灼传》)刘毅亦疏言,高下任意,荣辱在手,用心百态,求者万端。(《毅传》)此九品之流弊见于章疏者,真所谓"上品无寒门,下品无世族"。高门华阀有世及之荣,庶姓寒人无寸进之路,选举之弊,至此而极。

然即置其重伦理彰清议之善,专就其弊言之,亦唯是较量门阀、怀挟恩怨两端,绝无近日公然贿买聚众劫持之事。是可知社会制裁之力,愈于法律万万,徒恃法律而社会无公正之舆论以盾其后,不可轻言选举也。

唐之法制,多沿周、隋,地方区划,亦有规定,里正、耆老、村正、坊正、保长等名目綦夥。降及五代,犹沿其制。

《唐六典》:百户为里,五里为乡,两京及州县之廓内分为坊,郊外为村。里及村、坊皆有正,以司督察。(里正兼课植农桑,催驱赋役。)四家为邻,五家为保,保有长以相禁约。

《通典》:大唐凡百户为一里,里置正一人;五里为一乡,乡置耆老一人,以耆年平谨者县补之,亦曰父老。贞观九年,每乡置长一人、佐二人,至十五年省。

《册府元龟》:唐制,百户为里,里置正;五里为乡,乡置耆老,亦曰父老。五代因之。

《文献通考》：唐令诸户以百户为里，五里为乡，四家为邻，五家为保。每里设正一人（若山谷阻险，地远人稀之处，听随便量置）。掌按比户口，课植农桑，检察非违，催驱赋役。在邑居者为坊，别置正一人，掌坊门管钥，督察奸非，并免其课役。在田野者为村，别置村正一人，其村满百家增置一人，掌同坊正。其村居如满十家者，隶入大村，不须别置村正。天下户，量其资产升降定为九等，三年一造户籍，凡三本，一留县，一送州，一送户部。常留三比在州县，五比送省。诸里正县司选勋官六品以下白丁清平强干者充，其次为坊正，若当里无人，听于比邻里简用。其村正取白丁充，无人处里正等并通取十八以上中男，残疾免充。

又：周显德五年，诏诸道州府令团并乡村，大率以百户为一团，每团选三大户为耆长。凡民家之有奸盗者，三大户察之，民田之有耗登者，三大户均之，仍每及三载即一如是。

然其人似是但服造籍、察奸、督赋、应差诸役，迥非秦汉三老、啬夫之比。李习之《平赋书》远本《周官》，然其言乡正之职事，仅有劝告乡人归还公蓄一节，而不复准周之里、闾、族、党之选举书升，知虽大儒如习之，其理想中尚不以乡治为立国之基本。斯实古今民治与官治递嬗之关键也。

李翱《平赋书》：凡十里之乡，为之公囷焉。乡之所入于公者，岁十舍其一于公囷，十岁得粟三千四百五十有六石。十里之乡多人者不足千六百家，乡之家保公囷便勿偷，饥岁并人不足于食，量家之口多寡，出公囷与之而劝之种，以须麦之升焉。及其大丰，乡之正告乡之人归公所与之蓄，当戒必精，勿滥以内于公囷。穷人不能归者，与之勿征于书。

宋代制度，去古益远，里正、户长，徒给差役，其于政教，关系甚微。

《文献通考》：国初循旧制，衙前以主官物，里正、户长、乡书手以课督赋税，耆长之手壮丁，以逐捕盗贼。淳化五年，令天下诸县以第一等户为里正，第二等户为户长。勿得冒名以给役，讫今循其制。役之重者，自里正、乡户为衙前，主典府库，或辇运官物，往往破产。

熙宁新法，遂主雇役，南渡以后，则有保长、保正等制，其贱尤甚。

《文献通考》:十大保为一都,二百五十家内通选才勇。物力最高二人充,应主一都盗贼、烟火之事。大保长一年替,保正、小保长二年替,户长催一都人户夏、秋二税,大保长愿兼户长者,输催纳税租一税一替欠数者后料人催。以上系中兴以后差役之法,已充役者谓之"批朱",未曾充役者谓之"白脚"。

然物穷则反,官役无与于乡治,而讲求古礼者遂别创乡约,以蕲复古者乡治之精神。

《宋元学案》:吕大钧字和叔,于张横渠为同年友,心悦而好之,遂执弟子礼。横渠之教,以礼为先,先生条为乡约,关中风俗为之一变。

《吕氏乡约》德业相规:德谓见善必行,闻过必改,能治其身,能治其家,能事父兄,能教子弟,能御僮仆,能肃政教,能事长上,能睦亲故,能择交游,能守廉介,能广施直,能受寄托,能救患难,能导人为善,能规人过失,能为人谋事,能为众集事,能解斗争,能决是非,能兴利除害,能居官举职。业谓居家则事父兄、教子弟,待妻妾,在外则事长上、接朋友、教后生、御僮仆,至于读书、治田、营家、济物、畏法令、谨租赋,如礼、乐、射、御、书、数之类,皆可为之,非此之类,皆为无益。右件德业同约之人,各自进修,互相劝勉。会集之日,相与推举其能者,书于籍,以警励其不能者。

又过失相规:过失谓犯义之过六,犯约之过四,不修之过五。犯义之过,一曰酗博斗讼,二曰行止逾违,三曰行不恭逊,四曰言不忠信,五曰造言诬毁,六曰营私太甚。犯约之过,一曰德业不相励,二曰过失不相规,三曰礼俗不相成,四曰患难不相恤。不修之过,一曰交非其人,二曰游戏怠惰,三曰动作威仪,四曰临事不恪,五曰用度不节。右件过失同约之人,各自省察,互相规戒。少则密规之,大则众戒之,不听则会集之日,值月以告于约正,约正以义理诲谕之,谢过请改,则书于籍以俟,其争辩不服与终不能改者,皆听其出约。

又礼俗相交:礼俗之交,一曰尊幼辈行,二曰造请拜揖,三曰请召送迎,四曰庆吊赠遗,右礼俗相交之事,值月主之有期日者为之期日,当纠集者督其违慢。凡不如约者以告于约正,而诘之且书于籍。

又患难相恤:患难之事七,一曰水火,二曰盗贼,三曰疾病,四曰死丧，五曰孤弱，六曰诬枉，七曰贫乏。右患难相恤之事，凡有当救恤者，其家告于约正，急则同约之近者为之告，约正命值月遍告之，且为之纠集而绳督之。凡同约者，财物、器用、车马、人仆皆有无相假，若不急之用及有所妨者，则不必借。可借而不借，及逾期不还，及损坏借物者，论如犯约之过，书于籍。邻里或有缓急，虽非同约而先闻知者，亦当救助，或不能救助则为之告于同约而谋之，有能如此，则亦书其善于籍，以告乡人。

其后朱子又增损之，而别为月旦集会读约之礼。

《朱子集》：乡约四条，本出蓝田吕氏，今取其他书及附己意稍增损之，以通于今，而又为月旦集会读约之礼如左方曰：凡预约者，月朔皆会（朔日有故，则前期三日别定一日，直月报会者所居远者惟赴孟朔，又远者岁一再至可也），直月率钱具食。（每人不过一二百，孟朔具果酒三行、面饭一会，余月即去酒果或直设饭可也。）会日夙兴，约正副正直月本家行礼，若会族罢，皆深衣俟于乡校，设先圣先师之象于北壁下（无乡校则择间宽处），先以长少叙拜于东序（凡拜，尊者跪而扶之，长者跪而答，其半稍长者俟其俯伏而答之），同约者如其服而至（有故则先一日使人告于直月，同约之家子弟虽未能入籍，亦许随众序拜，未能序拜亦许侍立观礼，但不与饮食之会，或别率钱略设点心于他处），俟于外次。既集，以齿为序立于门外东向北上，约正以下出门西向南上（约正与齿最尊者正相向），揖迎入门，至庭中北向，皆再拜。约正升堂上香，降，与在位者皆再拜（约正升降皆自阼阶），揖分东西向位（如门下之位），约正三揖，客三让，约正先升，客从之（约正以下升自阼阶，余人升自西阶），皆北向立。（约正以下西上，余人东上。）约正少进，西向立，副正直月次其右少退，直月引尊者东向南上，长者西向南上。（皆以约正之年推之，后放此。西向者其位在约正之右少进余人如故。）约正再拜，凡在位者皆再拜。（此拜尊者。）尊者受礼如仪。（惟以约正之年为受礼之节。）退北壁下，南向东上立。直月引长者东向，如初礼，退则立于尊者之西东上。（此拜长者，拜时惟尊者不拜。）直月又引稍少者东向南上，约正与在位者皆再拜。稍长者答拜，退立于西序东向北上。（此拜稍长者，拜时尊者、长者不

拜。)直月又引稍少者东向北上,拜约正,约正答之,稍少者退,立于稍
长者之南。直月以次引少者东北向西北上拜约正,约正受礼如仪,拜
者复位。又引幼者亦如之,既毕,揖各就次。(同引未讲礼者拜于西
序,如初。)顷之,约正揖就坐。(约正坐堂东南向,约中年最尊者坐堂
西南向,副正直月次约正之东南向西上,余人以齿为序,东西相向,以
北为上。若有异爵者,则坐于尊者之西南向东上。)直月抗声读约一
过,副正推说其意未达者,许其质问。于是约中有善者众推之,有过
者直月纠之。约正询其实状于众,无异辞,乃命直月书之。直月遂读
记善籍一过,命执事以记过籍遍呈在坐,各默观一过。既毕,乃食。
食毕少休,复会于堂,或说书,或习射,讲论从容(讲论须有益之事,不
得辄道神怪、邪僻、悖乱之言,及私议朝廷州县政事得失,及扬人过
恶,违者直月纠而书之),至晡乃退。

观其法,盖纠同志之人为同约,推举齿德俱尊者为约正、约副,余人按月执
事,谓之直月。有过不改者则出约,而入约并无何等资格限制,约中亦无经费,
据朱子所定,仅有率钱具食一则,其科条殊为单简。吕氏约文固不提及地方公
益之事,朱子之约则并禁及私议朝廷州县政事得失。(唯德业相劝条有为众集
事、兴利除害二则,亦非完全不问地方公众利害。)是此等团体纯然出于政治范
围之外,持较今之地方自治,更不可同年而语矣。然由此可知,吾国自周至汉,
乡里组织之法本兼含民政、民德两种性质,累朝蜕变,民政不修,一切责成于
官,而服务于官者又多猥贱无学,不足齿数,唯考道论德之风尚存于高等社会。
于是留心乡里者,以为民德不兴,不可以言治。姑先纠其性质,相近者集合约
束,造成一种良善之俗,而后徐复三代之规,故其所责望于同约之人者至深,而
未尝谓纠集多人即可为抵制暴君污吏之具,此其思想及事实变迁之迹之灼然
可按者也。然则当两宋时,民德堕落已可概见(如吕氏约文所云,酗博斗讼、营
私太甚等事,皆可见其时有此等败行,实所在皆是,官吏亦不能禁,唯期其能自
治),假令有学识者徒务治权,纠约此等酗博斗讼营私太甚之人以与地方官吏
争长短,终必为众所累,而于事亦无济,故诸儒所重不在权利之分明,而在德业
之互助也。

吕、朱之法仅可以见其时学者之理想,固未必征之事实,即史称和叔先生
条为乡约,关中风俗为之一变,亦不过一部分之现象,未能推行全国也。宋亡
于元,而诸儒蕴蓄未行之思想,转发现于元代。余读《元典章》劝农立社之法,

叹其条画之精密，突过前代，有吕、朱乡约之意。而以农民全体行之，其于振兴农田水利，尤三致意，盖全民生、民德二者而兼筹之。史册所载，人民团体经营地方公益之条文，未有详于此者也。

《元典章·户部九》立社：劝农立社事理（一十五款），至元二十八年，尚书省奏奉圣旨节，该将行司农司、劝农司衙门罢了，劝课农桑事理并入按察司。除遵依外，照得中书省先于至元二十三年六月十二日奏过事，内一件奏立大司农司的圣旨。奏呵与者么道圣旨有来。又仲谦那的每行来的条画在先，他省官人每的印位文字行来，如今条画根底省家文字里交行呵，怎生么道。奏呵那般者么道圣旨了也。钦此。圣旨定到，条画开坐前去，仰依上劝课行。一、诸县所属村疃，凡五十家立为一社，不以是何诸社人等并行立社。令社众推举年高通晓农事有兼丁者，立为社长。如一村五十家以上，只为一社，增至百家，另设社长一员，如不及五十家者，与附近村相并为一社。若地远人稀，不能相并者，斟酌各处地面各村自为一社者听。或三四村五村并为一社，仍于酌中村内选立社长。官司并不得将社长差占，别管于事，专一教劝本社之人。籍记姓名，候点官到彼对社众责罚，仍省会社长，却不得因而骚扰，亦不得率领社众非理动作，聚集以妨农时。外据其余聚众作社者，并行禁断。若有违犯，从本处官司就便究治。一、农民每岁种田，有勤谨趁时而作者，懒惰过时而废者，若不明谕，民多苟且。今后仰社长教谕，各随风土所宜，须管趁时农作。若宜先种，尽力先行布种植田，以次各各随宜布种，必不得已，然后补种晚田、瓜菜，仍于地头道边各立牌橛，书写某社长某人地段，仰社长时时往来，默觇奖勤惩惰，不致荒芜。仍仰堤备天旱，有地主户量种区田，有水则近水种之，无水则凿井，如井深不能种区田者，听从民便；若水田之家，不必区种。据区田法度，另行发去，仰本路刊板，多广印散诸民。若农作动时，不得无故饮食，失误生计。一、每丁周岁须要创栽桑枣二十株，或附宅栽种地桑二十株，早供蚁蚕食用。其地不宜栽桑枣，各随地土所宜，栽种榆柳等树亦及二十株。若欲栽种杂果者，每丁限种十株，皆以生成为定数，自愿多栽者听。（若本地主内栽种已满，丧无余地可栽者，或有病别丁数在此。）若有上年已栽桑果数目，另行具报，却不得蒙昧报充次年数目。或有死损，从实申说本处官司,申报不实者,并行责罚。仍仰随社布种苜蓿,初年不须割刈,次年收到种子,转展分散,务要广种,非止喂养头疋,亦可接济饥年。一、随路皆以水利。有渠已开而水利未尽其地者,有全未曾开种之地,并劫可挑撅者,委本处正官一员选知水利人员一同相视。中间别无违碍,许民量力开引,如民力不能者,申覆上司,差提举河渠官相验过,官司添力开挑。外据安置水碾磨去处,如遇浇田时月停住碾,浇溉田禾,若是水田浇毕,方许碾磨。依旧引水用度,务要各得其用,虽有河渠泉脉,如是地形高阜,不能开引者,仰成造水车。官为应付人匠,验地里远近、人户多少,分置使用,富家能自置材木者,令自置,如贫无材木,官为买给,已后收成之日,验使水之家均补还官。若有不知造水车去处,仰申覆上司,开样成造。所据运盐、运粮河道,仰各路从长讲究可否申覆,合于部分定夺,利国、便民两不相妨。一、近水之家许凿池养鱼并鹅鸭之类,及栽种莲、藕、鸡头、菱角、蒲苇等以助衣食。如本主无力栽种,召人依例种佃,无致闲歇无用。据所出物色,如运货卖,有合税者,依例赴务投税。难同自来办河泊创立课程,以致人民不敢增修。一、本社内遇有病患凶丧之家,不能种莳者,仰令社众各备粮饭器具,并力耕种。锄治收刈,俱要依时办集,无致荒废。其养蚕者亦如之。一社之中灾病多者,两社并锄。外据社众使用牛只若有倒伤,亦仰照依乡原例均助补买,比及补买以来并力助工,如有余剩牛只之家,令社众两和租赁。一、应有荒地除军马营盘草地已经上司拨定边界者并公田外,其余投下探马赤官豪势要之自行占冒,年深岁荒闲地土,从本处官司堪当得实,打量见数给付附近无地之家耕种为主,先给贫民,次及余户。如有争差,申覆上司定夺。外据祖业或立契买到地土,近年消乏时暂荒闲者,督勒本主立限开耕租佃,须要不致荒芜。若系自来地薄轮番歇种去处,即仰依例存留歇种地段,亦不得多余冒占。若有熟地失开,本主未耕荒地不及一项者,不在此限,及督责早为开耕。一、每社立义仓,社长主之。如遇丰年收成去处,各家验口数,每口留粟一斗,若无粟,抵斗存留杂色物料,以备歉岁。就给各人自行食用,官司并不得拘检借贷动支,经过军马亦不得强行取要。社长明置文历,如欲聚集收顿,或各家顿放,听从民便。社长与社户从长商议,如法收贮,须要不致损害。如遇天灾凶岁不收去处，或本社内有不收之家，不在存留之限。一、本社若有勤务农桑、增值家产、孝友之人，从社长保申，官司体究得实，申覆上司，量加优恤。若社长与本处官司体究所保不实，亦行责罚。本处官司并不得将勤谨增置到物业添加差役。一、若有不务本业、游手好闲、不遵父母兄长教令、凶徒恶党之人，先从社长叮咛教训，如是不改，籍记姓名，候提点官到日，对社长审问是实，于门首大字粉壁书写"不务正业""游惰凶恶"等。如本人知耻改过，从社长保明申官，毁去粉壁。如是不改，但遇本社合着夫役替民，应当候能自新，方许除籍。一、今后每社设立学校一所，择通晓经书者为学师，于农隙时分，各令子弟入学，先读《孝经》《小学》，次及《大学》《论》《孟》、经史。务要各知孝悌忠信，效本抑末。依乡原例出办来修，自愿立长学者听。若积久学问有成者，申覆上司照验。一、若有虫蝗遗子去处，委各州县正官一员于十月内专一巡视本管地面。若在熟地，并力番耕。如在荒野，先行耕，国籍记地段，禁约诸人不得烧燃荒草以免，来春虫蛹生发时分，不分明夜，本处正官监视就草烧除。若是荒地窄狭，无草可烧去处，亦仰从长规画，春首捕除，仍仰更为多方用心，务要尽绝。若在煎盐草地内虫蛹遗子者，申部定夺。一、先降去询问条画，并行革去，止依今降条画施行。一、若有该载不尽农桑水利，于民有益，或可预防蝗旱灾沴者，各随方土所宜，量力施行，仍申覆上司照验。一、前项农桑水利等事，专委府、州、司、县长官，不妨本职，提点勾当。有事故差去，以次官提点。如或有违慢阻坏之人，取问是实，约量断罪。如有恃势不伏，或事重者，申覆上司穷治。其提点不得句集百姓，仍依时月下村提点，止许将引当该司吏一名、祗候人一二名，无得因多将人力，骚扰取受，据每县年终比附到各社长。农事成否等第，开申本管上司，却行开坐。所管州县提点官勾当成否，编类等第，申覆司农司及申户部照验，才候任满，于解由内分明开写，排年考较，到提点农事工勤惰废事迹，赴部照勘，呈省。钦依见将圣旨，依附以为殿最，提刑按察司更为体察。

以元之社章较宋之乡约，则后者为平民之组织，前者为贵族之团结；后者为普遍之方法，前者为局部之规约；后者多举示实事，前者似务为空文；后者适合于人情，前者尚近于高调。然其选立社长，未明定若何选举之法，与乡约之不言若何推举约正、约副同也。保甲勤谨孝友之人,籍记不务本业、游手好闲、不遵父母兄长教令之凶徒恶党,与乡约之籍记贤能规诫过失同也。乡约不隶于官,社长则隶于官。然其为理董人民自身之事,非以为对抗官吏行政之失,亦相同也。(元之社章所谓不得率领社众非理动作,即含有不得聚众抗官之意。)余于此知吾国法制之动机,无论由于官吏,或出于人民,然其原则要不外尚德而不尚法,只知以民治民,而绝不知以民制官,此固君主国家所造成,为今人所当矫正者。然亦可见今之驯谨之士,束身自好,不敢一为平民鸣其不平者,其原因固甚久远。而凶徒恶党转得因新法以自怨,至于乡里积怨丛怒而莫可如何,此尚德与尚法两种主义所以必当调和融合者也。

元初劝农立社事理,条文详密,第亦未尽施行。据《元典章》观之,大德初年,各地所立社长多有妇人、小儿、愚骏之人,盖立法虽善,而奉行者视为具文,则其法意必至辗转貤缪,亦不独元代然也。

《元典章》:大德三年四月初六日,江西廉访司据龙兴路牒,该奉行省札付准中书省咨,为设立社长事。先据知事张登仕呈,近为体复灾伤到于各处,唤到社长人等,系妇人、小儿,问得该吏称说,自至元三十年定立社长,经今五年,多有逃亡事故,为此不曾申举到官,未经补替切详,设立社长,劝课农桑,使民知务本兴举学校,申明孝悌,使彝伦攸叙,纠斥凶顽,检察非违,使风俗归厚,皆非细务。今各处社长不见年高德劭、通晓农事、为众信服之人,大失原立社长初意,乞施行得此合牒可照依都省咨文内事理,将年高通晓农事之人立设社长,并不得差占别管余事,一切教本社人民务勤农业,不致惰废,仍免本身杂役,务得以前设立,不应并别行差占,致误农事,将立定社长姓名牒司。

又:大德六年正月□日,江西湖东道肃政廉访司承奉御史台札付,准御史台咨,承奉中书省札付,翰林院侍讲学士王中顺呈,奉省札付,前来赈济淮东被风潮灾伤人户。当时行省刘左丞、御史台所委官淮东廉访司张签事分头前去各州县审复赈散三个月粮米,今已俱还扬州,攒造文册,候毕另呈。外缘卑职原分通州一州,靖海、海门两县,最极东边,下乡其间,见有句集人编排引审次序,支请尽系社长居前,里正不预,多有年小愚骏之人,草履赤胫,言语嘲晰。怪而问之州县官员,同辞而对:目今诸处通例如此。卑职照得初立社长根源,钦奉世祖皇帝圣旨,系尽节该诸州县所集村疃,凡五十家为一社,不拘是何诸色人等,并行入社,令社众推举年高谙知农事者为社长,不得差占别管余事。又照得钦奉圣旨,随处百姓有按察司,有达鲁花赤管民官、社长,以彰德益都,两处一般歹贼,每呵他管什么,已后似那般有呵,本处达鲁花赤管民官、社长身上要罪过者。钦此。切详按察司、达鲁花赤管民官下便列社长,责任非轻。当时又立学师,每社农隙教诲子弟孝悌忠信、勤身肥家、迁善远罪。故孟子凡言王政,必以农桑、庠序为先。国家所行摘此二事,就委按察、廉访官劝课农桑,勉效学校,亦此意也。社长、社师外似迂缓,中实繁切,况兼《至元新格》内一款:节该社长近年多以差科干扰,今后催督办集,自有里正主首,使专劝农,官司妨废者,从肃政廉访司纠弹。社内有游荡好闲、不务生理,累劝不改者,社长对众举明量示惩劝,其年小德薄、不为众人信服,及听推举易换。诸假托神灵,夜聚明散,凡有司禁治事理,社长每季须戒谕,使民知畏,毋陷刑宪。累奉如此,卑职伏思自中统建元迄于今日,良法美意莫不毕备,但有司奉行不至,事久弊生。社长则别管余事,社司则废弃不举,以至如逆贼段丑厮辈贯穿数州,恣行煽惑,无人盘诘,皆二事废惰失其原行之所致也。斯乃赈济丁乡亲所见,愚意以为,合行申明旧例,令社长依前劝课农桑、诫饬游荡、防察奸非,不管余事,则百姓富。社师依前农隙阐学,教以人伦,不敢犯上,则刑清民富。刑清为治治本,所见如此。(下略)

元制既敝,明代沿其设立社长之意而变通之。有耆宿老人、耆民公正等称,备官吏之谘咨、理乡邻之诉讼:

《明会典》卷九:吏部验封司关给须知。高皇帝御制《到任须知》冠以敕谕,令凡除授官员皆于吏部关领,赴任一一遵行,毋得视为文具。《到任须知》一,目录廿二耆宿:耆宿几何? 贤否若干各开。设耆宿,以其年高有德,谙知土俗,习问典故。凡民之疾苦、事之易难,皆可访问。但中间多有年纪虽高,德行实缺,买求耆宿名色,交结官府,或蔽自己差徭,或说他人方便,蠹政害民。故到任之初,必先知其贤否,明注姓名,则善者知所劝,恶者知所戒,自不敢作前弊矣。

《日知录》金代县门之前多有牓曰:"诬告加三等,越诉笞五十。"

665

此先朝之旧制,亦古者悬法象魏之遗意也。今人谓不经县官而上诉司府谓之"越诉",是不然。《太祖实录》:洪武二十七年四月壬午,命有司择民间高年老人,公正可任事者,理其乡之词讼。若户婚、田宅斗殴者,则会里胥决之。事涉重者,始白于官。若不由里老处分而径诉县官,此之谓"越诉"也。今州县或谓之耆民,或谓之公正,或谓之约长,与庶人在官者无异。

劝督农桑:

《明会典》卷十七户部农桑:洪武二十一年,令河南、山东农民中有等懒惰不肯勤务农业,朝廷已尝差人督并耕种。今出号令,此后只是各该里分老人劝督。每村置鼓一面,凡遇农种时月,五更擂鼓,众人闻鼓下田,该管老人点闸。若有懒惰不下田者,许老人责决,务要严切督并见丁著业,毋容惰夫游食。若老人不肯劝督,农民穷窘为非,犯法到官,本乡老人有罪。

旌别善恶:

《日知录》注:宣德七年正月乙酉,陕西按察金事林时言:洪武中,天下邑里皆置申明、旌善二亭,民有善恶则书之,以示劝惩。凡户婚、田土斗殴常事,里老于此剖决。今亭宇多废,善恶不书,小事不由里老,辄赴上司,狱讼之繁皆由于此。景泰四年诏书犹曰:"民有怠惰不务生理者,许里老依教民榜例惩治。"天顺八年三月,诏军民之家有为盗贼,曾经问断不改者,有司即大书"盗贼之家"四字于其门,能改过者许里老亲邻人相保管,方与除之。此亦古者画衣冠、异章服之遗意。

兴贤举能:

《明会典》卷十三吏部访举:洪武十七年,令知州、知县等官会同境内耆宿长者,访求德行声名著于州里之人。先从邻里保举,有司再验言貌、书判,方许进呈。若不行公同精选者,坐以重罪。

饮酒读法:

《明会要·乡饮酒礼》:洪武五年四月戊戌,诏天下行乡饮酒礼。每岁孟春、孟冬,有司与学官率士大夫之老者行于学校、民间里社。

以百家为一会,或粮长、里长主之。年最长者为正宾,余以齿序,每季行之,读律令则以刑部所编申明戒谕书兼读之。

《明会典》卷二十读法:洪武廿六年令,凡民间须要讲读《大诰》、律令、敕谕老人手榜,及见丁著业牌面,沿门轮递,务要通晓法意。仍仰有司时加提督。嘉靖八年,提准每州县村落为会。每月朔日,社首、社正率一会之人,捧读圣祖教民榜文,申致警戒。有抗拒者,重则告官,轻则罚米入义仓,以备赈济。

观其教条,盖亦远本《周官》,近则蒙古。乡各为治,唯德是崇。然所谓设耆宿、择老人者,仍似出于州县官之指派,较元之有明文令社家推举社长者,大相径庭。且耆宿老人之职务,亦无详细规定,唯视诏令所颁为准。以今日法治思想绳之,益可斥其专制矣。然观《到任须知》,明云耆宿中间多有年纪虽高,德行实缺,买求耆宿名色,交结官府,或蔽自己差徭,或说他人方便。足知明祖洞悉乡民情伪,予以事权,先务杜其弊实,不似今人甘受法制之桎梏,绝不从乡里小人卑劣行为着想也。居今日而视元、明民法之浇讹,不第无所减损,其进步且有什伯千万于数百年前者。无端袭取西法,遽信其集么匿为拓都,即无所用其防制,此非梦呓语耶?明制,授权于里老而监督以有司,滥用匪人,至并州县官皆实诸法,而官民勾结朋比之弊,又因以生。盖法制之得失,全视人之运用若何,长厚者因以通上下之情,巧黠者缘以为比周之利。法一也,而出入天渊焉,此讲法制者所必不可忘之经验也。

《日知录》:洪熙元年七月丙申,巡按四川监察御史何文渊言:太祖高皇帝令天下州县设立老人,必选年高有德、众所信服者,使劝民为善,乡闾争讼亦使理断。下有益于民事,上有助于官司。比年所用,多非其人,或出自隶仆,规避差科,县官不究年德如何,辄令充应,使得凭借官府,妄张威福,肆虐闾阎,或遇上司官按临,巧进谗言,变乱黑白,挟制官吏。比有犯者,谨已按问如律。窃虑天下州县类有此等,请加禁约。上命申明洪武旧制,有滥用匪人者并州县官皆置诸法。然自是里老之选轻而权亦替矣。《英宗实录》言,松江知府赵豫和昌近民,凡有词讼,属老人之公正者剖断,有忿争不已者则己为之和解,故民以老人目之,当时称为良吏。正统以后,里老往往保留令丞,朝廷因而许之,尤为弊政,见于景泰三年十月庚戌太仆寺少卿黄仕扬所奏。

明之耆宿老人，近于下级司法官吏，无与于乡里组织。其乡里组织，别有坊长、厢长、里长等职，以任徭役，并编制户籍。

《明史·食货志》：洪武十四年，诏天下编赋役黄册。以一百十户为一里，推丁粮多者十户为长，余百户为十甲，甲凡十人岁役。里长一人、甲首一人董一里、一甲之事。先后以丁粮多寡为序，凡十年一周，曰"排年"，在城曰坊，近城曰厢，乡都曰里。里乡为册，册首总为一图，鳏寡孤独不任役者附十甲后，为畸零，僧道给度牒有田者编册如民科，无田者亦为畸零。每十年有司更定其册，以丁粮增减而升降之。册凡四，一上户部，其三则布政司、府、县各存一焉。上户部者册面黄纸，故谓之"黄册"。

《明会典》卷二十户口：洪武二十四年奏准攒造黄册格式，有司先将一户定式誊刻印板给与坊长、厢长、里长并各甲首，令人户自将本户人丁事产依式开写，付该管甲首。其甲首将本户并十户造到文册送各该坊、厢、里长，坊、厢、里长各将甲首所造文册攒造一处，送赴本县。本县官吏将册比照先次原造黄册查算，所在有司官吏、里甲敢有团局造册，科敛害民，或将各处写到如式无差文册故行改抹，刁蹬不收者，许老人指实，连册绑缚害民吏典赴京具奏，犯人处斩。若顽民桩诬排陷者，抵罪。若官吏、里甲通同人户隐瞒作弊，及将原报在官田地不行明白推收过割。一概影射减除粮额者，一体处死，隐瞒人户家长处死，人口迁发化外。

其任收税运粮之职者，复有粮长。

《日知录》：明初以大户为粮长掌其乡之赋税，多或至十余万石，运粮至京，得朝见天子，或以人材授官。

务民之义，各有专贵。然法久弊滋，动失初意。

《明史·食货志》：其后，黄册只具文，有司征税编徭则自为一册曰"白册"云。

又：成弘以前，里甲催征，粮户上纳，粮长收解，州县监收。粮长不敢多收斛面，粮户不敢搀杂水谷糠秕，兑粮官军不敢阻难多索，公私两便。近者(指嘉靖中)有司不复比较经催里甲、负粮人户,但立限敲扑粮长,令下乡追征。豪强者则大斛倍收,多方索取,所至鸡犬为空;孱弱者为势豪所凌,耽延欺赖,不免变产补纳。至或旧役侵欠,责偿新金,一人逋负,株连亲属,无辜之民死于箠楚囹圄者几数百人。且往时每区粮长不过正、副二名,近多至十人以上,其实收掌管粮之数少,而科敛打点使用年例之数多。州县一年之间,辄破中人百家之产,害莫大焉。

《日知录》:宣德五年闰十二月,南京监察御史李安及江西庐陵、吉水二县耆民,六年四月监察御史张政各言粮长之害,谓其倍收粮石,准折子女,包揽词讼,把持官府,累经饬禁而其患少息。

盖官之不德者半,民之不德者亦半,废弛侵渔,唯徇其便。人与法之不可尽恃,皆以道德为转移之枢也。

有明中叶,民治之精神及形式,殆皆沦丧,所恃以支柱敝漏者,唯官治耳。阳明大儒,挺生斯时,倡导民德,为术滋夥。其抚南赣,先以十家牌法为清乡之本,

《王文成全书》卷十六《十家牌法告谕各府父老兄弟》:本院奉命巡抚是方,惟欲剪除盗贼,安养小民。所限才力短浅,智虑不及,虽挟爱民之心,未有爱民之政。父老子弟凡可以匡我之不逮,苟有益于民者,皆有以告我,我当商度其可,以次举行。今为此牌,似亦烦劳尔众,中间固多诗书礼义之家,吾亦岂忍以狡诈待尔良民。便欲防奸革弊,以保安尔良善,则又不得不然,父老子弟其体此意。自今各家务要父慈子孝,兄爱弟敬,夫和妇随,长直幼顺,小心以奉官法,勤谨以办国课,恭俭以守家业,谦和以处乡里。心要平恕,毋得轻易忿争,事要含忍,毋得辄兴词讼,见善互相劝勉,有恶互相惩戒,务兴礼让之风,以成敦厚之俗。吾愧德政未敷,而徒以言教,父老子弟其勉体吾意毋忽。

继以乡约为新民之基。

《王文成全书》卷十七《南赣乡约》:咨尔民,昔人有言"蓬生麻中,不扶而直;白沙在泥,不染而黑"。民俗之善恶,岂不由于积习使然哉?往者新民,盖尝弃其宗族,畔其乡里,四出而为暴,岂独其性之

异、其人之罪哉？亦由我有司治之无道、教之无方，尔父老子弟所以训诲戒饬于家庭者，不早熏陶，渐染于里闬者，无素诱掖奖，劝之不行，连属叶和之无具，又或愤怨相激，狡伪相残，故遂使之靡然，日流于恶。则我有司与尔父老子弟，皆宜分受其责。呜呼！往者不可及，来者犹可追。故今特为乡约，以协和尔民。自今凡尔同约之民，皆宜孝尔父母，敬尔兄长，教训尔子孙，和顺尔乡里，死丧相助，患难相恤，善相劝勉，恶相告戒，息讼罢争，讲信修睦，务为良善之民，共成仁厚之俗。呜呼！人虽至愚，责人则明，虽有聪明，责己则昏。尔等父老子弟毋念新民之旧恶而不与其善，彼一念而善即善人矣，毋自恃为良民而不修其身，尔一念而恶即恶人矣。人善恶由于一念之间，尔等慎思，吾言毋忽。一、同约中推年高有德、为众所敬服者一人为约长，二人为约副，又推公直果断者四人为约正，通达明察者四人为约史，精健廉干者四人为知约，礼仪习熟者二人为约赞。置文簿三扇，其一扇备写同约姓名及日逐出入所，为知约司之；其二扇，一书彰善，一书纠过，约长司之。一、同约之人，每一会入出银三分，送知约具饮食，毋大奢，取免饥渴而已。一、会期以月之望，若有疾病、事故不及赴者，许先期遣人告知约，无故不赴者以过恶书，仍罚银一两公用。一、立约所于道里均平之处，择寺观宽大者为之。一、彰善者其辞显而决，纠过者其辞隐而婉，亦忠厚之道也。如有人不弟，毋直曰不弟，但云闻某于事兄敬长之礼颇有未尽，某未敢以为信，姑书之以俟。凡纠过恶皆例此。若有难改之恶，且勿纠，使无所容，或激而遂肆其恶矣。约长副等须先期阴与之言，使当自首，众共诱掖奖劝之，以兴其善念，姑使书之，使其可改。若不能改，然后纠而书之。又不能改，然后白之官。又不能改，同约之人执送之官，明正其罪。势不能执，戮力协谋官府，请兵灭之。一、通约之人，凡有危疑难处之事，皆须约长会同约之人与之裁处，区画必当于理、济于事而后已。不得坐视推托，陷人于恶，罪坐约长、约正诸人。一、寄庄人户多于纳粮当差之时，躲回原籍，往往负累同甲。今后约长等劝令及期完纳应承，如蹈前弊，告官惩治，削去寄庄。一、本地大户、异境客商放债收息，合依常例，毋得磊算。或有贫难不能偿者，亦宜以理量宽。有等不仁之徒，辄便捉锁，磊取挟写田地，致令穷民无告，去之而为盗。今后有此，告诸约长等,与之明白,偿不及数者,劝令宽舍,取已过数者,力与追还。如或恃强不听,率同约之人鸣之官司。一、亲族乡邻,往往有因小忿投贼复仇,残害良善,酿成大患。今后一应斗殴不平之事,鸣之约长等公论是非,或约长问之,即与晓谕解释。敢有仍前妄为者,率诸同约呈官诛殄。一、军民人等若有阳为良善,阴通贼情,贩卖牛马,走传消息,归利一己,殃及万民者,约长等率同约诸人指实劝戒,不悛呈官究治。一、吏书、义民、总甲、里老、百长、弓兵、机快人等若揽差下乡,索求赍发者,约长率同呈官追究。一、各寨居民昔被新民之害,诚不忍言,但今既许其自新,所占田产已令退还,毋得再怀前仇,致扰地方。约长等常宜晓谕,令各守本分,有不听者,呈官治罪。一、投招新民,因尔一念之善,贷尔之罪,当痛自克责,改过自新,勤耕勤织,平买平卖,思同良民,无以前日名目甘心下流,自取灭绝。约长等各宜时时提撕晓谕,如踵前非者,呈官惩治。一、男女长成,各宜及时嫁娶。往往女家责聘礼不充,男家责嫁装不丰,遂致愆期。约长等其各省谕诸人,自今其称家之有无,随时婚假。一、父母丧葬,衣衾棺椁但尽诚孝,称家有无而行。此外或大作佛事,或盛设宴乐,倾家卖财,俱于死者无益。约长等其各省谕约内之人,一遵礼制,有仍蹈前非者,即与纠恶簿内书以不孝。一、当会前一日,知约预于约所洒扫张具,于堂设告谕牌及香案南向。当会日同约毕至,约赞鸣鼓三,众皆诣香案前序立,北面跪听约正读告谕毕,约长合众扬言曰:"自今以后,凡我同约之人,祗奉戒谕,齐心合德,同归于善。若有二三其心,阳善阴恶者,神明诛殛。"众皆曰:"若有二三其心,阳善阴恶者,神明诛殛。"皆再拜,兴,以次出会所,分东西立,约正读乡约毕,大声曰:"凡我同盟,务遵乡约。"众皆曰:"是。"乃东西交拜,兴,各以次就位。少者各酌酒于长者,三行,知约起设彰善位于堂上南向,置笔砚陈彰善簿,约赞鸣鼓三,众皆起。约赞唱请举善,众曰:"是在约史。"约史出就彰善位,扬言曰:"某有某善,某能改某过,请书之,以为同约劝。"约正遍质于众曰:"如何?"众曰:"约史举甚当。"约正乃揖善者进彰善位,东西立,约史复谓众曰:"某所举止是,请各举所知。"众有所知即举,无则曰:"约史所举是矣。"约长副正皆出就彰善位。约史书簿毕,约长举杯扬言曰:"某能为某善,某能改某过,是能修其身也。某能使某族人为某善,改某过,是能齐其家也。使人人若此,风俗未有不厚。凡我同约,当取以为法。"遂属于其善者,善者亦酌酒酬约长曰:"此岂足为善,乃劳长者过奖。某诚惶怍,敢不益加砥砺,期无负长者之教。"皆饮毕,再拜谢约长,约长答谢,兴,各就位,知约撤彰善之席,酒复三行,知约起,设纠过位于阶下北向,置笔砚,陈纠过簿。约赞鸣鼓三,众皆起,约赞唱请纠过,众曰:"是在约史。"约史就纠过位,扬言曰:"闻某有某过,未敢以为然,姑书之以俟后图,如何。"约正遍质于众,曰:"如何?"众皆曰:"约史必有见。"约正乃揖过者出就纠过位,北向立。约史复遍谓众曰:"某所闻止是,请各言所闻。"众有所闻即言,无则曰:"约史所闻是矣。"于是约长副正皆出纠过位,东西立,约史书簿毕,约长谓过者曰:"虽然,姑无行罚,惟速改。"过者跪请曰:"某敢不服罪。"自起酌酒,跪而饮曰:"敢不速改,重为长者忧。"约正副史皆曰:"某等不能早劝谕,使子陷于此,亦安得无罪?"皆酌自罚。过者复跪为请曰:"某既知罪,长者又自以为罚,某敢不即就戮。若许其得以自改,则请长者无饮,某之幸也。"趋后酌酒自罚,约正副咸曰:"子能勇于受责如此,是能迁于善也,某等亦可免于罪矣。"乃释爵,过者再拜,约长揖之,兴,各就位。知约撤纠过席,酒复二行,遂饭。饭毕,约赞起鸣鼓三,唱申戒,众起,约正中堂立,扬言曰:"呜呼!凡我同约之人,明听申戒。人孰无善,亦孰无恶,为善虽人不知,积之既久,自然善积而不可掩,为恶若不知改,积之既久,必至恶积而不可赦。今有善而为人所彰,固可喜,苟遂以为善而自恃,将日入于恶矣;有恶而为人所纠,固可愧,苟能悔其恶而自改,将日进于善矣。然则今日之善者,未可自恃以为善,而今日之恶者,亦岂遂终于恶哉?凡我同约之人,盍共勉。"众皆曰:"敢不勉!"乃出席,以次东西序立,交拜,兴,遂退。

虽其后之效果未知若何,要可以见明儒对于民人合群集社之方法之思想。就其条文性质,较之吕、朱乡约,则吕、朱所言仅为通常乡里之人而发,阳明所指则为南赣特别待理之区。故吕、朱只重在淑身,而阳明则重在弭乱;朱约行礼先谒圣,王约立誓先奉神;吕约颇尚通财,王约唯严通贼。以是知儒者思想虽号迂阔,要必准情酌势,以祈因地制宜,初不肯执一概万,削足适履。今之朝订一法,暮成一规者,大抵出自学校讲义、各国成书,绝未实察国情,观其通变。至于集会通议,则又强令乌合之众,循行数墨,决之指臂屈伸之间。党派方隅,意见杂出，潦草成编，唐为文具而已。呜呼！

吕、朱、阳明所立乡约，各有不同，而所同者曰书籍记过。朱约以默观过籍为法，王约则昌言于众且令酌酒自罚。以常情论之，此必不可行者也，然今之集众议事者互讦于党，喧争于座，相殴于大庭，群曳于衢路，旁听者战指，警卫者目笑，腾谤报章，稔恶专电，盖几于数见不鲜矣。所少者，一切议会之法规无自绳其过恶之明文耳，无此明文，即自居为神圣，虽为天下之人鄙贱斥辱，比之畜类，亦可掩耳盗铃。行所无事则立一法，曰与议者有过必相责、必自讼，于议者之价值无若何贬损也？岂独无贬损，正可以养其廉耻，使先有所顾忌而不敢为非。盖养成高尚之风气，则虽薄罚，而亦不啻大辱也。夫以怙恶自恣者之心理，虽加以毒詈痛挞，犹必出死力强辩而不甘自承，此岂约史一书遂能使之蘧然内讼者？然人心之良，古今未必相远，苟群出于至诚恻怛之忱，谓若之过为众所愿分而不幸使若独尸其咎，是感化非惩戒，未始不可化莠为良也。

乡约之法，明季犹有行者，观陆桴亭《治乡三约序》可见。

> 陆世仪《治乡三约序》：乡约也、社学也、保甲也、社仓也，四者之名，人莫不知，四者之事，人莫不行。四者之中，乡约为纲而虚，社学、保甲、社仓为目而实。今之行四法者，虚者实之，实者虚之，纲者目之，目者纲之。此其所以辜辜矻矻而终不能坐底三代之法也。（此序作于崇祯庚辰，故知明季各地犹行乡约之法。）

桴亭悯其敝，根据《周官》，参酌吕、朱、阳明乡约之意，分教、恤、保三约，以备立法者之采择。明清之交，巨儒宿学论治之书虽多，未有及之者也。世徒盛称《明夷待访录》及颜、李之书，以为能识治本，兼与西方政教原理相合。独未有举桴亭之书，以明中国儒者研究乡治之法制者，洵可谓弃周鼎而宝康瓠矣。谨为表之，以殿吾文。

陆世仪《治乡三约》

治乡之法：每乡约正一人。《周礼》：国中称乡遂，野外称都图。今制，城中为坊铺，城外称都图，即《周礼》遗意也，然可通谓之乡。乡无长不可治，今拟每乡立约正一人，城以坊铺、乡以都图为分域，以本乡中廉平公正宿儒耆老为之，凭一乡之公举。（凡举约正，不可概凭里甲开报，须细心采访。每乡多举三四人，精加选择，誓于神、诏于众，隆其礼貌，优其廪给，委之心膂而用之，宁择而后用，毋用而后择。)

约正之职,掌治乡之三约:一曰教约以训乡民,一曰恤约以惠乡民,一曰保约以卫乡民。教约即社学之意,恤约即社仓之意,保约即保甲之意。以其总统于乡约,故谓之约。训之惠之,又从而卫之,教养之义尽,兵食之备修矣。

以一乡之籍,周知一乡之事。教长有户口、秀民之籍,恤长有常平、役米之籍,保长有役民之籍。以教长之籍知教事,以恤长之籍知恤事,以保长之籍知保事。(据此,皆耆民之任,既设约正,则此皆约正之责,不必另设耆民矣,或即以耆民为约正亦通。)

岁时月吉,率其属而治会。会,乡约之会也,岁时正月及春、秋二社为大会,约正率三长听讲约于官府。其余月朔,约正自率其属于本乡宽大处所为之。

教民读法饮射。讲约从来止讲太祖圣谕,亦言习久生玩,宜将《大诰》、律令及孝顺事实与浅近格言等书,令社师逐次讲演,庶耳目常易,乐于听闻,触处警心,回邪不作。其习射则视土地之宜,北方弓矢易办,南方卑湿,筋角易弛,又价高,难概以强人。其有绅衿子弟能制弓矢者,听自为社,其余乡勇、役民,令习弓弩,亦可。然其价值,亦须于恤长公费中给之。

考其德行而劝之,纠其过恶而诫之。德行如孝友、睦姻、任恤之类,反是谓过恶。劝诫,谓有小善、小过则于会中对众而称奖、训诫之也。其有大善、大过,则闻于官府,或于大会时行赏罚。

凡公事,官府下于约正,约正会三长议而行之。公事,谓钱粮户役、地方公事。

凡民事,亦上于约正而行官府。民事亦公事也。

民有质讼,大事决于官府,小事则官府下于约正,约正与教长平之。民间之讼,官府理之则愈棼,平之则竟息者也。尝见民间有一小讼,经历十数衙门而所断仍枉,两造倾家,又是朝廷所设问刑衙门较别衙门为多,而天下未尝无冤民。且朝廷所设之官无非日逐为民间理讼事,而军国大事则多付之不问,此皆相逐以利耳,非真为天下理冤抑也。我明开国之初,每州县设立申明亭,坐老人于中,断乡曲之事。其法甚佳,盖真见终讼无益,而欲使民无讼耳。处以约正,亦老人之意也。与教长共平之者，终欲教诲之不底于法也。

凡乡之土田出入，谨其推收，掌其税事。土田有买卖则有推收，有推收则有税事，此一定之法也。今民间岁一推收，每至秋冬过户，太迟催办不便则民病，或作假契，或贿吏书，彼此扶同，希漏国税，则官病。今法，凡买卖田产者，彼此俱要书该约正长名氏，取其花押，无者不准买卖，其中金即分其半以为约正长养廉之资。既立契后，即行推收过户，使民间无产去粮存之弊；既推收后，即完官税，使国家无漏税之虞，诚两便之法也。

凡乡之民事，年终一上于官府。民事，谓图籍之类。三约之籍，三长任其劳，约正主其册，存其副而上其正于官府，所以赞治也。

官府受而藏之，以周知各乡之事。天子岂能周知天下之事？赖天下之有民牧。民牧岂能周知各乡之事？赖各乡之有乡正。此有国家者所买乎相助为理也。

凡三长之能否皆书之，岁终则庀其职事，以赞于官府。凡民之善否，三长书之，三长之能否，约正书之。职详职要各有其司也，谓之曰赞。其三长之黜陟，又非约正所得专矣。

约副三人，一曰教长，以任教约；一曰恤长，以任恤约；一曰保长，以任保约。教长以知书义者为之，恤长以富厚公廉者为之，保长以有智力者为之，皆听约正及一乡之人公举。

教长之职，掌一乡之教事。教孝、教友、教睦、教姻、教任、教恤。

主户口、秀民之籍，主谓主其造册、登记之事也。籍成则进于约正，约正受而藏之。职藏者不得记注，职记注者不得藏。

令民十家为联，联有首；十联为社，社有师。此即《周礼》比闾族党之制也。联首以诚实者为之，社师以学究知书者为之，皆听约正同教长编举。其编联之法，官以册式下于约正，约正下于教长，教长下于社师，联首乃率编户之民就社师而实书其户口之数以进于教长，教长进于约正，约正同教长核实而藏之，上其副于官府，官府据之以为定籍。（编联之法不得一字排去，须对面为佳，并联首为十一户，十联并社师为一百一十户。其有地势民居不联络者，不妨奇零开载，不必拘之十数为一联。约正主载，其有寺院庵观亦须开载。）户口之数，最不可不实，此王政之本、致治之源也。施政教、兴礼乐、治赋役、听狱讼、简师徒、行赈贷,万事皆根本于此。与今保甲之法略同,但保甲主于诘奸,民望而畏之,则多方规避脱漏。今立联社之法主于行教化天下,而可有一人自外于教化者乎? 故户口之籍,最要详细确实。其有脱漏作奸者,本户及联首、社师同罪,甚者罪教长并及约正。有国者能于此细心致力,则治民之道且过半矣。虽然,有虑焉,使长民者而得其人,则此法行如明道之治扶沟,无一民一物不入其照鉴者也。不然,吕惠卿之手实法亦去此不远矣。

使之相爱相和亲,有罪,奇衺则相反。此即《周礼》之文。相爱相和亲,孝友、睦姻、任恤之事也。相反即连坐之意,然法有当连坐、不当连坐者,如盗贼奸恶,知情不举之类,此当连坐者也;其余隐微之罪,作者日应独承,若概连坐,则同秦法。

以教法颁四境之社师,而俾教其童蒙。此即社学之法也,所以端其蒙养,使之习与性成,而后无不可教之民。人人亲其亲,长其长,而天下平也。社学旧有定制,不过使之歌诗习礼,以和平其心、知血气而已。今则多教之作文,诱之考试,徒长奔竞,益坏风俗。愚谓文胜之时,教童子者当教以朴,使人心留一分淳古,则世道受一分便益。宜令童子凡读书、写字,但从所便,各自择师外,惟于每月朔望赴本社社师处,择宽大处所歌诗习礼先圣先贤,其有声容端好威仪闲习者注善,有举止疏忽跳踉不驯者注过。习礼既毕,教长即以孝友、睦姻、任恤之道,约举放事,随宜讲导。遇讲约大会,则社师各举其善者进之于会所,官府试其善否而记注之。盖歌诗习礼虽若迂阔,然童子无事,无善过可考,一试之声容,则其人材之能否、心气之平躁,可以立见,勿谓古人礼乐为糟粕,亦后人未识其精意耳。

凡乡之冠、昏、饮酒、祭祀、丧纪,教其礼事,掌其禁戒。此皆齐之以礼之事也。冠、昏、丧、祭有《文公家礼》诸书,斟酌而行之可耳。

及期将试,则书其秀而升之于官,凡户口术业,前册明载,则凡民之秀为上者已知之矣。此复录而进之,便于览也。其教长所书名字,有不合于前册者则罪之。

凡乡之地域广(东西)轮(南北)及沟涂、封洫皆图之。地图与鱼鳞册向以属之画工及耆正、里区。今既有约正、三长,则此为正长之任矣。必属之教长者,以教长知书而能文墨也。地图险易,所以慎固封守；鱼鳞图册所以分田制赋，皆为国要事。而今之长民者率视为缓局，即有知其为要而行之无法，督之太骤，地图则疏脱不准，图册则作奸滋弊。宜用张子厚经界法，每三百步立一标竿，纵横四方，成一井字，如今地图之画方，计里以绳约之。图其四至，散之则各呈方形，合之则横斜、曲直不失尺寸，不特地形有准，而每方之中，步口一定，则田亩之数有不待丈量而分毫难遁者。此真至简至妙之良法也，细琐不能尽述，详具于《思辨录》中。

凡质讼，联首社师辨其诚伪而司其责。凡小民质讼，必命书某乡、某社、某联第几户某人，仍告于联首、社师及四邻。必实有不平始令之讼，如虚伪，则联社俱有罚。其证佐非必不可少者，毋得越四邻。

岁时月吉则佐约正读法于会，振铎以令之，扬其夏楚而威之，辨其美恶为登之籍。讲约既毕，约正进父老面问之，参稽众说以定美恶劝罚，教长承命而书之，以授于约正。凡劝罚量以银米布帛之类，听约正临事酌之可也。

恤长之职，业一乡之恤事，凡周贫乏、恤死丧皆是。

主常平义仓粟米出入之籍，常平义仓各为一籍，籍成，进于约正，与教长同。

令民岁为常平置义仓，以供公事。常平之法，迹似社仓，寄之于高大寺院，恤长司其事，领于约正。地方官长亲至寺中作兴开导，或量助俸银以为之倡。恤长设立簿籍，劝募本乡绅衿、富户、商家，出米多少一惟其愿，其米俟秋收米价平时听人先后进仓。进仓时即面同书之于籍，其下注明当时米价若干，盖早晚之间价色有不齐也。俟明岁五六月间青黄不接，米价或长，则恤长闻于官府，请官府及本乡中好义乐善诸人齐集寺中，设法赈粜。其法视时价不宜太减，太减则奸民乘之而射利矣。粜毕后合算米价，共得多少，还其原本，再俟秋收另行劝募。以常平为母，以义仓为子。凡常平有余息则入子仓，其外或一乡之中有得罪而愿出粟以赎者，有愿助为公田以济物者，亦设一处公所公同收储，监以恤长，领于约正。俟有公用，则闻于官府，酌而用之。

凡有鳏寡孤独，则闻于官府而养之，国家向设养济院，专为此四者，今恤孤粮是也。此项粮米向为大户吏书侵没，即略有给发又大半蠹于强乞,官府能清厘而整顿之,不必烦恓长也。但本乡之中有此等人,官府不知,须恓长开报。约正核实闻于官府,然后可以入院。

岁荒则设粥赈济。此不常有之事,偶一有之,则恓长之职也。设粥赈济,向苦无管领之人,每县止设一二处则弊多而法坏矣。今既每乡有恓长,则一乡止食一乡之人,清楚易辨,其有流民就食者,则官府另为设法,或分食于各乡,亦至便也。

夏秋籴贵,则以余米给役民之食。余米即义仓中所储,给役民法见保长条下。

岁时月吉,则佐约正读法于会。会其出入之数,验其贫寡之实而登之籍。出入,常平义仓之出入也。贫寡,役民及鳏独之类。会谓总结一月之事。

保长之职,掌一乡之保事,凡水火盗贼之属。

主役民之籍。役民,谓一乡之贫而可役者。籍成则进于约正,与恓长同。

令民五人为伍,伍有夫,五伍为队,队有士。凡乡之土功,皆率其属而致事。土功,谓如筑城、浚堤、修葺廨宇之类。

农功之隙,以时兴修水利,则庀其畚锸以听于官。兴修水利,地方之要务也。古者或因之而置开江军土,亦以其早晚呼集之易至,约束之易齐耳,然总不如役民之法之为得也。

暇则颁以射法,教之击刺,习之守御。射则统矢及弩,击刺则梃刃,守御则城操,皆有法则,皆宜训练。

国有大故,则率其属而授兵登陴,事毕而解。(城操法另载别篇)凡盗贼水火之患皆司之,谓本乡之事也。

夏秋籴贵,则率其属而受廪于恓长。常平之法止可概之于民,若役民则国家之所役,无以惠之,不可使也。但每月给廪,力有不能,宜于五六七三月青黄不接米价涌贵之时,每人日给米一升,三月共给九斗。虽千人之众,每年不过千百,所费少而所养多,为可久也。其费出义仓,恓长主之。

凡乡之役事,皆与之饩廪而役之。其费总出义仓,不足则另为设处。

岁时月吉,则佐约正读法于会,比其劳逸而书之,辨其勇力以登

于官府。比其劳逸，所以均其饩廪，辨其勇力，或为战士，或为官府之爪牙也。既登之后，役民数缺则仍补之，

凡乡之教事责教长，恤事责恤长，保事责保长，三长非其人责约正。约正之邪正，官府治之。一乡之中，凡联首、社师有不得其人者，皆须随时更易，不言之者，省文也。三长不称职，则于年终之时约正白于官府而请易。至于约正，则必俟岁终合一乡之公评而诛赏，不得数数废置也，此亦久任之意也。

自黄帝以至朱明，乡治之事迹理想具如右述。《周官》《管子》以迄《元典章》《明会典》皆尝实行，蓝田、阳明之乡约，实行于一地而未普及，晦翁、栲亭则纯乎理想。然复而按之，文义有出入而宗旨则一贯，斯实吾国数千年政治之骊珠也。满清以异族入主中夏，读书者因文网之密，不谈政治，乡约保甲之法，视明益敝。湘军以团练兴，徒为弋利猎爵计，不知自治其乡。于是古谊沦亡而欧美政术乃乘其隙而阑入，迄今虽吸取未尽，而流弊之甚已无可讳。夫国家者，地方之积也。地方不治而期国家之治，犹之骸骨腐朽而欲若人全体健康，此必不可能之事也。吾国治术在尚德，然民德之迤逦堕落，灼然可见，仅仅巨儒长德以其言论思想补救偏敝于万一，已不啻朽索之驭六马，至并此朽索而去之，纵其猖狂眢乱，谓可以一新天下人之心志，是则吾所百思不得其解者也。吾尝谓今之形势，为一国执政易，为一乡领袖难。为一国执政不求彻底之改革，但为一时粉饰敷衍之计，此稍稍有才器者能之，为一乡领袖实行今之自治法规，而求其乡之隆隆日上，犹之蒸砂为饭，永不可熟。何则？一国之彻底改革，全在各个县乡之彻底改革；各个县乡之彻底改革，又在各个县乡之个人彻底改革，执今之议会法求之能得否乎？回心内向，人治其身，自有法在，然而非今所谓法也。

（原载于 1923 年《学衡》第 17、第 21、第 36 期）

整理人：迟希文，东南大学人文学院博士研究生

《中国文化史》弁言

柳诒徵

　　往牦学校讲席，草创文化史稿，管窥蠡测，无当万一，未敢以问世也。吴君雨僧猥附之《学衡》社友论撰，缪赞虞、张晓峰诸子设钟山书局，复因中华纸版印布千部，蜀中又有线装本及缩印本，转相流布。复视之，恒自愧汗，不足语于述作。既病懒，复牵迫他务，不克充其意增削之，良惧传播之误学者。顾是稿刊布后，梁新会有纵断之作，才成一二目，未竟其绪。王君云五复鸠各作家分辑专史，所辑亦未赅备，且分峡猥多，只可供学者参考，不便于学年学程之讲习。又凡陈一事，率与他事有连，专治一目者，必旁及相关之政俗，苟尽芟重复，又无以明其联系之因果，此纵断之病也。他坊肆有译籍及规仿为之者，率不餍众望。荏苒迄今，言吾中国文化，盖尚未有比较丰约适当之学校用书。吴君士选乃为正中书局订约复印是稿，且属再为弁言。嗟乎！此覆酱瓿之本，阅廿年无进境，尚安足言，无已，姑仍其管蠡言之。

　　史非文学，非科学，自有其封域。古之学者治六艺，皆治史耳。故汉志有六艺，不专立书目。刘宋以史俪文、儒、玄三学，似张史学，而乙部益以滋大。顾儒学即史学，而玄又出于史，似四学之并立未谛。近世学校史隶文科，业此而隽其曹者称文学博士，名实诡矣。西国史籍之萌芽，多出文人，故以隶文科，与吾国邃古以来史为政宗异趣。近人欲属之科学，而人文与自然径庭，政治、经济、社会诸学皆产于史，子母不可偶，故吾尝妄谓今之大学宜独立史学院，使学者了然于史之封域非文学、非科学，且创为斯院者，宜莫吾国若。三二纪前，吾史之丰且函有亚洲各国史实，固俨然有世界史之性。丽、鲜、越、倭所为国史，皆师吾法。夫以数千年丰备之史为之干，益以近世各国新兴之学拓其封，则独立史学院之自吾倡，不患其异于他国也。

　　吾国圣哲遗训曰：立天之道曰阴与阳，立地之道曰柔与刚，立人之道曰仁与义。持仁义以为人,爰以参两天地,实即以天地之道立人极,故曰天地之道,博也,厚也,高也,明也,悠也,久也。博厚配地,高明配天,悠久无疆。又曰:唯天下之至诚,为能尽其性;能尽其性,然后能尽人之性;能尽人之性,然后能尽物之性;能尽物之性,则可以赞天地之化育;可以赞天地之化育,则可以与天地参矣。人之性根于天地,汩之则日小,而人道以亡;尽之则无疆,而人道以大。本之天地者,极之参天地,岂唯是营扰于物欲,遂足为人乎!故古之大学明示正鹄:曰明明德,曰亲民,曰止于至善。立学校,非以为人之资历,为人之器械也。又申之曰:古之欲明明德于天下者,先治其国;欲治其国者,先齐其家;欲齐其家者,先修其身;欲修其身者,先正其心;欲正其心者,先诚其意;欲诚其意者,先致其知;致知在格物。又曰:自天子以至于庶人,壹是皆以修身为本。庶人修其身,不愧天子;天子不修其身,不足侪庶人。此是若何平等精神。而其大欲在明明德于天下,非曰张霸权于世界,攫政柄于域中也。彝训炳然,百世奉习,官礼之兴以此,文教之昌以此。约之为史,于是迁、固之学为儒之别于史之祖构者,亦即以此。迁之言曰:"夫学者载籍极博,犹考信于六艺。"又曰:"究天人之际,通古今之变,成一家之言。"固之言曰:"修六艺之术,观九家之言,舍短取长,可以通万方之略矣。"又曰:"凡《汉书》叙帝皇,列官司,建侯王。准天地,统阴阳,阐元极,步三光。分州域,物土疆,穷人理,该万方。纬《六经》,缀道纲,总百氏,赞篇章。函雅故,通古今,正文字,惟学林。"呜呼!吾圣哲之心量之广大,福吾族姓,抚有土宇,推暨边裔,函育万有,非史家之心量能翕受其遗产,恶足以知尽性之极功。彼第知研悦文藻,标举语录,钻索名物者,盖得其偏而未视其全。而后史之阘冗,又缘政术日替,各族阑入,虽席圣哲之余绪,而本实先拨。顾犹因其服习之久,绵绵然若存若亡,而国史、方志、文儒之传记,得托先业而增拓其封畛焉。吾之谫劣,固不足以语史,第尝妄谓学者必先大其心量以治吾史,进而求圣哲、立人极、参天地者何在,是为认识中国文化之正轨。徒姝姝暖暖于一先生之言,扣盘扪籥(烛),削足适履,则所谓不赅不备一曲之士耳。

　虽然,世运日新,吾国亦迈进未已,后此之视吾往史,殆不过世界史中之一部域、一阶程,吾人正不容以往史自囿。然立人之道,参天地,尽物性,必有其宗主,而后博厚高明可推暨于无疆。故吾往史之宗主,虽在此广宇长宙中,若仅仅占有东亚之一方,数千祀之短晷,要其磊磊轩天地者,固积若干圣哲贤智创垂赓续以迄今兹,吾人继往开来,所宜择精语详,以诏来学,以贡世界,此治中国文化史者之责任。而吾此稿之择焉不精,语焉不详之不足副吾悬想,即吾所为复视而愧汗者也。迁《史》曰:述往事,思来者。吾岂甘为前哲之奴,正私挟其无穷之望,以企方来之宗主耳。

一九四七年夏五月

(原载于《江苏文化》1947 年第 1 卷第 2 期)

清代山东经营地主社会性质的几个问题

——答威尔金森先生

罗　仑[*]

　　1973 年 10 月，我们收到英国伦敦大学威尔金森先生（Endymion Wilkinson）从日本东京寄来的一封信，内称："我现在写这封信告诉你们，我刚完成了你们 1959 年的书《清代山东经营地主的社会性质》（山东人民出版社，济南，1959）的英文翻译工作。""目前，我正在为该书写引论，试图把你们的重要发现跟日本和西方对有关问题的研究联系起来。"当时，由于国内政治原因，我们未能对威尔金森先生的来信作复。直到 1978 年底收到美国哈佛大学东亚研究中心（Council on East Asian Studies Harvard University）寄来的英文版《清代山东经营地主的社会性质》（*LANDLORD AND LABOR IN LATE IMPERIAL CHINA：CASE STUDIES FROM SHANDONG*）一书后，我们方知威尔金森先生翻译的这本书已于该年收入由哈佛大学费正清教授主编的《东亚研究丛书》（*Harvard East Asian Monogrphs*；80），并在美国和英国伦敦同时发行。通过这一国际学术交流，我们有可能听到国外学者对我们的初步研究成果提出宝贵意见并从中受到教益。这是我们首先要向译者和出版者表示衷心感谢的！

　　英文版的出版者曾指出："译者所作的工作不仅限于翻译了这本书，他还写了一篇'引言'，那本身就是一篇重要的学术论文。"[①]这篇论文里对《清代山

---

　　[*]　罗仑（1936—2017），浙江富阳人。1980 年起任教于南京大学历史系，主要研究方向为明清史，著有《清代山东经营地主底社会性质》《苏州地区社会经济史》（明清卷）等。

　　[①]　Dwright H. Perkins, "Forward," Jing Su and Luo Lun, *Landord and Labor in Late Imperial China：Case Stdudies from Shandong* (Cambridge and London：Harvard University Press, 1978), p. v.

东经营地主的社会性质》（以下简称《性质》）一书的某些研究成果是肯定的。但是通观全文，在主要之点上，则与我们的分歧还是很大的。我们认为：清代山东经营地主已经是有别于租佃地主的、带有资本主义萌芽性质的经济体；而威尔金森先生则认为："直接经营农业与其说是'经营地主'这种特别类型的地主的特点，不如说是一般地主活动的一个方面。"[①]对于我们"断言山东某些地主已是'经营地主'而不是'租佃地主'的说法"，[②]他是持"保留"意见的。[③] 因此威尔金森先生提出了一些问题与我们商榷。本文拟就威尔金森先生在立论过程中向我们提出的几个问题作一初步回答，请威尔金森先生（以下简称威氏）指正，并就教于大家。

一、关于利润率和生产目的问题

威氏在论文中介绍说：《性质》一书的作者认为，经营地主"已开始为谋取利润而使用雇工来经营土地"。[④] 他不同意这个意见，故表示："显然估算一下地主农庄有多少是为家内消费而生产，有多少是为市场而生产是一个关键性的问题。"[⑤]于是威氏以太和堂李为例，就他家的收入、支出、纯利、土地投资总数和利润率算了一笔细账。

在收入方面，威氏是这样计算的，他说："李家全年生产全部谷物的最小值是 74 吨，家内人口、长短工、商店员工及其他约计 100 人消费约 24 吨。依此推算，最小值中的 50 吨或 67.5% 的总产量是准备出售的。""假定出售谷物中 2/3 是粗粮，1/3 是小麦，那么 50 吨谷物将会换回 1835 吊[⑥]（依据表 31，小麦的平均价格按每斤 25 文、粗粮价格按每斤 15 文计算）。""因为地主家有足够的仓库，因而能把谷物囤起来，等到春夏粮价涨至秋冬的二倍时再卖出。如果太和堂的谷物——小麦按每斤 35 文、粗粮按每斤 22.5 文出售（比前面的数值

---

① Endymion Wilkinson, "Introduction," Jing Su and Luo Lun, *Landord and Labor in Late Imperial China: Case Stdudies from Shandong*, p. 20.

② Ibid, p. 36.

③ Ibid, p. 2.

④ Ibid, p. 13.

⑤ Ibid, p. 27.

⑥ 威氏计算有误，应为 1843 吊。

涨一半)",那么 50 吨谷物将会换回 2667.5 吊。[①]

在支出方面,威氏是这样计算的,他说:"劳动者的全年工资额为 742 吊(按 14 个长工每人年薪平均 21.2 吊,加上 3600 个短工工作日,平均日工资为 124 文估算),土地税约 120 吊(按每亩 250 文估算),扣去宴会的消费,太和堂还剩下 975 吊(按威氏计算有误,此数应为 973 吊),再扣去牲畜饲料、猪饲料、留种、添置工具、修理费等等各种开支"348 吊,[②]共计支出 1210 吊。[③]

据此,威氏以前述出卖谷物后的总收入 2667.5 吊为基数,减去总支出 1210 吊,推算出太和堂每年农田经营所得的"最后利润是约 1500 吊"。

在计算农田经营的利润率时,威氏写道:"整个太和堂土地的全部开支的确实数是 9979 吊钱加 573 两(见表 2、3、4)[④],考虑到整个十九世纪期间货币的贬值以及要把两换算成钱,需要给以一定的补偿,可按 1(吊或两):1500(文)的比率进行换算,土地的全部开支当在 15000—20000 吊之间,如果以农庄获得的全年利润在 625[⑤]—1500 吊之间,那么全年的利润率将在 3%—10% 之间。"[⑥]

总之,经过威氏的计算,太和堂每年在农田经营中获得的纯利只在 625—1500 吊之间浮动,利润率只在 3%—10% 之间浮动。据此,威氏得出结论说:虽然经营地主"总农产品的大部分是走上市场"[⑦],但是"这些农庄从出售剩余产品中所获得的利润是不高的,可以假定他们最初的目的是供养地主家庭及其附属人口的需要"。[⑧]

我们认为威氏算的这笔细账存在着以下的问题:

第一,在收入方面,根据《性质》一书第 56 页提供的太和堂各种农作物栽种面积的数据,和第 138 页提供的太和堂各类农作物亩产量的数据,可以推算出太和堂每年生产粮食的最大值是 100.95 吨,最小值是 75.87 吨,平均值是

---

① 笔者据威氏提供的谷物新价格算出。

② 笔者据威氏提供的有关数据算出。

③ 笔者据威氏提供的有关数据算出。

④ 参见景甦、罗仑:《清代山东经营地主的社会性质》,济南:山东人民出版社,1959 年,表 2、3、4,第 51—53 页。

⑤ 此数是威氏按涨价前的总收入 1835 吊减去总支出 1210 吊计算得出的。

⑥ Endymion Wilkinson, "Introduction," Jing Su and Luo Lun, *Landord and Labor in Late Imperial China*: *Case Stdudies from Shandong*, pp. 28 - 29.

⑦ Ibid, p. 29.

⑧ Ibid, p. 37.

88.41 吨。鉴于太和堂的生产条件较优越,因此应以稍高于平均值的总产量和稍低于最高值的总产量,即载于《性质》一书第 57 页的 92.85 吨作为计算太和堂"纯利"和"利润率"的基数,才是较为合理的。其中,细粮(麦子和豆子)占 19.35 吨,粗粮(高粱、谷子、苞米)占 73.5 吨。[①]

当时太和堂家内人口、长短工、商店员工、流动人口及牲畜饲料消费总数为 47808 斤(约 24 吨),由此可见太和堂每年投入市场的商品粮食总数应为 68.85 吨。考虑到当时当地的习惯是长短工、商店员工、家内闲杂人员均以食用粗粮为主,故此项消费中的 40000 斤应于粗粮中扣除,剩下的近 8000 斤应于细粮中扣除。这样,在太和堂每年投入市场的商品粮食中,细粮大约是 30700 斤,粗粮大约是 107000 斤。如按威氏所说的小麦每斤 25 文,粗粮每斤 15 文计算,则小麦可换回 767500 文,粗粮可换回 1605000 文,总计可换回 2372500 文,可折合 2372.5 吊钱(而威氏的计算仅折合 1835 吊钱);如按威氏所说的小麦每斤 35 文、粗粮每斤 22.5 文计算(比前面的价格涨 50%),则太和堂每年出售商品粮食后的总收入可折合 3558.75 吊(而威氏的计算仅可折合 2667.5 吊钱)。

第二,在支出方面,威氏按 14 个长工每人年薪平均 21.2 吊,加上 3600 个短工工作日,平均日工资 124 文计算,得出太和堂每年付给长短工的工资总额为 742 吊。我们认为在具体计算太和堂长工的工资支出时,不应以长工的平均工资额来进行计算,而应按太和堂所雇各类长工不同的工资等级和实际雇工数来进行计算。太和堂在光绪末年雇佣了大伙计 1 名、二伙计 6 名、牛倌 1 名、羊倌 1 名、小觅汉 2 名、女做饭 2 名,共计 13 名。参考《性质》一书第 72 页所载的《光绪三十年(1904)前后树荆堂长短工工价表》,当时大伙计的年薪是 32000 文、二伙计的年薪是 24000 文、牛倌的年薪是 20000 文、猪倌的年薪是 8000 文、小觅汉的年薪是 4000 文、女做饭的年薪是 8000 文。据此计算,太和堂每年支付给长工的工资总额为 228000 文,折合 228 吊,再加上支付给短工的工资数 446.4 吊,则太和堂全年支付给长短工的工资总额应为 674.4 吊(而威氏则计算成 742 吊);再扣去土地税 120 吊,尚余 2764.35 吊[②]。此外,威氏把牲畜饲料、猪饲料、留种、添置农具和修理费这五项开支定为 348 吊,我们认

---

① 《太和堂全年粮食收入、分配约量表》,景甦、罗仑:《清代山东经营地主的社会性质》,第 57 页。表中"共计"栏内的 1850 误,应作 1857。特此更正。

② 按以下算式得出此数:3558.75(总收入)—674.4(工资总支出)—120(土地税支出)=2764.35

为是不妥当的。因为牲畜饲料和猪饲料这两项支出,已包含在出售商品粮食之前用去的 24 吨粮食之中了,不应该在此重复支出。① 而留种一项支出是很少的,在《性质》一书中我们作过如下的说明:"经营地主支出种籽一项,约占亩产量的百分之一。"② 按照亩产平均 300 斤计算,每亩只需留种 3 斤。再说,农具的更新速度是很缓慢的,有些中小型农具的维修尚可自行设法解决,因此每年在这方面的开支也是有限的。鉴于以上这些实际情况,我们认为,将剩下的留种、添置农具和修理费这三项开支从威氏所说五项开支总数中减去五分之三,定为 139.2 吊才是合理的。③ 据此,则太和堂在工资、土地税、留种、添置农具和农具修理方面的总支出应为 933.6 吊④(而威氏则算成 1210 吊)。

第三,在纯利的计算方面,根据我们的计算应为 3558.75 吊－933.6 吊＝2625.15 吊(而威氏则算成在 625—1500 吊之间)。

第四,在利润率的计算方面,威氏把太和堂在 472 亩土地上的投资总额估计在 15000—20000 吊之间,这样一来,就把太和堂收购每亩土地时所付出的平均价格哄抬到 31000—42000 文的高度。这是不符合太和堂历年收购土地时所付出的实际平均价格的。为了说明这个问题和统一计算标准,现将太和堂在乾隆、嘉庆、道光、咸丰、同治和光绪年间用制钱购买的土地亩数及其所支付的实际价格列表如下:

表 1

时间		面积	价格	时间		面积	价格	备注
乾隆	三十五年	3.3 亩	44 千	乾隆	四十八年	9.75 亩	89 千	本时期用 1474 千钱购进 114.91 亩地,平均每亩付钱 12.8 千
	四十年	1.5 亩	30 千		五十一年	3.0 亩	42 千	
	四十一年	22.5 亩	296 千		五十二年	16.34 亩	214 千	
	四十三年	21.05 亩	215 千		五十五年	15.5 亩	259 千	
	四十四年	15.45 亩	209 千		五十九年	3.4 亩	32 千	
	四十六年	3.15 亩	44 千					

---

① 参看《太和堂每年粮食收入分配约量表》中"其他"支出一栏中的备注。景甦、罗仑:《清代山东经营地主的社会性质》,第 57 页。

② 景甦、罗仑:《清代山东经营地主的社会性质》,第 143 页注文。

③ 按以下算式得出此数:348×0.4＝139.2。

④ 按以下算式得出此数:674.4(工资总支出)＋120(土地税支出)＋139.2(留种、购置农具与修理费支出)＝933.6。

(续表)

	时间	面积	价格		时间	面积	价格	备注
嘉庆	十五年	6.0亩	105千	嘉庆	十九年	0.11亩	60千	本时期用807千钱购进22.72亩地,平均每亩付钱35.5千
	十八年	4.05亩	242千		二十年	12.56亩	400千	
道光	二年	2.4亩	38千	道光	五年	3.6亩	75千	本时期用511千钱购进17.3亩地,平均每亩付钱29.5千
	三年	0.3亩	5千		十四年	3.0亩	143千	
	四年	8.0亩	250千					
咸丰	四年	2.4亩	47千	咸丰	九年	2.46亩	80千	本时期用1025千钱购进34.7亩地,平均每亩付钱29.5千
	七年	11.28亩	278千		十年	7.5亩	240千	
	八年	7.5亩	240千		十一年	3.6亩	140千	
同治	元年	3.3亩	92.2千	同治	九年	1.5亩	57千	本时期用756.2千钱购进43.92亩地,平均每亩付钱17.2千
	六年	4.02亩	177千					
	七年	35.1亩	430千					
光绪	三年	6.9亩	140千	光绪	十八年	8.1亩	340千	本时期用4483.5千钱购进126.276亩地,平均每亩付钱35.5千
	四年	7.413亩	186千		十九年	5.022亩	230千	
	五年	14.7亩	557千		二十年	3.45亩	162千	
	六年	15.6亩	463千		二十五年	2.4亩	70千	
	十一年	2.1亩	10.5千		二十六年	2.4亩	145千	
	十二年	9.9亩	330千		二十七年	19.8亩	706千	
	十三年	0.9亩	60千		二十九年	3.0亩	107千	
	十四年	5.7亩	190千		三十年	6.0亩	180千	
	十六年	3.0亩	405千		三十一年	3.0亩	70千	
	十七年	6.891亩	132千					

　　上表表明,太和堂历年收购土地所付出的每亩平均价格因时而异:乾隆时期为12.8吊;嘉庆时期为35.5吊;道光时期为29.5吊;咸丰时期为29.5吊;同治时期为17.2吊;光绪时期为35.5吊。如果将以上各个时期的每亩平均价格加在一起再除以6,则可推算出太和堂历年收购土地所付出的每亩平均价格并非如威氏所计算的那样高达31—42吊,而是26.6吊。据此推算,太和

堂在采用雇工经营方式的 472 亩土地上的投资总额为 12555.2 吊。[①] 如前所述,既然太和堂每年可从土地经营中获得 2625.15 吊的纯利,由此可知太和堂每年在土地经营中所获得的利润率高达 20.9%,并非如威氏所计算的那样只有 3%—10%。

在此还需要补充说明的一点是:当我们衡量经营地主的利润率是高还是低时,是以与租佃地主作对比为前提的,否则,衡量孰高孰低就失却了标准。试想:如果太和堂将采用雇工经营方式的 472 亩土地全部出租给佃户耕种,那么每年所获得的利润率又将是多少呢? 在前面的运算中可以看到决定利润率高低的主要因素有两个:其一,要看亩产量是高还是低? 其二,要看抛入市场的商品谷物量是高还是低? 在《性质》一书中,我们曾指出:即使在经营面积、生产条件、集约投资和产量完全相等的情况下,经营地主所售出的商品谷物数与租佃地主所售出的商品谷物数之间的比例也将是 7:3。[②] 如从佃户的亩产量一般比经营地主低一倍的实际情况出发来考察[③],那么经营地主与租佃地主在耕地面积相等的条件下,出售商品谷物量的差距将变为 7:1.5。这表明太和堂如将 472 亩土地出租给佃户耕种,用同样的算法,其利润率将只能在 4%上下浮动。

只要经过这样一番对比,再回过头来看看前述 20.9%的利润率,那么,威氏说经营地主在出售剩余产品中所获得的利润"不高",就难以成立了。既然利润率"不高"这个论据不能成立,那么威氏根据利润率不高所得出的那个关于经营地主最初的生产目的是"供养地主家庭及其附属人口的需要"的结论,也就值得商榷了。

二、关于经营地主怎样与城市挂钩的问题

威氏在论文中提问:"地主的经营与城市的需求实际是怎样挂钩的?"他说:"作者几乎没有或者根本没有试图说明地主为城市(作者在书中第一部分

---

① 按以下算式得出此数:26.6(每亩平均价格)×472(雇工经营面积)=12555.2。
② 景甦、罗仑:《清代山东经营地主的社会性质》,第 145 页。
③ 景甦、罗仑:《清代山东经营地主的社会性质》,第 138—141 页。

考察了城市的发展)积累资金或提供工业原料的问题。"①其实,这个问题,我们在《性质》一书中虽然没有列出一个专章来谈,但是如果把各章节中的有关内容集中起来,恰恰说明这正是我们在书中重点论述的问题之一。

例如在第一章第一节中,我们对山东境内的几个在商品经济发展的基础上与周围农业生产的发展休戚相关、与国内市场的发展休戚相关的商业手工业城市进行了考察。它们是:山东西北部的临清、南部的济宁以及中部的周村和颜神镇(博山)。其中,临清和济宁是在明代发展起来的,周村和颜神镇是在清代乾隆以后才迅速发展起来的。我们之所以要研究这几个城市,正是为了探讨它们的发展(如临清、济宁)和兴起(如周村、颜神镇)对农村产生怎样影响的问题。在《性质》一书中,我们曾把被调查的 134 家经营地主②所分布的 46 个县划分为济南—周村区、运河区、鲁北区、山东半岛区和鲁西—鲁南区。这种划分的本身,也是为了要探讨各区经营地主的数量和雇工经营面积与各区城市的分布状况和商品经济发展的程度是否有什么关系的问题。我们认为:经营地主在山东全境五个地区之内纷纷出现并不是偶然的经济现象。从各区的具体情况来看,在济南—周村区里,有 43 家将 51%—100%的占有地采用了雇工经营,占该区调查总数(55 家)的 78.2%。这一情况的出现,不仅与该区存在着像周村、颜神镇(博山)这样著名的新兴城市和像济南、益都这样著名的古城有关,也应当与该区自康、雍、乾、嘉以来存在着以齐东县为中心的黄河下游南岸之产棉区有关。在运河区里,有 6 家将 51%—100%的占有地采用了雇工经营,占该区调查总数(11 家)的 54.5%,这不仅与该区存在着像临清、济宁这样著名的商业手工业城市和像德州这样著名的古城有关,也应该与该区自康、雍、乾、嘉以来存在着以济宁为中心的山东西南部之商品粮食产区有关。在鲁北区里,虽无著名的新兴城市或古城,但也有 19 家将 51%—100%的占有地采用了雇工经营,占该区调查总数(22 家)的 86.4%。这种情况的出现,当与该区自康、雍、乾、嘉以来即存在着以临邑县为中心的黄河下游北岸之产棉区有关。在鲁西—鲁南区,有 11 家将 51%—100%的占有地采用了雇工经营,占该区调查总数(27 家)的 40.7%,这不仅与该区存在着像兖州这样的古城有关,而且还应与该区自康、雍、乾、嘉以来即存在着以沂水、莒县为中心

---

① Endymion Wilkinson, "Introduction," Jing Su and Luo Lun, *Landord and Labor in Late Imperial China*: *Case Stdudies from Shandong*, p. 37.

② 太和堂李、树荆堂毕、进修堂孟这三家典型地主,加上另外 131 家经营地主,共计为 134 家。

的山东东南部之商品粮食产区和以郓城为中心的山东西南部之棉产区有关。在山东半岛区，只有 2 家将 66.6％的占有地采用雇工经营，而将占有地的 100％采用雇工经营的一家也没有，这固然反映了本区商品经营发展程度较弱的事实，但是若将这一事实与济南—周村区相对比，后者竟有 34 家将占有地的 100％采用了雇工经营。前者占调查总数的 0％，后者占调查总数的 61.8％，从这两个地区相对比的事实中，更说明了经营地主的分布与采用雇工经营的面积之大小，是与地区性的商业手工业城市的发展水平和商品经济发展的程度息息相关的。总之，经营地主在山东全境的出现和各区之间显示出来的上述不平衡性，正是城市商品货币经济昂首阔步闯入农村从而使地主阶级中的经营地主阶层日益卷入城乡商品经济漩涡之中的一个极好例证。

下面我们再进一步从供求关系上来说明经营地主与城市的需求实际上是怎样"挂钩"的。

先谈经营地主一方：

从"供"的角度看，如前文指出的：由于经营地主在相同的土地面积上，因采用雇工经营方式，而能得到比租佃地主多得多的商品粮食，如果地处产棉区（如临邑、聊城、夏津、范县等地），则能得到比租佃地主多得多的商品棉花。无疑，经营地主手中的这批商品粮食或经济作物是一定要投入城镇市场的。例如太和堂每年抛向周村市场的商品粮食就有 137700 余斤，而另一家经营地主兼丝织手工工厂和毡帽作坊主——树荆堂每年生产的商品粮食也是在相距仅 30 余里的周村市场上抛出的。至于经营地主抛售棉花的情况，由于 1957 年未去产棉区作典型调查，手中尚无具体数据。但是在上述临邑、聊城、夏津、范县四个产棉区里我们了解到至少存在着先后在光绪十八年、二十年、二十一年、二十六年和光绪末年进入全盛时期的 7 家经营地主，其雇工经营面积分别为 650 亩、230 亩、260 亩、400 亩、140 亩、200 亩和 700 亩。从有关的文献记载来看，早在明朝万历二十九年（1601）邢侗所修《临邑县志》中就载称：临邑"木棉之产，独甲他所"[①]；入清以后，雍正《古今图书集成·职方典·东昌府物产考》则载："夏津、恩县、范县，宜木棉，江淮贾客列肆赍收，居人以此致富。"同

---

① 同治《临邑县志》卷 2《地舆志下·风俗》，《中国地方志集成·山东府县志辑》，南京：凤凰出版社，2004 年，第 15 册，第 56 页。

书又说,棉花"六府皆有之,东昌(今聊城)尤多,商人贸于四方"。① 这说明,上举 7 家经营地主种棉的可能性是很大的。如果是这样,那么他们每年向市场抛售的商品棉花,为数也将是可观的。我们认为,能够说明经营地主与城市"挂钩"情况的还不仅限于他们向城市提供商品粮食和经济作物这一个方面,从 134 家经营地主中还有些开设了缫丝坊、机坊、染坊和毡帽坊的这个事实中,尚可进一步看到经营地主兼手工工场主向城市提供手工业半成品(如缫丝),甚至手工业成品(如完成织染工序的丝绸)的明显例证。关于这一点,树荆堂显示得尤为突出。早在乾隆年间毕丰涟只有一架织机时,织出来的绸子就由他自己扛到周村市场上零卖给当地的座商。直到光绪年间毕家拥有 72 架织机,雇工近百人,年产 3600 匹时,也是全部抛售在周村市场上,被当地的座商收进。与此同时,树荆堂还开设了一座毡帽作坊,雇工百余人,产品亦直销周村。

从"求"的角度看,经营地主在大中型农具和运输工具的备置和更新上,势必求助于城市的供给。例如太和堂所需的大中型农具和运输工具,就多是从周村购进的。而树荆堂所需的原丝,除了从周村购进外,有时还到泰安、费县、莒县和栖霞等丝产地购进。

再谈城市一方:

从"供"的角度看,临清的著名手工业产品,有布首帕、丝首帕、毡、裘、绦、曲、屯绢、布、帛等产品,其中所织"帕幔,备极绮丽","羊裘""毡"的产品质量亦"甲于他处"②;济宁的著名手工业产品则与丝织品、榨油业、制酒业、铁器业的兴盛紧密关联;周村的著名手工业产品则有棉绸、粗布、绢丝、绸、绫和毡帽等等;颜神镇(博山)则以冶铁、采煤和制作陶瓷器著称于山东。所有这些产品,无疑有一部分是要面向农村市场的。

从"求"的角度看,临清需要收进附近地区的棉花、羊毛和染料;济宁则需要收进维持丝织业、榨油业、制酒业持续发展的各种原料如丝、豆类、花生与粮食等;周村则需要向周围农村和附近地区收进维持丝织业和棉织业持续发展的各种原料如家蚕丝、山茧、棉花等。特别是这些商业手工业城市为了维持生产还必须收进大量的食用粮食,例如临清,在乾隆《临清直隶州志·市廛》上就

---

① 《古今图书集成·方舆汇编·职方典》卷 255《东昌府物产考》,上海:中华书局,1934 年,第 21 页 a。

② 《古今图书集成·方舆汇编·职方典》卷 255《东昌府物产考》,第 21 页 a。

记载说:"地产麦谷不敷用,犹取资于商贩……其有从汶河来者,济宁一带之粮米也。"[1]这可以说是城市有求于农村的又一有力的例证。

综上所述,可见关于经营地主与城市需求实际是怎样挂钩的问题,在《性质》一书中,还是做了一些探讨的。因此,威氏说我们"几乎没有或者根本没有试图说明地主为城市积累资金或提供工业原料的问题",是没有多少根据的。

三、关于采用雇工经营方式的地主是
"经营地主"还是"租佃地主"的问题

威氏在论文中曾作了这样一个统计:他计算出《性质》一书中的 134 家经营地主总共"拥有 234678 亩地,其中 183003 亩(80%)租给佃户,只有 48675亩(20%)直接使用雇工"。[2] 据此,他说:"甚至像'经营地主'这样的范畴也多少是由于模式的需要,而不是从书后附录的资料中概括出来的(那些资料表明地主直接经营的仅占他们占有地的 20%)。"[3]据此,他说:《性质》一书中的资料所反映出来的"土地占有制度的全面的特征"是"绝大多数的地主占有地(包括经营地主在内)是出租给佃户耕种,并且占总耕地的 65%—80%是由小农自耕的。"[4]据此,他说:"所以直接经营不能被理解为已是地主经济极为普遍的管理方法,甚至对'经营地主'也不能这样说。"[5]威氏最后根据他所统计出来的上述数据得出结论:"直接经营农业与其说是'经营地主'这种特别类型的地主的特点,不如说是一般地主活动的一个方面。"[6]因此"断言山东某些地主已是'经营地主'而不是'租佃地主'的说法,甚至连作者自己提供的资料也不足以证明"。[7]

我们认为:威氏不作具体分析而笼统地把《性质》一书中的 134 家经营地主拥有土地的数字加起来得出一个总数,再算出其中租给佃户的土地占总数

---

① 乾隆《临清直隶州志》卷 2《建置志四·市衢》,《中国地方志集成·山东府县志辑》,第 94 册,第 341 页。

② Endymion Wilkinson, "Introduction," Jing Su and Luo Lun, *Landord and Labor in Late Imperial China:Case Stdudies from Shandong*, p. 17.

③ Ibid, p. 35.

④ Ibid, p. 34.

⑤ Ibid, p. 33.

⑥ Ibid, p. 20.

⑦ Ibid, p. 36.

的 80％,雇工经营的土地占总数的 20％,并据此得出上述结论,显然是不科学的。只要稍加分析,即可看出:威氏所以能算出以上的数据,只是因为在 134 家经营地主中,有 16 家的土地总数竟达 149890 亩,占 134 家经营地主拥有土地总数(233259.5 亩)的 64.3％!其中出租土地的总数为 145473 亩,占 134 家经营地主出租土地总数(184539.5 亩)的 78.8％!雇工经营的总数为 4417 亩,仅占 134 家经营地主雇工经营总数(48720 亩)的 9％。如果将这 16 家除去,则威氏所计算出来的数据不仅将大为改观,而且也将难以作为威氏立论的主要依据继续为威氏的结论服务。请看:如将这 16 家除去,那么另外 118 家经营地主拥有的土地总数将只剩下 83369.5 亩,而他们采用雇工经营的总面积则为 44303 亩,出租给佃户的总面积则为 39066.5 亩。这样计算下来,采用雇工经营的总面积将占这 118 家经营地主拥有土地总数的 53.1％,也就是说超过拥有土地总面积的一半以上!这是我们所以认为威氏的计算数据不科学的第一个理由。

我们认为威氏的计算数据不科学的第二个理由是:该数据给读者造成一种假象,仿佛《性质》一书中的 134 家经营地主各自采用雇工经营的面积,都不超过各自拥有土地总面积的 20％;而他们各自出租给佃户的土地面积,则占各自拥有土地总面积的 80％。事实上就其中的绝大多数而言,却并非如此。

诚然,在这 134 家经营地主中,确实有 27 家(占被调查总数的 20.1％)雇工经营面积都没有超过各自拥有土地总面积的 20％。但我们认为即便是这 27 家,也不能如威氏那样将他们与传统的租佃地主等同起来。因为不管其出租土地的面积有多么大,他们毕竟还是在一块土地上采用了雇工经营方式。例如,就拿范县南阳庄地主杨玉平来说,他家虽将 69300 亩土地出租给佃户耕种,占其拥有土地总面积的 99％,但他毕竟还是将占其拥有土地面积的 1％——700 亩土地,采用了雇工经营方式。若将他与传统的、典型的、把全部土地都出租给佃户的租佃地主相比,还是应该承认杨家在经营方式上已发生了一点变化。须知,在当时的生产力条件下,在 700 亩土地上采用雇工经营方式,可以说已具有相当的规模了。如果无视这一事实,将其与传统的、典型的租佃地主等同起来,而看不到杨家已兼有经营地主的身份,显然是不够实事求是的。

更不用说,在这 134 家经营地主中,有 107 家(占被调查总数的 79.9％)的雇工经营面积都超过了或大大超过了 20％的比数。这 107 家可以按雇工经营面积在各自拥有土地面积中所占的不同比例划分为三类。

第一类:其雇工经营面积占拥有土地面积的 21% 以上但尚未超过 50% 者。这一类共有 26 家,占被调查总数的 19.4%。

第二类:其雇工经营面积占拥有土地面积的 51%—92.5% 但尚未达到 100% 者。这一类共有 28 家,占被调查总数的 20.9%。详见下表2。

第三类:其雇工经营面积占拥有土地面积的 100% 者。这一类共有 53 家,占被调查总数的 39.6%。详见下表3。

如果把以上三类中的第二类(雇工面积占拥有土地总面积的 51%—92.5% 者)和第三类(雇工面积占拥有土地面积的 100% 者)加在一起,共计有 81 家,占调查总数(134 家)的 60.4%。如果说对于雇工经营面积未超过拥有土地总面积 20%,或虽超过 20% 但尚未超过 50% 的土地经营者,还需要经过一番分析才能证明他们有的已兼有经营地主的身份,有的仍然不失为典型的经营地主的话,①那么对于雇工面积已占其拥有土地总面积 51%—92.5% 和 100% 的上述 81 家土地经营者来说,即便用威氏所定的标准来衡量,要证明他们不是租佃地主而是经营地主,也无需费什么力气了。只要翻开《性质》一书,即可看到,这 81 家才是我们研究的主要对象,这 81 家才是 134 家中的主流。我们认为这 81 家在 134 家中所占的高比数可以证明:(一)大多数的经营地主把绝大多数(51%—92.5%)甚至全部(100%)的占有地采用了雇工经营方式;(二)采用雇工制直接经营农业,确实是这种特别类型的经营地主的特点。这 81 家在 134 家中所占的高比数还证明:威氏所说"经营地主""绝大多数的""占有地""是出租给佃户耕种",由"地主直接经营的仅占他们占有地的 20%"云云,是与事实不尽相符的。因此他所得出的关于"直接经营农业与其说是'经营地主'这种特别类型的地主的特点,不如说是一般地主(按指租佃地主——引者)活动的一个方面"的这个结论,也就值得商榷了。

---

① 例如章丘县旧军进修堂孟家,拥有土地的总数为 1050 亩,其中有 300 多亩分散在孙官庄(距旧军镇四十多里)、有 150 亩分散在水寨镇(距旧军镇六里),因此这 450 多亩地只好出租给佃户耕种,不可能采用雇工经营,剩下的 600 多亩地在本庄。尽管他家将其中的 450 亩采用了雇工经营(占在本庄拥有土地总数的 75%),但是,如果将这 450 亩纳入他家拥有土地的总数(1050 亩)中去计算,那么其雇工经营面积仅能占其拥有土地总数的 42.9%。如按其所占百分比的绝对值来看,只能列入未超过 50% 的这一类。然而这并不影响我们将其视为典型的经营地主之一。

表 2

时间 (光绪)	地点	地主姓名	占有土地 总面积 (亩)	雇工经营面积		租佃经营面积	
				数量 (亩)	占总面积 的百分比	数量 (亩)	占总面积 的百分比
末年	利津北码头村	杨华田	280	150	53.6%	130	46.4%
三十年	沾化万家村	韩绍礼	480	260	54%	220	46%
八年	滨县宣家村	冯承汉	1800	1000	55.6%	800	44.4%
二年	临淄南蓬斗村	王立基	420	240	57%	180	43%
二十年	巨野比干庙赵庄	赵方元	520	300	57%	220	43%
二十八年	泰安角峪村	马盛范	300	180	60%	120	40%
二十二年	坟上坡南坡 李娄村	李效皆	200	120	60%	80	40%
二十年	历城老僧口	娄希贤	500	300	60%	200	40%
二十年	夏津王井村	王仲良	380	230	60.5%	150	39.5%
二十二年	蓬莱北村院	李鹏	180	120	66.6%	60	33.4%
十年	章丘埠村	张略实	360	240	66.6%	120	33.4%
二十年	益都北普通村	鲁果	360	240	66.6%	120	33.4%
末年	聊城四李村	李梦月	300	200	66.6%	100	33.4%
初年	昌邑西石桥村	张云慈	600	400	66.6%	200	33.4%
三十年	淄川栗家庄	树荆堂毕	900	600	66.7%	300	33.3%
二十二年	濮县李庄	李东周	500	350	70%	150	30%
末年	聊城周堂村	李领舟	200	140	70%	60	30%
二十一年	平阴贾村	朱庆霄	205	145	70.7%	60	29.3%
二十三年	泰安八庙地	李万春	160	120	75%	40	25%
二十二年	益都玉皇庙	崔菁甫	240	180	75%	60	25%
二十二年	邹县大牛厂	郭永新	800	600	75%	200	25%
十五年	郯城曹庄	吴庆让	2400	2000	83%	400	17%
二十三年	临淄五路口	于炳炜	420	360	85.7%	60	14.3%
二十六年	临邑新集	毕殿魁	460	400	87%	60	13%
十二年	菏泽黄庙村	刘金玉	200	182	91%	18	9%
十二年	菏泽通埧集	张长礼	1060	960	90.6%	100	9.4%
三十一年	章丘东矾硫村	太和堂李	515.5	472	91.6%	43.5	8.4%
二十二年	滨县里则村	吴继武	2000	1850	92.5%	150	7.5%

表 3

时间 （光绪）	地点 （县村名）	地主 姓名	占有土地 面积与 雇工经营 面积(亩)	时间 （光绪）	地点 （县村名）	地主 姓名	占有土地 面积与 雇工经营 面积(亩)
末年	章丘文祖镇	李振儒	120	元年	淄川苏李庄	王宿薄	343
末年	章丘文祖镇	孙茂椿	120	二十年	临淄东召村	边志纯	350
末年	章丘文祖镇	孙元忠	120	末年	冠县王刘口寨	王继春	350
三十一年	淄川大尚庄	牛瑞书	140	二十年	章丘埠村南村	李嘉塾	360
末年	利津薄家庄		144	二十三年	章丘西姚村	王存仁	360
三十四年	章丘南垛庄	李志忠	150	二十八年	临淄西古村	崔立身	360
末年	章丘文祖镇	孙恒珊	150	二年	章丘官庄村	李元贵	360
末年	章丘文祖镇	周秉永	150	二十七年	章丘界沟河	刘殿元	400
末年	章丘文祖镇	马锡田	150	二十年	泰安西羊娄村	王金汉	400
末年	章丘张家村	张崇銮	170	二十年	平阴郭沟村	郭毓文	400
二十一年	章丘大康庄	刘清新	180	二十四年	博兴常家村	常怀秀	400
二十二年	章丘李福庄	宋可法	180	十年	濮县魏庄	魏广远	400
二十三年	章丘翟家 赵庄	翟裕	180	末年	淄川临池村	薛本红	480
三十年	章丘东埠村	农家	200	十八年	滨县郑家村	郑田	480
二十八年	淄川王村	杨家	200	二十八年	广饶吕家村	吕宴宾	500
十八年	章丘山头店	韩宪圣	213	二十三年	淄川王洞村	王家	502
二十四年	巨野谢集村	谢明合	220	末年	惠民信集	魏兆庆	550
光绪年间	淄川沈古村	沈家	240	二十年	章丘明水村	李坤山	600
二十一年	夏津莫庄	张维善	260	十八年	夏津郑保屯	黄荷祖	650
二十年	利津大牛村	牛学孟	281	元年	临淄东王村	张象枡	660
十五年	章丘张乙 郎村	李玉兰	300	十五年	章丘于家庄	永和堂	750
二十年	章丘相公庄	张义堂	300	二十年	博兴龙河村	周树声	777
二年	淄川王村	义盛	300	十五年	桓台前陈村	陈方均	900
十七年	淄川大史村	毕家	300	十六年	临淄朱台存	奎星	900
光绪年间	长山张坊庄	王季良	300	二十年	历城李家村	李树廉	1000
末年	蒲台麻埄村	刘增	300	二十三年	邹县两下店	陈裕魁	1056
八年	菏泽通埵集	贾让	300				

结束语

总之,威尔金森先生与我们讨论清代山东经营地主的社会性质时,他所提出的几个问题可以说都是关键性的问题。但是,正如我们在这篇答文中所论述的那样,威尔金森先生虽然向我们提出了这些重要问题,然而并未能确证这些问题。基于上述理由,我们将仍然维持《性质》一书中所表述的原结论。

我们认为:由于在封建社会里农业生产乃是社会生产中最主要的部门,因此在研究中国晚期封建社会中农业部门中是否已出现资本主义萌芽的课题时,崛起于地主经济内部的经营地主阶层应该不失为重要的研究对象之一。长期以来在国内外史学界,有些研究者似乎倾向于只承认在手工业部门中才可能出现资本主义萌芽,而将农业部门——特别是其中的地主经济领域视为一个难以产生资本主义萌芽的禁区。我们不同意这种看法。当然,关于在中国晚期封建社会的地主经济领域中是否有可能出现资本主义萌芽的问题,至今尚无定论,还是一个有待于大家继续深入研究的学术问题。我们相信,只要把这个学术问题,不仅放在封建社会历史发展的一般规律中,而且也放在中国晚期封建社会的具体历史条件下,尤其是放在中国晚期封建社会内部商品经济发展的历史过程中加以综合性的考察,总会最终得出比较符合历史实际的结论。

附记:承《中国社会科学》编辑部何祚榕同志在百忙中将威尔金森先生的论文译成中文,并承美国华盛顿大学裴宜理(Elizabeth Perry)副教授在百忙中予以校译。在此,谨向两位先生深致谢意!

1980 年 8 月于南京大学

(原载于《学术月刊》1981 年第 7 期)

明清时期南京内河水环境的变迁与治理

罗晓翔[*]

摘　要：明清时期，随着城市人口增长与经济发展，南京内河水环境不断恶化，秦淮河河道淤塞与水质污染日趋严重。这一现象在江南城镇中具有普遍性。然而在治河模式，尤其是主持机构与经费来源上，南京却有一定的特殊性，既折射出其独特的政治地位，也反映了地方行政格局的调整及财政制度的沿革。但由于治理方式的局限，历次治水工程皆无法取得长效，亦不能遏止水环境恶化的趋势。

关键词：明清　南京　水环境　秦淮河　治水模式

明清时期，水利为江南地方要政之一，但治水的重心多在农村，城镇水利因与农业生产及国赋关系不大而受到忽视。与之相应，在明清江南水利史研究中，以城镇为中心的讨论亦不多见。但从城市史的角度看，水环境变迁是明清时期江南城镇面临的普遍问题。随着人口增长与经济发展，城市不仅消耗了更多水资源，而且河道淤塞与水质污染的问题亦愈发严重。事实上，这是世界各国在城市化过程中都曾遭遇过的难题，但解决方式与最终效果则各不相同。[①] 城镇水利与水环境史不仅能揭示人类活动与生态环境之间的紧张关系，而且能反映出城市管理之特色，值得深入研究。

明清之际，南京面临的内河环境恶化在江南城镇中具有较强的代表性。南京城内水系由河、湖、沟渠构成，其中以秦淮河最为重要。秦淮河不仅关系

＊　罗晓翔，1972 年出生，江苏南京人。现任南京大学历史学院中国史系教授，主要研究方向为城市史、明清江南社会史，著有《陪京首善：晚明南京的城市生活与都市性研究》等。

① J. A. Hassan, "The Growth and Impact of the British Water Industry in the Nineteenth Century," *The Economic History Review*, New Series, Vol. 38, No. 4 (Nov. , 1985), pp. 531 - 547.

舟楫载运、日常汲饮,亦为城市文化的载体。明中叶之后,秦淮六院曲中,河房灯船为文人墨客反复吟咏,逐渐演变为南京的象征符号。然而在光鲜背后,秦淮河也有着暗淡的一面:夏秋水患频发,致人淹毙,冬季河道淤浅、水质恶浊、舟楫不通。自明末至清末,在各种因素的影响下,秦淮河水害日益严重、河道日渐短浅,水质亦为人诟病。尽管地方人士针对内河治理提出过多种设想,各级官员亦多次主持内河疏浚,但皆无法遏止水环境恶化的总体趋势。

关于明清时期南京的水利状况,松田吉郎、森田明和徐智曾分别做过研究。松田吉郎着重分析了明代南京因圩田、湖田引起的水道淤塞,以及万历时期城乡浚河经费等问题。[①] 森田明以道光九年(1829)至十一年(1831)的浚河工程为中心,讨论南京内外河道的水利功能及地方士绅在治河中的作用。[②] 两位日本学者的研究分别涉及明清两朝南京水患及治理的一些基本问题,但由于关注的时间段较短,未能就明清之际的变化进行探讨,一些观点也有值得商榷之处。徐智则对道光十一年之前、道光十一年至咸丰初年,以及同光时期三个阶段的治水思路及特点进行了总结,但讨论侧重于水利史,较少涉及城市社会发展与水环境之间的关系。[③] 总之,对明清时期南京的水环境变迁问题,还有很多可以讨论的空间。

本文在既有研究的基础上,试将水利史与城市社会史、环境史相结合,从更长时间段考察城市水环境的变化以及治水模式的变迁。笔者认为,水环境恶化在明清江南城镇中具有普遍性,但在治水模式,尤其是主持机构与经费来源上,南京却有其特殊性。这一个案研究亦表明,水环境与城市发展之间的紧张关系在前工业化时期已经体现得十分明显,如何有效管理公共资源也非近现代城市才面临的难题。对明清时期城市水环境的研究有助于我们理解传统与现代社会之间的传承与变迁。

一、南京秦淮河水系、水患与水污染

明清时期,南京城内河道、沟渠、水塘纵横密布,其中天然河道有城北金川

① 松田吉郎:《明代南京の水利について》,奥崎裕司编:《山根幸夫教授退休纪念・明代史论丛(下卷)》,东京:汲古书院,1990年,第729—750页。
② 森田明:《清代水利与区域社会》,雷国山译,济南:山东画报出版社,2008年,第58—73页。
③ 徐智:《清代南京水患治理研究》,《理论界》2012年第10期,第99—102页。

河与城南秦淮河,后者在内城水系中最为重要,亦为正河。其余多为历朝所修之人工河渠,包括三国至六朝时期开凿的运渎、青溪、城壕水,以及明初开凿之进香河、御河、小运河等。

作为内城正河的秦淮河有东、南二源。东源为句容县赤山湖,南源出溧水东庐山,二水于江宁方山埭西会合后继续流向西北,直至南京城通济门外。淮水在此一分为二:一支由通济门东水关穴城而入,西南经武定桥至聚宝门内镇淮桥,再折向西北,经新桥[①]、上浮桥、下浮桥至三山门西水关出城,此为内秦淮;另一支环绕于城墙之外,形成护城河,此为外秦淮。内、外秦淮于三山门外会合后流向西北,于龙江关达长江,这条水道为"漕盐挽运及闽浙各省商贾必由之路"。[②] 此外,明初又开凿上、中、下三新河连通秦淮与长江,其中上新河、下新河最为重要。上新河码头在明清时为重要的木材集散市场。万历时期,"城外惟上新河、龙江关二处为商帆贾舶所鳞辏,上河尤号繁衍"。[③] 码头上"百货交集,四方杂处,熙来攘往,肩摩踵接,此亦留都一胜地哉"。[④] 至清代,上新河徽州木商成为客商群体中一个极富实力的集团。[⑤] 下新河又称北河,由聚宝门经赛虹桥达江口,"为民田灌溉所赖,及安徽、江西、湖广各省行商通津"。[⑥] 顺治二年(1645)在北河口设西新关,主要征收出入各城门的货税,兼征牙行、牲畜等税,其重要性仅次于龙江关。[⑦] 秦淮河在南京水系中的地位至关重要,"用以吐纳灵潮,疏流秽恶,通利舟楫,故居不病涉,小民生业有资,譬如人身腑脏局内,有血脉荣卫以周流也"。[⑧]

---

① 即饮虹桥。

② 《重浚江宁城河全案》卷1《奏为捐挑江宁城外河道工竣循例请奖以昭激劝仰祈圣鉴事》,陶澍:《江苏水利全书图说》,《中华山水志丛刊》水志第12册,北京:线装书局,2004年,第366页。

③ 顾起元:《客座赘语》卷1《市井》,北京:中华书局,1997年,第23页。

④ 施沛:《南京都察院志》卷22《职掌十五·西城职掌》,《四库全书存目丛书补编》,济南:齐鲁书社,1997年,第73册,第625页。

⑤ 甘熙在《白下琐言》中记载了上新河徽商于都天会时举办灯会的盛况:"徽州灯皆上新河木客所为。岁四月初旬,出都天会三日,必出此灯。旗帜、伞盖、人物、花卉、鳞毛之属,剪纸为之,五光十色,倍极奇巧,阖城士庶往观,车马填咽,灯火达旦,升平景相,不数灯桥。"甘熙:《白下琐言》卷4,民国十五年(1926)江宁甘氏重印本,第21页。

⑥ 《重浚江宁城河全案》卷1《奏为捐挑江宁城外河道工竣循例请奖以昭激劝仰祈圣鉴事》,陶澍:《江苏水利全书图说》,第366页。

⑦ 关于清代南京的龙江关与西新关,参见许檀、高福美:《清代前期的龙江、西新关与南京商业》,《历史研究》2009年第2期,第68—81页。

⑧ 丁宾:《丁清惠公遗集》卷3《开浚河道以疏地脉疏》,《四库禁毁书丛刊》,北京:北京出版社,2000年,集部第44册,第112页。

　　城内数条人工支河皆与秦淮相通,其中开凿年代最早的是运渎与青溪。吴赤乌三年(240)十二月,孙权"使左台御史郗俭监凿城西南,自秦淮北抵仓城,名运渎"。① 六朝之后,运渎主水道逐渐湮废,明清时期仅留古运渎西支。② 其水受自秦淮,自上、下浮桥之间往北,过斗门桥、红土桥、草桥后分为东西二股:一自笪桥往西,过鼎新桥,于铁窗棂穿城而出,与淮水会合;一自笪桥往东,至内桥,与青溪会合。青溪始凿于吴赤乌四年(241)十一月,其水发源于钟山,入秦淮,逶迤九曲,连绵十余里,在六朝为要隘。自杨吴筑城,青溪始分为二,城外之水合入城濠,城内河道则逐渐埋塞。③ 明清时期,青溪仅留下游一段,由内桥往东,经四象桥、淮清桥入内秦淮。

　　南京城中部另一条东西走向的河道为杨吴城濠故道。杨吴时,扩唐升州治,凿城濠,引城南秦淮、城东青溪诸水环绕都城。至明代,西来之水已断,断处地名"干河沿",但东北方仍有进香河、珍珠河、青溪等水源汇入。其中进香河为明初所开,源自后湖,经铜管穴城而入,"因十庙初成,进香者皆由此水来,故名"④。珍珠河即古潮沟,亦与后湖相通。⑤ 城壕水经北门桥至竹桥,与青溪会合后折向南流,最终汇于秦淮。

　　此外,在明皇城及城东南隅还有御河与小运河。明初为建宫城而填燕雀湖,又自东安门外以铜管引水入皇城,即御河。御河自柏川桥出,与城濠、青溪诸水会合。小运河在城东南,明初为留守后仓转输之便而开凿,亦与秦淮相通。

　　南京西面滨江,东接句容、溧水等处来水,水资源丰富,但水患的潜在威胁也很大。早在宋代陈克等编撰的《东南防守便利》一书中便提到:"自杨行密依淮为城,其城之东堑皆通淮水,其西南边江以为险。然春夏积雨,淮水泛滥,城市皆被其害,及盛冬水涸,河内往往干浅。"⑥晚明南京士绅顾起元(1565—

---

　　① 《建康实录》卷2《太祖下》,北京:中华书局,1986年,第45页。

　　② 陈刚:《六朝建康历史地理及信息化研究》,南京:南京大学出版社,2012年,第154—162页。

　　③ 景定《建康志》卷19《山川志二》,影印文渊阁《四库全书》,台北:台湾商务印书馆,1983年,第489册,第81—82页。

　　④ 陈诒绂:《钟南淮北区域志》,陈作霖等撰:《金陵琐志》(二),《中国方志丛书》华中地方第39号,台北:成文出版社,1970年,第350页。

　　⑤ 许嵩在《建康实录》中注:"潮沟亦帝(孙权)所开,以引江潮,其旧迹在天宝寺后,长寿寺前。东发青溪,西行经都承名、广莫、大夏三门外,西极都城墙,对今归善寺西南角,南出经闾阖、西明等二门,接运渎,在西州之东南流入秦淮。"参见《建康实录》卷2《太祖下》,第49页。

　　⑥ 陈克、吴若撰:《东南防守便利》卷之上,《四库全书存目丛书》,济南:齐鲁书社,1997年,史部第225册,第568页。

1628)读罢感叹:"此一段在今日正同,与宋无异。"[1]与冬季河道干浅相比,夏秋之际的水灾往往造成更大损失。元明之际,诗人陈谟(1305—1400)在《秦淮咏古》中写道:"不晓秦淮水,秦人苦浚之。乱来波浪作,犹似祖龙时。"[2]有明一代,南京水患频仍,而十六世纪中期之后尤为严重。嘉靖三十九年(1560)、万历十四年(1586)、万历三十六年(1608)之灾情最为罕见。[3] 据载万历三十六年大水时,"向在高燥之地"的皇城一带"皆荡为水乡,街衢市肆尽成长河,舟航偏于陆地,鱼鳖游于人家,盖二百年来未有之灾也"。[4]

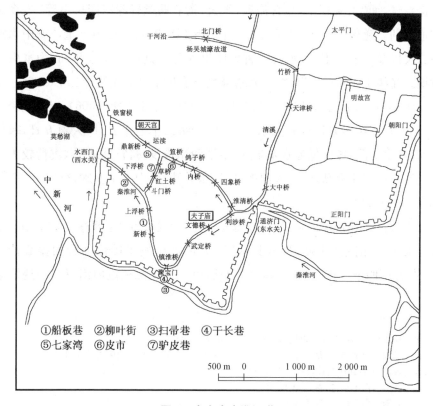

图1 南京内秦淮河道

说明:本图据松田吉郎《明代南京の水利について》中"南京概略图"改绘而成。

① 顾起元:《客座赘语》卷10《城内外诸水续考》,第320页。

② 陈谟:《海桑集》卷2《五言绝句·秦淮咏古》,影印文渊阁《四库全书》1232册,台北:台湾商务印书馆,1983年,第560页。

③ 顾起元:《客座赘语》卷1《水灾》,第24页。

④ 孙之騄:《二申野录》卷6,《四库全书存目丛书》,济南:齐鲁书社,1997年,史部第56册,第757页。

　　清代前期,水患有所减轻,但嘉庆、道光时期,又达到一个高峰。"年时秦淮水涨,辄有失足致毙者,漂流十数日无人收敛,两岸居人不忍触目,或倩拨载小舫梢之舵尾,俾其出江。"[①]为收敛浮尸,南京绅士甘福(1768—1834)与同里龚鉴、杨铨、费士嵩等于嘉庆十九年(1814)春捐建救生局,总局设于秦淮长乐渡头[②],以冶城西北的从宵道院为义冢。[③]道光一朝三十年,南京经历大水灾六次。道光三年(1823)夏秋之间,"江南大水,平地高数尺"。[④]道光七年(1827)、十一年(1831)、二十年(1840)"频年大水,街市行舟"[⑤]。道光十一年恰逢乡试,而"贡院积水,号舍淹灌,至公、衡鉴两堂皆深三四尺不等"[⑥],乡试被迫改期。道光二十八年(1848)、二十九年(1849)水灾更为严重,"城中水深一二尺以及六七尺不等,水西门直大船出入"。[⑦]此后三十余年间,为水患低发期。光绪十一年(1885)之后,水患频率又有所上升。光绪十二年(1886)、十五年(1889)、二十三年(1897)、二十七年(1901)、三十二年(1906),以及宣统元年(1909)、三年(1911)皆有大水。[⑧]其中光绪二十七年五月"大雨五日,寒如深秋,江水陡涨,城中低处水及半扉,秦淮两岸皆没,舟行陆地"[⑨],灾情较为严重。而宣统三年夏秋之交"大雨连日,江水并涨,城中大半上水,行路不通"[⑩],亦为一次大灾。

　　水灾往往导致粮价腾贵、时疫暴发,甚至引发城市社会动荡。如嘉靖三十九年大水后,南京"大疫,死者甚众"[⑪],并由此引发了震惊朝野的振武营兵变。[⑫]万历四十三年(1615),南京五城居民恳乞工部疏浚内河,称"一遇霪雨

---

　　①　捧花生:《画舫余谈》,申报馆清光绪铅印本,第4页。
　　②　甘熙:《白下琐言》卷7,第16页。道光《上元县志》卷3《建置》,《中国地方志集成》江苏府县志集03,上海:江苏古籍出版社,1991年,第83—84页。
　　③　甘熙:《白下琐言》卷2,第13页。
　　④　甘熙:《白下琐言》卷3,第2页。
　　⑤　同治《上江两县志》卷4《水》,《中国地方志集成》江苏府县志集04,上海:江苏古籍出版社,1991年,第112页。
　　⑥　甘熙:《白下琐言》卷7,第1页。
　　⑦　秦宇和:《跋》,金潗:《金陵水利论》,同治十二年(1873)刻本,第7—8页。
　　⑧　陈作霖:《国朝金陵通纪》卷4,《中国方志丛书》华中地方第37号,台湾:成文出版社,1970年,第587、588—589、591、593、596、599页。
　　⑨　陈作霖:《国朝金陵通纪》卷4,第593页。
　　⑩　陈作霖:《国朝金陵通纪》卷4,第599页。
　　⑪　关于嘉靖三十九年水灾,见顾起元:《客座赘语》卷1《水灾》,第24页;关于振武营兵变,见何良俊《四有斋丛说》卷12《史八》,北京:中华书局,1997年,第97—98页。
　　⑫　另参见周志斌:《晚明南京兵变二题》,《学海》2006年第3期。

淋漓,街市涨漫,荡为巨浸。民与蛙蠃族处,湿久著脾,俱成腹疾"。① 道光十一年大水后,时疫持续了半年之久。甘熙在《白下琐言》中记载:"大荒之后必有大疫,而道光壬辰为最甚。自三月起,疫气流行,互相传染,死亡甚众。其症大略相同,发热、内烧、谵语、发狂、发斑、发黄……数月中,业医者其门如市,而医士以此症死其十余人。五月朔旦,各家门口挂红、插柳枝,谓之送瘟神,比户皆然,至立秋患乃息,诚有生以来仅见之大灾也。"② 同样,道光二十九年南京遭大水,"八月水始退尽,九月疫病,疟者多,米贵至五十文一升,民大饥"。③ 光绪二十七年五月大水,"六月米价陡贵,设三城平粜局"。④

除水灾之外,另一困扰地方的问题是水质污染。如果人口增长与经济发展是导致环境恶化的两大因素⑤,南京的情况完全符合这一规律:明中后期至清末三百余年间正是水质恶化日益严重的时期。万历末,城中"各大小支河,委悉粪土堆积平满,虽求一衣带之水亦不可得,盖因年久未疏,濒河居民视为息壤,溷圊尘土填委其中,以致汙垢停蓄,舟楫不通,居民种种不得其所,而风气日见颓敝"。⑥ 至清末,秦淮河水已不堪汲饮。同治十二年(1873),陈作霖(1837—1920)曾撰文指出,秦淮"两岸人家污秽堆壅,因而水日浑浊,流恶无从",只有挑浚正支河,"开东水关以引诸山水入城,借其力以敌江潮,则污秽不能停,而食之者不至生疾矣"。⑦ 至民国时期,游金陵者讥讽秦淮为"一沟秽水"。⑧ 自此之后,内河水质再难恢复。

与江南其他城镇一样,南京既享受水之利,又深感水之害。究竟是什么原因导致"水失其常",甚至令人有"利亡害存"之叹呢?

---

① 丁宾:《丁清惠公遗集》卷3《开浚河道以疏地脉疏》,第112页。

② 甘熙:《白下琐言》卷7,第5—6页。

③ 陈作霖:《可园备忘录》,南京图书馆藏稿本,第5页。

④ 陈作霖:《国朝金陵通纪》卷4,第593页。

⑤ Ulf Christian Ewert, "Water, Public Hygiene and Fire Control in Medieval Towns: Facing Collective Goods Problems while Ensuring the Quality of Life," *Historical Social Research*, Vol. 32, 2007, No. 4, pp. 242-245.

⑥ 丁宾:《丁清惠公遗集》卷3《开浚河道以疏地脉疏》,第112页。

⑦ 陈作霖:《可园文存》卷4《整顿金陵善后事宜议》,《续修四库全书》,上海:上海古籍出版社,1995年,第1569册,第359页。

⑧ 夏仁虎:《秦淮志》卷5《人物志》,《南京稀见文献丛刊》,南京:南京出版社,2006年,第31页。

二、南京水患与水污染的原因

引发南京水患的原因十分复杂，必须承认，其中有相当大的不可抗因素。针对道光时期频年大水，甘熙曾论道："迩来东南水患，皆由上游雨水过多，江湖盛涨，江中洲渚丛生，水道窄隘，既不能宽容，又不及宣泄，以致滨江各省民受其灾。此诚天时地势为之，而非人力所能施也，而江宁省城地当下游，众水交趋，受害尤甚。"①可见时人对导致水患的气象、地理与水文因素有着深切体会。

气象学者早已指出，十六世纪之后，我国经历了长达500年的小冰期，其中又可划分出不同时段。在东南地区，1551—1620年间夏季水旱灾害频繁②，这或许是嘉靖、万历时期南京频发大水的原因之一。而十九世纪上半叶则经历了小冰期中的第三次寒冷时期，亦被称为一次"气候突变"。③华东地区的低温导致了降水增加。④因此，就嘉庆、道光时期而言，整个长江三角洲都在经历一个偏潮湿时期，南京水患在很大程度上亦与此相关。⑤

从地理因素上说，江中洲渚丛生，水道狭窄，亦对南京内河水文环境造成影响。长江南京河段沙洲的形成有着漫长的历史，与河道变迁亦有直接关系。由于江水携带上游河沙不断淤积于此，早在三国时期便出现了白鹭洲与新洲沙群。此后河道逐渐西移，元末明初，河道又向西迁移了10余公里。⑥十四世纪末，新洲沙群合并为七里洲、八卦洲、大河洲、草鞋洲，且面积不断增大。⑦清代上江两县方志中亦指出，"秦蜀垦山为梯田，沙随水下"，以故沿江"洲渚纵横，涨多坍少，受水既浅，旁溢自多"⑧。与此同时，滨江滩涂生长，逐渐与江岸

---

① 甘熙：《白下琐言》卷9，第7—8页。

② 张丕远、龚高法：《十六世纪以来中国气候变化的若干特征》，《地理学报》1979年第3期，表3，第245页。

③ 王铮、周清波、张丕远、刘啸雷、郑景云：《19世纪上半叶的一次气候突变》，《自然科学进展》1995年第3期。

④ 李伯重：《"道光萧条"与"癸未大水"——经济衰退、气候剧变与19世纪的危机在松江》，《社会科学》2006年第7期，第177页。

⑤ 张丕远编：《中国历史气候变化》，济南：山东科学出版社，1996年，第332页。

⑥ 唐日长：《长江河道演变研究工作》，《人民长江》1959年第7期，第62页。

⑦ 李键庸、刘开平：《长江八卦洲汊道河床演变对航道的影响及对策》，《水力发电》2002年第5期，第17页。

⑧ 甘绍盘等：同治《上江两县志》卷7《食货》，第160页。

边的沙洲连为一体,秦淮河入江口也随之发生了变化。在明人陈沂所编的《金陵古今图考》中,《元集庆路图》还大致能看出"三山据于西南,石头据于西北,秦淮中出"的格局,而在《明都城图》中,城西一带则为"江水西流,沙洲旷邈"的景象。① 随着明初开上、中、下三新河,由秦淮入江处增多,而"大江潮汐,挟沙往来,河道易形淤垫"②,给内河水下泄带来更大阻力。

此外,上游水文因素也是引发秦淮水患的重要原因。秦淮河上游水源既远且众,溧水、句容诸水,唯一秦淮为之尾闾。自宋代以来,上游多为圩田侵蚀,河道狭窄,淤垫不通,夏秋水涨时处处梗塞,横流之水最终皆聚于南京。元人戚光在《集庆续志》中就曾论道:"秦淮水源甚远,小川流入者众,又古来贮水湖③,衍后世筑为圩田日多,每夏雨暴至,江湖复涌,水即泛滥,皆经流城内一河入江。自源及委,所过不计几桥,凡过一桥,必为木石岸堰束扼,及居民筑土,侵狭河道,故水失其常,横流弗顺。"④明人顾起元认为:"其言城内外之水患,最为明切痛快。"⑤可以说,秦淮河上游水利失修,下游水患则成为必然。

尽管气候及地理因素不容忽视,但导致水环境恶化的最主要原因仍来自城市生活自身。秦淮正、支河所经地区为城市经济、文化中心,人口密度最大。明代南京城中,"自大中桥而西,由淮清桥达于三山街、斗门桥以西,至三山门,又北自仓城至冶城,转而东至内桥、中正街而止,京兆赤县之所弹压也,百货聚焉。……自东水关西达武定桥,转南门而西至饮虹、上浮二桥,复东折而江宁县,至三坊巷贡院,世胄贵族之所都居也"。⑥ 这两个区域基本覆盖了清溪、运渎和秦淮正河流经地区,亦为南都中兵马司辖地,"勋戚、乡绅、士夫、青衿及名流墨士胥居其中","良工巨商百货业集",而"群不逞之徒亦每藏纳焉"。⑦ 万历后期,南京为施行火甲改革而重新编审铺户,当时五城军民铺计 669 所,其中兵马司辖境内有字铺 308 所,占 46%⑧,人烟之稠密可以想见。至清代,城

---

① 陈沂:《金陵古今图考·境内诸山图考》,《四库全书存目丛书》,史部第 186 册,第 523 页。

② 《重浚江宁城河全案》卷 1《奏为捐挑江宁城外河道工竣循例请奖以昭激劝仰祈圣鉴事》,陶澍:《江苏水利全书图说》,第 366 页。

③ 即句容县赤山湖。

④ 至大《金陵新志》卷 5 下,第 291 页。

⑤ 顾起元:《客座赘语》卷 10《城内外诸水续考》,第 321—322 页。

⑥ 顾起元:《客座赘语》卷 1《风俗》,第 26 页。

⑦ 施沛:《南京都察院志》卷 21《职掌十四·中城职掌》,第 592 页。

⑧ 施沛:《南京都察院志》卷 20《职掌十三·巡视五城职掌》、卷 21《职掌十四·中城职掌》,第 568—570 页、595—598 页。

南仍为城市中心。① 道光时，不仅沿河一带比屋连栋，甚至桥梁之上亦有贫民搭盖桥棚。时人记载："搭盖桥棚，非特毁损桥梁、侵占道路，而比屋鳞次，皆芦席板壁，火患尤可虞。近年淮清桥、笪桥重修之后已勒碑示禁，而长干桥、镇淮桥、新桥、大中桥、内桥、元津桥、斗门桥诸桥仍然如故。"②内河两岸人家长期侵占河道、抛洒污物，不仅造成河道狭窄、河床淤垫，而且严重污染水质。

侵占河道的建筑物主要有两类：桥梁与民房。作为六朝古都，南京城中古桥梁众多。顾起元记载，城内诸桥之跨秦淮者，曰武定、镇淮，曰饮虹，曰上浮，曰下浮；跨古城濠者，曰大中，曰复成，曰玄津，曰北门；跨运渎者，曰斗门，曰乾道，曰笪桥，曰武卫，曰景定；跨清溪者，曰淮清，曰升平，曰竹桥；跨城濠者，曰正阳，曰通济，曰聚宝，曰三山，曰石城。③ 明末又在贡院东西修建了文德桥与利涉桥。文德桥建于万历十三、四年间，乃应天府尹周继为振兴地方科举所修。④ 万历二十五年（1597）桥圮，次年"提学御史陈子贞更建，以石易木"。⑤利涉桥亦始建于明代，"孝陵卫人金云甫见渡者多溺，捐建木桥，顺治三年（1646），知府李正茂名曰利涉桥"。⑥ 造桥即有桥墩，这进一步减少了河流的过水断面。故元人戚光论道："秦淮……自源及委，所过不计几桥，凡过一桥，必为木石岸堰束扼，及居民筑土，侵狭河道，故水失其常，横流弗顺。"⑦

此外，一些桥梁旁还配建了桥神祠。如位于秦淮正河之上的文德桥与利涉桥下分别建有陈公祠和金公祠。陈公祠乃学政陈子贞离开南都时诸生捐资所建。⑧ 至清代中后期，陈公祠变为游艺之地，"游画舫者或厌日长酷暑，则舍之登陆，诣陈公祠……祠在文德桥尾，小阁临流，烟茗毕具，主人多设楸枰，供

---

① 章英华指出，直至二十世纪二十年代，南京主要建置区仍在秦淮河至运渎一带，城北的人口密度"只是主要建置区人口密度的六分之一而已"。参见章英华《明清以迄民国中国城市的扩张模式——以北京、南京、上海、天津为例》，《汉学研究》第 3 卷第 2 期，1985 年，第 546、549 页。

② 甘熙：《白下琐言》卷 3，第 10 页。

③ 顾起元：《客座赘语》卷 6《诸桥》，第 203 页。

④ 顾起元：《客座赘语》卷 8《儒学》，第 246—247 页。

⑤ 周晖：《金陵琐事》卷 3《文德桥吉兆》，《中国方志丛书》华中地方第 440 号，台北：成文出版社，1983 年，第 387 页。顾起元亦记载："万历戊戌（1598）改造文德石桥，掘桥洞下土，得旧锁子甲二领。"参见顾起元：《客座赘语》卷 9《掘河得甲》，第 295—296 页。

⑥ 夏仁虎：《秦淮志》卷 3《津梁志》，第 16 页。

⑦ 至大《金陵新志》卷 5 下，第 291 页。

⑧ 焦竑：《焦氏澹园集》卷 21《督学使者怀云陈公生祠记》，《四库禁毁书丛刊》，北京：北京出版社，1998 年，集部第 61 册，第 220—221 页。

人角艺".① 太平天国时期文德桥被毁,同治五年(1866)重修,仍改为木桥,陈公祠亦复旧观。② 利涉桥下为金公祠,祭祀桥神金云甫。③ 这些建筑对河道的影响亦不可忽视。

与桥梁相比,沿河民房对河道的侵占更为严重。此类建筑中,以河房最为奢华。河房即河两岸的房舍,多为达官名流或妓家所有,一般前门临街,后窗面水,临水的一进向河面挑出,上可筑轩、阁、亭、台,因此常被称作水阁、水亭。河房在江南城镇中十分普遍,而南京秦淮河房独负盛名。张岱就曾描述:"秦淮河河房,便寓、便交际、便淫冶,房值甚贵,而寓之者无需日。"④明中后期,南京河房营建进入高潮期。鼎革后,秦淮一片欢场化为瓦砾,但至迟在乾隆中期,秦淮灯火楼台再次繁盛,"自利涉桥至武定桥,两岸河房丽姝栉比",贡院"街以南皆河房"。⑤ 南京河房之盛一直延续到清末,"水上两岸人家悬椿拓架为河房水阁,雕梁画槛,南北掩映,每当盛夏,买艇招凉,回翔容兴于利涉、文德二桥之间,扇清风、酌明月,秦淮之胜也"。⑥ 河房虽美,但其"延伸进入河道的建筑部分其实是悬挑在河道上,有柱子支持"。⑦ 曾寓居南京的吴应箕(1594—1645)就发现,秦淮河房在夏季为天下丽观,而"冬间水落河干,则一望河亭,惟有木橛蝟列耳,令人意尽"。⑧ 正是这种"悬椿拓架"的结构使河道渐失旧规,日益浅狭。

除侵占河道外,伴随日常生活而来的另一个问题是水质污染。在对西方中世纪城市的研究中,学者发现当时的城市生活方式在很多方面都对环境产生危害。首先,手工业生产中的化学和有机物被直接排入小溪、河流或公共水源。其次,各种污物,如日常废水、厨房污水以及粪便也被直接倾倒在路面或

---

① 捧花生:《画舫余谈》,第 10 页。

② 夏仁虎:《秦淮志》卷 3《津梁志》,第 16 页。

③ 夏仁虎:《秦淮志》卷 3《津梁志》,第 16 页。

④ 张岱:《陶庵梦忆》卷 4《秦淮河房》,《续修四库全书》,上海:上海古籍出版社,1995 年,第 1260 册,第 334 页。

⑤ 珠泉居士:《续板桥杂记》卷上《雅游》,王韬编:《艳史丛钞十二种》之四,扬州:江苏广陵古籍刻印社,1995 年,第 1 页。

⑥ 同治《上江两县志》卷 4《水》,第 116 页。

⑦ 胡茂川、张兴奇、马晓:《南京市内秦淮河河房的特征与保护研究》,《四川建筑科学研究》2012年第 3 期,第 292 页。

⑧ 吴应箕:《留都见闻录》卷下《河房》,金陵秘笈徵献楼刻本,1948 年,第 1 页。

河道中。① 这种现象在中国传统城市中也十分普遍。就明清时期的南京而言,导致水污染的三个主要原因正是日常排污、娱乐餐饮业以及地方手工业。

城南人口密度高,尽管水井数量不少,多数居民和商铺仍以河水漂洗衣物,且将垃圾粪秽直接倾倒于河中。在缺乏集中排污设施的情况下,这种行为实难避免。事实上,地方官绅皆意识到向河中倾倒粪秽的危害,并曾颁布过禁令,但皆未真正得到执行。其结果正如梅曾亮(1786—1856)所言,"沿河居民日倾粪溺污水,涤荡无从,郁积日增,症病日作"。②

因秦淮游船业而兴起的餐饮服务业也是污染内河的因素之一。明中后期,秦淮泛舟成为一大休闲乐事。生活在嘉隆时期的南京士绅许穀(1504—1586)就曾在诗中写道:"四月城南新水流,偶同英妙泛兰舟。"③秦淮画舫之盛当在万历中期之后,崇祯时达到高潮。明清鼎革,秦淮娱乐业也暂时消沉。乾隆十年(1745),江宁知府沈孟坚"禁秦淮夜游,逐流妓之寓河房者,风俗一变"④,说明秦淮妓业已逐渐恢复。至乾隆中期,"承平既久,风月撩人,十数年来,裙屐笙歌依然繁艳"。⑤嘉庆年间,秦淮画舫业又迎来一个黄金期,车持谦的《秦淮画舫录》就记载了当时的盛况。值得注意的是,为迎合游画舫者的需要,沿河开设了许多食铺、酒肆及茶楼。如利记香蜡铺,"开张板桥口,特辟水门,便于游船者停桡货买"。⑥ 利涉桥边之便意馆、淮清桥河沿之新顺馆皆闻名一时。⑦ 茶园则有鸿福园、春和园,"各据一河之胜,日色亭午,座客常满"。⑧若想船上餐饮更方便,还可要求船家代为烹制菜肴。车持谦就称赞"舟子烹调亦皆适口,无论大小船皆谙之。火舱之地仅容一人蹲踞,而焐鸭烧鱼,焖羹炊饭,不闻声息,以次而陈,小泛清游,行厨可免"。⑨ 若要自带行厨,还可于画舫后另设一"火食船","此行庖之最佳者"。⑩ 船中欢宴虽为至乐之事,但可以想

---

① Ulf Christian Ewert, "Water, Public Hygiene and Fire Control in Medieval Towns: Facing Collective Goods Problems while Ensuring the Quality of Life," p. 225.

② 甘熙:《白下琐言》卷9,第10页。

③ 许穀:《许太常归田稿》卷9,《四库全书存目丛书》,济南:齐鲁书社,1997年,集部第104册,第220页。

④ 陈作霖:《国朝金陵通纪》卷2,第2页。

⑤ 珠泉居士《续板桥杂记》卷上《雅游》,第1页。

⑥ 捧花生:《画舫余谈》,第2页。

⑦ 捧花生:《画舫余谈》,第3页。

⑧ 捧花生:《画舫余谈》,第3页。

⑨ 捧花生:《画舫余谈》,第9页。

⑩ 夏仁虎:《秦淮志》卷9《游船志》,第61页。

象,大量厨余垃圾、残羹剩炙以及洗刷碗盘的污水被就便倾入河中。

在地方传统手工业中,染坊对水质污染最为严重。明清时期,南京与苏州、杭州并为三大丝织业中心,不仅设有官营织造机构,也有大量民营机房。丝织业带动了一批上、下游产业,染坊便是其中之一。对于明代染坊的数量和分布,目前尚不清楚。南京内织染局当设有染房,且每年从工部支领"顺木长柴、杂木段柴四十万斤"供练染丝料用。① 至于民营染坊,《客座赘语》记载,正德间都御史吴文度家在北门桥南②,"各道御史于其私宅谒见,往往就所坐邻家染坊中了城事"③,可见北门桥一带确有染坊。这条资料还表明,正德时期,杨吴城濠水量尚充足,因此染坊并未完全集中在城南秦淮河一带。但清代中期之后,情况发生了很大变化:由于支河渐淤,染坊皆聚于秦淮正河两岸,因染坊污染河水而引发的矛盾也愈发激烈。

染坊之所以建于沿河地带,其原因在于"丝经本质柔脆,一经百沸,漂洗必速,倘稍事迟延,将来上机脆断百出"。④ 清代南京最著名的绸缎品种为玄缎,时人认为,"秦淮西流水,以之漂丝,其色黝而明,尤于玄缎为宜"。⑤ 光绪末年,依染坊求生机者"不下数万人"⑥,染坊多在柳叶街、船板巷左近(见图1)。由于漂丝严重污染河水,地方规定染坊于春夏秋三季在内河码头漂丝,冬季水涸时则至城外漂洗,且明确规定漂丝码头地界立有界碑。⑦ 即便如此,河水污染终无法避免。太平天国之后,法禁松弛,地方人士愈发抱怨道:"向例染坊漂丝,水涸时在城外,恐城内淳水多秽也,水涨时在城内,以西流水急,污浊可随退潮出关也。今城外扫帚巷⑧漂丝马头已为江北灰粪堆所占,染工利于就近,

---

① 申时行:《大明会典》卷208《工部二十八·南京工部》,《续修四库全书》,上海:上海古籍出版社,1995年,第792册,第466页。

② 顾起元:《客座赘语》卷8《吴媪》,第248页。

③ 顾起元:《客座赘语》卷7《巡城》,第230页。

④ 清光绪三十四年(1908)《金陵染坊碑》,南京市文化广电新闻出版局编:《南京历代碑刻集成》211号,上海:上海书画出版社,2011年,第317页。

⑤ 陈作霖:《凤麓小志》卷3《志事·记机业第七》,陈作霖等:《金陵琐志》(一),《中国方志丛书》华中地方第39号,台北:成文出版社,1970年,第169页。

⑥ 清光绪三十四年(1908)《金陵染坊碑》,《南京历代碑刻集成》211号,第317页。

⑦ 光绪十六年(1890)《江宁染业碑》,《南京历代碑刻集成》214号,第309页。

⑧ 扫帚巷与干长巷隔河相对,参见图1。

无冬无夏,皆于新桥、上浮桥①一带漂丝,致水流垢腻,几不可食。"②面对秦淮河日益污浊,地方士绅汪士铎(1802—1889)在《秦淮箴》中叹道:"水德之清,八代于兹。云何不淑? 遘斯人斯。暴涷缥元,湛染无时。秉兰赠芍,士女邀嬉。呜呼! 尔布尔丝,使吾水淄。尔镫尔卮,使吾俗衰。"③

除染坊之外,另一污染河水的行业是制皮。南京自明初起即有皮作坊、毡匠坊等坊名,皮作坊靠近笪桥,毡匠坊紧邻七家湾,为回民聚集地。至明末,毡匠坊虽"空名无复有居肆与贸易者矣",但邻近的笪桥南仍有皮市④,而该地制皮传统一直延续到清末。陈作霖在《金陵物产风土志》中记载:"屠牛向有厉禁,回民每于下浮桥、七家湾等处窃卖之,皮则乘日未出时,在笪桥南交易,皮市街得名以此。"⑤七家湾一带的皮作坊排污严重,尤其是七家湾红土桥坡西下之驴皮巷(见图1),"攻皮者比户而居,腥秽之气,夏月逾甚,临河洗濯,水为之污"。⑥

最后,对水关的管理不善更加剧了河道淤塞与水质恶化。南京内河穿城而过,要控制内河水量、冲刷河道、涤荡污垢,全靠水关控制排水与进水。南京城有多处水关,与秦淮关系最密切的是东水关、西水关与铁窗棂。位于通济门的东水关即上水关,共三层三十三券,下十一券通水⑦,且设有水闸。位于三山门的西水关为下水关,仅设一水门。春夏之际,城中入水量大增,西水关不及宣泄,铁窗棂水关的作用便凸显出来。

铁窗棂水关即栅塞门水关,宋代栅塞门为建康府城八门之一,当时城下即滨江,栅塞门水关为秦淮支河入江口。乾道元年(1165),建康知府张孝祥言:"栅塞门近地为有力者所得,遂筑断青溪水口,创为花圃,以为游人宴赏之地,因循至今,每水源暴至则泛滥漫荡,城内居民尤所被害,若访古而求使青溪直

---

① 织机之工"所居皆在新桥、上浮桥以西",见陈作霖:《凤麓小志》卷3《志事·记倡义第九》,第173页。

② 陈作霖:《凤麓小志》卷3《志事·记机业第七》,第169—170页。

③ 汪士铎:《汪梅村先生集》卷4《秦淮箴》,《续修四库全书》,上海:上海古籍出版社,1995年,第1531册,第623页。

④ 顾起元:《客座赘语》卷1《市井》,第23页。

⑤ 陈作霖:《金陵物产风土志》,陈作霖等撰:《金陵琐志》(一),《中国方志丛书》华中地方第39号,台北:成文出版社,1970年,第296页。

⑥ 陈作霖:《运渎桥道小志》,陈作霖等撰:《金陵琐志》(一),第30页。

⑦ 施沛:《南京都察院志》卷24《职掌十七》,第679页。

通大江,则建康永无水患矣。"①后张孝祥被罢,继任知府汪澈亦言开浚河道,使内河水通栅寨门入江,但直至景定元年(1260),才由马光祖大修栅寨门水关。② 元明清之际,该水关一直疏于治理。万历时期,铁窗棂水关尚有一定排水功能。然而至清代中期,此地"年久埋塞,堆积瓦砾高如山阜,屡议疏浚,皆以需费浩大,格不果行"③,水关已无泄水功能,城内水患更为严重。嘉庆二十二年(1817),盐巡道方体"请于制府,率绅士兴工疏浚"运渎至铁窗棂,三月告竣,民皆称便。然铁窗棂一带地势较高,民居稠密,二十余年之后"又复渐就淤塞"。④

由于西水关排水不畅、铁窗棂水关年久埋塞,夏秋时节为防止内涝,封闭东水关成为最常用的办法。东水关第一次闭闸发生在康熙十一年(1672),十一券通水孔只留其一,"水道既壅,遂失其性,反从城濠旁驰而去"。⑤ 时日既久,不仅造成水关壅塞、舟楫不通,而且东来水势太缓,河道不得冲刷,污秽易于积淀。嘉庆年间,康基田(1728—1813)就论道:"昔时水由东水关入,立牐防护,启闭严密,今皆闭塞,亦缘栅塞门久闭,水无从出之路,故不敢引导入城而闭其穴也。然古人法良意美,引生气之水流贯城内,消长随时,不特风脉攸关,亦大利民生日用。今止由西水关进水,听其自去自来,冬涸下板潴蓄,非常道也。"⑥道光九年(1829),因"东关内外壅阏不通,城内河身日形淤垫",江宁布政使贺长龄筹款遴员,"将东水关淤塞之处现行挑通"。⑦ 但道光十一年大水之后,又将东关下闸,城内尽成死水,至道光十二年春夏之交,"满河之水变成绿色,腥臭四闻,时疫大作,死者不可胜计"。⑧ 时任两江总督的陶澍着意兴复水利,大浚秦淮,开关的呼声随之而起。最终,陶澍听取民意,与两淮盐运使王凤生"妥筹良策,命将关洞疏通,旧设闸板重行修整"。⑨ 但水关整修之后,并

---

① 景定《建康志》卷20《城阙志一》,第126页。
② 景定《建康志》卷20《城阙志一》,第126页。
③ 甘熙:《白下琐言》卷7,第4页。
④ 甘熙:《白下琐言》卷7,第4页。
⑤ 金鳌:《金陵水利论》,第8页。
⑥ 康基田:《河渠纪闻》卷12,第133页。
⑦ 《重浚江宁城河全案》卷1,陶澍:《江苏水利全书图说》,第371、372页。
⑧ 汪正鋆:《跋》,金鳌:《金陵水利论》,第12页。
⑨ 金鳌:《金陵水利论》,第12页。

未妥善维护。大约在道光二十三年（1843）年前后，又因水患议堵东水关。①

太平天国期间，水关之事无人问津。同治三年（1864），曾国藩收复南京，随即挑浚秦淮。同治八年（1869）夏季发水，两江总督马新贻"开东关以通淮流。初道光中常患水，因用石塞东关，至是坼去，仍用闸板"。② 但东关仍未全部疏通。同治十一（1872）、十二（1873）年间，开关之议再起。同治十二年，南京绅士杨长年刊印《金陵水利论》，又请庄兆熊、秦宇和作跋文，重申闭关之害。同年，绅士陈作霖亦撰文指出，东水关"前议疏通，未几复闭，由是秦淮之水仅恃西关出入。其入也，江潮倒灌，带泥沙以俱来；其退也，则力弱不能刷淤"，应开关以引上游山水入城，"借其力以敌江潮，则污秽不能停，而食之者不至生疾矣"。③ 但此时东关壅塞日久，城内水位远高于城外，一旦开闸，内河水反外泄，因此恢复东关的通水功能是个巨大而复杂的工程。光绪七年（1881），左宗棠任两江总督，大兴水利。他听取江苏候补道王诗正的提议，"修复东西两水关闸板，相时启闭，开东关闸以灌清流，启西关闸以泄蓄水，涤除秽浊，便民汲饮烹饪，如是秦淮永无淤垫之患，而民气乐矣"。④ 工程耗时一年多，于光绪九年（1883）十二月完工，左宗棠命名通济闸，"计长二十四丈，宽三丈六尺，高二丈六尺，闸门五道"，共用银四万数千余两，⑤但工程质量却很差。光绪十三年（1887）春正月"山水发，冲坏东水关外石闸"⑥，此时新闸启用仅三年而已，"秦淮永无淤垫之患"的期望又一次落空。光绪十九年（1893），两江总督刘坤一再"开东水关，浚城中河道"⑦，可见自从被山水冲坏之后，东关又被封堵数年。

概言之，由明至清，南京河道淤塞、水质污染的问题日益严重。而导致水环境恶化的原因，除自然因素之外，更多是因为建筑物侵占河道、居民抛洒污物以及手工业污水排放等。加之水关管理不善，水道淤塞及水质恶化益趋严重。一直以来，地方官员也试图对城市水环境进行整治。与西方城市相比，中

---

① 杨长年记载，"方堵时，江宁故庠生陶甄言：东关生气方一堵，使二百里西流水不得入城，金陵五年必有一小劫，十年必有一大劫……越五年、十年之期，所言无不验。"陶甄预言的一小劫，应为道光二十八年（1848）、二十九年的大水，而一大劫则为咸丰三年（1853）太平军攻陷南京，以此推算，闭关当在道光二十三年左右。杨长年：《跋》，金澥《金陵水利论》，第 23 页。

② 陈作霖：《国朝金陵通纪》卷 4，第 578—579 页。

③ 陈作霖：《可园文存》卷 4《整顿金陵善后事宜议》，第 359 页。

④ 左宗棠：《左文襄公集》文集卷 4《新建通济门外石闸碑记》，清光绪十八年刻本，第 13 页。

⑤ 左宗棠：《左文襄公集》文集卷 4《新建通济门外石闸碑记》，第 13 页。

⑥ 陈作霖：《国朝金陵通纪》卷 4，第 587 页。

⑦ 陈作霖：《国朝金陵通纪》卷 4，第 590 页。

国社会长期处于"城乡连续统一体"①的统治模式之下,既无市政机构,亦缺市政经费。因此,治理内河的主持机构与经费来源是值得探讨的问题。

三、治河的主持机构与经费来源

明清之际,秦淮河经历过多次大型疏浚。从治河机构与经费来源上看,南京内河的疏浚不仅有别于农村"按田出夫""业食佃力"的模式,而且折射出明清之际南京政治地位的变迁、地方行政格局的调整,以及财政制度的沿革。

明初,南京为京师,朱元璋曾下令以均工夫浚城河。均工夫始于洪武二年(1369),《均工夫图册》涉及的地区包括直隶应天等十八府州,及江西九江、饶州、南康三府,而其中应天、太平、镇江、宁国、广德五府州的均工夫则主要用于每年冬季赴京城挑河。②《大明会典》记载:"凡在京城垣、河道每岁应合修缮,其用工数多,须于农隙之时于近京免粮应天、太平、镇江、宁国、广德等五府州,预先定夺奏闻,行移各府起取……每四丁共辏一夫,著令各备锹杵篮担,委官部领,限十月初赴京,计定工程,分拨做造,满日放回。若有不当夫役,及做工未满逃回者,并行治罪。"③

均工夫实行的时间极短,唐文基认为,"至洪武二十六年时,均工夫已消失一段时间了"。④ 但南京最后一次动用均工夫是在永乐元年(1403)。当年冬,朱棣命发均工夫治河。至十一月二日,气温骤降,风雨交加,朱棣召工部尚书黄福等,"谓曰:民服役久,食衣未必尽给,今且遽寒甚,其各赐钞二锭,罢遣归,未毕之工令京卫军士次第成之,军士仍赐钞充雇直"。⑤ 此后再无均工夫浚河的记载。

永乐迁都之后,北京成为京师。关于京师河道事务,《大明会典》中规定:

---

① 牟复礼:《元末明初时期南京的变迁》,施坚雅主编:《中华帝国晚期的城市》,北京:中华书局,2000年,第112—175页。

② 《明太宗实录》卷25,永乐元年十一月壬辰条,台湾"中央研究院"历史语言研究所校印,第454—455页。

③ 申时行:《大明会典》卷206《工部二十六》,《续修四库全书》792册,上海:上海古籍出版社,1995年,第438页。

④ 唐文基:《明初的杂役和均工夫》,《中国社会经济史研究》1985年第3期,第62页。伍跃亦指出,"均工夫役只是一项按时派遣的杂役,也还没有成为一种徭役制度"。参见伍跃:《均工夫役浅析》,《北京大学学报》1984年第1期,第94页。

⑤ 《明太宗实录》卷25,永乐元年十一月壬辰条,第455页。

凡五城兵马司该管地方，"街道坍塌、沟渠壅塞，及皇城周围坍损，工部都水司行委分管填垫疏通"。① 《工部厂库须知》中亦明确指出，每年"都城内外街道、桥梁、沟渠、各城河、墙、红门、水关及卢沟桥堤岸等处，或遇有坍坏，即动支都水司库银修理，临时酌估，多寡不等。其城外河遇淤浅挑浚亦动都水司库银，或借班军挑浚"。② 也就是说，北京城沟渠、河道的疏浚由工部主事，工部四司中又以都水司为主要负责机构，工程经费亦来自都水司库银。除雇佣人夫外，还可借用班军。

虽然《大明会典》和《工部厂库须知》中均未提及南京浚河之事，但笔者认为，留都南京事例与北京相同。首先，内河事务由南京工部负责。《南京都察院志》中记载，南京"人居稠密，沟渎易壅……是在工部及时开浚，庶获宁宇"。③ 其次，治河经费亦来自工部库银。这两大特征在万历十七年（1589）与万历四十三年（1615）两次疏浚工程中可得到验证。④

关于万历十七年浚河工程的直接记载较少，但检索《明实录》，我们仍可大致厘清此次工程的始末。万历十七年春，江南遭遇大旱，震泽、嘉兴、秀水、海盐相继发生地震。至六月，"斗米几二钱，衾至江以北、浙以东，道殣相枕藉"。⑤ 七月，大学士申时行等因"南京浙江等处俱遭大旱，群情汹汹"而上疏，提出为防止卫所军士骚动，"宜敕南京户部将见在仓粮盘验，足几年放支，是否俱堪食用，如有不堪，作何区处预备"。⑥ 当月，南京礼科给事中朱维藩亦就此事上言，除对仓粮不敷感到担忧外，还指出"南京内城三山门直溯江流，舟船如

---

① 申时行：《大明会典》卷 225《上林苑监、五城兵马指挥司》，第 654 页。

② 何士晋：《工部厂库须知》卷 7，《续修四库全书》，上海：上海古籍出版社，1995 年，第 878 册，第 598—599 页。

③ 施沛：《南京都察院志》卷 21《职掌十四·中城职掌》，第 592—593 页。

④ 日本学者松田吉郎认为，自十六世纪末，即万历时期开始，南京始有浚河工程。事实上，除上文提到的洪武、永乐时期均曾开河外，正统八年（1443）七月"浚南京城外河与内河"，成化十五年（1479）亦曾"修内外河道"。与内秦淮河相比，南京城西滨江的上、中、下新河因关系军卫屯田而成为水利重心，自永乐至正德时期常治理堤岸。同治《上江两县志》中载："自永乐三年修上新河岸……十一年又修上新河圩岸。正统五年修上、中、下新河及济州卫诸防水堤，明年疏江洲，杀水势，以筑塌岸。又明年筑大胜关堤。成化廿二年浚中、下二新河。正德十四年浚江口河。自嘉靖后无闻。"可惜关于历次浚河工程均无详细文献，故万历十七年与万历四十三年两次浚河成为较好的研究案例。参见松田吉郎：《明代南京の水利について》，第 747 页；《明英宗实录》卷 106，正统八年秋七月庚辰条，第 2161 页；同治《上江两县志》卷 7《食货》，第 161 页。

⑤ 《明神宗实录》卷 212，万历十七年六月乙巳条，第 3987 页。

⑥ 《明神宗实录》卷 213，万历十七年七月庚戌条，第 3990 页。

织,而今已湮塞,各府仓粮系由水道运进,今尽失其旧,舍舟而徒,费不可言"。① 随后章下南京户、工二部,户部覆严督各府征解仓米,工部覆"河渠淤塞,责成都水司及应天府水利官查勘设处",俱允。② 八月间,南京工部已经完成部分沟渠的疏通③,但秦淮河的疏浚当在十七年冬至十八年春。朱维藩奏疏中只提到修复运送仓米的水道,为何工程最终扩大至城内正、支各河?笔者以为此次开河还有以工代赈的性质。当年八月,南京工部尚书李辅曾上疏"请兴工作以寓救荒,谓留都流离渐集,赈粥难周,请修神乐观、报恩寺,各役肇举,匠作千人,所赈亦及千人"。④ 或许出于这一考虑,南京工部又扩大了浚河工程的规模。万历《上元县志》中收录有南京都水司郎中张梦蟾所作《金陵浚河赋》一篇,序文中写道:"是举也……题覆而卒成之者,堂翁进贤李公辅、新城张公榗也,蟾特效犇奏之劳尔。"⑤李辅于万历十六年任南京工部尚书,张榗于万历十八年正月任南京工部右侍郎⑥,因此《金陵浚河赋》当描写万历十七年的浚河工程,亦反映出南京工部在整个工程中的主事地位。赋中又有"帑金标给兮万余千"之句,帑金当指南京工部库银。⑦

关于万历四十三年浚河始末,时任工部尚书的丁宾在两篇上疏中进行了较为详细的描述。当年九月,工部都水司案呈五城居民刘鸣晓、秦云龙等联名上书,称自十七年浚河之后,因疏于管理,至今"正河浅狭,尽失其初","而支河全淤,遂成平地"。⑧ 丁宾遂与都水司等官前往城中沿河一带勘查,发现正、支各河"果皆淤塞不堪,而通都士民在在告苦,俱望即时挑挖"⑨,于是决定再次大浚内河。工程自四十三年十月十一日始,历时七月完工,共疏浚正、支河道4500余丈。⑩ 从工程的组织情况看,丁宾为总指挥,工部都水司官董役,营缮

① 《明神宗实录》卷213,万历十七年七月丙辰条,第3992页。

② 《明神宗实录》卷213,万历十七年七月丙辰条,第3992页。

③ "工部言南京天策南仓军粮改贮水军左仓,沟渠今寻月踪,令湮塞毕通,共大修版一十四座,户、工二部四六协力共济"。参见《明神宗实录》卷214,万历十七年八月丙申条,第4019页。

④ 《明神宗实录》卷214,万历十七年八月己卯条,第4010页。

⑤ 张梦蟾:《金陵浚河赋》,万历《上元县志》卷12《艺文》,《南京文献》第8号,南京:南京市通志馆印,1947年,第92页。

⑥ 雷礼:《国朝列卿纪》卷66,《四库全书存目丛书》,济南:齐鲁书社,1997年,史部第93册,第763页。

⑦ 张梦蟾:《金陵浚河赋》,万历《上元县志》卷12《艺文》,第92页。

⑧ 丁宾:《丁清惠公遗集》卷3《开浚河道以疏地脉疏》,第113页。

⑨ 丁宾:《丁清惠公遗集》卷4《报完开浚河道疏》,第117页。

⑩ 丁宾:《丁清惠公遗集》卷4《报完开浚河道疏》,第117—118页。

所所丞、所副及作头一名支放工食,又有作头二名置办应用器具,并增委各卫经历、指挥、千户、百户等官逐一丈量,分定地方,招募人夫挑浚。[①] 人员部署井井有条,主要涉及工部和卫所两个系统,工程用银近 4700 两,全部出自南京工部库银。[②]

从以上分析来看,明代南京内河疏浚事例与北京相似,体现出明显的"都城模式"。作为一个典型的行政中心型城市,留都南京驻有从府、部、寺、院到应天府以及上元、江宁二县各级行政机构,在赋役、刑案、治安等事务上多有统属关系。但终明一代,内河治理模式却简单划一:主持机构为南京工部,经费来自工部库银,而南京工部也始终未将此责任下放给府县官员。[③] 这反映了"都城模式"的制度化与规范化。

鼎革之后,南京不再是留都,地方行政结构也发生了一系列变化。清初,应天府改为江宁府,南直隶改为江南省。康熙六年(1667),江南省正式分为江苏、安徽二省。南京为两江总督所在地、江苏省城,但江苏巡抚[④]与江苏布政使皆常驻苏州。乾隆二十五年(1760),长期驻于南京的安徽布政使迁往安庆,南京增设江宁布政使司。随着地方行政格局的变化,城河事务的主持机构也相应发生了改变。表 1 列出了清代南京历次治河工程。从时间上看,主要集中在十九世纪,而主持者则以两江总督、江宁布政使为主,仅嘉庆二十二年(1817)工程由江宁盐巡道方体董役。至光绪时期,浚河几乎成为历任两江总督与江宁布政使上任后的首要工程。

表 1　清代南京治河工程

时间	工程概况	主持者
嘉庆八年(1803)	浚秦淮	康基田(江宁布政使)[1]
嘉庆二十二年(1817)	浚运渎	孙玉庭(两江总督) 方体(江宁盐法道)[2]

---

① 丁宾:《丁清惠公遗集》卷 4《报完开浚河道疏》,第 117 页。

② 丁宾:《丁清惠公遗集》卷 4《报完开浚河道疏》,第 117—118 页。

③ 相比之下,明代正、嘉之后江南地区水利工程的组织模式却经历了变化。日本学者川胜守的研究表明,正德之前,江南水利工程多由六部官员主持,而嘉靖后以知府、知县主持居多。正德末嘉靖初,吴淞江、白茆港等干、支河的疏浚曾动用了钞关课银、运司余盐银、抄没赃银以及官民田夫银等。至万历中后期,国家再无巨额经费投入大规模治水,治水主要归于个别州县。参见川胜守:《明代江南水利政策的发展》,《明清史国际学术讨论会论文集》,天津:天津人民出版社,1982 年,第 536—548 页。

④ 康熙二十六年(1687)之前称江宁巡抚。

时间	工程概况	主持者
道光四年(1824)	浚运渎	不详[3]
道光九年(1829)至十年	浚城外北河、下河	贺长龄(江宁布政使)[4]
道光十二年(1832)	浚省城内河	陶澍(两江总督) 赵盛奎(江宁布政使)[5]
同治三年(1864)至四年	浚秦淮河	曾国藩(两江总督)[6]
同治九年(1870)	挑筑沙洲圩大埝,浚北河口、大胜关河	曾国藩(两江总督)[7]
同治十年(1871)	浚秦淮河至东水关	曾国藩(两江总督)[8]
同治十三年(1874)	浚城东南官沟	李宗羲(两江总督) 桂嵩庆(江宁布政使)[9]
光绪元年(1875)	浚城南北各街道水沟	刘坤一(两江总督)[10]
光绪三年(1877)	浚城内河道	沈葆桢(两江总督) 孙衣言(江宁布政使)[11]
光绪八年(1882)	建通济门外石闸	左宗棠(两江总督)[12]
光绪十八年(1892)	挑城中河道	刘坤一(两江总督)[13]
光绪十九年(1893)	开东水关、浚城中河道	刘坤一(两江总督)[14]
光绪二十二年(1896)	浚汉西门外江东河	刘坤一(两江总督)[15]

资料来源:
　[1]康基田:《河渠纪闻》卷12,第133页。
　[2]捧花生:《画舫余谈》,第4页。
　[3]甘熙:《白下琐言》卷3,第17页。
　[4,5]《重浚江宁城河全案》卷1,陶澍:《江苏水利全书图说》,第366、369页。
　[6,7,8,10,11,13,14]陈作霖:《国朝金陵通纪》卷4,第576、580、583、590页。
　[9]高德泰:《同治甲戌重浚东南官沟记》,光绪《续纂江宁府志》卷8《名迹·附水利》,第74—75页。
　[12]左宗棠:《左文襄公集》文集卷4《新建通济门外石闸碑记》,第13页。
　[15]《秦淮挑浚》,《益闻录》1896年第1557期,第130页。

　　与明代相比,清代治河工程中最大的变化在于参事人员与经费来源。如前所述,明代浚河参事人员主要来自南京工部与卫所,治河经费则来自工部库银。当时各部寺财政独立,自收自管,且工部库银支付都城浚河等费乃会典所载,无可争议。但清代的情况则较为复杂,就浚河工程集中的十九世纪而言,又以太平天国为界分为前后两个时期。

　　嘉庆、道光时期,治河工程中掌管文件、经理银钱、核实工次、募夫挑挖、催办稽查的皆为临时调派的委员和董事。其中委员多为州县正印、佐贰、候补官,而董事则为地方士绅。如参与道光九年、十二年两次浚河工程的委员有借补通判冯思澄、借补通州州同朱恭寿、上元县训导杨会昌、江宁县典史汤翁嗣、江宁县知县赵本扬、海州通判童濂、候补通判查德基、沭阳县知县王梦龄。[1]此外,道光十年还曾调宝山县丞刘琅金、金坛县丞谢元淮来宁协同挑浚内河。嘉道时期,地方绅士在公共事业中的活跃是个普遍现象,南京亦涌现出一批热心公务的绅士。如甘福,除兴办救生局外,"余如恤嫠、育婴、瘗旅诸善举,见义勇为,久垂利赖"。[2]水利工程中也有他们的身影。嘉庆二十二年方体主持挑浚运渎,甘福就作为董事参与工程。其行述中写道:"城中自内桥至铁窗棂一带河道为古运渎,年久湮塞,几成平壤。丁丑,绩溪方茶山先生任盐巡道,延府君与同人开浚,分督工段。时值隆冬,府君周视指画,朝夕靡遑。操畚挶之夫,有以苦寒致惰工者,府君解囊橐以犒励之,咸踊跃从事,不旬日而工先告竣,茶山先生深器之。"[3]道光四年浚运渎,"绅士伍光瑜董其役"。[4] 道光十二年浚秦淮,参与工程的董事有甘福、费士嵩、前任象山县知县孙廷松、前任河南巩县典史洪文铨、丙子科举人林端、前湖南保靖县知县张介福。[5]

在治河经费上,嘉庆、道光时期多倚靠捐款。一方面,此时国家财政出现危机,政府面临银荒。另一方面,自清初开始施行的奏销制度削弱了地方的财政支配权。"外省在作出各种支出预算(估饷、预估、估拨)和支出之后,由布政使司将各州县府上报的会计册(县、府的草册)进行汇总,编制奏销册,一部呈皇上御览(黄册),另一部递交户部(即清册或青册),以该省的巡抚和总督的名义上呈。"[6]在这样的情况下,使用捐款无疑更为便宜。道光三年(1823)南京水灾后,以义捐恤贫士,次年即以义捐余款浚运渎。[7]道光九年疏浚城外北河、下河时,由江宁布政使藩司贺长龄"捐廉为倡,地方各官分捐协助,上元、江宁两县绅商人等踊跃乐输,共捐银四万余两"。竣工之后,两江总督陶澍特上奏折,称"此项工程均系绅商捐办,前经奏明,邀免报销,尚有余剩银两,留为省

---

① 《重浚江宁城河全案》卷1,陶澍:《江苏水利全书图说》,第369—370、383 页。
② 甘熙:《金陵忠义孝悌祠传赞》,道光庚子(1840)津逮楼甘氏刊,第16 页。
③ 甘熙:《梦六府君行述》,南京图书馆藏刻本,第11—12 页。
④ 甘熙:《白下琐言》卷3,第17 页。
⑤ 《重浚江宁城河全案》卷1,陶澍:《江苏水利全书图说》,第369—370、383 页。
⑥ 岩井茂树:《中国近代财政史研究》,付勇译,北京:社会科学文献出版社,2011 年,第79 页。
⑦ 陈作霖:《国朝金陵通纪》卷3,第1 页。

城水利之用"。①"邀免报销"四字尤其点明了捐款使用的自由度和灵活性。

日本学者森田明在对道光年间南京城河开浚工程的研究中指出,"南京的河道本来是'官河',其管理之责本在于行政部门,到了道光年间,通过'劝捐兴挑'即'民捐民办'的方式实施开浚后,其功能才得以恢复。……在这次开浚工程中,公家权力的行政性支援固不可少,但是经办的主体却是当地社会中与河道有着直接利害关系的人们,这一事实意味着南京城的内外河道已经在逐渐失去其作为'官河'的性质"。② 但笔者认为,嘉道时期南京的治河工程并非"民捐民办",大批委员的征调说明公家权力并没有失去主体地位。但委员们本非水利官,又多来自外府州县,因此才需要地方绅士的协助。后者不仅熟悉本地历史地理,而且水利兴废关乎其自身利益,因此格外尽心。事不假手于吏胥,舞弊之事则少。如道光十二年冬,六十五岁的南京士绅甘福第二次作为绅董参与治河,委员们每有疑难则与其商榷,"一经剖决,莫不悦服",但甘福"以垂暮之年,曳杖河干,雪虐风饕,心力交瘁,而膏肓成疾矣"。③ 但这并不意味着甘福之流已经成为"经办的主体",或河道失去了"官河"的性质。太平天国之后,随着形势的变化,捐款与绅士在治河中的作用就急剧弱化了。

同治、光绪时期,治河模式中最大的改变在于经费来源。此时中央政府独揽财权的局面开始动摇,各省厘金及各种新捐税的开征扩大了地方外销收入。④ 同治三年(1864)七月,设金陵善后局"布政使、督粮道、盐巡道暨候补道员掌之,总财赋之出内,上下教令,以毗省之大政,凡事涉扶绥安集者,皆隶焉"。其下设善后分局,又有包括保甲局、谷米局、善后大捐局、善后工程局在内的下属机构。⑤ 作为一个新设机构,善后局在地方公共事务中扮演了重要角色。同治十二年(1873),陈作霖在《整顿金陵善后事宜议》中提到,金陵善后局自同治三年始设,"迄今十年于兹",但仍有待议之事宜,兴水利便是其中之

① 陶澍:《陶云汀先生奏疏》卷47《请鼓励捐挑省城河道尤为出力人员折子》,《续修四库全书》,上海:上海古籍出版社,1995年,第499册,第769页。

② 森田明:《清代水利与区域社会》第三章,第72—73页。

③ 甘熙:《梦六府君行述》,南京图书馆藏刻本,第12—13页。

④ 徐毅:《从"专济饷糈"到"妥办善后"——同治时期江苏省厘金政策论述》,《中国经济史研究》2006年第4期,第77—84页。

⑤ 同治《续纂江宁府志》卷6《实政》,《中国地方志集成》江苏府县志集02,上海:江苏古籍出版社,1991年,第49—51页。后湖鱼菱租每年大约1000千文,原归上元县,同治四年(1865)后转归善后局,"以太平门稽查委员兼领后湖事。……税钱皆输上善后局"。

一。① 可见地方士绅已视善后局为办理地方公共事务的重要机构。次年冬，地方人士欲疏浚城东南官沟，因请于两江总督李宗羲，李宗羲"可其请,遂于是冬发款兴工,由工程局桂芗亭方伯、刘治卿观察董治斯役,而东南段保甲②谢大令、王恩尤尽心采听焉"。③ 治河经费由"劝捐"变为"发款",且由掌管善后工程局的江宁布政使桂嵩庆、道员刘佐禹董役,说明地方治河模式的又一转变。

在参事人员方面,委员仍占主导地位,而且分工更为明细。如光绪八年至九年的通济闸工程中,"督修者,江宁布政使梁肇煌也;总办工程者,江宁盐巡道德寿暨署盐巡道赵佑宸也;会办工程则江苏候补道刘佐禹、礼部主事王金彝也;原估委员,见署扬州府江苏候补知府黄波;工程提调委员,江苏候补同知李春藻也;监修委员,候补典史李章贵、何汉也"。④ 而关于"绅董"参与治河的记载则越来越少。

值得注意的是,同光之际一批出身于湘军系统的总督,如曾国藩、左宗棠、刘坤一,在大规模治河工程中还经常调用勇营官兵。同治三年(1864)底,曾国藩兴工挑浚秦淮,用"营中勇夫"。⑤ 光绪七年(1881),左宗棠任两江总督后首议大兴水利,"饬所部亲军及中军副将谭碧理、城守副将钟南英、署游击易玉林新兵各营鸠工"。⑥ 次年开工修建通济门外石闸时,"命记名提督曹德庆督饬庆军营弁丁开掘,引河建闸,又命记名提督刘端冕、喻先知各率所部营勇助之"。⑦ 光绪二十二年春正月,两江总督刘坤一开浚城外江东河,"调派亲军老湘兵七营,戽水挖掘"。⑧ 这种文武参任的模式亦与嘉庆、道光时期有所不同。

概言之,由明至清,南京治河主持机构与经费来源发生了一系列变化,而

---

① 陈作霖:《可园文存》卷4《整顿金陵善后事宜议》,第358—359页。
② 保甲局设于同治三年十月,以知府总其事,隶善后局。参见同治《续纂江宁府志》卷6《实政》,第50页。
③ 高德泰:《同治甲戌重浚东南官沟记》,同治《续纂江宁府志》卷8《名迹·附水利》,第74—75页。
④ 左宗棠:《左文襄公集》文集卷4《新建通济门外石闸碑记》,第13页。
⑤ 曾国藩:《曾文正公奏稿》卷26《钦奉谕旨分条覆陈折》,《续修四库全书》,上海:上海古籍出版社,1995年,第501册,第458页。
⑥ 左宗棠:《左文襄公集》文集卷4《新建通济门外石闸碑记》,第13页。
⑦ 左宗棠:《左文襄公集》文集卷4《新建通济门外石闸碑记》,第13页。
⑧ 《秦淮挑浚》,《益闻录》1896年第1557期,第130页。

这些变化也反映了该城由"陪都"变为"省城"后政治地位与行政模式的变迁。另一方面,尽管南京的经济发展在江南地区处于边缘地位,其腹地农村水利备受忽视,但城河事务的管理却一直由较高级别的行政机构所掌握,体现出其行政中心城市的特殊性。

四、治水的局限与困境

明清时期,南京内河进行过多次疏浚,但屡疏屡塞,无法根除水患,水质污染也愈发严重。这既反映出城河治理的局限性,也体现着城市公共资源管理的困境。

治河的局限之一在于秦淮河上下游无法统筹治理。若要防止上游山洪对南京的影响,首先要保障句容赤山湖的蓄水功能,自宋代开始,凡论金陵水利者皆有此共识。赤山湖为人工湖,筑于三国吴赤乌八年(245),"自赤乌大历迄于南唐,不废修筑。宋时尤严湖禁,湖心立有磐石,为疏闭之节,民乐其利",但此后赤山湖久不修筑,"利亡而害存"。[1]万历二十九年(1601),句容知县茅一桂称该湖"废久,半为居民楹栋之所压,额不可复","水涸之日,湖高秦淮数尺,莽靡数百顷,仅属于牛马之刍牧尔,不得其半菽之用。夫水未有无潴而能常聚者,亦未有任其莽溢而不为害者。此湖形势既高,而自诸山发源以连秦淮,复屈曲如羊肠,伏秋雨积,即冲射决啮,为田亩之灾"。[2]但南京工部治河只管城内,不管城外。顾起元就指出:

> 顷工部开浚青溪、运渎,其意甚趣,然此河之开塞,仅城中民家利搬运耳,若郊外诸湖,堙塞既多。秦淮源远而受水复众……而久为田地侵蚀,遂多狭窄,且易淤垫。唯此诸河不通,以致伏秋水涨,处处梗咽。……所以近年留都时苦水,而乡间尤甚,正坐此耳。若当事者肯慨然议为挑浚,或令傍河有田地者,计其亩数长短,帮出工值,委两县、五城官分程督浚,功成之后,不但支流分派,水无泛滥之忧,而乡民往来搬运,舟航所至,所省财力无限,关系国赋民食者非轻,此当今

---

① 康基田:《河渠纪闻》卷 12,第 134 页。

② 顾炎武:《天下郡国利病书》卷 8《江宁庐安》,《续修四库全书》,上海:上海古籍出版社,1995年,第 596 册,第 76 页。

首宜讲求者。当事者以身在城中，目所不经，未及区画，不能不望于
为国家计根本者也。①

"当事者以身在城中，目所不经，未及区画"当然是委婉之语，笔者认为这
其实体现出"都城模式"治水的局限性。②

至清代，水利工程的主持者为两江总督、江宁布政使，似乎可以全盘操作，
但事关多县，且工繁费巨，仍然难以成事。嘉庆八年，江宁布政使康基田大浚
秦淮后就曾坦言："欲举城乡内外水利尽复于古，窃尝有志而徐图也。"③太平
天国之后，地方外销收入增加，公共事业经费亦较之前宽裕，但启动如此大的
工程仍非易事。光绪七、八年间，两江总督左宗棠调集湘淮营军，决心将句容
赤山湖至省城水利一并大治。当时赤山湖"湖底淤高，堤亦坍坏，水旱并受其
灾，乃筑道土坝至麻培桥，圩堤复修，下游桥闸令相洞注，弭壅溃之患"，在省城
地方"以通济门水门为秦淮附郭正流……皆令择要建石闸桥坝，以收纳诸水，
导引清流"。④通济门水闸于光绪九年完工，赤山湖水利则因"左氏西调，未竟
全功"。⑤而从通济门水闸的工程质量来看，即便赤山湖工程完工，也难以保
证长期效果。直至民国时期，秦淮上下游仍难以一体浚治。1934年出版的
《江宁县政概况》中即称，"民国以来，江南人士虽屡有浚湖之议，顾以工程浩
大，需费过巨，终未果行。去岁本县曾奉省府训令，着会同句容、溧水两县办理
赤山湖测量事项，并筹备于冬间征工挑浚，顾如此伟大工程，由三县会同办理，
恐将事倍而功半，盖非有负责主持之机关，及充裕之经费，难望有成也"。⑥

除上游水利失修之外，内河疏浚工程也有许多疏漏之处。前文提到，沿河
民房是造成河道浅狭的关键因素之一，只有拆除民居才能恢复河道。万历四
十三年南京工部开河，曾将城北进香河一带"侵占房屋尽行拆去，用工逐一开

---

①　顾起元：《客座赘语》卷9《城内外诸水》，第281—282页。

②　松田吉郎认为，万历年间南京城内治河经费来自官帑，城外治河经费来自官帑和地主出资，其
主要依据之一便是顾起元《城内外诸水》一文。但笔者认为这是对资料的误读，事实上南京周边农村
并未发生过由官府和地主共同出资兴办的治水工程。参见松田吉郎：《明代南京的水利について》，第
747—748页。

③　康基田：《河渠纪闻》卷12，第134页。

④　罗正钧：《左文襄公年谱》卷10，《续修四库全书》，上海：上海古籍出版社，1995年，第557册，
第751页。

⑤　叶楚伧等：《首都志》卷5《水道》，南京市地方志编纂委员会办公室据正中书局1935年版翻
印，1985年，第439页。

⑥　叶楚伧等：《首都志》卷5《水道》，第439页。

挖成河,立有石碑二座,严禁不许居民阻塞"。① 但与人烟较为稀少的城北相比,秦淮正河两岸民居稠密,拆房绝非易事,张梦蟾的《金陵浚河赋》中就有"民居拆除兮愧力拙"之句。② 康基田亦认为,明代浚河工程因"居民占久,清理多不如式,能通水而不能通舟,疏通后水微缓力薄,不能冲刷沙泥,近河民居贪便,取积存秽杂倾入河中,不久淤复如故"。③ 至清代,沿河民房数量有增无减,拆除的阻力更大。夏仁虎在《秦淮志》中特别提到刘铭传的一则逸事:"〔刘〕壮肃既解兵柄,爱秦淮风景,卜筑河干。秦淮河房,多临流建屋,甚乃支桩架木,侵占河面。壮肃家独不然,曰:河道终当复旧制,吾辈皆侵河基,旧道安望规复?命去河数丈建屋,前为广除而已。此虽小节,可见其谨慎守法度也。"④可惜刘铭传这样的行为只是特例,就连夏仁虎亦视之为"小节"。因此秦淮"愈久愈不可治,盖民居愈密,河道愈湮,一经建议,众诉纷起",尽管"官厅锐意浚淮,工未半,而河房多倒坍,众论哗然而止"。⑤

其次,浚河时为图方便,多将河泥堆于岸边,渣土遇雨复流入河中。嘉庆时期,康基田与方体主持的两次浚河工程就在城中留下多处土堆。据甘熙记载,"骁骑营则嘉庆甲子挑秦淮河所出渣土;张府园、武学园、七家湾等处皆嘉庆丁丑浚运渎积而成"。⑥ 事实上,就在方体主持的浚河工程完工后不久,里人车持谦就看到了隐患:"第湮塞业经日久,民居侵占自多,邪许争投,不无坍塌,黄金虚牝,窃为掷后虑之。"⑦金鳌在《金陵待征录》中则更为犀利地指出,内河"岸旁居民占淤已久,一旦修治,难言复旧。而徇情曲庇,减费偷工,尤所不免。故挑浚后,土积两旁,遇雨即卸,河身愈窄,河底益高。水平则舟不并行,水盛则更多旁溢,敛民间之财,滋民间之患而已"。⑧

与疏浚河道相比,整治水污染则更为困难。由于缺乏监管,从明末至清末三百余年间,禁止沿河居民堆积倾倒灰粪、侵占河道的各种条令从未得到有效执行。万历十七年(1589)疏浚内河后,曾定内河挑浚事例,"每年札委街道主

① 施沛:《南京都察院志》卷22《职掌十五·北城职掌》,第640页。
② 张梦蟾:《金陵浚河赋》,万历《上元县志》卷12《艺文》,第92页。
③ 康基田:《河渠纪闻》卷12,第133页。
④ 夏仁虎:《秦淮志》卷5《人物志》,第34页。
⑤ 夏仁虎:《秦淮志》卷12《余闻志》,第97页。
⑥ 甘熙:《白下琐言》卷8,第29页。
⑦ 捧花生:《画舫余谈》,第4页。
⑧ 金鳌:《金陵待征录》,《中国方志丛书》华中地方第438号,台湾:成文出版社,1983年,第20页。

事一员兼管巡河,遇有壅淤处所,即便会同五城御史督率兵马、水利等官,于秋冬潮落之时逐一分投挑浚,其各支河倘有浅塞,亦即深加挑挖,务使河道无阻。又建闸蓄水,画界经理,凡居民侵占壅土及抛煤灰与淘沙并严禁"。① 但仅仅二十余年之后,秦淮"正河浅狭尽失其初,中间瓦砾泥土,往往积成礁磈,而支河全淤,遂成平地"。② 至于挑浚事例,早因"迩年以来,部务滋繁,浸淫渐弛"③而成为一纸空文。至清代,鄂尔泰于雍正六年(1728)条陈江南水利事宜时特别提到江宁府秦淮河,建议"城内梗塞之处,令沿河居民每年捞浚,毋许堆积污秽,凡房屋占入河基之处,俟有倾圮,悉令查明清出,毋使日就湮废"。④ 鄂尔泰的建言虽切中要害,但毫无可行性。事实证明,清代地方政府从未采取过任何措施来监管、惩治污染水源的行为。至十九世纪末,"讲求卫生"之观念传入中国,因排污问题而引发的民间冲突增多。光绪十九年(1893),两江总督刘坤一饬上元、江宁二县出示晓谕,"沿内河居民倾倒粪秽一概严禁"。⑤ 但在排污管道和自来水设施缺失的情况下,无论是"出示晓谕"还是"勒石严禁"都无法改变居民的生活习惯。

面对污染水源的染坊,地方政府同样束手无策。尽管官员们曾多次以清水源为由,试图让染坊一年四季皆出城漂丝,"皆以江南生计恃此一线,因而中止者屡矣"。各染坊主亦称:"敝业全体生机惟以染业为根本,然依敝业求生计与敝业之自求生计不下数万人,然此数万人亦非专求生计不讲卫生之人","卒不能改良自求安静之道者,皆以顾全号家成本赔偿不起耳"。⑥ 光绪三十四年(1908),办理江南巡警商务总局⑦与染业公所再次协商后规定:"每逢春夏秋三季,以午前内河潮水未涨为染业漂洗之时,午后潮水已涨为居民吸饮之时,冬季内河水涸,仍赴外河漂洗,彼此守定界限两不相妨,毋得稍有紊乱,致起衅端"。⑧ 这一规定基本延续了太平天国之前的惯例,可见在经济利益与自然环

---

① 丁宾:《丁清惠公遗集》卷3《开浚河道以疏地脉疏》,第113页。

② 丁宾:《丁清惠公遗集》卷3《开浚河道以疏地脉疏》,第113页。

③ 丁宾:《丁清惠公遗集》卷3《开浚河道以疏地脉疏》,第113页。

④ 《清世宗实录》卷69,雍正六年五月癸亥条,《清实录》7,北京:中华书局,1985年,第1043页。

⑤ 清光绪三十四年《金陵染坊碑》,《南京历代碑刻集成》211号,第317页。

⑥ 清光绪三十四年《金陵染坊碑》,《南京历代碑刻集成》211号,第317页。

⑦ 江南商务局设于光绪二十五年(1899),江南巡警局设于光绪三十年(1904),以省城原有之保甲总局改设。参见杨廷尉等编:《江苏财政史料丛书》,北京:方志出版社,1999年,第一辑,第四分册,第90、第88页。

⑧ 清光绪三十四年《金陵染坊碑》,《南京历代碑刻集成》211号,第317页。

境之间,地方政府根本无法做到兼顾。

明末至清末数百年间,为治理秦淮而花费的人力与金钱不可谓不多,但效果却令人失望。二十世纪三十年代出版的《首都志》中记载:"城内秦淮水既不深,河面亦狭,加以沿岸居民每将废物倾入,而沿河房屋莫不侵占河岸,宽度、深度历年减少。故其河底较在通济门外者,约高六尺有余。自夏秋二季外,船舶不克通行,水利之修不容或缓。"①这说明在缺乏综合治理、严格监管以及现代污水处理系统的情况下,仅靠疏浚河道是难以根本改善水环境的。事实上,这个难题直至今日依然困扰着南京城。

五、结语

明清之际南京水环境的变迁在江南城市中是个普遍现象。除自然因素外,这一时期影响城镇河道和水质的主要原因就是民房侵占、抛洒污秽以及手工业排污。王卫平在对苏州的研究中就列举了明清之际苏州城河的淤塞和污染问题,并着重讨论了苏州染坊与地方民众之间的矛盾。② 这说明,城市生活与环境之间的紧张关系早在工业化之前就已经存在。

那么在治河模式上,不同城市之间是否有区别? 南京在江南城市群中是否有其特殊性呢? 如前所述,明代南京城河事务的主持机构为南京工部,清代中后期则多由两江总督与江宁布政使负责。这提示我们,在缺少市政机构的前近代城市中,城河事务的管理机构是由该城的行政级别所决定的。如常州府城,万历元年(1573)凿玉带河、万历八年(1580)浚后河,皆由知府主事。③而常州府江阴县城,弘治三年(1490)浚城濠、正德元年(1506)浚县学前河、嘉靖二十四年(1545)建三关水闸,皆由知县主事。④ 万历二十四年(1596)之后,常镇兵备道移驻江阴,该机构有监管粮储、水利之责⑤,因此崇祯六年(1633)

---

① 《首都志》卷 5《水道》,第 438 页。

② 王卫平:《明清时期江南城市史研究:以苏州为中心》,北京:人民出版社,1999 年,第 161—168 页。

③ 张国维:《吴中水利全书》卷 10《水治》,马宁主编:《中国水利志丛刊》,扬州:广陵书社,2006 年,第 51 册,第 1503、1507 页。

④ 张国维:《吴中水利全书》卷 10《水治》,第 1481、1489、1498 页。

⑤ 苏松常镇原设兵备、粮储二道。万历二十四年之后"裂四郡为二,并兵粮为一",苏松兵备道仍驻太仓,常镇兵备道移驻江阴。参见孙继皋:《宗伯集》卷 4《修建新设常镇兵备道江阴县驻扎公署记》,影印文渊阁《四库全书》,台北:台湾商务印书馆,1983 年,第 1291 册,第 289 页。

浚江阴县城河又由常镇兵备兼水利副使徐世荫主持。[①] 同样，明代太仓州的水利工程也由太仓知州和苏松兵备道官员轮流主持。[②] 值得注意的是，当一城的行政地位改变时，其治河机构也可能发生相应变化。以苏州为例，其城内三横四直河道在明代曾经历三次大规模疏浚：弘治六年（1493）由苏州府水利通判应能主持，万历三十四年（1606）由应天巡抚周孔教主持、万历四十五年（1617）由应天巡抚王应麟主持。[③] 笔者以为，这反映了万历三十一年（1603）应天巡抚移驻苏州之后[④]，该城行政地位的提高以及地方行政格局的变化。而明清之际南京治河机构的变化亦缘于此。

由于城河事务的主持机构不同，治河经费来源也有很大差别。万历三十四年，应天巡抚周孔教浚苏州府城河时动用了捐院赎。[⑤] 天启三年太仓浚城濠，知州陈如松"支民七军三银两充费"。[⑥] 崇祯六年江阴县浚河，"甘学阔、徐世荫各捐金募工，合县士民咸乐捐助"。[⑦] 崇祯十年太仓再浚城濠，以民七军三分段派浚，"军三钱粮令泥夫径赴道支领，其民七项下檄署州事万任调度支给"。[⑧] 至清代，"市镇一级的水利工程，固然有官府主持的，但更多的则是由地方集资、地方社会出面主持。如吴江同里镇，乾隆六年、乾隆二十八年、嘉庆八年三次开河，均是地方社会自募资金进行的"。[⑨] 常州府附郭之武进、阳湖二县在光绪九年至十七年间开浚城河，则全部倚靠地方捐款[⑩]。可见，主持机构的行政经费越充裕，民间出资的比例越小，反之亦然。

就以上两点而论，南京治河主持机构的行政级别较高，治河经费也比较充裕。在本文所讨论的时间段，只有清代嘉庆、道光时期曾大量动用民间捐款。总体而言，城河事务体现出较强的官办性质，与南京的行政地位相当。

---

① 张国维：《吴中水利全书》卷10《水治》，第1534—1535页。

② 嘉靖十年（1531）置东西三门水闸，天启三年（1623）浚城濠由知州主持，崇祯十年（1637）浚城濠由苏松兵备兼水利右参议冯元飚主持。张国维：《吴中水利全书》卷10《水治》，第1496、1524、1537页。

③ 张国维：《吴中水利全书》卷10《水治》，第1515、1521页。

④ 万历三十一年是苏州成为应天巡抚驻地的起始之年。参见范金民：《明代应天巡抚驻地考》，《江海学刊》2012年第4期，第21页。

⑤ 张国维：《吴中水利全书》卷10《水治》，第1515页。

⑥ 张国维：《吴中水利全书》卷10《水治》，第1524页。

⑦ 张国维：《吴中水利全书》卷10《水治》，第1534—1535页。

⑧ 张国维：《吴中水利全书》卷10《水治》，第1537页。

⑨ 王卫平：《明清时期江南城市史研究：以苏州为中心》，第166页。

⑩ 《浚河录》，马宁主编《中国水利志丛刊》第46册，扬州：广陵书社，2006年。

另一方面,尽管在太平天国之后,城市各项事务官僚化、专门化与制度化的程度不断提高,但对公共资源的管理并未出现"市政化"趋势,手段也传统而落后。因此,治河的投入与收效不成正比,水环境恶化的趋势一直延续至近代。

(原载于《历史研究》2014 年第 4 期)

明清时期的会馆并非工商业行会

吕作燮[*]

  会馆之设始于明朝而盛于清朝,其盛时非但通都大邑有,许多府县有,甚至在一些地方连乡镇也有,具有相当的普遍性。正因如此,所以从二十世纪三十年代开始,就为国内外学者所重视,不少人还在个别地区进行过调查研究。但大多数都着眼于与工商业有关的会馆,并肯定它们是工商业行会的一种组织形式。

  我翻阅了一些会馆资料,发现绝大多数会馆都是由流寓的同乡人出资共建的,是同乡之人"迎神庥、联嘉会、襄义举、笃乡情"[②]的场所。原因是"仕宦、商贾之在他乡者,易散而难聚,易疏而难亲,于是立会馆以联络之,所以笃乡谊也"[③]。其与工商业行会有着明显的不同,故作此文向国内外学者商榷和请教。

一、对工商业行会的粗浅认识

  行会一词是日本传入的,是日本学者对中世纪欧洲城市中出现的基尔特组织的译名。按照欧洲中世史,基尔特是基于城市工商业者(主要是手工业者)联合起来反对勾结在一起的掠夺成性的贵族,实业家同时又是商人对共同

---

  [*] 吕作燮(1924—2012),浙江东阳人。南京大学历史系副教授,致力于研究明清史和中国经济史。著有《辩证地对待历史上的农民革命战争》《明清时期的会馆并非工商业行会》《从地理变迁看张家港的隐患》等。

  [②]《潮州会馆记》,江苏省博物馆编:《江苏省明清以来碑刻资料选集》,北京:生活·读书·新知三联书店,1959年,第340页。

  [③]《重建汀州会馆碑》,上海博物馆编:《上海碑刻资料选辑》,上海:上海人民出版社,1980年,第278页。

市场的需要,以及受流入当时的繁华城市的逃亡农奴引发的竞争的加剧,和全国的封建结构①的影响而产生的。

欧洲的中世纪史与中国的中世纪史虽然都属封建社会,但各有自己的特点。中世纪欧洲的城市,都是由封建领主控制、奴役下的农奴和处于农奴地位的手工业者逃亡聚集到政治、经济、军事、宗教和交通的中心,在其他领主庇护下发展起来的。这些逃亡的农奴和处于农奴地位的手工业者,就变成了市民。早期城市是由封建领主控制的,市民仍然受封建领主的残酷剥削。后来市民与封建领主展开了斗争,他们通过战争和赎买等方式,摆脱了封建领主的直接控制,赢得了独立和自治的权力,这时的市民比起领主控制下的农奴来,显然是自由的。

市民在与封建领主斗争的过程中,为了保卫既得的独立地位和自由权利,永远摆脱封建领主的干涉,他们必须组织起来,并建立武装和自己管理城市,基尔特就是在这样的条件下应运而生的。市民来自四面八方,他们不存在地域集团的关系和观念,唯有相同的行业,是他们唯一的联系纽带,所以基尔特组织的基础是按行业而不是按地域,我们称它为行会的关键亦在于此。马克思、恩格斯说基尔特组织是与当时欧洲的"封建土地占有结构相适应的 ……手工业的封建组织"②,是"按照马尔克公社的样子建立起来的"③。它和农村一样有着严格的等级制,师傅、帮工、学徒就是它的等级。在中世纪以自给自足的自然经济为主的条件下,市场并不大,工商业活动的范围也不广,维护一个共同需要的市场,不使同业之间在竞争中同归于尽,需要在同行之间建立共同约束的制度,基尔特为建立这种制度提供了保证。

市民和农奴人身地位显著不同,在封建领主日益残酷剥削和压迫下的农奴被迫不断逃向城市,造成城市人口的不断增加,这也必然会促使竞争的加剧。所以基尔特规定了严格的吸收新成员的制度,限制后来逃入城市的农奴"永远成为城市无组织的平民",除非"他们的劳动带有行会的性质并需要加以训练的话,那么行东就会使他们从属于自己,并按照自己的利益把他们组织起来"④。

---

① 马克思、恩格斯:《德意志意识形态》,载《马克思恩格斯全集》第 3 卷。
② 马克思、恩格斯:《德意志意识形态》,载《马克思恩格斯全集》第 3 卷。
③ 马克思:《资本论》第 3 卷,第 1020 页。
④ 马克思、恩格斯:《德意志意识形态》,载《马克思恩格斯全集》第 3 卷。

基尔特是一个内涵广泛的组织,它既是自治性的基层政权组织,又是保卫城市抵御外来侵略的军事组织,同时也是成员生活的组织。例如它有自己的教堂,有自己敬奉的神,它负责组织成员从事宗教活动,成员间遇到疾病、死亡、贫困等,都可以得到基尔特的帮助。

中国中世纪的城市却不一样,它自始至终都受到封建中央集权专制统治的直接控制,并且往往是各级封建政权的统治中心,既没有独立,也没有自由,更谈不上自治。市民的政治地位与农村的农民基本相同,虽然他们很早就有"行"的组织,有所谓三百六十行的区分,但是"市肆谓之行者,因官府科索而得名,不以其物大小,但合充用者,皆置为行"。^① 显然这些行是由封建官府强制组织起来的,各行均有行头(老),承受官府对本行的差遣、征敛、和买和科索,其与基尔特的自治性组织,显然是有区别的。但是它们也有共同性,即都是工商业者按行业组织起来的,至少从表面上看不出组织成员之间有共同的地域关系和观念的区分;尽管对付官府的方式不同,但都要有对付封建官府的手段;无疑中国的行是与中国的封建土地所有制形态相适应的一种工商业封建组织。说中国的"行"就是行会,并不是毫无根据的。日本学者翻译基尔特为行会,实际上也是借用了中国"行"的基本概念。

早期欧洲在"实业家同时也是商人的时代",商人和手工业者都是基尔特的成员,但到后来,基尔特主要成了手工业者的组织。在中国行会中自始至终都存在着商人的行会,手工业者的行会,工商混同的行会,还有一批服务性行业的行会。明、清两朝的行会以工商混同者居多数,手工业和服务性行业的行会则为数较少,所以这样,可能与中央集权的专制政权控制着工商业,使工商业的发展受到阻滞有关。

世界上任何一个国家和民族的历史,都有自己的特点,必然存在着千差万别,完全相同的模式是很难找到的,行会也一样。欧洲各国的行会也有差别,关键要看共同的特点。中国中世纪城市中存在着行会,但是我以为明清时期的会馆并不是行会。

---

① 耐得翁:《都城纪胜·诸行》。

二、早期会馆与工商业毫无关联

明朝会馆首创于北京,过去一般都以刘侗、于奕正合撰的《帝京景物略》卷4所载"尝考会馆之设于都中,古未有也,始嘉(靖)、隆(庆)间",作为会馆起源的定论。历史学家何炳棣先生,根据民国《芜湖县志》卷13"京师芜湖会馆,在前门外长巷上三条胡同。明永乐间,邑人俞谟捐资购屋数椽并基地一块创建"的记载,推翻了"始嘉(靖)、隆(庆)间"的传统说法。[①] 民国《芜湖县志》详细记载了芜湖会馆自明至清五百余年间之大事。其中有明朝正统年间,会馆房产原卖主路姓后裔构讼争地,俞谟子日升持契入都对质于官,最后官府断归芜湖会馆;清康熙年间两遭地震,会馆房宇受到严重破坏状况及重修经过,最晚的一次重修是在光绪年间。光绪《顺天府志》卷14所载芜湖会馆的地址,也与《芜湖县志》所载相同,可见《芜湖县志》的记载并非出于杜撰,这是目前所知北京最早的一所会馆。初创芜湖会馆的俞谟,是永乐元年(1403)的选贡,做过南京的户部主事,后来被迁转为北京工部主事。久居北京,故购买房屋、地基以作旅居处所。当其辞官归里时,就把这些房屋地基交同邑京官晋俭等为芜湖会馆。[②] 可知这所最早的芜湖会馆与工商业毫无关系。

何炳棣先生还从清初周亮工的《闽小纪·林金宪》所述及的福州会馆判断:"嘉靖初叶以前,很可能在十五世纪后半叶,福州京宦已在北京建立会馆。"[③]林金宪名文缵,于正德年间携家眷赴京候补,船至潞河,适遇武宗巡幸。武宗窜入林船,见其婢携六岁儿子林璧,即命婢抱其子随他而去,意欲收为己子。文缵至京,通过宦官的帮助救出其子,而婢仍留宫中。世宗即位,赦放武宗朝宫人,婢得出而无归所,问闽绅姓名,人谓须至福州会馆。说明福州会馆是在京"闽绅"聚居之所,其与芜湖会馆大体相同,也与工商业没有关系。

明朝人关于会馆作用的记载有三条:

1. 沈德符在《万历野获编》卷24载:"京师五方所聚,其乡各有会馆,为初至居停,相沿甚便。……然往往为同乡贵游所据,薄宦及士人辈,不得一庑宇下,大失初意。"

---

① 何炳棣:《中国会馆史论》,台北:台湾学生书局,1966。

② 民国《芜湖县志》卷48。

③ 何炳棣:《中国会馆史论》。

2. 朱国桢在《涌幢小品·衙宇房屋》条称:"汉时郡国守相置邸长安,唐有进奏院,宋有朝集院,国朝无之,惟私立会馆。然止供乡绅之用,其迁除应朝者,皆不堪居也。"

3. 刘侗、于奕正在《帝京景物略》卷 4 载:"用建会馆,士绅是主。……内城馆者绅是主,外城馆者公车、岁贡是寓。"

三条记载与前面所提的芜湖会馆、福州会馆的作用是一致的,都没有提及会馆与工商业者有什么关系,能说这样的会馆是工商业行会? 能说这样的会馆是商品经济发展的产物? 应该特别指出,上述三书成书的年代都在万历晚年以后,既然"其乡各有会馆",北京应该已有很多会馆了,三书作者对会馆作用的记载应该是亲眼所见的信史。

当然我们不能单凭明朝人的记载,就完全肯定明朝会馆与工商业根本无关,根据明清时人记载的零散资料,目前可以确认北京始建于明朝的会馆共计四十所,其中可以肯定有商人出资兴建的会馆有:建于嘉靖三十九年的安徽歙县馆,为徽州商人出资兴建;[①]建于万历前期的福建延邵会馆,到万历后期又分建为邵武会馆和延平会馆,为延平、邵武两郡纸商出资兴建;[②]建于万历年间的山西潞安会馆,为潞安锡、铜、铁、炭等工商业者出资兴建;[③]建于万历年间的山西平遥会馆,亦称集瀛会馆,道光十八年改称颜料行会馆,为山西颜料、桐油商人所建;[④]建于明朝末年的山西临汾会馆、山右会馆,是由临汾、襄陵商人出资兴建的;[⑤]浙江的鄞县会馆,民国时改称四明会馆,是由浙东药材商人出资兴建;[⑥]等等。可以判定有商人出资兴建的会馆共九所,占现知会馆总数的 22%。

值得研究的是当时商人出资兴建会馆,是不是就是给商人作为商业活动之用? 李景铭的《闽中会馆志》,在延平会馆下特别注明:"是昔年试馆,乃先朝到京会试驻足之所。"同书总论中还提到,福建在京师的会馆,都有"历朝科甲

---

① 道光《重续歙县会馆志·续录后集》。

② 李景铭:《闽中会馆志》。

③ 光绪《顺天府志》卷 14,并见《宸垣识略》。

④ 李华:《明清以来北京工商会馆碑刻选编》,北京:文物出版社,1980 年;仁井田陞:《北京工商ギルド资料集(二)》,东洋大学东洋文化研究所附属东洋学文献中心刊行委员会 1975 年至 1982 年刊行。

⑤ 同上。

⑥ 同上。

题名录","各馆题名,版额大概自清朝始,唯邵武会馆题名录,始自洪武丁丑年(1391)"。这就证明延平、邵武会馆虽为纸商所建,却是作为同乡士子"到京会试驻足之所"。虽然资料并无说明商人能或不能使用会馆的问题,但可以说建立会馆主要不是为了商业而是为了科举考试。

另一个事例是安徽的歙县会馆。据道光《重续歙县会馆志·续录后集》记载,该馆为首创建的三十六人,全部都是商人,其为商人兴建的会馆无疑。我们无法断定这所会馆建立之初,是否作为徽商的商业活动场所。该馆在乾隆六年(1741)重订章程称:"创立之意,专为公车及应试京兆而设。其贸易客商自有行寓,不得于会馆居住,以及停顿货物,有失义举本意。"但会馆的管理仍规定:"会馆择在京殷实老成有店业者分班公管,每年二人轮流复始。"这些规定当然只能说明乾隆时期的情况,并不能说明明朝就已如此。但根据上引邵武、延平会馆的例子,以及徽商乐于赞助同乡科举,讨好官僚士大夫的情况来看,很有可能歙县会馆在开初创立之意就是"专为公车及应试京兆而设"。翻检一下歙县地方志,不难发现明清两代该县登录科甲的人数,比一般县份要高得多,有的商人子弟也金榜题名从而登上仕途,恐怕与此亦有一定关系。

根据收集到的明朝会馆资料,我们得到的印象:第一,四十所会馆都以地域名馆,是以强烈的地域关系和观念为建馆的基础,只为规定地域范围内的同乡提供居停、聚会的方便,其与中世纪欧洲的行会有着原则的不同。第二,早期明朝会馆与工商业者毫无关系,后来虽然出现由商人出资兴建会馆的现象,但绝大多数会馆仍然作为同乡在京的官宦、士绅、士子的居停、聚会之所。即使商人使用会馆,也仅仅是一定地域范围内的同乡商人,绝不是整个行业的商人。会馆是同乡组织而不是同行组织,这是显而易见的。

三、清朝北京的工商业会馆

清朝北京的会馆很多,目前各家的统计并不一致。何炳棣先生根据朱一新、缪荃荪合撰的《京师坊巷志》和同为两人编撰的光绪《顺天府志·坊巷志》统计,共得会馆三百九十一所,李华同志在《明清以来北京工商会馆碑刻选编·前言》中统计为三百九十二所。我重新翻检何炳棣先生所用的两部书,发现他的统计有一些遗漏,另外参校李华同志的碑刻集和日本学者仁井田陞先生的《北京工商ギルド资料集》①作了增补，共得大小会馆四百四十五所，其中光绪年间尚存的会馆三百八十七所，名存而实际已废的会馆五十八所。如果将这些会馆进行分类统计，其中属于省一级，一般以一个省少数有两个省合组的省馆七十二所，府一级，一个府或两个府合组，以及相当于府的州建的郡馆一百五十二所，县一级以及相当于县一级的州建的邑馆二百零八所，地望不清的会馆三所，无地域可分之行业性会馆十一所。

　　这么多会馆中，纯由商人出资兴建的会馆并不很多，纯为商业活动的会馆则更少。据李华同志经过实地调查得工商业会馆共三十一所②，而仁井田陞先生所收资料，确有会馆之名者共二十六所③，两部资料相吻合的会馆共十四所。我们的分析就以李华同志的资料为基础，并参用仁井田陞先生的资料。

　　李华同志所收录的三十一所会馆，其中歙县会馆，据前引资料，虽为商人出资兴建，却确非商人使用的会馆；另有通县晋翼会馆不在北京城内，删除这二馆，实际应为二十九所。但据其他资料，应补入两所工商业会馆，一为金箔会馆④，一为金行会馆⑤，总数仍为三十一所，占北京会馆总数的7%弱。

　　根据能见到的资料分析，这三十一所会馆，有一部分是仕商合建或仕商共用的，如山西临襄会馆，乾隆八年捐款重修名单中有"南城兵马司正堂李元龙，布施银二十两"的记载⑥。

　　（山西）晋翼会馆，号为晋翼布行会馆，然其雍正十三年创建碑中，申明创建会馆目的是："以妥神明，以慰行旅，以安仕客。"⑦

　　（山西）襄陵南馆，嘉庆十八年碑刻发起人中有天文生两名，捐款布施人中有廪生、乡饮酒、监生、从九品等四人。⑧

　　（山西）河东会馆，号为烟行会馆，其乾隆二十五年碑刻载外行施财花名单

---

　　① 《北京工商ギルド资料集》为东京大学东洋文化研究所出版，共六辑，我见到的只有一至五辑，但六辑的目录在第一辑就已齐全，无伤统计。

　　② 李华：《明清以来北京工商会馆碑刻选编·前言》，第1—9页。

　　③ 《北京工商ギルド资料集》。

　　④ 光绪《顺天府志》卷14载：外城草厂头条胡同有金箔会馆。

　　⑤ 李华《明清以来北京工商会馆碑刻选编》乾隆六年《建修戏台罩棚碑记》中提到颜料会馆"北至金行会馆南截"，其有金行会馆无疑。见李华《明清以来北京工商会馆碑刻选编》，第1—2页。其建立年代应在康熙雍正时代。

　　⑥ 《北京工商ギルド资料集（二）》载乾隆八年《重修临襄会馆碑》。

　　⑦ 雍正十三年《创建晋翼会馆碑记》，李华：《明清以来北京工商会馆碑刻选编》，第29—30页。

　　⑧ 嘉庆十八年《襄陵会馆碑记》，李华：《明清以来北京工商会馆碑刻选编》，第90—92页。

中有"税局郭树言、张同杰施银二十五两","税局胡琳施银二十五两";乾隆二十六年碑刻载施财名单中有"候选知府晋绛贾凝吉,施银十五两";嘉庆二十一年碑刻载,总理公直名单中有从九品、监生、吏部候选、县左堂等衔的官、生员。①

(山西)太平会馆,乾隆三十年碑刻载增修总理人名单中有从九品、监生各一人,且碑题亦公称"太平县阖邑士商创建并增修"。②

(浙江)鄞县会馆,道光十五年碑刻载有:"国初时,吾乡大理卿心斋陈公,始力整理,阖邑赖之。"③

(福建)延邵会馆,道光十六年碑刻直题"延邵纸商会馆",然据前引李景铭《闽中会馆志》载,福建在北京的二十二所会馆,皆有"历朝科甲题名录",可知它同时也作同乡士子"到京会试驻足之所"。④

(山西)浮山会馆,咸丰五年碑刻载首事人名单中有从九品官员一人,总理人二名,其一为监生,碑文中也提到"我邑士商,或观光于上国",撰碑人儒生李嘉乐称:"余入都叩阍,曾寓此馆。"⑤

(山西)临汾西馆,光绪十八年碑刻载:"自是官总其成,商司其册。"⑥

以上九所会馆应列入仕商合建或仕商公用的范畴。

就目前所见资料,可以确定为纯工商业性会馆有(山西)襄陵北馆⑦、(山西)临汾东馆⑧、(山西)颜料会馆⑨、(浙江)正乙祠(又名银号会馆)⑩、(广东)仙

---

① 同上书及《北京工商ギルド资料集(五)》收载,乾隆二十五年《重修河东会馆碑记》、嘉庆二十一年《重修河东会馆碑记》,李华:《明清以来北京工商会馆碑刻选编》,第46—50页,第77—84页。以及乾隆二十六年《重修河东烟行会馆碑》。

② 乾隆三十年《山西平阳府太平县阖邑士商创建并增修会馆碑记》,李华:《明清以来北京工商会馆碑刻选编》,第85—86页。

③ 道光十五年《鄞县会馆碑文》,李华:《明清以来北京工商会馆碑刻选编》,第96页。

④ 道光十六年《延邵纸商会馆碑文》,李华:《明清以来北京工商会馆碑刻选编》,第98—99页;并参考李景铭《闽中会馆志》。

⑤ 咸丰五年《浮山会馆金妆神象碑记》,李华:《明清以来北京工商会馆碑刻选编》,第99—101页。

⑥ 光绪十八年《重修临汾会馆碑记》,李华:《明清以来北京工商会馆碑刻选编》,第106—107页。

⑦ 民国四年《重修襄陵北馆记》,李华:《明清以来北京工商会馆碑刻选编》,第127—128页。

⑧ 乾隆三十二年《重修临汾东馆记》,李华:《明清以来北京工商会馆碑刻选编》,第86—87页;光绪九年《京师正阳门外打磨厂临汾乡祠公会碑记》,李华:《明清以来北京工商会馆碑刻选编》,第88—89页。

⑨ 嘉庆二十四年《重修仙翁庙碑记》,李华:《明清以来北京工商会馆碑刻选编》,第4—5页。

⑩ 康熙五十一年《正乙祠碑记》,李华:《明清以来北京工商会馆碑刻选编》,第10—11页。从碑文看,它是浙东诸商的会馆,然据《北京工商ギルド资料集(一)》载,同碑碑阴有"南银局公同建立"字样,知为浙东(主要是绍兴)银号商人会馆。

城会馆①、(山西)潞安会馆②、(山西)盂县会馆③、(江苏)东元宁会馆④、(山西)平定会馆⑤、(陕西)关中会馆⑥、(浙江)天龙寺会馆(即金华会馆)⑦、(北直)文昌会馆⑧,共十二馆。

　　另有一些已经突破地域界限,完全按行业建立的会馆。如药行会馆⑨、靛行会馆⑩、梨园会馆⑪、金行会馆、当商会馆⑫、长春会馆⑬、成衣行会馆⑭、金箔会馆、棚匠会馆⑮等等,共九所。据光绪《顺天府志》卷14所载,北京还有两所非营业性质的惜字会馆,一在外城棉花上下四条胡同,一在外城梁家园,也属行业性会馆,但不是工商业会馆。

　　如果单就纯商业性会馆计算,总共是二十一所,占北京会馆总数的 5%

---

① 康熙五十四年《创建黄皮胡同仙城会馆记》,李华:《明清以来北京工商会馆碑刻选编》,第15—16页。

② "炉神庵建于明朝,为山右业铜、铁、锡、炭诸货户祝炉神之所,后由潞安会馆重修,并为该会馆之一部分。"乾隆十一年《重修炉神庵老君殿碑记》,李华:《明清以来北京工商会馆碑刻选编》,第40—41页。碑文与光绪《顺天府志》卷14记载相同。

③ 同上书载嘉庆二年《新置盂县毡靴行大字公局碑记》,李华:《明清以来北京工商会馆碑刻选编》,第89—90页。

④ 同上书载嘉庆十年《东元宁缎行会馆碑》,李华:《明清以来北京工商会馆碑刻选编》,第90页。

⑤ 同上书《前言》称:"山西平定县雨衣、钱庄、染坊商人建,成立年代不详。最早碑为嘉庆十五年",但未收录碑文。光绪《顺天府志》卷14载有两所平定会馆,一在西珠市口大街,一在板章胡同,未知孰是。

⑥ 同上书《前言》称:"明代陕西商人创立。"未录碑刻。光绪《顺天府志》卷14载关中会馆,地址大体与上书所载相同。

⑦ 同上书《前言》称:"明万历年间金华八县旅京商人创立,清康熙二年重修。"未录碑刻。光绪《顺天府志》卷14载"下锅腔胡同天龙寺,明万历间建金华会馆也"。

⑧ 北京书行中北直隶商人创建于同治三年,在此以前有文昌会馆为南方书商主要是江西书商创建。见光绪三十四年《北直文昌会馆碑》,李华:《明清以来北京工商会馆碑刻选编》,第123—127页。

⑨ 药行一业原在南药王庙奉荐神明,到嘉庆年间始建会馆。嘉庆二十二年《重建药行会馆碑记》,李华:《明清以来北京工商会馆碑刻选编》,第92—94页。

⑩ 该馆始建于嘉庆十五年,为山东、河北、山西等省蓝靛商人和染坊共建。道光十五年《新建靛行会馆碑记》,李华:《明清以来北京工商会馆碑刻选编》,第94—96页。

⑪ 梨园行业早在嘉庆道光间就立庙祀神,而会馆则创建于光绪年间。光绪十三年《梨园会馆碑》,李华:《明清以来北京工商会馆碑刻选编》,第104—105页。

⑫ 《北京工商ギルド资料集(三)》载嘉庆八年《当业会馆碑》称:该馆建于嘉庆六年,名思豫堂,其董事分别由灵石、宛平、大兴、孝义、介休、平遥商人组成。

⑬ 同上书载咸丰元年《重修长春会馆碑》称:该馆为玉行众商创建于乾隆五十四年。

⑭ 同上书载最早匾额为乾隆三十五年,最早碑刻为光绪三十一年《重修成衣行会馆碑》,碑文与《明清以来北京工商会馆碑刻选编》所载《财神庙成衣行碑》相同。建馆年不详,有谓建于明朝嘉靖年间。原名浙慈会馆,为浙江慈溪旅京成衣手工业者的会馆。至光绪年间各省成衣工日增,乃于光绪十六年重修为成衣行会馆。

⑮ 《明清以来北京工商会馆碑刻选编·前言》称"成立年代不详,未录碑刻",《北京工商ギルド资料集(六)》收有棚行会馆。

弱,而突破地域界限的行业性工商会馆,仅占北京会馆总数的2％强。从比例上来看,北京工商业会馆只占少数,而具有行会特点的工商行业性会馆则更占少数。如果把这类会馆的创建年代排列起来,就会发现,除了金行会馆、玉行长春会馆成立于康雍乾时期以外,其他都在嘉庆及其以后的年代,这是随着商品经济的发展,工商业中的行得到发展的必然结果。如原来的浙慈会馆改为成衣行会馆。但是也有一些行业性的同乡会馆,如(山西)颜料会馆、(浙江)银号会馆(正乙祠)、(山西)潞安会馆、(山西)盂县会馆、(江苏)东元宁会馆等等却一直没有变成整个行业的会馆,这与我国工商业者中地域行帮势力有关,只是地域行帮并不包括整个行业,其与行会有着本质的不同。

清朝北京的四百四十五所会馆,有93％以上基本与工商业无关,纯属同乡会馆。只要是同乡旅京人士,均可到会馆聚会和居住,而每三年一次的科举考试时,这些会馆都必须接待同乡士子住宿,故有人概称之为试馆。实际北京有试馆,但总共只有山东试馆、蓟州试馆、庐州试馆、杭郡试馆、桐城试馆[①]等五所,占会馆总数的1％强。更多的会馆是多用途的,所以没有把它们都称试馆。谢济世(公元1689—1756年)对会馆的论述是比较符合实际的。他说:"京师之有会馆也,贡成均、诣公车者居停之所也。无观光过夏,则大小九卿、科道、部曹、中行、评博、候补者以次让。无宦游之人,则过往流寓者亦得居。非土著(同乡)则不可,儳于人亦不可,例也。"[②]

至少乾隆时期的北京会馆,大体上与明朝的北京会馆作用相同。由此可见将北京的会馆或部分工商会馆与行会等同起来,是缺乏根据的,特别是将会馆与后来的同业公会等同起来,那就近乎荒谬了。

四、工商重镇的工商业会馆

明清时期的工商业重镇几乎都有会馆的设置,现以苏州、汉口、上海作为代表加以分析。

苏州"为东南一大都会,五方商贾,辐辏云集,百货充盈,交易得所,故各省郡邑贸易于斯者,莫不建立会馆"。[③] 现在苏州市内尚有遗迹可寻或文献资料

---

① 光绪《顺天府志》卷13、14。

② 谢济世:《以学集》。

③ 《姑苏鼎建嘉应会馆引》,江苏省博物馆编:《江苏省明清以来碑刻资料选集》,第351页。

可据的会馆,据《江苏省明清以来碑刻资料选集》的调查统计,共四十所,但我们的调查又增加了六所。它们是:

1. 东官会馆,初建于天启五年,为广东东莞商人所建,康熙五年东莞商人拟移建宝安会馆,以所奉武帝象不可动,仍保留之。①

2. 兴安会馆,建于康熙年间,为福建莆田、仙城仕商共建。②

3. 宛陵会馆,建于康熙三十六年,江西宁国仕商共建。③

4. 江鲁会馆,建于乾隆四十六年,为苏北、山东商人共建。④

5. 湖北会馆,建于光绪十年。⑤

6. 翼城会馆,建立年代不详,为山西翼城商人建。⑥

这四十六所会馆中,仕商共建的有十一所⑦,商建的二十五所⑧,官建与工商业毫无关系的两所⑨,建馆对象不明者八所⑩,明确与工商业无关的只有两所,占会馆总数的4%强。如按建馆年代分,其中建于明朝的三馆⑪,建于康熙年间的十六馆⑫,建于乾隆年间的十三馆⑬,建于嘉庆道光年间各一馆⑭,建于同治年间的五馆⑮,建于光绪年间的四馆⑯,建于宣统年间的一馆⑰,不详其建馆年代的二馆⑱。大多数会馆都建于清朝早期和中期,后期建的比例比较少,

---

① 《桐桥倚棹录》。

② 乾隆《吴县志·艺文》。

③ 乾隆《吴县志·艺文》。

④ 民国《吴县》。

⑤ 民国《吴县》。

⑥ 《桐桥倚棹录》。

⑦ 仕商共建会馆有岭南、三山、兴安、宛陵、江西、漳州、邵武、宣州、吴兴、安徽、两广等会馆。

⑧ 商建会馆有东官、东齐、泉州、大兴、浙绍、潮州、汀州、全晋、高宝、宝安、冈州、浙宁、武林杭线、金华、钱江、陕西、江鲁、毗陵、徽郡、嘉应、东越、元宁(即江宁)、武安、翼城、仙城等会馆。

⑨ 官建会馆有湖南会馆为湘军所建,八旗奉直会馆为满洲旗人建。

⑩ 不明建馆者的会馆有延建(即延宁)、中州、新安、吴宁、全浙、湖北、云贵、仙城等会馆。

⑪ 岭南、三山两会馆建于万历年间,东官会馆建于天启五年。

⑫ 康熙年间的会馆有:宝安、冈州、大兴、东齐、漳州、宛陵、泉州、江西、潮州、邵武、汀州、高宝、全晋、兴安、浙绍、浙宁。其中全晋以上十三馆均有具体年份,浙宁会馆资料只说明建于乾隆以前,现暂置于康熙时。

⑬ 乾隆年间建的会馆有武林杭线、金华、延建、钱江、陕西、毗陵、宣州、徽郡、江鲁、吴兴、中州、新安等会馆,其中吴兴会馆以上均有具体建馆年份。

⑭ 嘉应会馆嘉庆十六年建,东越会馆道光二年建。

⑮ 同治年间建的会馆有安徽、八旗奉直、宁吴、湖南、元宁等会馆,其中元宁会馆资料说明同治年间重修,其始建年代应更早,但未有确切资料,暂置于此。

⑯ 光绪年间建的会馆有两广、湖北、武安、全浙等会馆。

⑰ 云贵会馆建于宣统三年。

⑱ 建馆年代不详的有翼城、仙城会馆。

只占 21％强。

苏州这四十四所与工商业有关的会馆,全部都是地域性工商业行帮的会馆,如北京那样由同行业组织起来的会馆,前中期一个也没有。清朝后期,随着社会经济结构的变化,会馆的性质和作用也在发生变化。同治以后,原来由江苏木商建立的大兴会馆,扩大吸收各省木商参加,变成了一所行业性会馆。另一例是武林杭线会馆,这是杭州线商帮以及绸商帮、金箔商帮共同创建的。道光末年绸、箔两业分立出去,咸丰兵乱以后,杭州线庄存者寥寥,为了重修会馆,邀请苏帮线庄各号加入,得到苏帮线庄的支持,于是这所原为地域商帮的会馆,也变成了一所线庄业各商帮的行业性会馆。[①]

苏州的地域性会馆中,也有具有单纯一行一业建立的,如钱江会馆为杭州绸业商帮所建,毗陵会馆为常州猪业商帮所建,东越会馆为绍兴蜡烛业商帮所建,武安会馆为武安绸业商帮所建,汀州会馆为上杭六串纸商所建。但是这些会馆只代表一地的行帮,并不代表整个行业。例如苏州的绸商,较大的有杭州帮、苏州帮、南京帮、武安帮、济宁帮等等,除了苏州帮以外,各地商帮均建有会馆,其中济宁帮的会馆在盛泽,建于康熙十八年。这一事实说明,不能因为它是一个行帮组建的会馆,就说它是行业性的会馆。同乡行帮建立的会馆保护的是同乡利益,具有团结同乡商帮对其他地区同行商帮竞争的作用,其与行会的约束同业防止共同竞争是截然不同的。这里不妨引一条北京正乙祠(银号会馆)在康熙六十年订的《公议条规》来作证明:

> 吾行公所,敬神以聚桑梓,有联络异姓以为同气之义。故人有患难,理宜相恤,事逢横逆,更当相扶,庶不负公建斯祠之盛举耳。今公议:自作召祸,及不入斯会者,不在议内。如有忠厚之人,横遭飞灾,同行相助,知单传到,即刻亲来,各怀公愤相救,虽冒危险不辞,始全行友解患扶危之谊。嗣议之后,知传不到,逢险退避者,罚银十两。[②]

苏州比较特殊的一所会馆是东越会馆,它是绍兴蜡烛商的行帮会馆,全苏州的蜡烛行业全部由绍兴人把持,只此一家,别无分店。看来似乎是一所行业性的会馆,但据《苏州府永禁烛业行头名目借端科派碑》《长元吴三县永禁烛匠

---

① 《修理武林杭线会馆碑记》,江苏省博物馆编:《江苏省明清以来碑刻资料选集》,第 166—167 页。

② 《北京工商ギルド资料集(一)》。

霸停工作聚众敛钱逞凶滋事碑》《元和县规定烛业伙友听凭店主自行择用不得倡议把持煽众敛钱碑》《长元吴三县永禁烛业行头名目碑》①等碑刻看来,这种一地商人把持的行业,到道光年间已经受到了严重的冲击,很难继续维持下去了,东越会馆就是在这种情况下创建的,目的就是保护绍兴人的利益。

苏州自乾隆以后出现了大量行业性的公所,它们无疑是工商业的行会组织。但有意思的是地域会馆与同业公所并存,一般工商业者既参加行业公所,又参加自己的同乡会馆,这里实际上是利用双重的保护作用。

汉口作为商业重镇,始于明朝万历年间,而兴盛于清朝,故其会馆皆始建于清朝。据民国《夏口县志》所载,共有会馆二十七所,其中仕商共建的只有徽州会馆一所,同乡人建的三所,创建人不详者六所,其余十七所全为工商业者所建。以建馆年代分,建于康熙年间的七所②,建于雍正年间的一所③,建于乾隆年间的七所④,建于道光、咸丰年间的一所⑤,建于同治年间的四所⑥,建于光绪年间的一所⑦,建馆年代不详的六所⑧。有年代可据的会馆,大多数都建于清朝前期和中期,与苏州的情况大体一致。清朝后期,汉口也出现了一批行业性公所,所以同乡商帮会馆的发展就迟缓下来了。汉口有一所突破地域界限的金箔会馆,这是全行业性的,成立于同治年间。其他都是地域性的同乡会馆,而地域行帮会馆仅有怀庆会馆一所,为河南怀庆的药材商行帮所建。

上海兴起于清初,到了近代,一跃成为全国首屈一指的大商埠。这里的会馆建立年代略晚于苏州和汉口,《上海碑刻资料选辑》附表中统计了十三所会馆,实际按所录碑文资料统计,应有十七所。⑨ 另据日本学者岸根佶著的《上海ギルド》⑩和《上海指南》⑪的资料相互参校,大体上未被《上海碑刻资料选辑》收录的会馆尚有二十二所。两共合计为三十九所。其中有建立年代记载

---

①　江苏省博物馆编:《江苏省明清以来碑刻资料选集》,第216—231页。

②　康熙年建的有江苏、怀庆、徽州、岭南、万寿宫(江西)、福建、山陕西等会馆。

③　金庭会馆。

④　乾隆年间建的有元宁、覃怀、宁波、上元、咸宁、京江、辰州等会馆。

⑤　宝庆会馆。

⑥　同治年间建的有临江、湖南、太平、金箔等会馆。

⑦　旌德会馆。

⑧　建馆年代不详的有山东、冈麻安、绍兴、潮嘉、长郡、香山等会馆。

⑨　应增加的会馆有泉漳北会,见该书第233页;山东会馆、山西会馆,均见该书第333页;潮惠会馆,见该书第325—332页;四明会馆,见该书第403—404页。

⑩　该书1951年在东京出版。

⑪　该书1926年由商务印书馆出版。

的共二十馆:康熙年间一馆①,乾隆年间四馆②,嘉庆年间三馆③,道光年间一馆④,咸丰年间三馆⑤,同治年间一馆⑥,光绪年间六馆⑦,宣统年间一馆⑧。建立年代不详的十九馆⑨。

上海会馆中堪称行业性会馆的有木商会馆(木船户建)和丝业会馆。两馆全都建立于同治年间,这与苏州、汉口的情况基本相同。有些同志把商船会馆、沪北钱业会馆也列入行业性会馆,实际上它们是地域行帮的会馆。商船会馆是无锡、金匮、崇明的商船行帮会馆,沪北钱业会馆是浙江宁波、绍兴的钱商行帮会馆。

以上三座工商业城市,除会馆之外,还有大量的地域性公所和行业性公所的组织,前者与地域性会馆相类,后者为真正行会性的工商业组织。由于要说明地域性公所和行会性公所需要花较大的篇幅,将另文专论,本文暂略。

五、四川地区的移民性会馆

四川地处长江上游,除了成都、重庆以外,著名的工商业城市并不多。但是四川省内会馆却很多,大多数县份甚至不少县的乡镇都有会馆设置,而且乡镇会馆数量往往远远超过了县城的数量。这是与我们前面所提通都大邑的会馆完全不同的另一种会馆,我们研究会馆性质的时候,不能不考虑这样一类会馆。

按照迷信的传统,各地会馆都普遍建有宫、殿、祠、庙之类的建筑,供奉着

---

① (江苏)商船会馆。

② (安徽)徽宁会馆、(福建)泉漳会馆、泉漳北馆、(广东)潮州会馆。

③ (浙江)浙宁会馆、山东会馆、山西会馆。后两所于《江西会馆碑》中提到,可见是建于江西会馆之前,故暂将此二馆列入嘉庆年间。光绪三十二年《创修山东会馆碑》提到"吾乡之商此土者","尚有田址之留贻",证明早就有山东会馆。

④ 江西会馆。

⑤ (福建)建汀会馆、木商会馆、丝业会馆。

⑥ (广东)潮惠会馆。

⑦ (广东)揭普丰会馆、湖南会馆、(浙江)四明会馆、(浙江)沪北钱业会馆、(福建)福宁会馆、(福建)沪南果桔三山会馆。

⑧ (江苏)常州八邑会馆。

⑨ 江苏的苏州会馆、淮安会馆、金庭会馆、洞庭东山会馆、通如崇海会馆;浙江的钱江会馆、嘉郡会馆、湖州会馆、浙绍一馆、浙绍二馆、定海会馆、舟山会馆;广东的南海会馆、顺德会馆;安徽的全皖会馆、湖北会馆;湖北的楚北会馆;山西的晋业会馆;北京河北的顺直会馆。

各地习惯所尊奉的神祇或同乡先贤。例如江西人的会馆,一般都有万寿宫,尊奉乡先贤许真人;福建人会馆有天后宫、天上宫、天妃宫等,尊奉的是天妃;陕西人会馆有三圣宫、三元宫等,尊奉的是刘备、关羽、张飞;湖南、湖北人会馆有禹王宫、禹王庙等,尊奉的是大禹;广东人会馆有南华宫,尊奉的是关圣帝君。这些供奉的建筑不管名称多么不同,一般都把它们作为会馆的主体建筑,居于会馆的中心地位,其他建筑则多为其附属物。四川各地的会馆一般都只有这种主体建筑,其他房屋甚少,规模显然比通都大邑的会馆要小得多。所以四川各地的会馆一般多以宫、祠、庙名馆,这与北京的正乙祠、汉口的万寿宫相类同。在四川方志中往往在某某宫、祠、庙之下注明即某某会馆。例如:真武宫"即常(德)、澧(州)会馆";列圣宫"即浙江会馆";三义宫"疑系陕西会馆";濂溪祠为"永州会馆"①;帝主宫为"黄州会馆"②;威灵宫"即黄州会馆";昭武宫"即抚州会馆";玉皇宫"即常德会馆③;关圣宫系"楚籍人公建,额曰湖广馆";天后宫系"粤籍人公建,一曰广东馆",天上宫系"闽人公建,一曰福建馆";万寿宫系"赣人公建,一曰江西馆"④。我对四川有四所会馆以上的八十五个县(包括成都和重庆)作了统计,总共有会馆七百二十七所,其中直称会馆的有一百七十四所,以宫名馆的有四百七十一所,以祠名馆的二十所,以庙名馆的有六十二所。会馆最多的为屏山县,城乡共计五十二所⑤,其次为灌县,城乡共计三十七所⑥,再次为绵竹县,城乡共计三十六所⑦,复次为威远县,城乡共计三十四所⑧,什邡县城乡二十八所⑨,华阳县乡镇二十三所(城内馆计入成都市)⑩。

除去成都、重庆等工商城市的会馆不计,有六百九十一所会馆分布在各县。这些县在政治、军事、经济上都不居于重要地位,特别是乡镇也建立大量会馆,它们不可能是官僚建的,也不可能是商人建的,而只可能是由农民创建

---

① 咸丰《开县志》卷9。
② 民国《云阳县志》卷21。
③ 嘉庆《梁山县志》卷7。
④ 民国《中江县志》卷4。
⑤ 光绪《屏山县续志》卷下。
⑥ 民国《灌县志》卷2。
⑦ 民国《绵竹县志》卷12。
⑧ 民国《威远县志》卷1。
⑨ 民国《什邡县志》卷7。
⑩ 民国《华阳县志》卷30。

的。农民财力有限,所以规模远比通都大邑的会馆小。

农民为什么要建立会馆呢? 四川的地方志经常提到客民,客民是外地迁入、别于土著的户口。四川是一个开发较晚的地区,特别在明末的灾荒、战乱中,人口大减,出现了土旷人稀的局面。康熙、雍正、乾隆时期,就近各省如陕西、湖北、湖南的农民大量迁徙入川,此外还有江西、福建、广东等省的农民,有的县客民甚至超过了土著居民。由于长期的历史原因,我国各族人民,特别是农民,形成了一种强烈的地域观念,尽管他们已经远离故土,然而他们仍然怀念故土,见到同乡之人,由于语言、风俗习惯等等的相同,往往倍感亲切。而且土客之间不免会发生这样那样的矛盾,另外客民往往来自各省各县,不同地区的客民之间,也不免会发生这样那样的矛盾和纠纷。因此,同乡客民为了共同的利益,需要加强联络,相互支持,以免受土著居民或其他客民的欺侮。而当时唯一联络同乡的手段就是建立会馆。通过在会馆里共同供祀故乡的神祇或乡先贤的活动,联络感情,共聚乡谊,最后达到互相关怀互相支持的目的。这样的一类会馆,自然与北京为了"贡成均、诣公车者居停"的会馆和其他工商业城市的工商会馆大不相同,我们不妨称之为移民会馆。

至此,我们至少可以弄清明清时期的会馆大体有三种类型。一是北京的大多数会馆,它们是为了给同乡的官僚、士绅和科举之士居停之用。二是北京的少数会馆和苏州、汉口、上海等工商业城市的大多数会馆,它们是工商业者的同乡行帮会馆。三是四川这样的移民会馆。所有三种不同类型的会馆,有三个共同点:第一,会馆都是异乡流寓之人创建的。第二,每一所会馆都有一定的地域范围。第三,每一所会馆都供奉着本乡本土所习惯尊奉的神祇和乡先贤。(这里把个别已经突破地域界限的行业性会馆暂置不论。)

看来会馆与行会的根本区别在于:第一,前者是地域观念的组织,后者是同业的组织。第二,前者有士绅、工商业者、农民等各色人参加,而后者的参与者仅限于工商业者。第三,本地人无论官宦、士绅、商人、农民均无会馆之设置,而本地工商业者却都参与一定的行会组织。由此可见,把会馆或工商会馆说成是中国行会的一种组织或组织形式,无论从理论上或史实上说,都是站不住脚的。

六、要从传统的行研究我国行会制度

从隋朝开始，我国城市工商业系统中就出现了行的组织。隋朝东都洛阳的丰都市，有一百二十行。[①] 唐朝长安的东市有二百一十二行。[②] 到了宋朝，由于商品经济的进一步发展，市场结构发生了很大的变化，行的划分更细，行的数量大大增加，如南宋的临安就有四百一十四行。[③] 而且规定在街市营生，都必须投行，"元不系行之人，不得在街市卖（买）坏钱，（与）纳免行钱（者）争利。仰各自诣官投充行人，纳免行钱，方得在市卖易。不赴官自投行者有罪，告者有赏"[④]。元人杂剧中也提到有一百二十行。[⑤] 行是城市工商业者的专有组织，这是任何人都无法否认的事实。

明清两代城市中仍有行的组织，田汝成的《西湖游览志余》卷25《委巷丛谈》中就载称："乃今三百六十行，各有市语，不相通用。"各行都有户籍，称为行户，亦称行铺。明朝从永乐时期开始，一直十分重视行户户籍管理，规定每十年就要清审一次，嘉靖以后更定为五年清审一次，清审的目的是："遇各衙门有大典礼，则按籍给直役使。"[⑥]这种役使称为当行或当官，是行户最为沉重的负担。行户当官宋朝已有明白记载，且北宋熙宁年间还将行户当官改为纳免行钱。但从北宋政府发布的一些禁止官吏非法科敛的诏令看来，纳免行钱后，工商业者仍不免有当官的科敛，这在明清两代也是如此。据《江苏省明清以来碑刻资料选集》所载，从明朝万历年间到清朝同治年间，关于禁止官府违法科敛行户当官的碑刻就有二十六块之多。

万历十年（1582）顺天府尹和户部尚书关于审编京师行户的奏疏，颇可反映当时工商业行的情况。奏疏称："今查得宛（平）、大兴二县，原编一百三十二行，除本多利重如典当等项一百行，仍行照旧纳银，如遇逃故消乏，许其告首查实豁免外，将网边行、针篦、杂粮行、碾子行、炒锅行、蒸作行、土碱行、豆粉行、杂菜行、豆腐行、抄报行、卖笔行、荆筐行、柴草行、烧煤行、等秤行、泥罐行、裁

---

① 杜宝：《大业杂记》。
② 宋敏求：《长安志》卷10。
③ 《西湖老人繁胜录》。
④ 《文献通考》卷20《市籴考》引《郑侠奏议跋》，引文中括弧内的字是笔者加的。
⑤ 关汉卿：《金钱池》；乔孟符：《杜牧之诗酒扬州梦》。
⑥ 沈榜：《宛署杂记》卷13。

缝行、刊字行、图书行、打碑行、鼓吹行、抿刷行、骨簪、筹圈行、毛绳行、淘洗行、箍桶行、泥塑行、媒人行、竹筛行、土工行,共三十二行,仰祈皇上特赐宽恤,断自本年六月一日,以后免其纳银。其他如卖饼、卖菜、肩挑、背负、贩易杂货等项,看守九门各官,不许勒索抽分。"①

这个奏疏不仅证明明朝工商业最盛时期,行仍然是一种工商业者的组织,与宋朝的"但合充用者,皆置为行"略有不同,但仍然是官府强制性的组织。同时也证明,虽然明朝这时已实行了赋役征银,行这一组织形式却并没有消失,而且行户当官的科敛继续存在。据《江苏省明清以来碑刻资料选集》所载,从明朝万历年间到清朝同治年间,关于禁止官府吏胥违法科敛行铺和行户当官的碑刻就有二十六块之多,其中碑刻保存最完善的常熟一县,就有十八块。虽然这些有幸保存下来的碑刻仅仅是凤毛麟角,但足以说明明清时期行和行户当官继续存在的事实。

据《北京工商ギルド资料集》,清朝北京至少有下列诸行:玉行、书行、金行、银行、油行、盐行、粮行、成衣行、颜料行(桐油行)、靛行、染行(坊)、缎行、绸缎洋货行、当行、药行、钱行、靴鞋行、帽行、皮行(老羊皮行)、戏行、马行、骡行、猪行、羊行、厨行、香行、描金行、烟行、条带行、糖饼行、纸行、冶行、皮箱行、布行、棚行、干鲜果行、估衣行、踹布行、刀子行、炼银行、线行、古玩行、首饰行、铜锡行、针丝行、钟表行、油画行、木作、瓦作、石作等等,各行都有祀神聚会的场所,除了前面提到几个行业性会馆以外,有的以神庙称,有的称公所。

苏州碑刻资料中行的名称多以业代替,据《江苏省明清以来碑刻资料选集》附表统计,成立公所的行业共一百二十二个,除去地域性行帮公所七个,尚有一百一十五个。其中有手工业者的公所,也有商人的公所,还有前店后坊工商皆具的公所,但都不以地域而是以行业为基础建立起来的。公所是同业之人会聚的场所。根据我们实地考察,公所亦有祀神的殿堂,但规模都很小,比起那些地域商帮建立的会馆,显然有小巫与大巫之别。公所所供奉的神祇,多是本行业传说中的始祖,如霞章公所供奉的是轩辕圣帝,书业崇德公所供奉梓潼帝君,水木作梓义公所供奉鲁班先师,刺绣业锦文公所祀苏绣创始人顾儒,粮食业五丰公所供奉仓王,药业太和公所供奉伏羲、神农、黄帝三皇,等等,其与大多数会馆供奉乡土之神祇者不同。

---

① 沈榜:《宛署杂记》卷 13。

以上我们说明的是：明清两代工商者的组织主要仍然是行，到了清朝，行皆有公所；行与会馆之间有着鲜明的区别，其主要之点还是行业性与地域性的不同。特别有意思的是：官府的科敛总是通过行的组织，而我还没有发现官府对会馆进行科敛的资料。在封建中央集权专制制度下，工商是不可能独立于这个特定的政治制度之外的。

我国从隋唐到宋元以至于明清，工商业者的行是在不断发展的，它反映了我国行会制度发展的全过程。它既与中世纪欧洲的行会有着共同的地方，也有着明显的自己的特点。因此，我认为单纯用欧洲行会的模式来阐述中国行会的性质和作用，那是不够理想的。应该从中国的实际出发，从传统的行中进行具体的分析。

中外学者长期以来总喜欢把会馆、公所、同业公会，放在同等的地位上进行研究。很可惜他们都忽视了一个最基本的时代概念，由于历史时代的不同，社会经济结构的变化，这些组织的性质和作用自然会有区别。不认真地把握住社会经济结构的变化，就不可避免地会产生一些糊涂观念，中国行会晚起论，大概就是这种糊涂观念的产物。正如目前研究资本主义萌芽，有些人硬要用清朝后期（主要鸦片战争以后）的生产状况来说明萌芽是同样经不起推敲的。

中国封建社会工商业中有行会，它的产生不是很晚而是比较早。但明清时期的会馆并不是工商行会，它是我们民族强烈的地域观念的产物，如果说它在发展过程中与工商业发生了某些不解之缘，那也仅仅是在地域观念中的结合，而不可能是其他。

（原载于《中国史研究》1982 年第 2 期）

奉旨抄家:乾隆时期的体制之彀与官场风习

马俊亚[*]

摘　要:乾隆时代,政体的实质是以君为核、以官为本,君臣分享大小不等的特权。本质而言,贪腐是特权的衍生物。奉旨而非奉律进行的抄家,只反贪腐,不反特权,表明抄家虽为反腐的极端举措,但充其量是君主驭官的重要手段。君主以一人之力和一己之智,应对成千上万官员错综复杂的贪腐苞苴,是以君主给予官员特权的同时,也让其陷入体制之彀。奉旨抄家是对少量官员的曝光、羞辱和酷虐,更是对大量臣属的警示、施恩和抚慰。与君主同样追求个人利益最大化的官僚集团,一方面表面尊崇堂皇的道德和宪典,实则揣摩君主的意图和好恶,不择手段地向君主靠拢,以获取高于侪辈的特权和利益;另一方面则在官员之间结成利益同盟,形成隐晦的官场规范,与君主抗衡。

关键词:抄家　特权　君核政体　体制之彀　官场风习

本文研究的抄家,主要指因经济领域违法犯错而被查抄的事件。

韦庆远认为,清代抄家原因主要包括清除权臣、违纪、文字狱、财务问题等。[①] 韦庆远阐述的清帝"宰肥鸭"的抄家手法,[②] 说明最高统治者非常看重抄家的经济收益。佐伯富对始于雍正朝的养廉银制度的研究,为认识清前期官

---

* 马俊亚,1966 年出生,江苏沭阳人。现任南京大学历史学院中国史系教授,主要研究方向为中国近现代社会经济史、区域社会生态史,著有《规模经济与区域发展——近代江南地区企业经营现代化研究》《被牺牲的"局部":淮北地区社会生态变迁研究》等。

① 韦庆远:《清代的抄家档案和抄家案件》,《学术研究》1982 年第 5 期,第 96—101 页。

② 韦庆远:《档房论史文编》,福州:福建人民出版社,1984 年,第 12 页。

僚阶层的各种收入和潜在腐败提供了基础。[①] 曾小萍（Madeleine Zelin）研究了雍正火耗归公改革对贪污腐败的扼制及乾隆对这一制度的破坏。[②] 石桥崇雄探讨了清初皇权的形成以及对乾隆时代政治的影响。[③] 康无为（Harold Kahn）认为，乾隆晚年"无法意识到他所遭遇的严峻的现实，他精心构建的宏图终结于海市蜃楼中"。[④] 朴兰诗（Nancy E. Park）从法律规范和官场文化等方面对 18 世纪清代官员的贪污问题作了全面的阐述。[⑤] 小野达哉对清代考成的研究，部分涉及了清代官场的隐规范。[⑥] 尤为重要的是，郭成康、高翔对乾隆朝执政水平和皇权政治的新论，从不同角度深刻揭示了专制政体的本质及反贪腐的局限性。[⑦]

一

郭成康指出："乾隆帝抄家手段之狠辣绵密，较之雍正可谓青胜于蓝。"[⑧]乾隆年间成书的两部名著《红楼梦》与《再生缘全传》均描写了"奉旨抄家"的场景，可见抄家在这一时期具有相当的社会影响力。

清代查处的最大群体性贪腐案是乾隆四十六年的甘肃冒赈案，甘属总督、

---

① 佐伯富：《清代雍正朝における養廉銀の研究（一）——地方財政の成立をめぐって》，《东洋史研究》第 29 卷第 1 号，1970 年 12 月，第 30—60 页；佐伯富：《清代雍正朝における养廉银の研究（二）——地方財政の成立をめぐって》，《东洋史研究》第 29 卷第 2—3 号，1970 年 12 月，第 184—245 页；佐伯富：《清代雍正朝における養廉銀の研究（三）——地方財政の成立をめぐって》，《东洋史研究》第 30 卷第 4 号，1972 年 3 月，第 351—388 页。

② Madeleine Zelin, *The Magistrate's Tael: Rationalizing Fiscal Reform in Eighteenth-Century Ch'ing China*, Berkeley: University of California Press, 1992, "Introduction".

③ 石桥崇雄：《清初皇帝擢の形成過程——特に『丙子年四月〈秘録〉登ハン大位档』にみえる太宗ホン・タイジの皇帝即位記事を中心として——》，《东洋史研究》第 53 卷第 1 号，1994 年 6 月，第 98 页。

④ Harold L. Kahn, *Monarchy in the Emperor's Eyes: Image and Reality in the Ch'ien-Lung Reign*, Cambridge: Harvard University Press, 1971, p. 259.

⑤ Nancy E. Park, "Corruption in Eighteenth-Century China Corruption in Eighteenth-Century China," *The Journal of Asian Studies*, Vol. 56, No. 4 (November, 1997), pp. 967 – 1005.

⑥ 小野达哉：《清代官僚制下における考成と挪移の關係》，《東洋史研究》第 64 卷第 2 期，2005 年 9 月，第 347—376 页。

⑦ 高翔：《近代的初曙：18 世纪中国观念变迁与社会发展》，北京：社会科学文献出版社，2000 年；戴逸主编，郭成康著：《18 世纪的中国与世界（政治卷）》，沈阳：辽海出版社，1999 年。

⑧ 郭成康：《乾隆大帝》（下），北京：中国华侨出版社，2003 年，第 509 页。

布政使、道、州、府、县各级官员肆意侵吞捐监银。[①] 最后被赐死 1 人,正法 57 人,发遣 56 人,被抄家惩处的官员 195 人。[②]

甘肃冒赈案令人震撼之处不仅在于贪腐范围之广,涉案官员之众,更在于多方面彰显了贪腐的普遍性规律:即使最优秀的专制君主,个人才智和影响也存在重大的局限;即使最高超的教育方式,也无法改变官员内心的贪欲和自利品行;即使抄家杀头最严酷的手段,也难慑止或减少官员们的贪赃枉法;即使最成熟、最谨严的专制政体,也天生带有致命的弊端。

乾隆帝聪慧过人,具有极强的个人能力和高超的统治手腕,自视恩泽普惠,谕曰:"朕自缵绪以来,益隆继述,凡泽民之事,敷锡愈多,恩施愈溥。此不特胜国所无,即上溯三代,下讫宋元,亦复罕有伦比。"[③]在百年一遇的隆盛时代,在千古一帝的圣君治下,却发生通省贪腐窝案:"竟无一人洁己奉公,庸中佼佼者。"[④]发生此类窝案,理应考究体制因素。乾隆政体的本质,是以君为核、以官为本,即君核政体;[⑤]亦即高翔所说的"以满洲贵族为主体,以专制皇权为核心的官僚政治体制"。[⑥] 君核政体运行的动力,是把官员变成凝聚在神化了的君主周围的既得利益者,使其不遗余力地维护君主皇位和权威的同时,攫取自己的利益。清人写道,官员们"自其束发读书之时,所以劝之者,不过所谓千钟粟、黄金屋,而一日服官,即求其所大欲。君臣上下,怀利以相接,遂成风流,不可复制"。[⑦]

君主利用官员治理一方,要求官员无条件服从,包括随时为其作恶。因此,君核政体下,官员只能为君主所驭,而不能置于公众的督察之下,无法从程序上制约其权力。从机构上看,清代有着自上而下的督察机构、同僚、下属和

---

① 台湾故宫博物院藏折件和宫中档(以下简称"台档"):《管理陕甘总督李侍尧奏折》,箱号 2715,统一编号 403039258。

② 屈春海编选:《乾隆朝甘肃冒赈案惩处官员一览表》,《历史档案》1996 年第 2 期,第 74—78 页。

③ 《大清高宗纯皇帝实录》第 26 册,北京:中华书局,1986 年,第 339 页下。

④ 《大清高宗纯皇帝实录》第 22 册,第 256 页上。

⑤ 孟子阐述的君轻民贵思想,在君主专制时代事实上已被彻底抛弃,宋代文彦博表述得非常清楚。文彦博答宋神宗:君主"为与士大夫治天下,非与百姓治天下也"(李焘:《续资治通鉴长编》卷 221,《四库全书》本,第 5 页下)。

⑥ 高翔:《近代的初曙:18 世纪中国观念变迁与社会发展》,第 427 页。

⑦ 顾炎武著,黄汝成集释:《日知录集释》卷 13,长沙:岳麓书社,1994 年,第 478 页。

科道的检举,甚至有通常的考成①,如京察、大计、引见等手段,涉及四格八法等。但乾隆时代,除去官员相互报复,钱沣、窦光鼐式的监察如凤毛麟角,利用职务之便或权力优势侵占贪污是官员的普遍做法。

作为与督察手段并用的驭官之术,清廷非常重视对官员的政治教育,大树道德模范,不遗余力地宣扬官员远高于普通民众的道德标准。学者指出:"乾隆帝有着较明显的以教为治的心理倾向,把极为强势的意识形态向民间进行渗透。"②大贪若王亶望、王廷赞者均曾被树为官员楷模。③有清一代,"第一清官""第一廉吏"等不绝于书,④甚至出现率领下属反腐誓廉的官员。被鞫实索赇11万两、侵公使钱6万余两的浙江巡抚福崧,曾"于正岁集司道以下等官设誓,共砥廉隅"。⑤最高统治者甚至把誓廉视为职所当然:"守令职司民牧,分应廉洁自矢。"⑥

当然,强调官员道德,还有更深层次的意识形态考量。对没有民众合法授权的清专制政府来说,统治阶层拥有高尚的道德,是政权合理性的重要逻辑和合法化的主要基础。

在乾隆看来,贪腐是由于官员"丧尽天良""昧尽天良"等,⑦根源在于官员个人道德低下,这恰恰把体制的弊病归咎于个人品质,远没有触及贪腐的实质。高翔指出,乾隆时代,官员不过是君主"行使独裁权力的忠实工具";⑧政治和道德的基本原则均违背了公理和正义。因而,这种体制下的官员天然带

① 小野达哉:《清代官僚制下における考成と挪移の関係》,《東洋史研究》第64卷第2期,2005年9月,第347—376页。

② 王法周:《乾隆皇帝及其王朝后三十年的政治文化生态》,《史林》2013年第4期,第75页。横山裕男研究了雍正帝设立观风整俗使对浙江、福建、湖南、广东(横山裕男:《観風整俗使攷》,《東洋史研究》第22卷第3期,1963年12月,第340—358页)等地进行政治宣传。其实,乾隆帝同样通过宣谕化导使对苏、皖、陕等地民众进行思想教育(《大清高宗纯皇帝实录》第11册,第381页下)。

③ 中国第一历史档案馆编:《乾隆起居注》第30册,桂林:广西师范大学出版社,2002年,第42页上。

④ 范承谟被称"爱民如子"(《清史稿》卷252,北京:中华书局,2003年,第9723页),于成龙被赞为"天下廉吏第一",张鹏翮"天下廉吏无出其右"(《清史稿》卷279,第10129页),张伯行为"江南第一清官""操守天下第一",噶礼、荆道乾、程如丝等均被称为"第一清官",等等。(《大清圣祖仁皇帝实录》第6册,第630页上;《清史稿》卷359,第11355页;《大清世宗宪皇帝实录》第7册,北京:中华书局,1985年,第820页上。)

⑤ 《清史稿》卷338,第11067页。

⑥ 托津等:《嘉庆朝大清会典事例》卷610,光绪年间刻本,第22页下。

⑦ 《大清高宗纯皇帝实录》第19册,第225页上;《大清高宗纯皇帝实录》第22册,第274页下;《大清高宗纯皇帝实录》第24册,第853页下。

⑧ 高翔:《近代的初曙:18世纪中国观念变迁与社会发展》,第440页。

有道德缺陷。仅就文字狱的罗织、普通事件政治化等观之，"昧尽天良"正是君核政治适格的品行。所谓道德教化，实乃自欺欺人，乾隆年间担任过杭州同知等职的黄图珌指出："大凡读圣贤书本，就要瞌睡；若看淫艳小说，晶晶有味，寝食皆忘。"①鲁迅注意到，审理尹嘉铨的三宝等人用两性问题，轻易地搞臭了这位道学先生。②

君核政体下，绝大多数官员有着这样和那样的劣迹和污点。清初，顾炎武指出："乃以今观之，则无官不赂遗，而人人皆吏士之为矣；无守不盗窃，而人人皆僮竖之为矣。"③甘肃冒赈案中不少官员被乾隆视为心腹，可密折直奏，连他们也不揭告这一通省贪腐行为，更切合实际的解释是，类似事件已成燎原之势，即使被查处，也属偶然。

况且，贪腐案件的查办，多有牵涉，每每损害众多官员的利益，且参者与被参者常常双输。如乾隆二十二年，云南巡抚郭一裕参云贵总督恒文勒买民间黄金等，最后恒文被赐自尽，郭一裕被革职发配，云南藩司纳土通、臬司沈嘉图被交部严加议处，15名地方官员被降级。以致乾隆闻言："谓郭一裕以汉人参劾满洲，终致两败俱伤。"④乾隆三十年，山西安邑知县冯兆观揭河东盐政达色受贿。经相互检举，达色论死，冯兆观及河东运使吴云从治罪如律。⑤乾隆三十四年，署贵州巡抚良卿劾咸宁知州刘标运铅缺额，并亏工本运值。刘标则反诉良卿婪索。结果，刘标仅坐遣，良卿被处斩，两子发戍伊犁。⑥前任黔抚、时任湘抚方世俊、贵州臬司署藩司高积、粮驿道永泰、大定府知府马元烈均被抄家，⑦方世俊、高积绞监候，永泰斩监候，马元烈革职。乾隆三十七年，控告云南藩司钱度贪婪，致钱度被抄家处死、多名官员被惩处⑧的宜良知县朱一深，同样被定为婪赃。⑨乾隆四十九年，两江总督萨载劾江西巡抚郝硕勒派属员。郝硕被赐自尽，藩司冯应榴、臬司吴之黼、饶九道额尔登布等被革职充军，另有

---

① 黄图珌撰：《看山阁集续集》闲笔卷2，乾隆年间刻本，第4页上。
② 《鲁迅文集》第2卷，长春：吉林大学出版社，2009年，第18页。
③ 顾炎武著，黄汝成集释：《日知录集释》卷13，长沙：岳麓书社，1994年，第478页。
④ 中国第一历史档案馆编：《乾隆惩办贪污档案选编》第1册，北京：中华书局，1994年，第58—59页。
⑤ 《清史稿》卷332，第10968页。
⑥ 《清史稿》卷339，第11080页。
⑦ 《大清高宗纯皇帝实录》第19册，第451页下。
⑧ 中国第一历史档案馆编：《乾隆惩办贪污档案选编》第1册，第362—363页。
⑨ 四川省档案馆编：《清代巴县档案汇编（乾隆卷）》，北京：档案出版社，1991年，第72页。

71 名道府州县官员被处罚,萨载被革职留任,罚养廉银 54000 两。^① 因此,在波诡云谲的官场浮沉历练的官员们非常清楚,相互饰隐,甚至同流合污,最符合个人及其集团利益。

可见,甘肃冒赈案与其说是一次"奇贪异事",不如说是乾隆朝官场常态。此案尚未完结,查抄王亶望的闽浙总督陈辉祖与藩司国栋勾通,私换王亶望被抄没的金叶、金条和金锭,并隐匿玉山子、玉瓶等物。^② 乾隆称:"此事大奇,为从来所未有。"^③与此同时,哈密通判经方,"在省还债使用及不肖家奴书役花费"库项银 23000 余两。乾隆认为:"此事尤堪骇异。是于冒赈之外,复敢将领存贮库正项尽行侵用,公然无忌,非寻常亏空那移者可比。"^④次年,查出迪化等州县官员德平、瑚图里等采买粮石,侵蚀银以万两计,各员通同舞弊,^⑤简直是甘肃冒赈案的翻版。同年查出东抚国泰贪纵营私,勒索属员,"遇有升调,惟视行贿多寡。以致历城等州县亏空八九万或六七万之多。布政使于易简亦纵情攫贿,与国泰相埒"。^⑥ 深悉内情的乾隆帝不得不竭力缩小惩处范围,以免再兴大狱。

贪腐大案,若严究,则多是无官不贪的窝案,与个别偶发的贪腐行为不可同日而语,只能归咎于体制的弊错。但对体制革故鼎新是乾隆帝最不可能做的事。

君核政体下,君主是最大的特权者,居于举足轻重的地位;官员们从属于君主,按与君主亲疏和官阶高低享受大小不等的特权。王亚南指出:"中国帝王的政治经济权力,一方面使他扮演为地主的大头目;另一方面又扮演为官僚的大头目。"^⑦因此,尽管乾隆时皇权专制已达顶峰,君权极度膨胀,但在制度和习惯上仍予官僚们许多特权。

---

① 中国第一历史档案馆编:《乾隆惩办贪污档案选编》第 4 册,第 2867、2868、2873 页。

② 台档:《山西巡抚调补安徽巡抚谭尚忠奏查抄王亶望家产清单》,乾隆四十七年一月二十二日,箱号 2715,统一编号 403040676;台档:《浙江布政使兼杭州织造盛住奏折》,乾隆四十七年八月二十八日,箱号 2715,统一编号 403042368;《福长安奏折》,乾隆四十七年九月二十七日,箱号 2715,统一编号 403042592;《阿桂福长安奏折》,乾隆四十七年十一月九日,箱号 2715,统一编号 403043060。

③ 《大清高宗纯皇帝实录》第 23 册,第 612 页下。

④ 台档:《哈密办事大臣佛德奏折》,乾隆四十六年十月,箱号 2715,统一编号 403039683 附片 1。

⑤ 《大清高宗纯皇帝实录》第 23 册,第 531 页下。

⑥ 台档:《署两江总督萨载奏查办安徽按察使吕尔昌折》,乾隆四十七年四月十七日,箱号 2715,统一编号 403041318。

⑦ 王亚南:《中国官僚政治研究》,北京:中国社会科学出版社,2005 年,第 44 页。

从选仕开始,对官僚集团就有极大的优待。康熙年间定制,"三品以上荫知州,四品以下至通判荫知县,布政、按察、都转盐运三司首领官及州、县佐贰六品七品官荫县丞,八品、九品官荫县主薄,未入流荫州吏目"。[①]

作为生而高贵的八旗子弟,所享有的特权远非其他阶层可比。雍正二年谕八旗文武官员人等:"我国家念尔等祖父皆属从龙旧臣,著有勋绩,故加恩后裔,量才授官,冀收心膂驱策之效。"[②]1725年,雍正把选仕潜规则公开:"若大臣子弟,既有父兄之训迪,又有堂官之督率,则成人者必多,国家岂不甚乐有世家大族之子孙而用之哉。"[③]因此,清代官员的升迁,"家世"是重要的条件之一。[④] 据一位对清选仕持肯定态度的学者对清代572名官员身世的研究,来自王公大臣家庭的占18%,八旗及官员家庭占47%,平民家庭仅占30%。[⑤]钮祜禄氏7代以后人口共计1198人,任世职11人,任官257人。[⑥]

王公大臣子弟、八旗子弟与其他官员并无二致,并不乏优秀乃至杰出人才,也常表现出对予以莫大恩泽的体制的忠诚、对君主的感戴,但由于其特权更加不受程序化的监督,包括贪腐在内的各类劣行更加有恃无恐。按照专制逻辑,作为打天下的参与者,其后人理应是得天下后的分润者。在有世家背景的官员们看来,他们的贪腐敲剥,不过是向其所置的产业收取余润而已。

甘肃冒赈案罪魁王亶望乃曾任苏抚的王师之子,被抄时,"家资至三百余万之多"。[⑦] 陈辉祖乃陈大受之子,"父子皆任总督,世受国恩"。[⑧] 侵蚀银1万余两的知县闵鹓元系苏抚闵鹗元之弟。冒赈银2700余两、贪捐监银1000余两的署环县知县陈严祖系陈辉祖之弟。[⑨] 被抄家并赐自尽的总督勒尔谨,被抄家正法的固原知州那礼善、宁夏知县宋学淳、秦州知州黎珠、陇西知县伯衡、武威知县朱家庆、哈密通判经方、宁夏同知伍诺玺、宁夏道员福明、合水知县成

---

① 《清史稿》卷110,第3202页。

② 鄂尔泰等修:《八旗通志》初集,长春:东北师范大学出版社,1985年,第1281页。

③ 《大清世宗宪皇帝实录》第7册,第686页下。

④ 允禄等监修:《雍正朝大清会典》卷221,光绪年间刻本,第7页下;允裪等奉敕撰:《乾隆朝大清会典则例》卷4,《四库全书》本,第39页下。

⑤ Robert M. Marsh, *The Mandarins: The Circulation of Elites in China, 1600-1900*, New York: Free Press of Glencoe, 1961, p. 111.

⑥ 赖惠敏著:《清代的皇权与世家》,北京:北京大学出版社,2010年,第190页。

⑦ 《大清高宗纯皇帝实录》第23册,第638页上。

⑧ 《大清高宗纯皇帝实录》第23册,第618页下。

⑨ 台档:《三品顶戴管理陕甘总督李侍尧奏折》,乾隆四十六年十一月九日,箱号2715,统一编号403039771。

德、镇原知县墨尔根额、抚彝厅通判博敏、镇迪道巴彦岱,被抄家发遣的碾伯礼县知县景福、秦州知州奇明、陇西知县广福、巴燕戎格厅通判佛保、循化同知善达、岷州知州承志、固原知州布瞻、镇迪道员陈庭学、镇西府通判富明阿,被革职抄家或抄家的德明、秦州知州彦方、秦州道员文德、安肃道员奎明、宁夏道员永龄、秦州知州福明安、宁夏知府观亮、阶州知州兴德、道员观禄、凉州知府富斌、甘州候补同知诺明阿等 33 名墨员皆八旗子弟。①

　　乾隆年间因经济犯罪被抄家的高级官员中,鄂乐舜为大学士鄂尔泰从子,②兵部尚书鄂善祖常舒为清太祖妹婿,③浙抚常安系出镶红旗纳兰氏名门,东抚蒋洲乃大学士蒋廷锡之子,右江总兵李星垣为两江总督李卫子,④东抚国泰为四川总督文绥子,山东藩司于易简祖父于翰翔曾任陕西学政,乃兄为大学士于敏中,赣抚郝硕为两江总督郝玉麟子。⑤

　　查办甘肃冒赈案的管理陕甘总督李侍尧,乃二等伯李永芳四世孙,户部尚书李元亮之子,就在查办冒赈案的前一年,因在云贵总督任上“负恩婪索”被抄家。据门人张永受供,银厂委员每次见李侍尧,“银子三千五千不等”,某官一次送金如意 3 柄。给予李管门家人的门包银每次即有 100 两。⑥ 云南调任安徽臬司汪圻、迤南道庄肇奎、署东川知府张珑、候补同知方洛、临安知府德起、通判素尔方阿、昆明知县杨奎,均向李侍尧送过贿金。⑦ 乾隆四十九年,李又被揭出任两广总督时,“总商沈冀州敛派公费馈送”。⑧

　　君核政体下官员的政治使命是维护君权的稳固,而不是向民众提供合格的服务。在实际生活中,官员极看重获得上司的青睐和保举。王公大臣子弟具有与生俱来的优越感,但其过人之处,较多地表现在对官场各种规则的通晓,对构建官场人情关系的谙熟。康熙年间,大臣子弟肆行不法,已成社会问

　　① 屈春海编选:《乾隆朝甘肃冒赈案惩处官员一览表》,《历史档案》1996 年第 2 期,第 74—78页。

　　② 《清史稿》卷 338,第 11059—11061 页。

　　③ 《大清圣祖仁皇帝实录》第 6 册,第 515 页下。《大清世宗宪皇帝实录》第 7 册,第 858 页下。

　　④ 台档:《两江总督革职留任尹继善奏折》,乾隆三十年五月二十二日,箱号 2753,统一编号403020561。

　　⑤ 《清史稿》卷 339,第 11077—11078 页。

　　⑥ 台档:《和珅等到滇初讯李侍尧各款》,乾隆四十五年三月十六日,箱号 2705,统一编号026543。

　　⑦ 台档:《兵部侍郎兼都察院右副都御史李奏查抄庄肇奎原籍家产折》,乾隆三十五年十一月二十一日,箱号 2705,统一编号 028861。

　　⑧ 《清史稿》卷 323,第 10820 页。

题。康熙五十四年谕:"外省地方官内,有大臣子弟及大臣保举升任之人,倚恃伊父兄及保举大臣,恣意妄行。"①乾隆谕:"我满洲风尚素称醇朴勇往,而承平日久,八旗子弟多耽安逸,偶遇军旅之事,转致不能娴习。"②像国泰因公出门,"其多属员伺候,稍不遂意,即加怒斥,以致路过各站无不苦累"。③ 嘉庆帝对高晋之子广兴、温福之孙英纶勒索礼金、唤妓住宿之事评论道:"世家大族,竟同匪类。"④

受益于体制,生而尊贵的王公大臣子弟的堕落,是尊崇特权阶层的必然结果,在官场极具示范效应,实非抄家所能改变。

贪腐大案发生,如不能对体制进行变革,退而求其次,则应依法惩办贪腐官员,以彰显法律尊严。然而,清初君主已形成系统的人治理念,⑤乾隆更一向坚信"任法不如任人",⑥首重维护个人恩威。甘肃冒赈案初期查获侵蚀银1000两以上的官员达66人,按律应拟斩监候。乾隆以"问拟斩候人数未免太多,朕心有所不忍"为由,命令赃私入己至2万两以上者问拟斩决,2万两以下者问拟斩候,⑦一以贯之地把个人权威置于大清国法之上,以期获得罪臣们的感戴。后来更以"不为己甚""姑不深究""不事株连"等为由,大肆宽待贪员墨吏。

此种做法早被证明荒诞不经。对贪腐官员每施一次法外之恩,必增加整个官僚阶层一分违法资本。雍正七年谕:"凡官员侵欺钱粮及枉法贪赃者,皆系应行正法之人,从来律例所载甚悉。蒙圣祖仁皇帝如天之仁,不忍加以诛戮者,欲以德化之之圣意也,而此辈不但不知感恩检束,且多肆行无忌,习为故然。"⑧

厚承恩泽的官员常欺君罔上,那些被抄家惩处的官员就更不会输肝剖胆

---

① 允禄等监修:《雍正朝大清会典》卷15,光绪年间刻本,第32页下。

② 葛士浚:《清经世文续编》卷102,光绪二十七年上海久敬斋铅印本,第5页上。

③ 台档:《署两江总督萨载奏查办安徽按察使吕尔昌折》,乾隆四十七年四月十七日,箱号2715,统一编号403041318。

④ 《大清仁宗睿皇帝实录》第30册,第811页上。

⑤ 谷井俊仁:《一心一德考——清朝における政治的正當性の論理》,《東洋史研究》第63卷第4期,2005年第3期,第704—705页。

⑥ 赵之恒标点:《大清十朝圣训·清高宗圣训》卷188,北京:燕山出版社,1998年,第3496页。

⑦ 台档:《陕甘总督李侍尧奏折》,箱号2715,统一编号403039258。

⑧ 托津等:《嘉庆朝大清会典事例》卷651,光绪年间刻本,第10页下。

了,天资颖慧的乾隆帝内心显然更加清楚这一常识。[①] 那么,清君锲而不舍地宽待贪墨的真实意图何在呢?

首先,可使官员时刻认识到君主的生杀予夺之权;那些被宽待的官员,成了有把柄之人,更加有利于君主操控。其次,宽待小部分墨员,与其说是向少量特定的罪犯施恩,不如说是向整个官僚集团让步。最后,尤为重要的是,清初就有黄宗羲等学者对专制政体进行了批判,普遍贪腐的现实或使更多的理性官员认同体制的弊害。通过法外施恩,官员们感受到体制的优越,坚定对体制的信赖。

在君核政体下,最高统治者操生杀予夺之权,在证据收集、惩处刑罚等方面非常快捷,[②]而抄家这一极端举措,更为法治社会嫉贪如仇者不可奢想。是以乾隆帝屡兴反贪大狱,但效果微乎其微,一府、一省无官不贪的说法常为最高统治者所承认。由于贪腐的根源是特权,反腐不但不能触动官僚阶层的特权,其特权变量反而有加无减,即使君圣臣睿,这类反腐也只能是抽刀斫水,以薪覆火。

二

君核政体下,为个人或极少数人私有和垄断的特权,通常与道德、正义、人性、民意相悖,君主不得不给予官员或明或暗的物质利益。王亚南指出:官僚政体下,"给予了做官的人,准备做官的人,乃至从官场退出的人,以种种社会经济的实利,或种种虽无明文确定,但却十分实在的特权"。[③] 这种情况下,特权就等同于额外的政治、经济、声誉和地位等福利。

即使是大力宣传官员虚幻的品格,实质上也使官员获得了远高于普遍人声望的道德优势和精神特权。

抄家式反腐,只能由拥有最大特权的君主处治拥有较小特权的官僚们的

---

① 学者指出,乾隆早期就已意识到满汉官员对他的忠诚度是很低的。(Norman Kutcher, "The Death of the Xiaoxian Empress: Bureaucratic Betrayals and the Crisis of Eighteenth-Century Chinese Rule," *The Journal of Asian Studies*, Vol. 56, No. 3, August 1997, pp. 722 - 723.)

② 巴特莱认为乾隆时代的六部具有极高的行政效率。(Beatrice S. Bartlett, *Monarchs and Ministers: The Grand Council in Mid-Ch'ing China, 1723 - 1820*, Berkeley and Los Angeles: University of California Press, 1991, p. 7.)

③ 王亚南:《中国官僚政治研究》,北京:中国社会科学出版社,2005年,第97页。

经济犯罪，法律成了权力的奴仆，既无监督作用，也无威慑效力。

乾隆年间诸生凌扬藻写道："隆万以来，无缺不钻……缙绅家高甍大厦，良田美池，并一切金宝珠玉，歌舞宴戏。"①这并非明末特有的现象。君核政体下，官员们表面上憎恨贪腐，实际上多视之理所当为。黄图珌写道："如彼苟获名位，辄计私囊。"②在这种政体下，清廉多被视为迂腐无能。

贪员被抄家，尽管家产被进行了较为彻底的曝光，但这种事后惩处、没有事前预防和过程监督的举措，对贪员没有太大的警示作用。现实中，因许多贪员被曝光的家产数量惊人，贪员不仅不会成为众官唾弃的对象，反而成为官场悄然效法的榜样，是以"非其时人性独贪也，盖有在内隐为驱迫，使不得不贪者也。"③最贪的官员像木桶上的那块短板，决定着全体官员的道德水准和守法程度。是以抄家愈繁，官员道德愈劣。章学诚指出：乾隆后期，"上下相蒙，惟事贪婪黩货；始蚕食，渐至鲸吞。初以千百计者……俄以数十万计，或百万计矣"。④

只要奉行唯上是从的官本位或权本位，官员拥有不受程式化监督的特权，无官不贪就不是过于离谱的说法。学者认为乾隆所说的"各省督抚中，洁己自爱者不过十之二三"，是"对最关吏治清浊的封疆大吏的操守的偏高估计"。⑤最高统治者不得不采取一些反腐举措，一方面为统治合法性提供借口，另一方面可以清除最不利于体制之官或冒犯君主之员。因此，专制时代只能适度而不能适律反腐，只可奉旨而不能奉法抄家，不能把消除贪腐作为治吏的根本目标。

公允地说，乾隆朝是传统社会中极为理性的时代。但乾隆惩贪多是有选择地杀一儆百，致使官员揣窥宸衷远胜于严守法律规条。乾隆十二年谕："朕因各省侵贪案件累累，意欲惩一儆百，以息贪风，大学士及该部并未详查立法本意，盖悬度朕意。"⑥十六年谕："贪黩之风不可不力为整顿，是以按照定律，惩一儆百，期于辟以止辟，乃臣工等又不免意涉揣摩。"⑦

---

① 凌扬藻：《蠡勺编》卷17，同治二年刻本，第12页下。

② 黄图珌撰：《看山阁集闲笔》卷2，乾隆间刻本，第3页上—下。

③ 薛福成：《庸盦笔记》卷3，光绪二十三年遗经楼刻本，第9页下。

④ 胡适：《章实斋年谱·齐白石年谱》，合肥：安徽教育出版社，1999年，第157—158页。

⑤ 郭成康著：《乾隆正传》，北京：中央编译出版社，2006年，第413页。

⑥ 托津等：《嘉庆朝大清会典事例》卷618，光绪年间刻本，第35页上—下。

⑦ 托津等：《嘉庆朝大清会典事例》卷605，光绪年间刻本，第30页上。

乾隆曾处死极为宠爱的惠贤皇贵妃的兄长高恒、亲侄高朴。在给乌什参赞大臣永贵的上谕中称："高朴系皇妃之侄,然伊如此妄行,朕虽欲顾念贵妃,亦难稍事姑容。……务必秉公究审。"①表现出了一位明君的气度。但当御史曹锡宝劾和珅家仆刘全时,乾隆却苛责并将其革职,②并无理法可言。乾隆自己承认:"李侍尧婪索属员银两盈千累万,甚至卖给属员珠子行同市井,较恒文等尤甚。"③他处死了恒文,却千方百计让李侍尧逃脱制裁。

郭成康指出:乾隆"从维护大清帝国的根本利益、长远利益出发,绝不能容许贪官污吏毁掉国家的根基;但每当查办贪污大案日渐深入而即将揭开政治的黑暗内幕时他又犹豫了,又手软了"。④究其内情,这也不能全归咎于乾隆"手软",毫无疑问,若彻底揭开"政治的黑幕",恐更有损于大清的"根基"。不难理解,乾隆时代,该查未查、应惩未惩之案不胜枚举。乾隆有时并不憎恨贪腐者,反而憎恨贪腐的揭露者,尹壮图、曹锡宝等人即因此而受到了惩处。

这种做法的根源,在于君核体制下,只能通过惩处少量官员,让其承担全部腐败的责任,予民众以贪腐官员总是极少数之错觉。

为确保官僚权力的使用不出现政治偏差,最高统治者对特权边界的法律规定非常模糊。由于政治始终高于法律,政治嗅觉极为灵敏、致力于保持政治正确的特权官僚,视违法为轻,视忤上为重。因此,平时合法之事,因政治风向有变而成为非法;合乎上意之事,或已触犯刑律。总之,不论特权者所做的合理还是合法之事,皆有可能使其罹入法网。

乾隆要求臣属的职责是:"至为臣者,夙夜靖共,奉公忧国,为上为德,为下为民,苟非鞠躬尽瘁,求所以称股肱心膂之任,殚分猷宣力之能,不足以尽为臣之道。……然较之为君,究未至若彼其难也。"⑤即使在乾隆看来难度远逊于为君的为臣之道,对绝大多数官员来说,也属可倡而不可行、可言而不可即,因为这些要求基本属于不可界定的道德范畴,与法律规条大面积错位。

不言而喻,专制时代的官员从入仕起就进入了体制之毂,特权实质上伴着绞索。毂中官员们平时犯下的忤上违法之事,更像是种在其身上的生死符,君

---

① 中国第一历史档案馆编:《乾隆惩办贪污档案选编》第1册,第376页。
② 《大清高宗纯皇帝实录》第24册,第1070页下。
③ 中国第一历史档案馆编:《乾隆惩办贪污档案选编》第1册,第987页。
④ 郭成康:《乾隆反贪为什么不成功》,《中国改革》2006年第12期,第69页。
⑤ 朱珪等:《皇朝词林典故》卷2,余来明、潘金英校点:《翰林掌故五种》,武汉:武汉大学出版社,2009年,第605页。

主在需要之时，即可置其于死地。乾隆时代官场流行的"伴君如伴虎"①一说，形象地刻画了君核政体下官员的生存状态。

大量的被惩处者并非贪行最重的官员。被从重处死的甘肃冒赈案第二号罪魁王廷赞，"少负俊才"，任兰州府经历，"一时兰民之赴诉于两大府者，皆曰愿交王经历听之"。任职张掖，"忧民勤政"。初任甘省藩司，"慨然以清[廉]为己任，绝苞苴，明黜陟"。② 在甘州南门甘泉庙立有王公生祠，乃"邑人感张掖令王廷赞德政"。③ 案发前一年，乾隆帝诰封其曾祖父及父为通奉大夫，曾祖母及母为夫人。④ 王廷赞任藩司之初，属员向其馈送水礼，亦被其责骂；并多有急公之举，如分别捐银3000余两和10000两修安定桥和龙王庙，出银13000两赈济皋兰百姓，以己资9000两并1700串赏赐兵弁。⑤ 同案犯山丹县令万邦英，"居官仁慈……以一言罢民劳，民感其惠"。⑥ 程栋任靖远知县，"作养学校，子惠群黎"。后任宋学淳，"居则民乐，去则民思，至今口碑犹载道焉"。那礼善，"廉明清正，弭盗安民"。⑦

乾隆错误地以为，对高级官员的殛杀，"各督抚共见共闻，谅无不洗心涤虑，人励清操矣"。⑧ 然而，官员们无法用法律这一程序性的手段来约束自己的行为，不得不从君主意图和官场人际关系方面来对其罹法作出反省。乾隆十二年被劾"多得属吏金，婪索"等罪名而死于狱的浙抚常安，在浙"有惠政"，但"多讦切时事"，"时论疑其中蜚语以死，非其罪也"。⑨ 两淮提引案中，盐政高恒、普福、运使卢见曾也系人际关系（"政府亦有中伤之者⑩"）问题才罹罪。

和珅被赐死后，"为和珅所陷"，几成其前被抄家官员反思或洗刷自己的一大借口。浙抚福崧，"民颂其治行。其得罪死，颇谓其忤和珅，为所陷"。⑪ 乾

---

① 此语最早见陈端生著《再生缘全传》卷17，道光二年宝宁堂刻本，第20页下。陈端生为乾隆中后期人，祖父曾任顺天府尹，父陈玉敦任山东登州府同知、云南临安府同知等。作者为与社会交往较少的官宦人家女性，此语显然来自乃祖乃父。

② 王晶辰主编：《辽宁碑志》，沈阳：辽宁人民出版社，2002年，第314—315页。

③ 钟赓起著：《甘州府志》卷5，乾隆四十四年刻本，第30页下。

④ 王晶辰主编：《辽宁碑志》，第312—313页。

⑤ 中国第一历史档案馆编：《乾隆惩办贪污档案选编》第2册，第1270—1271页。

⑥ 黄璟等：《山丹县志》卷7，道光十五年仙提书院刻本，第4页下。

⑦ 陈之骥纂：《靖远县志》卷3，民国十四年铅字重印本，第48页下—49页上。

⑧ 中国第一历史档案馆编：《乾隆惩办贪污档案选编》第1册，第987页。

⑨ 《清史稿》卷338，第11065—11067页。

⑩ 方濬师：《蕉轩随录/续录》，北京：中华书局，1997年，第311页。

⑪ 《清史稿》卷338，第11068页。

隆四十四年被抄家诛杀的宁远知州臧根嵩，传言"为大臣和珅所陷"。方志称："以清高宗之明，不应有此信谗枉杀。"[①]更有甚者，史志载一山东日照知县，居然也"为和珅所嫉"。[②] 王廷赞、陈辉祖据说皆系被诬。史称：王廷赞"秉性刚方，不事贪缘，当时有强项之称。首相和珅贪权纳贿，廷赞独不与结交，后卒为和珅陷害，论者惜之。"[③]更耸人听闻的是，人称陈辉祖"后为和珅所陷，毙"。[④]

官员死刑的核准均出自乾隆，"为和珅所陷"不过是被君主所冤的另一种说法。其表面原因固然是人们以为君主被蒙蔽而导致的偶然性主观判断失误，实质则是体制之彀的必然结果。这就是被抄家的官员多自我感觉被人陷害的根由。

官员的贪腐与其说系出于各自的贪欲，是个人行为，不如说系出自官员们共享的特权，是普遍行为。相信上述被殛官员的违法行为是客观存在的，但同样相信他们的贪腐程度或不甚于其他安然在位的官员。再加上杀一儆百选择性的反贪，说那些被"选"中者多系冤枉，也无不可。此类抄家丝毫达不到儆贪治腐的效果。由政治导向变动造成的案件使许多才官、"清官"难逃其厄。乾隆三十一年在晋抚任上"徇纵营私"被抄家处斩的和其衷，任巡察盛京御史时，勇参奉天将军额尔图借巡幸办差之机克扣兵饷、勒派铺户等罪，致额尔图解职。[⑤] 乾隆三十二年，在湘抚任上徇隐属下亏空被抄家赐死的李因培，向有清誉、学问极优，乾隆十八年任顺天府尹，力抗直隶总督方观承之命，参奏查办了方的亲信涿州知州李锺偊。[⑥] 乾隆三十三年因两淮提引案抄家致死的卢见曾任地方官时，"除杂派，清积牍，一以俭勤为治"。[⑦] 乾隆三十五年，因良卿案被抄家绞决的方世俊任陕西藩司，"上称其铮铮有声"；任职陕、贵、湘，"三省吏民咸怀其德"。[⑧] 而把良卿定为娄索也非常勉强。[⑨]

---

①　恩麟等修：《兴城县志》卷 10，民国十六年铅印本，第 18 页上。

②　李世祚修：《东莞县志》卷 69，民国十年铅印本，第 9 页上。

③　文镒修：《绥中县志》卷 12，民国十八年铅印本，第 5 页下。

④　李馥纂：《祁阳县志》卷 7 上，民国二十年刻本，第 19 页上。

⑤　南炳文、白新良主编，白新良撰：《清史纪事本末》第 5 卷"乾隆朝"，上海：上海大学出版社，2006 年，第 1558—1559 页。

⑥　张之洞纂：《顺天府志》卷 74，光绪十五年重印本，第 2 页上—下。

⑦　朱一玄、刘毓忱编：《儒林外史资料汇编》，天津：南开大学出版社，1998 年，第 9 页。

⑧　廖大闻修：《续修桐城县志》卷 13，道光十四年刻本，第 28 页下—29 页上。

⑨　Nancy E. Park, "Corruption in Eighteenth-Century China Corruption in Eighteenth-Century China," *The Journal of Asian Studies*, Vol. 56, No. 4 (November, 1997), p. 983.

罹于体制之彀被抄家处死的官员，家眷也常受到极重的惩罚。甘肃冒赈案中，王亶望有子 11 人，3 子被发往伊犁，①12 岁以下者 8 人，解交刑部监禁。王廷赞②、程栋、陆玮、杨德言、郑陈善、那礼善、蒋重熹、宋学淳、詹耀璘、陈澍等官员，甚至遇贼被害的杨士玑，其子皆被发往边疆充当苦差。③ 因有"微劳"被免死的官员如谢桓、宗开煌、万邦英、董熙、黄道矩等，除本人被发往黑龙江充当苦差，遇赦不准援释外，所生亲子，不准应考出仕。④

有的罹罪官员甚至罪及其女。乾隆三十三年查抄额勒登额家产，"着将伊女交刑部监禁。其已嫁者，令其离异"。⑤ 此系体制之彀，也是体制之酷。

下属向上级送礼，是特权较小的官员应对特权较大的官员的常规手段，而这又是典型的体制之彀。孟德斯鸠指出："专制的国家有一个习惯，就是无论对哪一位上级都不能不送礼物。"⑥康熙九年议准："官员因事夤缘馈送礼物，发觉之日，与者、受者皆革职。"⑦但乾隆本人就非常热衷于受礼。康无为甚至认为乾隆出巡的主要目的之一就是收礼。⑧ 乾隆时代，官场苞苴公行。有人认为，乾隆帝早期对送礼与行贿的不当规定，事实上助长了行贿之风。⑨ 在节日、升迁、生日等场合给上司送礼，为官场常态。⑩ 国泰被劾，抄出山东在任、候补各官除一人外，俱有礼单。⑪ "平时年节属员送礼的多若如寿日。司道各府除水礼外，还有送私礼的，如金珠、朝珠、人参等物。"⑫

甘肃冒赈案内查明，兰州道熊启谟父生辰，下属郑陈善一次送礼 400 两；

---

① 台档：《山西巡抚雅德奏折》，乾隆四十六年八月十九日，箱号 2715，统一编号 403039074。

② 《大清高宗纯皇帝实录》第 23 册，第 332 页下—333 页上。

③ 《大清高宗纯皇帝实录》第 23 册，第 284 页上。

④ 台档：《陕甘总督李侍尧奏折》，乾隆四十七年八月十日，箱号 2715，统一编号 403042252。

⑤ 《大清高宗纯皇帝实录》第 18 册，第 917 页下。

⑥ 孟德斯鸠：《论法的精神》上册，北京：商务印书馆，1997 年，第 67 页。

⑦ 允祹等奉敕撰：《乾隆朝大清会典则例》卷 14，《四库全书》本，第 28 页上—下。

⑧ Harold L. Kahn, *Monarchy in the Emperor's Eyes*：*Image and Reality in the Ch'ien-Lung Reign*，Cambridge：Harvard University Press，1971，p. 88.

⑨ Nancy E. Park, "Corruption in Eighteenth-Century China Corruption in Eighteenth-Century China," *The Journal of Asian Studies*，Vol. 56，No. 4（November，1997），p. 982.

⑩ Madeleine Zelin, *The Magistrate's Tael*：*Rationalizing Fiscal Reform in Eighteenth-Century Ch'ing China*，Berkeley：University of California Press，1992，p. 55.

⑪ 丁符九修：《宁河县志》卷 8，光绪六年刻本，第 18 页上—下。

⑫ 台档：《署两江总督萨载奏查办安徽按察使吕尔昌折》，乾隆四十七年四月十七日，箱号 2715，统一编号 403041318。

丁忧离任,陆玮一次送盘费 500 两。① 安肃道员陈之铨和巩昌知府潘时选在任内 3 年时间里,分别陆续收受各州县官银 5300 两和 4900 两(其中实物值银 300 两)。② 兰州知府蒋全迪勒受皋兰知县陆玮银 4000 两、盘费银 2000 两,郑陈善 6000 两、公帮银 2000 两,礼县知县程栋 15000 两,灵州知州黎珠 900 两,福明和谢桓各帮蒋全迪购买奢侈品费银 2100 两。"各州县供吐者尚不计其数。"③

向督抚、藩司送礼,动辄上万两。据原金县知县邱大英供:在王亶望甘肃藩司任内,"通省都要送礼"。仅办理过一次灾赈,"不过随众馈送"的邱大英,向王所送各类银共计 11400 两。④ 渭源知县陈起执给王亶望送银 7000 两,天马皮袍褂 1 套、元狐皮 10 张、黑羔羊皮 600 张等。永昌知县林昂霄在乾隆四十一年送王亶望金 50 两,人参半斤,银 2441 两;次年送银 7000 两。⑤

济南知府冯埏、青州知府李涛、曹州知府叶敏、登州知府曹铭,一次向国泰送金 200 两。⑥ 乾隆五十年,富勒浑任两广总督,运司张万选一次送银 3 万两。泉州通判郑一桂给富勒浑家人殷士俊一次送金叶 50 两。⑦ 乾隆六十年,贵州粮储道孙文焕给福康安送银 122000 余两。⑧

集体贪腐,官员通常利益均沾。据原泾州知州陈常财供,在甘肃捏报银二万二三千两,王亶望、蒋全迪分别得银 12000 和 10000 两。折收捐监多收银 4 万多两,王、蒋各索去 1 万余两,陈自得一万七八千两。⑨

官员以礼金趋附特权,远甚关爱亲情。与给上司动辄千两、万两相比,某

① 台档:《三品顶戴管理陕甘总督李侍尧奏折》,乾隆四十六年九月二十四日,箱号 2715,统一编号 403039341。

② 台档:《闽浙总督兼管浙江巡抚陈辉祖奏查参甘省捏灾冒赈通同作弊之各道府折》,乾隆四十六年八月二十四日,箱号 2715,统一编号 403039109。

③ 台档:《大学士三宝等奏审拟蒋全迪请旨即行正法折》,乾隆四十六年八月十八日,箱号 2715。

④ 台档:《三品顶戴管理陕甘总督李侍尧奏折》,乾隆四十六年九月七日,箱号 2715,统一编号 403039194。

⑤ 台档:《署福建巡抚降杨魁奏折》,乾隆四十六年十月二日,箱号 2715,统一编号 403039427。

⑥ 台档:《署两江总督萨载奏查办安徽按察使吕尔昌折》,乾隆四十七年四月十七日,箱号 2715,统一编号 403041318。

⑦ 台档:《两广总督兼署广东巡抚孙士毅奏折》,乾隆五十一年六月二十日,箱号 2712,统一编号 403048430。

⑧ 台档:《贵州巡抚常明奏为讯明革职道员孙文焕滥用军需钱粮查抄任所资财折》,箱号 2774,统一编号 404007470。

⑨ 台档:《河南巡抚富勒浑奏为查抄五员孟衍泗等家产折》,乾隆四十六年九月八日,箱号 2715,统一编号 403039200。

些贪官给家人的钱财几乎微不足道。据侵蚀帑银 4 万余两的署昌吉知县伍彩雯家人供，伍在外做官 20 余年，只在乾隆四十年取家眷时给乃母银 20 两，此后 5 年三次共寄带 110 两。[①] 文县知县汤传业，亏空仓粮 3900 余石。经苏抚抄家严追历审，发现汤"因无力搬取眷属，妻子在家，每年任所寄回盘费，不敷食用，向借伊戚钱致纯、庄瓒等资助度日"。[②] 阜康知县王喆，在迪化粮石冒销案中，"通同舞弊"。在职期间，"家中日用不敷"，家人把住屋和桑地抵押给邻居以借债。[③]

即使是墨吏，居下层者，实际入己的利益并不多。首任昌吉县丞徐维绂"因公到京，用费不足，要家中将田房变银二千两"。结果，田产仅卖 800 两，其祖母又拿出养老银 200 两，方凑足半数。[④] 原呼图壁巡检黄岳英，居官时"日用盘缠外实无余积"，被参革后，连回家的路费也出不起。[⑤] 其他案件中，常有类似情况。乾隆年间，浙江临海官员蒋履"亏空事发"，"籍其家，无长物"。[⑥] 靖远知县麦桓供，任职期间共冒销监粮银 19800 余两，"每年馈送各上司自二千两至一二百两不等，应酬纷繁。……因所入不敷需索，只得告养回里"。[⑦] 连墨员都无法承受官场常规的人情礼仪，不贪则更无生存之可能。

由此可见，乾隆把罹法官员归咎于"天良尽昧"是不妥的。首先，治理国家不应用道德判断代替法律审判，不应以私德抹黑掩盖制度反思。其次，即使用个人品行来衡量，被抄家官员的道德水准也未必低于其他未罹刑者。贪腐官员与形象官员一样，均被简单地脸谱化了。

清初有人指出"廉吏之贪""才吏之贪"的现象："今之贪纵者，大抵皆才吏也，苟使之惕于法而以正用其才，未必非治世之能臣也。"[⑧]这多少有些强官所

① 中国第一历史档案馆藏档案（以下简称"一档"）：《参员伍彩雯家属人等人供单》，档号 03 - 1313 - 029，缩微号 092—1445。

② 台档，《江苏巡抚降三品顶带留任闵鹗元奏为查抄汤传业在籍家产折》，乾隆四十七年八月十一日，箱号 2715，统一编号 403042258。

③ 台档，《江苏巡抚降三品顶带留任闵鹗元奏为查抄王喆在籍家产折》，乾隆四十七年八月十一日，箱号 2715，统一编号 403042007。

④ 一档，《参员伍彩雯家属人等人供单》，档号 03 - 1313 - 029，缩微号 092—1442。

⑤ 台档，《安徽巡抚降谭尚忠查抄迪化采买冒销案革职巡检黄岳英家产折》，乾隆四十七年六月四日，箱号 2715，统一编号 40304172。

⑥ 张寅等修：《民国临海县志》卷 22，民国二十三年重修铅印本，第 27 页下。

⑦ 台档，《两广总督罗巴延三广东巡抚李湖奏查抄甘肃捏冒案各员折》，乾隆四十六年九月四日，箱号 2715，统一编号 403039167。

⑧ 顾炎武著，黄汝成集释：《日知录集释》卷 13，长沙：岳麓书社，1994 年，第 478、491 页。

难。事实上,才吏和廉吏们并非不愿惕于法,而是因为官场存在着比法更需惕惧和秉遵的原则,即难以窥透的宸衷和高于法律的政治。

清中期有人写道:"今之司刑者,问以律式轻重而不知。"①官员不畏法、不守法,甚至不懂法,是君核政体的必然恶果,而不仅仅是官员个人的品质和智识问题。

在这种氛围下,形成了劣币驱逐良币的逆淘汰机制。洪亮吉指出:"即有稍知自爱及实能为民计者,十不能一二也。此一二人者又常被七八人者笑,以为迂,以为拙,以为不善自为谋。而大吏之视一二人者,亦觉其不合时宜,不中程度。不幸而有公过,则去之,亦惟虑不速。"②像闵鹗元,"初任皖时,以廉洁自重,布衣蔬食","及抚吴日,颇改前节,苞苴日进,动逾千万"。③ 这种现象绝不能用官员虚伪、善于伪装来解释,而应归咎于特权所必然导致的腐败,而腐败的特权又为官员自己在脖子上系上了一根随时被君主绞紧的绳索。

君核政体下,理性官员只得有意抹黑自己,以与其他官员合群。乾嘉年间颇有廉誉的汪志伊,公开倡导明代"立朝四十余年""名重海内"的陈文定箴言:"凡人不可以太廉,廉则贪污者忌。"④

乾隆时代,查抄经济犯罪官员,表面上是为了肃贪致廉,实质更像是惩办二心官员,确保臣属的忠诚。乾隆对和珅的贪渎非常清楚,但仍宠信有加。异国人士亦知:"珅之贪恣,帝虽知之,毫不谴责。"⑤嘉庆帝在查抄和珅后谕曰:"设数年来,廷臣中有能及早参奏,必蒙圣断,立置重典,而竟无一人奏及者。"⑥事实上,乾隆五十一年曹锡宝仅参奏和珅家人刘全,即被乾隆帝严厉申斥并革职。⑦ 相反,对奏请将4位名臣陪祀文庙的尹嘉铨,由于在君主崇拜之外,意在设立新的崇拜偶像,政治有所偏差,乾隆则毫不犹豫地将这位颇有道德名望的学者型官员抄家诛杀。

因此,由体制为特权官员设置的绞索,真正目的是保障政治正确,而非促进官员道德高尚或吏治清明。就这一角度而言,被抄家的官员既是体制的得

---

① 包世臣著:《小倦游阁集》卷 3"正集三",包氏抄本,无页码。
② 洪亮吉:《守令篇》,沈粹芬等编:《国朝文汇》卷 53,上海:国学扶轮社,宣统元年,第 11 页下。
③ 胡蕴玉等:《满清野史》四编第 16 种《梼杌近志》,1920 年刊本,第 7 页上—下。
④ 汪志伊撰:《稼门诗文钞》卷 4,嘉庆十五年刻本,第 25 页下。
⑤ 久保天随:《秋碧吟庐诗钞》卷 1,大正九年刻本,第 13 页下。
⑥ 《大清仁宗睿皇帝实录》第 28 册,第 422 页下。
⑦ 《大清高宗纯皇帝实录》第 24 册,第 1070 页下。

益者，也是体制的受害者。奉旨而非奉律抄家，如于治贪有抔土之益，则于崇君有丘山之功。那些未被抄家和惩处的官员，也同样陷入体制之毂，并被剥夺了人格、尊严和思想。

三

清初最高统治者均致力于以君主思想为核心的一心一德政治理论建设和宣传。① 遗憾的是，君核政体下，普通官员的理想是位极人臣，以获取更多的利益，绝大多数官员利益的获得更大程度上取决于与同僚和上下级之间的合作、勾串和互相抬举。因此，与君主同样追求个人利益最大化的官僚集团，一方面不择手段地向君主靠拢，以获取高于侪辈的特权和利益。另一方面则在官员之间结成利益同盟，与君主抗衡，事实上与君主离心离德。乾隆二十二年进士、官翰林院编修蒋士铨写道："从来权奸之辈，不可一日无官，不可一刻去位；牢依黼座偷权力，巧借天威用劫持。"② 与其说这是"权奸之辈"的特有做法，不如说是官僚阶层的普遍行为。

乾隆时代，官员们不得不按两套规则生存和生活。一套是明晰堂皇的道德和宪典，即政治理念和法律规范。这是官场中极不现实的空洞教化，信守者实为凤毛麟角，且被视为不近人情的另类。

另一套是与官员休戚相关、在现实中大行其道的"习气"、"陋规"、人情、默契、共谋等，即隐规范。清初一份奏疏中写道，官员"其所以不克自正者有二，而贿赂、情面而已。……至于苟且、馈遗，则人所难免"。③ 学者指出："与刑法对贪污的严格定义相比，官场文化中对贪污的看法显得极其宽松和含糊。"④

官员们一方面普遍崇尚着"官场习气"，另一方面却用不染官场习气相标榜。乾隆年间，担任顺宁知府的刘埥在致一官员函中称："向见年兄朴诚不欺，无近时官场习气，是以心焉识之。"⑤

---

① 谷井俊仁：《一心一德考——清朝における政治的正當性の論理》，《東洋史研究》第 63 卷第 4 期，2005 年第 3 期，第 682—718 页。

② 蒋士铨撰：《临川梦》卷上，乾隆蒋氏刻红雪楼九种曲本，第 14 页上。

③ 孙宗彝著：《爱日堂诗文集》卷 1，乾隆三十五年刻本，第 3 页下。

④ Nancy E. Park, "Corruption in Eighteenth-Century China Corruption in Eighteenth-Century China," *The Journal of Asian Studies*, Vol. 56, No. 4 (November, 1997), p. 975.

⑤ 刘埥：《片刻余闲集》卷 1，乾隆十九年刻本，第 71 页上。

乾隆帝始终深悉这一风尚。乾隆元年谕："人情生玩……而或采虚声以收人望,假援引以市私恩。"①乾隆晚年谕："外省习气,往往存官官相护之见。"②像查抄良卿案的吴达善等,"为众人摊减应赔分数",乾隆斥其"久任封疆,事多阅历。……乃深染模棱恶习"。③ 现实中,这样的人往往是官场宠儿。乾隆在查办周廷俊"徇庇属员"案时指出："各省地方官,似此者不一而足。"④

顾炎武所说的人情三反(弥谦弥伪,弥亲弥泛,弥奢弥吝),⑤既是清代士人人格分裂的写照,也是对双重规范造成官德悖谬的刻画。精通隐规范并按其行事的官员,才真正受同僚和上下级的青睐、欢迎和拥戴。乾隆时代名宦汪辉祖称:陋规不宜裁汰,"忽予汰革,目前自获廉名。迨用无所出,势复取给于民,且有变本而加厉者。长贪风,开讼衅,害将滋甚极之"。⑥

官员的口碑、考评、声誉和举荐,多由隐规范操纵;但官员的治罪、升迁,乃至性命又由明规则决定。隐规范与明规则多有冲突之处,官员被置于两难境地,这是君核政体下的官场死结。

作为极其强调道德的君核政体,由于隐规范的存在,实则不断地逼智示愚、逼廉为贪。

乾隆年间进士、在两地任过县令的郑燮,书四字于座右曰："难得胡涂!"毕沅幕僚钱泳称之为"极聪明人语"。⑦ 清者示愚,概系无奈之举,表明对官场隐规范的恐惧和缄默;浊者"糊涂",多寓苟且之意,几为同流合污的宣言和借口。

即使是君臣共认的天朝盛世,重臣名儒亦多对贪腐因循庇护。甘肃冒赈案的肇因,与大学士于敏中有极大干系。此案发生时,一代大儒毕沅,两署陕甘总督,御史钱沣劾其对贪员"瞻徇回护"。⑧ 而风闻此事的总督勒尔谨,"委员密查几遍,怎奈委文官去,文官说是没有此事;委武官去,武官也说没有此事"。⑨

因而,越是贪腐的官员,越是结成了强大的利益同盟,既减少了劣行败露

---

① 允裪等奉敕撰:《乾隆朝大清会典则例》卷67,《四库全书》本,第69页上—下。
② 托津等:《嘉庆朝大清会典则例》卷93,光绪年间刻本,第9页下。
③ 《大清高宗纯皇帝实录》第19册,第452页上。
④ 《大清高宗纯皇帝实录》第24册,第695页下。
⑤ 顾炎武著,黄汝成集释:《日知录集释》卷13,第500页。
⑥ 汪辉祖:《学治续说》卷1,同治元年刻本,第3页上—下。
⑦ 钱泳撰:《履园丛话·杂记下》卷24,道光十八年述德堂刻本,第5页下。
⑧ 李元度:《国朝先正事略》(一),长沙:岳麓书社,2008年,第660页。
⑨ 中国第一历史档案馆编:《乾隆惩办贪污档案选编》第2册,第1281页。

的风险，又能把抄家之类的影响降到最低。越是貌似德高望重、景行行止、智大慧巨的高级官员，越是攫得了更多的不法利益。李侍尧、于敏中、福康安、和珅等仅是官场冰山之一角。这也可以解释官员何以会一门心思、不择手段地觊觎更高的职位和最大的权力。

清初有人指出，抄家对贪员打击不大，被抄官员"反欲乘此以害素不相睦之人，东扯西扳，饱填欲壑。是其家虽明奉抄没，而实暗增货财矣"。①

《红楼梦》生动地描写了对贾府的抄家。执行查抄的赵堂官，是王法的忠实执行者，但显然是官场愣头青。一部乾嘉学者所著的《红楼梦》续书中，赵最终合乎逻辑地落入贾政之手，因"贪婪不职，奉旨抄家拿问。交军机处，会同刑部治罪，已定了军罪"。② 世故圆滑的西平王和北静王则对贾府关照有加。这是乾隆官场的常态：官员们既窃喜于其他官员罹祸，又会兔死狐悲、鬻义邀恩地袒护被抄者；既给他人留有余地，更给自己留下后路。雍正间，据江宁织造隋赫德奏，查抄曹𫖮，抄出当票百余张，贷出生息银 32000 余两。与《红楼梦》中贾府抄出的"两箱房地契又一箱借票"很相似，③与任织造不久家中即被抄出"房地银钱约计三万余两"的五德形成了鲜明对比。④

乾隆三十年查抄李星垣家产，主持抄家的徐州知府邵大业"素爱沽名"。结果可想而知，尽管李家原籍被抄的田地有 4 万亩，房屋 185 间，⑤但仅抄出银 16 两。⑥ 乾隆三十三年，查抄卢见曾家产，"仅有钱数十千"。⑦ 事前通风者为卢家姻亲纪昀等。⑧ 乾隆四十六年，陈辉祖查抄闵鹗元原籍资财，抄出存银 3 两。乾隆览折便窥破真相：闵鹗元亲兄为苏抚闵鹗元，"非陈辉祖查办时任听委员欺隐，随意开报，即闵鹗元之家属，闻风豫为寄顿"。⑨ 乾隆五十三年，查抄柴大纪，"在屋后地平之下起出金叶、金锭二百四两二钱、银七百九十七两

① 鲁之裕：《代卢大司马恭上疏》，《式馨堂诗文集》卷 5，康熙甲戌年刻本，第 25 页下。

② 海圃主人撰：《续红楼梦新编》第 10 回，见《续红楼梦新编·续红楼梦稿》，北京：北京大学出版社，1990 年，第 101 页。

③ 台档：《江宁织造郎中隋赫德奏折》，雍正六年三月二日，箱号 76，统一编号 402002642。

④ 一档：《奏报查抄原任织造五德家产事》，档号 03－0365－016，缩微号 024—1404。

⑤ 台档：《四川总督阿尔泰奏折》，乾隆三十年六月二十五日，箱号 2753，统一编号 403020837。

⑥ 台档：《两江总督革职留任尹继善奏折》，乾隆三十年五月二十二日，箱号 2753，统一编号 403020561。

⑦ 《大清高宗纯皇帝实录》第 18 册，第 1003 页上。

⑧ 台档：《刘统勋讬恩多英廉奏折》，乾隆三十三年七月九日，箱号 2728，统一编号 403025493；台档：《刘统勋讬恩多英廉奏折》，乾隆三十三年七月十七日，箱号 2728，统一编号 403025545。

⑨ 《大清高宗纯皇帝实录》第 23 册，第 350 页下。

零",抄出各类财物合银 4 万两。浙抚觉罗琅玕凭常识判断:"柴大纪两任台湾总兵,肆意营私,种种贪黩,其所积资财必然丰厚……查出各项,又无细软值钱物件。"①但何人祖护柴家却无从查起。乾隆六十年,查抄闽浙总督伍拉纳与福建巡抚浦霖贪赃案,经乾隆亲加廷鞫,发现"上下通同分肥饱橐,置民生吏治仓库钱粮于不问"。②查办此案的长麟等,"于此案始终回护,祖庇瞻徇,意存化大为小"。③

王亶望在被问及为何不惧恶行败露时称:"我做这种的事,我起初若想到今日发觉也断不敢做。只是我贪心重了,想上下合为一气,各自分肥……不至败露出来。"④由此可见官场隐性的利益同盟。

作为追求个人利益最大化的官员,在抄家问题上,迹近明目张胆地欺君祖腐,充分说明祖护贪官的隐规范的影响要远大于忠君惩贪的明规则。

即使受到严惩的官员,其家属也常受到官场的照顾。陈辉祖被正法后,其子陈山琨得到了"故父亲友年谊"的资助,"搬柩、殡葬及盘揽家用外,尚余银一万二千余两"。⑤据昭梿所记,冀州知州成善曾购一乞妇为妾,成婚日知其为蒋全迪子媳,"因立遣还,并厚赠资囊"。此举得到官员们的普遍赞颂。⑥

惕法守法的循吏和廉吏,由于官场人脉较差,反极易成为反贪类抄家的对象。即使通过查抄证实为清廉,不但丝毫无助于减轻罪等,反而因查抄官员惧被责徇私宽纵,往往对廉吏及其家人施行更严酷的敲扑。汤传业父汤大绅为乾隆年间一甲三名进士,"人品端方",但"为人傲岸"。⑦据闵鹗元奏查抄汤传业,"复饬该司府详访确究,并经亲提覆讯,密加访察"。⑧汤传业族叔汤大奎为凤山知县,殉难后亦被抄家。汤贻汾记述此事时写道:"廉吏无私囊,长物只破砚。臧获亦何辜,鞭棰任穷按。"诗后注:"制府李侍尧谓凤山有解项未清,奏

---

① 台档:《浙江巡抚觉罗琅玕奏为查抄柴大纪原籍家产折》,乾隆五十三年二月二十一日,箱号2774,统一编号 403053355。

② 《大清高宗纯皇帝实录》第 27 册,第 911 页下。

③ 《大清高宗纯皇帝实录》第 27 册,第 907 页下。

④ 中国第一历史档案馆编:《乾隆惩办贪污档案选编》第 2 册,第 1345 页。

⑤ 台档:《江苏巡抚汪日章奏查抄后开典铺之陈山琨折》,嘉庆十四年二月二十四日,箱号 2724,统一编号 404013405。

⑥ 昭梿:《啸亭杂录》,北京:中华书局,1980 年,第 422 页。

⑦ 王其淦修:《武进阳湖县志》卷 23,道光二十三年刻本,第 37 页下。

⑧ 台档:《江苏巡抚降三品顶带留任闵鹗元奏为查抄汤传业在籍家产折》,乾隆四十七年八月十一日,箱号 2715,统一编号 403042258。

请查抄家产。侯官令黄某仰承意旨，尽力搜查，家人扃锢室，拷讯仆僮，疑有寄顿。"①黄岳英被查抄时，家产如一下等农家，徽抚谭尚忠令藩臬两司并徽州知府再三严讯，竟系实情。②闵鹗元查抄华亭知县王梦文，发现王所得宦资"即陆续归还借欠"，仍对其管事家人"反复严行讯究"。③署两江总督萨载查抄肃州知州厉学沂原籍家产，得知厉母及妻靠质当衣物度日。萨载"得经批饬该道府等严查根究"，厉的家人受到了极严厉的拷问。④

近代文明政体下，人们在法律范围内，不掩盖追求金钱等物欲的本性；随着人性的不断成熟，反而向追求高成就动机人格发展。⑤君核政体下，官员从一开始就大肆渲染道德、无私、圣贤等精神追求。但由于特权的巨大魔力，"近利以利来，近色以色至"，⑥官员们始终人格劣化，道德沦丧，难以形成追求高成就的动机，整体默契地致力于攫金掠银、求田问舍等物质财富和肉体享受，缺乏丰富的精神情感和社会责任感。明末重臣沈一贯深悉其道："不笑无行，而笑无官；不笑无耻，而笑无财。举天下日皇皇以富贵为事，欲其不作奸犯科，以至为盗，为杀人，胡可得哉？"⑦与官方的宣传语境相反，由于官员有意无意地触犯刑律，其道德水平远低于没有特权、所受思想教育较少的平民群体。

由于特权本身包含了性权力，孔子所说的"好德不如好色"是官场颇具普遍性的隐规范，性贿赂亦为官场司空见惯。晚清协办大学士盛昱称：乾隆盛时，扬州盐商为君主置办"平山、歌童、舞女"，"日所费以巨万计"。⑧浙东监司为诣事制府王亶望，进吴郡名妓吴卿怜，"数年之间，洊至方伯"。⑨王亶望事败，"朝贵以赠钮祜禄致斋和珅"。⑩权贵们妻妾成群，法本不禁；官员们好色

---

①　汤贻汾：《琴隐园诗集》卷32，同治十三年曹士虎刻本，第2页下。

②　台档：《安徽巡抚降谭尚忠查抄迪化采买冒销案革职巡检黄岳英家产折》，乾隆四十七年六月四日，箱号2715，统一编号40304172。

③　台档：《两江总督书麟江苏巡抚闵鹗元奏为抄王梦文任所资财折》，乾隆四十七年七月五日，箱号2727，统一编号403055378。

④　台档：《署理两江总督萨载奏为查抄厉学沂家产折》，乾隆四十六年九月十九日，箱号2715，统一编号403039300。

⑤　马斯洛：《动机与人格》，北京：华夏出版社，1987年，第115—116页。

⑥　汪辉祖：《学治续说》卷1，同治元年刻本，第1页上。

⑦　沈一贯撰：《庄子通》，万历二十四年刻本，第12页上。

⑧　盛昱：《意园文略》卷1，宣统二年金陵刻本，第1页下。

⑨　朱骏声：《传经室文集》卷7，民国求恕斋丛书本，第6页下。

⑩　徐世昌辑：《晚晴簃诗汇》卷116，民国十八年退耕堂刻本，第14页上。

猎色,蔚然成风。纪昀"年已八十,犹好色不衰"。① 传说王亶望家中抄出四足裤,乾隆直斥:"公卿宣淫,一至于此。"② 礼亲王昭梿记载:"乾隆中,某驸马家巨富,尝淫其婢,不从,命裸置雪中僵死。其家拽死女婢无算,皆自墙穴弃尸出。"③乌什办事大臣素诚及其子、办事笔帖式等,"任意奸淫回人妇女"④,"甚至留各伯克妻于署,而令兵役裸逐为乐"⑤。和珅将出宫女子取为次妻,⑥还因觊觎明珠之孙的美婢,对其中伤,致其被抄家而夺其爱。⑦ 王燧在嘉松分司任内,价买部民之女为妾。⑧《红楼梦》中的焦大之骂,具有相当的历史真实性。

特权也是财富之母。官员表面上喻义而不喻利,但在实际生活中却反其道而行之。乾隆时民谚:"官久必富。"⑨这合乎马克思的论断:在前资本主义社会,权力统治着财产。⑩ 乾隆时代,一位传教士揭穿了这一隐规范:"中国官场中绝大多数人的唯一目的是攫取权力和财富,丝毫没有道德的束缚。"⑪有学者指出:"18世纪中期以后,大小官员以至首辅大臣群相介入资本经营活动,甚至利用手中权力,或直接经商,或官商结合,以牟取暴利。"⑫

不少官员甚至参与国家专控商品的经营。食盐在明清向为国家垄断、专商专营,官员被禁止参与经营和分润。由于盐业多暴利,官员违法行盐,在乾隆年间已司空见惯。据两江总督陶澍奏:官员"或与商人联姻换贴,或与商人伙本行盐,最为劣习"。⑬ 由淮南总商樊振基经手,自乾隆三十七年起,王亶望

---

① 纪昀著,孙致中等校点:《纪晓岚文集》第3册,石家庄:河北教育出版社,1995年,第553页。

② 徐珂:《清稗类钞》卷56《豪侈类》,上海:商务印书馆,1917年,第13页。

③ 昭梿:《啸亭杂录》,北京:中华书局,1980年,第292页。

④ 《大清高宗纯皇帝实录》第18册,第74页上。

⑤ 魏源:《圣武记》卷4,北京:中华书局,1984年,第179页。

⑥ 《大清仁宗睿皇帝实录》第28册,第421页下。

⑦ 平步青:《霞外攟屑》卷9,民国六年刻本,第26页上。

⑧ 中国第一历史档案馆编:《乾隆惩办贪污档案选编》第3册,第2113页。

⑨ 钱泳:《履园丛话》卷7,道光十八年述德堂刻本,第9页下。

⑩ 马克思:《道德化的批判和批判化的道德》,《马克思恩格斯选集》第1卷,北京:人民出版社,1972年,第170页。

⑪ James Wilkinson (tr.), *Hau Kiou Choaan, or the Pleasing History, a translation from the Chinese Language to which are added I. The Argument or story of a Chinese Play*, II. *A Collection Chinese Proverbs and*, III. *Fragments of Chinese Poetry*, Vol. 3, London: Dodsley, 1761, p. 168.

⑫ 戴逸主编,郭成康著:《18世纪的中国与世界(政治卷)》,沈阳:辽海出版社,1999年,第291页。

⑬ 陶澍:《会同钦差拟定盐务章程折子》,《陶澍集》上册,长沙:岳麓书社,1998年,第172页。

在两淮购买了 19000 余盐引，价值 120585 两。[①] 乾隆四十六年，盐商归还王亶望本利银 104483 两余。[②] 乾隆四十一年，蒋全迪在扬州行盐本银达 42000 余两；乾隆四十六年行盐 3028 引。[③] 程国表有淮南盐根窝 900 引、淮北盐根窝 10224 引。[④] 刘光昱有历城丰裕盐号，本银 20000 两；京城西安门外盐铺 1 座，值银 12000 余两。[⑤] 陈辉祖与寄籍编修淮北盐商吴以镇为姻亲。[⑥] 王遂家人有灶地 82 引多（每引计地 9.69 亩）。[⑦] 特权更是土地大规模兼并的最有力杠杆。近年来，国内外一些学者竭力否认明清土地兼并的事实。[⑧] 从抄家档案来看，知府以上官员多是千亩乃至万亩以上的大地产所有者。

李卫兄弟二人，"祖遗"田产 800 余顷，李星垣一人独得 400 顷。[⑨] 江西巡抚、亳州人陈淮，原籍抄出田地 13570 余亩；家仆路步青田 1064 亩。[⑩] 平凉知府汪皋鹤，在砀山有田 12407 亩，宿迁 5390 余亩。[⑪] 杭嘉湖道王遂分受田 2534 亩，自置田 8934 亩，灶地 430 多亩。[⑫] 和珅被抄时，有土地 126635 亩多。[⑬] 户部尚书英和奏："自乾隆年间以来，入官地亩甚多，他不具论，即如和珅、福长安两家入官地亩不下二三千顷。"[⑭] 甚至像刘统勋这样的清官，其家人亦在原籍占地达 4070 亩。[⑮]

官员在非任地置买田产，为清律不禁。但在管辖地置地，则属于违法。清

---

① 台档：《图明阿奏折》，乾隆四十六年九月二十五日，箱号 2715，统一编号 403039362。台档：《图明阿奏折》，乾隆四十六年九月九日，箱号 2715，统一编号 403039210。

② 台档：《图明阿奏折》，乾隆四十六年九月二十五日，箱号 2715，统一编号 403039361。

③ 中国第一历史档案馆编：《乾隆惩办贪污档案选编》第 2 册，第 1287 页。

④ 台档：《江苏巡抚闵鹗元奏为查抄程国表在籍资财家产折》，乾隆四十六年八月二十一日，箱号 2715，统一编号 403039089。

⑤ 台档：《直隶总督袁守侗奏查抄甘当西宁道刘光昱折（附片）》，乾隆四十六年九月二十日，箱号 2715，统一编号 403039620。

⑥ 台档：《伊龄阿伊星阿奏折》，乾隆四十七年十月二日，箱号 2741，统一编号 403042629。

⑦ 台档：《萨载等奏查抄王遂原籍家产折》，箱号 2705，统一编号 029870。

⑧ Kang Chao, "New Data on Land Ownership Patterns in Ming-Ch'ing China-A Research Note," *The Journal of Asian Studies*, Vol. 40, No. 4 (August, 1981), pp. 719-734. 赵冈：《试论地主的主导力》，《中国社会经济史研究》2003 年第 2 期，第 1-6 页。

⑨ 《大清高宗纯皇帝实录》第 18 册，第 130 页下。

⑩ 台档：《河南巡李世杰奏折》，乾隆四十七年十一月七日，箱号 2741，统一编号 403043032。

⑪ 台档：《署两江总督萨载奏为查抄汪鹤皋家产折》，乾隆四十六年九月十九日，箱号 2715，统一编号 403039299。

⑫ 中国第一历史档案馆编：《乾隆惩办贪污档案选编》第 3 册，第 2123 页。

⑬ 程耀明：《清季权臣和珅被抄家产初探》，《暨南学报》1986 年第 1 期，第 23 页。

⑭ 魏源：《魏源全集》第 13 册，长沙：岳麓书社，2011 年，第 407 页。

⑮ 一档：《奏为遵旨查办刘统勋原籍家产事》，档号 03—0092—052，缩微号 006—1817。

律规定,官员"于现任处所置买田宅,违者笞五十,解任,田宅入官"。① 乾隆五十五年,查抄闵鹗元家人房产时谕:官员"于所属置买田亩,则完粮纳税,该县岂敢实力催征? 并有代为完缴之事,皆不可知"。②

但上述规定并不严谨。即使在原籍等非辖地置地,官员们依赖官场隐规范的手法昭然若揭。一般说来,若仅用市场化手段零星购地,不但土地积累的时间十分漫长,在空间上也极其分散。③ 但官员的土地却动辄以数百亩甚至千亩的规模扩张。方世隽仅在江宁寄籍地所购置的两处田地就达 846 多亩,④程栋任皋兰知县的短时间内在原籍置地 1400 亩,⑤河东盐运使程国表,在淮安置地 3469 亩,⑥安徽臬司吕尔昌,仅在武进置地达 670 余亩,⑦侯作吴任秦州直隶州知州后置地 1200 亩。⑧ 可以想见,这些土地的集中应该是依靠了官僚集团的利益共谋与权力协作。不受监督的权力,加上没有道德的资本,是清朝官员敛财和理财的核心内容,大多数官员职务以外的收入总与违法犯法相伴。

在君核政体下,不是君主给予官员的利益太少,才使官员不够忠诚;而是官员们整体追逐私利的合力太强,不随波逐流的官员既面临失去君主所予利益与集团常规利益的双重风险,又面临抄家杀身等严惩酷处。尽管不少官员的升迁、生死均操于君主一人之手,但毕竟天高皇帝远,是以"州县之畏督抚,过于畏皇法"。王朝所大力宣扬的道德宪典,与君主的教谕一样,多与官场实际相脱节。官员们感同身受、无时不被其影响的是隐规范;对绝大多数官员来说,隐规范对其命途更具决定意义,并与其他官员的利益息息相关。

在按君主意志而非严格依律督察官员的政体下,君主个人性格、才干、智慧和勤勉等,对官场政治所起的作用极其有限。隐规范的存在就是官僚集团

① 中国第一历史档案馆编:《乾隆惩办贪污档案选编》第 3 册,第 2114 页。

② 《大清高宗纯皇帝实录》第 26 册,第 186 页上。

③ 如东平知县胡锦委托没有官职的亲友购地,仅购得十多亩而已(一档:《奏为查抄山东亏空案内各员家产事》,档号 03—1314—004,缩微号 092—1514)。

④ 台档:《高晋奏查抄方世隽、高积在苏家产折》,乾隆三十四年十二月十六日,箱号 2771,统一编号 011363。

⑤ 台档:《河南巡抚富勒浑奏折》,乾隆四十六年八月十七日,箱号 2715,统一编号 403039068。

⑥ 台档:《江苏巡抚闵鹗元奏为查抄程国表在籍资财家产折》,乾隆四十六年八月二十一日,箱号 2715,统一编号 403039089。

⑦ 台档:《署两江总督萨载奏折》,乾隆四十六年六月四日,箱号 2715,统一编号 403041730。

⑧ 台档:《直隶总督袁守侗奏查抄甘肃宁夏知府张金城等家产折》,乾隆四十六年八月二十一日,箱号 2715,统一编号 403039083。

应对体制之毂和莫测之宸衷的必然选择,从官僚利益的角度来看,这种做法明智而合理;但就国家利益而言,则贻害无穷。

结　语

乾隆识精虑深,属治世之能君,临御期间系专制时代反腐的最高峰。抄家需奉旨而非奉法表明,乾隆重扬己驭官而轻治国安民,恃权术智慧而薄法律制度。由此造成的反腐效果实不能差强人意,可见体制造成的天然弊端绝非个人能力所能弥补。胡适所言"清室之乱源实种于乾隆一朝"①并非没有见地。

君核政体的最高原则是维护君位,但不是依靠公平的政治体制和法律制度来督官安民,而是运用谎言来神化政体、利用暴力来威慑民众。法律政治的施行者依靠大量秉法行事的专业人员而非更大特权的拥有者。君核政体只能通过给予执法者特权和物质利益,来收买唯上是从,磨灭或隐藏是非观、正义感和法治意识的官员操持谎言工具,控制暴力机器。孟德斯鸠指出:"一个政府,如果没有做不正义的事情的爪牙,便不致成为一个不正义的政府。但要这些爪牙不给自己捞一把是不可能的。因此,在专制的国家里,贪污便是当然的现象。"②

由于君主居主导性的地位,作为臣仆的官员均入于体制之毂。随着权力金字塔的上升,官员所获得的各项利益也逐级增多;对各种利益的无止境追求,又使得官员成为自身欲望的臣仆,给自己套上了被君主所操控的绞索。

因此,官员们不得不利用各种隐规范,以实现和保护个人及集团利益的最大化。

贪员与廉吏均是君主的不同工具,贪与廉的判定,有时甚至取决于君主的一念之差。③忠君的最高境界即如《红楼梦》所言:"文死谏,武死战。"狡吏因其无益于己而阳奉阴违,智员因其有损苍生而鄙夷不屑,庸官因其高不可及而无从效仿。与形象官员被美化成高风亮节的大贤稀圣相反,贪墨官员多被丑

---

① 胡适:《章实斋年谱·齐白石年谱》,合肥:安徽教育出版社,1999年,第158页。
② 孟德斯鸠:《论法的精神》上册,北京:商务印书馆,1997年,第65页。
③ 有人认为专制统治者最典型的特征是执法过程中的一时之念(Norman Kutcher, "The Death of the Xiaoxian Empress: Bureaucratic Betrayals and the Crisis of Eighteenth-Century Chinese Rule," *The Journal of Asian Studies*, Vol. 56, No. 3, August 1997, p. 723)。

化成伤天害理的凶魔恶煞。两者均与其真实形象别如霄壤，无法令官员们心悦诚服地见贤思齐，摒墨弃贪。因此，奉旨抄家，即依君主个人意志严惩各类贪官，充其量可以成为大众的庆典，于治贪无长久之功。

以忠君为核心的专制政治，无法持久地保证其逻辑解释的合理性。因此，君核政治的意识形态资源极易被耗竭。乾隆经常强调自己为冠绝古今的圣主，极大地压缩了其继承者的形象塑造空间，使得嘉庆及以后的君主只能依恃列祖列圣的思想资源和道德血统，竭力体现自己的正统形象。实际上，列圣的思想、方法多是用实用主义的手段来维持皇权，不是为了社会公正而定立的长久之策。随着时移事易，早期君主的思想多无可取之处，是以勤政、仁厚如嘉庆者，也不可能找到正确的变革之路，仍予人以一代不如一代之感。尽管嘉庆一亲政就查抄、赐死了超级巨贪和珅，但在他的时代，贪员已到了妄为地步。对官员的抄家，弄虚作假已成顽疾，[①]嘉庆及以后君主均难逃庸君之讥。

（原载于澳门《南国学术》2015 年第 3 期）

---

① 《大清仁宗睿皇帝实录》卷 245，嘉庆十六年六月下，第 314 页上。

盛世叩阍:清代前期政治与法律的错位

马俊亚

摘　要:在传统中国,叩阍被视为申雪冤狱的终极手段。野史多记载了叩阍的完美结局,戏曲则把叩阍作为悲情的喜剧加以渲染。清前期,在强化专制体制的前提下,顺治、康熙、雍正均在一定程度上把叩阍作为对官员的监督手段之一,建立了某种意义上具有清初特色的督察体系。但由于政治凌驾于法律之上,官僚集团不是坚定公正的法律执行者,而是通权达变的政治追随者,叩阍的监督作用有着较大的局限性。与官员相比,平民与最高统治者的关系极为隔膜和疏远,却想当然地认为他们是其利益同盟者,从而热衷于下情上达式的叩阍。乾隆中后期,视平民叩阍为朝廷负担,予以强力打压,弱化了对官僚利益集团的监督,降低了清朝的合法性,削弱了统治者的执政能力。因此,叩阍体现了清前期执政思路前后脱节、政治与法律错位、民情与君意背离等一系列错综复杂的矛盾和冲突。

关键词:叩阍　监督　政治意识　法律体系　执政能力

滋贺秀三认为清代的审判更属行政范畴而非司法行为。[①] 中村茂夫认为清代法规具有一定的实效而非仅为空文。[②] 寺田浩明探索了清代的权利与诉

---

① 滋贺秀三:《清朝时代の刑事裁判》,法制史学会编:《刑罚法と国家権力》,东京:创文社,1960年,第227—304页。

② 中村茂夫:《伝统中国法＝雛型说に对する一试论》,《法政理论》第12卷第1号,1979年6月,第106—174页。

冤。① 张晋藩、郭成康对 1644 年以前清的法律制度作了系统研究。② 乔纳森全面介绍了清代的京控方式，但把京控的局限归于人口压力及和珅的影响等。③ 高翔的系列论文对清专制政治的本质、④清代前期的近代化趋势⑤作出了全新的阐释，并提出了影响清朝执政能力的诸多重要问题。⑥ 乔安娜对清中期法律文化的研究，涉及对叩阍个案的分析。⑦ 黄宗智对清代判决进行了比较性的探索。⑧ 张翅的博士学位论文从程序、法规等方面研究了包括叩阍在内的清代上控制度。⑨ 铃木秀光对清最高统治者掌控的案件作了研究，分析了政治对法律的影响。⑩

本文主要从清前期顺、康、雍、乾四帝执政理念的变化、政治与法律错位、君意与民情背离等方面探讨叩阍的历史影响。

一

中国传统戏曲中多有告御状的剧目或情节。京剧、晋剧、淮剧等的《告御状》，京剧《金水桥》《潘杨讼》，琼剧《王桐香告御状》，莆仙戏《三告御状》，河南坠子《白马告御状》，潮剧《王金真告御状》，歌仔戏《王伯东告御状》，等等。一

---

① 寺田浩明：《権利と冤抑——清代聴訟世界の全体像》，《法学》第 61 卷第 5 号，1997 年 12 月，第 863—946 页；对上控和京控的论述，见第 905—906 页。

② 张晋藩、郭成康：《清入关前国家法律制度史》，沈阳：辽宁人民出版社，1988 年。

③ Jonathan K. Ocko, "I'll Take it All the Way to Beijing: Capital Appeals in the Qing," *The Journal of Asian Studies*, Vol. 47, No. 2 (May 1988), pp. 291–315.

④ 高翔：《略论清朝中央权力分配体制——对内阁、军机处和皇权关系的再认识》，《中国史研究》1997 年第 4 期；《从"持盈保泰"到高压统治：论乾隆中期政治转变》，《清史研究》1991 年第 3 期；《也论军机处、内阁和专制皇权——对传统说法之质疑，兼析奏折制之源起》，《清史研究》1996 年第 2 期。

⑤ 高翔：《论清前期中国社会的近代化趋势》，《中国社会科学》2000 年第 4 期，第 178—189 页。

⑥ 高翔称之为"政府统治能力"，见《清帝国的盛衰之变》，《决策与信息》2005 年第 1—2 期，第 132 页。

⑦ Joanna Waley-Cohen, "Politics and the Supernatural in Mid-Qing Legal Culture," *Modern China*, Vol. 19, No. 3 (July 1993), pp. 330–353.

⑧ Philip C. C. Huang, "Civil Adjudication in China, Past and Present," *Modern China*, Vol. 32, No. 2 (April 2006), pp. 135–180.

⑨ 张翅：《清代上控制度研究》，中国政法大学博士学位论文，2009 年。

⑩ 铃木秀光：《恭请王命考——清代死刑裁判における"権宜"と"定例"》，《法制史研究》第 53 号，2004 年 3 月，第 47—80 页；《"请旨即行正法"考——清代乾隆・嘉庆期における死刑裁判制度の一考察》，《専修法学论集》98 号，2006 年 12 月，第 1—51 页；《清代刑事裁判における"従重"》，《専修法学论集》第 104 号，2008 年 12 月，第 45—93 页。

些影视剧，如 1935 年上映的粤语片《梁天来告御状》，1959 年黄梅戏《女驸马》等，同样不乏此类情节。在中国，告御状应属家喻户晓。

古代告御状，主要有立于肺石之旁（或投书肺石函匣）、击登闻鼓、投匦和叩阍（"叩阙"）[①]等。

从周至明代，均有肺石之制。[②] 然揆诸正史，竟无一例肺石鸣冤的具体案例。从仅有的几则史料来看，官民们对肺石也并不谨敬。[③]

汉至隋，多以挝登闻鼓的形式向最高统治者直诉。[④] 唐自武则天始，除肺石、登闻鼓外，还特设四匦。[⑤] 投匦在唐及宋初最盛。[⑥] 但击登闻鼓仍是唐代

---

① 据笔者所见，唐至明代，叩阍亦被称为"叩阙"。而在清代的官方资料中，则作严格区分。《清史稿》《大清会典》等均不用"叩阙"一语；《清实录》、"宫中档"等官方资料中的"叩阙"，无一是讼案。

② 中外许多学者通常把京控类制度追溯到秦代（如 Jonathan K. Ocko，"I'll Take it All the Way to Beijing：Capital Appeals in the Qing，" *The Journal of Asian Studies*，Vol. 47，No. 2（May 1988），pp. 291–315），这是不准确的。周代就有肺石制度，见《周礼》卷 9，《重刊宋本十三经注疏》，台北：艺文印书馆，1965 年，第 517 页下—518 页上。梁武帝时的肺石讼冤办法简练（见司马光：《资治通鉴》卷 145，北京：古籍出版社，1956 年，第 4520 页）。唐代规定："若惸、独、老、幼不能自申者，乃立肺石之下。"（李林甫等：《唐六典》卷 6，北京：中华书局，1992 年，第 192 页。）至元代，"有衔冤无告者，以肺石达之"（陈得芝等辑点：《元代奏议集录》上，见《元代史料丛刊》，杭州：浙江古籍出版社，1998 年，第 368 页）。

③ 公元 164 年，寇荣罹冤，欲"坐于肺石之上，使三槐九棘平臣之罪"。汉桓帝未理，而予诛杀（《资治通鉴》卷 47，第 1777 页）。可见，此时肺石形同虚设。明代，漕卒"故以秕入激大农。大农诘之……第群坐肺石以待命"。（焦竑编：《国朝献征录》卷 85，见《明代传记丛刊》，台北：明文书局，1991 年，（113）第 190 页 b）。众人群坐肺石，而非恭谨地站立其旁，说明肺石不过一摆设。

④ 周人建路鼓"以待达穷者"（《周礼》卷 31，《重刊宋本十三经注疏》，第 476 页 a）。晋武帝时，曲路伐登闻鼓上言（《晋书》卷 3，北京：中华书局，1985 年，第 59 页）。卫瓘被诛后，太保主簿刘繇等挝登闻鼓（前书卷 36，第 1060 页）。永嘉年间，帐吏邵广被判弃市，其子挝登闻鼓乞恩（前书卷 75，第 1989 页）。晋元帝时，廷尉张闿扰民，百姓挝登闻鼓控诉（刘义庆：《世说新语笺疏》卷中之下，上海：上海古籍出版社，第 562 页）。蔡搏任临海太守时枉法，杨元孙挝登闻鼓诉讼（《南史》卷 29，北京：中华书局，1974 年，第 774 页）。梁天监初，孝子吉翂挝登闻鼓（前书卷 74，第 1839—1840 页）。梁大臣臧厥卒后，"有挝登闻鼓诉求付评直舍人"（前书卷 18，第 513 页）。魏世祖即位，"阙左悬登闻鼓，人有穷冤则挝鼓"（《魏书》卷 111，北京：中华书局，1974 年，第 2874 页）。隋令："有枉屈县不理者，令以次经郡及州，至省仍不理，乃诣阙申诉。有所未惬，听挝登闻鼓，有司录状奏之"（《隋书》卷 25，北京：中华书局，1973 年，第 712 页）。

⑤ 王溥撰：《唐会要》卷 55，见《钦定四库全书》，第 606 册，台北：商务印书馆，1986 年，第 703 页上。

⑥ 《新唐书》录 2 起投匦事，一为武后末年，苏安恒为太子事投匦（卷 112，北京：中华书局，1974 年，第 4167 页）；另一为宪宗时，李涉为吐突承璀事投匦（卷 163，第 5008 页）。《旧唐书》载 3 件投匦事，除上述两起外，另有张忠妻母投匦诉张忠被裴延龄构诬（《旧唐书》卷 135，北京：中华书局，1974 年，第 3728 页）。另外，《全唐文》中除收录有关投匦的政令外，涉具体投匦事 5 起（董诰等编：《全唐文》，北京：中华书局，1987 年，第 2173 下、2645 上—下、3034 下、4687 上—下、10163 下页）。

诉冤的重要方式。① 辽、宋、金、元、②明各代均设登闻鼓院。③ 宋至明代,击登闻鼓是鸣冤的常规形式。

清代不设四邸④、不立肺石。清初设登闻鼓厅,"掌达冤民"⑤,1722 年取消⑥。

击登闻鼓事在《清实录》和《清史稿》中共 3 例,⑦台北故宫博物院清代宫中档中则根本未见。而叩阍的记载可谓汗牛充栋,故本文仅研究清代的叩阍问题。

戏曲类的叙事中,叩阍被视为过程艰险、结局完美的终极诉讼。基本情节多是国君主持公道,位高权重的贪官奸臣受到了应有的惩罚。

检《清史稿》,叩阍案共 18 件,其中讦讼权奸类仅 2 起。一为 1690 年江苏沭阳周廷鉴诉降调侍郎胡简敬父子家人,另一为乾隆初年贵州瓮安罗尚珍讼原四川巡抚王士俊。⑧ 结果,"一门济恶"的胡简敬和霸占别人墓地并纵仆殴毙民命的王士俊均"论罪如律"。这与戏曲的情节和要素均颇吻合,但这类案件仅约占《清史稿》叩阍案的 11%。

令人惊讶的是,叩阍案中对清官的控诉也有 2 起。一为山安同知佟世禄劾河道总督张鹏翮,二为京口防御高腾龙等叩阍讼"江南民尤颂之"的江宁布政使慕天颜"奏销浮冒"。⑨

---

① 《旧唐书》中共有 3 起击登闻鼓鸣冤事。京兆尹杨虞卿弟等 8 人挝登闻鼓为兄鸣冤(卷 17 下,第 558 页);裴遵庆族侄挝登闻鼓告其不顺(卷 113,第 3356 页);和州刺史穆宁被诬,子挝登闻鼓鸣冤(卷 155,第 4114、4116 页)。

有学者认为清代的京控制度最完美(Jonathan K. Ocko, "I'll Take it All the Way to Beijing: Capital Appeals in the Qing," *The Journal of Asian Studies*, Vol. 47, No. 2, May 1988, p. 291),显然值得商榷。

② 分见《辽史》卷 8,北京:中华书局,1974 年,第 91 页;《宋史》卷 4,北京:中华书局,1977 年,第 72 页;《金史》卷 25,北京:中华书局,1975 年,第 587 页;《元史》卷 11,北京:中华书局,1976 年,第 231 页。

③ 明登闻鼓院设立时间不详,见《明内廷规制考(外两种)》,北京:中华书局,1991 年,第 69 页。

④ 清代官将常自行设邸(《清史稿》卷 361,北京:中华书局,1986 年,第 11390 页;卷 373,第 11541 页;卷 479,第 13083 页),唯此类事不属"告御状"。

⑤ 《钦定大清会典》卷 69,光绪二十五年刻本,第 15 页 b。

⑥ 《钦定大清会典事例》卷 21,光绪二十五年刻本,第 7 页 b。

⑦ 1657 年,工部尚书星讷因陵工问题被革职,击登闻鼓自诉(《大清世祖章皇帝实录》第 3 册,北京:中华书局,1986 年,第 858 页上)。康熙初即位时,旗人阿那库罪绞,其妻击登闻鼓讼冤(《清史稿》卷 238,第 9492 页)。方以智罹罪,13 岁方中德,"挝登闻鼓,讼父冤"(《清史稿》卷 50,第 13833 页)。

⑧ 分见《清史稿》卷 275,第 10063 页;卷 294,第 10350 页。

⑨ 分见《清史稿》卷 279,第 10130 页;卷 278,第 10100—10101 页。

国事类 2 起。一为 1702 年镇算诸生李丰等叩阍言红苗杀人,另一为康熙初年轰动朝野的新安卫官生、穆斯林杨光先叩阍指斥耶稣会士、钦天监监正汤若望新法十谬。前案为民族冲突,后案则是彻头彻尾的政治诬陷。[①]

家事类亦 2 起,一为康熙初年满洲镶白旗沙木哈妻哈里克叩阍,求恕夫弟三太击杀其夫罪,另一为 1714 年满洲正红旗人噶礼母叩阍,讼乃子原两江总督噶礼与其妻子谋弑自己。[②] 结果,三太获恕,噶及妻被赐自尽,其弟及子被处死。

孝行类 4 件。有浙江嘉善郁襄兄弟、流人王德麟分别求代父戍、浙江山阴杨宾求赦乃父、山东益都杨献恒两次赴都叩阍申父冤狱。[③] 前两起均得康熙帝恩准,后两起则无果。

更令人惊讶的是,数量最多的叩阍案是为官员维权,共 6 起(包括 1 起未遂)。一为康熙初年,西安百姓叩阍,称坐鳌拜党罢官的山陕总督莫洛、陕西巡抚白清额清廉,"乞还任,诏特许之"。二是胡氏叩阍为受鳌拜案牵连的乃夫原镇海大将军刘之源鸣冤,"上命宽之"。三是康熙初年四川巡抚张德地叩阍自辩鬻卖武举事,以事无据复官。四为乐亭民众两次叩阍列滦州知州于成龙善政,经勘实复任。五为康熙后期,江宁诸生千余人准备叩阍,替江宁知府陈鹏年辩白。六是咸丰初年,萧县郑立本等叩阍,请求督办河南军事伊兴额还镇。[④]

上述 18 件叩阍案,至少 15 件发生在康熙朝,1 件发生在乾隆朝。[⑤] 这当然不是康熙朝的全部叩阍案,如仅康熙四十四年正月十日至四月二十九日,就有 13 起叩阍事件。[⑥] 必须说明的是,越到清后期,叩阍案越多。但为什么《清史稿》所收录的叩阍案绝大部分发生在康熙年间呢?

---

① 分见《清史稿》卷 8,第 260—261 页;卷 272,第 10021—10022 页。杨光先案的研究,参见 John B. Henderson, "Ch'ing Scholars' Views of Western Astronomy," *Harvard Journal of Asiatic Studies*, Vol. 46, No. 1 (June 1986), pp. 138-139。

② 分见《清史稿》卷 510,第 14145 页;卷 278,第 10107 页。

③ 分见《清史稿》卷 6,第 176 页;卷 7,第 210 页;卷 499,第 13799—13800 页;卷 498,第 13785 页。

④ 分见《清史稿》卷 6,第 178 页;卷 243,第 9589 页;卷 256,第 9800 页;卷 279,第 10124 页;卷 277,第 10093 页;卷 417,第 12105 页。

⑤ 只有杨献恒案不知具体时间。《清史稿·杨献恒传》有"山东初设总督,献恒讼焉"。据此可断定此案在顺末康初。据成瓘编纂《济南府志》卷 29(道光二十年刻本,第 1 页 a—b),顺治十八年设山东总督始驻济南府,康熙元年复设直隶、河南、山东三省总督,八年奉裁。

⑥ 据对佚名《圣祖五幸江南全录》(宣统年间振绮堂丛书本,不分卷)全书的统计。

应该说,康熙朝的叩阍案具有一定的样本色彩。若深入分析,这些案件则蕴含复杂的社会政治意义。

自顺治始,清即形成了异于明朝的奏折制,[①]表明了清廷对信息搜集及社会控制的强化。与此对应的是,清初继承了明代的法律,对叩阍者先责以40板。但顺治认为此法太苛,而予叩阍者以更宽松的法律环境,表明清初统治者利用叩阍稳定政局的主动精神。[②]

《清史稿》中以维护官僚权益为主题的叩阍(后6起,加诉讼清官)达8起。这当然不能表明清初官比民更不聊生,而是反映了当时上层集团通过与最高统治者接近的机会,更多地主张自己的权益和争取自己的利益。而这一点,基本为国外学者所忽略。

因此,清代前期的叩阍者中,皇孙帝子、宗室县君、尚书督抚,应有尽有。

1653年,户部启心郎布丹等叩阍,他在1651年户部给饷不均案中被革职和籍没。顺治帝亲自审查,认为"拟罪实属太过"。经刑部复议,该案原被论死的尚书巴哈纳恢复革去的觉罗(红带子);原革职并籍没的侍郎硕詹等3人,改各罚银50两,并按律削复爵位;原革职、鞭100的主事硕色恢复拖沙喇哈番(云骑尉)。[③] 1659年,殉难赠光禄寺卿邬象鼎妻祝氏叩阍,"上特宸之"。[④] 1668年,太祖努尔哈赤曾孙、贝勒杜兰叩阍,被责处。1671年,一等侍卫罗铎等叩阍,为其父白尔黑图叙功。白原系一等阿思哈尼哈番(男爵),经议叙授为三等精奇尼哈番(子爵)。1682年,盛京刑部侍郎宗室噶尔齐等叩阍,控告内大臣宗室额奇等,获查报。同年,原任拖沙喇哈番祁塔特叩阍,乞一养赡地。康熙"心悯之",予以满足。1684年,原定南王孔有德属下胡同春弟胡同文等叩阍,议准同为阿思哈尼哈番的胡同春等3人,同为阿达哈哈番(轻车都尉)的王永年等3人,拜他喇布勒哈番(骑都尉)徐文登等人世职,俱准应袭之人承袭。1698年,原陕西巡抚布喀叩阍,呈告川陕总督吴赫侵蚀银40万余两,请与吴赫等质审。1709年,阿禄科尔沁故固山额驸巴特玛之妻县君叩阍,所请

---

① 高翔:《也论军机处、内阁和专制皇权》,《清史研究》1996年第2期,第26—27页;Silas H. L. Wu, *Communications and Imperial Control in China: Evolution of the Palace Memorial System, 1693-1735*, Cambridge: Harvard University Press, 1970。

② 《大清世祖章皇帝实录》第3册,第489页上。

③ 《大清世祖章皇帝实录》第3册,第565页下;蒋良骐等:《十二朝东华录》(顺治朝),台北:文海出版社,1967年,第138页b。

④ 《大清世祖章皇帝实录》第3册,第980页上。

之事未获允。① 1712 年，原江苏布政使宜思恭叩阍，控告两江总督噶礼等需索银两，以致亏空，②后"查审是实"。③ 同年，原西安巡骁骑校正蓝旗巴布叩阍，言其兄萨尔布善曾抚养和硕安亲王之子塞冷额，田产家人等俱为塞冷额占有。康熙予以公断。1713 年，原任河道总督王新命之子因曹远芳等诬乃父为开户之人叩阍。康熙谕大学士等，因王新命系"国家大吏"，对曹"当行禁止"。1714 年，原两江总督噶礼之母叩阍，噶等被赐自尽。同年，原户部尚书希福纳叩阍，控告和硕诚亲王允祉、固山贝子允裪、敦郡王王允䄉、固山贝子允禵、皇十五子允禑、皇十六子允禄等多名属下和太监讹诈。经领侍卫内大臣侯巴浑德等查议，希所控各事"并无证据，应无庸议"。1715 年，巨商马维屏等叩阍，愿领大钱收买小钱，未被允准。④

上述康熙朝权贵们的叩阍无一例"诬告"。仅有一例被定为"无证据"，即希福纳控和硕诚亲王等多名属下。此案本质上是一起极具影响的政治敏感案件，⑤因此，希只能被定为无据。⑥

另外，《清史稿》中 2 起家事类叩阍的主角均为满洲贵族。沙木哈族人在清初被授为通议大夫、户部四品郎中加二级。⑦ 而噶母据说系孝惠章皇后"近戚"。⑧ 应该说，除政治案外，大部分权贵叩阍案的处理是相对公平的。与戏曲叙事不同的是，叩阍并不都是权贵的末日，其最大受益者反而是权贵集团。在清前期，以官僚为主体的权贵们占据社会层级的顶端，甚至占据着最优势的维权阵地。乔纳森关于叩阍案中户婚土田、自理词讼类不被受理的论点，⑨极为片面。清初对权贵阶层，并不存在这样的限制。

---

① 分见《大清圣祖仁皇帝实录》第 4 册，北京：中华书局，1985 年，第 348 页下、第 476 页上；第 5 册，第 47 页上、第 53 页上、第 181 页下、第 1006 页下；第 6 册，第 361 页上。

② 蒋良骐等：《十二朝东华录》（康熙朝二），第 662 页 b。

③ 《大清圣祖仁皇帝实录》第 6 册，第 496 页下。

④ 分见《大清圣祖仁皇帝实录》第 6 册，第 481 页下、第 525 页上、第 553 页上—下、第 555 页下—556 页上、第 575 页上。

⑤ 高翔推断乾隆的性格极其敏感，对臣属同罪不同罚（高翔：《从"持盈保泰"到高压统治：论乾隆中期政治转变》，《清史研究》1991 年第 3 期，第 11 页）。

⑥ 台湾故宫博物院清代宫中档与军机处折件（以下简称"折件"）：《塞尔图奏报原任户部尚书希福纳侵吞银两议处事（雍正二年十二月）》，箱号 78，文献编号 412000310。

⑦ 盛昱：《雪屐寻碑录》卷 8，见金毓绂主编《辽海丛书》，沈阳：辽沈书社，1985 年，第 2967 页 b。

⑧ 昭梿：《啸亭杂录》卷 10，北京：中华书局，1980 年，第 354 页。

⑨ Jonathan K. Ocko, "I'll Take it All the Way to Beijing：Capital Appeals in the Qing," *The Journal of Asian Studies*, Vol. 47, No. 2 (May, 1988), p. 292.

康熙以前其他非单纯理冤的叩阍案，也多坐实。包括登州知府李元龙控告九门提督陶和气吓诈银 12 万两，①班汉杰等诉被掠，所涉叛逆事，②旗人地主张六十诉赎庄头等。③

一方面，与其说不厌其烦地解决下属的不公和家事显示了清初君主的仁慈，不如说通过叩阍，清帝获得了更多官场和社会的准确情讯，某种程度上减少了情报搜集成本。顺治把叩阍作为通达下情的重要手段，谆谆告诫："地方官职在安民，凡下情难达者，即与题请，毋得壅蔽，致小民自行叩阍。"④1687年，康熙借张遴叩阍案指出："大凡督抚，无不与部院堂官营求结纳，分树门户。……部院堂官，各援引亲戚，朋党营求。"⑤尽管有规范的奏折制度，但官员多不愿提供不利于自己的消息。1697 年，康熙批评督抚等，"每将微员细事填注塞责。至真正贪酷官员、有害地方者，反多瞻徇庇护，不行纠参。以致吏治不清，民生莫遂"。⑥ 正因为对叩阍比较关注，是以康熙能准确地记得叩阍者的状貌⑦，甚至在三四十年后尚记得一些人的名字。⑧

另一方面，最高统治者运用叩阍的形式，建立了某种意义上具有清朝特色的监察体系。顺治利用吏部书吏章冕叩阍，很好地整顿了清初的官场腐败风习。⑨ 因此，不论是诉讼权奸还是诉讼清官，清帝均能通过审理叩阍，达到约束和监督官员的目的。早在 1660 年，内大臣伯索尼遵谕言事，认为："叩阍所以通闾阎之隐。……庶官吏皆洗心涤虑，而刁民亦不敢捏词诳讼矣。"⑩可以说，对叩阍的正面利用，对稳定清初的政局起到了积极作用。

在法治社会，官员是执行法律的工具，法律是不可扭曲的刚性原则；但在

---

① 折件：《王鸿绪奏陈李元龙叩阍案》，箱号 77，文献编号 401002547。

② 折件：《赵弘燮奏陈将叩阍人班汉杰等二人解部质审（康熙五十年六月）》，箱号 76，文献编号 401000275。

③ 折件：《赵弘燮奏陈将叩阍人张六十解部质审（康熙四十六年六月）》，箱号 76，文献编号 401000729。

④ 《大清世祖章皇帝实录》第 3 册，第 192 页下。

⑤ 《大清圣祖仁皇帝实录》第 5 册，第 403 页下—404 页上。

⑥ 《大清圣祖仁皇帝实录》第 5 册，第 962 页下。

⑦ 折件：《赵弘燮奏陈围场拏获叩阍人事（康熙五十年二月）》，箱号 76，文献编号 401000274。康熙对叩阍者经常"面问"（中国第一历史档案馆藏：《清代起居注（康熙朝）》第 29 册，北京：中华书局，2009 年，第 b014445 页）。

⑧ 蒋良骐等：《十二朝东华录》（康熙朝二），第 720 页 b。

⑨ 《大清世祖章皇帝实录》第 3 册，第 745 页上。

⑩ 《大清世祖章皇帝实录》第 3 册，第 1061 页上—下。

清代,官员可以曲解甚至无视法律。表面上看,来自上级的监督、同级的牵制和下级的举报,对官员的权力具有限制作用。但在传统政体下,这种制度时灵时不灵,甚至在清初官场风气最廉正时期,官僚之间相互遮掩曲隐之弊蔚然成风。1645年,参将宁完我疏言:"大抵举国之内,唯诺成风,浮沉为俗,以狡猾为圆活,以容隐为公道,以优柔退缩为雅重。步趋成习,便为大僚。"①

叩阍可以准确地提供官员的为政情况,有助于最高统治者公正决断。1698年,刑部尚书傅腊塔等审查布喀叩阍呈告吴赫侵蚀案,拟将吴赫等革职。由于4个月前,康熙已得到咸阳县民张拱等叩阍呈告布喀侵蚀银两的实情,遂推翻了傅的审断。②处理叩阍案公正与否,也是对审案官员品行的考验,是以重要叩阍案的审理时刻在清帝的监察之下。③

在康、雍两朝,官僚们经常结成利益同盟。④清廷同样借助叩阍对此加以约束。可以说,官僚集团过于优越和稳固,社会公正就会严重缺失。在行政、司法、选仕等领域,如果官僚们垄断操纵,必然破坏社会稳定。因此清帝需借助叩阍来提供另类信息,加强对官僚的控制和震慑。1695年,通过对山东革职县丞谭明命叩阍的鞫勘,庇护原知县朱敦厚婪赃4万余两的刑部尚书徐乾学、山东巡抚钱珏俱被革职,原布政使卫既齐被降三级。⑤

雍正帝对官僚集团中的各种潜规则看得很透彻,尽管他无法采取程序化的手段加以制约,但他仍继续利用叩阍渠道,保持对官员的控制。1726年,雍正为向官员施恩,把选仕潜规则公开为明规则,明确表示会优先重用王公大臣子弟;⑥并特设养廉银制度,寄希望于高薪养廉。正是叩阍检验出了这套制度的真实效果。1728年,山东参革知县朱成元家人叩阍,雍正得到了朱任知县

---

① 《大清太宗文皇帝实录》第2册,北京:中华书局,1985年,第148页上。

② 《大清圣祖仁皇帝实录》第5册,第1048页下、第997页上、第1048页下。

③ 对密折制度的研究,见 Pei Huang, "The Confidential Memorial System of the Ch'ing Dynasty Reconsidered," *Bulletin of the School of Oriental and African Studies*, *University of London*, Vol. 57, No. 2 (1994), pp. 329 - 338. 康熙常通过密析督察叩阍案,1705年侍读秦布等审理扎萨叩阍时"枉断"等情,1706年刑部审理郭名奇叩阍案等均被王鸿绪密报给康熙(中国第一历史档案馆编:《康熙朝汉文朱批奏折汇编》第1册,北京:档案出版社,1984年,第274、585—589页)。康熙从审理布喀叩阍案中,察出了张鹏翮的人品。康熙对大多数高级官员的表现均比较清楚(前书,第295、300、308、310、315页)。

④ 如在康熙朝,"门第原好",即是官员被保荐的条件之一(台北故宫博物院藏:《清代起居注(康熙朝)》第8册,台北:联经出版事业公司,2009年,第T04368—04369页)。

⑤ 《大清圣祖仁皇帝实录》第5册,第671页上。

⑥ 《大清世宗宪皇帝实录》第7册,北京:中华书局,1985年,第686页下。

20 多年向上级送礼的账本，巡抚以下各官无一能免。雍正指出："盖上司既受属官之馈遗，又何以禁止属官之贪墨？甚至以馈遗之多寡，分情谊之厚薄，则属员之优劣，何由辨别？"①这次叩阍使刑部左侍郎（原山东巡抚）黄炳、布政使博尔多②、按察使余甸等多名高官受到严处，并使雍正明白缺乏监督的高薪根本无法养廉，他增加了惩处条例，谕令："傥再有私收规礼者，将该员置之重典。其该管之督抚，亦从重治罪。"③这次整顿，使馈送贿赂恶习在相当长一段时间里得到了遏制。

康熙曾谕："国家致治，首在崇尚宽大。"④对叩阍的宽容，使统治者广纳善言，减少决策失误。苏北重要河流串场河即由叩阍者规划而成。1685 年，康熙南巡，高邮士民郭天祚等叩阍请开河以泄运河六坝之水，并减黄、淮及洪泽湖壅涨。河成后，"泽国变为膏腴，食利无穷矣"。⑤ 1707 年，徐州曹警旭叩阍，请浚房亭河，康熙采纳了这一建议，命张鹏翮修治。⑥

尽管中高级官员均要向最高统治者报告各地情形，仍难免有重大遗漏，叩阍常帮助统治者进行局部性的纠错。顺治中期，湖南华容县唐孟侯、贺立廷叩阍，陈述赋重，"得酌减"。⑦清初，广东清远朱挺元等肆行劫掠，仅温、米、胡三族就被杀 208 命。但朱得尚可喜庇护，粤省官员不敢追捕。1662 年，温任经赴京叩阍，提供了朱等人的准确情报，终使朱等被诛杀。⑧ 清初革除明末"三饷"，但江苏宿迁未及时申报，"遂为永例"，并有多项不合理征收。⑨ 1685 年，陆尔谧等叩阍，康熙准予蠲除部分钱粮。⑩ 1704 年，浙江旗丁包谢国叩阍，请求裁减经费钱粮，亦获减。⑪

特别需要说明的是，在乾隆前期以前，叩阍对不法势豪具有极大的威慑作用。清初，浙江仁和郭氏在灵隐寺西有宋赐祖墓，被土豪曹氏霸占，郭"走京师

---

① 允禄等：《世宗宪皇帝上谕·内阁》卷 71，《钦定四库全书》第 415 册，第 112 页下。
② 鄂尔泰等编：《雍正朱批谕旨》第 1 册，北京：北京图书馆出版社，2008 年，第 41 页上—下。
③ 《大清世宗宪皇帝实录》第 7 册，第 1070 页下。
④ 《大清圣祖仁皇帝实录》第 4 册，第 575 页上。
⑤ 萧奭：《永宪录续编》，北京：中华书局，1959 年，第 398 页。
⑥ 吴世熊总修：《徐州府志》卷 11，同治十三年刻本，第 12 页 a。
⑦ 曾国荃总纂：《湖南通志》卷 191，光绪十一年刻本，第 71 页 a—b。
⑧ 陈昌济总纂：《广东通志》卷 331，同治三年刻本，第 31 页 b—32 页 a。
⑨ 严型总修：《宿迁县志》卷 20，1935 年刻本，第 10 页 b—11 页 a。
⑩ 《大清圣祖仁皇帝实录》第 5 册，第 284 页上。
⑪ 嵇曾筠等：《浙江通志》卷 82，乾隆元年刻本，第 16 页 a—b。

叩阍,曹惧"。① 钱塘县有吴越国文穆钱王墓,1731 年,孙兰台之父毁墓盗葬其亲。墓主后人于 1738 年到县控告,"吏胥得贿",此案遂无下文。墓主后人放言:"明春车驾南巡,吾当叩阍,与孙氏权轻重耳。"孙家虽为势豪,"闻之大惧","而当事亦恐负废弛之咎,俾通省理事同知纳公兴安治其事……一讯而明。"此案竟很快得以公正解决。②

但由于传统政体的本质弊端,即使对叩阍进行公正处置,也仅属治标而已。在清初,叩阍对官员的监督作用有着很大的局限性,而平民叩阍并非总能获得公正对待。1721 年,康熙谈朱一贵案的起因,认为"总因台湾地方官,平日但知肥己,刻剥小民,激变人心"。③ 这种情况应是全国的普遍现象。在康熙朝,平民理冤类叩阍的处置结果,往往不若对权贵叩阍处置得公正。前述的孝子杨献恒,其父被人殴死,杨本人被殴伤并反被下狱。杨首次叩阍,下山东巡抚会鞫,仅罚凶手埋葬银 40 两。杨再次到京师叩阍,"以狱已定罪,献恒妄诉,笞四十"。④ 1706 年,山西平遥郭明奇进京控噶礼贪横,被定为捏控,代其上疏的御史袁桥被革职。⑤ 事实上,噶"抚山西数年,山西民不能堪"。⑥

综上所述,尽管顺、康、雍三朝对叩阍相对宽容,但清帝的目的并不是建立公平公正的社会秩序,而是着眼于对官员群体的监督、局部性的纠错、政治和政策的宣示,以及作为社会实情的信息来源等。无论如何,叩阍成了这个时期具有清代特色的督察体系的组成部分。君民相通,下情上达,相对有效地约束了官僚群体,减少了腐败。

二

乾隆前期尚能通过叩阍案了解下情,对官员进行多渠道的监督。

《清史稿》中罗尚珍叩阍讼王士俊案即发生在乾隆初年。

---

① 龚嘉俊修:《杭州府志》卷 139,1922 年铅印本,第 30 页 a。
② 钱泳撰:《履园丛话》丛话 19,北京:中华书局,1979 年,第 513 页。
③ 《大清圣祖仁皇帝实录》第 6 册,第 862 页下。
④ 《清史稿》卷 498,第 13785 页。
⑤ 《大清圣祖仁皇帝实录》第 6 册,第 319 页下。
⑥ 《清史稿》卷 278,第 10104—10105 页。审郭叩阍时,王鸿绪准确地向康熙密报:"噶礼起初声名尚好,后渐渐不好,加派之重,富户受累。"(中国第一历史档案馆编:《康熙朝汉文朱批奏折汇编》第 1 册,第 589 页。)

1747 年,陕西河州回民马应焕叩阍,控马来迟邪教惑众。讼文称,两年前河州就判决禁止该教,但仅为具文。他到州衙控告,多日没有音讯。① 对此,乾隆清醒地认识到:"州县官员自理词讼,既无忠信明决之才,更存因循避事之见。是非曲直,莫辨实情。沉搁迁延,不能结断。其审案又不过以文告了事。"②1757 年,河南夏邑等 4 县"连岁未登",地方官匿不奏报,造成该地区"屡有叩阍之事"。乾隆派出密使核查,证实了叩阍者的控诉。③

应该说,对这些叩阍案的处置,与此前的政策无太大变化,为乾隆提供了丰富的底层社会的信息。

乾隆中后期,与顺、康两朝对叩阍的正面利用相比,视叩阍为犯罪,并强化了对叩阍的打击。④ 1789 年,四川马晏清在密云进行正常的叩阍,因未被当场抓获,清廷竟向全国通缉。各地文武官员,如临大敌,"查照抄单年貌,认真飞速查拿"。⑤

学者指出:"乾隆中叶以后,清朝统治者逐渐丧失了过去长期保持的那种积极进取、奋发有为的精神,点缀盛世、装点繁华成为皇帝和官僚们的重要工作。"⑥乾隆中后期的叩阍事件印证了这一论断。

乾隆常把专制体制造成的叩阍视为平民额外的欲求,而把解决叩阍问题视为单纯的向百姓施恩。1781 年,乾隆借查办广西覃老贵叩阍案自夸:"朕办理庶事,从不稍存成见,而人命所关,即匹夫匹妇亦不使少有屈抑。"⑦这不但把其执政能力夸大到完全失真的地步,更完全颠倒了施恩与施暴的关系。1790 年,乾隆称:"迩日各省叩阍呈控者,不一而足。无不派钦差大臣,前往审办。皆因朕平日爱民如子,未尝加派一县,枉刑一人。"⑧颇为讽刺的是,乾隆

---

①　折件:《舒赫德奏回民马应焕妄行喊诉等事(乾隆十二年五月)》,箱号 2772,文献编号 000591。

②　《大清高宗纯皇帝实录》,北京:中华书局,1985 年,第 12 册,第 804 页上。

③　《大清高宗纯皇帝实录》第 15 册,第 776 页下—778 页下。

④　折件:《观音保札行行在谨将起解叩阍人犯一名钱宗周赴安徽抚院收审日期》,箱号 2771,文献编号 010202。

乾隆的政策与寺田浩明所说的叩阍(上控)本义相违(《権利と冤抑——清代聴訟世界の全体像》,《法学》第 61 卷第 5 号,1997 年 12 月,第 905—906 页)。

⑤　折件:《河南巡抚梁肯堂遵旨饬缉密云叩阍民人马晏清(乾隆五十四年七月)》,箱号 2727,文献编号 403057951。

⑥　高翔:《清帝国的盛衰之变》,《决策与信息》2005 年第 1—2 期,第 132 页。

⑦　折件:《姚成烈奏查办广西獞人覃老贵赴辕怀呈自刎案(乾隆四十六年十一月)》,箱号 2715,文献编号 403039700。

⑧　《大清高宗纯皇帝实录》第 26 册,第 339 页下。

此话是针对内阁学士尹壮图奏请取消造成无数腐败的赎罪银而发。尹终被罢官,并差点被诛。[①] 连尹这样的言官都获重罪,叩阍者的遭遇就可想而知了。

与康熙以前叩阍案被大量坐实相反,台北故宫宫中档中乾隆朝的 60 余起叩阍案,基本上是平民申冤诉屈,被查实的案件仅四五起,绝大多数被定为诬告。

1784 年,直隶吴桥监生王象明控告原镇江通判王烈等霸占地基,县官循情偏断。王象明到京控诉,被县官派人截回,反将其下狱。[②] 王在狱中遣妻刘氏及幼女进京再控。乾隆谕将此案"解京交刑部确实严讯",刑部把此案发给直隶总督刘峨,刘则让吴桥前知县汤嗣新"详报"。得出的结论也就可想而知了:王象明捏控,且有赌博劣迹。[③]

可以说,许多所谓的诬告案,仅是查案官员臆断或枉断而已。1780 年,江苏海州汤大恺叩阍,讼盐商在南北六塘河加建水坝,百姓田禾大量被淹。汤被杖 100,发近边充军。[④] 后经"查明",汤所告不实。[⑤] 而方志所载,汤的控告俱系实情。[⑥] 类似案件,不胜枚举。

即使最高统治者高调要求彻查每一起小民叩阍案,官僚们无须察言观色,就能准确地把握什么案该查,什么案不该查,或是用什么方法去查。如果仅是个人蒙冤,不会造成社会性后果的控告,是很难被彻查的。有的学者认为清官员依法审理京控案的说法,[⑦]很难令人信服。1778 年,江苏兴化丁大业在圆明园道旁叩阍。乾隆谕称:"阅其情节,不过因被孙象山殴辱微嫌……必非安分守法之徒。"要求两江总督高晋"查明案由"。高奏,丁曾被原庄保、斥革捐监孙象山"掌批其颊",在县控告被"重责";准备上诉时,被县差在邵伯截回。"丁不

---

① 《清史稿》卷 319,第 10754 页。

② 折件:《绵恩奏审理监生王象明遣妻来京控告等案(乾隆四十九年三月)》,箱号 2776,文献编号 036159。

③ 折件:《刘峨奏吴桥县监生王象明控告王烈等证卷宗(乾隆四十九年三月)》,箱号 2741,文献编号 403047523。

④ 折件:《福隆安奏为审拟叩阍之汤大恺事(乾隆四十五年四月)》,箱号 2705,文献编号 026721。

⑤ 折件:《陈辉祖奏审明海州汤大恺叩阍案由(乾隆四十五年十二月)》,箱号 2705,文献编号 029337。

⑥ 唐仲冕等编纂:《嘉庆海州直隶州志》卷 21,嘉庆十六年刻本,第 42 页 a—b。

⑦ Jonathan K. Ocko, "I'll Take it All the Way to Beijing: Capital Appeals in the Qing," *The Journal of Asian Studies*, Vol. 47, No. 2 (May 1988), pp. 305 – 307. 黄宗智在《民事审判与民间调解:清代的表达与实践》(北京:中国社会科学出版社,1998 年)中多处提到严格的考察制度使清官员不得不依法办事。

服拘唤,称欲寻死。"①可见,仅此就不应把丁的控诉定为诬告,但丁案的结局早被乾隆的语气决定了。

康熙对叩阍案的处置,也是进行政治和政策宣示的平台。② 清代叩阍案中被诛杀的级别最高的官员为噶礼。噶贪名素著,多次被劾,却并未受惩。③ 但当噶母向康熙面陈:"噶礼极奸诈无恩"时,康熙敏感地想到噶"不忠不孝"。④ 通过这起叩阍案,康熙警示官员们:君主可以容忍一定程度的贪腐,但绝不能容忍其不忠。《清史稿》孝行类叩阍4件之多,也就可以理解了,实际是为培育忠君意识。且孝行主角均为汉人,通过施恩于叩阍者,表明清政权对汉人礼义的承继。⑤

尽管注重孝行政治,⑥但乾隆中期始,不再利用叩阍进行宣示。1765年,近70岁的叩阍者张禄生,因仅喊冤,"尚无执持呈状冲突奏诉等情事",被重责100板,徒3年。⑦ 1771年,直隶宣化傅先泽叩阍。因乃父被定绞刑,傅情愿代死,但被"杖一百,发近边充军"。⑧ 1778年,宁津少年杨夫相与其幼妹三丫头代父叩阍,结果,乃父被发往伊犁为奴,杨夫相被杖80,枷号2个月。⑨ 后两起叩阍实属中国正史中孝行的标准模式,予以一定程度的宽大,是对统治者仁政的表达。对其重责,与其说是依法办事,不如说是推托、懒政。且清王朝本质上是君主专制体制,这种做法显然与顺、康的理念脱节。

为打击叩阍,乾隆甚至连清律也不顾了。1780年,浙江鳏老汪茂宗被族人霸去房产,在道旁叩阍,先被杖100,发近边充军。福隆安等奏,按律应查核

① 折件:《赵弘燮奏陈将叩阍人张六十解部质审(康熙四十六年六月)》,箱号2704,文献编号403035850。

② 寺田浩明等看到了清帝对案件的自由裁量(《権利と冤抑——清代聴訟世界の全体像》,《法学》第61卷第5号,1997年12月,第899页),但没有阐明其政治寓意。

③ 《清史稿》卷278,第10104—10105页。

④ 中国第一历史档案馆藏:《清代起居注(康熙朝)》第28册,第b013891—b013891页。

⑤ 对康熙推动满汉文化的融合,见高翔:《清初满汉冲突与北方区域文化之变迁》,《清史研究》1994年第2期,第60—72页。满汉政治思想文化融合,见王钟翰:《清军入关与满族的政治思想文化》,《社会科学辑刊》1995年第1期,第98—102页。

⑥ Harold L. Kahn, "The Politics of Filiality: Justification for Imperial Action in Eighteenth Century China," *The Journal of Asian Studies*, Vol. 26, No. 2 (February 1967), pp. 197-203.

⑦ 折件:《方观承奏报审拟喊冤叩阍人张禄生一犯(乾隆三十年二月)》,箱号2753,文献编号403019640。

⑧ 折件:《于敏中等奏审理傅先泽叩阍案》,箱号2765,文献编号0178941。

⑨ 折件:《喀宁阿达尔吉善奏宁津民女杨氏叩阍案》,箱号2704,文献编号403034412。

汪所控之事。但乾隆谕令："其所控之事，毋庸办理。"①这与康熙朝叩阍，只要部分坐实，便可"相应免罪"的做法，②不可同日而语。

对民事案件，官员们多不愿费精力寻根究底。把叩阍者说成患精神疾病，甚至成了流行的推托方式。1780年，浙江临海金文维叩阍。当金陈述其妻与其叔父、兄弟等人通奸事，廷臣们认为他"语无伦次，似有疯疾"。但当金述及乃叔"数百人吃斋念佛，黑夜聚处"时，廷臣们立即警觉，认为"不可不彻底根究"。③ 同样一个人的叙述却被用了双重标准来判断，体现了政治案至上的原则。1790年，江西丰城文远臣叩阍，控告其母被族兄强奸，羞忿自杀。由于此事已过30年，查办此案的和珅不究案，先相人："察看该犯神情呆蠢，言语尤属支离。"直接将文重责了事。④ 1778—1790年，被作为疯病处理的叩阍者还有滦州樊连元⑤、永年赵廷玺⑥、无籍张喜成⑦、丹徒杜一盛⑧、泾县汪经栢⑨、太湖刘任宽⑩、秀水庄永明⑪、安康吕凤翔⑫等。

相信这些病人中有人是真患病，但同样确信，许多人是被塑造成患病的。与康熙朝罕有疯人叩阍相比，乾隆朝叩阍者中疯人的比例高得离谱。

尤为重要的是，统治者已不再把叩阍作为监察官员的重要手段，从而对官僚群体减少了有效的约束。很快，官员普遍盘剥、敷衍、撒谎成性、做表面文章，大失百姓的信任。如地方官员呈报刘兴有自缢案的叩阍者刘尽忠，"其远年之案则有抢人荞麦，拉人耕牛，砖殴伯母，殴伤胞伯，辱骂妇女，唆讼不法等案。近年之案有唆怂刘璠硬夺翟柱林麦田，私捏假契讹索杨全庄基等案"。⑬这事实上陷地方政府于两难：如果政府所述属实，既然刘尽忠早就犯案累累，

---

① 折件：《福隆安奏报审拟道旁叩阍之汪茂宗一犯缘由（乾隆四十五年三月）》，箱号2705，文献编号026466。

② 中国第一历史档案馆藏：《清代起居注（康熙朝）》第29册，第b014201页。

③ 折件：《提督衙门奏折（乾隆四十五年二月）》，箱号2705，文献编号029662。

④ 折件：《和珅等奏折（乾隆五十五年四月）》，箱号2744，文献编号043834。

⑤ 折件：《大学士阿桂等奏折（乾隆四十三年九月）》，箱号2764，文献编号021081。

⑥ 折件：《直隶总督刘峨奏折（乾隆四十三年九月）》，箱号2776，文献编号036682。

⑦ 折件：《尚书额附公福等奏折（乾隆四十五年二月）》，箱号2705，文献编号026213。

⑧ 折件：《两江总督萨载等奏折（乾隆四十五年四月）》，箱号2705，文献编号026882。

⑨ 折件：《两江总督萨载等奏折（乾隆四十九年四月）》，箱号2741，文献编号403047919。

⑩ 折件：《刑部奏折（乾隆四十五年六月）》，箱号2705，文献编号027365。

⑪ 折件：《军机处奏折（乾隆四十九年七月）》，箱号2776，文献编号037437。

⑫ 折件：《陕西巡抚秦承恩奏折（乾隆五十五年九月）》，箱号2744，文献编号045146。

⑬ 折件：《裴曰修奏报审讯快头刘兴有自缢案（乾隆三十七年五月）》，箱号2765，文献编号016952。

为何任其作恶？说明地方政府极不称职。如果所述不实，系捏造案情，又说明地方政府已丧失公信力。无论如何，人们很难相信这样的政府会依法行事，予民众以安全感。

减少对官员监督的直接受害者是百姓，长远的受害者是希望基业永固的专制统治者。学者指出：乾隆中后期，"随着公卿好士之风渐炽，师生、同年、朋友之间往往有意无意地形成各种门户，结成特殊利益集团"。① 腐败之盛，以至于乾隆不敢大规模打击，怕危及国体。②

在官僚利益集团逐渐坐大的情况下，乾隆每每不顾国家和百姓利益，向其妥协。1790 年，乾隆明确表示："殊不知朕之简用督抚……以爱惜人材起见，偶有过误，往往弃瑕录用，量予从宽。"③

在乾隆看来，让百姓适度地赞美官员，比百姓监督官员更重要。④ 乾隆多次强调要保护官员的形象："朕向降谕旨甚明，地方遇有民变之事，其滋事之劣员，固不便同时纠劾，致长刁风。"⑤

因此，不论如何强调爱民如子，乾隆的目的都是让官僚管稳百姓，而不让百姓监督政府。在乾隆看来，一旦百姓有了监督权，势必造成官员对下负责，这样会使最高统治者失去权威。这与康熙年间有较大反差：连驭下素严的户部尚书赵申乔也上奏："司官藐视臣……臣何颜居职？"⑥1767 年，浙江按察使欧阳永裿奏称："州县官每借公务为名，进省谒见上司，以图识面，不顾旷日误公。"⑦此后，各种积弊每况愈下，几无可救药。官员以违法事小，逆上为大。嘉庆初，贾升指出："而今守令患在知有上司，而不知有民。定稿案，则逆计上司之准驳，不问舆情。办差务，则迎合上司之欢心，不恤民力。上司保题考语，或云才情练达，或云办事勤能。往往声名平常之人，亦滥登荐牍，甚有甫经送部引见，而所属百姓已来京控告扰累者。"⑧此类弊病显系源于乾隆朝。

---

① 高翔：《从"持盈保泰"到高压统治：论乾隆中期政治转变》，《清史研究》1991 年第 3 期，第 10 页。

② Nancy E. Park, "Corruption in Eighteenth-Century China," *The Journal of Asian Studies*, Vol. 56, No. 4 (November 1997), p. 996.

③ 《大清高宗纯皇帝实录》第 26 册，第 332 页下。

④ 《大清高宗纯皇帝实录》第 13 册，第 422 页下—423 页上。

⑤ 《大清高宗纯皇帝实录》第 22 册，第 487 页下。

⑥ 中国第一历史档案馆藏：《清代起居注（康熙朝）》第 28 册，第 b014192 页。

⑦ 《大清高宗纯皇帝实录》第 18 册，第 700 页上。

⑧ 贺长龄等：《清经世文编》卷 16，光绪十二年思补楼重校本，第 1 页 a。

至此,官僚利益集团已极为稳定,并成为社会不稳定之源,从而造成叩阍大量涌现。而乾隆又采用严打叩阍者的办法来维护社会稳定,实为本末倒置。

尽管清廷上下多少还能意识到官场积弊,但他们对于中国社会悄然发生的重大转型则极为隔膜。清代前期,中国社会事实上已经形成了从传统向近代转型的态势。① "当人们正陶醉于盛世的文治武功时……中国和西方差距完全拉开。"②无疑,建立独立的司法体系是解决叩阍最理想的手段,但这也是清帝们最不可能的选择。

因此,叩阍的最终解决,有待于政治体制的变革;但在不可能改变政体的前提下,善待和宽待叩阍,做到人尽其才,讼无遗冤,至少可以在一定程度上消解社会矛盾,降低行政成本。

叩阍不单纯是百姓申冤,还包括许多士人晋谒君主建言或自荐。唐宋时均鼓励人才自荐。③ 在官僚利益集团越来越凝固化、同盟化、贵族化的情况下,保持开放的社会流动,是补救万马齐喑局面的必须之选。

"廿四史"中最早记载叩阍事件的《宋史》,所载多为太学生等上书论事。不论在当时,还是在传统价值体系中,他们都获得了较高的评价。多次伏阙上书的陈亮,"学者多归之"。④ 叩阍者刘过,"陈亮、陆游、辛弃疾世称人豪,皆折气岸与之交"。⑤

这些载于史册的士人无疑被清代下层知识分子视为典范,却深受乾隆统治集团厌恶。永瑢、纪昀评价陈亮称:"似天下无足当其意者,使其得志,未必不如赵括、马谡。"对刘过更不屑:"盖亦陈亮之流,而跅弛更甚者也。当其叩阍,上书请光宗过宫,颇得抗直声。然其时在廷诸臣已交章论奏,非廊庙不言,待于草野言之者。何必屋上架屋,为此哓哓? 特巧于博名耳!"⑥这是统治集团对当时民间上书言政者的真实心态。叩阍者自以为输肝剖胆,统治者则视其为哓哓博名。双方认识上的错位,谬以千里。对这类叩阍者,事实上惩罚更重。

---

① 高翔:《论清前期中国社会的近代化趋势》,《中国社会科学》2000年第4期,第178—189页。

② 高翔:《康乾盛世浅议》,《清史研究》1993年第1期,第14页。

③ 董诰等编:《全唐文》卷34,第377页上;[宋]王栐撰《燕翼诒谋录》卷1,北京:中华书局,1981年,第2页。

④ 《宋史》卷436,第12929页。

⑤ [宋]陈思等编:《两宋名贤小集》卷325,《四库全书珍本六集》,台北:商务印书馆,1976年,第1页a。

⑥ 分见永瑢等:《四库全书总目》卷162,台北:艺文印书馆,1964年,第3202页下、第3203页上。

1780 年，乾隆南巡中，曾遇多起叩阍言事事件。

安徽绩溪胡斯闻叩阍，建议改变县城破坏风水的建筑，并筑坝减灾。胡被杖 100 后，"改发伊犁，给兵丁为奴"。[①] 以今人观念考量，胡筑坝减灾的建议属合理要求。若以时人的心态来看，两条建议均极合理。早在康熙初年，并不通晓历法的杨光先叩阍，所控最骇人听闻之事，是汤若望选择荣亲王葬期时"不用正五行，反用洪范五行。山向年月，俱犯忌杀"。由于风水问题"事犯重大"，历科李祖白及春、秋、冬、中各官正皆被处死，连汤若望等也差点被凌迟。[②] 对此，清廷又有何理由斥责胡的风水说呢？

安徽定远金同玺叩阍，反对捐纳，并建议"将官盐都归民卖"，被从重改发乌鲁木齐为奴。[③] 似此社会底层的小知识分子，由于接触社会现实最多，一些建议还是很有见地的。捐纳之弊，现完全为学者证实。[④] 而 1832 年，陶澍施行票盐制，即将盐归民自由买卖。

不少叩阍者对统治者并无所求，或所求甚低，仍遭重罚。山东聊城戴永清叩阍，因"见各处村庄的人有酗酒、打架并赌博、奸情等事甚多。……故此求万岁爷降旨立法晓谕"，结果被"杖一百，发近边充军"。[⑤] 江苏山阳傅国璋叩阍，建议取消捐纳制度，被发往伊犁为奴。[⑥] 湖南郴州曾大成叩阍，称其懂医，"见河南办理河工，所以要求出力"，被发往宁古塔为奴。[⑦]

乾隆中后期对叩阍的政策，与此前清帝的执政理念严重脱节。君主专制的实质就是以一人之力掌控千百万以官员为主体的庞大的利益集团。无论如何，宽待叩阍，可以对官员们施加压力，并在密折等渠道外，给君主提供官员们

---

① 折件：《福隆安奏为遵旨审拟叩阍民人胡斯闻犯（乾隆四十五年四月）》，箱号 2705，文献编号 026704。

② 《大清圣祖仁皇帝实录》第 4 册，第 220 页下。西方学者仅看到历法而没有看到风水对汤若望案的影响。如 George H. C. Wong, "China's Opposition to Western Science during Late Ming and Early Ch'ing," *Isis*, Vol. 54, No. 1 (March 1963), pp. 33 - 34。

③ 折件：《福隆安奏审拟叩阍民人金同玺一犯（乾隆四十五年三月）》，箱号 2705，文献编号 026629。

④ 见 Robert M. Marsh, "The Venality of Provincial Office in China and in Comparative Perspective," *Comparative Studies in Society and History*, Vol. 4, No. 4 (July, 1962), pp. 454 - 455。清晚期捐纳问题参见伍跃：《清代捐纳制度に関するデータベースの构筑に向けて》，《大阪经济法科大学论集》第 90 号，大阪经济法科大学经法学会，2006 年，第 67—94 页。

⑤ 折件：《福隆安审拟叩阍之戴永清等（乾隆四十五年四月）》，箱号 2705，文献编号 026836。

⑥ 折件：《福隆安奏审拟叩阍之傅国璋（乾隆四十五年四月）》，箱号 2705，文献编号 026916。

⑦ 折件：《福隆安奏审具叩阍民人曾大成一犯（乾隆四十五年四月）》，箱号 2705，文献编号 026500。

的另类真实信息。通过对叩阍的有效查处,不仅可以震慑官僚利益集团,还可以把它作为向平民施恩的过程,营造君民同心同德的盛世景象。遗憾的是,乾隆对叩阍强力打击,终使官僚利益集团愈加稳固,百姓普遍离心离德。对平民建言者的厌恶,甚至有悖于中国传统的统治术。严复在译述彼得大帝对"叩阍"的正确处置时慨叹:"故帝者,谛也。不许臣民之自达,是帝而不谛,溺天职矣。"①溺天职的结果是把善意的建言者变成了清朝的埋葬者(如清末上言被拒的孙中山)。

三

在清代,政治不但凌驾于法律,也统治着历史叙事。像文字狱、宫廷斗争等所涉历史大量被政治所塑造。作为与国体、清帝形象密切相关的叩阍,自然深受政治的影响。而对叩阍历史的塑造,又进一步加剧了君意与舆情的冲突。

清人叩阍常使用自伤式手段,以加剧诉讼的悲情色彩;自伤式叩阍与最高统治者塑造历史有关。

17 至 18 世纪剧作家朱素臣,在《未央天》中多处对叩阍滚钉板作详细的描述,②成为后来京剧《九更天》《马义救主》《滚钉板》《弗天亮》等的原始素材。通过戏曲的渲染,滚钉板成了叩阍的必经程序。从侧面告诉叩阍者,要申讼较大的冤屈,须付出自残自伤的代价,进而形成一种具有强制力量的舆情民意:有冤者如不采用极端的方式诉讼,会被世人视为无情和无能乃至不悌不孝;而只要自伤自残,爱民如子的天子一定会生怜悯之心,满足叩阍者的要求。国家机器对悲情式的叩阍又不能不打压,遂使最高统治者越来越缺乏道德认同。

考诸史籍,从古至清,叩阍滚钉板者仅 1 人,即浙江山阴女童诸娥。而此事被清代政治作了相当程度的扭曲。

据诸万里《诸孝娥碑记》,明初,因父兄被论死,诸娥"从舅氏诣金陵上书。时国初制严,遵令掾钉板"。③

这段记载极易考证其妄。

洪武元年(1368)置登闻鼓于午门外,"以伸理抑,通达幽滞"。但严禁鸣冤

---

① 严复译评:《孟德斯鸠法意》中册,台北:商务印书馆,1977 年,第 29 页。
② 朱素臣:《未央天(外一种)》卷下,北京:中华书局,1985 年,第 40—42 页。
③ 沈志礼辑:《曹江孝女庙志》卷 10,康熙二十七年慎德堂刻本,第 2 页 b。

者自伤自残，"其有军民人等，故自伤残，恐吓受奏者，听锦衣卫守鼓官校执奏，追究教唆主使写状之人治罪"。① 掫钉板类叩阍，恰是明代始创时就禁止的。

明肇基前，民人直诣朱元璋，也不闻钉板一说。② 洪武年间，叩阍案甚多，更从不闻此类事。③ 明太祖虽治吏极严，对叩阍者反多予优待。四川定远知县高斗南罹罪，耆民为之叩阍，"太祖嘉之，赐袭衣、宝钞遣还，并赐耆民道路费"。周荣为灵璧丞，"坐累逮下部，耆老群赴辇下，称其贤"。太祖"赐钞八十锭，绮罗衣各一袭。礼部宴荣及耆老而还之"。④ 杭嘉机户累民，郁秀一叩阍，太祖遂罢织造。⑤

首撰诸娥遵令掫钉板的诸万里乃诸娥六世侄孙，其碑记离明初近 240 年，用曲笔为乃祖隐是可以理解的。但此事竟被录入清修《明史》，并作了进一步篡改。

据乾隆初年定稿的《明史》：洪武初，年仅 8 岁的诸娥父兄罹罪，诸娥"与舅陶山长走京师诉冤。时有令，冤者非卧钉板，勿与勘问。娥辗转其上，几毙，事乃闻，勘之"。⑥ 后各级方志中的诸娥事，均取于此。叩阍滚钉板一说，因《明史》而被视为定例。

诸娥事最早见其同乡徐渭的《雪》一诗，但诗中并没有奉令掫钉板之说。⑦ 诸娥另一同乡张岱，更详细记载了其事：诸娥父兄三人皆坐辟，"父友朱克和者，为娥作书，走卧钉板，钉刺骨累累；上怜之"。⑧ 值得注意的是，这段私人记载比清代官史少了"时有令"，多了"上怜之"。

诸娥掫钉板应是受乃舅怂恿的自伤式直诉。本应成人们承担的罪责，却推给了一个女童，从而营造一出悲情的孝行，向最高统治者施压。在明代，自伤式直诉常为叩阍者所用。⑨ 这类事件在清初亦有发生，1655 年，吏部书吏章

---

① 李东阳等：《大明会典》卷 178，台北：国风出版社，1963 年，第 2451 页上。

② 如花云守太平被杀，侍儿孙氏抱花 3 岁儿，历经磨难，"得达上所"。"上闻花云儿也，即呼入见。孙氏抱儿拜且泣，上亦泣，置儿膝上。"（《大明太祖高皇帝实录》第 1 册，台北："中研院"历史语言研究所，1968 年，第 97 页。）

③ 如洪武四年进士危孝先犯法，其子叩阍，愿代父役，"诏从之"。洪武十八年，福州知府朱季用被逮赴京师筑城，子朱煦叩阍，"太祖悯其意"。（《明史》卷 296，北京：中华书局，1974 年，第 7591 页。）

④ ［明］徐元太等辑：《全史吏鉴》卷 10，嘉庆八年鉴湖亭刻本，第 5 页 a—6 页 b。

⑤ ［清］嵇曾筠总纂：《浙江通志》卷 236，第 10 页 a。

⑥ 《明史》卷 301，第 7692 页。

⑦ ［明］徐渭：《徐文长全集》，上海：文益书局，1936 年，第 41 页。

⑧ 张岱：《石匮书》第 3 册，上海：上海古籍出版社等，2008 年，第 217 页下。

⑨ ［清］张贵胜：《遣愁集》卷 4，康熙二十七年刻本，第 7 页 b。

冤控告顺天巡按顾仁,即刎颈叩阍。①

《明史》为什么选择性地把一起自杀式叩阍塑造成制度造成的悲剧呢?

首先,这是由清代政治意识决定的。明太祖因诸娥自残而赦其父兄,显出其仁慈的一面。而把诸娥滚钉板写成"时有令",便可将其歪曲为暴虐。清人直白地指出:"山阴诸孝娥,绅士大夫咏诗作序,详哉言之矣。独是以娥之至行奇节,而比之淳于缇萦。余则谓其不然。夫高皇之英武,何若汉文之行仁?"②"英武"一词实质是寓明太祖为秦始皇式的寡仁帝王。清代君臣竭力强调本朝异于前朝的最大特征是"仁政"。时刻妖魔化一下前朝,是君臣们必备的政治素质。③

其次,诸娥的孝行已上升为宗教般的范例,容不得任何责疑。有清一代,各类正史、野史等对诸娥事众口一词。清人张鉴写道:"山阴诸娥以雪父冤死,载于《明史·列女传》。后之秉史笔者,确守其例,一成而不敢变,可见此心此理之同,非孝道之大,曷克异世而同揆哉?"④

贬抑明朝,是为了美化清朝。前朝越暴虐,清帝就越相对仁慈,清政权就越合法。张玉书称顺治帝:"爱民如子。"⑤蒋伊颂康熙:"爱民如子,求贤若渴。"⑥李绂称:"我国家爱民如子。"⑦康熙自称:"朕视宇内编氓,皆吾赤子。"⑧雍正帝称:"朕为统一天下之主。凡四海生灵,一视同仁。"⑨一部符合清代主流意识形态的作品写道:"却说我大清圣祖康熙佛爷在位,临御六十一年,厚泽深仁,普被寰宇。"⑩

乾隆更处于千古一帝的幻觉中,晚年自称:"朕自缵绪以来,益隆继述。凡泽民之事,敷锡愈多,恩施愈溥。此不特胜国所无,即上溯三代,下讫宋元,亦复罕有伦比。"⑪

---

① 《大清世祖章皇帝实录》第 3 册,第 745 页上。

② [清]陈美训:《余庆堂诗文集》卷 8,余庆堂刻本,无年月,第 9 页 a。

③ 乾隆本人也常贬低明太祖。(如中国第一历史档案馆编:《乾隆起居注》第 34 册,桂林:广西师范大学出版社,2002 年,第 11 页上。)

④ [清]张鉴:《冬青馆集·乙集》卷 5,民国吴兴丛书本,第 12 页 b。

⑤ 贺长龄:《清经世文编》卷 29,第 26 页 b。

⑥ 贺长龄:《清经世文编》卷 10,第 1 页 b。

⑦ 贺长龄:《清经世文编》卷 30,第 8 页 a。

⑧ 清高宗敕撰:《清文献通考》卷 136,台北:新兴书局,1963 年,(考)第 6037 页上。

⑨ 《大清世宗宪皇帝实录》第 8 册,第 362 页下。

⑩ 文康:《儿女英雄传》第 40 回,台北:桂冠图书出版公司,1983 年,第 852 页。

⑪ 《大清高宗纯皇帝实录》第 26 册,第 339 页下。

　　统治者如此美化自己,与社会现实严重脱节。既然清帝如此英明,那些现实中被加派、被枉刑之人就有无比的渴求和期望把冤屈上达天听。在百姓看来,爱民如子、神通广大的皇上若知其蒙冤,肯定会普施惠泽,还以公道。

　　与此同时,清廷对官员的形象也作了适度的美化。雍正年间,礼部官员袁守定在《居官通义》中写道:"抚循百姓,如视赤子。"①一些清臣,被宣传成具有无人能企及的道德高度。范承谟以疾请解职,人称"爱民如子"。② 于成龙被赞为"天下廉吏第一",张鹏翮"天下廉吏无出其右",③张伯行为"江南第一清官""操守天下第一",噶礼④、荆道乾⑤、程如丝⑥等均被称为"第一清官",等等。甚至大贪若王亶望者也曾被乾隆树为官员楷模。⑦ 相信多数清官的个人品行非常可贵,但在没有开放舆论的社会里,清官的形象易被无限拔高,使其被孤立于其他官僚,而不会有任何示范意义。张伯行与噶礼互参,张廉噶贪,张却一直处于下风,⑧就很能说明问题。这种较大错位,与不当政治宣传有着相当的关系。⑨

　　形象官员越是被美化,现实中拥有这样或那样劣迹的官员就越会引起百姓的反感,使其心中存在着对青天的幻想。

　　政治宣传更扭曲了历史,被扭曲的历史通常营造偏激的舆情,偏激的舆情则成为非正常诉讼的道义支柱。即如叩阍来说,清律对自伤、自杀式叩阍严予禁止。对"持刀抹颈,撒泼、喧呼,故为情急,以图幸准者,俱将所告之事,不分虚实,概不审理"。⑩ 即使如此,自杀式叩阍仍不断出现。

　　雍正初,山东临朐县孙有明数次状告村民姚瀛占地盗树,屡经县、府、臬司勘审。1727年,臬司判其诬告,孙逃出向抚台再控,未被受理。孙走出后,"随

---

① ［清］徐栋辑:《牧令书》卷1,道光二十八年刻本,第32页a。

② 《清史稿》卷252,第9723页。

③ 《清史稿》卷279,第10129页。

④ 《大清圣祖仁皇帝实录》第6册,第630页上。

⑤ 《清史稿》卷359,第11355页。

⑥ 《大清世宗宪皇帝实录》第7册,第820页上。

⑦ 中国第一历史档案馆编:《乾隆起居注》第30册,第42页上。

⑧ 折件:《奏报江南科场督抚噶礼张伯行互参情由(康熙五十一年)》,箱号77,文献编号401002760。

⑨ 寺田浩明认为清代官员的地位和权威源于皇帝的意愿(《権利と冤抑——清代聴讼世界の全体像》,《法学》第61卷第5号,1997年12月,第898页),似过于简单化。张噶互劾案中,康熙事实上偏向张。张处于下风,说明形象官员并不受官僚利益集团欢迎。

⑩ 李鸿章等:《钦定大清会典事例》卷816,第4页b。

从身边拿出小刀,刺伤肚腹,调治不痊,至晚殒命".① 1772 年,通县刘尽忠赴京叩阍,其间纵放刘尽忠赴京的快头刘兴有自缢.② 1781 年,壮民覃老贵在南海县宪辕门前自刎,怀中呈词称其父覃必俊被差役冤为包揽词讼,受杖责毙命.③

经查明,上述自杀式控案中,均系要挟。而这些叩阍者,之所以敢于藐法要挟,就在于自以为道德正确。1762 年,蠡县刘起凤赴新城持镰叩阍,甚至公然"持刀入城骂街".④

当百姓集体遭受不公时,动用群体性冲突的方式,被认为是冤屈上达的快捷手段,以更快地唤起最高统治者的"爱民"之情。尽管绝大多数群体性事件是百姓为了在体制内获得公正对待,但最高统治者对此类事件却极为敏感,对百姓打压更甚。

当重大叩阍或群体性事件发生时,一方面,统治者会查究造成这类事件的责任官员。1753 年,宣化镇兵丁聚众辞粮。经调查,系"副将安泰、嗜酒召衅",安被重罚.⑤ 1765 年,乌什官员素诚肆性奸淫回妇,激发民变,被乾隆查办.⑥ 1779 年,井陉李馥等敛钱告官,控知县短价派买谷石等。经福隆安提审属实,直隶总督周元理被解任,司道府县等均被查办.⑦ 次年,云南保山知县李伟烈等为增加常平兵米款项,大肆盘剥,造成百姓聚集县署,要求缓征。李伟烈等被革职严审.⑧ 1792 年,浙江定海署守备林凤鸣等,收受贿赂,与民争夺网地时,开枪 30 次,造成百姓"聚众哄闹",肇事者被正法示儆.⑨

另一方面,清帝对任何可能有损于稳定的事件,均当作政治大事。每位皇帝的朱批,对重大叩阍和群体性事件无一例要求从宽的。1713 年,河南宜阳

---

① 折件:《塞楞额奏报县民因不准控诉自杀折(雍正六年二月)》,箱号 77,文献编号 402019391。
② 折件:《裴曰修奏报审讯快头刘兴有自缢案(乾隆三十七年五月)》,箱号 2765,文献编号 016952。
③ 折件:《觉罗巴延三奏獞民名覃老贵在南海县宪辕门前用剃刀自刎身死一案(乾隆四十六年九月)》,箱号 2715,文献编号 403039305。
④ 《大清高宗纯皇帝实录》第 17 册,第 385 页下。
⑤ 《大清高宗纯皇帝实录》第 14 册,第 713 页下—714 页上。
⑥ 中国第一历史档案馆编:《乾隆起居注》第 24 册,第 170 页上。
⑦ 《大清高宗纯皇帝实录》第 22 册,第 486 页下—488 页上。
⑧ 折件:《奏查参革知县李伟烈在任时经手仓库钱粮》,箱号 2705,文献编号 027501;中国第一历史档案馆:《乾隆起居注》第 30 册,第 85 页上。
⑨ 《大清高宗纯皇帝实录》第 26 册,第 892 页下—893 页上。

县民聚集,康熙批示:"当从重严察才是。"①山西民众拒官,雍正朱批:"此等必穷究其根源,不可疏忽,以长刁风。"②1725年,福建彰浦"奸民"聚众,雍正朱批:"一点宽纵不得。……只以严为好。"③1727年,四川百姓"聚众不法",雍正朱批:"著宪德尽法处分,不可宽纵。"④

乾隆对此类事件打压更甚。1747年,山西群体性事件,乾隆批该省巡抚失于过宽:"看汝所办尚属过纵,何以示警?"⑤1748年,江苏盛泽民众遏籴,乾隆指示两江总督:"重处以示警,毋稍姑息也。"⑥同时斥责署江苏巡抚:"恐如此之宽,民益恨也。"⑦对浙江山阴的群体性事件,乾隆批示:"严处以惩刁风可也。"⑧1769年,甘肃成县民众聚集,乾隆令陕甘总督:"应多处数人方示惩创。"⑨学者早就指出:"在繁荣的条件下强化恐怖统治是乾隆朝独有的政治特征。……面对政治系统内部日益严重的矛盾和内耗,乾隆除了强化控制外,别无选择。"⑩

由于清政治的许多方面以塑造的历史和美化的现实为元素,清帝对叩阍案中的政治问题尤为敏感。再也没有哪个朝代像清统治者那样热衷于搞政治案了。⑪

作为充分领会上意的官员,在现实中往往注重查处捕风捉影的政治案,有

---

①　折件:《鹿佑奏宜阳县民众聚众扰乱(康熙五十二年十月)》,箱号77,文献编号401002444。

②　折件:《蒋洞奏报山西缉拿聚众拒捕之蒲州刁民师刑等折》,箱号79,文献编号402008216。

③　折件:《毛文铨奏报在漳浦县缉获奸徒聚众商谋抢劫事(雍正三年十月)》,箱号78,文献编号402018398。

④　折件:《黄廷桂奏报查办人民聚众不法折(雍正五年十一月)》,箱号75,文献编号402010184。

⑤　折件:《爱必达奏为安邑县刁民聚众已调兵弹压由(乾隆十二年三月)》,箱号2772,文献编号000342。

⑥　折件:《尹继善奏朱家角盛泽镇刁民聚众遏籴(乾隆十三年五月)》,箱号2772,文献编号002343。

⑦　折件:《安宁奏报处理盛泽镇刁民聚众闹哄经过情形(乾隆十三年五月)》,箱号2772,文献编号002463。

⑧　折件:《方观承奏会稽山阴二县刁民聚众情形(乾隆十三年五月)》,箱号2772,文献编号002484。

⑨　折件:《明山奏明督拏成县刁民聚众由(乾隆三十四年八月)》,箱号2771,文献编号010612。

⑩　高翔:《从"持盈保泰"到高压统治:论乾隆中期政治转变》,《清史研究》1991年第3期,第11页。

⑪　对清帝热衷于政治案的研究,见高翔:《从"持盈保泰"到高压统治:论乾隆中期政治转变》,《清史研究》1991年第3期,第12页。

些人甚至有意营造政治案。① 即使在顺、康年间,统治者经常要求严处多拿,既与"爱民如子"的政治宣示错位,更造成地方官员大肆枉法的行为,最终造成政治与法制的冲突。1660 年,内大臣伯索尼上言:"凡犯罪……傥一经发觉奉有严旨,承问官不察其情,辄加重罪,则虽有冤枉,百喙难明。"②

这样做的结果,使许多人把一般案件诬为政治案,造成更多的人蒙受冤枉,进而造就更多的叩阍者。1667 年,御史田六善疏言:"近见奸民,捏成莫大之词,逞其诈害之术。在南方者,不曰通海,则曰逆书。在北方者,不曰于七贼党,则曰逃人。谓非此,则不足以上耸天听,下怖小民。"③

从叩阍上书案来看,雍、乾时期清廷的政治意识更加强化。而只要是政治案,连病人也不放过。④ 1751 年,流寓介休王肇基叩献诗联,被指"妄议时事"。经反复审问,王"似属疯癫",⑤最后被杖毙。⑥ 1752 年,杨烟昭"疯癫丧心"。⑦乾隆下旨:"岂可因其疯狂,姑容盛世,即立时杖毙。"⑧次年,浙江上虞人丁文彬在山东叩献"逆书","左右以系疯子对",但据奏该犯"气体瘦弱"。乾隆谕令,"酌看该犯现在光景,若尚可等待部文,则候部文正法。如恐不及待,即照所拟,先行凌迟示众。勿任瘐毙狱中,致奸恶罔知惩戒也"。⑨

必须说明的是,一些有良知的官员不愿为空洞的政治,动辄干株连甚众之事。与一般性叩阍不同,把涉及政治问题的叩阍者定为疯癫,可以减少株连。疯者被杖毙,是较轻的刑罚。⑩ 1763 年,湖北恩施刘三元称梦见神人,"传说应有好处"。⑪ 乾隆令"严行定拟,其家属人等,亦律应缘坐"。其兄弟子侄多人

---

① 1990 年以前,日本主流学者均认为清代的判决主要体现了"皇帝之意志"而非法律条文(参见寺田浩明:《清代司法制度研究における"法"の位置付けについて》,《思想》第 792 号,1990 年 6 月,第 184 页)。

② 《大清世祖章皇帝实录》第 3 册,第 1061 页下。

③ 《大清圣祖仁皇帝实录》第 4 册,第 301 页上。

④ 对清精神患者的不同法律责任,见中村茂夫:《清代における精神病者の刑事责任》,《法政理论》第 4 卷第 1 号,1971 年 10 月,第 1—33 页。

⑤ 《大清高宗纯皇帝实录》第 14 册,第 217 页上。

⑥ 折件:《阿思哈奏报匪犯王肇基杖毙(乾隆十六年九月)》,箱号 2740,文献编号 007195。

⑦ 《大清高宗纯皇帝实录》第 14 册,第 333 页下。

⑧ 折件:《范时绶奏报疑犯杨烟昭供情(乾隆十七年正月)》,箱号 2740,文献编号 007917。

⑨ 《大清高宗纯皇帝实录》第 14 册,第 733 页上一下。

⑩ 铃木秀光:《恭请王命考——清代死刑裁判における"权宜"と"定例"》,《法制史研究》第 53 号,2004 年 3 月,第 47—80 页。

⑪ 折件:《宋邦绥奏报查获书写逆词之刘三元折(乾隆二十八年三月)》,箱号 2759,文献编号 403015994。

被捕,准备处死。湘抚陈宏谋奏,刘实属疯癫,亲属均为老实巴交的农民,希望加恩宽免。① 乾隆竟言:"恐各省督抚等,因有此旨,将来遇此等案件,即捏造疯癫,希图开脱。"②他的担心正说明有良知的官员厌恶政治案件。

1753 年,丁文彬被凌迟后,因其 5 年前曾向时任学政的庄有恭献过此书,庄称因其俚俗而随手丢弃。但乾隆却认定他"必系闻信查出,私为销毁耳",是"徇名利,而忘大义"。按庄任学政时所得俸禄和养廉银的 10 倍罚银。③ 与此形成鲜明对比的是,1781 年查处王亶望,苏抚闵鹗元,明知在甘肃任职的其弟闵鹓元等,"与王亶望上下勾通,行私作弊",但"恐臣弟必罹重罪,是以隐忍不举"。对闵的陈述,乾隆朱批"似系实情",表示了理解。④ 充分表明清帝看重政治意识,而看轻其他违法问题。

为了从思想源头减少各地"刁风",雍、乾时代非常注重对民众进行思想教育,二帝曾向浙江、广东、湖南、福建等省派出观风整俗使,⑤并向陕西、江苏、安徽等地派出宣谕化导使,⑥以让民人"深知感戴国家教养之恩"。⑦ 据 1743 年派往安徽、江苏的宣谕化导使所奏,"所至之地,传齐绅衿士庶,宣讲《圣谕广训》,反复开导"。⑧

嘉庆帝对观风整俗使的效果有过评价:"各省吏治民风因循废弛,岂一二使臣所能化导转移? 若所差不得其人,转滋流弊。"⑨

但问题还不仅于此。让雍、乾始料未及的是,经宣传化导,百姓的忠诚度和道德水准丝毫未见增加,叩阍时的政治意识却极大地提高了。

雍正年间,安徽霍邱县裴荣"上京出首",控告其亲属 36 人与 40 多名头目组织邪教聚众准备谋反。此事惊动了雍正,特派范时绎审理。⑩ 由于事涉"大题",范专调安徽署按察使徐士林会审。经 1 个多月,提审数十人,包括数名十

① 折件:《吴达善奏拿获逆犯不得援刘三元折(乾隆二十八年六月)》,箱号 2759,文献编号 403015299。
② 《大清高宗纯皇帝实录》第 17 册,第 668 页下。
③ 《大清高宗纯皇帝实录》第 14 册,第 758 页下—759 页上。
④ 折件:《江苏巡抚闵鹗元奏折(乾隆四十六年十二月)》,箱号 2715,文献编号 403040321。
⑤ 《清史稿》卷 9,第 318—336 页。
⑥ 《大清世宗宪皇帝实录》第 8 册,第 382 页上;《大清高宗纯皇帝实录》第 11 册,第 381 页下。
⑦ 《大清世宗宪皇帝实录》第 8 册,第 563 页下。
⑧ 《大清高宗纯皇帝实录》第 11 册,第 381 页下。
⑨ 《大清仁宗睿皇帝实录》第 31 册,北京:中华书局,1986 年,第 743 页上。
⑩ 鄂尔泰等编:《雍正朱批谕旨》第 1 册,第 38 页上。

来岁孩童,终于弄清真相。原来裴荣欲奸淫儿媳汪氏,汪不允。裴荣便诬告其子裴肖生。经县、府、省、院等,每告一次,裴荣就夸大一次案情。裴荣的算计是,如果儿子被枉杀,汪氏将来只能归他;如果查无实据,汪氏也得被判回家。是以在谎言被戳穿后,他竟坦然地要求两江总督"只求把儿子媳妇断给我领回,我的谎状想个法儿圆成了罢"。①

至乾隆中后期,由于统治者对一般民事类叩阍的拒斥,叩阍者更加强化政治意识。一方面,只有把案情夸大,才能引起官方的足够重视,对事实的辨析才会相对客观一些。这应是"王权政体下"民众的现实选择。② 另一方面,由于封建司法体系长期处于政治仆从的地位,极度缺乏公信力,经常不查核真相,从而给了许多诬陷者以可乘之机。谋反等政治罪株连甚广,官员查处这类控告时,经常宁暴勿柔,宁滥勿缺,甚至宁冤勿纵。政治构诬的大量涌现,与其说是人心不古,不如说是封建司法制度自身难以摆脱政治的操纵,经常成为冤假错案的制造者。

1777 年,江苏赣榆韦玉振为父刊刻行述,内有"于佃户之贫者,赦不加息"之语,其叔韦昭诉其擅用"赦"字。③ 江苏巡抚杨魁将韦玉振定为大逆重罪。1780 年,河南光山李伟在山东拦驾叩阍,控杨文焕等 7 人组织邪教,哄骗其妻加入。福隆安览状即觉欺诈,经审理,果如所料。④ 连乾隆也担心像杨魁这样宁暴勿宽的官员会造成严重的社会后果:"怨家欲图倾陷者,片纸一投,而被控之身家已破,拖累无辜,成何政体?"⑤

这不应完全归结为民风刁顽,而在于政治完全凌驾于法律。我们看到,乾隆时期,公然藐法之人如过江之鲫,却很少见到公然藐视政治原则的。在刘兴有自缢案中,叩阍者刘有章,"通县人皆称为刘破靴子,既无妻子,又无寸椽尺土,穷极无赖"。就是这样一位社会最底层的人,"进京告状时始改名刘尽忠"。⑥ 由此可见此人的政治意识。因此,即使藐法之人也非常讲究政治原

① 折件:《署江南总督范时绎奏折(雍正六年七月)》,箱号 75,文献编号 402018237。
② 参见关本照夫:《东南アジア的王権の构造》,伊东亚人等编《国家と文明への过程》,东京:东京大学出版会,1987 年,第 10 页。
③ 《大清高宗纯皇帝实录》第 22 册,第 325 页下。
④ 折件:《福隆安审拟叩阍之李伟以冲突仪仗例充军(乾隆四十五年四月)》,箱号 2705,文献编号 026797。
⑤ 《大清高宗纯皇帝实录》第 22 册,第 327 页上。
⑥ 折件:《裴曰修奏报审讯快头刘兴有自缢案(乾隆三十七年五月)》,箱号 2765,文献编号 016952。

则,因为政治可能会使他免于法律的惩罚;而很少见到蔑视政治原则的人有法制意识,显然,一旦出了政治问题,法律是无能为力的。

清代前期,对叩阍事件的处理,反映了统治者个人才智的非凡及传统驭民之术的成熟。但至乾隆中后期,由于传统政治与法律规范及现实民意的冲突和错位,极大地消解了统治者的行政效率和执政能力,叩阍更加频繁。而统治者已无正面利用叩阍的积极性,遂使叩阍成为政府的沉重负担,社会冲突难以释解。

结 语

清代明君均具有强烈的政治使命、非凡的统治艺术,并不乏对百姓的关怀。而先天的制度缺陷,极大地侵消了他们的执政能力。因为叩阍者的苦难,本质上是体制造成的。但乾隆前期以前,特别是顺、康时代对叩阍的相对宽容和主动利用,建立了具有清初特色的督察体系,有助于约束官僚群体的腐败,并经常对制度进行局部纠错,弥补了统治者的过失。

乾隆中后期的执政理念与此前明显脱节,加强了对叩阍的打击,弱化了对官僚群体的监督,制造了完全凌驾于社会其他群体之上的强大的官僚利益集团。统治者没有致力于建立一个比前代更公正的社会,使官僚利益集团和平民受法律的同等保护,[①]减少社会冲突。由于对政治的强调,政治始终凌驾于法律之上。统治者多着力于宣传清朝的优越性。人们沉浸于对君主的感激或恐惧中,而不是对法律的谨敬和对制度的信赖;靠说教来维持官员奉公,靠高压来保持百姓安分,靠塑造来维护天子的威权。

叩阍耗费了许多行政成本和行政资源,但真实地暴露了社会矛盾。在传统体制下,对叩阍的公正处置,实际上是以相对较低的成本消除动乱隐患。冯桂芬指出:"民有冤,亦许叩阍京控。……然此特一人一家之冤也。浸假而一乡冤,浸假而一境冤。于是乎鸷民倡,奸民从,愿民为所胁,而大乱以作,亦上下不通之弊。"[②]冯的话绝非危言耸听,在杜文秀身上得到了印证。1847年,云

---

① 日本主流学者认为,清代没有从制度上确立统治者与人民共同遵守的社会规范(参见寺田浩明:《清代司法制度研究における"法"の位置付けについて》,《思想》第792号,1990年6月,第185页)。

② 冯桂芬:《校邠庐抗议》卷下,光绪十年豫章刻本,第13页下—14页上。

南 24 岁的杜文秀赴京,呈控永昌府官将滥杀回民。杜一家 23 口,被杀 22 人,
"赴总督前控告,未为查办"。赴京控诉,仍无结果。① 11 年后,杜宣布"革命满
清",纵横云南达 7 年之久。给清朝造成的损失,绝非处置叩阍的成本所能
比拟。

　　容纳官僚利益集团以外的异议或建议,保持社会流动,是一个王朝之活力
所在。而当官僚利益集团极度稳固之时,必是社会将乱之兆。每见统治者拒
绝异议,定是世道转衰之相。公车上书的领袖梁启超认为:"若夫九重之尊,除
督抚卿贰台谏数十人外,无能递折上言者,即叩阍亦不能递。……故入于上之
耳者,皆守旧愚陋之谈。中国之亡在于此。"②梁准确预言了清朝的灭亡。可
见,乾隆视叩阍为不稳定因素,对此大加打压的做法是极其短视的。在传统政
体下,尽管像康熙以前的叩阍不能解决太多弊端,但乾隆打击叩阍却引发了无
数新的重大问题。

(原载于《历史研究》2012 年第 4 期)

---

　　①　折件:《恩桂奏报云南保山县回民杜文秀等京控案(道光二十七年七月)》,箱号 2749,文献编
号 078136。

　　②　梁启超:《戊戌政变记》,北京:中华书局,1954 年,第 53 页。

唐代的奴仆问题

孟昭庚[*]

摘　要：本文基于史实，论证唐代奴仆数量的增减及其身份地位的变化，从而考察唐代社会发展变化的脉搏。具体而言，唐代奴仆来源大大减少，奴仆的斗争制约着其人数的增长，统治者也在有意无意中抑制着奴仆数量的增多。各种因素共同作用的结果，使奴仆的身份渐渐过渡到了佣仆。而部分达官权势的奴仆，转化为统治阶级的鹰犬。

关键词：唐代　奴仆　奴隶　数量　身份

奴隶制度虽早已灭亡了，但奴隶这一社会阶层却在漫长的封建社会中始终浮沉荡漾着，我们可以从它数量的增减、身份地位的变化中，觉察到封建社会发展变化的脉搏。

唐代奴隶与以前相比较，在许多方面有显著不同。

关于数量，据以下事实，可知较之前代大量减少。

一是均田制。北魏奴婢依良人受田，人数不限。北齐限制人数，多至三百人，少至六十人。隋依北齐，唐则不受田，不课税。史家均公认这一改变必须以奴婢的减少为前提，不须多论。

其二是奴婢的限额。汉成帝绥和二年（前 7 年）的限额是"诸侯王奴婢二百人，列侯、公主百人，关内侯、吏民三十人。年六十以上，十岁以下，不在数中"[①]。南北朝不见有限额，但据《颜氏家训·止足篇》说："常以为二十口家，

　＊　孟昭庚（1924—2014），河南鲁山人。1953 年毕业于南京大学历史系，留校任教。主要研究方向为魏晋南北朝史、隋唐史，著有《建康实录》（点校）、《唐代的奴仆问题》等。

　①　《汉书》卷 11《哀帝纪》，北京：中华书局，1962 年，第 336 页。

奴婢盛多,不可出二十人。"①可知二十口奴婢是个"止足"的数目。而达官贵族的奴婢则动辄千百。唐代,武则天永昌元年(689)的限额不明,玄宗天宝八载(749)的限额是上至王公不得超过二十人,职事官一品不得超过十二人,下至八、九品不得超过一人。这个限额不足汉代的十分之一,较之颜之推所说的也少得多,却和明洪武、永乐年中的限额相同。② 政府的限额虽属官样文章,却总须以现实情况作基础。

其三,我们来看一般官吏与地主占有奴婢的情况。"严砺,贞元末为东川节度使,擅籍没管内官吏居人等八十八户,田宅一百一十一所,奴婢二十七人,税外征草四十一万五千束,钱七千贯,米五千石。"③这里我们把官吏居民和田宅的数目与奴婢数作一比较,就可见奴婢数之微不足道了。还必须指出,东川这个地方是民族杂居、奴婢数量较多的地区,其他地方可想而知。又如居住在绛州龙门(今山西河津)的王绩,有田十六顷,有奴婢数人。④ 如拿唐以前的眼光看,王绩的奴婢数和土地数是不相称的。当然,唐代官僚中的个别人也有较多的奴婢,但要作具体分析。如冯盎奴婢万人。⑤ 冯盎所居地区是岭南蛮獠杂居地带,这里本来就处在奴隶制阶段,掠卖和占有奴婢是普遍现象。又如刘弘基遗令给诸子奴婢各十五人,良田五顷,谓所亲曰:"若贤,固不籍多财;不贤,守此可以免饥寒。"⑥刘弘基是开国功臣,家世隋代官僚,唐初占有较多奴婢的正是这种人。又如郭子仪"家人三千"⑦。郭子仪的身份本来特殊,"家人"不一定都是奴婢。据《唐会要》卷51 和《旧唐书·张镒传》所云,郭子仪"家僮"数百人,与"三千"之间相距甚远。又如越王贞"家僮千人,马数千匹,外托以畋猎,内实习兵备"。⑧ 李贞准备兵变,用"家僮"培植私人武装,和中唐后部分藩镇蓄养家僮一样,家僮其名,党羽其实,不能以奴婢视之。

和奴婢数量密切联系在一起的是奴婢的来源问题。历来奴婢来源之一是战争俘虏,然而在唐代,除今四川、云贵一带比较特殊外,在战争中俘掠人口是

---

① 王利器撰:《颜氏家训集解》卷5《止足第十三》,北京:中华书局,1993 年,第 345 页。
② 《唐会要》卷86《奴婢》,北京:中华书局,1960 年,第 1570 页;《文献通考》卷11《户口二》,北京:中华书局,1986 年,第 119 页;《明会要》卷 52《民政三》,北京:中华书局,1956 年,第 969 页。
③ 《册府元龟》卷689《牧守部二十八·专恣》,南京:凤凰出版社,2006 年,第 8069 页。
④ 《新唐书》卷196《隐逸传·王绩传》,北京:中华书局,1975 年,第 5594 页。
⑤ 《旧唐书》卷 109《冯盎传》,北京:中华书局,1975 年,第 3288 页。
⑥ 《旧唐书》卷 58《刘弘基传》,第 2311 页。
⑦ 《旧唐书》卷 120《郭子仪传》,第 3467 页。
⑧ 《旧唐书》卷 76《太宗诸子传·越王贞传》,第 2662 页。

违法的。如侯君集攻占高昌，虏其男女七千余口，因"未奏请，辄配没无罪人"①，下狱治罪。然而以军功赏赐奴婢，当即来源于俘虏。据《旧唐书》所载，因军功受赐奴婢者有以下诸人：以镇压辅公祏功，赐李大亮、李靖奴婢各一百人，李孝恭七百人；以击吐谷浑功，赐李大亮一百五十人；以击高丽功，赐李道宗四十人，薛仁贵十人；以平高昌功，赐姜行本七十人。这个情况和隋朝相比，便有大巫小巫之别了。如从杨坚执政算起，据《隋书》所载，以镇压尉迟迥、王谦功，赐宇文忻奴婢二百口，和洪五十口，柏彦三十口，梁睿一千口，于义五百口；以平陈功，赐王韶奴婢三百口，李景六十口；以镇压江南各地暴动功，赐慕容三藏百口，来护儿百口，张翀六十口，段达五十口，杜彦百余口，张衡一百三十口，王仁恭三百口，段文振二百口，郭荣三百口，裴仁基一百口，苏沙罗一百口；以攻击其他少数民族功，赐崔仲方一百三十口，李景一百四十口，史祥六十口。另外如杨素、宇文述等家僮数千人，估计亦应有因军功受赐而来者。

唐代的几次赐奴，多在武德、贞观年间，显然是承袭隋代遗风。特别是李渊，老官僚习气特浓，他给功臣赐奴是不足为怪的。事实上，以战俘作奴婢，有许多迹象表明是不合时宜的了。例如，李大亮以镇压辅公祏功得奴婢百口，他说："汝辈多衣冠子女，破亡至此，吾亦何忍以汝为贱隶乎？"将他们全部放还。李渊无奈，另赐"婢"二十人②。这里，李大亮并未把得到奴婢作为大油水看待。又如贞观十九年（645），太宗侵高丽，"诸军所虏高丽民万四千口，先集幽州，将以赏将士，上愍其父子夫妇离散，命有司平其直，悉以钱布赎为民，欢呼之声，三日不息"。③ 高宗显庆中，苏定方攻西突厥阿史那贺鲁，薛仁贵上书说："臣闻兵出无名，事故不成。明其为贼，敌乃可伏，今泥熟仗素干不伏贺鲁，为贼所破，虏其妻子。汉兵有于贺鲁诸部落得泥熟等家口，将充贱者，宜括取送还，仍加赐赏，即是矜其枉破，使百姓知贺鲁是贼，知陛下德泽广及也。"④在这里，薛仁贵认为：谁俘别族为奴，谁就是贼。可见统治阶级中也有人意识到俘人为奴是错误的行为。同时，俘虏人口也不符合太宗的民族政策。太宗曾吹嘘："自古皆贵中华，贱夷狄。朕独爱之如一，故其种落皆依朕如父母。"又说："夷狄亦人耳，其情与中华不殊。人主患德泽不加，不必猜忌异类，盖德泽

---

① 《旧唐书》卷69《侯君集传》，第2511页。
② 《旧唐书》卷62《李大亮传》，第2387页。
③ 《资治通鉴》卷198《唐纪十四》，北京：中华书局，1956年，第6344页。
④ 《旧唐书》卷83《薛仁贵传》，第2781页。

洽,则四夷可使如一家。"①薛延陀曾反对太宗优待突厥,宣称"突厥翻覆难信,其未破前,连年杀中国人,动以万计。至尊破突厥,须收为奴婢,将与百姓,而反养之如子"②。可知唐代以战俘作奴婢为数已不多了。

历来奴婢的另一来源是农民破产沦为奴婢。唐律严禁以良为贱,规定:"诸略人、略卖人为奴婢者,绞。""和同相诱,减略一等,为奴婢者,流三千里……元谋两和,相卖为奴婢者,卖人及被卖人,罪无首从,皆流二千里。"又严禁卖自己的亲属为奴婢:"诸略卖期亲以下卑幼为奴婢者,并同斗殴杀法。"③"卖缌麻以上亲者,无问强、和,俱入'不睦'。"④按"不睦"是十恶中的第八条。当然,封建社会不是根除奴婢买卖的时代,贞观元年(627)"关中饥,至有鬻男女者"。⑤《敦煌资料》第一辑收有《丙子年阿吴卖儿契》一件,此件最后说:"或有恩敕流行,亦不在论理之限。官有政法,人从私契。恐后无凭,故立此契,用为后验。"可见人们仍然绕过法令的制约,从事买卖。

在中原地区,奴隶的买卖确实是十分稀少了,但南方地区却依然常见,这可以从唐政府禁止南方买卖奴婢一事得到说明。唐宪宗元和四年(809),李绛、白居易上奏"岭南、黔中、福建风俗,多掠良人卖为奴婢,乞严禁止"。⑥ 自此以后,元和四年、八年,文宗太和二年(828),宣宗大中九年(855),都曾下令禁止南方掠夺及买卖人口⑦。大中九年令文曰:"如闻岭外诸州居人,与夷獠同俗,火耕水耨,昼乏暮饥,迫于征税,则货卖男女,奸人乘之,倍讨其利,以齿之幼壮,定估之高下,窘急求售,号哭逾时。为吏者谓南方之俗,服习为常,适然不怪,因亦自利,遂使居人男女与犀象杂物,俱为货财。故四方鳏寡高年,无以养活,岂理之所安,法之所许乎?……自今以后,无问公私土客,一切禁断。勒诸州刺史,各于界内,设法钤制,不得容奸,依前为市。如敢更有假托事由,以贩卖为业,或虏劫谿洞,或典卖平民,潜出券书,暗过州县,所在搜获,据赃状依强盗论,纵逢恩赦,不在原宥之限……"⑧这些禁令都指明货买奴婢是南方

---

① 《资治通鉴》卷198《唐纪十四》,第6360页;同书卷197《唐纪十三》,第6329页。

② 《旧唐书》卷194《突厥上》,第5164页。

③ 《唐律疏义》卷20《贼盗》,北京:中华书局,1983年,第369、370、372页。

④ 《唐律疏义》卷1《名例》,第14页。

⑤ 《旧唐书》卷2《太宗纪上》,第33页。

⑥ 《资治通鉴》卷237《唐纪五十三》,第7779页。

⑦ 《唐会要》卷86《奴婢》,第1570—1573页。

⑧ 《唐大诏令集》卷109《政事·禁约下·禁岭南货卖男女敕》,北京:商务印书馆,1959年,第567页。

的风俗，而北方好像并不存在这一问题。所以有一些到南方去的官吏，对当地货卖男女之事明令禁止。如党仁弘在戎州（治今四川南溪）禁止夷獠卖亲鬻子。① 阳城在道州禁以良为贱，上疏停贡"矮奴"。② 李德裕任剑南西川节度使，禁蜀人鬻女为人妾。③ 韦丹作容州刺史，赎回"民贫自鬻者"。④ 韩愈作袁州刺史，"袁州之俗，男女隶于人者，逾约则没入出钱之家。愈至，设法赎其所没男女，归其父母。仍削其俗法，不许隶人"。⑤ 柳宗元为柳州刺史，"其俗，以男女质钱，约不时赎，子本相侔，则没为奴婢，子厚与设方计，悉令赎旧。其尤贫力不能者，令书其佣，足相当，则使归其质。观察使下其法于他州，比一岁，免而归者且千人"。⑥ 韩、柳等人的法律依据是《唐律》卷 26《杂律》："诸妄以良人为奴婢用质债者，各减自相卖罪三等，知情而取者又减一等，仍计庸以赏债宜。"但他们的行为也必须以中原地区的客观情况为基础。因此，我们可以认为中原地带农民因破产而沦为奴婢者虽不能说绝无，但已经很稀少了。

唐代官府奴婢的来源，一是配没罪人家属。唐代犯罪灭族者除武则天时外，非常有限；配没的均系妇女儿童，部分入宫掖，部分入司农，遇有国家大典，往往赦免。所以官府奴婢的社会意义不大。另一来源是地方官的上贡，这多来自南方。如代宗大历十四年（779）五月诏令说："邕府岁贡奴婢，使其离父母之乡，绝骨肉之恋，非仁也，宜罢之。"⑦德宗即位，"罢邕府岁贡奴婢"。⑧ 阳城上疏请求免贡"矮奴"。还有一种特殊的奴婢"私白"，实即宦官。《新唐书·吐突承璀传》说："是时，诸道岁进阉儿，号'私白'，闽、岭最多。"⑨宣宗大中时禁止岭南买卖奴婢的诏令中也说每年要上贡"白身"，这种"白身"，应即"私白"。这种"私白"的使用后来扩大到一般官吏。敬宗宝历二年（826）十一月敕："朝官及节度观察使，自今已后，并不许更置私白身驱使。"⑩这种"私白"的出身是悲惨的，但当他们成为皇帝或达官的家奴以后，便和处在社会底层的奴隶不能

① 《册府元龟》卷 689《牧守部十九·革弊》，第 7939 页。
② 《旧唐书》卷 192《隐逸传·阳城传》，第 5133—5134 页。
③ 《新唐书》卷 180《李德裕传》，第 5332 页。
④ 《新唐书》卷 197《循吏·韦丹传》，第 5629 页。
⑤ 《旧唐书》卷 160《韩愈传》，第 4203 页。
⑥ 韩愈：《柳子厚墓志铭》，《全唐文》卷 563，北京：中华书局，1983 年，第 5698 页。
⑦ 《唐会要》卷 86《奴婢》，第 1570 页。
⑧ 《旧唐书》卷 12《德宗纪》，第 320 页。
⑨ 《新唐书》卷 207《宦官上·吐突承璀传》，第 5870 页。
⑩ 《唐会要》卷 86《奴婢》，第 1571 页。

相提并论了。

因为俘掠人口和买卖人口都被严加禁止,并为舆论习惯所不容,所以在中原地区,奴婢的来源枯竭了。统治阶级的魔掌伸向两个方向,一是南方,这是主要的。其方法一是掳掠。唐政府派往南方的地方官"类多贪纵",他们多是人口的掠夺者,其矛头针对少数民族。例如睿宗时李知古在云南筑城,欲诛"蛮人"豪帅,掠其子女为奴婢,激起群"蛮"的暴动。① 武则天时郭元振为通泉尉,前后掠卖部民千余人以遗宾客。② 太宗时党仁弘在广州没降獠为奴婢。③ 在唐政府的禁令中屡次提到"公私掠卖奴婢","虏劫谿洞"。特别是獠人,自来是掠夺的对象,南朝"梁、益二州岁伐獠,以裨润公私,颇藉为利"。北周时"每岁命随近州镇,出兵讨之,获其生口,以充贱隶,谓之压獠焉。后有商旅往来者,亦资以为货。公卿达于人庶之家,有獠口者多矣"。④ 到唐代,獠人仍然是官僚掠夺的对象。如武德九年(626)郭行方击眉州獠,俘男女五千口。贞观十二年(638),齐善行击巫州獠,俘男女三千余口。上官怀仁击壁州獠,虏男女万余口。次年,又击巴、壁、洋、集四州獠,俘六千余口。十四年,党仁弘击罗窦獠,俘七千余口。⑤ 贞观时代是我国封建社会秩序最稳定的时期之一,而南方蛮獠的"反叛"却层出不穷。同时,南方地方官不断怂恿太宗对蛮獠用兵,其根源即在于此。正因为獠人被较多地当作奴隶,所以"獠奴"成为骂人的口头禅⑥。

从发展趋势看,高宗以后,大规模俘掠"南口"已经少见,而买卖却仍在进行。例如,凡到广州一带做官者"京师权要,多托买南人为奴婢"。⑦ 武则天时曾打算在荆、益二州市奴婢。⑧ 荆、益也是蛮獠杂居地带,同时也是农民受人

---

① 《资治通鉴》卷210《唐纪二十六》,第6779页。

② 《旧唐书》卷97《郭元振传》,第3042页。

③ 《册府元龟》卷455《将帅部一百十六·贪黩》,第5117页。

④ 《北史》卷95《獠传》,北京:中华书局,1974年,第3155、3157页。

⑤ 《新唐书》卷222下《南蛮下·南平獠》,第6327页;《册府元龟》卷985《外臣部三十·征讨第四》,第11399—11402页。

⑥ 如高宗拟立武则天为皇后,褚遂良极谏,武则天在帘后大叫:"何不扑杀此獠!"见《资治通鉴》卷199《唐纪十五》,第6403页。又如唐德宗骂陆贽"这獠奴!",见《资治通鉴》卷234《唐纪五十》贞元八年条考异引柳理《上清传》,第7652页。

⑦ 《旧唐书》卷154《孔巢父附孔戣传》,第4098页。

⑧ 《新唐书》卷118《张廷圭传》,第4261页。

身束缚最沉重的地区。直至宋、元时代,封建王朝都把这里作为特殊地区看待。①

约自中唐至文宗时代,奴婢的另一来路是山东半岛沿海一带。穆宗长庆元年(821)三月"平卢薛平奏,海贼掠卖新罗人口于缘海郡县,请严加禁绝,俾异俗怀恩,从之"。长庆三年正月的诏敕中再次强调不得买新罗人为奴婢,已在者,即放归其国。②据《新唐书·新罗传》,新罗人张保皋自中国回国,对其国王说:"遍中国以新罗人为奴婢,愿得镇清海,使贼不得掠人西去。"③张保皋的话虽不无夸张之处,但中国人用新罗奴婢当是事实。

在西方,有俘吐谷浑、吐蕃及使用突厥人为奴婢者,那是偶发或个别现象。唐晚期,回纥、吐蕃衰落,有些回纥、吐蕃奴婢向内地逃亡,唐政府把他们赶至岭南居住,似乎并未把他们作为奴婢使用。④总之,从地区来说,奴婢的来源主要是南方,其次是东方,西方甚少,北方则几乎全无。⑤

在唐代以前的各个朝代,大凡农民战争后所建立的新王朝,其初期,奴婢数量不大。随着王朝政权的巩固,统治阶级实力增长,农民日益破产,奴婢数量一日日增加。两晋南北朝时期,周边民族入侵,这个趋势尤为明显,然而到唐建国后,情况才大不相同。

封建时代的主要矛盾是地主阶级与农民的矛盾,奴婢这一阶层的存在与变化,必须受地主与农民这一阶级关系发展变化的影响与制约。地主阶级占有奴婢必须以其对农民的控制能力作为升降的杠杆。唐以前直至唐初,占有大量奴婢的是那些官僚地主及士族豪门,他们利用政治权力、传统的宗族势力及私家武装,束缚着大量的劳动人口,奴婢是其中的最下层。但是在农民战争中,豪门地主中的许多人被斩杀。如李渊有个好友名苏世长,原在王世充部

---

① 参《宋会要辑稿》第121册《食货一》天圣五年十一月诏,北京:中华书局,1957年,第4813页;《元典章》卷57《刑部十九·禁典雇》,天津:天津古籍出版社;北京:中华书局,2011年,第1887—1892页。

② 《旧唐书》卷16《穆宗纪》,第486页;《唐会要》卷86《奴婢》,第1571页。

③ 《新唐书》卷220《东夷传·新罗》,第6206页。

④ 《唐会要》卷86《奴婢》,第1573页。

⑤ 有人曾引用《张说之文集》卷14《赠太尉裴公神道碑》,确认裴行俭因"西擒致支,北降伏念",受赐僮二百人。但据《旧唐书》卷84《裴行俭传》所云:"诏赐都支等资产金器皿三千余事,驼马称是,并分给亲故并副使以下,数日便尽。"《册府元龟》《新唐书》诸书所载略同,都不言与"北降伏念"有关,也没有赐僮二百之事,而张说的文章中却变成"前后赐马五百匹、僮二百人、金银器物三千品,绵罽织皮六百段,公受置庭中,旬日便尽。此又赵奢之待士、田文之市义也"。笔者认为这是裴行俭死后数十年张说为了夸饰死者功德的溢美之词,不能信为实录。

下,驻守襄阳。王世充败亡后归唐,李渊对他的晚来归顺严加训斥。他说:陛下住在武功故里的老友,如今经战乱都死光了,唯我独存,如再把我杀死,就要断种了。① 关中不是战争最剧烈持久的地区,官僚地主被杀得几乎要断种,其他地方可想而知。豪门地主的另一部分是在战争中逃散了。唐代官僚凡出身于士族豪门者,多数离开了原籍。一个士族,一旦离开了原籍,脱离了自己的宗族,就失去了控制人口的凭借和占有大量奴婢的能力。

在农民战争中,大量奴婢摆脱了奴婢的枷锁,这是毫无问题的。顽固如李渊,也不得不承认这个现实。② 广大农民阶级在战争刚刚结束的一段时间里,实际上是在上少官府、下无地主的情况下生活着的,我们从刘黑闼的再起过程即可觉察到这一情况。所谓部曲之类的人物,在现实生活中已基本上消失了。唐建国后,施行"团貌",逐步加强对农民的控制,在法律上规定农民离开故土要打板子,那是继承隋朝的律文。可是在当时并没有人把它当作一回事儿,人口移动从来都是公开的。玄宗时的"括户",是因为"逃户"不可收拾,国家财赋无着,用"免税优复"来引诱人民重新登记入户籍,绝不是打板子。

总之,农民战争后,广大农民阶级身份上有很大的解脱,奴婢的存在便显得特别落后与野蛮。它的大量存在,势将成为社会的不稳定因素。唐太宗等人理应看到过奴隶是反抗隋朝统治最坚决的一部分,奴隶的大量存在不利于统治秩序的稳固,所以在唐建国后,统治者有意无意中在抑止奴婢数目的增长。突厥亡后,太宗于贞观五年(631)派遣使臣用金帛赎回没入突厥的人民共八万口。二十一年,铁勒降后,又派使者到燕然等州,"访求没落之人,赎以货财,给粮递还本贯。其室韦、乌罗护、靺鞨三部人为薛延陀所掠者,亦令赎还"。③ 贞观元年关中饥荒,"至有鬻男女者";次年三月,出御府金宝加以赎回。④ 高宗咸亨元年(670)十月大雪,令"雍、同、华州贫窭之家,有年十五已下不能存活者,听一切任人收养为男女,充驱使,皆不得将为奴婢"。四年正月

---

① 《旧唐书》卷75《苏世长传》,第2628页。

② 《大唐创业起居注》卷中:"(帝曰:……)'其破霍邑,攻战人等有勋者,并依格受赏。'事不逾日,惟有徒隶一色,勋司疑请,教曰:'义兵取人,山藏海纳,逮乎徒隶,亦无弃者。及著勋绩,所司致疑,览其所请,可为太息。岂有矢石之间,不辨贵贱,庸勋之次,便有等差,以此论功,将何以劝!黥而为王,亦何妨也。赏宜从重,吾其与之。诸部曲及徒隶征战有功勋者,并从本色授。'"唐初开国功臣出身于徒隶者颇不乏人。

③ 《资治通鉴》卷193《唐纪九》,第6199页;卷198《唐纪十四》,第6361页。

④ 《旧唐书》卷2《太宗纪上》,第33页。

诏："咸亨初收养为男女及驱使者，听量酬衣食之直，放还本处。"①很显然，单靠统治者的仁慈是无济于事的。奴婢自身决不甘心于自身身份的沦没，他们将采取一切可能的方法进行斗争。魏征曾向太宗说："比者弟子陵师，奴婢忽主，下多轻上，皆有为而然，渐不可长。"②所谓"有为而然"，无非是搞倒主子，摆脱奴婢身份。这时农民战争已经过去，奴隶参与大规模的斗争已不可能，斗争的方法一是控告主子犯法。按唐律，主子犯法，奴婢应为其隐瞒，不许揭发控告，否则要处以绞刑，主子则等于自首。但揭发谋反、谋大逆、谋叛者例外。③奴婢正是利用这一条款对主子不断展开斗争。贞观初年，奴告主已经出现，第一号开国大臣裴寂就因奴告，几乎丢掉脑袋，后被流放到静州（治今广西昭平）。太宗大约觉察到此端一开，将引起统治集团内部的震动，所以指令禁止。他说："比有奴告其主反者，此弊事。夫谋反不能独为，必与人共之，何患不发，何必使奴告邪！自今有奴告主者，皆勿受，仍斩之。"④但是，他的子孙们却没有接受这个祖训，奴婢告主并未因此而有所收敛。特别是武则天时代，因奴告被杀，甚至族灭者，颇不乏人（如郝象贤），以致"告密者皆诱人奴婢告其主，以求功赏"⑤。唐德宗时宰相张镒上疏说："顷者长安令李济得罪因奴，万年令霍晏得罪因婢，愚贱之辈，悖慢成风，主反畏之，动遭诬告，充溢府县，莫能断决。"⑥这种情况唐以后仍屡见不鲜。试想，主子反过来畏惧奴婢，畜奴还何利之有？奴婢另一斗争手段是破坏工具，或惹是生非，由主子负责。《敦煌资料》第一辑中收典身契约四件，"典身"不同于奴婢，所以在这些契约中都写明，如果工具毁坏，须由典身赔偿。在外惹事、偷窃东西，均由典身负责，与主人无关。从这些契约可以看出，主人唯恐别人把典身当作奴婢，使自己遭受损失和拖累。这说明使用奴婢对地主是不利的。总之，奴婢的斗争，制约着奴婢数量的增长。

贫富升降是封建社会不可抗拒的规律，富裕人家需要劳动人手，劳动人民总有一部分从生产资料中抛掷出来。贫困下来被抛出来的人民的出路是什

---

① 《旧唐书》卷5《高宗纪下》，第95、97页。
② 《资治通鉴》卷196《唐纪十二》，第6289页。
③ 《唐律疏义》卷6《名例·同居相为隐》，第130—131页；卷24《斗讼·部曲奴婢告主》，第438—439页。
④ 《资治通鉴》卷193《唐纪九》，第6173页。
⑤ 《资治通鉴》卷205《唐纪二十一》，第6604页。
⑥ 《旧唐书》卷125《张镒传》，第3546页。

么,在唐代要比前代广阔得多。首先,其中大部分是流落他乡做客户,而客户的趋向是变成地主的佃户。破产农民中另一部分是走向城镇做手工业者或流动商贩,个别人成为城镇中的无赖。破产农民最坏的落脚点在过去是大量成为奴婢,到唐代则大量成为佣仆。

唐政府在检括逃户的诏令中常常提到农民破产流亡的去向是"或因人而止,或佣力自资","佣假取给,浮窜求生"。① 武则天时李峤上书也说:"天下编户,贫弱者众,亦有佣力客作以济粮粮,亦有卖舍贴田以供王役。"②这里都不曾说农民降为奴婢,而是佣力。唐政府在禁止岭南买卖奴婢的诏令中亦指出破产农民的出路,"如有贫穷不能自济者,欲以男女佣雇与人,贵分口食,任于行止,当立年限为约,不得将出外界,还同交关"。③ 柳宗元和韩愈都曾把这种庸力移植到南方。这种庸力的名目繁多,如佣、佣保、佣夫、仆夫等,他们和奴婢不同的地方是要付报酬。前引柳宗元在柳州的措施:那些犹贫不能赎回质子者,"令书其佣,足相当,则使归其质"。这里所说的"佣",当即佣金。"足相当",应即佣金与债务相等。韩愈《应所在典贴良人男女等状》说:"右准律不许典贴良人男女作奴婢驱使,臣往任袁州刺史日,检责州界内得七百三十一人,并是良人男女,准律计佣折直,一时放免。"④这里的"佣",亦即佣金。《敦煌资料》第一辑收有后梁龙德四年(924)及只有甲子不明年代的雇佣契约若干件,其中均写有每月应付的工价。

佣夫与奴婢的另一不同点,是可以自由离开主人。《朝野佥载》卷6记萧颖士的一件事:"开元中,颖士方年十九,擢进士,至二十余,该博三教。其赋性躁忿浮戾,举无其比。常使一仆杜亮,每一决责,皆由非义。平复,遭其指使如故。或劝亮曰:'子佣夫也,何不择其善主,而受苦若是乎!'亮曰:'愚岂不知,但爱其才学博奥,以此恋恋不能去。'卒至于死。"⑤这里点明"佣夫"是可以自行择主的。但是,这种佣人仆夫的生活和工作境遇和奴婢有时是相似的,所以在文人笔下往往不加分辨,如上引萧颖士的佣人,《朝野佥载》《太平广记》《唐摭言》都说他是"仆",唯《新唐书》则改写为"奴"。又如武则天时的酷吏之一侯

① 《唐大诏令集》卷110《政事·田农·置劝农使安抚户口诏》,同卷《听逃户归首敕》,第576—577页。

② 《旧唐书》卷94《李峤传》,第2994页。

③ 《唐大诏令集》卷109《政事·禁约下·禁岭南货卖男女敕》,第567页。

④ 韩愈:《应所在典贴良人男女等》,《全唐文》卷549,北京:中华书局,1983年,第5566页。

⑤ 《朝野佥载》卷6,北京:中华书局,1979年,第133页。

思止，《旧唐书》说他"乐事渤海高元礼家"，《资治通鉴》说他"始以卖饼为业，后事游击将军高元礼为仆"。[①] 我们根据他可以流动的情况看，显系"佣仆"一类的人物，而《新唐书》却说他"为渤海高元礼奴"。[②] 《新唐书》的作者是为了行文古雅。而唐代初期奴仆的概念本来是含糊的，如《唐律·斗讼律》中说："部曲、奴婢是为家仆，事主须存谨敬。"[③]可知唐律中把两种不同身份的人都叫作"家仆"。但唐中晚期文人笔下的"仆"，多指佣仆。如《唐摭言》中《贤仆夫》一目所引各条，显系佣仆一类人物。

较仆夫身份低下却又不同于奴婢的是"典身"。《敦煌资料》第一辑中收有没有明确年代只有甲子的典身契约四件，内容大致相同。今录《癸卯年吴庆顺典身契》一件，以见一斑。

> 癸卯年十月二十八日，慈惠乡百姓吴庆顺兄弟三人商拟，为家中贫乏，欠负广深，今将庆顺已身典在龙兴寺索僧政家，见取麦壹拾硕，黄麻壹硕陆升（斗），准麦叁硕贰斗，又取粟玖硕，更无交加。自取物后，人无雇价，物无利头，便任索家驱驰。比至还得物日，不许左右，或若到家被恶人拘卷，盗切（窃）他人牛羊、园菜、麦粟，一仰庆顺祇当，不干主人之事。或若兄弟相争，延引抛功，便同雇人逐日加物叁斗。如若主人不在，所有农[具]遗失，亦仰庆顺填倍（赔）。或疮出病死，其物本在，仰二弟填还。两共面对商量为定。恐人无信，故立此契，用为后凭。又麦壹硕、粟贰斗，恐人不信，押字为凭。叔吴佛婢。

由这些文契可知，典身的特点是：一无工资，这是和佣仆的不同之处。二是可以还清债款，赎回本身；一切行动，生死病夭都由典身自身负责，这又是和奴婢的不同之处。从表面上看典身是"良人"，不同于"如同畜产"之奴婢，实际上却是地主阶级更阴狠的剥削手段。所以韩愈《应所在典贴良人男女等状》一文中说："原其本末，或因水旱不熟，或因公私债负，遂相典贴，渐以成风。名目虽殊，奴婢不别，鞭笞役使，至死不休，既乖律文，实亏政理……"尽管如此，典身的出现与存在，说明奴婢这一事物在蜕化中。

在唐代，达官贵族的奴婢也在变化中。其特点是日益变得骄横强悍，成为

---

① 《旧唐书》卷186《酷吏上·侯思止传》，第4844页；《资治通鉴》卷204《唐纪二十》，第6579页
② 《新唐书》卷209《酷吏·侯思止传》，第5909页。
③ 《唐律疏议》卷22《斗讼·部曲奴婢过失杀伤主》，第407页。

统治阶级的鹰犬。名为奴仆，实则是统治阶级中最凶残的一部分。如越王贞"纵诸僮竖侵暴部人"①，滕王元婴"家人奴仆，侮弄官人"②，琅琊王冲"责息钱于贵乡，遣家奴督敛"③，张易之纵其家奴凌暴百姓④，长宁、安乐诸公主"多纵僮奴掠百姓子女为奴婢"⑤。甚至主子也被奴仆钳制。如淄青镇帅李师古死，其奴不发丧，潜使人迎李师道于密州（今山东诸城），立为节度使；而李师道的败亡实际也由家奴所致。⑥ 达官贵人的奴仆不仅飞扬跋扈，同时也夤缘飞黄腾达。《唐摭言》卷15《贤仆夫》条："李敬者，本夏侯谯公（孜）之佣也。公久厄塞名场，敬寒苦备历，或为其类所引曰：'当今北面官人，入则内贵，出则使臣，到所在打风打雨。你何不从之？而孜孜事一个穷措大，有何长进！纵不然，堂头官人（原注：此辈谓堂吏为官人），丰衣足食，所往无不克。'敬辗然曰：'我使头及第后，还拟作西川留后官。'众官大笑。时谯公于壁后闻其言。凡十余岁，公自中书出镇成都，临行有以邸吏托者，一无所诺。至镇，用敬知进奏，既而鞬掌极矣。向之笑者，率多投之矣。"⑦可知当时官吏的奴仆借助主子的权势进入官场作威作福之一斑。到五代时，官吏奴仆爬到最高统治阶层的颇不乏人，并且不再因出身寒贱而为人所不齿。如高季兴，原是汴城商人李七郎仆隶，后至南平国王。孟汉琼，原为王镕家奴，唐明宗时官至宣徽南院使。李彦韬少时为阎宝仆夫，后成为后晋石敬瑭心腹大臣，官宣徽北院使、侍卫马步都虞侯。赵思绾曾为李肃仆人，后为牙将，占据长安。谢彦颙为湖南马希萼家奴，后为马希萼亲信。⑧ 此外，号称寒贱不明出身者更无法计算。投靠达官贵人以求一逞的情况，到明朝发展到顶点。一个士人一旦官位到手，一批人（包括地主分子在内）如苍蝇逐臭一般，蜂拥而至，投作奴仆。这时的奴仆，事实上已成为一种招牌，有了这个身份，说明有了靠山，可以招摇过市，为非作歹，甚至官运

① 《旧唐书》卷76《太宗诸子·越王贞传》，第2661页。

② 《旧唐书》卷64《高祖二十二子·滕王元婴传》，第2437页。

③ 《新唐书》卷113《徐有功传》，第4189页。

④ 《旧唐书》卷92《魏元忠传》，第2952页。

⑤ 《资治通鉴》卷209《唐纪二十五》，第6749页。

⑥ 《旧唐书》卷124《李正己附李师道传》，第3538—3540页。

⑦ 《唐摭言》卷15《贤仆夫》，上海：古典文学出版社，1957年，第165—166页。

⑧ 见《旧五代史》卷133《世袭列传二·高季兴传》，卷72《唐书四十八·孟汉琼传》，卷88《晋书十四·李彦韬传》，卷109《汉书十一·赵思绾传》及《资治通鉴》卷277《后唐纪六》，卷284《后晋纪五》，卷288《后汉纪三》，卷290《后周纪一》。

亨通。① 俗语所说"宰相家人七品官",绝不是一句空话。

　　综上所述,随着封建社会的发展变化,奴隶这一社会阶层也在发展变化中,从数量上说,它日益减少;从身份上说,由奴隶过渡到佣仆。而达官权势的奴仆,转化为统治阶级的鹰犬。这种情况在唐代已普遍出现,后经契丹、女真、蒙古的入侵,这个趋势有不同程度的逆转,到明代又加明朗起来。从这个历史侧面,我们也可以觉察到封建社会发展的消息来。

　　(原载于《唐史研究会论文集》,西安:陕西人民出版社,1980 年。收入本集时已作部分修订。)

---

　　①　相关叙述可参见《日知录》卷 13《奴仆》及王士性《广志绎》卷 3《江北四省》等。

唐代军事争夺下的运河

孟昭庚

摘　要:本文基于大量史实,对安史之乱爆发后唐中央政府与藩镇势力对运河的争夺情况展开考察。中央政府控制下的江南财赋,必须通过通济渠(汴渠)输向长安,以维持中央政府的运作。在藩镇割据背景下,汴渠一线成为政府与叛镇割据势力争夺的焦点,沿线重镇汴州和徐州逐渐成为中原最强大的军事乃至政治中心。江南的物资集中在扬州交卸转运,使扬州一带也成为战斗交炽之处。汴渠一线与扬州地区的控制权,关系着唐帝国的安危,也影响着全国形势的格局。

关键词:唐代　藩镇　军事争夺　运河

安史乱后,河北地区沦入藩镇之手。这些藩镇"户版不籍于天府,税赋不入于朝廷"①,运河北段的永济渠对唐政府来说已经丧失了意义。政府的财赋来源只有江南八道,而江南的财赋必须通过通济渠(唐代习称"汴渠"或"汴水")向北方输送,通济渠成为财政上的命脉所在。唐政府如果能够确保通济渠的畅通,它的统治就会稳定下来,否则就会立即陷入困境。但是,不幸的是,安史乱后,在汴渠两侧经常出现叛附不定的军镇,他们往往和河北藩镇相呼应,试图切断运河的运输,截留江淮的财赋,而唐政府则又必须确保运河的安全。这样,汴水一线便成为政府与叛镇争夺的焦点。

唐朝的财赋来源是江南,而江南的物资都集中在扬州交卸转运。这里不但集中着大量的物资财富,而且和隔江的润州(治今江苏镇江)、升州(治今江苏南京)联为一体,形成一个无比险要的重地。凡有战乱,必有一些野心家试

---

① 《旧唐书》卷 141《田承嗣传》,北京:中华书局,1975 年,4838 页。

图占据这里,建立割据政权,所以,扬州一带也成为战斗交炽的焦点。

汴渠一线为谁所控制,扬州地区沦入谁人之手,关系着唐帝国的安危,也影响着整个中国形势的格局。

一、唐政府与藩镇对汴渠沿线重镇的争夺

自洛阳板渚至汴渠入淮的泗口,这一段是运河的中腰。任何一个叛镇如果夺得此段运河的控制权,就可以西向威胁两京,南下攻取江淮。对唐政府来说,如果丧失了此段运河的控制权,就无异在自己的腹部插入一把钢刀,不但失去了经济来源,东都也立即暴露在敌人面前。因此,这段运河经常是叛镇虎视眈眈的目标,也是唐政府必须悉力据守的命脉所在。

安史之乱初期,叛军的进攻目标主要是两京,所以汴渠东线的战事并不紧张。两京沦陷以后,运河漕运中断,唐政府的物资不得不改由汉水向汉中方向转运。这时,叛军为扼杀政府的经济命脉,它的进攻方向一是直下南阳,攻占南阳以后,又直指襄阳,试图截断汉水运输。另一进攻方向便是顺汴水而下,指向江淮,夺取政府财赋重地。唐肃宗至德二载(757),叛军大举进攻汴渠重镇睢阳(今河南商丘)。睢阳镇将张巡、许远等人深知"睢阳,江淮之保障",失去了睢阳,等于放弃江淮。所以以数不满万的士卒,抗击十余倍的敌军。在内无粮草、外无援军的情况下,自是年正月起死力坚守,给敌人以很大杀伤,至当年十月沦陷。然而彼时叛军在西线已全线崩溃,无力再进攻江淮了,所以睢阳的保卫战对维护江南的安全起到了很大的作用。[①] 李翰《进张巡中丞传表》云:"贼所以不敢越睢阳而取江淮,江淮所以保全者,巡之力也。……若无巡,则无睢阳;无睢阳,则无江淮。贼若因江淮之资,兵弥广,财弥积,根结盘据。西向以拒王师,虽终于歼夷,而旷日持久。"[②]基本符合当时的形势。

唐代宗大历十一年(776),汴(治今河南开封)、宋(治今河南商丘)留后田神功死,部将李灵曜代为留后。李灵曜北结魏博镇之田承嗣,自行任命州县官吏,以汴州为中心,试图仿效河北三镇实现割据。如果这一割据成为事实,汴宋将与河北藩镇连为一片,唐帝国的中心地区就被拦腰切断,汴渠的运输权益

---

① 《资治通鉴》卷220《唐纪三十六》,北京:中华书局,1956年,第7156—7157页。

② 李翰一:《进张巡中丞传表》,《全唐文》卷430,北京:中华书局,1983年,第4377页。

将全部丧失，整个形势将为之恶化。这当然是唐政府不能容忍的。于是代宗命令周围各军镇环而攻之。同年，淮西节度使李忠臣、河阳三城使马燧大败李灵曜及魏博援军于汴州城下。魏博军溃走，李灵曜逃窜中被俘杀死，一场危机宣告结束。①

李灵曜的叛变，使汴州的重要性日益显现出来。唐德宗建中二年(781)，河北藩镇及淄青节度使(治郓州，今山东东平西北)李正己联合抗命，山南东道节度使(治今湖北襄阳)梁崇义桀骜不驯，南北遥相呼应。汴渠面临更为严重的威胁。唐德宗命令驻守汴州的宰臣李勉扩大汴州城垣，以为防守之计。但这一行动立即引起各镇的惊惧与不满。魏博镇田悦移军边境，淄青镇李正己屯兵曹州(治今山东定陶东)。政府不得不采取相应措施，以汴州为中心，增置军镇，以武臣出任各州刺史，升汴宋为宣武节度使，命李勉长驻汴州，为诸军都统，并征调关中士卒九万二千人赴援中原，大有山雨欲来风满楼之势。②

此后不久，上述各镇连兵暴动，在汴水流域揭开了战幕。"李正己遣兵扼徐州埇桥(今安徽宿州市区)、涡口(今安徽怀远东北)，梁崇义阻兵襄阳，运路皆绝，人心震恐。江淮进奉船千余艘，泊涡口不敢进。"③埇桥是汴渠中游漕运重要关卡，涡口是淮河入颍水线的必经之路，而襄阳是汉水入汉中线的重镇。三条线都被切断，唐帝国面临的严峻形势可想而知。但是不久，李正己病死，其子李纳继位。李正己的堂兄、徐州刺史李洧以徐州归唐，李纳及魏博镇大军围攻徐州。唐政府调动宣武镇刘洽、朔方镇唐朝臣等部力疾驰援，大败淄青军于徐州城下，徐州解围，运河再度畅通。④通过这一次战斗，一个新的格局明朗化起来，那就是必须加强徐州的防务，提高徐州的地位，才能阻遏淄青镇及其联军的南侵，掩护汴水漕运的安全。于是，徐州的地位也开始突显。

唐德宗建中三年(782)，唐政府与藩镇的战争推向了空前的高潮。河朔三镇与淄青镇的李纳、淮西镇(治今河南汝南，后又移治许州，即今许昌)的李希烈联合起来，和唐中央展开了全面的战斗。李纳自东，李希烈自南向运河进逼，迫唐政府漕运改道。四年十月，因派兵驰援襄城(今河南襄城)，引起了"泾

---

① 《资治通鉴》卷225《唐纪四十一》，第7357—7358页；《旧唐书》卷134《马燧传》，北京：中华书局，1975年，第3691页。

② 《资治通鉴》卷226《唐纪四十二》，第7411—7419页；《旧唐书》卷12《德宗纪上》，第327—331页。

③ 《资治通鉴》卷227《唐纪四十三》，第7421页。

④ 《资治通鉴》卷227《唐纪四十三》，第7428—7431页；《旧唐书》卷145《刘玄佐传》，第3931页。

原兵变",唐德宗逃往奉天(今陕西乾县),朱泚据长安称帝。十二月,李希烈攻陷汴州,以汴州为大梁府,自立为帝,并引军东向进攻宁陵(今河南宁陵),唐廷失去了汴水的控制权,物资供应陷入绝途,处在风雨飘摇中。[①] 兴元元年(784)五月,李晟收复长安,十一月,刘洽收复汴州。镇海节度使(治今江苏镇江)韩滉起运大批物资入京,局势又逐渐缓和下来。[②]

经过代、德两朝的斗争,最大的经验教训是:为了确保汴渠漕运的畅通,必须加强汴渠沿线的防御,以运河为防线把叛镇封闭在河朔及今山东半岛一带。为了实现这一目的,必须加强沿线重镇的军事力量,而防御的重点在二镇,即汴州与徐州。确保了汴、徐,就确保了汴渠,确保了汴渠,就确保了财源,有了财赋的保证,国家才有可能趋向稳定。于是从此以后,唐政府在这两处采取了一系列措施,以加强其防务,使汴州和徐州逐渐成为中原最强大的军事乃至政治中心,而这一情况此后影响我国历史至为重大。

徐州原来不过是淄青镇属下的一个州治,李洧归唐以后,置徐、沂、海观察使,治徐州。唐德宗贞元四年(788),由宰臣李泌的建议,割濠(治今安徽凤阳东)、泗(治今江苏盱眙北)二州隶徐州,置徐、泗、濠三州节度使,治徐州。泗州是汴渠入淮的河口,是漕运的咽喉重地。濠州虽不在运河线上,但它在直通埇桥的南北大道上,又是淮河运输必经之地。每当汴渠漕运断绝,货物被迫溯淮而上,经由寿州(今安徽寿县)入颍时,濠州便成为货运的关卡。割濠、泗归徐州,显系加强徐州保卫运河的重任。与此同时,调以忠贞果敢著称的庐、濠都团练使张建封出任徐、泗、濠节度使,"创置军伍",加强防务。[③] 到宪宗元和时,徐州"辖城一十六,户一十万,兵六十旅"[④],成为东方重镇。在北抗淄青、魏博,西击汴州叛将等战役中确曾起过重大作用,并常以朝廷重臣出任节镇。

汴州原来也不过是一般的州治。李勉扩大城郭,规模宏伟,为五代、宋的都城形制奠定了基础。且自李勉之后,宣武节度使即长治汴州,以镇压李希

---

① 《资治通鉴》卷227《唐纪四十三》至卷229《唐纪四十五》,第7454—7508页。《旧唐书》卷145《李希烈传》,第3943—3945页;《新唐书》卷225中《逆臣中·李希烈传》,北京:中华书局,1975年,第6437—6441页。

② 《旧唐书》卷129《韩滉传》,第3601—3602页。

③ 《资治通鉴》卷233《唐纪四十九》,第7638页;《旧唐书》卷140《张建封传》,第3830页;《新唐书》卷158《张建封传》,第4940页。

④ 《使院新修石幢记》,《金石萃编》卷107唐67,《石刻史料新编》第1辑第3册,台北:新文丰出版公司,1982年,第1797页。

烈、李纳卓立功勋的刘玄佐任节度使。刘玄佐在任八年中,大力扩充兵力,士众多至十万人,这个规模一直持续下去,为其他任何军镇所不及。[①] 所以韩愈曾说:"今天下之镇,陈留(郡治汴州)为大,屯兵十万,地连四州。自天宝以来,当藩垣之任,皆天子元臣。"[②]

自德宗末年到宪宗时代,徐州在李愿、李愬治理下,汴州在韩弘治理下,卓有成效地屏藩运河的安全,维持漕运的通畅。

汴州、徐州屯驻重兵是形势的需要,但是另一方面,屯驻重兵又使汴州、徐州成为两个"骄兵悍将"的大本营。如汴州"刘玄佐性豪侈,轻财重义,厚赏军士,故百姓益困。是以汴之卒,始于李忠臣,讫于玄佐,而日益骄恣,多逐杀将帅,以利剽劫"。[③] 刘玄佐于贞元八年(792)死,至贞元十五年,前后七年中,发生过五次大规模兵变。贞元十六年,韩弘到任,诛杀兵变首领三百余人。穆宗长庆二年(822),韩充为节度使,下令驱逐变兵千余家,骄兵的嚣张气焰逐渐消减。[④] 长庆四年,令狐楚代为节度使,"解其酷法,以仁惠为治,去其太甚,军民咸悦,翕然从化,后竟为善地"。[⑤] 随着秩序的稳定,商业也日益发展起来。文宗开成元年(836)至五年,李绅为节度使,"又于州置利润楼店"。[⑥] 汴州逐渐成为一个政治相对稳定、经济繁荣的大城市。到唐朝末年,朱温以汴州为根据地进行兼并战争。在关中荒残、经济中心东移的情况下,汴州终于成为五代梁、晋、汉、周及北宋、金朝的首都,成为我国五大古都之一,这可以说是唐代保卫运河战争的积极结果之一。

然而,徐州的发展却产生了截然不同的结果。徐州自张建封之后,士卒暴动,驱逐主帅之事不断发生。穆宗长庆二年(822),王智兴驱逐节度使崔群,继为节度使,"王智兴既得徐州,募勇悍之士二千人,号银刀、彫旗、门枪、挟马等七军,常以三百余人自卫,露刃坐于两庑夹幕之下,每月一更。其后节度使多儒臣,其兵浸骄,小不如意,一夫大呼,其众皆和之,节度使辄自后门逃去"。[⑦]

---

① 《旧唐书》卷156《韩弘传》,第4134页;《五百家注韩昌黎集》卷37《状·赠太傅董公行状》,北京:中华书局,2019年,第1419—1424页;《文苑英华》卷976《行状六·董公晋行状》,北京:中华书局,1966年,第5134—5136页。

② 《五百家注韩昌黎集》外集卷3《序·送汴州监军俱文珍序》,第1549页。

③ 《旧唐书》卷145《刘玄佐传》,第3932页。

④ 《旧唐书》卷156《韩弘附弟充传》,第4138页。

⑤ 《旧唐书》卷172《令狐楚传》,第4461页。

⑥ 《旧唐书》卷173《李绅传》,第4499页。

⑦ 《资治通鉴》卷250《唐纪六十六》,第8221页。

懿宗咸通三年(862),徐州骄兵驱逐节度使温璋。正在这时,浙东观察使王式镇压了裘甫的暴动,受命为武宁节度使(即徐泗濠节度使)。他率众赴任,用阴谋手段,突然围杀徐州士卒数千人。这一屠杀引起徐州士兵的极大恐慌与不满,大量士卒潜逃民间。叛兵家属深怀仇恨,伺机报复。咸通九年七月,戍守桂林的徐州士兵暴动,推庞勋为首,自行引众东归。他们顺江而下,自扬州渡江,顺运河而上,潜伏民间的士卒纷纷归队。十月,攻陷汴河要冲宿州(今安徽宿州),全歼迎战之敌。接着在士民的支援下攻陷徐州。当时徐州地区的人民正处在水深火热之中,他们纷纷"断锄首而锐之",加入兵变的行列,庞勋的队伍很快壮大起来。庞勋在徐州站稳脚跟以后,立即派兵驻守宿州,攻取濠州。然后大军直扑"当江淮之冲"的泗州。唐泗州守将杜慆、辛谠等人深知"若泗州不守,则淮南遂为寇场",死力拒守。而庞勋对泗州则势在必取,双方在泗州展开激烈持久的争夺战。庞勋一面包围泗州,一面袭占淮河南岸之都梁城,切断汴渠漕运,歼灭敌援军三万人。乘胜西取寿州,使取道寿州入颍的航道也从而断绝,东南财赋彻底中断。从这里,我们看出,庞勋作战的重点是夺取汴渠的控制权,然后四向发展。唐政府调动大部兵力包围徐州,次年,庞勋逐渐趋于不利地位。四月,马举率精兵四万解泗州之围。十月,徐州被攻陷,庞勋在西进中失败阵亡,为时一年有余的战斗暂告结束。①

庞勋失败的主要原因是当时敌我双方的实力相差悬殊。在未取得决定性胜利以前,领导集团就冲昏了头脑,向蜕化变质方向发展,以致造成速亡的结局。但是庞勋自始至终着力于攻取汴渠沿线重镇与要塞,力图控制汴渠的航运,南进江淮,扩大割据范围。这一战略方针是无可非议的。

庞勋虽然失败了,但是他控制汴渠下游一年有余,政府财政几乎崩溃,国力急剧虚弱。而且庞勋失败后,"徐贼余党犹相聚闾里为群盗,散居兖、郓、青、齐之间"。② 数年之后,王仙芝、黄巢的起义军在这一带频繁出没,庞勋余众又参加起义行列。起义队伍空前壮大,唐帝国的大厦从此不堪收拾了,所以史称"唐亡于黄巢,而祸基于桂林"。③ 然而究其远因则是:自德宗时起,为了北防淄青,西备淮蔡,保护汴渠安全,加强徐州防务,增兵驻守,使徐州成为"骄兵悍将"的巢穴,终至酿成巨大兵变及人民暴动。

---

① 《资治通鉴》卷251《唐纪六十七》,第8242—8274页。
② 《资治通鉴》卷252《唐纪六十八》,第8280页。
③ 《新唐书》卷222中《南蛮中·南诏下》,北京:中华书局,1975年,第6295页。

唐僖宗乾符元年(874),王仙芝、黄巢领导的农民大起义发动起来。他们采取的是流动作战方针,在汴渠上下来往穿插,却从不企图攻占汴渠沿线重镇。起义队伍虽日益壮大,却不能致敌人以死命。乾符六年,起义军自广州出发北进。次年,自今皖南渡江,经天长、六合,甩开江淮财赋中心扬州,直取洛阳,进入关中,建国称帝。然而从此以后,起义军的弱点却日益暴露出来。他们前面攻取一地,后面放弃一地。既不占领江淮财赋重地,也不控制河运路线,数十万大军龟缩在长安一隅,坐吃山空,最后敌军四面合围,不得不撤出关中,靠掳掠为生,终于使起义走向了绝途。在这一点上,他远不如庞勋高明。

黄巢起义后,汴渠漕运几陷于停顿。唐末,朱温试图兼并江淮,但是在昭宗乾宁四年(897),被杨行密大败于清口(即泗水入淮之口),南侵锋芒顿挫。此后在汴渠沿线西自宿州,东至泗州,虽时有交战,但双方均无建树。终五代时期,基本上是划淮为界。直至五代末年的柴荣时代,局面才有所改变。

二、对扬州地区的争夺

扬州处在经济发达的江淮地区,它又是大江航运与大运河的交叉点。由于江流与运河的水量不同及水流的季节性变化,在大多数情况下,江船不入运河,运河船不入大江,而将货物在扬州交卸,扬州成为南北货运的集散地。中唐以后,扬州又是官府货物及盐铁转运的中心,更成为全国性的经济咽喉重地。江对岸的润州是浙西观察使或镇海节度使的治所,形势险峻,向为兵家必争之地。其西的升州,虽经隋唐两代地位降低,但龙盘虎踞的形势依然存在。这三地鼎足而立,是动乱时期野心家垂涎的地区。所以终唐一代,企图占据扬州与升州,再来一次南北对峙者大有人在。

首先采取这一行动的是徐敬业。公元684年,武则天废中宗李显,立李旦为帝,而威权全在武则天之手。徐敬业纠集一部分官僚,以讨伐武则天为号召,突然占领扬州,但他的兵锋所指不是东都,却相信"金陵王气所在",挥军南下,攻取润州。如果从纯军事的观点来看,这一着并非全无是处,然而在政治上却是失策的。因为当时武则天刚刚废掉中宗,羽毛尚未丰满,统治尚未巩固,官僚集团及唐家宗室反对武则天者为数甚众。徐敬业如挥军北上,名正言顺,必有许多人响应,这将给武则天造成极大困难。然而徐敬业却率兵南下,摆出一副割据江东的架势,使人怀疑他的用心。且给武则天以充裕时间来调兵遣将,并剪除自己眼前的不可靠分子,致使唐朝政府中的反武势力未及行动,即在外无声援、内遭打击下逐渐消失了。徐敬业在江东尚未站稳脚跟,而唐已大军压境,只得仓促北上迎战。当时,扬州北方的屏障只有一条淮河,而沿淮的最重要关口是汴水入淮的河口。河北是临淮(即泗州),河南是都梁山。唐军先占临淮,后破都梁,长驱直入。下阿溪(今天长市)一战,徐敬业全军溃败,江都不能守,只好逃窜,终于败死。

安史暴动,北方陷入旷日持久的大乱中,大片土地沦入叛军之手,只有富庶的江南还是一片和平景象。天宝十五载(756),唐玄宗逃亡入蜀,命永王李璘任山南东道、岭南、黔中、江南西道节度使,驻江陵。李璘的辖区本来在长江中游一带,但他受部下的拨弄,"以为今天下大乱,惟南方完富,璘握四道兵,封疆数千里,宜据金陵,保有江表,如东晋故事"。于是率众顺江而下,连陷当涂(今安徽当涂)、升州,进军至丹徒(今镇江),试图攻取扬州。

扬州地区的官员虽未接中央诏旨,却深知此事有关大局。淮南采访使李成式、河北招讨判官李铣率众数千,在扬子(今扬州南)、瓜步(今六合南)一线沿江布防。次年二月,李璘部属季广琛等人率众叛归唐廷,李璘不支,南逃江西,途中被杀。[1]

接着是刘展占据扬州。唐肃宗上元元年(760),宋州(治今河南商丘)刺史、淮西节度副使刘展遭节度使王仲升猜忌,由监军宦官邢延恩建议唐肃宗,任命刘展为淮南东、江南西、浙西三道节度使,企图使刘展脱离兵众后,中途加以逮捕。刘展识破邢延恩的计谋,要求先得江都(即淮南东道)印节,然后离镇。邢延恩往取印节交付刘展。刘展接到印节,立即帅所统兵众七千,疾赴扬州。唐淮南东道节度使邓景山驻军徐城(时治临淮,即泗州),把截汴口,进行抵抗,为刘展所败。刘展引众进占广陵,分兵攻占濠州(今安徽凤阳东北)、楚州(今江苏淮安),并立即渡江南下,攻占润州,转而占领升州,控制今扬州、镇江、南京三镇,然后西攻宣州(今安徽宣城),东下苏州、湖州,席卷今淮南、苏南、皖南各地,大有割据江南之势,唐政府的财赋要害处在危机之中。邓景山等官员一筹莫展,乃北向求救于驻军任城(今山东济宁)的平卢都知兵马使田神功,并以淮南金帛子女为诱饵。果然,田神功率众南下,双方大战于都梁山。

---

① 《资治通鉴》卷219《唐纪三十五》,第7125—7138页;《旧唐书》卷107《玄宗诸子·永王璘传》,第3264—3266页。

刘展大败过江。田神功部队大掠扬州,杀胡商以千数,城中穿掘殆遍,扬州遭受一次前所未有的浩劫。后双方又大战于江南,平静的江南也惨遭荼毒。田神功得胜回朝,加官晋级,恩宠荣耀无比。他的暴行未受任何责难,其原因就是田神功保住了唐政府财赋命脉,至于其他,就在所不计了。①

唐宪宗元和二年(807),镇海节度使(治镇江)李锜叛唐,分任诸将驻守所辖苏、常、湖、杭、睦诸州,唆使各将诛杀当州刺史,并派遣张子良等西攻宣州。然而行前,张子良等人突然背叛,其甥裴行立自内响应,李锜被捕入京杀死,一场割据江南的美梦旋即破灭。②

唐代末期,企图割据江淮的是裘甫。宣宗大中十三年(859),裘甫在浙东起义,攻占象山、剡县(今嵊州市)、唐兴(今天台)、上虞(今余姚)等县。唐政府指派王式前往镇压。裘甫的部将刘暀建议裘甫"急引兵取越州(今绍兴)……循浙江筑垒以拒之。大集舟舰,得间,则长驱进取浙西,过大江,掠扬州货财以自实,还修石头城而守之"。③刘暀这个建议未被采纳。裘甫不久就失败了。

唐末农民大起义以后,经过长期的混战,以扬州为中心,建立江淮的割据政权,终于成为现实,那就是杨吴、南唐政权的建立。

黄巢起义失败,全国陷入军阀混战中。在南方,扬州成为军阀争夺的焦点。参与争夺的有原淮南节度使高骈的部属吕用之、毕师铎、杨行密等,又有原宣州观察使秦彦,占据汴州的朱温,占据蔡州(今河南汝南)的秦宗权。这些军阀在扬州地区展开了持久猛烈的拉锯战,扬州遭到致命的浩劫,城市被毁坏,人民被杀戮和驱赶,财赋被抢劫或焚毁,运河漕运中断。但是谁也不能在扬州站稳脚跟。此后,杨行密和秦宗权的叛将孙儒在今苏南一带进行残酷的争夺。最后杨行密扫除了所有的对手,北阻朱温的南下,南抗钱镠的侵扰,控制了原山阳渎和江南河流域,以扬州为首府建立了杨吴政权,努力从事恢复生产和重建工作,江淮地区的割据政权逐渐成形。杨行密死后,大权落入徐温之手,徐温命其养子徐知诰驻军润州,控制交通枢纽,儿子徐知训留守扬州,监督王室。他自己却坐镇金陵,掌握全局。徐温死后,徐知诰取代其位,终于废吴自立,移都金陵,建立南唐政权。杨吴与南唐共存在八十五年,对维护江淮的

---

① 《资治通鉴》卷221《唐纪三十七》,第7216—7221页;卷222《唐纪三十八》,第7222—7223页。

② 《资治通鉴》卷237《唐纪五十三》,第7762—7766页;《旧唐书》卷112《李国贞附子锜传》,第3341—3342页。

③ 《资治通鉴》卷250《唐纪六十六》,第8205—8206页。

稳定、发展江淮经济作出了应有的贡献。

　　综合以上史实,可以觉察到一个明显的历史现象:由于扬州的经济地位,它成为军事的争夺目标。但是一旦发生战争,它作为一个军事据点却是十分脆弱的,它不能独立而存在。占领扬州后,必须同时控制江南的润州和金陵,然后西向宣、歙,东向苏、常。战斗中的军事家们无不注意到这一点,镇江、南京、扬州必须作为一个整体而存在。其原因在于:一、扬州基本上是个货物集散地,不是财富的出产地,财富的出产地主要在今苏南、皖南、浙江、江西一带。占领一个货物的集散地,不控制财富的出产地,这个政权的巩固是很难设想的。二、扬州的外敌主要来自北方,而扬州的北方只有一线淮河,没有名山大川作屏障。汴水入淮的河口即北岸的泗州、南岸的都梁城是防守的重点,这里是多次战斗的焦点,一旦失守,敌人便长驱直入,南限大江,没有回旋的余地,如一战失利,就要被压入长江,不保有江南,便只有死路一条。所以占领扬州,必须同时占领镇江和南京,作为攻守的堡垒,否则孤悬的扬州将是危险的。但是,对扬州的控制,在军事上并非没有价值,因为许多历史事实证明,一旦划江为守,镇江和南京便暴露在军事进攻的面前,敌人可以在运河中训练士卒,把战舰隐蔽在运河附近的港汊之中,随时可以渡江向镇江、南京进军。历代自北向南进攻都是经由扬州渡江,原因就在于此。

　　(原载于《运河访古》,上海:上海人民出版社,1985 年。收入本集时已作部分修订。)

与某君论古史书

缪凤林[*]

　　某君来书略云：迩来与时贤论辩古史著作，恣意纵览，觉与左右平昔持论，颇多枘凿。敬列疑问若干条，倘荷左右详加诠解，俾释疑惑，不胜感荷。时贤皆言吾国信史始于殷，殷以前之夏，有无未可断言，夏代果能证其必有否欤？夏代即云或有矣，《史记·夏本纪》所载，若夏之世系，若禹之治水，亦能必其可信否欤？夫夏之有无尚属传疑，则自夏以前，若《史记·五帝本纪》所载之五帝，亦尚可考信否欤？《史记》断自五帝，五帝以前，马迁生当汉初，已疑则传疑，置而不论矣。则自马迁以后，若刘歆《三统世经》、皇甫谧《帝王世纪》与司马贞《补三皇本纪》等所载五帝以前之古帝，吾人今日尚论古史，亦能加以称引否欤？时贤咸谓古史为层累地造成，自禹以前之古帝，随时代之后先而次第出现，大抵年世愈古者，其出现之时代亦愈后，某一时代出现之传说，纵非悉出此一代人所伪造，亦必大部为此一代人所增饰，则自六艺经传百家诸子以至古史杂记所载之古代传说，其可信之程度若何欤？即云有一二可信，或其说实有所本矣，今去古已远，吾人究操何术能穷其本原，并别其可信与不可信欤？三古文明，直接之记载至鲜，昔贤论述，皆唯传说是凭，传说既多晚出而不可信，则吾人尚有何法论定之欤？若言实物征信，则实物之发现者，仅有甲骨钟鼎，外此则石陶骨贝诸器，已言人人殊矣，况实物只占先民活动成绩之一小部分，而实物之遗存与遗存实物之已发现者，又仅占实物之极小量，吾人应仅以此极小量之实物为唯一之依据否欤？若言两重证据，则实物之能以记载证明，兼转能证明记载者，且只占已发现实物之一小部分矣，凡不能相互证明者，无论记载

　　* 缪凤林(1899—1959)，浙江富阳人。1919年考入南京高等师范学校史地部，1928年起任教于国立中央大学历史系，1949年后任教于南京大学历史系。主要研究领域为中国通史、中国民族史、中西文化交流史、日本史等，著有《中国通史要略》《中国史论丛》《中国民族史》等。

与实物,应悉存而不论欤?抑吾人于已发现之小量实物,则全部置信,而于记载传说,则仅取其能以实物证明与兼能证明实物之一部分欤?若言以神祇观诠解或用社会学人类学民族学考释,或以世界他文明野蛮各种族比附,时贤固有从事于此数途者,然其所已诠解考释与比附者,亦寥寥无几,岂吾传说之能用是数者诠解考释与比附则可信,否则为不可信,抑凡所诠解考释与比附,亦非必可征信,甚或陷于谬戾欤?抑吾人尚有他种方法能确证传说记载之可信,且能言之无悖于理欤?他若古籍之伪托窜乱,时贤论者尤多。先生亦觉其是欤非欤?

某君足下,辱惠书,承询古史疑问若干则,甚休甚休。古史范围綦广,仆虽研索有年,而所知甚浅,来书所举,自愧未能一一详加解释。姑略述所闻,借资商榷,并备采择可乎?

吾国信史始于殷商,二十年前已有为是说者,迩来已寖成定论,学校讲习古史,率以殷为断,自殷以前,非阙而不论,即一切以神话传疑目之。然仆窃有疑焉。夫殷史之可信,以有甲骨卜辞之证明,是则然矣。甲骨之出土于洹水南殷墟者,大抵为盘庚至帝辛时代之物。凡所契刻,以贞卜于祖先及祭祀祖先之事为多,故于考订殷代王室世系名号,最有裨益。自海宁王氏撰《殷卜辞中所见先公先王考》暨《续考》,言殷史者,殆无不奉为圭臬。王氏于自汤而下之殷王,皆称先王;自汤而上,若相土,若季(《史记·殷本纪》作"冥"),若恒,若亥(《史记》作"振"),若上甲微,以及报丁、报乙、报丙、示壬、示癸(《史记》作"主壬""主癸"),皆称先公。此先公先王之分,奚自来乎?亦曰殷自汤有天下,故继世为君者,后嗣得尊称先王。若自汤而上,犹为诸侯,故虽以相土、季、亥之功烈,著称经传,亦仅能称为先公,不得与自汤而下之诸王同尊。古者王朝与诸侯并峙,有王朝,斯有王朝所属之诸侯;有诸侯,亦必有为诸侯所隶属之王朝。王氏先公之称,为商自汤以前犹为诸侯之明证。商之先公,正夏之诸侯也。若谓夏之有无不可知,则自相土下及示癸,究在何代为诸侯乎?时贤亦有谓夏世即商世,夏之列王,即商之先公,吾史仅有商代,别无所谓夏者。则试征之《周书·康诰》以下九篇,王氏《殷周制度论》称:"周之经纶天下之道胥在焉,自来言政治者,未有能高焉者也。"氏又别撰《古史新证》,言此诸篇皆"当时所作",研周史者,亦无不以是诸篇为周初最可信之史料者也。诸篇诰诚当时上下,无不陈古刺今,反复教诫,以前世之不德,为当代之鉴戒,且每以夏与殷并举,《召诰》一篇,言之尤极痛切,曰:"相古先民有夏,天迪从子保,面稽天若,今时既坠厥命。今相有殷,天迪格保,面稽天若,今时既坠厥命。"曰:"我不可不监于有夏,亦不可不监于有殷。我不敢知曰有夏服天命,惟有历年;我不敢知曰不其延,惟不敬厥德,乃早坠厥命。我不敢知曰有殷受天命,惟有历年;我不敢知曰不其延,惟不敬厥德,乃早坠厥命。"曰:"上下勤恤,其曰我受天命,丕若有夏历年,式勿替有殷历年,欲王以小民受天承命。"使殷前无夏,周人何以夏殷并言若是乎?难者或曰,殷商历世绵邈,周初虽密迩殷季,上距殷前,历载六百,亦已远矣,所言宜多未谛。则试更征之《多士》《多方》,二篇虽同为周初之书,然诰诫对象,则为殷世遗逸及诸侯。自周灭殷,殷民故国之思,易代不衰。武王封纣子武庚于殷,监以三叔,成王既立,武庚卒以殷叛。周公平之,殷民犹时思恢复,周公乃分殷余民。封微子启于宋以续殷祀,去殷之根据地而杀其势力;又封康叔于殷墟,伯禽于鲁,唐叔于唐,而以殷之豪族,分属诸国,使服事于周。又别营东都,迁殷顽民。成周既成,周公以王命用诰商王士,及成王归自奄,公复以王命告四国多方。《多士》《多方》之所为作也,二篇主旨,皆为周灭殷辩护,其主要理由,则言周之灭殷,正犹殷之灭夏,皆属天命。昔夏以无道而为殷灭,今殷亦无道,故为周所灭耳。《多士》曰:

> 我闻曰:上帝引逸,有夏不适逸,则惟帝降格,向于时,夏弗克庸帝,大淫泆有辞,惟时天罔念闻,厥维废元命,降致罚,乃命尔先祖成汤革夏,俊民甸四方。……今惟我周王丕灵承帝事,有命曰割殷,告敕于帝。……惟尔知,惟殷先人有典有册,殷革夏命。今尔又曰夏迪简在王庭,有服在百僚,予一人惟听用德,肆予敢求尔于天邑商,予惟率肆矜尔,非予罪,时惟天命。

《多方》又曰:

> 王若曰,猷告尔四国多方……惟帝降格于夏,有夏诞厥逸,不肯慼言于民,乃大淫昏,不克终日劝于帝之迪,乃尔攸闻,厥图帝之命,不克开于民之丽,乃大降罚,崇乱有夏,因甲于内乱,不克灵承于旅,罔丕惟进之恭,洪舒于民,亦惟有夏之民,叨懫日钦,劓割夏邑。天惟时求民主,乃大降显休命于成汤,刑殄有夏。惟天不畀纯,乃惟以尔多方之义民,不克永于多享;惟夏之恭多士,大不克明保享于民,乃胥惟虐于民,至于百为,大不克开。乃惟成汤克以尔多方,简代夏作民

主。慎厥丽，乃劝；厥民刑，用劝；以至于帝乙，罔不明德慎罚，亦克用劝；要囚殄戮多罪，亦克用劝；开释无辜，亦克用劝。今至于尔辟，弗克以尔多方享天之命。呜呼！王若曰，诰尔多方，非天庸释有夏，非天庸释有殷。乃惟尔辟，以尔多方，大淫图天之命，屑有辞。乃惟有夏，图厥政，不集于享，天降时丧，有邦间之。乃惟尔商后王，逸厥逸，图厥政，不蠲烝，天惟降时丧。……惟我周王，灵承于旅，克堪用德，惟典神天。天惟式教我用休，简畀殷命，尹尔多方。

其言恺切详明极矣。观《多士》"惟尔知，惟殷先人有典有册，殷革夏命"云云，是殷之灭夏，殷人且有典册记载其事，此典册不特周公诵习之，殷之多士亦诵习之，故周公得举以为说。诚如时贤之论，殷前无夏，或夏之有无不可知，或夏世即商世者，周公诰诫殷士，为灭殷一事作辩护者，苟取证于殷之灭夏，独不虞殷士之反诘乎？周公顾不虞反诘，反复陈之若是，且以是为独一无二之坚强理论。足证殷前有夏，而此夏为殷所灭，实为殷人共知共闻之事。夫以殷人共知共闻之事，时贤犹斤斤致辩，或默不敢置一词焉？诚令仆大惑不解者矣。

抑夏代不特诚有已也。夏之世系，见于《世本》与《史记·夏本纪》《三代世表》者，亦与《世本》暨《殷本纪》《三代世表》所载殷代世系同为实录也。难者或曰：殷代世系，以有卜辞之佐证，故知其可信。若夏代世系，既无实物为证，又何以知其可信乎？曰：是不难知也。《史记·三代世表序》曰："余读谍记，黄帝以来，皆有年数，稽其历谱谍终始五德之传，古文咸不同乖异，夫子之弗论次其年月，岂虚哉！于是以《五帝系谍尚书》集《世纪》黄帝以来讫共和为世表。"马迁当日所见古传之"谍记"，自黄帝以来，不特有世系，亦皆有年数，因诸家所传，咸不同乖异，故疑则传疑，阙而不录，为五帝、夏、殷、周本纪，皆不纪年数。若三代世系，则《世本》诸书所纪，确实可据，爰述《三代世表》，与本纪相表里。夏则从禹至桀十七君，十四世；殷则从契至汤十四世，汤至纣三十君，十七世，咸有名字。《汉志》"《世本》十五篇"，自注云："古史官记皇帝以来迄春秋时诸侯大夫。"由其为古史官所记，故马迁本之以作纪表。今《殷本纪》及《世表》所载殷代世系，得王氏两考，而知其悉为实录矣。《夏本纪》及《世表》所载夏代世系，与殷代世系同出一源者，其可信之程度，自与之相等。且自契至汤十有四世，皆在夏代；夏禹至桀亦十有四世，年世恰与之相当，更为可信之一旁证。吾人试思以马迁之谨严，于周代且自共和以前不著岁年，若无古史官所记确实可据之资料，此十七君十四世之名字系次，何从凭空杜撰乎？即凿空撰之，又有何意义与作用乎？难者或曰：殷代之有史官，已有卜辞贞人可证，夏代岂亦有职司记载之史官耶？曰：《吕览·先识》不以夏太史令终古与殷内史向挚并举乎？若谓此系战国晚期之传说，则夏代之有史官记载，亦不难就卜辞推而知之也。商自盘庚至帝辛，上距帝喾，其年祀略与吾人去宋元时代相当。意自喾以下，诸先公当日，必有史官为之记载，故其名字系次，能一一传之后嗣。下至盘庚以讫帝辛，已历十数世若二十数世，祭祀贞卜，犹能不失名物，若徒凭口耳相传，则吾人今日苟无谱谍，必不能上数宋元之际之祖先世系名字，一一不爽，而谓商人独能之乎？是则自汤以前，商之先公，必有史官职司记载，决矣。商之先公，即夏之诸侯，夏世诸侯既有史官，夏以王朝之地位，设官分职，自较侯国为详备，故其史官与史官之记载，亦必较商之先公所有者，更为完密可据。《世本》一书所载夏、殷王室世系，即直接或间接辑自夏殷当日史官所记资料而成。马迁识其确实可据，取之以为纪表。吾谓《夏本纪》与《世表》所载夏代世系与《殷本纪》暨《世表》所载殷之先公先王同一可信者，此也。

夏代世系既定，禹之有无，自亦不成问题。昔某君尝倡古无夏禹之说，亡友刘君楚贤时正肄业南雍，首驰书诘辩，博学弘文，为有识者所同钦。镇江柳劬堂师以某君原文引《许书》为证，复著《论以说文证史必先知说文之谊例》以正。（皆载十三年东南大学《史地学报》）海宁王氏嗣作《古史新证》，第二章专以“禹”为题，既举秦公敦与齐侯镈钟二器以证春秋世东西二大国无不信禹为古之帝王，又言“自《尧典》《皋陶谟》《禹贡》，皆纪禹事，下至《周书》《吕刑》，亦以禹为三后之一，《诗》言禹者尤不可胜数，固不待借他证据”。自是而后，疑禹之存在者，渐无其人。唯时贤不特信禹诚有，且又进而考证其生辰。仆自愧浅陋，实不知其何所据而云然，斯或贤者好奇趋时之过欤？自禹以前，若舜，若尧，若喾，若颛顼，若黄帝，见于《史记·五帝本纪》者，时贤以迁纪本于《大戴记》五帝德帝系，疑其说出于汉师。然仆考之《吕览》《尊师》与《古乐》，皆以“黄帝”“帝颛顼”“帝喾”“帝尧”与“帝舜”并言，知五帝确为先秦旧说，而其渊源则尤古，《鲁语》载展禽论祀典，称“黄帝能成命百物以明民共财，颛顼能修之，帝喾能序三辰以固民，尧能单均刑法以仪民，舜勤民事而野死”。《管子》记古封禅者十二家，黄帝、颛顼、帝喾、尧、舜五家，亦在无怀、伏羲、神农、炎帝之后，禹汤周成之前。是夏、商前有此五显王，当春秋世，说已固定，特或无五帝之称耳。《左》昭十七年传载郯子论官，黄帝、颛顼之间，尝举炎帝、共工、太皞、少皞。刘歆本之以作《三统世经》，言郯子据少昊受黄帝，黄帝受炎帝，炎帝受共工,共工受太昊,又以太昊帝为炮羲氏,炎帝为神农氏,遂于黄帝之前,历叙太昊帝、共工氏、炎帝,又于黄帝、颛顼之间,加入少昊一代。郑康成取之,而以轩辕、少昊、高阳、高辛、陶唐、有虞六代为五帝,于是五帝有六人。又自秦人以天皇、地皇、泰皇为三皇,汉师求之故记不可得,乃以经传之王在五帝外者当之。以《易传》称伏羲,神农在黄帝前,而黄帝为五帝首也。故诸家言三皇,皆称伏羲、神农,犹缺其一,则各以意取古王者补之,或曰遂人,或曰女娲,或曰祝融,或曰共工,于是羲、农、遂人、女娲、祝融、共工,纷纷为皇。皇甫谧病诸家列遂人、女娲等于三皇及郑玄谓五帝有六人之未合,爰以伏羲、神农、黄帝为三皇,少昊、颛顼、帝喾、尧、舜为五帝。司马贞以《史记》不言三皇,而《五帝本纪》实首黄帝,稽《春秋纬》承伏羲者为女娲,遂以伏羲、女娲、神农为三皇,以补《史记》之阙,斯又《帝王世纪》与《补三皇本纪》之所为作也。仆于十八年间,尝作《三皇五帝说探源》,布之《史学杂志》,嗣印行《中国通史纲要》首册,亦删存其要,兹不具详。唯三五之说,虽属晚起,要其所指称者,如上所举,疑者实有其人。昔司马谈论先秦阴阳儒墨名法道德之要指,有"六家"之目,刘向歆父子总校群书,又以儒道阴阳法名墨纵横杂农小说为诸子十家。唐刘知几殚诸史体统,亦以《尚书》《春秋》《左》《国》《史》《汉》为六家。明人尚论古文作者,韩柳欧曾三苏王氏,复被推为八家。窃意三皇五帝之说,盖与六家十家八家之说略同,皆先有实而后立名,并冠以一定之数字。若疑三五之说为古所未有,因疑羲农黄唐亦后人所虚构,是犹以先秦诸子无六家十家之称,而谓儒道阴阳法名墨等皆汉师所增饰;史体六家之名始见《史通》,而谓唐前无《尚书》《春秋》《左》《国》《史》《汉》之书;古文八家之目立于明人,而谓退之、子厚、永叔、子固、介甫暨三苏父子,皆出后世依托者矣。

难者或曰:如上所论,不几与时贤以实物证史及谓古史层累造成者相刺谬乎? 曰:是别有说。以实物证史,盛倡于海宁王氏,《观堂集林》中诸名篇,既多取证于甲骨金石。及撰《古史新证》,且立"二重证据"之论,言"吾辈生于今日,幸于纸上之材料外,更得地下之新材料。……此二重证据法,惟在今日始得为之"。然氏之原意,实谓研治古史,宜以纸上材料为主,而以地下材料辅之。观上引论禹文可证。又氏论殷墟甲骨文字曰:"余据此种材料,作《殷卜辞中所见先公先王考》,以证《世本》《史记》之为实录。作《殷周制度论》,以比较二代之文化。"《殷周制度论》所陈,十九本之经传;《先公先王考》自经传外,广征《山海经》《竹书纪年》《楚辞·天问》,虽称引卜辞较繁,其《叙》亦曰:"为此考,使世人知殷墟遗物之有裨于经史二学者有如斯也。"语意轻重,明白如画。尝有某君往叩,以据古彝器或他实物改编东、西周史事为请。氏默不置答,以某君不知古彝器中片段之记载,与史事有关者至鲜。"由此等材料,虽得证明古书之某部分全为实录,即百家不雅驯之言,亦不无表示一面之事实,甚或得据以补正纸上之材料。"然"古书之已得证明者,虽不能不加以肯定,而其未得证明者,固不能加以否定"也。仆迩年讲授古史,尝推广王氏之意,于取材经籍、传说、甲骨、彝器之外,兼及无文字款识之遗存,与根据记载暨实物之合理悬测,而易"二重证据法"为"多面取证法"。此意就殷史言之,亦至易明。王氏考证殷史,自经籍传说外,取证实物,以有文字之甲骨彝器为限。若罗氏《殷墟古器物图录》所载,暨他地下发现之石陶骨贝诸器,以无文字款识,皆存而不论。王氏卒后,中央研究院于十七年至二十六年间,先后遣员至殷墟雇工发掘,凡十五次,自甲骨鼎彝外,所得石陶玉铜骨蚌之器及他遗物至夥。殷人版筑堂基,土阶地窖,铜石柱础,龟版坑穴,宗庙宫室遗址,以暨殷王陵墓及殉葬之车马鸟兽人骨等,皆有发现。吾人尚论殷史,允宜取是种真实资料,以作直接之说明,而殷墟遗物与典册记载有助于间接之悬测者尤多。殷代铜器,传世者不下两千。昔阮芸台因商人以十干为名,凡鼎彝有甲子等字者,辄目为商器。吴愙斋则以甲乙等字为祭器之数,而以商器文简,多象形文字为言。诸家著录,标准不一,或多赝杂。然据殷墟发掘所得之陵墓铜器观之,鼎甗盘彝、尊卣觚爵、斝敦壶罍等,无一不具。方鼎大者,高至二尺,长径至二尺余,形制几与周器佳者媲美。车器马饰,尤称完具。衡轭鸾和,钉舻镳羁,《礼经》所载,咸有其物。(见中央研究院史言所出版之《六同别录》石璋如《小屯后五次发掘的重要发现》)孔子所云,乘殷之辂,洵非虚语。自余戈矛剑刃,矢镞刀削,种类尤夥。制器之模型,与镕铸钟鼎四周云雷盘曲之文之铜范,亦间有出土。兵器中护首铜盔,至与今制铜盔不异。知殷世实为铜器极盛时代,上距吾族始用铜器,不知几何世矣。且甲骨至坚,而龟文小者不及黍米,笔画清晰,不爽毫发,作书之契刀,非极锋利不可,殷人合金之术,必已极精,甚或已知铁镂。由是推知宗周文物之美备,实远有端绪,即上溯虞夏,亦可测知涯略矣。殷器文字不见于甲骨者,据时贤研索,或多至千名。甲骨文字罗氏《殷墟书契考释》著录可识者,虽仅五百六十,其不可识之字见于《待问编》者,又有千余。今时越二纪,甲骨日出不穷,可识之字,数已盈千,其不可识者,数或过之,其见于偏旁而不见单文者,复比比皆是,由此推测殷代常用文字必有数千。且其字虽多象形,而用声符表声之形声字亦不鲜,其象形者,笔画亦渐趋固定,又每由正书变为侧书,其距原始之图画象形已远,由此推测吾族始有文字必远在殷世以前。又甲骨文不但写刻精美,由放大相片观之,其契刻皆有一定顺序与笔势,在多数笔画中,且涂有朱墨赭色,或镶嵌绿松石,纯属一种美术作品,不能仅以通行文字衡之。著录文字之物,自甲骨鼎彝暨若干石陶玉骨人头兽头骨外,由甲文与遗迹推之,尚有竹木缣帛与兽皮。其普通文例,皆下行而左,与今日行文之例正同(卜辞中有右行者,皆因卜兆有左右对称关系,非常例也)。抑甲骨文自来以贞卜文字目之,亦非全系卜辞。时贤有专攻殷代记事文字者,类例甚繁,虽在卜辞本身,亦常包含若干追记征验之辞。如卜某日是否降雨,及其既雨,有于卜辞后附记某日允雨者。卜晴、卜旬及卜田猎等,亦有是例,以及甲子表祭祀表等,皆不得以卜辞称之。罗氏《殷墟书契菁华》所刊诸巨骨,记事刻辞正反两面接续而书,且长至百数十字矣。又卜辞末有附刻人名者,时贤谓为贞人,即殷代史官确矣,然史官所记,亦必不止贞卜文字。以是种种推之,殷世宜更有他种长篇史记矣。试再征之载籍,《洪范》七畴,卜筮并尊,《周易》兴于殷之末世,《爻辞》亦作于商周之际,时文王不过西方侯伯,侯国有筮,王朝宜亦有之,则殷于卜外犹有筮。《礼运》:"孔子曰:我欲观殷道,吾得坤乾焉。"解者固以坤乾为《殷易》矣。《周官》:大卜掌三兆之法……其经兆之体,皆百有二十,其颂皆千有二百,以邦事作龟之八命,卜师掌开龟之四兆,辨龟之上下左右阴阳,龟人掌六龟之属,各有名物。华氏掌燋契以待卜事,占人掌占龟,而取龟、攻龟、衅龟、奉龟、作龟、命龟、贞龟、陈龟,皆有规定。殷人尚质,分职或无若是之繁,然卜辞无言卜法者。意当日必另有专书,为贞人所传习,遂得视兆以定吉凶也。(《汉志》载《龟书》五十二卷,《夏龟》二十六卷,《南龟书》二十八卷,《巨龟》三十六卷,《杂龟》十六卷,说者谓《南龟书》或即《商龟书》。)抑卜筮为《汉志》数术六类(天文、历谱、五行、蓍龟、杂占、形法)之一,殷世有无五行形法,今未可知,若殷历则汉时尚与夏周历并传。时贤考索卜辞所记干支,于商人置闰成岁及月建大小,亦能言之如数家珍,则殷于卜筮外犹有历谱。历法原于推步,有历则必有天文。卜辞于梦象颇多记录,杂占时抑或有之矣。《盘庚》三篇,时贤咸奉为第一等史料,其辞句犹有商人成语(胡厚宣氏尝以篇中有"众"字凡十二见,与卜辞言"众"者同义,以证殷非奴隶社会)。然三篇皆因迁都事告谕臣民者,盘庚遵汤之德,行汤之政,百姓由宁,殷道复兴,诸侯来朝,号称贤君。当年史官所记,不容仅有此三篇。今传《商书》,经秦火之余,为伏生所掇拾者,自《盘庚》外,才得

《汤誓》《高宗肜日》《西伯戡黎》及《微子》四篇。以商世历年之久，贤君之众，文物之盛，记述之备，就盘庚因迁都一事而有三篇推之一代史官笔削者，宜什百倍于此。是则《书序》所载三十三佚篇，固属可信，即《书纬》称三千二百四十篇者，亦必有一部分属《商书》者矣。《商颂》五篇，毛序以为商诗，韩婴谓为宋诗，王氏《说商颂》大张韩说。仆窃是毛而非韩，以苟属宋人作，必寓亡国之痛，而五诗全为盛世之音也。余三百篇，据康成《诗谱》宗周诗多至百八十余，周初作者约占十二，皆商季侯国之诗人也。诗称古公迁岐，陶复陶穴，未有室家，是殷商之世，西土犹属草昧。周室崛兴，始渐进开明，其人文程度，固远不足与中原王朝比，以西陲侯国而有如许诗人，王朝众多可知。观《商颂》极阳刚之美，非周诗所及，商人作品，盖与国势相应和。惜周太史录诗，以周人所宝藏兼能被弦歌者为限，商代佳作，遂仅存五篇。《史》称古诗三千余篇，其属于商人者，盖不知几何也。君奭称"惟文王尚克修和我有夏，亦惟有若虢叔，有若闳夭，有若散宜生，有若泰颠，有若南宫括"。《周语》则言"婚姻利内则福，昔挚、畴之国也由大任（王季妃文王母），杞、缯由大姒（文王妃武王母），齐、许、申、吕由大姜（大王妃王季母），是皆能内利亲亲者也"。周室之兴，虽由文王、周公才德之茂，实多得贤士淑女之助。然三母暨虢叔等与文、周，皆商季之人物，其所受者，亦大抵商季侯国之教育也。《尚书大传》称"散宜生、闳夭、南宫适三子，学于太公"。盖殷季私人从师受学者，《诗·灵台》"于论鼓钟，于乐辟雍"。时文王犹为诸侯，其学制度亦仿自中朝，是则由私学而推之官学，由侯国而推之王朝，由女子而推之男士。殷世教育之发达为何如，其讲求教学，自亦远有端绪。《记称·说命》曰："念终始典于学。"又曰："惟教学半，敬孙务时敏，厥修乃来。"商人教育学理之传于今者，亦存一二于千百而已。周公之圣，《诗》《书》载之备矣。至其手定之制度典礼，治天下之精义大法，与夫所以拯商季之极弊，而跻斯民于仁寿之域者，王氏《殷周制度论》阐述特详。仆则尤钦服公之历史学，《多士》《多方》之并举夏、殷，前已略征之矣。此外专言殷事者，于《酒诰》曰：

> 我闻惟曰，在昔殷先哲王，迪畏天显，小民经德秉哲。自成汤咸至于帝乙，成王畏相。惟御事厥棐有恭，不敢自暇自逸，矧曰其敢崇饮？越在外服，侯、甸、男、卫邦伯；越在内服，百僚庶尹，惟亚惟服宗工；越百姓里居，罔敢湎于酒。不惟不敢，亦不暇。惟助成王德显，越尹人祗辟。我闻亦惟曰，在今后嗣王酣身，厥命罔显于民祗，保越怨不易。诞惟厥纵淫泆于非彝，用燕丧威仪，民罔不尽伤心。惟荒腆于

酒,不惟自息,乃逸。厥心疾很,不克畏死。辜在商邑,越殷国灭无
罹。弗惟德馨香,祀登闻于天,诞惟民怨。庶群自酒,腥闻在上,故天
降丧于殷,罔爱于殷,惟逸。天非虐,惟民自速辜。

于《无逸》曰:

> 呜呼! 我闻曰:昔在殷王中宗,严恭寅畏,天命自度,治民祇惧,
> 不敢荒宁。肆中宗之享国,七十有五年。其在高宗,时旧劳于外,爰
> 暨小人。作其即位,乃或亮阴,三年不言。其惟不言,言乃雍。不敢
> 荒宁,嘉靖殷邦。至于小大,无时或怨。肆高宗之享国,五十有九年。
> 其在祖甲,不义惟王,旧为小人。作其即位,爰知小人之依,能保惠于
> 庶民,不敢侮鳏寡。肆祖甲之享国,三十有三年。自时厥后立王,生
> 则逸,生则逸,不知稼穑之艰难,不闻小人之劳,惟耽乐之从。自时厥
> 后,亦罔或克寿。或十年,或七八年,或五六年,或四三年。

于《君奭》曰:

> 我闻在昔成汤既受命,时则有若伊尹,格于皇天;在太甲,时则有
> 若保衡;在大戊,时则有若伊陟、臣扈,格于上帝,巫咸乂王家;在祖
> 乙,时则有若巫贤;在武丁,时则有若甘盘。率惟兹有陈,保乂有殷,
> 故殷礼陟配天,多历年所。天维纯佑命则,商实百姓王人。罔不秉德
> 明恤,小臣屏侯甸,矧咸奔走。惟兹惟德,称用乂厥辟,故一人有事于
> 四方,若卜筮,罔不是孚。

夫商之季世,卿士浊乱于上,而法令隳废于下,举国上下,唯奸宄敌仇之是
务。见于《书微子》篇者,商人自言之亦已详矣。周于殷为敌国,而周公所以诰
诫其上下者,虽不为商季讳其失亦不没其先世之美如此,视后史兴国之君臣每
剧论前代之非,而讳言其善者,其襟怀之相去何远哉? 仆生平治史,最服实斋
《史德》"尽其天而不益以人"之言,谓爱而知其恶,憎而知其善,乃真史德也。
(用柳劬堂师近著《史德篇》语)窃谓公之史学,实足以当之。观其陈述之前,必
冠之以"我闻惟曰""我闻曰""我闻在昔"以示语皆有本,其态度之敬慎复何如!
抑诸篇所陈,义不一端,事亦各别(前引《多士》,至以殷史之记载折服殷士),公
实可谓最深于殷史学者,其所读殷史典册之丰富,与其别择之精审,殆非吾人
所能想象其百一。墨子所称周公旦朝读书百篇者,其中必有不少殷书在内也。

又《书·召诰》《洛诰》等篇，语亦遒粹。《召诰》所载，乃召公诰诫之言。《洛诰》曰：王命作册，逸祝册。《周书》克殷又载尹佚策，当日召公、尹佚诸人，其史学亦与公相表里，而其所受者，皆商季之教育也，由是可证殷代史学之发达。典册记载，不特实有其事，且其积累亦不知凡几。上推有夏，证之以《周书》之屡言夏事，证之以夏史所记之夏代世系，证之以《戴记》录存之《夏小正》，以及诸书所称之《夏书》《夏训》《夏箴》暨《汉志》所载之《夏龟》等，则夏代史官之典册与殷史之载夏事者，亦可仿佛其一二。《周语》有言："若启先王之遗训，省其典图刑法，而观其废兴者，皆可知也。其兴者，必有夏吕之功焉；其废也，必有共鲧之败焉。"周公等之史学渊源，实当于此窥之。仆所谓多面取证者，其略如此。夫光岳既分，情故萌生，人事迁流，化迹万殊。今之与昔，虽有程度之差，其史迹之繁复均也。徒以载籍沦丧，文献不足，故杨朱有"三王之事，亿不识一"之叹。吾人生于今日，尚论古昔，即就仅存之史料，多面取证，亦不过蠡测管窥之见，于当年史实之全貌，想象其万一而已。时贤不察，昧于王氏两重证据侧重书传之旨，以实物征信自封，于记载传说，仅取其能以实物证明，与兼能证明实物之一小部分。言及殷史，无论礼乐政刑，王章谣俗，必手执甲骨以为前盾，鼎彝以作后距，且深自掩蔽，一若商世唯有甲骨鼎彝为真实，亦唯甲骨鼎彝之记录为可恃者。容讵知文王、周公，皆生殷季，岂能仅凭若干龟书，若干彝器，以造就若是之圣哲哉？滔滔者天下皆是也，皆以承袭王氏衣钵自诩者也。王氏九原有知，仆不知其当作何感想矣。

至言层累造成，始于宋刘道原《通鉴外纪》之论三皇五帝，清崔武承《考信录》出，乃集其大成。然道原言三五之说晚起，初不谓羲农黄唐，古无其人。武承谓百家传注，言多增饰，而于六艺则笃信不疑。时贤阳袭其说，而变本加厉，遂谓自禹以前之古帝，皆随时代之后先而次第出现，周人仅知有禹而已，孔子时始知有尧舜，战国时乃知有黄帝、神农，秦人乃知有三皇。诘其根据，则曰《诗》三百篇言禹而不言尧舜也，《论语》言尧舜而不言黄农也，《易传》言黄农而不言三皇也。此种推理，以史学方法论言之，所用者全为"默证"，而皆违反其适用之限度者也。夫默证者，谓如以某时代之某书为据，以书中仅有甲人乙事之称述，而无丙人丁事之纪录，遂推断此时代仅有甲人乙事之观念，而不知有丙人丁事者也。欲是种推断之无误，所据之资料，必具足三种条件而后可：曰，其书为过去史实有系统之纪录也；曰，著是书者，于过去史实，不特尽知之，而其要者亦无不尽纪之也；曰，即不尽纪于是书，亦必别见于他作，而凡若人之所著述，皆完全保存，无一字之或遗而或失，而除若人著述外，亦更无别种可据之记录也。《诗》《论语》《易传》三书，能合是准则否乎？三书者，不特绝非完备之上古史，亦非当时历史观念之总纪录，作《诗》《语》《易传》者，于过去史实，固未必尽知，即其所已知者，亦绝非尽录其要，或另纪之于他书，而作者其他著作，更非完全遗留，而除三书外，他种可据之纪录亦正多也。以《诗》《语》《易传》为据，妄谓周人仅知有禹，孔子时始知有尧舜，战国时乃知有黄农云云，殆与据《唐诗三百首》《大唐创业起居注》《唐文汇选》等书，以推求唐前之史实，则文景、光武之事迹，其非后人层累造成者几希？故张荫麟氏《评近人对于中国古史之讨论》（载《学衡》第四十期），言之亦已详矣。唯仆犹窃欲更进一层，谓三古史实，自汉以前，不特非层累造成，而实系层累亡失。观《汉志》著录艺文，五百九十六家，万三千二百六十九卷，稽之《隋志》，已十亡六七。《隋志》经籍，存者五千一百八十部，三万九千一百零八卷，考之《宋志》，又十亡五六。《宋志》艺文，九千八百十有九部，十有一万九千九百七十二卷，下及清《四库总目》，亦十亡四五。苟以《汉志》征之《四库》，有百不存一者矣。夫自汉以后，每值守文之君，莫不建藏书之策，置写书之官，以采辑图书搜求遗逸为一代盛典，而二千年间坟籍之散佚犹如此。自汉以前，历年孔多，典册传本既鲜，金匮石室之藏，偶逢兵火之厄，即永不复见，史实之随典册沦亡而湮没者，何可胜道！马迁之著《史记》也，尝网罗天下放失旧闻，其《孟荀列传》兼叙驺衍、淳于髡、慎到、环渊、接子、田骈、驺奭、公孙龙、剧子、李悝、尸子、长卢、吁子等十数人，言："自如孟子至于吁子，世多有其书，故不论其传云。"则当日所传先秦载籍犹夥。然六国《史记》为秦人所毁灭，与夫他书之经秦火而不复出者，子长已不及见之矣。嬴政之兴，吕不韦为相国，尝广集儒生，使人人著所闻，集论以为《八览》《六论》《十二纪》，二十余万言，号曰《吕氏春秋》。序意言："尝得学黄帝之所以诲颛顼矣，爰有大圜在上，大矩在下，汝能法之，为民父母。"王伯厚《困学纪闻》据此，谓："《十二纪》成于秦八年，岁在涒滩，上古之书犹存，前圣传道之渊源，犹可考也。"其书所载古今治乱存亡事，有出子长所纪之外者矣。然如孟子所称周室之班爵禄，诸侯恶其害己也，而皆去其籍者，《吕览》亦不得而著之也。更上征之庄子，马迁尝称其学无所不窥。《天下篇》曰："古之人其备乎！配神明，醇天地，育万物，和天下，泽及百姓，明于本数，系于末度，六通四辟，小大精粗，其运无乎不在。其明而在数度者，旧法世传之史尚多有之。其在于《诗》《书》《礼》《乐》者，邹、鲁之士，搢绅先生多能明之。《诗》以道志，《书》以道事，《礼》以道行,《乐》以道和,《易》以道阴阳,《春秋》以道名分。其数散于天下而设于中国者,百家之学,时或称而道之。"又曰:"古之道术有在于是者,墨翟、禽滑釐闻其风而悦之;古之道术有在于是者,宋钘、尹文闻其风而悦之;古之道术有在于是者,彭蒙、田骈、慎到闻其风而悦之;古之道术有在于是者,关尹、老聃闻其风而悦之。"观其以古之道术与关尹、老聃、墨翟等相对而言,知其所谓古者,必在春秋以前。晚周百家竞兴,"各为其所欲焉以自为方",遂古之道术(内圣外王之道之术)遂裂而为方术。而旧史与六艺暨百家杂语,时犹繁然并陈者,亦皆远有端绪,推之《胠箧篇》所言容成、大庭、伯皇、中央、栗陆、骊畜、赫胥、尊卢诸氏,暨他篇所称上古遗事,或亦实有所本,不得尽以寓言目之矣。更上考之《墨子》,其书不仅多识古事,且时称述《诗》《书》,故记以证明其学说,《兼爱》下曰:"今夫兼相爱交相利,此自先圣六王者亲行之。何知先圣六王之亲行之也? 子墨子曰:吾非与之并世同时,亲闻其声,见其色也。以其所书于竹帛,镂于金石,琢于槃盂,传遗后世子孙者知之。"以下历引《泰誓》《禹誓》《汤说》[1]《周诗》,以证禹汤文武之兼爱,以及《七患篇》所称"《夏书》曰"云云,"《殷书》曰"云云;《尚贤下》所称"先王之书竖年之言曰"云云;《尚同上》所称"先王之书术令之道曰"云云,"先王之书相年之道曰"云云;《明鬼下》所称"著在周之《春秋》"云云,"著在燕之《春秋》"云云,"著在宋之《春秋》"云云,"著在齐之《春秋》云云",又"上观乎《商书》曰"云云;《非乐上》所称"先王之书汤之《官刑》有之曰"云云,又"于《武观》曰"云云;《非命上》所称"先王之《宪》亦尝有曰"云云,"先王之《刑》亦尝有曰"云云,"先王之《誓》亦尝有曰"云云,又"于《仲虺之告》曰"云云,"于《太誓》曰"云云;《非命中》所称"又于三代百国有之曰"云云,"于召公之非执命亦然曰"云云,"在于夏商之《诗》《书》曰"云云;《非命下》所称"禹之《总德》有之曰"云云;《公孟》所称"故先王之书《子亦》有之曰"云云;多为今六籍所不具,其征引古事视他书为详者尤多。(如《所染》言"舜染于许由伯阳"一节,《尚贤上》言"尧举舜于服泽之阳"一节,《兼爱中》言"昔者禹治天下,文王治西土,武王将事泰山隧"一节,《非攻下》言"昔者禹征有苗,汤伐桀,武王伐纣"一节,《节用上》言"古者尧治天下"一节,《节葬下》言"昔者尧北教乎北狄,舜西教乎七戎,禹东教乎九夷"一节,《非命上》言"古者汤封于亳,文王封于岐周"一节,《耕柱》言"昔者夏后启使蜚廉折金于山川"一节,《贵义》言"昔者汤往见伊

---

① 编者按:应为《汤誓》。

尹"一节。)《非命上》载"子墨子言曰：天下之良书，不可尽计数。"《非命中》则曰："今夫执有命者言曰：我非作之后世也，自昔三代有若言以传流矣。"《非命下》又曰："子胡不尚考之商周虞夏之记，从十简之篇以尚，皆无之。"当日墨翟与人辩论，殆各据简册以相诘难，而其书则不可计数。《贵义篇》称："墨子南游使卫，关中载书甚多。"《吕览·当染》则言："鲁惠公使宰让请郊庙之礼于天子，桓王使史角往，惠公止之，其后在于鲁，墨子学焉。"由其学于王朝史官之后，而又性耽坟典，故其书纵横驰骋，多识前言往行有如此也。抑墨书所引《书·甘誓》《明鬼》上下）、《吕刑》（《尚贤中》《尚同上》）与《诗·大雅》（《明鬼下》）等，皆与今本相同，虽特崇伯禹，亦屡以"尧、舜、禹、汤、文、武"暨"禹、汤、文、武"并举（前者凡六见，后者凡四见），称曰"三代圣王"。儒墨相訾，而其论古史则符合若此，亦曰其所习之上古遗文相同故耳。苟如时贤之说，尧舜为孔门所伪托，或古无伯禹其人，以墨子之博学多识，时代与仲尼弟子相先后，又以非儒相标异，必将有以发儒者之覆，何亦甘受其愚弄，且戴一莫须有之禹以为人极，而不虞其他诸子之讥讪乎？更上征之《春秋内外传》：

> 名卿大夫，讲闻故实，三代文献蔼如也。纳鼎有谏（桓二年传），观社有谏（庄二十三年传及《鲁语》上）。申繻名子之对（桓六年传），里革断罟之规（《鲁语上》）。御孙别男女之赞（庄二十四年传），管仲辞正卿之缩（僖十二年传）。柳下季之述《祀典》（《鲁语上》），单襄公之述《夏令秩官》（《周语下》），魏绛之述《夏训虞箴》（襄四年传），郯子能言《纪官》（昭十七年传），州鸠能言《七律》（《周语下》），子革倚相能诵《祈招懿戒》（昭十二年传及《楚语上》）。观射父之陈《祭祀》（《楚语上》），闵马父之称《商颂》（《鲁语下》）。格言猷训，粲然可睹。齐虞人之守官（昭二十年传），鲁宗人之守礼（哀二十四年传）。懔懔秋霜夏日之严，刘子所云天地之中（成十三年传），子产所云天地之经（昭二十五年传）。骨臣敬德之聚（僖三十三年传），晏子礼之善物（昭二十六年传）。又皆识其大者，统纪相承，渊原相续，得夏时坤乾（见《礼运》），见《易象》《鲁春秋》（昭二年传）而知三代之礼。所以扶持于未坠者，岂一人之力哉？

此王伯厚《汉制考叙》之言也。仆尝谓讲习古史，必取伯厚所举各章，反复熟读，明其微旨，且又当知凡所云云，多出于孔子之前，然后乃了然于春秋之时，上古载籍，犹大行于世焉。夫以时贤之辞气鄙倍，识见卑劣，稽其学历，犹皆卒业上庠，阅读杂书至千百卷。以春秋各国君卿大夫之泽躬尔雅，议论精善，其所受文教之浸渍，与其所诵习之典册，当完美至于何等乎？伯厚两举《楚语》，仅及倚相与观射父，仆则尤钦服申叔时之论教学。庄王使士亹传太子箴，问于申叔时，叔时曰：

> 教之《春秋》，而为之耸善而抑恶焉，以戒劝其心；教之《世》，而为之昭明德而废幽昏焉，以休惧其动；教之《诗》，而为之导广显德，以耀明其志；教之《礼》，使知上下之则；教之《乐》，以疏其秽而镇其浮；教之《令》，使访物官；教之《语》，使明其德，而知先王之务用明德于民也；教之《故志》，使知废兴者而戒惧焉；教之《训典》，使知族类行比义焉。

所谓《春秋》《世》《语》《故志》《训典》皆当日流行楚国之史籍，而与《诗》《礼》《乐》《令》等，同为士大夫所诵习者也。楚之先出于帝颛顼，固亦神明之胄，因僻处南服，文物乃不能与诸夏比。然当春秋中叶（庄王当文公、宣公时），叔时独知九教之法，下及倚相，亦能读《三坟》《五典》《八索》《九丘》，以楚例之中夏周室与鲁、卫、齐、晋、宋、郑诸邦，其典册之繁富，又当至于何等乎？上溯西周，礼乐宪章，冠绝三古，郁郁乎文哉！然从武至幽，历十一世十二君，其遗文之传于今者，自《礼经》《周官》外，《书》则成王而后，仅康王有《顾命》，穆王有《吕刑》；《诗》则据《毛诗小序》，厉王时七篇，宣王时二十篇，幽王在位不过十有一年，刺王之诗，且多至四十余篇，而康、昭、穆王暨共懿孝夷无闻焉。仆尝求之鼎彝，诸家著录定为康王至夷王时器者，计其都数，视武、成、厉、宣、幽诸世且过之，重器如大小盂鼎，如宗周钟，如毛公鼎，如曶鼎，如虢季子白盘，时贤有目为康王时、昭王时、穆王时、孝王时、夷王时器者矣。然其《诗》《书》篇什，不少概见者，何哉？仆推求其故，虽由春秋以降积世之亡失，而周季犬戎之祸，实为一大关键。观秦人居周旧壤，而开化转晚于诸夏，有以知镐京之亡，文物之沦丧为不可计度矣。若夫《内外传》所载宗周之故实文献，宪章规仪（故象山陈汉章氏尝以《左传》证《周官》得五十事），以暨礼教之流风余韵浸淫渐渍于诸夏列邦者，又皆东迁周人流离颠沛之余之所幸保存而未尽澌灭者也。夫以《周书》《周诗》之弘深渊懿，《官礼》旧典之经纬万端，盂鼎、散盘之精美绝伦推之宗周文物之发达，又当至于何等乎？由周上溯之殷，说已详前。由殷上溯之夏，

政治文物,多同殷商:

> 《洪范》九畴,帝之所以锡禹者,而箕子传之矣。夏之季世,若胤甲[①]、若孔甲、若履癸,始以日为名,而殷人承之矣。文化既尔,政治亦然。周之克殷,灭国五十。而殷人所伐,不过韦、顾、昆吾,且豕韦之后,仍为商伯。昆吾虽亡,而己姓之国,仍存于商、周之世。《书·多士》曰夏迪简在王庭,有服在百僚。夏、殷间政治与文物之变革,不似殷、周间之剧烈矣。

王氏《殷周制度论》之言如是。仆试推广其说,殷人尚龟卜,而《墨子·耕柱》称夏后启使翁难乙灼白若之龟,《汉志》亦载《夏龟》矣。殷器文简,今传鼎彝之刻象形字者,时贤有谓或属夏器者矣,以十干为名,不特孔甲、履癸为然也。太康、仲康、少康,时贤有谓康或皆庚之讹矣,其影响后世最深者,尤推夏时,此不特传世之《夏小正》为足征也。仆初读《诗·豳风·七月》与《周官》,觉其所记年岁日月,颇多枘凿。嗣读陈奂《毛诗传疏》与孙诒让[②]《周礼正义》,始知《豳风》凡言某月者,皆夏正,凡言一之日二之日及改岁春酒始播百谷等,则皆周正。《周官》凡言岁者,皆夏正,凡言月者,则皆周正。孔子所称"吾得夏时"与"行夏之时"者,固非仅属一种理想而已。夏之前为虞,与夏同为颛顼后,先儒每以虞夏连称。《表记》且言虞夏同道。今传《尚书》,自《尧典·皋谟》而下,亦统称《虞夏书》。孙星衍《尚书今古文注疏·皋陶谟疏》曰:

> 史公曰:禹伯夷皋陶相与语帝前,经文无伯夷者。《大戴礼·诰志篇》子引虞史伯夷曰:明,孟也。幽,幼也。似解'幽明庶绩咸熙',是伯夷为虞史官。史迁以'皋陶方祗厥叙',及'夔曰戛击鸣球',至'庶尹允谐',为史臣叙事之文,则即伯夷所述语也。

寻《尧典》叙至舜崩,《皋谟》在《尧典》后,当皆撰于夏世。伯夷为虞史,亦即夏史矣。昔曾子固论史,极赞二典(宋时犹未知今本《舜典》自《尧典》析出,故云然,下引王伯厚语亦然),言"所记者岂独其迹,并与其深微之意而传之,……方是之时,岂特任政者皆天下之士,盖执简操笔者,亦皆圣人之徒。"(《南齐书序》)王伯厚则言"《夏小正》《月令》《时训》详矣,而《尧典》命羲和,以数十言尽

---

① 编者按:原文缺"胤甲",据王国维《殷周制度论》原文补。
② 编者按:原为"孙诒让",据通行用法校。

之。《天官书》《天文志》详矣,而《舜典》玑衡以一言尽之"。可为叙事之楷模,若《皋谟》之格言猷训,如知人安民云云,其语尤至约而精,不特可证《鲁颂》"淑问如皋陶"之赞之非诬,虞夏之昌明盛大、治教并兴,亦可于此得其消息焉!由虞上溯之颛顼,之黄帝,实为洪水前极盛时代,书缺有间矣。后史所记制作,唯历法为较明备。然《史记·历书》云:

> 盖黄帝考定星历……少暤氏之衰,九黎乱德,民神杂扰,不可放物,祸菑荐至,莫尽其气。颛顼受之,乃命南正重司天以属神,命火正黎司地以属民,使复旧常,无相侵渎。其后三苗服九黎之德,故二官咸废所职,而闰余乖次,孟陬殄灭,摄提无纪,历数失序。尧复遂重黎之后不忘旧者,使复典之,而立羲和之官。

是黄、颛之后,历法尝再乱,故至唐尧时又复重定,以历法例之其他,黄、颛之书,至虞夏世而绝灭者不知几何矣。虞夏之典,经后羿、寒浞之乱与桀之亡,至殷而存者无几矣。殷之典册,因王朝之屡迁与受辛之灭,至周而存者亦无几矣。由宗周而春秋,由春秋而战国,由战国而嬴秦,由嬴秦而炎汉,绵世历年,莫不递遗递减。盖三古载籍,至汉而仅存者,视今人所见,虽或相倍蓰,或相什伯,较之上世,已百不逮一,千不逮一矣。典册既亡,史实自随以俱湮。仆所谓层累亡失者,此也犹幸每当递遗递减之会,好古之士,辄以己所闻见,笔之简编,或愍其废绝,论次征藏;或沉潜坟典,诵读讲习;亦有志在立言,称引以为佐证者,则如前述周公之言《殷史下》及《内外传》以暨《墨》《庄》《吕览》诸子之所记者皆是也。而儒家之关系尤巨,非特孔子之述《诗》《书》《礼乐》,因鲁史作《春秋》,读《易》而为之《传》,以之垂教,布诸中国,然后吾华文化根本所寄之六艺,遂由官学而入于私家也。孔子作《春秋》,而左丘明论辑其本事以为之《传》,又纂异同为《国语》,而经学名言之在孔子前者,至今得以考见矣。《史》称:

> 孔子卒后,七十子之徒,散游诸侯,大者为师傅卿相,小者友教士大夫。故子路居卫,子张居陈,澹台、子羽居楚,子夏居西河,子贡终于齐。如田子方、段干木、吴起、禽滑釐之属,皆受业于子夏之伦,为王者师。是时独魏文侯好学。天下并争于战国,儒术既绌焉,然齐鲁之门,学者独不废也。

观前论墨子,则屡引诗书矣,庄子则言诗书礼乐。邹鲁之士,缙绅先生多能明之，又言百家之学，时或称道六艺矣。至若孟子之长《诗》《书》，荀子之隆《礼》《乐》，咸尊夫子之业而润色之，以学显于当世者。更不待论《国策》《楚策》《春秋》戒之曰云云，《魏策》《春秋》书之曰云云，及韩非子《奸劫》《弑臣》《春秋记》之曰云云，所引则《左传》也。（又韩非子《说疑》其在记曰，尧有丹朱，而舜有商均，启有五观，商有太甲，武王有管蔡云云，则本之《楚语》。时贤每言《左传》系刘歆由《国语》析出，不悟韩非所见，原属二书。）《吕览》集人人所闻者，既时称述《周易》，而《史记·蔡泽传》载泽说范雎，亦两引《易语》，曰飞龙在天，利见大人，曰亢龙有悔。当日六艺之遍传禹域，概可想见。而七十子后学者所记汉世所传之《大小戴礼记》录存之古记尤多。《大戴记》中若《夏小正》，若《五帝德》《帝系》，前已略论之矣。《武王践阼》载王问师尚父曰：昔者黄帝、颛顼之道存乎？曰在《丹书》。道书之言曰敬胜怠者吉，怠胜敬者灭云云，则又黄、颛之遗文矣。《小戴记·文王世子》云："《记》曰：虞夏商周有师保，有疑丞。"《孔疏》云："此作记之人更言记曰，则是古有此记，作记引之耳。"陈兰甫《东塾读书记》取之曰："凡《礼记》所言记曰，皆是古有此记也，记之所从来远矣。"又曰："《燕义》：古者天子之官，有庶子官。《孔疏》云：作记之人在于周末，追述周初之事，故云古者。《深衣疏》云：作记之人为记之时，《深衣》无复制度，故称古者《深衣》盖有制度。言盖者，疑辞也。《少仪》闻始见君子者辞曰云云。《疏》云：作记之人心自谦退，不敢自专制其仪，而传闻旧说，澧案如此之类。作记者时代在后，其述古事，述古制，述旧说，不敢自专，而为疑辞。古人著书，谨慎如此。"兰甫既著是说，乃就《戴记》记虞、夏、殷、周异礼，见于《檀弓》《王制》《曾子问》《文王世子》《礼器》《郊特牲》《内则》《祭法》《祭义》及《表记》者，条举其目，言"此皆纪四代异礼。孔子言夏殷礼文献不足征，而《礼记》尚存此数十条，记者之功大矣"。以《明堂位》文多，兰甫置不具录。仆则每读《明堂位》，辄为神往，曰："鸾车有虞氏之路也，钩车夏后氏之路也。大路，殷路也；乘路，周路也。"曰："有虞氏之旂，夏后氏之绥，殷之大白，周之大赤。"曰："夏后氏骆马黑鬣，殷人白马黑首，周人黄马蕃鬣。"曰："夏后氏牲尚黑，殷白牝，周骍刚。"曰："泰，有虞氏之尊也。山罍，夏后氏之尊也。著，殷尊也。牺象，周尊也。"曰："爵，夏后氏以琖，殷以斝，周以爵。灌尊，夏后氏以鸡夷。殷以斝，周以黄目。其勺，夏后氏以龙勺，殷以疏勺，周以蒲勺。"曰："土鼓、蒉桴、苇籥，尹耆氏之乐也。拊搏、玉磬、揩击，大琴大瑟，中琴小瑟，四代之乐器也。"曰："米廪，有虞氏之庠也；序，夏后氏之序也；瞽宗，殷学也；泮宫，周学也。"曰："夏后氏之鼓足，殷楹鼓,周悬鼓。"曰:"垂之和钟,叔之离磬,女娲之笙簧。"曰:"夏后氏之龙簨虡,殷之崇牙,周之璧翣。有虞氏之两敦,夏后氏之四连,殷之六瑚,周之八簋。"曰:"俎,有虞氏以梡,夏后氏以嶡,殷以椇,周以房俎。"曰:"夏后氏以楬豆,殷玉豆,周献豆。"曰:"有虞氏服韨,夏后氏山,殷火,周龙章。"曰:"有虞氏祭首,夏后氏祭心,殷祭肝,周祭肺。"曰:"夏后氏尚明水,殷尚醴,周尚酒。"曰:"有虞氏官五十,夏后氏官百,殷二百,周三百。有虞氏之绥,夏后氏之绸练,殷之崇牙,周之璧翣。凡四代之服、器、官,鲁兼用之。是故,鲁,王礼也,天下传之久矣。"自来论四代文物异制,蔑有详于此者,言古史者所宜奉为环宝者也。又观篇末所陈,及篇首"成王以周公为有勋劳于天下,是以封周公于曲阜,地方七百里,革车千乘,命鲁公世世祀周公以天子之礼乐"云云,是篇盖鲁人所记,以鲁用王礼,凡周初之礼器及其因袭有虞、夏、殷者,鲁皆有之,故记者得一一备列。鲁人之视虞、夏、殷、周,殆犹清人之视唐、宋、元、明。其言服、器、官,以四代并举,亦犹清人论地方区划,曰唐之道,宋之路,元之行省,明之布政使司;论职官,曰唐之三省,宋之两府,元之中书省,明之殿阁耳。是则虞、夏、商、周,文物本一脉相承,殷周虽较虞夏进步,实沿袭虞夏而来,且以殷周承自虞夏推之,虞夏亦必另有所承。《世本》所记羲、农、黄、颛诸时代之制作,又可证其足信矣。抑仆又考之《鲁语》:"正考父校商之名颂十二篇于周太史,以《那》为首。其辑之乱曰:自古在昔,先民有作,温恭朝夕,执事有恪。先圣王之传恭,犹不敢专,称曰自古,古曰在昔,昔曰先民。"盖吾上世历年弥永,后嗣有述,一事一言之微,每莫能究其原起,称之曰古,古闻之昔,昔闻之先民,不能定其为何世,亦不敢言创之于己也。庄子所称"古之道术",道术之上,冠以古而不名,义亦犹是。仆窃本斯旨,私意先秦典籍,无论六艺经传,百家诸子,以至古史杂记所载古代传说,苟非汉后伪托,疑皆语有所本,且皆经层累亡失之余而仅存者,其或事有详略,文有异同,则以笔者识有高下,时有先后,或见仁见智之相违,或一传再传而致讹,或因书缺简脱鲁鱼亥豕而舛迕,或缘所见异辞所闻异辞及所传闻异辞故耳。览者犹疑仆言,而必执层累造成之说乎?则试再征之《楚辞》。昔屈原放逐,嗟号旻昊,见楚有先王之庙,及公卿祠堂,图画天地山川神灵,琦玮僪佹,及古圣贤怪物行事。周流罢倦,休息其下,仰见图画,因书其壁,呵而问之,作为《天问》,首言天地日月列星,次虞夏,次殷商,次有周。王氏《先公先王考》尝以《天问》称"该"而卜辞有王亥,因就"该秉季德"至"而后嗣逢长"十二韵,以"《山海经》《大荒东经》及《郭注》所引《竹书》参证之,实纪王亥、王恒及上甲微三世之事"言"《天问》所说,当与《山海经》及《竹书纪年》同出一源,而《天问》所记尤详"云云。夫以《山经》之文不雅驯,《天问》之闳大不经,今以卜辞为证,乃知其与《纪年》同源,且《天问》系就壁画发问,此壁画作者,今不知其为谁何矣。意当日事出画工,亦不过据其时楚国流行之载籍与传说,图诸庙堂,以壮观瞻已耳,而其可征信犹如此,则若《离骚》之"上称帝喾,下道齐桓,中述汤武,以刺世事",暨"启九辩与九歌兮,夏康娱以自纵。不顾难以图后兮,五子用失乎家巷。羿淫游以佚田兮,又好射夫封狐。固乱流其鲜终兮,浞又贪夫厥家。浇身被服强圉兮,纵欲而不忍。日康娱而自忘兮,厥首用夫颠陨"。诸韵所述夏史,与左氏襄四年、哀元年《传》所载魏绛伍员之言相表里者(按《天问》"启代益作后,卒然离蠥"至"何羿之射革,而交吞揆之"十二韵,及"惟浇在户"至"而亲以逢殆"四韵,亦述其事),尤绝无致疑之余地矣。仆于近代学人,最钦服顾宁人,《日知录》于读《离骚》"彼尧舜之耿介兮,既遵道而得路。何桀纣之昌披兮,夫惟捷径以窘步",诸语曰:"尧舜所以行出乎人者,以其耿介。同乎流俗,合乎污世,则不可与入尧舜之道矣。"又曰:"非礼勿视,非礼勿听,非礼勿言,非礼勿动,是则谓之耿介,反是谓之昌披。夫道若大路然,尧桀之分,必在乎此。"乃知屈平之正道直行,其源实出尧舜,更与孔子不二。嗟乎!读史而无宁人之识者,几何不以灵均为沅湘之骚人,而美其能咏二妃以写事君之幽思,或以《山鬼》为其个人之象征者哉?仆对古史愚见,略陈如此。至时贤之以神祇观等诠解,或以世界他文明野蛮各种族比附,与夫以伪托窜乱诬罔古籍者,仆当另文剖析,非今兹所欲置论也。幸裁正之,不宣。

附记:

上文撰成于今年二月,其动机远在十五年前。十八年秋,余拟作《古史研究之过去与现在》一题,"综括古今关于古史之论著,区为十派,以旧者四派为上篇,新者六派为下篇,明其类例,著其概要,而评其得失"。彼时仅撰成《上篇》,登同年十二月出版《史学杂志》第一卷第六期,《下篇》迄未撰就。上文所陈,实该题《下篇》之一部,唯详略与上篇异耳。

上文撰就后,即以油印作中国上古史补充讲义,并以若干份分赠友好就正。未几,董作宾氏来中大讲学,余亦以一份请正,蒙氏改定数处,并荷出示新著《殷历谱》,余穷数日夜之力圈读一过,于上文所陈,益坚其自信。《殷历谱》胜义纷纭,兹姑取与本文有关者一端述之。本文述周公之殷史学,引《周书·

无逸》云云,《殷历谱》上编卷四《殷之年代》,如高宗武丁之五十有九年,祖甲之三十有三年,"并由卜辞证明其不误",乃至祖甲后之廪辛、康丁(庚丁)、武乙、文丁(大丁)诸王在位年数,亦与《无逸》所言"或十年,或七八年,或五六年,或四三年"之约数相合。(董氏考定廪辛六年,与《无逸》之"或五六年"合;康丁八年,与"或七八年"合;武乙四年,与"或四三年"合;文丁十三年,与"或十年"合,盖十年系"举其大数"。若武乙于四年崩,崩之年文丁立,"明年改元,则武乙享国实不足四年,故亦可称四三年也。五六,七八,以此类推"。)凡周公所称述之殷史,几与殷之实录无殊矣。

三十四年五月一日,凤林附记

(原载于《学原》第 1 卷第 2 期,1947 年)

整理人:颜克成,云南民族大学民族学与历史学学院副教授

韩山童、刘福通首义颍州考

邱树森[*]

摘　要:元末韩山童、刘福通首义地点并非像《朱元璋传》所说的在永年县,据《元史》《庚申外史》《名山藏》,特别是《庚申外史》关于杜遵道的一条记载以及祝允明《九朝野记》的记载,可考在颍州。从起义的时间和永年、颍州两地相距有千里之遥,也可以否定韩山童、刘福通首义在永年县,韩山童被杀后刘福通才逃出并攻占颍州。

关键词:韩山童　刘福通　《庚申外史》　颍州

韩山童、刘福通领导的元末北方红巾军究竟在什么地方首义的? 吴晗同志在《朱元璋传》里是这样写的:

> 韩山童聚集了三千人在白鹿庄,斩白马乌牛,祭告天地……正在歃血立誓,分配任务,举杯庆祝,兴高采烈的时候,不料消息走漏了,永年县的县官带领马快弓手,冷不防团团围住白鹿庄,韩山童脱身不及,被擒去杀了。……刘福通苦战逃出,事已如此,等不得预定的起义日子,整顿了队伍,出敌人不意,攻占颍州。(三联书店1964年版,第43—44页)

近年来中外一些中国史著作里,也有采用此说的,认为韩山童在永年县(今河北邯郸东北旧永年)白鹿庄起兵,事觉,被县官擒获,刘福通等逃奔颍州(今安徽阜阳),重新起义成功。

---

　*　邱树森(1937—2019),江苏苏州人。1963年到1988年任教于南京大学历史系,并于1984年到1988年担任系主任,主要研究方向为蒙元史、民族史、文化史,著有《元朝史》(合著)、《中国回族史》(主编)、《妥懽贴睦尔传》、《邱树森七十自选集》等。

仔细检阅记载元末红巾军起义的元明史料,发现此说是不能成立的。明初及明代史料中,记载韩山童、刘福通首义经过的,以下列三条史料最详细:

《元史》卷 42《顺帝纪五》:

> ［至正十一年五月］辛亥,颍州妖人刘福通为乱,以红巾为号,陷颍州。初,栾城人韩山童祖父,以白莲会烧香惑众,谪徙广平永年县。至山童,倡言天下大乱,弥勒佛下生,河南及江淮愚民翕然信之。福通与杜遵道、罗文素、盛文郁、王显忠、韩咬儿复鼓妖言,谓山童实宋徽宗八世孙,当为中国主,福通等杀白马、黑牛,誓告天地,欲同起兵为乱,事觉,县官捕之急,福通遂反。山童就擒,其妻杨氏,其子韩林儿,逃之武安。

权衡:《庚中外史》

> ［至正十一年］五月,颍川颍上红军起,号为香军,盖以烧香弥勒佛得此名也。其始出赵州栾城县韩学究家。已而,河、淮、襄、陕之民,翕然从之。故荆、汉、许、汝、山东、丰、沛以及两淮红军,皆起应之。颍上者,推杜遵道为首,陷成皋、据仓粟,招集亡命,从者数十万,陷汝宁、光、息、信阳。

何乔远:《名山藏》卷 43《天因记》

> 颍人刘福通与其党杜遵道、盛文郁、罗文素等告众曰:"山童宋徽宗八世孙也,当帝天下。我刘光世后,合辅之。"聚众三千人于白鹿庄,杀黑牛、白马,誓告天地,约起兵,兵用红巾为志。

以上三条史料都说韩山童、刘福通首义地点在颍州,或者根据《庚申外史》更确切一点说应该在颍川(即颍州)颍上。但是吴晗等学者为什么要把它说成在永年呢? 这可能是因为:一、韩山童的祖父韩学究"谪徙"永年县后,韩山童一直居住在永年,首义地点也应在永年;二、颍州是州,永年是县,"县官捕之急",应该是永年县县官;三、《明史·韩林儿传》载:"至正十一年五月,事觉,福通等遽入颍州反,而山童为吏所捕诛。"既是"遽入",似乎应是从远处仓促攻入颍州。如果所根据的就是这些理由而没有其他更确切的史料,那么,这也许是错觉。

其实,除了上引史料外,我们还可以从其他史料中证实韩山童、刘福通首义地点在颍州。首先是《庚申外史》关于杜遵道的一条记载：

> 枢密院掾史杜遵道，弃去不仕，适颍川，遂为红军举首。先是伯
> 颜为丞相，马扎儿台为知院，遵道为书生，上言请开武举，以收天下智
> 谋勇力之士，马扎儿台遂补为掾史。既而知不能行其策，遂弃去，后
> 为贼中举首。

既然杜遵道弃官后"适颍川"，又为"红军举首"，可见他和刘福通等是在颍州策划起义的。

另外，祝允明《九朝野记》也说韩林儿是从颍州逃到武安（今河北武安）的：

> 韩林儿始颍川逃之武安，为穿窬渐肆劫杀，有徒既繁，乃啸乱称
> 小明王。

既然韩林儿是从颍州逃到武安的，而"山童就擒，其妻杨氏，其子韩林儿，逃之武安"又是同时发生的，那么韩山童就擒地点在颍州也是确凿无疑的。因为一般情况下，至正十一年时年龄大约十来岁的韩林儿是随父母一起生活的。"逃之武安"，是因为武安离他们的老家永年很近。

再以起义时间推算，如果韩山童、刘福通在永年起义失败，刘福通苦战逃出，攻占颍州，是完全不可能的。据《元史·河渠志》，至正十一年四月初四日，元顺帝下诏开黄河故道，四月二十二日鸠工。即使鸠工后立即动工开河，估计从黄陵岗挖出独眼石人也要在二十五日到四月底之间，起义则肯定要在独眼石人挖出之后才有可能爆发，如若果真在永年起义，时间最快也要在四月底、五月初。而《元史·顺帝纪》明确记载刘福通攻占颍州的日期是五月初三（辛亥），距离假设中的永年起义日期只有三两天。永年与颍州相距足有千里，假如刘福通经过苦战后率领一支溃不成军的队伍，三两天内赶了上千里路，竟能攻下偌大一个颍州城来，这是不堪设想的。

《历史教学》1955 年第 8 期有一篇《刘福通坟墓调查小记》，说：安徽阜阳县阜东有枣庄集，"枣庄集从前叫柳沟村，传说是刘福通所住的地方。集北头有八仗沟，传说是他初起义时，颍州官兵来打，打八仗他败八仗的战壕"。这些传说与史料记载大体吻合。《名山藏·天因记》所说刘福通聚集三千人于白鹿庄起兵，此白鹿庄或即枣庄集，或枣庄集附近。白鹿庄也可能在颍上县境，因为《庚申外史》说首义地点在颍川颍上，"县官捕之急"所指可能是颍上县官。按元代颍州属县有三：颍上、太和、沈丘，颍上正在颍州东南。可惜，明清两代

的颍州志中没有关于白鹿庄的记载,也没有关于刘福通首义地点的记载。当然,永年县志中更没有这方面的记载了。

韩山童虽然家居永年,但他的活动范围是很广的。叶子奇《草木子》卷3上《克谨篇》说:"韩山童等因挟诈,阴凿石人,止开一眼,镌其背曰:'莫道石人一只眼,此物一出天下反。'预当开河道埋之,掘者得之,遂相为惊诧而谋乱。"可见独眼石人就是他设计的。大起义前夕,韩山童已不再停留在宗教活动上,而是转入起义的具体规划上了。当时韩山童的信徒遍布河南、江淮,哪里条件成熟,哪里就是起义中心,韩山童当然会到该地去参加筹划。刘福通、杜遵道等在颍州地方创造了这样的条件,韩山童当然会到颍州地方来活动。《草木子·克谨篇》还说:"是时,天下承平已久,法度宽纵,人物贫富不均,多乐从乱。曾不旬月,从之者殆数万人。以赵宋为名,韩山童诈称徽宗九世孙,伪诏略曰:'蕴玉玺于海东,取精兵于日本。贫极江南,富称塞北。'盖以宋广王走崖山,丞相陈宜中走倭,托此说以动摇天下。当时贫者从乱如归,朝廷发师诛之,虽即擒获,而乱阶成矣。"(郎瑛《七修类稿》卷8《韩山童》条,则以为诏书系至正十五年韩林儿即位时所发。今据《草木子》。)据此,知颍上宣誓起义时,韩山童有可能用"明王"的名义发布诏书,因而树大招风,被元官发觉捕杀。刘福通、杜遵道等不得不仓促起兵,并一举攻占了颍州城。

(原载于《历史研究》1980年第6期;收入邱树森:《邱树森七十自选集》(上),香港:华夏文化艺术出版社,2007年,第198—200页。)

元代河患与贾鲁治河

邱树森

摘　要：至正四年黄河北决白茅堤和金堤,带来了巨大的社会灾难,也引发了元朝的统治危机。元廷就治河方略发生严重的争论,贾鲁"疏塞并举,挽河东行,使复故道"(语载《元史·贾鲁传》,《元史·成遵传》作"疏南河,塞北河,使复故道")的治河方案得到刚刚复相的脱脱的认可,并于至正十一年得以实施。贾鲁堵塞黄河北堤的缺口,将河水勒回故道,合淮入海,保证了漕运和盐场的安全,他的治河成绩值得肯定。

关键词：贾鲁　黄河　治理　元朝

金元二百多年间,也许是滔滔万里黄河最为桀骜不驯的时期。自从建炎二年(1128)南宋东京留守杜充决河企图阻止金兵南进后,黄河自泗入淮,河道多股分流,变迁频繁,以后七百多年间,一直处于极不稳定时期。元代河患尤其严重,仅据《元史》等记载,至元九年(1272)到至正二十六年(1366)的九十五年中,即有五十多年发生过河决事件,有时一年决溢数起。[①] 而至正四年(1344)河决白茅堤、金堤,是元代河决最为严重的事件,其影响之深远,远远超过了黄河本身。本文主要探讨元末河患与贾鲁治河同元代社会政治的关系,兼及贾鲁治河的技术成就。其中门外之谈,恐比比皆是,请历史学家、水利专家多多指正。

---

① 岑仲勉《黄河变迁史》(北京：人民出版社,1957年)、水利部黄河水利委员会《黄河水利史述要》均有较详细统计,可参考。另据《人民黄河》第47页载："黄河在元代的八十八年中,决溢极为频繁,有历史记载的就有二百六十五次,平均每四个月一次。"

至正河决与元末社会

《元史·河渠志》载："至正四年夏五月，大雨二十余日，黄河暴溢，水平地深二丈许，北决白茅堤。六月，又北决金堤。并河郡邑济宁、单州、虞城、砀山、金乡、鱼台、丰、沛、定陶、楚丘、武城，以至曹州、东明、巨野、郓城、嘉祥、汶上、任城等处皆罹水患，民老弱昏垫，壮者流离四方。"从这段记载中可以看出，这次黄河暴溢的直接原因是"大雨二十余日"。

黄河中游的暴雨是造成黄河决溢的重要原因。这一地段正处于我国西北干燥区和东南湿润区之间，基本上属于干旱或半干旱的大陆性气候。黄河上中游多为高山环绕，海洋气团不易深入，但这种气团一旦深入腹地，便带来丰沛的水汽，造成急促性的强暴雨。洪峰迅猛，水位陡涨。暴雨冲击和侵蚀着陕北的黄土丘陵和沟壑地区，这些地区天然植被很少，土壤疏松，造成水土流失，挟走大量泥沙。所以，黄河是世界上输沙量最多的河流，进入下游的年输沙量，以干流三门峡、伊洛河黑石关和沁河小董三个水文站 1919 年至 1977 年水文资料统计，平均达 16.3 亿吨。[①] 这些泥沙夹带下游后逐渐形成淤积，河床逐年升高，河道滩面一般高出两岸地面二至五公尺，形成高悬于大平原之上的河道，主流经常摆动，一遇洪水便常常决口，一旦决口，河水居高临下，一泻千里，因而带来的灾难也就特别大。正如元人尚文所说："长河万里来，其势湍猛，至盟津而下，地平土疏，移徙不常，失禹故道，为中国患，不知几千百年矣。"[②]

上述自然因素也是元代河患的自然因素。大德元年河决蒲口后，尚文在视察河防时就目睹了如此局面："北岸故堤，其水比田高三四尺，或高下等，大概南高于北，约八九尺，堤安得不坏，水安得不北也！"[③]武宗至大三年(1310)，河北河南道廉访司就预料到黄河恶性泛滥已不可避免："大抵黄河伏漕之时，水势似缓，观之不足为害，一遇霖潦，湍浪迅猛。自孟津以东，土性疏薄，兼带沙卤，又失导泄之方，崩溃决溢，可翘足而待。"[④]从至大三年到至正四年三十

---

① 转引自《黄河水利史述要》，第 11 页。

② 《元史》卷 170《尚文传》，中华书局标点本。

③ 《元史》卷 170《尚文传》。

④ 《元史》卷 65《河渠志·黄河》。

四年间,仅据《元史》记载,黄河决溢约三十次,几乎全部集中在孟津以东、徐州以西的黄河中下游地段。然而,人定胜天。在公元十三四世纪的封建社会里,虽然还不具备根治黄河的科学条件,但只要政府对人民的生命财产有所关心,采取正确的"导泄之方",控制行河路线,大灾是可以变为小害的,防止河患恶性发展是有可能的。元朝却恰恰相反,人为的因素扩大了灾情。天灾加人祸,是造成元代河患的双重因素。

人祸之一便是治河不力。至元十二年(1275)著名水利家郭守敬曾奉命至黄河下游视察水道,他"自孟门以东,循黄河故道纵广数百里间皆为测量地平,或可以分杀河势,或可以灌溉田土,具有图志"。① 可惜郭守敬这一大面积地形测量成果,终因当时忙于灭宋战争而束之高阁。事隔十年,河患终于不可收拾。至元二十三年(1286)十月,河决开封、祥符、陈留、杞县、太康、通许、鄢陵、扶沟、洧川、尉氏、阳武、延津、中牟、原武、睢州等十五处。是年,元政府"调南京(今河南开封)民夫二十万四千三百二十三人,分筑堤防"。② 第二年,汴梁附近河水又决溢。二十五年,汴梁洛阳武县诸处,河决二十二所,造成改道,元政府"委宣慰司督本路差夫修治"。③ 可见,尽管二十三年调集了二十万民夫修河,规模不算不大,但效果极差。终至元之世,修河的情况大致是"每岁兴功,筑堤防捍,真成戏剧……徒费人功,损践民田,其为可防经久之事,曾无少补"。④ 以后,大德年间"塞河之役,无岁无之"⑤,其中大德元年、十年动员民夫分别为三万和十万。至大、泰定年间也有修河活动,但规模较小,效果也不显著。造成这种状况的原因,首先是朝廷不以河患为虑,都是头痛医头,脚痛医脚,"失于规划"。正如河北河南道廉访司批评的那样:"黄河决溢,千里蒙害。浸城廓,漂室庐,坏禾稼,百姓已罹其毒。然后访求修治之方,而且众议纷纭,互陈利害,当事者疑惑不决,必须上请朝省,比至议定,其害滋大,所谓不预已然之弊。"⑥元初,政府曾在怀孟等处置河渠官,专门管理黄河事务,至元二十

---

① 齐履谦:《知太史院事郭公行状》,《国朝文类》卷50,《四部丛刊》本。
② 《元史》卷14《世祖纪》。
③ 《元史》卷170《尚文传》。
④ 王恽:《论黄河利害事状》,《秋涧集》卷91,《四部丛刊》本。
⑤ 《元史》卷170《尚文传》。
⑥ 《元史》卷65《河渠志·黄河》。

八年(1291)废,水利事务"隶有司",①而"有司不能远虑,失于规划"。② 其次,水利官不通业务。"今之所谓治水者,徒尔议论纷纭,咸无良策。水监之官,既非精选,知河之利害者,百无一二。虽每年累驿而至,名为巡河,徒应故事。问地形之高下,则懵不知;访水势之利病,则非所习。既无实才,又不经练。乃或妄兴事端,劳民动众,阻逆水性,翻为后患。"③总之,由于朝廷对河患极不重视,水利官又不通业务,虽劳民动众多次治河,结果收效甚微,甚至适得其反。

人祸之二便是豪强霸占河旁滩地,阻塞水流。早在至元年间,王恽就指出:"黄河两岸多有退滩闲地。有塔察大王位下头目人等,冒占作投下稻田,令侧近农民写立种佃官文字,每岁出纳租课,余不得开垦。窃详河水走卧不常,今日河槽,明日退滩,安得为投下属地?"④仁宗延祐二年(1315)河南行省也说:"黄河涸露旧水泊污池,多为势家所据,忽遇泛滥,水无所归,遂致为害。由此观之,非河犯人,人自犯之。"⑤所谓势家,包括获得赐田的蒙古、色目贵族,拥有官、私田的官僚、豪民,他们勾结在一起,依仗权势,兼并土地,无孔不入,濒河滩地自然是他们侵夺的对象。至大元年(1308)时,仅河南(今洛阳)、归德、汝宁境内的濒河滩地就达六万余顷,这些"濒河之地,出没无常,遇有退滩,则为之主",有一个叫亦马罕的人,妄称行省委派他括地,把有主之田称为荒地予以侵占,后被人告发,他便将侵占的田地全部献给了皇子和世㻋。和世㻋欲立总管府,招民耕种,岁收其租,但中书省臣以"河南连岁水灾,人方阙食,若从所请,设立官府,为害不细"⑥为由加以反对而作罢。如果事成,确实为害不细,因为洛阳至汝宁段的河道宽浅散乱,泥沙淤积严重,河床逐渐升高,若将滩地占为耕地,势必造成河床松软,水土流失,遇有洪水,容易淤塞,则水无所归,决溢就更严重了。和世㻋企图独吞六万余顷虽然没有成功,但这些荒地仍为"有主之田",侵占河道滩地的情况丝毫没有改变。所以"非河犯人,人自犯之",倒是一针见血地点破了元代河患的本质。

天灾加人祸,终于导致元代河患一年甚于一年。大致从金初以来,由于北流已久,河道淤高,杜充决河后,水势向东南较低的地区流动,通过梁山、巨野

---

① 《元史》卷164《尚野传》。
② 《元史》卷65《河渠志·黄河》。
③ 《元史》卷65《河渠志·黄河》。
④ 王恽:《定夺黄河退滩地》,《秋涧集》卷91。
⑤ 《元史》卷65《河渠志·黄河》。
⑥ 《元史》卷22《武宗纪》。

一带流入泗水入淮。以后,这一河道也逐渐淤高,河势再向西南移动,金末元初时,大体沿颍、涡等水流人淮河。元中叶后,这几支河道又淤高了,又转向东北。这个过程完全是听任黄河自由摆动,人力几乎未加干预。因此,至正四年的河堤大崩溃只不过是这一趋势的必然结果。这次恶性河患,给元代社会带来了极其严重的影响。

第一,这次河决严重破坏了黄河下游的农业生产,给数以千万计的劳动人民带来了巨大的灾难。

河决白茅、金堤后,很快淹没了中下游北岸的许多城镇、乡村,冲塌民屋,水势沿着运河北侵安山(今山东梁山境),涌入会通河,蔓延至济南、河间两路地域,"方数千里,民被其患,五年不能塞"。[①] 这种可怕的灾情,诗人高志道是这样描述的:

> 屋倒人离散,风生水浪滔;周围千里外,多少尽居巢![②]

大水淹没了黄河沿岸的农田庄稼,吞没了人民的生命财产。大水之后究竟淹死、饿死、病死了多少人,恐怕是无法统计的。时人或说"民死亡不可胜数"[③],或说"民之死者半"[④],或说"死者大半"[⑤],总之是十分悲惨的。受害地域如此之广阔,死亡人数如此之众多,灾害持续如此之长久,这在河患史是罕见的。

第二,这次河患之后出现了无法胜数的饥民、流民,使元代本来已十分尖锐的阶级矛盾进一步激化。河决后连续七年的饥荒是催发元末农民战争爆发的直接原因。

大水之后,背井离乡、远徙他方的流民,处境十分悲惨,张养浩的《哀流民操》写道:

> 哀哉流民! 为鬼非鬼,为人非人。
>
> 哀哉流民! 男子无裩袍,妇女无完裙。
>
> 哀哉流民! 剥树食其皮,掘草得其根。

---

① 《元史》卷 65《河渠志·黄河》。

② 《元诗选》癸集。

③ 宋禧:《送王巡检赴岑江序》,《庸庵集》卷 18,清嘉庆宋氏印本。

④ 余阙:《书合鲁易之作颍川老翁歌后续集》,《青阳集》卷 8,《四部丛刊》本。

⑤ 杨翮:《王氏恤葛诗序》,《佩玉斋类稿》卷 8,四库珍本。

哀哉流民！昼夜绝烟火，夜宿依星辰。

……

哀哉流民！死者已满路，生者与鬼邻。

哀哉流民！一女易斗粟，一儿钱数文。

哀哉流民！何时天雨粟，使女俱生存。①

时人留下的类似这首如实反映流民悲惨遭遇的诗篇还有很多，读了真叫人心胆欲摧。

"民计穷而为盗"。② 至正四年河患之后，阶级矛盾急遽尖锐，人民起义顿时频繁，贫穷的饥民、流民，不得不拿起武器，为争得自己的生存起而反抗元朝黑暗统治。连年荒旱，盗贼白昼在城市行劫，"人相食"。③ 虽然起义的烽火遍及全国，但比较集中的地区是河淮灾区、大水波及的山东地区、流民集中的长江下游两岸。对元朝黑暗统治极端憎恨的饥民、流民，成了即将来到的元末农民大起义中的基本起义队伍。

第三，至正四年河决后，大有威胁会通运河通航和冲垮山东盐场之势，元朝政府的财政收入有急遽下降的危险。

黄河暴溢后，"水势北侵安山，沿入会通运河，延袤济南、河间，将坏两漕司盐场，妨国计甚重"。④ 会通运河是至元二十六年(1289)凿通的，它起自东平路须城县(今山东东平)西南的安山，经寿张西北至东昌路(治今山东聊城)，又西北至临清，达于御河，全长二百五十余里。这河通航后，"江南行省起运诸物，皆由会通河以达于都"，⑤ "岁运米至京者五百万石"，⑥ 比海运粮几乎多出一倍。就是说，大都城所需要的粮食和诸多生活用品、南方贡品，包括丝绸、奢侈品等多半是通过运河运抵北方的。至正八年方国珍起兵浙东，海运受到威胁后，元廷对河运更加倚重，所以漕运如果中断，势必影响大都的供应与社会秩序的安定。而济南、河间的盐场，对元朝的财政收入也至为重要。因此，河决之后灾区日益扩大的局面，给元朝政府带来了紧迫的经济危机感。

---

① 《元诗选》丙集。

② 宋濂：《方愚庵墓版文》，《宋文宪公全集》卷 24，清嘉庆刊本。

③ 长谷真逸：《农田余话》，《宝颜堂秘笈》本。

④ 《元史》卷 66《河渠志·黄河》。

⑤ 《元史》卷 64《河渠志·会通河》。

⑥ 《元史》卷 41《顺帝纪四》。

综上所述,至正四年的河患,绝不仅仅是黄河本身的灾难问题,而是牵涉元代整个社会危机的大问题。河患的恶性发展是元代昏暗的封建统治带来的必然结果,它反过来又使潜伏着的元朝各种社会危机得以充分暴露,从而使各种危机集中到农民的武装起义上来,最后终于导致元朝统治的总崩溃。

脱脱复相与治河辩论

面对黄河决溢后的严峻局面,元朝统治者虽先后专门设置了河南山东都水监和山东河南等处行都水监,专治河患,又曾修治过金堤和白茅堤,终因只进行小修小补,而贾鲁的治河方案又未被采纳,河患愈益严重。

与此同时,元廷内部就治河方略展开了激烈的辩论。至正八年(1348)贾鲁提出治河方案,结果"议未及竟";①九年闰七月,脱脱复相,再次就贾鲁方案展开辩论,虽然"言人人殊",最后脱脱力排众议,"与鲁定议",②方案确定了;至正十一年(1351)春,即贾鲁治河的前夕,工部尚书成遵又"力陈不可",③力图推翻前议,没有成功。下文就三次大辩论双方的意见,作一些剖析。

力主治河并提出治河方案的就是贾鲁。鲁,字友恒,河东高平(今山西高平)人。泰定初,授为东平路儒学教授,后历任宪史、行省掾、潞城县尹等职,旋丁父忧。至正间,起为太医院都事,应召为《宋史》修史官。修史毕,历任燕南山东道奉使宣抚幕官、监察御史、山北廉访副使、工部郎中等职。至正八年二月,元廷于济宁郓城立行都水监,专治河患,命贾鲁主其事。

元廷之所以任命贾鲁为行都水监使,这是事出有因的。贾鲁自幼熟读经书,谋略过人,入仕后,长期充任地方官,对民情及社会的腐败相当了解,也有志于改革时弊。在他出任燕南山东道奉使宣抚幕官时,就曾"循行被水郡邑,具得修捍成策",④因"考绩居最",⑤被选拔为中书省检校官,所上改革河仓的万言书,指出"富民兼并,贫民流亡"是造成粮仓弊端的原因,颇为"切中其弊"。后在工部任郎中,对工程建设很有实际经验,所"言考工十九事",也是改革天

---

① 《元史》卷187《贾鲁传》。
② 《元史》卷187《贾鲁传》。
③ 《元史》卷186《成遵传》。
④ 欧阳玄:《至正河防记》。
⑤ 《元史》卷187《贾鲁传》。

下营造百工的新建议。可见,贾鲁是当时既有书本知识又有实际经验的难得的工程技术人才。他受命为行都水监后,即"循行河道,考察地形,往复数千里,备得要害,为图上进二策:其一,议修筑北堤,以制横溃,则用工省;其一,议疏塞并举,挽河东行,使复故道,其功数倍"。① 他所提出的治河二策,并不是凭空想象的,而是他实地考察、测量地形、绘制地图,经过一番艰苦劳动后得出来的。尽管他的方案未被采纳,而且朝廷又将他调离了都水监,但他对河患严重性的认识促使他更加坚定了自己的治河主张。

到至正九年脱脱再次出任右丞相后,贾鲁以都漕运使的身份,参加了治河讨论会,再次提出了自己的治河二策,尽管会上"言人人殊","或言当筑堤以遏水势,或者必疏南河道以杀水势",反对贾鲁方案和另提方案的廷臣不在少数,而贾鲁进一步申述了自己的主张:"必疏南河,塞北河,使复故道。役不大兴,害不能已。"②脱脱当机立断,取其后策,并意味深长地说:"此事非子不可。"十一年,五十五岁的贾鲁出任工部尚书兼总治河防使,指挥十五万民夫和二万士兵,开展了规模宏大的治河活动。

这里有必要就元末明初人叶子奇在《草木子·克谨篇》中所写的一段与史实不符的记载作些辩证。因为这段记载常常被议者用作解释元末农民起义的原因和否定治河的重要史料根据。该段文字如下:

> 徐州盗韩山童叛。先是,至正庚寅间,参议贾鲁以当承平之时,无所垂名,欲立事功于世,首劝脱脱丞相开河北水田,务民屯种,脱从之。先于大都开田以试之,前后所费几十数万锭,及开西山水闸灌田,山水迅暴,几坏都城,遂止。又劝其造至正交钞。楮币窳恶,用未久,辄腐烂不堪倒换,遂与至元宝钞俱涩滞不行,物价腾贵。及河决南行,又劝脱相求夏禹故道,开使北流,身专其任。

这段文字用至正庚寅(1350)年间的三条事例来证明贾鲁是一个沽名钓誉者。第一条,为劝脱脱开河北水田,结果因开西山水闸灌田,山水迅暴,几坏都城。查《元史·顺帝纪》及《脱脱传》均未记此事,《脱脱传》及《河渠志》有谓至正二年(1342)参议孛罗帖木儿等建议放西山金口水东流至高丽庄,合御河,接引海运至大都城内输纳,结果"毁民庐舍坟茔,夫丁死伤甚众,又费用不赀,卒

<hr />

① 《元史》卷187《贾鲁传》。
② 《元史》卷186《成遵传》。

以无功"①的记载。看来叶子奇是张冠李戴了,因为贾鲁从未担任过"参议"一职。再说脱脱于至正二年开西山水吃了苦头,还能于至正十年重蹈覆辙吗?可见,叶子奇所记的这件事是他在牢里根据讹传记下来的。第二条是劝脱脱造至正交钞。此事《元史·食货志》《吕思诚传》等记载甚明,分明是吏部尚书偰哲笃、左司都事武祺(《庚申外史》作户部尚书薛世南、武子春)建言的,叶子奇将它移植于贾鲁,显然是毫无根据的。第三条即劝脱脱开河。但文中所云"河决南行,又劝脱相求夏禹故道,开使北流",恰恰是南北颠倒,其信口开河竟是如此。既然叶子奇的三条根据中有两条属于无中生有,另一条也属错误,那么他强加给贾鲁的沽名钓誉的罪名也就不能成立了。

当贾鲁第二次提出他的治河对策后,立即受到刚刚复相的脱脱的全力支持。脱脱是后至元六年(1340)通过政变逐走其叔丞相伯颜后上台的。他是元末统治集团中一位少有的、颇有见识和能力的宰相。他接任中书右丞相的头四年中,悉更伯颜"旧政",推行了一系列旨在挽救时局、强化元朝统治的"更化"政策,并收到了一定的社会效果。脱脱以老儒吴直方作谋主,办事果断,决定和办成了诸如复科举、修三史等大事,故时人称为"贤相"。但他求胜心切,有时也不免一意孤行,如至正二年放西山金口水失败,就是一例。正好是河决白茅堤之时,脱脱因疾辞去相位。直到至正九年,才复为中书右丞相,其间经过了整整五年,这五年正是河患愈演愈烈、元朝的统治病入膏肓的五年。"脱脱既复为丞相,慨然有志于事功",②治河自然是脱脱要抓的重大事业之一。

耐人寻味的是,脱脱不顾诸廷臣的反对,竟选定了贾鲁的后策,即"疏塞并举,挽河东行,使复故道"③的工程艰巨的大方案。他说:"事有难为,犹疾有难治,自古河患即难治之疾也,今我必欲去其疾。"④可见他的决心是不小的。然而,脱脱之所以作出如此决定,实在是不得已而为之。

至正四年决溢后,水势不断北侵,到至正八年正月,河水又决,先是淹没济宁路(治今山东巨野),继而"北侵安山,沦入运河,延袤济南、河间,将隳两漕司

---

① 《元史》卷 66《河渠志·金口河》。

② 《元史》卷 138《脱脱传》。

③ 《元史》卷 187《贾鲁传》。

④ 《元史》卷 138《脱脱传》。

盐场,实妨国计",①大有掐断元王朝经济命脉之势。运河对北方,特别是京城
大都的日常供应和元廷从江南、河南搜刮财富的北运,是一条必不可少的运输
线,好比人体上的大动脉。其重要性前文已有所述。济南、河间两路被淹,势
必危及当地的盐场,河间路境内的盐场属大都河间盐运司,济南、般阳等路境
内的盐场属山东盐运司。大都河间路盐运司的盐产量,至正年间约为三十余
万引,共二十二个盐场,其中在河间路境内的盐场达十六个,多在运河两岸,占
全司盐场的三分之二以上;山东盐运司的盐产量元末时约为二十余万引,共辖
十九场,多在大清河两岸。河决济宁,水势北上后,河间盐运司的盐产量已经
明显下降。② 这种趋势如果继续发展下去,元代财政收入将急剧减少。盐税
是元朝中央政府最大的财政收入,天历以来已占政府总收入的十分之八,③河
间、山东两盐运司的盐产量约占全国总产量的百分之三十六,④如果这两个盐
运司出了问题,元朝政府的财政危机也就不堪设想了。这是脱脱决心治河并
采纳贾鲁第二方案的第一个原因。

第二个原因是慑于饥民和流民日益增长的反抗斗争。脱脱复相之前,以
元顺帝为首的元朝统治集团并不是不知道河患给中原人民带来了惨不忍闻的
灾难,也并不是不知道各地的武装起义是多么频繁,他们也不是不懂得巩固封
建统治的两手策略,问题是对它的严重性认识不足,措施软弱无力。仅据《元
史·顺帝纪》的记载,河泛区的饥民、流民反抗形势是十分严峻的:

> 至正五年,"所在盗起,盖由岁饥民贫"。
>
> 至正六年三月,"盗扼李海务之闸河,劫商旅船"。同月,"山东盗
> 起"。十二月,"山东、河南盗起"。
>
> 至正七年二月,"河南、山东盗蔓延济宁、滕、邳、徐州等处"。九
> 月,"集庆路盗起"。十一月,"沿江盗起,剽掠无忌,有司莫能禁"。是
> 岁,"河南盗贼出入无常"。
>
> 至正八年四月,"海宁州沐阳县等处盗起"。是岁,监察御史张祯

---

① 《元史》卷187《贾鲁传》。

② 据《元史》卷42《顺帝纪五》:"(至正九年四月)壬午,以河间盐运司水灾,住煎盐三万引。"

③ 《元史》卷170《郝彬传》。

④ 全国十大盐运司总产量仅知天历年间总数为二百五十六万四千余引。河间盐运司天历时产
盐四十万引,山东盐运司仅知"至大元年之后,岁办正、余盐三十一万引",故河间、山东两盐运司总产
量约当全国总数的百分之三十六。——以上资料均据《元史》卷94《食货志·盐法》。

言:"灾异迭见,盗贼蜂起……若不振举,恐有唐末藩镇噬脐之祸"。

以上这些农民起义还没有包括全国其他地区的各族人民起义,特别是至正八年浙东的方国珍起义。对此,元廷虽曾采取过一面出兵镇压,一面又免赋、赈济、赦天下等两手策略,但收效甚微,到脱脱复相时已是"盗贼滋蔓"不可收拾了。脱脱挑起这副烂摊子,慨然以天下为己任,声称:"皇帝方忧下民,为大臣者职当分忧。"①他把治河比作替国家治病,明知"此疾有难治",也明知要冒巨大风险,但还是"欲去其疾"。他深知越是不治,越是难治,越难治,饥民、流民的苦难越深重,"盗贼滋蔓"越厉害。"役不大兴,害不能已。"脱脱和贾鲁都是把治河当作制止"盗贼滋蔓"的重要手段来认识的。所以,脱脱决心治河是顺帝两手策略的继续,因而顺帝很快批准了他的决定。不过,他们之间的差别还是十分明显的:脱脱果断有力,顺帝无计可施。

治河决定之后,工部尚书成遵等出面抗争,出现了元廷内部的第三次大辩论。《元史·成遵传》是这样记载的:

> (至正)十一年春,(成遵偕大司农秃鲁)自济宁、曹、濮、汴梁、大名,行数千里,掘井以量地形之高下,测岸以究水势之浅深,遍阅史籍,博采舆论,以谓河之故道,不可得复,其议有八。而丞相脱脱,已先入贾鲁之言,及遵与秃鲁至,力陈不可,且曰:"济宁、曹、郓,连岁饥馑,民不聊生,若聚二十万人于此地,恐后日之忧,又有重于河患者。"脱脱怒曰:"汝谓民将反耶!"自辰至酉,辩论终不能入。……遵曰:"腕可断,议不可易也。"

《庚申外史》所记大致相仿,不过把成遵反对治河的理由讲得更明确:第一,"工不可兴,浩大难成";第二,"现今南阳、安丰,盗贼成群,万一与挑河人夫相挺而杂起,此大乱之机,非细事也,决不可从"。

这样,双方的分歧点是非常明白了:第一,贾鲁的"疏塞并举,挽河东行,使复故道"之方案能否成功? 第二,开河会不会引起大规模农民起义? 两者孰是孰非,留待下文再作评论。

---

① 《元史》卷138《脱脱传》。

治河工程与技术

在具体阐述贾鲁治河之前,本文拟先将贾鲁二策作分析比较,从中探讨贾鲁治河的主导思想。

其第一策,即"修筑北堤,以制横溃,则用工省"。此策显然是出于廷臣之压力,元政府软弱的财力,以保住眼前漕运和盐场的安全为目的而提出的下策。修筑北堤,用工虽省,然而山东境内的积水要退却非一朝一夕能解决。古代鲁西南一带原有许多湖泊,千百年来已被黄河泥沙淤平,特别是金初黄河改道后,原来湖泊低洼之地渐成垦地,如梁山泊宋代尚绵亘一百余公里,元时湖泊面积日益缩小,因而黄河的北河地域内已经不再存在一个巨大的水系调节库。至正九年五月,"白茅河东经沛县,遂成巨浸"。① 说明河水北溢后,运河和大清河(今黄河下游下段)泄洪能力很弱,洪水只能停留在入运河的沛县周围地段,形成巨浸,再慢慢地北浸,蔓延面积大,受灾地区广。所以,筑北堤只能起暂时阻止河水继续灌入运河的作用,运河和大清河泄洪的过程还是很缓慢的,解除灾情不是短期可以达到的。如果黄河中下游再遇到特大洪水,新筑的北堤仍有被冲决的危险,那时的灾情恐怕更加难以控制了。

其第二策,即"疏塞并举,挽河东行,使复故道,其功数倍"。这是当时历史条件和科学水平下,最有效的方案。对贾鲁勒回故道,后人曾多有指责。其实,这些批评者对当时的河道变迁及水文条件所知了了。黄河自建炎二年(1128)杜充决堤,河水由泗入淮,到至正十一年(1351)已经过了二百二十三年,北流的局面基本结束。就是说,由于以往千百年来的泥淤和黄河南流后北河水量的锐减,北河的排洪能力大大降低,如将黄河改道北流,其功不是数倍,费时不是数月,而是几十倍、几十年的问题。② 南行虽然存在类似问题,但在当时情况下,淮河的泄洪能力显然比大清河强。元代黄河几次大决,问题主要出在汴梁至邳州段,主流多在此间南北摆动,如能抓住这一要害,在这一范围内疏通加深河床,引水东流,既能把积于山东的洪水放归黄河,又能立即确保运河和盐场的安全,是最能解决问题的。贾鲁的指导思想就是如此。

---

① 《元史》卷 42《顺帝纪五》。

② 黄河自清咸丰五年(1855)铜瓦厢决口后,蔓延鲁西南,夺大清河由利津入海,此后二十余年间,黄河泛滥于豫、冀、鲁三省,至光绪十年(1884)新堤筑成,改道始固定,前后历时近三十年。

贾鲁这种勒回故道的见解当时并非只此一家。就在河决白茅堤之后，朝廷访求治河方略之时，有一位至今生平事迹不详，显然不是名士高宦的人，呈献了《治河图略》一书，此人名叫王喜，他在《序》中写道：

> 臣窃谓水之在天下有自然之利，亦有自然之害，顺而导之者易为力，逆而遏之者难为功，譬犹人之一身，血脉流通则无病，血脉壅滞则病生；审而治之，宣其壅滞，使之流通则病自去。治水之道，亦当如此。窃见比年以来，黄河失道，泛滥曹、濮间，生民垫溺，中原彫耗，莫此为甚。……

> 臣故历考累代河流变迁之故与浚治之术，粗得其详，而知其有无不可为之理，且何以言之，皆缘下流壅滞，水势不能自泄，是以决溢为害。为今之计，莫若浚入淮旧河于南，以顺其势，仍导一新河于北，以分其势。大河既分，其流自缓，无泛滥之患矣！

王喜与贾鲁的治河方略虽然不尽相同，但对于疏通故道、由淮入海的主张是有共同点的，即王喜所谓的"浚入淮旧河于南"。

贾鲁主持的这项有十七万民夫和士兵参加的治河工程，是至正十一年(1351)四月二十二日开工的，七月完成疏凿工程，八月二十九日放水入故道，九月舟楫通行，并开始堵口工程，十一月十一日，木土工毕，诸埽堵堤建成。整个工程计一百九十天。①

贾鲁采取的治河方法是疏塞并举、先疏后塞，采取先易后难的方案。贾鲁说："水工之功视土工之功为难，中流之功视河滨之功为难，决河口视中流又难。"②他考虑到疏浚的工程量最大，但比较容易，乘汛期来到之前，使疏浚工程控制在土工范围内，可大大缩短工期。所以整个治河分为三大工程：第一为疏浚故道；第二为堵塞黄河故道下游上段各决口、豁口，修筑北岸堤防；第三就是堵塞白茅决口。现将三大工程概况及技术措施简述如下。

第一大工程是疏浚从黄陵岗到哈只口的黄河故道和凹里村到杨青村的减水河。由于河道的情况有高有低、有宽有狭，必须根据实际情况采取不同的疏浚方法。贾鲁说："疏浚之别有四：曰生地，曰故道，曰河身，曰减水河。生地有直有纡，因直而凿之，可就故道。故道有高有卑，高者平之以趋卑，高卑相就，

---

① 《至正河防记》。

② 《至正河防记》。

则高不壅,卑不潴,虑夫壅生溃,潴生埋也。河身者,水虽通行,身有广狭。狭难受水,水益悍,故狭者以计辟之;广难为岸,岸善崩,故广者以计御之。减水河者,水放旷则以制其狂,水骤突则以杀其怒。"①施工是从白茅口南二里的黄陵冈向东开始的,"辟生地(开新河)十里",到达南白茅,又开河十里至刘庄村,接入故道,从刘庄至专固浚故道百有二里二百八十步,从专固至黄固,"垦生地八里",从黄固至哈只口浚故道五十一里八十步。这段干流工程共长一百八十二里。为防止以后堵口合龙后水势的狂怒,特浚凹里村减水河:从凹里村向西开生地三里四十步,分别不同情况拓宽旧河身八十二里五十四步至张赞店,从张赞店到杨青村垦生地十三里六十步,接入故道。这段减水河共长九十八里五十四步。两者全长二百八十里五十四步强。

第二大工程是堵塞缺口、豁口,修筑堤埽。至正四年河决后,黄河故道两岸已是千疮百孔,为使回河故道后不致出现决溢险情,贾鲁在疏浚了故道和开凿减水河的同时或以后,②先后筑塞了专固缺口和凹里减水河豁口四处,从哈只口至徐州三百余里,修缺口一百零七处。同时,又兴两岸堤埽工程,北岸因地势低洼,修筑护岸堤防,高广不等,通长二百五十四里七十一步,其中白茅河口至曹州板城补筑旧堤,长二十五里二百八十五步,板城至英贤村等处,长一百三十三里二百步,稍冈至砀山县,长八十五里二十步,亦思剌店缕水月堤,长六里三十步,哈只口至徐州缺口一百零七处,积长三里二百五十六步。

第三大工程是堵塞白茅决口,黄河勒回故道。这项工程是决定治河成败的关键一役。八月二十九日开始向疏浚完毕的故道放水。在这之前贾鲁考虑到决河势大,又正值秋涨汛期,故在口门西侧的北岸筑刺水堤二道,总长二十六里二百步,用作挑溜减弱口门溜势。又筑截河大堤十九里百七十七步,其中在黄陵北岸者,总长十里四十一步,在口门西侧岸上筑土堤伸入水中,修叠埽台,系龙尾埽,直抵龙口;黄陵南岸总长九里百六十步。但刺水堤及截河大堤筑得较短,"约水尚少,力未足恃"。而决河势大南北广四百余步、中流深三丈余,"水多故河十之八。两河争流,近故河口,水刷岸北行,洄旋湍激,难以下

---

① 《至正河防记》。

② 塞口工程西起凹里减水河,东至徐州,大体应在八月二十九日放水前修毕。据《庚申外史》记:"八月十日(芝麻李、彭早住、赵君用等)佯为挑河夫,日夜仓皇投徐州城。"可见是时徐州附近正在进行塞口工程。

埽。且埽行或退,恐水尽涌入决河,因淤故河,前功遂隳"。① 在此关键时刻,贾鲁经过深思熟虑之后,提出了新的"障水入故河之方"。

九月七日,贾鲁采用船堤障水法:"逆流排大船二十七艘,前后连以大桅或长桩,用大麻索、竹絙绞缚,缀为方舟。又用大麻索、竹絙周船身缴绕上下,令牢不可破,乃以铁锚于上流碇之水中。又以竹絙绝长七八百尺者,系两岸大橛上,每絙或碇二舟或三舟,使不得下,船腹略铺散草,满贮小石,以合子板钉合之,复以埽密布合子板上,或二重,或三重,以大麻索缚之急,复缚横木三道于头桅,皆以索维之,用竹编笆,夹以草石,立之桅前,约长丈余,名曰水帘桅。……然后选水工便捷者,每船各二人,执斧凿,立船首尾,岸上槌鼓为号,鼓鸣,一时齐凿,须臾舟穴,水入,舟沉,遏决河。"船沉后,水溢入故河道,"即重树水帘,令后复布小埽土牛白阑长梢,杂以草土等物,随宜填垛以继之。石船下诣实地,出水基趾渐高,复卷大埽以压之。前船势略定,寻用前法,沉余船以竟后功。……舡堤之后,草埽三道并举。"② 由于用船堤障水,加长了挑水的长度,减轻了刺水堤洄漩湍激对龙口的威胁。但由于水势过大,堵口合龙极其惊险,修至河口一二十步时,"用工尤艰"。"薄龙口,喧豗猛疾,势撼埽基",将大埽冲裂冲陷,"观者股弁,众议腾沸,以为难合"。这时,贾鲁表现出惊人的镇定,他"神色不动,机解捷出",命十余万人扎埽、运埽、叠埽,终于在十一月十一日使龙口堵合,"决河绝流,故道复通"。③ 贾鲁在堵口技术上的重大创造——石船堤障水法取得了完全的成功。

整个治河工程耗资是相当可观的。据统计,所用木桩大者二万七千根,榆柳杂梢六十六万六千根,藳秸蒲苇杂草七百三十三万五千余束,竹竿六十二万五千根,碎石二千船,绳索五万七千根,所沉大船一百二十艘,其余苇席、竹篾、铁缆、铁锚、大钉等等物资不计其数。总计用去中统钞一百八十四万五千六百三十六锭。④ 工程如此浩大,这在我国古代治河史上是不多见的。

---

① 《至正河防记》。
② 《至正河防记》。
③ 以上引文均见《至正河防记》。
④ 《至正河防记》。

贾鲁治河的得失与后果

对贾鲁治河的得失与后果,六百年来议论纷纷,大抵对其治河技术与献身精神褒扬较多,勒河回故道方案批评与赞扬参半,指责治河引起农民起义者也不在少数。

像贾鲁那样的治河技术和忠于事业的精神在古代社会的官吏中确实为数极少。金元时期,河患连年,各族人民在抗洪斗争中积累了丰富的治河经验,治河技术有了很大提高。贾鲁长期在河患严重的山东等地担任地方官,对民间疾苦和河患的严重性有一定的体会和认识,他在工部任过职,又充任行都水监使,工作的实践和实地考察,使他成为工程技术专家,具有组织巨大工程的领导才能。加之他善于吸收前人的成果,又善于创新,终于成为我国古代一位杰出的治河家。

在贾鲁之前,回回人瞻思曾将宋沈立汴本和金都水监本两种《河防通议》汇编成新的《河防通议》,该书可谓宋金时代治河经验的总结,关于治河的"物料、功程、丁夫、输运以及安桩、下络、叠浸、修堤之法,条列品式,粲然咸备",①对贾鲁治河无疑大有裨益。然而,贾鲁并不拘泥于此书的程式及方法,创造性地加以改进、创新。如治埽之法,《河防通议》所述类别及制作之法并不太多,贾鲁通过治河后发展成为"有岸埽、水埽,有龙尾、栏头、马头等埽。其为埽台及推卷、牵制、薶挂之法,有用土、用石、用铁、用草、用木、用杙、用绲之方";②治堤之法,贾鲁总结为"创筑、修筑、补筑"三类,根据不同需要,又分为刺水堤(挑溜减弱水势)、截河堤(堵截串沟支汊)、缕水堤(束水小堤)和石船堤(沉船法),其中石船堤就是贾鲁的创造;堵截龙口之法,北宋科学家沈括在《梦溪笔谈》中记载了水工高超在商胡决口"合龙门"工程中创造的分三节巧下龙门埽的事迹:"时合龙埽长六十步,有水工高超者,献议以谓:'埽身太长,人力不能压,埽不至水底,故河流不断,而绳缆多绝,今当以六十步为三节,每节埽长二十步,中间以索连属之,先下第一节,待其至底,方压第二、第三。'旧工争之,以为不可,云:'二十步埽不能断漏,徒用三节,所费当倍,而决不塞。'超谓之曰:

---

① 《四库全书总目提要·河防通议》。

② 《至正河防记》。

'第一埽水信未断,然势必杀半,压第二埽,止用半力,水纵未断,不过小漏耳,第三节乃平地施工,足以尽人力。处置三节既定,则上两节自为浊泥所淤,不烦人力。'"此法对贾鲁显然有极大启发,在白茅口合龙工程中,贾鲁先用石船二十七艘筑丁坝挑水,后用高达二丈、长达十丈的大埽三道,堆卷压实,并在埽上打桩固定,以堵决口。其法与北宋水工高超所创之法类同。时人欧阳玄对他"心思智计之巧"①赞叹不已,清人胡渭称他"巧慧绝伦,奏功神速,前古所未有"。② 这虽然并不过分,但必须看到贾鲁的智慧来自实践,来自千百年来治河经验的总结,来自劳动人民的伟大创造。

贾鲁在治河上表现出来的胆识,也是令人钦佩的。以工部尚书成遵为代表的反对派之所以反对治河,理由之一就是工程"浩大难成",他们是知难而退者。贾鲁并不是不知道此役之艰难,第一难在面临着强大的反对派,第二难在责任如此之重大,第三难在工程如此之艰巨。但贾鲁是知难而进者。他之所以进,第一,"以报君相知人之明";第二,"素有进取志",颇有救国救民的思想;第三,他"习知河事",掌握了高超的治河技术和经验,有成功的把握和信心。治河的过程并不是一帆风顺的,他以自己的智慧,排除了一个接一个的风险,更因为他具有"精神胆气之壮,不惜劬瘁,不畏讥评"③的气概和胆识,最终完成了治河业绩。

贾鲁治河采用勒回故道、合淮入海的方案,历代议论者极多。大抵明人以赞扬者为多,如潘季驯说:"鲁之治河,亦是修复故道,黄河自此不复北徙。盖天假此人,为我国家开创运道,完固凤泗二陵风气,岂偶然哉!"④清人则否定或半否定者居多,如曹玉珂把勒回故道比之为闷死孩儿来止啼哭,"止之即止,然啼止即毙",说贾鲁"荼毒浮于宋回河诸人";⑤胡渭在肯定贾鲁治河技术之时却批评了贾鲁为保全会通河而回河入淮的方案:"鲁为会通所窘,河必不可北,其所复者仍是东南入淮之故道耳。……使鲁生汉武之世,则导河入宿胥故渎,当无所难。……生明帝之世,亦必能导河入清河,合漳水至章武入海。"⑥近人岑仲勉则另有新见,他说:"贾鲁的最失策,我以为还在堙塞北河。疏浚南

① 《至正河防记》。
② 胡渭:《禹贡锥旨》卷13下。
③ 《至正河防记》。
④ 潘季驯:《河防一览》卷6《贾鲁河记》。
⑤ 曹玉珂:《行水金鉴》卷17注引。
⑥ 胡渭:《禹贡锥旨》卷13下《历代徙流》。

河,固然是一个办法,但能够多留一条出路,像尚文所主张,更可收到分杀水势的效果。我对鲁下这样的批评,可无须详细辩论,单看鲁塞北河后不久,黄河仍向北突入清河,南方则洪武十六年(1383)复决杞县入巴河,二十四年(1391)又决向颍上,经寿州入淮,已尽够证明黄河的水量不是单一条南河所能容,必须再找出路了。可是这一类缺陷,历来批评贾鲁的却没有着眼。"①

综观以上评论,不外乎三种观点:一种是对修复故道全盘肯定;一种是基本否定;一种是基本肯定,但认为有大缺陷。笔者无意参与其中争论,但有意为贾鲁讲几句公道话。

元明时期的治河方略,分成合流论、分流论两大派。明末的水利家潘季驯总结明初以来分流治河失败的教训,提出"水专则急,分则缓,河急则通,缓则淤","水分则势缓,势缓则沙停,沙停则河饱;水合则势猛,势猛则沙刷,沙刷则河深"的见解,总结出"筑堤束水,以水攻沙"的一套合流治河理论。② 这可以说,在封建时代的历史条件和科学条件下,已经达到了治河理论的最高水平了。因为当时的人们还不可能全面认识到径流调节、泥沙调节、水沙调节之间的关系,更没有力量像我们今天这样对黄河进行大规模的综合治理。贾鲁虽然没有明确提出合流论,但他治河的整个方略实际上完全符合合流论。因为"束水攻沙"的见解北宋时已有人提出,留都大管勾汴河使符惟忠说过:"渠有广狭,若水阔而行缓,则沙伏而不利于舟",建议于汴河之"广处束以木岸",③达到攻沙的目的。此中道理,贾鲁谅必清楚,故他治河时力堵白茅决口,使北流断绝,让河水主流集中南河入淮,以防泥沙淤积。水大则通流,水小则淤塞,贾鲁是根据这一原则治河的,只不过欧阳玄在《至正河防记》中没有很好地总结这一理论罢了。贾鲁治河的结果,取得了排泄北流淤积的洪水和确保运河安全的明显效果,其中尤其因运河得保对迁都北京后的明朝政府带来了漕运的安全,使得潘季驯对贾鲁倍加推崇。清初靳辅治河所采取的基本原则,与贾鲁、潘季驯是一脉相承的。平心而论,古代是没有力量根治黄河的,从效果来看,还是"合流论"治河要好一些。

分流论的观点早在元末时王喜和宋濂已经提出。前引王喜《治河图略》中云:"为今之计,莫若浚入淮旧河于南,以顺其流,仍导一新河于北,以分其势。

---

① 《黄河变迁史》,第 443 页。
② 潘季驯:《河防一览》卷 2《河议辩惑》。
③ 《宋史》卷 463《符惟忠传》,中华书局标点本。

大河既分,其流自缓,无泛滥之患矣!"宋濂则主张:"莫若浚入旧淮河,使其水南流复于故道,然后导入新济河,分其半水,使之北流,以杀其力,则河患可平矣!"[①]岑仲勉之见解实为分流论之翻版。此论的问题在于,大河既分之后,达到了流缓杀力的目的,但解决不了河床淤塞的老问题,河患不但不平,可能反而更严重。再就至正十一年贾鲁治河当时的具体情况来说,由于河水北流泛滥,鲁西南已成巨浸,若另开一新河,继续引水北流,结果原有之洪水依然无法排泄,北河压力不能减弱,运河、盐场依然有冲垮之危险。这一方案贾鲁是万万不敢选择的。关于分流论的缺陷,潘季驯在《河防一览》中是这样回答的:

> 或有问于驯曰:"黄淮原为二渎,今合而为壹矣。而自昆仑千溪万派,如泾、渭、沁、汴诸河与山东诸泉复合之,又何怪其溢也。为今之计,莫若多穿支河以杀其势,何如?"驯应之曰:"黄流最浊,以斗计之,沙居其六,若至伏秋,则水居其二矣,以二升之水,载八升之沙,非极汛溜,必致停滞。盖水分则势缓,势缓则沙停,沙停则河塞。河不两行,自古记之。支河一开,正河必夺。"[②]

分流论之不可取,理由即此。

至于曹玉珂、胡渭等否定勒回故道的见解,实际上是听任河水夺大清河北流入海的见解。近年来我国水利史研究者也多有类似意见。他们的主要论据是:第一,黄河北低南高,地势只容北流,不容南流。此论与贾鲁同时代的余阙早就论述过:"南方之地本高于北,故河之南徙也难,而其北徙也易。自宋南渡至今殆二百年,而河旋北,乃其势然。"[③]笔者认为,此论作为黄河由北流入海的最终归宿,无疑是正确的,但作为黄河发展史的局部阶段又并不恰当。如前文已述,由于黄河每年夹带数以亿吨计的泥沙,在下游形成古时无法克服的淤积,杜充决河之时,正是北河淤高甚于南河之际,黄河南流是无法抗拒的必然趋势。至正年间河决白茅堤、金堤,使鲁西南形成巨流,就是北河无力排洪的明证。换言之,在元末黄河还不具备北流的自然条件。第二,贾鲁治河之后,北河多次泛滥,尤以金乡、鱼台、寿张、东明、济宁为甚,因此贾鲁治河是失败之役。笔者姑且不谈古代治河之后无一永保安宁的,单就贾鲁治河之后南河足

---

① 宋濂:《治河议》,《宋文宪公全集》卷43。
② 潘季驯:《河防一览》卷2《河议辩惑》。
③ 余阙:《送月彦明经历赴行都水监序》,《青阳集》卷4,《四部丛刊》本。

有二十余年未有大决溢发生,就是了不起的成就了。当然,北河连连决溢也是事实,殊不知贾鲁根本未治北河,假如贾鲁不在至正十三年(1353)病死于濠州,假如当时天下太平,元廷还有财政力量,治理运河和北河的工程也许会提到日程上来。我们评价一人一事都不应该离开当时当地的客观条件。今天黄河入海路线是清代咸丰年间改道后形成的,咸丰年间改道是黄河七百年合淮入海造成淮河淤高甚于大清河的结果,咸丰年间的自然条件大不同于元末至正年间,更何况经过最近三十余年的科学治理,黄河面貌大为改观,十四世纪治河的效果显然是不能与二十世纪相提并论的。

最后一个问题,就是治河与农民起义的关系问题。贾鲁治河后不到二十年,明初宋濂等修《元史》时已经指出:"议者往往以谓天下之乱,皆由贾鲁治河之役,劳民动众之所致。"①可见,元末农民起义爆发以来,贾鲁治河已受到指责。近人著作中更有把治河民夫说成是北方红巾军颍州起义的主力军者。

问题还是先从成遵反对治河谈起。当时成遵反对治河的另一条理由就是:"现今南阳、安丰盗贼成群,万一与挑河人夫相挺而杂起,此大乱之机,非细事也,决不可从。"②脱脱难道不怕农民造反吗?不是!其实脱脱最忌讳、最害怕的就是农民造反。他复相后之所以"孜孜尽力,蹇蹇匪躬,弊政苛刑,一切除罢,良法美意,随即举行",③美其名曰"为国拯民",④实际上是害怕农民揭竿而起。也就是说,脱脱企图用治河等"良法美意"来取得"天下太平",成遵则企图用罢役停工来防止天下大乱。两者最终目的是一致的,只不过成遵显得十分拙劣罢了。试想,宁可坐视"连岁饥馑,民不聊生",⑤任百姓处于水深火热之中,亦不可兴工治河,是何逻辑?脱脱、贾鲁比成遵要高明得多了,他们知道"役不大兴,害不能已",⑥河患不除,于国于民都后患无穷,他们宁肯冒"盗贼……与挑河人夫相挺而杂起"的风险,也要兴此一役。他们寄希望于兴大役,免大乱。然而,恰恰事与愿违,农民起义领袖韩山童等利用开河作舆论,正在开河兴工之时,起义爆发了,这对脱脱和贾鲁无疑是莫大的打击。而且脱脱还受到奸臣哈麻的攻击,"脱脱为相,讳言中原兵乱,而哈麻媒孽其过。帝召脱

---

① 《元史》卷66《河渠志·黄河》。
② 《庚申外史》。
③ 李继本:《代乞封故太师中书右丞相托克托文》,《一山文集》卷7,《湖北先正遗书》本。
④ 《至正河防记》。
⑤ 《元史》卷186《成遵传》。
⑥ 《元史》卷186《成遵传》。

脱怒责之曰：'汝尝言无下太平无事，今红军半宇内，丞相以何策待之？'脱脱汗流夹背，未几自请督军下徐州"。① 即使如此，也不能证明成遵反对治河是正确的，因为在元末黑暗统治下，天下大乱不可避免，无论是治河等良法，还是罢役停工等无为之策，天下大乱是元朝社会矛盾发展的必然结果，何况治河之前天下已经很乱了。《元史》的作者说道："殊不知元之所以亡者，实基于上下因循，狃于宴安之习，纪纲废弛，风俗偷薄，其致乱之阶，非一朝一夕之故，所由来久矣。不此之察，乃独归咎于是役，是徒以成败论事，非通论也。设使贾鲁不兴是役，天下之乱，讵无从而起乎？"②这个见解是深刻的、公允的。

不错，河夫的生活是很痛苦的，"朝廷所降食钱，官吏多不尽给，河夫多怨"。韩山童等利用开河发动起义也是事实，他们"阴凿石人，止开一眼，镌其背曰：'莫道石人一只眼，此物一出天下反'，预当开河道埋之，掘者得之，遂相为惊诧而谋乱"。③ 但从当时的史书却找不到河夫大批离开工地响应起义的记载。韩山童等埋独眼石人于黄陵岗当在四月二十二日治河开工之前，石人估计应在四月下旬挖出，五月初韩山童发动起义于颍上，事泄被杀，五月三日刘福通"遽入"颍州，重新起义成功。颍上远离黄陵岗足有七八百里，既非治河所经之地，又非河夫汇集之所，可见韩山童、刘福通选择颍上为首义之地根本没有把河夫的力量考虑在内，他们所依靠的基本队伍当是以北方白莲教徒为核心的皖北贫苦农民。再说颍州起义成功后，红巾军的进攻方向并没有推向治河工地，而是向西南攻入汝宁府境内的光州（今河南潢川）、息州（今河南息县）等地，离治河工地相去更远。是年八月十日，芝麻李等"佯为挑河夫，日夜仓皇投徐州城，夜留城中，门卒拒之，则曰：'我挑河夫也，借一宿何伤！'一半入城，一半留城外"，半夜夺城成功。④ 如果挑河夫与红巾军一起造反，芝麻李等怎能佯为有河夫入城呢？反过来说，如果治河民夫纷纷响应起义，势必影响工程进展，而事实上却是如期竣工了，直到工程的最后时刻——决口合龙时，贾鲁还调集了"工徒十余万人"进行大会战。由此可见，可能是因为元朝官兵的严厉监督等，十五万民夫基本上没有离开工地，响应起义，他们是在工程竣工后被遣散回籍的。在这点上，成遵预言的"南阳安丰盗贼与挑河人夫相挺而杂

---

① 《庚申外史》。
② 《元史》卷 66《河渠志·黄河》。
③ 《草木子·克谨篇》。
④ 《庚申外史》。

起"并没有应验。

＊　＊　＊　＊

贾鲁治河是我国古代治河史上一件很了不起的大工程。贾鲁在总结前人治河经验的基础上,创造性地把疏、浚、塞三者结合起来,用当时最先进的治河方法,把汹涌泛滥的河水勒回故道,保证了漕运和盐场的安全,使黄河下游获得了相对的稳定,这一业绩是值得肯定的。但贾鲁治河的效果是有很大局限性的。这不仅仅是当时科学条件的限制,更重要的是当时社会政治条件的限制。勒回故道的工程在风起云涌的农民起义高潮中竣工了,岌岌可危的元朝政权再也没有力量继续治理灾情严重的北河了,致使北河的决溢接踵而来。而贾鲁本人的忧国救民之心,在势不可挡的农民造反面前,顿时化为维护元朝的力量,他再也不提继续治河了,竟然开始随脱脱平徐州,领兵攻濠州,一位成绩卓著的治河工程家竟然病死于前线的兵营里。贾鲁的悲剧是元朝后期黑暗腐朽统治的悲剧,也是封建时代河患不治的悲剧。

(原载于《元史论丛》第 3 辑,北京:中华书局,1986 年;收入邱树森:《邱树森七十自选集》(上),香港:华夏文化艺术出版社,2007 年,第 63—79 页。)

元明时期 Mekrin 部史事考

特木勒[*]

摘 要: Mekrin 部是游牧于哈密、巴里坤、塔失城和亦集乃一带的历史悠久的游牧部族。汉文和非汉文史料多有记录,中外学者关注已久。和田清和司律思的专题文章就此部进行了讨论。本论文的创获在于利用《经世大典·站赤》和《明实录》的史料,证明 Mekrin 部在元明时期的身份一直是河西察合台系诸王出伯及其后王的分民。由于成化九年土鲁番攻占哈密,作为出伯系后王的哈密王被俘,他的属民 Mekrin 部的一部分投奔明朝,接受安置,被称为"乜克力",而流落在明朝境外,没有接受明朝安置的 Mekrin 人被称为"野乜克力"。

关键词:墨离 灭乞里 灭吉怜 麦克零 乜克力 野乜克力

一、问题的提出

Mekrin 部是游牧于哈密北山(东天山)一带的历史悠久的部族,在内陆亚洲波澜壮阔的历史上经历了持久而复杂的变迁。关于此部,《元朝秘史》和《圣武亲征录》没有相关记录,《元史》记录为"灭乞里",《明宣德实录》写为"麦克零",成化和弘治朝的《明实录》写为"乜克力"。从成化末到弘治初,明朝文献中还多次记录了活跃于甘肃边外的"乜克力"和"野乜乞里"部。明代蒙古史上的一代枭雄乣加思兰时期还有野乜克力部非常活跃,弘治年间许论在《平番始

* 特木勒,1972 年出生,内蒙古扎赉特旗人。现任南京大学历史学院中国史系教授,主要研究方向为蒙古史、元史、中外关系史、民族学。

末》中说"野乜克力原系北虏乩加思兰暨思亦马因遗落部种,一向潜住甘肃迤北亦集乃等处地方"。由于乩加思兰闻名于蒙古史和明蒙关系史,他所"遗落部种"野乜克力部吸引了很多学者的注意力。1930 年,日本学者和田清在《桑原博士还历纪念东洋史论丛》中发表《乜克力考》,这是有关 Mekrin 部研究的名篇。① 和田清是明代蒙古史研究的大家,他是由于乩加思兰而开始关注野乜克力部的,但是他论文的重点并不在明代,是他第一次将《唐会要》和《资治通鉴》所记作为"月氏旧国"的"墨离军"、《归潜志》之"磨可里"、《契丹国志》之"鳖古里"、《元史》之"灭乞里"和《明宣宗实录》所记"麦克零"联系和贯穿起来的,为明代乜克力部清理出比较清晰的早期历史的脉络。这篇文章第二个贡献就是,首次厘清了灭乞里部与漠北的蔑儿乞、克烈是不同的部族,订正了屠寄的错误。波斯文《史集·部族志》为 Bekrin 部族开辟专章进行介绍,《多桑蒙古史》和哀德曼注意到了《史集》的史料并进行了研究。《卢布鲁克行纪》分别记录了 Mercit、Mecrit 和 Crit 三部。和田清考证 Bekrin 和 Mecrit 就是 Mekrin,而 Mercit 就是蔑儿乞(Merkit),Crit 就是克烈(Kereit),纠正了柔克义等人的讹误。距离和田清文章发表 33 年以后的 1963 年,圣母圣心会的司律思(Henry Serruys,CICM)神父在《华裔学志》上发表《野乜克力考》,②这应该是西文学界有关 Mekrin 部研究的首篇专题论文。除了补充介绍和田清文章所遗漏的伯希和相关论述,指出《明太祖实录》洪武四年的"灭乞军"可能也是 Mekrin 部以外,这篇文章主要的贡献在于将《明孝宗实录》有关乜克力部归附明朝的汉文记录与波斯文的《中亚蒙兀儿史》相关史料结合,指出了乜克力部最后的走向。前人有关 Mekrin 部的研究取得了很多成绩,筚路蓝缕之功不可磨灭。但是,我们仍然不得不面对这样的事实,元明时期 Mekrin 部的历史面貌仍然显得片段而零碎,看不到各片段之间的内在联系,他们与元明时期西北蒙古诸王的关系如何? 这些问题仍然有待合理的解答。随着近年来史料的发掘和学者有关元明时代西北蒙古诸王世系研究的进展,我们在前人研究基础上对 Mekrin 部史事进一步深入探索开始变得可能。本文将在《经世

---

① 日文原文最初发表在《桑原博士还历纪念东洋史论丛》,后来收录到和田清《东洋史研究(蒙古篇)》,东京:东洋文库,1959 年,第 855—866 页。汉译文的情况,此文最初由高振民汉译并发表在《亚洲文化论丛》1942 年 6 月辑,177—184 页。1984 年,潘世宪汉译和田清《东亚史研究(蒙古篇)》,题为《明代蒙古史论集》,由商务印书馆出版。

② Henry Serruys, "A Note on the 'Wild Mekrid'," *Monumenta Serica*, Vol. 22, No. 2, 1963.

大典·站赤》和《明宪宗实录》等汉文史料的基础上,就 Mekrin 部在元明时代的情况做进一步考证。

二、元代的灭吉怜四部

和田清说,从"明中叶出现的北虏别种乜克力部族,至少是从唐初以来就相当常见的部族,尔后近千年间,尽管经过突厥、回纥、辽、金、元各代的变迁,仍继续保持天山东端的山地而繁衍起来,我不得不为这个民族的强韧性感到震惊"。Mekri(n) 部的历史如此悠久,令和田清感慨不已。阅读和田清和司律思的文章,不难发现这样一个现象,有关 Mekrin 部的研究现状,还停留在对此部族名在不同时代的音写的对音和勾连上,我们赞同墨离、灭乞里、麦克零、乜克力是对同一部族的不同汉字音写。但是,我们要提出并试图回答的问题是,如果 Mekrin 部在哈密(渴密里)东至亦集乃地方游牧,这些地方在元代属于元朝统治下的西北诸王领地。灭乞里部在元明时代西北的境遇究竟如何? 伯希和在《马可波罗注》中说:"蒙古时代 Bäkrin 部生活在巴里坤湖地区,他们中有很多人是基督徒。"[1]他的意思可能是说 Bäkrin (Mekrin)部中有很多人信仰聂思托里教,遗憾的是他并未提供更多的信息。关于 Mekrin 部,在《元史·脱力世官传》中记"脱力世官,畏吾人也。祖八思忽都探花爱忽赤,国初领畏吾、阿剌温、灭乞里、八思四部,以兵从攻四川,殁于军。父帖哥术探花爱忽赤,宪宗命长渴密里及曲先诸宗藩之地"。[2] 渴密里当然就是哈密。曲先,和田清认为就是库车,是否正确暂且不说。无论如何,《元史》有关灭乞里部的信息只有这些。那么是否还有其他史料传达有关他们的更多信息? 答案是肯定的。笔者在《经世大典·站赤》中找到一则材料,使得我们有可能了解灭乞里部在元代甘肃境外的更多情况。《经世大典·站赤》记:

延佑元年七月十八日,中书省奏,前者以西边川地,军人当站消

---

① Paul Pelliot, *Notes on Marco Polo*, Paris: Imprimerie Nationale Librairie Adrien-Maisonneuve, 1973. p. 85. 按:在《马可波罗行纪》本身的内容里,在描述巴尔虎草原(The plain of Bargu)的时候,说"住在那里人称为 Mecrit,他们是非常野蛮的人群(very wild people),很多时候他们都依赖他们所追赶的动物来生活,这些动物都是鹿,个头很大,数量很多"。参见 A. C. Moule & Paul Pelliot(eds.), Marco Polo, *The Description of the World*, London: George Routledge & Sons Limited, 1938. Vol. 1, p. 178.

② 《元史》卷 133《列传第二十脱力世官传》,第 3228 页。

乏,奏准令甘肃行省买马驼应副支遣,仍追复蒙古站户当役。今本省回咨,钦遵上命,追究元当站瓮吉刺准行哈等户,仍令复役。及于曲尤、瓜州、沙州上户内佥补一百户以充察巴站役。既而诸王纳忽里执把圣旨,云属本位下种田户有司不得侵犯。于所佥站户内指择位下户计者取去。咨请照详,臣等谓,元降圣旨只以百姓数目属之,岂可不令当站!合依元佥民户仍复其役。奉圣旨准。

是月,中书省奏,近者议将元佥站户发遣答失城当站,数内有四枝灭吉怜民,或称属阿八赤、昔宝赤,因以避役者。据诸王南忽里来文称,当时百姓众多,故充阿八赤、昔宝赤。今百姓数少,合令当站。此议诚然。又灭吉怜民有散居各处者,宜从彼省与南忽里差人收聚,悉令当站,奉圣旨准。①

上引两条史料中出现"诸王纳忽里"和"诸王南忽里",译音用字稍有不同,却是一个人无疑,他就是豳王出伯之子。根据杉山正明先生的研究,他也就是《显贵世系》所记那木忽里(nūm-qūlī)。至大元年(1308)出伯去世以后,袭封豳王位。另外,根据胡小鹏的研究,"他的领地在'西面川两接界地',即与察合台汗国交界处的沙州、瓜州和曲尤一带"。② 塔失城就是塔失八刺哈孙,意谓"石城",位于哈密以东。根据胡小鹏的研究,"《元经世大典图》将塔失八里标在阿模里(哈密)东,《皇明经济文录》卷 40《哈密分壤》载哈密东有他失把力哈逊城,按塔失八里为突厥语'石城'之义,查今哈密东北 70 里处有石城子,当即塔失八里站之所在"。③ 负责管理塔失城站赤的肃王宽彻,他是出伯的兄弟哈班之子,与南忽里是叔伯兄弟,文宗天历二年(1329)八月,受封肃王。《经世大典·站赤》收录的一份延祐元年闰三月六日的文书说:"中书省奏,宽彻言'塔失之城立站,去年准奏支给骆驼一百只,马三百匹,以充转送。随有使臣自哈儿班达之地进豹子者,尽数起发铺马。其时马、驼方从远来,膘力未充,过川其间毙者太半'。"④胡小鹏先生认为,"宽彻的领地无疑在哈密一带"。

南忽里在前后两段材料中都有出现,但是两段材料说的是两件事情。这里出现的"灭吉怜民"引起我们的注意。与灭乞里、麦克零、乜克力一样,我认

① 《永乐大典》卷 19421,北京:中华书局,1986 年影印本,第 8 册,第 7232 页。
② 胡小鹏:《元代西北历史与民族研究》,兰州:甘肃文化出版社,1999 年,第 40 页。
③ 胡小鹏:《西北民族文献与历史研究》,兰州:甘肃人民出版社,2004 年,第 229 页。
④ 《永乐大典》卷 19421,第 7231 页。

为灭吉怜也是对 Mekri(n) 部另一版本的汉字音写。这些灭吉怜显然是诸王南忽里位下分民,同时作为元朝的元金站户,须承担站赤义务。他们当站的地点就在塔失城。他们之所以在延祐元年(1314)七月的元朝政府公文中留下记录,就是因为他们中有一部分人此前以充当诸王南忽里位下的昔宝赤(šiba'uči,鹰夫)和阿八赤(abači,猎人)为借口,[①]逃避站役。党宝海教授说,"灭吉怜四部"中有人"声称自己属于特殊户计",自认为"不必充当站户"。[②] 出伯家族投下分民是否应该承担站赤义务的问题,他们与中书省早在大德十一年秋七月就有过交涉。《元史·武宗纪一》记:"诸王出伯言:'瓜州、沙州屯点逋户渐成丁者,乞拘隶所部。'中书省臣言:'瓜州虽诸王分地,其民役于驿传,出伯言宜勿从。'"[③]也就是说,瓜州和沙州的"屯点逋户"及其子弟是诸王出伯的分民,但是他们不是出伯的私属人口,需要承担站赤义务。所谓"出伯言宜勿从"是中书省对甘肃行省官员的指示意见。四枝"灭吉怜民"是南忽里的分民,同时也是元朝中央政府"元金站户",负有站赤义务。经过交涉,南忽里同意将这部分灭吉怜民交出来,让他们去履行他们的站赤义务。这里的"灭吉怜民"分为"四枝",似处于相对集中游牧的状态,此外还有"灭吉怜民有散居各处者"。那么所谓"四枝"的描述是否说明灭乞里人在元朝时期的内部组织结构,还不是很清楚。但是,有一批灭乞里人被元朝政府金发为站户,在元朝塔失城充当站赤,是可以肯定的。塔失城距《脱力世官传》所记渴密里(哈密)距离很近。直到 173 年以后的成化末年,灭乞里部仍旧在这一带游牧。《明宪宗实录》成化二十三年(1487)五月,明朝得到情报说:"野乜克力达子亦分屯失把力哈孙及禽山等处,欲往甘肃剽掠"云。[④] 司律思神父注意到这条史料,但是他对此颇感疑惑,拼写为 Shih-pa-li-ha-sun,并理解为 Shih Balγasun。[⑤] 笔者认为"失把力哈孙"应该是"塔失把力哈孙"(Ta-Balγasun)的脱误,就是《站赤》所记"塔失城"。弘治七年(1494)明人得知"野乜乞里居哈密之东北,相去只二日程",说的应该也是这一带地区。《元史》说脱力世官"长渴密里(哈密力)及曲先诸宗

① 火源洁撰《华夷译语》之"人物门"释猎人为"阿八赤",《北京图书馆古籍珍本丛刊》,北京:书目文献出版社,1998 年影印本,第 6 册,第 32 页上。栗林均编:《〈华夷译语〉(甲种本)蒙古语全单语·语尾索引》,仙台:东北大学东北亚研究中心,2003 年,第 35 页,1:14b。

② 党宝海:《蒙元驿站交通研究》,北京:昆仑出版社,2006 年,第 141 页。

③ 《元史》卷 22《武宗纪一》,第 483 页。

④ 《明宪宗实录》卷 290,成化二十三年五月乙丑,第 4917—4918 页。

⑤ Henry Serruys, "A Note on the 'Wild Mekrid'," *Monumenta Serica*, Vol. 22, No. 2, 1963.

藩之地"在宪宗蒙哥时期,进入仁宗延祐年间,灭乞里人担任站赤的地点距离明代记录的哈密或哈密北山很近。

三、明代的乜克力和野乜克力

乱加思兰是十五世纪漠南蒙古著名的首领,因此,史书对于他所"遗落部种""野乜克力部"记录很多。关于乱加思兰,《蒙古源流》中称其为 Oiγut un Begersen tayishi(斡亦古特伯格呀森太师),《黄金史纲》称其为 Oirat un Begersen tayishi(斡亦喇特之伯格呀森太师)或"Oiγut Oirat un Begersen tayishi(斡亦喇特斡亦喇特之伯格呀森太师)。1981 年,珠荣嘎先生发表《"野乜克力"释:兼与和田清博士的 Mekrin 说商榷》①,认为"野乜克力"之"野"是此部族名的固有音节,他说:"'野乜克力'之'野'不是修饰'乜克力'的定语,而'也先'之'也'一样,它只是蒙文 e 的注音字。'野乜克力'之'克',根据'一克哈屯'(Yeke qatun,大哈屯)、'亦克汗'(Yeke qan,大汗),应被视作 ke 的注音。'野乜克力'之'力',既不是 li,也不是 rin,根据蒙古史籍称野乜克力为斡亦古特(Oigud),当是被蒙古语表示复数的后缀'特'd 所取代的 r。综上所述,野乜克力应读作 Enieker,而不是 Mekrin。"他认为"野乜克力是 Oigur(斡亦古儿)的异读 Onigur(斡尼古儿)的音译"。司律思神父说:"看来乜克力与瓦剌是不同的部族,却毗邻而居。"②乌兰教授则认为:"乱加思兰一族实际上是住在哈密北山一带的野乜克力(即金、元时代"磨可里""灭乞里")。因畏兀儿、野乜克力、瓦剌三者住地邻近,蒙古人以为野乜克力即畏兀儿,又时而把它与瓦剌相混。"③

明代蒙古史很多名物制度,蒙古文史书和汉文史料的记载往往不对称。17 世纪的蒙古文史书,记录 15 世纪后期的史事,也多有晦涩不明之处。对于"野乜克力"一名,布列施奈德最早将"野乜克力"英译为"Wild Me-k'o-li"。1963 年,司律思神父则直接将"野乜克力"英译为"Wild Mekrit"。显然他们将此部族名理解为乜克力,而"野"是修饰语。珠荣嘎先生的论点能否成立姑

① 珠荣嘎:《"野乜克力"释:兼与和田清博士的 Mekrin 说商榷》,《内蒙古社会科学》1981 年第 5 期。

② Henry Serruys, "A Note on the 'Wild Mekrid'," *Monumenta Serica*, Vol. 22, No. 2, 1963.

③ 乌兰:《〈蒙古源流〉研究》,沈阳:辽宁民族出版社,2005 年,第 41 页。

且不论,他的研究使我们不得不面对这样的问题:这个部族的名字究竟是乜克力还是野乜克力? 如果是野乜克力,那么元明时代汉文文献所记灭乞里、麦克零、乜克力又该如何解释? 如果部族名是乜克力,又缘何产生"野乜克力"一称? 李文君说:"因'乜克力部'虽然不时向明朝贡,但不像它的近邻哈密那样和明朝关系密切,在明朝人看来,终属'化外'之邦,故在汉籍的记载里,在'乜克力'前面加一'野'字,用春秋笔法来表示对'乜克力'的蔑视。"①我们的问题是,乜克力部与哈密的关系究竟如何? "野乜克力"之名有所谓"春秋笔法"的意味吗?

成化九年正月,土鲁番攻占哈密,其"速檀阿力王侵哈密,与战不胜,遂虏王母、金印以去。 三种夷人皆逃来甘州,朝廷虑其有变,移置苦峪、赤金等处"云。 逃附明朝的"哈密遗民"中有所谓"三种夷人",就是畏兀儿、回回、哈剌灰。 明朝安置"哈密遗民"是在成化十年正月。《明宪宗实录》成化十年正月壬子条记:

> 以哈密头目脱脱不花等为指挥佥事等官,命暂居苦峪城。 都督同知李文、右通政刘文奏:"奉敕至甘州,适遇速檀阿力有使入贡,即遣人随其使,赍敕往谕之,俾归哈密之地。 尚未报。 又哈密头目脱脱不花等六人见居甘州,自言愿率众五百归附,乞官职赏赐,暂居苦峪,誓必克复故城。 臣等谓宜俯顺夷情,使为捍卫。 如速檀阿力顽犷不服,即调赤斤、罕东等卫,并力攻剿,以图成功。"事下,兵部言:"以夷攻夷,中国之利。 况成大事者不计小费,宜从所请,并令文等以所赍银、币量给赐之,乃各量授一职,奖其归向之诚。"故有是命。②

这里出现了一个"哈密头目脱脱不花",他"自言愿率众五百归附"明朝,"这个哈密头目脱脱不花"是谁? 我们可以确定,脱脱不花就是此前一年逃难到甘州的"哈密遗民"的六名头目之一。 明朝方面答应了他的请求,任命他为

---

① 李文君:《明代蒙古右翼三万户中的畏兀慎部》,赵毅、秦海滢主编:《第十二届明史国际学术研讨会论文集》,大连:辽宁师范大学出版社,2007年,第409页。 后载于达力扎布主编:《中国边疆民族研究》第一辑,北京:中央民族大学出版社,2008年,第42页。

② 《明宪宗实录》卷124,成化十年春正月壬子,第2380—2381页。

指挥金事,让他居住在苦峪城。① 与他一道来的还有哈密都督罕慎,是畏吾儿人。大概在这一年的上半年,"为规复哈密",锦衣卫正千户马俊等都督同知李文等人的派遣,出使土鲁番,带回有关土鲁番和哈密的重要情报。

> 李文以闻于朝,且言"速檀阿力所部精兵不过三百,马步兵不满二千。与巡抚都御史朱英等议,欲调官军一千出境,会和赤斤、罕东等卫番、达,并哈密都督罕慎及乜克力指挥脱脱卜花等诸部人马,克期收复,且乞升用俊等,以为边方效力之劝"。事下,兵部覆奏,请敕文等相机从事。诏可,马俊等各升一级。②

李文等人计划的行动最后未能实施,但是在筹划过程中产生的文本中,之前被安置在苦峪的"哈密头目脱脱不花"的身份信息显现出来了,他就是"乜克力指挥脱脱卜花"。司律思说"乜克力部的头目,名为脱脱不花,史料记录他向明朝纳贡,但是没有说明他来自何处"。③ 实际上,如果对成化九年和十年的记录综合考察,我们可以确定其身份和来源。这一年十月,宪宗皇帝给罕慎的敕书说:"今特命尔掌管哈密人民,暂于苦峪等处驻扎,仍令乜克力指挥脱脱不花等协谋守护,蓄养锐气,以图后功。"到成化十二年三月,《明实录》还记录"哈密右都督罕慎、乜克力指挥脱脱卜花等为土鲁番所驱,在苦峪城暂住"云,④说明这个"乜克力指挥脱脱不花"和他的人马仍然在苦峪。

这个脱脱不花(Toɣtaqu Buq-a)应该是乜克力人,他是哈密忠顺王麾下的官员。哈密失陷以后,他跟随都督罕慎一起逃难到明朝境内,最后被安置在苦峪城。这应该是继宣德五年《明实录》出现有关游牧亦集乃一带的"麦克零"部

---

① 伯希和在《〈明史〉所记火者和写亦虎仙》中考订,"苦峪城"源自突厥语 Küyük Baliq,意谓"烧毁的城子"。参见《通报》第 38 卷(1948),第 132 页。司律思神父根据《边政考》的史料考订,苦峪城位于赤金和沙州之间。他说"此书最后一节说苦峪卫应肇建于明朝之前。但是我还没找到任何相关资料。1380 年濮英到达苦峪,此城投附明朝,进入明朝的影响地域,尽管明朝从来没能直接控制此地"。我们认为,苦峪就是元代的"曲尤",明之前的卫(commandery)当然是指元朝在此地建设的曲尤城。《元史·脱力世官传》记录其父帖哥术探花爱忽赤受宪宗蒙哥之"命长渴密里及曲先诸宗藩之地"。和田清认为曲先就是库车,似乎并未给予特别的关注。我们不妨大胆推测,这里的曲先可能是曲尤之误,曲尤就是苦峪。与天山以南的曲先相比较,曲尤距离渴密里(哈密)更近。曲先不仅距离哈密较远,而且长期处于察合台后王控制之下。
② 《明宪宗实录》卷 150,成化十年闰六月乙巳,第 2465—2467 页。
③ Henry Serruys, "A Note on the 'Wild Mekrid'," *Monumenta Serica*, Vol. 22, No. 2(1963), p. 438.
④ 《明宪宗实录》卷 151,成化十二年三月甲子,第 2766 页。

的记录以后，又一次关于该部的记录，写作"乜克力"。需要注意的是，脱脱不花及其所部是接受明朝官号的乜克力人，明朝称其为乜克力人。那么"野乜克力"又是怎么回事呢？"野乜克力"在《明实录》中首次出现是在成化二十年春正月：

> 甘肃总兵官，署都督同知王玺等奏："哈密部落野乜克力因避土鲁番之害，徙居甘肃境外，屡掠镇番等境，踪迹诡秘，不可不防。今欲令都督罕慎招谕之，不悛则进兵剿灭。"事下，兵部言："罕慎方遣使入贡，宜于其还，敕令招抚，果冥顽不服，则奏闻处治。"从之。①

这是乜克力人作为"野乜克力"在《明实录》中第一次出现。这部分乜克力人同样是"哈密部落"，但是他们在哈密被攻陷的时候逃奔到了"甘肃境外"。他们没有接受明朝的安置和招抚，反而"屡掠镇番等境，踪迹诡秘"，所以明朝人称他们为"野乜克力"。关于他们的归属，《明孝宗实录》还有记录：

> 野乜乞里居哈密之东北，相去只二日，是皆唇齿之地。阿黑麻于去岁八月内约哈密守城头目牙兰，遣使至罕东左卫都督只克处，胁令投顺，只克不从。野乜乞里原属哈密，今与阿黑麻仇杀，阿黑麻又曾杀其头目罕乃法思，其弟火者赛亦、子密儿赛亦皆思报怨。②

此时已是弘治七年(1494)，明人还在强调"野乜乞力原属哈密"，这里还出现了乜克力的头目罕乃法思及其弟火者赛亦、其子密儿赛亦。他们"与阿黑麻仇杀"，皆思"报怨"土鲁番，这也与哈密王的领属关系有关。无论乜克力部还是野乜克力部都是哈密王麾下的属民，只是成化九年"哈密事件"以后，乜克力部的境遇不同，才有了"乜克力"与"野乜克力"的分别。与区分青海"熟番"和"生番"、东蒙古的"大虏"和"属夷"一样，这是明朝人以自身为中心，对乜克力人作的内外区分。明朝文献多次记录哈密有"三种夷人"，即回回、畏兀儿和哈刺灰。现在看来，这些只是哈密王统治下哈密城内的部族，是"皆务耕织、不尚战斗"的定居民。值得注意的是，哈密王的势力范围绝不仅限于哈密城内，在哈密城外的乜克力部也是属哈密王管辖的。而这一点恰恰是源于元朝的封授。

---

① 《明宪宗实录》卷248，成化二十年春正月己亥，第4200—4201页。
② 《明孝宗实录》卷91，弘治七年八月甲申，第1679页。

关于"明代哈密王家"的身世,伯希和《〈明史〉所记火者和写亦虎仙》怀疑其与元朝诸王世系的连续性。但是经过杉山正明综合元明时代汉文文献和波斯文《显贵世系》(杉山正明译为《高贵系谱》)的史料,已经有力地证明了明朝册封的哈密王是元代出伯的后裔。明朝册封的哈梅里王兀纳失里就是出伯之子亦里黑赤的后裔,波斯文《显贵世系》所记 Kunāširin,"该支始终保有威武西宁王的王号,其领地约在沙州一带,兀纳失里时继承了本兀鲁思的肃王王号,移住哈密,与宽彻系合并"。出伯后裔另外一支南忽里家族保有豳王王号,但是"明初豳王家族退往哈密,依附于兀纳失里,无疑也是基于这种亲缘关系。明永乐初年设立的哈密卫就是由出伯兀鲁思的威武西宁王、肃王二支转化而来"。[①] 至迟从宪宗蒙哥时代开始,到明朝成化年间,Mekrin 部与察合台的后裔,豳王出伯系的游牧集团一直保持非常密切的从属关系。与豳王出伯世系赓续不绝,Mekrin 部与这个游牧集团的从属关系也并未因为元明鼎革而有所变化。只是到了十五世纪末和十六世纪初,"根基正大"的成吉思汗黄金家族的影响在哈密及其周围地区开始逐渐消退,即所谓"胡元之孽如烬难燃",野乜克力部被瓦剌吞并,这个从属关系似乎才有了根本性的变化。

(原载于《民族研究》2015 年第 1 期)

---

① 胡小鹏:《元代西北历史与民族研究》,兰州:甘肃文化出版社,1999 年,第 46 页。

1733 年喀尔喀兵临图瓦

——《图瓦历史档案汇编》一件满文档案试释

特木勒

摘 要：雍正十一年(1733)冬,喀尔喀超勇亲王策凌乘战胜准噶尔之势,派军队进入了图瓦地区,这应该是具有清朝背景的喀尔喀军队第一次出现在图瓦地区。《图瓦历史档案汇编》所收录的满文档案记录了这一事件。本文结合《清实录》的史料,尝试对这篇档案进行解读。

关键词：图瓦 喀尔喀 清朝 乌梁海

2011 年以后,蒙古国科学院历史研究所与俄联邦图瓦共和国科学院合作,陆续影印出版了图瓦共和国所藏满文和蒙古文档案,题为 *Tuwa in Teüken dur Qolbuɣdaqu Arkive Barimta in Emkidkel*（《图瓦历史档案汇编》)。其中第一册开篇是一件满文奏疏,成文时间是乾隆三年(1738)。文书中记录的是在那之前五年,也就是雍正十一年(1733)喀尔喀土谢图汗所属旗进军乌梁海地区的军队花名册,编者所拟的蒙古文题目为"küriyetü jam-du daičilaɣsan qalqa-in kebei güng gempil-un anggi-in Altai dabaɣa-i daban yeke času-i ebden Kemčüg gol-un jerge ɣajar-tu kürün yabuɣsan qalqa-in Tüšiyetü qaɣan Dondandorji-in qošiɣun-nu tüšimel čerig-ün quaming dangsa"[①],正文内容转写如下：

kuriyetu jugun fidehe kalkai hebei gung gempil i meyen i altai dabagan be dabafi amba nimanggi be efuleme kemcik bira i jergi bade isibume yabuha. kalkai tusiyetu han dondan dorji i gūsai hafan coohai hūwaming dangse.

---

hūwaliyasun tob i juwan emuci aniya jorgon biyade kuriyetu jugun de
fidehe Altai dabagan be dabafi amba nimanggi be efuleme kemcik bira i jergi
bade isibume yabuha halhai Tusiyetu han Dondandorj i gūsai

uksin jakudak   uksin dasicerin

uksin delger   uksin cerin

altai dabagan be dabafi amba nimanggi be efuleme cagan hūjir i bade
isibume yabuha

uksin cibak   uksin būbei

uksin sirab

haba bira de isibume yabuha

uksin wangcuk   uksin abida

uksin wangjil   uksin urjan

uksin ulemji   uksin sanji

uksin banjur   uksin janggi

　　　　　　　　　　　　abkai wehiyehe i ilaci aniya omshon biya

汉译如下：

库伦路的喀尔喀参赞(hebei gung)gempil 队伍越过阿尔泰山,踏破大雪,
抵达克穆奇克河等地的喀尔喀土谢图汗 Dondandorji 的旗的官兵花名册。

雍正十一年十二月,库伦路越过阿尔泰山,踏破大雪,抵达克穆奇克河等
地的喀尔喀土谢图汗 Dondandorji i 旗的：

甲兵 jakudak   甲兵 dasicerin

甲兵 delger   甲兵 cerin

越过阿尔泰山,踏破大雪,抵达察罕呼吉尔等地：

甲兵 cibak   甲兵 būbei

甲兵 sirab

抵达哈巴河：

甲兵 wangcuk   甲兵 abida

甲兵 wangjil   甲兵 urjan

甲兵 ulemji   甲兵 sanji

甲兵 banjur   甲兵 janggi

　　　　　　　　　　　　　　　　　　乾隆三年十一月

　　档案明确记录了进军的时间,即雍正十一年(1733)十二月。喀尔喀兵在议政公 Gempil 率领下进入图瓦地区,这支喀尔喀军队踏破大雪,兵分三路,分别到达了克穆奇克河、察罕呼吉尔、哈巴河等地。档案的可贵之处是详列了十五名甲兵的名字,是一篇难得的材料。2017 年 5 月,南京大学研究生金玲的硕士学位论文《清代唐努乌梁海史事研究:基于新刊满蒙文档案的考证》利用这篇档案史料证明清军进入唐努乌梁海的具体时间是雍正十一年(1733)。① 近来笔者在读书过程中对这篇档案的意义有了一些新的认知,现在写出来,就教于方家。

　　关于这段史事,《清实录》雍正十二年三月庚子有记录:"办理军机大臣等议奏,喀尔喀公葛木丕尔于上年冬月严寒之时,率领官兵,过阿尔泰山岭,开通雪路百余里,深入贼境,直抵察罕胡济尔等处,贼众惊溃,抛弃辎重,四路奔逸,当经擒获贼夷男妇人口及马匹牲畜等物,因贼既远遁,振旅还师,其属效力,应行文定边大将军平郡王、副将军额驸策凌,等将葛木丕尔等功绩注册议叙,从之。"②这里的"喀尔喀公葛木丕尔"当然就是 kalkai hebei gung gempil,他所率领的是喀尔喀土谢图汗 Dondandorji 的官兵。这个土谢图汗就是喀尔喀瓦齐赖巴图土谢图汗敦丹多尔济。③ "上年冬月严寒之时"就是雍正十一年十二月。克穆奇克河就是唐努山之北的克穆齐克河。察罕胡济尔当然就是 cagan hūjir。哈巴河应该是阿尔泰山南麓,今新疆阿勒泰地区哈巴河县。《清实录》这条材料的时间是在喀尔喀进兵之后四个月,描述了这次军事行动在图瓦地区产生的震动效应:"贼众惊溃,抛弃辎重,四路奔逸",这在档案里没有记录。这十五名喀尔喀官兵应该是从科布多出发的,他们分三路,其活动范围覆盖了后来被称为阿尔泰乌梁海、阿尔泰诺尔乌梁海和唐努乌梁海等所有图瓦人的地域,其主要目的应该是考察这些地区是否有准噶尔人的踪迹。

　　喀尔喀参赞葛木丕尔(gempil),在清代史书中还写为根丕勒,是带队翻越雪山进入唐努图瓦地区的首领官。之前曾经跟随超勇亲王额驸策凌,参加战斗并负伤。雍正十年(1732)九月,清廷封赏额尔德尼召等战立功诸将领和王公,其中"喀尔喀扎萨克一等台吉根丕勒去年懋著劳绩,此次在克尔森齐老额

　　① 金玲:《清代唐努乌梁海史事研究:基于新刊满蒙文档案的考证》,南京大学硕士学位论文,2017 年。

　　② 《清世宗实录》卷 141,第 7777 页,《东华录》雍正朝第 24 卷全文抄录。

　　③ 《清世宗实录》卷 124;《清世宗实录》卷 136。

驸策凌队内力战得伤,回至察罕瘦尔军营调治痊好,复行前往追击贼人",这个喀尔喀扎萨克一等台吉根丕勒应该就是喀尔喀参赞 gempil。他在雍正九年和十年对准噶尔的战争中"懋著劳绩",特别是在雍正十年克尔森齐老(kersen čilaʼu)战役中,在额驸策凌军中力战,负伤以后退至察罕瘦尔(čaγan segul)养护,伤愈之后再次奔赴战场,被授予辅国公号。他应该就是雍正十一年十二月率军进入图瓦地区的 gempil,他带队进军图瓦应该是额驸策凌的部署。

《蒙古民族通史》第 4 卷说 1731 年至 1732 年,准噶尔的"噶尔丹策凌大举东进,欲并喀尔喀,策凌率蒙古军迎击准噶尔军,赢得了苏呼阿勒达呼、鄂登楚勒和额尔德尼召三次战役的胜利,挽回了清军的败局,立下了汗马功劳。清廷授策凌'超勇亲王'号,特赐黄带,进封和硕亲王、喀尔喀大扎萨克、固伦额驸。1733 年,定边大将军平郡王福彭统大军驻乌里雅苏台,诏策凌佩定边左副将军印进屯科布多"。[①] 雍正十年(1732)喀尔喀军队在额驸策凌的组织和领导下奋战于额尔德尼召等地,成功扭转漠北战局。乘胜东进的准噶尔军队铩羽而归,败退至阿尔泰山背后。第二年,清朝军队进驻乌里雅苏台和科布多等地。清朝在喀尔喀蒙古西部的统治已经趋于稳固,这些在学界已经大体形成共识。

《图瓦历史档案汇编》收录的这份满文档案应该置于此大背景下进行分析和理解。清朝在乌里雅苏台和科布多等地驻军,再无后顾之忧,喀尔喀兵才敢在严冬季节踏雪进军图瓦人生活的阿尔泰、阿尔泰诺尔和唐努图瓦等地区。虽然率兵的蒙古王公和甲兵人数不多,却可能是具有清朝背景的喀尔喀军队第一次出现在该地区。我们还不能据此断定大清朝在唐努图瓦(后来称为唐努乌梁海)地区确立了统治,但是在清朝向西迈进的过程中,雍正十一年的这次军事行动,第一次将前沿推进到了阿尔泰山的背后,为后来乾隆朝在该地区编立旗分奠定了基础。

(原载于内蒙古社科院:《朔方论丛》第七辑,呼和浩特:内蒙古大学出版社,2019 年。)

---

① 乌云毕力格、成崇德、张永江撰:《蒙古民族通史》第 4 卷,呼和浩特:内蒙古大学出版社,2002 年,第 216 页。

西域史上的一个幻影

——"伊斯兰神圣国家"或"和卓时代"考实

魏良弢[*]

摘　要:关于17—18世纪在天山南路曾存在"伊斯兰神圣国家"或"和卓时代"之说乃西域史研究中的一个幻影。事实是,16世纪,玛哈图木·阿杂木和卓家族形成了对立的黑山派与白山派。在叶尔羌汗国,黑山派支持甚至操纵中央汗权,白山派则与地方汗权相联合,二者均未曾称汗。而在1680—1755年准噶尔汗国统治天山南路时期,天山南路成为准噶尔汗国国土的一部分,这里的"汗",实则为准噶尔汗国之总督。尽管这样,黑山派和卓也从未登上这种"汗"位;白山派和卓雅雅在1692年—1694年曾僭称这种"汗",但因其并非君主,此一时期亦不存在一个"伊斯兰神圣国家"。清朝统一西域后,白山派大小和卓曾于1757—1759年叛乱,宣布为"汗"。此与吴三桂叛乱称"帝"性质相同,其所控制地区不能认为是国家。因此,不能把白山派和卓的两次称"汗"视为曾存在一个"伊斯兰神圣国家"。这两次称"汗"合共仅四年多,即使这种"汗"真有君主的权力,也不能称之为一个时代,何况又无此种权力。文末,作者总结了上述历史幻影得以产生、流布的教训。

---

　* 魏良弢,1933年出生,山东昌邑人。南京大学历史学院中国史教授,主要研究方向为中国古代西域史、叶尔羌汗国史,著有《喀喇汗王朝史稿》《西辽史纲》等。

一、幻影的由来

所谓"伊斯兰神圣国家"或"和卓时代",是西域史上的一个幻影。"伊斯兰神圣国家"(Heiligenstaat im Islam)这一术语,1905 年始出现于哈特曼的著作中,意同"伊斯兰教会国家"(Islamischer Kirchenstaat)[①],即政教合一的国家。"和卓时代"这一术语系 1948 年由佐口透首先提出,1952 年岛田襄平接受了它并加以解释。所谓"和卓时代",意指 17 世纪初至 18 世纪中叶喀什噶尔和卓家族统治天山南路之时代,大致相当于哈特曼之"伊斯兰神圣国家"[②]。这就是说,所谓"和卓时代"不是宗教上的或文化上的一种概括,而是对一个特定时期的政治上的概括。然而,他们都不是最早用近代史学方法研究西域和卓家族历史的学者,其结论性的术语——"伊斯兰神圣国家"或"和卓时代",不过是几代学人相信"传说",误用"史书",以讹传讹,甚至牵强附会,随意歪曲的最后结果。因此,欲得澄清,需溯求其源。

早期国外学者对西域和卓家族的研究,主要是依据穆斯林史料。现今已进入学术研究领域的有关和卓家族的穆斯林史料,主要有:

1. 马黑麻·海答儿·朵豁剌惕的《拉失德史》,于 1547 年用波斯语写成,虽非直接记述和卓家族的活动,但提供了广阔的时代背景。

2. 沙·马合木·楚剌思的《编年史》,约于 1672—1676 年间用波斯语写成,以很大的篇幅记述了黑山派和卓们的活动,截至 17 世纪 70 年代初。

3. 佚名作者的《喀什噶尔史》,约于 17 世纪末或 18 世纪初用维吾尔语写成,以较大的篇幅记述了黑山派和卓与白山派和卓的活动,截至 17 世纪末。

4. 毛拉·木萨·本·毛拉·艾萨的《安宁史》,于 1903 年用维吾尔语写成,其导论部分概述了和卓家族史。

以上四种为编年史。

5. 马黑麻·阿瓦兹的《心灵之光》,约于 1603 年用波斯语写成,关于黑山派和卓伊斯哈克的传记。

---

① Martin Hartmann, Ein Heiligenstaat im Islam, in *Islamischer Orient: Berichte und Forschungen*, VI‐X, Berlin,1905.

② 佐口透:《東トルキタン封建社会史序説》,《历史学研究》第 134 号,1948 年。岛田襄平《ホーヂヤ時代つベク达》,《东方学》第三辑,1952 年。

6. 毛拉纳·沙·马黑麻的《渴望真理者之谈伴》，波斯文，关于黑山派和卓伊斯哈克的传记，完成于伊斯哈克死（1599 年）后不久。

7. 沙·马合木·楚剌思的《寻求真理者之友》，于 1696 年前后用波斯语写成，关于黑山派和卓的历史，也涉及白山派和卓的活动。

8. 米儿·哈老丁·叶尔羌迪的《伊达雅图之书》，用维吾尔语于 1730—1731 年写成，关于白山派和卓阿帕克的传记。

9. 穆罕默德·萨迪克·喀什噶里的《和卓传》，用维吾尔语于 1768—1769 年写成，关于黑山派和卓与白山派和卓的历史。

以上五种为圣者传。

在穆斯林的史料中，总的说来，编年史比圣者传的史料价值更高，成书年代距所记事件近的比晚的可信程度要强。因为编年史所写的是整个汗国或王朝的历史（如上列史料之 1，为东察合台汗国及叶尔羌汗国初期的编年史；之 2，为叶尔羌汗国编年史），可从中看出某一个人或家族在汗国或王朝的整体活动中所起的作用；其编著之目的，多为总结历史经验教训，垂鉴后世，一般能够善恶均书，比较客观。而圣者传则是写圣者个人之传记或其家族之历史，作者之目的是为圣者树碑立传，歌功颂德，势必扬善隐恶，整本传记几乎都是记述圣者一个又一个的"奇迹"；作者往往宗教热情有余而历史知识不足，很难写得全面、客观、真实。而且，时间越往后，各种各样的圣者传越多。它们一般都要把圣者的世系或道统上溯至和卓伊斯哈克或和卓阿帕克，以示其血统高贵和道统神圣，并且也都讲到黑山派和卓与白山派和卓的许多"奇迹"。但其记述由于都是抄自较早的圣者传而大同小异，此外还有作者的一些附会，而且时间越晚，附会越多。因此，这类 18 世纪末和 19 世纪写成的圣者传，很难作为研究所谓"和卓时代"的史料使用，故本文未予列出。

在古伊斯兰文化的传统中，书籍均为手抄，故上列史籍传世的抄本甚少；进入近代，又多为西方列强攫取、珍藏，世人难得寓目。因此一二先译为西方通用文字而刊布者，则引起学术界的极大注意并被反复引用，著书立说，影响深远。

1858 年，倭里罕叛乱之后，瓦里汉诺夫作为俄国使团的成员进入我国天山南路。他利用自己的语言条件和历史科学知识，收集了当地大量社会经济、政治军事和宗教文化情报，写成考察报告《1858—1859 年中国天山南路六城状况》。在其中的《历史概要》一章中，用相当大的篇幅系统地记述了和卓家族的历史。① 瓦里汉诺夫未说明所依据的史料,后人推测其史料主要是穆罕默德·萨迪克·喀什噶里的《和卓传》②。看来他还接触过其他史料,因其记述中的某些地方与米儿·哈老丁·叶尔羌迪的《伊达雅图之书》有相同之处。瓦里汉诺夫的这个考察报告发表于 1861 年第 3 期《俄国皇家地理学会学报》。③ 1865 年约翰·米歇尔和罗伯特·米歇尔将其译为英文,收入《俄国人在中亚》④一书。这样,瓦里汉诺夫的《1858—1859 年中国天山南路六城状况》得到更为广泛的流传,成为研究西域和卓家族历史的必读书,往往作为准史料应用。

1873 年,贝柳作为英国政府派往阿古柏的使团医官由印度进入中国天山南路。他有较好的语言条件,对当地的历史作了考察,在 1875 年发表的福赛斯主编的《1873 年出使叶尔羌报告》⑤中编写了《喀什噶尔史》一章。贝柳治学态度比较谨严,所依据史料一一注明。该章关于和卓家族的历史,前半主要依据米儿·哈老丁的《伊达雅图传》(即《伊达雅图之书》),后半主要依据瓦里汉诺夫的上述考察报告而写成。

但是真正引起人们普遍注意的还是 1897 年穆罕默德·萨迪克·喀什噶里《和卓传》英文节译本的出版。它由罗伯特·肖翻译,伊莱亚斯编辑、注释,作为《孟加拉亚洲学会学报》第 66 卷第 1 册的附刊发表。与其说这是一个《和卓传》的英文节译本,不如说是一部研究西域和卓家族历史的专著,正如该译本的正标题所揭示,*The History of Khojas of Eastern Turkistan*。而这在很大程度上是由于伊莱亚斯所作的注释。伊莱亚斯清楚地知道《和卓传》的史料价值,他公正地指出:"这部书没有年代,除了在第一页提到编著的年代外,

---

① Ч. Ч. Валиханов, *О состоянии Алтыщара или щести Восточных городов Китайской провинции Нап Лу*(*Малой бухарии*)*в 1858—1859 годах. В Собрание сочинений*, т. 3, Алма-Ата, 1985. 以下简称 *О состоянии*.

② 见伊莱亚斯为《和卓传》英文节译本所写的《前言》。(*The History of the Khojas of Eastern Turkistan*, summarised from the *Tazkira-i-Khwajagan* of Muhammand Sadiq Kashghari, by the late R. B. Shaw, edited with introduction and notes by N. Elias, published as *Supplement to the Journal of the Asiatic Society of Bengal*, Vol. LXVI, Part I, 1897. 以下简称 TKh. 陈俊谋和钟美珠先生又转译为汉文,发表于 1980 年出版的《民族史译文集》第 8 辑,中国社会科学院民族研究所历史研究室编印,以下简称《和卓传》汉文节译本。)

③ *Записки Императорского Руского географического общества*, 1861, 3.

④ *The Russians in Central Asia*, Translated from the Russian by John and Robert Michell, London, 1865.

⑤ T. D. Forsyth, *Report of a Mission to Yarkund in 1873*, Calcutta, 1875. 以下简称 *Report*.

在整个叙述过程中再未发现一个年代，并且也未提到该作者曾读过亚洲其他作者的著述。全书的基调贯穿着一种阴暗的迷信和狂热。"其结论是："关于这部历史本身应该承认是一个失败。不管这位作者的文学造诣如何，他显然是缺乏历史知识的。""这部书的主要和唯一价值就在于，它对至今尚极少为人所知的中亚历史时期作了几分可信的叙述。"①因此，他就当时自己所能接触到的史料和文献对《和卓传》作了研究性的注释，并为之写了长篇导论。

　　《和卓传》英文节译本至今在学术界仍有很大影响。然而，下面三个因素造成了这部著作与历史真实的严重距离。首先，伊莱亚斯的研究所依托的《和卓传》英文节译本本身就有很大的问题。译者罗伯特·肖在浩罕军官阿古柏入侵时期进入我国天山南路，且不说他同瓦里汉诺夫、贝柳一样，负有政治使命，就是当地被阿古柏煽起的那种宗教狂热和政治气氛也会对他产生强烈的影响。所以他的节译，不仅节去圣者大量的"奇迹"，而且也节去许多他认为有矛盾的原文，甚至径改原文，使本来还有些松散、模糊的《和卓传》的构架变得严整、清楚起来。这样，在忠实于原文方面就发生了问题。其次，伊莱亚斯对瓦里汉诺夫关于和卓家族史的记述没有给予应有的注意，对贝柳所引述的《伊达雅图传》则持全面否定的态度，他说："这部书就历史而言是不可靠的"，"我无法利用它们"。② 其实，瓦里汉诺夫和贝柳所提供的资料有一些还是正确的，现已为可信的穆斯林史料和汉文史料所印证。最后，最主要的，由于时代和条件的限制，伊莱亚斯并未能见到也未能使用上列史料之 2 和 3，即沙·马合木·楚剌思的《编年史》和佚名作者的《喀什噶尔史》，因为前者发现较晚（1915 年），且传世只有一个抄本，长期为苏联珍藏，直至 1976 年才刊布于世③，后者为巴尔托尔德于 1902 年在中亚考察时所发现，并将其节译入《突厥

---

　　① 《和卓传》汉文节译本《前言》，第 57—59 页。在此必须指出，尽管《和卓传》有这样多的缺点，其关于 16 世纪至 18 世纪初和卓家族活动的记述多不可信，史料价值很低，然而它却是关于 18 世纪 20 年代至 50 年代和卓家族最早的、细节最多的著述。由于作者生活于这一时期，其著作又直接受到同代人的监督和检验，尽管他要为圣者树碑立传，可能讳去一些史实，但一般不可能也不敢公然歪曲、杜撰史实，所以只要认真加以分析，仍可作研究这一时期和卓家族活动的史料使用。

　　② 《和卓传》汉文节译本《导论》，第 67 页。

　　③ Шах-Махмуд, ибн Фазил Чурас, *Хроника*. Критический текст, пер. ，комм. ，нссл. и указ. О. Ф. Акимушкина. Москва, 1976. 以下简称 *Хроника*。

斯坦出差总结报告》①,而《喀什噶尔史》原著虽有几个抄本传世,但至今无一刊布。楚剌思的《编年史》为研究 16 世纪至 17 世纪 70 年代西域的基本史料,而佚名作者的《喀什噶尔史》则是其后四分之一世纪的基本史料。当今史家公认,它们是研究这一时期西域不可或缺的史料。此外,上列史料之 5、6、7,虽为圣者传,但成书年代较早,具有一定的史料价值,伊莱亚斯也未使用,还有大量的汉文史料,可以校正、补充和印证穆斯林史料,他也未能有效地加以利用。因此,伊莱亚斯尽管做了很大的努力,但仍未能改变《和卓传》英文节译本的基本构架,反而给它涂上了一层"科学"的色彩,把它引进严肃的历史科学领域。

《和卓传》英文节译本的基本构架就是西域和卓家族是先知穆罕默德的后裔,准噶尔汗国灭叶尔羌汗国之后,根据事先达成的协议,白山派和卓阿帕克成为天山南路的汗,此后,白山派和卓与黑山派和卓虽相互交替但始终统治着这一地区,直至大小和卓毙命,清朝统一西域。随着《和卓传》英文节译本的广泛传播,这一历史构架也被普遍接受。于是"伊斯兰神圣国家"或"和卓时代"这种结论性的术语也就出现于国外学者的历史论著之中。我国早期学者虽未采用这两个专门术语,但类似说法也出现于他们的论著之中。对于受到时代和具体条件限制的前人,我们固然不应苛责,但是在当代,史学已获得巨大进步,随着史料的大量发现、翻译和刊布,信息传递的迅速,研究手段的现代化以及研究方法更加科学,已经具备了考实这段历史、清除幻影的条件。然而,实际上,幻影不仅没有被清除,《和卓传》英文节译本构架的影响反而有扩大之势,有的学者甚至也用起"和卓时代"的术语,并为之再界说。看来,澄清这段历史的工作不能再推迟了。

二、叶尔羌汗国时期和卓家族的活动

"和卓"一词,原为波斯语,其形式为 khwaja,最初用来称呼市民中的显贵,后来用以称呼宦官。该词进入阿拉伯语后,形式为 khuwaja,近代形式为 khawaja,意为"先生"。其突厥语形式为 khoja,在河中及其以东地区,最初指称哈里发阿布·巴克尔和乌玛尔的后裔及阿里除法蒂玛以外的妻子所生的子

---

① В. В. Бартольд, *Отчет о момандировке б Туркестан .* ——*Записки Восточного отделения императорского Русскоіо археологического общества* ,т. XV,ВыП. *II-III*,СПб. ,1904;В. В. Бартольд, Сочинения,т. VIII,Москва, 1973. 以下简称 *Отчет.*

孙,但在14世纪已有人用 khwaja 作为人名的一部分①。khwaja 这一称号具
体到玛哈图木·阿杂木家族,即本文所讨论的和卓家族,根据圣者传列出的外
在世系(即血统世系)来看,则又是圣裔的称号,即指称穆罕默德的女儿法蒂玛
和阿里所生的子孙后代,与赛亦德(sayyid)含义相同,所以玛哈图木·阿杂木
的先辈多戴有赛亦德的称号。Khwaja 一词,汉语音译除"和卓"之外还有"火
者""虎者""霍加"等多种译写;对玛哈图木·阿杂木家族,通常以"和卓"称之。
玛哈图木·阿杂木(Mahdum-i A'zam)意为"最伟大的主人",是阿黑麻·柯散
尼的拉卡博(laqab,意为荣誉称号)。据《伊达雅图之书》记载,他是第21世圣
裔,曾祖父移居费尔干地区。玛哈图木·阿杂木在伊斯兰历866年(1461—
1462年)出生于柯散,在塔什干宗教学校学习时加入纳克什班底教派②,并成
为该派四世教长马黑麻·哈孜的穆里德(murid,意为门徒)。伊斯兰历921年
(1515—1516年)马黑麻·哈孜死后,他成为这一派的首领,即五世教长,直至
伊斯兰历949年(1542—1543年)去世。和卓派信徒都认为他是纳克什班底
教派中最大的神学权威和理论家。玛哈图木·阿杂木是逊奈派,其观点近似
于泛神论。他主张苏菲应经常生活在修室(khanaqah)内,只有布教才能长期
外出。他否定个人隐居独修,并对纳克什班德的教规做了变通,信徒只要交纳
一定贡赋,就可"呼喊吉克尔"和跳萨玛③,即可采用一般苏菲派的祈祷仪式。
在政治上,玛哈图木·阿杂木同他的前几代教长一样,积极参与昔班王朝军政
事务及其内部斗争。玛哈图木·阿杂木的一生主要在河中地区度过。他有
13个儿子④,生前对他们做了安排,长子玛木特·额敏(以伊禅卡兰著闻)为纳
克什班底—和卓派首领的继承人,其他儿子分派各地做该派的首领。但是玛

---

① 如东察合台汗国的也里牙思火者汗(Ilyas Khwaja Khan)、黑的儿火者汗(Khizir Khwaja
Khan)等。

② 纳克什班底教派(Naqshbandiye),是伊斯兰教苏菲派中的一个宗派,其创始人为巴哈丁·纳
克什班德(1318—1389年)。该派与一般苏菲派之区别主要在于举行集体祈祷时采用吉克尔(dhikr,
一种通过狂舞与神交往的方式)时不是呼喊"胡",而是低声诵读。纳克什班底派的教长控制着大量教
徒,并拥有大量土地财产,实际是一个宗教大封建主,他们经常参与世俗政治斗争,并通过宗教干预朝
政。

③ 魏萃一先生在《真理的入门》(阿合买提著,乌鲁木齐:新疆人民出版社,1981年,第32页)汉
译注释中说:萨玛,"来源应属于萨满教跳神作法的舞蹈。现在新疆南部一些地区仍有称作'萨玛'的
维吾尔民间舞蹈"。

④ 关于玛哈图木·阿杂木的儿子的数字和排列顺序,各种编年史、圣者传及汉文史籍记载不一,
本文采用刘正寅同志的考释(见刘正寅:《喀什噶尔和卓家族世系》,载《元史及北方民族史研究集刊》
第12、13期,1989—1990年)。

哈图木·阿杂木一死,儿子们仍为争夺教派的最高领导权展开了激烈的斗争。长子玛木特·额敏名正言顺,自然处于优势,但是四子伊斯哈克·瓦里为玛哈图木·阿杂木的喀什噶尔妻子所生,而这位妻子出身于赛亦德家族①,伊斯兰教传统的"子以母贵",使他极受尊重,称为"和卓·伊·喀什噶里",加上其个人的才干,也成为一支足以与玛木特·额敏抗衡的力量。诸兄弟间长期斗争的结果是纳克什班底和卓派的分裂,形成以玛木特·额敏为首的白山派和以伊斯哈克·瓦里为首的黑山派。

两派势力在河中地区的斗争难分难解,谁都难以取得全面的胜利。于是伊斯哈克·瓦里决定向外发展,他在阿不都·哈林汗统治(1560—1592 年)的后期②来到受纳克什班底派影响较大的叶尔羌汗国。他在喀什噶尔和叶尔羌受到冷遇,在阿克苏、和田则受到欢迎。在宗教方面,他在和田、喀什噶尔和阿克苏获得很大成功。这位和卓的宗教活动带有明显的政治性质,旨在煽动和支持地方统治者反对并取代大汗,这引起了阿不都·哈林汗的警惕,于是下令把他驱逐出境。这样,伊斯哈克和卓进入吉利吉思地区,然后回到撒马尔罕。伊斯哈克和卓本人虽被逐出叶尔羌汗国,但他留下的代理人遍布汗国各地,据《寻求真理者之友》记载,他在叶尔羌汗国有 64 位哈里发。伊斯哈克和卓深知世俗政权对宗教支持的重要性,他任命马黑麻速檀为大哈里发,使其统管叶尔羌汗国的所有哈里发。③

伊斯兰历 1000 年(1591—1592 年)阿不都·哈林汗去世,其五弟马黑麻速檀继位。马黑麻速檀是前阿克苏总督,一向尊重伊斯哈克和卓,曾拜他为师。马黑麻速檀的上台是黑山派和卓在政治上的重大胜利。在马黑麻汗的支持下,黑山派和卓打击和排挤其他宗派,扩大自己教派的势力。另一方面,黑山派和卓势力也大力支持马黑麻汗的政权,特别是在伊斯兰历 1003 年

----

① 见 *Хроника*,комм. 94,стр. 275.

② 关于伊斯哈克和卓在叶尔羌汗国的活动,编年史和圣者传均未留下具体年代。据沙·马合木·楚剌思《寻求真理者之友》记载,虎答遍迭速檀曾迎接他到和田,那么他当在 1583 年之前已到达叶尔羌汗国。又据同一作者的《编年史》记载,他离开叶尔羌汗国时马黑麻速檀是阿克苏总督,而至迟在 1587 年马黑麻已是喀什噶尔总督,如果穆罕默德·萨迪克·喀什噶里《和卓传》所说的他在叶尔羌汗国住了 12 年可信,那么他当在 1575 年以前来到叶尔羌汗国。一般说来,他应于 1581—1586 年之间在叶尔羌汗国活动。

③ 以上关于伊斯哈克和卓的记述,见 *Хроника*,стр. 162 - 165. икомм. 94 - 114,стр. 275 - 279. 又,哈里发,它在沙·马合木·楚剌思《编年史》的波斯语原文中为 khalifa,意为"代替者""代理人",有别于 khalif;而 khalif 是穆罕默德逝世后伊斯兰国家政教合一的领袖之称号。

(1594—1595年)马黑麻汗击退月即别军队入侵的战斗中,它在动员人民和鼓舞士气方面起了重要作用。马黑麻汗看到黑山派和卓具有这样的能量,对之更加倚重。黑山派和卓家族在汗权的支持下不仅拥有众多的穆里德和信徒,而且拥有巨大的财产,成为一支在伊斯兰教内其他宗派不能与之抗衡的势力。

伊斯兰历1018年(1609—1610年)马黑麻汗逝世,和卓沙迪、宰相火者·拉提夫和一些军事贵族把他的长子舒贾·丁·阿黑麻速檀拥上汗位。伊斯兰历1028年(1618—1619年)他出猎至巴尔楚克时,被伊希卡噶(ishkagha,宫廷侍卫长)阿布·马阿尼·沙的家族杀死。

和卓沙迪、哈里发舒图尔及宗教界上层人士不赞成这次事变。他们为阿黑麻汗举行了隆重的丧礼。他们向军事贵族提出要追查凶手,阿布·马阿尼·沙毫不回避,公开宣称:"我是杀汗的凶手。"倒是宗教界退让了,只叫他说出谁是具体动手杀汗的。阿布·马阿尼·沙愤怒地反问:"我杀了汗,你们费什么心?"[①]沙家族宣布汗族成员虎来失速檀为汗。从这一事件可以清楚地看出,当时叶尔羌汗国决定性的政治力量仍是军事贵族,他们认为宗教人士过问政治是多费心,和卓家族还不能与之分庭抗礼。

喀什噶尔和英吉沙尔的军事贵族则反对沙家族,要惩办"嗜血者"。经过叶尔羌城下的一场血战,沙家族被彻底消灭。于是阿黑麻汗的儿子阿不都·拉提甫速檀被胜利的军事贵族和宗教界拥上汗位。阿黑麻汗时期的纳吉卜[②]火者·阿不都·拉札克及其儿子们被驱逐出境。这位火者是纳克什班底教派第三代教长阿赫拉尔的后裔,他在汗廷享有很高的威望。这样,和卓沙迪在叶尔羌汗国宗教界就成为绝对权威。

和卓沙迪对军事贵族米儿咱·马黑麻·玉素甫独揽朝政极为不满,同时对大哈里发舒图尔在教内操纵一切更为愤恨,于是他辞别阿不都·拉提甫汗回撒马尔罕礼拜父亲的陵墓。据沙·马合木·楚剌思记载,和卓沙迪和哈非孜·纳赛尔哈里发两人在陵墓的教堂举行仪式。完成仪式之后,哈非孜·纳赛尔对在教堂外的其他哈里发宣布:"玛木特·叶赫亚(和卓沙迪的名字——引者)战胜了哈里发舒图尔和米儿咱·马黑麻·玉素甫。"他们返回叶尔羌汗国,途中便得到这两人死亡的消息,同时在人民中泄露和卓沙迪"秘密"的伊思

---

① *Хроника*,стр. 194.

② 纳吉卜(naqib)这一职位非圣裔不能担任,属赛亦德家族所专有,朝会时其座位于汗的左边,在汗位继承人之上,战时负有监军的职能,纠察不尽职务的将领(见*Хроника*,комм. 212,стр. 298)。

玛业勒苏菲"三天后便转入永恒之世"①。苏联学者阿基穆什金认为,他们都死于暗杀。穆斯林史籍记载,强大的伊禅与和卓常采用暗杀手段对付他们厌恶的人,而其信徒和传记作家通常称之为"奇迹"②。

阿不都·拉提甫汗大约死于伊斯兰历 1040 年(1630—1631 年)。经过 8 年的纷争,叶尔羌汗国东部的阿布都拉哈汗在和卓沙迪与和田、喀什噶尔、叶尔羌一些军事贵族的支持下,率军开进了叶尔羌城,成为全汗国的大汗。

阿布都拉哈汗是叶尔羌汗国后期诸汗中最有作为的一位,可称为"中兴之主"。他削弱军事贵族势力,加强汗权;削弱地方政权势力,加强中央集权。同时他也处死了一些宗教上层人士,使和卓沙迪的独尊地位进一步巩固,但是这也导致了伊斯兰教内异军突起:白山派和卓受到被压抑的穆斯林的支持,很快发展成为与黑山派和卓抗衡的势力,从而使叶尔羌汗国的政治斗争更加复杂。白山派和卓也是玛哈图木·阿杂木的后裔,在教义上与黑山派和卓并没有多大差别,同是纳克什班底教派。大约在 17 世纪 20 年代,白山派和卓进入叶尔羌汗国,其代表人物是伊禅卡兰之第四子玛木特·玉素布。最初他居于哈密,娶当地宗教贵族赛亦德·捷里力之女为妻,生伊达雅图勒拉(后以阿帕克和卓著闻)。30 年代末和卓玛木特·玉素布定居喀什噶尔。当地总督尤勒巴尔斯汗是一个独立倾向很强的王子,特别是在其政变失败之后,表面上虽敬顺自己的父亲阿布都拉哈汗,但其"本性喜欢暴力和造反"③,并为此积极寻找支持力量。由于黑山派是中央汗权的支持者,与其势不两立的白山派和卓宗教势力自然成为尤勒巴尔斯汗的支持者,二者很快结成政治联盟,白山派和卓势力遂得到迅速发展,同样,尤勒巴尔斯汗的实力也日益加强。

伊斯兰历 1053 年(1643—1644 年)和卓沙迪去世,其子玛木特·阿布都拉继为黑山派首领。白山派和卓玉素布以为死者祈祷的名义来到叶尔羌,企图利用黑山派突然丧失首领的时机夺取叶尔羌的宗教领导权,但是遭到黑山派的强烈反对,被赶出叶尔羌,在返回喀什噶尔途中死去。一些圣者传说,他是被黑山派暗害而死,这很有可能。其子阿帕克和卓继为白山派首领,更为积极地支持尤勒巴尔斯汗与中央汗权对抗。伊斯兰历 1066 年(1655—1656 年)尤勒巴尔斯汗在尼雅阻击战中助其父击败准噶尔入侵后,公开与中央分裂,打

---

① *Хроника*,стр. 204.

② *Хроника*,комм. 230,стр. 307.

③ *Хроника*,стр. 234.

击黑山派信徒,然而这时阿布都拉哈汗已无力给黑山派提供保护,和卓玛木特·阿布都拉去了阿克苏。伊斯兰历 1078 年(1667—1668 年),得到准噶尔鄂齐尔图汗和白山派和卓阿帕克支持的尤勒巴尔斯汗逼其父阿布都拉哈汗也离开叶尔羌,前往麦加朝圣,使其以"最体面"的方式放弃了大汗之位。

尤勒巴尔斯汗进入叶尔羌,在白山派和卓阿帕克与一些军事贵族的支持下,登上大汗之位,随即就开始了对黑山派的惩罚,"下令处死那些随和卓玛木特·阿布都拉一起去阿克苏的人们留在叶尔羌的家属,包括妇女和小孩"。他又派出军队讨伐阿克苏。但这次征伐被阿克苏的统治者伊思玛业勒汗(尤勒巴尔斯汗的五叔)击溃[①]。准噶尔汗僧格又派兵支持他再次讨伐阿克苏。这次军事行动虽然取得了胜利,但喀什噶尔却落在僧格的控制之下,僧格还派黑山派信徒厄尔喀伯克带领一千准噶尔兵驻扎在叶尔羌,监督尤勒巴尔斯汗的活动。后来,在叶尔羌,"穆斯林的号叫"引起了厄尔喀伯克的"怜悯",他派兵帮助军事贵族阿里·沙伯克冲进宫门,杀死了尤勒巴尔斯汗。但是白山派和卓势力不甘失败,又杀死阿里·沙伯克。厄尔喀伯克得知后离开叶尔羌,前往喀什噶尔,同时派人去阿克苏请伊思玛业勒汗向叶尔羌进军。

1670 年,伊思玛业勒汗在准噶尔厄勒丹台什和黑山派和卓玛木特·阿布都拉的支持下,组成大军,经过苦战,攻下叶尔羌,登上大汗之位。尤勒巴尔斯汗的家属在白山派和卓阿帕克的保护下逃往喀什噶尔。伊思玛业勒汗立即派兵追捕,他们在喀什噶尔处死了尤勒巴尔斯汗的儿子们,对白山派进行镇压。阿帕克和卓逃出喀什噶尔,潜入克什米尔。瓦里汉诺夫在《1858—1859 年中国天山南路六城状况》中记述了阿帕克和卓离开叶尔羌汗国后的活动:"这位和卓就潜入克什米尔,并由此进入西藏。他晋谒了达赖喇嘛,博得了他的欢心。达赖派他带书信去见准噶尔珲台吉噶尔丹,信中要噶尔丹确立阿帕克在喀什噶尔和叶尔羌的地位。"[②]噶尔丹本来就准备归并整个叶尔羌汗国,接到

---

① *Хроника*,стр. 242.

② *О состоянии*,стр. 127-128.

达赖喇嘛的信后即毫不迟疑地利用了这有利的局势，于 1680 年[①]派出骑兵 12
万，经过阿克苏、乌什，直取喀什噶尔和叶尔羌。噶尔丹的军队在白山派和卓
的全力配合下，经过激战攻下了叶尔羌城，伊思玛业勒汗被俘，送往伊犁，叶尔
羌汗国灭亡。

三、1680—1759 年和卓家族的活动

穆罕默德·萨迪克·喀什噶里《和卓传》英文节译本记载：准噶尔军队占
领叶尔羌后，根据和议，"阿帕克登上了汗位"，但不久，他发现当国王与他的宗
教职务有矛盾，便把伊思玛业勒的"弟弟"[②]马哈麻特·额敏扶上汗位。但在
他们攻打准噶尔失败后，马哈麻特·额敏汗逃出叶尔羌，被敌人杀害，"于是和
卓阿帕克再次登上汗位"，直至去世[③]。

这段记载极不可信。请看《和卓传》中还有这样一段原文（英文译者可能
因其与基本构架有矛盾而删除，而编者也未在注释中再补入）——阿帕克和卓
婿妻哈尼木·帕的沙斥责觊觎汗位的长子雅雅说："你要记住，你的祖先中从
来不曾有谁作过可汗，你现在居然想争夺可汗的位置，你不觉得这是一件荒谬
绝伦的事吗？我要告诉你，我的祖先却作过可汗。"[④]

这段原文明确地告诉我们：1. 雅雅和卓的祖先，包括阿帕克和卓在内，"从
来不曾有谁作过可汗"。2. "汗"在当时（17 世纪末）及其后编写《和卓传》时代
（18 世纪中叶）的政治地位和社会地位都比"和卓"要高，所以叶尔羌汗国巴拜
汗的女儿、马哈麻特·额敏汗的姊妹哈尼木·帕的沙才以汗裔的身份气势逼
人地斥责圣裔身份的雅雅和卓，并且虔诚的穆斯林穆罕默德·萨迪克·喀什

---

① 关于准噶尔汗国归并叶尔羌汗国的年代，诸说不一：瓦里汉诺夫定为 1678 年，比丘林定为
1679 年，佚名作者的《喀什噶尔史》及毛拉·木萨的《安宁史》定为 1682 年，格里戈里耶夫定为 1683
年，羽田明定为 1680 年。两部研究准噶尔史的专著，兹拉特金取 1679 年，而罗致平、杜荣坤等取 1680
年。阿基穆什金也是取 1680 年，他认为各家说法不一是由于准噶尔汗国多次南征，但其第一次全部征
服叶尔羌汗国是在 1680 年，而彻底征服是在 1685 年。只要详细排列历史事件，特别是将穆斯林史料
与汉文史料对勘，我们就会发现，把准噶尔汗国归并叶尔羌汗国，即虏走伊思玛业勒汗的年代定为
1680 年更符合史实。

② 这是穆罕默德·萨迪克·喀什噶里《和卓传》明显的史实错误，应为"侄子"。详见魏良弢：《对
清代汉文史籍中有关叶尔羌汗国记载的一些考释》，载《新疆大学学报》1990 年第 4 期。

③ Tkh, pp. 37—39.

④ 此为刘志霄先生译文，见《维吾尔族历史》上编，北京：民族出版社，1985 年，第 429 页。

噶里也不以为忤而将其载入圣者传。其实,"和卓"的政治地位和社会地位真正膨胀起来是在一个世纪之后,即阿古柏骚乱的 19 世纪中叶。

尽管《和卓传》英文节译本编者伊莱亚斯对伊斯兰历 1143 年(1730—1731年)写成的《伊达雅图之书》全面否定,但它毕竟是最早的一部关于阿帕克和卓的圣者传,连伊莱亚斯也不能否认,"它提供了穆罕默德·萨迪克叙述中未曾包括进去的有关和卓的某些细节"①。正是这些细节告诉我们,继伊思玛业勒汗之后,叶尔羌的统治者是阿不都·里什特,他对阿帕克和卓甚为轻慢,臣下则常常讥笑甚至谴责阿帕克和卓。阿不都·里什特汗是阿帕克和卓的敌人。其后是马哈麻特·额敏汗在位,他与阿帕克也不和,结果被杀死。"在这之后,阿帕克获得对政权的最高控制。"②很清楚,"对政权的最高控制",正是暗示了另有某一位汗受阿帕克的控制。从贝柳摘录的《伊达雅图之书》来看,阿帕克和卓也从未登上汗位或称汗。

历史的真实情况是:

1679 年准噶尔汗噶尔丹·博硕克图汗归并叶尔羌汗国东部地区③。此前巴拜汗已去世,他留的三个儿子——阿卜都·里什特、马哈麻特·额敏、马哈麻特·木明,都归附噶尔丹,成为附庸。1680 年准噶尔汗国出征叶尔羌汗国西部地区,阿卜都·里什特率吐鲁番军队参加,马哈麻特·额敏和马哈麻特·木明也在噶尔丹帐下效劳④。

噶尔丹占领叶尔羌后,把伊思玛业勒汗及其子孙俘送伊犁,任命汗室成员阿卜都·里什特为"汗",实际是作为自己的总督,治理天山南路,然后返回草原地区。阿卜都·里什特汗很快就与白山派和卓阿帕克发生矛盾。汗占了上风,阿帕克离开叶尔羌,进入山地。不久,叶尔羌发生叛乱,阿卜都·里什特汗退入山地⑤。这件事应发生在 1682 年。之后,阿卜都·里什特汗又被噶尔丹

① 《和卓传》汉文节译本,第 67 页。
② *Report*,pp. 176 - 177.
③ 见《清圣祖实录》卷 82,康熙十八年七月甲辰;卷 83,康熙十八年八月己丑。参见佐口透:《18—19 世纪新疆社会史研究》(上册),凌颂纯译,乌鲁木齐:新疆人民出版社,1984 年,第 2—3 页。
④ 佚名作者《喀什噶尔史》,引自 *Отчет*,стр. 187 - 188.
⑤ 见 *Отчет*,стр. 188.

诱至伊犁,拘留 14 年,1696 年清军败噶尔丹,始得脱①。

阿卜都·里什特汗走出后,其二弟马哈麻特·额敏汗②从吐鲁番来到叶尔羌,召开忽里台③,宣布为汗。马哈麻特·额敏汗的叶尔羌阿奇木马黑麻·沙伯克想处死一些亲准噶尔派的代表人物,但亲准噶尔派的首领在阿帕克和卓的同意下举行暴动。马黑麻·沙伯克被杀,马哈麻特·额敏汗屈服,拜阿帕克和卓为精神导师,成为他"忠诚的穆里德"。但是阿帕克和卓又支持阿克苏总督虎答遍迭速檀反叛,马哈麻特·额敏汗费了很大力量才镇压下去。以后阿帕克和卓继续与马哈麻特·额敏汗作对,发动信徒暴乱;汗被迫退到哈尔哈里克(今叶城县),又从那里退到库拉干(Qulaghan)。这位汗"向以勇敢出众,但是他认为同自己的教长(pir)作战是罪过,便屈从于自己的命运"④。这一年应是 1692 年⑤。

马哈麻特·额敏汗被杀后,阿帕克和卓宣布儿子雅雅和卓为"汗"。一年半之后,即伊斯兰历 1105 年拉贾卜月初(1694 年 2 月底至 3 月初)⑥,阿帕克和卓死去。再过八个月,雅雅和卓也被准噶尔人杀死⑦,他称"汗"共两年零两个月。

吐鲁番和叶尔羌的伯克们集会,宣布马哈麻特·木明为汗,人称阿克巴锡

---

① 《亲征平定朔漠方略》卷 28 载"回回国王阿不都·里什特及其子额尔克苏尔唐从厄鲁特噶尔丹处来降,告曰:康熙二十一年噶尔丹遣人于我,诓言议事,我等往所约伊里地方,噶尔丹尽执我父子及从人,带我等各处行走,今皇上大兵击败噶尔丹之次日,我等才得脱身来归圣朝"。并参看《清圣祖实录》卷 175,康熙三十五年八月癸巳。

② 他于 1681 年曾向清朝遣使进贡,自称"吐鲁番阿奔木匝法尔苏耳覃马哈麻特额敏巴哈笃尔汉"(《清圣祖实录》卷 98,康熙二十年十月庚寅)。

③ 忽里台(quriltai 或 qurilta),蒙古部族原始的部落或部落联盟的议事会,在叶尔羌汗国时期继续存在,但参加者主要是汗族成员、各部军库贵族,以及中央政府的官员,后来伊斯兰教上层人士也参加,忽里台成为王公大臣会议。它主要用于统一统治集团内部的思想,对军国大政作出决定,如汗位继承和封地分配等。

④ 见 Отчет,стр. 188-189.

⑤ 根据 Yusuf Munshi 之 Taskira-i-Muqim khani 记载,伊斯兰历 1102 年"喀什噶尔汗马哈麻特·额敏"向布哈拉汗廷派来一位使臣(见 TKh,note l7, pp. 37—38)。但是伊莱亚斯换算公历错误,作为 1693 年,应为 1690—1691 年,而施瓦茨引此注时未加考核,又把伊斯兰历 1102 年删去,径用公历 1693 年(见 The Khwajas of Eastern Turkastan),造成一错再错,似 1693 年马哈麻特·额敏汗还在位,其实他比阿帕克和卓早死一年半,而阿帕克和卓死于 1694 年春,他应死于 1692 年中。

⑥ 此据《伊达雅图之书》,见 Report, p. 177。但贝柳将伊斯兰历换算公历有误,作 1693 年。

⑦ 此据佚名作者《喀什噶尔史》,见 Отчет,стр. 189。但《伊达雅图之书》则说雅雅和卓为阿帕克孀妻哈尼木·帕的沙阴谋杀害,她想使自己亲生的儿子玛哈氏继承汗位,她也旋即被杀(见 Report, p. 178.)。

汗(Aqbash khan,意为"白头汗")①。叶尔羌的军队攻占了喀什噶尔,逮捕了火者·马哈苏德火者②和穆巴拉克·沙伯克,交给人民审判,"喀什噶尔人民撕碎了他们"。此后,喀什噶尔的伯克们宣布速檀·阿哈木特速檀为汗③,吉利吉思进入喀什噶尔,抓起这位速檀,并屠杀了许多由吐鲁番移居此地的人民。吐鲁番伯克们同马哈麻特·木明汗一起出征喀什噶尔,但失败,汗被吉利吉思人俘虏④。吉利吉思人和喀什噶尔人乘胜占领叶尔羌城;阿尔祖·马黑麻伯克宣布速檀·阿哈木特速檀为叶尔羌汗,自己任叶尔羌阿奇木。但是叶尔羌伯克们不甘失败,派人向准噶尔珲台吉求救。珲台吉楚琥拉⑤率领卫拉特军队、阿克苏军队、库车军队到达叶尔羌,吉利吉思人撤走。于是穆拉德伯克为叶尔羌阿奇木,米儿咱·阿来木·沙伯克为叶尔羌伊希卡噶,普拉德伯克为喀什噶尔阿奇木,米儿咱·阿孜伯克为和田阿奇木。这一事件大致应发生在18世纪最后的两三年⑥。佚名作者的《喀什噶尔史》到此也就基本结束。

噶尔丹(1676—1697年在位)对天山南路统治的基本方略是,委任察合台后王——更准确些说是叶尔羌汗国的汗族成员——为"汗",作为自己的总督,治理其"故国"——此时准噶尔汗国的天山南路,而自己满足于收取每年十万

---

① 见佚名作家《喀什噶尔史》,引自 ИВ АН СССР и ИИ АН КирССР, *Материалы по истории киргизов и киргизии*,вып. 1,стр. 222. Москва,1973。《伊达雅图之书》说,阿克巴锡是和卓雅雅之弟(见 *Report*,p. 178)。这显然是错误的,这点伊莱亚斯在《和卓传》英文节译本导言中已指出(见 *TKh*,p. 5)。

② 《喀什噶尔史》未说明火者·马哈苏德火者(Khoja Maqsud khoja)身世,其他史籍未见此人名。

③ 这位速檀·阿哈木特速檀(Sultan Ahmad sultan),《喀什噶尔史》未说明其身世,但《西域同文志》卷 11 和《西域图志》卷 48 均载明其为阿克巴锡(即马哈麻特·木明)之子,哈特曼之抄本 40,也有相同记载(参看岛田襄平:《アルテイ·シャフルの和卓と汗と》,《东洋学报》第 34 卷,东京,1925年。)。但是《和卓传》原文中出现的则是"和卓阿哈木特(或译为阿哈玛特)",即和卓雅雅之子(见 *TKh*,note 22,p. 39)。瓦里汉诺夫的记述相同,"喀什噶尔人则永远是白山派的狂热信徒,他们召来阿哈木特和卓,并宣布为汗"。(*О состоянии*,стр. 128.)在《和卓传》英文节译本中虽依据某种资料指明速檀·阿哈木特是阿克巴锡汗之子,但是伊莱亚斯在注释中又引人原文,对之订正。其实,穆斯林同名者很多,这里的"阿哈木特"是速檀,马哈麻特·木明汗之子,而非和卓雅雅之子。由此可见圣者传中史实之不确以及后人的以讹传讹。

④ 《伊达雅图之书》记载,阿克巴锡被俘后,在英吉沙尔被吉尔吉思首领阿尔祖·马黑麻处死(见 *Report*,p. 178)。

⑤ "珲台吉"为准噶尔汗国统治者称号,而楚琥拉(chukula)是噶尔丹之后的统治者,但其他史籍中未出现这一名字,而是策妄阿拉布坦,梵封为额尔德尼卓里克图珲台吉,1697—1727 年在位。

⑥ 霍渥斯在其《蒙古史》中引用缪勒的话,说在策妄阿拉布坦即位初,对叶尔羌进行了一次征伐,并把汗和其他首领一起虏回伊犁(见 H. H. Howorth, *History of the Mongols*, part I, p. 645, London, 1880;并参照 *TKh*, p. 20)。

腾格的贡赋,据说这是当年阿帕克和卓请求噶尔丹出兵时许诺的条件①。相对说来,这种统治是比较宽松的,所以从一些穆斯林作家的笔下竟看不大出准噶尔在南路的统治。实际上,噶尔丹一直拥有对这一地区的最高统治权,特别是"汗"的任命,这是能否牢固地统治这一地区的关键。他绝不允许权势欲极强的白山派和卓得势,尽管阿帕克和卓帮助他归并了叶尔羌汗国,也不让其登上"汗"位。后来白山派和卓势力经过二十多年的努力和聚集,宣布雅雅和卓为"汗",但他很快就被准噶尔人杀掉。同时,噶尔丹还通过自己任命的"汗"扶植黑山派和卓势力,使之与白山派和卓势力对抗,争斗不休,相互仇杀,不能形成统一的宗教力量。

继噶尔丹之后,准噶尔汗国的统治者为策妄阿拉布坦珲台吉(1697—1727年在位)。这个准噶尔汗国史上最强大的君主加强了对天山南路的统治,由间接统治改为直接统治。正如上引佚名作者的《喀什噶尔史》所揭示,他再不是任命一位"汗"作为自己的总督,统管这一地区,而是任命一些当地军事贵族——伯克们为阿奇木,分治各城;同时又派出哈喇罕驻扎各城,监督税收,加重了对天山南路的经济剥削。和卓家族(不管是白山派还是黑山派)的活动也受到更多的限制。大约在1713年,可能是和卓家族超越了准噶尔汗所允许的活动范围,策妄阿拉布坦又对喀什噶尔和叶尔羌进行了一次军事征伐,把白山派和卓阿哈木特②、黑山派和卓达涅尔及其家属虏回伊犁。从此白山派和卓阿哈木特全家一直被拘于伊犁,直到清朝平定准噶尔;而黑山派和卓达涅尔在1720年则被放回,留下其长子雅库布作为人质。策妄阿拉布坦这样做,完全是迫于形势。上一年沙皇彼得一世下令再次"远征",这年夏天俄国侵略军已溯额尔齐斯河深入准噶尔汗国境内;连年与清朝因西藏问题构兵,这年春天康熙皇帝下令几路进军,辟展、鲁克沁、吐鲁番诸城"回众乞降"③,前锋抵乌鲁木齐,"哈西哈等处逃出回子,陆续投降"④。天山南路东部已失,西部也有起火之兆,策妄阿拉布坦不得不采取紧急措施:考虑到和卓家族在广大穆斯林中的巨大影响,特别是黑山派在政治上的温和态度与合作立场,放回了达涅尔和

---

① 见 *TKh*,p.37。并参看瓦里汉诺夫的记述(*О состоянии*,стр. 129)。腾格(tanga),银钱,准噶尔统治天山南路时 1 腾格价值 1 两白银,可换普尔铜钱 50 文,后增至 100 文。

② 阿哈木特,清代史籍亦作玛罕木特,如《西域图志》,其为和卓雅雅之子,波罗泥都、霍集占之父。

③ 《外藩蒙古回部王公表传》卷 110。

④ 《清圣祖实录》卷 289,康熙五十九年九月壬申。

卓,借以安定后院,保证财赋供应。出于同样的目的,没有放走"多权术,善收人心","欲背准噶尔而自立一国"的白山派和卓阿哈玛特①。

《和卓传》记载,达涅尔到叶尔羌后,正如准噶尔汗国"珲台吉所命令的那样愉快地被接纳为这个城市和地区以及喀什噶尔、阿克苏与和田的统治者。由哈兹拉特阿帕克确定下来的每年向加尔梅克人②交纳十万腾格的贡金由达涅尔继续支付,就这样度过了七个年头"。③ 穆罕默德·萨迪克·喀什噶里的这段记述大致是可信的,但措辞含糊,需要加以补充、明确:1."愉快地""接纳"这位和卓的是有权势的地方官,即阿奇木和伊希卡噶等,他们在这位和卓到来之前和以后都掌握着实权④。2.不论和卓达涅尔作为"统治者"的正式头衔是什么,它不会是汗则是肯定的。因为,如果是"汗"或其他比较堂皇的头衔,这位圣者传的作者是一定不会在笔下放过的。3.根据作者的暗示,和卓达涅尔在政府中的任务应是向准噶尔人每年交纳十万腾格的贡金。这从 1765 年伊犁将军明瑞给乾隆皇帝的"回部善后事宜"奏章中也可看出一些消息:"从前厄鲁特,每年派哈喇罕一人、和卓一人,按各城回人户口赋役造册。"⑤佐口透对这条史料的解释是:"叫哈喇罕的官员和和卓一起制作'阿尔特沙尔'⑥各城的户口赋役总账。"⑦达涅尔和卓出色地完成了这一任务,所以位子坐得较牢,1727 年策妄阿拉布坦死后,噶尔丹策零(1727—1745 年在位)继续委任他统管四城。但是他一死,噶尔丹策零立即改变了政策,不再任命一位和卓统管四城。"遵照卡尔梅克首领的命令,叶尔羌分给加罕,喀什噶尔分给玉素普,阿克苏分给哈玛什⑧,和田分给阿布都拉。"⑨他们都是和卓达涅尔的儿子,加罕即

---

① 《西域闻见录》卷 6。

② 加尔梅克为 qalmaq～kalmyk 之音译,通译为卡尔梅克,中亚和西方居民用以称呼卫拉特(厄鲁特)人及准噶尔汗国。

③ 《和卓传》汉文节译本,第 105 页。

④ 如在《和卓传》中出现的喀什噶尔阿奇木胡甘·奇帕克、伊希卡噶胡达·雅尔、叶尔羌阿奇木阿孜伯克、乌什阿奇木霍斯伯克、阿克苏阿奇木阿卜都·瓦哈布等,均有很大实权,并直接对准噶尔汗负责,本文下面将提及他们。

⑤ 《清高宗实录》卷 746,乾隆三十年十月甲寅。

⑥ 阿尔特沙尔(Alti-shabr),意为六城,这里是指天山南路六城,即喀什噶尔、英吉沙尔、叶尔羌、和田、乌什、阿克苏。

⑦ 佐口透:《18—19 世纪新疆社会史研究》(上册),凌颂纯译,乌鲁木齐:新疆人民出版社,1984年,第 34 页。

⑧ 此据《和卓传》英文节译本,原文为艾尤布(见 *TKh*,note 30,p. 43),瓦里汉诺夫的记述也为艾尤布(见 *O состоянии*,стр. 129)。

⑨ *TKh*,p. 43。

其长子雅库布之号。噶尔丹策零的这一政策使本已削弱的和卓家族势力更加分散,其实质是"分而治之",从而加强自己对天山南路西部的统治。另一方面,把和卓家族分派各城,使其同准噶尔汗派出的哈喇罕一起直接控制税收,毫无疑问也起到了限制阿奇木权力并牵制其行动的作用。当时,这些黑山派和卓不仅要把儿子作为人质送往伊犁,自己还要经常去朝拜准噶尔汗,有时也会被扣留①。

1745 年噶尔丹策零死,贵族们为争夺汗位而连年内战。1753 年 1 月 1 日(乾隆十七年十一月二十七日),达瓦齐袭杀嘛喇达尔札,宣布为珲台吉。黑山派和卓玉素普羁留伊犁,想利用这一时机,摆脱准噶尔的统治,但不得脱身,便谎传吉利吉思攻打喀什噶尔。达瓦齐正忙于同阿睦尔撒纳斗争,遂派玉素普和卓前往处理。玉素普建议由其儿子阿布都拉(在伊犁作人质)前往抵抗。阿布都拉走后又报告自己难胜此任,达瓦齐只好再派玉素普前往。玉素普途中遇上乌什阿奇木霍集斯伯克去朝见达瓦齐。霍集斯发现玉素普行为可疑,便报告了达瓦齐。达瓦齐派兵追之不及,派人召之不来;喀什噶尔伊希卡噶胡达·雅尔及亲准噶尔官员阴谋杀害玉素普和卓,但暴露遭杀。阿克苏阿奇木阿卜都·瓦哈布向准噶尔的首领报告了这一情况,说"除非立即出兵,否则他们必将失去喀什噶尔、叶尔羌与和田的土地"。②但是这已是 1754 年,阿睦尔撒纳投降清朝,乾隆皇帝决定出兵远征伊犁,彻底平定准噶尔,达瓦齐再无力出兵平定后院的反叛,只能派人送出一纸命令,着各城地方长官擒拿玉素普及其他和卓并解送伊犁。喀什噶尔阿奇木胡什·奇帕克拒绝执行这一命令,虽有官员设计诱杀玉素普和卓,但被识破。然而叶尔羌阿奇木阿孜伯克忠实地执行了达瓦齐的命令,把和卓加罕囚拘,准备解送伊犁,但遭到和田与喀什噶尔两城地方长官与和卓的反对,才释放了和卓加罕③。

1755 年清军平定达瓦齐、进驻伊犁之后,根据阿克苏阿奇木阿卜都·瓦哈布的建议,清朝政府释放了长期被准噶尔汗拘禁的白山派和卓波罗泥都与霍集占(分别以大和卓、小和卓著闻,其父阿哈木特和卓已死),派波罗泥都去天山南路西部招抚各城,留霍集占在伊犁管理穆斯林种地。天山南路各城的地方长官,均为官场老手,善于看风使舵,以保权势。时阿克苏和乌什早已归

---

① *TKh*, text and notes 31 – 32, p. 44.

② *TKh*, p. 46.

③ *TKh*, pp. 46 – 48.

附清朝,乌什阿奇木并诱擒达瓦齐立功受奖。现在波罗泥都以奉皇命招抚各城的身份出现,阿克苏、乌什、喀什噶尔的地方长官都投到他麾下,进军叶尔羌。叶尔羌阿奇木阿孜伯克、伊希卡噶尼亚孜伯克也阵前投降。波罗泥都进入叶尔羌城,随之开始了对黑山派和卓势力全面、彻底的镇压。至此,作为一种政治势力在天山南路活跃了一个半世纪的黑山派彻底完结。

对于白山派胜利的由来,大和卓波罗泥都的认识尚属清醒,知道这全靠清朝的巨大威望,所以他对清朝一再表示"感恩",态度"恭顺"①。但是小和卓霍集占则完全被这突然的胜利冲昏头脑,为表面现象所迷惑,认为这胜利全是白山派和卓对群众的巨大感召力所致,于是从伊犁潜回叶尔羌,劝说、胁迫大和卓波罗泥都叛离清朝。1757 年两和卓在库车杀死清朝使臣阿敏道及随从百余人,挑起事端。小和卓自称"巴图尔汗",聚集军队,准备抗拒清军。1758 年春清朝出兵平叛,经库车、黑水营两战,两和卓的军队基本溃散,余众进入帕米尔,又经伊西洱库尔淖尔一战,仅剩三四百人,逃入巴达克山,1759 年秋两和卓被当地统治者杀死。所谓"伊斯兰神圣国家"或"和卓时代"到此也完结。大小和卓叛乱失败之快,除了人民群众对其痛恨、厌恶战乱的基本原因之外,各城地方长官对其背弃也是重要原因。两和卓叛端初显,库车阿奇木鄂对即投奔清朝,后清军进兵,阿克苏头目毛拉阿舒尔、乌什阿奇木霍集斯也投降清朝;黑水营战役时,和田等六城的伯克也归降清朝,就是两和卓的"根据地"——"喀什噶尔、叶尔羌的伯克阶级也几乎没有支持和卓木兄弟的"②。这充分反映出白山派和卓在天山南路政治实力和宗教影响力之薄弱,其所谓"政教合一的政权"才仅仅存在了两年零几个月!

四、结束语

一、阿哈图木·阿杂木和卓家族在其发展过程中形成对立的两派:以伊禅卡兰为创始人的白山派与以和卓伊斯哈克为创始人的黑山派。和卓家族在中国天山南路的活动可分为五个阶段:(一)黑山派和卓进入叶尔羌汗国,由中央汗权的反对者,逐渐变成中央汗权的支持者,最后发展成为操纵者(16 世纪

---

① 见《清高宗实录》卷542,乾隆二十二年七月己未;《平定准噶尔方略》正编卷58,乾隆二十三年七月庚寅。

② 佐口透:《18—19 世纪新疆社会史研究》(上册),第 47 页。

80 年代至 17 世纪 30 年代);(二)白山派和卓进入叶尔羌汗国,支持地方政权,与黑山派支持的中央汗权斗争,一度取得胜利,终被逐出境外(17 世纪 30 年代至 1680 年);(三)白山派和卓请求准噶尔汗出兵灭叶尔羌汗国,与准噶尔汗国统治者在天山南路扶植的"汗"争夺权力,但惨败(1680 年至 17 世纪末);(四)准噶尔汗国统治者直接委任地方军事贵族为天山南路各城阿奇木,委派黑山派和卓协助阿奇木治理各城(17 世纪末至 1755 年);(五)清朝委派白山派和卓招抚天山南路西部各城,白山派和卓彻底消灭黑山派和卓势力,叛离清朝,自身也灭亡(1755 年至 1759 年)。

二、黑山派和卓在历史上虽影响或操纵过政权,但从未登上汗位,更未建立所谓"伊斯兰神圣国家"。白山派和卓在叶尔羌汗国时期一直被黑山派和卓所排斥,在尤勒巴尔斯汗的短暂统治时期(1667—1670 年)曾一度得势,但在伊思玛业勒汗即位(1670 年)后就被逐出境外。准噶尔汗国统治时期,天山南路是整个准噶尔汗国的一部分,其初期所任命的"汗",实际上是总督,并非一国之君主,这同叶尔羌汗国后期的情形一样。白山派和卓曾竭力谋取这种"汗"位,而准噶尔统治者一直不准许。和卓阿帕克之子雅雅虽僭称"汗",然而只有两年零两个月就被准噶尔杀掉,其后白山派一蹶不振,和卓阿哈木特被俘去伊犁,"率回民数千垦地输赋"。总之,在准噶尔统治天山南路的 76 年(1680—1755 年)中,白山派和卓称"汗"只有短暂的二年,而且未能得到宗主同意、任命,只是僭称,况且这"汗"并不是一国之君主,而是准噶尔汗国珲台吉的总督。所以清朝学者魏源站在正统史学的立场上,以史家应有的学与识,透过历史的迷雾,看清这个幻影,指出:"准夷既灭元裔各汗,并执回教之长归伊犁,是则霍集占祖宗并未抚有回疆,享一日之威福。"[①]这就是说,霍集占的祖宗——白山派和卓们从未有人做过君主,自然也就不存在其所建立的国家——所谓"伊斯兰神圣国家"。1755 年清朝灭准噶尔达瓦齐政权后,白山派和卓获释。1757 年大小和卓叛乱,自称为"汗",次年春清朝出兵平叛,1759 年大小和卓覆亡。大小和卓叛乱同吴三桂叛乱性质一样,不管称"汗"称"帝",其一时控制的地区都不能认为是国家。大小和卓叛乱的时间比吴三桂叛乱的时

---

① 魏源:《圣武记》卷 4《乾隆勘定回疆记》,北京:中华书局,1984 年,第 169 页。孟森先生早在 30 年代对《圣武记》有关回部的记述提出了批评(见《清代史》,台北:正中书局,1983 年,第 227—233 页),但是受资料的限制,今天看来,其批评有许多地方是不对的,在某种程度上也起到伊莱亚斯注释《和卓传》英文节译本的同样作用。

间还要短,总共只有两年。这样,白山派和卓前后两次称"汗"加起来,也总共只有四年多,即使这"汗"真有君主的权力,在从叶尔羌汗国灭亡至清朝统一天山南北的 80 年间(1680—1759 年),其所占时间也实在太少,很难称之为一个"时代"。而在这 80 年间更没有一个什么"伊斯兰神圣国家"一直统治着天山南路。这一点中亚土著远比西方洋人清楚得多,瓦里汉诺夫尽管负有特殊使命并受时代影响,还是坦白地承认"从这时(指准噶尔汗国归并叶尔羌汗国——引者)起至被中国征服,小布哈拉(指中国天山南路六城——引者)这个地区一直在准噶尔的统治之下"。① 清朝官吏和皇帝也都很清楚,叶尔羌汗国灭亡后天山南路一直由准噶尔统治。"坐事谪守回疆"的礼部尚书永贵指出,"回部旧受额勒特(厄鲁特之异译——引者)统辖"②。乾隆皇帝在《西域地名考证叙概》中说:"初征噶尔丹时,有回回国王阿卜都·里什特来降,称其地为叶尔钦(叶尔羌之异译——引者)哈斯噶尔(喀什噶尔之异译——引者),后尽归准噶尔。"③他在《平定回部勒铭叶尔羌碑文》中说得更为清楚:"惟我皇清抚有华夏,血气之伦均归陶冶。准夷昔强,冥顽弗下……以回为羊,役以耕耘,利其善贾,三倍市欣,拘二酋长处伊犁滨,四大回城输租献赋,腾格是供,卫拉是惧……准夷现平,群回见天。"④

　　三、史实是这样,当时人、当事人也这样说,甚至直到 19 世纪中期中国的魏源和俄国的瓦里汉诺夫也这样说。那么为什么又会在西域历史上出现"伊斯兰神圣国家"或"和卓时代"这个幻影而长期不消失呢? 真值得人们深思。笔者认为,首先,历史研究要对史料进行研究,对史料的时代、作者的目的要作社会的、阶级的、政治的和思想的分析,绝不能把前人的著述统统作为可信的史料使用,对于宗教色彩浓厚的著作更应如此。其次,历史研究当然必须吸收前人的研究成果,即通常所说的利用"文献"资料,但是对文献也要进行研究,不仅要认真核实其所引用的史料及其可靠性,而且对作者的时代背景、社会地位及思想倾向也要进行分析;绝不能对文献不作研究,贪图省事或盲目崇拜加以转引,以讹传讹,特别是对"洋文献"的引进,更需谨慎。最后,历史幻影的造成,多出于政治目的,而其传播者(学术研究其实也是一种传播)并不都是自觉

---

① *O состоянии*,стр. *128*.
② 永贵:《回疆志》卷 4《赋役》。
③ 《西域图志》卷首 1《天章》。
④ 《西域图志》卷 18。

的,多数是不自觉的。但是历史幻影往往为野心家所利用,"伊斯兰神圣国家"或"和卓时代"正是这样,它曾被野心家们多次用来作舆论动员工具。这就使历史伪说流布的原因变得更为复杂。不能否认,它确实迷惑过不少纯朴善良的人们,把他们引向灾难的深渊。这历史的教训应该记取。

（原载于《中国社会科学》1992 年第 4 期）

明代及清初土鲁番统治者世系

——兼述东察合台汗国之变迁

魏良弢

一

关于明代土鲁番统治者的世系,不少学者在论述东察合台汗国历史时虽或多或少涉及,但作为专题研究还是近年来 M. 罗萨比、小田寿典和陈高华的论著。[①] 前两位学者使用的资料主要是汉文史料《明实录》和穆斯林史料《拉失德史》;后一位学者除利用《明实录》外,还发掘了大量的第一手汉文史料。本文拟在陈高华同志研究的基础上做些探讨和补充。兹先将其"土鲁番速檀的世系"[②]列简表如下:

表 1

统治者	世系关系	时间和事件
王子哈散(哈剌火州) 万户赛因帖木儿(土鲁番) 万户瓦赤剌(柳陈)		1407 年,向明朝进贡

---

① 见 M. Rossabi,"Ming China and Turfan,1406—1517,"*Central Asiatic Journal*, Vol. 16, No. 3, 1972;*China and Inner Asia from 1368 to the Present Day*, London:Pica Press, 1975. Oda Juten," Uighuristan,"*Acta Asiatica*, No. 34, 1978, pp. 22-45. 陈高华:《关于明代土鲁番的几个问题》,《民族研究》1983 年第 2 期,第 26—34 页;《明代哈密吐鲁番资料汇编》,乌鲁木齐:新疆人民出版社,1984 年,《前言》。

② 此为陈高华同志《关于明代土鲁番的几个问题》中一节的标题。以下引用陈文,凡未注明出处者,均引自该文。

（续表）

统治者	世系关系	时间和事件
也密力火者		十五世纪中期，土鲁番兼并火州、柳陈，"遂僭称王"
速檀阿力		十五世纪六十年代，自称速檀，1478 年死
速檀阿黑麻	阿力之子	1478 年继位，称可汗，1504 年死
速檀满速儿	阿黑麻之长子	1504 年继位，1545 年死
速檀沙	满速儿之长子	1545 年继位，1565 年或 1566 年初死
马速	沙之弟	1565 年或 1566 年初，"拥众嗣立"。1570 年，被绑往牙儿坎
速檀马黑麻	来自牙儿坎	1570 年成为统治者
速檀马黑麻阿力卜把都儿	马速之弟	1575 年新立为王
速坛阿卜纳西儿阿黑麻	与马速世系关系无记载可考	1579 年袭立为王
速坛马黑麻虎答遍迭		1583 年新立为王
王哈剌哈失		1592 年向明朝进贡
速坛阿黑麻王 速坛虎答遍迭	或者其中之一为真正统治者，或者两人并列	1594 年各遣使向明朝进贡
王阿都剌因		1621 年向明朝进贡

二

在土鲁番统治者世系中一个比较复杂的问题是速檀阿力与速檀阿黑麻的关系。陈高华同志根据汉文史料已发现问题，对"成化十四年（1478），阿力速檀死，子阿黑麻承袭"做了注释，指出这是《明史》卷 329《土鲁番传》的记载，而"《明武宗实录》卷 39 言阿黑麻是阿力之弟"。罗萨比和王治来同志用《拉失德史》印证《明史》这一记载时也发现问题，因为在穆斯林史料中阿黑麻的父亲是羽奴思，而非阿力。前一位学者通过某些事件的比较，得出结论说，羽奴思与阿力为同一人,"看来是准确的"①。后一位学者"疑羽奴思与阿力本系一人而二称"②。

"阿黑麻为阿力子"说,主要是依据《明史》卷329《土鲁番传》:"(成化)十四年,阿力死,其子阿黑麻嗣为速檀,遣使来贡。"《明史》成书较晚,只要排比一下早期的史料,就会发现许多问题:

1.《明宪宗实录》卷130,成化十年(1474),闰六月丁亥,"赐迤西锁鲁檀阿力子阿尔克锁鲁檀织金麒麟并绿纻丝各一,从其奏乞也"。③

2.《明宪宗实录》卷180,成化十四年(1478),七月壬午,"敕谕哈密右都督罕慎。时巡抚甘肃左金都御史王朝远等传闻速檀阿力部下携叛,谓哈密故城可以因时克复"。

3.《明宪宗实录》卷194,成化十五年(1479),九月甲子,"曩者土鲁番速檀阿力并吞哈密……今虽译报速檀阿力已死,而克伯速檀又欲占据其地"。

4.《明宪宗实录》卷209,成化十六年(1480),十月戊戌,"土鲁番兀隆各并撒马儿罕遣使臣满刺马黑麻母的等来朝,贡马,赐宴并衣服、彩段等物有差"。

5.《明宪宗实录》卷224,成化十七年(1481),十一月乙未,"赐土鲁番速鲁檀兀也思王及哈密王母孙女满堆阿哈察金织麒麟彩段各一,从其请也"。

6.《明宪宗实录》卷290,成化二十三年(1487),五月丙寅,"甘肃总兵官都督同知周玉等奏:哈密都督罕慎译报……羽奴思王子锁檀阿麻王复侵夺察力失等四城"。

7.《明孝宗实录》卷7,成化二十三年(1487),十一月甲子,"土鲁番兀也思王为其使臣火者马哈麻等十三人奏乞职事"。

8.《明孝宗实录》卷20,弘治元年(1488),十一月丙戌,"先是,哈密忠顺王罕慎为土鲁番速坛阿黑麻所杀,并夺其城池"。

9.《明孝宗实录》卷28,弘治二年(1489),七月甲子,"土鲁番等地面阿黑麻王等遣使臣火只哈辛等……来朝,贡马驼等方物"。

10.《明孝宗实录》卷74,弘治六年(1493),四月己亥,"赐阿黑麻敕曰:

---

① M. Rossabi, Ming China and Turfan,第215页;并参看其 China and Inner Asia,第36页。

② 米儿咱·马黑麻·海答儿:《中亚蒙兀儿史——拉失德史》第一编,新疆社会科学院民族研究所译,王治来校注,乌鲁木齐:新疆人民出版社,1985年,第277页。并参看《新疆简史》第一册,乌鲁木齐:新疆人民出版社,1980年,第207页。

③ 台湾历史语言研究所校印本,以下引文亦据此本。

……今土鲁番父子一次虏哈密王母，一次杀罕慎"。

11.《明武宗实录》卷 39，正德三年（1508），六月庚寅，"先是，哈密忠顺王卒无嗣，土鲁番酋长速坛阿力据其城，寻死。弟速坛阿黑麻立"。

12.《明武宗实录》卷 112，正德九年（1514），五月己丑，"成化间……阿力死，守臣复哈密城，请令忠顺王外孙都督罕慎摄守，寻袭王爵。阿力子速坛阿黑麻杀之"。

从上引史料可以看出：

（一）阿力死后，第一个为明朝所知道的土鲁番地面的统治者是克伯速檀（上引史料 3），以后又有一个叫兀隆各的向明朝派出使臣（上引史料 4）。克伯速檀应是《拉失德史》中的 Kebek Sultan，小田寿典已指出[1]。米儿咱·马黑麻·海答儿说，也先不花汗之子笃思忒·马黑麻汗死（伊斯兰历 873 年，公元 1468—1469 年）后，东察合台汗国境内大乱，"他留下了一个叫克伯·速檀·斡兀立的儿子，被人挟持去土鲁番和察力失"[2]。看来，他到土鲁番后至少名义上还保持着汗的称号，因为羽奴思怕自己属下的蒙古人都投奔到克伯·速檀·斡兀立那里去[3]。在阿力死后，克伯速檀很可能成为土鲁番的真正统治者，上引汉文史料之 3 所反映的应是这种情况。据《拉失德史》记载，当羽奴思汗在伊斯兰历 877 年（公元 1472—1473 年）从达什干农业地区返回蒙古斯坦[4]，登上可汗之位以后，克伯速檀被部下所杀，其头被献给羽奴思汗[5]。阿基穆什金认为他死于 1473 年，即羽奴思汗返回蒙古斯坦后很快被杀，但根据上引汉文史料之 3，他在阿力死后还活着，因此他被杀时间不会早于 1479 年。在上引汉文史料中继克伯速檀出现的兀隆各，应是 Ulugh 的音译；在兀隆各之后向明朝进贡的是兀也思，小田寿典拟音为 vais。这两人在穆斯林史料中

---

①　见 Uighuristan 之第一章 Rulers of Turfan，以下引用小田文未注明出处者，均引自该文（*Acta Asiatica*，No. 34，1978，pp. 22-28）。

②　Mirza Muhammad Haidar Dughlát，*The Tarikh-i-Rashidi. A History of the Moghuls of Central Asia*，edited with notes and map by N. Elias，translated by E. Denison Ross，London：Sampson Low，1972version2，p. 90. 以下简称 TR。

③　见 TR，第 91 页。О. Ф. Акимушкин 亦认为，克伯速檀 1468—1473 年在土鲁番领地统治。［Хронология правителей восточной части Чагатайского улуса（линия Туглук—Тимурхона），——Восгоунни Туркестан и Средняя Азия，Москва，1984 年，第 159 页。简称 Хронология。］

④　在十六、十七世纪的一些穆斯林著作中称天山以北、巴尔喀什湖和额尔齐斯河以南的广大地区为蒙古斯坦（Moghulestan），详见《拉失德史》英译本的绪论有关部分（TR，第 51—61 页）和沙·马合木·楚剌思《编年史》俄译本注译 45（Хроника，第 263 页）。

⑤　见 TR，第 95 页。

均未发现,其世系不清。兀也思王与明朝通使,直到 1487 年(上引史料之 7)。因此《明史》记载的"(成化)十四年(1478),阿力死,其子阿黑麻嗣为速檀",是不准确的。这点陈高华同志已发现,他说:"速檀阿力与速檀阿黑麻之间,可能还有一个'速檀兀也思王',也可能和阿黑麻即是一人。"的确,在阿力与阿黑麻之间是有一个兀也思王,而且在兀也思王之前,还可能有一个兀隆各王,但是兀也思王与阿黑麻却不可能是同一人。上引汉文史料之 6"羽奴思王子锁檀阿麻",小田寿典和王治来同志都把"阿麻"作为阿黑麻(Ahmad),这是正确的,不仅有《拉失德史》可作为依据,而且从明代的一些西域专有名词中也可找到类似的音译,如 Shahroqia,译为"沙鹿黑业"[①]或"沙鹿海牙"[②],这里在"沙"之后,省略 h 的音素。又如,AqSu 译为"阿速"[③]和 Toqsun 译为"托逊"[④],分别在"阿"和"托"之后省去 g 的音素。"托"在中古音为入声,不译出 q 在明代也可说得过去,但是"沙""阿"中古音却是平声字,却也不译出其后的 h 和 q,这可能与当时由中古音向现代音过渡所造成的语言混乱有关。根据上引史料之 6,速檀阿黑麻在 1487 年才攻占察力失,向土鲁番发展,他不可能与早在 1481 年就以土鲁番名义向明朝进贡的兀也思(见上引史料之 5)为同一人。速檀兀也思应是在阿力之后或者兀隆各之后土鲁番的统治者,其统治时间至少有七年(1481 年—1487 年)。

(二)阿力与羽奴思不可能是同一人。上引史料之 3 载明 1478 年阿力已死,而《明宪宗实录》卷 225 和 247 记载羽奴思于 1482 和 1483 两年连续遣使向明朝进贡,证明他还活着。而且《拉失德史》明确指出,羽奴思汗死于 1487 年[⑤],比速檀阿力晚死十年左右[⑥]。那么,速檀阿力是谁呢?日本学者堀直认为,他与《拉失德史》第一编第六十六章中的异密·速檀·阿力·楚剌思(amir

---

① 陈诚、李暹:《西域行程记》,北平图书馆善本丛书。
② 陈诚、李暹:《西域行程记》,《明史·西域传》等书。
③ 王琼:《晋溪本兵敷奏》卷 7;张雨:《边政考》卷 8。
④ 陈诚、李暹:《西域行程记》。
⑤ 见 TR,第 114—115 页。
⑥ 罗萨比从阿力与羽奴思为同一人说的观点出发,认为:"汉文史料记载阿力死于 1478 年,事实上他迁移到了西部去过他所喜欢的城市生活。"(*Ming China and Turfan*,第 218 页)但罗萨比没有对自己的假说做具体论证,据现在已发现的汉文史料和穆斯林史料看来,这一假说与"阿力与羽奴思同一人"说一样,也是不能成立的。

Sultan 'Ali Juras)是同一人①,小田寿典支持这一意见,并补充了理由。但是看来这一说法很难成立,马黑麻·海答儿是这样说的:"速檀·阿黑麻汗是羽奴思汗的儿子,前面已经讲过。当他父亲常去达失干并住在那里的时候,阿黑麻与一些不喜欢城市和定居生活的蒙古人同他父亲分离,留在蒙古斯坦。……他在这一地区住了十年,才使人民完全臣服。他不得不镇压某些异密,亦儿刺惕家族就是其中之一。这个家族中有许多强梁的首领,他们经常反抗他,消灭这个家族时引起过一场战争;他还处死了异密·速檀·阿力·楚剌思,此人从异密们反抗也先不花汗时起,一直没有同任何一位汗和好过。"②根据《拉失德史》中这段唯一提到速檀·阿里·楚剌思的记载,并参照汉文史料,如果把这个阿力与土鲁番王阿力视为同一人,则有以下的矛盾难以解决:第一,土鲁番王速檀阿力死于1478年或1479年(上引汉文史料之3),而速檀阿黑麻进占土鲁番地面却是1487年(上引史料之6),这时他才有可能处死这里的速檀阿力,前后时间相差八九年。因此,阿黑麻处死的速檀·阿力·楚剌思不可能就是土鲁番王速檀阿力。第二,根据上引《拉失德史》的记载,速檀阿黑麻用十年时间使之完全臣服的是蒙古斯坦的人民,而土鲁番地面在《拉失德史》中被称为 Uighuristan("畏兀儿斯坦"或译为"畏兀儿地"),小田寿典也是用这个专有名词称这一地区,它不包括在蒙古斯坦之内③。从《拉失德史》中知道,羽奴思汗最后一次离开达失干回到蒙古斯坦是伊斯兰历877年(公元1472—1473年)④,无论如何速檀马黑麻是在此之前就住在蒙古斯坦,"十年"之后,也不过是1482年,下距他进占土鲁番地面的1487年,还差五年,从而证明《拉失德史》所说的速檀阿黑麻用十年使之完全臣服的确实只是蒙古斯坦,而不包括畏兀儿斯坦,即土鲁番地面。第三,据《拉失德史》记载,速檀阿黑麻汗死于伊斯兰历909年的冬天(公元1504年12月至1505年2月),活了三十九岁⑤,当生于伊斯兰历870年(公元1465—1466年),那么当土鲁番速檀阿力死时(1478年或1479年),速檀阿黑麻还是一个十二三岁的孩子,如果这个夺占哈密并使明朝难以对付的速檀阿力就是那个异密·速檀·阿力·楚剌

---

① 堀直(HORI Sunao):《明代のトゥルファーンについて》,《待兼山論叢》史學篇第八辑,1975年,第13—27页。

② TR,第120—121页。

③ 详见《拉失德史》英译本《绪论》(TR,第99—100页)。

④ 见 TR,第95页。

⑤ 见 TR,第123页。

思,他能否镇压得了,是很值得考虑的。第四,谢蕡《后鉴录》中的《写亦虎仙供词》提道:"成化十八年,速坛阿力病故,罕慎复将哈密城夺守。"①写亦虎仙,是哈密回回的头目,会畏兀儿语和汉语,经常作为哈密使臣往来于北京—哈密—土鲁番之间,后投明朝。嘉靖皇帝继位后,因其"交通土鲁番,兴兵构乱,搅扰地方"②,捉送法司审讯处斩。他供词中有关土鲁番的情况应是比较可靠的。这样,土鲁番速檀阿力是死于病,而速檀·阿里·楚剌思却是被处死,他们两人名字虽然相同,但并非同一人。

(三)穆斯林史料,特别是在叶尔羌汗王朝境内长期生活过的一些作家的著作,都一致说速檀阿黑麻是羽奴思汗的儿子,这为上引汉文史料之6所印证。那么,他同土鲁番速檀阿力又是什么关系呢?除《明史》外,在明人的一系列著作中,如马文升的《兴复哈密记》、许进的《平番始末》、张雨的《边政考》卷5、叶向高的《四夷考》卷4、郑晓的《皇明四夷考》卷下、未题作者的《荒徼通考》、徐学聚的《国朝典汇》卷175、王世贞的《弇州史料前集》卷18、万历朝重修的《大明会典》卷107以及杨一清、赵伸等人的奏疏中,都有"阿力死,其子阿黑麻嗣为速檀"的类似记载。这种说法的最初依据,应是土鲁番使臣译言。明朝对西域各国的入贡限制很严,阿黑麻取得土鲁番的统治权后,冒称阿力之子,嗣承其合法的资格,以便继续与明朝通贡,这是完全有可能的。另外,根据《明实录》记载,阿力还在世时,他的儿子阿尔克速檀已直接同明朝打交道、要赐赏(见上引汉文史料之1),但以后再未见对这位速檀的记载。《明实录》最初提到阿力与阿黑麻两位速檀的关系是1493年,措辞比较含糊,称为"土鲁番父子"(上引史料之10),上距阿力速檀之死已十五年。《明实录》另一次提到他们为父子关系是1514年,即又过了二十一年,是实录编纂者在追述明朝与哈密的关系时顺便提及(上引史料之12)。但是在其前六年,即1508年,实录编纂者却说阿黑麻为阿力之弟(上引史料之11),这可能是因为明朝当时得到了比较准确的情报。在此前不久,前面提到的那个写亦虎仙作为哈密使臣"不与通事皮俊等偕来,自持边镇文移"来朝③,或许他所提供;也可能是阿黑麻的次子真帖木儿提供,他三年前在父死后来甘州居住④。在《后鉴录》所载的《写亦

---

① 谢蕡:《后鉴录》,北京图书馆藏抄本,转引自陈高华编《明代哈密吐鲁番资料汇编》,第444页。
② 严从简:《殊域周咨录》卷12《哈密》,故宫博物馆图书馆1930年刊本。
③ 《明武宗实录》卷37。
④ 魏焕:《明九边考》卷4,长沙水丰书局刊本。

虎仙供词》中的确有"弘治元年又有速坛阿力弟速坛阿黑麻诱杀罕慎,夺占城池"等语。[①] 考虑到写亦虎仙同土鲁番的密切关系及其语言条件,他提供的情况是可信的。同时,在明人严从简的《殊域周咨录》卷 13 和慎懋赏的《四夷广记》中也有"阿力病故,弟速檀阿黑麻立"的记载。但是,根据穆斯林史料来看,他们不可能是亲兄弟。我们只能根据历史背景作些推测:歪思汗死后,他的两个儿子——羽奴思和也先不花——争夺汗位,羽奴思失败被逐,1456 年才回到蒙古斯坦的西部,而东部和畏兀儿地仍在也先不花的子孙统治下,直到 1487 年羽奴思之子阿黑麻才进占以察力失和土鲁番为中心的畏兀儿地,这时羽奴思汗才统一了整个东察合台汗国。考虑到土鲁番是也先不花汗及其继承人的统治中心之一,在汉文史料中称为土鲁番王的阿力速檀一直得到明朝的承认,看来他应是察合台汗的后裔,很可能是黑的儿火者汗之后,甚至就是歪思汗的子孙,而不应是某个大氏族(如楚剌思)的异密。所以阿黑麻在辈次上同他是兄弟,但在政治上却分属于羽奴思和也先不花两个敌对的集团。以后,羽奴思系的代表人物建立了叶尔羌王朝,生活于这个王朝的史学家写的著作,自然详于羽奴思系的人物及其活动,略于敌对的一系,以至歪曲、贬低,甚至干脆不写。如沙·马合木·楚剌思对其政敌白山派和卓在《编年史》中缄口不言,如果没有同时代的其他著作,真会使人认为根本就不存在白山派和卓。另一方面,由于东察合台汗国文化的普遍衰落,现在流传下来的史籍都是十六世纪及其以后在叶尔羌地区写成的,对汗国东部的情况,特别是早期的情况,不甚了解,或不太注意,记载甚少。因此,对阿力速檀这样一个历史人物失载,是完全有可能的。如果在穆斯林史料中一定要把汉文史料中的土鲁番王都找到,那就难免牵强附会。

三

速檀阿黑麻号称可汗,引起明朝各级官员的极大关注。弘治六年(1493)甘肃镇巡等官上奏说:"阿黑麻蕞尔小丑……僭称伪号,言涉不逊。"[②]同年,礼部尚书耿裕等上言:"土鲁番速坛阿黑麻……僭拟可汗名号,称兵犯顺,不可不

---

① 《明代哈密吐鲁番资料汇编》,第 444 页。

② 《明孝宗实录》卷 74。

虑。"①弘治八年(1495),甘肃巡抚许进上书朝廷,说速檀阿黑麻"僭称可汗之号","揆其动静,为志不小"。② 甚至连大明皇帝也降敕说:"虏酋阿黑麻……及僭称可汗名号,为患不已。"③

在明朝的概念中,亦力把里(初称别失八里)、撒马儿罕和哈密是同等级的"番王"④,而土鲁番不过是隶属别失八里的一城⑤,其统治者无资格称可汗。明朝的这种概念在十五世纪前半期大致是正确的,基本上反映了当时西域的政治地图:葱岭以东是秃黑鲁帖木儿后裔治下的东察合台汗国;葱岭以西是异密·帖木儿·古列根后裔治下的帖木儿帝国;靠近明朝的哈密,明初是元朝诸王兀纳失里的居地,永乐初封为忠顺王,成为明朝的附庸,以后由其后裔统治着。但是随着时间的推移,到十五世纪的最后一二十年,西域的政治地图发生了巨大变化。瓦剌、月即别(乌兹别克)、哈萨克、吉利吉思等部族先后进入蒙古斯坦,东察合台汗国的统治重心移到天山南路,汗国的政权实际上也转到速檀阿黑麻手中,他号称可汗理所当然。明朝一再指责速檀阿黑麻"僭称可汗",如果不是谙于西域的政治形势,那就是"天朝上国"的盲目自大,而这两者又往往互为表里。

现在简要地讲一下东察合台汗国的历史,以便了解阿黑麻速檀的世系及土鲁番在汗国中的地位。秃黑鲁帖木儿汗统治时期(1347—1363 年)察合台汗国分裂为东西两部已成定局,他及其继承者都曾致力于统一汗国的恢复,但均以失败告终。察合台后王只能保持在东部的统治,史称"东察合台汗国";而西部由巴鲁剌思部的帖木儿·古列根及其后裔统治,史称"帖木儿帝国"。秃黑鲁帖木儿汗死后,儿子也里牙思火者继位,不久,被朵豁剌惕部异密怯马鲁丁篡夺。1389 年秃黑鲁帖木儿汗的另一个儿子黑的儿火者在朵豁剌惕部的另一位异密忽歹达支持下登上汗位,恢复了察合台后王对汗国的统治。据《明史》记载,他的都城在别失八里,1391 年曾向明朝进贡⑥。《拉失德史》说:"黑的儿火者在位时,曾进行过圣战,进攻契丹。他亲自攻占了契丹的两个边陲重

---

① 《明孝宗实录》卷 74。
② 许进:《平番始末》。
③ 许进:《平番始末》。
④ 见《明仁宗实录》卷 5 上,永乐二十二年,十二月丁未,礼科给事中黄骥上言。
⑤ 陈诚、李暹《西域番国志》说:"别失八里……封域之内,惟鲁陈、火州、土尔番、哈石哈,阿力马力数城。"并参看《明太宗实录》卷 169 所载陈诚《使西域记》。
⑥ 《明史》卷 332《别失八里传》。

镇哈剌火州和土鲁番,强迫当地居民皈依伊斯兰教。"①大概就是这时土鲁番从元朝遣将的手中转到东察合台汗国的治下。《明太宗实录》卷54、卷66、卷145几次提到的哈剌火州王子哈散(或哈三),在《拉失德史》第一编第三十二章中提到的哈散速檀②,两者在年代、地域上比较接近,不知是否为同一人。黑的儿火者之后,汗位几传至歪思汗。《拉失德史》记载,歪思汗在土鲁番附近同瓦剌打过仗。他每年都到土鲁番、塔里木、罗布、怯台等地狩猎。歪思汗在土鲁番亲自浇灌土地,种植作物,自给口粮。③ 在歪思汗统治时期(1418—1432年),由于瓦剌势力向天山北路发展,东察合台汗国的统治重心已转到伊犁河谷地区和天山南路。

歪思汗死后,汗国的政治形势前面已经讲过,他的两个儿子展开争夺汗位的斗争,结果长子羽奴思汗失败,被逐到撒马儿罕,以后在撒马儿罕统治者支持下返回汗国的西部,于是东察合台汗国又分为东西两部。次子也先不花汗以阿克苏为大本营,他死于伊斯兰历866年(公元1462年)。儿子朵思忒·马黑麻继位。他在位七年,死于伊斯兰历873年(公元1468—1469年),留下一个儿子,叫克伯速檀,被部属挟持到土鲁番,前面已提到。同时,羽奴思汗也趁机出兵占领阿克苏。但是羽奴思由于长期生活在河中地区,爱慕城市文化和向往定居生活,又带领蒙古兀鲁思进入达失干农业地区。于是一些"无论如何也不肯住在城市和农业地区的蒙古人"便拥这位汗的少子速檀阿黑麻逃回蒙古斯坦。④ 羽奴思汗死于1487年,长子速檀马合木在达失干继位,统治汗国西部。而少子速檀阿黑麻在蒙古斯坦经过十年惨淡经营,统一当地蒙古兀鲁思之后,又归并了畏兀儿地,把土鲁番作为自己的首都。他两次大败瓦剌,声威大振;瓦剌人称他为"阿剌扎汗",意为"嗜杀之汗"。伊斯兰历908年(公元1502—1503年),阿黑麻汗听说其兄马合木汗为月即别的昔班尼汗打败,于是命长子满速儿监国,赐号汗,自带另外两个儿子萨亦德和把巴叉去支援,结果被打败,死于伊斯兰历909年(公元1503—1504年),其兄马合木汗于伊斯兰历914年(公元1508—1509年)被昔班尼汗所杀。⑤

---

① TR,第52页。

② TR,第66页。

③ TR,第67页。

④ TR,第88、113页。

⑤ 以上事件分见《拉失德史》第一编第六十章和第六十四章(TR,第115,120—123页)。

从以上简述可以看出,当羽奴思汗还在世时,阿黑麻汗已是汗国大部地区的实际统治者,其父去世后,他则名正言顺地成为东察合台汗国的可汗,土鲁番成为汗国的首都。但是,直到嘉靖(1522—1566年)初年,明朝的枢臣们才比较清楚地知道了这种政治形势的变化,说"西域称王者,止土鲁番、天方、撒马儿罕"①,在这里以土鲁番代替了明初的别失八里—亦力八里;而哈密已为土鲁番归并,再不是明朝的附庸。

四

通过对汉文史料的排比和研究,陈高华同志指出,"至少在十六世纪(甚至更早)南疆各割据地面的首领,大都有亲属关系"。在《明代哈密吐鲁番资料汇编》前言中他进一步指出,"从马速—马黑麻—马黑麻阿力卜把都儿的更迭,可以看出土鲁番与南疆其他地区(如牙儿坎)以及中亚撒马儿罕是有密切关系的,这些地区的统治者很可能都有血缘联系"。

所谓"南疆各割据地面",在当地统治者的概念中或史学家的笔下,都是统一汗国的城镇或省区,至多是某个王子(速檀)或将军(异密)的封地,尽管他们的独立性很强,有时甚至与中央政权对立,但在名义上他们都是汗的臣属,其地面也是汗国的组成部分。这些地面的统治者为了得到明朝慷慨的"回赐"和进行贸易活动,往往以本地面的名义派使进贡。这点早在明朝前期一些比较熟悉西域情况的京官已指出。下面笔者拟对阿黑麻汗以后的汉文史料和穆斯林史料做些对比。

阿黑麻汗死后,满速儿汗成为全国的可汗,都城仍在土鲁番。1514年中亚发生了一件大事:满速儿汗的弟弟萨亦德消灭了阿巴癿乞儿,在牙儿坎建立起一个新的政权——叶尔羌汗王朝。这样,在汗国内又出现了两个政权并存的局面。1516年两位汗在阿克苏和库车之间会晤,萨亦德宣布臣服满速儿②,在形式上仍然保持着汗国的统一,当时当地的历史学家称这个汗国为"蒙古

---

① 《明史》卷232《撒马儿罕传》。
② TR,第126页。

国"(Mamlakat-i Moghuliya)①。这种关系在《明实录》中也得到暗示：1520年土鲁番速坛满速儿"诡称（哈密）王（拜牙即）走寓哈夫硖儿速坛写亦王子处"②。这里的写亦为明人对Sa'īd（萨亦德）的音译，哈夫硖儿的"夫"为"失"的讹误，是哈失哈儿（喀什噶尔）的异译，该城为叶尔羌汗王朝最重要的城市之一。后来，满速儿汗趁萨亦德汗亡故，几次出兵进攻阿克苏，但均被萨亦德汗的儿子拉失德汗击退。满速儿汗死于1543年③。

据《拉失德史》记载，满速儿汗死之前，已让位于长子沙汗④。沙·马合木·楚剌思在《编年史》中说，沙汗的领地西至库车，与当时叶尔羌汗王朝镇守阿克苏的速檀马黑麻（拉失德汗之第五子）发生战争，并把后者俘虏到察力失，后来放回。沙汗在一次对瓦剌的"圣战"中死去⑤。《明实录》记载，这件事发生在1566年或其前（见下引史料之13）。从速檀沙汗死后，汉文史料比较散乱，我们先按年代排列如下，然后做些考释：

13.《明世宗实录》卷556，嘉靖四十五年（1566），"先是，番王沙速坛潜掠北虏部落，中流矢死。马速其弟也，拥众嗣立"。

14.《明穆宗实录》卷49，隆庆四年（1570），"先是，土鲁番马黑麻新立为王，遣使谢恩求贡，而其兄弟琐非速坛、虎来失速坛、阿卜撒亦速坛亦各遣使援例以请"。

15. 殷士儋《金舆山房稿》卷4，"土鲁番新王子马黑麻速坛兄弟九个，因旧土鲁番马速已故沙王子是远房伯叔，不该做王子，伊兄弟系亲支，该做土鲁番，把马速王父子俱绑在牙儿坎地方去了，亲王子马黑麻做了"。

16.《明神宗实录》卷37，万历三年（1575），四月辛巳，"土鲁番酋速坛马黑麻阿力卜把都儿新立为王，差夷使赍番本、马匹、方物谢恩求贡"。

17. 石茂华《毅庵总督陕西奏议》卷6，"回夷头目火者马黑木到官。审据

---

① 见阿基穆什金为《编年史》俄译本写的出版前言（Шах-Махмуд, ибн мирза Фазил Чурас: Хроника. Критический текст, перевод, комментарии, исследование и указатели О. Ф. Акимушкина. Москва, 1976, 简称 Хроника.），第12页。

② 《明武宗实录》卷187。

③ 《明史·土鲁番传》为1545年；《拉失德史》为伊斯兰历950年（公元1543—1544年）（TR，第129页）；张雨《边政考》为嘉靖二十二年三月（1543年4月4日至5月3日）。《边政考》成书于1547年，上距满速儿汗之死仅四年，作者又是一位留心西域事务的陕西巡抚，且其记载与《拉失德史》基本相合，只是伊斯兰历该年跨于公历1543与1544两年间，所以取《边政考》更确切的年代。

④ TR，第129页。

⑤ Хроника，第166—167页。

本夷执称:先年土鲁番王沙速坛病故,将叔伯弟速坛马速立王,并弟速坛马黑麻阿力卜把都儿俱在土鲁番住坐。后被牙儿坎地方叔伯弟琐非速坛等兄弟四人领人马来到土鲁番,强占为王,伊将旧王马速并弟速坛马黑麻阿力卜把都儿二人,俱绑往迤西撒马儿罕地方去了,将速坛马黑麻阿力卜把都儿丢在撒马儿罕,把他哥哥马速口著往水西阳地方远处去了,将琐非速坛第三的弟马黑麻在土鲁番为王,坐了四年。有土鲁番守城头目们,因马黑麻为王不仁,众人商量着要害他。马黑麻听见了,自家回往牙儿坎地方去了。众人打听着,才把速坛马黑麻阿力卜把都儿打撒马儿罕取着来立王"。

18.《明神宗实录》卷92,万历七年(1579),十月丙子,"土鲁番速坛阿卜纳西儿呵黑麻袭立为王,援例特遣头目卯剌纳等备方物、马匹谢恩求贡"。

19.《明神宗实录》卷142,万历十一年(1583),十月戊午,"土鲁番速坛马黑麻虎答遍迭新立为王,遣使叩关谢恩求贡"。

20.《明神宗实录》卷249,万历二十年(1592),六月丙午,"土鲁番王哈喇哈失贡献金钢钻、玉石、回回青等方物……"

21.《明神宗实录》卷273,万历二十二年(1594),五月乙酉,"土鲁番速坛阿黑麻王等五十九王各遣使贡马乞赏,土鲁番速坛虎答扁迭等五十二王各遣使贡诸方物乞赏"。

22.《明熹宗实录》卷13,天启元年(1621),八月乙酉,"土鲁番王阿都剌因遣使进玉石、钢钻等方物"。

23.《明史》卷329《土鲁番传》,嘉靖二十四年(1545),"满速儿死,长子沙嗣为速檀,其弟马黑麻亦称速檀,分据哈密"。

根据穆斯林史料记载,满速儿汗"身后留有两个儿子:沙汗和马黑麻速檀"[①]。这与上引汉文史料之23是一致的。隆庆四年出现的马黑麻(上引史料之14),陈高华同志根据上引史料之15和17,推断他为另一人,系来自牙儿坎。这从穆斯林史料中可以得到印证。关于叶尔羌汗王朝拉失德汗有多少儿子,诸说不一。第一种说法是十三个,见阿明·阿合马·剌即的《七气象带》及海答儿·本·阿里《海答儿史》;第二种说法是九个,见马合木·本·瓦里《贵人勇敢精神之玄妙大全》;第三种说法是十二个,见沙·马合木·楚剌思《编年

---

① TR,第129页。

史》及佚名作者的《喀什噶利亚史》①。这三种说法在人数上和名字排列的顺序上虽有差异，但是汉文史料提到的几个与土鲁番有关的人物都是一致的：马黑麻（Muhammad）、琐非（Sūfi）、阿卜撒亦（Abu Sa'īd）、虎来失（Qureish）、阿卜拉因（'Abd al-Rahīm）。但是他们不像汉文史料所说与沙汗是叔伯兄弟（上引史料之17），而是低一辈，世系如下：

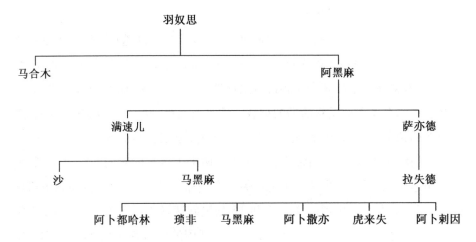

看来，应是汉文史料的情报不确切。穆斯林史学传统对王族的世系特别重视，除故意伪造以示其血统高贵者（如王族的起源）外，一般情况下不会有错误。穆斯林的私名上一般都有父名，如马黑麻·本·阿卜都·拉失德（Muhammad b. 'Abd al-Rashid），阿卜都·拉失德·本·速檀·萨亦德（'Abd al-Rashīd b. Sultan Sa'īd）等，根据私名就可以把直属世系推上去，但是对旁系亲属的辈次就不那么注意。这份情报的提供者火者马黑麻弄不清阿黑麻汗以后东西两支的世系辈次是完全有可能的。

叶尔羌汗王朝拉失德汗1560年死后，次子阿卜都哈林继位。不久，七子虎来失速檀（和田总督）反叛，利用土鲁番统治者沙汗死去（1566年或其前）的机会，进入这一地区。阿卜都哈林汗派兄弟马黑麻速檀（阿克苏总督）、琐非速檀（喀什噶尔总督）和阿卜撒亦速檀（新任和田总督）前往镇压，此时忽来失速檀还在土鲁番地区，所以出现了马黑麻速檀兄弟四人同时向明朝派出使臣的情况（见上引汉文史料之14）。最后，忽来失速檀失败，被捉送叶尔羌（牙儿

---

① 见《编年史》俄译本正文及注释44（Хроника，第154—155页及262页）。

坎),阿卜都哈林汗把他流放到印度。①

在汉文史料中的"马速速檀",如果还原为 Mas'ūd sultān,笔者在穆斯林史料中未发现此人。据《编年史》记载,琐非速檀死后,马黑麻速檀调任喀什噶尔总督。② 汉文史料记载,就在这时,土鲁番守城头目把马黑麻阿力卜把都儿"新立为王"(上引史料之 16 和 17)。据汉文史料说,他是马速速檀之弟,但在穆斯林史料中也未找到此人。

1583 年在土鲁番"新立为王"的速檀马黑麻虎答遍迭(上引汉文史料之19),应是穆斯林史料中的 Khudābande sultān。这是一位引人注意的人物,《贵人勇敢精神之玄妙大全》《怨诉者之伴谈》《编年史》和《喀什噶利亚史》等穆斯林著作都有关于他反叛活动的记载。他是前面提到的被流放到印度的忽来失速檀的长子。《喀什噶利亚史》的作者报道,他在土鲁番统治了十二年③。这为上引汉文史料之 21 所证实:1594 年有两个土鲁番同时向明朝进贡,其中之一叫速坛虎答扁迭,当然就是他。另一个叫速坛马黑麻,根据穆斯林史料推断,他应与上引汉文史料之 14、15 和 17 马黑麻速坛为同一人。他于 1591 年在其兄阿卜都哈林汗死后已继位,成为整个汗国的统治者,所以也可以用土鲁番王的名义向明朝进贡,正像当年阿黑麻汗和满速儿汗一样,虽身为整个汗国的可汗,但仍用土鲁番王的名义同明朝往来。前面已讲过,在明朝政府的概念中只有土鲁番、撒马儿罕和天方的王才是西域的一等大王,他们的使团在接待规格和赏赐方面都受优惠。阿黑麻汗当年在土鲁番时曾同明朝有过交往,这点他是清楚的,在叶尔羌登上可汗宝座之后仍用土鲁番名义同明朝往来,是完全可能的。

马黑麻速檀继承汗位之后,把土鲁番和察力失封给幼弟阿卜剌因速檀,引起当时在该地区统治的虎答扁迭的反叛,结果在 1594 年前后被平定下去。虎答扁迭送往叶尔羌,阿卜剌因成为土鲁番的统治者。他在土鲁番统治时间很长,1621 年曾派使臣向明朝进贡(上引汉文史料之 22)。马黑麻汗死(伊斯兰历 1018 年,公元 1609—1610 年)后,叶尔羌汗王朝开始衰落,已不能控制一些封地的统治者。土鲁番兼并了阿克苏,阿卜剌因也自称汗。他死于 1635 年左右。长子阿布都拉哈进占叶尔羌,于伊斯兰历 1048 年(公元 1638—1639 年)

① Хроника,注释 155,第 288—289 页。
② 见 Хроника,第 168 页及第 288—291 页的有关注释。
③ 同上。

成为全国的可汗。他在 1656 年曾通过土鲁番①向明朝遣使入贡,在《清实录》中载有顺治皇帝给他的敕谕全文②。在他统治时期白山派和卓势力发展,拥其子尤勒巴尔斯向叶尔羌进军,阿布都拉哈汗放弃汗位,于 1667 年去阿拉伯朝圣。尤勒巴尔斯汗统治时间不长,1670 年由黑山派和卓支持的其四叔伊斯梅汗取代。③

阿卜剌因汗的次子阿卜勒马黑麻封于土鲁番,父死后曾到察力失称汗;其兄阿布都拉哈称汗后,他取消汗号,返回土鲁番。1646 年他向清朝遣使进贡,在顺治皇帝的敕谕中提到他的全部衔号:"吐鲁番国苏鲁谭·阿布伦·木汉默德·阿济汗。"④看来,他在土鲁番后来又称汗。《编年史》的作者沙·马合木·楚剌思说,阿布伦·木汉默德在土鲁番统治十五年,死于伊斯兰历 1066 年(公元 1655—1656 年)⑤;而伯希和认为,他死于 1653 年⑥。继其统治土鲁番的是五弟巴拜汗,此前他做哈密统治者时,曾遣使向甘州乞粮,表示"愿效忠上国",清廷许之⑦。他的三哥伊卜拉欣速檀起兵反对,巴拜汗又退回哈密。伊卜拉欣速檀占据土鲁番后,不久被部下所杀。巴拜汗再回到土鲁番统治⑧,直到 1679 年卫拉特占领土鲁番⑨。次年,叶尔羌的伊斯梅尔汗也被卫拉特军队俘虏⑩,叶尔羌汗王朝灭亡,整个东察合台汗国,或者如当地史学家所说的"蒙古国"的历史就此结束。

---

① 和宁:《回疆通志》卷 3;《清史稿》卷 76《地理志·新疆》。

② 见《清世祖实录》卷 101。

③ 关于叶尔羌王朝世系和年代,参看 О. Ф. Акимушкин:Хронология。

④ 《清世祖实录》卷 26。

⑤ Хроника,第 224 页。

⑥ P. Pelliot:Notes critiques d, Histoire kalmouke,第 49 页,Paris,1960。看来伯希和是据《回疆通志》卷 3 的记载,这里的 Abul-Ahmad-khan(阿布勒·阿哈默特汗)应是《编年史》中之 Абул-Мухаммад-хан 和《清实录》中的阿布伦·木汉默德·阿济汗。并参看阿基穆什金的意见(Хроника,第 313 页)。

⑦ 祁韵士:《藩部要略》卷 5,曾问吾:《中国经营西域史》,上海:商务印书馆,1936 年,第 243 页。

⑧ 以上叙述依据佚名作者《喀什噶利亚史》提供的情报,转引自 Хроника 第 312—313 页的有关注释。

⑨ 见 И. Я. Златкин:История Джунгарского ханства(1635—1758),第 257—258 页,москва 1964。

⑩ 此据 О. Ф. Акимушкин:Хронология。但兹拉特金认为是 1678 年(见 История Джунгарского ханства,第 252 页)。

五

根据以上考释,现将从十四世纪末至十七世纪晚期吐鲁番统治者的世系列表如下:

表2

统治者	世系关系	吐鲁番之地位	年代和事件
		汗国城池之一	黑的儿火者汗统治时期(1389—1399)土鲁番进入汗国版图
王子哈散	疑与黑的儿火者汗之后裔速檀哈散为同一人	汗国城池之一	1406—1413年间,同明朝通贡
		汗国的中心之一	歪思汗在其统治时期(1418—1432年),常驻土鲁番
也密力虎者王	疑与亦力把里也咩力火者王或也密力虎者为同一人	汗国的中心之一	1452—1456年间,同明朝通贡
速檀阿力	与速檀阿黑麻在辈次上为兄弟,应为黑的儿火者汗之后裔	汗国中心之一。克伯速檀到此地后,可能为汗国首都	1464年,始向明朝遣使入贡。1478年死
兀隆各	世系不清		1480年,向明朝进贡
速檀兀也思	世系不清		1481—1487年间,向明朝进贡
速檀阿黑麻(汗)	羽奴思汗之次子	汗国首都	1487年进占察力失—土鲁番地区。1504年死
速檀满速儿(汗)	速檀阿黑麻汗之长子	汗国首都	1502—1503年,开始监国称汗。晚年退隐,死于1543年
速檀沙(汗)	速檀满速儿汗之长子	汗国首都	父在世时已称汗。死于1566年或其前
速檀马速	速檀沙汗之叔伯弟		1566年,"拥众嗣立"。1570年,被绑往叶尔羌

（续表）

统治者	世系关系	吐鲁番之地位	年代和事件
速檀马黑麻	叶尔羌汗王朝拉失德汗之子	汗国诸王封地。此时汗国首都为叶尔羌	1570 年，统治土鲁番。四年后，调任喀什噶尔总督。1591 年，继其兄为叶尔羌王朝可汗
速檀马黑麻阿力卜把都儿	速檀马速之弟	汗国诸王封地	1575 年新立为王
速檀阿卜纳西儿呵黑麻	世系不清	汗国诸王封地	1579 年袭立为王
速檀马黑麻虎答遍选	速檀忽来失之子	汗国诸王封地	1583 年新立为王。1594 年，被捉送叶尔羌
速檀阿卜剌因（汗）	叶尔羌汗王朝马黑麻汗之弟	汗国诸王封地	1594 年封于察力失—土鲁番，以后称汗。约 1635 年死
苏鲁谭阿布伦木汉默德阿济汗	速檀阿卜剌因汗之次子	汗国诸王封地	父在世时封于土鲁番。死于 1655—1656 年
巴拜汗	速檀阿卜剌因之五子	汗国诸王封地	1655—1656 年，继其兄统治。1789 年，卫拉特占领土鲁番，察合台后王在这一地区的统治结束

六

通过本文以上的考释，我们可以看出：

（一）土鲁番从十四世纪末开始，至少在名义上一直是整个东察合台汗国——"蒙古国"的一部分，统治土鲁番的王均为察合台汗的后裔，他们先与亦力把里的可汗，后与叶尔羌的可汗都有血统上的关系。

（二）土鲁番从歪思汗开始逐渐成为汗国的政治经济中心之一，在阿黑麻汗、满速儿汗和沙汗统治时期是汗国的首都。在阿卜剌因速檀时期土鲁番实力增长，他的儿孙们先后登上叶尔羌王朝可汗的宝座，成为整个汗国的首领。由于土鲁番在政治经济上的重要地位及其在地理上的优越位置，汗国的首领们经常以"土鲁番王"的名义或通过其在土鲁番的总督向明朝进贡和进行贸易。

（三）汉文史料关于土鲁番进贡连篇累牍的记载，说明在察合台后王们统治下的西域与明朝关系之密切，他们视与明朝的往来为"金路"，一旦谁妨碍其畅通，就会遭到普遍反对。[①] 所以不论谁为汗国的首领或者土鲁番的总督，都是力求同明朝通贡，保持经常的联系，以保证"金路"的畅通，即使战争期间，也是贡使不绝。同样，明朝为了对付北部边境上的麻烦，也需要同西域保持良好的关系，并且经济上也有求于西域，特别是良马和土特产。这些都说明，尽管明朝没有直接管理西域，但是这一地区同中原地区的政治经济联系实际上更为加强、更为密切，为以后清朝政府直接行政于这一地区准备了条件。

（原载于《历史研究》1986 年第 6 期）

---

① 王琼：《晋溪本兵敷奏》卷 6《为夷人供报虏情事》。

战国秦汉间的文学之士

——对早期儒者民间活动的一种历史考察

武黎嵩[*]

摘　要:本文以文学之士与经生为线索,考察儒学集团中侧重经典传授的一派在战国秦汉三百年间,俯身草泽、切磋文字、传道授业、守先待后的历史。儒学在汉代初年的崛起,与儒家学派中的文学之士坚守民间教育的传统有着密不可分的因缘。儒家在创始初期即有"用世"与"传道"两种不同的思想倾向,其中"传道"一派以子夏为代表,注重经典教育,在民间从事以教育为职业的传经活动。战国秦汉之间被称为"文学"或者"文学之士"的一批学者即是专以经学传播为职业的。文学之士的传统起源于子夏,但不必限于子夏后学。文学之士的主要特征是子夏学派开启的传授经典文献的教育活动。文学经生坚守以"礼"为核心的社会伦理原则,他们对于从政非常谨慎,尤其对于为了政治上的成功而不择手段保持极大的警惕性。

关键词:文学　经生　儒学　子夏

自鲁哀公十六年(前479年)孔子殁,至汉武帝建元元年(前140年)诏举贤良,前后三百三十九年。其间经历了宗法封建制度瓦解,诸侯兼并战争,诸子学说兴起,秦帝国的统一,秦汉之间政治权力的易手等历史进程。儒学的发展也经历七十子后学、子思、孟、荀而至见于《史记》《汉书》之《儒林传》所载的汉初诸儒经师时代。描绘这三百余年儒学的学术史与思想史,材料匮乏无疑是最大的障碍。

---

*　武黎嵩,1983年出生,江苏徐州人。现任南京大学历史学院中国史系副教授,主要研究方向为中国古代思想史、中国文化史,著有《春秋谷梁传注译》、《桐城派文集序录》(合撰)等。

过去学者探究汉初儒学历史,往往由学官制度入手,研讨儒学兴起的传统因素。清代学者张金吾《两汉五经博士考》、胡秉虔《汉西京博士考》、王国维《汉魏博士考》、钱穆《两汉博士家法考》均着重考察博士制度与儒学发展之关系;其他如蒙文通之《经学抉原》、徐复观之《中国经学史的基础·西汉经学史》亦有专门考证博士制度变迁之论述。单篇论文更不胜枚举,然少有出以上所列之右者。博士制度虽与秦汉儒学发展有密切关系,然博士一官起于战国,文献记载简略,难以借此完全了解其时儒学的情形,本文以文学之士与经生为线索,考察儒学集团中侧重经典传授的一派在战国秦汉三百年间,俯身草泽、切磋文字、传道授业、守先待后的历史。笔者认为儒学在汉初的崛起,与儒家学派中的文学之士坚守民间教育的传统有着密不可分的因缘。借此也可了解儒学在没有官学化之前,其在民间的活动轨迹。

一

首先需要考辨的是,战国秦汉间"儒"的外延要比"文学之士"宽泛。刘师培认为:"儒者之职,在于训俗,而不在于传经。"(《儒家出于司徒之官说》)[1]他认为儒乃是"术士之称","术为邑中之道……因古代授学之地必在都邑。故有学之士,必荟萃邑中。……儒为术士之称,与野人为对待,犹《孟子》之以'君子'与'野人'区别也","古代术士,可以入为王官","古代平民之升进者,惟术士一途"。儒者即术士,"以待用为宗旨。故儒字又从需声,即《儒行》篇所谓待聘、待问、待举、待取也"。(《论孔子无改制之事》)依刘氏的观点,学者可"训俗"以待用的,就是"儒"。故而庄子虽然名列道家,仍可着儒服[2]。秦始皇所坑者文学之士与方术士皆可谓之"儒"。

不仅广义上的"儒"比"文学之士"宽泛,狭义上专指孔子之学的"儒"仍然比"文学之士"更为宽泛。《论语·先进》云:"德行:颜渊、闵子骞、冉伯牛、仲弓;言语:宰我、子贡;政事:冉有、季路;文学:子游、子夏。"后人称之为四科十

---

[1] 刘师培:《刘师培史学论著选集》,上海:上海古籍出版社,2006,第453页。

[2] 按,《庄子·说剑》云:"……今夫子必儒服而见王,事必大逆。庄子曰:'请治剑服。'"见王先谦:《庄子集解》卷8《说剑》第30,《诸子集成》第3册,北京:中华书局,1996,第203页

哲。司马迁在《史记·仲尼弟子列传》中有相似的记载。① 这种分类是将孔子最杰出的学生，分成四种不同的类型。德行一科重在修身，言语一科重在应对，政事一科重在仕宦，而文学一科重在文献之传授。对于其中"文学"的解释，皇侃《论语义疏》引范宁语曰："文学，谓善先王典文。"去汉未远的范宁将"文学"限定在"善先王典文"，即限定在经学的范围内，文学之士是专指传经之儒。对此我们有必要做进一步分析：

（一）"文学"在战国秦汉间专指儒家经典的《诗》《书》等六艺经传而言。举"文学"，则往往与"《诗》《书》"和"礼、义"为偶。如①《荀子·王制》云："虽庶民之子孙也，积文学，正身行，能礼义，则归为士大夫。"（又见《韩诗外传》卷5）②《荀子·性恶》云："今之人化师法、积文学、道礼义者为君子。子贡、季路故鄙人也，被文学、服礼义为天下列士。人之于文学也，犹玉之于琢磨也。"③《淮南子·精神》云："藏《诗》《书》，修文学，而不知至论之旨。"可见讲求文学，就是研习经书，特别是《诗》《书》。

（二）"文学"不含诸子之学，诸子之学不属于"文学"。据《史记·封禅书》云："诸儒生疾秦焚《诗》《书》，诛僇文学。"《汉书·董仲舒传》："秦继其后，独不能改，又甚益之，重禁文学，不得挟书，弃捐礼义而恶闻之。"可知，秦所禁者为"文学"。又，据《论衡·书解》云："秦虽无道，不燔诸子。诸子尺书，文篇具在。"《孟子·题辞》云："逮至亡秦，焚灭经术，坑戮儒生……其书号为诸子，故篇籍不得泯绝。"《孔子家语·后序》云："李斯焚书，而《孔子家语》与诸子同列，故不见灭。"则秦不灭诸子，故而诸子不是"文学"，文学即专指《诗》《书》，为经学无疑。

（三）战国秦汉间，文学之士乃是专指儒生以经学名家者。如《吕氏春秋·去宥》云："荆威王学《书》于沈尹华……有中谢佐制者……谓威王曰：国人皆曰，王乃沈尹华之弟子也。王不说……中谢，细人也。一言而令威王不闻先王之术，文学之士不得进。"传授先王之术（经学）的，即为文学之士。在西汉，文学乃是专指经学；文学之士，也是专指以经学名家的儒生而言。如①《汉书·司马迁传》云："汉兴……叔孙通定礼仪，则文学彬彬稍进，《诗》《书》往往间出。"②《史记·儒林传》云："及窦太后崩……延文学儒者数百人。"③《汉

---

① 按，《史记·仲尼弟子列传》所记四科的顺序与今《论语》不同，《列传》"政事"在"言语"之先。刘宝楠以为"当出《古论》"。见刘宝楠：《论语正义》卷14，北京：中华书局，2007，第441—442页。

书·宣帝纪》元康三年,三月诏曰:"朕微眇时……故掖庭令张贺辅导朕躬,修文学经术。"又据《汉书·武帝纪》:"建元元年冬十月,诏丞相、御史、列侯、中二千石、二千石、诸侯相举贤良方正直言极谏之士。丞相绾奏:所举贤良,或治申、商、韩非、苏秦、张仪之言,乱国政,请皆罢。奏,可。"可知"贤良"一科之中,或有治法家、纵横家者,而"文学"则未点出,可知"文学"必为传经之儒,而非杂治申韩之术者无疑。又据《汉书·西域传下》"为文学"颜师古注云:"为文学,谓学经书之人。"则文学即是经书,文学之士即传经之儒。

由以上材料可知,战国秦汉间,文学就是经学,文学之士就是儒家集团中从事经典传播的读书人,亦即后世所谓经生。孔子之前既无经学,则无所谓文学之士。孔子之后,四科之一的文学之士突显,则有必要考察文学之士的起源与职守。

柳诒徵先生认为"孔子之教诸弟子,内以期其成德,外以期其从政,故论颜回之好学,惟以不迁怒、不贰过为言"。"孔子之所谓学,最重在修身克己,不是专门读书讲学。"①今按,《史记·仲尼弟子列传》罗列了孔子弟子中"受业身通"的七十七人。其中"显,有年、名及受业闻见于书传"者三十五人。三十五人之中,以《史记》《左传》《孔子家语》等书考之,其出路为仕进的十四人:卜商为莒父宰;冉求为季氏宰;仲由为季氏宰、为卫蒲大夫;宰予为临菑大夫;言偃为鲁武城宰;曾参仕齐为吏;宓不齐为单父宰;高柴为费郈宰;端木赐相鲁、卫;颛孙师问干禄;冉雍"可使南面";漆雕启"子使开仕";公西赤"使齐,乘肥马,衣轻裘";鲁与齐战于郊,樊须帅右师。其他弟子因文献不足,不可考见。《史记·孔子世家》又云"孔子弟子多仕于卫"。由此可知,立德为政,达于仕进是孔子及门弟子的主要出路。正如上引刘师培观点,儒的出路在于"升进",而并非读书,更非传经授业。故在早期儒家看来,经典传授只是修身入世的辅助职守。

孔门四科列子游、子夏于文学,是孔门弟子中最早的文学之士。相传子夏长于对文献的梳理和发明,开启以传经授业为生而非仕进的新人生轨迹。卜商字子夏,卫人,少孔子 44 岁。他与子游(少孔子 45 岁)都是孔子晚年的门生,而又都从孔子于陈、蔡。在儒学的学术史中,卜商的地位极为重要,几乎现存每一部经典的传授,都和子夏相关。宋人洪迈说:

---

① 柳诒徵:《中国文化史》,上海:东方出版中心,1996 年,第 249 页。

孔子弟子惟子夏于诸经独有书,虽传记杂言未可尽信,然要为与他人不同矣。于《易》则有《传》,于《诗》则有《序》。而《毛诗》之学,一云子夏授高行子,四传而至小毛公;一云子夏传曾申,五传而至大毛公。于《礼》则有《仪礼·丧服》一篇,马融、王肃诸儒多为之训说。于《春秋》,所云"不能赞一辞",盖亦尝从事于斯矣:公羊高实受之于子夏;穀梁赤者,《风俗通》亦云子夏门人。于《论语》,则郑康成以为仲弓、子夏等所撰定也。后汉徐防上疏曰:"《诗》《书》《礼》《乐》,定自孔子;发明章句,始于子夏。"斯其证云。①

洪迈看到了史传的记载之中,子夏对于经学的特殊贡献。东汉徐防之辈甚至已经认定"子夏传经"乃是历史的真实,并进一步认为章句之学始于子夏。孔子去世后,子夏退"居西河教授","为魏文侯师","其子死,哭之失明"。(《仲尼弟子列传》)据《史记·魏世家》:"文侯受子夏经艺,客段干木,过其闾未尝不轼。"可见魏文侯与子夏的关系,并非传统意义上的主客或者君臣的关系,子夏以经艺教授魏文侯,实际身份是魏文侯的老师,子夏的身份也并非政客,而是经师。② 这就与孔子多数弟子的仕进之途不同了。

由此我们可以得出结论,文学之士的传统起源于孔子弟子中的子夏,但不必限于子夏后学。文学之士的主要特征是子夏开启的传授经典文献的教育活动。这群传经之儒,以《诗》《书》经典薪火相传,从事着不同于仕进的民间教育活动。从"学而优则仕"的人生准备,转而终身从事经典传授。

由文学之士这一线索,我们可以看到,战国秦汉之际,确实有一个特殊的儒生群体,其存在是依附于儒家经典文献的传播而存在的。这个群体掌握儒家经典的教授、解释、发挥、传播,甚至在组织学生和乡里践行儒学的道德要求和礼仪规范。回顾战国秦汉间的思想家:道家的庄周、慎到,法家的商鞅、韩非,兵家的孙膑,名家的惠施、公孙龙等等,我们看到的是伟大的个体。但是,当我们审视儒家的时候,除了孟、荀个体之外,在他们背后我们还可以看到群体性的儒学的学术集团存在,动辄是数十上百人:

---

① 洪迈:《容斋随笔·续笔》卷14,上海:上海古籍出版社,1978,第390页。

② 按,子夏有门人田子方,其名见于《庄子》外篇,故而《庄子》中有六经的名号。章学诚认为"庄子曰:'孔子言治《诗》《书》《礼》《乐》《易》《春秋》六经。'……荀、庄皆出子夏门人……六经之名,起于孔门弟子亦明矣。"见章学诚:《文史通义》卷1《经解》,北京:中华书局,2000,第93—94页。

澹台灭明"南游至江,从弟子三百人"。(《史记·仲尼弟子列传》)

孟子"后车数十乘,从者数百人"。(《孟子·滕文公下》)

秦始皇将封泰山,"征从齐鲁之儒生博士七十人,至乎泰山下"。(《史记·封禅书》)

叔孙通"降汉,从弟子百余人"。(《汉书·叔孙通传》)

高祖定天下,叔孙通起朝仪,"征鲁诸生三十余人"。(《汉书·叔孙通传》)

惠帝时,曹参相齐,问所以安集百姓,"齐故诸儒以百数,言人人殊"。(《史记·曹相国世家》)

申公"弟子自远方至受业者千余人"。"其学官弟子行虽不备,而至于大夫、郎、掌故以百数"。(《汉书·儒林传》)

上述材料的时间范围涵盖了战国秦汉间前后二三百年的时段。即使是在秦暴力摧残儒学之后,仍可看到规模不小的儒家学术集团。这个学术群体的凝结与经典的教育必然是密不可分的。

二

文学之士群体的存在,结合上文我们梳理的孔门弟子以"仕"为"升进"出路的人生取向,我们大体可以将孔门弟子分为"仕"与"不仕"两类。而不仕者往往是以传学为职守。对于这两种儒生的不同人生轨迹,我们可以用"用世之儒"和"传学之儒"分别加以概括,显然文学之士的人生倾向是属于传学之儒的。

蒙文通先生是近现代经学家中较早提出先秦秦汉之际,儒者在精神风貌和气质类型上有分别,并用"经生"和"儒家"两个词汇进行区隔的。他说:"晚周之儒学,入秦汉为经生,道相承而迹不相接。孟、荀之术若与伏生、申公之业迥殊。"(《论经学遗稿·乙篇》)[①]蒙氏看到了孔门后学的儒家集团在精神气质上存在两类的区别,但蒙先生没有展开论述这种差别形成的原因,尤其是在经学官学化之前,为什么伏生、申公就已经有了经生的气质,且与孟、荀气质不

---

① 蒙文通:《经学抉原》,上海:上海人民出版社,2006年,第208页。

同？笔者认为，蒙文通笔下的"儒家""经生"两种分类是战国以来即已形成的，与上文笔者将儒生大体分为用世之儒（即"儒家"）与传学之儒（即"经生"）其含义基本相似。

孔子去世后，有所谓"儒分为八"的说法。若按照"用世"与"传学"加以区分，则只有两种类型。按照《史记》的记载，孔子、孟子、荀子的前半生都是以"用世"为主，有强烈的政治参与欲望；而晚年又都转向"传学"，退居教授，传道授业。故而"用世"与"传学"两派不能截然二分，只是两种倾向。以传学为主要人生轨迹的文学之士，他们不是完全不用世，而是以学术为本，遇有君王礼聘，他们还是会"用世"。但与本身具有"用世"倾向、汲汲于仕进的儒生不同，文学之士对于仕进更为矜持。《礼记·儒行》形容儒者曰：

> 儒有席上之珍以待聘，夙夜强学以待问，怀忠信以待举，力行以待取，其自立有如此者。

文中连用四个"待"字来形容儒者学以致用时的举止与心态，他们不主动游说，绩苦攻学，修身自砺，一直在等待机会，却不主动寻求机会。与孟子"后车数十乘，从者数百人，以传食于诸侯"不同。《曲礼》云"礼闻来学，而无往教"。一"来"一"往"之间，态度截然不同。用世之儒求学以干禄位，实现政治抱负，其禄位需干谒求取。传学之儒虽不拒绝从政，但以学为安身立命之本，即使终身不遇，仍可以在传道授业的活动中实现人生的完满。我们看到子夏、伏生，以及《儒林传》中的杨何、毛亨、毛苌、公羊高、穀梁赤等经师其人生轨迹都是以传经为始终的。他们都终身没有用世的机会，而是守先待后，传播学术。战国秦汉间，百家蜂起，儒家学者真正能以学用世的机会甚少，文学之士其实是那个时代儒学集团的中坚。

孟子以犀利的仁义道德观游说诸侯，有其"用世"的一面，赵歧《孟子题辞》说："孟子既殁之后，大道遂黜，逮至亡秦，焚灭经术，坑戮儒生，孟子徒党尽矣。"秦朝的反传统，使得用世一派的儒生受到摧残，其人亡，其学则散。而对于以经学传授为业的文学之士来说，其受到的影响随着秦朝的倾覆日趋淡化，转而以民间教育使得儒学在汉初的学术竞争中取得不可撼动的地位。对此，后文将作专门讨论。

用世之儒有其明确的政治理念，往往能推动思想的演绎。而传学之儒对早期儒家思想发展有重要贡献，学术界一向不甚注意。文学之士不仅传经，而且阐释经典。在《诗》《书》《易》《春秋》这些古典文献中，构建新的观念。上文引徐防语"《诗》《书》《礼》《乐》，定自孔子；发明章句，始于子夏"。所谓"发明章句"，即是对经的阐释和发挥。汉代学者将儒家文献分为经、传、说、记四类。除了经是古文献，相传为孔子删定，其余传、说、记都是历代经师传学的心得。心得不同，思想观念的不同，就形成了不同的学术流派。如汉代的四家诗学，五家春秋学等。西汉在设立学官的时候，并非孤零零地只设立《经》的学官博士，而是经传不分，合为一体，连同阐释《经》的传记学派一起立为学官。甚至一部经典，如果仅有文献而没有阐释经典的传记学派，则不能立为学官，如《古文尚书》。汉代武帝以后以儒家经典治国，其思想依据即是经过文学之士阐释的儒家经典，其中最盛者莫过于公羊一派的春秋学。今天我们不能忽视，文学之士对于经典诠释及构建学术思想体系的贡献，儒学正是凝聚了他们几百年间的努力，最终在汉代定型。

孔门四科，卜商以文学著，我们即以文献记载中的子夏学派为例，说明文学之士对于经典传播，尤其是经典的诠释与发挥的贡献。考之如下：

（一）子夏是早期儒家经师的代表。《论语》之中已有孔子与子夏商略经义的记述，后世学者多认为儒家经典的发明传授，都可以追溯到子夏学派。这一认识为汉代学者所坚信，到唐初为陆德明等学者所沿袭。

《易》：孔子读《易》，至于损、益，则喟然而叹，子夏避席问曰……（《说苑》）

《书》：子夏读《书》毕，孔子问曰："吾子何为于《书》？"子夏曰："《书》之论事昭昭若日月焉。……"孔子愀然变容曰："嘻，子殆可与言《书》矣。"（《太平御览》卷419《人事部》）

《诗》：子曰："起予者商也！始可与言诗已矣。"（《论语·八佾》）又有毛公之学，自谓子夏所传。（《汉书·艺文志》）毛诗者，出自毛公。河间献王好之。徐整云：子夏授高行子，高行子授薛仓子，薛仓子授帛妙子，帛妙子授河间人大毛公，毛公为《诗故训传》于家，以授赵人小毛公，小毛公为河间献王博士。以不在汉朝故不列于学。一云子夏传曾申，申传魏人李克，克传鲁人孟仲子，孟仲子传根牟子，根牟子传赵人孙卿子，孙卿子传鲁人大毛公。（《经典释文·序录》）

《仪礼》：（《丧服》）作传之人，皆云孔子弟子卜商子夏所为。（《仪礼·丧服》贾公彦疏）

《周官》：六国之君，魏文侯最为好古。孝文时，得其乐人窦公，献其书，乃《周官·大宗伯·大司乐》章也。(《汉书·艺文志》)按，子夏为魏文侯师。

《春秋公羊传》：患之可除，在子夏之说《春秋》也，善持势者，蚤绝其奸萌。(《韩非子·外储说上》)卫子夏言："有国家者，不可不学《春秋》。"(《春秋繁露·俞序》)子夏传与公羊高，高传与其子平，平传与其子地，地传与其子敢，敢传与其子寿。至汉景帝时，寿乃与其弟子齐人胡毋子都著于竹帛，与董仲舒皆见于图谶。(《春秋公羊传注疏》徐彦疏引《戴宏序》)

《春秋穀梁传》：子夏传穀梁赤，一传而为荀卿，荀卿传申公。(《风俗通》)

(二) 汉唐学者们认定，子夏学派还编订、补充了孔子生前还没有最后定型的文献《论语》《尔雅》等。

《论语》者……郑康成云：仲弓、子夏等所撰定。(《经典释文·序录》)

《释诂》一篇盖周公所作，《释言》以下或言仲尼所增，子夏所足，叔孙通所益，梁文所补。(《经典释文·序录》)

(三) 对于孔子生前已经成书或者孔子亲自编辑成书的《诗》《易》《春秋》《礼》等文献，子夏学派以作《传》《序》的形式予以发明。在其弟子及再传弟子等文学之士的不断润色和发挥之后，形成了《韩氏易传》《公羊传》《穀梁传》等新的儒家文献，这些文献在汉代有着与经同样重要的地位。

故所谓"发明章句，始于子夏"。将古代王国政治文化中的经典文献整理之后，用来进行民间教育是孔子开创的，而将这些经典文献加以规范的解说，并发挥或赋予其新的内涵则开始于子夏学派所代表的文学之士群体。

在没有更有力的材料证明之前，我们认定以上关于"子夏传经"的记述就是历史事实，必将招来责难。但当众多材料都指向一个事实时，我们可以认为这些材料中的细节或许有误，而历史真实的方向应即在此。文学之士子夏、子游及其后学，在孔子殁后承担着传经的工作。我们可以这样推测：孔子晚年淡出政治，积极地在传统文献当中寻求文化的支持，他读《易》，删《诗》《书》，订《春秋》，准备着自己的最后寄托。子张、子游、子夏都是比孔子年少四十岁以上的晚年学生。他们接触的孔子,是在政治上屡遭挫折,转而从事经典文献整理的晚年孔子。

三

孔子强调"君子不器",其对学生之期望也决不仅是经师、学者型的。《论语·雍也》记载:"子谓子夏曰:'女为君子儒,无为小人儒。'"由于没有上下文,我们无法从当时的语境当中探知,孔子为什么要给予子夏这样的警告,或是一种带有批评意味的暗示。通过上文我们对子夏传经的考证,可以推断,子夏应当是注重对文本的研读、学习、阐释,成为学术专家。孔子虽强调"学",但是如果获得知识本身成为学习的终极目的,而忽略成德以及承担社会责任,那么孔子就要反对了。《论语》中载:

> 樊迟请学稼。子曰:"吾不如老农。"请学为圃。曰:"吾不如老圃。"迟出。子曰:"小人哉,樊须也!上好礼,则民莫敢不敬;上好义,则民莫敢不服;上好信,则民莫敢不用情。夫如是,则四方之民襁负其子而至矣,焉用稼?"

徐复观认为"孔子对樊迟学稼学圃之答,并不一定是轻视稼圃,而是意识到在政治昏乱时的压榨下,须要有一批人出来担负人格及人类命运与知识的责任,以适应群体生活中的需要;换言之,他要以文化转移政治,代替政治,为人类的命运负责"。[①] 孔子反对他的学生成为技术型的专家,因为这样就与匠师相类似,反而削弱了"要承担道义上的责任"这一目标。然从上文所罗列史实来看,子夏学派似乎确有以传经为毕生事业,并由事业转而为职业的倾向。荀子在《非十二子》中对于儒家着重批评在思想上有较大突破的思孟学派。除此,荀子还顺便点名骂了儒门的另外三家:

> 弟佗其冠,衶禫其辞,禹行而舜趋,是子张氏之贱儒也。正其衣冠,齐其颜色,嗛然而终日不言,是子夏氏之贱儒也。偷儒惮事,无廉耻而耆饮食,必曰:君子固不用力,是子游氏之贱儒也。

除了对子游氏之儒的批评有懒惰、怕事、无廉耻、只顾吃喝等行为不检点

---

① 徐复观:《两汉思想史》卷1,上海:华东师范大学出版社,2001,第54页。

的实质性内容外,对于子张、子夏氏之儒的批评似乎没有道理。合理的解释只能是,这两派学者过于关注借以成德的外在凭借,如经典、仪表、言语等,而忽视了其精神的内核,用时髦的话说就是"没有了理想和信念"①。《论语·子张》云:

> 子游曰:"子夏之门人小子,当洒扫、应对、进退则可矣,抑末也,本之则无。如之何?"子夏闻之曰:"噫!言游过矣!君子之道,孰先传焉?孰后倦焉?譬诸草木,区以别矣。君子之道,焉可诬也?有始有卒者,其惟圣人乎!"

子游批评子夏门人关注细枝末节,而丢去了"本"。子夏用"君子之道,孰先传焉?孰后倦焉?"来回答,认为注重洒扫、应对、进退的细节,并一以贯之的坚持,"君子之道"的精神就能贯彻始终。以传经为己任的子夏学派,将传"君子之道"而不倦作为自己的"圣人"之业。

孔子设想儒者修身"有余力以学文"的境界,在文学之士那里转变为经典文献的继承传授成为儒者立身的出路,从而产生了一批以经典教育为业守的经师。墨子在学术上和儒家一样宗六经,吴起师从曾子,李克师从子夏,李斯、韩非师从荀子……我们甚至做一个大胆的猜想:诸子百家在学术上争鸣,各执一词,而其赖以识字、明理的基础教育全是儒家的经典文献。柳诒徵先生特别表彰文学之士与经生云:

> 盖皆以当时得其学之益为主,不徒期其传述六艺以教后世也。然德行一科,既多潜修之士,其他之从政者,亦多未能大用于世。故孔门弟子之有功于吾国者,惟讲学授经之人;六艺之昌,微诸弟子,未能历数千年而不绝也。②

正因为文学之士承担了一个完备且又整齐的教育系统,这个教育系统在战国时代又是游离于诸侯国政治之外的,使得文学之士成为一支拥有话语权的特殊群体。

《荀子·劝学》说:"上不能好其人,下不能隆礼,安特将学杂识志,顺《诗》《书》而已耳。则末世穷年,不免为陋儒而已。"勾勒出一位并不出色的文学经

---

① 马积高:《荀学源流》第八章,上海:上海古籍出版社,2000年。
② 柳诒徵:《中国文化史》,上海:东方出版中心,1996年,第250页。

师的生活景况。其中提到《诗》《书》有"学杂识志"的功用。社会教育的主要内容除了儒学本身的"德性"问题，还有一些最基本的文化知识，乃至杂学、识字等等。文学之士除了积学修身之外，从事民间教育是其不可忽视的活动。战国时代，以阅读和书写为主的文化教育大发展，扩展到民间。许多平民出身的人通过学习经典成为"士"。民间教学有各种途径，工匠可以世守其业，百家也各有弟子。如道家的庄子、兵家的鬼谷子等，史载都有学生。但许多重要人物都是从儒家求学，如兵家吴起师曾申，阴阳家邹衍学儒术于稷下学宫，法家李斯、韩非等人师荀子。为何诸子百家都有一个儒家的老师？我们有一个判断，儒家文学之士不仅传承儒学，而且掌握民间的基础教育。战国时代的学术越往底层越趋近相同，而这个基层教育就是由儒家的经师来承担的。学习文化的"士"，不论何派，可能都要师从文学之士，以经书为课本，接受早期教育。这样的推测基于两个理由：

（一）《诗》《书》作为公共话语，在战国时代不仅儒生熟悉，其他各家以及政治人物也很熟悉。《诗》《书》作为贵族时代的文化读本，《左传》中所载春秋时代的贵族言语往往引《诗》引《书》。孔子之后，《诗》《书》成为儒家的专属。到了百家鹊起的战国时代，诸子文献中往往也引《诗》《书》。如墨家《墨子·七患》："故《夏书》曰：'禹七年水'，《殷书》曰：'汤五年旱。'"法家《韩非子·外储说·左上》："《诗》曰：'不躬不亲，庶民不信。'傅说之以无衣紫，缓之以郑简、宋襄，责之以尊厚耕战。"道家之中《庄子》亦多有引《诗》《书》之语者。

（二）战国不闻有专门的识字课本，疑以《诗》《书》作为教育的基础课本。《汉书·艺文志》小学类著录有《史籀》，据王国维考证为周秦西土文字。此后又有秦代的《苍颉》。假如《史籀》《苍颉》均为秦系文字发展过程中的字书，那么东方六国用何种教材教育"士"？笔者疑，传播最广的古文献《诗》《书》，特别是《诗》，就是战国时代的基础教育读本。《论语·为学》记载孔子曰："不学《诗》，无以言。"所说的"言"不是乡俗之言，而是有教养的言。孔子还对学生说："小子，何莫学夫诗？诗可以兴、可以观、可以群、可以怨。迩之事父，远之事君，多识于鸟兽草木之名。"（《论语·阳货》）这一习尚可能被文学之士传到战国，以学《诗》为识字和学习教养的开始。《诗》多名物，可以帮助学童认知各种事物。《汉书·艺文志》说《诗经》"遭秦而全者，以其讽诵，不独在竹帛故也"。可见《诗经》在秦汉之际，极可能是读书人皆能讽诵的经典。

秦统一天下，禁《诗》《书》，同时由政府编定新识字读本《苍颉》，应该就是在《诗》《书》遭禁,基础教育缺位以后的替代读本。

关于文学之士以诗书作为课本从事民间教育,我们通过秦代禁绝《诗》《书》的文献可以得到进一步印证。秦国最早提出禁绝《诗》《书》的是商鞅,《商君书》中关于禁绝《诗》《书》有如下论证:

> 故民可令农战,可令游宦,可令学问。在上所与——上以功劳与,则民战;上以《诗》《书》与,则民学问。(《商君书·君臣》)

又:

> 国去言则民朴,民朴则不淫。……今境内之民,皆曰:"农战可避,而官爵可得也。"是故豪杰皆可变业,务学《诗》《书》,随从外权,上可以得显,下可以得官爵;要靡事商贾,为技艺:皆以避农战。具备,国之危也。民以此为教者,其国必削。(《商君书·农战》)

在商鞅看来,逃避农战的途径就是从事教育和学问,而学问就是《诗》《书》,也就是文学之士从事的活动。注意,在商鞅看来,学习《诗》《书》是掌握文化并由此入仕的必然之路。韩非的认识与商鞅相同。《韩非子》提出:

> 故明主之国,无书简之文,以法为教;无先王之语,以吏为师……是故乱国之俗,其学者则称先王之道,以籍仁义,盛容服而饰辩说,以疑当世之法而贰人主之心。(《韩非子·五蠹》)

将书简之文与先王之语和仁义的说辞归为一类,即所有和教育学问相关的内容都是儒家笼罩下的,要想打破这个樊笼,必须建立"以吏为师"的新的学术系统。李斯贯彻了韩非的这一主张,据《史记·李斯传》:

> (李斯)乃上书曰:"古者天下散乱,莫能相一,是以诸侯并作,语皆道古以害今,饰虚言以乱实,人善其所私学,以非上所建立。今陛下并有天下,辨白黑而定一尊;而私学乃相与非法教之制,闻令下,即各以其私学议之。入则心非,出则巷议,非主以为名,异趣以为高,率群下以造谤。如此不禁,则主势降乎上,党与成乎下。禁之便。臣请诸有文学《诗》《书》百家语者,蠲除去之。令到满三十日弗去,黥为城旦。所不去者,医药卜筮种树之书。若有欲学者,以吏为师。"始皇可其议,收去《诗》《书》百家之语……

按,《史记·秦始皇本纪》与此同。综合以上材料,我们可以做出如下的结论：

（一）战国秦汉间的私学以教授《诗》《书》为主，而传授私学的显然是儒家集团中的文学之士。其人数众多，势力极大，故李斯说"入则心非，出则巷议""率群下以造谤"，且势力大到"党与成乎下"将要威胁秦朝统治的程度。

（二）法家不欲人民有文化见解，即"收去《诗》《书》百家之语以愚百姓"。诸子百家之言虽然都是开启民智的，但诸家之中首当禁绝的是儒家的《诗》《书》。上文已经考证，秦代禁书并未禁诸子，只禁六经。所以"百家言"未必是指诸子书，说不定是指围绕《诗》《书》传学的各种解释。

（三）秦禁私学，把民间教育的权力收归官府，"以吏为师"，试图塑造新人。据《汉书·艺文志》记载，秦丞相李斯作《苍颉》七章，车府令赵高作《爰历》六章，太史令胡毋敬作《博学》七章。秦代何以集中编撰字书？解释只能是官府希望以官编教材取代《诗》《书》成为教材。

（四）文学之士传播私学，不仅传授《诗》《书》，而且铺陈大义并借此议政。回思齐国稷下学宫"不治而议论"情形，可知文学之士有依据学校教育开展批评现实、议论政治的传统。两戴《记》和新近简帛文献可见的政论性质文章，有些可能是倾向于"用世"派的作品，接近《孟子》《荀子》，有些则可能是民间经师议政的作品。明末黄宗羲提倡学校议政，说学校议政始于三代。实际上西周没有所谓民间教育的学校，《左传》所记乡校议政，是国人（城邦贵族）议政，并非学校师生（学者）议政。贵族议政与知识分子议政，其意义不同。真正的知识分子学校议政，应是始于战国文学之士的活动。

在此需要补充说明，借助文献我们可以清晰看到，在汉初存在着秦系教育系统和儒家文学之士的教育系统两个不同的教育系统。

秦系教育系统：据《汉书·艺文志》，"汉兴，闾里书师合《苍颉》《爰历》《博学》三篇，断六十字以为一章，凡五十五章，并为《苍颉》篇"，显然这里的闾里书师是沿袭了秦代的教育传统，以字书入门，教育学童。在《张家山汉墓竹简·二年律令》中有《史律》一篇，其中记载："试史学童以十五篇，能风（讽）书五千字以上，乃得为史。""卜学童能风（讽）书史书三千字，诵卜书三千字……乃得为卜。""以祝十四章试祝学童，能诵七千言以上者，乃得为祝。"①《二年律令》为高后二年（前186年）的律令，去秦亡不过二十年时间，汉承秦制，少所损益，

---

① 张家山二四七号汉墓竹简整理小组：《张家山汉墓竹简》，北京：文物出版社，2006，第80—81页。

此或即为秦代"以吏为师"的真实写照。

儒家文学之士教育系统：据《汉书·楚元王传》，刘邦少弟刘交"好书，多材艺。少时尝与鲁穆生、白生、申公俱受《诗》于浮丘伯。伯者，孙卿门人也。及秦焚书，各别去。……高后时，浮丘伯在长安，元王遣子郢客与申公俱卒业。……元王好《诗》，诸子皆读《诗》，申公始为《诗》传，号《鲁诗》。元王亦次之《诗》传，号曰《元王诗》，世或有之"。楚元王刘交年少时即学《诗》，遭秦禁书，未能卒业。后遣长子刘郢客和同学申公再次师从浮丘伯学《诗》卒业。刘交与申公皆为《诗》作《传》。刘交年少好书，必非秦之字书无疑。显然他是师从文学之士浮丘伯学习儒家经典的。《儒林传》记载，申公"退居家教"，"弟子自远方至受业者千余人"。再如传《尚书》的伏生，"秦时禁《书》，伏生壁藏之，其后大兵起，流亡。汉定，伏生求其《书》，亡数十篇，独得二十九篇，即以教于齐、鲁之间。齐学者由此颇能言《尚书》，山东大师亡不涉《尚书》以教"。综申、伏二人传学之生平，史传都称说他们生徒众多。在儒家还没有被立为学官之前，这么多学者从文学之士学习《诗》《书》（据《儒林传》，其他学问如《春秋》《礼》似皆没有《诗》《书》求学者多），显然是因为《诗》《书》是孔子以来民间教育的基础。

汉武帝罢黜百家之后，以《论语》《孝经》作为入门教育的基本读物，采纳公孙弘的建议，在郡国设置文学卒史（秩百石），意在给接受儒家教育的学生以出路，从而取代秦系教育系统，逐渐清除了"以吏为师"的旧传统。

四

由于现实政治的黑暗，文学儒士逐渐参政入仕的愿望被文化理念所阻隔，他们距离现实政治越来越远，在生活上有的文学经生十分贫困。徐复观认为"士由生活的穷困所引起的这些严重问题，却没有引起回向生活方面的反省，没有一起由知识分子去从事生产，因而引起生产技术进步的反省，而只是在一条政治的独木桥上，以及少数人的人格去抗拒政治权力的巨轮，真是螳臂挡车，知识分子的悲剧，大概在这里可以看出它的根源了"。① 子夏以经典传播为己任，放弃了仕途，其生活也比较贫困，却敦行不辍。《荀子·大略》称"子夏贫，衣若县鹑。人曰：'子何不仕。'曰：'诸侯之骄我者，吾不为臣；大夫之骄我

---

① 徐复观：《两汉思想史》卷3，上海：华东师范大学出版社，2001，第26页。

者，吾不复见。'"仿佛一位具有"读书怀独行君子之志"形象的高士。笔者认为这种形象实际是儒学集团在战国秦汉间最杰出的形象。

前文已经述及与用世之儒不同，文学之士扮演的是学术权威的角色，对于仕进一途，抱有十分谨慎和矜持的态度，有时甚至展现出倔强的一面。试举例说明：

> （高祖既定天下，叔孙通起朝仪）于是通使征鲁诸生三十余人。鲁有两生不肯行，曰："公所事者且十主，皆面腴亲贵。今天下初定，死者未葬，伤者未起，又欲起礼乐。礼乐所由起，百年积德而后可兴也。吾不忍为公所为。公所为不合古，吾不行。公往矣，毋污我！"通笑曰："若真鄙儒，不知时变。"（《汉书·叔孙通传》）

> （赵）绾、（王）臧请立明堂以朝诸侯，不能就其事，乃言师申公。……至，见上，上问治乱之事。申公时已八十余，老，对曰："为治者不在多言，顾力行何如耳。"是时，上方好文辞，见申公对，默然。（《汉书·儒林传》）

> 武帝初即位，（辕固）复以贤良征。……公孙弘亦征，仄目而事固。固曰："公孙子，务正学以言，无曲学以阿世！"（《汉书·儒林传》）

我们认为，文学之士在仕进问题上的谨慎，除了表层的"士节"的突出这一原因外，还有更为深刻的背景。战国秦汉以来，文学之士从事民间教育，形成了以师道为传承学术集团，这一系统向各国输送着受过教育的人才，同时也就形成了独立于政治的一个空间。战国时代列国争霸的兼并战争，为这个独立空间的存在提供了生存可能。因为独立，所以更有矜持的资本。《礼记·儒行》强调"儒有不陨获于贫贱，不充诎于富贵，不慁君王，不累长上，不闵有司，故曰儒"。士节之砥砺，正缘于独立。而汉初高、惠、文、景时代相对宽松的政治环境，与安定的社会生活，让文学之士可以更自由地传学，其势力也更为凸显。

文学之士垄断了民间教育权力，教育权力又反过来使经生有独立的生活空间、独立的生活态度，两者相得益彰。战国时代，已经有学者批评儒学中的文学之士，在行政系统之外实行教化，如《庄子》之《渔父》篇曰："今子既上无君侯有司之势，而下无大臣职事之官，而擅饰礼乐，选人伦，以化齐民，不泰多事乎？"《尸子》之《明堂》篇曰："今诸侯……骄士，士亦务其德性，美其道术以轻上，此仁者之所非也。"按，诸侯骄士，由于诸侯是行政系统的权威，"士"之所以可"轻上""骄诸侯",在于"士"可以"擅饰礼乐,选人伦,以化齐民",显然儒者以自己的学术传统,构建起了新的权威,转而批评现实政治。这种系统以近乎封闭的态度直面战国秦汉的社会变迁,《史记·儒林传》记载:

> 及高皇帝诛项籍,引兵围鲁,鲁中诸儒尚讲诵习礼,弦歌之音不绝,岂非圣人遗化好学之国哉? 于是诸儒始得修其经学,讲习大射乡饮之礼。

在存亡之际,文学之士都可以完全不计较外部环境的恶化,而继续延续原有的生活方式,这种自信的庄严究竟来自何处?

经学在传播的过程中,不仅仅是识字和知识的教育,它可以提供洒扫应对等基本社会生活的原则和规范。同时,由于作为学习蓝本的经典主要是周代贵族文化的典籍,这也就为学习者注入古代贵族文化的恢宏气象[1]。王国维云"周之制度典礼,实皆为道德而设……乃道德之器械"。又说"周人制度……其旨则在纳上下于道德,而合天子、诸侯、卿、大夫、士、庶民以成一道德之团体"。(《殷周制度论》)[2]礼乐文化的特质,在宗周则为王国政治之条文,王室以此繁复的差序层级和对应的政治、宗教、文化权力,组织庞大的王国体系。在文学之士手中施之于教化,则成其为一宏大的礼乐文化之图景,如长河落日般拥有绚烂而壮阔的感染力,成为学者向往之鹄的。在王国政治垮塌崩溃之后,因王国政治而形成的传统文献,在施之教育的过程中形成了新的权威。

在文学之士那里,"学"的意义不仅仅是传播技术和知识,更是成为拥有某种高贵品质的唯一途径。这种高贵品质,过去只能依据血缘和身份被确定,如今可以通过学而获得。《论语》列《学而》为首篇,《荀子》列《劝学》为首篇,《学记》首章云:"君子如欲化民成俗,其必由学乎?"岂非文学之士修身传学,守先待后之深意存焉。故公孙弘为丞相,亦设利禄以劝学。将儒家的思想学术与国家教育选官系统紧紧绑在一起,与其说是其所创设,不如说乃是战国以来儒家文学之士掌握教育的习惯性举动和更为彻底的扩张。

(原载于《南京大学学报》2012 年第 2 期)

---

① 按,安德森认为"所有伟大而具有古典传统的共同体,都借助某种超越尘世的权力和秩序相联结的神圣语言为中介,把自己设想为位居宇宙的中心"。见本尼迪克特·安德森:《想象的共同体:民族主义的起源与散布》,上海:上海人民出版社,2005 年,第 14 页。

② 王国维:《观堂集林》卷 10《殷周制度论》,石家庄:河北教育出版社,2003 年,第 231—244 页。

始推阴阳、为儒者宗:董仲舒"春秋决狱"的"忍杀"一面

——西汉中期淮南、衡山之狱探微

武黎嵩

摘　要: 董仲舒为汉代大儒,他"推阴阳,为儒者宗",献"天人三策",主张独尊儒术。过去,我们研究董仲舒春秋公羊学的思想,往往关注于"天人感应""阴阳""灾异"等范畴,而忽略了其思想内核中秉承法家严刑苛法传统的"忍杀"一面。而这一"忍杀"思想,我们在《荀子》《韩非子》的文本中都可以寻找到踪迹,故而,本文试图揭示出董仲舒"春秋决狱"思想中饱含着的法家成分。汉代景、武之际的政局变迁,与这一政治思想有着深刻的内在联系。

汉朝人认为,董仲舒"为世儒宗,定议有益天下"。而甫一出手,便因辽东高庙灾、长陵便殿火,劝汉武帝杀宗室、大臣,卒酿成淮南、衡山之狱,株连甚众,若伍被、庄助等人,皆因此枉死。在董仲舒春秋灾异之说的暗示下,淮南、衡山、江都三王,被卷入谋反案件,三王谋反,株连甚广,西汉中期近千分之一的人口因牵涉其中而被杀,可谓酷虐,确实有朝廷对于诸侯王的赶尽杀绝之意。

关键词: 董仲舒　春秋决狱　忍杀

汉武帝元狩元年(前122年)十一月,淮南王、衡山王谋反事件相继爆发。淮南王刘安自刭,淮南王后荼、淮南王太子刘迁及参与谋反者皆族诛。淮南国国除为九江郡。随即衡山王刘赐也因谋反自杀,衡山王后徐来因蛊杀前王后乘舒、衡山王太子刘爽因衡山王告发其不孝,皆弃市;参与衡山王谋反者皆族诛。衡山国国除为衡山郡。"所连引与淮南王谋反列侯、二千石、豪杰数千人,皆以罪轻重受诛。"[①]淮南衡山之狱,被认为是汉初加强和巩固专制主义中央

---

① 司马迁:《史记》卷118《淮南衡山列传》,北京:中华书局,1959年,第3093页。

集权制度过程中而爆发的中央与封建诸侯的一次矛盾。随后，在元鼎五年(前112)汉武帝以酎金为借口夺列侯封爵 106 人；又颁布《左官律》和《附益法》，前者规定王国官为"左官"以示歧视，后者限制士人与诸侯王交游。[①] 也有学者认为，淮南王刘安并未下决心谋反，"其志只在学术的研究……但汉武帝……内心特为忌毒。左右承其旨意，便构成一大冤狱"。[②]

据《汉书·五行志》的记载，淮南、衡山之狱所造成的株连甚广的后果，与董仲舒若干年前的一次关于灾异的论述有关。过去，我们研究董仲舒春秋公羊学的思想，往往浮泛地关注于"天人感应""阴阳""灾异"等范畴，而忽略了其思想内核中秉承法家严刑苛法传统的"忍杀"一面。而"忍杀"这一思想，我们在《荀子》《韩非子》的文本中都可以寻找到踪迹，故而，本文也想试图揭示出董仲舒"春秋决狱"思想中饱含着的法家成分，尤其是将杀罚立威通过一系列自然现象的诠释予以合理化。通过这样的探索，为理解汉代的儒法合流提供一个新的视角。

一、吕步舒、张汤：淮南衡山之狱的两个关键人物

淮南王谋反案件爆发后，汉朝中央派出宗正和廷尉处理该案，又命令沛郡也参与审理。但这些官员之中，有一个人身份比较特殊，据《汉书·五行志》所载，汉武帝令董仲舒的"弟子吕步舒，持斧钺治淮南狱，以春秋谊颛断于外，不请。既还奏事，上皆是之"。[③] 而吕步舒这一出手，便造成淮南王"谋反"一案血流成河，"党与死者数万人"。[④] 汉武帝之所以派吕步舒前往，并非随意的安排，恰是因为"思仲舒前言"——十二年前辽东高庙和长陵便殿火灾之后，董仲舒的言论。

除了吕步舒，时任廷尉的张汤，在淮南、衡山之狱爆发后，也是一副穷追不舍、赶尽杀绝、除恶务尽的姿态。伍被以才能见知于淮南王刘安，任淮南国中郎。因劝谏刘安放弃谋反的计划，其父母被刘安囚禁了三个月。在反复劝谏

---

① 田余庆：《秦汉史》，北京：中国大百科全书出版社，2011 年，第 57 页。

② 参见徐复观：《汉代专制政治下的封建问题》，收入徐复观《两汉思想史》，上海：华东师范大学出版社，2001 年。

③ 班固：《汉书》卷 27 上《五行志》，北京：中华书局，1982 年，第 1332 页。

④ 《汉书》卷 6《武帝纪》，第 174 页。

刘安的过程中,伍被分析秦末和时下的不同形势,反对刘安起兵谋反。又在刘安谋反后,主动告发刘安。汉武帝"以伍被雅辞多引汉之美,欲勿诛"。而廷尉张汤则主张:"被首为王画反谋,被罪无赦。"①显然,张汤难逃陷伍被于死地的嫌疑。而除了伍被之外,因淮南之狱被张汤排陷致死的尚有其人。

侍中庄助在汉武帝即位之初,因救助东欧和南越,出使时途经淮南国,与淮南王刘安有交往,后淮南王来朝长安,曾厚赂遗助,两人之间有对于朝局的议论。及淮南王谋反事件爆发,株连庄助。汉武帝有心回护庄助,"薄其罪,欲勿诛"。而"廷尉张汤争,以为助出入禁门,腹心之臣,而外与诸侯交私如此,不诛,后不可治。助竟弃市"。②可见,名臣庄助也是被张汤排陷致死的。此后,因为张汤排陷庄助,被庄助的同乡和受过其举荐的朱买臣记恨,朱买臣等下决心罗织罪名,终致张汤殒命。

那么狱吏出身的张汤,他的思想资源来自哪里呢?我们不妨看看酷吏张汤与董仲舒的关系。董仲舒最后职务是担任胶西王相,在借口老病而致仕之后,朝廷每有政议,"数遣廷尉张汤亲至陋巷,问其得失。于是作《春秋决狱》二百三十二事,动以经对,言之详矣"。③从张汤与董仲舒的交往可以推测,张汤的春秋决狱,其思想资源来自董仲舒,以上文排陷庄助,说其"外与诸侯交私",就是源自公羊春秋学的"人臣无外交"的经义。

淮南、衡山之狱后,胶东王、江都王先后死于非命。其中,胶东王刘康是无辜的,他仅仅是预先做好防备淮南王谋反的准备,却因私自制作武器也被搅进这场谋反案,最终身死国除。据史载"胶东康王寄以孝景中二年立,二十八年薨。淮南王谋反时,寄微闻其事,私作兵车镞矢,战守备,备淮南之起。及吏治淮南事,辞出之。寄于上最亲,意自伤,发病而死,不敢置后"。④

江都王的情形其实和胶东王是类似的,江都王"建亦颇闻淮南、衡山阴谋,恐一日发,为所并,遂作兵器。……及淮南事发,治党与,颇连及建,建使人多推金钱绝其狱。……积数岁,事发觉,汉遣丞相长史与江都相杂案,索得兵器、玺、绶、节反具,有司请捕诛建。……有诏宗正、廷尉即问建。建自杀,后成光等皆弃市。六年国除,地入于汉,为广陵郡"。董仲舒曾任江都王相,险些遭到

①　《史记》卷118《淮南衡山列传》,第3094页。
②　《汉书》卷64《严朱吾丘主父徐严终王贾传》,第2790—2791页。
③　范晔:《后汉书》卷48《杨李翟应霍爰徐列传》,北京:中华书局,1965,第1609页。
④　《汉书》卷53《景十三王传》,第2433页。

江都王的中伤。胶东王、江都王被牵连进淮南、衡山谋反事，是否有董仲舒暗示吕步舒，尤其是暗示张汤穷追的因素，我们不能妄下猜测。但是，史称：

> 自公孙弘以《春秋》之义绳臣下取汉相，张汤用峻文决理为廷尉，于是见知之法生，而废格沮诽穷治之狱用矣。其明年，淮南、衡山、江都王谋反迹见，而公卿寻端治之，竟其党与，而坐死者数万人，长吏益惨急而法令明察。[1]

由此可知，淮南、衡山、江都三王以及胶东王，被卷入谋反案件，确实是有朝廷对于诸侯王的赶尽杀绝之意。这里被归罪的，除了有张汤的"用峻文决理"，显然还包括公孙弘的"以《春秋》之义绳臣下"。故而三王谋反，株连甚广，西汉中期近千分之一的人口因牵涉其中而被杀，不可谓不酷虐。

职是之故，我们不能不考察这种严刑苛法的理论依据和思想渊源。这里要从元狩年间，上溯至汉武帝初即位的建元、元光之际。

二、阴阳灾异之说：辽东高庙灾、长陵便殿火

汉武帝建元六年（前 135 年）可谓多事之秋。五月丁亥，太皇太后窦氏过世，丞相许昌、御史大夫庄青翟被借口"丧事不办"而罢免。汉武帝启用舅父田蚡为丞相，韩安国担任御史大夫，在政治上羽翼逐渐丰满，摆脱了祖母的左右。而这一年，同时发生若干被时人称为灾异的事故：六月丁酉，辽东高庙灾。四月壬子，高园便殿火。在今人看来，这不过是意外事件偶然接连发生。而在当时人看来，这是上天的某种警示。

元光元年被举为贤良的董仲舒，在参与皇帝亲自主持的策问时，尝试利用阴阳、灾异学说，解释儒家传统的春秋学，以期影响现实的政治取向。他借用建元六年两次宗庙陵寝的火灾，提出了一套杀人立威的理论。

然而最初借灾异之说敷衍成的文字，几乎让董仲舒身临险境，史称"先是辽东高庙、长陵高园殿灾，仲舒居家推说其意，草稿未上，主父偃候仲舒，私见，嫉之，窃其书而奏焉。上召视诸儒，仲舒弟子吕步舒不知其师书，以为大愚。于是下仲舒吏，当死，诏赦之。仲舒遂不敢复言灾异"。[2] 庆幸的是，董仲舒的

---

[1] 《史记》卷 30《平准书》，第 1424 页。

[2] 《汉书》卷 56《董仲舒传》，第 2524 页。

这篇灾异感应的文稿并未佚失,而是被笃守董学的刘向编入《洪范五行传》,《洪范五行传》又被班固抄入了《汉书》之中,谓之《五行志》。

那么这篇文章是如何作的呢? 传世本的《汉书·五行志》记载了这篇曾被主父偃"窃其书而奏"并被吕步舒"以为大愚"的文字。

首先,董仲舒提出,"春秋之道举往以明来,是故天下有物,视春秋所举与同比者,微眇以存其意,通伦类以贯其理,天地之变,国家之事,粲然皆见,亡所疑矣"。尽管《经解》曰:"属辞比事,《春秋》教也。"这里的"属辞比事"是从修辞学而言,乃是整齐其事的意思。但董仲舒将"春秋学"解读为"天地之变"与"国家之事"可以"举与同比","通伦类以贯其理",即是将天变与人事比附起来,加以诠释。他列举"定公二年五月两观灾","哀公三年五月,桓宫、僖宫灾","哀公四年六月亳社灾",认为"两观、桓、僖庙、亳社,四者皆不当立,天皆燔其不当立者以示鲁,欲其去乱臣而用圣人也"。既然"不当立",为何当初不于初立之时降灾警示,董仲舒解释说,"不时不见,天之道也"。也就是认为,天会选择一定恰当的时机来加以警示。

接着,董仲舒认为"高庙不当居辽东,高园殿不当居陵旁,于礼亦不当立,与鲁所灾同。其不当立久矣,至于陛下时天乃灾之者,殆亦其时可也"。因汉武帝承接"亡周""亡秦"之弊,又赶上"多兄弟亲戚骨肉之连,骄扬奢侈恣睢者众"的"重难之时",故而降下天灾。

那么,如何应对天灾的警示? 董仲舒开出以"太平至公"的药方来治理。而所谓的"太平至公",乃是"视亲戚贵属在诸侯远正最甚者,忍而诛之,如吾燔辽(东)高庙乃可;视近臣在国中处旁仄及贵而不正者,忍而诛之,如吾燔高园殿乃可。在外而不正者,虽贵如高庙,犹灾燔之,况诸侯乎! 在内不正者,虽贵如高园殿,犹燔灾之,况大臣乎"![1] 董仲舒以辽东高庙"远而贵",比之于诸侯,以长陵便殿"近而贵",比之于大臣。建议汉武帝选取诸侯及大臣中最为不法者,就是所谓的"远正""不正"者,"忍而诛之",以儆效尤。

这是一篇教汉武帝借天灾杀人立威的文章,难怪其弟子吕步舒认为这篇文章"大愚"。

宋人洪迈对于董仲舒此文就评价说:"以武帝之嗜杀,时临御方数岁,可与为善。庙殿之灾,岂无他说,而仲舒首劝其杀骨肉大臣,与平生学术大为乖剌,

---

[1] 《汉书》卷 27 上《五行志》,第 1331—1332 页。

驯致数万人之祸，皆此书启之也。然则下吏几死，盖天所以激步舒云，使其就戮，非不幸也。"①

十余年后，淮南、衡山、江都、胶东四王，因谋反大狱，相继死于非命。而汉武帝派去"持斧钺治淮南狱，以春秋谊颛断于外"的吕步舒，正是熟悉这篇文章的，也必然深谙董仲舒文中之意，才株连甚广，大开杀戒。

三、集比其义，卒用董仲舒

关于"春秋公羊学"的经义确立过程，《汉书·儒林传》这样记载：

> 瑕丘江公受《穀梁春秋》及《诗》于鲁申公，传子至孙为博士。武帝时，江公与董仲舒并。仲舒通《五经》，能持论，善属文。江公讷于口，上使与仲舒议，不如仲舒。而丞相公孙弘本为公羊学，比辑其义，卒用董生。于是上因尊公羊家，诏太子受《公羊春秋》，由是《公羊》大兴。太子既通，复私问《穀梁》而善之。②

这里《公羊》《穀梁》的优劣，表面上看是由于公羊家学者董仲舒学问精湛，穀梁家学者江公言语不清，不善辩难，故而公羊家略胜一筹。又因为当时丞相公孙弘为公羊家派胡毋生的弟子，左袒《公羊》，故而《公羊》家得以胜出。以上这种推论，虽然由具体的偶然事件出发，也符合历史的真相，甚至今天仍有治穀梁学的学者坚持这一看法。③

那么有没有更为深层的本质性的区别，导致公羊和穀梁两个学派的分歧。假如只是学术流派的不同，公孙弘"比辑其义"主要是在哪些春秋大义上寻求符合现实意义的说辞？这些都是在考虑《公》《穀》升降的内层因素时需要加以考量的。

戾太子在接受父亲的诏令，从董仲舒学派学习《公羊春秋》之后，又私下学

---

① 洪迈：《容斋续笔》卷 7 董仲舒灾异对条，见《容斋随笔》上海：上海古籍出版社，1996 年，第 302 页。

② 《汉书》卷 88《儒林传》，第 3617 页。

③ 文廷海《学术与政治的内在互动：两汉春秋谷梁学的命运演替》一文认为："从该史料来看，《谷梁传》败于《公羊传》，原因有二：一是《谷梁传》经师自身学养之亏缺，与公羊大师董仲舒相比差距较大。二是公羊家有占据高位的丞相公孙弘施以援手，必能鼓动汉武帝，给予《公羊传》春秋学正宗地位，从此，习公羊学者俯拾青紫，坐至公卿，更能推动学派的发展；而谷梁学在政治失语的情况下，习者寥寥，成为在野学派。"

习《榖梁春秋》并且认可《榖梁春秋》，这一行为无疑是没有得到汉武帝允许的。《武五子传》说戾太子"及冠就宫，上为立博望苑，使通宾客，从其所好，故多以异端进者"。显然这里的"异端"应当包含《榖梁春秋》。

相对于《公羊春秋》大一统、大义灭亲、九世复仇等观念，甚至可以说是本质性的观念，《榖梁春秋》不但不与之相似，甚至完全相反。《榖梁传》主张"诸侯不首恶，况天子乎？君无忍亲之义，天子诸侯所亲者唯长子、母弟耳"。《春秋》第一事"郑伯克段于鄢"，《榖梁》评述曰：

> 段，郑伯弟也。何以知其为弟也？杀世子母弟目君，以其目君，知其为弟也。段，弟也而弗谓弟，公子也而弗谓公子，贬之也。段失子弟之道矣。贱段而甚郑伯也。何甚乎郑伯？甚郑伯之处心积虑成于杀也。于鄢，远也。犹曰：取之其母之怀中而杀之云尔，甚之也。然则为郑伯者宜奈何？缓追逸贼，亲亲之道也。

同胞兄弟、自己的长子都是至亲。《榖梁》对于天子、诸侯杀死母弟和世子采取的是完全批评的态度，认为"缓追逸贼"，放过属于至亲的政敌，才是"亲亲之道"。回看景、武之间的政治，多为"忍亲"，即残忍地杀害至亲。

先看汉景帝。在汉景帝的打压下，梁孝王刘武被逼迫终身，《汉书》称："孝王慈孝，每闻太后病，口不能食，常欲留长安侍太后。太后亦爱之。及闻孝王死，窦太后泣极哀，不食，曰：帝果杀吾子。"[①]又任用酷吏，逼杀长子临江王刘荣。《景十三王传》略云：

> (刘)荣行，祖于江陵北门，既上车，轴折车废。江陵父老流涕窃言曰，吾王不反矣！荣至，诣中尉府对簿。中尉郅都簿责讯王，王恐，自杀。葬蓝田，燕数万衔土置冢上。百姓怜之。

又云：

> 临江王征诣中尉府对簿，临江王欲得刀笔为书谢上，而(郅)都禁吏不予。魏其侯使人以间与临江王。临江王既为书谢上，因自杀。窦太后闻之，怒，以危法中都，都免归家。孝景帝乃使使持节拜都为雁门太守，而便道之官，得以便宜从事。……窦太后乃竟中都以汉

① 《汉书》卷47《文三王传》，第3210页。

法。景帝曰："郅忠臣。"欲释之。窦太后曰："临江王独非忠臣邪？"于是遂斩郅都。①

临江王刘荣一生善恶，历史未有记述，从"临江折轴"，"江陵父老流涕"，临江王葬蓝田，"燕数万衔土置冢上，百姓怜之"，可知其绝非荒淫无道之诸侯。汉景帝任用酷吏，逼死亲子刘荣，其后又保护逼死刘荣的郅都。可见郅都逼死刘荣必得景帝授意。《汉书》作者不敢指斥景帝，乃借窦太后之口，先言"帝果杀吾子"（刘武），再言"临江王独非忠臣邪"。景帝处心积虑逼杀母弟、长子之行径，昭然若揭。然而正是有了汉景帝逼杀刘武、刘荣，才为汉武帝顺利即位扫清了道路。这也是汉武帝对于父亲政治行为认可和模仿的重要心理原因。《容斋随笔》称汉景帝"考其天资，则刻戾忍杀之人耳"。此为论其人之秉性，而未遑论其人之道术，此又为洪氏未谛之处。

再看汉武帝。汉武帝之弟，河间献王"好儒学，被服造次必于儒者。山东诸儒多从之游"。② 而汉武帝心嫉之，"献王朝，被服造次必于仁义。问以五策，献王辄对无穷。孝武帝艴然难之，谓献王曰：'汤以七十里，文王百里，王其勉。'王知其意，归即纵酒听乐，因以终"。③ 据《史记·汉兴以来诸侯王年表》，河间王刘德以"孝武元光五年辛亥来朝"，又据《汉书·武帝纪》"元光五年春正月，河间王德薨"，来朝当年即薨，或为忧郁而死或为自杀，虽不可断定，然为武帝所逼迫则毫无疑问。王益之《西汉年纪》考曰："盖河间王，栗姬子，太子荣同母弟也。荣废而武帝立，固已不能无疑于栗氏子矣。况德贤明如此，而属又称兄，此帝之所以尤不能无忌也。"河间王虽非母弟，究属同父，武帝逼迫之而令死。其余同父昆弟诸侯，皆可得而知。再如一贯名声不好的中山靖王刘胜：

> 武帝初即位，大臣惩吴、楚七国行事，议者多冤晁错之策，皆以诸侯连城数十，泰强，欲稍侵削，数奏暴其过恶。诸侯王自以骨肉至亲，先帝所以广封连城，犬牙相错者，为磐石宗也。今或无罪，为臣下所侵辱，有司吹毛求疵，笞服其臣，使证其君，多自以侵冤。建元三年，代王登、长沙王发、中山王胜、济川王明来朝，天子置酒，胜闻乐声而

---

① 《汉书》卷53《景十三王传》，第2412页。
② 《史记》卷59《五宗世家》，第2093页。
③ 裴骃：《史记集解》引《汉名臣奏》之《杜业奏》，见《史记》卷59《五宗世家》，第2094页。

泣。问其故，胜对曰："臣闻悲者不可为累欷，思者不可为叹息。……
今臣心结日久，每闻幼眇之声，不知涕泣之横集也……臣身远与寡，
莫为之先。众口铄金，积毁销骨。丛轻折轴，羽翮飞肉。纷惊逢罗，
潸然出涕……"①

由《汉书》所记中山王刘胜答对，文辞可观，似不属昏庸碌碌之辈。而惩于
汉武帝之逼迫，借酒哀泣，自叹"身远与寡，莫为之先"，处处小心谨慎，却仍然
"众口铄金，积毁销骨"。此足见汉武帝对于诸侯昆弟之刻薄。中山王淫佚好
内宠，虽得安度余年，但终身无所作为。此为表象，实则也是畏于汉武帝之刻
毒，不得不韬光养晦，否则亦必如河间王之遭嫉恨。对于兄弟如此，对于子女，
汉武帝也毫不手软。巫蛊之祸，汉武帝杀害卫皇后、戾太子及两位公主，则众
所周知。

景帝、武帝两朝，天子为削弱诸侯，巩固专制，屡屡向母弟、长子下手，此固
与《穀梁春秋》所传之"君无忍亲之义"相悖。而《左氏》有"大义灭亲"之说，《公
羊》有"诛不得辟兄，君臣之义也"之说，皆可为景、武行径张本。前揭《容斋随
笔》论汉景帝则曰"考其天资，则刻戾忍杀之人耳"。按：

《春秋》经庄公三十二年"秋，七月癸巳，公子牙卒"。

《公羊传》：……杀世子母弟，直称君者，甚之也。季子杀母兄，何
善尔？诛不得辟兄，君臣之义也。然则曷为不直诛，而酖之？行诸乎
兄，隐而逃之，使托若以疾死然，亲亲之道也。

《公羊》认为，君臣之义"诛不得避兄"，所谓"亲亲之道"不过是用酖酒将人
毒死，掩饰成"使托若以疾死然"，真掩耳盗铃是也。本质上仍然是骨肉相残，
不过巧饰文辞而已。《穀梁》则不同，郑伯克段，《穀梁》以为"缓追逸贼，亲亲之
道也"。君虽贵为君，仍不得擅杀长子、母弟，不过可以逐之令去而已。《公羊》
刻忌，《穀梁》宽仁，此《公羊》《穀梁》之差异。景、武两代残杀骨肉之行径同于
《公羊》，而为《穀梁》所讥。

此乃公孙弘"尝集比其义，卒用董仲舒"之根本原因。故杜邺云："《春秋》
灾异，以指象为言语。"董仲舒借灾异而劝人主杀人立威，恰恰开启汉武帝一朝
"忍杀"之风。不论汉武帝一朝，一半的丞相被杀，仅仅巫蛊之祸中，汉武帝的

---

① 《汉书》卷53《景十三王传》，第2422页。

皇后卫子夫惨死，他们的儿子卫太子刘据、儿媳王氏，女儿阳石公主、诸邑公主，长孙刘进、孙媳史氏，侄子卫伉、外孙曹宗，以及两个幼孙、一个孙女，他们的近亲几十口人均死于非命，这不都是董仲舒教他"忍而诛之"的后果吗？

结语：习文法吏事，而又缘饰以儒术

儒家学派起于孔子。孔子言礼乐，孟子言仁义，皆不言以刑罚立威，以杀戮为"太平至公"。直至荀子，始言诛少正卯，又在《王制》篇中首云"仁眇天下，义眇天下，威眇天下"，主张以国家权威杀罚立威，"才行反时者，诛死无赦"。一般我们认为，荀子处于战国晚期，其思想之中已经融入一部分法家学说，带有综合的倾向。故而荀子的学生之中，韩非、李斯则纯为法家，韩非著书又颇能引儒家语。

韩非著书中，颇引《春秋》经义，略云：

> 鲁哀公问于仲尼曰：《春秋》之记曰："冬十二月，霣霜不杀菽。"何为记此？仲尼对曰："此言可以杀而不杀也。夫宜杀而不杀，桃李冬实，天失道，草犯干之，而况人君乎？"[①]

《韩非子》所记，托名鲁哀公与孔子对话，认为"宜杀而不杀"，乃是"天失道"。此与《公羊传》经义"诛不行，则霜不杀草"相同。按照《汉书·五行志》所记：

> 釐公二年十月，陨霜不杀草。为嗣君微，失秉事之象也。其后卒在臣下，则灾为之生矣。"异"故言草，"灾"故言菽，重杀谷。一曰菽，草之难杀者也，言杀菽，知草皆死也；言不杀草，知菽亦不死也。董仲舒以为菽，草之强者，天戒若曰，加诛于强臣。言菽，以微见季氏之罚也。

本来当杀而不杀，则为"异"；不当杀而杀，则为"灾"。此不过《论语》"过犹不及"，《中庸》"执两用中"之义。而董仲舒解释为，菽乃是草中之强者，"天戒若曰，加诛于强臣"，仍是劝杀人立威。此乃与法家韩非思想为同一理路了。

---

① 《韩非子·内储说上·七术》，周勋初：《韩非子校注》，南京：凤凰出版社，2009，第257—258页。

宋人邵伯温《邵氏闻见录》中记载这样一则故事。庆历三年,范仲淹任参知政事,富弼任枢密副使,因盗起京西,光化军知军弃城逃走。富弼主张,以军法处死乞知军者。范仲淹为之开脱云:"光化无城郭,无甲兵,知军所以弃城,乞薄其罪。"富弼不理解范仲淹意图。范仲淹云:"上春秋鼎盛,岂可教之杀人?至手滑,吾辈首领皆不保矣!"

汉朝人认为,董仲舒"为世儒宗,定议有益天下"。[①] 而甫一出手,便因辽东高庙灾、长陵便殿火,劝汉武帝杀宗室、大臣,卒酿成淮南、衡山之狱,株连甚众,若伍被、庄助等人,皆因此枉死。此董仲舒见识远不及范仲淹之处也。史云,公孙弘治《公羊春秋》,"习文法吏事,而又缘饰以儒术"。今看董仲舒,亦未尝不是如此。

在《汉书》之《董仲舒传》卷末,班氏分别引述刘向、刘歆父子评价董氏,刘向称"董仲舒有王佐之材,虽伊吕亡以加,管晏之属,伯者之佐,殆不及也"。而刘歆则认为"仲舒遭汉承秦灭学之后,《六经》离析,下帷发愤,潜心大业,今后学者有所统一,为群儒首,然考其师友渊源所渐,犹未及乎游夏,而曰管晏弗及,伊吕不加,过矣"。班氏借用刘向曾孙刘龚的意见,表达了自己的看法,赞同刘歆,而不同意刘向的看法。刘歆的话里话外,告诉大家,董仲舒毕竟只是一介书生,距离政治家还很远。

(原载于《复旦政治哲学评论》2018 年第 10 辑)

---

① 《汉书》卷 36《楚元王传》,第 1930 页。

略论宋代乡村基层组织衍变的基本趋势

夏维中[*]

摘　要: 乡里制的崩溃与乡都制的确立,是宋代乡村基层组织衍变的基本趋势。北宋前期,乡仍具有一定的职役功能。这种功能直到至和年间才因里正的废止及乡书手的变化而被基本剥离。随着经界法的实施,乡逐步成了一种地域单位。里早在北宋就已遭到巨大的冲击,而到南宋中后期,里在绝大多数地区已经名存实亡。与此同时,都逐步成为乡村基层建制的主流,并在土地控制(经界)和人户控制(编户)方面发挥着巨大的作用。

关键词: 宋代　基层组织　乡　里　都

王棣先生在《历史研究》1999 年第 4 期发表的《宋代乡里两级制度质疑》一文(以下简称"王文"),在试图否定长期以来流行的所谓乡里两级制度这一说法的同时,对宋代的乡以及乡与乡级以下基层组织之间的相互关系提出了一些新观点。遗憾的是,这些观点不仅对宋代乡的理解失之偏颇,而且基本无视宋代乡级以下基层组织所发生的重大变化及其巨大影响,割裂了乡与乡级以下基层组织之间的互动关系。由此可见,"王文"作者几乎没有能够把握和理解宋代乡里制让位于乡都制这一重大转变的过程、内涵及意义。"王文"对宋代乡村基层组织的误解程度及其后果,似乎比原先的乡里旧说更为严重。鉴于此,本文拟在既有相关成果的基础上,就宋代乡村基层组织衍变的基本趋势提出一些不同的看法。

---

[*]　夏维中,1965 年出生,江苏宜兴人。现任南京大学历史学院中国史系教授。

一、宋代乡的变化

"王文"在郑世刚先生的启发下①,对宋代的乡以及乡与乡级以下基层组织之间的关系,作出了这样的推论:"宋代乡村基层政权承袭唐后期五代旧制,实际上是以里为中心的一级政权模式"(《历史研究》1999年第4期第106页,下同),即所谓"乡虚里实,以里为中心,里正即是乡村各类行政事务的最高头目"(第101页),而"宋代乡的职能,集中体现在乡书手身上"(第106页);由于"宋代的乡书手与里正等乡村基层政权头目有着截然不同的职责分工"(第108页),因此"宋代的乡只是具有基层赋税职能的财政建制,而里、管、都保等则是具有行政职能的行政建制"(第108页),乡"与作为行政区划的里并不存在纯[统]属关系,而是一种平行的业务关系。它们之间的辖区有时重叠,有时独立,是根据各自职责的需要而划分的。从整个宋代历史的角度来看,无论县以下的地方基层政权如何变化、反复,是由里变为管,还是由管变为都,作为财政建置的乡都始终如一存在,名称毫无变化,这恰恰说明乡是与乡村各级基层行政脱钩的,是自成一体系的"。(第112页)这一推论的关键,是在把乡书手作为乡职能的集中体现的同时,把里正视作里(准确的说法应是乡级以下基层组织)的头目,并从二者各自不同的职责分工来推断出乡、里的各自不同的职能及其互不统属的关系。遗憾的是,"王文"对宋代里正及乡书手的有关论述,存在着严重的问题,并由此导致了对宋代的乡以及乡与乡级以下基层组织之间关系的曲解。

第一,宋代的里正并不像"王文"所认为的那样,是乡级以下基层组织的头目,而应该被视作以乡为单位金充的乡役,具有乡职的色彩。其实,里正早在唐代中后期就已开始兼具乡职的职能。通过五代及北宋初年的改革,里正一职已由原来的以里金选而改为以乡金选。《宋会要辑稿》职官48之25载:"诸乡置里正,[主]赋役。州县郭内旧置坊正,主科税。开宝七年,废乡分为管,置

---

① 郑世刚:《宋代的乡和管》(以下简称"郑文"),邓广铭、漆侠主编:《中日宋史研讨会中方论文选编》,保定:河北大学出版社,1991年。其对乡的评价是:"开宝废乡令后的'乡'已从实施国家全面行政职能一级基层组织,演变成为实施国家财政单一职能的行政建制。和它相应的原乡级行政区域,也同步演变成为单项行政区域而长期延续存在。宋代舆地志书在县下都记载有乡,正是单项行政区域的舆地纪实。"另外,郑世刚对乡的论述,也主要是为其对管的论述作铺垫。

户长,主纳赋,耆长主盗贼、词讼。"①开宝七年(974)的改革,在保留了以乡为单位佥选里正及乡书手的同时,还在乡之下重新设管,并以此为单位设置了耆、户长。这种做法,不仅标志着北宋里正的佥选单位已与乡级以下基层组织完全脱钩,而且意味着里正在职能上也与乡级以下基层组织头目有了更为明确的分工。当然,两者之间在职能上仍存在着交叉,那就是里正与户长共同负责催税。现存的有关史料,也明确记载了北宋里正的佥充方法、对象及其基本职能。如至和二年(1055)韩琦及治平四年(1067)司马光的有关叙述②,就清楚地表明,北宋里正的佥选,是以乡为单位进行的,具体的办法是每乡每年在第一等户中佥选一户充里正,一年一替轮充。里正除承担所在乡的催税外,还往往会被进一步佥选为号称重难的里正衙前。直到至和二年里正衙前改差乡户衙前后,里正的佥选才最终停止,而里正原先承担的催税之役则改差户长。因此,在至和以前,乡因里正及乡书手之设而仍具有一定的职役功能,并仍与

---

① [主]字为周藤吉之先生所加。学术界对"废乡分为管"一语的理解也存在着一定的分歧。周藤吉之:《宋代乡村制的变迁过程》,《唐宋社会经济史研究》,东京大学出版会,1965 年,第 571—573页。

② 由于没有真正弄清北宋里正一职的性质及佥选情形,"郑文"和"王文"对韩琦和司马光的有关论述,在引用和理解上都存在着不同程度的偏差。如"郑文"依据韩琦之言而得出这样的结论:里正在开宝废乡令后之所以还拥有着催税职权,是因为里正须由此而获得"脂膏"之利,以应付里正仍在承担的重难衙前之役。这似乎是一种误解。而"王文"对司马光之言的误解则更为严重。"王文"竟然把司马光"向者每乡止有里正一人"这句话解释为"只不过表明宋代存在乡里辖境重叠的现象而已"(第 105页)。鉴于此,似很有必要把这两件重要史料详录于下。《续资治通鉴长编》卷 179,仁宗至和二年(1055)四月辛亥:"罢诸路里正衙前。先是知并州韩琦言州县生民之苦,无重于里正衙前。自兵兴以来,残剥尤甚,至有孀母改嫁,亲族分居,或弃田与人,以免上等,或非命求死,以就单丁,规图百端,以脱沟壑之患,殊可痛伤。国朝置里正,主催税及预县差役之事,号为脂膏,遂令役满更入重难衙前。承平以来,科禁渐密,凡差户役,皆令佐亲阅簿书,里正代纳逃户税租及应无名科率,亦有未曾催纳,已勾集上州,主管纲运。及每乡被差,疏密与物力高下不均,甲乡有第一等十五户,每户物力及三千贯,乙乡有第一等五户,每户物力及五百贯,即甲乡十五年一役,乙乡五年一役,富者休息有余,贫者败亡相继,岂朝廷为民父母之意乎!请自今罢里正衙前,只差乡户衙前,令转运司将逐州军见勾到里正衙前人数,立为定额,令本县令佐将五等簿于一县诸乡中第一等,选一户物力最高者为之,如更差人亦仿此……其赋税只令户长催输,以三年一替。于是下京畿、河北、河东、陕西、京西转运司,相度利害,而皆请如琦所议。"司马光:《温国文正司马公集》卷 38《衙前札子》:"臣窃见顷岁国家以民间苦里正之役,废罢里正,置乡户衙前。又以诸县贫富不同,东乡上户家业千贯亦为里正,西乡上户家业百贯亦为里正,应副重难,劳逸不均,乃令立定衙前人数,每遇有阙,于一县诸乡中选物力最高者一户补充,行之到今,已逾十年,民间贫苦愈甚于旧。议者以为一州一县利害各殊,今一概立法,未能尽善。又里正止管催税,人所愿为,衙前主管官物,乃有破坏家产者。然则民之所苦在于衙前,不在里正,今废里正而存衙前,是废其所乐而存其所苦也。又向者每乡只有里正一人,借使有上等十户,一户应役,则九户休息,可以晏然无事,专意营生。其所以劳逸不均,盖由衙前一概差遣,不以家业所直为准。若使直千贯者,应副十分重难,直百贯者,应副一分重难,则自然均平。今乃将一县诸乡混同为一,选物力最高者差充衙前,如此则有物力人户常充重役,自非家计沦落,则永无休息之期矣……"

乡级以下的基层组织有着一定程度上的统属关系。由于没有弄清北宋里正的设置情况,"王文"不仅忽视了至和以前乡仍保留的职役功能,而且抹杀了至和以前乡与乡级以下基层组织之间在职役上的统属关系。

　　第二,宋代乡书手的性质在至和前后发生了重大变化,而这种变化,却并不是像"王文"所声称的那样,是因为"两税法之后的赋税征收的复杂化和多样化,使乡作为单一的财税区划掌握了乡村赋税征收的实权,成为乡村管理体制及赋税征收机制中的中枢"(第111页),反而恰恰是乡职役功能弱化并最终被剥离的结果。在至和二年以前,乡书手也与里正一样,是以乡为单位佥选的乡役,其职责是在里正的领导下,负责各乡赋役簿账的编造。在至和二年里正被废止之后,乡书手一职由乡役而变为县役。而在熙宁之后,乡书手的佥充方式则更由差役而逐步改为募集,并与其他形式的县职役一起过渡为县衙胥吏[1],其编制也基本上按一乡设一人的办法而被固定。从此以后,乡书手已基本上与乡役无关。

　　"王文"虽注意到了乡书手一职地位的变化,却并没有完全弄清这种变化的原因及其后果。"王文"不仅曲解了至和以前乡书手在乡役中的位置和职能,割裂了乡书手与里正之间的相互关系,而且错误地把至和以后已由乡役上升为县役,并进而成为县衙胥吏的乡书手的职能,作为论证其所谓宋代乡职能的主要依据,从而不可避免地对乡的职能产生了误解。事实上,在至和二年里正被废之前,基层催税之役是由依乡为单位设置的里正、乡书手,以及依管设置的户长等一起承担。而在至和之后,尤其是进入南宋之后,承役人员则主要是乡级以下基层组织的头目,佥役的单位也主要是乡级以下的基层组织。因此,尽管宋代乡村组织确实像"王文"所言,是越来越"以催科为急务,以赋税征收为压倒一切的任务"(第112页),但单就以稽征赋税为主要内容的役的角度而言,功能得到强化的是乡级以下的基层组织,与此同时,乡的作用反而大大下降。"王文"所谓"乡的稽税职能日益强化,最终演变为单一的财税区划"这一论断,与事实恰恰相反。

　　第三,由于职役功能被剥离,在至和之后,尤其是在经界法实施之后,乡已基本上变成一种地域单位。其最主要的功能是登记土地、确定税则和税额。它与乡级以下基层组织的关系,是一种以土地登记为主要内容的地域统属关

---

　　[1]　周藤吉之:《宋代乡村制的变迁过程》,《唐宋社会经济史研究》,第596—600页。

系。这种统属关系与唐代典型的乡里关系最大的不同之处在于:后者是以户口递进作为设置依据的,而前者则是以地域范围的递进作为设置原则的。

其实,经唐中后期及五代的团并,加之宋初的调整,宋代前期的乡已经具备了相对稳定的地域范围。如"王文"中的《京兆府唐宋各时期乡数对照表》,一方面虽证明了京兆府属各县之乡数从唐至宋初呈大幅下降之趋势,[①]但另一方面也同时显示了该府各县乡数在北宋太平兴国到熙宁年间的长期一致性。当然,在其他的一些地区,如"王文"所举的湖州各县,其乡数在宋初调整之后确实仍有变动,但其幅度似乎有大有小,并不一致,而且其并乡的时间大致也都是在大中祥符以前。[②]

至和二年里正被废后,乡已成为县以下的基本地域单位。而南宋经界法的实施,不仅使乡在都的基础上进一步成为土地登记不可或缺的单位,更重要的是,也使乡界的划分在赋役征发中具有不同于以往的作用。因为在经界法之后,不仅各乡的土地面积通过砧基簿的制作而被固定,而且各乡的税则及税额也同时被确定。在"税不出乡"的原则之下,这也必然会造成"田多税少"之乡与"田少税多"之乡之间因税额不同而在徭役负担上的差别[③]。这种差异反过来又强化了乡的地域功能,加强了乡分的稳定,因为这种差异性决定了乡在赋役征发中不可替代的地位。乡界的固定,加之都的确立,正是经界法之后南宋赋役征发的基础。"王文"在评价宋代乡的作用时,过分纠缠于乡作为"一级财政区划"的所谓功能上,殊不知这些所谓的功能,正是乡作为地域单位后的

---

① 有关唐代长安乡里的变化情况,参见武伯纶:《唐长安郊区的研究》,《文史》第三辑,1963 年;《唐万年、长安县乡里考》,《考古学报》1963 年第 2 期。爱宕元:《唐代地域社会研究》,第一章《两京乡里考》,1997 年,同朋舍。

② 就《嘉泰吴兴志》卷 3《乡里》中的有关材料来看,乡数变化较大的是长兴县(唐末或宋初 30 乡,嘉泰年间 15 乡)、武康县(唐天授年间 20 乡,后梁开平年间 13 乡,大中祥符年间 5 乡,嘉泰年间 4 乡)、德清县(唐天授年间 17 乡、嘉泰年间 6 乡)。由于史料不足,我们无法确定长兴、德清(天授年间由武康析出)并乡的确切时间,但从武康的情况来看,这二县大规模的并乡似也应在大中祥符以前。乡数比较稳定的是乌程县(宋初为 31 乡或 30 乡,太平兴国年间析出 15 乡置归安县,为 16 乡,景德年间为 13 乡,熙宁年间为 11 乡,嘉泰年间因震泽乡分为二扇而增至 12 乡)、归安县(太平兴国年间为 15 乡,大中祥符年间为 11 乡,嘉泰年间为 10 乡)、安吉县(宋初为 25 或 20 乡,嘉泰年间为 16 乡)。这一史料中出现的《旧图经》《统记》《吴兴统记》之有关情况,请参考张国淦:《中国古方志考》,北京:中华书局,1963 年,第 346—348 页。

③ 周藤吉之:《南宋乡都的税制与土地所有》,《宋代经济史研究》,东京大学出版会,1962 年,第 480—485 页。《南宋的役法与宽乡、狭乡、宽都、狭都的关系》,《唐宋社会经济史研究》,第 649—664 页。各乡的税则在相当长的时间内一直被沿用。如嘉靖《太平县志》卷 2《乡都》载:"国朝洪武中遣官疆理天下,乃去保立都图,特税粮上中下则,仍依各乡之旧。"

必然结果。在土地私有化程度不断提高且其交易日益频繁、佃户人数众多且人口流动不断的现实条件下,只有使乡成为具有固定范围的地域单位,才能控制住最重要的税源(土地),并由此来控制住土地的主人(地主)以及耕种这些土地的广大佃户,从而使赋役的征发成为可能。宋代各类赋税的簿账及相关文书之所以要以乡作为基本编制单位,就是因为乡所具有的这种地域功能。宋代的乡之所以长期存在,不可动摇,原因也是如此。

二、宋代里的崩溃

"王文"依据"宋代乡村基层政权承袭唐五代旧制,实际上是以里为中心的一级政权模式"这一推断,不仅始终把里作为宋代乡级以下基层组织的重点加以论述,而且在有关里的史料引用上,也几乎不考虑其不同的时间背景。这种做法,违背了这样一个基本史实:宋代里的内涵,早在北宋就已发生了巨大的变化;而在南宋经界法后,尤其是到了南宋中后期,里更是在绝大多数地区已名存实亡了。

正如"王文"所言,"百户为里"这一旧制,早在唐代中后期就已面目全非了。因此,五代、宋初对乡级以下基层组织的混乱局面进行重新梳理也势在必行。后周显德年间的团并乡村,在乡之下新设了以耆长为头目的团。宋初开宝七年的废乡令,又在乡下重新设置了以耆、户长为头目的管。尽管目前对管设置的地域范围,尚存在着不同意见,[①]但可以肯定的是,依里设管至少是其中的具体做法之一[②]。而周藤吉之先生甚至还认为,在经过一段时间的衍变后,在以户长为头目的管之下还分设了以耆长为头目的耆。管、耆的设置,对原先的里肯定产生了冲击。

周藤吉之先生曾引用泸州江安县的例子来说明南宋耆与都保之间的关系[③],这对理解北宋中前期里与管、耆之间的传承关系也同样很有启发性。《永乐大典》卷2217所引《江阳谱》载,江安为1乡1里8耆32都,编志者对此有一脚注:"《祥符旧经》一乡曰永安,七里曰上明、罗刀、食禄、大硐、罗融、罗隆、小溪。《九域志》一乡同上,一镇曰绵水。后改乡为绵水,里仍曰上明,耆仍

---

① 周藤吉之:《宋代乡村制的变迁过程》,《唐宋社会经济史研究》,第570—571页。

② 郑世刚:《宋代的乡和管》。

③ 周藤吉之:《宋代乡村制的变迁过程》,《唐宋社会经济史研究》,第589页。

曰罗刀、南井、江北、罗隆、城外、旧江安、罗东、山南,凡八。今惟士人应举,卷首书乡里名,至于官府税籍,则各分隶着下。故结甲日,以着冠都。今仍以着书。"由此可见,该县从大中祥符年间的 1 乡 7 里制,衍变为后来的 1 乡 1 里 8 着制。原有的 7 里,仅"上明"这一里名仍得以保留,并与乡合一而趋虚化,另有罗刀、大碉(即江北)、罗隆 3 里名被直接继承为着名。该例为我们揭示了保甲制之前里的衍变情形。

其实,里在北宋的这种变化趋势,也可以在方志中找到佐证。如被"王文"认为是"详细登录了宋代长安地区的乡里配置"的《长安志》(成书于熙宁九年),其有关里的记载实际上是残缺的。在该府 24 县中,有里数记载的仅为 14 个县,其余 10 县则无此项记载。而在有记录的 14 县中,万年县的 7 乡中就有 5 乡缺里数,其余的 13 县中则又有 11 县都是一乡一里制(其中富平县在里数下又有村数)。[①] 这种残缺,正是里在当时乡村基层建置中地位下降的明证。

在熙宁保甲法之后,尤其是进入南宋后,里的地位更是急剧下降。与此同时,都的地位则不断上升,并成为乡村社会经济中最重要的基层组织。周藤吉之先生已通过大量的考证充分证明了两浙、江东、江西等路在南宋中期后乡都制广泛推行的程度。[②] 到南宋后期,虽然不少地区的方志中仍保留里名,但其中的绝大多数已并不在乡村基层建制中发挥实际作用,而只是名称的遗存而已。"王文"多次提及的所谓"乡里辖境重叠又分设乡里"即一乡一里的现象,其实并不是什么"宋代乡与里各具不同职能的反映"(第 105 页),反而恰恰是里职能丧失之后乡里制的一种残存形式。周藤吉之、柳田节子先生曾依据《重修琴川志》卷 2《乡都》中的有关记载,令人信服地论证了在南宋乡都制之下,常熟县原先的里是如何被分解到各都并成为残迹的情形。[③] 同样的情形也见于湖州。如果比对一下《嘉泰吴兴志》卷 3《乡里》所载景德年间乌程县 13 乡所属诸里,就会发现同一里被分解到 2 乡甚至 3 乡的现象。如崇仁里就同时出现在三碑乡、移风乡、崇教乡,而城山里、孺山里则同时出现在 2 乡。开化里、新兴里甚至同时出现在乌程和归安(太平兴国年间由乌程县析出)的 2 个

---

① 柳田节子:《宋元乡村制研究》,创文社,1986 年,第 389 页。

② 周藤吉之:《南宋乡都税制与土地所有》,《宋代经济史研究》,第 437—473 页。

③ 周藤吉之:《南宋乡都税制与土地所有》,《宋代经济史研究》,第 450—454 页。柳田节子:《宋元乡村制研究》,第 391—393 页。

或 3 个乡。据此基本可以肯定乌程县的里制早在北宋时就已崩溃。而至嘉泰年间,该县已经改行乡都制了。①

既然里在宋代尤其是在南宋已不再是乡村主流,那么,我们在论述宋代基层组织时就应该注意到这种变化趋势,至少在史料引用上应作一些起码的斟酌。遗憾的是,"王文"在论述乡与乡级以下基层组织及其相互关系时,不仅始终把里作为宋代乡级以下的所谓"政权机构"来进行论述,无视宋代乡级以下基层组织所发生的根本性变化,而且在史料的引用上也大可商榷。如"王文"大量引用了南宋方志中有关里的材料,却又不对里在当时农村基层建制中的实际作用稍加分析。像"王文"中《南宋时期里数、户数对照总表》所依据的有关方志,其实已经清楚地显示,这些地区中的绝大多数已经或正在实行乡都制②,而里也基本上不再是原先意义上的基层组织,其地域范围和所属人户已相当混乱,难以确定。但"王文"对此却不闻不问,仍然用各府州县的总户数除以其相应的总里数来求得每里平均户数,并以此来证明"无论是北宋,还是南宋,里的管辖户数也不是'百户一里'的编制"(第 103 页)这一论点。"王文"之所以会有这样的错误,说到底,还是因为作者没有弄清宋代乡级以下基层组织的变化过程,尤其是都的确立这一关键问题。

三、南宋都的确立

南宋都的确立,不仅是宋代乡村基层组织发展衍变过程中的大事,而且对宋代以后产生了重大影响,甚至可以说是几乎奠定了元、明、清三代乡村建制的基本格局。令人不解的是,"王文"竟能在几乎不涉及都这一关键因素的前

---

① 嘉泰《吴兴志》卷 3《乡里》:"今分震泽为上下扇,为十二乡,共五十六都。"对该卷中"都独""都副"的解释,曾我部静雄与周藤吉之存在着分歧。曾我部静雄:《中国行政区划图的起源》,注[1],《东洋史研究》17 卷第 1 期;周藤吉之:《南宋乡都税制和土地所有》,《宋代经济史研究》,第 446 页。

② 《咸淳临安志》卷 93《堰》条记载了潜县各堰的位置时,就用了乡都。《云间志》卷上《乡里》非常明确地记载了华亭县各乡的保(相当于都)、村、里体系。《景定严州续志》卷 2《税赋》有关庆元年(1259)建德县修明经界之记载中,就有建德县"九都十二都"之说。《宝庆四明志》记载鄞县为乡里村制(一乡一里,卷 13),奉化为乡管里村制(管被视作里,卷 15),慈溪为乡里村制(卷 17),定海为乡里村制(一乡一里,卷 19),昌国为都里村制(卷 20),象山为里保制(卷 21)。如果参考一下《延佑四明志》中的有关记载,则该府各县的乡都制更加清晰。《淳熙新安志》卷 4 记载祁门县为乡都制。《淳熙三山志》卷 14 明确记载了福州各县在绍圣及淳熙年间设立的保正副诸役人员。《江阳谱》记载了泸州所属于县各乡的都数及各都的户数。除上述史料外,周藤吉之还引用了大量其他材料来证明上述地区及其他一些地区实行乡都制的过程,见前引《宋代经济史研究》第 437—472 页。

提下而对宋代的乡村制度作总体的论述。

宋代的都肇始于熙宁保甲法。设置这一人户编制单位的初衷,原本是为了地方治安和防卫。几经衍变,至南宋后尤其是在经界法之后,都已逐步成为乡村最重要的基层组织。一方面,保甲的性质已发生了重大变化,原先只承担地方治安等职责的保甲头目,如大保长及都、副保正,至此已承担了几乎全部的乡役;另一方面,都也逐步成为乡级以下固定的建制,不仅拥有基本稳定的地域范围,而且是土地和人户登记、赋役征发的最基层单位。

原先出于乡村治安等目的而设立的保甲组织,很快就出现了职役化的趋势。熙宁八年(1075)出现的由催税甲头、都副保正等替代户、耆长及壮丁承役的做法,是保甲组织职役化开始的标志。[①] 在此以后,虽募役、差役历经反复,但最终还是确定了由保正副、大保长代替原先的耆、户长(在福建等个别地区仍设有耆长)来承担乡役的制度。[②] 正如叶适所谓:"耆户长之役,尽以归于保正副。"[③]

在职役化的同时,原先作为人户编制单位的保甲组织逐步开始具备地域功能。尽管目前仍无法弄清最初的保甲编制是以管还是以耆为基础进行的[④],但仍可以确定保甲的编制肯定触动了原先的管、耆建制。南宋经界法的实施,使(都保)这一保甲建制逐步成为乡之下最重要的土地登记单位,并由此又成为赋役登记、核算的基本单位[⑤],其地域功能大大强化。至此,拥有固定地域范围的都,已同时行使着编户和经界的职能,也就不可避免地要成为徭役编排和佥充的基本单位。陈傅良曾对役法中的这种变化进行过论述:

> "役法者,五等簿长[是]也;保甲法者,鱼鳞簿是也。五等簿者,以通县计之,自第一至[第五等],以其户强弱,各自为簿。鱼鳞簿者,以比屋计之,自第一至第几都,不以其户强弱,并为一簿。各自为簿,即第一等之中,虽有强弱,要不失于上户;第二等之中,虽有强弱,要不失于中户;以其力略相等,故其役均。并为一簿,即或一都之中,适多强户,则歇役之日长;或一都之中,适多弱户,则歇役之日短;或一

---

① 《续资治通鉴长编》卷263,熙宁八年闰四月己巳条。

② 周藤吉之:《宋代乡村制的变迁过程》,《唐宋社会经济史研究》,第600—623页。

③ 叶适:《水心别集》卷13《役法》。

④ 周藤吉之:《宋代乡村制的变迁过程》,《唐宋社会经济史研究》,第588—589页。

⑤ 周藤吉之:《南宋乡都税制与土地所有》,《宋代经济史研究》,第433—545页。

都之中,适皆弱户,则于其中不得不推排一二以为强户,则无复歇役之日;以其力相殊绝,故其役不均,此甚较然矣。"①

陈傅良此札的本意,原是要批评以都作为金役单位后所造成的负担不均,但也为我们提供了保甲法职役化后徭役以都金充的情形及与过去的不同。南宋中后期的役法改革,也始终是围绕着都这一中心而展开的。元代江南的役法改革,同样也是如此②,并最终形成了明初里甲制的雏形。也正是都逐步成为乡村建制的主流并发挥着巨大作用,才最终导致了南宋中期以后乡都制的形成,并使乡里制彻底退出了历史舞台。

因此,只有从都的确立入手,才能真正把握住宋代尤其是南宋乡村基层组织的关键职能及总体衍变趋势。"王文"中曾多次出现诸如宋代的乡是"财税区划"、里是"行政区划"之类的提法。这种提法,貌似精辟,而实际上却并不准确。其实,宋代乡村基层组织最重要的职能,仍是征发赋役,其实质仍是为了体现"有田则有租,有家则有调,有身则有庸"③这一封建社会历代相承的赋役制度原则,其中尤以役的金充为重中之重。不过,正像"王文"所指出的那样,唐中期以降土地制度的剧烈变化以及随之而来的赋役制度的大变革,确使宋代的基层组织从一开始就面临这样的重大挑战:一是在土地已成为赋税主要征收对象,而其私有化程度却又日益提高且其交易又日趋频繁的现实条件下,如何保证土地及其赋税的登记、稽核和征收,即土地的控制问题;二是在地主经济日益发达、佃户数量众多以及人口流动量有较大增长的现实条件下,如何保证人户的登记及户、丁税的征收和徭役的编排,即人户的控制问题。由于土地同时也是确定户等、金充徭役的重要依据,而其赋税也需基层人役催征,因此,上述的土地控制与人户控制实际上又构成了宋代赋役制度中的两个相互关联的不同层面,并由此而决定了宋代乡村基层组织,必须同时兼具控制土地和人户的职能。

事实上,宋代的基层组织也正是以此为目标而不断进行变革的,并最终导致了南宋乡都制的确立。至此,朝廷以乡、都为基本地域单位,以土地占有为关键依据,以徭役编排为主要内容,对人户进行登记和控制,从而初步实现了

---

①　陈傅良:《止斋文集》卷21《转对论役法札子》。
②　柳田节子:《宋元乡村制研究》,第132—163 页。
③　马端临:《文献通考》卷1《田赋三》。

基层组织兼具土地控制(经界)和人户控制(编户)双重功能的目标。因此,宋代的乡与乡级以下基层组织,不仅不像"王文"所称的那样,是被"划分为财政系列和行政系列,实行乡里分治以承担不同的职能"(第 109 页),反而是在新形势下重新建立了二者之间不可分割的相互关系。

宋代是一个承前启后的朝代,前后历时 300 余年,且又有北、南之分,因此其基层组织具有明显的特点。一是无论其形式还是内涵,都一直处于不断变革之中,令人眼花缭乱。相关的重大变革就先后有开宝废乡令、熙宁保甲法、绍兴经界法、保伍法等等。每一次变革,都对乡村基层组织产生过重大影响,同时也使宋代农村基层组织在不同阶段拥有各自的内容和特点。二是区域之间的差异更增加了问题的复杂程度。北宋承中原五代而兴,虽一统全国,但其各区域之间尤其是南北之间的地区差异却相当大。即使在南渡之后,南宋各区域之间的差异仍长期存在。这种差异也同样对基层组织会产生影响,并使之呈现出不同的地域特点。因此,在宋代,同一名称的乡村建置,或同一名称的基层组织头目,在不同的时期,在不同的地区,其形式、内涵、功能等未必就完全一致。如果不加区别而混为一谈,则难免会犯鲁鱼亥豕式的错误。当然,宋代乡村基层组织的这种调整和衍变,也并不完全是杂乱无章、毫无头绪的,其最终的目的就是建立起一套适应新的社会经济形态的乡村建制。乡里制的崩溃与乡都制的确立,是宋代乡村基层组织衍变的基本趋势。元、明基本定型的乡村建制,也正是这种变革的最终结果。

(原载于《历史研究》2003 年第 4 期)

试论明代中期江南都图地籍系统的形成及其影响

夏维中

摘　要:北宋"乡里制"向南宋"乡都制"的衍变,是江南农村基层组织的重大变化之一。"都"从原先保甲制下的人户组织转变为同时具有经界和编户功能的农村基层地域区划。"乡都制"是明中前期江南里甲制度的基础,并使里甲组织能同时兼具控制土地(鱼鳞图册)和人户(黄册)的职能。明代中后期的地籍紊乱、黄册失真、优免过度以及由此引起的一系列赋役危机,使里甲制度难以为继。为此,江南各地纷纷进行土地清丈,以"图"(里)作为基本地域单位编制新式鱼鳞图册,一图一号,"图"由此代替了"都"而具备了土地经界的功能,地籍登记系统的"都图制"开始确立,并为后代完全继承。

关键词:鱼鳞图册　清丈　都图制

> 此帙除官署存册外,民间绝无他本。各户地粮,均可按图索骥,
> 诚吾曹之秘笈,而参考之要件。得时颇非易易,愿吾后人世世守之。
> 嘉庆九年十月林一识。

上述批语,写于中国国家图书馆藏清嘉庆九年抄本《长元吴三邑鱼鳞总册》第一册首页,作者应是一位衙役、册书或类似的角色。这一批语,寥寥数言,道出了清代鱼鳞图册的重要性。清代的鱼鳞图册,其重要性空前绝后,其原因就是以此为标志的地籍系统,已基本上取代了户籍,几乎成为官方征发赋役的唯一依据。相对于明初的黄册系统而言,这一变化是历史性的颠覆。

当然,清代地籍系统地位的确立,经历了漫长的历史过程。大约从明中期开始,人丁和土地登记的失控,导致黄册信息的严重失真,里甲的运行日趋困难。为摆脱困境,基层官员开始把土地作为改革的突破点,在大规模清理土地

的同时,也逐步开始通过货币化等手段,把大量的里甲负担转嫁到土地之上。

土地清理与赋役改革相辅相成,也不断重塑着农村基层组织的面貌。里甲组织的编制虽照顾到了其地域性,但它本质上仍是人户组织,而地籍系统是通过里甲组织来控制和运行的。不过,随着明代中后期新式鱼鳞图册的逐步建立,图(里)成了土地登记的基本单位。应特别注意的是,明代后期的农村地区,再次重复了南宋、元代的做法,存在着两套登记系统,一是以都图为单位的地籍登记系统(南宋、元代是都保系统),一是以此为基础的基层组织(人户或徭役)系统。后者经历了激烈的变革,其人户编制的范围甚至超出了或打破了明初以来一直强调的都分,如均田均役法就是如此。但前者一旦确立,即岿然不动,并最终又成为清代赋役征派的归宿。因此,要理解明代后期以降的江南农村基层组织的衍变,就必须弄清土地登记的问题。

一、明初地籍系统仍从属于黄册系统

鱼鳞图册自南宋产生以来,就是国家土地管理和赋役征发的根基,并对农村基层组织一直发挥着重大影响。梁方仲先生曾对地籍与户籍相互消长的过程作过精辟的论述,即汉唐之间朝廷最看重的是兼具地籍和税册功能的户籍,而土地只是户籍的附带登记项目,唐宋以后随着土地私有制的发达,土地占有对户等编排的影响越来越大,各种单行的地籍如方账、庄账、鱼鳞图、砧基簿、流水簿、兜簿等便相继建立,并逐渐取得了和户籍平行的地位。[1] 在此基础上,何炳棣、栾成显等学者对鱼鳞图册等地籍作了进一步论述。[2] 尚平先生还详细论述了南宋砧基簿向鱼鳞图册转化的过程,认为"原本对土地登记相对分散的户籍——砧基簿在经历了南宋前期的一段使用过程后,开始采用分级编定字号方法标识田地丘段,土地登记才得以在脱离户名的情况下实现,砧基簿中原来的土地绘图也由此逐步按照土地丘段的自然地理分布汇合,从而编制

---

① 梁方仲:《中国历代户口、田地、田赋统计》,"总序",上海:上海人民出版社,1980年。

② 何炳棣:《南宋至今土地数字的考释和评价(上)》,《中国社会科学》1985年第2期;栾成显:《明代黄册研究》,北京:中国社会科学出版社,1998年,第169页;栾成显:《徽州鱼鳞图册文书的遗存及其研究价值》,《黄山学院学报》第7卷第1期,2005年2月;吴松弟:《中国人口史》第三卷,上海:复旦大学出版社,2000年;赵冈:《简论鱼鳞图册》,《中国农史》2001年第1期;龚汝富、姚小建:《南宋理财家李椿年与"经界法"的推行》,《烟台师范学院学报》1998年第3期。

成新型的独立的以不同自然（行政）区域为单位的专门性土地籍册——鱼鳞图册"。①

不过，鱼鳞册的出现，是否像尚平先生在前引文中所称的那样，"改变了以往户籍在兼为地籍、税册记录产税时所采用的以土地从人户的登记模式，而转变为以户从地登记，并由此导致了地籍与户籍的分离"，则仍可以商榷。陈高华先生曾对宋元户籍与地籍的相互关系问题作过深刻的总结，并指出，"就元代而言，仍是一个过渡时期。北方土地仍登记在户籍册中，南方户籍登记时包括土地在内，但同时沿用南宋时开始的各种土地籍册。元朝末年，江南（主要是浙东）若干地区核田定役，建立了多种土地籍册（多数应沿袭自宋代）。至于全国范围内土地籍册的建立，应是明代的事；但元代浙东的核田建籍，无疑对明代有重大影响"。② 不仅如此，即使到了鱼鳞图册已经非常完善的明初③，地籍系统仍没有与户籍系统即黄册系统完全分离，也不可能分离。从某种程度上而言，尽管地籍（鱼鳞图册）系统是决定黄册（里甲）系统的重要因素之一，但前者在本质上仍服从于后者。

其实，明初建立起来的里甲组织，也与宋代的基层组织一样，从一开始就必须解决两大问题：一是在土地已成为赋税主要征收对象，而其私有化程度却又日益提高且其交易又日趋频繁的现实条件下，如何保证土地及其赋税的登记、稽核和征收，即土地的控制问题；二是在地主经济日益发达、佃户数量众多以及人口流动量有较大增长的现实条件下，如何保证人户的登记及户、丁税的征收和徭役的编排，即人户的控制问题。由于土地同时也是确定户等、金充徭役的重要依据，而其赋税也需要基层人役催征，因此，上述的土地控制与人户控制，实际上又构成了明代赋役制度中两个相互依存的不同层面，并由此决定了明代的里甲组织，必须兼具控制土地和人户的职能。明初对里甲组织的设计，也正是基于这样的考虑。

就本质上而言，洪武时期编制的江南里甲组织，就是在宋元基础上建立起来的人户组织。这一农村组织，是在充分考虑地缘性（大致以"都"为基本地域

---

① 尚平：《南宋砧基簿与鱼鳞图册的关系》，《史学月刊》2007年第6期。

② 陈高华：《元朝的土地登记和土地籍册》，《历史研究》1998年第1期。

③ 就江南地区而言，明初尤其是洪武二十年后建立起来的鱼鳞图册，其真实性大致是可靠的，并非像有些学者所认为的那样是虚应故事，纸上谈兵。参见栾成显：《洪武鱼鳞图册考实》，《中国史研究》2004年第4期。

范围)的基础上,通过黄册和鱼鳞图册这两个既相互独立又紧密相关的登记系统,在控制农村人丁和田地的同时,对农户进行分等(户等),并以此为依据进行编制的。不同户等的人户,分别承担里长、甲首等不同的里甲角色,完成各自的任务,这就是王毓铨先生所称的"配户当差制"。① 同时,里甲是作为一个单位共同承担责任的,其内部虽有分工,但各类角色缺一不可,否则难以运转。因此,黄册的真实与否,是里甲组织能否进行十年一次顺利编制的关键。黄册处于核心地位,相对而言,鱼鳞图册则处于从属地位,尽管其不可或缺。

二、明中期黄册失真问题

鉴于宋元时期江南农村基层组织长期存在的弊端,明初朝廷为保证里甲(黄册)制度的确立和正常运转,曾采取了一系列的超经济措施,调整了该地区的社会、经济等关系,尤其是土地占有关系,缓解了诸多矛盾,并使原先困扰基层组织的诸多因素得以暂时理顺。其中最为重要的举措,就是强化土地控制与人户控制,并使里甲组织兼具土地和人户的管理职能。必须指出的是,明初的调整,尤其是通过降低商业化的发展水平来遏制土地和人员流动之类的做法,从某种程度上而言是对宋元江南地区社会、经济衍变大趋势的一种反动,一种倒退。当明初的高压条件一旦削弱,即该地区的社会经济回归常态,江南农村基层组织固有的问题便会死灰复燃,宋元的老问题就会重新显现。因此,明中期以来江南里甲组织所面临的许多问题,在宋元时代几乎皆不同程度地出现过,也并不是什么新鲜事。

成也萧何,败也萧何! 以里甲为主的江南农村基层组织体系,在明中期之所以开始出现问题,就是因为其得以确立的两大支点即人户控制和土地控制出现了严重问题,其核心就是黄册登记信息严重失实,黄册已越来越与农村社会的实际情况脱节。

陈支平先生曾总结过其原因,认为"黄册、鱼鳞图册制度与生俱来的、无法克服的两个严重弱点,决定了它们不可能得到切实施行的命运。这两个弱点就是:一、黄册下的农民家庭是静止的、没有流动的;二、鱼鳞图册下的土地必须归属于同一范围内相应的黄册里甲内的农民所有,任何超出这个空间范围

---

① 王毓铨:《明朝的配户当差制》,《王毓铨史论集》,北京:中华书局,2005 年。

的人口流动和土地买卖转移,都将迅速破坏黄册和鱼鳞图册的稳定及其实施的可靠性".[①] 就总体而言,这一看法基本上道出了明初里甲制度的固有弱点。不过,黄册制度变化的过程及其复杂性,却远远超出想象。

尽管目前仍未发现真正意义上的黄册原件,但从现存底册及方志等文献的有关记载来看,各个县(州)的黄册一旦编定以后,几乎很少再有变动。其基本的情形是,各县依照乡都(有些地方为"保")编制里甲(习惯上称"图"),都分早在宋元时期就已定型,而里(图)则为明初编定。按照明初的规定,里甲十年编审一次,根据情况变化而进行及时调整。对某一个都而言,如都内户口产生较大变动时,里甲数目就必须进行调整,人户增加量达到或超过110户时,就应新编里甲("增图"),反之亦然("减图")。但实际上几乎不存在这样的情况,因为现存方志表明,江南各县的都图数量,除少数个案外,自明初以来基本上是稳定的。在某种程度上而言,"里"(图)与"都"一起构成的都图,在绝大多数地区已开始成为一种基层地域区划,具有经界的意义。同样,按照明初的规定,每个里甲的人户也须根据人丁事产的变化而重新调整角色。具体而言,就是里甲人户皆可升可降,里长户、甲首户、畸零户之间可以升降互动。而其根本的前提,就是要对人户的人丁和事产有比较准确的把握。

栾成显先生对徽州黄册的微观研究表明,明前期徽州地区黄册编审中的人丁事产登记,仍是比较准确的,其真实性也是基本可靠的。即使到了万历后期,徽州的黄册攒造,仍能较为全面地反映人户登记的各项要素,诸如里长、甲首户的人丁事产和升降,以及人户继承、告明立户等内容。不过,正如栾氏所言,万历后期的徽州黄册,在人户登记方面也已明显存在问题,如虚报("浮丁")、漏报、隐瞒年龄等,其中尤以大户隐瞒人丁的情况最为严重。栾氏曾对徽州休宁县里仁乡二十七都第五图甲长户朱学源户进行过详细研究,发现该户从万历十年到万历四十年之间的四次黄册编制中申报的"实在人丁"总数均为48口,而据其他材料可以确认,万历四十年朱学源户实际上拥有40多个子户,崇祯十五年又增至50多户。这一微观研究表明,即使是在里甲比较稳定的徽州地区,黄册失实的问题仍然比较严重。[②]

当然,徽州的里甲有比较鲜明的地域特色,与江南的情形或许有较大的出

---

① 陈支平:《民间文书与明清赋役史研究》,合肥:黄山书社,2004年,第84页。
② 栾成显:《明代黄册研究》第四章、第六章、第十一章,北京:中国社会科学出版社,1998年。

入。因受现存文献史料所限,江南地区的黄册失实问题,无法像徽州那样进行微观研究。不过,根据有关文献如方志的记载,明代中后期江南地区的黄册失实问题无疑已非常严重。只要浏览一下现存方志中有关明代尤其是明代中期的户口人丁数据,就不难得出这样的结论。即使是有些主持方志编纂的地方官员,对此局面也毫不讳言。如万历《重修宜兴县志》在论述当时的户口登记时,就明确指出黄册已失去了真实性,不足为据:

> 国初每户各给户贴,备开籍贯、丁口、产业于上,军、匠籍例不分户。每十年一造册,其丁口填减,田产开除,皆照见额,法已密矣。但岁久人玩,弊端渐生,或有户无人(花分之弊),或有人无户(诡寄之弊),或载丁不实(谓已死无以为贿不开除),或实丁不载(谓已成丁而受其贿则隐不上册),其户口之或多或寡,册俱不足凭也。为今之计,务在申明脱漏之条,兼仿隋人貌阅之法,不论土著寄庄(本县富室,多有借托他处显宦,捏作寄庄,以隐蔽自己田产冒免差役者,然他宦既于其本所获优免矣,此处田产纵委自置,岂容重免),一以律施之,见丁立户,尽革花分、诡寄之私,据户编甲,勿纵因仍(谓失除丁)、躲闪(谓失收丁)之计,夫如是则即甲可以稽户,即户可以验丁,一整核之下,永无虚丁、空丁之弊矣,钱粮何患于逋追,役使何忧于偏重耶?[①]

户口人丁的失真,仅是问题之一,更严重的还是土地管理的失控。众所周知,里甲组织若要顺利运转,其头目尤其是里长户应具备相应的经济实力,尤其是必须拥有一定的田地(这也是里长户承役的主要理由之一)。明初为保证里甲组织的编制,朱元璋曾利用各种手段,对江南地区的土地关系进行过广泛而持久的干预,对原先掌握在大地主手中的土地直接予以剥夺,变成由国家掌握的官田,并由广大底层农民佃种,从而在宋元官田基础上建立起庞大的官田体系。森正夫先生曾对明初江南官田的数量、比例、来源及管理等方面作过深入的研究,可资参考。[②]明初的这种干预,目的固然很多,但其中最为重要的是朝廷希望改变元末江南土地过于集中的局面。说到底,明初朝廷就是要在江南地区建立起一个适度的地主经济体系,而这一体系又是里甲组织得以确立的基础之一。为保证里甲组织之间土地占有的相对均衡,朝廷对土地流动

---

① 万历《重修宜兴县志》卷4《食货·户口》。
② [日]森正夫:《明代江南土地制度研究》第一章、第二章,同朋舍,1988年。

也进行种种限制,如官田不许买卖等等。

不过,在江南这样商业化程度极高的区域,要人为压制土地的流动是相当困难的。事实上,明中期以来江南的土地流动趋势愈演愈烈,不可逆转。不少学者认为,明初为保证里甲的平衡,曾出台过"田不出都"之类的原则,即土地虽可买卖,但土地原有的里甲归属不能改变,只许寄庄,不许跨都推收过割。但这种政策在江南地区是否真正实行过,颇值得存疑。退一步而言,这一政策即使在明初曾经实行过,那么到了明中期也肯定难以为继了。

栾成显先生曾利用明代后期的徽州黄册底籍,从土地买卖与田土占有形态的角度,对明中期以后愈演愈烈的土地兼并、频繁迅速的土地买卖以及黄册制度因此受到的冲击进行过详细的论述。他认为,"明初所实行的都有定额,里有额田,买田立子户,田不过都之制,在土地买卖已经十分频繁的明代,是根本行不通的"。[①] 徽州的情况尚且如此,江南地区就可想而知了。

徐阶:曾在《复周三泉邑侯》一文中,从救灾的角度描述了当时松江土地占有的复杂性。由此可知,人户不受里甲或都图的限制而跨都占田或跨区占田,已经成为常态:

> 松之民往往田在低乡而户在高乡,或田在高乡而户在低乡,故岁值旱潦,照户而免之,未有能得实者。仆尝妄谓高乡之田,宜照常造册,以户统田,如曰一户某人田若干亩是也。低乡之田,则宜另造一册,以田统户,如曰某字圩田若干,内若干系某区某人之产,若干系某区某人之产是也。[②]

三、江阴梧塍徐氏的土地占有情况

对明代中后期江南的土地占有情况,文献虽有记载,但多为泛泛之谈,失于简略。现存正德年间江阴县梧塍徐家(即徐霞客家)的分家书即《杨氏夫人手书分拨》,[③]是极为难得的珍贵史料。这一个案,可以大致反映这一时期江南土地集中的基本情况,故不嫌烦琐,全文抄录于下。分家书首先介绍了母亲

---

① 栾成显:《明代黄册研究》第十章第四节,北京:中国社会科学出版社,1998 年。
② [明]徐阶:《世经堂集》卷 24。
③ 吕锡生主编,蒋明宏协编:《徐霞客家传》抄注民国《江阴梧塍徐氏宗谱》卷 56(下)《内行传序》,载吕锡生主编:《徐霞客研究古今集成》,北京:中国图书出版社,2004 年。

杨氏的经历及家庭情况：

> 母杨氏，故夫徐衡父，生子三人：长治，娶段氏；次洽，娶华氏；三
> 沾，聘夏氏。女二人，长适赵鏊，次受夏埕子聘。氏□□岁归于徐，即
> 佐姑薛氏，分理家事，不幸姑故。夫以读书不可夺志，家事尽归于氏。
> 又不幸夫故，子女皆幼，门户无人，氏竭力撑持，保守祖业，恒恐负夫
> 之托。务为节俭，不苟妄费，截长补短，积铢累寸，门户得以不坠。思
> 以祖宗累世科目传家，后人不宜自弃，三子皆遣读书，以遂夫教子之
> 志。治、洽蒙例与纳粟为国子监生，惟沾尚幼，读书不废。数十年来
> 水旱荒歉，每每匮乏，兼府县差使，若修学、修城等项家门费用，若婚
> 男嫁女之类一切家务，多端劳心劳力，不得一日安寝。细微曲折，难
> 以备述。

杨氏为徐经（衡父）之妻。徐经（1473—1507）本人为弘治八年（1495）举
人，因弘治己未（1499）科场案受罚，英年早逝。杨氏嫁入徐家之前，徐经之父
徐元献（1455—1483，为成化十六年举人）大概已经作古，故入门后就一直帮助
其婆婆薛氏理家。婆婆离世后，其夫徐经志在科名，不愿经理家业，家业仍由
杨氏管理，这种局面在徐经去世后仍未改变。正德九年（1514），即徐经去世七
年之后，患病的杨氏决定分家。分家的基本原则是三子均分家产，但由于长子
徐治、次子徐洽皆已成婚且已通过捐纳进了国子监，而三子徐沾既未成婚也未
入监，所以需要另外补贴。同时，次子、三子要搬离祖居，要分迁到旸岐庄屋、
沙山庄屋居住，其住房条件不如长房，也要另外补贴。此外，长女虽已出嫁，但
当时妆奁不足，次女尚待字闺中，所以皆需补贴：

> 今不幸有疾，恐天命当终，产业未经标拨，常见人家兄弟不睦，争
> 长竞短，皆因父母存日不曾亲自拨付，所以后日不均，有公私之累。
> 及吾精力尚强，将祖遗田房屋等件，公同拨付，三分均分。祖居一所，
> 房屋基地、船坊、市屋、池塘，无改旧规，理宜长治分受。今独拨与二
> 子洽、三子沾住居房屋，皆未创造，见有祖遗旸岐庄屋一所，沙山庄屋
> 一所，皆可居住，地窄屋少，不及祖居，理应津贴。旸岐房屋基地，拨
> 与洽分受，贴银四千两，并祖居西园厅居等，自行起造。沙山房屋基
> 地拨与沾分受，贴银四千两，并祖居西园楼房等，自行起造。此皆品
> 量允当，不可言称不均。先洽聘华氏，少茶礼，照治聘段，补银四百

两。治、洽皆娶室完聚,沾未有室,贴银二千四百两,日后自行婚娶。治、洽皆纳粟入监,沾未入学,贴银七百五十两,日后自行入学等用。长女虽嫁,妆奁不敷,贴田四顷;次女在室,妆奁未办,贴田八顷,日后置办出阁。岁时祭祀,恐各心力不齐,空田三顷,着杨华管收米麦,以供祭祀。除补空田外,祖遗官民田地、山、滩、荡等,俱各三分均分。每人该得官民田一百二十五顷九十七亩七分六厘一毫。倘吾疾愈得起,每人各出田一十七顷为瞻老之计。待后天年,各自受领管业。所有祖遗自制座船、田船、耕牛、农具、轿马、驴骡,俱各三分均分。书画、家生什物体等,俱各三分均分。管账、催账、力农、杂用家人,俱各三分均分,开具于后。近年门户重大,人口众多,使费烦难,以致揭债,银钱米麦不能积蓄盈余,无以标拨。自此之外,再无标拨不尽之数。所议贴补银两,待以后年分收下田租米麦,除办粮差、食用外,其余米麦巢银补还洽、沾收领,满足之日,各照拨付。计开官民田地,数日收领管业。写立拨付,一样三本,各执为照。既分之后,各照受分官民田地,办粮当差,毋得抵捱,及有重大差使,如粮长等役,三分均当协办。切念!三子皆吾骨肉,标拨至公,无有偏向。尔等当思祖宗创置艰难,父母守成不易,各务成家立业,读书出仕,毋得浪费怠惰,以为不肖。虽有荣枯,皆天命也。所言已尽,皆出吾心。吾身殁后,如有言称不均以起争端者,以不孝论。须至拨付者。

三个儿子所得不动产的数量和位置,具体如下:

[一]拨与长子治祖基一所,除西园厅屋楼房、两照厅、两侧厢、园堂、西厢、空余仓屋外,一应大小房屋、牌坊、驳岸船坊、廊房、随基树木,并城中旧下处一所,俱与分受。

官民田地一百二十五顷九十七亩七分六厘一毫,内基地八十亩,自种田三顷……(缺漏)三毫。内家中佃户田八十七顷二亩七分四厘八毫,坐落高文、赵林、须占、潘源、李淮、沈高、□□、□□、□钦、李成、顾成、林璧、钱镇、徐文、丁萱、丁全等扇。

内旸岐庄佃户田三十四顷五十一亩,坐落□□、□□等扇。

一、官山三亩三分三厘三毫,坐落鸡笼山。民山一顷七十七亩九分一厘六毫。内毗山六十亩、砂山一顷一十七亩九分一厘六毫。

一、滩二十八亩九分四厘九毫，坐落君山北。

一、芦场一项四十七亩六分八厘，坐落旸岐。

一、草场一十亩六分六厘，坐落西河口。

一、基前鱼池一所，并秀才等河。

以上田地俱洽管业，其租额多少、粮则轻重，另立账簿一本，付执照证，以凭收租办粮。

[一]拨与次子洽旸岐庄屋一所、随基大小房屋、周围树木，并拆卸祖基上西园厅屋、园堂屋木、两侧厢屋、新山上店房屋。另贴银四千两，自行起造居住并铺路；庄屋一所抵作下处，俱与分受。

一、官民田地一百二十五顷九十七亩七分六厘一毫。

内家中佃户田四十顷一十七亩八分三厘九毫，坐落陈名、黄云、徐洪、李淮、沈高、蒋义、林璧、钱镇、徐文、丁萱、丁全等扇。

内铺路庄基一十亩，佃户田九顷九亩八分三厘一毫，坐落本村等扇。

内旸岐庄墓地三十二亩九分八厘，自种田一十五亩三厘，园地四亩六分，南舍基地五亩三分，佃户田六十九顷二亩一分八厘一毫，坐落□□等扇。

一、官山三亩三分三厘三毫，坐落鸡笼山；民山一顷七十七亩九分一厘六毫，坐落由里山。

一、滩二十八亩九分四厘九毫，坐落君山北。

一、芦场一项四十七亩六分八厘，坐落旸岐。

一、草场一十亩六分六厘，坐落四河口。

一、孔三河鱼池一条，庄上鱼池一所。

以上田地俱洽管业，其租额多少、粮则轻重，另立坐簿一本，付执照证，以凭收租办粮。

[一]拨与三子沾砂山庄屋一所，随基大小房屋、周围树木，并拆卸祖基上西园楼房两侧厢空余仓屋□间，另贴银四千两自行起造居住，□□新下处一所，俱与分受。

一、官民田地一百二十五顷九十七亩七分六厘一毫。

内家中佃户田七十五顷九十六亩五分八毫，坐落陆全、邹升、须占、潘源、黄海、项清、何宽、顾旺、袁玉、丁洪、陈朴、祝信等扇。

内砂山庄基二十五亩七分四厘五毫,自种田五十二亩七厘。佃户田四十九顷二十三亩四分三厘八毫,坐落□□、□□等扇。

一、官山三亩三分三毫,坐落鸡笼山。民山一顷七十七亩九分一厘六毫,坐落鸡笼山。

一、滩二十八亩九分四厘九毫,坐落君山北。

一、芦场一顷四十七亩六分八厘,坐落旸岐。

一、草场一十亩六分六厘,坐落四河口。

一、双泾河鱼池一条,庄上鱼池一所。

以上田地俱沾管业,其租额多少、粮则轻重,另立坐簿一本,付执照证,以凭收租办粮。

三项共官民田地三百七十七顷九十三亩二分八厘,官山一十亩,民山五项三十三亩七分四厘八毫,又滩八十六亩八分四厘七毫,又芦场四项四十三亩三厘六毫,草场三十二亩,鱼池大小六所,俱各品搭三分均分讫。

[一]长女妆奁,官民田四……(缺)

自明年夏税推收过户,自行收租管业,办粮当差。

[一]次女妆奁,官民田八项,坐落铺路庄南扇地方。

除办粮当差,收下米麦置办妆奁出阁。

以上何明掌管。

[一]祭祀田三项,除办官、民粮差,收下米麦以供岁时拜扫荐享费用,坐落……(缺)

以上杨华掌管。

[一]贴洽起造房屋银四千两,补聘室茶礼银四百,共银四千四百两,未曾付与,待后收下大家租,易银付还。

[一]贴沾起造房屋银四千两,补娶室银二千四百两,入学银七百五十两,共银七千一百五十两,未曾付与,待后收下大家租,易银付还。

一应铜锡器皿、家生什物、船只、牛马、农具,另立细数,一样三本,待后分居,各执照证。

正德时的徐家虽不如以前,但家底仍然丰厚。徐经三子,各得一庄。长子所得的徐氏祖屋,位于江阴梧塍,属西顺乡第三十六都,后改称祝塘乡大宅里;

旸岐庄坐落在金凤乡第二十九都、第三十都一带,嘉靖县志写成杨歧,大致在今璜塘、马镇(嘉靖县志写成黄塘、前马村、后马村);砂山又称沙山,位于江阴县城东 30 里华士乡和周庄乡的交界处,砂山庄大致就位于附近。①

其田产数目也很惊人,兄弟三人共分得官民田地近 380 顷,另有山、滩、芦场、草场、鱼池等等。这些田地,其准确的位置虽不很清楚,但主要分布在梧塍以及附近的铺路庄、旸岐庄、砂山庄。明代江南大户,为管理大量的田地,往往在居住地外田产较为集中的地点设立田庄。徐家之庄,大致属于此类。由此可见,徐家的数万亩田产至少是分布在不同地区的,涉及的都图数量也不是小数。

田产除自种田外,绝大多数是出租的,而出租田产又分家中佃户田和佃户田两种。前者附有疑似人名,后者则无。长子与次子所属家中佃户田后所列的花名有数人重复,而三子与两兄之间则没有这种现象。花名之后又有"等扇"二字,也令人颇为费解。如人名为佃户名,则为何家中佃户田之后就列有花名,而其他佃户田就没有?综合各种情况来看,家中佃户田很有可能是祖宅梧塍附近的田产,而佃户田则属于旸岐庄、砂山庄等。分配的基本原则是,在兄弟三人皆获得梧塍田产的同时,长子、次子分割旸岐庄田产,三子独得砂山庄田产。此外,次子又与两位女儿分割了铺路庄的田产。

按照分家书的规定,兄弟三人的田产,要按"其租额多少、粮则轻重,另立坐簿一本,付执照证,以凭收租办粮",但仅仅是内部"拨付",并没有真正析户。而大女儿分得的田产,则明确要求"自明年夏税推收过户,自行收租管业,办粮当差",其原因是女儿已经出嫁,其田产应改由夫家所有。小女儿因尚未出阁,所以就没有此项规定。更重要的是,分家书虽明确要求在"既分之后,各照受分官民田地,办粮当差,毋得抵挪",但又特别强调"及有重大差使,如粮长等役,三分均当协办",由此不难看出,徐家三子虽均分了家产,但遇到粮长之类的大役,仍是按一户来承办的。

四、土地清丈及新式鱼鳞册的编制

土地流动的加快,以及愈演愈烈的土地隐瞒等因素,直接导致了土地登记的紊乱,极大地动摇了里甲组织的根基。史鉴曾在《革奸对》中深刻地论述了

---

① 嘉靖《江阴县志》卷 2《坊厢》;吕锡生:《徐霞客籍贯考》,载前引《徐霞客研究古今集成》。

版籍(土地登记)的重要性：

> 夫民之生也在食，食之出也在田，田之籍也在册，赋税以之而考，徭役以之而定，一失其平，谲诈缪妄之患生矣。任斯事者亦在得其平而已。事得其平，则奸之去者什七八矣，尚何难周难举难详之为患哉？

史鉴进一步认为，由于各类徭役的编佥越来越重视土地因素，导致土地登记中的弊端越来越严重，隐匿之风盛行，而这种局面又反过来极大地动摇了里甲的基础：

> 今江南之税与役，为天下最，吾苏之税与役，又为江南最。诸凡科率、调遣、征发，必视夫田之多寡、轻重而第其则焉，以为布在方策，非若他货财可藏掩也。法既以之为准，于是豪猾者益玩法焉，假妇女老弱之名曰带管，他郡别邑之名曰寄庄，莫不多占良田，侥幸免役。又有妄立名字，以析多为寡，以舍重取轻，举于东则窜于西，召于此则遁于彼，藏伏委曲，莫容致诘。转相效习，奸伪成风，而贼民蠹政之端由是滋矣。惟是拙而诚者贫，而弱者终岁服役，迄无宁时，且令式非不禁，民庶非不言，令长非不知也。第偷者不暇问，弱者不敢为，贪且墨者反以为受赇之资，然则政何由而得其平也。[1]

类似史鉴这样的说法，充斥于明中期的史料之中，有不少典型材料也一再被学者引用。如西村元照先生曾引用顾鼎臣《陈愚见划积弊以裨新政疏》等史料，指出正德以来江南的土地登记已严重紊乱，大量的土地因大户隐匿、吏胥作弊等原因而逃避税粮，各地都出现了严重的"虚粮"问题，给广大基层头目和下层农民增加了极大的负担。此时的朝野几乎都已清楚地认识到，如不能准确、有效地控制土地，就无法维持里甲组织的运转。因此，从嘉靖开始，江南各地纷纷开始土地清丈，其时间远远早于张居正举行全国清丈的万历九年(1581)。不仅如此，这一波土地清理，一直延续到清代前期。

西村元照先生较早地对明中后期的土地清丈进行了研究。他对十六世纪初(正德年间)全国的清丈事例进行了详细的统计，并对清丈的原因、目的、过程、手段等进行了论述。他认为，嘉靖、万历的土地清丈，尤其是第二阶段即配

---

[1] [明]史鉴：《西村集》卷6。

合"均粮"改革的清丈,对生产关系、征税关系的再编成,贡献巨大,而国家与地主阶级共同完成了这一过程。① 川胜守先生也对这一问题进行过重点研究。他曾详细论述过张居正的土地清丈政策,并在此基础上提出明代后期的地主佃户关系因明中期以来大土地所有制的展开而逐渐变质,地主阶层已无力直接支配佃户层,因此国家权力起而代之,以土地清丈为手段介入危机,重新编成并强化其生产关系。国家强化了"佃户支配"这一形式,其标志是佃户姓名被记入鱼鳞图册、佃户代行纳税等。他特别提出万历清丈是嘉靖、隆庆清丈的延续,张居正的清丈方法如江南地区以圩长负责丈量之类的做法,早在嘉靖年间就已形成。②

其实,明中后期的江南土地清丈,涉及的内容十分广泛,其影响也相当深远。单就赋役制度改革而言,江南清丈与其他地区有一个巨大的差异,那就是除了清理土地所有权关系外,至少还涉及两大问题:一是如何解决江南地区特有的官民田负担严重不均的问题;二是重新梳理徭役编排问题,以及与此密切相关的基层组织问题。应特别指出的是,前者是后者的前提。

森正夫先生曾对宣德以后江南官田的衍变作过出色研究。其研究表明,嘉靖年间的"均粮""征一"改革,基本上解决了原先存在的官民田之间负担严重不均的问题,并最终导致了江南官田系统的消失。③ 这一改革,为徭役的改革奠定了基础,也直接影响到基层组织的变革。

在某种程度上而言,嘉靖以后的重大改革,诸如均徭的重新审定、均田均役、版图、顺庄等等,皆与土地的清理和登记有着密不可分的关系。这是因为土地越来越成为各类徭役征发的重要依据,如果离开了对土地的准确把握,一切工作皆难以开展。也正是因为如此,嘉靖改革的始作俑者之一顾鼎臣,就十分重视土地的清理和鱼鳞册的编制:

　　一查理田粮旧额。请令抚按并议差前项官员,督委各该州县正官,于农隙之时,责令各属里甲、田甲、业户,公同将本管轻重田地、涂

---

① ［日］西村元照:《明后期的土地丈量》,《史林》第54卷第2期,1971年。

② ［日］川胜守:《中国封建国家的支配构造——明清赋役史研究》,第四章《张居正丈量政策的展开》、第五章《明末清初江南的丈量问题》,东京大学出版会,1980年。

③ 所谓"均粮",就是对原先不同田则尤其是官民田之间存在的税粮不均进行改革,使之趋于一致。改革后的新税额以米的数量来表示,称作"平米"。所谓"征一",就是把种类繁多、数目混乱的各类实物,皆改以纳米若干、纳银若干的形式征收。［日］森正夫:《明代江南土地制度史研究》第五章,同朋舍,1988年。

荡,照洪武、正统年间鱼鳞风旗式样,攒造总撒图本,细开原额田粮、字圩、则号、条段、坍荒、成熟、步口数目。府州县官重复查勘的确,分别界址,沿丘履亩检踏丈量,申呈上司,应开垦者开垦,应改正者改正,应除豁者除豁。田数既明,然后刊刻成书,收贮官库印行,给散各图永为稽考。仍斟酌前巡抚周忱、王恕简便可行事例,立为定规,将每年实征、起运、存留、加耗、本色、折色并处补、暂征、带征、停征等项数目,会计已定,明刻榜文,张挂城市乡村,通行晓谕。庶吏书不得售其奸欺,小民免包陪科扰之患。[①]

顾鼎臣在此前的嘉靖五年(1526)曾向朝廷提出过类似的建议,此后又于嘉靖十五年(1536)再次向朝廷建言,并最终获得批准。此前,顾鼎臣的门生、苏州知府王仪,已经开始在其辖区内推行清丈之策。不久,应天巡抚欧阳铎又把王仪的经验在江南加以推广。万历《嘉定县志》卷五《田赋》记载了这次清丈:

> 夫以苏州为财赋之薮,奸民滑吏争窟穴其间,而官民田粮轻重相悬无虑千百,则易以上下其手。嘉靖十五年,礼部尚书顾鼎臣奏行清理。是时巡抚欧阳铎谋于知府王仪,建均粮之法,而知县李资坤悉力行之。乃履亩丈量,图方圆曲直之形及四至,图有圩,圩有甲乙号,于是诸弊毕出。

嘉定县的这次清丈,成果明显。不过,这里仍要强调的是,此次清丈,嘉定县“履亩丈量,图方圆曲直之形及四至,图有圩,圩有甲乙号”,是重建了鱼鳞图册的。对鱼鳞图册的重要性,即使是对均粮改革持不同态度的官员,也非常清楚。如徐阶就明确反对老家松江举行的均粮之举,他认为要解决因田地失额而造成的虚粮问题,权宜之计是利用新涨、开垦的田地以及清查出来的隐匿田地来弥补田额的亏空,恢复田地原额,但他同时也承认长远之计还是要进行土地清理:

> 欲救将来之弊,请广求旧鱼鳞图,择委贤能官督同里甲,逐一查理,如一图为圩若干,一圩为田若干,圩内某则田若干,图其方圆、长

---

① 《明世宗实录》卷118,嘉靖九年十月辛未,台湾“中央研究院”历史语言研究所1962年影印,第2803—2804页。

短、斜正、广狭之状,书其推收管业姓名贯籍之详,藏之郡库,遇有增减,取而稽焉。一披阅之间,情实立见,则作弊者庶乎其知警矣。①

问题的关键在于,嘉靖以来编制的鱼鳞图册,相对于明初以来的鱼鳞图册而言,其编制的方法是否存在重大变化,而这种变化又对农村基层组织产生了怎样深远的影响。

栾成显认为,在明初建置以人户为主的黄册里甲的同时,又不得不保留鱼鳞图册制度所必须实行的以经界地域为主的都保制。二者既有某种交叉,又各自成系统。他还以浙江浦江、南直隶徽州为例,加以论证。② 这种土地登记系统,在南宋就已成熟,并与南宋乡都制下的土地登记和保伍法有很大关系。③ 南宋乡都制下的土地登记,有不少地区是以保—都—乡这一建置展开的,其所绘地籍或称"流水不越之簿",或称"鱼鳞挨次之簿",或称"都簿"。现存的史料如《名公书判清明集》中,就有类似的实例。④ 这种做法也为元代所继承。⑤

江南地区大概也是使用此法。如常熟县在端平二年(1235)完成的地籍,就是利用都保系统来进行的:"县五十都,都十保,其履亩而书也。保次其号为核田簿,号模其形成鱼鳞图,而又粹官民产业于保为类姓簿,保都乡于县为物力簿。"⑥无锡县在元代仍保留着每乡辖若干都(全县以数字统一排序),每都辖10保(由1—10排序),每保辖村的建置。这一建置在弘治年间仍然保留,直到万历年间才最终消失。⑦ 如不是为图省事而故意抄录的话,那么在里甲制推行多年后的弘治年间,弘治《无锡县志》的修撰者仍不嫌其烦地抄录该县的乡都保村建置,并于卷二《乡都》卷首还特别说明"……国朝并因之。凡都摄

---

① [明]徐阶:《世经堂集》卷22《与抚按论均粮》。

② 栾成显:《明代黄册研究》第九章第一节,中国社会科学出版社,1998年;《洪武鱼鳞图册考实》,《中国史研究》2004年第4期。

③ [日]周藤吉之:《南宋乡都的税制与土地所有》,《宋代经济史研究》,东京大学出版会,1962年;《南宋的保伍制》,《唐宋社会经济史研究》,东京大学出版会,1965年。

④ 《名公书判清明集》卷4《户婚门·争业》:"照得龚敷与游伯熙互争第四十八都第一保承字二百八十七、二百八十八、二百八十九共三号地,两下各持其说,官司初亦未知其谁非。及将本厅出产图簿与两家所执干照对参,得见二百八十七号及二百八十八号地见系龚敷管佃,二百八十九号地见系游伯熙管佃。"(中国社会科学院历史研究所宋辽金元史研究室点校,北京:中华书局,1987年。)

⑤ [日]柳田节子:《宋元乡村制研究》第一篇《宋元乡村的支配体制》Ⅲ《元代的户等制》,创文社,1985年;陈高华:《元朝的土地登记和土地籍册》,《历史研究》1998年第1期。

⑥ [宋]杜范:《清献集》卷16,《常熟县版籍记》。

⑦ 元《无锡志》(《四库全书》本)卷1,弘治《重修无锡志》卷2,万历《无锡县志》卷4、卷8。

保,保分村墅,自一顺数至十而至,余以类推",其目的应该是反映现实的乡村建置及其继承性。[1]

不过,这种做法在嘉靖年间发生了变化。此时重新编制的一些鱼鳞图册,已经改用以图作为基本单位的做法,原先的保被废弃。侯鹏先生对这一时期浙江地区土地丈量的研究表明,成化、弘治年间的土地清丈,其鱼鳞图册的编制仍用洪武旧法,即以保为经界的单位,但至正德年间,就开始出现以图为单位进行编制的实例,如浦江县。到嘉靖、隆庆年间,浙东的土地清丈和鱼鳞册编制,已完全以图为单位了。他还利用万历《会稽县志》等方志,以及上海图书馆所藏的万历时期《绍兴府会稽县鱼鳞弓口册》写本和隆庆五年《慈溪县丈量过田地实总》等资料,对此加以证明。[2]

同样,徽州地区至少到万历九年也已完成了这种转变。栾成显先生就利用徽州府歙县西溪南吴氏所修的《吴氏先茔志》中的有关资料,清晰地证明吴氏六世祖妣安人李氏墓地的鱼鳞图册登记字号,在万历九年才被重新设置,而此前一直使用的是元代延祐四年(1317)设立并被明初沿用的字号,而其登记单位也从十六都三保直接改为十六都二图。现存的《休宁县都图地名字号遍览》也表明,万历九年清丈后,休宁县各图皆只有一个字号。[3] 前引无锡县的都保登记系统,直到到万历年间才不见记载,这也极有可能与万历清丈时鱼鳞图册编制方法的改变有关。

不过,有些地方的新式鱼鳞册的编制,时间却较晚。如宜兴县虽早在嘉靖十六年(1537)就实行官民一则,嘉靖四十二年(1563)还曾进行过一次丈量,数据现存,但其地籍编撰方法不详。万历六年(1578),知县丁懋又进行过一次清丈。到万历十年(1582)全国清丈时,知县黄道瞻因担心扰民而直接使用了万历六年的数据,数据现存,但地籍编制方法仍不详,估计尚未采用新法。[4] 直至万历二十九年(1601),知县王以宁再次进行清丈时,其鱼鳞图册的编制才改用了新法:

① 夏维中、崔秀红:《明代乡村地域单位的主要类型及其作用考述》,《江苏社会科学》2002 年第 5 期。

② 侯鹏:《明清浙江赋役里甲制度研究》,第四章《明后期浙江地方基层控制体系的重建》第一节《明后期的土地丈量和里甲体系的重构》,博士学位论文,华东师范大学,2011 年。

③ 栾成显:《洪武鱼鳞图册考实》,《中国史研究》2004 年第 4 期;栾成显:《明代黄册研究》,北京:中国社会科学出版社,1998 年,第 301 页。

④ 万历《重修宜兴县志》卷 4。

区图为赋役所从出……区凡二十,图凡三百六十有六。按《宋志》二十乡,明初并中鹅,南入清泉,北入开宝,临津入五贤,震山入洞山,丰义入漏湖,为十六乡。乡统都,都统图。至万历二十九年,知县王以宁丈量田地,改乡称区,省都编图。改万金为万一,漏湖为万二,善计南入开宝,山亭北入万二。其余村落,或就便改属,而分清津为二区,从善为五区。共二十区,三百六十六图。始编千字文为字号,每一图一字号,连六厢,自天、地、玄、黄起,至仁、慈、隐、恻止,共三百七十二字。后加又号十五图,现有三百八十七图。今系字号于各图,仍开地名于字号之下,以便查考。①

王以宁这次改革,"改乡称区,省都编图",在裁撤都分的同时,将原有的16个乡改成20区,直辖360图,图辖村庄,并以图为单位,每图给一字号,以千字文为顺序,登记土地,变成了新的地籍。如成任区的具体情况如下:

成任区,在县西北四里,统图二十有五。一图竹字号,高遄、坂上;二图白字号,凌庄、管家桥、绍大桥;三图场字号,澄潭、桂庄;四图化字号,梅村、扦塘、程墅;五图被字号,萧庄、渚闪、溪桥、荻墅;六图身字号,萧庄;七图大字号,宋渎;八图五字号,马草圩、团圩;九图常字号,城塘、大圩;十图恭字号,省田圩;十一图鞠字号,澄清圩;十二图草字号,新庄;十三图木字号,亳村、小谢;十四图赖字号,朱贺渎;十五图及字号,黄干、竹门;十六图万字号,天生圩;十七图方字,塘门村;十八图盖字号,新塘;十九图此字号,曹墓、方干;二十图发字号,城塘;二十一图四字号,阶头;二十二图惟字号,牧马口;二十三图隐字号,天生圩。二十四图木字,二十五图发字,俱又号。

王以宁万历二十七年(1599)至三十三年(1605)在任,康熙《宜兴县志》称其所用的丈量之法为"编号丈量法",所谓"宜邑田地高下紊错,户役不均,设编号丈量法,用千字文,每图一号,挨次清丈,分科六则,平高低荡滩塘山竹茶地,条分缕析,纤悉毕举,迄今赖之"。② 而王以宁之所以要采取此法,还是因为宜兴原有的地籍存在问题,徭役的编佥难以均平。新的地籍,也为土地的推收提

---

① 康熙《宜兴县志》卷1《舆地》。
② 康熙《宜兴县志》卷2《名宦》。同书载,崇祯十年至崇祯十二年任宜兴知县的李觉先,就改用抄号推收,所谓"民间田亩出入,积用户名,递久多讹,有虚粮、漏粮两患,公始用抄号推收,积紊一清"。

供了方便。

新式鱼鳞图册的编制,意义重大。首先,它部分地改变了明初以来里甲的性质。明初里甲(黄册)系统,本质上是一种人为编制的人户组织。尽管其编制也充分考虑到了地缘性("里不出都"),同时需要鱼鳞图册即土地登记系统的支撑,但里甲组织毕竟还是以人户为主,田地从属于人户。而新式鱼鳞册的编制,使里(图)同时具备了人户与田地的登记功能,既是编户组织,又是经界的基本单位。这种变化,几乎重蹈了宋代保甲(保伍)制的覆辙,因为保甲(保伍)在开始时也是编户组织,但最终却转变为地域单位。其次,在黄册登记内容严重失实的情况下,利用原有的里甲组织,以图为基本单位来编制新式鱼鳞图册,最终使黄册的里甲编制与鱼鳞图册的字号划分趋于一致。这种做法,既能防止各种形式的田地隐匿和流失,又能强化州县以及基层组织对田地的控制,同时还有利于一条鞭法的全面推进和残存力役的组织。最后,新式鱼鳞图册有利于推动赋役改革的进一步深入。由于地籍系统的重新确立,地方政府可以围绕着土地进行新的役法改革。

事实证明,万历清丈后形成的以图(圩)为核心的土地登记系统,也确实为后来江南各地进行的各种役法改革,如照田派役、均田均役、版图顺庄奠定了基础。

(原载于唐力行主编:《江南社会历史评论》第 9 期,北京:商务印书馆,2016 年。)

关于三宝太监下西洋的几种资料

向 达[*]

引 子

在中国历史上是最大的探险家而对于古代地理学及历史贡献最多的,自然要推汉代的张骞和唐代的玄奘了。张骞凿空,开通西域,中西交通自此始盛。后来西方文化之流入东土,中国文化之渐次西传,都以张骞为始点。至于玄奘的贡献,又自不同。印度文化自汉末传入中国,经过六朝仍然不脱萌芽时代,只是穿了一套美丽的华服,戴了老庄哲学的帽子;同基督教的入中国之依附儒家一样。到了玄奘,才知道印度学术的真实面目。中国与西方交通的历史,其趋势大致不过是:最初中西双方图谋接触,接着中印文化上发生关系,到后来中西交通又旧事重提起来。

在这旧事重提的当儿,元朝自然是占很重要的位置。元朝在陆道上是替中西交通开了一条大道,中西一时交通无阻。然而后来突厥人兴起,陆道阻塞。西洋方面于是有不少的探险家想从海道上寻出一条到东方的路来,同时在中国方面,也有一种趋势,想在海道上同西方交通,代表这种趋势的就是郑和,即所谓三宝太监。郑和之下西洋,虽然只到非洲东部为止,没有将中西交通实现,但是中国的文化移植于南洋,却因此而蓬蓬勃勃,怒长起来。所以在中外交通史上,代表最初图谋中西交通的是张骞,代表中、印文化交通的是玄

* 向达(1900—1966),湖南溆浦人。1919 年—1924 年就读于南京高等师范学校,毕业后先后任职于牛津大学、浙江大学、西南联合大学、北京大学。主要研究方向为中外交通史、敦煌学,著有《伦敦所藏敦煌卷子经眼目录》《唐代长安与西域文明》等。

奘,而重兴中西交通的旧话,打算别辟一条新路的,就要以郑和为代表了。

可是张骞的游踪,虽远及中亚一带,而遗下来的材料,除了《史记》《汉书》所记以外,一部《张骞出关志》,只剩得《古今注》中所收的一条。玄奘的材料可多了,并且因此而引起很多的故事,成了民间传说的中心。然而游历所及仍复有限。郑和可就不同了,游历所及,比之张骞、玄奘,可说有过之无不及,而材料遗留之富,民间传说之盛,却不亚于玄奘。

不仅是这样,南宋以至元明,中国同亚洲南部即现今的南洋一带交通很盛。现今有几百万的华侨移殖在南洋一带,追溯根源,却始于宋末以至元明的时候。日本人桑原隲藏曾作了一部《宋末泉州提举市舶使蒲寿庚的事迹考》,以蒲寿庚为中心,叙述唐宋时代中国与阿拉伯人在海上交通的情形。若是有人以郑和为中心,而叙述元明时代中国与西方之交通,钩稽群书,疏通证明,其成就一定不会比桑原的书坏。

梁任公先生曾作了一篇《郑和传》,可是所根据的只有《瀛涯胜览》同《星槎胜览》两部书,对于其他的文献却未提及。王庸先生曾有一篇《宋明间关于亚洲南方沿海诸国地理之要籍》(见中国史地学会编《史学与地学》第一期),因为范围很广,对于研究郑和的书籍,也未能尽量介绍。

我这篇文字,自然不敢说有什么心得,不过将梁、王两位先生所未说过的,就一己所知,择要介绍介绍,可算是作了一番研究三宝太监下西洋的目录学工夫;作高深的研究,自当另待高明。旁人已经说过的,我便不去重说。其中错误的地方,自然很多,希望读者不弃,加以指教。本篇的次序是:(一)郑和的家世及其贡献;(二)研究的资料;(三)论罗懋登著《三宝太监西洋记通俗演义》。

一、郑和的家世及其贡献

郑和,世称三宝太监,因为宫中呼之为三宝(亦作三保),所以一般人也这样称他。《明史》卷三百四有他的传,但是叙述简略。永乐三年华亭李至刚替郑和的父亲撰有一篇墓志铭,很足以考见他的家世,铭文曾载入石屏袁嘉穀著《滇绎》卷三,全文如左:

> 故马□□□铭一行公字哈只,姓马氏,世为云南昆阳州人。祖拜
> 颜,妣马氏;父哈只,母温二行氏。公生而魁岸奇伟,风裁凛凛可畏。

不肯枉己附人，人有过辄面斥三行无隐。性尤好善，遇贫困及鳏寡无
依者，恒保护则给，未尝有倦容。以四行故乡党靡不称公为长者。娶
温氏，有妇德。子男二人，长文铭，次和；女五行四人。和自幼有材
志，事今六行天子，赐姓郑，为内官监太监。公勤明敏，谦恭谨密，不
避劳勤，缙绅咸称誉七行焉。呜呼！观其子，而公之积累于平日与义
方之训，可见矣！公生于甲八行申年十二月初九日，卒于洪武壬戌七
月初三日，享年三十九岁。长子九行文铭奉柩安厝于宝山乡和代村
之原，礼也。铭曰：十行身处乎边陲，而服礼义之习；分安乎民庶，而
存惠泽之施；宜其余庆十一行深长，而有子光显于当时也；十二行时十三
行永乐三年端阳日资善大夫礼部尚书，兼左春坊大学士李至刚撰。
十四行

从这篇墓志铭里，我们可以知道郑和原来姓马。又按伊斯兰教之例，凡朝
天方而归者称为哈儿只，犹言师尊，郑和的祖父和父亲都名哈只。哈只即哈儿
只，大约李至刚不懂伊斯兰教规律，以致将称号误作名字，曾祖拜颜，姚马氏，
拜颜想即是伯颜，大约先世乃是西域人氏，至其祖父华化而后方改马姓，故曾
祖母仍为马氏也，他的一家既信伊斯兰教，郑和也应是伊斯兰教徒，所以永乐
十五年前往西洋忽鲁谟斯的时候，曾到泉州仁风门外伊斯兰教先贤冢行香，以
求灵圣庇佑，如不是伊斯兰教徒，大概就不会这样了。① 郑和家世，我们所知
止此。关于他的形貌，和他同时的人袁忠彻所著《古今识鉴》中曾约略说及。
袁忠彻就是大名鼎鼎的神相袁柳庄的侄儿，他在所著《古今识鉴》卷八说起郑
和道：

> 内侍郑和即三保也，云南人。身长九尺，腰大十围，四岳峻而鼻
> 小；法反（我所见景泰本《古今识鉴》如此，谅有误，疑应作及）此者极
> 贵。眉目分明，耳白过面，齿如编贝，行如虎步，声音洪亮。后以靖难
> 功授内官太监。永乐欲通东南夷，上问："以三保领兵何如？"忠彻对
> 曰："三保姿貌才智，内侍中无与比者。臣察其气色诚可任。"遂令统
> 督以往，所至畏服焉。

---

① 关于郑和在永乐十五年到泉州的事，可参看《史学与地学》第四期张星烺先生著《泉州访古记》
一文。

黄省曾《西洋朝贡典录》爪哇国条所论郑和,就是根据《古今识鉴》一书来的。据说现今暹罗尚有三宝庙,而南洋三宝垅大觉寺中尚有郑和像,不知道庙貌比之袁忠彻所说的相去几何?

又按《图书集成·职方典》第六百六十一卷《江宁府部汇考》江宁府祠庙说道:

> 静觉寺在府治三山门内,明洪武间敕赐,宣德年重修。郑和题请其子孙世守之。

而袁嘉穀的《滇绎》也说道:

> 宋孝廉(昆阳宋藩)云,闻郑家尚有和著作,当访之。

这样看来,郑和一家现在尚有后人;昆阳固然是有,就是南京以前也曾有过。至于郑和家中所藏郑和的著作,不知是些什么,我们很望在云南的好古之士去寻访寻访,为之表彰出来。明胡文焕刻《格致丛书》,将费信的《星槎胜览》题为郑和著,那是耳食之谈,不足为据;观其所刻《百名家书》作费信不作郑和,可知。

自张骞开通西域以后,中国人对于西方的地理,渐渐有一点明确的知识,西方的苜蓿、蒲桃也传入中国。当时张骞足迹约及中亚一带,后来甘英也只到波斯湾而返。吴时大秦商人秦伦来到中国,但是中国人的足迹有没有到过大秦,在文献上却无可考了。法显玄奘诸人游踪,都不过现今中亚细亚、印度和爪哇一带,到了唐代,大食势盛,东西两大帝国势力接触,于是中国商舶常常发现于波斯湾一带。中国工匠也已到了大食,如杜环所记京兆人樊淑、刘泚,河东人乐隈、吕礼,就是一例,可是当时足迹及于大食,所有记述如今尚可看见的不过残缺的杜环《经行记》所记,寥寥几十则而已。

中国和西方的交通,唐以前大都是陆上为多。六朝时候,海上交通方始萌芽,唐宋以后,才大盛起来。但是那时候中国人在海上的足迹,西边大约只到阿拉伯,南边不过爪哇。元代虽曾一时间中西交通大盛,陆上东西往来可以无阻;海上如马哥孛罗(Marco Po-lo)返国,也是从中国乘海船历经印度、波斯一带,然后从忽鲁谟斯上陆回国。但是要讲中国人对于亚洲西南一带地理知识的广博和明确,所传的材料之多而可靠,那就只有明朝郑和下西洋的一举了。还有以前所有的材料如赵汝适《诸番志》之类,大都得诸传闻,而郑和下西洋一役,费信、马欢各以亲历所至记述一万余言(巩珍所著《西洋番国志》也是记述亲历,参看下第二节论资料),这是以前所未有的盛事。

明成祖想耀威异域,于是打发郑和去下西洋,自永乐三年至宣德八年前后七次。成祖这种政略,只算是继承太祖的遗绪。太祖有鉴于元代征伐日本之失败,知道中国将来在海上一定要有番举动,所以在钟山设桐园漆园,植树数千万株,以备将来造船之用;立四夷馆,养成通译人才;太学中收受外国学生①,以华化外国人。洪武时在陆路方面有傅安诸人,留西域至十三年始返;在海道方面,曾屡次派赵述、张敬之、沈秩、刘叔勉诸人使三佛齐、浡泥、西洋琐里等国。成祖即位,距洪武开国已三十余年,休养生息,国势强盛,于是才有郑和下西洋之举,大规模地进行。单就宝船一项而言:大船长达四十四丈,阔达十八丈,中船之长也有三十七丈,阔十五丈。就在近代,这种大船也少见。所以黄省曾说郑和下番,"维绡挂席,际天而行";顾起元说"此一役视汉之张骞、常惠等凿空西域尤为险远"。就是航海方法,也有很明确的记载:茅元仪《武备志》卷二百四十有郑和下西洋的舆图,后面附有宝船牵星过洋图。可见当时航海于知用罗针而外,且借助于天文学;后来又绘有详细的海图,这种规模,都是以前所未有的。

郑和自永乐三年至宣德八年,前后七下西洋。德国人夏德(Frederick Hirth)在《通报》(*T'oung Pao*)上曾译注过《星槎胜览》和《瀛涯胜览》,于两书所记诸国,俱有考证,指明是现在什么地方。梁任公《饮冰室文集》卷四十一有一篇《祖国大航海家郑和传》,将郑和使节所至诸国注以西文,同夏德所考大致相同,现在不去说他。只说郑和以前,中国人对于西南亚洲的地理知识,大约最远不过阿拉伯半岛。到了郑和才到如今红海边上的亚丁(Aden),由此向南,沿着非洲海岸南下,到木骨都束(英译 Mogdushu,德译作 Mo-gadischo,意译作 Mogadiscio)、卜剌哇(Burava,一作 Brava)、竹步(Juba,一作 Djuba)三国。这三国都在现今意属索马利兰(ItalianSomaliland)殖民地木骨都束区内。这条从亚丁向南以到非洲东岸的航线,如今还是一样,而在中国历史上首先发现这条航路(即是从西洋古里投正西兑位到亚丁,从亚丁再沿着非洲沿岸到木骨都束等三国),大概就是郑和第五次下西洋的成绩了。中国人在十五世纪初年,就已发现了非洲东部,即是从赤道以北的非洲东北部沿海一带,在一四二

---

① 关于明代南雍之收容外国学生,可参看明黄佐《南雍志》。钟山的桐园漆园,可参看《客座赘语》及朱国桢《涌幢小品》。四夷馆可参看日本京都帝国大学文学部复印《四夷馆则例》。

二年左右,即已有中国人的足迹,而欧洲人之发现威德角(Cape verde)在一四四五年。在这十五世纪的时候,中国人与欧洲人都在非洲沿岸一带作探险的工作,只不过一个稍前、一个稍后、一个在东、一个在西罢了。这不能不算是世界史上的一点奇缘,而在中国地理学史上也不能不算是一点光荣呢。

郑和下西洋以后,足迹几遍南洋各处,所以对于后来中国移民南洋很有一点影响,至今三宝大人的威名,犹遍传南洋,而费信、马欢这些人所作的游记,其中于亚洲东南一带在十四、十五世纪的情形记载很多,都是研究这些地方的好材料。所以在中国移民南洋的历史和东南亚洲中古史的研究上,郑和都有一番贡献。

自从张骞开通西域以后,蒲桃、苜蓿之属遂入中国。我们读《星槎》《瀛涯》诸书,其中所述各国的方物,真是令人眼花缭乱。其中由郑和带回中国的有蔷卜花、五谷树和一种海棠。[①] 此外如西域画的水陆罗汉以及沉香雕的罗汉,都是艺术上的上品。[②] 郑和下西洋,以取宝为名,所取来的奇珍异宝,自然不止这几样;可惜文献不足,此外还有些什么东西是经郑和之手传入中国的,也就无可稽考了。

二、研究的资料

郑和下西洋前后七次,自永乐三年至宣德八年绵亘二十八年:下番宝船至六十三号,下番军士至二万七千八百余人。这种大规模的远征队,其创始、经营、出发,以及沿途情形,历次文移,如果文献具存,一定很有可观,于研究十四、十五世纪亚洲西南部的历史和海运一定也有莫大的价值。可是距今才五百年,当时的公牍等等,便不可考了。顾起元说道:

> 旧传册在兵部职方。成化中中旨咨访下西洋故事,刘忠宣公大

---

① 周晖《金陵琐事》卷1,蔷卜花条:"白云寺,一名永宁寺,在凤台门外,与牛首山相近,太监郑强葬地。坟旁多名花异卉;有蔷卜花一丛,乃三宝太监西洋取来者。"卷3,五谷树条:"五谷树有二株,一在皇城内,一在报恩寺,不但结子如五谷,亦有似鱼蟹之形者,乃三宝太监西洋取来之物。"顾起元《客座赘语》卷1,花木条:"静海寺海棠,云永乐中太监郑和等自西洋携至,建寺植于此,至今犹繁茂,乃西府海棠耳。"

② 《图书集成·职方典》第667卷江宁府部纪事:"静海寺有水陆罗汉像,乃西域所画,太监郑和等携至。每夏间张挂,都人士女竞往观之。"沉香罗汉见本文三论罗懋登著《三宝太监西洋记通俗演义》一节内。

夏为郎中,取而焚之。意所载必多恢诡谲怪辽绝耳目之表者。所征方物亦必不止于蒟酱、邛杖、蒲桃、涂林大鸟卵之奇。而《星槎胜览》纪纂寂寥,莫可考验,使后世有爱奇如司马子长者无复可纪,惜哉!①

历史上像刘大夏这类焚琴煮鹤的道学先生真是不少,实在令我们考史的恍惜不止! 所以现在研究三宝太监下西洋的事迹,并无正式的公家文移报告可据,所有者只不过几部译人的记载和文人学士所编纂的几部非正式的书籍而已。我现在将我所知道的几种书籍依着各书著作的时代,作一提要,略述其著者、版本和内容的大概如次。至于《明史·外国传》中与郑和下西洋有关诸条,无非采自明人著作,暂且不去说他。

(一)《西洋番国志》(述古堂藏本,知圣道斋藏本,浙江采进四库馆本)

《西洋番国志》一书为南京巩珍所作,书成于宣德九年,即公元一四三四年。此书最初著录于《读书敏求记》,其次见于《四库提要》地理类存目。是否至今仍然存在? 除了述古堂以及知圣道斋顺本和浙江采进四库馆的抄本而外,是否尚有其他的本子? 现无可考。《读书敏求记》作《西洋番国志》一卷,说道:

> 永乐初敕遣中外重臣,循西海诸国。宣宗嗣位,复命正使太监郑和、王景弘等往海外,遍谕诸番。时金陵巩珍从事总制之幕,往还三年,所至番部二十余处,在处询访,记录无遗;宣德九年编次成集。予观其议事详核,行文瞻雅,非若《星槎胜览》等书之影略成编。盖三保下西洋,委巷流传甚广,内府之剧戏,看场之平话,子虚亡是,皆俗语之流为丹青耳。今更考之:此册首载永乐十八年十二月初十日敕太监杨庆往西洋公干。永乐十九年十月十六日敕内官郑和、孔和、卜花、唐观保,今遣内官洪保等送各番国使臣回还,合用赏使,即照依坐去数目关给予之。宣德五年五月初四日敕南京守备太监杨庆、罗志、唐观保、大使袁诚,今命太监郑和往西洋公干,大小海船该关领原文南京入库,各衙门一应正钱粮并赏赐,并原下西洋官员买到物件及随船同用等物,敕至,即照数放支与太监郑和、王景弘、李兴、朱良、将杨真、右少监洪保等,关领前去应用。详观前后敕书,下西洋似非郑和

---

① 明自宣德以后,重提下西洋的不始于成化。《明史》卷 164《张昭传》记明英宗复辟甫数月,就想遣都指挥马云等使西洋,为张昭所谏而止。成化之举,只算旧事重提而已。

一人,郑和往返亦似非一次。惜乎国初事迹,纪载阙如,茫无援据,徒令人兴放失旧闻之叹而已。

《四库提要》说道:

> 《西洋番国志》,明巩珍撰。珍应天人,其仕履始末未详。永乐中敕遣太监郑和等出使西洋。宣宗嗣位,复命和及王景宏等往海外遍谕诸番。时珍从事总制之幕,往还三年,所历诸番曰占城、曰爪哇、曰暹罗、曰旧港、曰哑鲁、曰满剌加、曰苏门答剌、曰那姑儿、曰黎代、曰喃勃里、曰淄山、曰榜葛剌、曰锡兰山、曰小葛兰、曰阿枝、曰古里、曰祖法儿、曰忽鲁谟厮、曰阿丹、曰天方,凡二十国。于其风土人物,询诸通事,转译汉语,饤饾毕记,至宣德九年编成。所记与《明史·外国传》大概相同,疑史采用此书也。

巩珍的书,乾隆时尚存,现今有无传本,不可知。我们仅从这两篇提要知道一个大概。大约巩珍是那时郑和第七次下西洋的总司令部中一位幕僚,不通西洋文字。《西洋番国志》的体裁大约是首载诏敕之类,随后才是郑和第七次下西洋所经历的二十国记载。《提要》说他饤饾毕记,内容一定是很详尽了。原书虽未得见,但从两篇提要我们知道永乐十八年曾遣太监杨庆往西洋公干;永乐十九年郑和第五次下西洋,同去的尚有孔和、卜花、唐观保诸人,又曾遣内官洪保等送各番国使回国;宣德五年郑和第七次下西洋之役,王景弘而外尚有李兴、朱良、杨真、洪保诸人,又郑和第七次下西洋,所历诸国有作二十余国,有作十七国,今据此书所载郑和亲身所历,大约是二十国,其余就是遣使节前往招谕的。所以《西洋番国志》一书虽未得见,然此数点,已经足以补诸书之未备。若有一日复见于世,对于郑和下西洋的研究上,一定有不少的贡献呢![①]

(二)《星槎胜览》(天一阁两卷本,东方学会复刻天一阁两卷本,《纪录汇编》四卷本,《格致丛书》本,《百名家书》本,《历代小史》本,《古今说海》本,《学海类编》本,《借月山房汇钞》本,广州中山大学印本)

《星槎胜览》,昆山费信撰,书成于正统元年,即公元一四三六年。费信所著的书,据黄虞稷《千顷堂书目》所载,尚有《天心纪行录》一卷,不知有无传本。

---

① 知圣道斋抄本《西洋番国志》后归天津周叔弢先生,新中国成立后捐给北京图书馆。于是这一部书始复显于世。

此书现今通行的有前后集两卷本和四卷本。两卷本为天一阁藏抄本，罗振玉曾用珂珞版印行过；四卷本则自《纪录汇编》本以下俱是。中山大学印本为复东方学会两卷本。据两卷本的《自序》，"前集者亲览目识之所至也；后集者采辑传译之所实也"。又记他于永乐七年、十年、十三年，宣德六年四次随郑和下西洋之回往年岁甚详，文字朴僿已极，每一国后并附五言诗一首，所谓"逐国分序，咏其诗篇"是也。以二卷本与四卷本较，四卷本文彩烂然，远胜二卷本，四卷本每国后也无附咏的诗篇，就连费信《自序》也繁简各异，文质不同，所以四卷本一定是经过修饰来的，而二卷本大约乃是原书。但是删订费信原著的两卷本《星槎》，易为四卷，究竟是谁的大手笔呢？按乾隆《昆山新阳合志》卷三十五《艺文》有周复俊《星槎胜览·序》，《序》末说道：

> 予屏居多暇，稍加删析，录一净本，置六梅斋中，他时隐囊卧游，又何必识九洲而临五岳也！

据此是《星槎胜览》一书，周复俊曾加删析：删是删其繁芜，析是析其篇章。周氏是一位选学大家，费信那种朴僿的文字，自然看不上眼，要加删析了。

同书卷二十四《人物》文苑有《费公晓传》，传文大概采自周复俊《星槎·序》。传末提到《星槎胜览》，有云：

> 邑人周复俊得之颇加删析，附《玉峰诗纂》行世。

《玉峰诗纂》是周复俊所辑昆山人的诗，按《费公晓传》，《玉峰诗纂》有一种刻本后面还附有《星槎胜览》删析本。可是长沙叶氏观古堂所藏明刻本《玉峰诗纂》，后面并未附有删析本《星槎胜览》，大约不是原刻了。所以现在通行的四卷本《星槎胜览》删定的人只好假定是周复俊，留待明刻足本《玉峰诗纂》出来证明。归有光《题星槎胜览》文谓：

> 余家有《星槎胜览》，辞多鄙芜。上海陆子渊学士家刻《说海》中有其书而加删润。

归氏自藏的大约是两卷本，《说海》所收是四卷本，归氏未说是否陆氏所删润。不过周复俊生在陆楫之前，在当时颇有一点文名，或者《说海》所采即是周氏删本，也未可知。总之四卷本《星槎胜览》，尚须别的证据，才能确定是否为周复俊所删定之本。

前后两卷本《星槎胜览》虽屡见备家著录（如《千顷堂书目》《振绮堂书

目》),我却只看见罗振玉影印的天一阁抄本和东方学会复印本,影本抄手虽精而讹谬百出。复印本稍为校正了一些,错误仍是不少。所以《星槎》足本仍待精细的校勘,方才可读。① 四卷本《星槎胜览》传世最多,但是比较起来,要算沈节甫《纪录汇编》中所收为最好,像《历代小史》本,无费氏《自序》,无分卷目,且脱去真腊一条,自不足取。

　　两卷本《星槎胜览》前集共计二十二国,是为亲览目识之所至,后集也是二十二国,是为采辑传译之所实。其间分卷都有道理。可是四卷本就不同了,次序与两卷本全然有异,亲览、采辑的分别全然看不见,两卷本有四十四国,而四卷本只四十一国。两卷本有而四卷本无者为龙牙菩提、琉球国、三岛国、渤泥国、苏禄国五国;四卷本有两卷本无者为阿鲁国。两本都有的名称亦不尽同,如:两卷本作龙牙菩提,而四卷本作龙牙加貌;两卷本作大小唄喃,而四卷本作大小葛兰。所以四卷本之改删不是仅仅删削原书,一定还参考了其他书籍的。此外,四卷本因删削时没有详细推寻原书语意以致错误的也不少。例如宾童龙国一条,两卷本作"其国隶与占城,山地接连",意思是宾童龙国隶属占城,而以山地互相接连。可是四卷本作"其国与占城山地连接"。隶属占城的语气便全然不见了。所以归有光《题星槎胜览》以为"当时所记,虽不文,亦不失真"云云,真是名言。

　　(三)《瀛涯胜览》(《纪录汇编》本,《征信丛录》本,《广百川学海》本,《宝颜堂秘笈》本,《续说郛》本,《胜朝遗事》本)

　　《瀛涯胜览》,会稽马欢撰,书成于景泰二年,即公元一四五年。这一部书,平常都以为是马欢一人所著,而《纪录汇编》本《瀛涯胜览·后序》却说"今观马君宗道(欢字)、郭君崇礼所纪"云云,似乎又是两人合著,但是书末有"景泰辛未秋月望日会稽山樵马欢述"字样,不知到底是否两人合著? 今暂依一般的说法,认为马欢所著。马欢会稽人,据《纪录汇编》本《后序》,欢字宗道,而《澹生堂藏书谱》史部收此书作马汝钦撰,汝钦想必也是马欢的别字了。又据《后序》,知道马欢同郭崇礼皆是伊斯兰教徒,善通译番语。所以"遂膺斯选,三随轺韶",因著是书。《澹生堂藏书谱》还著录马欢《瀛涯纪行诗》一卷,载《说抄》中。《说抄》一书未见过,《纪录汇编》本《瀛涯胜览》卷首有欢诗一篇,历纪行

────────────

　　① 《星槎》《瀛涯》二书尚有《国朝典故》本(有明刊本及明抄本),都是未经删节的原本。此外《澹生堂说集》本《瀛涯胜览》以及天一阁抄本《三宝征彝集》,也都是未经删节的《瀛涯胜览》,为以前所不知者。《说集》本今存科学院图书馆,《征彝集》今在北京图书馆。

役,所谓《瀛涯纪行诗》或即指此而言。

《纪录汇编》本有马欢《自序》,作于永乐十四年丙申,即公元一四一六年。梁任公据此遂说《瀛涯胜览》出版于永乐十四年。其实不然,天方国条曾记到宣德五年郑和奉使复下西洋的事,自然此书不是成于永乐十四年了。书末有"景泰辛未秋月望日会稽山樵马欢述"一行,《瀛涯胜览》大概即是成于此年。

《瀛涯胜览》也有足本与删订本之别。《纪录汇编》本有马欢《自序》《纪行诗》和无名氏《后序》,内中文字真可当得通俗两字,这大约是马欢的原本了。《征信丛录》是祁承㸁所辑的一部丛书,所收多关明朝掌故,只有祁氏澹生堂自藏抄本,世无传本,内中的《瀛涯胜览》是否足本,无从得知。他如《广百川学海》本、《秘笈》本、《续说郛》本皆是张昇删本,后来再说。只有吴弥光《胜朝遗事》本却与张昇本不同,又是经一文章大家润色过的;可是只润色原本的文辞,并未删削过甚。即以马欢原本《胜朝遗事》本和张昇本三本中的忽鲁谟斯国一条来作例:原本此条有一千三百五十五字,《遗事》本有一千三百五十二字,而张昇本只删剩七十七字,这种大刀阔斧的手段,真正可惊。所以《遗事》本还去原本不远,张昇本那就只余一点形迹了。《遗事》本无《自序》,无《纪行诗》,无《后序》,不知系何人所润色,大约就是吴弥光所为,也未可知。

张昇,明朝南城人,号启照,曾做过礼部尚书,正德中刘瑾当权,谢归,卒谥文僖,所著有《柏崖集》。他所删定的《瀛涯胜览》,明朝人都称之为《改正瀛涯胜览集》。《澹生堂藏书谱》说《改正瀛涯胜览集》附见《张文僖集》。《柏崖集》,我没有见过,以我所知道的大约要以《纪录汇编》本为最好了。此本卷前有小《序》一篇,《广百川》本、《秘笈》本、《续说郛》本俱未载,今录如次:

> 永乐中有人随从太监郑和出使西洋,遍历诸国,随所至辄记其乡土风俗冠服物产,日久成卷,题曰《瀛涯胜览》。余得之,翻阅数过,喜其详瞻,足以广异闻。第其词鄙朴不文,亦牵强难辨,读之数叶,觉厌而思睡。暇日乃为易之,词亦肤浅,贵易晓也。

《广百川》本和《续说郛》本都是《改正瀛涯胜览集》,而直题曰《瀛涯胜览》;又著者马欢作马观,俱误。《广百川》本与《续说郛》本大约就是一个版子。《四库提要》也作马观,恐怕当时馆臣所见就是这种版子的《改正瀛涯胜览集》了。

改正本《瀛涯》所述也只十九国与原本同,可是改正本的诸国次序,却与原本大异,又改正本删削太多;前面所举忽鲁谟斯国一例,可见一斑。

《星槎》所述凡四十四国，《瀛涯》所述只十九国。但是《瀛涯》所记国数虽少，事实有时却比《星槎》来得详细。不过《瀛涯·自序》开首即道：

> 余昔观《岛夷志》，载天时气候之别，地理人物之异，慨然叹曰，普天下何若是之不同耶？

马欢所见的《岛夷志》，不知是陈元靓的《岛夷杂志》还是汪大渊的《岛夷志略》，已无可考。总之《瀛涯胜览》著作之时，曾受前人的影响，是无可疑的。不仅《瀛涯》一书曾受前人的影响，就是《星槎》也是如此；以《瀛涯》《星槎》同《岛夷杂志》《岛夷志略》比较，所述大多相同，可见一斑。

至于马欢、郭崇礼二人的行谊，随郑和三下西洋的经过，俱有待于新材料的发现，现且不谈。

（四）《自宝船厂开船从龙江关出水直抵外国诸番图》（《武备志》本）

这一部郑和下西洋道程舆图，不知是谁所作，附见茅元仪辑《武备志》卷二百四十，茅元仪有一篇小《序》说道：

> 茅子曰：《禹贡》之终也详哉言声教所及。儒者曰，"先王不务远"，夫劳近以务远，君子不取也。不穷兵，不疲民，而礼乐文明，赫昭异域，使光天之下，无不沾德化焉，非先王之（疑作与）天地同量哉！唐起于西，故玉关之外将万里；明起于东，故文皇帝航海之使，不知其几十万里，天实启之，不可强也。当是时臣为内竖郑和，亦不辱命焉。其图列道里国土，详而不诬。载以昭来世，志武功也。

从这篇《序》里看来，大约这一部舆图，是郑和时下西洋所绘。四卷本《星槎胜览》费信《自序》有云：

> 至永乐、宣德间，选随中使至海外，经诸番国，前后数四，二十余年。历览风土人物之宜，采辑图写成帙，名曰《星槎胜览》。

似乎费信于《星槎》而外还别有一种图。不过两卷本《星槎·自序》并无此语，所以《武备志》所采入的《直抵外国诸番图》，究出何人之手，不得而知。但依茅元仪所说，此图之绘于郑和之时，并不后于《西洋番国志》《星槎胜览》《瀛涯胜览》三书，这是可以无疑的。

《武备志》所收此图，共是二十四叶，末有《过洋牵星图》二叶（参看附忽鲁谟斯回古里国《过洋牵星图》），首有茅元仪小《序》一叶；其余都是舆图，舆图刻绘，很多重复讹脱的地方，山势也很粗率；不过原绘之好，从此还可以看见一二。只是路线太错杂了，到了第二十叶，路线既是那样复杂，指示路程方向又罗针与牵星并用，看来真是头昏。所以我们对于这幅四百多年以前的海图，第一步先将其中所有不合理的错误如庚坤针之类，以及其他的误处，以《东西洋考》中的二洋针路与此互参校勘，然后用近代详细的西南亚洲以及南洋地图，依据校正过的海图航路，作一近代式的郑和航海图，那么四百余年前这位大航海家的航程，自可灿若列眉了。像现在这部图，航程方向以及里数，常有错误不明之处，自难据为十分可靠的材料。

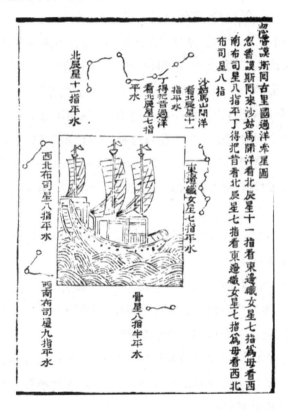

但是这一部图的价值却仍然存在。第一，这一部图起程于龙江关，以忽鲁谟斯为终点，最后又自忽鲁谟斯直返古里，很像郑和第七次下西洋的行程。有了这部图，郑和这次下西洋的事实，因而更为明白。第二，中国人航海的技术，在十二世纪时，就已很为发达，知道利用罗盘。后来如周达观之《真腊风土记》，所记针路已很详细，但得此图，方才可如伏波聚米为山，一览便晓；这于考究中国古代航海的情形，的确是一桩重要的资料。

(五)《西洋朝贡典录》(《指海》本,《借月山房汇钞》本,《粤雅堂丛书》本,《别下斋丛书》本)

《西洋朝贡典录》三卷,明黄省曾撰;书成于正德十五年,即西历一五二〇年。黄氏的行谊,附见《明史·文苑传·文徵明传》中。关于这部书的内容,《四库提要》和王庸先生的《宋明间关于亚洲南方沿海诸国地理之要籍》已经说得很详细,我不必多说。

《四库提要》说此书有孙胤伽及赵开美二《跋》,今本《典录》无此二文,只孙《跋》见于《读书敏求记》中。又祝允明有《西洋朝贡典录序》,见《怀星堂集》卷二十五,不过只是一篇空论,毫无可以参考之处。

至于此书的本子,《借月》本即为《指海》本,二者实为一本;《粤雅》本与《别下斋》本也无甚出入。而《指海》本与《粤雅》本也互有短长,例如卷上爪哇国条"其都曰满者伯夷国"这一句下面,以及同卷满剌加国条"而岁输黄金焉"这一句下面,在《粤雅》本还各有小注一段,《指海》本漏而不载。《别下斋》本与《粤雅》本同。而卷中阿鲁国条论日一段,《粤雅》本自"虽"字以下,《别下斋》本自"四十有二其"下,俱阙,《指海》本独全。所以这两种本子都各有短长,不可偏废,应取而互校,取祝氏之《序》,孙氏之《跋》,一并附入,并参考旧抄《典录》,方算完善之本。

(六)《海语》(《宝颜堂秘笈》本,《四库全书》本,《学津讨源》本,《纷欣阁丛书》本,《岭南遗书》本)

《海语》三卷,明黄衷撰,书成于嘉靖十五年,即公元一五三六年。此书内容,已见《四库提要》,今不赘。其风俗一类所记西洋诸国只暹罗、满剌加两国;不过物产、畏途、物怪三类逸闻异事很多,可供参考。

《岭南遗书》本以江郑堂藏抄本与《学津》本互勘,注其异同,加以校正。卷末伍崇曜《跋》于黄氏著作约略道及,在各家刻本中大约要算是好的了。

(七)《皇明四夷考》(明嘉靖刊《吾学编》本)

《皇明四夷考》二卷,明海盐郑晓撰,书成于嘉靖四十三年,即公元一五六四年。《明史》卷一百九十九有《郑晓传》。郑晓生平著作甚富,详见《嘉兴府志·经籍志》中。《四夷考》本是《吾学编》中的一部分。《吾学编》在清朝是一部禁书,所以《四夷考》也少有人说及。

《明史》说郑晓"通经术,习国家典故",又说他"谙悉掌故,博洽多闻,兼资文武;所在著效,不愧名臣"。他是一位讲经济的学者,他所主张的治国根本大法就是"德惟善政,政在养民"。至于用兵外域乃是"慎封守者,非直御外侮,亦以固内防也"。所以他著《皇明四夷考》,作了一篇公羊式的《自序》,说道:

> 四夷何以首安南也?我郡县也。次兀良哈何?我武卫也。哈密、女直非欤?羁縻之虏,非我官长也。兀良哈之有三卫,以靖难欤?非也。大宁之北,有三卫也,盖自洪武始也。其南据大宁也,乃自永乐始也。将复交趾而收大宁乎?都统之议,夷且嗤我,革兰台以骎骎乎我贰矣。弃哈密而抚女直乎?哈密罢我河西,女直扞我辽东也。土番入哈密而嘉峪不惊;胡虏通女直,而山海弗靖矣。朝鲜何以次兀良哈也?知礼教也;大国也。琉球小国,何以次朝鲜也?学于中国也。何以终靼鞑也?非勍寇乎!我胜国也,盛衰之运,中国有安危焉,以故别考而存之,战守之略可几而得矣。高皇何以有海外之使也?更始也。成祖西洋之□,不已劳乎!郑和之泛海,与胡濙之颁书也。国有大疑焉尔。

郑晓用军事地理学的眼光来估量中国与外国的关系,对于成祖之经营西洋很是不满,以为与中国无甚关系。《四夷考》中所述也以安南、朝鲜、兀良哈、女直、琉球、日本诸国为多,就是因为与中国的关系密切。至于西洋诸国,叙述颇形简略。不过书成于嘉靖时,嘉靖以前西洋诸国入贡中国,大概都有记载,可补黄省曾《西洋朝贡典录》之缺(黄书不载天顺以后事),其述西洋诸国过于简略,乃是因为书名《四夷考》,自不能专记西洋诸国。

此外叶向高也有一部《四夷考》,收于《宝颜堂秘笈》中,叶氏全集中有此书,也是清朝的一部禁书。于西洋诸国记述很略,全书中心在女直诸国,今不论。

(八)《殊域周咨录》(故宫博物院藏杨惺吾藏明刊本,又排印本,陈援庵先生藏抄本,北海图书馆藏不全本,天一阁藏不全本)

《殊域周咨录》二十四卷,明嘉禾严从简撰;书大约成于万历十一年癸未,即公元一五八三年。此书在清朝列为禁书,所以传布很少。严从简所著尚有《诗教》和《使职文献通编》二十二卷(书甚罕见,章太炎《清建国别记》曾引此书)。

《殊域周咨录》一书我没有见过。杭州丁氏善本书室本来藏有明刊本一部,原为海虞吴蔚光藏书。后来丁氏书移到南京以后,不知怎样,这一部书竟不见了。陈援庵先生在北京大学国学门讲演《回回教入中国史略》(笔记曾登在《北大研究所月刊》和《东方杂志》第二十五卷第一号),内中曾述及《殊域周咨录》,有云:

> 明万历间行人司行人严从简曾著一书,名《殊域周咨录》,系类集档案而成,今颇少见,余藏有写本。

《善本书室藏书志》卷十二有一篇《殊域周咨录》的提要,对于此书内容也曾说及:

> 是《录》载于《千顷堂书目》。一卷,朝鲜;二至三,日本;四,琉球;五至六,安南;七,占城;八,真腊、暹逻、满剌加、爪哇、三佛齐、勃泥、琐里、古里;九,苏门答剌、锡兰、苏禄、麻剌、忽鲁谟斯、佛郎机、云南、百夷;十,吐蕃;十一,拂菻、榜葛剌、黙德那、天方国;十二,哈密;十三,吐鲁番;十四,赤斤蒙古、安定阿端、曲先、罕东、火州;十五,撒马儿罕、亦力把力、于阗、哈烈;十六至二十二,鞑靼;二十三,兀良哈;二十四,女直。万历癸未资治上卿吏部尚书滇浙居士寅所严清撰《序》,谓谏议侄绍峰子携所著《殊城周咨录》乞序,乃知其官行人时所辑。名以周咨者,因靡及之怀,勤采访之博,虽于耿光大烈,未克兼总其全;若门类分编,岂非为天下九经中柔远人怀诸侯之模范哉!

我所知道的《殊域周咨录》止此。细看内中所记诸国国名,大部见于郑晓《皇明四夷考》。不过《皇明四夷考》只是上下两卷,而《殊域周咨录》乃有二十四卷十册(澹生堂亦藏此书,作十册,千顷堂亦然),又是根据行人司等处的档案编纂而成,其中一定有不少的新材料,而为《星槎》《瀛涯》所未载的。

(九)《东西洋考》(明万历刊本,《四库全书》本,《惜阴轩丛书》本,商务印书馆排印本)

《东西洋考》十二卷,明张燮撰;书成于万历四十六年,即公元一六一八年。燮为福建龙溪人。此书内容大概,《四库提要》史部地理类四和王庸先生《宋明间关于亚洲南方沿海诸国地理之要籍》都说得很扼要,我不必多讲。

这是一种半官性的官修书,据卷首王起宗的《序》,知道这部书的著作起始于前澄令陶镕,而完成于王起宗之手。书中所述不限明代,很带有一点历史的性质。所收材料,也很复杂,散见各种类书里面的六朝时代地理学家的著述,也偶然采入。东西洋诸国纪事中兼附考证。这确是一部很经意很重要的著作。

本子方面自以万历刊本为好,《惜阴》本未经校勘,错字最多。不过明刊本也有极不经心的地方,如目录卷八作《舟师考》,卷九作《税珰考》,其实《舟师考》应在卷九,《税珰考》应在卷八。《惜阴》本沿袭明刊本错误。至于《四库》本以未见过,不谈。

(十) 其他各种资料①

上面所述,一共是九种,关于研究郑和下西洋和明朝经营南洋一带的资料,重要的大概都尽于此。其他散见各书的材料也还不少,如:徐学聚《国朝典汇》(卷一百六十六朝鲜、卷一百六十七琉球、卷一百六十八安南附东南诸夷、卷一百六十九日本、卷一百七十五西番附诸西戎、卷二百市舶),章潢《图书编》(卷五十至卷五十二四夷),沈德符《万历野获篇》(卷三十外国补遗、卷四外国)诸书,都有关于明代亚洲南部及西南一带的长篇纪事,可供参考。此外何乔远《名山藏》卷末《王享记》五卷,尤其是重要的材料。《王享记》中所述四夷诸国,国名之多,便是郑晓的《皇明四夷考》、严从简的《殊域周咨录》视之也有逊色。其中如陈诚的《使西域记》全部采入,由此一端,也可见《王享记》所收的材料之丰富了。

又在南洋一带,还有所谓《三保大人传》一类的书籍,并且还有马来文的《三保大人传》,可惜我没有见过。日本人中目觉所著《阿弗利加视察谈》曾说道:

> 爪哇一带的华侨对于郑和一事,很是重视,有若神明。我从非洲回国的时候,道经爪哇三宝垄,下榻台湾银行分行。离行约六十余丈,就是大觉寺,寺中有三保大人像;香火很盛,每年舆像出巡各处一二次。我想这里对于三保太监的事迹,既然如此尊崇,说不定还有三保传略一类的书;问了书店,果然有中文的《三保大人传》二册,不幸那时书已卖完了。书贾告诉我说还有马来文《三保大人传》约有十五册之谱。我以为马来本《三保大人传》或者就是取材中文本而成也未可知。②

三宝垄就是因三宝太监而得名的。流行那里的中文《三保大人传》,不知

---

① 关于抗战前国内外新出有关郑和的资料,可参考郑鹤声先生的《郑和遗事汇编》。

② 中目觉此文见昭和三年九月份《地学杂志》内。

内容怎样,或许就是汇集华侨传说中的三宝太监,而成此书。至于马来文的《三保大人传》那更有趣了。我想其中一定有许多材料,为上述各书所未说过的,若有好事的人,把南洋这种中文和马来文的《三保大人传》介绍到中国学术界来,我想对于郑和的研究上,定有不少的贡献哩。

三、论罗懋登著《三宝太监西洋记通俗演义》

郑和下西洋,前后七次,历二十八年;足迹遍于南洋群岛,势力远至非洲东部,声威所被,遂成为一般民间传说的中心。例如台湾的三宝姜和南洋的榴莲,后人都把它拉去同郑和发生关系。而明谢肇淛《长溪琐语》又云:

> 菩萨岭在支提那罗岩之下。成祖文皇帝时铸天官千身,赐寺中。遣太监郑和航海而至。中流飓风大作,舟人惧,取其半沉水中。及舟抵寺,而沉水者已先至矣。先数夜时,远近村人望见冠盖数百,鳞次登岭,若傀儡然,光采异常。及是始悟,故又呼傀儡岭。又有晒衣台,则皆沉水者晒衣其处,迄今寸草不生。

清金鳌《金陵待徵录》卷十又有这样一条:

> 钟山书院铁矛或以为郑和遗物,按《应天志》坊厢类有铁矛局坊。书院为前明铁厂,鼓铸之所,兼及铁冶耳,石头城外,卧地之矛甚多。

像这种同郑和发生关系而流行民间的传说,当然不止区区几条。所以钱曾说:

> 盖三保下西洋,委巷流传甚广。内府之戏剧,看场之平话,子虚亡是,皆俗语之流为丹青耳!

遥想当时三宝太监下西洋,流传民间,开场说书的人居然取来演为平话,而内府中且演为戏剧,真是热闹极了。只可惜在钱曾时已说:

> 惜乎国初事迹,纪载阙如,茫无援据,徒令人兴放失旧闻之叹而已。

到了现在,关于郑和的传说异闻,寥寥可数;至于戏剧,则除《也是园书目》所载《奉天命三保下西洋》一本杂剧而外,不见有其他的东西。最近上海某家电影制片公司摄演白燕女侠一片,据说是根据三宝太监下西洋的故事编成的。所谓流传委巷的戏剧,大约要以此为灵光了。所幸罗懋登《三宝太监西洋记通俗演义》一书还在，明代关于郑和的传说从此可以窥见一二。

中国的学士大夫自来就看不起小说，像《也是园书目》之立小说一门，采及宋人词话，并收杂剧传奇，真是一种很大胆的行为，可是后来也就继起无人。说到清朝学者之敢于推奖民间通俗小说，正式为之誉扬的，只怕要算俞樾了。《三侠五义》一书，因有俞氏为之鼓吹润色，方渐为世人所知，以至成为风气，一般文人也注意到此。后来缪荃荪发现《京本通俗小说》，开最近言俗文学者的先河，这真是中国文学史上不可忽视的一桩大事，而罗懋登《三宝太监西洋记通俗演义》之见知于世，也是俞樾之功。俞氏《春在堂随笔》有云：

> 郑和之事，赫然在人耳目间，光绪辛巳岁（按光绪七年即公元一八八一年），老友吴平斋假余《西洋记》一书，即敷衍和事。作者为罗懋登，乃万历间人。其书视太公封神、玄奘取经尤为荒诞，而笔意恣肆，则似过之。乃彼皆盛行，而此顾不甚著，何也？文章之传不传，若有数存，虽平话亦然欤？平斋曰："此必明季人所为，以媚权奄者。"余谓不然。读其《序》云："今者东事倥偬，何如西戎即叙；当事者尚兴抚髀之思乎！"然则，此书之作，盖以嘉靖以后倭患方殷，故作此书，寓思古伤今之意，抒忧时感事之忱；三复其文，可为长太息矣！书中却有一二异同，如：术家有金木水火土五行遁法，见于诸书者字皆作遁，此独作固，未详其义。又世俗所传八仙，此书则无张果、何仙姑，而别有风僧寿、元壶子，不知何许人。岂明代有此异说欤？《图画见闻录》，孟蜀、张素卿画八仙真形，有曰长寿仙者，或即此风僧寿乎！书虽浅陋，而历年数百，更有可备考证者，未可草草读过也。

俞氏之称此书，以为有过于《封神榜》《西游记》，可算得是推崇备至了。后来上海申报馆用铅字排印此书，也在光绪辛巳岁。到底俞樾所见吴平斋假本，是否即为申报馆本？还是申报馆本乃是因俞氏之推重此书，而后印行？现无可考。《西洋记》一书，有明刻本，大约是万历时所刊。内作三山道人绣梓，明时金陵三山街为书业荟萃之所，所谓三山道人或者就是三山街的一家书贾，而《西洋记》原来或是刊于金陵。明刊本书名作《新刻全像三宝太监西洋记通俗演义》，每回有图二幅，颇为古雅，不是俗手所绘，如第二十五回《姜金定水圁逃生》一图，小卒所持的幡上有一梵文阿字，很是清楚，并不是胡乱涂画可比，可见一斑。到了光绪年间，才有申报馆本。自申报馆排行以后，别有上海商务印书馆铅印本及上海中原书局石印本两种，后两种附有绣像，粗俗不堪。从现在看来，三种翻本中以申报馆本为最老，次为商务本，又次为中原本。

罗懋登的籍贯行谊，我不甚知道。他所著的《三宝太监西洋记通俗演义·自序》作二南里人，二南里不知道究竟是什么地方，《西洋记》里面所用的俗语如"不作兴""小娃娃"之类，都是现今南京一带通行的言语，似乎罗懋登不是明时应天府人，便是一位流寓南京的寓公；只是没有旁的证据，暂置不谈。

罗懋登大约也是一位爱好文学之士。他所著的书，除了《西洋记》以外，我们知道他还注释过《拜月亭》和丘濬的《投笔记》二书。罗注《拜月亭》现有暖红室《传奇汇刻》本，只不过注释字音，疏解典故，没有什么了不起的地方。但是以汲古阁《六十种曲》本《拜月亭》与罗本相校，既多移动之处，关目亦自不同，所以王静庵先生说罗本"在今日可云第一善本"。注释《投笔记》一书，与《拜月亭》的注释一样，书言班定远投笔从戎事，比之《拜月亭》更为罕见，除明刊本外不见他本。

《西洋记》卷首，有罗懋登《自序》，作于万历丁酉岁，即万历二十五年（公元一五九七年）。万历二十年的时候，正是那日本大野心家丰臣秀吉远征朝鲜，想"一超直入大明国。易吾朝风俗于四百余州，施帝都政化于亿万斯年"[①]的时期。二十一年正月李如松败于碧蹄馆，二十三年三月以杨镐经略朝鲜军务。朝鲜有失，则北京震动，一般吃闲饭而爱说风凉话的官儿们，便议论纷起了。罗懋登《自序》说："今者东事倥偬，何如西戎即叙；不得比西戎即叙，何可令王、郑二公见，当事者尚兴抚髀之思乎！"大约也是眼见当时国事危急，而当局的人又多是柔弱无能，于是"摅怀旧之蓄念，发思古之幽情"，作为此书，以讽喻当局。

《西洋记》中所根据的材料很多，现在考起来，马欢的《瀛涯胜览》，罗懋登一定是看见过的，所以卷十九第九十三回说三宝太监夜得一梦，到了次日侯显找到译字马欢来替郑和圆梦；可见著者之知道马欢。卷二十第一百回开首就是一篇长诗，这就是《瀛涯胜览》原本卷首所附马欢历纪行役之诗，《纪录汇编》本《瀛涯》有此诗，与《西洋记》所载文字些微有一点异同，现在把《纪录汇编》本《瀛涯》此诗录下，注明两本的异同，以资参考：

> 皇华使者承天敕，宣布纶音经夷域。鲸舟吼浪泛沧溟（《记》作沧

---

① 此为丰臣秀吉侵明时致朝鲜国王檄文语，见朝鲜人安邦俊著《隐峰野史·别录壬辰录》。

溟深），远（《记》作经）涉洪涛渺无极。洪涛浩浩涌（《记》作湧）琼波，群（《记》作犀）山隐隐浮青螺。占城港口暂停憩，扬帆迅速来阇婆。阇婆远隔中华地，天气烦蒸（《记》作蒸人）人物异。科头裸（《记》作跣）足语休儸，不习衣冠疏（《记》作兼）礼义。天书到处多（《记》作腾）欢声，蛮魁（《记》作首）首长争相迎。南金异宝远驰贡（《记》作名），怀恩慕义摅忠诚。阇婆又往西洋（《记》作南）去，三佛齐过临五屿。苏门答剌峙中流，海舶番商经此聚。自此分艐往锡兰，柯枝古里（《记》作俚）连诸番。弱水南滨溜山国（《记》作谷），去路茫茫更险艰。欲投西域遥（《记》作还）凝目，但见波光接天绿。舟人矫首混西东（《记》作东西），惟指星辰定（《记》作辨）南北。忽鲁谟斯近海傍，大宛米（《记》作未）息通行商。曾闻博望使绝城，何如当代覃恩光。书生从役何（《记》作忘）卑贱，使节叨（《记》作三）陪游览遍。商山巨浪罕（《记》作岂）曾欢，异宝奇珍今始见。俯仰堪舆无有垠，际天极地皆王臣。圣明（《记》作朝）一统混华夏，旷古于（《记》作及）今孰可伦。使（《记》作圣）节勤劳恐迟暮，时值南风指归路。舟行巨浪（《记》作四海）若游龙，回首遐荒隔（《记》作接）烟雾。归到京华觐紫宸，龙墀献纳（《记》作纳拜）皆奇珍。重瞳一顾天颜喜，爵禄均颁雨露新（《记》作深）。

不仅这两点之可以见出《西洋记》所根据的材料与《瀛涯胜览》有关，其他的处所还多。《瀛涯》一书，纪述占城、爪哇、遥罗、旧港、满剌伽、哑鲁、苏门答剌、那孤儿、黎代、南浡里、溜山、榜葛剌、锡兰、大小葛兰、柯枝、古里、祖法儿、忽鲁谟斯、阿丹、天方，一共二十国；这在《西洋记》中都曾一一述及，事实也大概相同。自然也有少些殊异之处，如：《瀛涯》作榜葛剌，《西洋记》作吸葛剌；榜葛剌本在东印度，而《西洋记》作在西印度之类。不过榜葛剌之作吸葛剌，《西洋记》也有所本，顾起元《客座赘语》卷一宝船厂条历记郑和下西洋所经诸国，榜葛剌也作吸葛剌；可见并非罗氏所创，明代原有此说了。

《西洋记》一书所述外国诸事之以《瀛涯胜览》为主要材料，我还可以举几个例子：卷十第五十回，卷十一第五十一回讲到苏门答剌国黄虎化人和龟龙的事，这都见于《瀛涯》满剌伽条；卷十五第七十三回木骨都束国佗罗尊者戏虎一节故事亦见《瀛涯》，不过《瀛涯》是说榜葛剌有耍这种把戏的一个人，而《西洋记》则移之于木骨都束；卷十六第七十九回忽鲁谟斯搏戏中的猴戏羊戏，就是袭取《瀛涯》的忽鲁谟斯条中所记。读者试将《瀛涯》与《西洋记》比读比读，就可明白。

因为《西洋记》一书是大半根据《瀛涯胜览》演述而成，所以有些地方，很可用来校正今本《瀛涯》之失。现在且举一例，《瀛涯》古里国条有云：

永乐五年朝廷命正使太监郑和等赍诏敕赐其王诰命银印，给赐升赏，各头目品级冠带。统领大舮宝船到彼起建碑庭，立石云："去中国十万余里，民物熙皞，大同风俗，刻石于兹，永乐万世。"

这种刻石文，我们看来，实在不明白。可是《西洋记》卷十三第六十一回所载古里国立的石碣铭文却是"此去中国，十万余程，民物咸若，熙皞同情，永示万世，地平天成"，大足以校订《瀛涯》的错误。

自然，《西洋记》所据不完全是《瀛涯》一书，所采其他的资料还很多，就中如卷四第二十回的李海遭风遇猴精，以及卷二十第九十七回的李海告诉夜明珠，这一段故事，其实是根据陆采《冶城客论》中所记蛇珠一条推演扩充而成。《冶城客论》蛇珠条原文如次：

永乐中下洋一兵病痁殆死，舟人欲弃海中。舟师与有旧，乃丐于众，予锅釜衣襥之属，留之岛上。甫登岛，为大雨淋漓而愈；遂觅岵居焉。岛多柔草佳木，百鸟巢其中，卵殼布地，兵取以为食，旬日体充，闻风雨声自海出，暮升旦下，疑而往觇焉。得一径滑润如蛇所出入者。乃削竹为刃，俟蛇升讫夜往插其地。及晨声自岛入海；宵则无复音响。往见腥血连涎满沟中皆珍珠，有径寸者。盖其蛇剖腹死海中矣。其珠则平日所食蚌胎云。兵日往拾，积岩下数斛。岁余海艑还。兵望见大呼求济，内使哀而收之，具白其事，悉担其珠入舟。内使分予其人十之一，其人归成富翁。

《西洋记》中所谓猴精，所谓夜明珠，都是罗氏所渲染烘托，以增加故事的声色。又如卷十二第五十六回所载张三峰在琼花观题诗的故事，见于杨仪《高坡异纂》(《异纂》原文不赘录)。总之《西洋记》所采明代的逸闻异事，自是不少；不过明代说部，浩如烟海，我们难以遍览群书，为之搜证，如我所举，只算是聊举一隅而已。

《西洋记》卷末又说：

后来静海禅寺建于仪凤门外；天妃宫、宗三庙、白鳝庙俱建于龙江之上；碧峰寺建于聚宝门外。静海寺有篇重修碑可证；天妃宫有篇御制碑及重修记可证；碧峰寺有篇《非幻庵香火记》可证。

静海寺、天妃宫、宗三庙、白鳝庙、碧峰寺几处地方，我都没有去访过，不知道还在不在；各处碑文之类，也没有见过。《图书集成·职方典》江宁府部有静海寺、碧峰寺的纪事，第六百六十七卷江宁府部纪事有云：

> 碧峰寺非幻庵有沉香罗汉一堂，乃非幻禅师下西洋取来者。像最奇古，香更异常。万历中有人盗其一。僧不得已，以他木雕成补之。后忽黑夜送回前像。罗汉之灵异可推矣！

这样看来，连所谓非幻禅师者，也是真有其人了。

《西洋记》一书，俞曲园极意推崇，以为同《封神榜》《西游记》相比，也不相上下。依我看来，《西洋记》的作者一定看见过吴承恩的《西游记》，所以模仿的形迹很重。例如：《西洋记》卷十第四十六回说到右先锋刘荫在女儿国影身桥上照影有孕误饮子母河水等等，这完全是袭取《西游记》第五十三回唐三藏师徒们在子母河受灾的故事。又《西游记》中滑稽的意味很丰富，而《西洋记》中也时常应用浅俗的笑话来插科打诨。这都可以见出承袭之迹。所以说到创造的方面，《西洋记》不及《西游记》远甚了。

一九五五年一月七日补记

（原载于《小说月报》第 20 卷第 1 号，1929 年 1 月 10 日出版，后收入《唐代长安与西域文明》一书。）

摄山佛教石刻小纪

向 达

 摄山,俗呼栖霞山,位于南京东北四十里。梵刹之盛,著于南朝。而长松曲涧,怪石危崖,风物之美,尤足流连。山多南唐及宋人题名,自大小徐以下,无虑数十。年来好事者访寺寻碑,缒幽凿险,为之椎拓,遂先后复见于世。[①]然就中国佛教美术史上言之,则摄山之千佛岩及隋舍利塔,其可珍异,固超前贤题名而上之,而前人著述于此率语焉不详,惜哉!十四年十二月,余等自京口便道至此,穷一日之力于千佛岩、舍利塔皆有所度考。因记其崖略如次,庶足以为他日观省之资云耳。

一、千佛岩

 南朝摄山梵刹有栖霞、止观、庆云诸寺;[②]唯栖霞一寺,代有修茸,至今犹存。[③]今以此寺为中心,以说千佛岩。(千佛岩一称千佛崖,亦称万佛崖,别称千佛岭。今以千佛岩为无量殿以及千佛岭之全称,而千佛岭则特指纱帽峰一带。)

---

 ① 《栖霞小志》记宋人题记约三十余种;缪筱珊跋谓,"近年翁铁梅宿山中十余日,所得四十余段"。最近南京古物保存所亦遍拓兹山题名,其所得又超前贤而上之矣。

 ② 《南朝佛寺志》据《景定建康志》,知摄山于栖霞寺外,尚有庆云寺。今按道宣《高僧传》卷9之《慧布传》谓布"从建初寺琼法师学《成实论》,通假实之旨,物议所归。而布恨斯至理,未尽怀抱。承摄山止观寺僧诠法师,大乘海岳,声誉远闻,乃往从之,听开三论"。同《传》又谓"陈至德中,邀引恭禅师建立摄山栖霞寺"。是栖霞与止观固为二寺。而日人大盐毒山所著《支那佛教史地图》谓栖霞寺后改称止观寺云云,恐未得其实也。

 ③ 按《南朝佛寺志》谓栖霞寺至"唐高祖改为功德寺;会昌中废,旋复。南唐号妙因寺。宋太平兴国中号普云寺;景德初仍为栖霞禅寺;元祐中改严⬚崇报寺,又号虎穴寺。然至今人皆呼之为栖霞"云云。

栖霞寺大雄宝殿门向西方。殿稍偏东南隅，则隋舍利塔在焉。舍利塔之东是千佛岩之起点。舍利塔附近石窟之稍巨者有罗汉弥勒诸洞。稍折而南一小窟，窟外石上有大徐题名；不知是何俗子，将徐字加以勾勒，虽一见了然，而真意浸失矣。自此更折而东，经大小石窟佛龛数十，遂至无量殿。殿依山以石筑成，中镌无量寿佛及观音、势至二菩萨，宏伟庄严，盖千佛岩中之冠冕也。由无量殿迤逦东上，则为纱帽峰，为千佛岭，至是凿山为石窟及佛龛；大小错落，点缀崖石间，若蜂房，若鸽舍，依山势为高下。石质属红色砂岩；梵像绀紫，蔓以绿萝。岭下有石磴积累而上，至最后明万历时御马监右少监暨禄所修一窟而止。磴下两山中合，用成一谷，有小涧，有石磴。遥对千佛岭之麓，稍平衍，亦有一精舍。夕阳西下，斜晖映岭上，似庄严世界即在人间矣。

南朝佛教大盛，樊川所谓"南朝四百八十寺"，盖可以见之矣。其名不可尽考，据陈作霖《南朝佛寺志》所述，尚得二百二十有六寺也。教理方面据日人松本文三郎所云，则净土思想特盛民间，而尤以弥勒净土为最。顾弥勒净土虽盛行于世，而弥陀净土却亦为民间所崇信。故自晋至隋，为无量寿佛造像者仍代有所闻，隋以后弥陀净土遂夺弥勒净土之席而有之矣。① 今就艺风堂所收六朝诸造像拓本目录考之，则是说固匪无据。② 夷考摄山之千佛岩诸造像，盖亦此弥陀净土海中之一滴也。今略考其沿革如次。

萧齐建元间明僧绍自青州归，住江乘摄山；抗迹人外，高尚不仕。挹沙门法度之清真，待以师友之敬，因舍宅为栖霞精舍以居之。度常愿生安养，故遍讲《无量寿经》，积有遍数。于是西岩石壁中夜放光，现无量寿佛及殿宇焜煌之状，僧绍等遂谋凿石为像。既而僧绍卒，不果。僧绍于永明元年征为国子博士，不就，卒，法度游京师在宋末，而僧绍次子仲璋之造无量寿佛在永明二年；则僧绍之舍宅，栖霞寺之创立，皆在建元末及永明元年之间矣。僧绍既卒，次子仲璋为临沂令克荷先业，于永明二年庄严龛像。首于西峰之石壁与法度镌造无量寿佛，坐身高三丈一尺五寸，通座四丈，并菩萨倚高三丈三尺。外又造

① 松本文三郎著《支那佛教遗物》书中有《自六朝时代之雕像题名所见之净土思想》一章，即专论此事。谓虽有慧远白莲一社，于"无量寿像前，建斋立誓，共期西方，然弥勒净土终盛于民间。隋唐而复，弥陀净土始勃然大兴"云云，并推论其迭为盛衰之故甚详。

② 《艺风堂金石文字目》卷2所收自魏至隋造像碑记，无虑千余通。今仅就其所记龙门各种造像369段考之：其中弥勒佛造像为43段，释迦文佛造像为56段，而无量寿佛造像仅11段。又卷3所收自唐至宋龙门造像题记581段；其中弥勒佛造像仅11段，观世音造像得50段，释迦文佛造像9段，而阿弥陀佛造像乃得76段，又无量寿佛造像2段。是亦可见矣。

尊像十有余处，是为今日无量殿之起原也。至梁大同二年，齐文惠太子、豫章文献王、竟陵文宣王、始安王及宋太宰、江夏王霍姬、雍州刺史田奂等，俱深晓正见，妙识来果，各舍泉贝，并于岩阿，琢磨巨石，影拟法身。梁太尉临川靖慧王道契真如，心宏檀蜜。见此山制置疏阔，功用稀少，以天监十年八月爰撤帑藏，复加莹饰，缋以丹青，缕之铣鋆。是则千佛岩之起原也。[①]综计自永明二年始镌无量寿佛以至天监十年，历时凡二十八载。大同石窟始于北魏文成帝兴安二年，至孝文帝太和十七年迁洛为止，历时近四十载，先于摄山之千佛岩者凡三十一载；龙门石窟则自北魏宣武帝景明元年至孝明帝正光四年，历时二十四载，为时后于摄山之千佛岩者凡十七载。[②]然摄山千佛岩之宏伟瑰奇，则逊大同、龙门者远矣。唐宋以还，摄山千佛岩曾否有好事者为之庄严佛事，漫无可考。唯按明盛时泰《栖霞小志》所记赵伯晟诗一条，知自宋之宝元至淳熙，其间柱饰庄严之具，已有更易者矣。至明嘉靖中海盐郑晓重装无量寿佛及左右二菩萨。[③]隆庆以后，补造佛龛佛像者纷起。今日所存几皆明代之遗，此按之造像之形态而可知也。（参看补注）南朝诸造像无一造像记遗存至今，唯明代诸造像多完好，又补镌诸人以太监为多，是为可异耳。今将明代诸造像记移录如左，或足为谈摄山文献者之一助焉。（所录以时代为先后）

金陵摄山栖霞寺补塑佛像记

栖霞寺自齐梁来号称名刹，沿岩凿佛，庄严殊丽，天下希有。经年既久，内有风雨苔藓侵蚀，致摧剥者有之。善士张玉国玺者参话诸方，归心祖道。以隆庆三年春入山礼谒云谷素庵诸老。游历□间，见岭岩洞壑，种种清静，而一龛独失圣容。欲为凿补，艰于相类，乃以佳材塑而代之。至秋日迎置旧龛。……隆庆三年春上浣天界吉沙门宗春漫书。

---

①　见《南齐书》卷 54 及《南史》卷 50《明僧绍传》，慧皎《高僧传》卷 9《释法度传》，《江宁金石记》卷 1 陈江总《摄山栖霞寺碑》，又卷 2 唐高宗《明征君碑》。《南朝佛寺志》栖霞寺条谓僧绍于宋泰始中游此山，又云舍宅为寺在齐永明七年。今考《南齐书》诸书及《栖霞寺碑》《明征君碑》，《佛寺志》所言皆误也。又按慧皎《高僧传》卷 13《释僧祐传》："祐大精律部，有迈先哲。齐竟陵文宣王每请讲律，听众常六七百人。祐为性巧思，能自准心计，及匠人依标，尺寸无爽。故光宅摄山大像，剡县石佛等，并请祐经始，准画仪则。"又卷 14《释僧护传》亦记僧祐造剡县石佛事。是梁大同二年齐文惠太子、豫章文献王及竟陵文宣王诸人于摄山所造像，工程师乃为僧祐。此可与王文载、徐知谦并传矣。

②　见《魏书·释老志》，《支那佛教遗物》一书中之《大同佛像》一章，及佐藤孝正《云岗大石窟》第三章《论云岗之佛教美术》。

③　《栖霞小志》乔《司马诗》条。

其他造像记

北京司礼监文书房太监潘朝用重修佛龛。万历二十七年佛成道日立。

信官董保、李朝共发心修佛一龛。万历庚子夏月立石。

信士客养心同男客廷秀修佛二笔。万历庚子夏月立石。

重修石佛记

栖霞寺丛林兴于六朝,石凿佛至千数;以世相迁流,而不无陵夷。万历庚子春司礼监太监刘海不惮凝寒之劳,独有向上之念,故誓庄严是龛。……万历庚子仲春之吉燕沙门仁宽书。

摄山栖霞寺重修石佛记

栖霞寺六朝崇尚,累代名刹;明征君始凿石像,隋文帝又建浮图。国中四绝此其一也。然以岁月弥深,不无残断。钦差直隶、仪征等处地方抽税御马监右少监暨禄,不惜金宝,贵植净因。庄严既讫,而纪事入石,又讵得为靡耶!夫佛者觉也,盖不离凡夫日用二六时中,觉知之性。而凡夫果于日用之间,动静之际,悟此觉性,本来是佛,则凡圣兴衰,悉皆如梦。是为记。万历庚子仲春之吉太白比丘然定漫书。

万历庚子秋日祝得一记造像因缘碑

碑文未录。

修佛记三则

南京内官监左监丞信官李臣发心重修佛一龛。祈如意福,有所归者。万历三十年吉旦立石。

南京内官监太监御马监掌印修佛一龛。弟子刘宇□□□万历辛丑年造。

南京内官监太监进吴□惠妃马氏共修佛一龛。万历三十一年孟春之吉立石。

千佛岩之沿革约略如上。盖自齐梁以来,固已屡经修缮。然以山中石质属于红色砂岩一类,不耐剥蚀,故明隆、万以来所补修者,至是又成子章之骷髅,模糊不可辨析矣。于是现住持僧乃异想天开,将旧日造像概用水泥涂缮一过,为事省而程工易。余等之往为十二月二十一日,时无量殿左右各窟已悉用水泥涂缮一新;璎珞光背,以及庄严之具,俱灿然可观。千佛岭诸大窟亦有已经修缮者。此虽可以取悦世俗,而艺术上则无足道矣。虽然,水泥补塑者固无可言,其未补造诸像,以石质柔脆之故,亦已模糊依稀;面貌衣褶,俱不可辨,全身轮廓,率漫漶剥落,无殊顽石。齐梁旧物,明代补作,至是俱成一丘之貉;唯明代诸造像记以石质较坚,嵌入壁间,用克幸存至今。故摄山千佛岩在今日观之,除无量殿之雄伟,及千佛岩一带石窟佛龛,大小错落,足以生庄严之想,与在佛教美术史上为南朝唯一之石刻而外,艺术上之价值,殆无足道矣。

复次,千佛岩造像,世俗率云千数,或夸为万佛(见汪锡祺《栖霞山揽胜记》)。而渔洋漫游摄山,且以为"岩间凿石为像,华鬘俨然,如百千万亿化身"(《游摄山记》)。他如《栖霞小志》《摄山志》《江宁府志》诸书率囫囵其辞。余等穷半日之力为之遍加计度,则自舍利塔附近以迄千佛岭暨禄所修一窟止,共计石窟佛龛大小才二百九十有四,造像大小五百十五尊而已。即有错误当亦不甚相远也。造像之首毁折及失去者甚夥。

二、隋舍利塔

隋舍利石塔在大雄宝殿之东南隅。塔石似有多种:第一层石质坚黝细致;第二层以上为质稍粗,似俱属于花岗岩一类。塔连顶共为七级,而说者多误为五级;又塔七级,级凡八面,寺僧谓只五面。《栖霞小志》谓:"先即地甃石为基,基四围有石楯阑环绕。"今阑檐俱不可见,唯承阑楯之石址则犹存于塔南一面;俱以白色花岗岩为之,植阑槛之榫眼尚有可见者。又址上刻有飞马之属,姿态生动。阑檐石址高距塔基约一呎许,下为塔基。其与阑楯石址相接处铺以白石,上镌龙凤,花纹绝精细。唯此亦只西南二面有之,东北二面,瓦砾四塞,白石俱不知何往矣。塔基亦有五级,始至第一层;五级累叠而上,渐上渐狭。长阔高之数字约略如次。余等以卷尺将每级粗加度量,所得长阔高之数字约略如次。

级次	长	阔	高	围长(八面合)
第一级	九呎十一吋	一呎十吋	十吋	八十呎二吋
第二级	八呎五吋六分	一呎八吋	一呎四吋六分	六十七呎八吋
第三级	六呎十吋	一呎二吋	一呎二吋	五十四呎八吋
第四级	五呎七吋		五吋	四十四呎八吋
第五级	五呎四吋		五吋	四十二呎八吋

按：各级约成弧形，迤逦而上。此所谓长指每级每面之长；阔系各级自底至顶之度；高则各级自底至顶之垂直距也。又四五两级势若连鸡，当时匆匆，仅度其长高而止。又所用长度，全系英呎。

由此可知基高约为四呎二吋六分。塔连顶共七级。第一层及第二层间承以莲花露盘，石质微黄，莲花瓣凡三层。塔自第二层以上则檐牙四张，上覆筒瓦。《栖霞小志》舍利塔条谓檐角"上悬以铁索，垂以铃，今已断绝"云云。第二层飞檐承尘之下，别有横楣，琢为天女飞游空际之像；八面，面为天女像二，夭矫飞动，无有同者，盖亦名作也。余等当时除卷尺、罗针外，别无他物，欲测塔之全高，颇属不易。唯第一层第二层之间为莲花露盘，广呎余，堪受足，又距基匪峻，可梯而上。第三层以往，檐牙高啄，不可即矣。然飞檐俱有破缺处，似可以竿测也。因向寺僧假长竹竿及短梯各一，以短梯攀登露盘上。初以卷呎量露盘至塔基第五级，凡高八呎四吋六分。继以竹竿缚卷呎上抵第二层飞檐承尘，至露盘上，凡高十呎二吋；自第三层飞檐承尘至露盘上，高为十六呎六吋六分，故可知自第三层飞檐承尘至第二层飞檐承尘之高约为六呎四吋六分也。复次，自第四层之飞檐承尘至露盘上，其高为二十三呎；减去第三层飞檐承尘至露盘之高，则第四层飞檐承尘至第三层飞檐承尘之高，当得六呎五吋七分。故第三层飞檐承尘至第二层飞檐承尘之高，与第四层飞檐承尘至第三层飞檐承尘之高试相平均，则此二层之高，俱约在六呎五吋左右也。惜竿长仅能达第四层飞檐承尘而止。然凭目测及所附舍利塔全形图中塔之各级之比例观之，五六两层连顶之高似各与三四两层之高相等。今假定自第三层至第六层（此所谓层，系指自甲层飞檐承尘至乙层飞檐承尘间之一段而言）及顶之高各约为六呎五吋，益以第二层，飞檐承尘至露盘上之十呎二吋，及露盘上至塔基第五级之八呎四吋六分，更加塔基之高四呎二吋六分，则全塔之高当得五十四呎十吋矣。唯此种测度，至为粗陋，五层以上，且凭臆计，其不准确，自无待言；是唯有俟他日能以测高仪重为计度，庶几可信耳。塔之第一层八面镌佛本行至涅槃诸变；第二层八面则镌四天王像，外有佛像一尊，门二扉及毁去之像一；三层以至六层，则八面各镌佛龛二，龛藏结跏趺坐之佛像一尊；塔顶微毁，有小树生其上，临风摇曳，飘飘欲仙。各层飞檐多毁缺者。至《栖霞小志》舍利塔条谓"又上一级则稍高，为四金刚，间以四门"云云者，误也。塔前旧设接引二佛，各高丈许,亦以白石为之。说者谓其相貌衣缕,有顾恺之笔法。[①] 今接引二佛尚存,在塔之西侧,唯为寺僧重加修缮,傅以金彩;所谓以白石为之,有顾恺之笔法云云者,今皆不可见矣。

舍利塔外形,略如上述。今就《广弘明集》及《摄山志》诸书考其建置沿革大略;而以第一层及第二层余等曾为之一一量度考察,用亦述其概要如次焉。

佛教初入中国仅有画像,晋以后造像之风始盛;于是大同、龙门之石窟,遂成天下之奇观焉。至隋造塔之风蔚兴,入唐石经经幢又代造塔而起;说者以为是与当时译经有关,理或有然也。[②] 按隋王劭所作《舍利感应记》,谓隋文帝潜龙之际,有婆罗门沙门送舍利一裹与之。后以感于神尼智仙重兴佛法之言,故隋兴后,因于仁寿元年诏天下于三十州起舍利塔,塔内各作神尼之像焉。而按文帝《立舍利塔诏》谓:

> 请沙门三十人谙解法相,兼堪宣导者,各将侍者二人,并省文官各一人,薰陆香一百二十斤,马五匹,分道送舍利往前件诸州起塔。其未注寺者就有山水寺所起塔,依前山。旧无山者于当州内清静寺处建立。其塔,所司造样送往。当州僧多者三百六十人,其次二百四十人,其次一百二十人,若僧少者尽见僧,为朕、皇后、太子广、诸王子孙等,及内外官人,一切民庶,幽显生灵,各七日行道,并忏悔。起行道日打刹,莫问同州异州,任人布施;钱限止十文已下,不得过十文。所施之钱以供营塔。若少不充,役正丁及用库物。率土诸州僧尼普为舍利设斋,限十月十五日午时同下入石函。总管刺史以下,县尉已上,自非军机,停常务七日,专检校行道及打刹等事。务尽诚敬,副朕意焉。主者施行。仁寿元年六月十三日内史令豫章王臣暕宣。

《舍利感应记》并记舍利入州境之情形云:

[①] 《摄山志》卷2《形胜》。

[②] 见《支那佛教遗物》一书中之《支那佛教遗物》一章。唯造塔一事,隋以前未尝有也。三国时笮融之大起浮图,垂铜槃九重(见《三国志·刘繇传》);北魏永宁寺九层浮图之有承露金盘三十重,似皆与印度伽腻色迦王所造之雀离浮图体制相同,而属于覆钵塔一类。慧皎《高僧传》及《洛阳伽蓝记》俱有造塔与浮图之事,三五七层不等。征之惠生以铜摹写雀离浮图及释迦四塔变之事(皆见《洛阳伽蓝记》),可知东土所有浮图及浮图上镌释迦本行至涅槃诸变之作,实皆导源西域。唯隋以前塔多木建,又造像之风甚盛;隋以后塔多石制,且建造遍于域内耳。松本文三郎之《印度佛教美术》谓永宁诸塔与日本现存诸塔体制约略相仿云。今以奈良法隆寺之五重塔、兴福寺之五重塔及药师寺之东塔与永宁寺九层浮图体制比对,其言盖可信也。

诸沙门各以精舍奉舍利而行。初入州境先令家家洒扫,覆诸秽恶。道俗士女,倾城远迎。总管刺史诸官人夹路步引,四部大众,容仪齐肃。共以宝盖幡幢华台像辇佛帐佛舆香山香钵,种种音乐,尽来供养,各执香华,或烧或散,围绕赞呗,梵音和雅;依《阿含经》舍利入拘尸那城法。远近翕然,云蒸雾会;虽盲聋老病,莫不匍匐而至焉。

其盛盖可见矣。[①] 至于起塔之三十州,及塔所在之寺,《广弘明集》卷十九皆一一为之著其名称。今为表列如次,以资览观。

州名	舍利塔所在寺名	州名	舍利塔所在寺名	州名	舍利塔所在寺名
雍州	仙游寺	郑州	定觉寺	蒋州	栖霞寺
岐州	凤泉寺	嵩州	闲居寺	吴州	大禹寺
泾州	大兴国寺	亳州	开寂寺	苏州	虎丘山寺
秦州	静念寺	汝州	兴世寺	衡州	衡岳寺
华州	思觉寺	泰州	岱岳寺	桂州	缘化寺
同州	大兴国寺	青州	胜福寺	交州	禅冢寺
蒲州	栖岩寺	牟州	巨神山寺	番州	灵鹫山寺（洪杨乡崇杨里）
并州	旧无量寿寺	隋州	智门寺	益州	法聚寺
定州	恒岳寺	襄州	大兴国寺	廓州	法讲寺
相州	大慈寺	扬州	西寺	瓜州	崇教寺

征之《摄山志》所载《立舍利塔诏》,今日栖霞寺舍利塔之建于隋仁寿元年,益可信焉。[②] 仁寿元年为公元六〇一年,故栖霞寺之舍利塔至是盖已历时一千三百二十五年矣。至仁寿二年,以舍利真形犹有五十余,遂于正月二十三日"复分布五十一州,建立灵塔。令总管刺史已下,县尉已上,废常务七日,请僧行道打刹,施钱十文,一如前式。期用四月八日午时,合国化内,同下舍利,封入石函"。《广弘明集》卷十九曾举四十三州之名,益以《艺风堂金石文字目》所

---

① 俱见《广弘明集》卷19《佛德篇》。

② 按《摄山志》卷4,所录仁寿元年《立舍利塔诏》有"先往蒋州栖霞寺"云云,故可知栖霞寺今存之舍利塔,必为是年所作。唯按《艺风堂金石文字目》所录仁寿元年造之岐州、青州、同州诸舍利塔,仁寿二年造之同州诸佛舍利宝塔,及仁寿四年造之梓州舍利塔,或则有铭,或则有额,俱志作塔之年月日,栖霞寺舍利塔当亦有此。顾当时遍检未得,则铭额之属或系庋于塔内者欤。

收,合得四十四州。① 今表列如次。

州名	灵塔所在寺名	州名	灵塔所在寺名	州名	灵塔所在寺名	州名	灵塔所在寺名
恒州	龙藏寺	安州		洺州	汉王寺	德州	
瀛州		赵州	无际寺	幽州	弘业寺	郑州	
黎州		豫州		许州	辨行寺	江州	
观州		利州		荆州		兰州	
魏州		明州		济州		慈州	
泰州		卫州		楚州		雍州	慈善寺?
兖州	普乐寺瑕丘县	洛州		莒州		陕州	大兴国寺
曹州		毛州		营州		信州	
晋州		冀州		杭州			
杞州		宋州		潭州			
徐州		怀州	长寿寺(州城)	潞州			
邓州		汴州	惠福寺	德州			

　　至今隋时所造诸舍利塔除蒋州之栖霞寺外,尚有同州之兴国寺,青州之胜福寺,及岐州之凤泉寺,其舍利塔之雕刻及铭额尚有残存于世者;房山智泉寺之塔亦为隋代遗物;而梓州亦有舍利塔,造于仁寿四年,其铭犹存于三台学宫云。②

　　栖霞寺舍利塔雕刻俱为一种浮雕。以第一层所镌释迦本行以至涅槃诸变八面为最佳;第二层则天女飞游空际之像亦精,四天王及佛像则雄伟有余,而精妙远逊;第三层以上诸龛佛像,以莫由攀登,无从谛察,唯遥观诸像身首俱完,是则受地位之赐,否则亦归残破矣。今就所观第一、第二两层述其概要如次。

---

　　① 按《艺风堂金石文字目》卷 2 所收有信州舍利塔下铭一通,为"仁寿二年岁四月戊申朔八日乙卯"所造,正与五十一州建立灵塔舍利下入石函之期同,则信州舍利必为五十一州之一,故补入表中。

　　② 《支那佛教遗物》书中之《支那佛教遗物》章谓:"当时制作,存于今者,有同州兴国寺,青州胜福寺,及房山智泉寺等数塔而已。"(一〇三页)今《艺风堂金石文字目》所收岐州、青州、同州三舍利塔铭俱为建于仁寿元年者,而岐州舍利塔尚存画像四石。又信州舍利塔系仁寿二年所造五十一塔之一。别有梓州舍利塔铭尚存,盖建于仁寿四年□月八日者也。

第一层八面,每面相间有半圆形柱。余等观察,以释迦苦行为第一面,左数为第二第三等面。各面相间之半圆形柱上刻有龙及天王像。今以第一面之右一柱为第一柱,左数为第二第三诸柱;列表如左,以纪其所刻之物及完整之状。

第几柱	柱上所刻	现状	第几柱	柱上所刻	现状
第一柱	龙	完好	第五柱	天王像	尚完好
第二柱	天王像	首毁	第六柱	龙	同上
第三柱	?	全毁	第七柱	龙	同上
第四柱	?	同上	第八柱	天王像	模糊

柱上所刻龙及天王像线条工致,形态飞动。至于刻释迦本行以至涅槃诸变之八面,每面之长高如次表。

各面	长	高
连边	三呎三吋六分	二呎一吋
去边	三呎一吋六分	一呎六吋

今将第一层八面各面所刻释迦本行以至涅槃诸变中人物之数、完毁之状及其他诸项,述其梗概如次。至于各面之定名则系根据日人所刊之《江南史迹写真帖》(常盘大定等所编之《支那佛教史迹》第三册亦有摄影)及常盘大定之《佛传集成》诸书而来者也。

第一面释迦苦行图

此面正对接引二佛。按之《写真帖》,盖释迦苦行之图也。释迦偏袒右肩,双手结法印,结跏趺坐于中央莲华座上。魔师之属,左右围合,似欲得释迦而甘心者。释迦坐像高七吋,首毁。莲华座高一呎零六分而弱,广七吋六分。座之上部刻莲华瓣,瓣下约成工字形,分六级,一五同长,二四稍次,而三则工字中之一竖也。座上刻云雷纹。释迦左右为魔十二:是中举剑以迫释迦者一,持挡者一,持铜者一,乘龙手持不知何物者一,手持一物而足踏云际者一,此为释迦座左所有诸魔;座右则踏火轮者一,立于火轮之后者一,举剑以向释迦者一,持枪欲刺者一,翱翔空际者三。魔为数十二,而首全毁者二,半毁者数亦如之云。魔外有师子一、龙二、蟒一,各作攫拏之状。别有鼓三,俱完好。

第二面释迦涅槃图

按帖此面盖释迦涅槃图也。释迦偏袒右肩，右胁面卧，以入无余涅槃。释迦及所卧师子座，在图之右方；座长九吋而强，高六吋。座下中央别有一工字形座，上置一炉；炉座共高五吋，座广四吋，俱刻云雷纹。释迦卧像长八吋六分，首毁。师子座后长者围侍者十二：有扶释迦首者，有捧其足者，有掩泣者，有拊心者，有对语者，有侧首合掌者。十二人之姿态各各殊异，而首毁者凡十一人焉。图左有一火座，长十吋六分，高七吋六分而强。围火座像亦十有二：有合掌稽首者，有注目而视者，有合掌者；不一而足，而毁其大半者为数凡五，首毁者二，差完者五像而已。师子座后是为娑罗双树；叶干作法，双树无别。树后则刻山海，以为映照云。是面露盘下侧出石额上有莫友芝题记，其辞云，"同治七年七月独山䚢叟莫友芝访碑于此山"，凡十八字。(《写真帖》所摄此面，左方尚缺其半。)

第三面释迦自兜率天宫下降母胎图

此面《写真帖》无有，盖释迦自兜率天宫下降母胎之图也。图右释迦跨六牙白象上。释迦像高四吋六分，连象高九吋，象足似托以云，合此共高十一吋，象长七吋。图左为一殿，殿脊长二呎三吋三分，檐长一呎十一吋六分，瓦面共阔一呎六吋六分，柱高九吋三分。盖俱用界画法为之。殿中巍坐一王者，后立四宫监，各持羽葆，以为荫蔽云。

第四面释迦受生图

此面按《帖》盖释迦受生之图也。图右有一菩提树。树右，摩耶夫人作以右手攀东枝，庄严端立之状。后有婇女五，二执羽葆，椭圆及方者各一，外若有所持者三。树左，形似婇女者二。树右诸像，首完者一，余俱破损：左则一像上身俱毁，一则首毁其半。图之左方一五级累叠而成三棱之座，座上复有一莲花座。莲花座上趺坐一像，似为释迦诞生后之像也；像高二吋，连师子座高八吋。座右二像，当为婇女，手执羽葆，俱毁，一去其半；座左有像三，亦为婇女；一执羽葆，首则俱半毁矣。图右角人物之后，有殿宇一角，筒瓦及瓦槽清晰可数。迤逦而左，似为一长垣，垣中一长段，俱刻花纹，绝细致，人物衣褶，细入毫芒，曲折劲挺。垣上云霞纷披，上有四龙，夭矫其间。

第五面释迦出游图

此面按《帖》为释迦出游之图,盖释迦为太子时,四门游观,见生老病死诸苦也。图右为城,城垣上花纹作⊕形;城高至地一呎六吋;城门高一呎三吋,广六吋,深二吋六分。释迦乘马已出城外,像连马共高九吋,马高五吋,长八吋。释迦首半毁。马首左右驭者各一,手执马缰;马后一人执曲柄伞,一人执扇,一人倚城门。门内则三甲士,手俱有所持,不识为何物。迎马首有二人,形似比丘,拱手叩马而立,若有所应者然。图左上半方为屋,长一呎七吋,高一呎六吋六分,柱高六吋。屋复厘为二,似一为堂、一则室也。室中为床一,上倚一病者;床后一人作掩泣状;床隅一人则似为病者扶持抑搔;室右一人,伛偻而进,手中似托有汤药者然。堂中亦为床一;床下一人手足卷曲,辗转若将死者;床上一人则已就木;床后二人作倚视悲泣之状;室右一人,床外右隅一人,则趋跄若有所事者。堂下有阶,阶及屋宇,皆用界画法也。迎马而立之二人,其左地上一妇人盘膝而坐,若将分娩者,旁立一小女侍扶之。妇人左一老者,左手扶杖,伛偻而行,右手携一小儿;一壮者侍于后。更左大树三章,干叶与菩提树同,唯叶形积叠,上下俱锐,是其微殊耳。图上下别有边一道,作牡丹花图案,甚精致。

第六面释迦出城图

此面《写真帖》无有,盖释迦出家出城之图也。图之背境俱作波纹形。右方则为释迦乘马出逃之状。释迦连马共高九吋六分,马长七吋。驭者一,当即车匿。稍左二树,各高一呎三吋。树下一像趺坐,当为林中仙人郁陀迦罗摩子也;仙人像高六吋六分。仙人之前一像鞠躬若有所谒问者,高六吋。更左一仙人结跏趺坐于座上,连座高七吋六分;仙人趺坐高四吋六分,当是阿罗逻迦兰也。座下有侍像二,右高七吋,左高六吋六分。此面上方石额有近人陈万里题记二则,其一云:"北朝石刻如大同云冈,洛阳龙门,巩县北邙,太原天龙,余均见之;南朝石刻,惟此山耳。甲寅三年一月由京到此,流连竟日。吴县陈万里。"又云:"此舍利塔尤精美,足以代表隋朝一代作品。"

第七面释迦成道图

此面《写真帖》无有,盖释迦成道时之图也。图左释迦结跏趺坐,首毁;像高六吋，连师子座高十一吋，座广六吋。释迦光背径四吋，作尖圆宝珠形。座左右为树各一，左高一呎五吋，右高一呎三吋。座右一像，似即为牧牛女难陀波罗（一作善生），以乳糜奉献；像高七吋，首毁。难陀波罗右侧一树，树左下方牛二头，牛首俱毁。更右则为一大花钵，高九吋六分。钵左右女侍各一，作顶礼状，姿态极为婉娈。图右作大海之形，岸上有树。一男像袒上体，腾跃海涛之中，空际微云荡漾，一像翱翔云中作飞投而下之势，而海中男像伸臂若迎之者然。

第八面鹿苑说法图

此面《写真帖》无有，盖释迦成道后，始在鹿苑初转法轮之图也。图左，大树一章，高一呎六吋。斯图背境山海俱备。释迦结跏趺坐，像高六吋六分，连师子座高一呎一吋，座广八吋。后光二重，小者径四吋六分，大者径七吋，俱作尖圆宝珠形。一香炉高四吋六分。释迦之外，有造像十，当为憍陈如诸人也；十像首毁者五。一像跪释迦座右，若有所献者然。别有师子二。

以上为第一层八面所雕释迦本行至涅槃诸变之大概。第二层则当以梯攀登，察其所刻。第二层之八面亦各间以三面柱一，柱上刻有各种经赞；《栖霞小志》舍利塔条谓“各柱之上有诸佛及经咒等书，高不可辨”云云，未能详也。今以第二层中与第一层第一面释迦苦行图相当之一面为第一面，以次左数为第二第三等面。以第一面右方一柱为第一柱，以次左数为第二第三等柱；将八柱所刻经赞移录如次。原柱双行直下，方围系原刻漫漶者，围内之字，盖勉可辨识，因为补入者也。

第一柱

经云：凡造福塔，先书此偈，使瞻礼之人，获福无量。诸法从缘生，诸法从缘灭；□□□□□，常作如是观。

第二柱

《楞严经》赞佛□□

楞严王世稀，有消（？）我亿（？）勤；颠倒想不生，僧祇护法身。

第三柱

《提谓经》云：常行绕塔三匝者，表供养三尊，止三毒；净三业；

灭三恶道;得值三宝。时提谓长者白佛言供养。

第四柱

《金刚经》四句偈云:

一切有为法,如梦幻泡影,如露亦如电,应作如是观。

第五柱

佛赞迦叶佛塔偈云:

真金百千担,持 用 行 布施,不如一团泥,敬心诏佛塔。

第六柱

绕塔得何等福? 佛言旋塔有五等福:

一复得端正好色;二得声音好;三得 生 天 上 ;四 得 □□□;

五 得 □□□。

第七柱

喜见菩萨礼日月灯明佛偈云:

容颜甚奇妙,光明照十方,我适曾供养,今复还亲觐。

第八柱

佛翘一足赞底沙来偈云:

天上天下无如佛,十方世界亦无比;世界所有我尽见,一

切 □□□□□。

八柱所书经赞,字体约同率更,而间架无其紧严,盖为唐人导其先路也。又隋承六朝之遗,俗体,别字,时有所见;(参阅下纪之第七面)如第七柱之灯字,即其一例;而第二柱之"稂"字,且不之识云。至于第二层八面高阔之情形,则自飞檐承尘至莲花露盘,计高十呎二吋,去上下边高八呎九吋;阔三呎,去左右边阔二呎七吋。今述八面之梗概如次。

第一面

此面为天王像。像连胄缨共高六呎四吋,缨高四吋。天王首长一呎,面阔七吋,鼻长三吋,胸广二呎七吋,腹广一呎九吋,腰下共长四呎十一吋,中指至腕长七吋六分,披甲袖阔一呎五吋六分,足长十一吋。托足之座高六吋六分。

天王右手执金刚杵，长二呎四吋。天王之目俱以凹下之圆孔显之。足下有明万历十七年蜀西邑贾春守题名。又按《栖霞小志》舍利塔条谓"今其下犹有工匠姓名可考"云云，细审此面，上方镌有"作石人王文载"六字，凡一行。

第二面

此面为释迦骑于六牙白象上之像，当为自兜率天宫下降也。释迦结跏趺坐象背，连象高五吋。释迦首长十吋，已毁；像自肩以下，高一呎六吋六分；跏坐双膝距一呎六吋六分。象右一象奴侍其侧，高二呎。释迦有头光二重，小光背径一呎八吋六分，大光背径二呎六吋，俱作尖圆宝珠形。此面有明隆庆时之题名。

第三面

此面为一赤足天王像。像高六呎二吋，首长一呎二吋，鼻长三吋六分，肩阔二呎二吋，胸阔二呎，腹阔一呎八吋，中指至腕长十吋，足长一呎二吋。手执法器，似为金刚杵，长一呎十一吋。

第四面

此面为门二扉。除去上方之横楣，门高八呎，去花檐及阈，高六呎一吋；广三呎，去两侧之闾，广二呎二吋。兽环二；环之两侧乳钉各二枚，环上下乳钉各十八枚，即每扉上下乳钉各九枚也。

第五面

此面亦为一天王像。像长六呎一吋六分，首长一呎四吋，鼻长四吋，肩阔一呎十吋，袒胸，阔一呎九吋，腹阔一呎八吋。手执三钻杵，长二呎八吋。足毁。

第六面

此面全毁，微见花纹隐显而已。案塔石尚坚致，而此面竟似铲去者然，不知以何法致此。说者谓太平天国之役，斯山曾罹浩劫，则此面之毁，其当斯时耶？

第七面

此面亦为天王像。像背有火焰。像高六呎，首长一呎一吋，鼻长四吋，面阔七吋，肩阔一呎十吋，胸阔一呎四吋，腹阔与胸同，二手俱毁，足长十吋。手执之法器尚存，似为金刚杵，尖毁，余长三呎一吋六分。此面上方镌有"近人徐知谦"五字；"近"即"匠"字，盖犹六朝别字之遗也。此与第一面之"作石人王文载"六字，风姿与八柱所刻经赞字体同近率更，而间架松懈，似不脱六朝之余风云。

第八面

此面亦为门二扉。体制与第四面同,不赘。

摄山千佛岩及隋舍利塔外形大概约如上述。千佛岩残毁修缮,古意已亡,虽为南朝唯一石刻,然在艺术上论,方之北朝诸刻已无足道矣。综观全山佛教石刻,所可流连往复,令人不忍去者,唯一隋舍利塔而已。而舍利塔尤以第一层之八面为最足观赏。其人物之生动,衣褶线条之劲挺,各部分比例之匀称,允推艺苑上选;就其雕刻之精妙言,盖可与大同云冈之第十窟至第十二窟媲美。(参阅《支那佛教史迹》第二册)而其室宇制作,胥用界画法为之,为唐画导其先河,是又研究中国美术史者所当致意者也。不仅此也,就其第二层八柱所镌各种经赞字体观之,微近率更,而无其紧严,比之北朝诸碑又较工整,与道光时出土之宁越郡钦江县正义大夫《宁赟碑》比观,间架整饬,约略相同,是亦可见隋代文化上承六朝之余绪,而为唐代树之风声矣。[①] 余等此行,匆匆过客,仅能穷一日之力以事观览,又所携唯卷尺、罗针各一具,不能详加测度。事后追记,徒凭当时匆匆所记录,以致简陋笔误,不一而足。重以余等于佛教美术之赏鉴,缺乏素养,佛传亦无研究,是以所记,偏于叙述外形,轻重既未能别白,所言亦颇多谬误。是则希大雅君子为一匡正耳。

然余等之为此文,于自记当日之游踪而外,尚有微意,愿以陈诸国人。夫中国佛教史迹,言者率知推重大同云冈、洛阳龙门,且有提议以政府之力为之保护者,[②]意固善矣。然如摄山诸石刻,毁坏之度,与日俱增。隋时所造诸舍利塔唯岐州凤泉寺者尚存四石,[③]差完者栖霞一寺而已。而其有关于中国美术史者又如是其巨,不于今日速筹保护之方,一付之无识之寺僧,恐更数年,将与岐州诸塔同其命运矣。今者江苏已有筹设江苏美术馆之议,摄山诸佛教石刻如何保护,当在意计之中。余等愿更贡微意,以为智者千虑之助。(一)将

---

① 按日人关野贞《天龙山石窟报告》(见《学林》二卷二期杨志章译)内论隋造之第七窟,"此等佛菩萨及罗汉之姿势及式样,经属于北魏、北齐之系统,不见有何等新生面之开拓。惟工作颇浑朴,姿势稍完整;吾人于此,可见隋初之艺术,系踵袭南北朝之式样而来"云云。天龙山唐代造像姿势完整,工作甚精,此亦可见隋代文化承前启后之一斑矣。

② 民国十四年夏中华教育改进社开会于太原以后,美育组曾函山西省政府,请设法保护云冈石窟。函见各报,兹不赘。

③ 见《艺风堂金石文字目》卷2,《目》上仅云岐州舍利塔云云,唯按造塔之年月日,信为仁寿元年所造三十塔之一,因定之为凤泉寺。

摄山隋舍利塔拆下，运至南京，存之古物保存所内，复依原形重建，返其旧观。（二）若以前说为难行者，则于塔之四周树立栏栅，以资保护，庶几不致为游人顽童所毁。[1] 诗曰"惟桑与梓，必恭敬止"，东南之贤士大夫，其亦有意于斯乎？

十五年三月十六日脱稿于上海

补注：

前文既尽，尚有余意，补陈于此。

[1] 南京古物保存所所拓摄山题名亦四十余通，中有梁中大通栖霞题名一段，为兹山最古之题名，而诸家所未著录者也。据所中马君博先生之言，此段题名在一佛龛之内，颇不易寻云云。唯所中碑录于此既未著题名者之姓名，又未指明其所在（当时格于所章不能一察兹拓），后有求之者，能毋迷惘？鄙意以为摄山佛龛为数非夥，尤宜编列号次，著其造像制作之时完毁之状以及龛中题名诸项，庶几研究、游览者皆可按图以寻也。

[2] 古物保存所墨拓目录有隋栖霞妙因塔柱碣赞、隋栖霞妙因塔柱联语、隋栖霞妙因塔释迦转身图三种。此中标题微误，栖霞寺至南唐始改称妙因寺，今云隋妙因，误矣。

[3] 古物保存所藏有南朝各种造像数十尊。其中第一号为文惠太子石佛，第二十四号为竟陵太子石凿千尊佛像之一，系高文卿藏。第一号为石佛一尊系立像，唯标签仅云南齐栖霞，而未著来历。第二十四号为竟陵太子石凿千尊佛像之一，窥其形制，盖为一砖，长约一呎而强，高约六吋。一释迦像偏袒右肩，结跏趺坐中央；像左右各有一树，枝叶扶疏，左右围合；树下各有一兽，作仰视状。释迦像金彩晔然，当为后世装修者也。唯愚对于第一号及第二十四号佛像是否为文惠太子石佛及竟陵太子石凿千尊佛像之一，颇有所疑，今揭之如下：（一）江总《碑》谓文惠太子等"并于岩阿，琢磨巨石，影拟法身"云云，于是乃有无量殿及千佛岩。然一则丈六金身，一则千龛历落，与第一号之立像及第

---

[1]　所言二者，他国行之甚夥，今略举数例：印度佛陀伽耶（Buddha Gaya）大寺四十年前，败塌不可名状，今则大加修复，几反旧观。而僧齐（Sanchi）大窣堵波，十九世纪初正门亦相率倾圮。以有科尔少佐（Major Cole）及麻沙尔（John Marshall）诸人为之收拾残余，复其原位；于是二千年前故物，又克重睹往日之威严矣。华尔刻之《印度古代佛教寺塔记》（F. Deavrille Walker's "The Early Shrines of Buddhism" in *Wonders of the Past*, Vol II）述此綦详。此为已经颓圮而后修复者。他如移古刻于博物院，建栅栏以资保护诸端，印度诸佛教遗迹，多有行之者。（参看日人天沼俊一等编之《印度美术写真集》)仿而行之，以使佛物常存，观感有资，是在贤士大夫之能发菩提心耳。

二十四号之结跏趺坐者皆有不合。（二）摄山千佛岩石质属于红色砂岩，不耐剥蚀，故至今日，即明代补造诸龛亦已模糊不可辨认。而第一号及第二十四号佛像以南朝遗物，独能完善如新，又其石质亦与摄山者有异，谓为文惠、竟陵之所作，盖不能无疑矣。（三）第一号无来处，第二十四号只云高文卿藏。是传流来源亦无可考。（四）古物保存所藏器第八号及第五十七号为明报恩寺砖佛四方，今以第二十四号与此对比，虽报恩寺砖物微形整饬，而第二十四号较为古朴，然意态相去不远，形制亦复略同。第一号亦然。故疑第一号及第二十四号皆为明代作品也。

十五年五月四日补记

此文原来由我执笔，发表时用我和郑鹤声先生两人的名字，特此说明。

（原载于《东方杂志》第 23 卷第 8 号，1926 年 4 月 25 日出版，后收入《唐代长安与西域文明》一书。）

封建郡县之争中的秦始皇遗诏

熊　永[*]

摘　要：秦始皇以遗诏方式解决继承人问题，是郡县制王朝史上的一件大事。但出土、传世两类文献所见的嗣君迥异，令这一悬案莫衷一是。事实上，秦王朝嗣君问题的背后隐伏着封建郡县之争这一重要历史线索。秦王政即位后，着意废置封区，推行纯粹的郡县制。统一之后，朝廷正式确定以"公赋税重赏赐之"的方式安置诸子功臣。此举有悖于秦国百余年来的政治传统，引起高级军功集团的不满，并波及文化领域。朝廷军政文化精英因此在战后国家事业的展开过程中，制造了一系列反郡县事件，造成始皇帝对嗣君选择的犹豫不定。由此考之，扶苏并非始皇帝属意的嗣君人选，胡亥即位具有合法性。

关键词：秦始皇　封建　郡县　遗诏　嗣君

一、问题的提出

贾谊在《过秦论》中说：

> 秦虽离战国而王天下，其道不易，其政不改，是以其所以取之也，孤独而有之，故其亡可立而待也……向使二世有庸主之行而任忠贤，臣主一心而忧海内之患，缟素而正先帝之过……而以盛德与天下，天下息矣。[②]

---

　　[*]　熊永，1988年出生，安徽颍上人。现任南京大学历史学院中国史系副研究员，主要研究方向为秦汉史（秦汉国家转型）。
　　②　贾谊撰，阎振益、钟夏校注：《新书校注》卷1《过秦下》，北京：中华书局，2000年，第14页。

秦王政一统六合，"海内为郡县，法令由一统，自上古以来未尝有，五帝所不及"，①遂号为秦始皇帝，意在政统传之无穷。但如贾谊所言，秦始皇在由"离战国而王天下"的时代变轨中，道不易，政不改。二世仍"长遭凶父之业，不能改制易法"②，错过了"历史曾经出现一次可能的转机"③，使天下苦秦久矣，身死政息，为后世所笑。

治国之道，贵在张后有弛。始皇帝理应选择一个既懂得收揽民心，又能接手战后转型事业的嗣君。据《史记》记载，扶苏就是这样的人物。他"数直谏"始皇，有向儒的政治倾向，且"为人仁"，有改变秦政用法深刻的可能。他在始皇二十余子中最具声望，"刚毅而武勇，信人而奋士"，④同时也注重存抚民心，辑安天下。扶苏的这些品格，被时人称颂，倒秦势力一度打出"当立者乃公子扶苏"的旗帜。⑤

但直到始皇三十七年（前210），嗣君问题才出现解决的迹象。这年十月，始皇帝最后一次东巡，途中病笃。他在临终之际赐书扶苏曰："与丧会咸阳而葬。"⑥赵高因此对胡亥说："上崩，无诏封王诸子而独赐长子书。长子至，即立为皇帝，而子无尺寸之地，为之奈何？"⑦但这道诏书不但没有实现政权的平稳过渡，进而推动由"奋六世之余烈"的始皇之张到扶苏之弛的转向，反而引起秦统治集团内部的互相倾轧以及天下臣民对嗣君合法性的质疑，成为郡县制王朝史上首个政权交接失败的案例。

事实上，秦始皇帝在病危之际才确定嗣君，不符合战国中后期秦室早定储位的政治习惯。秦献公以前，"秦以往者数易君，君臣乖乱"。经此教训，秦对嗣君问题不再含糊，早做预立，悉心培养。故"献公卒，子孝公立，年已二十一岁矣"。孝公之子惠文王，若非久经历练，把控住了朝局，也不会在即位之初便开杀伐，"孝公卒，子惠文君立。是岁，诛卫鞅"。⑧秦昭王鉴于其政权由其兄武王而来，更知储位的重要性，"秦昭王四十年，太子死。其四十二年，以其次

---

① 《史记》卷6《秦始皇本纪》，北京：中华书局，1959年，第236页。
② 《三国志》卷20《武文世王公传》，北京：中华书局，1982年，第593页。
③ 王子今：《秦二世胡亥童年故事及相关问题》，《人文杂志》2010年第4期。
④ 《史记》卷87《李斯列传》，第2549—2551页。
⑤ 《史记》卷48《陈涉世家》，第1950页。
⑥ 《史记》卷6《秦始皇本纪》，第264页。
⑦ 《史记》卷87《李斯列传》，第2548页。
⑧ 《史记》卷5《秦本纪》，第200—205页。

子安国君为太子"。更甚,安国君本人尚且身为昭王太子时,吕不韦就为异人谋取嗣位,并刻符为约,"安国君许之,乃与夫人刻玉符,约以为适嗣"。① 从中可见历代秦王对嗣君的重视以及早定储位的政治习惯。

统一之前,秦王政年富力强,锐意东进。但及至战后,秦既离战国、一天下,着手推动耕战体制的转型,当是迫切需要考虑的问题。统一当年推行的各项制度中,行郡县的目标就是消除"天下共苦战斗不休"的体制弊端。② 除此之外,政治军事方面推广文书行政、扩充官制以及收兵等诸多措施,经济上统一货币与度量衡,礼法层面还有群臣议尊号、采水德以正法统以及完备祭祀礼仪等,这些皆是整齐国家制度的重大改革。同时发生的还有像"毋敢曰猪曰彘"这样深入黔首日常生活的小事。③ 还要注意,战后的秦王朝也曾积极与东方文化精英合作。史载其"悉召文学方术士甚众,欲以兴太平"。④ 这种做法,与其他寝兵政策一样,是始皇帝力求推动战后政策转轨的重要表现,说明他对调整耕战体制的时机与必要性有着清醒的认识。

综上可见,秦统一之后推行的各种政策,事无巨细,朝廷都考虑到了。扶苏既有治世之才,寝兵的社会环境也已经具备,始皇帝对此有认识,也有行动。然而却不见他欲立嗣的政治迹象,这不但与以往秦储早定的政治习惯相异,也不在朝廷事业展开的范围内,而且始皇本人曾遭王弟成蟜之叛,嫪毐又依恃与秦太后的私生子作乱,他不会不明白,早日立储以及妥善安置其余皇子对稳定朝局的重要性。对此,李开元有一番感慨:

> 我在整理这一段历史的时候,感到晚年的秦始皇虽然暴躁,却不糊涂。从他一生的为人行事来看,他是一个决断敢行的人,为了最大目标的实现,不惜承担巨大的风险。他性格鲜明,处理事情果断而急切……唯有在继承人问题的处理上,秦始皇的所作所为,处处显示出矛盾和彷徨。⑤

这一切都让我们怀疑,是否其中隐有某种深刻的原因,一直制约着秦王朝嗣君问题的解决,以至于始皇帝晚到自己崩逝前,才仓促属意扶苏即位。

---

① 《史记》卷85《吕不韦列传》,第2505—2508页。
② 《史记》卷6《秦始皇本纪》,第239页。
③ 陈伟主编:《里耶秦简牍校释》第1卷,武汉:武汉大学出版社,2012年,第156页。
④ 《史记》卷6《秦始皇本纪》,第258页。
⑤ 李开元:《秦谜:重新发现秦始皇》,北京:中信出版社,2017年,第192页。

这些问题已经复杂无端,近来新见的秦汉简牍,又让我们对始皇遗诏的探索莫衷一是。湖南益阳兔子山遗址出土的一枚文告中,秦二世训诫天下臣民说:

> 天下失始皇帝,皆遽恐悲哀甚,朕奉遗诏,今宗庙吏及箸以明至治大功德者具矣,律令当除定者毕矣。元年与黔首更始,尽为解除流罪,今皆已下矣,朕将自抚天下吏、黔首,其具行事已,分县赋扰黔首,毋以细物苛劾县吏,亟布。①

这里也提到始皇留有遗诏,但嗣君却不是扶苏。无独有偶,北大汉简《赵正书》中也有相似的记载,其曰:"'今道远而诏期窘(群)臣,恐大臣之有谋,请立子胡亥为代后。'王曰:'可。'"②从中可见,胡亥即位是经始皇帝同意的。

传世、出土两种文献对秦朝嗣君问题的记载差异之大,无疑令这一千年悬案仍深陷迷雾之中。学界对此见识有别,大抵有三:一是肯定《赵正书》与二世文告的记载,两者可以相互印证。③以往便有学者揭示秦并无严格的嫡长子继承制,④且"扶苏和秦始皇的政策倾向是有所不同的。有的时候,甚至还有原则性的分歧"。⑤而《史记》与《赵正书》中的嗣君纪事,可视为一场"历史记忆的战争",前者源于秦末倒秦力量的史实遮蔽与政治宣传,与汉中期主流的秦史观契合,并最终战胜后者。⑥二是质疑新见简牍的史料价值,强调《史记》纪事的专业性与可靠性。司马迁所创错综为文的叙事笔法,将沙丘之谋的具体经过与关键细节完整载述下来,"从来没有人怀疑其真实性,世世代代,一直就这样在世间流传"。⑦二世文告中的"朕奉遗诏"一语,应理解成胡亥标榜统

① 湖南省文物考古研究所、益阳市文物管理处:《湖南益阳兔子山遗址九号井发掘报告》,湖南省文物考古研究所编:《湖南考古辑刊》第 12 集,北京:科学出版社,2016 年,第 158 页。

② 北京大学出土文献研究所编:《北京大学藏西汉竹书(叁)》,上海:上海古籍出版社,2015 年,第 190 页。

③ 湖南省文物考古研究所、益阳市文物管理处:《湖南益阳兔子山遗址九号井发掘报告》,湖南省文物考古研究所编:《湖南考古辑刊》第 12 集,第 151 页。

④ 参见林剑鸣:《秦史稿》,上海:上海人民出版社,1981 年,第 98—99 页。

⑤ 王子今:《细说秦始皇》,上海:上海人民出版社,2005 年,第 265 页。

⑥ 参见陈侃理:《〈史记〉与〈赵正书〉——历史记忆的战争》,日本中国史学会编:《中国史学》第 26 卷,京都:朋友书店,2016 年,第 25—37 页。

⑦ 辛德勇:《生死秦始皇》,北京:中华书局,2019 年,第 42 页。

治合法性的自我粉饰。① 三是审慎对待两类文献纪事的差异。有学者从多个角度质疑沙丘之谋,主张"至少应以存疑的态度视之"。②"当时围绕秦始皇的继承人问题可能存在两个对立势力,他们分别支持长子扶苏和幼子胡亥。前者是蒙恬、蒙毅一族,后者是李斯和赵高等……总之,由于《赵正书》竹简的发现,关于秦始皇之死,我们已不能毫无保留地全面信任《史记》的记载了。"③但"对于一些大的史实,在无其他确凿证据的情况下,并不能轻易否定《史记》的记载"。④

秦始皇遗诏的核心内容是解决继承人问题。可以假设,扶苏或胡亥承继秦王朝,会是两种不同的走向。后世学者对秦代嗣君问题的探讨,既基于二世而亡的教训,也隐含着始皇帝应该将事业交由扶苏,进而由他开拓新局面的政治期许。⑤ 所以,与其质疑秦二世矫诏即位,不如详细考察秦统一之后的政局赓演,找出左右始皇事业展开的核心线索,以此探寻他属意的嗣君究竟是谁。

二、封建郡县之争中的"请立诸子"事件

鹤间和幸将十五年的秦朝历史划分成三个时段:"和平时期"(前221—前216)、"对蛮夷战争时期"(前215—前210)、"帝国崩溃时期"(前209—前207)。⑥ 前已论及,"和平时期"也是秦事业快速发展的黄金时期。但此后秦在南北边疆又开战局,取得了"略取河南地""陆梁地"以及逐戎设郡县的辉煌战绩。⑦ 借此良机,始皇三十四年朝廷置酒咸阳宫,博士70人前为寿,仆射周青臣颂曰:

> 他时秦地不过千里,赖陛下神灵明圣,平定海内,放逐蛮夷,日月

① 参见孙家洲:《兔子山遗址出土〈秦二世元年文书〉与〈史记〉纪事抵牾释解》,《湖南大学学报》2015年第3期。
② 参见安子毓:《〈史记〉所载秦二世史事辨疑》,中国社会科学院历史研究所文化史研究室编:《形象史学研究》2015年上半年,北京:人民出版社,2015年,第163—173页。
③ 鹤间和幸:《始皇帝:秦始皇和他生活的时代》,杨振红、单印飞译,北京:中信出版社,2019年,第169—170页。
④ 赵化成:《北大藏西汉竹书〈赵正书〉简说》,《文物》2011年第6期。
⑤ 这一认识可以王子今意见为代表,参见王子今:《细说秦始皇》,第285页。
⑥ 鹤间和幸:《始皇帝的遗产:秦汉帝国》,马彪译,桂林:广西师范大学出版社,2014年,第74页。
⑦ 《史记》卷6《秦始皇本纪》,第252—253页。

所照，莫不宾服。以诸侯为郡县，人人自安乐，无战争之患，传之万世。自上古不及陛下威德。①

但博士齐人淳于越却不合时宜地说：

> 臣闻殷周之王千余岁，封子弟功臣，自为枝辅。今陛下有海内，而子弟为匹夫，卒有田常、六卿之臣，无辅拂，何以相救哉？事不师古而能长久者，非所闻也。②

此论遭李斯驳斥，朝廷随即有焚书之举。翌年，始皇帝又因卢生之谤，迁怒于咸阳诸生，复起坑儒事。扶苏对此持有不同看法，始皇闻之大怒，遂使扶苏赴上郡监军。

咸阳宫事件导致了秦王朝文化政策的转变。李振宏将秦国此举视为思想上"定于一"的需要，是国家政权建设的重要环节。③ 卜德认为"它使后世的文人对秦帝国产生了持久的反感"，进而将这种"摒弃传统"的做法，视为导致秦国崩溃的五大因素之一。④ 田余庆先生以"亡秦之迹"分析汉武帝时期的嗣君问题："秦代统治思想是单纯的没有韧性的法家思想，反映在政治上则是有张无弛，不允许有任何转折出现。"⑤

这些见解都很深刻。但有个重要的问题值得究及：战后双方的合作关系已维系数年，若无其他深刻矛盾长期积累并左右事态发展，仅凭淳于越之言，秦廷的态度何至于骤变？更不会以之为契机，又起焚书坑儒事，继而累及扶苏，以至于将秦王朝战后体制转型的多年努力付诸东流。

这一切，要从始皇二十六年说起。秦甫一统，新王朝面临着一系列的制度安排，钱穆谓"其政治措施之重要者，当首推废封建而行郡县"，⑥它直接拉开了此后两千余年郡县制王朝的序幕。但实际上，在封建郡县之变背后，还隐伏着一条秦王朝政治演进的重要线索。当时，丞相王绾等奏请封建始皇诸子为王：

---

① 《史记》卷6《秦始皇本纪》，第254页。

② 《史记》卷6《秦始皇本纪》，第254页。

③ 李振宏：《秦至清皇权专制社会说的思想史论证》，《清华大学学报》2016年第4期。

④ 崔瑞德、鲁惟一编：《剑桥中国秦汉史》，杨品泉等译，北京：中国社会科学出版社，1992年，第87、103页。

⑤ 田余庆：《论轮台诏》，《历史研究》1984年第2期。

⑥ 钱穆：《秦汉史》，北京：九州出版社，2011年，第12页。

> 　　诸侯初破,燕、齐、荆地远,不为置王,毋以填之。请立诸子,唯上
> 幸许。①

王绾提议的依据其实有两个:摆在明处的是一种现实考虑,他认为燕、齐、荆地远,推行封建制便于管控新秦地;但其背后隐伏的实则是一种制度传统——周曾在东方分封,并且实现了几个世纪的长久统治。

　　对于这个建议,始皇帝并未立即表态,而是令群臣共同商讨。李斯反驳说:

> 　　周文武所封子弟同姓甚众,然后属疏远,相攻击如仇雠,诸侯更
> 相诛伐,周天子弗能禁止。今海内赖陛下神灵一统,皆为郡县……置
> 诸侯不便。②

相比于王绾等人的委婉建议,李斯十分尖锐地指出周代分封制对社会长久稳定的潜在破坏。而这一点,也是古今学者用来解释秦最后决定推行郡县制的缘由。李斯言罢,始皇帝当即表示赞同。

　　事实上,王绾等人所言,表面上是"请立诸子",实则不然。这中间有一个尤为精妙的细节。当始皇将这个建议放在宫廷讨论时,竟然是"群臣皆以为便"。③ 钱穆先生曾隐约注意到了这个现象,"观此,则秦之群臣,有昧于时变,而欲恢复古代封建之旧制者"。④ 但他最终没有揭开其中的曲妙。其实,这一个"皆"字,就"说明在秦廷高级官吏中,赞同分封的人也很多"。⑤

　　这句话背后的内涵十分丰富。秦自商鞅变法后,形成了以军功爵为主要晋升通道的社会结构,即便身为宗贵,没有军功也不得属籍。历经数代秦王的铁血历练,及至始皇,朝廷"皆天下累世名贵人也,积功劳世以相传久矣"。⑥ 可是,此番封建动议的对象是始皇诸子,这与功臣集团又有什么利益牵连呢?

　　答案要从李斯的话中细细品味。他说:

> 　　诸子功臣以公赋税重赏赐之,甚足易制。天下无异意,则安宁之

----

① 《史记》卷 6《秦始皇本纪》,第 238—239 页。
② 《史记》卷 6《秦始皇本纪》,第 239 页。
③ 《史记》卷 6《秦始皇本纪》,第 239 页。
④ 钱穆:《秦汉史》,第 13 页。
⑤ 卜宪群:《秦汉之际国家结构的演变——兼谈张家山汉简中汉与诸侯王国的关系》,李振宏编:《朱绍侯九十华诞纪念文集》,开封:河南大学出版社,2015 年,第 181 页。
⑥ 《史记》卷 6《秦始皇本纪》,第 268 页。

术也。①

王绾等人提议时,只是请立始皇诸子。但李斯的回应,却变成了诸子以及功臣,这是一个极为重要的细节。流行的看法认为"李斯只是根据西周分封子弟同姓造成诸侯混战局面的教训,反对分立诸子为王",②从而忽略了其所答的真正意指。事实上,秦王朝的这次封建郡县之争,是在以封建皇子之名商讨对高级军功集团的安置问题。

秦国国家体制的成型是一个演进的过程。自商鞅改革后,秦国形成了对高级军功集团分土的政治传统。彼时,秦孝公任用商鞅改革地方政制,"并诸小乡聚,集为大县,县一令,四十一县"。但他对于宾客群臣能够献策强秦者,也说"吾且尊官,与之分土"。③"分土"展现了秦国纳贤的极大诚意,也说明孝公与商鞅合力主导的国家体制转型,给封建保留了制度空间,而不是径直建设成单一的集权体制。商鞅本人就是因军功而为列侯,并受封十五邑;随后,秦封张仪五邑,号曰武信君;秦昭襄王又"封公子市宛,公子悝邓,魏冉陶,为诸侯";④秦王政时,"嫪毐封为长信侯。予之山阳地……事无小大皆决于毐。又以河西太原郡更为毐国"。⑤ 据学者粗略统计,战国时期秦国封君已有 20 余人,⑥且多是实封,如秦昭王令泾阳、华阳、高陵诸君出就封邑,再如秦王政令文信侯就国河南。这些封土与郡县实为两种性质,这点从"穰侯卒于陶,而因葬焉。秦复收陶为郡"中可见。⑦ 封土之外,封君也有一定的私属力量。商鞅与其徒属就曾"发邑兵北出击郑";⑧蜀侯据地反叛并不鲜见;⑨文信侯吕不韦家僮万人、食客三千,又外联诸侯宾客,秦王都"恐其为变";⑩长信侯嫪毐之徒属夺爵迁蜀者就达四千余家。

当然,秦廷赐封的主要凭依是军功。群臣客卿或出战,或内谋,或两者结

---

① 《史记》卷 6《秦始皇本纪》,第 239 页。
② 杨宽:《论秦汉的分封制》《杨宽古史论文选集》,上海:上海人民出版社,2003 年,第 135 页。
③ 《史记》卷 5《秦本纪》,第 202—203 页。
④ 《史记》卷 5《秦本纪》,第 212 页。
⑤ 《史记》卷 6《秦始皇本纪》,第 227 页。
⑥ 杨宽:《战国史》,上海:上海人民出版社,2003 年,第 693—695 页。
⑦ 《史记》卷 72《穰侯列传》,第 2329 页。
⑧ 《史记》卷 68《商君列传》,第 2237 页。
⑨ 参见《史记》卷 5《秦本纪》,第 210 页;常璩:《华阳国志》卷 3《蜀志》,济南:齐鲁书社,2010 年,第 29 页。
⑩ 《史记》卷 85《吕不韦列传》,第 2513 页。

合,目标皆是使秦多获地。如商鞅在内主持秦国改革,对外亦领兵攻魏。张仪周游诸国,以"横"破"纵",助力秦国的军事行动,使秦地广拓,亦曾领兵作战,"为秦将,取陕,筑上郡塞"。① 司马迁评价魏冉说:"而秦所以东益地,弱诸侯,尝称帝于天下,天下皆西乡稽首者,穰侯之功也。"② 吕不韦除了内谋"招致宾客游士,欲以并天下",③对外亦有灭国之功,"东周君与诸侯谋秦,秦使相国吕不韦诛之,尽入其国",④吕氏封侯也正在此时。庄襄王虽曾对吕不韦说:"必如君策,请得分秦国与君共之。"⑤但军功亦为其封侯提供合法性。秦昭王之后,孝文、庄襄两代秦王的施政重点出现了惊人的相似性,"修先王功臣,褒厚亲戚","修先王功臣,施德厚骨肉而布惠于民"。⑥ 这实际上是对封建军功与扩张郡县并举传统的认可与承袭。

商君、穰侯等人战功虽大,不过仅是蚕食东方,从而让秦国成为七雄之首而已。但始皇时代的军事精英,却以鲸吞之势将整个东方社会都收入秦舆之中。《史记·白起王翦列传》言:"秦始皇二十六年,尽并天下,王氏、蒙氏功为多,名施于后世。"⑦秦授王翦以"武成"二字为封号,⑧典出《尚书·武成》,该篇记载武王伐纣后,"乃罢兵西归。行狩,记政事,作《武成》"。⑨ 周秦皆居西土,且都将征服东方视为武功既成之时。但不同的是,周以"武成"言王者之功,秦则以"武成"示高级军功集团之劳。

所以等到战争结束后,基于封赐功臣的传统,王绾等人委婉地将封建提议说了出来。群臣"皆以为便"的初衷是,他们本想借封建皇子之名为求封赢得时机。这种求封,有借鉴周制的一面,也有受到战国封君制影响的一面。⑩ 但

① 《史记》卷 70《张仪列传》,第 2284 页。

② 《史记》卷 72《穰侯列传》,第 2330 页。

③ 《史记》卷 6《秦始皇本纪》,第 223 页。

④ 《史记》卷 5《秦本纪》,第 219 页。

⑤ 《史记》卷 85《吕不韦列传》,第 2506 页。

⑥ 《史记》卷 5《秦本纪》,第 219 页。

⑦ 《史记》卷 73《白起王翦列传》,第 2341 页。

⑧ 琅琊石刻中,"列侯武成侯王离"当为"王翦"之误。参见郭沫若:《吕不韦与秦王政的批判》,《郭沫若全集(历史编)》第 2 卷,北京:人民出版社,1982 年,第 457 页。

⑨ 《史记》卷 4《周本纪》,第 126 页。

⑩ 封建郡县之争涉及早期中华王朝的国家结构问题,古今学者对此均有探讨。相关研究梳理参见杨联陞:《国史探微》,沈阳:辽宁教育出版社,1998 年,第 96—104 页;冯天瑜:《"封建"考论》,武汉:武汉大学出版社,2006 年,第 51—73 页;渠敬东:《中国传统社会的双轨治理体系——封建与郡县之辨》,《社会》2016 年第 2 期。

随着兼并战争与军功获地规模的扩大,出现了一些新的特点,不能与两者完全等同。实际上,战后秦朝廷出现的封建郡县之争,内涵在于裂土分治,①即始皇口中可以"树兵""立国"的"侯王"。② 柳春藩先生说这种主张"尽管不能理解为是企图恢复西周时期奴隶制性质的裂土分封制",但亦是"使同姓子弟独立统治于所封的地区"。③ 这源于"战国历史所呈现出来的政治文化和社会习俗的地域性差异还有强大的生命力,尽管统一是历史的潮流,但统一的观念远没有深入人心",且楚汉复封的事实也证明"必须由类似于战国地域化的政治势力实施地域化的行政管理,建立完全统一的、完全由中央集权控制的郡县制的时机还不成熟"。④ 而贾谊所谓"缟素而正先帝之过"的首要内容就是"裂地分民以封功臣之后,建国立君以礼天下"。⑤ 李斯正是意识到了众臣附议的真正意图:借商讨安置皇子之名,透露出日后对军功集团的安排也应如诸子那般。试想,朝廷虽惧分封制之流弊,但制度败坏必不在朝夕。可吕、嫪为乱的情形,或仍鲜活地浮现于始皇脑海间。此时封建始皇诸子或为远虑,但若树藩于军功,则必成近忧。因此,朝廷背后想"易制"的实则正是功高震主的军功集团。

所以始皇在亲政之初,就意欲推动封区的郡县化。秦王政八年至十二年,他先是击杀王弟长安君,震慑宗室反抗势力,"八年,王弟长安君成蟜将军击赵,反,死屯留,军吏皆斩死,迁其民于临洮"。⑥ "迁其民"的意思便是剪灭长安君封区。随后,又果断利用了嫪毐之乱的时机,以非常规手段一并将其他封区收回设郡。对此,张荫麟先生说:"而秦变法以来新设的少数封区,自从嫪毐和吕不韦的诛窜已完全消灭,秦遂成为一个纯粹郡县式的大帝国。"⑦

这种形势转变的暗流或已被当时的高级将领察觉:

王翦行,请美田宅园池甚众。始皇曰:"将军行矣,何忧贫乎?"王

---

① 强烈的军功封建思潮,亦复起于汉初,"先时秦为亡道,天下诛之。大王先得秦王,定关中,于天下功最多……又加惠于诸侯王有功者,使得立社稷。地分已定,而位号比儗,亡上下之分"。参见《汉书》卷1下《高帝纪》,北京:中华书局,1962年,第52页。

② 《史记》卷6《秦始皇本纪》,第239页。

③ 柳春藩:《秦汉封国食邑赐爵制》,沈阳:辽宁人民出版社,1984年,第26页。

④ 卜宪群:《秦汉之际国家结构的演变——兼谈张家山汉简中汉与诸侯王国的关系》,李振宏编:《朱绍侯九十华诞纪念文集》,第203页。

⑤ 《史记》卷6《秦始皇本纪》,第284页。

⑥ 《史记》卷6《秦始皇本纪》,第224—225页。

⑦ 张荫麟:《中国史纲》,上海:上海古籍出版社,2006年,第126页。

翦曰:"为大王将,有功终不得封侯,故及大王之向臣,臣亦及时以请园池为子孙业耳。"始皇大笑。[1]

王翦为了消除秦王政对他带兵远征的顾虑,就以索要田宅厚禄为掩盖。但他也提到"有功终不得封侯"的实况。这里的"封"字,实为"裂土",与求田宅厚禄显然不是同一性质。

但是,秦灭六国之后,事情迎来了翻转的良机。彼时东方社会的制度尚未划一,反叛随时可能再次发生。朝廷功臣借由"请立诸子"镇守远地,再次表达求封的政治诉求。但始皇内心的郡县主张由来已久,我们可以察觉到,李斯提出"以公赋税重赏赐之"的安置方案,完全契合始皇帝的过往实践与政治期望。这显非临时起意的对策,而是有准备的应对。始皇借此不再顾及"群臣皆以为便"的情形,也不再像当初那般以"大笑"回避王翦的不封之怨,而是决意彻底解决功臣安置问题,"天下共苦战斗不休,以有侯王。赖宗庙,天下初定,又复立国,是树兵也,而求其宁息,岂不难哉!廷尉议是"。[2]

三、始皇首次东巡与文化精英的反郡县思潮

矛盾持续发酵。"请立诸子"事件后的第三年,始皇帝首次巡视东方。除了威加海内的目的之外,这次东巡还隐有扩张国家祭祀格局,进而谋求政权合法性的深层意图,具体表现为封禅泰山与打捞周鼎这两件事。

封禅泰山的事情,后来汉武帝也做过。他一并将年号改成了"元封"。对于这个年号,田余庆先生有一段精辟的论述。他说:

> 元封是一个具有特定意义的年号,它是以举行封禅典礼而得名的。封禅典礼盛大隆重,时人非常重视。《史记·太史公自序》谓司马谈不得参预大典,"发愤且卒"。封禅的意义,据《汉书·武帝纪》注引孟康所说,是"王者功成治定,告成功于天"。汉武帝认为自己该办的事都已经或都将办完,可以说已经到了"功成治定"的时候,才于元封元年举行封禅大典,并使用元封年号。这就是说,在元封年间实行

---

① 《史记》卷73《白起王翦列传》,第2340页。
② 《史记》卷6《秦始皇本纪》,第239页。

政策的转变,应当是汉武帝考虑过的。①

秦始皇时还未行年号之制,但两人在相似的时机做着几乎同样的事情。当然,政策上也都出现了转变的迹象。始皇着意在东方寻求支持他的力量,尤其是在文化领域,应该说,始皇帝表示合作的诚意还是很大的,在统一之初,便与他们共议封禅大事,"与鲁诸儒生议,刻石颂秦德,议封禅望祭山川之事"。② 这等让司马谈"发愤且卒"的礼遇可谓隆盛,但他们在议定祭祀礼仪时却出现了一些意外情况:

> 诸儒生或议曰:"古者封禅为蒲车,恶伤山之土石草木;埽地而祭,席用菹稭,言其易遵也。"始皇闻此议各乖异,难施用,由此绌儒生。③

表面上看,始皇因儒生所议"乖异"而未取用,但从儒生言仪式"易遵"的说辞来看,"难施用"的原因似非程序繁缛,而是于情理不合。同样的情形,此前在议定名号时,也曾出现:

> 臣等谨与博士议曰:"古有天皇,有地皇,有泰皇,泰皇最贵。"臣等昧死上尊号,王为"泰皇"。④

始皇朝廷在议尊号的过程中,显然参考了宫廷文化精英的意见。他们建议秦王政取"泰皇"名号,原因是在"古有"的三皇中,"泰皇"的地位最尊贵。可始皇推动的"海内为郡县,法令由一统",是"自上古以来未尝有"的政治变革,这并不是"古有"的事物。用他自己的话说:"寡人以眇眇之身,兴兵诛暴乱,赖宗庙之灵,六王咸伏其辜,天下大定。今名号不更,无以称成功,传后世。"⑤所以,他断不会取用一种回归传统圣王名号的方案,而是"去'泰',著'皇',采上古'帝'位号,号曰'皇帝'"。⑥ 而一"始"字,隐有以他为源、传至万世的是一种新的政治体制。⑦

---

① 田余庆:《论轮台诏》,《历史研究》1984 年第 2 期。
② 《史记》卷 6《秦始皇本纪》,第 242 页。
③ 《史记》卷 28《封禅书》,第 1366 页。
④ 《史记》卷 6《秦始皇本纪》,第 236 页。
⑤ 《史记》卷 6《秦始皇本纪》,第 236 页。
⑥ 《史记》卷 6《秦始皇本纪》,第 236 页。
⑦ 有学者认为,"始皇帝"称号的使用,应在其逝世后。但秦朝君主以序次计的"除谥"原则,则是由秦王政亲自确定。关于始皇称号的争议,参见辛德勇:《生死秦始皇》,第 185—202 页。

在王朝郡县体制业已推行三年之际，[①]东方文化精英又一次提出用"古者"简约、易遵的封禅仪式行于纯粹、强大的郡县制王朝，此举更不足以彰显始皇的政治成功，难免让他接受不了。因此，始皇力排众议，在东方祭祀圣地上，"其礼颇采太祝之祀雍上帝所用"，此外亦有"世不得而记也"的新规范。[②] 这是秦王朝文化象征转换的需要，其"重新规定了文化符号，完全更新了文化形象。'封禅'，也是表现这种新的政治体制成立的文化形式之一"。[③]

如此一来，双方的合作，出现了方向上的不同。于是，始皇帝不再让他们参与封禅大典，东方士人难免因此对其产生"发愤且卒"般的芥蒂。以至于封禅中的些许自然现象，都成为他们讥笑始皇帝的谈资，"闻始皇遇风雨，则讥之"。[④] 此后，始皇意欲捞鼎。为此，他"斋戒祷祠……使千人没水求之"，但最后仍未得鼎，无奈放弃。[⑤] 接着，始皇"乃西南渡淮水，之衡山、南郡，浮江，至湘山祠"，[⑥]发生了一件让人颇感费解的事情：

> 逢大风，几不得渡……于是始皇大怒，使刑徒三千人皆伐湘山树，赭其山。上自南郡由武关归。[⑦]

巡行途中难免偶遇恶劣的自然环境。始皇最后一次东巡时，身心每况愈下。他那时"临浙江"，遭遇"水波恶"，也未震怒，而是"乃西百二十里从狭中渡"。[⑧]那么，仅逢大风的始皇帝为何要"皆伐湘山树，赭其山"呢？

近来有学者将之视为"对大自然行使惩罚刑杀之权，依然表现秦始皇征服自然的主题"。[⑨] 而对这种行为的解读，要以始皇本人的性格特征、内心积淀的文化理念以及秦文化的风格为基底。[⑩] 在这个基础上，我们还可从始皇伐树赭山前与博士的对话中品出一些蹊跷：

---

① 参见陈长琦：《郡县制确立时代论略》，《河南大学学报》1987 年第 1 期。

② 《史记》卷 28《封禅书》，第 1367 页。

③ 王子今：《史记的文化发掘——中国早期史学的人类学探索》，武汉：湖北人民出版社，1997 年，第 376 页。

④ 《史记》卷 28《封禅书》，第 1367 页。

⑤ 《史记》卷 6《秦始皇本纪》，第 248 页。

⑥ 《史记》卷 6《秦始皇本纪》，第 248 页。

⑦ 《史记》卷 6《秦始皇本纪》，第 248 页。

⑧ 《史记》卷 6《秦始皇本纪》，第 260 页。

⑨ 晏昌贵：《禁山与赭山：秦始皇的多重面相》，《华中师范大学学报》2018 年第 4 期。

⑩ 王子今：《细说秦始皇》，第 149—150 页。

> 上问博士曰:"湘君何神?"博士对曰:"闻之,尧女,舜之妻,而
> 葬此。"①

表面上看,博士是在回答湘水大风的原因,但实际不尽然。始皇原本是问湘君是哪路神祇,能兴起大风。但博士所答,却着意强调湘君的政治身份,是"尧女,舜之妻",并未直言是"何神"。其中的曲妙就在此。基于双方已有的芥蒂,这个回答可能会被理解成阻碍皇帝返途,乃至于郡县集权体制展开的并不是恶劣的自然环境,而是古代圣王的政制传统。因为"尧女,舜之妻"葬此阻碍皇帝旅途的说法与始皇"为暴风雨所击,不得封禅"的讹传,其实同出一脉,意在强调始皇乃"所谓无其德而用事者"。② 始皇正是察觉到了其中深意,才会骤然大怒。他在盛怒之下想要"皆伐"的湘山树,何尝不是生长在东方文化精英心中反郡县思潮的杂草。

而始皇帝对此暗讽行为坚决抵制的背后,实则还有一番政治用意。始皇帝这次东巡所携朝臣,主要是一众高级军事将领。其中居首的便是"夷六国"的王翦,而他恰恰曾对"有功终不得封侯"的政治转变抱有微词。此外,还有首倡"请立诸子"的王绾。随后,这班军政精英共同署名了一段刻文。其曰:

> 古之帝者,地不过千里,诸侯各守其封域,或朝或否,相侵暴乱,
> 残伐不止,犹刻金石,以自为纪……今皇帝并一海内,以为郡县,天下
> 和平……群臣相与颂皇帝功德,刻于金石,以为表经。③

这段话与统一当年李斯请求设郡县于东方的说辞同出一辙。柯马丁在比较青铜铭文与始皇石刻的基础上,提出了一种看法。他说:"它们明确提及器主之名,通常也署有日期,显然是为了成为一种历史的产物(historical artifacts),它们在一个重要时刻制作而成,以纪念、凝固某一特殊的历史事件,同时也将之传达给神灵。无疑,秦始皇所立石刻也同样如此。石刻铭文的历史叙事彻底消除了各个地方统治者的多视角记录,并代之以一个最高统治者的单一的中心视角。"④而"刻于金石,以为表经"的政治仪式,实与汉初白马之盟发挥着

---

① 《史记》卷6《秦始皇本纪》,第248页。
② 《史记》卷28《封禅书》,第1371页。
③ 《史记》卷6《秦始皇本纪》,第246—247页。
④ 柯马丁:《秦始皇石刻:早期中国的文本与仪式》,刘倩译,上海:上海古籍出版社,2015年,第134—136页。

同样的政治功用。也就是说，始皇帝这次携军功重臣与郡县之臣李斯一并出行的深刻意图，是想以金石为纪的方式，与高级军功集团就皇帝"以为郡县"这件大事，达成一种政治约定。同时他亲巡远方的行为，也向军政精英传递了一个信息，即燕、荆、齐地虽远，不为置王，也可填之。

分析到这里，我们也就不难理解，始皇为何在东巡期间，尤为忌讳文化精英的反郡县行径。也不难推知，"置酒咸阳宫"事件何以会引发一连串的变局，更由焚书走向坑儒的极端。事实上，秦汉王朝由封建至郡县的时代变局，远非一蹴而就。仅以秦代论，摆在明面上的便已有两次：第一次是由高级军功集团发起的封建诸子动议，而后一次则是东方文化精英的反郡县思潮。

与前一次被动应对"请立诸子"动议不同，始皇帝在"置酒咸阳宫"前，已在各个方面做了充分的准备。他虽然在封禅泰山以及湘君事件上，与东方文化精英产生了很多矛盾。但这些矛盾尚匿于暗处，并未达到公开对立的程度，也不影响始皇帝"悉召文学方术士甚众"的合作态度。而且，在始皇三十二年，秦廷重开战局，向南北边疆的外族夷狄动手，这显然是"一次将六国残余势力的视线引向外族的机会"。①

这种转移内部矛盾的做法，最终是为了凝聚人心，整肃国家意识形态领域中的体制争议。始皇想让东方社会看到，通过王朝郡县体制组织起来的国家力量，不但能够平定内部纷争，还能压制南扰的游牧势力。而周青臣的祝酒词，不失为在这一系列的准备后，始皇帝的一次主动试探。他当时的职务是仆射，也就是宫廷博士的领事官员。② 我们可以察觉到，周青臣说话的重点很明确，想要引导的舆论风向也十分清楚。就是以始皇治下"人人自安乐，无战争之患，传之万世"来证明"以诸侯为郡县"的体制正确。

对于周青臣的这番话，《史记》清楚记载了始皇当时流露出来的神情，即"始皇悦"。③ 这个细节很重要，对于"怚而不信人"的始皇帝来说，这是难能可贵的态度外显，也是《秦始皇本纪》中仅有的一次"始皇悦"。他大概以为，经过这些年的努力以及最近两年对外作战的辉煌成就，足以让文化精英对王朝郡县制产生认同感。而且，周青臣开篇已经奠定了这次宫廷酒会的政治基调，他也流露出欣喜骄傲的神态，接下来应该不会出现大的争议。

① 鹤间和幸：《始皇帝的遗产：秦汉帝国》，第 83 页。
② 《汉书》卷 19 上《百官公卿表》，第 728 页。
③ 《史记》卷 6《秦始皇本纪》，第 254 页。

然而,东方文化精英再一次无视这种成功。淳于越丝毫不加掩饰地批判郡县制。更甚,他将周青臣对郡县制的认同说成是"谀",将支持郡县制的行为说成不忠。而这一切的过错,都在于始皇帝一人,"今青臣又面谀以重陛下之过,非忠臣"。① 对于两者间的交锋,钱穆先生曾评论说:

> 今试平心衡论,始皇、李斯在当时,能毅然推行郡县新制,不复封建旧规,此自一时之卓识。而并世之拘士,尚复称古道昔,哓哓争辩。政制是非,久始得定;急切相争,无可晓喻。此自可资惋叹,而无奈何者。②

面对这种突发状况,我们注意到,始皇又一次不即时表态。如同先前那般,始皇还是先让群臣讨论这件事,李斯再次觉察到了这次事件的严重性。文化精英已经将双方积累多年的矛盾摆上了台面,两者原本脆弱诡谲的合作关系,很难再继续下去了。所以,他一方面批判东方文化精英的体制反动,"五帝不相复,三代不相袭,各以治,非其相反,时变异也。今陛下创大业,建万世之功,固非愚儒所知";③另一方面,李斯有意将这次事件上升到禁绝东方文化的高度。其目的,乃是清洗主张封建体制的政治文化势力。

因此,焚书之后又复坑儒。翦伯赞先生敏锐察觉到这两件事并不在秦国战后事业的规划之中,"秦代的政府不是一开始就准备对于古典文献,不分青红皂白,非秦者烧;对于知识分子,不问轻重首从,反秦者坑。反之,他们曾经从六国的宫廷和民间搜集了几乎是全部的古典文献,我们因知焚书坑儒并不是秦代政府预定的计划之执行,而是逐渐演进出来的"。④ 事实上,焚书坑儒前发生的诸多事件,前后相衔、因果相扣、层累叠加,政治风向愈发趋紧,形成了一条反郡县势力从暗喻讽刺到公开指责的关键线索,双方关系也由怀柔合作一步步走向破裂与对立。

谈到这里,我们有必要对嗣君问题与封建郡县之争间的联系做出分析。可以这样说,最具求封资格的高级军功将领与儒生、博士等东方文化群体是倡议封建的主要来源,与以始皇、李斯为核心的郡县力量或暗中较量,或争锋相

---

① 《史记》卷6《秦始皇本纪》,第254页。
② 钱穆:《秦汉史》,第19页。
③ 《史记》卷6《秦始皇本纪》,第254页。
④ 翦伯赞:《秦汉史》,北京:北京大学出版社,1999年,第84—86页。

辩。由他们附议或发起的两次封建与郡县之争,已由政治军事领域发展到意识形态领域,愈发深刻。而带有特殊政治身份的诸子的任何政治表态都有可能被卷入其中。把握住了这条关键线索,就不难洞悉朝局变化的底蕴。

这点不难理解。诸子无论成为嗣君与否,他们在政治格局中的位置都很微妙。对于东方文化精英来说,他们当然希望能在始皇时代重返旧制。但即便这个问题被暂时搁置,只要封建的思潮不灭,出现一个能够重建封建制度的嗣君,随后翻转体制也就有了可能。而对高级将领来说,无论他们有多么盛大的军功,秦王朝首要且主要的封建对象还是皇帝诸子。诸子能够获封,封建的大门就不得不向他们敞开,不然的话,情理与法理上都说不通。若始皇帝不行分封而以其他替代性方案来安置诸子,那么,就会以同样的方式安置高级军功集团。始皇二十六年军功集团"请立诸子"以及李斯针锋相对地提出"诸子功臣以公赋税重赏赐之",隐含的就是这层深意。

而且,始皇帝担心的另一个问题是,诸子是不是,或是他们中有多少人同样怀有封建的想法。毕竟,嗣君只有一个,其余皇子谋求建藩,也是人之常情。只要他们当中一部分人动了封建的念头,那么,就可能会有朝臣以他们为中心结成求封势力。这些都是始皇对嗣君选择犹豫不定的原因。

四、嗣君问题与始皇晚年政局

封建郡县之争中,秦始皇的生死观念也逐渐发生变化。始皇三十五年,靡费以巨万计的宫廷方士竟在诽谤始皇后外逃。始皇大怒,复起坑儒之事。而卢生在叛走前,曾向皇帝解释他求药不得的原因:

> 臣等求芝奇药仙者常弗遇,类物有害之者。方中,人主时为微行以辟恶鬼,恶鬼辟,真人至。人主所居而人臣知之,则害于神。真人者,入水不濡,入火不爇,陵云气,与天地久长。今上治天下,未能恬倓。愿上所居宫毋令人知,然后不死之药殆可得也。[①]

卢生认为,只有"真人"能与天地久长。对此,始皇帝紧接着说:"吾慕真人,自谓'真人',不称'朕'。"由此可见,始皇帝为了扫除长生道路上的阻碍,甚至可

---

① 《史记》卷6《秦始皇本纪》,第257页。

以变更他一直坚持的皇帝体制中的部分礼仪规定。这是一种对长生的巨大渴望。此外，还应留意，卢生表面上将始皇不得长生药的原因归结于有"恶鬼"在干扰，但他提出的解决办法，却是要求始皇"微行"，以避免人臣知其所居，并将这样做的原因归为"上治天下，未能恬倓"。即在颇受始皇尊异的卢生看来，因始皇治理天下急进，他需要以改造宫廷制度的方式来"辟恶鬼"、求长生。

我们无法得知，卢生临别前的这种暗示，是推卸责任的自保之辞，还是确实观察到了一些不认同始皇治理方式的政治暗流。考虑到他随后诽谤始皇的说辞主要是"天下之事无小大皆决于上，上至以衡石量书，日夜有呈，不中呈不得休息，贪于权势至如此"，故难说这种不认同与集权过度无关，文化精英"特备员弗用"，军政重臣"皆受成事""倚辨于上"，说的就是这个意思。① 而求药方士的叛走，与日益恶化的社会舆论环境一道，迫使始皇郑重考虑嗣君问题。前已论及，扶苏确实是接手秦国战后转型事业的合适人选，但他却因坑儒之事与始皇公开发生冲突：

> 天下初定，远方黔首未集，诸生皆诵法孔子，今上皆重法绳之，臣恐天下不安。唯上察之。②

如果没有封建郡县之争这层深刻的历史背景，扶苏的这番话，可能仅会被理解成他是为秦王朝事业展开谋求一个稳定友好的舆论环境。

始皇帝这次之所以舍弃多年的努力，决定整肃意识形态领域的封建思潮，正是因为朝廷中日益兴壮的势力，已经到了公开否定现行体制的程度，这样发展下去，虽可能保持安定的社会环境，但必然会改变专制集权的郡县制，回到封建的老路。因此这件事的利害之处，自始至终就不在于朝廷是否应该以善待东方文化精英的方式来安抚天下，而在于需要表明立场，对任何反郡县制的行为做到零容忍。

还应留意到，两次率先驳回封建动议的都是李斯，始皇帝均立刻表态支持，这是一种紧密的政治配合。朝臣一反前态，在这次封建郡县之争中一片哑然，便是洞悉了其中微妙。有了这个前提，扶苏还公开质疑始皇政策的可能性或只有两种：其一，扶苏的政治嗅觉不敏锐，他的这个建议只是单纯地想维持战后稳定的社会环境；其二，他明知道其中利害，却依然站出来反对，有可能是

---

① 《史记》卷 6《秦始皇本纪》，第 258 页。
② 《史记》卷 6《秦始皇本纪》，第 258 页。

出于他认同东方文化精英的政治主张。

如果第二种可能性成立的话,就不排除扶苏或已成为东方文化精英在朝中的代表人物的可能。后世选择以扶苏为旗帜反抗暴秦,背后可能涉及他与始皇帝相异的政治主张。更为严重的后果是,即便扶苏只是出于第一种可能,但始皇帝未必会这样想。这件事情的微妙之处在于,朝中任何对此提出异议的势力,都会被贴上反郡县的标签。如在张星久看来,"从李斯的话以及由此引发的焚书坑儒来看,他们不仅肯定郡县制对巩固秦帝国统治的重要作用,还敏感地看破了'封建论''道古以害今''善其私学而非上之所建立'的要害,从而把'封建''郡县'之争上升到对'今上'、对现政权态度这一高度"。① 朝廷重臣一致保持沉默的原因即在此。当扶苏站出来反对时,他自然就站在了"今上"与"现政权"的对立面。始皇朝廷这种诡谲的政治氛围,在"指鹿为马"事件中再次显现:

> 赵高欲为乱,恐群臣不听,乃先设验,持鹿献于二世,曰:"马也。"二世笑曰:"丞相误邪?谓鹿为马。"问左右,左右或默,或言马以阿顺赵高,或言鹿(者),高因阴中诸言鹿者以法。后群臣皆畏高。②

朝臣有三种反应:其一,沉默不语;其二,言马以阿顺赵高;其三,言鹿以反驳赵高。言鹿者所说并不虚,也不能肯定他们一定要与赵高为敌。但赵高却凭此"设验",甄别出被他视为异己的政治力量。

那么,扶苏以容忍体制非议的方式来维系朝廷同文化精英合作关系的行为,是否会被始皇视为一种缺乏郡县自信的表现呢?若他承嗣,是否还隐有重新讨论这次事件的可能性呢?无疑,这些都触碰到了始皇选择嗣君的原则与底线。

接着,扶苏被派往上郡监军。流行的看法认为这是始皇对扶苏的一种历练,而非弃用,"出京不远到上郡,让扶苏就近掌控了秦帝国最重大的军权,又是一种温存的布局,事实上为扶苏造成一种实力继承的态势"。③ 要解释这个历史现象,其实先要探明一点,即始皇帝在经历这一系列变局的震动后,会不

---

① 张星久:《国家结构形式问题上的一种道德理想主义表达——论中国帝制时代"封建论"的思想逻辑与发生背景》,《政治学研究》2008 年第 5 期。

② 《史记》卷 6《秦始皇本纪》,第 273 页。

③ 李开元:《秦谜:重新发现秦始皇》,第 192 页。

会在晚年重新思考制度调适的问题。这是事关扶苏重回政治权力中心的关键,要从他被外放后的局势赓演中分析。

扶苏被外放的次年,出现了"荧惑守心"的天文现象。这被认为是针对国运的大凶之兆,反抗力量把握住这个绝佳的时机,东方社会进而涌现出大量针对始皇帝的政治凶象:先是,"有坠星下东郡,至地为石,黔首或刻其石曰'始皇帝死而地分'";随后又"有人持璧遮使者曰:'为吾遗滈池君。'因言曰'今年祖龙死'"。① 这种带有惩罚性的政治预示意在强调秦始皇与丞相李斯为首的统治集团应该负主要责任。

对于这些反抗行为,始皇帝一手严厉镇压,"遣御史逐问,莫服,尽取石旁居人诛之,因燔销其石";一手积极化解,"使博士为《仙真人诗》,及行所游天下,传令乐人歌弦之",又"卦得游徙吉。迁北河榆中三万家,拜爵一级"。② 他意在破除这些反郡县制的政治预言,但也难免会因此心生芥蒂。《史记》说秦始皇听到"今年祖龙死"的流言后"默然良久",后人可能并不清楚他当时听到这些事情后的具体表现,但经此一系列的变局之后,他应该会对当时的反体制思潮有很大的震动。

三十七年,始皇帝最后一次东巡。《赵正书》与《史记》皆将之视为始皇"变气易命"的后续行动。考虑到始皇帝此前对长生的执着与努力,此说不能轻易否定。但除此之外,始皇帝也借祭祀大禹的时机,再次表明了郡县自信:

> 秦圣临国,始定刑名,显陈旧章……六王专倍,贪戾慠猛,率众自强……义威诛之,殄熄暴悖,乱贼灭亡。圣德广密,六合之中,被泽无疆。皇帝并宇,兼听万事,远近毕清。③

细观始皇在东方留下的石刻铭文,无一不是从秦灭六国的合法性以及郡县事业具有光明前景的角度来构建秦王朝主流的意识形态体系。这种"义兵"与"圣德"的组合,是秦始皇时代执政合法性宣传的主体内容。④ 虽然体制问题屡遭非议,但始皇最终也没有改变这种态度。这次也是如此,他对"皇帝并宇,兼听万事"的郡县集权体制依旧自信,未起丝毫调适的念头。

---

① 《史记》卷 6《秦始皇本纪》,第 259 页。
② 《史记》卷 6《秦始皇本纪》,第 259 页。
③ 《史记》卷 6《秦始皇本纪》,第 261—262 页。
④ 参见王子今:《秦始皇议定"帝号"与执政合法性宣传》,《人文杂志》2016 年第 2 期。

明乎此,便知东方社会反郡县思潮以及扶苏的公开质疑,给他带来的不是对郡县制的反思,而是使他愈发相信,郡县事业的存续与否与嗣君的选择有着密切关联。这个时候,他反而会愈发留心嗣君能否有如他般的体制坚持与自信。

始皇晚年既无重新考虑制度调适的可能,那被他贴上不同政治倾向标签的扶苏,以嗣君身份重返政治权力中心的可能性就微乎其微。事实上,班固已经意识到了始皇外放扶苏时,已生弃用之意。《史记·陈涉世家》曰:"天下苦秦久矣。吾闻二世少子也,不当立,当立者乃公子扶苏。扶苏以数谏故,上使外将兵。"①同样的话,《汉书》却多加了几个字:

> 胜曰:"天下苦秦久矣。吾闻二世,少子,不当立,当立者乃公子扶苏。扶苏以数谏故不得立,上使外将兵。"②

两相比较,班固用"不得立"三个字点破了与"外将兵"之间的因果关系,这种认识是深刻的。且《史记》言扶苏"数谏""数直谏上",这说明双方的政策分歧绝非只有一次,这次矛盾的公开爆发,若非长期累积,应不至此。对此,吕思勉先生也说:"案古大子皆不将兵。使将兵,即为有意废立,晋献公之于申生是也。扶苏之不立,盖决于监军上郡之时。"③

这样的话,也就不难解释始皇帝为何会在立扶苏为嗣的问题上犹豫不定了。战后,始皇帝着手在东方社会展开郡县体制,亟须收揽人心,尤其是能够引导社会舆论风向的文化精英。扶苏的性格与政治倾向,自然被始皇帝留心观察。他无疑是社会体制平稳转型的最佳人选。但如前所论,东方文化精英从二十八年开始,多次表达了对国家现行体制的不满,到始皇三十四年,则演变成公开重提封建旧事,反对郡县制。在这个过程中,始皇帝选择嗣君的标准也发生了深刻的变化:他不再专注于嗣君如何更好地安抚东方,而在于其未来能否守住郡县制不变的政治底线。

如此,扶苏"为人仁"、向儒的优势条件渐渐成为他继承始皇事业的阻碍。双方的政见分歧经长期积累,在如何对待咸阳"诸生"的问题上被彻底激化,质变为不可两立的体制之争。扶苏被外放上郡后的两年,收到了被始皇赐死的

---

① 《史记》卷48《陈涉世家》,第1950页。
② 《汉书》卷31《陈胜项籍传》,第1786页。
③ 吕思勉:《秦汉史》,上海:上海古籍出版社,2005年,第20页。

诏书。当时蒙恬劝他不要轻易自裁：

> 陛下居外，未立太子，使臣将三十万众守边，公子为监，此天下重
> 任也。今一使者来，即自杀，安知其非诈？请复请，复请而后死，未
> 暮也。①

蒙恬认为这道诏书有诈，应该向始皇询问真假。但扶苏却对蒙恬说："父而赐子死，尚安复请！"②旋即自杀。蒙恬不能理解这种行为，后世学者也认为这是"不可理喻""让人难以理解的事件"。③

事实上，扶苏"数直谏"始皇，表明他对朝廷事业积极进取的政治态度，他既然敢于公开反对始皇帝的治理方式，就不怕再次询问诏书的真假。他之所以不去复请，必定是认为已无此必要。我们可以从两个方面去考虑：其一，客观上来说，他意识到自己与始皇帝矛盾的根源是体制之争，也明白自己被外放上郡本就不是承担天下重任，而是被始皇斥出权力中枢，去上郡反思。其二，主观上来说，始皇帝在他被斥出咸阳后的两年，先是强势弹压东方的反抗力量，后又再次出巡，向东方社会表明其郡县天下的态度不会改变。这让充满抱负、怀有不同政策倾向的扶苏在政治上深感绝望，加之始皇允许少子胡亥跟他一起东巡，弃用之意再明显不过。这种局势演进，让扶苏丝毫不怀疑始皇帝有赐死自己以维护郡县制不变，进而实现政权平稳过渡的考虑与可能。

五、始皇帝的嗣君选择

扶苏被斥出权力中心之际，少子胡亥公开走上了政治舞台：

> 三十七年十月癸丑，始皇出游。左丞相斯从，右丞相去疾守。少
> 子胡亥爱慕请从，上许之。④

《史记》没有解释始皇帝为何如此宠爱胡亥。近人有一些新的见解，认为少子胡亥没有政治野心，直率的天性让始皇帝感觉到了幼子可爱的人情温暖。⑤

---

① 《史记》卷 87《李斯列传》，第 2551 页。
② 《史记》卷 87《李斯列传》，第 2551 页。
③ 李开元：《秦谜：重新发现秦始皇》，第 199、201 页。
④ 《史记》卷 6《秦始皇本纪》，第 260 页。
⑤ 参见李开元：《秦谜：重新发现秦始皇》，第 173—176 页。

这种看法有当代情感史学兴起的背景在里面,在一定程度上丰富了我们的认识。

事实上,始皇并非只宠爱少子胡亥。公子高被二世逼杀时,曾提到他与始皇的父子感情。他说:"先帝无恙时,臣入则赐食,出则乘舆。御府之衣,臣得赐之;中厩之宝马,臣得赐之。"①始皇对公子高也可谓偏爱有加,但这两种宠爱,因时机的不同而隐有不同性质的政治深意。

前已论及,始皇帝最后一次东巡,意在"变气易命",以破除东方社会针对他制作的死亡预示。也就是说,始皇帝无论从主观心态上,还是客观身体状况上,都意识到了这次东巡是他人生中的一道坎,也是郡县制政权能否平稳过渡的一次考验。胡亥"爱慕请从"只是托词,始皇若无意于让胡亥承嗣,断不会让他相随。这种用意十分明显,始皇帝在此关键时机,把胡亥正式引入权力中枢,也让他走到了政治舞台前。他此行若一切顺利,胡亥等于在东方社会的民众面前公开亮相。若此行有变,胡亥也能即时着手控制局势。

胡亥能够走到台前,是基于始皇帝在幕后的细心观察与有意培养。胡亥与扶苏不同,扶苏是长子,有一定的从政经历,敢于表明自己的态度与主张,朝廷各种势力因此知道扶苏未来的政治走向,难免会对他施加一些潜在的影响;少子胡亥则受到各方势力的影响最小,可塑性最大。早于司马迁的贾谊记载过这样一件事:

> 二世胡亥之为公子,昆弟数人,诏置酒飨群臣,召诸子赐食先罢。胡亥下陛,视群臣陈履状善者,因行残败而去。诸侯闻之,莫不大息。②

始皇赐食群臣与诸子,胡亥也在其中,这与公子高所说始皇常赐食予他相吻合。但胡亥下陛时,看到群臣把鞋子放置得很整齐,便故意"残败而去"。

这件事情涉及朝廷内外臣僚,并非宫闱秘事,记载流传下来的可能性大,可信度高。汉代人有意将这则史料作为胡亥不得人心的证据。但现在看来,胡亥此举未必不得始皇帝的心。扶苏能因同情文化精英与始皇公开发生冲突,又在外放上郡后,与高级将领蒙恬交好。但胡亥似乎不会,身为公子却在大殿上做出践踏鞋子的动作,是不知礼,既然不尊重群臣,更无意与之结交。

---

① 《史记》卷 87《李斯列传》,第 2553 页。
② 贾谊撰,阎振益、钟夏校注:《新书校注》卷 6《春秋》,第 250 页。

且胡亥的这种行为,若仅是普通少子幼稚顽劣的日常表现,那诸侯闻后,又何以会"莫不大息"?① 有学者从中察觉到胡亥当时的政治地位或已发生变化,"若胡亥仅为普通公子,又是最小的儿子,其众兄长或当阻止,或当指责,或当一笑置之,何至于叹息? 无论该记载是否真实,其产生背景已足以证明蒙毅所谓胡亥'去诸公子绝远'并非虚言"。②

秦汉王朝的第二次嗣君危机发生在刘邦拟立刘如意时。当时为刘盈出计的张良说,像谋定嗣君之位这样的事,"难以口舌争也",只需招来商山四皓,"以为客,时时从入朝,令上见之"即可,"上知此四人贤,则一助也"。③ 胡亥在君臣、诸子齐聚时的表现,始皇帝自然看在了眼里。考虑到王室公子的政治倾向往往受到其师傅的引导与塑造,解读胡亥这种行为的来源,或可从他的老师赵高身上探寻线索:

> 赵高者,诸赵疏远属也。赵高昆弟数人,皆生隐宫,其母被刑僇,世世卑贱。秦王闻高强力,通于狱法,举以为中车府令。高即私事公子胡亥,喻之决狱。④

胡亥举止的来源有三个:其一,"通于狱法"的赵高"私事公子胡亥,喻之决狱",在其影响下,胡亥自然少知礼。以往便有学者指出胡亥少习刻薄之教,"表现出与儒学精神的明显距离","而赵高与胡亥在'狱律令法'教育方面的师生结合,更助长了执政理念方面的偏执"。⑤ 其二,赵高与其兄弟"皆生隐宫""世世卑贱",也就是说其背后没有可依恃的军政势力,再加上赵高喜刑名、好强力,与蒙氏兄弟交恶,胡亥在他的影响下,不尊重高级军功集团也很正常。这种趋势在其即位后愈发明显,乃至于后来冯去疾、冯劫直言"将相不辱",以自杀相抗。⑥ 其三,赵高所任的中车府令,能比其他人更容易接触到喜好巡行的始皇帝,在他长时间的观察下,应该已经清楚了始皇帝选择嗣君的标准,因此胡亥的一些表现,也能够做到有的放矢。

---

① "诸侯闻之"又有作"诸子闻见之者"。参见刘向编,石光瑛校释:《新序校释》卷5《杂事》,北京:中华书局,2009年,第742页。

② 安子毓:《〈史记〉所载秦二世史事辨疑》,中国社会科学院历史研究所文化史研究室编:《形象史学研究》2015年上半年,第163—173页。

③ 《史记》卷55《留侯世家》,第2045页。

④ 《史记》卷88《蒙恬列传》,第2566页。

⑤ 王子今:《秦二世胡亥童年故事及相关问题》,《人文杂志》2010年第4期。

⑥ 《史记》卷6《秦始皇本纪》,第272页。

赵高"刻薄之教"未来可能养成胡亥"少恩"的政治风格。司马迁说商鞅就是"天资刻薄人也……刑公子虔,欺魏将卬,不师赵良之言,亦足发明商君之少恩矣"。① "少恩"也是尉缭对二十三岁的秦王政的评价之一,"少恩而虎狼心",但始皇在阴鸷之外,又能审时度势,不失圆滑,"居约易出人下,得志亦轻食人"。② 不似"刚毅而武勇"的扶苏不解局势艰险,强为"数谏""数直谏"。除此之外,在王翦看来,中年时期的秦王政是"怚而不信人",③即贾谊所说的"不信功臣,不亲士民"。④ 卢生谈及晚年的始皇是"天性刚戾自用",⑤扶苏性格与作风上显然不类其父。说有些冲突,似也不为过。

"数直谏"始皇的扶苏因同情发起封建动议的东方文化精英,已让始皇十分不满,而赵高对胡亥这种类其父的政治引导,又推动局面进一步发生转变。接下来,始皇帝留心的另一个动向,就是嗣君背后依靠的政治势力。上引《史记·蒙恬列传》在介绍赵高的出身与才能以后,接着又说:

> 高有大罪,秦王令蒙毅法治之。毅不敢阿法,当高罪死,除其宦籍。帝以高之敦于事也,赦之,复其官爵。

以往的认识停留在蒙毅曾与赵高结怨的层面,这种怨恨被视为赵高灭蒙的主要原因。但是,我们还应留意,主张对赵高以"法治之"的是始皇帝,最后主动赦免赵高的还是始皇帝。在这一罪一赦之间,身为胡亥老师的赵高,政治立场发生了两个变化。一来,他与蒙毅结怨,随后发展成视蒙氏兄弟为仇雠的地步;二来,始皇在将"事公子胡亥"的重任委托于赵高的基础上,再生施救的私人恩惠。两相结合,始皇的用意再明显不过,就是让赵高与高级军功将领划清界限,以免他影响嗣君的政治倾向。所以,始皇并非真的是要惩戒赵高,不然,他最后也不会找一个十分勉强的理由,说赵高"敦于事也",进而对其所犯的"大罪"视而不见,直接"赦之,复其官爵"。始皇帝更为巧妙深刻的用意是,赵高也因此与李斯有了进一步合作的基础与可能性。下面,我们详细谈一下这个问题。

司马迁说李斯在嗣君问题上"不务明政以补主上之缺,持爵禄之重,阿顺

---

① 《史记》卷68《商君列传》,第2237页。
② 《史记》卷6《秦始皇本纪》,第230页。
③ 《史记》卷73《白起王翦列传》,第2340页。
④ 贾谊撰,阎振益、钟夏校注:《新书校注》卷1《过秦下》,第14页。
⑤ 《史记》卷6《秦始皇本纪》,第258页。

苟合，严威酷刑，听高邪说，废適立庶"。① 因此，《史记》将李斯扶立胡亥写成了"听高邪说"后与蒙恬争帝宠、保相位的私愤：

> 君侯自料能孰与蒙恬？功高孰与蒙恬？谋远不失孰与蒙恬？无怨于天下孰与蒙恬？长子旧而信之孰与蒙恬？……皇帝二十余子，皆君之所知。长子刚毅而武勇，信人而奋士，即位必用蒙恬为丞相，君侯终不怀通侯之印归于乡里，明矣。②

考虑到扶苏与蒙恬良好的合作关系，司马迁此说不无道理。但蒙、李将相之争的私愤背后，实则还隐伏着封建郡县两大势力集团的政治分歧。

有了前面的分析做铺垫，这一点不难理解。统一当年，高级军功集团以"请立诸子"之名发起封建动议。当时是李斯针锋相对地提出以"公赋税"代替裂土封建，始皇才能顺利郡县天下。始皇三十四、五年的两次体制之争，也是由李斯挑头反击。始皇借势整肃了文化领域中的反体制思潮。

问题恰恰就出在这里。蒙恬是高级军功将领，扶苏是同情、容忍文化精英制度非议的诸子之长。退一步说，即便他们没有参与体制之争，蒙恬从属的高级军功集团，也是朝中裂土愿望最为强烈的政治群体。扶苏同情反郡县的东方文化精英，也就难逃始皇帝的猜疑。况且，蒙恬若无与扶苏相类的政治倾向，何以能在上郡与之结成良好的合作关系？所以，赵高点破李斯心中所惧，是精准拿捏当时政局的深刻之见。而李斯支持胡亥，也并非不得已。这一点，《赵正书》的史识显然更胜一筹：

> 病即大甚，而不能前，故复召丞相斯曰："吾霸王之壽（寿）足矣，不奈吾子之孤弱何……其后不胜大臣之分（纷）争，争侵主。吾闻之：牛马鬪（斗），而闽（蚊）虫（虻）死其下；大臣争，齎（齐）民古（苦）。吾衣（哀）令（怜）吾子之孤弱，及吾蒙容之民，死且不忘。其謀（议）所立。③

这则材料分为两个部分：一是宣称胡亥确为嗣君，还有一部分讲述了始皇帝对自己死后局势的忧虑。我们撇开《赵正书》以胡亥为嗣的主观判断不谈，仅就

---

① 《史记》卷 87《李斯列传》，第 2563 页。
② 《史记》卷 87《李斯列传》，第 2549—2550 页。
③ 北京大学出土文献研究所编：《北京大学藏西汉竹书（叁）》，第 190 页。

其对始皇忧虑之事的揣度来看,是符合历史实际的。因为,始皇帝担心自己死后会出现大臣群起"分争",进而"争侵主"的局面,原因不仅是胡亥年幼。《赵正书》的作者显然意识到了始皇立胡亥为嗣君的背后,另隐有其他矛盾制约着朝廷形势的发展。不然,在他笔下,担心大臣"争侵主"的始皇帝,何不选用有从政经验且年长的皇子继嗣,而非要取用"孤弱"的胡亥,并将其托于主张郡县制的李斯?

《资治通鉴》谈到蒙恬时说:"始皇方毒天下而蒙恬为之使,恬不仁可知矣。然恬明于为人臣之义,虽无罪见诛,能守死不贰,斯亦足称也。"①显然,其将蒙恬视为始皇政策的具体执行者。与之相反,司马迁说李斯"能明其画,因时推秦,遂得意于海内,斯为谋首"。②两相比较,司马迁的见解更为深刻。但他没有将李斯的政治立场与嗣君的选择相结合,因此未能究及始皇废分封而立郡县这一重大历史问题与关键线索,此实为一件憾事。

分析到这里,我们应该可以看到,蒙恬是军功之臣,而李斯是体制之臣。李斯当然惧怕扶苏即位之后,蒙恬会取代他的权势与地位,但这只是近忧。因扶苏、蒙恬掌权而可能带来的制度变更以及对郡县集团的政治清算,才是始皇帝与李斯长远的忧虑所在。《史记·李斯列传》说:"斯长男由为三川守,诸男皆尚秦公主,女悉嫁秦诸公子。"③始皇选择与李斯结成亲家,除了表明他的政治立场,也希望诸子能够支持郡县制。

显然,司马迁在叙事中,有意取用否认胡亥合法性的记载。尽管如此,《史记》中仍残留一些令人费解的细节。《史记·蒙恬列传》中提到胡亥执意要杀蒙毅的理由是:

> 先主欲立太子而卿难之。今丞相以卿为不忠,罪及其宗。朕不
> 忍,乃赐卿死,亦甚幸矣。卿其图之!

对此,蒙毅极力反驳。他说:

> 以臣不能得先主之意,则臣少宦,顺幸没世,可谓知意矣。以臣
> 不知太子之能,则太子独从,周旋天下,去诸公子绝远,臣无所疑矣。

---

① 司马光:《资治通鉴》卷7《秦纪二》,北京:中华书局,1956年,第251页。
② 《史记》卷130《太史公自序》,第3315页。
③ 《史记》卷87《李斯列传》,第2547页。

夫先主之举用太子,数年之积也,臣乃何言之敢谏,何虑之敢谋![1]

蒙氏兄弟是李斯、赵高"矫诏"迫害的直接对象。蒙毅所言,应该是司马迁论证胡亥不具有继嗣合法性的有力证据。但是,胡亥与蒙毅的这段对话,大有深意。材料中的太子指的是胡亥,即蒙毅承认胡亥是始皇所立的太子。考虑到蒙毅说这番话是在秦二世要赐死他的时候,因此也不能完全排除他为求自保的可能。胡亥认为蒙毅有意阻止他成为嗣君,这种说法来源于李斯。但蒙毅却说,始皇帝立胡亥为嗣的用意已经很明显了,并将始皇东巡时"太子独从,周旋天下,去诸公子绝远"视为一种立储信号,因此,他"何言之敢谏,何虑之敢谋"!

这段对话内涵丰富:第一,在蒙毅看来,始皇帝对嗣君的选择,绝不是临终起意,而是"数年之积"的郑重考虑。第二,《史记》的叙事,默认了一个重要前提,即始皇帝确实曾就立嗣之事询问过大臣,且李斯与蒙毅均在其中,不然胡亥也不会说"先主欲立太子而卿难之。今丞相以卿为不忠",这与《赵正书》的记载有不约而同之妙。第三,更重要的是,虽然蒙毅坚持他没有在背后谋划阻碍胡亥为嗣君,但"得先主之意"的他,在明知始皇属意胡亥的情况下,似乎也没有明确表态支持。

我们无法得知,始皇临终前就立嗣之事咨询大臣,是否也是他"设验"考察的一环。但朝廷重臣在继承人的问题上,显然出现了两种政治表态。蒙毅的态度已经明朗,这或许也是高级军功将领的看法。蒙恬因威震匈奴,"始皇甚尊宠蒙氏……而亲近蒙毅"。[2] 鉴于当时蒙恬与扶苏在上郡的合作态势,生性好疑的始皇帝难免会迈出最后一步,即防范蒙氏集团干扰嗣君即位。这已成为不可逃避的问题,只是等待时机罢了。《史记·蒙恬列传》曰:

> 始皇三十七年冬,行出游会稽,并海上,北走琅邪。道病,使蒙毅还祷山川,未反。始皇至沙丘崩,秘之,群臣莫知。是时丞相李斯、公子胡亥、中车府令赵高常从。[3]

始皇途中生病,他随即急使蒙毅还祷山川。这里有些问题值得注意,其一,始

---

① 《史记》卷88《蒙恬列传》,第2568页。
② 《史记》卷88《蒙恬列传》,第2566页。
③ 《史记》卷88《蒙恬列传》,第2567页。

皇是在"北走琅邪"途中生病,但他此后又能亲自出海射杀巨鱼,①这说明,其病或未危急。其二,蒙毅既非祝官,②地位亦不及李斯。对于敬祀鬼神的始皇帝来说,何以非令蒙毅代自己还祷山川?

苏轼也有同样的困惑,他说始皇"不幸道病,祷祠山川尚有人也,而遣蒙毅,故高、斯得成其谋"。③ 通过我们前面的论证,可以这样说,始皇帝若不是有意支走蒙毅,或是他决心扶立远在上郡的扶苏,那断不会做出这样的决定。而蒙毅若非始皇帝亲自谕令代他"还祷山川",那始皇崩逝后,局势是否会再生变化,也未可知。始皇抓住了这稍纵即逝的历史时机,给李斯、赵高等人以"秘之"的方式迅速控制局势,并着手展开下一步的行动,赢得了政治操作的空间与时间。待到扶苏自杀,蒙恬被控制后,李斯等人携始皇遗体至咸阳发丧。顾炎武痛斥此举是"虽君父之尸臭腐车中而不顾,亦残忍无人心之极矣",④李开元认为这种政治行径承担了"巨大的政治和道德上的风险",⑤但细观始皇帝的政治生涯,对郡县体制的认同与支持,才是他全部事业的核心,也是他认为的天下臣民应该遵守的政治道德。

结 语

以封建郡县之争为背景,重新讨论秦始皇遗诏的诸多问题,涉及的政治博弈或明或暗,颇为复杂。朝廷君臣在局势赓演中皆有介入,表现出对嗣君问题的不同心态与顾虑。我们可以拎出这样一条关键线索:秦国自孝公以后便形成了封建军功的政治传统,但始皇帝改变了这个传统;统一前夜,高级军功将领已对"有功终不得封侯"颇有微词;统一当年,秦廷军政高层又借奏请封建诸子来试探始皇心意,朝臣附议的其实是一种郡国并行的功臣安置方案,此间,有特殊政治身份的诸子正式被卷入争局当中;始皇二十八年,东方文化精英在

---

① 当时方士的建议是"愿请善射与俱,见则以连弩射之"。但始皇求生之心诚切,"而自以连弩候大鱼出射之"。参见《史记》卷6《秦始皇本纪》,第263页。

② 参见田天:《秦汉国家祭祀史稿》,北京:三联书店,2015年,第82页;并见《史记》卷28《封禅书》,第1377页。

③ 苏轼:《东坡志林》卷5《赵高李斯》,北京:中华书局,1981年,第112页。

④ 顾炎武撰,黄汝成集释:《日知录集释》卷27《史记注》,上海:上海古籍出版社,2006年,第1515页。

⑤ 李开元:《秦谜:重新发现秦始皇》,第199页。

首次东巡途中,多次复起封建暗潮;等到始皇三十四年,封建郡县之争再次被摆上了台面,且由政治军事领域发展到意识形态领域,愈发深刻。

秦汉终有些不同,其中之一便是始皇帝是开王朝郡县制的第一人,他没有先例可参,能看到的就是封建郡县两种政治主张的切实存在。从随后的事态发展来看,始皇帝选择嗣君的原则与底线,是能够维系他开创的中央集权体制,这也是扶苏不能承嗣的原因,扶苏"数直谏上"的背后,隐伏的是与始皇严重的政治分歧,双方矛盾的爆发是迟早的事情。但紧要的是,这次矛盾公开爆发于封建郡县之争的大环境下,这样一来,问题就更为严重。

胡亥能够为嗣,是始皇帝"数年之积"的考虑与培养。军功为多的蒙氏一族与文化精英,均对扶苏抱有政治好感,但胡亥不一样,他最不受军政高层待见,他的背后有李斯与赵高。李斯是数次体制之争中帮助始皇化解、清理封建势力的政治盟友,也就是体制之臣,而赵高则是始皇用来塑造嗣君治国手法与政治倾向的用法之臣。在始皇的授意与配合下,两人合力完成了秦王朝的最高权力交接。

(原载于《历史研究》2020年第1期,收入本书时略作改动)

排外抑或招徕：秦国惠昭之世的移民政策转向新探

熊　永

摘　要：秦国惠文王、昭襄王时期相继出现了"出其人"与"徕民"两种性质截然相反的移民政策或移民思想。但诸侯国中，何以仅有秦魏两国互"出其人"？这其中有哪些特殊的缘由以及秦国随后是否改弦更张，决意实施《商君书·徕民》篇中带有转向性的移民计划，至今都是学界热衷于探讨的问题。事实上，秦魏两国推行的互"出其人"政策限定在大河两岸。它是双方积极推动的地理空间构筑战略，与秦晋以河为界的百年争局紧密相连。而《徕民》篇的背后，着重探讨的实则是秦国"内守"爵复体制与国家认同构建之间的深刻矛盾。其中所见的移民政策能否被秦王廷全盘实践，与惠昭时代迅速兴壮的庶籍军功集团有密切的关系。这背后还有深刻的历史问题需要进一步探讨。

关键词：秦　魏　西河争局　徕民　庶籍军功集团

秦国惠文、昭襄两王时期，既是商鞅改革行效于秦国，乃至引领其迅速崛起的时期，也是秦脱胎于王国旧俗，挟着新式郡县体制大步迈向新天下的时代。秦国在此时期的移民政策或思潮，往往能够反映嬴秦耕战结构在新占关东故地上的展开、冲突以及融合地实际情形。其中，秦国带有排外性质的"出其人"政策是否转向《商君书·徕民》篇中的招徕方案的问题，备受学界关注。

一、问题的提出

征诸秦国惠文王、昭襄王时期的兼并形势，正值秦军内吞巴蜀、蚕食楚国、倾轧三晋的盛时。此间，秦廷对新占地区的主流移民政策，是兼纳敌国的人地后再迁入秦人加以充实：

秦惠王"置巴郡，以张若为蜀国守。戎伯尚强，乃移秦民万家实之"。①

秦昭王"二十五年，拔赵二城。……二十六年，赦罪人迁之穰。侯冉复相。二十七年，错攻楚，赦罪人迁之南阳。……二十八年，大良造白起攻楚，取鄢、邓，赦罪人迁之。……三十四年，秦与魏、韩上庸地为一郡，南阳免臣迁居之"。②

材料中，秦惠、昭两王向所吞巴、楚、晋等诸地迁入了大批嬴秦故民。这种移民方式当为秦国移民政策之常态。但是，除此之外，秦惠王、昭襄王还在新占晋地上推行"出其人"或"归其人"的移民方式。意思是秦军只纳其地、不收其民：

秦惠王八年，爵樗里子右更，使将而伐曲沃，尽出其人，取其城，地入秦。③

秦惠王"十三年四月戊午，魏君为王，韩亦为王，使张仪伐取陕，出其人与魏"。④

昭襄王二十一年，"魏献安邑，秦出其人，慕徙河东赐爵，赦罪人迁之"。⑤

在秦奋力抵抗东方诸侯合纵的惠昭之世，民力的需求与消耗必当十分巨大。秦国此时在晋地"出其人"，不可谓之常态。巧合的是，"出其人"在晋地消失二十余载后，秦国国内又发出招徕晋民的强烈呼声：

今秦之地，方千里者五，而谷土不能处二，田数不满百万，其薮泽、溪谷、名山、大川之财物货宝又不尽为用，此人不称土也。秦之所与邻者，三晋也；所欲用兵者，韩、魏也。彼土狭而民众，其宅参居而并处。……今以草茅之地徕三晋之民，而使之事本，此其损敌也与战胜同实，而秦得之以为粟，此反行两登之计也。⑥

征诸所举，秦国惠昭之世相继出现了性质迥异的移民政策或移民思想。

---

① 常璩：《华阳国志》卷3，济南：齐鲁书社，2010年，第29页。
② 《史记·秦本纪》，北京：中华书局，1982年，第213页。
③ 《史记·樗里子甘茂列传》，第2307页。
④ 《史记·秦本纪》，第206页。
⑤ 《史记·秦本纪》，第212页。
⑥ 徐莹注说：《商君书》，郑州：河南大学出版社，2012年，第194—196页。

而学者对秦"出其人"的评价多持贬抑态度,对《徕民》篇所见移民思想的实践多持肯定看法。流行的观点认为,"出其人"政策"不论在经济上还是在军事上,都存在很大局限性。或许秦统治者也意识到了这种做法的缺陷,因此,在我们所能看到的相关事例中,采取这种做法的只占少数,且集中在惠文王和昭襄王统治前期"。① 而"这种特殊的移民方式,可能体现新占领区居民与秦人之间极端敌对的情绪,以及因此导致的秦军政长官对新占领区居民的不信任心态","《商君书·徕民》所谓'四世战胜,而天下不服',正是不得不'出其人''归其人'的原因"。② 笔者亦曾宏观探讨秦廷排外传统背后隐伏的经济、社会面相。③

基于"出其人"政策的这些弊端以及秦与东方长期存在文化敌对与军事对立的情形,它或造成了秦占晋地上人力资源的极大流失,如"前秦已拔上党,上党民不乐为秦而归赵。赵卒反覆,非尽杀之,恐为乱"。④ "周君、王赧卒,周民遂东亡。"⑤ 及至秦昭王中后期,秦国在历经长平之战"秦卒死者过半,国内空"的极大创伤后⑥,王廷中枢有可能开始考虑对晋地统治政策的转向问题,否则它就无法改变"秦能取其地而不能夺其民也"的窘境。⑦

《商君书·徕民》篇恰于此后出现。古今学者对《徕民》文本的形成以及政策是否推行,长期聚讼纷纭。《通典》谓"鞅以三晋地狭人贫……于是诱三晋之人,利其田宅,复三代无知兵事,而务本于内,而使秦人应敌于外"。⑧ 不过《徕民》篇中载有长平战事,显非商鞅之著。有学者因此将其视为伪作⑨。但也有一种观点认为,此篇虽非商鞅本人所作,也是其后学所为⑩,并"不能否认'徕

① 于振波:《秦律令中的"新黔首"与"新地吏"》,《中国史研究》2009 年第 3 期,第 70 页。

② 王子今:《秦兼并战争中的"出其人"政策——上古移民史的特例》,《文史哲》2015 年第 4 期,第 80、85 页。

③ 参考熊永:《王国秩序与帝国战略:秦"出其人"问题的历史考察》,《史学月刊》2018 年第 7 期,第 12—23 页。

④ 《史记·白起王翦列传》,第 2335 页。

⑤ 《史记·周本纪》,第 169 页。

⑥ 《史记·白起王翦列传》,第 2337 页。

⑦ 徐莹注说:《商君书》,第 195 页。

⑧ 杜佑:《通典》卷 1,北京:中华书局,1988 年,第 6 页。

⑨ 参考郭沫若:《前期法家的批判》,《郭沫若全集(历史编)》第 2 卷,北京:人民出版社,1982 年,第 325 页;胡适:《中国哲学史大纲》,北京:中国和平出版社,2014 年,第 350—351 页。

⑩ 参考钱穆:《商鞅考》,《先秦诸子系年考辨》,上海:上海书店出版社,1992 年,第 213—214 页;徐莹注说:《商君书》,第 30—31 页;另见仝卫敏:《〈商君书·徕民篇〉成书新探》,《史学史研究》2008 年第 3 期,第 82—85 页。

民'政策在商鞅死后的实施"①。且作者的年代断定，当在秦昭王时期及之后②，而"前引'出其人''归其人'史例后来不再出现，或许体现了'徕民'政策的逐步成功"。③ 所以中日学界的主流看法是，《徕民》篇中的移民计划确实被秦人实施过④，以至于"到战国末年，这里大部分已成为肥沃的良田。由荒地变为已开垦的耕地，是战国时期秦国本土最重大的变化之一"。⑤

但也有学者指出，"提出政策与实际执行是两回事"⑥。秦在三晋推行的"出其人"政策也表明其没有推行过"徕民"计划，因为秦晋之间的文化背景和价值观存在着差异与冲突。而且，两地政府的户籍管制、过关凭证制度以及战国时代动荡的政治军事形势也限制了晋民脱籍入秦⑦。另外，若秦的政策是奴役被征服者，何以正值秦军战绩最为辉煌的昭王时代，却有人建议施惠于"徕民"呢？⑧

综观过往研究，学者在对秦国移民政策的考察中，已从文化差异、敌对情绪、军事对立、经济资源整合以及社会网络整理等方面取得了丰富的成果。笔者不揣浅陋，再从秦晋地理空间构筑战略方面，略作补充。随后着重探讨《商君书·徕民》篇的主旨思想，以期揭示秦国惠昭之世的移民政策转向背后隐伏的其他问题。

---

① 安介生：《山西移民史》，太原：山西人民出版社，2002年，第36页。

② 关于《徕民》篇的作者年代断定，目前见有三说。一是秦昭王时，参见刘汝霖：《周秦诸子考》，北平：文化学社，1929年，第286—287页。一是作于秦孝文王或庄襄王时，参见陈启天：《商鞅评传》，上海：商务印书馆，1935年，第130页。另有学者认为客卿尉缭作于秦王政时期，参见徐勇：《〈商君书·徕民篇〉的成书时代和作者蠡测》，《松辽学刊》1991年第2期，第50—55页。三说之中，第一种观点较为流行，学界目前确定的是其成书于长平战后（260 B. C.）。

③ 王子今：《秦兼并战争中的"出其人"政策——上古移民史的特例》，《文史哲》2015年第4期，第85页。

④ 参见西嶋定生著，武尚清译：《中国古代帝国的形成与结构——二十等爵制研究》，北京：中华书局，2004年，第488页；高亨：《商君书注译》，北京：中华书局，1974年，第11—12页；王子今：《秦兼并战争中的"出其人"政策——上古移民史的特例》，《文史哲》2015年第4期，第85页；仝卫敏《〈商君书·徕民篇〉成书新探》，《史学史研究》2008年第3期，第83页。

⑤ 林剑鸣：《秦史稿》，上海：上海人民出版社，1981年，第277页。

⑥ 琴载元：《战国时期秦领土扩张及置郡背景》，《首都师范大学学报》2016年第4期，第21页。

⑦ 参考欧阳凤莲：《〈商君书·徕民〉篇的移民思想及其实践》，《史学月刊》2008年第6期，第125—126页；黄佳梦：《秦移民及相关问题研究》，东北师范大学硕士论文，2006年，第14—17页。

⑧ 杜正胜：《编户齐民：传统政治社会结构之形成》，台北：联经出版事业公司，1990年，第353页。

二、西河争局与秦魏互"出其人"

王子今先生敏锐察觉到,"有关秦在兼并战争中'出其人''归其人'的史例,均见于秦国与魏国的战争。……史事集中发生在魏国,是值得注意的"。[①]但其中的特殊缘由,至今待解。除了前引秦国惠文王、昭襄王之世的三次"出其人"外,魏国实际上也曾将占领区的秦民赶出。魏文侯十三年(前433年),"使子击围繁、庞,出其民"。[②]

表面上看,秦国只赶出魏国籍的民众,而魏国同样也只驱出秦籍。不见两国赶出其他诸侯国民众,这似是在"分籍出人"。但实际上,"出其人"并非秦、魏针对彼此而制定的主流人口政策。在"出其人"开始的魏文侯十三年至最后一次出现的秦昭王二十一年(前433年—前286年)[③],征诸史料,明见的"出其人"记载仅有四次,秦三而魏一。但仅据《史记·魏世家》所载,此间秦魏交战就已多达二十五次。在这一个多世纪的对峙中,两国攻取对方之地甚多。如魏昭王七年(前289年),"秦拔我城大小六十一"。[④] 此间,秦、魏两国多是兼取对方的人和地。因此,"分籍出人"的标准似乎不够精准。因为它无法回答秦魏两国何以会时而"出其人",又时而兼纳人地呢?

秦惠王在魏国的曲沃、陕地"尽出其人",秦昭襄王在魏故都安邑"出其人"。曲沃为晋国宗源之地,秦魏几经争守[⑤]:魏襄王五年(前314年),"秦围我焦、曲沃"。魏襄王八年(前311年),"秦归我焦、曲沃"。魏哀王五年,"秦拔我曲沃,归其人"。而陕地紧邻函谷关,是上郡要塞之地,张仪"为秦将,取陕,筑上郡塞"。[⑥] 秦惠文王十年(前328年),秦廷已初步"县陕"。但直到十三年(前325年),秦方才完全掌控陕地。[⑦] 对于安邑,秦人也是苦心经营已久。秦孝公"十年,卫鞅为大良造,将兵围魏安邑,降之"。[⑧] 秦昭王二十一年(前286

---

① 王子今:《秦兼并战争中的"出其人"政策——上古移民史的特例》,《文史哲》2015年第4期,第81页。

② 《史记·魏世家》,第1838页。

③ 方诗铭:《中国历史纪年表》,上海:上海人民出版社,2008年,第22—30页。

④ 《史记·魏世家》,第1853页。

⑤ 《史记·六国年表》,第729页、732页。

⑥ 《史记·张仪列传》,第2284页。

⑦ 周振鹤、李晓杰:《中国行政区划通史(先秦卷)》,上海:复旦大学出版社,2016年,第365页。

⑧ 《史记·秦本纪》,第203页

年),秦将司马错才拿下此地。最后,魏文侯赶出秦人的"繁庞"之地①,位于韩城东南,曾是晋人扼秦的形胜之地。②

若仔细辨析秦魏互"出其人"的地域所在,其中有两个十分精妙的细节:其一,它们均分布在大河两岸。魏国在大河西侧的繁庞"出其民",而秦国则在大河东侧的曲沃、安邑以及陕地"出其人"。其二,无论是繁庞还是曲沃、安邑以及陕地,它们都隶属于"西河"(或称河西)界域。

实际上,秦魏间的互"出其人",始终与两国争逐"西河地"的政治历史演进紧密相关。对于"西河地"的界域,学界已有专文判明,笔者无意复述。其大抵北接上郡地,界在今陕西黄龙、宜川一带,南抵渭水以南的上洛之地,西界在渭水以北、黄河以西,东界则包括今山西西南部。史籍所见"西河地",因黄河位置不同,称谓互异。山西西南部的部分地区被称为"西河"。黄河以西、渭水以北临近秦人之地被称为"河西"。③ 而秦、魏"西河争局"缘起于秦晋构怨。大体来说,分为三个历史阶段:

第一阶段是晋秦"河西之约"时期。春秋中期,晋献公独宠骊姬子奚齐。献公卒后,诸子因公位而引内乱。最终,公子夷吾邀请秦国出兵入晋进行干预,并对其许诺说:"诚得立,请割晋之河西八城与秦。"④但夷吾即位后,并未如约割城,秦晋由此构怨。僖公十五年(前645年),秦晋发生韩原大战,秦穆公俘获晋惠公,迫使其如约割地,并遣晋太子入秦为质。这也是秦晋第一次"以河为界"形成对峙。基于这种地理优势,秦国才有了穆公之世的首次崛起,"东平晋乱,以河为界,西霸戎翟,广地千里,天子致伯,诸侯毕贺,为后世开业,甚光美"。⑤

第二阶段是魏国重夺河西地的时期。彼时秦国发生了内乱,"出子二年,庶长改迎灵公之子献公于河西而立之。杀出子及其母,沈之渊旁。秦以往者数易君,君臣乖乱"。⑥但魏国却正值文武两侯强盛之世,"文侯以吴起善用

---

① 本文取用谭其骧、王子今等先生将"繁庞"视为一地的学术见解。参考王子今:《关于〈史记〉秦地名"繁庞""西雍"》,《文献》2017年第4期,第3—5页。

② 周振鹤、李晓杰:《中国行政区划通史(先秦卷)》,第361页。

③ 吴良宝:《战国时期魏国西河与上郡考》,《中国史研究》2006年第4期,第10—12页。

④ 《史记·秦本纪》,第187页。

⑤ 《史记·秦本纪》,第202页。

⑥ 《史记·秦本纪》,第200页。

兵,廉平,尽能得士心,乃以为西河守,以拒秦、韩"。^① 故晋复强,魏人夺秦河西地。这无疑打破了秦魏两国以河为界的平衡态势,秦国渭河腹地直接暴露在魏军面前。魏人也视河西地为控扼秦人的桥头堡,"美哉乎山河之固,此魏国之宝也"!^②

第三阶段是秦人反攻,并越过黄河、吞并整个"西河地"的时段,这是一个渐趋演进的过程。秦献公、孝公两代国君都意图彻底解决秦魏"以河为界"的问题,但直至秦惠文王八年(前330年),魏人才被迫出让河西地,"六年,魏纳阴晋,阴晋更名宁秦。七年,公子印与魏战,虏其将龙贾,斩首八万。八年,魏纳河西地"。^③ 而且,此时惠文王所纳河西只是魏国"西河地"之黄河以西、渭河以北的部分。之后秦军又越河东进,直接攻取"西河地"东界之曲沃、陕等要地。及至昭襄王二十一年(前286年)"魏献安邑",虎狼之秦最终完成了对魏之"西河地"的完全管控。

把握住秦晋构怨以及秦魏"西河争局"这条主线,两国互"出其人"的缘由就比较清晰了:秦魏间的"出其人"就发生在"西河争局"的第二、三阶段。以往有学者困惑为何在秦昭王出安邑之民后,出人之事就再未发生过,"但是,秦'出其人'记事,在魏割让安邑及河内地区以后再也没有出现。这有可能因为秦内部的情况开始有了变化"。^④ 原因其实正在此。所以,秦魏两国的互"出其人"实则牵涉秦晋地理空间构筑战略。也就是说,秦魏是以黄河为界进行出人,而非仅以秦、魏籍贯为畛域。换言之,魏国是在"西河地"的西界"繁庞"等战略据点赶出秦人,而秦人则是在"西河地"东界的曲沃、陕地以及安邑等地尽出魏民。

但是,我们不由得会产生这样一个疑问:河西地不只有"繁庞",魏国为何不同时赶出他地民众,而只赶出居住在"繁庞"的秦民呢?与之类似,秦人为何只出"曲沃、陕地以及安邑"之民,而不赶出"西河地"的其他民众呢?

实际上,魏国之所以只在繁庞"出其民",是因为这是一种非常之策,其实施也必待非常之时,或在非常之地,抑或针对非常之对象。非常之策是说"出其人"并非魏人唯一的人口政策。而且"繁庞"与周边其他魏占城邑不同,它是

---

① 《史记·孙子吴起列传》,第2166页。

② 《史记·孙子吴起列传》,第2166页。

③ 《史记·秦本纪》,第205—206页。

④ 琴载元:《战国时期秦领土扩张及置郡背景》,《首都师范大学学报》2016年第4期,第30页。

秦民居住的传统地区，而后者多为魏人攻地之后新修筑的据点，如魏文侯"六年，城少梁。十三年，使子击围繁庞，出其民。十六年，伐秦，筑临晋元里。十七年……西攻秦，至郑而还，筑雒阴、合阳"。① 少梁、元里、洛阴以及合阳这些新城，主要是魏人蚕食河西地下的产物。魏军西渡黄河后，是边攻打边筑城，并"自郑滨洛以北"修建长城以拱卫战果②。魏国没有必要也不可能全部将大河西岸所占秦地的民众尽数赶出。非常之时则言魏出秦人时，正值魏文侯治下的强盛时期，而秦恰在此时屡弱。魏廷李悝、吴起等重臣着意解决掉与秦"以河为界"的遗留问题。非常之地是指"繁庞"的地理位置尤为险要，它位于韩城东南，紧邻龙门河津要塞。这个地方是秦军渡河东侵的传统据点。③ 魏人选择在此地赶出秦民，有着十分必要的战略考虑。非常之对象无疑是指秦晋因"河西"而构怨百年，彼此之间严重缺乏信任。天下人谓秦为虎狼，但秦昭王亦言："吾欲亲魏久矣，而魏多变之国也，寡人不能亲。请问亲魏奈何？"④

而自秦穆公始，秦人便梦寐求成"以河为界"的地理格局。但其随后发现，大河之险根本无法抵御魏人西渡。因为入秦的东向通道实际上是有两条：一条是崤函通道。另外一条是作为魏国"西河地"一部分的汾水谷地通道。⑤ 汾水谷地正当黄河界东，它与关中的渭河平原仅有一河之险。且秦魏两国能够频繁渡河相争，就显示出黄河不足以构成险势，不然魏人也不会在河西另筑长城，形成"城—河"两重防卫体系。秦人自然也知道这个道理，其若不能管控"西河地"东部的汾水通道，何以能说"秦地被山带河以为固，四塞之国也"？⑥ 这一点，张荫麟先生看得可谓透彻。他说："晋国的西南角给黄河褡了一层，外面又给山地褡了一层，即属于所谓'表里山河'的地带，也就是扼着秦人东向出路的地带。这一部分的晋境，给魏国承受了。魏一日保持晋的霸威，秦一日不能大有发展。"⑦

基于此，我们再来看秦惠文、昭襄两王在安邑、陕地、曲沃等地"出其人"的曲妙之处：以渭河平原上的秦都咸阳为中心，顺沿河水向东，秦人首先面临的

---

① 《史记·魏世家》，第 1838 页。
② 《史记·秦本纪》，第 202 页。
③ 参考郭沫若主编：《中国史稿地图集》（上册），北京：中国地图出版社，1996 年，第 21—22 页。
④ 《史记·范睢蔡泽列传》，第 2410 页。
⑤ 《史记·穰侯列传》，第 2326 页，"割晋国，秦兵不攻，而魏必缘安邑。又为陶开两道"。
⑥ 贾谊著，阎振益、钟夏校注：《新书校注》，北京：中华书局，2000 年，第 16 页。
⑦ 张荫麟：《中国史纲》，上海：上海古籍出版社，2011 年，第 108 页。

就是汾、洛谷地。汾水谷地东倚太行山脉,南接秦岭,若秦人掌控汾洛通道,渭河平原则可与汾洛谷地连为一体,关中是以完全封闭。秦军退可借太行山险而拒赵骑、借秦岭而阻楚卒。但汾水通道若仍在魏国之手,关中则毫无内守优势可言,一旦魏军整顿完毕,其可伺机再由汾水谷地渡黄河而入秦中。巧妙的是,魏国故都安邑是汾水谷地的政治军事中心,曲沃位于它的北口,陕地与函谷关则互为犄角、共扼南端。由此,"曲沃—安邑—陕地"事实上构成了控扼汾水通道的东部屏障,这是秦国在此推行"出其人"的地缘战略所在。

这里有必要澄清一点,"出其人""出其民"实际仅发生在秦、魏两国间,那何以言其为秦在晋地的移民政策呢?事实上,这不光是因为魏是三晋之一,亦不只是说秦魏河西构怨始于晋时,更为重要的是,秦对魏地曲沃、安邑以及陕地的"出其人"政策,时刻牵动并影响着整个晋地的未来走向。它事关三晋的整体安危,"夫三晋之相与也,秦之深仇也。百相背也,百相欺也,不为不信,不为无行"。[①] 这种政治地理的演进趋向或已被当时的赵武灵王察觉:

> 主父欲令子主治国,而身胡服将士大夫西北略胡地,而欲从云中、九原直南袭秦,于是诈自为使者入秦。……秦人大惊。主父所以入秦者,欲自略地形,因观秦王之为人也。[②]

以往学者解释赵国"胡服骑射"的原因,多是从对抗中山及北戎的角度出发。然而,事实并不仅限于此。材料中,赵武灵王提到,他意欲从云中、九原等高原之地直袭秦国关中腹地。提出这个方案,也许并非臆想。武灵王退位称"主父"是在前299年,适逢秦国惠昭之世。魏国之黄河以西、以南诸地已落入秦舆,秦人当时正东渡大河蚕食汾水谷地。[③] 换言之,节节溃败的魏国迟早会失去这个侵秦的战略通道。随后,魏人果然徙都大梁,势力向东收缩。这无疑将韩国上党郡直接暴露给了秦军,而上党背后即是赵国京畿邯郸。

失去汾水通道的后果十分严重,随后的势态演进已十分明朗:要么赵人未雨绸缪,另辟通道,奇袭秦本土,要么寄希望于魏败之后,韩人能独自坚持抗秦,否则秦人会继续沿汾水通道出击。张荫麟先生十分贴切地说魏国失去汾

---

① 《史记·穰侯列传》,第2328页。

② 《史记·赵世家》,第1812—1813页。

③ 《史记·秦本纪》,第205—210页。

水谷地,等于是"虎狼的秦国既已'出枡',六国的最大问题便是怎样应付它"。① 而后来因上党之争引发的秦赵长平大战,从某个层面来说,也是秦人赢得"西河争局"后必然会发生的事情:

> 故得安邑以善事之,亦必无患矣。秦有安邑,韩氏必无上党矣。
> 取天下之肠胃,与出兵而儸其不反也,孰利?②

由此不难看到,晋地形势系于魏之西河,西河安危则集于安邑。赵廷中枢显然意识到了这点,不然它最后也不会决定接管韩国上党这个烫手的山芋。

综上,秦魏互"出其人"现象的背后,实则隐伏的是双方拉锯百余年的西河之争。这种特殊的人口流动仅发生过四次,且限定在特殊地域,造成的人力资源流失当有限。因此,"出其人"政策的最终消失,与"徕民"政策的践行与否不甚相关,与西河争局的结束紧密相连。接下来,我们将详细探讨秦在面临新地人力资源流失与战后创伤的情况下,是否会照搬《商君书·徕民》篇中的移民方案,以休养生息、补充国力。

三、《商君书·徕民》篇所见"王吏之说"

《商君书·徕民》开篇即言秦晋两地间的人地矛盾:

> 今秦之地,方千里者五,而谷土不能处二,田数不满百万,其薮泽、溪谷、名山、大川之财物货宝又不尽为用,此人不称土也。秦之所与邻者,三晋也;所欲用兵者,韩、魏也。彼土狭而民众,其宅参居而并处。③

因此,《徕民》篇的作者建议秦国招徕晋民。他说:"今以草茅之地徕三晋之民,而使之事本,此其损敌也与战胜同实,而秦得之以为粟,此反行两登之计也。"④

前已论及,学界以往对秦廷实践"徕民"计划的论证,是从秦晋间的人地矛盾、长平大战后的秦国时局以及它可以助力秦由"兵战强国到行政强国"等视

---

① 张荫麟:《中国史纲》,第109页。
② 《史记·穰侯列传》,第2328—2329页。
③ 徐莹注说:《商君书》,第194页。
④ 徐莹注说:《商君书》,第195—196页。

角出发。这些见解丰富了我们的认识。除此之外,《徕民》篇的作者还提到了这样一个问题:

> 臣窃以王吏之明为过见,此其所以弱不夺三晋之民者,爱爵而重复也。其说曰:"三晋之所以弱者,其民务乐而复爵轻也。秦之所以强者,其民务苦而复爵重也。今多爵而久复,是释秦之所以强,而为三晋之所以弱也。"此王吏重爵爱复之说也,而臣窃以为不然。①

材料中,《徕民》篇的作者指出,秦廷盛行"爱爵重复"的"王吏之说"②。他进而将秦"弱不夺三晋民"的原因归结于秦国"爱爵而重复也"的制度流弊。

无独有偶,与"徕民"思想迥异的秦"出其人"政策也存在着相同的情形。如在"魏献安邑,秦出其人,募徙河东赐爵,赦罪人迁之"的史实中③,秦昭王赐爵的受众只是能够迁徙到河东地居住的秦人,而未及其他群体。同样,在秦国兼纳人地时,朝廷赐赦的范围也存在局限性:

> 二十五年,拔赵二城。……二十六年,赦罪人迁之穰,侯冉复相。二十七年,错攻楚,赦罪人迁之南阳。……二十八年,大良造白起攻楚,取鄢、邓,赦罪人迁之。④

秦昭王赦罪人迁往新地,与赐爵给庶民等值。其中能够得爵或是被赦免的,皆是响应政府充实新地号召的民众。秦廷并未广施恩泽于无功群体。这与《徕民》篇作者驳斥的"爱爵重复之说"实为一类。

所以,《徕民》篇看似说的是秦晋间的人地矛盾以及秦廷推行"徕民"政策的必要性与可行性,但实则不尽然。它探讨的核心问题应是重新审视秦国"爱爵重复"体制同秦国国家认同间的结构性矛盾。⑤

---

① 徐莹注说:《商君书》,第 194—195 页。
② "王吏之说"是《徕民》篇中"此王吏重爵爱复之说也"的省称,内涵是秦廷高级官吏固守传统严谨爵制系统的政治主张。
③ 《史记·秦本纪》,第 212 页。
④ 《史记·秦本纪》,第 213 页。
⑤ 好并隆司先生也意识到了相似的问题,他将《徕民》篇请求对农业活动的施惠行为,视为对商鞅传统爵制系统的调整,以显示君主的恩德,构建君主与小农之间的支配结构。参考好并隆司:《商君书徕民、算地两篇よりみた秦朝権力の形成過程》,《東洋史研究》1985 年第 44 卷 1 号,第 19 页。

　　事实上,自商鞅改革后,秦国形成了"内守"的爵复系统。① 就秦爵而言,"有军功者,各以率受上爵",对于"复"来说,"戮力本业,耕织致粟帛多者复其身。事末利及怠而贫者,举以为收孥"。② 之所以说它"内守",是因为有秦一代,秦民主要是以军功获取爵位,其他获爵的途径稀少,而且要付出很大代价。比如,在秦国仅有的一次纳粟赐爵案例中,秦民要"内粟千石"才能"拜爵一级",还是在自然灾害之际,"十月庚寅,蝗虫从东方来,蔽天,天下疫"。③ 特殊军事情形下的赐爵只有两次,都是在国家陷入危机时。一次是在长平大战前夜,"秦王闻赵食道绝,王自之河内,赐民爵各一级,发年十五以上悉诣长平,遮绝赵救及粮食"。④ 另外一次是秦政权有被颠覆之虞时,"长信侯毐作乱而觉……王知之,令相国昌平君、昌文君发卒攻毐。战咸阳,斩首数百,皆拜爵,及宦者皆在战中,亦拜爵一级"。⑤ 此外,秦代共两次移民赐爵。一次规模有限,如始皇三十六年(前 211 年),"卦得游徙吉,迁北河榆中三万家,拜爵一级"。⑥ 另外一次是上文所言昭王赐爵、赦罪人事。除此之外,其他少数场合的赐爵也只是个案而已。⑦

　　基于这个立论,《商君书·徕民》篇中隐伏的线索就比较清晰了。《徕民》篇的作者十分痛斥秦国"王吏之说"坚持的这种内外分化的差别性爵复体制,并将其斥为诸侯之士不归义、山东之民不向西的制度根源。⑧ 他进而向秦王献言曰:

　　　　今王发明惠,诸侯之士来归义者,今使复之,三世无知军事,秦四

_____

①　"内守"一词,承蒙江苏第二师范学院宋震昊副教授惠赐。秦国爵制系统"内守"的内涵,是其获爵方式单一、严谨,由此成为秦廷激发民众战争潜力的制度依撑。且其与东方诸侯国爵制系统差异较大,保持了它在战国爵制系统中的独特性,显示出略带封闭性的一面。

②　《史记·商君列传》,第 2230 页。

③　《史记·秦始皇本纪》,第 224 页。

④　《史记·白起王翦列传》,第 2334 页。

⑤　《史记·秦始皇本纪》,第 227 页。

⑥　《史记·秦始皇本纪》,第 259 页。

⑦　韩婴著,屈守元笺疏:《韩诗外传笺疏》,成都:巴蜀书社,2012 年,第 401 页。"秦攻魏,破之。少子亡而不得。……公子乳母与具亡。……遂与公子具逃泽中,秦军见而射之。乳母以身蔽之,著十二矢,遂不令中公子。秦王闻之,飨以太牢,且爵其兄为大夫。"另外《史记·秦始皇本纪》,第 241 页,(始皇二十七年)"是岁,赐爵一级,治驰道"。

⑧　以往便有学者指出,《商君书》的思想核心是"重农重战、缘法治国、抑制商业、刑赏驱民"。这种刻薄寡恩的用法倾向,难以获得时人的政治认同。参见徐莹:《〈商君书〉中的官民监督思想》,《史学月刊》2019 年第 11 期,第 130 页。

竟之内陵阪丘隰不起十年征者,于律也足以造作夫百万。……今利
其田宅而复之三世,此必与其所欲而不使行其所恶也。……今以故
秦事敌,而使新民事本,兵虽百宿于外,竟内不失须臾之时,此富强两
成之效也。①

前面说到,《徕民》通篇都在诟病秦国"爱爵重复"的传统。所以,他强烈要求秦
廷徕民赐爵、富国强兵。这种声音表面上只是想招徕耕民入垦新秦地,目标地
域似乎也只是限定于三晋之地。但如果我们对其加以探究的话,会发现《徕
民》篇作者的意图,是想放开秦国"内守"的爵复体制,借此处理秦本土与"新秦
地"、故秦民与"新黔首"之间的结构性问题②。这实际上已经超越了富国强兵
的范畴,上升到了国家体制的转向与重新建构的统合层面③。如表1:

表1　《徕民》篇规划的秦国国家建设转型方案

	秦东进兼并时		秦未来统一之时
内容④	① 今使复之,三世无知军事 ② 秦四竟之内陵阪丘隰不起十年征者,于律也足以造作夫百万 ③ 今利其田宅而复之三世	→	新故黔首一体同等,施以田宅、赐复,并将其制度化
目标地域	三晋	→	统一后的秦王朝
推行条件⑤	① 有特定的场合条件:今秦之地,方千里者五……此人不称土也 ② 邻国的态势:彼土狭而民众,其宅参居而并处。……民上无通名,下无田宅	→	以统一王朝为场合赐民爵,一体均沾爵位的优渥,借此消弭六国的分离意识

---

① 徐莹注说:《商君书》,第195页。

② "新秦地""新黔首"的概念,参考于振波:《秦律令中的"新黔首"与"新地吏"》,《中国史研究》
2009年第3期,第75—76页。相关研究亦见朱锦程:《秦对新征服地的特殊统治政策——以"新地吏"
的选用为例》,《湖南师范大学社会科学学报》2017年第2期,第150—156页。

③ "统合"的语义,可参考萧启庆:《内北国而外中国:蒙元史研究》(上册),北京:中华书局,2007
年,第18页。他认为国家统合(national integration)是指"消弭构成国家的各部门——包括区域、民
族、阶级——之间的差异而形成一个向心力高、凝聚力强的政治共同体(political community)。'国家
统合'虽为政治统合的一个层次,但亦牵涉经济、文化乃至心理等方面。……一个国家能否统合得视
其幅员之宽狭、国民同质性的高低及统治阶层的背景与政策而定。"将萧先生此论延伸,本文认为,秦
昭王至始皇帝时期,面临着两大问题:统一和统合。统一是秦国东进事业的必然结果,但"统合"则高
于"统一"。统合的实质是秦国如何去消弭六国故域的分离意识,产生对新王朝的认同感,这是《徕民》
篇的作者想要解决的问题之一。

④ 徐莹注说:《商君书》,第195页。

⑤ 徐莹注说:《商君书》,第194页。

(续表)

	秦东进兼并时		秦未来统一之时
治理架构①	今使故秦事敌,而使新民事本	→	重新调适故秦民与新黔首之间的关系,统合两者共同成为统一王朝的编户民
实施目标②	① 然则山东之民无不西者矣 ② 十年之内,诸侯将无异民	→	完成统一之际,求得庶民对新王朝的认同感

细绎表1,从"十年之内,诸侯将无异民"的目标中可看出两点。其一,《徕民》篇的作者建议秦国摒弃"内守"爵复系统的目的,是欲使新黔首因此对秦产生认同。其二,其目标地域并非仅限于三晋,而是面向整个东方社会。此外,"故秦事敌—新民作本"的制度设想,虽然只是对故秦民与新黔首之间关系的一种探索,但它显然上升到一种新的理论层面。这是秦在东方进取过程中对重构国家认同问题的郑重思考。

基于此,我们可以将《徕民》篇作者的这种建议视为意图调适商鞅政制的新构想。《徕民》篇虽置于《商君书》之中,却与商鞅爵制的"内守"内涵相冲突。商鞅改革之时,秦不过是西陲弱国,其目标亦不过是"将修缪公之业,东复侵地"。③ 而百年之后,秦开始慢慢走出谋霸的局限,尝试步入统一的帝国。商鞅确立的、曾经让秦国迅速崛起的体制,在如今由王国而王朝的历史进程中,能否将昔日成功的经验复制于新时局中,尚是未卜之事。这时有着调适商鞅体制的不同声音发出,也是正常的。

《徕民》篇的作者全篇痛斥秦国这种内外差别的爵复体制,但当他向秦王提出调适策略时,却只提到赐复事,似未明确提及赐爵事④:

[I] 今使复之,三世无知军事,秦四竟之内陵阪丘隰不起十年征者。

[II] 今利其田宅而复之三世。

[III] 今以故秦事敌,而使新民事本。

这个反转性的细节很重要,内涵也十分丰富。它表明《徕民》篇的作者明

---

① 徐莹注说:《商君书》,第195页。
② 徐莹注说:《商君书》,第195页。
③ 《史记·商君列传》,第2228页。
④ 徐莹注说:《商君书》,第195页。

明知道秦国存在内外有别的制度痼疾,却在献策时委婉回避了这个问题。这种言辞出入现象的背后,是否还隐伏着其他深刻的历史问题?

事实上,"内守"爵复系统造就了秦国军功集团的迅速成长。商鞅改革秦爵体制,"宗室非有军功论,不得为属籍。明尊卑爵秩等级,各以差次名田宅,臣妾衣服以家次。有功者显荣,无功者虽富无所芬华"。① 无论是入秦的东方宾客还是嬴氏宗亲,其在秦廷中的地位维系皆要依靠军功的鼎持。如商鞅是因对魏作战而功授列侯,领封十五邑。客卿范雎也是靠"谋兵事"而获昭王赏识。② 蒙恬之大父蒙骜自齐事秦昭王,官至上卿,多有攻城取郡之功。③ 秦惠王异母弟樗里疾能够获封严君,也是取得了东击三晋、南取楚国汉中地的功劳。④ 秦昭王舅穰侯之军功,更是让嬴秦"弱诸侯,尝称帝于天下,天下皆西乡稽首者"。⑤ 及至昭王之世,秦人在大步东进的同时,开始剪灭关东的大批有生力量。如下表2。

表2　《秦本纪》与《六国年表》所见秦孝公之后秦军获首统计

时代	秦纪年	秦交战国	秦斩首数(单位:万)	史料来源
秦孝公	八年 (前354年)	魏	0.7	与魏战元里,斩首七千,取少梁⑥
秦惠文王	前元七年 (前331年)	魏	8	公子卬与魏战,虏其将龙贾,斩首八万⑦
	后元七年 (前318年)	韩、赵、魏、燕、齐、匈奴	8.2	韩、赵、魏、燕、齐帅匈奴共攻秦。秦使庶长疾与战修鱼……斩首八万二千⑧
	后元八年 (前317年)	韩、赵	8	与韩、赵战,斩首八万。张仪复相⑨

---

① 《史记·商君列传》,第2230页。
② 《史记·范雎列传》,第2410页。
③ 《史记·蒙恬列传》,第2565页。
④ 《史记·樗里子甘茂列传》,第2307—2308页。
⑤ 《史记·穰侯列传》,第2230页。
⑥ 《史记·六国年表》,第722页。
⑦ 《史记·秦本纪》,第205—206页。
⑧ 《史记·秦本纪》,第207页。
⑨ 《史记·六国年表》,第732页。

(续表)

时代	秦纪年	秦交战国	秦斩首数(单位:万)	史料来源
	后元十一年 (前314年)	韩	1	败韩岸门,斩首万,其将犀首走①
	后元十三年 (前312年)	楚	8	庶长章击楚于丹阳,虏其将屈匄,斩首八万②
秦武王	四年 (前307年)	韩	6	拔宜阳,斩首六万③
秦昭王	六年 (前301年)	楚	2	蜀侯辉反,司马错定蜀。庶长奂伐楚,斩首二万④
	七年 (前300年)	楚	3	樗里疾卒。击楚,斩首三万⑤
	十四年 (前293年)	韩、魏	24	左更白起攻韩、魏于伊阙,斩首二十四万,虏公孙喜,拔五城⑥
	二十七年 (前280年)	赵	3	击赵,斩首三万⑦
	三十二年 (前275年)	魏	4	相穰侯攻魏,至大梁,破暴鸢,斩首四万,鸢走,魏入三县请和⑧
	三十三年 (前274)	魏	15	击芒卯华阳,破之,斩首十五万⑨
	四十三年 (前264)	韩	5	武安君白起攻韩,拔九城,斩首五万⑩

---

① 《史记·秦本纪》,第207页。
② 《史记·秦本纪》,第207页。
③ 《史记·秦本纪》,第209页。
④ 《史记·秦本纪》,第210页。
⑤ 《史记·六国年表》,第736页。
⑥ 《史记·秦本纪》,第212页。
⑦ 《史记·六国年表》,第741—742页。
⑧ 《史记·秦本纪》,第213页。
⑨ 《史记·秦本纪》,第213页。
⑩ 《史记·秦本纪》,第213页。

（续表）

时代	秦纪年	秦交战国	秦斩首数(单位:万)	史料来源
	四十七年 (前260年)	赵	45	白起破赵长平,杀卒四十五万①
	五十年 (前257年)	晋	0.6	攻晋军,斩首六千②
	五十一年 (前256年)	韩、赵	13	将军摎攻韩,取阳城、负黍,斩首四万。攻赵,取二十余县,首虏九万③

据《秦本纪》与《六国年表》略见的秦军斩首记录,在秦孝公至秦武王近半个世纪的时间里,秦军斩获关东黔首近四十万。但在秦昭王秉政的五十余年中,秦军斩首数成倍陡增,计有一百一十余万。这个数字达到秦王政之前秦国斩首数的七成多。

这般庞大规模的斩首行为引起了东方士人的强烈厌憎。彼时,齐人鲁仲连就曾斥秦曰:

> 彼秦者,弃礼义而上首功之国也,权使其士,虏使其民。彼即肆然而为帝,过而为政于天下,则连有蹈东海而死耳,吾不忍为之民也。④

引文中,鲁仲连指秦有"上首功"之恶,则东方六国必无此,否则不能成秦一家之罪。这可以间接证明东方六国没有秦那样的斩首赐爵之制。

尤其值得我们注意的是,这种获首体制在激发秦人军事潜力的同时,事实上也造成了秦昭王时代民间庶籍军功集团的兴壮。⑤《韩非子·定法》言"商君之法曰:'斩一首者爵一级,欲为官者为五十石之官;斩二首者爵二级,欲为

---

① 《史记·六国年表》,第747页。

② 《史记·秦本纪》,第214页。

③ 《史记·秦本纪》,第218页。

④ 《史记·鲁仲连邹阳列传》,第2461页。

⑤ 秦代庶籍军功集团概念的典型特征,是这一政治势力广泛存在于民间社会,主要对应民爵阶层,而非宗室、客卿等中上政治层面。商鞅虽言"宗室非有军功论,不得为属籍。明尊卑爵秩等级……有功者显荣,无功者虽富无所芬华",但民间黔首与秦国宗室、东方宾客晋爵的起点显然不同。宾客多以卿的身份活动,宗室以将、守的方式累积军功,两者是高级军功集团的重要组成部分。而庶籍军功集团是秦国军功社会的基础及东进力量的主力。笔者对这一概念的阐发,首提于秦爵制统合庶籍军功集团信仰秩序的方面。参见熊永:《"蒇位"于里社:战国秦地的民间信仰秩序统合》,《江海学刊》2018年第3期,第177—178页。

官者为百石之官。'官爵之迁与斩首之功相称也。"①睡虎地秦简所见 M4 号墓主"衷"的一家，皆是在秦王的迁徙令下，从秦国本土迁徙到新地。即便在战时，"衷"的兄弟"黑夫"和"惊"也不忘在家书中询问爵位是否赐予里中，"书到，皆为报。报必言相家爵来未来，告黑夫其未来状"。② 对于秦庶民而言，爵位不但是田宅实禄、社会地位以及获取入仕资格的凭依，其更可在秦律森严的社会中，借此获得宽宥的机会，"其狱法：高爵訾下爵级。……爵自二级以上有刑罪则贬，爵自一级以下有刑罪则已"。③ 这便可以解释出，《史记》中为何常载有秦军斩首之数，而鲜有六国斩首秦人之说。因为秦国是以"爱爵重复"之制塑造庶民社会的，斩首获功已成为秦人取得社会身份的主要手段。④ 对此，杜正胜说，这等于将"封建制度的君子小人分野取消了，万民同站在一条起跑线上，凭借个人在战场上的表现缔造自己的身份地位"。⑤

因此，《徕民》篇作者不以为然的"王吏之说"，其实牵涉到整个秦民社会中业已兴壮的庶籍军功集团的核心利益。他正是察觉到了这种庞大势力的客观存在，才会在指出赐爵复制度与国家认同的结构性矛盾之后，有所保留地建议仅赐复予晋地徕民，而对赐爵之事不再多言。这也显示出《徕民》篇的作者对秦廷政治演进的精准把握。试想，在军功集团充斥的秦民社会中，贸然建言赐爵于无功之徕民，何其难也。但若先赐复，再逐步实现赐爵，似乎还有一线希望。

《徕民》篇没有记载秦昭王的态度，但是基于秦爵与国家体制之间的这种结构性关系，秦昭王无疑会谨慎对待这种条件下的"徕民"建议：

> 秦王闻赵食道绝，王自之河内，赐民爵各一级，发年十五以上悉诣长平，遮绝赵救及粮食。⑥

在《徕民》篇出现的前夕，秦赵发生了长平大战。在这场令"秦卒死者过半"的大战中，秦昭王所赐的爵位，也是给赶赴长平"遮绝赵救及粮食"的秦军。从

---

① 王先慎：《韩非子集解》，北京：中华书局，1998 年，第 399 页。
② 陈伟主编：《秦简牍合集（贰）》（释文注释修订本），武汉：武汉大学出版社，2016 年，第 592 页。
③ 徐莹注说：《商君书》，第 222 页。
④ 秦国这一体制影响深远，在宋代理学家张九成看来，商鞅要为整个战国时代秦军嗜杀的恶名承担责任。参见徐莹：《张九成〈孟子传〉中的商鞅》，《史学月刊》2013 年第 11 期，第 124—127 页。
⑤ 杜正胜：《编户齐民：传统政治社会结构之形成》，第 334—335 页。
⑥ 《史记·白起王翦列传》，第 2334 页。

中,我们可以看到秦国统治阶层对于"内守"爵制系统的鲜明态度。而秦昭王何以会如此,答案或可从另外一件事情中寻觅到些许痕迹:

> 秦昭王有病,百姓里买牛而家为王祷。公孙述出见之,入贺王曰:"百姓乃皆里买牛为王祷。"王使人问之,果有之。王曰:"訾之人二甲……"①

秦国百姓买牛为君主祈祷,本是常情。但秦昭王知道这件事情后,却对祈祷的里人每人訾罚二甲。阎遏与公孙衍私下对这件事感到很奇怪。数月后,他们趁秦昭王饮酒时,又再次探问其中缘由。秦昭王答曰:

> 子何故不知于此? 彼民之所以为我用者,非以吾爱之为我用者也,以吾势之为我用者也。吾释势与民相收,若是,吾适不爱而民因不为我用也。故遂绝爱道也。②

材料中,秦昭王表达了他的态度。他认为,庶民之所以为君主所用,是因为君主有"势"。如若因为"爱"民而失去了"势",那及至君主不爱之时,又何以能再次役使臣民呢? 于此,我们不难得知,若非先有功劳,秦昭王是不会轻易施"爱"而弃"势"的。

有鉴于此,我们再回过头来看《徕民》篇中的建议是否会被秦廷照搬推行呢? 首先,"利其田宅""今使复之,三世无知军事"以及"秦四竟之内陵阪丘隰不起十年征者"的施惠目标,是为了形成"使故秦事敌,而使新民作本"的基本社会结构,从而"造作夫百万",以至于秦军"虽百宿于外",也"不失须臾之时"。但是这个方案本身就不合理。试想,在七雄争战之下,将敌国民众徕入,本土兵士则被引出争战。出于基本的政治信任,秦廷也不会行此。其次,古今论者皆认为长平大战后,秦国亟须补充人力资源。但若照搬"徕民"方案,对入秦的移民集团施以"复之三世,无知军事"以及"不起十年征"等诸多优容,在这种不征又复的消耗下,秦何以能够弥补长平之战的损耗? 等到这个计划能够"造作夫百万"后,秦国尚存否?

实际上,秦孝文、庄襄两王秉承了秦昭王遗留的"修先王功臣,褒厚亲戚"

---

① 王先慎:《韩非子集解》,第335页。
② 王先慎:《韩非子集解》,第336页。

之局面。① 这实际上是在维系军功集团的传统利益。与之相似,秦人的东进事业更需依赖庞大的庶籍军功集团,王廷不会轻易彻底取消这种内外差别的统治政策。以至于到了秦王政时代,秦占新地上的治安状况以及人口流失的情形依旧严峻,"闻新地城多空不实者,且令故民有为不如令者实……新地多盗,衷(中)唯毋方行新地,急急急"。② 针对这种状况,秦廷或一方面加强对全国人力资源的调查与管控,如秦王政十六年,"初令男子书年""自占年"等。③ 另一方面,王廷也会以立法的形式约束新秦地官府的行为,以求缓和其同新黔首之间的紧张关系,进而希冀新地人口不亡盗、不外流。④ 最后,东方新黔首可能会通过一些劳役方式而获得爵位。比如,秦始皇陵西侧出土赵背户村秦墓陶文中新黔首获爵即是与修陵相关。其中也不排除秦为安抚六国部分社会阶层,对其原有爵位进行了"某种置换"⑤,里耶秦简户籍档案已经可见新秦地基层社会享有爵位的情形。⑥ 从这个角度来看,秦廷在战后意识到了爵复体制同秦国国家统合之间的内在联系。

四、结 论

综上所论,前辈学者已从文化异质、军事对立、战时人力资源补充、粮食管控以及社会网络整合等方面对秦"出其人"进行了丰富翔实的研究。本文则再从秦、魏西河地理空间构筑这一视角略作补充。随后再与《商君书》中所见"徕民"方案进行比较,以期考察统一之前秦国移民政策转向背后隐伏的其他深刻问题。

事实上,开"出其人"先河的是文化积淀厚重的强魏,而非蛮秦。这个政策的推行应该是两国在特殊地缘下的现实需要。由此便可解释何以仅有秦、魏两国在大河两侧"出其人"。我们还应看到"出其人"之于秦、魏两国的积极意

---

① 《史记·秦本纪》,第 212 页。

② 陈伟主编:《秦简牍合集(贰)》(释文注释修订本),第 599 页。

③ 《史记·秦始皇本纪》,第 232 页;陈伟主编:《秦简牍合集(壹)》(释文注释修订本),武汉:武汉大学出版社,2016 年,第 12 页。

④ 岳麓简中,已出现秦政府调和"新黔首"与"新地吏"之间紧张关系的律令。参见于振波:《秦律令中的"新黔首"与"新地吏"》,《中国史研究》2009 年第 3 期,第 75—76 页。

⑤ 朱锦程:《秦制新探》,湖南大学博士学位论文,2017 年,第 75 页。

⑥ 相关讨论参见陈絜:《里耶"户籍简"与战国末期的基层社会》,《历史研究》2009 年第 5 期;黎明钊:《里耶秦简:户籍档案的探讨》,《中国史研究》2009 年第 2 期。

义。魏国在大河以西出秦人，以"河西"为遏制秦人的桥头堡，由此换来了魏文武之世的霸业以及三晋的苟安。反之，秦人东越大河，在"西河地"的东界出魏民，由此形成了全方位护卫咸阳乃至关中的战略屏障。在此之后，秦人由汾水通道东出，一扫六合，更是奠定两千余年郡县制帝国的宏业。

《商君书·徕民》篇看似说的是秦晋间的人地矛盾以及秦廷推行"徕民"政策的必要性与可行性。但并非完全如此。我们还应该看到，《徕民》篇"王吏之说"的背后，隐伏的实则是秦国"爱爵重复"体制同国家认同间的深层矛盾。这是《徕民》篇作者想要表达的另外一层深意。而篇中的移民思想最终能否被秦王廷全盘实践，实与秦昭王时代迅速兴壮的庶籍军功集团有着密切的关系。因为《徕民》篇中所见的"王吏之说"，已牵涉到该集团的核心利益。基于秦爵与国家体制之间的这种结构性关系，且秦人如火如荼的东进事业严重依靠庞大的庶籍军功集团，王廷一般不会在战时轻易、迅速、完全地取消这种内外差别的统治政策。但朝廷会主动颁布一系列法令来约束新地官员，以求缓和新旧黔首间的紧张态势，然后再寻求时机，缓慢调适其爵复制度，寻找某种替代性的置换方案，让新黔首能够通过劳、役、迁徙等方式获得爵位。随着国家统一的完成，秦国战时排外政策亦缓慢向徕抚东方转变，以便统合新故黔首，构筑新的王朝认同意识。

（原载于《史学月刊》2021年第7期，收入本书时略作改动）

十年来中国边疆民族研究之回顾与前瞻
——为《边政公论》出版及中国民族学会七周纪念而作

徐益棠*

摘　要：中国边疆民族研究始创于1930年前后，在边疆问题严重的现实背景下，中外科学考察团兴起，有蔡元培等学者开始进行边疆民族调查，并翻译了一批国外相关学术著作。1931—1937年，民国中央、边省当局、各学术机构均重视民族研究，创设一批专门机构和研究会，产出一批以民族调查为基础的学术研究成果。1937—1941年，抗战时期边疆调查进展惊人，大量边疆考察团、学术团体、边疆民族研究刊物出现，民族科学地位确立。1941年以来，民国中央颁布《边疆施政纲要》，边疆建设与民族研究携手共进。

关键词：边疆　民族　民族学

一、导言——边疆问题之发生，与民族学之萌芽

民国二十年之前夕

我国边疆民族之研究，始创于外国之传教师、商人、领事、军事家、自然科学家，而尤以法国之天主教徒及英国之基督教徒为最有贡献。就余所知，法国国家图书馆以及英国皇家地理学会所庋藏之稿本及小册，数以百千计，即就安

---

* 徐益棠(1896—1953)，浙江崇德人(今桐乡市)。1933年自法国巴黎大学留学归国，任金陵大学中国文化研究所专任研究员，开设了边疆问题讲座。此后长期在金大从事西南边疆民族研究工作。1952年后任南京大学历史学系教授。主要研究方向为中国西南少数民族史，著有《中国民族学发达史略》《雷波小凉山儸族调查》《浙江畲民研究导言》等。

南河内之法国远东学院,已颇可观。盖自鸦片战争以后,西人之旅行吾中华者,年有增加,归辄录其所见闻者以成书,虽精审者少,然经政府以及学术团体之奖掖与提倡,其中亦不乏高明之作,而尤以 1906 年前后为最发达,盖其时吾困国势凌替,列强正谋蚕食我边疆之会也。

我中华民国成立至第十九年,内战方告平息,然其时,京粤两方尚因政治意见不合而有争议;四川尚为一大小军阀割据之局面;而红军方力争地盘,自出政令;中央因谋内部之团结,注全力于整军齐政,以谋各方之协调,心目专围于一隅,故未尝措意于边疆也。

其时,边疆问题已相当严重:外蒙早已苏化,政治经济诸端,早为苏联政府所支配;土西铁路方告完成,新疆益见威胁;而黑龙江兴安岭以西,苏联正陈军示威,凶焰正炽。日本努力争逐,投资于两线(南满路与吉会路)两港(大连港与罗南港)之建筑;利用韩民,移垦延边反客为主,有取而代之之势;而南满沿线煤铁农林之经营,势其锐猛,野心日渐暴露。康藏时起纠纷,而尼泊尔又复有内犯之状态;滇北之界约未定,而滇南矿产问题又渐趋严重。各国利用我国内部多事之机会,益复肆其侵略,于是边疆更岌岌不可终日矣。

虽政局阢隉不定,而国人之科学研究殊突飞猛进,在生物学则有各大学生物学系及各生物研究所边区生物标本之采集与鉴定;在地质学则有中央地质调查所及其他省份之地质机关边省地质调查;在古生物学则有周口店北京猿人之发现;在考古学则有仰韶沙锅屯、城子崖、昂昂溪以及其他各处古物之发掘;在语言文字学则有边区各民族古代及现代语言以及甲骨文之研究;在心理学与生理学则有脑部、血液及体质测量之研究。是时关于边区民族之知识,大都为各自然科学家自边区附带而来,而中央研究院之成立,又成为推动学术研究之主要机构。当是时,科学考察团之纷起,尤足以突破中国科学史上之纪录:如安得思 Andrews 中亚调查团,斯坦因 Stein 新疆考察团,中瑞合办之斯文赫定 Sven Hadin 西北科学考察团,中央研究院贵州科学考察团,中国科学社四川标本采集团,中山大学川边考察团,滇边考察团,傜山生物采集团以及史禄国教授 Prof. Shirokogor off 领导之凉山民族考察团,中国西部科学院生物标本采集团,而国府特组之西陲学术考察团,亦于二十年三月成立焉。不独一反昔日专从外国人著教科书中求取知识之态度,且从吾国固有材料中实地寻找问题,推究结论,科学研究之正轨,乃于国是纷纭中获得之,不可谓非我国民族复兴史上之一大转捩也。

吾国过去学术界,以为读书无裨经世,救国必从政治,于是奔竞于庙堂之上,讨论国是;而当时国内聪明睿智之士,亦一变其态度,鄙弃名利,断绝仕进,奔走于荒徼僻壤,努力于田野工作,我中华民国之命运,不于此时奠定其最坚固之基础耶?

唯当时学术考察团所注意者,大都为纯粹之自然科学,边疆上之实际问题,常被视为属于外交或内政之问题,科学家不甚加以注意,偶或有所记述,大都由于好奇,零星简略,不足以供参考,盖其时边疆学术之综合的研究,尚无人注意,而民族学在我国之幼稚,在当时亦毋庸讳言也。

民族学在英美则称为文化人类学或社会人类学,在法德则以人类学专称体质人类学,而以"民族学"称文化的或社会的人类学焉。民族学在我国,初译为民种学[①],亦有称为人种学者[②],至确称为人类学,则始自民国五年[③]。迨陈映璜之《人类学》[④]、李济之《中国人种之构成》出版[⑤],于是国人始知有此类科学。而"民族学"一名词之介绍于中国,实始于蔡元培(孑民)先生,先生因曾在法德两国寝馈于斯学者也。其最早之论文《说民族学》,发表于《一般杂志》一卷四期(民国廿五年十二月)。时军事倥偬,政局动荡,尚未为人所注意。迨蔡氏第二篇论文《社会学与民族学》发刊后[⑥],乃引起一般学术界之注意,于是"民族学"一名词,遂引用至今,迄未少衰。

蔡氏对于边疆民族之研究,不仅提倡介绍已也,且见诸实行。国立中央研究院成立之初,院中即有民族研究之工作,初附丽于社会研究所,其后因添设体质人类学,成立人类学组,乃改隶于历史语言研究所。十八年有颜复体、商承祖所著之《广西凌云傜人调查报告》,十九年有林惠祥著之《台湾番族调查报告撮要》,二十年有林惠祥、卢作孚编述之《罗罗标本图说》,此又树立吾国近代科学的边疆民族调查报告之始基也。唯当时学校尚不注意此种科学,虽有大学在生物学系或社会学系设有此门科目者,然不甚重视,随人选修,就余所知,

---

① 哈伯兰(Michael Haberland):《民种学》,林纾、魏易译,北平北京大学官书局,光绪二十九年(1903)。

② 蒋智油:《中国人种考》,光绪三十年(1904)初刊《新民众报》,民国十八年(1929)上海华通书局抽印专册。

③ 孙学悟:《人类学概略》,《科学》民国五年(1916)二卷四期。

④ 陈映璜:《人类学》,上海:商务印书馆,民国七年(1918)。

⑤ 李济:《中国人种之构成》,雷宝华译,《科学》民国十四年(1925)九卷十八期。

⑥ 蔡元培:《社会学与民族学》,《社会学刊》民国十九年(1930)一卷四期。

仅北京、清华、中山三大学有此科耳。

然已有少数青年学人已受中央研究院以及其他学术机关之影响,感到此科之兴味,或在国外开始研习,或在国内自动译述。当时法京巴黎、德京柏林已有此科中国学生,而上海坊间亦有东西洋民族学者权威之著作,渐渐发现,如 R. R. Marett 之 *Mankind in the Making*[①] 及 *Anthropology*[②];西村真次之《人类学泛论》[③];E. A. Westermarck 之 *A Short History of Human Marriage*[④];L. H. Morgan 之 *Ancient Society*[⑤];二阶堂招久之《初夜权》[⑥];B. Malinowiski 之 *The Crime and Custom of Savage Society*[⑦];C. Vergue 之 *Histoire de la Famille*[⑧];以及 C. Letomneau 之 *L' Evolution de Marriage of de Famille*[⑨] 等先后出书。

唯此种纯粹的学术之著作,与实际的边疆问题,并未发生如何联系,于边疆问题之解决,仍未有丝毫裨补。盖当时谈实际的边疆问题者,每每注意于"土地"与"主权",而边地民众之如何认识,如何开化,如何组织与训练,均不甚加以重视也。然而时不我待,边疆问题之严重,已迫在眉睫,有识之士,竟为惊心动魄之呼号,于是有专门研究边疆问题及民族问题之《新亚细亚杂志》出现于南京(十九年十月),而中央所创立之《时事月报》,亦已辟有专栏,其他各地之报章杂志,亦渐多此项之材料,如天津之《大公报》《国闻周报》,北平之《晨报》《独立评论》《地学杂志》《西北论衡》,南京之《中央日报》《地理杂志》《国风》《外交评论》[⑩]《开发西北》,上海之《申报》《时事新报》《东方杂志》等常有精警之纪事与论文。盖其时,民族科学,虽尚不能引起专门的系统的研究,然普通

---

① 马累德(R. R. Marett):《人类学小引》,张铭鼎译,上海:商务印书馆,民国十九年(1930)。

② 马累德(R. R. Marett):《人类学》,吕叔湘译,上海:商务印书馆,民国二十年(1931)。

③ 西村真次:《人类学泛论》,张我军译,上海:神州国光社,民国二十年(1931)。

④ 韦斯特马克(E. A. Westermarck):《人类婚姻小史》,王亚南译,上海:神州国光社,民国十九年(1930)。

⑤ 摩尔根(L. H. Morgan):《古代社会》,杨东、张粟原等译,上海:昆仑书店,民国十八年(1929),后改由商务印书馆出版,民国二十四年(1935)。

⑥ 二阶堂招久:《初夜权》,汪馥泉译,北京:北新书店,民国十八年(1929)。

⑦ 马林诺夫斯基(B. Malinowiski):《蛮族社会之犯罪与风俗》,林振镭译,上海:华通书局,民国十九年(1930)。

⑧ 福格(C. Vergue):《家庭进化论》,许楚生译,上海:大东书局,民国十九年(1930)。

⑨ 利托尔诺(C. Letomneau):《男女关系的进化》,卫惠林译,上海:开明书局,民国十九年(1930)。

⑩ 历年所载关于边稿问题之论文,曾辑为《中国今日之边疆问题》[南京:正中书局,民国二十三年(1934)]一书。

的一般的边疆问题之重要与认识,已深印于吾全体中华国民之心脑中矣。

二、边疆问题之严重与民族的科学研究之开展

民国二十年至二十六年

辽吉失陷,举世震惊,京粤握手,合力对外,然东北之严重如故,西南之纠纷未已,初则因英印之挑拨,而发生康藏之争,继之以青藏之争、回康之争、川康之争,康事益复紊乱;西北,初则因考察团而发生中法学术界之争执,继则因政治问题而发生金马之冲突,终则班洪事件之扩大;海南则西沙群岛之被占;而内蒙复于"东北问题"未解决之前,忽要求高度自治;四壁楚歌,千钧一发!

往者,论边疆问题者每推其原因于帝国主义者之挑拨,证之以当时各边区之骚动,或有其显明之理由。追广西兴安、全县、灌阳、龙胜等处瑶民二次变叛(第一次:二十一年十月;第二次:二十二年三月),云南邱北侯保全王相等叛变(二十二年一月至八月),以及湖南永绥苗民发生抗租事件(二十五年六月至二十七年一月),乃知中国之边疆问题,民族的因子实居其重心,文化之低落,又为其根本之原因。于是各省乃竞设学校,广训师资,而民族研究之工作,亦同时为各边省当局所注重。如广西特设特种教育委员会(二十三年一月)及广西特种教育师资训练所(二十四年三月),并在苗瑶等族九百六十四个自治村中,由省给予补助金设立五百九十八所简易小学;贵州特设民俗研究会及贵州省地方方言讲习所,并以中央边疆教育补助费,广设省立初级小学;云南复在中央协助之下普设简易师范学校及省立小学,而昆华民众教育馆,复注意于边地问题之研究,对于边地民族研究,均有相当之贡献,刘锡蕃(介)、唐兆民、曹经沅、童振藻、尹明德、李景森,于其中称巨擘焉。

中央对于各边区,亦改变其昔日羁縻与放任之态度,而以研究为施政之根本大计,于是令参谋部、内政部、教育部、铨叙部及蒙藏委员会合组边疆政教制度研究会,以研究边疆之一切政教制度(二十二年);行政院特设新疆建设会,制就新疆建设计划大纲草案(二十三年);蒙藏委员会复特创蒙藏政治训练班,以造就边疆服务人才(二十二年);参谋部亦设同样性质之设计研究班,以造就边地军事设计人才,其程度较前者为高,而毕业期限亦较一般普通学术机关为少短焉。

一般普通学术机关及教育机关,亦渐知边教之重要而力加推动,北平私立中国大学商学院设边疆经济系,以造就边疆开发之人才,其性质与袁世凯时代之北京筹边高等学校及段祺瑞时代徐树铮所创办之殖边专门学校相类似,而尤侧重于内蒙经商之科目,故主修者少而成效亦未著。天津南开大学经济研究所特注意于边省经济之研究,而尤以东北方面为最有成绩。南京私立金陵大学筹设边疆问题讲座,得教育部之补助,聘作者主持其事;作者以民族学、史学与地学为边疆问题研究之基础,然亦因系选习科目之故,学生无专习焉。中央政治学校添设蒙藏学校(嗣改边疆学校,并于酒泉、西宁、康定、包头、大理等处另设分校,现已收归国立,并于最近期间拟就大理分校改为国立师范学院)。保管中英庚款保管董事会特拨款设立甘肃科学馆及西北教育委员会。成都国立四川大学在新校长任鸿隽指导之下,于法学院中成立一西南社会研究所,以教授胡鉴民主其事,惜任校长不久去职,该研究所亦停顿焉。而私立华西大学之边疆研究学会反于是时积极扩充,该会成立于民国十一年(1922),会员仅十六人,且大都为西人。民国十二年,辑印杂志第一期,仅六十八页,以后每隔二三年或三四年出版一次,内容极简陋。至十九年,会员增至七十六人,二十一年以后,杂志每年刊印一次,篇幅亦渐增多。二十三年以后,会员日见增加,杂志内容亦日见精彩,国际间亦渐有其相当的地位矣。华大与川大同在一城,而两校边疆研究事业之进退如此,吾人于此有深慨焉。

惟一般民族学家已于此时期内尽其最大之努力,一方面撰述通俗之文字,以引起一般人之兴趣;一方面发表学术的研究,以奠定民族学之基础。前者如蔡元培之《民族学上之进化观》,凌纯声之《民族学与现代文化及瑶民造反》,刘咸之《人类学与现代文化》《国防建设与边疆民族》及《西南民族与国防建设》,以及作者之《民族学上之新疆民族问题》及《非常时期之云南边疆》诸篇,可为一例。

至于后者,则凌纯声、商承祖之《松花江下游之赫哲族》(六百六十四页,图三百三十余幅,民国二十三年)为我国近年来最科学的民族调查报告,虽其中不免尚有缺点,然已造成中国民族学史上破天荒之著作。凌氏复偕芮逸夫、勇士衡于二十二年五月至七月间作湘西苗族调查,惜报告尚未出版,然其成绩当可预料。二十三年复与陶云逵分道调查云南民族,历时二年,获得材料不少,直至抗战军兴,尚未整理完毕,然凌陶二氏已有零星专文发表于《地理学报》《中央研究院历史语言研究所集刊》以及该所人类学组出版之《人类学集刊》第一集,颇为精当。刘咸复率领中国科学社生物研究所等七团体所组织之海南生物采集团人文组赴海南岛调查黎人,虽其报告尚未完成,然已有关于"信约""文身""口琴""起源"诸专篇发表于《科学》及中山文化教育馆《民族学研究集刊》第一二集及《西南研究》创刊号中。何子星继沈作乾之后,就浙东十数县调查畲民所得之资料,撰为《畲民问题》,内容已极详瞻,作者复为之补充,作《浙江畲民导言》一文发表于《金陵学报》。胡氏继复发表《畲民的图腾崇拜》及《畲民的地理分布》等篇于《民族学研究集刊》及抗战后之《青年中国》。嗣后作者复因南宁六学术团体年会之便,入广西瑶山作短期之调查,亦有专文数篇发表于《金陵学报》及《地理学报》。费孝通、王同惠夫妇继之入山,王氏堕谷死难,为吾国民族史上牺牲之第一人,其遗著《花蓝瑶之社会组织》一书,由费氏为之整理出版焉。杨成志有"对于云南罗罗族研究的计划",意欲对其已发表之著作如《罗罗族的巫师及其经典》《从西南民族说到独立罗罗》等篇,加以进一步之研究,惜未见其实行。而马长寿以中央博物院之派遣,留大凉山中一二年之久,获得材料至多,其报告闻有七八十万言之多,尚未发表。川大教授胡鉴民亦于抗战前在理番汶川一带作羌民之调查焉。

而此时代中之新闻记者亦颇有涉足边区以关于民族方面之新闻资料贡献于一般读者,如天津《大公报》之长江《中国之西北角》,南京《中央日报》之庄学本《羌戎考察记》,上海《申报》之顾执中陆诒《到青海去》,西安《西京日报》之徐弋吾《新疆印象记》,其一例焉。

于是系统的民族学专籍,为一般学人所渴望,民族学整部之著作,继续上期而益形发达,不仅移译而国人亦有撰著者矣。外籍之译为国文者有 R. H. Lowie 之 *Are we Civilized?*[①] 及 *Primitive Society*[②]; H. S. Maine 之 *Ancient Law*[③]; M. Besson 之 *le Totemisme*[④]; B. Malinowiski 之 *Magic, Science, Religion and myth*[⑤]; C. Wissler 之 *An Introduction to Social*

---

① 罗维(R. H. Lowie):《文明与野蛮》,吕叔湘译,上海:生活书店,民国二十四年(1935)。

② 罗维(R. H. Lowie):《初民社会》,吕叔湘译,上海:商务印书馆,民国二十四年(1935)。

③ 梅因(H. S. Maine):《古代法》,钟建宏、方孝岳译,上海:商务印书馆,民国二十二年(1933)。

④ 贝森(M. Besson):《图腾主义》,胡愈之译,上海:开明书店,民国二十一年(1932)。

⑤ 马林诺夫斯基(B. Malinowiski):《巫术、科学、宗教与神话》,李安宅译,上海:商务印书馆,民国二十五年(1936)。

Anthropology[①];鸟居龙藏之《苗族调查报告》[②];西村真次之《文化移动论》[③];C. Bell 之 *The People of Tibet*[④] 等等。至国人自著者,有:吴泽霖之《现代种族》,吴文藻之《文化人类学》,林惠祥之《文化人类学》,均极一时之选,以较前期,殊见进步。而外籍教授之治我国民族学者,于此时期内亦有二巨著出版,一为清华大学史禄国教授之《通古斯族之身心交错状态》[⑤],一为同济大学史图博教授与梅李宝合著之《海南岛之黎人》[⑥]。史图博教授尚有《敕木山畬民调查记》一稿,系用德文写作,存中央研究院历史语言研究所中,未曾出版。而昆明昆华民众教育馆编行之《云南边地问题》一书,亦由法人 J. Siguset 译为法文[⑦]。

最后,尚有一事须补述者,则为中国民族学会之成立及其会员之活动。民族学会发起于二十三年之秋,成立于是年十二月,主要推动之人为中央大学何子星、黄文山、孙本文、商承祖、胡鉴民诸教授及中央研究院凌纯声先生等,作者本人亦附骥焉。成立之初,会员四十余人,蔡元培氏亦欣然参加,体质人类学专家吴定良氏新自英归,亦被选为理事,上海之刘咸、卢于道、吴泽霖,北平之杨堃、吴文藻、江绍原、顾颉刚,南京之陶云逵、欧阳翥、李方桂,厦门之林惠祥,广州之杨成志,均与其列。并捐款加入南京学术团体联合会所。二十四年冬,举行第一次年会时,英国布朗教授 Prof. Redcliff-Brown 参与之;二十五年冬举行第二次年会时,会员欧阳翥、吴定良、陈定闳均宣读论文,并议定于次年夏创刊《民族学报》,而"七七"事变起焉。

民族学会会员之活动较重要者有二:一为黄文山、卫惠林二君所主编之中山文化教育馆《民族学研究集刊》,第一期出版于二十五年五月,撰文者十九为民族学会会员,唯谈理论及方法之作较多,实际研究占少数焉。此书出后,国内外均甚重视,上海《大公报》科学副刊刊有长篇书评(二十五年七月二十五日至八月二十二日);日本民族学会出版之民族研究第二期亦介绍焉。二为陈念中君所主持之"全国风俗普查",陈亦为民族学会会员,时适任内政部礼俗司司

① 威斯勒(C. Wissler):《社会人类学概论》,钟兆麟译,上海:世界书局,民国二十四年(1935)。
② 鸟居龙藏:《苗族调查报告》,国立编译馆译,上海:商务印书馆,民国二十五年(1936)。
③ 西村真次:《文化移动论》,李瑄宝译,上海:商务印书馆,民国二十五年(1936)。
④ 贝尔(C. Bell):《西藏志》,董之学、傅勤家译,上海:商务印书馆,民国二十五年(1936)。
⑤ S. M. Shirokogroff, *Physico-Mental Complex of The Tungus*, London, 1935.
⑥ Von. H. Stübel und Von. P. Meriggi, *Die Li-Stainnce du Insel Hainan*, Berlin, 1937.
⑦ 于 1937 年由北平法文图书馆 Henri Vetch Co. 出版。

长，拟以科学的民族学方法调查全国风俗，邀凌纯声、卫惠林及作者三人负责筹划此事。作者等拟定三年计划：一年训练，一年调查，一年整理。表格甫成而战事发生，学会遂西迁焉。

当此时期，研究民族学诸同志，各就其研究范围，分工合作，如吴定良之与体质，欧阳翥、卢于道之与神经，李济、裴文中、杨钟健之与考古及古生物学，梁伯强、李振翩之与血液，赵元任、罗常培、李方桂、闻在宥之与语言，江绍原、李安宅之与宗教巫术，凌纯声、陶云逵之与云南民族，芮逸夫之与苗，刘咸、王兴瑞之与黎，胡子星之与畲，胡鉴民之与羌，杨成志、马长寿之与罗罗，陈序经之与疍民，罗香林之与客家，吴文藻之与布朗 Redcliff-Brown 及马林诺夫斯基 Malinowiski 学说之介绍，杨堃之与涂尔干 Durkheim 及莫斯 Mauss 学说之介绍，吴泽霖之与 Mudrk 研究之介绍，而作者亦思于瑶、畲方面致其绵薄。吾国民族学之研究至此而益形发展，此郑师许氏所以有吾国民族学发达史之作焉（郑史作于二十四年，似嫌略早）。

三、边疆调查之猛进及民族学科学地位之确立

民国二十六年至三十年

国难严重，民族复兴之说，尘嚣甚上。民国二十六年（1937）一月，中国科学社出版一书曰：《科学的民族复兴》。此书虽非专指边疆民族而言，然以科学方法研究中华民族，以科学知识解释中华民族之著作，当以此书为嚆矢，盖其时社会上流行"民族复兴"之口号而始终不知民族究如何复兴也，不数月而抗战军兴。

抗战军兴，国府西迁，各学术机关亦相继迁至后方。二十六七年之交，学术界颠沛流离，不遑宁处。保管中英庚款董事会乃拨款协助科学工作人员，包括自然科学与人文科学两部，人文科学部分复包括历史、考古、美术、语言、人类、民俗等科，一部分学术界，得安心工作于边区，并获得相当珍贵之边疆民族材料，保管中英庚款董事会诸公与有功焉。

至二十七年春，我中央政府坐镇武汉，竭力谋开发后方各省，以为长期抗战之准备。各边远省区，如宁夏、青海、西康、新疆诸省，亦各感觉其地位对于抗战建国之重要，纷遣代表，向中央接洽，而尤以西康建省委员会委员长刘文

辉氏为最热心，亲来武汉，表示愿邀各专家入康考察，根据其考察结果，以为将来施政之方针，于是于二十七年夏季，遂有第一次西康科学调查团之组织，分社会科学与自然科学两队：社会科学部分由金陵大学社会学系任之；自然科学部分分地质、畜牧、土壤、水利、生物五组，由中央大学、复旦大学、西北农专，导淮委员会及教育部医学教育委员会合组之。司法行政部亦组织司法考察团同时入康。作者加入社会科学部分，以时间过短，行色过促，民族学材料上无甚创获，颇自愧焉。

自此以后，边疆考察团风起云涌，就作者所知，在二十七年者有教育部组织之拉卜楞藏族巡回施教团，川省府建设厅所组织之西北垦区调查队及西南垦区调查队。在二十八年者，有保管中英庚款董事会所组织之川康科学考察团，国民参政会之川康建设视察团，中央振济委员会之滇西南边地考查团，中央博物院之大理考古团，中国自然科学社之西康文物考察团，该团曾邀作者主持民族组，以病痢未果，至今有余憾焉。在二十九年者有成都基督教会之学生暑期边区服务团，教育部之西北边疆教育视察团及西南边疆教育视察团，中央研究院历史语言研究所之贵州民族调查团，中央振济委员会之川北边地考查团，四川省政府之雷马屏峨边区施教团，作者与该团偕行，而中止于雷波小凉山一带作倮族研究焉。在三十年者，有中央地质调查所曾世英率领之川甘青康边区测量队，教育部主办之大学生暑期边区服务团，四川省政府之松理茂边区施教团，中国自然科学社之甘肃西南边区考察团，行政院之康昌旅行团及青康旅行团，交通部之西北建设视察团，华西大学中国文化研究所之羌语调查团，中央研究院中央博物馆合组之西南文化考察团（包括川康边境，以大小金川为中心地点），及西北文化考察团（包括甘新边疆，以敦煌为中心地点）。粗略计之，已达数十，其他小规模之学术调查以及特种的政治视察，尚不与焉。

于此可见抗战以后国人对于边疆之观感矣。故教育部于二十八年夏季厘定大学课程时，析社会学系为三组：城市、乡村与边疆。而以民族学为社会学系公共必修之科目，于是民族学在大学课程中之地位始确定焉。

我国虽在抗战期中，而外人继续来我国边疆作科学调查者仍络绎不绝，就作者所知：一为丹麦皇家地理学会先遣队员 Jacobsen 在内蒙作五个月之调查工作，于民族学及萨满教均有相当的收获，并据有蒙人生活影片（二十七年）；二为德国科学探险队 Dr Erust Schaefer 率领人类学家 Bruns Begar 等四五人，由印度往 Assain 及 mishmi hills 探险东喜马拉雅及西藏未开化之地域；三为美国哈佛大学毕业生 Quentin Rosevelt 由云南沿怒江入康藏，搜集动物标本及民族学资料；四为华西大学研究生美国 Brown 女士，在越巂及理番两处作傈猓两族之调查（以上均二十八年）；五为法国教育部所派地质学家 Andre Guibant 与 Louis Lionard 二氏沿萨尔温江（即怒江）作第二次西藏之探险，并由西康之炉霍沿鲜曲（雅砻江上流）入俄洛，中途被劫遇险，Lionard 殉难，Guibant 仅以身免（二十九年）；而美国牧师 Rock 在川滇康边境曾作长时期间之研究，于二十九年秋始离昆明焉。

边疆科学考察团既风起云涌，于是一种边地风光之展览会，随之发现于后方之大都市会。抗战以前，此种展览会常不为人重视，就作者所知，国民政府成立后十年之间，在南京仅有新亚细亚学会，开发西北协会，西北问题研究会，陈立夫、贺耀组、许崇灏等所组织之西北文物展览会；在上海仅有同济大学之人称学展览会，市博物馆之海南岛黎苗民物展览会。抗战以还，则二十八年有翁腾环之西康文物展览会，二十九年有中国自然科学社之西康文物展览会；三十年则有西康省政府主办之西康摄影展览会。此种展览会对于一般民众之影响，虽不及 1931 年巴黎国际殖民地展览会之深远，但空巷而来，观者万人，亦足以触起当局设立永久性质之博物馆之意。

我国博物馆之设，始自同治十三年（1874）之亚洲文会博物院，其后上海（如震旦博物院）、天津（如华北博物院）、成都（华西大学博物院）等处虽有设立，然亦为外人所经营。自张季直创南通博物院（光绪三十一年，1905），各省虽有仿设，然至民国十四年始有规模较大之故宫历史博物院，民国二十二年始有中央博物馆之筹备焉。抗战军兴，故宫博物院不及迁出，中央博物馆虽超出一部分，然辗转流徙，闻沿途亦复小有损失，而警报频仍，保存亦复不易；故当局少有建议创设博物馆者。民国三十年二月，同时有两博物出现，一为四川省立博物馆，分历史、民族两部，一为教育部边疆文物陈列馆，则为民族研究最好之参考室矣。

而关于研究边疆之学术团体，亦如春笋怒生，互相竞长，大都集中于陪都重庆，或战前已有组织而随政府西迁者，如新亚细亚学会、边事研究社、回教文化促进会等；或在抗战后视时代需要而新成立者，如中国边疆文化促进会、中国边疆学术研究会、中国边疆学会、中国边疆建设协会、中国边政学会等。据顾颉刚氏谈："渝地边疆研究团体，共有八个单位"之多。名目虽异，抱负实同，其工作目标，亦极相似，"曰调查，曰研究，曰设计，皆所以搜集材料，树立舆论，向社会作鼓吹,为中枢作拾补,对边胞作提携",故其最后之目的,在于边民之福利。

中国民族学学会西迁后,会员四散,会务停顿;昆明人才集中,研究便利,乃有云南民族研究会之组织,举李济、吴定良、梁思求、罗莘田、顾颉刚等十三人为理事,拟:(一)每月举行学术讲演会一次;(二)编纂西南民族文献目录及提要;(三)搜集西南民物标本;(四)调查西南民族研究工作。惜昙花一现,遽尔夭折,否则对于西南民族研究上之贡献,必宏且巨。

至于此时期内关于边疆研究之期刊亦复不少,别其性质,可分五类:一、涉及边疆或民族问题之政治性刊物,如《中国青年》《青年中国》《时代精神》等;二、涉及边疆或民族问题之学术性刊物,如华西大学《中国文化研究所集刊》《金陵学报》,东北大学《志林》,浙江大学《史地杂志》《地理学报》《国师季刊》《科学》《科学世界》等;三、一般的普通边疆研究刊物(包括副刊),如《边声》、《边事研究》、《边疆研究》、《益世报》边疆副刊、《贵州日报》社会研究副刊等;四、分区的边疆研究刊物,如《东北月刊》《东北论坛》《西北论衡》《西北资源》《回教大众》《新西北》《新宁远》《西南导报》《西南实业通讯》《康导》《西南边疆》等;五、边疆研究或民族学研究之专门刊物,如西南边疆研究社之《西南研究》,金陵大学中国文化研究所之《边疆研究论丛》,中山文化教育馆之《民族研究集刊》第二集,中央研究院历史语言研究所人类学组之《人类学集刊》第一集,后二者实为上期之作品而于此期出版者。《民族学集刊》仍赓续前期之风格而略加入关于优生优传等论文,范围较广,而体例反不如前期之整饬;至《人类学集刊》,则为划时代之作品。

《人类学集刊》第一集,篇目虽少,然均为精练之作,如吴定良之《汉族锁骨之研究》,其重要结果十四项,为世界体质人类学界破天荒之收获,于国际学术之地位颇占重要。凌纯声之《唐代云南的乌蛮与白蛮》,确定其与现代种属之关系与其地理的分布,并将云南非汉族的民族分为四类,曰苗瑶,曰僰僚,曰藏缅,曰泰掸,改正 Davies 及丁文江二氏之疏漏。陶云逵之《么些族之羊骨卜与肥卜》,所用材料及引用文献,均极详瞻。芮逸夫之《苗族的洪水故事与伏羲女婚的传说》,为近来研究民族传说最成功之作,而开我国民族学界研究神话及传说之风气。其他尚有吴定良氏《人类颚骨眉间嵴突度之研究》及《画手与足与外围形之新仪器》两文,于体质人类学亦有重要之贡献,此集刊之出世,可为我国人类学及民族学进步之一大证明。

唯提倡民族学最力之中央研究院院长蔡元培氏已于此时期内逝世。然蔡氏目观《人类学集刊》之行世，我国民族学基础之确立，亦可含笑于地下矣。

四、边疆建设与民族研究之联系与调整

民国三十年以后

历届中全会议对于边疆民族曾屡次表示密切之注意，然迄未规定具体的边疆政策设施纲领，故数年以来，如关于边疆的行政机构常有"无所适从"之感。至上期之末，中央鉴于一般民众对于边疆建设期望之殷，不能不有所表现，于是教育部任简任秘书张廷休为蒙藏教育司司长（三十年一月），于是历年无人负责之边疆教育，有人策划；蒙藏委员会任藏事处处长孔庆宗为驻藏办事处处长（三十年一月），并拟将驻藏办事处改为"指导长官公署"（四月），于是历年若即若离之西藏与中央发生联系，教部既筹设边疆教育干部人员训练班（二十九年八月）及令边疆各中学师范职业学校兼办社会教育（二十九年十月），于三十年春复重申各边区大学设置关于各边区民族之文化讲座之令，而蒙藏委员会亦拟更动蒙、藏、康、青、甘、新以及滇西之一部分调查工作人员，与会内工作人员互相对调，使中央政情与边疆实况有所沟通（三十年一月）。八中全会开会之前夕，政府有关各方面交换意见，讨论边政之改善与加强，并拟对于边政机关有所调整，使其职权与范围加大（三十年三月三十一日重庆《大公报》），于是八中全会乃有《边疆施政纲要》之议决（四月一日至三日）。其纲要如下：

甲、关于一般原则者：

一、对于边疆各民族一切设施，应培养其自治能力，改善其生活，扶植其文化，以确立其自治之基础。

二、对于边疆各民族一切设施，以优先为当地土著人民谋利益为前提。

三、尊重各民族之宗教信仰及优良社会习惯、协调各民族之情感，以建立国族统一之文化。

乙、关于政治者：

一、边疆及接近边省地方政府应以振兴教育、改善人民生活为主要工作，关于此项经费预算，应予逐渐增加。

二、各边疆地方政府及各级边政机关，应适应环境情形，尽量以任用各民

族地方人士为原则,其优秀者应特予选拔,使其参与中央党政以收集思广益之效。

丙、关于经济者:

一、迅速开辟边疆主要之公路铁路。

二、逐渐增设边疆各地金融机构、企业及合作组织,以扶助经济事业之发展。

三、对于边疆人民原有之各种生产事业,应尽量予以资本及技术之协助。

丁、关于教育者:

一、改进并扩大现有边疆教育机关以培养边疆人才。

二、于适当地点设置必须之各种各级专科学校并设置各级师范学校,以期造就边疆各种人才,以应建设之需要。

三、特设边疆语文编译机关,编印各种民族语文之书籍及学校用书。

四、设置边政研究机关,敦聘专家,搜集资料,研究计划边疆建设问题,以贡献政府参考,并以提倡边疆建设之兴趣。

此项纲要公布后,一般社会均予以深切之同情,如《大公报》读者省达主张大学增设蒙藏语文科系(四月十日《大公报》);重庆关于边疆各团体期刊举行经常的座谈会,讨论当前的边疆问题(五月十九日《大公报》);边疆学会发起人顾颉刚拟分别接洽渝地关于边疆各团体,配合宣传与实践;而成都各大学学生暑期边区服务团特扩大组织,注重研究(均七月十五日《大公报》),并请教育部主持之。

教育部复于六月十二日召集全国边教会议,十三日闭幕,通过议案五十余件,内有促进边疆研究工作及边教机关与其他各机关联络及合作等计划。八月,组织边疆教育委员会,于宁夏设边疆教育指导员,蒙旗巡回教育工作团及回民小学,协助中央组织部在松潘拉卜楞二处设立职业学校二所,协助中央政治学校蒙藏学校增设边疆语文专修科(八月二十四日《时事新报》),备极努力。而正在积极筹备中者:尚有边疆研究所及边疆语言专科学校,唯依作者私意,设立一民族学之专门院系,亦殊不可缓焉。

蒙藏委员会亦有中国边政学会之组织,"盖欲借以集合对于边事夙具热望,边政饶有兴趣之士,以研究边疆政治及其文化,介绍边疆实际情况,促进边疆建设,加强中华民国之团结为宗旨,上以襄赞政府之政治设施,下以建立国人之正确舆论,期于边政前途,有所裨益"。本斯宗旨,乃编行《边政公论》,其研究范围则边疆与民族并重：边疆研究部分特注重于边疆政策之确定，边政机构之联系、充实与改进；民族研究部分则分民族、自然环境、文化三项，均注重于调查与研究。

自此以后，边疆建设与民族研究之联系与调整，必可实现，互助合作，进步无疆，作者于此，馨香祝之。

五、结论——回顾与前瞻

英国潘内门 T. K. Penuimen 著人类学百年史 *A Hundred years of Anthropology* 分为四期：（一）1835 年以前为创造时代；（二）1835 至 1859 年为汇合时代；（三）1860 至 1899 年为建设时代；（四）1900 至 1935 年为批判时代。我国民族学发展之历史，严格言之仅及十年，依世界地位言之，则其幼稚肤浅，毋庸讳言。唯世界民族科学之主要贡献，亦在最近之三十余年，而发挥光大，尚待今后全世界民族学者之努力。我国忝居人后，借席丰履厚之余荫，复加以悠久之文化、广大之边疆、繁伙复杂之民族、研究机会之良适，为任何国家所不及，且处此重要时代，边民生活亟待改进，边疆富源亟待开发，而建设边疆政治，提高边疆文化，又刻不容缓，凡此种种，均须应用民族学之知识与方法以解决之。吾人义不容辞，责无旁贷，风雨晦明，愿我同志，共起图之。

民族学发展之历史，在我国虽仅十年，然其惨淡经营，筚路蓝缕，其中已有不少学人之热血与苦泪。吾国近代学术史上，初无民族学（或人类学）之地位，虽日本五十年前，东京帝大已设讲座，东京人类学会已刊行杂志，然在中国大学之内，尚寂无所闻。少年学子一出国门，方知此学在世界上之进步以及在我国之需要，始有人研习而归国传播之，然尚有"国中无此需要，其人终必饿死"之讥也。

近年来学者渐众，其本非研究此科，而因兴趣所在转移其志愿于边疆问题及民族问题之研究者日见其多，此诚可重视之好现象也。唯亦有一部分学者，于英美文献未加以通盘之研究，于边境民族未加以实地之考察，徒震于一二人新鲜之学说，断章取义，诩为至宝，入主出奴，自非吾国初期民族学业上应有之阶段也。

民族学之科学的建设，依方法言之，则读书与考察并重；依内容言之，则主科与辅科俱进。我国科学的民族学资料，至今尚不甚多，而过去的史籍方志，大都未加整理，沙里淘金，抉择极难，尝有费极长时间之精力，而毫无所获，或有所获而极妄诞，故现在可读之书，大都为欧美人之著作，然亦须有明锐之眼光以鉴别之，精敏之手腕以组织之，例如欧美人关于中国边境之著述，其可用之材料实至鲜也。欧美学人亦有利用他人材料而在民族学上著其极优美之成绩者，社会上称之为摇椅上或书桌上之人类学家者（Armchair Anthropologist or Desk Anthropologist）。如英之 Sir J. G. Frazer. E. Westermarck，法之 G. Deniker. 及吾师 M. Mauss，与原始民族接触之机会极少，而博览群书，取精用宏，每有著述，卓然千古，盖其基本之学术坚定，师承之渊源深厚，而天资聪睿，环境优美，皆足以助其有成。我人固不能妄自菲薄，但亦不能常存侥幸，埋头苦干，自今日始。而我政府如能建设一规模较大之国立民族学院，附以民族学图书馆及民族学博物馆以为吾人研究上之刺激与鞭策，则其成功当事半而功倍也。

然而科学上宝贵之材料，往往自实地调查创获而来。近来我国边疆调查，年必数起，民族学者极多参与之机会。唯时间极短，且多利用暑假，故只限于近边，而停留考察之时间亦不能过久，欲达到正确精密之结果，殊不可能，民族学者最大之损失，莫过于斯。欧美民族学界自 1898 年海腾 A. C. Haddon 组织滔来海峡探险团 Torres strait Expedition 以后，收获甚丰，故对于实地调查，咸甚重视，往往襆被深入，与原始民族同起居者十数年，然后命笔著书，如 F. Boas 之与 Eskimo，Sis W. B. Spencer 之与 Australia，RadcliffBrown 之与 Andaman 岛，美国诸教授如 Krober, Vissler Goldenweiser, Lowie 等之与印第安人，其著作大部得自实际之经验，戞戞独造，故能布之全球，传之久远。我国学术界治学之态度，目前或尚不能到此地步，但对于专习此科之学生，在第四年级行将毕业之际，至少给予一年之游历与考察，俾与实际情形发生接触；同时授予实地调查方法，俾得在毕业之后能独自研究，对于边地生活益增加其兴趣。

至于民族学主辅各科，包含相当广大，自体质以至文化，就理论以至应用，凡语言心理、社会、人文地理、古生物学、考古等科，莫不与之有密切之关系，专材培养，殊不易易，只有待于政府整个之计划。

而我国尚有一特殊之困难，即边区广大、民族复杂，以一人之力，而欲通盘研究，虽竭毕生之时间，恐亦不能有所成就。以作者私意，或专习一目，如政治，如经济，如宗教，如艺术，如婚姻制度，如社会组织，广搜材料，旁寻考证，以求比较,以资沟通。或专研一族,如藏缅,如掸泰,如仡佬,如仲家,如哈萨克,如吉尔吉斯,长期留居,纤微必究,以立系统,以别类族,如此则中华民族志可观厥成焉。

吾国目前民族学研究之趋势,可得而言者,约有四端:(一)中华民族主义之鼓吹。抗战前夕"民族复兴"之口号,甚嚣尘上,"中华民族须团结","中华民族是一个"之宣传,亦甚激烈。此种情形,自德国国社党提倡"民族一尊"以后,意大利又从而效之,世界各弱小民族之团结,益见重要。法国民族学界诸名教授如 L. levy-Bruhl, P. Pelliot, G. Bongle, Paul-Rivet 诸氏,复辑行《种族与种族主义》一杂志以抨击之。我国尊汉卑夷之政策早已放弃,如何团结边民,除实际研究与设施外,理论的宣传亦甚必要。唯其立端之基础,似须特别郑重,至少不相矛盾。今人常以学术研究与政治设施分为两途,"在学术上可以分割,在政治上必须合一"之立论,似乎不甚适当,盖学术与政治,如鸟之双翼,车之双轮,二者不能联系与调整,其他尚复何望? 且从学理言之,应改为"在学术上可以合一,'行政'上必须分割"也。

(二)民族之优生的研究。此种研究之趋势,亦随"民族复兴"之口号而来。其最显著者,为中国科学社之《科学的民族复兴》及中山文化教育馆之《民族学研究集刊》第二期,欧阳翥教授曾慨乎言之:"黑白不分,贤否不明,此所以营私自肥者,充斥于国中,而社会弊窦,层出不穷也欤? 欲救此弊,莫如优生,欲求优生,莫先于改革婚姻制度,而调查全国人民患遗传病者之确数,尤为当务之急。……"战事结束以后,此种政策,必能见诸实行,而关于此种调查与研究,则为研究生物的民族学(包括民族病理学、人体神经学、人体生理学等科)者应负之职责。民族复兴,胥攸赖焉。

(三)边疆政策上民族学之应用。此亦为现代欧美民族学界人类学家所正待发扬光大者,所谓应用人类学及应用民族学者,近年来在英法有极大之进步。但此种新科,并非凭空产生,一方由于殖民地官吏应用民族学人类学的理论基础,参与实地的经验,整理而成为有条理有系统之著述;一方由于民族学及人类学专家,根据各方面殖民地官吏之报告,而用学理以分析,综合之,如行政的民族学、教育的民族学、犯罪的民族学、商业的民族学皆是也。我国不建设边疆则已,如欲建设边疆,则此种应用的民族学与人类学,必须急起直追,努力研求。

(四)民族之分类问题与民族之起源问题。此为纯学术的研究,目前已在民族学界上发生相当之兴趣，讨论云南民族之分类者有丁文江、凌纯声及陶云逵；讨论西北民族之分类者，有凌纯声及作者；讨论西南民族之分类者，有马长寿；讨论全国民族之分类者，有林惠祥、吕思勉；讨论中华全民族或某民族之起源问题者，则历史更长，自蒋智由、夏曾佑、朱希祖、缪凤林、何炳松、金兆梓、卫聚贤、张国仁、郎擎霄，以迄最近之张廷休之芮逸夫、马长寿、刘咸、胡耐安，皆有独创之见解。唯在我国，体质人类学、语言学、考古学、古生物学等重要科学不甚发达，研究资料不甚丰富以前，此问题尚须待长时间之努力也。

民国三十年十二月，未定稿，成都金陵大学

（原载于《边政公论》第 1 卷第 5—6 期，1942 年 1 月）

雷波小凉山㑩族调查[①]

徐益棠

摘　要:徐益棠先生于 1940 年夏在雷波小凉山地区对㑩族(即今彝族)进行社会调查,调查内容包括雷波附近的自然环境与社会环境、雷波附郭㑩民之文化等。主要结果为:雷波地区㑩民的社会生产介于畜牧与农耕之间;社会组织的基本单位为建筑在家族制度之上的"支","支"下阶级严格,有土著㑩民之黑㑩、汉人投靠㑩民后形成的白㑩等;㑩民宗教较粗糙,信仰鬼神,有称为"笔母(毕摩)"的巫师;㑩族艺术最精于英雄诗歌传说和表演英雄的历史剧。政府若要治理㑩族地区,应首重交通,并以宗教和文化诱导之。

关键词:㑩族　雷波　社会调查

一、行　程

1. 自嘉定至雷波

七月二十七日随本团同人自嘉定启程,二十九日抵屏山县境之舟坝,滑竿夫中途逸去,故在舟坝休息一日,以后即步行前进,八月二日抵马边城。

八月二日至八日,在马边出席各种集会。抽暇招请通汉语之㑩民,略事询问。翻译人高明者极少,且已为柯象峰兄约定赴峨边考察时需用,无法请伊等下乡帮助工作。马边附郭之㑩民汉化极深,笃远者则非保头不敢深入。拟待张云波兄等一同穿西宁沟九龙岗而赴雷波,借以沿途考察。而云波兄等又须

---

①　作者原注:原为四川省政府边区施教团报告书中之一篇,因初刊谬误过多,故特重印于此。

待电教队到马放映后方可动身。余主持研究事宜而又需于学校开学时赶回上课，坐废时光，弥觉可惜。研究组组员又因时间关系，定日内赴峨边调查，余遂决定先云波兄等赴雷波，因无保头及翻译人，故舍西宁沟而取道蛮夷司，同行者有胡良珍君、李仕安君及其眷属。

八月九日至十七日，在马边至雷波途中。第一日宿靛蓝坝，第二日宿中都，第三日宿蛮夷司，身体欠佳，休息一日。李仕安君及其眷属先行。第五日宿冒水孔。第六日宿黄螂。第七日下午出发，宿湖边村(海脑坝)，第八日过分水岭箐口，宿文水镇(牛吃水)。第九日午后二时，始达雷波。

2. 麻柳湾

在雷波休息数日，通史聘请笔母胡占云、胡学臣叔侄研究儸族之社会组织、风俗、禁忌、迷信等，于八月二十三日开始考察麻柳湾。麻柳湾在雷波城东北十五里，本为汉人垦殖之地，历史相当长久，在民国七八年间儸人势力迫近城郊后，时有儸人前来骚扰劫掠，汉人迁徙一空，遂成废墟。二十年顷，县政府招抚悍夷涅区别土，以此区供屯垦，别土率其娃子经营之，现已渐成沃壤矣。

余于二十三日晨赴麻柳湾，宿别土家，于当日下午周访全村。二十四日派余之助理金陵大学中国文化研究所研究院胡良珍君偕翻译洪绍云君、笔母胡占云君访问距湾五里之唐家湾。二十五日，复派助理胡君暨洪君等访问两村间之小村落及麻柳湾坡下都份，二十六日返城。

3. 千万贯一带

二十八日本拟动身赴千万贯一带，作长时期之考察，因夫子未齐，耽搁一日，而云波兄等先后到达。翻译洪君有脱离而加入云波等入大凉山意，迟迟不行。至三十一日始启程，当晚宿雷波西十五里之乌角。

九月三日洪翻译入城未归，余决先行，笔母胡占云，保头阿家子叔侄同行，本拟宿扒哈，因发生痢疾，改宿簸箕。翌日晚洪翻译赶到，遂于五日渡磨石沟，当晚宿磨石沟马保长家。六日大雨，七日抵挖石窝，八日至五关寨子，洪君即于此处分手归城，盖伊欲急随云波兄等入大凉山也。九日由杨保长引导经田坝子而达木鱼山，十日宿水口坝，因胡正明弟兄家均患痢疾，遂改宿封家，于十一日安抵千万贯。

在千万贯本拟作三四日之勾留，如欲作较合理之考察，则数周以至数月之流连,亦不为多。但以学校开课之关系,故只得小住数日也。十二日全日考察之结果大失所望,一则全村三十余家患痢疾者居其泰半,不但访问者不愿住,而被访问者亦闭门不愿接纳也。未患痢疾之家,老幼男女均锁门外出,上山看守苞谷。距离稍近之村落,往返至少需一日,且亦流行痢疾,其文化现象、社会形态亦均相似。故决于十三日下午赴神农关,宿杨保长家。十五日晚六时安旋县城。

4. 雷波县城

此次考察,殊未能达到预定计划。仍于返城之后,在附郭复略事调查外,仍作十数日补充工作。凡考察期间未解决之问题以及考察期间未及见闻之材料,均于此十数日中努力搜集之。此十数日中谢绝一切应酬,夜以继日,故笔母胡占云学臣叔侄,亦常宿城内。附郭风景名胜,亦未能遍游,所游者仅傍晚落日时所能往返之地点而已。

二、雷波的社会形态

1. 自然环境

雷波沿金沙江一代,温度较低,然自大岩洞以南,越宋家崖而入黄螂,则气候顿觉凉爽,虽在盛夏,犹拥夹衣,九月二十五日为摄氏十九度,登分水岭箐口则气候更觉懔□。盖以海拔一千八百公尺,至雷波则气候与黄螂相似,过此以西,则又因地形渐高,温度亦渐低。

雷波城郊为一小平原,东、西、北三面环山,仅南面包以金沙江,自金沙江杀牛湾以北,逐渐高升,至紫油树海拔已有四五百公尺,盘一七百五十公尺之悬崖,至镇南关,由此而上,再行一二百公尺阶梯形之山地,始达雷波南门外之南田坝,故雷波海拔约在一千三四百公尺,其气象统计,此次略有所得,兹记之如下:

地名	雷波城	雷波城	雷波城	雷波城	雷波城	麻柳湾	麻柳湾	麻柳湾	雷波城	雷波城	雷波城	雷波城	雷波城
日期	八月十八日	八月十九日	八月二十日	八月廿一日	八月廿二日	八月廿三日	八月廿四日	八月廿五日	八月廿六日	八月廿七日	八月廿八日	八月廿九日	八月三十日
天候	晴	晴	晴	晴	晴	晴	晴	晴	晴	雨	晴	阴	阴
温度	21℃	21℃	21℃	22℃	22℃	23℃	25℃	25℃	21℃	19℃	21℃	20℃	18℃
地名	雷波城	雷波城	雷波城	雷波城	雷波城	雷波城	雷波城	雷波城	雷波城	雷波城	雷波城	文水镇	黄螂镇
日期	九月十三日	九月十四日	九月十五日	九月十六日	九月十七日	九月十八日	九月十九日	九月二十日	九月廿一日	九月廿二日	九月廿三日	九月廿四日	九月廿五日
天候	晴	晴	晴	晴	晴	晴	雨	晴	晴	晴	晴	阴	雨
温度	20℃	19℃	21℃	24℃	24℃	23℃	17℃	18℃	18℃	18℃	18℃	20℃	19℃

雷波至千万贯一带,地形崎岖,凡曾经此道者莫不谓较大凉山为难行,其温度如表中所记:

地名	乌角	乌角	乌角	簸箕	簸箕	磨石	磨石	挖石窝	五关寨子	木鱼山	水口坝	千万贯	神农关
日期	八月三十一日	九月一日	九月二日	九月三日	九月四日	九月五日	九月六日	九月七日	九月八日	九月九日	九月十日	九月十一日	九月十二日
天候	阴	阴	晴	阴雨	阴雨	阴雨	雨	阴	阴	阴晴	晴	晴	晴
温度	20℃	20℃	21℃	20℃	20℃	20℃	19℃	20℃	20℃	20℃	20℃	18℃	20℃

雷波城附郭南部金沙江一部分、西部乌角一带、东部马湖及文水镇一带、东南部中兴场一带均有稻田,大都为梯形山田,而用山水灌溉者。地形较低,气候亦常湿润,土质为粘壤,易于蓄水,此种地带人口较密,且全为汉人,虽有时为㩟民扰害,然饱掠即去,不敢久住,因不适于彼等之生活也。

金沙江沿岸,有渗水力强、蓄水力弱之沙质土壤,层次分明,表土灰色,而心土多作黄褐色,除一部分留有森林,一部分已开辟种杂粮外,江边常见有亚热带植物,如甘蔗、霸王鞭、仙人掌、油葱、乌柏、油桐等,茎叶肥厚而极耐蒸发,多浆,盖此地带干燥少雨,气候炎热也。

自六百公尺至一千八百公尺之山坡,其土壤中多含腐殖质及微菌,雨量充足,气候尚稍温暖,日光亦多,故除种植杂粮外,常见有常绿阔叶树及竹林,雷波著名之罗漠竹林,亦在此区。

沿途所经地带,均无二千公尺以上者,故在广西傜山所见之常绿阔叶树如槭树之类,及西康所见之常绿针叶树如冷杉云杉之类,在余所经之小凉山未发现也。

雷波特产甚多,小麦粉面,色白味长,清时常以入贡。胡豆作成辣酱豆豉,为名产之一。特殊食品有莼菜、蕨粉,水果有梨、胡桃、石榴、黄果,药材有黄连、柴胡、党参、黄药等,鱼肉鲜美,麝鹿名贵,资源之富,可以想见也。

2. 社会环境

雷波在元时为长官司,属马湖路总管府。明时亦为长官司,属马湖府。后曾一度以人口减少,改隶屏山县。万历十七年设黄螂巡检司。清雍正六年,改土归流,始置雷波卫,乾隆二十六年改卫为厅,设通判,属叙州府。民国改县。

雷波设厅之初,建城设官,置兵招垦,而对于垦民之赏牛给种,尤为善策。其他如令公平交易、任傈民保存旧俗等,深得治边之道。虽当时雷黄人口仅三千〇八十六名,然四十年后,骤增至九万七千九百四十一名(汉夷共计),几达三十倍矣。(《雷波厅志》二十卷)

自咸丰以来,屡遭夷患,村市萧条,人民流徙,其户不及昔年之四五,光绪十二年清查时,仅二万八千九百七十二名而已。其后抚恤流亡,招徕边民,人民年有增加,至清代末叶,虽无确实记载,汉夷共计约在十万。

民初尚能维持原有人口,至七八年顷,凉山未归化傈民,四出侵略汉地,掳劫雷波,原有之十八乡,仅有三乡,所有汉人,一部分包入夷人之势力范围,一部分则迁出雷波,现在所有汉人均聚居于城区。黄螂、文水、中兴、永盛等市镇日夜惴惴不安,据中国西部科学院报告:雷波在元年人口(单指汉人)尚有六万三千八百三十九名,至二十三年调查时仅存一万一千三百五十名,减少五万二千四百八十九名(《雷马屏峨调查记》P.68附表)。以较乾隆开创时之情形,不禁感慨系之。

雷波所有汉人,大都来自外县,其中一般商人劳工,大都在最近十数年间始迁来者。落籍之绅士以及附郭农民,则居住之历史较长,遂成为土著。商人中以贩卖布匹盐以及杂货者为多,大都来自叙府,二昌(荣昌隆昌),自贡,甚至远自沱江流域之资内,以及嘉陵江流域之遂宁者。劳工则大都为背子,籍贯大都屏山、犍为富顺等县。亦有自云南省绥江、永善、巧家、昭通来者。

物价指数并不高于成都，尤以米、柴、鱼、肉为廉，油盐略贵，日用品有自叙府运来者，有自云南输入者，亦与成都相仿。农产物足以自给，以交通不便，外输者少。商家□收山货，如药材，毛皮等运出叙府，滇缅路停顿时，羊毛皮商颇为吃亏。

市面辅币极少，以二十七年制五分镍币作一角用，嗣因二十九年制新五分镍币充斥市面，又照原价额使用，法币信用甚佳。凉山中儸民使用银子，但来雷城交易之儸民，其原住村落已可通行法币。

唯交易时尚未推行法定之度量衡，商人有时大入小出，诈欺儸民，有故意减轻银重、抑低银价者。

土著汉人，因其亲戚朋友常被掳劫，土地财产常被侵凌，常不满于儸民，觅机侮之，此种不幸之事偶一发生，则街坊邻里群起哗笑，以为快意。八月二十三日夜事变，有儸民被杀，悬首于县政府门前，余摄一影，观众欢呼："蛮子被照相矣！"

市上多酒肆，其酒较醇于儸民所自制者，少饮辄醉，则常蹀躞于街道，每易酿成祸端。县政府设边民公寓于县政府大门，招待儸民，儸民多乐就之，常有一夜超过三百人，最近忽因故不敢求宿，而远宿距城十五里之乌角，城中又无熟识之汉人，甚至不敢入城。

距城三里以外，即为儸民势力，如南田坝之董时新与儸民有宿仇，儸民于八月二十三日夜，报仇以后，从容逸区。箐口附近一二里内，收割苞谷及斫伐森林者，每带有枪支自卫。垦社常于夜间与儸民发生械斗。午后三四时，路上哨兵撤退后，即有贩盐之背子，常为儸民掳去。故若过早过迟，单独旅行于儸民势力区域内，实甚危险。

昔有本县保安队，担任保商，对施行者略取保费，自本年正月间起，有正式军队一营驻扎县境后，此种陋规，始得取消，东起大岩洞、西止乌角，以禁烟、盗匪、惩夷为三大政策。以惩夷为其主要工作之一。故儸民常有被捕入营，加以刑罚者，儸民对于军队，有畏恨怨厌等态度。

县政府设有夷务委员会以处理夷务，委员大部为熟悉夷务与儸民略有交谊，或曾任团务对于儸民素有威信者，此机构在边区各县似有重大作为，积极做去，当能帮助县府，解决不少困难。

附郭及接近儸民区域之村落，大都为汉化之儸民所居，或儸汉杂居，筑有碉堡，备有枪弹，组有自卫团，每有未归附之儸民侵入，常勇往直前，为县军前驱,即房屋被毁,生命牺牲,亦所不顾,袖领之人即为县政府所编委之保甲长。

县境内有省立夷民小学在乌角,乌角为汉夷杂居之区域,但僳民子弟之就学者极少,据教职员及学生家属言,仅三数人,而黑夷子弟在昔仅有一人,现已绝迹矣。

三、雷波附郭僳民之文化

1. 物质文化

雷波人民之生存技术,介乎畜牧与农耕之间,在附郭所见者,则大都为农耕与畜牧并重之家庭,较贫者以狩猎采樵辅助之。在乌角水口坝,以及金沙江岸一带,则其农艺程度已与汉人无异,且已常食稻米,在磨石、挖石、五关寨子、千万贯一带,则家中畜有一二百头之羊群,山坡上筑有一二百头羊群之厩圈,亦常常遇见,但亦与农耕并重,家人仍以大部分之时间精力从事于农植。农具与农作方法,均效汉人,肥料全为家畜粪尿混合之山草,而绝无用人肥者,盖无厕所故也。男女共同操作,收获时有特殊场所储藏之。白僳对于黑僳,亦缴纳相当之谷物。土地有承袭权,而无买卖权。计算土地广狭,无丈量而以种之多少为标准。以一定标准收获量之超过或不及,以别土之高下。

植物病虫及动物疫疠,不知预防及治疗。不知灌溉,大雨或大旱均无法调节:收获荒歉,则出山劫掠,盖对于工作之推广、种植之改良,均忽视也。

喂养牲口,其目的在犁土运输、剪毛取皮及咒鬼治病。食肉为其副目的,而绝无饮牛羊乳者,鸡对于设誓饮酒时极为有用。喂养之责,牛马羊属之男子,猪鸡属于女子,喂猪食料,常煮于锅中。如家有两锅,则一属于人食,一属于猪食。

捕鱼之机会极少,猎兽有时未视为副业,有时则全为娱乐或武术的训练。猎兽方法,各因其兽之种类而不同,用枪用弩,用陷阱甚至有用石子者,年少时即有训练,故至壮年时,技术极佳,亦有将狩猎所得,以维持生活者。

平日食粮大都为苞谷、□子、油麦、洋芋、豆腐、酸菜、四季豆等,在气候稍暖,土地稍肥地带,亦有青菜、萝卜、瓜类。置于购自汉人之铁锅中,用火煮熟。每日二餐,亦有用三餐者。

所有灶座,已与汉人无异,有二锅眼或仅一锅眼,无烟囱。新自大凉山搬出者则无灶座而有三巨石搭成之锅椿,或在取火之火穴上置锅。

食具,通用自凉山购来之木碗(有漆及无漆两种)、木盆(如汉人之脸盆)、竹箩及特殊之马勺子(食苞谷面饭及菜汤时兼用),因欲表示其富有,亦有用汉人之瓷碗、玻璃杯及乌木筷者。

酒为儸民唯一之嗜好品,无论男女老幼,均酷爱之。饭可不吃,酒必痛饮至醉。不饮茶而饮冷水。吸自种之叶子烟,今年儸民中颇有吃鸦片者。

儸民亦颇爱食汉人米饭,及汉人所煮之鱼肉。

男子衣服较为简单,冷则拥毡衫或羊皮背心,热则赤膊。大脚裤无腰,短衫无领,但不常穿。女子则常穿棉布所制之长袍或短衫及多褶裙,裙为各种色布镶嵌编排而成,需布极多,故消耗布匹之量,以妇女为最。

毡衫有编织及编打两种,为儸民绝技,极能保温避水。无鞋袜。

黑儸的衣服较考究整齐,装饰品亦极特殊,然皆出自汉人工匠之手,与汉人常往来或已汉化者,则其衣服及装饰品亦渐与汉人相似。

所见房屋,则大都为茅屋,绝不见有瓦屋,闻大凉山中瓦屋较多,亦有树皮屋或石屋者。正中有大门,无窗,进门中为客堂仓库,左为厨房,右为卧室,大都无间隔,稍汉化者,则加以间隔。门前堆草,猪养其上,以作肥料,大门左右两旁,分列厩房,作物丰富之家,则于对面置马楼,或于两厩房之间,置一短墙,通出入。

此次所见,几乎每家都有碉堡,位于卧室之旁,或竟卧于碉堡之下。

在磨石、挖石、五关寨子、木鱼山一带所见,有甚高大之房屋,外观虽系茅屋,而间隔乃为木板,中有三间为家堂而兼厨房,左右两间为卧室,亦有厨房与卧室隔开,而中留宽大之客堂,如汉人之房屋,厨房中有巨大之菜橱,客堂中有巨大之供桌,仅少汉人之天地君亲师之排位,盖此地带,民国七八年前汉民衣食生活祖宗坟墓之乡也。

在麻柳湾一带,则宽大之房屋较少,内容设备,亦较简单。宾客座位,饮食用具,亦多保存凉山旧习,有房子宽高仅及方丈者,饮食坐卧、烹饪、储藏均在其中,而中间除一锅椿外,他无所有。盖新自凉山迁来垦殖者,经济之基础,尚未稳固也。

室内布置,则火穴与灶座为重要,除少数房屋外,此二者大都全备。客堂一角,或备竹笆,或备毛皮,或备低脚板凳,或备川式木榻,以招待宾客,麻柳湾则兼有第一二种,挖石、木鱼山、千万贯一带,则为第三种。在挖石、木鱼山、千万贯一带,卧室中亦常有木榻,麻柳湾则仅有别土家,然亦备之而不用也。

沿途所见,仅有一家藏有大凉山中僬民自制之花漆圆桌,然大都已仿制汉人所用白木之小圆桌及方桌或小凳子,唯脚较短耳。

乌角一带,家中有舂米之碓与磨谷之砻者,约有十之八九。而木桶运水,竹箩盛苞谷洋芋,则到处皆是,竹箩自己编织,而木桶则请汉人为之也。

2. 社会组织

社会组织建筑于家族制度之上,社会组织之基本单位为"支"。如涅区支、吴奇支,然汉人亦有称之为涅区氏、吴奇氏,或涅区家、吴奇家者,但在僬族,支下尚有"家",每支约三四家以至数十"家"。其范围小于"支",但并不同于欧美人之"家庭",亦不同于汉人之"家族"。正确言之,"支"为氏族 Sib,而家为副氏族 Sub Sib。但此又不同于澳洲人之分部族 Moietais,分部族可以通婚,而副氏族不能通婚也。

在民族学言之,支与支间可以通婚,故汉译为"氏族"。支与支间互为帮助,互相提携,但一遇冤屈,即互相战争,成为世仇。每支有一定之土地,有一定之主权,凡在此区域内之娃子,皆应受此支之保护与指挥,旅客欲越境或入境者,必受其许可或护送,故一支不啻一独立之小国,支之领袖又不啻一酋长或国王。故此"支"字,从政治学言之,则当译为"部落"。

支中之阶级极严,土著僬民,自成一阶级,同阶级间共通保存其纯洁之血统,此阶级汉人称之为黑夷,地方志则称之为黑僬猓,僬民则自称曰黑骨头。汉人为彼等掳掠入山供其奴役者,或明投彼等之下而耕其土地者,皆称之曰娃子,娃子间自相婚配,历数代而自忘其为汉人,此阶级称之曰白夷,地方志称之曰白僬猓,僬民自称曰白骨头。

娃子初受虐待或憔悴病死,或转徙贩卖,如经过相当时间得其主人信用,则待遇较优,视同家人,遂恪于尊卑而衣食无缺,配以夫妇,授以土地,于是情感相孚,效死弗去。或以能力优越而为黑夷管家,或积资财而赎本身之自由,在僬族社会中亦有其相当之尊容与自豪也。

一支为一单位,一支中黑夷均可部勒支重任何家之娃子,如父兄之部勒子弟,行动一致,互相团结,如有汉人进攻,则各支捐弃宿仇,联盟为一大集团,共同抵抗。即各支间因有宿仇互相报复而欲"打冤家"者,亦往往因各支间亲娅之牵制,劝解调停而终止。万一冤家打成,亦可因赔款订盟而和好如初。

支之下有"家",等于汉人氏族中之"房"。"家"与"家"之间,不通婚,亦不打冤家,家数多则"支"庞大,人才众则有势力。每家领袖均有变为全支领袖的希望,但如果实现,亦仅及身而止,同支各家最大之任务,为打冤家时共同服兵,各家黑彝,固因血统的关系,同仇敌忾,而全支娃子亦生死以之,异常忠诚。

黑白夷绝对不能通婚,亦为习惯法所不许,黑夷而淫白女者断绝往来,黑女而通白男者双方置于死地,其因私通而生子女,则曰黄骨头,地位极低,永世不得翻身。

妇女之地位极高,虽无从妇居制,然家政操自妇女之手,且彝女聘金极重,有势力家属之妇女,其聘金更重,黑彝男子常为一女子而创造其伟大之家业者极多。结婚之后,女子在夫家,绝不能受轻微之侮辱,如有因侮辱而自杀者,则夫家与舅父家必兴问罪之师,而引起"打冤家"。故有谓彝彝族曾经一度的母系氏族制度者。

妇女平时与丈夫同食,参与宗教性或魔术性的仪式,如道场第十一场因表示男女猥亵行为而畏避外,其他均随便参与。

婚姻限于阶级,而又限于门第,交错从表常成为特权婚姻,有女长大,须先询之于姑舅表兄弟。如不欲,方可他配也。故各支之间,交相错综,成为姻娅,唯并行从丧(从堂兄弟姊妹与姨表兄弟姊妹)不能通婚。

还有许多事与家族观念,血统观念相连者:(一)离婚极少,一由于面子关系,一由于聘金不易退还;(二)无子息者不行赘婿制,不行养子制,而行寡妇转房制(嫁与夫兄弟),如寡妇不愿转房,然后行继承制。(三)财产除有子继承外,他人不能继承,须随寡妇移转。——故女子因聘金,而成为一种财产,寡妇亦因财产随转房而为后夫继承,亦成为一种财产。

白彝之女子阶级虽低而其工作能力亦为一种财产。女子在彝族社会中有相当地位则经济的因子有以致之也。

土地为一集团所共有,如耕种地可由家人及娃子共同分领使用,有后者仍可承袭,无后者收回另行分配。唯绝对不能分割转售让渡,或赔偿借款,如因"打冤家"而失败,亦不能割让土地与敌人,此与澳洲之卡利厄拉人 Kariera 相似,与美杜人 Maido 及汤普逊河流域之印第安人,绝对排斥外族人之原则相合。至于牧场猎地,在族内更可共同使用,如大凉山黄茅埂上,在七月间有盛大的会场,各族间之会议、贸易、婚姻等问题,均于此时此地解决之。游猎地均可自由狩猎,即有带伤之兽遁入有主之地,亦归当之于射猎之人,此与维达族

Vedda 地主须分享其肉者异也。

至于集团的土地之继承，必须待父母死后，方可承袭，青年虽至结婚期，或且已身主家庭，然其父母临时所分予之土地，为数极微。故为长子者而欲早日成婚立家，则必须于集团共用之财产外，另创个人私有之家业与场面。掳娃子与掠劫财务，常为一青年结婚前后获取社会地位与成就婚姻之一种功业，故父母所有之土地（与房屋），常留至死后由少子获得也。

在傈族社会中，旅行者可随便食宿于相识之家，居停主人亦当竭诚招待宾客，以示体面，此在莫根之大著《古代社会》中曾指为共产制之遗迹者，不图于此处亦见之。然此制至今尚流行于其他原始民族中，如北美平原印第安人亦如此。唯其原意则在争社会地位与面，与夸九德耳印第安人 Kwakiutel Indians 之"斗富宴"Poltralch 性质相近似也。

宾主之间，虽极其融洽欢愉之致，然男女间之性的关系，绝不随便。如马赛人 Masai 以妻子伴宿其同年龄级友人之事，则傈傈社会中绝对无之。故有贞傈倮、狗西番之说。唯在归宁期中之新嫁娘，则其姑姨表兄弟以及邻近青年追逐嬉戏而发生性的行为者极为寻常。归宁为傈傈女子最解放之黄金时代也。

傈傈之政治组织，平时漠不相关，白傈尽其应尽之义务于其主人，至侵害时，则其主人为其讲理、讲情、赔款、赎身，其主人能力薄弱而不能保护时，则地位及声望登时减低，平时纳租谷之白傈，则另纳租谷于其别"家"。如云从龙，如风从虎，此"家"之家长，遂无形中成为此支中之最有保护能力者。故其政治领袖，亦必须有武勇、仁慈及富于能力之人，无形中亦必经过全民的普泛选举也。

政教不同一尊，故法律并不适用宗教的戒律，审判官并非由宗教的领袖兼任，法庭并不在举行宗教仪式之场所，随地随时均可举行司法会议，与议者即每支或每家中几个有武勇、财富及富有能力之人耳。此种政治制度，既不如澳洲之老人政治，亦不如新西兰之绅士政治，更不如非洲通加人之君主政治，而颇似北美印第安人之民主政治，印第安人之酋长虽主张宣战与媾和，但不能达到多数成年人之同意时，彼个人亦不敢轻易取决也。

3. 精神生活

精神生活可分为宗教与艺术二方面言之。

　　儸族之宗教,纯粹为巫教,信仰鬼神,神中之最有力量者均为山神,等于汉人之土地神,天、雷、日、月均有神,水、电、风、雨则无之;有病固请山神赶鬼,求雨亦献祭山神,而向天空狂吼以驱鬼,谓山神作祟也。

　　儸族无灶神,但若以脚触火穴之石桩,则为不祥,故火穴石桩,为禁忌物,当然亦含有不可思议之灵气在内。但无图腾之遗迹可寻。如家畜生病,则必谓有神在内作祟,如牛瘟大王、猪瘟大王等,亦必谢神。

　　对器物崇拜者极少见,最重要者谓笔母(巫师)所用之法器。如法帽、法衣(毡衫)、经袋、牌带、扇、铃、绿茨(捉鬼灵签)等,普通人不能随便动用,如巫师不在敬神时因表演而携用者,亦必须以酒肉祭献之。祭神时所用牲口之一部分,如牙、角、爪、羽毛、木片、竹片、所制之代表物,以及巫师所写之木刻,所曾念过经咒之布片等等,悬挂于门上壁间以辟邪者,皆为普通人所虔敬,而不敢亵触者。代表祖先灵魂之灵位(以竹片、羊毛线、红蓝线、木棒合成之,另详他文)常放在火穴或灶座之旁,禁忌极严。

　　无偶像崇拜,然汉人所立土地庙及山神庙以及岩石间所立之观音像,亦有保存之者,但自动建筑或入内焚香烛者,则不常见。

　　家族中无祠堂及天地君亲师排位。

　　宗教仪式除为死人做道场及病人请神驱鬼外,每年请太平菩萨三次:第一次在汉人农历二三月间;第二次在农历七月间;第三次在农作物收获后(欲在汉人农历八九月间)。日子均由笔母选定,有钱者敬以牛羊,无钱者以鸡,举行仪式之地点在家中,无庙宇。

　　儸人对于出生无特殊之宗教仪式,仅请笔母断口嘴而已。至于成年,男子无甚仪式,女子则须举行相当仪式,且须易发为辫,绕结头之四周,裙则易二节为三节。

　　笔母为主持宗教仪式之人,其知识与技术,由师父传授而得,故大都能识字念经,为儸族社会中受最高教育之人。但现在为数极少,能了解人生观及宇宙观与博通经典,深谙法术者(如占卜、求雨)更如凤毛麟角,大都只能念几句驱鬼咒语,借此获得酬神之牺牲品及饱食痛饮一顿而已。平时社会虽尊重笔母,然在政治上经济上无何种特殊之势力,此与普通一般政教属于一尊之民族略异,而渐侪于职业者之列。然在儸族中通文字者极少,写信、刻木写、写契约等事,必请笔母为之。另有一种巫师名师娘者,则不通文字经典,而其魔术化的程度则远胜于笔母。

至于僰族艺术,无文身,无壁画,无雕像,然如木碗圆桌之类,则有显明之花纹及图案。目前已渐嗜好汉人之工艺品,如瓷器、陶器、金属品、丝织品、皮革之类,对于本族之工艺品,不但不加改良,且任其退步,而对于汉人作品,亦不知模仿制造,殊可惋惜。至衣服上之装饰,虽衣襟、衣袖、烟袋、帽、帕各方面,均有刺绣,然不及苗瑶。唯在藏缅族中不算拙劣(康藏人艺术表现于宗教者极佳),但在衣服之装饰则不甚注意。僰族爱勇武,嗜狩猎,故打冤家时所穿之衣服(从前之铠甲)及现代妇女亲自缝绣之短袄,以及狩猎时所用之一切器具(如马鞍、马辔、马镫)等均精美绝伦。妇女所用之头、颈、耳、指、腕各方面之装饰品则均仿自汉人,相当简单。唯林惠祥氏曾述及僰族铜手环上之鸟形刻纹[林惠祥:《文化人类学》,灵作孚:《倮倮标本图说》(中央研究)],此次未曾发现。

普通绘画,当在木刻及经典上见之,大都为神像,或鸟兽虫之形矛。歌舞,在马边时曾一见之,但只有三男子对唱歌舞,音调无甚变动,姿势亦极呆板,较康人之歌舞更不能引人兴趣。僰族在平时严肃冷淡极少欢愉之□,缺乏表示欢乐的唱歌及活泼的姿势,或民族性使之然也。

乐器除原始民族流行最广之口琴外,他无所有;所有者由汉人传入之箫,及由汉人间接传入之月琴而已。

文学方面,如诗歌传说等,颇多蕴义,而大都为□勉个人努力进取之佳著,故常多为英雄传说变迁而来,唯流传已极少,大概一般笔母已不能负保存传布之责矣。戏剧则绝无所见,大概僰族对于此道,不甚擅长。甚好勇斗狠,为其族特性;表演英雄本迹的历史剧,当如康藏人之表演宗教的戏剧,不在少数,只有待将来之搜集耳。

四、结　论

此次调查为时极短,且放调查之范围,亦极有限,只限于雷波附郭一二百方里内之区域,遗漏滋多,只得留待将来。

所谓"治夷"之道,极难言也,虽有多端,要皆仁者见仁,智者见智,综历来主张,不外文治与武治,最近渐有主张用经济势力,垦殖方法,逐渐推进者护其所持见地,亦颇有充分之理由(《建设周讯》第七卷一八、一九期,及《雷马屏峨调查记》)。惟一问题之解决,必须有多方面之考量,文治亦须赖有武力之辅助,武力亦须有文治之善后,经济势力固为文化发展、人口增加、政治推动最有效的因子,如不善为利用指导,亦足以发生流弊。

1. 武力

用武力以征服㑩族有数种办法:(一) 杀一以儆百,使畏威而不怀德之㑩族,心怯胆寒;(二) 分化白夷,以夷制夷,使黑㑩势力减少蛰伏山中;(三) 将黑㑩大出驱凉山,流徙康藏,以黑㑩所居原有区域代以汉人。第一种为历来边疆官吏常抱之政策,但为效极微,且有时更养成㑩民报复之心理,在汉人威尽之时,复来侵犯。第二种为邓秀廷旅长所用之政策,西昌一带稍有宁日者赖有此耳。然白㑩之教育、生产问题,黑㑩之同化问题,均未计及。第三种则事实不允许,若勉强行之,亦必失败。但默察现在,主张用武力解决者十之八九,"陆军二三旅飞机十数架",即可填平凉山,杀尽黑㑩。事虽简单易行,然违背总理联合弱小民族共同奋斗之旨,且参考近代国家处置殖民地之政策,亦无此残恶办法者,且对此弱小民族,胜之亦不武,泱泱大国,似不宜采此末策也。

武力虽不能全奏肤功,但可为文治方面之协助,如清代之驻军置防,现代之设垦殖社,办保卫团,均可取法。盖黑㑩之叛变侵略,非军力之不足,实政治之失察,政治七分,军事三分,以军方保障政策之实行,在筹边政策中,固亦有相当之力量,但不能谓:"一用武力,蛮夷即从此慑服也。"

2. 文治

文治者侧重文化政治之谓,然无文化之政治,其基础亦不稳固。如昭觉设县,县官不能运使其职权,即其一例,其故由于完全㑩化之区域内,施行完全汉化之政治,则其费力多而收效寡也,政治虽与文化并重,然文化宜先于政治,盖政治易而文化工作难也。

开发边疆资源,首重交通,然开发边疆文化,亦首重交通。经济开发,附带及文化因子在内,然须看其开发之方法如何? 盖所请文化者,固不仅为生产之技术、生存之物质的条件也。

交通便利至少可以增加贸易、旅行及垦殖之人数,货物之往来,语言之沟通,信仰与行为之演变,风尚俗习之更迭,皆由于此。如能打破种族间之隔阂,而互相通婚,则同化之问题可谓已完全解决,但此绝非政治和军力所能强迫之也。至于正式军队之推进,教育之普及,政治之深入,非交通莫办,交通为文化之先驱,政治之初步也。

治边者每每欲令边民勉为改装,剪发与洗澡等事,其实此种事最无足轻重,无用强迫,一有机会,便能自动为之。随非其受自然环境之限制而不能为也,最困难者,为根深蒂固之遗训,习惯法与社会组织,如令西康人嫁一汉人易,而令其废止多夫之制难也,令其为中国政府官吏易,令其不信喇嘛教不尊重喇嘛难也,非至生死利害关头,决不轻易放弃。

僰僰与西康人虽同为藏缅族,但种族成见,社会阶级,均校康人为严,固同化之困难,恐较康人为甚。唯宗教的信仰与行为,不如康人之坚固强凝;宗教的组织与系统,亦不若康人之源远流长;至于艺术,不论绘画、雕刻、歌舞、戏剧,无一不拙劣粗陋,在一方面观之,其民族固有一犷悍好勇斗狠之特质而不易与他族同化,然在另一方面观之,人类无一不爱好美善,无一不要求娱逸,无一不追寻想象,无一不嫌恶现实。故宗教与艺术,影响于低化民族之精神生活者甚巨,在疏漏灭列之僰族精神生活间,正可单刀直入,设法引诱之,刺激之,慰安之,故僰民汉化之入手办法,即在于此。唯须同时注意者,畜牧农林以及医药卫生等知识技能,亦须时时顾及之也。

我国至今尚无中心的宗教信仰,实为同化边区民族最大困难之点,虽有传统的儒家思想,勉为宗教式的运用,略能逐渐推行,然所谓汉文化对于边徼民族效力甚微。其实汉代以后之所谓汉文化,已杂有他族在内,而所谓已受汉化之边徼民族,亦仅仅奉巫教之苗瑶群,奉萨满教之通古斯群而已。而奉回教之回教徒,奉喇嘛教之康藏群及蒙古群,以及奉佛教之挥泰群,终于所谓汉文化者隔膜。故我国同化诸民族之先决问题,当先产生一种新的宗教。

此种新的宗教当不能与原来该民族所奉者冲突,而且可以弥补其缺憾,策劝其进取,以艺术欣赏陶冶其情感,以技术改良增加其知能,以一中心的民族思想,锻炼其个人意志,灭泯其种族成见,消毁其阶级区别。此种思想当有宗教教义之严肃与正确,此种新的宗教,不仅为一种口号,不仅为一种标语,亦不仅专为某阶级、某民族作为曲解之条文,负此种教导之责任者,当具欧美传教师之精神及人格,政府当保障之,军队当协助之,政治家当追随之。须先视该民族之文化营养如何,然后确定其对于该民族之组织,训练与活动之取向。

(原载于《西南边疆》1941 年第 13 期,第 6—18 页)

《国风》与春秋时期的北方地域文化

颜世安[*]

摘　要:《诗经》十五《国风》的地域文化特点是一个古老话题,也是现代《诗经》研究中的热点。但迄今为止的《国风》地域文化研究,始终未能涉及它与底层民间风俗的关系问题。同《楚辞》相比,《国风》显示出文化风格的一致性。这一对比常被理解为,楚地风尚独特,人民信鬼好巫;北方则若一整体,民风质朴。十五《国风》跨越从今陕西到山东的许多地区,各地不可能没有各自不同的民间风俗和宗教信仰,但这些特点没有在《国风》中得到表现。究其缘由,盖与北方封国的文化传统有关。具言之,北方封国注重宗法,语言雅驯,排拒地方怪力乱神。《国风》虽走出庙堂,歌咏日常生活的喜怒哀乐,但仍延续雅言文化的这一传统。

关键词:国风　地域文化　民俗

　　《诗经》有十五《国风》,所涉地域横跨北方广大区域。中国古代学者已注意到《国风》的地域特点问题。现代学术研究在此问题的认识上又有进一步推进,但关于其中一些基本情况,现在也许要重新回到起点加以思考。比如说,《国风》到底在何种程度上表现了各自的地域文化? 地域文化可分不同层次,上层社会因政治传统和地理环境差异形成的文化风格、趣味喜好,也是地域文化。但土著居民的风俗与信仰,更能表现地方生活的灵魂。迄今为止,学界的《国风》地域文化研究者总结各国《风》诗特点,大抵是属于上层贵族文化的风格。那么《国风》有没有表现民间风俗意义上的地方文化,如果有的话,又在何

* 颜世安,1956年出生,江苏南京人。南京大学历史学院教授,代表作有《庄子评传》《〈国风〉与春秋时期的北方地域文化》《肯定情欲:荀子人性观在儒家思想史上的意义》等。

种程度上表现了这样的地方文化？这些都是需要重新研究的问题。

从中国古代起，学者始终有一倾向性看法，即认为与《楚辞》比较，《国风》有一种整体性的风格，由此引申出所谓《风》《骚》对举问题。这一看法在现代学术界仍占据主流地位。这可能表明一个事实，即《国风》虽有地域特点，但更重要的是它在文化风格上的一致性。为什么十五《国风》有不同的地域特点，基本文化风格却又显示一致性？这是一个具有深广内涵的问题。自新石器时代以来，中国北方的广大区域便孕育出不同的地方风俗与信仰。春秋前中期是《国风》产生的时代，那时的贵族诗歌作者，一面走出庙堂，用诗歌抒写日常生活中的个人感情，表现出各地不同政治风格、地域特点；另一方面，他们似乎又都受到北方贵族雅言文化传统的影响，很少触及地方性的民俗信仰。这样一种复杂的情形，同时涉及《国风》的地域特征与民间风俗文化、北方贵族文化传统的关系问题，需要进行新的思考和探究。

一、《国风》地域文化研究所面临的问题

我们知道，《国风》所涉及的区域，自西向东大致分布如下：《秦》《豳》在甘肃东、陕西中北部，《周南》《召南》在陕南至汉水、长江流域，《唐》《魏》在晋中、南部，《王》在豫西，《郑》《桧》在豫中、南部，《邶》《鄘》《卫》在豫北、冀南，《陈》在豫东、皖西，《曹》在豫东、鲁西南，《齐》在鲁中、北部。以春秋初期的政治地理看，以上地域大体分属八国，①分布于黄河中上游到下游及汉水、淮河流域。

十五《国风》涉及广大区域，是不同地域、不同社会环境下产生的诗歌。先秦和两汉文献提到《国风》，有时就说到不同地域风格问题。最早如《左传》襄公十五年季札在晋国谈论各国音乐，就包括对诗的评论。②《毛诗序》（以下简称《诗序》）把"风"界定为教化和讽谏，但在将风、雅对举时说："是以一国之事，

---

① 分别为东周（《周南》《召南》《王风》）、秦国（《秦风》《豳风》）、晋国（《魏风》《唐风》）、郑国（《郑风》《桧风》）、卫国（《邶风》《鄘风》《卫风》）、陈国（《陈风》）、曹国（《曹风》）、齐国（《齐风》）。

② 元代吴澄说："《风》因诗而为乐，《雅》《颂》因乐而为诗。"（吴澄：《吴文正集》卷1《四经叙录》，《影印文渊阁四库全书》第1197册，台北：台湾商务印书馆，1986年，第5页。）刘大杰讨论《诗经》时曾引述此语，并表示赞同。［参见氏著：《中国文学发展史》（上），上海：复旦大学出版社，2011年，第24页。］《国风》"因诗而为乐"，则诗歌是音乐的基础，论乐必本于诗。

系一人之本,谓之风;言天下之事,形四方之风,谓之雅。"①雅是"四方之风"天下正音,风是一国之音,则是有地域特点的意思。不过古人论十五《国风》区域特征,基本是说各地不同政治传统。无论季札论乐,还是《诗序》"是以一国之事,系一人之本,谓之风"之说,都是讲政治风尚。《汉书·地理志》所论丰富一些,有时说到生活环境与民风,主要也是说各地政治传统。

现代学术界的《诗经》研究,近几十年开始注意到《国风》的地域文化特征。赵沛霖在回顾20世纪《诗经》研究史的专著中辟《文化意识与〈诗经〉研究》一章,指出从20世纪八九十年代开始,《诗经》研究开始注重文化视角,注意十五《国风》不同的地域文化特征。如该章所引许志刚《诗经论略》,认为十五《国风》受周代礼乐文化和地域文化、部族文化不同程度的影响,其中《周》《召》二南受礼乐文化影响大,《齐》《唐》《曹》《卫》受礼乐文化和部族文化的混合影响,《卫》风则受当地传统的商文化影响较大。② 这样的研究,超出古人的视域,注意到十五《国风》的不同风格,不仅是政治传统问题,也是地方文化的问题。类似论著不少,一些研究《诗经》的著作,通常都会由地域文化入手,解释各国《风》诗的特点。同时有不少单篇论文,以《国风》地域文化特征为题,或通论,或专论某国。凡此种种,形成最近三十年来《诗经》研究中的一个热点问题。

迄今为止,对《国风》地域文化的研究已取得颇多成绩。学者从各个方面总结《国风》体现的地域文化特征,如《豳风》重农,《秦风》慷慨尚武,《陈风》神秘浪漫,《郑风》多情奔放,《齐风》尚奢,等等。各家所说侧重不同,但对各国诗风特点的见解则大体相似。可是有一个问题现在值得提出讨论:《国风》的地域文化研究,实际上一直未曾涉及各地的民间风俗与宗教信仰,学界总结的《风》诗地域文化特点,大体属于社会上层和贵族风格。众多研究视角不同,但研究层次一样。究其原因,并不是这些研究者功夫不到,而是《国风》本身特点就是如此。这是现在研究《国风》地域文化需要注意的问题。何以十五《国风》跨越那样大的区域,却大体只有贵族文化风尚的区别,而甚少表达民间风俗文化的特点呢? 当然,贵族文化风尚的不同也是地域文化的差别。一国的诗歌作者,生活在特别的区域,那里的自然环境、气候风貌等,影响到文学抒情,就

---

① 毛亨传,郑玄笺,孔颖达疏:《毛诗正义》,阮元校刻:《十三经注疏》,北京:中华书局,1980年,第272页。

② 赵沛霖:《现代学术文化思潮与诗经研究——二十世纪诗经研究史》,北京:学苑出版社,2006年,第155,169—170页。

形成所谓《齐风》舒缓阔达，《秦风》质朴雄武，"二南"优美明媚等特点。这当然都是地方风格，但总觉比较浅显，难以看出《国风》中有孕育于地方生活的信仰和灵魂。这样说，不是凭想象提出标准，而是有真实的样本，这个样本便是《楚辞》。《楚辞》晚于《国风》二百多年，与《国风》一样也是地域邦国的作品。可是《楚辞》的写作，便能表达民间风俗信仰。学术界的《楚辞》研究流派纷呈，但许多学者都同意《楚辞》的风格、精神与地方风俗、宗教之间存在紧密关系。这就与《国风》的地域文化研究，主要见解始终归结为上层文化风格的结论大不相同。《国风》的现代研究，看似突破了古人论《国风》地域特点的眼光，却让人想到，古人的见解也许已经抓住了问题的核心，各国《风》的差别，只是不同政治传统的表现。底层民间的生活经验，以及这种经验中形成的风俗和信仰，在《国风》中其实很少得到表达。

与《国风》上述特点相关，学术界常有一种见解，即视《国风》为一整体，将其与《楚辞》相比较。这是自古就有的一种说法，以风、骚对称，"五四"以后的现代学术界继承这一见解，并形成某种共识，以《国风》代表北方文化，《楚辞》代表南方文化。关于北、南文化的不同，学界有许多说法，其中最常见的观点是：《国风》所体现的北方文化是人文的和质朴的，《楚辞》所体现的南方文化是浪漫的和神秘的。这样的对比是有道理的，把握住了北方与南方文学客观上的分野。但这个近乎共识的分野也让我们看到一个事实，即十五《国风》的地域文化研究，只能说出一些比较浅层的文化风格特点。实际上，《国风》中更深刻的东西是它的一致性，是它的共同人文取向和世俗情感。这种世俗情感，来自各国《风》诗作者文化趣味的相似性。不同邦国的诗歌作者，都受到地方环境的影响而有不同趣味喜好，但在基本价值观、思维方式上，《国风》是大体相似的。这是《国风》可以作为整体与《楚辞》比较的基础，也是《国风》地域文化研究未曾给人留下深刻印象的原因。

《国风》文化风格可视为整体，但这并不意味着北方黄河流域各地的地域文化差别不大。《国风》没有表现各地多样化的民间风俗、宗教信仰，不可视为各地没有这样的风俗信仰，而是因为特别的原因，各地的《风》诗未曾表达。北方黄河流域各地没有独特的风俗信仰，这在常理上就是不可能之事。春秋时期，北方各地的土著居民有自己的宗族，以各自的"社"聚集族群，必有地方性神巫活动，如年终的祭祀或季节性的娱神之类。《论语·乡党》记孔子观看"乡人傩"，《礼记·杂记下》记子贡观岁终蜡祭，见"一国之人皆若狂"，都是地方居民的娱神巫术活动。北方各邦国不会没有神灵巫术的地方土风,但是文献却很少记录,这可能是问题所在。战国时集权国家形成,开始以编户的方式管理民间,原来属于氏族群体的民间宗教,或在氏族解体过程中趋向式微,或因集权国家组织秩序的打压而沉沦。《管子·牧民》:"不明鬼神,则陋民不悟;不祗山川,则威令不闻。"《牧民》是战国时齐国文献,反映当时治国思想。集权国家需要"明鬼神,祗山川",否则"陋民"就会乱敬地方杂神。《史记·滑稽列传》所记西门豹治邺,即表现了战国时国家政权对地方巫神的打压。战国以后国家组织对地方社会大力整合,导致文献中甚少见到地方信仰,而只是偶尔有一些零散记录。《史记·封禅书》:"秦并天下,令祠官所常奉天地名山大川鬼神可得而序也。"①这大概就是战国时各东方国家形成的"明鬼神,祗山川"祭祀系统,被秦接手过来。② 同书又说:"郡县远方神祠者,民各自奉祠,不领于天子之祝官。"③这些官方不过问的民间神祠,应该就是保留下来的没有被国家宗教消灭的民间杂神。可是这些民间主祭的"远方神祠"有何内容,已经不得而知。《山海经·五藏山经》记录各地山神灵怪,还有巫师祭祀,是否保留了一些地方的神灵信仰,还不能确定。④ 近几十年北方出土简书,有一些战国至秦时民间宗教的资料,学界已进行初步整理,但还只是一些比较零散的材料。总之,春秋战国时代北方神灵信仰的情况怎样,文献没有系统记录,只有零星偶语,这大概是一些学人觉得北方少有各地独特风俗信仰的原因。

讨论《楚辞》的学者说,南方那种高山大泽、云烟变幻的自然环境,宜于产生神灵巫术的信仰。⑤ 这当然是不错的,但不能因此认为北方黄土高原和华北平原水泽云烟较少,就没有神灵巫术。北方黄河流域各地地貌环境生态条件皆有不同,各地居民自新石器时代以来,当就在自己的生存环境中,孕育各

---

① 《史记》卷28《封禅书》,北京:中华书局,1959年,第1272页。

② 诸侯祭祀境内名山大川,战国以前已出现。《史记》卷28《封禅书》:"自五帝以至秦,轶兴轶衰,名山大川或在诸侯,或在天子,其礼损益世殊,不可胜记。"(第1272页)战国时代集权国家的祭祀系统,一面继承前代礼仪,一面有"明鬼神,祗山川"以整齐人民的设想,当有新的损益。所以秦所继承的东方名山大川祭祀系统,可理解为战国时形成。

③ 《史记》卷28《封禅书》,第1278页。

④ 袁珂认为,《山海经》的内容是原始社会末期酋长兼巫师的人口述而世代相传下来的。(参见氏著:《山海经全译》,贵阳:贵州人民出版社,1991年,第6页。)可是看《五藏山经》所记各地山神灵怪,形状都是人与鸟、兽的组合,似乎已是经过某种类型化整理,未必是各地原始神灵信仰。所以《山海经》资料的性质现在还难以确定。

⑤ 刘大杰:《中国文学发展史》(上),第67页。

自的地方性风俗与信仰,这是当然之理。除非我们相信,北方各地居民在商周时代,在文化上已经逐渐一体化。这在社会下层很少有相互交流,即使上层贵族相互交流也不多的时代,根本是不可思议的。因此,《国风》中不见地方性的风俗信仰,其原因当不是北方地域文化在春秋时代已经一体化,而是创作诗歌的北方各国作者,因某种原因不像楚国贵族那样深入民间文化,表达出对地方元素的领悟和热爱。这或许是研究《国风》地域文化特征问题,以及《国风》与《楚辞》不同特点问题的一个关键。

二、《国风》甚少表现民间风俗信仰

当然,说《国风》没有表达地方性的风俗信仰,只是说基本特征。这个问题需作一些具体讨论。来自民间的宗教信仰、民俗风尚,这些最能表达地方感情和观念的元素,在《国风》中是不是完全没有体现? 如果有,是怎样的体现? 我们以《国风》地域文化研究中最受关注的焦点——《陈风》中的巫风、"郑、卫之音"的情歌——作为主要例子具体分析一下,看这些诗歌究竟多大程度上表现了地方性的文化。

《陈风》中的《宛丘》《东门之枌》描写了巫舞,研究《国风》的学者通常认为陈近于南方(今豫东皖西)而民间巫风盛,由此理解《陈风》表现的地域文化。但是这两首诗究竟何种意义上表现了民间的风情,还需具体讨论。先看《宛丘》:

> 子之汤兮,宛丘之上兮。洵有情兮,而无望兮。
>
> 坎其击鼓,宛丘之下。无冬无夏,值其鹭羽。
>
> 坎其击缶,宛丘之道。无冬无夏,值其鹭翿。

这是描写一个人或一些人在丘地歌舞,《诗序》:"刺幽公也,淫荒昏乱,游荡无度焉。"[①]"子"是否为陈幽公,后人一直有疑问,朱熹《诗集传》说:"子,指游荡之人也。"[②]这样不确定到具体某人,是稳健的看法。但有一点是肯定的,即这歌舞之人是贵族人物,非底层民众。清人方玉润说得清楚:"乐舞非细民

---

① 《毛诗正义》,阮元校刻:《十三经注疏》,第 376 页。

② 朱熹注,赵长征校:《诗集传》,北京:中华书局,2011 年,第 105 页。

所宜,威望亦与庸众无关。"①诗歌主旨是刺舞者放荡,虽然有情,却无雅望,不令人敬重。这指的是贵族,应该是没有问题的。《宛丘》中的歌舞并非民间巫舞,而是述说陈国贵族沉湎于乐舞,《汉书·地理志》解释其来历说:"陈本太昊之虚,周武王封舜后妫满于陈,是为胡公,妻以元女大姬。妇人尊贵,好祭祀,用史巫,故其俗巫鬼。"②这个解释一向被古今论者信从。此种风尚是否来自胡公妻子一人,其实是有疑问的,此处不论。需要注意的是,这是陈国上层贵族的风尚,无关乎民间的生活经验,所以不能认为表达了地方性的风俗文化。

《东门之枌》有些不同:

> 东门之枌,宛丘之栩。子仲之子,婆娑其下。
>
> 榖旦于差,南方之原。不绩其麻,市也婆娑。
>
> 榖旦于逝,越以鬷迈。视尔如荍,贻我握椒。

《诗序》说:"幽公淫荒,风化之所行,男女弃其旧业,亟会于道路,歌舞于市井尔。"③是说因陈幽公淫荒,影响到民众风尚。这解释出自《诗序》作者对"风"政治意义的理解,④并非事实。民间风尚形成当有地方生活的根源,不可全归于上层影响。但说此诗表现了民间风尚,则是对的。诗歌说,在东门、宛丘的树荫之下,有"子仲之子"巫舞婆娑,引起男女聚观,相互期会,又有赠物以示爱悦。⑤诗中"榖旦于差","越以鬷迈","视尔如荍,贻我握椒"诸语,解释颇有分歧,但大体应是来自民间风俗。所以,说《东门之枌》中可见陈国地方风俗是有道理的。但关键要注意,《东门之枌》作者写民间巫舞和人民围观,是一种旁观的批评的态度。"不绩其麻,市也婆娑"是对舞者的批评,这一点古今释诗者基本意见一致。《东门之枌》虽写到民间风情,但作者却立足于雅文化立场,对此民间风情自觉保持距离。东门和宛丘树荫之下的巫舞群聚,在诗歌里表达为不务正业和败坏风尚。这样的立场,便与民间风情拉开了距离。

再看郑、卫情歌,这是《国风》地域文化研究中最受重视的部分。各国之

---

① 方玉润撰,李先耕点校:《诗经原始》,北京:中华书局,1986年,第281页。

② 《汉书》卷28下《地理志下》,北京:中华书局,1962年,第1476页。

③ 《毛诗正义》,阮元校刻:《十三经注疏》,第376页。

④ 《诗序》:"《关雎》,后妃之德也,风之始也,所以风天下而正夫妇也。故用之乡人焉,用之邦国焉。风,风也,教也,风以动之,教以化之。"(《毛诗正义》,阮元校刻:《十三经注疏》,第269页。)"风"是风教,陈幽公"风"不正,影响到民间男女。此为《诗序》的思路。

⑤ 解释从方玉润《诗经原始》,后面的几句说法颇有不同解释,但表达民间风尚是无疑的。

《风》皆有情歌,但郑、卫情歌尤其引人注意。古代文献以"郑、卫之音"为"淫",现代学术打破儒家标准,以日常生活的感情和眼光看《国风》情歌,往往赞其情感真挚、大胆奔放。说到地方文化特点,则认为郑、卫情歌表达了地方风情。但《郑风》与《卫风》其实是不大一样的,二者究竟何种意义上表现了地方风情,需分开讨论。

《卫风》(含《邶》《鄘》)情歌数量多,情感幽郁优美,且多女子诗歌,与各国情歌相比,为一大特色。陆侃如就曾说,卫国是中国古代女性文学的发源地,这一点很是值得书写。但是《卫风》情歌的特点,如同《秦风》之质朴雄武、《齐风》之开远辽阔一样,都是贵族诗歌的风格,不是民间的风情。前辈学者朱东润曾说,《卫风》中贵族妇女的诗歌,表达了特别的幽郁,[①]这样的感情显然不是出自草野。除女性诗歌,卫诗情歌中较引人瞩目的是《鄘风·桑中》,此诗自古被认为是卫风"淫"的代表作。现代学者研究国风地域文化,则认为此诗表现了卫国男女自由聚会的地域风情:

> 爰采唐矣,沬之乡矣。云谁之思,美孟姜矣。期我乎桑中,要我乎上宫,送我乎淇之上矣。
>
> 爰采麦矣,沬之北矣。云谁之思,美孟弋矣。期我乎桑中,要我乎上宫,送我乎淇之上矣。
>
> 爰采葑矣,沬之东矣。云谁之思,美孟庸矣。期我乎桑中,要我乎上宫,送我乎淇之上矣。

诗中写男女相约于"桑中",这个地名似乎是一个关键。《墨子·明鬼》:"燕之有祖,当齐之社稷,宋之有桑林,楚之有云梦也,此男女之所属而观也。"这里说到几个邦国都有民间男女聚会的场所,应该都是各地的民俗风情。有学者就认为,"桑中"就是"桑林",此诗写的是卫国的民俗聚会。可是《桑中》主人公相约的孟姜、孟弋、孟庸著明姓氏,都是贵族妇女,明明是贵族男女相互邀

---

① 朱东润《诗心论发凡》:"吾国妇女之幽郁,几成特性,近十年来,虽略有迁移,而风习犹存,未经大变。求诸昔日之文学,则作家如李清照、朱淑真,文学中之人物如冯小青、林黛玉,皆此类也……春秋之时,鲁、卫为文化最盛之地。卫之贵族妇女,幽郁之性特甚,今见于《邶》《鄘》《卫》之诗者,如《柏舟》《绿衣》《燕燕》《日月》《终风》《泉水》《载驰》《竹竿》《河广》之篇,盖无往而不充满涕泪。"(氏著:《诗三百篇探故》,上海:上海古籍出版社,1981年,第121页。)

约。①《明鬼》说"宋之有桑林",不是说卫国。"桑中"之名应与"桑林"无关。也许有另一种可能,"桑林"是男女相会,歌舞热闹之地,名气甚大,诗歌作者借"桑中"之名喻桑林,暗指男女情会之地。但就算如此,"桑中"也只是隐喻,不是实指民间的男女聚会。所以总体说来,卫国情歌多,感情真挚,有《桑中》这样的明快大胆,有《静女》这样的衷心表白,有女性诗歌的幽怨妩媚,在《国风》情歌中十分引人注目。但若说卫国情歌表达了地方风情,则不切当。

真正表现了一些地方风情的,是郑国情歌。在《国风》地域文化问题上,《郑风》特别值得关注。《郑风》与《卫风》情歌的不同,朱熹已经指出,他说:

> 郑、卫之乐,皆为淫声。然以诗考之,卫诗三十有九,而淫奔之诗才四之一。郑诗二十有一,而淫奔之诗已不翅七之五。卫犹为男悦女之词,而郑皆为女惑男之语。卫人犹多刺讥惩创之意,而郑人几于荡然无复羞愧悔悟之萌。是则郑声之淫,有甚于卫矣。②

《郑风》之"淫"胜于《卫风》,特点不只是数量多,更重要的是"女惑男","荡然无复羞愧"。这里的儒家标准,且不去说它。《郑风》的一些诗,确实是表达了民间社会男女爱悦的风情。其中《溱洧》写到民间男女季节性聚会的风俗,尤其值得注意:

> 溱与洧,方涣涣兮。士与女,方秉蕳兮。女曰观乎,士曰既且。且往观乎,洧之外,洵訏且乐。维士与女,伊其相谑,赠之以勺药。
>
> 溱与洧,浏其清矣。士与女,殷其盈矣。女曰观乎,士曰既且。且往观乎,洧之外,洵訏且乐。维士与女,伊其将谑,赠之以勺药。

春季来临,溱水与洧水水流浩大而清澈,象征冬季过后生命的复苏。河水两岸许多青年男女相聚,嬉戏谑语,互赠芍药。这是一个生气蓬勃的乡野情爱盛会,这种聚会是郑国民俗,汉代文献已经说到。《韩诗内传》:"'溱与洧'悦人也。郑国之俗,三月上巳之日,于两水上招魂续魄,拂除不祥。故诗人愿与所悦者而俱往观也。"③这里所说的具体仪式与《溱洧》对不上,《溱洧》并无"招魂

---

① 陈子展说:"《桑中》,是揭露卫国统治阶级贵族男女淫乱成风之诗。……诗中孟姜、孟弋、孟庸正指世族妻妾。所谓桑中、上宫、淇水之上,正指窃色偷情之地。所谓采唐、采麦、采葑,或是作者为淫奔者掩人耳目的托词……"(氏著:《诗三百解题》,上海:复旦大学出版社,2001年,第163页。)
② 朱熹注:《诗集传》,第72页。
③ 转引自陈子展:《诗三百解题》,第343页。

续魄,拂除不祥",但《溱洧》所写男女聚会是郑国民俗,应该没有问题。这一点,也是现代学者一致认可的。这首诗写到民间青年男女聚会的热闹和欢悦,作者的态度是喜乐和欣赏的,这一点很重要。① 因为喜乐和欣赏,简短描写中才传神地表达出民间男女的欢欣之情,后世读者才能感受春日河边那种野性的青春气息。此外,《褰裳》可能也是写溱、洧二水边的男女聚会:

> 子惠思我,褰裳涉溱。子不我思,岂无他人。狂童之狂也且。
> 子惠思我,褰裳涉洧。子不我思,岂无他士。狂童之狂也且。

诗中说到"涉溱""涉洧",又说"岂无他人",好像男女之间可以随意选择,"狂童之狂也且"则像是《溱洧》所说的"伊其将谑"。方玉润评《溱洧》:"在三百篇中别为一种,开后世冶游艳诗之祖。"②现在把《溱洧》和《褰裳》合起来看,《国风》情歌中可称"艳诗"的,或许还有,可称"冶游"(民间风俗会)的,确乎只此二首,确是"别为一种"。除此之外,《山有扶苏》和《狡童》写"女惑男"的调情戏谑,有学者因其"谑"而疑为溱、洧水边的聚会,这就难说了,姑存疑。但女子这样对喜爱的男子表达戏谑和怨怼,率情无肆(朱熹所谓"荡然无复羞愧"),很像是民间歌谣的风格,与《卫风》那样的"幽郁"很不同。

在《国风》中,《郑风》的情歌是很特别的,真的是表达了民间的"冶游"风情。这点正说明《国风》总体上表现民间风情其实不多,不似想象中那样普遍。《郑风》何以特别?下面分析。现在有一个问题先需讨论,自人类学和民俗学的方法引入《诗经》研究,一些论著对《国风》表现民间礼俗和宗教有大胆推测。这些研究很有意义,特别是对一些语词背后的民俗来历进行的探讨,拓展了学界的视野。但同时也有一些有影响的研究,所得结论还有待商榷。我们以孙作云先生《〈诗经〉恋歌发微》(以下简称《发微》)③为例,检讨一下这个问题。这篇论文发表较早,影响很大,现在已经是民俗学《诗经》研究的一个典范。文中提出的一些观点,如古代民间有"祭祀高媒""上巳节"习俗等,在《诗经》研究论文中被经常引用,似已是学术上可以确认的事实。但这些古代民俗究竟怎么回事,是否可用于解释《诗经》,却有进一步讨论的必要。选这篇论文讨论还

---

① 作者是去参与溱洧两岸的情爱盛会,还是去旁观热闹,不能确定,自来有两种理解。朱熹说参与,方玉润说旁观,陈子展也说旁观。但不论参与还是旁观,作者是欣赏与喜乐的,这一点没有疑问。

② 方玉润撰:《诗经原始》,第 226 页。

③ 孙作云:《〈诗经〉恋歌发微》,《〈诗经〉研究》,开封:河南大学出版社,2003 年,第 288—291 页。以下凡引孙作云观点均出此文,不再另行标注。

有一个原因,即在用民俗学方法研究《诗经》的论著中,这篇文章有老派学者的严谨,重视文献依据,而非那种根据理论推演和人类学资料类比的论著可比。所以此文既对后来研究者有诸多启发,也能引出值得认真思考的问题。

《发微》首先引述《周礼·地官》《管子·入国》《毛诗传》《礼记·月令》《史记·殷本纪》等文献,说明古代社会有仲春之时会合男女的习俗,古人祭祀"高媒"求子,以及临水洗涤求子的风俗,就是在此时举行。按《礼记·月令》及郑玄注,祭祀高媒与简狄临水吞玄鸟卵的传说有关,简狄传说又与水边洗浴生子习俗有关,孙先生据此推测:古人祭祀高媒与临水洗浴,常在同一时期举行,渐渐演化成后世三月上巳节临水祓禊的风俗,并由求子的仪式演变为一般性的士民游乐。

由文献记载勾勒出古代有祭祀高媒和临水祓禊的习俗,《发微》进一步认为,《诗经》中许多恋歌,都是在这种情况之下唱出的。文章列举有十五首,都与这个水边求子的习俗有关。其中四首在《郑风》,八首在《卫风》,三首在"二南"。这一看法就有些问题了。《郑风》中的《溱洧》确实是写春天水边男女相会的风俗,《褰裳》也可能与此风俗有关,《发微》对这两首诗的判断是有道理的。可是接着提到《蛟童》和《山有扶苏》就并非如此,因为其中既没有写到水边,也没有多人聚会,只是因为有女子对男子的戏谑,可以对应《溱洧》说的"伊其将谑",就推断与水边聚会的风俗有关,这是很勉强的。这两首诗,更像是一对男女之间的调笑戏语,不像盛大仪式中发生的故事。当然不能断言这调笑一定不在盛大仪式中,但这样的推论如果流行,则《国风》中许多短句片段,都可以作出各种民俗或宗教仪式的想象。这正是民俗学《诗经》研究容易产生的问题。《发微》接着讨论《卫风》说:"卫国的恋歌多集中在淇水,其数量竟达到八首之多。"在淇水唱出的恋歌,便与"临水祓禊"的民俗仪式相关?这实在是很勉强的推测。其中有的诗,如《淇奥》说"瞻彼淇奥,绿竹猗猗,有匪君子,如切如磋",又说君子"充耳琇莹,会弁如星"。这从诗句就可判断写的是贵族青年。又如《竹竿》说:"泉源在左,淇水在右。女子有行,远兄弟父母。"是写女子出嫁,都可确定与祓禊仪式无关。看上去最有关联的是《桑中》,像是淇水边上的男女聚会。但前面已经分析过,这首诗中的"孟姜""孟弋"已告诉我们,它反映的并非民间男女之间发生的故事,而是贵族圈子里的故事。总之,恋爱婚嫁之事讲到淇水,可以有很多原因,不能因为是水边,就想到一定是春天临水洗浴的仪式。

　　《发微》不仅推测《国风》中十五首诗歌与临水洗涤求子仪式相关颇为勉强，而且对古代祭祀高媒、临水祓禊仪式的讨论，虽富有启发，但也有一些疑问需要进一步探讨。"高媒""上巳节"在当下的《国风》民俗研究中常被提到，好像已是被确认的古代民间礼俗。孙先生所引文献，是《周礼·地官》《管子·入国》《礼记·月令》等。这些都是战国到汉代的文献，其中提到的礼俗固然有古传的根据，但这两种文献有一个共同特点，即都是代王者设计制度。《月令》提到，仲春二月，天子亲率嫔妃前往祭祀高媒，这很可能是战国晚期学者依据某些古传风俗编制出来的国家礼仪。《发微》有一个基本假定，即在春秋以前就已有某种各地相似的民间礼俗。文章说，农业是有季节性的，春季是人们离开家庭，到野外生活劳作的开始。由此推论春季各地都有相似的民俗活动，如男女聚会，甚至推论这活动常在水边。这一推论或有道理，但问题在于，春秋以前各地居民有自己的氏族传统和风俗，不可能各地都祭祀高媒，都有临水洗浴求子的习俗。各地的地方习俗，一定是千差万别的。战国开始到秦汉，是氏族血缘组织消解，国家组织全面整合社会生活的时代，其中就包括消灭地方礼俗，由国家出面组织人民的礼俗。这样的努力未必全都成功，各地进展也不一样，但是从战国起这样的努力就开始了。《发微》所引《管子·入国》说：

　　　　凡国、都皆有掌媒；丈夫无妻曰鳏，妇人无夫曰寡，取鳏寡而合和之，予田宅而家室之，三年然后事之，此之谓合独。

　　作者引述此文，是想旁证《周礼·地官》所说，古代有"媒氏"掌管民间婚配，间接证明古代有"高媒"礼俗。可是由官僚体制中的"掌媒"来管理人民婚姻，这本就是战国时国家整合社会的一种努力。《管子·入国》说的正是这种努力，前后文讨论的是国家制度应该有怎样的民间管理："一曰老老、二曰慈幼、三曰恤孤、四曰养疾、五曰合独、六曰问病、七曰通穷、八曰振困、九曰接绝。"国家把人民生活的一切都管起来，其中包括"合独"（合婚独身男女）。实际上《发微》所引《周礼·地官》的一段，也是说国家体制管理人民生活，包括婚配：

　　　　媒氏掌万民之判。凡男女自成名以上，皆书年月日名焉。令男三十而娶，女二十而嫁。凡娶判妻入子者，皆书之。中春之月，令会男女。于是时也，奔者不禁。若无故而不用令者，罚之。司男女之无

夫家者而会之。凡嫁子娶妻，入币纯帛，无过五两。禁迁葬者与嫁殇
者。凡男女之阴讼，听之于胜国之社。

前面一节提到，战国时代有国家整齐宗教、消灭民间鬼神的努力；现在我
们看到，还有国家整齐礼俗的努力。照《地官》的说法，男女成年以后，皆书名
字年齿于官府典册，由"媒氏"之官安排婚配，而且婚配年龄有具体规定，这是
与《管子·入国》所说"合独"一样的思路，规划且更具体。这样的"媒氏"或有
古老民俗来源，但在《周礼·地官》和《管子·入国》的记述中，它已是官府制度
而非民俗，这是很清楚的。当然有一点也要注意，《周礼·地官》除了设计"媒
氏"之官掌管婚配，还保留了"中春之月，令会男女，于是时也，奔者不禁"，"凡
男女之阴讼，听之于胜国之社"这样一些民俗活动。① 这一说法有复杂的背
景，战国时代国家整齐社会，各国推行力度不一，学者意见也不一。大致是法
家主张彻底整齐，要求将人民生活的方方面面都纳入国家体制的管理之中。
儒家有主张教化转移风俗的，也有主张尊重风俗的。《周礼》深受法家影响，迎
合战国时势，设想国家全面管制民间社会，但毕竟出自儒家，还是保留了一些
尊重民俗的思想。

总之，《周礼·地官》《管子·入国》《礼记·月令》等文献提到的"媒氏掌万
民之判""仲春以太牢祠于高媒，天子亲往"等，不可理解为春秋以前的民俗，而
是战国秦汉时的国家制度设计。其中有古传民俗的因素，但不会是春秋以前
各地都有的制度。实际上各地有一致的礼仪风俗，这本身就是战国到秦汉时
的设想。上述这些文献表达的正是这种设想。祭祀高媒和临水祓禊是否真的
成了汉代以后各地的礼俗，还有疑问，从《发微》所引《汉书·外戚传》记汉武帝
"祓霸上(灞水边)"求子一段看，临水祓禊在汉代或成为皇家采用的仪式。汉
代文献中出现的"三月上巳"，似乎此后也是上层社会习用的仪式。这些礼俗
可能都有古老民俗的渊源，但我们在文献中看到的记录已经不是上古民俗，而
是战国整齐礼俗以后确定下来的风俗仪式。有一点可以确信，即在《国风》创
作的时代，不会有各国一致的临水祓禊风俗。《郑风·溱洧》表现了郑国春天
溱水洧水边男女相会的风俗，其宗教仪式是什么不得而知。《韩诗》说是上巳，

① 孙诒让认为："阴讼，争中冓之事以触法者。胜国，亡国也。"(孙诒让撰，汪少华整理：《周礼正
义》，北京：中华书局，2015年，第1266—1267页。)孙诒让广引文献，证明"胜国"是亡国，这是非常重要
的考证。亡国之社，就是当地居民原先所属的社。

这是以战国秦汉以后建立的礼俗,倒过来解释春秋时代多元化的地方民俗,很不可靠。

孙作云的《发微》,是以民俗学眼光探讨《国风》情歌与地域民俗关系的代表作,在学界很有影响,对农业季节性生产与《国风》的关系,高禖、洗浴和祓禊的探究都富有启发。但总的来说,这一研究关于《国风》情歌背后到处可见季节性地方风俗的论断的证据并不充分。《发微》一文是很注重文献依据的,相比之下,有些人类学或民俗学眼光的《国风》研究,想象的成分更大。如法国学者葛兰言《古代中国的节庆与歌谣》,据说是以人类学方法研究《诗经》的开山之作。该书译为中文后,对国内学界《诗经》研究有不小影响。该书的主要观点是,《诗经》中的情歌都是在上古仪式集会的场合唱出,这些仪式是季节性的,在山麓或河边举行。作者针对的是中国传统经学把《诗经》情歌解释为正统道德说教,认为应该归为民间歌唱,这有一定道理。可是在具体讨论中,把有些情歌归为"是在舞蹈者集团中创作出来",有些情歌是"以到山丘或河边远足为主题","从季节性节日的仪式中产生",①则全是出于推论,没有什么证据。如《山川歌谣》一节,选了几十首内容涉及水边或山边的诗歌,然后得出结论说,古代一定有大规模的乡村集会的习俗,这些集会在河岸或山上举行。②这里最大的问题是,凭什么认为这些诗歌背后有大规模乡村集会? 在所选诗歌中,我们几乎都看不到有关证据,所以这些认识完全是出于推想。

民俗学和人类学方法引入《诗经》研究之后,学界已经出版了不少相关论著。这些研究在拓展学界视野方面有其贡献,但是其中存在的泛民俗化和泛宗教化倾向需要引起注意。③《国风》中情歌婚恋歌及其他乡村生活的歌唱,多数是世俗生活主题的,这一点基本可以确定。这些诗歌中的一些语词,可能反映了古老的民俗,但是与民间的地方文化是什么关系,还有待研究。因为贵族阶层的生活仪式,也有古老的民俗来源。从主要内容看,《国风》诗歌很少说到地方的宗教与风俗,所以说《国风》表现地域文化是很有限的。

---

① 葛兰言:《古代中国的节庆与歌谣》,赵丙祥、张宏明译,桂林:广西师范大学出版社,2005 年,第 17 页。相关论证分别见第 1 章《乡村爱情》一节和《山川歌谣》一节。

② 葛兰言:《古代中国的节庆与歌谣》,第 115 页。

③ 参见赵沛霖:《现代学术文化思潮与诗经研究——二十世纪诗经研究史》,第 253 页。

三、《国风》风格与北方贵族文化传统

《国风》何以甚少表现民间风俗意义的地域文化,有一个原因直接相关,即《国风》的作者群大体是贵族阶层。学界曾长期存在一种看法,认为《国风》是民间歌谣。这种看法自古就有,在现代学界仍有影响。至 20 世纪 30 年代,朱东润发表《国风出于民间论质疑》,认为从《国风》内容涉及的人物、称谓、服御、器物、仆从诸方面看,它不可能是民间歌谣,而大半为统治阶级之诗。[①] 这篇论文所持的主要理由十分有力,深刻影响后来的《国风》研究。此后又有若干重要论文,循着这一方法进一步申论,应该说基本上坐实了《国风》作者群为贵族阶层。[②] 当然,《国风》是民歌这一见解,并未被学界完全否定,问题在于如何定义"民歌"。有学者认为,如果说民歌是指劳动人民口头创作的歌谣,那《国风》显然不是;如果是指宫廷百官之外的社会各阶层成员作品,那是可以的。[③] 这样理解《国风》为民歌说确有其合理性。按照笔者的意见,还有一个原因可以说《国风》是民歌,或者至少有民歌性,那就是《国风》使贵族诗歌走出庙堂,开始歌唱日常生活中的个人感情、喜怒哀乐。

但是确定《国风》作者是贵族群体,并不能解释《国风》何以甚少表现民间风俗,因为《楚辞》同样也是贵族作品,却能表达民间的风俗信仰。《国风》较少表现民间风俗,应与北方贵族文化传统有关。《国风》风格与贵族文化传统的关系,以往学界曾有论及。如张启成、付星星讨论《郑风》情歌何以奔放大胆,说到一个原因,是郑国的风俗较少受"封建礼法"束缚。[④] 为什么郑国会这样,该论文却没能说明。作者提到两点,一是郑国立国较晚,正在周王朝即将崩溃之际,地域环境又水阻山险;二是郑国地处各国交通的中心地带,商业经济发

---

① 朱东润:《诗三百篇探故》,第 3、16—33 页。
② 参见胡念贻:《关于〈诗经〉大部分是否民歌的问题》,《先秦文学论集》,北京:中国社会科学出版社,1981 年;叶国良:《〈诗经〉的贵族性》,《经学侧论》,新竹:台湾清华大学出版社,2005 年。
③ 夏传才:《思无邪斋诗经论稿》,北京:学苑出版社,2000 年,第 176、179 页。
④ 张启成、付星星:《论〈郑风〉的情歌》,《〈诗经〉风雅颂研究论稿新编》,北京:学苑出版社,2011 年,第 129 页。

达,影响道德风气。这两个意思古人都曾说到,观点却是相反的。①"水阻山险"是说原始落后,交通便利商业发达却是说生活浮华,究竟什么是郑国"封建礼法"弱的原因仍不明白。这个问题不仅张启成、付星星文未说明,学界虽颇多讨论,同样皆未能明。但该文说到《郑风》情歌风格与郑国"封建礼法"之间的关系,是有道理的。这个说法就点出了《国风》风格与周代贵族制度及文化传统之间的关联。

最值得注意的是《楚辞》名家姜亮夫的研究,他没有直接讨论《国风》,但说到北方贵族制度与文化传统的关系。姜先生《三楚所传古史与齐鲁三晋异同辨》讨论屈原作品何以多言神怪,认为是与楚地史书传统有关。《左传》中楚左史倚相能读《三坟》《五典》《八索》《九丘》,当是楚国地方史,北方诸儒不能读。北方齐、鲁、三晋之史书,必求雅驯,不言神怪。这种文化上的区别,源于社会结构不同。楚国保留氏族制形态较多,阶级制度不严,统治者与民间社会的等级不像齐、鲁、三晋那样严肃。这样的制度差异导致北、南史书对神怪传说的不同态度。同样的观点,姜先生在《简论屈子文学》一文中有更集中的叙述:

> 至周初,宗法制度建立后,北土先受此一制度影响,其文化以家族为基础,大宗、小宗、祖庙、郊社等礼俗,将全国社会整体,置于此一准则规律之中,于是而齐、鲁、三晋诸儒,即以此一思潮整理编排历史,"子不语怪力乱神","子所雅言,史书执礼",与当时政治需要相调适,于是六经几全部成为宗法分门别类之教课书。……至于南楚,其开化虽不大后于北方,而周家宗法势力始终不及其土著之三苗及若干少数民族,楚人自称蛮夷,后虽翦灭江介诸姬,而在民间之异族始终为南楚社会之主人……故楚统治者,虽向往学习中原文化,而未能从根本上解除旧习,其在朝君臣,仍习于蛮夷文明,而不自讳。②

这是富有洞见的观点,对于理解《楚辞》和《国风》背后不同的文化传统和制度渊源,有重要启示意义。本文尝试作进一步延伸的讨论。

北方严宗法,整齐阶级,导致贵族文化语言雅驯,不言神怪,这一问题更确

---

① 《汉书·地理志》说:"(郑国)土狭而险,山居谷汲,男女亟聚会,故其俗淫。"(《汉书》卷28下《地理志下》,第1475页。)这就是张启成、付星星文"水阻山险"说的由来。清代魏源《诗古微》谈到郑风特点,说是商业发达,货财流通引起声色辐辏。参见魏源全集编辑委员会编校:《魏源全集》第1册,长沙:岳麓书社,2004年,第411页。

② 姜亮夫:《楚辞学论文集》,上海:上海古籍出版社,1984年,第91—117、223页。

切的理解,应该不是北方贵族不信神灵,而是不言地方神怪。齐、鲁、卫、晋等国贵族,对于宗庙神灵还是崇信的,即使春秋时代神灵信仰开始衰退,宗庙还是一种精神支柱,这在《左传》中有清楚的记录。但北方各国贵族对地方的风俗神怪,就很少谈论了。《论语·述而》记"子不语,怪、力、乱、神",当非一般意义的不言神,而是不言地方神怪。这不只是孔子个人态度,还是鲁国贵族的一种传统。问题的关键,是贵族文化传统有意与民俗文化拉开距离,这在文献中是有记载的,只是以往未曾引起研究者注意。这是一个很重要的问题,需引述资料论证。

《左传》庄公二十三年:"夏,公如齐观社,非礼也。曹刿谏曰:'不可。夫礼,所以整民也。故会以训上下之则,制财用之节。朝以正班爵之义,帅长幼之序。'"鲁庄公要观齐社,且不论目的何在,曹刿的劝谏便反映了鲁国贵族的一般态度。礼是用以"整民""训上下之则"的,就是严格宗法等级的意思。按说观民社并非大事,为何就能混同上下、破坏礼规? 这应该就是贵族文化的传统,要与地方性的民俗保持距离,否则只是观赏娱乐之事,不致如此严重。《国语·鲁语》和《穀梁传》记此事,进一步证明这一点。《鲁语》记曹刿的话说:"夫齐弃太公之法而观民于社,君为是举而往观之,非故业也,何以训民"? 可见齐国原来的规矩,也是上下相隔,贵族不观民社。现在齐国"弃太公之法",打破上下规矩,曹刿劝鲁君不应如此,否则"何以训民"?《穀梁传》说:"夏,公如齐观社。常事曰视,非常曰观。观,无事之辞也,以是为尸女也。无事不出竟。"先指"观社"不是合于礼制的"常事",接着说庄公目的是为"尸女"。"尸女"之意,与女性有关。什么意思呢? 清人惠士奇说:"观墨子而后知其说焉。墨子曰:'燕有祖,齐有社,宋有桑林,楚有云梦,此男女之所属而观也。'盖燕祖齐社,国之男女皆聚族而往观,与楚宋之云梦桑林同为一时之盛,犹郑之三月上巳,士与女合,会于溱洧之濒,观社者志不在社也,志在女而已。"[①]这一解释可能接近真相,鲁庄公意不在社,而在观民间男女之会。《穀梁传》和《公羊传》又提到庄公出境,这是在后世儒家观念中,庄公应被指责的地方。但这一点肯定不如混淆上下,无以"训民"严重。所以较早的文献《左传》和《国语》都强调这一点。周礼要维系上下规矩,这是大家熟知的;但上下规矩有排拒土著文化的

---

① 惠士奇:《惠式春秋说》,影印文渊阁《四库全书》第 172 册,台北:台湾商务印书馆,1986 年,第 831 页。

意思,这一点需要引起注意。

《国语·鲁语》:"海鸟曰'爰居',止于鲁东门之外三日,臧文仲使国人祭之。展禽曰:'越哉,臧孙之为政也!夫祀,国之大节也;而节,政之所成也。故慎制祀以为国典。今无故而加典,非政之宜。'"臧文仲使人祭海鸟,是因为其事涉"怪",海鸟当在海边,何故飞到鲁国都城外停留三日?展禽在接下的评论中推测说"今兹海其有灾乎?夫广川之鸟兽,恒知避其灾也",表现了当时贵族的理性主义。但臧文仲也是有教养的明智人物,决不会仅仅见"怪"就加祭典,一定是民众因"怪"而传言,在民间引起人心不安。所以臧文仲此举是迁就民俗,安抚民心,展禽的批评正对应此。执政贵族应保持"国典"的严正,不可迁就民间灵怪风俗。类似的事情在郑国也有发生。《左传》昭公十九年:"郑大水,龙斗于时门之外洧渊,国人请为禜焉。子产弗许,曰:'我斗,龙不我觌也;龙斗,我独何觌焉。禳之,则彼其室也。吾无求于龙,龙亦无求于我。'乃止也。"龙斗于洧水,国人请求祭祷禳灾,决不会只是因有龙斗的传闻,一定是因为传闻引起了恐慌,与鲁国海鸟事相似。恐慌的背后,是民间灵怪观念。是否需要邦国执政出面祭祀安抚人心,便事涉贵族文化与民间文化的关系。臧文仲和子产都是当时贵族阶层明智人物,前者选择安抚,后者选择拒绝,应都有当时的具体考量,而不是有无迷信那样简单。这里的中心问题是如何对待民众传闻及背后的风俗信仰。子产说"禳之则彼其室"尤有意味,意思是承认民间传说的灵怪有自己的活动天地,国人不必恐慌也不必祭祷消灾,完全可以各安其位。这样明智见解的实质,是希望保持一种与民俗之间的适度关系。

《左传》哀公七年吴太宰嚭说:"大伯端委以治周礼,仲雍嗣之,断发文身,裸以为饰,岂礼也哉。"吴不在北方,也不是周初封国,"太伯端委以治周礼"未必是事实,有可能是吴王族编造的故事。但史官记录这位太宰嚭的话,却是周姓封国贵族共同的态度:封建贵族的后代应坚持"端委"的高雅,拒绝地方风俗,否则便是堕落,不合礼仪。这个说法正与鲁国贵族批评国君"观社",批评执政祭祀"爰居"一致。不仅周姓封国的贵族有此传统,他姓也有。《左传》僖公十九年:"夏,宋公使邾文公用鄫子于次睢之社,欲以属东夷。司马子鱼曰:'古者六畜不相为用,小事不用大牲,而况敢用人乎?祭祀以为人也。民,神之主也。用人,其谁飨之。齐桓公存三亡国以属诸侯,义士犹曰薄德,今一会而虐二国之君,又用诸淫昏之鬼,将以求霸,不亦难乎?得死为幸。'"这段话多为学者引用,说明春秋时代的人文思潮,"祭祀以为人也,民,神之主也"。可是子鱼恐怕不是不信神灵,他主要的意思是排拒地方社祭的"淫昏之鬼"。孔子先世是宋国公族,"不语怪力乱神"的态度或渊源于此。当然,这个态度与反对国君观民社,反对执政祭祀海鸟的鲁国贵族传统也是相同的。

北方贵族有不言地方神怪、排拒民间风俗的传统,考之《左传》等史籍,是可证的。当然其间的情形复杂,各国也有差异,如上引资料,齐人"弃太公之法"观民社,对于排拒民间文化已有一些松动。《史记·鲁世家》记齐、鲁初建国时对民俗取不同态度,恐怕是由两国后世不同发展引出的传闻。[①] 但整体上说,这样的文化传统,到春秋时代所有北方封国大体都还保持着,齐也不会例外。因为这是"上、下之则"或国、野之分的一个组成部分。为什么会有这样排拒民间文化的传统,还需要研究。笔者推测有一个原因。

西周初年封建诸侯,是由王室派遣移民建立封国政权,这些移民贵族在各地的统治权,不是自己征服得来,是周王室安排和支持的。因此西周礼仪对维系这些邦国的统治秩序十分重要。礼仪不仅是政治上的制度,也是文化上的仪式,二者混合一体。北方贵族坚持文化仪式不与地方礼俗相混,坚持周礼"训上、下之则",是维持政治统治的一个必要部分。春秋时活跃的北方诸侯除秦以外大体都是西周封国。这些封国的后代在定居某地很长时间以后,与地方族群肯定已有交融,但移民的身份和记忆还在顽强坚持,这是他们特权和荣誉的源泉。《国风》是春秋时代作品,移民已在十代以上,可是还有不少诗句显示对西方故土的怀念,以及移民的身份记忆,[②]可见这种意识的顽强。西周春秋考古也发现相似证据,一些东方封国的诸侯卿大夫墓,到西周后期和东周前期,葬制仍保持周俗。现在看来,这不仅是坚持氏族传统,也是坚持移民的高贵身份及相应礼仪。北方封国贵族有排拒地方文化的传统,这是史料可以证明的。为何形成这样的传统,尚需研究,但北方封国移民和土著居民政治上的二元结构,可能是一重要原因。

《国风》很少表现民间风俗信仰,可能就与贵族传统排拒民俗文化有关。

---

① 《史记·鲁世家》:"鲁公伯禽之初受封之鲁,三年而后报政周公。周公曰:'何迟也?'伯禽曰:'变其俗,革其礼,丧三年然后除之,故迟。'太公亦封于齐,五月而报政周公。周公曰:'何疾也?'曰:'吾简其君臣礼,从其俗为也。'及后闻伯禽报政迟,乃叹曰:'呜呼,鲁后世其北面事齐矣!夫政不简不易,民不有近;平易近民,民必归之。'"(《史记》卷33《鲁世家》,第1396页。)

② 《诗经》中的不少诗句可供参考,如《邶风·谷风》:"泾以渭浊,湜湜其沚。宴尔新昏,不我屑以。"《邶风·简兮》:"云谁之思,西方美人。彼美人兮,西方之人兮。"《桧风·匪风》:"匪风发兮,匪车偈兮。顾瞻周道,中心怛兮。"《曹风·下泉》:"冽彼下泉,浸彼苞稂。忾我寤叹,念彼周京。"

《国风》是贵族的作品,大致是可以确信的。这个"贵族"的意思,应该是"国人"群体。春秋时代贵族阶层分化,西周时封国贵族的后代,已经分布到社会的各种职业,或服役,或耕田。但有一点很重要,因为族姓身份的关系,国人阶层即使耕田服役,仍有许多人能够学习文字雅言和古代文献。孔子少年时即如此,"吾少也贱,故多能鄙事"(《论语·子罕》),却又"十有五而志于学"(《论语·为政》),成礼乐文化大师。国人群体的许多人贴近民间生活,使得他们的诗歌创作有"民歌"特色。①《国风》是春秋贵族文化中比较特别的一个部分,从庙堂政治走出,转向日常生活,转向田野山川草木虫鱼鸟兽,语言生动活泼,明显受口语歌谣影响。②尽管如此,《国风》作者掌握文字雅言,北方贵族语言雅驯,不言鬼神的传统,是影响到这个诗歌创作群体的。这应当就是《国风》中甚少表现民间风俗信仰的原因。

北方贵族文化传统排拒民俗风情,各国情况因历史背景不同有差异,《郑风》情歌风格独特亦可由此理解。现在学界讨论《郑风》情歌特点,商业风气说较为流行。此说来自清代魏源,他在讨论郑、卫"风俗淫佚"时说:"卫都河内,郑都河南……据天下之中,河山之会,商旅之所走集也。商旅集则货财盛,货财盛则声色臻。"③卫国的情况姑且不论,郑国在春秋时商业可能确实一度比较发达,是郑国经济上的一个支持。但如果认为郑国商业繁盛,导致社会风气浮华,就是过度推想了。魏源引《史记·货殖列传》说"赵女郑姬"以声色"奔富厚",以证郑国风俗浮华。其实司马迁说的是人们容易趋向富贵声色,各地皆然,并不特指赵、郑。《货殖列传》曾分别讨论各地不同的经济与民风,最后总结说:"故秦、夏、梁、鲁好农而重民。三河、宛、陈亦然,加以商贾。齐、赵设智巧,仰机利。燕、代田畜而事蚕。"④也就是说,包括郑地在内的多数地区都是以农为本,加以商贾,只有齐、赵商业浮华风气较重。《盐铁论·通有》辩论各地不同民风,也是以赵为商业浮华之地,以"宋、卫、韩、梁(韩承郑地)"为耕稼

---

① 《国风》不是民歌,而是贵族创作,许多学者同意这一判断。但《国风》内容和风格接近民间,若单纯认为贵族作品似又不妥。一些学者在否定"民歌"说的前提下,提出修正的看法。参见胡念贻:《关于〈诗经〉大部分是否民歌的问题》,《先秦文学论集》,第 87 页;夏传才:《思无邪斋诗经论稿》,第177、178 页。

② 《国风》写作形式上的起兴和复沓,内容上的质朴清新,都表现口语歌谣的特点。参见胡念贻:《关于〈诗经〉大部分是否民歌的问题》,《先秦文学论集》,第 89—90 页。

③ 魏源全集编辑委员会编校:《魏源全集》第 1 册,第 411 页。

④ 《史记》卷 129《货殖列传》,第 2833 页。

淳朴之地,①与司马迁说法相似。前文提到《汉书·地理志》说郑风由来是因为"土狭而险,山居谷汲,男女亟聚会,故其俗淫",也是说生活落后原始,与商业浮华说正好相反。可见汉代文献皆不以故郑地为商业浮华地区。另外有一点很重要,即郑国在春秋实为礼仪文化重镇。春秋后期楚灵王欲做霸主,楚贵族椒举说,那就要先学礼仪,于是楚国向宋、郑两国学习与诸侯交往之礼。②郑是礼仪重镇的名声一直传到后代,战国文献至有"周、郑之礼"的说法。③《左传》屡记郑国商人活动,当非郑国商业比别处发达,而是因为郑国贵族与商人有特别的关系,商人在郑国政治中屡有表现。④ 这样的关系不会引起贵族"封建礼法"削弱。《郑风》情歌并非纵情声色,而是表达民间风情。究其原因,可能是郑国贵族对民间文化的态度与他国不同。郑是西周末年受封的诸侯,而且封地不是周王授予,是郑人武力开拓,周王追加承认。郑的立国基础不同于其他北方封国,没有长期国、野二元的传统,与贵族集团以外的其他族群关系比较灵活,商人在郑国的特别地位正说明这一点。因为这个特点,郑贵族对民间文化可能有较开放的态度。前引子产不肯"禜"祭龙斗,不是要排拒民俗,而是要各安其位。《郑风》风格独特,有《溱洧》《褰裳》那样的民俗风情,有《山有扶苏》《狡童》那样民谣式的野趣,或许正由此而来。这一点现在还只是推测,但应该比商业浮华说合理。

姜亮夫所说南北贵族文化传统不同,楚国贵族比较能接近民间文化,现在也可以作进一步理解。楚文化的这种特点,可溯源到最初立国。楚不是西周封国,而是土著的方国。楚国在江汉流域的统治权,是"筚路蓝缕"武力开拓得来,不是周王分封。《左传》昭公十五年记北方贵族说:"诸侯之封也,皆受明器于王室,以镇抚其社稷。"⑤这个分赐器物的礼制地位,楚国是没有的。所以楚灵王抱怨:"昔我先王熊绎,与吕伋、王孙牟、燮父、禽父并事康王。四国皆有

---

① 王利器校注:《盐铁论校注》,北京:中华书局,1992年,第41—42页。

② 《左传》昭公四年:"楚子合诸侯于申。椒举言于楚子曰:'臣闻诸侯无归,礼以为归。……'王使问礼于左师与子产",宋国"献公合诸侯之礼六",郑国"献伯子男会公之礼六"。

③ 《管子·侈靡》:"周、郑之礼移矣,则周律之废矣。"

④ 刘知幾在《史通·二体》中指出,《春秋》编年体史书有一"短",无论什么人物事件,只要与国事无关,就不会记录。(刘知幾著,浦起龙通释,王煦华整理:《史通通释》,上海:上海古籍出版社,2009年,第24页。)然则《左传》中罕有记其他诸侯国商人活动,不是没有商人,是其活动与国事无关。郑国立国时曾与商人合作,所以商人在郑国有特别的地位,其活动时与政事相关,这才多有记录。

⑤ 此为晋国籍谈所说,原意似说晋国没有受赐,但周王立即反驳,历数晋初封时受赐,籍谈无言以对。

分,我独无有。今吾使人于周,求鼎以为分,王其与我乎。"①说楚先王在周康王时与齐、卫、晋、鲁等国先公有同等地位,当然是夸大。但北方诸侯皆有分器而楚国没有,却是事实。楚国自春秋庄王时代开始重视周礼,参与北方霸政,周礼文化从此对楚国贵族有越来越深的影响。但楚国的统治权,自始不像北方封国那样有"训上、下之则"的礼仪传统,这一点十分重要。楚王族的统治权是在漫长过程中武力开辟的,在陆续征服地方蛮、苗族群过程中,常需要主动协调彼此的关系,楚贵族因此与土著民族有较多的互动和合作。楚国的宗法制,不像在北方那样造成上下之间悬隔。姜亮夫说:"楚阶级制(或用等别制度更切)不严,余读楚史及汉人所传楚地民情风习,即便在后期,亦不见有甚深之等级差别,即在统治者与齐民之间,亦不似齐鲁三晋之严肃。"②这一事实甚为重要。楚国没有十分严格的等级差别,因此楚国贵族对地方民间文化,也没有排拒的传统,如姜亮夫所说,楚人是"习于蛮夷文明,而不自讳",此"蛮夷文明"便是楚地土著文化。所以楚人能在国家祭祀典礼中安排《湘君》《湘夫人》《山鬼》这样地方神灵的歌舞,不是像北方贵族那样拒之为"淫昏之鬼"。《楚辞》表达地方巫风,肯定不只是屈原个人兴趣,当与楚国贵族共同文化态度有关。战国末年,楚国地域感情强烈,有不同寻常的"楚民族"精神,不仅在贵族诗歌中表达,也在民众情绪中表达。而北方则少见这样地方性族群感情,由这些现象联系起来看,《国风》与《楚辞》文化风格的不同,背后实有深广的历史内涵需要探究。

综上所述,《国风》的地域文化特征,是一个古老的话题。但有些基本情况,现在也许要回到起点重新思考。《国风》为什么很少表现民间风俗意义的地域文化? 黄河流域的北方中国地域辽阔,各地有不同的地理风貌和物产。自新石器时代以来,各地文化自然形成多样性。西周封建,分遣以周人为主的贵族集团移居各地建立封国,建成统一的上层政治网络,对古代社会发展有重要推进作用,同时也形成北方各邦国移民贵族与土著居民政治与文化仪式上的二元结构。《国风》写作的年代,正当贵族社会秩序崩坏,上下陵替,贵族阶级成员分布到社会的各个阶层各种职业,他们的诗歌创作走出庙堂,咏唱日常生活的喜怒哀乐,表现出各邦国不同的文化风尚和趣味。但这个诗歌创作群

---

① 《左传》昭公十二年。吕伋,姜太公子丁公;王孙牟,卫康叔子康伯;燮父,唐叔子;禽父既伯禽。(参见杨伯峻编著:《春秋左传注》,北京:中华书局,1981年,第1339页。)

② 姜亮夫:《楚辞学论文集》,第117页。

体又是掌握文字、雅言的贵族后代,北方贵族语言雅训,拒斥地方神怪的文化传统,在他们的创作中仍有影响。十五《国风》各有地方特色,文化精神又有人文主义的共同倾向,其原因可能由此而来。当然,这是一个复杂问题,本文提出初步思考,仍有待学界共同探究。无论如何有一点可以确定,《国风》地域文化研究,现在需要开拓新的视野。《国风》的地域文化特征,不仅是各国《风》诗不同文学风格抒情特点的问题,还涉及贵族文化与地方民间文化的关系,《国风》背后北方贵族文化的传统等问题,需要在西周至春秋政治社会演变的复杂背景下作整体的探索。

(原载于《历史研究》2018 年第 4 期)

肯定情欲:荀子人性观在儒家思想史上的意义

颜世安

摘 要:荀子人性观的基本见解是肯定情欲。"性恶"说晚出,不代表荀子本来人性观。荀子肯定情欲的思想史背景,是早期儒学有戒备情欲的意识,孟子性善论即其代表。性善论以人性本质为善,情欲只是人性中的"小体",可是却会"以小害大",因此是人性中的危险之源。对情欲的戒惧是早期儒学的共同意识。荀子肯定情欲,认为良好政治不用"去欲""寡欲",这是儒学情欲观的一个翻转。这一思想转变背后是政治观念的演变。孔、孟主张德治,士君子修身成德是良好政治的根基。民众衣食住行的欲望是正当的,可是士君子修身成德,情欲却是危险之源。早期儒学戒备情欲不是针对民众,是针对士君子立德。荀子肯定情欲的理据是礼治思想,认为良好政治的根基是以礼"明分使群"。在"分"之内,情欲有合理的空间,不必小心戒惧。因此荀子各篇论政,皆以情欲为礼义的正当基础,并多次批评戒备欲望的说法。孟学、荀学两种情欲观,前者内含人性幽暗意识,后者却消解此意识。这两种情欲观在儒家思想史上有长远的影响。宋明理学主孟学,对"人欲"及隐伏其中的内在黑暗有深刻的警觉。清代反理学的思潮重新肯定情欲,汲取荀学资源却不言宗荀,以重新解释孟子为肯定情欲的理论根据,结果在有关情欲问题的紧要处不得不暗中曲解孟学。戴震便是如此。

关键词:荀子 性恶 情欲 孟子 性善 幽暗 戴震

荀子人性观的主要观点,是以情欲界定人性,并肯定情欲的正当性。这一人性观,在先秦儒家人性思想的演变史上有重要意义,并且开了后世儒学人性思想的一个重要传统。但长期以来,学术界相信荀子人性观是"性恶"说,连荀子以情欲界定人性,都被放在"性恶"说的思想构架之下理解。荀子情欲人性观的本来意义,一直被遮蔽。本文就此问题作一初步梳理,希望引起学界同仁批评讨论。

一、荀子本来人性观是肯定情欲

讨论荀子人性观,第一步必遇上性恶说问题。古代的学者一向认为荀子"主性恶"。20世纪初开始的现代荀学研究,主流意见也始终认为性恶说是荀子的思想基础,虽然不断有人质疑,但始终反响不大。直到最近出版的荀学研究论著,性恶说仍居于荀子研究的中心地位。但是这一情况近年来似乎正在改变,越来越多的研究者倾向于怀疑性恶说在荀学中的主干位置。[①] 有可能,现代荀学研究很快会进入一个彻底重新评估性恶问题的时期。

今本《荀子》32篇,只有《性恶》篇主张性恶,其余篇章多有谈论人性问题,从未说到性恶。当然这个问题比较复杂,各篇人性观又似乎有与性恶说相通之处,否则的话,学界主流意见也不会一直认为性恶说是整个荀学的基础。《性恶》之外《荀子》各篇的人性观如何理解,是与性恶说相通,还是只表面有一点相似,其实是另一种观念体系,这个问题现在是辨析性恶说在荀学中地位的关键。这个问题我已经发表专文讨论。本文研究荀学情欲观以及在儒学思想史上的地位,前提是相信《性恶》晚出,性恶说是荀学后来分出的一个旁支,不代表荀子基本人性观。具体论证参见拙文,[②]这里不再详说。

《荀子》各篇(《性恶》以外,下同)说到人性问题,大致是两个主要观点。第一个观点认为,人人天性差不多,但成人后彼此差别甚大,决定人品格形成的要素,不是天性,而是后天行为。这一观点的核心不是说性恶,而是说天性不重要,甚至认为可以不必讨论人性。这是荀子人性观的一个重要主张。这一主张与荀子天人关系思想是相通的,体现了荀学在自然和人为关系问题上贯穿一致的观点。《天论》篇谈天人关系,说天地万物运行有自己的规则,但能否建成人文秩序,决定因素却不在天地规则,而在人为努力。荀子因此提出一个独特的观点:"不求知天。"用不着了解天地深处的奥秘,天地有显现的规则(如

---

① 以最近在河北邯郸召开的一次荀子思想国际学术讨论会为例,与会学者发表的有关荀子人性思想问题的论文,多半都不持以"性恶"为荀子基本观点的看法。康香阁主编:《荀子研究的回顾与新探索国际学术研讨会》,2014年6月。

② 颜世安:《荀子人性观非"性恶"说辨》,《历史研究》2013年6期。

冬寒夏暑、四季流行),加以人事努力"应之以治"才最重要。"不求知天"不是否定有天道,而是知有天道但反对玄想,回到踏实的努力。① 荀子认为人性不重要,与此观念相似。荀子没有说"不求知性",但是有近似的说法。《非相》说:"相形不如论心,论心不如择术。形不胜心,心不胜术。术正而心顺之……"②为什么"论心不如择术"? 因为"心"的质地怎样并不重要,对人的品格形成不起决定作用,不如把注意力放在后天的"术"(学习和教化)。这个观点荀子多篇反复说到,如《劝学》举各种例子讲天赋不重要,后天行为、变化才重要;《荣辱》《修身》篇讲君子小人"才性"一样,后天所"为"不同,才是变化的关键。③ 简而言之,在德性养成问题上,荀子强调努力,轻视天性,并认为不必"论心",犹如不必"大天而思之"。这是荀学的一个基本观点,肯定是应对战国中期以后心性学(《孟子》《中庸》等)而生发。因为此前必有"论心"之学,方能有荀子"不如择术"之说。荀学不是反对心性学向往的高远境界,而是反对凭空玄思和谈论这高远境界,相信踏实的努力才能抵达高远。如《劝学》篇所说:"积土成山,风雨兴焉;积水成渊,蛟龙生焉;积善成德而神明自得,圣心备焉。"④而且值得注意的是,这个荀学的观点在后来儒家思想史上虽不居主流地位,却一直有相似思想出现。如明末清初顾炎武等人反对晚明心学,就说德性的关键在力行。南宋末文天祥说"惟其义尽,所以仁至"(《正气歌》),不知是否针对理学家关于"仁"的妙论,但思路前与荀学,后与顾炎武一致:"仁"是至高境界,但践行"义"才重要。荀子主张人性在品格形成上不重要,这不是隐微的观点,是明确的、反复表达的一种观点,可是以往学术界不大注意。其中原因推想起来,应该是受"性恶"说先入之见的引导;其次,可能是觉得"性"不如"伪"(为)重要,不算一种人性观,因为没有说人性是什么。但是在儒家心性学兴起的背景上,设定心性不如行为重要,可以不必讨论心性(论心),就是一种人性观。

---

① 《天论》:"大天而思之,孰与物畜而制之? 从天而颂之,孰与制天命而用之? 望时而待之,孰与应时而使之? 因物而多之,孰与骋能而化之? 思物而物之,孰与理物而勿失之也? 愿于物之所以生,孰与有物之所以成? 故措人而思天,则失万物之情。"(王先谦撰,沈啸寰、王星贤点校:《荀子集解》,北京:中华书局,1988 年,第 317 页。)

② 王先谦撰,沈啸寰、王星贤点校:《荀子集解》,第 72—73 页。

③ 《荣辱》:"材性知能,君子小人一也。好荣恶辱,好利恶害,是君子小人之所同也,若其所以求之之道则异矣。"《修身》:"彼人之才性之相县也,岂若跛鳖之与六骥足哉? 然而跛鳖致之,六骥不致,是无他故焉,或为之,或不为尔。"(王先谦撰,沈啸寰、王星贤点校:《荀子集解》,第 61、32 页。)

④ 王先谦撰,沈啸寰、王星贤点校:《荀子集解》,第 7 页。

《荀子》各篇人性观的另一个重要观念，是以情欲界定人性。《正名》说："性者，天之就也；情者，性之质也；欲者，情之应也。"①荀子不光是这样界定，而且在讨论政教问题的各篇，溯源到人性基础谈礼义政教的根源，无不以人"生而有欲"为起点，可见这是荀子人性思想的主要见解。荀子既认为"论心不如择术"，为什么又以情欲界定人性，对人性作某种说明？综合各篇的相关论述来看，觉得大致是两个原因。一个原因，荀子不像以前儒者那样重视人性在修身和教化中的作用，他对人性的看法就有一种回到常识的倾向。认为人天生只有情欲，这是最接近常识经验的看法。另一个原因是，荀子以情欲界定人性，主要意义不是建构人性学说，而是讨论政治问题溯源到人性特征。在《荀子》各篇，只有《正名》是以定义的形式说人性是情欲，有点像是理论界定。其他多篇说到人天生有情欲，都是在政论中谈到。如《荣辱》"人之情，食欲有刍豢，衣欲有文绣，行欲有舆马，又欲夫余财蓄积之富也……"，《王霸》"夫人之情，目欲綦色，耳欲綦声，口欲綦味，鼻欲綦臭，心欲綦佚"，《礼论》"礼起于何也？曰：人生而有欲，欲而不得，则不能无求……"②，等等。这些章节的主题都不是讨论人性，而是讨论政治，却是溯源到人性讨论政治。也许可以认为，荀子在德性修养问题上不主张"论心"，和在政治问题上溯源到人性时说"生而有欲"，这两种主张内在是相通的。正因为不主张"论心"，认为没必要深入心性玄奥，在谈论礼义政教问题需要溯源到人性根据时，才坦然有信心地回到常识见解。

上述荀子人性观的两个观点，认为人性在品格形成上不重要，"论心不如择术"，学界甚少有人注意；谈论礼义政教基础时说人"生而有欲"，研究荀子人性观的学者一般都会说到，可是往往从性恶说的思路来解读。《荀子》各篇明明没有说性恶，从"生而有欲"入手谈礼义政教，基本思路也都是协调欲望发展，保证欲望满足，极少说戒备欲望危险，为什么"生而有欲"说常被理解为性恶论的一种表述呢？显然《性恶》篇的论说起到了引导作用。各篇没有说性恶，但是依《性恶》篇的思路，"生而有欲"逻辑上就包含了一个意思，欲望的自

---

① 王先谦撰，沈啸寰、王星贤点校：《荀子集解》，第 428 页。
② 王先谦撰，沈啸寰、王星贤点校：《荀子集解》，第 67、211、346 页。

然发展会导向恶。用戴震的说法"顺其自然则流于恶"。① 这个说法很有代表性,在现代荀学研究中有广泛的认可。《性恶》以外多篇的"生而有欲"说,就这样被主观想象地与性恶说混在一起,理解成荀子政治思想以性恶论为基础。

只要不受性恶说误导,平心读《荀子》各篇,一定不难发现各篇以情欲界定人性,绝没有侧重"顺其自然则流于恶"的意思。"顺其自然则流于恶"或者说"情欲没有礼义教化会流于恶",这是所有儒家都会同意的,荀子当然也会同意。问题是《性恶》以外各篇没有侧重这一点。荀子侧重的是,情欲是自然的事实,由礼义政教来规范引导,可以充分满足人的情欲。根本用不着否定和戒备情欲,甚至礼义政教的目的,最终就是满足情欲。《荀子》各篇不仅从不说"性恶",而且很少说到警戒情欲,只有一次说到"节欲":

> 凡语治而待去欲者,无以道欲而困于有欲者也。凡语治而待寡欲者,无以节欲而困于多欲者也。……则欲虽多,奚伤于治?(《正名》)②

从上下文看,荀子不是为了戒备情欲而说"节欲",而是为了批评"去欲""寡欲"而说"节欲","节欲"是与"导欲"并列,都是以肯定情欲为出发点。所以荀子接着说,人类能否建成良好秩序(治),与欲的多寡无关,在于是否选择恰当的制度。也就是说,"欲"多根本无碍于建立良好制度。从《正名》这一段文字看,警惕欲望的危险,认为欲望本身会导向恶,不仅不是荀子要侧重说明的意思,反而是荀子要批评的观点。《正名》这一章的论述,显然是各篇贯穿始终的思想。荀子讨论礼义政教溯源到情欲,以正面肯定的态度看待情欲,此类说法甚多,姑举几例:

> 夫人之情,目欲綦色,耳欲綦声,口欲綦味,鼻欲綦臭,心欲綦佚。③ 此五綦者,人情之所必不免也。养五綦者有具,无其具,则五綦者不可得而致也。万乘之国,可谓广大富厚矣,加有治辨强固之道

---

① 戴震《孟子字义疏证》:"荀、杨所谓性者,古今同谓之性,即后儒称为'气质之性'者也,但不当遗理义而以为恶耳。……荀子见于圣人生而神明者,不可概之人人,其下皆学而后善,顺其自然则流于恶,故以恶加之,论似偏。"(戴震撰,汤志钧校点:《戴震集》,上海:上海古籍出版社,1980年,第300页。)按"顺其自然则流于恶"的说法很有代表性,包括许多现代学者把荀子以情欲界定人性和性恶说混为一谈,都是循着这个思路。
② 王先谦撰,沈啸寰、王星贤点校:《荀子集解》,第426页。
③ 王先谦撰,沈啸寰、王星贤点校:《荀子集解》,第211页:"綦,极也。"

焉,若是则恬愉无患难矣,然后养五綦之具具也。(《王霸》)

好恶喜怒哀乐藏焉,夫是之谓天情……财非其类以养其类,夫是之谓天养;顺其类者谓之福,逆其类者谓之祸,夫是之谓天政。暗其天君,乱其天官,弃其天养,逆其天政,背其天情,以丧天功,夫是之谓大凶。圣人清其天君,正其天官,备其天养,顺其天政,养其天情,以全其天功。(《天论》)

礼起于何也?曰:人生而有欲,欲而不得,则不能无求;求而无度量分界,则不能不争;争则乱,乱则穷。先王恶其乱也,故制礼义以分之,以养人之欲,给人之求。使欲必不穷于物,物必不屈于欲。两者相持而长,是礼之所起也。(《礼论》)①

这三段话,前两段都是明确地肯定情欲,谓之"养五綦""天情",后面一段话会有分歧的理解。荀子不是说欲望会导致争、乱、穷吗?这难道不是说欲望的危险,不是性恶?历来讨论荀子性恶说的学者,除了《性恶》篇就会引这一段话,以证性恶说贯穿各篇。可是在《礼论》前后文的论述中,我们不难看到,荀子本意是说礼起源于欲,功能在协调欲,目的在养欲。荀子当然反对情欲自然发展,这是所有儒家都会反对的,这是儒学的底线,但是在所有先秦儒家文献中,荀子最明确地肯定欲,认为礼起源于"生而有欲",归结为"养欲",这是先秦儒家思想史上从未有过的说法。荀子在论述礼与欲的关系时,说到如果没有礼,欲会导致争、乱,表明其论述周到,有关欲的方方面面都说到,根本没有突出欲之"恶"的意思。《礼论》篇对"欲"的基本态度,与前面《王霸》《天论》两段话完全一样。所以在《礼论》后面的章节,荀子对"性"与"礼"的关系总结说:

性者,本始材朴也;伪者,文理隆盛也。无性则伪之无所加,无伪则性不能自美。性伪合,然后成圣人之名,一天下之功于是就也。故曰:天地合而万物生,阴阳接而变化起,性伪合而天下治。②

性主要是情欲,这是天生才质,需要后天教化。但天生才质与后天教化的关系不是相对抗,而是相配合。这与荀子天人关系思想也正好一致。荀子论天人关系,先把天与人相分,说天有天的规则,人有人的职分,人不可越界干预

---

① 王先谦撰,沈啸寰、王星贤点校:《荀子集解》,第 211、309、346 页。
② 王先谦撰,沈啸寰、王星贤点校:《荀子集解》,第 366 页。

天,也不用深入了解天。但天人相分确定以后,人的职分与天的规则是相互配合的,而不是相互对抗:"天有其时,地有其财,人有其治,夫是之谓能参。""能参"就是天人相互配合。《礼论》篇的性伪关系也是类似的结构,首先把性与伪相互区分,性是"本始材朴",伪是"文理隆盛",认为对于品格形成和建立人文秩序来说,"伪"远比"性"重要,但是二者的关系则是相互配合而不是相互对抗。情欲是政教的基础,荀子侧重的不是情欲的危险,而是情欲的正当,以及情欲可以满足。

由此可见,《荀子》各篇以情欲界定人性,完全没有把"顺其自然则流于恶"作为论述的重心。《性恶》篇论证性恶,确实是以"顺其自然则流于恶"为重心,但《性恶》外各篇绝不如此,各篇侧重的意思甚至与性恶说侧重的意思刚好相反。研究荀子以情欲界定人性的思想,一定不能受性恶说的遮蔽和误导,必须根据各篇原有的论述来理解荀学本来的意思。

荀子本来人性观主要是两种观点:一、在品格形成问题上,天性不重要,后天行为起决定作用。二、在礼义政教问题上,以人"生而有欲"为人性观基础。荀子人性观主要是第二点,虽然这不是系统的人性论思考(他反对这种思考),只是回到常识见解,但仍然有思想上的重要见解。荀子是学术界的大师宗匠,三为稷下祭酒,不仅了解儒家各派学说,而且了解道、墨、名、法各家学说。他以这样的眼光学识,明明知道儒家、道家都有对天道的玄奥叙述,却偏要说与其"大天而思之",不如回到天地万物现象的规则。同样,明知儒家已有"论心"的深入讨论,偏要回归常识经验,以情欲界定人性,而且正面肯定情欲。这就显示了一种思想上非同寻常的见识。

二、孟子性善论以及早期儒学对情欲的内向警戒

荀子人性观主要是以情欲说人性,并且肯定情欲。这一观点在儒家思想史上的意义是什么呢？流行的见解,一向以为荀子人性观的地位是以性恶说对抗孟子性善说。这是误把荀学中后起的说法当作荀学本来见解。性恶说是荀学中一个偏门的观点,这个观点在儒家思想史上的地位是什么,另外撰文讨论。本文要讨论荀子本来的人性观是什么,以及在儒家思想发展中的地位是什么。荀子肯定情欲的人性观未必是故意与孟子性善说相对抗的,却是针对性善说代表的早期儒学的一种共同见解,就是对情欲的戒惧。荀子也说到反

对"纵欲",但显然不是主要的意思,他的主要观点是反对戒备情欲,反对"去欲""寡欲""忍情性"。这与学术界通常理解的荀学性恶对抗孟学性善不仅不一样,而且刚好相反。荀子为何反对"去欲""寡欲",这一观点在儒学发展中的意义是什么,需要回到先秦儒学思想史上重新梳理。

回溯这一先秦儒家人性观的思想脉络,需要重新探讨孟子性善说里面包含的戒备情欲的意识。孟子性善说,是以人天生有善的元素界定人性:"恻隐之心,人皆有之;羞恶之心,人皆有之;恭敬之心,人皆有之;是非之心,人皆有之。……仁义礼智,非由外铄我也,我固有之也。"(《告子上》)[1]人天生有善的萌芽,这是人的本质,孟子由此论定人性善。这是研究思想史的学者所熟知的,无用多说。孟子侧重人天生有善的萌芽,他不否定人天生有欲望,这是常识经验都能看到的,也不可能否定。对此孟子如何看呢? 他说:

> 口之于味也,目之于色也,耳之于声也,鼻之于臭也,四肢之于安佚也,性也,有命焉,君子不谓性也。仁之于父子也,义之于君臣也,礼之于宾主也,知之于贤者也,圣人之于天道也,命也,有性焉,君子不谓命也。(《尽心下》)[2]

口目耳鼻之欲是人的本能,也就是人性的一部分。孟子承认这一点,所以说"性也"。但他立刻指出,口目耳鼻之欲虽是"性",能否得到却要看运气(命),不是人自己能把握的,所以"君子不谓性"。这里前后两次说到"性"意思不一样,前面一个"性"是自然事实,后面一个"性"指人的本质。口目耳鼻之欲是人性的自然事实,却不是人性的本质。这是孟子性善说一个重要观念。在《离娄下》篇,孟子对人的本质作了另一种说明:"人之所以异于禽兽者几希,庶民去之,君子存之。"人的天赋本能多与禽兽相似,只有一点东西使人区别于禽兽,就是仁义。所以接着说"舜明于庶物,察于人伦,由仁义行,非行仁义也"。[3] "由仁义行"就是行其本性。人有众多本能,孟子有时说,能自主把握的才是本性,有时说使人区别于禽兽的才是本性。不同的区分,展示性善说的不同侧重,有丰富的思想内涵,学界已有许多讨论,这里不必多说。这里要说的是,孟子是在天赋众多本能中,以仁义的本能(恻隐之心、是非之心等)为人

---

① 朱熹:《四书章句集注·孟子集注》,北京:中华书局,1983 年,第 328 页。
② 朱熹:《四书章句集注·孟子集注》,第 369 页。
③ 朱熹:《四书章句集注·孟子集注》,第 293—294 页。

的本质,以此论定"性善"。

孟子性善论以善为人的本质,高扬人的道德自主性,激励人的道德热情和使命感,成为后世儒学的一种伟大精神教义,也成为儒学的主流人性观。但是孟子性善论还有另一面学界很少有人留意,就是有一种对情欲的戒备意识。口目耳鼻之欲是天赋本能,从自然事实的意义说就是人性。但孟子认为,这是人的天性中坏的部分,不仅是不能自主把握的,而且是类同于禽兽的。这当然是对人性中情欲部分的明确贬抑。有时候孟子又称情欲是人之"小体",以区别于代表生命本质的"大体":

> 公都子问曰:"钧是人也,或为大人,或为小人,何也?"
>
> 孟子曰:"从其大体为大人,从其小体为小人。"(《告子上》)①

"小体"是"耳目之官不思,而蔽于物,物交物,则引之而已矣。"也就是感官欲望。孟子不止称情欲为"小体",有时还称"贱体",《告子上》说:"体有贵贱,有小大。无以小害大,无以贱害贵。养其小者为小人,养其大者为大人。……饮食之人,则人贱之矣,为其养小以失大也。"②不论说"异于禽兽者几希",还是说"小体""贱体",都表明孟子对天性中情欲的看法。情欲不仅是人生命中不能代表本质的东西,而且是危险的、需要警戒的东西。这一层意思在文本叙述中应该是清楚的。但是学界的研究,一向就不注意这一层意思。有时甚至曲解原文,否定这一层意思。

例如徐复观《中国人性论史》是一部影响很大的著作,对孟子性善论心性说有精彩的分析,但在谈到孟子人性思想中"恶"的来源时,就对"情欲为恶的来源"作淡化处理。如孟子在上述《体有贵贱》一章后面说:"饮食之人,则人贱之矣,为其养小以失大也。饮食之人无有失也,则口腹岂适为尺寸之肤哉?"意思是说,注重饮食之欲的人,让人觉得贱,因为他把生命中小的东西,拿来败坏大的东西。口腹之欲对生命的意义,不只是口腹这"尺寸之肤"而已,它是一个危险的根源,会以小害大。③ 徐先生却解释说:"'饮食之人,则人贱之矣',是

---

① 朱熹:《四书章句集注·孟子集注》,第335页。

② 朱熹:《四书章句集注·孟子集注》,第334页。

③ 杨伯峻《孟子译注》解释"口腹岂适为尺寸之肤哉"说:"适——《战国策·秦策》云:'疑臣者不适三人。'高诱《注》云:'适音翅,翅与啻同。'"(北京:中华书局,1960年,第270页。)这个解释是准确的,"口腹岂适为尺寸之肤哉"当为"口腹岂啻为尺寸之肤哉",即"口腹岂止是尺寸之肤"。这就是说,口腹之欲对生命有全局的影响。这样的解释,上下文完全连贯。

因'为其养小以失大',即是为了欲望而淹没了心。只要不养小以失大,则'饮食之人无有失也,则口腹岂适为尺寸之肤哉'。由此可知心与耳目口鼻等本为一体,口腹能得到心的主宰,则口腹的活动,也即是心的活动的一部分,所以口腹此时也理性化而不仅为尺寸之肤了。"①这样一解释,口腹之欲是"以小害大"的危险根源这层意思就没有了,变成在心的主宰下,"口腹此时也理性化"了。这实在是十分曲折的解释。徐先生是要以此说明,孟子固然认为恶来自耳目之欲,但并不否定这欲望,只要由心作主,合理地满足这欲望,欲望本身并不恶。这样的理解,从逻辑上说是可以推演出来的,只要有心主宰,欲望当然不是恶。问题是孟子原文在说到欲望时,强调的不是在心的主持下,欲望可以合理满足,而是欲望是"以小害大"的危险根源。徐复观是笔者敬重的学术前辈,笔者在他的著作中受惠良多。举徐先生这样的名家为例,尤其能说明学术界对孟子思想中"戒备欲望"问题的普遍误解。

孟子性善论内含着戒备情欲的意识,这不是孟子和孟子学派独有的意识,而是早期儒学某种共同意识。从基本倾向说,早期儒学有一种共同的对人性的乐观估计,认为人乐于向善,容易向善,孟子性善论就是这种共同人性估计的理论提升。但是另一方面,早期儒学又有一种对人的自我堕落倾向的内在隐忧。孔子思想中即已有这种隐忧,海外学者张灏曾提出儒学思想传统中有一种"幽暗意识",始于孔子。②他提出此问题,是从现代民主政治的思想史根源说起,认为基督教思想传统中的"幽暗意识",是现代民主政治的一个根源。也许因为这一点,学术界对张灏论题的回应,主要是讨论儒学传统能否开出民主政治,对儒学思想本身的幽暗意识,尤其早期孔子、孟子思想中的幽暗意识,基本没有什么回应。最近以来的孔子、孟子思想研究,就笔者索引查阅的范围,没看到一篇讨论"幽暗意识"的论文。但张灏论文提出的是一个非常重要的问题。孔子思想中确实有幽暗意识,即认为政治昏暗、社会衰败的种子,不是源于外部力量,而是源于人自身。孔子与弟子对话,多次说到对人自身惰性力量的戒惧、担忧:

> 子曰:"吾未见好德如好色者也。"(《子罕》)
>
> 子曰:"我未见好仁者,恶不仁者。……我未见力不足者。盖有

---

① 徐复观:《中国人性论史·先秦篇》,上海:上海三联书店,2001年,第152页。

② 张灏:《幽暗意识与民主传统》,北京:新星出版社,2006年,第34页。

之矣，我未之见也。"(《里仁》)

子曰："苗而不秀者有矣夫！秀而不实者有矣夫！"(《子罕》)

子曰："语之而不惰者，其回也与！"(《子罕》)

子曰："三年学，不至于谷，不易得也。"(《泰伯》)

哀公问："弟子孰为好学？"孔子对曰："有颜回者好学，不迁怒，不贰过。不幸短命死矣！今也则亡，未闻好学者也。"(《雍也》)[①]

孔子的忧惧没有集中于情欲，主要是说惰性，但惰性往往表现于耽于享乐，亦与情欲有关。其间的区别是更细部的问题，这里可以暂略。总之，从孔子开始创立以德性之学为核心的儒学，对人性中内在惰性或内在昏暗的隐忧即开始产生。德性为良好政治和人类秩序之本，君子修身为德性之本，人性中的黑暗力量极易使修身失败，而修身失败意味着人类秩序从根源上失败。这就是孔子反复表示的担忧。张灏所说政治混乱的种子源于人自身，确实是孔子思想中隐伏的一个重要问题。

孔子以后的战国其他儒家文献，多有以各种不同形式表达对德性之学的内在败坏力量的戒惧或担忧，如：

所谓诚其意者，毋自欺也。如恶恶臭，如好好色，此之谓自谦(慊)。故君子必慎其独也。(《礼记·大学》，下引《礼记》，仅注篇名)

君子戒慎乎其所不睹，恐惧乎其所不闻。莫见乎隐，莫显乎微，故君子慎其独也。(《中庸》)

君子曰：礼乐不可斯须去身。……心中斯须不和不乐，而鄙诈之心入之矣。外貌斯须不庄不敬，而慢易之心入之矣。(《祭义》)

饮食男女，人之大欲存焉。死亡贫苦，人之大恶存焉。故欲恶者，心之大端也。人藏其心，不可测度也。美恶皆在其心，不见其色也。(《礼运》)

人生而静，天之性也。感于物而动，性之欲也。物至知知，然后好恶形焉。好恶无节于内。知诱于外，不能反躬，天理灭矣。……于是有悖逆诈伪之心，有淫佚作乱之事。(《乐记》)[②]

[①] 朱熹：《四书章句集注·论语集注》，第 114、70、114、114、106、84 页。

[②] 朱彬撰，饶钦农点校《礼记训纂》，北京：中华书局，1996 年，第 866、772、713、345、564 页。

此类议论不少,以上略举几例,以说明早期儒家文献普遍有内向戒惧的意识。这些文献未必都早于荀子,但大体都是先秦文献,至迟是西汉初年(儒学官学化以前)的文献。此类说法中最值得注意的,是《大学》《中庸》说的"慎独"和"戒慎""恐惧"。人独处时,外部规范、压力的约束没有了,内在的幽暗力量,此时全靠自我警觉,自我戒备,所以君子要特别留意独处时的放松懈怠,此谓"慎独"。①《中庸》的"戒慎""恐惧"是"慎独"的一种表达,在"不睹""不闻"的时候,内在于人性中的惰性的东西,乃至阴暗的东西,全容易出来。所以"戒慎""恐惧"是早期儒家文献提出的一个意义深刻的警句,是一种具有生命宗教态度的自我警戒意识,代表早期儒学意识到在德性修养的生命理想中,人内在的惰性和阴暗,是一个十分严重的问题。"戒慎""恐惧"成为后来宋明理学反复说到的问题,实有内在的深刻原因。

早期儒学对人的自我戒惧,一开始就是德性之学的一个内在共生部分。正如张灏所说:"在儒家传统中,幽暗意识可以说是与成德意识同时存在,相为表里的。"②孟子的性善论,强调德性修养的动力源于内心,对人的向善的潜能做了一种理论性的表述。孟子思想的主要倾向是乐观豪迈的。但孟子仍然说到了人内在的危险,并把危险集中在情欲,认为情欲便是善性生长的内在败坏元素。③孟子的性善论、心性学后世成为儒家德性之学的主流,尤其在宋明理学,规范了讨论德性问题的基本范式。同时孟子对情欲的内向戒惧,也成为宋明理学内向戒惧的主要命题,所谓天理、人欲之争,就是由此而来。总体而言,孟子对情欲的戒惧,在早期儒学内向自我戒惧的共识中不是最强的,因为孟子理论有显著的乐观气质,但孟子把人的内在危险集中到情欲,则开了千年儒学思想传统内向戒惧的思考模式。宋明理学家实际上意识到有比情欲更复杂的人性黑暗,但"欲"或"人欲"仍然是宋明理学表达内在危险的重心。

孟子学虽有乐观气质,但是性善论视情欲为"小体""贱体",未尝"异于禽

---

① 后世对"慎独"有不同的解释。如刘宗周《人谱》说:"心有独体焉,即天命之性……然独体至微,安所容慎,惟有一独处之时可为下手法。"(吴光主编:《刘宗周全集》第2册,杭州:浙江古籍出版社,2007年,第5页。)现代学者研究"慎独"有时倾向于这种解释。但这肯定不是《中庸》《大学》中"慎独"的原来意思。朱熹《四书章句集注》解释"慎独",说是"戒惧""加谨"遏人欲于将萌",便是近于原意。

② 张灏:《幽暗意识与民主传统》,第34页。

③ 孟子对人性危险还有另外的观察,如《公孙丑上》中《心勿忘勿助长》一章,后来成为宋明理学中"勿忘""勿助"说,认为"助长"含有私意,便是对人性幽暗的一个深刻观察。孟子文中已有此意,但不是很明显,故此处不提,容另撰孟子专文讨论。

兽"，会"以小害大"，这样的理论，就绝不只是说说而已。孟子及其学派，在当时很可能是儒学内部在警戒情欲上十分严肃顶真的学派。《荀子·解蔽》追忆思孟学派，特别说到这一派的严峻的自我戒备气质：

> 空石之中有人焉，其名曰觙。其为人也，善射以好思。耳目之欲接则败其思；蚊虻之声闻则挫其精。是以辟耳目之欲，而远蚊虻之声，闲居静思则通。思仁若是，可谓微乎？孟子恶败而出妻，可谓能自强矣……辟耳目之欲，可谓能自强矣，未及思也。蚊虻之声闻则挫其精，可谓危矣，未可谓微也。夫微者，至人也。至人也，何忍！何强！何危！①

从这段话看，荀子对思孟的态度是尊敬的，②但认为有不足，便是过于谨慎、敏感，生怕感官活动会败坏内心道德。子思（孔伋）为了凝神"思仁"，避开"耳目之欲"，甚至不敢听到"蚊虻之声"。孟子担心性欲败德，干脆出妻，不近女色。孟子出妻这件事十分奇特，我很怀疑其真实性。总觉得孟子那样豪迈的人，不会如此拘谨。但此事绝不可能是荀子凭空杜撰的，必有传闻的来历。推想当是孟子去世到荀子活动这半个世纪里形成的传闻。问题是为什么会有这样的传闻？推其情由，应是来自当时人对孟子学说或孟子学派的印象。孟子本人豪杰气象，但理论上既有"养心莫善于寡欲"，耳目之欲"以小害大，以贱害贵"的主张，其行为言谈便不能不留下印迹。这些印迹在辗转相传了一两代人以后，就形成了"孟子恶败而出妻"这样的故事。此外，孟子后学组成的学派和学团，某些分支在自我戒备方面态度可能特别严峻，也是孟子"出妻"传闻产生的一个可能的原因。子思"思仁"要"避耳目之欲，而远蚊虻之声"，也应该是在类似儒学史背景下产生的奇异传闻。《中庸》旧说为子思所作，但我认为

---

① 王先谦撰，沈啸寰、王星贤点校：《荀子集解》，第402—403页。本章下面还有"有子恶卧"的故事，荀子批评前辈儒家之"忍"不止提到思孟派。因这里主要说与思孟派的关系，故略。

② 《非十二子》对孟子的敌意，很可能不是荀子自己手笔。此问题拙文《荀子人性观非性恶说辨》有讨论。

谈天道性命和戒慎恐惧的首章决不会在孟子之前,①应是孟子以后思孟学派的作品。此章著名的"戒慎""恐惧"说,应当与产生子思惧"蚊虻之声""孟子恶败而出妻"一类传闻的思想史背景有关。也就是说,《大学》《中庸》的"慎独"说,"戒慎""恐惧"说,是思孟学派严峻内向戒备气质的一种理论表达。

三、从戒备情欲到肯定情欲:儒家政治学原理的转换

早期儒学德性思想相伴一种内向戒惧的意识,儒学人性观自始便与此种戒惧意识相关联。明了此一背景,再来看荀子人性观的意义。荀子本来人性观前节已有梳理,一为轻视人性在品格形成中的作用,一为在政治问题思考中,溯源到常识见解的人性,人生而有欲,即是礼义政教的基础。这两种观点,未必都是针对性善论而发,但确与性善论思路明显不同。第一个观点严格说不算人性观,只是认为人性如何不重要,决定品格的因素是后天行为。但是在儒家德性学中,这种观点自成一种思路。

荀子人性观在早期儒学人性思想发展中,更有意义的是以情欲界定人性。早期儒学共有一种内向自我戒备意识,或用张灏之说"幽暗意识",孟子表述为警惕"小体""贱体"的戒备情欲说。荀子以情欲界定人性,为早期儒家人性观发展之一重要转折。这一转折不是流行观点理解的以"性恶"对抗"性善",而是刚好相反,不认为情欲是恶的根源,因此认为不必"去欲""忍情性"。实际上荀子人性观在先秦儒学思想史上的意义,就是从德性修养必伴随戒备情欲的意识中走出来。荀子未必是第一个这样主张的人,战国儒家礼学思想的发展即孕育了这样的态度;但荀子是第一个从人性观上表述不需要戒备情欲的人。荀子人性观从戒备情欲中走出,理论表述的中心词是反对"去欲""寡欲"以及"忍情性",与孟子性善说戒备情欲"以小害大,以贱害贵"形成对比。不仅如此,荀子还点名说到孟子"恶败而出妻",所以荀子肯定情欲的思想至少一定程

---

① 这有一个简单的理由。孟子说善来自本性,《中庸》首章说本性来自天道,这是进一步发展的思想。如果《中庸》首章在前,要么孟子根本没有见到这说法(鉴于孟子学深受子思影响,这是不可思议的),要么孟子见到了却不赞同,所以只说善来自性,不说来自天。孟子会不赞同善来自天道的说法,这肯定是从宋明理学到现代新儒学都绝对不能接受的判断。可是如果肯定《中庸》首章在孟子之前,就要接受这一判断。我倒不认为这判断不可接受,而是认为孟子思考人性时还没有与天道联系更为合理。孟子已知有这样的联系而不赞同,这样的可能性不大。所以《中庸》首章在孟子之前的可能性不大。

度上是针对孟子学说而发。

荀子人性观也有与孟子相通之处,他看到人性中有辨别是非善恶的能力,相当于孟子说的"是非之心,人皆有之";他还以人能"辨"知"义"与禽兽相区别,实际上就是以"辨""义"为人的本质。[①] 但是在界定人性时,荀子却不同于孟子,不是以人异于禽兽的特点说"性",而是以经验常识皆知的"生而有欲"说"性"。这意味着荀子在人性问题上以肯定的眼光看人最基本的特征,人生而有欲,要自求满足。他认为这是正常的,没有什么不好,只要有礼义引导,便可实现,情欲并不是内在危险之源。当然,荀子反对放纵情性,但这是所有儒家都会反对的,没有什么特别。荀子的特别之处是反对"忍情性"。如《非十二子》批评它嚣、魏牟"纵情性,安恣睢,禽兽行",但是接着马上又批评陈仲、史(鱼酋)"忍情性,綦谿利跂,苟以分异人为高"。[②] 这是对儒家以外诸子,"纵情性""忍情性"两边都批评。在儒学内部,则主要批评"忍情性"的主张。《儒效》篇:"志忍私然后能公,行忍情性然后能修……可谓小儒矣。志安公,行安修,知通统类,如是则可谓大儒矣。"[③]前文所引《解蔽》说子思"避耳目之欲",孟子"恶败而出妻",也是批评思、孟之"忍"。"至人也,何忍!何强!何危!"这里的"至人"相当于《儒效》说的"大儒"。大儒是不用"忍"的,"小儒"才忍。这种反对"忍情性"的独特观点在荀子议论礼义政教各章表述尤其明显,反对"去欲","寡欲",主张礼义最终目的是"养人之欲",甚至是充分满足欲(养"五綦"),种种说法皆指明此点,前文已述。可以说,荀子是儒家思想史上第一个正面肯定"欲"的人。此前儒家颇有肯定"情",但从未见肯定"欲"。"情"与"欲"大不相同。"情"泛指各种感情,尤其多指人与人之间(尤其亲人之间)相互爱念之情;"欲"却是感官欲望,孟子所谓"小体""贱体"。荀学对欲的肯定,显然有一种消解早期儒学对情欲危险内向戒惧的意识。认为人类社会道德失败的根源,不是来自人性内部的情欲,而是来自不肯"学",不尊礼义规范。

如何从先秦儒家思想发展的内在理路,来理解荀子"肯定情欲"说代表的思想转向呢?荀子以情欲界定人性,正面肯定人性,是一种新的人性观。但如

---

① 《王制》:"水火有气而无生,草木有生而无知,禽兽有知而无义,人有气、有生、有知,亦且有义,故最为天下贵也。"《非相》:"故人之所以为人者,非特以其二足而无毛也,以其有辨也。夫禽兽有父子而无父子之亲,有牝牡而无男女之别,故人道莫不有辨。"(王先谦撰,沈啸寰、王星贤点校:《荀子集解》,第164、79页。)

② 王先谦撰,沈啸寰、王星贤点校:《荀子集解》,第91页。

③ 王先谦撰,沈啸寰、王星贤点校:《荀子集解》,第145页。

前所述,荀子的情欲说并不是要参与人性问题讨论。从荀学内在理路说,他认为讨论人性(论心)并不重要。荀子的情欲说是要配合建立一种以"礼"为中心的政治学。实际上,从孟子代表的早期儒学对情欲的内向戒惧,到荀子"肯定情欲"的新人性说,思想转变的内在理路并不是在人性学说里面,而是在政治思想里面。真正的问题,是在荀子礼学与早期儒学不同的政治学构想。

先秦儒学的发展,早期政治思想以"德治"为主。《论语》记孔子说"为政以德,譬如北辰,居其所而众星共之"(《为政》),"君子之德风,小人之德草。草上之风,必偃"(《颜渊》)①,等等,都是德治思想最原初的教义。后来《大学》说修身、齐家、治国、平天下,《中庸》说伦理(君臣、父子、夫妇、昆弟、朋友)的实行要靠美德(智、仁、勇和诚),都是德治思想的展开。孔子也重视礼,但是《论语》中谈礼,主要关乎君子修身。顾炎武为张尔岐《仪礼郑注句读》作序说:"礼者,本于人心之节文,以为自治治人之具。"②礼有"自治"和"治人"两层意思,《论语》谈礼也含这两层意思,但显然以"自治"为重心。君子修身,以礼自律,"自治"然后能"治人",这是《论语》论礼的基本思路。这种礼学思想仍然是德治主张的一部分。《论语》以后儒家文献言礼,不少是属于这"自治"为本的思路。③孟子发明仁政,是儒家政治思想的一大推进,由注重教化,转向注重民生,先民生后教化。但仁政思想仍是德治主义的一种进展。君主治理民生出自爱民,人人皆有"不忍"之心,君主能扩而充之,"老吾老以及人之老,幼吾幼以及人之幼","不忍"之心达于四海,便是君主以"德"承担天下政治责任。

早期儒学以德治思想为中心,这是学界熟知的。重德治即重君子修身,孔子谓之"学",孟子谓之"尽心"。美德不是天生就有,是修身而来。修身是长期的事,不仅关乎一身,而且是为国家、天下立根基。《论语·宪问》说"修己以敬""修己以安人""修己以安百姓",《大学》说"修身""齐家""治国""平天下",都是以君子之德为天下治乱的根据。前述孔子有"幽暗意识",要放在这种以修身为国家、天下立根基的思想脉络中看。幽暗意识不是针对一般人,是针对

---

① 朱熹:《四书章句集注·论语集注》,第53、138页。

② 顾炎武撰,华东师范大学古籍研究所整理:《顾炎武全集》第21册,上海:上海古籍出版社,2011年,第81页。

③ 如《礼记·哀公问》说政治之本在礼,然后从婚礼迎妻说起,认为敬妻子之礼是"三代明王之政"的起始。(朱彬撰,饶钦农点校:《礼记训纂》,第742页。)郭店楚简《尊德义》说"为故率民向方者,唯德可。……德者,且莫大乎礼乐焉。"(刘钊:《郭店楚简校释》,福州:福建人民出版社,2003年,第127页。)

君子修身可能被内心昏暗败坏，是与君子担负"人能弘道"政治责任的理念相关联的。上节所引《论语》中关于幽暗意识的诸条，都是孔子对弟子所言。孔子对弟子的告诫、担忧，便是对修身可能失败的担忧。其深远的忧虑，则是"修己以安百姓""人能弘道"这件事从起点上就无法建立。诚如张灏所说，政治失败的忧患，不在于外部力量，而是源于内在人格的昏暗。[①]

孟子性善论戒备内心欲望，同样不是针对一般人，而是针对士君子修身而言。修身，孟子谓之"尽心""存心"。从道理上说，人人有善性，人人能尽心，但孟子认为实际上只有少数"君子""大人"能做到。所以他说："人之所以异于禽兽者几希，庶民去之，君子存之。"（《离娄下》）[②]道德心人人皆有，但"庶民"最后都丢掉了，只有君子能够保存。又说："君子所以异于人者，以其存心也。"（《离娄下》）"大人者，不失其赤子之心者也。"（同上）[③]"君子""大人"异于常人，在其能"存心"，"不失赤子之心"。孟子并非瞧不起民众，而是认为"尽心""存心"是修身之学，是在乱世中承担责任之学，只能要求少数君子。人人可以为尧舜，是说人人都有潜质，没有阶层、天性之分。但立志为尧舜须从"尽心"起步，岂是人人能做到的？在战乱频仍、民不聊生的乱世，要求民众不问生计，立志"尽心"，那是不切实际，甚至是冷酷的。所以孟子说：

> 无恒产而有恒心者，惟士为能。若民，则无恒产，因无恒心。苟无恒心，放辟，邪侈，无不为己……（《梁惠王上》）

> 待文王而后兴者，凡民也。若夫豪杰之士，虽无文王犹兴。（《尽心上》）[④]

这不是否定民众有向善之心，而是不苛求民众。民众要有"恒产"才能有"恒心"，要等到文王才能振兴，这是常情。可是"士"和"豪杰"便不同，他们没有"恒产"也要有"恒心"，没有文王也要兴。事实未必如此，但理论上必须这样要求。董仲舒说："《春秋》之所治，人与我也；所以治人与我者，仁与义也；以仁安人，以义正我。"[⑤]先秦儒家春秋学是不是以"正我"为本，还需讨论。但董仲舒这里为《春秋》学总结的原则，出自儒家德性政治学的思路，是没有疑问的。

① 张灏：《幽暗意识与民主政治》，第34—35页。
② 朱熹：《四书章句集注·孟子集注》，第293页。
③ 朱熹：《四书章句集注·孟子集注》，第298、292页。
④ 朱熹：《四书章句集注·孟子集注》，第211、352页。
⑤ 苏舆：《春秋繁露义证》，北京：中华书局，1992年，第249页。

孔子的幽暗意识,孟子戒备情欲"以小害大"的意识(幽暗意识的延续),都是出自士君子承担天下责任的"正我"原则。儒家幽暗意识不是针对普通民众,而是针对君子修身的内在阻力;因为儒家不苛求民众,而是严格要求承担"弘道"责任的士君子。孟子仁政思想注重民生,强调治民之产,论者往往以为孟子肯定人的欲望,遂忽视"以小害大"说的严峻意义。其实"治民之产"和戒备"小体"是针对不同的人说的,两种说法就是"以仁安人,以义正我"两种态度的表达。戒备"小体"不是一般意义上的人性戒惧意识,而是"正我"意义上的自我警戒意识,是士君子"尽心"承担天下责任的自我严责意识。同样的道理,《大学》《中庸》说"慎独""戒慎""恐惧",也是德性政治思想脉络中士君子"正我"的内向警戒意识。概而言之,早期儒学德性思想的内向戒惧意识,是与"德治"的政治学构想内在相关的。

战国时儒家政治思想的发展,有一种新观念开始形成,便是由"德治"转向"礼治"。孔子以后,礼学为儒学大宗,《仪礼》各篇的撰述,两戴《记》中一批较早礼学文献的写作,包括近年部分出土战国儒家文献,显示礼学思想此一时期有蓬勃的活力。在礼学的发展中,有一种政治主张开始形成,便是认为礼仪可以规范社会秩序,也就是顾炎武所说礼的"自治""治人"二义,隐去"自治"直接讨论"治人"。《仪礼》的撰述以"士礼"为主,主要仍是关乎君子"自治",但已包含可由礼仪准则安顿社会秩序的意思。如《乡饮酒礼》根据年齿安排乡里秩序,《礼记·乡饮酒义》借孔子之口说:"我观于乡,而知王道之易易"。[1] 说从乡礼秩序直接看见王道政治易行。这里君子"修身"环节隐去,礼仪规则直接奠定良好政治基础。《乡饮酒礼》撰述当在孔子以后一两代人的时间里,[2]这个礼典此后影响颇大,"乡饮酒礼"有安顿长幼秩序的功能,似乎成为儒家文献的某种共识。[3]《乡饮酒礼》的撰述只是一个例子,战国儒家思考礼仪规范组织社会秩序,文献中有多方设想。此外,战国礼学派儒家似乎还尝试某种乡里

---

[1] 朱彬撰,饶钦农点校:《礼记训纂》,第 887 页。该篇深受阴阳思想影响,当是战国晚期以后的作品。但认为乡礼可以奠定良好政治基础,则应是早期制作礼典的儒者已经有的观念。

[2] 沈文倬:《略论礼典的实行和〈仪礼〉书本的撰作》,《宗周礼乐文明考论》,杭州:杭州大学出版社,1999 年。

[3] 《礼记·经解》:"乡饮酒之礼,所以明长幼之序也。……乡饮酒之礼废,则长幼之序失,而争斗之狱繁矣。"《礼记·射义》:"故燕礼者,所以明君臣之义也。乡饮酒之礼者,所以明长幼之序也。"(朱彬撰,饶钦农点校:《礼记训纂》,第 738、739、892 页。)《大戴礼记·盛德》:"凡斗辩生于相侵陵也,相侵陵生于长幼无序,而教以敬让也。故有斗辩之狱,则饰乡饮酒之礼也。"(王聘珍撰,王文锦点校:《大戴礼记解诂》,北京:中华书局,1983 年,第 143—144 页。)

礼仪实验。《庄子·渔父》篇渔父批评孔子说:"今子既上无君侯有司之势,而下无大臣职事之官,而擅饰礼乐,选人伦,以化齐民,不泰多事乎?"①这是战国人编的孔子故事,与孔子无关,但反映了战国有儒者以非官府身份在民间试验礼仪秩序。这里要注意两点:第一,这些儒者不走游说君主的上行路线,在民间尝试政治活动;第二,这些儒者不走"修己以安人"的老路,而是以礼仪来尝试"化齐民"。

这一变化牵涉复杂的思想内容,学界至今尚无认真的清理。大略说,这一思想变化与贵族政治解体,氏族组织转向地缘社会的局势有关。这一问题需专门研究。"礼治"思想出现,并不意味"德治"思想消失,只是儒家政治学拓展出一种新的思路。先秦儒家政治思想有德治与礼治两派,前人已经指出。清代阮元《拟国史儒林传序》说:"昔周公制《礼》,太宰'九两系邦国','三曰师','四曰儒'。……师以德行教民,儒以六艺教民……孔子以王法作述。道与艺合,兼备师儒。颜、曾所传,以道兼艺;游、夏之徒,以艺兼道。"②这里说师、儒之分始自周公,是循《周礼》原来说法,不必在意。但阮元说师、儒之分是"师以德行教民,儒以六艺教民"则为确当之论。儒学"德治"派是"以德行教民","礼治"派就是"以六艺教民"。阮元认为后一派是子游、子夏所传,正确与否此处不论,但这一派是孔子以后传典籍的一派儒生创立,应该没有疑问。师与儒之别,关键在顾炎武说的"自治"与"治人"。"以德行教民"是先自治然后治人,"以六艺教民"是以礼仪直接治人。德治政治学既自治也治人,但严于自治(以义正我),宽于治人(以仁安人)。孟子说:"爱人不亲反其仁,治人不治反其智,礼人不答反其敬。行有不得者,皆反求诸己,其身正而天下归之。"(《离娄上》)③这是典型的自治然后治人的思路,所以性善论内向戒惧的意识,背后是"师以德行教民"的政治学,不是要老百姓清心寡欲,是要士君子"尽心""存心"。战国礼治政治学的兴起,转向以礼"治人"。这一派文献不会明言不必以"自治"为本,但注重以礼整齐人群秩序,实际上就是暗中转换政治学的基础。既然君子修身不再是政治的根据,修身的重要和相应的自我警戒,都可以隐去不提。不知不觉之间,君子"自治"的严格,培育美德的激情,由此而来的内向"戒慎""恐惧",便在礼学派文献中消解于无形。

---

① 郭庆藩辑,王孝鱼整理:《庄子集释》,北京:中华书局,1961年,第1027页。

② 徐世昌编:《清儒学案》卷121《仪征学案上》,北京:中华书局,第4811页。

③ 朱熹:《四书章句集注·孟子集注》,第278页。

　　荀子礼学在战国晚期出现,是战国礼学政治学理论上的高峰。荀子也说到君主德性重要,表明其政治思想的综合性。但荀学最有创建为其礼学,此为学界公认。荀子礼学承战国礼学之思路,对以"礼"治人有更清晰的表达。并且溯源到人性特征,说明礼何以能治人。《富国》《王制》《礼论》等篇都表述了这一思想。大意是说,人生而有欲,人人求其欲则必然相争,所以要有礼仪规则安排人群的名分位置,然后能群居不乱,协调有序。这个理论有一关键词叫"明分使群"。"分"就是社会成员的身份规定,其依据在"别",即所谓"贵贱有等,长幼有差,贫富轻重皆有称者也"(《礼论》)。"别"之身份悬殊,依据在各人德性、才能、学识,而非血统天赋。这是战国礼学在贵族社会解体以后,以礼的身份原则组织政治秩序的新构想。荀子循此传统,表达得更为深入、准确。

　　荀子礼学"明分使群"说学界多有讨论,不必详说。这里要讨论的是,"明分使群"与"肯定情欲"的关系。在"明分使群"的礼制体系中,每个人有特定的身份归属,他的私利和欲望,便有合理的空间,不必是危险的根源。正如梁启超所说:"荀子不承认'欲望'是人类恶德,但以为要有一种'度量分界',方不至以我个人过度的欲望,侵害别人分内的欲望。此种度量分界,名之曰礼。"[①]"度量分界"的礼义规划,提供了情欲正当的理由。前面说到,在孟子那儿,情欲的危险不是针对民众,是针对士君子。民众需要有"恒产"保障衣食,不仅不是危险之源,而且是仁政之始。但"君子""大人"若不能"尽心",则仁政失去原动力,所以情欲是危险之源。现在荀子认为政治的根据是"度量分界",实际上就是暗中转移了"德治"的责任,缓解了德性和情欲之间的紧张。所谓"度"内欲望的正当显然不是指民众,因为儒学从来没有要求民众戒备欲望,只是要求士君子。所以"度"内欲望正当与否,是不是需要"忍情性",只能是士君子的问题,不是民众的问题。《礼论》篇说礼最终归结为"养欲",接着就讨论天子应如何"养"其"欲":

　　　　故天子大路越席,所以养体也;侧载睪芷,所以养鼻也;前有错衡,所以养目也;和鸾之声,步中武、象,趋中韶、护,所以养耳也;龙旗九斿,所以养信也;寝兕、持虎、蛟韅、丝末、弥龙,所以养威也。[②]

　　《富国》篇还认为,君主这样的高等"养欲",不仅是"明分使群"的礼义政治

---

①　梁启超:《先秦政治思想史》,扬州:江苏广陵古籍刻印社,1990 年,第 92 页。
②　王先谦撰,沈啸寰、王星贤点校:《荀子集解》,第 347 页。

允许的，而且是这种政治所必需的，因为君主是"明分使群"的枢纽：

> 无分者，人之大害也；有分者，天下之本利也；而人君者，所以管
> 分之枢要也。故美之者，是美天下之本也；安之者，是安天下之本也；
> 贵之者，是贵天下之本也。[①]

这样的说法，容易让人想到荀子是在向战国后期已经势不可挡的集权政治妥协，以儒学缘饰专制。但就荀子政治学的目的而言，显然不是支持专制，而是构建人类"能群"的原理。所以《富国》后面接着说，这样的"养"，是为"辨贵贱"，不是为炫耀。此外，《王制》《臣道》等篇还说到大臣的分权和对君的制约。荀学中君主权力和大臣、士君子权力的关系问题还需要进一步研究，但在本文讨论的问题脉络中，有一点是肯定的：荀子"明分使群"的政治学，根本原则已不同于"以德教民"的思路，是直接以礼义之"分"来"治人"。在这样的思路中，警戒情欲已成了"小儒"的多虑。有了礼这个"法之大分，类之纲纪"，合理利欲人人可得，何用汲汲于自我警戒？荀子"肯定情欲"并批评"去欲""寡欲""忍情性"种种观念，背后真正的原因，便是政治学原理的转换。

当然，荀子也重视"德治"，说"有治人无治法"（《君道》），所以荀学也有与早期德治思想一脉相承处。萧公权便说："荀学诚有与孔、孟精神一贯之处，特不在其论治法而在其重治人。"[②]但荀学最有创意最重要的政治观点是"明分使群"的礼学，这一点是确定无疑的。在礼学思想论述中，"明分"是根本，君子表率不起核心作用，戒备情欲的严峻态度，变得没有意义，所以荀子转而"肯定情欲"。荀子是一位综合性的思想家，先秦儒学思想的许多优长之处都能继承，所以重礼治而不弃德治。这里面的关系还可以作更细致的研究。但荀学以礼治为主，"肯定情欲"是礼制政治构想的一部分，这一判断肯定是成立的。

四、从宋明理学到清学情欲观的转变：
孟、荀学说的长期影响

先秦儒家的内向戒备意识，发源于孔子，孟子进一步确定为警戒情欲的意识，这种意识是士君子承担政治教化责任意识的一个内在组成部分。荀学在

---

① 王先谦撰，沈啸寰、王星贤点校：《荀子集解》，第 179 页。
② 萧公权：《中国政治思想史》，沈阳：辽宁教育出版社，1998 年，第 108 页。

战国后期兴起,其人性观主要倾向是肯定情欲,明确批评思孟派和别派"忍情性""去欲""寡欲"的主张,认为可以由礼义的引导协调而满足情欲。戒惧情欲,意味着视情欲为人性中危险的因素,恶的种子;肯定情欲则刚好相反,意味着不以情欲为恶的种子,是礼义的正当基础。这是先秦儒家对人性内危险因素认识的一个重要发展脉络。可是因为"荀子性恶说"的遮蔽,一直未曾被揭示。现在我们可以说,在先秦儒学发展中,真正的对人性内在危险的关注和戒备,是在士君子承担道德责任的德治思想中;而消解这种戒备,是在肯定情欲,转向"礼治"的荀学之中。孟学和荀学对情欲的不同看法,在后世有长远的影响。本文略述宋明理学到清学对情欲看法的转变,以证孟子"戒备情欲"和荀子"肯定情欲"两种观点的长期延伸。

战国以后,汉唐时代的儒家人性思想大体上杂取孟学与荀学。宋代理学兴起,儒家内在精神发生一次大变化,孟子的性善论和心性学,成为儒家人性观的主流。汉唐儒学到宋明理学的变化,学术界有不少研究,涉及问题甚多,但有一项基本转变是许多学者都同意的,就是从经典注释之学转向修身之学。用阮元的说法,就是"以六艺为教"的制度儒学,转向"以德为教"的君子儒学。汉唐儒学当然也谈论君子修身,但是政治学的基本思路,是以礼治(名教)为本。二程以后的新儒学,则是以君子修德为政治之本。① 前引阮元《拟国史儒林传序》以"师""儒"之别说孔子以后儒学分化,他接着指出,宋代理学就是上承"师"的传统:"《宋史》以《道学》《儒林》分为二传,不知此即《周礼》师、儒之异,后人创分而暗合周道也。"又说:"是故两汉名教得儒经之功,宋明讲学得师道之益,皆于周孔之道得其分合,未可偏讥而互诮也。"②宋代理学以修身之学为中心,理气心性的讨论,全都归本于修身,而修身是"以德教民"的基础。修身之学上承孟子性善论心性学,对人性的理解延续孟子原有的乐观。认为天赋之性就是善,因而德性修养有内在强大动力,只要立志,就一定能培养扩充内在的善性。但另一面,宋代理学也继承了孟学对"欲"的戒备,发展成著名的"天理""人欲"之辨。孟子说情欲会"以小害大",还没有反复强调。理学家则对"人欲"之害反复申说,告诫"人欲"之险和"人欲""天理"之间的紧张。如朱熹说:

① 萧公权说:"理学家哲学思想之内容互殊,而其政论则多相近。约言之,皆以仁道为政治之根本,而以正心诚意为治术之先图。"(《中国政治思想史》,第 465 页。)
② 徐世昌等编:《清儒学案》卷 121《仪征学案上》,第 4812 页。

> 人只有个天理人欲,此胜则彼退,彼胜则此退,无中立不进退之
> 理。凡人不进便退也。譬如刘、项相拒于荥阳、成皋间,彼进得一步,
> 则此退一步;此进一步,则彼退一步。初学则要牢劄定脚与他捱,捱
> 得一毫去,则逐旋捱将去。此心莫退,终须有胜时。胜时甚气象![1]

理学家说的"人欲"比耳目口鼻之欲深一层,不只是感官欲望,包括各种出自"私"心的利欲之念。但归根溯源,理学对"人欲"的戒备,与孟子对情欲的戒备是一脉相承的。孟子说耳目口鼻之欲不是人之本质,"君子不谓性";理学家则说人有"天地之性"和"气质之性",同样认为"气质"不是本质,却是人性的一个内在部分。也就是说,人欲作为恶的种子是出自人性内部。这一认识的来源不是荀学。理学家对"荀子性恶说"全都嗤之以鼻,认为根本不必理会,他们当然不会受荀学影响。理学家对人性内恶的种子的意识和戒惧,来自孟子。这种意识本身就是孟子心性学一个内在共生的部分,是士君子担负天下责任意识的一个内在共生的部分。在这个思想脉络中,从君子"正我"的责任,到修身之学的深奥复杂(理气心性已发未发等讨论),到"人欲"无处不在,无孔不入的危险,有一个内在连贯的逻辑链条。人性幽暗的意识起始于孔孟,延伸到宋明理学,而且在理学中愈加深刻。

朱熹表述人欲之恶或人性幽暗,曾用一些很严重的词,不止人欲,人欲是概括的说法。这些严重的词,表明朱子对人性光明的信心背后,隐伏着极深的担忧。如说"学者常用提省此心,使如日之升,则群邪自息"。又说:"试定精神一看,许多暗昧魍魉各自冰散瓦解。"[2]这里正面表达的还是人性乐观,但是人性乐观有一个前提,就是一定要立志,要"提省此心""试定精神";一旦立志不坚,毅力稍差,则"群邪""许多暗昧魍魉"就会出来。在后一段话里,朱熹还引宋太祖咏月诗比照人性中的黑暗与光明:"'未离海底千山黑,才到天中万国明!'日未上时,黑漫漫地,才一丝线,路上便明。"话中的原意是说只要立志,光明便会驱散黑暗。但"海底千山黑"真是惊心的比喻。这固然不是朱子自己的诗,但选这样的诗句隐喻内心的幽暗,多少说明朱子对人性的内在戒惧。由"气质之性"生发出来的幽暗当真非同小可,理学家的语录、书信反复说到这种幽暗。理学家的议论有时还表明一种意思,不仅立志不坚,"群邪"立现;而且

---

[1] 黎靖德编,王星贤点校:《朱子语类》,北京:中华书局,1994年,第225页。

[2] 黎靖德编,王星贤点校:《朱子语类》,第201页。

即使立志不差,对心性问题理解有误,也就是"学术"有误,也会心生邪妄。如朱子与张栻书信讨论《中庸》"已发未发"之旨,说自己曾理解有偏,结果"泯然无觉之中,邪暗郁塞"。① 在后来明代心学中,对理解和方法不当会引发邪妄,有更多的议论。《明儒学案》记晚明王学各支在心性问题上反复辨析,多认为稍有差池,便入歧途。清代方东树评心学的良知顿悟说,指出:"彼所谓顿悟云者,其辞若易,而其践之甚难,其理若平无奇,其造之之端崎岖窈窕,危险万方,而卒莫易证。"②阳明"致良知"之学似乎比程朱理学更简易光明,天然无碍,如行云流水。可实际上内向戒惧丝毫没有减少。《传习录》下:

> 问:"'不睹不闻'是说本体,'戒慎恐惧'是说功夫否?"先生曰:"此处须信得本体原是不睹不闻的,亦原是戒慎恐惧的。戒慎恐惧,不曾在不睹不闻上加得些子。见得真时,便谓戒慎恐惧是本体,不睹不闻是功夫,亦得。"③

阳明弟子钱德洪更明确地说:

> 戒惧即是良知,觉得多此戒惧,只是功夫生,久则本体功夫自能相忘,不思而得,不勉而中。④

本体良知的自然呈现,如行云流水,与戒慎恐惧是一体两面。按钱德洪说法,则更偏重戒慎恐惧。有长期内向戒惧的严峻态度,才能有良知"不思而得,不勉而中"的行云流水。张灏《幽暗意识与民主传统》一文讨论明儒幽暗意识,举罗洪先、刘宗周二人为例,以示明儒对人性内在黑暗体认之深,并指出是与宋代程朱理学一脉相承。⑤ 从根本上说,对人性幽暗戒惧的意识,是性善论心性学内生的不可分割的一部分,再往前推,则是士君子培育美德以承担天下责任意识的内生不可分割的一部分。宋明理学承接孔孟"以德教民"的思路,无论学理上概括德性之学如何简明、通达,骨子里都是意在制服暗处的"群邪"。所以一边是简单无碍的光明,一边是无时不在的戒惧,二者无法分割。这观念

---

① 钱穆:《朱子新学案》,成都:巴蜀书社,1986年,第451页。

② 转引自胡适:《戴东原的哲学》,欧阳哲生编:《胡适文集7》,北京:北京大学出版社,1998年,第431页。

③ 王守仁撰,吴光、钱明、董平、姚延福编校:《王阳明全集(上)》,上海:上海古籍出版社,1992年,第105页。

④ 黄宗羲撰,沈芝盈点校:《明儒学案(上)》,北京:中华书局,1985年,第226页。

⑤ 张灏:《幽暗意识与民主传统》,第38—40页。

便是孟子"性善"说的延续发展,同时也是"恶"根植于人心深处的意识的发展。

从明代晚期到清代初中叶,儒学又是一变,再次从"以德教民"之学转向"六艺教民"之学,也就是六艺训释之学。在人性观上的相应变化,便是肯定情欲,同时放松对内在之恶的"戒慎""恐惧"。日本学者沟口雄三指出:宋明理学"在原理上设定了恶之起因在于气质,所以从实践圣人之道的角度来说,必须不断警戒不要让欲望和感情流于不正,结果就是不得不抑制气质的活动"。晚明开始出现新的观念,"援用'习'来否定把恶设定于气质之性的做法,出现了视气质之性为善,认为恶源于习的观点"。① 这是一个重要的分别。"恶"源于气质,就是源于人性本身;恶源于"习",则是来自后天行为习染,不是源于人性本身。与这一观念相伴而生,是晚明到清初大量肯定"欲"的议论出现。这一思潮出现,学术界有许多研究,有学者认为这是中国"近代思想"或"启蒙思想"形成的一种标志。沟口雄三认为,晚明以来肯定"私"和"欲"观念的出现,是与土地制度变化,富民、乡绅发言权逐渐增大有关。② 这是从社会经济、政治角度说"私""欲"观念的起源。如果追溯新观念的思想渊源,则显然与荀学有关。因为荀学在先秦儒学中,是最早明确肯定情欲的。可是这里有一个思想史上的曲折,需要认真辨析。由于后世学者相信荀子主性恶,而公然的"性恶"说在儒学内不能得到认可,所以清代新思潮尽管受荀学影响,当时人自己却不说。不仅不说,有时还要以重新解释孟子学说,来为肯定"欲"的新主张争取合法性。台湾学者田富美曾经探讨这一现象,指出:清儒"以内在于人欲人情中的理义及心的辨知潜能来证成人性之善,其思想理路所呈现的并不符合孟学的思想理路,而是趋向于荀学的思想典型。只是在长期的'尊孟抑荀'的意识形态下,清儒甚至并不自觉其思想实已潜藏了此一转向,反而以重新诠释孟子的方式来强调自己才是儒学道统的传承者。其中表现最明显者,莫过于戴震(1723—1777)所作《孟子字义疏证》及焦循(1763—1820)所作《孟子正义》"。③ 这个分析是有见地的。作者措辞委婉,说清儒是"不自觉"自己与荀学的暗合。这里确实不好断言,戴震、焦循等人是心知自己观点与荀学相似而故意不说。但他们的论理逻辑与荀学如此相像,如果说不曾受到荀学影响,那根本不

---

① 沟口雄三著,乔志航、龚颖等译:《中国的历史脉动》,北京:生活·读书·新知三联书店,2014年,第230页。

② 沟口雄三著,乔志航、龚颖等译:《中国的历史脉动》,第195—199页。

③ 田富美:《清儒心性论中潜藏的荀学理路》,《孔孟学报》第85期,2007年,第289—290页。

可能。

以戴震为例。戴震《孟子字义疏证》基本观念与荀学相合,前辈学者已经有人指出。如钱穆说:

> 今考东原思想,亦多推本晚周,虽依孟子道性善,而其言时近荀子。荀子主性恶,极重后天人为,故曰:"明于天人之分,则可谓至人矣。"又曰:"圣人清其天君,正其天官,备其天养,顺其天政,养其天情,以全其天功。"此即东原精研自然以底于必然之说也。又曰:"凡语治而待去欲者,无以道欲而困于有欲者也。凡语治而待寡欲者,无以节欲而困于多欲者也。心之所可中理,则欲虽多,奚伤于治?……道者,进则近尽,退则节求,天下莫之若也。"(《正名》篇)东原谓理者就人之情欲而求之,使之纤细无憾之谓理,正合荀卿"进近尽,退节求"之旨。而荀子则其要归于礼,曰:"人生而有欲,欲而不得,则不能无求;求而无度量分界,则不能不争;争则乱,乱则穷。先王恶其乱也,故制礼义以分之,以养人之欲,给人之求。使欲必不穷于物,物必不屈于欲。两者相持而长,是礼之所起也。"(《礼论》篇)戴学后起,亦靡勿以礼为说,此又两家思理之相通而至似者也。①

不仅钱穆这样看,更早的章太炎也有类似看法。钱穆引章太炎说:

> 极震所言,与孙卿若合符,以孙卿言性恶,与震意怫,故解而赴原善。(《文录卷一释戴》)②

可见戴震的主张与荀学相似,前辈学者早有所见。可是因为荀学在儒学传统中地位不高,性恶说尤其深受诟病,戴震于是舍荀学而就孟学,以"疏证"孟学的关键词,来区分孟学与宋明理学的不同,为自己的见解寻求权威根据。这就是清代儒学思想史上的一个曲折。明明受荀学影响,却以批评"荀子性恶说"的面相出现。实际上是明批性恶而暗取荀学肯定欲望之说,却把这一论说安在孟子学说中,以证明其观点来源纯正。

戴震批评宋明理学的中心见解是指斥"天理""人欲"说荒唐,禁锢日常欲望,乃至"以理杀人"。这是明末清初以来思潮中的新锐见解,是有思想深度

---

① 钱穆:《中国近三百年学术史》,北京:商务印书馆,1997 年,第 393—394 页。

② 钱穆:《中国近三百年学术史》,第 395 页。

的。问题在于，戴震要援引孟学为根据，支持他回到日常人情的理论，孟子本来是戒备情欲的，在这关键问题上怎么办呢？戴震就来曲解孟子学说。他说："孟子言：'养心莫善于寡欲'，明乎欲之不可无也，寡之而已"，这就是一个小的曲解。孟子此言重心肯定不是"明乎欲之不可无"，而是欲有害，需要戒备。"寡欲"和"无欲"有遣词轻重之别，没有质的不同，所以荀子就把"去欲"（与"无欲"同）和"寡欲"连在一起批评。[①] 但这一曲解还不重要，重要的是戴震接着说：

> 诗曰："民之质矣，日用饮食。"《记》曰："饮食男女，人之大欲存焉。"圣人治天下，体民之情，遂民之欲，而王道备。……六经、孔、孟之书，岂尝以理为如有物焉，外乎人之性之发为情欲者，而强制之也哉！孟子告齐、梁之君，曰"与民同乐"，曰"省钱粮、薄赋敛"，曰"必使仰足以事父母，俯足以蓄妻子"，曰"居者有积仓，行者有裹（囊）粮"，曰"内无怨女，外无旷夫"，仁政如是，王道如是而已矣。[②]

这话看起来理直气壮，孟子如此重视人民生活，仁政要"治民之产"，使老百姓能够"事父母，蓄妻子"，这难道不是肯定人的欲望吗？戴震或许真这样看，未必有意曲解。但是在孟子那儿，仁政养民与"存心养性"戒备情欲，是对不同的人说的。普通民众"无恒产则无恒心"，必须保障生业；士无恒产也要有恒心，因为要承担"虽无文王犹兴"的责任。这是"以德教民"政治思想的内在逻辑，上节已经论证。宋明理学"存天理灭人欲"说，原本也是针对士君子而言；对于民众，则理学家与孟子一样重视生业。如朱熹说："天下事有大根本，有小根本。正君心是大本，其余万事各有一根本，如理财以养民为本，治兵以择将为本。"又说："今上下匮乏，势须先正经界。赋入既正，总见数目，量入为出，罢去冗费，而悉除无名之赋，方能救百姓于汤火中。"[③]从这些话看，宋明理学不也首先正视人民温饱？孟子对"民"和"士"区别看待，宋明理学基本一样，岂能以孟子"养民"说证其肯定欲望，又以理学"灭人欲"说指其灭绝欲望？戴震的曲解方东树在《汉学商兑》中就已经指出：

---

① 《正名》："凡语治而待去欲者，无以导欲而困于有欲者也。凡语治而待寡欲者，无以节欲而困于多欲者也。"（王先谦撰，沈啸寰、王星贤点校：《荀子集解》，第426页。）

② 戴震撰，汤志钧校点：《戴震集》，第275页。

③ 黎靖德编，王星贤点校：《朱子语类》，第2678、2714页。

> 程朱所严辨理欲,指人主及学人心术邪正言之,乃最吃紧本务,
> 与民情同然好恶之欲迥别。今移此混彼,妄援立说,谓当通遂其欲,
> 不当绳之以理,言理则为以意见杀人,此亘古未有之异端邪说。①

方东树有汉宋门户之见,痛骂戴震"理学以意见杀人"是异端邪说,这是有失偏颇的。理学发展到后来成为官学,成为势力,肯定是有以"理"钳制他人,甚至压抑民众的事情。戴震痛斥"以理杀人",希望从高高的"天理"回到日常生活的"情理",确有思想解放的意义。但从理论本身说,理学"灭人欲"本是对己不对人,对士君子不对民众,这一点方东树的批评是准确的。"人主及学人心术邪正"和"民情同然好恶之欲"不是一回事,这一区分对理解宋明理学十分重要,而且是源自孟学的一个基本原则。如果孟学警觉"小体"是针对士君子不是针对民众,那么宋明理学警惕"人欲"也是,这是心性学始终秉持的一个原则。戴震曲解孟子学说,是他能够以孟学为理论支持的重要原因。我们由此可以明白何以戴震学说"与孙卿若合符"(章太炎语),却又能在与荀学相异的孟学中寻找支持。

明末清初肯定个人之"私""欲"的思潮,在宋明理学"存天理、灭人欲"学说五六百年发展以后出现,是重要的思想进步。有学者认为有"启蒙思想"或"近代思想"的意义,这些都可以研究。但从儒学内部来看,这一思想变化是先秦儒学肯定情欲古老观念在新的历史情境下的复现。也就是说,除了明清市民社会生成、商业活跃、土地制度变化等因素的影响,清代思潮肯定情欲,还有源自先秦礼学尤其荀学的思想逻辑,就是认为政治秩序主要依靠礼制规范,在礼制下可以为个人利欲安排合理空间,不必戒惧。这个思想逻辑暗中转移了士君子"以德教民"的政治责任,因此也暗中缓解了德性与情欲之间的紧张。这是荀学与清代思潮之间的共同之处。缓解德性与情欲之间的紧张意味着什么,这个问题颇为复杂。戴震痛斥"以理杀人",固有其解放情欲的合理一面;可是另一方面,方东树却指责清代汉学反天理人欲之辨,是便其私心。他说清代汉学有"六蔽",第四条是:"畏程朱检身,动绳以理法,不若汉儒不修小节,不矜细行,得以宽便其私。"②这指责未必全合于事实。民初刘师培就认为,虽然

---

① 方东树:《汉学商兑》,载江藩、方东树著,徐洪兴编校:《汉学师承记(外二种)》,上海:中西书局,2012年,第396页。

② 方东树:《汉学商兑》,第346页。

清儒道德操守不能与明儒比，但是在清儒中，汉学人物的操守却优于理学、辞章人物。[1] 刘师培是古文经学家，或有派别立场，这样说也未见得公允。这是一个需要诸多实证研究来辨析的问题。但是方东树的批评，一定程度上指向了儒学史上两种观念对立的核心之处，就是士君子应不应该执着德性与情欲之间的紧张，缓解这紧张，是不是意味着"修身"意志削弱，或暗中"宽便其私"？由以上的讨论我们已经知道，这种德性与情欲之间的紧张理论上是由性善论对情欲的内向戒惧意识导出的。

五、关于《性恶》篇的一点说明

本文讨论荀子人性观在儒家思想史上的地位，是把《性恶》放在一边，探讨荀子本来人性观的内涵和在思想史上的意义。这样做的原因是确定《性恶》在荀学中是晚出的偏门，不代表荀学本来观点。相关论证已有另文发表。

荀学本来人性观与性恶说没有关系，但是性恶的学说是怎么回事，本文没有处理。按理说，研究儒家思想史上对情欲态度的变化，从认为情欲是危险之源，戒惧情欲，到认为情欲是礼义政教的正当基础，去除对情欲的内向戒惧，这样的思想脉络梳理，不应置《性恶》篇于不问。因为该篇毕竟是唯一宣称情欲为"恶"的儒家文献。为什么不处理这篇文献呢？两个原因：一是去除性恶说的遮蔽，研究荀子人性观本来的内涵与意义，本身是一个独立的论题。第二点更重要，需要专门说一下。

《性恶》篇晚出，这篇文字是不是荀子本人所作姑且不论，有一点可以肯定，这篇文字是为与孟子性善说相争而作。[2] 这一点自汉代以后，直到现代学术界，已经有无数人提到。但是为相争而作意味着什么，从中可以看出这篇文

---

① 刘师培说："明廷虽屈辱臣节，然烈士循名，匹夫抗愤，砥名砺行，略存婞直之风。……清代之学迥与明殊，明儒之学用以应事，清儒之学用以保身。明儒直而愚，清儒智而谲。……全身畏害之不暇，而用世之心汨于无形，加以廉耻道丧，清议荡然，流俗沉昏，无复崇儒重道，以爵位之尊卑判己身之荣辱。"又说："要而言之……（清儒）言词章、经世、理学者，往往多污行，惟笃守汉学者，好学慕古，甘以不才自全。"（刘师培：《清儒得失论》，北京：中国人民大学出版社，2011 年，第 258、267 页。）

② 即使荀子本人所作，也有可能不是为人性探讨，只是为争胜。郭沫若研究荀子时就曾经这样判断。他说："大抵荀子这位大师与孟子一样，颇有些霸气。他急于想成立一家言，故每每标新立异，而很有些地方出于勉强。他这性恶说便是有意和孟子的性善说对立的。"（《十批判书·荀子的批判》，北京：科学出版社，1956 年，第 194 页。）但笔者倾向于认为不是荀子本人所作，是其后学为争荀学影响而作。相关讨论见拙文《荀子人性观非性恶说辨》。

字的何种特点,人们很少说到。我的理解是,这篇为"争胜"而作的文字,根本不是出自人性的真见解,目的是"立说"。《性恶》作者没有对性恶的真洞察,实际上认为人愿意向善,只是为了成一家之说,硬把荀学的人性情欲说(没有天然的善),夸张为性恶论,这决定了该篇文献在有关情欲问题的儒学思想史上不值得重视,缺乏真见解,只为立说以博名声,我们在现代学界看到太多。古人没有这样普遍不堪,但出现类似情况也不奇怪。当然《性恶》也有自己的论述和主张,其观念也有思想史的脉络渊源,需要梳理,但与本文主题关系不大,可以先不理会。

《性恶》没有对性恶的真认识,作者其实相信人内心愿意向善,性恶论只是为立说博名,这不是学界共识,是笔者的看法,这一问题需要论证。《性恶》论说的思想史源流,也需梳理。这是另一个问题,留待专文讨论。

(原载于《南京大学学报》2015 年第 1 期)

《回回原来》与中国文化背景下的回族族源建构

杨晓春[*]

摘　要: 长期以来广泛流传在回族内部的《回回原来》一书讲述了唐贞观二年因为唐王梦见妖怪而派人往西域求取回回真经、聘请真人镇压妖怪,西域回王派出的使者(缠头)到达中国并得到唐王赏识,最终唐王选派三千唐兵至西域更换三千回兵来中国,与缠头做伴,于是有了回回在中国繁衍的故事。这个故事看似荒诞无据,却又真实地反映了明末清初以来中国回回人对自身民族来源的认识。在叙事结构方面,影响到整个故事展开的唐王做梦并派人取经,便受到了《西游记》的直接影响。而其中的穆罕默德赞语,受到了明代中期《清真法明百字圣号》一类汉文的赞圣文字的影响,赞语中的"白帝真君"则完全出自中国。可以认为《回回原来》是中国社会、文化环境下的产物。

关键词:《回回原来》　回族　族源　建构

《回回原来》记述了回回在唐代贞观年间入华的传说故事。所记当然并非史实,早在清代后期,便有回回宗教学者马安礼称之为"私意妄言,荒诞不经"[①]。民国时期,著名史学家陈垣和张星烺均对此书的可信度有所评述。陈垣先生说:"中国回教书中有一部极鄙俚而极通行之书,名曰《回回原来》,又名《西来宗谱》。其言回教入东土之始,谓始自唐贞观二年,识者多鄙此书为不足

---

　* 杨晓春,1974年出生,浙江湖州人。现任南京大学历史学院中国史系教授,主要研究方向为元史、中国民族史(回族史)、中外关系史(海上丝绸之路)、中国古代石刻,著有《早期汉文伊斯兰教典籍研究》《元明时期汉文伊斯兰教文献研究》等。

　① 马安礼:《〈祝天大赞〉序》,马德新:《祝天大赞》卷首,民国八年(1919年)粤东濠畔清真古寺藏板刊本。按此序撰于清光绪四年(1878年)。

信。然一考其说之由来,亦由误算年数,非有意作伪可比。"①张星烺先生则称:"所言全无根据,多系凭空虚构。"②回族学者对此更有清晰的认识。如赵斌先生认为《回回原来》一书"为说部,非信史",并举出了四方面的理由:第一是没有署名,第二是书中序言康熙授此书给马总兵之说只能是伪托,第三全书是由"占星识异"四字附会演义而成的,第四是全书为小说口吻。③ 又如马良骏大阿訇认为《回回原来》"无凭无据,以讹传讹",不能成为中国回族历史探讨的根据。④ 达浦生大阿訇说:"虽回教丛书中有《回回原来》《西来宗谱》二书,然所载多有不确,亦不足为凭,且文辞粗俗,更不足信。"⑤然而,《回回原来》自成书以来,在提供中国内地回回人关于自身来源的历史知识方面,一直发挥着重要的作用,产生着广泛的影响。正如白寿彝先生所云:"今试展诵《回回原来》,虽其荒谬怪诞,出乎常理,然徒以其系传述回教入中国之故事,读者莫不悠然神往。斯时,吾固见追求历史的欲望,跃跃于听众之肺腑,可以穿胸臆而与吾人相见。"⑥

白寿彝先生所谓"追求历史的欲望",正是我们研究《回回原来》的一个重要的视角。《回回原来》显示了回回人对于自身来源(族源)的认识,而回回人对于族源的认识,未尝不可以说是理解回族史的关键所在。

长期以来,大家熟知《回回原来》的重要性,但是少有学者对它进行深入的专题研究。⑦ 马旷源先生曾在比较早的时候从文学以及神话的角度作过分

---

① 陈垣:《回回教入中国史略》,《东方杂志》第 25 卷第 1 号,1928 年 1 月,收入《陈垣学术论文集》第 1 集,北京:中华书局,1980 年,第 545 页。

② 张星烺:《中西交通史料汇篇》第 3 册《古代中国与阿拉伯之交通》,北京:辅仁大学,1930 年,第 75—76 页。

③ 赵斌:《校经室随笔》,《中国回教学会月刊》第 1 卷第 2 期,1926 年 2 月,收入李兴华、冯今源编:《中国伊斯兰教史参考资料选编(1911—1949)》(下),银川:宁夏人民出版社,1985 年,第 1114—1115 页。

④ 马良骏:《考证回教历史》,《新疆宗教研究资料》第 5 辑,乌鲁木齐:新疆社会科学院宗教研究所,1981 年,第 10、52 页。按《考证回教历史》1939 年初版,1947 年再版。

⑤ 达浦生:《伊斯兰六书》,北京:宗教文化出版社,2003 年,第 30 页。按《伊斯兰六书》写成于1945 年。

⑥ 白寿彝:《伊斯兰谈座·中国回教史料之辑录》,《伊斯兰》第 4 期,1935 年 4 月。又见白寿彝:《评〈中国回教史之研究〉》,《图书季刊》第 3 卷第 1、2 期合刊,1936 年,收入白寿彝:《民族宗教论集》,石家庄:河北教育出版社,2001 年,第 369 页。按《伊斯兰》中文章未署名。

⑦ 部分研究成果的评述,参见哈正利:《〈回回原来〉及其相关研究述评》,《回族研究》2005 年第 1期。

析,也讨论过其中可以得到历史印证的部分,还简单涉及故事的来源问题。①
姚大力老师在回族认同的历史考察中给予《回回原来》相当的重视,他把《回回
原来》看成是反映清代回回人种族认同的最典型文献,说《回回原来》以及在它
影响下的《西来宗谱》"实在是考察回族如何想象自身历史的极可珍贵的资
料",并说到"回回人在追溯一种明确的与汉人群体不同的独特根源性时,仍然
不自觉地采纳了汉族用以想象对方的言说材料",给人很好的启发。② 哈正利
先生关于回族族源传说的研究,也将《回回原来》作为一个重要的个例,指出了
不同的传说有着基本一致的结构,强调了这类"族源传说的创作似乎本来就不
是为了给我们实证研究提供什么参考价值的,它是一个民族自我追溯和自我
表述的文本",试图由此讨论回族人精神的深层结构。③ 胡云生先生在河南回
族来源的研究中注意到《回回原来》在河南各地的流行,特别是收集了一些碑
刻、家谱采纳《回回原来》的例子。④

有关《回回原来》的相关资料虽然琐碎,但是总量相当可观,值得再作发
掘,特别是碑刻、家谱等回族自身的史料尤其具有历史探讨的价值。而《回回
原来》的叙述所体现出的中国民间文化的特质,尤其值得再作探讨。以下在已
有研究的启发和引导下,试从故事本身的具体分析入手,从叙事结构和内容细
节两方面举例说明《回回原来》的回回族源认识很大程度上植根于中国文化,
并进而说明《回回原来》在回族发展史上的重要位置。

一、《回回原来》的故事梗概与书籍性质

有关《回回原来》的成书时间,缺乏直接的证据,不易考察。已有一些讨
论,但尚无确说。通过现存各种版本的查询,可以直接获知《回回原来》至少在
同治十一年之前成书,可以间接获知其至少在康熙五十一年之前已经成书。
而故事本身描述的西出嘉峪关的信息,则显示了最初产生的时代可能早到明
代中后期而不是清代。多种版本所附的序跋文字,对于考察《回回原来》的写

---

① 马旷源:《〈回回原来〉——最早的回族民间文学成书》,《楚雄师专学报》1987 年第 3 期,收入
马旷源:《回族文化论集》,北京:中国文联出版公司,1998 年,第 31—52 页。
② 姚大力:《"回回祖国"与回族认同的历史变迁》,《中国学术》2004 年第 1 辑,收入姚大力:《北
方民族史十论》,桂林:广西师范大学出版社,2007 年,第 64—113 页。
③ 哈正利:《论回族族源传说的基本结构》,《文史哲》2006 年第 2 期。
④ 胡云生:《传承与认同:河南回族历史变迁研究》,银川:宁夏人民出版社,2007 年,第 26—29 页。

定时间很有帮助,其中有一序所署的康熙壬寅,可以考定为康熙元年(1662),这大致可以看成是《回回原来》最后写定的时间。① 因此,可以把《回回原来》看作反映清代回回人族源认识的一种文献。

《回回原来》自清代前期定型以来,或刊刻,或抄写,版本多样,不同版本在内容上往往多有差异。此一版本问题,我曾在讨论其成书年代的时候略有涉及。② 笔者现在掌握的版本,主要是同治十一年(1872)江西省清真寺重刊本《回回原来》、清光绪元年(1875)刊本《回回原来》、清光绪二十年(1894)鲍闲廷抄本《回回原来(唐记)》(《清真大典》第24册影印本,模糊处可以参考1980年代油印影印本)、民国九年(1920)《清真修道撮要》附《回回原来》。好在故事的基干部分是相当一致的,因此也大致可以归纳出故事的梗概。③ 以下根据近来学术界一般引用的清光绪二十年(1894)鲍闲廷抄本④归纳故事梗概如下(表1):

表1　清光绪二十年(1894)鲍闲廷抄本《回回原来》内容梗概

	段名	故事梗概
第一段	唐王半夜梦缠头⑤	唐贞观二年三月十八日夜里,唐王梦见妖怪闯入宫中。次日早朝,钦天监臣汇报有怪物入紫薇(微),而西方有真人出而现祥光。唐王详述梦中缠头追赶妖怪的详情。圆梦官奏称缠头是西域回回,在加裕关西的哈密里,要取得西域回回真经才能镇压宫中的妖气。军师徐勣奏西域回回至诚不欺,望唐王降旨差使臣往西域求取真经。于是唐王降旨命人往西域聘请真人。
第二段	奉旨西域取真经	次日早朝,大将军石唐愿意赴西域宣取回回。出了玉门关,石唐没能看到客店,只能借宿在一个回回家中。石唐问起为何没有客店,回答说回回好客,对于行旅之人也会好生招待,并教了石唐几句回回话,石唐酬谢他也不要。石唐不花分文,到了撒麻甘城池。石唐朝见回王,并宣读了唐王的圣旨。回王令石唐暂退。

① 杨晓春:《〈回回原来〉的成书年代及相关问题略探》,《北方民族大学学报》2014年第1期。

② 杨晓春:《〈回回原来〉的成书年代及相关问题略探》,《北方民族大学学报》2014年第1期。

③ 曾有学者就这一故事作过归纳,称所据为刘三杰(Liu Sanjie)撰《回回原来》(*The Origin of the Hui People*),但是未具体说明版本。(Shujiang Li and Karl W. Luckert, *Mythology and Folklore of the Hui: A Muslim Chinese People*, New York: State University of New York Press, 1994, pp. 239 – 240.) 不过其中出现的三位使臣的名字为 Gens、Gers、Wan Gars,与书前出现了刘三杰一名的清同治十一年(1872)江西省清真寺重刊本作该思、歪斯、噶心不同。

④ 其实此本错字非常多。

⑤ 此段段名原缺,据清同治十一年(1872)江西省清真寺重刊本补。

	段名	故事梗概
第三段	回王修表赴唐	次日早朝,回王问大臣中谁可去唐朝,该思、吴歪思、噶心三位爸爸愿往。该思、吴歪思二人半途死去,噶心一人到达中国。噶心呈上表章,唐王览毕,令使臣回馆驿安歇。
第四段	唐王私行馆驿会缠头	唐王扮成青衣小帽私行馆驿,遥望回王使臣相貌不凡,与梦中所见缠头一般模样。使臣一望,便知是唐王。唐王问他如何得知,回答西域之人上知天文,下知地理。唐王骇然回宫。
第五段	问礼经同异	唐王次日早朝,宣使臣入朝。唐王问使臣西域所行何礼,答仁义礼智信为人人所行,三纲五常尤所习讲。唐王说纲常乃孔子之道,西域如何得知。答西域有一部从天而降的经——《古而噶尼》,包含五经,唐王大惊。
第六段	军师举缠头	军师李靖奏称唐三藏言西域有真经包含一切,可令使臣执掌钦天监。
第七段	大笑回使拜空礼不通①	使臣(缠头)回馆,唐王跟从,望见回使行面向正西、望空礼拜、抬手秘诵、鞠躬叩头之礼。问对空礼拜是何意,答拜真主原造之恩。问两手摸耳是何礼,答乃是抬手,可戒私除邪身心定。问站立多时是何意,答求告饶求恕罪。问作揖不至地是何礼,答如臣见圣明。问叩首面着地是何礼,答谢主恩。问叠足稳坐何为拜主,答静气宁神请功受赏。问两手平心执捧是何意,答于主对面领赏。唐王又问主从何来何造何生何相何形何知何能,答主从无中生有,化立天地万物。问何有凭据,答天地万物若无真主,生生化化从何来。
第八段	问主原有能	缠头介绍真主、真经,唐王深为叹服。唐王与缠头朝夕相对讲论,文武百官莫不叹服。
第九段	唐王入庙拜像	一日,唐王与缠头游至庙中,唐王见像下拜,缠头大笑唐王不拜真形拜假像。又说神佛不可拜。唐王深服无言。
第十段	赞孔子圣论五行	唐王念孔子赞语给缠头听,缠头念圣人穆罕默德赞语给唐王听。缠头并向唐王解释诚礼济斋游、两世全美、回回、清真等的含义。
第十一段	敕封清真正教	唐王喜称清真正教。
第十二段	敕封掌印钦天监	唐王封缠头为钦天监掌印镇国钦差识宝回回,缠头不肯谢恩,不恋今世恋后世。唐王许他在中国传真经、立正教。缠头称在中国独居无偶、道传无人。唐王选三千唐兵至西域更换三千回兵来中国,与缠头做伴,生育无穷。

---

① 此段段名原缺,据清同治十一年(1872)江西省清真寺重刊本补。

以上的故事梗概,可以归纳为如下的九个环节——做梦、圆梦、遣使、回使、私访、举用、对谈、掌印、换兵。从故事情节看,其目的在于解释为什么回回人会进入中国,也即书名《回回原来》所指向的。从故事的重心看,主要在唐王与缠头对谈的环节,包括第七段到第十一段共五段,篇幅上更是要超过一半。对谈的环节对于故事的继续开展,允许缠头传教是必要的,但是其实质更在于将伊斯兰教的基本内容包含其中,又似乎是一篇伊斯兰教基本常识的小册子。有关伊斯兰教的内容,包括礼拜的方式和含义,真主的性质,不崇拜偶像,五功具体所指,两世全美,回回、清真的含义,等等,已经相当全面。

那么,如何看待《回回原来》一书的形式和性质呢?

从全书结构和叙事方式来看,这是一篇简化的章回小说。全书分为十二段,大略模仿明代以来流行的章回小说。每段都包含七律一首或多首,多运用诗歌(特别是在段末)也是章回小说的基本特征。从具体内容来看,此书的性质相当于历史传说+民间文学+宗教手册。

当然,这是我们今天的分析。从历史上回回人对于《回回原来》的接受来看,则是将它看作一种历史书,乃至相关的叙述进入了家谱和墓碑。

二、《回回原来》与《西游记》

《回回原来》故事开展的关键是唐王(即唐太宗)梦缠头及随后的请真人。这一基本的叙事结构,正如英国的基督教传教士学者海思波(Marshall Broomhall)早在一百年前就已经指出的,很容易使人想到佛教史上关于佛教入华最为知名的故事——东汉明帝梦神人(或作金人)而派使者西行取经求法。①张星烺先生也说"作此书者,盖模仿《高僧传》摄摩腾及竺法兰事迹而作者也"。②所谓"摄摩腾及竺法兰事迹",即南朝梁慧皎《高僧传》开篇摄摩腾、竺法兰二传中明帝梦金人,派了蔡愔等人往西域取经求法的故事。这个故事,早在南朝梁之前的《牟子理惑论》、题作摄摩腾译《四十二章经》中就有非常具体的叙述。《牟子理惑论》载:

---

① Marshall Broomhall, *Islam in China, a Neglected Problem*, London: Morgan & Scott. Ltd., 1910, p. 68.

② 张星烺:《中西交通史料汇篇》第3册《古代中国与阿拉伯之交通》,北京:辅仁大学,1930年,第75—76页。

问曰:"汉地始闻佛道,其所从出耶?"牟子曰:"昔孝明皇帝,梦见
神人,身有日光,飞在殿前,欣然悦之。明日,博问群臣:'此为何神?'
有通人傅毅曰:'臣闻天竺有得道者,号之曰佛,飞行虚空,身有日光,
殆将其神也。'于是上悟。遣使者张骞、羽林郎中秦景、博士弟子王遵
等十二人,于大月支写佛经四十二章,藏在兰台石室第十四间。时于
洛阳城西雍门外起佛寺。于其壁画,千乘万骑,绕塔三匝。又于南宫
清凉台及开阳城门上作佛像。明帝存时,预修造寿陵,陵曰显节,亦
于其上作佛图像。时国丰民宁,远夷慕义,学者由此而滋。"①

这是中国文化中对于佛教入华的经典解释。《回回原来》的叙述,文辞比
较浅显,不像是写作者直接阅读《牟子理惑论》以及《高僧传》的结果。

唐王入梦的故事,早在敦煌写本《唐王入冥记》中就已经存在,永乐时期的
戏文中也有,后被《西游记》吸收,而广为中国百姓所知。今本《西游记》在明代
后期完全定型,现存明万历、崇祯时的几种刻本。从《回回原来》的叙述方式
(结构)和具体措辞看,应该就来自《西游记》。

《西游记》第九至十二回描述了唐太宗入梦的故事,梗概如下:长安城外泾
河岸边一个渔翁和一个樵子闲谈,说到长安城里有一个卖卦的先生教他在泾
河下网,必定鱼虾满载而归。谈话被泾河水府一个巡水夜叉听到,报与了泾河
龙王,说水族将会被尽情打了。龙王听说,便要诛灭这卖卦的,变作白衣秀士,
去打赌试问明日雨水。卖卦的先生乃是当朝钦天监台正先生袁天罡的叔父袁
守诚,袁守诚给予明确答复,结果与玉帝的敕旨一模一样。龙王眼见得打赌要
输掉,去袁守诚处胡闹,结果袁守诚还说到玉帝因龙王违反敕旨要斩龙王。龙
王只得最终求情,袁守诚让他找唐太宗,因为监斩官魏征为唐太宗驾下的丞
相。龙王在唐太宗梦中向唐太宗求救,唐太宗答应。不料唐太宗与魏征对弈,
魏征盹睡,到了时间,梦中斩了龙头。龙王向唐太宗索命,吓得唐太宗生病,不
能康复。唐太宗瞑目而亡,到冥司后问清龙王当死,唐太宗随后还阳。于是修
建佛事,选出玄奘作坛主讲经。此时观世音菩萨在长安访取善人,说玄奘只会
讲小乘教法,并说西方有大乘经。太宗惊动,与玄奘结为兄弟,并号他为三藏,

---

① [梁]僧祐:《弘明集》卷1《牟子理惑论》,《宋碛砂版大藏经》,上海:上海古籍出版社,1991年影
印本,第5页上。

唐三藏遂西出取经。①

《西游记》的叙述,给出了唐太宗入梦到派人取经的内在逻辑,这一基本的叙述模式完全被《回回原来》所接受,敷衍成第一段,成为《回回原来》故事发展的基础。

《回回原来》中称唐太宗为"唐王",这一细节也与《西游记》的叙述一致。《西游记》称唐太宗或为"太宗",或为"唐王"。甚至,《回回原来》第六段中还出现了"唐三藏"。

清光绪二十年(1894)鲍闲廷抄本第一段的军师徐勣,第六段中作李靖,而清同治十一年(1872)江西省清真寺重刊本则两处均作徐世绩(勣为绩之异体字)。《西游记》中徐世勣也是应对唐王的人物:

> 唐王召徐世勣上殿道:"朕夜间得一怪梦:梦见一人,迎面拜谒,口称是泾河龙王,犯了天条,该人曹官魏征处斩,拜告寡人救他,朕已许诺。今日班前独不见魏征,何也?"世勣对曰:"此梦告准,须史魏征来朝,陛下不要放他出门。过此一日,可救梦中之龙。"唐王大喜,即传旨,着当驾官宣魏征入朝。②

《回回原来》的叙述应该也受到了影响。清光绪二十年(1894)鲍闲廷抄本徐世勣作勣,则或是避李世民讳的某本的缘故。又作李靖,则应该是混淆了。李靖在《封神演义》中是重要人物,神话为托塔天王,为民间所熟知。《封神演义》也在明代后期定型。

《回回原来》中与唐王对话的,清同治十一年(1872)江西省清真寺重刊本为徐世绩和魏征,这和《西游记》也是一致的。

又《回回原来》第一段载:"见其妖怪,遂即变化,拘出原形,声声哀告,望祈真人饶性命。"《西游记》,第十回则有:"当晚回宫,心中只是忧闷:想那梦中之龙,哭啼啼哀告求生,岂知无常,难免此患。"③都出现了"哀告",也许也有关联。

当然,明代后期以来通行的吴承恩《西游记》中并未出现唐僧取经前往回

---

① [明]吴承恩:《西游记》,第九回《袁守诚妙算无私曲 老龙王拙计犯天条》,第十回《二将军宫门镇鬼 唐太宗地府还魂》,第十一回《还受生唐王遵善果 度孤魂萧瑀正空门》,第十二回《玄奘秉诚建大会 观音显像化金蝉》,北京:人民文学出版社,2005 年,第 105—151 页。

② [明]吴承恩:《西游记》,第九回《袁守诚妙算无私曲 老龙王拙计犯天条》,第 115 页。

③ [明]吴承恩:《西游记》,第十回《二将军宫门镇鬼 唐太宗地府还魂》,第 119 页。

回国的内容。但是,在元代剧作家吴昌龄的杂剧《唐三藏西天取经》的残本之一《回回迎僧》中表现的就是老回回迎接唐僧的情节。① 元代的西域大都为"回回田地",所以吴昌龄的《唐三藏西天取经》便将元代的西域状况和唐僧故事相嫁接了。《唐三藏西天取经》的残本还保存在明代末年的《万壑清音》、清代的《升平宝筏》等书中,在一些目录书如《也是园书目》中也有著录,应该有一定的影响。如此看来,《回回原来》的基本叙事结构当来源于元明以来非常流行的唐僧取经故事。当然,其直接的来源仍以吴承恩的《西游记》最有可能。

三、《回回原来》中的穆罕默德赞语

赞圣(专指穆罕默德)词、诗乃至赞圣的著作,是伊斯兰教文献中专门的一类。汉文伊斯兰教文献中,最为知名的赞圣作品则非《至圣百字赞》(又称《百字赞》)莫属。录《天方至圣实录》所载《至圣百字赞》如下:

> 乾坤初始,天籁注名。传教大圣,降生西域。授受天经,三十部册,普化众生。亿兆君师,万圣领袖。协助天运,保庇国民。五时祈祐,默祝太平。存心真主,加志穷民。拯救患难,洞彻幽冥。超拔灵魂,脱离罪业。仁覆天下,道冠古今。降邪归一,教名清真。穆罕默德,至贵圣人。②

《至圣百字赞》不但刊于书籍,在中国回族清真寺中还普遍地刻于碑石、书于匾联,可谓比比皆是。更加之相传《至圣百字赞》为明太祖朱元璋所撰,此赞在回回人中几乎成为家喻户晓的一篇文字。对于《至圣百字赞》,我曾作过初步研究,颇为怀疑托名为明太祖御书或御制的《至圣百字赞》其实来自北京东四清真寺万历七年(1579)碑中的《清真法明百字圣号》和《本教经中译述圣赞》,为教内人的制作,产生的时间大约为明代后期(17世纪上半叶)。③

---

① 张继红校注:《吴昌龄刘唐卿于伯渊集》,太原:山西人民出版社,1993年,第195—197页。(以《万壑清音》为底本。)也有题作《狮蛮国直指前程》的,出自《升平宝筏》。细节有所不同,内容要更丰富一些,但也可以看出明人改动的痕迹。(参见赵景深辑:《元人杂剧钩沉》,上海:古典文学出版社,1956年,第168—171页。)

② [清]刘智:《天方至圣实录》卷20,上海:上海古籍出版社,2002年,《续修四库全书》影清乾隆四十三年(1778)金陵启承堂刻五十年(1785)袁国祚印本,第1296册,第463页。

③ 杨晓春:《明代回族历史六题》,《元史及民族与边疆研究集刊》第21辑,上海:上海古籍出版社,2009年。

《回回原来》中也有一段赞圣的文字,见第十段《赞孔子圣论五行》,[①]几种版本的文字差异较大,列表如下(表2):

表2 《回回原来》四种版本穆罕默德赞语的比较

清同治十一年(1872)江西省清真寺重刊本《回回原来》	清光绪元年(1875)刊本《回回原来》	清光绪二十年(1894)鲍闲廷抄本《回回原来(唐记)》(《清真大典》第24册影印本)	民国九年(1920)《清真修道撮要》附《回回原来》(《清真大典》第23册影印本)
大圣仁慈,百帝真君。降服邪教,归正清真。元气秉粹,智圣生成,道传万代,教授真经。	大圣仁慈,白帝真君。降服邪教,归正清真。元气秉资,智圣生成,道传万代,教授真经。	仁慈大圣,百地真君。降伏邪教,归正清真。元气重师,圣智生成,遵传万代,教受真经。	大圣仁慈,百帝真君。降服邪教,归正清真。元气秉粹,圣智生成,道传万代,教受真经。

同样是四字韵语,与《至圣百字赞》完全一样,具体内容方面也有类似之处,如《回回原来》的"降伏邪教"与《至圣百字赞》的"降邪归一"。只是文字较少,一共只有32字。

其中不同版本文字歧异最大的一处——"白帝真君""百地真君"与"百帝真君",可以勘正为"白帝真君"。道教认为五岳各有神,其中的一种说法,认为西岳之神为白帝真君。如《太上黄箓斋仪》所载忏仪针对各方,其中对西岳的忏词称"西岳华山白帝真君"。[②]《回回原来》中的"白帝真君"显然指穆罕默德。中国文化中早有西方出圣人的说法,大概因为穆罕默德来自西方,才会用中国文化中称西岳的白帝真君来称穆罕默德。

以"白帝真君"称穆罕默德,在不少回族—伊斯兰教文献中可以见到。清康熙时马注《清真指南》载《圣赞》云"蛛罗拥白帝之躯",并注:

> 昔圣人与外道交战,因自恃将勇,失于托靠,为敌所败。追兵甚急,避入岩穴之中,蛛随结网。敌至,见有蛛网,知为无人。复有疑者,以石投之,二鸠从穴飞出,信果无人,乃去之。隋文帝赞云白帝真君,故称白帝。[③]

---

① 此段段名,包括清同治十一年(1872)江西省清真寺重刊本在内的多数版本作《赞孔比圣论五行》。

② 〔唐〕杜光庭集:《太上黄箓斋仪》卷41《忏悔》,《正统道藏》第9册,文物出版社、上海书店、天津古籍出版社,1988年影印本,第303页。

③ 〔清〕马注:《清真指南》卷7《圣赞》,合肥:黄山书社,2006年《清真大典》影清同治九年(1870)广州濠畔街清真寺藏板重刊本,第16册,第769页。按《清真指南》有的版本中隋文帝作唐玄宗。

把穆罕默德称作"白帝真君"更上溯到隋文帝时。

这种认识,还见于清乾隆间刘智《天方至圣实录》所述斡葛思传教入华的故事:

> 先是,为圣元年(当为隋开皇六年丙午),天见异星,赤尼帝(隋文帝)命大史占之,曰:"西域当有异人出。"帝命使西来,验其实。越岁始至,欲圣东,圣却之,使阴摹圣像归。圣使赛尔弟·斡歌士(圣舅)等四人,偕使入赤尼(隋开皇七年丁未,陈祯明元年,回回人始入中国)。帝悬像拜之,拜起,幅在而像亡,大骇,诘之斡歌士,对曰:"吾圣人立教,禁止拜像,人不与人叩头也。此吾圣人之感应也。"帝愕然曰:"莫非白帝真君乎!"因建怀圣寺于番州(即今广东广州)居来使,斡歌士西还。①

"白帝真君"甚至还进入了回族家谱中。郑和家谱分为四谱:西宗以白帝真君为始祖,入中国则以朝奉王为始祖,入滇则以咸阳王为始祖,入宁则以郑和为始祖。② 如此记载,原因在于郑和出自赛典赤家族,而赛典赤为圣裔,即穆罕默德的后代。又《沙氏宗谱序》载:"吾沙氏之祖籍,自西域天方国白帝真君至圣穆罕默德二十六世孙尔里后哈三之裔所非尔,于宋神宗熙宁三年来中国,征平辽寇,神宗大悦,授公本部正史总管。"③按《元史·赛典赤传》载:"赛典赤赡思丁,一名乌马儿,回回人,别庵伯尔之裔。其国言赛典赤,犹华言贵族也。"④别庵伯尔为穆罕默德的称号,吴鉴《清净寺记》载:"初,默德那国王别谙拔尔谟罕蓦德生而神灵,有大德,臣服西域诸国,咸称圣人。别谙拔尔,犹华言天使,盖尊而号之也。"⑤

而更早的例子则是前述北京东四清真寺万历七年(1579)碑所刻《清真法明百字圣号》:

---

① [清]刘智:《天方至圣实录》卷7,上海:上海古籍出版社,2002年,《续修四库全书》影清乾隆四十三年(1778)金陵启承堂刻五十年(1785)袁国祚印本,第1296册,第239—240页。

② 郑自海:《南京郑氏家谱——〈咸阳世家宗谱〉》,《郑和研究》1996年第4期,收入郑自海、郑宽涛编:《咸阳世家宗谱:郑和家世研究资料汇编》,昆明:晨光出版社,2005年,第81页。

③ 马建钊主编:《中国南方回族谱牒选编》,南宁:广西民族出版社,1998年,第169页。

④ 《元史》卷125,第3063页。

⑤ 杨晓春:《元明时期汉文伊斯兰教文献研究》附录一《元明时期清真寺汉文碑刻文字四十种校点稿》,北京:中华书局,2012年,第257页。

乾坤初判,天籍注名。西域传法教主,至德大圣仁慈,正烈衍政天经,众圣之宗。七天游奕,协助天运。护祐国王,公直无私。白帝真君,普度群迷。五朝祈天,默助太平。阐教祖师,灵明洪祐。救苦拯难,明冥超拔,脱离罪愆。降服诸邪归正,清真法明大道,穆含默德圣人。[1]

这一篇赞圣文字,我认为是后来最为流行的《至圣百字赞》的原型。"白帝真君"并不出现在《至圣百字赞》中,而《回回原来》却与《清真法明百字圣号》一样有"白帝真君"字样,或许也受到了《清真法明百字圣号》一类早期的赞圣文字的影响,同时显示了《回回原来》较早时期开始形成的痕迹。

四、《回回原来》进入家谱和墓碑

家谱、墓碑是具体鲜明的历史性的资料,其中采纳《回回原来》的故事作为史实来对待,说明中国回回人对于《回回原来》的认识,与我们今天把它当作民间文学或传说是全然不同的。

《回回原来》进入家谱、墓碑等私人空间,不但说明其影响之广和影响之深,还说明《回回原来》在提供一般回回人自身民族来源方面,提供基本的知识的作用。

先看家谱。清嘉庆、同治年间湖北《马氏宗谱序》载:

教始于大唐贞观二年三月十八日,王夜梦回镇压妖邪,因遣使臣石堂奉表至土国,聘请来入中国,则教门根本实不可忘耳。[2]

《昭通下坝马家谱序(老谱序)》载:

因念昔者赏孝,吾教先也,原居西域国,贵圣在位兴教劝化,时有唐贞观元年,有唐王夜梦感悟:有钦差唐王驾下大臣石唐,奉旨西域国,晏请贵圣驾下臣员葛师爸爸来至中国,随从三千人马,奉旨迁居陕西西安府城内仓门口,修建清真寺。迨后派流繁衍,分迁居于西安

---

[1] 余振贵、雷晓静主编:《中国回族金石录》,银川:宁夏人民出版社,2001年,第211页。

[2] 答振益主编:《湖北回族古籍资料辑要》,银川:宁夏人民出版社,2007年,第31页。马建钊主编:《中国南方回族谱牒选编》,南宁:广西民族出版社,1998年,第110页。

府各处。①

以上两种谱序，所述与《回回原来》大约一致。石堂和石唐，分别是不同版本的《回回原来》中唐王所派出的使节的姓名。在中国回回民间，流传着不同的《回回原来》版本。

又辽宁《黑氏家谱序》载：

> 吾祖之源，乃唐贞观时西征吾国，至西域，未及攻斗，乃两国议和，互相各换士卒三千为质。吾原系西域一头目，及至面君，蒙授职亲军指挥。②

按此序后署"八代孙黑鹃誊录，崇祯五年黑永祯重录，康熙五十二年岁次癸巳黑弘化、黑之桀又录，中华民国九年初春黑钟凯、黑延绪再录"，似乎此序撰文时间颇早。除了延绪，人名在谱名中皆有（之桀作士桀），似乎是可靠的记录，则又说明在明代类似《回回原来》的故事已经存在。

湖南常德民国三十五年（1946）固安堂《黄氏五修族谱》卷首上录有五言诗一首，前半云：

> 试问我教门，可以来中国？
>
> 大唐贞观年，良弼梦中得。
>
> 石堂捧简书，披星驰西域。
>
> 落落三人来（哈辛、伍爱师、盖思才），娴武精文墨。
>
> 从者三千人，韬略皆奇特。
>
> 圣主德贤臣，曰汝为汝翼。
>
> 建寺名清真，为人尚忠直。
>
> 犬豕戒勿尝，烟酒戒勿食。
>
> 教规本无穷，数言难追忆。
>
> 历宋与元明，循分顺帝则。③

显然，其主要成分也出自《回回原来》。此诗为十七世修维镜亭氏撰。原谱未见，不能判断黄修维其人具体生活时代。从道光五年谱序、光绪六年谱序称乾

---

① 马建钊主编：《中国南方回族谱牒选编》，南宁：广西民族出版社，1998，第182页。

② 刘侗主编：《辽宁回族家谱选编》，天津：天津古籍出版社，1992年，第37页。

③ 马亮生主编：《湖南回族史料辑要》，长沙：湖南人民出版社，1995年，第123—124页。

隆三十六年有九世祖重修①看,十七世黄修维当生活在清末民国时期,但是又有乾隆五十八年谱序称"距今一十七世"②。

再看墓碑。湖北清光绪十一年(1885)《皇清待赠答公考应蛟(四房)、妣魏老孺人安葬茔墓碑》：

> 盖闻水有源来木有根,人有父母子有孙,回回自有原由根。旨(只)因唐王夜梦贤臣来,是西域之缠头。大唐贞观二年三月十八日夜梦缠头,大家俗观西天国有一回主,道高,得富国,兵勇强,其地多出吃(奇)珍。今有唐主卿是(亲自)定夺,衣(依)卿之言,降卿旨一同品(聘请)。朝内有一大臣姓石名堂,奉旨西域求见回王。王接旨,读皆大喜。远守义,方清真。可将不尚浮华自推办后寺九奋进乎。回王修表一到,速宣使臣。该思,无歪思,噶心,上实(识)天文,下达地俚(理),三人一同到大国镇邪,安遇无事。唐宋元明移至我国大清皇帝,千有余年,教门大行,教生蕃庶,可覼盛。以恕严治,后世代远,言俺望(忘)原来,不揣嗣陋之建,俗俚之词,防后备(辈)无望(忘)原来云雨以后亡代。③

从内容看,与《回回原来》也是十分接近。错字较多,则说明它鲜明的民间性。而碑文开头的"盖闻水有源来木有根,人有父母子有孙,回回自有原由根",足以说明回回人族源认识发生的最朴素的理由,从自身的个人的来源追溯到群体的来源。

五、《回回原来》展现出的中国回回人的历史特点

《回回原来》影响甚大、包罗甚广,充分反映了前近代中国回回人族源认识的一些特点,可以作为反映中国回回人历史特点的一份独到的标本来对待。

一方面,《回回原来》不但作出了回回最初入华的历史叙事,更是充满了自

---

① 马亮生主编:《湖南回族史料辑要》,第24、25页。
② 马亮生主编:《湖南回族史料辑要》,第18页。
③ 答振益主编:《湖北回族古籍资料辑要》,第70页。

豪感,屡屡以"唐王叹服"来反映。尤其是改穆罕默德主动派斡葛思来华传教①为中国皇帝请求派使来华,更显示了叙述主体的荣誉感。

我曾对于明末中国的回族社会,从回回教门内宗教学术的创新、宗教自豪感及民族优越感的表现等方面作过一些考察,综合认为明代末年回族已经形成。② 据我的考察,《回回原来》最初产生的时代可能早到明代后期,写定的时间大致在康熙元年(1662)。③《回回原来》表现出的对于自身来源有着强烈需求,而其产生于明末清初这一回族形成期,不是偶然的。我认为《回回原来》同样是一个民族形成、上升时期的充分表现。

另一方面,《回回原来》还体现了中国回族形成、发展中的中国化的特征。

据前文的考察,可知《回回原来》在叙事结构(如唐王做梦受到《西游记》的直接影响)和具体细节(如穆罕默德赞语中的白帝真君)都受到中国文化的影响。还有一些细节,也带有鲜明的中国文化的痕迹,如第九段《唐王进庙拜像》,提到神,以姜子牙为代表,似是受《封神演义》的影响。

回族形成、发展的过程中,普遍受到以儒释道为代表的中国主体文化,特别是儒家文化的影响。这在明末清初以来的汉文伊斯兰教典籍中,有着充分的体现,学界也多有讨论。其中,应当也包括中国民间文化对回回人影响,《回回原来》正是这方面的例证。

六、小　结

可以说从清代前期一直到民国初年,《回回原来》一直发挥着提供给中国回回人关于自身来源的解释的关键作用。

《回回原来》一书在回族内部非常流行,长期以来多次刊刻,广泛传抄,乃至进入回回人的家谱和墓碑之中。因此《回回原来》描述的回回入华的故事可以成为考察历史上回回人族源建构的最重要的标本,同时《回回原来》也可以

---

① 斡葛思入华传教的传说,现存较早的记录是泉州清净寺元至正十年(1350)吴鉴撰《清净寺记》碑(原碑已佚,尚存明代重刻之碑)和广州怀圣寺元至正十年(1350)郭嘉撰《重建怀圣寺记》碑(原碑已佚,尚存拓片),可见至少此时这一传说已经流行。两碑虽出汉人之手,但是均为清真寺碑刻,一定程度上可以反映回回人对这种说法的接受。自明代中期以来,回回人撰文之清真寺碑刻等则多见这一传说,非常流行,有的还明确记载是穆罕默德派了斡葛思传教入华的。

② 杨晓春:《元明时期汉文伊斯兰教文献研究》,北京:中华书局,2012年,第232—251页。

③ 杨晓春:《〈回回原来〉的成书年代及相关问题略探》,《北方民族大学学报》2014年第2期。

成为考察中国内地回回人与中国主体文化之间关系的难得的标本。

　　《回回原来》讲述了唐王做梦之后派出使臣到西域求取回回真经镇压妖怪,最终用三千唐兵换取三千回兵入居中国的故事,故事的基本结构受到了《西游记》的直接影响;其中的一些具体内容,如穆罕默德赞语,受到了明代《清真法明百字圣号》一类汉文的赞圣文字的影响,而白帝真君则完全出自中国。据此,可以认为《回回原来》是回回人适应中国社会、文化环境,并大量汲取中国民间文化养分的产物。这也进一步说明了回回民族是形成、诞生于中国大地上的一个民族,具有强烈的中国特性。

(原载于《民族研究》2018 年第 3 期)

黄支国新考

杨晓春

摘　要:与汉代中国有交往的海外国度黄支的今地众说纷纭,其中以印度东南海岸的建志(Kanchi)说最为学界所认可。汉文古籍关于黄支的主要记载是《汉书·地理志》粤地条末段,根据其中有关黄支的描述"其州广大"之"州"为岛屿的解释,再加上行程中需要跨越马来半岛的地峡、黄支的读音与南朝汉文佛典记载的师子国的名称堀阇接近等等辅助证据,可以将黄支的位置确定在今斯里兰卡岛。

关键词:黄支　《汉书·地理志》　地理位置

《汉书·地理志》最末一段文字是有关西汉时期中国海外交通的重要文献,自德国学者赫尔曼(A. Herrmann)、美国学者劳费尔(B. Laufer)以来,考释这段文献的中外学者几近于二十人。相关各地的考证以其中的"黄支(国)"一地最为关键,因为此条所记便是以黄支为核心的。关于"黄支"的地望虽尚看法不一,其中日本学者藤田丰八[①]、法国学者费琅(G. Ferrand)[②]所主张的"建志(Kanchi)说",为张星烺[③]、冯承钧[④]、韩振华[⑤]、岑仲勉[⑥]、朱杰

---

① [日]藤田丰八:《前汉时代西南海上交通之记录》,载藤田丰八:《中国南海古代交通丛考》,何健民译,上海:商务印书馆,1936年,第83—117页。

② [法]费琅:《昆仑及南海古代航行考·苏门答剌古国考》,冯承钧译,北京:中华书局,2002年,第56—57页。

③ 张星烺编著,朱杰勤校订:《中西交通史料汇编》第6册,北京:中华书局,1979年,第19—21页。

④ 冯承钧:《中国南洋交通史》,北京:商务印书馆,1998年,第1—3页。

⑤ 韩振华:《公元前二世纪到公元一世纪间中国与印度东南亚的海上交通——汉书地理志粤地条末段考释》,《厦门大学学报》1957年第2期,收入韩振华:《中外关系历史研究》,香港:香港大学亚洲研究中心,1999年,第41—96页。

⑥ 岑仲勉:《西汉对南洋的海道交通》,《中山大学学报》1959年第4期,收入岑仲勉:《中外史地考证》,北京:中华书局,2004年,第89—107页。

勤①等多位中国的中外关系史研究者所认可,业已成为学界通行的意见。韩振华先生还就此说作了进一步的证明,所论甚详。建志即《大唐西域记》中达罗毗荼国的都城建志补罗(梵文 Kanchipura,pura 意为城)、《宋高僧传》中的建支,今称甘吉布勒姆(Conjeveram),位于印度东海岸偏南部,在马德拉斯(Madras)西南三十五英里处。

于印度东海岸来求黄支的位置较在马来半岛、苏门答腊乃至爪哇来寻找是要合理多了。我们且看《汉书·地理志》的原文:

> 自日南障塞、徐闻、合浦船行可五月,有都元国;又船行可四月,有邑卢没国;又船行可二十余日,有谌离国;步行可十余日,有夫甘都卢国;自夫甘都卢国船行可二月余,有黄支国。民俗略与珠崖相类。其州广大,户口多,多异物,自武帝以来皆献见。有译长,属黄门,与应募者俱入海市明珠、璧流离、奇石异物,赍黄金、杂缯而往。所至国皆禀食为耦,蛮夷贾船,转送致之。亦利交易,剽杀人。又苦逢风波溺死,不者数年来还。大珠至围二寸以下。平帝元始中,王莽辅政,欲耀威德,厚遗黄支王,令遣使献生犀牛。自黄支船行可八月,到皮宗;船行可二月,到日南象林界云。黄支之南,有已程不国,汉之译使自此还矣。②

即便不参考其他任何文献,仅从这段记载来考虑,读者也是可以把握其主旨的:

第一,这段文字记述了从西汉疆域最南端处航行域外的行程,分为去程和回程,记录了航行地点和时间。去程和回程的路线是不同的,因而所费时间也并不相同。黄支国是航行的目的地,所以叙述颇详,而途中各国只是简单地提及。

第二,这不是某一次汉朝使者出使的记录。所记有武帝时事,有平帝时事,提到的出航地也有三处,这段文字必是斟酌几种资料而成的。可以认为反映了一般的、普遍的中国西汉时期海外交通的行程。

第三,地理的考证上存在突破口。从中国南方出航,可以航行到东南亚、

---

① 朱杰勤:《汉代中国与东南亚和南亚海上交通路线试探》,《海交史研究》1981 年第 3 期,收入朱杰勤:《中外关系史论文集》,郑州:河南人民出版社,1984 年,第 70—77 页。
② 《汉书》卷 28 下,第 1671 页。标点略做调整。

南亚等地,去程的航行一路经过诸多地方,这正是古代海洋航行必须得沿着大陆或岛屿以便航行的反映,而回程却只经过皮宗,似乎是穿越了较大的海域的缘故,此其一。所记路程只有从谌离国到夫甘都卢国是弃舟登陆,且"步行可十余日",路程并不远,稍稍熟悉东南亚地理者,马上会联想到马来半岛的地峡,此其二。也就是说,黄支国与马来半岛隔海相望。所以说以往学者于印度东海岸来求黄支的位置是有其合理性的。

但是,"建志说"的缺点也是明显的。

我们可以从这段文献所叙述的黄支国的情况中发现这么一句——"其州广大",这一记载似乎为所有考察黄支所指的学者忽视了。

何谓"州"? 东汉许慎的《说文解字》说:

> 水中可尻者曰州。水匋绕其旁,从重川。昔尧遭洪水,民尻水中高土,故曰九州。《诗》曰:"在河之州。"一曰:州,畴也,各畴其土而生也。[1]

可见"州"为许慎所认可的其主要的意思就是水中的陆地——岛屿。此意之"州"后来大略写为"洲",注《说文》的徐铉(由南唐入北宋)还特别指出"州"别写作"洲"是不正确的。[2]

也就是说,黄支按照"其州广大"的描述可以理解成一个大岛屿。越过马来半岛的地峡,跨海而至的一处大岛屿显然就是斯里兰卡(岛)了,而不是印度东海岸的某处地方。斯里兰卡,六朝隋唐时期汉文典籍多称师子国、狮子国,《大唐西域记》称僧伽罗国,明代则多称锡兰国或锡兰山国。

韩振华先生文中摘录了《太平御览》卷 803 所引《林邑记》:"黄枝[3](黄支)州上,户口殷富,多明珠杂宝。"并注"州即州城之谓"。对此,我以为是不成立的。前已引《说文解字》说明州即岛屿,以此来理解《林邑记》中"黄枝州上"一句显然更为合理,不然"上"便无所着落了。而这所谓《林邑记》中的记载大略就出自《汉书·地理志》。

在《汉书·地理志》中,提到黄支国后有"民俗略与珠厓相类。其州广大,

---

① 段玉裁:《说文解字注》,影清嘉庆二十年经韵楼刊本,上海:上海古籍出版社,1988 年,第 569 页上。

② 许慎:《说文解字》,影清同治十二年陈昌治刊本,北京:中华书局,1963 年,第 239 页下。

③ 《四部丛刊三编》影宋本作"黄被","被"字误。

户口多。多异物,自武帝以来皆献见"这样的记载,都是形容黄支国的,"多异物"是黄支国的总体特征,而紧接着的"自武帝以来皆献见"一句,其主语只能是黄支。《汉书·地理志》将黄支与"珠厓"相比,或许还是因为"珠厓"之所在为一大岛屿。前引《汉书·地理志》有关黄支记载的前一段文字正是有关"珠厓"的:

> 自合浦、徐闻南入海,得大州,东西南北方千里,武帝元封元年略以为儋耳、珠厓郡。(下略)①

用了"大州"字样,而其岛屿的特征表述得十分具体——"东西南北方千里"。这个"大州"就是今天的海南岛。同样,汉代的使者也完全有能力认识到斯里兰卡是一大岛。

以往学者判断黄支为建志,大约基于两方面的考虑。一是黄支的读音,一是黄支的物产。

黄,《广韵》作胡光切,匣母[ɣ],很难说与 Kanchi 之 k 音是可以很好对应的。这是早有学者注意到的问题。对此,韩振华先生特引唐代僧人玄应《一切经音义》的记载,欲以证成黄音同光、可译 Kanchi 之 Kan 的看法。玄应书卷14 释"桄"曰:

> 古文横、横二形,同音光。《声类》作轨。车下横木也。今车床及梯橥下横木皆曰桄是也。

横从黄得声,但横字后来的读音并非为一。《广韵》②作户盲切、户孟切、古黄切;而多录又读的《集韵》③作胡盲切、姑黄切(音光),作户孟切,作古旷切(音桄)。横与光或桄同音只是横字的其中一读,并不能因此而推测它本从得声的黄字也读作光。而《广韵》《集韵》所载黄字只胡光一切。从《广韵》的反切看,光为见母[k],与黄之匣母[ɣ],读音差别是比较大的。

南齐永明年间天竺僧人僧伽跋陀罗(众贤)译《善见律毗婆沙》卷3 称:

---

① 《汉书》卷 28 下,第 1670 页。合浦、徐闻为合浦郡下之二县,所以中华书局点校本作"合浦徐闻",意为合浦郡徐闻县,但从下段往黄支行程记述中的出发地作"徐闻、合浦"看,此处亦莫若同样理解为二县。

② 余廼永:《新校互注宋本广韵》,上海:上海辞书出版社,2000 年。

③ 影扬州使院重刊本,北京:中国书店,1983 年。

往昔师子国,名堀阇洲(Ojadvīpa①)。②

据《大正藏》的校勘记,知"堀"在有的版本中作"沤"或"妪"。试比较"堀(沤/妪)阇"与"黄支"的读音:

	堀	沤	妪	黄	阇	支
《广韵》反切	乌侯切③	乌侯切④	衣遇切	胡光切	视遮切⑤	章称切
拟音⑥	ɣu	ɣu	ĭu	ɣuaŋ	ẑĭa	tɕĭe

堀(沤/妪)、黄读音的主体部分都是复合元音,都包含 u 音,读音差别不大,按中国古代的标准,都为喉音;阇、支读音的主体部分分别是舌面前擦浊音、舌面前塞擦清音,按中国古代的标准,都为齿音。"堀阇""黄支"本用来对译一个名词的可能性是较大的。⑦

而且根据南齐时僧伽跋陀罗的说法,堀阇是师子国往昔的名称,则汉代的师子国很可能就是以此为名的,故而以"堀阇"与"黄支"来比较读音在时间上也是说得通的。

《汉书·地理志》记武帝时汉使往黄支是为了明珠、璧流离(据考为青色的宝石)、奇石这些奇货,又记平帝元始中王莽令黄支王遣使献生犀牛。韩振华先生对这些物品作了非常详细的考察,以为均出自印度。其实,我们同样可以看到斯里兰卡岛出产这些物品的记载。如东晋的《法显传》称师子国"多出珍

---

① 此梵文之拉丁音写据季羡林等:《大唐西域记校注》,北京:中华书局,1995 年,第 867 页。Dvipa 为洲的意思。

② 《大正藏》,No. 1462,第 24 卷,第 690 页中。

③ 此平声,又作乌后切,为上声。

④ 此平声,又作乌侯切,为去声。

⑤ 又作他胡(德胡)切,不取。

⑥ 拟音均据郭锡良《汉字古音手册》(北京:北京大学出版社,1986 年)。书中未录之堀、阇(视遮切)根据其反切依照此书所据的《汉语史稿》的声、韵拟音再拟。

⑦ 《翻梵语》卷 9"洲名第五十五"转录《善见律毘婆沙》此洲名作"妪阇洲",并注"应云郁遮,译言高也"(《大正藏》,No. 2130,第 54 卷,第 1045 页中),可资参考。又《太清金液神丹经》卷下题为《抱朴子序述》,系记南海诸国的情况,中有"优钱,在天竺东南七千里,土地、人民举止并与天竺同,珍玩所出,奇玮之物,胜诸月支"的记载。(文物出版社、上海书店、天津古籍出版社影《正统道藏》本,第 18 册,第 762 页。)抱朴子指葛洪,虽然这篇文字未必出于葛洪之手,一般认为仍是六朝时的文献。此国并不在天竺,而在天竺东南,"优钱"似乎为"黄支"的异译,或亦可资比较。《太平御览》卷 787 引康泰《扶南土俗》:"优钹国,在天竺之东南可五千里。国土炽盛,城郭、珍玩、谣俗与竺同。"(《四部丛刊三编》影宋本。)"优钹"与"优钱"必有一误,我以为作"钹"误。而"五千里""七千里"均为约数而已。

宝珠玑。有出摩尼珠地,方可十里"。① 隋僧吉藏撰《华严游意》②以"狮子国采珠"作比方来敷衍经意。《大唐西域记》称僧伽罗国道"此国本宝渚也,多有珍宝"。③ 南宋的《诸番志》称细兰"产猫儿睛、红玻璃、脑、青红宝珠"。④ 通常认为是元代作品的《岛夷志略》记僧加剌"产红石"。⑤ 明代的《瀛涯胜览》"锡兰"条称"此山(指阿聃峰)内出红雅姑、青雅姑、黄雅姑、青米蓝石、昔剌泥、窟没蓝等,一切宝石皆有。每有大雨,冲出土流下沙中,寻拾则有。……其海中有雪白浮沙一片,日月照其沙,光采激滟,日有珠螺蚌聚沙上。其王置珠池,二三年一次,令人取螺、蚌倾入池中,差人看守此池,淘珠纳官"。⑥《星槎胜览》"锡兰山国"条称"有高山,参天之丛。山顶产有青美盘石、黄鸦鹘石、青红宝石。每遇大雨,冲流山下沙中,寻拾得者。其海旁有珠帘沙,常此网取螺蚌,倾入珠池内作烂淘珠为用而货也"。⑦《西洋番国志》"锡兰国"条称"此山(指阿聃峰)出红雅胡、黄雅胡、青米蓝石、昔剌泥、窟没蓝等诸宝石。每大雨冲出沙土中,寻拾则有。……有其国海中有雪白浮沙一所,出螺蚌,产珠,日照之光彩横发。王因别为珠池,每三年或二年取沙上螺蚌入珠池养之,令人看守,淘珠纳官"。⑧ 足见宝石和珍珠为斯里兰卡的两大特产。此类例子尚多,在《马可·波罗游记》等西人的著作中也有类似的记载。历史上,犀牛曾广泛分布于非洲无数大草原及亚洲的热带雨林中,虽然没有找到历史上斯里兰卡生活着犀牛的确实证据,但从斯里兰卡多热带雨林的自然条件看,存在着犀牛的可能性也是存在的。也许还是因为斯里兰卡犀牛的大量出口(活犀牛应该是其中的极少数,绝大多数是捕杀后取下犀牛角出售),才导致斯里兰卡的犀牛过早

① 章巽:《法显传校注》,上海:上海古籍出版社,1985年,第148页。
② 《大正藏》,No. 1731,第35卷,第7页下。
③ 季羡林等:《大唐西域记校注》,北京:中华书局,1995年,第868页。
④ 杨博文:《诸番志校释》,北京:中华书局,1996年,第52页。
⑤ 苏继庼:《岛夷志略校释》,北京:中华书局,1981年,第244页。
⑥ 丛书集成初编影纪录汇编本,第48—49页。这里的雅姑以及后面的鸦鹘、雅胡均为阿拉伯文yaqut的音译。参考苏继庼:《岛夷志略校释》,北京:中华书局,1981年,第154页注⑤。
⑦ 云窗丛刻影天一阁抄本。
⑧ 向达校注:《西洋番国志·郑和航海图·两种海道针经》,北京:中华书局,2004年,第23页。

灭绝呢！即便斯里兰卡原本不产犀牛，作为国际贸易和交通的中转站①，斯里兰卡一地肯定还会存在本不出自该地的物品，以待转贩他处。大量生活于印度的犀牛渡过狭小的海峡，贩运至斯里兰卡也是完全有可能的。这时候过分依赖物产来判断黄支的所在反倒又有其局限性了。汉使以黄支为目的地，也正是考虑到了这里是国际贸易中转站、饶有多种货吧！况且，西汉武帝时尚不知黄支有犀牛，到了平帝时，才有了辅政的王莽"欲耀威德"，通过"厚遗黄支王"的手段导演了黄支"遣使献生犀牛"之戏，未必是因为黄支盛产犀牛，且犀牛对于汉代中国人而言并非十分稀罕之物，吸引王莽的更多的是"献犀"行为在他心目中独到的象征意义，正如藤田丰八所说："王莽闻该国地绝远而极大，故为利用窃位计，乃使之献生犀牛，于是黄支与生犀，遂结不可离之关系矣。"果然，平帝元始五年(5)王莽的奏文中特别提到了"黄支自三万里贡生犀"。② 王莽此举之后，才有"黄支之犀"在东汉的闻名。

此外，《汉书·地理志》记载了黄支国"户口多"的特点，我们同样可以在《大唐西域记》中看到僧伽罗国"人户殷盛"③的记载。这也不应是简单的巧合。

综合以上的考察，我以为，根据"黄支"为一大"州"的记载，再参之以黄支的物产以及"黄支"的对音，是可以把《汉书·地理志》中的"黄支"考为今天的斯里兰卡岛的。

至于"已程不国"，认为黄支即建志的学者，多数把它释为斯里兰卡。这有其难以解释得通的地方。黄支是汉使的目的地，如果是在印度东海岸，回程时何必要再往斯里兰卡绕行一下而不是直接从印度东海岸回国呢？也颇有学者把它当作航行的终点，从《汉书·地理志》最末有"黄支之南，有已程不国，汉之译使自此还矣"的记载看，已程不国大略只是由黄支国返航时的一处返航地点而已，故而放在最后做补充说明。岑仲勉先生文中推测已程不国属黄支管辖，是其港口，我认为他的这一意见是可取的。

---

① 关于斯里兰卡在东西方贸易中的中转站的地位，可以参见《大唐西域记校注》注释中所举的例子。(季羡林等：《大唐西域记校注》，第 867 页。)《法显传》甚至记录了有关师子国的一个传说："其国本无人民，正有鬼神及龙居之。诸国商人共市易，市易时鬼神不自现身，但出宝物题其价直，商人则依价置直取物。因商人来、往、住故，诸国人闻其土乐，悉亦复来，于是遂成大国。"(章巽：《法显传校注》，上海：上海古籍出版社，1985 年，第 148 页。)可见国际贸易乃是师子国立国之本的看法之深入人心。

② 《汉书》卷 99 上《王莽传上》，第 4077 页。

③ 季羡林等：《大唐西域记校注》，第 866 页。

(原载于《历史地理》第二十二辑,上海:上海人民出版社,2007 年。著文之时,见闻有限,遗漏有关黄支今地考证的重要研究:1. 周连宽:《汉使航程问题——评岑韩二氏的论文》,《中山大学学报》1964 年第 3 期。2. Luciano Petech, "On Huang-Chih," *East and West*, Vol. 17, No. 3/4, 1967, pp. 295 – 301.)

元代徽州家族与地方社会秩序的构建

——以歙县双桥郑氏为中心

于　磊*

提　要：徽州歙县双桥郑氏家族的郑安于"徽州屠城"危机之际，积极同元朝政权合作，为其后家族的发展奠定了基础。但该家族发展的关键在于其子郑千龄通过长期担任基层官吏所构筑起的人际网络。同时，宋元交替之际各方势力表现各异，由此形成的地方家族间的矛盾也对元政权与地方势力间的关系产生一定影响。元政权则试图通过对双桥郑氏一族的表彰稳定地方秩序，此一系列表彰强化了郑氏在地方社会中的影响力，郑氏后人郑玉则于元明更代之际自杀殉元，此举同样维护了其家族在明代地方社会中的影响力。

关键词：歙县双桥郑氏家族　人际网络　表彰　地方秩序

　　近年来，有关元代家族①的研究引起了越来越多的关注。② 其研究多将元代视作宋明之间的过渡期，以此考察宋明家族发展的连续性以及某些相异的

---

　　* 于磊，1982 年出生，山东枣庄人。现任南京大学历史学院中国史系副教授，主要研究方向为蒙元史，特别是元代江南知识人与社会史，兼及十三、十四世纪东亚区域交流史。

　　① 　近年，在家族史研究中，关于"家庭""家族""宗族"等概念的使用，国内外学界一直存在诸多分歧。本文考虑到所处理的宋元时期具体史实同时兼顾累世同居共财、祠堂、族谱的编纂以及士人与地方社会的关系等因素，仍使用"家族"来指代当时通过累世共居而形成的大的"家庭"单位。关于这三者之间概念上的区分等相关学术史的整理参见遠藤隆俊《家族宗族史研究》。（遠藤隆俊、平田茂樹、浅見洋二編：《日本宋史研究の現状と課題——1980 年代以降を中心に》，東京：汲古書院，2010 年，第106—111 頁。）

　　② 　关于元代江南士人以及家族相关问题的研究动向，参见拙文：《元代江南社会研究の現状と展望——知識人の問題を中心に》，《九州大学東洋史論集》40，2012 年，第 1—22 頁。

特征,①或将"宋元明过渡期"②视为一个总进程,元代作为其中的一个环节,研究成果所呈现出的面貌特征较为含糊。由此可见,以元代为本位,对某一家族演变的全过程进行动态考察乃是研究的薄弱环节所在,③元王朝同地方家族间的联动关系更没有引起应有的关注。本文以徽州歙县双桥郑氏为案例,围绕元王朝与这一家族的互动所构建的地方社会秩序,便是对上述薄弱环节所作的初步回应。

　　长期以来,学界对徽州地方家族问题的考察多集中于族谱、族田、祠堂以及墓地诸显性要素上。④ 近年,积极从事家族建设的士人同理学的传播以及宗族发展的关系也逐渐引起学者的重视。⑤ 同时,宋代以来科举社会中出现大量落第士人,沉浮闾里,其视线亦逐步转向地方社会,尤其热衷于地方家族以及乡里社会的建设。⑥ 无疑,以上成果提供的尽管是一种大背景,并将关注点集中到士人在地方家族建设乃至地方社会秩序构建中所起作用这个重要问题上。但是,元朝在相当长一段时间内并未实施科举,科举社会在元代所发挥

---

① 参见在"中国宋明时代的宗族"学术研讨会(2003 年 8 月 9 日—10 日,于日本高知县)基础上结集而成的《宋—明宗族的研究》([日]井上徹、远藤隆俊编,东京:汲古书院,2005 年)。特别是其中分别由远藤隆俊和井上徹所执笔的概说部分《総論—宋元の部》(第 5—37 页)和《総論—元明の部》(第 39—88 页)。

② "宋元明过渡期"的提法源自 1997 年 6 月于美国加州大学洛杉矶分校召开的 The Song-Yuan-Ming Transition:A Turning Point of Chinese History 国际会议,而后由[美]PaulJakov Smith(史乐民)和[美]Richardvon Glahn(万志英)编辑成 The Song-Yuan-Ming Transition in Chinese History (Cambridge:Harvard University Asia Center,2003)一书。另参见:[日]中岛乐章:《宋元明移行期論をめぐって》,《中国—社会と文化》20,2005 年,第 482—483 页。

③ 参见《宋—明宗族の研究》所收[日]中岛乐章《元朝統治と宗族形成——東南山間部の墳墓問題をめぐって》,其中对元代家族史研究视角以及相关方法论问题进行了较为全面的讨论,第 315—320 页。

④ 参见赵华富:《宋元时期徽州族谱研究》,《元史论丛》第 7 辑,1999 年,后收入《徽州宗族论集》,北京:人民出版社,2011 年,第 79—86 页;常建华《宋元时期徽州祠庙祭祖的形式及其变化》,《徽学》2000 年卷,第 38—51 页;[日]远藤隆俊:《宋元宗族的坟墓和祠堂》,常建华主编《中国社会历史评论》第 9 卷,2008 年,第 63—77 页;何淑宜《香火:江南士人与元明时期祭祖传统的建构》,台北:稻乡出版社,2009 年,第 29—133 页以及上注中岛乐章论文,第 315—350 页。

⑤ 参见章毅:《理学社会化与元代徽州宗族观念的兴起》,常建华主编《中国社会历史评论》第 9 卷,2008 年,第 103—123 页;刘为群:《新安理学与元代徽州地区的宗族建构》,《学术界》2010 年第 8 期,第 153—160 页。

⑥ 具体论述参见 Robert P. Hymes, Statesmen and Gentlemen:The Elite of Fu-Chou, Chiang-hsi, in Northern and Southern Sung, London:Cambridge University Press, 1986. 国内对该书的评论参见鲁西奇:《"小国家""大地方":士的地方化与地方社会——读韩明士〈官僚与士绅〉》,《中国图书评论》2006 年第 5 期,第 19—26 页;周鑫:《韩明士:〈官宦与士绅:两宋江西抚州的精英〉》,常建华主编:《中国社会历史评论》第 7 卷,2006 年,第 411—420 页。

的作用同宋代相比自不可同日而语,并且元代不同阶段、不同地域的相关情况尚待具体化,研究尚待进一步深入。有鉴于此,本文试以徽州歙县双桥郑氏家族为个案,在分析该家族所构筑的人际网络的基础上,探讨有元一代国家、士人(家族)、地方社会三者之间的关系,以此从一个方面探析地方家族在地方社会秩序构建中的作用。

郑氏家族曾受到学者的关注,但涉及郑氏的相关人物多引用明代程敏政所编《新安文献志》中的碑记、传记以及墓志铭[①],而忽略了由明代双桥郑氏后裔郑炝于嘉靖十四年(1535)编纂的《济美录》一书。该书由其家藏元代郑氏一族的传记资料以及朝廷的命令文书汇集而成,[②]基本保持了当时命令文书的原貌,极具史料价值。

一、"徽州屠城危机"
——歙县双桥郑氏家族发展的机遇

双桥郑氏居徽州路歙县二十三都袠绣乡善福里(后改贞白里)郑村。[③] 善福里旧称双桥里,故其家族世号"双桥郑氏"。该家族由元代后期著名新安理学家郑玉而为世人所知。有关歙县双桥郑氏在宋元两代的世系传承详见附录一《宋元时期歙县双桥郑氏世系图》(其中粗体标识者为本文所及人物)。

现存史料皆追溯该家族迁至歙县双桥的先祖为郑球,亦即郑玉在《郑氏石谱序》[④]中提到的"高池府君"。据明代成书的《新安名族志》记载,郑球于北宋天禧(1017—1021)中从临郡建德(今属浙江杭州市)迁至歙县郑村时,[⑤]正值

① 韩志远:《元代著名学者郑玉考》,《文史》第45辑,1998年,第125—137页;《从元末徽州名儒郑玉殉国看南人儒士对元朝的认同》,"'元后期政治与社会'学术研讨会"会议手册,2011年10月8日—11日于安徽阜阳,第202—211页。

② [清]永瑢等撰《四库全书总目》(北京:中华书局,1965年,第554页)卷61《史部·传记类存目三》载:"《济美录》,明郑炝编。炝,歙县人。是编成于嘉靖乙未,汇录其祖元歙县令郑安、休宁令郑千龄、征授翰林待制郑玉、歙县令郑琏国史、郡志诸传及制诰、公牒、志状之属,人为一卷。千龄,安之子。玉、琏,皆千龄之子也。前有黄训序。"另外,[清]丁丙《善本书室藏书志》(台北:广文书局,1967年,第24页)卷34"《济美录》四卷明嘉靖刊本"条下亦有著录。现《四库全书存目丛书》收有北京大学图书馆藏明嘉靖十四年家塾刻本,本文即据此本。

③ 《改善福里为贞白里帖》,《济美录》卷2,第8页。

④ [元]郑玉:《师山遗文》(《四库全书》本)卷1,第13页。

⑤ [明]戴廷明、程尚宽等《新安名族志》(合肥:黄山书社,2007年,第448页)后卷"郑"姓下"歙县·郑村"条。

徽州地区的开发期(据成果选一更确切的表达语句),①故自郑球始,该家族渐"以资雄其乡",号"双桥郑家"。自此历四世,至熙宁(1068—1077)间的郑德成时,"开有三塘,皆广数十亩",家产已颇致丰足。②

为双桥郑氏家族赢得政治资本,从而真正为该家族的发达奠定基础的是宋元之际的郑安。

众所周知,科举制度创始于隋,确立于唐,及至宋代,体制更趋完备,科举及第成为关乎地方家族兴衰的重要因素。③ 然而,双桥郑氏既非簪缨世家,有宋一代亦未留下任何科举及第者的记录。郑安幼时虽以"笃学"著称,但其后步入的是另一条道路,而所谓的"独耻事进士业,放浪淮汉间"或许正是该家族历史命运的转关。这是因为,南宋末年的郑安的这一选择有其特殊的历史背景:其一,在其家族内部,"二兄欲分财异居,(郑安)弗能止,悉以让之,存田尺宅无所受,贫而无怨"。这就是说,析财分居不仅导致家族势力削弱,也从一定程度上迫使郑安外出寻求发展。其二,当时的"淮汉之地"作为宋蒙交战的前沿,成为南宋的重点防御地区,"放浪"其间的郑安亦得以"以材勇,为淮帅秦琳客",并因功被授予忠翊郎宿州符离尉以及两淮制置从事。值得注意的是,郑安面对这一机遇,最终的选择是"弃而归"——这是一种历史性的选择。入元后的郑安说:"吾昔不仕者,非薄禄仕也。食人之禄,则当死人之事。知时不可为而为之,是不智也。"④——显然,郑安不愿食宋人之禄,实即相当自觉地背离宋政权,不愿承担相应的"死人之事",这种冷静地审时度势的"智者"当时不在少数,符合宋末士风以及宋元交替之际一批士人转向的潮流。⑤

郑安的"可为"之时就是"徽州屠城危机"的出现。

至元十三年(1276)正月南宋灭亡。在这一历史剧变的关键时刻,南宋朝廷向各地发出的敦促归顺元朝的诏书似乎为归降者提供了顺应时局的"理由",但另一方面是抵抗的此起彼伏。徽州都统李铨于当年二月归服,可是其

---

① 参见[日]斯波义信:《宋代徽州の地域開発》,《山本博士還暦記念東洋史論叢》,山川出版社,1972年,第215—218页;[日]小松惠子:《宋代以降の徽州地域発達と宗族社会》,《史学研究》201,1993年,第19—42页;[日]山根直生:《唐宋間の徽州における同族結合の諸形態》,《历史学研究》804,2005年,第37—56页。

② 《新安名族志》后卷"郑"姓下"歙县·郑村"条,第448页。

③ 黄宽重:《宋代的家族与社会》,台北:东大图书股份有限公司,2006年,第252—256页。

④ 揭傒斯:《歙令郑君墓道之碑》,《济美录》卷1,第4页。

⑤ 陈得芝:《论宋元之际江南士人的思想和政治动向》,《南京大学学报》1997年第2期,后收入《蒙元史研究丛稿》,北京:人民出版社,2005年,第571—595页。

副将李世达则偕其子李汉英再次反抗,元朝为此调集唐、邓、均三州招讨使孛术鲁敬的军队前来镇压。李世达等迅速败退,逃往福建,后为元将高兴所杀。而孛术鲁敬对于降而复叛的徽州歙、休宁二县准备实施屠城以示惩戒。① 此时,郑安与当地士人②纷纷捐家资,前往说服孛术鲁敬,最终歙、休宁得免于屠城之祸。诸士人均被任命管理地方,为首者郑安则被任为歙县尹。关于郑安于其中所起作用,《元史》卷166《楚鼎传》载:

（至元）十三年,（李）汉英与李世达叛,旌德、太平两县附之,（楚）

鼎与兀忽纳进兵,用徽人郑安之策,按兵而入,兵不血刃而乱定。

尽管"徽州屠城危机"的解决为各地士人共同合作而促成,绝非郑安一人之力,但通过该史料,郑安作为召集人和倡导者的作用是可以确定的。如后文所述,至后至元六年(1340),地方士人为纪念郑安这一保全乡里的行为,申请建立了"令君庙",岁时致祭。

研究者普遍认为,正是入元的第一代地方士人同元朝的率先合作,才是其后家族的发展乃至整个徽州理学得以普及的根本原因。③ 且不论这样的评价是否得当,因为与王朝更迭这一历史性剧变有关的诸多认识毕竟涉及了相应的观念与理论性问题,必须进行专门探讨。仅就本文关注的"家族的发展"问题而论,类似郑安等士人与征服者主动合作的事例在宋元交替之际并不少见。④ 就征服者一方而言,作为一种权宜之举,⑤元朝在征服江南之初就地任命当地士人或者南宋官员管理地方,也属于一种常规或常态。本文正是以这

---

① 《建立郑令君庙榜》,《济美录》卷1,第9—13页;《元史》卷162《高兴传》,北京:中华书局,1976年,第3804页。

② 目前可考者有丘龙友、朱颖达、汪元龙、汪元圭、郑安、陈宜孙、程隆、赵象元、方贡孙等九人。至元代后期他们即被地方士人称作乡里"九贤"(金梦岩:《九贤咏》,《新安文献志》,《四库全书》本卷57,第23页)。另外,"徽州屠城危机"的解决及相关士人的研究,参见章毅:《理学社会化与元代徽州宗族观念的兴起》,第103—123页;拙文《江南知識人にとっての宋元交替——徽州における地域の保全と社會秩序の構築》,《東洋学報》94—2,2012年,第31—57页。

③ 参见朱开宇:《科举社会·地域秩序与宗族发展》(《"国立"台湾大学文史丛刊》,2004年)第二章《南宋至明中叶徽州社会文化的发展》,第27—100页;章毅:《理学社会化与元代徽州宗族观念的兴起》,第103—123页。

④ 周鑫:《世变与人生:宋末元初南方儒士出处之检讨》,《元史论丛》第13辑,2010年,第259—293页。

⑤ 参见姚从吾:《忽必烈平宋以后的南人问题》,《"国立"政治大学边政研究所年报》1,1970年,后收入《姚従吾先生全集七·遼金元史論文(下)》,台北:正中书局,1982年,第1—85页;[日]植松正:《元代江南の地方官任用について》,《法制史研究》38,1989年,后收入《元代江南政治社会史研究》,东京:汲古书院,1997年,第223—234页。

一认识为前提,通过元朝对歙县双桥郑氏家族进行的一系列彰显行为,分析元代国家同地方的互动关系以及地方士人所构筑的人际关系网络对其家族发展的影响。毫无疑问,郑安在宋元交替之际率先同元朝政权合作,在保全乡里的同时,也为其家族的发展赢得了机会。

二、从郑千龄的仕途看郑氏家族的人际关系网

相关史料显示,洪氏是该郑氏家族首获元朝表彰的女性。洪氏是郑安之子郑昌龄之妻。郑昌龄本郑安兄长之子,后过继给郑安,于南宋咸淳四年(1268)过世,洪氏为其守节六十余年,于至顺元年(1330)过世。① 为此,徽州路于次年以"高年着德"对其加以旌表。② 至顺三年,郑安亦由从仕郎追封为征仕郎。③ 同年,郑氏家族所在"善福里"易名为"贞白里"。以上封赠与表彰由地方行为升格为国家行为,我们注意到,其背后起推动作用的是郑安之子郑千龄及其所构筑的人际网络。

郑千龄为郑安第三子,少从乡先生鲍云龙④学,"及壮,从令君(郑安)入京师。出入诸公贵人,一时翕然称许"。并得到了当时的礼部尚书谢端、吏部尚书刘宣以及侍郎夹谷之奇的举荐,本欲授为八品官,然因"宋降臣留梦炎新用事",吏部乃"以白身南人例黜公,待调行省"。大德元年(1297)授予宁国路太平县弦歌乡巡检后,历任镇江路丹阳县延陵镇巡检、处州路缙云县美化乡巡检、建康路江宁镇巡检,后升任建德路淳安县尉、徽州路祁门县尉,最终以征仕郎出任泉州路录事,于至顺元年(1330)以年老上表致仕,次年去世。⑤ 他死后不久,徽州地方士人集议,拟谥号为"贞白"。同时,拟文上呈徽州路,将他生前

---

① 揭傒斯:《歙令郑君墓道之碑》,《济美录》卷1,第5页。

② 唐文凤《郑氏双节传》附《旌表郑昌龄妻洪氏》文书,《新安文献志》卷99,第7页。

③ 《追封郑安牒》,《济美录》卷1,第3页。

④ 鲍云龙,字景翔,歙县人。南宋时曾中乡试亚选,领乡荐。后因省试不利,绝意科场,潜心理学,居乡教授,著有《天原发微》5卷。其后,他曾客居过的歙县同乡里的广西道儒学副提举郑昭祖将该书刊行于世,方回亦曾为之作序。参见洪焱祖:《鲍鲁斋云龙传》,《新安文献志》卷88,第9—10页;[元]方回:《桐江续集》卷34《天原发微前序》,第1—5页,《天原发微后续》,第6—7页。

⑤ 程文:《贞白先生郑公行状》,《济美录》卷2,第1—7页。

所居歙县"善福里"更名为"贞白里",并筑贞白里门坊,立贞白门石碑。①

与这些封赠、更名形成反差的是郑千龄的仕途。显然,他一生中绝大部分时间所任职的巡检和县尉均属低层职位。按巡检一职大德十年(1306)前属"流外职",此后大致"入流"为从九品。在元代官署中,巡检司属品秩最低的一种。其后升任的县尉亦仅从九品,两者类似,都是协助县尹捕盗(所不同的是县尉"常治其邑中",巡检则远离州县治所),职卑差苦。晚年所任录事亦仅正八品,以正常迁调所需时日计,亦属迟缓。可见,郑千龄的官职抑或行事作为似不足以扰动徽州地方士人、官员追赠谥号,更不足以将所议谥号呈请朝廷,更易里名,树坊立碑,那么,这其中的缘由到底是什么呢? 这里不妨先看一份徽州儒学教授拟定的关文:

> 准本学教授(王瑄)②关该:
>
> 窃见:本郡乡先生、故从仕郎泉州录事西畴郑公,少以笃学著闻。及长,卓然树立,凛不可犯。故当官行事,有特达之见;发擿奸伏,有超逸之才。历任无一毫之私,处己无四知之愧。且甘粗粝,虽酸荠麦饭以为常;自守贫穷,虽败絮布衿安其分。行止随其所遇,得失皆委之天。身殁之日,家无余财。卑职乃会诸生及先生所往还,与其徒聚曰:"谥以易名,其来尚矣。古之贤者必有谥,其或因于贫贱,厄于下僚,法不得请干太常。则其徒自相与谥,以旌其德,以饬其风,庶使为善者知劝,愿学者有师。"其友南阳府镇平县尹吴从事、江南浙西道肃政廉访副使张奉直与卑职议得,谥法:清白守节曰贞,内外复贞曰白,谥曰贞白先生。率众领诸儒及寄居学官人等祭享焚白了当。
>
> 今来照得,贞白先生所居歙县二十三都袠绣乡善福里。如将善福里易名贞白里,庶使前辈尊崇,后生激劝,亦明时风化之一助。关

---

① 《改善福里为贞白里帖》,《济美录》卷2,第8—9页;《贞白里门碑》,第10—13页。该门坊建成于元至顺三年(1332),后经大火,于明弘治十二年(1499)重立。历经明清两朝多次修复,如今仍矗立于安徽黄山市歙县郑村内的巷口。而元代门坊现规则只于明代重建后的门坊旁残留一块石壁,元代贞白门碑则在明代贞白里门重建之时被镶嵌在重建后的门坊之上。笔者2012年3月前往郑村调查时,其文字已不可辨识。相关情况参见郑村志编委会编:《郑村志》(2010年)第三章《古建》"贞白里坊"条,第43—73页。

② 该处"王瑄"二字在《改善福里为贞白里帖》中已被笔墨涂黑,无法辨识。而考之同卷所收徽州婺源人程文所撰《贞白先生郑公行状》可知,此处的徽州路学教授乃太原人王瑄。

请施行。准此。①

由《改善福里为贞白里帖》文书往来格式可以看出，易名申请由徽州路儒学教授关请（即该关文），再由徽州路儒学"状申"徽州路总管府，而后，徽州路总管府即责令歙县于郑千龄所在二十三都乡老及社长对其情况进行核实，最终将该申请以"帖"的形式发往歙县。

除议谥之外，值得注意的是关文透露出的郑氏家族的人际关系网。关文述及郑千龄干吏良才，正直清廉的品格后，着重强调了追赠谥号的经过。其中王瑨提到了两个关键的人物："南阳府镇平县尹吴从事、江南浙西道肃政廉访副使张奉直"。"吴从事"是指建德路淳安县人吴曒。时任河南府路南阳府镇平县尹。郑千龄于延祐六年至泰定元年的淳安县尉任上，曾"书举邑士吴君曒、洪君震老、夏君溥，充试有司，后皆知名"。② 可以说，郑千龄曾于吴曒有知遇之恩，故此时参与了郑千龄谥号的讨论。而"张奉直"则是指涿郡人张士弘，文宗时曾历任监察御史、吏部侍郎。③ 时任江南浙西道肃政廉访副使，而后又升任右司郎中。④ 由于史料所限，张士弘因何与郑千龄相识已无法考辨，但如同后文所述，在贞白里易名申请中，张士弘所起的作用颇为关键。

此外，如关文所提及，参与对郑千龄追赠谥号讨论的尚有儒学诸生以及寄居于徽州路学的学官人等。从现存史料中可以确认的是歙县人唐元⑤。歙县唐氏一族于宋元时期亦属地方名家望族，特别是唐元、唐桂芳、唐文凤祖孙三代以文学而擅名，至明代初期仍颇具影响。关于唐元同郑氏家族之间的关系，唐元曾作有《正月七日雪后过郑村，陪祭郑录事私谥贞白，焚副有作》⑥一诗：

> 雪后溪山尽陆离，竹舆伊轧度前陂。孟贞曜谥哀终古，郭有道碑
>
> 无愧辞。

① 《改善福里为贞白里帖》，《济美录》卷2，第8—9页。
② 程文：《贞白先生郑公行状》，《济美录》卷2，第4页。
③ 《元史》卷32《文宗一》，第719页。
④ ［元］揭傒斯：《揭傒斯全集·文集》卷7《双节庙碑》，上海：上海古籍出版社，1985年，第378页。
⑤ 唐元，字长孺，号筠轩，泰定四年（1327）曾以文学授平江路学录，后历任分水县儒学教谕、南轩书院山长，后以徽州路儒学教授致仕。参见杜本：《徽州路儒学教授唐公元墓志铭》，《新安文献志》卷95下，第1—4页。
⑥ ［元］唐元：《唐氏三先生集·筠轩诗稿》卷7，《北京图书馆古籍珍本丛刊》影印明正德十三年刻本，第12页。

荐盥有严宾在位,含酸岂但哭吾私。郢歌不断凄凉意,飒飒阴风动素帷。

据该诗标题可知,在郑千龄死后,唐元亦曾参加郑千龄的祭祀活动。至于诗中所提到的"道碑"则是指"贞白里门碑"。该门碑有两块,一块为当时翰林待制揭傒斯撰写、国子祭酒欧阳玄书丹、监察御史赵期颐①篆额。而另一块的撰者则为曾任礼部员外郎的程文。② 程文与郑氏一族的关系尤为密切。他早年曾以郡学生的身份游学大都,与当时江西文人虞集以及揭傒斯颇有往来。与此同时,程文同郑千龄及郑玉相遇于大都旅邸而从此相知。后程文参与由虞集、揭傒斯领衔纂修的《经世大典》,隶属揭傒斯所在分馆。《经世大典》完成后,朝廷本应按照惯例将程文授予路儒学教授,可由于无缺,则暂借休宁县黄竹寨巡检一职。③ 从此他与双桥郑氏一族的过往则更为密切。其后双桥郑氏家族同虞集、揭傒斯、危素等江西文人以及党项人余阙的结识④,都与程文有着重要关系。

由以上分析可知,无论是郑昌龄之妻洪氏的旌表、郑安及其妻的追封还是贞白门的易名,无不同郑千龄生前所构筑的江南士人之间的人际网络有着密切关系。或许也可以说,元朝对该家族的重视,除却郑安的积极归顺之外,后期该家族所构筑起的网络关系也起到了关键的作用。

另外,根据程文所撰郑千龄行状可知,在其死后的第二年即至顺三年(1332),"里中父老白于有司,请改善福里为贞白里",而《改善福里为贞白里帖》下发的时间则为同年四月。也就是说,如前所述及,作为一生大部分时间皆处于地方巡检、县尉任上的郑千龄,在他死后,其所在家族以及地方士人竟能在短短数月内获得元朝许可,将其生前所居善福里易名为贞白里,这不能不谓之迅速。而与此形成明显对照的是,与此事相隔仅两年的福建漳州万户府

---

① 赵期颐,字子期,汴梁人,工篆书。登泰定四年(1327)进士第,至顺三年(1332)以礼部郎中副使安南,至正九年(1349)累迁中书参议。参见《元诗选》(扫叶山房刊本)癸集之丙,第 43 页。

② 《贞白里门碑》,《济美录》卷 2,第 10 页。

③ 程文:《贞白先生郑公行状》,《济美录》卷 2,第 7 页;《新安文献志》卷 66,汪幼凤《程礼部文传》,第 29 页;郑玉:《师山集》(《四库全书》本)卷 5《黄竹岭巡检司记》,第 41 页。

④ 根据《济美录》所收文书,郑安墓道碑的撰写者为揭傒斯、篆额者为虞集;郑令君庙碑的撰写者为程文、书丹者为危素、篆额者为余阙。另外郑玉同余阙的书信往来亦多由程文转达。参见郑玉《师山遗文》附录、余阙《与子美先生书》,第 24 页;余阙:《青阳先生文集》卷 5《与国子助教程以文书》,第 6页。

知事阚文兴的请封事件。

> 阚文兴不知何许人。王氏,金陵民间女。至元十三年,从万户贾将军戍漳州。十七年(1280)八月望,剧贼陈钓眼夜帅中为乱,杀招讨傅全及其一家,官军死者十八九,阚文兴力战死。……(王氏)得其夫乱尸中,置积薪火之,遂自跃火中,并烧死。后十八年,府始上其事,连帅及部使者以达行省。又九年,行省始闻于朝,下礼部议。部请访王氏族里,旌其门闾,收恤其宗亲,仍以其事付史馆。事下江浙求之,六年无所得。乃用漳守言,表其故营曰"烈女之坊",然无及文兴者。又二十有一年,士民之言不已,以有今日之请(封英毅侯——笔者注)。①

由此可知,作为一介文官的阚文兴,随同漳州万户戍守漳州,于元初陈钓眼之乱,殊死抵抗,为元死节。而元朝表彰其死节之事的过程却颇为漫长,前后共历时五十一年(至元十七年至元统二年②)。而最终得以成功表彰,据揭傒斯所言,乃是"微张侯,英毅必不侯"。此处之"张侯",即是上文贞白里易名关文中所提及的张士弘,正是他在吏部侍郎任上促成了此事。另外,将此事告知揭傒斯并请其执笔《双节庙碑》碑文的则是郑千龄之子郑玉,"新安郑玉复持张侯命请暴其事于丽牲之石"。③

尽管阚文兴死节的彰显同上述郑氏家族的一系列彰显性质颇为不同,但是从文书往来的程序以及对事实的确认上,都应该颇费周折。其中,无论何种性质的申请,死者生前所构筑的人际关系无疑起到了较为关键的作用。从两者的对比中亦可知,无论是洪氏的旌表还是贞白里的易名,郑千龄在江南士人中所构筑的人际关系尤为引人注目。

三、郑令君庙的建立同元代江南的地方统治

歙县双桥郑氏在有元一代所受表彰尚不仅此:至正六年责令歙县为郑安

---

① 揭傒斯:《揭文安公全集·文集》卷7《双节庙碑》,378—379 页。

② 《元史》卷 200《列女传一》将此事记作至顺三年,而《元史》卷 38《顺帝一》则系之于元统二年。合揭傒斯撰《双节庙碑》考之,元朝最终对阚文兴的表彰应为元统二年。

③ 揭傒斯:《揭文安公全集》卷 12《双节庙碑》,第 378 页。

建立令君庙,岁时致祭;至正十三年札付郑琏婺源县太白渡巡检;至正十五年宣命郑玉翰林待制。对于郑氏家族一系列封赠,特别是郑令君庙的建立所反映出的问题,如果仅从该家族所构筑的人际网络上来考察,确乎不能充分地解释。本节即在分析《济美录》卷1所收《建立郑令君庙榜》的基础上,还原郑安令君庙的建立过程,进而探究元朝的统治同地方家族的关系。

由于该榜文内容较长,本文仅以附录二《建立郑令君庙榜》文书图解的形式简单说明。该榜文由徽州路承奉江浙等处行中书省的札付后,将申请建立郑令君庙的经过以榜文的形式下达歙县,最终歙县将其"出榜晓谕"。整体来看,以徽州路为中心,该榜文可分为上下两个部分:上半部为徽州路承奉江浙行省同意建立郑令君庙申请的札付部分;下半部即围绕郑令君庙的建立,徽州路同歙县的文书往来。而在下半部中最为详细的部分则是引用歙县所属二十三都"父老"王文宣以及汪道崇等向歙县提出的两次状申。这两次状申分别为至元三年(1337)和至元五年(1339)。其内容如本文第一节所述,皆较为详细地陈述了郑安连同当地的士人于宋元交替之际主动同元朝合作,从而避免了由李世达反乱所引起的元朝军队对徽州歙、休宁二县的屠城之事。对此,元代后期地方士人纷纷主动要求建立郑令君庙以示纪念和教化,最终约于至元五年郑令君庙得以建成。徽州路及歙县亦岁时"委官致祭"。[1]

关于郑令君庙的建立,程文在《郑令君庙碑》[2]中记载:

> 郑令君庙者,歙人祀其故令郑君于庙也。郑君名安,歙西乡人。
> 以一言解屠城之师,令歙三年,民大治。其没也思之,数十年不能忘,
> 至有祀之者。父老且死,戒其子孙乡人曰:微郑君,吾属无噍类矣。
> 且郑君正直,后必为神。盍相与祀之庙,毋祠于家。于是共立香火于
> 城西之憩棠庵,尊之曰郑令君。久之以为未称崇礼之意,即庵旁立
> 庙,会郡太守不悦于民,斥其请,民大欢。事上行中书,行中书按令君
> 功德应祭法,且下县,令听民立庙以时致祭如请,民大悦。则又以庵
> 旁庙临大道,烦嚣,非神所居,卜迁之,吉。乃逾溪二里,营高敞地,近
> 令君之墓,更作新庙云。

地方上对于郑安死后的追思,首先将其供奉于憩棠庵内,而后乃欲于庵旁

---

① 《济美录》卷1收有《徽州路祭文》和《徽州路万户府祭文》,可见"委官致祭"确实存在。
② 《济美录》卷1,第6—7页。

为之立庙,《建立郑令君庙榜》所反映的就是此时立庙的情况。可是,通过程文的记述可知,此一立庙过程并不顺利,首次申请即为徽州路所驳回。而后,地方士民再次上书,最终为行省所认可,立庙之请方得以实现。这也刚好同《建立郑令君庙榜》中至元三年和至元五年的两次乡老们的申请相吻合。亦即,至元三年王文宣等的立庙申请遭到当时徽州路拒绝,而后,汪道崇等再次上书,在江浙行省的干预下方得成功。进而,至至正年间又由于郑令君庙"旁临大道"而改迁至郑安墓附近。程文的《郑令君庙碑》即是对此次改迁后的郑令君庙所作。徽州当地对郑安的祭祀从最初的佛堂憩棠庵,到向元朝申请单独立庙,进而最后再将之迁到郑安墓的附近,这一系列做法其实也是同当时徽州乃至整个江南地区祖先祭祀和家族发展的情形相符合的。①

值得注意的是,郑令君庙的建立经过了至元三年王文宣以及至元五年汪道崇等地方士人的两次申请方得以实现。而从第二节的考述中可知,在榜文下达的至元六年(1340)之前,郑安之子郑千龄在江南社会和士人中构筑起来广泛的人际网络,双桥郑氏在徽州地方已颇具影响。何以涉及对郑安的立庙申请,徽州路会"斥其请"呢? 同时,对徽州路的此一行为,江浙行省最终却仍然认可了乡老们的申请,这又意味着什么呢? 下面,笔者拟对此问题加以进一步分析。

尽管没有直接史料来说明当时徽州路驳回郑安庙立庙申请的原因,可是,下面这则关于郑安同元朝合作后对歙县治理方式的记载或许能够反映有关当时情形的蛛丝马迹。

> (元朝)以郑安治歙。歙乡邑又承丧乱之后,一以静理之,未尝修睚眦之怨。居三年,邑大治。②

此亦即,面对丧乱后的歙县,郑安完全采取休养生息式的安抚措施,并没有进行任何的清算行为。之所以如此,乃是因为宋元交替之际徽州地方各种势力较为错综复杂。即使郑安等主动与元朝合作并被委任管理地方,而如何处理同当初拥护南宋朝廷,并追随李世达等反抗元朝军队的各势力的关系也颇为棘手。

---

① 何淑宜:《香火:江南士人与元明时期祭祖传统的建构》,第71—133 页。
② 揭傒斯:《歙令郑君墓道之碑》,《济美录》卷2,第5 页。

（至元十三年①）五月，行中书省遣总管忽都觯调副将李世达兵戍瓜洲。道杀忽都觯，还据城守。尽杀所置吏。王浚以下境内壮士皆起兵以应。②

由此可知，李世达在徽州归顺元朝后再次反叛，影响确为不小。不仅在调戍瓜洲途中杀害徽州路总管忽都觯（Qutuɣtai），还尽杀元朝当时新置官吏，同时尚有王浚等"壮士"响应。毫无疑问，他们的反叛给当时徽州当地造成了严重的破坏。③ 对此，郑安尽管"未尝修睚眦之怨"，可是当时的反抗势力却未必真正偃旗息鼓。特别是在郑安死后，当地士人乡老纷纷为之立庙祭祀之时，极有可能当时反抗势力及其仅隔一代的后人对此进行阻挠。尽管我们无法断言是否这些势力直至元代后期仍未完全归顺元朝统治，但是至少可以肯定，宋元交替之际在是否归顺元朝这一重大选择中所采取的不同态度而导致徽州地方家族之间产生分歧应该是确实存在的。在《建立郑令君庙榜》王文宣的状告中，已经极为详细地逐月排比叙述了当时的情形。可是唯独在叙述至元十三年五月的内容时，仅叙及李世达杀害王同知（即揭傒斯所撰墓道碑文中提到的"尽杀所置吏"），其后墓道碑文中所提到的王浚起兵响应一事则没有提及。这也就是说，在王文宣至元三年状申之时，为避免直接涉及更多的相关家族而故意将其略去。这从侧面也说明了当时歙县地方因此而产生的家族之间的纷争状况。

尽管与当初反对势力相关的记载现已难以直接留存，但下面这则史料或许可窥其一端。

念君（程隆）之墓久未有金石之刻，乃以荣秀之状请予书之。予嘉其志。而元龙之孙行诸路金玉府副总管思礼，安之孙玉，象元之孙沄各以书申言之。通家之义，蔼然可想。④

此墓表的墓主即是第一节所提到的宋元交替之际为解决"徽州屠城危机"

---

① 原文记作"宋亡之明年"。而据《建立郑令君庙榜》所载年月，当为宋亡之当年，即至元十三年。揭傒斯撰写该墓道碑文的时间已在元代后期，此应是记忆之误。

② 揭傒斯：《歙令郑君墓道之碑》，《济美录》卷2，第4页。

③ 方回《知县权州宣参毕公祈凤墓志铭》（《新安文献志》卷88）载："亥子之间，李铨戍吾州，虎哮狼噬。公（毕祈凤）潜调柔，销其暴，民艰食，赖公无饥。李铨纳土，北觐未还，其部曲李世达挟其子为变，溃入闽。草窃乘间屠毁黟歙，世宦高赀祸惨甚。"

④ 干文传：《进义副尉徽州路休宁县程君隆墓表》，《新安文献志》卷85，第38页。

同郑安一道和元朝合作的地方士人之一休宁人程隆。此外,这段史料中所提到的"云龙之孙"即汪云龙之孙汪思礼,"安之孙玉"即郑安之孙郑玉,"象元之孙汸"即赵象元之孙赵汸。这也就是说,在程隆后人委托干文传①为程隆撰写墓表之时,当时同元朝积极合作的地方士人的后代则主动致信干文传而促成此事。尽管宋元交替之际同元朝合作的地方士人各处于徽州诸县,但他们各家族间依然保持着密切的联系,所谓"通家之义,蔼然可想",而联系着"通家之义"的关键即是当时的"徽州屠城危机"。由此可以认为,既然宋元交替之际同元朝积极合作的各家族至元代后期仍如此密切地互通联络,那么当初的反对势力及其后代之间的联系应该也同样存在,进而作为地方势力,他们对当时的地方政府施加影响也不无可能。

那么,由此我们再来考虑郑令君庙的申请在至元三年被徽州路驳回后何以在江浙行省却被认可或许就较为容易理解了。这就是说,由于徽州地方经历宋元交替之际的变革而造成各方势力的存在,即使至元代后期各方矛盾仍未完全消解。那么针对这种情况,同时考虑到双桥郑氏家族所具有的广泛人际网络,江浙行省当然是要对积极同元朝合作的该家族加以表彰,进而将其树立为地方的典型,从而巩固元朝对徽州地方家族乃至地方社会的控制②。这或许就是上文所提到的江浙行省将该申请札付于徽州路,徽州路又将其以榜文的形式发给歙县这一文书行政所具有的现实意义吧。

四、代结语:郑氏兄弟的忠义
——元明之际的双桥郑氏家族

元朝通过对双桥郑氏家族的表彰和扶植一定程度上建立了地方社会和士人的王朝认同:郑安之孙郑玉自杀殉元;郑玉之弟郑琏亦于元末同元朝协作,组织"义兵",保卫地方。

---

① 干文传(1276—1353),字寿道,吴县人。延祐二年(1315)登进士第,授昌国州同知,后历任长洲、乌程县尹,升婺源、吴江知州。至正三年(1343)参与修《宋史》,后授集贤待制,以礼部尚书致仕。参见[元]黄溍:《金华黄先生文集》(《四部丛刊》本)卷27《嘉议大夫礼部尚书致仕干公神道碑》,第8页。

② 元朝通过表彰地方家族来对地方社会进行控制,在婺州浦江郑氏家族同元朝政权的关系中亦可得以明证。参见檀上宽:《義門鄭氏と元末社会》,《東洋学報》63—3・4,1982年,后收入《明朝専制支配の史的構造》,东京:汲古书院,1995年,第189—228页。

关于郑玉自杀殉元过程的考察已有较多研究。可是学者多将其自杀的原因归于元代新安理学之传播以及由此引申出的元代士人新的"隐居观"，①而忽视了上述双桥郑氏家族同元朝之间的关系。即郑玉在元末面对朱元璋军队的再三"招谕"之所以选择以自杀来殉元，这应当与其家族累受元朝的封赠有关。他自杀殉元前一个月曾对其弟郑琏说："吾荷国厚恩，偷生苟容，何面目立于天地间耶。"②此处所谓"荷国厚恩"，应该不仅仅是指他受元朝征聘为翰林待制一事。一般也认为郑玉尽管接受了朝廷所赐"酒帛"，却未曾出仕元朝。③那么其中亦当包含其家族历代所受元朝封赠，否则他临终前所一再强调的"节义"则无法全面地加以理解。

首先来看他临终前寄语诸弟子的一番话：

> 人言，食人之食则死其事，未食其食奚死。然揆之吾心，未获所安。……吾初欲忼慨杀身以敦风化，既不获遂志，今将从容就死以全节义耳。④

再看他临终前一个月写给族孙郑忠的书信：

> 我之死所以为天下立节义，为万世明纲常，应在亲族，所宜自勉。为臣尽忠，为子尽孝，以不辱为亲为族足矣。⑤

综观郑玉这两番类似遗言的话语，我们可以清楚认识到，在郑玉看来，所谓"节义"更重要的意义在于其行为对于家族以及地方社会的影响、教化。而其家族无疑在元代歙县乃至徽州地方社会的相当长一段时间里确是承担了这一责任。程文在所撰《贞白里门碑》中亦明确记到"一门之设置虽微，而其有关于世教为甚大"。⑥ 除却郑千龄生前构筑的人际关系所起到的作用，有助于地方风教这一点或许也正是元朝政府所看重的。以此我们也可以进一步说，由元朝作为地方家族的典型所树立起来的双桥郑氏家族的重要特征即是重视节

---

① 参见刘祥光：《从徽州文人的隐与仕看元末明初的忠节与隐逸》，《大陆杂志》94—1，1997年，第32—48页；徐远和：《理学与元代社会》，北京：人民出版社，1992年，第179—214页；周晓光：《新安理学》，合肥：安徽人民出版社，2005年，第79—114页。

② 汪克宽：《师山先生郑公行状》，《济美录》卷3，第6页。

③ 韩志远：《从元末徽州名儒郑玉殉国看南人儒士对元朝的认同》，第211页。

④ 汪克宽：《师山先生郑公行状》，《济美录》卷3，第6页。

⑤ 郑玉：《师山遗文》卷3《与族孙忠》，第13页。

⑥ 《贞白里门碑》，《济美录》卷2，第12页。

义,所以在郑玉死后,其侧室何氏亦从之殉死。① 甚至明初,其堂兄郑国英妻王氏亦以节义为乡里所称道,连同郑玉妻何氏并为明朝所旌表,号称"节孝世家"。②

其实,探讨元末双桥郑氏家族对元朝的忠义绝不可忽视郑玉之弟郑琏的所为。郑琏,字希贡,本郑千龄子,后过继于郑椿龄。至正十二年(1352)徐寿辉红巾军据守徽州城,郑琏同其兄郑国英倾资财招募义兵协助元朝军队克复之。次年又随福建道都元帅帖古迭儿(Tegüder)收复婺源州,因此而擢充为婺源太白渡巡检。③ 至正十六年(1356)红巾军再次攻陷徽州城之际,郑琏又一次自备己财招募义兵同元朝军队共同攻克城池,同时亦联合元朝军队驱逐祁门县、黟县等地的乱军,功升行军都镇抚,进而被任命为歙县尹。④ 对此,行枢密院在给江浙行省的咨文中对其评价道:"郑琏抱忠义之志,挟英迈之才,自备己资,招募义兵为国效力。参随征进,奋不顾身。"⑤

尽管郑琏被授予上述官职同浙东道宣慰副使金都元帅李诚⑥及其同邑人江浙枢密院橡史潘从善⑦的推动有直接的关联,但从上引史料中亦可见行枢密院对其忠义之举是颇为看重的。其实在元代末年南方反乱蜂起之际,江南各地的地方士人自发组织义兵连同元朝军队保卫乡里的记载所在多见,其目的也各不相同,当然出发点也是多样的。⑧ 但联系上文对双桥郑氏家族的分析,尤其是其家族颇为重视忠义这一特点,那么面对元末的各地反乱,郑琏积极组织义兵协助元朝军队平乱这一行为则更加容易理解了。

更为值得注意的是,在元朝发给郑琏的一系列任命公文中,无不提及郑安于宋元交替之际积极同元朝合作从而避免屠城危机一事。上引行枢密院的咨文中,在对郑琏的忠义高度评价之后随即提及:

① 汪克宽:《师山先生郑公行状》,《济美录》卷3,第6页;《元史》卷196《忠义传四·郑玉传》,第4432页。

② 唐文凤:《郑氏双节传》,《新安文献志》卷99,第6—7页。

③ 潘从善《元故歙尹希贡郑先生墓志》,《济美录》卷4,第7—8页;《授郑琏婺源县太白渡巡检札付》,第1—2页。

④ 《行枢密院保郑希贡尹歙县咨呈浙江行中书书状》,《枢密院升行军镇抚郑琏尹歙县照会》,《济美录》卷4,第2—4页,第4—6页。

⑤ 《行枢密院保郑希贡尹歙县咨呈浙江行中书书状》,《济美录》卷4,第3页。

⑥ 潘从善《元故歙尹希贡郑先生墓志》载:"元帅李诚以其功呈枢密院,充行军都镇抚。"

⑦ 潘从善同郑琏交往亦颇为密切,郑琏死后,并为其撰写了墓志。参见潘从善:《元故歙尹希贡郑先生墓志》,《济美录》卷4,第7—8页。

⑧ 展龙:《元末士大夫组织"义兵"问题探析》,《河南大学学报》2010年3期,第83—84页。

> 又兼至元十三年归附之初,徽州李世达叛乱伊始,故祖郑征士首
> 先献纳城壁,全活一郡。验功差充歙县尹,功德在民,至今民怀
> 其惠。①

该咨文明确述及双桥郑氏家族同元朝之间的密切关系。毫无疑问,这对江浙行省任命郑琏为歙县尹这一决定也起到了关键性的作用。某种程度上也可以说,元朝在正式公文中又一次对双桥郑氏家族在地方社会中的地位以及影响力加以确认。

如此一来,考虑到朝廷的旌表给地方家族在地方社会中所带来的影响力这一因素②,那么为了延续郑氏家族在歙县乃至徽州地区的地位,郑玉在元明交替之际选择殉元或许也就是必然的了。由此,我们进一步讨论元代士人对于元朝认同意识形成的同时,元朝通过各种手段对地方社会有效统治这一点应当得到充分重视。特别是通过郑玉殉元来探讨士人的元朝认同感之时,在重视其所处元代中后期时代变化的同时③,也要充分考虑到元朝政府对其家族一系列的表彰以及在地方社会中积极扶持这一方面。

(原载于《中国史研究》2016 年第 4 期)

---

① 《行枢密院保郑希贡尹歙县咨呈浙江行中书状》,《济美录》卷 4,第 3—4 页。
② 小竹文夫:《中国の門閥旌表について》,《史潮》45,1952 年,第 1—14 页。
③ 韩志远:《从元末徽州名儒郑玉殉国看南人儒士对元朝的认同》,第 211 页。

附录一：宋元时期歙县双桥郑氏世系图

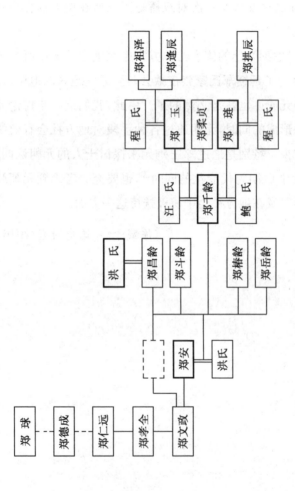

皇帝圣旨里　徽州路歙县

承奉总管府司吏彭文忠承行县挥该

承奉江浙等处中书省椽史王宗文承行札付该

来申：

至元十三年收附贼人李世达

据州城……歙县郑安挺身诣军

告而不杀一人……如蒙准许立

祠……得此。

照得，牧民之官，在任德政，

理宜去思。省府合下，仰照依上施行。奉此。

至元五年十月初二日据歙县状申。

二十三都住民汪道崇等连名状申

……得此。

照得，

至元三年四月初五日据二十三都王文宣等状告

……得此。

县司看详

……为此，申奉总管府措择该。

……奉此。

行据二十三都里正黄荣卿申

……得此。

移牒主簿韩进，蒙依上致祭施行。得此。

先据歙县亦为前事，已下本县……总府今将榜文一道随此发去

而照验收管，张挂出榜，依上施行。奉此。

出榜晓谕，依上施行。所有榜文须至出给者。

附录二：《建立郑令君庙榜》图解

1209

元代历史书写中的宋元交替[*]

——以宋季常州守城为例

于　磊

摘　要：宋季常州之役是蒙元政权收服南宋朝廷过程中影响较大的事件。关于参与常州守城将领的记载，元代初期宋遗民的私人撰述中皆着重记述了姚訔、王安节、刘师勇的忠义、殉节事迹，而无一提及通判陈炤在守城中所发挥的作用，反而在元代后期元朝官方纂修《宋史》之际，将其特加表彰。其中，陈炤曾孙陈显曾积极联络江南知识人，促成了虞集《陈炤小传》的撰写，同时于《宋史》纂修之际，努力将其曾祖殉节忠义事迹成功表彰于《宋史》。这一方面反映出地方家乘资料被采纳至官方信史过程的复杂性，某种程度上也折射出元代后期知识人群体对宋元交替的崭新认识。但至明清时代，宋元交替的意义又随着时代环境的变化发生了较大的变化。

关键词：宋元交替　常州之役　《宋史》纂修　历史书写

　　长期以来，对于前近代中国历史演进的把握，唐宋变革被视为一个重要的分水岭，并获得学界的广泛认同。但近年来，内陆亚洲的研究视角愈发受到重视，并以此对唐宋变革论进行了重新反思。其主要论点在于，唐宋变革论忽略了安史之乱后内陆亚洲东部地区辽、金、蒙古诸势力的兴起对中国历史进程的影响，而正是这些北方游牧力量的影响，方使得传统"中国"的内涵和外延都发生了巨大变化。[①] 与此同时，以西方学者为中心，亦曾将宋元明视作整体的进

---

　　* 本文系 2015 年度国家社科基金青年项目"元代江南知识人群体的社会史研究"（项目批准号：15CZS024）和江苏省社科基金一般项目"元代江南家国认同与多元文化研究"（项目号：18LSB007）的阶段性成果。

　　① 杉山正明：《モンゴル時代史研究の現状と課題》，佐竹靖彦等编集：《宋元時代史の基本問題》，东京：汲古书院，1996 年，第 503—509 页。

程,提出"宋元明过渡期"论。[①] 充分重视北方游牧力量,尤其是蒙元帝国对传统中国文明所产生的影响。但相关研究成果所呈现出的面貌特征则较为含糊,仍处于问题提出的阶段。[②]

另一方面,近年来以宋史为研究重心的学者开始注目于宋元交替时期,并以此思考从南宋开始的中国社会转型问题,尤其以科举社会为切入点讨论社会的变迁对知识人所产生的影响[③]。但是在整体把握元代社会,以及对元代中后期文献资料的利用等方面仍有深入探讨的必要。对此,传统研究则更多关注于宋元之际知识人群体的动向问题,[④]从而揭示出了宋元之际江南社会的复杂性特征。但当时知识人群体多元化的选择对后世产生了何等影响等问题似乎少有论及。

本文即在上述问题意识的基础上,以元朝收服南宋过程中较为著名的常州之役为出发点,分析参与常州守城诸将领在元代的历史书写以及极具地方文献特征的家乘史料如何为官方的历史编纂所重视,进而被采信为官方正史的过程。以此,进一步探讨元代后期知识人群体对于宋季常州守城乃至宋元变革的认识问题。同时,亦充分利用尚未为学界所注意的《毗陵忠义祠录》[⑤]所收相关传记资料,进一步放宽时代视野,兼及明清时代对宋末常州守城诸将领的立庙、祭祀等问题的讨论,以期管窥宋元变革在整个元代及其后时代的历史意义问题。

---

① "宋元明过渡期"的提法源自 1997 年 6 月于美国加州大学洛杉矶分校召开的 The Song-Yuan-Ming Transition: A Turning Point of Chinese History 国际会议,而后由 Paul Jakov Smith(史乐民)和 Richard von Glahn(万志英)编辑成 *The Song-Yuan-Ming Transition in Chinese History*,Cambridge: Harvard University Asia Center,2003。另参见中岛乐章:《宋元明移行期論をめぐって》,《中国—社会と文化》20,2005 年。

② 相关评论及批评参见近藤一成:《宋代中国科举社会の研究》前言,东京:汲古书院,2009 年;李治安:《元和明前期南北差异的博弈与整合发展》,《历史研究》2011 年第 5 期。

③ 近藤一成曾以宋元交替之际文天祥及其弟文璧不同的政治选择为例首次提及重新审视宋元交替的意义问题。参见 2013 年 3 月 15 日早稻田大学"中国伝统文化の形成"研讨会报告资料。另外,王瑞来亦从南宋至元代科举社会的变化探讨知识人的转向问题,并发表了一系列论作,皆收入氏著:《近世中国:从唐宋变革到宋元变革》,太原:山西教育出版社,2015 年。

④ 代表性研究参见植松正:《元代江南の地方官任用について》,《法制史研究》38,1989 年,后收入氏著:《元代江南政治社会史研究》,东京:汲古书院,1997 年;陈得芝:《论宋元之际江南士人的思想和政治动向》,《南京大学学报》1997 年第 2 期,后收入氏著:《蒙元史研究丛稿》,北京:人民出版社,2005 年;包伟民:《略论元初四明儒士的遗民心态》,《中国史研究》2011 年第 1 期等。

⑤ 叶燮辑:《毗陵忠义祠录》,《四库全书存目丛书》,济南:齐鲁书社,1997 年影印上海图书馆藏清抄本,史部第 90 册。

一、宋季常州守城

欲论述常州之役守城诸将领及其在元代的历史书写问题,首先须简单叙及战争的过程。关于元朝收服南宋的战争,李天鸣《宋元战史》已做详尽周到的研究,其中亦对常州之役的经过在不同节次中有所涉及。① 本节即在此基础上,订正其不确之处,并参照同时代其他史料以时间为序述之。

至元十二年(德祐元年,1275)三月,伯颜军攻占建康后,即派军降服周边郡县。三月十一日"知常州赵与鉴闻兵至遁,常民钱訔以城降"。② 其具体情形为:"会守臣赵与鉴称病,温人王良臣者屡举不中,流落无藉人也,适寓常,与钱訔者诈称郡官,开门迎降。上书首署钱訔,而末及己。今法以署后者为长,良臣遂守郡,訔乃次之。"③

其后,"淮民王通居常州,阴以书约刘师勇,许为内应。朝议乃以姚希得子訔知常州"。④ 由于此时"故参知政事姚公希得之子訔以知某州,家居宜兴",故同当时因丁母忧于家的陈炤⑤共图复常州,"起民兵二万"⑥,"事闻,丙申(三月二十五日),授訔带行军器监簿,知常州,调扬州兵七千隶之"。⑦ 终与南宋

---

① 参见李天鸣:《宋元战史(二)》第六章《元世祖忽必烈汗时代的宋元战争——元朝大举南侵和宋恭帝的投降》,台北:食货出版社,1988 年。

② 《宋史》卷 47《瀛国公纪》,北京:中华书局,1977 年,第 928 页。

③ 危素:《昭先小录序》,《危学士全集》卷 2,《四库全书存目丛书》,济南:齐鲁书社,1997 年影印复旦大学图书馆藏清乾隆二十三年芳树园刻本,集部第 24 册,第 657 页。

④ 《宋史》卷 450《陈炤传》,第 13251—13252 页。

⑤ 《宋史》卷 450《陈炤传》:"陈炤字光伯,常州人。少工词赋,登第,为丹徒县尉,历两淮制置司参议官、大军仓曹、寿春府教授,复入帅幕,改知胸山县,仍兼主管机宜文字。寻丁母忧归。"第 13251 页。

⑥ 危素:《昭先小录序》,《危学士全集》卷 2,第 657 页。

⑦ 危素:《昭先小录序》,《危学士全集》卷 2,第 657 页。余阙:《复陈景忠修撰书》,光绪《无锡金匮县志》卷 36《艺文·元》,《中国地方志集成·江苏府县志辑》,南京:江苏古籍出版社,1991 年影印清光绪七年刻本,第 24 册,第 585 页;《全元文》第 49 册《余阙一》(南京:凤凰出版社,2004 年,第 118 页)亦辑录此文。余阙《复陈景忠修撰书》未曾为《青阳先生文集》所收,长期以来仅存于地方志中,故流传未广。作为《陈炤传》编修者所存留的书简,其中他根据在档案中发现的官方记载《德祐日记》所确定的"姚訔之常在三月廿五日,刘师勇复常在五月五日,陈通判之辟在十八日"这几个关键的时间点,无疑成为后来《宋史·瀛国公纪》和《陈炤传》的编修以及危素《昭先小录序》撰写的基础。如此一来,这几种资料的史源问题便可据此基本坐实,而该书简对于研究宋末元初历史的价值愈加凸显。尽管《宋元战史》亦间或参照了危素据此撰写的《昭先小录序》,但前述几个关键时间似并非以此为据,故导致其记叙过程中存在不小的偏颇。

都统制刘师勇的共同努力下,于五月五日"复常州,走钱訔"①。在姚訔奏请下,宋廷亦因授陈炤通判常州。② 八月十日,刘师勇乘势收复常州西北之吕城(今江苏丹阳东南五十里)。③ 同时,宋廷又任命文天祥为浙西江东制置使,兼知平江府,④以期在最后时刻能够起到拱卫临安的作用。

对此,元朝军队于九月二十八日在阿塔海带领下击溃南宋驻防吕城的张彦,为元军俘获并投降。⑤ 其后,阿塔海率元军围攻常州,双方展开持续的攻防战。宋廷在获知常州被围后,便派遣统制张全,而文天祥亦遣部将张华、尹玉随张全前往救援。至五牧(今江苏武进东南约四十五里)后,张全又派其部将麻士龙设伏于虞桥。后由于张全所率淮军隔岸观火,不发一卒,终使尹玉、麻士龙战死。南宋援军被击溃。⑥ 此即著名的宋军五牧之败。⑦

此后,元军继续围攻常州。十一月十三日伯颜亦自镇江抵常州督战。⑧ 据下节附表所列元初遗民记载,其战况极其惨烈。最终姚訔自焚而死,陈炤自弃撤离机会,遇兵被害。而副统制王安节亦不屈忠义殉节。三人皆受宋廷褒赠,立庙祭祀。⑨ 其时为守卫常州城而死者,尚有天庆观道士徐道明,僧人莫谦之以及时家居常州的溧水县尉胡应炎等。⑩ 对待降而复叛之城,蒙元军队多进行屠城,尽管大部分皆以各种缘由得免,但由于自襄阳之战以来,元军所受抵抗为最烈,持续时间亦最久,故常州最终未能免于屠城之祸。

---

① 《宋史》卷47《瀛国公纪》,第930页;《宋史》卷450《陈炤传》,第13252页;余阙:《复陈景忠修撰书》,第585页。

② 《宋史》卷450《陈炤传》,第13252页;余阙:《复陈景忠修撰书》,第118页;邵焕有:《赠朝奉大夫直宝章阁常州通判陈公墓志》,叶燮辑:《毗陵忠义祠录》卷2《稽事迹》,第399页。

③ 《宋史》卷47《瀛国公纪》,第933页。

④ 《宋史》卷47《瀛国公纪》,第933页。

⑤ 《宋史》卷451《刘师勇传》,第13274页。

⑥ 李天鸣:《宋元战史(二)》第六章《元世祖忽必烈汗时代的宋元战争——元朝大举南侵和宋恭帝的投降》,第1238—1239页。

⑦ 刘一清撰,王瑞来校笺考原:《钱塘遗事校笺考原》7《五木之败》,北京:中华书局,2016年,第244—245页。

⑧ 刘敏中:《平宋录》卷中,台湾"国家图书馆"藏旧抄本。

⑨ 李天鸣:《宋元战史(二)》第六章《元世祖忽必烈汗时代的宋元战争——元朝大举南侵和宋恭帝的投降》,第1241—1242页;虞集《道园学古录》卷44《陈炤小传》,《四部丛刊》影明景泰翻元小字本,第16页。

⑩ 《宋史》卷455《徐道明传》《莫谦之传》,第13382—13383页;邵焕有《赠朝奉大夫直宝章阁常州通判陈公墓志》,叶燮辑:《毗陵忠义祠录》卷2《稽事迹》,第400页。

二、元代史籍关于守城诸将的历史书写

基于前节宋末元初之际常州守城经过的叙述,现着重探讨元代史籍所载守城诸将领的异同问题。如前所述,常州守城之激烈,于蒙元政权收服南宋战争中所仅见,这也对江南知识人阶层产生了较大震动。战事结束不久,即有史籍对其经过,特别是守城诸将领详加记述。直至元末,相关记载仍不绝于史。对此,笔者在综合整理相关史料的基础上,胪列如下表。

附表:元代史籍所载宋季常州守城主要将领

编号	史籍	守城将领
①	佚名《昭忠录》 赵景良《忠义集》①	王安节、刘师勇、姚訔
②	佚名《宋季三朝政要》②	姚訔、刘师勇、王安节
③	刘一清《钱塘遗事》③	姚訔、刘师勇、王安节
④	郑思肖《大义略叙》④	刘师勇、王安节
⑤	胡一桂《双湖先生文集》⑤	王安节、姚訔

---

　　① 佚名《昭忠录》,赵景良《忠义集》卷4,刘麟瑞《昭忠逸咏》。《昭忠录》现存《墨海金壶》《守山阁丛书》《粤雅堂丛书》《四库全书》诸版本,各版本文字间有差异,唯《四库全书》本相较为佳,本文即以此为据。同时,赵景良《忠义集》现存版本亦较多,国家图书馆、上海图书馆、台北故宫博物院等多地皆有收藏。本文仍以较为通行之《四库全书》本为据。关于两书的版本源流考述,分别参见熊燕军:《南宋佚名〈昭忠录〉作者考——兼论〈昭忠录〉与〈昭忠逸咏〉的关系》,《元史及民族与边疆研究集刊》第27辑,上海:上海古籍出版社,2014年;闫群:《〈忠义集〉研究》,硕士学位论文,华东师范大学,2011年,第3—24页。另外,关于佚名《昭忠录》和刘麟瑞《昭忠逸咏》的关系,闫群认为前者乃明末清初人辑自后者的诗后小注,而熊燕军则认为两书为同源异本,作者同为刘麟瑞。笔者在此难遽断孰非,姑存疑,但就本文所涉及关于常州守城诸将的记载,两者确乎一致,故并而论之。

　　② 佚名撰,王瑞来笺证:《宋季三朝政要笺证》卷5《少帝》,北京:中华书局,2010年,第416—417页。

　　③ 刘一清撰,王瑞来校笺考原:《钱塘遗事校笺考原》卷7《五木之败》。

　　④ 郑思肖著,陈福康校点:《郑思肖集·心史》,上海:上海古籍出版社,1991年,第165页。关于郑思肖《心史》,特别是其中最具争议的《大义略叙》真伪问题,长期以来引起中外学术界广泛关注。基本上说,就其中所反映的相关史实来看,元史学者多认可其真实性。特别是近来钟焓以域外史料的记载同《心史》相互比对、考证,进一步证实该书的真实性,令人信服,本文在此亦以此为据。参见钟焓:《〈心史·大义略叙〉成书时代新考》,《中国史研究》2007年第1期。围绕《心史》真伪问题争论的系统梳理,并参见陈福康:《井中奇书新考》(下册),上海:上海外语教育出版社,2015年,第869—964页。

　　⑤ 胡一桂:《双湖先生文集》卷10《宋纪·度宗恭宗端宗》,《续修四库全书》,上海:上海古籍出版社,2002年影印上海师范大学图书馆藏清康熙四十二年刻本,集部第1322册,第625—626页。

（续表）

编号	史籍	守城将领
⑥	《泰定毗陵志》①	姚訔、刘师勇、王安节、陈炤
⑦	王逢《毗陵秋怀有后序》②	姚訔、王安节、刘师勇
⑧	《至正金陵新志》③	刘师勇、姚訔、陈炤、王安节
⑨	《宋史·忠义传》④	陈炤、姚訔、王安节、刘师勇
⑩	陈桱《通鉴续编》⑤	姚訔、刘师勇、王安节、陈炤
⑪	《元史·伯颜传》⑥	刘师勇、王安节、姚訔、陈炤

---

① 该志原本已佚，赖［洪武］《常州府志》得以保存部分内容。"［洪武］《常州府志》"的问题较为复杂。该书卷首题"谢应芳常州府志""洪武十年"，长期以来学界一般称之为"［洪武］《常州府志》"。由于其中亦载有永乐年间户籍人数等内容，故杨欣即认为该志即其成化《重修毗陵志》所提及的永乐《常州府志》，并以此命名。对此，叶舟进一步考证，所谓"永乐《常州府志》"并非原书，不过是明初纂修永乐《常州府志》时所做的前期准备工作，即是对永乐之前常州相关的方志加以汇编、编排而成的资料长编。参见叶舟《〈永乐《常州府志》〉考》，《中国地方志》2007 年第 8 期。此观点流传相对较广，点校版《明永乐常州府志》即以此为据。参见巴兆祥《重刊永乐常州府志序》及朱玉林、张平生、叶舟《明永乐常州府志》点校说明，扬州：广陵书社，2006 年，《序》第 2 页，《说明》第 2 页。但近年亦有学者认为，所谓"［洪武］《常州府志》"其实是《永乐大典》卷 6400 至卷 6418"常州府一至十九"的抄本。在《永乐大典》编纂之际，时人依据宋、元、明初常州及下属无锡、江阴、宜兴诸县的多部方志，以类书体例汇编而成。参见王继宗：《〈永乐大典〉十九卷内容之失而复得：［洪武］〈常州府志〉来源考》，《文献》2014 年 5 月。笔者详阅该书后亦对后一观点表示赞同。但不论何者，现存所谓"［洪武］《常州府志》"为明初对前代方志的汇编是没有问题的。其中所抄录元代大德《毗陵志》《泰定毗陵志》以及明初《毗陵续志》的史料价值极为值得重视。该书现存上海图书馆，清嘉庆间抄本，道光间华湛恩校，收入《上海图书馆藏稀见方志丛刊》，北京：国家图书馆出版社，2011 年，第 46—49 册。为行文引用方便，本文以杨印民辑校《大德毗陵志辑佚（外四种）》所收《泰定毗陵志》的辑本为据。

② 王逢：《梧溪集》卷 2《毗陵秋怀有后序》，《中华再造善本》影印中国国家图书馆藏元至正明洪武间刻景泰七年陈敏政重修本，第 8 页。

③ 张铉纂：至正《金陵新志》卷 14《摭遗·刘虎》，《中华再造善本》影印中国国家图书馆藏元至正四年集庆路儒学溧阳州学溧水州学刻本，第 61 页 b—第 62 页 a。

④ 《宋史》卷 450《忠义五》，第 13251—13253 页。

⑤ 陈桱：《通鉴续编》卷 24，台湾"国家图书馆"藏至正二十一年松江刊本，第 31 页 b—第 32 页 a。

⑥ 《元史》卷 127《伯颜传》，北京：中华书局，1976 年，第 3107 页。众所周知，《元史》由明洪武时期两次开局纂修而成，其中各传所据资料多为元人所撰碑文、墓志、行状、家传等，但诸如伯颜这类名臣传记的资料则多源自历代官方所纂修的功臣传。参见王慎荣：《〈元史〉列传史源之探讨》，《吉林大学社会科学学报》1990 年第 2 期，第 3 页，后收入王慎荣主编：《〈元史〉探源》，长春：吉林文史出版社，1991 年。具体到伯颜相关的碑传资料，主要有元明善《丞相淮安忠武王碑》（《国朝文类》卷 24，《中华再造善本》影印中国国家图书馆藏元至元至正间西湖书院刻明修本，第 11 页—第 19 页 a），刘敏中《敕赐淮安忠武王庙碑》（刘敏中：《中庵集》卷 1，《北京图书馆古籍珍本丛刊》，北京：书目文献出版社，影印清抄本，第 92 册，第 266—267 页），以及苏天爵据此编辑而成的《国朝名臣事略》卷 2《丞相淮安忠武王》（姚景安点校，北京：中华书局，1996 年，第 16—31 页）。但核查关于常州守城诸将领的相关内容，碑传资料仅有刘师勇突围事，其他皆未提及，反而《元史·伯颜传》所载更为详细。由此或可推测，明初《元史》纂修之际，《伯颜传》的内容很可能依据了元朝官方所编诸功臣传记以及后文所述及《德祐日记》等其他官方资料。故而，本文在此亦将《元史·伯颜传》作为元代史籍资料列入表中。

　　需要说明的是,本表仅针对守卫常州城的主要将领①所列,诸如文天祥所派遣尹玉、麻士龙等援军,尽管亦在救援途中战死,但不同于守城将领,故未列入表中讨论。同时,常州人胡应炎亦"署节度判官",并与同族兄弟共同参与守城。但现存两篇传记资料皆难断定为元代文献,故本文亦暂不详及。② 另外,上节所提及危素《昭先小录序》、虞集《陈炤小传》及余阙《复陈景忠修撰书》等资料,虽亦述及守城诸将,但如后文所述,皆为《宋史·陈炤传》编修之际集中出现的陈炤相关传记资料群,其性质与之相类,故为避免重复,亦不列于此表。

　　据此表可知,①至⑤可视为元代初期宋遗民的私人撰述,而⑦至⑪则皆为顺帝至正四年(1344)以后的官方记载或私人撰述。③ 在前者宋遗民的撰述中,④郑思肖《大义略叙》主要以时间为序叙述南宋重要将领在宋末动向及其对时局的影响,故未及当时作为地方官守城的姚訔;而⑤胡一桂则是以史论的形式慨叹"大宋三百年养士之盛",所列举"皆其最著者,余则尚多矣"。④ 也就是说,两者所论皆非专为记述常州守城诸将领所作,故仅提及其中他们所认为具有代表性者。但另外三则记载皆较为一致地详细叙述了知州姚訔、枢密院都统制刘师勇和副统制王安节的事迹。

　　与此相对,在元代后期的记载中,除却元初一致提及的三人之外,皆多出了通判陈炤的内容。特别是在《宋史·忠义传》对常州守城诸将领的记载中,陈炤名列首位。尽管王逢在其《毗陵秋怀》诗歌后序并未提及陈炤,但由于该诗歌主要是为其所闻刘师勇事迹感发而作,其重点在刘师勇,对姚訔和王安节亦仅略带提及,没有陈炤也可理解。

　　考虑到元初遗民群体频繁而密切的联系,他们之间应当存在某种共通的

---

　　① 常州之役后,"莫谦之者,宜兴浮屠,起兵战死。徐道明,天庆观道士,不降死"。见危素:《昭先小录序》,第658页。另据《宋史》卷455《忠义十》所附"莫谦之"和"徐道明"的简短小传,莫谦之"诏为溧阳尉",而徐道明"为管辖,赐紫",二人亦曾参与常州守城。而"时万安僧亦起兵",最终兵败战死。俱见《宋史·忠义十》,第13382—13383页。现今常州市内人民公园仍存"褁裘塔"遗迹,1989年建文笔塔园时由江苏省常州高级中学迁入。其实,当时参与常州守城的人士较多,散见于各类地方文献资料中。如《泰定毗陵志·死节》亦载有包圭事迹。参见杨印民辑校:《大德毗陵志辑佚(外四种)》所收《泰定毗陵志辑佚》,第71页。本文表格所列仅及主要将领,故不一一胪列。

　　② 高启:《凫藻集》卷4《胡应炎传》,《四部丛刊》影明正统刊本,第3页b—第5页。据该传中"元兵"等行文用语以及对元军将领唆都的批判来看,当作为明初。另,《毗陵忠义祠录》同卷并收录"郡志"所载《胡应炎传(包圭附)》,从内容上看,其事迹应当源自高启所作《胡应炎传》。

　　③ 王逢《梧溪集》卷2《毗陵秋怀有后序》:"至正甲申秋八月,逢金陵归,泊常城下,有老兵能道刘都统事。"第8页a。

　　④ 胡一桂:《双湖先生文集》卷十《宋纪·度宗恭宗端宗》,第626页。

信息交流或来源渠道,而对于宋元交替之际震动江南的常州之役,他们也理应详细追索并彰显参与守城的诸将领而不致有所遗漏。但事实却并非如此。

元代中期史料记载开始发生变化。其时对守城主要将领的记载保存在⑥《泰定毗陵志》中,其《人物·死节》条下分别列有姚訔、刘师勇、王安节、包圭四人小传,①但未及陈炤事。而同书所汇集《文章》条下,则收录牟巘所撰《陈肖梅先生遗文序》②,述及陈炤忠烈殉死之事。再结合《毗陵忠义祠录》所收元初邵焕有③撰《赠朝奉大夫直宝章阁常州通判陈公墓志》可知,这两种资料皆属于私人家传性质,时人对陈炤守城事迹的认识也应当仅限于常州地方以及相关亲友之间,范围不广。直至元代后期在纂修辽、金、宋三史风潮下,此家乘资料方逐步纳入官方正史视野,陈炤死节事亦广为人知。

三、《宋史·陈炤传》的纂修及相关问题

众所周知,自忽必烈时代收服南宋政权以来,元朝即议修《辽史》《金史》《宋史》,但由于在三史的体例以及正统等问题上的持续争论,使得三史的纂修被长期搁置,未克展开。但其间却作了不少的准备工作,如屡为学者所提及的袁桷即上有《修辽金宋史搜访遗书条列事状》④,并开列具体搜访书目。至三史正式纂修之时,"这三国实录、野史、传记、碑文、行实,多散在四方,交行省及各处正官提调,多方购求,许诸人呈献,量给价直,咨达省部,送付史馆,以备采择"。⑤ 亦即,元朝正式派员多方访求资料,以备纂修。特别是危素,即曾遍历

---

① 杨印民辑校:《大德毗陵志辑佚(外四种)》所收《泰定毗陵志辑佚》,第 71 页。

② 杨印民辑校:《大德毗陵志辑佚(外四种)》所收《泰定毗陵志辑佚》,第 108 页。

③ 《宝祐四年登科录》(文渊阁《四库全书》本)卷 3 载:"邵焕有,第五甲第一百二十八人,字尧章,小名衍木,小字大儿。德成三,具庆下。年三十一,三月二十四日申时生。治赋,一举。曾祖宏。本贯常州。"

④ 袁桷:《清容居士集》卷 41《修辽金宋史搜访遗书条列事状》,《中华再造善本》影印中国国家图书馆藏元刻本,第 31—40 页。

⑤ 《辽史》附录《修三史诏》,北京:中华书局,2016 年,第 1712 页。另,预修《宋史》的王沂在所撰《彭氏世谱序》中亦言:"会廷议修辽、金、宋史,方求故家遗记。"参见王沂:《伊滨集》卷 15《彭氏世谱序》,文渊阁《四库全书》本。

江南各地访摭遗阙。① 如后文所详述,他同《宋史·陈炤传》的编修也有密切关系。在国家修史所造成的风潮之下,《宋史·陈炤传》终得历经曲折编修而成。同时受此影响,前节附表⑥至⑩的记载便开始于元代后期集中出现。

首先来看《宋史·陈炤传》的编修。陈炤能够最终得以立传成功,全在其曾孙陈显曾的努力:

宋德祐元年十月乙卯,通判常州陈公炤死城守。后六十九年,为大元至正三年,皇帝诏修辽、金、宋史,其曾孙显曾以书告史官翰林直学士王公沂师鲁、翰林修撰陈君祖仁子山、经筵检讨危素太朴,请录公死节事。陈君及素复书曰:史官修撰余君廷心实当纪公事,而慎重不轻信。于是显曾又亟以书告余君,反复哀痛。余君虽爱其词,然犹难之。后从国史院史库得《德祐日记》,载公授官岁月与夫复城、守两转官、城破死节、褒赠等事甚悉,始为立传,而显曾未知也。遂走京师,伏谒余君以请。②

关于陈显曾,方志载:

陈显曾,字景忠,无锡人。宋常州通判肖梅先生炤之曾孙也。博学明经,为文出入汉魏间。元至正辛巳,乡试中乙科,历汉阳、常州二学教授,累迁儒学提举、福建行省都事、集贤都事、翰林修撰。元平,归老于家,年逾七十。有《昭先堂稿》若干卷行于时。③

据此可知,修史诏书颁布当年,中乡试不久的陈显曾即同王沂、陈祖仁、危素、余阙等书信联络,请求"录公(陈炤)死节事"。现无史料证明此前陈显曾同

① 参见宋禧:《庸庵集》卷 12《代刘同知送危检讨还京师序》,文渊阁《四库全书》本;顾瑛《草堂雅集》卷 5《危太朴以史事南来搜书风雨宿南硐明日追寄》,文渊阁《四库全书》本。关于危素对《宋史》纂修的贡献,参见孔繁敏:《危素与〈宋史〉的纂修》,《燕京学报》新 2 期,北京:北京大学出版社,1996 年,后收入罗炳良主编:《宋史研究》,北京:中国大百科全书出版社,2009 年。

② 危素:《危学士全集》卷 2《昭先小录序》,第 656 页下。

③ 杨印民辑校:《大德毗陵志辑佚(外四种)》所收《毗陵续志辑佚·文学》,第 256 页。

王沂①间的交往,而陈祖仁曾任晋陵县尹②,危素于江南搜集书籍、访询故老之时曾途经常州,③故所结识,方有是请。但由于危素和陈祖仁并不担任相关传记的编修工作,他们向陈显曾推荐了余阙。

关于陈显曾同余阙的往来,方志中幸存有余阙答复他的书简:

> 阙启:子山修撰递至所寄书,承谕令先世死事,辞义恳至,此正仁人孝子之用心。比来遣使购求四方野史诸书,宋故家子孙少有送上者。……令先世事,仆所以迟迟不可决,非敢少有他志,特以德祐时国家分崩灭亡,皆无著作,而枢密院故牒载常事特略,野史所纪特姚王刘事,又皆纷纭失真,而陈通判无能知者。夫家传不敢尽信,先辈屡有是言。必参稽众论,有可征据而后定。④

同时参照上引危素所记"(陈显曾)遂走京师,伏谒余君以请",可知,陈显曾当时还曾携陈炤相关传记资料谒见余阙,但由于余阙"家传不敢尽信",而又未能从官方档案中找到当时丁母忧在家的陈炤相关授官、死节、褒赠记录,故暂时未为之立传。其后,余阙"近书库中始得《德祐日记》⑤数册,陈通判事始见"⑥,而终于《宋史·忠义传》修立《陈炤传》。此时,其中曲折原委"(陈)显曾未知也",而直至余阙此书简递至之时方才知晓。如本文第一节所指出,余阙该书简于宋元交替历史研究意义非小,特别是官方记录《德祐日记》的发现对于《宋史》相关纪、传的编纂价值突出。

其实,陈显曾为积极彰显其曾祖陈炤所作出的努力尚远不止于此,其积极

---

① 王沂,字师鲁,河北真定人。延祐二年,中会试第三名,廷试登进士,历临淮县尹、嵩州同知等职。至顺三年,尝为国史院编修官。后至元六年,为翰林待制。预修《辽》《宋》《金》三史。参见沈仁国:《元朝进士集证》,北京:中华书局,2016年,第29—30页。另,沈书在王沂小传中作"(王沂)至正四年,任翰林直学士"(第30页),而上引危素《昭先小录序》所载至元三年时王沂即已为翰林直学士,或可据此改正之。

② 《元史》卷186《陈祖仁传》载:"陈祖仁字子山,汴人也。其父安国,仕为常州晋陵尹。祖仁性嗜学,早从师南方,有文名。"第4272—4273页。

③ 危素:《昭先小录序》载:"素使过常,询其父老,而参以野史杂记所载。独恨忠义之家,其子孙往往材智下,不能道先世事,可胜悲哉。"(第656页下)并参见上引孔繁敏:《危素与〈宋史〉的纂修》,收入罗炳良主编:《宋史研究》,第167页。

④ 余阙:《复陈景忠修撰书》,光绪《无锡金匮县志》卷36,第585页;《全元文》第49册《余阙一》,第117页。《全元文》此处标点为"阙启子山修撰:递至所寄书"。很明显标点者不知"陈景忠""陈子山"分别为"陈显曾""陈祖仁",同时对相关史事不熟悉,故有此误。

⑤ 《德祐日记》,现存史籍未见。但《宋史》卷203《艺文二》载有:"《德祐事迹日记》四十五册"(第5091页),不知是否即此书。

⑥ 余阙:《复陈景忠修撰书》,光绪《无锡金匮县志》卷36,第585页。

活动在三史纂修之前即早已展开。

首先从陈显曾谒见余阙之时所携陈炤相关传记资料谈起。其中较重要者当为虞集所撰《陈炤小传》。尽管现存虞集文集诸版本中,并未明确记载具体的撰写时期,但根据其中所载:

> (陈炤)子四人,应凤,早卒。应鼋、应麟皆乡贡进士。某,曾孙显曾,今为儒。陵阳牟献之曰:舍门户而守堂奥,势已甚蹙,而訔、炤死,殆无愧于巡、远。炤之友邵焕有曰:宋之亡,守藩方擐甲胄而死国难者百不一二,儒者知兵小臣,仓卒任郡寄而死,千百人中一二耳。若炤者,不亦悲夫。史官曰:伯颜丞相之取江南,行军功簿大小具在官府,可以计日而考之也。国朝经世大典尝次第而书之。若炤之死事可以参考其岁月矣。①

并参照上引方志所载陈显曾传,可知,虞集撰写该文时陈显曾或尚未中乡试,而仅提及"某曾孙显曾,今为儒"。同时,虞集在文后仅提及《经世大典》记录元初收服南宋将领军功事,并希冀以此考证"炤之死事"而未提及《宋史·陈炤传》编修的相关情况,更遑论余阙所见之《德祐日记》了。进一步对比《陈炤小传》所记常州之役的时间,同其后据《德祐日记》编纂而成的《宋史·陈炤传》及危素所撰《昭先小录序》皆不同。故而,虞集所撰该文的时间当在《宋史》编修为陈炤正式立传之前,从而成为陈显曾携带谒见余阙时的重要资料。

此外,该史料所提及牟献之乃元代前期寓居湖州的四川人牟巘,在当时文人群体中颇具影响力。② 虞集此处所引牟巘之语实出自前文所提及牟巘撰《陈肖梅先生遗文序》。③ 但据牟巘文所载"己酉秋,友人萧子中为毗陵学官,以陈君遗事示予"可知,牟巘早在至大二年(1309)即已受友人常州学官萧子中所请为陈炤遗文撰序。尽管未有明确史料说明萧子中同陈炤子孙的关系以及为何会以其遗文请序,但根据危素《昭先小录序》所载"(陈炤子陈应鼋)革命之后,杜门不出,命子协赎求公遗言录藏之"可知,陈炤殉节后,陈应鼋即命其子陈协积极注意搜集陈炤遗文。同时,陈协还有意识地让其子陈显曾继承并彰

---

① 虞集:《道园学古录》卷44《陈炤小传》,第16页b。

② 相关研究参见乇磊:《〈癸辛杂识〉之贺诗风波——论方回的人品及其他》,《元史及民族与边疆研究集刊》第20辑,上海:上海古籍出版社,2008年。

③ 杨印民辑校:《大德毗陵志辑佚(外四种)》所收《泰定毗陵志辑佚·碑》,第108页。

显陈炤之忠烈:

> 显曾之生,协禀其父,以制名字,以"景忠"训之,曰:"显曾者,欲
> 以汝显其曾祖也。景忠者,欲汝景慕曾祖之忠烈也。汝其识之!"及
> 病革,遗言曰:"汝无忘重闱之养及名字之命。"显曾泣曰:"不敢忘。"
> 而目不瞑。显曾曰:"不敢忘遗训也。"乃瞑。时显曾年方十六。①

也就是说,陈炤忠义殉节后,其子孙无不以彰显陈炤之忠烈为遗训,代代
相传,以至于《宋史》纂修之际才有陈显曾向危素、余阙等史官之立传请求。

关于虞集《陈炤小传》所引"炤之友邵焕有"的评价,现存邵焕有所撰陈炤
墓志铭②中亦可得到确认。

总而言之,虞集所撰《陈炤小传》当是在牟巘《陈肖梅先生遗文序》和邵焕
有《赠朝奉大夫直宝章阁常州通判陈公墓志》基础上撰写而成。毫无疑问,这
些所有相关传记资料当源自陈炤子孙所提供之素材。而这些素材的来源亦颇
曲折:

> 炤死时,有仆杨立者,守之不去。北兵见而义之,缚之以归。它
> 日将以畀人,立曰:吾从子得生,愿终身焉。若以畀人,则死耳。从
> 之,至燕,得不死。往来求常州人,得僧璘者,具以炤死时事告其子孙
> 乃已。既罢兵,丞相军士管为炤孙曰:城破时,兵至天庆观,观主不肯
> 降,曰:吾为吾主死耳,不知其他,遂屠其观云。一时节义所激
> 如此。③

据此,一为陈炤之仆从杨立,一为当年从军伯颜的管姓军官。对此,陈显
曾《昭先录后跋》中所述亦详:

> 初,乡僧璘之母被虏(掳)北去。大德间,璘行四方求其母,得于
> 京师。又得见乡人杨立,以立书致问先大父。杨立者,宝章公仆也。
> ……
> 延祐中,大父徙家城南。邻有管副使者,身长大魁,杰人也。自
> 云尝从伯颜丞相军战城南,屡有胜负。一日,丞相至城下……明日城

---

① 危素:《危学士全集》卷 2《昭先小录序》,第 659 页上。
② 邵焕有:《赠朝奉大夫直宝章阁常州通判陈公墓志》,叶礮辑:《毗陵忠义祠录》卷 2《稽事迹》。
③ 虞集:《道园学古录》卷 44《陈炤小传》,第 16 页 b。

破。其说与杨书语合。①

毫无疑问,基于陈显曾祖父以来通过各种渠道所获信息撰写而成的陈炤相关传记资料皆成为陈显曾面呈余阙以供其立传之材料。亦如上引余阙答复陈显曾书简中所言:"德祐时国家分崩灭亡,皆无著作,而枢密院故牒载常事特略,野史所纪特姚王刘事,又皆纷纭失真,而陈通判无能知者。"故而,上述资料的存在便也成为陈氏子孙代代秉承彰显陈炤宋季常州守城忠烈殉节的明证。尽管一时未能成为史官立传的参照,但很明显在元代后期江南知识人阶层中得以还原并扩大了陈炤之影响。也正由于此,余阙深受其感发,于档案中发现官方记录《德祐日记》,最终完成立传。此后,陈显曾知道《陈炤传》成功编修后,即"退而辑次诸公为公所著文字,及其前后所与书问,题曰《昭先录》"。②该书现已无存,但毫无疑问当收录上述所及陈炤相关资料。

而虞集作为元代中后期极具影响力的知识人,其所撰《陈炤小传》无疑也在江南知识人阶层中产生较大反响。如前节⑧张铉在纂修《至正金陵新志·刘虎传》叙及刘师勇事迹之时,便明言"师勇事见《陈炤小传》"。③ 而明初所编《毗陵续志·忠义》之《陈炤传》亦完全依据虞集所撰《陈炤小传》,并于传后说明:"元朝学士虞集为公作小传云"。④ 尽管无史料证明⑩陈桱《通鉴续编》和⑪《元史·伯颜传》记载陈炤在常州守城之役中的作用时是否直接受到上述资料以及《宋史·陈炤传》的影响,但可以肯定的是,这些陈炤相关资料在江南知识人阶层中的广泛传播,同前节表中所列元代后期相关资料的集中出现是存在一定的逻辑关系的。特别是,如前所言,明初所纂《元史·伯颜传》中关于常州守城诸将领的叙述,在伯颜相关碑传资料中皆无。而元代前期重要的官方文献《平宋录》⑤中亦无相关记载。当前所见《经世大典·政典总序·平宋》⑥中亦仅提及刘师勇。由此来看,明初纂修《元史·伯颜传》时应当利用了元代后期编纂《宋史·陈炤传》时所集中出现的陈炤相关资料,特别是参照余阙新发现的《德祐日记》的可能性较大。

---

① 陈显曾:《昭先录后跋》,叶簦辑:《毗陵忠义祠录》卷 2《稽事迹》,第 403 页。

② 危素:《危学士全集》卷 2《昭先小录序》,第 656 页下。

③ 张铉纂校:《至正金陵新志》卷 14《摭遗·刘虎》,第 62 页 a。

④ 杨印民辑校:《大德毗陵志辑佚(外四种)》所收《毗陵续志辑佚·忠义》,第 258 页。

⑤ 刘敏中:《平宋录》卷中。

⑥ 《国朝文类》卷 41《政典总序·征伐·平宋》,第 17 页。

此外,亦如上节所述,尽管《泰定毗陵志》中已经收录牟巘所撰序文,并记载了陈炤忠义殉节的内容,但"死节"条下并未叙及陈炤的事迹。对此,如果不考虑明初汇编所谓"永乐《常州府志》"之时对《泰定毗陵志》选择性的抄录或遗漏的话,那么这也可反证虞集《陈炤小传》的出现在当时所产生的影响。此外,这在某种程度上也反映出地方人物被纂修至官方史书的过程中,或者说地方家乘资料被采纳至官方信史的过程中并非是顺理成章、一帆风顺的。也就是说,地方社会力量在实现其话语权过程中,是需要某种媒介的,而本文中《宋史·陈炤传》编修之际,虞集《陈炤小传》便起到了此种作用,而陈显曾很明显也是有意识利用了这一点。

综上所述,基于陈炤子孙代代有意识搜集到的陈炤忠义殉节相关资料,至《宋史》纂修之际,通过陈显曾积极同纂修官以及江南知识人的联络,其曾祖陈炤在宋季常州守城之际殉节忠义事迹最终得以表彰于《宋史》。这无疑在江南知识人群体间得以还原并彰显陈炤作为常州之役守城将领的作用,同时也对后世文献记载产生了较大影响。某种程度上也体现了陈炤一族在整个元代为彰显宋元交替之际常州守城诸将领所做出的持续而积极的努力,继而从不同的维度诠释了宋元交替对元代知识人所产生的影响。

四、余 论

本文通过元代不同时期关于宋末元初常州守城诸将领的记载,特别是在记录陈炤忠义殉节事迹的方面,详细分析了其中的异同。概而言之,在元初多以遗民身份出现的知识人叙事中,皆较为一致地详载了刘师勇、姚訔和王安节的忠勇殉节之举。而对当时寓居常州后重新起复的通判陈炤,尽管其后也忠义就死,但在他们的记录中则被忽略。而另一方面,陈炤子孙长期以来通过各种途径积极搜访其事迹及遗文,秉持彰显陈炤忠节之举的遗训,直至元代后期纂修《宋史》之际,在其曾孙陈显曾的不断努力下,终得于《宋史》中立传成功,并置于守城诸将领之首。同时陈显曾亦将长期以来积累而成的陈炤传记资料及当时名宿的撰文编集成《昭先录》,流传于后。其间所反映出的家乘资料为官方所采信并进一步进入正史,以及地方社会力量实现其话语权的过程便显得极为重要。

一般认为,宋元交替基本是以"无血开城"的和平方式实现的,[①]对江南社会并未产生太大的影响。整体而言,笔者亦对此深表赞同。但如果将视角移至政局鼎革期的具体个人乃至家族,亦即本文所述及的陈炤一族的情况,那么宋元交替似乎也别具意味。作为惨受屠城之苦[②]的经历者以及为元军所杀害的将领后裔,据前节所引《毗陵续志辑佚》所载,至元代后期,陈显曾长期任职学官,后至翰林院修撰,明初"归老于家"。而本文第一节所提及的胡应炎,其后人胡鼐在元代后期亦曾官至杭州路学正,[③]尽管他未如陈显曾那般为彰显祖先事迹积极奔走,但对胡应炎在宋末守城之际的忠义之举仍萦然不忘,高启《胡应炎传》即是在胡鼐告知具体细节的基础上所撰写。[④] 同时再结合当时知识人群体积极参与对宋末常州守城诸将的历史书写来看,一方面对宋元交替之际忠臣义士的彰显不遗余力,同时,这种积极的彰显行为同宋末元初遗民群体对待新王朝的认识已大为不同。某种程度上说,他们已主动以元朝的立场来看待王朝更替之际的忠义行为对于当下社会的意义。对于这一元代后期知识人群体对于宋元交替认识的研究,既不同于本文开头所提及的宋代以来科举社会的延续性问题,更不属于学界持久关注的宋元之际知识人的选择问题,而是需要以更长的时段来重新加以认识、定位。

至明代,常州地方围绕宋元交替之际守城将领立庙、祭祀等问题的讨论则甚嚣尘上。《毗陵忠义祠录》即在这一背景下编集而成,其中收录了明代中期以后常州地方同礼部间围绕在县学祭祀当时守城诸将领问题的往来文书资料。[⑤]嘉靖年间,常州地方生员请求为之立庙,春秋祭祀,终在城内得立毗陵忠义祠。但通过相关文书往来可知,此时明朝对待常州守城诸将以及蒙元政权的态度已发生极大的变化,特别是其中极具"时代化"特征的用词颇为值得注意:

---

① 杉山正明:《クビライの挑戦:モンゴル海上帝国への道》,东京:朝日新闻社,1995年,第23—25页;新版:《クビライの挑戦:モンゴルによる世界史の大転回》,东京:讲谈社,2005年;中译版:《忽必烈的挑战:蒙古帝国与世界历史的大转向》,周俊宇译,北京:社会科学文献出版社,2013年。

② 刘一清撰,王瑞来校笺考原:《钱塘遗事校笺考原》卷9《丙子北狩》:"十六日早,舟次常州。毁余之屋塞路,杀死之尸满河,臭不可闻,惟此最多。"第319页。常州之役对具体个人所产生影响的例证极少,管见所及,唯有黄溍所撰《赠从仕郎某官陈府君墓志铭》(黄溍:《金华黄先生文集》卷36,《中华再造善本》影印上海图书馆藏元刻本)所记为详,弥足珍贵。

③ 立于至正十五年的《杭州路重建儒学之碑》中,碑末署名"学正胡鼐"者当为胡应炎后代。参见阮元编:《两浙金石志》卷18《杭州路重建儒学之碑》,《石刻史料新编》,台北:新文丰出版公司,1977年影印清道光四年李樗刻本,第1辑第14册,第10648页上。

④ 高季迪:《胡应炎传》(《毗陵忠义祠录》卷2)载:"近遇胡鼐江上间,为余言其祖应炎死节始末。"

⑤ 参见《毗陵忠义祠录》卷4所收"常州府学生员叶燮等请祀典呈文""谢巡按奏状"等。

宋运不复,无以兴褒崇之典也。元人本□□之族,岂能表亡国之臣。[①]

此为明朝对于常州建立忠义祠之请文书的内容。其中"□□"的部分在现存清代抄本中被涂黑,但根据上下文并结合当时的时代背景可知,此二字当为"胡虏"之类对蒙古族的蔑称。这也清晰揭示出明朝旨在通过宋末元初之际的守城将领的祭祀,来对蒙古、元朝加以极端反面化,进而重塑忠义观念。

而清代常州知识人又在此基础上对增祀元末以至明清时代殉死外地的常州籍官员、将领等问题展开广泛讨论。对此,赵翼提出了自己的见解:

而祠(笔者注:忠义祠)创于前明,故并元末守常州死事之武进令刘溶亦附焉。凡以祀守常州殉节之人,非祀常州人之殉节于外者也,若并祀常州人之殉节于外者,则又不止此四公(笔者注:刘熙祚、马世奇、王章、金铉)。

……

若本郡则宜入乡贤,而不必混于守常州死事诸臣之内。[②]

针对忠义祠祭祀宋季常州守城将领扩大化的议论,赵翼主张应当将忠义祠和乡贤祠加以区分。由此赵翼的叙述亦可窥见当时争论之一斑。尽管地方知识人对于元代以后殉节的常州人是否可以并祀忠义祠存在争议,但可以明确的是,此时,宋末、元明以来忠义观念的时代意义已发生较大变化,某种程度上已逐步泛化为对地方社会的认同。这种不同时代对待宋元之际政局鼎革的不同认识,与刘浦江先生在探讨"元明革命的民族主义想象"方面亦有着某种相似之处。[③] 总而言之,从宋元交替对元代及其后不同时代的影响来具体而微地重新定位其时代意义问题,值得今后更为深入的研究。[④]

(原载于《江海学刊》2019 年第 4 期)

---

① 《常州府学生员叶燮等请祀典呈文》,《毗陵忠义祠录》卷 4。
② 赵翼:《陔余丛考》卷 35《常州忠义祠》,北京:中华书局,1963 年,第 777—778 页。
③ 刘浦江:《元明革命的民族主义想象》,《中国史研究》2014 年第 3 期。
④ 与此问题相近,通过对宋遗民问题的梳理亦可窥见元至明清的时代性特征。相关问题的初步整理参见周鑫:《乡国之士与天下之士:宋末元初江西抚州儒士研究》,天津:天津古籍出版社,2014 年,第 13—21 页。

论南唐的历史地位

邹劲风[*]

公元 937 年,即南唐升元元年(后晋天福二年,杨吴天祚三年),徐诰(后更名为李昪,为南唐先主)即皇帝位于金陵,国号"唐",年号"升元",史称南唐。北宋开宝七年十一月乙亥日(974 年 1 月 1 日)宋军入金陵,南唐国亡。其间38 年,南唐历经三代国主,是五代十国时期较为强盛的政权。南唐和其前身杨吴是一脉相承的政权,《旧五代史》有述:"(杨吴—南唐)属中原多事,北土乱离,雄据一方,行余一纪",其地"东暨衢婺,南及五岭,西至湖湘,北据长淮,凡三十余州,广袤数千里","近代僭窃之地,最为强盛"。[①] 这段论述准确地概括了南唐立国的前提、其统治范围及其在当时诸政权中的地位,反映了同时代人对于南唐的评价。

在历史的长河中,国祚不过数十年的地方性政权有许多,而杨吴—南唐在其中独树一帜,它对唐宋之际历史走向有至关重要的影响,且呈现了其时社会、文化诸方面的发展趋势。

一、杨吴—南唐和五代十国局面的形成

南唐所处的时代,史称五代十国,即中原后梁、后唐、后晋、后汉、后周五代相继,中原以外地区有杨吴、吴越、楚、南唐、前蜀、后蜀、闽、南平、荆南、北汉十个政权并存的时代。五代十国历时短暂,按照《资治通鉴》分期,前后仅五十四年。

---

[*] 邹劲风,1968 年出生,浙江慈溪人。现任南京大学历史学院中国史系副教授。主要研究方向为中国古代史、南京地方史,著有《南唐国史》《唐宋金陵考》等。

① 薛居正等:《旧五代史》卷 134《僭伪列传·李景传》,北京:中华书局,1976 年,第 1786 页。

1226

五代十国分裂局面的形成,可追溯到唐代由节度使设置而来的藩镇割据问题。节度使原是唐朝设在边境地区的机构,集地方政、财、军权于一身。唐天宝十四年(755)安史之乱爆发,这标志着唐朝的转折。在平乱过程中,唐朝不得不在内地增置节度使,以借助地方力量平乱。然而安史之乱平息以后,中原地区节度使盘根错节,藩镇割据局面由此形成。节度使们拥兵自固,唐朝实际上已失去对这些地区的有效控制。这个局面到唐末愈演愈烈。黄巢起义彻底摧毁了唐朝的统治秩序,唐朝廷对全国的统治名存实亡。在扑灭起义的过程中,一批新的藩镇崛起。新旧军阀在中原殊死争夺。随后,中原的部分军事势力转往南方,在南方建立政权,如在今四川的前蜀、福建的闽、岭南的南汉、长江中游的楚,后来所谓十国局面由此出现。十国之中,只有杨吴—南唐和吴越是南方本地势力所建的政权。

东南地区,土壤肥沃、气候适宜,曾在安史之乱以后以其丰富物产和税贡支撑唐朝统治一百余年,是中唐以后唐之经济命脉所在。因此,唐朝格外重视对此地的政治、军事控制。公元九世纪末期,经过战争打击的唐朝统治摇摇欲坠,终于无力遥控南方。东南形势突变,地方武装迭兴,而战败的中原军阀也纷纷渡淮南下,觊觎富饶的南方。

唐乾宁二年(895),唐末崛起于淮南的杨行密与中原朱温在淮南清口(今江苏淮阴西)交战。杨行密军大获全胜。清口一役是南北割据形势最终形成的关键之战,此役显示杨行密不仅有雄心而且有能力阻挡中原军事力量南下。

唐天祐二年(905),杨行密在实力达到顶峰时去世。他生前曾受唐封为吴王,其后人因此以"吴"为国号。这就是杨吴的由来。

杨行密巩固淮南的地位,并将势力发展到江南。杨行密建立的淮南镇是促使五代十国局面形成的重要因素之一。唐以前,一个中原王朝和数个南方小政权并存的形势非常罕见,而五代时期这种局面的形成,杨行密起了至关重要的作用。他抵抗住中原军阀势力南下,南方小政权得到了生存发展的机会。诚如当代史学家所论,淮南镇"阻碍着北方势力进入南方,使统一成为不可能。但占据北方的梁和沙陀人的唐、晋、汉都是野蛮统治者,如果进入南方,只能给南方民众带来更大的破坏和痛苦,因此淮南镇隔离南北,在当时是有积极作用的"。[1] 杨行密巩固淮南,并将势力发展到江南,其统治后期,政策转向保境安民、扬文抑武,这也是大势所趋。

杨行密去世后,权臣徐温成为杨吴政权实际上的主宰。徐温继承杨行密后期息兵安民政策,使杨吴这个由横刀跃马的武夫创立的政权逐渐过渡到以文治为主。他一方面继续和中原及周边政权谋和,另一方面将杨吴的疆域扩大至现在的江西。这两项举措,对南唐影响深远:其一,至此杨吴北抵淮河,东至浙西,西至湖湘,南及五岭,奠定了杨吴—南唐疆域的基础,而江西后来成为南唐赖以退守的腹地;其二,杨吴至南唐,武力日益松弛,这使后来的南唐空担大国之名而军事上外强中干,导致南唐中主时期的决策失误。

杨行密和徐温艰苦经营,在淮河以南开创了同时代南方最为强大的政权。然而,其后代子弟的无能终于使其政权旁落,这份基业终被一个生于唐末乱世,长于杨行密转战南北时代的孤儿继承,那就是当时为徐温养子名为徐知诰的南唐先主李昪。

徐温去世的当年,徐知诰成功地把杨吴国王杨溥推上帝位,自己领都督中外诸军事之职。数年后,他继承徐温的职位,移镇金陵,将长子留在杨吴都城辅政。

到杨吴天祚二年(后唐清泰三年,936),徐知诰取代杨吴已呈必然之势,唯缺程序。次年(后晋天福二年,杨吴天祚三年,937)十月,徐知诰终于接受杨吴"禅让",在金陵登基,改元升元。起初,他沿用徐温在杨吴的封号,以"齐"为国号,两年之后,改国号为"唐",又改姓更名为李昪。此前,中原地区有李存勖所建"唐",故李昪的政权史称南唐。

在政权斗争中,李昪铁腕无情。然而对于杨吴—南唐的臣民,他的确是个仁厚的统治者。在他统治时期,南唐政治清明,经济稳定发展。

从经济实力看,南唐在南方诸国中,虽被视为首屈一指的大国,但由其地理条件决定其经济实力相当脆弱。北宋以后,有人追记五代十国史事,写《五国故事》一书,其中提到"江南地狭国贫"[2],这里的江南指的就是南唐。南唐地处江淮之间和江南西部,其中江淮之间在唐末饱受战争摧残,生产恢复缓慢。而江南西部地区多山地丘陵,农业生产特别是粮食生产的发展受到限制,

---

[1] 范文澜:《中国通史》第三编第二章《封建经济繁荣疆域大扩张时期——唐》第七节《藩镇割据》,北京:人民出版社,1978年,第399页。

[2] 佚名:《五国故事》,陶宗仪:《说郛》,北京:中国书店,1986年。

这使南唐经济在同时诸国中并不占据优势。

尽管如时人所述,南唐经济在当时并不突出,但其存在使南方各地得以进入和平发展时期,为南方经济的发展提供了必要条件。杨、徐、李三个家族错综复杂的传承关系,使杨吴至南唐间政权平稳禅代。这一雄踞江淮之间的稳定政权,是唐末乱世到北宋统一之间的关键过渡环节。

二、五代十国的时代特征和南唐的历史贡献

南唐历史结束之时,距唐朝之亡仅仅数十年。对于中国数千年的历史而言,五代十国的数十年不过是一瞬而已,而十世纪前后相隔数十年的两个朝代——唐朝和宋朝在政治、经济、社会、文化等各方面都很不相同了。现在的历史学家将其间的变化通称为唐宋变革。这变革究竟是如何发生,又对中国的发展有怎样的影响? 这些问题尚需要史学家们不懈的研究。然而,有一点是肯定的,即五代十国兴衰的历程是唐宋变革的重要一环。在当时诸国,唐朝的印迹尚未褪尽,而宋朝的气象已初露端倪。这也是研究五代十国历史的意义之所在。南唐是当时南方最重要的政权之一,也是体现唐宋间政治、社会、经济、文化等诸方面转型的典型之一。

在历代通史体系中,五代史常常被当作唐余或者宋的前奏而被忽略,而这一时期,又往往被简称为五代时期,如《旧五代史》和《新五代史》,可见十国历史更是被同一时期的中原历史遮蔽了。

传统史家笔下,五代十国的时代特征首先是分裂和战乱,政权频繁更替和诸地方政权之间的争疆夺土,使战争频仍,直至北宋统一。

然而,我们对比五代和晚唐,即可发现所谓五代极乱之世实际上是晚唐藩镇混战的历史记忆的延后移置。

首先,五代十国时期的战争和唐末军阀混战相比,数量上减少,酷烈程度减弱。相比于唐末的强藩林立、战火连绵,五代十国时期已形成中原五朝和其周围政权互相制衡的相对稳定的局面。这是一个战争与和平、分裂与统一之间的过渡阶段。

其次,五代十国时期是我国古代经济中心南移的重要时期。我国长江流域的广大地区,有发展农业的得天独厚条件,地区经济在东汉以后持续发展,六朝以后已呈现出显著上升之势。五代十国时期,这种趋势加速,南方经济长

足发展,以至于在随后的宋代终于完成了我国经济中心南移的过程。

南方经济的普遍发展是五代十国时期的明显特征。我国历史上曾出现过数次南北分裂的局面,但是此前的分裂时代,多是北方数个政权和南方相对统一的政权并存,如春秋战国时期和魏晋南北朝时期。这种局面反映了特定历史时期各地区的经济发展状况。上古时期,开发较早的中原地区已是人口茂密之地,形成多个经济区域,各地在政治、经济上全面发展;而南方广大地区虽然自然条件优越,但开发晚于中原地区,直至汉代还是以"火耕而水耨"为主要生产方式的"地广人稀"之地,其低下的经济水平不足以维持多个政权。至五代十国时期,南方出现了数个政权并存的局面,主要有今四川地区的前、后蜀,长江中游的荆南和楚,包括今浙江境内和部分苏南地区的吴越,今福建的闽、岭南地区的南汉,以及跨越江淮流域的杨吴—南唐政权,其辖境和自然地理、经济分区大致相符。这些政权的并存,反映了当时南方各地经济普遍、均衡发展。在五代十国时期,南唐曾被视为同时代诸政权中最为强大者。南唐曾试图乘邻国内乱之机,出兵开拓疆土,但终以失败告终。战争的结果固然有政治的因素,但也是各地综合实力相较量的结果。南唐在其鼎盛时期,尚无能力吞并邻国,这反映了当时各地实力相当,其中并无一个地区占据绝对优势。

五代十国时期,南方经济发展的重要成就之一是偏远地区及原先落后地区经济的发展。杨吴后期将江西全境纳入其境内,南唐中主时期,名义上将其辖境拓展至今福建西部和南部。江西和福建地形崎岖,不利于农业生产,南唐以前,此地经济发展缓慢。南唐因地制宜,在当地发展矿冶、造纸等业,其中尤以江西制瓷业最为显著。一般认为,景德镇产青白瓷的历史始自五代十国时期,而此时,景德镇正属于杨吴及南唐境内的饶州浮梁县。后代著名的吉州窑以及泉州德化窑,都位于南唐故地。

杨吴—南唐政权及早转向文治化,使南方经济文化发展获得安定的社会环境。五代十国以后,江西、福建等人口倍增,成为人文荟萃、经济发展有特色的地区。

三、历史转型中的南唐

当今天的人们隔着千余年的时光,回望南唐时,首先看到的就是这个十世纪王朝璀璨的文学艺术成就。词是南唐最具代表性的文学体裁,它兴起于中唐以后,盛于两宋时期。在唐代,词虽然已产生,并引起部分文人的兴趣,然而当时的文人仍以写诗为主。晚唐温庭筠是现在已知的第一位有大量作品的词人,温庭筠词以描写男女情感、离愁别绪为主,词风细腻温婉艳丽,颇有晚唐诗的风格。另一位晚唐词人韦庄风格则较为清丽。

词这一新兴的、带有民间歌词色彩的文学形式在五代十国时期发展成熟。

这个时代涌现一些以词为主要创作体裁的文人,他们形成了自己的流派,且留下一批传世之作。当时词的创作以西蜀与南唐为盛。"词至西蜀、南唐,作者日盛,往往情至文生,缠绵流露。不独为苏、黄、秦、柳之开山,即宣和、绍兴之盛,皆兆于此。"①

西蜀词人承袭温庭筠的词风。后蜀广政三年(南唐升元四年,940),蜀人赵崇祚将西蜀词人的作品结集成书,命名为《花间集》,其中收录温庭筠、韦庄、牛峤等晚唐至西蜀词人的词作,西蜀词人因此而有花间派之称。其中有温庭筠词 66 首,由此可见温词对西蜀词人影响之深。《花间集》旖旎艳丽,其内容大多没有超出温词之外,且词风也没有在温词之外有所突破。

南唐词人实现了词在内容和意境上的突破,并使词和诗并列而为我国古典文学的重要形式。

南唐词人中,以中主李璟、后主李煜及曾任宰相的冯延巳最为著名。

李璟传世之作仅有四首,即《应天长》("一钩初月临窗镜")、《望远行》("玉砌花光锦绣明")、《浣溪沙》二首("手卷真珠上玉钩""菡萏香销翠叶残"),而其艺术水准已相当高。深具文人气质的中主李璟所创作的词,风格细腻悠远,其中"细雨梦回鸡塞远,小楼吹彻玉笙寒"更是千古传咏的名句。宋代有人将李璟与李煜词结集刊印,故合称南唐二主词。

李煜的传世词有 30 余首②,其词以亡国为界分为前期与后期,其前后期词风格巨变。李煜的前期词所反映的大多是宫廷生活,词中有富丽堂皇的皇家燕集,有诗意浪漫的文人情怀。性情洒脱的李煜有时也在其词中融入生动的民间语汇,或表现民间生活。总之,通过李煜前期的词,人们看到的是一位既锦衣玉食又才华横溢的逍遥国主。

亡国之后生活在屈辱中的李煜再也没有了少年时期的闲情逸致,后期作

---

① 王弈清:《历代词话》,唐圭璋:《词话丛编》,北京:中华书局,1986 年,第 1138 页。

② 关于李煜词之流传、版本、数量及真伪之考辨,可见于谢世涯:《南唐李后主词研究》,上海:学林出版社,1994 年;田居俭:《李煜传》,北京:当代中国出版社,1995 年。

品多抒发亡国之痛。这时,他的词中有对故国的深深怀念,有对过去生活的追忆,有无尽的忧愁。总之,亡国之痛是其后期词的主题。

在创作风格上,李煜词清新朴素,而无雕凿痕迹。李煜所采用的白描、直抒胸臆等艺术手法,使词在创作技巧上大有突破。特别是李煜后期词,将人生感悟融入艺术创作之中,使其词意境大为提高,受到历代赞誉。

南唐另一位重要词人冯延巳,字正中,有词集《阳春集》传世,是五代十国时期传世作品最多的一位词人。冯延巳主要生活在杨吴—南唐最为安宁和富庶的时代。冯延巳曾位居宰辅,后人认为其品格有颇多不足道之处。古代士人多少讲究些清高,而冯延巳却露骨地媚上。尽管如此,后人对冯延巳的文学成就还是颇为推崇的。冯词风格淡雅,后人认为冯延巳身为太平宰相,不可能像经历了人生跌宕起伏的李煜那样,在作品中融入深刻的身世之感。故后世有人评价,就艺术成就而言,冯延巳实不在李煜之下。

以李璟、李煜、冯延巳为首的南唐词人及其作品,以高度的艺术成就确立了南唐这个偏据小朝廷在文学史上的地位。南唐词的内容、意境和表现手法都和晚唐温庭筠及花间词人有所不同。明人王士禛将南唐李氏与宋代晏氏父子、柳永、秦冠等同视为词之正中。①

近代学者王国维在《人间词话》中,通过评李、冯词,阐述其美学思想,对整个二十世纪中国的艺术评论产生了深远的影响。

王国维对于李煜词的评价体现了南唐词在文学史上的地位:"词至李后主而眼界始大,感慨遂深,遂变伶工词而为士大夫之词。"②

南唐词风已与西蜀艳丽的风格不同,王国维以"画屏金鹧鸪""弦上黄莺语""和泪试严妆"③分别形容温庭筠、韦庄、冯延巳三家词。

南唐词风中的清、空、淡、雅正符合中国传统的审美情趣,这种审美情趣在南唐其他艺术形式中也有体现,南唐宫中流行一种"天水碧"的颜色,色泽极淡,是当时盛行的以清雅为美的审美意识在服饰中的体现。徐熙与西蜀黄筌同是对宋代美术产生深远影响的花鸟画名家,而二人画风明显有异,徐熙多以"江湖所有汀花野竹,水鸟渊鱼"④等为绘画主题,宋人总结徐、黄画风之异道:

---

① 王士禛:《艺苑卮言》,《词话丛编》,第 385 页。
② 王国维:《人间词话》,《词话丛编》,第 4242 页。
③ 《人间词话》,第 4241 页。
④ 《图画见闻志》第一卷《叙论》,《论黄徐体异》,《四部丛刊》本。

"黄家富贵,徐熙野逸。"①

南唐文化体现的这些特色,既无唐代文化的宏伟,也无西蜀文化的艳丽,却是唐文化与宋文化之间的重要联结点。20 世纪 50 年代初,南唐二陵的发掘以考古实物有力地证明了这一点:

"它(指南唐文化)虽然从唐代伟大的文化中继承了许多东西,而在各方面都是因袭多而创造少(文学和绘画除外),其闳丽瑰伟的气概,也远逊于唐代。不过无论如何,它保存了唐代的典型,某些地方还下开宋代的风气。我们研究自唐至宋文化艺术发展的历史,这种过渡时期的资料是非常可贵的。"②

综上所述,南唐雄踞于南北之间,对于五代十国局面的形成有关键作用。南唐的存在,是同时代南方诸政权存在的前提,南方由此而避免卷入中原战火。当地得以及早地摆脱唐末战乱局面,经济得到恢复发展。五代十国以后,南方经济在总量和质量上,都超越唐代,我国古代经济重心南移的过程得以完成。

唐宋之际,是我国古代经济、社会、文化的重要转型时期,南唐是这一转型的重要环节。以南唐二主、冯延巳为代表的南唐词人引领风气之先,体现了转型时期的文化特色,在文学、美术、书法等领域都有卓越成就,并为后世留下宝贵的文化财富。

(原载于《南唐历史文化研究文集》,南京:南京出版社,2015 年)

---

① 《图画见闻志》第一卷《叙论》,《论黄徐体异》,《四部丛刊》本。
② 南京博物馆:《南唐二陵发掘报告》,北京:文物出版社,1957 年,第 43 页。